JN144726

Encyclopedia of
Children and Childhood
In History and Society

世界子ども学大事典

ポーラ・S・ファス 編　北本正章 監訳
Paula S. Fass　　　*Masaaki Kitamoto*

原書房

世界子ども学大事典

Encyclopedia of Children and Childhood
In History and Society

ポーラ・S・ファス 編
Paula S. Fass

北本正章 監訳
Masaaki Kitamoto

原書房

凡例

1　本事典は、Paula S. Fass（editor in chief）, *Encyclopedia of Children and Childhood in History and Society*, 3 vols.（Gale, Cengage Learning, 2004）の全訳である。原書は全3巻であるが、日本語版では全1巻にまとめた。

2　本文中の太字で表記したものは掲載項目を示す。また各項目末尾には「関連項目」を示した。

3　本文中のギリシア語、ラテン語、フランス語、ドイツ語、チェコ語、スペイン語、イタリア語、中国語、韓国語、日本語、ロシア語、オランダ語、ポーランド語、スウェーデン語、ノルウェー語、アラビア語、ヒンズー語、その他の特殊用語は必要に応じてその原語を示した。

4　本文中にある強調語、特殊な学術用語、隠語、方言などは必要に応じてその原語を示した。

5　本文中にある書名は、必要に応じて原書名を（　）で示した。

6　本文中にある人名・地名・故事来歴などにかかわる固有名詞は、定訳がある場合にはそれに従い、それ以外は発音表記を規準に示した。

7　原書本文と文献のあきらかな誤りは可能なかぎり修正し、訳注などで補足した。

8　原書の見出し項目の総数は445であるが、日本語版ではいくつかを類型化して項目総数を433とした。

9　原書の図版133点にくわえ日本語版では図版200点近くを追加し、それらのキャプションの末尾に＊を付した。

10　とくに専門的な学術用語、重要な人名・地名・事件・故事・書名については訳注をつけた。項目内容に応じて、ほかの項目の訳注と同じものをつけた場合がある。

11　項目末尾に示されている参考文献は、文献名のあとにその邦訳名を記載し、日本語版で追加した文献には末尾に＊を付した。

12　巻末の付録には、わが国における子ども学の基礎資料として重要な文献を50点収録した。このうち原書の巻末資料に掲載されているものには＊を付した。

13　本事典の聖書の引用は、日本聖書協会「新共同訳聖書」（1987年）による。

目次

序文……………………………………………………………… v
日本語版まえがき……………………………………………… xi
編集委員………………………………………………………… xiv
執筆者と担当項目……………………………………………… xv
日本語版監訳・編集委員……………………………………… xxviii
日本語版翻訳・巻末付録・図版・訳注作成協力…………… xxix
内容の概要と分野別項目一覧………………………………… xxx

世界子ども学大事典………………………………………… 1

付録――子ども学の基礎資料………………………………… 1267
監訳者あとがき………………………………………………… 1391
索引……………………………………………………………… 1393

序文

　子どもの実態と子ども観の歴史は、いまでは新しい知的な活力に満ちた研究分野になっている。それは、人類の過去と現代における社会経験への洞察をもたらしてくれるものである。この『世界子ども学大事典』（*Encyclopedia of Children and Childhood: In History and Society*［子どもと子ども期の百科事典——歴史と社会のなかの子ども］）は、もっともすぐれた研究者による解説論文を集成し、グローバルな視点と学際的な観点の両方から主題にせまることによって、この分野を定義づける広汎な課題について、関心のある読者に必要な概要をおとどけしようとするものである。編集者は、寄稿者を選んで執筆者を決めるなかで、この事典が研究者だけでなく一般読者の興味もそそり、発展中の社会調査分野の最先端の学術成果について、研究に着手する有意義な手段を提供できるものになることを目標にした。

　歴史学者たちは、かつての経験への洞察を深めるために、1960年代初期に過去を精査しはじめ、新しい観点から、関連する多数の社会組織と共同体制度に焦点を合わせるようになった。家族関係、宗教体験、そして学校教育をふくむ多種多様な教育の形態、労働生活、同輩年齢の組織やボランタリー組織、スポーツ、レクリエーションなど、これらのすべてが歴史研究の専門分野となった。こうした分野への共同研究は、過去の人間の経験の構造、意味、そして複雑さについて意義深い知識を生みはじめた。また、いっそう全面的に人間中心の歴史にその関心をふりむけるなかで、人間の行動や社会組織の特性をよりよく理解するために、関連する専門分野、とりわけ社会学、人類学、そして心理学の研究手法と問題意識に目をむけるようになった。このように、以前には不十分にしか、あるいはまったく探求されなかった舞台にむけて歴史学がその関心を拡大したことは、20世紀後半に社会科学がなしえた顕著な成果のひとつであった。こうして社会史は、もっぱら社会の最上層部の人間と権力をめぐる政治の解明に限定していた初期の歴史学の堅固な壁をくずしたのである。

　歴史学者たちは、伝統的な歴史学の堅固な壁をうち破るなかで、子どもたちの存在をその視界に入れるのを可能にした。現実の政治からほとんど排除されていた子どもと青年は（小皇帝とか若者たちの政治参加といった例外はあるが）、家族、学校、工場や農場での労働現場など、いたるところで歴史学者の視界に入ってくるようになった。子どもという存在を歴史のなかで発見することは、1960年代と1970年代初期に新しい社会史という分野で研究しはじめたわたしたちの多くにとって、知的な興味をそそるものであった。こうした新しい学問研究のすべての分野の成果をはじめて網羅したものが、この『世界子ども学大事典』である。

　文化がそれ自体をどのように定義し、子どもを社会化する文化的手段をどのようにつくり、さらには、かれらの未来をどのように支配しようとしたのか、そのことに子ども期が果たしたきわめて重要な役割について理解が深まったことは、大きな知的興奮をおぼえるものであった。1960年に、フィリップ・アリエスによる、新時代を画する重要な著作『アンシャン・レジーム期の子どもと家族生活』（英語版は1962年に『子ども期の世紀』として出版された［邦訳名は『〈子供〉の誕生』］）は、歴史家たちが、子ども期それ自体をひとつの発明されたもの、すなわち超越的なカテゴリーではなく、歴史的につくられた現象として考察するよううながした。ヨーロッパ社会が、広範囲におよぶ社会的な差異化の一部として子ども期をどのように分離したのか、その複雑で微妙な議論とつながりながら、17世紀以前には子ども期［という感覚］がなかったという論争をまきおこしたアリエスの命題は、広汎な学問分野での探求を刺激したのである。多くの者がアリエスの結論に疑問をなげかけたが、それは、アリエスが非常に深遠な洞察を示していたためであることはまちがいない。つまり、子ども期［という感覚］は、社会が人間の一生の初期段階をどのように規準化するのか、また、その当然の帰結として、子ども期をどのように組織化するのかを示すことによって文化の積層を深くえぐりだす、歴史的に埋めこまれた定義であるとするアリエスの洞察である。このような子

ども期の定義は、社会構造の基盤をなす諸制度、テクノロジー、そして広汎な社会関係とむすびついている。ジェンダーは、子ども期の定義のなかでもとくに重要な側面である。したがって、1970年代と1980年代に女性史研究が、次いでジェンダー研究が進化したことにともなって子ども史研究は、その多くの洞察をそれらの進化と平行して発展させてきた。

子どもと子ども期は、1970年代末までに、再構成された過去の見方の確かな分野となった。再構成された過去とは、出生登録簿や遺言書、哲学や心理学の書物、詩歌や小説の小冊子類、個人の日記や書簡類、絵画や写真、おもちゃと建築環境などにひそんでいた物的な資料を探索した研究者によってあきらかにされた過去のことである。別の言い方をすると、わたしたちの祖先が子どもというものをどのように考え、かれらが子どもにどのようなイメージをいだいていたかということはいうにおよばず、現実の子どもたちが置かれていた過去の状況として、人類の経験の全体にも目を向けられるようになったのは、こうした諸問題を解くためにあらゆる分野の資料が新たに利用できるようになったからである。

『世界子ども学大事典』は、そのような、通常とは異なる範囲の資料にもとづいてつくられた。読者が各ページを見ればすぐに、さまざまな時代とさまざまな状況で表現されてきた子どもと若者の豊富な絵画資料が目に入るだろう。子どもと若者たちは、物事を知りたがったり、性的な魅力のある存在としてだけでなくイノセント［純真無垢］の具象者としても、また、未経験者としても、遊びと労働の場で、また、学校や戦場においても、その姿を見いだすことができる。わたしたち編集委員の一人、アン・ハイゴネットの技能と特別な知識によって提供された図版類は、読者の率直な好奇心にこたえ、あるいは、もっと学問的なニーズにもこたえる一連の課題群について最初の経験となるだろう。本事典は、子ども期の中心概念を解読した各時代の重要な思想家たち——プラトン、アリストテレスから、エラスムス、ジョン・ロックとJ・J・ルソーをへて、ジークムント・フロイト、ジョン・デューイ、さらにはジャン・ピアジェにいたるまで——の生涯の概説もふくんでいる。また、編集者は、子どもたちをグローバルに理解できるように、アメリカとヨーロッパの歴史家たちが過去30年以上にわたって蓄積してきた知識につけくわえるために、アフリカ、ラテンアメリカ、中国、インド、オーストラリアおよびその他の国ぐにや地域をふくむ世界のほとんどの地域から専門研究者を招き、各項目の執筆をお願いした。また同様に、わたしたち編集委員は、グローバルな子ども期についての理解を深めるために、初期のカトリック教会の教父やプロテスタントの宗教改革による革新だけでなく、ユダヤ教、イスラム教といった偉大な宗教的伝統も網羅しようとした。さらに、子どもへの命名、乳児死亡率、ゲーム、セクシュアリティ、および青年期といった一般的な論説でも、文化横断的な観点をとりいれるよう各執筆者にお願いした。この事典では、歴史的な深遠さに重ねあわせた広範囲にわたるこのような比較史の観点から、古代のギリシアとローマ、中世をへて、近世のヨーロッパ、そしてヨーロッパの植民地主義の時代から現代社会にいたるまで、時を超えた子ども期にかんする論考をまとめようと構想した。

近代性（これは18世紀なかば以降のヨーロッパとアメリカにおいて構築されてきたものであるが）は、研究すべき非常に複雑な焦点だけでなく、きわめて広範におよぶ濃密な資料源を研究者に提供してきた。このことは今日のわたしたちが理解している子ども観によるところが大きいであろう。すなわちそれは、人生段階の初期の数年をきめ細かく重視すること、年少者を保護して彼らを大人にむけて準備させる動機をはたらかせることなど、今日のわたしたちがいだいている子ども観が、おおむねヨーロッパの啓蒙思想と国民国家の諸制度によって表現されていることに起因する。その所産である近代の公教育と発達心理学は、今日ではほぼこうした観点から、子ども期と子どもについての近代ヨーロッパの理解を所与のカテゴリーとして洗練してきたため、一連の疑問と制度上の課題をもたらしている。本事典では、適切な子育てと育児の概念、学校教育とそれ以外の教育の諸形態、さまざまな感情の役割、子どもの発達特性、そして年齢の重要性などをふくめて、こうした課題を非常に詳細に解明している。妊娠と出産にかかわる諸問題は、子どもの生存を期待どおりにする科学技術文化のなかで顕著な様相を見せるようになってきている。このため、わたしたち編集者は、現代における再生産の諸問題にかかわる科学技術上の多数の表現には特別な注意をはらっている。

また、この事典では、子どもと子ども期という概念に青年期と若者という意味もふくませている。それは、近代の学校教育、近代の心理学、そして近代の国家が、その法律と労働規制において12歳から18歳までの（そしてしだいにこれをさらに超える）時期を、若者の依存性と発達特性があらわれる時期とみていたからである。そこでわたしたちは、人生のこの時期に焦点をあてた多数の項目――思春期におけるその定義と身体の変容から、デートやセクシュアリティの儀礼行動まで、若者の商業的な娯楽、政治参加、そして社会的な問題行動（飲酒、喫煙、非行、妊娠）にいたるまで――を設けることにした。とくに、ヨーロッパとアメリカの年少の子どもたちばかりでなく、青年期の学校教育にもかなり注意をはらった。さらに、現代の課題の背景をなすとともに、その課題と関連性をもつ公立学校と私立学校の多様性にかんする項目も網羅した。学校教育については、それぞれの見出しのなかで、またグローバルな枠組みをもつ論考においても、しばしば世界のほかの国と地域に即してふれている。

　労働は、20世紀には日常の、そして毎週の活動の中心的な特徴として学校が労働に置きかわったため、工業化した世界の多くの子どもたちにとっては周縁的な経験になっている。これに対して、過去の子どもたちは経済的に重要であったし、今日にいたるまで世界の多くの地域で非常に重要な労働者でありつづけている。このため本事典では、北アメリカと植民地時代のブラジルにおける奴隷の子どもたちの生活から、ヨーロッパの産業労働者にいたるまで、さらには現代のアメリカの消費経済のパートタイム労働者にいたるまで、多数の見出し項目をもうけて子どもたちの労働経験に言及している。

　遊びは、近代世界では、わたしたちがふつうにいだく子ども観とほぼ同義語になっている。この事典でも、遊びの理論にくわえて、おもちゃ（人形、機関車、テディ・ベア）が歩んだ長い歴史をへた多くの段階をもつ、スポーツ分野からコンピュータ・スクリーンにいたる遊びの経験について多数の見出し項目を網羅している。わたしたち編集委員は、「クリストファー・ロビン」「ピーター・パン」「ナンシー・ドルー」、そして（ほかの多くのなかから）「ハリー・ポッター」だけでなく、さらに、20世紀の子どもたちの読書経験の特徴となっている「コミック・ブック」とならんで、18世紀以降の西ヨーロッパの子ども生活の重要な構成要素でありつづけた書物の事例を読者に示すために、「聖書」にまつわる物語、アルファベットの「ホーンブック」、そして「フェアリーテイル」などについての論説をふくめた。実際、わたしたちは、子どもたちを描いている、非常に大きな多様性がある文学（これは19世紀に増加しはじめたが）よりもむしろ、子ども向けに書かれたものや、子どもたちが実際に読んだものに焦点をあてることにした。それは、児童文学というものが、それを書いている人と、読者対象になっている人たちと同じように、非常に特別なものの感じ方ができる大人の手で書かれているからである。児童文学という分野は非常に大きく発展しており、目をみはるほどの豊富な内容をもっているため、わたしたちが最新の学術成果のすべての側面と要素を網羅したくてもできないという単純な理由から、この事典では、広範囲にわたる項目の一覧表においてさえ選択せざるをえなかった。

　子ども期の図像資料の選択に際しては、文字資料よりも視覚資料の方向づけに大きく依拠した。そして、つねに見出し項目を具現するものを示すためだけでなく、美術史において子どもに関連するランドマークとなっている主要な図版も選んだ。したがって、読者は、これまで何世紀にもわたって、わたしたち人類が子どもたちをどのように見てきたのか、また、子どもたちのことをどのように考えてきたのかを体系づける助けとなる表象物といえるもっとも重要な子どもの聖像の多くについて概観を得ることができるだろう。これらの図像資料はそれゆえに、それ自体が子ども期の歴史の重要資料である。このように編集したのは、読者が本事典でなにかの主題を探求したり、また、偶然この事典を手にした読者がページをめくったとき、これらの図像資料からさらに進んで、過去と現在において、子どもがその誕生から発達の諸段階をへて成人期にいたる生活と子ども期概念のほぼすべてを網羅している論考の全項目にも、同じように誘うことができればと期待してのことである。このように、本事典は、子どもの実態と子ども期の理念についての研究成果を、まず大学図書館、研究所、教室などでこの分野を学ぼうとする人たちを育成するために活用してもらい、さらに、読者自身の子ども期、両親の子ども期、そして、縮小しつづけるわたしたちの世界について、また、非常に多様な人びとの子ども期について知りたいと考える、あらゆる関心をもつ学生はもと

より、子ども問題の解決に取り組み、問題の経緯をもっと深く知ろうとしている医師、法律家、教師、ソーシャルワーカーをふくむ多数の専門家が関心をいだく主題をそれぞれに発展させてくれるものと確信している。

　この『世界子ども学大事典』は、参照しやすいよう50音順に445の見出し項目の論説を網羅している。各論説は、英文にして500から5000ワードほどの長さで、歴史学、社会科学、文学、教育学、医学、法学そして美術史など、各分野で精力的に研究をすすめている世界の多くの地域から招いた300人以上の研究者が執筆している。ここにとりあげた項目は、それぞれが相互に参照できるように、関連項目を注意深く選び、それを本文中に太字で示すか、論考の末尾に、最新の学術文献と参考ウェブサイトとともにならべて記載してある。本事典の末尾では、子ども学分野では必須の資料であると編集者が考えた基礎資料の全文または一部を採録し、注解をほどこした50点［日本語版では独自に編纂した50点］におよぶそれらを参照することができる。この事典の内容の簡単な概略は「内容の概要と分野別項目一覧」に掲載した。この概略は広範なカテゴリーに区分してあり、これによって教員と読者は子ども学分野の詳しい地図を得ることになるだろう。この事典に網羅されている情報を読者が調べる手助けとなる、もうひとつの手がかりとして、巻末には索引をもうけた。

　編集グループを選出して協議会を立ち上げる際わたしは、さまざまなバックグラウンドをもち、専門分野に属するエキスパートに参加してもらおうと考えた。ピーター・スターンズは、彼自身もスクリブナー社刊の『ヨーロッパ社会史研究百科事典』（*Encyclopedia of European Social History*, 6 vols, 2001）の編集者であり、かつまた専門学会誌『社会史研究』（*Journal of Social History*）の先駆的な編集者として、その分野の早い段階の開拓者であるが、氏はヨーロッパ史とアメリカ史の両方を対象にした多数の研究書の著者であり、感情の歴史という新しい分野の開拓者でもある。スターンズは、最近では世界史とグローバル・ヒストリーにかかわる諸問題についても注目度を増している。現在、ヨーロッパで実践され、発展している子ども観史の分野で広く知られるオランダの研究者ニング・デ・コニンク＝スミスもまた、この事典の編集者として、彼女が担当した仕事に、教育史と子ども期の物質文化史に通暁された深遠な知識をもたらしてくれた。アン・ハイゴネットのいくつかの著作は、子ども表現にかんする研究分野を美術史に展開し、写真とイラストレーションの歴史についての氏の学識は、美術館や展覧会場の非常に精選された展示区画だけでなく、人びとが日常的な経験のなかでいだく思いを理解するてがかりをつくってくれた。アメリカの学校教育、移民、児童労働、そして年齢の定義についてのスティーヴン・ラッソンドの研究成果では、子ども期の諸制度と、子どもの生活の多様な背景について彼がもつ知識が、近代における子どもたちの生活の類似性だけでなく、その多くの差異をも解明しようとする計画を方向づけるうえで、非常に貴重なものになった。

　本事典の編集委員はいずれおとらぬ卓越した研究者であり、子ども期と、子ども期が機能する広範な文脈を示してくれた比類のない知見と、歴史研究のこの分野の専門家との幅広い交わりは、今回の企画を成功へと導いていくうえで不可欠であった。このメンバーには、近世ヨーロッパの文化史家で、まぎれもなく国際的な学識をもつ知識人であるナタリー・ゼモン・デイヴィス、また、フィリップ・アリエスの著作とならんで、その著書『値がつけられないほど貴重な子どもの価値』（*Pricing the Priceless Child*, 1985）によって、子ども期の歴史研究分野をわたしたちがどのように洗練させるようになったかについて、画期的な研究を進めたヴィヴィアナ・ゼライザー、学会誌「アメリカ歴史研究」（*American Historical Review*）の編集主幹であり、アメリカにおける子どもと家族問題に通暁している研究者としてもっとも有力な法律史家のマイケル・グロスバーグ、そして、家族に関係する主題の深層にせまる研究と、いくつかの出版物の編集によって、過去の近代ヨーロッパにおける子どもとその家族について、わたしたちの理解に大きな貢献をしていただいたデイヴィッド・ケルツァーがふくまれる。さらに、スーザン・シュヴェイクからは寛大にも、児童文学についての知識を提供していただき、トビアス・ヘヒトに、ラテンアメリカ史にかんする学術情報と課題について、貴重な紹介をしていただいた。

これらすべての方々の助言とご尽力に、衷心より感謝申し上げる。マクミラン・レファレンス・USA社のスタッフの方々には、その忍耐、この企画へのご尽力、そしてこの企画を首尾よく成功裡に進めるうえで不可欠であった仕事の数々に対しても、感謝を申し上げる。マクミラン社には企画のアイディアについて、アン・デイヴィッドソンとの最初のかかわりからはじまって、企画の主題をあたたかく支援していただいた。とくに本文を校訂する全体作業は、ジル・レクトラの友情、ご支援、そして一貫したご尽力とすばらしいセンスの賜物である。Eメールでのやりとりでしか知らないとはいえ、大きな信頼と愛情を築くことができたジェフレイ・ギャラス、ジェニファー・ウィシンスキーとともに、レクトラといっしょに仕事をするのは、わたしにとって嬉しいことだった。カリフォルニア大学バークレイ校歴史学部のスタッフの方々、とくにシェリル・ヤング、クリス・イーガン、そして、ジェニファー・ジクストには、わたしの仕事のさまざまな段階で重要な補助をしていただいた。わたしの、何人ものすばらしい大学院生の助手たちも、この企画にとって欠くことのできない貢献をしてくれた。そのなかには、アンドレア・クウォン、ローラ・ミハイロフ、そしてとくに、巻末資料の収集の仕事を快活かつ精力的に進めてくださったレイチェル・ホープ・クリーヴズがいる。最後に、ジャック・レッシュには、この企画を実現する大きな可能性にむけてわたしを励まし、長期にわたって支えつづけ、完成にむけて活力をあたえつづけていただいた。時間をつくってもらっただけでなく、わたしのエネルギーを支え、企画の実現にむけて助けとなる心の糧にもなっていただいた。ここにお名前をあげたすべての方々と、大きな多様性をもって異なる次元のなかで子ども史の分野を花咲かせ、わたしたちのこの企画を出版にまで導いた数百名にのぼる世界中の研究者のみなさまに、深甚なる感謝を申し上げる。

ポーラ・S・ファス

日本語版まえがき

　本書『世界子ども学大事典』は、「子ども」にかかわる 445（日本語版での区分けは 433）項目について、総勢 338 名にのぼる世界各国の子ども学研究者が論説したものです。短い項目では日本語で 2000 字前後で簡潔にまとめられていますが、重要な項目では、2 万字を超えています。どの項目も、問題を構成するカテゴリーについて、そのことがらの起源や問題の発端、展開と変化、主要な論点や未解明の課題などを、最新の研究成果をふまえて解説し、多数の参考文献と参考ウェブサイトも紹介しています。

　英語版の原書は大型判で全 3 巻ですが、この日本語版では全 1 巻にまとめました。日本語版では、原書の図版にくわえて 200 点近くの図像資料を追加し、図像資料で視覚による理解の助けとなるようにしています。また、各項目で扱われている専門用語、人名、歴史的事項などのうち、調査できたかぎりで訳注をつけてあります。さらに、巻末資料には、日本での子ども学研究に資するために、原書の巻末資料を取捨選択して新たにくわえたものをふくめ、子ども学の基礎資料（解説付き）を 50 点付録しています。

　本事典の内容は、「内容の概要と分野別項目一覧」にあるように、445 項目を 20 の分野に区分しています。このマトリックスは、子どもにかんする事象を網羅していますが、そのいずれもが、過去 1 世紀以上におよぶ研究成果をふまえています。本事典が扱っている地域は、南北アメリカ、西ヨーロッパ、スカンディナヴィア半島諸国、東ヨーロッパとロシア、地中海沿岸地域、アフリカ、中近東地域、南アジア、オセアニア地域、そして中国と日本などにおよびます。また、古典古代のギリシア・ローマ時代、中世ヨーロッパからイタリア・ルネサンス時代をへて、啓蒙思想と近代科学の時代、19 世紀の近代国家の時代、近現代史を構成する 20 世紀と 21 世紀初頭まで、最近の人類史の約 3000 年ほどを対象にしています。このように本事典は、空間的にも時間的にもグローバルな子ども学の基礎概念について、過去 1 世紀の研究成果の結晶ともいえる内容をもっています。この事典は、世界の各地域と時代の「子ども」について、確かな理解と最良の研究情報を満載した「知の万華鏡」とでもよぶことができる子ども学百科事典です。

　監訳作業をすすめるなかで認識を新たにさせられたことは多数ありますが、そのうちとくに顕著であると思われる本事典の特徴としてとりあげることができるのは次の点です。

　その一つめは、「子ども」概念とその実態の年齢幅を非常に広く設定している点です。本事典では、子どもの誕生の前後（周産期）から、乳児期と離乳期、歩行期をふくむ幼児期、少年期、少女期、思春期、ハイスクールやパブリックスクールに通う学齢期、20 世紀になって新たに登場したティーンエイジャー・青年期・ヤングアダルトなどの年齢概念にくわえて、新しい家族の形成期、親としての子育て期（親業期もしくは育児期）、壮年期をへて子どもに対して祖父母の役割を担う老年期にいたるまで、人間の一生において「期」ということばで区切られるほぼすべての年齢段階に登場する「子ども」を視野に入れています。子どもがその一生でぶつかることになるさまざまな試練と困難に目を向けることによって、各時代や社会が子どもの存在をどのように理解してきたのか、子育てに付随するむずかしい課題、さらには教育や発達文化をめぐる諸問題にどのように対処してきたのかが見えてきます。このように「子ども」を広い概念とすることによって、社会と文化の動態を歴史全体のなかでとらえなおすのを可能にし、子ども理解の文化と価値観の広大な問題群を学術的視野のなかに置くことにも成功しているといえます。人間のライフサイクルを構成する経済・家族・人口・習俗と宗教などがおりなす諸関係と文化の構造や、人生に大きな負荷をあたえる経済格差と貧困問題などを対象にすえるために、「子ども」を広い概念として設定している点が顕著な特徴といえるでしょう。

　二つめの特徴は、子ども学のアプローチを理念と実態のふたつに分け、両者の関係を解明しようとしている点です。この区別は、過去半世紀以上にわたる世界の子ども観史研究でしだいにその必要性と有効性が確かめられ、方法論的にも洗練されてきたことの反映であると理解することができ

ます。社会的および経済的な「実態」での子ども理解と、人びとがいだく子どものイメージや子ども表現、子どもについての思想や哲学などをふくむ子ども期の観念など、「理念」での子ども理解の仕方のふたつに分けたうえで、実態と理念のあいだの複雑な影響関係をあきらかにしようとしています。この複雑きわまりない関係を軸にして、各項目の論説にはこれまでの研究成果のエッセンスが書きこまれています。20世紀初頭に高まりを見せた生物学、医学および生理学の発展をバックグラウンドに、心理学が主導したかつての「児童研究」は、やがて1960年代になるとフランスの歴史家フィリップ・アリエスによる歴史における「子どもの発見」を契機としてはじまった子ども観の社会史研究のなかで相対化され、1980年代と1990年代の家族史研究の発展のなかで有益な研究蓄積がすすみました。本事典は、こうした膨大な研究成果を子ども理解の知的ツールとしつつ、21世紀を展望する「新しい子ども学」を再構成し、子ども観の将来展望のなかで子どもの実態と理念の双方の推移を見すえようとしています。

　この事典が、乳幼児期から思春期までの子どもについて、20世紀初期に始まる児童研究にくわえて、その後、周産期や子ども期に続く青年期からヤングアダルト期までの若者期についてすすめられてきた社会学や文化人類学の発展を受け、発達心理学、教育学、社会福祉学、医療保健と公衆衛生学、家族社会学、少年司法と犯罪社会学、子ども文化の消費社会学、家族の感情社会学、児童文学史、子どもの遊びの文化史など、子ども学研究のむずかしさとおもしろさが綾なすさまざまな専門分野の学術的成果を網羅しているのは、子どもの存在の全体を大きくとらえなおそうとする時代の要請であるといえます。生活の実態に根ざした子どもの教育と福祉を推進することがかつてなく切実さを増している21世紀初頭の今日、そうした時代の要請を受けて編まれた本事典から、新たな知見と、広がりのある方向性を得ることができると確信します。

　三つめの特徴は、各項目の論述に際して各執筆者が、その専門的な知識を相対化させることで、観点のかまえ方や説明の仕方が、文字どおり学際的で包括的であるという点にあります。学際的な知見をおおいに取り入れ、ときには大胆な比較を試みることによってはじめて見えてくる各項目のあいだの関連性が説得力をもって描かれています。このような学際的な記述を可能にしているのは、異なる専門分野の研究者が知的な対話を柔軟にふかめることができているということにくわえて、そうした柔軟さを引き出した編集主幹のポーラ・S・ファス博士の堅忍不抜の精神によるところが大きいでしょう。ホロコーストを生きぬいた家族のもとで育ったファス博士のよびかけに意気を感じて集まった編集委員と編集助言者のメンバーの多彩さが、この学際的な共同事業の魅力と成功を示しています。このメンバーによって、各項目を担当する第一級の研究者が各国からよびあつめられ、さまざまな課題に取り組んだ成果がここにおさめられています。歴史と文化のなかで子どもがかかえる問題の構造がどのように変化したのか、その変化の積層や理由を解明することとならんで、さまざまな変化の波に洗われ、変化してしまうことが当然であるようないくつかの社会的経験事実や政治経済的な条件を満たしているにもかかわらず、それでもなお人びとはなぜ変化を選ばなかったのか、さらに、なぜ変化することを受け入れず持続性を保持しようとしたのかを究明することなどの諸課題にチャレンジしています。これらは本事典がめざした共通の目的であり、各執筆者はこれらを共有し、つねに学際的に論究しようとしています。

　変化するものと変化しないもの、連続と断絶、部分と全体、聖と俗などのあいだの因果関係の説明は単純ではなく、「原因と結果はしばしば同居しているように見える」といわれるように、ものごとの因果関係、とくに成長と発達をくりひろげつづける子どもをめぐっては、多数の要素が複雑にからみあい、相互作用しながらひとつのまとまりを見せるような複雑系（complex systems）の様相をなすことが多く、ときには各要素が互いにせめぎあいを見せることもあります。そのような矛盾を説明しようとするとき、執筆者たちは単純に政治的にニュートラルな立場をとるといった表層レベルの判断ではなく、深い歴史的な洞察をこめて、各時代や社会の子どもたちが現実に背負わされる課題と矛盾の歴史的な経緯をまず理解し、いまにいたる問題の複雑さに留意するようわたしたち読者に注意を喚起しています。

　たとえば、子どもたちが宿命的に担わされる問題の背景には、結婚率、出生率、死亡率の、いわゆる人口変動の基本的な統計要因（vital statistics）がつねにはたらいています。これらの変化が引き金になって生じる親子関係の変質に目を向けることによって、ライフサイクルの変化と子ど

も・若者の存在価値の変容、それと連動する子どもの役割、ジェンダー、感情、年齢意識、生産と消費、教育指向などの意味を広くとらえることができ、その問題の社会史的、精神文化史的な理解に迫れることでしょう。子どもの存在は、こうしたファクターが社会史的に転換することによって、多産多死型の時代の「経済的資産としての子ども」から、少産少死型の人口動態と消費社会の時代における「感情投資と経済的負債としての子ども」へと大きく推移してきたことをつかむことができます。「資産」から「負債」へという子ども観の変化は、子育てと教育のあり方に変容を迫ることになったのでした。

そして最後に、四つめの特徴として、本事典はなにかの解答を示す事典ではなく、思考することをうながす事典であることに重点が置かれています。各項目の論説は、なにかの解決策や政策立案にすぐに役立つ名案や処方を提示することを目的として論述されてはいません。そうではなく、すべてが歴史的に見てつながりをもっており、時間的に連続しており、子どもの最善の利益のために、また、子どものよりよい未来社会のために、いまなおわたしたちが取り組みつづけるべき「宿題」が多数あることを示しています。わたしたち読者は、本事典の項目の論説にふれることによって思考を刺激され、認識を深めるなかで子どもの成長と教育にかかわる「宿題」をいっそう正確に見きわめることができます。

子どもや思春期と青年期の若者たちが、なぜさまざまな問題にくりかえしぶつかるのか、また、ひとつの解決への道を探りあてたかと思えば、そのこと自体があらたな問題をかかえこんだり、別の矛盾を惹起し、さらにそれまでとは異なる意味を示したり、新しい解決策をめざす試練の道が暗示されるのはどうしてなのか。そうしたすべての問いと経験がわたしたちの思考を刺激します。各項目のいずれもがほかの項目と関連づけられて論述されているのは、子どもと若者の発達と教育の問題が、すべてつながりをもっているという前提に立っているからにほかなりません。どの項目の論説も、わたしたちの子ども理解を深めるには、豊かな学際的な学知が必要であることをよく示しています。

本事典の特徴をいくつか取りあげてみましたが、そこにはこれらの特徴に通底する問題意識がほの見えてきます。それは、子ども学研究が今後どのような学問的スタンスですすめられるべきであるのか、その学際性のあり方を暗黙裏に提示してくれているように思われます。日本語版の監修者として本事典を、子ども学研究の関係者、子ども文化・文学研究の関係者、子ども政策の関係者、児童福祉の関係者の皆さまにお届けし、ともに世界の子ども学研究の最先端の学知に学び、その問題意識を読者の皆さまと共有したいと願ったのも、まさにその点にあります。動機の背景には、項目の執筆者の何人かが筆者の知人であり、研究仲間であるという理由以上に、日本において子ども学研究の発展を見守り、励ましつづけてくださっている先学の皆さまのご期待があります。

わたしたちは、民主主義に支えられた学びの自由と、学んだことを人間の尊厳をめぐる平等につなげていこうとする価値観や、それらを支えている知性を導く営みを生き甲斐のひとつとして日々の生活のなかで継承しています。しかし、そうした価値観やそれを支えている知識というものが生物学的に各世代に遺伝しないことも知っています。だからこそわたしたち人間は、生を受けた瞬間からあらゆる手だてで、ひたすら学びつづけていかなくてはならないのだと思います。とりわけ、未来社会からの使者ともいうべき子どもにそうした学びを保証する義務を負っています。そのために必要とされる、子どもについての理解を深める学びはことさら重要であり、本事典にはそのような学びのエッセンスがこめられていると確信したことが公刊の動機です。

本事典を子ども認識のベンチマークとして学ぶことは、わが国における21世紀の教育と福祉と文化のよりよいあり方を展望するうえで実りをもたらしてくれるに違いありません。それは新しい子ども学研究にとっても意義深いものとなるでしょう。情報化時代のパラドックスとしての反知性主義がうごめく状況にあって、子どもと若者に焦点をあてた学際的かつ包括的な学知の精髄を大きな歴史の流れに意味づけることが要請されておりますが、本事典を味読することによってそれにこたえることができると確信いたします。

2016年10月20日
北本正章

編集委員

編者
ポーラ・S・ファス（Paula S. Fass）
　カリフォルニア大学・バークレイ校（University of California, Berkeley）

編集委員
ニング・デ・コニンク＝スミス（Ning de Coninck-Smith）
　デンマーク教育大学（The Danish University of Education）
アン・ハイゴネット（Anne Higonnet）
　バーナード・カレッジ（Barnard College）
スティーヴン・ラッソンド（Stephen Lassonde）
　イェール大学（Yale University）
ピーター・N・スターンズ（Peter N. Stearns）
　ジョージ・メイソン大学（George Mason University）

編集協力
ナタリー・ゼモン・デイヴィス（Natarie Zemon Davis）
　プリンストン大学（Princeton University）
マイケル・グロスバーグ（Michael Grossberg）
　インディアナ大学（Indiana University）
トビアス・ヘヒト（Tobias Hecht）
　独立研究者（Independent Scholar）
デイヴィッド・I・ケルツァー（David I. Kertzer）
　ブラウン大学（Brown University）
スーザン・シュヴェイク（Susan Schweik）
　カリフォルニア大学・バークレイ校（University of California, Berkeley）
ヴィヴィアナ・A・ゼライザー（Viviana A. Zelizer）
　プリンストン大学（Princeton University）

執筆者と担当項目

A

Aaen, Inge：LEGO Company, Denmark
アーエン、インゲ
 🕮 組み立ておもちゃ（*Construction Toys*）

Abrams, Laura S.：University of Minnesota, Twin Cities, US
アブラムズ、ローラ・S
 🕮 アダムズ、ジェーン（*Addams, Jane [1860-1935]*）
 🕮 ソーシャル・セツルメント（*Social Settlemments*）

Adams, Kimberley Stratemeyer：Guilford, Connecticut, US
アダムズ、キンバレイ・ストラッテメイヤー
 🕮 キーン、キャロリン（*Keene, Carolyn*）

Adams, Annmarie：McGill University, Canada
アダムズ、アンマリー
 🕮 子ども空間（*Children's Spaces*）

Albinson, A. Cassandra：Getty Research Institute, US
アルビンソン、A・カッサンドラ
 🕮 カサット、メアリ（*Cassatt, Mary [1844-1926]*）
 🕮 ガットマン、ベッシー・ピース（*Gutmann, Bessie Pease [1876-1960]*）
 🕮 ゲッディーズ、アン（*Geddes, Anne*）
 🕮 スミス、ジェシー・ウィルコックス（*Smith, Jessie Willcox [1863-1935]*）
 🕮 マン、サリー（*Mann, Sally [1951-]*）

Ambjörnsson, Ronny：Umeå Universsfty, Sweden
アムビョルンソン、ロニー
 🕮 ケイ、エレン（*Key, Ellen [1849-1926]*）
 🕮 『児童の世紀』（*Century of the Child*）

Andresen, Astri：University of Bergen, Norway
アンダーソン、アストリ
 🕮 庶出（*Bastardy*）

Andrews, P. Gayle：University of Georgia, US
アンドルーズ、P・ゲイル
 🕮 ジュニア・ハイスクール（*Junior High School*）

Askeland, Lori：Wittenberg University, US
アスケランド、ロリ
 🕮 ブレイス、チャールズ・ローリング（*Brace, Charles Loring [1826-1890]*）

Austin, Joe：Bowling Green State University, US
オースティン、ジョー
 🕮 若者文化（ユースカルチャー）（*Youth Culture*）

B

Baggerman, Arianne：Erasmus Universiteit, Netherlands
バガーマン、アリアンヌ
 🕮 啓蒙思想（*Enlightenment, The*）
 🕮 自伝（*Autobiographies*）

Bailey, Beth：University of New Mexico, US
ベイリー、ベス
 🕮 セクシュアリティ（*Sexuality*）

Baird, Leonard L.：Ohio State University, US
ベアード、レオナード・L
 🕮 私立学校と独立学校（*Private and Independent Schools*）

Barbas, Samantha：Chapman University, US
バーバス、サマンサ
 🕮 子役スター（*Child Stars*）
 🕮 テンプル、シャーリー（*Temple, Shirley [1928-2014]*）

Barnett, Lynn A.：University of Illinois at Urbana-Champaign, US
バーネット、リン・A
 🕮 組織的なレクリエーションと若者集団（*Organized Recreation and Youth Groups*）

Beam, Sara：University of Victoria, British Columbia, Canada
ビーム、サラ
 🕮 シャリヴァリ（*Charivari*）

Beckett, Sandra L.：Brock University, Ontario, Canada
ベケット、サンドラ・L
 🕮 デュマ、アレクサンドル（*Dumas, Alexandre [1802-1870]*）

Berg, Ellen L.：University of California, Berkeley, US
ベルグ、エレン・L
 🕮 ギューリック、ルーサー（*Gulick, Luther [1865-1918]*）
 🕮 幼稚園（*Kindergartens*）

Berkovitz, Jay R.：University of Massachusetts at Amherst, US
ベルコヴィッツ、ジェイ・R
 🕮 ユダヤ教（*Judaism*）

Berlage, Gai Ingham：Iona College, US
バーレイジ、ガイ・インガム
 🕮 ベースボール（野球）（*Baseball*）

Bessire, Marie-Jeanne Liengme：Department of Education, Canton of Jura, Switzerland
ベジーレ、マリー＝ジーン・L
 🕮 ピアジェ、ジャン（*Piaget, Jean [1896-1980]*）

Best, Amy L.：San Jose State University, US
ベスト、エイミー・L
 🕮 プロムナード・コンサート（*Proms*）

Blanton, Carlos Kevin：Texas A & M University, US
ブラントン、カルロス・ケヴィン
 🕮 バイリンガル教育（*Bilingual Education*）

Bleske-Rechek, April：University of Wisconsin-Eau Claire, US
ブレスケ＝レチク、エイプリル
 🕮 知能テスト（*Intelligence Testing*）

Boesgaard, Nils Eric：Independent Scholar, Denmark
ベスガード、ニルス・エリク
 🕮 おもちゃの兵隊（*Toy Soldiers [Tin Soldiers]*）

Bottigheimer, Ruth B.：State University of New York at

Stony Brook, US
ボッティハイマー、ルース・B
- 聖書と子ども（*Bible, The*）
- フェアリーテイルと寓話（*Fairy Tales and Fables*）

Brehony, Kevin J.：University of Surrey, Roehampton, United Kingdom
ブレホニー、ケヴィン・J
- 遊びの理論（*Theories of Play*）
- フレーベル、フリードリヒ・ヴィルヘルム・アウグスト（*Froebel, Friedrich Wilhelm August [1782-1852]*）
- 保育園（*Nursery Schools*）
- モンテッソーリ、マリア（*Montessori, Maria [1870-1952]*）

Breuning, Ulrich：National Film School of Denmark, Denmark
ブロイニング、ウルリヒ
- 映画（*Movies*）

Brookes, Barbara：University of Otago, New Zealand
ブルークス、バーバラ
- 初潮（*Menarche*）

Brosco, Jeffrey P.：University of Miami, US
ブロスコ、ジェフリー・P
- 小児医学（*Pediatrics*）

Broström, Stig：The Danish University of Education, Denmark
ブロシュトレム、スティグ
- ヴィゴツキー（*Vygotsky, L S. [1896-1934]*）

Brown, Marilyn R.：Tulane University, US
ブラウン、マリリン・R
- 子ども期のイメージ（*Images of Childhood*）

Brown, Alyson：Edge Hill, United Kingdom
ブラウン、アリソン
- 児童売春（*Child Prostitution*）

Brunet, Guy：Université Lyon 2, France
ブルネット、ガイ
- 孤児（*Orphans*）

Bryan, Elizabeth：Multiple Births Foundation, United Kingdom
ブライアン、エリザベス
- 多児出産（*Multiple Births*）

Bullough, Vern L.：State University of New York, US
バロウ、ヴァーン・L
- 同意年齢（*Age of Consent*）
- 同性愛と性的指向（*Homosexuality and Sexual Orientation*）

Burke, Catherine：University of Leeds, United Kingdom
バーク、キャサリン
- 子ども期の理論（*Theories of Childhood*）

C

Cahan, Emily D.：Wheelock College, US
キャハン、エミリー・D
- 子どもの発達概念の歴史（*Child Development, History of the Concept of*）

Campbell, Nancy：Rensselaer Polytechnic Institute, Troy, New York, US
キャンベル、ナンシー
- ドラッグ（薬物）（*Drugs*）

Carp, E. Wayne：Pacific Lutheran University, US
カープ、E・ウェイン
- 養子縁組（アメリカ）（*Adoption in the United States*）

Carton, Benedict：George Mason University, US
カートン、ベネディクト
- アフリカの子ども（*Africa*）

Casteras, Susan P.：University of Washington, US
カステラス、スーザン・P
- ヴィクトリア時代の美術（*Victorian Art*）

Chambliss, J. J.：Rutgers University, US
チャムブリス、J・J
- アリストテレス（*Aristotle [384-322 B.C.E.]*）

Châtelet, Anne-Marie：Ecole de l'architecture de Versailles, France
シャトレ、アン＝マリー
- 学校建築と建築様式（*School Buildings and Architechture: Europe*）
- 野外学校運動（*Open Air School Movement*）

Chaudhuri, Nupur：Texas Southern University, US
チョードフリ、ナプール
- インドにおけるイギリスの植民地支配（*British Colonialism in India*）

Chudacoff, Howard P.：Brown University, US
チュダコフ、ハワード・P
- 青年期と若者期（*Adolescence and Youth*）
- 誕生日（*Birthday*）

Clark, Beverly Lyon：Wheaton College, US
クラーク、ベヴァリー・リヨン
- ディズニー（*Disney*）

Clarke, C. Antoinette：Ohio Northern University College of Law, US
クラーク、C・アントワネット
- 少年司法（アメリカ）（*Juvenile Justice: United States*）

Cleves, Rachel Hope：University of California, Berkeley, US
クリーヴズ、レイチェル・ホープ
- ウェイランド、フランシス（*Wayland, Francis [1796-1865]*）
- オルコット、ブロンソン（*Alcott, Bronson [1799-1888]*）
- 児童虐待防止協会（*Societies for the Prevention of Cruelty to Children*）
- 銃（*Guns*）
- スース博士（*Dr. Seuss [1904-1991]*）
- ライト、ヘンリー・クラーク（*Wright, Henry Clarke [1797-1870]*）
- 『若草物語』とルイーザ・メイ・オルコット（*Little Women and Louisa May Alcott*）

Cody, Lisa Forman：Claremont McKenna College, US
コディ、リサ・フォアマン
- 妊娠と出産（*Conception and Birth*）

Cohen, Robert：New York University, US
コーエン、ロバート

  世界大恐慌とニューディール政策（*Great Depression and New Deal*）
Cohoon, Lorinda B.：University of Texas at El Paso, US
カフーン、ロリンダ・B
  少年期（*Boyhood*）
Coldrey, Barry M.：Thombury, Australia
コールドレイ、バリー・M
  里子制度（*Placing Out*）
Coleman, Michael C.：University of Jyvaskyla, Finland
コールマン、マイケル・C
  アメリカ先住民の学校（*American Indian Schools*）
Cookson , Peter W., Jr.：Teachers College, Columbia University, US
クックソン、ピーター・W、Jr.
  学校選択（*School Choice*）
  スクール・バウチャー（*Scbool Vouchers*）
Coquery-Vidrovitch, Catherine：Paris, France
コカリー＝ヴィドロヴィッチ、キャサリン
  女性の割礼（性器切除）（*Female Genital Mutilation*）
Coriand, Rotraud：Friedrich-Schiller-University Jena, Germany
コリアンド、ロトラウド
  ヘルバルト、J・F（*Herbart, J. F. [1776-1841]*）
Corsaro, William A.：Indiana University, US
コルサロ、ウィリアム・A
  遊び（*Play*）
Courtwright, Andrew M.：University of North Carolina, US
コートライト、アンドルー・M
  喫煙（*Smoking*）
Courtwright, David T.：University of North Florida, US
コートライト、デイヴィッド・T
  喫煙（*Smoking*）
Cox, Gordon：University of Reading, United Kingdom
コックス、ゴードン
  音楽教育（*Music Education*）
Cravens, Hamilton：Iowa State University, US
クレイヴェンズ、ハミルトン
  シェパード＝タウナー母子保健法（*Sheppard-Towner Maternity and Infancy Act*）
  社会福祉（歴史）（*Social Welare: History*）
  知能指数（IQ）（*Intelligence Quotient*）
  福祉改革法（*Welfare Reform Act [1996]*）
  要扶養児童扶助法（*Aid to Dependent Children*）
  ローラ・スピールマン・ロックフェラー記念研究所（*Laura Spelman Rockefeller Memorial*）
Crombrugge, Hans van：University of Ghent, Belgium
クロムブルグ、ハンス・ファン
  ルソー、ジャン＝ジャック（*Rousseau, Jean-Jacques [1712-1778]*）
Cross, Gary：The Pennsylvania State University, US
クロス、ゲイリー
  おもちゃ（*Toys*）
  休暇（*Vacations*）
  経済と子ども（西ヨーロッパ社会：消費経済）（*Economics and Children in Western Societies: The Consumer Economy*）
  消費文化（*Consumer Culture*）
Cunningham, Hugh：University of Kent, United Kingdom
カニンガム、ヒュー
  労働と貧困（*Work and Poverty*）
Curran, Laura：Rutgers University, US
カラン、ローラ
  孤児列車（*Orphan Trains*）
  里親養育（*Foster Care*）
Cutler III, William W.：Temple University, US
カトラーIII、ウィリアム・W
  PTA（*Parent-Teacher Associations*）

D

Dally, Ann：University College London, United Kingdom
ダリー、アン
  先天性欠損症（*Birth Defects*）
  乳幼児突然死症候群（*Sudden Infant Death Syndrome: SIDS*）
de Coninck-Smith, Ning：The Danish University of Education, Denmark
デ・コニンク＝スミス、ニング
  社会福祉（20世紀の比較発展）（*Social Welfare: Comparaive Twentieth-Century Developments*）
  ペドフィリア（小児性愛症）（*Pedophilia*）
Dedman, Martin J.：Middlesex University, United Kingdom
デッドマン、マーティン・J
  ベイデン＝パウエル、ロバート（*Baden-Powell, Robert [1857-1941]*）
Dekker, Rudolf M.：Erasmus Universiteit, Netherlands
デッカー、ルドルフ・M
  恐怖心（*Fear*）
  啓蒙思想（*Enlightenment, The*）
  自伝（*Autobiographies*）
  フランク、アンネ（*Frank, Anne [1929-1945]*）
DeLuzio, Crista：Southern Methodist University, US
デルジオ、クリスタ
  思春期（*Puberty*）
DeMolen, Richard L.：Our Lady of Tahoe Parish, Nevada, US
ドモレン、リチャード・L
  堅信（*Confirmation*）
  洗礼（*Baptism*）
  初聖体（*Communion, First*）
Devlin, Rachel：Tulane University, US
デヴリン、レイチェル
  少女期（*Girlhood*）
Dickason, Jerry G.：Montclair State University, US
ディッカソン、ジェリー・G
  遊び場運動（*Playground Movement*）
Dimock, George：University of Norih Carolina at Greensboro, US
ディモック、ジョージ
  子どもの写真（*Photographs of Children*）
  ハイン、ルイス（*Hine, Lewis [1874-1940]*）
Dixon, Dwayne Emil：Center for Documentary Studies,

Durham, North Carolina, US
ディクソン、ドウェイン・エミール
 🕮 イーウォルド、ウェンディ（*Ewald, Wendy [1951-]*）
Donaldson, Gail：Union College, US
ドナルドソン、ゲイル
 🕮 フロイト、アンナ（*Freud, Anna [1895-1982]*）
 🕮 クライン、メラニー（*Klein, Melanie [1882-1960]*）
Dooley, Brendan：Florence, Italy
ドゥーレイ、ブレンダン
 🕮 大学紛争（1960 年代）（*Campus Revolts in the 1960s*）
Dorn, Charles：Bowdoin College, US
ドーン、チャールズ
 🕮 グラマースクール（アメリカ）（*Grammar School*）
Dourado, Ana Cristina Dubeux：Federal University of Pernambuco, Brazil
ドゥラド、アナ・クリスティナ・デュボ
 🕮 ブラジルの子ども（歴史）（*Brazil: History*）
Drotner, Kirsten：University of Southern Denmark, Denmark
ドロトナー、クリステン
 🕮 メディアと子ども（*Media, Childhood and the*）

E

Efron, John M.：University of California, Berkeley, US
エフロン、ジョン・M
 🕮 モルターラ誘拐事件（*Mortara Abduction*）
Elder, Nika：Wellesley College, US
エルダー、ニカ
 🕮 チャーチ、シャルロット（*Church, Charlotte [b.1986]*）
 🕮 スピアーズ、ブリトニー（*Spears, Britney [1981-]*）
Elm, Susanna：University of California, Berkeley, US
エルム、スザンナ
 🕮 古代ギリシア・ローマの子ども（自己形成）（*Ancient Greece and Rome: Self-Formaion*）
 🕮 ペルペトゥア（聖）（*Perpetua, Saint*）
Elson, Amy L.：Indiana University, US
エルソン、エイミー・L
 🕮 クルーズ事件（*Ex Parte Crouse*）
 🕮 ゴールト裁判（*In re Gault*）
 🕮 修正第 26 条（*Twenty-Sixth Amendment*）
 🕮 ベロッティ対ベアード裁判（*Belloti v. Baird*）
Eustace, Nicole：New York University, US
オイスタス、ニコル
 🕮 子どもの感情生活（*Emotional Life*）
Evans, Hughes：University of Alabama at Birmingham, US
エヴァンズ、ヒューズ
 🕮 近親相姦（インセスト）（*Incest*）
 🕮 子ども病院（*Children's Hospitals*）

F

Fass, Paula S.：University of California, Berkeley, US
ファス、ポーラ・S
 🕮 デート（*Dating*）
 🕮 誘拐（アメリカ）（*Abduction*）
 🕮 リンドバーグ愛児誘拐事件（*Lindbergh Kidnapping*）
Fauve-Chamoux, Antoinette：École des Hautes Études en Sciences Sociales, Paris, France
フォーヴ＝シャモー、アントワネット
 🕮 相続と財産（*Inheritance and Property*）
Fernea, Elizabeth Warnock：University of Texas at Austin, US
ファーニー、エリザベス・ウォーノック
 🕮 中東社会の子ども（*Middle East*）
Ferraro, Joanne M.：San Diego State University, US
フェラーロ、ジョアンヌ・M
 🕮 家族の諸類型（*Family Patterns*）
 🕮 近世ヨーロッパの子ども（*Early Modern Europe*）
Fields, Sarah K.：University of Georgia, US
フィールズ、サラ・K
 🕮 スポーツ（*Sports*）
Fine, Agnès：Universite do Toulouse, France
フィン、アグネス
 🕮 名づけ親（代父母）（*Godparents*）
Finkelstein, Barbara：University of Maryland at College Park, US
フィンケルシュタイン、バーバラ
 🕮 子どもに向けられる暴力（*Violence Against Children*）
Fisher-Yinon, Yochi：The Hebrew University of Jerusalem, Israel
フィッシャー＝イノン、ヨチ
 🕮 バンドリング（*Bundling*）
Floris, Lene：Holbaek Museum, Denmark
フロリス、ルネ
 🕮 乳母車（*Pram*）
Forman-Brunell, Miriam：University of Missouri, Kansas City, US
フォアマン＝ブルネル、ミリアム
 🕮 バービー人形（*Barbie*）
 🕮 ベビーシッター（*Baby-Sitters*）
Foster, Michael J.：Rector, Chase Benefice Dorset, United Kingdom
フォスター、マイケル・J
 🕮 ボーイスカウト（*Boy Scouts*）
Freidenfelds, Lara：Harvard University, US
フライデンフェルズ、ララ
 🕮 人工授精（*Artificial Insemination*）
 🕮 代理母出産（*Surrogacy*）
 🕮 超音波画像診断法（*Sonograpby*）
 🕮 卵子提供（*Egg Donation*）
Frijhoff, Willem：Vrije Universiteit, Netherlands
フリホフ、ウィレム
 🕮 ギムナジウムの教育（*Gymnasium Schooling*）
 🕮 ラテン語学校（*Latin School*）

G

Garrison, Elise P.：Texas A & M University, US
ギャリソン、エリーゼ・P
 🕮 古代ギリシア・ローマの子ども（概観）（*Ancient Greece and Rome: Overview*）

Gavin, Eileen A.：College of Saint Catherine, St. Paul, Minnesota, US
ガヴィン、アイリーン・A
　✍ ビューラー・シャーロット（*Bühler, Charlotte [1893-1974]*）
Gavitt, Philip：Saint Louis University, US
ガヴィット、フィリップ
　✍ 中世とルネサンス時代のヨーロッパ（*Medieval and Renaissance Europe*）
Gems, Gerald R.：North Central College, US
ゲムズ、ジェラルド・R
　✍ バスケットボール（*Basketball*）
　✍ ボクシング（*Boxing*）
Getis, Victoria L.：Ohio State University, US
ゲティス、ヴィクトリア・L
　✍ 非行（*Delinquency*）
Gill, Brian：RAND Corporation, US
ジル、ブライアン
　✍ 宿題（*Homework*）
Gillis, Jonathan：The Children's Hospital at Westmead, Australia
ギリス、ジョナサン
　✍ おしゃぶり（*Pacifier*）
Gillis, John R,：Rutgers University, US
ギリス、ジョン・R
　✍ 通過儀礼（*Rites of Passage*）
　✍ ライフコースと成人期への移行（*Life Course and Transitions to Adulthood*）
Gish, Clay：ESI Design, New York, US
ギッシュ、クレイ
　✍ 浮浪児と宿なし子（*Street Arabs and Street Urchins*）
Glanz, Jeffrey：Wagner College, US
グランツ、ジェフリー
　✍ ユダヤ人ゲットーの教育とホロコースト（*Holocaust, Jewish Ghetto Education and the*）
Gleason, Mona：University of British Columbia, Canada
グリーソン、モナ
　✍ カナダの子ども（*Canada*）
Gordon, Howard R. D.：Marshall University, US
ゴードン、ハワード・R・D
　✍ 職業教育・工業教育・職業訓練学校（*Vocational Education, Industrial Education, and Trade Schools*）
Gordon, Lynn D.：University of Rochester, US
ゴードン、リン・D
　✍ 女子カレッジ（女子大学）（アメリカ）（*Women's Colleges in the United States*）
Gorham, Deborah：Carlton Universrey, Canada
ゴーラム、デボラ
　✍ ジェンダー化（*Gendering*）
Graham, Jeanine：University of Waikato, New Zealand
グラハム、ジェニー
　✍ ニュージーランドの子ども（*New Zealand*）
Grant, Julia：Michigan State University, US
グラント、ジュリア
　✍ 科学的育児法（*Scientific Child Rearing*）

Greenough, Jan Price：University of California, Berkeley, US
グリーナフ、ヤン・プライス
　✍ 学校銃撃事件と校内暴力（*School Shootings and School Violoence*）
Grossberg, Michael：Indiana University, US
グロスバーグ、マイケル
　✍ 法律と子ども（*Law, Children and the*）
Gutman, Marta：University of California, Berkeley, US
ガットマン、マルタ
　✍ 学校建築と建築様式（アメリカ）（*School Buildings and Architecture: United States*）

H

Haiken, Elizabeth：El Cerrito, California, US
ハイケン、エリザベス
　✍ 化粧品（*Cosmetics*）
Hall, Lesley A.：Wellcome Library and University College, London, United Kingdom
ホール、レスリー・A
　✍ マスターベーション（自慰行為）（*Masturbation*）
Hampel, Robert L.：University of Delaware, US
ハンペル、ロバート・L
　✍ 進歩主義教育（*Progressive Education*）
Hanff, Peter E.：The Bancroft Library, University of California, Berkeley, US
ハンフ、ピーター・E
　✍ 『オズの魔法使い』とL・フランク・ボーム（*Wizard of Oz and L. Frank Baum*）
Hansen, Hal：Suffolk University, US
ハンセン、ハル
　✍ 徒弟制度（*Apprenticeship*）
　✍ 都市の学校制度の誕生（*Urban School Systems, The Rise of*）
Hansen, Jørn：University of Southern Denmark, Denmark
ハンセン、ヨルン
　✍ グーツムース、J・C・F（*GutsMuths, J. C. F. [1759-1839]*）
Hardin, Michael：Bloomsburg University of Pennsylvania, US
ハーディン、マイケル
　✍ 入れ墨とピアス（*Tatoos and Piercing*）
Harris, Lisa H.：University of Michigan, US
ハリス、リサ・H
　✍ 体外受精（*In Vitro Fertilization*）
　✍ 排卵誘発剤（*Fertility Drugs*）
Harris-Solomon, Amy：Easter Seals of Tennessee, US
ハリス＝ソロモン、エイミー
　✍ 保育（家庭保育）（*Child Care: In-Home Child Care*）
Hart, Roger A.：City University of New York, US
ハート、ロジャー・A
　✍ 砂場（*Sandbox*）
Haue, Harry：University of Southern Denmark, Denmark
ホイ、ハリー
　✍ 教育（ヨーロッパ）（*Education, Europe*）
Hawes, Joseph M.：University of Memphis, US

ハウズ、ジョーゼフ・M
- 子ども期の歴史（アメリカ）（History of Childhood: United States）

Hazell, Dinah：Independent Scholar
ヘイゼル、ダイナ
- 『指輪物語』とJ・R・R・トールキン（Lord of the Rings and J. R. R. Tolkien）

Hecht, Tobias：Independent Scholar
ヘヒト、トビアス
- ブラジルの子ども（現代）（Brazil: Contemporary）

Hegner, Kirsten：University of Copenhagen, Denmark
ヘグナー、カーステン
- 家具（Furniture）

Heiberg, Steffen：Fredriksborg Museum, Denmark
ハイベルク、シュテッフェン
- 小皇帝（Infant Rulers）

Heineman, Kenneth J.：Ohio University, Lancaster, US
ハイネマン、ケネス・J
- 学生の政治活動（Youth Activism）

Hemphill, C. Dallett：Ursinus College, US
ヘムフィル、C・ダレット
- 礼儀作法（Manners）

Heywood, Colin：University of Nottingham, United Kingdom
ヘイウッド、コリン
- ヨーロッパの工業化（European Industrialization）

Higonnet, Anne：Barnard College, US
ハイゴネット、アンネ
- 現代日本のアート（Japanese Art, Contemporary）
- 児童ポルノ（Child Pornography）
- 『ロリータ』（Lolita）

Hill, Diane E.：University of California, Berkeley, US
ヒル、ダイアン・E
- 国連子どもの権利条約（UN Convention on the Rights of the Child）
- 少年司法（Juvenile Justice）
- ユニセフ（国連児童基金）（UNICEF）

Hindman, Hugh D.：Appalachian State University, US
ハインドマン、ヒュー・D
- 家内産業（Industrial Homework）
- 就業調書（Working Papers）

Hiner, N. Ray：University of Kansas, US
ハイナー、N・レイ
- 子ども期の歴史（アメリカ）（History of Childhood: United States）

Holmlund, Kerstin：Umeå University, Sweden
ホルムルンド、カースティン
- 保育（保育制度の形態）（Child Care: Institutional Forms）

Horn, Margo：Stanford University, US
ホーン、マーゴ
- 児童相談（Child Guidance）

Horowitz, Elliot：Bar Ilan University, Israel
ホロウィッツ、エリオット
- 割礼（Circumcision）

Hunter, Mark：University of California, Berkeley, US
ハンター、マーク
- グローバリゼーション（Globalization）

Hutton, Patrick H.：University of Vermont, US
ハットン、パトリック・H
- アリエス、フィリップ（Ariès, Philippe [1914-1984]）

Hyman, Paula E.：Yale University, US
ハイマン、ポーラ・E
- バル・ミツヴァー／バト・ミツヴァー（Bar Mitzvah, Bat Mitzvah）

I

Illick, Joseph E.：San Francisco State University, US
イリック、ジョーゼフ・E
- 先住アメリカ人の子どもたち（Native American Children）

Isaac, Rael Jean：Independent Scholar, New York, US
イサーク、ラエル・ジーン
- 回復記憶（RM）（Recovered Memory）

J

Jable, J. Thomas：William Paterson University, US
ジェイブル、J・トマス
- 学校対抗運動競技（Interscholastic Athletics）

Jacobi, Juliane：University of Potsdam, Germany
ジャコビ、ジュリアンヌ
- フランケ、A・ヘルマン（Francke, Aug. Hermann [1663-1727]）

Jacobsen, Anette Faye：Danish Institute for Human Rights, Denmark
ヤコブセン、アネット・フェイエ
- 児童労働（発展途上国）（Child Labor in Developing Countries）

Jacobson, Lisa：University of California, Santa Barbara, US
ヤコブソン、リサ
- 広告業と子ども（Advertising）
- お小遣い（Allowances）

Janfelt, Monika：Southern Denmark University, Denmark
ヤンフェルト、モニカ
- 戦争と子ども（20世紀）（War in the Twentieth Century）

Jensen, Hans-Christian：University of Southern Denmark, Denmark
イェンセン、ハンス＝クリスティアン
- 自転車と三輪車（Bicycles and Tricycles）

Jensen, Knud：The Danish University of Education, Denmark
イェンセン、クヌート
- ケルシェンシュタイナー、ゲオルグ（Kerschensteiner, Georg [1854-1932]）

Jerselius, Kristina Tegler：University of Uppsala, Sweden
イェルセリウス、クリスティナ・テグラー
- 子どもの魔法使い（Child Witch）

Johnson, John W.：University of Northern Iowa, US
ジョンソン、ジョン・W
- ティンカー対デモイン訴訟（Tinker v. Des Moines）

Jonassen, Niels：Humlebaek, Denmark
ヨナッセン、ニールス

おもちゃとしての車（Cars as Toys）
Jones, Kathleen W.：Virginia Polytechnic Institute and State University, US
ジョーンズ、カスリーン・W
ヒーリー、ウィリアム（Healy, Willian [1869–1963]）
Jones, Marshall B.：Pennsylvania State University, US
ジョーンズ、マーシャル・B
子どもにかんするホワイトハウス会議（White House Conferences on Children）

K

Kagan, Jerome：Harvard University, US
ケイガン、ジェローム
児童心理学（Child Psychology）
Kagan, Josh：New York University, School of Law, US
ケイガン、ジョシュ
ヘッドスタート計画（Head Start）
Kannenberg, Gene, Jr.：University of Houston, Downtown, US
カネンベルグ、ジェネ、Jr.
コミック・ブック（Comic Books）
『タンタン』とエルジェ（Tintin and Hergé）
Kanogo, Tabitha：University of California, Berkeley, US
カノゴ、タビサ
誘拐（現代アフリカ）（Abduction in Modern Africa）
Kantor, Harvey：University of Utah, US
カントール、ハーヴェイ
学校の人種差別撤廃（School Desegregation）
Katz, Melissa R.：Brown University, US
カッツ、メリッサ・R
聖母マリア（宗教）（Madonna, Religious）
聖母マリア（世俗）（Madonna, Secular）
Kelly, Timothy：Saint Vincent College, US
ケリー、ティモシー
カトリック（Catholicism）
Kendall, Gavin：Queensland University of Technology-Carseldine, Australia
ケンダル、ガヴィン
識字能力（リテラシー）（Literacy）
Kete, Kathleen：Trinity College, Hartford, Connecticut, US
キート、カスリーン
ペット動物（Pets）
Kildegaard, Bjarne：Rudkøbing, Denmark
キルデガード、ブヤルネ
コレクションと趣味（Collections and Hobbies）
King, Wilma：University of Missouri, Columbia, US
キング、ウィルマ
奴隷制（アメリカ）（Slavery, United States）
Kociumbas, Jan：University of Sydney, Australia
コキアムバス、ジャン
オーストラリアの子ども（Australia）
Nita Kumar：Center for Postcolonial Studies, Varanasi, India
クマール、ニタ
インドと南アジアの子ども（India and South Asia）
Kuznesof, Elizabeth Anne：University of Kansas, US

クズネソフ、エリザベス・アン
ラテンアメリカの子ども（概観）（Latin America: Overview）
Kwon, Andrea：University of California, Berkeley, US
クウォン、アンドレア
教育法第9編と女子スポーツ（Title IX and Girls' Sports）

L

Lanzinger, Margareth：University of Vienna, Austria
ランツィンゲル、マーガレット
命名（Naming）
Laqueur, Thomas：University of California, Berkeley, US
ラクール、トマス
センダック、モーリス（Sendak, Maurice [1928–]）
Lassonde, Stephen：Yale University, US
ラッソンド、スティーヴン
年齢と発達（Age and Development）
ハイスクール（High School）
Last, John M.：University of Ottawa, Canada
ラスト、ジョン・M
接触伝染病（Contagious Diseases）
ポリオ（Polio）
予防接種（Vaccination）
Lauridsen, John T.：The Royal Library, Copenhagen, Denmark
ローリンドセン、ジョン
ヒトラー・ユーゲント（Hitler Youth）
Levine, David：University of Toronto, Canada
レヴァイン、デイヴィッド
経済と子ども（西ヨーロッパ社会：農業社会から工業社会へ）（Economics and Children in Western Societies: From Agriculture to Industry）
出生率（Fertility Rate）
Linde, Kirsten：Akershus Fylkesmuseum, Norway
リンデ、カーステン
スウォッドリング（Swaddling）
Lindenmeyer, Kriste：University of Maryland, Baltimore County, US
リンデンマイアー、クリステ
全米児童労働委員会（National Child Labor Committee）
10代の妊娠（Teen Pregnancy）
アメリカ連邦児童局（U.S. Children's Bureau）
Lindgren, Anne-Li：Linköping University, Sweden
リンドグレン、アンネ＝リー
ラジオ（Radio）
Lingo, Alison Klarmont：University of California, Berkeley, US
リンゴ、アリソン・クラーモント
産科学と助産術（Obstetrics and Midwifery）
Littauer, Amanda H.：University of California, Berkeley, US
リッタウアー、アマンダ・H
勝利の女神の少女たち（Victory Girls）
同性家族の子育て（Same-Sex Parenting）
Lorence-Kot, Bogna：California College of Arts and Crafts,

US
ロレンス＝コット、ボーニャ
　🕮 東ヨーロッパの子ども（ポーランド）（*Eastern Europe: Poland*）
Lothane, Zvi：Mount Sinai School of Medicine, US
ローザンヌ、ツヴィ
　🕮 フロイト、ジークムント（*Freud, Sigmund [1856-1939]*）
Lyngby, Thomas：University of Aarhus, Denmark
リングビー、トマス
　🕮 貴族の教育（ヨーロッパ）（*Aristocratic Education in Europe*）
　🕮 ルイ13世の幼年期（*Infancy of Louis XIII*）

M

Maack, Mary Niles：University of California, Los Angeles, US
マアク、メアリ・ニルス
　🕮 子ども図書館（*Children's Libraries*）
MacMullen, Edith Nye：Yale University, US
マクミューレン、エディス・ニエ
　🕮 コモンスクール（*Common Schools*）
　🕮 マン、ホーレス（*Mann, Horace [1796-1859]*）
Magidson, Phyllis：The Museum of the City of New York, US
マギッドソン、フィリス
　🕮 ファッション（*Fashion*）
Mahdavi, Shireen：University of Utah, US
マーダヴィ、シリーン
　🕮 イスラム社会の子ども（*Islam*）
Mangan, John：Yale University, US
マンガン、ジョン
　🕮 天才児（*Child Prodigies*）
Marchant, Jennifer：Middle Tennessee State University, US
マーチャント、ジェニファー
　🕮 キプリング、ラドヤード（*Kipling, Rudyard [1865-1936]*）
　🕮 ヴェルヌ、ジュール（*Verne, Jules [1828-1905]*）
Marten, James：Marquette University, US
マーテン、ジェームズ
　🕮 少年兵（世界的な人権問題）（*Soldier Children: Global Human Rights Issues*）
Martin, Waldo E., Jr.：University of California, Berkeley, US
マーティン、ワルド・E、Jr.
　🕮 スカッツバラ少年事件（*Scottsboro Boys*）
　🕮 ブラウン対カンザス州トペカ教育委員会裁判（*Brown v. the Board of Education of Topeka, Kansas*）
Mason, Mary Ann：University of California, Berkeley, US
メイソン、メアリ・アン
　🕮 継父母（アメリカ）（*Stepparents in the United States*）
　🕮 子どもの権利（*Children's Rights*）
　🕮 離婚と監護権（*Divorce and Custody*）
Matt, Susan J.：Weber State University, US
マット、スーザン・J

　🕮 嫉妬と羨望（*Jealousy and Envy*）
Mayes, Linda C.：Yale University, US
メイズ、リンダ・C
　🕮 ゲゼル、アーノルド（*Gesell, Arnold [1880-1951]*）
Murry, Velma McBride：Center for Family Research, Athens, Georgia, US
マリー、ヴェルナ・マクブライド
　🕮 10代の母親（アメリカ）（*Teenage Mothers in the United States*）
McCamant, Caroline Hinkle：University of California, Berkeley, US
マッカマント、キャロライン・ヒンクル
　🕮 おむつと排便訓練（*Diapers and Toileting*）
　🕮 児童救済（*Child Saving*）
　🕮 ベビーファーム（有料託児所）（*Baby Farming*）
McCrossen, Alexis：Southern Methodist University, US
マクロッセン、アレクシス
　🕮 日曜日（安息日）（*Sunday*）
McDaniel, Patricia A.：Public Health Institute, Berkeley, California, US
マクダニエル、パトリシア・A
　🕮 内気（*Shyness*）
McDermott, Ray：Stanford University, US
マクダーモット、レイ
　🕮 ミード、マーガレット（*Mead, Margaret [1901-1978]*）
McGee, Chris：Illinois State University, US
マクギー、クリス
　🕮 双書（シリーズもの）（*Series Books*）
　🕮 『ハリー・ポッター』とJ・K・ローリング（*Harry Potter and J. K. Rowling*）
McGuire, Brian Patrick：Roskilde University, Denmark
マクガイア、ブライアン・パトリック
　🕮 エラスムス（*Desiderius Erasmus of Rotterdam [1469-1536]*）
　🕮 修道院学校（司教座聖堂学校）（*Convent Schools [Catholic Schools]*）
McMillen, Sally G.：Davidson College, US
マクミレン、サリー・G
　🕮 乳児哺育（*Infant Feeding*）
Mechling, Jay：University of California, Davis, US
メクリング、ジェイ
　🕮 子育ての助言文献（*Child-Rearing Advice Literature*）
　🕮 排便訓練（*Toilet Traning*）
Meckel, Richard：Brown University, US
メッケル、リチャード
　🕮 乳児死亡率（IMR）（*Infant Mortality*）
Meliemgaard, Signe：University of Copenhagen, Denmark
メリームガード、サイン
　🕮 ザルツマン、クリスティアン・ゴットヒルフ（*Salzmann, Christian Gotthilf [1744-1811]*）
Mergen, Bernard：George Washington University, US
マーゲン、バーナード
　🕮 路上遊戯（*Street Games*）
Merrick, Joav：National Institute of Child Health and Human Development, Israel

メリック、ヨアヴ
- イスラエルの子ども（Israel）

Mihailoff, Laura：University of California, Berkeley, US
ミハイロフ、ラウラ
- 少年裁判所（Juvenile Court）
- フラッパーズ（Flappers）
- ユース・ギャング（Youth Gangs）

Milanich, Nara：University of California, Davis, US
ミラニッチ、ナラ
- ラテンアメリカの子ども（植民地支配）（Latin America: Colonization）

Miller, Andrew Thompson：University of Michigan, US
ミラー、アンドルー・トムソン
- アフリカ系アメリカ人の子どもと若者（Afrian-American Children and Youth）

Mintz, Steven：University of Houston, US
ミンツ、スティーヴン
- 育児（Parenting）

Mishara, Brian L.：University of Quebec at Montreal, Canada
ミシャーラ、ブライアン・L
- 自殺（Suicide）

Moran, Jeffrey P.：University of Kansas, US
モラン、ジェフレイ・P
- 性教育（Sex Education）

N

Noll, Steven：University of Florida, US
ノル、スティーヴン
- 精神疾患（Mental Illness）

Norris, Katharine：American University, US
ノリス、カタリーヌ
- ビネー、アルフレッド（Binet, Alfred [1857-1911]）

Nørgaard, Ellen：The Danish University of Education, Denmark
ネルガード、エレン
- ニール、A・S（Neill, A. S. [1883-1973]）
- フレネ、セレスタン（Freinet, Célestin [1896-1966]）

O

O'connor, Stephen：New York, US
オコンナー、スティーヴン
- ニューヨーク児童保護協会（New York Children's Aid Society）

Oelkers, Jürgen：University of Zürich（Universität Zürich）, Switzerland
エルカーズ、ユルゲン
- シュタイナー、ルドルフ（Steiner, Rudolf [1861-1925]）

Oles, James：Wellesley College, US
オーレス、ジェームズ
- レーヴィット、ヘレン（Levitt, Helen [1913-]）

Olsen, Ole Andkjaer：Copenhagen, Denmark
オルセン、オウル・アンドカジェール
- 乳幼児の性欲（Infant Sexuality）

P

Pahl, Jon：The Lutheran Theological Seminary at Philadelphia, US
パール、ジョン
- 宗教の復活（Religious Revivals）
- 青年伝導団（Youth Ministries）

Palmenfelt, Ulf：Gotland University, Sweden
パルメンフェルト、ウルフ
- オーピー、アイオナ　オーピー、ピーター（Opie, Iona and Peter）

Park, Roberta：University of California, Berkeley, US
パーク、ロバータ
- 体育（Physical Education）
- 体操（Gymnastics）

Pasierbska, Halina：Bethnal Green Museum of Childhood, United Kingdom
パジールブスカ、ハリーナ
- おもちゃの列車（Toy Trains）
- 豚の貯金箱（Piggy Bank）

Pentcheva, Bissera V.：Columbia University, US
ペンチェヴァ、ビッセラ・V
- 聖母マリア（東方正教会）（Madonna, Orthodox）

Pernick, Martin S.：University of Michigan, US
パーニック、マーティン・S
- 優生学（Eugenics）

Perret-Clermont, Anne-Nelly：Universite de Neuchatel, Switzerland
ペレット＝クレアモント、アン＝ネリー
- ピアジェ、ジャン（Piaget, Jean [1896-1980]）

Peterson, Anna L.：University of Florida, US
ピーターソン、アンナ・L
- ラテンアメリカの子ども（中央アメリカの戦争）（Latin America: Wars in Central America）

Petrik, Paula：George Mason University, US
ペトリク、ポーラ
- おもちゃ技術（Toy Technology）
- 青少年向けの出版事業（Juvenile Publishing）

Pitman, Mary Anne：University of Cincinnati, US
ピットマン、メアリ・アンネ
- 自宅学習（Homeschooling）

Pols, Hans：University of Sydney, Australia
ポルズ、ハンス
- 子ども学研究（Child Study）
- 精神衛生学（Mental Hygiene）

Prescott, Heather Munro：Central Connecticut State University, US
プレスコット、ヘザー・ムンロ
- 青年期医学（Adolescent Medicine）

R

Rebori, Stephen J.：West Hollywood, California, US
リボリ、スティーヴン・J
- テーマパーク（Theme Parks）

Redding, Kimberly A.：Carroll College, US
レディング、キムバリー・A
- ファシズムの若者（Fascist Youth）

Reed, James W.：Rutgers University, US

リード、ジェームズ・W
✍ 産児制限（受胎調節）（*Birth Control*）
Reeh, Henrik：University of Copenhagen, Denmark
リー、ヘンリク
✍ ベンヤミン、ヴァルター（*Benjamin, Walter [1892–1940]*）
Reese, William J.：University of Wisconsin, Madison, US
リース、ウィリアム・J
✍ 教育（アメリカ）（*Education, United States*）
Reiman, Richard A.：South Georgia College, US
ライマン、リチャード
✍ ニューディール政策の青少年支援組織（*Youth Agencies of the New Deal*）
Reinier, Jacqueline S.：California State University, US
ライニア、ジャクリーヌ・S
✍ しつけ（*Discipline*）
✍ 半ズボンをはくこと（*Breeching*）
Richardson, John G.：Western Washington University, US
リチャードソン、ジョン・G
✍ 義務就学（*Compulsory School Attendance*）
Roberts, Benjamin B.：Free University of Amsterdam, Netherlands
ロバーツ、ベンジャミン・B
✍ 子ども期の歴史（ヨーロッパ）（*History of Childhood: Europe*）
Roberts, Nathan：University of Manchester, United Kingdom
ロバーツ、ネイザン
✍ パブリックスクール（イギリス）（*Public Schools: Britain*）
Robertson, Stephen：University of Sydney, Australia
ロバートソン、スティーヴン
✍ ミーガン法（*Megan's Law(s)*）
Rogers, Rebecca：Université Marc Bloch, Strasbourg, France
ロジャーズ、レベッカ
✍ 女子校（*Girls' Schools*）
Röling, Hugo：University of Amsterdam, Netherlands
レリンク、ヒューゴ
✍ 恐怖心（*Fear*）
Romesburg, Don：University of California, Berkeley, US
ロムズバーグ、ドン
✍ ベビーブーム世代（*Baby Boom Generation*）
Rosenzweig, Linda W.：Chatham College, US
ローゼンツヴァイク、リンダ・W
✍ きょうだい関係（*Siblings*）
✍ 祖父母（*Grandparents*）
✍ 友情（*Friendship*）
Rothschild, Mary Logan：Arizona State University, US
ロスチャイルド、メアリ・ローガン
✍ ガールスカウト（*Girl Scouts*）
Rury, John L.：University of Kansas, US
リュアリ、ジョン・L
✍ 商業カリキュラム（*Commercial Curriculum*）
✍ 男女共学と別学教育（*Coeducation and Same-Sex Schooling*）
Ryan, Patrick J.：University of Texas at Dallas, US
ライアン、パトリック・J
✍ ハマー対ダゲンハート訴訟（*Hammer v. Dagenhart*）
✍ ピアス対修道女協会裁判（*Pierce v. Society of Sisters*）
Rydin, Ingegerd：Halmstad University, Sweden
ライディン、インゲガード
✍ テレビ（*Television*）

S

Saari, Jon L.：Northern Michigan University, US
サーリ、ジョン・L
✍ 中国の子ども（*China*）
Sacco, Lynn：University of California, Santa Barbara, US
サッコ、リン
✍ 性行為感染症（VD）（*Venereal Disease*）
Safford, Philip Lane：Kent State University, US
サフォード、フィリップ・レイン
✍ 特殊教育（*Special Education*）
Sandin, Bengt：Linköping University, Sweden
サンディン、ベングト
✍ 社会福祉（20 世紀の比較発展）（*Social Welfare: Comparative Twentieth-Century Developments*）
Savoie, Philippe：Institut National de Recherche Pédagogique, Paris, France
サヴォワイエ、フィリップ
✍ リセ（*Lycée*）
Schenker, Inon I.：Hebrew University of Jerusalem, Israel
シェンカー、イノン・I
✍ エイズ（*AIDS*）
Schlossman, Steven：Carnegie Mellon University, US
シュロスマン、スティーヴン
✍ 歯科と子ども（*Dentistry*）
✍ 宿題（*Homework*）
Schmid, Pia：Martin-Luther-Universität-Wittenberg, Germany
シュミット、ピア
✍ バゼドウ、ヨハン・ベルンハルト（*Basedow, Johann Bernhard [1724–1790]*）
Schmidt, Kirsten F.：Søllerød Museum, Denmark
シュミット、カーステン・F
✍ 人形（*Dolls*）
Schouls, Peter：Simon Fraser University, Canada
シャウルズ、ピーター
✍ デューイ、ジョン（*Dewey, John [1859–1952]*）
Schrum, Kelly：George Mason University, US
シュラム、ケリー
✍ ティーンエイジャー（*Teenagers*）
✍ ティーン雑誌（*Teen Magazines*）
✍ ボビー・ソクサーズ（*Bobby Soxers*）
Schrumpf, Ellen：Telemark University College, Norway
シュランプフ、エレン
✍ 児童労働（欧米）（*Child Labor in the West*）
Scolnicov, Samuel：The Folger Shakespeare Library, US
スコルニコフ、サミュエル
✍ プラトン（*Plato [427–348 B.C.E.]*）
Sears, Victoria：Barnard College, US

シアーズ、ヴィクトリア
 🖎 ポター、ビアトリクス（Potter, Beatrix [1866-1943]）

Sejten, Anne Elisabeth：Roskilde Universitet, Denmark
ザイテン、アンネ・エリザベス
 🖎 フェヌロン、フランソワ（Fénelon, François [1651-1715]）

Selig, Diana：Claremont McKenna College, US
セリグ、ダイアナ
 🖎「ペアレンツ・マガジン」（Parents Magazine）
 🖎 ホール、グランヴィル・スタンリー（Hall, Granville Stanley [1844-1924]）

Seymour, Jack L.：Garrett-Evangelical Theological Seminary, US
シーモア、ジャック・L
 🖎 日曜学校（Sunday School）

Shifflett, Peggy A.：Radford University, US
シフレット、ペギー・A
 🖎 ホームレスの子どもと家出中の子ども（アメリカ）（Homeless Children and Runaways in the United States）

Sigle-Rushton, Wendy：London School of Economics, United Kingdom
サイグル＝ラシュトン、ウェンディ
 🖎 捨て子（Foundlings）

Silverman, Shira：Merchant's House Museum, New York, US
シルヴァーマン、シラ
 🖎 室内ゲーム（Indoor Games）
 🖎 テディ・ベア（Teddy Bear）
 🖎 乳幼児のおもちゃ（Infant Toys）
 🖎 ハロウィーン（Halloween）

Skolnick, Arlene：New York University, US
スコルニク、アーリネ
 🖎 子どもの最善の利益を越えて（Beyond the Best Interests of the Child）

Smolak, Linda：Kenyon College, US
スモラク、リンダ
 🖎 拒食症（Anorexia）

Smrekar, Claire E.：Vanderbilt University, US
スムレカー、クレア・E
 🖎 マグネットスクール（Magnet Schools）

Spierling, Karen E.：University of Louisville, US
スピアリング、カレン・E
 🖎 プロテスタントの宗教改革（Protestant Reformation）

Spratt, Margaret A.：California University of Pennsylvania, US
スプラット、マーガレット・A
 🖎 キリスト教女子青年会とキリスト教青年会（YWCA and YMCA）

Spurlock, John C.：Seton Hill University, US
スパーロック、ジョン・C
 🖎 愛情（Love）

Stearns, Peter N.：George Mason University, US
スターンズ、ピーター・N
 🖎 子ども期の比較史（Comparative History of Childhood）
 🖎 自尊心（Self-Esteem）
 🖎 睡眠（Sleep）
 🖎 多動性障害（Hyperactivity）
 🖎 よい姿勢（Posture）

Stearns, Deborah C.：Montgomery College, US
スターンズ、デボラ・C
 🖎 怒りと攻撃（Anger and Aggression）
 🖎 悲しみ・死・葬礼（Grief, Death, Funerals）
 🖎 罪悪感と恥辱感（Guilt and Shame）

Stephens, Dionne P.：Center for Family Research, Athens, Georgia, US
スティーヴンズ、ディオンヌ・P
 🖎 10代の母親（アメリカ）（Teenage Mothers in the United States）

Stevens, Richard：The Open University, United Kingdom
スティーヴンズ、リチャード
 🖎 エリクソン、エリク・H（Erikson, Erik H. [1902-1994]）

Stoianovich, Traian：Rutgers University, US
ストイアノヴィッチ、トライアン
 🖎 東ヨーロッパの子ども（バルカン諸国）（Eastern Europe: Balkans）

Störmer, Norbert：University of Applied Sciences Zittau/Görlitz, Germany
シュテルマー、ノルベルト
 🖎 コメニウス、ヨハン・アモス（Comenius, Johann Amos [1592-1671]）

Stortz, Martha Ellen：Pacific Lutheran Theological Seminary, US
シュトルツ、マルタ・エレン
 🖎 初期キリスト教思想（Christian Thought, Early）

Streib, Victor L.：Ohio Northern University College of Law, US
ストライブ、ヴィクター・L
 🖎 少年司法（アメリカ）（Juvenile Justice: United States）

Sulloway, Frank J.：University of California, Berkeley, US
サロウェイ、フランク・J
 🖎 出生順位（Birth Order）

Susina, Jan：Illinois State University, US
スシナ、ヤン
 🖎 児童文学（Children's Literature）

T

Taylor, Sonja L.：George Mason University, US
テイラー、ソーニャ・L
 🖎 国際機関（International Organizations）

Tebeau, Mark：Cleveland State University, US
テボー、マーク
 🖎 事故（Accidents）

Thom, Deborah：University of Cambridge, United Kingdom
トム、デボラ
 🖎 アイザックス、スーザン（Isaacs, Susan [1885-1948]）

Thomas , Joseph T., Jr.：California State University,

Northridge, US
トマス、ジョーゼフ・T、Jr.
- トウェイン、マーク（Twain, Mark [1835-1910]）

Theme, Barrie：University of California, Berkeley, US
テーム、バリー
- 子ども期の社会学と人類学（Sociology and Anthropology of Childhood）

Todd, James T.：Eastern Michigan University, US
トッド、ジェームズ・T
- ワトソン、ジョン・B（Watson, John [1878-1958]）

Tolley, Kim：Los Altos, California, US
トーレイ、キム
- アカデミー（Academies）

Trafton, Melissa Geisler：University of California, Berkeley, US
トラフトン、メリッサ・ガイスラー
- アルファベット習字帳（ABC Books）
- ホーマー、ウィンスロウ（Homer, Winslow [1836-1910]）

Tröhler, Daniel：Research Institute for the History of Education, Zurich, Switzerland
トレーラー、ダニエル
- ペスタロッチ、ヨハン・ハインリヒ（Pestalozzi, Johann Heinrich [1746-1827]）

Tucker, William H.：Rutgers University, Camden, US
タッカー、ウィリアム・H
- バート、シリル（Burt, Cyril [1883-1971]）

Tuma, George W.：San Francisco State University, US
テューマ、ジョージ・W
- 『指輪物語』とJ・R・R・トールキン（Lord of the Rings and J. R. R. Tolkien）

U

Uno, Kathleen：Temple University, US
ウノ、カスリーン
- 日本の子ども（Japan）
- 母親業と母性（Mothering and Motherhood）

V

Vande Kemp, Hendrika：Clinical Psychologist, Annandale, Virginia, US
ヴァンデ・ケンプ、ヘンドリカ
- バウムリンド、ダイアナ（Baumrind, Diana [1927-]）

Veer, René van der：Leiden University, Netherlands
フェーア、ルネ・ファン・デル
- ボウルビー、ジョン（Bowlby, John [1907-1990]）

Van Slyck, Abigail A.：Connecticut College, US
ファン・スライク、アビゲイル・A
- 子ども空間（Children's Spaces）
- サマー・キャンプ（Summer Camps）

Viazzo, Pier Paolo：University of Turin, Italy
ヴィアッツォ、ピエール・パオロ
- 子どもの遺棄（Abandonment）

Vinyard, JoEllen McNergney：Eastern Michigan University, US
ヴィンヤード、ジョーエレン・マクナーグニー
- 教区学校（アメリカ）（Parochial Schools）

W

Wachtel, Andrew：Northwestern University, US
ワクテル、アンドルー
- ロシアにおけるトルストイの子ども期（Tolstoy's Childhood in Russia）

Waggoner, Diane：The Huntington Library, Art Collections, and Botanical Gardens, San Marine, California, US
ワゴナー、ダイアン
- キャロル、ルイス（Carroll, Lewis [1832-1898]）
- グリーナウェイ、ケイト（Greenaway, Kate [1846-1901]）

Wallach, Glenn：Horace Mann School, New York, US
ウォーラー、グレン
- 学生自治（Student Government）

Watts, Sheldon：Cairo, Egypt
ワッツ、シェルドン
- 流行伝染病（Epidemics）

Wechsler, Harold S.：University of Rochester, US
ウェクスラー、ハロルド・S
- SATと大学入試制度（SAT and College Entrance Exams）

Weiner, Lynn Y.：Roosevelt University, US
ワイナー、リン・Y
- ラ・レーチェ・リーグ（La Leche League）

Weisbard, Eric：Experience Music Project, US
ワイスバード、エリク
- ロックンロールと若者文化（Rock and Roll）

Weiss, Jessica：California State University, Hayward, US
ワイス、ジェシカ
- 父親業と父性（Fathering and Fatherhood）

Whitney, Susan B.：Carleton University, Canada
ホイットニー、スーザン・B
- 共産主義の若者（Communist Youth）

Wickham, Parnel：Dowling College, US
ウィッカム、パーネル
- 精神遅滞（Retardation）

Wilkie, Jacqueline S.：Luther College, US
ウィルキー、ジャクリーヌ・S
- 衛生学と子ども（Hygiene）

Wolcott, David：Miami University of Ohio, US
ウォルコット、デイヴィッド
- 子どもと警察（Police, Children and the）
- ズートスーツ暴動（Zoot Suit Riots）

Wolf, Jacqueline H.：Ohio University, US
ウォルフ、ジャクリーヌ・H
- 乳母養育（Wet-Nursing）

Wolff, Larry：Boston College, US
ウォルフ、ラリー
- 『オリヴァー・ツイスト』（Oliver Twist）
- 児童虐待（Child Abuse）
- 『ピーター・パン』とJ・M・バリー（Peter Pan and J. M. Barrie）

Wollons, Roberta：Indiana University Northwest, US
ウォロンズ、ロバータ

✍ 要扶養児童（*Dependent Children*）
Wullschlager, Jackie：Financial Times, London, United Kingdom
ウルシュレーガー、ジャッキー
  ✍ アンデルセン、ハンス・クリスティアン（*Andersen, Hans Christian [1805-1875]*）

Y

Yennie, Jubal C.：Ed Solutions, Inc., US
イェンニー、ジュバル・C
  ✍ チャータースクール（*Charter Shools*）
Youcha, Geraldine：Independent Scholar
ユーチャ、ジェラルディン
  ✍ 保育（アメリカ）（*Child Care: United States*）

Z

Zalar, Jeffrey T.：Valparaiso University, US
ザラー、ジェフリー・T
  ✍ ホロコースト（*Holocaust*）
Zerlang, Martin：Copenhagen University, Denmark
ザーラング、マーティン
  ✍ 動物園（*Zoos*）
  ✍ パレード（*Parades*）
Zilversmit, Arthur：Lake Forest College, US
ジルヴァースミット、アーサー
  ✍ デューイ、ジョン（*Dewey, John [1859-1952]*）
Zmora, Nurith：Hamline University, US
ズモラ、ニューリス
  ✍ 孤児院（*Orphanages*）
Zuckerman, Michael：University of Pennsylvania, US
ザッカーマン、マイケル
  ✍ スポック博士（*Spock, Benjamin [1903-1998]*）

日本語版監訳

北本正章　青山学院大学教授

日本語版編集委員

池田雅則　兵庫県立大学看護学部准教授
伊藤敬佑　白百合女子大学非常勤講師
稲井智義　北海道教育大学旭川校専任講師
岩下誠　青山学院大学准教授
太田明　玉川大学文学部教授
沖塩有希子　千葉商科大学准教授
佐藤哲也　宮城教育大学教授
三時眞貴子　広島大学教育学研究科准教授
鈴木明日見　世界子ども学研究会会員
鈴木智道　法政大学准教授
並河葉子　神戸市外国語大学教授
松丸修三　高千穂大学教授
宮田京子　世界子ども学研究会会員
村知稔三　青山学院大学女子短期大学教授
森本真美　神戸女子大学文学部准教授
山口理沙　聖セシリア女子短期大学専任講師
吉岡公珠　世界子ども学研究会会員
渡邊福太郎　慶應義塾大学文学部助教

日本語版翻訳協力

相澤真一　中京大学現代社会学部准教授	浅井百子　世界子ども学研究会会員
浅木尚美　淑徳大学短期大学部准教授	池田雅則　兵庫県立大学看護学部准教授
伊藤敬佑　白百合女子大学非常勤講師	稲井智義　北海道教育大学旭川校専任講師
岩下誠　青山学院大学准教授	太田明　玉川大学文学部教授
大西なぎさ　世界子ども学研究会会員	沖塩有希子　千葉商科大学准教授
金子真奈美　白百合女子大学非常勤講師	神戸洋子　池坊短期大学教授
北本玲雄　世界子ども学研究会会員	窪田美怜　世界子ども学研究会会員
佐藤哲也　宮城教育大学教授	三時眞貴子　広島大学教育学研究科准教授
杉谷祐美子　青山学院大学教授	鈴木智道　法政大学准教授
鈴木明日見　世界子ども学研究会会員	髙原佳江　白百合女子大学児童文化研究センター助手
竹内茜　翻訳家	竹山貴子　世界子ども学研究会会員
谷村知子　世界子ども学研究会会員	寺田綾　世界子ども学研究会会員
内藤沙綾　荒川区立汐入東小学校司書	中村勝美　広島女学院大学教授
並河葉子　神戸市外国語大学教授	益井岳樹　青山学院大学非常勤講師
松尾麗香　世界子ども学研究会会員	松丸修三　高千穂大学教授
宮田京子　世界子ども学研究会会員	宮本和茂　芝浦工業大学非常勤講師
村知稔三　青山学院女子短期大学教授	森本真美　神戸女子大学文学部准教授
山口理沙　聖セシリア女子短期大学専任講師	渡邊福太郎　慶應義塾大学文学部助教

日本語版巻末付録作成協力

太田明	沖塩有希子	後藤翔子	佐藤哲也	末永恭子	鈴木明日見	並河葉子
早川佳歩	福島優子	藤森美沙子	松丸修三	宮田京子	森本真美	山口刀也
吉岡公珠						

日本語版図版・訳注作成協力

朝倉由美	井川聖奈	池田彩純	遠藤美帆	功刀香奈	高田頌子	田邉沙緒里
東内里奈	宮崎彩	藤田優	山口刀也	吉田美波		

内容の概要と分野別項目一覧

内容の概要
1　子ども期の歴史と理論（History and Theories of Childhood）
2　グローバル展望のなかの子ども期（Childhood in Global Perspective）
3　歴史のなかの子どもたち（Children in History）
4　育児と家族関係（Parenting and Family Relations）
5　教育と学校教育（Education and Schooling）
6　遊び・音楽・娯楽（Play, Music, and Entertainment）
7　物質文化と子ども空間（Material Culture and Children's Space）
8　人種とジェンダー（Race and Gender）
9　心理学（Psychology）
10　子どもの支援・保護・政治学（Child Advocacy, Protection, and Politics）
11　法律と制度（Law and Insitutions）
12　経済学と労働（Economics and Work）
13　工業化と都市化（Industrialization and Urbanization）
14　宗教・儀礼・祝祭（Religion, Rituals, and Celebrations）
15　児童文学（Children's Literature）
16　子どもと子ども期の表象（Representations of Children and Childhood）
17　青年期、および成人期への移行（Adolescence and Transitions to Adulthood）
18　健康・医療・病気（Health, Medicine, and Disease）
19　身体とセクシュアリティ（Body and Sexuality）
20　現代社会の子ども期（Contemporary Childhood）

分野別項目一覧 （*以下の各分野の項目の順序・数・表記は、英語版を参考に、いくつか変更をくわえて示した。）

1　子ども期の歴史と理論（History and Theories of Childhood）
遊び　Play
遊びの理論　Theories of Play
アリエス、フィリップ　Ariès, Philippe（1914-1984）
アリストテレス　Aristotle（384-322 B. C. E.）
ヴィゴツキー、L・S　Vygotsky, L. S.（1896-1934）
エラスムス　Desiderius Erasmus of Rotterdam（c. 1469-1536）
啓蒙思想　Enlightenmen, The
子ども期の社会学と人類学　Sociology and Anthropology of Childhood
子ども期の理論　Theories of Childhood
子ども期の歴史（アメリカ）　History of Childhood: United States
子ども期の歴史（ヨーロッパ）　History of Childhood: Europe
子どもの発達概念の歴史　Child Development, History of the Concept of
進歩主義教育　Progressive Education
中世とルネサンス時代のヨーロッパ　Medieval and Renaissance Europe
デューイ、ジョン　Dewey, John（1859-1952）
バゼドウ、ヨハン・ベルンハルト　Basedow, Johann Bernhard（1724-1790）
プラトン　Plato（427-348 B. C. E.）
プロテスタントの宗教改革　Protestant Reformation
ペスタロッチ、ヨハン・ハインリヒ　Pestalozzi, Johann Heinrich（1746-1827）
ライト、ヘンリー・クラーク　Wright, Henry Clarke（1797-1870）
ルソー、ジャン＝ジャック　Rousseau, Jean-Jacques（1712-1778）

ロック、ジョン　Locke, John（1632-1704）

2　グローバル展望のなかの子ども期（Childhood in Global Perspective）
アフリカの子ども　Africa
イスラエルの子ども　Israel
イスラム社会の子ども　Islam
インドと南アジアの子ども　India and South Asia
インドにおけるイギリスの植民地支配　British Colonialism in India
オーストラリアの子ども　Australia
カナダの子ども　Canada
貴族の教育（ヨーロッパ）　Aristocratic Education in Europe
共産主義の若者　Communist Youth
近世ヨーロッパの子ども　Early Modern Europe
グローバリゼーション　Globalization
啓蒙思想　Enlightenmen, The
国際機関　International Organizations
国連子どもの権利条約　UN Convention on the Rights of the Child: CRC
古代ギリシア・ローマの子ども（概観）　Ancient Greece and Rome: Overview
古代ギリシア・ローマの子ども（自己形成）　Ancient Greece and Rome: Self-formation
子ども期の比較史　Comparative History of Childhood
児童労働（発展途上国）　Child Labor in Developing Countries
少年司法（国際的状況）　Juvenile Justice: International
少年兵（世界的な人権問題）　Soldier Children: Global Human Rights Issues
中国の子ども　China
中世とルネサンス時代のヨーロッパ　Medieval and Renaissance Europe
中東社会の子ども　Middle East
日本の子ども　Japan
ニュージーランドの子ども　New Zealand
東ヨーロッパの子ども（バルカン諸国）　Eastern Europe: Balkans
東ヨーロッパの子ども（ポーランド）　Eastern Europe: Polan
ブラジルの子ども（現代）　Brazil: contemporary
ブラジルの子ども（歴史）　Brazil: history
誘拐（現代アフリカ）　Abduction in Modern Africa
ユニセフ（国連児童基金）　UNICEF（United Nations Children's Fund）
ラテンアメリカの子ども（概観）　Latin America: Overview
ラテンアメリカの子ども（植民地支配）　Latin America: Colonianism
ラテンアメリカの子ども（中央アメリカの戦争）　Latin America: Wars in Central America

3　歴史のなかの子どもたち（Children in History）
遊び　Play
アリエス、フィリップ　Ariès, Philippe（1914-1984）
育児　Parenting
イスラエルの子ども　Israel
おむつと排便訓練　Diapers and Toileting
学生の政治活動　Youth Activism
家族の諸類型　Family Patterns
カトリック　Catholicism
近世ヨーロッパの子ども　Early Modern Europe
啓蒙思想　Enlightenmen, The
古代ギリシア・ローマの子ども（概観と自己形成）　Ancient Greece and Rome: Overview & Self-formation
子ども期のイメージ　Images of Childhood

子ども期の比較史　Comparative History of Childhood
子ども期の歴史（アメリカ）　History of Childhood: United States
子ども期の歴史（ヨーロッパ）　History of Childhood: Europe
子どもの遺棄　Abandonment
子どもの感情生活　Emotional Life
里子制度　Placing Out
しつけ　Discipline
『児童の世紀』　Century of Childhood
児童労働（ヨーロッパ）　Child Labor in the West
小皇帝　Infant Rulers
少女期　Girlhood
少年期　Boyhood
勝利の女神の少女たち　Victory Girls
初期キリスト教思想　Christian Thought, Early
スカッツバラ少年事件　Scottsboro Boys
捨て子　Foundlings
ズートスーツ暴動　Zoot Suit Riots
聖書と子ども　Bible, The
青年期と若者期　Adolescence and Youth
相続と財産　Inheritance and Property
祖父母　Grandparents
中国の子ども　China
中世とルネサンス時代のヨーロッパ　Medieval and Renaissance Europe
通過儀礼　Rites of Passage
徒弟制度　Apprenticeship
日本の子ども　Japan
年齢と発達　Age and Development
ヒトラー・ユーゲント　Hitler Youth（Hitler Jugend）
ファシズムの若者　Fascist Youth
ブレイス、チャールズ・ローリング　Brace, Charles Loring（1826-1890）
プロテスタントの宗教改革　Protestant Reformation
ベビーブーム世代　Baby Boom Generation
ボーイスカウト　Boy Scouts
ホロコースト　Holocaust
ルイ13世の幼年期　Infancy of Louis XIII

4　育児と家族関係（Parenting and Family Relations）

愛情　Love
怒りと攻撃　Anger and Aggression
育児　Parenting
ウェイランド、フランシス　Wayland, Francis（1796-1865）
乳母養育　Wet-Nursing
科学的育児法　Scientific Child Rearing
家族の諸類型　Family Patterns
きょうだい関係　Siblings
恐怖心　Fear
近親相姦（インセスト）　Incest
クライン、メラニー　Klein, Melanie（1882-1960）
継父母（アメリカ）　Stepparents in the United States
ゲゼル、アーノルド　Gesell, Arnold（1880-1961）
孤児　Orphans

孤児院　Orphanages
子育ての助言文献　Child-Rearing Advice Literature
子ども学研究　Child Study
子どもの遺棄　Abandonment
罪悪感と恥辱感　Guilt and Shame
里親制度　Foster Care
産科学と助産術　Obstetrics and Midwifery
シェパード＝タウナー母子保健法　Sheppard-Towner Maternity and Infant Act
しつけ　Discipline
嫉妬と羨望　Jealousy and Envy
10代の母親（アメリカ）　Teenage Mothers in the United States
出生順位　Birth Order
庶出　Bastardy
人工授精　Artificial Insemination
スポック博士　Spock, Benjamin（1903-1998）
聖母マリア（宗教）　Madonna, Religious
聖母マリア（世俗）　Madonna, Secular
聖母マリア（東方正教会）　Madonna, Orthodox
祖父母　Grandparents
体外受精（IVF）　In Vitro Fertilization
代理母出産　Surrogacy
多児出産　Multiple Births
父親業と父性　Fathering and Fatherhood
超音波画像診断法　Sonography
同性家族の子育て　Same-Sex Parenting
名づけ親（代父母）　Godparents
乳児哺育　Infant Feeding
妊娠と出産　Conception and Birth
排便訓練　Toilet Training
排卵誘発剤　Fertility Drugs
母親業と母性　Mothering and Motherhood
バウムリンド、ダイアナ　Baumrind, Diana（1927-）
PTA　Parent-Teacher Association
フロイト、アンナ　Freud, Anna（1895-1982）
「ペアレンツ・マガジン」（育児雑誌）　Parents Magazine
ベビーファーム（有料託児所）　Baby Farming
ベビーシッター　Baby-Sitters
ベビーブーム世代　Baby Boom Generation
保育（アメリカ）　Child Care: United States
保育（家庭保育）　Child Care: In-Home Child Care
保育園　Nursery Schools
ボウルビー、ジョン　Bowlby, John（1907-1990）
ホール、グランヴィル・スタンリー　Hall, Granville Stanley（1844-1924）
ミード、マーガレット　Mead, Margaret（1901-1978）
養子縁組（アメリカ）　Adoption in the United States
卵子提供　Egg Donation
離婚と監護権　Divorce and Custody
ワトソン、ジョン・B　Watson, John B.（1878-1958）

5　教育と学校教育（Education and Schooling）
アイザックス、スーザン　Isaacs, Susan（1885-1948）

日本語	English
アカデミー	Academies
アメリカ先住民の学校	American Indian Schools
アリストテレス	Aristotle（384-322 B. C. E.）
アルファベット習字帳	ABC Books
ヴィゴツキー、L・S	Vygotsky, L. S.（1896-1934）
ウェイランド、フランシス	Wayland, Francis（1796-1865）
SATと大学入試制度	SAT and College Entrance Exams
エラスムス	Desiderius Erasmus of Rotterdam（c. 1469-1536）
オルコット、ブロンソン	Alcott, Bronson（1799-1888）
音楽教育	Music Education
学生自治	Student Government
学校建築と建築様式（アメリカ）	School Building and Architecture: United States
学校建築と建築様式（ヨーロッパ）	School Building and Architecture: Europe
学校銃撃事件と校内暴力	School Shootings and School Violence
学校選択	School Choice
学校対抗運動競技	Interscholastic Athletics
学校の人種差別撤廃	School Desegregation
貴族の教育（ヨーロッパ）	Aristocratic Education in Europe
義務就学	Compulsory School Attendance
ギムナジウムの教育	Gymnasium Schooling
教育（アメリカ）	Education, United States
教育（ヨーロッパ）	Education, Europe
教育法第9篇と女子スポーツ	Title IX and Girl's Sports
教区学校（アメリカ）	Parochial Schools
グーツムース、J・C・F	GutsMuths, J. C. F.（1759-1839）
グラマースクール	Grammer School
古代ギリシア・ローマの子ども（自己形成）	Ancient Greece and Rome: Self-formation
子ども図書館	Children's Libraries
コメニウス	Comenius, Johann Amos（1592-1670）
コモンスクール	Common School
ザルツマン、クリスティアン・ゴットヒルフ	Salzmann, Christian Gotthilf（1744-1811）
識字能力	Literacy
自宅学習	Homeschooling
しつけ	Discipline
児童相談	Child Guidance
修道院学校（司教座聖堂学校）	Convent Schools（Cathedral Schools）
宿題	Homework
シュタイナー、ルドルフ	Steiner, Rudolf（1861-1925）
ジュニア・ハイスクール	Junior High School
商業カリキュラム	Commercial Curriculum
職業教育・工業教育・職業訓練学校	Vocational Education, Industrial Education, and the Trade Schools
女子校	Girl's Schools
私立学校と独立学校	Private and Independent Schools
進歩主義教育	Progressive Education
スクール・バウチャー	School Vouchers
スース博士	Dr. Seuss（1904-1991）
青年期と若者期	Adolescence and Youth
世界大恐慌とニューディール政策	Great Depression and New Deal
体育	Physical Education
大学紛争（1960年代）	Campus Revolts in the 1960's
多動性障害	Hyperactivity

男女共学と別学教育　Coeducation and Same-Sex Schooling
知能指数（IQ）　Intelligence Quotient
知能テスト　Intelligence Testing
チャータースクール　Charter Schools
デューイ、ジョン　Dewey, John（1859-1952）
天才児　Child Prodigies
特殊教育　Special Education
都市の学校制度の誕生　Urban School System, The Rise of
日曜学校　Sunday School
ニール、A・S　Neill, A. S.（1883-1973）
年齢と発達　Age and Development
ハイスクール　High School
バイリンガル教育　Bilingual Education
バゼドウ、ヨハン・ベルンハルト　Basedow, Johann Bernhard（1724-1790）
パブリックスクール（イギリス）　Public School（Britain）
ピアス対修道女協会裁判　Pierce v. Society of Sisters
PTA　Parent-Teacher Association
ビネー、アルフレッド　Binet, Alfred（1857-1911）
フェヌロン、フランソワ　Fénelon, François（1651-1715）
ブラウン対カンザス州トペカ教育委員会裁判　Brown v. the Board of Education of Topeka, Kansas
プラトン　Plato（427-348 B. C. E.）
フランケ、アウグスト・ヘルマン　Francke, Aug. Hermann（1663-1727）
フレネ、セレスタン　Freinet, Célestin（1896-1966）
フレーベル、フリードリヒ・ヴィルヘルム・アウグスト　Froebel, Friedrich Wilhelm August（1782-1852）
ペスタロッチ、ヨハン・ハインリヒ　Pestalozzi, Johann Heinrich（1746-1827）
ヘッドスタート計画　Head Start
ヘルバルト、J・F　Herbart, J. F.（1776-1841）
保育園　Nursery Schools
マグネットスクール　Magnet Schools
マン、ホーレス　Mann, Horace（1796-1859）
モンテッソーリ、マリア　Montessori, Maria（1870-1952）
野外学校運動　Open Air School Movement
ユダヤ人ゲットーの教育とホロコースト　Holocaust, Jewish Ghetto Education and the
幼稚園　Kindergarten
ライト、ヘンリー・クラーク　Wright, Henry Clarke（1797-1870）
ラジオ　Radio
ラテン語学校　Latin School
リセ　Lycée
ルソー、ジャン＝ジャック　Rousseau, Jean-Jacques（1712-1778）
礼儀作法　Manners
ロック、ジョン　Locke, John（1632-1704）

6　遊び・音楽・娯楽　(Play, Music, and Entertainment)
　　遊び　Play
　　遊びの理論　Theories of Play
　　遊び場運動　Playground Movement
　　映画　Movies
　　オーピー、アイオナ　オーピー、ピーター　Opie, Iona and Peter
　　おもちゃ　Toys
　　おもちゃとしての車　Cars as Toys
　　おもちゃの技術　Toy Technology

おもちゃの兵隊　Toy Soldier（Tin Soldier）
おもちゃの列車　Toy Trains
音楽教育　Music Education
学校対抗運動競技　Interscholastic Athletics
ガールスカウト　Girl Scouts
休暇　Vacations
ギューリック、ルーサー　Gulick, Luther（1865-1918）
キリスト教女子青年会とキリスト教青年会　YWCA and YMCA
グーツムース、J・C・F　GutsMuths, J. C. F.（1759-1839）
組み立ておもちゃ　Construction Toys
子役スター　Child Stars
コレクションと趣味　Collections and Hobbies
サマーキャンプ　Summer Camps
室内ゲーム　Indoor Games
自転車と三輪車　Bicycles and Tricycles
シャリヴァリ　Charivari
10代の飲酒　Teen Drinking
シュタイナー、ルドルフ　Steiner, Rudolf（1861-1925）
砂場　Sandbox
スピアーズ、ブリトニー　Spears, Britney（1981-）
スポーツ　Sports
青少年向けの出版事業　Juvenile Publishing
組織的なレクリエーションと若者集団　Organized Recreation and Youth Groups
体操　Gymnastics
『タンタン』とエルジェ　Tintin and Hergé
チャーチ、シャルロット　Church, Charlotte（1986-）
ディズニー　Disney
テディ・ベア　Teddy Bear
テーマパーク　Theme Parks
テレビ　Televison
天才児　Child Prodigies
テンプル、シャーリー　Temple, Shirley（1928-）
動物園　Zoos
ドラッグ（薬物）　Drugs
日曜日（安息日）　Sunday
乳幼児のおもちゃ　Infant Toys
人形　Dolls
バスケットボール　Basketball
バービー人形　Barbie
『ハリー・ポッター』とJ・K・ローリング　Harry Potter and J. K. Rowling（1965-）
パレード　Parades
フラッパーズ　Flappers
プロムナード・コンサート　Proms
ベイデン＝パウエル、ロバート　Baden-Powell, R.（1857-1941）
ベースボール（野球）　Baseball
ペット動物　Pets
ボーイスカウト　Boy Scouts
ボクシング　Boxing
ボビー・ソクサーズ　Bobby Soxers
メディアと子ども　Media, Childhood and the
『指輪物語』とJ・R・R・トールキン　Lord of the Rings and J. R. R. Tolkien（1892-1973）

ラジオ　Radio
路上遊戯　Street Games
ロックンロールと若者文化　Rock and Roll
若者文化（ユースカルチャー）　Youth Culture

7　物質文化と子ども空間（Material Culture and Children's Space）
乳母車　Pram（perambulator, baby carriage）
おしゃぶり　Pacifier
おむつと排便訓練　Diapers and Toileting
おもちゃ　Toys
おもちゃの技術　Toy Technology
おもちゃの兵隊　Toy Soldier（Tin Soldier）
おもちゃの列車　Toy Trains
家具　Furniture
学校建築と建築様式（アメリカ）　School Building and Architecture: United States
学校建築と建築様式（ヨーロッパ）　School Building and Architecture: Europe
休暇　Vacations
組み立ておもちゃ　Construction Toys
化粧品　Cosmetics
広告業と子ども　Advertising
子ども空間　Children's Spaces
子どもの写真　Photographs of Children
コレクションと趣味　Collections and Hobbies
サマーキャンプ　Summer Camps
自転車と三輪車　Bicycles and Tricycles
銃　Guns
消費文化　Consumer Culture
スウォッドリング　Swaddling
砂場　Sandbox
スピアーズ、ブリトニー　Spears, Britney（1981-）
テディ・ベア　Teddy Bear
テーマパーク　Theme Parks
テレビ　Television
乳幼児のおもちゃ　Infant Toys
ファッション　Fashion
豚の貯金箱　Piggy Bank
ベイデン＝パウエル、ロバート　Baden-Powell, R.（1857-1941）
ペット動物　Pets
ベンヤミン、ヴァルター　Benjamin, Walter（1892-1940）
保育（家庭保育）　Child Care: In-Home Child Care
メディアと子ども　Media, Childhood and
ラジオ　Radio

8　人種とジェンダー（Race and Gender）
アメリカ先住民の学校　American Indian Schools
アメリカの女子カレッジ　Women's Colleges in the United States
アフリカ系アメリカ人の子どもと若者　African-American Children and Youth
学校の人種差別撤廃　School Desegregation
ガールスカウト　Girl Scouts
教育法第9篇と女子スポーツ　Title IX and Girl's Sports
ジェンダー化　Gendering

少女期　Girlhood
少年期　Boyhood
女子校　Girl's Schools
女性の割礼（性器切除）　Female Genital Multilation
スカッツバラ少年事件　Scottsboro Boys
先住アメリカ人の子ども　Native American Children
男女共学と別学教育　Coeducation and Same-Sex Schooling
トウェイン、マーク　Twain, Mark（1835–1910）
都市の学校制度の誕生　Urban School System, The Rise of
奴隷制（アメリカ）　Slavery, United States
人形　Dolls
バイリンガル教育　Bilingual Education
半ズボンをはくこと　Breeching
ファッション　Fashion
フェヌロン、フランソワ　Fénelon, François（1651–1715）
ブラウン対カンザス州トペカ教育委員会裁判　Brown v. the Board of Education of Topeka, Kansas
ブラジルの子ども（歴史と現代）　Brazil（history & contemporary）
労働と貧困　Work and Poverty

9　心理学（Psychology）

アイザックス、スーザン　Isaacs, Susan（1885–1948）
愛情　Love
育児　Parenting
内気　Shyness
エリクソン、エリク・H　Erikson, Erik, H.（1902–1994）
回復記憶（RM）　Recovered Memory
科学的育児法　Scientific Child Rearing
悲しみ・死・葬礼　Grief, Death, Funerals
恐怖心　Fear
拒食症　Anorexia
クライン、メラニー　Klein, Melanie（1882–1960）
ゲゼル、アーノルド　Gesell, Arnold（1880–1961）
子育ての助言文献　Child-Rearing Advice Literature
子ども学研究　Child Study
子どもの感情生活　Emotional Life
子どもの発達概念の歴史　Child Development, History of the Concept of
罪悪感と恥辱感　Guilt and Shame
ジェンダー化　Gendering
自尊心　Self-Esteem
嫉妬と羨望　Jealousy and Envy
児童心理学　Child Psychology
児童相談　Child Guidance
出生順位　Birth Order
スポック博士　Spock, Benjamin（1903–1998）
精神衛生学　Mental Hygiene
精神疾患　Mental Illness
精神遅滞　Retardation
青年期医学　Adolescent Medicine
年齢と発達　Age and Development
バウムリンド、ダイアナ　Baumrind, Diana（1927–）
バート、シリル　Burt, Cyril（1883–1971）

ビネー、アルフレッド　Binet, Alfred（1857-1911）
ビューラー、シャーロット　Bühler, Charlotte（1893-1974）
ヒーリー、ウイリアム　Healy, William（1869-1963）
フロイト、アンナ　Freud, Anna（1895-1982）
フロイト、ジークムント　Freud, Sigmund（1856-1939）
「ペアレンツ・マガジン」（育児雑誌）　*Parents Magazine*
ボウルビー、ジョン　Bowlby, John（1907-1990）
ホール、グランヴィル・スタンリー　Hall, Granville Stanley（1844-1924）
ミード、マーガレット　Mead, Margaret（1901-1978）
幼児の性欲　Infant Sexuality
ワトソン、ジョン・B　Watson, John B.（1878-1958）

10　子どもの支援・保護・政治学（Child Advocacy, Protection, and Politics）

遊び場運動　Playground Movement
アダムズ、ジェーン　Addams, Jane（1860-1935）
アメリカ連邦児童局　U. S. Children's Bureau
義務就学　Compulsory School Attendance
ギューリック、ルーサー　Gulick, Luther（1865-1918）
キリスト教女子青年会とキリスト教青年会　YWCA and YMCA
クルーズ事件　Ex Parte Crouse
ケイ、エレン　Key, Ellen（1849-1926）
国連子どもの権利条約　UN Convention on the Rights of the Child: CRC
孤児列車　Orphan Trains
子どもにかんするホワイトハウス会議　White House Conference on Children
子どもに向けられる暴力　Violence Against Children
子どもの権利　Children's Rights
シェパード＝タウナー母子保健法　Sheppard-Towner Maternity and Infant Act
児童虐待　Child Abuse
児童虐待防止協会　Societies for the Prevention of Cruelty to Children
児童救済　Child Saving
児童支援基金　CDF　Children's Defense Fund
『児童の世紀』　*Century of Childhood*
児童売春　Child Prostitution
児童ポルノ　Child Pornography
児童労働（ヨーロッパ）　Child Labor in the West
社会福祉（20世紀の比較発展）　Social Welfare: Comparative 20th-Century Developments
社会福祉（歴史）　Social Welfare: History
銃　Guns
修正第26条　Twenty-Sixth Amendment
少年兵（世界的な人権問題）　Soldier Children: Global Human Rights Issues
捨て子　Foundlings
戦争と子ども（20世紀）　War in the 20th-Century
全米児童労働委員会　National Child Labor Committee
組織的なレクリエーションと若者集団　Organized Recreation and Youth Groups
ソーシャル・セツルメント　Social Settlements
ティンカー対デモイン訴訟　Tinker v. Des Moines
同意年齢　Age of Consent
ニューディール政策の青少年支援組織　Youth Agencies of the New Deal
ニューヨーク児童保護協会　New York Children's Aid Society
ハイン、ルイス・W　Hine, Lewis W.（1874-1940）
ブレイス、チャールズ・ローリング　Brace, Charles Loring（1826-1890）

ヘッドスタート計画　Head Start
ホームレスの子どもと家出中の子ども（アメリカ）　Homeless Children and Runaway in the US
モルターラ誘拐事件　Mortara Abduction
誘拐（アメリカ）　Abduction
ユニセフ（国連児童基金）　UNICEF (United Nations Children's Fund)
要扶養児童　Dependent Children
要扶養児童扶助法　Aid to Dependent Children
ローラ・スピールマン・ロックフェラー記念研究所　Laura Spelman Rockfeller Memorial

11　法律と制度（Law and Insitutions）

アダムズ、ジェーン　Addams, Jane（1860-1935）
アメリカ連邦児童局　U. S. Children's Bureau
共産主義の若者　Communist Youth
クルーズ事件　Ex Parte Crouse
警察と子ども　Police, Children and the
継父母（アメリカ）　Stepparents in the United States
孤児　Orphans
孤児院　Orphanages
孤児列車　Orphan Trains
子どもの遺棄　Abandonment
子どもの権利　Children's Rights
子どもの最善の利益を越えて　Beyond the Best Interests of the Child
コモンスクール　Common School
ゴールト裁判　In re Gault
里親養育　Foster Care
里子制度　Placing Out
産児制限（受胎調節）　Birth Control
児童虐待防止協会　Societies for the Prevention of Cruelty to Children
児童救済　Child Saving
児童相談　Child Guidance
社会福祉（20 世紀の比較発展）　Social Welfare: Comparative 20th-Century Developments
社会福祉（歴史）　Social Welfare: History
修正第 26 条　Twenty-Sixth Amendment
出生順位　Birth Order
小皇帝　Infant Rulers
少年裁判所　Juvenile Court
少年司法（アメリカ）　Juvenile Justice: United States
少年司法（国際的状況）　Juvenile Justice: International
庶出　Bastardy
世界大恐慌とニューディール政策　Great Depression and New Deal
相続と財産　Inheritance and Property
ティンカー対デモイン訴訟　Tinker v. Des Moines
徒弟制度　Apprenticeship
ニューディール政策の青少年支援組織　Youth Agencies of the New Deal
ハマー対ダゲンハート訴訟　Hammer v. Dagenhart
ピアス対修道女協会裁判　Pierce v. Society of Sisters
非行　Delinquency
ヒーリー、ウィリアム　Healy, William（1869-1963）
福祉改革法（1966 年）　Welfare Reform Act（1996）
ブラジルの子ども（歴史と現代）　Brazil（history & contemporary）
ブレイス、チャールズ・ローリング　Brace, Charles Loring（1826-1890）

ベロッティ対ベアード裁判　Belloti v. Baird
法律と子ども　Law, Children and
ホームレスの子どもと家出中の子ども（アメリカ）　Homeless Children and Runaway in the US
ホロコースト　Holocaust
ミーガン法　Megan's Law(s)
誘拐（アメリカ）　Abduction
優生学　Eugenics
ユース・ギャング　Youth Gangs
養子縁組（アメリカ）　Adoption in the United States
要扶養児童　Dependent Children
要扶養児童扶助法　Aid to Dependent Children
離婚と監護権　Divorce and Custody
リンドバーグ愛児誘拐事件　Lindbergh Kidnapping

12　経済学と労働（Economics and Work）

お小遣い　Allowances
家内産業　Industrial Homework
経済と子ども（西ヨーロッパ社会：消費経済）　Economics and Children in Western Societies: The Consumer Economy
経済と子ども（西ヨーロッパ社会：農業社会から工業社会へ）　Economics and Children in Western Societies: From Agriculture to Industry
子役スター　Child Stars
里子制度　Placing Out
児童労働（発展途上国）　Child Labor in Developing Countries
児童労働（ヨーロッパ）　Child Labor in the West
就業調書　Working Papers
出生率　Fertility Rates
商業カリキュラム　Commercial Curriculum
消費文化　Consumer Culture
職業教育・工業教育・職業訓練学校　Vocational Education, Industrial Education, and the Trade Schools
世界大恐慌とニューディール政策　Great Depression and New Deal
全米児童労働委員会　National Child Labor Committee
相続と財産　Inheritance and Property
チャーチ、シャルロット　Church, Charlotte（1986–）
テンプル、シャーリー　Temple, Shirley（1928–）
徒弟制度　Apprenticeship
奴隷制（アメリカ）　Slavery, United States
ニューヨーク児童保護協会　New York Children's Aid Society
ハイン、ルイス・W　Hine, Lewis W.（1874–1940）
ハマー対ダゲンハート訴訟　Hammer v. Dagenhart
浮浪児と宿なし子　Street Arabs and Street Urchins
ベビーファーム（有料託児所）　Baby Farming
ベビーシッター　Baby-Sitters
ヨーロッパの工業化　European Industrialization
労働と貧困　Work and Poverty

13　工業化と都市化（Industrialization and Urbanization）

遊び　Play
遊び場運動　Playground Movement
アフリカ系アメリカ人の子どもと若者　African-American Children and Youth
家内産業　Industrial Homework
グローバリゼーション　Globalization

経済と子ども（西ヨーロッパ社会：農業社会から工業社会へ）　Economics and Children in Western Societies: From Agriculture to Industry
子ども空間　Children's Spaces
児童労働（発展途上国）　Child Labor in Developing Countries
児童労働（ヨーロッパ）　Child Labor in the West
社会福祉（歴史）　Social Welfare: History
世界大恐慌とニューディール政策　Great Depression and New Deal
ソーシャル・セツルメント　Social Settlements
都市の学校制度の誕生　Urban School System, The Rise of
徒弟制度　Apprenticeship
保育（家庭保育）　Child Care: In-Home Child Care
ヨーロッパの工業化　European Industrialization
労働と貧困　Work and Poverty
路上遊戯　Street Games

14 宗教・儀礼・祝祭（Religion, Rituals, and Celebrations）

イスラム社会の子ども　Islam
ウェイランド、フランシス　Wayland, Francis（1796-1865）
割礼　Circumcision
カトリック　Catholicism
悲しみ・死・葬礼　Grief, Death, Funerals
教区学校（アメリカ）　Parochial Schools
キリスト教女子青年会とキリスト教青年会　YWCA and YMCA
近世ヨーロッパの子ども　Early Modern Europe
堅信　Confirmation
古代ギリシア・ローマの子ども　Ancient Greece and Rome
子どもの魔法使い　Child Witch
シャリヴァリ　Charivari
宗教の復活　Religious Revivals
修道院学校（司教座聖堂学校）　Convent Schools（Cathedral Schools）
初期キリスト教思想　Christian Thought, Early
初聖体　Communion, First
青年伝道団　Youth Ministries
洗礼　Baptism
誕生日　Birthday
通過儀礼　Rites of Passage
名づけ親（代父母）　Godparents
日曜学校　Sunday School
日曜日（安息日）　Sunday
バル・ミツヴァー／バト・ミツヴァー　Bar Mitzvah, Bat Mitzvah
ハロウィーン　Halloween
半ズボンをはくこと　Breeching
プロテスタントの宗教改革　Protestant Reformation
プロムナード・コンサート　Proms
ペルペトゥア（聖）　Perpetua, Saint
命名　Naming
モルターラ誘拐事件　Mortara Abduction
ユダヤ教　Judaism
礼儀作法　Manners

15 児童文学 (Children's Literature)

アルファベット習字帳　ABC Books
アンデルセン、ハンス・クリスティアン　Andersen, Hans Christian (1805-1875)
ヴェルヌ、ジュール　Verne, Jules (1828-1905)
『オズの魔法使い』とL・フランク・ボーム　*Wizard of Oz* and Lyman Frank Baum
オーピー、アイオナ　オーピー、ピーター　Opie, Iona and Peter
『オリヴァー・ツイスト』　*Oliver Twist*
キプリング、ラドヤード　Kipling, Rudyard (1865-1936)
キャロル、ルイス　Carroll, Lewis (1832-1898)
キーン、キャロリン　Keene, Carolyn
子ども図書館　Children's Libraries
コミック・ブック　Comic Books
コメニウス　Comenius, Johann Amos (1592-1670)
自伝　Autobiographies
児童文学　Children's Literature
スース博士　Dr. Seuss (1904-1991)
青少年向けの出版事業　Juvenile Publishing
聖書と子ども　Bible, The
センダック、モーリス　Sendak, Maurice (1928-)
双書（シリーズもの）　Series Books
『タンタン』とエルジェ　*Tintin* and Hergé
ティーン雑誌　Teen Magazines
デュマ、アレクサンドル　Dumas, Alexandre (1802-1870)
トウェイン、マーク　Twain, Mark (1835-1910)
『ハリー・ポッター』とJ・K・ローリング　Harry Potter and J. K. Rowling
『ピーター・パン』とJ・M・バリー　*Peter Pan* (1904) and J. M. Barrie (1860-1937)
フェアリーテイルと寓話　Fairy Tales and Fables
フランク、アンネ　Frank, Anne (1929-1945)
ポター、ビアトリクス　Potter, Beatrix (1866-1943)
『指輪物語』とJ・R・R・トールキン　*Lord of the Rings* and J. R. R. Tolkien (1892-1973)
ロシアにおけるトルストイの子ども期　Tolstoy's Childhood in Russia
『若草物語』とルイーザ・メイ・オルコット　*Little Women* and Louisa May Alcott

16 子どもと子ども期の表象 (Representations of Children and Childhood)

イーウォルド、ウェンディ　Ewald, Wendy (1951-)
入れ墨とピアス　Tattoos and Piercing
ヴィクトリア時代の美術　Victorian Art
『オリヴァー・ツイスト』　*Oliver Twist*
カサット、メアリ　Cassatt, Mary (1844-1926)
ガットマン、ベッシー・ピース　Gutmann, Bessie Pease (1876-1960)
グリーナウェイ、ケイト　Greenaway, Kate (1846-1901)
ゲッディーズ、アン　Geddes, Anne
現代日本のアート　Japanese Art, Contemporary
広告業と子ども　Advertising
子ども期のイメージ　Images of Childhood
子どもの写真　Photographs of Children
コミック・ブック　Comic Books
自伝　Autobiographies
児童文学　Children's Literature
児童ポルノ　Child Pornography
少女期　Girlhood

少年期　Boyhood
スミス、ジェシー・ウィルコックス　Smith, Jessie Willcox（1863-1935）
聖書と子ども　Bible, The
聖母マリア（宗教）　Madonna, Religious
聖母マリア（世俗）　Madonna, Secular
聖母マリア（東方正教会）　Madonna, Orthodox
センダック、モーリス　Sendak, Maurice（1928-）
超音波画像診断法　Sonography
ハイン、ルイス・W　Hine, Lewis W.（1874-1940）
母親業と母性　Mothering and Motherhood
『ピーター・パン』とJ・M・バリー　Peter Pan（1904）and J. M. Barrie（1860-1937）
ファッション　Fashion
フラッパーズ　Flappers
フランク、アンネ　Frank, Anne（1929-1945）
浮浪児と宿なし子　Street Arabs and Street Urchins
ペット動物　Pets
ベンヤミン、ヴァルター　Benjamin, Walter（1892-1940）
ホーマー、ウィンスロウ　Homer, Winslow（1836-1910）
マン、サリー　Mann, Sally（1951-）
リンドバーグ愛児誘拐事件　Lindbergh Kidnapping
レーヴィット、ヘレン　Levitt, Helen（1913-）
路上遊戯　Street Games
『ロリータ』　Lolita
『若草物語』とルイーザ・メイ・オルコット　Little Women and Louisa May Alcott

17　青年期、および成人期への移行（Adolescence and Transitions to Adulthood）

エリクソン、エリク・H　Erikson, Erik, H.（1902-1994）
学生自治　Student Government
学生の政治活動　Youth Activism
ギムナジウムの教育　Gymnasium Schooling
拒食症　Anorexia
喫煙　Smoking
化粧品　Cosmetics
思春期　Puberty
10代の飲酒　Teen Drinking
10代の妊娠　Teen Pregnancy
10代の母親（アメリカ）　Teenage Mothers in the United States
ジュニア・ハイスクール　Junior High School
初潮　Menarche
スピアーズ、ブリトニー　Spears, Britney（1981-）
青年期医学　Adolescent Medicine
青年期と若者期　Adolescence and Youth
大学紛争（1960年代）　Campus Revolts in the 1960's
通過儀礼　Rites of Passage
ティーンエイジャー　Teenagers
ティーン雑誌　Teen Magazines
デート　Dating
同意年齢　Age of Consent
徒弟制度　Apprenticeship
ニューディール政策の青少年支援組織　Youth Agencies of the New Deal
年齢と発達　Age and Development

ハイスクール　High School
バル・ミツヴァー／バト・ミツヴァー　Bar Mitzvah, Bat Mitzvah
バンドリング　Bundling
非行　Delinquency
ヒトラー・ユーゲント　Hitler Youth（*Hitler Jugend*）
ヒーリー、ウイリアム　Healy, William（1869-1963）
フラッパーズ　Flappers
フランク、アンネ　Frank, Anne（192-1945）
プロムナード・コンサート　Proms
ベロッティ対ベアード裁判　Belloti v. Baird
ボビー・ソクサーズ　Bobby Soxers
ホール、グランヴィル・スタンリー　Hall, Granville Stanley（1844-1924）
ユース・ギャング　Youth Gangs
ライフ・コースと成人期への移行　Life Course and Transitions to Adulthood
若者文化（ユースカルチャー）　Youth Culture

18 **健康・医療・病気（Health, Medicine, and Disease）**
エイズ（後天性免疫不全症候群）　AIDS
衛生学と子ども　Hygiene
おしゃぶり　Pacifier
おむつと排便訓練　Diapers and Toileting
回復記憶（RM）　Recovered Memory
科学的育児法　Scientific Child Rearing
拒食症　Anorexia
喫煙　Smoking
子育ての助言文献　Child-Rearing Advice Literature
子どもに向けられる暴力　Violence Against Children
子ども病院　Children's Hospital
産科学と助産術　Obstetrics and Midwifery
産児制限（受胎調節）　Birth Control
シェパード＝タウナー母子保健法　Sheppard-Towner Maternity and Infant Act
歯科と子ども　Dentistry
事故　Accidents
自殺　Suicide
10代の飲酒　Teen Drinking
出生率　Fertility Rates
小児医学　Pediatrics
人工授精（AI）　Artificial Insemination
睡眠　Sleep
スポック博士　Spock, Benjamin（1903-1998）
性教育　Sex Education
精神衛生学　Mental Hygiene
精神疾患　Mental Illness
精神遅滞　Retardation
青年期医学　Adolescent Medicine
接触伝染病　Contagious Diseases
先天性欠損症　Birth Defects
体育　Physical Education
体外受精（IVF）　In Vitro Fertilization
多児出産　Multiple Births
多動性障害　Hyperactivity

超音波画像診断法　Sonography
ドラッグ（薬物）　Drugs
乳児死亡率　Infant Mortality
乳児哺育　Infant Feeding
乳母養育　Wet-Nursing
乳幼児突然死症候群　Sudden Infant Death Syndrome（SIDS）
妊娠と出産　Conception and Birth
排便訓練　Toilet Training
排卵誘発剤　Fertility Drugs
ペドフィリア（小児性愛症）　Pedophilia
ベビーファーム（有料託児所）　Baby Farming
ポリオ（脊髄性小児麻痺［infantile paralysis］）　Polio
優生学　Eugenics
ユニセフ（国連児童基金）　UNICEF（United Nations Children's Fund）
よい姿勢　Posture
予防接種　Vaccination
ラ・レーチェ・リーグ　La Leche League
卵子提供　Egg Donation
流行伝染病　Epidemics

19　身体とセクシュアリティ（**Body and Sexuality**）

入れ墨とピアス　Tattoos and Piercing
エイズ（後天性免疫不全症候群）　AIDS
衛生学　Hygiene
割礼　Circumcision
拒食症　Anorexia
近親相姦（インセスト）　Incest
化粧品　Cosmetics
子どもの発達概念の歴史　Child Development, History of the Concept of
産児制限（受胎調節）　Birth Control
思春期　Puberty
児童虐待　Child Abuse
児童売春　Child Prostitution
児童ポルノ　Child Pornography
10代の妊娠　Teen Pregnancy
勝利の女神の少女たち　Victory Girls
女性の割礼（性器切除）　Female Genital Multilation
初潮　Menarche
スウォッドリング　Swaddling
スピアーズ、ブリトニー　Spears, Britney（1981-）
性教育　Sex Education
性行為感染症（VD）　Venereal Disease
青年期医学　Adolescent Medicine
青年期と若者期　Adolescence and Youth
セクシュアリティ　Sexuality
体操　Gymnastics
男女共学と別学教育　Coeducation and Same-Sex Schooling
デート　Dating
同意年齢　Age of Consent
同性愛と性的指向　Homosexuality and Sexual Orientation
バンドリング　Bundling

フロイト、ジークムント　Freud, Sigmund（1856–1939）
ペドフィリア（小児性愛症）　Pedophilia
ベロッティ対ベアード裁判　Belloti v. Baird
マスターベーション（自慰行為）　Masterbation
マン、サリー　Mann, Sally（1951–）
誘拐（アメリカ）　Abduction
誘拐（現代アフリカ）　Abduction in Modern Africa
よい姿勢　Posture
乳幼児の性欲　Infant Sexuality
ルイ 13 世の幼年期　Infancy of Louis XIII
『ロリータ』　*Lolita*

20　現代社会の子ども期（Contemporary Childhood）

エイズ（後天性免疫不全症候群）　AIDS
SAT と大学入試制度　SAT and College Entrance Exams
学校選択　School Choice
学校銃撃事件と校内暴力　School Shootings and School Violence
喫煙　Smoking
拒食症　Anorexia
グローバリゼーション　Globalization
広告業と子ども　Advertising
国際機関　International Organizations
子育ての助言文献　Child-Rearing Advice Literature
子ども学研究　Child Study
子どもに向けられる暴力　Violence Against Children
産児制限（受胎調節）　Birth Control
自殺　Suicide
児童虐待　Child Abuse
児童ポルノ　Child Pornography
銃　Guns
10 代の母親（アメリカ）　Teenage Mothers in the United States
10 代の飲酒　Teen Drinking
10 代の妊娠　Tee n Pregnancy
少年司法（国際的状況）　Juvenile Justice: Internationa
少年兵（世界的な人権問題）　Soldier Children: Global Human Rights Issues
人工授精（AI）　Artificial Insemination
スクール・バウチャー　School Vouchers
戦争と子ども（20 世紀）　War in the 20th-Century
体外受精（IVF）　In Vitro Fertilization
代理母出産　Surrogacy
多児出産　Multiple Births
多動性障害　Hyperactivity
知能指数（IQ）　Intelligence Quotient
知能テスト　Intelligence Testing
チャータースクール　Charter Schools
超音波画像診断法　Sonography
ドラッグ（薬物）　Drugs
乳幼児突然死症候群（SIDS）　Sudden Infant Death Syndrome
排卵誘発剤　Fertility Drugs
バウムリンド、ダイアナ　Baumrind, Diana（1927–）
福祉改革法（1996 年）　Welfare Reform Act（1996）

ブラジルの子ども（歴史と現代）　Brazil（history & contemporary）
ヘッドスタート計画　Head Start
ペドフィリア（小児性愛症）　Pedophilia
ベビーブーム世代　Baby Boom Generation
保育（アメリカ）　Child Care: United States
保育（家庭保育）　Child Care: In-Home Child Care
マグネットスクール　Magnet Schools
マン、サリー　Mann, Sally（1951–）
ミーガン法　Megan's Law（s）
誘拐（アメリカ）　Ab duction
誘拐（現代アフリカ）　Abduction in Modern Africa
要扶養児童扶助法　Aid to Dependent Children
ラテンアメリカの子ども（中央アメリカの戦争）　Latin America: Wars in Central America
卵子提供　Egg Donation
若者文化（ユースカルチャー）　Youth Culture

IQテスト（IQ Tests）
→知能指数（IQ）／知能テスト（Intelligence Testing）

アイザックス、スーザン（Isaacs, Susan, 1885-1948）

　児童発達の理論家、教育家、精神分析家であるスーザン・サザランド・フェアーファースト・アイザックスは、1885年に14人兄弟姉妹の末っ子として生まれ、14歳で学校を卒業した後、教師の訓練を受け、1912年にマンチェスター大学から哲学の学位を得た。ケンブリッジの心理学実験室で1年間研究に従事した後、ダーリントン・トレーニング・カレッジで講義（1913-1914）をし、マンチェスター大学で論理学を教えた（1914-1915）。彼女は、1924年から1927年まで、ケンブリッジのモールティング・ハウススクールの校長であった。この学校は、徹底的な自由遊びを認めて子どもたちの個々の発達を促進し、それを観察する実験学校であった。彼女は、この経験から、『幼児の知的発達』（*Intellectual Growth in Young Children*, 1930）や『幼児の社会的な発達』（*Social Development in Young Children*, 1933）など、教育心理学の古典となる、いくつかの主要な著作を著した。これ以外の二つの重要な著作として、『子育ての年月』（*The Nursery Years*, 1929）と『わたしたちが子どもに教えること』（*The Children We Teach*, 1932）があり、7歳から12歳までの子どもについては、『児童発達の心理学的側面』（*Psychological Aspects of Child Development*, 1935）がある。

　アイザックスは、精神分析家として訓練を積み、実践した。1933年、彼女は、ロンドン大学教育研究所の児童発達部の初代部長となり、ここに、年少の子どもの教育にかかわる教師のために、児童発達の上級コースを設けた。1929年から1940年まで、アールスラ・ワイズという偽名で子育て雑誌の読者の質問に答える「悩みの相談おばさん」でもあった。彼女は、最初はウィリアム・ブリーアリと、2度目は（1922年に）ネイサン・アイザックスと結婚した。彼女の論文のいくつかは、ロンドンの教育研究所のアーカイブにおさめられており、彼女の精神分析の実践と理論に関連するもっと多くの資料は精神分析研究所にある。

　アイザックスは、異彩を放つ教師、解説者、臨床家であった。彼女のもっとも大きな理論的な貢献は、観察にもとづく心理学と、非常に幼い子どもの心に宿る愛情、怖れ、そして憎しみの力強い役割についての彼

スーザン・アイザックス（1885-1948）*

女の認識とを調和させることから生まれた。彼女は、イギリスの精神分析学を形成した論争のなかで、子どもの分析は可能であり、精神分析学の仕事は、本質的に分析者と被分析者のあいだの感情転移[*1]のなかで導かれると考えていたメラニー・クラインと連携した。アイザックのことばに次のようなものがある。「衝動的行為、本能的な衝動あるいは反応のなかで、無意識のファンタジーとして経験されないものはひとつもない」（1952年、83ページ）。彼女はさらにふみこんで、感情の力を論じるメカニズムとして、ファンタジーそのものの重要性を強調する。「ファンタジーは、やがて不安感に対する防衛手段にもなり、不安感を阻止し、ファンタジーを経験させてくれる手段となり、それは子どもたちに精神生活をあたえ、その進むべき方向と目的を示す」

　アイザックスは、人気の高いさまざまな雑誌を幅広く出版し、不安感、夜間恐怖[*2]、無意識のうちにはたらく行動にあらわれる兆候について、さらに、子どもの発達概念が身体の状態であるだけでなく、感情的で

社会的な状態でもあることについて、自分の考えを広めるためにしばしばラジオ番組で話した。彼女は、子どもが世界について学び、また不安感に対処する手段として遊びを奨励し、人間を弱める大量の教育テストに反対した。訓練中の教師たちの世代も、自分たちの仕事の最終目標としての健康な感情の発達を理解するよう奨励された。

［訳注］
* 1 感情転移（transference）——子どものときに、ある人に対して固有にいだいた感情がそのまま、無意識に治療者に対して向けられること。感情が本来の対象からほかの対象に置き換えられることは「転移」（displacement）とよばれる。
* 2 夜間恐怖（night terror）——精神医学において、睡眠中に悪夢とは無関係に突然生じる。そのために覚醒するほどの極度の恐怖をさしていう。「睡眠恐怖障害」（sleep-terror disorder）ともいう。

➡子どもの発達概念の歴史、児童心理学
●参考文献
Gardiner, Dorothy. 1969. *Susan Isaacs*. London and Toronto: Methuen.
King, Pearl, and Ricardo Steiner. 1991. *The Freud-Klein Controversies, 1941-45*. London: Tavistock/Routledge.
Steiner, Ricardo. 1989. "Activities of British Psychoanalysts during the Second World War and the Influence of their Interdisciplinary Collaboration on the Development of Psychoanalysis in Great Britain." *International Review of Psychoanalysis* 16.

（DEBORAH THOM／北本正章訳）

愛情（Love）

親が自分の子どもに示す愛着や情愛は、おそらく人間の実存感覚のなかで、もっとも奥深い感情体験であろう。幼年期と子ども期は、驚くほど高いレベルで親とのかかわりを求め、自分の利益のために、親あるいは世話をしてくれる人に、娯楽、慰安、それどころか安全性さえをも犠牲にすることを求める。今日の進化論は、子どもにそそがれる情愛と親の愛着を、生物学的に動機づけられた行動であり、種の存続にとって必須のものとみなしている。心理学理論のなかには、親から受ける愛情と愛着の経験を感情発達の中心にすえるものもある。子どもの成長につれて、子どもとして受けた情愛や愛着の経験のなかから、ほかのいくつかの重要な感情関係が発達する。

古代世界と中世世界

文化は必然的に、愛着行動をめぐって発展してきており、その行動に意味をあたえたり、その行動を人間のほかの要求に適合させる行為を形成する。聖書やギリシア文学には、子どもにそそがれる親の愛情の例が満載されているが、それらは現代の愛情の規準と似ているわけではかならずしもない。たとえば、『サムエル記』第2巻では、ダビデ王は、謀反を起こして殺された息子のアブサロムのことを嘆き悲しんでいる。しかし、ダビデ王の将軍ヨアブ[*1]は、アブサロムを打ち負かすために自分の兵士たちが被った危険を思い出せと言って、悲嘆にくれるダビデ王を叱責している。

古代ローマの証拠は、死んだ幼児や子どもに情愛をそそいだある上流階級を描写している。しかし、子ども期の経験には、永続的なやさしさで満たされる機会が相対的にわずかしかなかったかもしれない。古代ローマの父親は、子どもの誕生に際して、戸外にすてて死なせることを認めることで、その子を拒絶することができた。古代ローマの医学文献は、子ども期の病気についてはほとんどふれておらず、古代ローマ人の手紙や記録では、子どもの大人びた特徴がしばしば賞賛されている。これは、古代ローマ人が子どもの発達段階——すなわち、子どもは最初の数年は自由に遊び、甘えられる親類の者たちから多数のおもちゃを受けとる——について無知であったことを示しているわけではない。古代ローマの上流階級は、子どもとして気をつかうよりも大人になることに気をつかっていたかもしれない。古代ローマの子どもは、濃密な人間関係のネットワークのなかで生を享け、そのなかで子ども期を継続させた。そのネットワークでは、生物学上の親は、子どもの優先的な保護者ではなく、また愛情や情愛を主要にそそぐ者でもなかったかもしれない。古代ローマの少年は、成長とともに、ローマ市民としての価値観を学ばねばならず、一般に、かなり包括的な教育を厳格な教師のもとで受けた。しかし、それでも、紀元前1世紀までには、年少の子どもに対する親の情愛が広く受け入れられ、また、帝政ローマ時代初期を通じて、ローマ人が家族を自分のアイデンティティの重要な根源と見ていたことを示す証拠がある。

フィリップ・アリエスの草分け的な著作[*2]が出版された1960年以降の20年間、歴史家たちは、中世と近世の世帯の情愛的な絆を解明するためにアリエスの洞察を広く援用した。アリエスによれば、両親は子どもを愛していたが、それは、子どもそのものに愛情があったからというよりは、むしろ子どもが家に貢献できるからであった。幼年期と子ども期の高い死亡率が意味したのは、家族が、生き残らないかもしれない小さな子どもに多くの時間、愛情、注意をそそぐことを懸念していたということであった。家の名であれ、死んだきょうだいの名であれ、名前さえも再利用された。**乳母養育**の習俗は、母親に自分の幼児をなつかせる機会をわずかしかあたえなかった。また、スウォッドリングや注意散漫な育児行動は、非常に幼い子どもに母親との絆を深める機会をわずかしかあたえなかった。同様に、プライバシーの欠如は、家族水入らずの活動の機会を失わせた。少年も少女も、7歳から14歳までのあいだは、別の家庭に奉公に出されることになっ

ていたが、そうなるときには、家族の親密さが完全に終わることを予想できた。子ども期はすぐに終わり、若者は大人の役割と責任を果たす大人のミニチュアとなった。このように、世帯経済は情愛の絆を完全に吸収してしまっていた。

　もっと最近の歴史家たちは、中世から近世までの子育てのきわだった変化より、むしろその連続性を強調した。子ども期は人間の発達のなかで、ほかとは区別される時期であり、特別に配慮すべき大切な時期であると認識していたことを示す証拠資料は、古代にまでさかのぼる。子どもの**おもちゃ**、死んだ幼児への深い悲しみを示す証拠、乳母養育のような育児慣行についての新しい洞察はいずれも、比較的に情愛の深い家庭環境があったことを示している。フランスの農村にかんするある研究は、母親たちが年少の子どものことでやきもきしたり、死や離別で子どもを失うのを悲嘆しているのを見い出している。中世末期以降、経済と思想の動向にともなって子育てに重要な変化が生じた。この変化には、学校教育の拡張、古典教養モデルの重要性の再認識、結婚と家庭生活についての活力に満ちた新しい考えの受容などがふくまれていた。こうした趨勢は、家庭での思いやりと情愛の重要性を強める傾向があった。

近世と近代

　18世紀までに、近代の情愛的あるいは情感豊かな家族の一般的な特徴は、子育ての助言文献で広く普及するようになり、家族の緊密な絆と情愛という価値観が、西ヨーロッパと北アメリカのイギリス植民地の中・上流家族に当然のこととして受けとめられはじめた。**ジョン・ロック**の1693年の著書『**子どもの教育**』*3 は、そうした家族の新しい理想の基本テキストとなった。ロックは、子どもはなんらかの概念をもっているにせよ、観念というものをほとんどもっていないという点で大人とは異なっており、また、子どもの教育は家族生活の中心であるべきだと考えていた。ロックは、親に向かって（ロックは父親に向けて書いていたのだが）熱心に、可能なかぎり体罰をくわえないようにし、むしろ子どもを尊重し、恥辱をあたえてしつけるよう説いた。ロックのこの著書は、家庭内の情感豊かな関係を奨励する**啓蒙思想**の著作家たちの重要な出発点となった。

　19世紀の初期までに、親が子どもを愛するという今日の傾向がはっきりと認められる情愛家族は、西ヨーロッパとアメリカ北部の中産階級のあいだに深く根を下ろした。家族の経済機能はほぼ消えてなくなり、代わって強い情愛的な絆が生まれた。高い**乳児死亡率**が続いていても、親は、新しく生まれた子どもを個人として、またかけがえのない大切な関係をもつ者として認めていた。子どもには、新しい、他者と区別できる名前があたえられた。母親は自分が産んだ子どもに乳をあたえ、両親は子どもと遊んだり情愛で結ばれた絆を強めたりする時間をすごそうとした。少年と少女は7歳まではまだ中性的な衣服を着せられていたが、子ども期は本質的に重要な時期として大切にされていた。学校教育の拡張は、少年の**徒弟制度**を制限し、ときにはこれにとって代わりさえし、少女は一般に家庭に残った。もっと大きな中産階級の家庭にはプライベートな居間があり、家族が外部の者から離れていっしょにすごすのを可能にした。家族構成員の相互の愛情と、とくに子どもに対する親の愛情は、家族の中心的な関心事となった。

ジェンダー・階級・民族・地域

　情愛家族の機能は、ジェンダー・社会階級・民族・地域によって多様であった。アメリカと西ヨーロッパにおける経済と社会の重要な諸変化のなかに、職住分離という変化があった。稼ぎ手としての中産階級の父親は、一週間のうち6日は、一日の大半を留守にしていた。この状況は、農場や職人の仕事場のような、世帯に基盤を置く経済のなかで、父親が子どもたちとともにいることになる関係の多くを減らすか無くすかしてしまった。それでも父親は、家族のためにつくそうとしていたし、子どもを楽しませて温かく見守ろうとしていたが、そうする時間はかぎられていた。

　中産階級の母親の役割は、かつて以上に重要になった。19世紀を通じて、母性はあらゆる愛情の典型や至高の献身愛のお手本になるなど、決定的に重要な役割を引き受けた。母親は、とりわけ女中やほかの使用人の助力を得ていたので、中産階級の母親のアイデンティティの中心となった子育てという天職に、これまでよりも多くの時間をさくことができた。子育ての助言文献は、母親の犠牲的行為と愛情のお手本で満ちていた。19世紀の手紙や20世紀初期の調査から得られた証拠は、男の子も女の子も、父親よりも母親との思い出のほうを好んだことを示している。だが、少年たちは、最終的には母親から離れ、独立して生活を営まねばならなかった。他方、少女たちは、身内のほかの女性、母親の友だち、広がった女性ネットワークの一部である同年輩の友だちなどとの関係によって拡大した、母親の情愛がとどくところで、一人前の女性に成長することができた。

　南北戦争以前のアメリカの南部では、情愛によって結びつき、子育てを中心にすえた情感豊かな家族が、白人の上流階級のあいだにかたちを変えてあらわれた。そこでは、父親は子どもの人生においてより多くの役割を担ったであろうし、また、その家族はより多くの情愛を子どもにそそいだであろう。しかし、南部の親は、子どもに家族の誇りと名誉という感覚を子どもたちに要求し、北部でみられるよりもいっそう規範性の強い役割を引き受けるよう要求している。その結果、それらの家族は、温かくて情愛深いが、感情を

外にあらわすのを注意深く抑制する家族として描かれてきた。

南北戦争以前から南部にいたアフリカ系アメリカ人は、奴隷としての苦難があったにもかかわらず、情愛深い絆を保っていた。フレデリック・ダグラス[*4]は、母親が、労働を終えた後の夜、何マイルも歩いて自分のところまで訪ねてくれたことを思い起こしている。家族が売られてばらばらにされる奴隷家族の壊れやすさ、奴隷という過酷な状況は、多くの子どもがその血縁関係という絆を、おば、おじ、祖父母、奴隷社会内の架空の親族へと展開していったことを意味した。こうした結びつきは、子育ての仕事を広げ、情愛による絆を生活共同体全体に広がらせることにもなった。だが、それでも、南北戦争後には、解放された男女のほぼ全員が共通の行動をとったのだが、そうした行動をとらせたもっともありふれた理由のひとつは、配偶者と子どもたちを見つけ出し、もう一度家族をつくりたいという願望であった。

19世紀の白人の労働階級の家族には、中産階級の家族との共通点はほとんどなかった。産業化するアメリカの子どもは、幼少時からはたらき、家庭経済に貢献しなくてはならなかった。家庭内の情愛深い絆は、家族の物的ニーズとつねに対立していた。父親は、中産階級の家族の父親よりもいっそうよそよそしかったであろう。労働階級の家族にみなぎっていた緊張関係の主要因は、親が、賃金を稼得するよう子どもに求めたことにあった。移民家族、とくに南ヨーロッパと東ヨーロッパからの移民家族には家父長制の伝統があったが、それは、父親が息子を好んだということや、家族の関心が、子どもを育てたり大切にすることにではなく、父親につくしたり男の子に迎合したりすることに置かれていたことを意味した。この伝統は、家族の全員に労働を強く求めたことと相俟って、情愛深い行為と家庭生活の温かさを制限していた。

20世紀と21世紀初期

20世紀は、ある範囲の変化を情愛豊かな家族にもたらした。中産階級の財政がよくなるのにつれて、父親は子どもといっしょに活動するためにより多くの時間をとることができるようになった。この状況でも、子育てと家事労働の大半は依然として母親に託されていたが、情愛深く子どもと遊ぶ機会は、すくなくとも父親にはより多くあった。財政がよくなったことは、成功した労働階級の家族が、情愛深く結びついて中産階級の家族を模倣しはじめたことを意味している。義務教育法[*5]と、**児童労働法**の部分的な成功は、より多くの労働階級の子どもが、中産階級の子どもと同じように、拡張された子ども期を経験していたことを意味した。

20世紀の青年期の若者のあいだには、同輩文化（ピアカルチャー）も発達した。学校教育が拡張したこととサマー・キャンプが流行したことによって、かつて以上に多くの子どもが、より多くの時間を同じ年齢の仲間とすごすようになった。同輩文化が発達すると、青年期の子どもたちは、両親は自分たちのことをほとんどわかってくれていないし、愛してくれてもいないと思いこむようになり、さまざまな葛藤が生まれた。母親たちは、少女や若い女性たちのあいだで伝統的に結ばれてきた女性どうしの絆を築くのが以前よりもむずかしくなったことに気づいた。

母性や母親の愛情も批判にさらされるようになった。1920年代までに、社会科学者とジャーナリストは、母親の愛情を、危険であり、発達を阻害しさえする情緒的な愛着として攻撃しはじめた。母親らしい情愛は家庭生活の特徴でありつづけたが、すくなくとも中産階級の母親は子どもを甘やかし、ほめそやし、あるいは心配するなど、彼女たちの願いは長期にわたって有害な影響をおよぼすことになるかもしれないと、しばしば自覚していた。第2次世界大戦後、この傾向は、情愛深い家族を重視する、新しく復活した文化によって部分的に反転はしたものの、母親の愛情にむけられた疑念は、20世紀を通じてアメリカの文化の特色として残りつづけた。

子どもに対する親の情愛を人間の進化論的存続と情緒の発達の中心に置く生物学理論や心理学理論が示唆しているように、子どもに対する愛情は、今日のアメリカでは超越的になっている。子どもの発達を助ける適切な方法をめぐる論争だけはいまも続いているが、何ごとも子ども中心に考えることは当然だと受けとめられている。それと同時に、20世紀末期から21世紀初期にかけて、アメリカ人は、子どもへの愛情をよそおった虐待の可能性に気づいている。保育施設や宗教施設において子どもの性的搾取が行なわれているという事実の発覚や、家庭生活が機能不全をきたしているのは重大な社会問題であるという認識は、子どもに適切な愛情、保護、情愛をあたえることを焦眉の問題とした。現代文化ではこの問題はあまりにも重要であるため、子どもに対する愛情は、社会問題と道徳問題をめぐる重要な論争の中心でありつづけるだろう。

子どもによる愛情

子どもの愛情の歴史はあきらかに、親の愛情の歴史よりもあいまいである。情感豊かな愛情が大いに強調されるようになってくると、ふつうは、子どももそれと同じように反応するにちがいないと決めてかかられる。しかし、すべての子どもが親の期待どおりに愛情を示したわけではない。青年期の特徴のひとつは、積極的な愛情がすぐには外にあらわれてこない時期をしばしばそのなかにふくんでいることにある。このことは、子どもと親の双方を同じように混乱させる可能性がある。社会学者たちは、子どもに対する愛情が長期にわたってますます重視されてきた結果、子ども（お

そらく、とくに少女）は、最終的に親（とくに母親）から自分自身を分離するためにだれかに恋をする必要があるのではないかと推測してきた。愛情と子ども期の歴史から派生する諸問題には、さらに注意をはらいつづけるべき価値がある。

[訳注]
* 1 将軍ヨアブ（Joab）——ダビデ王の軍隊の指揮官。王が可愛がっていた息子（三男）のアブサロムが反乱を起こしたとき、アブロサムとイスラエル軍の司令官アブネルを殺した。
* 2 草分け的な1960年の著作（groungbreaking 1960 work）—— Philippe Ariès, *L'Enfant et la vie familiale sous l'Ancien Régime*（Paris: Plon, 1960）; *The Centuries of Childhood: A Social History of Family Life*（1962）; *Geschichte der Kindheit*（1975）; アリエス『〈子供〉の誕生——アンシャン・レジーム期の子供と家族生活』（杉山光信・杉山恵美子訳、みすず書房、1980年）
* 3 『子どもの教育』—— John Locke, *Some Thoughts Concerning Education*, 1693; ロック『子どもの教育』（北本正章訳、原書房、2011年）
* 4 フレデリック・ダグラス（Frederick Douglass, 1817?-1895）——本名Frederick Augustus Washington Bailey。アメリカの奴隷制廃止論者・新聞編集者・演説家。メリーランド州で黒人奴隷の母と白人の父のあいだに生まれた。自身も1838年に逃亡奴隷としてマサチューセッツ州に移り、同州の奴隷制反対運動で頭角をあらわした。自由を買いとるために金をたくわえ、*Narrative of the Life of Frederick Douglass*（1845）を発表し、ニューヨーク州で「ノース・スター」（*North Star*）紙を編集（1847-60）して奴隷制反対を訴え、南北戦争では黒人に北軍加入をうながした。内戦後は国内再建に尽力し、ハイチ公使（1888-1891）など、いくつか政府の要職についた。
* 5 義務教育法（Mandatory school laws）——アメリカでは、1852年のマサチューセッツ州義務教育法が、義務教育を法制化した最初といわれる。

➡子どもの感情生活、父親業と父性、母親業と母性

●参考文献

Ariès, Philippe. 1962. *Centuries of Childhood: A Social History of Family Life*. Trans. Robert Baldick. New York: Alfred A. Knopf. フィリップ・アリエス『〈子供〉の誕生——アンシャン・レジーム期の子供と家族生活』（杉山光信・杉山恵美子訳、みすず書房、1980年）
Buss, David M. 1988. "Love Acts: The Evolutionary Biology of Love." In *The Psychology of Love*, ed. Robert J. Sternberg and Michael L. Barnes. New Haven, CT: Yale University Press.
Clement, Priscilla Ferguson. 1997. *Growing Pains: Children in the Industrial Age, 1850-1890*. New York: Twayne.
Dixon, Suzanne. 1992. *The Roman Family*. Baltimore, MD: Johns Hopkins University Press.
Greven, Philip. 1977. *The Protestant Temperament: Patterns of Child-Rearing, Religious Experience, and the Self in Early America*. Chicago: University of Chicago.
Griswold, Robert L. 1993. *Fatherhood in America: A History*. New York: Basic Books.
Hawes, Joseph M. 1997. *Children between the Wars: American Childhood, 1920-1940*. New York: Twayne.
Herlihy, David. 1985. *Medieval Households*. Cambridge, MA: Harvard University Press.
Ladurie, Emmanuel Le Roy. 1988. *Montaillou: The Promised Land of Error*. Trans. Barbara Bray. New York: Vintage. エマニュエル・ル・ロワ・ラデュリ『モンタイユー——ピレネーの村』（上・下）（井上幸治・渡辺昌美・木居純一訳、刀水書房、1991年）
Macleod, David I. 1998. *The Age of the Child: Children in America, 1890-1920*. New York: Twayne.
Ozment, Steven. 2001. *Ancestors: The Loving Family in Old Europe*. Cambridge, MA: Harvard University Press.
Rawson, Beryl. 1991. "Adult Child Relationships in Roman Society." In *Marriage, Divorce, and Children in Ancient Rome*, ed. Beryl Rawson. Oxford: Clarendon Press.
Reinier, Jacqueline. 1996. *From Virtue to Character: American Childhood, 1775-1850*. New York: Twayne.
Shaver, Philip, Cindy Hazan, and Donna Bradshaw. 1988. "Love As Attachment." In *The Psychology of Love*, ed. Robert J. Sternberg and Michael L. Barnes. New Haven, CT: Yale University Press.

（JOHN C. SPURLOCK／松丸修三訳）

アカデミー（Academies）

アカデミーは、アメリカでは独立革命期から19世紀後半にかけて、主要な高等教育機関であった。一般に、アカデミーは8歳から25歳までの生徒を対象に、初等教育レベル以上の比較的進んだ形態を提供していた。カトリックのウルスラ修道会*1は、1727年にニューオーリンズにフランス語を話す女性たちのための最初のアカデミーを設立した。1753年、フィラデルフィアのフランクリン・アカデミー（Franklin Academy）は、植民地勅許状*2を受け入れ、1766年には、植民地議会はノースカロライナのニューベルン・アカデミー（New Bern Academy）に合併する法案を上程した。ヘンリー・バーナードによれば、1850年までに、アメリカ全体で6100以上の法人組織のアカデミーが存在し、その入学者数はカレッジの入学者数の9倍に達していたという。

アカデミーの特色

18世紀末と19世紀のアカデミーは、その法人組織の構造、法的地位、そしてカリキュラムの幅などの点で、高等教育のほかの形態と区別することができた。アカデミー、セミナー、あるいはインスティテュート

などの名前をもつ学校は、法人としての定款にくわえて、授業料以外のなんらかの財政的支援組織と理事会による監督組織をもっている点で、起業投機的なベンチャースクール（venture school）とは違っていた。理事会はその教育機関の土地と建物を保全し、資金調達を援助し、教師を補充して雇い入れ、アカデミーの学生たちの公的試験を管理した。こうした法人組織としての支援と統治のおかげで、各アカデミーはベンチャースクールよりも大きな財政的安定性と長い持続性を享受する傾向があった。

アカデミーは、アメリカの初期に見られた多数の私立のベンチャースクールと同じように、一般大衆の需要にこたえる広範囲にわたる教科を提供した。典型的には、インスティテュートは、読み方、書き方、文法、地理学、幾何学、古典語、そして、理科、数学、作文、歴史、修辞学、神学および哲学をふくむ「英語による」教育の高等部門を提供した。アカデミーの大半も、装飾的な刺繍、音楽、油絵、線描法、航海術と測量術、そして簿記法といった実務的な科目を即金払いで提供した。

男子に教育を提供し、古典語を重視していた近世のラテン語グラマースクール（ラテン語文法学校）とは対照的に、アカデミーは広範な顧客に教育を提供した。アカデミーには男子と女子の両方が通い、共学であれ別学であれ、教育は区分された部門で提供された。専門職、プランテーションの所有者たち、富裕な商人たちばかりでなく、農民、職人、小売り商人の家族の出身者たちも学生であった。

アカデミーの発展

北部と南部の入植地と南西部では、ざまざまな宗教団体が最初のアカデミーを多数設立した。ローマカトリック教会におけるさまざまな教育職位は、17世紀初期に、とくにメリーランドのカトリック信徒の居留地と、フランス語とスペイン語の地域に、いくつかのアカデミーを設立した。18世紀なかばには、モラヴィア人たちが、大西洋岸中部諸州[*3]に女性たちのために多数のアカデミーを設立した。また、アイルランド系の長老派教会の聖職者たちは、独立革命前のアメリカの中部と南部の入植地で、聖職者をめざす学生たちを訓練するために44以上のアカデミーを設立した。

アメリカにおけるアカデミーの数は、独立戦争後の数十年間に膨張した。この時期には、多数の起業投機的なベンチャースクールがアカデミーとして統合され、それ以前にあったアカデミーは共同体の需要にこたえるかたちでそのカリキュラムを拡大した。ニューヨークの大学管理局は、1825年までに、全体で65のアカデミーを認可している。オハイオ州は、1803年から1840年にかけて約100のアカデミーを法人組織にし、イリノイ州は1818年から1848年にかけて、すくなくとも125のアカデミーを認可した。1830年代までに、アラバマ州には24の、ヴァージニア州には55のアカデミーがそれぞれ存在し、テキサス州は1850年までに97のアカデミーがあった。

19世紀におけるアカデミーの拡大と、アカデミーへの入学登録者数の増加には、ジャクソン大統領時代の諸政策、人口成長、第二の大覚醒運動などをふくむ多数の要因がはたらいていた。ジャクソン時代の政治的リーダーたちは、州政府の給付金を広くばらまくのがよいと主張した。いくつかの州政府の立法者たちは、団体組織をさらに広範囲に認可できるようにしながら、法人化の歩みを促進した。この同じ時期を通じて州政府は、基金あるいは土地の寄付というかたちでアカデミーへの財政支援の総額を増やした。さらに、19世紀の最初の数十年は、西部と南部への人口の大移動と同時に起きた人口の大膨張を経験した時期であった。これは、運河建設、町の建設、そして鉄道敷設工事が進んだ時期でもあった。最後に、ほぼ1795年から1837年にかけての時期、いくつかのプロテスタント諸派のあいだで共同して取り組む教育事業も生み出した。事実上どの共同体でも、1820年代から1830年代を通じて、プロテスタントの福音派の人びとは、無償制の都市の学校教育の整理統合と、男性ばかりでなく女性にも高等教育を提供するアカデミーの設立に重要な役割を果たした。

アカデミーを組織し、財政的に支援していた地方共同体、諸個人、そして宗教団体は、さまざまな思惑で活動した。19世紀を通じて、さまざまな共同体の諸団体、個人、そして商業関係の協会などが若者たちを訓練して熟練労働力に仕上げ、あるいは自分の町の資産価値を増やすために、高等教育を提供するアカデミーを設立した。いくつかの共同体は、支配的な文化集団から提供される高等教育の代替物としてアカデミーを設立した。たとえば、ニューオーリンズのカトリック・インスティテュートは、奴隷ではない黒人の子どもたちのあいだの急進的な政治課題を積極的に推進した。ミシシッピー州ではアフリカ系アメリカ人が設立したアカデミーのいくつかは、南北戦争後の再編期[*4]を通じてリテラシーと人種的昂揚をもたらした。カリフォルニア州の中国人の西部地域陸軍士官学校（the Chinese Western Military Academy）は——国中の志願者とともに——この州で中国人の若者たちに高等学校の教育が拒否されていた時期を通じて、高等教育と軍隊教育を提供することによって中国人の若者たちに能力を賦与しようと考えていた。

アカデミーの変容

南北戦争以降になると、より高度な学校教育のさまざまな形態が、お互いに激しくしのぎを削るようになった。南北戦争前後の時期を通じて、いくつかの民営のアカデミーは、拡張しつつあった公立の教育制度に吸収された。この動きはニューヨーク州では1853年

にはじまった。このときニューヨーク州議会は、ローカルな「教養教育部門」(academic department) あるいは公立のハイスクールを設立する目的で、隣接する学区の統合を可能にする法案をとおした。地方の各学区は、新しい学校を組織するか、既存のアカデミーを吸収するかのどちらかによって、教養教育部門を設立することができた。いくつかのコミュニティでは、授業料に依存するアカデミーから公立のハイスクールへの変容は、税金でまかなわれるより高度な学校教育を提供するかどうかの問題をめぐる政治闘争の文脈で生じた。

多くの私立アカデミーは1870年以後も存続し、いくつかのコミュニティと宗教団体は新しいアカデミーを設立しつづけた。しかし、多くの町が税支援を受けたハイスクールを設立し、より多くの家庭がその維持に必要な税を納めるようになってくると、各アカデミーは、公立のハイスクールそのものになるか、授業料収入あるいはその他の公的基金を集めつづけるほどの別種の教育組織に変身するという高まる圧力にさらされることになった。1860年代と1870年代に各州が師範学校制度（normal school system）を設立したとき、これらは、すでにその時期まで地方の教員養成の大半を担っていた既存のアカデミーと直接せめぎあうことになった。いくつかのアカデミーは、その地域で必要とされる師範学校に首尾よく変身することでこの挑戦に対応した。別のアカデミーは、独立の私立学校にとどまることで特別な学生顧客につくそうと考えていた。このなかには、私立のカレッジやエリート向けの私立の予備校に変身したものがいくつかあった。それ以外のアカデミーは、宗教的な訓育、視覚教育や芸術表現教育、理科教育や技術教育、あるいは補償教育[*5]といった特別な教育内容を強調することで生き残った。

このようなアカデミー改変の動きは、多くの歴史的遺産を残した。アカデミーは、公立学校とそれに代わる学校の両方で存続している固定資産の基盤と、より高度な学校教育のための政治的および財政的な支援とを確立した。アカデミーは、コミュニティ基盤の学校教育、教師の自律性、学校基金、地方自治といった大きな問題と、教会と州政府が教育の面で果たす役割にかんする問題ばかりでなく、**チャータースクールと学校選択政策**にかんする問題もふくむ、教育にかんする今なお重要な多数の課題について考察するうえで有益な証拠資料を提供している。

[訳注]

*1 ウルスラ修道会（the Catholic Order of the Ursulines）――ウルスラ会修道女。女子教育に献身することを目的として、聖アンジェラ・メリチ（St. Angela Merici, 1474-1540）［祝日は6月1日］が、1535年にイタリアのロンバルディア州のブレッシア（Brescia）に創設したカトリック教女子修道会の会員をさす。

*2 植民地勅許状（a colonial charter in 1753）――イギリス国王がアメリカのイギリス領植民地にあたえた自治体設立などを認める勅許状。

*3 大西洋岸中部諸州（Mid-Atlantic states）――大西洋沿岸の諸州のうち中部地域の諸州。ふつうはニューヨーク、ニュージャージー、ペンシルヴァニア、デラウェア、メリーラントの諸州をさす。

*4 南北戦争後の再編期（the post-Civil War Reconstruction Era）――南北戦争後に分離した南部11州のうち、1866年に復帰したテネシー州以外の10州を「再建法」（Reconstruction Acts, 1865-77）によって、連邦に復帰させ、再編入した時期。

*5 補償教育（compensatory schooling）――恵まれない子どもたち（disadvantaged children）の文化欠乏（cultural deprivation）を補う教育。

➡コモンスクール、修道院学校（司教座聖堂学校）、女子校、私立学校と独立学校、ラテン語学校

●参考文献

Beadie, Nancy, and Kim Tolley, eds. 2002. *Chartered Schools: Two Hundred Years of Independent Academies in the United States, 1727-1925*. New York: Routledge.

Kett, Joseph. 1994. *The Pursuit of Knowledge under Difficulties: From Self-Improvement to Adult Education in America, 1750-1990*. Stanford, CA: Stanford University Press.

Miller, George Frederick, 1969. *The Academy System of the State of New York*. New York: Arno Press.

Oats, Mary J. 1994. "Catholic Female Academies on the Frontier." *U.S. Catholic Historian* 12 (fall) : 121-136.

Sizer, Theodore. 1964. *The Age of the Academies*. New York: Bureau of Publications, Teachers College, Columbia University.

Whitehead, Maurice. 1996. *The Academies of the Reverend Bartholomew Booth in Georgian England and Revolutionary America: Enlightening the Curriculum*. Lewiston, NY: E. Mellen Press.

（KIM TOLLEY／北本正章訳）

アジアの子ども（Asia）➡インドと南アジアの子ども（India and South Asia）／中国の子ども（China）／日本の子ども（Japan）

遊び（Play）

子どもの遊びの歴史を考察しようとすると、子ども期という概念がいつからはじまったのかという問いそのものに考察をくわえなくてはならなくなる。

歴史家フィリップ・アリエスは、その著書『アンシァン・レジーム期の子供と家族生活』（*Centuries of Childhood*, 1962）のなかで、中世には子ども期という観念（idea）はなかった、としきりに主張した。しかしその一方でアリエスは、それ以前にもこの時期を通じても、成人世界と子どもとのあいだに明確な区別はまったくなかったとも主張した。彼は、子どもが仲

間といっしょに、あるいは大人といっしょに遊んでいたことを否定しなかった。実際、この導入部では、14世紀から20世紀を通じて、歴史研究と現代研究を基礎に、遊びを検討することにする。完全なものからはほど遠いものの、ここでの作業は、いくつかの個別の時代を対象に、子どもの遊びにみられる、時を超えた共通の主題に光をあててみることとする。

中世ロンドンの遊び

　14世紀と15世紀の子どもの遊びにかんする最良の資料は、バーバラ・ハナウォルト*¹の1993年の著書『中世ロンドンの子どもの成長』（Growing Up in Medieval London）である。ハナウォルトは、子どもたちはこの時期を通じてボール遊び、鬼ごっこ、かけっこ、輪まわしなどをして遊んでいたし、想像上のパレード、ミサ聖祭、そして結婚式などの役割遊びにくわわっていたと述べている。ハナウォルトの主張を裏づける資料は、法廷と、傷害者や死体の検死記録から得ることができる。たとえば、ある幼い少年は、雨樋からボールをひろい出すために、窓から屋根に登ろうとして転落死している。別の事例では、7歳の少年が別の二人の少年といっしょに、木材に登ったり飛び降りたりして遊んでいるとき、その木材が倒れかかってきて右足を骨折している。ハナウォルトは、この著書のなかで、8歳のリチャード・リ・マゾンの物語を感動的に描いている。リチャード少年は、友だちといっしょになって、当時、子どものあいだで人気があった、しかし危険でもあった遊び――ロンドン・ブリッジの側面から外につき出た梁から両手でぶら下がる――をしたのは、昼食をすませて学校に戻る途中であった。少年たちは、だれが梁の上でもっとも遠くまでスイングできるかを見ようと競いあっていた。リチャードは、勇気を感じて遠くにスイングした。しかし、背中の学生カバンをとりはずすのを忘れていたため、余分な重さのために握力がたりず、テムズ川に転落して死んだのであった。

　リチャードの死は、少年主教の祝祭に彼が参加するのを不可能にしてしまった。この祝祭は、それが子どもの祭りとして行なわれ、聖ニコラス祭と時期が一致していたため、中世では特別に重要なものであった。聖ニコラスは、子どもの守護聖人であり、彼の祝日（12月6日）は、クリスマス・シーズンの幕開けをきわだたせる祭りであった。もっとも優秀な、あるいはそれぞれの学校でいちばん人気を得ていた生徒が選ばれ、主教のものまねをすることになっていた。残りの生徒はこの主教の聖職者になった。少年たちは、本物の主教を追い出し、儀式を主宰したり説教を説いたりして、その身がわりになった。ハナウォルトが記述しているように、「それは、中世に行なわれていた逆さまあべこべのイベントを楽しむ遊び世界のひとつであった。ここでは、生活のあらゆる面が規律的に思えた少年たちは、他人に規律をあたえる権力がどんなものであるのかをはじめて味わったのである」（79ページ）。少年主教とその聖職者たちは、儀礼で使うケープをまとい、指輪をはめ、十字架を掲げて練り歩き、教区の家々の前で立ち止まっては献金、食物、寄進物を受けとるのであった。

　ハナウォルトのこの著作は、中世には子ども期の明確な概念がなかったという考えに異議申し立てをするものである。また、この著作は、子どもたちの大半が大人の世界に入っていき、幼い年齢で仕事をしはじめたときでさえ、遊ぶ時間がまったくなかったわけではなかったことを示している。この研究は、少女たちの遊びや、少女たちのための特別なお祝いごとについて、具体的な言及を避けることによって、少年たちに比べて少女たちの遊びの自律性がきわめて小さく、遊ぶ機会が非常に少なかったことを示唆している。少女たちが教育を受けることはあまりなく、家のなかや家の外で行なう彼女たちの仕事は、おそらく非常に細かく管理されていたであろう。

18世紀と19世紀のアメリカにおける遊び

　南北戦争以前のアメリカ南部の奴隷の子どもたちの生活にかんする報告は、この時期の非常に抑圧的な環境でさえ、子どもたちがどんなふうに遊んでいたかについての考えをもたらしてくれる。奴隷は、青年期の初期の段階を迎えるまで農場につれてこなければ非常に生産的な労働者になるだろうという考えにもとづいて、奴隷の子どもたち（とくに少年）は、プランテーションではかなり自律的な生活を送っていた。レスター・アルストン（1992年）とデイヴィド・ウィギンズ（1985年）は、「1936-1938年版連邦作家プロジェクト」の一部として、かつて奴隷であった人びとから集めた談話にかんする個別の分析において、こうした子どもたちの生活ぶりを活写している。この談話記録によると、体力がおとろえすぎて農場ではたらきつづけられなくなった年老いた奴隷の女性たちは、非常に幼い子どもの世話をしていた。しかし、2歳あるいは3歳になった子どもは、年長の子ども集団にくわわったが、それは、こうした年長の子どもが水を運搬したり、薪をとりに行ったり、家畜に餌をやったりする日常的な雑用の合間に面倒を見てもらえるからであった。

　しかし、こうした子どもたちの生活には日常的な雑用と年少の子どもの世話以上のものがあった。彼らには、自然界を探検したり遊んだりする、ある程度の自由があった。とりわけ年長の子どもたちは、かなり自律性があった。非常に過酷な職務の責任を負っていた少年たちの大半（そして何人かの少女たち）は、日中は仲間といっしょに、そして夜は父親といっしょに、狩猟や魚釣りをする時間を上手にやりくりすることができた。こうした活動は、狩猟や魚釣りを楽しんだだけでなく、家族の食卓を潤わすことにもなったため、子どもたちの心に自尊感情をいだかせた。

アソビ

ピーテル・ブリューゲル（父）「子供の遊戯」（1560年、部分）。
Oil on oak panel 118 x 161 cm, Kunsthistorisches Museum Wien, Vienna.*

奴隷の子どもたちは、伝統的な遊びやゲームと、新しく改善された遊びとゲームの両方にくわわった。中世のロンドンの子どもたちがやっていたのと同じように、奴隷の子どもたちもドラマティックな役割遊びを楽しんだ。こうした子どもたちは、とくに教会の礼拝、葬式、競売といった社会的な行事をまねるのが好きであった。かつて奴隷であったある人物は、一人の子どもが競売人になって奴隷売買をまねてふるまう競売ゲームを細かく回想している。奴隷の子どもたちが、自分自身が売られて家族から引き離される可能性があることを早くから知っていたという事実は、恐怖心と不安感を賭けるそうした遊びの力を具体的に示している。別のゲームである「ムチ隠し」（Hiding the Switch）では、数人の子どもが、別の子どもが隠したムチを探し出すことになっていた。ムチを発見した子どもは、それを手に、別の子どもを鞭打つために追いかけまわす（そして実際に鞭打つこともある）。このゲームが、大人の奴隷に対する残虐な扱いと関係があったことはあきらかである。

奴隷の子どもたちは、縄跳びとかその他のさまざまな追いかけごっこなど、多数の組織的なゲームで遊んでいた。しかし、彼らは、ドッジボールとか鬼ごっこのような、排除ゲームをすることは典型的にはなかった。もししたとしても、ルールを変えた。アメリカの歴史学者デイヴィド・ウィギンズは、1985年のある書物で、この所見を、いつでも自分の家族（そして最終的には自分自身）が売り飛ばされたり、よその家に雇われていくかもしれなかったこうした子どもたちのあいだにみられる現実の恐怖心に結びつけている。

また、いくつかの歴史研究は、1850年代から世紀の変わり目までについて、**おもちゃ**（とくに**人形**）で遊ぶ子どもを対象に進めてきた。ミリアム・フォアマン＝ブルネルの1992年の論文によれば、人形遊びは南北戦争以前ではめずらしかった。しばしばそれは、少女に裁縫を教えるといった家庭内の訓育と結びつけられていた。しかし、南北戦争後の数十年のあいだ、大人たちは、中産階級と上層階級の少女たちに、「その無数の人形に愛情をそそぎこみ、ファンタジーを楽しみ、そして、ティーパーティとか短時間の訪問などの儀礼的な場面では、手のこんだ衣装の人形を見せびらかすように」と勧めた（フォアマン＝ブルネル、108ページ）。少女たちは、こうした態度をある程度までは受け入れたが、大人たちが押しつける価値観をそのまま単純に内面化することはなかった。それどころか、しばしば少女たちは、母親としての技法を磨くためよりも、ほかの目的のために人形を利用した。かつての同時代の自伝的な報告書は、お茶のお盆をめがけて、手すりのてっぺんから次々と人形を滑り落としたり、ティーパーティを彼女たちのおもちゃをめぐる闘争に変えてしまうなどして、おちついたティーパーティを催すことに抵抗する少女たちを描いている。

そうしたふるまいは、大人たちの目には、抑圧された怒りの表現と映った。実際、大人たちは、今日ならおそろしいとみなされたり、あるいはすくなくとも悪趣味だとみなされるに違いない、たとえば、人形のお葬式を上演するといった遊びの形態を推奨していた。フォアマン＝ブルネルによれば、1870年代と1880年代の中産階級の少女たちのあいだでは、人形の結婚式ごっこよりも人形のお葬式ごっこのほうが広まっていた。彼女は、フランス製の貴婦人の人形をしまうトランクに喪服がつめこまれていたり、父親が娘の人形用に小型の棺桶を組み立てたりしていたと述べている。こうした遊びは、ぞっとするものとは見られていなかった。むしろ、多数の親類や友だちが若くして死んだときにしばしば必要になる、人を慰める技法を発達させるのに役立つとみなされていた。この種の遊びと奴隷の子どもの競売とのあいだには顕著な類似性が認められる。

しかし、しばしば少女たちは、想像上のお葬式ごっこをするよりもさらに悪趣味な遊びに進んだ。ある少女は、儀式化された死刑の執行とか、身の毛のよだつ致命的な事故といった悲惨な光景をつくり出した。ここでもふたたびわれわれは、遊びのための大人のモデルは、単純にそのまま子どもに内面化されるのではなく、都合よく変えられ、潤色されるものであることがわかる。

1985年に出版されたデイヴィド・ナソーの『都市の子どもたち』は、1890年代から1920年頃までの、大都市の移民の子どもたちの労働と遊びのようすを描いている。ナソーの歴史研究（これは子ども改革者たちが編纂した記録、口述記録、そして自伝資料などに依拠している）は、貧しい子どもでさえ、この時期の急速な経済発展によって積極的な消費者になったことを示している。移民の子どもたちは、さまざまな仕事（新聞、キャンディ、その他の個人的な商品を販売す

世界子ども学大事典

アソヒ

ピーテル・ブリューゲル（父）は、「子供の遊戯」（1560年、部分）で、90以上の遊びを描いている。隠れんぼ、馬跳び（蛙跳び）、豚の背中乗りなどをふくめて、その多くは21世紀の子どもたちにとってもなじみ深い遊びである。©Francis G. Mayer/CORBIS

ること、配達をすること、ゴミあさり、見張り番など）についていたが、これらの仕事は家族の経済的な安寧に貢献した。しかし、このような厳しい労働にもかかわらず、遊ぶ時間や活発な同輩文化を発展させる時間はまだあった。放課後の少年たちは、街じゅうを元気に売り歩くことになる新聞配達の仕事を待っているあいだ、野球、鬼ごっこ、その他のゲームをしていた。また、子どもたちは、ゴミ捨て場でのゴミをあさる時間を切り上げて架空の戦争ごっこをしたり、お山の大将遊びをしていた。同時にまた、子どもたち（おもに少年たち）は、キャンディを買ったり、最初は5セント劇場で、次には封切り映画館で上映される映画を見るために、自分が稼いだわずかなお金を両親からとりもどしていた。遊ぶための自律性は少女たちにはあまりなかった。彼女たちの大半は、家で母親の家事や年下の兄弟姉妹の世話を手伝ったりしていたからである。しかしまた、彼女たちには、消費物を買うお小遣いもあたえられていた。

現代の遊び

20世紀における子どもの遊びにかんする研究は、遊びの歴史的および間接的な資料への依存から、多様な学問的な観点からの直接的な観察と民族学研究へと変化した。その非常に有益な情報は、子どもの遊びと同輩文化にかんする人類学的な研究や社会学的な研究から少しずつ集められた。もっとも有名な観察研究は、アイオナ・オーピーとピーター・オーピー夫妻の『学童の伝承とことば』（1959）と『路上と遊び場の子どもの遊び』（1969）である。これらの業績は、写実的な民族学の伝統のなかでも徹底的なまでに詳細な事実をふくんでいる。これ以降の研究は、詳細に記述することから、異文化間的な視点から子どもたちの具体的な遊びへの参加の仕方に焦点をあてることへと推移した。こうした研究の大半は、ヘレン・シュワルツマン[*2]の1978年の草分け的な著書『変身——子どもの遊びの人類学的研究』において論評がくわえられ、評価されている。

ごく最近では、子どもの遊びにかんする調査研究は、理論的にも経験的にも子どもの同輩文化という考えに結びつけられている。ウィリアム・コルサロは、1997年の著作『子ども期の社会学』において、同輩文化を、「子どもたちが同輩仲間との相互関係において生みだしたり共有したりする活動や慣例、作り事、価値観、そして関心事などからなる安定的な集合体」（1997年、95ページ）と定義している。

近年の技術進歩は、3歳から5歳までの子どもについて集中的で詳細な行動分析を行なうための視聴覚記録の入手を可能にした。就学前には、砂箱やテーブル

アソビ

学校で石蹴り遊び（hopscotch）をする子どもたち。1990年頃のイギリスの学校。アイオナ・オーピーとピーター・オーピー夫妻は、20世紀なかば頃の子どもの遊び場で見られた遊戯と伝承についてきわめて詳細な編年史をまとめた。オーピー夫妻の研究は、子どもが遊戯、物語、独特の表現法などの永続的な伝統を驚くほど保持していることを示した。Jennie Woodcock, Reflections Photolibrary/CORBIS

の周辺で、また建物や構造物があるエリアで、しばしば自発的な空想遊びがくりひろげられる。だが、こうしたエリアに子どもたちをつれていこうとする期待感がどのようなものかについては、十分に定義されていない。子どもたちは自分がなにかのもの（おもちゃの動物、積み木、車など）で遊ぶことになるだろうということを知っているが、特別な行動プランをもってそのエリアにやってくることはめったにない。遊びは言葉をやりとりするなかで生まれる。大人世界について子どもたちが共有している知識は、ときどきは言及されることはあるものの、大人の活動を連続的に体系化することに依存してはいない。

子どもたちは、無意識のうちにわき上がるファンタジーのなかで、声、抑揚、そして声の高さといった副次的な言語学上の手がかり、くりかえし、手ぶり身ぶりの表現、話の切れ目の意味のつながり、展開に合わせて遊びを構造化するためのジェスチャーや遊具の動きなどをふくむ無数の、見分けがつく話しやすい巧みな方法を用いる。遊びは、子どもの生活に内在していたり、**フェアリーテイル**や子ども向けの映画に示されている重要なテーマ、すなわち危難と救出、喪失と発見、そして死と再生といった主題をふくんでいる。し

かし、子どもは、単純にフェアリーテイルや映画をコピーするのではなく、現存する物語を潤色したり、大きな想像力に富んだ即興によって新しい物語を創作する。実際、3歳から5歳ぐらいまでの子どもは、それよりも年長の子どもや大人たちの大半よりもはるかに上手に空想遊びを創作し、共有し、楽しんでいる。

子どもはドラマティックな役割遊びをいつまでも続けたり、かかわろうとする。子どもたちは、いつも大人に従属する地位に置かれている自分たちの日常生活との比較で支配感覚を獲得すると、こうしたゲームのなかで権力、規律、そして権威などをしばしば誇示する。文化と社会階級の集団を横断する役割遊びにかんする比較研究は、子どもは大人としての自分の未来の生活を演じるものであることを示している。子どもたちは、この過程で階級、人種、そしてジェンダーの不平等を社会的に永続化させてしまう一因となる価値観を受け入れるのである。

また、子どもたちは、怪物や脅迫的な霊能者を見きわめて、それらを避けるためのルールをもつ自然発生的なゲームを生みだしたりもする。こうした遊びは、それが緊張感と恐怖心を生むために子どもを魅了するが、それと同時に、いつでもそれを支配したり、安全

なところに逃げ出すことができるようにもなっている。実際、そうした遊びでは、子どもたちが生活のなかで現実の多義性や根本的な恐怖心に対する支配力を手に入れるのにともなって、子どもをおどす霊能者はあざけりの対象にされ、ばかにされる。

こうしたさまざまなタイプの遊びの大部分は、子どもが6歳頃にはじまり、小学校の低学年でそのピークに達するジェンダー分離によってつくられてきた。そうしたジェンダー分離はまちがいなく起こる。それは、ジェンダーによる遊びの選択と、子どもが多くの時間をすごす社会制度（とくに学校のような）の組織構造によって生じた違いを反映しているようである。何人かの研究者はさらにふみこんで、少年と少女のそれぞれが分離した同輩文化が存在し、それは、パーソナリティと社会の相互作用的なスタイルにおける明確なジェンダーの差異につながるとまで主張した。しかし、子どもたちの具体的な遊びについての分析とならんで、さまざまな人種や階級の子どもにかんする比較研究に依拠したほかのいくつかの研究は、ジェンダーの関係、パーソナリティ、そして相互作用的なスタイルがきわめて複雑な構造をもつものであることを発見している。ほとんどの場合、ジェンダー分離は、過去にしばしば描かれてきたほどには完全にはなされていない。

最後に、子どもの遊びが「子ども期の制度化」とよばれることによって影響を受けてきたことははっきりしている。つまり、自然発生的な遊びのために使える時間が少なくなるのにともなって、子どもの生活はますます予定時間に組みこまれ、構造化されるようになっている。また、きょうだいの人数が少なくなったのにともなって、子どもが一人でコンピュータやビデオゲームで遊ぶ時間が増えたことは、進歩したテクノロジーとメディアが、非常に広範に集団的な遊びを衰退させ、子どもの同輩文化の創造力を弱めてしまうものであることを示している。こうした傾向がおよぼす影響と、子どもの遊びの特性にもたらしうる結果についてさらに詳細な評価をくだすには、この傾向を対象にした研究が必要となろう。

［訳注］
*1 バーバラ・ハナウォルト（Barbara Ann Hanawalt, 1941-）——アメリカの歴史学者。イギリスの中世社会史、中世と近世の女性史にかんする研究で知られる。オハイオ州立大学名誉教授。おもな著書として次のものが広く知られる。 The Ties That Bound: Peasant Families in Medieval England（1986）； Growing Up in Medieval London: The Experience of Childhood in History（1993）； Of Good and Ill Repute: Gender and Social Control in Medieval England（1999）； The Wealth of Wives: Women, Law, and the Economy in Late Medieval London（2007）.
*2 ヘレン・シュワルツマン（Helen Schwartzman）——アメリカの心理学的人類学者。ノースウェスタン大学ワインバーグ・カレッジ人類学部教授。子どもの発達、子どもの遊びにかんする研究で知られる。

➡ 遊びの理論、遊び場運動、室内ゲーム、路上遊戯
● 参考文献
Alston, Lester. 1992. "Children as Chattel." In *Small Worlds*, ed. Elliott West and Paula Petrik. Lawrence: University Press of Kansas.
Ariès, Philippe. 1962. *Centuries of Childhood*. Trans. Robert Baldick. New York: Knopf. アリエス『〈子供〉の誕生——アンシャン・レジーム期の子供と家族生活』（杉山光信・恵美子訳、みすず書房、1980年）
Corsaro, William A. 1993. "Interpretive Reproduction in Children's Role Play." *Childhood* 1: 4-74.
Corsaro, William A. 1997. *The Sociology of Childhood*. Thousand Oaks, CA: Pine Forge Press.
Evaldsson, Ann-Carita. 1993. *Play, Disputes, and Social Order: Everyday Life in Two Swedish After-School Centers*. Linköping, Sweden: Linköping University.
Forman-Brunell, Miriam. 1992. "Sugar and Spice: The Politics of Doll Play in Nineteenth-Century America." In *Small Worlds*, ed. Elliot West and Paula Petrik. Lawrence: University Press of Kansas.
Gilligan, Carol. 1982. *In a Different Voice: Psychological Theory and Women's Development*. Cambridge, MA: Harvard University Press.
Goldman, L. R. 1998. *Child's Play: Myth, Mimesis, and Make-Believe*. New York: Oxford University Press.
Goodwin, Marjorie H. 1998. "Games of Stance: Conflict and Footing in Hopscotch." In *Kids Talk: Strategic Language Use in Later Childhood*, ed. Susan Hoyle and Carolyn T. Adger. New York: Oxford University Press.
Hanawalt, Barbara. 1993. *Growing Up in Medieval London*. New York: Oxford University Press.
Nasaw, David. 1985. *Children of the City*. New York: Anchor Books.
Opie, Iona, and Peter Opie. 1959. *The Lore and Language of School-children*. New York: Oxford University Press.
Opie, Iona, and Peter Opie. 1969. *Children's Games in Street and Playground*. Oxford, UK: Clarendon Press.
Qvortrup, Jens. 1991. "Childhood as a Social Phenomenon: An Introduction to a Series of National Reports." *Eurosocial Report* No.36. Vienna, Austria: European Centre for Social Welfare Policy and Research.
Sawyer, C. Keith. 1997. *Pretend Play as Improvisation: Conversation in the Preschool Classroom*. Mahwah, NJ: Lawrence Erlbaum Associates.
Schwartzman, Helen. 1978. *Transformations: The Anthropology of Children's Play*. New York: Plenum.
Seiter, Ellen. 1993. *Sold Separately: Parents and Children in Consumer Culture*. New Brunswick, NJ: Rutgers University Press.
Sutton-Smith, Brian. 1976. *The Dialectics of Play*. Schorndoff, Germany: Verlag Hoffman.
Thorne, Barrie 1993. *Gender Play: Girls and Boys in*

School. New Brunswick, NJ: Rutgers University Press.
Wiggins, David. 1985. "The Play of Slave Children in the Plantation Communities of the Old South." In *Growing Up in America: Children in Historical Perspective*, ed. N. Ray Hiner and Joseph M. Hawes. Urbana: University of Illinois Press.

（WILLIAM A. CORSARO／北本正章訳）

遊びの理論（Theories of Play）

　子どもが遊びに夢中になるのは普遍的な真理のように思える。歴史上のどの時代をとりあげても、子どもが遊んでいる証拠を見いだすことができる。子どもの遊びの内容は時間と空間を横断して異なるが、同じことは文化についてもいえる。遊びは人類を超越しているのかもしれない。すなわち、ほかの多くの動物の子どもも人間の子どもの遊びとよく似たふるまいをする。しかし、遊びがあきらかに普遍的なものであったとしても、子どもの遊びが発生し、持続するには、それに必要な無数の条件がなくてはならない。このなかには時間と空間がふくまれるが、このことは、今度は、しばしば貧困あるいはその欠如とつながりがあった。自分の家であれ家の外であれ、もし、子どもたちが労働に従事させられているのであれば、遊びの機会は大きく縮小される。これまで遊びの空間はあまり束縛を受けてこなかったが、都市の発達とともに空間を共通に使う利用価値が縮小することになり、安心、あるいは安全空間、とりわけ遊びの空間がそうであることが課題になってきた。もしそれがなければ遊びの普遍性が途絶することになるもうひとつの必要条件は、大人の同意である。大人との関係で子どもに権力がないことは、大人が遊びを承認しなければ、子どもの遊びは萎縮したものになる。
　こうした抑制を別にすれば、遊びが子ども期と密接につながっているという認識は、遊びの定義、遊びについての説明、遊びの描写に専念する無数の文学を生みだした。さらに、子どもの遊びの傾向が教育の目標、教授学、学校教育の形態にどのように利用できるかという点に焦点をあてた、おなじようにおびただしい、しかもかなり違った著作物がある。遊びにかんするこういった著作物は、遊びがしばしば論争を惹きおこしてきたという事実によっていっそう膨大な数になった。これは、いつでも遊びが話題にされ、遊びと正反対の労働がなくなることはけっしてないからであるといえよう。
　遊びはさまざまに定義されてきたが、おそらく、まず最初に、遊びでないこととはなにであるかを知ることによってもっともよく理解できるであろう。この場合、主要な点は、遊びでないことが労働だということである。遊びと労働は、そこに無数の意味（シニフィアン）が張りつく強力な対立命題である。たとえば、

ジョーゼフ・ライト・オヴ・ダービー「森の子どもたち」（1789年）。遊びは罪深いと考えるピューリタンの見解は、18世紀までにほとんど一掃された。子ども期自体もそうであるように、いまや遊びは楽しむべきものだと考えられるようになった。Used with permission of Derby Museum and Art Gallery.

労働は、人間が生きていくうえで必要な物質的基盤をもたらす必要不可欠なものとして価値づけられる。また、しばしば、人生に意味をもたらすものとも考えられる。これに対して遊びは、不真面目で、真剣な労働の目的を欠いたものとみなされる。遊びは、はたらく時間以外の時間に起こり、ある種の文化、たとえば学校という文化では、その時間を授業時間と区別するために遊び時間[*1]とよばれる。遊びと労働のあいだのこのような対立命題は、現在において組織されるばかりでなく、ライフサイクルの時間においても組織される。たとえば、近代の一般的な理解では、成人期がはたらく時期であるとされたのに対して、子ども期は遊びをする時期だとされた。ここでの見出し項目は、子どもの遊びの理論と、遊びを有効利用しようとする教育の方法を考察することによって、このような対立命題の歴史を検討しようとするものである。おもちゃは多くの種類の遊びにとって中心をなすもので、その使われ方やおもちゃ産業の隆盛、そして、そのことがおもちゃにどのような影響をおよぼすかということに注意が向けられる。最後に、遊びの理論と遊びの実践は、遊びはよくても注意散漫、最悪の場合は罪深いものとみなすピューリタニズムと結びついた心的態度——しかし、これはキリスト教一般にも見いだされるのだが

アソヒノリ

シーモア・ガイ「すそを引く」(1867年)。このかわいい少女は、空想的な遊びのなかで、大人の女性の役割になりきって、おめかし遊びに夢中になっている。©Philadelphia Museum of Art/COBIS

——と争わざるをえなくなる。遊びについてのいかなる議論も、強力な、広くゆきわたった考えを考慮する必要がある。

古代文明の遊び

遊びは、典型的に無数のカテゴリーに分かれる。そのなかには、社交的な遊び、空想的な遊び、さらにはおもちゃを使った遊びなどがある。最初の二つの遊びについての資料を古代文明の遺跡のなかで見いだすのはむずかしいが、考古学者たちによっておもちゃとして解釈された人工遺物は広範囲に見いだされる。新石器時代[*2]に相当する仰韶文化[*3]にまでさかのぼることができる、おもちゃと考えられてきた粘土や石でできた小型のボウルは、現代中国の西安の半坡村[*4]で発見されたものである。紀元前3000年から1500年にかけてインダスの谷に存在した古代都市であるハラッパーとモヘンジョ゠ダーロからは、小型の2輪車、小鳥のかたちをした笛、おもちゃのお猿などが発見されている（しかし、これらのすべてがおもちゃといえるかどうか、あるいは宗教的な儀礼に使われていたかどうかについては論争がある）。これよりものちの時代になると、遊びの描写があらわれはじめた。古代エジプトの墓石の絵画のような考古学上の発見は、子どもの遊戯についての豊富な証拠資料を示している。古代ギリシアの壺には、遊戯をしている子どもや、おもちゃを手にしている子どもの肖像が見られ、おもちゃで遊んだり遊戯をしている子どもを描いたお皿や、古代ギリシアのおもちゃ類も発見されている。発見された遺物には、ブランコ、シーソー、凧、鈴がついた輪、おもちゃの2輪車、むち打ち駒、そしてひっぱるために軸にとりつけられた車輪などがふくまれる。おもちゃにかんする証拠事実は古代の著作物でも見いだすことができる。古代ギリシアの戯曲作家アリストファネス[*5]の喜劇「雲」では、ある尊大な父親が、自分の息子がどれほど聡明であるか、また、この息子がまだとても小さい頃でも、家でボートやチャリオット（一人乗りの2輪戦車）やザクロの実の皮でつくったカエルを作って、どんなふうに遊んでいたかを語っている。

遊びについて、そして、遊びと教育との関係について、最初のよく知られた議論は、古代ギリシアの哲学者プラトンとアリストテレスの著作でも見いだすことができる。遊びについての彼らの言及が重要なのは、

アリストテレスの場合にはほとんど関係ないのだが、こうした哲学者が言っている内容のためではなく、のちの時代になって彼らの理念から生まれた活用のためである。学校で子どもたちに遊びを奨励することはしばしば論争をよんだが、遊びの方法の擁護者たちは、そのやり方を正当化するためにプラトンの著作と名声を利用したのである。プラトンは、その著作『法律』（the Laws）と『国家』（the Republic）において、遊びの理論ではなく、教育において遊びを活用する正当な根拠を提示している。たとえば、『法律』では、プラトンは遊びを社会化の先行形態と見ている。プラトンが示唆しているのは、子どもが建築労働者になるつもりなら、彼を建築現場で遊ぶようにしてやるべきであるということであった。ここでの教師の役割は、遊びを通じて、子どもの性向と喜びを人生の最終目標に向けて方向づけてやることであった。

このような、遊びは教師によって方向づけられれば最善のものになるとする見解は、その後周期的にあらわれる見解であり、しばしば子どもを操作したり支配する方法とみなされてきた。これは、教育は善き市民を育成することによって、また、そうした目標につながる遊びと、そうでない遊びとのあいだに区別をもうけることによって、国家に役立つものでなくてはならないと考えたプラトンの関心と完全に一致する。しかし、3歳と6歳のあいだに、望ましい遊びと望ましくない遊びのあいだに、こうした区別をもうけることはあてはまらなかった。なぜなら、プラトンが『法律』で書いているように、人生のこの段階では、子どもは自然の遊び方をするからであり、自力でそれを発見しているからである。子どもの遊びは自然であったとするこの考えは、年長の子どもの遊びが統制され、抑制されないかぎり、それは国家の安定性にとって脅威になるというプラトンのおそれのように、くりかえし議論されることになる別の主題である。この問題についてのプラトンの論証は、予想に反して、統制のない遊びが暴力になるというものではなく、子どもが遊びのルールを変えるなら、大人になったときには制度や法律を変えようとするだろうというものであった。

このような自由な遊びは深刻で有害な結果になるという主題は、プラトンが述べているように、遊びについてのその後の議論でくりかえしあらわれることになる。子どもに強制的に学ばせてはならないという哲学者ソクラテスの考えにもそのままあてはまった。ソクラテスは、プラトンの『国家』のなかで、子どもを訓育するには強制力よりもむしろ遊びを用いるのがよいと論じている。プラトンは、『法律』のなかで、エジプトでは子どもが利用できるような算術遊戯が発明されており、子どもたちが学びのなかに喜びと楽しさを見いだしていることを引きあいに出しながら、教育の方法として遊びをどのように利用できるかを記述している。

中世の子どもの遊びと教育

初期キリスト教時代には、遊びについてプラトンが表現した疑念のいくつかがヒッポの聖アウグスティヌス*6の著作で再現された。アウグスティヌスは、その自伝『告白録』（Confessions, 400頃）のなかで、彼が少年の頃、遊びへの愛着を満たすために学校の授業をどんなふうにサボっていたか、また、そのためにどれほど鞭打たれていたかについて吐露している。彼は、プラトンとは違って、どんなものであれ、遊びは学業とは両立しないと指摘するだけで、遊びに教育的な価値があるとはまったく認めていなかった。彼は、自分が遊びへの愛着に駆られて教師や両親の言うことを聞かず、一所懸命に勉強しなかったことを後悔している。アウグスティヌスは、まわり道をした自分の若い頃をふりかえるなかで遊びを罪深いものとして示しているが、子ども期の遊びを人を誘惑するものとして、また、大人の生活に向けて準備する勉強から注意をそらすものと見るこうした見解は、キリスト教の多数のバリエーションに広くみられる主題である。

遊びの思想史は中世については沈黙しがちだが、子どもの遊びを描いたもっとも有名な絵画のひとつで、約85の遊びを描いたピーテル・ブリューゲル（父）の「子供の遊戯」は、中世末の1559〜1560年頃に描かれた作品であった。この時期になぜこれがあらわれたのか。フランスの歴史家フィリップ・アリエスは、影響力のあるその著書『〈子供〉の誕生』で、絵画をふくむ資料から、中世には子ども期という概念がなかったと主張したが、その理由のひとつとして、中世を通じて遊びの理論が欠落していたことが考えられるとしている。興味深いことにアリエスは、子どもたちが遊ばなくなったとは論じていない。それどころか彼は、幼児期を除いて、子どもの遊びが大人の遊びから区別されるようになるのは18世紀になってからであると論じた。それ以降、学校の発達と家族構造の変化は、子ども期がその固有の示差的な特徴によって区切られる人生段階と見る近代的な子ども期の出現につながった。これはおそらく、ブリューゲルの「子供の遊戯」という絵画があの時期にあらわれたことの説明となろう。これは、遊びが新たな重要性をおびる新しい子ども期のイメージの記号であるが、やがてすぐに疑いの目を向けられる。この後に登場した学校の役割は道徳化によって支配され、中世の教会のように、学校を推進した道徳改革者たちは、遊戯をして遊ぶことに反対し、遊び一般を秩序と権威に対する脅威と見がちであった。

啓蒙思想

上に見たような、遊びに対する消極的な心的態度は、カルヴィン主義的な労働倫理が深く根づいていたニューイングランドのピューリタンのあいだでも見られた。ドイツの社会学者マックス・ヴェーバー（1864-1920）

によると、こうした宗教団体は、自分のもっとも焦眉の仕事を、気の向くままの衝動的な享楽を破棄するものと見ていた。ニューイングランドのピューリタンは、これを追究するなかで、子どもが『聖書』の物語を話すことができていたり、道徳的に高い状態に順応できていないかぎり、子どもにおもちゃで遊ばせないようにしていた。遊びは、それが罪深いものでなくても軽薄だとみなされ、労働は救済につながる道だとみなされた。しかし、教育における遊びの位置についての近代的な概念にもっとも早い段階で意義深い貢献をした人物の一人は、ピューリタンとして育てられたイギリスの政治哲学者ジョン・ロックその人であった。ロックは、その著書『子どもの教育』で、遊びについて徹底的に論じている。ロックは、プラトンと同じように、教育の第一目的は美徳（virtue）でなくてはならないと考えた。彼は、子どもがラテン語やギリシア語、あるいはほかのあらゆる形式の学校の知識を学ぶよう動機づけるために体罰を用いることには反対した。彼にとって学校の知識を獲得することは、美徳と聡明さをもった人間をつくることほどの重要性はなかった。ロックは、子どもは強制されることによってではなく、学習が気晴らしになっていればもっともよく学ぶと考えていた。そうすれば、子どもは教えてもらいたいという願望をふくらませることになる。彼は、遊びがどのように学習を促進するかの例として、子どもに読み方を教えるためにはなんらかの「考案物」すなわち道具が役立つだろうと提案している。ロックは、遊びを教育目的に利用することに関心をもっていたが、遊びの理論の手がかりをいくつか提案している。ディブストーン*7（dibstones）とよばれる遊戯のエキスパートになるために少女たちがどれくらい時間をついやしているかを観察しながら、これは活動的になる自然の傾向が原因である、と結論している。

　知識はもっぱら諸感覚に由来すると考えたロックの経験主義的知識論は、教育によって子どもに正しい経験が示されれば、やがて子どもは、教師によってどのようにでも思いどおりに形成することができると考えた。ロックの経験主義は、人間の発達における子ども期の重要性についての認識を深めることに貢献したことにくわえて、自分が暮らしている社会を変えたいと考えていた急進的な**啓蒙思想家**たちにもアピールした。このなかでもっとも有力な人物は、ジュネーヴ生まれの政治哲学者ジャン＝ジャック・ルソーであった。その有名な教育論『エミール』（1762年）のなかでルソーは、子どもはその発達において独自の発達段階をたどること、教育はなによりもまずこの発達段階に似あったものであるべきであるということなど、かなり革命的な理論を提案している。子どもの遊びについてのルソーのコメントは、体系的といえるようなものではけっしてないが、そのテキストが素描風の文体であるにもかかわらず、彼が遊びの理論をもっていたことを示している。これは、遊びは本能であり、ロックの経験主義にとって非常に重要であった感覚の発達のためばかりでなく身体の成長のためにも、自然によってそなえられた手段であるというルソーの考えの中心になっている。

　ルソーは、この著書のあちこちで、ロックの考えの大部分については賛同しながら引用しているが、遊びと教育の関係についての考察にさしかかると、子どもは遊びを通じて教えられるべきであるという自分の考えを裏づけするために、もっぱらプラトンに目を向けている。ルソーは、子どもが遊ぶ遊戯のすべてにおいて教材を見いだすことができると考えた。彼は、子どもたちが遊びのなかでお互いに学びあったことは、教室で学んだことよりもはるかに価値があると考えていた。ルソーは、ピューリタンの見解とは反対に、遊びが怠惰であるとか時間の浪費であるとは考えなかった。なぜなら、子ども期は幸福でなくてはならないという子ども期の主要目的に遊びが貢献すると考えていたからであった。

　遊びにかんするルソーの思想は、書物と、なすべきことを生徒に語ることに重点を置く型にはまった学校教育への敵対的な立場を内に秘めていた。ルソーは、学習することが愉快なときや、学んでいるという強い自覚が生徒にあるとき、最善の学習が起きると考えていた。

　『エミール』は、逆説と矛盾だらけのテキストであり、実際的な教育のガイドとしての意図もなかったが、ヨーロッパの多数のルソーの賛美者は、彼が描いた方法で子どもを教育しようと試みた。遊びについてのルソーの助言の顕著な追随者は、マリア・エッジワース*8と彼女の父親リチャード・ラヴェル・エッジワース*9であった。彼らの見解と、アイルランドに住んでいたイギリス人家族のほかのメンバーの見解は、『実際的な教育』（*Practical Education*, 1798）と題された2巻本にあらわれている。この本は、ルソーにくわえて、ロックとその他の資料に大きく依存して論述されている。それは、しばしば実験的な性質をもつ家庭教育の観察と経験を基礎にしていた遊びにかんする従来の文献の大半とは違っていた。『実際的な教育』のある章は、おもちゃ、その性質、その妥当性、そしておもちゃがどのように教育の目的に利用できるかなどの考察にページをさいている。エッジワース親子は、ルソーのように、遊びを、遊びのなかにあらわれる観察、実験、そして発見をとおして科学につながるものと見ていた。

ロマン主義運動

　自然に従う教育と、自己実現としての教育をルソーが重視したことは、ロマン主義運動に引き継がれた主題であったが、この運動は、大人になる頃になくしてしまう子どもに役立つさまざまな経験を重視した。子

ども期の純真無垢さについてのこうした概念と、子どもを大人世界から保護する必要性は、イギリスの詩人のなかではウィリアム・ブレイク[*10]とウィリアム・ワーズワース[*11]の著作に見られた。また、ドイツの教育者で**幼稚園**（キンダーガルテン）の創設者である**フリードリヒ・フレーベル**の思想の影響を受けた人びとのあいだにも見られた。それとともに、フレーベルの著作と教育実践は、子どもの遊びの概念化と、子どもの教育における遊びの役割に質的な変化をひき起こした。遊具の活用、あるいは学習経験をもたらす教具など、フレーベルが唱道したことの大半は目新しいものではなかった（すでに述べたように、プラトンは、古代エジプトでは算術を教えるために遊戯を活用していたと記録している）。しかし、フレーベルは、年少の子どもをどのように教育すべきかについて彼の考えの中心に遊びを置くことによって、彼以前のどの理論家よりもふみこんでいる。フレーベルは、子どもとの遊び方について母親向けに書いた手引き書『母の歌——遊戯とお話』（Mother's Songs, Games and Stories）などの著作で、彼が考案した遊戯や、彼が「恩物」[*12]とよんだ遊具と専心（occupation）について、詳しく説明している。フレーベルは、著書『幼稚園教育学』（Pedagogics of the Kindergarten）のなかで、自分が考案した遊具すなわち恩物と、専心でどのように遊ぶかについて詳述した。フレーベルの理論の説得力は、彼の言葉づかいがロマン主義的で、ときとして神秘主義的であることに多くを負っているが、フルーベルが提唱した遊びの概念が、なんの規制もない遊びは危険であるという警告から自由であったという点で、彼の理論は革新的であった。フレーベルは、その主著『人間の教育』（Education of Man, 1826）のなかで、それまでの伝統とは対照的に、子ども期の初期の段階について、「この時期の遊びはとるにたりないものではなく、非常に大きな集中力が発揮され、深い意味づけがなされている」と述べている。（55ページ）しかし、フレーベルの「幼稚園」では、自由遊びが行なわれたときでさえ、規制を受けない遊びはひとつもなく、制約を受けていた。彼は、遊びが衝動にはじまり、彼が少年期とよんだ次の発達段階で労働のなかで示されるようになる活動へといたるものであるとほのめかしていた。

遊びの進化理論

年少の子どもたちが遊びをする行為と、ある種の動物の子どもの行為とのあいだに類似性があるために、後者の行為も遊びとして描かれてきた。1859年のチャールズ・ダーウィンの『種の起源』（Origin of Species）の出版以降、ダーウィンの信奉者の何人かが、ダーウィン風の言い方であらゆる人種の遊びと、ほかの進化理論とを結びつけ、そこに適用できる説明を試みようとすることはほとんど必然であった。こうした理論は、遊びを観察したり遊びをあてはめることができるように利用するよりはむしろ、遊びに対する説明をもたらす最初の試みを生んだ。遊びがどのように起きるかについてのヒントは初期のテキストに示されてはいるものの、遊びの理論がはじめてあらわれたのは19世紀になってからであった。

もっとも有力な理論のひとつは、ドイツの哲学者J・C・フォン・フリードリヒ・シラー[*13]の『人間の美的教育に関する書簡』（Über die ästhetische Erziehung des Menschen, 1795; Letters on Aesthetic Education）という著作から生まれ、その後、イギリスの哲学者で社会学者でもあったハーバート・スペンサー[*14]の著作からも生まれた。彼らは、動物の遊びを説明するために余剰エネルギー理論とよばれる考えを詳しく述べている。ダーウィンよりも前に書いていたシラーは、主として遊び、芸術、そして美学のあいだの関連性に関心をもっていた。彼は、人間が「必要性を超越して快楽を拡大しようとする」衝動にもとづいて行動するとき、美的な外観が発現し、それが人間の想像力を刺激すると考えた。この文脈における必要性とは、生存競争を意味した。彼は、この議論を支持するために、ライオンがときどき吠えるのは、必要に駆られてではなく、その「使われていないエネルギー」を発散するためであるという自然の方法を引きあいに出していた。

ハーバート・スペンサーの場合、そのあとにあらわれた人物の大部分と同じように、彼が推論よりもむしろ経験にもとづいた科学的な方法をとりいれたとき、遊びの理論の歴史に急激な変化が生じた。ダーウィン以前の進化理論の顕著な主唱者であったスペンサーは、その著書『心理学原理』（Principles of Psychology, 1855）のなかで、かつて動物はそのエネルギーのすべてを生存のためについやすことはけっしてなく、余剰のエネルギーは遊びのなかで放出されたと述べていた。スペンサーにとって、遊びにおける余剰エネルギーの放出は、「真剣な」活動の模倣という形態をとった。

スペンサーは、その著者『教育——知育、徳育、体育』（Education: Intellectual, Moral and Physical, 1861）のなかで、ここでは彼の遊びの一般原理との関係については何も述べてはいないものの、学習は遊びのように楽しいものでなくてはならないと論じた。彼が述べたことは当時としては異例であったが、スペンサーは、少年の適切な発達にとって望ましいと考えられていた遊びでさえ、しばしば学校によって、少女たちが騒々しい遊びにくわわらないようにされていたという事実に注意を喚起した。

スペンサーと同時代の、カール・グロース[*15]という名前のドイツの心理学者も、その著書『動物の遊び』（Die Spiele der Tiere, 1896; The Play of Animals, 1898）と『人間の遊び』（Die Spiele der Menschen, 1899; The Play of Man, 1901）のなかで、遊びについ

ての生物学的な説明を示した。グロースは、遊びは、人類の生存にとって必要な本能の表現であると主張した。年少の子どもは、長期にわたって大人に依存するために、本能を必要としない。したがって、遊びは、性欲や闘争本能のように、のちの人生段階で発揮することになる能力の実践と発達である。こうして、グロースの場合、遊びの目的は、将来の人生に向けて準備することであった。よく知られている彼の主張は、「動物は、まだ幼いときは、言葉で言うかわりに遊ぶ。したがって、動物は遊ぶために幼少期をもっているのである」というもので、したがって、動物は、生存の必要に駆られて技能を磨くのだとされる。この理論は、余剰エネルギーの理論とは違って、幼い動物にとって、なぜ遊びはもっとも重要なのかということだけでなく、遊びが、ほかの動物を模倣できないように隔離されている動物になぜ起こるのかということについても説明できる。模倣に根拠を置いていたスペンサーの理論では、これを説明できなかった。

アメリカの心理学者ジェームズ・マーク・ボールドウィン[*16]は、グロースの考えがアメリカで人口に膾炙するのに大きく貢献した人物だが、彼は、遊びには高度な有用性を発揮する役目があると結論した。ボールドウィンは、人種の反復説[*17]に同意した。この見解は、個人の発達（ontogeny、個体発生）は反復する、あるいは、人間の主要な諸段階、すなわち人間という種の発達の主要な段階（phylogeny、系統発生）をくりかえすと考えた。人種の反復は社会生活の多数のさまざまな分野にあらわれた。この見解はフレーベルやスペンサーの著作にも示されていたが、アメリカの心理学者G・スタンリー・ホールは、この見解を教育に広めるうえでもっとも貢献した。人種の反復説の変種は、個人の精神は、人類がそれまでに通り抜けてきた進化の諸段階をもう一度通り抜けると考えた。ホールの場合、遊びとは、初期の進化状態の反復であった。偉大なアメリカの教育学者で、プラグマチズムの哲学者でもあったジョン・デューイは、ドイツの教育学者で哲学者でもあったJ・F・ヘルバルトとその信奉者たちから提案された文化エポックという類似の概念にもとづいたカリキュラムを開発した。デューイの計画では、最年少の子どもには、たとえば石器時代の生存に必要だと考えられるものを遊具としてあたえた。ある対象に向かって棒きれを投げつけることは、石器時代の野生動物の狩猟活動を反復することだと考えられた。そして、ホールの見解では、それが過去の進化状態の追体験であるため、この遊びはなんの対象もなしに棒きれを投げつけるよりはるかに大きな楽しみをもたらすのだと考えた。

ジョン・デューイとマリア・モンテッソーリ——「科学的な」教育と遊び

このような、しばしば矛盾する遊び理論は多くの問題とぶつかることになったが、その問題の多くは、すでに採用されてきた遊びの定義が不適切であったことに関係していた。その大部分についていえば、議論していた人びとのなかで、遊びとはまじめな活動ではなく快楽をもたらすものだという典型的な見解をふくむ、おざなりの概念以上のものをもたらした人物は一人もいなかった。デューイは、その巻数の多い著作物のいたるところで、状況に即して遊びを定義することに着手した。教育に対するデューイの心的態度は科学的で、その見解は観察と実験にもとづいて構成されていた。彼は、その著作のなかで、二項対立的な言いまわしで描く世界を示したが、労働との関係で遊びを定義した。たとえば、デューイは、『われわれはいかに思考するか』（How We Think, 1909）で、フレーベルが示した定式に対応して、遊びはそれ自体を超えるなにかのために意図的に行なう活動ではないのに対して、労働は、その結果に関心が向けられている活動であった。彼は、遊びの大半は、発達に必要な課業であると主張した。デューイは、シラーが示した概念とは逆に、子どもには、象徴に対置するものとしての実在にかんする知識を拡張しなくてはならない時期が来る、と主張した。デューイは、労働（work）を嫌なものとは考えなかった。むしろ彼はそれを、骨の折れる単調な仕事（drudgery）によって特徴づけられる苦役（labor）とは区別した。彼は、苦役の解毒剤として、遊びにではなく、気晴らしに没頭する大人の姿を示した。

デューイの見解では、教育の意義は、そこに教育が発生する遊びと労働が、社会的に有用な職業において訓練することにあった。デューイがルソーとエッジワース親子に共鳴していたことは、彼の著書『民主主義と教育』（Democracy and Education, 1916）で展開されている論点から読みとれよう。「学校の仕事は、遊びと労働が望ましい精神的および道徳的な成長を促進することと結びつけて行なえるように環境を整えることである。遊びやゲーム、手仕事や手の訓練を導入するだけでは不十分である。すべては、これらを利用するその仕方にかかっているのである」（230ページ）。この表現には、子どもの労働と遊びが完全に教師の統制下に置かれていることを子どもに気づかれないようにするために環境を巧みに操作することを擁護したルソーと明確な類似性がある。類似性は、デューイの見解とイタリアの教育者マリア・モンテッソーリの見解とのあいだにもみられる。遊びと労働のあいだの違いを曖昧にするモンテッソーリの教育方法は、教育用具を用いた感覚訓練にもとづいていた。モンテッソーリは、フレーベルの信奉者たちに好まれていたフェアリーテイル——これは、ディズニーやコンピュータ・ゲームが出現する前には子どもの空想遊びの大部分のネタであった——には反対した。彼女は、子どもたちが現実と出会うことを望み、それ以外のファンタジーを子どもに押しつけないようにした。

おもちゃ産業の発達と遊びの組織化

以上のところで論じてきたいくつかの遊びの理論が定式化され、新たに登場した大衆教育制度で遊びを活用しようとする試みがあらわれた文脈は、ある種の遊びがおもちゃ製造業者によってはじめて大規模に商業的に売りこまれたという文脈でもあった。それはまた、子どもや大人たちが楽しんでいたフットボールやベースボールといったゲームの体系化によって特徴づけられる文脈でもあった。それよりも前の時代に、ロックは、子どもは自分だけのおもちゃを作るのがよいと推奨していた。エッジワース親子は、おもちゃは単純で有益なものがよいと助言していたし、フレーベルとモンテッソーリが勧めていた遊び道具もまったくそれと同じであった。おもちゃという言葉の当時の意味は、おもちゃの大量生産が拡張される19世紀になってはじめて流布するようになった。

19世紀を通じて見られたおもちゃ産業の拡張は、新たに登場してきた子ども期の概念と、大人の直接的な統制から大きくはずれた遊びの形態との関係を強める傾向をみせた。この種の遊びは、言葉のもっとも広い意味では教育的であったが、ルソーやモンテッソーリが推奨したような条件では起こらなかった。19世紀末になると、組織的な子どもの**遊び場運動**を通じて子どもの社会的な遊びを存続させようとしたり、ふたたび子どもの遊びを統制しようとするいくつかの試みが、アメリカとヨーロッパの諸都市で見られた。こうした先導的な取り組みを、都市の貧民の子どもに対して大人の支配をあからさまに押しつけようとするものであると見る者もいたが、改革者の多くをつき動かしていたのは、遊ぼうとする子どもの自然権を侵していた身体的および道徳的な退廃の巣窟としての都市に対するロマン主義的な批判という別の衝動であった。20世紀初期を通じて生まれた**ボーイスカウトやガールスカウト／ガールガイズ**のような制服姿の青年運動においてもこれと類似の衝動が見られた。

遊びの精神分析理論

19世紀末における子ども、子ども期、そして遊びのマニフェストに対する新たな関心は、新しい理論化に向かう文脈ももたらした。精神分析学の創始者ジークムント・フロイトによる**乳幼児の性欲**の暴露は、ルソーとロマン主義者が推進した子ども観とは鋭く対立する子ども観を生みだした。フロイトの一般理論の進化論的な生物学的根拠は、彼が提示した理論がまったく新しい展開ではなかったことを意味している。フロイトの子ども観と、グロースとホールの子ども観とのあいだには強い結びつきが見出せるだろう。だがそれにもかかわらず、非常に大きな影響力をもったフロイトの理論は、遊び理論に明白に見える啓蒙思想の楽観主義と、教育のような分野に理性を適用すれば人間の完全性に向けての進歩をもたらすだろうという考えに反論を掲げるものであった。

遊びにかんするフロイトの精神分析理論は、『快楽原理の彼岸』(Jenseits des Lustprinzips, 1920; Beyond the Pleasure Principle) でその輪郭が描かれている。彼はこの著作で、遊びを、それによって子どもが経験をつねにくりかえしたり再現したいという願望をもつ反復衝動として概念化した。彼の理解では、こうした遊びは、彼が提唱した快楽原理の外で作用するものであり、抑圧された不安感の減少は生の本能によって生じ、さらに、経験が不快な場合には死の本能によって生じるとした[18]。フロイトの理論では、遊びがその一部である快楽原理の現実原理による置き換えは、子どもの本能的な欲求が理性に道をゆずる時期に、一人一人の子どもの内面に個体発生的に生じるとともに、系統発生的にも生じるとされる。

感情発達におよぼす遊びの価値に焦点を置いた、精神分析的な遊びの理論は、ふたつの発展を生んだ。第1は、精神療法としての遊びの活用法が、オーストリアの精神分析学者メラニー・クラインによって開拓され、彼女の著書『子どもの精神分析』(The Psychoanalysis of Children, 1932) でそれが記述されたことである。第2は、20世紀初めに、精神分析の原理にもとづいた少数の実験学校が設立されたことである。このなかには、1921年にヴェラ・シュミット[19]によってモスクワに開設された「子どもの家」(the Children's Home) があった。アメリカでは、マーガレット・ノイムバーグ[20]が、「ウォールデン・スクール」(Walden School) として知られるようになる学校を1914年に開き、イギリスでは、A・S・ニールが「サマーヒル」(Summerhill) とよばれる学校を開設した。これらの学校はいくつかの点では違っているが、大人は、自発的で自然な遊びを子どものための学習体験になるように方向づけてはならないと考えた点で連携していた。たとえば、サマーヒルでは、子どもたちの遊びが拘束されることはなく、プラトンが悲惨な社会的および政治的な結果につながるとおそれたことを自由にすることができた。

20世紀の心理学理論

20世紀における遊びにかんする議論は、心理学者たちに主導権がにぎられがちであった。その結果、心理学は子ども期と教育のほとんどあらゆる問題にかんする言説において権威をもつようになった。子どもの遊びをめぐる論争と解説においては次の3人が目立った。スイスの心理学者ジャン・ピアジェ、ロシアの心理学者レフ・ヴィゴツキー、そしてアメリカの心理学者ジェローム・ブルーナー[21]の3人である。彼らの理論は、遊びによって発揮される生物学的な機能よりも認知的な機能を重視している点で、それ以前の説明理論とは異なっていた。ピアジェは、象徴的な表現としての遊びの重要性と、遊びが社会化に貢献すること

を強調した。ヴィゴツキーは、遊びを「誘導的活動」として描き、遊びは、プラトンが考えたように、ルールにしたがって自分の行動を「自己統制」する役割遊びを通じて、言葉を使いこなしたり学習する機会を子どもにもたらすと考えた。子どもは、このようなやり方で、自分自身の学びをすでに達成していた水準以上に高めると考えられたのである。ブルーナーとその仲間は、言語獲得と問題解決における遊びの役割を重視した。

これらの心理学者が遊びの認知的利点を重視したのに対して、ニール・ポストマン*22など何人かの観察者は、子ども期が脅威にさらされ、そのことによって遊びの条件も脅威にさらされていると主張した。ポストマンは、その著者『子ども期の消滅』(*Disappearance of Childhood*, 1982)で、電子メディア、とりわけテレビは、子ども期を破壊していると論じた。心理学者のエリク・エリクソンのようなほかの観察者は、商業化された大衆文化のために、子ども期が消滅するのにともなって、大人は幼稚化するようになったとする見解に貢献した。

結論

遊びの理論の歴史、そして、遊びと教育の関係において定期的にくりかえされる主題のひとつは、労働に対する遊びという、しぶとく残っている二項対立的な命題である。この対をなす命題は、フロイト主義的な表現で快楽原理と現実原理のあいだの葛藤として書きなおすことができる。一般に、遊びを教育に活用することを唱道した教育学者は、遊びは子どもを現実原理の構造に誘導する手段になると考えた。21世紀の初頭、（おそらく幼児期の教育を除けば）多数の教育制度では、遊びは、世界経済において競争的な優位を得ようとする需要を読みとるうえで、もはや根拠を失ってしまっている。

皮肉なことに、ヨーロッパ世界で生活水準の向上が見られた1960年代以降、遊びと労働のあいだの境界線は非常に曖昧になってきており、遊びは子どもにとっては労働であるという考えは、オランダの歴史学者ヨハン・ホイジンガ*23の著作で見られた大人も遊びつづけるという認識によって破綻している。これにくわえて、同じになるように調停された文化的な空間を子どもと大人が共有することによって、両者の集合状態が強まった。最後に、子どもの遊びの理論の歴史がなにかを示すことができるとするなら、それは、遊びは子どもに伝達できないほど多くの社会的な副産物をもっているということと、遊びの理論は、大人の概念についての理論が多数あるように——そして子どもは何になるべきかについての理論もそうだが——子ども期についての理論の数と同じだけあるということである。

［訳注］

*1 遊び時間（playtime）——わが国では授業時間に従属する概念として「休み時間」と表現されるが、もともとは、授業時間とは対等な、場合によってはそれよりも優位な意味をこめて「遊び時間」とよばれていた。遊びの発達論的価値をどの程度認めていたかによって表記は変わった。playtimeの初出は1616年である。

*2 新石器時代（Neolithic Period）——アジア南西部やヨーロッパにおいて、石器時代の後期にあたる紀元前9000年頃から2400年頃まで続いた文化的期間。原始的な穀物栽培、家畜の飼育、磨製石器、火打ち石、武器、機織り、陶磁器、巨石などを特徴とする。

*3 仰韶（ヤンシャオ、Yangshao）文化——中国河南省にある新石器文化（前5000-3000）の遺跡。農業が発達し、土器の一種である彩陶の技術が発達していたことで知られ、美しい白、赤、および黒の彩陶で人面、動物、および幾何学模様を作成した。近年の発掘調査によって子どもたちが彩文土器のかめに埋葬されていたことが判明している。

*4 半坡遺跡（Banpo）——中国の陝西省西安市灞橋区滻河東岸に位置する新石器時代の遺跡で、仰韶文化に属する典型的な母系氏族集落遺跡。1952年の発見後、1954～1957年にかけて大規模な発掘調査が行なわれ、住居跡、墓葬遺構、陶窯遺構などから1万点以上の遺物が発掘された。半坡文字とよばれる文字に近い記号も発見されている。

*5 アリストファネス（Aristophanes, 前448?-385?）——古代ギリシアのアテネの喜劇作家。『雲』(*Nephelai*)、『リュシストラテ』(*Lysistrate*) など。

*6 聖アウグスティヌス（St.Augustine of Hippo, 前354-430）——北アフリカのヌメディアに異教徒の父親とキリスト教徒の母親のもとに生まれ、初めカルタゴに遊学したが放蕩生活に走り、欲望と理性の葛藤に翻弄された。19歳の頃、母親の同意なしに身分の低い娘と同棲して2人の男子をもうけた。一時マニ教に帰依し、徹底した善悪二元論によって悪の問題についての自分自身の煩悶を解決し、宇宙全体のなかでの存在論の観点から自己への探求を深めようとした。ローマ、ミラノに遊学し、指導者の助言と篤信の母モニカの献身的な祈りによって回心に進み、34歳頃から祈りと学究の生活に入った。やがて北アフリカのヒッポの司教（396-430）として、死にいたるまでこの教区を指導した。『告白録』(*Confessiones*, 400頃)、『神の国』(*De Civitate Dei*, 413-426) など。

*7 ディブストーン（dibstone）——18世紀初め頃のイギリスで広まった子どもの遊びの一種。動物の骨片、小石、果物の種などの「お金」（dibs）をめぐって、相手のカウンター（counter：駒）を取ったときに「ぼくのもの」（dibs）と叫んで勝ちを宣言する。

*8 マリア・エッジワース（Maria Edgeworth, 1767-1849）——イギリスの女流小説家。子ども向けの道徳小説あるいは教訓物語の作家として活躍した。アイルランドの生活を多く取材した。

*9 リチャード・ラヴェル・エッジワース（Richard Lovell Edgeworth, 1744-1817）——イギリスの著述家、発

明家。教育に関心をもち、ルソーの『エミール』に感動してその方針をとりいれ、自分の子ども（長男）を教育した。この息子をともなってルソーと会見したが、この息子の無作法ぶりがルソーの不興をかったことが知られている。

*10 ブレイク（William Blake, 1757-1827）——イギリスの詩人、版画家、神秘思想家。ロンドンのメリヤス商の次男に生まれ、学校教育を受けず、14歳から7年間版画師の徒弟として技術の習得に励んだ。19歳頃には王立美術院で本格的に絵画を学ぼうとしたが、当時の画風になじめず、版画家としての不安定な生活をはじめた。12歳頃から詩作にも取り組みはじめ、やがて『無垢の歌』（Songs of Innocence, 1789）『セルの書』（The Book of Thel, 1789）『経験の歌』（Songs of Experience, 1794）に結実して、本領を発揮し、W・クーパー、R・バーンズらとならんでイギリス詩壇においてロマン主義の先駆をなした。これらの詩は、ブレイク独特の象徴あるいは神話の物語を背景として難解であるため、「予言の書」（The prophetisc book）とよばれる。また版画家としても、幻想的な画題を豊かな神秘性をただよわせたユニークな構図と色彩、デザインで表現し、銅版画の新境地を開いて後世に大きな影響をおよぼす作品群を残した。『イェルサレム』（Jerusalem, 1820）『ヨブ記』（The Book of Job, 1820-26）など。

*11 ワーズワース（William Wordsworth, 1770-1850）——イギリスの詩人。イギリス北西部カンバーランド州のコッカーマスに弁護士の子として生まれた。ケンブリッジ大学を卒業した1792年の20歳の頃、ヨーロッパへの徒歩旅行を試み、翌年から1年あまりフランスに滞在した。フランス革命を目撃してその思想に大いに刺激を受けたが、恐怖政治にいたって大きな失望に変わった。フランス滞在中、アンネット・ヴァロンと同棲して一女をもうけたが、家庭の事情から結婚にはいたらず、帰国後11年をすぎた頃、アリー・ハッチンソンと結婚した。大学の同窓で家が近かったS・T・コールリッジ（Samuel Taylor Coleridge, 1772-1834）と親交を結び、イギリス詩のロマン主義時代の到来を告げる共著『叙情民謡集』（Lyrical Ballads, 1798）を発表して注目を集めた。ロマン派の子ども観との関係では、『頌歌・幼少時の回想から受ける霊魂不滅の啓示』（Ode: Intimations of Immortality from Recollections of Early Childhood, 1807）が重要である。自伝的な長編詩『序曲』（Prelude, 1805）で創作力の頂点を示した。晩年は湖水地方のグラスミアに妹ドロシーと居をかまえ、旅行と詩作のうちにすごした。

*12 恩物（独Spielgabe、英Froebel Gifts）——球や立方体などの数学的な原理の学習や生活の周囲にあるものをそれで表現したりして遊ぶもの。

*13 シラー（Johann Christoph Friedrich von Schiller, 1759-1805）——ドイツの詩人、劇作家、歴史家、思想家。ゲーテとならぶドイツ古典主義の疾風怒濤時代の代表者として知られ、独自の哲学と美学に裏打ちされた理想主義、英雄主義にもとづいた著作を著した。ベートーヴェンの交響曲第9番「合唱付き」の原詞の作者として広く知られる。

*14 スペンサー（Herbert Spencer, 1820-1903）——イギリスの社会哲学者、倫理学者。ダービーの非国教徒の教師を父として生まれ、学校教育を受けず、父と叔父を教師として、家庭教育だけで育った。16歳でロンドン・バーミンガム鉄道の鉄道技師として働くかたわら、自学自習の時間をもって著作活動を行なった。1843年、23歳のとき、重要な経済誌である『エコノミスト』誌の副編集長となったが、その後、死ぬまでの50年間公職につくことはなく、在野の研究者として、著述に専念した。『発達仮説』（The Developmental Hypothesis, 1852）、『心理学原理』（Principles of Psychology, 1855）、さらに、『社会学原理』『倫理学原理』をふくむ10巻の『綜合哲学体系』（System of Synthetic Philosophy, 1862-1897）を35年かけて完成させるなど、多くの著作を出版した。すべての著作は進化（evolution）という着想につらぬかれ、社会進化論という概念はこれらの著作から発した。「適者生存」（survival of the fittest）という言葉はダーウィンではなく、スペンサーの造語である。

*15 カール・グロース（Karl Groos, 1861-1946）——ドイツの心理学者で、遊びについての進化論的道具主義理論を提唱した。『動物の遊び』では、教師たちに子どもの遊びはのちの人生の準備であると説いた。チャールズ・ダーウィンの進化思想に深く傾倒し、動物が「遊ぶ」のは、生き残るための格闘のように、基本的な本能を実践しているのだと考えた。

*16 ボールドウィン（James Mark Baldwin, 1861-1934）——アメリカの心理学者、哲学者。プリンストン大学に心理学部を創設するのに貢献し、初期の心理学、精神医学、進化理論の発展につくした。

*17 反復説（Recapitulation Theory）——もともと進化的な視点はなかったが、ダーウィンの進化論の影響を受けたドイツの生物学者ヘッケル（Ernst Heinrich Philipp August Haeckel, 1834-1919）が、1866年に「ヘッケルの反復説」として提唱したものが広く知られるようになった。ヘッケルの要点は、「個体発生（ontogenesis）、すなわち各個体がそれぞれの生存の期間を通じて経過する一連の形態変化としての個体の発生は、系統発生（phylogenesis）、すなわちそれが属する系統の発生により直接規定されている。個体発生は系統発生の短縮された、かつ急速な反復であり、この反復は遺伝および適応の生理的機能により条件づけられている。生物個体は、個体発生の急速かつ短縮された経過のあいだに、先祖が古生物的発生のゆるやかな長い経過のあいだに遺伝および適応の法則にしたがって経過した重要な形態変化をくりかえす」というものである。『一般形態学』（Generelle Morphologie der Organismen: allgemeine Grundzüge der organischen Formen-Wissenschaft, mechanisch begründet durch die von C. Darwin reformirte Decendenz-Theorie. Berlin, 1866）

*18 生の本能（life instincts）／死の本能（death instinct）

──フロイトが提唱した二元論的本能説。フロイトがそれまで提唱していた「性の本能」と「自己保存本能」という二元論に代えて、人間の文明にみられる創造と破壊を説明するために、1920年の著書『快楽原理の彼岸』で新たに提唱した。人間をふくむすべての生き物は、「生の本能」（Eros、エロス）によって物事をつくり出し、概念や理念を具体物に構築しつづけて無に帰す「死の本能」（Thanatos、タナトス）につき動かされてると見る。文明は人間を人間たらしめる創造と破壊の対象であるとされる。「死の本能は」臨床的には反復脅迫、陰性の治療反応、道徳的マゾヒズム、被害妄想などの自虐心理のかたちであらわれる。精神分析学では、この二つは一般的には性欲動（リビドー）と攻撃性（アグレッション）という二つの欲動に分類される。

*19 シュミット（Vera Fedorovna Schmidt, 1889-1937）──ロシアの教育学者、精神分析学者。ロシア革命後の1921年に、精神分析原理にもとづいた、当時としては非常に革新的な保育園（the Detski Dom）──英語では「子どもの家」と訳されるが、ロシア語では孤児院を意味する──を創設した。

*20 ノイムバーグ（Margaret Naumburg, 1890-1983）──アメリカの教育家。バーナード・カレッジ、コロンビア大学で学んだ後、イギリス、イタリアにも遊学し、しだいに心理学と教育学のバックグラウンドを積み、「子どもの学校」（Children's School）（のちに「ウォールデン・スクール」と改名）を創設した。標準化されたカリキュラムで伝統的な知育を行なう前に、子どもの自発的で創造的な表現を励まし、主体的な学びと感情の発達を大事にすべきだと考えた。

*21 ブルーナー（Jerome Seymour Bruner, 1915-2016）──アメリカの心理学者、教育心理学者。はじめハーヴァード大学で動物心理学を学び、第2次世界大戦後まもなくして、欲求や動機づけが知覚におよぼす影響を研究したことから、思考方略や教育方法の研究に進んだ。1957年の「スプートニク・ショック」後のアメリカの教育方法の見直しの機運のなかで、1959年に開催された「教育方法の改善に関するウッズホール会議」の議長として議論をまとめ、その成果を『教育の過程』（The Process of Education, 1960）として出版して注目された。1972年にイギリスに渡り、オックスフォード大学教授として、乳幼児の発達研究を8年間行なった。アメリカに戻った後、文化心理学やナラティヴ研究に理論的貢献を行なっている。「どの教科でも、知的性格をそのままに保って、発達のどの段階のどの子どもにも効果的に教えることができる」という仮説のもとで、「発見学習」「教科の構造化」を提唱したことでも知られる。

*22 ポストマン（Neil Postman, 1931-2003）──アメリカの著述家、メディア生態学者、文明批評家。学生時代はバスケットボール選手として活躍し、ティーチャーズ・カレッジとコロンビア大学で教育学博士を取得。40年以上にわたってニューヨーク大学で教鞭をとった。多数の著作のなかには『死にいたる娯楽文化』（Amusing Ourselves to Death: Public Discourse in the Age of Show Business, 1985）、『教育の終焉』（The End of Education: Redefining the Value of School, 1995）がある。

*23 ホイジンガ（Johan Huizinga、1872-1945）──オランダの歴史家。生理学教授であった父親の子としてフローニンゲンに生まれたが、2歳のときこの父親を亡くした。はじめインド＝ゲルマン語の研究に進み、比較言語学を研究した。中世とルネサンスの歴史研究に、本格的に関心をもつようになったのは30歳をすぎてからであった。アムステルダム大学、フローニンゲン大学、ライデン大学で教鞭をとり、1932年にはライデン大学学長となる。第2次世界大戦中、ナチを批判したためにドイツの強制収容所に収監され、オランダがナチから解放される前の1945年に73歳で亡くなった。ブルクハルトのルネサンス観に疑問をもち、43歳の著作『中世の秋』（Herfsttij der Middeleeuwen, 1919; The Waning of the Middle Ages, 1924）の第8章で、14〜15世紀のブルゴーニュ公国の文化について考察を行なうなかで、遊びと真面目が截然としていない文化であるキリスト教社会にあって、卑猥な言葉も隠し言葉もすべて民族的背景を基盤にしており、それが貴族文化の成熟の象徴であるとした。この観点はその後、人間の本質を「遊戯」にあるととらえ、66歳のとき、世界の文化史研究の記念碑的著作となる『ホモ・ルーデンス』（Homo Ludens, 1938）として発表した。

➡子ども期の理論、子どもの発達概念の歴史、児童心理学、メディアと子ども

●参考文献

Ariès, Philippe. 1962. *Centuries of Childhood: A Social History of Family Life*. Trans. Robert Baldick. New York: Vintage Books. アリエス『〈子供〉の誕生──アンシャン・レジーム期の子供と家族生活』（杉山光信・杉山恵美子訳、みすず書房、1980年）

Augustine, Saint. 2001. *The Confessions of St. Augustine*. Trans. Rex Warner. New York: Signet Classic. アウグスティヌス『聖アウグスティヌス 告白』（上・下）（服部英次郎訳、岩波書店、2006年）

Brehony, Kevin J. 2001. *The Origins of Nursery Education: Friedrich Froebel and the English System*. 6 vols. London: Routledge.

Bruner, Jerome S., Allison Jolly, and Kathy Sylva. 1976. *Play: Its Role in Development and Evolution*. New York: Basic Books.

Curtis, H. S. 1915. *Education through Play*. New York: Macmillan.

Dewey, John. 1910. *How We Think*. London: D.C. Heath.

Dewey, John. 1916. *Democracy and Education*. New York: Macmillan. デューイ『民主主義と教育』（上・下）（松野安男訳、岩波文庫、1975年）

Earle, A. M. 1997. *Child Life in Colonial Days*. Bowie, MD: Heritage Classic.

Edgeworth, Maria. 1997 [1798]. *Practical Education*, ed. M. Myers. Brookfield, VT: Pickering and Chatto.

Fagen, R. 1981. *Animal Play Behavior.* Oxford, UK: Oxford University Press.
Freud, Sigmund. 1975 [1920]. *Beyond the Pleasure Principle.* New York, Norton. フロイト「快原理の彼岸」『フロイト全集〈17〉1919-1922年』所収（須藤訓任・藤野寛訳、岩波書店、2006年）
Gould, Stephen Jay. 1977. *Ontogeny and Phylogeny.* Cambridge, MA: Belknap Press of Harvard University Press. グールド『個体発生と系統発生——進化の観念史と発生学の最前線』（仁木帝都訳、工作舎、1987年）
Groos, Karl. 1976. *The Play of Animals.* New York: Arno Press.
Groos, Karl. 1976. *The Play of Man.* New York: Arno Press.
Hall, G. Stanley. 1904. *Adolescence.* New York: D. Appleton.
Huizinga, Johan. 1998 [1949]. *Homo Ludens: A Study of the Play-Element in Culture.* London: Routledge. ホイジンガ『ホモ・ルーデンス』（高橋英夫訳、中公文庫、1992年）
Johnson, J. E., J. F. Christie, et al. 1999. *Play and Early Childhood Development.* New York: Longman.
Klein, Melanie. 1984 [1932]. *The Psychoanalysis of Children.* New York: Free Press. クライン『児童の精神分析』（小此木啓吾・岩崎徹也監修・編訳『メラニー・クライン著作集2』）（衣笠隆幸訳、誠信書房、1997年）
Locke, John. 1989 [1693]. *Some Thoughts Concerning Education,* ed. J. W. Yolton. Oxford, UK: Clarendon Press; Oxford University Press. ロック『子どもの教育』（北本正章訳、原書房、2011年）
Montessori, Maria. 1964. *The Advanced Montessori Method.* Cambridge, MA: R. Bentley.
Montessori, Maria. 2002. *The Montessori Method.* Mineola, N.Y.: Dover Publications. マリア・モンテッソーリ『モンテッソーリ・メソッド』（阿部真美子訳、明治図書出版世界教育学選集、1983年）
Piaget, Jean. 1999. *Play, Dreams and Imitation in Childhood.* London: Routledge.
Postman, Neil. 1985. *The Disappearance of Childhood.* London: W.H. Allen. ポストマン『子どもはもういない——教育と文化への警告』（小柴一訳、新樹社、1985年、改訂版1995年）
Rousseau, Jean-Jacques. 1993 [1762]. *Émile.* Trans. London: J. M. Dent; C. E. Tuttle. ルソー『エミール』（上・中・下）（今野一雄訳、岩波文庫、1962-1964年）
Schiller, Friedrich. 1992 [1794]. *On the Aesthetic Education of Man, in a Series of Letters.* Ed. Elizabeth M. Wilkinson and L. A. Willoughby. Oxford, UK: Clarendon Press; Oxford University Press. シラー『人間の美的教育について』（小栗孝則訳、法政大学出版局、新装版2011年）
Spencer, Herbert. 1963 [1861]. *Education: Intellectual, Moral, and Physical.* Paterson, NJ: Littlefield Adams. ハーバート・スペンサー『知育・徳育・体育論』（三笠乙彦訳、明治図書出版、世界教育学選集、1976年）
Spencer, Herbert. 1977 [1855]. *The Principles of Psychology.* Boston: Longwood Press.
Vygotsky, Lev. 1978. *Mind in Society.* Ed. Michael Cole. Cambridge, MA: Harvard University Press.
Wood, W. d. B. 1915. *Children's Play and its Place in Education.* London: Kegan Paul.

●参考ウェブサイト
Lyons, T. 2001. "Play and Toys in the Educational Work of Richard Lovell Edgeworth (1744-1817)." Available from 〈www.socsci.kun.nl/ped/whp/histeduc/edgeworth.html〉
Moog, C. 2002. "Psychological Aspects of Ethnic Doll Play." Available from 〈www.balchinstitute.org/museum/toys/psych.html〉
Nelson, P. B. 2001. "Toys as History: Ethnic Images and Cultural Change." Available from 〈www.balchinstitute.org/museum/toys/history.html〉

（KEVIN J. BREHONY／北本正章訳）

遊び場運動（Playground Movement）

1885年の夏、マサチューセッツ非常事態と衛生状態協会（the Massachusetts Emergency and Hygiene Association: MEHA）は、ボストン市のノースエンドにある布教施設パルメンター・ストリートチャペルの庭に砂山を築いた。この砂山は砂の庭（sand garden）とよばれ、その目的は、すぐ近くに住む移民の子どもたちのための、管理者がいる遊び広場を提供することであった。最初、平均して15人の子どもたちが毎週3回、朝にやってきた。子どもたちは砂を掘り、砂のパイを作り、唄を歌い、パレードをして遊んだ。監督者たちは、子どもたちが遊んでいるあいだに望ましい道徳的なふるまいを教えこむ機会を得た。

砂の庭は、近隣の子どもたちを引きつける人気の高い場所になった。そこでMEHAは、次の年の夏、さらに三つの砂の庭を開設した。1887年には、この計画は11ヵ所——そのうちのひとつは学校の校庭にあった——に拡大した。ボストン市教育委員会は、MEHAに、夏のあいだ空いている学校の校庭を、非常に幼少の子どもたちのために、監督者のいる遊び広場として利用することを許可した。MEHAは、砂の庭という名称を遊び場（playground）に変え、運営責任を学校委員会と公園委員会に移した。校庭と公園の遊び場は、年長の子ども向けの活動もふくめるよう、そのプログラムを拡張した。

遊び場という理念は、公共メディアや福祉施設で暮らす労働者たちのあいだのコミュニケーションを通じてほかの都市にも広まった。1887年、ニューヨーク州議会は、ロワー・ニューヨーク市（移民のゲットー地区）の小さな公園の売買所有権を認可した。1888年、フィラデルフィア市は、遊び場を発展させるために小

アソビハウ

ジェーン・アダムズ「ハル・ハウスの遊び場の子どもたち」。Jane Addams Memorial Collection, UIC Library*

公園協会（the Small Parks Association）を組織し、1892年には、ボストン公園委員会が市の全体におよぶ人口密集地域に遊び場を作る計画を立てた。シカゴのハル・ハウス*1を建てたジェーン・アダムズ*2は、1894年に、彼女がかかわっていた社会福祉施設の設立活動の参加者のあいだに高度な社会道徳を広めるために、モデルとなる遊び場を設計した。

1900年当時、アメリカの14の都市は遊び場を後援していた。アメリカ遊び場協会（the Playground Association of America：PAA）が、ワシントンDCに設立された年である1906年には、25の都市が遊び場を運営するようになっており、ひとつの運動になっていたことがはっきりとわかる。1910年頃、55の都市が遊び場プログラムをもっていた。さらに、1910年には、カレッジや大学は、1909年にPAAが開発したレクリエーションの指導者養成カリキュラム「遊びのノーマル・コース」の授業を提供した。こうした授業は、遊び場を効率的に運営するうえで必要な職員とプログラムを区分していた。

遊び場の理念は、ひとつの運動になったが、それは、礼儀、道徳、そしてスポーツマン精神を教える上で子どもたちを楽しい環境に引きつける効果的な手段であったからである。また、遊び場は、子どもたちが遊びを通じて一時的に都市の汚れた環境からのがれること

ができる安全な隠れ場となるよう設計されていた。1920年代と1930年代を通じて、ルールや法令によって管理されたり指導されていた遊び場は、ひき続き公立学校の教育委員会、講演とレクリエーション部局の管轄であった。

遊びは、学習を促進する有効な手段であった。多数の地方自治体や改革志向的な団体は、組織的な遊びを性格形成と健康増進を目標とした子ども向けのスポーツとサービスプログラムの中核として利用しはじめた。公立学校運動連盟（the Public School Athletic League）、警察運動連盟（Police Athletic League）、そしてYMCAのユースサービスなどがそれである。

第2次世界大戦は、西ヨーロッパの多くの都市部を徹底的に破壊した。これらの地域の子どもたちは、見つけだすことができた材料や設備ならなんでも利用して、爆撃を受けた近隣地域に子ども専用の遊び空間を作りはじめた。こうしたポケットのような遊ぶ場所は、アメリカでは、子どもたちが自分の遊び環境を作り出すなかで想像力をはたらかせることができる冒険遊び場という理念に火をつけた。遊び場のリーダーの役割は、遊びの管理者から、子どもたちに自分自身の遊びの考えにもとづいて行動するようにさせる遊びの誘導者へと変化した。

今日、遊び場は、数億ドルのビジネスになっており、

その設計、建設、そして運営はきわめて大きな多様性を示しているため、一般的な記述をしても意味がない。「遊び場の安全のための国家プログラム」（the National Program for Playground Safety）は、現代の遊び場のあらゆる側面にかんする最新情報を提供している。

[訳注]
* 1 ハル・ハウス（Hull-House）——アメリカの社会改革運動家として知られたジェーン・アダムズ（Jane Adams, 1860-1935）たちが、1889年にシカゴに建てたアメリカで最初の福祉施設。
* 2 ジェーン・アダムズ（Jane Adams, 1860-1935）——アメリカの福祉施設設立運動の先駆者。公共哲学者、社会学者、作家、婦人参政権運動の指導者、世界平和活動家として広く知られ、シカゴにアメリカ最初の福祉施設ハル・ハウスを建設し、アメリカの進歩主義時代のもっとも著名な社会改良運動家。アメリカ人女性として最初のノーベル平和賞を受賞した。

➡遊びの理論、子ども空間、進歩主義教育、砂場、ソーシャル・セツルメント

●参考文献

Dickason, Jerry G. 1983. "The Origin of the Playground: The Role of the Boston Women's Clubs, 1885-1890." *Leisure Sciences* 6: 83-98.

Rainwater, Clarence E. 1922. *The Play Movement in the United States*. Chicago: University of Chicago Press.

Riess, Steven A. 1996. *City Games: The Evolution of American Urban Society and the Rise of Sports*. Urbana and Chicago: University of Illinois Press.

Sessoms, H. Douglas. 1993. *Eight Decades of Leadership Development*. Arlington, VA: National Recreation and Park Association.

●参考ウェブサイト

National Program for Playground Safety. 2003.〈www.uni.edu/playground〉

（JERRY G. DICKASON／北本正章訳）

アダムズ、ジェーン
（Addams, Jane, 1860-1935）

社会改革家、セツルメント・ハウス長、そして国際平和運動家でもあったジェーン・アダムズは、1860年イリノイ州シーダーヴィル（Cedarville）に生まれた。彼女は、起業家で共和党の州議会議員ジョン・H・アダムズ（John H. Addams）の8番目の子どもであった。母親のサラ・ウェーバー・アダムズ（Sarah Weber Addams）は、ジェーンが2歳のとき、出産によって亡くなった。1881年、一人の若き女性として高等教育を受けることに思いをはせたジェーン・アダムズは、卒業生総代としてロックフォード・セミナリー（Rockford Seminary）を卒業した。彼女はペンシルヴァニアの女子医科大学（Women's Medical College）に入学したが、健康問題と父親の急逝による心痛で、初年次に退学した。

医学校を去ったあとアダムズは、自分にふさわしいキャリアについて思いをめぐらせながらヨーロッパを旅した。当時の、教育がある、多くの未婚女性たちと同様に、アダムズは職業的大志を実現すべく、社会改革運動に注目した。新たに芽生えた慈善的かつ奉仕的な活動に従事することで、女性たちが「女性の仕事」として許される領域にとどまりつつ、権威ある職業につくことができた。彼女は、イースト・ロンドンのトインビー・ホール[1]のソーシャル・セツルメントに長期間滞在した後、シカゴの名高いソーシャル・セツルメントとなるハルハウス[2]を1889年に設立するため、アメリカに戻った。ハルハウスは、彼女が生涯をかけて追求した社会的、政治的活動の中心となった。彼女は、長年にわたって盟友となるメアリ・ローゼット・スミス（Mary Rozet Smith）や、進歩主義的な社会改革家、活動家、芸術家、知識人たちとともにハルハウスで暮らした。

アダムズは、公的部門での直接的行動、著書出版、コミュニティ・サービスなどを通じて、その個人的、職業的生活を人間の境遇改善に捧げた。彼女は、労働改革、青少年審判、公教育、女子参政権、国際平和など、一連の社会問題にかかわっていった。アダムズは、しばしば「社会事業の母」（mother of social work）と称されるように、1909年に、「全米慈善・矯正会議」（the National Conference of Charities and Corrections）の初の女性会長に選出された。さらに彼女はそのキャリアゆえに、全国的な、そして国際的な政治の舞台にも登壇し、婦人参政権、公民権、国際平和を主張した。アダムズは多くの偉大な歴史的成果とともに、1915年、婦人平和党（the Women's Peace Party）の初代議長に選出された。同年彼女は、オランダのハーグで開催された「国際婦人会議」（the International Congress of Women）の議長をつとめた。彼女はまた、婦人国際平和自由連盟（the Women's International League for Peace and Freedom）を設立し、1919年から彼女が亡くなる1935年までのあいだ、そのリーダーをつとめた。1931年、アダムズの業績はノーベル平和賞授与（彼女はニコラス・マレー・バトラーとともに受賞した）という栄誉にあずかった。

アダムズのイデオロギーと改革活動は、子どもへの深い関心と子どもの内面的善性に対するゆるぎない信念にもとづいていた。公刊された文書やスピーチにおいてアダムズは、子どもは比類なき創造的知性と冒険精神をもっていると主張した。彼女はその著書『若者の精神と都市のストリート』（*The Spirit of Youth and the City Street*, 1909）において、現代の産業社会が、子どもたちに適切なレクリエーションの場を提供できていないばかりか、彼らが現代の都市の悪徳にさらされることによって子どもから生まれようとする好奇心がだいなしになっていると非難した。彼女の伝

記的著作『ハルハウスの20年』（Twenty Years at Hull-House, 1910）と『ハルハウスの40年』（The Second Twenty Years at Hull-House, 1930）は、放課後学校クラブ（after-school clubs）、子どもの発達と社会化のための監督がいきとどいたレクリエーションの恩恵について、事例をあげて明らかにした。

アダムズは、労働者階級に属する移民の子どもたちやその家族について特別な関心があることをくりかえし表明していた。彼女は、移民の若者たちは貧困・文化変容・労働搾取などによる不公正な苦難に直面していると確信していた。進歩主義的**児童救済**運動のリーダーとして**児童労働**に反対し、義務教育を支持する全国キャンペーンに熱心に取り組んだ。彼女はまた、労働階級の親たちがもっと多くの時間を子どもたちとすごせるような労働法を要求した。保護立法によって女性と子どもを支援しようとするアダムズのはたらきかけは、彼女とその同僚たちを、労働運動、児童救済者、いくつかのフェミニスト集団のあいだで展開された論争の渦中に投げこんだ。

さらに、アダムズは現代の若い女性たちの窮状にも関心をよせていた。保護がいきとどいた彼女自身の生育環境とはまったく対照的に、産業都市は若い女性の純潔を奪っていると彼女は確信していた。その著書『新しき良心と古き魔性』（A New Conscience and an Ancient Evil, 1912）には、工場における労働階級の若い女性の低賃金労働について、また家事奉公に従事する女性たちが結局は売春に身をやつしていくことについて、ただならぬ懸念が示されていた。こうした関心を明らかにすることで、彼女は労働階級の女性たちに対して、結婚して母親になる伝統的な家庭生活に安寧を求めるように勧めた。こうした信念は、彼女が明言していたフェミニスト原理とは矛盾していたが、労働階級の若い女性たちへの関心は、彼女がなによりもまず若者の純真無垢を守ろうとしていたことを受けてのことであった。

社会正義を追求するジェーン・アダムズの粘り強いコミュニティ行動主義の活動は、長年にわたって、子ども、若者、そして家族をめぐるアメリカ的イデオロギーと政策にその足跡を残してきた。シカゴのハルハウス博物館は、アダムズの有名なソーシャル・セツルメントにかんする数々の品々と何棟かの建造物が保存されている。平和と正義についての彼女の論説は、ペンシルヴァニア州スワースモア大学平和コレクション（the Swarthmore College Peace Collection）に所蔵されている。

［訳注］

*1 トインビー・ホール（Toynbee Hall）――イギリスの聖職者で社会改革家であったサミュエル・A・バーネット（Samuel Augustus Barnett, 1844-1913）と、経済学者で社会改良家でもあったアーノルド・トインビー（Arnold Toynbee, 1852-1883）との議論をへて、オックスフォードとケンブリッジ両大学の関係者の協力を得、ロンドンのスラム街ホワイトチャペルに、はじめての大学セツルメントとして1884年に設立された。31歳の若さで亡くなったトインビーの名を冠して「トインビー・ホール」（Toynbee Hall）と名づけられた。ここでは、大学関係者とロンドンのイースト・エンドの住民が一緒に生活し、貧民がかかえる問題の研究、援助活動、福祉教育事業、法律相談などを展開して、ソーシャル・セツルメント運動のひな形を作った。

*2 ハルハウス（Hull-House）――ジェーン・アダムズとその友人たちが、当時のおもに移民が中心の貧しい人びとが住んでいたシカゴ市内のスラム街サウスホルステッド通り800番地にあった、廃屋になっていたある実業家の邸宅を改装し、1898年9月18日に設立した。当時としては世界最大規模の福祉施設で、貧困者のための地域福祉のセンターであり、また地域の社会改善事業のセンターとしての機能を果たすもので、これが社会福祉活動のモデルとして世界的に注目され、大きな影響をおよぼした。「ハルハウス」は毎週2000人ほどを世話し、成人の夜間学校、乳幼児の幼稚園、少年少女たちのクラブ活動、慈善食堂、画廊、喫茶部門、体育館、少女のための手芸、調理クラブ、プール、製本所、音楽教室、図書館、その他の部門を擁した大規模な活動を展開するようになった。アダムズは1923年に日本を訪れ、キリスト教社会改良運動家で、「貧民街の聖者」として知られる賀川豊彦（1888-1960）ら多くの社会事業家らとも交流した。

➡アメリカ連邦児童局、社会福祉、少年裁判所、少年司法、全米児童労働委員会、ソーシャル・セツルメント

●参考文献

Addams, Jane. 1909. *The Spirit of Youth and the City Streets*. New York: Macmillan.

Addams, Jane. 1910. *Twenty Years at Hull-House: With Autobiographical Notes*. New York: Macmillan.

Addams, Jane. 1912. *A New Conscience and an Ancient Evil*. New York: Macmillan.

Addams, Jane. 1930. *The Second Twenty Years at Hull-House*. New York: Macmillan.

Davis, Allen F. 1973. *The Life and Legend of Jane Addams*. New York: Oxford University Press.

Muncy, Robin. 1991. *Creating a Female Dominion of American Re-form*. New York: Oxford University Press.

●参考ウェブサイト

Bettis, Nicolle. 2003. "Jane Addams 1860-1935." Available from 〈www.webster.edu/~woolflm/janeadams.html〉

University of Illinois at Chicago. 2003. "Jane Addams Hull-House Museum Home Page." Available from 〈www.uic.edu/jaddams/hull/hull_house.html〉

（LAURA S. ABRAMS／佐藤哲也訳）

アフリカ系アメリカ人の子どもと若者
(African-American Children and Youth)

アフリカ的遺産を保持している社会やコミュニティの子どもたちは、アフリカ大陸の伝統から生じた家族の文化的規定要因のために、あるいはアフリカ黒人が離れ離れになったという特殊歴史的な事情のために、ほかの社会集団の子どもたちとはあきらかに異なる役割を演じてきた。これら二つの要因は、文化的にはアフリカ系アメリカ人として一般化される多数の文脈と分類枠のなかで、21世になってもなおさまざまに変容しつづけながら、独自の子ども期のパターンを生んできた。それと同時に、遺産と歴史というこの二つの広範なカテゴリーは、すべての子どもの生活が新たな生活によって鼓舞される希望と理想に明示されるさらに広範な様式を反映するとともに、その生活が成り立ち、今ある状態になる物質的条件の規定要因も反映している。

伝統と歴史

アフリカの文化的伝統が意義深いのは、子どもの存在によって家族を定義しようとする傾向がアフリカ大陸のすみずみにまで広まっているからである。これは、結婚は家族を定義する契機であると見るヨーロッパの伝統とは対照的である。もちろん、多くの場合、家族は一組の男女と子どもたちをふくんでいるが、食うや食わずの状況で家族としての選択を迫られたとき、この違いがもたらす結果は大きく異なる。家族が人間生活で果たす情緒的役割のためにパートナーに焦点をあてる場合と、異世代関係に焦点をあてる場合とでは、その欲求もまた文化的に違ってくる。パートナーに焦点をあてる場合には、子どもとの私的・生物学的関係を重視する性的要素と契約志向性が強くなる。これに対して異世代関係に焦点をあてる場合には、世話をしたり依存したりする役割、互恵的な義務、コミュニティとの絆を強固にする時間的、年齢的諸段階などが強調される。

アフリカ系アメリカ人の子どもたちは、彼らの歴史上の出来事・境遇・構造からも甚大な影響をこうむってきている。奴隷・転地・分離・労働などの諸制度や、形式的・非形式的教育、そしてこれらが生みだし、強めた差別は、家族制度と子ども観、そしてコミュニティと社会に、相互に影響をおよぼした。だが、さまざまな慣習、機会の構造、法律上の枠組みなどにくわえて、地域と個人の文化的相互交流と多様性の経験があるため、すべてのアフリカ系アメリカ人の子どもたちの単一の時間表や共通の体験であるとはいえないと強調しておくことは重要である。

人びとを奴隷化して労働を強制することは、多くの移民労働システムと同様、膨大な数の若者たちに人口動態上のゆがみをもたらす影響をおよぼした。とりわけ、カリブ海沿岸や南アメリカのように、年間を通じて農産物を期待できる気候地域では、ヨーロッパ人たちの大邸宅や富を築く莫大な利益は、こき使うことができ、入れ替えがきく人びとをつねに移入することを許していた。南部ルイジアナやサウスカロライナ沿岸をふくむ地域では、膨大な労働力需要によって、アフリカ系の人びとが多数派を占める社会が発展したが、そのいっぽうで企業経営にとって奴隷労働に頼ることは、しばしば歓迎されざる出費となった。奴隷交易で広く見られたことだが、航海途上の恐怖心からマリファナに溺れてしまったアフリカ系女性の性的搾取、子どもたちが両親から引き離されたことなどは、大西洋の両岸において奴隷が子どもとみなされるのは皆無に等しかったことを意味した。このような過酷な搾取的経済運営であった厳しい状況は、ヨーロッパ系女性の移住を思いとどまらせた。このため、こうした地域には、奴隷の境遇からのがれてきた「マルーン」[*1]あるいはアフリカ的伝統を保持している辺境の村落共同体とともに、複合的伝統をもつ自由な人びとが急速にあらわれた。

世帯、町、辺境の村落が、子どもやほかの扶養者、そして年老いた少数の者たちにとってもっとも一般的な環境となった。多くの場合、奴隷に生まれた子どもたちは、奴隷の両親あるいは所有者とされている者のところに送られ、プランテーションでの労働につく前に子ども期の大半をすごしていた。こうした子どもたちは、人種にもとづいた奴隷制度の不快な規則のなかで年長者や仲間たちからしつけられていたが、（両親から引き離されるという異常な苦悩よりも）有無をいわさず奴隷にされたことによるトラウマを直接まのあたりにすることなく、幼い頃のほぼ１、２年のあいだ、愛情と遊びに満たされながら集団農場で育っていた。こうした地域では老婆と子どもからなる小さなコミュニティが一般的であり、彼らはプランテーションの周辺や町の裏通りで暮らしながら、半秘密宗教結社や地元の自由アフリカ系職人や寄留中の逃亡者（彼らはしばしばプランテーションに戻ったが）によって支援を受け、日常的な仕事ができる年齢になってみずから行なえることを子どもたち自身で行なっていた。老婆と子どものこうした組みあわせは大きなプランテーションでもしばしば認められたが、コミュニティの外部との関係は制限されていた。それでも、夜の勉強や日曜日の出会いのために、子どもたちには両親の近くですごすことができるメリットがあった。

10歳あるいは12歳未満の子どもたちには労働価値があまりなく、依存的な時期には養育費がかかるため、みずからを子どもたちの所有者と見る人びとにも、子どもたちのほんとうの親たちにとっても、そして子どもたち自身にとっても、こうした体制は互いに利するものであった。大規模なプランテーションは例外として、この事情は、奴隷となる運命の子どもたちと、自

由に生まれついた子どもたち、あるいはのちに自由をお金で手に入れることになる子どもたちが混在しながら共通の経験をしていたことも意味した。大規模なプランテーションでは、しばしばプランテーション所有者や雇用人の自由白人の子どもたちが混在する、上記とは異なる状況も生じていた。奴隷——その大多数はアフリカ系アメリカ人であった——にされたときに覚える戦慄は、競売場で、あるいは暴力的な強制労働によって、子ども期が突然、容赦なく終わりを告げられ、奴隷にされてしまった人びとによる多数の奴隷物語のなかにも描かれている。

奴隷が負うべき重労働にはまだ幼すぎる子どもたちは、距離・時間・窮乏・法律や地方当局による身体的拘束や許可が得られないためにひんぱんに行き来できない集団を結びつける重要な社会的機能を担っていた。子どもたちはプランテーションで断続的に時間をついやし、大切なメッセージを伝達し、監視されて拘束されていた大人たちよりも容易に動きまわっていた。奴隷の子どもたちはすぐに、お互いに助けあうことを学び、基本的な食物や補助食をもたらしてくれる菜園をつくって、労働システムがもたらす健康を維持するには十分とはいえない配給を補った。また、子どもたちは、両親が屈辱的な待遇を受けたりプランテーションで強制労働につかされるようすを目にしない状況に意図的に置かれていた。したがって、町でもプランテーションでも、大多数のアフリカ系アメリカ人の子どもたちのあいだには、家族概念が急速に拡大した。その結果、多くの大人たちが親の役割を果たし、共同体の責任を直接担っていた。こうした社会システム内で安全かつ思慮深く機能し、子どもたちに直接訴える手のこんだ教育は、子どもたち全員が責任を学び、**しつけ**を受ける初期の経験の一部であった。きょうだい、大事にしてくれる大人、慣れ親しんだ環境などからいつも切り離されている心の痛みが、コミュニティの絆をそれだけいっそう重要にし、支配者である白人や上流階級から疎遠であることがその絆をいっそう深遠にし、さらに、早熟であることを生き残るための必要条件にしていた。

子どもとコミュニティ

農業が土壌と季節に制約されていた地域では、奴隷制の有無にかかわりなく、きわめて率直にアフリカ系アメリカ人のコミュニティに依存していた。奴隷取引を主とする市場の衰退にともなって、女性・子ども・家族生活は、都市と農村の奴隷が生き残るための手段として、情愛・養育・文化を維持する場所として、アフリカ系アメリカ人の経験の中心になってきた。北部植民地では、奴隷解放・公教育・徒弟制度・社会的混合状態がもたらされ、アメリカ独立期のレトリックと理想によって促進されていた。しかし子どもたちは、不平等と分離という社会的要因をのりこえることを学

1860年頃のノースカロライナ州ニューベルンの学校の子どもたち。南北戦争前の南部では、奴隷に読み書きを教えることは法律で禁じられていたので、奴隷解放後、新たに自由になったアフリカ系アメリカ人の親たちの主要な関心のひとつは、子どもたちの教育にあった。©CORBIS

ばなくてはならず、自由アフリカ系アメリカ人の成人が従事することができた職業——家事労働者、船乗り、鉱夫などの仕事——は、しばしば子どもや配偶者と離別しなくてはならなかった。これは、独立革命以降に自由の身となった人びとの大半を占めた北部の子どもたちが複合世帯を経験し、コミュニティ内の自由人と奴隷の双方の成人の文化の仲介者として、また結びつけ役としての役割を果たしたことも意味した。こうしたコミュニティで形成された宗教社会は、深南部に比べてしばしば開放的で公的であった。そして、フィラデルフィアにおけるアンソニー・ベネゼットの学校（Anthony Benezet's school）が1780年代に取り組んだように、しばしばアフリカ教育をとりいれた子どものための特別学校を付設した社交クラブや社会改良団体を組織することがよく見られた。この時期から19世紀に入るまで、彼らが自分のことをさしていうときに用いた一般的な言葉、あるいは他者による呼称は、ボストンのアフリカ人集会所（the African Meeting House）、フィラデルフィア自由アフリカ人協会（the Free African Society of Philadelphia）、そしてアフリカ・メソジスト監督派（the African Methodist Episcopal：AME）教会などで聞かれたように、「アフリカ人」（*African*）という言葉であった。

自由アフリカ人コミュニティとアフリカとの接触は、捕鯨業や海運業によって、あるいは奴隷制を維持する

アフリカケ

ラッセル・リー「イースターの朝の少年たち」。20世紀初頭、南部から北部工業都市への大移住のあいだ、多くのアフリカ系アメリカ人の子どもたちは、両親とつれだって北部に行くか、血縁者のもとに送られた。1941年4月、シカゴのサウスサイド付近で、子どもたちはイースター用の晴れ着を着ていた。Rare Books and Special Collections Division, The Library of Congress. ©CORBIS

地域で続けられていた人身売買によって、南北戦争以前の時期（1789-1861年）を通じて絶えることなく続けられていた。これにくわえて、交易によってカリブ海諸島と大西洋世界はひんぱんに行き来があったため、アフリカ黒人の離散とアフリカの伝統は、多くの奴隷物語に描かれているように、アフリカ系アメリカ人の意識から遠のくことはなかった。『旧約聖書』におけるヨセフ、モーセ、ダニエル、ギデオン、ヨシュア、ダビデなどの物語は、イスラム教やキリスト教では周知のものであるが、神の守護と来たるべき救済という重要なメッセージをもっており、アフリカ系アメリカ人の子どもたちによく知られた重要なテキストであった。しかし、奴隷となっていた人びとの多くは、イスラム教の優勢な西アフリカ出身であったため、イスラム教徒が伝統的にユダヤ教とキリスト教的だとみなしていた「書物信仰」に向けて徹底的に移行することはなかった。無実にして迫害を受けたキリスト教におけるイエス（Jesus）、イスラム教におけるイーサー（Issa）は、アフリカ系アメリカ人の境遇にむけて語りかけていた。そして、すべては音楽によって表現され、子どもたちが参加する文化交流のメッセージへと変換された。音楽や踊りをともなうコミュニティの祝祭は暦の上で祝日と認められ、ニューヨークのピンクスターフェスト（Pinksterfest）のように、祭日とするように要求され、ネットワークを構築する場所であり、可能な場合には、子どもたちをより広い機会をもつ環境に置く手段であるばかりでなく、再統合や再結合の時期でもあった。しかし、ほとんどの場合、そうした好機は地理的条件と奴隷制とによって厳しく制限されていた。

子どもたちは、通常、「地下鉄道組織」[*2]の定期的な利用者であったり、それに先立つ手段を利用して、逃亡を試みたが、北部ばかりでなく、自由なカナダ、メキシコ、あるいはフロリダのアフリカ系アメリカ人コミュニティに避難先を確保していた。南北戦争中に南部に侵攻した連合軍は、自由を求めて両親やコミュニティに送られてきた多数のアフリカ系アメリカ人の子どもたちがたどってきたのと同じ道を行軍したのである。

南北戦争以前の中部植民地と南部の北辺では、上記の状況にくわわった大規模なプランテーション農業、小自作農地、季節変動、さらにさまざまな都市化現象

世界子ども学大事典

や地域の実情、無数の自由アフリカ人などが混合した状況を呈していた。宗教的にも世俗的にも、白人主導によるアフリカ系アメリカ人排斥主義者（African American Abolitionist）やアフリカ帰還入植運動（Back-to-Africa colonization movement）が18世紀後半に勃興し、19世紀中頃にその意義が高まったとき、無防備な女性と子どもというイメージが関心の的となり、当時のアフリカ系アメリカ文学における詩・小説・物語の主要テーマとなった。子どもたちが移動できる可能性や彼らに教育と自由の機会をあたえるための戦略的譲渡は白人の後援者や協力者によってしばしば促進されていたが、この動きは、それを凌駕する高い死亡率、栄養失調、白人地域住民や当局による暴力と疑念などによってひんぱんに抑止された。

　アフリカ系アメリカ人コミュニティでの子どもたちの**おもちゃやゲーム**は、たいていは手作りで、輪、球、時期や地域によってさまざまな特徴をもつトウモロコシの皮で作られたり、布で作られた**人形**であった。子どもどうしのストーリーテリングは大人からも奨励されたが、これは——子ども期が少年と少女の両方によって説かれていたように——おもちゃよりもはるかにアフリカ系アメリカ人的であった。こうした慣行は音楽・舞踊・記憶ゲームなどとともに、しばしば競争的であり、その一方で、なぜか組織的な戸外ゲームは近年までさかんではなかった。言葉のスキルや遊戯行動は、多くのアフリカ系アメリカ人の子どもにとってきわめて重要な生存スキルであった。彼らは、白人権力者や情報提供者と交流したり質問されたりすることもときにはあったが、コミュニティの秘密を守り、みずからの怖れや怒りの感情を隠すことができなくてはならなかった。

　子どもへの**命名慣習**はアフリカ的個性をもち、あるいは創意に富んでおり、独創的な綴りや発音によって一人一人の子どもを唯一無比の存在とするアフリカ系アメリカ人に特有の習俗であった。そうした名前が白人から合法的名前ではないとして怒りをかったり却下されれば、独創的なニックネーム、愛称、好きな名前、特別な環境下で使われる複合的な名前としてふたたび用いられ、業績や社会的立場を示すときに名づけられたりした。名前を通じて一人一人の子どもを特別な存在と見る習俗によって、広範囲なコミュニティ内でも容易に識別可能になったばかりか、異なる経験が否定的な影響をおよぼす社会的文脈では、子どもたちの名前が違っていることが有利にもなった。子どもたちはアフリカ系アメリカ人のコミュニティで目にされ、名前を耳にされたりしたが、これは、子どもたちの存在が文字どおりに、あるいは比喩的にも、抑圧的な環境で承認されないことにならないように、その存在と信用を築き上げた。このような命名慣習は、現在までの教育・収入・地位の領域を越えて、幼い頃から差別を経験する子どもたちの正常な心理発達を保証するために

大人が用いる戦略のひとつであった。それは他者の無知を外在化するための手段として機能した。

しつけと家族

　部外者たちの目にはしばしば、アフリカ系アメリカ人の子どものしつけは、年長者に従い尊敬することを強調する、厳格で無慈悲なものと見える。アフリカ系アメリカ人にとってとくに危険な世界や、また、警官や教師たちがかならずしも味方ではなく、しかも信用できないようなところでは、子どもたちが大人の警告や命令に即座に従うことが重要であった。親族外の成人だけでなく年長の子どもも、アフリカ系アメリカ人の若者がいざこざにまきこまれないように注視を怠らず、責任ある大人たちは、その若者の知りあいであるか否かにかかわらず、子どもたちの監督にぬかりはなかった。そうしたコミュニティ行動は、大人から発される明晰率直な警告と助言を見きわめる必要がある子どもの反応を請け負う厳しい訓練にもとづいていた。それはまた、大人と子どものあいだでお互いになじみがあるとき、そうした状況について明確かつ率直なコミュケーションを必要としている。これはしばしば、過去の経験を物語ることや、それを結びつけるなかで起こる。多くの大人たちが、現代の人種差別[*3]の痛ましい現実は子どもたち自身の安全と関連づける必要があると感じていたため、痛ましい過去は子どもに直接関係があるものではなかったが、しばしば語られないままにされる。かつて奴隷であった人びとから生まれた大多数の子どもたちは、両親から奴隷であったときの経験を公式に聞かされたことがなく、多くのアフリカ系アメリカ人の若者は、暴力的な法的分離時代のことをほとんど知らない。

　青年期の反抗あるいは自己規定は、ふつう、家族とコミュニティから具体化されるため、アフリカ系アメリカ人が年長の子どもとして、あるいは大人として、両親と円満な関係を結ぶことはほとんどない。一般に、子どもたちは自分の親が置かれている状況を理解し、自分の人生で親の役割を果たしてくれるほかの成人との関係だけでなく、生物学的両親がだれなのかということも理解していく。ほかのいくつかの文化ではそうしたさまざまな育児の存在は、家族の秘密として、あるいは恥ずべきこととして扱われるかもしれないが、アフリカ系アメリカ人の子どもたちの大半は、幼い頃からそのことを公然と認めている。こうして子どもたちは、世の中には予測できない変化があることと、養育者たちが自分を選び、最善をつくしてくれていることを理解する。子どもたちは、広汎にわたるきょうだい、いとこ、おば、おじなどその多くが血縁者ではなかったが、こうした人びとと懇意になりながら、家族やコミュニティが大幅に再結合していくことをつねに経験しながら成長する。20世紀の白人のコミュニティにあらわれた長期にわたる思春期以降の依存状態は、

アフリカ系アメリカ人にとっては変則的なものであって、彼らは生計を稼ぐ責任を担い、性体験をすることですばやく大人になった。

南北戦争後、「解放民局」（the Freedman's Bureau）の主要な関心は、居所がわからなくなった親類の捜索や教育を必要とする子どもたちに向けられた。新たに解放されたアフリカ系アメリカ市民は、物納契約小作*4を支持して、ほかの農業労働形態を拒否した。というのも、それは家族やコミュニティ組織を形成しながら、子どもや老人の世話をするかたわら、コミュニティの基本施設である教会や学校を維持することができたからである。田舎であれ都会であれ、両親は家庭外ではたらき、年長の子どもたちは初老の隣人や友人の助言を受けながら、両親がいないあいだ家庭を切り盛りする責任を担っていた。アフリカ系アメリカ人の子どもたちは、家庭内の重要なつとめに責任を負っていたが、同じような経済状況にあった白人の子どもたちほど賃労働のために外ではたらくことはなかった。アフリカ系アメリカ人の子どもがほかの大人たちといっしょに暮らすのは、教育を受ける場合か見習奉公に出るとき、あるいはいちじるしく困難かつ抑圧的な環境からのがれるためであった。これは、貧窮したり孤児になった白人の子どもたちが賃金労働のために送り出されるのとは対照的で、しばしば彼らが家庭に残してきた者よりも困難かつ抑圧的な環境に遭遇した。

野心・つながり・責任

南北戦争後、少数の、しかし影響力のある解放アフリカ系アメリカ市民の多くが異人種同士の結婚をしたコミュニティでは、社会的差異が重要になった。こうした混合結婚の末裔はしばしばコミュニティで指導的な役割を担ったが、ときどき自分自身と解放されてまもない人びとのあいだに境界を設けた。アメリカでは、19世紀後半から20世紀にかけて、再建時代*5の終焉と「科学的」な理論、**優生学**、法的分離主義などにもとづいた人種差別の台頭、そして多くの地域で近親結婚が禁止され、人種間結婚が劇的に減少したため、アフリカ系アメリカ人コミュニティのエリートは子どもたちのためにさまざまな組織を創設した。あるものは教会の会衆組織にもとづいていたが、特別な**サマー・キャンプ**やジャック・アンド・ジル・クラブ（the Jack and Jill clubs）のようなクラブでは、アフリカ系アメリカ人の子どもたちのあいだでの階級の違いが強調された。分離主義が力説されたことで、ある人びとは白人と認められ、ほかの人びととはより大きなアフリカ系アメリカ人コミュニティへと追いやられていったが、婦人クラブ運動（the Women's Club movement）と「外面的品位」（respectability）への願望によって、家族パターンやエリートとしての野心、そして子どもたちへの期待からの解放がうながされていった。

第1次世界大戦前にはじまった南部の農村から北部の諸都市への「大移動」の時代を通じて、アフリカ系アメリカ人の子どもは、コミュニティと離ればなれになっていた親戚縁者たちを結びつけながら、調停役を演じつづけていた。子どもたちは、夏場には、「面倒にまきこまれない」ために南部の友人や親類のもとに送られ、学齢期には適切な教育を受けるために北部の友人や親類のもとに送られた。数年、あるいは何世代か後、北部諸都市と南部農村のあいだでは、子どもの交換を通じたこうしたつながりが続いている。都市で暮らす年長の子どもたちは、農村経済における彼らがそうであったように、ありとあらゆる成人労働を担っていた一方で、多くの場合、家庭生活では大切に保護されていた。アフリカ系アメリカ人の成人と子どもはどちらも、ほかのコミュニティよりもかなりよく社会化されていくとともに、知人と援助の広汎なネットワークを維持しようとする傾向が顕著であった。

子どもと若者たちは、公民権運動を通じて、しばしば直接参加することができない状況にあった両親に代わって重要な役割を果たした。この運動についての大々的なニュース報道のなかには、子どもを「利用する」ことへの批判をあおるものもあったが、アフリカ系アメリカ人の子どもたちは、重要かつ戦略的な社会的役割を長らく演じてきた。移住やメディア報道は、白人たちが現実とヴァーチャルの双方でアフリカ系アメリカ人の子どもたちとひんぱんに出会うようになると、白人成人の多くがアフリカ系アメリカ人の子どもたちの積極性や成人の周辺で気安くふるまうことを批判した。こうした非難は、聞き慣れない子どもの名前や第三者には非組織的かつ不道徳に思える家族パターンとあいまって、白人大衆の一部をアフリカ系アメリカ人の子どもへの否定的見解へと導いていった。

やがて、子どもたちを成功と創造へと誘う道が開かれた。ニューヨーク市の予算が危機に瀕したことですべての美術音楽プログラムが廃止されたとき、若者たちが楽器――親のステレオ・システム――を手にとり、レコードをあやつって音楽を断片化して新しいサウンドをつくったことで、ラップ産業やヒップ・ホップ映像、文学、ダンスカルチャーが誕生した。スポーツが大学の奨学金と直接的な物的成功を得るための手段となったとき、アフリカ系アメリカ人コミュニティの親子は、あらゆる運動競技に精励した。コミュニティ・カレッジが無条件の入学制度を宣言したとき、有色人種の若者たちが高等教育に殺到した。事業家、エンターテナーとしての子どもは、アフリカ系アメリカ人コミュニティにとっては目新しい存在ではない。彼らは、社会に全面的に参画しながら、否定的にも肯定的にも成功にいたる道を歩もうとしている。一般にコミュニティは、先例のないことをする、慣習にとらわれず従順でない子どもたちを支援しつづける。アフリカ系アメリカ人の子どもたちは、ほかの集団でみられるように、家族やコミュニティから忘れ去られたり、完全に

引き離されたりすることはほとんどない。

　移民とアメリカ合衆国の膨張は、アフリカ系の子どもたちばかりでなく、アフリカの伝統を受け継ぐラテンアメリカ系とカリブ系の子どもたちもアメリカにつれてきた。彼らの一部はアフリカ系アメリカ人のレッテルを貼られることに抵抗し、みずからを彼らとは違う存在と見ている。階級格差、人種的に混合した血筋の人びと、あるいは人種的に混合した人間関係にかかわりがある人びと、ジェンダー、地方／都市区分、宗教的差異などをふくむ黒人コミュニティ内で高まりつつあった緊張は、彼らのあいだに、新たな社会的選択肢とならんで、文化的多様性と濃密な文化的混淆をもたらした。子どもは、21世紀初頭のアメリカで高まった社会的人種差別、とくに子どもに対するそれが高まったときでさえ、こうした相互作用が進んだことを反映している。アフリカ系アメリカ人の子どもたちは、しばしば社会実録や調査の対象として、今なおアフリカ系アメリカ人家族とコミュニティ生活において中心的な課題である。

［訳注］
＊1　マルーン（maroon）――西インド諸島およびギアナの、とくに山中に小さな共同体を形成して暮らす黒人たち。17-18世紀の逃亡奴隷の子孫といわれている。
＊2　地下鉄道組織（the Underground Railroad）――奴隷制廃止以前の逃亡奴隷の秘密の支援組織。南部の奴隷が北部の自由州（Free states）やカナダなどに逃げるのを助けた。1832年頃からこのように言われはじめた。
＊3　人種差別（racism）――人種にはそれぞれ文化を価値づけ、決定する固有の特性があるという信念にもとづいて、これが国粋主義や民族主義、ナショナリズムを背景に、優生学と結びつくと、自分が属する人種が優秀であり、ほかの人種を支配する権利をもつという観念に転化し、他人種への支配権を強く主張する排外的な人種主義政策になりやすい。国際平和の多民族協調主義が克服すべき概念のひとつ。
＊4　物納契約小作（sharecropping）――土地を借り受け、賃貸料を金銭ではなく、その土地の農業生産物を物納する小作農民。アメリカで1936年頃からこのように表記されはじめた。
＊5　再建時代（Reconstruction）――アメリカ史において南北戦争時に脱退した南部連合諸州をふたたびアメリカの州として連邦に復帰させた時期（1865-1877）。

➡ブラウン対カンザス州トペカ教育委員会裁判
●参考文献

Bennett, Lerone. 1988. *Before the Mayflower: A History of Black America*. New York: Penguin.
Billingsley, Andrew. 1992. *Climbing Jacob's Ladder: The Enduring Legacy of African-American Families*. New York: Simon and Schuster.
Billingsley, Andrew, and Jeanne Giovannoni. 1972. *Children of the Storm: Black Children and American Child Welfare*. New York: Harcourt, Brace, Jovanovich.
Cheatham, Harold, and James Stewart, eds. 1990. *Black Families: Interdisciplinary Perspectives*. New Brunswick, NJ: Transaction.
DuBois, W. E. B. 1909. *The Negro American Family*. Cambridge, MA: MIT Press.
Faust, Drew. 1982. *James Henry Hammond and the Old South: A Design for Mastery*. Baton Rouge: Louisiana State University Press.
Foner, Eric. 1988. *Reconstruction: America's Unfinished Revolution 1863-1877*. New York: Harper and Row.
Franklin, Donna. 1997. *Ensuring Inequality: The Structural Transformation of the African-American Family*. New York: Oxford University Press.
Gates, Henry Louis, ed. 1987. *The Classic Slave Narratives*. New York: Mentor.
Gates, Henry Louis, ed. 1991 *Bearing Witness: Selections from African American Autobiography in the Twentieth Century*. New York: Pantheon.
Gutman, Herbert. 1976. *The Black Family in Slavery and Freedom*. New York: Pantheon.
Harding, Vincent. 1981. *There Is a River: The Black Struggle for Freedom in America*. New York: Harcourt, Brace, Jovanovich.
Hill, Shirley. 1999. *African American Children: Socialization and Development in Families*. Thousand Oaks, CA: Sage.
Huggins, Nathan. 1990. *Black Odyssey: The African American Ordeal in Slavery*. New York: Vintage.
Jones, Jacqueline. 1985. *Labor of Love, Labor of Sorrow: Black Women, Work, and the Family from Slavery to the Present*. New York: Vintage.
Kelley, Robin, and Earl Lewis. 2000. *To Make Our World Anew: A History of African Americans*. New York: Oxford University Press.
Lemann, Nicholas. 1991. *The Promised Land: The Great Black Migration and How it Changed America*. New York: Knopf.
Malone, Ann Patton. 1992. *Sweet Chariot: Slave Family and Household Structure in Nineteenth-Century Louisiana*. Chapel Hill: University of North Carolina Press.
McAdoo, Harriette Pipes, ed. 1981 *Black Families*. Thousand Oaks, CA: Sage.
Miller, Andrew Thompson. 1991. "Looking at African American Families: Recognition and Reaction." Ph.D. diss., University of Pennsylvania.
Miller, Andrew Thompson. 1993. "Social Science, Social Policy, and the Heritage of African American Families." In *The "Under-class" Debate*, ed. Michael Katz. Princeton, NJ: Princeton University Press.
Moody, Anne. 1968. *Coming of Age in Mississippi*. New York: Dell.
Mullings, Leith. 1997. *On Our Own Terms: Race, Class, and Gender in the Lives of African American Women*.

London: Routledge.

Nightingale, Carl. 1993. *On the Edge: A History of Poor Black Children and their American Dreams*. New York: Basic Books.

Nobles, Wade. 1978. "Towards an Empirical and Theoretical Framework for Defining Black Families." *Journal of Marriageand the Family* 40: 679-688.

Stack, Carol. 1974. *All Our Kin: Strategies for Survival in a Black Community*. New York: Harper and Row.

Washington, Mary Helen. 1991. *Memory of Kin: Stories about Family by Black Writers*. New York: Anchor.

Zollar, Ann. 1985. *A Member of the Family: Strategies for Black Family Continuity*. Chicago: Nelson Hall.

(ANDREW THOMPSON MILLER／佐藤哲也訳)

アフリカの子ども（Africa）

　アフリカの子どもは、しばしばその人生が短く、生き残るのもむずかしく、粗野な生活に直面しているといわれる。サハラ砂漠以南の地域は崩壊と死の貯蔵庫であるという紋切り型の報道がなされている。内戦、疫病、飢饉についての報道では、アフリカの子どもたちは単純にそれらの犠牲者として描かれる。くりかえし遺棄され、軍隊の司令官たちによって、にわか仕立ての兵士にされ、あるいは風土病の災禍のなかで埋葬される子どもたち。アフリカの過去と現在の子ども期を結びつけるために、このような広く流布しているメディアの表現を、まるで時の流れのなかで何も変わらなかったかのごとく利用したいという誘惑に駆られる。しかし、何世紀も前から部分的に見つかる資料は、このような偏狭なアプローチを支持しない。したがって、アフリカの子ども期にかんする包括的な歴史は、より広い分析的な観点をもつことと、非常に偏った資料が歴史のなかの子どもの生活をどのように解明するかについて、これまで以上に深く理解することとを必要としている。

アフリカの子ども期にかんするめずらしい歴史展望

　14世紀初め、サハラ砂漠以南の家族についての「部外者」的な説明は、子どもたちがいつも悪夢にさいなまれていたというイメージとは矛盾する寸描を示して、広範な読者に伝えようとしはじめている。そうした物語では、少年と少女たちは役割を果たしており、これは、彼らが歴史の無慈悲な流れのなかでは無力であるという考えを拒絶している。冷笑的なヨーロッパの観察者でさえ、アフリカの子どもたちを積極性あるいは人間の可能性を示すものとして描いた。旅行者、商人、宣教師、そして植民者たちによって描かれた多岐にわたる著作物は、自民族中心主義、あるいはもっとひどい場合には、人種差別的なあざけりにさまたげられている。しかし、口承伝統におおわれていた大陸では、それらが、アフリカの大人たちが子ども期をどのように受けとめていたか、また、アフリカの子どもたちが、支配的な制度、性的モーレス[*1]環境の持続性、さらには宗教や政治をめぐる論争にいかなる影響をおよぼしたかについて、詳細を示すことはめったにない。

　たとえば、14世紀のアラビア人貿易商イブン・バトゥータ[*2]の旅行記は、マリとキルワの中庭での少年たちをほめたたえている。イブン・バトゥータは、イスラム教の行政職についていると思われる人びとを前に、少年たちは「コーラン」を賢く学んでいると記している。しかし、彼は、貴族の少女たちはイスラム教徒の求婚者の前を裸のままでぶらぶら歩いているとしてこれを非難している。15世から18世紀にかけて、中央アフリカと南アフリカから奴隷を買っていたヨーロッパ人たちは、航海日誌のなかで、周期的な干魃が作物をだいなしにし、飢饉のために孤児になった子どもたちが、穀物と引き替えに幼いきょうだいを売ってしまうよう強いていると書きとめている。19世紀の白人の宣教師たちは、この「暗黒大陸」の「異教徒の」少女たちが一夫多妻制の結婚生活に入り、キリスト教を広める障害になっていると非難する手紙を母国に宛てて書き送っている。

　1900年代初期の白人優越主義者たちは、自分たちだけが黒人の「部族的な」子どもを支配しているのだと主張して、アフリカの「異教徒たち」を従属させることを正当化した。『未開社会の子ども期』（*Savage Childhood*）の著者ダドリー・キッドのような優生学者たちによって通俗化されたこうした考えは、アフリカ人たちを、その発達のピークが思春期にある幸福な未開民族として描いた。キッドの理論は、アフリカでヨーロッパ人が支配する核心的な前提の根拠となったが、このことは1907年に南アフリカで出版されたイギリスの植民地報告書で示されている。「一般に、原住民の取り扱いは、彼らの大部分がまだ子ども期を脱していない（ので）、専制的なやり方で行なうべきである。…ある意味で、原住民は子どもにすぎない。したがって、未熟な人間性に特有の弱点から守ってやらなくてはならないばかりでなく、多数の移行段階を設けて守ってやらねばならない」（「ナタール植民地報告」[*Colony of Natal Report*] 11、12）

アフリカの子ども期にかんする研究の興隆

　1920年代以降、1960年代を通じて、人類学者（と少数の宣教師）たちは、植民地統治に蔓延していた似非科学的な人種主義政策を排除し、代わってアフリカの子ども期について評論する学問的関心を促進した。彼らは、キッドとは反対に、アフリカ人たちを、慣習に従ったやり方で完全に成熟した成人として認識した。たとえば、アンリ・ジュノ、ダーライル・フォード、そしてヒルダ・クーパーは、サハラ砂漠以南の各村落共同体における**通過儀礼**、結婚、子育てにかんするフィールドワークを実施したし、モニカ・ウィルソンは

（ほかの研究者とともに）子どもに対する大人の対し方と、子ども自身の見解との違いを識別した。彼らが発見したことは、植民地時代以前（19世紀以前）の子ども期と、植民地時代（19世紀と20世紀初期から中期）の子ども期のあいだの諸変化を示している。1970年代以降、ますます多くの歴史家たちが、植民地支配主義と資本主義がアフリカの家族、とくに母親とその子どもにどのような影響をおよぼしたのかを判定するために、人類学的な方法とジェンダー分析をとりいれた。

1980年代になると、アフリカの子ども期にかんする研究は、サハラ砂漠以南の年長者と若者の関係についてのクロード・メイラソークスの調査研究『少女、食糧、お金』（Maidens, Meals, and Money）の出版ではずみがついた。ヨーロッパの家族と子ども期についての歴史研究の里程標となったフィリップ・アリエスの『〈子供〉の誕生』（Centuries of Childhood）のように、メイラソークスのこの書物は、「資本主義以前の」国内状況において、農村から、世界宗教と国際貿易が混じりあう産業化以前の国家にむかう時代の推移を概観して、大胆なパラダイムを発展させた。だが、アリエスとは違って、メイラソークスは、いつ大人は子どもたちが「原罪」に屈したと判断したのか、あるいはまた、いつ大人は子ども期は純真無垢な個人であることを享受する年齢段階であると考えるようになったのかといった疑問は軽視した。

サハラ砂漠以南の地域では、鉄器時代以降、中世をつらぬいて20世紀にいたるまで、支配者たちも一般人もともに、子どもの役割をヨーロッパの相対物（とくにアリエスが研究した一夫一婦制のエリートの両親）とは違うと理解していた。アフリカの子どもたちは、甘やかされて大事にされるというよりはむしろ、一夫多妻制によって形成される家族と共同体での従順な労働のゆえに、ほかに優先して重視された。メイラソークスは、アフリカでは子どもたちは社会の最下層を占めていると主張した。彼らは、未婚の男女と若い妻たちのような、子どもより高い地位の従属者たちをふくむ大きな「ジュニア」集団の一部であった。年齢を基礎にしたこのようなヒエラルキーは、複数の結婚という理想に支えられていた——これは、男性の年長者たち（家父長）と、花嫁の財産（家畜あるいはその他の信望を高める品物）の伝達と世帯間の花嫁を支配する年長の母親たちからなる「年長者たち」に是認された再生産の社会システムであった。

アフリカ社会の長老制

家父長、あるいは歴史家のジョン・アイリフが最近この人物に名づけているように、「大きな男」（Big Man）は、妻、子どもたち、きょうだい、親類、そして寄留者たちからなる集まりの管理者であった。この「大きな男」の世帯は、最初の1000年紀がはじまる時期に赤道直下の森林地帯ではじまり、サハラ砂漠の南部に広まった。大きな男たちとその家族は、村落、支配地域、そしてのちには国家の労働力を増やすために一夫多妻制をはじめ、農業と牧畜の生産用に土地を開墾するため、鉄器時代の道具を使った。このような社会組織のパターンは、アフリカ大陸じゅうに根を張り、紀元1000年頃までに、西アフリカではヨルバ族[*3]、ハウサ族[*4]、イボ族の村落共同体で、中央アフリカではコンゴ族[*5]とギス族のあいだで、南アフリカではポンド族[*6]、ズールー族[*7]、そしてソト族[*8]の支配地で、そして東アフリカのソマリ族[*9]、キクユ族[*10]、およびチェワ族[*11]の家族などに定着した。

典型的な大きな男の家族は、つりあわない相互依存と、おもに彼の子どもたちの子孫からなる若年労働に依存していた。子どもたちは、（年長者が決める）多数の年月にわたって、ジェンダー区分と年長者の特権とに応じて仕事をこなした。父親は自分の妻と子どもたちの労働への権利をもっていた。年長の妻たちは若い妻とその娘たちの労働への権利をもっていた。若い女性は、自分の10代の妹たちの労働への権利をもっていた。このようにして、下に向かう家庭内のつつきの秩序[*12]があった。

子どもたちは、こうした世代間のヒエラルキーが年長の大人を尊敬される地位につかせると理解していた。世帯の高い地位にあるメンバーは、通過儀礼、結婚の保証、そして資産の分配などにおいて主導的な役割を果たすことで尊敬された。未婚の息子と娘たちは、自分たちが家庭生活を準備しはじめるための資産——通常は男性には花嫁の資産、女性には菜園付きの土地——をもらったことの見返りに孝行するよう教育されていた。年上の子どもたちは、年長者と血縁関係者にその責任を果たすことができてはじめて資産価値を手に入れることができた（これは、発達の最初の重要な段階であった）。個人の蓄財はある程度の野心を満たしたが、集団の所有物は個人の目的を圧倒した。

子どもたちは地位を得たが、全員が年長の妻と家父長になることはできなかった——この状況は世代間の争いを激化させた。願望の挫折、自然災害、あるいは植民地支配が、付加的な重い義務として若者の負担になると、年長者と若者のあいだの尊敬関係は劇的に変わりえた。実際、サハラ砂漠以南の民俗や古い記録類からの資料は、青少年が、年長者に搾取されていることに報復しているのを物語っている。チェワ族に伝わるある神話は、大人たちを大量虐殺する子どもたちを描いている——若者たちの反乱は、「年長者が食事をしてうたた寝をしているあいだ、際限なくこき使われる」ことに反発したものであった。これと同じような闘争は、近代にも起こった。植民地時代の南アフリカでは、牛疫（rinderpest）の大流行がこの地域の家畜をなぎ倒したすぐ後の1906年、ズールー族の若者は、その後に起こる困難を未然に防ぐのに失敗したという

理由で家父長たちに攻撃をくわえた。

誕生期から乳幼児期へ

　非常に幼い子どもが最初に味わう人生の試練は、共同体に受け入れられることと愛情こまやかな世話を受けることが、生と死の違いを意味づけるということであった。伝染力の強い病気が子どもたちに蔓延した。ほんの少しだけ病名をあげるなら、マラリア、胃腸炎、そして呼吸器官への感染症は、近代的な医療の進歩が新生児の健康と余命を改善するようになった20世紀なかばまで、**乳児死亡率**を高くしていた。誕生時の深刻な身体的欠損、あるいは双子の誕生などのために、氏族からその誕生の承認をひかえられることは、こうしたことが起こるのはさらなる災厄におそわれる前兆だと代々考えられてきたため、すぐに子殺しになりやすかった。さらに、双子の子どもの母親は、もし彼女が同時に二人の新生児を育てれば自分が生き残る力を弱めたが、これに対して、深刻な身体的損傷のある乳幼児の母親は、もし衰弱した子どもを育てねばならないのだとしたら、無意味な労苦を強いられていると見られていた。

　3歳以下の赤ん坊は、典型的には母乳育ちされ、肌と肌をふれあわせ、免疫を作るうえで欠かせない母乳をあたえるため、母親のお尻や背中に背負われて運ばれた。予測できない障害や病気から身を守るために、乳幼児たちは、魔法のお守りや薬草の魔除けなどを授けることができた父方の年長者たちによって行なわれる手のこんだ儀式を経験した。こうした特別な儀礼は、年少の子どもたちとその保護ネットワークとのあいだの絆を強めた。このネットワークには、両親、祖父母、叔父、叔母、きょうだい、いとこ、すぎさった遠い過去の精神的始祖、予言者、そして親族以外の後見人たちがふくまれる。実際、赤ん坊の名前は、（15世紀のキリスト教のコンゴ王国では）その生涯にわたる守護者を尊敬するために、尊敬する祖先たちからローマカトリック教会の聖人にいたるなかから選ぶことができた。

離乳期から思春期へ

　離乳は、容赦のない突発的な出来事とともに起こりえた。たとえば、南アフリカのある母親たちは、よちよち歩きの赤ん坊が2歳あるいは3歳になる頃、辛いトウガラシのしぼり汁を自分の乳首に塗りつけた。新たに離乳した子どもたちは、ただちに家庭の維持に貢献するよう期待された。彼らには、きょうだいに正しいふるまいを教える仕事をあたえることもできたが、これは、反抗的な態度、嫉妬、不正直、そして不正な暴力を排除した。あるいはまた、彼らは、クゴツォ・ケ・ナラ［kgotso ke nala］（平和は繁栄である）というソト語の表現にあるように、諺を引くことによって道徳を教えることができた。

　特別に認められた集団のメンバーとして、何人かの若者たちも、ジェンダーと世代の期待感を互いに教えあった。たとえば、イボ族[*13]の村落共同体では、年齢と村が同じの少年たちは、既婚男性になる訓練をするために、「年齢仲間」（age-set）に入会した。20世紀のケニヤでは、宣教師の教師たちは、キクユ族の子どもたちを共学でない学年制に区分し、彼らに一夫一婦制のキリスト教徒の夫婦モデルを教えた。サハラ砂漠以南の全域で集団的な成人男性の仕事をこなす少年たちは、自分の幼い弟たちに小屋と垣根の建て方、金属の鍛造、木工、漁網作り、狩猟、戦闘訓練、そして家畜の世話などの仕方を教えた。同じように、少女たちも、年少の妹たちに、薪ひろいや水運び、火おこし、食事の準備、帽子編み、壺造り、そして野菜作りといった女性の役目を教えた。さらに、アフリカのいくつかの国では、国家の義務を満たすために子どもを利用した。19世紀のズールー王国の支配者たちは、軍事作戦の展開中に食糧を運搬するため、少年たちを連隊に編入させたり、王家の庭の雑草とりをさせるために少女たちを徴募した。

　もちろん、子どもたちの責任は、強制的な労働システムのもとでますます重荷になってきた。少女たちは、自分が生まれた近親者から遠く離れたアフリカの主人に仕えるために、数千年にもわたって国内奴隷になっていた。男性は、15世紀から19世紀にかけて、自分の空席を埋めてくれる幼い兄弟を残して、誘拐されて新世界［南北アメリカ大陸］のプランテーションへと船積みされた。そして20世紀のヨーロッパの支配者たちは、青年期の若者たちに彼らの家族に課せられた税金を払うお金をもたらすために（たとえば住みこみの使用人や商業農場の人手などとして）植民地ではたらき口を探して移動するよう強いた。

　しかし、こうした不運な境遇は、アフリカの子ども期について過剰に陰鬱で一面的な見方をもたらす。奴隷制度は多数のアフリカの農村共同体を傷つけたが、それ以外の人びとの心を動かすことはほとんどなかった。中央アフリカと南アフリカのいくつかの地域では、一般に、少年と少女たちは、家族の安泰を約束する束縛のない**遊び**を享受しつつ、侵略者たちをおそれずに暮らしていた。仲間と楽しむ彼らのレクリエーションは、養育者としての母親（nurturer-mother）と戦士としての父親（warrior-father）を賛美した。たとえば、ポンド族では、少年たちが小枝の枝分かれしたところを地面からまっすぐに放り上げて防衛的な戦闘技術を訓練していたのに対して、少女たちは、トウモロコシの穂軸を、背中に背負って運ぶ**人形**に作り変えていた。

　厳しい犠牲でさえ、探求と利益につなげることができた。たとえば、労働移動は、少年と少女たちに財産をたくわえさせ、彼らがもっと上の地位に昇るのを加速してくれる新しい文化的な可能性と経済的水路とを

手に入れさせて子どもたちを元気づけた。年少の、自力で花嫁の資産を購入してはたらいている息子たちは、父親の支援をあてにする必要はなく、年下の者に従属を強いる長期の制約を浸食していった。

青年期とイニシエーション

アフリカでは、子どもたちが思春期に近づくと、彼らのゲームと娯楽は成人になることへの憧れを示すようになった。青年期を通じて性的アバンチュールが強まったとしてもなんら驚くべきことではない。さまざまなしきたりが求愛行動を厳しく規制しており、ロマン主義的な幕間劇が性交にまで進むことができたものの、この行為は激しい非難をまきおこした。ヨルバ族、コンゴ族、そしてズールー族のあいだでの婚前妊娠に対する罰金と流刑をみんなで朗唱することは、性的な逸脱が原則を乱すことによって生じたことを示している。ふしだらなふるまいを告発された少女は、相手の男性が手首に激しい平手打ちを受けただけですんだのに対して、非常に過酷な罰を長期にわたって受けた。家父長の大権は、こうしたジェンダーによる差別を命じた。サハラ砂漠以南の多数の一夫多妻社会では、最初の妻がその処女性を保っているという男性の年長者の社会的公約は、しばしば彼女の通過儀礼に、そして最終的に結婚に道を開くことになった。

子ども期の終焉をもたらす栄誉ある実演としての通過儀礼は、12歳から18歳までのあいだに行なわれた。通過儀礼は、植民地時代以前と植民地時代には、村落共同体からの一時的な隔離、歯や頭髪を抜くこと、入れ墨をすること、あるいは身体に切り傷をつけることなどをともなった。(通過儀礼の日まで続く)少年たちの成人儀礼のいくつかは痛みをともなう生殖器の切除に集中していたが、これは、大人になることは、子ども期から厳しく分離すること、また、結婚後に先祖代々の子孫をもうける基礎をなす身体と感情の忍耐について高い自覚を必要とする大人らしさを達成するという必須のメッセージを伝えるものであった。成人式の慣行が衰退したこともときどきあった。たとえば、東アフリカの植民地の政府当局が部族独特の**割礼**を罪だとする運動を起こしたとき、近代のヨハネスブルグの黒人密集地区に住むコサ族[14]の入植者が、彼らの儀礼を行なうスペースをほとんどもたなかったとき、あるいは、シャカ・ズールー[15]のような植民地以前の指導者たちが少年の割礼を禁止し、そのかわりに国王への20年間の兵役を課したときなどがそれである。

少女たちも(おもに母親と祖母たちによって行なわれる)割礼を受けていたが、この習俗の遵守はアフリカには広まらず、宣教師、植民地支配者、そしてアフリカの近代化の指導者たちがその禁止を推進した後の20世紀に衰退した。しかし、20世紀末に向けて、西アフリカと東アフリカではあきらかに、女子の割礼は復活した。人権擁護運動は、この慣行を「性器切除」とよび、残酷で異常な罰であるとして標的にした。

少女を対象にしたその他の通過儀礼には、(家畜の胆汁のような)聖なる液体で四肢を清めること、そして、結婚可能な立場になった女性が新人であることを告知する社交界への「デビュー」の祝宴とダンスのような、身体を傷つけることがあまりない処置がふくまれた。イニシエーションの後、少年と少女たちは、今なお年長の権威者たちに支配されている社会に自分たちが誘導されたことを悟ったが、いまや、自分が若い成人の強い権利と責任をもつ潜在的な年長者として資格を手に入れることができる存在となった。

結論

20世紀の幕開けの頃、興味をそそられる二つの課題が探求されていた。(1)子ども期は、結婚して親になる前の初期段階であるイニシエーション、あるいはずるずると若い成人期になる時点で終焉を迎えるのか?

また、(2)子ども期は、誕生、離乳、あるいは通過儀礼以前のその他の段階とともにはじまるのであろうか? 記録資料(文書記録の蓄積よりもはるかにまさる口承伝統の)がほとんどないこと、広汎な社会的多様性(無数の人種)、そして顕著な持続性(たとえば、「大きな男」家族の普及)など、大陸については非常に広大なので、主要な関心は、子どもの役割の多様性を検討するための枠組みを考案することである。現在までのところ、メイラソークスが示したモデルは決定的に重要な出発点となっているが、アリエスの考えと同じように、解答よりも多くの論争をひき起こすだろう。こうした論争から生まれることが期待される概念形成の方法は、おそらくアフリカにおける子ども期の歴史にかんする萌芽期の学問を進展させるだろう。

[訳注]

*1 性的モーレス(sexual mores)——男女関係や性について、ひとつの集団に広まっている基本的な道徳観が具現され、それがくりかえし行なわれる儀礼的行為を通じて生活のなかに固定されている習俗や慣習。

*2 イブン・バトゥータ(Ibn Batutta, 1304-1368?)——アラブの旅行家。中国からアフリカの旅行(1325-54)を試み、その記録を『三大陸周遊記』(*Riclah*, 1355)にまとめた。

*3 ヨルバ族(Yoruba)——おもに西アフリカのナイジェリア南東部地域に居住する民族。北アメリカおよびカリブ海地域の黒人の多くはこの民族に属する。

*4 ハウサ族(Hausa)——ナイジェリア北部とニジェール南部に住む農業・商業民族。

*5 コンゴ族(Konogo)——アフリカ中西部コンゴ川下流域に住む農耕民族。14-19世紀にはコンゴ王国を樹立した。

*6 ポンド族(Pondo)——南アフリカの、主としてポンドランドに住むバンツー族の一部族。

*7 ズールー族(Zulu)——おもに南アフリカ共和国のNatal 州に住むバンツー(Bantu)族のひとつ。

＊8 ソト族（Sotho）──ボツワナなどアフリカ南部地域に住み、バンツー諸語を話す民族。
＊9 ソマリ族（Somali）──アラブ人、黒人およびその他の祖先の混血したハム系の民族で、ソマリアおよびその隣接地域に居住する人びとで、ソマリ語は、アフリカ＝アジア語族クシ語派（Cushitic）に属する。
＊10 キクユ族（Kikuyu）──ケニヤで最大の人口構成をなす農耕民族で、バンツー語族に属するキクユ語を話す。1950年代初期には、ヨーロッパからの（白人）移住者を追い出し、ケニヤ人が統治権を得ようとして反英抵抗運動をする秘密結社であるマウマウ団（Mau Mau）が作られた。
＊11 チェワ族（Chewa）──アフリカ南東部に位置するマラウィに住む民族。チェワ語はバンツー諸語ニャンジャ語群に属する。
＊12 つつきの順序（pecking order）──ペッキングオーダー。鳥、とくに家禽の群れのあいだにある社会順位で、少しでも上位の鳥が下位の鳥をつついても下位からはつつき返されない暗黙の秩序ルールのこと。
＊13 イボ族（Ibo）──ナイジェリア南東部に居住する黒人種。1967年にビアフラ（Biafra）共和国として分離独立したが、内戦で1970年に敗北した。
＊14 コサ族（Xhosa）──南アフリカ共和国のケープ・プロヴァンス東部に住むングニ族（Nguni）のひとつ。
＊15 シャカ・ズールー（Shaka Zulu, ?-1828）──南アフリカにズールー帝国を築いたズールー族の軍事指導者。

➡少年兵、女性の割礼（性器切除）

●参考文献

Aguilar, Mario, ed. 1998. *The Politics of Age and Gerontocracy in Africa*. Trenton, NJ: African World Press.
Baxter, P. T. W., and Uri Almagor, eds. 1978. *Age, Generation, and Time: Some Features of East African Age Organization*. New York: St. Martin's.
Bledsoe, Caroline, and Barney Cohen, eds. 1993. *Social Dynamics of Adolescent Fertility in Sub-Saharan Africa*. Washington, DC: National Academy Press.
Boothby, Neil, and Christine Knudson. 2000. "Children of the Gun." *Scientific American* 282: 46-65.
Carton, Benedict. 2000. *Blood from Your Children: The Colonial Origins of Generational Conflict in South Africa*. Charlottesville: University Press of Virginia.
Colony of Natal Report Native Affairs Commission 1906-7. 1907. Pietermaritzburg, Natal: P. Davis and Sons.
Comaroff, Jean, and John Comaroff. 1999. "Occult Economies and the Violence of Abstraction: Notes from the South African Post-colony." *American Ethnologist* 26: 279-303.
Forde, Daryll. 1965. "Double Descent Among the Yako." In *African Systems of Kinship and Marriage*, ed. A. R. Radcliffe-Brown and Daryll Forde. New York: Oxford University Press.
Gelfand, Michael. 1979. *Growing up in Shona Society: From Birth to Marriage*. Gwelo, Rhodesia (Zimbabwe): Mambo Books.
Gluckman, Max. 1965. "Kinship and Marriage Among the Lozi of Northern Rhodesia and Zulu of Natal." In *African Systems of Kinship and Marriage*, ed. A. R. Radcliffe-Brown and Daryll Forde. New York: Oxford University Press.
Gottlieb, Alma. 2000. "Where Have All the Babies Gone? Toward an Anthropology of Infants (and their Caretakers)." *Anthropological Quarterly* 73: 121-132.
Guyer, Jane. 1981. "Household and Community in African Studies." *African Studies Review* 24: 86-137.
Iliffe, John. 1995. *Africans: The History of a Continent*. Cambridge, UK: Cambridge University Press.
Junod, Henry. 1927. *The Life of a South African Tribe*. Vols. 1 and 2. London: Macmillan.
Kidd, Dudley. 1906. *Savage Childhood: A Study of Kafir Children*. London: Adam and Charles Black.
Kuper, Hilda. 1965. "Kinship Among the Swazi." In *African Systemsof Kinship and Marriage*, ed. A. R. Radcliffe-Brown and Daryll Forde. New York: Oxford University Press.
McClendon, Thomas. 1997. "A Dangerous Doctrine: Twins, Ethnography, and Inheritance in Colonial Africa." *Journal of Legal Pluralism* 29: 121-140.
McKittrick, Meredith. 1996. "The Burden of the Young Men: Property and Generational Conflict in Namibia, 1880-1945." *African Economic History* 24: 115-129.
Meillassoux, Claude. 1981. *Maidens, Meals, and Money*. Cambridge, UK: Cambridge University Press.
Morrell, Robert. 1998. "Of Men and Boys: Masculinity and Gender in Southern African Studies." *Journal of Southern African Studies* 24: 605-630.
Reynolds, Pamela. 1991. *Dance Civet Cat: Child Labour in Zambezi*. New York: St. Martin's.
Richards, A. 1956. *Chisungu: A Girls' Initiation Ceremony among the Bemba of Zambia*. London: Routledge.
Richards, Paul. 1996. *War, Youth, and Resources in Sierra Leone*. Oxford, UK: James Curry.
Schapera, Isaac. 1965. "Kinship and Marriage among the Tswana." In *African Systems of Kinship and Marriage*, ed. A. R. Radcliffe-Brown and Daryll Forde. New York: Oxford University Press.
Seeking, Jeremy. 1993. *Heroes or Villians? Youth Politics in the 1980s*. Johannesburg, South Africa: Ravan Press.
Thomas, Lynn. 1996. "'Ngaitana (I Will Circumcise Myself)': The Gender and Generational Politics on the 1956 Ban on Clitoridectomy in Meru, Kenya." *Gender and History* 8: 338-363.
Turner, Victor. 1971. "Symbolization and Patterning in the Circumcision Rites of Two Bantu-Speaking Societies." In *Man in Africa*, ed. Mary Douglas and Phyllis Kaberry. New York: Anchor Doubleday.

Vaughan, Megan. 1983. "Which Family? Problems in the Reconstruction of the History of the Family as an Economic and Cultural Unit." *Journal of African History* 24: 275-283.
Wilson, Monica. 1977. *For Men and Elders: Change in the Relations of Generations and of Men and Women among the Nyakusa-Ngonde People, 1875-1971.* New York: Oxford University Press.

（BENEDICT CARTON／北本正章訳）

アミューズメント・パーク（遊園地）(Amusement Parts)
➡テーマパーク（Theme Parks）

アメリカ先住民の学校（American Indian Schools）

　1879年、ペンシルヴァニア州カーライルの有名な先住民実業学校の設立者リチャード・H・プラット大佐（Capt. Richard H. Pratt）は、ラコタ・スー族の人びとに向かって、「おまえたちは無学だ」と言い放った（Pratt, p. 222）。彼と同世代の白人アメリカ人と同様、自民族中心主義的な教育者は、先住民は四面を壁に囲まれた校舎で子どもたちを教育していないので無学であるとみなしていた。しかし、伝統的な先住アメリカ人社会では、教育が高度に制度化されていた。家族成員、とくに祖父母などの老人たちが経済活動、戦い、芸術、そして霊的儀式などの諸問題のスペシャリストといっしょになって、少年少女たちを責任ある部族の成人へと組織的に教育していた。

　植民地時代から20世紀にいたるまで、ヨーロッパ系アメリカ人たちは教育をめぐるこうしたあきらかに未組織な諸活動を理解できなかったため、先住民の子どもたちへの学校教育によって、かれらをキリスト教化し、「文明化」しようとした。したがって、「先住民の学校」（Indian schools）という用語は、先住民の少年少女のために特別に設計された施設のことをさしていた。たとえば、「先住民への伝道者」と称される17世紀のピューリタン宣教師であるジョン・エリオット*1は、ニューイングランドに14もの「祈りの町」を創設した。学校は彼の伝道の中心的役割を担っていた。生徒たちは、まず最初に、不十分だとみなされていた家族環境から隔離することで救済され、その後、部族の人びとにキリスト教の福音とイギリスの文化をもちこむ文化破壊者――仲裁者――として戻っていたのであった。

　連邦政府はこのやり方を継続した。新設された「先住民管理事務所／部局」（Office/Bureau of Indian Affairs：BIA）は、1819年に連邦議会から拠出された（手はじめの）1万ドルの「文明化基金」を利用しながら、19世紀を通じて伝道団とともに活動した。

1900年頃に教師といっしょに撮影された先住アメリカ人の生徒たちの写真は、どれもペンシルヴァニア州カーライルの先住民学校のもののようであった。学校は生徒に対して厳しく対応したが、多くの生徒たちは適応して「みんなの学校」とみなすようになった。©CORBIS

多数の協約が譲渡された土地と引き替えに基金を提供した。そして、先住民たちは、しばしば喜んでそうした基金を学校維持のために活用して、この事業の積極的な協力者になった。1824年までには、先住民諸部族のあいだにBIA認可のミッションスクールが32校設立され、約1000名の子どもたちが就学登録していた。数十年が経過すると、BIAは徐々にこのキャンペーンを牛耳るようになっていった。1900年頃までには、学校に通う2万人の先住民の大多数は、政府による昼間学校（day school）か保護地内外の寄宿学校（boarding school）に就学していた。後者の学校のなかには、たとえばペンシルヴァニア州のカーライル校のように、文明化の灯火となった学校もあった。数十もの異なる先住民諸部族から何百人もの生徒たちが常時入学していた。それらの少年少女の大半は、故郷を離れ、投入法教育*2の体験にどっぷりひたるまで、はるかな旅路を歩んだのである。何人かの者は、白人コミュニティのただなかにある学校で、故郷に一度も帰省することなく何年も暮らし、毎年の夏場の何日かを白人のアメリカ人家庭や企業で「学外活動」（outing）――はたらくために――についやしたのである。

　20世紀初頭、しばしば政府の支援を受けて、さら

に多くの先住民の子どもたちが州の公立学校に通いはじめた。しかし、BIAによるキャンペーンも継続し、1930年代までに約3万8000人の先住民諸部族の子どもたちが政府立の先住民学校に通い、その数を若干上まわる子どもたちが公立学校に在籍していた。その頃までに、先住民諸部族の学齢期のほぼすべての子どもたちが、なんらかの学校に在籍していた。先住民たちは、20世紀を通じて継続的にBIAから州の公立学校に通学するようになった。2002年には、先住民諸部族の子どもたちの90パーセントがほかのエスニック・グループの子どもたちとともに公立学校に通学している。残りの10パーセントは現存する先住民学校に通学しており、それらの多くは部族によって管理され、しばしばBIA基金や契約にもとづいて彼らの手で運営されていた。年長の先住民たちは、ニューメキシコ州アルバカーキの南西先住民ポリテクニク学校（Southwestern Indian Polytechnic Institute：SIPI）のような中等教育後の機関に通っていた。さらに、2003年までに、先住民諸部族が管理するコミュニティ・カレッジも25校設立されている。何万人もの先住民の男女がさまざまな白人アメリカ人のカレッジとユニヴァーシティに通っていた。

2003年に先住民は、1903年よりも強い支配権で先住民学校の運営にあたった。しかし、人口2億8000万人のなかでわずか200万人前後の少数派として、多数派の政治的および慣習的慈悲の対象でありつづけていることには変わりがない。連邦政府と先住民部族行政区との関係については、アメリカ合衆国憲法、条約、法規、法廷判決などを根拠に、先住民の学校教育を支援する責任は今なお連邦にあるとみなされている（先住民の人びとに関する条約は1871年を最後に締結されていないが、承認ずみの条約が連邦法に残存しているからである。）しかし、先住アメリカ人たちは、国であるアメリカが歴史的に法的かつ財政的責任を同時に担っていることを前提にしつつ、若者の教育に対する適切なローカル・コントロールを堅持するために格闘しなければならない。

先住民学校自体も20世紀から21世紀に入る時期までを通じて、大きな変化を経験した。現在、BIAは、先住民の人びとが伝統と特徴のある文化を教えるのを支援し、部族の正統的地位と自己決定権を擁護している。しかしつねにそうであったわけではなかった。**進歩主義教育**運動や新しい学術である人類学の影響を受けたBIAが、文化的にそれまでよりも寛容に対応しはじめる1930年代までは、政府によるカリキュラムやミッション系先住民学校は偏狭な自民族中心主義に彩られていた。20世紀初頭には、しばしばカリキュラムに伝統工芸がもりこまれていたものの、先住民部族の精神的・文化的価値にかかわる事柄は何も教えられてはいなかった。BIAや多くのミッションスクールの教育は、子どもたちが英語の知識をまったくもっていなくても英語で行なわれた──子どもたちは初習者として言語習得にまごつき、大きな困難を覚えていた。先住民学校の「半分ずつ混ぜあわせた」（half-and-half）カリキュラムは、両性に適するとみなされた職業訓練（たとえば、少年のための農業、少女のための炊事）とアカデミックな教育形態とを混合したものであった。小規模な学校の生徒たちは、4年生になっても「読み書き算数」という三つのRにくわえて四つめのRである（キリスト教の）宗教教育以上のことを学ぶことはほとんどなかった。カーライルのような学校では、カリキュラムは、しばしば多くの白人子弟に提供されていたのと同じ内容であった。くわえて、大規模な学校では、生徒が発行する新聞（もちろん学校当局によって事前に査読されていた）とならんで、フットボール、演劇、弁論部など、さまざまな課外活動が奨励されていた。広義にも狭義にも、こうしたカリキュラムの目標は、先住アメリカ人としての部族意識や風俗を消し去り、キリスト教市民へと変貌させ、ほかのアメリカ人と肌の色以外には区別できなくすることにあった。先住民管理局長ウィリアム・A・ジョーンズ（William A. Jones）が1903年に記しているように、BIAの教育は「先住アメリカ人的なものを撲滅して、人間を育成すること」（Coleman, p. 46）であった。

同化政策時代に先住民学校を退学した生徒や、とくに20世紀後半から21世紀初頭にかけて、民族意識をもって生活している人びとは、彼ら自身の文化的遺産を公然と侮辱するシステムに対して批判的であると見られていた。しかしながら、書簡・回顧録・インタビュー・自叙伝からは、子どもたちが学校に対してさまざまな反応を示していたことがうかがえる。同一人物でさえ強烈な対立感情を表現しているものがあった。多くの者が（あたかも脱走するように）学校から逃げ出した。それ以上の者が、学校で病気にかかったり、命を落とした。さらに多くの者が苦しみ、順応し、抵抗し、自分のために学校を利用した。驚くべきことに、多くの退学者たちは、体罰その他の処罰が横行していたにもかかわらず、かつての学校生活を肯定的に思い起こしていた。とくに、才能に恵まれた子どもと学習言語をすぐに学んだ者は、しばしば新しい学びに胸躍らせていた。先住民部族のなかに学校教育に強硬に反対した部族がいくつかあったにもかかわらず、学校教育が家族と集団に利益をもたらすとみなした者たちもいた。したがって、多くの子どもたちは、部族の大人たちが「現代社会で生き抜くためには英語と白人の技術が必要なのだ。だから学ぶのだ！」といった実利的な助言にしたがって、学校に通いはじめたのであった。

そして、実際に多くの子どもがそのように学んだのだった。親族からの励ましを超えたさまざま要因が結びついて、何万人もの先住民の子どもたちが他民族の教育環境の下で生き残り、成功することもしばしばあったのである。同輩たちと相互に助けあいながら、少

年少女の一人一人が柔軟かつ創造的に対応したことが成功の鍵となった。大規模校では、彼ら独自のルール・儀式・隠語など、生徒のサブカルチャーが発達した。生徒たちは、権威に対しては面白半分に抵抗することが許されていた一方で、こうしたサブカルチャーによって学校に適応していたのである。有能な教師の気配りがあったことも考慮しなくてはならない（ほかの教師たちが厳しく、また野蛮ですらあったとしても）。

部族のアイデンティティは維持されたが、先住民学校は、その固有の同化主義的な基準からすれば、高い水準で成功をおさめたといえる。一世紀にわたって膨大な数の子どもたちがこの学校に通い、英語を学び、自分以外の民族のカリキュラム（回顧録でその教育内容に憤慨していた成人はほとんどいなかった）を受け入れ、部族のところに戻り、先住民部族出身のアメリカ市民として特別保留地にアメリカ的生活を伝えた。だが、先住民を統制するという点では、好ましからざる結果も散見された。異なる部族の子どもたちをいっしょにしたため、学校では汎先住民的一体感が醸成されたかもしれない。退学した生徒たちも、白人による侵略に抵抗するために学校教育を利用した。かれらは、自分の部族の権利を守るために、英語、近代的なメディア、アメリカ政治や法律を利用した。かくして、こうした学校は、多様かつしばしば予想を超えた方法で、先住民部族がヨーロッパ系アメリカ市民からの猛攻撃を生き抜くための支援をした。

多くの先住民たちが自分が通っている学校の重要性をはっきりと認めるようになり、BIAが20世紀後半に旧来の寄宿学校を閉鎖した際に、先住民たちはしばしばその存続を訴えた。多くのインディアンにとってそれらの学校はすでに「みんなの学校」になっており、そのうち何校かは地方のインディアン部族の強力な支援を受けて、さまざまなかたちで21世紀初頭まで存続している。たとえば、カンザス州ローレンスのハスケル寄宿学校はハスケル先住民国立大学（Haskel Indian Nations University：HINU）になった。ショーショニィ族（Shoshone）を祖先にもつ女性で、先住民学校の生徒であり、20世紀を通じて多くの先住民学校ですばらしい成果をおさめた教師であるエステル・バーネット・ホーン（Esther Burnett Horn）は、「批評家たちは寄宿学校を、先住民の文化を破壊することがその目的であった同化主義的な学校としてかたづけている」と書き、次のように続けている。「この見方が一般化として正しいのかもしれない一方、ハスケル校の生徒と教師は先住アメリカ人としてのわたし自身をつくりあげた欠くことのできないもののひとつでありつづけるであろう」（Horn and McBeth, p. 53）。

［訳注］

*1 ジョン・エリオット（John Eliot, 1604-1690）——アメリカの植民地時代の伝道者。とくに彼が訳したインディアン語の聖書（1661-1663）は、北アメリカで印刷された最初の聖書として知られる。

*2 投入法教育（immersion）——とくに2か国語を併用して教育を行なう地域で、第二言語（母国語に対する英語など）による集中的な教育をさしていう。これを行なう学校を「投入法学校」（immersion school）とよぶ。

➡先住アメリカ人の子ども

● 参考文献

Adams, David Wallace. 1995. *Education for Extinction: American Indians and the Boarding School Experience, 1875-1928*. Lawrence: University Press of Kansas.

Bloom, John. 2000. *To Show What an Indian Can Do: Sports at Native American Boarding Schools*. Minneapolis: University of Minnesota Press.

Child, Brenda J. 1998. *Boarding School Seasons: American Indian Families, 1900-1940*. Lincoln: University of Nebraska Press.

Cogley, Richard W. 1999. *John Eliot's Mission to the Indians Before King Philip's War*. Cambridge, MA: Harvard University Press.

Coleman, Michael C. 1993. *American Indian Children at School, 1850-1930*. Jackson: University Press of Mississippi.

DeJong, David H. 1993. *Promises of the Past: A History of Indian Education in the United States*. Golden, CO: North American Press.

Eastman, Charles A. (Ohiyesa). 1977 [1916]. *From the Deep Woods to Civilization: Chapters in the Autobiography of an Indian*. Lincoln: University of Nebraska Press.

Ellis, Clyde. 1996. *To Change Them Forever: Indian Education at the Rainy Mountain Boarding School, 1893-1920*. Norman: University of Oklahoma Press.

Haig-Brown, Celia. 1988. *Resistance and Renewal: Surviving the Indian Residential School*. Vancouver, BC: Tillacum Library.

Holt, Marilyn Irvin. 2001. *Indian Orphanages*. Lawrence: University Press of Kansas.

Horne, Esther B., and Sally McBeth. 1998. *Essie's Story: The Life and Legacy of a Shoshone Teacher*. Lincoln: University of Nebraska Press.

Hoxie, Frederick E. 2002. *A Final Promise: The Campaign to Assimilate the Indians, 1880-1920*. Lincoln: University of Nebraska Press.

La Flesche, Francis. 1963 [1900]. *The Middle Five: Indian Schoolboys of the Omaha Tribe*. Madison: University of Wisconsin Press.

Lomawaima, K. Tsianina. 1994. *They Called it Prairie Light: The Story of Chilocco Indian School*. Lincoln: University of Nebraska Press.

Lomawaima, K. Tsianina. 2002. "American Indian Education: By Indians Versus For Indians." In *A Companion to American Indian History*, ed. Philip J. Deloria and Neal Salisbury, 422-440. Malden, MA: Blackwell.

McBeth, Sally J. 1983. *Ethnic Identity and the Boarding School Experience of West-Central Oklahoma American Indians.* Lanham, MD: University Press of America.

Mihesuah, Devon. 1993. *Cultivating the Rosebuds: The Education of Women at the Cherokee Female Seminary, 1851-1909.* Urbana: University of Illinois Press.

Miller, J. R. 1996. *Shingwauk's Vision: A History of Native Residential Schools.* Toronto: University of Toronto Press.

Pratt, Richard Henry. 1964. *Battlefield and Classroom: Four Decades with the American Indian, 1867-1904.* Ed. Robert M. Utley. Lincoln: University of Nebraska Press.

Prucha, Francis P. 1979. *The Churches and Indian Schools, 1888-1912.* Lincoln: University of Nebraska Press.

Prucha, Francis Paul. 1994. *American Indian Treaties: The History of a Political Anomaly.* Berkeley: University of California Press.

Riney, Scott. 1999. *The Rapid City Indian School, 1898-1933.* Norman: University of Oklahoma Press.

Sekaquaptewa, Helen. 1969. *Me and Mine: The Life Story of Helen Sekaquaptewa.* As Told to Louis Udall. Tucson: University of Arizona Press.

Standing Bear, Luther. 1975 [1928]. *My People the Sioux.* Ed. E. A. Brininstool. Lincoln: University of Nebraska Press.

Szasz, Margaret Connell. 1988. *Indian Education in the American Colonies, 1607-1783.* Albuquerque: University of New Mexico Press.

Szasz, Margaret Connell. 1999. *Education and the American Indian: The Road to Self-Determination Since 1928*, rev. ed. Albuquerque: University of New Mexico Press.

●参考ウェブサイト

Office of Indian Education Programs (BIA). 2002. "Fingertip Facts." Available from 〈www.oiep.bia.edu/docs/finger~1.pdf〉

(MICHAEL C. COLEMAN／佐藤哲也訳)

アメリカ連邦児童局
(U.S. Children's Bureau)

連邦児童局についてのアイディアは進歩主義的な改革家フローレンス・ケリー[*1]とリリアン・ウォールド[*2]の提案によると一般に考えられている。**全米児童労働委員会**は1905年にそのアイディアを承認し、1909年の「要扶養児童にかんするホワイトハウス会議」は専門機関の創設を求めた。上院は54対20の投票によって児童局法案を可決し、下院も177対17で可決した。ウィリアム・ハワード・タフツ大統領（1857-1930）が1912年4月8日に法案に署名したことで、商務労働省内に専門機関が設立された。タフツが署名したことで、アメリカは子どもたちにのみ焦点化した連邦専

連邦児童局初代局長、ジュリア・C・ラスロップ（1858-1932）*

門機関を有する世界初の国家となった。大統領から初代局長に任命されたジュリア・C・ラスロップ[*3]は、専門機関の創設期に女性活動家が重要な役割を果たしたことの象徴であり、彼女はアメリカの連邦機関の最初の女性長官となった。

その評判にもかかわらず、アメリカ連邦児童局は痛烈な批判を浴びた。児童局は連邦の権限をふみ越えていると感じる者もいた。製造業関係者は、専門機関が**児童労働**規制を強制するのではないかと怖れた。財政をめぐる保守派は、児童局はすでにほかの連邦専門機関（おもにアメリカ保険局や教育局）の管轄下にある業務をくりかえすことになると論じた。カトリック教会は、専門機関が教区教育を妨害したり、産児制限（受胎調節）を促進すると警告した。ラスロップは、党派的利害の空白へと導きながら**乳児死亡率**の問題に焦点化していくことで、事態を荒立てずに批判する術を探っていた。その上で、ラスロップの指導のもと、児童局は中産階級の家族の理想を受け入れた。すなわちそれは、唯一の稼ぎ手として父親がはたらき、母親は専業主婦となり、子どもたちは学校に出席し、栄養と養護が十分にいきとどき、未来が保証され、家事のみが唯一の労働という理想であった。

アメリカ連邦児童局は15名のスタッフと2万6640ドルの予算を得て、ほかの連邦専門機関と多くの女性ボランティアたちによって収集されたデータを頼りとしていた。1913年、児童局は、アメリカの年間の乳

児死亡率は新生児1000人につき132人であると概算し、その数は、ニュージーランド（83人）、ノルウェー（94人）、アイルランド（99人）、スウェーデン（104人）、オーストラリア（108人）、ブルガリア（120人）、スコットランド（123人）よりも多いと見ていた。この情報によって武装した児童局は、乳児死亡率にかんする全国調査をはじめて実施した。スタッフは、乳幼児を死に追いやる主要因は、劣悪な衛生状態、十分な医療体制の不備、そして貧困であると結論づけた。教育のある母親、公衆衛生の改善、出生届けの要求が赤ん坊の生命を救うと思われた。児童局によって刊行された助言パンフレットは広く知られるようになり、連邦議会は1918年を「子ども年」（Children's Year）と宣言した。

1921年、連邦議会は**シェパード＝タウナー母子保健法**を採択し、児童局に行政権限を付与した。このシェパード＝タウナー母子保健法は、教育・診断・調査に限界があったにもかかわらず、1926年までのあいだ、アメリカ医師会（American Medical Association：AMA）からの激しい反対にあった。AMAは、シェパード＝タウナー法は公営化された医療であると非難し、医師の統制下にある公衆衛生サービスがプログラムをコントロールしていない事実に嫌悪感を示した。児童局の2人の医師、グレース・L・マイグス（Grace L. Meigs、1915年採用）とドロシー・リード・メンデンホール（Dorothy Reed Mendenhall、1917年採用）は、AMAをなだめるには不十分であった。予算措置は1929年に終了したが、乳児死亡率は新生児1000人につき67.9人に減少していた。

児童局はニューディール法（New Deal legislation）においても重要な役割を果たした。児童局の代表者たちは、「1935年社会保障法」*4を起草した。「タイトル5」（Title V）は貧しい母親と子どもに母子ケアへの連邦基金を提供した。第2次世界大戦中、「タイトル5」は軍隊に徴兵された男性の妻や新生児への医療ケアをふくむものへと拡張された。1942年から1946年まで、アメリカに生まれた赤ん坊の7人に1人はこの緊急母子保健プログラムの恩恵を受けた。母子保健ケアにくわえ、「1935年社会保障法」には、**要扶養児童扶助法**（これはのちに「要扶養児童世帯扶助法」［ADFC］と改名された）と、特別な配慮を必要とする子どもたちへの連邦基金の設立を規定した「タイトル7」（Title VII）などがふくまれていた。

活動を開始した最初の10年間、児童局は児童労働と就業児童についても取り組んだ。1910年の国勢調査では、14歳未満の199万225人の子どもたち（全体の18.4パーセント）が賃金を得るためにはたらいていた。1915年初頭、児童局は児童労働者を酷使することをやめるようにはたらきかけた。しかし、連邦最高裁判所は、「1916年児童法」（the Keating-Owen Act）を否決し、1922年の憲法修正条項は承認されなかった。**世界大恐慌**のあいだ、成人失業者が増大したことで、1938年の「公正労働基準法」（Fair Labor Standards Act）によって、連邦による最初の恒常的な児童労働への制限が課せられた。連邦児童局は、14歳未満児の雇用禁止と14歳から17歳までの賃金労働制限に責任をもっていた。最初の数十年間、児童局は就業児童や犯罪児童にも関心をよせていた。1920年までに48州中45州が、なんらかの少年あるいは家庭裁判所を擁していた。しかし、少年家庭裁判所が設立される以前から、非行あるいは家族から養護を受けることができなかった子どもは、情状酌量されていたのである。

子どもたちのためのこうした勝利によって、アメリカのすべての子どもの搾取や苦しみが終わりを告げたわけではなく、アメリカ連邦児童局の役割が拡張されたわけでもなかった。社会保障局（The Social Security Board、1935年設立）には、「タイトル5」の母子保健プログラムによるADCと公衆衛生サービスを運営する権限があたえられた。さらに、1946年には、行政改革によって連邦政府のヒエラルキー内での児童局の地位がおとしめられ、結果的に児童局のあらゆる執行統制責任がとりのぞかれ、専門機関の名称から「連邦」がはずされた。1969年、児童局は再設置され、新しく保健教育厚生省（the Department of Health, Education, and Welfare）のなかの児童発達局（Office of Child Development）となった。

1972年以降、児童局の焦点は狭められてきている。1990年代までに、保健社会福祉省（the Department of Health and Human Service）、子ども・青年・家庭部（Administration on Children, Youth, and Families）内における四つの局のひとつとなった。児童局は、年間予算40億米ドル以上を得て、**児童虐待**を防止するために州や地方機関とともに活動しているが、全児童にかんする本来的な調査報告の責任は大きく縮減されてしまった。総体的に見て、アメリカにおける子どもの日常生活は1912年以降改善されてきている。しかしながら、新しい世紀のはじまりとともに、アメリカの子どもたちはいまなお虐待、貧困、そして搾取を経験しつづけている。

［訳注］
＊1 フローレンス・ケリー（Florence Kelley, 1859-1932）——アメリカの社会改革者、政治改革者。労働者の最低賃金、労働搾取問題、8時間労働制、子どもの権利問題などの改善に取り組んだ。1909年の「全米黒人地位向上協会」（the National Association for the Advancement of Colored People：NAACP）創設に尽力した。

＊2 リリアン・ウォルド（Lillian D. Wald, 1867-1940）——アメリカの看護婦、社会改良家、作家。貧困問題の改善にかかわるなかで女性やマイノリティの人権問題に取り組んだ。「全米黒人地位向上協会」（the

National Association for the Advancement of Colored People：NAACP）の設立にかかわった。

＊3 ジュリア・C・ラスロップ（Julia Clifford Lathrop, 1858-1932）――アメリカの社会改良家。アブラハム・リンカーン（Abraham Lincoln, 1809-65）の友人であった弁護士の父親と、女性の参政権運動にかかわっていた女性を母親の娘としてイリノイ州に生まれた。名門女子大学であるヴァサー大学に進学し、統計学、歴史学、社会学などを学び、大学卒業後しばらく父親の仕事を手伝った後、シカゴでジェーン・アダムズ（Jane Addams, 1860-1935）らと社会事業活動を起こした。教育、社会政策、児童福祉などを専門分野として、1912年から1922年まで、連邦児童局の初代局長として、児童労働、乳児死亡率、母親の産褥死亡率、非行少年問題、母子手当制度、私生児率などの改善に精力的に取り組んだ。

＊4 1935年社会保障法（Social Security Act）――1935年8月14日にアメリカ第32代大統領フランクリン・ルーズヴェルト（Franklin Delano Roosevelt, 1882-1945）の署名によって成立した社会保障法。年金保険（Social Security）、失業保険の2種類の社会保険のほか、高齢者扶助、視覚障害者扶助、要扶養児童世帯扶助（Aid to Families with Dependent Children：AFDC）の3種類の公的扶助や母子保健サービス、肢体不自由児福祉サービス、児童福祉サービスからなる社会福祉事業を骨格とし、管轄機関として社会保障局を設置することを規定した。ニューディール政策の一環として制定された。

➡義務就学、子どもにかんするホワイトハウス会議、児童救済、児童相談、社会福祉、少年司法、労働と貧困

●参考文献

Goodwin, Joanne L. 1997. *Gender and the Politics of Welfare Reform: Mothers' Pensions in Chicago, 1911-1929*. Chicago: University of Chicago Press.

Ladd-Taylor, Molly. 1986. *Raising Baby the Government Way: Mothers' Letters to the Children's Bureau, 1915-1932*. New Brunswick: Rutgers University Press.

Ladd-Taylor, Molly. 1994. *Mother-Work: Women, Child Welfare, and the State, 1890-1930*. Urbana: University of Illinois Press.

Lemons, J. Stanley. 1973. *The Woman Citizen: Social Feminism in the 1920s*. Urbana: University of Illinois Press.

Lindenmeyer, Kriste. 1997. *"A Right to Childhood": The U.S. Children's Bureau and Child Welfare, 1912-1946*. Urbana: University of Illinois Press.

Meckel, Richard. 1989. *Save the Babies: American Public Health Re-form and the Prevention of Infant Mortality, 1850-1929*. Baltimore: Johns Hopkins University Press.

Michel, Sonya. 1999. *Children's Interests/Mothers' Rights: The Shaping of America's Child Care Policy*. New Haven: Yale University Press.

Muncy, Robyn. 1991. *Creating a Female Dominion in American Reform, 1890-1935*. New York: Oxford University Press.

Trattner, Walter I. 1970. *Crusade for Children: A History of the National Child Labor Committee and Child Labor Reform in America*. Chicago: Quadrangle Books.

（KRISTE LINDENMEYER／佐藤哲也訳）

フィリップ・アリエス（1914-1984）＊

アリエス、フィリップ
（Ariès, Philippe, 1914-1984）

フランスの歴史人口学者で集合心性（collective mentalities）にかんする先駆的な歴史家でもあったフィリップ・アリエスは、西欧世界における子ども期と家族生活にかんする学術研究の嚆矢となった新時代を画する研究書『アンシァン・レジーム期の子供と家族生活』［『〈子供〉の誕生』］（*L'Enfant et la vie familiale sous l'Ancien Régime*, 1960、英語版は*Centuries of Childhood*, 1962）の著者としてもっともよく知られている。カトリックの宗教的信仰と古い時代のフランスの伝統に対する情緒的愛着をもつ中産階級の職人の家に生まれたアリエスは、グルノーブル大学で歴史学と地理学の学位（licence）を取得し、1936年のパリ大学（ソルボンヌ）での高等研究資格（diplôme d'étude supérieure）は、16世紀のパリにおける法服貴族にかんするテーマであった。彼は、1930年代後半を通じて、学生向けの新聞で、王党派の「アクシオン・フランセーズ」紙のジャーナリストでもあり、サークル・フュステル・ド・クーランジュ[*1]としてよく知られた右

派の知識人サークル連盟で活動し、この活動を通じてダニエル・アレヴィー（Daniel Halévy, 1872-1962）その他の保守的な知識人たちと知りあいになった。第2次世界大戦中、ヴィシー政府の支援による教員養成大学（Training College）で短いあいだ教鞭をとったあと、熱帯果物の国際通商の記録文書センター所長のポストにつき、ここで成人生活の大半をすごした。しかし、歴史研究は彼が熱中する対象であった。こうして、彼は［貿易量の］調査官であると同時に、学会に属さない、新しい種類の文化史の研究者という二重の人生を送った。

子ども期と家族についてのアリエスの考えは、ヴィシー政府下にフランスの家族の危機にかんする公開討論によって着想を得たものであった。アリエスは、ヴィシー政府の指導者たちの家族の復興のための提案に最初は同調的であったが、家族の道徳的衰退に対する彼らの主張と、フランス人口の生物学的衰弱に対する彼らの不安感に対して反駁した。彼は、そうした考え方に異議を申し立てるために歴史人口学における調査研究に着手した。アリエスは、家族生活の奥底（the secrets of family life）にあるものを解明しようとした著書『フランス諸住民の歴史』（Histoire de populations françaises, 1948）で、近世を通じて結婚生活の道徳的規範（mores）において、家柄のよい既婚夫婦のあいだに避妊慣行を活用することが広まっていたことを明示する「隠れた革命」と彼が名づけた変化が生じていたことを発見している。これは、家庭生活を計算したり計画したりすることを刺激した医学的かつ文化的な「生活の方法化」（techniques of life）が連続的に発生するうえで鍵となる要素であった。アリエスが進めていた人口動態学研究のなかで見きわめた家族の出現は、その心性の点で近代に特有であり、その後に彼が進めた愛情家族（the affectionate family）の登場にかんする研究である『アンシァン・レジーム期の子供と家族生活』の主題になった。

アリエスは、この書物のなかで、近世の家柄のよい家族のあいだにみられる、新しい種類の家族感情の出現に検討をくわえている。それは、友愛結婚に対する愛着に価値を置いていること、子どもたちの幸福（well-being）に対する大きな関心、そして、伝統的な家族の消滅しつつある道徳的規範について彼らが新たに発見した感傷性（sentimentality）などにおいてとくに明示されている感情である。彼の主張するところでは、子どもに対する新しい心的態度は、（永遠の）愛情といったような単純なものというよりはむしろ、子どもの適切な発達に対する気づかいのようなものであった。かつては家族生活の周縁に追いやられていた子どもたちは、しだいに、家族の関心の中心を占めるようになり、子どもの養育と監督のための特有のニーズが公然と承認されるようになった。はじめは宗教の下に、のちには世俗の支援によって制度化された学校教育は、この過程を助長した。そうした考え方は、人生段階の非常に手のこんだ区別——最初は子ども期、次いで若者期、その後の青年期、そして最後に中年期——においてくりかえし描かれてきたライフサイクルの発達論的概念のさらなる精緻化を予言するものであった。

ローレンス・ストーン[*2]のような英語圏の歴史家たちは、アリエスが提示した論点の茫漠とした射程距離と曖昧さに、結局のところ幻滅を感じることになったが、アリエス自身は、1970年代なかばまでは、彼が示した研究方法の大胆な新しい方向性のために、フランスの若手歴史家たちのあいだでは新たに発見された尊敬をかちえていた。この頃までにアリエスは、その研究関心を死と喪（悲しみ）に対する心的態度の歴史研究に転じており、何人かが彼のもっとも偉大な研究業績だと見ている『死を前にした人間』（L'Homme devant la mort, 1977、英語版では『われらの死の時間』The Hours of Our Death, 1991）を出版し、このトピックについて行なわれた、友人のライバルであった左派の歴史家ミシェル・ヴォヴェル[*3]との、大々的に宣伝された連続討論に参加した。1978年にアリエスは、歴史学の新しい方法の研究センターである社会科学高等研究院（the Ecole des hautes études en sciences sociales）の教授に選出された。20世紀後半のフランス歴史学界におけるもっとも独創的な知性の一人と賞賛されたアリエスは、『私生活の歴史』（Histoire de la vie privée, 1985-1987、英語版はThe History of Private Lifeとして1987-1991年に出版された）全5巻を企画したが、その出版を見とどけることはできなかった。これは、集合心性の歴史においてアリエスが取り組んだ25年間の学問研究の総決算である。

アリエスの『アンシァン・レジーム期の子供と家族生活』は、出版後ほぼ半世紀をへた今日、1970年代初期の批判者たちによってその大部分が受け入れられていたのだが、近世における感情革命についてアリエスが提示した命題に反論をくわえる研究者たち（たとえばスティーヴン・オズメント[*4]）にとっては、ほとんどの場合その批判の標的として、今なお子ども期と家族の歴史研究の出発点でありつづけている。人生の最後になって、アリエスが、現代社会における青年期の危機や親子関係の変貌にかんする論文と平行して、性と結婚に対する心的態度における長期的な変化にかんするいくつかの論文も公にしながら、子ども期と家族というトピックに戻ったことは、記憶にとどめておくべき興味深いことである。

［訳注］

*1 サークル・フューステル・ド・クーランジュ（Cercle Fustel de Coulanges）——19世紀のフランスの代表的な歴史家で、文献批判にもとづく実証的な歴史研究の方法を唱えたフューステル・ド・クーランジュ

(Fustel de Coulanges, 1830-1889) に学ぶ知的サークル。

*2 ローレンス・ストーン (Lawrence Stone, 1919-1999)
——R・H・トーニーの弟子としてオックスフォード大学の経済史の教授となったが、1963年からアメリカに渡り、プリンストン大学歴史学部の教授となった。最初は経済史研究であったが、イギリス革命史研究、大学史、家族史などの分野に範囲を広げた。*The Family, Sex and Marriage in England 1500-1800* (W & Nicolson, 1977 ; Penguin, abridged edition, 1979. これはストーンが心臓病で入院中に病室内で下書きが作られ、出版されたが、初版の下層階級と労働階級にかんする部分をすべて割愛した簡縮版を1979年に出版した。日本語版はこの簡縮版である。

*3 ミッシェル・ヴォヴェル (Michel Vovelle, 1933-)
——フランスのアナール学派の歴史家。フランス革命を対象に「心性史」の観点から分析し、革命の群集の心性を解明しようとしたことで知られる。邦訳書に『フランス革命の心性』(岩波書店、1992年)、『フランス革命と教会』(人文書院、1992年) などがある。

*4 スティーヴン・オズメント (Stephen Ozment, 1939-)
——ドイツ史、とくに宗教改革期から啓蒙期にかけての、近世と近代のドイツ家族史、ヨーロッパ近代を中心とするアメリカの社会史研究者。現在ハーヴァード大学教授。

➡子ども期の比較史、子ども期の歴史
●参考文献

Ariès, Philippe, *L'Enfant et la vie familiale sous l'Ancien Régime* (Paris: Plon, 1960) ; *The Centuries of Childhood : A Social History of Family Life* (1962) ; *Geschichte der Kindheit* (1975) ; アリエス『〈子供〉の誕生——アンシャン・レジーム期の子供と家族生活』(杉山光信・杉山恵美子訳、みすず書房、1980年)

Ariès, Ph., *L'histoire des mentalités*, in J. Le Goff (dir.): *La nouvelle histoire* (Rez, 1978) ; *Problems de l'education, in La France et des Frances* (Gallimard, 1972) ; アリエス『〈教育〉の誕生』(中内敏夫・森田伸子訳、新評論、1983年)

Hutton, Patrick H. 2001. "Late-Life Historical Reflections of Philippe Ariès on the Family in Contemporary Culture." *Journal of Family History* 26: 395-410.

Hutton, Patrick H. 2004. *Philippe Ariès and the Politics of French Cultural History*, Amherst: University of Massachusetts Press.

Ozment, Steven. 2001. *Ancestors: The Loving Family in Old Europe*. Cambridge, MA: Harvard University Press.

Vann, Richard T. 1982. "The Youth of Centuries of Childhood." *History and Theory* 21: 279-297.

(PATRICL H. HUTTON／北本正章訳)

アリストテレス
(Aristotle, 384-322 B.C.E.)

ギリシアの哲学者で科学者でもあったアリストテレ

アリストテレス (前384-322)*

スは、カルキディスの小さな町スタギラに生まれた。彼は約20年間、プラトンの学園のメンバーであった。その後、小アジアのレスボス島にあったミティレネのアタルネウスで哲学を教え、未来のアレクサンドロス大王 (前356-323) の家庭教師になった。

アリストテレスは、プラトンと同じように、古代ギリシアに流布していた子ども期の理念から離脱しようとした。当時、その理念にしたがって子どもたちは大人のミニチュアとして扱われており、あたかもその精神を大人と同じようにはたらかせることができるかのように、大人の文献を学校で学んでいた。子ども期についてのアリストテレスの理念の大部分は、都市国家における最高の善、すなわち至福を得ることを目的として書かれた『ニコマコス倫理学』(*Nicomachean Ethics*) と『政治学』(*Politics*) において見いだすことができる。倫理と政治にかんするアリストテレスの著作物は、全体として相互に関連しあっている。人間は政治的な (彼は「社会的な」と言うつもりだったのだが) 生き物であるから、共同体から離れて幸福になることはできない。人間は、一定の目的を共有しあい、その目的を実現するためにお互いに協力しあったりすることによって社会的な文脈でのメンバーに参加するとき、人格的主体 (individuals) となる。

アリストテレスは、われわれ人間が最高善を獲得するためのふるまいは学習されるものであって、生得的

なものではないと主張する。そうしたふるまい方は、成長の結果としてもたらされるものであり、経験を積んだ大人は、(1)みずからなすことができる最善のふるまいに向けて教育されるべき子どもの本性、および、(2)そうしたふるまい方のいくつかの手段を手に入れている教養のある大人の特性、の二つに知悉するよう努めなくてはならない。アリストテレスの考えでは、子どもというものは、その知性を自分の行動を導くように使う能力を発達させないかぎり、至福を得ることはできない。アリストテレスは、子どもの行動は大人の放埓なふるまいと似ているが、大人はそのときその基礎のふるまいが放埓であることを知ることができるが、子どもにはそれができないと述べている。

子どもは道徳的なふるまいに向けて訓練されるべきであるが、子どもの知性が、道徳目的や社会的な目的を追求する手段を決定できるような仕方で発達するまで、そのようなふるまいにたずさわることはできない。これこそが、みずから高邁な道徳原理にしたがって行動する教師を子どもが必要としている理由である。子どもの欲望を鍛錬することは、ただたんにその欲望のために行なうことではない。この鍛錬は、最終的には子どもの知性を発達させるためのものである。このことから必然的に、身体を鍛錬することはたんにその身体のためだけでなく、最終的にはそこに形成されている魂のためであるということもできよう。

子どもの欲望を知性に向けて教育すること、またその魂のために子どもの身体を教育することにともなう困難は数多い。そのひとつは、子どもの教師自身の知性は最高の道徳原理を見すごしやすいということである。その結果、子どもは正しく鍛錬されないことになる。これとは別に、子どものある種の願望は、もし賢明な大人の監督のもとに置かれなくても、正しい方法で発育することがある。アリストテレスは、善は単純であるが、悪はあらゆるかたちをとってやってくる、と言って、こうした困難さを『エウダイモニア倫理学』*1の印象深い文章で語っている。精神のなかのこのような困難とともに、子どもたちが道徳的なふるまいのいくつかの手段を手に入れることができるように子どもの欲望と身体を鍛錬することが、教師不足から生じるだけでなく、子どもの欲望からも生まれる多数の障害に満ちたむずかしい試みであることははっきりしている。ある文章のなかでアリストテレスは、学習とは骨の折れる過程であると述べている。

アリストテレスは、子どもが大人のミニチュアと見られ、したがって大人の知的活動に有意義にかかわることを期待することはできないとする理念から離脱したが、だからといって彼は、現代的な意味で「許容的」であったわけではなかった。彼は、子どもは自分がしたいことを自分で決めるようにすべきであるとまでは考えておらず、むしろ、もし子どもたちが最高の道徳原理を見すごしてしまっているような場合には、教養を積んだ大人が、子どもたちができることとなすべきこととを判断してやるべきであると考えていた。この点を心にとめて、アリストテレスは子どもにふさわしい物語ばかりでなく子どもが遊ぶゲームの種類についても、教育公務員によって決められるべきであると主張した。アリストテレスの考えでは、大部分のゲームは、のちの人生におけるまじめな職業の模倣であるべきであった。子どもは、大人たちから期待されていたとおりに理性を発揮することはできないが、彼らはなぜ自分がそのことにかかわるのかその理由を知らなくても、いくつかの活動を模倣することはできる。もし子どもの教育が、その教師たちの道徳目的を実現することに成功するにせよ、子どもたちは自分が大人になるとき、自分の行動理由を理解することができる。子どもたちは幸福であることをまだなしえないものの、子ども期における徳性の鍛錬は、至福のためである。

私教育は、アリストテレスの時代のギリシアの各都市国家に広まっていた。アリストテレスは、正しいふるまい方で教育されてこなかった市民を国家が処罰するのは不正義であると主張して、こうした私教育の慣行に反対した。彼は、国家はその市民を教育する責務を負うべきであると主張した。アリストテレスは、国家とは、教育によってひとつの共同体に作り上げられるべき多様体であることを指摘しつつ、公教育はすべての市民によって模索されるべき共通の目的に向かって奮闘すべきであり、また、個人と共同体とのあいだの不可分性は、公教育を求めるうえで不可欠な条件を構成すると主張した。かくして、アリストテレスがその著書『ニコマコス倫理学』と『政治学』においてなしとげた社会と道徳の統合は、公的(public)な責任として案出され、維持された。この文脈において、子どものゲームと物語を決定する責任を負っている教育公務員は、公共善を確立し、それを維持するために力をつくすのである。

アリストテレスは、音楽教育における旋律と音階は倫理的な価値であるべきだと指摘して、哲学研究と子どもの音楽教育とを結びつけている。彼は、われわれは教育の三つの目標——中庸の幸福、実行可能であること、そして適正であること——を心にとめるべきであるという言葉でその著書『政治学』をしめくくっている。アリストテレスは、子どもには幸福になる能力はまだないが、教育は子どもたちが大人と同じように幸福になれるように骨折ってやるべきであるという考えから、大人にとって可能なことと適正なことが、そのまま子どもにあてはまるわけではないことをわれわれに思い起こさせてくれる。子どもたちにとって可能なことと適正なことは、子どもたちがそのような大人になろうとするがゆえに可能で適正なのである。

[訳注]

*1『エウダイモニア倫理学』(the Eudemian Ethics)——「エウダエモン」(Eudaemon)とは、理性の活

動にもとづく最高善としての幸福。ギリシア語の eudaimon は幸運、幸福を意味する。

➡古代ギリシア・ローマの子ども、プラトン
●参考文献

Aristotle. 1932. *The Politics*. Trans. H. Rackham. Cambridge, MA: Harvard University Press. アリストテレス『ニコマコス倫理学』（上・下）（高田三郎訳、岩波文庫、2009年）

Aristotle. 1934. *Nicomachean Ethics*. Trans. H. Rackham. Cambridge, MA: Harvard University Press. アリストテレス『政治学』（牛田徳子訳、京都大学学術出版会、2001年）

Burnet, John, trans. and ed. 1967. *Aristotle on Education: Being Extracts From the Ethics and Politics*. Cambridge, UK: Cambridge University Press.

Chambliss, J. J. 1982. "Aristotle's Conception of Childhood and the Poliscraft." *Educational Studies* 13:33-43.

Curren, Randall R. 2000. *Aristotle on the Necessity of Public Education*. Lanham, MD: Rowman and Littlefield.

Randall, John Herman, Jr. 1960. *Aristotle*. New York: Columbia University Press.

（J. J. CHAMBLISS／北本正章訳）

アルコール（Alchol）
➡10代の飲酒（Teen Drinking）

アルファベット習字帳（ABC Books）

アルファベットの習字帳（ABCあるいは*abécédaire*）は、*abceebooks, absey-books, abeces,* およびその他の類似の表現のバリエーションでも知られてきた。1596年、シェークスピアは、『ジョン王の生と死』（*The Life and Death of King John*）のなかで、「いま問題になっていることは、やがてはアルファベット習字帳（Absey booke）のように答えが見いだされよう」と表現している。1751年、デニス・ディドロがその編纂書『百科事典』のなかで、アベセデーレ（*abécédaire*）という言葉に言及したとき、彼はそれを書物をさす言葉としてだけでなく、学習過程にある人びとをさす形容詞としても定義した。

15世紀以降18世紀をへて、ローマ字のアルファベットの教育は宗教教育に結びつけられた。あらゆる年齢の生徒のための小祈祷書（primer）、あるいは祈祷書や宗教教育は、しばしば短い教義問答文とならんでアルファベット文字が書かれたページとともにはじまった。これらの書物は子どもだけに向けて書かれたものではなかったものの、簡単な教育や学習しはじめたばかりの人間に結びつくようになった。1538年前後にトマス・ペティト[*1]によってロンドンで出版された最初期の小祈祷書のひとつには、アルファベット、母音と子音の一覧表、祈祷文、そして食べ物への感謝の言葉がふくまれていた。ペティトは、『ラテン語と英語の両方で書かれたアルファベット入門書』（*The BAC [sic] bothe in latyn and in Englysshe*）を出版する許可を得ていた。イングランドでは、この時期を通じてアルファベットの初級教本と、第二段階の小祈祷書とのあいだに区別があった。この時期の標準的なアルファベットの習字帳であった『教義問答書付きアルファベット習字帳』（*The ABC with the catechisme*, 1549）は、次の世紀を通じて数万部が売れた。

生徒たちは、ホーンブックあるいは文字板（letter boards）からもアルファベットを学んでいた。これは、櫂のかたちをした木片で、取っ手の穴にリボンあるいは撚り糸をとおしてつるされた。この櫂の板には大文字と小文字の両方のアルファベットが印刷された凸版活字のシートが貼りつけられていた。アルファベットは、最終的には『主の祈り』（*The Lord's Prayer*）、三位一体への祈願、そしてしばしば母音、音節の一覧表、そして九つのアラビア数字と結びついた。一般に、アルファベットは十文字が頭についていたため、クリス＝クロス・ロウズ[*2]とよばれた。イギリスとアメリカでは、板に貼られた紙を保護するために薄い角片が用いられたため、これがホーンブック（hornbook、角本）という名前になった。こうした櫂は、学校の生徒によって実際にはラケットとして利用され、バドミントンの羽子板とシャトルコックのゲームの後には、羽子板（battledores）として知られるようになった。1746年、ベンジャミン・コリンズは、厚紙の小冊子の重ね折りの判型を発明し、それをバトルドア[*3]とよんだ。こうした小型の印刷テキストは急速にホーンブックにとって代わった。

アルファベットを教えるこれら以外の形態には、針仕事の刺繍の基礎縫いやショウガ入りケーキ[*4]さえもがふくまれていた。早くも14世紀には、文字のようなデザインを刻印したショウガ入りケーキが公開市場の売店で売られていた。本のかたちをしたショウガ入りケーキについては多数の言及があり、18世紀までにショウガ入りケーキはホーンブックのようなかたちになり、文字が刻印されていた。

もともとアルファベットは一覧表というかたちであらわれた。しかし、最終的には記憶を助ける手段として文字にイラストがつけられた。イギリスで印刷された最初期の絵入りのアルファベット習字帳として知られるのは、ジョン・ハートの『方法、あるいはすべての初学者のためのわかりやすい入門書』（*A methode, or comfortable beginning for all unlearned*, 1570）である。このテキストは、それぞれの文字に、その文字ではじまるものの木彫りのイラストが対になってついていた。この頃以降、イラストはアルファベットの習字帳の標準的な構成部分になった。

教育理論家のヨハン・アモス・コメニウスは、1658年にドイツのニュルンベルクでラテン語とドイ

アルファへ

19世紀後半の重要な、そして革新的なイラストレーター、ウォルター・クレインによる『ノアの方舟ABC』(*Noah's Ark ABC*) (1872年頃) のページから。19世紀には、アルファベットの習字帳が、子どもにアルファベットを教えたり、動物の種類や家政の共通事項のような新しい主題を紹介する手段となった。

ツ語の『世界図絵』(*The Orbis Sensualium Pictus*) を出版した。翌年の1659年には、この英語版がチャールズ・フールによって出版された。このテキストは、子ども向けに特別に考案された最初の絵本だと考えられている。このテキストは、ラテン語と地方言語の両方で書かれており、それぞれの文字には、(たとえばBという文字は、メェー [baaing] と鳴く羊の絵のイラストがつけられているように) その文字ではじまる音を出す動物のイラストがつけられている。

青少年文学は、子どもは罰の恐怖によってではなく誘惑によって学ぶことを推奨しているジョン・ロックの『子どもの教育』(*Some Thoughts Concerning Education*, 1693) から刺激を受けた。「遊びながらアルファベットを教えるために、サイコロやおもちゃに文字を書きつけたものもあるようです。この種の学習を一種の気晴らしにするには、子どもたちの気質に応じて、ほかにいくらでも方法が見つかるでしょう」(§148)

18世紀と19世紀の出版

18世紀のイギリスは、世俗的主題と宗教的主題の両方に力をそそいだ子どもの本の出版が大発展した。ロンドンのある書店は、「大文字のA、小文字のa、そして大きく立派なB」(*"GREAT A, little a AND BIG BOUNCING B."*) とさえよばれていた。T・Wの『幼い子どもの可愛い本』(*A Little Book for Little Children*, c. 1702) は、これより先に出版されていたトマス・ホワイトの同名の書物とは別のものであったが、それぞれの文字ごとに小さな絵と語句を示す8ページの読み方と綴り方の本であった。これは、後年、多数のバリエーションがあらわれることになる次のような語句ではじまっている。「Aは射手 (Archer) のAで、カエルを射る。Bは目が見えない人 (a blind man) のBで、犬に導かれる」。出版業者であったジョン・ニューベリーは、青少年文学の発展の鍵となった人物であった。彼は、1745年にセントポールズ大聖堂の構内に子ども向けの書店を開き、22年間にわたって経営したが、そのあいだに本を出版し、販売し、そしておそらくすくなくとも50点におよぶ子ども向けの本を創作した。彼が書いた最初の本のひとつは、『ちいさなかわいいポケットブック』(*A Little Pretty Pocket-Book*, 1744) で、さまざまな種類の子どもの遊戯についての木版画と語句をほどこした (大文字と小文字の両方で書かれた) アルファベットをふくんでいた。興味深いことに、文字と図像にはなんら直接的な結びつきはなかった。そのかわりに文字は、ほとんどの場合、ページ数の役割を果たしている。ニューベリーの多数の本を模倣し、それらをアメリカの読者に紹介したのは、マサチューセッツ州ウースターのイザヤ・トマス[*5]であった。

18世紀末に向けて、子ども向けの文学も、チャップブックというかたちで隆盛を迎えた。素朴なイラストが描かれ、安価に作られたこれらの小さな判型の小冊子 (約6cm×約10cm) は、呼び売り商人 (chapman) あるいは行商人たちによって、背負い荷物にして運搬され、1ペニーあるいはそれ以下で売られた。これは伝統的に大人向けのものであったが、18世紀末までに、アルファベットをふくむ、子ども向けのチャップブックが多数あった。

アメリカでは、『ニューイングランド初等読本』(*the New England Primer*, 1690頃) が、17世紀から18世紀にかけてもっとも広く使われた教科書であった。イギリスの書籍商で作家でもあったベンジャミン・ハリスがボストンに短期間滞在していたあいだに編纂された事情のため、正確な出版の日付は不明だが、現存する最古の版の日付は1727年になっている。ここには、韻をふんだイラスト付きのアルファベット、『若者のためのアルファベット学習』(*Alphabet of Lessons for Youth*. これはそれぞれの文字ごとに聖書から引いた文章を用いている)、その他の祈祷文と宗教的教訓、そして教義問答などがふくまれている。これはすくなくとも1886年まで出版され、どの版もわずかな変更しかない。

19世紀までに、印刷技術は、子ども向けのテキストに使う複雑な絵画とカラー印刷を可能にした。アルファベット習字帳の目的は、記憶を助けるものとして見慣れた図像や語句を使うことから、農場の動物、外来動物、鳥類、子どもの名前、聖書と美徳、使命感、共通の事物、鉄道、海辺、愛国的な象徴、そして世界の国々のような新しい主題を紹介するフレームワークとしてアルファベットを用いることへと変化した。内戦後のアメリカ（『ユニオン・アルファベット習字帳』 Union ABC, 1864）と、クリミア戦争後のイギリス（『平和のアルファベット』 Alphabet of Peace, 1856）では、愛国主義は人気の高い主題であった。ロンドンの出版業者エドモンド・エヴァンズは、子ども向けの絵本の改善にとくに強い関心をもっており、ウォルター・クレイン*6、ケイト・グリーナウェイ、そしてラルフ・カルデコット*7らの作品を出版した。19世紀の子ども向けの定期雑誌は、毎月変わる図像を配したアルファベット順の続きものになっていた。19世紀には、扱われる主題はきわめて多様になったが、選ばれた形式は比較的シンプルであった——それぞれの文字にことばがひとつ、あるいは韻をふんだ語句がつくのが一般的であった。

20世紀には、絵本作家たちがアルファベットの習字帳によって方向づけられた主題の多様性を拡張しつづける一方、主題とともにそのスタイルも探求した。何人かの絵本作家は、ワンダ・ガーグ*8の『アルファベット・バニー』（ABC Bunny, 1933）や、アンジェラ・バナーの『アリとミツバチ』（Ant and Bee, 1950）のように、一文字ごとにもうけた一文の物語、あるいは一文字ごとに一つのストーリーあるいは一冊の本にさえも手を伸ばして利用した。リチャード・スカリーの『AからZまでのクルマとトラック』（Cars and Trucks from A to Z, 1990）は、たったひとつの長い文章による総合読みものである。スカリーの本は、クルマのかたちをしているが、これは書物の物理的なかたちの点で子どもの興味をかきたてるものであった。この時期以降の飛び出し絵本（Pop-up books）には、ロバート・クロウサーの『とんでもびっくりアルファベットのかくれんぼ本』（The Most Amazing Hide-And-Seek Alphabet Book, 1978）とロバート・サブダの『クリスマス・アルファベット』（A Christmas Alphabet, 1994）がふくまれる。『ピーター・パイパーの実際的発音原理』（Peter Pipers Principles of Practical Pronunciation, 1813）からとった「ピーター・パイパーはピクルス漬けにするコショウをたくさん摘んだ」（"Peter Piper picked a peck of pickled peppers"）という非常に早い時期に見られた韻をふんだ詩句*9の例は、グレイム・ベイスの『アニマリア（動物百科）』（Animalia, 1986）と、モーリス・センダックの『アメリカワニです、こんにちは』（Alligators All Around, 1962）［神宮輝夫訳、1986年、冨山房］といった現代的な翻案に見ることができる。

絵本アートは、20世紀末に向けて発展しつづけた主題であった。ルーシー・ミクルスウェイトの『わたしはスパイ——芸術のなかのアルファベット』（I Spy: An Alphabet in Art, 1992）、フローレンス・カッセン・メイヤーズのアルファベットの博物館（museum alphabets）シリーズ*10、ジョージ・メンドーザの『ノーマン・ロックウェルのアルファベット百科事典』（Norman Rockwell's Americana ABC, 1975）、キャロリーヌ・デスネトの『動物百科』（Le musée des Animaux, 1997）などの作品は、そのことをよく表している。その他の注目すべきアルファベット本としては、C・B・フォールの『アルファベットの本』（ABC Book, 1923）、マーガレット・テンペストの『あなたとわたしのABC』（An ABC for You and Me, 1948）、ターシャ・テューダーの『AはアナベルのA』（A is for Annabelle, 1954）、ガース・ウィリアムズの『おおきな金色の動物』（Big Golden Animal ABC, 1957）、『ブライアン・ワイルドスミスのABC』（Brian Wildsmith's ABC, 1962）、『スース博士のABC』（Dr. Seuss' ABC, 1963）、そしてウィリアム・ステイグの『アルファ・ベータ・シチュー』（Alpha Beta Chowder, 1992）などがある。

アルファベットの習字帳というジャンルは、今日ではアルファベットを教えないかわりに、すでにアルファベットに慣れ親しんでいる読者に娯楽を提供するテキストをふくんでいる。そのうちのいくつかの事例には、スース博士の『シマウマ』（On Beyond Zebra, 1955）と、ロンドンのディーンとムンディーによって印刷された『アルディボロンティフォススカイフォルニオスティコス』（Aldiborontiphosskyphorniostikos, 1820）のようなナンセンス・アルファベット本がある。大人の読者を対象にしたアルファベット本の例として、デイヴィド・ホックニーの『ホックニーのアルファベット』（Hockney's Alphabet, 1991）、ジョージ・クルックシャンクの『コミック・アルファベット』（A Comic Alphabet, 1836）、それにマン・レイの『大人のアルファベット』（Alphabet pour adultes, 1970）などがある。

1570年のハートのテキストから最近のものまで、いくつか共通する主題が浮かび上がってくる。作家たちは、文字と図像との関係を探求して、文字のスタイルと事例を決定した。そのうち継続的に検討されているのは、いくつかのむずかしい文字、とくにXについてである。クセルクセス（Xerxes）が、しばしばその代用物で、作家たちはそれを使うのを避け、ときにはその文字をまったく無視しさえする方法をいくつか見いだしている。『道徳のアルファベット』（A Moral Alphabet, 1899）に示されているこの文字についてのヒレア・ベロックの説明は、「幼い子どもに理解を求めるのはナンセンスだ。Xに韻をふむのは大人だけ

だ」となっている。

[訳注]
* 1 ペティト（Thomas Petyt, 1494頃-1565頃）——近世イギリスの印刷業者、書籍販売業者。
* 2 クリス=クロス・ロウズ（criss-cross rows）——「十文字列」。古くからの習字帳であるホーンブックで用いられていたアルファベットをさす。アルファベットの初めに十字形の印がついていたためにこのようによばれていた。
* 3 バトルドア（battledores）——17～18世紀に用いられた子どもの学習用の文字教本、文字板、字習い本で、アルファベットや数字などが書きこまれた2～3ページの板あるいは厚紙でできていた。
* 4 ショウガ入りケーキ（gingerbread）——ショウガと糖蜜で味つけをしたクッキーの一種で、人や動物などのかたちに仕上げたクッキーに砂糖をまぶしたり金箔をちらしたり、表面にアルファベット文字がきざまれたりして、お祭りや市場で売られていた。
* 5 イザヤ・トマス（Isaiah Thomas, 1749-1831）——アメリカの印刷業者で、辞書、聖書などの出版者としても知られている。
* 6 クレイン（Walter Crane, 1845-1915）——イギリスの画家・児童本のさし絵画家・織物のデザイナー。
* 7 カルデコット（Randolph Caldecott, 1846-86）——イギリスの挿し絵画家。彼にちなんでアメリカでは毎年、子ども向けのすぐれた絵本に「カルデコット賞」（Caldecot award）が贈られている。
* 8 ガーグ Wanda Gag（1893-1946）——アメリカの絵本作家。*Millions of Cats*, 1928
* 9 ピーター・パイパー（Peter Piper）——イギリスの伝承童謡の早口言葉に出る人の名前。その早口言葉は、『ランダムハウス英語大辞典』では次のように紹介されている。
Peter Piper picked a peck of pickled peppers.
If Peter Piper picked a peck of pickled peppers,
how many pickled peppers did Peter Piper pick?
日本では、次の表現が、壺齋散人訳で知られている。
Peter Piper picked a peck of pickled peppers;
A peck of pickled peppers Peter Piper picked.
If Peter Piper picked a peck of pickled peppers,
Where's the peck of pickled peppers Peter Piper picked?
（ピーター・パイパー　ペッパーのピクルスを一皿つかんだ
一皿のペッパーのピクルスを　ピーター・パイパーがつかんだ
ピーター・パイパー　ペッパーのピクルスを一皿つかんだら
ピーター・パイパーがつかんだ一皿のペッパーのピクルスどこだ？）
* 10 アルファベットの博物館シリーズ（museum alphabets）——次のものが出版されている。*The National Air and Space Museum ABC*; *ABC: The Museum of Modern Art New York*; *ABC: National Museum of American History*; *ABC: Musical Instruments from the Metropolitan Museum of Art*; *ABC: The Wild West : Buffalo Bill Historical Center, Cody, Wyoming*; *ABC: Egyptian Art from the Brooklyn Museum*.

➡児童文学
●参考文献
Baldwin, Ruth M. 1972. *100 Rhyming Alphabets in English*. Carbon-dale: Southern Illinois University.
Carpenter, Charles. 1963. *History of American Schoolbooks*. Philadelphia: University of Pennsylvania Press.
Findlay, James, and Jean Trebbi. 1997. *ZYX: An Exhibition of Selected ABC Books from the Jean Trebbi Collection*. Fort Lauderdale, FL: Bienes Center for the Literary Arts. Also available from www.co.broward.fl.us/bienes.
Findlay, James, and Nyr Indicator. 2000. *ABC and Related Materials: Selections from the Nyr Indicator Collection of the Alphabet*. Fort Lauderdale, FL: Bienes Center for the Literary Arts. Also available from www.co.broward.fl.us/bienes.
Green, Ian. 1996. *The Christian's ABC: Catechisms and Catechizing in England, c.1530-1740*. Oxford, UK: Clarendon Press.
Klinefelter, Walter. 1973. "The ABC Books of the Pennsylvania Germans." *Publications of the Pennsylvania German Society* 7: 1-104.
McLean, Ruari. 1969. *Pictorial Alphabets*. New York: Dover Publications.
McLean, Ruari. 1976. *Noah's Ark ABC and Eight Other Victorian Alphabet Books in Colour*. New York: Dover Publications.
Ory, Norma. 1978. *Art and the Alphabet: An Exhibition for Children*. Houston, TX: The Museum of Fine Arts.
Roberts, Patricia. 1987. *Alphabet Books as a Key to Language Patterns: An Annotated Action Bibliography*. Hamden, CT: Library Professional Publications.
Roberts, Patricia. 1994. *Alphabet: A Handbook of ABC Books and Book Extensions for the Elementary Classroom*. Metuchen, NJ: Scarecrow Press.
St. John, Judith. 1958. *The Osborne Collection of Early Children's Books, 1566-1910: A Catalogue*. Toronto: Toronto Public Library.
Steinfirst, Susan. 1976. "The Origins and Development of the ABC Book in English from the Middle Ages through the Nineteenth Century." Ph.D. diss., University of Pittsburgh.
Thwaite, Mary F. 1963. *From Primer to Pleasure in Reading*. Boston: The Horn Book.
Tuer, Andrew W. 1896. *History of the Horn Book*, 2 vols. London: LeadenHall Press.

（MELISSA GEISLER TRAFTON／北本正章訳）

アンデルセン、ハンス・クリスティアン (Andersen, Hans Christian, 1805-1875)

ハンス・クリスティアン・アンデルセン*1は、近代の童話の父（the father of the modern fairy tale）とみなされている。彼よりも前に（フランスのシャルル・ペローやドイツのグリム兄弟のような）何人かの作家が、口承伝承（oral lore）から生まれた民話（folk tale）を編纂したのに対して、アンデルセンはこうした農民形式（peasant form）を文学ジャンルとして扱った最初の作家であった。『みにくいアヒルの子』（The Ugly Duckling）や『雪の女王』（The Snow Queen）のような彼の創作物語の多くは、人びとの集合意識に古くから伝わる匿名の物語と同じような想像力を吹きこんだ。

アンデルセンは、読み書きができない洗濯女を母に、貧しい病弱な靴職人を父に、デンマークのオーデンセ地方に、1805年に生まれた。父親は、アンデルセンが11歳のときに亡くなった。彼の子ども時代を通じて重大な影響をおよぼしたのは、彼に民話を語り聞かせた祖母であった。14歳のとき、アンデルセンは劇場の仕事で幸運をつかむために一人でコペンハーゲンに出た。17歳から22歳にかけての頃、グラマースクールで学んでいた彼の勉学ぶりを発見した何人かの後援者が勉学資金を提供した。このグラマースクールでの生活は不幸を絵に描いたような極貧状態で、彼はその物語に登場する大きすぎるアヒルの子であった。

子ども向けの書物の大半が、子どもを楽しませようとするよりはむしろ教えようとする意図をもっていたために、形式的で教育的なテキストであった時代に、アンデルセンの作品『童話集』（Eventyr[Fairy tales]）が1835年に出版されたことは、児童文学における革命的な出来事であった。彼の作品のすべてにみられる、日常会話風の文体、ユーモア、豊かで繊細な描写、そして空想的想像力は、一般に、匿名的な論調と形式的な構造を特徴としている伝統的な民話とは区別された。

1835年から1845年にかけてアンデルセンは、『皇帝の新しい着物』（The Emperor's New Clothes）、『人魚姫』（The Little Mermaid）、『ナイチンゲール』（The Nightingale）、『みにくいアヒルの子』（The Ugly Duckling）、『雪の女王』（The Snow Queen）およびその他多くの作品を書いたが、そこにみられる優雅さ、醇朴さ、そして透徹した洞察は、広範な理解者を獲得した。これらの作品は、欧米で翻訳され（これらが英語に翻訳されたのは1846年であった）、彼を19世紀でもっとも著名な作家の一人にした。

アンデルセンは、コメディーとファンタジーを独自に活用することで、21世紀にいたるまで児童文学の方向性を決定し、世界で最初の偉大なファンタジーの物語作家（storyteller）として、その影響力ははかりしれないほど大きい。彼は、話すおもちゃや動物を作

ハンス・クリスティアン・アンデルセン（1805-1875）*

り、それらに子どもたちがすぐにそれとわかるような日常会話とおもしろい声をあたえた。しかし、彼は、自分の家庭の状況を伝説の運命論でおおい隠しており、このため、『しっかり者の錫の兵隊』（The Steadfast Tin Soldier）、『もみの木』（The Fir Tree）、そして『コマとボール』（The Top and the Ball）のような物語では、中産階級の子ども期の理想化された世界の作家になっている。親子がいっしょになった読者に彼が気に入られたことは――1875年の「ザ・ブリティッシュ・デイリー・ニューズ」紙がアンデルセンについて、「子どものために書くことができる作家こそは、大人のために書くことができる唯一の作家である」と報じたように――あらゆる偉大な児童図書を特徴づけている二重構造の基準をもうけた。

アンデルセンは、その名声にもかかわらず、つねにアウトサイダーであった。孤独で、不器用で、性的に確信がもてず、人づきあいが長続きしなかった。彼はヨーロッパ中を旅行し、何度か不幸な結末を迎える、満たされることのなかった――男性と女性両方の――恋愛体験をした。事実、彼の物語は、しばしば自叙伝を包み隠している。ぶざまなアヒル、おちつきのないもみの木、貧しいマッチ売りの少女、自分の恋を打ち明けられない人魚。これらはどれも普遍的な真理のなんたるかを示す体験に対する彼の誠実さを示す自画像である。

［訳注］
*1 デンマーク語読みではハンス・クレァシチャン・アナスン。

➡児童文学
● 参考文献
Wullschlager, Jackie. 2001. *Hans Christian Andersen: The Life of a Storyteller*. New York: Knopf.
（JACKIE WULLSCHLAGER／北本正章訳）

アンネ・フランク（Anne Frank）
➡フランク、アンネ（Frank, Anne）

イーウォルド、ウェンディ（Ewald, Wendy, 1951-）

ウェンディ・イーウォルド（1951-）*

　ウェンディ・イーウォルドは1951年、ミシガン州デトロイトに暮らす大家族のもとに生まれた。マサチューセッツ工科大学（MIT）で写真家マイナー・ホワイト*1の指導のもとに写真技術を学び、1974年にアンティオキア大学を卒業した。イーウォルドの作品は、フルブライト奨学金やマッカーサー奨学金など、数々の賞と奨学金を獲得した。

　イーウォルドは、子どもたちとの巧妙な共同制作をとおして写真を作り上げてきた。イーウォルドは、子どもたちが自己表現という行為のなかでみずから用いる視覚的語彙を獲得するため、彼らにカメラをあたえ、それと同時にその姿を写真におさめた。こうした複合的な作品は、カメラの焦点によってその主題が構成されたり文脈的に決定されたりするものと紹介される、不均衡な関係性をつきつけるものである。カメラは、操作された視覚的な物語を世界のなかから引き出すための壮大な権限を写真家にあたえるが、その一方で、被写体と写真家とのあいだに、ほとんど制御不可能な階層的な距離を生じさせてしまう。従来の写真技法の範疇では芸術家に可能な対話の限界が生じることを認識していたイーウォルドは、まず第一歩として1969年、カナダの北方先住民族の居留地で、子どもとともに写真を撮ることをはじめた。イーウォルドは、子どもたちが彼女と向かいあって撮影した写真を観察することによって、コミュニティ内の子どもたちの知覚と外部者としての自分のそれとの違いを発見した。

　イーウォルドは、彼女自身と子どもたちとで共有する相互作用から引き出されるイメージを得るために新たな現像法を試みた。その結果として考え出された共同作業によるアプローチは、別の世界のまわりに枠組みを置くことに対抗するものである。そのかわりに、子どもたちの視点を彼女自身の視覚感覚へと移行させ、芸術的な現像へと導きだすことによって、子どもたちと向きあうのが彼女の方法であった。こういった写真は、ドロシア・ラング*2やW・ユージン・スミス*3といった記録写真家の作品と同じように、独自の物語る力をもつが、イーウォルドが強調するように、人工的というよりも創造的な現像法であった。共同制作者である子どもたち、彼女自身、そして彼らが眺める世界のあいだでみられる入り組んだ交わりは、写真を客観的にとらえる考え方や、その作り手が一人の人物であるとする考えに異議を唱える。その結果生じる多層構造的イメージは、1930年代にウォーカー・エヴァンズ*4が確立した記録を優先する立場から操作されるものであり、それは、部外者によって作られる特権的に写真を解釈するやり方に対抗する。共同作業によるイーウォルドの写真は、アルフレッド・ジャー*5のような概念芸術とも強く結びついているが、このやり方は、対象を観察するだけでなく政治的に対抗するジャーの作品のすべてにみられるアイディアの論理をじっくり考えることも要求している。

　1975年から1982年にかけて、イーウォルドはケンタッキー州東部のアパラチア山脈の学生たちとともに制作活動を行なった。自己・家族・共同体・夢という四つの主要なテーマは、このときの作品から生まれたものである。彼女は子どもたちに自動焦点カメラを渡し、写真を撮影させる。学校の暗室を使って現像や印刷をいっしょに行ない、写真の現像法をわかりやすく説明し、その概念化から最終的な印刷にいたるまで、完全な肖像権を子どもたちにあたえる。その後子どもたちは、自分たちの物語を共有し、その物語を力強い物語へと作りあげ、自分たちの暮らしの詳細を深くとどめたこれらの写真にもとづいて文章を書くのであった。こういった活動は、のちにインドや南アフリカ、コロンビア、サウジアラビア、ダーハム、ノースカロライナなどでのイーウォルドのプロジェクトの骨組みを決定づけた。

　子どもたちと共同で制作したイーウォルドの作品は、個人的に表現したり記録するという目的をもって芸術的な手段を大人だけが用いることができるという考えをゆさぶった。イーウォルドの手法は、子どもたちの

内面世界を明らかにすることによって、子どもはふつうは大人社会のものであるとする見解を複雑にし、疑問を投げかけた。こうした慣例的な考えは、子どもたちの経験を均質的に描くことを永続させたが、異常なまでにポピュリズム的な写真というメディアを利用する世界を、まるで子どものように問いただすと同時に構築しようとするイーウォルドをとらえて離さなかったのであった。

[訳注]

*1 マイナー・ホワイト（Minor White, 1908-1976）——アメリカの写真家であり、神秘主義・抽象主義の美術家としても知られる。雑誌「アパーチャー」（*Aperture*、カメラレンズの「絞り」の意）を共同で創刊し、その編集者となった。マサチーセッツ工科大学（MIT）でも教鞭を執った（1965-76）。*Our Convicts*（1864）、*Six Months in India*（1868）。

*2 ドロシア・ラング（Dorothea Lange, 1895-1965）——アメリカの報道写真家。ドイツ系移民の2世としてニュージャージー州に生まれ、7歳のとき、小児麻痺（ポリオ）を発症して右足の機能を失ったが、フォトスタジオなどで写真術を学び、やがて世界大恐慌下の庶民生活を記録写真として大量に撮影して評価された。貧困と差別の問題の本質を見つめる目線でドキュメンタリー写真分野の先駆となった。第2次世界大戦中の日系人の強制収容所の生活を撮影した800枚の写真は軍によって没収された。

*3 W・ユージン・スミス（W. Eugene Smith, 1918-1978）——アメリカの写真家。第2次世界大戦中にサイパン、沖縄、硫黄島などへ戦争写真家として派遣される。1947年から1954年まで、「ライフ」誌に作品を発表した後、日本のチッソ公害問題を世界に報道した。とくに「MINAMATA 入浴する智子と母」（1971年）は日本の公害被害の実態を示す歴史的な映像記録となった。

*4 ウォーカー・エヴァンス（Walker Evans, 1903-1975）——アメリカの写真家。ソルボンヌ大学に留学して作家をめざしたが、帰国後に世界恐慌下のアメリカの農業安定局（FSA）のプロジェクトにくわわり、おもに南部の農村地帯のドキュメント写真で注目された。記録性を徹底したストレート・フォトグラフィの手法で作品を残した。

*5 アルフレド・ジャー（Alfredo Jaar, 1956-）——チリのサンチアゴ生まれのアメリカの芸術家、映像作家。「美と倫理の均衡」を表現しようとする、アートと報道の中間的視点から、さまざまな社会問題を映像作品として活動的に発信している。*The Rwanda Project* などで世界的に知られる。

➡子どもの写真

●参考文献

Ewald, Wendy. 2000. *Secret Games: Collaborative Works with Children, 1969-1999*. Zurich: Scalo.

Ewald, Wendy, and Alexandra Lightfoot. 2001. *I Wanna Take Me a Picture: Teaching Photography and Writing to Children*. Boston: Beacon Press.

（DWAYNE EMIL DIXON／内藤沙綾・北本正章訳）

家出する子どもたち（Runaways）
➡ホームレスの子どもと家出中の子ども（アメリカ）
(Homeless Children and Runaways in the United States)

怒りと攻撃（Anger and Aggression）

　怒りの定義は理論と論者によって異なる。怒りは生理的興奮・不快感・侮辱の程度・復讐の欲望・欲求不満・攻撃行動などに関係づけられてきた。怒りは生物学的基盤をもつ普遍的感情として分類されることが多いにもかかわらず、あきらかに、さまざまな社会的文脈に応じて異なって解釈され、扱われ、規制されている。怒りに対する態度、怒りの表出を規制する規範、子どもの怒りの程度と常態がいかなるものかは文化によって異なるが、これらすべてが子育てのパターンと子どもの経験に影響をあたえている。怒りとどう向きあうかを子どもに教えることは子育ての重要な課題であり、子どもが属する社会の規範を身につける社会化にはどうしても必要なことである。

文化の内側と外側の多様性

　怒りがどれぐらい制裁されるかは文化によってかなりの違いがある。子ども期における怒りをできるだけなくそうという文化がある。そこでは、感情をもち出すことを避けたり、あるいは怒りをもっと広くとらえて、その否定的な結果まで議論が広げられたりする。イヌイットの一集団であるウトゥク（Utku）にかんするジーン・ブリッグスの仕事によって、2歳までの子どもには怒りの表現が容認されるのに対して、それ以上の年齢の子どもや大人には、怒りをはっきり表に出すことを禁ずる厳格な感情基準が課されることが明らかになった。一般的に、子どもの感情に対する親の対応にはかなりの幅がある。怒っている子どもに愛情をそそぐことから、そうした子どもを恥じたり、あるいは身体的暴力をくわえたりすることにまで広がっている。バルバラ・ウォードは1950年代初期に香港東部の小島カウサイ村（Kau Sai）で子どもの癇癪気質の研究をしたが、そこから明らかになったのは、大人は子どもの癇癪を無視し、子どもが泣くままに放置しておくということであった。実際、大人はこうした怒りの発作には驚くほど無関心であり、かえって大人のほうが子どもにフラストレーションを起こすことによって子どもが怒るように仕向けるほどなのである。しかし、攻撃的対応は抑制され、厳格にコントロールされている。子どものけんかはすぐに止められ、言葉の攻撃さえ悪いものとみなされる。それに対して、身体的暴力は毛嫌いするが、怒りの言語的表現には寛容な

社会もある。1950年代のフランス南部のある村にかんする人類学者の報告によると、この村にはきわめて洗練された言葉による攻撃パターンがあり、それには儀式的な侮蔑行為や罵倒がともなうが、アメリカでよく目にするような校庭でのけんかがそれと同時に起こることはない。同じように、文化や歴史的な時代が違えば、子どもに向けられた大人の怒りにかんする受容の仕方も違ってくる。18世紀なかば以降の欧米における子育てについての助言は、子ども（あるいはその周囲にまで）に向けて怒りを表出するのを親は避けるべきだと忠告している点でかなり一貫していた。しかし、フィリピンのイフォーク（Ifaluk）族におけるミッシェル・ロサドの調査によって、大人が子どもに怒りを表出するのはここでも共通していることが見出された。

しかし、同じ文化のなかでも、子どもの怒りの規範の違いは社会集団やジェンダーも横断している。怒りの表現を高い地位の人びとに向けることは禁止されることが多い。それが社会的ヒエラルキーへの挑戦となるかもしれないからである。子どもが学ばねばならない微妙な社会的差異のひとつは敬意のニュアンスであり、また怒りを向けてよい対象はだれかという点である。これは、たとえば、奴隷やカースト社会にみられるように、あきらかに下層身分と目される家族出身の子どもにとってとくに重要である。だが、農民や労働階級の背景をもつ子どもにも同じことがいえる。実際、子どもは自分の家族内においてさえ、地位の標識に注意しなければならない。そこには、子どもの年齢差や子どもと大人のあいだの地位の違いがふくまれる。怒りの表現を高い地位の人びとに向けることは制限されるとしても、典型的な労働階級は（たとえばアメリカにおいては）、怒りをふくめた基本的感情のコントロールをそれほど行なわないと推測されるのがふつうである。

ジェンダーと怒り

男性により高い地位があたえられている男性優位社会では、少女は少年よりも感情の表出を制限される場合が多い。多くの場合、適切な怒りの程度はたんに性別役割の規範的要素としてだけでなく、男女の自然的差異でもあるとみなされている。たとえば、近代初期のヨーロッパでは、年齢をとわず女性が怒りに言及することは非常に不謹慎であると教えられていた。怒りの感情も嫉妬のようなほかの感情も、なにかを要求するための根拠になるという点では似ているが、怒りは抑制されたのである。怒りは名誉の反応と連合するものであり、男性の感情であったからである。この差別は19世紀のヨーロッパにもアメリカにも引き継がれた。女性らしさの規準にかんするアメリカの議論では、怒りはまったく女性にふさわしくなく、「まともな」女性なら断じてそんな感情をいだくことはないということにされていた。実際には年齢をとわず女性がしばしば怒りを感じるのはたしかであるから、この感情を抑えるためには多大な努力が求められたし、怒りの感情が否定的な自己イメージや女性らしさに対する関心をひき起こすこともしばしばあった。『若草物語』（Little Woman）のような小説は、少女たちがこうした期待にこたえて成長するために、いかに厳しい道のりをたどらねばならなかったかを詳細に物語っている。そしてアメリカの女子は今日でもまだ、男子以上に怒りを自己統制しているといわれている。

怒りにかんするイデオロギーは、西洋文化では時代とともに変化してきた。女子は怒りをいだくべきではないといまなお期待されているのに対して、男子や成人男性の怒りは（有力な男性間においてさえ）18世紀のヨーロッパ社会で大きな関心事となりはじめた。これはノルベルト・エリアスがいう文明化の過程のひとこまである。とくに、愛情家族というイデオロギーの成長の一部として、怒りは家庭内ではますますふさわしくないものとみなされるようになった。怒りは、家族構成員を積極的に結びつけるはずの感情の絆を妨害するように見えたからである。教訓文学もまた、召使いのような目下の者に向けられる怒りに警告を発しはじめた。こうした助言が子どもの怒りの経験をどのように変えたかは明らかではないが、一定の効果はあったように思われる。18世紀になると上流階級の青年の決闘への関心が増大し、19世紀を通じて論争の的になったが、それは怒りと攻撃性にかんする新たな両義性をあらわしている。

19世紀になると、アメリカでは複雑な怒りの公式が中産階級の少年のために展開された。少年は家では怒りをあらわさないよう教育されねばならない。怒りは家族を形成する愛の関係と矛盾し、目上の者に対する怒りはやはり不適切なものとみなされるからである。他方、怒りは男らしさの重要な一部であるので、それを少年から完全に除去してしまうのではなく、むしろ有用な目的に向けて方向づけねばならない。怒る力もない少年は人と競争する情熱や不正と戦う能力にとぼしい大人になってしまうに違いないと考えられた。親たちは男子に、怒りをもちつづけても、それを生産的な方向に向けるような経験をあたえようと努力した。ボクシングの練習をふくむスポーツの流行は、19世紀末の男子にとって、部分的に怒りを維持しつつ、同時に方向づける役割と関係していた。多くの少年向けの立身出世物語には、しばしば女の姉妹をふくんだ弱い者を守る場合に発せられる、いじめに対する正当な怒りの表現をふくんでいた。少年や成人男性の怒りの標準はきわめて錯綜していた。怒りを欠いてはならないが、怒りを爆発させてもいけないと、逆向きの警告を同時にあたえられていたのである。

19世紀のアメリカの少年文化の実際は、親たちが奨励した以上に荒っぽい仕方ではあったにしても、こ

うした方向を実現したように思われる。少年たちは、いわれなき怒りをもたずに戦いの場に立つよう期待されていた。怒りと勇気を奮い起こさずに逃げ出してしまう少年は、仲間からばかにされた。1840年代から1880年代のあいだ、アメリカでは「いくじなし」（sissy）という言葉（これはもともとは少女や姉妹を意味するイギリスの言葉である）が、適切な怒りを表現できず、おそれに立ちすくんでしまう少年をさすようになった。いくじなしとは、男らしさを準備する感情装置を欠いている少年を意味するようになった。適切に方向づけられた怒りは男らしさに欠かせない資質であったのである。

抑制される怒り

1920年代のアメリカでは、さまざまな勢力が怒りの価値についての信念に挑戦した。青少年**非行**にかんする関心の増大は、少年の怒りはたんに方向づけられるだけではたりず、防止もなされるべきであるという信念を生み出すこととなった。1930年代になると育児の専門家たちは、怒りには積極的な目的があるという確信を失い、そのかわりに攻撃という言葉を使いはじめた。怒りの尺度におけるこのような変化は、社会化と労働形態のより広範な変動と軌を一にしている。サービス産業や企業経営の職業につく男性が増えてくると、怒りを表に出さない円滑な職業関係の重要性が高まった。方向づけられた怒りの役割はなくなった。いまや怒りは悪いものであり、危険でさえあり、単純で粗野な感情となった。同時に、怒りと無縁の女性らしさへの関心が徐々に高まり、女子の穏やかな怒りの表現を歓迎する潮流が生みだされた。

怒りと攻撃性が危険な要素とみなされるようになるのにつれて、メディアにおける怒りや攻撃性に子どもがさらされていることに対する大人の関心が高まっていった。**コミック・ブック、ラジオ、映画、テレビ**は不健康な感情や反社会的行動への刺激をふりまいているという信念が広がり、子ども向けのメディア取り締まり運動が再三にわたりもちあがった。大人の音楽における攻撃的な歌詞や、とくに1990年代になってからのビデオやインターネット・ゲームでの暴力的画像の出現は、攻撃的な刺激へのアクセスが規制されるべきかどうかという疑問を助長することとなった。子どもがこの刺激に魅了される状況は現在も進行しているが、これは多様な解釈を生みだした。不健康な攻撃性を示している（あるいは生みだしている）のか、それとも、メディア表現は怒りや攻撃性に対して安全な商品を提供できるのだろうか、と。パンチング・バッグのような怒りを発散させる別の方法があると示唆する専門家がいる一方で、それは子どもの怒りをつのらせるだけだと感じている人も多くいた。子どもが自分の怒りに向きあい、それを人に話すよう子どもを勇気づける広範な支援もあった。それによって怒りがやっかいな問題を生みださなくなり、同時にさらに悪化することもなくなるように見えた。

子どもの怒りへの関心が高まったときでさえ、怒りにかんする多くの古典的テーマは依然として重要性を失わなかった。父親は、息子が自力で立つ力がなく、いくじなしかどうかを母親以上に心配した。平均的にみれば、少女は少年以上に怒りを気にかけ、怒りが起きそうな状況に置かれたときには、怒るよりも泣き出す傾向があった。いくじなしという言葉はもはや時代遅れだが、その一因は、少年を刺激して攻撃的にすることが適切ではなくなったからである。しかし、「腰抜け」（wimp）のような新しい言葉が依然として同じ意味をもっている。

怒りをむりやり抑制する努力が少なくなるのにつれて、攻撃行動が関心の中心になった。校庭でのけんかは大人の監視と少年文化の変化のなかで姿を消した。1990年代になると、アメリカの校内暴力は統計の上では減少した。しかし、危険な武器が容易に入手できるという状況にあって、大勢が犠牲になる恐るべき暴力事件が起きるたびに、大人の心配はかきたてられた。21世紀の初めには、いじめに対する新たな関心が高まった。そこには、いまや攻撃性は子どもにとって個人的にも集団的にも悪であるという大人の実質的合意が反映されている。非行に関連した研究を行なうにあたって、政府や専門家によって、なにが攻撃的行動の決定的要因であり、またそこに潜在的な暴力的大人の関与の可能性を特定できるかどうかが検討された。子ども期の攻撃性は加害と被害の両面で若者の身体的・心理的健康をそこなうのではないかとの懸念を大人にもたらしている。

➡子どもの感情生活、ジェンダー化、しつけ

● 参考文献

Averill, James R. 1982. *Anger and Aggression: An Essay on Emotion*. New York: Springer-Verlag.

Briggs, Jean. 1970. *Never in Anger: Portrait of an Eskimo Family*. Cambridge, MA: Harvard University Press.

Elias, Norbert. 1982. *The Civilizing Process*. Trans. Edmund Jephcott. New York: Pantheon. エリアス『文明化の過程』（上・下）（赤井慧爾ほか訳、法政大学出版会、1977-78年）

Rosaldo, Michelle. 1980. *Knowledge and Passion: Ilongot Notions of Self and Social Life*. Cambridge, UK: Cambridge University Press.

Rotundo, E. Anthony. 1993. *American Manhood: Transformations in Masculinity from the Revolution to the Modern Era*. New York: Basic Books.

Russell, J. A., and B. Fehr. 1994. "Fuzzy Concepts in a Fuzzy Hierarchy: Varieties of Anger." *Journal of Personality and Social Psychology*, 67: 186-205.

Sabini, John, and Maury Silver. 1982. *Moralities of Everyday Life*. New York: Oxford University Press.

Solomon, Robert. 1984. "Getting Angry: The Jamesian

イクシ

Theory of Emotion in Anthropology." In *Culture Theory: Essays on Mind, Self and Emotion*, ed. Robert A. Shweder and Robert A. LeVine. New York: Cambridge University Press.
Stearns, Carol Z., and Peter N. Stearns. 1986. *Anger: The Struggle for Emotional Control in American History*. Chicago: University of Chicago Press.
Stearns, Peter N. 1994. *American Cool: Constructing a Twentieth-Century Emotional Style*. New York: New York University Press.
Trumbach, Randolph. 1978. *The Rise of the Egalitarian Family: Aristocratic Kinship and Domestic Relations in Eighteenth-Century England*. New York: Academic Press.
Underwood, M. K., J. D. Coie, and C. R. Herbsman. 1992. "Display Rules for Anger and Aggression in School-Age Children." *Child Development* 63: 366-380.
Ward, Barbara E. 1970. "Temper Tantrums in Kau Sai: Some Speculations upon Their Effects." In *Socialization: The Approach from Social Anthropology*, ed. Philip Mayer. London: Tavistock.
Wylie, Laurence William. 1974. *Village in the Vaucluse*. Cambridge, MA: Harvard University Press.

（DEBORAH C. STEARNS／太田明訳）

育児（Parenting）

　現代の育児［親業／子育て］を特徴づけているのは不安感である。21世紀初めの親たちは、自分の子どもの身体的健康、人格発達、心理的安寧、そして学習成績などについてたえず苦悩する。親であること（parenthood）は、子どもの誕生から、その将来に対する不安感によって特色づけられる。現代の親は、子どもの**睡眠障害**や**多動性障害**のようなきわめて日常的な問題にとどまらず、**乳幼児突然死症候群**、だれかに**誘拐**されること、身体的および性的な虐待などにも心を悩ませている。

　子どもの幸福について親がいだく不安感は新しく展開してきたものではなく、親がそれについていだく懸念は歴史のなかで劇的に、さまざまなかたちをとってきた。親たちは、19世紀なかばまでは、その主要な関心を自分の子どもの健康、宗教的敬虔さ、さらにはその道徳的発達にはらってきた。19世紀後半になると、しだいに子どもの感情的および心理的な幸福に注意をはらうようになり、20世紀を通じて、親がいだく不安感は、人格発達、ジェンダー・アイデンティティ、同輩仲間との交際能力などに向けられている。今日では、過去に見られたよりもはるかに大きな罪悪感にさいなまれている不安定な親たちは、自分の子どもたちが倦怠、虚弱な自尊心あるいは学校の過剰な圧力に苦しまないようにと気をつかっている。

変貌する育児の諸前提

　21世紀初頭には、人びとは子ども期の初期を人生の形成段階と考え、生後2～3年の子どもの経験が人格を塑形し、未来の認知的および心理的な発達の基礎をつくり、子どもの感情生活に永続的な刻印を残すと考えた。また、人びとは、子どもの発達は一連の生理学的、心理学的、社会学的、および認知的諸段階を進むものであり、また、非常に幼い子どもでも学習能力をもっていること、**遊び**は有益な発達機能をもたらすこと、そして、成長には、子どもたちに親から感情的および心理的に分離させることが必要であることなどが前提であると考えていた。こうした前提は、今日までの2～3世紀のあいだにいちじるしく変化してきている。18世紀以前には、驚いたことに、大人たちの大半は子どもの誕生後の最初の数年に対してほとんど注意をはらうことはなく、**自伝**も、子ども期に対するノスタルジーをほとんど示していない。また、大人たちも、今日にいたるまでに見られたほど年齢意識が高くなく、子どもの遊びを、ささいで無意味なものとして無視する傾向があった。

　育児の基礎をなす根本的な前提は、歴史のある時点で高まった文化的な構成物である。育児は、「大人に向けての訓練である」という17世紀の子ども観から、性格形成を重視する19世紀初期の子ども観まで、一連の連続する、そして重なりあういくつかの段階のなかで進化してきた。19世紀末には、規則性と体系化を重視する**科学的育児法**が、20世紀なかばには子どもの感情的および心理的なニーズを満たしてやることに焦点があてられ、20世紀後半には子どもの知的発達と社会性の発達を最大化することに重点が置かれた。

植民地時代のアメリカにおける子ども期

　多様性はこれまでつねにアメリカの子育ての特徴であった。これは、ほかのどの時代よりも植民地時代に明白であった。先住アメリカ人、奴隷にされたアフリカ系アメリカ人、そしてさまざまな地域的および宗教的な背景をもつヨーロッパからの植民地支配者たちのあいだで、それぞれまったく異なる育児形態が見られた。

　ヨーロッパの観察者たちは、自分たちの育児慣習と東部の森林地帯のインディアン諸部族の育児慣習との違いにショックを受けた。そこには表面的な類似性もいくらかあった。ネイティブの人びとは、ヨーロッパ人と同じように、新生児の健康を守るために妊娠期間をさまざまな儀礼でとり囲み、出産に続いて、ヨーロッパ人たちが洗礼と**割礼**の変形とみなしたいくつかの儀礼（たとえば、乳幼児に熊の脂肪をこすりつけたり、新生児の舌・鼻・両耳に穴を開けるなど）を行なった。子育てにおける差違はとくに目をみはるものがあった。ネイティブの少女たちは、ヨーロッパで見られたように、糸を紡いだり、織ったり、編んだりすることは期待されておらず、

少年たちも農場ではたらくことを期待されてはいなかった。ましてや子どもたちが、体罰を受けることもなかったが、これは体罰は臆病さと従順さを植えつけてしまうと考えられていたためであった。

インディアンのあいだでの成熟は、ヨーロッパ人のあいだでよりもはるかに宗教的かつ共同体的な儀礼にまきこまれていた。少年の場合、最初の歯に印をつけ、はじめて大きな獲物を殺すこと、そしてヴィジョン・クエスト*1を区切って示すいくつかの儀式があったが、このなかで少年は守護神を見つけるために未開地に一人で入っていった。多数の少女たちは初潮を迎えると隔離された。南東部のいくつかの部族では「フスキナウ」(huskinaw) とよばれる儀式があり、これによって少年も少女も、子どもとしてのアイデンティティを洗い流され、大人としての地位を引き受けた。

イギリス人の植民たちは、子どもを「大人になる訓練中」の状態と考えていた。彼らは、子どもがその精神的、道徳的、そして身体的能力の点で大人とは違いがあることを認識しており、子ども期、彼らが若者期とよんだ中間段階、そして成人期のあいだに区別を設けた。だが彼らは、年齢によって子どもを厳密に区分することはなかった。若者たちの役割と責任を決める際、時間的な年齢よりも身体の大きさと体力のほうが重要であった。両親が子どもたちに望んだのは、できるかぎり早く話しができるようになり、読み、理性を身につけ、家族の経済的な幸福に貢献することであった。

乳幼児は欠乏状態であるとみなされていた。乳幼児は、成熟した人間であることに不可欠なふたつの特徴である、話すことと直立歩行することができない。親は、乳幼児がハイハイするのをやめさせ、乳幼児を現代の歩行器とよく似た「歩行用の肘かけ」のなかに置いた。適切な大人の姿勢を確実にするために、幼い少女たちは皮革製のコルセットを身につけ、親は男女をとわず非常に幼い子どもたちの背骨に沿わせて棒を置いた。植民地の人びとが赤ん坊をスウォッドリングすることはめったになかった。当然のことながら、このため暖炉や井戸に落下した。

植民地時代のアメリカにおける多様な宗教文化は子育てに甚大な影響をおよぼした。ニューイングランドのピューリタンたちは、子どもたちが宗教的な敬虔さを示し、その罪深い本性を克服することを奨励した。ピューリタンたちは、子どもたちがその道徳性を反映するのを奨励するために、しばしば死について語った。また彼らは、罪がもたらす結末を子どもたちに熟慮させるため、彼らを絞首刑の場につれていくこともあった。ピューリタンの親は、若者の敬虔さを助長するために毎日行なう世帯ぐるみの祈りを欠かさなかった。早い年齢での回心の事例を示しているジェームズ・ジェインウェイの『子どものために』(Token for Children) のような書物を読ませた。また、幼い子どもにも安息日の祈祷*2に参加するよう求めた。ピューリタンのもっとも重要な伝説のひとつは、両親は子どもの身体的な幸福だけでなく、子どもの職業選択とその霊魂の状態にも責任があるという考えであった。

中部の植民地（ニューヨーク、ニュージャージー、ペンシルヴァニア、デラウェア）では、非常に異なる子育てのパターンが広まった。とくにクウェーカー*3の世帯では、権威主義と家父長制はピューリタンほど強くはなかった。クウェーカーたちは、ピューリタンと同じように、ほかの家族の子どもたちを引き受ける家族が少なかったため、非常に独立的であった。クウェーカーの両親は、罪深さを強調するかわりに、それぞれの子どもの「内なる光」をやさしく育てようとしたが、この聖なるきらめきと彼らが信じていたものは、どの子どもにも「聖なる回心」によって植えつけることができるものであった。クウェーカーの両親は、ニューイングランドの親たちとは違って、子どもたちに比較的早い年齢で土地を提供することで早期に自立させることを重視していた。

メリーランドとヴァージニアのチェザピーク植民地では、鋭くゆがんだ性比率と高い死亡率が、中部植民地あるいはニューイングランドとは非常に異なる育児パターンを生みだしていた。17世紀のチェザピークでの結婚は質素で、孤児であることと義理の親であることが一般的であった。子どもが成人に達するのを見とどける期待をもてなくなった父親は、子どもたちが早い年齢で経済的に自立することを当然のことと考えていた。17世紀のチェザピークは、多数の10代の年季奉公人たち*4を擁していたが、彼らは非常に厳格なしつけのもとに置かれ、体罰に苦しめられていた。

18世紀の動乱

18世紀を通じて子ども期の世界は劇的な変化を経験した。最初に生まれた子どもがその両親にちなんで**命名**されることはめったになく、最近になって消滅したきょうだいのために、遅く生まれた子どもたちの名づけの慣習もすてられた。子どもたちはミドルネームをつけられるようになったが、これは、それぞれの子どもの個性をいっそう明確に認識することをあらわしている。子ども期の表現も大きく変化した。子どもを大人のミニチュアとして描いているかたくるしいポーズをとった肖像画は、幼い子どもが遊んだり本を読んだりしているようすを示すロマン主義な表現に道をゆずった。他方、手袋、ジグソーパズル、ボードゲームといった教育おもちゃは、子どもの本がそうであったのと同じように、広いマージン、大型、そして絵入りで登場した。動物物語、道徳説話、科学年表は、子どもたちを教育しようとしただけでなく、彼らを楽しませようともしていた。

18世紀の子育て冊子は親の意識の変化を示している。近世に見られた宗教的敬虔さを教えこむこととな

らんで、「自己管理すること、熱情と欲望を抑制すること」を教えることによって、徳性と自己統治の能力を内面化させることを大きく重視した。多数のマニュアルは、子どもの行動を形成するうえで、「名誉への愛、恥と不名誉への危惧」は、子どもに体罰をあたえるよりもはるかに効果があるとするジョン・ロックの主張をふくんでいた。だが、18世紀は、17世紀の『オナニア、すなわち、自慰という憎むべき罪業』*5の出版が続く、**マスターベーション**の脅迫概念の高まりが見られた時代でもあった。この理想に反する行動は、子ども期が無性的な純真無垢（イノセンス）説と結びつくようになると厳しく抑圧された。

子ども期の構築的な概念は、18世紀のアメリカにも共存していた。こうした概念には、子どもをタブラ・ラサ（tabula rasa）、すなわちその性格がよい方向にも悪い方向にも形成されうる、まだ何も書きこまれていない粘土板ととらえるロックの子ども観、子ども期を純潔・想像力・有機体的な全体に結びつけるロマン主義的な子ども観、さらには、子どもは潜在的に罪深い生き物であるので外界の悪い影響から隔離して守る必要があり、その強情さを乳幼児期のあいだに打ち壊さねばならないと考える福音主義的な子ども観などがふくまれる。こうしたいくつかの子ども観は、ほかと識別される社会集団と結びつく傾向があった。権威に従順であることと早期の回心を重視する福音主義的な子ども観は、地方の洗礼派、メソジスト派、そして長老派の家族のあいだで見られた。南部のジェントリーと北部の商人層では、日常的なしつけが使用人や奴隷たちにまかされていたため、子どもたちに愛情がそそがれた。他方、中間層のうちとくに上昇意欲が強かった農民家族、小売業家族、職人家族で、自制心が重視され、規律の精神が内面化された。

アメリカ独立革命は、すでに進行していた反家父長制の趨勢を加速させた。秩序と抑制の重視は、個人の気持ちや愛情を重視するロマン主義の主張にとって代わられた。子どもたちが両親の面前でお辞儀をしたり脱帽し、食事中に立ったままでいるよう求める親はごくわずかであった。両親に対して「サー」（Sir）［お父上］とか「マダム」（Madam）［お母上］と尊称でよびかけるかわりに、子どもたちは「パパ」「ママ」とよんだ。18世紀末までに、パステルカラーで色づけられた、ナーサリーライムに出てくる動物や人物の絵で飾り立てられた、子ども向けに特別にデザインされた家具類が広汎に生産されはじめたが、これは子ども期を純真無垢な遊びの時期と考える一般大衆の観念を反映していた。

18世紀後半に全盛期を迎えた「共和国の母」の理想に従えば、母親たる者は礼儀作法と自制心という共和国の徳を息子たちに教えこみ、アメリカにおける共和国の実験が古代ギリシアやローマの共和制につながらないことを確証する責任を負っていた。18世紀は、女性がこうした責任を果たすのを確実にするために、女性のアカデミーが隆盛し、女性の**識字能力**（リテラシー）が顕著な上昇を見せた。

19世紀初期までに、急速に拡大する東北部の中産階級の母親たちは、しだいに近世の子育ての理念のアマルガムをいだくようになっていた。彼らは、ジョン・ロックからは、子どもというものは非常に可塑性が大きな生き物であり、共和主義的な統治形態は、両親がその子どもに自治能力を教えこむことを必要としているという考えを吸収した。ジャン＝ジャック・ルソーとロマン派の詩人たちからは、子ども期が、自然に、より純粋に、そして道徳的に大人よりも優先されるべき特別な人生段階であるとする考えを獲得した。福音主義からは、親として果たすべき最優先の仕事は子どもに正しい道徳的気質を教えこみ、大人世界の汚染から子どもたちを隔離して守ってやることであるという考えを採用した。

19世紀のアメリカにおける育児

19世紀初めの旅行者たちは、アメリカの子どもたちがヨーロッパの子どもに比べて非常に自立的で、あまり厳格なしつけを受けていないと報告していた。フレデリック・マリアットというイギリス人の訪問者は非常にショッキングな事例を報告している。ある子どもが父親の命令にそむいた後で、この父親は、「この少年の大胆不敵な不服従を見てにっこりしながら」、自分の息子を「たくましい共和主義者」と表現したのであった。

だが、早くも1825年頃になると、過去の家族よりも感情的に強く結びついた新しい種類の都市の中産階級家族が登場してきた。この新しい家族は、両親が、1800年における平均7～10人の子どもから、1850年の5人、そして1900年の3人へと、急激に出産率を減らしたため、植民地時代の家族よりもはるかに小さかった。またこの家族は、子育てを結婚初期の数年間にしだいに集中するようになったため、世代に沿って鋭く区分された。この家族は、父親が家を出て仕事に行き、母親がほぼ独占的に子育ての責任を負うことが当然視されていたため、非常に母親中心的な家族でもあった。他方、中産階級の子どもたちは過去の子どもに比べてより長い時間を両親の家ですごした。子どもたちは、家庭と家の外の労働経験とのあいだを行ったり来たりするのではなく、10代の終わりまで、あるいは20代の初めまで、家にとどまった。

家庭内での社会化が長期化され、しかも強められると、子育てはしだいに自意識過剰な活動になってきた――この展開は、敬虔な母親たちが、子どもに対する正しい育児法としつけの方法について議論しているところでは、助言マニュアル、母親向けの雑誌、母親どうしのつきあいなどによって強められた。聖職者たちからの助言よりも世俗的な権威からの助言がしだいに

増え、いくつかの主題が強調された。ある助言は、生まれてすぐの最初の数年が決定的に重要であると説いた。ホーレス・ブッシュネル尊師（1802-1876）が1843年に書いているように、「子どもが3歳になる頃には、子どもの性格形成のためにできると思われている半分以上がすでに達成されてしまっていることを、すべてのキリスト教徒の父親と母親に理解させなさい」。これとは別の重要な主題は、母親による子育てが非常に重要であるということであった。リデジア・マリア・チャイルドが1832年に書いているように、母親の「まなざしのすべて、動きのすべて、あらゆる表情は、永遠の生命を引き継ぐこの小さな者の性格形成に関係があるのです」。子どもを養育する目的と方法は、新しい言い方で表現された。母親たちは、才覚があって、自己決定できる子ども——とくに少年——を育てることとなる。彼女たちは、子育ては体罰によってではなく、母親として示すお手本、子どもの良心に対するアピール、愛情を取り消すという威嚇などをふくむさまざまな形態の母親がおよぼしうる影響によって、内的規律と自制心に向かう能力を子どもに内面化するものであるとされた。

階級、民族および地域の多様性

北東部の中産階級が母親による集中的な子育てと保護された子ども期という理念を受け入れたのと同時に、奴隷、農場、未開拓地、鉱山、そして労働階級の家族のあいだには非常に異なるパターンが広まった。彼らの子どもたちは、狩猟や釣り、両親の労働活動の手伝い、菜園や家畜類の世話、鉱山あるいは工場での仕事、ゴミひろい、路上販売、幼いきょうだいの世話など、積極的に自分の家族の幸福に貢献した。

奴隷制のもとでの育児は、とくに困難なものがあった。妊娠中の劣悪な栄養状態や重労働の結果、すべての奴隷の新生児の半数は体重が5・5ポンド［約2500グラム］未満であるか、われわれが今日危険な低体重と考える水準以下の体重であり、10歳まで生きのびる奴隷の子どもは3分の2以下であった。「雇用促進局」*6が面談した、以前に奴隷であった人びとのほぼ半数は、父親が別のプランテーションに住んでいたり、母親が未婚あるいは寡婦であったり、父親が白人であったりするなどの事情で、父親とは別れて育てられていた。こうした子どもたちが16歳になる頃までに、面談した3分の1は、別の所有者のところに売却されたり移送されたりしていた。

子ども期は、子どもに対する優先的な権威をおよぼすのがだれであるのかをめぐって、両親と雇用主が競合する戦場であった。奴隷にされた子どもたちに残るもっとも過酷な記憶のひとつは、自分が虐待を受けるのを防いでくれるうえで無力であったことを暴露している。しかしそれでもなお、奴隷の親たちは、なんとかして子どもたちに自尊心を伝えようとし、複雑な奴隷制度を生き抜く方法を子どもたちに教えようとしていた。奴隷の親たちは、その名づけのパターン、手職技術、宗教上の慣習、音楽、フォークロアなどを通じて、子どもたちに奴隷制度を堪えしのび、歴史、道徳性、そして個性的なアイデンティティの感覚をもちつづけるうえで必要な意志と技能とを伝授した。

都市の労働家族と移民家族は、その暮らしのために、子どもをふくむすべての家族メンバーが家族の物的支援に貢献するよう期待される協同の家族経済に依存していた。19世紀を通じて、労働家族の収入の20パーセントもが15歳以下の子どもの労働によって稼得されていた。重要な決定——移民、学校への出席、労働力や結婚生活に入るタイミングなどにかんする重要な決定——は、個人の選択よりも家族のニーズにもとづいており、このため労働階級と移民の家族は、子どもたちが封を切らないまま給料を渡すことを確実にするために、しばしばその権威に訴えた。

地方の家族も、その子どもたちに大きく依存していた。西部開拓地では、両親は、子どもたちが自立的に活動し、早い年齢で家族にとって不可欠の責任を果たすよう助長した。非常に幼い子どもでも次のような大切な仕事に従事することが期待された。干し草の刈りとり、牛や羊の群れ集め、灌木焼き、卵集め、バターの攪拌、さらには鋤起こし、植えつけ、収穫を手伝うことなどである。地方の学校教育は散発的で断続的になりがちであった。

世紀の変わり目の育児

19世紀末と20世紀初めには、下痢症、赤痢、寄生虫病といった消化にかかわる疾患、結核、クループ*7、肺炎、百日咳*8などの呼吸器系の疾患、さらには、猩紅熱や感染症などの疾患に医者たちが成功裡に対処したことにみられるように、子どもの健康面で重要な改善が進んだ。子どもの死亡率を減少させるうえで、ミルクの低温殺菌*9はとくに重要であった。こうした医療の成功は、じゅうぶんな教育を受けた両親が、子育てそのものをもっと科学的に行なうべきであるという考えを受け入れるようにうながした。1880年代と1890年代を通じて、心理学者のG・スタンリー・ホールが先陣をきった子ども学研究運動は、母親と教師たちから情報を収集し、（ホールが広めた用語である青年期をふくめて）子ども期の発達段階について、人びとの自覚を大いに推進し、子どもの恐怖心、不安感、懸念に対する感覚を強めた。

これまでの子育てに科学的な原理が正しく適用されてこなかったという考えは、新しい種類の子育てマニュアルを生みだしたが、そのうちもっとも有名なものは、1894年に初版が出たルーサー・エメット・ホルト博士*10の『子どもの養育と食餌』であった。ホルトは、食餌、入浴、睡眠、そして排泄について厳密なスケジュール管理を強調し、幼児を細菌感染から用心

深く守り、不適切な刺激を幼児にあたえないよう両親に助言していた。精神的に十分安定している大人が習慣と自制のある人間だとわかると、彼は規則正しい習慣を幼児に身につけさせることの重要性を強調した。彼は、母親たちに自分の赤ん坊にキスするのを思いとどまらせ、赤ん坊が泣いていても無視し、親指を吸う癖のような習慣を中断せよと助言した。上流階級と中産階級の上層部の母親たちは、**ベンジャミン・スポック博士**が対象にしていた母親と同じように、労働階級の母親よりもホルトの助言に従うことがはるかに多かった。ジョン・B・ワトソン——彼は、1920年代に母親たちに向かって、自分の子どもを「**決して抱きしめたりキスしたりしないように**」とか、「**子どもをあなたの膝の上に座らせるようにしなさい**」と語っていた行動主義心理学者であった——は、自分にインスピレーションをあたえてくれたのはホルト博士であったと述べた。

1920年代と1930年代のあいだに、**児童心理学**の分野は、中産階級の育児にしだいに大きくなる影響をおよぼした。児童心理学は、きょうだいの競争、病的恐怖症、不適応、劣等感とかエディプス・コンプレクスなど、子どもの感情的な問題を記述する新しい用語をもたらした。また、児童心理学は、（過剰な要求とか許容性などの変数にもとづいた）育児の諸形態、子どもの発達の諸段階とその里程標、そして、（**アーノルド・ゲゼル、フランシス・L・イルグ、ルイーズ・ベイツ・エイムズ**らによって確認された「**恐るべき2歳児**」のような）特定の年齢の子どもたちの性格特性などについて、新しい洞察を示した。1920年代に進展した研究成果は、規則正しい生活習慣と厳格な自制心を重視するそれまでの育児を時代遅れであるかのようにしてしまった。精神的に十分安定している大人たちはいまや、余暇を楽しむ気楽に暮らせる人物とみなされた。大衆向けの子育ての助言の提供者たちは、子どもたちの行動は科学的にコントロールすれば形成できるとする機械論的で行動主義的な考えをしりぞけ、赤ん坊の感情的なニーズにこたえてやることの重要性を強調して、非常にリラックスした子育ての方法が好ましいと勧めた。小児科医であったC・アンダーソン・オルドリッチによる1936年の書物のタイトル——『**赤ん坊も人間である**』（*Babies Are Human Beings*）——は、こうした新しい態度を要約したものである。

1910年代後半に未成年者の**非行**に対処するために設立された**児童相談**クリニックは、摂食障害と睡眠障害、爪をかむこと、おねしょ、恐怖症、きょうだい争い、癇癪、あるいはまた、学校への不適応、逃亡、不服従、反抗的なふるまいをふくむ諸問題に心を痛めていた中産階級の親のあいだで拡大する患者たちを引きつけた。だが、多くの親は、とくに少女が必要とする月経にかんする情報など、**セクシュアリティ**にかんする子どもたちの情報ニーズへの対応に失敗し、しだいにこの責任を学校に負わせるのがよいと考えるようになった。1922年という早い時期に、すべての学校の半数が、**性**教育の初期の形態である「社会衛生学」の教育をある程度提供していた。

世界大恐慌、第２次世界大戦、ベビーブーム

世界大恐慌は親たちに厳しい重圧をかけた。大恐慌は、稼ぎ手たちを仕事から追いはらって家族を貧窮化させただけでなく、多数の家族に居場所を共有したり、子どもをもうけるのを先延ばしにすることなどを強いたりもした。国内で20万人以上の子どもたちが路頭に迷った。父親たちの多くは、家族を養うことができなかったため、罪悪感にうちひしがれ、失業は家族内の父親の地位をいちじるしく低めた。このような萎縮していく父親の姿は、お金を貯めたり稼ぎ出すという点で母親の役割がますます大きくなることに映し出されていた。

第２次世界大戦によってひき起こされた戦時中の大混乱は、育児にも甚大な影響をおよぼした。この戦争は、結婚と出生率の突然の急増をもたらし、先例のない規模での家族の分断と移動を刺激し、さらには、何百万人もの母親を労働力に投げこんだ。また、この戦争は、母親が自分の子どもを抱擁するのは標準的で健全であるとする立場をとる、非常に情愛的な子育てに向かう傾向を加速させた。それと同時に、この戦争は、有給であれ無給であれ——スクラップ集めとか家庭菜園の世話をするなどの——**児童労働**に対する反対運動を一時的に減退させた。ここには問題が山積しているように思えるのだが、労働は青少年非行を減らしたかもしれない。

第２次世界大戦は、とくに母親の過保護と、それとは正反対の母親のネグレクトという「ダメな」母親の育児についての強い懸念を生んだ。アメリカの人びとは、500万人以上にものぼる多数の成人男性が身体的あるいは心理学的な欠陥があることを根拠に、軍務につくことを拒否されたことにショックを受けた。[戦時中の]1942年のベストセラー『**毒蛇世代**』（*A Generation of Vipers*）の著者フィリップ・ウイリーン（1902-1971）は、過保護な母親と、受動的あるいは不在がちの父親という支配的な結びつきを論拠にしてこの問題を論難した。青少年非行・鍵っ子・私生児・怠学・逃亡などは、不安定な戦時下の状況が理由ではなくて、子どもをネグレクトする母親たちが原因であるとして非難する傾向も見られた。戦争中に親元から引き離されていたイギリスの子どもたちにかんするジョン・ボウルビーの研究にもとづいたある重要な戦時下の伝説は、子どものなかに安心感と潜在能力の感覚を発達させるうえで母親のアタッチメント（愛着行動）の重要性を強く強調したことがあった。

日系アメリカ人以上に戦争の影響を受けた家族はほ

かには見あたらなかった。1942年の春、12万人——そのうちの3分の2はアメリカ市民であった——もの人間が、西海岸の家を追い立てられ、アリゾナ、アーカンサス、カリフォルニア、コロラド、アイダホ、ユタ、そしてワイオミング各州の、不毛な立ち入り禁止地区に移された。トイレ、シャワー、台所は共同使用で、家族のプライバシーはさまたげられた。このような抑留キャンプは、伝統的な家族役割を逆転させ、両親の支配力をゆるめた。

この戦争のあとには家族調節についての過酷な問題が続いた。多数の帰還したアメリカ兵は、子どもたちとのコミュニケーションがむずかしいことに気づく一方、多くの妻と子どもたちも、こうした男性たちが異常なまでに厳格で神経質であったり、あるいは不寛容であるのに気がついた。人間関係が疎遠になることとアルコールが原因の諸問題は、家族が戦後に再調整しようとしたためにめずらしいことではなかった。次の10年は、戦時の精神的ストレスに対する激しい反動が見られた。アメリカ人たちは、前の世代よりも若い年齢で結婚して多くの子どもをもうけた。戦後の住宅不足への対応として、数百万人もの人びとが郊外の新しい単一家族の家庭に移り住んでいった。戦争で疲弊した多数の両親は、自分の両親と祖父母からの子育てにかんする説教を軽蔑し、厳正な食餌・入浴・就眠スケジュールを拒絶し、自分の赤ん坊を抱き上げてやり、赤ん坊を楽しませるようにと語ったベンジャミン・スポック博士の助言を受け入れた。

だが、それにもかかわらず、育児習俗における階級と民族の違いは広汎に残存した。アリソン・デイヴィスとロバート・ハヴィガーストは、労働階級の両親が従順さを優先し、より多く体罰に頼っていたのに対して、中産階級の両親がもっと早い年齢で、学業成績、進取の精神、個人の責任感、そして清潔さなどを子どもに身につけさせようと訓練しはじめたことを見いだしている。また、アフリカ系アメリカ人の両親が、**乳児哺育**と離乳に対しては、白人の同じ状況の親たちよりもリラックスした態度をとることも見いだされている。

戦後の育児は心の奥底にひそむ不安感によって特徴づけられたが、これは、部分的には、子どもの心身の健康に対する関心に刺激されたものであった。1950年代末は膨大な数の子どもがポリオ[*11]あるいは髄膜炎のために肢体不自由者にされたまま放置された最後の時期であった。セオドア・リッツ、アイーヴィング・ビーバー、それにエリク・エリクソンらの心理学者たちは、精神分裂病、同性愛、アイデンティティの拡散を、自律性を求める自分のフラストレーションやニーズを自分の子どもたちに向けて置き換えてしまう母親たちに関連づけた。主要な懸念は、ほとんどもっぱら母親だけに育てられた多数の少年は正しい性的役割のアイデンティティを発達させそこなうということであった。いまからふりかえってみると、不安感の基礎にあったのは、アメリカの歴史で類例を見ないほど母親たちが独占権をもって子育てをしていたという事実にあることは確かなようである。

1960年代を通じて、アメリカの育児にはなにかまちがったことがはびこっているという感覚が高まっていた。『郊外生活者たちの甘やかされた子どもたち』（*Suburbia's Coddled Kids*）といったタイトルをもつ書籍は、許容的な育児と、弱い者いじめをする子どもを放任している両親たちを批判した。他方、エドガー・Z・フリーデンベルグとかポール・グッドマンなどの反体制派の批評家たちは、中産階級の親たちは、自立することと目標を達成することを子どもに向けて強調するだけで、成果を上げたり自律性を高めるための方法についてはほとんど何も子どもたちに示さないという混乱した情報を伝えることで、子どもたちを破綻させつづけていると述べて批難した。アメリカ人たちがあらゆる種類のギャップ——いわゆるミサイル・ギャップ[*12]や「政治不信」[*13]——について懸念をいだいていた頃、すべてのギャップのなかで世代間の断絶はもっとも大きな悩みの種であった。このギャップは安易に誇張されてロマン主義化された。そして、社会科学者たちは、大部分の道徳問題や社会問題について若者とその両親とのあいだに理念の違いはほとんどないこと、また、とくに白人の中産階級と白人の労働階級の若者のあいだでは、若者たち自身のあいだにもっとも大きな分裂がみられることを示した。だが、それにもかかわらず多くの家族は、服装・言語・音楽・性的な道徳、そしてとくに政治について、激しい衝突をまのあたりにした。

1970年以降の育児の諸傾向

1970年代初期以降になると、親の不安感はその範囲と強さの両方で増大した。多くの親は、家庭を子どもにとって安全な場所にし、車にベビーチェアをとりつけ、さらには自転車に乗るときはヘルメットをかぶるよう要求することによって、考えられるあらゆる害悪から子どもたちを守ろうとした。他方、労働力に参入する母親が増えてくると、親たちは自分の子どもたちのためにより構造化され、管理された活動を計画しようとした。3歳から11歳までの子ども向けの自由な遊びや野外活動は、1980年代初めから1990年代末にかけて約40パーセント減少した。

こうした不安感が高まることになった要因は多様であった。そのひとつは人口動態にあった。20世紀末、子どもたちの大半はきょうだいが一人いるか、一人もいなかった。両親は、しだいに少ない子どもしかもうけないようになり、より多くの感情を一人一人の子どもに投下し、多くの親が、自分の子どもが学業面や運動面で、あるいは社会的に人なみにうまくやっていけないのではないかという恐怖感をいだいて暮らした。

子どもについての専門家の増加は、研究組織や擁護団体、メディアの表現手段の急増と結びついていたが、それはまた、子どもの健康と安全に責任を負う政府機関が、両親に、子どもたちの幸福にとって脅威となること、また、自分の子どもの身体的、社会的、および知的な発達を最大化する方法についても、しだいに両親に気づかせるようにした。順応できるふつうの子どもをもうけたいと望んでいた戦後の両親たちとは違って、いまや中産階級の両親は自分の子どもに競争に勝ち抜く優位さをあたえたいと望んでいた。

子どもたちに過剰な活動を負わせるゆきすぎた努力は、デイヴィド・エルキンドのようなエキスパートに、放課後の時間を学習、特別強化活動、そしてスポーツで満たすことによって、あらゆる可能な機会を提供しようとする野心的な中産階級の両親を、「狂信的育児」に向かう傾向にあるとして罵倒させることになった。こうしたエキスパートたちは、過密なスケジュールを立て、過剰な学習計画を立てると、それが子どもたちに耐えきれない圧力をかけてしまい、彼らから自由な遊びやぶらぶら歩きをする機会を奪ってしまうことになるのではないかとおそれた。

いくつかのショッキングなニュースは、両親の恐怖心が強まったことを報じている。そのなかには、1973年に起きたエルマー・ウェイン・ヘンリーとディーン・コールによる27人もの青少年の連続殺人事件や、1974年にシアン化合物入りのハロウィン・キャンディによる8歳のティモシー・オブライアン毒殺事件があった。これらの事件の後には、子どもたちの幸福が急速に衰退していると主張する意見がくりかえし公にされた。1970年代なかばを通じて、10代の妊娠が蔓延していることへの警告があった。この後には、1979年にニューヨーク市で起こったイータン・パッツのミステリアスな失踪事件や、1981年にフロリダで起きたアダム・ウォルシュ誘拐殺人事件が引き金となって、他人による子どもの誘拐についてパニックが続いた。これ以外にも、託児所（デイケアセンター）における性的児童虐待、狂暴なユース・ギャングと青少年の「スーパー略奪者」とよばれた若者たちの物質乱用[*14]、そして、標準テストで成績が落ちてしまった学生などのパニックが続いた。

こうしたパニックは非常に誇張された。10代の妊娠は、1957年がピークであり、その後は下降していて増加していない。連邦調査は、他人による子どもの誘拐で行方不明になっている子どもはほとんどいないと明示した。圧倒的大多数は監護権のない両親による誘拐か逃亡によるものであった。託児所における複数の介護者の性的虐待はほとんど確認できなかった。若者の暴力事件は1980年代末から1990年代初めには増加した（大人による暴力事件と関連していた）ものの、その率は1990年代末には下降し、1960年代以降でも見られないほどの低水準にまで下降した。同様に、青少年によるドラッグ、アルコール、タバコの飲用率は、1970年代に報じられていた水準よりも低かった。最後に、学生たちの標準テストの成績が下落しているという報告も、テストを受ける学生たちの範囲が増大したことは反映していたが、学業成績は下落していなかった。

だが、それにもかかわらずこれらのパニックは、たとえデータが不正確であったとしても、家族生活にみられる近年の変化——とくに離婚率の上昇、片親世帯とはたらく母親の量的増加など——ということが頭から離れない感覚を産みだした。また、これらのパニックは、未成年者の夜間外出取締令を制度化する多数の自治体のように、公共政策にも刻印を残した。多数の学校が服装規定、学生選手に対する抜き打ちの薬物検査、そして「禁欲専門の」性教育を導入した。さらに、各州政府は、飲酒年齢を高くし、段階的な車の運転免許制度[*15]を導入し、裁判制度において未成年の虐犯者を成人と同じように審理しやすくした。両親の権威としつけを維持しようとするこれ以外の取り組みには、CDやビデオゲームのランク付け制度の確立、子どもたちのテレビ視聴に親が介入できるようにするテレビへのVチップ[*16]の導入がある。さらに、未成年者が堕胎をしようとしたときに両親の告知を要求する法律の条項の制定もあった。

育児における近年の諸変化を評価する際、これまでに起きた衰退についての証拠を誇張したり、ほんとうに進歩したことを無視する傾向がある。両親の大半が、過去の親に比べて子どもの養育にかかわることが少なくなっていることを示す証拠とか、大人が「子ども嫌い」になっていることを示す証拠はまったく存在しない。PTAに参加する両親はほとんどいないが、多くの両親はサッカー・リーグやリトル・リーグで積極的な役割をかつてよりも多く果たしている。両親は以前よりも少ない子どもをもうけるようになっているが、自分がやっていることに多くの時間と資源を投下している。現代の親は、子どもの発達上のニーズについては以前の親よりもはるかに自覚的であり、虐待の危険性についてもよく承知していて、父親の大半は、自分の父親世代に比べてはるかによく子育てにかかわっている。

離婚率の上昇とはたらく母親の人数の増加は、だれかが述べているような、否定的な心理学的な影響をおよぼすことはない。子どもは両親がいっしょにいて軋轢の水準が高いときのほうが、両親が離婚したときよりも多く苦しむことを調査研究が示している。また、はたらく母親たちは、家にいる母親たちほど抑鬱的になることが少なく、とくに娘に対しては、有益な役割モデルを提供する。

現代の育児が、戦後まもない頃の育児に比べて大きなストレスを感じるようになっていることについては疑いを入れない。今日の両親は、厳しい時間の圧力と

仕事関係のストレスにさらされており、困ったときに助けを求めることができる、頼りになる血縁者や隣人はほとんどいない。こうした親の子どもたちは、ドラッグ、アルコール、タバコ、そして消費をあおる商品の誘惑が広くはびこっている暴力とセックスづけの環境で育っている。かつての世代が大人の監視を受けずに遊ぶことができた多数の空き地や、その他の「だれでも自由に利用できる」空間は消滅してしまった。その結果、地に足が着かず、感情の起伏が激しい育児スタイルと、きわめて高度に組織化された子育て形態になってしまっている。こうした状況は、子どもたちが自律的な存在になろうとして努力したり、成熟を深め、能力を高めたいと主張するのを非常に困難にしているかもしれない。

[訳注]

*1 ヴィジョン・クエスト（vision quest）――北アメリカの先住民の通過儀礼。霊界との交わりを求める儀式で、成年に達した男子が一人になって断食や祈祷、隔離状態を続け、神がかり的な恍惚の内にあらわれた霊を自分の守護霊としてとらえ、それに導かれて将来への展望や知識を得ようとする。

*2 安息日の祈祷（the Sabbath services）――ユダヤ人および一部のキリスト教徒が安息と礼拝の日として守る土曜日（旧約聖書「出エジプト記」20・8-11、「申命記」5・13-15）。または、ほとんどのキリスト教徒がキリストの復活を記念して安息と礼拝の日として守る日曜日。「日曜日」（Sunday）は、原始教会で、イエスが日曜の朝に復活したことを記念して、「主の日」「神への賛美と礼拝をささげる日」としたことに由来する。中世以降、ユダヤ教の安息日厳守の精神をとりいれ、大多数のキリスト教諸派で礼拝と休息の日とされたため、日曜日を安息日とよぶこともある。

*3 クウェーカー（Quaker）――17世紀中頃にイギリスの宗教指導者ジョージ・フォックス（George Fox, 1624-1691）が創始したキリスト教の一派。「内なる光」（Inward Light）、すなわち各人の魂の内にあって、霊的・道徳的に人を導くと考えられるキリストの光を主体的に自覚すること（Christ Within, Light Within、「回心」）を重視した。信徒同士の横のつながりを大事にし、お互いをフレンドとよび、信徒集団である「フレンド会」（the Society of Friends）を名のった。Quaker（ふるえる人）という表現は、ある裁判でフォックスが「主のことばに震える」（to quake at the word of the Lord）と証言したことに対して、ある判事がつけた俗称。クウェーカー教徒自身はみずからをquakerとよぶことはなく、the Friendsとよんだ。世俗の権威を信じず、質朴な生活を営み、反戦平和に生き、アメリカでは奴隷制反対運動や刑務所改革運動に貢献し、さまざまな人道的・博愛的救済運動を推進した。

*4 年季奉公人（indentured servants）――多くは17～18世紀に、2～7年間の不自由労働に服することと船賃を無料にすることを条件に、人口増大期にあったヨーロッパの各都市や農村の過剰な子どもたちがアメリカへ渡航した移住者。こうした子どもたちは、植民地時代初期の中部および南部で重要な労働力となった。indentured servantという言い方は1671年頃から使われはじめた。

*5 『オナニア』――匿名で出版され、一大センセーションまきおこした。この文献のフルタイトルは次のとおり。*Onania, or, the Heinous Sin of Self-Pollution, and All its Frightful Consequences in Both Sexes consider'd with Spiritual and Physical Advice to those, Who Have Already Injur'd Themselves by This Abominable Practice. And Seasonable Admonition to the Youth of the Nation, (of both Sexes) and Those Whose Tuition They Are Under, Whether Parents, Guardians, Masters, or Mistresses*, 1710.『オナニア、すなわち、自慰という憎むべき罪業。そして、それが男女両性におよぼす恐るべきあらゆる影響、このいまわしい行ないによって自分自身を傷つけてしまったと考えられる人びとに対する精神的および肉体的な助言、および両性の若者たち、親、保護者、親方、女性教師たちに対するまことに自宜を得た忠告』

*6 雇用促進局（Works Progress Administration: WPA）――アメリカにおいて、国の失業対策として公共事業の設立と促進にあたったかつての連邦局（1935-43）。現在は、Works Projects Administration。

*7 クループ（croup）――しわがれた咳と呼吸困難を特徴とする子どもの咽頭と気管の炎症性の病気。

*8 百日咳（wooping cough）――とくに子どもの呼吸器粘膜の伝染病で、百日咳菌（*Bordetella pertussis*）によってひき起こされる。chincough, pertussis ともいう。

*9 低温殺菌（pasteurization）――ワインや食品などの加熱殺菌法のうち、摂氏100度以下の温度で行なう方法をいう。1866年に微生物学の祖であるルイ・パストゥール（Louis Pasteur, 1822-1895）とクロード・ベルナール（Claude Bernard, 1813-1878）によって、ワインの殺菌法として最初に導入されたことからパストゥールの名をとって「パスチャライゼイション」とよばれるようになるのは1881年以降である。のちに導入された高温殺菌法（摂氏100度以上で行なう）と対比して、低温殺菌法とよばれる。

*10 ルーサー・エメット・ホルト（Luther Emmett Holt, 1855-1924）――アメリカの医師で、同国における小児科学の草分けの一人。バッファロー大学とコロンビア大学で医学を修めた後、1888年に「ニューヨーク新生児病院」（New York's Babies Hospital）の主任医師となり、この病院を拠点に、小児医学の発展につくした。「アメリカ小児科学会」（the American Pediatric Society）を創設し、その初代会長となった。ミルクの品質保全などに取り組んで乳幼児期の死亡率を改善した。『子どもの養育と食餌』（*The Care and Feeding of Children*, 1894）はベストセラーとなり、出版後半世紀以上にわたって読まれつづけた。『乳幼児期の病気』（*Diseases of Infancy and Childhood*, 1896）など。

*11 ポリオ（polio; poliomyelitis）――灰白脊髄炎、脊

髄灰白質炎、とくに急性脊髄前角灰白質炎（acute anterior poliomyelitis）、脊髄性小児麻痺（infantile paralysis）などの総称。1878年頃はじめて病名とされた。

*12 ミサイル・ギャップ（missile gap）——第2次世界大戦後の冷戦体制において、アメリカと旧ソ連邦の2国間でのミサイル製造状態にかんする格差が戦争をひき起こすのではないかとおそれ、「力のバランス」論によって核兵器を増強することになった心理状態。1959年頃からこのようにいわれはじめた。

*13 政治不信（credibility gap）——政府声明・行政府・大企業の発表などに対する一般市民の不信感、あるいは公表されたデータや事実を、情報操作されていると感じて額面どおりに受けとらないこと。または、政府声明と一般市民が受けとめている事実認識とのくい違い、理解のズレ、政治家などの言行不一致に対する不信感をさす。1966年頃からおもにアメリカでいわれはじめた。

*14 物質乱用（substance abuse）——病理学において、長期間にわたって、病的にアルコール、薬剤、麻薬などを依存的に使用すること。広義ではアルコール依存症や薬剤への耽溺状態をさしていう。

*15 段階的運転免許制度（graduated driver's licenses）——アメリカでは、おおむね1944年以降、未成年者運転免許証（juvenile driver's license）は、州によって14、15、16歳のいずれかで発行され、正規の運転免許証は州によって15、16、17、18歳のいずれかで発行される。運転者が15、16歳の場合、運転教育講習（driver education course）を受けることが前提となることが多い。

*16 Vチップ（V-chips）——Violence chipの略語。未成年者が暴力・セックス・言語などが不適切な番組を視聴するのを制限するためにテレビに付加する回路。アメリカでは、1999年以降、13インチ以上のテレビに内蔵され、2000年1月からはVチップ技術が要求されている。

➡子育ての助言文献、子ども期の理論、父親業と父性、同性家族の子育て、母親業と母性、ベビーブーム世代、保育

● 参考文献

Beekman, Daniel. 1977. *The Mechanical Baby: A Popular History of the Theory and Practice of Child Raising*. Westport, CN: Lawrence Hill.

Davis, Allison, and Robert J. Havighurst. 1946. "Social Class and Color Differences in Childrearing." *American Sociological Review* 11: 698-710.

Elder, Glen H., Jr. 1974. *Children of the Great Depression: Social Change in Life Experience*. Chicago: University of Chicago Press. グレン・H・エルダー『大恐慌の子どもたち——社会変動と人間発達』（本田時雄・川浦康至・伊藤裕子・池田政子・田代俊子訳、明石書店、新装版1997年）

Grant, Julia. 1998. *Raising Baby by the Book: The Education of American Mothers*. New Haven, CT: Yale University Press.

Greven, Philip J. 1977. *The Protestant Temperament: Patterns of Child-Rearing, Religious Experience, and the Self in Early America*. New York: Knopf.

Griswold, Robert L. 1993. *Fatherhood in America: A History*. New York: Basic Books.

Hardyment, Christina. 1983. *Dream Babies*. New York: Harper and Row.

Holden, George W. 1997. *Parents and the Dynamics of Child Rearing*. Boulder, CO: Westview Press.

Hulbert, Ann. 2003. *Raising America: Experts, Parents, and a Century of Advice about Children*. New York: Knopf.

Jones, Kathleen W. 1999. *Taming the Troublesome Child: American Families, Child Guidance, and the Limits of Psychiatric Authority*. Cambridge, MA: Harvard University Press. キャスリーン・W・ジョーンズ『アメリカの児童相談の歴史——児童福祉から児童精神医学への展開』（小野善郎訳、明石書店、2005年）

Ladd-Taylor, Molly, ed. 1986. *Raising a Baby the Government Way: Mothers' Letters to the Children's Bureau, 1915-1932*. New Brunswick, NJ: Rutgers University Press.

Mead, Margaret, and Martha Wolfenstein, eds. 1955. *Childhood in Contemporary Cultures*. Chicago: University of Chicago Press.

Mintz, Steven, and Susan Kellogg. 1988. *Domestic Revolutions: A Social History of American Family Life*. New York: Free Press.

Owens, Timothy J., and Sandra L. Hofferth. 2001. *Children at the Millennium*. New York: Elsevier Science.

Phister, Joel, and Nancy Schnog, eds. 1997. *Inventing the Psychological: Toward a Cultural History of Emotional Life in America*. New Haven, CT: Yale University Press.

Ryan, Mary P. 1983. *Cradle of the Middle Class: The Family in Oneida County, New York, 1790-1865*. Cambridge, UK: Cambridge University Press.

Siegel, Alexander W., and Sheldon H. White. 1982. "The Child Study Movement: Early Growth and Development of the Symbolized Child." In *Advances in Child Development and Behavior*, ed. Hayne W. Reese, 17: 234-85.

Stearns, Peter N. 2002. *Anxious Parents: A History of Modern Child-rearing in America*. New York: New York University Press.

Tuttle, William M., Jr. 1993. *"Daddy's Gone To War": The Second World War in the Lives of America's Children*. New York: Oxford University Press.

West, Elliott. 1989. *Growing Up with the Country: Childhood on The Far-Western Frontier*. Albuquerque: University of New Mexico Press.

（STEVEN MINTZ／北本正章訳）

イスラエルの子ども（Israel）

現代のイスラエル国家は1948年に創設され、21世

紀初頭には600万人以上の人口を擁している。この600万人のうち200万人（全人口に占める比率は36.7パーセント）以上が子どもである。しかし、イスラエルにおける子ども期の歴史は、イスラエル国家自体の歴史と同じように、人類の文明の黎明期にまでさかのぼる。

　古代の「肥沃な三角地帯」の一部であるイスラエルの地では、最古の農業の証拠と最初期の都市生活の徴候のいくつかを目にすることができる。ユダヤ民族の父祖であるアブラハム[*1]、イサク、ヤコブなど、聖書の登場人物は前2000年頃にこの地で暮らしており、後年にはイスラエルの12の部族がこの地に定住した。ユダヤ地方は、前1000年から600年頃にかけて、ダビデ王[*2]とその後継者たちの下で繁栄した。このユダヤの地は、バビロニア人、ペルシア人、ギリシア人たちの支配を受けたのち、前165年から163年にかけて、ハスモン家のユダヤ王国のもとでふたたび独立するようになった。その後も一世紀もしないうちに、この土地はローマ人の支配を受けた。ヘブライ人たちがこの地にたどり着く前にこの土地の海岸地域に住み着いたペリシテ人の後、ローマ帝国は、紀元70年と135年におきた反乱を鎮圧して、この地をユダヤ・パレスティナと命名した。ローマ人は、ユダヤ人をローマ帝国全域に追いはらった。

　636年には、アラブの侵略者たちがこの地を征服した。その後数世紀のあいだにイスラム語とアラビア語が支配的になり、ユダヤ人の共同体は少数派に後退した。1096年から1291年にかけては、キリスト教徒の十字軍[*3]が一時的にイスラム文化の優勢を打ち破ったものの、セルジューク朝[*4]、マムルーク朝[*5]、そしてオスマン朝の帝国[*6]の一部になった。

　第1次世界大戦中にオスマン帝国が崩壊すると、イギリスが、（現在のイスラエルとヨルダンをふくむ）パレスティナの委任統治地域を支配した。1917年のバルフォア宣言[*7]は、この地域がユダヤ民族の国家の祖国であることを支持する約束をしたが、イギリスは1921年になると、この土地の80パーセントをイスラムの地方総督アブドゥーラにあたえ、ヨルダンが創られた。19世紀末にはじまるユダヤ人の移民は、ユダヤ人がドイツのナチの台頭からのがれたため、1930年代には膨張した。第2次世界大戦の混乱後、国連総会はパレスティナの残った土地をアラブとユダヤの国家に分ける分割案を票決した。1948年にイギリスはこの地から撤退し、イスラエルは独立政府であることを宣言した。アラブ世界はこの新政府を拒絶し、エジプト、シリア、ヨルダン、レバノン、イラク、そしてサウジアラビアが侵入した。だが、いずれもイスラエルによって撃退された。1949年にアラブ諸国と個別に休戦協定が締結され、ヨルダンは、（しばしばヨルダン川西岸地区とよばれる）ユダヤ地区とサマリア地区を占領し、エジプトはガザ地区を占領した。その後の数度にわたる戦争はイスラエル領土にまで拡大したが、アラブ諸国家と、また、イスラエルの国境線の内側のパレスティナの少数派とのあいだでくりかえされる緊張を生んだ。

子ども期の条件

　イスラエルにおける子ども期は、いくつかの要因によって形成されてきた。ほかの要因にまじって、ユダヤの伝統に由来するのは、教育を強く重視することで、これは、世俗的なユダヤ人によってさえ維持された。しばしば外からの攻撃の不当な、無抵抗の犠牲者と見られてきたヨーロッパでユダヤ人が受けた経験に続いて、多数のイスラエルの指導者たちは、とくに身体的な強健さと断行能力の育成を重視するようにするために、子どもの社会化のいくつかの伝統的な側面を変えたいという願望を強めた。こうした資質は、イスラエルでは、肉体労働の需要がある農業の役割や、軍務と予備役を維持する必要性にも合致するものであった。ヨーロッパからだけでなく北アメリカや中東地域からのユダヤ移民が、（多様なレベルの宗教的なかかわりもふくめて）さまざまな慣習と習俗をもちこみ、相当数のイスラム教徒とキリスト教の少数派が共存したので、イスラエルの子ども期も多様であった。2000年以降、高まりを見せている国家間の紛争状況が続くなかで、とくに恐怖心と不安感が、ユダヤ人とアラブ人双方の社会での子どもの経験に、かつて以上に大きな役割を果たすようになった。

ユダヤ教

　ユダヤ教信仰は、ユダヤ民族は唯一神を崇拝する最初の民族であったとは主張しない。ユダヤの伝統は、ノア[*8]の息子たちの戒律を基礎にしている。この戒律は、（神の崇拝、殺人、盗み、**近親相姦（インセスト）**と性的逸脱、「生きものの足」を食べること、すなわち動物への虐待、神の冒涜などの禁止、そして、司法すなわち裁判所、裁判官、そして公平システムの確立などをふくむ）普遍的な倫理宗教の基礎である。

　上記の戒律の拡張である「十戒」[*9]は、シナイ山において神がユダヤ人たちにあたえた日常生活の指導原理であった。歴史的に見て、ユダヤ教は行ないを信仰から切り離すことは決してなかった。したがって、トーラー（文字で書かれた法律あるいは聖書、また、口頭での法律あるいは「タルムード」[*10]）では、ユダヤ人の人生観と人生の目標、自分がなすべき崇高な使命のための人生における優越感と特別な目的を示している。ユダヤ人は、トーラーの優越的な力強さをもって、その人生のさまざまな失敗を克服する。このことから、トーラーは、歴史書というよりはむしろユダヤの人びとがそこから力を引き出す人生の指針であるとみなされるものであることがわかる。前2世紀に生きたユダヤ教の偉大な賢者で、ラビのヒレル[*11]は、ある帰依

者から、片足で立っているあいだにこのトーラーのすべてを教えてくれるよう求められたとき、非常に簡潔にそれを示した。ヒレルは、次のように語っている。「あなたの隣人を、あなた自身と同じように愛しなさい。それ以外のすべては注解でしかありません。さあ行って、このことを知らせなさい」

ユダヤ教における子ども期は、尊重されるべき喜びと純潔の時期であると考えられている。「タルムード」は、子ども期を「バラの花飾り」と表現している。ユダヤ人のどの少年も、子ども期は誕生時から13歳まで続くが、13歳でバル・ミツヴァーの儀式をすませた後は一人前の人間とみなされる。少年はこの年齢になると、自分のふるまいに責任をもちはじめ、戒律（善い行ない）にしたがって行動し、それを果たす義務を負った。ユダヤの少女たちの場合、善悪の判断がつく年齢は12歳からはじまるとされた。

イスラエルの子ども期

イスラエルの新政府は、ユダヤ民族が自分の祖国に戻るのを助長するために、1948年に教育制度を確立した。この制度は、新しい強いユダヤ人を創るために、文化、言語、そしてイデオロギーを重視した。家族よりも集団を重視したキブツ設立運動*12は非常に重要であった。社会主義理論から生まれたキブツは、伝統的な家族を軽視した。子どもたちは子どもの家で自活し、集団的に成長し、家庭生活はほとんど送らなかった。イスラエルの子ども期のもっとも特異な側面とみられてきたキブツの運動は、強烈な共同体の価値観を教えこみ、とくに商業的な農業での勤勉さと効率を促進するために設計されたものであった。キブツで社会化された子どもたちは、伝統的な家族で育った子どもたちほど個人主義的ではなく、感情的に熱烈でもなかったことがわかっているが、子どもたちの学校教育と労働生活の結合は、イスラエル建国の最初の数十年間の経済体制を確立するのに役立った。だが、都市化の波と、非常に個人主義的で消費志向的な価値観は、しだいにキブツ運動を弱体化させた。21世紀初頭にはわずか2パーセントの子どもしかキブツで暮らさず、しかも、キブツに残った子どもでさえ、しばしば両親といっしょに暮らし、テレビのような大量の消費品目を手にするようになっている。イスラエルは、20世紀末と21世紀初期には、農業社会からハイテク産業へと変化し、キブツ人口は衰退した。20世紀には、キブツの子ども期は多数の重要な子どもの発達研究者たちの注目を浴びた実験であったが、21世紀になるとその理念はほとんど放棄された。この変化は、兵士たちをエリート集団に選抜することに見ることができる。数年前には、最良の兵士はキブツの住人の出身者であったが、近年では、エリートは近代の正統派ユダヤ教の住民に移り、キブツの子どもはもはや必要とはされなくなっている。

イスラエル社会は、アメリカとの多数の交流と関係をもっており、主要にはヨーロッパ志向的な社会である。この消費志向社会は、イスラエルで成長した子どもたちに影響をおよぼした。テレビ、バーガーキング、そしてアメリカでヒットした商品のどれもがすばやくイスラエルの子どもに紹介される。イスラエルの子どもたちは、MTVその他の西ヨーロッパの流行とファッションの熱心な消費者であった。しかし、そうした影響でさえ、子ども期はすべての子どもにとって同一ではない。エルサレム近郊の（子どもがまったくテレビを見ないで成長する）セツルメント、あるいは極端な正統派ユダヤ教の子どもは、イスラエルの歴史と調和した生活を送るが、この生活は西ヨーロッパ文明の生活を送るテル・アヴィブの世俗的なユダヤの子どもの生活とは違うし、ましてやドルーズ派*13の村やアラブの村で暮らす子どもの生活とも違う。

児童虐待、家庭内暴力、校内暴力はこれまでつねに子どもの日常生活で目にしてきたが、これらがイスラエルで関心事として注目されるようになったのは1990年代であった。旧ソ連邦とエチオピアからの大量の移民によって、家庭内暴力の報告件数が増加した。2000年代にはじまる国家間の紛争とテロリストの増加は、（子ども、母親と父親、祖父母をふくむ）1000人以上を殺害した。イスラエルでは、こうした体験は、長期にわたって影響をおよぼし、子どもに対する心理的な悪影響を拡大させている。イスラエルでは、何年にもわたって恐怖の光景が目の前でくりひろげられているが、最近では、多数の犠牲者をともなって、恐怖が家庭に接近するようになっている。

研究調査と臨床経験は、今日のイスラエルでは次のような四つの子ども集団が不利益をこうむっている。すなわち、貧困状態で暮らす子どもたち（イスラエルの子ども人口の25パーセント）、アラブの少数派の子ども、移民の子ども、そして障害をもった子どもたちである。政府は、こうした地域でイスラエルの子ども期をすべての子どもにとってよりよいものにするために注力する必要があろう。

[訳注]
*1 アブラハム（Abraham）――「創世記」11-25章に登場するユダヤ人の始祖。アブラハムとは、ユダヤ語で「多くの者の父」という意味がある。
*2 ダビデ王（King David, ?－前970頃）――イスラエルの初代の王サウル（Saul）の後継者で、第2代イスラエル王。旧約聖書の「詩編」の作者とされ、その子孫からメシア（救世主）があらわれるとされた。
*3 十字軍――イスラム教徒から聖地エルサレムを奪還するために、11世紀末から13世紀後半にかけて、7回にわたってヨーロッパのキリスト教徒が送った遠征軍。
*4 セルジューク朝――11～13世紀にアジア中西部の広い地域を支配したトルコ族の一派であるセルジューク族の諸王朝。

*5 マムルーク朝——1250年から1517年まで、エジプトを中心に、シリア、ヒジャーズまでを支配したスンニ派のイスラム王朝。

*6 オスマン帝国——オスマン族によって1300年頃創建され、16世紀にスレイマン1世の治下にもっとも栄え、東西文明の融合がすすんだ。1922年に崩壊。

*7 バルフォア宣言——パレスティナにおけるユダヤ人の母国建設を支持すると同時に、パレスティナのアラブ系住民の公民権および宗教権を侵害しないとする、イギリス政府の外相バルフォア（A. J. Balfour, 1848-1930）が1917年11月2日に行なった宣言。いわゆる「パレスティナ問題」の重要な原因のひとつとなった。

*8 ノア（Noah）——旧約聖書の「創世記」5-29章に描かれている「ノアの洪水」（the Flood）から家族と動物ひとつがいずつを救った信仰深いヘブライの族長で、ユダヤ人の父祖とされる人物。

*9 十戒（the Ten Commandments, the Decalogue）——神がシナイ山においてユダヤ民族のエジプト脱出を指導したモーセをとおしてあたえた10項目からなる戒め。ユダヤ教の基本戒律。

*10 「タルムード」（Talmud）——ユダヤ教の口伝律法であるミシュナ（Mishnan）とその注解のゲマラ（Gemara）からなるユダヤの律法と伝承が集大成されたもの。編纂された時期については諸説があるが、375年頃パレスティナで編集された版（Palestinian Talmud）と、500年頃バビロニアで編集されたより大がかりな版（Babyronian Talmud）がある。talmudとは、ヘブライ語で「教え」の意。

*11 ヒレル（Rabbi Hillel, 前60-後9?）——バビロニア生まれのパレスティナのユダヤ教のラビ。最高法院（Sanhedrin）の主宰者（nasi）となり、聖書解釈の明確な基準を確立した。この最高法院は、71人からなり、民事・刑事裁判と宗教裁判を行なった。前5世紀から後70年まで機能した。

*12 キブツ（kibbutz）——通例、農業を中心とした集産主義の下に組織される生活共同体。キブツとは、ヘブライ語で「集まり」を意味するquibbusに由来する。

*13 ドルーズ派（Druze）——イスラム教のドルーズ派の人びとで、おもにレバノン、シリア、パレスティナ地方に居住するシーア・イスマイール派の一分派。

➡バル・ミツヴァー／バト・ミツヴァー
●参考文献
Aburbeh, Myriam, Ronit Ozeri, Ethel-Sherry Gordon, Nechama Stein, Esther Marciano, and Ziona Haklai. 2001. *Health in Israel*. 2001 Selected Data. Jerusalem: Ministry of Health.

Ben-Arieh, Asher, Yaffa Tzionit, and Zoe Beenstock-Rivlin. 2001. *The State of the Child in Israel. A Statistical Abstract*. Jerusalem: Israel National Council of the Child.

Efrat, Galia, Asher Ben-Arieh, John Gal, and Muhammed Haj Yahia. 1998. *Young Children in Israel*. Jerusalem: Israel National Council of the Child.

（JOAV MERRICK／北本正章訳）

イスラム社会の子ども（Islam）

　イスラム教徒の両親のもとに生まれた子どもはすべてイスラム教徒とみなされ、イスラム法は子どもにかんする正確かつ詳細な規定を設けている。イスラム教は、紀元610年にアラビア世界で布教をはじめたと伝えられる預言者ムハンマド（Muhammad, 570頃-632）にまで起源をさかのぼる信仰・儀礼・実践の体系である。イスラム法は、ムハンマドに啓示されたように、イスラム教の聖典「コーラン」（「クルアーン」）[*1]にふくまれている。「コーラン」は、23年間にわたって神からムハンマドに啓示された114のスーラ（*suras*）、すなわち章をふくんでいる。現在、世界中に10億人以上のイスラム教徒がおり、彼らは多様な地理的文化的な地域を横断して、主要40カ国と五つの大陸に住んでいる。こうしたさまざまな地域にイスラム教が広く浸透するのにともなって、多数の地方文化と慣習のかなりの部分がイスラム教の慣行に同化するようになった。したがって、古典的なイスラム教の慣行の国ごとの違いはわずかであるかもしれない。また、イスラム教にはスンニ派[*2]とシーア派[*3]という二つの教派間の違いもある。

イスラム法
　イスラム教徒の生活は、「シャリーア」（「道」）[*4]によって決められるが、これは、言葉の厳密な意味で、法律というよりは、それ以上に儀礼・慣習・作法から——子どもの扱い方と子どもの権利をふくむ——家族法にいたるまでの、生活のあらゆる側面に対する定めをふくむイスラム法である。「シャリーア」の主要な原典は「コーラン」で、神の直接の、注釈者を介さない言葉であると考えられている。「シャリーア」は一つしか存在しないが、スンニ派とシーア派のあいだの「シャリーア」の条文にはわずかな違いがある。この違いは、一方では、タフシーア（*tafsir*、声にだして歌う）として知られる「コーラン」のテキストについての異なる解釈が原因であり、他方では、法律家たちによる法的解釈すなわちフィクフ（*fiqf*、歌う。イスラム法学）に原因がある。この解釈は、イスラム法の科学（*usulal-fiqh*、聖典解釈学）として知られている。

　スンニ派の法律専門家によると、「シャリーア」の基礎を提供しているのは、（法的指標として知られる）四つの主要な原典である。それは、「コーラン」（預言者ムハンマドに啓示された神の言葉）、預言者の言行録「スンナ」（ムハンマドのことば、行動、および習慣）、「イジュマー」[*5]（特定の主題にかんするイスラム法律専門家のあいだで見られた同意、またはイスラム教のコミュニティにおける合意）、そして、「キヤース」[*6]（類似による推理）の四つで、法律専門家たちは「コーラン」または「スンナ」にもとづいて新しい法律を開発する。シーア派が用いる「シャリーア」の

イスラムシ

2001年11月のアフガニスタンのカブールの学校で、この少年たちはランプの光で「コーラン」を読む。宗教教育は、すべてのイスラム教国のイスラム教とマカブ（コーラン学校）の重要な要素である。©Reuters NewMedia Inc./COBIS

主要な原典は、預言者の子孫で、シーア派のために預言者の精神的な重責を担っているイマーム*7たちの「スンナ」だけでなく、「コーラン」と預言者ムハンマドの「スンナ」である。イスラム教におけるシーア派とスンニ派のあいだの歴史的な違いは、彼らが原典から法律を考案する際の構造と方法に影響をおよぼす。ムジュタヒド*8として知られるシーア派の法学者（faqih、ファーキー）は、「キヤース」のかわりに、「イジュティハード」*9とよばれている法的推論の方法を使うが、これは、基本的に個人の魂の探索と推論を行なうことである。こうした多様性も、イスラム教が網羅するさまざまな地域の文化的な差異に起因する。しかし、子どもの権利のための主要な規定は、彼らが「コーラン」と「スンナ」を基礎にしているため、イスラム教のすべての教派のなかでは同一である。

アラビアにイスラム教が出現する以前、子どもたちはまったく権利が認められていなかったばかりか、新生児は、貧困あるいは性別が女子であると、負担になると考えられたため、しばしば生き埋めにされていた。

この点については、「コーラン」にいくつかの詩句がある。「そして、娘の誕生が彼らのうちの一人に告げられると、彼の顔つきは険悪になり、怒りに満ちました」（「コーラン」16・58）。「だから、貧困をおそれてあなたの子どもを殺してはなりません——わたしたちが子どもたちとあなたを扶養しますから。子どもを殺害することが大きな誤りであることはまちがいないことです」（17・31）。「そして、子どもを生き埋めにすることはどのような罪なのかと問われれば、彼女は殺されたのです…」（81・8-9）。これらの詩句は、イスラム教以前のアラビアで子殺し習俗が行なわれていた事実を支持している。

子どもの養育

イスラム社会では、今日でもそうなのだが、結婚の主要な目的は子どもをもうけることであったが、これは、強制的な宗教的義務である。子どもの出現は歓迎され、祝福されただけでなく、結婚の絆を強め、血統を永続させ、さらに、信頼できる共同体を拡大するう

えで不可欠であるとも考えられた。子どもが生まれない家は、神の祝福がない家だとみなされる。子がいないことは、しばしば離婚に結びつき、すくなくとも（イスラムでは一夫多妻主義が許されているので）子どもを産むことができる別の妻をもつことになり、子どもを産めないことはつねに女性の欠点だとみなされる。

　子どもの誕生には、それに関連する多様な儀式があり、そうした儀式が行なわれるのを見ることは父親あるいは法律上の保護者の義務である。こうした指令の最初のものは、その子が生まれたとき、赤ん坊の両方の耳に祈りの言葉をささやいてもらうためにイスラム教徒をよぶことである。両親はその子に名前をつけるが、もし意見が違えば、父親が名前を選ぶ。誕生から7日目に、アキカ*10として知られる式典が行なわれるが、このとき、羊が生け贄に捧げられ、子どもの髪がカットされる。もう一つの儀式は、子どもを忠実な共同体に編入するためと考えられているが、男子の**割礼**である。この儀礼は、その地域の文化によって、誕生後7日目から15歳になるまでのどの年齢でも行なわれ、祝宴を催すのがふつうであった。女子の割礼は「コーラン」には記述されていないし、預言者がそれを推薦したという証拠もない。それが行なわれるイスラム地域は、アフリカ北東部のいくつかの地域のように、イスラム以前の古い習俗が残ったところである。

　イスラム文化圏では、子ども期は個人の人生の特別な時期と考えられている。子ども期のさまざまな段階は明確に区別されており、各段階をあらわすアラビア語の豊かな語彙がある。たとえば、子ども一般はワラード（walad）、母親の子宮のなかの赤ん坊はジャニン（janin、胎児）とよばれ、生まれるとティフル（tifl）、そして、生後7日をすぎるとサディー（sadigh）、まだ離乳していない赤ん坊は、男子だとサビイー（sabiyy）、女子だとサビイーヤ（sabiyya）、とよばれ、少年はグーラム（ghulam）、青年はハバーブ（habab）とよばれる。彼がものごとを洞察する能力を獲得し、善悪を区別できるようになると、タムイーズ（tamyiz）という段階に達する。子どもが成熟期に達するまでには、このほかにもさまざまな段階に相当する用語がある。たとえば、成人する前に亡くなった子どもは、ファラート（farat）とよばれる。

　イスラム法では、どちらの性でも、身体的に成熟すれば成人（bulugh、ブルフ）になる。その正確な年齢については、法律の学派のあいだで意見の違いがあるが、女子の場合には一般的に受け入れられている成人年齢は初潮年齢だが、女子で9歳以降、男子で18歳まで幅がある。だが、疑いをもたれても、彼または彼女が思春期に達したと自分で声明を出せば、それで十分である。成人に達する前の未成年者は法律的には認められず、社会的責任がなく、両親または保護者の世話を受ける。

両親の義務

　イスラム教は、子どもは弱く、依存的な存在だと考える。このため、イスラム法は、子どもの身体と資質を守るためにさまざまな規則を設けている。これらの規定にしたがって、両親には子どもが成熟年齢に達するまでのあいだ、子どもに対する明白な責務がある。イスラム諸国では、父系の血統が規準であるため、両親の義務は、**相続・保護・維持**についての共同の権利を行使する確固たる家父に課される。結婚関係において生まれた子どもはだれでも正嫡子とみなされ、離婚あるいは親が死んだ場合でも、家父にかんする規定が設けられていた。イスラム教がアラブ世界に広まるまでは養子縁組が行なわれていたが、イスラム教では家父の血統が重視されたため、養子縁組は認められなかった（「コーラン」33・4-5）。イスラム教徒は、その信仰において、出自が不明な子どもたちの養育を兄弟として引き受けるよう要求された。

　子どもの父親は、その子の成長と生存に必要なものを母親にあたえなくてはならない。赤ん坊は、食糧・衣類・保護を受ける権利をもっている（「コーラン」2・233）。また、父親は、（世俗教育と宗教教育の両方で）子どもの教育を監督しなくてはならない。もし子どもの父親が死んだり養育できなくなった場合、また、もしその子どもが遺産をまったくもっていないような場合、その子どもの養育は、まず最初に父方の祖父、次いで父方の親戚の者、最後にその他の生きている親類の者たちの義務となった。

　乳幼児期の子どもの世話をすることは母の責任である。今日でもイスラム諸国では、乳が出るかぎりふつうに母乳育をしつづけるのがみられるが、母親は、少なくとも子どもが2歳になるまでは母乳育しなくてはならない（「コーラン」2・233）。もし母親が子育てできないときは、健康的で、人柄のよい乳母を雇うことが認められた（法律専門家のなかには、性格は人間の乳を介して継承されると考える者もいた）（「コーラン」2・233、65・6）。もし家族が乳母を雇うことができなければ、しばしば、最近出産した隣人あるいは友人の女性がその役割を果たすかもしれない。

　両親のあいだに論争がある場合、子どもの人生の最初の数年間は、母親が保護する権利をもっていることについては、広く同意がある。母親が死んでしまった場合、子どもの保護権は、望ましくは母方の家系の、女性の親類筋に復帰する。しかし、こうした事実はともかくとして、この問題にかんしては、イスラム法学のさまざまな学派は、異なる意見をもっている。

　遺産については、子どもたちも、明確に定義された権利をもっている。男女双方の子孫の相続権については、「コーラン」と「シャリーア」のなかで、いくつかの規定が設けられている。イスラム以前のアラビア世界では、女性と子どもには相続権はまったくなかった。イスラム文化圏では、少年は少女が相続する量の

2倍を相続する。また、両親の相続権の規定もある（「コーラン」4・11-12）。

子どもは保護者に対する権利ももつ。これは、父親かもしれないし、あるいは、子どもの資産利益を保護するために父親が任命するだれかかもしれない。イスラム法のもとでは、子どもは、未成年者として、いかなる契約の約定も結ぶことは許されない。したがって、なんらかの意図的な契約が子どもに有利であることを確かめるのは保護者の責務である。

宗教教育

子どもに宗教教育をあたえることは両親の責任であって、男の子は父親から、女の子は母親からそれぞれその教育を受ける。子どもは、誕生時には最初の儀式を通じてイスラム教に統合され、その子が話しはじめると、信仰の基本原理が説かれる。しかし、子どもに対する組織的な宗教教育は、「タムイーズ」（*tamyiz*）の年齢になってからはじまる。過去には、この教育はしばしば、少年を「マクタブ」（*maktab*、コーラン学校）に通わせることによってはじまり、彼らはそこでコーランの暗誦と、宗教的戒律の実践にかんする知識を学んだ。いくつかの国では女子のマクタブを利用できたが、女の子たちはマクタブには通わなかった。少女たちは、しばしば宗教教育を自分の母親から自宅で受け、家事仕事を教えられた。だが、今日ではすべてのイスラム諸国にマクタブが存在するものの、宗教教育は現代の公教育の一般カリキュラムにもとりいれられており、子ども向けの特別な宗教教本が書かれた。トルコなどいくつかのイスラム教国は男女共学であるが、サウジアラビアなどほかのいくつかの国では女子校は最近になって作られ、子どもたちは男子と女子の施設に別れて教育を受けている。

毎日5回の勤行はイスラム教の5本の支柱のひとつをなすが、子どもが、男女とも成人してから義務として課されるようになる（これまでのところで説明したように、具体的な成熟年齢についてはさまざまな法律学校が異なる意見をもっているが、一般的には15歳が未成年と成年を区分けする年齢であると考えられた）。宗教的な義務を果たさなかったり、容認できない気配やふるまいの兆候が見られた子どもには、体罰が認められた。さらに、子どもには両親に対する義務もあった。子どもたちは、両親に対して親切で従順であり、尊敬し、年老いた親の面倒を見るよう命じられていた（「コーラン」17・23、29・8、31・14-15、46・15）。

家族

イスラム教が多数の異なる文化を網羅しており、したがって、現在のイスラム教国で子どもの権利について一般化するのはむずかしいということを思い起こさねばならない。だが、イスラム法のなかに子どもたちにあたえられる明確な権利と義務が規定されているのを見ることはできる。現代のイスラム社会の大部分が、「シャリーア」のいくつかの部分を憲法に組みこんでいるが、それらはかならずしも、イスラム教によって子どもたちに認められた権利のすべてを組みこんではいない。しかし、ほとんどのイスラム社会には、ある制度、すなわち子どもの養育に非常に重要な、拡張された家族制度がある。

ひとつの世帯に暮らす人びとの人数は、その家族の経済的地位に応じて多様である。しかし、その最少人数には、核家族と何人かの未婚のきょうだいたちにくわえて、祖父母たちをふくむのがふつうである。この事情は、しばしば子どもの発達初期に甘やかすことになる。子どもはかなりの時間をその母親とすごし、要求に応じた母乳育をされる。また、子どもは、その母親、父親、年長のきょうだいたち、その他の拡大家族のメンバーから大きな愛情と甘やかしを受ける。

国ごとの違いはあるが、子どもにかんする一定の文化的規範があり、これはイスラム社会の大半で共有され、過去から現在にいたるまで継続してきている。その規範には、個人を超えて集団を重視すること、直系の血統を継続する子ども（とくに息子たち）を重視すること、そして、老齢期の両親に対する養育責任を果たすことなどをふくんでいる。

[訳注]

* 1「コーラン」（*the Qur'an; Koran*）――「コーラン」または「クルアーン」と表記される。イスラム教の聖典で、天使ガブリエル（Gabriel）をとおしてムハンマドにくだされた神（Allah、アラー）の言葉とされる。全体で114の章からなり、生活規範・法的規範もふくむ。「コーラン」という言葉はアラビア語の「読む」「朗読する」という言葉を語源としている。
* 2 スンニ派（*the Sunnis*）――ムハンマドの後継者（カリフまたはハリーファ）として最初の4人のカリフを正統な後継者と考え、ムハンマドの言行をまとめた「スンナ」（*Sunna*）を「コーラン」と同等に重視する。
* 3 シーア派（*the Shi'is or the Shiite*）――イスラム教の二大宗派の一つで、第4代カリフ（656-661）で、ムハンマドのいとこで、その娘のファーティマ（Fatima, 606?-632）の夫であるアリー（Ali, 600頃-661）のみをムハンマドの正統の後継者とし、ほかの3人の正統カリフを否定する。預言者の血統を重んじ、指導者にカリスマ的権威を認めることを特徴とする。
* 4「シャリーア」（*the Shari'a; Sheria*）――イスラム教においてシャリーアとは、イスラム法で「コーラン」と「スンナ」の戒律および社会慣習に由来する法。
* 5 イジュマー（*ijma*）――宗教法ならびに教義にかんするイスラム法学者間の意見の一致。イスラム法における法源の一つ。
* 6 キヤース（*qiyas, kiyas*）――イスラム教における類推的理解。行為や意見にかんする既成の原理から類推して、類似の行為や意見を判断する方法。

*7 イマーム (imams) ——イスラム教のシーア派の最高指導者の称号。導師。最後の正統カリフであるアリーの血統を受け継いでいるとされる。
*8 ムジュタヒド (mujtahid) ——イスラム教の聖典および聖法解釈の権威者に対する尊称。
*9 イジュティハード (ijtihad) ——イスラム教の法学において、具体的な問題に正しい法判断を引き出すために、法源までさかのぼって独自の解釈をくだそうとすることをさしていう。10世紀以降、公式には認められていない。
*10 アキカ (aqiqah) ——子どもの誕生後7日目に、家族全員、近隣の人びと、友人たちを集めて行なわれる祝宴。羊または山羊などが生け贄にされ、貧しい人びとも招かれ、食料があたえられる。

➡アフリカの子ども、聖書と子ども、中東社会の子ども
●参考文献
Awde, Nicholas, ed. and trans. 2000. *Women in Islam: An Anthology from the Qur'an and Hadith*. London: Curzon Press.
Fernea, Elizabeth Warnock, ed. 1995. *Children in the Muslim Middle East*. Austin: University of Texas Press.
Holy Qur'an. Arabic text, translation, and commentary by Maulana Muhammad 'Ali. 1991. Lahore, Pakistan: Ahmadiyyah.
Momen, Moojan. 1985. *Introduction to Shi'i Islam: The History and Doctrines of Twelver Shi'ism*. New Haven, CT: Yale University Press.
Ruthven, Malise. 1997. *Islam: A Very Short Introduction*. Albany: State University of New York Press.

(SHIREEN MAHDAVI／北本正章訳)

入れ墨とピアス
(Tattoos and Piercing)

1980年代なかばから末にかけての時期以降、身体装飾 (body modification) は、とくに青年期の若者たちのあいだでは、社会の周縁から主流へと動いた。彼らにもっとも共通してみられる三つの形態は、ピアスをすること (piercing)、入れ墨をすること (tattooing)、そしてスカリフィケーション*1である。この三つは、世界中のさまざまな文化で、また古代でも現代でも目にすることができる。ピアスをすることはもっとも広汎にみられる身体装飾の形態である。入れ墨は明るい皮膚の人びとのあいだで、より広く見られ、スカリフィケーションは暗い皮膚の人びとのあいだでよく広まった。だが、現代アメリカの青年期の若者たちのあいだでそれを一般化することはできない。

身体装飾は、女性の耳たぶにピアスをすることを除けば、西ヨーロッパ文化では歴史的に周縁的な行為あるいはタブーと解釈されてきた。ヨーロッパ人は、植民地時代に新しい民族と出会ったとき、古代のヨーロッパ文化の一部であり、その後何世紀ものあいだ休止状態であったいくつかの習俗をもち帰った。ピアスはそうした習俗のひとつであったが、その歴史をたどることはむずかしい。それは、植民地支配にかかわっていたり、外国を旅行するヨーロッパの男性は、身体のよく目につく部分よりもペニスの亀頭にピアスすることが多かったからである。ポリネシアと日本からヨーロッパに紹介された入れ墨も、上流社会の一部を残したいと願っていた人びとのあいだでの個人の楽しみであった。焼き印 (branding) としても知られるスカリフィケーションは、奴隷と犯罪者に印をつける手段としての場合を除いて、ヨーロッパ文化に広く受け入れられることはなかった。

ピアスと入れ墨は、20世紀なかばまでは上流階級の私的な悪習として残存するか、船乗りと犯罪者の公的な悪習とみなされた。アメリカの若者がヒッピー運動、ロックンロール、そして平和部隊*2などを介して自由な表現と文化的な違いにさらされるようになった1960年代を通じて、入れ墨とピアスは、まだ周縁化するしるしでありつづけてはいたものの、個人的あるいは強いられた行動と表現であることから、自己表現とアイデンティティをあらわす行為へと変化した。入れ墨とピアスを、犯罪、**セクシュアリティ**、そして、身体は神が宿るところであり、変えることができるものではないとする考えに結びつけることは、これらが1960年代と1970年代の主流の一部になることを阻止するのに十分役立った。

1980年代を通じて、ヨーロッパ社会における身体装飾の進化を変える二つの出来事があった。音楽専門テレビ放送 (MTV) と**エイズ**(後天性免疫不全症候群、AIDS) ウイルスである。MTVは、年少の視聴者 (これはとくに、テレビを見ているときは多くの子どもが管理を受けなかったからであった) を対象にしたロック・ミュージシャンの対抗文化的な表現をもたらすことができ、また、かつてよりもはるかに多人数がコンサートに参加できることになった。ビデオの視聴者はミュージシャンたちを身近で見ることもできたため、その身体装飾をいっそうよく見るようになった。だが、こうした子どもたちは、針はエイズを広めるともいわれていた。このことは、若いMTV視聴者たちのあいだでの入れ墨とピアスの広まりを遅らせた。だが、1980年代末と1990年代初めまでに、エイズがより深く理解されるようになり、入れ墨とピアスの支持者たちが器具の無菌性を宣伝しはじめると、大学生と10代の子どもたちの多くが入れ墨をしはじめた。入れ墨は数年もしないうちにハイスクールと大学で一般化した。クリス・スピアリーは、論文「入れ墨と入れ墨をすること 第1部」のなかで、15〜25歳の25パーセントもの子どもが入れ墨をしていると見積もっている。

ひとたび入れ墨がこうした普遍的なものになると、それはもはや個性とか反抗を意味しなかった。そして、1990年代なかばから末にかけての頃までに、青年期

イレスミト

1980年代以降、入れ墨——かつては船乗りと犯罪者だけに都合がよいと考えられていたが——は、ボディー・アートの形態として主流になってきた。Jeff White, ©2003

の若者たちにとって身体装飾の選択肢として入れ墨はピアスにとって代わられた。もっとも広く普及し、一般的に最初にピアスするのは耳たぶであった。20世紀の大部分を通じて、耳にピアスをしたのは少女たちだけであった。親のなかには、生後数カ月しかたっていない自分の娘の両耳にピアスをする者もいた。1980年代以前には、耳にピアスされた男性と少年は、犯罪者か同性愛者だとみなされた。しかし、1980年代を通じて、耳にピアスした少年についての性的な意味に急進的な変化があった。少年にとって耳にピアスをしてもらうことはカッコイイことと考えられ、両親の同意あるいは勧めで、5歳あるいは6歳という早い年齢で多数の少年がピアスをしたし、いまもそうしている。1990年代までに、非常に多くの少女と少年たちが耳にピアスをし、なかには、自分をほかと区別し、注目を集め、反抗するために身体のほかの部分にピアスする者もいた。しばしばピアスされた身体部分は、鼻、眉、唇、舌、臍、乳首、ペニス、そして陰唇などであった。

マーナ・アームストロングとキャシー・マコンネルによると、青年期の若者たちは、10歳という早い年齢で入れ墨をはじめる者もいるが、はじめて入れ墨をするのは14歳前後が多かった。多くの州が、両親の許可なしに未成年者が入れ墨をするのを禁止し、実際、未成年で入れ墨をした者の大半は親に知らせていなかったため、入れ墨をする青年期の若者のほぼ半数は、まっすぐなピンあるいは縫い針とインク、あるいはペンと鉛筆などをつかっていた。1980年代以降、多くの者の目には、プロによる入れ墨は、社会的なアウトサイダーのしるしからボディー・アートの形態へと推移したように見えた。入れ墨の技術と芸術性が改善され、色彩と鮮明度がより長く持続するようになった。入れ墨をした多くの者が、個人的なものであれ共同体的なものであれ、あるいは個人あるいは出来事を記念する（これはとくに女性に共通してみられる）ためであれ、入れ墨をする理由を美的感覚のためであると語っている。

スカリフィケーションは、皮膚を焼いたり乱刺したりして自分の身体に意図的に掻き傷を描くことを意味する概略的な用語である。スカリフィケーションの場合、その目的が重要である。もしだれかが身体を傷つける意図のもとに自分の身体を焼いたり切り傷をつけるとしたら、それは自傷行為とみなされる。だが、もしその動機が美的感覚、記念、個性、反抗、セクシュアリティあるいは注意などの喚起にあるなら、それは身体装飾である。スカリフィケーション・アーティストが外科用の器具や化学薬品を使うこともあるが、スカリフィケーションの圧倒的な部分は、みずからくわえる行為である。一般に、自分の身体に切り傷をつけたり焼いたりする人は、入れ墨をする人よりも早い年齢でそれをはじめる——必要なものは安全カミソリの刃かタバコのライターだけである——が、早い年齢ではじめる人は自傷者とみなされる。身体装飾の鮮明度あるいは部位も、意味と目的を伝えることができる。鮮明度が高い身体装飾は反抗的な行為あるいは注意や助けを求める叫びを示すことができる。衣類でおおわれる身体装飾は非常に個人的であるか性的である傾向が強い。これは、その人がそうした行為が社会あるいは家族におよぼす悪影響について自覚していることを示してもいる。

［訳注］

*1 スカリフィケーション（scarification）——皮膚に掻き傷をつけること。本人の意志によって、刃物、針、石、木の枝、医療用メスその他の器具などを用いて、嗜好的に皮膚に掻き傷をつけて模様を描く身体改造・身体装飾の方法。民族によっては高度な芸術性をおびた身体装飾としての歴史をもつ。

*2 平和部隊（Peace Corps）——ジョン・F・ケネディ（J. F. Kenndy, 1917-1963）の提案によって1961年に創設されたアメリカ政府が後援する民間ボランティア組織。その目的は、発展途上国で工業、農業、教育、衛生事業の普及と指導を行なうことで、各地にボラン

ティアを派遣する。

→ファッション

● 参考文献

Armstrong, Myrna. 1998. "A Clinical Look at Body Piercing." *RN* 61, no. 9: 26-30.

Armstrong, Myrna, and Paul R. Fell. 2000. "Body Art: Regulatory Issues and the NEHA Body Art Model Code." *Journal of Environmental Health* 62, no. 9: 25-30.

Armstrong, Myrna, and Cathy McConnell. 1994. "Tattooing in Adolescents, More Common Than You Think: The Phenomenon and Risks." *Journal of School Nursing* 10, no. 1: 22-29.

Camphausen, Rufus C. 1997. *Return of the Tribal: A Celebration of Body Adornment: Piercing, Tattooing, Scarification, Body Painting*. Rochester, VT: Park Street Press.

Ferguson, Henry. 1999. "Body Piercing." *British Medical Journal* 319: 1627-1629.

Greif, Judith, and Walter Hewitt. 1999. "Tattooing and Body Piercing: Body Art Practices among College Students." *Clinical Nursing Research* 8, no. 4: 368-385.

Hardin, Michael. 1999. "Mar(k)ing the Objected Body: A Reading of Contemporary Female Tattooing." *Fashion Theory: The Journal of Dress, Body, and Culture* 3, no. 1: 81-108.

Houghton, Stephen, and Kevin Durkin. 1995. "Children's and Adolescents' Awareness of the Physical and Mental Health Risks Associated with Tattooing: A Focus Group Study." *Adolescence* 30: 971-988.

Sperry, Kris. 1991. "Tattoos and Tattooing, Part I: History and Methodology." *American Journal of Forensic Medicine and Pathology* 12, no. 4: 313-319.

Waldron, Theresa. 1998. "Tattoos, Body Piercing Are Linked to Psychiatric Disorders in Youth." *Brown University Child and Adolescent Behavior Letter* 14, no. 7: 1-3.

(MICHAEL HARDIN／北本正章訳)

インドと南アジアの子ども (India and South Asia)

インドは、世界最大の子ども人口をかかえている。10億人近い人口のうち約3億人が子どもである。パキスタンには5800万人の子どもがおり、バングラディッシュには4700万人、スリランカには500万人、そしてネパールには1000万人の子どもがおり、それぞれ全人口の約40パーセントである。インドは、南アジアの国々とともに、子どものための、また子どもについて、世界でもっとも豊かな民間伝承と芸術的な想像物のいくつかをもっている。子ども期は基本的に近代の概念であるという示唆は有益ではあるものの、近代以前の過去においても、今日いわれているような意味で完全に「近代的」ではない人にとっても、南アジアの子どもについて経験的な歴史と文化システムについては多くを語らない。とくに地域の多様性の解明について、なすべき課題は残っている。以下に見るようなすべての一般化は、こうした多様性という観点によって緩和される必要があろう。

子どもへの愛情

南アジアの文学研究は、乳幼児期と子ども期に対する高い評価を明らかにしている。それらは、子どもの身体的外観、奇怪な行動、魅力についての濃密な描写ではじまり、感情的なアピールにすすみ、子ども期の多義的な象徴主義、すなわち子ども期が多数の異なることを意味し、その大部分がすばらしいものであることをふくんでいる。哲学的な見方は、子ども期を、俗世界の欺瞞性とその混乱をきわだたせるものとしてばかりでなく、人間にとって、もっとも高尚な、隠れた真実をあらわすものとしても理解する。ヒンドゥー教の神話的人物は、子ども、とりわけ少年たちの無秩序な遊びを大いに楽しむ。多くのヒンドゥー教徒にとって遊び（*leela*）という言葉は、神の仕事の本質を示す。とくに有名なのは、サンスクリット語で書かれた叙事詩『ラーマーヤナ』[*1]と『マハーバーラタ』[*2]の多数の地方言語のテキストと演技におけるラーマ[*3]とクリシュナ[*4]の子ども版である。おそらく、乳幼児と年少の少年としてのクリシュナについてのさまざまな詩歌で描かれる子どものいたずらっぽさ以上に大きな詩集はほかにはないであろう。タミル族には、子どもとしての神にはっきりとよびかけ、書き手の声を母親の声に置き換える様式がある。大人の聖人たち、あるいは神聖さの顕現物は、その無邪気さに示される「子どもらしさ」と、19世紀後半のラーマクリシュナ師[*5]や20世紀なかばのアーナンダマイ・マー師[*6]のような最高の聖職者への接近として、しばしば賞賛されたし、いまも賞賛される。完全に世俗的な文学においても、詩人ラビーンドラナート・タゴール[*7]によって知られるように、子ども期についての深い理解がみられる。

伝統的なインドの科学では、子どもは特別な対象になっていた。アーユルヴェーダ[*8]の医療哲学では、子育ての方法は医学の八つの分野のひとつをなしていた。社会学と心理学についてのインド／ヒンドゥー教の科学は、段階的な人生段階とさまざまな世代間の関係について論じている。近代には、マハトマ・ガンディー[*9]の『わが真実の試み』のような多数の回顧録や、マイ・シュリーの2000点に上る小説のように、共感をこめて南アジアの子ども期を描いた作品がある。

子ども問題

近代の南アジアでは、19世紀と20世紀を通じて、いくつかの点で、子どもは問題のある存在だとみなされてきた。植民地時代のインドで改革への衝動は、しばしば、幼児婚を廃止することをめぐって展開した。

少年と少女は、誕生以降はいつでも婚約させられたし、しばしば12歳以降、結婚生活をはじめることができた。早期の結婚は、ひんぱんに未亡人になることを意味し、上層のカーストのあいだには、その子どもがどれほど幼い子どもの未亡人であろうとも、未亡人の再婚に対する偏見があった。この問題の核心には、公教育の欠如と、生活全体でのジェンダー差別があると見られていた。19世紀の主要な改革者たちには、ラーモハン・ライ（Rammohan Roy, 1772-1833）*10、イスヴァルチャンドラ・ヴィジャサガール（Isvarchandra Vidyasagar, 1820-1891）、そしてジョティラオ・プール（Jyotirao Phule, 1827-1890）などがふくまれるが、彼らは、この時代の多数の改革者たちと同じように、自分たちが明確に子どもたちの利益のために取り組んでいるとは思っていなかった。

1950年に採択された独立インドの憲法は、子どもたちをこうした問題の多くから守ることに断固たる態度を示し、慣習が理論に遅れるのは不十分な教育が原因だと説明される。法律の無効性は、20世紀なかばにもちあがった別の問題である人口過密問題に関係していると見られている。インドの人口は、1901年の2億3800万人から1961年の4億3900万人に、そして1991年の8億4400万人へと増えた*11。解決策として、子どもを2人あるいは3人だけもつよう人びとに説得する国家の努力によって、家族計画が提案された。インドでは、1975年から1976年にかけての短い強制期間を別にすると、中国とは違って、国家の努力はもっぱら教育することと説得することにそそがれた。しかし、家族計画の努力が成功したというのは、人口増加率によって嘘だということになった。1961年には1.98パーセントであったが、1991年には2.28パーセントになったのである。そうなった答えの一部は、すべての地域で多様であった乳児死亡率が下降したことにあるが、インド全体では、1971年の1000人あたり129人から1986年の96人へと下降した。

最近数十年間のもっともわかりやすい別の問題は、児童労働である。多数の子どもが未熟練労働あるいは熟練を要する製造業における徒弟労働としてはたらいている。未熟練の児童労働は、貧困問題と、教育と雇用におけるインフラの障害とが原因であったが、徒弟制度は、労働の技能と倫理の訓練が提供され、将来の雇用が保障される複雑なシステムである。家庭内環境で織物作業や陶器製造のような仕事の徒弟としてはたらく子どもたちは、ヨーロッパで標準になっている個別スペース、資金、消費財のようなものはたしかにあたえられてはいないが、ネグレクトされたり虐待されることはなかった。

教育と社会化

植民地時代以前の南アジアにはいくつもの教育制度があり、そのどれもが地方的で、共同体を基盤にしていて、特別な目的と未来と調和していた。多様であることが標準であって、カースト制、階級、地域、そして週休などをふくむ多数の要因が、子どもたちが受ける教育を決定した。1850年代以降、公教育に基礎を置いた家庭と共同体は、しだいに中央集権的な公教育制度に置き換えられた。これは、その付属物の点ではリベラルで世俗的であり、知識の適切な範囲についての南アジアに残存する複数の理解よりもむしろ、一方的に強化されたイギリス植民地的な理解を基礎にしていた。植民地政府には財源がなく、その問題についての哲学をもっていなかったため、子どものための総合的な教育あるいは義務教育制度を整備することはできなかったし、そのつもりもなかった。こうして、南アジアでは、正式な教育を受けていた子どもの人数はつねに少数にとどまっていた。

エリートの子どもたちは積極的に新しい教育に順応した。大衆から距離を置いて成長した者がいた一方で、大多数の者も、彼ら独自の歴史と言語を学び、自分の国の民族主義的な知識人になった。今日、不平等と分裂という問題とともに、すべての子どもを教育するには不十分な教育制度の問題も継続している。学校は、貧民を対象にした私立学校から、高価な私立学校まで幅がある。この分裂はパキスタンではもっとドラマティックで、マドラサ*12を基盤にした宗教教育から近代的な自由教育までの幅があった。南アジアのいたるところで、学校教育は自発性と独創性に欠け、せいぜいのところ読み書き算が上手にできる若者を作りだしたが、かれらはかならずしも創造的であったり進取の気性に富んでいたわけではなかった。学校教育のもっともポピュラーなタイプは教養カリキュラムにあり、英語は有力科目と見られており、子どもは家族の投資としてのこの両方の科目を追求するよう奨励された。しかし、そうした教育は、子どもの経験への関心が欠落しており、コンシューマリズムの芽としてさえ、近代的で教養的な教材、とくに書物が不足していた。

子どもたちにとって共同体と家族は社会化していく主要な資源であり、彼らはそこで自分の宗教、エートス、そしてアイデンティティを学んだ。イスラム教徒の共同体では、公教育を受ける前、あるいは公教育と同時に、2年ないし5年間、コーランを学ばせる国内学校のマドラサに子どもたちを送りこんだ。ヒンドゥー教徒の共同体は公的な宗教教育は行なわない。ヒンドゥー教徒の子どもたちはその神話を、芸術、演劇、祭祀、大衆的な日常の活動、そして今日ではメディアから学ぶ。めずらしい大都市は例外として、どの子どもたちも、お互いにもちつもたれつしあい、自由をゆずりあい、最後には年齢のヒエラルキーを受け入れるように順応させられる。

南アジアでは、年齢は、階級と教育のヒエラルキーとならんで、もっとも重要なヒエラルキーである。しかし、ジェンダーは、あらゆる地域、宗派、そして階

級を横断する、子どもたちの経験の基本的な分断線である。南アジアの大部分は父方同居制で、そのすべてが父系制で家父長制である。少女たちは、未来の妻、家事、そして子育てをすることにふさわしくなるように奨励されるが、これらにはそれぞれ複雑なルールがあった。イスラム教徒の娘たちは、「差恥心」をもつこと、人目につかないようにしていること、そして**思春期**をすぎたらヴェールを身につけることを教えられる。ヒンドゥー教徒の娘たちは、自分が満足して順応したり修正できる男性と結婚し、家庭を作る。男女共学校あるいは女子校に通学させられているもっとリベラルで、教育を受けた階級の少女たちは、いまでも女性らしいと思われている役割を教えられる。あらゆる宗派と階級の少年たちは、実験し、動きまわり、そして技能を習得したり教養教育を身につけたりするよう奨励される。失業率は高いが、これは、多くの少年が失業状態になるように育っているということではなくて、大人になるまでのあいだ、親に依存する状態にとどまっていることを意味している。何人かの精神分析家によると、こうした依存性は、南アジアにおける経済的後進性と政治的な諸問題のためであるとされている。

　南アジアにおける子どもたちのゲーム、活動、そしてメディア経験は、たとえ特別な空間、消費パターン、そしてアイデンティティがヨーロッパの子どもたちのように子どもにとって必要不可欠なものとみなされていなくても、多様で濃密である。子どもたちは、国際的に人気のあるクリケットやサッカーもふくめて、その地方特有のさまざまなゲームを楽しみ、膨大な種類の音楽を聴き、素人芝居、近隣で催される祭典、大小の祭りなどの聴衆仲間となる。これらすべての娯楽は無料である。彼らは、子ども向けに特別に作られた番組や作品はほとんどなかったが、その資産に応じて**テレビや映画**も見る。子どもあるいは青年たちの**セクシュアリティ**のあからさまな表現はほとんど見られなかった。結婚前にデートをしたり身体的に接触することは、すべての階級と共同体で、人前では避けられていた。日常的な暴力についてはわかっていない。

　インドと南アジアの子どもたちは、その大部分に想像上の多数の血縁者がおり、家族メンバーがまわりにいて役立つ濃密な共同体的な世界で暮らしている。こうした同一親類の人びとは、子どもや青年が伝統を破ったり自律的に行動するのをむずかしくする要因となっており、おそらくこれが甘え症候群（dependency syndrome）になっているのであろう。南アジアの子どもたちが進歩するには、共同体を対象にしたもっと啓発的な役割とならんで、地域の多様性に応じたよりよい教育制度が必要である。

［訳注］
*1 ラーマーヤナ（*Ramayana*）──コーサラ国の王子ラーマ（Rama）とその妻シータ（Sita）の一生と冒険物語を描いた古代インドの叙事詩。

*2 マハーバーラタ（*Mahabharata*）──『ラーマーヤナ』とならぶ古代インドの大叙事詩で、バーラタ族のうちのパーンドゥー族とクルー族の抗争を扱っており、インド最高の聖典『バガヴァッド＝ギーター』（*Bhagavad-Gita*）をふくんでいる。

*3 ラーマ（Rama）──ヒンドゥー教で、ビシュヌ神のバララーマ（Balarama）、パラシュラーマ（Parashurama）などの化身のうち、第7番目のラーマチャンドラ（Ramachandra）の化身。ラーマチャンドラは『ラーマーヤナ』の主人公である。

*4 クリシュナ（Krishna）──ヒンドゥー教のビシュヌ神の第8化身。このクリシュナ神を讃えて唱える言葉あるいは聖歌をハーレクリシュナ（Hare Krishna）という。

*5 ラーマクリシュナ（Ramakrishna, 1836-86）──インドのヒンドゥー教の宗教改革者・神秘思想家で、すべての宗教は神にいたる道が同一であると説いた。その高弟の一人に、The Ramakrishna Missionを創設（1897）したヒンドゥー教の指導者ビベーカーナンダ（Vivekananda; Narendranath Datta, 1863-1902）がいる。

*6 アーナンダマイ・マー（Anandamayi Maa, 1896-1982）──ベンガル出身のインドの聖女。

*7 タゴール（Sir Ra-bindranath Tagore, 1861-1941）──詩聖とよばれるインドの詩人で『ギーターンジャリ』（*Gitanjali*, 1910）などの詩集で広く知られる。1913年にノーベル文学賞を受賞した。

*8 アーユルヴェーダ（Ayurveda）──古代ヒンドゥー教徒のあいだに広まっていた医術および長寿術。

*9 マハトマ・ガンディー（Mohandas Karamchand Gandhi, 1869-1948）──インドの政治指導者・民族主義者・社会改革者。非暴力的抵抗をつらぬいたインド建国の父。

*10 ラーモハン・ライ（Rammohan Roy, 1772-1833）──インドの宗教指導者で、ヒンドゥー教の革新的宗教運動「ブラフマ・サマージ」（Brahma Samaji）を起こした。

*11 インドの人口──2011年の推計値では12億5000万人で、約13億6000万人の中国に次いで世界第二位になっている。

*12 マドラサ（madrasa）──イスラム法学などを学ぶ高等教育機関で、多くはモスクに付属する。アラビア語の*madrasah*（*darasa*）は「学ぶ」を意味する。

➡イスラム社会の子ども、インドにおけるイギリスの植民地支配、児童労働（発展途上国）、日本の子ども

●参考文献
Bose, Pradip. 1972. *Growing Up in India*. Calcutta: The Minerva Associates.
Carstairs, G. M. 1957. *The Twice-Born*. London: Hogarth Press.
Dasgupta, Amit, ed. 1995. *Telling-Tales: Children's Literature in India*. New Delhi: Indian Council for Cultural Relations/New Age International Publishers.
Gandhi, Mohandas Karamchand. 1957. *My Experiment*

with Truth. Boston: Beacon Press.
Kakar, Sudhir. 1979. "Childhood in India: Traditional Ideals and Contemporary Reality." *International Social Science Journal* 31: 444-456.
Kakar, Sudhir. 1981. *The Inner World: A Psychoanalitic Study of Childhood and Society in India.* Delhi: Oxford University Press.
Kumar, Nita. 2000. *Lessons from Schools: A History of Education in Banaras.* Delhi and Thousand Oaks, CA: Sage.
Kumar, Nita. 2001. "Languages, Families and the Plural Learning of the Nineteenth-Century Intelligentsia." *The Indian Economic and Social History Review,* 38, no. 1: 81-103.
Kumar, Nita. 2001. "Learning Modernity? The Technologies of Education in India." *Autrepart. Les Jeunes: Hantise do l'espace public dans les societes du Sud?* 18: 85-100.
Mahabharata 1981. Trans. William Buck. Berkeley: University of California Press. 『原典訳マハーバーラタ〈1-8〉』(上村勝彦訳、ちくま学芸文庫 2002-2005年)
Menon, Navin, and Bhavna Nair, eds. 1999. *Children's Literature in India.* New Delhi: Childlen's Book Trust.
Miller, Barbara D. 1981. *The Endangered Sex: Neglect of Female Children in Rural North India.* Ithaca, NY: Cornell University Press.
Rahman, Mahmudar. 1970. *Humour in Urdu Children's Literature.* Karachi, Dacca: National Home.
Rajan, Chandra, trans. 1983. *Panchatantra: The Globetrotting Classic of India.* New Delhi: Penguin.
Ramayana 1976. Trans. William Buck. Berkeley: University of California Press. 『新訳ラーマーヤナ〈1-7〉』(中村了昭訳、平凡社東洋文庫、2012-2013年)
Richman, Paula. 1997. *Extraordinary Child: Poems from a South Asian Devotional Genre.* Honolulu: University of Hawaii Press.
Seymour, Susan C. 1999. *Women, Family, and Child Care in India: A World in Transition.* Cambridge: Cambridge University Press.
Sinha, Durganand, ed. 1981. *Soclalization of the Indian Child.* New Delhi: Concept.
Srinivasan, Prema. 1998. *Children's Fiction in English in India: Trends and Motifs.* Chennai: T. R. Publications.
Statistics on Children in India: Pocketbook 1995. New Delhi: National Institute of Public Cooperation and Child Development.
Tagore, Rabindranath. 1913. *The Crescent Moon.* London: Macmillan. *The English Writings of Rabindranath Tagore, vol. 1.* 1961. New Delhi: Sahitya Akademi. タゴール『タゴール詩集——ギーターンジャリ』(渡辺照宏訳、岩波文庫、1977年)
Vivekanand. 1953. *The Yogas and Other Works,* ed. S. Nikhalananda. New York: Ramakrishna-Vivekananda Centre.

(NITA KUMAR／北本正章訳)

インドにおけるイギリスの植民地支配 (British Colonialism in India)

　植民地支配は帝国主義のきわだった形態のひとつであり、植民地化しようとする国家は植民地にされる国家に対して軍事、経済、政治を通じて直接支配する。植民地国家が強制的かつ広範に侵入するため、植民地化された国家、そこにいる人びとの暮らし、社会構造は、あらゆる面で大きな変化にさらされる。植民地主義の最大の目的、つまり、植民地国家とその国の人びとに富をもたらすことには、女性や子どもをふくむさまざまなグループがかかわり、相乗効果を上げた。インドは、大英帝国の官僚自身の子どもたちについて検証をはじめるのに都合のよい事例研究である。

　1830年から1880年までの時期を通じて、多数のイギリス人の子どもたちが両親といっしょにインドに渡ったり、そこで生まれたりした。この時期にインドにいたイギリス人の子どもの数については、どの時点においてもはっきりしない。というのも、インド亜大陸にいたイギリス人の子どもについての情報源がほとんどないからである。子どもたちの生活は、両親の手紙や日記、同時代の国内の育児書などに書かれている。こうした文書類に網羅的に目をとおせば、インドにおけるイギリス人の子ども期のイメージが浮かび上がるであろう。利用可能な史料類は、下層中産階級から上層中産階級までのイギリス人家庭における子どもたちの経験を物語っている。

乳児死亡率

　植民地インドのイギリス人家庭にとって大きな懸念は、高い**乳児死亡率**であった。1860年から1869年にかけて、イギリス本国の5歳以下の子どもの平均死亡率は1000人あたりほぼ67人であったのに対して、同じ時期のベンガル管区ではイギリス人の子どもの平均死亡率は1000人あたり148人であった。子どもを失ったイギリス人の母親たちの悲しみはあちこちにくりかえし出てくる。北インドの民事裁判所の判事の妻であったマリア・アメリア・ヴァンシッタートは、1846年3月26日の8時から9時のあいだに、とても小さな女の子を出産したと日記に記している。そして、4月13日にはこの娘の埋葬について書いている。インドの墓石について研究したテオン・ウィルキンソンは、くりかえし悲運にみまわれた家庭もあったことを明らかにしている。世紀が進むにつれて乳児死亡率は低下したが、懸念をひき起こすにはまだ十分な高さであったし、母親たちがだれも助けてくれないと感じていたのもむりからぬことであった。

乳母、アヤ（子守り）、養育者

　インド亜大陸のイギリス人の母親たちは、子どもの養育をインド人の乳母にまかせるのが一般的であった。

というのも、ヨーロッパ人の乳母を雇うのはむずかしかったし、イギリス人医師たちは、気候のせいで体力を消耗する危険性が高いため、母親に自分の子どもに母乳をあたえるのをひかえるよう説いたからである。広くアマ*1とよばれた乳母たちは、下層カーストの出身者またはイスラム教徒であった。メンサヒーブ*2（インドにおける既婚のイギリス女性）の多くは、幼い子どもに母乳をあたえるためにインド人の乳母を雇い、子どもの養育にかかわるそれ以外の事柄はインド人のアヤ*3にさせていたが、こうしたやり方を彼女たちが好んでとりいれていたというわけではなかった。アングロ・インディアン*4の親は、アヤのほかに、男の子には男性の召使、あるいはベアラー*5とよばれる従者を雇っていた。アングロ・インディアンの子どもたちは目覚めている時間のほとんどをインド人の召使とすごした。こうした家庭内の使用人たちは、子どもたちの遊び相手であり、ヒンドゥー語で兄弟にあたるbhaiaや、幼い子どもをさすbabaなどの言葉だけでなく、「パパ」や「ママ」などを意味するヒンドゥー語も子どもたちに教えた。子どもたちはアヤやベアラーと親密な関係を結んでおり、故郷を離れていたイギリス人家族にあって、この強い絆が子どもたちに安らぎをもたらしていた。アングロ・インディアンの母親が子どもたちをイギリスにつれていくときには、子どもたちのアヤやベアラーをそのままいっしょにつれていくこともあった。

人種間の壁

メンサヒーブは、幼児の養育の助けを得るためにインド人の召使いを雇わざるをえなかったが、乳母と子どもたちのあいだに親密なきずなが生まれることを警戒して、子どもたちとこうした召使いのあいだに明確な距離を保とうとしていた。この慣行についてとりあげた文書は、どれもイギリス人の子どもとインド人の召使いが密接な関係になるのを避けるよう述べ、子どもたちがインド人の召使いの習慣、癖や言葉をまねるのを危惧している。こうした懸念は、マドラスのラージャマンドリの地方判事の妻ジュリア・トマス・メイトランドの手紙のなかにはっきりと示されている。彼女は手紙に、娘がインドの言葉を身につけたり、「インド人の子ども」（little Hindu）のように育ったりしないでほしいとの強い思いを吐露している（1839年1月9日付）。

母親たちは、子どもたちがインドの言語を習得するのを阻止できないことも多かった。エリック・ベイリーが幼い頃、彼がヒンディー語の単語をいくつか話したり、チャパティ（インドのパン）を作るまねをしたりすることを母親のフローレンスが夫に話したところ、彼はこれに激怒した。メンサヒーブは、子どもにインドの影響がおよばないよう監視させ、赤ん坊を世話させるために、アヤにくわえてイギリス人の女性を雇うこともめずらしくなかった。英語を話せるインド人のアヤを雇うことで問題を回避しようとする家庭もあった。イギリス人の養育係とインド人のアヤが、子どもに対してどちらがより強く責任を負っているのかをめぐって競うこともめずらしくなかった。もちろん、一般的には白人の養育係の立場のほうが強かったことはいうまでもない。アングロ・インディアンの両親が、子どもたちと現地人の使用人たちのあいだの固い絆を懸念したのは、帝国主義と分かちがたく結びついていた排外主義的な人種差別主義のためである。アングロ・インディアンの親が、インド人たちとのあいだに社会的に明確な一線を引いていた一方、子どもたちは召使いとの密接な関係をとおして植民者と被植民者のあいだの壁をのりこえていた。子どもたちによるこうした交流は、最終的に帝国の基礎を侵食することになった。

教育

エマ・ロバーツは1837年に、ヨーロッパ人の軍人の連隊ごとに子どもの学校があると報告している。男児には下士官や連隊付きの事務官などになるための教育が行なわれた。一方、女児は、より高位の男性の妻となるべく教育された。アングロ・インディアンの子どもたちの教育については概略しかわからないことが多い。サラ・テリーの手紙には、彼女の8歳になる娘と5歳の息子の教育がつづられている。インドにきて1年目は、サラが午前中に家で子どもたちに英語と数学を教えた。2年目になると、子どもたちはボンベイの駐屯地にある学校に朝7時半に行き、夕方4時に帰宅するようになった。

アングロ・インディアンの子どもたちの不安定な生活

イギリス人の幼児は夏のあいだ、熱射病、ねぶと*6、下痢などに苦しむことが多かった。子どもたちは暑さによる病気を避けるため、3月から10月までのあいだ、母親たちにつれられてヒル・ステーション*7に滞在したが、父親は仕事のため、平地にとどまった。アングロ・インディアンの親は、子どもたちがインドに長くとどまりすぎると、インドの気候と環境のために、おそらく生涯にわたって子どもたちの体質が弱くなると考えていた。こうした危険から子どもを守るにはイギリス人の養育係だけでは十分ではないと考えられたため、イギリス人はまだ非常に幼い子どもをイギリスに送った。男の子は5歳までにインドを離れるのが一般的で、女の子の場合もだいたい7歳か8歳頃にそうしていた。

植民地支配はインドにおけるイギリス人の家庭生活に独特の影響をあたえた。インド亜大陸においてアングロ・インディアンの子どもたちの生活にはおちついた拠点となる家庭がなかった。暑さからのがれるため、子どもたちは誕生後すぐに6カ月から7カ月にわたっ

イントニオ

ジョシュア・レイノルズ「インド人のアヤをともなったエドワード・ホールデン・クラッテンデン家の子どもたち」(1759-62年)。アヤは、一般に、インドにおけるイギリス人の子どもの保育をするために雇われ、しばしば子どもたちとのあいだに親密な絆を発達させた。クラッテンデン家のアヤは、子どもたちの生命を救ったと伝えられているが、この図版では、まるで彼女が、世話を託された明るい肌色の子どもたちに仕える奴隷身分であることを強調するかのように、絵の後景に描かれている。©Alinari/Art Resource, NY. Museu de Arte, Sao Paulo, Brazil

て父親と離れていた。父親がひんぱんに異動するため、日常生活はたえず中断を余儀なくされた。多くの子どもたちは7歳になると、親と離れてイギリスに戻った。アングロ・インディアンの子どもたちは、イギリス本国にいた同世代の子どもたちとは違って、両親に囲まれておちついた家庭生活を送ることはまれであった。ヴィクトリア時代のイギリスでは、上層中産階級や上流層の子どもたちは寄宿学校ですごすのが一般的になっており、家に戻るのは数カ月に一度であったが、アングロ・インディアンの子どもも、両親に会えるのは数年に一度であった。

　子どもたちをイギリス本国に送るのがむずかしい親もいた。アングロ・インディアンの男性は、家族をイギリスにつれて帰るための休暇をとれなかったり、イ

ギリスに家族を送る費用にこと欠くこともあった。子どもたちをイギリスにつれて帰ってくれる人が見つからないこともあった。たとえば、1871年に妻を亡くしたウォナコット氏は、3歳の娘をイギリスに送ろうとした。しかし、娘をイギリスにつれ帰ってくれる女性を見つけることができたのはようやく1874年になってからであった（当時、7歳以下の女児は親戚以外の、初対面の大人と旅行するには幼すぎると考えられていた。男児は5歳になれば、親戚以外の、初対面の軍人とイギリスまで行くことができた）。インドとイギリスは遠く離れていて多大な費用がかかるため、親子はなかなか会えず、10年近く会えないこともあった。メトカーフ家の子どもたちは母親がインドで亡くなったとき、イギリスにいた。ウォナコット家の子どもの場合、父親はイギリスへの帰路に亡くなり、母親はインドで亡くなった。

ヴィクトリア時代の人びとは、その人生において安定した家族をなによりも大切にしていた。アングロ・インディアンの家庭は、親子が長期間離れているために家族の崩壊がよく見られた。これは、歴史家のアンソニー・ホールがいうところのよき市民の道徳、倫理、宗教、社会規範となる強固で安定した家庭を作ることを重視していたヴィクトリア時代の精神にはそぐわない現実であった。それでも、若い男性が官僚や軍人などとしてインドに戻り、結婚して家族を形成するなかで、植民地という環境でアングロ・インディアン家庭の親子関係のパターンが踏襲されていくことになった。

インドの子どもたちにおよぼした植民地主義の影響

植民地政府は一般に、植民地の子どもたち、とりわけ地方の農村部の子どもたちの生活を変えるようなことはほとんどしなかった。帝国当局が悪習とみなしたものを規制しようとする動きがなかったわけではない。たとえば、植民地の官僚は、幼い少女との契約にもとづく結婚には眉をひそめていたが、そうした関心をはっきりと表明することはあまりなかった。一方で、帝国の官僚は現地人が子どもたちをはたらかせすぎると批判したが、通常、植民地経済は児童労働の上に成り立っていたため、ほとんどこの状況は変わらなかった。植民地政府は宣教師たちの尽力に後押しされるかたちで、徐々に新しい教育機会を導入していった。このため、子どもたちのなかには正式な学校教育を受ける者も出てきた。これは、場合によっては子どもたちを伝統的な家族から引き離し、新しいヨーロッパ的な価値観と接することになった。少女向けの学校も女性の役割を社会的に普及させることになったが、ここでも子どもたちを伝統から切り離すことになった。教育機会がかぎられていたため、植民地支配の教育面における影響は後になってようやく明らかになったにすぎない。

[訳注]

*1 アマ（ammahs）──インドなど極東アジアなどで「子守り」とくに「乳母」。おそらくはラテン語の「胸」（mamma）から派生した「乳母」（amma）が、ポルトガル語の「子守り女、女家庭教師」（ama）を介してインドその他に広まったものと考えられる。

*2 メンサヒーブ（mensahibs）──インドなどで、召使いらが既婚の西洋婦人をよぶときの敬称で、「奥様」。

*3 アヤ（ayah）──インドで西洋人たちが使うインド人の女中・乳母。ラテン語のavia（祖母）、ポルトガル語のaia（女中）、ヒンディー語のāyāなどに由来する。

*4 アングロ・インディアン（Anglo-Indian）──インドに居住するイギリス人またはインド生まれのイギリス人。イギリス人とインド人の混血児あるいはヨーロッパ人とインド人との混血児でインド英語を話す人びとをさすこともある。

*5 ベアラー（bearer）──インド英語で現地人の召使いの少年あるいはレストランなどでの、大人もふくむ「ボーイ」。

*6 ねぶと（boils）──細菌の感染によって発症する炎症性の腫れものの一種。疔。患部に痛みがあり、化膿し、内部に芯をもつ。

*7 ヒル・ステーション（hill station）──アジア南部で、夏場の酷暑からのがれるために高原に設けられた官庁などの夏季駐在地。

● 参考文献

Bayley, Emily. 1980. *The Golden Calm: An English Lady's Life in Moghul Delhi: Reminiscences by Emily, Lady Clive Bayley, and by Her Father, Sir Thomas Metcalfe*, ed. Mary M. Kaye. Exeter, UK: Webb and Bower.

Chaudhuri, Nupur. 1988. "Memsahib and Motherhood in Nineteenth-Century India," *Victorian Studies* 31, no. 4: 517-535.

Fayrer, J. 1873. *European Child-Life in India*. OIOC Tract 820. London: J. A. Churchill.

Maitland, Julia. 1846. *Letters from Madras: During the Years 1836-1839*. London: J. Murray.

Roberts, Emma. 1837. *Scenes and Characteristics of Hindostan, with Sketches of Anglo-Indian Society*. London: W. H. Allen.

Wilkinson, Theon. 1976. *Two Monsoons*. London: Duckworth.

（NUPUR CHAUDHURI／並河葉子訳）

ヴィクトリア時代の美術（Victorian Art）

イギリスのヴィクトリア時代（1837-1901）は、すくなくとも特権階級にかんして、そしてまた、あまり子どもに親しみを感じていなかった18世紀と比較して、新しい種類の子ども期の出現が特徴となった時代であった。この時期には、とくに子どもに注意をはらった絵画、書物、おもちゃ、育児書、その他がめざましく増大した。美術分野では、印刷物、絵画、そして雑誌や書物のイラストとして、ヴィクトリア時代風の

ウイクトリ

ジョン・エヴァレット・ミレイ「はじめてのお祈り」。Guildhall Art Gallery, City of London*

ジョン・エヴァレット・ミレイの「熟れたサクランボ」(1879年)は、1880年のもっともよく売れた印刷プリントとして再生された。ミレイの肖像の官能的な画風は、子どもらしい純真さを意図的に描く肖像画の伝統を転覆させるものである。Private Collection/Bridgeman Art Library

肖像が多数あらわれた。無数の芸術家が子ども期の主題に取り組んだが、この主題はヴィクトリア女王*1の長期にわたる治世、とくに1850～1880年の時期を通じて人気があった。子ども期の主題の範囲——感傷的にみられる少女から都市の若い労働者にいたるまで——は、非常に広大であった。この時代のもっとも重要な画家には、「はじめてのお祈り」(*My First Sermon*, 1863)、「うたた寝と目覚め」(*Sleeping and Waking*, c. 1867)、そして「熟れたサクランボ」(*Cherry Ripe*, 1879)といった作品で、幼い主人公の無数の目立ったイメージをつくった、ラファエル前派の画家ジョン・エヴァレット・ミレイ*2がふくまれる。さらに、多数のイラストレータ——とくにケイト・グリーナウェイ、ビアトリクス・ポター、アーサー・ラッカム*3、そしてウォルター・クレイン*4——は、児童文学という隆盛する市場に貢献したことで名声を博した。

つつしみ深い少女と悪戯っぽい少年

こうした若い主人公の表現の基礎になっていたのは、つつしみ深い少女であれ、悪戯っぽい少年であれ、子ども期の構成をはっきりと線引きし、そのジェンダーを承認した大人の価値観であった。絵画部門は、当時の日常生活の影響を受けた主題を利用し、多くの情景は、中産階級の信念を強めながら、虚構の家庭生活の安らぎ(ドメスティシティ)を描いた。そうした教訓主義はとりわけ、「子どもをしつける」(*Train Up a Child*, 1841)と「息子を教える母親」(*A Mother Teaching Her Son*, 1859)などで知られるアイルランドの画家ウィリアム・マルレディ*5が描いた作品において明瞭である。こうした絵のタイトルだけが、高い道徳的と宗教的なふるまいを例示して子どもを教育する記号的な重要性を伝えている。

ジェンダーにかんする近代的なステレオタイプの多くは、本質的にその起源をヴィクトリア時代の肖像がつくった境界区分と期待感に負っている。写真と写真製版によるさまざまな複製手段の発明のおかげで、ヴィクトリア時代には印刷、書物、絵画の洪水が見られ、男性の要求に従順にこたえる、数えきれないほどの装飾的で敬虔な、しかもかわいらしい少女の肖像が出まわった。だが、おそらく、『不思議の国のアリス』(*Alice's Adventures in Wonderland*, 1865)の著者としてもっともよく知られるルイス・キャロルの遺品のなかに、衣服をまとわない少女たちの写真と絵画が多

ジョーゼフ・ノエル・ペイトンの「オベロンとティタニアの争い」（1849年）のような妖精を描いた絵画は、ヴィクトリア時代のイギリスで人気のある分野であった。こうした絵画のなかの妖精たちは、この時代の人間の主題に許されていなかった一般的な不品行ばかりでなく、裸体、性的な行為、雑婚などもふくむ、多数の不法な行為にふけっている。National Gallery of Scotland, Edinburgh, Scotland/Bridgeman Art Libary

数発見されたことに明確に示されているように、少女を描いたヴィクトリア時代の肖像には暗黒面がつきまとっている。近代の鑑賞者は、ヴィクトリア時代の中産階級と上流階級の理想的な少女を少女っぽく、純真無垢なものと見ていたこうした肖像画に、抑圧されたセクシュアリティを感じとる。ウィリアム・パウエル・フリス*6、ソフィー・アンダーソン*7、そしてジェームズ・コリンソン*8らの絵画作品では、しばしば少女は、母親のかわり、調停者、遵奉者としての役割をあたえられ、その受動性は、血気さかんで自立心があり、けんかばやいというステレオタイプ化された典型的な少年とは対照的である。ほんの数人だけ名前をあげると、コリンソン、ジョン・フェード*9、そしてジョン・モーガン*10らの作品では、教室と校庭は共通して、男の子の悪戯、けんか、空威張りが描かれる二つの場所である。これらの図像の多くは身体に向けての暴力行為が描かれており、ヴィクトリア時代にどれほど身体罰が受け入れられていたか、また、イギリスのエリートの私立学校での蛮行がどれほどひんぱんにサディズムの水準になっていたかを現代の鑑賞者に思い起こさせる。エドワード・ウォード*11、チャールズ・コンプトン、そしてウィリアム・ダイス*12らの画家が描いた非常に理想化された肖像画は、そのふるまいが非常に識別的な男らしさを保持した「少年ヒーロー」を特徴にしている。これらの作品では、少女は、早熟な年少の男子が示す天賦の才の前でうっとりする傍観者として描かれる。

セクシュアリティ

ヴィクトリア時代の絵画には、「淡い恋心」、あるいは若者の求愛の肖像が描かれることがときどきあるが、いっそう明白な本性としての**セクシュアリティ**は妖精絵画に限定されていた。そこでは（何種類かの両性具有の妖精とならんで）翼をもった思春期前の男女の妖精が、自暴自棄と攻撃性の程度に応じて、跳ねまわり、混じりあい、互いに追いかけまわり、ほかの主題を扱ったいかなる絵でも描くことがめずらしかった官能的な満足が描かれている。このことは、多くの妖精がその容姿の点で無害な子どもの姿をしていたからだけでなく、人間ではない姿をしていたことからも明白である。たとえば、この分野を専門にしていた作家たち——このなかには、ジョン・アンスター・フィッツジェラルド*13や、人気を博した『妖精の国で』（*In Fairyland*, 1869-1870）の生みの親リチャード・ドイ

ル*14がいる——の作品では、妖精たちは、純真無垢とこの世のものとは思えない雰囲気をただよわせつつも、道徳的には認められないやり方で、その裸体をひけらかし、ときには非常にサディスト的なふるまいをすることもできた。

下層階級の子ども表現

ヴィクトリア時代の都市と農村の下層階級と労働階級の子どもを描いた肖像は、いくぶんようすが違っていた。農場ではたらく娘としてであれ、農民としてであれ、あるいは街路の売り子としてであれ、下層階級の女性は非常に健康的な顔つきで、見栄えよく、可愛らしかったかもしれないように描かれていたようである。このように描かれた少女はすべて、貧乏な子どもたちが堪えしのんでいた不潔で抑圧された社会状況といった感覚はほとんどなく、本質的に憐れみと気晴らしの対象として理解されていた。「パンチ」誌*15のページを飾る場合であれ、イギリス王立美術院の絵画の場合であれ、わんぱく少年は、健康そうで、みすぼらしく、見る者を怖がらせない子どもとして無菌化されている。

ヴィクトリア時代の絵画には、死んだ子ども、あるいは死につつある子どもも描かれたが、これは、(現代の統計数値と比較して)すべての階級の死亡率が高かったことを反映していた。絵の構図の多く——ジョージ・ヒックス*16、トマス・フェード、そしてトマス・ブルックス*17らの作品——は、キリスト教信仰と悲しみに耐える不屈の精神の必要性が認められる、両親がベッドによりそう通夜を特徴にしている。文学部門と同じように、身よりのない孤児、とりわけ傷つきやすい女子の孤児の人目を引く訴えるような画風——エミリー・メアリ・オズボーン*18、ジョージ・ストーリー*19、そしてフィリップ・コールドロン*20らの絵画にみられるように——も、ヴィクトリア時代の鑑賞者に人気があった。

ケイト・グリーナウェイの無限に増殖する作品——それは、過去への郷愁を、透きとおった美しい服と、装飾的でおとなしく、余暇を楽しむ派手な消費主義に結びつける当時の雑誌を彩った特徴であったのだが——をふくむ多様な資料によって、現代の鑑賞者は、ヴィクトリア時代の子ども期の概念を植えつけられている。ヴィクトリア時代の文学の登場人物である『不思議の国のアリス』のアリス、ジェームズ・バリーの1904年の小説『ピーター・パン、あるいは大人になりたくなかった少年』(*Peter Pan, or The Boy Who Would Not Grow Up,* 1904)のピーター・パンは、ディズニー映画と、自分の夢想を支配する力を追い求める少女と、成長するのを拒否することで大人の責任からのがれようとする少年の絶えざる願望のおかげで、公的なイメージのなかに永遠の地位を得ているのである。

[訳注]

*1 ヴィクトリア女王 (Alexandrina Victoria, 1819-1901)——大英帝国女王 (1837-1901)、インド女帝 (1876-1901)。

*2 ジョン・エヴァレット・ミレイ (John Everett Millais, 1829-1896)——ラファエル前派を代表するイギリスの画家。11歳で史上最年少の画家としてロイヤル・アカデミー・スクールに入学し、以後、歴史および文学の主題を写実的に扱い、明るい色調と細密な表現技法で数多くの作品を手がけた。『ハムレット』に想を得た「オフィーリア」は屈指の傑作とされる。1848年ラファエル前派の創立メンバーとして1850年代後半に同派が解散するまで歴史画、宗教画を中心に次々と作品を制作した。

*3 アーサー・ラッカム (Arthur Rackham, 1867-1939)——イギリスの挿絵画家。18歳からウェストミンスター火災保険会社に勤務しながら夜学の美術学校で学び、1892年、25歳のときに勤めを辞し、イラストレーターに転じた。1893年にはじめて本の挿絵を手がけて以後、挿絵画家として多数の挿絵を制作し、1906年のミラノ国際美術展と、1911年のバルセロナ国際美術展でそれぞれ金賞を受賞した。『グリム童話集』『ガリバー旅行記』(1900年)、『リップ・ヴァン・ウィンクル』(1905年)『ピーター・パン・イン・ケンジントン・ガーデンズ』(1906年)、『不思議の国のアリス』(1907年)などの挿絵で人気を博した。

*4 ウォルター・クレイン (Walter Crane, 1845-1915)——イギリスの芸術家。絵画、イラスト、児童書の挿絵、陶磁器タイルのデザイン、その他多くの装飾芸術を制作し、アーツ・アンド・クラフツ運動に深くかかわった。

*5 ウィリアム・マルレディ (William Mulready, 1786-1863)——アイルランド出身のイギリスの画家。画才を認められ、14歳でロイヤル・アカデミー・スクールに入学した。おもに田園風景をロマン主義的に描写した作品で知られた。

*6 ウィリアム・パウエル・フリス (William Powell Frith, 1819-1909)——ノースヨークシャーのアルドフィールド生まれのイギリスの画家。1835年、ロンドンに上京し、シャーロット・ストリートにあるSass'Academyで学んだ後、ロイヤル・アカデミー・スクールに進学した。はじめ肖像画家として活動を開始し、やがて1840年代には、チャールズ・ディケンズ (Charles Dickens, 1812-1870) やローレンス・スターンなどの小説に材をとった作品を多く描いた。ディケンズと親交を深め、ディケンズの肖像画も描いている。

*7 ソフィー・G・アンダーソン (Sophie Gengembre Anderson (1823-1903)——フランス生まれのイギリスの女流画家。子どもと女性を描いた魅力的な作品が多い。若い頃ロシアで学び、1848年の革命をのがれてアメリカに渡り、50歳前後から病気療養のためカプリ島に移り住み、創作活動を続けた。雨の日の散歩をあきらめた窓辺の少女を描いた「今日はお散歩なし」(*No Walk Today,* 制作年不詳) が、2008年のロンド

＊8 ジェームズ・コリンソン（James Collinson, 1825-1881）——イギリスのヴィクトリア時代のラファエル前派の画家。「聖家族」（*Holy Family*, 1871）など。

＊9 ジョン・フェード（John Faed, 1819-1902）——スコットランドの画家。聖書などを題材にした宗教画、文学作品の情景画、政治家などの肖像画で知られる。

＊10 ジョン・モーガン（John Morgan, 1822-1885）——イギリスの画家。ロンドンのデザイン学校で学んだのちフランスのパリでトマス・クーチュール（Thomas Couture, 1815-1879）のもとで学んだ。息子のフレデリック・モーガン（Frederick Morgan, 1847/1856-1927）も画家で、子どもの遊びや生活を明るく描いた作品で人気を集めた。

＊11 エドワード・M・ウォード（Edward Matthew Ward, 1816-1879）——イギリスの画家。ラファエル前派と対立し、イギリスの歴史と文化の伝統に根ざした「イギリス的な」主題の作品を残した。教会などの壁画作品で知られる。

＊12 ウィリアム・ダイス（William Dyce, 1806-1864）——スコットランドの画家。20歳をすぎた1825年、1827-28年にローマを訪れ、ティツィアーノとプッサンの作品から影響を受けた。イタリア・ルネサンス初期の絵画作品を学んだ最初のイギリスの芸術家の一人といわれている。帰国後、創作活動のかたわら美術教育の改革に取り組んで大きな足跡を残した。細密な風景画「ケント州ペグウェル湾——1858年10月5日の回想」（*Pegwell Bay, Kent - a Recollection of October 5th 1858*）も有名。

＊13 ジョン・アンスター・フィッツジェラルド（John Anster Fitzgerald, 1819-1906）——ヴィクトリア時代のイギリスの妖精画家。おもに妖精の作品を描いたため一般に「妖精のフィッツジェラルド」とよばれた。彼が描いた妖精絵画の多くには、悪鬼や悪魔などの忌避すべき暗いイメージ、悪徳イメージもふくまれており、その背景に、当時広まっていたアヘンなどの薬物の使用が疑われたり、そのシニカルな道徳表現について、ヒエロニムス・ボス（Hieronymus Bosch［本名：Jeroen van Aken］、1450頃-1516）とピーテル・ブリューゲル（Pieter Bruegel the Elder, 1525/30-1569）の作品との類縁性も指摘されている。

＊14 リチャード・ドイル（Richard Doyle, 1824-1883）——ヴィクトリア時代の著名なイラストレータ。専門的な芸術教育は受けず、諷刺漫画家であった父親の工房で幼い頃から手ほどきを受け、才能を発揮した。生涯にわたってフェアリーテイルにかんする作品を描いた。とくに、チャールズ・ディケンズのクリスマス・ブック3部作——『鐘の精』（*The Chimes*, 1844）、『炉辺のこおろぎ』（*The Criket on the Hearth*, 1845）、『人生の戦い』（*The Battle of Life*, 1846）——のイラストを共同担当したのを皮ぎりに、グリム童話の『妖精の指輪』（*The Fairy Ring*, 1846）のイラストは「妖精イラストレーター」としての地位をもたらした。『世界の妖精物語』（*Fairy Tales from All Nations*, 1849）も大成功をおさめ、『妖精の国で』（*In Fairyland*, 1869-70）はエルフ（小妖精）の世界をシリーズものとして製作し、彼の代表作として知られる。『シャーロック・ホームズ』の著者アーサー・コナン・ドイル（Sir Arthur Ignatius Conan Doyle, 1859-1930）は彼の甥である。

＊15 「パンチ」誌（*Punch, or the London Charivari*）——1841年にヘンリー・メイヒュー、J・S・コイン、マーク・レモンらによって創刊された挿絵入りの週刊雑誌。洒落・おどけ・諷刺によってイギリスの社会・政治・経済・文化を批評し、長く庶民の支持を得た。誌名はイタリア伝来の猥雑な人形劇「パンチとジュディ」に登場する「パンチ氏」に由来する。1992年の廃刊まで一世紀半にわたって公刊された。

＊16 ジョージ・ヒックス（George Elgar Hicks, 1824-1914）——イギリスのヴィクトリア時代の画家。最初、医学を学んだが、転じて画家となった。社会的な出来事や文学作品を題材にしたほか、女性画、肖像画などで知られる。

＊17 トマス・ブルックス（Thomas Brooks, 1818-1891）——イギリスの画家。一時期フランスで学び、帰国後、肖像画家となる一方で、文学、生活習俗などを題材にした作品を残した。

＊18 エミリー・メアリ・オズボーン（Emily Mary Osborn, 1834-1913）——イギリスの画家。「名もなく友もなく」（*Nameless and Friendless*, 1857）などの作品で注目された。

＊19 ジョージ・ストーリー（George Adolphus Storey, 1834-1919）——イギリスの画家、イラストレータ。フランスで学んだあと、帰国して肖像画家、イラストレータとなる。晩年はロイヤル・アカデミーの教授となった。

＊20 フィリップ・ハモジェニーズ・コールドロン（Philip Hermogenes Calderon, 1833-1898）——スペイン文学の教授であったスペイン人の父親と、フランス人の母親のもとにフランスに生まれた。ロンドンの美術学校で学んだ後、最初はラファエル前派の影響を受けたが、のちに聖書・歴史・文学をテーマとした作品で、深い思想性を表現した。ロンドンの王立美術院美術館の館長であった。

➡アルファベット習字帳、子ども期の理論、子どもの写真、少女期、少年期、聖母マリア（宗教）、聖母マリア（世俗）

●参考文献

Brown, Marilyn, ed. 2002. *Picturing Innocence*. London: Ashgate Press.

Casteras, Susan P. 1986. *Victorian Childhood*. New York: Harry N. Abrams.

Casteras, Susan P. 1987. *Images of Victorian Womanhood in English Art*. London: Associated University Presses.

Duff, David. 1975. *Punch on Children: A Panorama 1845-1865*. London: Frederick Muller.

Higonnet, Anne. 1998. *Pictures of Innocence: The History and Crisis of Ideal Childhood*. New York: Thames and

Hudson.
Holdsworth, Sara, and Joan Crossley. 1992. *Innocence and Experience: Images of Children in British Art from 1600 to the Present.* Manchester: Manchester City Art Galleries.
O'Neil, Richard. 1996. *The Art of Victorian Childhood.* New York: Smithmark Publishers.
Ovenden, Graham, and Robert Melville. 1972. *Victorian Children.* London: Academy Editions.
Schorsch, Anita. 1979. *Images of Childhood: An Illustrated Social History.* New York: Mayflower Books. ショルシュ『絵でよむ子どもの社会史』(北本正章訳、新曜社、1992年)。
Steward, James Christian. 1995. *The New Child: British Art and Origins of Modern Childhood, 1730-1830.* Berkeley: University Art Museum and Pacific Film Archive.
Walvin, James. 1982. *A Child's World: A Social History of English Childhood 1800-1914.* New York: Penguin.

(SUSAN P. CASTERAS／北本正章訳)

ヴィゴツキー、L・S
(Vygotsky, L. S., 1896-1934)

レフ・セミョーノヴィッチ・ヴィゴツキー(1896-1934)*

　レフ・セミョーノヴィッチ・ヴィゴツキーは、ベラルーシ*¹のゴメリのユダヤ人家庭で育った。伝統的なユダヤの教育を受けたあと、モスクワ大学法学部に入学したが、歴史学と哲学のコースも学んだ。彼は、シェークスピアの『ハムレット』を分析した修士論文を1916年に書いた。1917年には教師としてゴメリに戻り、臨床心理学の実践もした。ここで彼は、『教育心理学』(*Educational Psychology*)を著し、学位論文「芸術心理学」(*The Psychology of Art*)を書いた。

　1924年、ヴィゴツキーは、サンクトペテルブルクで開催されたある会議で、意識についての講演を行なった。この講演が好評を得たため、モスクワのコルニコフ実験心理学研究所に所属することになった。ここでヴィゴツキーは、アレクサンドル・ルリヤ*²とアレクセイ・レオンチェフ*³らといっしょに、心理学の危機に対する解答として「文化＝歴史理論」を発展させた。1925年から1927年にかけて執筆した『心理学における危機に関する歴史的意味』(*The Historical Meaning of the Crisis in Psychology*)のなかで、ヴィゴツキーは、現在の心理学研究には統一性も一貫性もないと主張した。彼は、人間性についての精神分析的な見方や、人間行動にかんするパブロフ理論がどのように架橋されるかを理解するのは困難であり、マルクス主義心理学だけが、カール・マルクスとフリードリヒ・エンゲルスからの引用を継ぎあわせることができると主張した。

　ヴィゴツキーは、1931年の著作『高次心理機能の発達史』(*The History of the Development of Higher Psychological Functions*)において、心理発達を、行動の文化規範から、調停された構造をもつ高度な精神機能への移行として観察することができるという考えを素描した。記号、シンボル、言語は調停者としての機能を果たし、この心理構造を生みだす。心理プロセスにおける変化は、このような文化＝歴史的なアプローチによって調停の社会＝文化的なタイプにおける変化に関係づけることができる。同時に高度な精神的なプロセスは、その個人に特有の活動をとおして生まれる意味をもつ社会活動の機能とみられるべきである。彼はまた、「発達の最近接領域」——すなわち、実際に達成されたこと(子どもが彼または彼女自身の力で実行できる作業)と、潜在的に達成できたこと(子どもがだれかほかの人の手助けによって実行できる作業)とのあいだの差異——という概念を定式化した。——これは、学習と発達のあいだの、また、**遊び**と授業を受けることとのあいだの関係について、教授学者たちが反省的思考をするよう駆りたてた。

　ヴィゴツキーは、思考と言語の発達と、両者の関係を研究し、言語は思考行為の精神的な道具であると表現した。彼は病床のなかからこの話題を手稿として口述筆記させ、1934年に『思考と言語』(*Thought and Language*)として出版した。これは彼が書いたなかでもっともよく知られる著作となった。

　彼は、広範囲にわたる、いまなお高い評価を得てい

る一連の科学的な著作を残した。その大半は、彼の生前には出版されず、彼の死後2年をへた1936年には、数少ない出版物もソ連邦のブラックリストに入れられた。1956年になってヴィゴツキーの名誉は回復され、ほぼ20年を経過してようやく彼の非凡な才能が知られるところとなり、彼の著作は世界のほかの国でも受け入れられた。ヴィゴツキーは、世界各国の心理学と教育学における思考と実践に多大な影響をおよぼした。このことから、ヴィゴツキーの専門研究者であるアメリカのスティーヴン・トゥールミンは、ヴィゴツキーの資質、天才的な能力、輝かしい著作物をたたえて、彼のことを心理学におけるモーツァルトとよんだ。

[訳注]
* 1 ベラルーシ［白ロシア］（Belorussia）――帝政ロシア時代にはByelorossia（白ロシア）とよばれ、今日ではミンスクを首都とし、南をウクライナに接し、西をポーランドに接するベラルーシ共和国として、独立国家共同体加盟国のひとつとなっている。
* 2 アレクサンドル・ロマノヴィッチ・ルリヤ（Alexander Romanovich Luria, Aleksandr Romanovich Luriya, 1902-1977）――ユダヤ系の両親のもとに生まれた旧ソヴィエト連邦の心理学者。ヴィゴツキー、レオンチェフらとともに、子どもの精神発達を文化的および歴史的観点から論じる文化・歴史的心理学を創設する一方、失語症や共感覚に対する詳細で個別的な臨床観察や症例研究をふまえて、高次の精神機能にかんする独創的な著作を残し、神経心理学の草分けとなった。
* 3 アレクセイ・ニコラエヴィチ・レオンチェフ（Alexei Nikolaevich Leont'ev, 1903-1979）――旧ソヴィエト連邦の発達心理学者。ルリヤ、ヴィゴツキーとともに、文化・歴史的発達理論を追究した。

➡子どもの発達概念の歴史、児童心理学
●参考文献
Toulmin, Stephen. 1978. "The Mozart of Psychology." *New York Review of Books* 28: 51-57.
Van der Veer, René, and Jaan Valsiner. 1991. *Understanding Vygotsky: A Quest for Synthesis*. Oxford, UK: Blackwell.
Vygotsky, Lev S. 1971. *The Psychology of Art*. Cambridge, MA: MIT Press. ヴィゴツキー『芸術心理学（新訳版）』（柴田義松訳、学文社、2006年）
Vygotsky, Lev S. 1978. *Mind in Society: The Development of Higher Psychological Processes*. Cambridge, MA: Harvard University Press.
Vygotsky, Lev S. 1986. *Thought and Language*. Cambridge, MA: MIT Press. ヴィゴツキー『思考と言語』（柴田義松訳、明治図書、1962年）、ヴィゴツキー『思考と言語（新訳版）』（柴田義松訳、新読書社、2001年）
Vygotsky, Lev S. 1997. "The Historical Meaning of the Crisis in Psychology: A Methodological Investigation." In *Problems of the Theory and History of Psychology: Vol. 3. The Collected Works of L.S. Vygotsky*. New York: Plenum Press.
Vygotsky, Lev S. 1997. *Educational Psychology*. Boca Raton, FL: St. Lucie Press. ヴィゴツキー『教育心理学講義』（柴田義松訳、新読書社、2005年）

（STIG BROSTRÖM／北本正章訳）

ウェイランド、フランシス（Wayland, Francis, 1796-1865）

フランシス・ウェイランド牧師は、ブラウン大学[*1]で教えていた彼自身の学生のみならず、彼が著した定評のある教科書『道徳哲学原理』（*The Elements of Moral Philosophy*, 1835）、『政治経済学原理』（*The Elements of Political Economy*, 1837）によって、アメリカの若者世代に大きな影響をおよぼした。ウェイランドは1796年3月11日、ニューヨーク市でイギリスからの移民の両親のもとに生まれた。彼は1813年にユニオン・カレッジを卒業し、博士になるべく準備していたときに回心体験をし、アンドヴァー神学校に入学した。1816年に卒業後、ウェイランドは教師としてユニオンに戻り、そのあと1826年にブラウン大学長に就任するまで、ボストンの第一バプティスト教会を指導した。

ウェイランドは改革者として足跡を残した。ブラウン大学は、彼が赴任した当時は問題をかかえた教育機関であった。ウェイランドは、学生に対する規律の強化とカリキュラムの自由化を組みあわせることで、学園にふたたび活気をとりもどそうと精力的に取り組んだ。彼は、教授陣をキャンパス内に居住させ、各学期中に学生訪問をさせた。学生の違反行動はすべて彼に

フランシス・ウェイランド（1796-1865）*

直接報告するように求め、秩序を保つ威嚇手段として除籍を援用した。しかし、ウェイランドは多くの学生たちから絶大な尊敬と賞賛を集めた。学生の行為を制限するアプローチとは対照的に、ウェイランドはブラウン流教育（Brown's Pedagogy）に着手することを支持されたのである。彼は、カレッジは学生市場において競争を余儀なくされるので、19世紀の新しい専門職にふさわしい授業を提供すべきであるという信念をもっていた。ウェイランドは、古典学、数学、哲学といった標準的で、定番となっていた大学カリキュラムを拒否し、科学と工学の授業を導入した。ウェイランドはまた、より多くの若者たちの大学入学準備に資するよう、ロードアイランド州の公立学校システムの拡張を支持した。彼の教育理念はその著書『今日の大学制度に関する考察』（Thoughts on the Present Collegiate System, 1842）、および「大学教育制度変革におけるブラウン大学法人に関する報告書」（Report to the Corporation of Brown University on Changes in the System of Collegiate Education, 1850）にもっともよく表現されている。

ウェイランドが彼自身の子どもたちを育てるために用いたアプローチは、学生への対応策にも反映していた。1831年に「アメリカン・バプティスト」誌（American Baptist Magazine）に匿名で掲載された個人的随筆には、彼が子どものしつけになみなみならぬ努力を傾けていたことを証言している。その記事には、生後14カ月の息子ヒーマンがウェイランドの手からパンのかけらを受けとるのを頑固に拒絶したことへのウェイランドの対応ぶりを記している。このときウェイランドは、ヒーマンの気分を鎮めるために、彼を部屋のなかに一人だけ残し、食べ物も飲み物もあたえず、一日半そこに放置した。従順にふるまうチャンスをヒーマンにあたえるために、この幼児が遂には頑固な態度を軟化させるまで、彼は定期的にようすをうかがった。ウェイランドの訓練は厳しかったが、その一方で大きな愛と寛大さによってバランスを保っていた。ヒーマンとその兄フランシス・ジュニアは、恰幅のよい父親とリビングルームで取っ組みあいをして遊んだことについて、愛情こめて回想している。また二人の私信には、彼への絶対的尊敬と親愛が表現されていた。歴史家のウィリアム・G・マクローリンは、幼児が罪におちいる宗教的恐怖に充ち満ちていたウェイランドの訓練技法は、福音主義的な子育ての典型であり、「反動形成」[*2]の結果であった可能性を示唆した。

ウェイランドは1855年にブラウン大学を退職し、そのあとは、禁酒運動、奴隷反対運動、平和会議、そして刑務所・慈善施設の改革運動に身を捧げた。彼は、1865年9月30日に69歳で没した。

[訳注]
* 1 ブラウン大学（Brown University）——アメリカ東部のロード・アイランド州プロヴィデンス市にある、1764年創立の私立大学。アメリカのアイビー・リーグの名門大学のひとつ。
* 2 反動形成（reaction formation）——精神分析学の概念のひとつで、受け入れがたい欲求を抑圧して、その欲求とは正反対の行動をとろうとすること。

➡子どもの発達概念の歴史、しつけ
●参考文献
Cremin, Lawrence. 1980. *American Education: The National Experience, 1783-1876*. New York: Harper and Row Publishers.
McLoughlin, William G. 1975. "Evangelical Child Rearing in the Age of Jackson: Francis Wayland's Views on When and How to 9: Subdue the Willfulness of Children." *Journal of Social History* 20-43.
Smith, Wilson. 1956. *Professors and Public Ethics: Studies of Northern Moral Philosophers before the Civil War*. New York: Cornell University Press.
　　　　（RACHEL HOPE CLEVES／佐藤哲也訳）

ヴェルヌ、ジュール
(Verne, Jules, 1828-1905)

「サイエンス・フィクション（SF）の父」と称されるジュール・ヴェルヌは、1828年2月8日にフランスのナントで生まれた。ヴェルヌは少年時代、家にほど近いロワール川の波止場を探検して遊んでいた。彼の愛読書は『スイスのロビンソン』（*The Swiss Family Robinson*）であったが、その理由は、流れるような筋運びと、難破した家族のそれぞれ違った能力が、サバイバル活動に生かされていることであった。青年時代のヴェルヌは、法曹界での成功を願う両親の意図をのがれ、そのかわりに、1857年にパリ証券取引所の会員権を購入し、余暇の時間を執筆にあてるようになる。1862年、処女小説『気球に乗って5週間』（*Cinq Semainesen ballon*, 1863; *Five Weeks in a Balloon*, 1869）の売りこみをするにあたり、ヴェルヌは、みずからが生み出した新しいジャンルで小説を書いたのだと株式仲買人の仲間たちに明かした。それにともない、彼はパリ証券取引所を離れ、作家としての仕事に専念した。ヴェルヌは非常に多作な作家であり、最終的には60冊を超える小説を『驚異の旅』（*Les Voyages extraordinaires*）シリーズとして出版した。

ピーター・コステロは、『ジュール・ヴェルヌ——SFの発明者』（*Jules Verne: Inventor of Science Fiction*, 1978）において、「驚異の旅」（fantastic journeys）というヴェルヌの着想のなかには新しいものはないと述べている。この観点でのSFは、古代ギリシアの作品中にも見出すことができる。しかし、コステロは、ヴェルヌが物語のなかに科学的調査をもちこんだ最初の人物であるということも示唆している。このことが、以前の作品と異なった方法で、彼の作品に説得力をもたせているのである。

ジュール・ヴェルヌ（1828-1905）*

　ヴェルヌの著作が、どの程度子ども読者のためのものといえるかについては論争もある。『ジュール・ヴェルヌとその作品』（*Jules Verne and His Work*, 1966）のなかでI・O・エヴァンスは、ヴェルヌはつねに若い読者を意識していたが、特別に若者のために書いたということはほとんどないと述べている。くわえて、ウォルター・ジェイムス・ミラーは『注釈ジュール・ヴェルヌ』（*The Annotated Jules Verne*, 1976）の序文で、「多くのヨーロッパ諸国では、ヴェルヌは大人向けフィクションの尊敬すべき作家であると考えられている。彼の作品はイギリスとアメリカにおいてのみ、子どものためのものと分類されている」と指摘している――ミラーは、これは、英語圏のテキストにおける大幅な改訂と稚拙な訳文のせいであるとしている。

　他方、ヴェルヌの小説は、そのアクションとサスペンスを強調しているため、子どもに対して特別な魅力をもっているかもしれない。くわえて子どもたちは、ヴェルヌの作品の主人公に簡単に自分を投影することができる。ヴェルヌの主人公たちは、ちょうど大人主導の社会において子どもたちが周縁に追いやられているように、月や地球内部を旅することで社会から離れた位置に立っている。さらに、ヴェルヌの本は、子ども読者が、自分は能力のある存在だと思うための手段を示唆している。たとえば、主人公たちが頼るのは、自身の肉体的な力よりも、たいていは機知である。同様に、主人公たちはまた、確立された伝統社会に代わるものも考案している。『2年間の休暇』（*Deux Ans de vacances*, 1888; *Two Years' Vacation*, 1889）のなかで、難破した少年たちは、協力と個々の成長に基盤を置いた社会を組織する。彼らが離れることになった、大人が管理する寄宿学校では、年少者が年長者の私的召使いとしてふるまうことを求められるところであったのに対して、この新しい社会は多くの点ですぐれたものであるようだ。

　1954年にウォルト・ディズニー・プロダクションによって映画化され、公開された『海底2万マイル』（*Vingt Mille Lieues sous les mers*, 1870; *Twenty Thousand Leagues Under the Sea*, 1873）や、1967年にジュール・ヴェルヌ・フィルムによって映画化され、公開された『月世界旅行』（*Autour de la lune*, 1870; *All Around the Moon*, 1876）をふくめ、ヴェルヌの作品のいくつかは映画に翻案されている。また、ヴェルヌの作品は劇作やテレビ番組にも翻案されている。

➡児童文学

●参考文献

Costello, Peter. 1978. *Jules Verne: Inventor of Science Fiction*. London: Hodder and Stoughton.

Evans, I. O. 1966. *Jules Verne and His Work*. New York: Twayne.

Miller, Walter James. 1976. "Foreword: A New Look at Jules Verne." In *The Annotated Jules Verne: Twenty Thousand Leagues Under the Sea*, ed. Walter James Miller. New York: Thomas Y. Crowell.

（JENNIFER MARCHANT／伊藤敬佑訳）

内気（Shyness）

　子どもの内気さに対する態度は、時代とともにさまざまに変わってきた。このような変化は、子育ての目標、対人関係、あるいは女性らしさや男性らしさに対する見解などにみられる文化的な移り変わりを反映している。19世紀なかばから20世紀初頭にかけてのアメリカでは、中産階級と上流階層の白人少女にとっては、内気さは理想的な気質だとみなされ、なかには、その清純さを徹底的に守り抜き、公の場へ参加するのをひかえる者さえいた。彼女たちに向けて書かれた家庭小説は、沈黙と従順さの美徳をほめたたえ、専門家たちは、知恵をひけらかしたり、学習に勤しみすぎることに警鐘を鳴らした。このような教えをしっかりと守る少女もいたようだが、その一方で外国からやってきた多数の観光客は、そういった少女たちとは会話すらまともにできないと不平をもらしていた。しかし、他国からの旅行者たちが、アメリカの少女たちが見るからに女性らしさを欠き、遠慮会釈しないと非難しているのは、すべての少女が内気さという理想を受け入れていたわけではないことを示唆している。

　白人の中産階級と上流階層の少年は、内気さについてはこれとは異なるかかわり方をした。家庭ではある

程度の臆病さは許されていたかもしれないが、少年たちのあいだでは内気さは不利であった。19世紀の少年文化は、大胆さ、自己主張、攻撃、論争といったものを重視し、これらすべての気質は内気さとはあいいれなかった。少年は、同輩仲間とのつきあいでゲーム・肝試し・娯楽などにくわわったが、そこで他者に対して恐怖心を覚えることはほとんどなく、むしろ自分の意志をほかの少年たちに押しつけることを学んだ。

アメリカ社会において、大人が少年の内気さに大きな関心をはらうようになったのは、アメリカ社会が中産階級と上流階級の少年たちのあいだに男らしさがはっきりと欠落していることに注意を集めはじめた19世紀の最後の20年になってからであった。男らしさに欠けた青少年を分類するために「めめしい少年」（sissy）という新たな言葉が作りだされ、内気さと臆病さは、めめしい少年に付随する二つの目立った特徴とされた。少年たちの男らしさを立てなおすため、内気で遠慮がちな少年はほかの少年たちと闘わされたり、男性だけで構成される**ボーイスカウト**のような組織に参加させられたり、**キリスト教青年会（YMCA）**で身体を鍛錬させられたりした。

変化する態度

1920年代までに、内気さはもはや白人の中産階級と上流階級のどちらの少女にとっても評価される性質ではなくなっていた。心理学者のジョン・B・ワトソンは、影響力のあったその研究書『幼児および子どもの精神ケア』（*Psychological Care of Infant and Child*, 1928）のなかで、理想的な子ども——男の子であろうと女の子であろうと——とは、内気さとは無縁の、ほかの子どもたちと気負うことなく心を開いて会ったり遊んだりできる子どものことであると論じた。少女の内気さに対するこのような変化は、部分的には、新たに登場してきたパーソナリティ文化のせいであった。余暇活動と消費主義の発達に駆りたてられて、大人らしい自制心、自己犠牲、規律などを重視する前世紀に見られた人格文化は、他者に訴えかけ、他者の容姿や物腰・魅力・マナーなどに気づくことができるようになるうえで鍵となる要素であるパーソナリティ文化にとって代わられた。パーソナリティの形成が子育ての新しい目標となり、育児専門家たちは、もはや内気さは中産階級と上流階級の少年少女にとってよいパーソナリティではないと考えた。1940年代後半までに、両親は専門家の意見にほぼ同意するようになった。親に対するインタビューから明らかになったのは、内気さとは、ひかえめ、物静かさ、そして不自然な社交性などをふくめて、その微妙な違いのすべてにあるものであり、少年少女にとって好ましくないパーソナリティの傾向につながるものと理解していることである。

1950年代に中産階級の読者に向けて執筆していた子育ての専門家らは、内気さへの警鐘を鳴らしつづけていた。彼らは、学校での落第、アルコール中毒、施設への収容、自殺など、子どもたちの内気さが矯正されずに放置された場合に起こりかねない悲惨な結末に注意をよびかけた。こういった扇動的な誇張にもかかわらず、子どもの内気さをどう扱うべきかの助言は、両親たちにはあまりとどかなかった。せいぜい（想定される主要な養育者と考えられた）母親が、内気な子どもたちのためにその自立をこれまで以上にうながし、また、ほかの子どもたちとふれあう機会をあたえるようにするという助言を受けた程度であった。それ以外の助言は子どもに課せられた——少年あるいは少女は、ほかの子どもたちの恐怖に立ち向かい、彼らと協調していくことを学ばなくてはならないとされた。ほかの子どもたちと仲よくつきあうことは、1950年代にはとくに重視された。この時期に社会学者デイヴィド・リースマンは、アメリカ人を他人指向的、つまり、他者の賛同や好ましさに関心をもつ傾向があると特徴づけた。内気な子どもは、従順すぎるために同輩集団から拒絶されるおそれがあり、この理想的なパーソナリティは、ひかえめであることと社交的であることを両立させたのである。

1970年代には、中産階級の白人の少年少女にとっての内気さの意味あいが少しゆるやかになってきたこととならんで、子どもの内気さをめぐって新たな見解がいくつかみられるようになった。子育ての助言書の著者の多くは、内気さとは年少の少年少女の多くが通過する段階のひとつであり、目新しい、なじみのない物事への不安感と関連していると主張した。両親は、子どもの成長過程の一時的な段階としての内気さにはあまり懸念をいだかなかった。しかし、専門家たちは、子どもの内気さを親が完全に無視してもよいとは言っていなかった。子育ての専門家たちは、内気な子どもが対人関係において決定的なデメリットをのりこえようとするとき、親はそれをどのように支えてやればよいのかを助言しつづけた。こうした助言は、積極的な強化療法[*1]や系統的脱感作[*2]といった行動心理学の考えをとりこんだものであり、1950年代に唱えられていた助言よりもいっそう複雑であった。いまや、内気な子どもに遊び相手をあたえるだけでなく、子どもの内気さをしつける際に、先を見越した役割を果たすことこそが両親に求められているとされた。

先天的なハンディキャップ

1980年代なかばにはじまり、1990年代なかばまで続くことになった傾向は、かつて多くの子育て専門家によって後天的疾患ととらえられていた内気さというものが、実際には、遺伝的な特質であると主張されるようになったことである。内気さをめぐるこのような新たな見解を受けて、これまで指摘されていなかった内気であるがゆえの長所——たとえば、聞き上手であったり共感能力が高いことなど——に注目を向けたり、

内気な子どものあるがままを受け入れるよう両親にうながすといった反応も起きた。しかし、専門家の多くは、内気さが先天的な性質であるにもかかわらず、内気な子どもをより社交的に変えることは可能であると説いた。これをしつける鍵は、内気な子どもを早く変えようと親が焦りすぎないこと、そしてなによりもまず、子どもたちに内気というレッテルを貼らないようにすることである。なぜなら、そうすることは子どもにそのレッテルを受け入れるよう助長することになり、それを事実として暗示することにもなってしまうからである。内気というレッテルを貼ることに対するこうした反感は、専門家たちは、目の色など両親から遺伝する特徴を最終的には広く受け入れているにもかかわらず、子どもの内気さというものがいまなお強い非難を受け続けており、両親と子どもが忍耐強く努力して克服すべきハンディキャップであることを示している。

［訳注］

*1 強化療法（reenforcement）──ある刺激に患者が正常に反応したとき、罰をあたえてその刺激に対する反応を抑える一方、積極的に報奨をあたえてその反応をさらに助長・強化して定着させようとする治療法。1969年頃からこのように表記された。

*2 系統的脱感作（systematic desensitization）──感作された状態を正常に戻すこと。生理学と医学ではアレルギー患者に対してアレルゲンなど外部の刺激に対して、微量の抗原をくりかえし注射し、その抗原に対する感受性もしくは過敏性を減弱させることをさす。精神医学では、とくに恐怖症の治療において用いられる行動修正技法をさす。

➡育児、子育ての助言文献、子どもの感情生活、ジェンダー化

●参考文献

Cable, Mary. 1972. *The Little Darlings: A History of Child Rearing in America*. New York: Charles Scribner's Sons.

Jersild, Arthur J., Ella S. Woodyard, and Charlotte del Solar. 1949. *Joys and Problems of Child Rearing*. New York: Columbia University Teacher's College Bureau of Publications.

Kimmel, Michael. 1996. *Manhood in America: A Cultural History*. New York: The Free Press.

Murray, Gail Schmunk. 1998. *American Children's Literature and the Construction of Childhood*. New York: Twayne Publishers.

Riesman, David. 1950. *The Lonely Crowd: A Study of the Changing American Character*. New Haven, CT: Yale University Press. リースマン『孤独な群衆』（加藤秀俊訳、みすず書房、1964年）

Rotundo, E. Anthony. 1993. *American Manhood: Transformations in Masculinity from the Revolution to the Modern Era*. New York: Basic Books.

Susman, Warren I. 1984. *Culture as History: The Transformation of American Society in the Twentieth Century*. New York: Pantheon Books.

Watson, John B. 1928. *Psychological Care of Infant and Child*. New York: W. W. Norton.

Welter, Barbara. 1966. "The Cult of True Womanhood: 1820-1860." *American Quarterly* 18: 151-174.

　　　（PATRICIA A. MCDANIEL／内藤紗綾・北本正章訳）

乳母車（Pram）

　乳母車は、幼児や、よちよち歩きの子どものための乗り物で、おもに1800年代にヨーロッパとアメリカの都市部で発達した現象である。1800年以前の赤ん坊たちはめったに家の外につれだされることはなかった。赤ん坊が運ばれる必要があるとき、彼らはおむつでぐるぐる巻きにスウォッドリングされた状態で、上流階級では乳母の手によって運ばれた。1650年から1800年までのあいだに、大人用のものや荷車をまねたものでしかなかったが、子どもを運ぶ乗り物のいくつかの例を見ることができ、貴族社会のなかでもてはやされるようになった。イギリスの有名な建築家のウィリアム・ケント*1は、1733年、デヴォン州のデューク3世の子どもたちのために、たくさんの装飾がほどこされた赤ちゃん車をデザインしたと考えられている。

　初期の乳母車は、ふつうは編み細工でできていた──ゆりかごとほとんど変わるところがないようなものに、車輪が（しばしば三つの車輪が）ついていた。初期の乳母車では、子どもは車のなかに座るものであったが、1800年代なかばの乳母車になると、それらは押されるものになり、子どもは横になって眠ることができるようになった。1860年代から1870年代にかけて、乳母車はヨーロッパや北部アメリカのブルジョワ家庭のあいだに広まり、乳母車や散歩用の押し車はステイタス・シンボルとなった。その後、1920年代になると、乳母車はすべての社会階層に共通のものとなった。シングルマザーにも、慈善団体や社会福祉協

ウィリアム・ケントが考案した初期の乳母車（18世紀初期）*

1984年頃登場した「ベビージョッガー」*

会から乳母車が贈られた。

　初期の乳母車生産は、枝編み細工職人、金属細工職人、椅子張り職人、馬具修理人などさまざまな職人たちの協力を必要としていたが、まもなく乳母車生産は車製造の専門職人に追い抜かれることになった。やがて、乳母車は特定の工場で製造されるようになった。1880年代、複雑な折りたたみ式の乳母車がアメリカ、ドイツ、デンマーク、オランダに紹介された。また、イギリスやドイツで生産された乳母車には、サスペンション、ブレーキ、安定したゴムのタイヤなど多数の改良点が見られ、さらに、第2次世界大戦後には、プラスチック製のハンドル、ガラス繊維の外表面、パワーステアリングもつくようになった。

　乳母車の一般的なデザインは、荷馬車から自動車の時代へと移る長い年月のあいだに大きくさま変わりした。1870年から1920年頃までの乳母車には非常に高さのある車輪が用いられていたが、1920年代、さらに1930年代ともなると、乳母車の車体は深く、車輪は小さくなり、このことによって乳母車は安定し、安全性も増した。同じ時期にデザインも流線型になり、いっそう機能的になった。第2次世界大戦後、乳母車はアメリカやイギリスの自動車の流行の影響を受けて、ふたたび高級なものとなった。現在の折りたたみ式のベビーカー（stroller）あるいは乳母車（push chair）の直接の起源は1920年代にさかのぼるが、1950年代および1960年代になって、社会の流動性が増すよ

うになったことを受けてはじめて広範囲に広まるようになった。

　乳母車の使用は、**衛生学**、都市化、社会発展にかんする広範な文化の変化、そして子ども期、親であること、そしてジェンダーに対する見方の変化を反映している。1800年代なかばに都市やその近郊で舗装歩道が導入されたことによって、乳母車は実用的な移動手段になった。しかし、移動だけが乳母車の目的ではなく、1880年代には、日光と新鮮な空気が子どもたちの養育と世話に重要であると考えられるようになり、医者たちはすべての親たちに乳母車の使用を勧めた。第2次世界大戦後の社会の経済的発展によって、中産階級の家庭も乳母車を手に入れることができるようになり、乳母車とベビーカーの産業が発展した。また、乳母車は女性に——母親であれ乳母であれ——動きやすさをもたらした。彼女たちは、家庭から解放され、行動範囲が広がったことを享受した。

　1970年代、子育てと身体的な親密度について、具体的には、乳母車のなかで寝た状態でいるのと起きた状態でいるのとではどちらがよいか、という議論が起きた。多くの子どもたちはかれらの母親、姉、家族または共同体のその他の人によって乳母車で運ばれつづけたが、ヨーロッパやアメリカでは、赤ちゃんはおんぶひもなどでつるされるのが一般的になった。西ヨーロッパ諸国では、親のニーズが変化した結果、幅の広い、特別な場合に用いるタイプの乳母車やベビーカーがあらわれた。たとえば、男女双方が自分の子どもを気にかけながら同時に、自分たちの健康を維持することができるように設計されたベビージョッガー[*2]がある。乳母車産業はいまやアクセサリーである——ベッド、ブランコ、バギー、人形の乳母車、椅子、その他の家具など——さまざまに区分された物質世界は、21世紀の子ども期の概念と一致している。

［訳注］
*1 ウィリアム・ケント（William Kent, 1685-1748）——イギリスの造園家および建築家として、今日のイギリス式庭園、風景式庭園とよばれる庭園様式を創案し、各地に定着させたことで知られるが、画家、家具設計家でもあった。
*2 ベビージョッガー（baby jogger）——1983年にフィリップ・ベクラー（Philip Baechler）によって創案された、軽量の3輪型のベビーカー。

➡子ども空間

● 参考文献
Dick, Diana. 1987. *Yesterday's Babies, a History of Babycare*. London: The Bodley Head.
Gathorne-Hardy, Jonathan. 1972. *The Rise and Fall of the British Nanny*. London: Hodder and Stoughton.

（LENE FLORIS／寺田綾・北本正章訳）

乳母養育（Wet-Nursing）

　乳母とは、血のつながりのない子どもに母乳を飲ませる女性のことである。乳母養育の具体的な営みは、15世紀から20世紀初期にいたるまで、国によって異なっていた。だが、その多様な慣習は一般に同じ結果を生み出した。すなわち、場所と時代を超えて、母親養育がもっとも低い**乳児死亡率**をもたらしたのに対し、乳母養育はそれよりもはるかに高い乳児死亡率をもたらしたのである。

フランスの乳母養育

　フランスでは、乳母養育は独自に形成された文化現象であった。同国では、富裕な者は、数年間農婦の乳を飲ませるために、乳幼児を田園地方へ送った。それらの赤ん坊の死亡率は、おそらく育児放棄されていたために高いのがふつうであった。17世紀の典型的なある父親は、乳母に養育された自分の子ども13人のうち数カ月以上生きつづけたのはわずか3人だけであったと述べている。

　赤ん坊を遠方に送って乳母養育してもらう習俗は、18世紀までに各階級の境界線を越えていた。経済的条件が、都市の労働階級に対してさえ、その子どもを4歳になるまで田舎の家族に預けることを強いたからである。この時代には、労働者の賃金は非常に低く、家賃が非常に高かったため、乳児をかかえた母親さえはたらかねばならなかった。就労女性はフランスでは決して風変わりな存在ではなかったが、そうした就労女性は、都市の生活環境のなかでそれまでに類のない問題を提起した。すなわち、都市の労働階級の母親は、もはや苦労のあまり乳児をそばに置けなくなったので、自分よりもさらに貧しい女性の世話を受けさせるため、赤ん坊を田園地方へ送りはじめた。この習俗はすべての階級に広まったので、パリやリヨンのような都市は文字どおり赤ん坊のいない都市と化した。

　需要が急増するにつれて、乳母を雇う費用が急騰し、その一方で、乳母が行なう世話の質は急低下した。上流階級の家族は、乳母養育の慣習とそれにともなう危険に対する啓蒙思想の批判にこたえたが、それは、そうした営みをやめることによってではなく、乳母を家庭に入れて、厳しく管理することによってであった。他方、貧しい労働家族は、ますます遠方に住むもっとも安価な乳母しか雇うことができなかった。その費用は比較的安価であったにもかかわらず、労働階級の家族はしばしば乳母に未払い金があり、その代償は乳児が払った。

　乳母の助けを得たいという要求が遍在し、その乳母養育の営みが乳児死亡率を高くさせていたため、乳母養育は18世紀後半に公的に組織された事業となった。**捨て子養護施設**（foundling hospital）、乳母事務所（乳母のための職業紹介所、wet-nurse bureau）、貧しい労働者の三者が乳母の賃金の多寡をめぐって争ったため、パリの警察当局は、当時存在していた四つの乳母事務所をひとつの公営乳母事務所に統合させようと介入した。パリ市の公営乳母事務所は、乳母に最低賃金を保証した。この公営事務所は、二重の役割を果たした。すなわち、親には乳母を十分に供給することを保証し、また、乳母には月給の前払いをすることにより、自分の任務を無視しないようにうながした。その際、乳母の賃金は、乳母ではなく公営事務所が乳児の父親から取り立てた。

　パリ市の公営乳母事務所は、フランス革命を生きのびた数少ない施設の一つであった。その事務所が残した記録は、1770年から1776年のあいだに乳母に預けられた6万6259人の乳児の31パーセントが、乳母の世話を受けている間に死亡したことを示している。この死亡率は、それ以前に乳母の世話を受けた乳児の死亡率よりも低かった。パリ市の公営乳母事務所は、1876年に消滅するまで、民間の乳母事務所の劣悪なサービスと、捨て子を世話する公立養護院の必要経費に対して、それにとって代わるものを提供した。1874年のルーセル法の制定[*1]によって、乳母に養育されている乳児を監督する仕事は、市の責任というより国家の責任となった。ルーセル法は、有給で雇用され、かつ、両親の家に住んでいない養育者に預けた乳児をすべて国家に届け出るよう命じていた。こうして、フランス政府は、子どもが何人乳母に預けられたか（1874年から第1次世界大戦までのあいだ、乳母は1年間に8万人いた）、また、それらの乳児のうち何人が死亡したか（その間の死亡率は15.1パーセントであった）を記録することができた。

　遍在していた乳母養育の習慣は、フランスでは第1次世界大戦までおとろえることがなかった。しかし、その戦争の動乱は、人びとが乳母に接近することをはばみ、また、長いあいだ母親による養育のかわりとして乳母養育以外のものを考えようとはしなかった都市の家族に、いまや、安全で、安価で、簡単に行なえる人工的な乳幼児哺育という選択肢が存在していることを実例によって示した。就労している母親が第1次世界大戦後に減少したこと、12カ月間自分の赤ん坊に乳を飲ませた就労女性に毎月15フランの奨励金を出すことを認める法律が制定されたこと、慣例となっている低温殺菌牛乳、缶入り牛乳の有用性、これらのすべてが、フランスで乳母養育が事実上即時に消滅したことに寄与した。

イギリスの乳母養育

　乳母養育は、フランス以外のヨーロッパの国では、同国ほど広くいきわたることはなかった。しかし、それにもかかわらず、乳母養育は重要な文化的営みであった。イギリスでは、労働階級の母親が赤ん坊に自分の乳をあたえていたのに対し、結婚している富裕な女

エティエンヌ・オーブリ「乳母へ託す旅立ち」（1777年）。乳母養育は、フランスではとりわけありふれた営みであった。同国では、18世紀に、上流階級の親も都市の労働階級の親も、自分の乳幼児を乳母に育ててもらうために、遠方へ送り出した。Pushkin Museum, Moscow, Russia/Giraudon-Bridgeman Art Library

性は慣習的に乳母を雇っていた。歴史家は、この事実を、イギリスの上流階級の女性と労働階級の女性とのあいだに出生率の違いが動かしがたく存在していることから探り出してきた。教区の記録は、労働階級の女性が相当長い間隔を置いて、すなわち、ほぼ3年ごとに出産したのに対して、裕福な女性は通例年に一度出産したことを示している。学者は、このように二分された原因は、上流階級と下層階級の乳幼児哺育の営みが異なっていたことにあると考えている。授乳——とりわけ、一人の子にのみ長く行なう授乳——は、排卵を抑制するので、比較的信頼できる避妊法なのである。

学者は、授乳の仕事は早くも中世に独占的な在り方で下層階級と結びついていたと推測しているが、乳幼児哺育の営みが階級によって異なっていた理由は、はっきりしていない。この下層階級と授乳の仕事との結びつきは、授乳活動を上流階級の女性にはふさわしくないものとした。しかし、こうした習慣が裕福な女性の健康にどのような結果をもたらしたかはまったく知られていない。工業化以前のイギリスでは、裕福な女性が結婚後の最初の20年間に18人もの子どもをもつことはめずらしいことではなかった。それらの女性が経験したほぼ絶えまのない出産は、体をすっかり弱らせるもので、疑いなく、授乳がそうであった以上に、身体能力を奪うものであった。貧しい女性が産んだ子どもの数はそれよりもはるかに少なく、その点では貧しい女性はあきらかにいっそう健康であった。

上流階級では乳母の需要が非常に大きかったので、地方のいくつかの州では乳母は主要な産業となっていた。イギリスでは二つのタイプの乳母が幅をきかせていた。貧困のために生活保護を受けていて、手数料のわりに十分な世話をすることができなかった教区の乳母と、十分な手数料が支払われ、また十分に敬意がはらわれていた専門的な乳母である。このきわだった相違は、イギリスの乳母の二元的な分化に明白に示されている。17世紀のイギリスでは、フランスの場合とは異なって、一部の乳母は彼女たちを雇用した裕福な

家族によく知られていた。彼女たちはしばしば、結婚のためにその世帯を離れた昔の使用人であったからである。こうした場合、乳母は、信頼でき、あてにできる、よい給料の雇用人であり、乳児は適切な世話を受けた。しかし、その一方で、乳母に授乳される乳児の大部分は、3歳になるまで家族から遠く離れたところで育てられた。この場合、それらの乳児の80パーセントほどが乳児期に死亡したという証拠がある。

ドイツの乳母養育

ドイツほど、乳幼児哺育の慣習が当時の行政区ごとに非常にはっきりと異なっていた国はなかった。ある地区では、ほとんどすべての赤ん坊が、どの階級に属しているか、都市に住んでいるか地方に住んでいるか、動物の乳を利用できるか否かにかかわらず、母乳で育てられた。ほかの地区では、その反対の状態が一般的であった。すなわち、母親の乳をあたえることはなく、すべての乳児が乳母に養育された（親がそのぜいたく品を買う余裕があった場合）か、さもなければ、パンがゆ（肉または米のスープ、牛乳、砂糖、水を混ぜあわせたもの）をあたえられた。乳幼児哺育の営みが行政区内で同質であることから一つの結果が生まれるのは明らかである。すなわち、ドイツでは、行政区間で乳児死亡率は異なっていたが、同じ行政区内の各階級間でその死亡率が上下することはなかったのである。人口統計学者は、同じ行政区内の社会経済上の各集団の乳児死亡率が均一であるのは、乳幼児哺育の方法が鍵をにぎっていた——そうでないとしても、この方法は、その時代の乳児の罹病率や死亡率の決定要素であった——ことを示唆していると主張してきた。

ドイツでは、母乳哺育は、南部と南東部——バイエルンの南部と東部、ボヘミア——ではそれほど一般的ではなかったが、北西部——バイエルンの北部と西部、バーデン、ヘッセン——ではもっとも一般的な育児習俗であった。「ニヒトシュティレン」(Nichtstillen, 非母乳哺育) が行なわれていたところではどこでも、その習慣の起源はあきらかに15世紀にあった。その世紀には、乳児には人間の乳ではなく決まってパンがゆがあたえられていた。また、母乳哺育をする母親は公然と脅迫され、ばかにされていた。

母乳哺育のかわりに広くいきわたっていたのが乳母養育であったかパンがゆであったかは、行政区ごとに多様であった。たとえば、17世紀のハンブルクでは、乳母が一般的であったので、社会批評家は、賃金が十分に支払われる家庭で乳母の仕事を行ないうることが貧しい者の悪徳をうながしたと苦情を述べ立てた。18世紀までに、乳母に養育された乳児は母乳をあたえられた赤ん坊よりも多く死亡することが医学界で共通の知識となったので、18世紀の小児科医は一致して、乳母養育の営みを糾弾した。しかし、彼らの非難ははっきりわかるほどの影響をもたらさなかった。その時代に9万人が住んでいた都市ハンブルクは、住みこみの乳母を5000人弱擁しつづけていた。また、乳母は、商人や職人の家庭だけでなく、金持ちの家庭にも住みこんでいた。捨て子だけが田園地方の乳母に送られ、そうした乳母のもとで、その22パーセントが生後数週間で死亡した。

19世紀末までに、健康問題を扱うドイツの当局者は、自国の乳児死亡率はヨーロッパのほかの国と比較して高いと警告を発し、地方の乳幼児哺育の慣習とその影響について情報を集めはじめた。すべての調査結果が示したのは、母親による母乳哺育と乳児死亡率とのあいだの顕著な反比例の関係であった。この発見は、乳児福祉運動を促進した。この運動にはさまざまな面があり、とくに、母親による母乳哺育の利益と、乳児にパンがゆをあたえることと赤ん坊を乳母養育することとの危険性を強調した。こうして母親に自分の母乳で赤ん坊を育てるよう奨励することを主目的とする乳児福祉センターが急速に発展することになった。就労している母親たちは法的保護を受けただけでなく、そのおかげで在宅して自分で赤ん坊を育てることができるようになり、国家は、こうした母親たちに、乳児を養育しているあいだ手当を支給した。

行政区ごとにはっきりと異なっていた乳幼児哺育の習慣の相違は、1937年までに事実上解消し、ドイツの全地域で母乳哺育が標準になった。たとえば、ミュンヘンでは、母乳で育てられた乳児の割合は、1877年には14パーセントであったが、1933年には91パーセントに高まった。しかし、母乳哺育をはじめることが復活したのにともなって、母乳哺育の期間が短縮した。女性は、国家が養育手当を支給する12週を超えると、母乳を赤ん坊にあたえることはめったになかったのである。

アメリカの乳母養育

イギリスからの入植者は、植民地である北アメリカに、**里子制度**の赤ん坊が乳母と暮らしをともにする営みをもちこんだ。この慣習をとりわけピューリタンが批判し、自分の子どもを育てない母親は「中途半端な母親」にすぎないと非難した。しかし、習慣にしたがって乳母を雇っていた裕福な母親は、その非難に大きく困惑したわけではなかったようである。乳母養育は、アメリカでは20世紀初期まで、人目につく営みとして立派に生き残っていた。

19世紀までにこの習俗はいくぶん変化した——いまや乳母は乳児の家の外ではなくその家に住みこんでいた。それまでの生活条件が、乳母に養育された乳児の死亡率が高い原因であったが、乳児の家でともに暮らす乳母という新しい習俗が、乳母自身の乳児の死亡率を高くさせていた。乳母の赤ん坊をいっしょにつれてくることを、雇い主がめったに認めなかったからである。そのかわりに、それらの乳児は、世話人が人工

的に授乳してくれる孤児施設で暮らした。これらの乳児死亡率は90パーセントを超えていた。

　アメリカで乳母が利用されていた範囲を正確に確かめることは困難である。ヨーロッパの場合とは異なって、乳母に関係のある公的な記録がまったく保存されていないためである。そのかわり、乳母が利用されていたことは、都市の新聞の乳母の求人広告や、婦人雑誌や保育雑誌で報じられた乳母の不備に対する手厳しい苦情に明白に示されている。乳母に関係のある広告や文書も、20世紀初期までずっと、新聞と雑誌に定期的に掲載されていた。1910年代をとおして医学雑誌には、都市の小児医学団体や医師の慈善団体が、乳母のための職業斡旋所を経営していた証拠もある。

　雇い主がためらうことなく家庭の使用人のすべてを軽視していたアメリカの金ぴか時代*2と進歩主義時代には、乳母は使用人のなかでもっともけなされていた。医師たちは、**孤児**をふくめて、人工的に授乳されている病気の乳児の命を救おうというとき、乳母はなくてはならないと主張したが、それらの医師と、乳母を雇っていた女性は、乳母を無知、粗野、不潔、無法、不道徳であるとみる点では一致していた。しかし、アメリカの乳母養育に固有のこのジレンマは、当の乳母たちにとってはたいそう辛いものであった。乳母は、自分が蔑視されていたことにくわえて、その不安定な仕事とひきかえに、自分の赤ん坊を施設での生活や人工的な栄養物にゆだねるよう強いられていたのであった。雇い主は、習慣上、乳母を数カ月はたらかせたあとで解雇したが、それは、乳母の乳質は時がたつにつれて低下するという、広くいきわたっていた考えに原因があった。

　アメリカの乳母養育は、人工的な栄養物の安全性が高まるのにつれて徐々におとろえた。牛乳の生産と販売について定めた法律の制定は、乳母養育の営みを1920年代までに終息させるきっかけとなった。

母親と乳幼児の病気と死

　乳母養育の慣習が一般的であったすべての国で、その慣習はほぼまちがいなく、ほかのいかなる営みにもまさって、母親と赤ん坊の不健康や死をひき起こすもとであった。授乳期間は、人間の妊娠に間隔を置くための自然の方策であった。自分の子どもに母乳をあたえず、そのかわりに、その子に授乳してくれるほかの女性を雇った母親は、出産可能期間のあいだじゅうたえず妊娠していた。この事実は、そうした母親自身の不健康や時期尚早な死の原因となった。乳母の家庭で暮らし、乳母に養育された乳児は、母親の乳をあたえられたにせよ、乳母の乳をあたえられたにせよ、いずれにしても、両親といっしょに暮らしていた乳児よりもはるかに多くの者が死亡した。雇い主が乳母を雇って、その乳母を監督できるように自分の家庭に住まわせた場合、雇い主は慣習上（とくにアメリカでは）、乳母に彼女の乳児をどこかほかのところに預けることを強いた。その結果、それらの乳母の乳児の死亡率は90パーセントを超えた。こうした状況のなかで、貧民の赤ん坊は、事実上、金持ちの赤ん坊が生きるためにその犠牲となった。母乳をあたえることよりもはるかに多くの母親を衰弱させた乳母を雇う慣習は、命を助けた乳児よりももっと多くの乳児を殺したであろうし、実際にそうであったであろう。

[訳注]

＊1　ルーセル法（the Roussel Law）——フランスでは1860年代に入って、里子に出されている子どもの死亡率が高いことが医師たちのあいだで問題視されていた。これを受けて、医師であり、政治家であったルーセル（Jean-Baptiste Victor Théophile Roussel, 1816-1903）の名をとった「ルーセル法」が1874年に成立した。この法律は、養育費を支払って家庭外に預けられる2歳未満のすべての子どもを、その生命と健康の保持のために、公権力が監視することを法的に明示した。これによって、子どもを乳母などに預ける親は、市町村役場に届け出なくてはならず、乳母となる女性も、出身地の市町村長が発行する身分証明書や、医師による健康診断書が必要になった。

＊2　金ぴか時代（Gilded Age）——アメリカ史において、1865年の南北戦争終結から1873年にはじまった大不況中の1893年恐慌までの28年間を揶揄する言葉。この時期にアメリカ資本主義は急速に発展し、鉄鋼王アンドルー・カーネギー（スコットランド出身）、石油王ジョン・ロックフェラー、鉱山王グッゲンハイムの父マイアー・グッゲンハイム（スイス出身のユダヤ系ドイツ人）など名だたる富豪を輩出したが、政治は腐敗し、国家の庇護を受けた少数の資本家がさらに富をたくわえ、圧倒的多数の下層の人びとは貧困に喘いで格差が広まった。作家のマーク・トウェイン（1835-1910）が、こうした浮ついた好況と拝金主義による政治経済の腐敗や不正を批判して「金ぴか時代」と命名した。

➡乳児哺育、ベビーファーム（有料託児所）

● 参考文献

Campbell, Linda. 1989. "Wet-Nurses in Early Modern England: Some Evidence from the Townshend Archive." *Medical History* 33: 360-370.

Fildes, Valerie. 1988. *Wet Nursing: A History from Antiquity to the Present*. Oxford: Blackwell.

Golden, Janet. 1996. *A Social History of Wet Nursing in America: From Breast to Bottle*. Cambridge, MA: Cambridge University Press.

Kintner, Hallie J. 1985. "Trends and Regional Differences in Breastfeeding in Germany from 1871 to 1937." *Journal of Family History* 10 (summer): 163-182.

Klaus, Alisa. 1993. *Every Child a Lion: The Origins of Maternal and Infant Health Policy in the United States and France, 1890-1920*. Ithaca, NY: Cornell University Press.

Knodel, John, and Etienne Van de Walle. 1967. "Breast Feeding, Fertility, and Infant Mortality: An Analysis of Some Early German Data." *Population Studies* 21: 109-131.

Lehning, James R. 1982. "Family Life and Wetnursing in a French Village." *Journal of Interdisciplinary History* 12: 645-656.

Lindemann, Mary. 1981. "Love for Hire: The Regulation of the Wet-Nursing Business in Eighteenth-Century Hamburg." *Journal of Family History* 5 (winter): 379-395.

McLaren, Dorothy. 1979. "Nature's Contraceptive: Wet-Nursing and Prolonged Lactation: The Case of Chesham, Buckinghamshire, 1578-1601." *Medical History* 23: 426-441.

Sussman, George D. 1982. *Selling Mothers' Milk: The Wet-Nursing Business in France 1715-1915*. Urbana: University of Illinois Press.

Wolf, Jacqueline H. 2001. *Don't Kill Your Baby: Public Health and the Decline of Breastfeeding in the Nineteenth and Twentieth Centuries*. Columbus: Ohio State University Press.

(JACQUELINE H. WOLF／松丸修三訳)

映画（Movies）

子どもはこれまでつねに、すぐれた物語や冒険を楽しんできた。それらを面白がり、また、それらを通じて、いつの日か自分たちが順応しなければならない人生というものをどのように理解し、見通しをもつことができるのかを学んできた。また、非常にまじめな意味で、物語やフェアリーテイルは、子どもたちが生き抜くのを手助けしてきた。これまで子どもたちは、しばしばひどく残酷なグリム童話[*1]にも耳を傾けてきた。キャンプファイアーを囲んで笑い声を上げ、涙を流し、身震いしてきた。また、本を読み、ラジオに耳を傾けてきた。今日の子どもたちはというと、動画などで物語にふれることを好む。そして、一般的には、子どもは好奇心をいだきながら、エンターテインメントや知識や洞察力をもたらしてくれる便利ですばらしいリソースとして、映画をすんなりと受け入れる。しかしながら、多くの大人たち——両親や教師や権力者——にとっては、そのかぎりではない。「子どもと映画」というテーマを理解するための重要な道筋には、怖れが敷きつめられているとさえいえるかもしれない。

なにか新しいものが登場してくるたびに、不安が広がる。そのような不安は映画にも大きな影響をおよぼした。19世紀末に映画が誕生して以来、感情に強く訴えるこの媒体は、**睡眠**、心の平静、倫理、道徳体系に影響をあたえるのではないかと懸念されてきた。危険にさらされているのは子どもだけではない。銀幕に映し出された不貞や、殺人や、ありふれた罪を目にす

「名犬ラッシー」（1943年、E・テイラーの子役デビュー作）*

ることで、だれしもが堕落しうる！——このように考えられるため、大人が映画と子どもについて議論をする際には、被害対策が議題になることが多かった。とくにあからさまな暴力を描いたシーンや、性的な場面をふくむ映画は、議論のすえ、当初は禁じられ、のちには検閲の対象となった。映画の検閲についての初期の議論では、子どもたちを影響力が大きい暴力的な経験にさらさないようにすることのみならず、大人の目にもさらすべきではない内容もあるという点も大いに話し合われた。これは特筆に値する。映画というメディアが映し出す映像は、実際の人生に酷似していて、あまりにも影響力が強かったため、コントロールする必要があったのである。

ヨーロッパのほとんどの国では、第1次世界大戦前に映画の検閲を行なうようになっていた。それは、映画が誕生してまだ20年もたっていない頃のことである。ヨーロッパでは、たいてい国家が検閲を行なっていた。その作業は、映画の知識をもつ人たちにまかされることはほとんどなく、影響力のある、政治的、または、宗教的なつながりをもつ人や弁護士に委託された。その後、教師や心理学者たちが映画の検閲役を引き継ぎ、子どもにとって何が有害かを見きわめる手助けをするようになった。アメリカの映画業界は、国家機関や地方機関による検閲を避けるために、自主検閲を行なうことになっている。1922年にアメリカ映画製作配給業者協会（Motion Picture Producers and Distributors of America：MPPDA）が設立されると、政治的な経験のある、元郵政長官のウィリアム・H・ヘイズ[*2]がその会長につき、映画製作倫理規定に従うよう映画業界を説得した。その規定は1934年以降に強制力をもつようになった。そして犯罪や、アルコール、ドラッグ（薬物）、宗教、暴力、性行為に対するその規定の姿勢が、映画で何を見せ、何を見せるべきではないかを決定づけた。道徳的な制限を課していたこの規定の拘束力は、1950年代にはゆるんだ。しかし、

この規定はわずかに調整されただけで、1968年まで適用された。

　映画の影響を受けて人が残忍になるのではないかという点については、当初から議論があった。その論争は欧米で、連載マンガやコミック・ブックが有害であると議論された1950年代と、ビデオテープに録画された暴力的な内容が若者を堕落させるといわれた1980年代に再燃した。しかし、暴力的な映画と実生活における暴力との直接的な関連をはっきりと、明白に示す証拠は出てきていない。ただし、デンマークで行なわれた研究は、社交術の未発達な子どもがスクリーンで暴力を目にすると攻撃的になる可能性があると結論づけた。1990年代にテレビとビデオ市場が劇的に拡大されると、検閲は事実上不可能になった。したがって、いまでは禁止事項を、アメリカで使用されているような消費者ガイドラインに置き換える傾向が広がっている。アメリカでは、1968年からレーティング・システム*3を実施している。通常、レーティング・システムには「ジェネラル・オーディエンス（G）」*4や、「ペアレンタル・ガイダンス（PG）」*5などのカテゴリーがあり、さまざまな年齢制限が設けられているが、それは国ごとに異なる。一方、一般的に映画の検閲は、政治的で道徳的な見地から大人のために行なわれるものから、もっぱら子どもにとって何が適しているかを考えるものに変わりつつある。大人による検閲は、今日では数カ国でしか行なわれていない。

　大人の不安や検閲をよそに、子どもたちはいつも映画を見ることを楽しんできた。チャーリー・チャップリン（1889-1977）や、ローレル＆ハーディの映画を見ては涙を流して笑い、「名犬ラッシー」（1949）や「バンビ」（1942）を見ては泣き、ウォルト・ディズニーの「白雪姫」（1937）に登場する魔女を見ては身ぶるいして顔を隠し、冒険ものや西部劇を見ては歓声をあげてきた。子ども向きの映画ではないものの、子どもたちのお気に入りの作品になったものもある——それは、もとは大人に向けて書かれたジュール・ヴェルヌやジェイムズ・フェニモア・クーパー*6やキャプテン・マリアット*7やエドガー・ライス・バローズ*8の小説が、結果的に子ども部屋に行きついたのと同様のことである。子どもたちは、どの映画が大切かをいつも自分たちで決めてきた。たとえば「ロビンフッドの冒険」（1938年）、「真紅の盗賊」（1952年）、「スター・ウォーズ」（1977年）、「インディ・ジョーンズ／レイダース／失われたアーク《聖櫃》」（1981年）などがそれである。

　子どもに向けてつくられた映画をさす「児童映画」（children's films）という言葉が本格的に成立したのは第2次世界大戦後のことである。イギリスでは、映画製作会社のランクが子どもの映画を製作しはじめたことがきっかけとなり、1951年には児童映画財団（Children's Film Foundation）が設立された。そこで議論の対象とされたのは、芸術形態のひとつとしての児童映画ではなく、子ども向けの映画には何をふくめてはいけないか、という点である。児童映画は、啓発的で、教育学的な責任を負っていて、子どもの養育と教育に寄与すべきものであった。したがって、戦争や暴力を描いてはならず（これは、もちろん戦争——最近終止符が打たれた世界大戦——に照らして考えるべき態度である）、飲酒の場面を盛りこんでもいけなかった。結婚は神聖かつ不可侵のものであり、教会や君主制には敬意をはらわねばならず、権力者は、ときに厳しくあっても、つねに善良で公正であった。性的な場面についてはまったく議論されなかった。性の描写など論外であったからである。

　児童映画財団が制作した児童映画は、ほどなく安価に作られるようになり、作品はどれも似たりよったりであった。それらは、子ども向けのマチネの時間枠におさまるように、およそ1時間の作品として製作されていた。財団は、児童映画においてふたつのもっとも長生きしたジャンルを世に紹介した。ひとつは、子どもの探偵映画。このジャンルの映画に登場する元気のいい子どもたちは、小さな大人のようにふるまい、やや間の抜けている無害な犯人の裏をかいたり、その犯人を捕まえたりする。そして、現実からは完全に切り離されていて、分裂も真の対立もない架空の社会で、すばらしいひとときをすごす。もうひとつは動物映画で、作中では子どもたちがネズミ、モグラ、美しい馬、翼の折れた鳥、足の不自由なシカ、ウサギ、イヌ、そしてネコたちに愛情を向ける（子どもの探偵物語や動物物語は、文学においても人気のあるジャンルである）。これらの児童映画に対する見解が、20世紀後半にどれほど根強く保たれていたかを考察するのは興味深いことである。いくつかの児童映画は、こうした制約された道徳の枠組みから抜け出そうとしたものの、ねらった観客層に観てもらうという意味においては、なかなか成功しなかった。「鉄のカーテン」*9が錆び果てるまで、多くの児童映画が東欧、または、ソ連において、正しい観念的な立場を教えるための道具として製作された。しかし、とりわけチェコスロヴァキアは、時流を超え、子ども向けの人形劇映画という力強い伝統を築くことができた。

　いわゆる児童映画がかかえる問題は、教育上正しく、善意に満ちていることが、物語の楽しさや映画の芸術性よりもしばしば重視される点である。それが子どもたちに評価される映画なのか、それとも子どもにも大人にも評価される映画なのか、または大人がかならずしも観たがるわけではないが、ぜひとも子どもには観てほしい（！）映画なのかをきっちり判別できた人などいないのである。子どもたちは年を重ねるにつれて、自力で探索することが多くなる。大人は、映画や文化に対する子どもの好みについて、（子どもがどのようなものを好むかを探りあてることができるのであれ

ば）勝手にあれこれ考えるかもしれないが、子どもたちの好みには、それぞれの嗜好があらわれる。また、子どもは好みをもって成長する。映画はまさに、これから歩む世界をさまざまな扉から、ちらっとのぞき見するための便利な近道なのである。

　結果として、大人が子どもにとって政治的に正しいとみなす児童映画は、子どもたち自身の、しばしば閉鎖的な文化のなかで流行する映画とはかならずしも一致しないようである。とはいえ、よい児童映画のほとんどにはいくつかの特徴がある。まず、主人公が子どもで、主人公には果たすべき使命がある。その使命を果たすのは大変かもしれないが、それでも主人公はそれをなしとげる。なぜならそれらの映画は、子どもの行動には影響力がある、というメッセージを発信しているからである。アルベール・ラモリス*10によるフランス映画の古典「赤い風船」（1956年）や、ドリームワークス社の「きれいな涙——スピリット」（2002年）などの児童映画には、さまざまな困難があっても善が勝利することに対する信念を共有している。また、世界が存続しつづけることへの信念もみられる。映画館に足を運ぶ年少の観客を幻滅させたり、無力感にかられたままにしてはいけないのである。商業的な映画産業は、家族映画（あらゆる年齢層に向けられた映画）というコンセプトを掲げて活動し、多くの国で、家族映画といえば、たいていウォルト・ディズニー社の作品やそれを模倣した作品と同義であるが、児童映画（特別に子ども向けに作られた映画）の大部分は現在、国の助成金制度があるスカンディナヴィア半島諸国やカナダで製作されている。

[訳注]
*1　グリム童話——ドイツの言語学者であり、民間伝承の研究家でもあったグリム兄弟（Jacob Ludwig Carl Grimm, 1785-1863; Wilhelm Carl Grimm, 1786-1859）が協力して、1812-15年に集成した民話集。1822年にはその資料注解と文献解説も公刊された。原題は『子どもと家庭のための昔話』（Kider-und Hausemärchen）。
*2　ウィリアム・H・ヘイズ（William Harrison Hays, 1879-1954）——アメリカの弁護士、政治家、映画界の重鎮。郵政長官（1921-22年）、著作権者の権利の擁護と映画のレーティングなどを行なう業界団体、アメリカ映画制作者配給者協会（Motion Picture Producers and Distributors of America: MPPDA）——現在のアメリカ映画協会（Motion Picture Association of America: MPAA）の前身——の会長（1922-45年）として、1930年にはアメリカ映画の制作倫理規定を定めた「ヘイズ規定」（Hays Code）を制定した。
*3　レーティング・システム（rating system）——アメリカにおける、映画視聴のための年齢制限の目安。film ratingともよばれる映画の観客制限記号による格づけ制度。アメリカではMPAA（アメリカ映画協会）が次の6段階の格づけにしたがって映画作品ごとに指定する。X（17歳未満入場禁止。1991年廃止）、NC-17（17歳未満入場禁止。1990年新設）、R（17歳未満は保護者同伴の義務あり）、PG（保護者同伴が望ましい）、PG13（13歳未満は保護者同伴）、PG16（16歳未満は保護者同伴）、G（一般向き映画）。イギリスでは、イギリス映画検閲委員会（British Board of Film Censors: BBFC）が指定する18（18歳未満入場禁止）、15（15歳入場許可）、12（12歳未満入場禁止）、PG（保護者同伴が望ましい）、U（一般向き映画）の5段階に格づけしている。日本では「映画倫理委員会」（映倫）が次の4段階を設けている。R-18（18歳未満入場禁止）、R-15（15歳未満入場禁止）、PG-12（12歳未満は親の同伴が適当）、一般映画（規制なし）。
*4　ジェネラル・オーディエンス（General Audience）——「一般向き映画（G）」の意味。
*5　ペアレンタル・ガイダンス（Parental Guidance）——「保護者同伴が望ましい（PG）」の意味。
*6　ジェームズ・M・クーパー（James Fenimore, Cooper, 1789-1851）——アメリカの小説家。連作『革脚絆物語』（Leather-Stocking Tales, 1823-41）、『モヒカン族の最後』（The Last of the Mohicans, 1826）など。
*7　F・マリアット（Frederick Marryat, 1792-1848）——イギリスの海軍軍人、海洋小説家。『士官候補生イージー』（Mr. Midshipman Easy, 1836）、『ニューフォレストの子どもたち』（The Children of the New Forest, 1847）など。
*8　E・R・バローズ（Edgar Rice Burroughs, 1875-1950）——アメリカの冒険小説家。ターザンシリーズの作者。『類人猿ターザン』（Tarzan of the Apes, 1914）では、主人公のターザンは、アフリカの野生動物に囲まれて成長する白人の少年で、敏捷果敢、正義感旺盛な超人的力持ちとして描かれている。
*9　「鉄のカーテン」（Iron Curtain）——冷戦時代に、旧ソ連圏の共産主義諸国と欧米各国とを厳重にへだてていた検閲・秘密主義による情報伝達の障壁や文化交流の障害をさしていわれた。
*10　アルベール・ラモリス（Albert Lamorisse, 1922-70）——フランスの映画監督、映像作家。パリの映画高等学院で学んだあと、たんなるドキュメンタリー映画を超えた詩情と夢想を視覚化した作品と次々と発表し、「映画詩人」とよばれた。「白い馬」（Crin blanc; White Mane, 1952）＝Jean Vogo賞、カンヌ映画祭短編グランプリ、「赤い風船」（Le Ballon rouge; The Red Ballon, 1956）＝ルイ・ドゥリュック（Luois Delluc: Le Prix Delluc）賞、カンヌ映画祭短編グランプリ、「素晴らしい風船旅行」（Le Voyage en Ballon; The Stowaway in the Sky, 1960）＝ヴェネツィア映画祭国際カトリック事務局映画賞。

➡児童文学、メディアと子ども
●参考文献
Balzagette, Cary, and David Buckingham. 1995. *In Front of the Children: Screen Entertainment and Young Audiences*. London: British Film Institute.
Kinder, Marsha. 1991. *Playing with Power in Movies, Television, and Video Games: From Muppet Babies to*

Teenage Mutant Ninja Turtles. Berkeley: University of California Press.
Street, Douglas. 1983. *Children's Novels and the Movies*. New York: Ungar.

（ULRICH BREUNING／金子真奈美訳）

エイズ（後天性免疫不全症候群）
(AIDS：Acquired Immune Deficiency Syndrome)

　エイズ（後天性免疫不全症候群）は致死の伝染性疾患の最終段階であり、ウイルス感染によってひき起こされ、免疫機能に深刻な被害をおよぼす。感染は、ウイルスが免疫機能における白血球CD4[*1]の遺伝物質に入りこんだ際に起こる。エイズは1981年6月5日にアメリカにおいてはじめて報告された。

　エイズをひき起こすヒト免疫不全ウイルス（HIV）は、免疫機能の腫瘍細胞を攻撃し、破壊する。生命を脅かし、特定のガンやほかの病気をひき起こす。HIVは潜在ウイルスである。長年にわたってその兆候が見られない場合でも、エイズをひき起こすまでに免疫機能を弱体化させる。小児エイズがはじめて報告されたのは1982年、サンフランシスコにおいてであった。

　臨床調査では200ml以下の白血球細胞を用いてアメリカ疾病対策センターによって開発された方法からエイズを特定する。現在、HIVやエイズは慢性の治療可能な疾患とされているが、未だ治癒できるものではない。HIV感染の多くの人がエイズをひき起こしている。

　HIV感染者は症状の見られない器官にも感染をおよぼしている。しかし、HIVはほかの多くの病原体、たとえば結核やインフルエンザのように簡単には広がらない。ウイルスは個人を攻撃するが、感染を広げるには、人体の四つの体液（体液、精液、母乳、膣分泌物）をへる必要がある。世界中で、女性のほうが男性よりも感染する頻度が高くなっている。

　HIVの感染は以下の場合に起こりうる。

（1）感染者と肛門や膣、口腔を用いた無防備な性交渉を行なった場合。性交渉は、感染者から非感染者へのHIV感染のもっとも一般的な経路であり、その50パーセントは15歳から24歳までの若者である。

（2）輸血や血液製剤（現在、アメリカをはじめ先進国ではほぼ皆無となっている）、注射針の共用使用（たとえば、麻薬使用のため、もしくは発展途上国における医療機関において、ピアス穴をあける行為やタトゥーを彫る行為があげられる）。

（3）母親から子どもへの感染。妊娠中の母親から胎盤をとおして胎児へ、もしくは出産時や、母乳をあたえることによる感染。これらは、子どもの感染原因のおもなものである。

（4）まれなケースとしては、注射針を誤って用いた場合や、実験室での事故、人工授精や臓器移植からの経路がある。

　HIV感染は空気や水、人との軽い接触、殺菌設備の整った先進国における輸血や臓器提供、虫さされ、スポーツから感染することはない。

　世界の多くの地域で、HIVやAIDSは公衆衛生や社会、発展にとって深刻な危機となっている。HIV感染者の総数は、この疾患のはじまりから2003年までに6000万人にもおよぶ。2002年単独では、15歳以下の子ども80万人が感染しており、これは、1日あたり2000人が感染している計算になる。

　もっとも感染が多いのはサハラ以南の**アフリカ**の地域であり、続いてアジア、**ラテンアメリカ**、**東ヨーロッパ**があげられる。2010年までには、アフリカの4200万人の**孤児**のうち、2000万人が両親、もしくは片親をエイズによって亡くしていることになる。エイズによって、アフリカの平均余命は劇的に減少している。

　複雑な生物学・心理学・社会学的諸要因が若者のHIV感染の危機を増加させている。その結果、学校の内外でその危険性のある若者に向けて、この層への感染予防の努力がなされている。カリキュラムに組みこんだり、メディアを用いたキャンペーン、ゲームや、手本となるべき大人たちによって努力が重ねられているが、HIVやエイズを予防する知識や方法を啓蒙するために、これらのうちごくわずかの戦略しか試みられていない。鍵となる予防メッセージは安全な行動をとることにより感染の危機を除外したり減少させることに焦点をあてたものである。

（1）性活動を自制する（自制こそが性交渉からのHIV感染を防ぐ唯一の方法である）。

（2）性交渉の相手の数を増やさない。性交渉を開始する時期を遅らせる。相手が感染者かどうかわからない場合には正しくコンドームを用いる。

（3）薬物投与を避ける。

（4）病院での注射や輸血、製薬投与には使い捨ての、共有していない、消毒ずみの注射針と注射器を用いる。

（5）HIV陽性の母親は乳児に母乳をあたえないようにする。

（6）血を流している人がHIVに感染しているかどうか明らかでない場合には、直接血液にふれてはいけない。

（7）HIVの検査をする際には、自分だけでなく性交渉の相手もいっしょに検査する。

（8）母親から子どもへの感染は、産前も多くの場合、病院機関の管理によって、予防することができる。

　蔓延がはじまって以降ずっと、エイズをわずらった子どもたちに対する公共支援や関心がよせられてきた。たとえば、ライアン・ホワイト（Ryan White, 1971-1990）はエイズとそれにまつわる学校での差別と戦った英雄であった。アメリカの連邦法ではHIV患者の健康への要求への保障が制定され、ライアン・ホワ

イトの名がその法律に冠せられた。南アフリカ共和国のヌコシ・ジョンソン（Nkosi Johnson, 1989-2001）は生まれながらにHIVに感染したが、記録上いちばん長く生きた。彼がHIVに感染し、エイズをわずらった経験は多くの人びとの心をとらえた。アリエル・グレイザー（Ariel Glaser）とジェイク・グレイザー（Jake Glaser）、彼らの母親であるエリザベス・グレイザーは、いずれもHIVに感染した。彼らは、1988年にアメリカにおいて、小児エイズ財団（the Pediatric AIDS Foundation）を発足させた。

2001年6月、国連エイズ特別総会で、2010年までに世界規模でHIV感染の脆弱性に立ち向かうためにHIVの有病率の大規模な削減と、青少年への教育と公共事業の劇的な増加とが決定された。

［訳注］
＊1 CD4（シーディーフォー）——アメリカおよびスイスの医学研究者によって現在開発中の実験的抗AIDSタンパク質。

➡接触伝染病、流行伝染病
●参考文献
Mann, J., D. Tarantola, and T. Netter. 1992. *AIDS in the World*. Cambridge, MA: Harvard University Press.
Schenker, Inon. 2001. "New Challenges for School AIDS Education within an Evolving HIV Pandemic." *Prospects* 31, no 3: 415-434.
Schenker, Inon, G. Sabar-Friedman, and S. S. Sy. 1996. *AIDS Education-Interventions in Multi-Cultural Societies*. New York: Plenum Press.
World Bank. 2002. *Education and HIV/AIDS: A Window of Hope*. Washington, DC: World Bank.
●参考ウェブサイト
Centers for Disease Control. "Division of HIV/AIDS Prevention." Available from 〈www.cdc.gov/hiv/dhap.html〉
Elizabeth Glaser Pediatric AIDS Foundation. Available from 〈www.pedaids.org〉
Joint United Nations Program on HIV/AIDS. Available from 〈www.unaids.org〉
The Body. "An AIDS and HIV Information Resource." Available from 〈www.thebody.com〉

（INON I. SCHENKER／山口理沙訳）

衛生学と子ども（Hygiene）

良好な衛生状態は、20世紀が終焉を迎える頃までに、身繕い、とくに個人の清潔さの高い水準に対するこだわりを意味するようになった。健康の習慣としての衛生学の起源は古代にあるが、こうした清潔さは比較的最近の歴史現象である。古代ギリシアのヒュギエイア（*Hygeia*）＊1は、調和のとれた養生法に従い、ヒュギエイアの教訓に合わせて生活する者すべてに健康をもたらす神として崇敬されていた。この概念では、健康は、身体の内的調和と、身体とその身体が生きている環境とのあいだの平衡状態の両方を維持することによってもたらされる。人の幸福は、人と場所についての全体論的な理解を深めることでもたらされる。ヨーロッパのルネサンス時代を通じて、一連の慣例としての古典的な衛生観念は、個人が内的および外的な環境との調和を持続することを目標にしていた。しかし、衛生状態に対する近代以前の助言のほとんどは、社会のもっとも富裕な人びとだけが、衛生規準に従うことができる余暇あるいは経済的資源のどちらかをもっていると考えていた。したがって、子どもたちになんらかの特別な衛生状態にかんする注意をはらうことが必要という考えは論外であった。古代末期のギリシアの医師ガレノスは、乳幼児の衛生状態について明瞭な助言をしてはいるものの、これ以外の衛生と病気予防についての著作のほとんどは、おおむね成人を対象にした記述にとどまっていた。

進化する衛生観念

多くの古代文明は家庭内と個人の清潔さ、死体の処分、ヒトと動物の排泄物の除去、公衆衛生その他の形態について厳しい規則を設けたが、これらは明確な健康の習慣にはなっていなかった。こうした規則は、身体ではなく魂を清めることを意味するヘブライの入浴儀礼の伝統のように、しばしば、深い宗教的な意味をもつ儀礼であった。アラビア語の文献は、宗教的な純潔さをともなう健康の追求をふくんでいた。アラビアのキリスト教徒イブン・バトラン＊2は、11世紀に著したその書『健康の維持について』（*Almanac of Health*）で、個人の仕事と気候、定期的な運動、十分な睡眠、毎日の洗濯、毎日の排便と毎週の入浴によって決まる食事療法に従うよう、読者に説いている。彼の著書の核心は、食餌・運動・清潔の三つのバランスがとれていることが神のおぼしめしにかなうという考えであった。

キリスト教は、禁欲的な解釈を衛生につけくわえた。中世のキリスト教作家たちは、よい健康はダイエットと運動によって食欲と身体の規律を厳格に管理することを必要としているとする、根強く残る考えを導入した。衛生習慣は、節度のある生活を送ることを目的とした禁欲の手段になった。このような概念は、古代とイスラムの入浴習慣を猥褻な性欲や健康を害するぜいたくに結びつける公衆浴場に対するヨーロッパ中世の偏見と一致した。厳格な衛生管理（かならずしも清潔ではなかった）による自制心は、近代のかなりの時期までヨーロッパとアメリカの書物で根強い主題であった。近世ヨーロッパでは、大人と子どもに向けた冷水浴療法を奨励するキリスト教の概念に深く根を下ろしていた。ジョン・ロック（1632-1704）はその著書『子どもの教育』（*Some Thoughts Concerning Education*, 1693）で、子どもの身体と精神を鍛えるために、

エイセイカ

ジョン・エヴァレット・ミレイ「しゃぼん玉」（1886年）は、人気の高かったピアーズ石鹸の広告に長年使用された。子どもたちは、しばしば19世紀と20世紀をとおして、清潔のためのさまざまな改革運動の焦点であった。The Adverising Archive Ltd.

冷水、冷たい空気と軽い衣服を用いて鍛える衛生法を提案している。健康を増進する冷水の奨励は、19世紀に見られた水治療法*3運動の核心であった。

18世紀初頭の西ヨーロッパ社会では、身体機能と結びついた身体の風貌、つつしみ、身なりの気配りをますます重視する礼儀作法の変化が見られた。フランスの貴族層は、公の場で唾を吐かないこと、ハンカチを使用すること、厳格なトイレ習慣などを要求するエチケットのルールを発達させた。18世紀末までに、そうした規準が「礼儀正しい」と考えられるようになり、それを身につけていることが、自分とふつうの人びとあるいは無作法な人びととから区別されたので、中流階級の人びとはエリートの清潔さの規準を模倣していた。だが、そうした行儀作法は社会的義務であって、かならずしも健康と結びついていたわけではなかった。この時代には、啓蒙的なキリスト教徒が、清潔さは自然の法則と自然の神の掟に従うことであると主張して、ひんぱんな入浴は放埓そのものであるとする中世のキリスト教の感覚を根こそぎにしようとした。この考えを主張するものとしてもっともひんぱんに引用されるのは、ジョン・ウェスレー（1703-1788）が1786年12月に行なった「服装についての説教」（Sermon On Dress）と題する説教であった。そのなかでウェスレーは、外観に対して強まった注意を支持するために、古代ヘブライの用心深さについての教理を復活させた。彼は次のように主張した。「不潔であることが宗教とはまったく無関係であるということを、よくご覧なさい。こざっぱりした服装を非難する言葉は、聖書のどこにも書かれていません。まちがいなく、そういう服装をすることは罪ではなく、むしろ義務なのです。聖書には、『実際、清潔さは神にもっとも近い』とあります。」

接触伝染病の理論

細菌にかんするなんらかの概念が常識になる前でさえ、医学の革新は衛生についての理解に重大な変化を起こした。18世紀後半の接触伝染病の理論（theories of contagion）は、病気が蔓延する際の汚物の役割を強調しはじめた。接触伝染病のこうした汚物理論（filth theories）は、肉眼で見える汚物を感染に結びつけることにかなり貢献した。ルイ・パストゥール、ジョジフ・リスター、ロベルト・コッホその他による病原菌理論（germs theory）*4の発展は、肉眼で見える汚物から目に見えない汚物へと注意を転じた。それにもかかわらず、ナンシー・トームズが『病原菌の福音』（The Gospel of Germs）で述べたように、細菌にかんする一般の理解は、しばしば微生物と病気にかんする科学理論に対する迷信的な風刺画であった。人びとは、20世紀のかなりの時期まで、目に見えない汚染物質まで除去することにますます関心をはらうようにはなっていたものの、あいかわらず目に見える汚物を接触伝染病に結びつけつづけた。

接触伝染病の理論と病原菌理論が行なったことのひとつは、個人の健康がその人をとりまく環境の健全さに依存する度合を強調することであった。社会における個人の健康は、清潔にすることへの公的な関与に左右されるように思われたため、中産階級の人びとは彼ら自身の身体と家を厳格に清潔にしはじめた。しかし、病原菌説を受け入れることは、自分の身体を清潔にするだけでは不十分であることを意味した。病気の伝染を完全に防止するには、きれいな水、排泄物の注意深い処理、貧民の健康改善などが必要であった。改善された衛生に関連する公衆衛生測定は、西ヨーロッパと北アメリカで一般的になった。これらの改革は、公衆衛生の改善、きれいな水の供給、そして、清潔にする設備を貧民たちに提供し、彼らに清潔にする必要を納得させる公衆浴場運動の創設などをふくんでいた。そうした改革は、しばしばそれらに否定的な判断と、労働階級について固定観念をもたらし、ブルーアム卿ヘンリー・ピーターのような人物は、彼らのことをはじめて「不潔な大衆」（the Great Unwashed）とよんだと報告されている。

20世紀初期からなかばにかけての時期になると、一般市民は衛生観念にとりつかれたようである。衛生は、ダイエット、運動、性的節制、そして（内的衛生として知られる）定期的に腸を空にすることなどのように、広範にわたる実践をふくみつづけた。衛生概念は、私的生活と公的生活のより多くの側面にさえも拡張された。これは、精神衛生、性的衛生、国際的な**優生学**運動の人種的衛生といった新しいタイプの衛生概念の誕生をふくんでいた。帝国主義時代には、ヨーロッパとアメリカの清潔基準に追随した尺度にもとづいて、それ以外の国々が文明化されているかどうかが判断されるようになった。この皮肉な結末は、ヨーロッパ人と、近代以前にはしばしば不潔であったアメリカでのその末裔たちが、長いあいだひんぱんに入浴する習慣があったアフリカ人やアジア人を下品だと判断したことであった。

公衆衛生

19世紀後半と20世紀初期にかけての西ヨーロッパとアメリカ社会で、衛生的な生活習慣への強いこだわりの背景には、多数の要因がはたらいていた。西ヨーロッパと北アメリカのいたるところで見られた公衆衛生運動では、広範囲におよぶ下水設備と水の基盤建設だけでなく、公の場で唾を吐くことを禁じる規則をふくむ、衛生的なふるまいへのこだわりを強めるために、国家権力が利用された。このプロセスを推進する主要なはずみは、クリニック、医学出版物と、福祉施設をふくむ社会福祉協会による市民教育の取り組みであった。工業社会の新しい官僚組織も同じように貢献した。アメリカの保険会社のいくつかは、ニューヨークのヘンリー・ストリート・セツルメントで、保険加入者の衛生習慣を監督し、改良するために、公衆衛生保健婦と契約を結んだ。石鹸やその他の衛生関連商品の製造業者たちは、商品を販売するために、最初は、細菌を除く必要性について医学的な根拠をあげ、次いで、（リステリン社の「口臭」のように）新しい病気の概念をつくりだすことによって、現代メディアを使用した。衛生関連商品の広告主たちは、健康のために入浴し、清潔さと匂いについては他人の判断を避けるよう人びとをせき立てた。1928年、石鹸とグリセリン*5製造協会の教育部門である清潔研究所から出されたある広告は、「あなたのお隣は、子どもたちをどう思っているでしょうか？」と問いかけている。

19世紀後半と20世紀初めにかけてのヨーロッパとアメリカでは、看護婦が衛生観念の普及と施行に大きな役割を果たした。フローレンス・ナイチンゲール*6が支持したのは、病原菌説ではなく、接触伝染病説であった。しかし、彼女とそれ以降の看護の唱道者たちは、自分たちが医療にかんする専門知識と女性としての経験をもっていたため、個人の衛生と家庭内の衛生の適切な方法を広めるうえで中心的な役割を担うのは看護婦であることを明らかにした。ほかのイギリスの医療改革者たちとして、チャールズ・ウェスト、およびエレン・フィリップとメアリ・フィリップス夫妻らは、貧しい子どもたちのための病院建設に尽力した。そこでは、子どもたちの環境条件を改善する重要な手段として、子どもの看護の大部分を看護婦たちが提供した。

子どもへの焦点化

子どもたちは、ますます高まる衛生に対する一般の強迫観念の中心にいた。19世紀末と20世紀初期のイギリスにおける健康と衛生観念の大規模な啓発運動が、その中心的な焦点を**乳児死亡率**の低下に置いていたように、最初は救貧法を、次いで1911年の国民健康保険法を通過させた。この過程で、衛生関係文献の多くで、ますます子どもたちに焦点があてられるようになってきた。衛生改善の支持者たちは、身体規制にかんする議論を広めるために学校を利用した。1882年、フランスの小学校のカリキュラムは、適切なトイレ習慣と清掃を教育にとりこんだ。アメリカでは、清潔研究所が、個人の清潔によって健康を維持することにかんする資料を出版し、学校教師と生徒たちに配布した。教師と母親向けの教育は、子どもたちが健康な生活を送り、他者に不快感をあたえないようにする義務を果たすために、その身体を厳しく修練することに徹する必要性に焦点をあてていた。こうした教育は、医学的、社会的、そして政治的な用語で行われた。子どもたちは特別な方法で運動し、入浴し、食べることを教えられたが、それは、そうすることが彼らの身体によく、社会秩序を生み、また、医学専門家も、教育専門家も、社会的な専門家もそのように述べているからであった。学校教育と清潔にすることとのあいだのこのような提携が非常にうまく確立されたため、アメリカで最大の水道配管製造会社のひとつであるケーラー社は、1927年の広告のなかで、バスルームそれ自体が健康を学ぶ教室にほかならないと宣言したほどであった。

衛生教育は、全体としては、公衆衛生運動に道徳主義的な傾向をもたらした。フランスでは、子どもたちは、衛生習慣には道徳的な性格が密接に関係していると教えられた。アメリカでは、アメリカ化運動は、ヨーロッパからの労働階級の移民を善きアメリカ市民に変える手段として衛生教育を支持した。社会秩序の維持は、白人の中産階級のやり方を基礎にした高度な衛生水準の維持に依存しているように思われた。公衆衛生の推進団体は、清潔さの単一基準を提案したが、皮膚の色や生活状況の個人的な差異をしばしば考慮しそこなっていた。これは、アメリカでは、とりわけアフリカ系アメリカ人の場合、とくに問題になった。彼らに生理学的な違いがあったためと、彼らには衛生士たちが示す処方に従う手段がなかったためであった。アフリカ系アメリカ人の指導者たちはこの問題を十分に

自覚しており、アフリカ系アメリカ人のコミュニティに向けて特別に準備された教育を提供した。このなかでもっとも有名なのは、ブッカー・T・ワシントン*7の「歯ブラシのゴスペル」であった。残念なことに、アメリカの人種的な風土では、白さと純潔が文化的に結びついていたため、衛生学の法則を厳守しても、アフリカ系アメリカ人を生まれつき不潔であるという汚名から解放することはなかった。

社会的な衛生運動

清潔さと衛生観念が子どもたちと社会的なフィットネスと結びつくことは、国際的な社会的（人種的）衛生運動の明確な中心テーマであった。アメリカの看護改革者で婦人参政権論者でもあったラヴィニア・ドック*8は、1910年の著書『衛生と道徳性』（Hygiene and Morality）のなかで、性病発生率と、女性と子どもの虐待や人身売買との関係を描いた。性病にかかった男性はその妻に感染させるだけでなく、ドックが再生産の細菌とよぶもの（つまり彼らの精子）も汚染してしまい、奇形児をつくることになる。最後に、梅毒の保菌者は、家庭のなかに、身体的にも道徳的にもまだ汚れていない子どもたちに害をおよぼす不衛生な環境をつくった。こうした態度は、全住民の個人的な習慣に対する国家の介入をさらに助長することとなった。

こうした取り組みのなかでもっとも急進的であったのは、優生学の似非科学から生まれた国際的な社会衛生運動であった。そこでは、不潔で、病気に感染している者が生殖によって種を汚染しつづけるのを防ぐことに焦点が置かれ、不適格者に対する強制的な断種という衛生学的な言い方がなされた。人種的衛生学という概念はナチ・ドイツでその最大の表現を見たが、その起源は別のところにあった。生殖衛生にかんする法律が最初に開始されたのはアメリカであった。アメリカでは、1930年代までに毎年2000〜3000人にのぼる精神障がい者・精神遅滞者・犯罪者・人種的少数派の人びとが強制的断種を受けていた。ナチは、ホロコーストのあいだ、ユダヤ人・ジプシー・同性愛者およびその他の「好ましくない」人びとに対する民族浄化（ethnic cleansing）とよばれることになる言語コードとして、衛生学的な用語を使用した。ナチの宣伝は、人種的な腐敗を駆除して支配民族をつくる手段として、とくに女性と出産の規制に集中した。このことと衛生概念との結びつきは、シャワー／ガス室とヒトの脂肪を石鹸に変える実験という婉曲表現においてもっともよく示されている。

商業化された清潔さ

1945年をすぎると、社会衛生運動はあまり信用されなくなったが、清潔さ（とくに子どもの清潔）に対するより大きなレベルにむかう衝動は持続した。学校は子ども期の教育の大部分の焦点でありつづけたが、衛生学の定義は、個人の清潔を維持するのにふさわしい身だしなみのことであると狭められるようになった。ここでは、清潔の基準がエスカレートしつづけた。アメリカでは、小学校と高校生向けの衛生映画は、1950年代の教室で中心教材になった。こうした教材は、病原菌・皮膚・頭髪の手入れについての科学的な議論を、望ましい社会的な基準の維持を重視することに結びつけることによって、清潔さを推進しつづけた。この取り組みもまた、清潔基準を守りそこねた人びとに対する否定的な評価をとりこんだ。とくに若者は注意の対象になった。高校生たちは、厳格な身だしなみのコードに従うことができなければ、デートする相手がいなくなり、社会のつまはじき者になると警告された。

20世紀後半になると、しだいにこうしたメッセージは滑稽で時代遅れなものとみなされるようになった。1956年、ミシガン大学の著名な文化人類学者ホレーズ・マイナーは、「アメリカ人類学研究」誌に「ナシレマ族における身体儀礼」（Body Ritual among the Nacirema）と題する論文を発表した。彼はこの論文で、専門用語を満載した人類学研究とアメリカ人の衛生に対する強迫観念を揶揄したのであった（ナシレマ族 [Nacirema] とはアメリカ人 [American] を逆さ読みした言葉であった）。マイナーはこの諷刺によって、健康と清潔について神経症を作り出している医学界と、こうした神経症を自分の子どもたちに教えこんでいる両親の双方を対象にした。急進的な1960年代には、こうした衛生の実践に対する若者の拒絶は、両親と社会的な権威に対するよく見られた反抗の特徴であった。ほぼ同じ頃、石鹸と児童書の喧伝者たちは戦術を変えた。彼らは、（20世紀前半の文学では目立たないテーマであったが）社会的な緊張をやわらげる手段として、入浴することを強調しはじめ、入浴を感覚的で自由気ままな活動として促進した。入浴に泡とおもちゃをくわえることを提案し、入浴を嫌がる子どもをだまして、よい習慣をつけさせるやり方を両親に助言した。児童文学は、入浴時間を遊び時間のように描いた。

20世紀後半には、衛生的であることがよい身だしなみと同等視されるようになったが、古代の健康養生法の側面のいくつかが、新しい形態で再現されている。アロマテラピー［芳香療法］とその他のニューエイジ治療*9の支持者は、衛生的であることへの全体論的方法をふたたび力説している。しかし、ヨーロッパ社会の予防医療の健康管理における全般傾向では、こうした全体論的な態度に共鳴する者は少ない。つい最近まで衛生と結びついていた活動の大半は、いまでは特殊なものとされ、ほかとは区別される商品である。ポストモダンの社会は、人間の身体管理を、現代の専門化された医学ばかりでなく、ダイエット、エクササイズ、石鹸、そして化粧品などの特定の産業分野からも供給

されるバラバラの要素に区分してしまった。批評家のなかには、このプロセスを身体の商業化（commodification of the body）とよぶ者もいる。だが、高い水準の清潔さと身体規律の激しい売りこみにもかかわらず、当局が設けた基準に対する一般大衆の支持は、いちじるしい不均衡を示している。毎日服装を取り替え、一日に2度以上入浴することを推奨する身だしなみの習慣があるアメリカでさえ、目に見えないところでの衛生習慣は、しばしば無視される。たとえば、1990年代のいくつかの研究は、清潔さにとりつかれたアメリカ人なのに、公衆トイレを使った後に、しばしば手を洗わないことを示した。

衛生学と健康

改善された衛生学が健康と快適さにおよぼす影響を否定するのはむずかしい。いくつかの疫学的研究は、19世紀後半ヨーロッパ社会ではじまった伝染病発病率の減少と乳児死亡率と幼児死亡率の劇的な低下は、おもに公衆衛生・給水・家庭内と個人の清潔さが改善されたことに起因することを示した。20世紀後半に、伝染病の最低水準を享受したのは、石鹸の総使用量がもっとも高かった国であった。しかし、この改善は、費用をかけずに達成できるものではなかった。衛生に対する注意の増加は、自然環境に対する圧力が増したことでもあった。高水準の清潔さを声高に支持する人びとでさえ、西ヨーロッパとアメリカ社会における清潔さの程度が、健康上必要な水準をはるかに超えたものであることを認めている。こうした過剰な清掃は、石鹸やその他の洗浄剤を使用するために、給水への不必要な圧力を高め、水と土壌に対する化学的汚染を生むこととなり、お湯を沸かして洗濯をするエネルギー需要を増やした。皮肉なことに、抗菌性の石鹸や、製造業者たちが細菌・真菌・イースト菌などの成長を抑えると主張するハイゲイア下着やその他の抗菌性商品の出現にかかる費用は、抗生物質に抵抗力をもつ微生物の出現を増やしてしまっているようである。

衛生改善キャンペーンの成功にみられるもうひとつのパラドックスは、家庭内と個人の清潔さの改善が、とくにポリオ、アレルギー、喘息といった、俗にいう産業社会特有の病気の発症率の増加と関係しているかもしれないということである。衛生学支持者の養生法にもとづいて子どもたちの健康を保護する最善策は、きれいな、実質的に無菌環境を提供することである。アレルギーをひき起こす喘息に対する標準的ケアは、たとえば、喘息で苦しむ人の環境から喘息をひき起こす物質を除去することである。20世紀の最後の数十年には、イタリア、イギリス、スイス、およびアメリカの研究者たちは、早い年齢で微生物や汚物にふれさせないようにすると、異物に対する子どもの自然耐性を作りそこねてしまうことになると示唆しはじめた。こうした機能停止は、20世紀中頃のポリオの流行や喘息の発症率の増加と関連するかもしれない。2001年にパストゥール研究所で開催された伝染病学者たちの会議は、これらの研究と環境圧力に関連する研究を、われわれが衛生学を完全に拒絶するのではなく、むしろこれまで以上に慎重に基準を探求すべき目標となる清潔さのしるしとして言及した。彼らは、食品を準備する分野でのひんぱんな手洗いと厳しい清潔さという重要な行動をめざすよう提案した。提案者たちは、われわれが無菌環境を必要とするのは、病院や重篤な病人がいる住宅においてだけなのだと強調した。しかし、抗菌性商品の促進と販売がなんらかの指標になっているとするなら、石鹸産業や公衆衛生は、まだ、そうした微妙な違いをすぐには理解できないようである。

[訳注]

*1 ヒュギエイア（Hygeia, Hygiea）──ギリシアとローマの神話に登場する健康の女神。医学の神アスクレピウス（Asclepius）とエピオーネ（Epione）の娘。

*2 イブン・バトラン（Ibn Butlan, 1038-1075）──ネストリウス派のキリスト教徒としてアラビアのバグダッドで活躍した医学者。その著書『健康の維持について』では、衛生・食餌法・運動について記述し、心身の平穏状態について規則正しい観察を重視した。

*3 水治療法（hydropathy）──水を治療に用いる治療学の一部門。機能障害の回復、傷の治療の促進、痛みの緩和と除去などのために、全身または身体の一部を水に浸す治療法で、鉱泉を飲むこともある。Hydropathyという用語は、19世紀なかばにこの治療法を広めたヴィンセント・プリースニッツ（Vincent Priessnits, 1801-1851）による1843年の造語である。

*4 病原理論（germ theory）──細菌論あるいは胚種論ともいわれ、伝染病は微生物を介して広まるとする説。1871年頃からこのようにいわれはじめた。病気の原因が病原菌にあるとする考えが広まった結果、科学界では生物学者を中心に微生物の同定と調査が盛んに行なわれるようになり、何千種類ものバクテリアやウイルスが発見され、微生物間の相互作用についての研究が進んだ。また社会的には、病原菌の存在を前提にした衛生観念が広まり、食物と水の安全な取り扱い、牛乳の加熱殺菌、飲食物の保存法の改善、公衆衛生設備の充実、隔離政策、予防接種、清潔な外科医療などが行なわれるようになった。

*5 グリセリン（glycerine）──グリセロール。化学式は$C_3H_8O_3$。脂類の鹸化、また石鹸製造の副産物として得られ、食品の甘味添加・保存、化粧品・香水・インク・接着剤製造の際の溶剤、自動車の不凍液、座薬・皮膚軟化薬などに用いる。

*6 ナイチンゲール（Florence Nightingale, 1820-1910）──イタリア生まれのイギリスの看護婦、社会起業家、統計学者、看護教育学者。クリミア戦争（1853-56）でのイギリス軍の負傷兵たちへの献身や統計にもとづく医療衛生改革によって戦場での疾病治療に効果を上げ、看護学の価値を高めることに貢献したことから、「近代看護教育の母」とよばれる。恵まれた教育環境

に育ち、フランス語・ギリシア語・イタリア語・ラテン語などの外国語にくわえて、ギリシア哲学・数学・天文学・経済学・歴史学・美術・音楽・絵画・英語・地理学・心理学・詩学・文学など幅広い教養を身につけた。病院建築の分野でも非凡な才能を発揮したことで知られる。

＊7 ブッカー・T・ワシントン（Booker Taliaferro Washington, 1856-1915）——奴隷解放によって奴隷身分から解放され、ハンプトンに新設された教員養成学校で学び、教育者となった。19世紀後半から20世紀前半にかけてアメリカにおけるアフリカ系アメリカ人のあいだで人気のあるスポークスマンとして活動した彼は、「調停者」（accomodator）とよばれた。白人と協力し、裕福な慈善家からの支援を得たその仕事は、多数の小さな地域の学校と、南部のいたるところで黒人のための高等教育機関を設立・運営することを支援した。

＊8 ラヴィニア・ドック（Lavinia Lloyd Dock, 1858-1956）——アメリカの看護婦、著作家、看護教育の先駆者。全米看護連盟（the National League for Nursing）の組織作りに尽力し、看護学専門雑誌 the American Journal of Nursing の編集者としても看護教育の質的向上に貢献した。

＊9 ニューエイジ治療（New Age remedies）——終末思想や神秘主義、オカルト思想などが広まる時代に、科学的で合理的な治療法とは距離を置く、自然療法、自然治癒、霊感や内観をとりいれる治療法。

➡子ども病院、小児医学、精神衛生学、接触伝染病、予防接種、流行伝染病

●参考文献

Hoy, Suellen. 1995. *Chasing Dirt: The American Pursuit of Cleanliness*. New York: Oxford University Press. スーエレン・ホイ『清潔文化の誕生』（椎名美智訳・富山太佳夫解説、紀伊國屋書店、1999年）

Kühl, Stefan. 1994. *The Nazi Connection: Eugenics, American Racism, and German National Socialism*. New York: Oxford University Press.

Rosen, George. 1993. *A History of Public Health: Expanded Edition*. Baltimore, MD: Johns Hopkins University Press.

Tomes, Nancy. 1998. *The Gospel of Germs: Men, Women, and the Microbe in American Life*. Cambridge, MA: Harvard University Press.

Vigarello, Georges. 1988. *Concepts of Cleanliness: Changing Attitudes in France since the Middle Ages*. Trans. Jean Birrell. Cambridge, UK: Cambridge University Press.

Vinikas, Vincent. 1992. *Soft Soap, Hard Sell: American Hygiene in an Age of Advertisement*. Ames: Iowa State University Press.

Whorton, James C. 2000. *Inner Hygiene: Constipation and the Pursuit of Health in Modern Society*. New York: Oxford University Press.

（JACQUELINE S. WILKIE／北本正章訳）

AFDC
➡要扶養児童扶助法（Aid to Dependent Children）

SATと大学入試制度 (SAT and College Entrance Exams)

1900年の大学入学資格試験委員会（the College Entrance Examination Board: CEEB、のちに「大学入学試験委員会」the College Boardと改称）の創設によって、大学の入学者選考の過程を標準化しようとする20年にわたる取組は頂点を迎えた。CEEBは、大学にさらにハイスクールの科目も受け入れるよう奨励し、独特な入学要件と試験に替えて統一的な制度を設けた。しかし、当時の批判者たちは、これらの試験が科目の習熟度を測定するものであって、大学の成績を予測するものにはならないと論じた——第1次世界大戦後には、大学側では入学者数を制限する必要性が生じたのだが。

対照的に、コロンビア大学のE. L. ソーンダイク[*1]が考案し、第1次世界大戦中に軍で実施された心理テストないし知能テストは、大学での成功を予測するように思われた。戦後、いくつかの大学はこれらの試験に独自の入学要件をくわえた。その支持者たちの主張によれば、知能テストに予測力があるからこそ、大学に進学しない大多数の生徒のニーズにこたえるために、急増するハイスクールのカリキュラム範囲を拡大することが容認されたという。「古い目録」である国籍や民族集団出身の学生を支援したいと考える大学入学者選抜事務局では、プリンストンの カール・キャンベル・ブリガム[*2]が『アメリカの知能の研究』（1923）で仮定していた、知能テストの得点と人種・民族との相関性に飛びついた。しかし、大学入学適性テスト（the Scholastic Aptitude Test: SAT）の中心的開発者となったブリガムは、CEEBが1926年にこの心理テストを提供しはじめたあとに、この相関性を否定した。のちに、メリトクラシー[*3]論者はSATを「荒地のダイアモンド」を発掘するものとして受け入れた。SATは、最初は言語にかんする設問が多くを占めたが、1931年には二つの個別の試験で、得点を数学と言語に分けることにした——これは、その後何度も行なわれることになる形式変更の最初であった。

CEEBが最初に行なった科目にもとづく入学試験もSATも、大学の世界に旋風をまきおこすことはなかった。ほとんどの大学は第2次世界大戦後まで、ハイスクールの成績証明書と学校長の推薦にもとづいて入学者選考を決定しつづけた。SATを受験する生徒数は1930年代を通じて、ずっと1万名を下まわっていた。SATあるいはそれに類する試験を課す大学の比率は、1932年から1944年にかけて、1パーセント未満から15パーセントに増加した。CEEBは1930年代

には、下級SAT（これはのちに予備SATとなる）を提供しはじめた。そして1942年には、その伝統的な論文式入学試験をとりやめた。

SATは、アメリカ教育協議会（the American Council on Education：ACE）の共同テスト事業団（Cooperative Test Service）が実施する客観式学力試験やカーネギー教育振興財団（the Carnegie Foundation for the Advancement of Teaching）が提供する試験と競合した。1947年に、CEEB、ACE、カーネギー財団は、すべての試験関連の業務を、新たに創設された教育テスト事業団（Educational Testing Service）に譲渡し、同機関は、SATと学力試験（これはのちに、SAT Ⅱとよばれ、2003年までに23の科目で行なわれるようになった）を提供した。1955年には、CEEBもまた、アドバンスト・プレイスメント試験（Advanced Placement exams）の責任を負った。これは、フォード財団（Ford Foundation）の傘下にある教育振興基金（the Fund for the Advancement of Education）が開発し、ハイスクールで修了した大学レベルの学習の習熟度を測定する試験である。

CEEBとETSは1959年、つまり、アイオワ大学のE・F・リンクイストと テッド・マッカレルの２人がアメリカ大学テスト事業団（the American College Testing Services）（これはのちにACT株式会社［ACT, Inc.］となる）を創設するまで、明確な守備範囲をもっていた。ACTアセスメント（The ACT Assessment）──しばしば、ハイスクールのカリキュラムとよりうまく調整されているようにみられる──は、英語・数学・読解・科学的推論にかんする生徒の知識を試験した。この試験は、「大学入学試験委員会」の影響力が弱かった地域でとくに人気を集めた。

1960年代初頭には、大規模なベビーブーム世代のあいだで大学進学需要が拡大し、それにともなって、多くの大学で選抜度が高まったことにより、SATとACTは急速に発展した。カリフォルニア大学は1968年にSATを採用し、これによって、試験は全米に広がった。2000-2001学年には、130万人のハイスクール４年生がSAT（現在のSAT I）を受験した。中西部では、依然としてACT試験が一般的であったので、2000-2001学年に約100万人の生徒がACT試験を受験した。

大学は多様な要因を考慮すべきであると後援者が主張していたにもかかわらず、1970年代まで、SATとACTのテストはしばしば決定的な大学入学選抜基準となった。SATは、いくつかの大論争をまきおこす問題を一流大学に提起した。SATがハイスクールと大学新入生の成績との有意相関性を増大させるささやかな予測可能性は、テストの準備をして受験する苦労に値するものであったのか？ SATの準備にかなりの時間をついやす多くのハイスクールは、この時間をもっと有効に活用できていたのではないか？ 1960年代から1980年代にかけてのSATの得点の低下について、どのように説明したのか？ 大学入学資格試験委員会の委員が、「さらなる試験について」（1977）で述べたSATの高まる人気は、この低下のいくつかを説明するものとはなっても、すべてではなかった。学習指導によって、SATの得点は改善されたのか？ 大学入学資格試験委員会は改善できないと主張したが、繁盛しつつある学習指導産業はそれに異議を唱えた。SATは一定の人種的・文化的集団に対して偏向していたのか？ アフリカ系アメリカ人、ヒスパニック、先住アメリカ人の集団の得点は、つねに白人やアジア系アメリカ人の得点よりも低かった。正確には、SATは何を──知能、学力到達度、あるいは、たんに白人中産階級の一員であること──測定していたのか？ 適性とは依然として知能と同義語であるという批判は、「大学入学資格試験委員会」において、1990年代に２度にわたる試験名称の変更を余儀なくさせた。最初は「進学能力評価テスト」（Scholastic Assessment Test）、次に「大学入学適性テスト」（the Scholastic Aptitude Test：SAT）である。大学入学資格試験委員会は1995年に、以前、標準化得点を定めたあとに生じた人口動態の変動を考慮して、SATの得点を調整した。

2001年には、カリフォルニア大学の総長リチャード・C・アトキンソンが、自大学の新入生の成績を予測するのに、SAT IはSAT Ⅱほど役に立たないと批判し、どの入学試験もハイスクールのカリキュラムを強化するのを助けなければならないとつけくわえた。「大学入学資格試験委員会」は2005年に試験の改良を約束することによって、その最大の顧客を満足させた。そこでは、類推のセクションに替えて──反意語はすでに削除されていた──批判的読解文をくわえた。新しいSATには25分の論文形式の設問もふくまれる予定である。数学のセクションは、量的比較を削除し、代数Ⅱの科目にもとづく設問を追加する予定である。

SATをめぐる激しい論争は続いている。SATの支持者たちは、この方式は、予測可能性のある試験が成績インフレを相殺する一方で、有能な生徒にハイスクール間のカリキュラムと財政の格差を克服させることを可能にすると論じる。批判者たちは、SATの得点と社会経済的地位との相関、そして、試験の準備と受験時に経験するストレスを指摘する。いずれにせよ、2005年の改革は、SAT Iを科目の習熟度の評価──これはそもそもCEEBが創設時に掲げた目標であった──に向かって動かしたのである。

［訳注］
＊1 エドワード・L・ソーンダイク（Edward L. Thorndike, 1874-1949）──アメリカの心理学者、教育学者。コロンビア大学教授として教育評価、教育測定運動の父とよばれる。試行錯誤によって学習行動が形成される

とする学習心理学の観点から、英語の使用頻度の分析に基づいて辞典を編集したことでも知られる。
＊2 カール・キャンベル・ブリガム（Carl Campbell Brigham, 1890-1943）――プリンストン大学心理学教授で、計量心理学（psychometrics）の開拓者。1923年から1926年まで大学入学資格試験委員会の委員長をつとめ、「学習能力適性テスト」（Scholastic Aptitude Test: SAT）を作った。
＊3 メリトクラシー（meritocracy）――門地や経済力によるのではなく、学習能力および試験による学力、あるいは実力によって社会移動が可能になる社会のこと。または実力主義社会。イギリスの社会学者でSF作家でもあったマイケル・ヤング（Michael Young, 1915-2002）の近未来社会を描いた作品（The Rise of the Meritocracy, 1958）［邦訳は『メリトクラシーの法則』］に由来する表現。

➡知能指数（IQ）、知能テスト

●参考文献

Brigham, Carl Campbell. 1923. *A Study of American Intelligence*. Princeton, NJ: Princeton University Press.

College Entrance Examination Board. 1977. *On Further Examination: Report of the Advisory Panel on the Scholastic Aptitude Test Score Decline*. Princeton, NJ: College Entrance Examination Board.

Fuess, Claude M. 1950. *The College Board: Its First Fifty Years*. New York: Columbia University Press.

Johanek, Michael C., ed. 2001. *A Faithful Mirror: Reflections on the College Board and Education in America*. New York: The College Board.

Lehmann, Nicholas. 1999. *The Big Test: The Secret History of the American Meritocracy*. New York: Farrar, Straus and Giroux. ニコラス・レマン『ビッグ・テスト――アメリカの大学入試制度 知的エリート階級はいかにつくられたか』（久野温穏訳、早川書房、2001年）

Valentine, John A. 1987. *The College Board and the School Curriculum*. New York: College Entrance Examination Board.

Wechsler, Harold S. 1977. *The Qualified Student: A History of Selective College Admission in America, 1870-1970*. New York: Wiley-Interscience.

（HAROLD S. WECHSLER／杉谷祐美子訳）

エラスムス（Desiderius Erasmus of Rotterdam, c.1469-1536）

エラスムスは、中世世界よりもわれわれの時代のほうに近い最初の「近代的な」人間の一人というふうに表現されることがしばしばある。しかしながら、子ども期について彼が書いたものをみると、彼の教育方法が、しつけと学校教育についての古典的で中世的な議論を基礎にしているのはあきらかである。この点に基本的な疑問が横たわっていた。すなわち、子どもを学ばせる最良の方法とはどのようなものか、鞭をあてる

ホルバイン（子）「エラスムス」（1523/24年）。Musée du Louvre＊

やり方か、それともニンジンをあたえるやり方なのか？ エラスムスの答えはこうである。鞭をひかえよ。そうすれば子どもは勉強に向かう＊1。

初期の人生

エラスムスが自分の父親がだれなのかを知ることは生涯に一度もなく、私生児としての地位は、その生涯においてたえず彼を悩ましつづけた。その結果、彼自身の手になる自伝の説明のなかで彼が両親について記している内容は、信頼するにたりないものであった。彼は早い年齢で、「共同生活兄弟団」（Brethren of the Common Life）によって維持されていたデフェンテルの学校に移された。ここには何人かのすぐれた教師がおり、エラスムスが生涯にわたって熱中することになる古典ラテン語を彼に教えた。しかしまた、エラスムスはこの学校では、後年、彼が子どもを教える訓練法（disciplinary）として彼が批判した体罰と屈辱も味わった。

1487年、エラスムスは、何人かの彼の後見人たちの説得を受け、ある修道院に入ることになった。こうすることで、後見人たちは彼に対する義務を果たしおえることになったのであった。「聖アウグスティヌスの教会法規則集」は、彼に研究と筆記法修得のためのよい機会をあたえた。だが、エラスムスは修道院の仲間の大部分とは馬が合わなかった。おそらく彼らの多

くは浅薄な使命感と学習に対する狭い関心しかもっていない田舎の少年たちであった。1493年、エラスムスはこの修道院を去る許可を得たが、それは命令を受けてのことではなく、カンブレー*2の司教の書記官になるためであった。エラスムスは、この司教をとりまく人びとにかこまれて、ほかの年若い向上心にあふれた知識人とその強力な後援者たちと交わるようになった。

　エラスムスは、この地位を休職にすることができたおかげで、後年、パリ大学に出向くことになった。もし彼がそのままこの修道院の書記の地位にとどまっていたら、早晩、後期スコラ学派の干からびた神学論争に同じように不満をいだくことになったであろう。4年にわたるパリ大学での生活と多くの新しい友情、とりわけイギリスからの留学生たちとの友情は、エラスムスをはじめてイギリスへ旅立たせることになった。イギリスでは、ジョン・コレット*3やトマス・モア*4ら、中心的な知識人や政治家たちと出会った。エラスムスは、こうした人びとと出会ったことで不毛な神学についての自分の意見を修正し、彼の人生を古典文学の研究ではなく、聖書と教父についての研究に集中するよう決心した。

　エラスムスは、キリスト教ヒューマニズムとよばれてきた知的伝統を作る主導的な役割を果たすようになり、彼と同じ人文主義仲間と熱烈な知的交わりをもち、彼らとのあいだで激論をかわした。彼はギリシア語を学び、さらに進んで新約聖書の重要な版を作った。彼はイタリアを旅し、その研究に新たなインスピレーションを得た。ネーデルランドに戻った後も、何度かイギリスを訪れている。1517年、教皇は彼の宗教的誓願に特免をあたえた。その後まもなくしてエラスムスは、もう一人の聖アウグスティノ修道会会員マルティン・ルター（Martin Luther, 1483-1546）*5が、西ヨーロッパ・キリスト教会の一体性を脅かしていることを認識させられることになった。エラスムスは、教会の職権乱用に対するルターの批判の重要性を認識していたが、最終的には、キリスト教会の一体性を存続させたいという彼の願望から、距離を置いていた。

子どものための早期の教養教育（初等自由教育）

　こうした年月のあいだ、政治的および宗教的な情勢は、エラスムスにルーフェン*6からバーゼル*7へと移り住むよう強いることとなり、最後にはフライブルク・イム・ブライスガウ*8に1529年に移り住んだ。この地で彼は、かつて1509年頃、イタリアで最初にまとめあげていた、『子どものための自由教育入門という主題に関する宣言』（"De pueris statim ac liberaliter instituendis declamatio"）を上梓したが、これは、教育についてエラスムスが論じた中心的な著作で、すぐに成功をおさめた。この本は、専門的な教育者たちに向けて書かれたものであっただけではなく、世の親たちに向けても書かれたものであり、その中心的な議論は、両親は自分の子どもたち、とりわけ息子たちが、可能なかぎり早い年齢段階から、人間味のある人文主義的な学校教育を受けられるように、その時間、努力、そしてお金を投資すべきであるというものであった。

　エラスムスは、子どもというものは純真無垢な状態で生きてはおらず、原罪（original sin）の刻印をおびているので邪悪に向かう傾向があるとした聖アウグスティヌスの教義［原罪説］を受け入れていた。しかしエラスムスは、キリスト教ヒューマニストとして、両親と教師による豊かな愛情と注意深い教導（instruction）は、子どもたちの内面に最良のものを産み出すに違いないと確信していた。教育の最初の仕事は、子どもたちに明瞭かつ正確に話す仕方を教えることであった。したがって、両親には、子どもといっしょに時間をすごし、子どもたちがよいスピーチを確実に聞きとることができるようにしてやる義務があった。エラスムスは、古典文化についての博覧強記な知識にもとづいて、もし両親が自分の子どもの養育と教育に対する支配を奴隷（のようにあくせくはたらかされる教師たち）の手にゆだねはじめたら、文明は崩壊の道を転げ落ちるだろうと主張した。

　カンタベリーの聖アンセルムス*9のような中世の修道院の教師たちとならんで、プルタルコス（Plutarch, 46頃-120頃）ら古典作家たちは、教師がどのように子どもを扱うべきかについてすでに論じていた。エラスムスは聖アンセルムスと同じように、子どもに対するやさしい対し方を主張した。教師は、教師自身の人格によって学びを魅力的なものにすることを通じて子どもに好かれなくてはならない。エラスムスは、かつて彼自身が経験したことを思い起こし、加入儀礼を受ける学生たちをふくめて、学校の加虐趣味的で残酷な慣行に注意をうながしながら、いまや学校は「拷問部屋」のような場所になってしまっていると不満を述べている。

　エラスムスは、自分が推奨することを聖パウロの言説やキリストの教えに関連づけている。教師は、自分が教えている生徒の父親のような存在になるべきであった。そして、エラスムスは、愛情さえあればどのような難問であれ、そのほとんどを克服できるとかたく信じていた。そうしたやり方は、怠惰と無関心を許さなかった。したがって、子どもたちが言葉を学習しはじめるのは、［勉学の習慣を身につけるために］可能なかぎり早い発達段階でなくてはならなかった。彼は、幼い子どもたちが決まりきった学び方を素直に受け入れ、子どもたちがいかに記憶と模倣にひいでた能力を発揮するかについて注目していた。

　彼が述べているところに従えば、最良の教師とは、学習目標の文字を楽しいゲームにすることができる人、絵や挿絵入りの物語を活用できる人、学校という場所を魅力的な場所に作りかえる方法を知っている人、こ

エラスムス

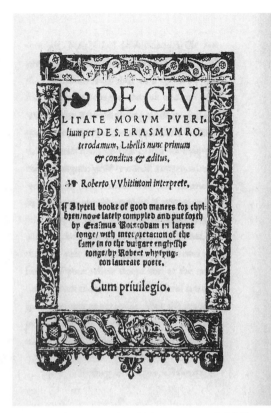

エラスムス『少年礼儀作法論（少年のためのよい礼儀作法について）』（*De civilitate morum puerilium libellus*, 1530）。英語版の扉ページ*

ういう人であった。子どもは、**思春期**まで家にとどめておくべきではなく、学校に通わせるべきであった。このことでエラスムスが伝えたかったのは、子どもを寄宿学校に入れてしまうことは彼らにとって好ましいことではないということであった。しかし、彼の主要な論点は、公式（意図的）であると非公式（無意図的）であろうと、学校教育は早い年齢段階で利用しはじめるべきであるということにあった。

礼儀作法について

エラスムスはまた、1530年に『少年礼儀作法論（少年のためのよい礼儀作法について）』（*De civilitate morum puerilium libellus*）を書いた。これは、粗野で見苦しい礼儀作法を生き生きと描いているためにこれまで長く注目されてきた文献である。ノルベルト・エリアス（Norbert Elias, 1897-1990）のような文化史の研究者たちは、この論文を、中世の野蛮な慣習の後に登場した礼儀（civility）を新たに重視する指標とみなしたが、それにくわえて重視すべきは、エラスムスが、すでに古代ギリシア・ローマ時代ではじめられ、中世の修道院と宮廷でひき続き議論されていた問題に注意を誘導したことである。ここでもふたたびエラスムスは熱心に、年少の子どもに対してやさしく接することが大事であると説いている。しかし、ここでは、年少の子どもたち自身に向かって語りかけ、子どもたちが、内面生活の指標としての外面的なふるまいにどのように責任を負うべきかについて叙述している。身体的ジェスチャーは、他者に対する尊敬を示すべきであった。肉体のさまざまな機能は理性の制御の下に置かれるべきであった。エラスムスはつつしみ深さ（modesty）と礼儀正しさ（propriety）を重視した。この小論は、その手引き書と同じように、エラスムスが探求した愛情、信頼できる人間の育成、そして人文主義的教育モデルへの道筋を映し出している。

［訳注］

*1「鞭をひかえよ。そうすれば子どもは勉強に向かう」（*Spare the rod and stimulate the child.*）——この表現は、「可愛いい子には旅をさせよ」（鞭をおしめば、子どもを甘やかせてだめにしてしまう）［*Spare the rod, spoil the child.*］という有名な諺をもじった表現。

*2 カンブレー（Cambrai）——フランス北部の古都。古くから司教座が置かれ、1559年以降カンブレー大司教区司教座となって絶大な権力を誇った。

*3 ジョン・コレット（John Colet, 1467?-1519）——イ

ギリスのテューダー朝期の人文主義者。聖パウロ司教座教会首席司祭（Dean of St Paul's Cathedral Church）として、改革派の聖職者であり、名門校セント・ポールズ学校［聖パウロ学校］（St Paul's School, 1509年創設）の創設者としても知られる。

*4 トマス・モア（Thomas More, 1478-1535）──イギリスの法律家、思想家、代表的な人文主義者。カトリック教会と聖公会では聖人。政治・社会を風刺した『ユートピア』（*Utopia*, 1516）の著述で知られる。エラスムスと深い親交があった。

*5 マルティン・ルター（Martin Luther, 1483-1546）──ドイツの宗教改革者。はじめパウロの「神の義」の解釈をめぐって内面的葛藤におちいったが、突然啓示を受け、これを神の贈り物としての「信仰による義」であると確信した。ローマ教会の贖宥状（免罪符）発行を攻撃し、1517年10月31日「95カ条の提題」を発表、キリスト教の内面性を強調し、これが宗教改革の先駆けとなった。ウォルムス国会によって放逐されたがワルトブルク城に潜伏（1521-22）し、ギリシア語新約聖書をドイツ語に翻訳した。ドイツ農民戦争（1525）ではしだいに急進派から離れ、また聖書解釈をめぐってエラスムスとも論争した。生涯にわたって教会の組織化に努力し、聖書を神学の基礎におく聖書主義と万人司祭主義、「信仰のみ」の立場を広めた。子ども向けの聖書教本を多数考案してリテラシーの改善に貢献した。

*6 ルーフェン（Louvain）──ベルギーのブリュッセル東部に位置する都市。フラームスブラバント州の都市で同州の州都。中世に毛織物産業で発展した。1425年創立のルーフェンカトリック大学、「石のレース」と称される15世紀フランボワイヤンゴシック様式の市庁舎、世界遺産に登録された聖ペテロ教会、ベギン会大修道院などがある。フランス語名ではルーヴァン。

*7 バーゼル（Basel）──スイスのバーゼル＝シュタット準州の州都。ドイツとフランスとスイスの3国の国境が接するスイス北西部に位置し、大型船舶が通航できるライン川最上流の港をもつ最終遡行地点として古くから栄えた。15世紀後半に誕生した印刷・出版業が栄え、ジャン・カルヴァンの『キリスト教綱要』（*Christianae Religionis Institutio*, 1536）、アンドレアス・ヴェサリウスの『人体の構造』（*De humani corporis fabrica*, 1543）など、近世の多くの重要な著作の初版が出版されたことでも知られる。

*8 フライブルク・イム・ブライスガウ（Freiburg im Breisgau）──ドイツ最南の都市として古くから栄えた。現在はイツ連邦共和国バーデン・ヴュルテンベルク州の郡独立市として、また環境保護に先進的に取り組んでいる観光都市として知られる。

*9 聖アンセルムス（Saint Anselm, 1033-1109）──ベネディクト会士、教会博士、「スコラ哲学の父」とよばれる。イタリアのアオスタに生まれ、のちにノルマンディのベック修道院に入って、院長ランフランク（Lanfranc, 1005?-89）の弟子となり、1078年に同大修道院長に就任。さらに1093年にはカンタベリー大司教（1093-1109）となり、教皇権を排除しようとしたウィリアム2世と争って追放され、次のヘンリ1世と和解した。「理解せんがために信ずる」という有名な言葉があり、信仰を理性に先行させる実在論の立場をとった。キリスト教信仰と理性的探求の関係を構想したいくつかの著作が知られる。『モノロギオン』（*Monologion*, 1077）『プロスロギオン』（*Proslogion*, 1077-78）など。

➡ 教育（ヨーロッパ）、中世とルネサンス時代のヨーロッパ

● 参考文献

Desiderius Erasmus. 1965. *Christian Humanism and the Reformation*. Ed. and trans. John C. Olin. New York: Harper and Row.

Desiderius Erasmus. 1985. "A Declamation on the Subject of Early Liberal Education for Children." Trans. Beert C. Verstraete. In *Collected Works of Erasmus*, vol. 26, ed. J. K. Sowards, pp. 291-346. Toronto: University of Toronto Press.

Desiderius Erasmus. 1985. "On Good Manners for Boys." Trans. Brian McGregor. In *Collected Works of Erasmus*, vol. 25, ed. J. K. Sowards, pp. 269-289. Toronto: University of Toronto Press.

Erasmus of Rotterdam, *De Civilitate Morum Puerilium Libellus, 1530; A Handbook on Manners for Children*, Translated by Eleanor Merchant, Preface Publishing, 2008. エラスムス「少年礼儀作法論」、中城進『エラスムス教育論』（中城進訳、二瓶社、1994年）所収

Huizinga, Johan. 1984 [1924]. *Erasmus and the Age of Reformation*. Princeton, NJ: Princeton University Press. ホイジンガ『エラスムス──宗教改革の時代』（宮崎信彦訳、ちくま学芸文庫、2001年）

Zweig, Stefan. 1934. *Triumph und Tragik des Erasmus von Rotterdam*. ツヴァイク『エラスムスの勝利と悲劇』（内垣啓一訳、みすず書房、1998年）*

（BRIAN PATRICK McGUIRE／北本正章訳）

エリクソン、エリク・H（Erik H. Erikson, 1902-1994）

　エリク・エリクソンは、1902年に［ユダヤ系の］デンマーク人の両親のもとにフランクフルトに生まれたが、ある小児科医の義理の息子としてドイツで育った。彼が最初に愛したのは芸術で、彼はそれをミュンヘンとフィレンツェで学んだ。ある学校の教師の仕事をウィーンではじめた頃、心理学者のアンナ・フロイトの知遇を得ることになった。彼はアンナ・フロイトの精神分析を受け、彼女の事例に学んで、彼自身も、子どもや青年たちばかりでなく、大人も相手にした仕事をはじめた。エリクソンは6年間ウイーンですごし、フロイト主義の仲間になり、モンテッソーリの教育方法を研究した。ナチスの運動の高まりによって明らかになってきた脅威に対応するために、エリクソンは妻と

エリクソン

晩年のエリクソン（1902-1994）*

息子たちとともにアメリカに移住し、ボストンではじめての児童精神分析医の一人として開業した。彼はハーヴァード・サイコロジカル・クリニック（the Harvard Psychological Clinic）で子どもにかんする研究を続ける一方、ヘンリー・マレイ（Henry Murray, 1893-1988）やカート・レヴィン（Kurt Lewin, 1890-1947）のような心理学者たちと、また、ルース・ベネディクト（Ruth Fulton Benedict, 1887-1948）やマーガレット・ミードなどの人類学者たちとも交わるようになった。彼には学歴がまったくなかったが、イェール大学は彼に教育と研究の職位を提供した。

1939年、エリクソン一家はカリフォルニアに移り住んだ。ここでエリクソンは、カリフォルニア大学バークレイ校で子どもにかんする長期にわたる研究をすすめ、子ども訓練の精神分析医としての仕事を行ない、人類学研究を遂行した。最後に、東海岸に戻り、とくに、人生全体にわたっての心理発達のサイクルにかんする彼の理論について、ハーヴァード大学で教鞭をとった。その後、引退してサンフランシスコに戻り、1994年にこの地で歿した。

精神分析家として、また同時に研究者として、エリクソンの関心の中心は、子どもを研究することであった。そして、子ども期についての彼の理念は、最初の浩瀚かつ大きな影響力をもった著作『子ども期と社会』(Childhood and Society, 1950; 邦訳名は『幼児期と社会』)においてまとめられている。ここでは、彼が提唱する「三重の簿記法」(triple bookkeeping) の方法を詳述している。すなわち、「人間あるいは行動を理解することは、身体的要因（somatic factors）、社会的文脈（social context）、そして自我の発達（ego development）という、それぞれが互いに関連しあっている三つを考慮することをふくんでいる。身体的な側面の意味を明らかにするためにエリクソンは、ジークムント・フロイトが提唱していた性心理的発達（psychosexual development）についての理論を発展させ、分類した。彼は、スー族とユロック族のインディアン文化にかんするいくつかの魅力的な人類学的＝精神分析的考察（anthropological-psychoanalytical analyses）を通じて、子育ての慣行とそれが後年のパーソナリティにおよぼす影響との関係のなかで、社会的文脈の影響力を解明した。彼はまた、遊び（Play）の意味と役割についての分析を通じて、とくに自我の発達に注目した。彼が著したほかの著作と同じように、本書『子ども期と社会』でも、統合（integration）の必要性を強調している。すなわち、これら三つの過程（身体的、社会的、そして自我の発達）は互いに支えあっており、ほかの二つと釣りあって関係しあっているものなのである。

『子ども期と社会』には、ライフサイクル（この概念について、エリクソンは1959年、1964年、そして1977年にそれぞれ推敲をくわえている）についてエリクソンが提唱した理論についての初期の所説も所収されている。これは、それぞれの段階で固有の特徴をもち、力動的で、葛藤に満ち、子ども期を超えて青年期、若い成人期、成熟期、そして老年期へと発達段階概念を拡張するものである。たとえば、発達する自我にとって学校体験がもつ意義について、彼はかなりの重点を置いている。また、エリクソンは青年期については格別な関心を示していた（たとえば、『青年の挑戦』[Identity, Youth, and Crisis]）。彼は、アイデンティティが鍛え上げられるこの移行期的な発達段階に、また、この段階が惹起することができる葛藤と動揺に好奇心を誘われていた。こうして1960年代になると、青年期の「アイデンティティの危機」("identity crisis") という明確な表現をしたことでもっともよく知られる研究者になった。

以上のことから、子ども期の理解に対してエリクソンが果たした主要な貢献を次のように要約することができる。(1) 性心理的発達理論を精緻化し、修正したこと。(2) 子ども期の自我の発達について理論化するとともに事例研究を進めたこと。(3) 人格の発達におよぼす社会的文脈、子育て、そして文化的過程の意義を人類学的およびその他の方法によって解明したこと。

エリクソンは、アイデンティティの発達、とくに青年期を通じてみられるアイデンティティの発達に影響をおよぼすさまざまな作用 (the processes) を解明するのに大いに貢献した。

➡子どもの発達概念の歴史、児童心理学
●参考文献

Erikson, Erik H. 1950. *Childhood and Society*. New York: Norton. エリクソン『幼児期と社会（1・2）』（仁科弥生訳、みすず書房、1977-80年）

Erikson, Erik H. 1958. *Young Man Luther. A Study in Psychoanalysis and History*, 1958; エリクソン『青年ルター（1・2）』（西平直訳、みすず書房、2002-2003年）*

Erikson, Erik H. 1959. *Identity and the Life Cycle. Selected Papers*. New York: International Universities Press. エリクソン『アイデンティティとライフサイクル』（西平直・中島由恵訳、誠信書房、2011年）

Erikson, Erik H. 1964. *Insight and Responsibility: Lectures on the Ethical Implications of Psychoanalytic Insight*. London: Faber. エリクソン『洞察と責任――精神分析の臨床と倫理』（鑪幹八郎訳、誠信書房、1971年）

Erikson, Erik H. 1968. *Identity, Youth, and Crisis*. London: Faber. エリクソン『アイデンティティ――青年と危機』（岩瀬庸理訳、金沢文庫、1973、1982年）*

Erikson, Erik H. 1969. *Gandhi's Truth: On the Origin of Militant Nonviolence*. エリクソン『ガンディーの真理――戦闘的非暴力の起原（1・2）』（星野美賀子訳、みすず書房、新装版2002年）（*1970年にピュリッツァー賞を受賞）

Erikson, Erik H. 1977. *Toys and Reasons: Stages in the Ritualization of Experience*. London: Marion Boyars. エリクソン『玩具と理性――経験の儀式化の諸段階（新装版）』（近藤邦夫訳、みすず書房、2000年）

Erikson, Erik H. with J. M. Erikson. 1987. *The Life Cycle Completed*, 1987; エリクソン『ライフサイクル――その完結』（村瀬孝雄・近藤邦夫訳、みすず書房、1989年）

Stevens, Richard. 1983. *Erik Erikson: An Introduction*. New York: St. Martin's Press.

（RICHARD STEVENS／北本正章訳）

お小遣い（Allowances）

　子どもにお小遣いをあたえる慣行は、子どもたちが映画のチケット、キャンディ、そしておもちゃなどを購入することが子どもの消費習慣への関心を高めた20世紀初期に発達した。進歩主義の時代（1890年代～1920年代）を通じて、子どものお小遣いの唱道者たちは、お金に対する尊敬の念を教えこむために、定期的に一定額のお金を子どもにあたえることを推奨した。こうしたお小遣いの最初の唱道者ではなかった――リデイア・マリア・チャイルド*1は、1831年という早い時期に、慈悲心と会計についての責任感を促進するためにさまざまなお小遣いをあたえることを支持した――が、進歩主義時代の子育ての専門的な権威者たちは、婦人雑誌上でしだいに高まる新しい金銭教育の組織づくりを求める大合唱を、両親向けの子育て書と結びつけた。

　お小遣いの提案者たちは、賢くお金を使う学習は、習慣的な貯金よりもよい会計節度を教えてくれると信じた。この考えは、貯金をすることそれ自体を人間の徳性として維持し、パブリックスクールのカリキュラムの一部にとりいれてむりやりにでも貯金させるように推奨し、学校貯金銀行計画を支持する人びととの伝統的な倹約思想と対立した。それにもかかわらず、子どものお小遣いの提案者たちと学校貯金の熱心な推進者はともに、性格形成のシステム、規則性、慣例の重要性を強調する科学的な管理と行動主義の子育ての諸原理を採用した。科学的な子育ての推奨者たちが乳幼児の食事、睡眠、排便を合理化しようと取り組んだのとまったく同じように、お小遣いの提案者たちも、子どもの経済的な習慣を合理化しようとしていた。

　1920年代と1930年代を通じて、デートをする公的な文化とマス・レクリエーションは、お金を使うことをめぐって家族の軋轢を強めた。労働階級の家族は、子どもたちの稼得にかんして子どもの取り分の増額を認めずに請求を続けるのがむずかしくなっていった。これに対して、中産階級の家族は、お金を使うことへの子どもの要求の高まりに直面した。子育ての権威者たちは、家族を近代化し、民主化する手段としてのお小遣いを推奨した。お小遣いは、家族の資源に対する子どもたちの共有部分への権利の付与であり、長期化した依存期の心理的な補償であった。

　子どものお小遣いを厳密に教育手段と見ていた子育ての権威者たちは、お小遣いを家事仕事、善行、あるいは非行の罰に対する報償に使うことを批判した。彼らは、そうすることは個人と家族の義務の原則を市場原理と混同させることになると主張した。子育てのエキスパートたちは、親としての監視と親としての説諭という観点から、お金を使う際のあやまちについてだけでなく、自分が選んだことにお金を使うことについても子どもに責任をもたせるよう助言した。彼らは、子どもたちにそうした自律性を認めてやることは、子どもが自分の分別を改善し、彼らがもっと高価なものを買うためにキャンディや安物の小さな装身具などのつくりかたを学ぶことにみられるように、貯蓄する習慣を身につける助けとなると論じた。これは、教育は個人としての子どもにとって形成されるものでなくてはならないとしたジョン・デューイの理念と一致していた。このような子ども中心的な資金は、子どもが予算の範囲内で賢くお金を使うことを学んでいれば、大人が勧める目的に役立った。

　子どものお小遣いは、大恐慌時代を通じて親からの支援を受けつづけたが、その理由の一部は、かぎられた家族の資源に対する子どもたちの要求を緩和する手段としてであっただけでなく、お金を使うこと自体が経済復興と感情的な安らぎにとって欠くことができないことになってきたためでもあった。子どもたちの消費願望は、いまやよく順応したパーソナリティの証拠であり、過剰な節約は、活力のない想像力のしるしであった。

　統計資料は、しだいに両親が家族資源を子どものお

小遣いに割りふるようになっていることを示している。1936年の調査によれば、「半熟練」労働者の子どもの28パーセント、「少し熟練している」労働者の子どもの12パーセントが子どもにお小遣いをあたえていたのに対して、専門職家族では、子どものほぼ50パーセントが、お小遣いを受けとっている――これは、20世紀への変わり目では一般的であった一桁台の比率をはるかに超える印象深い増加ぶりである。第2次大戦後のアメリカにおける生活水準の上昇は、子どものお小遣いをかつて以上に一般化するとともに非常に寛大なものにした。雑誌の「セブンティーン」の調査が、平均的な10代の少女は毎週9.53ドル［当時のレートで約3400円］の収入があると報じた1960年以降、お小遣いをもらう比率は着実に上昇した。1999年のランド青年調査（Rand Youth Poll）は、13歳から15歳までの子どもの毎週の典型的なお小遣いは、30.50～34.25ドルであることを見いだしている。

　子どもたちがもつ経済的な強い影響力は劇的に上昇したが、お小遣いについては、大恐慌時代以降ほとんど変化しなかった。子どもにかんするエキスパートたちは、教えてくれる人がいない子どもは一家の大黒柱をあやつろうとするだけだが、お小遣いをもらっている子どもたちは財政の倹約を学ぶと主張しつづけている。こうしたエキスパートの意見を、親たち自身がどれくらい参考にしているのかは不明である。子どもにあたえるお小遣いは、理論上は教育の道具であるが、一般には、経済的な権利の付与だと見られている――おそらく21世紀のアメリカの子どもたちは、彼らがお金を使う力を、お金を賢く使うことを教えてもらうことについての関心よりも、家族の民主主義の教義のほうに多くを負っているだろう。

［訳注］
＊1　リデイア・マリア・チャイルド（Lydia Maria Child, 1802-1880）――アメリカの奴隷廃止論者、女権拡張論者、インディアンの権利の擁護者として、1820年代から1850年代にかけて、小説家、ジャーナリストとして広く読者の支持を得た。

➡子育ての助言文献、消費文化、豚の貯金箱

● 参考文献

Benson, Susan Porter. 1998. "Gender, Generation, and Consumption in the United States: Working-Class Families in the Inter-war Period." In *Getting and Spending: European and American Consumer Societies in the Twentieth Century*, ed. Susan Strasser, Charles McGovern, and Matthias Judt. New York: Cambridge University Press.

Jacobson, Lisa. 2003 *Raising Consumers: Children, Childrearing, and the American Mass Market in the Early Twentieth Century*. New York: Columbia University Press.

White House Conference on Child Health and Protection. 1936. *The Young Child in the Home: A Survey of Three Thousand American Families*. New York: D. Appleton-Century Company.

Zelizer, Viviana. 1985. *Pricing the Priceless Child: The Changing Social Value of Children*. New York: Basic Books.

（LISA JACOBSON／北本正章訳）

おしゃぶり（Pacifier）

　乳幼児の口の動き、親指しゃぶり、おしゃぶりの吸啜（あるいはイギリス連邦諸国でよばれているダミー［dummies、おしゃぶり］）は、何世紀にもわたって注意がはらわれてきた。母親たちは、おしゃぶりは赤ん坊に安心感、眠り、そして喜びをもたらすことをつねに知っていたようである。16世紀には、おしゃぶり用の布きれ（suckling rags）についての記述があった。この布きれは、のちに歯固めの輪形おしゃぶり*1や珊瑚に置き換わり、1900年以降になると、しだいにゴム製のおしゃぶりに置き換わった。15世紀のイタリアの多数の絵画は、赤ん坊が親指しゃぶりをしているようすを描いており、さらに、親指しゃぶりと布きれへの愛着行動は、現代の新聞漫画「ピーナッツ」の登場人物ライナス*2の特長である。この時期のほとんどを通じて、赤ん坊のこうした動きは、乳幼児期の特徴であり、子どもと両親の双方にとって安心感と喜びの源泉と見られてきた。しかし、このような謎

珊瑚のおしゃぶり。フアン・パントーハ・デ・ラ・クルス「オーストリアの幼女アナ・モーリッツの肖像」（1602年）。Convent of Las Descalzas Reales, Madrid*

めいた見解は、19世紀末と20世紀の最初の数十年間に変化した。医療専門職の人びとは、このような赤ん坊の習慣に対して、はっきりと嫌悪感を示しはじめ、1926年になると、フランス下院議会などは、その影響力を行使して、おしゃぶり（sucetts、スーセ）の販売を禁止した。

このように、おしゃぶりへの対し方が変わったのは、二つの考えと連動していた。ひとつは、このタイプの乳幼児のおしゃぶりは、赤ん坊の健康と発達にとって脅威であり、歯と顎に感染とダメージをあたえるリスクがあるというものである。そして、ふたつめは、おしゃぶりは、乳幼児に特有の性的な快楽をもたらすというものであった。こうした二つの考えは、医学の背景に対して形成され、子どもの行動に対する医学と社会の関心や、それがとくに遺伝的退化にたいしてもつ意味だけでなく、貧困、衰退する産業、そしてイギリス連合王国におけるボーア戦争（1899-1902）でのぶざまな実践などによって明らかにされた社会的なものの退化が広がっているかもしれないという意味も示している。これとは逆に、子どもの行動分析は、**乳幼児の性欲**と、それが子どもとその後の成人の道徳発達におよぼす意味についての理論から影響を受けた。

赤ん坊のこのような口の動きは、乳幼児にとってはユニークであって、この文脈ではこれまで正常であると判断されてきたが、子どもが大人に向けて成長していくことに対する潜在的な影響が新たに重視されるようになってくると、この考えは変化した。そうした一般の習慣は、将来の病変を防ぐために、いまや、異常な行為であると定義される。こうして、一般に受け入れられた考えは、おしゃぶりを慰めと健康の表徴と見ることから、正常な大人を作るために修正されるべき医学問題であると見る方向へと推移させた。

こうして、19世紀後半には、親指しゃぶりとそれと連動した口の運動は病変であるという記述が子どもの病気の文献にあらわれた。すなわち、醜い歯ならびと、乳幼児を性欲で苦しめる原因になるとされたのである。この問題は、1878年に、アメリカの医者トマス・チャンドラーによって、口と歯の奇形の原因としてはじめて言及された。その後、ほかの著作者たちは、そうした顔面の奇形を消極的な道徳発達に結びつけた。ドイツの小児医学者S・リントナーは、おしゃぶりを**マスターベーション（自慰行為）**と結びつけることによって性的な要素を導入した。彼の著作物は、親指しゃぶりを乳幼児の自己性欲（オートエロティズム）の古典的な事例として、また、乳幼児の性欲の徴候として確認したジークムント・フロイトによって引用された。小児医学の教科書では、自慰行為と親指しゃぶりは、乳幼児期の有害な慣習であり、やがては機能的な神経症になるという考えのもとに、はじめてひとまとめにして考えられるようになった。こうして、多数の問題がくりかえし強調された。将来の神経発達に対す

現代のおしゃぶりリング*

る危険性、その行為から生まれる子どもの快楽、両親、看護士、そしてある種の医者たちによって示されるおしゃぶりのだらしなさ、などである。医療専門職は、両親を再教育し、この習慣が、医者たちが考える危険なものであるということを彼らに理解させるよう駆りたてられた。

おしゃぶりに対するこのような心的態度は、20世紀の最初の約30年ほどは残存していた。おしゃぶりをどうするかという対処の仕方は、おしゃぶり用具を駆逐することと、綿で作った二股手袋や、袖を手の上からかぶせてピン留めしたり縫いつけたりすることをふくめて、親指しゃぶりをほかのことに転化する技術によってこの習慣を中断させる方向に向けられた。しかし、この世紀の残りの時期を超えて、こうした心的態度は徐々に変化し、乳幼児と子ども期初期のおしゃぶり行動は、ますます一般的になり、無害であるとみなされるようになった。実際、おしゃぶり行動は、しばしば発達の必要部分だとされ、親指とかおしゃぶりは、子どもの内的な現実から外的な生活への推移に関係する精神分析学的な概念である移行期の対象であるとみなされた。それと同時に、残存する両面感情的な態度は、医学と子育ての文献では、いまなお見いだすことができる。本質的には、そうした乳幼児の行動についての表現は、どの時代でも、子育て、子どもの性欲、そして子どもの発達について、社会に広まっていた見方を反映するものであった。

［訳注］
＊1 歯固めの輪形おしゃぶり（teething ring）——赤ん坊の歯が萌出しはじめる時期（歯生期）に安心感をもたらし、歯ならびを整えるために赤ん坊にあたえる輪形のおしゃぶり。動物の骨、象牙、プラスティックなど

で作られ、19世紀末以降になると、上あごの歯列と下あごの歯列に合わせて浅い溝を掘ったものも登場する。棒状のものは歯固め棒（teething stick）とよばれる。
*2 ライナス（Linus）——アメリカの新聞漫画「ピーナッツ」に登場する天才少年の名前。いつも、幼児が心理的な安心感を得るために抱きしめていたり、にぎりしめていたりする慣れ親しんだ「お守り布」（security blanket）やものを手放さない少年として描かれている。

➡子どもの発達概念の歴史、児童心理学
●参考文献
Gale, Catherine, and Christopher Martyn. 1995. "Dummies and the Health of Hertfordshire Infants, 1911-1930." *Social History of Medicine* 8: 231-255.
Gillis, Jonathan. 1996. "Bad Habits and Pernicious Results: Thumb Sucking and the Discipline of Late-Nineteenth Century Paediatrics." *Medical History* 40: 55-73.
Levin, S. 1971. "Dummies." *South African Medical Journal* 45: 237-240.

(JONATHAN GILLIS／北本正章訳)

オーストラリアの子ども（Australia）

　オーストラリアでは、子ども期についての認識は、オーストラリアの子どもはなにか特別で大切な、そしてほかとは違うという考えがあり、いまもそれは変わらないという考えに支配されてきた。だが、このような一般化された国民的な子ども観を、異常なまでに広範囲におよぶ実際の子ども期の経験と一致させるのはむずかしい。事実、オーストラリアの子ども期が非常に特徴的だとされてきたことは、子育ての概念と福祉政策についてのこうした国家主義的な理想が深く、広くいきわたった影響であるかもしれず、これは、親と子どものあいだへの介入の範囲が広いことを正当化したり合理化するうえで役立つ。

　オーストラリア大陸世界が、18世紀末における、主としてイギリスからの移民による植民地化によって、もうひとつの新しい世界としてだけでなく、子どもを育てる理想的な環境としてもみられるのは避けがたいことであった。子ども期に対する感情的および経済的な投資は、子ども期の純真無垢さと可塑性という支配的な神話の、非常に明確な意見を生む個人の自由と平等という理想と同時にあらわれた。どの子どもも潜在的な市民であり、個人と国家がやがてそうなるあらゆる可能性を秘めた苗床であった。こうしてオーストラリアは、この可能性を実現する機会をもたらし、父親・教会・王侯に支配された独裁的な旧世界から解放されており、子ども期が喜びにあふれ、悪戯っぽく、自由な世界であった。したがって、1820年代という早い時期に、囚人としてやってきた人びとの子どもたちは、自分の両親の罪と不利益を克服するまで、このオーストラリアで大いに活躍するだろうといわれた。

国家主義者の理想

　19世紀末までに、高まる国家主義的な感情は、こうした理想を助長するほど高まった。子ども世界の分離と高揚は、愛国的熱狂と**優生学**的関心の両方に浸透するようになり、白人のオーストラリアの子ども、とりわけ青年期の子どもが、国家と人種の活力と資源を要約しているとみられるようになった。これはどこの国にもあてはまるが、旧世界から派生した新しい国家が純真無垢で、活気に満ち、独立国とみなされたオーストラリアにはとくにあてはまった。オーストラリアは、理想的で若々しい国として、母の絆のすべてをすてるわけではなかったものの、平等であることと策略に富む古い母国を印象づけるのに熱心であった。

　このような国家主義的な子どもの構築は、オーストラリアについてはいっそう説得力があるが、それはこの国の特殊な土地、すなわちこの国が未開地と同じであるためである。国家主義者たちは、連邦化への先駆けのなかで、特別な霊的、精神的、および身体的特質は、内陸部を探検し、開拓し、耕作する白人のオーストラリア人の闘いによって促進されたと主張する有力な地方イデオロギーを生みだした。このイデオロギーは、すぐに子どもたち、とくに少年たちに適用された。その結果、雑木林の山火事、暗闇、洪水、干魃との闘いを助けることを熱望する潜在的な男らしさをもつ、勇敢な未開地育ちの（白人の）少年を賞賛するジャーナリズム、バラッド、物語、絵画、写真、そしてのちには映画などがあふれ出し、これらは第1次世界大戦と第2次世界大戦の戦場で証明された。このようなオーストラリアの元気のよい幼い男子は、開拓者のミニチュアであり、かなり反抗的で、ならず者でさえあったが、つねに異性愛的で、純真無垢であり、社会改革者たちが、人が住む都市のスラムを思い浮かべるような道徳的な欠陥者などではけっしてなかった。

　理想的なオーストラリアの子どもも、こうした国家主義的なレンズをとおして見られたため、つねに、陽光にあふれた広い未開地で、それがかなわない場合には海岸で育てられたということで、非常に健康的であった。流刑者による植民地化の時代でさえ、現地生まれの子どもの背の高さは、身体的健康さだけでなく道徳的な健全さの尺度でもあると理解された。そして、1880年代までに、学校に通う子どもたちの身体測定と医療検査は、この国の広大な内陸部を占める白人の住民と北部の熱帯地域に住む人びとを十分に査定するうえで決定的に重要であると見られた。下降する出生率と上昇する**乳児死亡率**は、こうした懸念に油をそそぎ、「現地生まれの」子どもたちの第一世代（オーストラリアで生まれた白人の子どもの第一世代）以来、非常に多くの者が、ほかの国で子どもたちを苦しめていた主要な感染病から完全に隔離されていた。しかし、1850年代のゴールドラッシュの時期に頂点に達する家族移民の増加と、増大する港や町への子ども人口の

集中は、死亡率がヨーロッパの主要な中心部の数値に近づいたことを意味した。北部に向けての非常に多産でおそらくは拡張主義的な国家の存在は、死亡率を減少させ、白人のオーストラリアの子どもの体格を改善する公衆衛生の先導に向けて、特別な緊急性をもたらした。

こうした国家主義的なイデオロギーは、家族の近代化、フェミニズム、女性たちを「人種の母」として高めることなどにゆさぶられた。オーストラリアの国家主義的な文化的所産のなかで、年少の子ども・母親・少女たちは、都市の生活に、そして感知された病気と都市の腐敗にさえ、ひんぱんに結びつけられた。もし彼女たちが未開地の男性の王国に迷いこめば、彼女たちはこの男性王国の迷い子として、あるいは王国によって生気を失わされた者として、さらには非常に女性不信的にさえ、そこで冒険することで男性の自由と友情を破壊する者としてくりかえし描かれた。理想的な父親がボーイッシュで対等者——仲間——として描かれるようになったのに対して、母親たちは人目につかない末梢的な存在であり、その息子たちの発達をだめにする者として厳しく批判された。国家主義的な理想を少女に適用するのはきわめて疑わしいとみなされた。姉妹が国家主義的な理想にあらわれることはめったになく、もしあらわれたとしても、彼女たちははるかに従順で、かなり活発でなくてはならなかった。なにより、しばしば「小さなオーストラリア戦士」といわれるように、フェアプレイ精神にのっとらねばならなかった。

政府の関与

こうしたイデオロギーは、理想からの無数の離脱を曖昧化させるだけでなく、国家主義的な理想にとって脅威と考えられた子どもの生活のほかのパターンに介入する広い範囲を正当化した。この離脱は、ほかの場所での同様のイニシアチブとは本質的に違わず、同じようにリベラルで、子どもの権利を実現する必要性という点で正当だと認められた。だが、オーストラリアでは、家族生活を構築して洗練するうえで初期の国家の役割が強力であったため、こうした離脱はとくに激しかった。

最初期の開拓のはじめから家族の大半が協力的な血縁のネットワークを欠き、少数の名声を確立した豊かな慈善団体と結びついたことは、初期の政府が、困窮した母親と子どもたちに食糧と衣類を提供し、彼らに避難所を提供するために孤児院と保護施設のネットワークを構築せざるをえなかったことを意味した。議論の余地はあるが、初期の社会が流刑者が多かったという特色と、女性の囚人たちに対する偏見は一つの伝統であり、不適切だとみなされた母親から傷つきやすい幼児を引き離すのは義務だと受けとめ、施設あるいは養育を引き受けてくれる家族に幼児を送りこむことになった。

オーストラリアは、植民地時代を通じてイギリスの孤児と青少年犯罪者たちを送りこむ健康な場所であるという考えは、オーストラリアで認可された家族が、労働資源としても将来の人口資源としても他人の子どもを受け入れることが習慣になったことを意味した。また、極端ではあったが、イギリスの工業都市の児童労働の特色は、オーストラリアの子どもの特徴ではなかったが、進行中の家内労働、とりわけ地方の労働力の需要は、親類や両親の世話を離れた子どもたちが、20世紀初頭およびそれ以降まで搾取されたことを意味した。さまざまな子ども収容施設での虐待や性的虐待の事例は異常なことではなく、法律が変わったり職員が変わるなどして政府による実態調査が行なわれ、その後に職員の入れ替えが行なわれるまでは、ふつうには見つけられずに経過した。

オーストラリアにおける子どもの転居率を高くしていたもうひとつの理由は、初期の人口動態の不均衡にあった。何度かのゴールドラッシュの波に続いた植民地の流刑制度は、男性の優位性を奨励したが、このことは、多数の貧民の女性と少女たちを輸入しようとしていた道徳改革者たちの努力では改善されなかった。性比率が均一化しはじめ、結婚率と家族形成が増加しはじめたのは1860年代になってからで、この時期までに、非嫡出子、売春、男性の**同性愛**、そして**性行為感染症**（VD）に対する懸念は、「純真無垢な」子どもを転居させることを正当化したようである。

男性の雇用パターンは、危険にさらされた子どもたちの家庭生活をいっそう弱体化させた。未開地は1950年代になっても、既婚者にも未婚者に対しても、通常は渡りあるく未開地の労働者——柵を作る仕事、家畜をよせ集める仕事、家畜の群れを運ぶ仕事などをする労働者——として、またときには主要な沖積層の採掘が終わった後の金の採掘者、盗掘者[*1]といった、男性が生計を立てる機会を提供していた。オーストラリアがおおむね移民社会であったという事実と対になって、その結果見られたのは、とくに19世紀を通じて、国の近くあるいはイギリスに残してきた家族のもとに戻るなどして、夫や父親たちがいなくなる家族放棄の高い比率であった。こうした男性たちに生活費を出させるように強いる政府の努力は、ほとんどが不首尾に終わり、家族生活に対する官僚支配の伝統をさらにつくりだすのは父親の役割であると決めてかかったのは政府であった。

介入とアボリジニの子どもたち

子どもの生活に対するこうしたあからさまな介入パターンは、この大陸の土着の子どもたちに非常に過酷な、そして長期にわたる影響をおよぼした。孤児とみなされることになるアボリジニ[*2]の子どもをつれてくる慣習は、シドニーへの移民の初期の頃、最初の天然

痘の大流行のためにホームレスとなって放置されたナンバレー（Nanbaree）とブーロン（Booron）の二人が二つの有力な公的施設に使用人としてつれてこられたときにはじまった。しかし、こうした最初の行為でさえ、完全に慈善であったわけではなかった。子どもたちは使用人になることを期待され、10年もしないうちに、「文明」に対する彼らの「進歩」にかんする骨相学的な報告がアメリカの科学雑誌にあらわれた。こうした子どもが、自分でなんとかやっていける場合、たいていは自分の家族のもとに戻る方法を見つけ出そうとするという事実は、彼らの遊牧民的な慣習の、それゆえにまた、彼らが移転させられる必要があったことの、わかりやすい指標であった。

政府は、土着の子どもたちの性的搾取を残虐なこととは決して公的に認めなかったが、「子どもたち自身のために」転居させられたほかのすべてのオーストラリアの子どもたちの場合と同じように、転居法の残虐さも問題視されなかった。20世紀初頭以降、非アボリジニの子どもたちの場合、非常に多くの子どもを施設に収容する純粋な費用にくわえて、子育ての重要性についての新しい理論は、生まれた世帯で貧窮化する子どもあるいは青少年犯罪者を監視することをしだいに重視することを強いた。しかし、アボリジニの子どもたちについては、大規模な転居と長期にわたる分離という古めかしい政策が適用されつづけた。国家政策におけるこうした人種的局面は、アボリジニの子どもたちを義務制の初等教育から排除しはじめていた1880年代に早くも明白になりはじめていた。この時期に乱発された新しい法律は、アボリジニの家族が暮らし、仕事をしていた場所を正確に特定したものであり、アボリジニの結婚を支配することを目的とした法律もいくつかあった。こうした政策は1960年代に入っても続き、いくつかの州ではそれ以降も続いた。そのあいだも、アボリジニの生活条件はぞっとするようなままであり、幼児死亡率と子どもの転居と投獄率は異常に高いままであった。

結論

多くの子どもたちにとって、これまでオーストラリアが、幸福になって満足できるように成長できる場所であったことは確かであった。固定的で代々続くような階級構造や、工場や鉱山での極端な搾取はなく、教育のための早期の施設の提供があり、変わることのない未開地と海岸線、これらすべてが自由と娯楽ばかりでなく機会均等もつくってきた。この国の裏面にあるのは、狭隘な干渉主義が続いていることであり、ときには子どもの権利についてよかれと思って行なわれた、これまでとは違うレトリックの基礎となる人種間の相違に起因する議題である。

[訳注]
*1 盗掘者たち（fossicker）——他人の採鉱地や廃鉱、持ち主不明の鉱脈などを掘り返して金をあさる盗掘者たち。おもにオーストラリアとニュージーランドなどでfossickerとよばれる。
*2 アボリジニ（Aborigine）——ラテン語で「最初から住んでいる人びと」を意味する ab orinines から転じて、とくにオーストラリア先住民をさしていう。

➡里子制度、ニュージーランドの子ども

● 参考文献
Kociumbas, Jan. 1997. *Australian Childhood: A History*. St. Leonards, NSW, Australia: Allen and Unwin.

（JAN KOCIUMBAS／池田雅則・北本正章訳）

『オズの魔法使い』とL・フランク・ボーム（Wizard of Oz and Lyman Frank Baum, 1856-1919）

ライマン・フランク・ボームは、3冊目の主要な児童書——『オズの魔法使い』（*The Wonderful Wizard of Oz*, 1900）——を発表した時点ですでにコツをつかんでいたようだ。そのわかりやすく飾り気のない語りかた、また、カンザスの農家に住むふつうの女の子が竜巻に飛ばされ、背の低い大人や、動く等身大の人形、ものをいう動物の住む不思議な国にたどりつく話は、人びとの心をつかんだ。主要な登場人物たちはいっぽう変わっていて、それぞれが、すでにもっているものをほしがる。そんな人物たちは、アメリカで長く愛される存在となった。この作品にはウィリアム・ウォリス・デンズロウによる色鮮やかなイラストがそえられ、当時もっとも手のこんだ本の1冊となった。

「オズ」はボームがもっとも長くつきあうことになったシリーズだが、本人は当初そうなるとは思っていなかった——おそらく、それも不思議ではない。というのも、ボームは1897から1903年のあいだに10冊以上もの人気の児童書を執筆していたからである。ボームの本はデザインが凝っていて、造りもぜいたくであった。華やかな装丁や、当時人気のあった画家たち（デンズロウ、マックスフィールド・パリッシュ、フランク・バー・ベック、ファニー・コーリー、フレデリック・リチャードソン、ジョン・R・ニールなど）によるイラストや作中人物、不思議な国（オズ、エヴ、ユー、イックス、モウ［Oz, Ev, Yew, Ix, Mo］）が、ボームの作品の人気に一役かった。

ボームがようやくオズシリーズの続編『オズの虹の国』を発表したのは1904年であった。そこでは、かかしとブリキの木こりが、さらなる冒険に出かけるようすを描いている。主人公はチップという名の少年で、チップが登場したことにより、作中にユーモアとアクションが増している。2作目を発表したときでさえ、ボームは「オズ」がやがてくりかえし描かれ、ファンタジーの一大シリーズをなしていくとは予想していなかった。そのあとに発表された長編のファンタジー、

ライマン・フランク・ボーム（1856-1919）*

映画「オズの魔法使い」（1939年）のDVDジャケット*

『イクスのジクシー女王』（Queen Zixi of Ix, 1905）と『ジョン・ドゥとチェラブ』（John Dough and the Cherub, 1906）では、オズの国ではなくほかの世界を描いている。

　ボームは、読者たちがオズシリーズの続きを待っていることにいよいよ気がつくと、1907年以降は1年に1冊のペースでオズシリーズの新作を発表しつづけた。そして、ドロシー、魔法使い、アメリカ人、架空の人物たちをくりかえし登場させながら、それらの人物やドロシーがオズの内外で冒険するようすを描いていった。1909年に発表した『オズへつづく道』（The Road to Oz）には、オズシリーズではなく、初期のほかの作品に出ていた人物たちを登場させた。そうすることにより、オズが大きな世界の一部であることをにおわせ、新たな場所や人物を登場させた本を出すかもしれないことを読者にほのめかしたのであった。ボームは、1910年に出版した『オズのエメラルドの都』（The Emerald City of Oz）をもって、オズシリーズをしめくくった。その作品では、ドロシーとエムおばさんとヘンリーおじさんがオズの国に戻って永住することになっている。

　次の2作のファンタジー、『海の妖精たち』（The Sea Fairies, 1911）と『空に浮かぶ島』（Sky Island, 1912）は、オズシリーズほどの人気を得なかったため、ボームはふたたびシリーズの続きを書きはじめ、オズを大きな空想世界の一部として構想するようになった。1914年に発表した『オズのチクタク』（Tik-Tok of Oz）には、色彩豊かな地図が掲載され、そこにはまだシリーズで紹介されていない場所が記されていた。ボームは、それらのうちのいくつかをのちの巻で描くものの、1919年に亡くなり、その空想世界への探検に終止符を打つこととなった。こうして、アメリカ初のメジャーで長大なファンタジーのシリーズの幕は下ろされた。ボームは、1897年から1919年のあいだに60冊以上の本を執筆した。オズの国について書かれたのはそのうちの14冊である。

　ボーム家と出版社がシリーズを継続することを許可する契約を何人かのほかの作家と締結したため、オズシリーズは延べ40冊にまでなった。「オズ」の続きを執筆した作家には、ルース・プラムリ・トムプスンがいる。トムプスンは1921年から1939年のあいだに19冊を発表した。また、ジョン・R・ニールは、1940年から1942年のあいだに3冊、ジャック・スノウは1946年から1949年のあいだに2冊、レイチェル・コズグローブは1951年に1冊、エロイーズ・ジャーヴィス・マックグロウとローレン・リン・マックグロウは1963年に共著で1冊執筆している。

舞台と映画の『オズ』

　狂想的なミュージカル、「オズの魔法使い」は、1902年にニューヨークで上演され、空前の人気を誇った。ボームは1905年から1914年にかけて、もう一度舞台かスクリーンでヒットをとばそうと頑張ったが、その努力は報われなかった。しかし、1939年にメトロ・ゴールドウィン・メイヤー（MGM）が制作した映画は、ヒット作となった（同社の映像は、1956年以降テレビでくりかえし放映されるようになり、いっそうの人気を得た）。映画が人気となったため、オズ

の登場人物たちは世界中で知られるアイコンとなっていった。実際には、原作のいくつかの要素は映画の影にかくれてしまっている。たとえば、本来は銀色のドロシーの魔法の靴は、テクニカラーの映画ではまっ赤な靴になっている。また、原作はれっきとしたファンタジーだが、映画では、ドロシーが夢を見ていたという設定に書き換えられている。また、原作の大団円では、ドロシーの仲間たちがそれぞれの才能をどう生かしていくかが描かれているが、映画では、ドロシーが目を覚ますシーンにとって替わっている。

1975年に上演されたブロードウェイミュージカルの「ザ・ウィズ」は、原作の物語を、都会に住むアフリカ系アメリカ人の物語として解釈しなおしてヒット作となった。そのあともオズに関連する映画やテレビ番組はつくられつづけたが、1939年の映画ほどの人気を得たものはない。

➡映画、児童文学、双書（シリーズもの）

●参考文献

Baum, Frank Joslyn, and Russell P. MacFall. 1961. *To Please a Child*. Chicago: Reilly and Lee.

Baum, L. Frank. 1996. *Our Landlady*, ed. Nancy Tystad Koupal. Lincoln: University of Nebraska Press.

Baum, L. Frank. 2000. *The Annotated Wizard of Oz: The Wonderful Wizard of Oz*, ed. Michael Patrick Hearn. New York: Norton.

The Baum Bugle. (1957–). Journal dedicated to L. Frank Baum and Wizard of Oz scholarship.

Greene, Douglas G., and Peter E. Hanff. 1988. *Bibliographia Oziana: A Concise Bibliographical Checklist of the Oz Books* by L. Frank Baum and His Successors. Kinderhook, IL: International Wizard of Oz Club.

Riley, Michael O'Neal. 1997. *Oz and Beyond: The Fantasy World of L. Frank Baum*. Lawrence: University Press of Kansas.

Rogers, Katharine M. 2002. *L. Frank Baum: Creator of Oz*. New York: St. Martin's Press.

●参考ウェブサイト

International Wizard of Oz Club. Available from ⟨www.ozclub.org⟩

（PETER E. HANFF／金子真奈美訳）

オーピー、アイオナ　オーピー、ピーター (Opie, Iona and Peter)

アイオナ・オーピー（1923–）と、ピーター・メイスン・オーピー（1918–1982）は、子どもの伝承を収集し、関連書物を出版し、記録を保管してもいたイギリス人夫妻である。ピーターは、1962年から1963年までは、イギリス学術協会[*1]の人類学部門の長を、1963年から1964年までは、イギリス民俗学会の学会長をそれぞれつとめた。1944年に研究をはじめたオーピー夫妻の最初の主要な著作物は『オックスフォー

校庭で縄跳び遊びをするオーピー夫妻*

ド伝承童謡事典』（*The Oxford Dictionary of Nursery Rhymes*, 1951 1st, 1997 2nd）である。この本には、500以上の詩、歌、ノンセンスの童謡、子守唄などが掲載されており、それぞれの起源にかんする情報やヴァリアント、英語以外の言語で伝えられている類似の童謡、および初期の出版情報などが記されている。オーピー夫妻はその「まえがき」で童謡を大別し、概論も行なっている。本書は、英語で書かれた伝承童謡の標準的なコレクションのひとつとして注目されてきた。

草分け的な書である『学童の伝承とことば』（*The Lore and Language of School Children*, 1959）は、拡大しつづけるマスメディアやエンターテインメント産業の影響力が、子ども独自の真の伝統を消滅させるにちがいないという考えに効果的に反論した。ジョーク・なぞなぞ・詩歌・儀式・迷信・秘密の呪文などをそのまま掲載している本書は、親に守られた子ども部屋を離れ、子どもの多様な伝統が道ばたや遊び場に息づいていることを生き生きと証明している。それらの内容はカテゴリー区分され、民俗学的および歴史学的なコメントがそえられ、国際比較もなされている。

オーピー夫妻は、それまでの多くの先人たちとは異なり、学童の伝承を、自分自身の子ども期の伝統をふり返る大人たちからではなく、6歳から14歳の子どもから直接収集した。その作業方法は、1960年代に民俗学の調査法に起きたパラダイム・シフトのさきがけとなった。民俗学ではその頃から、古文書の資料を分析することよりも、同時代の民間伝承を研究し、その文化の中心にいる人たちに対してフィールドワークを行なうことを重視するようになった。オーピー夫妻

はイングランド、スコットランド、ウェールズの135の公立学校の協力を得て、1950年代と1960年代に大規模な調査を行ない、1970年代にはイギリス全土の校庭で子どもたちの声を録音した。それらの大量の情報は、子どもの遊びについての3冊の書物を執筆する際に資料として使われた。その3冊の書物とは、『路上と遊び場の子どもの遊び』(Children's Games in Street and Playground, 1969年)、『歌の遊び』(The Singing Game, 1985)、そして『モノを使った子どもの遊び』(Children's Games with Things, 1997)で、後者の2冊はアイオナが夫亡きあとに発表したものである。アイオナはまた、遊び場で観察した内容を『遊び場の人びと』(The People in the Playground, 1993)として出版した。オーピー夫妻は、子どもの伝承のほかにフェアリーテイルも扱った。代表的な書物は『妖精物語』(The Classic Fairy Tales, 1974)である。夫妻が示した刺激的な手本のおかげで、民俗学研究において子どもの伝承が活発に研究されるようになった。

　児童文学のオーピー・コレクションは、現在オックスフォード大学のボドレアン図書館*2に所蔵されているが、もとは1944年に個人研究用の文庫としてはじまった。1982年にピーター・オーピーが亡くなると、アイオナは約2万点あったコレクションを公共施設に置くことにした。これをボドレアン図書館に所蔵できたのは、全国的に資金が集められた(チャールズ皇太子が資金集めの活動を主導した)からであり、また、アイオナがコレクションの半数を寄付することにしたからでもある。もっとも大きなカテゴリーは、子ども向けの物語や童謡を掲載した1万2000冊におよぶ合本で構成されている。これ以外の重要なカテゴリーには、読本、ABC本などの教本、チャップブック*3、コミックスや、子ども向けの雑誌などがある。1800年以前に出版された作品が約800点あり、そのなかには『アラビアン・ナイト』の1706年版*4や、『ロビンソン・クルーソー』*5の初期の版などの稀覯本もある。このコレクションは、マイクロフィッシュ[マイクロフィルムの一種]で一般に公開されている。

[訳注]
*1 イギリス学術協会(the British Association)――科学の進歩と発達を目的として、1831年に創設されたイギリスの学術団体。正式名称は、the British Association for the Advancement of Science: BA。
*2 ボドレアン図書館(the Bodoleian Library)――"the Good Duke"とよばれ、気前の良さで知られるグロースター公ハンフリー卿(Duke Humphrey, 1391-1447)の命によって1455年に創立され、イギリスの外交官で学者でもあったトマス・ボドレイ卿(Sir Thomas Bodley, 1545-1613)が1597年にオックスフォード大学に再建した図書館。大英博物館に次ぐ規模をもつことで知られる。

*3 チャップブック(chapbook)――イギリスの呼び売り本。占い、笑話、説教説話、犯罪実録、名作のダイジェスト、物語、俗謡などを書いた安価な小冊子。呼び売り商人(chapman)が町や村々をまわって、日用雑貨品といっしょに売り歩いた。16～19世紀に流布した。
*4 『アラビアン・ナイト』の1706年版――『アラビアン・ナイト』をヨーロッパに紹介したのは、フランスのアントワーヌ・ガランであった。ガランの訳本の英訳は1706年より出版されはじめたとされている。
*5 『ロビンソン・クルーソー』(Robinson Crusoe)――漂流体験記を残したスコットランド人船員セルカーク(Alexander Selcraig, 1676-1721)をモデルにしたダニエル・デフォー(Daniel Defoe, 1659?-1731)の処女小説。『ロビンソン・クルーソー漂流記』(The Life and Strange Surprising Adventures of Robinson Crusoe, 1719)として出版して成功し、名声を確立してひき続き続編3巻を出版した。

➡遊びの理論、子ども期の理論、児童文学
●参考文献
Opie, Iona. 1993. *The People in the Playground*. Oxford, UK: Oxford University Press.
Opie, Iona, and Peter Opie. 1959. *The Lore and Language of School-children*. Oxford, UK: Clarendon Press.
Opie, Iona, and Peter Opie. 1997 [1951]. *The Oxford Dictionary of Nursery Rhymes*. Oxford, UK: Oxford University Press.

(ULF PALMENFELT／金子真奈美訳)

おむつと排便訓練 (Diapers and Toileting)

　赤ん坊の時期が長いほどおもらしがあった。しかし、親たちは、歴史と文化のなかでおもらしがどれほど変化してきたかについて論争してきた。先住アメリカ人のなかには、乳幼児の排泄物を溜めるために、ウサギの皮革の下に草を敷きつめる部族がいた。日本では、江戸時代(1603～1868年)を通じて、農民たちは「エジコ」*1を使っていた。これは、赤ん坊のおしりに合わせてくりぬかれた穴のあるマットレスが重ねられ、吸収剤が敷きつめられている木製のゆりかごである。尿は、灰、ボロきれ、ワラなどが重ねられたいちばん下の層に集められるようになっており、両親が仕事をしているあいだ、赤ん坊は乾いた状態に保たれている。多数の温暖な地域では今日でも、よちよち歩きの幼児は、腰から下は裸のままであり、中国で今日みられるように、ボトムに穴が空いている下着を着用している。

　中世のヨーロッパでは、赤ん坊はリンネル(亜麻布)、麻、あるいは羊毛などの、長く、幅の狭い帯布でぐるぐる巻き(スウォッドリング)にされていた。赤ん坊の鼠径部(そけい)は、フランネルあるいはリンネルなど

オムツトハ

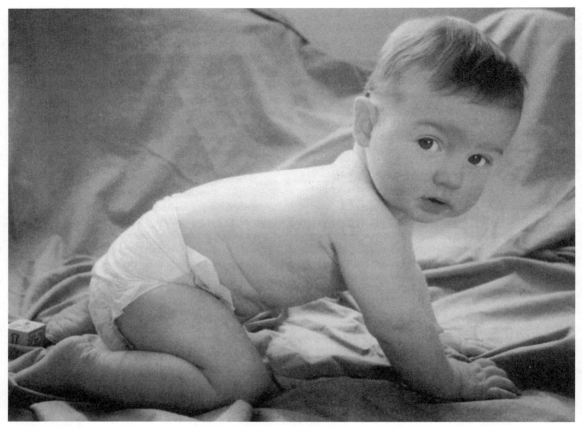

1960年代にはじめて導入された使い捨ておむつは、廃棄されたおむつが環境におよぼす影響のために批判を受けたにもかかわらず、その使い勝手の良さから、21世紀初頭にはもっとも評判のよいおむつの形態になった。Courtesy of Karen Wisinski.

の吸収力のある「おしりあて」(buttock clothes)が下方でたくし上げることができるように、しばしば裸のままにされていた。温暖な気候のときは、**スウォッドリング**の帯がとりのぞかれ、子どもたちは裸のままにしておかれたり、上の方だけがスウォッドリングされていた。生後一年をすぎた赤ん坊は、下着らしいものは何もつけず、小さな衣服あるいはブラウスを着て地面に座りこんだ。赤ん坊の排泄物の上にひとにぎりの灰がふりまかれたが、そうすることで容易に清掃できるようにするためであった。

17世紀と18世紀のヨーロッパでは、赤ん坊が風呂に入れられたり着替えさせられることはめったになかった。赤ん坊の排泄物を処理するためにスウォッドリングの帯がはずされるとき、赤ん坊のおしりは石けんや水を使わずに、ただ拭きとられ、その後に朽ち果てた木くずの粉をはたかれるのがふつうであった。尿がしみこんだスウォッドリングの布は、洗濯されずにそのまま火にかざして渇かされ、ふたたび使われた。これは、尿には消毒作用があると考えられており、汚物は幼児を保護するとしばしばみなされていたからである。医者が、おむつとして使った衣類はすぐに着替えるよう推奨しはじめたのは18世紀末になってからであった。

18世紀なかばになると、ジャン＝ジャック・ルソーら哲学者たちは、スウォッドリングを不健康だと批判した。こうした批判は、ヨーロッパの都市住民と富者たちの行動を変えたが、それが地方の貧民の育児習俗に影響をおよぼすことはほとんどなかった。イギリスの子どもたちは、一般的にはスウォッドリングされなかったが、腹部のまわりだけをスウォッドリングされて、おむつ、下着、そして丈の長いウールの衣服をまとっていた。18世紀には、おもらしを防ぐために、油をしみこませたスウォッドリング用の布が開発された。

赤ん坊におむつをあてるうえで大きな進展になったのは、1849年にウォルター・ハント[*2]によって特許がとられた安全ピン(safety pin)の発明であったが、これは1880年代になってようやく安全なおむつのた

めに、まっすぐなピンにとって代わって広く使われるようになった。1800年代末期には、ヨーロッパと北アメリカの乳幼児は、現代の布製のおむつとよく似たおおい（garment）をつけていた。リンネルあるいは綿製のフランネルが三角形あるいは長方形に折りたたまれ、安全ピンでとめられた。おむつは、固く編まれた羊毛製の「吸いとり布」（soaker）あるいは「おむつカバー」（pilch）とよばれた吸収性のあるパンツでおおわれた。1890年代末になると、おむつをおおうためにゴムを染みこませたパンツが利用されることがときどきあった。19世紀におけるおむつが原因の発疹は、焦がした小麦粉あるいは粉末状の野菜から作った硫黄で広く改善された。

赤ん坊におむつをあてるむずかしさに対してもっとも広く見られた反応のひとつは、早期の排便訓練をすることであった。17世紀末、ジョン・ロックは、赤ん坊を「穴の空いた椅子」——底部におまるを置くことができるようになっている穴の空いた椅子——に座らせることを推奨した。こうした椅子のいくつかには、しばらくのあいだ、ときにはかなりの時間、乳幼児を暖めることができるように、暖めたレンガを置くスペースがあった。赤ん坊はこの椅子にひもでしばりつけられ、母親は赤ん坊が「出す」まで待っていた。19世紀と20世紀初頭を通じて、育児書は、一般的に、**排便訓練**は、誕生後すぐにはじめるのがよいと推奨した。いくつかの育児書は、おむつは生後3カ月あるいは4カ月以内に完全にやめることができるとうけあっていた。1940年代以降になると、早期の排便訓練を重視する考えは、子どもこそが排便訓練の案内人であるべきであるという考えにとって代わられはじめた。子どもを案内人にするやり方は、子どもがかなり年長になるまで排便訓練をしないようにすることを推奨したが、これは、ある研究者の見積もりに従えば、赤ん坊一人あたりすくなくとも5000回のおむつ替えをすることを意味した。

おむつを取り替えたり洗ったりするのは非常に骨の折れることである。20世紀初頭、母親は、医者やその他の子育てのエキスパートたちから、おむつを石けんと水で洗濯するよう勧められ、1930年代には、おむつは、洗濯された後にアイロンがけや煮沸によって滅菌されるようになった。1930年代のアメリカには、洗濯サービスをする大衆商品化されたおむつが出現した。布製のおむつに高密度な吸収性のある綿モスリン、防水綿布、あるいはガーゼでおおわれたり、あるいはイギリスで見られたように、**滅菌されたラテックス**[*3]で作られた下着でおおわれた。マタニティ・ケアの改善に貢献しようとする非営利団体であるマタニティ・センター協会（the Maternity Center Association）は、彼らが訪問したとき、きつく引きよせられた両足に「ストーク・パンツ」（stork pants）を用いるよう両親に勧めたが、赤ん坊の皮膚に炎症を起こすためこれをいつも用いるのは止めるよう助言した。1946年、マリオン・ドノヴァンは、再利用でき、密封性の、留め金で閉じられるナイロン製のパラシュート用の布地で作られた防水性のおむつカバーを発明した。彼女はそれを「ボーター」（Boater、船乗り）と名づけ、1949年にサックス・フィフス・アヴェニュー[*4]でデビューさせるとすぐに成功をおさめた。

何種類かの使いすてのおむつが登場したのは、早くも1890年代であったが、これらは1960年代になってようやく広く利用され（そして供給され）るようになった。現代の使いすておむつは、ヴィクター・ミルズによって開発され、パンパース（Pampers）[*5]というブランド名で、1961年に売り出された。パンパースは、もともとサイズは二つしかなく、テープもついておらず、厚手であったが、すぐに成功をおさめた。使いすておむつ市場をめぐる競争がすぐにはじまり、これらの欠点も改善された。医者のなかには、使いすておむつは、両足のあいだの張り出し部分が原因で、乳幼児の発達にそぐわない影響をおよぼすのではないかと危惧する者もいたが、この懸念は、砂時計型のおむつによって、またその後、1984年に超吸収性おむつの導入を可能にすることになる、1966年に最初の特許がとられた超吸収性ポリマーの開発によって緩和された。2001年には、使いすてのおむつは、1980年代のものに比べて張り出し部分が平均して3分の1になり、もち運び、着用、そして保存コストをいちじるしく改善した。使いすておむつは、1980年代以来、それが環境におよぼす影響を理由に大きな批判にさらされているが、これは、調査研究と論争にくりかえし火をつける主題である。また、その効率性を理由に、使いすておむつが幼い子どもの排便訓練を遅らせている点を告発する者もいる。

[訳注]

*1 エジコ——おもに東北地方の稲作地帯で広く見られ、稲わらで作った太い縄を円形に積み上げて筒状にした保温ゆりかご。このなかに赤ん坊を入れ、周囲を布団でくるまったり、縄の上部に風車などのおもちゃやあめ玉を刺すこともあった。エジコの側面には移動を簡便にする取っ手がついていた。「つぐら」「えじっこ」「いずめっこ」などとよばれた。

*2 ウォルター・ハント（Walter Hunt, 1796-1859）——アメリカの機械工、発明家。ミシン、インクスタンド、万年筆など多数の発明をしたことで知られる。安全ピンは1849年に発明したが、その特許権をわずか400ドルで製造会社（W. R. Grace and Co）に売却した。

*3 ラテックス（latex）——合成ゴムやプラスチックの細かい分子の水と乳濁液に浸した布を空気にさらして固めた布。

*4 サックス・フィフス・アヴェニュー（Saks Fifth Avenue）——アメリカのニューヨーク市のマンハッタンの五番街にある伝統と格式を誇る高級デパート。1924年に創業し、全米の主要都市に支店をもつ。

*5 パンパース（Pampers）――アメリカのプロクター・アンド・ギャンブル社（P&G）製の、薄い吸収性の紙を柔らかいビニールで包んだ使いすて紙おむつ。
➡衛生学と子ども、子育ての助言文献、小児医学
●参考文献
Bel Geddes, Joan. 1964. *Small World: A History of Baby Care from the Stone Age to the Spock Age*. New York: Macmillan.
Fontanel, Béatrice, and Claire d'Harcourt. 1997. *Babies: History, Art, and Folklore*. Trans. Lory Frankel. New York: Harry N. Abrams.
Gladwell, Malcolm. 2001. "Smaller; The Disposable Diaper and the Meaning of Progress." *The New Yorker*, Nov. 26: 74.
Kohno, Goro. 1987. "History of Diapering in Japan." *Pediatrician* 14（suppl. 1）: 2-5.
Thurer, Shari L. 1994. *Myths of Motherhood: How Culture Reinvents the Good Mother*. Boston: Houghton Mifflin.
●参考ウェブサイト
Krafchik, Bernice. 2000. "Diapers: History and Development." Available from ⟨http://cp.pdr.net/hostedfiles/docs/papc_diapers_site/history.htm⟩
Richer, Carlos. 2000. "History of the Diaper." Available from ⟨www.gpoabs.com.mx/cricher/history.htm⟩
（CAROLINE HINKLE MCAMANT／北本正章訳）

おもちゃ（Toys）

おもちゃは、今日では、広く子どもと結びつけられているが、歴史的には、おもちゃは大人の活動範囲にふくまれており、それがしだいに子どもに移され、年少者にゆずり渡されてきたものである。長いあいだ、きわめてわずかにゆっくりと変化してきた遊具類（playthings）は、子ども期の経験に、矛盾する文化的影響と経済的影響を映し出しながら、近代社会では非常に大きな多様性とうつろいやすさをもつようになった。

近代的なおもちゃの起源

富者を除いて、工業化以前のすべての家族が労働する必要があったことは、両親が子どもに遊びとおもちゃを推奨しなかったことを意味している。古代と中世では、おもに感情を発散する機会としての祭りを通じて、大人たちは遊びの道具を子どもたちと共有していた。大人は、輪、こま、ボール、それに棒馬のような広く知られた遊具を子どもっぽいものとしてしだいに廃棄した。子どもにおもちゃを渡すことは、16世紀のおける共同体の見世物が（家族の娯楽と啓発のために、クレーシュ*1、戦い、そして動物のシーンなどを小型化することによって）家庭的なお祝いに変化したことと密接につながっていた。ミニチュアになったこれらの光景は、（たとえば、16世紀の木製の「ノアの方舟」のように）最終的に子どもの遊びになった。19世紀末になってようやく、ミニチュアの兵隊が大人のものから子どものおもちゃに変わった。18世紀には、もともとは成人女性のぜいたくな飾り物として注文制作されていた家庭的なミニチュア飾りは、少女たちに家事のやり方と家庭内のファッションを教える人形の陳列棚と人形の家になった。水や水蒸気で動く家庭的な自動人形、機械で動く人形や動物は、古代から富裕な人びとを楽しませていたが、大量生産と安価な時計とねじ巻きじかけの製品が、こうした新奇なものをおもちゃとして大人から子どもへ手渡すようにさせたのは、19世紀になってからであった。

もちろん、貧しい子どもたちは、ボロきれと麦藁で作った自分だけの人形や、動物の皮で作ったボールを作る時間を見つけていたし、監視されていない集団で、ナイフで削った棒や捨てられた布きれで、いろいろなゲームをしていた。19世紀末になってようやく、道路に沿って棒で押しながら転がして遊ぶ輪（フープ）、あるいは手作りの拳玉遊びといった伝統的なおもちゃがその技術を子どもたちに見せるようになった。

おもちゃ産業は、14世紀の南ドイツ（とくにニュルンベルクとグレデン・ヴァレー）ではじまった。最初は、木彫りを専門とする季節的な職人が、動物の彫刻を行商人たちを介して売った。しかし、18世紀末までに、少年向けの安価なブリキ製のおもちゃの軍隊と、少女向けのミニチュアの台所用品が、有力な商人たちの厳格な仕様書にしたがって生産され、ヨーロッパと北アメリカの中産階級の子どもたちのあいだに広まった。ヨーロッパのおもちゃメーカーも、（1850年までに、人形の頭部用の、おがくずをもとにした「混合物」とか、1890年までに、家庭のインテリアを模倣して、木の表面に貼りつけた石版印刷した紙あるいは遊びセットに、情景を手書きしたものなどのように）、新しい安価な材料を発見した。こうした革新は、あまり裕福ではない子どもにより多くの遊具を提供しただけでなく、非常に大きな多様性をおもちゃにあたえ、遊具をファッション産業に変えるなど、急速な変化をもたらした。だが、それにもかかわらず、古くからの手作り産業と、商人たちを介した配分方法は、機械化するのが遅れていたおもちゃ産業の多くの分野で、19世紀を通じて残存した。ドイツ製のおもちゃは、ドイツがおもちゃ生産の75パーセントを輸出していた第1次世界大戦まで流布していた。

アメリカのおもちゃ

19世紀なかばまで、アメリカの子どもたちは、とくによちよち歩きのあとには、比較的わずかな遊具しかもっていなかった。親たちが、おもちゃを学習道具とか性格形成の道具と考えることはめったになく、むしろ、日常的な仕事で大人を手伝うことによって性的な役割分業の学習を邪魔する軽薄なものと見ていた。

とりわけピューリタンのニューイングランドでのように、怠惰に対する宗教的な非難は、おそらく日曜日や休日を除いて、おもちゃを疑わしいものにした。南北戦争後になってはじめて、工場が広がり、デパートが登場し、通信販売のカタログなどとともに、アメリカにおもちゃ産業が登場しはじめた。1860年代と1870年代には、革新的な組みあわせ方式の積み木と、こっけいなゼンマイじかけのおもちゃが登場した。しかし、これよりもさらに広まったおもちゃは、（男の子向けのおもちゃのハンマー、のこぎり、庭仕事道具セットと、女の子向けの人形とミニチュア家具セットなどの）大人の仕事道具のミニチュアであった。

　おもちゃは、中産階級の理想的な子ども期の一部になった。工業化は、家庭から生産機能を剥奪し、年少の子どもが大人の役割を準備するうえで、遊具を必要不可欠なものにすることによって児童労働の需要を減らした。パーラー・ボードとカードゲームと（光学的幻想が特徴の）「科学的な」おもちゃが、家族の忠誠心を生みだし、子どもに正直であることと競争する価値を訓育する、協働で行なう労働にとって代わった。そのような「教育的な」遊具は、孤独に対する解毒剤にもなるのだが、中産階級の両親が自分の未成年の子どもを、町にたむろするしばしば手に負えないつっぱり少年たちから引き離したいと思わせるのに役立った。豊かさが大きくなるのにともなって、子どもたちは自分の思いどおりにすることと、労働と責任から解放される喜びを享受するよう、ますます助長された。遊具は、現実の世界に誘う手段であると同時に、子どもを現実世界から遮断する空想的なものでもあった。

　1900年頃にはじまるおもちゃ製造業は、非常に大きな多様性をもたらし、ほとんど毎年のように起こる変化をもたらしはじめた。少年が、それまでよりも長期にわたって労働力から撤退し、少女たちが年少の兄弟姉妹の世話をしたり家事を手伝ったりすることにあまり時間を使わなくなると、年長の子ども向けの遊具がいっそう広まった。16歳までの少年は、精巧な組み立ておもちゃセット、おもちゃの顕微鏡、化学実験セット、電車などを、楽しむためばかりでなく、工学、ビジネス、そして科学などの現代的な仕事につくための実際的な準備としても関心を示すことができた。少年向けのおもちゃがテクノロジー、たえず続く技術革新、そして競争とチームワークの価値を理想化するのにともなって、おもちゃは非常に顕著な性のステレオタイプになった。これとは対照的に、女性向けの遊具の新しい世代は、抱き人形（コンパニオン・ドール）や赤ちゃん人形（ベビー・ドール）が特徴であったが、これは感情的な愛着と養育「本能」を助長することを意味した。幼児の発達に対する新しい関心は、積み木、手工芸おもちゃ、その他の教育遊具の需要を生みだした。教育遊具の教訓的で、しばしば厳粛な性格（たとえば、人気のある映画との結びつきやコミック本の性

アンダーウッド・アンド・アンダーウッド「おもちゃを持つ玄関前の子ども」（1909年頃）。20世紀初めまでに、おもちゃは理想的な中産階級の子ども期になった。少年のおもちゃはテクノロジーと技術革新を理想化し、列車はとくに人気があった。
©CORBIS

格を排除するなど）は、1960年代までにそのアピールを制限し、1960年代までに子どものレベルにおけるその役割の衰退につながった。

　ほかの人気があったおもちゃはファンタジー（空想物語）を助長した。それらは（スコットランドの小妖精ブラウニー*2といった人間や1890年代のおもちゃセットのように）伝承文学から取り出されたが、よりひんぱんには、キューピー人形（1912年）*3、チャーリー・チャプリン人形、そして最終的にはミッキー・マウス（1930年）をふくむ、つねに変わりつづける物語や漫画や映画の登場人物から取り出された。狩猟中に熊の赤ちゃんを助けてやったテディ・ルーズヴェルトの物語にもとづいたテディ・ベア（熊のぬいぐるみ）は、1906年には世界各国で大流行した。このおもちゃは、過去に見られた堅い木製の動物あるいは堅い布製の動物とは対照的に、（布張りされて柔らかいつめものが入っているので）抱きしめたくなり、子どもに安全性と保護をもたらした。また、熊のぬいぐるみは、子どもたちを純真無垢らしくてチャーミングに見せ、のちに大人が自分自身の子ども時代を思い起こすようにさせた。20世紀初期の大部分のおもちゃは、大人がいだく将来のイメージを子どもにあたえること

によって、あるいは、大人のファンタジーもしくはノスタルジーとしていだく理想の子ども期を子どもに示すことによって、大人のメッセージを子どもに伝えることを意図していた。

おもちゃにおけるファンタジーと自律性の発展

遊具における大きな変化は、世界大恐慌が起きた1930年代に生じた。おもちゃメーカーは、売り上げの減少に対応するために、より安価なおもちゃを提供し、（過去にしばしば売っていたような）セット販売ではなく、しばしばパーツごとに販売した。これは、子どもたちが親の統制をかいくぐって自分自身のおもちゃを購入するのを助長しがちであった。おもちゃ会社は、売り上げを伸ばすために、人気の高いラジオや映画のパーソナリティの販売認可された肖像を利用しはじめた。バック・ロジャーズ[4]のおもちゃの銃、「みなしごアニー」[5]のデコーダー・リング、「ポパイ」のいたずら者、そしてシャーリー・テンプルの人形などが、物語を再演したり主人公と一体化したりする小道具として役立った。戦争が近づき、組み立ておもちゃと科学おもちゃで遊んだ前の世代を特徴づけていた楽観主義が衰退すると、兵隊人形、空想科学の遊具セット、カウボーイが使う紙火薬の銃などが、1930年代の少年たちのあいだで新しい人気商品になった。

1945年以降のベビーブーム世代を通じて、おもちゃは多くの点で1930年代以前の時代に戻った。新しい科学とテクノロジーが進歩し、おそらく父親と息子のあいだにいっそう緊密な絆が生まれた時代には、宇宙おもちゃ、ミニチュアカーやミニチュア・トラックが広くゆきわたった。開拓者、カウボーイ、そしてインディアンの戦士たちに見られた粗野な個人主義と道徳的な確かさに魅了された大人は、親の買い物を、自分の息子たち向けの辺境の牧場やアパッチ砦の遊具セットとならんで、カウボーイの衣装、銃のホルスター・セット、そして組み立て丸太小屋セット（リンカーン・ログ）などの購入に向かった。これらのものは、「ロイ・ロジャーズ」[6]、「デイビー・クロケット」そして「ザ・ローン・レンジャー」[7]といった、映画やテレビの西部劇のヒーローをしばしば取り扱った。これとは対照的に、親たちは、ベビーブーム世代の娘たちには、キッチン・セットや、おそらくは少女に家事をこなす人とか消費者という未来の役割を教えるためであったのであろうが、トニのホームパーマネントのようなブランド名のある商品のレプリカなどを買いあたえた。過去にも見られたように、赤ちゃん人形と抱き人形は、人間関係の絆と感情的な絆をめぐって遊びをつくるために少女たちを引きこみつづけた。

1950年代が過去にさかのぼる時期であったのに対して、この時期を通じて、おもちゃの世界では、テレビ番組を通じて直接子どもを対象にしたおもちゃを大規模に広告するという重要な技術革新が見られた。1955年に「ミッキー・マウス・クラブ」がはじめてテレビに登場したとき、それはまだ、おもちゃを推奨する最初の子ども向けのショーではなかったが、その広告は親の価値観よりもむしろ子どもの想像力にアピールするようにデザインされていた。マテル社[8]製のおもちゃは、子どもの俳優を使って年間をとおして広告を流せば、クリスマスの贈り物シーズン以外の時期でも、「自動機関銃」やバービー人形への大きな需要を生みだせることを証明した。

1960年以降の諸変化

1959年、マテル社のバービー人形は、1900年代以来、友情と世話をテーマにして圧倒的に広まっていた抱き人形と赤ちゃん人形から分化し、大人のファッションを身につけ、自分の居場所ですごした。バービー人形は、1969年に6歳になるまで、彼女自身の母親のあり得べき未来の責任を無視した子ども期の依存性から自由な10代の子どもの未来に対する希望を表現した。バービー人形は、たしかに少女たちにステロタイプな女性らしい性をふりまくようには教えなかった。むしろこの人形は、バービーの「均整のとれた」女性の体つきのまま、また自由と気ままな消費を楽しむまま、大人になることを受け入れるよう奨励した。

1964年に登場したGIジョー[9]は、実際の兵士をモデルにした最初の少年向けの兵隊服を着た人形であった。軍隊おもちゃが論争の的になったベトナム戦争中は、ジョーとその友人たちは、（たとえば、宝物を探す）冒険者になった。1975年までにGIジョーはふたたび戦士になったが、実際の戦争体験からは切り離されてSF世界に置かれた。1978年までに、少年のおもちゃは、この製造者が、映画「ザ・スターウォーズ」（1977）のヒーローと悪者たちの数百万のアクション・フィギュアの製造権をケンナーおもちゃ制作会社[10]に売却したとき、奇想天外なしかけが一杯のこの映画の冒険を再演する小道具になった。

1982年以降、おもちゃ会社は、そのおもちゃ生産を基盤にして、テレビの風刺漫画を制作した。マテル社のシリーズ「英雄と宇宙の支配者」[11]は、テレビ番組から生まれた交戦中のキャラクターを特徴にしていた。しかし、これらのおもちゃの場合、過去のおもちゃの銃とは違って、銃の引き金を引いたのは、遊んでいる少年ではなくて、小型のフィギュアであった。

おもちゃメーカーは、アクション・フィギュアの成功に続いて、年少の少女たちに彼女たち独自のファンタジー・フィギュアの世界と遊びセットを紹介した。1980年代初め、あいさつ状の印刷会社は、土曜日の朝の風刺漫画と映画（ストロベリー・ショートケーキ[12]、ケア・ベアーズ[13]その他）で人気を博した小型人形（ミニドール）の販売路線を展開した。1990年代には、定期的にリリースされる「リトル・マーメイド」[14]や「アラジン」[15]のような映画が、映画の登

場人物に結びついたおもちゃフィギュアの需要を作った。この時期のメディアの熱狂的流行にもとづいて、どの子どももお気に入りの「ヒーロー」を手にした。アメリカのおもちゃ産業は20世紀末までに200億ドル以上に売り上げを伸ばすいっぽう、非常に商業化された遊びの形態にもかかわらず、子どもが大いに自律的な経験を積んでいるときでさえも、親の価値観と記憶は子どものおもちゃとはほとんど関係がなかった。

おもちゃ産業の運命

これとは対照的に、1920年以降のヨーロッパとその他の地域では、おもちゃは比較的安定性を保っていた。しかし、とくに、ヨーロッパの人形メーカーとおもちゃメーカーに対するウォルト・ディズニーの、キャラクター・ライセンスをふりかざした攻撃的な市場開拓が1935年にはじまると、アメリカの新型のおもちゃがヨーロッパの子ども期に浸透した。おもちゃのアメリカ化は、遊びが大人の訓育世界から離れて、子ども向けの映画やその他のメディアをおもちゃに結びつけることによって生まれた国際的な広がりをもつ子ども期の文化へ推移したことを意味した。もちろん、ヨーロッパでは第2次世界大戦後も、古くからあったおもちゃは残存した。たとえばイギリスのメカーノ社製の組み立ておもちゃ[*16]は復活したし、レズニー社[*17]の「マッチボックス」カーも、大人の生活のリアルなミニチュアを基礎にした遊びの伝統を改訂していた。スウェーデンのブリオ・カンパニー[*18]は、高品質な木製おもちゃ（シンプルなデザインの汽車、車、動物類、積み木など）の伝統を不滅のものにし、それらを、ライセンス・キャラクターに対抗する教育遊具として販売促進した。1960年代になると、ドイツのプレイモービル[*19]は、伝統的な木製の遊戯セットの硬質プラスチック版をつくって成功した。ドイツのおもちゃメーカーは、戦争おもちゃを作ることを放棄し、電車、動物のぬいぐるみ、そして上品キャラクター人形を専門的に製造するようになった。

テレビ広告が最小限のものに制限されたり禁止されている国（たとえば、スウェーデン）では、テレビおもちゃは、ヨーロッパ市場にいくぶんゆっくりと広まっていった。伝統的な手作りおもちゃ（人形、動物のミニチュア、びっくり箱、それに凧など）は、共通の材料で作られ、アジアとアフリカの露店市場でいまも残存している非常に大きな多様性のある、一般受けするユーモアを特徴にしている。しかし、両親がアメリカ製のネームブランドのアクション・フィギュアや人形を買いあたえることができない貧しい国々でも、地方のおもちゃ製造業者たちは安価な模造品を作る。

1960年代以降、ヨーロッパのおもちゃ会社は、果敢に売りこむアメリカのおもちゃメーカーを模倣したり、その付属品（たとえば、バービー人形の模造品や、GIジョーのヨーロッパ版であるアクション・メンのよう

な）を作るなどして生き残りをかけた。「スターウォーズ」のような全世界に普及した映画と結びついたライセンス・キャラクターをアメリカが統制したことは、新しいタイプのおもちゃの販売戦略に対するアメリカの支配を約束した。そのもっとも印象的な例外は、オランダの、組みあわせ積み木遊具のレゴ[*20]であった。1969年代なかばにはじまるレゴは、全世界の少年のおもちゃになった。しかし、1980年代末になると、レゴは、奇抜なSFやファンにもとづいた単一のモデルを組み立てるようにデザインされたキットあるいは「システム」を導入することで、アメリカのおもちゃ産業に歩みよった。教育おもちゃは、とくに乳幼児やよちよち歩きの子どもに有利なスタートがきれるようにさせたいと願っていた親たちにアピールする高級志向の店で残存したが、年長の子どもたちは、実況中継するテレビ、映画、コミック・ブック、そしてとくに1991年に登場したテレビゲームなどを通じて、文化の全地球的な規模での消費者の一部になった。いまやおもちゃは、ますますアメリカや日本のおもちゃ会社によってデザインされ、市場開拓され、全地球的な普及をはかろうとする香港の国際コマーシャルセンターに近い、中国南部で製造されるようになっている。

いくつかのおもちゃ会社は、新しいおもちゃに対する子どもたちの反応（たとえば、マテルやレゴなど）や、おもちゃをとおしての発達（たとえば、フィッシャー・プライス[*21]）を調査したが、子どもの遊具が、公正な学問的な研究の関心（たとえば、国際おもちゃ研究学会）を集めるようになったのは、つい最近のことである。

おもちゃのコレクションは、しばしば小規模で、コレクターたちの特別な関心を反映した特殊なものである。しかし、歴史的なおもちゃの大規模な展示は、マーガレット・ストロング博物館（ニューヨーク州のロチェスター市）[*22]、ベスナル・グリーン・子ども博物館（イギリスのロンドン）[*23]、レゴランド（デンマークのビルン市）[*24]、そしてブリオおもちゃ博物館（スウェーデンのオズビー市）において目にすることができる。

[訳注]

*1 クレーシュ（crèches）——クリスマスのクレーシュ（Christmas crèches）のこと。馬槽（うまぶね）のなかの幼児イエス像のことで、ベツレヘムの馬小屋で幼児キリストが入っているマグサ桶のまわりに、マリア、ヨセフその他おおぜいの人びとが集まっている情景をあらわした群像。クリスマスの時期に大型のものが街の広場や教会の内外に作られたり、家庭内に小型のものが飾られたり、贈り物にされたりする。

*2 ブラウニー（Brownie）——スコットランドやイングランド北部で伝承されている伝説上の茶色の妖精。夜間にあらわれ、その家に隠れ住み、留守のあいだにこっそり家事をすませたり家畜の世話をするなど、人間

オモチヤ

の手助けをすると伝えられており、人間はその返礼に、食べ物などを部屋の片すみにさりげなく隠すように供えるが、ブラウニーを必要としないほど整理整頓された美しい家では、家人のいない間にちらかしたり物を壊すなど、悪戯小僧的なキャラクター性も伝えられている。

*3 キューピー人形（Kewpie Doll）──アメリカのイラストレーターであったローズ・オニール（Rose O'Neil, 1874-1944）が1909年12月に、婦人向け雑誌の「レディース・ホーム・ジャーナル」（*Ladies' Home Journal*）誌にイラストとしてはじめて掲載したキューピーの絵をもとに作られた人形で、1913年に商標登録され、立体人形がデザインされた。キューピーの立体人形は、ドイツの複数の工場で量産されたビスク・ドール製のものがアメリカで人気を博したのを受けて、オニール自身の要請によって日本でも同年（大正2年）作られることになった。キューピー人形に性別はない。

*4 バック・ロジャーズ（Buck Rogers）──アメリカの漫画家フィル・ノウラン（Phil Nowlan, 1888-1940）とディック・カルキンス（Dick Calkins, 1895-1962）が1929年に出した、25世紀の世界を描いたアメリカで最初のSFコミックスの主人公。のちにラジオ、テレビ、映画でとりあげられてブームが広がった。

*5 「みなしごアニー」（*Little Orphan Annie*）──アメリカの漫画家 ハロルド・グレ（Harold Gray, 1894-1968）の新聞漫画（1924-）の主人公。「アニー」（*Annie*）として1977年にブロード・ウェイでミュージカル化され、1982年には映画化された。

*6 ロジャーズ（Roy Rogers, 1912-98）──アメリカの西部劇俳優、歌手。テレビ番組「ロイ・ロジャーズ・ショウ」（Roy Rogers Show, 1951-57）の登場人物。

*7 ザ・ローン・レンジャー（the Lone Ranger）──アメリカのプロデューサー、トレンドル（George W. Trendle 1884-1972）が生み出した西部劇の主人公。本名はジョン・ライド（John Reid）で、人気俳優のクレイトン・ムーア（Clayton Moor, 1914-1999）が主演して TV ドラマ化（1949-57）され、人気を博した。愛馬へのかけ声 "Hi-yo, Silver!" が有名になった。

*8 マテル社（Mattel Inc.）──アメリカのカリフォルニア州エル・セグンドに本拠を置く世界最大規模の玩具メーカー。ハズブロ社とならんでアメリカを代表する玩具メーカーで、とくにバービー人形が有名。1945年、ポーランド系ユダヤ人のハロルド・マトソン（Harold Matson）とエリオット・ハンドラー（Elliot Handler）らによって設立された。社名は、Matsonのニックネーム "Matt" と Handler のファーストネーム "El" liot を組みあわせて "matt-el" = Mattel と命名された。1959年に Elliot の妻であるルース・ハンドラー（Ruth Handler、のちに社長に就任）が、スイス旅行で娘のバーバラにお土産として買ったセクシードールがきっかけで、新たなデザインで考案した着せ替え人形バービーを発表して大ヒット商品となり、世界でもっとも有名な人形のひとつになった。

*9 GIジョー（G. I. Joe）──アメリカの玩具メーカーであるハスブロ社（Hasbro）が商標登録して、1964年に売り出した男の子向けの可動式の着せ替え人形（アクション・フィギュア）とその付属品一式をさす。この表現は、とくに第2次世界大戦中のアメリカ陸軍の徴募兵をさして1942年頃から使われはじめた。イギリスでは「アクションメン」とよばれる。

*10 ケンナーおもちゃ制作会社（Kenner Toys）──オハイオ州のシンシナティ市に拠点を置くアメリカのおもちゃ会社。1947年に3人の兄弟が設立した。映画「スターウォーズ」シリーズに登場するアクション・フィギュアの製造権を獲得して業績を伸ばした。

*11 「英雄と宇宙の支配者」（*He-Man and the Masters of the Universe*, 1983-85）──アメリカのテレビのアニメ番組のシリーズ。

*12 ストロベリー・ショートケーキ（Strawberry Shortcake）──アメリカン・グリーティングズ社が特許をもつ、子ども向けのキャラクターで、少女の名前である。もともとは同社が1980年代初期に販売しはじめたグリーティング・カード用にデザインされたイラストで、しだいにいろいろな人形やポスターに拡張され、女の子向けのおもちゃとなり、テレビ番組も作られた。

*13 ケア・ベアーズ（Care Bears）──1981年にアメリカン・グリーティングズ社のグリーティング・カードに登場した小熊のキャラクター。1983年と1984年にテレビでとりあげられ、1985年から1988年までテレビのシリーズ番組として放映され人気を広め、さらに、映画作品も3度制作された。[*The Care Bears Movie* (1985)、*Care Bears Movie II: A New Generation* (1986)、*The Care Bears Adventure in Wonderland* (1987)] その後、家族が増えたり従兄弟たちも登場して物語の幅を広げ、今日まで商業的な市場を残している。

*14 「リトル・マーメイド」（*Litttle Mermaid*）──アンデルセンの『人魚姫』をベースに、1989年に映画化したディズニー映画。

*15 「アラジン」（Aladin）──アラビアの伝承説話『千夜一夜物語』にある「アラジンと魔法のランプ」を原作にして、コンピュータを使ったアニメ作品として1992年に公開されたディズニー映画。アラブ諸民族からは人種差別作品だとして非難を受けたが、年間最高の興行収益を得、多数の賞を獲得した。

*16 メカーノ社（Meccano）──1901年にイギリスに創設された組み立ておもちゃメーカー。現在はフランス、中国、日本などにも部品製造の拠点がある。何度も使いまわしのきく金属板、角桁、車輪、アクセルとギアなどの部品を、ボルトとナットで組み立てる遊具で販路を伸ばした。子どもは、組み立て作業を通じて労働モデルや機械装置の仕組みを学ぶことができると考えられた。

*17 レズニー社（Lesney Products & Co. Ltd.）──1947年に鋳造会社として創立され、小型のマッチ箱に入る、子どもの手のひらサイズの鋳鉄製の乗り物おも

ちゃ「マッチボックス」シリーズが人気を博した。
* 18 ブリオ（Brio）――スウェーデンの代表的な木製おもちゃ会社。はじめスウェーデン南部のオズビー村に、I. ベングツソンがカゴ編みメーカーとして1884年に設立したが、3人の息子がこれを引き継いで「ブリオ」と社名を変え、おもちゃメーカーとしてスタートした。1958年にヨーロッパ各地で販売した、磁石で連結したり組み立てる幼児向けの木製の列車シリーズのデザインはいまも変わらない人気を得ている。Brioとは「兄弟」（Brothers）という意味である。
* 19 プレイモービル（Playmobil）――「プレイモービルの生みの父」とよばれるハンス・ベック（Hans Beck, 1929-2009）が考案しはじめた木製の箱庭おもちゃセット。非常に洗練されたデザインの人と建物、動植物、道具などをセットにしたものを基本にして、パーツの数によって大小さまざまな規模のセットがある。大人は7.5cm、子どもは5.5cm、赤ちゃんは3.5cmという共通サイズのスケールと世界観で、箱庭を作ることが可能なおもちゃである。
* 20 レゴ（Lego）――オランダ生まれの組み立て積み木おもちゃの総称。創業者はオーレ・キアク・クリスティアンセン（Ole Kirk Christiansen, 1891-1958）で、彼は、デンマーク西部のユトランド半島の貧しい農家の13番目の子として生まれた。大工としての訓練を受け、小さな家具製作所を営んでいたが、自分の小さな子どもの火遊びがもとで焼失し、おりしも襲ってきた世界大恐慌のために貧窮を迫られた。残されたわずかな材料で小型の椅子やおもちゃ家具を作りはじめたことから、小型の組み立て式の木製おもちゃを作る着想を得た。1934年に社名を「レゴ」（LEGO）とし、木製のブロック組み立ておもちゃ会社となった。レゴという社名はデンマーク語の leg godt（よく遊べ）に由来する。1947年からは材質をプラスチックに変え、より豊かなアイディアと繊細な表現力をもち、精巧なデザインを組みこむことが可能となり、大ヒットした。長男ゴッドフレッドが父の死後に会社を引き継ぎ、1960年にはその3人の兄弟が営業権を掌握した。
* 21 フィッシャー・プライス（Fisher Price）――1930年に創業したアメリカのおもちゃメーカー。1993年以降はマテル社の傘下にある。
* 22 マーガレット・ストロング博物館（The Margarett Strong Museum）――アメリカのおもちゃの収集家で博愛主義者であったマーガレット・ウッドベリー・ストロング（Margaret Woodbury Strong, 1897-1969）の膨大なコレクションからなる博物館で、1982年から一般公開されるようになった。収蔵数は50万点以上にのぼり、現在は大幅に拡張されてストロング記念国立遊び博物館（the Strong National Museum of Play）となっている。
* 23 ベスナル・グリーン・子ども博物館（the Bethnal Green Museum of Childhood）――ロンドンのイーストエンドに1872年に設立されたおもちゃ博物館。はじめはさまざまなものの展示場であったが、1920年代に子どもに関心を集める博物館となり、1974年には、明確に子どもを楽しませる目的で、子ども向け専門の博物館になった。2005年に改装のために一時閉鎖された後、2006年から再開され、現在はヴィクトリア・アンド・アルバート美術館の分館として、ギャラリー、子ども服、遊具、生活用品など、多様な子ども文化の歴史的資料が展示されている。
* 24 レゴランド（Legoland）――「レゴブロック」で知られるオランダのおもちゃメーカーであるレゴ社が1968年に開設したレゴのテーマパーク。レゴブロックを使って何が表現できるかその可能性を紹介し、休日を親子家族で楽しめるように企画されている。レゴの本社があるデンマークをはじめ、イギリス（1996年）、アメリカ（1999年）、ドイツ（2002年）に開設され、2011年にはアメリカのフロリダとアラブ首長国連邦のドバイで、また2013年にはマレーシアのジョホール州で開園された。

➡遊びの理論、近世ヨーロッパの子ども、組み立ておもちゃ、経済と子ども（西ヨーロッパ社会）、子どもの発達概念の歴史、少女期、少年期、ヨーロッパの工業化

●参考文献
Chanan, Gabriel, and Hazel Francis. 1984. *Toys and Games of Children of the World*. Paris: UNESCO.
Cross, Gary. 1997. *Kids' Stuff: Toys and the Changing World of American Childhood*. Cambridge, MA: Harvard University Press.
Hewitt, Karen, and Louis Roomet, eds. 1983. *Educational Toys in America: 1800 to the Present*. Burlington, VT: Robert Hull Fleming Museum.
Kline, Stephen. 1993. *Out of the Garden: Toys and Children's Culture in the Age of TV Marketing*. New York: Verso.
McClintock, Inez, and Marshall McClintock. 1961. *Toys in America*. Washington, DC: Public Affairs Press.

（GARY CROSS／北本正章訳）

おもちゃとしての車（Cars as Toys）

　古いおもちゃの特売やオークションでは、さまざまなかたちや大きさの車・箱形車両・バス・トラックが目立った部分を占めている。自動車が発明された直後から車がどれほどすばやく――ほとんどは男の子たちの――空想と「遊び」の的となったかは驚くべきものである。1900年代初め、ドイツのニュルンベルクにあった有名なブリキおもちゃの工場がおもちゃの車を発売したが、それは当初の目的のために使用するにはあまりにもデリケートにできていたため、長くは使用できなかった。だが、それらは当時の自動車の外観を非常にうまく表現しており、繊細に作られた車輪がついて、運転手と乗客が車体のいちばん高いところに座っている馬車のような、精巧に作られた乗り物であった。そしてすぐに、もっと精密な商品が作られはじめた。これらは砂場での男の子の遊びの手荒さにはあまり適してはいなかったものの、ステアリングやブレー

キなど細部にいたるまで、特定の車の姿を正しく表現しているという点で、子どもたちを満足させた。

車は、四つの車輪がついただけの木製の原始的な車から、開閉するドアや内装にまで凝った模型の車、小さい妹や弟には近づけさせない、子どものお遊びには適さない車にいたるまで、多数のデザインを変えながら、20世紀を通じて人気のおもちゃでありつづけてきた。プラスチックの発明は、おもちゃの制作者にとっては有益であり、1950年代以降、比較的丈夫で、見た目も正確であり、その上非常に低コストでおもちゃの車の生産を可能にした。21世紀初期には、特定のメーカーやモデルをなぞらえていないようなおもちゃの車を喜んで受け入れるのは非常に幼い子どもだけになってしまった。3歳の男の子であればどの子も祖父母の車を認識しているだろうし、買い物に出たときに目にするさまざまな車の違いを幼い息子が講釈してくれたりすると、母親はいつも驚かされる。

女の子が車に関心を示す例もごくわずかにはあるが、おもに車は男の子の領域に属しているということが長いあいだ観察されている。たとえ母親が父親と同じくらい車を運転していても、「車の虫」は男の子に感染するのと同じようには女の子には感染しない。おもちゃの車で遊んでいるあいだ、たんにA地点からB地点へ移動する目的で運転しているのではなく、男の子は本物の車を運転している夢を見ているのである。

子どもの最初の乗り物は——乳母車を除いて——通常は三輪車であり、この後にしばしば続くのがペダル車である。第2次世界大戦以前は、そうしたペダル車が特定の車をモデルにして作られることはなかったが、数少ない例外もあり、1930年頃、もっとも顕著な例として、高級自動車の製造業者ブガッティが作った、ペダルで動くレーシングカーのスケールモデルのような非常に高価なものが作られた。そのような車は小型の内燃機関で動いた。1990年代以降、おもちゃ製造業者たちは、ペダル車をすくなくとも特定のモデルと識別してもらえるものにしようとした。それは、ちょうど現代の電子工学の発達が非常に安い値段で充電式バッテリーの小型電気モーターで駆動する小さな子ども用の車の生産と販売を可能にしたように、プラスチックの使用がこれを容易にした。

長いあいだ、模型の車を組み立てることは多くの少年たちのあいだで人気があった。生木の破片やボール紙のシートなどを組みあわせて、模型制作にのりだした非常に野心的な子どもも何人かいたが、それよりも断然人気があったのは、ニカワでくっつけ、色づけをする、プラスチックの組み立てセットを買う方法であった。もっとも熱心に取り組んだ者だけがそのくわだてを完了し、あるいは求められた基準を達成したのであり、コンピュータは子ども心をつかむ戦いに勝利したように見える。今日では、車の模型の多くは完成された商品として売られる。大量生産はかなり高品質の模型の車を安い値段で製造販売できることを示したが、非常に高品質で相当の値段がするものもいくつか製造された。しかし、これらの車に子ども向けのおもちゃという意味はまったくない。これと同じことが、区画されたミニチュア車道のスロットを走る小型電動車にもあてはまる。これは、鉄道模型と同じく、しだいに大人向けの趣味クラブの領域になった。

今日では、多数の子どもたちがビデオ画面の前で何時間もすごしているにしても、依然として車は彼らとともにある。それは、現在では、さまざまなゲームのかたちをとっている。市場にはプレーヤーが車やバイクを運転するという内容のゲームが数えきれないほどあふれている。もっとも人気のあるのは、プレーヤーが、一つあるいはいくつかの有名なレースサーキットやラリーコースで競争するものである。幻想を強めるためのハンドル型のジョイスティックは、必要なペダル操作とギアチェンジができるようになっている。ごく幼い子どもたちだけが、このようなコンピュータ装備のあるものよりもペダル車を好む。

多くの子どもが自分の車を運転することを夢見ているが、彼らが実際に車に接した経験は、彼らを退屈させる。ほとんどの親は、後部座席から聞こえる「まだ着かないの？」という質問には慣れている。子どもたちは、非常に幼いときから車のなかに置かれ、シートベルトで固定され、たくさん動くことはできず、しばしば高い位置にありすぎることもある、窓の外に目を向けることしかできない状態に閉じこめられる。毎年春に刊行される雑誌や新聞は、休暇にドライブを計画している親向けに、後部座席に何時間も動けなくさせられている子どもたちをおちつかせるために役立つアドバイス記事を満載している。

車の発明以来、車は子どもにとって危険をもたらしてきた。歩いたり、車の通りの近くで遊んだりするとき、子どもたちは弱い立場にいる。小さな子どもは向こうから来る車の速度を判断することはできないし、ふつう、通りで起きていることを観察できるような場所にはいない。多くの国では、道路を横切るときの必要な技能を子どもに教えるために、大きなエネルギーをついやしている。1950年代以降、いくつかの国では、年長の子どもたちによるスクール・パトロールが実施されている。当局は、こうしたパトロールをはじめることによって、下校時の子どもたちを安全に誘導すべき警官がいないという問題を解決しようとした。子どもが事故にあいやすいにもかかわらず、子どもたちの大部分は、自分がドライバーになるまでずっと、おもちゃと幻想の消費者として車にかかわりつづける。

➡おもちゃの技術、組み立ておもちゃ、少年期

● 参考文献

Bloemker, Larry, Robert Genat, and Ed Weirick. 1999. *Pedal Cars*. Osceola, WI: MBI.

O'Brien, Richard. 2000. *Collecting Toy Cars and Trucks*.

Iola, WI: Krause.

(NIELS JONASSEN／寺田綾訳)

おもちゃの技術（Toy Technology）

　ゲームとおもちゃの生産は、かつてはほとんど技術の洗練とは関係がなかった。初期のおもちゃは、親やかぎられた職人による手作りであった。もっとあとの19世紀のおもちゃ産業は、ほかの産業と同じような方法で、工具や金型、陶器、紙などの技術革新の恩恵を受けた。人形メーカーは、締め焼き技術と原料の増加によって利益を得たし、人形の洋服の布地業者はそのミニチュアの高級服にアニリン染料を使用した。しかし、おもちゃ製造業者は、同時代の他業種の多くとは違って、最先端の方法を導入することを選んで、まだ新しい機械をとり壊すことは不要だと気づいていた。手工業による操業はむずかしかったものの、おもちゃ生産は技術力に依存するよりもデザイナーたちの創造性、マーケティング、広告のほうに依存していた。結局、おもちゃは、かなり単純な商品であった。

　事実上、おもちゃ製造業に影響をおよぼしたのはわずか四つの技術革新であった——19世紀におけるハイスピードのカラー・リトグラフ、注入可能なプラスティック、テレビ、それと20世紀に発明されたマイクロチップ技術の四つである。カラー・リトグラフによって、おもちゃメーカーは色とりどりのゲームや鮮やかな挿絵の入った本、転写絵のついたおもちゃを自社生産できるようになった。しかし、その時点でも、一部の生産者はカラー印刷の仕事を専門業者に委託契約していた。第2次世界大戦後のプラスティックの出現は、おもちゃ産業におもちゃの規格品部門を生み出し、主要なおもちゃ製造業者が、サイコロ、ゲーム用のチップ、あるいは、三次元の遊戯盤などのプラスティック製品を市場に送り出すのを可能にした。たとえば、パーカー・ブラザーズ[*1]の場合、プラスティック技術によってモノポリー[*2]の発売が可能になり、初期の版で木製であった家やホテルをプラスティック製にした。フィッシャー・プライスのようなほかの会社も、就学前の子ども向けのおもちゃの基本的な素材を、木からプラスティックに変え、人形メーカーは人形の身体を成形したり本物そっくりの髪の毛をつくるために新しい素材を使った。また、テレビの出現も、おもちゃ市場を変えることとなり、フェス・パーカー（Fess Elisha Parker, Jr., 1924-2010）扮するデイビー・クロケットなどのテレビ・キャラクター・ライセンス、クイズショー・ゲームのようなプログラム構成を介して、新しい概念がおもちゃに供給されることとなった。しかし、おもちゃ産業を劇的に変えたのは、なんといってもマイクロチップであった。

電子おもちゃと電子ゲームの登場

　1970年代後半になると、最大手のおもちゃ製造業者は、電子制御されたおもちゃとゲーム市場への参入に関連して、むずかしい経営決断を迫られた。各会社は、会社の個性、産業のなかにおける立場の認知度、その利用できる資金などを考慮して、この新しい市場を評価した。ボードゲームメーカーのほとんどがそうした状況にあり、とくにミルトン・ブラッドリー社[*3]の場合はいちじるしかった。

　モノポリーのメーカーであるパーカー・ブラザーズやほかの老舗メーカーは、電子ゲームについての決断は、短期決算での急激な損失をまねき、親会社であるゼネラル・ミルズにそのおもちゃのグループを生み出すことをうながすにいたり、ケナー・パーカー社、トンカ社という順に吸収されていった。ミルトン・ブラッドリー社の場合、電子ゲームと電子おもちゃゲーム市場に参入したことによって、会社の貸借対照表上の壊滅的な大損害をこうむり、敵対的買収を避けるため、ライバル会社であるハズブロに身売りした。マテル社の家庭用ゲーム機「インテレヴィジョン」での実験は、会社の資産を超えるほどの財政上の負債を生み出し、会社を完全に改革することを迫られた。ハズブロ社やセルコウ・ライター社は、電子制御されたゲームとおもちゃにあまり魅力がないことに気づき、これらの会社はマイクロチップ技術にかんするいかなる責務をもつことも避けた。セルコウ・ライター社の、電子ゲームと人気のあった雑学クイズゲームであるトリビアル・パスート[*4]にかんする最小限の責務は、産業界における会社の立場を維持し、同時に、市場占有率を上昇させることになったが、家族経営体制の限界によって、コレコ社に売却され、最終的にはハズブロ社に吸収された。ハズブロ社の慎重な判断は、この会社が消費者の基本的なおもちゃへの復帰に資本増資するのを回避し、純利益を増やした。ハズブロ社は1991年までにトンカを吸収し、世界最大のおもちゃ会社になった。要するに、マイクロチップ技術は、一部の会社を破壊し、ほかを巨大企業へと変えつつ、おもちゃ産業界を再編成することになったのである。

　1世紀も昔からある老舗で、「キャンディランド」（Candyland）や「人生ゲーム」（the Checkered Game of Life）のような古典的なゲームの生産で成功したミルトン・ブラッドリー社はこうした変化を具現していた。1978年、ミルトン・ブラッドリー社は、ぶ厚い、フリスビー型の「サイモン」という装置を発売し、年間でもっともよく売れたおもちゃとなった。ニューズウィーク誌がこの年の12月号でゲームを特集し、おもちゃ会社は需要にこたえることができなかったほどであった。「サイモン」は、マイクロ・プロセッサのランダム化機能を利用し、マイクロ・プロセッサの特性に完全に依存しながらも、従来の遊びの様式も維持していた。プレイヤーは、「サイモン」のまわ

りに座り、色の光るパターンをくりかえそうと試みる。「サイモン」のこの成功によって、ミルトン・ブラッドリー社の精力はテレビゲームの開発から離れることとなり、自社のビデオコンソールは生産しないという道を選んだ。そのような機械やゲームは、やがて近いうちに、汎用のホーム・コンピュータまたはゲームセンターにとって代わられると考えたのである。経営者側は、標準化されたカセットやほかの電子変換機の進化に沿っていくことが合理的であると断言した。ミルトン・ブラッドリー社が、このように結論をくだしたときから、同社は、市場を利用するために、おもちゃとゲームを開発することになった。

　1960年代から1970年代にかけて、ミルトン・ブラッドリー社の取締役たちがヨーロッパの子会社をまわっていたのと同じ頃、ある別の男性たちは月へ向かう途中であった。アタリ社の創始者であるノーラン・ブッシュネル*5は、マイクロチップがあまり科学的ではないアプリケーションであることに気づき、もう一人のエンジニアと協力して、1972年に「ポン」(Pong)とよばれるゲームを開発した。「ポン」は多数の模倣者の群れである新しいおもちゃ製造業者——すなわちテレビゲーム機会社（もっともよく知られたゲーム機会社である任天堂、セガ、マイクロソフトのXbox*6）——を生むとともに、これまでとはまったく異なる市場部門を作った。「ポン」の成功とその後に続いた「アタリ2600」というゲーム機の評判によって、設立されたゲームメーカーは、テレビゲームによって多額の儲けを得られることを知った。ますます上昇するアタリ社の利益を見ていたのはミルトン・ブラッドリー社の経営陣たちで、彼らは自社でもゲーム機「ベクトレックス」(Vectrex)を作り、市場に参入することにした。だが、1983年の中頃までに、ミルトン・ブラッドリー社がとんでもない誤算をしていたことが明白になった——テレビゲームのハードウェアとゲーム市場への進出によって深刻な損失を被り、会社の健全な経営を危険にさらすことになったのである。1985年には、ハズブロ社がミルトン・ブラッドリー社を吸収し、ミルトン・ブラッドリー社は大会社の一部門となり、ハズブロのゲーム製品につけられる「MB」というロゴにのみにあらわれている。

　「わたしが思うに」——おもちゃ会社がこのような損失をこうむる以前、一人の小売業者が1982年にこう言った——「テレビ市場がボードゲーム産業を戦々恐々とさせていることは明らかだ。それが生産を促進しはじめるのはボードゲーム産業における麻薬注射だからだ」。いくつかのメーカーと多くの消費者は人気のある主要製品へと戻ったが、いくつかの強大なメーカーにとってこの麻薬注射はきくのがあまりに遅れたため、瀕死の会社を救うにはいたらなかった。ミルトン・ブラッドリー社は、既存のゲームに電子機能をつけくわえたり、ライセンスもとらないことがテレビゲーム市場の争奪戦のなかで急成長を保証してくれることを発見した。さらに、多くのゲームメーカーは、マイクロチップのもつ能力を十分に生かしきってはいなかった。むしろ——「マイクロチップをくわえてかき混ぜる」と言われたような——これまでの伝統的なゲーム仕様に電子技術を適用するだけであった。遊びの様式は、おおむねそれまでのままであり、ゲーム板は電子板ではなかったが、それでもプレイヤーの要求にある程度までは応じることができていた。要するに、1980年には、マイクロチップ技術はおもちゃ産業をすっかり変えた——かつては多数の小規模な製造業者のグループであったが、いまやひとにぎりの大企業による寡占市場になってしまったのである。

コンピュータ・ゲーム

　マイクロチップ技術が伝統的なおもちゃ製造者をいらだたせている間に、まったく新しいおもちゃメーカーやゲームメーカーが誕生した。これらの新参者たち（文字どおりエレクトロニクス時代の子どもたち）は、伝統的なおもちゃデザインの概念にしばられることはなかった。彼らは、おもちゃやゲームの技術革命のなかで指導力を発揮し、ポラロイド・カメラやインスタント写真を作ったエドウィン・ランド*7とまったく同じようなやり方で、新しいおもちゃのカテゴリーを構築することによっておもちゃ産業を拡大させた。電子デザインの「エレクトリック・アーツ」、スポーツチャンネル制作の「サイファイ」(sci-fi現在の表記はsyfy)*8、ファンタジー・ゲームの「ミスト」(Myst)と「リブン」(Riven)（「ミスト」の続編）を制作したサイアン・ワールド社(Cyan World)（「ミスト」と「リブン」の販売元はユービーアイ・ソフト社である）などの最先端のメーカーは、既存の製品とはまったく異なる装飾をほどこし、マイクロチップ技術と既存のデザインとを融合させた創意工夫に満ちた製品を生み出した。彼らは完全に電子化した環境でおもちゃやゲームのデザインをするようになった。エレクトロニック・アーツ社*9やその協力会社は、マイクロチップとコンピュータがそなえているランダム化・高速処理・大量記憶といった本質的な能力を利用した。コンピュータ・ゲームのクリエイターたちは、非常に小さな店で仕事をはじめたため、マイクロチップとコンピュータ技術がいっそう洗練されていくのとほぼ足をそろえてそれらの進歩をとりいれることができた。電子ゲーム会社のなかにはマーケティング会社になるところもあり、そのような会社では、自社製品にくわえて多数の個人デザイナーの作品の広告・販売を手がけるようになった。マイクロチップは、おもちゃとゲームの新しいジャンルを支えただけでなく、アメリカの人びととの遊びの性質と層を変えた。マイクロチップは、おもちゃとゲームをこれまで以上に双方向的、立体的、複合的にするのを可能にするいっぽうで、遊びはます

ます孤独になり、片方の性に偏るようになってしまった。いくつか例外はあるが、少女よりも思春期の少年のほうが電子おもちゃやコンピュータ・ゲームにより夢中になった。

コンピュータ・ゲーム会社にとって、インターネットとブロードバンドの技術の出現は、まったく新しいゲーム・フォーマットの誕生を約束するものであり、マルチプレーヤー・オンライン・ゲームなどの可能性は21世紀初頭でもすでに明らかな実感となっている。マルチプレーヤー・ゲームのなかでは、世界中の何千人ものプレイヤーが、個人あるいはグループになって競いあい、戦闘したりパズルを解きあったりしている。いくつかの大企業は、シングルプレイヤー・ゲームとして成功したコンピュータ・ゲームに、マルチプレーヤー・ゲームとしてのフォーマットを融合させた。しかし、ブロードバンドが各家庭に浸透するのにつれて、「生え抜きの」インターネット・マルチプレーヤー・ゲームも誕生している。おそらくこれらのもっとも有名なものは映画「A.I.」[*10]の関連商品として企画されたゲームであろう。「ザ・ビースト」(The Beast) として非常によく知られた非公式のゲームは何千人というプレイヤーを引きつけ、大量のウェブサイトが立ち上がり、アメリカ中のマスコミの注意を集めた。

[訳注]

*1 パーカー・ブラザーズ (Parker Brothers) ――ジョージ・パーカーと弟のチャールズ・パーカーとエドワード・パーカーによって、1883年から1898年にかけて設立されたアメリカのおもちゃ会社。兄のジョージは16歳ではじめてのゲームを発売し、さまざまなゲームとそのルールを考案した。アラスカのゴールドラッシュをもとにしたKlondikeや米西戦争をモデルとしたWar in Cubaなど、歴史の出来事をモデルにした作品を多数発表した。1968年に食品会社のゼネラル・ミルズに買収され、1985年に、ケナー社とパーカー・ブラザーズが合併したが、新会社は1987年にトンカ社に買収された。トンカ社は、マテル社とならんでアメリカを代表する世界規模の玩具メーカーであるハズブロ社 (Hasbro Inc.) に買収された。

*2 モノポリー (monopoly) ――ボードゲームの一種で20世紀初頭にアメリカで生まれた。プレイヤーは盤上を巡回しながら、ほかのプレイヤーと盤上の不動産をやりとりして、同一グループをそろえ、ほかのプレイヤーから高額なレンタル料を徴収したり、みずからの資産を増やして、最終的にほかのプレイヤーをすべて破産させ、自分の経済的欲望を「独占」(monoploy) する快感を味わう資本主義的マインドを増殖させるゲーム。

*3 ミルトン・ブラッドリー社 (the Milton Bradley Company) ――1860年にマサチューセッツ州スプリングフィールドで創設されたボードゲーム会社。

*4 トリビアル・パスート (Trivial Pursuit) ――盤上ゲームの一種で、雑学的知識を試すさまざまな質問に答えながら、駒を動かして上がりを競うゲーム。1985年にアメリカで大流行した。

*5 ノーラン・ブッシュネル (Nolan Bushnell, 1943-) ――アメリカの元ゲームデザイナー兼実業家。「ビデオゲームの産みの親」とよばれ、1972年にアタリ社を創業し、大手ビデオゲーム会社となった。アタリの社名は日本の囲碁の「あたり」に由来し、ロゴマークに富士山を使っている。

*6 Xbox (エックスボックス) ――マイクロソフト社が開発および販売を行なった家庭用ゲーム機。

*7 エドウィン・ランド (Edwin Herbert Land, 1909-91) ――アメリカの発明家・実業家。1947年に、安価に製造できる偏光フィルターを開発してこれを応用したポラロイド・カメラ (Polaroid) を発明し、写真業界、広告業界に革新をもたらした。インスタントカメラ時代を開き、色覚についてのレチネックス理論を提唱した。

*8 サイファイ (sci-fi; syfy) ――空想科学 (science fiction) のこと。1955年頃からこのように表記されて言われはじめた。

*9 エレクトロニック・アーツ社 (Electronic Arts, 略称:EA) ――カリフォルニア州サンマテオに本社があるアメリカの大手ビデオゲーム、コンピュータ・ゲーム販売会社。トリップ・ホーキンス (Trip Hawkins, 1953-) が1982年に設立した当初はPCゲーム専門のビジネス展開であったが、1980年代後半になると自社開発のゲームを販売しはじめ、1990年代初期にはコンソールゲームも手がけ、家庭用ゲーム機、携帯ゲーム機、PC、携帯電話など、あらゆるプラットフォーム向けにエンタテインメント・コンテンツを開発し、全世界でビジネス展開し、2000年代前半には世界最大のゲームソフト販売会社になった。

*10 「A.I.」(A.I., Artificial Intelligence) ――2001年のアメリカのSF映画。原作はブライアン・オールディス『スーパートイズ』(Brian Wilson Aldiss, Supertoys Last All Summer Long : And Other Stories of Future Time, 1969)、原案はスタンリー・キューブリック、脚本はイアン・ワトソンとスティーヴン・スピルバーグ、監督はスティーヴン・スピルバーグ。

➡遊びの理論、室内ゲーム、メディアと子ども

● 参考文献

Cross, Gary. 1997. *Kids' Stuff: Toys and the Changing World of American Childhood*. Boston: Harvard University Press.

Forman-Brunell, Miriam. 1993. *Made to Play House: Dolls and the Commercialization of American Girlhood, 1830-1930*. New Haven, CT: Yale University Press.

Miller, G. Wayne. 1999. *Toy Wars: The Epic Struggle between G.I. Joe, Barbie, and the Companies that Make Them*. Boston: Adams Media.

Petrik, Paula. 1986. "The House that Parcheesi Built: Selchow and Righter Company." *Business History Review* 60: 410-437.

Walsh, Margaret. 1992. "Plush Endeavors: An Analysis of

the Modern American Soft-Toy Industry." *Business History Review* 66, no. 4: 637-670.
●参考ウェブサイト
Cloudmakers. (Clearinghouse for online gaming.) 2001. Available from 〈http://www.cloudmakers.org〉
(PAULA PETRIK ／寺田綾・北本正章訳)

おもちゃの兵隊（鉛の兵隊）
(Toy Soldiers [Tin Soldiers])

　おもちゃの兵隊、鉛の兵隊、または模型の兵隊は、古代から現代までの兵士を表現するミニチュア・フィギュアである。その大きさはさまざまで、通常は3～7.5cmぐらいの大きさであるが、ヘッドギアの高さの分を補正するために、ベースプレートと目のあいだの高さが測られる。違ったタイプのおもちゃの兵隊には、いわゆる「フラット」とよばれるものもあり、立体的に見せるために塗装され、かたちづくられた薄い鋳造物でできた小型の人形である。セミ・フラットとは、これよりも2～3mm厚い程度のものであり、騎兵隊の場合、しばしばセミ・フラットの馬や騎兵、歩兵がつくられる。今日もっとも人気が高いのは歩兵で、中身がつまっているものと空洞になっているものとがある。

　おもちゃの兵隊は子どもの遊びのために用いられるが、ときとして、気晴らしや教育的な目的で、大人によって戦争ゲームに用いられることもある。古いものであれ新しいものであれ、いくつかの国で家内工業生産される高価で精密なおもちゃの兵隊は、コレクターズ・アイテムとして人気がある。

　男の子たちはいつも、戦争おもちゃに興味をそそられる。約4000年前、古代エジプトの王子エムザが埋葬されたとき、彼の墓にはユニークなおもちゃの兵隊コレクションが副葬品として埋葬された。そのおもちゃの兵隊は、木製の台座の上で肩を前に出すことによってしっかりと前進するというもので、現在はカイロ博物館に所蔵されている。近代以前のおもちゃは金持ちと権力者のぜいたくのためのものであった。フランス王妃マリ・ド・メディシス（1573-1642）は、彼女の幼い息子――彼は未来のルイ13世（1601-1643）である――に、銀でできたおもちゃの兵隊300体をあたえている。コペンハーゲンにあるローゼンボー城の王室コレクションのなかには、フレデリック4世（1415-1493）のために銀細工師ファブリティウスが製作した銀の兵士がある。それと類似した銀製の兵士はフランス王ルイ14世も所有していたが、1715年の経済危機のときに溶かされてしまった。ロシア大帝エカテリーナ（1729-1796）は自叙伝のなかで、皇帝ピョートル3世はまるで少年のように、木、鉛、澱粉、蝋でできた数百のおもちゃの兵隊をもっていたと記述している。「お祝いの出来事のとき、彼らはパレードし、あやつりひもを引くことによって特殊なバネじかけが動き、まるでほんとうに銃を発砲するかのように音を出しました」。そしてまた、フランス皇帝ナポレオン（1769-1821）が、その息子であるローマ王［ナポレオン2世の呼び名］に多数のおもちゃの兵隊を贈ったことも驚くことではない。もっともすばらしかったものは117体の金でできた兵隊で、これは金細工職人のクロード・オジノット（Claude Odinot）によって作られたものであった。

　現在知られているようなおもちゃの兵隊は18世紀なかば頃に登場した。ドイツのニュルンベルクのヒルペルト家はフラット人形の最初の製作社のひとつであった。模型は、ナポレオン・ボナパルトやプロイセンのフリードリヒ大王[*2]の色彩豊かな制服の影響を受けた。デンマークの童話作家ハンス・クリスチアン・アンデルセンの物語『ブリキの兵隊』（*The Steadfast Tin Soldier*）に登場する兵隊も、おそらくこれらの影響を受けていると考えられる。

　フラットよりも丸みがあってしっかりとした人形についての最初の文学的な言及がなされたのは、ドイツの詩人ゲーテの『詩と真実』（*Dichtung und Wahrheit : Poetry and truth*）[*2]においてである。ゲーテは、「丸みがあってしっかりとして、細密に作られた」鉛の兵隊で遊ぶ男の子と女の子について描写している。フランス人製作者ルコット（Lucotte）は1789年に仕事をはじめたが、1850年以前の彼の模型については21世紀初頭までその存在がわからなかった。これらの模型のうちもっともすばらしいもののひとつはイギリスのブレナム宮殿に保管され、戦時中のイギリスの首相であったウィンストン・チャーチル卿[*3]が所有していた。彼は、その伝記『わが半生』（*My Early Life,* 1930）のなかで彼の軍隊についてこう述べている。「わたしは同じ大きさのものを1500体ほどもっており、すべて、イギリスの歩兵師団と騎兵隊部隊で組織されていた。わたしは野砲を15丁もっていたが、列車がたりなかった。すると、わたしの父の旧友（ドラムンドウルフ卿）がこれに気づいて、基金を作ってくれた。こうして、そのおかげである程度これを補強できたのだった。」

　ルコット社は、1825年にフランスのおもちゃ会社クペール（Cuperlu）、ブロンデル（Blondel）、ガーボ（Gerbeau）に買収され、1876年にはマグノット（Mignot）社に買いとられた。マグノット社は21世紀まで続いた。同社は、1900年頃、兵士のほかにも消防士やパリ消防団の乗り物など表現豊かにあらわしたものをふくめて、面白いセットをいくつか発売した。

　おもちゃの兵隊をもっとも多く生産したのは、ドイツのおもちゃ制作者ゲオルグ・ハイデ（Georg Heyde）とウィリアム・ブリテン（William Britain）である。ハイデは、4.5cmの頭部が交換可能な、さまざまな国の兵士になることができる丸くて中身のつま

ったフィギュアを生産した。ブリテンは、1893年に会社を設立し、非常に人気が出るようになった空洞の人形をつくるために、金属を節約した特別な鋳造方法を開発した。その人形の最初の姿は、赤いチュニックと黒いクマの毛皮帽子で、イギリスの近衛兵をあらわす格好であったが、その後すぐに、イギリスのインド人兵士、ボーア戦争の兵士、第1次世界大戦の兵士、アビシニア戦争の兵士、そして第2次世界大戦の兵士と続き、銃、車両、飛行機などもそろえられた。ブリテンは21世紀までおもちゃの兵士を継続して生産していたが、模型はおもちゃとして用いられるにはあまりにも高価なものになっており、大部分はコレクター向けのものであった。今日では、おもちゃの兵隊の大部分は、彩色されていないプラスチック製の人形である。

二つの世界大戦のあいだに、ドイツのエラストリン社（Elastolin）とライオネル社（Lineol）は、7.5cmほどの樹脂製のフィギュアを生産し、多数の国の兵士たちが表現されるようになった――しかし、その当時、おもちゃの大半はドイツの兵士、アドルフ・ヒトラーやヘルマン・ゲーリングのようなナチ党のリーダーを表現したものであった。エラストリン社とライオネル社は、イギリスのほかのメーカーと同じように農場ではたらく人びとと、動物、道具類などのフィギュアの生産ラインも拡張した。

［訳注］

*1「フリードリヒ大王」（Frederick the Great, 1712-86）――プロイセン王フリードリヒ2世（在位1740-86）。フリードリヒ・ウイルヘルム1世の子。啓蒙思想に傾倒し、敬虔派の父と激しく争ったが和解し、父王の死後即位した。最精鋭の常備軍を整えて多くの戦役に勝利し、国威を発揚するとともに、産業振興、農業開発をすすめた。『フリードリヒ法典』の編纂など啓蒙的専制君主としての力量を示し、音楽や文学を愛好し、哲学者ヴォルテール（1694-1778）やダランベール（1717?-83）と交流するなど、民望を集めた。

*2『詩と真実』（Dichtung und Wahrheit；Poetry and truth）――ゲーテ（Johann Wolfgang von Goethe, 1749-1832）の自伝といわれているが、26歳頃にヴァイマールを立ち去るとき、1775年頃から書きはじめられ、最晩年に完成した。ゲーテの子ども期から青年期までを描いている。Aus meinem Leben: Dichtung und Wahrheit（From My Life: Poetry and Truth）。

*3 ウィンストン・チャーチル卿（Sir Winston Churchill, 1874-1965）――イギリスの政治家・著述家。首相（1940-45, 51-55）。The Second World War（1948-54）。ノーベル文学賞（1953）を受賞した。

➡おもちゃ、組み立ておもちゃ、戦争と子ども（20世紀）、人形

●参考文献

Fontana, Dennis. 1991. *The War Toys 2*. London: New Cavendish Books.

Opre, James. 1985. *Britain's Toy Soldiers 1893-1932*. London: Victor Gollancz.

Polaine, Reggie and David Hawkins. 1991［1976］. *The War Toys 1*. London: New Cavendish Books.

（NILS ERIC BOESGAARD／寺田綾訳）

おもちゃの列車（Toy Trains）

19世紀初頭に列車が出現したことは、世界中に重大な影響をおよぼした。かつて広大無辺であったところに町が発達し、以前は辺境の村であったところへも出かけられるようになった。列車によってはじめて、軍隊、手紙、貨物などをすばやく輸送することが可能になり、旅行者はワクワクするような新しい場所を発見しようとするようになった。列車は、おもちゃ産業にもまた多大な影響をおよぼすこととなった。新しい技術の出現によって、子どもの興味を引く新しいおもちゃのデザインの可能性が拓かれた。このとき、工業化と商業化が非常に急速に発展し、また、科学とテクノロジーの研究が男の子のための重要な教育的な選択肢をもたらす時代を迎えた。

ごく初期のおもちゃの列車は、木や金属でできた車両とワゴンからなる機関車を、床に沿って押して遊ぶという単純なものであった。おもちゃの列車の商業生産は、1835年にニュルンベルク～フュルト間でドイツ初の鉄道が開通した後からその市場を離れなかった。この出来事は、すぐに金属板を作るメーカーによって祝われ、シロメ（スズが主成分の合金）製の可動部分のない単純で平らな一片の模型がつくられた。1850年頃の機械による大量生産の導入は、安価なおもちゃの製造を可能にした。それらは錆び止めのためにメッキされた鋼板（ブリキ）でできており、つぶされたり、圧縮されたりしてさまざまなかたちになった。ブリキ列車やその他のおもちゃ製造メーカーのメインとなっ

メカーノ社「ホーンビィ」、20世紀初め。*

オモチヤノ

ビング社のおもちゃの列車。キング・エドワード2型（King Edward Spur II）、20世紀初め頃。*

たのは、ドイツではビング社*1、ニュルンベルクのカレット社*2、ゲッピンゲンのメルクリン社*3、ブランデンブルクのレーマン社*4であった。S・ギュンターマン（S.Güntermann）とJ・イスマイル（J.Issmayer）の二人は、ぜんまいじかけの列車の重要な草分けである。模型の蒸気機関車は、1860年代にはじめて出現し、以後20年にわたって人気を博した。電車はじつに強力な「面白い」おもちゃであり、多数の子どもたちがおもちゃの電車で遊ぶことによって、物理学と工学の影響を受けることとなった。

現実の電車の需要は急速に高まり、1880年代から第1次世界大戦までのあいだに、より信頼性の高い完全なシステムがいくつかつくられた。そのなかでも目立っていたメーカーにはジョージ・カレット社（George Carette）、イスマイル社（Issmayer）、フライシュマン社（Fleischmann）、ビング社（Bing）、プランク社（Plank）、ボブ社（Bub）などがあった。1891年にメルクリン社はルッツ社（ルートヴィヒ・ルッツ）を買収し、そしてゲージ・システムと、はじめて子どもたちが鉄道システムを組み立てて走らせることができるようにするためのアクセサリーを発表し、彼らはこの機械のミニチュア世界をみずから組織し、支配できるようになった。おもちゃの列車メーカーでそのほかの有名な会社は、フランスのJEP・アンド・ロシニョール社（JEP and Rossignol）、アメリカのアイヴス・アンド・ライオネル社（Ives and Lionel）がある。アイヴス製品（それはレールがないものであった）は、鋳鉄でつくられ、おもちゃ市場においてほかに類を見なかった。

イギリスで、おもちゃの電車市場の後に続いたのはW・J・バセット＝ロウクであり、イギリスの市場に合ったおもちゃを輸入販売するために、1900年にビング社と提携した。バセット＝ロウクは、おもちゃの電車が受け入れられるためには、本物の完全なコピーである必要があると確信しており、その結果、生産された製品は非常に人気を博した。メカーノ*5として知られていたホーンビィ社は1915年にぜんまいじかけの電車をつくり、1925年頃には初の電動式鉄道セットを製造した。第2次世界大戦は、おもちゃ列車の産業に重い打撃をもたらした。戦後、新しいおもちゃが子どもたちの関心を集めようと競いあったために、1960年代には多くのメーカーが閉鎖することとなったが、それでもおもちゃ列車はつくられつづけ、メルクリン（Märklin）、フライシュマン（Fleischmann）、レーマン（Lehmann）、F・ホーンビィ社（F. Hornby）*6はよく知られている。今日の鉄道模型生産は、高品質のプラスティックと洗練された電気制御技術の広範囲におよぶ活用にくわえて、熟達したミニチュア工学技術なしには存在できなかった。

［訳注］

*1 ビング社（Bing）——かつてドイツにあった玩具・模型メーカー。1863年、ニュルンベルクでイグナツ・ビング（Ignaz Bing, 1840-1918）とアドルフ・ビング（Adolf Bing, 1842-1915）の兄弟によって創業され、最初は、ドールハウス用の金属製の台所用品を製造し、のちに蒸気模型やエンジン模型、鉄道模型にも参入し、20世紀初頭には世界最大規模の玩具メーカーに成長した。20世紀初頭、鉄道模型市場での占有率においてアメリカのアイヴス（Ives Manufacturing Company）を抜き去り、1910年までトップシェアを保ったが、財政危機により1932年に清算され、一部の製品は他社に引き継がれた。

*2 カレット社（Carette）——1886年、ジョルジュ・カレット（Georges Carette）によってニュルンベルクに設立され、ビング社の下請けからはじまったが、やがて独自の商品を製造するようになった。1917年に経営者が軍隊に召集されたのを契機に生産は終了し、会社は解散して工場は競合するビングの手にわたった。

*3 メルクリン社（Märklin）——ブリキ職人をしていた

テオドール・フリードリヒ・ヴィルヘルム・メルクリン（Theodor Friedrich Wilhelm Märklin, 1817-1866）によって1859年に創業されたドイツの代表的なおもちゃメーカー。当初はドールハウス用の台所セットのフライパンなどを家内制手工業で生産していたが、のちに「コウノトリ」とよばれる1軸駆動の蒸気機関車の鉄道玩具の生産をきっかけに鉄道模型に参入した。

*4 レーマン社（Lehmann）——1881年、金属玩具の工場としてブランデンブルク・アン・デア・ハーフェルで創業した。1950〜51年にニュルンベルクへ移転し、1968年のニュルンベルク国際玩具見本市で耐候性のある庭園鉄道の展示を行なった。

*5 メカーノ（Meccano）——かつてイギリスに存在した総合玩具メーカー。1898年に、リバプールのフランク・ホーンビィ（Frank Hornby, 1863-1936）は、自分の子どものために金属部品をボルトとナットで組み立てて作る玩具を作成した。ホーンビィはこの玩具の特許を、「メカニクス・メイド・イージー」（Meccanics Made Easy）という名称で取得し、1901年にメカーノ社を創業した。金属製組み立て玩具である「メカーノ」、ミニカーの「ディンキー」、鉄道模型の「ホーンビィ」などの製造販売を行ない、1920年から1930年代にかけてイギリスで最大の玩具メーカーに成長したが、1964年にライバル会社であったラインズ・ブラザーズ社に買収された。

*6 ホーンビィ（Hornby, Hornby Hobbies Ltd.）——イギリスのメカノ社（Meccano, Meccano Ltd.）から独立した模型メーカー・ブランド。2000年以降、経営不振の同業他社を積極的に傘下におさめ、イギリス国内だけでなくヨーロッパを代表する模型メーカーのひとつになっている。

➡おもちゃとしての車、おもちゃの兵隊、組み立ておもちゃ、コレクションと趣味

● 参考文献

Carlson, Pierce. 1986. *Toy Trains: A History*. London: Gollancz.

Levy, Allen. 1974. *A Century of Model Trains*. London: New Cavendish Books.

Marsh, Hugo, and Pierce Carlson. 2002. *Christie's Toy Railways*. London: Pavilion Books.

Reder, Gustav. 1972. *Clockwork, Steam, and Electric: A History of Model Railways*. Trans. C. Hamilton Ellis. London: Ian Allan.

（HALINA PASIERBSKA／寺田綾訳）

『オリヴァー・ツイスト』（Oliver Twist）

チャールズ・ディケンズ*1の小説『オリヴァー・ツイスト』のタイトルになっている子ども主人公は、ヴィクトリア時代の子ども期をあらわす重大な文化的アイコンとなった。ディケンズは本作を1837年から1839年にかけて連載小説*2として発表したのだが、それは、1837年にはじまるヴィクトリア女王による

『オリヴァー・ツイスト』の最初の掲載雑誌（1837-39）。
Bentley's Miscellany（1837 February）*

長い統治の時代*3の幕開けと同じタイミングであった。『オリヴァー・ツイスト』は、9歳の孤児の少年オリヴァー・ツイストの、少年たちが残酷な扱いを受けている田舎の救貧院をかねた孤児院での生活から、ロンドンの都市部での生活までを追っている。ロンドンでは、オリヴァーのような少年たちが犯罪者フェイギンのもとで、悪がはびこる暗黒の世界へと導かれる。この作品は、救貧院の残酷さを物語に仕立てることにより、世間の気づきをうながし、そのような施設にいる子どもたちがときに悲惨な状況に遭遇することに対する公衆の怒りをあおるのに一役かった。

しかしながら、この作品が中心的な関心事として描いているのは、フェイギンの窃盗団が犯罪を起こすなかで、オリヴァーが無垢な心を保とうともがいている点である。ディケンズは、子ども期は純真無垢であるというヴィクトリア時代の信条をはっきりと表現している。この信条は、それ以前のキリスト教神学やジャン＝ジャック・ルソーによる啓発的な理念、ウィリアム・ワーズワース（1770-1850）のロマン主義的な啓示など、さまざまなイデオロギーを統合したものであった。ディケンズは『オリヴァー・ツイスト』において、また、そのあとに執筆した作品においても、悪の世界によって子どもの純真さがおびやかされるというメロドラマ的な形式が、ヴィクトリア時代の人びとの心をつかむことを発見したのであった。

フェイギンは少年たちにスリをはたらく術を教え、オリヴァーもついに窃盗に参加することを求められる。それでも、オリヴァーはそのような行為に必死に抵抗する。「ああ！ お願いですから、ぼくに盗みなんて

させないでください。天にましますまぶしき天使さまたちのためにも、お許しください！」」*4。ディケンズは、オリヴァーのような子どもが、完全な堕落に屈することを危ぶみ、そのために自分の純真無垢さをそこなうのをおそれていたことを示唆しているのである。フェイギンの世界では、子どもたちは犯罪に利用される。また、不道徳で悪辣な大人たちによって性的にも悪用されていると考えられる——ディケンズは、このことを明記してはいない。しかしながら、ディケンズは、オリヴァー・ツイストのような子どもたちを搾取的な犯罪者たちによる違法なたくらみへと追いこんだのは、実際には救貧院のような合法の機関による残忍さであったというアイロニーに、はっきりと気づいていた。

オリヴァーは、悪に抵抗したことにより最終的に解放され、中産階級の優しい保護者の加護のもとで物語の幕引きを迎える。そのような結末は、脅かされていた純真無垢さをオリヴァーがぶじに保つことができたことがわかったあとに訪れる。ある場面では、立派な医者と情け深い若い娘が、オリヴァーの寝顔を見て、この子には犯罪歴があったのではないか、との思いをめぐらす。

　「悪とは」と医者は、ため息をつき、カーテンを直した。「あらゆる殿堂に住みつくものです。外から見て美しいものに悪が宿らないと、だれに言えましょう？」
　「でも、この若さで！」とローズは、強い口調で言った。
　「まあ、お嬢さん」と医者は悲しげに首をふり、ふたたび口を開いた。「死と同じように、罪もまた、年寄りやしおれた者たちだけのものではないのです。幼き者や、清らかな者たちもしょっちゅう餌食になってしまうのです」*5

ヴィクトリア時代の子ども期のイデオロギーによると、子どもは生まれつき純真無垢ではあるものの、道徳的な、または、犯罪上の、さらには、性的な、堕落の影響をこうむる可能性が多分にあると考えられていた。ほかならぬヴィクトリア時代においては、子ども期の純真無垢さに対する崇拝は——ディケンズはその思想を掲げる主唱者のような存在であったが——純真無垢さがおそろしく不安定なものであるとみなされるかぎりにおいて、いっそう熱烈になされたのである。オリヴァーは、純真無垢さを傷つけられずに小説の最後まで切りぬけることができたが、ディケンズは、のちの作品では、このうえなく無垢である子どもたちの早世を描くことにより、いっそう感傷的な印象をあたえた。その最たる例が、『ドンビー父子』*6のポール・ドンビーや、『古い雑貨屋』*7の年若いネルである。20世紀になっても『オリヴァー・ツイスト』は感傷にひたせる魔術を読者にかけつづけ、また、新たなかたちにも変換された。そこには、子役スターのジャッキー・クーガンが出演した1922年のサイレント映画や、デビッド・リーン監督による1948年の古典映画や、1960年に上演されたミュージカルの「オリヴァー！」などがふくまれる。ミュージカルは1968年に映画化されると、アカデミー賞の作品賞を受賞した。原作の二つの重要な関心事——施設における子どもの虐待と、子どもを犯罪にまきこむこと——は、21世紀初頭においても、世界中の重要な社会的関心事である。ディケンズの『オリヴァー・ツイスト』はヴィクトリア時代の幕開けに、そのような懸案事項を表面化させる草分け的な役割を果たしたのである。

[訳注]

*1 チャールズ・ディケンズ（Charles Dickens, 1812-1870）——近代イギリスの作家、ジャーナリスト（筆名、ボズ Boz）。イギリス写実主義文学を代表する作家。イギリス南部に生まれ、父親の破産と投獄のために、靴墨工場の労働、弁護士の使い走りなどをしながら、読み書きを独学した。新聞記者となって社会のすみずみを観察して知見を深め、24歳の頃、分割月賦販売の絵入り小説本『ピックウィック・クラブ遺文録』（1836-37）で大成功をおさめた。その後、『オリヴァー・トゥイスト』（1839）、『クリスマス・キャロル』（1843）、『デヴィッド・コパーフィールド』（1849-50）、『大いなる遺産』（1860-61）など、多くの作品で、ヴィクトリア朝時代の工業化にともなって生じた社会悪と偽善を暴露した。当時の住宅問題をはじめ下層貧民の窮状、貧しい子どもたちの世界を純真な道徳性と社会派の精神から描き出した。救貧法や教育制度の不合理を指弾して改善を訴え、公開処刑制度の廃止を主張するなど、社会福祉にも取り組んだ。

*2 連載小説（the novel serially）——チャールズ・ディケンズの小説『オリヴァー・ツイスト』（Oliver Twist; or, The Parish Boy's Progress）は、ベントリー（Richard Bentley, 1794-1871）によって発行された「ベントリーの雑録」（Bentley's Miscellany, 1836-1868）に、1837年2月から1839年4月まで、24回に分けて連載された。

*3 ヴィクトリア女王（Alexandrina Victoria, 1819-1901）——大英帝国女王（1837-1901）、インド女帝（1876-1901）。

*4 『オリヴァー・ツイスト』第22章——ノートン版原書 p.154、第22章からの引用。訳文は、本項目の訳者による。

*5 『オリヴァー・ツイスト』第30章——ノートン版原書 p.197、第30章からの引用。訳文は、本項目の訳者による。

*6 『ドンビー・アンド・サン』（Dombey and Son, 1846-48）——『ドンビー父子』（上・下）（田辺洋子訳、こびあん書房、2000年）。

*7 『古い雑貨屋』（The Old Curiosity Shop, 1840-41）——『骨董屋』（上・下）（北川悌二訳、ちくま文庫、1989年）。

➡子ども期の理論、児童虐待、児童文学、児童労働（欧米）

● 参考文献

Dickens, Charles. 1993. *Oliver Twist*, Norton Critical Edition, ed. Fred Kaplan. New York: Norton.
Donovan, Frank. 1968. *Dickens and Youth*. New York: Dodd, Mead.
Kaplan, Fred. 1988. *Dickens: A Biography*. New York: Morrow.
Wolff, Larry. 1996. "'The Boys Are Pickpockets and the Girl Is a Prostitute': Gender and Juvenile Criminality in Early Victorian England from Oliver Twist to London Labour." *New Literary History* 27, no. 2.

（LARRY WOLFF／金子真奈美訳）

オルコット、ブロンソン
(Alcott, Bronson, 1799-1888)

1799年11月29日、コネティカット州ウォルコットに生まれたエイモス・ブロンソン・オルコット（ブロンソンという呼称で知られる）は、教育家、作家、児童心理学者、改革論者としての顔をもち、さらにはみずからを座談や講演の大家とみなし、超絶主義[*1]を名のった人物である。彼は教育への革新的なアプローチを考案し、子ども期をめぐるそれまでの概念をくつがえした。しかし、オルコットのもっとも偉大な功績は、彼以上に著名になる娘**ルイーザ・メイ・オルコット**や、ラルフ・エマーソン[*2]、ナサニエル・ホーソーン[*3]、エリザベス・パーマー・ピーボディ[*4]といった多くの友人たちにおよぼした発達問題をめぐる影響である。歴史学者たちからは、夢見がちで煮えきらず、無能な男とみなされがちであったオルコットだが、彼のもっとも恥ずべき点はその稚拙な文章力にあろう。オルコットは話術の名手であり、巧みな演説家でもあったが、彼と親しくしていた友人らのほうが彼の主義主張をわかりやすく記録[*5]しているほどであった。

オルコットは極貧地域に育った。彼の学校生活は木炭を使って床に字を書くことからはじまり、13歳のときに正式に卒業した。その後彼は行商人の仕事につき、教鞭をとるためコネティカットに帰郷する1823年までのあいだ、南部地方を巡業していたこともあった。彼の行なった初期の教育改革には、教室を絵画や小枝で美しく飾りたてることや、知力を発揮するための体操、生徒たちの記憶力よりも推理力を育成することなどもふくまれていた。オルコットは教育改革を行なう過程で、スイスの**ヨハン・ペスタロッチ**[*6]やイギリスのロバート・オーウェン[*7]によって提案された教育改革にその基盤を得た。しかし、そのアイディアは地域の両親からの賛同が得られず、彼らは子どもたちを学校から退学させた。そのためオルコットは1827年よりのち、転々とした教師生活を送らざるをえなかった。

1830年、オルコットは、ニューイングランドでも指折りの名家の出身で改革志向にあふれた女性アビゲ

ブロンソン・オルコット（1799-1888）*

イル・メイと結婚する。1831年に長女アンナが誕生すると、彼はこの乳児の観察日記をつけはじめた。アンナとその妹たちの綿密な調査は5年にわたって続けられ、50冊以上の日記帳が記述で埋めつくされた。彼は、子どもは直感的な賢さと潜在的な善良さとをそなえて誕生するものであり、その生まれもった道徳性を引き出し、自己認識や自己抑制の力、自立心を育てることこそが親と教育者の義務であると結論づけた。子どもの成長を理解しようというオルコットの取り組みは、児童心理学の第一人者としての名声を彼にもたらしたのだった。

1834年、オルコットはみずからの教育理念を実践すべく、ボストンにテンプルスクール[*8]を開校した。一神教論者の牧師ウィリアム・エラリー・チャニングがこの計画に賛同し、多くのエリート家族に、その子息と子女を入学させるようよびかけた。また、のちにアメリカにおける**幼稚園運動**の創始者となるエリザベス・パーマー・ピーボディも手を貸した。オルコットは、サイレントスタディー、体操、日記の記述、ソクラテス式会話法によって、子どもたちの潜在的な知恵を引き出そうと努めた。体罰は制限していたが、しつけには厳格であり、子どもたちの恐怖心よりも良心にはたらきかけるよう手をつくした。子どもたちの悔恨の情をよびさませるために、オルコットみずからその体を生徒の手で鞭打たせたことも2度あったという。当初、オルコットの学校は人気を博していたが、彼が

『福音についての子どもたちとの対話』（*Conversations with Children on the Gospels*, 1836-1837）を出版すると、多くの者はその反宗教的な教育方法に衝撃を受け、子どもたちを退学させた。その後、黒人の子どもの入学を許可したことから残りの生徒も失い、学校は閉鎖に追いこまれてしまった。

　1840年、オルコットは、友人のエマーソンやホーソーンの住まいから近いコンコードの地へと移り住んだ。1888年に息を引きとるまで、数々の事業に手を染めたが、そのほとんどは失敗に終わっている。オルコットらが作り上げた理想のコミュニティ「フルーツランド」*9 は多くの訪問者の心をひきつけたが、あっというまに解体してしまった。また、彼の遊説は人気を博したにもかかわらず、その著書はほとんど売れずじまいであった。彼は妻と娘たちの経済的な支援に頼りきっており、ルイーザ・メイ・オルコットが『若草物語』──これは彼の考え方をもっともうまく描写している──で成功をおさめたのちは、ますますそうであった。

[訳注]

*1 超絶主義（Transcendentalism）──19世紀後半、ドイツのカント主義の影響を受け、アメリカのニューイングランドに興った宗教運動。神秘的汎神論、理想主義、個人主義を旨とし、社会改革運動に取り組んだ。代表的思想家は、エマーソン、パーカー、ソロー。

*2 R・W・エマーソン（Ralph Waldo Emerson, 1803-1882）──アメリカの思想家、哲学者、作家、詩人。カント哲学をアメリカに導入し、超絶主義を唱えた。

*3 ナサニエル・ホーソーン（Nathaniel Hawthorne, 1804-1864）──アメリカの小説家。代表作は『緋文字』（*The Scarlet Letter*, 1850）。

*4 エリザベス・パーマー・ピーボディ Elizabeth Palmer Peabody, 1804-1894）──アメリカの教育家。フレーベル主義による幼稚園を、アメリカではじめて設立。テンプルスクールでは、約2年間オルコットの助手としてはたらく。ホーソーンの妻は彼女の妹である。

*5 記録──ピーボディによるテンプルスクール記録書（*Record Of A School: Exemplifying the General Principles of Spiritual Culture*, 1835）など。

*6 ヨハン・H・ペスタロッチ（Johan Heinrich Pestalozzi, 1746-1827）──スイスの教育家。キリスト教的博愛主義の立場から孤児を集めて教育をほどこすいっぽう、子どもの感覚を刺激する事物教育、直観教育にもとづく教授法を考案して、当時の教育界に影響をおよぼした。

*7 ロバート・オーウェン（Robert Owen, 1771-1858）──イギリスの社会改革家。環境決定論を唱え、幼少時からの子どもの教育に力をそそいだ。

*8 テンプルスクール（Temple School）──当初は3歳から12歳まで、ルイーザをふくむ30名の生徒をかかえていた。子どもの権利の擁護、自発的な学習を理想とし、皮膚の色に関係なくその人権を認めようという理想主義につらぬかれていた。

*9 フルーツランド（Fruitlands, 1843-1844）──1943年6月、マサチューセッツ州ハーヴァードに誕生したコミュニティ。動物や奴隷を犠牲にすべきでないとの理念から菜食主義をつらぬき、木綿もウールの服も禁止し、麻製の衣服のみを身につけた。さらには禁酒禁欲を唱え、夫婦間のセックスすら否定した。その徹底ぶりから仲間は次々と離脱し、ブロンソン自身も半年ほどでこの地を去った。娘ルイーザは後年、このときの経験をもとに、短編 *Transcendental Wild Oats*（1873）を書いている。

➡子どもの発達概念の歴史、『若草物語』とルイーザ・メイ・オルコット

●参考文献

Dahlstrand, Frederick C. 1982. *Amos Bronson Alcott, an Intellectual Biography*. Rutherford, NJ: Fairleigh Dickinson University Press.

McCuskey, Dorothy. 1940. *Bronson Alcott: Teacher*. New York: Macmillan.

Strickland, Charles. 1969. "A Transcendentalist Father: The Child-rearing Practices of Bronson Alcott." *Perspectives in American History* 3: 5-73.

（RACHEL HOPE CLEVES／内藤沙綾訳）

オルコット、ルイーザ・メイ（Alcott, Luoisa May）

➡『若草物語』とルイーザ・メイ・オルコット（Little Women and Luoisa May Alcott）

音楽教育（Music Education）

　19世紀のヨーロッパおよび北アメリカにおける学校の音楽授業のほとんどは、音楽リテラシーをさらに育成するために、五線譜記譜法の導入学習として、（音階名を基本とした）さまざまなトニック・ソルファ奏法を用いながら楽譜を見てただちに歌うよう子どもに教えることによって構成されていた。この点で二人の草分け的人物がいた。一人は1838年にボストン市内の学校にカリキュラムの必修科目として音楽を導入することに影響をあたえたローウェル・メイソン*1 であり、もう一人は、1841年にロンドンではじめて「教師のための声楽講座」を指導したジョン・ハラー*2 である。

　20世紀初期の数年間に録音技術と放送技術が発達したおかげで、注意深く音楽を聴取するという考えは、音楽鑑賞運動の高まりと、ステュアート・マクファーソン*3 やフランシス・エリオット・クラーク*4 らの仕事によってきわだった成果を上げていた。これとほぼ同じ時期の学校での音楽教育では、かなり形式的で規範的な学習法を特徴とする打楽器（パーカッション）あるいはリズム・バンドが標準的な項目であった。こ

エミール・ジャック゠ダルクローズ（1865-1950）*

歌唱と身体運動をとおして、どの子どもも自分の音楽的な考えを発見でき、それを実演することができるというオルフの信念が具体的に示された。他方、ハンガリーでは、民族音楽と民謡を用いて学校での音楽文化を構築することがコダーイのねらいであった。彼が考案した入門段階の音楽訓練には三つの基本要素があった。民謡唱歌、移動ド唱法、そして同時進行する手拍子と歌唱または部分的な歌唱がそれである。

実際には、このような思想と方法の概要は、たとえばアメリカの「音楽教育標準規定」（the National Standards for Music Education, 1994）あるいはイギリスの「ナショナル・カリキュラム」（the National Curriculum, 1992）をもとに活動している現在の音楽教師によって、さまざまにとりいれられ、組みあわされ、統合されている。しかし、こうした考えがとりいれられるようになったのは、それが自然で変えることができないものであるとみなされたからではなく、音楽そのものと音楽が子どもたちの生活でもつ意味についての考えが非常に大きく異なっており、学校で子どもたちに音楽的体験がどのように提供され、普遍的音楽教育の基本的な目的――注意深く音楽を鑑賞する能力の育成と創造的表現とならんで、音楽リテラシー、演奏能力、そして音楽的価値の促進――はどうすれば強化できるかを模索している人びとのあいだで進められた対話や、ときには葛藤を経験した結果なのである。

［訳注］

*1 L・メイソン（Lowell Mason, 1792-1872）――アメリカの音楽教育家、作曲家、指揮者。公立学校への音楽教育の導入、音楽教育の教師養成法をはじめて確立した。他方、ヨーロッパを模範にした教会音楽の改革運動を指導し、多数の宗教音楽曲集の普及に努め、その讃美歌は19世紀以降今日まで重要な位置を占めている。後年、ペスタロッチの直観教授の原理を応用した教材編集を行ない、ボストンの公立学校で正式に採用された。

*2 J・ハラー（John Hullah, 1812-1884）――イギリスの教師、作曲家。初めオペラの作曲家をめざしたが、パリのヴィラン声楽学校で学んだあとイギリスに戻り、1840年に新設されたカレッジの音楽教師に任命された。1841年2月にロンドンで「男性教師のための声楽教室」を開催する一方、女性教師のための講座に毎週400人もの教師を集め、一般向けの声楽教室も開講した。ヴィランの『音楽入門』の翻案であるハラーの『入門書』は、1841年以降30年にわたって公式の教科書とされた。ハラーが用いたソルファ法は、ヨーロッパ大陸の伝統にしたがってハ長調に固定され、いわゆる「移動ド」ではない。これは初級段階で成果を上げたが、ハ長調以外の調になると混乱と絶望をまねいたため、1860年までにほとんどの教師は『入門書』とは別の、ジョン・カーウェンによるトニック・ソルファ法（移動ド）を用いるようになった。

*3 S・マクファーソン（Stewart MacPherson, 1865-

れとは対照的であったのが、コロンビア大学教育学部付属リンカーン校で子どものための創作音楽に実験的に取り組んだサティス・コールマン*5の仕事である。これは、子どもたちが自分で製作した簡単な楽器を使って、歌唱、身体運動、そして無意識のうちに出てくる創作的な即興演奏を併用するものであった。

このような参加型の音楽教授という傾向は継承され、エミール・ジャック゠ダルクローズ*6、カール・オルフ*7、そしてゾルタン・コダーイ*8の3人の重要人物の活動でも見られた。ジャック゠ダルクローズはスイスでユーリズミックス（リトミック）*9を創始し、1909年に彼が担当した教員養成プログラムの最初の授業でこれを紹介した。彼はリズム運動、即興演奏、そしてソルフェージュ（固定ド唱法）を音楽教育に統合した。ダルクローズの思想は、音楽教育実践と身体運動とが共同歩調をとっていたミュンヘンで、1924年にドロテー・ギュンターと共同で学校を設立したオルフに影響をあたえた。音楽的に、生徒たちは自分だけの音楽を即興演奏して作曲し、また、多数の素朴で音楽に使える楽器を発明することが奨励された。『オルフ版学校教材』（Orff-Schulwerk）の初版は1935年に公刊され、発話・身体リズム（speech-rhythms）と詠唱、

1941）──スコットランド系のイギリスの音楽教師。1908年に音楽教師連盟を設立し、1923年までその会長をつとめたほか、ロンドン大学音楽部長をつとめた。和声教育に影響をあたえ、「音楽鑑賞」運動の先駆者となった。

*4 フランシス・E・クラーク（Francis Elliot Clarke, 1860-1958）──アメリカの音楽教育家。公立学校教師をへて、1911年にビクターレコード会社の教育部門の局長につき、蓄音機の使用を推進した。

*5 S・コールマン（Satis N. Coleman, 1878-1961）──子どもの「創造的」活動をにかんする研究を進め、他人から強制的に課せられるのではなく、自然かつ自発的に音楽を自分自身のものとして経験することをめざし、自分で楽器をつくって演奏する方法を小学校教育に広めた。

*6 E・ジャック＝ダルクローズ（Emile Jaques-Dalcroze, 1865-1950）──ウィーン生まれのスイスの音楽教育家、作曲家。ジュネーヴ音楽院で音楽教育を受け、1892年に同音楽院の和声学の教授となる。音楽教育の基礎を拡充する取り組みを通じて音楽と身体の動きを協応させる独自のシステムを発展させた。ジュネーヴに「ジャック・ダルクローズ研究所」を設立し、1913年には「ダルクローズ・リトミック学院ロンドン校」を設立した。パリ、ベルリン、ウィーン、ストックホルム、ニューヨークなどにも同様の学校が開設された。彼の教授法は、もともと音楽を学ぶ学生の音楽理論の一般的訓練の基礎としてリズム感を発達させることを目的としていたが、それが音楽への適応性がとぼしいふつうの子どもにも急速な心理的反応と自己表現力を高めるため、注目されて採用されるようになった。この教授法では、生徒の注意力、集中力が高まり、もっとも重要な筋肉以外の動きをすべて排除する能力の向上がめざされ、身体組織全体は、音楽リズムの指図に反応するかたちでほぼ無意識のうちに統制される。

*7 カール・オルフ（Carl Orff, 1895-1982）──ドイツの作曲家、教育家。幼少時からピアノ、オルガン、チェロを習い、歌曲の作曲をはじめた。ミュンヘン音楽アカデミーを卒業後、ドロテー・ギュンターとともに、1924年に体操、音楽、舞踊のためのギュンター学校をミュンヘンに設立した。オルフは、リトミック教師を志している学生に対して、自分自身の即興で身ぶりや舞踊に伴奏をつけられるように指導しならなければならないと主張し、鍵盤楽器の高度なテクニックを習得しなくても伴奏をつけられるようにするため、多種多様な打楽器を導入した。1948年秋からはラジオ放送を通じて教育活動を行ういっぽう、教材集『子どものための音楽』5巻（1950-54）を出版し、これが核となって、より包括的なシリーズ『オルフ版学校教材』が生まれ、各国で翻訳された。オルフの音楽教育の根本前提は、まったく非音楽的な子どもは、ごくまれな例を除いて存在せず、適切な訓練によればどの子どもリズムや音感、音楽形式の感性をある程度まで発達させることができ、創造的な集団即興演奏に楽しく参加できるというものである。

*8 ゾルタン・コダーイ（Zoltán Kodály, 1882-1967）──ハンガリーの作曲家、民族音楽学者、教育学者。バルトーク（1881-1945）とともに、民俗的素材にもとづいた新しいハンガリーの芸術音楽を創造し、大衆に支持された高度な音楽文化をハンガリーで確立した。1925年頃から若者の教育に関心をもちはじめ、やがて数百曲もの2声、3声の練習曲を書き、『学校唱歌集』（1943-44）と歌のための教本を作成した。素材を民俗音楽と民謡様式の作品からとり、基本方法は集団で歌い、移動ド唱法を重視した。このメソッドは一般的な音楽能力の養成に重点を置き、音楽が学校カリキュラムの本質的な部分として組みこまれるように取り組む一方、大人も参加できるように合唱運動にも専念した。

*9 ユーリズミックス（eurythmics）──「リズム教育」「リトミック」ともよばれる。ジャック＝ダルクローズが考案し、音楽のリズムを身体の動きで表現するリズム体操。音と身体表現を結びつけた音感教育法。eurhythmicsという表現の初出は1912年から。

➡教育（アメリカ）、教育（ヨーロッパ）
●参考文献

Campbell, Patricia S. 1991. *Lessons from the World: A Cross-Cultural Guide to Music Teaching*. New York: Schirmer.

Coleman, Satis N. 1922. *Creative Music for Children: A Plan of Training based on the Natural Evolution of Music including the Making and Playing of Instruments Dancing-Singing-Poetry*. New York: G.B. Putnam's Sons, The Knickerbocker Press. サティス・N・コールマン『子どもと音楽創造──楽器の製作と演奏、踊り―歌唱―詩を含む音楽の自然な進化にもとづくトレーニング・プラン』（丸林実千代訳、開成出版、2004年）

Jaques-Dalcroze, Emile. 1967, 1921. *Rhythm Music and Education*. Woking: The Dalcroze Society. ジャック＝ダルクローズ『リズムと音楽と教育──リトミック論文集』（松野平訳、全音楽譜出版社、1975年）

Orff, Carl. 1978. *The Schulwerk*. New York: Schott Music Corp.

Rainbow, Bernarr. 1989. 2006 *Music in Educational Thought and Practice: A Survey from 800 BC*. Aberystwyth, UK: Boethius Press.

Szönyi, Erzsébet. 1974. *Kodály's Principles in Practice: An Approach to Music Education through the Kodály Method*. Hungary: Corvina Press. フォライ・カタリン、セーニ・エルジェーベト共著『コダーイ・システムとはなにか──ハンガリー音楽教育の理論と実践』（羽仁協子訳、全音楽譜出版社、1974年）

（GORDON COX／竹山貴子訳）

カ

回復記憶（Recovered Memory: RM）

しばしば抑圧された記憶（repressed memory）ともよばれる回復記憶は、1980年代初めの精神衛生治療における重要概念として登場した。この理論［回復記憶理論または回復記憶セラピー（RMT）］は、摂食障害から結婚問題にいたるまでの成人期におけるさまざまな不満は、家族メンバーによる子ども期の性的虐待、とくに父親から受ける娘の性的虐待に由来すると主張している。こうした経験は非常に大きなトラウマになるので、当の子どもはその記憶を抑圧し、その時以降、虐待が起こったことをまったく意識しないようにする。しかし、意識下のレベルでは、抑圧された記憶は、犠牲者の成人生活を途絶させる徴候を生みだしながら、わだかまりつづける。この治療法は、クライアントが自分の問題（その90パーセントが女性であると見積もられている）の原因に立ち向かうことができるようにしながら、記憶のなかの障害物をとりのぞき、そうすることによって「癒される」ようにする記憶補強術からなる。

回復記憶理論のルーツは、フェミニスト運動の一部をなす中産階級の家族への態度にまでたどることができる。ソーシャルワーカーのフローレンス・ラッシュは、**近親相姦（インセスト）**は、一般に信じられているよりも普遍化しており、また、それは社会において女性が従属的な役割を受け入れる準備をさせることになるので、許容されると主張していて、特別な影響力があった。この理論は、近親相姦についての教科書での見積もり（アメリカ人女性の100人あたり1〜2人）と、それがふつうに起きていると思われていることとのあいだのギャップを説明している。この理論のもっとも影響力のある唱導者には、精神分析学者のジュディス・ハーマン[*1]とレノア・テア（Lenore C. Terr, 1936-）、そして法学教授のキャサリン・マッキノン（1946-）らがいる。しかし、単独の、もっとも影響力のある本は、精神科学の素人であったエレン・バスとローラ・デイビスが著して1988年に出版した『生きる勇気と癒す力』で、これは、過去に受けた虐待を示唆する徴候のチェックリストを提示している。この本は100万部近く売れた。

その理論も治療法も、論争をよび起こすものである。この理論は、記憶というものは手持ちカメラのような役割を果たすものであり、脳の特定部分に無傷のまま保っている記憶を抑圧しつづけていると推定している。しかし、記憶の専門家たちは、記憶はそのようには機能しないことを例証した。すなわち、忘れることは外延的であって、記憶の専門家エリザベス・ロフタス[*2]が、「事実とフィクションの創造的な混ぜあわせ」とよんだものに連続的に再構築されるとされた。トラウマの記憶がほかの記憶とは違って処理されたり、あるいは蓄積されたりすることを示す科学的な証拠は何もない。この理論は、ある種の徴候的プロファイル——とくに摂食障害——は、子どもの性的虐待の標識であると考えている。だが、アメリカ精神分析学会のガイドラインによれば、「虐待体験とかならずつながる特別な、ユニークな徴候が識別されたことはまったくない」。

記憶を回復させるためにセラピストたちが用いるテクニックは、どれもおしなべて論争をよんでいる。もっとも一般的なものは催眠術で、これは、イメージ（セラピストは、クライアントが子ども期の虐待のシーンを視覚化するのを手助けする）、夢の仕事[*3]、「サバイバー・グループ」への参加、幼児期の虐待の「身体記憶」を打ち明けるメッセージ・セラピー、そして自白薬[*4]としてのアミタール[*5]の注射をする。「身体記憶」の存在を示す科学的な証拠はまったくない。催眠術については、アメリカ医学会の「科学問題委員会」の1984年の報告書で、一般大衆が考えていることと矛盾すると述べ、催眠状態のあいだに得られる回想（録）は、「全般的に、非催眠状態での回想ほどの信頼性はない」と述べていた。「科学問題委員会」によれば、催眠術は活き活きとした虚偽記憶を促進しながら暗示のかかりやすさを増す。記憶研究者のマーチン・オルネは、アミタールは、虚偽記憶を生みだすうえで、催眠術よりはるかに問題があると述べていた。大学生たちに、（ショッピング・モールで迷子になったことなどの）トラウマとなる出来事の記憶もふくめて、「記憶」を入れる実験をしたロフタスらの研究者たちは、子ども期の性的虐待に由来するクライアントの問題をまちがって確信して、そのクライアントたちに誤った記憶を植えつけていると考えている。

回復記憶セラピーは、クライアントとその家族に非常に大きなダメージをあたえた。セラピストたちは、クライアントたちに加害者、すなわち典型的には父親と向きあうように勧め、その両親（母親はしばしば共犯者とみなされる）とのあらゆる絆を切断し、民事法廷あるいは刑事法廷で両親を告訴するようにさえ勧めた。性的虐待についての誤った記憶を回復するクライアントの約15パーセントが、殺人やカニバリズムの儀式に魅了されて、最終的に悪魔カルトにくわわるほかなかった記憶をとりもどすと見積もられている。こうしたクライアントの多くは、まちがって、複合的人

格障害に苦しんでいるという診断を受けていた。自分のおそろしい体験は自分で区分することができると考えられており、何人かは長期にわたる入院生活を送っていた。

　1995年以降、多数の要因が回復記憶セラピーの衰退をもたらした。告訴された家族らによって1992年に設立された「虚偽記憶症候群協会」は、アメリカとカナダの主導的な記憶研究者を会議に招集し、その研究成果を広く普及させた。しかし、もっとも重要な要因は、元クライアントたちによるセラピストたちに対する医療ミス訴訟で、そのうちのいくつかは数百万ドルの損害賠償判決となっている。その結果、保険会社は、回復記憶セラピーを施療しているセラピストと保険契約をかわすことに消極的になっている。

［訳注］
* 1 ジュディス・ハーマン（Judith Lewis Herman, 1942-）——アメリカの精神科医。臨床心理学者。ハーヴァード大学医学部精神科で教鞭をとる一方、マサチューセッツ州ケンブリッジ病院で暴力被害治療の臨床にもかかわる。主著『心的外傷と回復』（*Trauma and Recovery*, 1992）は、臨床分野の必読書となった。
* 2 エリザベス・ロフタス（Elizabeth F. Loftus, 1944-）——アメリカの認知心理学者。記憶にかんして、のちにあたえられた情報などによって変容する虚偽記憶の生成についての解明から、1980年代以降にトラウマ問題に関連して登場した「抑圧された記憶」概念に対して批判する一方、幼児期の性的虐待の誤った記憶について、実証にもとづいた研究の成果を司法の場に提供している。
* 3 夢の仕事（dreamwork）——精神分析学において、潜在意識を夢の内容に変換させる過程をさしていう。置き換え・歪曲・圧縮・象徴などの「変換」がなされることをいう。
* 4 自白薬（sarum truth）—— truth drugともよばれる。神経症患者の治療や犯罪調査などにおいて、その人の抑えている考え・感情などを語らせる催眠剤・麻酔薬。
* 5 アミタール（Amytal; sodium amytal）——薬学において、鎮静剤あるいは催眠剤として用いられるアモバルビタール（amobarbital：$C_{11}H_{18}N_2O_3$）の商品名。

➡児童虐待、精神疾患

●参考文献

Bass, Ellen, and Laura Davis. 1988. *The Courage to Heal: A Guide for Women Survivors of Child Sexual Abuse*. New York: Harper and Row. エレン・バス／ローラ・デイビス『生きる勇気と癒す力——性暴力の時代を生きる女性のためのガイドブック』（新装改訂版）（原美奈子・二見れい子訳、三一書房、2007年）

Herman, Judith L. 1992. *Trauma and Recovery*. New York: Basic Books. ジュディス・L・ハーマン『心的外傷と回復』（中井久夫訳、みすず書房、1996年／1999年増補版）

Isaac, Rael Jean. 2000. "Down Pseudo-Memory Lane." *Priorities for Health* 12, no. 4: 17-22, 60-61.

Loftus, Elizabeth, and Katherine Ketcham. 1991. *Witness for the Defense: the Accused, the Eyewitness, and the Expert Who Puts Memory on Trial*. New York: St. Martin's Press. エリザベス・ロフタス／キャサリン・ケッチャム『目撃証言』（厳島行雄訳、岩波書店、2000年）*

Loftus, Elizabeth, and Katherine Ketcham. 1994. *The Myth of Repressed Memory*. New York: St. Martin's Press.

Ofshe, Richard, and Ethan Watters. 1994. *Making Monsters: False Memories, Psychotherapy, and Sexual Hysteria*. New York: Scribner.

Prendergast, Mark. 1995. *Victims of Memory: Incest Accusations and Shattered Lives*. Hinesburg, VT: Upper Access.

Terr, Lenore. 1990. *Too Scared to Cry : Psychic Trauma in Childhood*. Harpercollins. レノア・テア『恐怖に凍てつく叫び——トラウマが子どもに与える影響』（西澤哲訳、金剛出版、2006年）*

Terr, Lenore. 1994. *Unchained Memories: True Stories of Traumatic Memories, Lost and Found*. New York: Basic Books. レノア・テア『記憶を消す子供たち』（吉田利子訳、草思社、1995年）

（RAEL JEAN ISAAC／北本正章訳）

科学的育児法（Scientific Child Rearing）

　アメリカにおける科学的育児法の起源はさまざまであろうが、おそらく17世紀に、詩人であり、8人の子どもの母であったアン・ブラッドストリート*1が次のような定式化を行なったときにまでさかのぼるであろう。すなわち、「多様な子どもはそれぞれ異なった性質をもっています。塩だけで防腐処置をほどこした生肉が好きな子どももいれば、砂糖漬けにして最高の状態で保存された完熟前の果物が好きな子どももいます…。子どもの性質に合わせて自分で養育できる親が賢明な親なのです」。ブラッドストリートによる食糧保存技術と子どものしつけとの対比は、育児についての考えがそこから読みとれるような、多くの科学的アナロジーのうちのほんの一例でしかない。母親を子どもの養育の科学者と見る彼女の考え方は、たとえそれが、母親は自分の子どもの養育は専門家にゆだねなくてはならないという考えに対抗するものであったとしても、そこには、やがて来る世紀にみられるおもな特徴があらわれている。

　17世紀の哲学者で医者でもあったジョン・ロックは、子どもの精神をタブラ・ラサあるいは親が書きこむことのできる白紙ととらえることで、子育てにかんするもうひとつのアナロジーを提供した。大きな影響力をもった彼の『子どもの教育』（*Some Thoughts Concerning Education*, 1693）では、育児を体系的かつ重要な仕事としてとらえる見方が詳細に論じられている。ジャン＝ジャック・ルソーもまた『エミール』

（Émile, 1762）のなかで、子ども期に哲学的、科学的な光をあてている。ルソーは、子どもにとって大人になるそなえとして最善のものはなにかを見定めようとしたロックとは異なり、親や教育者に「自然」の子どもを保護して養育するよう求めた。のちに続く世紀には、子育てにかんする科学的文献のなかで、社会化と発達とのあいだでのゆれうごきがみられるようになる。しかしながら、科学的育児法は伝統的に、時間と余暇と財源があり、育児に専門家の助言を利用する傾向のある中産階級の親の領域に属するものであった。

　子育てを科学的なくわだてとしてとらえる考え方は、19世紀にますます進展した。育児についての専門技術への焦点化は、すくなくとも部分的には、家族規模の縮小と養育の集中化をともなう経済と人口動態の変化によって生じた。1800年当時、平均的な家族が大人へと育てる子どもの数は7人であった。そして1900年までにこの数は、3人あるいは4人にまで減少した。家庭における子どもの数が減少し、生産上の責任も低下したことによって、育児は家庭内で女性が中心的に担う仕事となった。個人の運命が人生を通じて不安定な浮き沈みを見せるような社会にあって、親は子どもにみずからの経済的立場と社会的地位を維持あるいは改善しうる習慣と美徳を教えこもうとした。当初は哲学と宗教が子育ての際の最善の手段を親に提供していたが、19世紀末には科学と医学がこの言説に侵入しはじめていた。

　19世紀における**小児医学**という分野の出現は、科学的育児法の発展の中心をなすものであった。医者は19世紀を通じて家族生活に多大な影響をおよぼしていたが、アメリカ小児医学会が設立され、乳幼児の健康管理という考え方が根づいたのは、ようやく1887年になってからであった。小児科医たちは、**乳児死亡率**についての感化をうながす運動を組織し、定期的な乳幼児健康診断を導入し、**乳児哺育**の権威を自称した。第1次世界大戦期には、子どもの健康を訴える活動家が、乳幼児福祉施設や乳幼児コンテストや牛乳配給所（ミルク・ステーション）への出資を行なった。地方か都市かをとわず、母親となった者は皆、福祉施設や農村の品評会で祝賀を受け、政府の役人に子どもの身長と体重をはかってもらい、ミルクを受けとった。母親たちはこうした場で、心理学的ケアにも医学的ケアにも科学的論拠があることを知ったのであった。医師と看護師は給餌や衣服について、また泣きわめく乳幼児にどのように対応すべきかについて助言をあたえた。しかしながら、母親がみずからの育児実践を超える科学の権威をどの程度認めていたかはばらつきがあった。とりわけ貧しい母親は、衛生や栄養にかんする提案をよく受け入れる一方で、科学が彼女らの養育やしつけの技術を決めるべきだとする考え方に対しては懐疑的でありつづけた。

　20世紀に差しかかる頃には、学問的なくわだてであると同時に一般大衆が消費する情報源でもある**児童心理学**が、小児医学に付随するかたちで成立した。この分野の草分け的な心理学者であったG・スタンリー・ホールは、19世紀におけるきわめて重要な研究であるとして、**子ども学研究**への支持を表明した。彼は教育と子育てを改革するための手段として、子どもの生活習慣と発達にかんするデータを収集するよう母親や教師たちに要請した。子どものしつけと教育は規範的なものでなくてはならず、その教育と養育を形成すべきであるとするホールのメッセージは、彼がみずから主張したように、「まったく新しい福音ともいうべきもの」となった。

　ホールは実際に、全米母親議会（the National Congress of Mothers）にとって守護聖人であり、1897年に創設されたPTAの先駆者であった。全国的に組織化されたこの母親団体は、科学的な母親育児のもっとも有力な提唱者であった。1896年には、アフリカ系アメリカ人の女性によって全米黒人女性協会（the National Association of Colored Women）が創設され、同様に「よりよい母親育児」（better motherhood）という考え方を提唱した。また1926年には、アフリカ系アメリカ人に対する人種差別が行なわれていた学区のために、全米有色人父母教師協会（The Association of Colored Parents and Teachers）が結成された。女性によるこれらの多様な組織は、親業教育（parent education）の定義についてはそれぞれ異なっていたものの、子ども期の条件を改善するうえで科学が中心的な役割を担うと考える点では一致していた。

　1909年には、子どもにかんするホワイトハウス会議がはじめて開催され、子ども期にかんする公共政策を立案するために、科学者、改革者、教育者が一堂に会した。この会議は1912年の**アメリカ連邦児童局**の設立につながるものであった。この児童局は乳幼児および母性の衛生問題にかんする情報を収集し、子どもの身体的、精神的ケアにかんする一連の冊子を発行した。また児童局は、地方および都市に暮らす母親たちと、保育や養育にかんする膨大な量の手紙のやりとりを行ない、育児において政府は一定の役割を担うべきであるという考えをうながすことに貢献した。

　1920年代になると、科学的育児法はアメリカの中産階級にとって一種の強迫観念になっていた。誤った子育てが犯罪や心理的な病気につながることに注意をよびかけるおびただしい数の出版物が生み出された。多くの人びとが、それ以前とは根本的に変化した近代的な状況下では母性本能も伝統も子どもを育てる頼りにはならないと論じた。『乳幼児および子どもの心理学的ケア』（Psychological Care of Infant and Child, 1928）のなかでジョン・B・ワトソンは、子どもを、母親という技術者がその行動をプログラム化することのできる人間「機械」として描き出した。ワトソンは母親たちの不摂生や「過度の母性愛」への耽溺を戒め、

カカクテキ

厳密に管理された乳幼児への給餌スケジュールを処方した。育児にかんするこのような行動主義的な考えは、1920年代と1930年代には影響力をもっていたものの、第2次世界大戦にさしかかる頃にあらわれた非常に子ども中心主義的な子育ての哲学によって、その影は薄められた。しかし、20世紀の子どもは、子どもを甘やかせる親によってだいなしにされており、より客観的な扱いを必要としているというワトソンの見解は、世紀が進んでもなおくりかえし提唱された。

　1930年代から1940年代を通じて、子ども中心主義的な育児は、小児医学者であり心理学者でもあった**アーノルド・ゲゼル**の研究によって後押しされた。ゲゼルは、各年齢の子どもの身体・行動・気質にあらわれるさまざまな特質の詳細からなる発達基準を創案し、それを有名にした。親と医師たちは発達遅滞や発達障害をこれらの基準によって同定できるようになった。しかしその一方で、この基準が厳密に適用されると、たとえわずかでも歩行や会話に遅れがみられる子どもに対して過度の不安がいだかれる場合もあった。しつけにかんしていえば、ゲゼルの基準は、たとえば癇癪をおこすといったふるまいは、それをとりのぞくべき望ましからざる生活習慣としてではなく、発達のプロセスにともなう通常の帰結として再定義することによって、子ども中心主義的なしつけの方法をおしすすめた。

　ベンジャミン・スポックの『赤ちゃんと子どもの養育』（*Baby and Child Care*）は1946年に初版が出版され、親に向けた子育て助言書に転換をもたらすものとして歓迎された。安価なペーパーバック版は、病院や医者のオフィスを通じて親たちに広く行きわたり、その内容はおむつかぶれからぶらぶら歩きにいたるまで、幅広いトピックを扱っていた。第2次世界大戦後の時代は、多くの母親たちが、必要に応じて助言をあたえてくれる親戚や友人から遠く離れることになる、大家族と地理的流動性によって特徴づけられた。スポック博士のこの著書は、心理学的助言というよりはむしろ、深夜に起こる医療的な緊急事態に際して助言を求めるためにしばしば利用された。また同時に、友人や親戚からよりもスポックのような専門家のほうが価値のある情報を提供してくれるという考えが、母親育児の経験にますます浸透していくこととなった。

　スポックの育児書は、冷戦期を通じて影響力をもつことになる多数の概念を抽出していた。科学的育児法にかんする初期の文献が、母性は本能にもとづくのだとする観念の根絶をめざしていたのに対し、スポックは母性を自然かつ本能的なものとして記述した。精神分析派の一人であったスポックは、否定感情は子どもへの心理的ダメージの原因になりうると考えて、母親を競争者の手からふたたびとりもどし、不安を軽減しようとしていた。

　1940年代と1950年代を通じて、戦争**孤児**と施設に収容された子どもたちにかんする調査研究は、母子間の結びつきの重要性を劇的な仕方で強調した。科学者であった**アンナ・フロイト**、ドロシー・バーリンガム、**ジョン・ボウルビー**たちは、早い年齢段階で個人的にケアをあたえてくれる人を奪われた子どもは、感情的にも認知的にもダメージをこうむることを示す説得力のある証拠を提示した。この研究は、依存する子どもを対象とする公共政策にとっては積極的な含意をもつものであったが、一日じゅう母親でありつづけることに不満をいだいてはたらいている母親と女性に汚名を着せてしまうことでもあった。「母親の溺愛」に苦しむ子どもに代わって、一日じゅう母親に会うことができない子どもは、母親によるネグレクトと拒絶の犠牲者であると考えられるようになった。

　1950年代になると、科学的育児法にかんするアドバイスが広くいきわたることとなった。1920年代における母性本能否定論から、1950年代における母性保護論にいたるまで、20世紀を通じて、科学が明確かつ一貫性のあるメッセージを親に伝えることはなかった。幸いなことに親、とりわけ母親は、提供された科学的な育児法についてのさまざまな助言のなかからよく考えて選びとって利用する、選択的な傾向があった。しかし、育児は子ども期の科学に依拠して行なわれるべきであるという考えは、20世紀を通じて親と公共政策に影響をおよぼしつづけた。20世紀と21世紀における愛着、乳幼児の脳、デイ・ケア、そして離婚にかんする研究は、科学を子育ての主要な準拠枠としながら、小児科学の実践・親業教育・公共政策に知識を提供した。

［訳注］

*1 アン・ブラッドストリート（Anne Dudley Bradstreet, 1612?-1672）——イギリス生まれのアメリカの詩人。アメリカの植民地で最初に著書が出版された女性の作家、詩人として知られる。イギリスのノーサンプトンに生まれ、1618年、16歳の頃、のちにマサチューセッツ植民地の知事になるサイモン・ブラッドストリート（Simon Bradstreet, 1603-1697）と結婚した。ピューリタンに対する迫害をのがれ、1630年に家族と一族とともにマサチューセッツの植民地に移住した。生前は無名であったが、身近な人びとのあいだで回覧していた原稿を、義弟がひそかにロンドンへ持ち出して出版させた詩作品『最近アメリカにあらわれた十人目の詩神』（*The Tenth Muse Lately Sprung Up in America*, 1650）は、アメリカのみならず英文学史上でも最初の女性による詩集とされる。「わが愛するやさしい夫に」（*To My Dear and Loving Husband*、1678）という作品も知られている。生涯に8人の子どもを生み、60歳まで生きた。夫のサイモンは94歳まで生きた。

➡育児、子育ての助言文献

●参考文献

Apple, Rima D. 1987. *Mothers and Medicine: A Social History* of Infant Feeding, 1890-1950*. Madison: University of Wisconsin Press.

Beatty, Barbara. 1995. *Preschool Education in America: The Culture of Young Children from the Colonial Era to the Present*. New Haven: Yale University Press.

Bowlby, John. 1953. *Child Care and the Growth of Love*. Baltimore: Johns Hopkins University Press.

Bradstreet, Anne. 1981. "In Anne's Hand." In *The Complete Worksof Anne Bradstreet*, ed. Joseph R. McElrath, Jr., and Allen P. Robb. Boston: Twayne.

Cravens, Hamilton. 1985. "Child-Saving in the Age of Professionalism." In *American Childhood: A Research Guide and Historical Handbook*, ed. Joseph Hawes and N. Ray Hiner. Westport, CT: Greenwood Press.

Eyer, Diane E. 1992. *Mother-Infant Bonding: A Scientific Fiction*. New Haven: Yale University Press. ダイアン・E・アイアー『母性愛神話のまぼろし』（大日向雅美・大日向史子訳、大修館書店、2000年）

Freud, Anna, and Dorothy Burlingham. 1944. *Infants Without Families: The Case for and Against Residential Nurseries*. New York: Medical War Books. アンナ・フロイト／ドロシー・バリンガム『家族なき乳幼児――その発達と戦時下の保育』（久米稔訳、川島書店、1977年）

Gesell, Arnold, et al. 1940. *The First Five Years of Life: A Guide to the Study of the Child*. New York: Harper.

Grant, Julia. 1998. *Raising Baby by the Book: The Education of American Mothers*. New Haven, CT: Yale University Press.

Hall, G. Stanley. 1923. *Life and Confessions of a Psychologist*. New York: Appleton.

Ladd-Taylor, Molly. 1994. *Mother-Work: Women, Child Welfare, and the State 1890-1930*. Urbana: University of Illinois Press.

Locke, John. 1922. "Some Thoughts Concerning Education." In *The Educational Writings of John Locke*, ed. John William Adamson. Cambridge, UK: Cambridge University Press. ジョン・ロック『子どもの教育』（北本正章訳、原書房、2011年）

Meckel, Richard A. 1990. *Save the Babies: American Public Health Reform and the Prevention of Infant Mortality, 1850-1929*. Baltimore: Johns Hopkins University Press.

Ross, Dorothy. 1972. *G. Stanley Hall: The Psychologist as Prophet*. Chicago: University of Chicago Press.

Rousseau, Jean-Jacques. 1979. *Émile: or, On Education*. Trans. Allan Bloom. New York: Basic Books. ルソー『エミール』（上・中・下）（今野一雄訳、岩波文庫、1962-64年）

Schlossman, Steven L. 1976. "Before Home Start: Notes Toward a History of Parent Education in America, 1897-1929." *Harvard Educational Review* 61: 436-467.

Spock, Benjamin. 1946. *The Commonsense Book of Baby and Child Care*. New York. Pocket Books.

Spock, Benjamin and Rothenberg, Michael B. 1992. *Dr. Spock's Baby and Child Care* (6 REV UPD). E P Dutton. ベンジャミン・スポック／マイケル・B・ローゼンバーグ『最新版スポック博士の育児書』（高津忠夫・奥山和男監修／暮らしの手帖翻訳グループ訳、暮しの手帖社、1997年）*

Watson, John Broadus. 1928. *Psychological Care of Infant and Child*. New York: Norton.

（JULIA GRANT／渡邊福太郎訳）

家具（Furniture）

　特別に子ども向けの家具を作ることは決して近代の現象ではなく、子ども観の変化の仕方とは無関係に、ずっと昔からある現象である。しかし同時に、家具のかたちは教育学的子ども観の変化を反映したり、そこから生まれたりする。歴史的に見れば、子どもの家具の定義は、たんにその大きさからだけでなく、教育目的からも考慮する必要がある。

　子どもの家具のデザインに影響をあたえるのは、時代・素材・かたち・機能・教育観、そして子どもの娯楽や地位である。そこには、大人の目で見た子どもの欲求が映し出され、また、その秩序の理想にもとづくイメージの世界、**しつけ**、**衛生**、**遊び**、さらには刺激さえもが映し出されている。子どもの家具は子どもの行動――たいていは禁止されている行動――をしばしば先どりしようとする。

　自宅にそなえられた子どもの家具と、保育園や**幼稚園**などの施設にそなえられた子どもの家具にはすぐに見分けがつく違いがある。この違いは置かれている場所の特性から生じる。自宅にそなえられた子どもの家具はインテリア・デザインや素材に対する現代感覚を反映している。これに対して、施設にそなえられた子どもの家具は、教育と衛生を配慮した現代感覚をよく反映する。

ハイ・チェアーとロー・チェアー

　ずっと昔から現代まで使われている子どもの家具といえばイスがあるが、その種類はきわめて多様である（子どもの家具はほとんど残っていないが、現存する最古のイスは1500年代後期あるいは1600年代初頭までさかのぼる）。紀元前400年代の古代ギリシアの壺には、子どもがハイ・チェアーに座り、ストールに腰かけた女性に向かいあっている絵が描かれている。子どものロー・チェアーについて知られている最初期の例はヴァイキング時代までさかのぼる。そのイスの断片が1981年にスウェーデンの発掘現場で発見された。昔からロー・チェアーはヨーロッパ全土でよく知られていた。ヴァイキング時代のイスが発見されるまで、子どものロー・チェアーの最古の例は1601年にスイスで製作されたタペストリーの家族の肖像画に描かれているものであった。

これらの例からわかるように、子ども向けの特別な家具は、家具の歴史のきわめて早い時期にすでに作られており、同じように早い時代にすでにハイ・チェアーとロー・チェアーという子どもイスの二つの基本タイプが存在していた。子どもの家具と大人用の家具とをもっとも明確に区別するのはその大きさである。子どものイスの座高はたいてい大人の座高の平均以上か、それ以下である。教育目的をもって作られた場合、子どもが自分で行動できるようにするために座高を低くする傾向がある。反対に、座高を高くすのは、成長した子どもをテーブルの前に座らせ、行動の仕方を覚えさせるためである。

家具と地位
　子どもの家具は環境との関係でも大人との関係でも、子どもの社会的地位に影響する。家具という特別なものを手に入れることは家庭や施設内での地位や、地位への権利を意味する。その家具は子どもの所有物であり、物理的に空間を占有してほかの家具を排除する。家具は優越性を反映し、子どもの社会的重要さを証明してくれるからである。もし子どもが一つでも家具をもてば、それは子どもの身分と地位を承認する。子どもの家具に特有のかたちは、子ども期が人生の重要な時期であることのしるしなのである。

学校家具
　学校用の子ども家具を生産することは重要な革新であった。古い村の学校の教室には長くて幅の狭いベンチがそなえられ、生徒はそこにつめて座っていた。学校用の教育家具がデザインされるようになったのは、ようやく19世紀後半になってからであった。学校机はイスと机のあいだに余裕をとっていたが、子どもたちが立ちが上がることはめったになかった。教室が小さかったため、この新しい机によって、机の列の間隔は狭められることになった。

　1800年代後半から1900年代初めにかけて、多数の机のデザインが考案された。いわゆる学校保健衛生の運動家たちは、読・書・算や裁縫をするときの正しい座り方を詳細に記述した。それにもとづいて彼らは、机の高さと机と椅子のあいだの距離を生徒の身体の大きさと関係づけて計算し、机をデザインした。机を床に固定するか、それとも掃除のときに移動できるようにするか、また、生徒の年齢や身体の大きさに応じて机の高さを変えるべきかどうかについてはさまざまな考えがあった。しかし、一人机にするか二人机にするかという選択はたいていの場合、費用によって決められた。

　20世紀初めに保育所と幼稚園が発展したのにともなって、子どもの公的空間は、小さな、移動可能な家具を用いた実験の焦点になった。両大戦間に、一群の創造的で進歩主義的な学校は、教室内での新しい教育機会を可能にするために、個別の椅子と机を用いたが、伝統的な体制——生徒たちの机の列に対面する教師の机——は、1950年代のフランスで続いたが、それ以降、アメリカではほとんど消滅した。

　1930年代のヨーロッパの教育建築の理想は、明るさ・空気・清潔な環境であった。この理想は、健康で清潔で健全な子どもを作ることを意味した。最初の保育園と幼稚園は、病院の診療所から派生した診療所の衛生と衛生設備のモデルであった。その家具は感染リスクをできるかぎり小さくするために簡単に清掃できることを優先したデザインであった。衛生予防だけでなく、保育園や幼稚園の実際の組織体制も子どもを育て上げることを意図していた。子どもの身体の大きさに合わせて作られた家具は子どもを活発にし、才能を高めると考えられた。子どもは自分の遊び道具を子どもサイズの棚と本箱にきちんと整理することを学ぶことになった。さらに、子どもたちは自分の背丈に合わせて作られた洗面台で身体の洗い方を学ぶことになった。

家具と遊び
　遊びの目的は時代によってさまざまに理解されてきた。たとえば、遊びには社会的価値があると考えられたり、発達の原動力とみなされたり、遊びそれ自体に固有の価値があると考えられたりもしてきた。子どもおよび子どもの遊び道具と家具デザインにかんする研究によると、1930年代から1960年代までのあいだに、子どもの遊び道具と家具は、子どもに大人世界と労働環境への準備をさせることを意図していたことを示している。したがって、この時期には、組み立ておもちゃや組合せ家具に人気があり、それらは有力な心理学者や教育家たちによって支持されたのであった。

　1930年代から1960年代にかけて、北欧の家具デザイナーたちは、**保育園**、社会参加に関心をもつデザイナーたち、そして、遊びに対する子どもの欲求を考慮する育児の専門家たちの指針に従った。子どもは遊びのなかで家具を利用するのが好きであるという考えが広く受け入れられた。これを最初に学んだ北欧の家具デザイナーが子どもの家具を作りはじめたのは、彼らが自分の子どもをもち、子どもが自分の家具にただ座っているだけでなく、それ以上に家具を利用することができるようになる（つまり、子どもの想像力を刺激したり、それを遊び道具として利用するなどできる）はずであるという考えに重点を置きはじめたときであった。それ以前は、保育園や幼稚園向けの子どもの家具は構造設計者によってつくられており、したがってもっぱら技術的な観点からデザインされ、結果的に、大人サイズの家具を子どもサイズに縮小しただけのものになっていた。

　1968年の若者革命と権力支配に対する考え方の変化は、教育観と支配的な子ども観を転換させ、それら

を反権威主義的な方向に向けることになった。こうした価値観の変化は子どもの家具にも反映し、それ以降、いまや子どもの家具は、遊びとくつろいだふるまいを目的としてデザインされるようになっている。

結論

自宅にそなえられる子どもの家具には長い歴史があるが、公共空間にそなえられる子どもの家具はそれよりもはるかに新しい現象である。他方、もともと自宅用につくられた家具はすべて上流階級向けであった。20世紀になってようやく、大量生産は——おもちゃと同じように——子どもの家具を中産階級向けにつくるのを可能にした。同時に、子どもと子ども期は、過去に例を見ないほど真剣に考慮されるようになり、子どもの家具とおもちゃに向けられる関心と要求を高めた。

今日では、ほとんどの子どもが保育園や幼稚園に通うようになり、そこで家と同じ種類の家具に出会うようになっているので、公的領域と私的領域の区別はほとんどなくなっている。現在の家具デザイナーたちは、子どもの家具が保育所や幼稚園で使われるものなのか、自宅で使われるものなのかを気にしない。子どもの家具の形・機能・創造の理解を大きく決定するのは、もっぱら時代精神である。

➡学校建築と建築様式、子ども空間
● 参考文献
Bollivant, Lucy, ed. 1997. *Kid Size: The Material World of Childhood.* Milan, Italy: Skira, Vitra Design Museum.
Calvert, Karin. 1992. *Children in the House: The Material Culture of Early Childhood, 1600-1900.* Boston: Northeastern University Press.
Gelles, Edward. 1982. *Nursery Furniture: Antique Children's Miniature and Doll's House Furniture.* London: Constable.
Kevill-Davies, Sally. 1991. *Yesterday's Children: The Antiques and History of Childcare.* Woodbridge, UK: Antique Collector's Club.

（KIRSTEN HEGNER／太田明訳）

学生自治（Student Government）

教育は民主主義の理念を新たな世代に伝える、というアメリカ人の信念は、共和制と同じくらい古くから存在する。19世紀を通じて、中等学校やカレッジでみられた例は、それらの教育機関を機能させる責任を引き受けていた生徒・学生たちに見出すことができる。学生自治は、19世紀末から20世紀初頭にかけての頃に拡大しはじめた。

カレッジにあたえた衝撃は、学生たちがみずからにもっとも影響をおよぼす学生生活の諸側面に関与するべきであるとの学生たちの信念から生まれた。これに対して、進歩主義時代の政治改革と教育改革の唱道者たちは、若者に民主主義的な公民権を実践的に学ばせることは、唱道者たちがおそれた、「ボスたち」に支配される政治システムに対するひとつの解決策であると考えた。学校がますます普遍的な経験をする場になってくると、学校はこうした指導をするうえで都合のよい場とみなされた。

成人の賛同者は、学生自治を、進歩主義教育の概念である体験学習の延長であると理解した。彼らは権威主義的な学校制度を激しく非難し、生徒たちが学校生活で民主主義を経験しさえすれば、有力な成人市民になるだろうと論じた。市や連邦政府の既存の組織をモデルにした生徒参加の実験は、20世紀の最初の数10年間に多くの中等学校で取り組まれ、メディアの注目を集め、政治や教育の指導者層から支援された。しかし、反対派はこうした構想は、民主主義の行動モデルを提供するというよりはむしろ、既存の政治システムの腐敗を再生産するだけであると非難した。いくつかの成功例が見られたにもかかわらず、「学校都市」や「学校共和国」を設立したプログラムは、第１次世界大戦後の数年間にすたれた。

1920年代までには、フラタニティ[*1]やソロリティ[*2]がカレッジの社交場の中心になり、これらの社交組織が多くの学生自治を支配した。全国的な学生自治のリーダーたちの最初の組織である全米学生連盟（the National Student Federation、1925年創設）は、教育改革と学生活動の制約条件の改革を支持した。

学校の管理運営者が、若者の生活の中心としての学校を重視したことは、1920年代とその後の数年を通じて、学生自治をハイスクール文化の重要な要素とした。新たな取り組みは、学校内での生活を基盤にした「愛校心」を促進する手段となった。学生自治は正課外で行なわれる多数の部活動を先導した。多くの生徒会とその顧問教師たちは、社会活動の振興、集会所や食堂、集会プログラムの編成などの監視に責任を負った。第２次世界大戦中の生徒会は、社会生活の管理にくわえて戦時体制を結束させる装置と化した。

生徒会への参加は、かつてはクラブの幹部や一定の学力要件を満たした者に限定されていたが、20世紀なかばともなると、生徒会はしだいに全体会もしくはホームルームで選出されるようになり、参加資格は撤廃された。成人の社会構造をモデルにする進歩主義時代の重点は、生徒が「責任」と「協力」を学ぶことに置き換えられるようになった。学生自治は、生徒たちが命令系統の長い連鎖の末端に位置する、特殊な「代理権」であった。

全米中等学校校長会（the National Association of Secondary School Principals）によって推進された学生自治は、戦後数年間、あらゆるハイスクール生活で目にする光景として残った。ハイスクールは、生徒の愛国心の涵養に適した中心地となり、学生自治は学校運営を行なう校長の協力的なパートナーとなった。

カレッジの学生自治は、かつて以上に大規模で、人

口動態の多様な学生集団がキャンパスに殺到した1950年代に最高潮に達した。学生自治はあらゆる規模のカレッジでほぼ普遍的に見られた。リーダーたちは学生のアパシー（無気力）に不満をもらしたが、ほとんどの学生はキャンパスの選挙に投票した。全米学生協会（the National Student Association、1947年創設）によって全米を代表する学生自治のリーダーたちは、学生自治は学生の社会問題だけでなく、それぞれの大学が直面する教育問題にかんしても、より大きな責任を負うとともに、関与すべきだと考えていた。彼らが、学問の自由、人種差別の廃止、「親がわり」原則*3による学生への支配権の改革などを要求したとき、リーダーたちは、カレッジの既存の権力構造の内部でこのような変化が生じるだろうと想像した。

学生たちは1960年代の公民権運動や反戦運動で重要な役割を担ったが、この時期、学生運動の重要性は低下した。多くの活動家は、当時もしくはそれ以前から学生自治のリーダーであったが、学生自治組織そのものは論争には、ためらいがちにしか加わらなかった。カレッジの学生生活における不平等な権力分配に対するキャンパスでの異議申し立てや、重要な変動をもたらすキャンパスの意思決定に大きく関与する要求は、しばしば学生自治を見せかけのかけひきをする「砂場」のように思わせた。全米学生協会の評判がいちじるしくそこなわれたのは、中央情報局（CIA: the Central Intelligence Agency）が学生の国際交流事業に多額の資金援助を行ない、1950年代初頭よりその政策に対して非公式の影響力を行使してきたことが明らかになった1967年のことであった。

学生騒乱によってひき起こされた1970年代初頭の教育管理政策の転換は、学生自治の復興の前ぶれのように見えた。中等学校では、食堂でのふるまいの改善と同じくらい、もしくはそれ以上に中退問題やドラッグ問題に重点的かつ意欲的に取り組む生徒会と、地方教育委員会に学生代表を参加させることが民主主義を促進し、今後の対立を回避する最善策だとみなされた。カレッジや大学でも、学生生活と教育政策にかんする意思決定に学生が関与できるようにするために、管理運営組織の多くが変革された。しかし、時間の経過とともに、管理運営に学生を関与させることについての切迫感は薄れはじめた。いくつかの研究からは、管理運営への学生の関与とカレッジの選挙への学生参加の気持ちが弱まっていることが明らかとなった。ハイスクールでの関与はそれ以上の落ちこみが見られ、学生参加の増大を求める専門家たちの提言は、1940年代の活力に満ちた生徒会の偉業を描いたのとしばしばそっくりであった。

20世紀末までに、学校運営にかかわったハイスクールの生徒たちは、多様な課外活動の需要を調整した。生徒会は告知をし、クラブ活動と社交行事を調整したが、その責任の度合は低下していった。カレッジのキャンパスでは、学生自治のリーダーたちがしばしば学内委員会の委員をつとめ、活動費からまかなわれる多額の学生活動経費を管理し、学生向けのほかのサービスを提供し、増大する「学生課」の専門職員とともにはたらいた。新しい世代は民主主義のスキルを学ばなければならないという信念はいまも残っているが、それを追求する学生自治の役割は、進歩主義の唱道者たちほど明確ではない。

[訳注]

*1 フラタニティ（fraternities）――アメリカの大学で、社交性を増進することを目的として組織された男子学生の地方または全国組織。フリーメーソンにならって秘密の入会式や儀式を催し、2文字または3文字のギリシア文字をその会名に掲げることが多いためGreek-Letter Fraternityとよばれることがある。この表記の初出は1879年頃である。

*2 ソロリティ（sororities）――アメリカの大学で、女子学生が組織するクラブ団体で、学業やさまざまな活動ですぐれた人、あるいはクラブが独自に設けた基準に達した女子学生だけが加入を許された。ソロリティ・クラブの会員がsorority sisterとよばれるように、女子学生のあいだの姉妹関係を生涯にわたって維持する。いっぽう、漂白したブロンドの髪に目立つリボンをつけて濃いめのお化粧をする女子学生は、「型にはまった女子学生」という意味で、sorority girlと表現される。

*3 「親がわり」（in loco parentis）原則――国親思想（parens patriae、パレンズパトリー）にもとづく少年司法の原則のひとつ。公権力が、「親に代わって」（in loco parentis）私的領域に介入するために、親子関係のパターナリズムを利用して考案した支配の論理。「クルーズ事件」訳注1参照。

➡学生の政治活動

●参考文献

Altbach, Philip G. 1974. *Student Politics in America: A Historical Analysis*. New York: McGraw-Hill.

Drewry, Raymond G. 1928. *Pupil Participation in High School Control*. New York: Harcourt, Brace and Company.

Falvey, Frances E. 1952. *Student Participation in College Administration*. New York: Teachers College, Columbia University.

Fass, Paula S. 1977. *The Damned and the Beautiful: American Youth in the 1920s*. New York: Oxford University Press.

Freidson, Eliot, ed. 1955. *Student Government, Student Leaders and the American College*. Philadelphia: United States National Student Association.

Smith, Joe. 1951. *Student Councils For Our Times*. New York: Teachers College, Columbia University.

Terrell, Melvin C., and Michael J. Cuyjet, eds. 1994. *Developing Student Government Leadership*. San Francisco: Jossey-Bass Publishers.

（GLENN WALLACH／杉谷祐美子訳）

学生の政治活動（Youth Activism）

勉学よりもレクリエーションを楽しむことを重視したいという大学生の一部にある願望は、何世紀にもわたってつねに見られた。歴史的につねに見られたもうひとつは、キャンパスの外で学生たちがかかわる人びとと学生たちとのあいだの緊張関係である。さらに、若者を政治的なやり方で行動を起こさせるよう若者にはたらきかけるには、つねに大学の外の異常な出来事を必要とした。南北戦争（1861-65）以前に組織されていた反奴隷制運動という遠い過去の例外的な事例もあるが、アメリカでは、少数派の学生たちにとって政治活動が通過儀礼になるのは20世紀になってからであった。

「聖スコラスティカの日の暴動」。1354年、オックスフォード大学。*

近代以前のヨーロッパ

12世紀と13世紀には、ボローニャ、オックスフォードそしてパリといった大学は、ヨーロッパの高等教育を復活させる先導役になった。ボローニャ大学では、留学生には市民権がまったく認められず、値段をつり上げる家主や商人たちの言いなりになることがしばしばあった。しかし、ボローニャ大学の学生は、はっきりとわかるその無力さにもかかわらず、容易に別の大学に移ることができた。

学生たちが学校におよぼす経済的な影響力とならんで、キャンパスに寄宿施設や教室建物がなかったことは、彼らに非常に大きな移動性をあたえた。たとえば、ボローニア大学の学生たちは、学部教授団が講義を休講すれば、授業料の支払いを見あわせることができた。しかし、中世の大学が住居や講堂を建設しはじめると、学生たちはより深く根を下ろし、キャンパス監督者の権威に従うようになった。

学生の規律は、中世の大学では大きな難問であった。ボローニア大学の学長は、学生たちが賭博場の客になったり、高利貸しといっしょに商売するのを禁止した。オックスフォード大学は、学生たちがキャンパス内で熊や鷹を飼育したり、売春婦とかかわるのを禁じた。さらに、オックスフォード大学では、教授団を襲撃したり、町の住民の家に暴力的に押し入った学生を処罰した。1300年代のオックスフォードにはさまざまな国から来た学生たちが在籍するようになったので、大学は学生が民族の特徴を軽蔑するのを禁止するために、言論統制を行なった。

違反学生に対する制裁は、追放することから被害者たち全員にワインを購入させることまで、多岐にわたった。違反した学生が上流階級の出身であった場合、追放とかむち打ちの罰のかわりに、その父から財政的な賠償の申し入れを受けた。

中世ヨーロッパでは、学究的な仕事に勤しんでいる学生と、わずかな報酬のために苦労して町に住んでいる人びととのあいだの関係は、ぎすぎすしたものになりえた。1354年2月10日の聖スコラスティカの日に、オックスフォードの学生たちが煽動して居酒屋でどんちゃん騒ぎを起こした*1。この騒ぎは、弓矢で武装した町の住民が刀をあやつる学生と教授団に戦いを挑んだため、暴動に発展した。暴動が2日目を迎えたとき、町の住民はオックスフォード大学のキャンパスに侵入し、多数の学生と教授団を殺害した。

聖スコラスティカの日のあとに起きた、死者が出るほどの暴動は、そのすぐあとに起きた挑発的な殺人にはおよばなかったものの、争いの種は深く根を下ろした。何年にもわたって学生たちと地域住民とのあいだで個別的な暴力事件が起きた。実際、1297年から1322年にかけての時期、オックスフォードでは、このコミュニティで発生した殺人事件の半分は、オックスフォード大学の学生によるものであった。

1200年に、国王フィリップ・オーギュスト*2がパリ大学に、学生と教授団に対する裁判権をあたえたことは注目に値するが、イギリス国王も——聖スコラスティカの日の暴動のあとに——さらにふみこんだ決定をしている。オックスフォード大学は、国王から都市住民に対する法的支配権を授与されたのである。こうして、パリ大学とオックスフォード大学は、統治機関から、そのキャンパスがほとんど侵害されない知的聖域とみなされる前例を確立した。

植民地時代と近代初期のアメリカ

ハーヴァード大学［1636年創立］が、学生暴動を経験するまでに130年がすぎたことは、この大学の創設のミッションが組合教会の牧師を訓練することにあったことと照らしあわせてみれば、なんら驚くべきことではない。しかし、1766年に起きたハーヴァード大学の暴動は、あきらかに非政治的なものであった。多数のボストン住民が大英帝国の植民地政策を批判していたとき、ハーヴァード大学の学生たちは、キャンパス内の食物の品質の悪さに抗議したのであった。

これとは対照的に、アメリカ独立革命（1775-83）

の前夜、ロードアイランド大学（のちのブラウン大学）、ニュージャージー大学（のちのプリンストン大学）、ダートマス大学、ハーヴァード大学、ウィリアム・アンド・メアリ大学、そしてイェール大学の学生たちは、植民地の政治に没頭するようになっていた。1772年には、プリンストン大学の学生たちは、彼らがイギリス政府の同盟者とみなしていた政治家たちの人形を公然と絞首刑にした。しかし、ほとんどの場合、歴史家スティーヴン・ノヴァクが結論しているように、独立革命につながる出来事で学生たちが役割を演じることはほとんどなかった。

独立革命がすぎると、アメリカの大学は経済的に困難な時代に直面したが、これは、高等教育機関の数が拡張することに付随した。1782～1802年に、新しく19の大学が生まれ、かぎられた学生を争奪した競争の結果、アカデミックな水準の低下をまねかざるをえなかった。ディッキンソン大学（ペンシルヴァニアの）、ペンシルヴァニア大学（ペン）、そしてプリンストン大学は、生き残りつづけるために、また、授業料を別のところから徴収せよと主張する学生たちの脅威に直面したため、4年の在籍期間に代わって2年間の在籍期間で学士をあたえた。ディッキンソン大学の学生は、1798年に、教室での授業をわずか1年間受けただけで学士が授与されるまでストライキを続けることさえした。ディッキンソン大学当局は、こうした学生の要求に屈した。

近世アメリカにおける学生の規律と暴力問題は、中世ヨーロッパを思い起こさせるものであった。1799年、ノースカロライナ（チャペルヒル）大学の学生たちは、学長を鞭で打ちのめし、2人の教授に石を投げつけた破壊的な2名の学生が追放されたことに怒りをあらわにした。この3年後、ウィリアム・アンド・メアリ大学の学生たちは、死にいたる決闘を禁じた学則に異議申し立てをし、キャンパスの窓ガラスを割り、聖書を破りすて、教授の家を破壊するなどの暴動を煽動した。

1807年のプリンストン大学では、3人の学生が退学処分を受けたことに抗議する学生たちが大学の建物を占拠した。このとき、常習的なトラブルメーカーの学生がどこかほかの大学に入学登録するのを防ぐために、プリンストン大学とハーヴァード大学の管理者は、全国の大学と協力してブラックリストを作成した。ノースカロライナ大学、ダートマス大学、およびその他の大学がこのブラックリストを受け入れたのに対して、ペンシルヴァニア大学は、学生たちの過去の懲戒記録には関係なく、それが学生を締め出す理由にはならないと判断して、このリストの有効性を傷つけた。

高まる懲戒問題と低下するアカデミック水準とならんで、大学は相当数にのぼる政治活動をする学生を見いだしていた。1798年のウィリアム・アンド・メアリ大学では、フェデラリスト（連邦支持者）であった

ジョン・アダムズ大統領（1735-1826）に見たてた人形を燃やして独立記念日を祝った。学生たちは、アダムズ大統領が、革命中のフランスに戦争をしかけようとしているのではないかと考えたのであった。政治に関心があった北部の大学生の大半は、トマス・ジェファーソン（1743-1826）と彼の共和党の支持者に対して抗議集会を招集した。ウィリアムズ・カレッジの学生たち（と、未来の詩人）ウィリアム・カレン・ブライアント*3は、1808年に、ジェファーソン大統領を、無能なリーダーであるだけでなく性犯罪者でもあったとする、連邦制度を支持する長い論文を著した。

南北戦争時代

南北戦争以前の数十年、4年制の学士が復活したものの、学生の規律は問題をはらんだままであった。1842年に、ハーヴァード大学の学生と地元の労働階級のボストンの住民たちは、長年にわたる「タウン・アンド・ガウン」*4の緊張関係に火をつけて本格的な暴動に発展させた。1842年の暴動の直接の原因は非政治的なものであった。ハーヴァード大学の学生たちが、イギリスかぶれの学生たちの服装選びを嘲った住民たちに憤慨したのであった。ハーヴァード大学の学生たちは、下層階級の町の人びとがあこがれていたオックスフォード大学の帽子の安物の模造品をかぶっているのを見て、その偽物学生たちを襲った。怒りに駆られた300人ほどの市民の群れは、ハーヴァード大学のキャンパス内に侵入しようと試み、銃と棍棒とナイフで武装した50人ほどの学生たちと衝突した。学部教授団と警察が介入したが、どちらも、そのあと9日間にわたるキャンパス外でくりかえされた殴りあいと器物の破壊活動を鎮めることはできなかった。

ハーヴァード大学の学生たちと地元住民たちが1830年代と1840年代を通じて互いに愚弄しあっていたときでさえ、奴隷制度への反対運動はいくつかの北部の大学キャンパスに根を下ろそうとしていた。1834年、オハイオ州シンシナティ市の「レーン神学セミナー」*5では、南部に同情的なコミュニティの住民とは敵対したくなかった大学理事たちと奴隷制度に反対する学生と教職員が対峙した。レーンの学生と教職員の何人かは、奴隷制度廃止グループの解散命令を受けたため、オーバリン・カレッジ*6に移った。オーバリン・カレッジは1834年に設立され、ニューイングランド人が定住するようになったオハイオ州北部にあり、奴隷制度反対運動の温床になった。

1835年、オーバリン・カレッジは、女性とアフリカ系アメリカ人を受け入れる意向を発表し、アメリカにおける唯一のジェンダーと人種的に統合したキャンパスを生みだした（南北戦争以前のオーバリンの学生総数の5パーセントは黒人であった）。学生と教職員は、オーバリン反奴隷制協会（the Oberlin Anti-Slavery Society）を設立し、奴隷制度廃止論者たちの

自由党*7のメンバーとなったあと、最後には共和党のメンバーになった。オーバリンの反奴隷制度への熱い想いは、ダートマス大学やウィリアムズ大学とならんでミシガン大学にも広まった。

逃亡奴隷の逮捕を阻止しないよう市民に要求した1850年の逃亡奴隷法（Fugitive Slave）の成立によって、オーバリンは文字どおり戦場になった。1858年夏、3回ほど南部からやってきた奴隷狩りたちは、オーバリンの学生、教授団、地域住民から立ち退くよう警告を受けた。1858年秋、奴隷狩りがオーバリン近郊で逃亡奴隷を捕らえると、奴隷制度廃止論者たちは、逃亡奴隷が拘束されていた建物を襲撃して彼を救出した。これに対して連邦政府は、逃亡奴隷法にしたがってオーバリン市民37人を起訴した。彼らの裁判は、国内のニュース・メディアの注目を集めるところとなった——アメリカの大学においてはじめて、学生と教授団の政治活動は、かつて例を見ないほどの報道に値する対象になったのであった。

アメリカ人たちが奴隷制度の道徳性を討議しているあいだ、西ヨーロッパの——学生と教授たちを一部ふくむ——改革者たちは、自国の政治的および経済的な将来について議論を重ねた。1848年、ドイツの製造業とケルンの大学都市は、社会的不満の核心地になった。大学教授から転身した——有名なカール・マルクス（1818-1883）のような——急進的なジャーナリストのなかには、社会主義的な労働者の革命を模索する者もいた。工業化が自分の経済的な地位を侵食するのではないかとおそれていた熟練職人たちは、機械がなかった過去をふりかえった。さらに、ほかの者は、自由貿易か保護貿易主義か、資本主義か社会主義か、そして民主主義か立憲君主制か、どちらかの上に構築される統一ドイツを要請した。最終的にはプロイセン王国が大砲で威嚇して議論に決着をつけた（1871年までに、統一ドイツは、そのまわりに国家を築いた軍隊組織となった）。

20世紀初期のアメリカ

1869年から1900年にかけて、アメリカの大学の登録学生数は5万2000人から23万7000人にまで増加した。この数値は、1929年には110万人に上昇した。1900年には、大学の同一年齢集団（18歳から22歳まで）の4パーセントが学生として登録されたが、これは30年後には12.5パーセントになる。シカゴ大学、ジョンズ・ホプキンズ大学、およびスタンフォード大学は、オハイオ州立大学のように政府の無償払い下げ地の大学（国有地交付大学）としてさえも創設された——これらはもともとは、教養教育を志向するよりも農業教育と工学教育を志向していたが——その学生総数を拡大した。

同時にまた、かつてよりも多くの女性が高等教育を受けるようになった。1870年当時、大学に在籍登録された学生の5分の1は女性であった。1900年までに、大学生の3分の1が女性になった。1900年には、全国のハイスクールの卒業者の60パーセントを女性が占めたが、大学の学位をあたえられた女子学生は19パーセントしかいなかった。全般的に見て——職業につくにせよ結婚するにせよ——女子学生がドロップアウトしやすい傾向は、卒業者の総数を押し下げるはたらきをした。

1900年までに高等教育に登録された女性の比率がそれなりに大きかったことを除けば、アメリカの大学生の典型的なプロフィールは、独立革命以降ほとんど変化しなかった。学生たちの大部分は、中産階級と上層中産階級の白人のアングロ・サクソン系のプロテスタントの家族の出身であった。しかし、変化したのは、多数の学生のあいだで社会問題に取り組もうとする願望が高まったことであった。1850年代にほんのひとにぎりの学生が奴隷制度に反対して異議申し立てをしたところでは、1911年になると、1万人以上の学生が、都市の貧困層の教育と健康管理を改善する努力のなかで、セツルメント・ハウスではたらくためにボランティア活動をするようになったが、こうした学生ボランティアのなかには、やがて社会主義活動家となるノーマン・トマス*8もいた。

1905年、歴史家フィリップ・アルトバック（1974）によると、大学社会主義連合（Intercollegiate Socialist Society：ISS）は、学生の政治活動を展開する最初の全国組織の団体になった。このISSは、小説家アプトン・シンクレア*9とジャック・ロンドン*10の激励を受け、シカゴ、コロンビア、ミシガン、カリフォルニア大学バークレー校、ウィスコンシン、そしてイェールなどの各大学に支部を設立した。バークレー校では、ここにISSの支部を創設する1年前の1904年、一部の学生が、予備役将校訓練部隊プログラム（the Reserve Officers' Training Corps: ROTC）がキャンパスに駐留することに激しく抗議した。アルトバックは、この事件はバークレーにおける最初の学生暴動であったとしている。

ハーヴァード大学は、1912年までに、50人のメンバーを擁するISS傘下で最大のキャンパス支部を誇った。アメリカが第1次世界大戦に参戦する直前の1917年には、ISSは全国に900人の在学生メンバーを擁していた。ISSは、1907年に創設され、社会党の支援を受けた親密な団体、青年社会主義連盟（the Young Peoples' Socialist League: YPSL）と同じように第1次世界大戦にアメリカが関与することに反対した。ISSと、大学生のメンバーがほとんどいなかったYPSLはともに、1917年のロシア革命をめぐって分裂を経験した。ISSのリーダーたちは、共産主義革命に疑念をいだき、社会主義の運命を救出しようとした。彼らはこうした目的に向けて、産業民主主義連盟（the League for Industrial Democracy: LID）を創設した。

カクセイノ

1968年5月、警官隊に石を投げつける学生たち。パリ大学の学生たちの抗議は、フランスの労働者が開催するストライキに呼応して起こり、フランスのほかの各都市に急速に広まる大規模な社会不安につながった。©Hulton-Deutsch Collection/CORBIS

だが、この動きに不満をいだいて離反した過激派は、1922年に青年共産主義連盟（the Young Communist League: YCL）を結成した。

　活動が麻痺したYPSLとならんで、YCLとLIDはどちらも、シカゴ大学、ニューヨーク市立大学、ハンター大学（ニューヨークの）、テンプル大学（フィラデルフィアの）、およびウィスコンシン大学で学生支持者を奪いあった。1920年代の学生の政治活動は、40の大学で予備役将校訓練部隊プログラム（ROTC）の訓練を組織的に破壊しようとした。その抗議の目標は、男子学生を対象にした強制的なROTCを廃止させることにあった。こうした戦争反対の政治活動のどれほど多くの部分が──アメリカの若者が身体訓練を避けたいと願っていたこととならんで──平和な新しい世界秩序を作ろうとする願望に動機づけられていたか、そしてこの表現がどれほど深くアメリカの孤立主義に根を下ろしていたかについては、アルトバックが述べているように、まだ解明されていない。

　1920年代の10年間は学生の政治活動の時代ではなかった。共産党にくわわった──そしてのちに非アメリカ活動にかんする下院委員会で名をあげることにな

る──ホイッテカー・チェンバーズ*11のようなコロンビア大学の学生はともかくとして、何万もの学生は、依然として非政治的なままであった。しかし、歴史家ポーラ・ファスが読み解いたように、1920年代の男子学生と女子学生は、それ以前の数世代の学生よりも、新しいヘアースタイルや衣服のスタイルをとりいれ、アルコールとタバコを堂々と消費する傾向を強めた。

　1923年にヴァッサー大学*12出身の女性たちが行なった世論調査が、女性の90パーセントが専門職につくよりも結婚を望んでいることを明らかにしたように、女子学生は伝統主義の強い経験を保持していたが、彼女たちは一般市民よりもはるかに強く産児制限（受胎調節）を支持していたようである。若者たちが社会に対する義務よりも個人としての自分の権利を利己的に重視するのをオハイオ州立大学の女性の学部長が慨嘆したのは、1920年代の学生のモラルの弛緩がはっきりとわかったことへの対応であった。

　学生が個人の自由と社会への義務とのあいだでどのようにバランスをとるかを大学管理者が変えることができなくても、「親がわり」*13原則の厳格な強制によって、キャンパスでの道徳的なふるまいを規制するこ

とは可能であろう。両親がいないときに代わって行動するのが自分の立場だと見ていた大学の指導者たちは、夕方以降、キャンパスの寄宿舎を性別に区分し、アルコールを禁止した。「親がわり」原則という根拠は、小規模な、ある程度隔離された住居のある大学ではよい効果があったが、大学管理者は、ニューヨーク州立大学（シティ・カレッジ）のように、急速に拡張する都市型のキャンパスと大規模な通学制の機関がこれまで以上に魅力的な課題になっていることを理解していた。

世界大恐慌時代
　世界大恐慌（1929-41）は、アメリカの教育と大学生にとって、最善の時代であるとともに最悪の時代でもあったことが明らかになってきた。国民の高い失業率（たとえば、1932年では25パーセント）の結果、多くの若者は、労働市場から閉め出され、教室に戻るよう強いられた。1936年当時、アメリカの歴史でティーンエイジャーの比率がもっとも大きかった65パーセントの子どもがハイスクールに通っていた。大卒の学位をもつアメリカ人は、1930年の3.9パーセントから1940年の4.6パーセントに上昇したが、この間に大学の入学登録者数は120万人から150万人に増加した。同じ時期、学士号を取得した女子学生は40パーセントに上った。

　他方、世界大恐慌の初期の数年間の大学卒業者の失業率は、全国平均のすくなくとも2倍に上昇し、可能ならばキャンパスに避難して残ろうとする動機がはたらいた。1935年に青少年局（the National Youth Administration: NYA）が創設されたおかげで、連邦政府はパートタイム仕事をしていた60万人の大学生にはじめて助成金を支給したが、彼らはもしその助成金を受けることができていなければ学位を取得せずに大学を去っていたかもしれない。これとは別に、150万人のハイスクールの生徒と、もはや教育制度にいなかった260万人にのぼる失業中の若者たちも、NYAの援助を受けた。

　1930年代は大学キャンパスで、また社会一般でも、「赤く染まった10年」（Red Decade）として知られるようになったが、急進主義は大部分の大学で支配的な政治的緊張ではなかった。1932年の調査では、5万6000人の大学生のうち、勝利をおさめた民主党の大統領候補フランクリン・ルーズヴェルト（1882-1945）に投票したのは3分の1以下であったことが明らかになっている（しかし、18パーセントは社会党の大統領候補者ノーマン・トマス［1884-1968］に投票した）。1936年のハーヴァード大学創立300周年記念日にルーズヴェルト大統領が演説をはじめたとき、学生たちはルーズヴェルトに背を向けたのだった。

　1932年、産業民主主義連盟（the League for Industrial Democracy: LID）は、大学キャンパス内に組織を立ち上げることを決定し、学生支部を確立してこれを産業民主主義学生連盟（the Student League for Industrial Democracy: SLID）と名づけた。それから1年以内に、SLIDは、50のキャンパス支部を擁し、シティ・カレッジ、ハーヴァード大学、スワスモア大学などの活動を足がかりに、デトロイトのウェイン州立大学をふくむほど広がった。ヴィクターとウォルター・ルーサー——この二人はこのあと、全米自動車労働組合（the United Automobile Workers Union）を組織する役割を担う——は、ウェイン州立大学の支部に属していた。スワスモア大学では、SLIDの活動家モリー・ヤード[*14]が、人種的で宗教的な差別を行なう女子学生クラブの禁止という状況で頂点に達した一連の抗議行動を組織するのを助けた。この数十年後、ヤードは、全米女性機構（the National Organization for Women）[*15]の理事長をつとめることになる。

　アメリカ共産党（the Communist Party USA: CPUSA）は、大学キャンパスでの評価を高めたいという希望をもって、1931年、全米学生連盟（the National Student League: NSL）を創設した。1935年にソヴィエト連邦が、ナチ・ドイツがもたらす軍事的脅威に大きな関心をもつようになると、アメリカ共産党は、社会主義者と「進歩的な」民主党員らと人民戦線[*16]を組織するよう指令を受けた。この活動が終わる頃、NSL、NCLそしてSLIDは共同してアメリカ学生連盟（the American Student Union: ASU）を結成した。そのリーダーにはモリー・ヤードやジョーゼフ・ラッシュ[*17]——のちに大統領夫人エレノア・ルーズヴェルトの賞賛すべき伝記作家となる——がいた。CPUSAは、アメリカ青年会議（the American Youth Congress: AYC）を通じて、キャンパスの外で若者を組織することに積極的な関心をもちつづけた。青年社会主義連盟（the Young Peoples' Socialist League: YPSL）は、ASUに協力する意図はあったが、大学の学生よりも若い労働者を組織することのほうにその努力の大半を集中させた。

　1930年代の学生運動についての包括的な人口動態データは利用することはできないが、アルトバックとほかの歴史家（たとえば、ブラックスとコーエンなど）は、大学生の政治活動の一般的な概要を再構築できている。政治活動をする学生の大部分は中産階級と上層中産階級の家庭の出身者であった。この例外は、ニューヨーク州立大学で集団をつくっていた第二世代のユダヤ系アメリカ人で、この大学は授業料が無償であり、アイビー・リーグの大学[*18]といくつかの主要な州立大学がとっていたような、差別的な宗教上の割当制度がなかった。

　1930年代の学生の政治活動家の大部分は、ビジネス、自然科学、工学分野ではなく、社会科学と人文科学の研究を追求した。公共部門での雇用を求めた学生たちには、民間部門での仕事につくことを期待する学

生よりもはるかにリベラルな傾向があったかもしれない。たとえば、1934年の、（マンハッタンの）カンザス州立教員養成大学の700名の学生に対する意識調査は、65パーセントの学生が、自分のことを反ビジネス的なニューディール政策の支持者だと考えていることを示した。学生たちは、アメリカの保守主義の中核地帯で暮らしていたが、公立学校の教師になるつもりでおり、おそらく、まず最初に教育予算をカットしようとする共和党の政治家たちに不信感をいだいただけでなく、政府の拡張政策に既得権ももっていたに違いない。

　一般大衆の感情は、ますます高まるナチと日本の軍事侵略にもかかわらず、あるいはそれゆえか、いちじるしく孤立主義的なままであった。1937年のギャラップ世論調査は、アメリカ人の70パーセントが第1次世界大戦に参戦するのはまちがいだと考えていると報告した。キャンパスの学生たちの態度は、どちらかといえば、アメリカ政府の外交政策の手段としての戦争に対しては、非常に強く嫌悪した。1933年、コーネル大学の活動家は、学生士官候補生をナチと同等視する「直立歩調訓練なんかすっぽかせ」（Duck the Goose Step）ときざんだ反・予備役将校訓練部隊プログラム（ROTC）のピンバッジを配布した。

　1933年にイギリスのオックスフォード大学学生同盟（the Oxford University Student Union）が、戦争になった場合にはイギリスを防衛しないという誓約を採択したあと、アメリカのSLIDとNSLは、これと同じようなアメリカ版の誓約を採択するよう学生たちに奨励した。1934年、SLIDとNSLは、オックスフォード誓約を支持する全国的な平和ストライキを組織した。大学キャンパスの活動家は、2万5000人――そのうち1万5000人はニューヨーク市内に住んでいた――の学生がこのストライキに参加したと主張した。

　1935年、ASUとAYCは、平和主義団体である全米メソジスト青年協議会（National Council of Methodist Youth）とともに、2回目の（そして、うわさによればかつてよりも大規模な）平和ストライキをしかけた。このストライキの組織運営者は、いたるところで、15万人から50万人ほどの学生がオックスフォード誓約を支持したと主張した。バークレー校、シカゴ大学、ニューヨーク州立大学、コロンビア大学、スミス大学、スタンフォード大学、そしてヴァージニア大学では、さまざまな規模のストライキと交戦状態の学生集会が目撃された。ペンシルヴァニア大学、ヴァッサー大学とアイダホ大学、ノースダコタ大学とオクラホマの大学では、このストライキに同情的な大学管理者たちが、戦争反対のイベントを後援するために、ASUといっしょに活動した。

　1936年までにアメリカ学生連盟（ASU）は、社会主義、共産主義、そして宗教的な平和主義の支持者たちのあいだで競合する協議事項に対応しながら、最終的には、オックスフォード誓約を再確認し、同時に、ドイツがソヴィエト連邦を攻撃すれば、アメリカはヨーロッパで軍事介入することを擁護することになった。これは、ドイツがアメリカに宣戦布告した場合、ASUは戦争を支持しないことを意味した。しかし、この立場は支持されず、ASUは1938年までにオックスフォード誓約を拒否し、ソヴィエト連邦と西ヨーロッパの民主主義国家をファシズムから守るように学生たちによびかけた。平和主義者とSLID派の学生たちは怒った。やがてその後ヨーロッパで、ポーランドへの侵攻と第2次世界大戦の勃発につながる1939年のスターリン＝ヒトラー協定（Stalin-Hitler Pact）以降、それは、ASU内部でニューディールを支持するリベラル派と共産主義者が衝突することとなった。共産主義者はスターリン＝ヒトラー協定を守り、アメリカ人に戦争から距離を置くよう要求したため、ASUは分裂状態になった。

　日本が1941年12月7日に真珠湾のアメリカ軍太平洋艦隊を爆撃したあと、徴兵リストに登録された1000万人の男性のうち良心的兵役拒否の立場を主張したのはわずか4万9000人であった。アメリカの学生たちは、階級、民族、人種、居住地に関係なく、戦争にむかってどんどん進んでいった。ロサンゼルスにおけるヒスパニック系のティーンエイジャーと水兵たちとの衝突――1943年のズートスーツ暴動――を除いて、アメリカの若者は、すぐ目の前の職務に集中した。

1960年代

　アメリカが第2次世界大戦後の時代に入ると、大学数が増え、最終的に3535校に達した。大学に入学登録した学生数は、1970年までに1000万人に上り、女子学生の比率も上昇して、1979年にははじめて多数派を占めるようになった。しかし、1960年代に高等教育が急成長したにもかかわらず、学生の社会階級のプロフィールは1930年代以降ほとんど変化しないままであった。労働階級と下層中産階級出身の学生は、1960年代の大学生全体のわずか17パーセントしかなかった。こうした人口動態や選抜徴兵[*19]を延期された多数の学生がいたことを考慮すると、ベトナム戦争（1954-1975）で戦場に行った男性の80パーセントは労働階級の若者であったことになる。1960年代の大学キャンパスの戦争反対抗議は、必然的に多数のブルーカラーのコミュニティでは憤慨をかった。

　大学の学生は、1940年代と1950年代の比較的平穏な時代のあと、四つの重要課題に直面し、アメリカ史でもっとも大規模なキャンパス抗議を燃え立たせるのを助長した。第1の課題は、「親がわり」原則を続け、保守的な州議会に敬意をはらって、キャンパスでの政治活動の禁止を擁護する大学管理者の主張があったことである（この禁止は、1964年のバークレー校での「言

カクセイノ

アメリカの大学生は、1968年の民主党の大統領候補者ユージン・マッカーシーの指名演説［ベトナム戦争反対］を強く支持し、マッカーシーの「少年十字軍」とよばれるようになった。©Bettmann/CORBIS

論の自由運動」（Free Speech Movement）に火をつけたが、歴史家たちは、これがほかのキャンパスの学生の政治活動を鼓舞した功績を認めている）。

第2に、1950年代の南部における公民権運動は、北部の学生たちを1960年代初期の人種間の平等のための闘争にまきこんだ。白人の活動家は、公民権運動では脇役に甘んじた。たとえば、1964年のバークレー校では、会社の地元支店で座りこみを演出したが、南部にあったその会社の本店では人種差別に対する異議申し立てはしなかった。また、彼らは、ミシシッピー州に出かけていって黒人たちが投票できるよう正式に申し入れた。

第3および第4の課題は、卒業後——あるいは成績不良で落第したあと——のベトナム戦争への兵役という恐怖が、共産主義の封じこめ政策に傾いた民主党から若者たちが離反する原因になっただけでなく、多数の大学キャンパスの平和を求める抗議運動をあおったことである。アメリカの外交政策に対する急進的な批判を支持する準備ができていなかった若者たちにとって、ミネソタ州のユージン・マッカーシー上院議員[*20]が1968年に展開した民主党大統領候補指名を勝ちとるための選挙運動は、まぎれもなく「子ども十字軍」であった。

1962年には、大学のキャンパスを拠点にするニューレフトとニューライトの誕生が見られた。産業民主主義学生連盟（SLID）は、ミシガン州ポート・ヒューロンで開催された代表者会議で、公式に民主社会を求める学生同盟（the Students for a Democratic Society: SDS）になった。このSDSは、自治体と予備役将校訓練部隊プログラム（ROTC）に対するその敵対心ばかりでなく、アメリカの干渉主義的な外交政策に反対するASUの立場の多くを継承した。このことは、SDSに参加したり1960年代にほかの左翼組織に参加した約10万人の学生のすくなくとも3分の1が、「赤いおむつをした赤ちゃん」すなわち、1930年代の社会主義と共産主義の活動家の子どもたちであったことを考えれば、なんら驚くには値しないであろう。

シカゴ大学、ハーヴァード大学、ミシガン大学、オーバリン大学それにスワスモア大学などのエリート教育機関から発展したSDSは、おもに中産階級と上層中産階級の若者たちの組織であった。彼らの両親の大半は、しばしば弁護士、医者そして大学教員であった。宗教にかんしていえば、SDSのメンバーの60パーセントが世俗的なユダヤ教の家族、35パーセントが白人のプロテスタントの家族、5パーセントがカトリックの家族の出身者であった。SDSのユダヤ人学生の比率は、彼らが所属する高等教育機関のアカデミックな質に応じて多様であった——シカゴ大学では多数派、

オハイオ州のケント州立大学では少数派であった——が、出身地は一定していた。ミシガン大学とウィスコンシン大学などに在籍していた多数の左翼の学生活動家は、州外から来ていた。全般的に見て、政治活動をする学生の相当部分は大都市圏の出身者であった。ほぼ全員がリベラル・アーツと社会科学を専攻する学生であった。

各大学が「親がわり」の原則を放棄し、1960年に南部の黒人学生と白人学生が設立した学生非暴力調整委員会 (the Student Nonviolent Coordinating Committee) が人種の分離主義を受け入れたため、政治活動をする学生と、ますます増える学生たちはその注意を、しだいにエスカレートしていたベトナム戦争に向けた。戦争反対の抗議は、1960年代後半に高まったときでさえ、特定の学生団体の3分の1以上が動員されることはめったになかった——高い動員比率を示したのは、バークレイ校、コロンビア大学、ハーヴァード大学だけであった。最大規模の学生反乱が起きたのは、1970年5月4日、ケント州立大学の4人の学生をオハイオ州兵*21が殺害したことに呼応して全国で400万人の学生がストライキをしたときだけであった。

1970年4月のアメリカ軍のカンボジア侵攻——これは、ケント州立大学での反戦抗議の引き金になり、オハイオ州兵がキャンパスを占領する事態へと発展した——が、インドシナ戦争の拡大にはつながらないことが明らかになると、学生たちの抗議活動は消滅した。1969年に大統領リチャード・ニクソン（1913-1994）は、すでに抽選による徴兵制を制度化していたが、これは、大学生の徴兵延期を廃止し、若い男性に徴兵番号を割りふることによって学生たちの不安を大幅に解消した。ベトナム戦争で部隊の人員が削減されると、学生たちの大部分は、自分の割りあて番号が大きな数字であれば徴兵されないことを知っていた。こうして反戦抗議を支持する学生はしだいに消え去り、そしてSDSのような残存組織からも離れ、SDSは1969年には毛沢東（1893-1976）を信奉する派閥（進歩主義労働党）と漂流するテロリストのセクト（ウェザー・アンダーグラウンド*22）に分裂した。

1960年代が、アメリカの大学キャンパスで最初の大規模な保守的な学生運動の時期であったことは、しばしば見落とされている。1962年、「ナショナル・レビュー」紙の編集者ウィリアム・F・バックレイ・ジュニアの地所であったコネティカット州シャロンで開催された集会において、自由を求めるアメリカ青年団 (the Young Americans for Freedom: YAF) が誕生した。YAFの会員には、宗教的保守派の人びとや自由市場の自由意志論者だけでなく、ソヴィエト連邦と中国に対してジョン・F・ケネディ大統領（1917-1963）が示したものよりも強力な対策を望んでいた反共主義者がふくまれていた。

YAFの会員は6万人以上に増えたが、SDSと同じように、自由意志論者が徴兵制度を廃止することを要求し、ベトナム戦争を非難し、さらに麻薬と妊娠中絶の合法化に賛成したため、1969年には解体してしまった。しばしばエリートの大学に通い、専門職家族の出身であった自由意志論者は宗教的な保守派と衝突したが、この保守派の多くは下層中産階級のカトリック家族出身で、名声の高くない州立大学に通っていた。

長い経過をたどってみると、[保守派の]自由を求めるアメリカ青年団（YAF）が、[革新派の]民主社会を求める学生同盟（SDS）をしのいだひとつの利点は——イデオロギーの分裂などあらゆることで——組織的な政治プロセスに入ることに強いかかわりをもっていたことであった。このことは、社会学者レベッカ・クラッチと歴史家グレゴリー・シュナイダーが論じているように、1980年代まで、YAFの卒業生が——地域、州、あるいは連邦の選挙事務所で奉仕するにせよ、ロナルド・レーガン大統領（1911-2004）の政治体制のもとで助言者としてはたらくにせよ——国家主義的な共和党でますます大きくなる役割を果たしていたことを意味している。これとは対照的に、SDSのメンバーの多くは、大学キャンパスに残り、大学院のリベラルアーツ課程から（運がよければ）終身在職権をもつ教授職についた。

1960年代のアメリカの大学でくりかえされた分裂劇は、イギリス、西ドイツ、そしてフランスでもそれと同等のものが見られた。西ヨーロッパの学生たち——彼らが在籍していた大学の規模が小さく、学問的に非常に選別的な大学制度であったことを考慮すれば、その全体数はアメリカよりも少なかった——もまた、ベトナム戦争と彼らの性行動に対する大学の管理規制に抗議した。1968年5月にもっとも有名になったのは、新しく建設されたパリ大学のナンテール・キャンパス——ここは貧窮化して隔離されたアラブ人居住区に隣接していた——で、数千人の学生が要求を掲げて街頭にくりだしたことであった。

ナンテール［パリ第10大学］で社会学を専攻していたダニエル・コーン＝バンディ——彼自身は、ドイツ語のイニシアルSDSで知られるドイツ社会主義学生連盟 (the German Socialist Students' League: SDS) の賛同者であった——の指導に従い、パリの学生たちは、ベトナムにおけるアメリカの戦争と学生の性行動に対する大学の規制に抗議して、警官隊に玉石を投げつけた。これは、経済的に競合しない産業部門の経営上の再編に抗議する労働者たちのストライキと同時に起きたが、両者は連携しなかった。こうした騒然たる状況では、革命になるのは避けがたいと思われた。しかし、フランスの指導者シャルル・ド・ゴール*23は改革を約束し、労働者と学生たちに仕事に戻り、机に向かうよう説得した。

1960年代以降

　1970年以降に起きた学生の大規模な抗議活動の崩壊は、高等教育に対する一般大衆の信頼が低下するのと同時であった。高等教育のあり方に賛同すると表明した一般市民は1966年には61パーセントであったのに対して、1994年には25パーセントに減少した。フィリップ・アルトバックは、高等教育に対する一般市民の激しい反発を超えて、1960年代の学生の抗議運動がアメリカの大学にあたえたもっとも重要な遺産のひとつは「キャンパスの政治化」であったと主張した（1997年、32ページ）。

　ベトナム戦争時代の後に見られた大学キャンパスの政治活動の大半は、ジェンダー、性的嗜好、そして人種にもとづく組織がカリキュラムの影響を求めて競合するようになるのにつれて、アメリカをめぐる外交政策とアイデンティティの政治学に集中した。しかし、これとは対照的に外見上顕著であったのは、人種差別撤廃措置とか軍備縮小のような懸案問題をめぐる論争をすすめた人びとが、学生ではなく、大学院生として、また若手講師として、1960年代を経験した学部の教員であったことである。

　1980年代までに、しばしば単一国家に集中するアメリカの外交政策――たとえば、エル・サルバドル人民連帯委員会（the Committee In Solidarity with the People of El Salvador）や自由南アフリカ学生連盟（the Students for a Free South Africa）への外交政策――に反対して、新たにいくつかのキャンパス組織がつくられた。しかし、進歩主義的学生ネットワーク（PSN）*24 を通じて、キャンパスの左派のために複合的な懸案問題を扱う国境を越えた情報センターをつくろうとする取り組みも見られた。

　1980年代の大学キャンパスの政治活動は、一貫して非暴力的で、おおむねひかえめであり、数千人の学生しか動員できなかった。1987年、南アフリカの白人のアパルトヘイト*25 体制をアメリカ政府が支持したことに反対した若者たちは、彼らの大学キャンパスで仮小屋を建てて、国内のいくつかのメディアの注目を集めた（この仮小屋は、アパルトヘイトに堪えしのんだ結果として南アフリカの黒人が置かれた状況の象徴であった）。大学の共和党支部は、ときどきこの仮小屋のまわりにベルリンの壁をつくったり、「共産主義者の」国境警備隊を配置することによって、これに反応した。

　1997年、労働搾取工場反対学生連合（the United Students Against Sweatshops: USAS）*26 が誕生した。ジャーナリストでUSASの支援者でもあるライザ・フェザーストンは、2002年に、バークレー校、コロンビア大学、デューク大学そしてウィスコンシン大学の多数の学生活動家が、SDSに所属していたことがある両親をもち、1930年代にASUとNCLにくわわったことがある祖父母をもっていると報告している。

　USASはアメリカ国内の、また多国籍企業が所有する海外の衣類製造工場ではたらいている人びとの労働条件に表面的に反対しつつ、世界貿易機関（WTO）*27 の会議を混乱させるためにほかの団体と結合した。抗議はキャンパスから場を移し、より激しく対決的になった。2001年9月11日、大学キャンパスの政治活動は、3000人を殺害したアメリカへの攻撃以降、グローバリゼーションと資本主義に対する攻撃を、ジョージ・W・ブッシュ大統領のアフガニスタンを標的にした対テロ戦争に関連づけた。

　戦争に反対するさまざまな組織がワシントンD.C.に数万人も集結させたが、バークレー校とミシガン大学以外に、200人以上の学生が参加したデモ行進を経験したキャンパスはほとんどなかった。2003年春にはイラク戦争に反対する抗議が多数の参加者を引きつけたが、このデモのおもな参加者は、30年前にベトナム戦争に反対して行進したことがある大学教員と地域住民であった。西ヨーロッパの大学生とは違って、アメリカの学生のほとんどはテロとの戦いには反対しなかった。その理由についての説明は、次のようになされよう。アメリカ人は彼らの国土を攻撃されたからである。また、無関心な学生を戦争に反対する行動へと駆りたてる徴兵制度がなかったからである。そして、最後に、ベトナム戦争に反対した人びとのなかで異常な比率を占めていたユダヤ人学生と学部教授団は、多くの者が反戦組織の反ユダヤ的で反イスラエル的なスタンスと感じていたことをめぐって分裂したからであった。初期の学生運動から得られる歴史の教訓は、21世紀初期の大学キャンパスにおける政治的な力学を理解するうえで一定の分析的価値があるが、アメリカの若者たちは不確かな未来に向けていまなお冒険をつづけているというのが、避けられない現実である。

［訳注］

*1 聖スコラスティカの日の暴動（Saint Scholastica's Day's Riot）――1354年2月10日、2人の学生が市街のパブでワインを注文したが、「質が悪い」と店主に文句を言い、ワインをふりかけて店主を殴ったのが暴動の発端であった。大学当局がこの暴力学生への懲罰を拒否したため、店側に加担する町の住人たちが武器をもって大挙して大学に押しかけ、暴力ざたとなった。大学関係者の多くはオクスフォードから逃げ出したが、死者は、学生側が63人、住人側が推定30人にのぼったと伝えられる。このとき、オックスフォード近郊の村に滞在していた国王エドワード3世（Edward III, 1312-77、在位1327-77）に、大学側と住民側の双方が自分の正しさを訴えたが、国王は、きっぱりと「大学側が正しい」との裁定をくだした。その結果、住民たちが罰せられ、大学側は処罰をまぬがれた。この時以降、毎年2月10日の「聖スコラスティカの日」に、オクスフォード市長と市の幹部が懺悔のミサに出席し、大学に寄付することも決められた。この伝統は1825

*2 フィリップ・オーギュスト（Philippe Auguste、フランス国王フィリップ2世（Philippe II, 1165-1223）——フランス・カペー朝第7代の王（在位：1180-1223年）。父の死によって15歳で即位し、しだいに国内諸侯を治め、外交にも功を上げ、フランスの勢力を拡大した。フランス最初の偉大な王と評価され、尊厳王（オーギュスト）とよばれた。パリの道路の舗装、城壁の建設、市場の設立などの整備を行ない、父王時から続いていたノートルダム大聖堂の建設を続け、パリ大学の創立（1150-1170年頃）に協力した。

*3 ブライアント（William Cullen Bryant, 1794-1878）——アメリカのロマン派の詩人、ジャーナリスト、有力紙「ザ・ニューヨーク・イブニング・ポスト」（the New York Evening Post）の編集委員を長くつとめた。

*4 「タウン＝ガウン」（town-gown）——中世以来、大学がある町の住民（town）と、ガウン（gown）を身につける学生とのあいだでさまざまないざこざが生じていたが、両者の緊張関係を表現する用語として、語調を合わせてこのようにいわれる。

*5 レーン神学セミナー（Lane Theological Seminary）——レーン夫妻（Ebenezer and William Lane）からの寄付の約束によって、長老派の牧師を養成するために1829年に創設された。1834年に行なわれた奴隷制度にかんする「論争」は、アメリカにおける学問の自由の試金石となり、論争に参加した学生たちの多くがその後の奴隷制度反対運動で重要な役割を担ったことで知られる。

*6 オーバリン・カレッジ（Oberlin College）——フランスのアルザス出身の牧師・慈善家・社会改革者・教育家であったジャン・フリードリヒ・オーベルラン（Jean-Frédéric Oberlin, 1740-1826）が、18世紀後半に取り組んだ、村落共同体に密着した医療業務、農業改革、貧民対策などを通じて社会改革の一環として1779年にアルザス＝ロレーヌ地方に開設した、世界で最初の近代的な幼児保護施設とその事業がオーベルラン連携（Oberlinverein）として広まったことを受けて、1832年にオハイオ州に設立された大学。奴隷制度廃止運動の拠点校となった。日本の桜美林大学（1966年創立）は、戦前、北京にあった崇貞学園（その前身は崇貞平民工読学校、崇貞女子学園）を、オーバリン・カレッジで学んだ清水安三（1891-1988）が、戦後、再編して創設した。

*7 自由党（the Liberty Party）——自由党またはリバティー党とよばれるアメリカの政党組織。1839年に結成され、アメリカで最初に奴隷制度反対を唱えた。1848年に自由土地党（Free Soil party）に合併した。

*8 ノーマン・M・トマス（Norman Mattoon Thomas, 1884-1968）——アメリカの長老派牧師、社会主義者、反戦平和主義者。

*9 アプトン・シンクレア（Upton Beall Sinclair Jr., 1878-1968）——アメリカの著作家。食肉加工卸売業界の内幕を描いた暴露小説『ジャングル』（The Jungle, 1906）で広く知られる。ピュリツァー賞受賞。

*10 ジャック・ロンドン（John Griffith "Jack" London, 1876-1916）——アメリカの作家、ジャーナリスト、社会主義活動家。『野性の叫び』（The Call of the Wild, 1903）で広く知られる一方、労働者の権利を擁護して、組合統合運動、労働環境改善運動を展開した。

*11 ホイッテカー・チェンバーズ（Whittaker Chambers, 1901-1961）——アメリカの作家、編集者。アメリ共産党党員、ソヴィエトのスパイをしたのち、転向して共産主義をすて、さまざまな暴露証言を行なった。

*12 ヴァッサー大学（Vassar College）——イギリス生まれのアメリカの酒造商人であったマシュー・ヴァッサー（Mattew Vassar, 1792-1868）が、女性の高等教育を支援して、1861年にニューヨーク州南東部のハドソン川をのぞむポキープシ（Poughkeepsie）に創設した名門女子大学。

*13 「親がわり」（in loco parentis）——親になりかわって社会の制度原理が未成年者の監護機能を果たすこと。法学では「パレンズ・パトリー原則」（parens patriae）あるいは「国親思想」ともよばれる。とくに少年司法では未成年者に対する監護機能を果たす際の重要な原則のひとつとなっている。「パレンズ・パトリー」原則については、「クルーズ事件」訳注1を参照。

*14 モリー・ヤード（Mary Alexander "Molly" Yard, 1912-2005）——20世紀後半のアメリカのフェミニスト。大統領夫人エレノア・ルーズヴェルトの助手をつとめ、のちに社会主義活動家、フェミニストとして全米女性機構の創設にかかわった。フェミニズムの第二波の時期（1987-1991）に第8代理事長をつとめた。

*15 全米女性機構（the National Organization for Women）——1966年にベティー・フリーダン（Betty Friedan [Naomi Goldstein], 1921-）が結成したアメリカの代表的なウーマンリブ組織。略称はNOW。

*16 人民戦線（popular front; people's front）——ファシズムなど共通の敵と戦うために結成された左翼や中道の政党・団体による共同戦線。1930年代にフランス、スペインなどで成立した。スペイン語 frente popular, フランス語 front populaire。

*17 ヨゼフ・ラッシュ（Joseph P. Lash, 1909-1987）——アメリカの急進主義的な政治活動家、ジャーナリスト、作家。大統領夫人エレノア・ルーズヴェルトの親友で、その評伝によってピュリッツァー賞を受賞した。

*18 アイビー・リーグ（the Ivy League）——アメリカ北東部にある名門の単科・総合大学の一群。とくにイェール、ハーヴァード、プリンストン、コロンビア、ダートマス、コーネル、ペンシルヴァニア、ブラウンの8大学をさしていう。高度な学問的実績と社会的威信を保持している。

*19 選抜徴兵制（Selective Service）——義務徴兵制の一種で、アメリカでは18歳から26歳までの若者を対象

に、選抜徴兵局の管轄で実施された。ベトナム戦争（1954-75）後は、志願兵制度（Voluntary Service）が実施されるようになったため、選抜徴兵制は廃止された。

*20 マッカーシー上院議員（Eugene Joseph McCarthy, 1916-2005）——アメリカの民主党の政治家。連邦下院議員（1949-59）、連邦上院議員（ミネソタ州選出、1959-71）。下院、上院ではおもに外交委員会で活躍し、ベトナム反戦活動の指導者として知られた。1968年の大統領選挙では、現職のリンドン・ジョンソン大統領のベトナム介入政策を批判し、ジョンソンの指名獲得が確実と見られたハンプシャー州予備選では、草の根の選挙キャンペーンのなかで反戦を訴え、多くの反戦運動家、学生の支持を集めた。この予備選で、マッカーシーは42パーセントの票を獲得し、ジョンソンの得票率49パーセントに肉薄した。この事態はジョンソンが身内の民主党員の支持を失っていることを露呈し、マスコミ各社もマッカーシーの事実上の勝利を報じたためジョンソンは選挙戦から撤退し、本選不出馬を表明した。

*21 州兵（the National Guard）——アメリカの州単位の民兵組織。装備・訓練・兵営は一部連邦政府が分担し、経費は連邦予算から出る。通常は州知事の管轄下に置かれるが、国家非常の際は連邦憲法にもとづく大統領指令によって連邦正規軍に編入される。

*22 ウェザー・アンダーグラウンド（Weather Underground）——アメリカの過激派団体のひとつ。1960年代に活動していた「ウェザーマン」（Weatherman）が1970年に活動停止したのち、メンバーの一部が結成した秘密組織。

*23 ド・ゴール（Charles André Joseph Marie de Gaulle, 1890-1970）——フランスの将軍、政治家、第5共和政の初代大統領（1959-69）。

*24 進歩主義的学生ネットワーク（the Progressive Student Network: PSN）——アメリカの全国組織の、複合問題を扱う、進歩主義的な学生団体で、1970年にケント州立大学とジャクソン大学で警官隊によって殺害された反戦運動の学生の十周年追悼記念集会を機に、ロナルド・レーガン（1911-2004）の大統領就任（1981-89）によってアメリカが右傾化するのを阻止するために1980年に創設された。さまざまな問題に意欲的に立ち向かったが、その後、類似の組織が多数生まれ、1994年頃には衰退した。

*25 アパルトヘイト（apartheid）——1948年から1991年まで南アフリカ共和国が採用していた人種隔離政策。公式名はseparate developmentで、「独自的発展」「分離発達」と訳され、当初は、「民族自決」の意味で使われていたが、この表現は人種隔離政策の婉曲的な表現で使われるようになった。

*26 労働搾取工場（sweatshop）——労働環境を改善せず、低賃金と長時間労働、悪条件のもとで労働者を働かせる工場。

*27 世界貿易機関（World Trade Organization: WTO）——ウルグアイ・ラウンド交渉の結果1994年に設立が合意され、1995年に設立された国際機関。貿易に関連する国際ルールを協定として結び、その実施・運用を行なうとともに、新たな貿易課題に取り組むことを目標にしている。

➡学校銃撃事件と校内暴力、共産主義の若者、大学紛争（1960年代）、ヒトラー・ユーゲント、ファシズムの若者、若者文化（ユースカルチャー）

●参考文献

Altbach, Philip G. 1974. *Student Politics in America: A Historical Analysis*. New York: McGraw-Hill.

Altbach, Philip G. 1997. *The Academic Profession: The Professoriate in Crisis*. New York: Garland.

Brandt, Nat. 1990. *The Town That Started the Civil War*. Syracuse, NY: Syracuse University Press. ナット・ブラント『南北戦争を起こした町——奴隷解放とオーバリン大学』（桜美林大学文学部英語英米文学科訳、彩流社、1999年）

Brax, Ralph S. 1981. *The First Student Movement: Student Activism in the United States During the 1930s*. Port Washington, NY: Kennikat Press.

Cohen, Robert. 1993. *When the Old Left Was Young: Student Radicals and America's First Mass Student Movement*. New York: Oxford University Press.

DeConde, Alexander, ed. 1971. *Student Activism: Town and Gown in Historical Perspective*. New York: Scribner.

Fass, Paula S. 1977. *The Damned and the Beautiful: American Youth in the 1920s*. New York: Oxford University Press.

Featherstone, Liza. 2002. *Students Against Sweatshops*. New York: Verso.

Heineman, Kenneth J. 1993. *Campus Wars: The Peace Movement at American State Universities in the Vietnam Era*. New York: New York University Press.

Heineman, Kenneth J. 2001. *Put Your Bodies upon the Wheels: Student Revolt in the 1960s*. Chicago: Ivan R. Dee.

Klatch, Rebecca E. 1999. *A Generation Divided: The New Left, the New Right, and the 1960s*. Berkeley: University of California Press.

Leff, Gordon. 1968. *Paris and Oxford Universities in the Thirteenth and Fourteenth Centuries: An Institutional and Intellectual History*. New York: Wiley.

Marsden, George M. 1994. *The Soul of the American University: From Protestant Establishment to Established Nonbelief*. New York: Oxford University Press.

Novak, Steven J. 1977. *The Rights of Youth: American Colleges and Student Revolt, 1798-1815*. Cambridge, MA: Harvard University Press.

Palladino, Grace. 1996. *Teenagers: An American History*. New York: Basic Books.

Rait, Robert S. 1912. *Life in the Medieval University*. Cambridge, UK: Cambridge University Press.

Schneider, Gregory L. 1998. *Cadres for Conservatism: Young Americans for Freedom and the Rise of the*

Contemporary Right. New York: New York University Press.
Sperber, Jonathan. 1991. *Rhineland Radicals: The Democratic Movement and the Revolution of 1848-1849*. Princeton: Princeton University Press.
Touraine, Alain. 1971. *The May Movement: Revolt and Reform*. New York: Random House.
●参考ウェブサイト
Jensen, Richard. 2003. "American Political History On-Line." Available from 〈http://tigger.uic.edu/~rjensen/pol-gl.htm〉
U. S. Department of Education, National Center for Education Statistics. 2001. "Digest of Education Statistics." Available from 〈http://nces.ed.gov/pubs200s/digest2001/〉

（KENNETH J. HEINEMAN／杉谷祐美子・北本正章訳）

カサット、メアリ
（Cassatt, Mary, 1844-1926）

　母親と子どもを描いたメアリ・カサットの絵画は、19世紀末に、このジャンルに革命をもたらした。カサットは、様式と色彩のような、型どおりの図案を母子関係の官能的な特性を探究するために用い、そうすることによって、彼女と同時代の多くの画家たちが採用していた過剰に感傷的な主題へのアプローチを拒絶した。

　メアリ・カサットは、1844年5月22日、ペンシルヴァニア州のアレガニー市に、裕福な銀行家の娘として生まれた。子どもの頃の彼女は、家族とともに5年ほどヨーロッパ各地を旅行し、パリ、ハイデルベルク、そしてダルムシュタットなどで暮らした。16歳のとき、ペンシルヴァニア美術アカデミー（the Pennsylvania Academy of the Fine Arts）で芸術の勉強をはじめた。ここで入門的な訓練を受けた後、パリを訪れ、そこでジャン=レオン・ジェローム（Jean-Léon Gérôme, 1859-1927）、シャルル・J・シャプラン（Charles Josuah Chaplin, 1825-1891）、ポール・C・ソイヤー（Paul Constant Soyer, 1823-1903）、トマス・クチュール（Thomas Couture, 1815-1879）らに学んだ。彼女は、1870年から1874年にかけてイタリアとスペインでも研究した。1877年までに、カサットは最終的にパリに居をかまえ、残りの人生をこの地ですごした。カサットは、その斬新な空間処理、巧みな筆使い、現代的な主題などのために、印象派の画家たちといっしょに展覧会を開くよう求められた。カサットは、画家としてのキャリアの最初に、近代の女性たちが大いに気に入る独自な絵画を創作した。また、カサットは、「青い肘掛け椅子の上の少女」（*Little Girl in a Blue Armchair*, 1878）［図版は「礼儀作法」の項参照］のような、知覚的に鋭い表現で子どもを何

メアリ・カサット「沐浴」（1891年）。The Art Institute of Chicago*

点か描いた。しかし、1885年までのカサットは、もっぱら母親と子どもの光景だけを描いていた。これまで美術史家たちは、世の中の女性たちが女性にふさわしい特有のテーマだと考えていることを描くのを奨励する時代風潮の変化のために、カサットはこのテーマに転じたのではないかと推測した。しかし、彼女が描いた母親と子どもの絵画は彼女を有名にした。彼女がこの成功を、類似の構図を再現することで利用したがっていたことはまちがいなかった。同時に、母親と子どもを描いたカサットのもっとも透徹した表現は、**児童心理学**と母子関係についての新しい理論と軌を一にしていた。

　母親の献身的愛情を描いたカサットのもっともよく知られた絵は、母親が子どもの足を洗ってやっているようすを描いた「沐浴」（*The Bath*, 1891）［図版参照］であった。母親も子どもも、この親密な瞬間に夢中になっていて、この絵の描き手の存在に気づいていない。カサットは、視線を高い位置に置き、ドラマティックにトリミングし、子どものぽっちゃりとした素足に注意を引くためだけでなく、母親と子どもの身体的な親密さを目立たせるためにも、衣服の模様を対照的にきわだたせている。ほかの絵でも、たとえば、「母の愛

撫」(*Maternal Caress*, 1896頃)［図版参照］のように、大胆な絵の具使いは子どものかわいい手と母親の手とをいっしょに結びあわせているが、これは二人の人物の生物学的一体性を暗示している。カサットはまた、入浴したり、身支度をしたり、子どもと遊んでいるようすを描く、技術的に革新的なカラープリントの技法を創った。「母と子」(*Mother and Child* [The Oval Mirror], 1899頃)［図版参照］のような絵では、カサットはそのモデルに伝統的な聖母子像のポーズをとらせ、人物が立っている背景にある鏡を後光として描いている。したがって、カサットの後期の作品では、近代の母性は神聖と同等に扱われている。

　流行の波からはずれた後のカサットの作品は、フェミニストの美術史家たちによって1970年代に再発見された。このような専門家たちによるカサットの再評価のきっかけは、美術館と美術史の教科書でくりかえし扱われるようになったことにはじまる使用頻度の増加にあった。カサットが描いた母親と子どものイメージは、とくに一般大衆のあいだで人気を博し、ポスターやメモ書きカードからナプキンやトートバッグにいたるまでのさまざまな商品に複写された。1998年に開催されたカサット作品回顧展は、この年に催された美術館展でもっとも多くの入場者を集めた展覧会のひとつであった。

➡子ども期のイメージ、聖母マリア（世俗）、母親業と母性

●参考文献

Mathews, Nancy Mowll. 1987. *Mary Cassatt*. New York: Abrams, in association with the National Museum of American Art, Smithsonian Institution.

Nochlin, Linda. 1999. "Mary Cassatt's Modernity." In *Representing Women*, pp. 180-215. London: Thames and Hudson.

Pollock, Griselda. 1980. *Mary Cassatt*. London: Jupiter Books.

　　　　　　（A. CASSANDRA ALBINSON／北本正章訳）

メアリ・カサット「母の愛撫」（1896年）。Philadelphia Museum of Art, Philadelphia*

メアリ・カサット「母と子」（1899年頃）。Metropolitan Museum of Art, New York*

家族の諸類型 (Family Patterns)

　歴史を通じて、家族構成は子どもの生活に重大な影響をおよぼした。家族の規模と構造、および家族の維持能力は、子どもをどのように育てるか、子どもにあたえる教育水準、そして子どもが労働に参加すべきか否かということなどをめぐって、決定的に重要な役割を演じる。基本的な世帯構造は、核家族（nuclear）、拡大家族（extended）、そして混合家族（blended）*1 の三つである。核家族世帯は両親と子どもの二つの世代をふくんでいる。拡大家族は、数世代からなり、血縁集団と使用人たちをふくんでいる。混合世帯では、母親と父親は——離婚あるいは配偶者の死によって、再婚と子どもたちの新しい世代をともなうが——どちらも生物学上の親になることもできるが、同時に**継父母**になることもできる。

近代における家族構造の諸類型

　世帯構造は、15世紀から18世紀にかけてのヨーロッパと北アメリカ各地で多様な形態を示した。ヨーロッパの家族制度にかんする20世紀後半の研究は、こうした多様な諸類型を通時的に、明確に線引きされた地理的境界線のなかで描いた。しかし、こうした家族モデルは、地理学上のいくつかの領域にはひとつ以上の

家族類型が同時に存在することについて同意して、これまでつねに補正されつづけてきている。さらに、世帯制度（household system）は、しばしば歴史のなかで周期的な変化を示している。最後に、世帯はかならずしもつねに自律的であったわけではなく、共同体との広汎なネットワークの一部であった。別の世帯での奉公のために晩婚であることが優先された。南ヨーロッパと東ヨーロッパでは、複合世代からなる世帯が一般的であったのに対して、北西ヨーロッパと北アメリカでは核家族が共通の家族形態であった。イタリアのいくつかの地域、ギリシア、スペイン、そしてポルトガルとならんで、アルバニア、ブルガリア、ヨーロッパ・ロシアなどでは、大きな世帯が分割されたり、小さな世帯が連結すると、そこに新しい世帯が生まれた。結婚は一人の息子あるいは娘に限定されることはなく、富者のためにはたらく使用人たちがおり、多数の既婚カップルにとって世帯は家庭のようなものであった。したがって、子どもたちは同居している成人の血縁者たちの監督下にあった。そうでない場合には、フランスの中央部と南部、イタリア、オーストリア、そしてドイツなどのいくつかの地域では、核となる世帯（nuclear household）は、東部と南部での分裂と融合の過程と結びついた。これ以外の地域では、両親と既婚の息子夫婦からなる二組の、同居する既婚カップルをふくんでいた。このパターンは、通常は、分離世帯を開始できるほどじゅうぶんな土地がないときに発生した。

結婚年齢と寿命は、世帯構造に影響をおよぼす重要な二つの変数であった。早婚は晩婚よりも長期におよぶ出生サイクルを可能にした。女性にとって、20歳代なかばから後半にかけての晩婚は、一世帯あたりの出産回数を抑制する手段であった。男性にとっての晩婚は、その世帯の出生力サイクルに影響をおよぼしたかもしれないし、およぼさなかったかもしれない。しかし、晩婚は父親たちが自分の子どもたちにとって価値のある年数に影響をおよぼした。これは母親にもあてはまる。実際、片方の親、あるいは両親は経済的な危機を潜在的に生んでいた近世を通じて、子どもの人生の途中で死んでしまうことが予想できた。**孤児**の比率が大きく、その多くはほかの家に召使いとして、労働者として、あるいは徒弟としてはたらきに出ていた。彼らは自分が生まれた世帯で暮らすのではなく、むしろ雇用主といっしょに暮らしていた。これとは別のケースとして、片方の親の死は、再婚、新しい義理のきょうだいたち、そして混合家族の形成といった状況をもたらした。これは、たとえば、植民地時代の北アメリカのニューイングランドとチェザピーク地域で広く見られた。子どもたちは非常に若くして死んでいた。**乳児死亡率**は、近世を通じて非常に高く、子どもたちが家の世帯を支え、あるいは老齢期を迎えた頃の自分たちを扶養することができる年齢まで子どもたちが生きるという期待を両親がもてるかどうかを、きわめて不確定にしていた。

相続慣行も世帯構造に影響をおよぼした。核家族の長子相続制は、父親の死に際して発生する長男の権威の下で世襲財産を無傷のまま維持することを保証した。この長男は結婚し、家族の将来を担っていくことが期待された。オーストリアで広く見られた幹家族では、弟たちは長男のためにはたらいたかもしれないが、結婚したり相続することは許されなかった。妹たちは、結婚したり修道院に入ったかもしれないが、家督を相続したのは長男だけであった。他方、分割相続は子どもたち全員が分離世帯を形成することを可能にした。一般に、高い死亡率と低い出生率によって抑制されていた拡大家族は、合同相続すなわちその家産を共同して所有する方式をとりいれた。

近世を通じて世帯構造に影響をおよぼしていたもうひとつの重要な変数は、その家族の生産手段への接近の度合と、生産手段を維持する家族の能力であった。その土地の気候、地理、生産性、そして労働市場の強さなど、これらすべての要因が世帯構成、そして、その結果として子ども期の経験を、重要な仕方でかたちづくった。こうした要因が、人びとが結婚するかしないか、何歳で結婚するか、出生力を抑制するかどうか、子どもたちをはたらかせるか、それとも学校にやるか、両親の監督の下に置くべきか否かを決めるのに役立った。豊かな世帯は、家族経済に貢献する子どもたちに依存する必要がなかったため、出生力を抑制する誘因は少なかったかもしれない。しかし、富裕世帯は、家督を無傷のままにしておくために、ひんぱんに結婚を抑制した。これに対して質素な家族は、子どもの存在が経済的な負債となる別のケースを示した。子どもたちは、彼らを扶養することができる手段がある場合にだけ家族の団らんの場に残ることができた。そうでない場合の子どもたちは、雇用主の家で同居する住みこみの使用人、労働者、あるいは徒弟としてはたらきに出ることになっていた。ヨーロッパと北アメリカでひんぱんに見られたように、結婚はカップルが独立世帯をはじめることができるようになったときにだけ行なわれた。晩婚に支配されるライフサイクルが一般的であったが、これは、カップルが通例の分離世帯をはじめるのに必要な財源を蓄積できたのがようやくこの段階であったからである。他方、既婚の子どもたちがすでに確立されていた世帯に接合していた拡大家族では、結婚年齢は典型的に若かった。結婚するかどうかを決定する際の主要な考慮すべき問題は、その新しいカップルが新しい家族を扶養する手段をもっていたかどうかということであった。人口の10〜15パーセントは結婚する手段を一度も手に入れることはなかった。

土地は、19世紀末までは、おそらく人口の大多数にとってもっとも重要な財政的資産であっただろう。土地の有用性とそれがいかに運用されるかが世帯構成

に影響した。一方では、適当な土地からなる資産が小規模な独立した世帯の確立に役立ったのに対して、土地が不足しているような条件でさえ、土地の保有条件が確かな安定性をもっていれば、より複雑な世帯の確立を促進することができた。農民家族は、土地ではたらかせるために、適当な、しかし過剰ではない人数の子どもを必要とした。核的な世帯は、理想的には、養うべき口数が過剰になるのを避けるために、最年少の子どもが生まれてくる頃に最年長の子どもが家を出るようにするために、年齢差が大きい数人の子どもをふくんでいた。これは、男性の場合で20歳代後半まで、女性の場合で20歳代前半まで結婚を延期することで達成されたが、その出生年数を短くしてしまう慣行であった。さらに、両親はしばしば子どもを必要としているほかの世帯に子どもたちを住みこませて仕事をさせていた。

だが、かならずしもすべての農民が土地を役立てることができたわけではなかった。人口成長と土地不足は、たとえば18世紀の北アメリカの特徴であったが、息子たちを家族の団らんからむりやり立ち去らせた。はたらき口をさがしていた村人たちは、仕事を見出すことができた場所で正式の結婚はしなかったかもしれないが、子どもをもうけた。だが、しばしばこの事態は、遺棄された女性や子どもたちの貯水池を生み出すことになった。他方、農業経済のいくつかの局面は、地方の世帯が繊維産業と結びついた生産の中心地となる、非常に商業化された経済システムに取って代わられた。自由市場は、家族を生産過程に引きこむ、より広大な労働需要を生み出した。子どもたちは、もしその仕事が世帯の暮らしに彼らを貢献させてくれるなら、ほかの家にはたらきに出されるよりも家庭にとどまることができた。これは、19世紀に特徴的に見られた現象である生産の中心が家の外に移るという時代になってもあてはまった。家族を扶養するために、母親よりもむしろ父親と子どもたちが工場での仕事に出かけていった。要するに、世帯構成と子どもたちがその両親といっしょに暮らしつづける能力は、経済的な資源の活用度と雇用に大きく左右された。

生産の中心としての世帯は子ども期の経験に影響をおよぼした。7歳になるまでは、北アメリカの奴隷保有者たちのあいだでさえ、子どもたちは労働を免除された。しかし、それ以降になると、子どもたちはしだいに労働力になった。農場では、年少の子どもたちは家のまわりで薪をひろい集め、葡萄のつるの害虫を駆除し、家畜の番をし、雑草をとり、手伝いをしていた。10歳をすぎると、少女たちは家事労働につくようになったが、少年は家の外の農場や畜舎で、農夫あるいは牧夫になるために、訓練を受けていたかもしれない。18世紀まで、子どもたちは針仕事、糸紡ぎ、レース編み、釘作りなどを手伝っていた。北アメリカの奴隷の子どもたちも、6歳までは簡単な雑用仕事をし、10歳以降は家事労働や農場労働につくなど、同じような経験を積んでいた。労働市場が小さかった北アメリカの中西部と西部では、ジェンダーの役割は通常ほど厳密ではなかった。少年たちが家の外の労働に従事していたばかりでなく、家事労働もこなしていたのに対して、少女たちはタバコ農場ではたらき、家畜の世話、収穫、あるいは狩猟などをしていた。開拓地では、ほかの地域の子どもより早い年齢でさまざまな責任を引き受けていた。年少の子どもたちはさまざまな家事労働をこなしていただけでなく砂金を選り分ける仕事もこなしていた。

世帯が生産手段を提供しなくなると、子どもたちに劇的な影響がおよんだ。19世紀になると、子どもたちは、政府によって最小限の義務しか課されなかった学校を去り、社会改革者たちにとってはひどく身震いすることであったが、工場ではたらきはじめた。こうした子どもたちはふつう両親の監督の下にはいなかった。綿紡績工場と蒸気動力と機械をそなえた産業は、子どもたちを大人の労働市場に引きこんだ。都市では、貧しい子どもたちが路上で売られはじめた。そのあいだじゅうずっと、奉公人の仕事は児童労働の最大の雇用先のひとつであった。19世紀初めの子どもたちは、アメリカ北東部の労働力の10パーセントであったが、1832年当時には40パーセントを占めた。

こうして、近世を通じて子ども期の経験は、無数の方法で家族構造による影響をこうむった。第1に、子どもたちの主たる世話役は、世帯の構成に応じてさまざまであった。核家族では通常、両親は自分の子どもたちを養育する責任を引き受けたのに対して、拡大家族と混合家族では、両親以外の別の大人たちが子どもたちの人生に介入した。混合家族には、片方の親が再婚して新しい家族を形成し、子どもたちは両方の義理の両親あるいは片方の親の手で育てられたかもしれないのに対して、複合世代の拡大家族には叔父、叔母それに**祖父母**たちがいた。拡大家族と混合家族では、人間関係の絆のネットワークは潜在的に非常に大きかったが、これに対して核世帯では、子どもたちはその両親とだけ経済的な関係と情緒的な関係をもった。家庭における家内生産は、両親が子育ての責任を負うのを助長した。19世紀になって生産拠点が家庭の炉端から外に移動すると、父親が家の外ではたらくあいだ、母親は子どもたちに対する権威をより大きくもつようになった。

子ども期に影響をおよぼすもうひとつの世帯構造は、彼または彼女が、財政的に満足のいく世帯の状態に貢献すると期待できるかどうか、また、彼あるいは彼女が土地を相続するかどうかによって直接、子どもの経験の質が影響を受けるということであった。相続問題は結婚できるかどうかを決定した。広汎ないくつかの傾向も結婚する能力に影響をおよぼした。人口成長と土地の欠乏が見られた時期は、結婚は遅らされ、抑制

されたが、この反対の条件は早婚を助長した。両親は子どもの宗教教育の責任を負っていたが、20世紀初頭までは、生産手段をもたらす職業技能を子どもに伝授してやることが子育ての主要な責務になっていた。

20世紀
　上記に描いてきた世帯構造と子ども期の経験という媒介変数は、20世紀の前半期を通じて中産階級を劇的に変えた。19世紀以降に見られたヨーロッパと北アメリカの出生率の持続的な下降は、この変容の重要な基盤であった。20世紀を通じて大いに信頼度が高まった**産児制限（受胎調節）**と法律上正当化された妊娠中絶は、子どもが一人あるいは二人いる家族を標準にした。たとえば、1990年代を通じて、イタリアの一世帯あたりの平均出産数はわずか2.1で、アルバニアのようなヨーロッパのイスラム教の共同体では平均して2.5以下であった。子ども数が少なくなると、両親はふさわしい世話としつけのためにより多くの時間をさくことができた。世帯構造と子ども期の経験において生じた変容の原因となったほかの発展には、児童労働、実質賃金の上昇、**義務就学**、そして子ども期と家族生活の理想などに対する国家の介入があった。拡大家族も衰退した。19世紀には、祖父母は成人した子どもとその子どもたちと同居しており、ヨーロッパの同居率は実際上は増加していた。しかし、1920年代になると、老齢者たちは一貫してますます離れて暮らしはじめたが、これは家族構造の静かな変化の兆しであった。

　増大する富は、労働階級が経験していた子ども期の最低期間を超えて拡張させることになった。より幸運な人びとは、生活基盤は農場、家内マニュファクチュア、工場、あるいは街路から、家庭生活へと動き、家庭では、両親は年少の子どもを養育し、感情的に保護し、彼らをより広い世界に向けて社会化した。貧しい子どもたちが自分の家族を扶養するのに役立てるように最小限の学校教育しか受けつづけなかったのに対して、中産階級の子どもたちはしだいに労働力から撤退し、学校に入学し、両親の感情的および財政的な投資対象の中心になった。こうして、子どもたちがその家族のために賃金労働者になる年齢は10代後半あるいはそれ以降にまで延期され、子どもたちが両親の世帯で同居する期間が長期化した。人種と社会階級がバリエーションを生み出した。たとえば、北アメリカへの移民たちは、彼ら独自の慣習をもちこんだ。貧しい移民の場合、彼らは子どもたちが学生になるよりも賃金労働者になってくれることに大きな期待をよせた。社会的に順応性の高い移民たちは、学校教育と高等教育を非常に重視した。

　賃金労働者から学童への変化は直線的には起こらなかった。たとえば、第2次世界大戦は、別居、死、そして財政的破綻などのために家族生活と家族経済のあらゆる側面を崩壊させた。男性が戦争にくわわっているあいだ女性たちは労働力に参入し、子どもたちは非常に急勾配の成熟を強いられた。しかし、1950年代以降になると、ヨーロッパとアメリカの子ども期は、公教育と職業訓練に先立つライフサイクルの年齢段階として顕著な特徴を示すようになり、大人の労働世界から明確に分離される時期になった。結婚年齢は下降し、出生率はそれ以前の時期に比べて異常に高くなり、離婚率は低かった。家庭にいる母親は、理想的には愛情をそそいで感情的な扶養をするいっぽう、父親は労働者として外ではたらいて家族を扶養するという、明確な性別を反映した子育ての責任分担があった。住居を独立させることは目立って優先されていた。北アメリカでは、家族は、経済的な繁栄によって子どもたちに物質的な資質とよりよい教育をあたえることができる都市へと移動した。中産階級の子どもたちは、以前よりも多くの余暇時間とお金をもつことになったが、それにはいくつかの犠牲を払わないわけにはいかなかった。すなわち、1990年代までに、彼らの両親の大多数は、消費水準を維持するために、子どもたちを養育施設に残したまま家の外ではたらいたのである。

　20世紀後半、とりわけ北アメリカでは、近代家族の構造に、数字で確認することができる急激な変化が生まれた。離婚は20世紀までは相対的に見てめずらしかった。しかし、1900年以降ヨーロッパと北アメリカに広まり、この世紀末までにあらゆる社会集団でみられるようになった。1980年代までに出生率が劇的に減少し、離婚率は2倍あるいは3倍になった。女性たちは、離婚を現実的な選択肢にしながら、離婚手当と子どもの養育費ばかりでなく、より大きな財産権も手にした。さらに、女性たちはかつてよりも効果的に結婚するかしないかを選ぶことができた。その結果、一人親世帯と、女性が家長になっている世帯が増加した。自己達成とジェンダーの平等に対する願望と結びついた財政的な独立は、かつて以上に多くの女性を労働力に参入させる要因になった。こうした諸々の発展は、母親が子どもとすごせる時間の総量を減らした。母親たちが家族経済に貢献するようになるのにつれて、父親たちが子どもの養育責任を果たすことがますます多くなった。しかし、両親がともにはたらいている場合、ヨーロッパの両親が、通常、子どもたちをデイケア施設[*2]に預けていたのに対して、アメリカでは、両親は子どもの世話をしてもらう場所をさがすのに苦労していた。

　20世紀後半は、さまざまな義理の人間関係をもたらす未婚の両親、ゲイの両親、そして再婚した両親がいる新しい世帯構造の先駆けとなった時期であった。離婚、結婚前の妊娠、そして独身の親は社会的恥辱をある程度まぬがれるようになった。一般に、離婚した家族の子どもは、より早い年齢で自立を経験した。子どもたちのある者は、一人の大人との関係よりも親密

な人間関係を発達させ、それぞれの親との新しい関係を発達させた。しかし、子どもたちがいだく家族の安定感は、両親がほかの人とデートをしたり、両親の新しい人間関係の結果、一つめあるいは二つめの新しい家族が形成されるといったいくつかの事例のように、核家族ユニットの解体によって崩壊せざるをえなかった。混合家族を作るには、財政的な調整までは必要としなくとも、かなりの情緒的な適応を欠くことはできない。同性の両親（→同性家族の子育て）*3をもつ子どもたちも、通例とは異なるその家族構造を共同体がどのように受け入れるかという問題に対処するだけでなく、ジェンダー役割の上にどのような見通しを構築するかという問題をふくむ、複雑な社会的および感情的な問題に直面する。ほとんどの場合、21世紀初期には、ゲイの結婚はアメリカでは法的に認められておらず、ヨーロッパではごくわずかにしか認められていない。子どもたちは、両親の関係が非常になじみのある役割モデルと適応しなかったり、異性婚を擁護する制度構造に支持されなかったりすると、社会からのいっそう大きな異議申し立てに出会う。すべての事情を考慮すると、同性の両親は、子どもたちを世話したり養育する義務を例外的に負っているといえる。こうして21世紀は、子ども期に強い影響をおよぼさざるをえない世帯構造と家族類型におけるさらに大きな社会的な複雑さに立ち会うことになろうが、それ自体がつねに移り変わりゆく構造である。

［訳注］
* 1 混合家族（blended family──再婚した夫婦と、前の結婚によって生まれた子どもをふくむ家族。1981年頃からこの表現でいわれはじめた。
* 2 デイケア施設（day care facilities）──未就学児童・高齢者・身体障害者など、それぞれの集団に対して、専門的な訓練をうけた専門の職員が家族に代わって行なう昼間だけの介護・保育サービス、あるいはそれを行なう施設。保育所、託児所、デイケア・センター、介護所など。
* 3 同性の両親（same-sex parents）──ホモセクシャル（homosexual）という表現が歴史的に暗示している性的な意味あいと偏見を避けるために用いられる男同士の両親、女同士の両親をさす言葉として使われている。

➡きょうだい関係、経済と子ども（西ヨーロッパ社会）、児童労働（欧米）、出生率、徒弟制度、ヨーロッパの工業化、離婚と監護権

● 参考文献
Cunningham, Hugh. 1995 1st, 2005 2nd. *Children and Childhood in Western Society since 1500*. London and New York: Longman. カニンガム『概説 子ども観の社会史──ヨーロッパとアメリカにみる教育・福祉・国家』（北本正章訳、新曜社、2013年）
Demos, John. 1970. *A Little Commonwealth: Family Life in Plymouth Colony*. New York: Oxford University Press.
Gillis, John R., Lousie A. Tilly, and David Levine, eds. 1992. *The European Experience of Declining Fertility, 1850-1970: The Quiet Revolution*. Cambridge, MA: Blackwell.
Goody, Jack. 2000. *The European Family. An Historico-Anthropological Essay*. London: Blackwell.
Hajnal, John. 1965. "European Marriage Patterns in Perspective." In *Population in History: Essays in Historical Demography*, ed. D. V. Glass and D. E. C. Eversley. London: E. Arnold.
Heywood, Colin. 2001. *A History of Childhood: Children and Childhood in the West from Medieval to Modern Times*. Cambridge, UK: Polity Press.
Levine, David. 1977. *Family Formation in an Age of Nascent Capitalism*. New York: Academic Press.
Medick, Hans. 1976. "The Proto-Industrial Family Economy: The Structural Function of Household and Family during the Transition from Peasant Society to Industrial Capitalism." *Social History* 3: 291-315.
Mintz, Steven, and Susan Kellogg. 1988. *Domestic Revolutions: A Social History of American Family Life*. New York: Free Press; London: Collier Macmillan.
Popenoe, David. 1988. *Disturbing the Nest: Family Change and Decline in Modern Societies*. New York: A. de Gruter.
Quale, G. Robina. 1992. *Families in Context. A World History of Population*. New York: Greenwood.

（JOANNE M. FERRARO／鈴木智道・北本正章訳）

学校建築と建築様式（School Buildings and Architecture）

■ヨーロッパ
■アメリカ

■ヨーロッパ
　ヨーロッパの公立学校は19世紀にいちじるしく増加した。民主主義の成立と選挙権の拡大は、あらゆる市民が読み書きができるようになることを必要とした。したがって、ほとんどのヨーロッパの国々は男子を、そしてのちには女子を教育しようと大いに努力するようになった。こうした教育の拡大は、教育の世俗化と平行して進んだ。世俗的な教師が宗教的な教師にとって代わるこの過程は教会と学校のあいだに葛藤をもたらした。現在でもヨーロッパのいくつかの村では教会と学校という二つの建築物が向かいあって存在しているが、これは教会と学校のあいだに生じた葛藤の痕跡を目に見えるかたちで残している。
　学校の建設は主として19世紀後半からはじまったが、それはこの時期に教育制度が具体化され、政府が財政的な援助を保証できるようになったからであった。それまでは、授業は牧師館や教師の家屋で行なわれていた。学校建築にかんする議論は、イギリスの新しい教育方法である相互教授法を契機としてはじまった。成長を続ける工業都市で多数の子どもを教育しようと

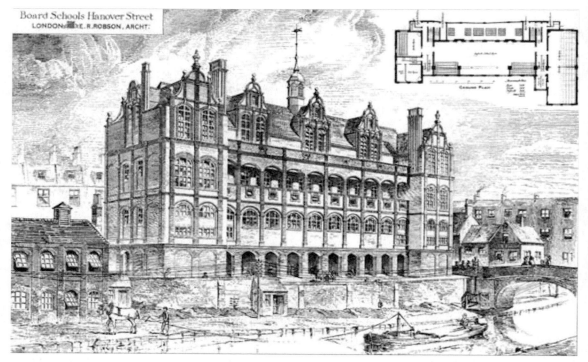

エドワード・ロバート・ロブソン設計による公立小学校（Board School）、ロンドン市ハノーヴァー通り。*

開発されたこの方法は、学習の進んだ生徒に仲間を教えさせることによって、一人の教師が数百人の子どもを教えるのを可能にした。相互教授法の推進者のひとりであったジョーゼフ・ランカスター*1が、その先駆的な著書『教場を建設、整備、配置するための指南書』（Hints and Directions for Building, Fitting Up, and Arranging School Rooms, 1809）で書いているように、相互教授法は特別な施設や設備を必要とした。ランカスターがはじめた論争は、生徒数に応じた教室をいかに設計すべきか、また教具をどのように配置すべきかにかんするものであり、この論争はすぐさまフランスにも飛び火した。学校建築にかんする各国の実験成果は、1862年のロンドンではじまった万国博覧会で展示され、展示場の一角が教授法の物質的な側面にさかれた。そこでは、衛生にかんするテーマ、とりわけ照明、暖房そして教室の設備といった問題に焦点があてられた。

学校建築は農村学校と都市学校という二つのタイプに収斂した。1教室ないし2教室しかもたない農村学校は、質素で安価な学校建築を採用したが、都市学校は、しばしば大規模で壮麗な外観を示し、「お城のような学校」（スクール・パレス）と揶揄されることもあった。典型的な都市学校は、2階建てないし3階建てであった。長大な中央廊下の両側に、高い天井の教室が配置された結果、建物は20メートル以上の奥行きをもった。学校ではさまざまな実践が行なわれ、衛生にかんする規則が法制化されるのと平行して、学校建築の規模は、1860年から1880年のあいだに各国で制定された地方自治体法もしくは国法によって決定された。学校は民主主義の理念と、新しい政治機構がもつ強力な権力の両方を示すものであった。これらのなかでもっとも有名な学校は、この時期の最後につくられた学校群であり、アール・ヌーヴォーの登場を反映していた。ミュンヘンのエリザベート広場にある学校（建築家テオドール・フィッシャー、1900-01）や、パリのルエル通りに面した学校（ルイ・ボニエ、1908-11）チューリヒのレッテンの学校（アドルフ・ブラムとハインリヒ・ブラム、1912-15年）などが好例である。これらの学校は都市の誇りであり、市はしばしばこれらの学校に財政補助を行ない、おかかえの建築家にその設計をまかせた。これらの建築家のなかには、エドワード・ロバート・ロブソン（1835-1917）[図版参照]、フェリックス・ナジュー（1867-1934）、オーストリア人のカール・ヒントレーガー（1859-?）のように、学校建築というテーマに情熱を燃やし、ヨーロッパの学校建築の概観的調査を刊行するものもいた。

建築に対する最初期の批判は、結核に対する懸念の増大によって惹き起こされた。1904年にニュルンベルクではじまった学校衛生にかんする国際会議は、学

校で医療調査がまったく行なわれていないことにくわえて、換気が悪く、衛生設備が整っていないことを明るみに出した。医師たちは、ル・コルビュジェ（1887-1965）がいうところの「新しい精神」、「日光と太陽の入れもののような」家という近代建築の運動家の理念を受け入れ、日光と空気がきちんと教室内に入るように求めた。その結果、学校の窓は大きくなり、場合によっては引き戸と一体になった。屋上は日光療法に利用するために庭園（テラス）へと変えられ、換気への関心から建物の壁が薄くなった。教室は、廊下の片側だけに設置されるようになった。世界初の通路によって連繋された多棟型学校（パビリオンスクール）は、1907年にイギリスのスタフォードシャーに建設された。のちには、あらゆる教室が戸外に接することができる一階建ての学校建築が、複数の建築家によって提案された。フランクフルトのエルンスト・メイによって造られたフリードリヒ・エバルト・シューレ（1929-30）は、そのような例である。この建築構造によって、新教育運動によって提唱された野外授業や集団活動の展開、生徒の自主自律精神の涵養といった実践が可能となった。学校建築にかんする規則が全般的に整備されたことによって、学校内の衛生面はいちじるしく改善された。このように、学校建築は多様な側面で教育実践に影響をあたえるのであり、のちの時代の学校は、このことをよく例証した。1920年から1931年にかけてのあいだに、オランダで、ウィレム・マリヌス・デュドックによってヒルヴェルスムに建てられた学校や、1909年から1933年に、フリッツ・シューマッハによってドイツに建てられた学校、1924年から1928年にボフスラヴ・フックスによってチェコのブルノに建てられた学校などである。

第2次世界大戦によって、学校建築の進歩は中断された。学校建築にかんする名著の著者であったアルフレッド・ロスが、学校建築の進歩にかんする総合的な研究を発表したのは1950年のことであった。50年代初頭には、戦争による学校破壊とベビーブームの出現によって教育需要が高まり、これに対応するために新しく学校が建築されることになった。イギリスは戸建て住宅計画においてとりわけ成功をおさめた軽量鉄骨建築を使って、学校の建築を遂行した。ハートフォードシャーに建てられた多くの学校は、その代表例である。ジャン・プルーヴェはフランスで似たような建築をあみだした（ヴィルジュイフの移動式学校などがその例である）。しかし校舎のすべてをプレハブ方式で建設するというやり方は、どの学校でも採用されることはなかった。フランスやスペインのように建物が密集し、かつ高架になっていたいくつかの国を除き、とくにドイツ、デンマーク、オランダ、スイスなどの国では、学校をひとつの家屋として建設するというモデルが支配的なものとして残りつづけた。このモデルはさまざまな形態で具体化された。デンマーク、ゲントフテのムンケゴー学校のテラスハウス式連棟建築（アルネ・ヤコブセンの建築、1954-56）、イタリアのイヴレーア幼稚園の連結式連棟建築（マリオ・リドルフィとW・フランクル、1955-65）、スイスのリーヴァ・サン・ヴィターレ学校の成層式連棟建築など（アウレリオ・ガルフェッティ、フローラ・ルシャとイヴォ・トゥルムピー、1962-64）。子どもに多様な活動を提供し、子どもの自立性をうながしたいという意向によって、学校は多くの共同スペースや共有部屋をそなえ

モニトリアル・システムの教室風景（ロンドン）*

たひとつの小さな村とでもいうべきものになった。た
とえば、ハンス・シャロウンが1951年にダルムシュ
タットの学校を建築するときに構想した計画や、
1960年にその構想を完成させたマルルの学校などが
その事例である。これらの学校は折にふれて両親に解
放され、またしばしば地域社会にも解放された。スイ
スのグリソン地方の小さな村にある、ギムナジウムが
同時に公共空間でもあるような学校は、ディーター・
ユングリング・ハグマンとアンドレアス・ハグマン
（1991-95）によってマシュトリルスにつくられてい
る。重々しい造りの学校建築はあらゆる場所でほぼ消
滅し、シンプルで解放的な空間へと道をゆずっている。
今日、学校は生徒にとっては生活空間であり、地域社
会にとっては、そこに住む人びとが集う場所であるこ
とが期待されている。

➡子ども空間、野外学校運動
●参考文献
Robson, E. R. 1972 [1874]. *School Architecture*. Leicester, UK: Leicester University Press.
Roth, A. 1957. *The New School*. Zürich, Switzerland: Gisberger.

（ANNE-MARIE CHÂTELET／岩下誠訳）

■アメリカ

　19世紀初頭以来、アメリカでは、教会の地下室や
私宅の居間から、教育目的を示す校舎にいたるまで、
多種多様な建築環境で教育されてきた。歴史家たちは
学校建築のデザインに関心をよせ、学校空間が子ども、
教師、国家に対してもつ重要性を認識するようになっ
た。しかし、アメリカにおける学校建築を包括的かつ
学問的に記述した歴史は、いまだ書かれていない。教
育環境は、ひとつの教場のみで構成された学校から多
層に構成された複雑な学校にいたるまで、権力・秩
序・民主主義の理念を子どもと家族に伝えてきた。そ
れと同時に、この国の歴史を通じて、教育資源はつね
に不平等に分配されてきた。

　アメリカ独立革命以後、教会が運営する**アカデミー**
が設立されたり**自宅学習**が普及した。このため、ト
マス・ジェファーソン（1743-1826）は非宗派的な公教
育を熱心に支持し、連邦議会が各州に公教育のための
土地をあたえたにもかかわらず、非宗派の公教育が新
しい国家に定着していくには、さらに数十年の歳月を
要した。19世紀初めに国家が拡大をとげると、一教
室・単級の公立学校がぽつぽつと造られはじめた。し
ばしばそれらの学校は、口語では「不毛の地」として
知られる発展途上の地域社会の辺境にある安価な土地
に建てられた。これらの学校は多くの場合、1教室型
の構造しかもたず、木材、煉瓦と芝で造られた簡素な
切妻造りの小屋であった。間取りは小さな教会とよく
似ており、床より一段高く教壇がすえられ、教壇と向
かいあうかたちで長椅子がならべられた。装飾的な要
素としては、どの学校にも尖塔を思わせる時計台が設
置されていたとはいえ、ほとんどの学校の構造は貧弱
で、設備は不十分で、衛生施設も粗末なものにとどま
っていた。この劣悪な状況は、学校建築を改革すべき
という要求を生じさせた。

　新国家のほかの地域、とりわけいちじるしい成長を
とげていた東海岸沿いの都市においては、教育委員会
を構成していた倹約家の銀行家、ビジネスマン、政治
家たちは、19世紀初めの数十年に、複数教室をもつ
木造枠組壁構造による校舎を採用するようになった。
彼らは、教育設備が、無償（あるいは慈善）の学校教
育に必要とされた規律、倹約、健康、市民としての義
務といった価値観を、貧しい子どもたちに教えこむこ
とを期待した。イギリスでジョーセフ・ランカスター
によって開発されたモニトリアル・システムでは、大
規模な共同ホールで、（この学校では、モニター［助
教］とよばれた）年長の子どもたちの手をかりつつ、
一人の教師が数百人の生徒を監督した。1806年にニ
ューヨーク市で導入されるとすぐに、このシステムは
アメリカの学校を多少とも構造化された空間へと変え
ていった。しかし多くの生徒や家族は、このシステム
の厳格な教授法をいみ嫌った。この時代に発達した学
年制への関心が高まるにつれ、都市の学区は校長を補
助するために見習い教師を雇うようになった。生徒は
大きなホールに併設された小部屋で、こうした見習い
教師の前で課題を暗唱した。私立学校を独自に経営す
る教師は、グラマースクールの建物の内部に独立した
読み書き学校をしばしば開校し、それぞれの学校は
別々の階に設置された。

　1830年代に、アメリカのすべての子どものために
包括的な教育が必要であると主張した**ホーレス・マン**
は、ヘンリー・バーナード[*2]やほかの改革者とともに、
新しい**コモンスクール**が民主主義の礎になるべきで
あると論じた。これらの教育論者たちは、プロイセンの
教育制度をモデルとした中央集権化と、基準となる教
育課程の設定、学年制の導入を支持し、納税者に対し
て、老朽化が進んだ木造枠組壁構造の校舎を、より頑
丈なものへと変更するようよびかけた。建築家たちは
みずからが理想とする学校建築設計を提案した。八角
形（イシエル・タウンとアレグザンダー・ジャクソ
ン・デイヴィス、1842年）や、ひし形（チャールズ・
P・ドワイヤー）などの一教室型の学校（ワンルーム
スクール）などがよく知られている。しかし、これら
の提案は広く採用されたわけではなった。ニューイン
グランドの著名な教師であり学校経営者でもあったジ
ョン・D・フィルブリック[*3]は、マサチューセッツ州
ボストンで新しくクインシー・グラマースクールの設
計を求められた際、教育実践により適合的な学校建築
を提示した。4階建ての3階部分までは集中暖房にし、
石造りの構造の教室を配置し（1階につき4部屋が設
置され、どの部屋も共通の廊下へとつながっていた）、

F・L・ライト設計（1901年）のヒルサイド・ホームスクール（ウィスコンシン州）*

最上階には集会場を配置した。各教室はおよそ800平方メートルの広さで、流し台と押入れがそなえられ、生徒全員が床に一列にとりつけられた机に座ることができた。各教室は55人の生徒を収容でき、この設計は反復と暗唱による授業に適したものであった。教育委員会はこの方法を支持し、各教室内に一列にきちんとならべられ、固定された机のようすから、この配列を「卵入れ方式」とよんだ。

しかし、貧困と偏見が社会に残りつづけたことによって、より民主的な国家を形成するための道具として学校を使うことはいちじるしく制約された。ジェンダーによって学校空間は二つに分けられ、男子と女子は別の入り口を用い、性別によって分かれた席に座った。労働階級の家族は子どもを学校に通わせる経済的余裕がなかった。アイルランド系カトリック移民は教育内容にプロテスタントの影響が残っていることに憤慨した。アフリカ系アメリカ人は、北部では人種にもとづく分離教育を、南部ではそもそも教育からの排除に直面した。学校はまた、教室の過密、換気の悪さ、暖房、照明、衛生設備の劣悪さ、硬い椅子、運動場の欠如といった問題もかかえていた。

南北戦争以降、学区が確定していくにつれて、校舎は生徒の年齢に応じて複数の教室をもつべきであるということが、新しく学校を建築する際の基準となった。のちに「兵舎式」学校*4とよばれたこれらの校舎では、生徒は天井の高い中央廊下を通って、クインシー・グラマースクールとほぼ同じ広さの学年別に分けられた教室へと向かった。初等学校や、都市化する国の全域で私立アカデミーに急速にとって代わりつつあった新しい公立ハイスクールにおいて、学校空間が配置される秩序は、授業中の秩序を補完した。学校建築を専門とした金ぴか時代の建築家たちは、学校の概観を装飾するためにさまざまなサンプルが載った柄見本帳を利用したが、それは校舎を社会統制の機関とするだけではなく、国家の寛大さと地域の誇りへと変えた。標準化は時代の支配的潮流となり、建築家、国家権力、教育学者たちから一様に支持された。都市では、凹凸構造をもつ建築（E型ないしH型が典型的であった）によって、巨大な校舎のなかに日光と空気がとりいれられ、生徒でこみあった場所ですら光や空気がとどくようになった。この建築様式は、1900年以降に一般的となった講堂、図書館、体育館などの大きく特別な空間をそなえてもいた。しかし都市部の外では、貧弱な設備しかない一教室型の学校が未だに大多数を占めており、1920年にはこのような学校がまだ20万校も使用されていた。

20世紀に入り、州政府が**児童労働**を制限し、第8学年までの就学を義務づける法案を次々と可決するようになると、公立学校は、ほとんどの子どもにとって公的世界と出会う最初の場所となった。哲学者ジョン・デューイが子ども中心主義教育を擁護する議論を唱え、ビジネスマンが、教育を受け、技能を身につけた労働者を求めるようになると、社会改革者たちは近代的な学校建築の必要性を強調した。彼らは、健康、衛生、秩序だった都市計画への要求に影響を受けつつ、**野外学校**（屋外教室と屋外へ出ることが可能な教室の一方あるいは両方をもっている学校）、ヴァケーションスクール（この名称は進歩主義時代に夏季学校をさすために用いられた）、ジュニア・ハイスクールやきちんと管理された運動場などを建設するよう、各地区にはたらきかけた。フランク・ロイド・ライト*5によって1901年に設計された進歩主義の寄宿学校であるウィスコンシン州スプリング・グリーンにあるヒルサイド・ホームスクール［図版参照］、リチャード・ノイトラ*6によって1935年に設計された、カリフォルニア州ロサンゼルスのコロナアベニュー公立小学校などの新しい学校建築は、近代的な設計と人間的な要素は両立しうるという事例を提供している。しかし、（しばしば公務員であった）建築家たちが建築規制や国定基準、効率性や経済性への要求などにこたえようとした結果、新しく建てられた学校のほとんどは工場のような外観になった。これらの学校は学校工場（スクール・プラント）とよばれたが、それは工業都市や郊外に建てられた、大規模で、煉瓦でおおわれた鉄筋コンクリートの建物を適切に形容していた。南部では、博愛主義者ジュリアス・ローゼンウォルド*7とピエール・S・デュポン*8が**アフリカ系アメリカ人の子ども**のための新しい公立学校に寄付金を拠出した。通常、これらの学校は、木造の小規模なもので、進歩主義時代を通じて実践された教育課程に対応していた。手作業や工業教育が、ローゼンウォルド学校で求められた科目であった。教室には新鮮な空気と自然光がとりいれられ、上着を置くクローゼットと移動可能な机が設置された。もっと大規模な学校では、進歩主義学校建築のもうひとつの特徴である共有部屋（コミュニティ・ルーム）がそなえられた。

カリフォルニアの建築家たちは20世紀初頭にはじ

まった野外学校運動に影響され、1910年代から1920年代にかけて、日光や空気をとりいれ、どの教室からもオープンスペースへ移動できるように低層で中庭のある学校建築を試みた。1940年に、パーキンス・アンド・ウィル会社の共同経営者であったローレンス・ブラッドフォード・パーキンスとフィリップ・ウィルは、エリエル・サーリネン、エーロ・サーリネンとともに、イリノイ州ウィネトカのクロウ・アイランド小学校の建設に尽力した。煉瓦造りの一階建てで、教育棟と管理棟を分離した建築は、児童中心主義教育という概念を具体化したものであり、戦後の変則的な学校建築の原型となった。1960年に同じチームが設計した記念碑的学校は、シカゴ大学実験学校であり、彼らは新しい建築技術、建築素材と解放的な建築デザインを統合し、なめらかで都会的な外観の校舎をつくり上げた。第2次大戦後、一階建てないし2階建ての学校がアメリカの郊外地域に広まり、新しい地域社会の発展をうながすとともに、その社会の中心として機能するようになった。しかし残念なことに、学齢児童人口が増えてくると、多くの地区は、大規模で無秩序に広がったハイスクールをふくめて、古い校舎を平凡な建物へと建て替え、費用を削減するために、プレハブの組み立て方式を利用するようになった。

20世紀を通じて、人種別に学校を分けることは本質的に不平等なことであると認識されると、学校はアフリカ系アメリカ人へと開かれるようになった。さらに、連邦政府が各地区に対して、女子の運動競技のために男子と同じ空間を用意し、障がいをもつ子どもを受け入れるよう勧告したことに、学校建築は直接的な影響を受けた。さらに、1960年代から21世紀初頭にいたるまで、協同的で自発的な学習に関心がはらわれてきたが、これによって、かつての講義スタイルの教室の座席はテーブルと作業台に置きかえられた。また、小規模な学校を好ましいものとする潮流によって、歴史家のジェフェリー・ラックニーが家庭様式（ファミリー・プラン）とよぶ、教室と職員室と資料室が混在する特徴をもつ建築様式が、いくつかの学校で採用された。しかしその場合でも、20世紀が終わりに近づくにつれて、かぎられた予算は、実験的な学校の建築や校舎の補修を抑制した。プレハブ方式の学校は、郊外に新たに建てられた多くの学校建築の標準的な形態となった。古い学校建築の物理的な老朽化は、とりわけ都市中心部とマイノリティ共同体で目だって存続した。中産階級家族の一部は私教育へと子どもを引き上げた。21世紀初頭においても、不平等から生じるさまざまな影響は依然としてアメリカの教育全般に存続し、教育を多種多様なものに分断している。というのも、貧困や人種的偏見が存続し、また納税者がインフラに投資したがらないといった理由によって、公立学校をふくめ、あらゆる子どもにふさわしく、開かれた公的施設を建築したいという希望が裏切られつづけているからである。

[訳注]

*1 ジョーゼフ・ランカスター（Joseph Lancaster, 1778-1838）——ロンドン生まれのクウェーカー教徒の教育者。子どもの集合的教育空間が学級制と学年制へと推移しはじめるのに先立って、上級生が下級生の監督・教習生となって、人数の多い教場で教育するモニトリアル・システム（monitorial system: 助教制）にもとづく学校を1798年にロンドンに開設して非国教会派の人びとから支持された。国教会派の人びとが支持したアンドルー・ベル（Andrew Bell, 1753-1832）の方法とともに、イギリスの初等教育に広まった。のちにアメリカに渡り、フィラデルフィアやボルティモアなどの都市で講演と実演を行なった。

*2 ヘンリー・バーナード（Henry Barnard, 1811-1900）——アメリカの教育家、政治家。公教育の改革に取り組み、学会誌『アメリカ教育研究』（*American Journal of Education*, 1855-1882）を編集した。1867年から1870年まで、アメリカ政府の教育局の初代長官であった。

*3 ジョン・D・フィルブリック（John Dudley Philbrick, 1818-1886）——アメリカの著名な教育者。ダートマスカレッジを卒業後11年間ボストン市内で教師をつとめたのち、H・バーナードの勧めで、その後継者として教員養成の仕事にたずさわった。1856年にボストン市の公立学校の指導監督者に選出され、教員養成と教育改革に取り組んだ。全米教育協会（NEA）会長とマサチューセッツ教育委員会委員をつとめた。

*4 「兵舎式」学校（"cells and bells" schools）——空間的には独房のような小教室（セル）に、時間的には鐘（ベル）によって区分され、統制される建築様式。

*5 フランク・ロイド・ライト（Frank Lloyd Wright, 1867-1959）——アメリカの著名な建築家。アメリカの郊外住宅にプレイリー・スタイルという新しい建築様式を示して注目された。日本の帝国ホテル、アメリカのグッゲンハイム・ミュージアムなど多数の建築作品で知られる。

*6 リチャード・ノイトラ（Richard Neutra, 1892-1970）——オーストリア生まれのアメリカの建築家。無装飾の直線形と、ガラス、スティール、強化コンクリートなど新しい建材を利用することなどを特徴とする「国際様式」（International Style）とよばれる様式の普及に貢献した。

*7 ジュリアス・ローゼンウォルド（Julius Rosenwald, 1862-1932）——ドイツからのユダヤ系移民の子としてイリノイ州に生まれ、洋服仕立業の父親の家業を継ぐためにニューヨークに出て修行生活をはじめ、やがて洋服仕立業者、製造業者、会社経営者として成功した。「ローゼンウォルド基金」を創設し、博物館や学校建築のために多額の資金援助をした博愛主義者（フィランソロピスト）として広く知られる。1932年に亡くなるまでのあいだに、ローゼンウォルド個人からと「基金」から、公立学校、単科大学、総合大学、博物館、ユダヤ人の慈善事業および黒人の施設などに総額

で7000万ドル以上が寄付され、とくに学校建設については、アメリカ南部諸州に5000校以上の学校と教員宿舎の建設を支援した。これらの学校は人びとから「ローゼンウォルド学校」とよばれ今日にいたっている。

*8 ピエール・S・デュポン（Pierre Samuel du Pont, 1870-1954）——アメリカの代表的な化学製品会社デュポン社の起業家。フランス革命をのがれて「エミグレ」としてアメリカに渡ったエルテール・イレネー・デュポン（1771-1834）が、1802年に創業したデュポン社は、メロン財閥、ロックフェラー財閥とならぶアメリカ3大財閥とよばれる大企業となった。その後継者として、ピエール・S・デュポンは、ジェネラル・モータース社を創業して成功した。1940年に企業活動から引退した晩年は、デラウェア州教育委員会に尽力し、荒廃した黒人の学校の再建、公立学校の建て替えなどに多額の資金を援助した。

➡ 衛生学と子ども、義務就学、子ども空間、進歩主義教育、都市の学校制度の誕生

● 参考文献

Barnard, Henry. 1970 [1848]. *School Architecture*, ed. Jean and Robert McClintock. New York: Teachers College Press.

Cubberley, Ellwood P. 1934. *Public Education in the United States: A Study and Interpretation of American Educational History*, rev. ed. Boston: Houghton Mifflin.

Cutler, William W., III. 1989. "Cathedral of Culture: The Schoolhouse in American Educational Thought and Practice since 1820." *History of Education Quarterly* 29: 1-40.

Duffy, John. 1979. "School Buildings and the Health of American School Children in the Nineteenth Century." In *Healing and History: Essays for George Rosen*, ed. Charles E. Rosenberg. New York: Science History Publications.

Graves, Ben E. 1993. *School Ways: The Planning and Design of America's Schools*. New York: McGraw-Hill.

Gulliford, Andrew. 1984. *America's Country Schools*. Washington, DC: Preservation Press.

Gyure, Dale Allen. 2000. "The Transformation of the Schoolhouse: American Secondary School Architecture and Educational Reform, 1880-1920." Ph.D. diss., University of Virginia.

Hoffschwelle, Mary S. 1998. *Rebuilding the Rural Southern Community: Reformers, Schools, and Homes in Tennessee, 1900-1930*. Knoxville: University of Tennessee Press.

Lackney, Jeffrey A. 2001. "From Home School to House Plan, 1650-2001." *New York Times*, Sunday, August 5, Education Life supplement, p. 23.

Upton, Dell. 1996. "Lancasterian Schools, Republican Citizenship, and the Spatial Imagination in Early Nineteenth-Century America." *Journal of the Society of Architectural Historians* 55: 238-253.

● 参考ウェブサイト

Wojcik, Susan Brizzolara. 2002. *Iron Hill School: An African-American One-Room School*. U.S. National Park Service, National Register of Historic Places. Available from 〈www.cr.nps.gov/nr/twhp/wwwlps/lessons/58iron/58iron.html〉

（MARTA GUTMAN／岩下誠訳）

学校銃撃事件と校内暴力（School Shootings and School Violence）

1999年4月20日、エリック・ハリス（Eric David Harris, 1981-999）とディラン・クレボルト（Dylan Bennet Klebold, 1981-1999）は、コロラド州コロンバイン高校に徒歩で入り、12人の生徒と1人の教師を殺害した。このとき、アメリカは恐怖に打ち震え、こんなことがアメリカの学校で起きるはずはないと疑念をつのらせた。校内暴力の本性が、反抗的な生徒の単発的な行動やギャングの権力闘争から一夜にして計画なテロ活動に姿を変えたかのようであった。しかし、校内暴力は20世紀末に登場した現象ではなかった。校内暴力は学校と同じだけ古い歴史をもっているのである。

すくなくとも17世紀以降、ヨーロッパの学生たちは武装していた。当時の学生はそもそも特権階級と貴族階級の出身であるから、日常的に刀剣を身につけ、銃をたずさえて登校していた。18世紀初頭、フラン

ラルフ・ヘドレイ「教師締め出し」（1896年）。Laing Art Gallery, Newcastle-upon-Tyne*

ス国王はパリ大学に軍隊を派遣し、暴力学生の武装解除を行なうことを余儀なくされた。イギリスでは、名門校として評価の高いラグビー校やイートン校のような一流の私立学校でも、18世紀を通じて学生暴動や学生反乱があった。学生たちは書物や机に放火し、彼らを解散させるために軍の出動を必要としたほどである。18世紀末になってもっとも広く流布した学校の無秩序の典型は「教師締め出し」*1である。イギリスでは、この慣行が実行されるのは、学生たちが休日やほかの措置を求めようとするときである。教師がそれをこばむと、学生たちは校長が学校に入れないよう締め出した。そして学校の備品を壊し、窓やドアにバリケードを張り、包囲維持に向けて兵糧を手に入れるために略奪部隊を近隣に派遣して強奪をくりひろげた。

アメリカでは、こうした無秩序の慣行はもっと温和な形式をとった。校舎の占拠と入口からの教師の締め出しは、19世紀の田舎の学校の多くで古くからある伝統であったが、多くの場合、教師締め出しは権威の象徴的な転覆であって、象徴的暴力に限定されていた。この象徴的暴力の典型はテネシー州における教師締め出しで、テネシーでは学生たちは、要求——2ブッシェルのリンゴと5ポンドのキャンディをよこすよう要求した——が受け入れられるまで校舎内にバリケードを築き、教師が入るのをこばんだ。教師はなんの抵抗も示さず、2人の年少の学生に町へ行って2ブッシェルのリンゴと10ポンドのキャンディを買ってくるように言った。そしてキャンディとリンゴの分配が終わると、教師は「メリー・クリスマス」と言って、帰宅してしまった。教師が生徒に折れるのをこばみ、実力で抵抗するようなことになれば実際に暴力ざたになったが、それは意図せざる結果であり、失敗であった。たとえば、1830年代のテネシー州のある学校のケースでは、教師は刺されて井戸に投げこまれ（一命はとりとめたものの）、校舎は焼失してしまったのであった。

アメリカにおける19世紀と20世紀の校内暴力のそれ以外の形式に象徴的要素はまったくない。年長学生による教師への攻撃は、19世紀の学校習俗ではなじみのあるものであった。こうした習俗がよく行なわれた田舎の学校の教師たちは、文字どおりみずからの地位への権利を証明するために戦い、それを維持するために体罰を過度に行使することもまれではなかった。教師締め出しのどんちゃん騒ぎの側面とは違って、暴力をともなう攻撃は教師の権威に対するあからさまな攻撃であった。物理的な支配の利用は、男性教師が明白で断固たる自分の権威を確立するひとつの方法であったが、女性教師も、抵抗する勇気と決断の必要を示すために、身体的あるいは心理的威嚇を行なった。多くの場合親は、生徒たちが教師を町から追い出そうとするくわだてには介入せず、実際にそうしても、子どもたちに罰をあたえることはなかった。

20世紀初期までに、学校の制度化は、田園地方の多くの学区に見られたこうした自律的な性格を非常に中央集権的かつ官僚的な構造に変えてしまい、それによって教師と校舎に向けられた暴力行為は思慮を欠いたものとなった。19世紀にはそうした行動を大目に見たり、それを勧めたりすることさえあった親の感情は、いまではすっかり変わってしまった。権威を転覆させることはもはや青年期につきもののばか騒ぎとはみなされず、明らかな違法行為とみなされるようになった。

20世紀になると、校内暴力のタイプと目的の両方に変化が見られた。18世紀と19世紀には、教師あるいは学校そのものが暴力の対象であり、加害者としての学生たちは徒党を組んで行動した。20世紀になると、学生どうしの暴力があたりまえになった。暴力がエスカレートし、使用される道具も1920年代の棒や拳から、1940年代のレンガ、バット、鎖に変わり、そして1960年代にはナイフに、さらに1980年代と1990年代になると銃に変わった。こうなると親は自分の子どもの安全に不安を感じはじめた。暴力手段の激化は大きな社会変動の反映であった。1960年代と1970年代には、非行グループの暴力が学校をゆさぶった。学校は彼らの縄張りとみなされ、暴力は統制の問題であるとともに刑法上の問題にも由来すると考えられた。破壊行為と学生のけんかは暴行・武装した窃盗・レイプ・殺人にとって代わられた。

1990年代後半には校内暴力の性格に別の変化が見られた。初期の事件の大半は都市部のインナーシティ*2の学校で起きたのに対して、この新しい暴力の波は郊外の白人の中産階級の町にあらわれた。不満をかかえた個人としての学生たちが、自分のなかの悪魔を追い出そうとして、学校友だちや教師を銃撃するという暴力行為を計画したのである。1997年10月から1998年5月までのあいだに5件の学校銃撃事件が発生し、11歳ぐらいの子どもたちが学生と教師14人を撃ち殺し、21人を負傷させた。1999年4月から2001年3月にかけて、さらに9件の学校銃撃が発生し、6歳の少女から35歳の教師まで、銃撃した学生をふくめて、6人が殺され、24人が負傷した。こうした事件によって、アメリカの司法制度は少年犯罪を再考せざるをえなくなった。2000年3月に自分の教師を撃ち殺した13歳のナサニエル・ブラジルは、大人として裁判を受け、第2級殺人罪で有罪となり、懲役21年の刑を宣告された。

アメリカでは、高等教育機関における暴力の性格も長いあいだに徐々に変化してきた。18世紀から19世紀にかけては、大学生はそもそも裕福で社会的地位のあるアメリカ人の子弟であった。したがって、典型的な暴力のタイプは、個人の名誉に対する公然たる侮辱から生じ、たいていは決闘という結果になった。イェール、ブラウン、ダートマス、ノースカロライナなど

多くの大学で、しばしば学生たちは自分の学部の権限に対して反抗した。教師締め出しは1850年代にはプリンストンやほかの多くの大学では「おきまりのお祭り騒ぎ」であった。20世紀の大学における無秩序の典型は新入生のからかいであるが、それが生命にかかわる暴力的な身体的な試しになる場合もあった。暴力行為にはより性的な意味をもつものがあり、どちらかといえばおとなしめのパンティー下ろしからデートレイプという犯罪行為まで広がっている。

[訳注]
＊1「教師締め出し」（barring out the master）──生徒が悪ふざけをして教室内の主導権をにぎろうとしたり、なんらかの譲歩を要求して教師を教室から閉め出したり、校舎に入れないように集団的に騒ぎ立ててブロックアウトすること。
＊2 インナーシティ（inner-city）──大都市の中心部でスラム化した地域。衛生状態が悪く、犯罪が起こりやすいすさんだ文化環境を温存する。このような場所から、犯罪と重税をのがれて白人の中産階級が郊外に脱出して住宅をかまえる現象を「ホワイト・フライト」（white-flight）とよぶ。

➡教育（アメリカ）、教育（ヨーロッパ）、子どもに向けられる暴力、しつけ、シャリヴァリ、非行、ユース・ギャング

●参考文献
Ariès, Philippe. 1962. *Centuries of Childhood: A Social History of Family Life*. Trans. Robert Baldick. New York: Vintage Books. アリエス『〈子供〉の誕生──アンシャン・レジーム期の子供と家族生活』（杉山光信・杉山恵美子訳、みすず書房、1980年）．
Davis, Natalie Zemon. 1971. "The Reasons of Misrule: Youth Groups and Charivaris in Sixteenth-Century France." *Past and Present* 50 (February) : 41-75. Natalie Zemon Davis, *Society and Culture in Early Modern France: Eight Essays* (Stanford University Press, 1965, 1975)、chap. 4.,「〈無軌道〉の存在理由」デーヴィス『愚者の王国・異端の都市──近代初期フランスの民衆文化』（成瀬駒男・宮下志朗・高橋由美子訳、平凡社、1987年）所収、pp. 133-164.
Knox, George W., David L. Laske, and Edward D. Tromanhauser. 1992. *Schools Under Siege*. Dubuque, IA: Kendall/Hunt.
Rudolph, Frederick. 1962. *The American College and University: A History*. New York: Knopf.
Wyatt-Brown, Bertram. 1986. *Honor and Violence in the Old South*. New York: Oxford University Press.

(JAN PRICE GREENOUGH／太田明訳)

学校選択（School Choice）

学校選択というフレーズは、アメリカ全体の公立学校のK-12制度＊1を監督する教育行政関係者たちが利用できる広範におよぶ多様性のある政治的、政策的、実際的な学生の入学登録選択を網羅している。アメリカの初等中等教育は伝統的に、学生は、自分の家族の経費、あるいは自分自身の経費で私立学校に通うこともできる選択肢をもって、自分の地元の近隣の公立学校に通うという原則に沿って組織されてきている。公共部門の学校選択は、特別なカリキュラムをもつ**マグネットスクール**＊2、障害をもつ子どもたちのための学校、さらに入学試験を必要とする学校などの出現とともに、20世紀後半から発展した。

1980年代以降、批評家たちが、公教育が非常に多くの学生たちのために厳密な教育環境を提供しそこなっていると考えたため、公教育に対するさまざまな批判が強まった。こうした批評家たちは、アメリカの多くの学生たちが標準テストで獲得した得点を国際的な同年齢の得点と比較すると、アメリカの学生は相対的に能力がおとると指摘した。多くの者が、競争は説明責任、標準、透明性を推進するので、公教育の公的規制を解除し、より競争的になるべきであると主張した。地域に根ざすといったことなどの**コモンスクール**の伝統的な概念に対する異議申し立てとなる規制緩和は、論争の的になる方針転換である。規制緩和に反対する人びとは、政策の選択肢としての規制緩和が学生の学習能力を増大させる可能性は低く、それよりも、小規模学級、改善されたカリキュラム、教師や校長の専門職能力の開発のほうがその可能性があると主張した。

基本的に3種類の学校選択がある。学区内の公立学校の選択、**チャータースクール**＊3、そして、**スクール・バウチャー**＊4の三つである。1番目の、学区内の公立学校の選択は、その子どもの学区内あるいは学区の境界線をまたぐ近隣以外の学校以外の公立学校に生徒が通うのを認める。公立学校の選択は、大半の州で可能になり、政治的な論争をひき起こさない。2番目の選択肢であるチャータースクールは、州政府あるいは認可団体によって特別に認可され、通常の公立学校が受ける規則の多くから解放される。アメリカでは2003年までに、37の州とコロンビア特別区に広がって約2400のチャータースクールが存在する。チャータースクールに対する政治的支援は広いが、それと同時に多くのチャータースクールは財政的制約のために困難に直面している。3番目の選択肢であるバウチャー制度は、選択した私立学校でひきかえられることになるバウチャー（就学保証金証書）を親にあたえることによって公的資金が私立学校に動くシステムである。2003年までに公的に基盤整備されたバウチャー計画は、ウィスコンシン州、オハイオ州、フロリダ州にあった。以上のような学校の選択肢のすべてのうち、バウチャー制度はもっとも論議をよんだ。バウチャーが公的資金を私立学校に移し、それが宗教教育に利用されるからであった。だが、2002年のアメリカ合衆国最高裁判所は、たとえその学校が本質的に宗教的であっても、公的資金が私立学校で使われることは憲

に認められているルールであると決定した。

　公教育の規制緩和、とりわけチャータースクールとバウチャーというかたちでのそれは、多数の政策課題を生んだ。学校選択についてのさまざまなプランは、より平等な手段につながるのか、それとも、さらに教育を階層化させてしまうのであろうか？　学校選択は生徒たちの学びの改善につながるのであろうか？　学校選択は、もっと革新的な教育機会につながるのであろうか？　学校選択プログラム、とりわけ財源が減りつつある地域で、どのように経済的なのであろうか？

　21世紀初頭には、学者と研究者たちは学校選択を組織的に研究したが、上に紹介したような疑問への解答をめぐって意見の一致はほとんど見られなかった。自分が選択した学校に通うこと、システムの将来展望から利益を得る生徒が何人かいたことについてはいくつかの証拠資料がある。学校選択は中産階級に有利にはたらく傾向があり、それは教育の階層化を助長することにつながった。学校選択と生徒の学業成績にかんする証拠資料は、厳密な結論を導くことができるような確かなデータをほとんどふくんでいなかった。公立学校の選択とチャータースクールが教育改革をもたらしたことを示す証拠資料もいくらか存在するが、こうした革新は公教育の伝統的な特性をまだ改変していない。学校選択の経済学はこれまで激しい論争をまきおこしてきたが、多くのチャータースクールが財政的な支援を欠いていたために失敗したことはあきらかである。

［訳注］
* ＊1　K-12制度——アメリカの教育用語のひとつで、幼稚園（Kidergarten）から第12学年（Twelve: 高校3年）までの教育機関あるいは教育制度全体をさしていう。"K through twelve" と読む。a K-12 boarding school は、幼稚園から高校3年までの全寮制の一貫教育の学校を表現している。
* ＊2　マグネットスクール（magnet school）——アメリカの学校の一種で、魅力的な特別教育課程と施設をそなえることによって、従来の通学区を越えた地域から生徒を集め、とくに人種差別解消をめざした公立学校。Magnet School という表現は、広範囲の子どもを磁石のように引きつける学校という意味で1968年頃からアメリカで使われはじめた。今日では多様な工夫と個性を表現するために、オプション（option）、チョイス（choice）、テーマ（thematic）、フォーカス（focus）、実験（experimental）、専門（speciality）またはオルタナティブ（alternative）などの語を冠してよばれる。
* ＊3　チャータースクール（charter school）——新しいタイプの学校と位置づけられることが多いが、その呼称の起源は古く、18世紀のイギリス統治下のアイルランドで、貧しいローマカトリック教徒を教育する目的で設立されたプロテスタントの学校を意味した。英語でCharter School と表記されるようになったのは1763年からである。この呼称が注目を集めるようになったのは、アメリカで1990年代から既存の公立学校に対する不満が高まり、それに代わる新しい学校設立の模索のなかで、チャーターとよばれる「特別認可」もしくは教育の「達成目標契約」により認可された学校が増加しはじめてからである。子どもの保護者、地域住民、教師、市民活動家などが、新しいタイプの学校を設立する必要性を共有し、意見と構想を集約する。学校運営のための教員とスタッフを準備する一方、その学校の教育計画と実践の特徴や設立数年後の教育目標の達成計画などを定め、公的機関に設立申請する。認可されると、公的な資金援助を受けて設立される。コンピュータ、数学、アートなど、従来の学校教育において評価がむずかしかった分野のカリキュラムと教育活動が充実するなど、すぐれた生徒が集まる傾向が注目される一方、学校が政治的および社会経済的に同質化してしまうなどの問題もあるものの、公教育のいきづまりを打破する試みとして、1991年ミネソタ州で「チャータースクール法」が成立して以来、設立数は増えている。
* ＊4　スクール・バウチャー制度（school voucher）——公教育制度において、就学保証金証書計画（voucher plan）にもとづいて就学先の学校を選択する制度。公的機関が私立学校に授業料の支払いを保証する証明書を発行し、子どもが私立学校に通う家庭の学費負担を軽減するとともに、学校選択の幅を広げることで学校間の競争をもたらし、教育の質の向上をはかる私学補助を軸にした公教育の有意差政策。恵まれない子どもに対する「バウチャー」「クーポン」による教育機会の保証と地域の活性化という発想は、子どもを学校に通わせることを条件とした補助金を提案したトマス・ペイン（Thomas Paine, 1737-1809）の『人間の権利』（*Rights of Man*, 1792）が起源であるとされる。

➡教育（アメリカ）、私立学校と独立学校
●参考文献
Chubb, John E., and Terry M. Moe. 1990. *Politics, Markets, and America's Schools*. Washington, DC: Brookings Institution Press.
Cookson, Peter W., Jr. 1994. *School Choice: The Struggle for the Soul of American Education*. New Haven, CT: Yale University Press.
Henig. J. R. 1994. *Rethinking School Choice: The Limits of the Market Metaphor*. Princeton, NJ: Princeton University Press.
（PETER W. COOKSON JR.／池田雅則・北本正章訳）

学校対抗運動競技
(Interscholastic Athletics)

　学校対抗運動競技は、19世紀後半を通じてアメリカに登場し、大学レベルでの競技と同じように、学生たち自身によって最初から組織され、管理された。ウースター市のマサチューセッツ・ハイスクールの学生たちが1859年に**ベースボール**のチームを作ったとき、

彼らはハイスクールでの運動競技の創始者となった。勝利することに熱心であった学生たちは、学生以外の者を自分たちのチームに補充したが、このことが、学校管理者が運動競技の管理にのりだす原因になった。1860年代を通じて、ニューイングランドの寄宿学校、フィラデルフィアとバッファローの公立学校、そしてシカゴの私立のアカデミーなどのいくつかが選抜チームを作っていたが、学校対抗運動競技が確立したのは、進歩主義運動がアメリカのハイスクールの運動競技に有益な目標をあたえた19世紀末の数十年間になってからであった。

運動競技の社会的および教育的利益

　進歩主義の改革者がアメリカの各都市の混乱を沈静させようと奮闘していたとき、彼らは、逸脱したふるまいの結果、都市のギャングと親密なつきあいをしていた若者たちを統制する手段を探していた。このとき、改革者たちは、運動競技はこうした若者たちの心をとらえ、将来建設的な成人になるよう、彼らの気持ちを切り替えさせるのではないかと考えた。進歩主義改革の唱道者の一人で、ニューヨーク市学校体育局長であった**ルーサー・ギューリック**は、1903年に公立学校運動競技連盟（the Public Schools Athletic League: PSAL）を組織した。このPSALは、授業日の期間中、学校間の対抗試合と自己診断フィットネス活動を財政的に支援した。ギューリックのこのプログラムが非常に上首尾であったため、PSALの典型は、エドウィン・B・ヘンダーソン[*1]が、州の分離された黒人の学校のためにそれを適用したワシントンDCをふくむアメリカの多数の都市でくりかえされた。1905年には、ギューリックとその助手のエリザベス・バーチャナルが対抗競技をしない活動を重視するPSALの女子部門を組織した。しかし、この時期には、シカゴでは少女たちを鋳型どおりの洗練された若いレディーにしようとし、ロサンジェルスでは少年たちを学校にとどめようと誘惑するなど、高まりつつあった社会的な圧力のために、短命ではあったものの、シカゴやロサンジェルスなどほかの都市では、女子の運動競技、とりわけ**バスケットボール**は非常に対抗試合的になっていた。こうしてハイスクールの運動競技は少年たちの支配圏になった。教師たちは、運動競技の教育的利益が激賞されるなかで、ハイスクールの運動競技の必要性を擁護しただけでなく、フルタイムの行政的管理をする運動競技コーチを任命することができる学校体育プログラムを拡張する根拠も得ることになった。

国内のトーナメント試合、国際競技会、学校対抗運動競技の最盛期

　第1次世界大戦の余波のなかで、学校対抗運動競技は異常な発展を経験した。運動競技チームの数は、ハイスクールへの入学者数の増加にともなって倍増した。市と郡の連盟は、野球、フットボール、そしてバスケットボールのチャンピオンに王冠を授け、州は主要なスポーツのトーナメント試合を組織し、全米ハイスクール連盟は、1920年に運動競技の教育品質を保持するために門戸を開放した。

　バスケットボールとフットボールの部門内での競技は1900年代初期にその起源をさかのぼるが、ニューヨークとシカゴは、1920年代を通じて七つの都市対抗野球選手権を開催していた。フットボールにおける対抗試合は、ニューイングランドとミッド・アトランティック諸州代表チームとミッド・ウェスト諸州代表チームとの試合のように、非常に広まっていた。オハイオ、インディアナ、ミシガン、イリノイその他の州の学校は、近隣の州のチームとの対抗試合をはじめていた。1921年から1924年にかけて、イリノイ州のハイスクールは、毎年、トレド市、クリーヴランド市、ルイスヴィル市、デトロイト市、そしてボルティモア市代表のチームをふくむ九つの対抗試合に参加していた。

　シカゴ大学は、1917年から1930年にかけて、全米学校対抗バスケットボール・トーナメント（the National Interscholastic Basketball Tournament: NIBT）を主催したとき、全国トーナメントの趨勢に火をつけた。NIBTから除外されていたカトリック系の学校は、1924年に、ロヨラ大学に彼ら独自のトーナメントNCIBTを設立した。1928年までに、全米で32チームが5日間にわたるイベントに参加した。カトリック系の学校は、1928年のNIBTの提案を辞退し、その一年後、NIBTは、毎年機械的に招待を受けていたシカゴ市のパブリック・リーグ・チャンピオンであったフィリップス・ハイスクールの、全員が黒人のチームの招待を拒否したとき、その威信を失った。黒人のハイスクールは、タスキーギー・インスティテュート校[*2]とテネシー州立大学、ヴァージニアのハンプトン・インスティテュート校で独自の全米バスケット・トーナメントを開催した。

アフリカ系アメリカ人競技者と女子競技者の戦い

　アフリカ系アメリカ人と女性の運動選手は、学校対抗運動競技への参加資格を得るために苦難の道を歩んだ。アフリカ系アメリカ人は、最初から排除されていたため、たとえば、その当初から、1908年から1942年まで、州の協会が州内のトーナメントから「有色の」学校の参加を閉め出していたインディアナ州での経験のように、制裁規定のある人種隔離政策と戦わなくてはならなかった。女子の運動選手はもっと早い段階から対抗試合でプレーしていたが、やがて女性らしい礼儀正しさと未来の母親という期待感が彼女たちをとらえた。医者と教師は、スポーツは子どもを出産する器官にダメージをあたえるのではないかとおそれ、女性の体育教師たちは、競技を下品であるとして批難した。1920年代を通じて、たとえばノースカロライ

ナの女子のハイスクールのバスケットボールは、白人とアフリカ系アメリカ人の学校では非常に人気が高かった。しかし、ノースカロライナその他の州の女性の体育教師たちは、女子の運動選手を監督し、競技することに代えて、社交性と友情を重視する参加モデルに置き換えた。白人の学校はこれに従ったが、アフリカ系アメリカ人の学校は、競争モデルを維持しつづけた。1960年代の女性解放運動と1972年の「改正教育法第9編」は、女子に対して学校対抗競技への門戸をふたたび開いた。

商業化、専門化、そして搾取

　20世紀の最後の25年間を通じて、商業主義がハイスクールの運動競技の方向性を牛耳った。全国的なトーナメントと国際試合が大規模に復活した。ポストシーズンのオールスター・ゲームや華やかな伝統試合が次々と催された。多数のハイスクールが、自分たちの運動競技プログラムを特集したインターネット・ウェブサイトを作った。1980年代のUSA Today（ユーエスエイ・トゥデイ）*3は、バスケットボール、フットボール、野球、そしてソフトボールなどのスポーツで、少年少女のハイスクール・チームの各シーズンのトップ25位をランキングしはじめた。スカウトサービスは、大学のリクルーターたちのために、もっとも有望な選手の発掘と追跡調査によって相当の収入を生みだしている。ナイキやアディダスといった運動靴の巨大企業から財政支援を受けているいくつかのハイスクールは、ほかの学区から花形選手を補充した。強まる商業主義は、運動選手たちが、いつの日かお金になるプロ契約に漕ぎつける希望をもって自分の技術を完璧に仕上げるために、ある特定のスポーツに専念させた。大学の奨学金を得る確実性を高めるために、数えきれないほどの多くの選手が、ステロイド剤*4その他の運動増強補助剤に手を出している。

　アメリカ各地の多くの町と市で、ハイスクールのスポーツはコミュニティの中心である。それらは娯楽をもたらし、コミュニティの建設に貢献し、市民の自尊心を高める。しかし、これは、運動競技における成功が非常に重要であって、このために、コーチたちに若い運動選手を利用するように強いてしまうといった状況を生むこともある。H・G・ビッシンガーの『フライデイ・ナイト・ライツ』（*Friday Night Lights, A Town, A Team and a Dream*, 1990）は、オデッサのパーミアン・ハイスクールのフットボール・プログラムが、同校の教育方針を破壊してしまっていることを暴いたもので、これほどテキサス州のハイスクールのフットボールの実態を証拠立てるものはほかに見あたらない。映画「勝利への旅立ち」（*Hoosier*, 1986）*5で描かれているような、小さな村から出て、スターの地位を夢見ながら、強い相手と戦って負けてばかりいる物語は、21世紀の幕開けまでに学校対抗運動競技の世界からはすっかり消え去っている。

［訳注］

*1　エドウィン・B・ヘンダーソン（Edwin Bancroft Henderson, 1883-1977）──1904年にワシントンDCのアフリカ系アメリカ人にバスケットボールを広め、学校対抗運動競技としての組織作りに貢献したことで「黒人のバスケットボールの祖父」（Grandfather of Black Basketball）とよばれる。

*2　タスキーギー・インスティテュート校（Tuskegee Institute）──アフリカ系アメリカ人の指導者ブーカー・T・ワシントン（Booker Taliaferro Washington, 1856-1915）によって、アラバマ州タスキーギ市に1881年に設立された有名な黒人の学校。現在は大学。

*3　USA Today──ワシントンDCのガネット社（Gannett）が、1982年に創刊したアメリカで最初の日刊の朝刊全国紙。宅配はせず、全米約40あまりの主要都市の印刷工場と契約して、通信衛星を介したファクシミリ電送による同時印刷技術を利用した。各都市のニューススタンドで販売され、スポーツ記事などを簡単にすぐに読めることから「マクナゲット」「マクペーパー」とよばれる。

*4　ステロイド剤（steroids）──脂肪溶解性の有機化合物の総称。ステロール、胆汁酸、性ホルモンなど。副作用をともなうことがある。

*5　「勝利への旅立ち」（*Hoosiers*, 1986）──1986年に製作されたアメリカの映画作品。かつて暴力事件をおこしたためにバスケットボールのコーチをしりぞいていた男が、友人の校長を助けるために、インディアナ州の小さな町の高校の弱小バスケットボール・チームを立てなおし、選手の人間的成長と友情、スポーツの栄光を描いた実話をもとにしたスポーツ青春映画の傑作。映画の原題にあるHoosierとは、インディアナ州の住民をさす言葉で、「田舎者」という意味である。

➡教育法第9篇と女子スポーツ、スポーツ、ハイスクール（アメリカ）

●参考文献

Bissinger, H. G. 1990. *Friday Night Lights, A Town, A Team and a Dream*. Reading, MA: Addison-Wesley.

Brown, Victoria Bissell. 1990. "The Fear of Feminization: Los Angeles High Schools in the Progressive Era." *Feminist Studies* 16: 493-518.

Cahn, Susan K. 1994. *Coming on Strong: Gender and Sexuality in Twentieth-Century Women's Sport*. New York: Free Press.

Grundy, Pamela. 2000. "From Amazons to Glamazons: The Rise and Fall of North Carolina Women's Basketball, 1920-1960." *Journal of American History* 87: 112-146.

Jable, J. Thomas. 1986. "High School Athletics, History Justifies Extracurricular Status." *Journal of Physical Education, Recreation and Dance* 57, no. 2: 61-68.

Miracle, Andrew W., Jr., and C. Roger Rees. 1994. "Sport and School Unity." In *Lessons of the Locker Room*. Amherst, NY: Prometheus Books.

Pierce, Richard B. 2000. "More than a Game, the Political

Meaning of High School Basketball in Indianapolis." *Journal of Urban History*, 27: 3-23.
● 参考ウェブサイト
Johnson, Scott. 2003. "Not Altogether Ladylike, the Premature Demise of Girls' Interscholastic Basketball in Illinois." Available from 〈www.ihsa.org/feature/hstoric/earlybkg.htm〉
Pruter, Robert. 2003. "A Century of Intersectional Football Contests, 1900-1999." Available from 〈www.ihsa.org/feature/hstoric/intersec.htm〉

(J. THOMAS JABLE／北本正章訳)

学校の人種差別撤廃
(School Desegregation)

19世紀なかばにアフリカ系アメリカ人の印刷工ベンジャミン・ロバーツは、彼の娘が市の白人小学校から違法に排除されたとして、ボストン教育委員会を相手どって訴訟を起こした。それ以降、教育における人種間平等をめぐる争いは、学校の人種差別撤廃への要求と密接に結びついてきた。しかしながら、人種差別撤廃が教育政策の周辺部からその中心へと移ったのは、ようやく第2次世界大戦後になってからのことであった。その際、教育機会の不平等の撤廃に向けた政府の動きをうながしたのは、全米有色人地位向上協会（the Advancement of Colored People's：NAACP）による法的な運動や、黒人のもつ政治的権力の拡大、そして公民権運動の勃興であった。1954年の**ブラウン対カンザス州トペカ教育委員会裁判**に際して、アメリカ合衆国最高裁判所は州によって義務化された人種差別が違法であるとの判決をくだした。それ以降1970年代を通じて、これほどまでに論争をひき起こし、生徒、親、および教育政策立案に対して責任を担う行政当局の心を奪った教育問題はほかにはなかった。

学校の人種差別撤廃に向けた取り組みがもたらした成果は、曖昧なものであった。ある観点からすれば、学校の人種差別撤廃をめざす戦いは当初のもくろみ以上のことをなしとげた。最高裁がブラウン裁判に対する判決をくだした時点で、コロンビア特別区をふくむ17の南部諸州と境界諸州[*1]では、黒人学校と白人学校の分離が法律上要請されていた。また、北部のいくつかの州では「地域の学校」での人種差別の禁止を定めていたが、それにもかかわらず人種差別は北部全体を通じて広がりを見せていた。ブラウン判決から十年をへてなお、南部におけるこうした人種隔離制度は維持されたままであった。他方、北部では権利主張をともなう抗議運動が勢いを増しつつあったが、人種差別は彼ら自身の意図的な行為ではなく、そもそもの居住形態によるものなのだと主張する学校当局からごくわずかの譲歩を引き出すにとどまった。しかしながら、おもにジョンソン政権下で敷かれた、人種差別学校へのフェデラル・ファンド[*2]の配分を禁じる厳密なガイドラインや、各学区にこのガイドラインの順守を要請した第5巡回控訴裁判所の主張や、選択の自由と強制バス通学を禁止した一連の最高裁判決などによって、北部および西部の多くの学区と同様、南部における学校の人種差別も1964年から1972年にかけて急速に減少した。全国的に見れば、1968年の時点では、64パーセントのアフリカ系アメリカ人が、入学者の90から100パーセントをマイノリティが占める学校に通っていたのに対し、1980年までにこの数字は33パーセントにまで減少し、南部での数字はこれよりさらに低いものとなった。

ほぼすべての歴史的標準からしても、これはきわめて大きな成果であった。しかし、それに従うかどうかは各学校当局の手にゆだねられていたため、たいていの場合、白人にとって有利な条件での順守がなされた。たとえば、連邦政府の圧力に直面した際、南部の学区は黒人学校を閉鎖し、アフリカ系アメリカ人の校長を降格させ、またアフリカ系アメリカ人の教師を免職に処すことで応じたのである。また同時に、アフリカ系アメリカ人が白人とともに学校に通うようになると、南部の学校当局は偏った仕方で黒人の生徒をもっとも好ましくない学業プログラムにふり分けることによって、人種間の接触の増加や、学業水準の低下を危惧する白人の不安を緩和しようとしたが、こうした慣習は北部においても同様に広まっていた。その結果、たとえ人種差別撤廃によってアフリカ系アメリカ人がそれまで拒否されていた教育資源を利用できるようになっても、そこから得られる利益は疑問視されはじめていた。

人種差別撤廃は、その法的扱いにおいて1973年に頂点に達した。この年のキイス対デンバー州教育委員会事件第1号判決のなかで、最高裁は人種差別撤廃要求を北部および西部の各都市に拡大し、アフリカ系アメリカ人と同様、ラテンアメリカ系アメリカ人もこの人種差別撤廃計画にふくまれるものとした。しかしながら、この勝利もまた一面的なものであることが明らかとなった。最高裁によって従来の慣行が撤廃され、都市ではメキシコ系アメリカ人とアフリカ系アメリカ人が同じ学校に通うようになり、これを人種差別撤廃とよんではいたものの、都市部での人種差別を終結させることはほとんどできなかった。郊外化および白人の転出が増加したことにともない、大都市の学校制度にはそもそもごくわずかな白人の生徒しか残されていなかった。そのため、都市の学校区内で人種差別撤廃を意味あるかたちで達成できたところはほとんどなかった。

こうした問題を解決するために提唱されたひとつの方法は、大都市規模での人種差別撤廃を義務化することであった。しかしながら、こうした強力な法令に対する政府支援は1970年代初頭には減退しはじめてい

た。ニクソン、フォード、カーター各大統領は、議会の多数派と同様、そろって強制バス通学に反対した。彼らは人種間での不均衡を是正するためにフェデラル・ファンドを用いる法案を成立させ、直近地区外にある学校への生徒の配置転換を禁止する、アメリカ合衆国憲法の改正について議論した。1974年のミリケン対ブラッドレー事件判決において、ニクソン大統領による4人の任命者とともに再構成された最高裁判所は、人種差別を克服するためにあえて学区制を逸脱することを主張する当初の要求から大幅に後退するかたちで、デトロイト州における都市-郊外間での人種差別撤廃を命じた下級裁判所判決をくつがえした。最高裁は、郊外での各学区の境界線が差別的な意図で線引きされていることを示す確たる証拠もないまま、5対4［という僅差］の多数決でアフリカ系アメリカ人やラテン系アメリカ人の生徒のもつ人種差別撤廃学校への権利よりも地方自治を優先すべきであるとの見解を示した。

南部における多くの大都市地域では、学校区が全国規模にまたがっていたため、この判決は人種差別を復活させるものとはならなかった。しかしながら、南部以外の地域、とりわけ学校区の境界線が都市／郊外ごとの政治的管轄域と一致していた北東部や中西部においては、ミリケン事件判決によって、事実上、人種差別撤廃の範囲から白人の住む郊外地が除外されることになった。その結果、北部および中西部における各都市の人種差別撤廃計画は、市ごとの自発的な取り組みに焦点化するようになった——こうした取り組みとしてあげられるのは、市内に暮らす白人の生徒を確保し、あるいは彼らを郊外から都市の学校へと引きよせるために設計された、郊外通学および**マグネットスクール**のための特別プログラムである。これらの計画は、アフリカ系アメリカ人やラテン系アメリカ人の一部の生徒にとっては、人種差別的な、インナーシティ*3の学校に対する代替案を提供するものであった。しかし、それは多くの白人に要求を課すものではなかったため、都会の学校や周囲の共同体における人種構成はほとんど変化しなかった。

これらのプログラムには限界があったにもかかわらず、学校での人種差別撤廃をうながすさらなる試みはほとんど支援を得られなかった。これに対して、1980年代初頭になると、機会の均等が徐々に学校選択の拡大を意味するものとして再定義されるようになった。そして、低所得世帯の生徒やマイノリティの生徒の教育機会を拡大するための最善策として、**スクール・バウチャー制度やチャータースクール**といった提案がうながされた。おもに市場原理にもとづいた社会問題の解決に賛意を示していた白人の政策立案者によって最初に導入されたこれらの提案は、遅々として進まない人種差別撤廃に幻滅し、**学校選択を**、衰退しつつあったインナーシティの学校からのがれるための手段とみなしていたアフリカ系アメリカ人やラテン系アメリカ人のますます増える多くの親たちの支持を得ることもあった。

こうした気運のなか、そのパターンは集団や地域ごとに多様であったにせよ、1980年から2000年のあいだにも人種差別は残存し、あるいはさらに悪化した。アフリカ系アメリカ人にとって、南部は全国で人種差別撤廃がもっとも進んだ地域でありつづけた。しかしながら、1991年から1995年にいたるまでの一連の最高裁判決以降、黒人差別がもっとも根強く残っていたのは北東部および中西部の大都市ではあったものの、90〜100パーセントをマイノリティの在学者が占める学校でのアフリカ系アメリカ人の割合は、南部においてもふたたび上昇しはじめた。これら一連の判決は、人種差別撤廃への要求が完全に満たされるのに先立って、学区を旧来の直近地域へと戻すことを認めたものであった。ラテン系アメリカ人に対する人種差別もまた、北東部における都市部の学校でもっとも多く見られ、そこでラテン系アメリカ人の多数派を占めていたのは、プエルトリコやカリブ海地域出身の人びとであった。しかし、1970年以降、ほかの地域の都市部におけるメキシコ系アメリカ人の移住やメキシコ系移民の数が増加すると、南部や西部でもラテン系アメリカ人に対する人種差別が高まった。1968年には90〜100パーセントをマイノリティが占める学校に全国のラテン系アメリカ人学生の23パーセントが在籍していたのに対し、1996年にその数は35パーセントにまで増加した。

21世紀への転換期に際しては、これを証拠に人種差別撤廃を失敗ととらえ、人種差別撤廃自体の撤廃を主張する見方も存在する。しかし、歴史が教える教訓はもっと複雑である。本質的に、人種差別が撤廃された学校に向けての闘いは、すべての市民が教育の恩恵を等しく享受することを目的としたものであった。南部での教育における黒人差別が終焉を迎え、ラテン系アメリカ人もアフリカ系アメリカ人も同様に人種差別のない教育を受ける権利をもつと承認されたことにより、その目的の実現に向けて多くのことがなしとげられた。だがそれと同じくらい明らかなのは、権力・統制・資源を配分する際に生じる相補的な変化に対して政府が援助を行なわなければ、教室における学業および社会的地位の平等にもとづく人種差別撤廃という目的も、幻想のままに終わってしまうということである。

［訳注］

*1 境界諸州（the border states）——アメリカ史において、南北戦争中に、奴隷制度を採用しながらも連邦から脱退せず、北部支持にまわった州。デラウェア、メリーランド、ウェストバージニア、ケンタッキー、ミズーリの5州。

*2 フェデラル・ファンド（federal funds）——アメリカの民間銀行が連邦準備銀行に預託をしている無利子の

準備金をフェデラル・ファンドとよぶ。連邦準備銀行に市中銀行が預託することを義務づけられている準備預金は無利子であるため、フェデラル・ファンドの金利はゼロである。市中銀行のなかで資金に余裕のある銀行が、ほかの市中銀行に貸して利子を得るとき、市中銀行間に短期資金のやりとりをする短期金融市場を生むが、その実勢金利をフェデラル・ファンド金利（Fderal Funds rate）という。

*3 インナーシティ（inner-city）──大都市内部のスラム街化した旧市街の地区。人口密度が高く、不衛生で犯罪発生率も高い。

➡アフリカ系アメリカ人の子どもと若者、法律と子ども、マグネットスクール

●参考文献
Arnez, Nancy. 1978. "Implementation of Desegregation as a Discriminatory Process." *Journal of Negro Education* 47: 28-45.
Bell, Derrick, ed. 1980. *Shades of Brown: New Perspectives on School Desegregation*. New York: Teachers College Press.
Cecelski, David S. 1994. *Along Freedom Road: Hyde County, North Carolina, and the Fate of Black Schools in the South*. Chapel Hill: University of North Carolina Press.
Donato, Rubén. 1997. *The Other Struggle for Equal Schools: Mexican Americans During the Civil Rights Era*. Albany: State University of New York Press.
Orfield, Gary. 1978. *Must We Bus? Segregated Schools and National Policy*. Washington, DC: Brookings Institution.
Orfield, Gary, and Susan Eaton. 1996. *Dismantling Desegregation: The Quiet Reversal of Brown v. Board of Education*. New York: Free Press.
Orfield, Gary, Mark Bachmeier, David James, et al. 1997. "Deepening Segregation in American Public Schools: A Special Report from the Harvard Project on School Desegregation." *Equity and Excellence in Education* 30: 5-23.
Patterson, James T. 2001. *Brown v. Board of Education: A Civil Rights Milestone and Its Troubled Legacy*. New York: Oxford University Press.
Rossell, Christine, and Willis D. Hawley, eds. 1983. *The Consequences of School Desegregation*. Philadelphia: Temple University Press.
Wilkinson, J. Harvie. 1979. *From Brown to Bakke: The Supreme Court and School Integration: 1954-1978*. New York: Oxford University Press.

（HARVEY KANTOR／渡邊福太郎訳）

ガットマン、ベッシー・ピース（Gutmann, Bessie Pease, 1876-1960）

20世紀初頭、アメリカの商業芸術市場で爆発的に氾濫した子ども期の肖像のなかに、ベッシー・ピース・ガットマンの作品があった。ガットマンのイラストは、挿絵入りの本、雑誌のカバー、そしてさまざま

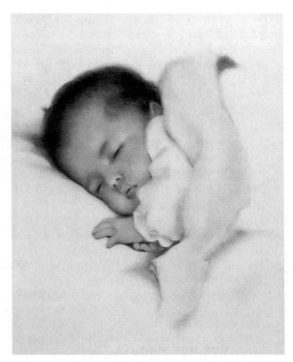

ベッシー・ピース・ガットマン「天国のかけら」（1916年）*

な広告にのせられていた。

ベッシー・ピースは、1876年4月8日、ペンシルヴァニア州フィラデルフィアに生まれた。彼女は幼い頃から美術に興味を示し、ハイスクール卒業後はフィラデルフィア女子美術学校（the Philadelphia School of Design for Women）とニューヨーク美術学校（the New York School of Art）に通った。1896年から1898年まで、アート・スチューデンツ・リーグ・オヴ・ニューヨーク（the Art Student's League of New York）で学んだ後、美術印刷と広告を専門とするガットマン・アンド・ガットマン社（Gutmann and Gutmann）に招かれた。彼女は、その後、会社のオーナーの1人、ヘレムス・ガットマン（Hellmuth Gutmann）と結婚した。ガットマンは彼女の3人の子どもであるアリス（Alice）、ルーシー（Lucille）、そしてジョン（John）をしばしばイラストのモデルにした。

1906年から1922年まで、ガットマンは「家庭婦人の友」*1や「マッコールズ」*2のような刊行物、22誌のカバーをデザインした。彼女はまた『子どもの詩庭園』（*A Child's Garden of Verse*, 1905）と『不思議の国のアリス』（*Alice in Wonderland*, 1907）をふくむ多数の大衆児童書のイラストを描いた。約70編におよぶガットマンによる肖像がポストカードとして出版されたことが知られている。ガットマンのもっとも有名な作品は、1916年にベーリアル社（the Balliol Corporation）から発行された「天国のかけら」（*A*

Little Bit of Heaven）であった。「天国のかけら」では、ガットマンの娘ルーシーがクローズアップにされ、眠っている子どものふっくらした頬や、丸々とした指などが詳細に描かれ、見る者を感嘆させた。1926年、ガットマンは、「マイ・ハニー」（*My Honey*）と題して、アフリカ系アメリカ人の子どもをモデルに同じような肖像を発表した。また、彼女は一連の天使の肖像（そのひとつは母親たちと子どもたちがいっしょになっていた）を発表した。ガットマンは、作風の点で彼女と類似していたライバル、ジェシー・ウィルコックス・スミスの作品を特徴づけるノスタルジックな衣装や背景を避けながら、具体的に、彼女が敬慕する主題の肉体的実在を表現しようとした。

［訳注］
* 1 「家庭婦人の友」（*Women's Home Companion*）――1873年から1957年まで発行された、アメリカの家庭婦人向けの月刊誌。1930年代から1940年代の最盛期には400万部以上の部数を誇った。
* 2 「マッコールズ」（*McCall's*）――1873年から2002年まで発行されたアメリカの月刊女性誌。最初は *The Queen* という誌名であったが、1897年に *McCall's Magazine : The Queen of Fashion* と改名され、さらに短く「マッコールズ」（*McCall's*）となった。1960年代初めには月間部数840万部に達し、20世紀を通じて長く読まれた。

➡グリーナウェイ（ケイト・）、子ども期のイメージ

●参考文献
Choppa, Karen. 1998. *Bessie Pease Gutmann: Over Fifty Years of Published Art.* Lancaster, PA: Schiffer Publishing.
Christie, Victor J. W. 1990. *Bessie Pease Gutmann: Her Life and Works.* Radnor, PA: Wallace-Homestead.
Higonnet, Anne. 1998. *Pictures of Innocence: The History and Crisis of Ideal Childhood.* London: Thames and Hudson.

（A. CASSANDRA ALBINSON／佐藤哲也訳）

割礼（Circumcision）

男子の割礼は、あきらかに最古の、そしてもっとも広範囲に行なわれている外科手術である。これは古代のいくつかの近東文化で行なわれていたが、これが最初にどの地域に導入されたのか、またそれがどのように広まったのかについての学者たちの意見はまちまちである。聖書（「創世記」27・24-25）によれば、神の命令を受けて割礼を受けた最初の人間はアブラハム[1]で、彼は99歳のとき、自分自身と、神との「契約」に入った13歳の息子イシュマエルにこの処置をほどこした。しかし、ヴォルテール（1694-1778）は、1764年の著書『哲学辞典』のなかで、よく知られているように、イスラエル人は（生殖の道具を崇めたてていた）エジプト人から割礼を（逆にというよりはむしろ）とりいれたと主張した。彼は、「もし主人だっ

ロメイン・デ・ホーへ「セファルディム家族における割礼」（1668年）*

たら、盗みをはたらいて逃亡する自分の奴隷の重要なしるしをとりいれるであろうか？」と問いかけている。その影響（もしあったとして）がいかなる方向におよぶにせよ、エジプト人たちの割礼の儀礼が成人するまで延ばされ、あるいはおそらく結婚前の儀礼のときまで延期されていたのに対して、イスラエル人の割礼は、生後8日目の赤ん坊にほどこされた。

宗教的割礼

聖書の時代以来ずっと、ユダヤ人は生後8日目の男の赤ん坊に割礼しつづけたが、この儀礼が（「コーラン」のなかで言及されているわけではないのだが）しきたりになっていたイスラム教徒たちは、それをほどこす日を決めておらず、誕生後数年をへてからほどこされることもしばしばあったが、思春期がはじまる時期を超えて行なわれることはめったになかった。ユダヤ人の割礼は、包皮の外側の部分を切除するだけでなく、（亀頭の全体が見えるようにするために）その内部の裏面に沿って切開することもふくんでいるのに対して、イスラムの割礼儀礼は、包皮の外面を切除するだけであった。

女子の割礼も、イスラム世界（とくにエジプトとアフリカのほかの地域）では広く行なわれているが、通常、かならずしも切りとる必要はなかったのだが、クリトリスの切除をふくみ、陰唇組織の切除を行なうこともあった。女子の割礼の擁護者の大半は、それをほどこすことは女子の性欲を押さえ、したがって少女の処女性と彼女の家族の名誉を守る方法だと考えている。これと同じような議論は、よく知られているように、中世のユダヤの哲学者マイモニデス[2]によって、男子の割礼に有利になるように展開されていた。

ヘレニズム時代には、ギリシアの身体文化の影響を受け、裸体の運動競技に参加したいと考えていた多数

のユダヤ人が、自分が受けた割礼の恥ずべきしるしを隠すためにエピスパスム（epispasm、割礼修復手術）を受けた。ユダヤ人が割礼を行なうことをはじめて禁じられたのは、強力なヘレニズム化を進めたセレウコス朝の君主アンティオコス4世*3の統治下であった。学者たちは、それが2世紀初めのバル・コクバの反乱*4の原因あるいは結果であったかどうかについては意見の一致を見ないが、割礼はパレスティナがローマ人の支配下にあった時期を通じてふたたびハドリアヌス帝によって禁じられた。キリスト教の分派の大半は、パウロの教えにしたがって、割礼習俗を廃棄したが、エチオピア正教とエジプトのコプト人たち*5は維持しつづけている。

割礼は、聖書では、神とイスラエル人とのあいだの契約のしるしとして描かれている。しかし、後年のユダヤの注解者たちは、この習俗に付加的な説明をした。1世紀のアレキサンドリアのフィロは、包皮の切除は官能的な欲望を除去するシンボルと見ていたし、マイモニデスは、その著書『途方にくれた人びとの指針』（Guide of the Perplexed）のなかで、「割礼は性的興奮の力を弱め、しばしば快楽を減らす」として、割礼に道徳目的を見ていた。中世のユダヤ人注釈学者たちの何人かは、イサクは、アブラハムが割礼という行為によって彼の男根を清めたことにならっただけであると強調した。ユダヤの神秘思想では、割礼は、アブラハム（と彼の子孫たち）が神の像を見ることができるように、アブラハムと神とのあいだの障壁をとりのぞいてくれるものであるみなされていた。

17世紀の哲学者バルーク・スピノザ*6は、割礼のしるしは、ユダヤ人のアイデンティティにとってきわめて全体的なものであるので、「それだけでも」ユダヤ民族を永遠のものにすることができると論じた。ミシェル・ド・モンテーニュ*7やトマス・コーリエット*8のような近世の多数の旅行家たちは、その国外旅行中にユダヤ人の割礼を目撃し、しばしば、この儀礼とそれに付随する祝祭をかなり詳細に民族誌的に描いた。この儀礼についての芸術的な解釈のなかで、おそらくもっともよく知られているのは、1668年に制作された、ロメイン・デ・ホーヘの『セファルディム家族における割礼』（Romeyn de Hooghe, Circumcision in Sephardim Family）*9であろう。

医学的割礼

宗教改革を唱道する何人かのドイツのユダヤ人たちは、割礼の儀礼を破棄しようとした——これは1848年にはじめて提案されたが、最終的には改革派ユダヤ人の運動によって拒絶された。19世紀後半を通じて、イギリスとアメリカの医学研究者たちは、割礼の治療学的あるいは予防医学的な利点にかんする主張を展開した。その口火を切ったのはナサニエル・ヘックフォードの1865年の著作『癲癇、舞踏病などの症例の治療法としての割礼』（Circumcision as a Remedial Measure in Certain Cases of Epilepsy, Chorea, etc., 1865）であった。医学的な理由からもっとも熱心に割礼を奨励したのは、「包皮のコロンブス」として知られることになるニューヨークの著名な外科医ルイス・サイルであった。彼は、（1880年にその会長になる）「アメリカ医学協会紀要」に、1870年に掲載した彼の論文以降、30年間一貫して、「重症の畸形疾患は、早期の包皮手術によって防ぐことができる」と主張した。

19世紀後半を通じて、アメリカの小児科医M・J・モーゼスのように、**マスターベーション撲滅運動**を展開した何人かの医者は、それを「長い包皮によって生じる効果のひとつ」と見ていた。同様に、1891年の著書『古代から現代までの割礼の歴史』History of Circumcision from the Earliest Times to the Present, 1891）（これは歴史書というよりは論争の書であるが）において、カリフォルニアの医学者ピーター・チャールズ・レモンディーノは、「（マスターベーションという）習俗は、割礼をする人種の子どものあいだではきわめてまれにしか見られないと主張することができます」と書いている。喘息、陰茎癌、梅毒をふくむきわめて多様な病気は、早期の割礼によって避けることができ、したがって「生命保険会社はリスクの一覧の最初に包皮をつけている人を分類すべきである」というのが彼の見解であった。アメリカでは、19世紀末までに、誕生時の割礼は標準的にほどこされるようになった。

しかし、1970年代を通じて、最初はアメリカ小児医学会が、次いでアメリカ産科婦人科大学が、慣例となっている割礼の正当な理由はないと結論する報告書を発表した。さらに、1976年までに、影響力のあった小児科医で、もともとは割礼を認めていたベンジャミン・スポック博士が、それまでの考えをひるがえして、それは「不必要であり、すくなくともひかえめに言っても危険である」と主張した。彼は、1988年のABCテレビのニュース番組「ナイトライン」で、さらにふみこんで次のようにアピールした。「わたしは割礼には反対なんです。…もし今わたしに子どもができたら…その子に割礼を受けさせるつもりはまったくありません。そして、もし両親がそうしたいと求めてきても、わたしはただ『その子のちっちゃなおちんちんはそのままにしておきなさい』と言うだけでしょう。」

［訳注］
*1 アブラハム（Abraham）——「ノアの大洪水」後の最初の族長。イサクの父でユダヤ人の始祖とされる。またイスラム教では真の一神教の祖と位置づけている。アブラハムという名前は、ヘブライ語で男子にあたえられる呼称で「多くの民の父」（Father of many）という意味である。
*2 マイモニデス（Maimonides, 1135-1204）——ヘブラ

イ語の正式名称はRabbi Moshe ben Maimon。スペインのコルドバに生まれ、モロッコとエジプトでラビ、医者、哲学者として活躍した。ユダヤ教の主要な神学者の一人。
* 3 アンティオコス4世（Antiochus Ephiphanes, ?–前164。在位前175-164）――セレウコス朝シリアの王。アンティオコス3世の子。ユダヤ教を圧迫し、マカベア戦争をひき起こした。
* 4 バル・コクバの反乱――ユダヤの指導者バル・コクバ（Bar Kohkba, ?–135）が、132～135年にローマ帝国に対して起こした反乱。
* 5 エジプトのコプト人たち（Egyptian Copts）――古代エジプトの人の末裔であると主張するキリスト教徒のエジプト人。
* 6 スピノザ（Spinoza, Baruch or Benedict de, 1632-77）――オランダの哲学者。アムステルダムの富裕なユダヤ人の貿易商の家庭に生まれ、幼少時より学才を示したが、家業につくため高等教育は受けなかった。自由な聖書解釈から汎神論的な立場を深めたため、伝統的なユダヤ教から破門され、追放されてハーグに住んだ。生涯をレンズ磨きで生計を立てつつ、思索を深め、デカルト、ライプニッツとならぶ合理主義哲学を発展させ、ドイツ観念論、フランス現代思想に影響をおよぼした。『神学政治論』（*Tractatus Theologico-politicus*, 1670）、『エチカ』（*Ethica*, 1677）。
* 7 モンテーニュ（Seigneur de Michel Eyquem Montaigne, 1533-92）――フランスの思想家、モラリスト、旅行家。『随想録』（*Essais*, 1580-88）の著者。
* 8 コーリエット（Thomas, Coryet, 1577-1617）――イギリスの旅行家。徒歩でヨーロッパ大陸を旅行して、『旅行記』（*Coryate's Crudities*, 1611）を著した。
* 9 セファルディム（Sepahardim）――15世紀前後に、ディアスポラのユダヤ人のなかで、おもにスペイン、ポルトガルまたはイタリア、トルコなどの南ヨーロッパ諸国に定住した者およびその子孫をさし、スペイン系ユダヤ人ともよばれる。1492年、イベリアに残っていた最後のイスラム政権を滅ぼしたスペインで大規模な排撃が行なわれ、その多くは南ヨーロッパや中東、北アフリカなどのオスマン帝国の領域に移住し、ユダヤ人コミュニティを作った。少数ながら、オランダやイギリスにも移り、20世紀にいたっている。セルファディムは、その儀式や宗教的慣習、およびヘブライ語の発音によって、ヨーロッパ中・東部系ユダヤ人をさすアシュケナジム（Ashkenazim）とは区別される。

➡イスラム社会の子ども、女性の割礼（性器切除）、セクシュアリティ、ユダヤ教
●参考文献
Gollaher, D. L. 2000. *Circumcision: A History of the World's Most Controversial Surgery*. New York: Basic Books.

（ELLIOTT HOROWITZ／北本正章訳）

カトリック（Catholicism）

　カトリックの子ども期の特性は、しばしばとらえどころがなく、時と場所を超えて変化し、（カトリックがその一部である）より広汎な文化をしばしば映し出す。さらに、カトリックを研究する歴史家たちが子ども期のさまざまな経験に注意を向けるようになったのは、ごく最近になってからのことである。しかし、こうした重大な注意がはらわれてきたとしても、カトリックが子ども期のさまざまな経験を形成してきた方法には、いくつかの重要な差異が存在する。

初期の教会

　初期の教会資料は、自分の家族よりも教会を選んだ者、敬虔な人生を送るために自分の子どもを遺棄した親たち、あるいは修道院を建築する人びとを助けるために自分の子どもを教会に提供した親たちなど、これらの人びとについてくりかえし好意的に言及している資料をふくんでいる。しかし、子どもに対するこのような無関心ぶりが、もっと多くのキリスト教徒あるいはローマの文化的影響を反映したものであるのかどうかについては定かではない。歴史家のなかには、こうした心的態度は、完全な神聖さと神を汚す世俗性とを対照的にとらえる初期キリスト教の二重思考を反映したものだと示唆する者もいる。神学者と教会関係者たちは、身体や物品と同じように、現世の事物を本来的に悪だと特徴づけた。生物学上の家族への愛着は、諸個人を動揺させる現世の力を反映していた。キリスト教文学は、結婚して親になることを選んだ者を、子どものない人生を選んだ者よりも弱く、熱情と欲望に走りやすい人間だと特徴づけた。キリスト教は子どものない人生を歩む後者を前者よりも賞賛した。しかし、子どもを産み、育て上げたキリスト教徒の場合、非キリスト教的な家庭での経験をいちじるしく区別することを示す証拠資料はほとんど存在しない。

　しかし、思想の二面性を強調することは、子育ての実践の神学的あるいは哲学的な根拠を提示していたように思われる。子ども、とりわけ「乳幼児期の」子どもが罪にそまりやすいかどうかについては多くの議論がくりひろげられた。子どもたちは大人たちをたえず悩ませていたのと同じ現世の熱情と誘惑に苦しんでいたのであろうか？　14世紀における幼児**洗礼**の導入と養子縁組は、子どもが罪にそまりやすいということと、子どもが原罪を宿しているということを示唆している。子ども期の逸脱に対して厳しい身体罰があたえられていたことを示す証拠資料は豊富にあり、それらは罪を犯しやすい性向を子どもからとりのぞこうとする特別な感情を示唆している。しかしそこでもふたたび、そうしたキリスト教徒たちの子育ての実践が非キリスト教の子育ての実践ときわだって違っているかどうかはそれほど明確ではない。キリスト教徒たちが厳しい子

カトリック

育て実践をする理由は多様に違っていたかもしれないが、子育ての実践そのものは相当広く共有されていたように見える。さらに歴史家たちのなかには、教会を子どもの強力な擁護者と見る者もいる。たとえば、歴史家のリチャード・ライマン・ジュニアは、教会は、「子どもには魂があり、それは神にとって重要であり、教えることができるのであるから、彼らを殺したり、傷つけて不具にしたり、遺棄したりしてはならない。子どもは両親の自己像にとって非常に有益である」と主張しているのだと述べている（90ページ）。要するに、子どもを殺したり、遺棄したり、あるいはその価値を奪ったりする文化的な圧力に対して、教会は子どもの利益を養護したのである。

幼児洗礼は、教会の秘跡と子どもたちにとって別の意味をもっていた。初期の教会は、大きな準備と教育を必要とする手順を大人たちに授け、これはやがて今日のカトリック教会が洗礼、**初聖体**、そして**堅信**として知る祭儀に具体化されて頂点に達している。しかし、4世紀と5世紀になるまでに、ローマの各教会は、幼児（比較的多かったのは新生児であった）に洗礼をほどこしはじめ、ほかの儀礼的秘跡を子ども期の後半まで遅らせていた。しかし、秘跡をこのように分けることは、11世紀まで一般化することはなく、1562年のトリエント公会議において、幼い子どもは聖体拝領の必要はないとした公式の承認がなされるまで、公式には受け入れられなかった。中世全体を通じて、カトリック教会はくりかえしキリストの神聖を強調した。したがって、子どもたちが聖体と通常のパンとぶどう酒との違いを完全に理解することはできないかもしれないというおそれのために、子どもたちに聖体拝領しないようにすすめた。カトリック神学は、パンとぶどう酒は、ミサのあいだにキリストの肉体と血に変わると教えており、このため、聖体拝領をすることは、強烈な神聖行為である。子どもが年長になるまで聖体拝領するのを遅らせることは、年少の少年少女はこの儀式の厳粛な重要性をよく理解できないからであるという認識にもとづいていた。いくつかの地域では、子どもが4歳になるまでは聖体拝領するのを禁じていた。

教皇ピウス10世[*1]は、すべてのカトリック教徒たちのあいだに聖体拝領する者を増やそうとしていた。その結果、1910年に、子どもは7歳で初聖体を受けるべきであると布告した。カトリックの子どもたちが初聖体を受ける時期としてこの年齢が一般化するようになったのは、20世紀になってからなのである。堅信もいく多の年月のなかで大きく変化した。東方教会では洗礼は堅信と続けて行なわれていた。その結果、東方教会の儀礼を受けるカトリックの子どもたちは幼児期に堅信をほどこされていた。西ヨーロッパの教会は、時代ごとに、また地域ごとに多様な祭儀のあり方があり、より統一的な祭儀となっていくのは20世紀に入ってからであった。1910年の教皇ピウスの「布

パブロ・ピカソ「初聖体拝領」（1896年）。カトリック教徒にとって、初聖体はたんに加入儀礼の秘跡であっただけでなく、分別年齢に達していることを意味する通過儀礼でもあった。© Estate of Pablo Picasso/Artists Rights Society（ARS）, New York. The Art Archive/Museo Picasso Barcelona/Dagli Orti

告」（*Quam singulari*）は、精神的な成熟のしるしとして、子どもたちが青年期になって受ける堅信を秘跡とするのに有効であった。

中世を通じて、幼児洗礼は普遍的な慣習になっていたにもかかわらず、カトリック教会は、7歳以下の子どもたちを、たいていの場合罪にそまりにくい存在だと見ていた。聴罪司祭[*2]向けの手引き書は、年長の子どもたちの罪に焦点をあてはじめていた。こうした手引き書は、次のような二種類の罪について大きな関心を示していた。その二つとは盗みと性行動であった。教会は、これを両親に対しても強調し、親たちに子どもが盗み（とくに食物）をはたらかないようにさせ、性的な交わりをもたないようにさせていたのではないかとも考えられる。16世紀なかばから18世紀初めにかけて書かれたイタリアのカトリック教徒向けの育児書は、子どもの育成において親が果たすべき役割の重要性を認めている。そして、この理由から、いくらか対立的な二つの立場が争いあった。最初の立場は、自分の子どもたちが罪の誘惑に抵抗するのを助けるもっとも確実な教師としての両親を支持し、彼らを励まし

た。第二の立場は、成熟年齢の子どもが敬虔な職業を選ぼうとするのを妨げるような両親の役割について懸念を示した。このような助言書は、ほとんどの場合、権力をもっていた司祭に権限を委任していたが、司祭たちは、道徳的な生活に向けて子どもたちをつき動かす抑圧的な役割よりも、むしろ子どもを養育することに責任をもつよう両親に説くことに重点をおいた。もともと彼らは、子どもたちの心に罪の雑草（the weeds of sin）ではなく、徳の種（the seeds of virtue）を見ていたのであり、両親にその子どもたちの心に徳が育つのを支援してやるよう教えていた。このような育児書の教えに従っていたカトリックの両親たちは、子どもを育む愛情深い環境を創り出したのであった。

19世紀と20世紀を通じて、カトリックの子ども期の経験はヨーロッパ全域にわたって広範な多様性があったが、それについての研究はまだ緒についたばかりで、視野の広い正確な一般化を行なうのはむずかしい。しかし、国家間にまたがるカトリック教会が、ますます厳格にローマの支配を受けるようになり、また、地域の司祭たちがその権力をさらに強固にしようとするのにともなって、教会の権威への服従を強調することが強まってきていると考えるのには合理的な理由がある。これについての経験的なデータはそれほど有力ではないのだが、何人かの社会科学者たちも同じようなことを示唆していた。多数のカトリックの子どもたちが、機械化された労働を直接経験することで工業化に適応することはむずかしいと感じていたことはあきらかである。カトリックの孤児院でさえ、組織にかかる費用をまかなう手段として児童労働を受け入れていた。発展しつづけていたアメリカでは、多くの子どもたちがその家族の経済的な改善策として、海外に渡航していたことも明白である。

アメリカのカトリックと子ども期

独立革命と初期の国民統合時代のアメリカのカトリックの子どもたちは、歴史家のジェイ・ドランが「共和国の」教会とよんだなかで成長した。この時期のアメリカのカトリックはみずからを、新たに登場してきた国家の民主主義的な理念に、文化的、政治的、そして社会的に歩調を合わせようとしていた。カトリックの信徒たちはみずからを、広まっていた規範から切り離すというよりはむしろ、社会と文化の指針となっていた新しい理念を受け入れようとしていた。この時期にアメリカではたらいていた司祭と修道女たちは非常に少なかったので、一般信徒が彼らのために制度的、共同体的、そして祭儀的な多くの役割を提供した。子どもたちは、隔離された神聖な空間でよりも、まず最初に自分の家庭での宗教生活を体験しながら成長した。両親は子どもたちに宗教教育をあたえ、礼拝、省察、そして祭儀への参加機会を提供し、プロテスタントの隣人たちと非常によく似た社会的および文化的な理念を強調するのが常であった。家父長制はまだ色濃く残っていたものの、カトリックの家族は、プロテスタントのアメリカ人たちとともに、義務よりも愛情を重視する、いっそう民主的な家族構造に向けて変化した。

かつて、ヨーロッパのカトリック信徒たちは、19世紀初期を通じて膨大な数でアメリカへの移住をはじめたが、アメリカのカトリックの子ども期の経験の本性は劇的に変化した。こうした移民のカトリック信徒たちは、子どもの生活を深く形成しようとしていた位階制的で形式を重んじる雰囲気におおわれていた教会を建立し、そこで生活を送っていた。家族は、カトリックの子どもたちへの影響を保持していたが、もちろん組織的な教育は共和主義的な教会におけるよりもはるかに強力にカトリックの子どもを養成しようとしていた。独立したカトリックの学校制度の発達と、移民たちがもちこみ、やがて新しい国家に適用した信仰深い文化は、両親におよぼした影響によって間接的に、また、子どもたち自身への浸透力のある接触によって直接的に、カトリックの子ども期を形成した。

19世紀と20世紀初期には、カトリックの学校制度は、新たに登場してきた公立学校制度の代替物として異常な増加をみせた。多くのカトリック信徒にとって、**教区学校**での経験は、カトリック世界でもっとも広範囲におよぶ信仰の伝統を受けつぐ役割をはたした。19世紀なかば以降、カトリックの司祭たちは聖職者たちに教区学校を発展させる重要性を強調した。その結果、各教区は、たとえその教会の前でも自分たちの学校を建てた。カトリックの子どもたちは、20世紀後半までは、しばしば50人ないし70人の生徒のクラスに所属し、ほとんどの場合、しばしば第8学級でその教育を終えた宗教的な女性たちに教えられていた。学生たちは規律、服従、従順、そして聖職の位階制に対する敬意を学んだ。

教区学校のすべてのカトリックの子どもたちを教育しようとする異常なまでの努力にもかかわらず、アメリカ史のどの時点を見てもカトリックの子どもたちの半数以上がそうした学校に通ったことは一度もない。19世紀と20世紀を通じて、カトリックの子どもたちの大半は、プロテスタント、ユダヤ教、その他の宗派の隣人たちといっしょに公立学校に通っていた。こうしたカトリック信徒たちは、カトリックの子どもたちを形式を重んじた祭儀の列にくわわらせ、盛大な信仰文化のなかで互いに結びつけさせたとき、非常に意義深い制度的な出会いを経験した。このような力強い信仰体験こそカトリックの子ども期をほかの子ども期から峻別するものであった。

歴史家のジェイ・ドランは、1850年から1950年にかけての一世紀のあいだに見られた信心深いカトリックは、次のような四つの特徴を示していたとしている。すなわち、強烈な罪意識、祭儀の重視、奇跡に対する確信、そして、その位階制のなかでの位階と服従への

鋭い感覚の四つである。カトリックの子どもたちは、毎週の――そして、しばしば毎日の――礼拝、告解、そして正式の保証人とともに行なう9日間の祈り（これはふつう、9日間連続して特定の聖人に向けて行なわれる特別な儀礼である）、聖体賛美式、そして崇敬式に参列するとき、こうした文化を教会のなかで体験した。各教区も、信仰深い人びと、あるいは堕落した人びととのあいだに、宗教的熱狂をよび起こさせる特別な任務を負っていった聖職者たちの命令で示された「宣教」（ミッション）を後おしした。ここで子どもたちは、世俗世界が示す危険なことがどのようなものであるのかを知り、また、その危機にあって援助を受けるに値する信者たちに救いの手をさしのべるために神が介在することを知るのであった。さらにまた、子どもたちは教会の権威――とその外延にあるものすべて――を尊敬しなくてはならなかった。独特のふるまい方の盛大な隊列を通じてお互いが固く結束するカトリックの子どもたちは、非常にユニークで宗教的な特権意識のある集団として、強烈なアイデンティティを発達させた。こうした体験が、成人のカトリック信徒がアメリカで社会的および文化的に成功する助けとなったのか、それとも邪魔になったのかについて、歴史家たちは意見を異にしているが、カトリック信徒たちが信者以外の人びととの社会的な交わりを制約する太い境界線をもつ、非常に強いカトリック的アイデンティティを発達させたことについては意見が一致している。カトリック信徒たちは、ほかのなにものにも優先して、来世における救済を大切に考える広汎なカトリックの社会的および文化的な（地理学的にではない）居住区に住み、その目的のための唯一の手段は、社会に広まる物質主義的な悪い影響から離れて暮らす生活を送ることであった。

学校と教会では、カトリック組織の代表者たちがカトリックの子どもたちに直接、強力な接触をした。司祭と修道女たちは、教会当局によって定義された宗教規範に応じて子ども期の体験を形成しようとしていた。しかし、子どもたちはこうした理念に対して多様なかかわりあいをしており、したがって組織的な影響を受け入れていたり、それに抵抗したりしていた家族の出身者であった。カトリックの家族はいかなる公的な教会制度よりもはるかに深くカトリックの子ども期を形成した。また、カトリックの家族は公的な教会の理念をかならずしもつねに受け入れたわけではなかった。たとえば、アイルランドのカトリック信者たちが聖職者を支配したため、ほかの民族的な出自の家族は、その組織的な影響に対してはしばしば抵抗した。

移民となったカトリック信徒たちは、無数の多様な国家と文化からアメリカにやってきた。カトリックの家族は、しばしば自分たちが大切にし、自分の子どもたちに伝えようとしていた価値観の点で、それぞれが違っていた。したがって、この時期のすべてのカトリック信徒にあてはまる結論をくだすのはむずかしいため、この時期を通じてアメリカの「カトリックの」経験には非常に大きな多様性があったことをじゅうぶん心にとめておかなくてはならない。しかし、いくつかの一般化には合理的な理由があった。一般に、19世紀末から20世紀初めにかけてのカトリックの移民家族は、国内の家族よりも多く子どもを産む傾向があり、非常に貧しいことが多かった。カトリックの子どもは、しばしば大きな経済的困難に苦しむ大家族のなかで成長した。彼らは、欠乏と剥奪とを理解し、自分の家族を助けるために早い年齢ではたらきに出ていた。中産階級のアメリカ文化が家庭内的親密性と、新たにあらわれた市場経済から離れて明白な子ども期の経験を大切にしていた時期に、アメリカのカトリックの子どもたちは、非常に早い年齢から、生活のなかに入ってきた市場を経験した。カトリックの両親は、工場や鉱山で長時間はたらいており、彼らの子どもたちは新しくあらわれたアメリカのスラム街の住宅や街路をうめつくした。カトリックはこうした経験に異議申し立てをするとともにその改善にも取り組んだ。

アメリカの教会当局と教区学校は、おおむね権威への服従を重視したが、これは市民的および経済的な権威への服従をふくんでいた。このようにしてカトリック教会は、子どもたちが既存の社会組織に異議申し立てをするよりはむしろその組織のなかではたらくようにせき立てた。しかし、19世紀後半になると、貧民とその家族の搾取を批難した社会的公正の努力に対する是認が目にみえて増えた。ローマ教皇レオ23世は、1893年の回勅「ラレム・ノヴァルム」（*Rarem novarum*）で正式に社会的公正を実現しようとする活動を保証し、家族賃金、組合、そして公正な経済的秩序を求める需要を支持した。カトリックの家族は、その大部分において、20世紀初めの数十年間におおむね労働階級にとどまっていた。カトリック家族の規模と子育て戦略が実質的に変化したのは20世紀後半になってからで、これはカトリックが中産階級へと移動した時期と重なった。

20世紀の社会科学者たちは、この世紀の最初の数十年におけるアメリカのカトリック家族はプロテスタントよりも多くの子どもをもうけたと述べている。カトリックの**出生率**は、1950年代と1960年代のベビーブームの数十年間に拡散する以前の1930年当時には、一時的にプロテスタントの出生率に接近していた。しかし、1970年代には、カトリックの出生率は、プロテスタントよりも急速に下降した。その結果、1980年代までには、両者の出生率は見分けがつかなくなった。当然のことながら、**産児制限**に対するカトリックの姿勢も同じようなパターンをたどった。このため、1970年代までに、教会当局が受胎調整を禁止しつづけたにもかかわらず彼らはプロテスタントの姿勢とほとんど違わなかった。

同じようなパターンがカトリックの子育て戦略にもあったようである。社会科学者たちは、20世紀の大半を通じて、カトリックの親たちはプロテスタントよりも従順さを重視し、その子どもの知的自律性を軽視したとしている。しかし、こうした主張を証拠立てる資料は、出生率のパターンの場合ほど確かではない。彼らの結論は、位階制的な教会モデルを家庭生活に論理的にもちこんだモデルを基礎にしており、またそれへの対応にかんする解釈は社会調査にもとづいていた。おそらくカトリックの親たちは、子どもたちが知的な挑戦の創造的な探求をしようとしたり、権威に対して異議申し立てをしようとすると、それをくじいたであろう。しかし、1980年代初めまでは、カトリックの**育児**の価値観は、中心的なプロテスタントの観点と一致しており、保守的なプロテスタントの親たちは、かつてカトリックがいだいていた立場をとりいれていたように見える。20世紀末になると、アメリカのカトリックの親たちは、その子育ての心的態度と子育て習俗の点でプロテスタントの隣人たちとほとんど違わなくなった。しかし、カトリック教会は、独立の学校制度を支持しつづけ、秘跡によって子ども期を重大な段階にし、子育てを立派な仕事として称讃しつづけた。あとの二つの行動は、世界中のほかの地域でもカトリックの育児習慣を特徴づけた。西ヨーロッパ世界全体の子ども期の経験におよぼしたカトリックの影響は、社会経済的な階級、人種、そして地理学の場合ほど大きくはなかったものの、これらの影響力への対応を調停しつづけた。だがそれは、それほど統一的には行なわなかったし、同じ権力で調停したわけでもなかった。

［訳注］
* 1 教皇ピウス10世（Pope Pius X, 1835-1914）──聖ピウス10世。イタリアの聖職者で、1903年から1914年までローマ教皇在位。教会法の新しい法典化に着手した。
* 2 聴罪司祭（confessor）──カトリックで聴罪師、聴聞司祭ともよばれ、信徒が日常霊的指導を受けている司祭。

➡イスラム社会の子ども、プロテスタントの宗教改革、ユダヤ教

●参考文献

Alwin, Duane F. 1986. "Religion and Parental Child-Rearing Orientations: Evidence of a Catholic-Protestant Convergence." *American Journal of Sociology* (September): 412-440.

Ariès, Philippe. 1962. *Centuries of Childhood: A Social History of Family Life*. Trans. Robert Baldick. New York: Knopf. アリエス『〈子供〉の誕生──アンシァン・レジーム期の子供と家族生活』（杉山光信・杉山恵美子訳、みすず書房、1980年）

Burns, Jeffrey M. 1978. "The Ideal Catholic Child: Images from Catholic Textbooks 1875-1912." *Working Paper Series, Center for the Study of American Catholicism, University of Notre Dame. Spring*. Notre Dame, IN: The Center.

deMause, Lloyd, ed. 1974. *History of Childhood*. New York: Psycho-history Press.

Dolan, Jay P. 1985. *American Catholic Experience*. Garden City, NY: Doubleday.

Ellison, Christopher, and Darren Sherkat. 1993. "Obedience and Autonomy: Religion and Parental Values Reconsidered." *Journal for the Social Scientific Study of Religion* 32, no. 4: 313-329.

Hyde, Kenneth E. 1990. *Religion in Childhood and Adolescence: A Comprehensive Review of the Research*. Birminghan, AL: Religious Education Press.

Lyman, Richard B., Jr. 1974. "Barbarism and Religion: Late Roman and Early Medieval Childhood." In *The History of Childhood*, ed. Lloyd deMause. New York: Psychohistory Press.

Martos, Joseph. 1982. *Doors to the Sacred: A Historical Introduction to the Sacraments in the Catholic Church*. Garden City, NY: Image Books.

Mosher, William D., David Johnson, and Marjorie Horn. 1986. "Religion and Fertility in the United States: The Importance of Marriage Patterns and Hispanic Origin." *Demography August*: 367-380.

Shahar, Shulamith. 1990. *Childhood in the Middle Ages*. Trans. Chaya Galai. London: Routledge.

Walch, Timothy. 1996. *Parish School: American Catholic Parochial Education from Colonial Times to the Present*. New York: Crossroad.

Wood, Diana, ed. 1994. *Church and Childhood*: Papers Read at the 1993 Summer Meeting and the 1994 Winter Meeting of the Ecclesiastical History Society. Oxford, UK: Blackwell.

（TIMOTHY KELLY／北本正章訳）

家内産業（Industrial Homework）

　家内産業は個人住宅における製造物の生産と関係している。その共通する仕組みは、工場が、工場生産の労働集約的な部分を近隣の民族的に同質な家族ネットワークに下請けに出すことにある。歴史的に見ると、織物、衣類、刺繍、葉巻作り、そして手工芸品などの分野で広く見られた。今日でも、家内工業は、消費者向けの電気製品のような非常に現代的な部門だけでなく、これらの分野のすべてで広く残っている。これと類似した家内産業は、皮むき作業、サヤとり作業、ヘタとり作業といった前処理作業をふくむ市場向けの農業でも広くみられる。雇用主たちは、場所と設備にかかる費用を節約し、歩合賃金を支払うことによって費用効果の高い生産を確実にする。世帯の生産が多ければ多いほど、そのぶん費用効果も高まる。工場と世帯のあいだでとりかわされる契約は、しばしば、近隣の生産ネットワークを組織する労働仲介業者によって破

棄される。

家内産業は児童労働の隠れみのとして悪名が高い。世帯のすべての頑強な身体をもつメンバーが、その世帯を助けるために生産し、最低年齢条件をふくむ最低限の労働条件を提供する近代の工場法からは自由であった産業革命以前の伝統に結びつけられていたため、子どもたちは家内産業の労働力として不可欠であった。ひとたび産業生産が工場から離れれば、生産状況をモニターすることはむずかしくなる。産業生産が家庭に入れば、児童労働に対してそれまでかけられていたあらゆる歯止めものりこえられてしまう。

家内産業は、産業革命の「プロト工業」*1 の段階と密接な関係があった。もともと、商人たちは商品の生産を個人世帯と契約していた。後年、彼らは、生産をひとつの屋根のもとで組織することができる「作業場」を組織したが、そこでの生産技術は伝統的な手工芸方法を使用しつづけた。植民地時代のニューイングランドで最初につくられた学校の多くは「糸紡ぎ学校」であり、農家の娘たちが家内工業のネットワークで現金を稼ぐことができるように、糸紡ぎと縫製の産業技能を教えた。労働がしだいに工場に移るようになると、家内産業は、多数の雇用主がその生産物を容易に行き来させることができる選択肢として残った。またそれは、とくに外にはたらきに出ることができない人びとのあいだで、家計収入を補う選択肢としても残った。家内産業の労働者たちは、商品生産の従事するすべての労働者のなかでもっとも低い賃金と非常に不規則な労働──繁忙期の長時間労働と、不景気時期の無賃労働──につねに堪えしのばなくてはならなかった。

児童労働法と改革の取り組みが登場すると工場は、はじめて児童労働者をあきらめた。だが、子どもたちを工場から撤退させることは、家内産業が広まっていた産業部門から児童労働が一掃されたことの保証にはならない。しばしば児童労働は、たんに工場から家庭内の生産ネットワークに移し換えられただけであった。「ラグマーク」*2──これは、国際労働機構(ILO)の見積もりで、14歳以下の子どもたち50万人以上が従事させられている手織りの絨毯にラベルをつけるグローバルな消費者活動──がはじまる以前、子どもたちは、この仕事をする原始的な「作業場」である機織り小屋につれてこられていた。「ラグマーク」の後、消費者たちはラベルを貼られた製品が子どもたちによって製造されたものでないことをかなりよく確認することができたが、織機の多くは、家庭を基盤にした仕事場ではたらく子どもたちのところに戻された。

家内産業を規制するにはさまざまな困難があったため、アメリカの児童労働の改革運動の多くは、児童労働を家内産業から排除するには、家内産業そのものを廃止しなくてはならないと結論した。しかし、家内産業が効果的に排除されることはなかったので、規制する必要性が残ったままである。家内産業は、児童労働

の最初で最後の逃げ場である。

[訳注]

*1 プロト工業(化)(proto-industrialization)──産業化初期の状態をいい、ヨーロッパの産業革命に先立つ農村工業の発展にかんして、1960年代初めに提唱された。次の三つの特徴が結合して展開する。第1に、生産立地の農村で、織物生産や小規模な金属工業などの家内工業が自給自足的な地域経済を超えて、国際市場に向けた生産を行なう。第2に、家内工業が共同体の伝統的規制から比較的自由な小農の低廉な労働力を利用し、親は子どもの労働力を必要としたため、子ども数が増大して過剰人口をもたらした。その結果、不況がひんぱんに起こり、永続的な貧窮化(=労働力のプール化)をまねくとともに、旧来の家族構造と人口動態の安定性がいちじるしく損われた。第3に、人口増大によって余剰農産物市場が地域内外にまたがって登場し、生産性の高い商業的農業が同一地域内に展開した。過剰人口をかかえ、土地が極度に細分化されている地域と、それに隣接する大規模な商業的農業地域とのあいだに独自の交換関係が発達し、前者は半農半工の労働力を季節に応じて後者に提供し、後者はその代償に穀物や乳製品、さらには織物の原料などを前者に供給した。こうして、地域内の生産活動の相互補完が人間労働の効率的な活用を可能にし、農村への問屋制工業の普及を促進した。──以上のようなプロト工業化論は、第1に、農業と工業を同時に視野に入れることで、商業的農業と家内工業との相互補完性のメカニズムを解明する糸口を示した。第2に、人口動態の史的変化の新解釈を示した。第3に、手工業者層の形成メカニズムの解明によって、家族と労働の社会史的な背景説明が可能になり、農村工業が産業資本主義への移行に成功した過程と、農村工業の衰退によって工業化が挫折した過程の分かれ道を描き、地域間、部門間の多様な比較研究をうながした。

*2 ラグマーク(RugMark)──絨毯製造産業での違法な児童労働を終わらせるために非政府組織が取り組んでいるネットワークで、1994年に子どもの権利主義者であるカイラシュ・サティヤルティ(Kailash Satyarthi)によって創設された。工場が児童労働なしに作られた製品であることを証明するロゴマークをつけることを認可する運動。サティヤルティは2014年にノーベル平和賞を受賞した。

➡経済と子ども(西ヨーロッパ社会)、ヨーロッパの工業化、労働と貧困

● 参考文献

Felt, Jeremy P. 1965. *Hostages of Fortune: Child Labor Reform in New York State*. Syracuse University Press.

Hall, George A. 1911. *What the Government Says About Child Labor in Tenements*. New York: National Child Labor Committee.

Hindman, Hugh D. 2002. *Child Labor: An American History*. Armonk, NY: M.E. Sharpe.

Howard, Alan. 1997. "Labor, History, and Sweatshops in the New Global Economy" In *No Sweat: Fashion, Free*

Trade, and the Rights of Garment Workers, ed. Andrew Ross. New York: Verso.

Riis, Jacob A. 1890. *How the Other Half Lives: Studies Among the Tenements of New York*. New York: Scribner's.

UNICEF. 1997. *The State of the World's Children: Focus on Child Labour*. London: Oxford University Press.

U. S. Children's Bureau. 1938. *Prohibition of Industrial Homework in Selected Industries under the National Recovery Administration*. Washington, DC: Government Printing Office.

Van Kleeck, Mary. 1910. "Child Labor in Home Industries." *Annals of the American Academy of Political and Social Science* (July suppl.) : 145-149.

（HUGH D. HINDMAN／池田雅則・北本正章訳）

悲しみ・死・葬礼
(Grief, Death, Funerals)

　死が人間の経験の一部であることは確かであるが、子どもの死の体験は、その子が生きている文化の社会慣習と、死と埋葬の周囲でかわされる言説、死後の世界についての信仰、そして悲嘆の規準などに大きく左右される。子どもの死の体験についてのいかなる理解も、子どもたちが死と死にゆくことにどれくらいさらされ、あるいはどれくらいそれらから守られているかという問題からはじめなくてはならない。

死にさらされること

　多くの伝統社会では、しばしば死亡率がきわめて高かったため、子どもたちは一定の原則にしたがって死にさらされていた。ヨーロッパとアメリカでは、17世紀と18世紀を通じて子どもたちの死亡率はきわめて高かった。生まれた子どもの3分の1以上が2歳までに死んでいた。こうした子どもの高い死亡率を背景に、多数のきょうだいとの死別を体験せずに若い成人になることができたのは少数であった。すべての女性の約10パーセントが出産時に亡くなっており、少数だが注目に値する人数の子どもも、直接、自分の母親の死を体験した。田舎の環境で暮らしていた子どもたちも、しばしば動物の死にさらされていた。若者たちの大量殺戮をともなう大規模な戦争もまた、子どもと大人の双方に同じような死の自覚をうながした。

　これとは対照的に、死亡率がもっと低いところでは、子どもたちは恒常的に死を体験することはそれほどない。20世紀初頭には、ヨーロッパ文化における死という出来事は、子どもに特別な影響をおよぼす仕方で劇的に変化しはじめた。1880年から1920年にかけて、アメリカと西ヨーロッパのいたるところで**乳児死亡率**は生後2年以内の20パーセントから5パーセントへと下降し、子どもの出産死も下降した。しかし、死亡率はヨーロッパ文化のさまざまな集団ごとにかなり多様であり、多くの発展途上国では高いままであった。これは、子どもたちがひんぱんかつ継続的に起こる死をまのあたりにしながら暮らしていたことを意味している。

　死者に対する身体管理（physical management）も、子どもが死にさらされることに影響をおよぼす。伝統社会では、葬式にそなえて亡骸を整えるときに見られたように、死は典型的に家庭内で生じた。これは、子どもが遺体と対面するだけでなく、恒常的に死んでゆく過程にもさらされていたことを意味している。遺体の管理（death management）の専門化がすすむことは、死とそれにともなう儀礼がしだいに家庭の外の病院とか斎場で行なわれるようになったことを意味した。アメリカでは19世紀末まで、大半の葬式と遺体の処置（たとえば防腐処置）は、本人が亡くなった家で行なわれたが、1920年頃には、死は家庭から病院や斎場へと大きく移った。しかし、この変化が生じた時期は各国で一様ではなかった。たとえば、ニューファンドランド島[*1]の住民は、1960年代までは専門の葬儀業者に頼ることはほとんどなく、家で遺体を整えつづけていた。

　死に対して物理的にさらされることとは別に、子どもといっしょに死について語りあおうとする大人の意志と子どもとのあいだで死がばらばらに扱われる方法は、ヨーロッパ文化のなかで時の経過とともに変化した。20世紀初頭まで、子どもが大人から死について聞くのはまったく正しいことだと考えられていた。ピューリタンのニューイングランドでは、大人たちはつねに子どもに向かって罪についての大きなメッセージと、永遠の断罪を避けるための救済の必要性の一部として、子どもに死を示した。子どもは、死はどんな人も避けられないばかりでなく、自分自身の死の可能性もさしせまっていると助言されたが、これは、子どもの死亡率が高かったことを正確に反映したメッセージであり、死の恐怖が吹きこまれていることはほぼまちがいない。ヴィクトリア時代には、死は子どもにおおっぴらに語られたが、それは非常に慈悲深い文脈においてであった。子ども向けの物語は、死のシーンや死への言及をつねにふくんでおり、しばしば天国の喜びと、そこで愛する人びととかならず再会できるということが強調された。アメリカでは、マガフィーの教科書[*2]のような人気のあった入門読本が、1860年代以降こうした主題を扱った。1866年以降の『第四版雑読集』（*Fourth Ecletic Reader*）の「詩歌のお勉強」には、赤ん坊の死についての身体的側面と形而上学的側面の両方に取り組む「死とは何でしょう？」と題された詩がふくまれていた。こうしたメッセージはピューリタンのものほど脅威を覚えることはなかったが、それでも死が必然であり、非常にたやすく、また思いもよらないかたちで襲ってくるものなので、正しい人生を送る必要があることを子どもたちに思い起こさせる役割を果たしていた。とくに、子ども向けにデザインされ

たわかりやすいキリスト教徒の祈りをとりあげてみると、次のようである。「さあ、もうわたしはここに横たわって眠ることにしましょう。…もしわたしが目覚める前にこのまま死んでしまったら、神さまがわたしの魂を受け入れてくれるようお祈りします」

しかし、1920年代になると、死についての知識に子どもたちを接触させることが正しいかどうかをめぐって疑念がわきあがってきた。専門家の意見は、死の恐怖をふくむ子どもたちの恐怖心の危険性に警告を発しはじめ、親は子どもに死を語るときには注意するよううながされるようになった。睡眠を死のメタファーに用いることは、たとえば、そうすることは睡眠時に子どもを怖がらせてしまうので、問題があると考えられた。死についての直接的な言及に婉曲表現が置き換わり、純粋な心の持ち主のなかにはペットの死に対面するのを避けるようにしさえする者もいた。子ども期の経験から死の思想をすべてとりのぞくのに熱心であった者にとっては、天国で再会できるという考えは非常に明白であった。子どもに、死は老年の果ての結果なのだと考えるようにうながすのが最善の方法であった。

1950年代のアメリカでは、死の話題について、とくに子どもたちとの関係では、何人かの作家はそれをタブーなトピックとよんだのだが、黙祷（general silence）することがあらわれてきた。デイヴィド・スードノウが1960年代のアメリカの二つの病院で行なった民族誌的な研究は、病院の労働者たちが、子どもがほかの子どもや自分自身の死を知らせないように大きな努力をしていたことを発見している。病院のスタッフは、たとえば死につつある子どもや青年のことを話題にするとき、未来のことにはふれないようにしていた。スタッフにとって子どもの死は、大人の死に比べて大きな動転を覚えるもので、死と子どもとは結びつかないという一般的な態度が両親と医者の双方によって共有されていたことを反映していた。これは、19世紀末から20世紀初めにあらわれた合意であった。

葬式や死の儀礼に子どもが参列することも、こうした変化を反映していた。葬式そのものは歴史と社会集団を横断して大きく変化したが、子どもは20世紀初めまでに葬式にくわえられるようになっていた。中世末の立派な葬列は、かならず**孤児**あるいは**捨て子**たちからなる子どもの代表団を従えていた。ヴィクトリア時代になると、死者を悼む、くすんだ色の衣服やほかの喪章を身につけることが広まり、子どもたちも葬儀にくわわっていた。葬式は家庭からかなり遠く離れた公園のような墓地にしばしば移されたが、そこにも子どもたちは参列していた。1870年頃になると、少女が葬式に参列し、深い悲しみにつきそったり、先導しさえする訓練の助けとなる手段として、棺と喪服で完成させる組み立て遊具キットが人形に利用されるようになった。新聞売り少年の場合、19世紀末と20世紀初めには、集団の連帯を表現するためだけでなく、その人生の名誉をたたえ、貧窮者の埋葬の不気味な脅威を避けるためにも、少年たちは亡くなった新聞売り少年の葬式儀礼を組織し、それに寄与した。

しかし、20世紀初頭には、こうした手のこんだ追悼儀礼の衰退が見られ、残存した儀礼は、しばしば子どもを排除した。通常、（たとえそれが近い親類の人とか両親であっても）病院の病室から子どもが除外されるのと同じように、子どもは葬式の場から引き離されているべきであると考えられた。これは、部分的には、感情的なストレスに対する子どもの傷つきやすさに関心が高まったことに起因した。葬儀と、大きな感情的な激しさをともなう文脈も、子どもには耐えがたいであろうと考えられた。しかし、20世紀なかばには、末期の疾病に対する家族の状況の重要性を強調するホスピス[*3]運動のように、これに逆行する動きがはじまった。さらに、アメリカ社会では、いくつかの下位集団は、非常に感動的な葬儀に子どもたちを参加させつづけた。20世紀において、死は子どもにとってあきらかにタブーであるという考えは、子どもたちが（人間でも動物でも）死というものに直面しつづけたのであるから、絶対的なものではなかったが、死というものについて子どもたちにはっきりとひんぱんに議論されたことはあまりなく、死が示されるとき、それはあまり感情的で直接的な仕方ではなされない傾向があった。

死に対する感情的な反応

これまで歴史家たちは、近代以前における死に対する感情的な反応について論争してきた。かつて歴史家のなかには、すくなくとも大人は死に対して耐性ができるようになるのであるから、死が深刻な悲しみをひき起こすことはないと論じる者もいた。標準的な大人の「善き死」（もっともひんぱんには、長引く呼吸器系への感染が原因なのだが）は、死んでいく個人に家族の成員が尊敬の念をはらうのを可能にした。そしてこれは実際には、子どもたちをふくめ、なんらかの目立った心の傷が癒やされるようにしつつ、ほかの家族メンバーにおよぼす感情的な影響を鈍らせたかもしれない。子どもが関係していた場合でさえ、亡くなった子どもの名前をふたたび使ったり、また、いくつかの地域では1年あるいは2年間は死んだ子どもの名前をまったく使わなかったことにみられるように、大人たちのいくつかの慣行は、ひんぱんに起こる死が大人の行動に影響をおよぼすことを示している。愛着的な行動パターンのいくつかは、悲しみを最小限にとどめることができる。たとえば、ナンシー・シェパー＝ヒューズは、子どもの高い死亡率に直面しているブラジルの女性たちは、その子どもの死に際して予想される自分が感じる悲しみを最小限にとどめる手段として、幼い乳幼児たち、とくに病弱に見える子どもには近よら

カナシミシ

葬礼肖像（1909-30年頃）、Juan de Dios Machain撮影。棺に入る子どもたちの撮影写真であるアンジェリト（*Angelito*）は、19世紀後半と20世紀初めのメキシコではふつうに見られたが、これは20世紀なかば以前の子どもの死亡率に対する悲しい例証である。Research Library, The Getty Research Institute, Los Angeles（95.R.17）

ないようにしているのを発見している。

　しかし、しばしば日記と手紙にもとづいた近代以前のヨーロッパについてのもっと新しい解釈は、幼い子どもの死がひんぱんに見られたにもかかわらず、その死によって大人たちがいかに深い影響を受けていたかを強調している。しばしば人生の後半にまで記憶にとどまって長期化する悲しみの表出と、家族のカレンダーの目印として子どもの死を記入する慣行は、強烈な感情的反応を示しているが、これは、部分的には、下痢が原因で死んでいく子どもとか、どんなイベントでもはっきりと感情を表現できない子どもたちが、年長の大人たちが受け入れられるような善き死というものを体験できなかったからであった。

　死に対する子どもの感情的反応は、とりわけ、死の恐怖をしつけの道具として、また宗教的な道具として用いる文化では、たんなる悲しみ以上のものをふくんでいる。カトリックのヨーロッパでは、死の恐怖は、子どもに言うことを聞かせる手段として、また、原罪のおそろしい結末を示す手段としても積極的に利用された（同じ主題は、前にもふれたように、ピューリタンの社会にあらわれていた）。死者を追悼する諸聖人の祝日[*4]の祝祭日は、しばしば幽霊が戻ってくる物語や不幸と結びつけられたりもする子どもたちの想像力に強くはたらきかけることができた（現代のメキシコや中央アメリカでさえ、子どもたちは諸聖人の祝日に

は、災難にあうのを避けるために、学校には行かずに家にとどまるかもしれない）。こうした神託は、子どもたちが実際に死と地獄に落ちるかもしれないという思いにしばしば震えおののくことにみられるように、明確な影響をおよぼした。

　フランスなどいくつかの国における文化のなだらかな世俗化は、18世紀頃までには、こうした死の恐怖を弱めた。19世紀初期になると、いくつかのヨーロッパの国々の中産階級では、文学における新しい情緒的な潮流の一部として、死がロマン主義化された。多数の小説が悲劇的な死の光景を描写し、読む者の涙を誘い、（しばしば若い、またしばしば女性の）純真な犠牲者に対するあわれみを誘うように構想され、そうした小説のいくつかは、読者としての子どもたちにも読めるものであった。子どもたちは、19世紀の流行歌だけでなく、人気のあった宗教読みものやロマン主義的なフィクションでもテーマになっていた、家族は天国でもう一度、愛しみあって結びつくことになるだろうという考えが広まることによって慰められることもあったかもしれない。

　死への態度が変わるのにともなって、儀礼もますます念入りになり、表現力も豊かになり、子どもと大人は悲しみの感情を抱きしめるように励まされたが、このことは人が亡くなったときに家族を強く結びつける感情の絆だとみなされた。多くの子ども、とりわけ少

女は、愛情とは対極にある、亡くなった人への悲しみと感傷を知りながら成長した。大人たちのあいだで子どもの死に対するあからさまな悲しみの強さが増したことはあきらかであった。日記の書き出しには、喪失感と罪に対する新しい感覚を結びつけながら、子どもの死はなんらかの形で防ぐことができるだろうという考えを示し、分別を失わせるような悲しみが示されている。子ども向けのお葬式の目印は、17世紀と18世紀に家族の構想のなかで公然と言及されていたのとは対照的に、しだいに手のこんだものになり、天国でもう一度結びつくことができるという希望によってどれほど悲しみがやわらげられようとも、子どもの死についていだく大人の不安感は子どもの体験にも影を落とさざるをえなかった。

悲しみの受容は20世紀初めには衰退したが、それは一部には、消費至上主義（コンシューマリズム）*5にますます染まるようになったためであった。このことは、悲しみと死の両方を、娯楽をうながす時代感覚ほど大衆受けされなくした。大人が関心をもつところでは、悲しみをあらわすことは、過剰な感情は心理的な弱さのあらわれであり、治療の必要がある指標だと見られ、しだいに強い非難を受けるようになった。悲しみは子どもの心理的な安寧にとって非常に危険であるという考えから、子どもが悲しみをあらわすことはいっそう強い攻撃にさらされた。両親は、泣いている子どもたちに同情するだけでなく、子どもらしい悲しみを最小限に抑えるために、みずからの悲しみの徴候をつねに調べるよう駆りたてられた。このように悲しみを避けることは物語の表現にも反映されている。現代の子ども向けメディアは、19世紀の児童文学とは対照的に、悲しみに対してなんのためらいもなく、感情をあらわさず、死を写実的で血にまみれるものとして描いている。

1960年代になると、死に対する新しい嫌悪感の見直しがあらわれてきた。さまざまなエキスパートは、子どもはほんとうの悲しみの感覚の不十分なはけ口かもたないことで傷ついており、したがって、子どもたちを昔のように死の儀礼にふたたび統合すべきであると力説した。学校は、クラスメイトが亡くなったとき、ますます生徒たちに心理療法をほどこすようになった――これは、子どもと死のあいだのギャップを架橋する別の動きであった。しかし、現在みられる主要な反応は、標準的な死と闘う病院と比べると、比較的小さな範囲で死を受け入れるホスピスの事実に示されているように、子どもと死を結びつけることについてはいまなお用心深い。子どもたちはメディアで大量に表現される死に遭遇したが、これは、ある種の大人にとっては、コミック本やラジオの時代にはじまり、現代のインターネット・ゲームにまで持続し、現在進行中の関心の源となってきた。しかし、現実の死は、人間の歴史のどの時代よりも大きくほとんどの子ども期から引き離され、その結果、多くの子どもは、死がどんなものかについてほとんど考えられなくなっている。身近なだれかの死を体験する子どもの身の上に起こること、そしてそれに付随する悲しみは、じゅうぶんな体験あるいは儀礼の支えなしに、21世紀の子ども期において重要な問題でありつづけている。

[訳注]

*1 ニューファンドランド島（Newfoundland）――カナダ東端の大きな島で、周辺は世界有数の漁場として知られる。

*2 マガフィーの教科書（MacGuffy's）――アメリカの教育家マガフィー（William Holmes MacGuffy, 1800-1873）が編集した初等教科書（*Ecletic Readers*, 1836-57）。

*3 ホスピス（hospice）――もともとは巡礼者や参拝者などのために宗教団体が管理運営する宿泊所、休憩所、宿坊のことをさしたが、在宅あるいは収容した末期の患者に鎮痛治療をほどこしたり、患者と家族に精神的な支えをあたえることを主目的とする医療施設とそのスタッフをさす。

*4 諸聖人の祝日（All Saint's Day）――諸聖徒日、万聖節（Allhallows）とも表記される。西方教会ではすべての聖徒の霊を祭るキリスト教の祝日で、11月1日。東方教会では、衆聖人祭といい、聖霊降臨祭の後の日曜日。

*5 消費至上主義（consumerism）――商品の消費がつねに拡大することが健全な国民経済の発展のために有益であるとする考えで、経済成長の基盤を消費市場に置いていることから、人びとの消費を刺激するためのコマーシャル（宣伝）や継続的な市場調査、低コストの生産・流通・回収システムなどを整備して、売れ行きのよい商品に生産と分配の活動を集中させる経済活動となる。

➡子育ての助言文献、子どもの感情生活、通過儀礼

● 参考文献

Ariès, Philippe. 1981. *The Hour of our Death*. Trans. Helen Weaver. New York: Knopf. アリエス『死を前にした人間』（成瀬駒男訳、みすず書房、1990年）

Coffin, Margaret M. 1976. *Death in Early America: The History and Folklore of Customs and Superstitions of Early Medicine, Funerals, Burials, and Mourning*. New York: Thomas Nelson.

Delumeau, Jean. 1990. *Sin and Fear: The Emergence of a Western Guilt Culture, 13th-18th Centuries*. Trans. Eric Nicholson. New York: St. Martin's Press. ドリュモー『罪と恐れ――西欧における罪責意識の歴史・13世紀から18世紀』（佐野泰雄訳、新評論、2004年）

DiGirolamo, V. 2002. "Newsboy Funerals: Tales of Sorrow and Solidarity in Urban America." *Journal of Social History* 36, no. 1 (fall): 5-30.

Emke, I. 2002. "Why the Sad Face? Secularization and the Changing Function of Funerals in Newfoundland." *Mortality* 7: 269-284.

Pine, Vanderlyn R. 1975. *Caretakers of the Dead: The*

American Funeral Director. New York: Irvington.
Rosenblatt, Paul C. 1983. *Bitter, Bitter Tears: Nineteenth-Century Diarists and Twentieth-Century Grief Theories.* Minneapolis: University of Minnesota Press.
Scheper-Hughes, Nancy. 1985. "Culture, Scarcity, and Maternal Thinking: Maternal Detachment and Infant Survival in a Brazilian Shantytown." *Ethos* 13: 291-317.
Stannard, David E., ed. 1975. *Death in America.* Philadelphia: University of Pennsylvania Press.
Stearns, Peter N. 1994. *American Cool: Constructing a Twentieth-Century Emotional Style.* New York: New York University Press.
Sudnow, David. 1967. *Passing On: The Social Organization of Dying.* Englewood Cliffs, NJ: Prentice-Hall.

（DEBORAH C. STEARNS／北本正章訳）

カナダの子ども（Canada）

　カナダは北アメリカ大陸の北半分を占めている。太平洋とウッズ湖のあいだの北緯49度がアメリカに接する南国境線を形成している。この国境線に沿って五大湖からセント・ローレンス川まで一連の湖や河がつらなっている。東部はメイン州からファンディ湾にかけて不規則になっている。太平洋北西沿岸部については、アラスカ州によって北部地域の最西部が切り離されている。太平洋岸はブリティッシュ・コロンビアである。面積の点では、カナダは世界で2番目に大きな国である。しかしながら、人口の点では33番目に位置づけられるにすぎない。カナダ人の大多数は、国の南端、トロントとモントリオールといった二大都市がある五大湖からセント・ローレンス地域に沿って生活している。

　17世紀初頭にフランスが最初に植民地化したカナダの名称は、ヒューロン＝イロコイ語*1で、村や開拓地を意味する「カナタ」（kanata）に由来していた。ニューフランスとして知られる領土は、セント・ローレンス湾周辺の狭い地域であった。1608年にケベック（Quebec）の町が設立されてから1763年にカナダがイギリスに譲渡されるまで、フランスがその大陸の歴史に足跡を残した。1791年、立憲条例（the Constitutional Act）（またの名をカナダ条例［Canada Act］）によってケベックが分割されたとき、カナダの領土が保障され、その後、アッパー・カナダ（Upper Canada）とローワー・カナダ（Lower Canada）地方へと大きく拡張していった。1841年、それらの地域はカナダ州に統合され、1867年のイギリス領北アメリカ法は、カナダ州（オンタリオとケベックに分割されていた）にノヴァスコシア*2とニューブランズウィックを統合して「カナダの名のもとにひとつの自治領」を形成した。残された領土や領地をめぐっては、1870年から1999年まで訴訟が続けられた。

　カナダの子どもたちの歴史は、この国が歩んだ変化に富んだ道をたどってきた。われわれは物的証拠を何ももちあわせてはいないが、カナダとなる地に最初に生まれた子どもは、おそらくカナダに最初に定住した人びとの息子か娘であった。彼らはおよそ1万8000年前に、シベリアとアラスカに一時的にかかった陸橋を越えて、アジアからやってきた人びとであると考えられている。ファースト・ネイション（the First Nations）の子どもたちは、こうした名もない初期入植者たちの後継者たちであったが、複雑な社会様式を学ばなければならなかった。成人期と同様、子ども期の特質は、居住地や生存手段にしたがって、先住民たちのあいだで大きく異なっていた。西海岸のクワキュートル族*3のような漁撈民、プレイリーのブラックフット族のような狩猟民、中部オンタリオのヒューロン族のような農民、それぞれの生活リズムは異なり、ひるがえって、ニューネイションの子ども期のユニークな特質を形成していたのである。

ファースト・ネイション――クワキュートル族とヒューロン族

　たとえばカナダ中部の西海岸では、クワキュートル族は、100人にも達する人びとで構成される世帯であるヌマイム（numaym）に住んでいた。産婆が出産を援助した。誕生から4日後、乳児には最初の名前があたえられ、最初の1年間は母親が運ぶゆりかごのなかですごした。1歳頃になると、その子どもは新しい名前をつけられ、男の子であれば髪の毛の先端を焼き、耳と鼻に飾りをとおすための穴をあけた。身分の高い子どもたちは、のちに一族が所有する別の名前をあたえられた。家族はそれぞれの子どもに新たな名前をあたえる際、ポトラッチ*4つまり贈り物をあたえる儀式を催した。

　クワキュートル社会の各ヌマイムは、1年に何度か、酋長が所有する5～7ヵ所の生活資源を補給する縄張りのひとつに移動した。所有権をめぐる意識が高い社会において、子どもたちは漁撈や食物を採取する縄張りの正確な位置、冬季に村を設営する位置について学んだ。子どもたちは観察と訓練によってそれぞれの縄張りで必要な技能を徐々に習得していった。木・石・骨・鉄などでできた道具類、丸木小屋の建て方、カヌー、水がもれない木製の箱、食べ物の保存や貯蔵法、棒や仮面の彫造、前かけ、ケープ、毛布を織る技術などである。

　これとは対照的に南オンタリオのヒューロン族は、平均して六つほどの核家族で構成されるロングハウス*5で暮らした。家族には平均3人の子どもがいた。ヒューロン族は女系家族であったため、女の子はとくに賞賛された。新生児はたいてい耳に穴をあけられ、その後、首にはビーズや小さな装具品がかけられた。ヒューロン族には子どもにあたえることができる名前がたくさんあった。異なるクラン（氏族）に属する特

別な名前をつけることも可能であった。
　ヒューロン族の子どもたちは、性役割にもとづいた約束事にしたがって訓練された。男の子たちは家事を拒否し、そのかわりに弓の使いかたを訓練されたり、多くの時間を、野外で矢を射たり、小さな野生動物を狩ったり罠でとったり、ボールゲームをしてすごすようにうながされた。女の子たちは、たとえばトウモロコシをすりつぶすなど、もっぱら家事労働にだけ焦点化したまったく異なる訓練を受けていた。
　しだいに植民地化のプロセスが進行すると、ファースト・ネイションの家族は、入植者の社会が進出してくる現実に順応することもあれば、しばしばそれに抵抗することもあった。ファースト・ネイションの人びとは当初はヨーロッパ人に協力していたが、ヨーロッパのキリスト教の考えと人種的優越観に疑問をいだき、脅威を覚えるようになった。こうした長期にわたる接触と衝突によって、先住民の子育て様式や将来展望はたえず変化していくことになったのである。

植民地時代——ニューフランス

　サミュエル・ド・シャンプレーンが、1608年にケベックに小さな交易所を設立したとき、ニューフランス植民地の形成がはじまった。ニューフランスではサージュ・ファム（*sage femme*、産婆）が出産の際に女性を助けていた。出生後の最初の1、2カ月のあいだ、赤ん坊はその足や背骨をまっすぐにするのに役立つと信じられた**スウォッドリング布**でつくしばられた。母親や乳母に母乳がないときは、川や泉の水で薄められた雌牛の生乳を飲まされた幼子もいた。
　ジャック・アンリッパンの研究が示しているように、ニューフランスの子どもの4人に1人は最初の誕生日を祝う前に亡くなっていた。高い**乳児死亡率**は、同じく驚異的に高い出生率によってある程度は埋めあわされていた。ピーター・ムークが例証しているように、第一子の出産から約35歳にいたるまでに、カナダ女性（*Canadienne*）は2年おきに出産していた。植民地家族には平均6人の子どもがいた。子どもたちは、乳幼児期は木製のゆりかごに寝かされ、しばしばガラガラをあたえられた。夜になると母親は、温かいベッドに横たわりながら赤ん坊をゆらすことができるようにゆりかごに縄を結んだ。7歳頃までに子どもたちは若い青年期（タンドレ・ジュネ、*tendre jeunesse*）として、理性が芽生えると考えられた時期に入る。若い青年期とともに、家事手伝いのような責任を負わされるようになる。
　ニューフランスの住民は、子どもたちもふくめて、天然痘のような**流行伝染病**、戦争、海岸に来航した船舶からもたらされる伝染病により、しばしば壊滅的な状況に追いこまれた。植民地の青年の半数近くは親を亡くしていた。ニューフランスでは、教会当局の注意深い監視のもとで、共同体における社会規制が破られた結果として、私生児はとくに問題視された。1701年から1760年のあいだ、おおよそ1112人の私生児がケベック州となる地域で洗礼を授けられた。父親がいない多数の子どもの世話をする重荷に耐えられない未婚の母親たちにとって、後見人と里親は、しばしば唯一の頼みの綱であった。多くの場合、5～6歳の子どもたちは、商人や裕福な家族のもとでの召使いとして年季奉公に出た。植民地行政は、そうした私的なやりとりを問題視することもなく、子どもたちに年季奉公を強要していた。
　一般に、はたらいたことのない植民地の子どもはいなかった。子どもたちは、青年期に入るはるか前から生産労働に従事することが期待されていた。最年少の子どもは、母親を助けて乳児をあやしたり、自分よりも幼いきょうだいを散歩につれていったりした。年長の子どもには、農作物を植えたり、薪割りや干し草をかき集めることなどが期待できた。村落では、馬小屋を掃除すること、尿瓶を空にすること、薪を集めて積むこと、汚れたブーツを磨くこと、水くみなどをしなければならなかった。子どもたちは、通常、あるレベルまで家事をこなす技術能力を身につけて、建前上、**思春期**を迎えると、結婚適齢期とされた（法律上、女子は12歳、男子は14歳であった）。しかし、現実にはそんなに若くして結婚した者はいなかった。
　18世紀から19世紀前半、英語を話す入植者の子ども期は、ニューフランスの子ども期について論述してきた状況と似たような生活を送っていた。子どもたちは、とりわけ入植家族内でのそのはたらきぶりによって、非常に重んじられた。ヨーロッパのコメンテーターたちは、北アメリカ入植者の子どもたちの自立的、自力本願的性格に注目した——彼らの主張では、この子どもたちはそうした性格特性を本国の子どもたちよりもはるかによく発達させているという。

19世紀における学校教育の意義

　学校教育は、19世紀までに多くの子どもたちの生活の支配的な経験としてゆっくりとその影を広げていった。子どもたちの大半が、一定年数のあいだ、公的に運営された学校に通うようになり、1900年頃までには、5歳から16歳の子どもたちの多くが着実に学校に通うようになっていった。西ヨーロッパや北アメリカにおいて、子ども期を隔離された特別な年齢段階とみなす態度が醸成されたことを反映して、学校の意義は子どもたちの生活でますます高まっていった。子どもたちはますます保護と特別な注意と訓練が必要であるとみなされるようになった。また、こうした態度は依存状態にある子どもへのケアに反映され、カナダの人びとは、**孤児**の保護のために、また両親が世話をすることができない、あるいは世話をしようとしない子どもたちのために、特別な施設を建設しはじめた。都市人口の増加、道路の改善、規格化され機械化され

た仕事など、ほかの経済的および人口動態上の変化によっても、カナダの子どもたちの生活様式を変化させる少なからぬインパクトがあたえられたのである。

1920年代までに、専門家たちが**保育**と子育て（child rearing）の質について関心をよせたことで私的な事柄が公的領域に確固として位置づけられていった。英語圏カナダでは（多少遅れてフランス語圏カナダでも）、ソーシャルワーカー、社会活動家、公衆衛生の改革者、そして教育改革家、主流派の白人中産階級が、子ども期の本質を形成するはたらきをしていた。彼らは、どんなときでも、より衛生的な授乳方法や公衆衛生、安全なミルクの供給、野外遊び場、包括的な学校カリキュラムなどを推進するために、家庭と託児所に介入した。父親と母親はつねに助言勧告のターゲットにされた。

理想的な中産階級の家族を奨励するために、20世紀初頭の社会改革推進者たちは児童労働を非合法化し、就学を義務化し、無断欠席者に対応する担当者を任命した。彼らは、労働者の保証や母親年金を訴えることで、生計を立てる男手がいなかったり生活能力がないことに苦しむ家族に援助の手を差し伸べようとした。工場や低賃金の搾取的な作業場における母親たちの労働はいっそう厳密に監査され、学校に温かい給食を提供するプログラムが創設された。トロントのような大都市では「新鮮な空気基金」が、貧しい子どもたちに夏休みのあいだ、都市環境から避難できる機会を提供しはじめた。

20世紀への転換期にはまた、被扶養あるいは問題児童のための——19世紀的な——施設保育の有効性にかんする改革者たちの見解に重要な変化が認められた。彼らは、評判が最悪であった**ベビーファーム（有料託児所）**を改善しようとする試みのなかで、**捨て子**施設ではなく、むしろ私生児を家庭的な家族に送り、のちに両親が結婚した際にはその子を認知できるよう、**養子縁組**を支援しはじめた。連邦未成年犯罪者法（The Federal Juvenile Delinquents Act）によって、**少年裁判所**、少年拘置所、問題児のニーズを把握して対策を講じる保護観察官制度などが立ち上げられていった。

こうした成功にもかかわらず、1940年代と1950年代に入るまで、子どもたちの多くは施設養護のもとで生活しつづけていた。全国各地の、州が共同出資する寄宿学校に学ぶファースト・ネイションの子どもたち、いわゆる非行児童、障害児は、運営や支援が貧弱な施設でみじめな暮らしをしていた。歴史家が次々と明らかにしつづけているように、そうした子どもたちの多くは、人種差別主義、無権力状態、公的無資格などのために、あるいはこれらにほかの要因が複合しているかどうかにかかわらず、おぞましい虐待に苦しんでいた。

成功と改善に向けて着実に前進したことを示すカナダにおける子ども期の歴史において、多くの、とくに主流派の白人中産階級に属さない子どもたちは、苦難に耐えしのんでいたのである。しかしながら、19世紀を越えて、カナダの人びとがそうした状況に置かれている子どもたちの生活改善のために努力したことは、おおむね事実であった。

［訳注］

*1 ヒューロン＝イロコイ語（Huron-Iroquoi）——ヒューロン語は、もとアメリカのヒューロン湖の西方地域に住んでいたイロコイ族に属する北米インディアンの一部族。イロコイ語族は、チェロキー（Cherokee）語、セネカ（Seneca）語、モホーク（Mohawk）語、オネイダ（Oneida）語をふくむ北アメリカのインディアンの言語体系。

*2 ノヴァスコシア（Nova Scotia）——カナダ南東部の半島で、隣接するケープ・ブレトン島を合わせて一州をなす。もともとフランス領アカディア（Acadia）の一部で、州都はハリファックス市（Halifax）。

*3 クワキュートル族（the Kwakiutl）——カナダのヴァンクーヴァー島とブリティッシュ・コロンビア州沿岸に住む北米インディアン。

*4 ポトラッチ（potlatch）——北アメリカの北西海岸のインディアンのうち、とくにクワキュートル族のあいだで、自分の富を誇示して地位を高めるために、多くの財産を消費して大盤ぶるまいをし、参加者全員に豪勢なお土産や贈り物をあたえる儀式。客はその返礼としてそれ以上のことをしなければ名誉や地位を失う。

*5 ロングハウス（longhouse）——イロコイ族や北アメリカのインディアンのあいだでみられる木造あるいは樹皮張りの長屋型の住居。

➡オーストラリアの子ども、里子制度、先住アメリカ人の子ども、ニュージーランドの子ども

● 参考文献

Henripin, Jacques. 1954. *La population canadienne au début du XVIIIe siècle: nuptialite, fecondité, mortalité infantile*. Paris: Presses universitaires de France.

Moogk, Peter C. 1982. "*Les Petits Sauvages*: The Children of Eighteenth-Century New France." In *Childhood and Family in Canadian History*, ed. Joy Parr. Toronto: McClelland and Stewart.

Sutherland, Neil. 1976. *Children in English-Canadian Society: Framing the Twentieth-Century Consensus*. Toronto: University of Toronto Press.

Sutherland, Neil. 1997. *Growing Up : Childhood in English Canada from the Great War to the Age of Television*. Toronto: University of Toronto Press.

Trigger, Bruce G. 1969. *The Huron : Farmers of the North*. New York: Holt, Rinehart and Winston.

（MONA GLEASON／佐藤哲也訳）

ガールスカウト（Girl Scouts）

アメリカにおいて、少女たちの最大の任意団体であ

るガールスカウト・アメリカ連盟（Girl Scouts of the USA）は、創設当初から大部分が女性たちの手で運営されてきた有力組織である。2003年には380万人の団員を擁し、1912年3月12日の設立以来、5000万人以上の女性と少女がこの団体に所属してきた。さらに、1921年に設立されたガールガイド・ガールスカウト世界連盟（the World Association of Girl Guides and Girl Scouts：WAGGS）[*1]は、144カ国850万人以上の国際的な姉妹メンバーで構成されている。

　ジュリエット・ゴードン・ロウ[*2]は、自分の出身地であるジョージア州のサヴァンナに、わずか18名の少女団体であるガールスカウト（Girl Scouting）を起こした。だが彼女は、これが最終的に「アメリカの少女のすべてを対象とする」ものになると構想していた。ロウには少女の活動や全国規模の運動を組織した経験がまったくなかったが、彼女の広範な社会的ネットワークによってガールスカウトは着実な発展をとげた。これに類するものとしてイギリスにはガールガイド（Girl Guides）とよばれる団体（**ロバート・ベイデン＝パウエル**卿とその妹アグネスが創始した類似の団体）があったが、これは1913年までにガールスカウト（Girl Scouts）と名称変更された。この新しい名称は1908年にアメリカではじまった**ボーイスカウト**と対比された。

　ガールスカウトはその創設当初から、伝統的な家庭の役割と、少女世界を拡張して新しい女性の時代をリードする実践的なフェミニズムに結びつけるプログラムを提供していた。たとえば、料理・洗濯・子どもの世話といった家事に対してはバッジを授与する一方で、救急活動・手旗信号・キャンプといったそれまでの伝統にはなかったスキルも少女に教えた。

　ガールスカウトは、みずからの組織をボーイスカウトと同類視していたが、しばしば意見の相違もあった。たとえば、ボーイスカウトの理事のひとりであるジェームズ・ウエストは、ガールスカウトという名称を嫌っていた。彼は、ガールスカウトという名称はボーイスカウトの男らしさをそこなうと考え、ガールスカウトがキャンプファイア・ガールズ（彼はこの名称のほうがより女性らしいと考えた）[*3]と合併し、キャンプファイア・ガールガイド（Camp Fire Girl Guides）という名称のもとに統一組織となるよう何年ものあいだ奮闘した。彼が理論的根拠としたのは、「少女は案内し、少年は偵察すべきである」からであった。ガールスカウトは少女たちに新しいジェンダー役割への道を開いたが、ボーイスカウトのほうは伝統的な男性役割を強化した。それだけでなく、ボーイスカウトは、「多様性を歓迎する」ガールスカウトの基本方針とは対照的に、その指導者が同性愛者をメンバーに入れたがらなかったことがいみじくも証拠立てているように、社会的には非常に保守的なままであった。

　ロウは、ガールスカウトの創設者として、少女たち

ジュリエット・ゴードン・ロウ（1860-1927）[*]

が楽しめる活動を正しく直観していた。彼女は、少女たちを活発でモダンな女性に育成するために、遊びと労働と健全な価値観をかねそなえた団体を構想した。少女たちの団体は、リーダーシップの資質をもつ少女と女性たちを魅了するキャンプやスポーツといった野外活動に参加した。ガールスカウトが提供した訓練には、最初から成人女性をふくんでおり、カレッジのキャンパスだけでなく地域社会でも開催された。多数の女性がこの団体に引きつけられたが、それは、この団体がボランティアと有給労働者の両方に機会を開いていたからであった。1970年代まで、ガールスカウトは、アメリカで経営者の立場にある女性たちのなかの最大の雇用事業所であった。

　団体が発展すると、ガールスカウトは有給の専門スタッフを雇った。1920年までに、出版部を立ち上げ、成人のリーダーに向けた雑誌「ザ・リーダー」（*The Leader*）や、アメリカの10代の少女向けの雑誌として長期間最大部数を誇った「ザ・ラリー」（*The Rally*）――これはすぐに「ジ・アメリカン・ガール」（*The American Girl*）と誌名が変わった――などを発行した。『ガールスカウト・ハンドブック』（*Girl Scout Handbooks*）やプログラムは、世界的な出来事や少女の発達についての最新の理念に対応しながら変化をとげた。

しかしながら、「ガールスカウトのやくそくとおきて」(The Girl Scout Promise and Law) は変わることがなく、この組織の道徳訓練の基礎を構成し、少女たちに、万人の助けとなるために最善をつくし、神をあがめ、そして活発な市民やリーダーとなるよう駆りたてた。「ガールスカウトはほかのすべてのスカウトの姉妹である」という基本的な考え方は、少女たちが自分の通常の境界を拡げることにしばしば役立った。ガールスカウトの姉妹たちは、すでに1913年には障がいをもつ少女の参加を推進していた。南部の団では1960年代まで人種差別を続けていたが、いくつかの団は、自分たちの地域社会の人種隔離政策に異議を唱えた。

ガールスカウトは、第1次世界大戦中に少女たちが愛国的に戦争に協力したことによって最初の急成長期を迎えた。少女たちは、戦時公債を売ったり負傷兵に包帯を巻くなどの活動によって、以前には決してたずさわることのなかった公的活動に引きこまれた。戦争資金を調達するために自家製のクッキーを販売しはじめた団もあった。1920年代までに、ガールスカウトによるクッキーの販売は、経費を抑えて採算がとれるように商業的に製造されたクッキーボックスを少女たちが販売することによって、資金調達の成功のトレードマークになった。

1930年代を通じて、大恐慌とその後の若者の雇用機会の需要に応じて、ガールスカウトは中産階級出身以外の少女もふくむプログラムへと拡大した。中南部の乾燥した平原地帯の移民、政府指定保留地の先住アメリカ人、スラム街の少女などに手を差しのべたことなどがこの時期の10年間を特徴づけ、これらのことが団員数がいくらか増加した理由となった。第2次世界大戦中、数千人もの少女たちがスカウト活動にくわわり、ふたたび戦争の遂行に協力した。1945年までに団員数は100万人を突破した。

1950年代を通じてガールスカウトは成長しつづけたが、それまで以上に伝統に根ざした家事技能に力点を置いた。しかしそれでもなお、野外経験や非伝統的な活動への参加を希望する少女を対象にした機会も、わずかながら提供した。ガールスカウトの組織は、その活動範囲を海外の同胞姉妹であるガールガイドまで拡張した。設立当初からガールスカウトに固有にあったこうした国際主義は、海外戦争退役軍人協会によって、米国ガールスカウトが共産主義の支持に手をかしているとの批判をまねいた。だが、あきらかに不条理なこのような非難は、当時の辛辣な反共産主義に対する疑問を多くのアメリカ人に投げかけることになった。

1960年代を通じて、ほかの青少年団体と同じように、ガールスカウトのメンバーも減少しはじめ、その妥当性も疑問視されるようになった。人種問題、反体制的な青年運動、ベトナム戦争、そして新しいフェミニズム運動などはこぞって、ガールスカウトに変革を求め、もっと「現代的」な団体になるよう迫った。ガールスカウトはプログラムを改造してより包括的になろうとしたが、アフリカ系アメリカ人のガールスカウトは、根本的な変革と改革を求めた。そこで、ガールスカウト団体は、そうした複合的な成功をおさめる努力を重ねた。

1970年代初頭、このときまでキャンプファイア・ガールズは、ガールスカウトと比べてかなり規模が小さかったが、青少年団体の一般会員の落ちこみを挽回するために、少年をくわえることとキャンプファイアと名前をあらためることを決定した。ボーイスカウトは、ハイスクールの就学年齢の「探検団員」に少女をふくめることを可決した。だが、ガールスカウトは、当初の政治的立場である男女平等権の修正条項を是認するフェミニスト団体であると宣言し、女性のみの成員を維持することを可決した。1980年代までにガールスカウトの団員数は回復した。

ガールスカウトは、21世紀においても有力な団体組織として存続している。いまもおもに女性によって運営されており、国家的な問題に対して革新的かつ敏感でありつづけている。たとえば、獄中にいる母親が娘といっしょにガールスカウト活動に毎週参加できるようにするために「刑務所のスカウト団」プログラムが開始された。ガールスカウトは、ロウが設立した団体から進化してきたが、彼女が採用した「道徳的価値観にもとづいて遊び、労働し、生活することを少女たちに教える」というおきてを深くとどめている。

[訳注]

*1 ガールガイド・ガールスカウト国際連盟 (the World Association of Girl Guides and Girl Scouts : WAGGS) ——同連盟は、その使命を「少女と若い女性が責任ある世界市民として、みずからの可能性を最大限伸ばせるようにすること」として活動を展開する国際的組織。

*2 ジュリエット・ゴードン・ロウ (Juliette Gordon Low, 1860-1927) ——アメリカのガールスカウト創設者。死別した富裕な夫の遺産相続をめぐる訴訟に勝利し、優雅で怠惰な生活を送っていた。しかし、1911年にロンドンでボーイスカウトの創始者ロバート・バーデン・パウエル卿と出会ったことが契機となり、アメリカに帰国後、1912年に故郷のサヴァンナで少女パトロール隊を組織し、これがアメリカでのガールスカウトの起源となった。1915年に、アメリカ・ガールスカウトが正式に発足するとその会長につき、私財を投じて発展に貢献した。

*3 キャンプファイア・ガールズ (the Camp Fire Girls) ——1910年に、少女の健康と品性の向上を目的として、アメリカで創設された。1975年以降は少年の加入も認め、「活動・健康・愛」を組織の標語としてキャンプファイア・ボーイズ・アンド・ガールズとなった。団員は Camp Fire members とよばれる。

➡少女期、組織的なレクリエーションと若者集団
●参考文献

Brown, Fern G. 1996. *Daisy and the Girl Scouts: The Story of Juliette Low*. Morton Grove, IL: Whitman.
Choate, Ann Hyde and Helen Ferris, eds. 1928. *Juliette Low and the Girl Scouts: The Story of an American Woman*. Garden City, NY: Doubleday.
Girl Scouts of the U.S.A. 1986. *Seventy-Five Years of Girl Scouting*. New York: Girl Scouts of the U.S.A.
Girl Scouts of the U.S.A. 1997. *Highlights in Girl Scouting, 1912-1996*. New York: Girl Scouts of the U.S.A.
Inness, Sherrie A. 1993. "Girl Scouts, Campfire Girls and Wood-craft Girls: The Ideology of Girls." In *Continuities in Popular Culture: The Present in the Past and the Past in the Present and Future*, ed. Ray B. Browne and Ronald Ambrosetti. Bowling Green, OH: Bowling Green State University Popular Press.
Jeal, Tim. 1990. *The Boy-Man: The Life of Lord Baden-Powell*. New York: Pantheon.
Rosenthal, Michael. 1984. *The Character Factory: Baden-Powell and the Origins of the Boy Scout Movement*. New York: Pantheon.
Shultz, Gladys Denny, and Daisy Gordon Lawrence. 1958. *Lady from Savannah: The Life of Juliette Gordon Low*. Philadelphia, PA: Lippincott.
Tedesco, Lauren. 1998. "Making a Girl Into a Scout: Americanizing Scouting for Girls." In *Delinquents and Debutantes: Twentieth Century American Girls' Cultures*, ed. Sherrie Inness. New York: New York University Press.

●参考ウェブサイト
Boy Scouts of America. Available from 〈www.scouting.org〉
Camp Fire USA. Available from 〈www.campfire.org/start.asp〉
Girls Scouts of the USA. Available from 〈www.girlscouts.org〉

　　　(MARY LOGAN ROTHSCHILD／沖塩有希子訳)

監護権（Custody）
➡離婚と監護権（Divorce and Cutody）

貴族の教育（ヨーロッパ）
(Aristocratic Education in Europe)

　社会において貴族としての役目を果たす者にとって、教育は非常に重要である。シャークスピアの『お気に召すまま』（*As You Like It*, 1599-1600）に出てくるオーランドは、兄であるオリヴァーが彼を田舎者として扱うことで彼の上品さを傷つけていることに対して不満をいだいている。ホメロスの時代〔紀元前9世紀〕から貴族は、もっともすぐれた人物でありたい、ほかの者よりも上位に居つづけたいと望む名誉を重んじる人びとであった。彼らは世界ですぐれた役割を果たすことのできる強い人物であれと教えられたに違いない。王侯貴族の教育にかんするわれわれの知識は、12世紀と13世紀においてはっきりしはじめる。それは、一般の子どもの教育について述べた書籍と同様、作法にかんする助言をあたえる教訓的な礼儀作法書という重要なジャンルが出現したことによってもたらされた。

中世

　中世ヨーロッパの貴族は、所領をもつ人びとであった。彼らは、軍役の見返りに国王から土地を所有する特権をあたえられていた。彼らの特権は、鎧を着けた馬上の騎士としてのふるまいによって強められたが、貴族としての名誉は相続されるべきものと考えられた。11世紀と、とりわけ12世紀には、上層の貴族は、下層の人びとの犠牲があっての特権を獲得し、荘厳なホールや宮廷においてその威信を演出するための洗練された礼儀と生活様式を発展させた。宮廷での生活はよきふるまいの手本となり、「宮廷人風の」（*courteous*）という言葉が用語として使われるようになった。

　貴族の子弟は、宮廷人にふさわしい騎士と城主になるように育てられた。聖職者となった貴族でさえ、武器を扱うことを学んだ。両親は男性教師や女性教師、召使いを選び、結婚の計画や人生設計を立てるなど、子どもの教育を組織するために相当の努力をはらった。乳児には授乳する乳母と、かごをゆらすなど授乳以外の方法で世話をする守り役がついた。貴族の両親は、しばしば幼児のしつけを吟味する身分の高い女性を雇っていた。王室の子どもは、国王が任命した身分の高い人びとに管理されたみずからのサロン（*courts*）をもつことができた。彼らが話せるようになるとすぐに、子どもたちは礼儀正しさとすぐれた道徳性にかんする大人の掟について手ほどきを受けた。荘厳なホールのなかでは、彼らはアーサー王と円卓の騎士についての物語を大人とともに聞いた。その物語では、美徳、勇気、忠誠、僚友関係、勇敢さ、そしてより高邁なもの、すなわちもっともすばらしい行為を競いあうことや、自他ともに認める優秀さからくる誇りのために人生を捧げる決定をくだすことなどの理想がもりこまれていた。子どもたちは、ダンスや歌唱、楽器とともに適切なテーブル・マナーについても学んだ。ゲームは、子どもにとっても大人にとっても日常生活に欠かせないものであった。チェスは教育目的で使われていたようである。一部の子どもたちは親族に育てられていたが、この習慣は、血族関係を強固にした。また、子どもたちは上位の家庭や可能なときは王宮に送られた。このことは、彼らに自分の家庭で得られるよりもさらに洗練された礼儀を学ばせ、より博学な教師による教育機会を提供した。

　子どもたちが6、7歳になると、次の段階に進んだ。彼らはそれまで行なわれていた勉強を続けたが、男子

は初歩的なラテン語と読み書きを教える男性教師についた。少数の貴族だけが大学に進学して勉強を続けた。女子もまた読み書きを学んだが、彼女たちに対しては、それほどあらたまったかたちで熱心に教えられることはなかった。少年たちは、狩りという特権的なスポーツに参加しはじめたが、そこでは馬術の技能と武器の扱い方を学んだ。12歳から14歳までは、騎士になるために必要な身体訓練が開始され、鎧の装着方法、剣や槍の使い方、そして馬上槍試合に必要なことを学んだ。18歳になると彼らは騎士の身分をあたえられた。少女たちは戦い方を学ぶことはなかったが、乗馬については学習した。女性教師は若い少女に家政と、縫物や編みもの、糸紡ぎの方法を教えた。貴族女性によってなされるすばらしく精巧な刺繍と壁かけなどの針仕事は、ヨーロッパ中で高い評価を得ていた。

ルネサンス期と近世

16世紀には、鎧を着用した騎士は軍隊としての意義を失い、国王と王子は小火器で武装した傭兵に頼るようになった。同時に、ルネサンスの人文主義は、相続によって優位さを維持する貴族たちの考えに異議を申し立て、幅広い文学的力量をもち、身体的な素質をうまくコントロールすることで引き出される精神的貴族主義の理念を賞賛した。したがって貴族は、国王統治で影響力のある職務を得る際、学識の高いブルジョワと競うために、よりよい教育を受ける必要があった。騎士のイメージは、紋章の永続的な使用と鎧姿の肖像画で示されるように、いまなお貴族階級の象徴であった。騎士らしいゲームは、円形競技場での乗馬のような派生的な形式で続けられた。しかしながら、男性貴族の身体活動は、おしろいやかつらの着用など容貌や礼儀を強調するバロックやロココ時代に全盛をきわめた儀礼的な生活様式へと変化することで形式的なものになった。宮廷で適切な礼儀作法で行動することは非常に高い名誉の問題となった。『宮廷人の書』(Il cortegiano, 1528)において、イタリア人の著者であるバルダッサーレ・カスティリオーネ*1は、新しい貴族的な理想について、宮廷人が外面にあらわす洗練された上品さと入念にふりつけられた衣装は、貴族の真の上品さをそのまま反映すると述べた。

これらの新しい特徴は、教育に影響をおよぼした。たとえば、ダンスはますます重要なものになり、教育にかんする著作家の興味を引いた。ダンスが上手な者には、容貌、姿勢、そして貴族世界で成功するのに必要な歩き方を容易に教えることができた。音楽教育も継続されたが、視覚の美的センスを発達させる線画を描くことや絵を描くことにも注意がむけられた。貴族の子どもたちは両親の領主館でひき続き親以外の上流階級の人間によって育てられるか、宮廷で育成されるかした。少年の文芸にかんする公的な教育は向上し、そのときまでには専門的な教師によって行なわれるようになっていた。すなわち、教えるという行為は、正確な時間によって規則正しく行なわれ、日常生活とは区別される職業となったのである。ラテン語はもっとも関心がよせられた教科であった。一部の少年はギリシア語とヘブライ語も学んだ。イタリア語、のちにフランス語が国際共通語としてラテン語を凌駕したため、それらの言語を学ぶことが重要になった。

少年たちは、ブルジョワも混在する教育機関でも学びはじめた。イングランドではほとんどの者がそうであったが、貴族の子弟の一部は**ラテン語学校**で学び、大学に進む者もいた。だが、貴族的な観点からみれば、大学は肝心な名誉、美徳、嗜好の特質を教えることはできなかった。1594年に、アントワーヌ・ド・プリュヴィネル*2は、パリに馬術アカデミー（académie d'équitation）を設立した。ここで、貴族の若者は馬術とフェンシングだけではなく、礼儀正しさ、リュートの弾き方、絵画、数学、古典、そして近代語、詩、文学、歴史についても学んだ。このアカデミーは、身体の発達と同様、精神の教授にも力を入れており、それらは貴族的な模範にしたがって、洗練されかつ強化された。プリュヴィネルの指導力によって、王室からの支持を獲得したが、17世紀に貴族のアカデミーがヨーロッパ各地に広まった際、多くの場合それらは国王や王子によって設立された。アカデミーのほとんどが寄宿学校であり、プリュヴィネルが教えた科目を提供したが、のちに18世紀には経済、農業、政治学（Staatswissenschaft）がくわえられた。学校教師は有能な人物がその職につき、ときには外国から招かれることもあった。

貴族の教育のもう一つの特徴はグランド・ツアーであり、この旅行中、若者とそのつきそい教師はヨーロッパ中を数年かけて旅し、アカデミーや大学で勉強した。若者は、自分と同じ階級の外国人と交わることによって、洗練された国際的な礼儀、雄弁術、言語を学んだ。帰国後の彼らは、官職、大使、高官、参事官、行政官、判事として国家のためにはたらくことができた。

少女に対する文芸的な教育も拡大した。彼女たちは読み書きにくわえてイタリア語とフランス語も学ぶようになっていた。16世紀の著作家たちの多くは、プラトンのディオティマ*3やパルミラのゼノビア王女*4のような学識の高さで有名な女性たちを、当時の女性の模範として表現し、娘をもつ親たちに文学だけではなくラテン語やギリシア語の勉強を娘にさせるよう熱心に勧めた。一部の女性たちは学識が高いとヨーロッパで有名になったが、しかし一般的には少女に対する教授は、いまだ少年への教育より劣っていた。もっとも強調されたことは、家政と針仕事のままであった。

貴族の教育の衰退

18世紀には、理想主義的で自然主義的な教育者が

登場し、彼らは貴族の礼儀正しいふるまいを真の美徳を欠いた欺瞞とみなした。彼らは幼児の内部にあるとされた本性に応じて育成されるべきという理想をもっていた。したがって子どもたちは、宮廷人らしい礼儀によって磨きをかけられるべきではなかった。18世紀後半から19世紀にかけて、ブルジョワは社会のなかで権力をもつようになり、その文化が優位に立つことになった。古い貴族的な教育は滑稽なものとなり、徐々にすてさられた。生まれのよい子どもたちがお互いに名誉を重んじる強い心で争いあうという18世紀以降のイートン校の物語は、ヴィクトリア期の人びとによって享受され、ブルジョワの理想は貴族のアカデミーも支配した。だが、愛国主義的で国家主義的な教育には、美徳、功績を残すこと、名誉が相続されること、高邁な目的のためにみずからを犠牲にするという決意など、貴族主義的な価値観のいくつかの断片が残存した。

[訳注]
*1 バルダッサーレ・カスティリオーネ（Baldassare Castiglione, 1478-1529）――イタリア・ルネサンス期の外交官、作家。『宮廷人の書』は、ウルビーノ宮廷の4日間に登場する人物のあいだでの対話形式をとって、宮廷人の要件、身につけるべき教養、宮廷の女性の在り方、愛についてなどを語らせ、ヨーロッパの上流階級にとって長いあいだ模範書とされた。
*2 アントワーヌ・ド・プリュヴィネル（Antoine de Pluvinel, 1552-1620）――フランスで最初の乗馬教師で、のちの調馬法に多大な影響をおよぼした。ルイ13世のつきそい教師をつとめた。
*3 プラトンのディオティマ（Diotima of Mantinea）――プラトンの『饗宴』（Symposium）に登場する女性の哲学者。彼女の思想は「プラトニック・ラブ」の起源をなすといわれる。
*4 パルミラのゼノビア王女（Septimia Bathzabbai, ?-272）――シリアの中部にあった古代隊商都市として栄えたパルミラ（Palmyra）の女王（267-272）。ローマに対して独立を宣言したがローマ皇帝アウレリアヌス（Lucius Domitius Aurelianus, 212?-275）によって滅ぼされた。

➡教育（ヨーロッパ）、小皇帝

●参考文献

Andersen, Birte. 1971. *Adelig opfostring: Adelsbφrns opdragelse i Danmark 1536-1660*. Copenhagen: Gad.

Conrads, Norbert. 1982. *Ritterakademien der frühen Neuzeit: Bildung als Standesprivileg im 16. und 17. Jahrhundert*. Göttingen, Germany: Vandenhoeck and Ruprecht.

Hammerstein, Notker, ed. 1996. *Handbuch der Deutschen Bildungsgeschichte*. Vol. 1. Munich, Germany: C. H. Beck.

Hexter, John H. 1961. "The Education of the Aristocracy in the Renaissance." In *Reappraisals in History*. London: Longmans.

Marrou, Henri-Irénée. 1948. *Histoire de l'éducation dans l'antiquité*. Paris: Éditions du Seuil. マルー『古代教育文化史』（横尾壮英・飯尾都人・岩村清太訳、岩波書店、1985年）

Motley, Mark. 1990. *Becoming a French Aristocrat: The Education of the Court Nobility, 1580-1715*. Princeton, NJ: Princeton University Press.

Orme, Nicholas. 1984. *From Childhood to Chivalry: The Education of the English Kings and Aristocracy 1066-1530*. London and New York: Methuen.

Wallbank, M. V. 1979. "Eighteenth Century Public Schools and the Education of the Governing Elite." *History of Education* 8: 1-19.

Woodward, William Harrison. 1906. *Studies in Education during the Age of the Renaissance 1400-1600*. Cambridge, UK: Cambridge University Press.

（THOMAS LYNGBY／三時眞貴子訳）

喫煙（Smoking）

南アメリカではじまったタバコの使用と栽培は、南北両アメリカ全域にわたって北方へと広まり、紀元160年までにはミシシッピー川上流域の低地に伝わった。タバコは、「コロンブスの交換」の重要部分のひとつをなすものとして西ヨーロッパに、そしてその後17世紀にはアフリカとアジア本土に定着した。当初ヨーロッパ人はタバコを薬草とみなしていたが、やがてそのほんとうの需要が楽しみという性質にあると気づいた。1600年代なかばまでに、タバコはアルコールとカフェインとならんで世界の三大社交ドラッグ（薬物）の仲間入りをし、植民地プランターや商人、そして徴税官にとって重要な収入源のひとつとなった。

近世および近代のタバコ使用

タバコを喫煙する近世の風習は、地理・階級・現地の慣習によってさまざまであった。パイプを好む使用者もあれば、タバコをかむ者やかぐ者もいた。政府はさまざまな規制や税率を課したが、国家と文化を超え一般通則はわずかしかない。男性は女性よりも多くタバコを使用した。タバコの使用は典型的に子ども期あるいは青年期にはじまった。現地でのタバコの供給が増えれば増えるほど、はじめて使用する者も増えた。タバコの栽培数と同じくらいタバコのパイプが増えたイギリス領チェサピーク植民地では、子どもは7歳という若年からタバコを吸いはじめていた。

タバコのイニシエーションはひとつの社会過程であった。それは一人前になることを意味し、少年は成人男性の属性を身につけた。タバコは男性の仲間うちの地位を高めた。それは息抜きと陽気なつきあいの機会をもたらした。あとになってタバコの使用者がニコチン*1依存症になり、タバコがないと禁断症状に苦しむようになってくると、そこでようやくタバコを消費す

る動機は変化した。この目的の逆転は、喫煙の歴史をつらぬいているひとつの一貫したパターンである。子どもや青年期の若者は社会的な理由から喫煙をはじめるが、依存症になってしまったために、タバコをやめることができると期待した後も、しばしば喫煙しつづけた。

若者がタバコにふけることは生涯におよぶ習慣につながるものであることを、またその習慣が不潔で危険であること、しかも不健康であることを知ると、多くの親たち、とりわけ中産階級のしかるべき立場の親たち、あるいは敬虔な性格の中産階級の親たちは、子どもたちにタバコを吸うのを止めさせようとした。とくに少女がタバコを吸うことはみっともない行為だとみなされ、少年たちも鞭打ちの憂き目にあったりした。マーク・トウェインという名前でよく知られている作家サミュエル・クレメンス（Samuel Clemence, 1835-1910）は、9歳で喫煙をはじめた。最初はこっそりとであったが、その2年後に父が死去するとすぐおおっぴらに吸うようになった。彼と友人たちは、タバコを手に入れるために地元のタバコ屋に古新聞をもちこんでは、安物の葉巻と交換した。

クレメンスが、タバコをかんだりかいだりせずに吸っていたことは、より広範な19世紀の流行を象徴していた。アイスランドやスウェーデンのように口中での使用が一般的なところもあったが、子どもがタバコを使用しはじめるのは、どこでも喫煙の開始を意味するようになっていった。紙巻タバコの喫煙はとくに危険で、習慣性をもたらした。なぜなら煙が肺にとりこまれ、そこで強力な一定量のニコチンを直接血流に運ぶからであった。当初、店で売られる紙巻タバコは富裕層に向けた手巻きの特製品であったので、大多数の子どもは手が出なかった。ところが1880年代にジェイムズ・B・デューク*2がこの産業に機械による生産技術を導入すると価格は下がり、使用が広まった。1900年から1917までに一人あたりの消費量が10倍になったアメリカは、最初のグローバルな紙巻タバコ革命の震源地であった。

都会の少年たちはデュークの商品のもっとも熱心な顧客の一角をなしていたが、彼らが無自覚に喫煙することは、ブルジョワ的道徳へのかたくなな挑戦とみなされるようになった。福音主義者と進歩的な改革者たちは、道徳上および健康上の見地から紙巻タバコを攻撃し、子どもたちの健康をそこない、不節制をあおり、人種が毒されるのはこの「小さな白い奴隷商人」のせいだとした。しかし、彼らが制定を画策した法的な防御措置（15の州が、流通や宣伝など紙巻タバコ産業のいくつかの面を非合法化した）は一掃された。第1次世界大戦中の軍隊でのタバコ使用の拡大や、ハリウッドによる称揚、そして女性喫煙者の開拓の成功——1920年代、1930年代、そして1940年代に市場がもっとも急成長した部門である——ももたらした大規模な

1997年、アメリカ連邦取引委員会は、ジョー・キャメル（ラクダのキャラクター）の広告を用いて子どもたちに直接紙巻タバコを売りこんだとして、R・J・レイノルズ社を不正行為で告発した。The Advertising Archive Ltd.

宣伝活動などは、いずれも紙巻タバコの合法化に寄与した。喫煙がありふれたことになったのが、最良の擁護であった。未成年者への販売を禁じる法令は残ったが、販売機と母親の財布は容易な抜け道になった。若者の喫煙はめずらしくないどころか、欠かせなくなった。ジョン・アップダイク*3は、1940年代後半のペンシルヴァニアのハイスクールでの仲間づきあいでは、喫煙しない者には居場所がなかったと回想している。また彼と同年代のアイルランド系アメリカ人で作家仲間のフランク・マコート*4は、自分がもし喫煙しなければ女の子とつきあえるだろうかという不安をいだいていた友人から、相談を受けたことを思い起こしている。

1950年代には、喫煙がガンや生命にかかわるその他の病気になるという法廷証拠の蓄積がピークに達し、紙巻タバコ会社の繁栄を脅かした。各社は、健康問題について陪審はまだ関与外だと主張する広報活動によってこの危機を回避しようとした。だが、これはせいぜい引き延ばし作戦でしかなかった。医学的データの増加は成人の家庭内での消費減と、税金の引き上げ、そして規制の増加につながった——これは20世紀の

最後の30年間にヨーロッパ社会で広く見られたパターンであった。

フィリップ・モリス*5やブリティッシュ・アメリカン・タバコ*6といった多国籍企業は、北アメリカとヨーロッパでの需要減に直面すると、二面作戦をとった。第一に、喫煙する人は自立的で、性的魅力があり、ほかを圧するような威厳をそなえ、一言でいえばクール（格好がよい）であることを示す広告を用いて、死亡したり禁煙したりする大人に代わって、10代の喫煙者を開拓した。紙巻タバコは10代のアイデンティティ（そして少女たちにとってはやせて見える）のアクセサリーとして機能しているという社会的事実は、最終的にはニコチンを摂取する方法として紙巻タバコに依存することになる者たちをリクルートする手段となった。タバコの広告が禁じられていたところでは、各社は商標名やパッケージの色を若い顧客に印象づけられるように、カラフルなロゴ入りTシャツや企業がスポンサーになったスポーツ・イベントその他の販売促進方法を工夫した。

途上国における喫煙

海外拡張は、新しい顧客を獲得する第２の手段であった。1970年代になると、紙巻タバコ会社はより積極的に途上国への進出を開始した。1970年代の終わりまでに、喫煙率はアフリカで33パーセント、ラテンアメリカで24パーセント、アジアで23パーセントそれぞれ上昇した。2001年には世界中でおよそ11億人が喫煙しており、その80パーセントが第三世界の住民であった。工業化をとげた国では、喫煙者は若いうちからタバコを吸いはじめていた。その大部分は男性であったが、［ニュージーランドの］マオリ——彼らが紙巻タバコを知ったのは比較的遅いのだが——のような少数の文化圏では、24歳以下の年齢層で女性のほうが男性よりも喫煙者数が多かった。喫煙が依然としてもっぱら男性の娯楽であった中国では、広告業者は市場拡大の望みをかけて、彼らの先達が第１次大戦後にアメリカでやったように、女性にターゲットをしぼった。

ヨーロッパの紙巻タバコはまた、伝統的なタバコ消費の方法にとって代わった。1970年代に、バングラデシュの喫煙者たちは「フッカー」（hookahs）*7や「ビディ」（bidis、安価な手巻きのタバコ）*8を工場生産のブランドものに切り替えた。この変化はとくに、紙巻タバコを、自分たちを年長世代と差別化する手段とみなす若い人びとのあいだで顕著になった。広告業者はこの感情をさらにあおりたて、「ディプロマット」［外交官］（ガーナ）や「ハイ・ソサエティ」［上流社会］（ナイジェリア）のように、世界的な成功やヨーロッパの価値観を暗示するブランド名を売りこんだ。ブランドへの意識は、ごく幼い年齢からもたれるようになった。20世紀の終わりには、南アフリカの５歳児の29パーセントが紙巻タバコの特定のブランドを識別できるようになっていた。ヨルダンでは13歳から15歳の思春期の青少年の25パーセントが、会社のセールスマンが無料の紙巻タバコをくれたと述べている。

そのような結果生じたのは、公衆衛生の危機の高まりであった。世界銀行によれば、1996年までに、途上国は喫煙に関係する病気で年間660億ドルを失ったという。紙巻タバコのもっとも深刻な影響は、20年後あるいは30年後になってあらわれはじめるため、疫学研究者たちは今後さらに悪化するだろうと予想している。世界保健機関（WHO）は、2030年までに毎年1000万人がタバコに関係して死亡するだろうと予測した。途上国では、喫煙をはじめた者のすくなくとも50パーセントが、喫煙に関係する病気で死亡するであろうと予想された。その50パーセントのさらに半数はまだ中年のうちに死亡して、長い年月をかけて育て上げ、教育に投資してきた生産的な生命と社会資本がむだになる。その本質において、タバコ会社のグローバル化した利潤と生き残りを求める衝動は、さらに多くの世代の人びとを肺疾患の地雷原へと誘った。2001年だけで、途上国では毎日６万4000人から８万4000人の若者が喫煙をはじめていた。

健康への脅威とそれがもたらす経済的な帰結にもかかわらず、途上国政府は紙巻タバコの普及に歯止めをかけようとはせず、欧米諸国がくりひろげた広告やマーケティングに対する規制をほとんどくわえなかった。たとえば2001年に紙巻タバコに対する警告文をまったく求めなかった国は40カ国もあった。警告文を自国の言語ではなく、英語で書くことを許可した国もあった。広告規制については、法が制定されても、ほとんど施行されないことがしばしばであった。紙巻タバコのタールの含有水準に対する規制もほとんどなく、欧米諸国で売られているよりも高い水準のものがよくあった。

途上国におけるこうした規制の真空状態への警告と、喫煙の結果、致死率の上昇が見られたことは、公衆衛生への関心の高まりという反応をもたらしたが、これは20世紀前半の国際的な麻薬売買に対する協調的統制の試みを想起させる状況である。WHOをふくむ国際機構のなかには、紙巻タバコやその他のタバコ製品の販売を削減する、あるいはすくなくとも伸びを鈍らせる目的で世界条約を提案するところもあった。もっとも熱心な側面からの努力は、「タバコの規制にかんする世界保健機関枠組条約」（FCTC）*9である。これは、未成年者をターゲットにしたタバコの広告や宣伝、そしてスポンサー活動の禁止をふくむ、包括的なたばこ規制案である。2003年５月のWHO総会では、FCTCを採択した。本稿執筆時点で加盟国の批准待ちである。

［訳注］

*1 ニコチン（nicotine）——フランスの外交官で言語学者

でもあったジャン・ニコ（Jean Nicot, 1530頃-1600）が1559年に、薬用植物としてタバコの種子と葉をポルトガルからフランスに移入したとき、この人物の名前から、「ニコの薬草」（Nicotiana herba）というラテン語で表記され、ここからニコチン（nicotine）とよばれるようになった。ニコチン（$C_{10}H_{14}N_2$）は、たばこの葉にふくまれる、無色で粘性のある水溶性のアルカロイド物質である。神経に刺激あるいは抑制作用を示す。

*2 ジェイムズ・B・デューク（James Buchanan Duke, 1856-1925）——アメリカのタバコ製造業者として、アメリカタバコ会社（American Tobacco Company）を創業して財をなし、名門デューク大学の創設に資金的に貢献した。

*3 ジョン・アップダイク（John Updike, 1932-2009）——アメリカの作家。ハーヴァード大学卒業後、「ニューヨーカー」の編集者をへて作家となり、『金持になったウサギ』（Rabbit is Rich, 1981）などの著作で全米三大文学賞をはじめとする数々の文学賞を受賞した。

*4 フランク・マコート（Frank McCourt, 1830-2009）——アイルランド系アメリカ人の作家、英語教師。アイルランドなどですごした苦労の多かった子ども時代の回想録『アンジェラの灰』（Angela's Ashes, 1996）でピュリッツアー賞を受賞した。

*5 フィリップ・モリス（Philip Morris）——1900年創業の、ニューヨークに本部を置く世界最大のたばこの製造販売企業メーカー。2011年度の売上高は約8兆円。

*6 ブリティッシュ・アメリカン・タバコ（British American Tobacco）——1902年創業のタバコ製造販売企業。イギリスのロンドンに本社を置く世界第2位のタバコ会社で、2009年度の売上高は約5兆5000億円。

*7 「フッカー」（hookahs）——中近東が起源される水ギセル（water pipe）。hubble-bubble, kalian, narghile ともいわれる。水の入っている容器を通過するあいだにタバコの煙が冷やされる。

*8 「ビディ」（bidi）——インドなどできざみタバコを葉で巻いた地方産の巻きタバコ。beediあるいはbiriとも表現される。

*9 「タバコの規制にかんする世界保健機関枠組条約」（the Framework Convention on Tobacco Control：略称 WHO FCTC）——公衆衛生分野で初の国際条約。タバコの使用およびタバコの煙にさらされることの広がりを継続的かつ実質的に減少させるため、締約国が自国および地域的かつ国際的に実施するタバコの規制のための措置についての枠組み。これを提供することによって、タバコの消費、タバコの煙にさらされることが健康、社会、環境および経済におよぼす有害な破壊的影響から、現在および将来の世代を保護することを目的とした条約。日本での通称は、「たばこ規制枠組条約」。2003年5月21日に世界保健機関（WHO）第56回総会で全会一致で採択され、2005年2月27日に発効した。締約国は、たばこ消費の削減に向けて、広告・販売への規制、密輸対策が求められる。

● 参考文献

Courtwright, David T. 2001. *Forces of Habit: Drugs and the Making of the Modern World*. Cambridge, MA: Harvard University Press.
Kiernan, V. G. 1991. *Tobacco: A History*. London: Hutchinson Radius.
Nath, Uma R. 1986. *Smoking: Third World Alert*. Oxford, UK: Oxford University Press.
Tate, Cassandra. 1999. *Cigarette Wars:· The Trtumph of "The Little White Slaver."* Oxford, UK: Oxford University Press.
Winter, Joseph C., ed. 2000. *Tobacco Use by Native North Americans: Sacred Smoke and Silent Killer*. Norman: University of Oklahoma Press.
和田光弘『タバコが語る世界史』（山川出版社、2004年）*
和田光弘『紫煙と帝国——アメリカ南部タバコ植民地の社会と経済』（名古屋大学出版会、2000年）*

● 参考ウェブサイト

Action on Smoking and Health. 2001. "Tobacco in the Developing World." Available at 〈www.ash.org.uk/html/ factsheets/html/ fact21 .html#_edn18〉
World Bank. 2002. "Economics of Tobacco Control." Available at 〈www1.worldbank.org/tobacco/about.asp〉
World Health Organization. 2002. "Tobacco Free Initiative." Available at 〈www5.who.int/tobacco/〉

（DAVID T. COURTWRIGHT　ANDREW M. COURTWRIGHT／森本真美訳）

キプリング、ラドヤード（Kipling, Rudyard, 1865-1936）

　詩人、エッセイスト、作家として知られるラドヤード・キプリングは、イギリス人の両親のもとに［インドの］ムンバイで生まれた。両親に大切に育てられたが、彼の面倒を見ていたインド人の召使いとも強い絆で結ばれ、第一言語はヒンドゥスターニー語であったほどである。キプリングは1871年に教育のためにイギリスに送られた。あまりそりの合わない里親のもとに寄宿したが、この経験は後年、『めぇー、めぇー、黒い羊さん』（*Baa Baa Black Sheep*, 1888）という作品のベースとなった。この短編のなかで、若い主人公のパンチは世話人の仕打ちがあまりにひどかったため、のちにいかに大きな愛をあたえられたとしても払拭できないほど深い「嫌悪、疑惑、失望」（Hate, Suspicion and Despair）を知ることとなった。しかしながら、キプリングはこの時期を、人と彼らがただよわせる雰囲気を深く観察するなど、のちに彼が文筆家として活躍するための能力をつちかうことができた時代であったとしている。1878年、キプリングは北デヴォンシャーにあるユナイティッド・サーヴィシズ・カレッジ*1に入学した。ここでの経験は、『ストーキーと仲間たち』（*Stalky Co.*, 1899）という作品のモチーフになった。この作品は、3人の生徒が同盟して大人や友人

ジョン・コリアー「ラドヤード・キプリング」(1891)*

ちを出し抜くという物語である。学校を卒業すると同時にインドに戻り、ジャーナリストとして7年間活動した。また、このあいだに物語を執筆し、発表しはじめた。

キプリングの作品の多くは児童文学に分類されるが、複数の読者層を対象としていたと考えるべきであろう。たとえば、『ジャングル・ブック』(*The Jungle Book*, 1894) と『続ジャングル・ブック』(*The Second Jungle Book*, 1895) は、多様な読み方ができる。つまり、単純な冒険物語としても、来るべき成人期の神秘の物語としても、あるいは、個人とそれをとりまく社会の関係について思慮深く探究する物語としても読めるのである。子どもたちがこの物語を読んで楽しむことができるのはもちろんのこと、大人にとっても考えさせられるところの多い作品である。

読者の多くはキプリングを帝国主義的であるとして批判する。たとえば、彼の有名な詩「白人の責務」("The White Man's Burden", 1899) では、イギリス人の読者にほかの国の人びとを文明化する責任を受け入れるよう説いている。しかしながら、ほかの詩、たとえば「二つの顔をもつ男」("The Two-Sided Man", 1913) には、キプリングの違った側面がかいま見える。

わたしは、自分を育ててくれた土壌に多くを負っている——もっと多くを育ててくれた生活に負っている。しかし、もっとも大きな影響をあたえてくれたのは、アラーであった。かれがわたしの心に二つの違った側面をあたえてくれたのだ。

「二面性」の存在はキプリングの作品の多くに共通する特色である。小説、『少年キム』(*Kim*, 1901) は、イギリス政府のスパイであるという秘められた役割とラマ僧の弟子という顔をもつ、二つの立場に引き裂かれるインドに生きる若いアイルランド人の孤児の物語である。イギリス統治下のインドを調和と統制のとれた多様性に満ちた社会として描くことで、『少年キム』は帝国主義を正当化している。だがその一方で、少年キムのラマ僧への深い愛情と畏敬の念は、現地の人びとをおとっているとみなすイギリス人の考え方にキプリング自身が疑問をもっていたことを示している。同様に、『なぜなぜ物語』(*Just So Stories for Little Children*, 1902) には、性差別主義者の典型的な考え(妻の尻に敷かれた夫が最後は妻に勝つ)とともに女性の知性を称賛するもの(小さな女の子が書き方を発明した)もおさめられている。キプリングは当時一般的であった見方を強化したかもしれないが、ときにそれをくつがえすこともあったのである。

キプリングの作品は映画化されているものが多い。『ジャングル・ブック』は1942年にアレグザンダー・コーダ映画社によって映画化され、1967年にはウォルト・ディズニー・プロダクションがアニメ化した。『少年キム』は、1950年にメトロ・ゴールドウイン・メーヤーによって企画され、リリースされた。キプリングの著作は、劇場、ラジオ、テレビなどでも脚色されている。

[訳注]

*1 ユナイティッド・サーヴィシズ・カレッジ (United Services College) ——軍隊の士官の子息のための5年制の寄宿制公立学校。1874年に創設され、1906年にインペリアル・サービス・カレッジ (Imperial Service College) に吸収合併され、1942年にはヘイリーベリー・カレッジと統合されてヘイリーベリー・アンド・インペリアル・サービス・カレッジ (Haileybury and Imperial Service College) の構成部分となった。キプリング記念館 (Kipling Memorial Building) がある。現在は男女共学校。

➡児童文学

●参考文献

Kipling, Rudyard. 1990. *Something of Myself*, ed. Thomas Pinney. New York: Cambridge University Press.

Pinney, Thomas. 1990. *Introduction to Something of Myself, by Rudyard Kipling*, ed. Thomas Pinney. New York: Cambridge University Press.

Plotz, Judith. 1992. "The Empire of Youth: Crossing and Double-Crossing Cultural Barriers in Kipling's Kim." *Children's Literature* 20: 111-131.

(JENNIFER MARCHANT／並河葉子訳)

義務就学（Compulsory School Attendance）

　1852年から1918年までのあいだに、アメリカのすべての州と準州は義務就学法を制定した。子どもに教育を受けさせることは、この時期以前からすべての州法と準州法において強制的な義務であったが、これらの布告は、子どもを学校に出席させることについては何も言及していなかった。しかし、19世紀後半に次々と可決された義務就学法は、子どもを学校に行かせるか否かを親の意向にゆだねることを止めるだけにとどまらなかった。それらの法律は、国家権力をいちじるしく拡大し、国家こそが子どもの教育に対する責任を負うということを定式化したのであった。

　アメリカにおける義務就学法の制定は、理念的な争点であると同時に歴史的な事件でもあるとみなさなくてはならない。理念的な争点として見た場合、これらの法案の制定は、19世紀のアメリカに変化をもたらしていた人口・経済・文化の諸力を反映したものである。義務就学への反対は、ヨーロッパの歴史的な遺産とは異なるアメリカ独自のさまざまな価値の衰退のはじまりとなるだろうという主張に支えられた。義務就学法は地域共同体への政治介入をまねき、伝統的な親権を侵害するだろうというわけである。しかし義務就学法の反対論に対してすぐさまされた反批判もまた、アメリカ独自の価値という、義務就学反対論と同じ理論的な根拠にもとづいていた。義務就学法の制定は、宗派的、階級的分断に対抗して国家を統合するものであり、国家の善き役割を意味するであろうというわけである。この立場からすれば、義務就学は道徳的な目的のためのひとつの手段であった。なぜなら、学校教育の普遍化は特定の集団や地域を超越する有機的統一体としての国民という当時出現しつつあったイメージにもっともふさわしいものであったからである。

　歴史的な事件として見た場合、義務就学が法制化されるタイミングは、理念的な論争がなぜ起きたのかという理由の大部分を説明することに役立つ。西ヨーロッパ諸国の比較研究が実証しているところによれば、国家による義務就学の法制化は、工業化や都市化の度合といった経済的な要因から説明することはできない。いくつかの国では、工業化が起きるはるか以前に義務就学が導入されていたからである。もっとも早い段階で義務就学を導入した国家であるプロイセンにおいても、義務就学の背後にある動機は経済的なものではなかった。義務就学の法制化は、伝統的で形式的な権力様式が衰退しつつある状況で、国民的な連帯感を活性化するための手段であった。プロイセンにおいては、義務就学は国民形成の手段であり、国民としての個人の権利を拡大し、さらにその個人の権利の拡大を、道徳に対する国家権力の介入範囲の拡大と結びつけようとする、より大きな歴史的な運動の前ぶれであった。

　それとは対照的に、イギリスにおいては義務就学の成立は比較的遅れた。義務就学法は1870年の基礎教育法によって法制化されたが、それはイギリスが工業化の先頭に立ったはるかのちの時代になってからのことであった。しかし、1867年のパリ万国博覧会においてその展示が貧弱なものにとどまったことで、国際的な地位が脅威にさらされていることが明らかになると、プロイセンと同じようにイギリスも権威主義的な教育と技術訓練という伝統的な手段を変革しようとするようになった。国民的な連帯感を活性化しようとする機運が危機感をあおり、その結果、普遍的な初等教育に対する国家権力の伸張を正統化したのであった。

　プロイセンとイギリスの事例を比較することは、アメリカ諸州の事例を理解するためにも有益である。法制化のタイミングは州ごとに多様であったが、経済的な要因との結びつきは弱かった。むしろ、そのタイミングは、国民形成という、より広い文脈のなかで理解されなければならない。北部および西部の州と準州のほとんどは、社会制度改革の一環として義務就学を法制化した。義務就学法が可決されたのは、これらの州と準州で国家による公立学校、精神病院、盲ろう者のための病院が設立された直後のことであった。これらの州では、義務就学法はその州の制度的な強さを示すための具体的な証拠であったのである。また新しい準州にとっては、義務就学法は州の地位を獲得しようとする意志を示すひとつの象徴であった。したがってどちらの場合でも、義務就学法が制定されたからといって、それが実際に通学を強制しようとする運動と結びつくことはほとんどなかった。それに対して南部諸州が義務就学法を制定したのは1900年以降であり、しかも制定には消極的であった。プランテーション農業経済にとって、解放奴隷と貧困白人の労働は決定的に重要であったため、彼らの教育熱の高まりに危機感をいだいた農園主階級は、普遍的な公教育の拡大に対して頑強に抵抗した。これらの州にとって義務就学は、北部や西部諸州にとって義務就学が意味するものとはまったく逆のものを象徴していた。ここでは義務就学法は、農園主階級が人種的に分断されたかたちで維持しようとしていた社会統制という伝統的な手段に対する脅威であったのだ。

　アメリカ諸州における義務就学法の制定は、その時期には通学率がすでに高い水準に達していたため、実際に通学を強制しようとする運動と結びついたわけではなかった。したがって、就学の拡大を義務就学法が制定された結果であると解釈するのは誤っている。さらに、義務就学法が制定された理由を、工業化にともなう経済的な要請に求めようとする立場もまた誤ったものである。もしこのような立場の探求が行なわれるとすれば、さまざまな義務就学法は、工業化という当初の目的を果たすことができなかった失敗策として解釈されることになるだろう。しかし、就学の普遍化を

共通の目的として法的に措定したことによって、義務就学法は子ども期と青年期という社会的および法的カテゴリーをかたちづくることに寄与した。そしてこの子ども期と青年期というふたつのカテゴリーは、しだいにアメリカ文化にとって、とりわけアメリカの教育体系にとって欠くことのできない構成要素となったのである。

➡教育（アメリカ）、教育（ヨーロッパ）、コモンスクール、ヨーロッパの工業化

●参考文献

Anderson, James D. 1988. *The Education of Blacks in the South, 1860-1935*. Chapel Hill: University of North Carolina Press.

Fuller, Bruce, and Richard Rubinson, eds. 1992. *The Political Construction of Education, The State, School Expansion, and Economic Change*. New York: Praeger.

Melton, James Van Horn. 1988. *Absolutism and the Eighteenth-Century Origins of Compulsory Schooling in Prussia and Austria*. Cambridge, UK: Cambridge University Press.

Ramirez, Francisco O., and John Boli. 1987. "The Political Construction of Mass Schooling: European Origins and Worldwide Institutionalization." *Sociology of Education* 60: 2-17.

Richardson, John G. 1994. "Common, Delinquent, and Special: On the Formalization of Common Schooling in the American States." *American Educational Research Journal* 31: 695-723.

（JOHN G. RICHARDSON／岩下誠訳）

ギムナジウムの教育
(Gymnasium Schooling)

古代世界においてギムナシオンという語は、若い男性が身体運動を行ない、教師や哲学者によって訓練を受ける場を意味した。なかでもアテネのアカデミーはプラトンと、また、リュケイオン[*1]はアリストテレスと、それぞれ結びついていた。ルネサンス以降、この用語は古典古代の知的遺産についてわかりやすく言及する教育機関をさすために、ふたたび用いられるようになった。ゲルマン諸国、オランダ、スカンディナヴィア諸国、東ヨーロッパでいわれるギムナジウムは、大学への準備を行なう高等学校の名称である。しかしながら、ヨーロッパのほかの地域やアメリカでは、ギムナジウムという語とそれに相当する言葉は、ギリシア時代のギムナシオンにふくまれていたもうひとつの要素を意味している。すなわち、身体運動を行なうための場所である。

古典時代のギムナジウムの歴史は、二つの時期に区分される。6世紀以降になると、この語は人文主義者によって発展をみたラテン語学校モデルを単純に意味するものとなった。このモデルは、たとえばイギリスではグラマースクール、フランスではコレージュ、スペインではコレヒオ、神聖ローマ帝国ではラテン・シューレあるいはギムナジウムなどと、さまざまな名称でよばれた。フランスでのよび名は大学のコレージュを思い起こさせるが、実際にもラテン語学校は高等教育の最初の段階であると考えられていた。多くの国々において、ラテン語学校の上級クラス、すなわち文法学・詩学・修辞学という、のちの時代のいわゆる人文学のコースは、それ自体が大学システムの一部であった。1538年にはヨハン・シュトゥルム（Johann Sturm, 1507-1589）によって、まさに最初のプロテスタントのギムナジウム（Protestant gymnasium）がシュトラスブルクに創設されたが、そこではラテン語学校が大学レベルの講座からなる上部構造へと組みこまれていた。芸術・哲学・神学、また場合によっては法学と医学をふくむこれらの講座は、地元や近郊の生徒に大学レベルの機能を提供し、彼らがやがて正規の大学で取得することになるであろう学位のための準備を行なった。近代初期のドイツでは、ギムナジウムという語が最終的にはラテン語学校のもっとも洗練された形態をさす言葉として用いられるようになった。そこではあらゆる領域の科目がそろえられ、学識をもつ市民の子弟を対象に、大学つまりは教養のある専門職のための準備が行なわれていた。

新人文主義的理想

18世紀後半に、人文主義的なイデオロギーは根本的な変化をこうむった。古典教育の焦点は、文献学的手法や博識という秩序社会と表裏一体の関係にある概念から、自己陶冶（self-cultivation）という、もっとダイナミックな構想へと移行した。この構想は、社会的および政治的な変化が求められる社会で、世俗的な職業倫理と結びついた。その結果、古くからの、また実際のところ閉鎖的であった「学者身分」（"learned estate", *Gelehrtenstand*）は、機能的専門知識、自己陶冶というリベラルな精神、そして能力主義のイデオロギーなどによって特徴づけられる教養市民層（*Bildungsbürgertum*）へと、しだいにとって代わられた。フランス革命の時代以降、ドイツのギムナジウムは新たな新人文主義的視野をもった教養市民層によって再興された。古典語と古典文学は新たな人文主義の理想と美的純粋さの源泉であるとみなされ、それ以降、教養（*Bildung*）や職業（*Beruf*）および職務（*Amt*）にとって欠かすことのできない一種の通過儀礼となった。古典教育の内部で生じたこの変化は、やがて法制化されていった。実際、1812年にヴィルヘルム・フォン・フンボルト（Wilhelm von Humboldt, 1767-1835）とヨハン・ヴィルヘルム・ジュフェルン（Johann Wilhelm Süvern, 1775-1829）によって構想されたプロイセンにおける統一学校体系はギムナジウムを頂点としたものであった。身体的な側面が無視さ

れていたわけではなかったが、そこでめざされたのはフンボルトのいう「精神の調和ある陶冶」であった。この新たなギムナジウムには、現代語や数学、自然科学などをふくむまったく新しいカリキュラムがそなわっていた。10歳から18歳までの学生を対象とした9年間のコースは、アビトゥーア（Abitur）とよばれる試験をもって終了した。これは一種の大学入学資格試験で、ドイツの大学への入学許可を得るための必須条件であった。

　18世紀以降、ラテン語は学問の言語としての地位を失うことになったが、他方で新たな機能を担う可能性も生まれた。これ以降もギムナジウムは、古典古代の内在的な価値を強調することができた。そしてラテン語は19世紀の教養市民層にとって知的、美的、そして精神的教育のための特権的なツールとなったのである。しかしながら、こうした広範な目的をもっていたにもかかわらず、ラテン語はごく少数のエリートのためのものでしかなかった——その数は第2次世界大戦にいたるまで、ドイツ人口のわずか3パーセントしか占めなかった（他方で大学への入学を許可されていた人びとは、人口の1パーセントにも満たなかった）。ある研究によれば、戦前のギムナジウムで行なわれていた高度に選別的な実践によって知的エリートの継続的な自己再生産が可能となり、そこに占める中産階級出身の生徒の割合もごくわずかながら認められた。また19世紀後半には、女性の姿もしだいにみられるようになった。

　19世紀には、フンボルトの理念にもとづくプロイセン型のギムナジウムが、ドイツ帝国やオーストリア・ハンガリー帝国、スイス、オランダ、スカンディナヴィア諸国、バルト諸国、ロシアといった近隣地域での中等教育改革に対して多大な影響をおよぼした。そのイデオロギーは同時代のフランスの文学パラダイムと類似しており、フランスでは**リセ**が、なおまだ知識人階級の自己再生産に対して重要な影響をあたえつつ、ギムナジウムと同様の役割を担っていた。とはいえ、戦前期フランスの閉鎖的なブルジョアジーのなかで行なわれたリセを通じての社会的再生産は、ドイツでのギムナジウムを通じてのそれよりもいっそう強力であったように思われる。

制度的変化

　古典語は、21世紀初頭にいたっても、新人文主義的なドイツのギムナジウムにとっての主要科目でありつづけている。ギムナジウムもまた、大学への準備を行なう場としての機能や、高等学校としての社会的特権をもちつづけている。とはいえ教育機関そのものは、数世紀におよぶ一連の変容をへることになった。これは、教会や国家が次々にあたえる圧力や、古典科目を削った、より功利主義的なカリキュラムを求める方向へと変わりつつある社会集団からの要求によるものである。カリキュラムは徐々に単一の学科から、「改革された上級段階」を通じて幅広い履修コースをもたせる方向へと移行した。さらに、ギムナジウムはみずからの課題や特権を、ほかの競合する学校と共有しなくてはならなくなった。たとえば、もっと負担の少ないカリキュラムのもとで6年間だけ教育を行なう前期ギムナジウム（Progymnasium）というコースも存在する。1871年のドイツ統一以降、現代語にくわえてラテン語を教えるが、ギリシア語の教育は行なわない実科ギムナジウムの生徒や、古典の授業はまったく行なわず、現代語と自然諸科学にかんするカリキュラムだけをそなえた上級実科学校の生徒にも、大学入学が認められるようになった。第三帝国期になると、ギムナジウムのエリート主義的なイデオロギーは、いとも簡単にナチのプロパガンダに吸収されてしまった。そして教養（Bildung）という概念は、ナチ国家の美的、道徳的、知的価値やアーリア人の創造という理念にとりこまれてしまった。ドイツのギムナジウムは、第2次世界大戦以降、1972年の連邦法によって終焉を迎えることになる多様化と実験の時期へと突入していった。

［訳注］

＊1　リュケイオン（Lyceum, Lykeion）——もともとギムナシオン（体操場）があったアテネ東部の郊外に、前335年にアリストテレスが開いた学園。アリストテレスは、リュケイオンの散歩道を歩きながら弟子たちと哲学や学問の論議をかわしたとされ、このことから、ここで学ぶアリストテレス学派の人びとを「逍遙学派」（ペリパトス）とよんだ。

➡教育（ヨーロッパ）

● 参考文献

Kraul, Margret. 1984. *Das deutsche Gymnasium, 1780-1980*. Frankfurt: Suhrkamp. クラウル『ドイツ・ギムナジウム200年史——エリート養成の社会史』（望田幸男・川越修・隈本泰弘・竹中亨・田村栄子・堤正史訳、ミネルヴァ書房、1986年）

Müller, Detlef K., Fritz Ringer, and Brian Simon, eds. 1988. *The Rise of the Modern Educational System: Structural Change and Social Reproduction 1870-1920*. Cambridge, UK: Cambridge University Press. ミュラー／リンガー／サイモン『現代教育システムの形成——構造変動と社会的再生産・1870-1920』（望田幸男監訳、晃洋書房、1989年）

Ringer, Fritz K. 1979. *Education and Society in Modern Europe*. Bloomington: Indiana University Press.

（WILLEM FRIJHOFF／渡邊福太郎訳）

キャロル、ルイス
（Carroll, Lewis, 1832-1898）

　イギリスの作家、数学者、オックスフォード大学の特別研究員、写真家でもあるチャールズ・ラトウィ

ジ・ドジスン（Charles Lutwidge Dodgson）は、なんといってもルイス・キャロルというペンネームでもっともよく知られている。イギリス国教会の牧師であったチャールズ・ドジスンと、フランシス・ラトウィジのあいだに長男として生まれ、子ども時代をまずチェシャーで、のちにヨークシャーですごす。家を離れてリッチモンド校とラグビー校で教育を受け、1851年にオックスフォード大学のクライスト・チャーチ[*1]に入学した。そして、ドジスンは亡くなるまでの47年間をそこで暮らすことになる。ドジスンは数学に長けており、終身特別研究員（ほかの大学でいうところのフェローシップ）でありつづけた。その必要条件は独身でいることと、イギリス国教会の聖職につくことであった。ドジスンはそれらを満たしていたが、執事職より高い地位につくことはなかった。1855年から1881年までクライスト・チャーチで数学講師をつとめ、C・L・ドジスンとして数学書をいくつか著してもいる。ドジスンは卓越した写真家でもあった。1865年に『不思議の国のアリス』（Alice's Adventures in Wonderland）、6年後に続編『鏡の国のアリス』（Through the Looking-Glass, and What Alice Found There）を発表すると、ルイス・キャロルとしての名声を得る。2冊のアリス本を発表した後、ドジスンはルイス・キャロルとして子ども向けの本をさらに数冊著した。その際に執筆されたのが『スナーク狩り』（The Hunting of the Snark: An Agony in Eight Fits, 1876）、『シルヴィーとブルーノ』（Sylvie and Bruno, 1889）や、『シルヴィーとブルーノ完結編』（Sylvie and Bruno Concluded, 1893）である。

ドジスンは、子どもとしかつきあいたがらない内気な特別研究員であったといわれることが多いが、現存している日記や書簡からは、子どもだけでなく大人ともかたい友情を築いていたことがわかる。大人になってからの生活は規則的で、学期中はクライスト・チャーチで暮らし、大学や数学にかかわる仕事に励み、休暇になると実家を訪れ、夏のあいだは海辺ですごした。また、ドジスンは年に何度かはロンドンに出かけ、熱心に劇場や美術展に足を運んだり、友人とおしゃべりをしたりするなど多忙な社交時間をすごした。友人や知りあいをたずねてイギリスのさまざまな場所も訪れた。1856年には、当時の新技術であった写真をはじめる。1880年にやめるまで24年間撮りつづけ、それが社交生活の中心ともなっていた。おもに人物を被写体とし、カメラの前に座らせることのできる知り合いがいれば、大人であれ、子どもであれ、写真におさめた。

ヴィクトリア時代には、ジョン・ラスキンやジョージ・マクドナルドのように、**少女期に創造的なインスピレーションをかきたてられたり、心を慰められたりした男性がいたが、ドジスンもそのひとりであった**。何人かの研究者は、ドジスンが少女たちに心惹かれた

ルイス・キャロル［チャールズ・ラトウィジ・ドジスン］（1832-1898）[*]

のは、男性的な環境である学校に送られた後、子ども期をすごした家庭にノスタルジアを感じたからではないかと指摘している。また研究者たちは、20〜21世紀にかけて子ども期とセクシュアリティにかんする考えかたが変化するのにつれて、ドジスンが実際に少女たちに性的な興味をいだいていたかどうかを議論するようになった。そうした事実があったかもしれないという憶測がなされる理由のひとつは、ドジスンが後年に子どものヌード写真を撮ったからである。しかし、歳を取るとともに、ドジスンがしばしば幼い友人たちを「ちいさなお友だち」とよんだように、彼のまわりには10代や20代の若い女性がつきそうことがますます多くなった。

アリス作品

アリス作品は、**児童文学の歴史で重要な意味をもっている**。なぜなら、アリス作品のおかげで子どもの本は当時流行していた教訓的で道徳的な性質から解放されたからである。アリス作品には、ウィット、ユーモア、ノンセンスの詩、日常にみられる非合理的な習慣のパロディーが満載されている。アリス作品は出版されるとたちまち人気を博し、子どもも大人も喜ばせた。それ以来、絶版になることはなく、多数の言語に翻訳されてきている。また、1886年にロンドンで初演されて以来、何度も演劇として演じられたり、映画化されたりもしてきている。

ドジスンは、ロリーナ、アリス、イーディスと親しくつきあうなかでアリスの人物像をつくった。この3人は、クライスト・チャーチの学寮長であったヘンリー・ジョージ・リデル（Henry George Liddell, 1855-1891）の年長の娘たちであった。ドジスンがはじめてアリスの冒険について語ったのは、リデル家とボートで出かけたときのことであった。外出から戻ると、ドジスンは『地下の国のアリス』[*2]を著し、イラストをそえ、それをアリス・リデル（Alice Pleasance Liddell, 1852-1934）にクリスマス・プレゼントとして贈った。『不思議の国のアリス』は、7歳のアリスがみる夢についての物語である。夢のなかの世界には三月ウサギや、帽子屋や、ハートの女王や、白ウサギなどのとっぴなキャラクターが住んでいる。作中のアリスは、それまでの子ども主人公とはまったく違っていた。ドジスンは、アリスをモダンな子どもに仕立てたのであった。アリスは、「ぜんぜんびっくりだわ！」（curiouser and curiouser）と言ったり、冒険の最中に陽気になったり、不機嫌になったりと、さまざまな感情に翻弄されながら、自分の行きついたノンセンスの世界を理解しようとする。

ドジスンの子どもの描きかたは、子ども期の歴史にも足跡を残している。ドジスンの子ども向けの本も、写真も、彼が楽しませていた子どもたち――リデル家のように――と自身との心のつながりに根ざしているのだが、そこには、子ども期が楽しく、かたくるしくなく、親しみをあたえるものとして表現されている。そしてなにより、子ども期は大人の経験とは違うものとして提示されている。ドジスンが示した手本は、20世紀をとおして、また、21世紀になっても色あせていない。

［訳注］

*1 クライスト・チャーチ（Christ Church）――オックスフォード大学屈指の名門カレッジで、16世紀前半に創設され、ジョン・ロックをはじめ、さまざまな分野に多数の人材を輩出している。南北に走るセント・オルデイツ通り（St. Aldate's Street）に面して東側にクリストファー・レンが設計した「トム・タワー」を擁し、壮麗な大聖堂を中心にキャンパスが広がる。映画『ハリー・ポッター』シリーズのロケ地にもなった。この通りをはさんだ西側に小さな「アリス・ショップ」があり、さまざまな「アリス・グッズ」が販売されている。

*2 『地下の国のアリス』（Alice's Adventures Underground）――『不思議の国のアリス』のもととなった手稿本。ドジスンは、『地下の国のアリス』から個人的な思い出やジョークなどを除き、新たにエピソードを書きくわえて、『不思議の国のアリス』を出版した。その本の挿絵はジョン・テニエル（John Tenniel, 1820-1914）が担当した。

➡子どもの写真
●参考文献

Cohen, Morton N., ed., with the assistance of Roger Lancelyn Green. 1979. *The Letters of Lewis Carroll*, 2 vols. New York: Oxford University Press.
Cohen, Morton N. 1995. *Lewis Carroll: A Biography*. New York: A. A. Knopf. モートン・N・コーエン『ルイス・キャロル伝』（高橋康也監訳・佐藤容子・安達まみ・三村明訳、河出書房新社、1999年）
Kincaid, James R. 1992. *Child-Loving: The Erotic Child and Victorian Culture*. New York: Routledge.
Knoepflmacher, U. C. 1998. *Ventures into Childland: Victorians, Fairy Tales, and Femininity*. Chicago: University of Chicago Press.
Leach, Karoline. 1999. *In the Shadow of the Dreamchild: A New Understanding of Lewis Carroll*. London: Peter Owen.
Mavor, Carol. 1995. *Pleasures Taken: Performances of Sexuality and Loss in Victorian Photographs*. Durham, NC: Duke University Press.
Robson, Catherine. 2000. *Men in Wonderland: The Lost Girlhood of the Victorian Gentleman*. Princeton, NJ: Princeton University Press.
Smith, Lindsay. 1999. *The Politics of Focus: Women, Children, and Nineteenth-Century Photography*. Manchester, UK: Manchester University Press.
Taylor, Roger, and Edward Wakeling. 2002. *Lewis Carroll: Photographer*. Princeton, NJ: Princeton University Press.
Waggoner, Diane. 2002. "Photographing Childhood: Lewis Carroll and Alice." In *Picturing Children*, ed. Marilyn R. Brown. Aldershot, UK, and Burlington, VT: Ashgate.
Wakeling, Edward. 1993-2000. *Lewis Carroll's Diaries, the Private Journals of Charles Lutwidge Dodgson*, 6 vols. Luton, UK: Lewis Carroll Society.

（DIANE WAGGONER／金子真奈美訳）

休暇（Vacations）

休暇（バカンス）とは、仕事あるいは学校や家族の世話といった拘束から自由な期間や、家から離れ、余暇（レジャー）を楽しむ期間と理解されているが、それは20世紀になるまで、大多数の子どもにとってはめったにないことであった。しかし、20世紀後半になると、豊かな社会の休暇は、徐々に子どもに関係するようになった。

農業社会や工業化以前の都市社会では、季節ごとに、あるいは商売上の理由による失業期間があったり、仕事のために家から離れて移住することがあったりするのとは対照的に、過去も現在も休暇はほとんどなかった。日々の農作業や決まった仕事に子どもが必要であったという理由だけでなく、若者には仕事から自由になる長い期間を必要としているとか、それがふさわしいという考えが、こういった社会にはなかったからである。家事にかかる労働時間の変化と豊かさの増大、そして子どものニーズと、**遊びと体験に対する権利**へ

子どもたちはスカーバラ海岸でぬれた砂を探索する（1913年頃のイギリス）。20世紀までに、海辺——かつては貴族の大人たちが、見たり見られたりするために出かけていた場所であった——は、中産階級と労働階級の家族に人気の高い、休暇で出かける場所になった。©Hulton-Detsch Collection/CORBIS

の新しい態度の副産物として、子ども期の休暇が生まれたのである。

学校の休暇

19世紀における子どもの学校教育の拡大と、それにともなう年次休暇の発生は、休息や勉強目的とは違う旅行といった現代的な子ども期の休暇を生み出したわけではなかった。これらの「休暇」期間とは、より正確にいえば、児童労働や悪天候、予算上の制約によって、学校が開校をさまたげられた期間であった。19世紀には学校の中断はきわめて多様なかたちで起きた。たとえばアメリカの場合、都市部での学校閉鎖期間は1か月であったのに対して、農山村部では合計で9カ月もの休暇をとることがあった。これは子どもに休息をあたえるためでなく、むしろ、冬期の路面悪化や、子どもが春の植えつけと秋の収穫に必要とされたためであった。休暇期間は地域経済に左右され、小麦栽培は児童労働をほとんど必要としなかったのに対し、トウモロコシ、タバコ、サトウダイコン、綿は、季節ごとに子どもたちの重労働を必要とした。学校は、とくに市街地では、たいてい夏でも冬でも開校されており、1840年代のニューヨーク市では、開校日数は年間242日にも上った。1840年代のホーレス・マン[*1]による移動式公立小学校にはじまり、改革者たちはしだいに農村地域における開校期間の増加を勝ちとった。アメリカの授業日数は、平均すると、1870年の132日から、1920年には162日まで増加した。同時に、都市部では暑い日には出席率が低く、学習効率も悪いという理由と、とくに中産階級の親の圧力によって家族の休暇に子どもを参加させるようにするため、夏場の授業はなくなった。20世紀のアメリカの法律は、田舎と都市の差異を減らすために、10週から3カ月の夏期休暇による1年あたり180日間の開校期間という「標準」を徐々に設けていった。マンとそれに続く改革者たちは、より長くなった開校期間の埋めあわせをするために、子どものアウトドア体験と、学校の日常からの休息をさせるための定期的な休暇期間を提唱した。

19世紀には、これと同様に、ヨーロッパやほかの地域でも、仕事と予算に応じて子どもの夏季休暇の長さが異なっていた。全般的に見て、これらの地域での休暇期間は2000年代までアメリカよりも短かったが、春期と冬期の学期間の休暇は、概してアメリカより長かった。2000年代においては、日本は243日の授業日数と8月の短い休暇によって極端な事例の範囲にとどまっていたが、ヨーロッパの授業日数は、アメリカの標準である180日から216日のあいだに位置していた。

1920年代以降のアメリカでは、学校改革者が年度末を7月末まで延ばし、年度初めを労働者の日（9月の第1月曜）以前にしようと試みた。しかし親たちは、休暇の短縮が、家族の休暇、サマー・キャンプやスポーツといったほかの価値ある活動をさまたげると主張してこれに抵抗した。

子ども不在の休暇

子どもと休暇を結びつけて考える現在の傾向は、比較的最近のものである。現代の休暇の起源は、17世紀後半の、イギリスのタンブリッジ・ウェルズ*2やバース*3といった湯治場や鉱泉地における上流階級の社会的利益、もしくは健康的利益の追求に見いだすことができる。そこでは、富裕層の老人や病人が、効能のある水を飲んだり浴びたりしていた。イギリスのブライトン*4やトーキー*5、スカーバラ*6といった、19世紀前半に一般的になった海辺の保養地でさえ、波がよせる砂浜で子どもが遊ぶための場所ではなく、健康によい空気を吸いつつ静かに散歩したり、海水を飲んだりする場所であった。そこでの会館では、社交界の人が「見たり見られたりする」ためのフォーマルな舞踏会が主催されていた。ニューポート*7やサラトガ・スプリングズ*8、ホワイト・サルファー・スプリングズ*9といった、植民地であった時期と19世紀前半のアメリカの行楽地では、静かな休息、社交的な状況、結婚市場への接近、そして、いくつかの場合、競馬場とトランプテーブルで賭け事をする機会が提供された。目立って不在であったのは子どもの活動であった。貴族の子どもたちではなく若者たちは、早くも1670年頃から、教養を獲得するためにイギリスからヨーロッパの遺跡や都市へ「グランド・ツアー」*10を行ない、18世紀と19世紀には、北欧の若者が冒険と教養を求めてイタリアへの徒歩旅行をしていた。

このパターンは、中産階級が休暇を楽しみ、家から離れて旅行するパターンへと徐々に変化していった。19世紀初頭から、中産階級の感性は上流階級の成熟した社交界や社交シーズンに対する反発へと転じ、家族での余暇の時間を開拓していった。これは、家族指向的な郊外の誕生、家族の小旅行というかたちで表現された。1840年代に、イギリスのトマス・クック*11をはじめとする旅行主催者たちによって組織されたツアーは、子ども用の割引料金を提示して家族集団にアピールした。この文化では、父親が参加することはまれであった。そのかわり、子どものいる既婚女性は、鉱泉地で子ども時代の友だちと会い、別荘を共有するために夏休みをやり繰りした。19世紀の終わりまでには、イギリス人がインドからもちこんだバンガロー*12が、成長期の子どもをもつ家族用の夏の別荘としてイギリス南部の海岸に点在しはじめた。バンガローとは、カーブして両側までまわりこむベランダをそなえた、通常、中二階建ての、あまり形式ばらない小

ウィリアム・ホルマン・ハント「子どもたちの休日」（1864年）。家族の遠足は、イギリスの中産階級のあいだで19世紀なかばに人気が高まった。通常、その週のあいだ、仕事をしなくてはならなかった父親は、日曜日と休日に遠出して家族と合流することになっていた。

さな家である。1870年代に、リゾート都市の役所は海岸でのジプシーによる物売りを規制し、家族向けの安い鉄道乗車券を奨励し、イギリスのブラックプール*13にあるプレジャー・ガーデン*14や、アメリカのアトランティック・シティ（ニュージャージー）*15にあるボード・ウォークのような家族向けの娯楽施設を建築することで、中産階級家族の行楽客をよびこもうとした。こうした変化が賃金労働をする子どもにおよぶには時間がかかった。大半の労働階級では、子どもが生まれると休暇をとるのをやめた。第2次世界大戦によって、中産階級以下では、子どものための休暇の大部分は、ごくまれに出かける遊園地や湖、海岸への行楽だけに制限された。

庶民的家族の休日の拡大

子どもの休暇は、親の有給休暇に左右された。有給休暇は、アメリカ合衆国とヨーロッパではまず役員にあたえられ、19世紀にその他のホワイトカラー社員と職長に徐々に広がった。機械整備のために毎年行な

われる設備閉鎖や、もしくは業績不振のために、工場労働者の多くは数週から数か月のあいだ失業することになったが、彼ら自身やその子どもたちが休暇をとる余裕はほとんどなかった。この問題を改善するため、19世紀後半には、イギリス北部とヨーロッパのいくつかの地域で、休暇貯蓄クラブが生まれた。アメリカでは、つい1930年まで、有給休暇を享受していたのは賃金労働者全体で10パーセントでしかなかったのに対し、ホワイトカラーとその子どもたちでは85パーセントに達していた。有給休暇計画は、組合員数の爆発的拡大（1949年までに労働契約の93パーセントに達した）の一部として1930年代と1940年代に出現した。その結果、多くの組合員がすくなくとも子どもたちを海岸へつれていけるようになった。有給休暇が法的な権利であるかわりに、雇用契約に結びつけられているアメリカでは、1960年代以降組合が衰退したため、休暇期間はほとんど拡張しなかった。

ヨーロッパでは、賃金労働者のための有給休暇は、1920年代に中央ヨーロッパに最初にあらわれ、1930年代にフランスとイギリスにも広がった。保守主義者でさえ、休暇中に、学校と仕事によって離れ離れになっていたことを埋めあわせるために子どもと親を結びつけ、労働者に忠誠心を染みこませる手段として、また、家族の絆を強める方法としてそれを公認した。たとえばフランスでは、2週間の有給休暇の法的権利は1936年に勝ちとられ、1956年に3週間、1962年に4週間、そして2000年代までに6週間にまで拡張した。祝日による休暇は非常に多様だが、有給休暇はヨーロッパではいまでもアメリカより相当に長い。

休暇期間への子どもの参加が増えるのにともなって、その時間を生産的なレクリエーションに変えようとする改革者たちの努力も増えた。早くも1870年代には、フレッシュ・エア基金*16によって、小都市の教会会員は、ニューヨークのスラム街に住む子どもたちに自分たちの家を開放した。19世紀末には、アメリカの大都市に生まれた慈善活動を行なう諸団体は、貧しい子どものために遠足と海岸行楽地ですごす数週間を支援した。これは、健康的で新鮮な空気と運動を提供し、権威への忠誠をくりかえし教えこむためであった。夏の青少年キャンプは、1929年までに約7000個所のキャンプ場という保護された道徳環境で、100万人の子どもたちが毎年1回自然にふれる、非常にアメリカ的な慣習となった。1880年代以降、フランスの産業界が、階級間の緊張を緩和するために、若い労働者や従業員の子どもを対象にした青年サマーキャンプとレクリエーションプログラムを作成したのに対して、イギリスの改革者たちは、貧しい子どもたちとその家族のためにサマーキャンプを組織した。

アメリカの遊び場協会（the Playground Association, 1907）のような組織は、夏季休暇期間に子どもたちの遊びと工作に適した近隣運動場をつくり、監督する人員の配置をうながした。青少年のハイキングとキャンプ活動は、イギリス・ユースホステル協会*17のような団体によって1930年代の若者と子どもたちのあいだに広がった。同時期に、休暇団体（Holiday Fellowship）と、イギリスにあったほかの労働者向けもしくは地方の休暇用キャンプ場は、家族がお金をかけずにすごせる休暇を促進した。フランスの幅広い層にわたる組織は、海や山の行楽地を設立することと、家族の観光旅行に補助金を交付することによって、1930年代に同様のことをした。ファシスト国家と旧ソ連邦も、同様に夏季休暇旅行と青年サマーキャンプを組織したが、それは政治的忠実さを育成するためであった。

子どもの周囲に設計された休暇

大人たちが、休暇において子どもの価値観と誠実さを形成しようとしていたのと並行して、もっと深い変化が起きていた。仕事と学校の日課から自由になる時間をもつという子どもの権利と、遊びをとおして自分の子どもたちと対話する親の権利が、休暇の意義の中心になっていった。とくに、若さを自然の喜びの発見と同一視したり、子ども期を苦労を知らない時期のノスタルジーの記憶に結びつけようとする、子どもについてのロマン主義的な考えは、1870年代までに、文学と、印刷された大衆画、そしてトレーディング・カードのなかに定着していた。このような感情の初期の発露は、ロバ乗りや、「パンチ＆ジュディー・ショー」*18、そして砂のお城のような海辺のおきまりの遊び方で表現された。回転木馬のような機械を使った娯楽乗馬は、19世紀の終わりまでには大人から子どもに受け継がれはじめていた。1906年の夏にニュージャージーの海辺のリゾートではじまったテディ・ベア・ブーム、そして1920年代に遊園地に乗り物遊具が設置されたことは、休暇の場所と体験を「幼児化する」傾向を示している。主として、社会活動に参加する大人が、新しい経験を獲得し、たいていは子どもたちから遠ざかって保養する機会であった休暇は、しだいに子どもへの「贈り物」や、大人が自分の子や孫の遊びを通じて子ども期を追体験する機会になっていった。

しかしながら、より古い考え方は存続していた。1888年には、アメリカの有名な児童心理学者G・スタンリー・ホール*19は、自分の幼い息子に、夏の工作遊びのための大量の砂を独りで提供した父親を賞賛した。1900年代の大衆雑誌は、子どもを海辺や田舎での休暇につれていった中産階級の親が、子どもたちに「娯楽」を見つけていると主張した。ほかの親たちは、長期にわたって不在になるときは子どもたちをサマーキャンプに送り出した。

1930年代までに、アメリカの新しい育児雑誌は、家族ですごす休暇は子どもの教育に焦点をあてるべき

であると主張した。第2次世界大戦後になると、この焦点は大人の楽しみから海や農場の動物をはじめて見る子どもの啓蒙へと移った。1950年代には、国定公園や文化遺産への安価で、気軽な旅行のためのステーションワゴンが普及し、使用されるようになった。ファミリー・カーはより広くなり、グランドキャニオンやオールド・フェイスフル[20]への長距離ドライブで、家族に連帯感をあたえた。以前は、深く熟考し、戦争の記憶をとどめるための場所であったゲティスバーグ[21]の南北戦争の戦跡は、家族連れの欠かせない目的地になった。自動車から、両親と子どもは過去の栄光を説明する看板を読み、次いで録音されたガイドツアーを聞いた。そのあと一家はモーテルの駐車場までドライブし、プールで子どもたちを泳がせ、子ども向けの遊園地へ遊びに行く。とはいえ、すべての休暇が、子ども向けの休暇のこうしたロマン主義的な要請をふくんでいるとはかぎらなかった。テレビで西部劇を見る以外何もしたがらない息子と、デートの相手ができない10代の娘をつれて、おんぼろな夏のコテージに執着する、挫折した家庭的な男をジェームズ・ステュアートが演じた1962年の映画「H氏のヴァケーション」[22]は、子どもの休暇で驚かせて楽しませようとして失敗する多くの試みを概説した。休暇は、家族のため、絆の形成のため、そして子どもたちの願望の再生と祝福のためにいまもなお、ますます重要性を担っている。

今日、子どもに焦点をあてた祝祭のための古典的な場所は遊園地であるが、これが子どもに焦点をあてたというのは、初期のこうした遊技場にはあてはまらない。最初の遊園地は、じつは、制約をゆるめ、非日常的な自由を楽しむことを大人に認めた従来のお祭りを、現代的にしたものであった。1897年から1904年までのあいだにコニーアイランド[23]で開かれていた革新的な遊園地は、周囲にあるダンス・音楽ホールや競馬場、酒場よりもまちがいなく子どもっぽかった。しかし、そこでの乗り物マシーン、フリークショー[24]、そして見世物の料金は、飲酒や、性的娯楽、もしくはギャンブルといった、男性用の娯楽スペースと競うように設定され、子どもたちよりも「品のよい」女性に向けられていた。また、子どもっぽい娯楽は、子どもを喜ばせようとしているというより、たいていの場合、大人を退行させていた。1920年代になってもなお、ロングアイランド[25]のプレイランド[26]のような進歩的な遊園地さえ、ジェットコースターとバンパー・カー[27]に乗るあいだ、親が子どもたちをおいておくことができる遊び場をまだ提供していた。

1955年に開園されたウォルト・ディズニーによるディズニーランドは、子どもに焦点をあてた行楽地の典型となった。1900年のアメリカの小さな町を思い起こさせる、「メインストリートUSA」[28]のような建築的特徴によって、大人たちは、自分の子ども期(あるいは、すくなくとも理想的な子ども期という幻想)の記憶を子どもと共有するために訪れるのであった。ディズニーの建物、とくに「本物の建物」の8分の5サイズで建てられた建物は、ディズニーランドを子どもたちに親しみのあるものにし、また乗り物は、大人たちがディズニーの幻想に子どもたちとともに参加するためのなじみのきっかけを提供していた。ディズニーランドのすべては、子どもが一緒でもそうでなくても、子どもらしい驚きへの招待であるということができる。ディズニーの偉業は、アメリカ人と世界中の多くの家族が子ども期の喜びと同一視した、映画のイメージの半世紀をひとまとめにし、組みあわせ、強めたことにあった。彼とその会社は、従来の遊園地や国定公園、博物館が満たさなかった文化的欲求を満たした。ディズニーは、子ども期の重要な一部としてのディズニーランドへ休暇巡礼を行ない、そしてそのあとも親となって自分自身の子ども期を追体験するという、(パリ・ディズニーランドでのヨーロッパ人および、東京ディズニーランドでの太平洋沿岸のアジア人と同様に)多くのアメリカの家族の欲求にこたえるという点で、非常に効果的であった。

[訳注]

 * 1 ホーレス・マン(Horace Mann, 1796-1859)――アメリカの教育改革者であり、奴隷制度廃止論者。「アメリカ公教育の父」とよばれ、その改革案は多くの点で現代公教育の基盤をなしている。
 * 2 タンブリッジ・ウェルズ(Tumbridge Wells)――イギリス南東端部の都市。17世紀初め、鉱泉のある保養地として発展する。
 * 3 バース(Bath)――イギリス南西部の都市。ローマ帝国時代の遺跡があり、温泉地として有名。「風呂」(bath)の由来地。
 * 4 ブライトン(Brighton)――イギリス南東部に位置するイギリス海峡に面する海浜保養都市。海水の医療効果を説いたR.ラッセルが1754年に訪れてから海水浴場として知られるようになり、発展する。
 * 5 トーキー(Torquay)――イギリス南西部、独立自治体の町。
 * 6 スカーバラ(Scarborough)――イギリス北東部に位置する北海にのぞむ保養都市。1626年に薬効のある鉱泉が発見されてから保養地となり、18世紀には海水浴場としても知られるようになった。
 * 7 ニューポート(Newport)――アメリカ、ロードアイランド州南東部にある港湾都市。独立戦争による疎開などで衰退したが、南北戦争後に避暑地として復活した。ジャズ・フェスティバルで有名。
 * 8 サラトガ・スプリングズ(Saratoga Springs)――ニューヨーク州中東部の都市。多くの鉱泉があり、保養地、観光地として有名。
 * 9 ホワイト・サルファー・スプリングズ(White Sulphur Springs)――ウェストバージニア州南東部の保養都市。1770年代には保養地として栄えた。

*10 「グランド・ツアー」（Grand Tour）──ヨーロッパ大陸周遊旅行。18世紀を頂点として、イギリスをはじめとするヨーロッパ各国の貴族の子弟が、学業修了時に、大人になるための通過儀礼として知見を広めるために付添人をともなって行なう。主にフランス、スイスを経由してローマに向かう。

*11 トマス・クック（Thomas Cook, 1808-1892）近代ツーリズムの祖として知られるイギリスの実業家。自身の名を冠する旅行会社トマス・クック社の設立者。

*12 バンガロー（the bungalow）──インドにおけるヨーロッパ人の簡易な木造小住宅。通風、防暑、防湿を考慮して軒の出が深く、床や壁にすきまを設け、居室のまわりをベランダがとり囲んでいるのが特徴。

*13 ブラックプール（Blackpool）──イギリス北西部のランカシャー西部の海浜保養都市。18世紀末頃から海岸にホテルが建ちならび、ランカシャー工業地帯の発展と平行して、労働者とその家族などを中心とした観光保養客によってにぎわう。世界的に有名な社交ダンスホールがある。

*14 プレジャー・ガーデン（Pleasure Garden）──「遊園地」、Pleasure beachともよばれる。Alderman William George Beanによって、1896年にアメリカ式遊園地をめざして設立された。http://www.blackpoolpleasurebeach.com/

*15 アトランティック・シティ（Atlantic City）──アメリカのニュージャージー州南部の都市。1852年に建設され、大西洋岸最大級の海岸行楽地として有名。約10キロにわたる板張りの海岸遊歩道（ボードウォーク）があり、それに沿ってカジノのあるホテルがならんでいる。

*16 フレッシュ・エア基金（the Fresh Air Fund）──1877年に設立された、ニューヨークに本拠を置く団体。恵まれない子どもたちをサマーキャンプにつれていくという活動を行なう。http://www.freshair.org/the-fresh-air-fund.aspx

*17 ユースホステル──ユースホステルはドイツのR・シルマンによって20世紀の初めに提唱され、ヨーロッパ各国から世界に広まった。

*18 「パンチ＆ジュディー・ショー」（punch and Judy shows）──道化者のパンチがその妻のジュディを虐げる、騒々しくて猥雑なイギリスの伝統的人形劇。

*19 G・スタンリー・ホール──アメリカの心理学者（1844-1924）。現代アメリカ心理学の祖の一人。主著『青年期』（1904）、『老年期』（1922）。

*20 オールド・フェイスフル（Old Faithful）──アメリカのイエローストーン国立公園にある、64分30秒間隔の有名な間欠泉。

*21 ゲティスバーグ（Gettysburg）──アメリカ、ペンシルヴァニア州南部の町。1863年に南北戦争の決定的な戦闘が行なわれ、北軍勝利の転機となり、その後、リンカーンが「ゲティスバーグ演説」を行なった。

*22 「H氏のヴァケーション」（Mr. Hobbes Takes a Vacation）──銀行家ホッブス氏（ジェームズ・ステュアート）が、歯に矯正器をはめているため引っこみ思案の娘の三女ケイティ、テレビばかり見ている末子の一人息子ダニー、その他の家族をひきつれて海岸の別荘に出かけるコメディ。

*23 コニー・アイランド（Coney Island）──アメリカ、ニューヨーク市ブルックリン区南部の海岸行楽地。長さ約8キロ、幅約400メートルの砂州の西端に位置する。アメリカでもっとも有名な行楽地の一つで、夏は1日10万人を超す行楽客でにぎわう。

*24 フリーク・ショー（freak shows）──奇形の人間や動物をよびものにした見せもの。

*25 ロングアイランド（Long Island）──アメリカのニューヨーク州南東の半島状の地域。コニーアイランドやケネディ国際空港もここにある。

*26 プレイランド（Playland）──1928年5月26日にオープン。その当時から、ボードウォーク、アイススケートリンク、スイミングプール、二つのビーチ、アミューズメント・パークなどが運営され、現在と同じ規模であった。そのなかのいくつかの施設は現在も夏季のみ使われている。

*27 バンパー・カー（bumper cars）──遊園地などでぶつけあう小型電気自動車。

*28 メインストリートUSA（Main Street, USA）──ディズニーランドの、ゲートを通って最初のテーマランド。ゲートをくぐってすぐの場所にはディズニーランド鉄道のメインストリートUSA駅がある。

➡遊び場運動、テーマパーク、動物園

● 参考文献

Cross, Gary. 1993. *Time and Money*. London: Routledge.
Dulles, Rhea Foster. 1940. *America Learns to Play: A History of Popular Recreation. 1607-1940*. New York: Appleton-Century.
Huyvaert, Sarah. 1998. *Time Is of the Essence: Learning in Schools*. Boston: Allyn and Bacon.
Pimlott, J. A. R. 1976. *The Englishman's Holiday*. Brighton, UK: Harvester.
Starobinski, Jean. 1966. "The Idea of Nostalgia." *Diogenes* 54 (summer): 81-103.
Walvin, James. 1978. *Beside the Seaside: A Social History of the Popular Seaside Holiday*. London: Allen Lane.
Wasko, Janet. 2001. *Understanding Disney: The Manufacture of Fantasy*. Cambridge: Polity.

(GARY CROSS／伊藤敬佑・北本正章訳)

ギューリック、ルーサー（Gulick, Luther, 1865-1918）

ルーサー・ハルジー・ギューリック（Luther Halsey Gulick）は、19世紀末から20世紀初頭にかけて、遊びと体育の社会的および健康上の恩恵を振興する指導的役割を果たした。伝道者ルーサー・ハルジー・ギューリックとルイーザ・ルイス・ギューリックの子としてハワイに生まれたギューリックは、若き日の大半をヨーロッパやアジアの伝道地ですごした。彼はオーバ

キユリツク

ルーサー・H・ギューリック（1865-1918）*

リン・カレッジに通い、1889年にニューヨーク大学医学部を卒業し、医学修士号を取得した。彼はシャーロッテ・ヴェッターと1887年に結婚し、夫婦は6人の子どもの親となった。

ギューリックは、1900年まで、のちにマサチューセッツ州スプリングフィールドのキリスト教労働者学校（the School for Christian Workers）として知られた国際キリスト教青年会カレッジ（the International Young Men's Christian Association College）に勤務した。医学の学位を取得したのち、彼は体育学部局長になった。彼はまた、**キリスト教青年会国際委員会体育部局**（the Physical Education Department of the International Committee of the YMCA）事務局長になった。

ギューリックは福音主義キリスト教とレクリエーションとを一体としてとらえ、「筋肉的キリスト教」、つまり肉体と精神の力を結びつけるというコンセプトを喧伝していった。ほかの機関に移っていたにもかかわらず、彼はYMCAとの連携を保ち、1918年、戦時事業を支援するために復帰した。YMCA訓練校でのギューリックの教え子の1人、ジェームズ・ナイスミス（James Naismith, 1861-1939）は、1891年、ギューリックがチームスポーツ開発を課題としてあたえると、それに応じてバスケットボールを考案した。ギューリックはナイスミスと協力しながら、ゲームのルールを開発した。

ギューリックの仕事のいくつかは、伝統的な教育機関を通じて遂行された。彼は一時、教師そして校長として、1900年から1903年までブルックリンのプラット・ハイスクール（Pratt High School）に勤務し、その後、1903年から1907年まで、ニューヨーク市学校体育局長（Director of Physical Education）をつとめた。彼は公立学校体育連盟（the Public School Athletic League）の発展を支援し、教育委員会から独立して若きアスリートに対して適切な指導をあたえるべく努力した。その女子部門ではとくに、フォークダンスが注目された。1916年、ギューリックはアメリカ・フォークダンス協会（the American Folk Dance Society）の設立に力を貸した。1906年、彼はアメリカ遊び場協会（the Playground Association of America）の組織化を支援して、1910年まで、その初代会長をつとめた。ラッセル・セイジ財団（The Russell Sage Foundation）もまた、彼を遊び場拡張委員会（Playground Extention Committee）の委員長（彼は1913年までその地位にあった）にすえて、レクリエーション分野の事業を進めていった。

ギューリックはまた、1910年、アメリカ・ボーイスカウト（the Boy Scouts of America）の設立を支援した。1911年、ギューリックと彼の妻は、ほかの人びととともに、少女たちが将来の女性役割を担うためにそなえていくことを目的として、**ボーイスカウトの女性版、キャンプファイア・ガールズ**（the Camp Fire Girls）を組織した（ギューリックと彼の妻は、以前にも協働していたことがある。シャーロット・ギューリックは児童研究に関心をいだいており、彼をうながして、1898年から1900年までスプリングフィールドのマサチューセッツ母親クラブの指導に従事させた）。ギューリックは、1914年にキャンプファイアが法人化される際には会長となり、1918年に没する直前まで、その任にあたった。

ギューリックは、ラッセル・セージ財団児童衛生学部局を率いて、学校医療調査推進を支援した。彼は1906年のアメリカ学校衛生協会（the American School Hygiene Association）の創設メンバーであった。そのキャリアを通じて、レクリエーションと衛生学についての見解を公表するために、ギューリックは執筆に励んで、非常に多くの論文を発表した（その一部は後年何冊かの書籍に所収された）。

➡キリスト教女子青年会とキリスト教青年会、スポーツ、青年伝道団

●参考文献

Dorgan, Ethel Josephine. 1934. *Luther Halsey Gulick, 1865-1918*. New York: Teachers College.

Cavallo, Dominick. 1981. *Muscles and Morals: Organized Playgrounds and Urban Reform, 1880-1920*. Philadelphia: University of Pennsylvania Press.

（ELLEN L. BERG／佐藤哲也訳）

教育（アメリカ）(Education, United States)

子どもと若者たちをどのように適切に教育し、社会化するかという問題は、［アメリカの］植民地時代から現代にいたるまで、両親、教師、そしてその他の大人たちの頭を悩ませてきた。アメリカ人たちは19世紀におけるいっそう完全な、包括性のある無償制の学校の設立によって、しだいに、大部分の子どもたちの経験の重要な局面である家庭で、あるいは仕事場の外で、公的な教育を行なうようになった。南北戦争以前にはめずらしかった長期の通学期間は、20世紀初頭までに、ますます一般的になった。19世紀末においてさえ、青年期の若者のごく少数の者しか就学していなかった**ハイスクール**は、すぐに大衆向けの制度になった。1920年代までに、アメリカのいくつかの都市ではすでに、ヨーロッパのいくつかの国々よりも多くの学生が中等学校に通っていた。アメリカでは、この世紀を通じて、就学することは成人になるうえで欠くことのできない部分になった。

植民地時代の教育

近代になって就学を強調することは、植民地時代の大半の子どもと青年期の若者たちが経験していたこととはいちじるしく対照的であった。とくに北部の植民地では、学校の広範な多様性が存在したが、学校は義務ではなく、そうでなければ必然的になんらかの制度といっしょにされていた。もっともよく知られているのは、初期のピューリタンの入植者たちが地方の町と村に学校を設立するよう要求したことであった。しばしば共同体は法律の網をくぐり抜けたが、多くの共同体は初等学校を設立し、さらに地方のラテン語**グラマースクール**さえも設立したが、後者は、通常、カレッジに進もうとする少数の書物好きの少年たちにかぎられていた。しかし、学校は、両親と教会の権威と比べて影が薄かったので、両親、とりわけ父親は、子どもたちに聖書を読む力を身につけさせるために、小学校に通いはじめる前に、子どもに読み方を教えるよう期待されていた。この学校では、読むことの重要性、キリスト教の道徳性、そしてわずかではあったが算術などを重視していた。

アメリカ独立戦争（1775-1783）以前には、子どもたちは数世代にわたって、『ニューイングランド初等読本』(the New England Primer)のあいつぐ版からアルファベットを暗唱するのが常であった。ピューリタンであろうとなかろうと、どの学校の生徒も、こうした初等読本によって言語の神聖な特徴をはっきりと思い起こした。長いあいだ、キリスト教徒は、「アはアダムの堕落のア。わたしたちはみんな罪深い」("A: After Adam's Fall, We Sinn'd All.")のように、人間の罪深い本性ばかりでなく、神の贈り物である天賦才ももっていると考えられていた。読み方教室の学校の子どもたちも、『祈祷書』(the Lord's Prayer)を暗唱し、聖書を記憶していた。ラテン語グラマースクールの年長の少年たちはラテン語を記憶し、カレッジの入学試験の準備として数学の勉強に進んだ。

異なる人種に混じって成長する子どもたち――たとえば、ニューヨーク市とかペンシルヴァニアの地方共同体――も、学校に通っており、そこに暮らす大人たちと同じように、生徒は基本的な**識字能力**（リテラシー）、数量的思考能力、そして宗教的信条を学ぶべきだと考えていた。イギリス国教会、長老派教会、およびその他のプロジェクトは、しばしば宗派の教義にもとづく学校を設立したが、これらの学校は公的および私的基金を混合してもつこともあった。フィラデルフィア全域のクウェーカー教徒は、18世紀なかば頃までに学校を設立したが、それは自由身分の黒人たちのためばかりでなく、自分たちの子どものためでもあった。これとは対照的に、奴隷制の南部の農村部では、人口がちらばっていたために、とくに郊外では学校が少なく、貧しい白人と、とくに黒人奴隷のあいだで低い識字率になっていた奴隷解放の時代には90～95パーセントが非識字であったであろう。

植民地時代のアメリカ人たちは、ヨーロッパと同じように、子どもの本性と子どもたちを教える最善の方法について議論していた。しかし、子どもの本性あるいは子どもたちがどのように教育されるべきか、さらに、どのように育てられるべきかということについてはなんら明確な合意が見られなかった。福音派は、アダムとイブの悪行のために子どもは生まれつき悪であるとしばしば宣言した。子どもの意志は打ち破られるべきであるとされ、おなじみの鞭の使用を勢いづかせた。もっと穏健なプロテスタントの意見は、若者について非常にバランスのとれた見解をもっており、キリスト教の育児法、両親の理解力、人間の潜在能力は、自由な意志によって形成できるものであることを強調した。しかし、大部分の両親と教師たちにとって、学ぶことは道徳的な規律の形成であると広くみなされていた。どこかの学校に通っていたほぼすべての子どもは、学習の厳しい修練、暗記、そして朗唱に直面したが、これらはアルファベットあるいは文法の決まりと掛け算を学ぶうえでも、宗教上の真実を学ぶうえでも不可欠な学習であった。

圧倒的大多数の子どもと青年期の若者たちにとって学校は、人生のなかで小さな位置のままであった。ベンジャミン・フランクリン(Benjamin Franklin, 1706-90)は、大人としては典型的なアメリカ人ではなかったが、おそらくその子ども期という点では典型的であった。ボストンの貧しい大家族のなかで育った彼は、一定の個人指導を受け、ボストン・ラテン語学校に通った。彼はこの学校を好きにはなれず、教育制度という拘束の外で一人で読書するのを楽しむようになった

と回想している。自助力は長いあいだ多くの市民にとって魅力的な理想でありつづけた。

植民地の人びとのなかには、学校に通っていた者もたしかにいた。18世紀なかば以降のニューイングランドでは、一部屋しかない質素な学校が地域に点在していた。また、（南部の共同体ばかりでなく）北部の村落と村の多くでは、私立学校がフランス語、製図、あるいは航海術といった特別な教科を教えていた。ほかの子どもたちは、さまざまな初級学校とグラマースクールに通っていた。しかし、北部においてさえ、学校に通うことは普遍的なことではなく、通常は短時間で不規則なものであった。子どもたちの大多数は、ほとんどどこでも家庭で必要とされることを学習しており、少女たちは母親といっしょに園芸技術と家事を学び、少年たちは動物の世話をしたり農場での仕事を手伝った。とくに12歳に達した少年たちは、商売とか特殊な技能を学ぶために、しばしば家の外の親方の下に徒弟に出ていたが、これは1800年代初めになると劇的に減少した。近代世界——そこでは年齢階梯化された義務制の学校制度をもち、**消費文化**が広がり、仕事と教育の証明がつながっている——は、植民地時代を通じてほとんど知られていなかった。カレッジに通っていたのは男性人口のごく少数部分で、1776年までに存在した九つのカレッジは、国家のために聖職者、専門職、そして国家の政治的エリートを輩出していた。

公立学校の創設

19世紀には、公立学校の創設をふくむ、子ども期と青年期におけるもっとも重要な発展は、北部では南北戦争以前に、南部ではそれ以降に、それぞれはじめて見られた。これは、都市の隆盛、商業の拡大、強まる工業化などをふくむ、強烈な福音主義的なプロテスタンティズムと劇的な社会変動の時代に、学校教育に対する期待が高まった時代の出来事であった。しかし、19世紀末には、もっとも財政基盤が安定していた北部の学校地区においてさえ、子どもたちの大半は、労働優先とほかの家族的義務のために10歳から12歳頃までに学校を去っていた。無償制のハイスクールの創設は公立学校運動の必須部分であったが、これも、1870年以前の大部分の中等教育を提供した北部ではとくに、私立アカデミーの衰退につながった。南部では、南部諸州の再編入期[*1]に創設された公立学校は、すぐに人種によって分離され、北部に比べて財政基盤は貧弱で、アフリカ系アメリカ黒人の学校は慢性的な財政危機に瀕していた。過去の植民地時代と同じように、地域的差異は依然として顕著であった。

南北戦争以前の数十年間に、税制上の支援を受けた無償制の公立学校を創設した世俗の改革者たちばかりでなく福音派の人びとも、公立学校に包括的な使命を課した。改革者たちはさまざまな時期に、学校は社会的葛藤を終息させることができ、アメリカ市民を創り出すことができ、共和国を救済でき、貧困だけでなく公的な不道徳を減らすこともできると主張した。これは高い秩序であって、実現不可能であったが、至福千年説的な時代の希望を反映していた。学校の実践とならんで教育理念は、依然として宗教的な価値観、とりわけ非宗派的なプロテスタンティズムによって大いに形成された。多くの学校は、『主の祈り』とジェームズ一世の欽定英訳聖書（1611年）から、教師による注釈無しに読むことによって、授業日を開始した。これは、**教区学校制度**[*2]を19世紀なかばまでの北部のいくつかの都市に出現させはじめるほど、カトリック教徒たちの感情を害した。

子どもたちの性格を形成すること——学校に規則正しく通わせ、権威、道義的なルールと規則に従わせ、それらの講習に参加させるなどして——が、こうした学校のすべての背景で思考の中心にあった。1820年代と1830年代までに、年少の学生たちは典型的によく知られたスリーアールズ（3R's）にくわえて、英語の文法と、いくらかの地理学と歴史学を学んでいた。『マガフィー読本』（The McGuffey Reader）[*3]の後の版は、以前よりも世俗的になり、あまり宗教的ではなくなったが、敬虔さと徳性の価値観を教え、広く使われたウェブスター[*4]の綴り字帳は、その競争相手とともに英語の言葉、統一的な綴り方と句読法、そして正しい言葉遣いを強調した。地理学を学んでいる子どもたちはアメリカの雄大さとその物質的な豊かさを知り、アメリカの歴史を学んでいる子どもたちは諸外国との比較でアメリカの偉大さを知った。

1821年、ボストン市は、ラテン語グラマースクールに代わる学校として、最初の無償制のハイスクールを設置した。北部のほかの大都市も誓願にしたがって同じように入学を少年に限定したが、この趨勢は、やがて大半の共同体で逆転した。男女別学のハイスクールは、南部の都市と北部の大都市では一般的でありつづけたが、この傾向は、低学年で見られたように、共学化に向かった。19世紀なかばに、偏在的であれ、北部の単級学校あるいは都市部の年齢区分された学級においてであれ、少年と少女は、別々の校門から校舎に入るとか、同じ教室内で別々の列に着席していたにせよ、しだいにいっしょに学校に通うようになった。これは、しばしば厳密にジェンダー区分していたカトリックとヨーロッパの就学慣行に代わるものと見られていた。

19世紀の公立のハイスクールは、少数の青年期の若者しか受け入れていなかった。1890年でも、すべての青年期の若者たちのわずか5パーセントしか通っていなかった。ほとんどの場所で、大多数の生徒は少女であり、年齢区分されていたかどうかは別として、彼女たちの多くは小学校の教師になった。少年たちは、事務職かホワイトカラーの専門職につき、ハイスクールのごく少数の者だけが、男女ともカレッジに進学し

た。大部分が広範囲におよぶ中産階級の家庭の出身であったハイスクールの生徒の大半は、中等教育を受けることによって、自分の家庭の地位と立場を維持した。高等部門の学生たちは、低学年の子どもたちと同じように大量の印刷物を暗記した。彼らは教科書から学び、教師の前でそれを暗唱した。1850年代以降の北部の村落地域は、しばしば大規模な中央学校を設立したが、ハイスクールはまた、おおむね都市の制度を残存させた。これは中産階級に、より成熟した進歩的な生徒をもたらした。

公立学校の拡大

19世紀には、都市の子どもたちは最良の教育機会を得ていると広く考えられていた。すくなくともそれは、より多くの、そしてより集中的な富と学生人口を集めていた都市を、教育の実験と改善のためのモデルとなる場所と見ていた。各都市は、この世紀を超えて、とくに低学年では、ますます多くの女性を教師として雇用するようになった。そこでは、非常に標準化され、統一性のあるカリキュラムが準備され、世紀末には女子のための裁縫、男女全員を対象にした製図法と手工芸訓練のような補助科目をつけくわえた。しかし、大部分の学校は伝統を包摂し、こうした新しい考えを不健全で実行不可能であるとして拒絶した。これとは対照的に、学校は、あらゆるところで、1890年代に全国的に広まったナショナリズムと愛国主義の気分をつかみとると見られた。校舎のいちばん高いところに国旗が掲揚されることがますます多くなり、忠誠を誓う幼年版の歌をうたうことが運動会の幕開けとして一般化した。

南部では、南北戦争後の公立学校の拡張は緩慢であった。1870年代初めのニューオリンズのように、人種的に統合された学校を設立することでは最初に成功したいくつかの事例があったにもかかわらず、南部全域での学校は、1896年のアメリカ最高裁判所によるプレッシー対ファーガソン事件*5において、人種的隔離政策が温存されたことを反映して、公式に人種差別されるようになった。北部の学校でも、あるときは意識的な意図によって、またあるときは慣習によって、しばしば人種上の差別が行なわれていた。メイソン＝ディクソン線*6の南側の諸州での分離は完全で、法的にも義務づけられた。この黒人差別制度（ジム・クロウ）*7の下では、アフリカ系アメリカ黒人の学校は、その大部分が苦痛に耐えており、もっと多くの都市部の工業化された北部に比べて経済的に後退したままであった。1900年には、さらに貧しくなった南部は、北部の2倍も多い教育すべき子どもをかかえていた。公教育において、一方は白人のために、他方は黒人のためにという二重制度をもつことは、とぼしい財源をさらに痩せ細らせてしまった。

20世紀は、子どもたちと青年期の若者たちの人生において公立学校の権力と権威がすべての地域で持続的に拡大するのをまのあたりにした時代であった。子ども期についての新しい理念——幼い子どもは労働の場から隔離して保護されるべき存在であるということ、義務教育法は拡充され強化されるべきであること、学校はもっと多様なカリキュラムを提供すべきであること、さらに、学校はもっと多くの社会奉仕と社会福祉を提供すべきであるという理念など——もまた、広く支持を得た。比較的少数の青年期の若者たちに役立ったハイスクールは、数十年にわたって劇的に拡張し、20世紀なかばまでに大衆制度になった。20世紀後半には、学校は労働市場といっそう強く結びつくようになり、より大きな信用証明を引き受けた。同様に、さまざまな理由で、学校における連邦の利益は、歴史的には久しく低かったが、1960年代のリベラリズムの時代には高まり、それ以降のもっと保守主義的な時代においてさえ高まった。21世紀が幕開けした時期には、たとえレトリックが現実をしのぎ、そうした教育についての正確な定義が不明確なままにとどまり、異議をさしはさまれたとしても、すべての者に対する教育の質の重要性を低く見る者は市民たちのあいだにはほとんどいなかった。

初等段階およびグラマースクール段階における就学は、20世紀の最初の数十年間にますます普遍的になった。移民に対する同化政策は長らく公立学校の目的であり、これは、1890年代から第1次世界大戦までの時期に、ヨーロッパ中部と北部からアメリカへの移民に対して推進されただけであった。アメリカの都市部と工業化された北部の多くの地域では、公立学校への入学者がふくらんだ。さらに、この時期の改革者たちは、拡充された社会福祉サービスの追加分をふくめて、学校が果たす社会的役割の拡大を推進した。責任感を教えることは、伝統的に家庭の守備範囲だとみなされており、慈善組織あるいは労働現場はますます学校に肩がわりされるようになった。地方の財源をあたえられた学校給食は、とくに貧民に対しては、第2次世界大戦後に「全国学校給食法」（the National School Lunch Act）が議会を通過する前の数十年に、多くの都市で一般化していた。学校は多くの都市で、体育が重要さを増すのにともなって運動場、体育館、そしてスイミング・プールさえも建てた。子どもの内科検診や歯科検診も一般化した。大半の学校ではまだスリーアールズと教養科目が中心科目であったが、公教育の社会的機能は第1次世界大戦によって拡張された。この世紀の進展のなかで、都市部ではじまった教育改革は地方の学校をいっそう大きな単位に統合しつつ、ほとんどの教育制度で、ますますありふれたものになった。

小学校では、1900年代の早い時点で、能力別編成といった学級の新しい組織形態が、都市の学年制の学級ではじめて見られた。ビジネス世界における科学的

な経営に強く魅了されたことを反映した科学的なテストは、すべての子どもの学問的な潜在能力と達成能力を決める「客観的な」方法を生み出した。新たに開発された知能テストが人気を集めるようになり、学力検査の得点や、子どもの読解力にかんする教師たちのレポートと提携して利用された。これは、特定の能力別編成に子どもたちをふり分けるのに役立った。いくつかの学校では、教師たちは学級内の生徒を基礎（スロー）グループ、平均（アベレージ）グループ、発展（アクセレレーティド）グループに区分した。ほかの学校では、生徒たちは学力的に同じような子どもで編成する別々の学級に配置された。評論家たちはこの頃から、科学的で「客観的な」方法の利用は、貧民や移民の、そして少数民族の子どもたちを冷遇すると警告した。また、テストは、のちに**特殊教育**クラスとして知られることになる「特異な才能のある」子どもたちの特別クラスの拡大を促進した（さまざまな教育プログラムへの入学登録者数は1970年代と1980年代までにウナギ登りに増えた）。

1900年代初めにおける初等学校、とくにグラマースクール、さらにはハイスクールへの入学登録者数は、数百万人にのぼる成人移民がおしよせたことによって押し上げられたが、彼らは、年長の子どもたち、とりわけ青年期の若者たちを労働力から追い出した。技術革新——デパートやオフィスビルの気送管*8による電話への依存の高まり、新聞の販売方法と配達方法の変化——もまた、街角のメッセンジャー・ボーイとか新聞売りの少年たちのような若い労働力を追い出した。このような経済変動や、成人労働者との競争の影響をとくに大きく受けたのは青年たちであった。その結果、20世紀初めの数十年間には、北部諸州のハイスクールへの入学登録者数は劇的に増加し、黒人隔離政策をとっていた南部でも同じように感動的な増加が続いた。当然のことながら、1930年代までに、青年期の若者たちのほぼ半数がハイスクールに通うようになり、これはこの学校教育制度の本質・目的・性格に顕著な変化をもたらすことになった。

大衆制度としてのハイスクール

1920年代と1930年代までに、ハイスクールが社会的にも学問的にも選択的な制度ではなくなってくると、ハイスクールはますます大衆向けの公教育の一部になった。初等学校と中等学校は歴史的にはかなり違った教育制度であり、互いに不完全な接合しかできていなかった。1920年代以前の子どもたちの大部分はハイスクールに進学しなかったが、いまやそれはきわめてありふれた経験になっており、ハイスクールの社会的機能は、低学年の学校のように劇的に変化した。大恐慌が追い打ちをかけて、ティーンエイジャー（この表現自体は1940年代の初めにつくられた言葉であった）たちの仕事の機会の多くをさらに奪ったために、ハイスクールはすべての者を教育するという需要の高まりにこたえようとする非常に保護的な制度となった。1950年代までに、ますます多くのアメリカ人が、すべての者は、できるなら、ハイスクールを卒業しておくべきだと考えるようになると、期待感はさらに高まった。

典型的なハイスクールのカリキュラムは、大人数で多種多様な学生の大群に対応するなかで、ますます多様化した。早い年齢で生徒たちを教養的な中等学校に、あるいは職業的な中等学校にふり分けていたヨーロッパの相対物とは違って、アメリカの教育政策の立案者たちは、総合的なハイスクールを好意的に見ていた。総合制のハイスクールは、第1次世界大戦によってますます一般的になったため、同じ屋根の下で、別々のカリキュラム、トラック［能力区分］、あるいはストリーム［能力編成］をもっていた。これは、異なる教育プログラムに登録していても、同じ学校に在籍している生徒たちがその学業成績と潜在能力（これは、前の学年、知能テストの得点などによって決定される）、そして、おそらくは人生の目標に適合すると思われているという意味で、民主的だとみなされていた。教養科目は、優秀な成績の学生、とりわけカレッジに進む意欲のある学生向けに設定されていたが、こうした学生の登録者数は増加し、1960年代に劇的に増加することになった。ハイスクールはそれまでつねに教養教育中心であったが、こうした教養カリキュラムは、ますますカレッジの予備教育と同義語になった。不つりあいなほど下層階級に役立った職業教育課程は、典型的にあまり有名ではなく、教養的にも手薄なものであったが、幅広い講義科目をそろえていた。ここには、（タイピングとか速記法のような）商業科目や少女向けの家政学、さらには少年向けの大工技術、皮革製品の手工芸、自動車の修理術などがふくまれていた。

ハイスクールの学習コース、学習プログラム、そして生徒たちの配列がこのように拡大したことは、その教養教育的な使命を曖昧にしてしまったが、これは、集団的な課外カリキュラムとして知られた非教養的な学習活動が劇的に増えたことでさらに曇らされた。多様化したカリキュラムが、多様化する若者の知的ニーズと潜在能力に向けてのものであったのと同じように、いまやかつてほど選択的ではなくなってきた学生団体にアピールすることを約束していた。膨大な数の社会活動の出現もまた、彼らを対象にしていた。たとえば、競争的なスポーツは非常に高い人気を博した。1920年代までに、ユタ州とインディアナ州のバスケットボール、テキサス州のハイスクールでのフットボールの過熱ぶりに対する不満は、すでに全国紙においても報じられていた。学校を基盤にした学生のクラブ活動も、フランス語クラブとか、栄誉学生団体*9といった教養的な特徴をもつものから、ラジオクラブ、ウクレレクラブ、アメリカ前衛教師クラブ、アメリカ前衛農民ク

ラブにいたるまで、多種多様に増殖した。さらに、ほかの生徒たちは学校新聞、あるいは年報の制作スタッフとして、あるいはまた学生自治会のためにはたらいた。社会学者のロバートとヘレンのリンド夫妻は、1920年代にインディアナ州マンシーにおける共同体生活を調査研究したあと、地方のハイスクールはそれ自体が「社会宇宙」であると結論した。もはやハイスクールはたんなる教養教育の制度ではなく、その媒介変数に際限がないかのように見える社会的な世界であった。これは納税者や両親を悩ませたが、学問に対する関心が抑制されたことへの不平でもあった。

アメリカのような多様性のある国では、ハイスクールは、それ以下の初等学校や、ジュニア・ハイスクールと同じように、そのいずれもが同一の一般的な傾向によって形成されていたにせよ、非常に大きな多様性を保持していた。アメリカ北部のいくつかの大都市では、特別なハイスクールは科学あるいは芸術に焦点を集めた。そして、競争的な入学試験で守られた入学によって、ハイスクールは依然として教養教育的なエリートのままであった。アメリカのハイスクールは、多様なものを学ぶところであった。いくつかのハイスクールは、同じ町や市にあっても大きく違っていて、特別な隣人構成、あるいは子どもたちは特別な組織に割りあてられた。ハイスクールのなかには、その地方の共同体の交差点となっていた場合がある一方で、特定の民族的、人種的、あるいは社会階級的な象徴になっていた学校もあった。多くの小さな町では、ハイスクールは人びとにとって彼らの町の共同体の存在を証明する重要な手段になった。ある市民は、教養学習のプログラムよりも運動競技で成功することのほうにより大きな関心をもっていた。別の市民は、進歩の印としてのハイスクールの卒業者数がかつてなく拡大したことを重視していたが、懐疑的な見方をする人は、ハイスクールの学問的な特質はその過程でいちじるしく犠牲になったと見た。大人たちはしばしば仲間うちで、ハイスクールでの教養は大事かどうかについて議論していたが、1940年代と1950年代までの卒業生たちは、おそらく、よいことであれ悪いことであれ、教室での代数学やアルバイト先の店で学んだことよりもハイスクールでの社会的な経験——ダンスパーティ・友情・同輩文化、そして、運動競技など——のほうをよく記憶にとどめていた。

学校改革と学校の役割

20世紀前半には、伝統的な教授方法は、学級経験の多様性にくわえて、いくつかの学校では変更されることがときどきあった。進歩主義の教育家たちの多様性は、通常は教師と教科書中心の学級を激しく攻撃し、非常に活動的な子どもたちの役割をふくむ教授と学習に実験的な方法をとりこむことを必要とした。そうした理念は、高学年よりも低学年のほうでより多くの表現を見出した。これは、活動を通じての学習（learning by doing）、実地見学（field trip）[*10]、あるいはその他の革新的なアプローチをする学校プログラムにより集団的にかかわることで遂行された。こうした理念のうちのいくつかは実を結んだが、それは1930年代のイリノイ州のウィネトカ[*11]のような富裕な都市にかぎられていた。しかし、そこにおいてさえ、基礎知識を習得することを犠牲にして柔軟性が生まれることはなかった。大半の初等学校の子どもたちの大部分にとって、とくに初等段階における読解力と数学のような教養科目を伝統的に重視することは広く残存し、教科書およびそれに類した新しい同種のもの、問題集などが偏在していた。進歩主義の教育家たちは、学習主題と教師の権威が長く至高の地位を占めていたハイスクールの伝統的なあり方に絶望していたし、批評家たちは、小売店の教育係でも教科書を離れて生徒たちに講義したり、読み聞かせをしていることを発見した。ハイスクールのカリキュラムは、職業教育重視政策の隆盛とともに重大な変化をこうむったが、教師たちはしばしば、より多くの学生中心型の教授学を求める嘆願を無視したのであった。

20世紀後半になると、すべての子どもとティーンエイジャーのほぼ90パーセントが公立学校に入学登録した。大恐慌時代を通じてのティーンエイジャーの労働現場からの離脱傾向は、サービス産業とファストフード産業の勃興とともにいくぶん逆転したが、子どもたちが放課後にする仕事は、若者たちの大半がすごす公立のハイスクールの重要性を薄めることはなかった。ハイスクールは、入学登録者数の増加にともなって、じゅうぶんな教養をあたえていないのではないかという不安感が両親と市民たちからわき起こり、1960年代にブームを迎えた大学入学者数の拡大を支える基盤となった。1957年にソヴィエト連邦が宇宙船スプートニク[*12]の打ち上げに成功したことは、多くの市民にソヴィエトはすぐれた学校をもっていると確信させた。アメリカの学校はもっと水準を上げるべきで、国家防衛の観点から基礎的な教養教育に戻るべきだといわれた。しかし、1960年代のアメリカは、それとはまったく異なる、人種的統合と学校に対する期待というアイゼンハワー大統領時代[*13]からの遺産を継承した時代でもあった。1954年の歴史的な判決、すなわち「**ブラウン対カンザス州トペカ教育委員会裁判**」において、アメリカ最高裁判所は、満場一致で、人種差別をする学校を憲法違反だと判決したが、これは、子どもたちと青年期の若者たちの生活に占める学校の位置にふたたび注意を集める、悪意のある論争につながった。こうした論争はいまなお続いている。

1960年代の公民権運動の隆盛と、リンドン・ベインズ・ジョンソン大統領[*14]が提言した「偉大な社会」改革[*15]のおかげで、アメリカ社会における公立学校の重要性は、リベラルな諸活動がそれを社会正義を求

める広範な啓発運動の一部にしようとしたことにみられるように、明確なかたちで残存した。連邦資金は、恵まれない子どもたちの学業成績を改善しようとする初等学校と、同一の高い目標に到達しようとしていたハイスクール段階での多数のプログラムに投入された。ヘッドスタート計画[*16]は、こうしたリベラルな運動に起因したが、二大政党の連携による支援を何度も受けた。二文化併存とバイリンガル教育プログラムは保守派にはあまり人気がなかったが、さらに大きな基盤と連邦の支援を受けた。1960年代以降になってリベラリズムが衰退して保守主義的な見方が広まると、アメリカ文化における公立学校の役割は、熱気をおびた公論の主題になった。しかし、これらの学校は、圧倒的に多数の子どもと青年期の若者たちに役立ちつづけ、彼らの社会化と教育に重要な役割を果たしつづけている。

1960年代のリベラルな政策立案者たちは、学校におけるより大きな平等性、機会均等、そして人種的および経済的公平性を推進しようとする連邦プログラムの重要性を強調した。1980年以降、多数の州と地方レベルばかりでなく、非常に保守的なワシントンの政策立案者たちは、全国の学校に向けて、より高度な教養水準を設定することの重要性を強調した。彼らはまた、公民教育（civic education）、人格教育（character education）についての伝統的な概念や、若者を生産的な労働者になるように訓練することの重要性をふたたび強調した。このような教養水準の引き上げ運動は、自由市場、競争的価値、重工業などから経済を再編し、サービス産業とサービス技術にむけて方向づけること、そして経済的に統合されたグローバル経済の拡大といった動向をふたたび支えることを反映していた。レーガンの時代[*17]以降、各大統領と二大政党の領袖たちは、公立学校の教養的性格を強化するためのさまざまな提案が出されるたびに、複雑な結果をともないつつも、それらを是認してきた。それと同時に、就学をめぐる経験は、公立学校の多数の、そして多様な社会目的をくりかえし映し出している。

多くの共同体で改革を求めるさまざまな運動があったにもかかわらず、しばしば地方の公立学校は曖昧な教養目的をもちつづけていた。さまざまな学生に対する特別な教育プログラムが広まったが、これは、普遍的な教養水準を設定するのを困難にするか、すくなくともすべての子どもが達成するのを不可能にした。そして、学校に非常に大きな多様性があったこと——大都市のスラム地区北部のゲットー、南西部のヒスパニック居住地、豊かな郊外、小さな町、そしてこれらのあいだのすべてのことがら——は、そうした大きく異なる環境のなかで、共通の知的所産がユートピア的な目標を残すのを確実にしてくれる。ある学校は、貧しい少数民族の生徒たちを多数入学させていたが、その多くは英語が第二言語になっている家族から通っており、多くは無料の学校給食を食べる資格があった。門構えのある郊外の家に暮らす上流階級にとって標準テストが高得点であることが重要であったように、無料の朝食と昼食、あるいは暴力がはびこる街路から逃れていられる安全な天国は、非常に貧しい子どもたちにとって、同じように重要であった。

教養科目のテストをもっと多く受けさせようとする動因は、ジョージ・W・ブッシュ大統領[*18]の「一人の子どもも落ちこぼさない」（No Child Left Behind）法律のなかで例示された条件設定のように、21世紀の早い時期に抵抗しがたいものになった。1970年代に人種的統合を行なった多数の学校が設立されたことでいくつかの成功をおさめたあと、ふたたび隔離政策に向かう傾向が明白になった。同化を異論なく受け入れなかった多文化世界で、学校はどのようにして非常に画一的なカリキュラムを作成するかという問題は、いまなお白熱した論議をよんでいる。いちかばちかのテストでさえ、全員のための共通テストの公平さは、地域ごとに蓄積された学校間格差が非常に大きく残存していれば、テストははたして学校改革に大きな影響をおよぼすのだろうかと多くの人びとに疑いをいだかせることになる。そして、最終的には、教養科目を学ぶことの喜びと重要性があるにもかかわらず、多くの子どもにとって学校は依然として社会体験の重要な部分を占めている。学校は、その知的機能にくわえて、鍵となる社会制度として進化してきている。学校では友情が生まれ、かならずしもつねに学習するわけではないにせよ、社会的なスキルも教えられるし、ほかの人間的欲求に対抗する教養科目を学ぶところでもある。学校の知的な目標と社会的な目的は、予見できる未来に向かう子どもと大人の生活に緊張関係をもってとどまりつづけるであろう。

［訳注］

*1 再編得期（Reconstruction）——南北戦争後の1867～8年の「再建法」（Reconstruction Act）で、1866年に復帰したテネシー州以外の10州を連邦に再統合した時代。1867～1877年。

*2 教区学校（Parochial School）——とくにアメリカ教育史において、カトリックの宗教団体が経営する小・中・高等学校。

*3 『マガフィー読本』（The McGuffey Reader）——アメリカの教育家マガフィー（William Holmes McGuffey, 1800-1873）が編纂した6冊の読本で、小学校で広く使われた。Eclectic Readerともよばれる。

*4 ウェブスター（Noah Webster, 1758-1843）——ウェブスターが編纂した辞書American Dictionary of the English Language（1828）にはじまる一連の辞書は、Websterの名でよばれ、アメリカ英語辞典の代名詞である。

*5 プレッシー対ファーガソン事件（Plessy v. Ferguson）——1896年、アメリカ最高裁判所がくだした人種差別にかんする判決。鉄道の黒人客に対して、「分離する

のが平等な」（separate but equal）施設を提供することは憲法の修正条項第14条の規定「法律の平等な保護」（equal protection of the laws）には違反しないとした判決。これは、ほぼ半世紀後の1954年5月17日、アメリカ最高裁判所が、ブラウン対トペカ教育委員会裁判に対して全員一致でくだした、公立学校における黒人差別を禁止する、いわゆる「ブラウン判決」（the Brown Decision）によってくつがえされた。

*6 メイソン=ディクソン線（Mason-Dixson Line）──メリーランド州とペンシルヴァニア州との境界線で、1763-67年に、イギリスの測量技師チャールズ・メイソン（Charles Mason, 1730-87）とジェレミア・ディクソン（Jeremiah Dixon, ?-1777）によって踏査された。南北戦争までは、奴隷解放州（北部）と奴隷州（南部）の境界線とされ、南北を分ける象徴的な意味をもった。

*7 ジム・クロウ（Jim Crow）──アメリカの人種差別あるいは人種差別主義者のことをこのように俗語で差別的によぶのは、19世紀の黒人の有名な俗謡にある歌詞Jump, Jim Crowに由来する。

*8 気送管（pneumatic tube）──手紙、電報、小包などを空気圧の差を利用して気送管でつながった別の場所に送る装置。

*9 栄誉学生団体（honor society）──大学や高校などで、学業成績の優秀者や、とくに課外活動で大きな功績のあった者が会員になれる。この表現の初出は1927年。

*10 実地見学（field trip）──学校が大衆化して生徒たちの多様な実際的な関心にこたえるために、自然観察旅行をしたり、博物館、工場、養老院など校外施設を見学すること。この表現の初出は1959年頃である。

*11 ウィネトカ（Winnetka）──イリノイ州東北部、シカゴの北、ミシガン湖岸をのぞむ郊外住宅地として発展した都市。この地での教育改革は「ウィネトカ・プラン」とよばれた。

*12 スプートニク（Sputnik）──旧ソ連邦の初期の地球周回科学調査人工衛星で、第1号の打ち上げは1957年10月4日。これが世界初の無人人工衛星であった。1960年までに5号まで打ち上げられた。自由主義陣営ではこれを「スプートニク・ショック」とよび、アメリカをはじめ各国は理科教育の見直しと教育改革を大々的に進めた。その影響を受けて、教育・軍事・科学技術部門の改革の必要性が認識され、アメリカでは、アメリカ航空宇宙局（NASA, 1958年）設立、アポロ計画（1961年）、アーパネット構築（1969年）へとつながった。

*13 アイゼンハワー大統領（Dwight David Eisenhower, 1890-1969）──第2次世界大戦中ヨーロッパ連合軍の司令長官で、戦後、共和党から第34代大統領（1953〜1961）になった。

*14 ジョンソン大統領（Lyndon B. Johnson, 1908-1973）──第36代大統領（1963-69）。公民権法案（the Civil Rights Acts）を推進したが、ベトナム戦争の泥沼化で人気を失った。

*15 「偉大な社会」（Great Society）──1965年にジョンソン大統領が提起した国内改革プログラムで、教育改革、老人医療、貧困の克服などの実現をめざした。

*16 ヘッドスタート計画（Project Head Start）──1964年にアメリカ政府が「経済機会法」（Economic Opportunity Act）によって着手した教育事業。「文化的に恵まれていない」就学前の子どもたちの人種的、地域的な教育格差を是正するために、教育、医療などのサービスを提供し、父母や地域に対してもこの事業に参加させようとした。効果を上げて国民の好評を得たため、1967年には、幼稚園児のためのFollow Through計画が追加された。

*17 レーガンの時代──ロナルド・レーガン（Ronald Reagan, 1911-2004）が大統領であった時代（1981-89）。レーガンの経済政策は、減税と社会保障費の削減などによる「小さな政府」をめざし、「レーガノミックス」とよばれた弱者きりすての保守主義政策であった。

*18 ブッシュ大統領──第43代大統領ブッシュ（George Walker Bush, 1946-）。大統領在任期間は2001-2009年。父親のジョージ・H・W・ブッシュ（1924-）は第41代大統領（1989-93）。

➡義務就学、教育（ヨーロッパ）、職業教育・工業教育・職業訓練学校、進歩主義教育、男女共学と別学教育、都市の学校制度の誕生

● 参考文献

Greven, Philip. 1977. *The Protestant Temperament: Patterns of Child-Rearing, Religious Experience, and the Self in Early America*. Chicago: University of Chicago Press.

Kaestle, Carl F. 1983. *Pillars of the Republic: Common Schools and American Society, 1780-1860*. New York: Hill and Wang.

Kliebard, Herbert M. 1986. *The Struggle for the American Curriculum 1893-1958*. Boston: Routledge and Kegan Paul.

Ravitch, Diane. 1983. *The Troubled Crusade: American Education, 1945-1980*. New York: Basic Books. ラヴィッチ『教育による社会的正義の実現──アメリカの挑戦1945-1980』（末藤美津子訳、東信堂、2011年）

Ravitch, Diane, and Maris Vinovskis, eds. 1995. *Learning from the Past: What History Teaches Us about School Reform*. Baltimore, MD: Johns Hopkins University Press.

Reese, William J. 1986. *Power and the Promise of School Reform: Grass-roots Movements during the Progressive Era*. Boston: Routledge and Kegan Paul.

Reese, William J. 1995. *The Origins of the American High School*. New Haven, CT: Yale University Press.

Rorabaugh, W. J. 1986. *The Craft Apprentice: From Franklin to the Machine Age*. New York: Oxford University Press.

Smith, Wilson, ed. 1973. *Theories of Education in Early America 1655-1819*. Indianapolis, IN: Bobbs-Merrill.

Tyack, David B. 1974. *The One Best System: A History of American Urban Education*. Cambridge, MA: Harvard University Press.

Tyack, David, and Larry Cuban. 1995. *Tinkering toward Utopia: A Century of Public School Reform*. Cambridge, MA: Harvard University Press.
Wishy, Bernard. 1968. *The Child and the Republic: The Dawn of Modern American Child Culture*. Philadelphia: University of Pennsylvania Press.
Zelizer, Viviana A. 1985. *Pricing the Priceless Child: The Changing Social Value of Children*. New York: Basic Books.

（WILLIAM J. REESE／北本正章訳）

教育（ヨーロッパ）(Education, Europe)

　ヨーロッパの識字能力（リテラシー）はこれまでつねに宗教運動のなかで葛藤と競争に翻弄されつづけてきている。**プロテスタント**の**宗教改革**とそれに対するカトリックの対抗宗教改革は、この事実を確認させてくれる事例である。中世の宗教的教説は、選ばれた少数者の教育を奨励したが、ルネサンス以降になると、もっと多くの人びとを教育するための付加的な理由が発展した。たとえば、15世紀を通じて北イタリアの都市に見られた経済成長は、膨大な数の子どもたちが世俗生活について教えられることを条件にしていた。

枠組みと動機

　16世紀以降、ヨーロッパのすべての若い人びとを対象にした教育は、現実には、時代と国ごとに違っていたものの、聖界と俗界のあいだの弁証法的な関係によって枠組みが作られていた。そして、こうした違い――プロテスタントとカトリックの、田舎の人間と町の人間の、少女と少年の、地中海諸国と北欧諸国の、東ヨーロッパと西ヨーロッパの――が、異議申し立てと反応の条件をかたちづくる緊張を生み出していた。

ルネサンスから宗教改革へ

　15世紀までに、北イタリアの都市の住民は人生に対して自信をもった心的態度を発達させていた。人びとは神の意志にしたがって生きているとはあまり感じなくなりはじめており、みずからくだした意志決定に大きな責任を感じはじめていた。こうして、伝統的で宗教的でスコラ的な教育理念とは対照的に、理性にもとづいた人文主義的な諸原理にしたがって教えることが正しいとされるようになってきた。芸術においては、もはや神の観点から描かれることはなくなり、代わって、風景のなかの人間の位置から描かれるようになった。これと同時に、自然科学者たちは、地球は宇宙の中心で自転しているのではなく、太陽のまわりを回転するいくつかの天体のひとつにすぎないことを知った。こうした二つの理解はどちらも――少数の宗教エリートだけでなく――膨大な数の一般大衆を教育することが必要だとするヨーロッパの思想にとって、欠くことができないほど決定的に重要であった。

宗教改革

　中世のカトリック教会は、宗教と教育の両方を支配し、ほぼすべての学校と大学を統治していた。しかし、教会のこのような独占への反発も高まりつつあった。個人主義に関心をもっていたルネサンスの人文主義は、それまで支配的であったスコラ的な思考法に大きな異議申し立てを行なった。16世紀初頭、ルネサンスの申し子であったマルティン・ルター（Martin Luther, 1483-1546）という名前の一人のドイツ人修道士が、カトリック教会に異議申し立てを行なった。彼は、すべての人間に聖書を読むよう要求した。こうして普遍的な識字能力（リテラシー）を広めることが必要になったのである。その結果、プロテスタントの運動は独自の学校制度を発展させはじめた。

　ルターは、1529年にある村を何度か訪ねたあと、その地方の聖職者の多くを牛と豚にたとえている。このときからルターは、教科書を執筆しはじめたが、そのうちのひとつ『**小教義問答書**』（*Little Catechism*）は、今日でもヨーロッパのプロテスタント諸国で使われている。この小冊子は、安価な値段のおかげで広くゆきわたった。ルターによれば、学校とは教会の娘になるべきものであった。

　田舎の農民の子どもたちの教育の大部分は日曜日の礼拝を終えたあとで教会で行なわれたが、都市部では、**グラマースクール**をふくむ教区学校が設立された。

イエズス会

　プロテスタントの運動は教育分野で変化の先導役を果たした。しかし、イグナチウス・ロヨラ（Ignatius Loyola, 1491-1556）という名前のスペインの貴族は、カトリック教会に代わって教育を擁護するための目標を掲げた。1553年、彼は、ローマに中等学校のコレギウム・ロマヌム（Collegium Romanum）を建てたが、これはカトリック世界で効果的な教育制度を発展させる実験場となった。

　この数年後、これと類似した学校がイタリア、スペイン、ポルトガル、そしてドイツにも設立された。この新しい組織のいずれもが、すくなくとも12名の聖職者を教師として雇用し、教会とつながりをもって、聖職者にふさわしい家をふくんでおり、また庭園も付設されていた。健全な経済基盤を必要とするこのような教育組織は、有能な神学者、練達のラテン語とギリシア語の教授を生みだすことを目的にしていたが、その大半は、敬虔な雰囲気をかもしだすことができる優秀な教師であった。もちろん、新しい学校の全般的な目標は若者を信心深いカトリック教の信者にし、それによって、拡張しつづけていたプロテスタント運動への盾を作ることであった。17世紀までに、イエズス会の教育組織は、ヨーロッパの外の、スペインとポル

トガルの植民地の無学の住民たちのあいだでばかりでなく、ヨーロッパの主要なカトリック諸国のどこにも設立された。18世紀を通じて、世俗権力は、手段を正当化するために目的を利用したと言ってイエズス会士たちを非難した。宗教団体が子どもを教育するのを認めることが適切かどうかについて疑問を呈する者もいた。

啓蒙思想

1783年、ドイツの哲学者イマニュエル・カント (Immanuel Kant, 1724-1804) は、「啓蒙とはなにか？」と問いかけた。彼は「サペレ、アウデ！」(*Sapere Aude!*)、つまり、「勇気をもって自分の無知蒙昧をすてされ」という意味の言葉でこれにこたえた。すべての子どもがこれを行なうことはできなかったが、18世紀の**啓蒙思想**の運動は、ヨーロッパの先進的な国々の教育を近代化し、世俗化するのを助けた。

だが、チェコの神学者ヨハン・アモス・コメニウスとか、イギリスの哲学者ジョン・ロックのような改革者たちの努力にもかかわらず、18世紀のヨーロッパの大部分の両親は、子どもを正規の教育よりも保育的な世話しかしないデイムスクール（dame schools）［女性がおもに自分の家で開いていた私塾］に通わせていた。また、たとえば、1767年から1814年にかけて典型的なイギリスの教区イズリントンでは、貧民の少年少女たちの75パーセントは読み書きができなかった。18世紀には、一般に、より貧しい階級はいかなる教育も受ける必要はないと考えられていた。1803年、ロンドンの司教の一人はそれをこんな風に表現している。「下層階級を、もともと自然が彼らを置いていた無知の状態にそのままとどめておくことは、この国の政府と宗教界の双方にとって非常に安全なことである」(Hibbert, p. 450)。フランスの思想家ジャン＝ジャック・ルソーは、子どもは生まれつき善であるという前提にもとづいた教育理論を発展させた。彼はそれまでとは違った教育観を提示した。すなわち、すべての教師はその生徒に、彼ら自身の経験から学ぶ自由をあたえなくてはならなかった。『エミール』のなかでルソーがモデルとして示した少年は、その両親によってではなく専門の教師によって教えられるべきであった。ルソーは、少年エミールは文明の慣習を避け、自然から学ぶべきであった。彼は、善良な市民になるように教育されるべきであり、自分の手ではたらくことを教えられるべきであった。多くの哲学者が初歩教育のカリキュラムは少年と少女で同じものでなくてはならないと主張したが、ルソーの著作のなかでは、エミールの妹エロイーズは、主婦としての人生にそなえて教育された。

工業化と近代化

啓蒙思想という新しい哲学とならんで、当時発展しつつあった都市の経済は、多くの人びとが自分のことをたんなる労働者ではない広大な社会の構成員と考えるのを可能にした。靴造り職人はその本分を守るべきであるというマルティン・ルターの声明とは反対に、19世紀になると、ますます多くの人びとが新しい仕事につき、新しい社会階級に移動することができた。工業化が新しい中産階級を必要としたからである。彼らは識字能力と、幅広く教育を受けた人口部分とを生みだせる教育制度を必要とした。この目的のために、18世紀のグラマースクールのカリキュラムは、その学習範囲をギリシア語とラテン語から拡大して、歴史学、自然科学、化学、近代言語、および母国語をふくむようになった。教育者たちは、さまざまな科学的な主題のどの部分をカリキュラムにふくめるべきかを見いだす必要があったが、これは教師たち、大学教授たち、そして政治家たちあいだでの興味深い議論へとつながった。その尺度あるいは基準は、「一般教養」(*Allgemeinbildung*)、すなわち自由教育となるものであった。

19世紀を通じて、ヨーロッパのすべての政府は、あらゆる社会階層の教育に対する責務を引き受けた。私立の教育組織が承認され、しばしば公的な助成を受けたが、これらは国家の法律を厳守しなくてはならなかった。普遍的な初等教育の目標は、もはやたんなる宗教的および経済的な目標とは考えられなくなり、ますます民主的になっていく時代にあっては、学校もまた生徒たちに政治的な市民生活への準備をさせる必要があった。19世紀のヨーロッパで一般的になった初等教育と兵役義務は、男性に職場と市民性を提供した。国民統合のこのようなプロセスは、1830年代の――ギリシアとベルギー、そしてその後の1860年代にはドイツとイタリアが続く――いわゆる新興国では高い優越性をもった。ヨーロッパ諸国の大半で、人びとはバイリンガルで、効果的な国家建設の条件は単一の国語であった。たとえば、フランスの一地域であるブルターニュでは、教師たちは、生徒たちがこの地方の言語を話さないようにするために、ブルトン語を話す子どもたちに雄牛の骨か木製のチョーカー（首輪）を首に巻きつけるよう強制した。

新しい国民国家を支えられる効果的な初等学校制度を発達させるため、教師たちは教員養成大学で教育を受けなくてはならなかった。そして、このプロセスは、教育学的な論争を刺激した。学級（クラスルーム）の規律はどのように維持されるべきか？　算術を教えるもっともよい方法はどのようなものか？　学校をどのように建築し、学級をどのように編成すべきか？

1830年代の良好な経済状況は、新しい非常に効果的な教育形態の発展を促進した。この変化は、大学教育や中等教育レベルではほとんど目立たなかったが、初等学校では大きな進展が見られた。しかし、家内生産全体が商業と工業よりも農業生産に大きく依存する

キヨウイク

マリ・バシュキルツェフの「集合」（1884年）は、フランスにおける無償制の義務教育を制度化した1883年のフェリー法が議会を通過した直後に描かれた。ここに描かれているのは、もはや脅威を感じさせる政治力をもたない若い労働階級の少年たちが学校に向かうようすである。Musée d'Orsey, Paris

かぎり、高等教育への接近は制約を受けざるをえなかった（なぜなら、農業社会は専門職をほとんど必要としなかったからである）。1840年から1880年にかけて、ヨーロッパ人口は33パーセント増加したが、学校に通う子どもの数は、1840年に国家が統一されたあとの15年間に倍増した。プロイセン・フランス［普仏］戦争中の1870年に、ドイツに敗北を喫したフランスは、1873年の法律の下で、教育に高い優先性をあたえた。教育大臣（文部大臣）であったジュール・フェリー（Jules Ferry, 1832-1893）*1は、教育制度について、初等レベルは無償制、義務制、そして世俗的にするという壮大な構想をいだいていた。1883年、

彼は、公立学校のための主要な原則にかんして、フランスの全教師に公開書簡を書いた。そのなかでフェリーは、新しい学校は、宗教教育（religious instruction）に代わって道徳（morals）と公民科（civics）を重視しなくてはならないと述べたが、これは家族と教会が担うべき義務となった。

識字率は、19世紀最後の25年間ではヨーロッパじゅうで広く多様化していた。ドイツ、スイス、そしてスカンディナヴィア諸国では、国民の90パーセント以上が読むことができ、フランス、イギリス、そしてベルギーでは、市民のほぼ80パーセントに識字能力があったが、オーストリア＝ハンガリー王国、スペイン、ポルトガル、イタリア、そしてギリシアでは、この比率は50パーセント近くまで下降した。こうした差異は、データ収集のむずかしさを考慮に入れても、やはり顕著であった。その主要な理由は、工業化の進度の違いにあったようであるが、この要因だけですべての差異を説明するには無理がある。たとえば、1870年のドイツは、イギリスやフランスほど工業化されていなかったにもかかわらず、各州邦の教育制度は、それぞれが非常に違っていた。19世紀初頭までにスカンディナヴィア諸国とドイツでは、政府の財政支援を受ける普通初歩教育が確立されたが、これに対してイギリスとフランスでは、1870年代まで義務制ではなかった。私教育に対する国民政府のイデオロギー的な関与の仕方は多様であった。

学校の民主化

20世紀前半期における工業生産の成長といっそうの高度化は、社会を非常に複雑にした。こうした複雑さは、あらゆる種類の教育に課題をつきつけた。

19世紀における解決法が、「すべての者に初等教育を」であったとするなら、20世紀におけるその解答は、「すべての者に中等教育を」ということになろう。この目標は、1922年にイギリス労働党のためにR・H・トーニー（Richard H. Tawney, 1880-1962）[2]によって著されたパンフレットの表題であったが、これは、11歳で分岐点を設け、生徒たちをさまざまな学校のカテゴリーにふり分けることを推奨していた。1944年の教育法のもと、中等教育は普通教育で無償制になった。改革者たちは、この制度は、グラマースクール（文法学校）、テクニカルスクール（技術学校）、そして中等モダンスクール（中等現代）という3分岐に沿って発展するだろうと期待していた。子どもたちをさまざまなタイプの学校に区分けすることは、それぞれのニーズに適合するカリキュラムを教育者たちが提供するのを許した。多くのヨーロッパ諸国は、11歳での分岐点を実施した。1896年のノルウェーでは、いわゆるミドルスクール（中学校）を創設し、デンマークとスウェーデンもこの例にならった。フランスでは、都市のアカデミックな生徒たちは、銀行の出納係とか鉄道会社の従業員のような仕事を選ぶか、それとも上級の中等学校での教育を受けつづけるかの準備ができる、さらに高度な教育を選択することができた。

少女たちは初歩教育にくわわることが許されたが、私的にあるいは教会によって経営されている学校を除いて、通常、中等学校からは排除された。しかし、19世紀なかばまでに、大学への入学は法的に認められるようになった。この展開は、ヨーロッパ各国の政府が女子学生のために平等な中等学校を提供するよう強いた。20世紀を通じて、家族が伝統的な拡大家族から核構造へと進化するのにともなって、教育を受けた女性を必要とする新しい仕事が公共圏に生み出された。

20世紀前半の教育学は、伝統的な学級型の教育方法（classroom teaching）に支配されていた。このやり方には独特のよさがあった。つまり、教師は自分が置かれている状況を斟酌して、大半の生徒のニーズに合わせることができた。しかし、多くの場合、教える状況は個々の生徒に注意をはらうのに都合のよいものではなかった。大規模な学級、不十分な教材、怒りっぽい教師たち、そして、いくつかの地方で見られたように、ひとつの部屋で異なる年齢の子どもたちを教えなくてはならない事情などが、この伝統的な教育方法を面倒なものにしていた。ヨーロッパ諸国の大部分で、改革の志をいだいていた教師たちは、アメリカのジョン・デューイ、イタリアのマリア・モンテッソーリ、そしてドイツの人智学者ルドルフ・シュタイナーのような先駆的な教育者に触発されるようになった。しかし、それにもかかわらず、全般的な傾向は、統一的なカリキュラム、試験による支配、そして、よくも権威的な、ひどい場合には独裁的な教師によって教えられる教育であった。大半のヨーロッパ諸国では、もし両親が公立学校に満足できない場合、それに代わる三つの選択肢があった。彼らは子どもたちを私立学校に通わせるか、厳しくない規律と民主的なエートスをもった、いわゆるフリースクールに通わせるか、そうでなければ自分で教えることもできた。

脱伝統社会

第2次世界大戦後の冷戦は、ヨーロッパの教室にも浸透した。フランスとイタリアでは、共産主義が国民の5分の1以上の支持を得た。さらに、リューベックからトリエステにいたる東ヨーロッパ地域は共産主義国家に変容し、功利主義と、政治的に教条主義的な教育の教授法を推進した。アメリカは、ドイツの占領地域内に総合教育を設置したかったが、西ドイツの政治家たちは、ナチ以前の3分岐制度に戻したいと考えていた。しかし、スペインとポルトガルは、戦前の——改革者を誰も期待できなかった——ファシストの独裁状態にとどまった。

工業生産がますます技術革新的になってくると、伝統的なブルーカラーの労働力を補充するホワイトカラ

一労働者の需要が高まった。1970年代には、伝統的な識者は、やがてはサービス産業社会に向かうだろうと言った。1980年代になると経済学者たちは情報社会を描いた。そして、1990年代には、エキスパートたちは知識社会という言葉をつくりだした。こうした展開は、教育にも大きな影響をおよぼした。さらに、科学の新発見が教室に入ってきた。それは新しい教授形態を必要とした。たとえば、コンピュータとインターネットにかんする知識をすべての科目に統合する必要性が高まった。

急速に変貌する社会では、能力を維持するだけでは十分でなく、生涯教育にかかわることが必要である。**グローバリゼーション**がおよぶ範囲を考慮するなら、国民国家が単独で基準を維持するのは無理である。たとえば、国際連合教育科学文化機関（ユネスコ）のような**国際機関**は、教育分野でさらに進んだ地球規模のコミュニケーションにつながるルートを創設した。イギリスの社会学者アンソニー・ギデンズ（Anthony Giddens, 1938-）は、彼が、伝統以降の時期とよんだものを描写している。彼は、伝統はもはや教育と人生の指針たりえないことを示唆している。近代世界では、さまざまなリスクが支配しており、各人はたえず自己決定の賛否を評価しつづけなくてはならない。そうした複雑な世界では、教育もまた複雑にならざるをえず、教授問題の解決策は新しい教科を生み出すことができたり、既存の科目を新しい方法で組み立てることもできた。こうして学際的な仕事（学習）が、あらゆる型の中等学校と大学で一般化してきた。

教育的なアプローチを計画する時期を選ぶには、すくなくとも二つの道がある。ひとつはアングロ＝サクソン・カリキュラムで、これはイギリスとスカンディナヴィア諸国の総合制学校で人気がある。生徒全員が同じコア・カリキュラム[*3]に従い、一人一人の能力に応じるために、より多くの選択肢が漸次的にあたえられた。この総合教育のシステムは、学校での学科を多様に教えることでグローバリゼーションの挑戦にこたえるものである。教育目標が満足すべきものであるかどうかを確かめるために定期的に各生徒の熟達ぶりがテストされる。もうひとつのアプローチは、ドイツあるいはヨーロッパ大陸の教授法である。学生は、選択コースを選ぶかわりに、三つのタイプの中等学校、すなわちハウプトシューレHauptschule（26パーセント）、レアルシューレ[*4]Realschle（27パーセント）、それに**ギムナジウム**Gymnasium（32パーセント）のうちのひとつに通うことを決める。私立学校に行くことを選ぶのはごく少数の学生で、総合制学校へ行くのは9パーセントにとどまっている。しかし、さまざまな学校制度のどれを選ぶかの自由は生徒たちにはなく、低学年では教師が決める。ハウプトシューレの生徒は職業訓練学校で勉学を続けることができ、レアルシューレに通う生徒は技術学校に進学することができ、さらに、ギムナジウムの生徒は第6学年[*5]に進学することができ、大学とアカデミーで勉学を続けることができる。実際、ドイツの学校制度の教科のあいだには比較的わずかな選択肢しかなかったものの、そこには一貫性と系統性が保証されている。さらに、生徒たちに最終的な国家試験にそなえさせるために、教師たちが、しばしば学生に参加させる教育活動に個人が選んだ教科書を使う方法を発展させる自由がある。

1990年代、ヨーロッパのいくつかの国では、市民を知識社会で活躍できるように準備させるために、ある教育計画を策定した。この方法は、若者の95パーセントが中等学校を卒業し、そのうちの50パーセントが大学に進学すると見積もっていた。この計画を実行するには、教えることよりもむしろ自分で学習することを重視するのが適切であった。教師たちは、生徒の責任感の育成に焦点をあてるために、「効果的学習強化法」[*6]（the Process for Enhansing Effective Learning: オーストラリアで発達したPEEL法）のような用語について議論した。教育の個性化が、すべての学生が受け入れ可能な熟達水準を達成したかどうかを知るのを困難にしたため、教育過程とその結果を評価する必要があった。こうした教師たちに影響をおよぼしたのは、スイスの心理学者ジャン・ピアジェの理論であった。教師たちはまた、物質教育と形式的教育の総合としての範疇学習（categorical learning）を推奨したドイツの哲学者ヴォルフガング・クラフキ（Wolfgang Klafki, 1927-）の理念を具体化した。

グローバリゼーションの展開は、ヨーロッパの国民国家に課題をつきつけた。それに対する対応のひとつは、共通通貨によって共同の通商を行なうヨーロッパ連合（EU）の発展であった。これとは別の対応はOECD（経済協力開発機構）における世界の工業先進国のあいだでの協力であった。この組織は、「学習到達度調査」（ピサ）[*7]とよばれたプログラムを開発し、1998年に「知識と生活技能」とよばれたレビューを出版した。この総合的な報告書は、「生徒、学校および国の読解力リテラシー、数学的リテラシー、および科学的なリテラシーの能力についての資料を示し、家庭と学校におけるこれらの技能の発達におよぼす影響要因について洞察をもたらし、こうした要因がどのように相互に作用し、政策展開にとってどのような意味があるのかを吟味する」ものである。2000年には、参加した32カ国の15歳の1700万人を代表する25万人以上が評価対象になった。ヨーロッパ諸国の生徒の識字能力のレベルは、国ごとに大きく違っていた。フィンランドがトップで、そのあとにアイルランド、イギリス、スウェーデン、ベルギー、オーストリア、アイスランド、ノルウェー、フランス、デンマーク、スイス、スペイン、チェコ、イタリア、ドイツ、ポーランド、ハンガリー、ギリシア、ポルトガル、そしてルクセンブルクが続いた。この違いに対してはあらゆる

種類の説明が可能であり、おそらく単一の根本的な要因などはないであろう。経済的な多様性が要因になったということはありうるだろうが、それだけでは十分ではない。この報告書は、それほど重要なものではないものの、学生たちの社会経済的な背景が唯一の決定要因ではないと結論している。宗教上の提携関係も、もはや決定的な要因ではないが、宗教は、ドイツとかルクセンブルクといった国々が、さまざまな文化的背景をもつ比較的大きな人数の移民を受け入れているという事実と結びつきながら、読解能力になんらかの影響をおよぼすかもしれない。その他の要因としては、教員養成における地域差、母国語の構造、あるいは家庭での読書習慣などが考えられよう。

趨勢

16世紀初めの宗教改革は、ヨーロッパの識字能力のない子どもたちに聖書を理解させるため基本的な読書技能を学ぶ機会をあたえた。18世紀の啓蒙思想は、教会権力に疑問を投げかけ、新しい国民国家にふつうの少女や少年たちの教育に対するいっそう大きな支配力をあたえた。19世紀を通じて、ヨーロッパ各国の政府はしだいに、適当な建物で訓練を受けた教師たちによって営まれる普通・無償・義務、そして世俗の教育をあたえたいと望むようになった。20世紀には、工業生産を洗練することは学校が担うべき新しい課題であり、教育家たちはすべての者に中等教育をあたえはじめた。グローバリゼーションは、新しい教育媒体とインターネットの活用を通じて教育学的な思考法に課題をつきつけた。知識社会では、各学校は全国的あるいは地域的なレベルにおいてばかりでなく、国際的なレベルにおいても、競争しはじめた。第三千年紀のヨーロッパの学校は、その学生たちに生涯にわたって学びつづける社会に参加する準備をさせる必要がある。

[訳注]

*1 ジュール・フェリー（Jules Ferry, 1832-1893）――フランスの政治家。共和党の指導者として第二帝政と戦い、第三共和政の文部大臣を1879-81, 1882, 1883年につとめ、無償制の義務教育制度を確立し、学校教育から聖職者を排除した。首相にもついた（1880-81, 1883-85）が、経済政策の失敗のため失脚した。

*2 R・H・トーニー（Richard Henry Tawney, 1880-1962）――イギリスの経済史家。グラスゴー、オックスフォード、ロンドンの各大学で教鞭をとるいっぽう、フェビアン社会主義の立場から労働問題、中国問題、児童労働問題を研究し、労働党として労働党内閣の文部省教育諮問委員、石炭産業委員会、ロンドン教育庁諮問委員会、綿業調停委員会等の委員を歴任した。労働党の教育政策としてみずから執筆した『すべての者に中等教育を』（*Secondary Education For All*, 1921-22）［成田克也訳、明治図書、1971年］など、社会福祉問題としての国民教育に取り組み、この時期以降の世界の中等教育改革に大きな指針をあたえた。

*3 コア・カリキュラム（Core Curricurum）――中心主題にもとづいて科目が統合的に編成された教育課程。

*4 レアル・シューレ（Realschle）――理科・技術などをおもに教える実業中学校。

*5 第6学年（the sixth form）――イギリスの、おもにパブリックスクールの第6学年で、Aレベル試験の準備ための特別進学学年である。通常は、上級年と下級年の2年制で、日本の高校の第3学年に相当する。

*6 「効果的学習強化法」（the Process for Enhansing Effective Learning: PEEL法）――オーストラリアで発達した教授法。PEEL法。

*7 「学習到達度調査」（ピサ、Programme for International Student Assessment: PISA）――OECDに加盟する多くの国で義務教育の終了段階を迎える15歳の生徒（男女）を対象に、読解力、数学知識、科学知識、問題解決を調査、国際比較によってそれぞれの加盟国が教育方法を改善したり標準化するとともに、生徒の成績分布と背景を研究することを目的としている。1997年に調査プログラムの開発がはじまり、第1回調査（2000年）以降、3年ごとに調査する。毎回メインテーマが決められており、読解力、数学的知識、科学的知識の順番で順次推移し、2000年（読解力）、2003年（数学的リテラシー）、2006年（科学的リテラシー）、2009年（読解力）、2012年（数学的リテラシー）、2015年（科学的リテラシー）となっている。

➡ギムナジウムの教育、教育（アメリカ）、パブリックスクール（イギリス）、リセ

● 参考文献

Center for Educational Research and Innovation, ed. 1992-2002. *Education at a Glance: OECD Indicators*. Paris: Organisation for Economic Cooperation and Development.

Hahn, Carole S. 1998. *Becoming Political: Comparative Perspectives on Citizenship Education*. Albany: State University of New York Press.

Hibbert, Christopher. 1987. *The English: A Social History 1066-1945*. London: Grafton.

Martin, J. P., and E. Owen, eds. 2001. *Knowledge and Skills for Life: First Results from PISA 2000*. Paris: Organisation for Economic Cooperation and Development.

（HARRY HAUE／北本正章訳）

教育法第9篇と女子スポーツ (Title IX and Girls' Sports)

教育法第9篇（タイトル9）は、運動競技に適用されていることでよく知られているが、女子スポーツの機会拡大に、重要かつ論争的な役割を果たしてきた。1972年教育法修正条項第9篇（Title IX of the Education Amendments of 1972）は、アメリカ合衆国の財政援助を受ける教育プログラムと活動において性差別を禁止する法である。この法は、連邦から資金提供を受ける私立および公立の教育機関のスポーツプ

ログラムに適用され、アメリカ教育省平等教育公民権局（the U.S. Department of Education's Office for Civil Rights）によって施行された。1979年の行政解釈で概略が示されているように、「タイトル9」のスポーツへの規制は、財政援助、関心と能力の便宜、その他のプログラム領域における法令遵守を必要とする。この行政解釈は、大学間対抗のスポーツ競技を目的とするものではあるが、クラブ・学内対抗・学校間対抗の運動競技にも適用の余地を残している。

「タイトル9」の制定以降、スポーツに参加する女子選手の数は劇的に増大した。1971年には、ハイスクールのスポーツに参加する男子が360万人を越えていたのに対して、女子は30万人以下であった。2001年には、男子が390万人に対して、女子は270万人にまで増加した。女子のスポーツ選手が社会で受け入れられるようになったのも「タイトル9」の成果である。女子スポーツを放送するメディアの増加、オリンピックでの成功、プロリーグの設立は、スポーツが女性のイメージを変革する数少ない方法のひとつであることを示している。しかし、「タイトル9」は、ジェンダーの平等という点では明白な進歩をもたらしたにもかかわらず、女性は依然として機会・利益・処遇において平等な扱いを受けていないという主張も多い。

「タイトル9」がアメリカの運動競技にもたらした意味については1970年代以来ずっと論争の的であり、連邦議会、法廷、教育機関、その他さまざまな組織での議論を生んできた。とくに、「タイトル9」が遵守されているかどうかを評価する3要件テストは、「タイトル9」の意図と目的にかんする猛烈な反対をよび起こした。このテストへの反対者は、このテストによって男性を差別する比例的な「割りあて」がなされ、男子のスポーツ授業をなくすか予算を減らす以外にほとんど学校の選択肢がなくなってしまうと主張する。女性は男性に比べて生まれつきスポーツをすることへの関心がないのであるから、このテストは「タイトル9」の誤った適用を示しているという者もいる。逆に、このテストへの賛成者は、関心の水準と差別的な政策の歴史には相関関係がある点を強調し、学校が男子チームに有利になる決定をくだすようになったのは女子チームと「タイトル9」のせいだとする非難は誤っていると主張する。教育機関がすべての運動競技の領域で差別のない機会を女性に提供するには「タイトル9」による規制の強化が必要であるとする論者もいる。

「タイトル9」をめぐる多くの論争の中心にあるのは、大学間対抗のプログラムへのこの法の適用である。しかし、「タイトル9」の遵守は大学以下の教育機関でも問題をふくんでいる。たとえば、「公平協会対ミシガンハイスクール運動競技連合事件」（Communities for Equity v. Michigan High School Athletic Association, 2001）で、連邦地方裁判所は、通常とは違うシーズンに女子のハイスクールでのスポーツを実施する計画は「タイトル9」および憲法修正第14条の平等保護条項（the Fourteenth Amendment's Equal Protection Clause）に違反しているとの判決をくだした。「タイトル9」が女子のスポーツ参加にあたえたインパクトを完全に検討するには、小学校、中学校のスポーツプログラムを対象にした、より詳細な調査が必要である。「タイトル9」にかんする論争が競技場の内外で続くかぎり、この画期的な立法は、男女をとわず競技スポーツにとって広い範囲におよぶ意味を有することになる。

●参考文献

National Coalition for Women and Girls in Education. 2002. *Title IX Athletics Policies: Issues and Data for Education Decision Makers*. Washington, DC: National Coalition for Women and Girls in Education.

"A Policy Interpretation: Title IX and Intercollegiate Athletics." 1979. *Federal Register 44*, no. 239: 71413 et seq. Microfiche.

U.S. Department of Education, Office for Civil Rights. 1997. *Title IX: 25 Years of Progress*. Washington, DC: United States Department of Education.

●参考ウェブサイト

National Federation of High School Associations. 2002. "2001 High School Participation Survey." Available from 〈www.nfhs.org/〉

（ANDREA KWON／太田明訳）

教区学校（アメリカ） (Parochial Schools)

教区学校[*1]は、多元的なアメリカ社会で、子どもの教育に対する複雑な思惑から産み出された。アメリカでは、教育をめぐって親の権力と国家権力とあいだの境界線をどのように引くべきかが長らく懸案の課題となってきており、アメリカ人は、学校教育は民主主義と国民的連帯に大きな影響力をもっているという確信を、断固としてもちつづけてきた。

19世紀の教区教育

植民地時代から19世紀初頭のアメリカでは、プロテスタント諸宗派による教育への取り組みは局所的なものにとどまっていたが、カトリックもまたそれと同じ方法をとった。大部分の男子と女子は、教区住民の寄付金、聖職者の奉仕活動、そして両親による低額の授業料によって運営された教区学校で基礎的な読み書きと宗教を学んだ。修道女や世俗の女性信者によって運営されたアカデミーでは、都市に住む裕福なカトリック教徒の娘たちに「洗練されたマナー」を提供した。最初に設立されたのは、1727年にニューオーリンズに開校された学校であった。8歳から24歳までの幅広い男子を受け入れていた男子カレッジは、聖職者によって運営されていた。このようなカレッジの初期の

モデルとなったのはジョージタウンのカレッジであるが、1830年までに14校が設立され、それらはしばしばプレップスクール、カレッジ、そして神学校がひとつの建物内に併設されていた。

1840年代に、アイルランドとドイツからカトリック移民が大量におしよせると、教区教育の必要性が新たに高まり、教区教育は新しいかたちをとるようになった。カトリック教徒は、民族的な偏りをもつようになった各教区に学校を作り、生徒の両親の言語を話すことができ、家族の故郷である旧世界と、家族が新たに生きる新世界の両方の事柄を教えることができる修道女の教師をさがし求めた。都市の中産階級と上流階級は、新しいカトリック学校を増やすことによって、自分たちの子どもを教区学校には通わせなくなった。1840年代には、56校もの新しいカトリック系中等学校が新たに設立された。これと平行して、プロテスタントの改革派たちは、民主主義的な価値観を伝達するための手段として教育に新しい重要性をあたえるようになった。マサチューセッツ州のホーレス・マンの指導のもと、さまざまな教育家たちが税金による無償学校を展開したが、それらの学校は通常、プロテスタントによって統制され、『欽定訳聖書』*2にもとづいて作成された教科書が使われた。この結果、学校を建築するための多額の費用がわずかな教育資源をますます枯渇させたにもかかわらず、教区学校と公立学校は、同一のいくつかの教区内に併設された。ひとたび信仰にかんする問題が金銭にかんする問題と関係するようになると、教育は、19世紀なかばに高まっていた民族的、宗教的な緊張を社会にかわって引き受ける避雷針のような役割を果たすことになった。

ノウ・ナッシング党*3のような排外主義者たちは、外国人で権威主義的なローマ教皇が、カトリック学校を支配して民主主義に損害をあたえるかもしれないというプロテスタントの恐怖心を利用した。これに対してカトリック教徒は、公立学校では反カトリック的な教師がカトリック版の聖書よりもプロテスタント版の聖書を使っており、カトリックの子どもに対して親の母国語や文化的背景を教えることができないにもかかわらず、公立学校にみずからの税金が使われていると反論した。これは、アメリカが約束した自由からカトリック教徒たちが期待したものではなかった。1840年に、ニューヨーク市のジョン・ヒューズ司教*4が、教区学校に税金による補助を行なうための請願をカトリック教徒によびかけると、いわゆる「学校戦争」が勃発した。同じような運動は北部および中西部の地域で、10年以上にわたって葛藤を惹き起こした。カトリック教徒は税金による財政的な援助を勝ちとることには失敗したが、教区教育を支援しようとし、またそうすることができる親や司教区があるところでは、公立学校とは異なるみずからの教育課程を維持することができた。ニューヨークに続いてボストンやニューイ

ジョン・ヒューズ司教（1797-1864）*

ングランドといった地域では、全就学児童のおよそ20パーセントが教区学校に通っていた。デトロイトでは、カトリック学校は学校在籍者数全体のおよそ40パーセントを占めた。教区学校の増加の仕方は地域社会の状況、修道女の教師の質、親の選好に応じてさまざまであった。アイルランド系の子どもにはアイルランド系修道女が、ドイツ系の子どもにはドイツ系修道女が教育を行なうといった具合である。カトリック系の出版者たちは宗教教育のための教科書を出版し、良心的な修道女は、最良の公立学校に匹敵する副読本と授業が必要であると強調した。

1884年、アメリカの司教たちが第3回カトリック教会会議（Third Plenary Council）で一堂に会したとき、教区教育が論争の主題となり、この点にかんして司教たちの見解が一致していないことが明らかとなった。「アメリカ主義者」は学校をアメリカ文化の内部に位置づけようとした。「多元主義者」たちは民族学校を支持し、いかなるかたちの公的統制にも反対した。この論争は15年にわたって続けられた。プロテスタントは、カトリック学校はローマ教皇の命令に従っているはずだと思っていたが、実際には教区学校、男子向けプレップスクール、寄宿制修道会学校というそれぞれ異質な学校が並存しつづけ、より統一的な学校体系をつくりたいという司教たちの野心を拒んでい

1890年代から1920年代までのあいだに、中央ヨーロッパおよび南ヨーロッパからのカトリック系移民がアメリカ産業の中心地へとおしよせるようになっても、民族別の教区学校というモデルは機能した。たとえば、さまざまな年齢のポーランド系の生徒は、新たに組織されたポーランド系アメリカ人の修道女集団によって、ポーランド語で書かれた教科書で教えられた。しかし、移民2世、3世の子どもたちはこれとは異なり、新しく設立された中産階級向けの寄宿制教区ハイスクールへと進学した。彼らはそこで大学教育を受けた修道女や聖職者から、ギリシア語、ラテン語、化学などを学んだ。

20世紀

アメリカ社会を人種のるつぼとし、「100パーセントのアメリカ主義」を達成しようとする野心は、第1次世界大戦後、教区学校に対する新たな攻撃を惹き起こした。多くの州で、投票用紙を申請するために、公立学校への出席が要求されるようになった。オレゴン州知事ピアス対修道女協会訴訟にかんして、1925年に連邦最高裁は、両親が公立学校以外の学校を選択する権利を承認した。その一方で、カトリック教徒は自分たちの学校を正当化するため、外部からの設置認可基準を受け入れていった。1960年代なかばまでに、初等教育の学齢児童全体の12パーセントが教区学校に通うようになった。

20世紀後半を通じて、教区学校はカトリック教会の内外に生じる新しい現実に適応していった。上層への階層移動、宗教団体出身の教師の減少、公立学校への心的態度の変化などによって、閉校におちいる学校もあれば、新たに設立されたり、規模を拡大した学校もあった。民主主義国家アメリカにおいて、公立学校の資格をもたず、教会と深い関係をもつ学校教育をどのように位置づけるべきかという歴史的な論争はいまなお続いている。しかし、教区学校はまた、アメリカのカトリック移民がなしとげたもっとも印象的な達成のひとつと見ることも十分に可能であろう。

[訳注]
* 1 教区学校（parochial schools）──アメリカの教育史において用いられる用語で、主としてカトリックなどの宗教団体によって維持・運営される小・中・高等学校。通例、教区立であるため公式には diocesan school ともいう。parochial school という表記のアメリカでの初出は1755年頃からである。
* 2 欽定訳聖書（King James Bible）──イギリス王ジェームズ1世（James I, 1566-1625）の命により翻訳編集され、1611年に出版された英訳聖書。King James Version ともいう。
* 3 ノウ・ナッシング党（the Know-Nothings）──19世紀アメリカにあらわれた反知性主義的な秘密結社。1849年ごろ移民排斥主義の秘密結社として結成された。1855年には南部支持者と合同して「アメリカ党」（American party）と改称したが分裂した。党の名称は、党の組織について聞かれたある党員が"I know nothing."と答えたことに由来する。
* 4 ジョン・ヒューズ司教（John Joseph Hughes, 1797-1864）──アイルランド生まれのアメリカのカトリック司祭。20歳の頃、アメリカ移民となり、ニューヨーク州初代のローマカトリック大司教となった。カトリック拡張のために尽力し、南北戦争のときにはヨーロッパ各地をまわってリンカーン大統領の立場を訴えて、奴隷解放に貢献した。

➡カトリック、教育（アメリカ）、私立学校と独立学校、日曜学校

● 参考文献

Dolan, Jay P. 1985. *The American Catholic Experience: A History from Colonial Times to the Present*. Garden City, NJ: Doubleday, 1985.

Ravitch, Diane. 1974. *The Great School Wars: New York City, 1805-1973*. New York: Basic Books.

Sanders, James. 1977. *The Education of an Urban Minority*. New York: Oxford University Press.

Shananbruch, Charles. 1981. *Chicago's Catholics: The Evolution of an American Identity*. Notre Dame, IN: University of Notre Dame Press.

Vinyard, JoEllen McNergney. 1998. *For Faith and Fortune: The Education of Catholic Immigrants in Detroit, 1805-1925*. Urbana: University of Illinois Press.

Walch, Timothy. 1996. *Parish School: American Catholic Parochial Education from Colonial Times to the Present*. New York: Crossroad.

(JOELLEN MCNERGNEY VINYARD／岩下誠訳)

共産主義の若者（Communist Youth）

共産主義は、20世紀のもっとも重要な政治運動のひとつであり、全地球を横断する共産主義の指導者たちは、共産党、共産主義政府、そして共産主義社会を建設しようとする計画の中心に若者を置いた。

政治運動としての共産主義

20世紀における共産主義の歴史はロシアではじまった。1917年11月、ボルシェヴィキ党が、1917年3月のロシア専制政治の崩壊後に確立された暫定政府を打倒した。ロシアの社会民主主義運動のなかから生まれ、その革命戦略をカール・マルクス（1818-1883）とウラジミール・I・レーニン（1870-1924）の著作物に基礎を置くボルシェヴィキ党は、ただちにソヴィエト連邦共産党（the Communist Party of the Soviet Union: CPSU）と改称し、新しい共産主義政府としてソヴィエト社会主義共和国連邦（the Union of Soviet Socialist Republics: USSR）を創設した。

共産主義へのボルシェヴィキの接近は、その発展と

ともに、政府による財産の所有と、プロレタリアート、すなわち労働階級という名の党によって実施される権威主義的な政治規準を基礎にしていた。ボルシェヴィキは、国際的な共産主義運動を生みだすことにも努力した。革命後、彼らは北アメリカやアジアにおいてだけでなく、ヨーロッパにも共産主義政党を組織するために、ヨーロッパのほかの国々の社会主義政党を分裂させようとした。これらの政党は、共産党員の会員組織、あるいは第3回インターナショナル（コミンテルン、1919-43）を通じて、ソヴィエトの指導下に置かれ、彼ら自身の革命活動においてしばしばソヴィエトの指導に強制的に従わされた。第2次世界大戦後、共産主義の影響はかなり強まった。1949年の中国では共産主義が政権をとったが、1945年から1948年にかけての東ヨーロッパのソヴィエトの影響がおよぶ範囲に共産主義体制が導入された。共産主義は、戦後復興期を通じてアフリカ、アジア、ラテンアメリカの多くの地域でも、解放と革命闘争で重要な役割を演じた。国際的な政治運動としての共産主義の重要性は、1989年の東ヨーロッパにおける共産主義体制の崩壊と、1991年のソヴィエト連邦の解体後、急速に衰退した。

共産主義と若者

革命を準備し、持続的な共産主義の体制と社会を建設するうえで若者による支援は決定的に重要であった。ロシアでは、都市に住む若い労働者たちは、1917年の夏から秋にかけてボルシェヴィキとその軍事力の重要な支援をもたらした。1918年に内戦が勃発したとき、新しく組織された共産主義青年同盟（コムソモール）[*1]のメンバーは、赤軍[*2]内のさまざまな対応によって革命を擁護した。そして彼らはボルシェヴィキの指導者たちからその勇敢さ・勇気・自己犠牲を賞賛された。ヨーロッパのほかの地域では、若者たち――とくに若い労働者たち――は、いくつかの共産主義の青年組織（これらはソヴィエトが支配する共産主義青年インターナショナルに所属した）と、新しい共産主義政党の両方で革命を推進した。こうした若い男性の熱意を包摂するボルシェヴィキの革命モデルは、年長者と、あまり柔軟ではない戦前の革命活動を無視して、ロシア・ボルシェヴィキ党のイメージのなかにヨーロッパの共産党を形成する際、ロシア・ボルシェヴィキによってしばしば利用された。たとえば、1920年代のフランスでは、コミンテルンの指導者たちは、とくにソヴィエトの戦略の実施に対する大人たちの抵抗が見られたときには、党内の主導的な地位に向けて青年共産主義の兵士たちを奨励した。後年、こうした若者たちは、第2次世界大戦中における共産主義者の抵抗運動で重要な役割を演じた。

ひとたび権力を手に入れた共産主義の指導者たちは、新しい共産主義社会をつくる試みの中核になるよう若者世代を変容させた。若者たちは事前の政治的な経験を欠いており、成人よりも適応力があると考えられていたため、共産主義の指導者たちは、こうした若者たちを共産主義の熱心な支持者に、また新しい社会主義社会の建設者に変えられると考えていた。1920年にレーニンが宣言したように、共産主義社会を建設する具体的な仕事に直面させられたのは世界の若者であった。共産主義体制は、年少世代を準備するために、既存の若者組織を解体したり廃止し、党の支配を受ける共産主義青年連盟（Communist Youth Leagues）を若者男女のために、そして「ピオニェル」（Young Pioneer）を子どもたちのために設立した。これらの組織は、若者たちに共産主義の価値観を教育し、共産主義を建設しようとする共産党を援助するために尽力した。たとえば、年少の子ども向けに政治教育を行ない、共産主義の文化事業や**識字能力**（リテラシー）・キャンペーンを支援し、学校でのさまざまな活動を監督し、将来の成人党員のための訓練の場を提供した。これらの若者集団のメンバーは、教育や専門職の、あるいは政治的な機会を手に入れる特権的な手段をしばしば得たが、彼らには、共産主義の大義に献身し、特別なキャンペーンに積極的に参加することが期待された。

ソヴィエト連邦の第1次5カ年計画（1928～1932年）の期間中、若者たちはその前衛にいた。若者たちは穀物を収穫したり、集団農場で農民たちの力になるために農村部に送りこまれ、ソヴィエト連邦を工業力に変えようと必死に取り組んでいた特別作業隊[*3]のメンバーとして工場や建設現場に配置された。多数の若者は、こうした革命的な仕事を非常に熱心に受け入れ、社会主義を建設する闘争の最前線に自分がいるのを感じると興奮して語った。中国では、毛沢東（1893-1976）が1960年代末の文化大革命によって共産主義を新たに活気づけるために中国の若者たちの革命的熱狂を利用した。共産主義者たちは、若い支援者の連続世代を形成するために教育を再編した。あらゆる段階の学校は、共産主義の理論と価値観にもとづいた政治教育をふくみ、そのカリキュラムは社会主義に役立つ手労働を非常に厳密な知識労働に結びつけた。

最近の学問傾向

学者たちは、最近になって若者と共産主義の関係を新しい方法で研究しはじめている。長いあいだ学者たちは、若者を直接対象にする共産主義者の努力にもっぱら重点を置いてきた。彼らは、共産主義者が独立の若者組織を廃止し、共産党が支配する成人の党にしっかりと服従させられていた若者組織を創設した。そして、若者を形成し、支配するためにこうした組織を利用した。しかし最近では、共産主義の若者組織は、学者たちがかつて描いたほど一枚岩的なものではなく、また、そのことよりも重要なこととして、共産主義に

対する若者の反応は、最初あらわれたときよりも複雑であったと主張しつつ、学者たちはこうした状況の把握を変えた。いまや学者たちは、偉大な革命の熱狂のときでさえ若者たちは、さまざまな方法で共産主義者のメッセージに反応したと論じている。すなわち、ある者は非常にわずかなことしか（あるいはまったく）信じなかったが、ある者は熱心な信者であり、またある者は、制度内で生きのびたり進歩するために知っておくべきことを学んだ。

　事実、もし若者が、しばしば社会主義の建設者であったとしても、彼らはまた、共産主義のイデオロギーにすすんで異議を唱える若者でもあった。新しい文化スタイルと実践——実際、東ヨーロッパとソヴィエトの共産主義者たちは、ジャズやロックンロールのような西側文化の輸入が1950年代と1960年代を通じて若者におよぼす影響に関心をはらうようになった——の適用によってか、あるいは、1967〜1968年と1989年のチェコスロヴァキアや、1989年の中国での例のように、明確な政治的抗議によってか、どちらかのやり方で批判することができた。最後に、学者たちは、どのようにして若い男女が、こうした組織をしばしば支配していた男らしさの理想とともに、ジェンダーの平等をよそおう共産主義の青年組織でまったく異なる体験をしたのかを解明しはじめた。

［訳注］
＊1　コムソモール（Komsomol）——14〜28歳の青年を対象にした旧ソ連邦の政治組織「全ソヴィエト連邦レーニン共産主義青年同盟」（1918〜1991年）。
＊2　赤軍（the Red Army）——旧ソヴィエト連邦のソ連軍（Soviet Army）。
＊3　特別作業隊（shock-brigade, shoch-worker）——旧ソヴィエト連邦において、困難な仕事に志願または選抜されて、標準以上の仕事を行なった。

➡学生の政治活動、ヒトラー・ユーゲント、ファシズムの若者

●参考文献
Chan, Anita. 1985. *Children of Mao: Personality Development and Political Activism in the Red Guard Generation*. Seattle: University of Washington Press.
Fisher, Ralph Talcott, Jr. 1959. *Pattern for Soviet Youth: A Study of the Congresses of the Komsomol, 1918-1954*. New York: Columbia University Press.
Gorsuch, Anne E. 2000. *Youth in Revolutionary Russia: Enthusiasts, Bohemians, Delinquents*. Bloomington: Indiana University Press.
Konecny, Peter. 1999. *Builders and Deserters: Students, State, and Community in Leningrad, 1917-1941*. Montreal and Kingston: McGill-Queen's University Press.
Pilkington, Hilary. 1994. *Russia's Youth and its Culture: A Nation's Constructors and Constructed*. London: Routledge.
Tirado, Isabel A. 1988. *Young Guard! The Communist Youth League, Petrograd 1917-1920*. New York: Greenwood Press.
Whitney, Susan B. 1996. "Embracing the Status Quo: French Communists, Young Women and the Popular Front." *Journal of Social History* 30, no. 1: 29-53.

（SUSAN B. WHITNEY／北本正章訳）

きょうだい関係（Siblings）

　西ヨーロッパ社会において、きょうだい関係とは、通常、個人の一生をとおして育まれた関係のなかでもっとも長い関係を包括する。きょうだい関係とはみずから望んだ関係ではなく、生まれたときから、あるいは（親の再婚や養子縁組などのように）法律によって定められた関係である。きょうだいという経験を成立させる要素には、階級・民族・文化の伝統という特別な状況とならんで、家族の規模、**出生順位**、年齢差もふくまれる。たとえば、先住アメリカ人の親族関係と血縁に生じた変化や、**奴隷制**のもとでアフリカ系アメリカ人の家族がばらばらになったことは、きょうだい関係の性質に影響をおよぼした。双子はどの社会でも特別な位置を占め、きょうだい関係の本質を決定する。双子や**多児出産**の場合のように、子どもたちをひとつの単位として社会的に同一視することによって、きょうだいたちの年齢による区別はあいまいにされ、きょうだいの個々の自主性はあまり重視されなかった。

　ジェンダーもまた、文化を越えて個人の家族経験を形成するが、性差によってきょうだい関係に優劣が出るとはかぎらない。たいてい、きょうだい関係は階層ではなく平等である。権力や地位の違いは存在するかもしれないが、これらはかならずしもジェンダーから生じたものではない。子ども期には、典型的なきょうだいは親密な交流を日常的に経験する。これは成人期に変化するが、彼らの関係が時間と距離を超えて持続し、きょうだい関係が老年期にいたるまで多大な影響をおよぼすことは多数の証拠が示している。きょうだい関係をさぐる多様な研究は、20世紀後半の工業化された西ヨーロッパ社会において、調和あるいは緊張によって特徴づけられるかどうかはともかくとしても、きょうだい関係が強力かつ重要であることを示唆している。ほかの社会から得られる異文化比較は、人間の一生におけるきょうだい関係の普遍的な重要性を証拠立てている。

　20世紀なかば以降、きょうだいの結びつきの本質と重要性について、社会科学研究は広範な考察をもたらしている。しかしそれに比べると、社会史的な観点から家族生活におけるきょうだい関係を系統的に調べようとする研究者は少ない。西ヨーロッパの文化では、きょうだいというテーマのもっとも早い議論のいくつかは旧約聖書と古代の神話にあらわされている。この

トマス・ゲインズバラ「蝶を追いかける画家の娘たち」（1756年頃）。18世紀にはきょうだい関係がより親密になり、かつて見られたような競争的な関係ではなくなってきたことを示す根拠がいくつもある。兄弟と姉妹は、その生涯にわたって感情的な支えと友愛関係のためにお互いに支えあう関係になった。©National Gallery Collection; By kind permission of the trustees of the National Gallery, London/CORBIS.

事実は、早い段階からきょうだい関係が文化的に重要だと認識されていたこと、そしてきょうだい間には調和と闘争を生む可能性が潜在的にそなわっていることを示している。子ども期の歴史のほかの側面と同様に、きょうだいの相互関係にかんする子どもの直接体験を記録するのはむずかしい。そのうえ、入手できる情報は、ほとんどが上流または中産階級の観点である。歴史家のなかには、子どもの死亡率の高さから、近代以前の子どもは情緒的なきょうだい関係を築かないように学習していたのではないかと主張する者もいるが、18世紀の子ども期のこの面にかんしては、資料がまったく存在しない。

18世紀のきょうだい関係

　伝統的な**相続**制度と結婚習俗は、近世の西ヨーロッパ社会におけるきょうだい間のライバル意識と葛藤に拍車をかけたようである。長子であることや出生順が娘の結婚を許可する主要な評価基準として重視されたため、きょうだい間の親密さは影をひそめ、性別と年齢の違いによるライバル意識が表面化した。歴史家はこの領域を調べはじめたばかりだが、いくつかの研究は、18世紀のアメリカではこの慣習が衰退していたことを示している。そしてその衰退は、最終的には、共同体、親族関係がすべて平等であるという新しい風潮を形成した大西洋の向こう側［ヨーロッパ］にまでおよんだ。その風潮のなかで、姉妹と兄弟はその生涯をとおして、互いの情緒的、社会的生活で中心的な役割を果たした。

　たとえば、ロリ・グローバーは、サウスカロライナの18世紀の上流階級家庭のきょうだいたちは互いに深い影響をおよぼしあっていたと論じた。かれらの関係は、家父長制の世帯や、植民地時代のアメリカでのより広範な社会秩序とはいちじるしく異なっていた。初期の植民地時代のサウスカロライナでは、高い死亡率と移住パターンにおいて、よりひんぱんに親子の関係が分裂したとき、きょうだいたちは、互いをもっとも信頼できる永続的な家族とみなすことが多かった。人口動態が不安定でなくなってくると、功利的であったきょうだい関係は、相互関係にもとづいた、より平等主義的な結びつきへと変化した。大家族では、きょうだいたちはお互いを親しい友だちと見ていた。彼らは、自分の両親のこと以上に自分のきょうだいのことをよく知っていた。18世紀を通じて、姉妹と兄弟たちは、ますます相互依存的になり、子ども期から老年期まで、欠くことのできない実際的で情緒的な助けあいを生みだしていた。

　他地域のきょうだいと同様、サウスカロライナのきょうだいたちが衝突や不一致を経験していたことも確かだが、こうした問題の背景には、出生順位やジェンダーにもとづくライバル意識とは別の要因があった。たとえば、年齢差のあるきょうだいは、まるで親子のような関係を生むことがあった。現代社会のように、混合家族に内在する相互関係の複雑性とともに、教育やライフステージ、性格の違いもまたむずかしい問題となるだろう。しかし、一般的に見て、18世紀の文化は、強力で持続的なきょうだいの絆の発展を後押しした。すべてのきょうだいにあてはまるわけではないが、きょうだい関係は、18世紀の家庭を支配していた家父長制の規範を迂回する関係を構築した。女性たちは、子どものときも大人になってからも、父親や夫と意見がくい違うことはあったが、兄弟たちとは対等であり、家庭生活のパートナーとしてうまくやっていた。

　姉妹と兄弟のつながりは、支配的な男女規範に異議申し立てをする一方で、姉妹の関係は18世紀の女性文化に根を下ろし、しばしば女性の人生における中心的な関係の典型となった。成人女性は、しばしば妹たちの世話や教育をするために必要とされた。年齢が近い姉妹は、「親友」として生涯にわたって親密な関係を大切にした。若い女性にとっては、愛する姉妹との別れは、それが求愛と結婚という幸福な出来事と結びついていたとしても、痛ましく苦しいことであった。

19世紀のきょうだい関係

　19世紀の中産階級家族におけるきょうだい関係は、精神的な**愛情**の本質を重視する家庭文化の影響を反映している。つまり、家族生活において、とくに母親と子どものあいだでの愛しみあう関係の重要性、また、きょうだいのあいだでの調和、協力、情愛の重要性が強調されるようになったのである。ヴィクトリア時代の中産階級の両親は家の存続を重視し、子どもたちに、きょうだいに対して忠節をつくし、もし親が死んだら年下のきょうだいの姉妹と兄弟の面倒を見るよう迫った。その結果、もはや個人の財産がきょうだいの地位に直接つながることはなくなったが、きょうだいが団結する心理的な重要性は増した。この文脈において、中産階級の子ども期の経験は、しばしばきょうだいに対する深い愛で彩られている。嫉妬心がわいたことは確かだが、両親や育児にかんする文献では、そのことについては何も言及されておらず、19世紀の終わりまで、それが懸念すべき事項としてとりあげられることはなかった。

　生涯にわたる姉妹との親密な関係は、個々の女性の人生において主要な役割を果たしつづけ、19世紀の女性にとっては、きわめて一般的であった。若い女性は、求愛期間と結婚が姉妹の絆にとって代わるとき、しばしば激しい感情的な苦しみを経験した。18世紀に見られたように、歳上の子どもたちは歳下のきょうだいの面倒を見、歳上の姉たちは歳下の妹や義妹たちの母親がわりとなった。子どもたちが初等教育の大半を受ける家庭では、きょうだいたちは、お互いが主要な知性と感情のはけ口になりあった。

　この時期の道徳規範的な文学は、姉妹と兄弟の絆を、男女間のキリスト教的な愛情の純粋モデルとして描写した。しかし、兄弟－姉妹関係は文化的な理想を超えたものをもたらした。大半の子どもたちにとって、兄弟・姉妹関係ははじめての異性仲間として、少年と少女が学校でよりもはるかに社交的にふるまうことができる、自然で心なごむ関係をもたらした。この意味で、きょうだい関係は19世紀の男性世界と女性世界のへだたりを架橋する役目を果たした。親たちはこうした相互関係に特別な期待をよせた。男の子は自分の姉妹を守るよう要求され、女の子は自分の兄弟に家事奉仕するよう要求された。このような義務は、互恵性と親密さを促進したが、不平等と性差別も生みだした。それにもかかわらず、力関係の問題が純粋な愛情と献身

のさまたげになることはなく、前世紀と同じように、19世紀の異性のきょうだい関係は生涯をとおして重要な役割を果たした。

奴隷にされたアフリカ系アメリカ人の子どもたちの場合、きょうだいの離別によって、白人のきょうだいたちが経験したような親密さは、しばしば排除された。それにもかかわらず、売られていったきょうだいにちなんで自分の子どもに名前をつける慣習がひんぱんに見られたことからわかるように、奴隷の、あるいはかつて奴隷であったきょうだいのあいだに、大人になったあとでも情緒的な結びつきが存在することは明らかである。

20世紀のきょうだい関係

20世紀の変わり目になると、きょうだい関係の歴史は新しい局面を迎えた。19世紀の最初の10年以降、アメリカでは出生率が低下しつづけていたが、2人または3人という少人数のきょうだいの単位は、1890年頃の中産階級の家庭でしか一般化せず、一方、地方の労働階級の家庭では、依然として大家族の傾向が強かった。少人数の家庭内では、母子の愛情に重点を置いたヴィクトリア時代の価値観とならんで、中産階級での子育ての親密性が強まった。この文脈では、子どもたちは母親の愛情をめぐって争い、新しい赤ん坊の誕生は、近世の中産階級の家庭で見られたよりもはるかに分裂的になった。さらに、20世紀の若者に対して拡張されたハイスクール体験と、きょうだいの年齢差がせばまったことは、歳上のきょうだいたちが弟や妹の育児にかかわる機会が少なくなったことを意味した。この状況は、きょうだい間のライバル意識と嫉妬心が強まるのを助長した。

両親や育児にかんするマニュアルには、いまやきょうだい間のライバル意識が深刻な問題になっていると定義している。それはのがれられない出来事で、子どもの安心感が脅かされ、大人になっても尾を引く経験だと記述している。過去には、相続や結婚の特権にまつわるきょうだい間の嫉妬の感情は、若者たちに緊張関係をもたらしたが、いまでは、そのようなライバル意識は幼い子どもたちに特有のものである。この事柄によせる大人の関心は、この問題の次元を誇張したが、20世紀の家庭ではきょうだい間のライバル意識を助長した。

1920年代から80年代にかけての家族文化は、きょうだいの関係が、深い愛情で結ばれた絆というよりも平和な共存関係であったといわれた。子どもたちは、部屋やおもちゃを共有するのではなく分割することで独立心を育んだが、それは大人になってからも続いた。1960年代に、より多くの母親が家庭の外ではたらくようになると、子どもはベビーシッターや保育士と、また、それにくわえて父親とすごす時間が増え、きょうだいのライバル意識についての強い文化的な懸念も弱まった。年少世代におけるピアカルチャーの影響も大きくなり、同年代の仲間とより多くかかわることは、きょうだい間の嫉妬の感情を軽減させた。出生率が下がりつづけるのにともなって、一人っ子家庭が増え、子ども一人がもつ空間が増えたことは、この問題をやわらげるのに役立った。さらに、1950年代までに子どもが弟妹の世話を手伝うのはもはやふつうには見られなくなった。しかし、今後は、新しい状況——たとえば、非常に複合的な家族や義理のきょうだいなど——が、きょうだいのライバル意識を生む可能性も出てきた。

きょうだいの経験における変化の感覚は明確であるが、20世紀を過去の時代に結びつづけているものもいくつかある。たとえば、1950年代における研究は、6人以上の家庭で育った大人は、遊びの世界、団体精神、そして歳下の弟や妹たちをしつけた歳上のきょうだいの自給自足の子ども期を記憶にとどめていることを明らかにした。こうした回答者は、青年期におけるきょうだい関係の重要性をつねに話題にし、成人期を通じてその親密さを報告している。彼らは、小規模な家族で問題になるほどのライバル意識はあまりなかったと述べている。

➡家族の諸類型、子どもの感情生活

● 参考文献

Atkins, Annette. 2001. *We Grew Up Together: Brothers and Sisters in Nineteenth-Century America*. Urbana: University of Illinois Press.

Cicirelli, Victor G. 1995. *Sibling Relationships Across the Lifespan*. New York: Plenum Press.

Crispell, Diane. 1996 "The Sibling Syndrome." *American Demographics* 18: 24-30.

Dunn, Judy. 1985. *Sisters and Brothers*. Cambridge, MA: Harvard University Press.

Glover, Lorri. 2000. *All Our Relations: Blood Ties and Emotional Bonds among the Early South Carolina Gentry*. Baltimore: Johns Hopkins University Press.

Gutman, Herbert G. 1976. *The Black Family in Slavery and Freedom 1750-1925*. New York: Vintage Books.

Mintz, Steven. 1983. *A Prison of Expectations: The Family in Victorian Culture*. New York: New York University Press.

Stearns, Peter N. 1988. "The Rise of Sibling Jealousy in the Twentieth Century." In *Emotion and Social Change: Toward a New Psychohistory*, ed. Carol Z. Stearns and Peter N. Stearns. New York: Holmes and Meier.

Stearns, Peter N. 1989. *Jealousy: The Evolution of an Emotion in American History*. New York: New York University Press.

Stewart, Elizabeth A. 2000. *Exploring Twins: Towards a Social Analysis of Twinship*. New York: St. Martin's Press.

Stowe, Steven M. 1987. *Intimacy and Power in the Old*

South: Ritual in the Lives of the Planters. Baltimore: Johns Hopkins University Press.

（LINDA W. ROSENZWEIG／大西なぎさ・北本正章訳）

恐怖心（Fear）

　西ヨーロッパにおいて、子どもがいだく恐怖心の発生とそれへの対処の仕方にみられる変化は、20世紀末から21世紀初めにかけて、子ども期の歴史が議論されてきたパターンと一致する。近世における子どもの「発見」と、親子のあいだの情緒的な関係の欠如という観念は、今日では、人間関係は短期の時間で変わりうるという考えに対する熱気が新鮮であった1970年代ほどの確信はもてないようである。しかし、子どもはどのように育てられるべきかという理念は、疑いもなくかなりの変化を示しており、18世紀以降、教育をめぐる論争は激しさを増してきている。子どもの社会的地位は、子ども期がひとつではなく（大半の社会階級で見られたように）多数の意味をもつようになる長い過程で変化した。

教授法の手段としての恐怖心

　伝統社会の日常生活は恐怖心によって決定されていたように見える。なぜなら、自然現象、長期にわたる疾病、そして社会的衝突などについての無知が、日常的な暮らしを不確実にしていたからである。このような恐怖に満ちた世界で、宗教はながいあいだ人びとの心の支えであったが、16世紀以降分裂し、再構築されるようになった。公的生活を宗教論争が支配するようになったため、基本的な恐怖心が宗教的な領域で経験されてきたといわれている。

　1628年生まれのジョン・バニヤンは、その自伝『罪深き者にあふれる恩寵』（*Grace Abounding to the Worst of Sinners*, 1666）で、読者に向かって、彼が眠っているあいだに悩まされ、「悪魔と悪霊」によび起こされ、しかし、最終的には人間が負っている罪ゆえに、人間を罰するために神によって送りこまれた「おそろしい夢」と、「ぞっとするような幻想」について語っている。人間にとって最大の恐怖は「最後の審判」であって、これによって彼はその時間を「悪魔と身の毛のよだつ魔王にとりまかれて」すごすよう命じられるかもしれなかった。

　しかし、18世紀末までに、知識と理性に対して強められた確信は、恐怖心を忌避すべき遺物にし、やがて、恐怖心をいだくことは子どもっぽいことだと決めつけるようになった。伝統社会では、恐怖心はもっぱら幼い子どもをしつけるときにだけ用いられていた。這いずりまわり、行方不明になったり、溺れたり、あるいは火傷をしたりする危険な状況にある小さな赤ん坊を見守るのがむずかしい環境では、ブギーマン[*1]は、

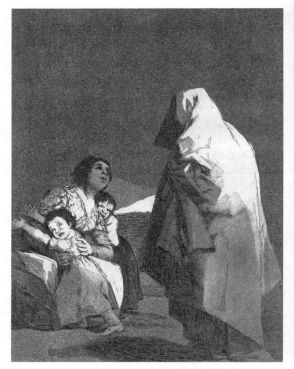

フランシスコ・デ・ゴヤ「ブギーマンがやってきた」（1797-99年）。
Rosenwald Collection, National Gallery of Art, Washington[*]

子どもたちの危なっかしい詮索好きを防ぐ強力な手段であった。子どもが大きくなるのにつれて、彼らはその恐怖心を、怪物、馬丁（batmen）、つま先切り（toe-shearers）、人喰いオオカミ（werewolves）、そして、ヨーロッパじゅうで子どもの背後にいると語り伝えられる子どもを食べる雄鶏（childeating roosters）といった全体の範囲から除くことによって、大人社会への適応性を証明することができた。1800年以前では、自分の子ども期の恐怖心について書くことができた自伝作家はごくわずかしかいなかった。それは、通常、大人が語りかけた怖い話について言及したものであった。1661年頃にフランドルに生まれたイザベル・ド・モアルース（Isabelle de Moerloose）は、赤ん坊の口にボールをつめて殺すために国中を歩きまわっている、長いケープをまとった男を怖がっていたと告白している。

　自伝的な著作物は、両親が教育の手段としてブギーマンを利用していたことを確認している。1596年に生まれたオランダの政治家で、詩人でもあったコンスタンチン・ホイヘンス[*2]のような教養を積んだ人物でさえ、その幼い娘を黒いケープをまとった気味の悪い人形でおどしていた。こうした人形は、この目的のために特別に作られたものであった。19世紀の自伝作家たちも自分の親が子どもを怖がらせていたことについて、

まだひんぱんに不平を述べていた。たとえば、ウィレム・ファン・デン・ハル（Willem van den Hull）は、彼を運河に近よらせないようにするために、水のなかには死人が棲んでいると母親が教え、彼がそれでも運河に近よりすぎると、彼の両足をぎゅっとつかんで引き倒した、と書いている。

17世紀以降、増えつづける多数の教育学者たちはそうした方法に警告を発した。ジョン・ロックは、影響力のあった著書『子どもの教育』（Some Thoughts Concerning Education, 1693）のなかで、子どもたちをあらゆる種類の恐怖から遠ざけておくよう世の親に助言し、「子どもに生首や血みどろの骨について話すこと」に反対している。18世紀には、こうした慣行は、かつてなく広範に非難された。最初のオランダ人女性の教育学者であったベティエ・ウォルフ（Betje Wolff）は、この慣行を強く非難したが、それは、彼女が幼い頃に「黒い人」に怖がらせられたため、なおさらであった。彼女は、「子どもの心臓に害をおよぼすこと」がおそろしくて震えあがった、と回想している。

子どもたちを現実の危険から守るために、ブギーマンは受容できる慣行でありつづけたが、教育にかんする著作家たちは、決してそれを娯楽のために利用してはならないと警告した。しかし、ブギーマンを理性的に利用することは、子ども期に恐怖心がいまなお深く根を張っていると考える信仰や慣習に編みこまれている文化に具象化されていた。たとえば、マリナ・ワーナーは、次のような、とくに意地悪なイタリアの子守歌を引用している。「さあおやすみ、眠ってるあいだに死ぬかもよ。そしたら牧師さまが守りに来てくれるわ！ ニーナ…ああニーナ！ こんなかわいい女の子をだれに渡しましょう？ …ブギーマンに渡しましょう。そうすれば一日じゅう面倒を見てくれるでしょう」。子どもたちを農場から追いはらうためにおそろしいコーン・マザー[3]で怖がらせていた農民たちは、幽霊や亡霊の存在を漠然と信じていたかもしれない。

恐怖心の克服

18世紀後半に大規模な供給が見られた子ども期にかんする新しい文学では、恐怖心を克服することが教育の重要な目標になった。ピーター・スターンズとティモシー・ハガーティが述べているように、19世紀には、子ども向けの物語や読み物ばかりでなく、助言文献においても、恐怖心を支配するよう子どもたちを積極的に鼓舞する熱意が広まった。しかし、子どもが自分の恐怖心を克服するのを助けるうえで適切だと考えられた年齢は引き下げられた。また、大人（とくに母親）は、自分の恐怖心を子どもにあたえるので、子どもに恐怖心を植えつける源だと考えるのがふつうになった。

封建社会では、恐怖心をあらわすことは社会階級間の関係、とくに目上の者に対する目下の者のふるまいにおいて、機能的であった。貴族だけが他者に対する不遜な態度を示すことができると考えられていた。怖れを知らないことは、**フェアリーテイル（おとぎ話）**が示しているように、大いに賞賛された。しかし、ほとんどの人びとはそれを受け入れることはできなかった。18世紀を通じて、人間は自由で平等であるという理想は、人びとが恐怖心を受け入れ可能な態度と考える余裕をまったく残さなかった。一般に、自制心を欠いている子どもは、恐怖心をあらわすことを抑制する必要があるので、恐怖心に対するこのように変化した態度は、大人と子どものあいだの距離を強める現象のひとつであった。子どもは、自制することができないとみなされるかぎり、洗練された社会からは拒絶された。

19世紀末に向けて、このような恐怖の抑制にかかる心理的な負担が精神分析哲学者によって明らかになり、また、おそらくは芸術家や作家たちにとってはもっと明らかになってくると、子どもがいだく恐怖心への対し方について、助言者たちの力点は、可能なかぎりおそろしい状況を回避することに変わった。恐怖心を教育の手段として積極的に子どもに植えつけることは、すでに19世紀を通じて思いとどまらされるようになっていたが、20世紀には、嫌悪感を覚える誤った教育の型になった。親が子どもを監督する機会、あるいは子どもたちが監督される機会がますます多くなってくると、子どもに恐怖心を植えつけることは、もはやほとんど意味をなさなくなった。かくして恐怖心に対する近代的な態度の条件が上流階級と中産階級においてはじめて認識された。**子育ての助言文献**の大部分は、子どもを危険にさらさずにすむ居心地のよい環境に住んでいたこうした社会集団に向けて書かれていたので、ブルジョワの両親は、自分の子どもが下層階級の子どもと接触することにとまどいはじめた。これは、子どもの世話をする家政婦たちが子どもを怖がらせる可能性に対する多岐にわたる警告において顕著であった。教育書のなかでは、子どもの恐怖心は、19世紀後半になるとますます真剣に考えられるようになった。両親は、大きな悲しみのどのような兆候にも注意をはらうよう奨励された。恐怖心が道徳の弱点とみなされるところでは、20世紀の進展とともに、新しい心理学的知見は、恐怖心というものを、それによって子どもがけっして非難されることがない自然現象だと考えた。

恐怖体験

子育ての助言文献や児童書は、感情の規準にかんする歴史を書く素材を提供してくれるが、子ども期の記憶は、恐怖心がどんなふうに過去の子どものアイデンティティを形成したかについて、いっそう密接な現実体験をもたらしてくれる。子ども期の記憶については、組織的な研究が遅れているが、1750年から1970年に

かけてのネーデルランド地方とフランドル地方から得られた500点にのぼる**自伝資料**について現在進行中の研究の予備的結論は、この自伝資料の5分の1が恐怖について言及していることを示しているが、これは、恐怖が焦点になっていたことを明らかにするものである。しかし、利用可能な著者たちに社会的なバイアスがあることについては、注意が必要である。19世紀と20世紀を通じては、ホワイトカラーの専門職に重点を置く中産階級からなる圧倒的多数の証言が明確であるのに対して、近代初期（1860年以前）は、上流階級が占めている。

最初期の言説は、標準的な資料と顕著な一致を示している。貴族の少年たちは、遠く離れた、灯りのない教会まで行って聖書をもってくるようにいわれたり、近隣で強盗が出るという噂がある夜に、居酒屋までジンのボトルをとりに行ってくるよう命じられたりして、暗闇の恐怖という試練にさらされたことを、誇らしげにふりかえっている。とくに、彼らはこうした任務を遂行したあとで受けた賞賛を思い起こしている。彼らは、自分がそうした試練にさらされていることに母親が反対したことさえも思い起こしている。家の外に広がる暗闇と闘うことは、20世紀以降、完全になくなった。子どもたちを暗闇に出すことによってこうした恐怖心を精神的に克服させようとすることについては、下層階級の少年たちによってのみ言及されている。中産階級の親は、このような慣行に異を唱えた教育改革者たちのヒントを取り入れたようである。しかし、自伝資料は育児書とも矛盾していた。使用人たちが語り聞かせたホラー読み物は、退屈なものとして記録されていた。しかし、彼らによって恐怖心が植えつけられた子どもでも、すくなくともその一人は喜んでそのことを憶えていた——恐怖を抑制する訓練を楽しそうにふりかえっているのである。

子どもたちは何をおそれていたのであろうか？　自伝作家のほぼ3分の1は、最初の記憶を探すなかで、突然出会った恐怖を取り出している。群衆のなかで迷子になること、親の姿が見えなくなること、あるいは火事などは、最初の記憶の引き金になりうる印象的な時として容易に理解された。しかし、これよりもはるかに多くの神秘に満ちた瞬間が、その直接的な理由をなくした懸念すべき悲しみとしてのみ記憶にとどまる。ある自伝作家などは、非常に幼い頃は何でも怖がっていたと述べている。

暗闇はこれまで、子ども期の記憶の大半によってよび起こされている。子どもが同じベッドで眠るとか、あるいはすくなくともほかのだれかと同じ部屋で眠るとき、夜があまり怖がられなかったことはありえなかったようだが、何人かの証言者は、眠っている家族メンバーの存在そのものが子どもの恐怖心を強めたと主張している。もしだれか他人がいびきをかいていなければ、それは子どもたちが突然亡くなる前兆であったのだろうか？　怪物は、眠っていない子どものあとだけをつけまわすのだろうか？　しかし、夜間のぞっとするような恐怖についての記憶の大半は、中産階級の子どもたちからもたらされており、彼らは、四方八方から聞こえてくる騒音にさいなまれながら、自分のベッドで寝ていた。夜の灯火[*4]が助けになっていたかどうかは疑わしい。騒がしい影や、けたたましい音が彼らの苦痛につけくわった思い出をもつ証言者は多いからである。しかし、多くの子どもが明かりを求め、明かりを手に入れられるように稼ぐのに苦労したことを記憶にとどめている。後年になると、1918年生まれの、ある自伝作家によってごく最近に言及されたように、こうした恐怖心についての言及は減少する。これは、多くの子どもが枕もとにランプを置いていたため、自分で操作でき、いまや人びとが電気よりも経済的だと感じるようになったため、電灯は大きな違いをもたらしたという考えを支持している。

雷と稲光は、その場にいるほかの人びとが恐怖心を統制することができないときはとりわけ、圧倒される経験になりえた。年長の兄弟や姉妹が大きな悲しみをかかえていたことを記憶している自伝作家はきわめてまれであった。それは、自分よりも年少の子どもに対する勝利の瞬間であった。雷と稲光をおそれたのが大人であったとき、子どもと大人のあいだの違いは、ふるえあがっている叔母や女中たちよりも自分のほうがおちついていることを驚嘆の念をもって見る契機としてとりあげられた。しかし、大きな嵐の影響をそれとわかるほど受けていた父親たちは、安全の裂け目に対しては必要以上に厳格であった。彼らは、世界が消滅すると子どもたちが感じるままに放置していた。

伝統社会における死の偏在は、子どもにとっても大人にとっても感情的な重荷であった。近代には、子どもたちが生まれてはじめて自分が死すべき運命にあることを悟ったその日のことをはっきりと見いだすとき、死の神秘は、いっそう明瞭な恐怖の契機となった。多くの者は死の神秘を、両親がほとんど助けてくれないことに対して、吐き気をもよおすパニックとして記録した。しかし、これを一般化するのはむりがある。なぜなら、ある種の自伝作家は、ただ滑稽でほかの人が怖がっているからという理由だけで印象に残る——死体を見たり骸骨を発見したりする——子ども期における突然の死との出会いについて語っているからである。

未来に対する一般化された恐怖は、比較的最近の現象のようであり、1880年以前の若者の備忘録ではふれられていない。子どもたちはこれまでずっと、屈辱的な子ども期からの逃避として、大人になろうと切望してきた。彼らはそうした自分の願望を忘れることはないが、同時にまた、未来というものを、非常にむずかしそうに見えるあらゆる事柄のすべてをなしとげられるようにならなくてはならない、おそろしい場所だと見ていた。子ども期が人生において特別な価値のあ

る時期だとみなされる19世紀後半までの自伝作家たちは、成長することに対する自分の嫌悪感を非常に明確に書いていた。自分を守るために、いったい彼らはどうやってあらゆる技法を習得できたのであろうか？

未来に対するぼんやりとした恐怖心の広まりは、20世紀の最後の数十年における子ども期の消滅の前兆である。戦争の噂は、少年たちのあいだの狂気じみた戦争ゲームとなったが、そればかりでなく、息苦しい不安感にもなった。二つの世界大戦を通じて見られたじゅうたん爆撃、毒ガス攻撃、組織的大量殺戮、核兵器による破壊といった大規模戦争の恐怖は、子どもたちに大きな衝撃をあたえたが、こうした衝撃が、それ以前の数世紀の戦争がもたらした衝撃とどの程度まで違っているのかについて言及するのは困難である。

最後に、18世紀以降の児童文学に登場し、20世紀以降では**映画**や**テレビ**に登場するあらゆる形式の恐怖は、民話やお化け話を語り聞かせる非常に古い伝統を守りつづけている。今日では、子どもたちの恐怖心は、作家や映画製作者によって利用されているが、それは逆説的な方法で恐怖心が大きな魅力をもっているからである。しばしば、といってもつねにというわけではないが、恐怖心をよび起こすものは感覚的な方法で提示され、その不安感のレベルは未来の聴衆よりも若い子どもたちによって読まれ、彼らが目にする書物と映画は、この数十年のあいだに恐怖心の新しい源泉になってきている。

［訳注］

＊1 ブギーマン（bogeyman）——魔力をもつ、想像上の性悪のお化け。人につきまとって悩ましたり、苦しめる。とくに親の言うことを聞かない悪い子どもをさらっていくとされる小鬼のことをいい、子どもをおどすのに用いる。bogyman, booger, boogerman, boogeyman, boogiemanなど、さまざまに表現される。

＊2 コンスタンチン・ホイヘンス（Constantijn Huygens, 1596-1687）——ネーデルランドの黄金時代の政治家、詩人、作曲家で、王室オレンジ家の秘書官。科学者として波の伝播にかんする「ホイヘンスの法則」で知られるクリスティアーン・ホイヘンス（Christiaan Huygens, 1629-1695）の父。

＊3 コーン・マザー（corn mother）——北アメリカの原住農民のあいだに伝わる神話上の老女。しばしば孤児を養子にしてさらって行くと伝えられる。

＊4 夜の灯火（night-light）——子ども部屋などに夜のあいだじゅう灯したままにしておく小さな灯火。

➡子育ての助言文献、子どもの感情生活

●参考文献

Bakker, Nelleke. 2000. "The Meaning of Fear. Emotional Standards for Children in the Netherlands, 1850-1950: Was There a Western Transformation?" *Journal of Social History* 34: 369-391.

Dekker, Rudolf. 1999. *Childhood, Memory, and Autobiography in Holland from the Golden Age to Romanticism*. London: Macmillan.

Stearns, Peter N., and Timothy Haggerty. 1991. "The Role of Fear: Transistions in American Emotional Standards for Children, 1850-1950." *American Historical Review* 96: 63-94.

Warner, Marina. 1998. *No Go the Bogeyman: Scaring, Lulling, and Making Mock*. London: Chatto and Windus.

（RUDOLF M. DEKKER ＆ HUGO RÖLING／北本正章訳）

拒食症（Anorexia）

『アメリカ精神医学協会診断統計手引き』（*the American Psychiatric Association's Diagnostic and Statistical Manual*）第4版（DSM-IV, 1994）の定義によると、拒食症は四つのおもな症状で示される摂食障害である。第一に、この患者の体重は年齢や身長、性別に対する理想の体重の85パーセント以下である。第二に、太ることに対して病的な恐怖をいだいている。第三に、憔悴しているにもかかわらず、自分ではふつうの体重、もしくは太っていると強く信じている。最後に、この病気の女性の患者は無月経（つまり、月経期間がない）になりがちで、男性の場合には、異常に低レベルのテストステロン[*1]値を示す。拒食症は、男性よりも女性にふつうに見られ、青年期と成人期に診断された症例では女性が80〜90パーセントを占める。子ども期の症例では、ジェンダーの違いはいくぶん小さく、この病気に苦しんでいる少女は男子に比べて約5倍ほどである。思春期以降の女性人口の1パーセント以下が拒食症に苦しんでいる。拒食症は、アフリカ系アメリカ人よりも白人の少女と女性のあいだで広くみられる。

拒食症は、その開始年齢に二つのピークがある。すなわち14歳前後と18歳頃である。拒食症のはじまりが**青年期**に頻発することを受け、理論家たちは、青年期や成人期に向けての発達の移行は少女にとって特別な危険をもたらすものであり、それは少年よりも拒食症だけでなく過食症やうつ病などにかかりやすくさせていると示唆するにいたった。年齢や性別などの諸要因の組みあわせも、女性にとってやせた身体を理想とすることや女性の力が相対的に欠如しているといった文化的な変数がこの病気に関係していると理論家たちが示唆することにつながった。結局のところ、拒食症は、おそらくある特別な体型にしようと試みることに根本原因があるダイエットや過度なエクササイズというパターンで典型的にはじまることがはっきりしている。

拒食症についての現代の定義を導くには、すくなくとも二つの道筋がある。一つめは、自己餓死（self-starvation）である。二つめは、女性特有の問題としての青年期と若い成人期の概念化の歴史である。これ

らについての歴史的動向は、拒食症を定義しようとした18世紀に見られた。

自己餓死

精神医学者のワルター・ヴァンダーエイケン[*2]と心理学者のロン・ヴァン・デート[*3]は、自己餓死は人類史上どこにでもみられる現象であることを示している（1994）。自己餓死にかんする比較文化的および比較史的な存在が示されていることから考えて、自己餓死に多くの動機が存在することは当然であろう。おそらく、もっともよく知られる動因は政治的および宗教的なものであろう。たとえば、イギリスの支配に対する抵抗として1930年代のインドにおけるマハトマ・ガンディーの長期におよぶハンガー・ストライキはよく知られている。これほど劇的なものではないが、カトリックでは、断食（fasting）はレント[*4]のあいだの一定の聖日に必要とされ、また信心深いイスラム教徒は、ラマダーン[*5]の1カ月続く断食に参加する。

宗教と自己餓死とのつながりは、拒食症の研究者たちからもっとも大きな注目を集めてきている。食べ物をふくむ禁欲と精神性とのつながりは、すくなくともエジプトのファラオの時代までさかのぼる。紀元4世紀から5世紀にかけての時期を通じて、人びとは、イエス・キリストへの崇拝に身を捧げるためにエジプトやパレスティナの砂漠におもむいた。自己餓死は、この奉納の一部であった。当時、宗教的な行事はおもに男性にかぎられていたので、宗教的な自己餓死に従事するのはほとんどが男性であった。

拒食症にかんする大きな関心のうち、中世において、一部には若い女性をふくめて、宗教的な敬虔と純潔の名の下に行なわれた女性たちによる自己餓死という中世の習俗がある。この習俗は12世紀までには、女性たちが宗教生活に入り、カトリック教会によって聖人としての名をあたえられるほどになろうとする女性たちのあいだでしだいに一般化していた。13世紀のシロンスクの聖女ヤドヴィガ（St. Hedwig of Silesia）や14世紀のシエナの聖女カタリナ（Catherine of Siena）などをふくめて、最終的に聖人となった女性たちの多くは、自己餓死を遂げた。しかしながら、シエナの聖女カタリナの時代までには、カトリック教会は精神性と聖人にいたる道筋の指標としての過度な断食について懸念を深めはじめた。実際、シエナの聖女カタリナはふたたび食べることができるように命じられたが、断食をやめることはできなかった。

自己餓死と敬虔さとのあいだには長く続く関連があるが、自己餓死と悪霊にとりつかれることや魔女とのあいだにも歴史的な関係がある。たとえば、シエナの聖女カタリナは、魔女というレッテルを貼られないよう毎日いくらかを口にしていた。中世以降になると、宗教裁判によって無数の「断食聖徒」が魔女の疑いをかけられて糾弾された。地域によっては、女性たちは、統治者が決めたはかりでじゅうぶんな体重であれば、魔女でないことを証明することができた。要するに、自己餓死と宗教との関係は、とくに女性たちを対象にして言明されたのであった。

自己餓死が、実際に、敬虔さの実践として、また悪魔にとりつかれているものとして同時に示されたことは、女性の身体の文化的な意味づけに関係する興味深い課題、すなわち、拒食症という点で今なお議論が続いている課題を提示する。21世紀初期の計算法では、女性の理想的な体型は痩身である。「スーパーモデル」、女優、そして歌手でさえ、典型的なアメリカ女性の平均体重をかなり下まわっている。調査は、こうしたイメージが非常に広がっているため、初等学校の学齢期の子どもたちでさえそれを知っていることを示している。いくつかの研究は、第4学年と第5学年の女子の40パーセントがもっと痩せたいと望んおり、太ることを懸念していることをくりかえし見いだしている。しかし、もし少女たちが痩せたイメージを理想とするメッセージをあまりにもまじめに受けとめすぎて、過剰なダイエットをしたり、実際にモデルのように痩せようとするのであれば、彼女たちは「精神的な病気」とみなされる。

青年期初期の少女と病気

拒食症は、歴史上、おもに青年期あるいは若い成人女性にみられる摂食異常や無月経症によって特徴づけられる障害としては最初のものではない。ブレット・シルヴァーシュタインと デボラ・パーリック（1995）によると、［前5〜4世紀の］ヒッポクラテスの『若い女性の病気』（On the Disease of Young Women）として知られている論文は、拒食症らしき病状を記述している。この論文は、体重の劇的な減少は、問題のある月経周期に原因があるとし、その最善の治療法として結婚と妊娠を推奨している。

同様に、ヒステリー症[*6]という疾患は、ジークムント・フロイトの「アンナ・Oの症例」で有名になった病気だが、これも19世紀初めになって病名がつけられ、食欲不振、うつ病、無月経などの特徴があるとされた。神経衰弱も、19世紀末において、不規則な摂食や無月経をともなう「女性の疾患」とされたもうひとつの病名であった。

おそらく、青年期の少女たちにみられるこれらの疾患のなかでもっともよく知られているのは萎黄病（いおうびょう）[*7]であろう。萎黄病は、ジョアン・ジェイコブズ・ブルームバーグ[*8]の著書『断食する少女たち』（Fasting Girls）によって有名になった。ブルームバーグは、萎黄病は、拒食症と同じように、自分が属する文化的期待を極端な方法で満たそうとしていたアメリカの中産階級の少女たちの疾患であったと主張している。19世紀と20世紀には、そうした少女たちは食べ物についておおげさな行動を示していた。萎黄病は、少女に

だけみられる貧血症であって、月経の開始と身体的な魅力の両方に関係があるとされた。奇妙なことに、これらの病気の少女たちは、拒食症が出現した21世紀初めのアメリカで、もっとも「美しい」女性とまったく同じように、非常に魅力的だとみなされていた。拒食症をともなう少女たちと同じように、萎黄病の少女たちは、自分自身の生活をある程度まで自制しようと試みることが多く、拒食症の少女たちのように、おもに身体的な病気というよりはむしろ「神経質な」あるいは「心理的な」疾患に苦しんでいるとみなされた。

萎黄病は、20世紀初めまでにアメリカではもはや診断対象にはされなかった。改善された栄養摂取がこうした形態の貧血症状の軽減につながるいっぽうで、文化変容が、青年期の少女たちのあいだでの食べることに関連した病理学の表現に影響をおよぼすことは大いにありうる。仕事、教育、そして政治の分野でさえも女性の機会が増大すると、女性はこわれやすく身体的に弱いという信念はしだいに衰退した。しかしながら、こうした変化は、すぐに、あるいは普遍的に受け入れられたわけではなく、「伝統的な」若い女性のイメージと「現代的な」若い女性のイメージとのあいだの衝突をもたらした。若い少女たちは、女性らしさについてのこうした対立をふくんだメッセージを受け入れ、内面化し、ときには、自身の運命を支配することはできず、自分がしたいことを知りたいと望むことさえ不可能であると知るかもしれない。だが、彼女たちが支配できた唯一のことは、自分自身の摂食行動であった。文化に根ざしたこの説明モデルは、拒食症の原因についての現代的な説明と響きあうものがある。

拒食神経症

「断食の聖徒」も「萎黄病の少女たち」もどちらも、今日用いられている用語の意味での拒食ではなかった。そうした自己餓死や「神経質な」病気は、その言葉が用いられていた歴史を通じて、人びとの信念と女性の役割を映し出していた。リチャード・モートン[*9]は1694年に拒食症に類似した結核の症例について記述したが、この拒食症にかんする現代的な定義づけは、通常、ウィリアム・ウィジー・ガル[*10]とラセーグ博士による1874年と1873年の研究成果にまで、それぞれさかのぼることができる。

ラセーグとガルは、自己餓死と、高いレベルの身体活動あるいはおちつきのなさを特徴とする症例を記述している。二人は、こうした問題がとくに若い女性たちについて言明されることに注目している。実際にガルは、青年期と若い成人期の女性は、**精神疾患**に非常に影響を受けやすいことを示唆している。ラセーグは、こうした若い女性たちは、食事を制限することに喜びを感じており、彼女たちはたくさん食べたいとは思わず、自分の身体が異常に細いということを信じないと述べている。ガルがこの症状を「神経症的拒食症」（anorexia nervosa）という用語を用いたのに対して、ラセーグは、この症状を「ヒステリー症的拒食症（hysterical anorexia）」と表現していた。

ガルとラセーグは拒食症を「神経質な」疾病と考えていたが、二人ともこれを医学的に扱った。とくにガルは、すくなくとも今日の基準から見て、しだいに少女がふたたび食べられるようにすることにおいて注目すべき成功をおさめたように思われる。彼は、自分の患者たちがその食習慣、体重および健康を回復したと報告している。これに対してラセーグは、患者たちは回復しないまま何年も経過したと、非常に悲観的な報告をしている。

ここで認識しておくべき重要な点は、ガルもラセーグも神経症的拒食症の病因学における鍵としての「痩せることへの動機」になんらかの類似点を見ていないことである。この点はおそらくヒルデ・ブルッフ[*11]の仕事によって着手された20世紀の研究の所産である。医療専門家のなかには、現在、神経症的拒食症における痩せ型体形への動機の役割を強調する20世紀と21世紀の学問的知見に疑問をもつ者もいる。彼らは、アジアのいくつかの文化、とくに香港と中国では、痩せ型体形への動機は、神経性拒食症のように見える要素の一部ではないと述べている。ほかの医療専門家は、医学にもとづいて治療を行なったガルの成功は、われわれがそうした治療法の効果を再検討するよう助長していると述べている。

歴史家たちは、現代の神経症的拒食症の出現に関連する無数の研究課題を提起しているが、これは、19世紀なかば以降のアメリカと西ヨーロッパ双方の大西洋をまたいで見られた現象であった。その基本的な問題は——なぜ、そしていつ、その病気が出現したのかという——特定の歴史的な原因から「実際の」病気を区別することと、この病気は不均衡なほど女性にあらわれるという事実に関係している。痩身であることが広範囲に流行する以前に最初の現代的な疾病が出現したが、このことは、はっきりと口に出して示すことができなかった反抗の方法として、何人かの若い女性たちが食事を拒否することを選んだ中産階級における、家族の愛情の原動力についての考察を促進してきた。とりわけ女性に関係するファッション基準としての痩身に対する1900年頃以降の関心の高まりは、この病気が持続するのを助けた。しかし、拒食症の発症は、ヨーロッパ世界では20世紀を通じて一定ではなく、因果関係と医学的関心における変動についての疑問が高まっている。1970年代までに、拒食症についての社会と親の関心は広まり、子ども期の肥満の発生が拒食症よりも急速に増加していた時期でも、子どもたちの摂食制限の努力に反対する動きがしばしば見られた。

その現代的な形態という点で神経症的拒食症は19世紀なかばに起源がある。だが、拒食症は、自己餓死や女性特有の病理学の長い歴史のなかで生まれたもの

である。そのようなものとして拒食症は、現代社会における若い女性の役割について、また、なぜ彼女たちが自分の身体に対する攻撃を選ぶのかについて、多くのことを教えてくれる疾病である。

[訳注]
* 1 テストステロン（testosterone）——男性ホルモンの一種で、化学式は$C_{19}H_{28}O_2$。睾丸（testis）から分泌され、男性器・第2次性徴・精液の発達を刺激するホルモン。
* 2 ヴァンダーエイケン（Walter Vandereycken, 1949–）——ルーヴァン大学の精神科教授。摂食障害の世界的権威の一人。ヨーロッパ精神医学史学会の指導者の一人。
* 3 ロン・ヴァン・デート（Ron van Deth）——オランダのライデン大学所属の心理学者。
* 4 レント（Lent, quadragesima）——キリスト教で四旬節、大斎節、受難節とよばれ、復活祭（Easter）の準備期間。断食［節食］（fasting）と改悛の期間。灰の水曜日（Ash Wednesday）にはじまり、復活節までの主日（Sunday）を除いた40日間。
* 5 ラマダーン（Ramadan, saum）——イスラム暦の第9月。「ラマダーン月」ともよばれ、イスラム教徒に課せられる義務のひとつで、日の出から日没まで断食し、性交などを禁じる。
* 6 ヒステリー（独 Hysterie、英 hysteria）——かつての精神医学では、「ヒステリー」の語源が古代ギリシア語の「子宮」（hystéra）に由来することから、女性に特有の疾患であるとする誤解が広まり、19世紀初頭まで、ヒステリーの原因は女性の骨盤内鬱血が原因であるという定説が医師たちのあいだに広まっていた。しかし、シャルコーの催眠術治療、フロイトの精神分析的研究などをへて、1990年代以降、精神疾患の病名について原因分類から症例分類へと推移した結果、1994年に発表された『アメリカ精神医学協会診断統計手引き』第4版では、ヒステリー症という用語は使われなくなり、現在では「解離性障害」と「身体表現性障害」に分類されるようになっている。
* 7 萎黄病（chlorosis）——病理学において、鉄分不足から生じる青年期女子の良性貧血症。小細胞性低色素性貧血。貧血のため皮膚が黄みをおび、蒼白になるので greensickness ともいう。
* 8 ブルームバーグ（Joan Jacob Brumberg, 1944–）——ジェンダー研究を中心としたアメリカの社会史研究者。コーネル大学教授。
* 9 リチャード・モートン（Richard Morton, 1637–1698）——17世紀のイギリスの医師で、結核がつねに肺胞のなかに発現することを最初につきとめた。
* 10 ウィリアム・ウィジー・ガル（Willam Withey Gull, 1816–1890）——神経性食欲不振症（Anorexia narvosa）を最初に命名したイギリスの医師。
* 11 ヒルデ・ブルック（Hilde Bruch, 1904–1984）——ドイツ生まれのアメリカの女性医学者、精神科医、精神分析家。とくに摂食障害と病的肥満にかんする先駆的研究で広く知られる。

➡ジェンダー化、少女期

●参考文献

Andersen, Arnold E. 1985. *Practical Comprehensive Treatment of Anorexia Nervosa and Bulimia*. Baltimore, MD: The Johns Hopkins University Press.

Brumberg, Joan Jacobs. 1982. "Chlorotic Girls, 1870-1910: An Historical Perspective on Female Adolescence." *Child Development* 53: 1468-1474.

Brumberg, Joan Jacobs. 1988. *Fasting Girls: The Emergence of Anorexia Nervosa*. Cambridge, MA: Harvard University Press.

Silverstein, Brett and Deborah Perlick. 1995. *The Cost of Competence: Why Inequality Causes Depression, Eating Disorders, and Illness in Women*. New York: Oxford University Press.

Vandereycken, Walter and Ron van Deth. 1994. *From Fasting Saints to Anorexic Girls: The History of Self-starvation*. New York: New York University Press. ワルター・ヴァンダーエイケン／ロン・ヴァン・デート『拒食の文化史』（野上芳美訳、青土社、1997）

（LINDA SMOLAK／松尾麗香・北本正章訳）

キリスト教女子青年会とキリスト教青年会（YWCA and YMCA）

キリスト教女子青年会（The Young Women's Christian Association：YWCA）とキリスト教青年会（The Young Men's Christian Association：YMCA）は、求職のために都市にやってきた青年男女の魂を救済することを目的とした祈りの集いとして、19世紀中頃のイギリスのロンドンではじめられた。両組織は、都市の生活でこうむる不道徳な影響力を懸念して、新たに移住してきた若者たちに、健全なレクリエーション、宗教教育、そして最後には管理人付き住宅まで提供するようになった。この運動は、ニューヨーク市とボストンに最初のYMCAが設立された1852年にアメリカに到来した。その6年後、一群の女性がニューヨーク市で祈りの集会を開催したが、これがやがてアメリカで最初のYWCA設立に発展することになる。二つの組織は類似したイデオロギー的ルーツを共有していたが、全国レベルでは、その構成・資金・指導性に統一性はなかった。

当初、YMCAは、中産階級の若いビジネスマン層からメンバーを集めることに関心を集中させていたが、未来は新しい世代にかかっているという認識から、1880年代に少年たちのあいだでの活動に着手した。このときまでに、YMCAは、祈りの集い、福音主義的集会といった信仰復興的段階から、性格形成を重視する段階へと移行した。体育館はこの新しいアプローチのかなめであった。1900年までに、YMCAの77パーセントが、体育館（その多くに図書館、会議室、そして

教室が付設されていた）をもっていた。若い少年たちは、それらが提供する新しい設備やレクリエーション活動に引きつけられた。YMCAの指導者たちは、バイブル・クラスやチーム・スポーツを通じて、キリスト教の中産階級の価値観を教えこむことができる設備に少年たちを誘導する機会があると理解したのであった。1880年代初め、YMCAは少年たちの**サマーキャンプ**のスポンサーとなった。1930年代までには、YMCAは30万人以上の少年たちからなる青年会員を誇り、その多くは「ハイ・ワイ」（Hi-Y）[*1]や郡（county）規模の少年クラブに所属していた。小学校の少年への勧誘がもっとも成功したのは20世紀で、これは、YMCAがアメリカの初等学校に仲良しインディアン（Friendly Indians：12歳以下の少年たち）を組織したことによるところが大きい。しかしながら、YMCAが大都会の設備に依存していたこと、プロテスタント保守主義の信用、比較的高額な会費やキャンプ費用などの点で、多様性に富んだ少年たちを魅了するには限界があった。

個々のYWCAは、少女キリスト協会（the Little Girls' Christian Association）とともに1881年にはじまったさまざまな少女集団と連携しながら活動したが、ガール・リザーブ運動[*2]が1918年に組織されるまで、全国規模の団体がその活動を統制することはなかった。会員は1946年に投票によって「ガール・リザーブ」から「ワイ・ティーンズ」（Y-Teens）へと名称変更を行ない、会員資格が12歳から18歳までの少女に開かれた。YWCAは、集団活動を重視して、ダンスのためのスペース、クラブ、体育活動を提供して、さまざまな若者集団に門戸を開いた。YMCAとまったく同様に、YWCAも体育館とスイミング・プールを建設した。YWCAもまた、健全な戸外レクリエーションとサバイバル技術に力を入れた青年キャンプ・プログラムを実施した。第２次世界大戦中、YWCAは青年娯楽施設のスポンサーになり、高校生の少年少女を魅了した。1949年、Y-Teensは、はじめてYWCA全国会議に参加し、さまざまな委員会を設定して、団体による提案への投票を行なった。両団体にとって、青年のはたらきは運動の未来にとってきわめて重要なものであった。

[訳注]
*1「ハイ・ワイ」（Hi-Y）——ハイスクールの生徒を対象にしたYMCA。
*2 ガール・リザーブ運動（the Girl Reserve movement）——YWCAが、12歳から17歳までの少女を対象に1947年まで展開した宗教的・道徳的啓発運動。"GIRL RESERVE"（少女限定）の構成文字を分解して、次のような誓いの標語を掲げた。
　Gracious in manner（礼儀正しい作法）、
　Impartial in judgment（公平な判断）、
　Ready for service（奉仕へのそなえ）、
　Loyal to friends（友人への忠誠）、
　Reaching toward the best（最善をつくすこと）、
　Earnest in purpose（目的に真摯に取り組むこと）、
　Seeing the beautiful（美しいものを見ること）、
　Eager for knowledge（旺盛な知識欲）、
　Reverent to God（神を畏敬すること）、
　Victorious over self（自我に打ち勝つこと）、
　Ever dependable（永久に信頼にたる者であること）、
　Sincere at all times（いついかなるときも誠実であること）。
これは1947年からはY-Teenとよばれる。

➡青年伝道団、組織的なレクリエーションと若者集団
●参考文献
Hopkins, C. Howard. 1951. *History of the Y.M.C.A. in North America*. New York: Association Press.
Macleod, David I. 1983. *Building Character in the American Boy: The Boy Scouts, YMCA, and Their Forerunners, 1870-1920*. Madison: University of Wisconsin Press.
Mjagkij, Nina, and Spratt, Margaret, eds. 1997. *Men and Women Adrift: The YMCA and the YWCA in the City*. New York: New York University Press
Sims, Mary S. 1950. *The YWCA: An Unfolding Purpose*. New York: Woman's Press.
　　　　　　（MARGARET A. SPRATT／佐藤哲也訳）

キリスト教青年会（YMCA）
➡キリスト教女子青年会とキリスト教青年会（YWCA and YMCA）

キーン、キャロリン（Keene, Carolyn）

　キャロリン・キーンというのは、少女探偵を主人公にした児童推理小説『ナンシー・ドルー』（*Nancy Drew*）と『ダナ・ガールズ』（*Dana Girls*）双書（シリーズもの）の作者のペンネームである。1920年代後半、ストラッテメイヤー・ライティング・シンジケートの創設者であり、少年少女向け読みものシリーズ文学（『ローバー・ボーイズ』（*The Rover Boys*）、『ハーディ・ボーイズ』（*The Hardy Boy*）、『トム・スウィフト』（*Tom Swift*）、『ボブシー・ツインズ』（*The Bobbsey Twins*）などの生み手であるエドワード・ストラッテメイヤー[*1]は、ナンシー・ドルーという10代のヒロインを主人公とする新シリーズの書き手の名として、キャロリン・キーンというペンネームを考案した。ストラッテメイヤー自身が、キャラクターのプロフィールもふくめて最初の３話の概要を書き、その一方で、最終原稿に肉づけするゴーストライターらを雇った。ナンシー・ドルーというキャラクターは、少年少女文学における新たな現象を体現している。彼女は独立心に富んだ聡明な若い女性で、ときには２人の女友だちの助けを借りながら、複雑な謎を解決してしまう。

エドワード・ストラッテメイヤー（1862-1930）*

1930年5月、ストラッテメイヤーが亡くなってから2週間後、最初のナンシー・ドルー作品がグロセット＆ダンラップ社から刊行された。彼の2人の娘、37歳のハリーと35歳のエドナは、父の出版事業を受け継ぐために提携関係を結んだ。姉妹は、父親が成功をおさめた数々のシリーズの概要を引き継ぎ、同様に、その後のナンシー・ドルー・シリーズ15作の章ごとの詳細な概要を書いた。彼女たちはその原稿をゴーストライターらのもとへ送ったが、その筋立てや最終原稿に対しては独占的な決定権をにぎっていた。

双子の探偵を描いた『ダナ・ガールズ』シリーズもまた、キャロリン・キーンという筆名のもと、1934年にハリーとエドナによって世に送られた。このシリーズは途中で中断した時期がありながらも、1979年まで続いた。

1942年にハリエット・ストラッテメイヤー・アダムズがストラッテメイヤー・シンジケートの管理権を引き継ぎ、（やがて1982年に89歳で亡くなるまでの）40年間、ニュージャージーのオフィスを拠点に経営にたずさわった。彼女はナンシー・ドルー・シリーズ19話から23話までの概要をみずから執筆し、24話から58話までは、物語のすべてを請け負った。その結果、ハリエット・アダムズは世界的にもキャロリン・キーンそのものとして認識された。『ハーディ・ボーイズ』や『ボブシー・ツインズ』、『トム・スウィフト・ジュニア』（Tom Swift Jr.）といった重要なシリーズにおける彼女の功績は、あまり知られていない。1956年初め、アダムズはほかのシンジケートの社員や編集者の力を借りながら、キーン・ブックスを、より短くかつ現代的に、人種的な差別や方言などは削除して書きなおした。

アダムズは1914年にウェルズリー大学を卒業しているが、在学中には大学新聞の編集を担当していた。卒業後、ボストン・グローブ社やニューヨーク・タイムスからライターとしてフルタイムの仕事の申し出があったものの、エドワード・ストラッテメイヤーは娘が外ではたらくことをよしとしなかった。彼は娘に、なにか書きたいのであれば彼のシリーズ本の原稿を編集し、いっしょに家で仕事をすればよいと説得したのであった。彼女や妹がストラッテメイヤー・シンジケートの仕事に直接的にたずさわるようになったのは、父が亡くなったのちのことであった。

ハリエット・アダムズが亡くなってから2年の月日がたった1984年、サイモン＆シャスター社がストラッテメイヤー・シンジケートを買収し、ナンシー・ドルー・シリーズは、キャロリン・キーンというペンネームで、ライター集団の手によっていまなお書き継がれている。

［訳注］
*1 エドワード・ストラッテメイヤー（Edward L. Stratemeyer, 1862-1930）——アメリカの作家、子ども向けフィクションの出版事業者。ドイツ系移民の子としてニュージャージーに生まれ、作家の見習い助手の仕事からはじめて、独立して出版社を創業し、作家チームで分担執筆するシリーズものを中心に、1300種類以上の出版物を出し、500万部以上を売り上げた。

➡児童文学

（KIMBERLEY STRATEMEYER ADAMS ／内藤沙綾訳）

近親相姦（インセスト）（Incest）

近親相姦をめぐるタブーは数千年にもわたって続いているが、それが社会にあたえる衝撃的な影響は、子ども、法律、**セクシュアリティ**、そして家族について変わりつづける観念を反映しながら、歴史のなかで変化してきた。歴史家は、アメリカにおいて近親相姦がどのような役割を果たしてきたかの解釈には注意をはらわねばならない。レトリックがいつも現実を反映しているわけではないからである。1970年代以前には子どもの性的虐待が人びとの口の端にのぼることはほとんどなかった。だが、それにもかかわらず、近親相姦が起きていたことははっきりしている。近親相姦の申し立てに対する社会の反応は、その社会における子どもの役割の曖昧さと変化を反映しており、ジェンダー、民俗、社会経済的地位の観念、民族性によって形成されている。

オスカー・ココシュカ「戯れる子どもたち」(1909年)は、ここに描かれている兄と妹の関係について、この絵を見る者にとまどいを覚えさせる。専門家たちと一般大衆のどちらもが、外部の不審人物はもっとも大きな脅威になると考え、近親相姦は、一般に考えられているよりも広まっているかも知れないという考えに抵抗したが、20世紀初めには性的虐待についての認識が深まった。©2003 Artists Rights Society (ARS), New York/ProtLitteris, Zurich

植民地時代から19世紀まで

　植民地時代には、子どもは家族の経済的財産であり、本質的に親の統制下にあった。子どもの経済的な役割は、19世紀になって中産階級の家庭生活のヴィクトリア時代風の観念が登場すると衰退していった。子どもは生まれながらにして純真無垢で従順なものとして見直され、母親が家庭の道徳的守護者としての父親にとって代わった。この無垢のイメージは子ども期の傷つきやすさを強調した。進歩主義時代になると、**児童救済**の専門家たちはますます家庭に介入し、巧妙に親の権威に挑戦して、誤った不適切な育児は子どもを傷つけると主張した。20世紀には**子どもの権利**の登場を見るが、それは親の権威を代償とするものであった。

　めったに言及されることはないが、この200年間、子どもの性的虐待がひんぱんに起きていたことについては山ほどの証拠がある。法的処罰の対象となる強姦と近親相姦にかんする法は、子どもの性的虐待が実際にあることを反映しており、それが不自然に強調されている事実はかえって、性的虐待と子どもを保護する社会の役割が曖昧であることを示唆している。たとえば、1880年から1900年にかけて、多くの州は女性の**同意年齢**を10歳からすくなくとも16歳へと引き上げた。それは、少女が性的危害に対して傷つきやすいものであるという当時の社会の純潔運動の共通関心を反映している。ほとんどすべての州が近親相姦を法的に禁止したにもかかわらず、性交以外の親子間の性行為にはそれほど厳格な法は制定されなかった。

　歴史家たちの議論によれば、さまざまな文化的実践が家庭における性的虐待を促進したのかもしれない。19世紀の狭い家のなかでは大人と子どもは同じベッドで眠らなければならなかったし、植民地や開拓地の家庭ではベッドを置く場所さえかぎられていた。そうした寝室事情のもとでは、大人は子どもに近づくことは容易であったし、子どもも大人の性行為をまのあたりにすることができた。これらが近親相姦を促進したのかもしれないのである。**性行為感染症**(VD)にかんする神話の伝播は、近親相姦に対するタブーを絶望の行為へと変形することで性的虐待に寄与したとも推測しうる。現在でもときどき言い訳としてもち出される神話がある。それによれば、処女との性交は性病にかかった男を救うというものである。19世紀には、未成年者との性的関係についてこの説明をもち出すような男性も、それほど肉食的ではなく、法的に罪があるともみなされなかった。

19世紀後半と20世紀

　進歩主義の時代を通じてソーシャルワーカーという専門職が生まれた。それによってアメリカの家族の私生活が明るみに出るようになった。初期のソーシャルワーカーは、近親相姦事件を発見すると、少女を被害者ではなく誘惑者として記録することが多かった。こうした少女は、性的に異常とみなされ、非行少女の施設に収容されるという憂き目を見る危険にさらされた。逆に、加害者と目された父親が起訴されることはほとんどなかった。改善の見こみが十分にあると考えられたからである。1920年代までは、子どもはしばしば性的欲望をそそると同時に無垢でもあるという逆説的な性質で染め上げられていた。こうした緊張は1958年のV・ナボコフ（1899-1977）の小説『ロリータ』に集約されている。

　一般に受けとめられている信念は、疑いの念を親からそらせていた。ヴィクトリア時代の家庭文学には、母親に対して子どもの世話をする好色な使用人に注意をうながす場面がしばしば登場する。使用人は、マスターベーションによって子どもの興奮を静め、あまりにも早く性行為の手ほどきをする元凶とみなされた。したがって、性的虐待が疑われる場合、家庭内の関与者とみなされる最初の人物はこうした使用人であった。子どもの世話をするメイドに対するこうした告発には明白な証拠はほとんどない。しかし、そうした懸念が生じるのは、性的虐待が、一見すると穏やかなヴィクトリア時代の家庭を混乱させるかもしれないという、いまにも爆発しそうなおそれを反映しているからである。同じように、子どもが淋病にかかり、親にも同じ病気が見つかった場合、非難はその親にではなく、汚染されたシーツやトイレの便座に向けられた。子どもが淋病にかかったのはなんらかのもののせいであるというこうした誤った信念こそ、1970年代後半まで性的虐待が気づかれないままになっていた原因であった。

　歴史家たちは、20世紀のレトリックが性的虐待を暴露するどころか、むしろいかにそれを隠蔽してきたかを白日の下にさらした。20世紀なかばのメディアで描かれたように、外部の不審人物は、家庭内の疑わしい人物への注意をそらす役割を果たした。フロイトは、子どもには生まれつき性的関心があり、性的虐待の記憶は無意識の欲望を再現すると主張した。この考えが子どもの性的性質を強調し、専門家に性的虐待の記憶の妥当性にかんして疑問をいだかせる原因になった。このため、20世紀の大半を通じて性的虐待にかんする関心が高まったにもかかわらず、近親相姦が広く行なわれているという考えを多くの専門家は認めようとしなかったのである。

　20世紀の最後の30年間になると、アメリカの社会意識に突然、**児童虐待**が登場した。だが、それには重要な先行者があった。最初は性的虐待ではなく身体的虐待に焦点があてられていた。1874年には児童虐待への組織だった社会的対応がはじまった。この時、ひどく殴られた少女が全米動物虐待防止協会につれてこられ、これを契機に虐待された子どもを保護するための類似の協会の設立がうながされたのであった。この少女のケースが19世紀のステロタイプの特徴をよくあらわしている。虐待された子どもは移民出身の、貧乏で、社会から取り残された家庭の出身であった。このステロタイプは中産階級の価値観を支持し、中産階級の家庭は安定しているという観念を強化し、それが何百年も続いてきたのである。

　それ以外のさまざまな社会運動も、20世紀後半に近親相姦が発見されるお膳立てをした。フェミニズムは女性を力づけ、家庭内虐待を暴露し、虐待された子どもの以外の被害者も社会が保護するようにうながした。1960年代と1970年代の社会運動は、虐待された子どもに共感する聴衆を生みだした。性の自由の増大は、性的虐待を議論する言葉を社会にあたえた。1960年代初め、小児科学者たちは、社会活動の活発化に刺激を受け、発達や行動の問題への専門的関心が高まってきたことに対応しながら、身体的虐待を受けた子どもの特定と保護に取り組みはじめた。1970年代になると、児童虐待のこうした医療体制化は、子どもの性的虐待をふくむほどにまで拡大し、医学的評価は子どもの性的虐待ケースの標準的な特徴となった。社会が虐待を受けた子どもを保護するのは義務であると感じるようになると、かつて近世のアメリカ家族を支配していた父親の支配権は浸食され、家族を見守り、保護する権威をさまざまな専門家たちが獲得するようになった。

➡法律と子ども

● 参考文献

Ashby, LeRoy. 1997. *Endangered Children: Dependency, Neglect, and Abuse in American History*. New York: Twayne Publishers.

Evans, Hughes. 2002. "The Discovery of Child Sexual Abuse in America." In *Formative Years: Children's Health in the United States, 1880-2000*, ed. Alexandra Minna Stern and Howard Markel. Ann Arbor: University of Michigan Press.

Freedman, Estelle B. 1989. "'Uncontrolled Desires': The Response to the Sexual Psychopath, 1920-1960." In *Passion and Power: Sexuality in History*, ed. Kathy Peiss and Christina Simmons. Philadelphia: Temple University Press

Gordon, Linda. 1986. "Incest and Resistance: Patterns of Father-Daughter Incest, 1880-1930." *Social Problems* 33: 253-267.

Gordon, Linda. 1988. *Heroes of Their Own Lives: The Politics and History of Family Violence, Boston 1880-1960*. New York: Penguin Books.

Gordon, Linda, and Paul O'Keefe. 1984. "Incest as a Form of Family Violence: Evidence from Historical Case

Records." *Journal of Marriage and the Family* 46: 27-34.
Jenkins, Philip. 1998. *Moral Panic: Changing Concepts of the Child Molester in Modern America*. New Haven, CT: Yale University Press.
Mason, Mary Ann. 1994. *From Father's Property to Children's Rights: The History of Child Custody in the United States*. New York: Cambridge University Press.
Odem, Mary E. 1995. *Delinquent Daughters: Protecting and Policing Adolescent Female Sexuality in the United States, 1885-1920*. Chapel Hill: University of North Carolina Press.
Pleck, Elizabeth. 1987. *Domestic Tyranny: The Making of American Social Policy against Family Violence from Colonial Times to the Present*. New York: Oxford University Press.

(HUGHES EVANS／太田明訳)

近世ヨーロッパの子ども
(Early Modern Europe)

　近世ヨーロッパの定義について、歴史家たちは一致をみていない。この時代について出版された研究は、この時期をおよそ1400年から1800年までの幅をもたせているが、年代の境界線は地域や専門分野によって異なる。近世（early modern）という用語そのものはおもに英米系のものである。ヨーロッパ大陸の歴史家たちは、中世と現代世界にはさまれた時代をたんに「近代史」（modern history）といっているが、その意味についてはほとんど一致が見られない。このこととは対照的に、フェルナン・ブローデル*1と彼の弟子たちによって展開されたフランスのアナール学派*2の伝統は、主として、長期波動（*longue durée*, long-term structures）、短期波動（*conjoncture*, short-term trends）、そして環境波動（*histoire évenémentielle*, individual events）という三つからなる時間軸の全体によって、従来の時代区分の仕方を根本的に否定している。アメリカとイギリスにおける近世ヨーロッパ研究は、1970年代にその基礎をつくった。歴史家たちは近世史を封建制度の崩壊および15世紀における西ヨーロッパの国家の出現を近世の始点とし、18世紀の政治と経済活動における革命をその終点とした。研究文献は、科学と世俗主義の進展、封建制から資本主義への移行、そして近代化の概念と結びつけられて発展した近代国家の興隆に目を向けさせた。

　この時代は、力を増しつつあった官僚たちが大規模な戦争や領土拡大に融資するために税を徴収していたイギリス、フランス、スペインにおいて、国家建設の重要な進歩が見られた。しかし同時に、貴族の長期政権に対する浸食は封建反動*3をまねいた。また、伝統に対する侵害は、とりわけ戦争・飢饉・病気などに苦しめられていた時期に新税が課せられることによって、広範囲におよぶ農民反乱のきっかけとなった。近代化への道という主題はすぐに、人口動態と科学技術の限界が経済成長をさまたげていたことだけでなく、近代化の失敗をも論証する修正論文につながった。さらに、この時代に堅固な輪郭をあたえようとする多数の歴史研究があらわれた。その輪郭をなすのは、キリスト教世界の崩壊と世俗化の進展、人口動態と経済に生じた顕著な変動、ヨーロッパ型の国家制度の発達、そして、グローバルな生産と貿易のヨーロッパ中心型システムの登場などである。

　しかし、こうした壮大な物語には、再生産*4と生産における女性の役割がほとんどふくまれていないばかりか、ふつうの人びとの苦難もふくまれていなかったし、世界史分野においてもじゅうぶんな比較研究もない。このため20世紀の最後の10年間と21世紀初頭における歴史研究の成果は、歴史家たちがどのようにして時代区分に達したかという問題をもう一度概念的に説明するだけでなく、これらの抜け落ちてきた主題をとりもどそうと試みたものであった。近世ヨーロッパについての定義と同じく、子ども期の経験をめぐる議論もまた進化しつづけてきている。ライフサイクルにおいて別個の段階としての子ども期についての自覚はあったのであろうか？　農業経済が支配的であった近世ヨーロッパにおいて、子ども期と青年期は農民や労働者としてすばやく成人し、彼らの生活はその大半を生産と再生産を中心にくりかえされていた。これとは対照的に、中産階級の改良された物質的条件は、成人期から切り離された段階としての子ども期という認識をいっそう強くうながした。商業化と都市化は年少の子どもたちのための正式な教育を要求した。その結果、都市の諸団体、教会、国家そして両親は、性別を考慮した方針で分けたさまざまな取り組みによって、子どもの養育と教育により多くの資金を投じるようになった。

宗教改革

　16世紀の2度目の10年間［つまり1511-1520年］に、キリスト教会は地理的境界線に沿って生じた一連の宗教対立における最初の分裂を経験した。神聖ローマ帝国にはじまり16世紀末紀までにヨーロッパ全域に広まった一連の分裂は、改革された教会と国家、社会、そしてその構成員との関係を変容させた。それはまた、キリスト教をアメリカやアジアの原住民たちにも伝えた。そこには、スペインにおけるムーア人*5とユダヤ人*6に対するカトリックへの強制的改宗や、ヨーロッパと外国の双方における宣教の熱意に示された宗教的な同質性を求める強烈な願望があった。これと同じ時期、ヨーロッパのほぼ全域で、宗教的軋轢と権力の再配置のための要求とを実質的に見分けることができなくなっており、国家の権力機構においても地方レベルにおいても、さまざまな危機的状況を惹起していた。

　プロテスタントとカトリックの宗教改革は家族生活

に影響をおよぼし、それが拡張することによって、影響力のある方法で子どもの養育にも影響をおよぼした。プロテスタントは、カトリックの教義と教会法（カノン）*7をくつがえす新しい家族モデルを推進したが、おそらくそのモデルは子どもの人格形成に影響をおよぼしたであろう。彼らは禁欲を守る理想をしりぞけ、修道会や修道院を閉鎖し、修道士とか修道女といった身分を超えて、夫と妻の身分を祝福した。マルティン・ルター*8のような改革者は、結婚生活はセクシュアリティにとってふさわしい場所であり、姦淫を予防すると見ていた。そのため、牧師たちとかつての修道女たちは結婚の誓約をした。平信徒のプロテスタントも聖職者のプロテスタントも、友愛的な結婚生活を形成するよう奨励された。そこでは夫は妻に対する権威をまだ保っていたが、夫婦は家族の責任を分担するよう奨励された。これとは対照的に、カトリックの聖職者はセクシュアリティの抑制、とりわけ女性のそれに対しては、猛烈な取り組みを継続した。社会秩序を維持するためだけでなく家族の清純さを守るためにも、女性たちは結婚するか宗教的囲いこみに堪えしのぶかのどちらかを強いられた。

プロテスタントの神学者たちが離婚と再婚を法的に可能にしようとしていたのに対して、カトリックの改革者たちは、トリエント公会議（1545-1563）*9において、結婚と家族構成にかんする規則を厳格にするために、熱心な取り組みを展開した。カトリック教会は結婚を合法化して安定させ、女性と子どもを保護しようとした。プロテスタントの神学とは異なり、離婚は教会法によって禁止されていたが、極端な状況下での寝室と食卓の法的な分離は許された。トリエント公会議の後、カトリックの神学者たちは、婚約の規定をより強く主張している。タメットシ教令*10は、結婚予告を公表し、夫婦は教区司祭と数名の証人の出席のもとで、彼らの誓約を公式に発表することなどを規定している。親の同意は求められなかったし、強制されることもなかったが、秘密結婚は認められなかった。このため、子どもたちのなかには、結婚の誓約を両親に強制されたと主張することによって、とりきめられていた結婚を無効にするためにこの改革を利用した者もいた。それ以外にも、両親の希望に刃向かって結婚する者もいた。

宗教、科学、そして民間信仰

宗教的福音主義*11は、以前よりも子どもの霊的教育を唱導した。それと同時に、科学的な探求の隆盛は、実験にもとづく観察と物質世界を根拠に、宗教とは対立する新しい学習方法をもたらした。そのため、庶民の子どもは福音主義、民俗的な知恵、宗教改革にかかわった教会の抑圧的な権力などが混じりあったものにさらされていたが、教養階級の子どもたちは、聖職者と科学者の両方から唱導された知識の競争モデルの世界で育てられた。

宗教改革者たちの最終目標のひとつは、親子関係を構築することにあった。デジデリウス・エラスムス（1466-1536）*12を嚆矢とするキリスト教人文主義者*13たちとその他の知識人たちは、中産階級と上流階級の子どもの人格形成にとって子ども期が重要であることを強調した。宗教思想家たちは、子どもは純真無垢に生まれるのかそれとも堕落状態で生まれるのかをめぐって論争していたが、いずれの場合も、家庭においてだけでなく学校においても、子どもの養育のために果たすべき親の義務を重視した。学校教育は教会と、増えつつあった世俗の個人教師の両方から提供された。ヨーロッパのいたるところで、宗教改革の開始を画期として新しい学校が急増した。ルネサンス時代を通じて上流階級の少女と少年がともに初等教育を受けたように、続く宗教改革の時代には、多くの改革者が、少年だけでなく少女も聖書を読み、自分の子どもに教えることができるようになるために、識字能力をさらに高めるよう奨励した。裕福な家庭の出身の少年たちには一流の専門家があてがわれた。だが、家庭生活を中心に訓練を積んでいた少女たちは、せいぜいのところ花嫁学校*14に通う程度であった。いくつかの点で、学校は、家族に代わる親になった。とくに寄宿する裕福な少年にとって学校は、家族の代わりであった。子育てと学校教育が厳格なしつけをふくむかどうかについては、これまで激しく論争された主題である。カトリックにしろプロテスタントにしろ、中産階級と上流階級は、しだいに子どもたちを大人の生活環境から切り離し、子どもたちを仕事場からも遠ざけ、学校に通う期間を長くし、子どもたちの**セクシュアリティ**を抑圧しようとした。

また、プロテスタントの教師もカトリックの教師も、いっそう厳密に公的な教義の境界線を示そうと努力した。彼らがふつうの人びとと出会ったことは深刻な緊張をひき起こした。民間信仰はただちに異教と判断され、異端というレッテルを貼られた。またその主唱者は弾圧された。福音伝道者と宗教裁判官たちは、宗教的均質性を押しつけ、主流の正統派キリスト教に同化できなかった団体や個人を排除しようとした。とくに、政務聖省の異端審問所*15は、聖職者に独占的な権限をもたせようとする取り組みのなかで、霊能力をもっていると主張する俗人の主張を否定した。それは俗人を、さらには医学や科学をも、霊的特質から剥奪する試みであった。こうして、呪術、ごまかしの聖人、魔女などを糾弾する宗教的なキャンペーンは、宇宙は機械で作られているとする17世紀後半から18世紀にかけての科学的主張の根拠を準備するのに役立った。近代において、科学は神秘的信仰を周縁に追いやり、徐々におとろえさせ、聖職者の霊的影響を弱めることになった。

宗教改革は、ルネサンスの人文主義の批判的で反権

ヤン・ステーン「乱れた学校」(「村の学校」あるいは「少年と少女のための学校」としても知られる。1670年頃)。聖書を読むことを重視するプロテスタントの宗教改革は、近世ヨーロッパのいたるところで教育の拡張を奨励した。学校が過剰な規律（しつけ）にどの程度まで関与するかは、激しい論争の的になってきた主題である。NG2421. National Galleries of Scotland, Edinburgh.

威主義的な特色とともに、科学の進歩にとって不可欠な知的思考、諸発展の統一性をこなごなに打ち砕いてしまったのである。新世界と新民族、そして地球が球体であることの発見、可動式活字印刷[16]の発明、小火器の発達や恒星や惑星の可視精度を高めるレンズの発達、機械時計の改良、造船術と航海術の発達などは、宗教よりも合理主義のほうをますます信頼するようになる新しい知的展望と発見手段を生みだした。科学者たちは、機械的な用語を用いて世界を説明する傾向を強めながら、科学の権威と客観性を新たに主張した。科学的な探求は、世俗化の流れと物質世界を改善する方法を重視する動きを補足した。霊的領域から観察可能な世界を切り離すことは、人間の思考において根本的な変化が生じたことをあらわしていた。世界は、人間の理性によって発見することが可能ないくつかの原理にもとづいて動いていると理解することは、人間はまわりの環境を支配することができるようなるかもしれないという希望を育んだが、これは、19世紀における工業化への道を歩むのに役立つ意識の変化をあらわしている。

理性を科学的に重視する態度は、子どもそのものについての新しい観点も助長した。17世紀後半に執筆していたジョン・ロックは、子どもはまだ何も書きこまれていない白紙（*tabulae rasae*）であって、迅速に自己改善する源泉としての教育に開かれていると主張して、生得観念と、言外に、原罪説に反論したのであった。これらの観点は、18世紀を通じて**啓蒙思想**の重要な部分としての教育に、すくなくとも理論上は、ますます大きな関心をはらうことをおしすすめた。それは、子ども期の初期のより大きな発達の機会を認めようとする関心のなかで、スウォッドリング習俗の衰退といった、子どもの保育におけるほかの展開もうながしたかもしれない。こうした文化的な文脈で、（近世の終わりまでに）**おもちゃ**と書物の創出が子どもの能力を伸ばすことを明確に意図していたのと同じように、愛しみと愛情をそそぐ対象として子どもを大事にする意識もまた高まりを見せた。

人口動態

　近世ヨーロッパにおける人口動態パターンは、大多数の人びとにとってその人生経験のきわめて重大な決定要因であった。周期的な人口の膨張と収縮は、可能性の限界、利用可能な資源と需要とのあいだの均衡、そして生活水準などを明確にするのに役立った。経済と人口動態の傾向は、農民と労働者の結婚年齢の変化に影響をおよぼした。たとえば、人口が増加して土地が不足した16世紀には、すくなくとも核世帯を形成する慣習があった北西ヨーロッパのような地域では、概して結婚は遅れた。男性の場合で20代後半まで、女性の場合で20代初めまで結婚を延期することは、出生率を抑え、過剰な子どもが生まれるのを防ぐのに有益であった。逆にいえば、大規模な**流行伝染病**に襲われたり戦争が長引けば、土地資源が十分にあっても人口が少ないときは、若い年齢で結婚して子どもをもうける可能性は高まった。彼らの資源は、自分の子どもを家庭で養うのを可能にした。そのような傾向は、結婚と再生産が生産の基礎単位を生む以上、経済生活にとって決定的に重要であった。相当数の男女が生涯に一度も結婚せず、結婚した親族の世帯の使用人あるいは予備のメンバーになっていた。

　戦争、飢餓、流行伝染病は近世ヨーロッパにおける死亡率に破壊的な結果をもたらしていた。**乳児死亡率**は高かった。非嫡出子として生まれた赤ん坊の場合だけでなく、上級階級によって乳母のところに預けられた赤ん坊や極貧家族の赤ん坊ではとくに高かった。厳しい法律が防止策として制定されたにもかかわらず、嬰児殺しも死亡率を高くする原因であった。赤ん坊のほぼ4分の1が最初の1年以内に死亡し、ほかの4分の1は成人年齢まで生きることはなかった。子どもの高い死亡率の問題は、両親がその子どもに十分配慮していたかどうか、あるいは人生の初期の段階に大きな関心をはらっていたかどうかについて問いかけた**フィリップ・アリエス**の著作にはじまる活発な歴史学の論争に火をつけた要素である。おそらく、幸運にも生涯を最後までいっしょに生きることができた両親と子どもはお互いを非常に気遣っていただろう。だが、非常に多くの子どもは**育児**をまったく受けなかった。貧困層の過剰な子どもは栄養失調が原因で亡くなってしまうか、早い年齢でほかの家族の使用人あるいは徒弟として生きるために生家を離れるかのどちらかであった。さらに、どちらか片方の親あるいは両親は、子どもの寿命が短いことを予測できたため、子ども期をつかのまの出来事にしていた。

　子どもは、近世ヨーロッパの貧困層の大きな比率を占めていた。多数の物乞いと浮浪者を減らし、子どもに食物を、そして少年には職業訓練、少女にはささやかな婚資をあたえようと取り組んでいた教会と国家の双方に、**孤児**と子どもの**遺棄**は新しい難題をつきつけた。イギリスは救貧法[17]を考案した。ヨーロッパのほかの地域では、都市と都市機構、宗教団体が捨て子養育院を設立し、そうした慈善機構を維持するために資産を残すことを資産家たちに奨励した。その取り組みは、1520年以後、キリスト教人文主義の普及と宗教改革とのつながりのなかで強められた。社会の上層部では、財産を保持しようとする戦略は、子どもの人生経験を決めるのを助けた。父親は息子の生涯を決定し、娘を結婚させるかどうかを決定した。多数の未婚のカトリックの娘は修道女になることを強制された。制限された結婚はよくあることであった。ヴェネツィアでは、ほかの男性のきょうだいが家族の財産を共有し、組合として活動したが、フラテルナ（いっしょに仕事をする兄弟団）[18]は、結婚を一人の兄弟に制限した。独身のきょうだいの何人かは教会組織に加入した。結婚に際して婚資をあたえられた娘はほとんどいなかったが、結婚しないかわりに修道女になる娘にはあたえられた。とくに婚資の水準が高くなるにつれてそうなった。他方、ヨーロッパ大陸のローマ法とイギリスのコモン・ロー（慣習法）[19]は、長子相続の原理を保持しており、その原理によってきょうだいたちは父方の直系のために取り置かれた土地を相続しなかった。その結果、ジェンダーの期待に応じてその運命が決められてしまったため、非常に多くの貴族の子どもがその地位を奪われた。

経済

　近世の経済は、大洋横断航海および市場の移行[20]という世界規模での劇的な変化をまのあたりにした。近代国家の建設と植民地主義は、経済の重心を地中海から大西洋世界、アフリカ、そしてアメリカへと移した。このグローバルな拡張を通じて、イギリスと低地諸国は16世紀のかなりの時期を超えて大いに繁栄したが、スペインとポルトガルは、一時的な繁栄を経験したにすぎなかった。世界市場と新しい商品は、砂糖、煙草、珈琲などをとおして、さまざまな国の人びとをつないだ。しかし、女性も大多数の男性も、そこに資本主義が機能し、ヨーロッパの国々がグローバルな貿易ネットワークの支配をめぐってせめぎあっていたこの経済レベルを明確に認識できてはいなかった。なぜなら、大多数の人びとは、広大な資源、支配的な会社や独占企業、あるいは資本主義的な企業に投資するのを可能にしてくれる国家権力などに接近する手段をもっていなかったからである。

　しかしながら、小作農と労働者は生産における重大な変化を目撃した。後期中世に普及していた都市ギルドは16世紀に衰退し、生産拠点は、すべての家族の構成員全員が生産労働と再生産労働の両方に参加する農村世帯に移行したのである。経済歴史家のカルロ・チポラ[21]は、食べ物、衣類、住宅が需要の大半を占めたこの現象が生産構造を決定したと述べている。女性、男性、そして7歳以上の子どもは農地ではたらき、

家畜の世話をし、家族が必要とするものを生みだした。彼らはまた、亜麻、麻、絹、そして染料に使う植物など、製品の原料となる作物を栽培して収穫した。資本主義の投資家たちは、都市ギルドを避けて、賃金が市場によってよりも慣習によって決まる女性（と子ども）を雇うことが利益を生むことを見いだした。投資家たちは、大西洋沿岸の市場に輸出するために、都市と田舎の世帯から雇用した。このようにして、商業資本主義と経済のグローバリゼーションは、家族世帯の手工業技術を基盤にした生産を進展させた。

家内工業制度は、女性や子どもが利用できる労働機会の性質を改変した。また、男性、女性、そして子どもが、労働の対価としての賃金を個別に受けとるようになりはじめたため、家族の機能を変えることにもなった。だが、それにもかかわらず、ヨーロッパ人は、停滞した生活水準を維持しようとして、1500年から1800年にかけてはそれ以前の数世紀よりも厳しい労働に従事しなくてはならなかったのだが、それは、購買力が大きく高まらなかったからであった。資本主義が労働の定義を変えたのは、ようやく19世紀になってからであった。中世では、労働は家族の生活維持に貢献するすべての労働をふくんでいた。労働は、19世紀の工業化と資本主義によって、家庭経済や市場経済の範囲を超えて、より独占的に生産に参加するようになった。資本主義に対して世帯が中心的な経済的役割を失い、ますます再生産の中心になってくると、女子労働の地位と重要性、および世帯内の労働は衰退した。出産、幼児の世話、**乳母養育**などをふくむ女性たちの労働が家庭内で発生し、その金銭的価値はまったくなかったのに対して、生産労働は男性の領域とみなされた。経済成長に果たす女性と子どもの役割が認識されるようになったのは、ようやく20世紀後半に、研究者たちのあいだでのジェンダー分析*22が公的領域と私的領域を結びつけていた家庭内のプロト工業*23とともに、再生産と家内労働の重要性を再評価したときであった。

［訳注］

*1 フェルナン・ブローデル（Fernand Paul Braudel, 1902-1985）――20世紀を代表するフランスの歴史学者の一人。パリ大学卒業後9年間アルジェリアのリセで教え、地中海地域への関心を深め、ブラジルのサンパウロ大学をへて、パリの実務高等研究学校の教授となった。この頃に文明史家フェーブル（Lucien Paul Victor Febvre, 1878-1956）と知りあい、多大な影響を受けた。第2次世界大戦では、ドイツ軍捕虜となり、約5年間ドイツの収容所で暮らした。その間、記憶をたどって書きあげた博士論文をもとにして著わした『フェリペ2世時代の地中海と地中海世界』（1949）が代表作となった。この著作のなかで、スペインとオスマン帝国の対立だけでなく、地理的状況や宗教・農業・技術・知的風土などもとりあげた。1947年に「レザナル」誌を中心とした歴史学派「レザナル派」をフェーブルから引き継ぎ、それまでの歴史が政治・外交・戦争の三本柱であったのに対し、気候・地形・農業・技術・交通通信・社会集団・精神構造などをふくむ全体を研究する学派を形成した。ブローデルは人間の歴史を、ほとんど変化のない環境的時間、経済・社会・文化からなる中間的時間、そして諸々の出来事からなる短期的時間という三つの時間の波動の重なりを考察する独自の歴史観を打ち出した。1984年にアカデミー・フランセーズの会員に選ばれた。

*2 アナール学派（école des Annales; Annales school）――伝統的な実証主義歴史学に対する批判に端を発し、L・フェーブルとM・ブロック（Marc Léopold Benjamin Bloch, 1886-1944）によって1929年に創刊されたフランスの歴史学雑誌「社会経済史年報」（Annales d'histoire économique et sociale）を拠点に新しい歴史学をめざす歴史家グループ。雑誌のタイトルからアナール学派（年報派）とよばれる。この雑誌名はその後数度の変更ののち、1946年からは「年報：経済・社会・文明」（Annales. Economies, sociétés, civilisations ［1946-1994］）、1994年からは『年報：歴史・社会科学』（Annales. Histoire, Sciences Sociales ［1994-］）となり、今日にいたっている。アナール学派は特定の理論によって統一されているグループではなく、思想傾向も多様であるが、歴史を相対的に把握し、歴史への現代からの問いかけを重視しようとする学際的な観点を共有している。アプローチの方法として、文献資料だけでなく、数値データ、口承文芸などの生活習俗資料や遺物を活用する考古学的・人類学的手法もとりいれた。フェーブルやブロックを中心としたアナール学派の第1世代は、社会構造の分析をおもな課題とし、とくに社会を支える集合心性の役割を重視した。1957年のフェーブルの死後、F・ブローデルを中心とした第2世代は、歴史上長期にわたって持続する事象に注目する深層の歴史学を提唱した。その延長上に、家族・人口・性・子ども・誕生と死・ジェンダー・医療・食糧・水と空気など、自然学と社会・人文科学の交錯領域の諸現象を新しい観点から探求しようとするアナール第3世代以降が続き、各国の社会科学に知的刺激をあたえつづけている。

*3 封建反動（feudal reaction）――中世ヨーロッパ末期に、危機に直面した封建領主による支配の強化・立てなおし。14～15世紀の西ヨーロッパでは、貨幣経済の進展による賦役の金納化、黒死病の流行や戦乱による農村人口の激減などで農民層の地位が高まったため、領主は困窮化した。そこで領主は賦役の復活や農奴制の再編などによって、かつての領主・農民関係をとりもどそうとした。これに対して、ふたたび負担が重くなることに反発した農民は、フランスのジャクリーの乱（1358）やイギリスのワット＝タイラーの乱（1381）など、大規模な農民一揆で対抗した。

*4 再生産（reproduction）――「再生産」という用語は多様な複合的な意味で用いられるが、ここでは家族史と人口動態史の用語として「労働力の再生産」もしく

は、それに向けての子どもの出産・育児・しつけ・養育・教育など、将来の労働力、あるいは親世代にとっての老後に依存することになる家族基盤の後継者の育成などを、一定の家族戦略（family strategy）のもとで展開する営みの総体をさす語として用いる。

*5 ムーア人（Moors）──アフリカ北西部に住むベルベル人（Berber）とアラブ人（Arab）との混血のイスラム教徒で、8世紀にスペインを侵略して征服し、1492年まで支配した。

*6 スペインのユダヤ人（Jews in Spain）──中世にイベリア半島（スペイン、ポルトガル）に住んでいたユダヤ人の子孫は中東系のユダヤ人を意味する「セファルディム」（Sephardim）とよばれ、もうひとつのユダヤ人の区分であるヨーロッパ系ユダヤ人の「アシュケナジム」（Ashkenazim）と双璧をなす。セファルディムはおもにスペイン・ポルトガルまたはイタリア、トルコなどの南ヨーロッパ諸国に15世紀前後に定住した。1492年、イベリア半島地域に残っていた最後のイスラム政権が滅ぼされたスペインで、ユダヤ人の大規模な排撃のため、その多くは南ヨーロッパや中東、北アフリカなどのオスマン帝国の領域に移住し、少数ながら、オランダやイギリスにも移り住み、今日にいたっている。セファルディムの系列からは、学問・芸術のさまざまな部門で多数のすぐれた人材が輩出されている。

*7 教会法［カノン］（canon law; jus canonicum）──カトリック教会およびイギリス国教会における信徒団体の生活を規律するために、神と教会から発布された権威的規範の総体として発達した法体系。聖書、教皇令、公会議令そして伝承や慣習を法源とする。教会法（カノン）は1141年「グラティアヌス法令集」としてはじめて体系づけられ、その後12〜13世紀の教皇たちがその英知を傾けて集大成化に努力し、1582年の『教会法大全』の成立によってほぼ実質的に完成した。教会法は国家という枠とは次元を異にする全世界にまたがる普遍的な信徒団体の法として、ヨーロッパ全体を支配した。

*8 マルティン・ルター（Martin Luther, 1483-1546）──ドイツの宗教改革者。はじめパウロの「神の義」の解釈をめぐって内面的葛藤におちいったが、突然啓示を受け、これを神の贈り物としての「信仰による義」であると確信した。ローマ教会の贖宥状（免罪符）発行を攻撃し、1517年10月31日「95カ条の提題」を発表、キリスト教の内面性を強調し、これが宗教改革の先駆けとなった。ウォルムス国会によって放逐されたがワルトブルク城に潜伏（1521-22）し、ギリシア語新約聖書をドイツ語に翻訳した。ドイツ農民戦争（1525）ではしだいに急進派から離れ、また聖書解釈をめぐってエラスムスとも論争した。生涯にわたって教会の組織化に努力し、聖書を神学の基礎におく聖書主義と万人司祭主義、「信仰のみ」の立場を広めた。子ども向けの聖書教本を多数考案してリテラシーの改善に貢献した。

*9 トリエント公会議（Tridentinisches Konzil；Concilium Tridentinum；the Council of Trent）──カール5世が宗教改革に対抗して、ローマ教皇パウルス3世と北イタリアのトリエント（イタリア名トレント）で開いた会議。1545-47年、1551-52年、1562-63の3回に分かれ、カトリック教会内部の粛清、教皇の至上権と無謬説、宗教裁判の励行、禁書目録の作成、『聖書』と伝承の権威の承認などが決議された。これによって、カトリックの再建方法が決まり、プロテスタントに対して勢力を回復する契機となった。

*10 タメットシ教令（Tametsi decree）──1563年のトリエント公会議第24総会において採択された「婚姻法改定についての教令」。

*11 福音主義（evangelicalism）──聖書に証されている救い主イエス・キリストの喜ばしい訪れ（福音）を重んじる立場。その特徴は、救済は神の恵みへの信仰によるとする信仰義認、教会の教えでなく聖書の言葉に立ち戻る聖書主義、神と人との直接的関係を強調する万人司祭主義などである。ルター派、カルヴァン派、再洗礼派、メソジスト教会などはこの立場をとる。

*12 デジデリウス・エラスムス（Desiderius Erasmus, 1466-1536）──オランダ出身の16世紀の代表的な人文主義者。ロッテルダムに生まれ、若くして修道院に入ったが、のちにパリ大学で学び、以後、ギリシア・ラテンの古典を研究した。フランス・イギリス・ドイツ・イタリアを遊学して、トマス・モア（Sir Tomas More, 1478-35）をはじめ多数の人文主義者と交わった。1509年に『愚神礼賛』を著わして教会と僧侶の腐敗を鋭く諷刺し、1516年には新約聖書のギリシア語原典とその新ラテン訳を出版するなど、宗教改革の思想的気運を高めた。しかし、自由意志論をめぐってルターと論争し、新旧両派から非難されて孤立し、晩年は不遇のうちにバーゼルで死んだ。古典を重視する人文学的教養教育は世界各地の大学教育にとりいれられ、その国際平和思想は今日の国際連合の精神に受け継がれている。

*13 人文主義（humanism）──人間性を尊重し、宗教や権力の束縛から人間性の解放をめざす思想。ヒューマニズム。古代ローマでは人間性完成のための教養として、ギリシアの学芸を身につけるという意味で、さらに人間性の普遍性を強調する立場をふくんでいた。それが中世ではキリスト教の博愛主義と結びついたが、この宗教的ヒューマニズムはあくまでもキリスト教に従属するものであった。近代的ヒューマニズムは、ルネサンス期のイタリアを源流とし、古典文化研究を手がかりとして中世キリスト教支配からの人間の解放を意図する市民階級の精神態度であり、人文主義としてルネサンス文化の根本精神となった。それは現実的・世俗的であるばかりでなく、合理主義の尊重、個性の自由な発露をめざすものであった。現在では、あらゆる非人間的な社会的制約に対する人間性一般の解放を意味し、専制・独裁・戦争などへの批判精神として息づいている。

*14 花嫁学校［フィニッシングスクール］（finishing school）──教養学校ともよばれる。良家の子女が社交界にデ

ビューするための特別な教育をほどこし、仕上げ教育をする私立学校。寄宿制の学校であることが多かった。

*15 政務聖省の異端審問所（the Holy Inquisition）──検邪聖省ともよばれる。1542年に創設された教皇庁の機関で、宗教裁判所のあとを受け継いで、異端の処断、教会法上の処罰の適用、図書の検閲など、信仰と道徳にかんする問題を管掌する。正式名は the Congregation of the Holly Office。

*16 可動式活字印刷（movable type）──活字印刷に使う組み版で、一本一本がそれぞれ独立していて、組み替えと移動が容易にできる活字印刷の方式。初期の活版印刷に用いられていた。

*17 救貧法（Pool Laws）──近世以降のイギリスで、貧民の救済措置を講じた一連の法律。初期の救貧法は威嚇的な処罰法であったが、近代以降、しだいに福祉的な救済法の性格をおびた。ヘンリー8世時代の1531年の救貧法は不良者取締法として制定され、病気や老齢による生活困窮者と、健常者でありながら就労しない浮浪者を区別し、前者には物乞い行為を許可し、後者にはむち打ちの刑をあたえた。エリザベス1世時代の1572年の救貧法は、貧民監督官を指名して治安維持をはかったが、1576年の救貧法では、各都市の矯正院に貧民を収容して労働訓練をあたえるいっぽう、教区の大きな負担となっていた非嫡出子の養育費を父母から徴収して罰則を決めた。1598年の救貧法では、扶養者のいない孤児を養育し、教区徒弟として就労させた。1601年の救貧法では、救貧税を徴収し、これを就労不可能な貧民の救済費、矯正院の維持費、扶養者のいない貧困児童を養育して徒弟に出す費用などにあてるとともに、就労を拒絶する怠惰な健常者貧民をむち打ちの刑にするなど、救済と処罰の両面を明確化し、その後の救貧行政の基本線を確立した。その後、救貧法は1723年の救貧院実験法、1782年のギルバート法、1795年のスピーナムランド制、1834年の改正救貧法などの改編をへて、20世紀の国民保険制度（NHS）や国民生活扶助法などに吸収され、廃止された。

*18 フラテルナ（fraterna）──まるで兄弟のように親密に信頼しあい、共通の利益と目標のために団結する経済的共同体。友愛会、同友会など、しばしば秘密の会を組織した。

*19 コモン・ロー［慣習法］（common law）──裁判所の判断にもとづき、判例の報告を積み重ねた慣習法の体系。

*20 市場の移行──15世紀末〜16世紀前半にかけて、アメリカ大陸への到達、新航路の発見により、ヨーロッパの商業の中心が地中海から大西洋沿岸に移った現象を商業革命（Commercial Revolution）という。

*21 カルロ・チポラ（Carlo Cipolla, 1922-2000）──イタリア生まれの経済学者、歴史家。ソルボンヌ大学、ロンドン・スクール・オブ・エコノミクスで学び、パドヴァ大学などイタリアのいくつかの大学で教えた後、カリフォルニア大学バークレイ校の経済学教授となった。幅広い問題関心と学際的な視野のなかで息長く研究に邁進しつづけた。『経済発展と世界人口』（川久保公夫・堀内一徳訳、ミネルヴァ書房、1972年）、『時計と文明』（常石敬一訳、みすず書房、1977年）、『読み書きの社会史』（佐田玄治訳、御茶ノ水書房、1983年）、『ペストと都市国家』（日野秀逸訳、平凡社、1988年）、『シラミとトスカナ大公』（柴野均訳、白水社、1990年）、『大砲と帆船』（大谷隆昶訳、平凡社、1996年）、『陽気にでもほどほどに』（内田洋子訳、時事通信社、1990年）、『経済史への招待』（徳橋曜訳、国文社、2001年）など多数の著作が邦訳されている。

*22 経済のジェンダー分析（gender analysis）──経済における家内労働のジェンダー分析は、イヴァン・イリイチによって、「シャドウ・ワーク論」において深められた。「シャドウ・ワーク」（shadow work）とは、賃金労働を補完するさまざまな無払い労働のこと。イリイチは、これには「女性が家やアパートで行なう大部分の家事、買い物に関係する諸活動、家で学生たちがやたらにつめこむ試験勉強、通勤に費やされる骨折りなどが含まれる。押しつけられた消費のストレス、施療医へのうんざりするほど規格化された従属、官僚への盲従、強制される仕事への準備、通常〈ファミリー・ライフ〉とよばれる多くの活動」などが含まれるとしている。Ivan Illich, *Shadow Work* (Marion Boyars, 1981)、イリイチ『シャドウ・ワーク──生活のあり方を問う』（玉野井芳郎・栗原彬訳、岩波現代文庫、2006年）、pp. 207-8.

*23 プロト工業（proto-industrialization）──「家内産業」訳注1参照。

➡教育（ヨーロッパ）、中世とルネサンス時代のヨーロッパ、プロテスタントの宗教改革

● 参考文献

Ariès, Philippe. 1962. *Centuries of Childhood: A Social History of Family Life.* Trans. Robert Baldick. New York: Knopf. アリエス『〈子供〉の誕生──アンシャン・レジーム期の子供と家族生活』（杉山光信・杉山恵美子訳、みすず書房、1980年）

Berg, Maxine. 1985. *The Age of Manufactures: Industry, Innovation, and Work in Britain, 1700-1820.* London: Fontana.

Boxer, Marilyn J., and Joan Quaertert, eds. 1999. *Connecting Spheres: Women in a Globalizing World, 1500 to the Present.* New York: Oxford University Press.

Cipolla, Carlo Maria. 1980. *Before the Industrial Revolution: European Society and Economy, 1000-1700.* New York: Norton.

Cunningham, Hugh. 1995 1st, 2005 2nd. *Children and Childhood in Western Society Since 1500.* London: Longman. カニンガム『概説 子ども観の社会史──ヨーロッパとアメリカにみる教育・福祉・国家』（北本正章訳、新曜社、2013年）

Davis, James C. 1962. *The Decline of the Venetian Nobility as a Ruling Class.* Baltimore, MD: Johns Hopkins University Press.

deMause, Lloyd, ed. 1974. *The History of Childhood.* New York: Psychohistory Press.

De Vries, Jan. 1994. "The Industrial Revolution and the Industrious Revolution." *Journal of Economic History* 54, no. 2: 249-270.

Ferraro, Joanne M. 2001. *Marriage Wars in Late Renaissance Venice*. New York: Oxford University Press.

Ferraro, Joanne M. 2003. "Families and Clans in the Renaissance World." In *The Blackwell Companion to the Worlds of the Renaissance*, ed. Guido Ruggiero. Oxford: Blackwell.

Goldstone, Jack A. 2002. "Efflorescences and Economic Growth in World History: Rethinking the 'Rise of the West' and the Industrial Revolution." *Journal of World History* 13: 323-389.

Heywood, Colin. 2001. "Child Rearing and Childhood." In *The Encyclopedia of European Social History, 1350-2000*, ed. Peter Sterns. New York: Scribners.

Heywood, Colin. 2001. *A History of Childhood*. Cambridge, UK: Polity Press.

Marshall, Sherrin. 1991. "Childhood in Early Modern Europe." In *Children in Historical and Comparative Perspective*, ed. Joseph M. Hawes and N. Ray Hiner. New York: Greenwood Press.

Ozment, Steven. 1983. *When Fathers Ruled: Family Life in Reformation Europe*. Cambridge, MA: Harvard University Press.

Perry, Mary Elizabeth. 1990. *Gender and Disorder in Early Modern Seville*. Princeton, NJ: Princeton University Press.

Pollock, Linda A. 1983. *Forgotten Children: Parent-Child Relations from 1500 to 1900*. Cambridge, UK: Cambridge University Press. ポロク『忘れられた子どもたち』（中地克子訳、勁草書房、1988年）

Pomeranz, Kenneth. 2000. *The Great Divergence*. Princeton, NJ: Princeton University Press.

Ruggiero, Guido. 1985. *The Boundaries of Eros: Sex Crime and Sexuality in Renaissance Venice*. New York: Oxford University Press.

Shorter, Edward. 1977. *The Making of the Modern Family*. New York: Basic Books. ショーター『近代家族の形成』（田中俊宏・岩橋誠一・見崎恵子・作道潤訳、昭和堂、1987年）

Sperling, Jutta. 1999. *Convents and the Body Politic in Late Renaissance Venice*. Chicago: University of Chicago Press.

Starn, Randolph. 2002. "The Early Modern Muddle." *Journal of Early Modern History* 6, no. 3: 296-307.

Stone, Lawrence. 1977. *The Family, Sex, and Marriage in England, 1500-1800*. New York: Harper and Row. ストーン『家族・性・結婚の社会史——1500-1800年のイギリス』（北本正章訳、勁草書房、1991年）

Wiesner, Merry. 1993. *Women and Gender in Early Modern Europe*. Cambridge, UK: Cambridge University Press.

Wiesner-Hanks, Merry. 1999. "Women's Work in the Changing City Economy, 1500-1650." In *Connecting Spheres: Women in a Globalizing World, 1500 to the Present*, ed. Marilyn J. Boxer and Joan Quaertert. New York: Oxford University Press.

Wilson, Adrian. 1980. "The Infancy of the History of Childhood: An Appraisal of Philippe Ariès." *History and Theory* 19: 132-153.

（JOANNE M. FERRARO／鈴木明日見訳）

グーツムース、J・C・F（GutsMuths, J. C. F., 1759-1839）

　ヨハン・クリストフ・グーツムースは、1759年にドイツのクウェドリンブルクで、平凡な下層中産階級の息子として生まれた。グーツムースの父親は、彼が12歳のときに亡くなったため、彼が高等学校に在学中、家計に貢献するために、リッター家の2人の息子の個人教師としてはたらいた。1779年、彼は、ドイツの最初の近代的な大学と彼がよんだところで研究するために、ハレ大学に進学した。彼はそこで学問的自由という新しい原理に導かれ、神学をはじめとして、物理学、数学、哲学、そして歴史学なども研究した。とくに彼が影響を受けたのは、ドイツの教育改革者ヨハン・ベルンハルト・バゼドウの原理にもとづいた教授法についての一連の授業であった。

　研究を終えたグーツムースは、リッター家の個人教師としての仕事に復帰した。年長のドクトル・リッターが亡くなったとき、グーツムースは彼の子どもたちの養育とその能力に対する自分の責任をまっとうするために、家族をつれて、ドイツのシュネッペンタールの汎愛派の新しい学校におもむいた。この学校の校長は、すぐにこの若い教師が非常にすぐれた教授学の能力をもっていることに気づき、この学校での地位を彼に提供した。こうして、グーツムースは妻と子どもといっしょにそこにとどまり、残りの人生をすごすことになった。

　グーツムースは、通常の学校課程の教師として雇用されたが、1786年に、この学校の体育授業の責任を担ったとき、教授学的**体操**（Gymnastics）の創設者として国際的な評価を得た。彼が周到に準備した書物『若者のための体操』（*Gymnastik für die Jugend* [*Gymnastics for youth*]）は、最初の体操教科書として1793年に出版された（1804年に改訂版が出された）。この本の最初の五つの章は、子どもの養育についての彼独自の理論と、子どもを養育する手段としての体操の活用法を説明している。残りの章は、体操の教授学を扱っており、これをグーツムースは正規の体操あるいは運動、ガーデニングをふくむさまざまな実地活動、そして交際に区分した。彼は、あらゆる体操を屋外で行なうべきであると考え、7歳の子どもは身

グーツムース『肉体と精神の練習と増進のための遊び』の扉ページの挿絵。J. C. F. GutsMuths, *Spiele zur Uebung und Erholung des Körpers und Geistes*, 1796.*

体活動のために毎日10時間をついやすべきであると考えた。一般に流布していた文化について示した本書の批判的な見解は、とくにジャン゠ジャック・ルソーによって吹きこまれた啓蒙思想のドイツにおける哲学的伝統のなかに体操を置いた。グーツムースは、中世の学問と絶縁し、神聖さを自然に置き換えたいと願っていた。

グーツムースは、『若者のための体操』とならんで、身体運動にかんする短編をいくつか出版した。また、体操をドイツの体育協会（Turnverein、体操クラブ）運動と結びつけることになる二つの書物も出版したが、この運動は、ドイツの教育者フリードリヒ・ルードヴィヒ・ヤーン*1の理念に従ったものであった。

後代の人びとは、グーツムースを教授学的体操のためにたえずつくした人物と考えてきたが、実際には、われわれは、ドイツの「体育協会」に向けての彼の取り組みのなかに、ヤーンの著作において見いだすことができるのと同じ自然主義的で愛国主義的な思想を見ることになる。彼がシュネッペンタールで50年以上も教師の仕事に従事していた事実は、おそらく、彼の著作にみられる一貫性についての印象を支持しただろう。グーツムースは、1839年5月21日に亡くなった。

[訳注]

＊1　フリードリヒ・ルードヴィヒ・ヤーン（Friedrich Ludwig Jahn, 1778-1852）──ドイツ（プロイセン）の教育家、体育家、軍人。「体操の父」（Turnvater）とよばれ、1811年に体操クラブ（Turnvereinen）を創設し、いわゆるツルネン運動を展開して国民の体力増進に努めるとともに、当時のロマン主義的なドイツ・ナショナリズムを鼓吹した。その後、政治的反動期を迎えると、全国の体操学校は閉鎖され、ヤーンも逮捕され、投獄された。「強く、敬虔に、楽しく、自由に」（Frisch, Fromm, Fröhlich, Frei）をモットーに、近代体操の基礎を築いた。

➡学校対抗運動競技、ザルツマン（クリスティン・ゴットヒルフ・）、スポーツ

● 参考文献

GutsMuths, Johann Christoph Friedrich. 1970 [1803]. *Gymnastics for Youth: or A Practical Guide to Healthful and Amusing Exercises*. Dubuque, IA: Brown Reprints.

（JØRN HANSEN／北本正章訳）

組み立ておもちゃ（Construction Toys）

組み立ておもちゃは、これまでずっと子ども世代に人気があった。その基本原理は、ものをよせ集めること、すなわち、関連する基本的な部品が供給され、子どもが独自に考えるものをつくり出すことができるようにし、あとでそれを壊してもう一度別の違うものにつくりなおすことができるように考案されている。このように、組み立てることは創造的になることであり、子どもはそれを支配している。

これまでおもちゃは教育学のレパートリーでは必須の有用なものになってきた。そのようなもののひとつは、19世紀後半のヨーロッパと北アメリカで広く配布されたフリードリヒ・フレーベルの「恩物」（das Gabe, gifts）であった。フレーベルは、子どもには遊びと探求に駆りたてられる生まれつきそなわっている学習本能があるというジャン゠ジャック・ルソーとロマン主義の思想から着想を得ていた。フレーベルの恩物は単純で、色づけされていない幾何学的なかたちをしており、遊び活動は大人の指示の下に行なわれた。1900年代初頭におけるもう一人の先駆者であるマリア・モンテッソーリも遊び素材──さまざまな種類のブロック、それに木、石、鉄、羊毛、絹などでできたシートあるいはプレート──を開発し、子どもたちの感覚を伸ばした。これらの遊び素材は、人間の五感すべてを訓練するために、できるだけ多様であるほうがよかった。

組み立ておもちゃは徐々に商業化され、20世紀を通じて広範囲に人気を博し、市場を優先するおもちゃ産業によって支えられた。組み立ておもちゃとモデル

レゴの単純でカラフルなプラスチック製のモジュールの組み立てシステムは、1955年にはじめて発表され、当初販売されたものはなんの規則も指示もなかったため、子どもたちの想像力がかきたてられ、作りたいものを好きなように作る自由をあたえた。The advertising Archive Ltd.

を作り出すために、さまざまなタイプの材料が利用された。アンカー・ビルディング・ブロックは、20世紀初めに人気を集めた石のブロックであった。その建築構造は、建築家が設計した図面どおりに、本物の石で作られた。子どもは見習い工になり——おもちゃがもっとむずかしいものになるにつれて——渡り職人、親方、名人になった。石の建築用ブロックは、長い歴史をもつ手工芸の伝統を反映していた。

大きな建造物も組み立ておもちゃを駆りたてた。エッフェル塔のような建造物は、フランク・ホーンビィの鉄製の組み立てキットで華麗に再現することができた。当初、彼の発明は「やさしく作れる仕組み」（Mechanics Made Easy）とよばれていた。これはその後、1907年に「メカーノ」*1 と改名された。作り方の説明書は正確な専門用語で書かれていた。基本的な構造は長さの異なる細長い帯状の金属板から成り立っていて、穴で目打ちされた。接合にはナットとボルトが使われた。メカーノは子どもたちの想像力、器用さ、美的感覚を発達させると考えられ、1934年には、ある評論家によって、メカーノは機能性と純粋さをかねそなえ、かっこいい工学的な美を提供するといわれた。

メカーノは競争者たちを魅了した。アメリカでは、男の子に建築と工学の基礎原理を教えたかったアルフレッド・カールトン・ギルバート博士によって、1913年に「エレクター」（Erector）という組み立ておもちゃセットが売り出された。ほかにも無数の金属製の組み立てセットが市場に出た。程度の違いはあったものの、それらはいずれもメカーノのコピーにすぎなかった（メカーノと比較できる成功例は、1958年にレゴ社によって発表された小さなプラスチックのブロックによるなみはずれた成功であろう）。これらの組み立てキットは、年長の男の子に向けて設計され、性別によってはっきりと分けられていた。つまり、女の子が彼らといっしょに遊ぶことは想定されていなかった。緻密さと秩序だった考え方、そして、多数の小さな部品を扱うための手の器用さ、細かくて制御のとれた動きが求められる作業であった。組み立ておもちゃは、わんぱくな男の子たちに規律を教え、配列することを学ばせた。

リンカーン・ログ（Lincoln Logs）——頑丈な丸太小屋のセット——は、有名な建築家（フランク・ロイド・ライト*2）の息子であるジョン・ロイド・ライトによって1920年にアメリカで発売された。このセットは、丸太小屋と砦を増設するために使うことができるものであった。1920年代と1930年代は、おもちゃ市場は木の組み立てキットであふれていた。大工と指物師は、おもちゃの製造に着手し、市場は素朴でよくできた木のおもちゃで一杯になっていた。素朴なおもちゃはさまざまな種類の木材で作られ、特別な素材で作られた高度なセットは有名な建造物、家屋、摩天楼などを再現する際に用いられるようになった。これらは、子どもたちに現代世界の縮小版を作らせるための建築モデルとなった。その当時のアーキテクチャーの理念と原理が先導役を果たした。

第2次世界大戦後、子どもに対する大人の見方に決定的な価値観の転換が起きた。もはや子どもには大人の世界に順応することが期待されなくなった。改革派の教育者たちは、彼らがめざすべき方向に子どもたちを誘導した。彼らのねらいは、子どもの創造性と自然の能力を解放することであった。1950年代のデンマークでは、子どもたち自身の創造的な表現能力に光をあてることが強調され、発達心理学者たちは遊びに注目した。おもちゃメーカーのゴッドフレッド・キアク・クリスティアンセン*3 は、少年少女の想像力と創造力を高めることを目的とする遊び素材のシステムを進化させた。デンマークの木製おもちゃの製造業者レゴ（LEGO）は、魅力的で、カラフルで、素朴で、衛生的なおもちゃを作りたいという願望に影響を受けて、プラスチックを使った実験をはじめた。遊びのレゴ・システムは、その前身であったレゴ積み木をもとにして1955年にはじめられた。組み立て積み木は、創造性と想像力をかきたてるすばらしいおもちゃとして急速に認知されるようになった。無限の可能性を秘

めた素朴でカラフルなモジュール式の組み立てシステムは、世界中の子ども世代に、自分で作りたいと思ったものがあれば、積み木と知識を駆使して何でも正確に作る自由をもたらした。

　21世紀の子どもは、これまで以上にはやく年をとっているといわれており、伝統的なおもちゃは早い年齢で彼らの手をすべり落ちている。組み立ておもちゃはそのルーツを現実世界にもっているが、その世界は、職人と工場労働者の世界であり、手作りの価値の世界である。しかし、アイディアは、コンピュータ時代の視覚世界の原料である。さらに、子どもたちが構築したり壊したりできる3次元の視覚世界を自分でデザインしているアイディアは、子どもが現実世界でなにかを組み立てるとき、それは彼らが頭のなかで知識を組み立てているという理論を排除するものではない。

[訳注]

*1 メカーノ社（Meccano）——1901年にイギリスのリバプールでフランク・ホーンビィ（Frank Hornby, 1863-1936）が創業したおもちゃメーカー。はじめは金属製組み立ておもちゃである「メカーノ」、ミニカーの「ディンキー」、鉄道模型の「ホーンビィ」などを製造していた。何度も使いまわしのきく金属板、角桁、車輪、アクセルとギアなどの部品を、ボルトとナットで組み立てる遊具で販路を伸ばした。子どもは、組み立て作業を通じて労働モデルや機械装置の仕組みを学ぶことができると考えられた。1920年から1930年代にかけてイギリスでもっとも大きなおもちゃメーカーに成長したが、1964年にライバル会社であったラインズ・ブラザーズ社に買収された。現在はフランス、中国、日本などにも部品製造の拠点がある。

*2 フランク・ロイド・ライト（Frank Lloyd Wright, 1867-1959）——アメリカの建築家。アメリカ大陸で多くの建築作品があり、日本にも帝国ホテルのライト館などいくつか作品を残している。ル・コルビュジエ、ミース・ファン・デル・ローエとともに「近代建築の3大巨匠」とよばれることがある。

*3 ゴッドフレッド・キアク・クリスティアンセン（Godtfred Kirk Chrisiansen, 1920-1995）——LEGO創業者オーレ・キアク・クリスティアンセン（1891-1958）の三男で、1950年に30歳で同社の副社長となり、父親が亡くなった1958年から社長につき、同社を世界有数のおもちゃ会社に成長させた。レゴ・ブロック（レゴ積み木）は1930年代から売り出され、1949年頃からプラスチック製になるとともに、背面に筒状の接合部分を設けることでより精密な組み立てが可能となり人気を博した。Legoとは、デンマーク語でLeg godt（Play well、よく遊べ）という表現の短縮形に由来する。

➡遊びの理論、おもちゃ

●参考文献

Ariès, Philippe. 1962. *Centuries of Childhood: A Social History of Family Life.* Trans. Robert Baldick. New York: Knopf. アリエス『〈子供〉の誕生——アンシァン・レジーム期の子供と家族生活』（杉山光信・杉山恵美子訳、みすず書房、1980年）

Cunningham, Hugh. 1995, 2005 2nd. *Children and Childhood in Western Society since 1500.* New York: Longman. カニンガム『概説　子ども観の社会史——ヨーロッパとアメリカにみる教育・福祉・国家』（北本正章訳、新曜社、2013年）

（INGE AAEN／寺田綾訳）

クライン、メラニー（Klein, Melanie, 1882-1960）

　オーストリアのウイーンの中産階級のユダヤ人家族にメラニー・ライゼスという名前で生まれ、その地でグラマースクールの教育を受けたメラニー・クラインは、1903年にアーサー・クラインと結婚し、1910年に家族がブダペストに移住するまでに3人の子どもをもうけた。彼女は、1914年（32歳）、彼女に精神分析学への知的関心をもつよう勧めた精神分析家のシャーンドル・フェレンツィ（1873-1933）とともに、抑鬱病の治療をはじめた。クラインは、自分の子どもたちを精神分析することでこの治療をはじめ、ブダペスト精神分析学会の会員になった1919年7月に、子どもの精神分析にかんするもっとも早い時期の論文のひとつを提出した。

　1921年、クラインは夫のもとを去り、子どもたちをつれてベルリンに移り住み、ベルリン精神分析学会にくわわった。クラインはその会長であったカール・アブラハム[*1]の支援を受けて、子どもの精神分析の方法を発展させた。その方法とは、精神分析的遊戯技法というもので、無意識下の子どもの遊戯活動（→遊び）をファンタジーのシンボルとして扱った。1926年にアブラハムが突然亡くなると、クラインはベルリンでの専門的な支援を失ったため、イギリス精神分析学会にくわわるためにロンドンに移り住んだ。その会員の大半はクラインの遊戯技法について非常に熱心であり、1927年に、この分野のもう一人の先駆者であった**アンナ・フロイト**とのあいだでくりひろげられた子どもの精神分析をめぐる論争では、クラインの側についた。この論争で、アンナ・フロイトが、分析は子どものエゴを強めるためになされるべきであると主張したのに対して、クラインとその支持者たちは、エディプス・コンプレックスという途方もない空想について深く分析することを唱道した。

　クラインによる子どもの精神分析は、フロイト主義の子どもの発達理解に異議申し立てをする発達理論の構築へと彼女を導いた。たとえば、彼女は、発達初期の幼児期のスーパーエゴと生得的な攻撃的欲求の存在を提唱した。しかし、彼女のもっとも重要な貢献は、乳幼児期の子どもは自分の母親との第1次的な対象関係をもつという考えであった。アンナ・フロイトは、

メラニー・クライン（1882-1960）、1900年頃*

乳幼児が自分の母親に対して愛情を感じるのは、もっぱら母親が自分の基本的な心理的欲求を満たそうとするためであると主張した。他方、クラインは、1932年の著書『子どもの精神分析』（The Psychoanalysis of Children）で、乳幼児は、ほかのあらゆる欲求とは独立の、自分の擁護者との関係を求めようとする傾向があり、その関係は乳幼児の精神のなかに複雑な物的世界として示されると主張した。クラインとその支持者たちはこの考えを対象関係理論に発展させた。これは、成人のパーソナリティを形成する際の母子関係の重要性を強調している。こうした考えは、クラインといっしょに訓練を受け、幼児の愛着理論を構築することになる、のちのイギリスの発達心理学者ジョン・ボウルビーに影響をおよぼした。

クラインは、子どもの発達には偏執病的・分裂病的態度と、抑鬱病的態度という二つの基本的な段階があることも提唱した。乳幼児の精神は「分裂」*2のような精神病にみられる防衛機能に支配されていることを示唆する偏執病的・分裂病的態度という概念は、イギリス精神分析学会の新しい強力なメンバーとして、クラインの考えは伝統的な精神分析とはあいいれないと主張したアンナ・フロイトとの1940年代初期の二度目の論争に火をつけた。いわゆる「論争的討議」は、フロイト派とクライン派が、それぞれ自派を対象にし

たトレーニング・プログラムを分けることで合意したときにやわらいだ。クラインの有名な1961年の事例研究『子どもの精神分析の物語』（Narrative of a Child Analysis）は、1960年に彼女が癌で亡くなったすぐ後に公刊された。彼女の論文類は、ロンドンの医学史ウェルカム研究所（the Wellcome Institute for the History of Medicine）に保存されている。

[訳注]
*1 カール・アブラハム（Karl Abraham, 1877-1926）——ドイツで最初の精神分析医。1907年にベルリンで開業し、1910年に、国際精神分析運動の推進母体となる「ベルリン精神分析学会」を設立した。リビドー発達、躁鬱病などを研究した。
*2 分裂（splitting）——現実に認識した対象とそれを言語で表す概念とが結びつかないとき、両価性の葛藤などを回避する防衛機能。

➡子どもの発達概念の歴史、児童心理学
●参考文献
Grosskurth, Phyllis. 1986. *Melanie Klein: Her World and Her Work*. New York: Knopf.
Hinshelwood, Robert D. 1989. *Dictionary of Kleinian Thought*. London: Free Association Books.
King, Pearl, and Ricardo Steiner, eds. 1991. *The Freud-Klein Controversies 1941-45*. London: Routledge.
Segal, Hanna. 1979. *Klein*. London: Karnac.

(GAIL DONALDSON／北本正章訳)

グラマースクール（アメリカ）(Grammar School)

グラマースクールは、その起源を西ヨーロッパと中央ヨーロッパの中世の修道院と司教座聖堂のラテン語グラマースクールにもっている。こうした学校で学んでいた生徒たちは司祭職につく準備のなかで、宗教的な礼拝を先導するうえで必要なラテン語の音節、単語、そして文法規則に習熟していなくてはならなかった。歴史的に、とくにエリザベス朝時代のイギリスでは、これらの学校は教会と政府の未来の指導者を教育する制度へと発展した。そのカリキュラムは、ラテン語を読むこと、書くこと、話すことを重視し、ギリシア語の初歩知識と、ときにはヘブライ語の初歩知識を提供しながら、狭く古典的で人文的なものであった。この学習過程は生徒たちに高等教育への準備をさせるものであって、その土地の日常言語で読み書きの初歩教育を提供していた小さな学校のそれとは対極の位置にあった。

グラマースクールは、1635年にボストン・ラテン語学校の設立によって、北アメリカの植民地に正式に導入された。この学校は、一般に7歳ないし8歳ではじめられ、あらかじめ英語で教育を受けていた生徒を受け入れていた。教授法は規則正しい記憶と朗読からなっており、そのカリキュラムはやはり、ハーヴァー

ド大学の入学資格によって、次の数十年間にいっそう正確に明確にされたラテン語と古典文学をふくんでいた。通常、大学院生たちはその研究を7年かけて完成していた。

アメリカの植民地時代のグラマースクールは、イギリスの場合と同じように、授業料に大きく依存しており、そのため学生人口はおもに上流階級の出身者によって占められることになっていた。しかし、1647年に、すべての人は聖書を読むことができるべきであるというプロテスタントの確信によって動機づけられていた。マサチューセッツ州の一般法廷が、100あるいはそれ以上の家族数の町は、グラマースクールを設立するよう法的に求めたオールド・ディルーダ・サタン法（the Old Deluder Satan Act）を通過させた。次の10年をすぎて、この規模の町のすべてがこの法律にもとづいて目的を達成した。

17世紀後半を通じて、植民地のグラマースクールの数はニューイングランド各地の同様の法律への対応のなかで増加した。しかし、そうなるのにともなって、こうした学校の特徴も、典型的には、学校を支えていた共同体の主張に沿って変化した。グラマースクールは、非常に実用主義的で、成長いちじるしい中産階級の子どもたちの職業プログラムを提供していた、新たに発展してきたアカデミーと競争しつづけるために、カリキュラムの拡張を強いられた。1750年までには、多くのグラマースクールが算術、地理学、歴史、それに簿記さえも提供するようになった。

1800年代を通じて、このように広がりつづけるカリキュラムにもかかわらず、コモンスクールや公立学校の利用が拡大したことは、グラマースクールの魅力をさらに狭めてしまった。しかし、エリートの大学準備教育と同義語であったその名称は、幼少の学生と年長の学生を区別する年齢階梯制度（学年制、system of age grading）を始めるのにともなって、公立学校にとりこまれることになった。小学校（primary school）は、第1学年から第4学年に対応する5歳から9歳までの子どもを対象に設立された。中級の学校あるいはグラマースクールは、第5学年から第8学年までに対応する10歳から14歳までの学生を対象に発展した。この二つの教育プログラムは、1900年までにアメリカでもっとも広くゆきわたった学校のタイプとなる単一の8学年制の初等学校に統一され、グラマースクールとしても参照された。

→貴族の教育（ヨーロッパ）、ギムナジウムの教育、ハイスクール（アメリカ）、ラテン語学校、リセ

●参考文献

Butts, R. Freeman. 1947. *A Cultural History of Education: Reassessing Our Educational Traditions*. Ed. H. Benjamin. New York: McGraw-Hill.
Cremin, Lawrence. 1970. *American Education: The Colonial Experience, 1607-1783*. New York: Harper and Row.
Cremin, Lawrence. 1980. *American Education: The National Experience, 1783-1876*. New York: Harper and Row.
Middlekauff, Robert. 1963. *Ancients and Axioms: Secondary Education in Eighteenth-Century New England*. New Haven, CT: Yale University Press.
Noble, Stuart G. 1961. *A History of American Education*, 2nd ed. New York: Holt, Rinehart and Winston.

（CHARLES DORN／北本正章訳）

グリーナウェイ、ケイト (Greenaway, Kate, 1846-1901)

キャサリン（ケイト）・グリーナウェイは、イギリスの芸術家であり、子どもの本の挿絵画家であった。彼女は、田園や庭園風景のなかで質素な衣服を身につけた独特の子どものイメージでもっともよく知られている。彼女は、彫版師であったジョン・グリーナウェイ[*1]とエリザベス・グリーナウェイの2番目の娘としてロンドンに生まれた。彼女が5歳のとき、一家はイズリントン[*2]に引っ越した。そこで、彼女の母親は子どもの衣料品や装飾品をあつかう店を開き、成功した。夏のあいだ、グリーナウェイと兄弟姉妹は、ノッティンガムシャーのロールストンにある田舎の村で親戚といっしょに暮らした。鋭い観察者であったグリーナウェイは、子どもの頃から記憶してきた詳細な情報を自分の芸術作品に生かすことができた。

グリーナウェイは、12歳のときに芸術訓練をはじめたが、その年、商業美術家になれるように生徒を養成するフィンズベリー美術学校に入学した。19歳のとき、さらにデザインの訓練をサウスケンジントン女子美術学校ではじめ、それから数年後には、スレイド美術学校[*3]で実物のモデルを使った写生教室に通った。1860年代後半、彼女は雑誌や本の挿絵制作の依頼を受けはじめ、グリーティング・カードをデザインしはじめた。

グリーナウェイの人生は、彼女の父親が、質のよい色刷木版画を製造していた印刷工のエドマンド・エヴァンズ[*4]を彼女に紹介した1877年に転機を迎える。エヴァンズは、すでに2人の有名な子どもの本の挿絵画家ウォルター・クレイン[*5]とランドルフ・コールデコット[*6]の本の印刷出版に成功しており、1879年に出版社ジョージ・ラウトリッジ社でグリーナウェイの最初の本『窓の下で』（*Under the Window: Pictures and Rhymes for Children*）を出版した。この本は、グリーナウェイによる子どもの挿絵を彼女独自の簡潔な韻文と組みあわせたものであった。これは大成功をおさめ、ほとんどすぐに売りきれた。同じ調子で書かれたそれ以降の本[*7]も成功しつづけ、いくつかの出版社は彼女のスタイルの模倣本を出版した。

これら多くの作品を残す多産な数年を通じてグリーナウェイは、彼女の子どものイメージを称賛してくれ

クリナウエ

グリーナウェイ『窓の下で——子どものための絵と押韻詩』(1879年) より。田園を背景にして子どもたちを描くケイト・グリーナウェイのスケッチ画は、ヴィクトリア時代後期のイギリスで大きな成功をおさめた。19世紀初期の服装をした子どもたちの明確なイメージは、産業革命以前の素朴な時代に対する、また自分自身の子ども期の純真無垢さに対する大人のノスタルジーをあらわしていた。

た美術評論家ジョン・ラスキン*8と文通をはじめた。1880年代初め、ついにグリーナウェイは、ラスキンに会った。ラスキンはグリーナウェイより28歳年上で、それまでに精神病を経験していた。彼は、グリーナウェイの残りの人生に影響をあたえつづけることになる。彼にとってグリーナウェイは、うわついた関係をもつ何人もの女性のひとりにすぎなかったが、彼女は彼に恋をした。二人は、長い複雑な手紙のやりとりを行ない、ときおりお互いを訪ねた。ラスキンは、グリーナウェイに芸術にかんする助言をし、自然研究*9と水彩画を描くことに従事するように勧めた。彼は、「妖精の国で」という題名をつけた講義と評論のなかで彼女の作品を擁護したが、グリーナウェイの注意が挿絵からそれたとき、彼女の経歴に傷がつくことになった。1880年代中頃までに、グリーナウェイの本は人気を落としはじめた。彼女の人生の最後の10年間、彼女は水彩画を展示販売することにいっそう重点的に取り組み、自力で生活しようと必死に努力した。数えきれないほどの製品が彼女のデザインで発表された (もしくはそれらをもとに作られた) が、たいていは彼女の許可なく製造されたものであった。グリーナウェイは、1901年に乳癌で亡くなった。

グリーナウェイの芸術は、田園風景や18世紀から19世紀初期にかけての衣類のスタイルの質素さを、大人の経験から保護された子ども期の理想と懐かしくつなぐものであった。同時に、彼女の作品の単純ですっきりした線、装飾がほどこされた細部、色の選択は、19世紀後半の耽美主義*10運動による進歩的な趣と一致していた。この視覚表現は、ほかの媒体に容易にとり入れられていった。グリーナウェイのスタイルは、20世紀になってもしばらく続いた子どものイメージの市場の拡大において大きな成果をあげた。彼女の子どものイメージはグリーティングカード、広告、磁器の模様、タイル、壁紙、織物に見られたが、一方で彼女が作品に描いた衣装に特徴的なスタイルは、イギリスなどにおける子どものファッションに影響をおよぼした。たとえば、有名な店であるリバティ・オヴ・ロンドンは、その「グリーナウェイ・ドレス」を20世紀初めまで店に置いた。グリーナウェイ自身は、本と挿絵の売上のほかには経済的利益を得なかったが、19世紀と20世紀の、増大する子ども期と関係のある市場において成功をおさめた最初の女性芸術家のひとりであった。

[訳注]

*1 ジョン・グリーナウェイ (John Greenaway) ——諷刺画で名高いイギリスの「パンチ」誌で木版画を描いていた。

*2 イズリントン (Islington) ——ロンドン北部に位置する地区。行政区画としてはイズリントン・ロンドン特別区を形成している。シティ・オヴ・ロンドンの北隣に位置することから19世紀に高級住宅地、ショッピング街としての開発が開始された。劇場や娯楽施設も建設された。しかし、20世紀なかばになると経済不況の影響を受けて人口が減少し、地区のところどころに

貧困街がみられるようになった。イギリス一とも称されるほど多様な階層の人びとが居住している。

*3 スレイド美術学校（the Slade School of Arts）──美術家であったフェリックス・スレイド（Felix Slade, 1790-1868）の遺言と遺産によって、1871年に創設された美術学校。グリーナウェイはこの学校で、著名な女流水彩画家ヘレン・アリンガム（Hellen Allingham, 1848-1926）と机をならべて学んだことがある。現在のスレイド美術学校はロンドン大学のカレッジの一部を構成している。

*4 エドマンド・エヴァンズ（Edmond Evans, 1826-1905）──イギリスの木版の彫版師。18世紀にトマス・ビュイックが開発した木口木版を使って、複数の色を重ねて刷れる技術を考案した。それ以前にもカラー印刷はあったが、色は粗雑であった。彼の技術は、少ない色と低コストで微妙な色あいを表現できたため、多くの美しいカラー印刷の絵本を生み出した。彼はまた、その技術と先見性によって、ケイト・グリーナウェイ、ウォルター・クレイン、ランドルフ・コールデコットといった現代絵本の祖とされる3人の挿絵画家を世に送り出した。

*5 ウォルター・クレイン（Walter Crane, 1845-1915）──イギリスの画家、子どもの本の挿絵画家。13歳で木版の巨匠W・J・リントン（1812-1897）の弟子となるが、リントンはフランス二月革命にはせ参じるほどの熱烈な自由主義者で、その思想と卓越した技術がクレインに大きな影響をおよぼした。1865年、エヴァンズに出会い、以来数十年にわたって二人の協力のもとで見事な絵本の数々が世に送り出された。すぐれたデザイン感覚で時代をリードし、装飾運動の実践者、教育者、社会主義者として活躍、W・モリス（1834-1896）亡き後は後継者となる。『赤ん坊のオペラ』、『赤ん坊の花束』、『赤ん坊のイソップ』は、代表的三部作である。

*6 ランドルフ・コールデコット（Randolph Caldecott, 1846-1886）──イギリスの挿絵画家。独学ながら天賦の才能に恵まれ、ロンドンの絵入り雑誌で活躍しているころの1878年、E・エヴァンズの訪問を受け、絵本を依頼される。色刷りページの裏側に従来残されていた空白を、コールデコットの天才的線画で埋めるエヴァンズのアイディアが新しい境地を拓き、二人の協力で16冊の傑作が生まれた。ユーモラスで暖かい人間洞察にくわえ、田園風景へのかぎりない愛着を描き、絵本を舞台にイギリスの伝承童謡をうたいあげた。B・ポター（1866-1943）は、コールデコットの画風から強く影響を受けた。アメリカの文学賞the Caldecott Medalは彼の名にちなむ。

*7 それ以降の本──『グリーナウェイの子どものためのバースデー・ブック』（1880）、『マザー・グース童謡集』（1881）、『子どもの1日』（1881）、『花言葉』（1884）、『マリーゴールドの庭』（1885）。『花言葉』は「グリーナウェイの最高傑作」だと評され、『マリーゴールドの庭』はその美しい色あいや斬新なデザインで称賛の的となった。

*8 ジョン・ラスキン（John Ruskin, 1819-1900）──イギリスの美術評論家・社会改革家。『芸術経済論』（A Political Economy of Art, 1858）、『胡麻と百合』（Sesame and Lilies, 1865）などがある。

*9 自然研究（nature studies）──初等教育で行なう初歩的な動植物の観察、研究。

*10 耽美主義（aestheticism）──道徳的功利性を廃して美的感覚と審美眼の洗練に最高の価値をおく立場。19世紀後半のフランスとイギリスを中心に起きた思想運動で、ボードレール、ゴーチエ、ワイルドらがその代表。生活を芸術化して官能の享楽を求めた。

➡ヴィクトリア時代の美術、子ども期のイメージ、児童文学

● 参考文献

Chester, Tessa Rose, and Joyce Irene Whalley. 1988. *A History of Children's Book Illustration*. London: John Murray/Victoria and Albert Museum.

Engen, Rodney. 1981. *Kate Greenaway: A Biography*. London: Macdonald Future Publishers.

Lundin, Anne H. 2001. *Victorian Horizons: The Reception of the Picture Books of Walter Crane, Randolph Caldecott, and Kate Greenaway*. Lanham, MD: Children's Literature Association/Scarecrow Press.

Schuster, Thomas E., and Rodney Engen. 1986. *Printed Kate Greenaway: A Catalogue Raisonné*. London: T. E. Schuster.

Spielman, M. H., and G. S. Layard. 1905. *The Life and Work of Kate Greenaway*. London: Adam Charles Black. Reprint, 1986, London: Bracken.

Taylor, Ina. 1991. *The Art of Kate Greenaway: A Nostalgic Portrait of Childhood*. Gretna, LA: Pelican.

(DIANE WAGGONER／髙原佳江訳)

クルーズ事件（Ex Parte Crouse）

1838年のペンシルヴァニア州最高裁判所のクルーズ事件判決は、州は適切な監督を行なっていない家庭から子どもを引き離す権利と義務を有するという判例を確立し、パレンズ・パトリー原則（*parens patriae*）[*1]を精緻化した。コモン・ローのパレンズ・パトリー思想、つまり「国は父親である」という思想は、州政府は、法的にみずからを配慮する能力をもたない者を配慮する責任を有することをいう。19世紀を通じて、**少年司法**は、しばしばこの思想に依拠して、厳格な刑事司法および親による放置と虐待の両方から子どもを保護するみずからの取組みが正当であると唱道してきた。

クルーズ事件は、ペンシルヴァニア州少年院に収容された少女の父親の申し立てによる上訴として法廷で審問が行なわれた。難民保護施設（the House of Refuge）とは1826年に設立され、刑事犯罪を告発されたり有罪となったりした子どもを収容し、社会復帰を行なうための施設である。1835年に保護施設関連

法が改正され、18歳未満の少女および21歳以下の少年は、矯正困難で悪質な不品行がある場合、保護施設の保護と監督下に置くことができるとされた。マリー・アン・クルーズの母親が娘の「悪質な不品行」はもはや手に負えないと主張して提訴すると、この条項をもとに地方判事は彼女を施設に収容した。収容には応じつつも、マリー・アンの父親は提訴し、判事は彼女を収容する前に審理を行なわなかったがゆえに、施設への収容はマリー・アンの憲法上の権利を侵害していると主張した。

ペンシルヴァニア州最高裁判所は、マリー・アンの収容が彼女の憲法上の権利を侵害しているとの議論には同意しなかった。そのかわり最高裁は、パレンズ・パトリー原則によれば、州政府はマリー・アンの福祉を保障する義務と権利を有するがゆえに、彼女にふさわしい居場所は保護施設であると判決した。最高裁によれば、マリー・アンの両親が彼女を指導したり教育し、あるいは彼女の徳性を保護することができないときは、彼女を保護するのは州政府の責任になる。最高裁は、両親が親権を有するとしても、親権は絶対ではなく、もしその権利の行使を適切に行なうことができなければ、子どもを保護する権利と責任は州政府に移管されるとした。それだけではなく、マリー・アンの収容は彼女の憲法上の権利侵害にはあたらないとした。なぜなら、保護施設は社会復帰のための施設であって、処罰のための施設ではないからである。最高裁は、マリー・アンを施設に収容することで、彼女を一定の危害から救い、保護施設からの解放それ自体が残酷な行為になると考えたのである。

歴史家マイケル・グロスバーグによれば、クルーズ事件は「新たに作り出された子どもの避難所にかんする、南北戦争以降もっとも影響力ある司法的分析」と見ることができる。保護施設の最終目的は社会復帰であるという説明にくわえて、この事件が重要なのは、パレンズ・パトリー原則の適用を拡大した点にある。この重要な法的原則の拡張は、この後、**少年裁判所の法的権能の拡張**を支持するために、法改革者のよりどころとなった。

[訳注]

*1 パレンズ・パトリー原則（parens patriae）——「国親」思想（parens patriae）にもとづく少年司法の原則の一つ。「パレンズ・パトリー」の概念は、もともとはラテン語で、「人民の父」という中世の語に由来し、イギリスでは慣習法（Common Law）の欠点・限界・非融通性を補充・矯正するための法理念として、「公正と正義」にもとづく「平衡法」（Equity）の要素を構成する。イギリスでは伝統的に、少年保護の問題はコモンロー裁判所ではなく、衡平法裁判所（大法官裁判所）が管轄しており、「パレンズ・パトリー」の考え方が、イギリスの衡平法裁判所において、民事上の要扶養少年、遺棄少年を対象としており、直接、「非行」それ自体を根拠にして非行少年を対象とはしておらず、もっぱら福祉的観点から「保護を必要とする少年」を対象としていた。この考えがアメリカその他の国々にひろまり、とくにアメリカでは、19世紀末に少年裁判所が創設される際に念頭に置かれたのがこのイギリスでの制度であった。非行少年を対象とした最初の特別裁判所が設けられたのは1899年のシカゴにおいてであり、発達研究、児童福祉、教育に大きな影響をおよぼした。今日の世界の児童保護法、少年法の大半は「パレンズ・パトリー」原則にのっとっており、国家権力は、保護に欠ける児童や成人（両親が養育不能又は養育を拒否した児童、身よりのない無能力者など）の親としてふるまい、保護者としての適格性を判断し、必要に応じてその実親や保護義務者、事実上の保護者の権限を剥奪する。

➡子どもの権利、法律と子ども

●参考文献

Grossberg, Michael. 1985. *Governing the Hearth: Law and Family in Nineteenth-Century America*. Chapel Hill: University of North Carolina Press.

Krisberg, Barry, and James F. Austin. 1993. *Reinventing Juvenile Justice*. Newbury Park, CA: Sage.

Ramsey, Sarah H., and Douglas E. Abrams. 2001. *Children and the Law in a Nutshell*. St. Paul, MN: West Group.

Vito, Gennaro F., and Deborah G. Wilson. 1985. *The American Juvenile Justice System*. Newbury Park, CA: Sage.

（AMY L. ELSON／太田明訳）

グローバリゼーション（Globalization）

グローバリゼーションは、経済・文化・政治などの諸生活で相互の結びつきが増大していることをさしていう。1980年代以降、人・モノ・情報そしてイメージが、空間を超えて動くことが非常に簡単になってきたことを反映して、この用語が多く使われるようになった。その結果、世界のある地域で起こる出来事の可能性は、かつてよりも簡単にほかの環境に作用するようになった。グローバリゼーションは、自由市場の哲学と世界的な広がりをもつ実践がいちじるしく支配的になったことにも結びつけられる。これらの変化の特質と範囲をめぐっては、拡張する議論の主題となっている。グローバリゼーションをめぐっては、国を超えた急速な経済的流動性に直面した国民国家が、主要な経済組織と政治的統治機構としての地位を維持できるかどうか、また、文化はどの程度まで相対的に自律性を維持できるかという問題が中心になる。

グローバル市場の拡大

技術の発達は均質ではないが、一貫した方法で「空間の摩擦」を減らし、労働・金融・商品などの市場をより密接に結びつける傾向があった。日用品・健康保

険・教育などの消費者としての子ども、また、ある場合には、商品の生産者としての子どもたちは、だれかが地球の「縮み現象」とよんでいるような状況から重大な影響をこうむってきている。

　グローバリゼーションという用語でとらえられる経済統合および社会統合の深まりに、前例がないわけではなかったことに注目しておくのは重要である。16世紀から18世紀にかけての重商主義と大西洋の奴隷貿易、19世紀末に頂点に達したヨーロッパの植民地主義は、地球上の膨大な数の人びとを結びつけた。たとえば、19世紀末までに、イギリスの領土は植民地を強奪することで急速に拡大した。だが、1970年代なかば以降になると、デヴィッド・ハーヴェイが『ポストモダニティの条件』(The condition of Postmodernity)で表現したような、「時間と空間の圧縮」が進む新しい段階を迎えた。この時期に集中的に進んだ経済再編は、ケインズ学説による国家介入と大量生産労働という手法で成り立っていた、第2次世界大戦後の成長モデルが崩壊したことを意味した。経済危機に対応するために、1979年にはイギリスの首相マーガレット・サッチャー（1925-2013）が、また1980年にはアメリカの大統領ロナルド・レーガン（1911-2004）が、市場の力を自由化して景気の回復をはかろうとする改革に着手した。彼らが重視した政策は、民営化、政府の歳出費の削減、そしてビジネスに対する税の緩和であった。これと同じ時期に、新しいコミュニケーション形態、とりわけパソコンとインターネットは、世界のどこでもより早く接触できるようにした。

　1980年代には、重い負債を支払わせて外国為替の利益を得ようとする構造的な価格調整政策の圧力にあえいでいた第三世界のいくつかの地域では、植民地主義によってパターン化していた第1次産品の輸出から、グローバルな生産システムに有利な労働集約的な工業製品の製造へと推移した。多国籍企業はこの過程で中心的な役割を果たした。多国籍企業は——ナイキやコカ・コーラのように、グローバルな商品を売りこむ——積極的な広告によってだけでなく、コストを削減するために、労働集約産業を第三世界に再配置させることによっても、グローバリゼーションと密接に結びつくようになった。この変化を推進したほかの重要な国際組織は世界貿易機構（WTO: World Trade Organization）で、これはより大きな範囲を対象にして、1995年の関税と貿易に関する一般協定（GATT: General Agreement in Trade and Tariffs）を成功させた。WTOは、関税の引き下げをすすめることによって国際貿易を促進したのであった。

　表面的には手のつけようがないように見える市場の拡大は、1980年代末の共産主義の崩壊によって強められ、資本主義に代わるいくつかの選択肢をますます実現不可能にしているように見える。それにもかかわらず、世紀末転換期には、認識されている規制緩和がもたらす負の社会的効果は、グローバリゼーションに対する批判の波を誘発した。大量の通貨投機によって燃え広がった1997年の東アジアの通貨危機は、市場はただ好景気を生み出せるだけでなく、非常に脆弱でもあることを示唆した。さらに、1999年のシアトルでのWTOサミットでの反グローバリゼーションの抗議運動とその後の一連の国際会議の開催は、グローバリゼーションが社会におよぼす有害な影響について大きな注意を集めた。

児童労働
　工業生産が第三世界で大きく伸びたことは、1980年代以降の児童労働問題に明確な輪郭をあたえた。しかし、19世紀と20世紀初めに見られた類似の関心とは対照的に、児童労働はたんなる国内問題ではなく、なによりもグローバルな問題だと考えられた。国際労働機構（ILO）は、衣料品や絨毯などの輸出産業ではたらく子どもたちに関心が集まっていたにもかかわらず、実際の児童労働の大半は農業、家事労働、および非公式部門で起きていると報告している。輸出産業における児童労働者は、数字の上では増える傾向を示しているが、おそらく児童労働全体の5パーセント以下であろう。あまり報告されることはないが、グローバリゼーションと児童労働のもうひとつのつながりは構造的な価格調整政策によって生まれる。しかしこれは、しばしば社会的な支出を削減し、公的な仕事の機会を縮小することになった。このような環境では、教育予算の削減によって生まれた賃金の増加のために教育に手がとどかない場合にはとくに、世帯収入を補充するために子どもたちの稼ぎが利用された。

　しかし、こうした広範な傾向は、地域的にも、また子どもたちが従事している仕事のタイプによっても区分しておく必要があるだろう。サハラ砂漠以南の国々は、膨大な額の負債の危機と政治的不安定のために、工業生産の投資から大きく除外されていた。中国は大量の労働集約的な商品を輸出しているが、児童労働の歴史について重要な報告は見られない。実際には、インド、パキスタン、ネパール、そしてタイなどで報告されている、南アジアと東南アジアではたらいている児童労働者のすくなくとも半数は担保労働（負債を支払うための労働）である。児童労働には、ストリート・チルドレンが生き残るためにくりひろげるさまざまな活動ばかりでなく少年兵もふくめることができる。「ストリート・チルドレン」という用語は、たとえ親類の者がいても、いつも暮らしている家が路上であることを意味する。「ヒューマン・ライツ・ウォッチ」[*1]によると、彼らは警官からひんぱんに身体的虐待を受けたり、ぶらつき、放浪、こそ泥などの罪で刑事罰を受ける。いくつかの国では、戦争への参加は子どもたちに尊敬と物質的な利益を提供している。18歳以下の推定30万人の子どもたちが世界各地の紛争にまき

こまれている。

　これと関連する一連の文献は、子どもの身体そのものがますますグローバルな商品になってきていることを示している。ミケーレ・クオによると、タイを訪れる観光客の約60パーセントは、子どもとの関係をふくむ性的活動にふけることだけを目的にやってくるという。タイにおける売春業が国際的な関係者にとって「下品でない」ことを維持するために、HIVが陽性と判明した売春婦は下層階級の売春宿に追いはらわれ、ミャンマーと中国から補充された年少の子どもたちが置き換わる。こうした子どもたちが若いほど、HIVに感染している可能性が低いからであった。これと同様に、ナンシー・シェパー=ヒューズは、経済的なグローバリズムを、子どもから取り出したものをふくむ増えつづける人体臓器の売買に結びつけている。**ブラジル、中国、インド**その他の国々の絶望的に貧しい人びとは、生き残るために自分の身体のいろいろな部分を売るよう強いられている。性的なサービスと同じように、こうした臓器は、貧しい者から富める者へ、しばしば第三世界から先進工業国へと流れる。

　グローバリゼーションが、均質化のプロセスを示唆しているにもかかわらず、非常に不均衡な発展パターンを生みだしているのはあきらかである。高まる拡散を相殺する力は、子どもに対するグローバルな人権基準の制度化である。このことは、1989年の「**国連子どもの権利条約**」（これはソマリアとアメリカを除くすべての加盟国で批准された）によって証明されており、1999年の第182回代表者会議では、110の国が、債務奴隷、子どもの取引あるいは子どもの人身売買、**児童売春**、あるいは子どもの健康に有害な仕事など、**児童労働**の「最悪の形態」の撲滅を模索している。子どもの権利を促進するさまざまな取り組みも、国を超えた啓発運動によって支援されている。

　たとえば、1996年には、労働組合と非政府組織（NGOs）は、国際サッカー連盟（FIFA: the Federation of International Football Associations）に、子どもが縫製したボールを承認させないようにするのに成功した「ファウル・ボール」キャンペーンを開始した。とくに、シアトルでの反グローバリゼーションの抗議運動の結果、アムネスティやヒューマン・ライツ・ウオッチのような国を超えたNGO組織は、児童労働と少年兵のような解決を迫られている問題についての重要な情報源になっている。これらの組織は、いち早くインターネットを活用した組織の一部であったが、インターネットは、リストサーブ（多人数の集団内でEメールによってすばやく情報を交換できるフォーラム）を介して、メンバーの物理的な位置関係には関係なくグローバルな啓発運動の戦略を調整するために利用された。いまやグローバルな活動家たちは、ボタン（キー）にふれるだけで、ほぼ継続的に連絡をとりあえるようになっている。

グローバル・アイデンティティ

　古典的な人類学は、文化というものを静的で、境界で区切られたものとして描いたが、文化的グローバリゼーションの枠組みは、相互の連携が広げられたり深められることによってどのように文化が生みだされるかということを重視する。1980年から1991年までに、文化的な接触をともなう商品——印刷物、文学、音楽、ヴィジュアル・アート、映画、写真などのような——のグローバル貿易量は約3倍になった。親たちは、世界的な規模で、グローバル・ブランド名のついた商品の購入をせがむ子どもたちの強い圧力に直面している。実際、グローバルな肖像記号（アイコン）は、典型的にアメリカで作られており、ワールド・ミュージック[*2]のような新しいグローバル・スタイルも、優勢な地域からの文化を賞賛している。イメージは、遠距離通信の劇的な進歩にともなって子ども期が構築され、経験される地理空間を拡張しながら、ほぼ瞬時にして世界中で映し出される。アイデンティティが非常に広範に拡張された相互のつながりによって形成されるという認識のなかで、若者におよぼす影響は、長く確立してきたサブカルチャーあるいは逸脱という枠組みから、子どもたちのアイデンティティを確立するために、地域、国、グローバルがどのようにかみあっているのかを示すことへと推移している。この過程でもっとも重要なシンボルであったのはマドンナ、ブリトニー・スピアーズ、ザ・スパイス・ガールズなどの肖像記号であった。しかし、消費のこのようなグローバリゼーションにかんしては、若者たちのあいだに非常に持続可能な消費行動を促進する研究や介入に積極的にかかわる団体があり、それには国連教育科学文化機関（ユネスコ）[*3]と国連環境計画（ユネップ）[*4]もふくまれる。

［訳注］

[*1] ヒューマン・ライツ・ウォッチ（Human Rights Watch）——1978年のヘルシンキ・ウオッチの設立以来30年以上にわたって世界各地にネットワークを広げている。世界の人びとの権利と尊厳を守るために、声をあげられない被害者に代わり、人権がふみにじられている現実を世界に知らせるとともに、加害者の責任を追及する世界的な世論を作り出すことに取り組んでいる人権NGO（非政府組織）。

[*2] ワールド・ミュージック（World Music）——ナイジェリアのヨルバ人のあいだから広まったポピュラー音楽「ジュジュ」（Juju）や、1970年代後半に、カリプソにディスコ音楽が影響して中南米に生まれた「ソカ」（soca）などのように、第三世界のエスニックな色彩の強いポピュラー・ミュージックの総称。

[*3] 国連教育科学文化機関（the United Nations Educational, Scientific and Cultural Organization: UNESCO／ユネスコ）——1945年11月16日に採択された「国際連合教育科学文化機関憲章」（ユネスコ憲章）にもとづいて、世界の教育・科学・文化の発展と推進を目的として、1946年11月4日に国際連合の経済社会理事会の

下に設立された国際連合の専門機関。

*4 国連環境計画（the United Nations Environment Programme: UNEP／ユネップ）――地球環境問題に取り組む国連の中核機関として、1972年、国連人間環境会議（ストックホルム開催）の決議により設立された。

➡国際機関、児童労働（発展途上国）、少年司法（国際的状況）、少年兵（世界的な人権問題）、消費文化

● 参考文献

Gereffi, Gary. 1995. "Global Production Systems and Third World Development." In *Global Change, Regional Response: The New International Context of Development*, ed. Barbara Stallings. Cambridge, UK. Cambridge University Press.

Griffin, Christine. 2001. "Imagining New Narratives of Youth: Youth Research, the 'New Europe' and Global Culture." *Childhood* 8, no. 2; 147-166.

Harvey, David. 1989. *The Condition of Postmodernity*. Oxford: Basil Blackwell. デヴィッド・ハーヴェイ『ポストモダニティの条件』（吉原直樹監訳、青木書店、1999年）

Hecht, Tobias. 1998. *At Home in the Street: Street Children of North-east Brazil*. Cambridge: Cambridge University Press.

Held, David, Anthony Mcgrew, David Goldblatt, et al. 1999. *Global Transformation: Politics, Economics, and Culture*. Oxford: Blackwell.

Hirst, Paul, and Grahame Thompson. 1996. *Globalization in Question : The International Economy and the Possibilities of Governance*. Oxford: Blackwell.

Kuo, Michelle. 2000. "Asia's Dirty Secret." *Harvard International Review* 22, no. 2: 42-45.

Myers, William E. 1999. "Considering Child Labour: Changing Terms, Issues, and Actors at the International Level." *Childhood* 6, no. 1: 13-26.

Ohmae, Kenichi. 1990. *The Borderless World: Power and Strategy in the Interlinked Economy*. London: Collins. 大前研一・田口統吾『ボーダレス・ワールド』（日本語版）（プレジデント社、1990年）

Polanyi, Karl. 2001 [1944], *The Great Tranformation*. Boston: Beacon Press. カール・ポラニー『大転換――市場社会の形成と崩壊』（吉沢英成訳、東洋経済新報社、1975年）

Scheper-Hughes, Nancy. 2000. "The Global Traffic in Human Organs." *Current Anthropology* 41, no. 2: 191-224.

Scheper-Hughes, Nancy, and Carolyn Sargent. 1998. *Small Wars: The Cultural Politics of Childhood*. Berkeley: University of California Press.

Seabrook, Jeremy. 1998. "Children of the Market: Effect of Globalization on Lives of Children." *Race and Class* 39, no. 4: 37-49.

Skelton, Tracey, and Gill Valentine. 1998. *Cool Places: Geographies of Youth Culture*. London: Routledge.

United National Development Program. 1999. *Human Development Report*. Oxford: Oxford University Press.

Weissman, Robert. 1997. "Stolen Youth Brutalized Children, Globalization, and the Campaign to End Child Labor." *Multinational Monitor* 18, nos. 1-2: 10-17.

● 参考ウェブサイト

Global March. 2002. Available from 〈www.globalmarch.org〉

Human Rights Watch. 2001. Available from 〈www.hrw.org/children/street.htm〉

International Labour Organization. 2002. Available from 〈www.ilo.org/public/english/standards/ipec/index.htm〉

UNICEF. 2003. Available from 〈www.unicef.org〉

（MARK HUNTER／相澤真一・北本正章訳）

ケイ、エレン
(Key, Ellen, 1849-1926)

　女流作家であり教育者であったエレン・ケイは、スウェーデン南部の領主の屋敷で育った。彼女の父親は自由主義的な政治家で、母親は有力な貴族の出であった。ケイは申し分のない教育を家庭で受けた。この教育は、ドイツにおける保育園と矯正院の研究に着手していた父親にともなった大陸周遊旅行によって完成された。10代のケイは、地所の使用人や労働者の子どもたちのための「日曜学校」を創設した。

　彼女の主たる関心は、教えることは別にして、文学にそそがれていた。とりわけ英文学をむさぼり読み、フェミニストの家庭向けの機関紙「家庭通信」（*Tidskrift för hemmet* ; Home journal）に、ジョージ・エリオット[*1]やエリザベス・バーレット・ブラウニング[*2]についての随筆や論文を書いた。彼女はまた、後年、彼女自身は労働者の運動の発展に強い共感を覚えることになるのだが、父親が代議士の任期中、スウェーデン議会でその秘書としての役割も果たし、自由主義的な政治に精通するようになった。1880年、ケイは、知人が設立した私立学校で教えはじめた。ここで彼女は新しい教授法を導入し、教員スタッフを大きな団体に組織しようと試みた。その人生全体をとおしてケイは、ひとつの教室で同時に複数の教科を教える既存の伝統に対して批判的な態度をつらぬいた。

　ケイは、1880年代から1890年代にかけての時期を通じて、「ストックホルム労働講習所」で講義を担当したが、この講習所は、自由主義的な作家や医者たちによってスウェーデン各地に作られた職工講習所とは異質なものであった。彼女が扱った演題の大部分はヨーロッパ文学と思想史であった。ケイは、完全な知的自由という雰囲気のなかで、政治や文化的な問題を論じあうことができる市民たちからなる社会についての展望をふくらませていた。また、美的感覚はいかなる社会においても重要であると考えていた。ジョン・ラスキン（John Ruskin, 1819-1900）とウィリアム・モ

エレン・ケイ（1849-1926）*

リス（William Morris, 1834-96）に触発されたケイは、「日常生活の美」（vardagsskönbet）と彼女がよんだ理念を発展させたが、これは幸せな市民だけでなく、より道徳的に洗練された市民を生みだそうとするものであった。ケイの考えによれば、人類の倫理的特徴を腐食させるのはその見苦しさであった。したがって、倫理的美について理解する必要性が教えられねばならず、この目的のためにケイは、家具の整え方、陳列の仕方などについて、労働階級に直接語りかけた何冊かのパンフレットを出版した。

1900年以降、ケイは作家として、また講師として生計を立てた。彼女の主著は、『子どもの世紀』（1900）*3と、『命綱』（Lifslinjer, 1903-1906）である。最初の書物は、スウェーデンではかなり懐疑的な反応しか得られなかったが、ドイツでは成功をおさめ、その後、彼女が死を迎えるまでに17版を重ねて再版されつづけた。ケイによれば、20世紀は「子どもの世紀」になるだろうという。子どもたちの存在は、政治改革の焦点になるだろうし、社会における子どもの地位は、劇的に変化するだろうという。ケイは、来るべき世紀についてユートピア的な見解をいだき、未来に対する彼女独自の理念と理想を提案した。ケイは、どの子どもにも「その親を選ぶ」権利があると書いているが、これは子どもはよい家庭と適切な教育を受ける権利があるということを意味している。ケイの見解では、適切な教育とは、子どもたちがその固有の「人格」を発達させるよう奨励させるような教育のことである。「子どもたちに自分の意志をもたせるようにしなさい。子どもたちが自分の考えをもつようにさせなさい」。彼女は、どの子どもにも生まれつきそなわっている個性を学校が「殺して」しまうようにさせてはならないと感じていた。

ケイは、二番目の著作、『命綱』のなかで、彼女が待ち望んでいた家族構造の変化を描いている。将来、女性たちは、家庭においても社会においても、男性と同じ権利を享受するようになるだろうと述べている。さらに、女性には、男性にはしばしば欠けている天性の世話と養育の能力がそなわっているのであるから、社会をもっと養育的な方向に作りかえるためにこの権利を行使しなくてはならないと主張した。スウェーデンの福祉国家のイデオロギーの一部は、社会はひとつの拡大家族であるとするケイの見方に啓示を受けたのであった。

ケイのフェミニスト理念の理論的根拠は、その教育学とならんで、彼女がチャールズ・ダーウィン（1809-1882）とハーバート・スペンサー（1820-1903）を徹底的に研究したことで、19世紀の進化論から構成されている。ケイは、世俗化された道徳性を創り出すための必要条件を満たしてくれる解決策を（とくにスペンサーの）進化論のなかで発見したと考えた。この哲学に従えば、個人の強い願望は、こうした意志が未来の世代の生活におよぼす影響を考慮に入れて判断されるべきものである。ケイは、スペンサーと同じように、彼または彼女がその生涯にわたって個人として獲得する人格は未来の世代によって継承されるだろうと確信していた（これはまちがいで、証明されると考えていた）。個人が採用するライフスタイルはその人の将来を決定するのである。

このような獲得された人格の遺伝という理論は、幼児期のしつけの問題への彼女の関心をよみがえらせることになった。若い頃からしつけの問題に関心をもっていたエレン・ケイにとって、スペンサーの哲学で示された進化論は、この主題にひき続きかかわる知的刺激をもたらしたのであった。人間はそのとりまく環境によってかたちづくられたものである。しかし、しつけは一人の人間をかたちづくること以上のことに関係していた。なぜなら、しつけは次の世代によって継承されることになる人格を生みだすことになるからでもあった。人は、どのように生活するかを選ぶとき、自分の未来を考えなくてはならない。なぜなら、どのような選択をしても、それはその人を彼または彼女だけが思い描くユートピアを作る仕事に向かわせることになるからである。

進化論が提起した問題は、とりわけ女性たちにとって重要な問題になった。ケイによれば、女性は、ケイがふたつの「意識」とよんだものの谷間を渡る移行期に生きている。もし女性が男性と同じ条件で労働市場に入るという選択をすれば、そこには、女性の型が変わり、「男っぽく」なってしまって、未来の社会を荒廃させる危険があるという。ケイは、スウェーデンにおける女性の権利拡張運動に対しては非常に批判的であった。彼女は、広く論争をよんだ著書『権利の誤用』（Missbrukad kvinnokfaft, 1896）で、自分の批判を定式化している。この批判点は、のちの世紀末のもっと大きな書物でもくりかえされた。彼女は、一方では女性の性的および政治的な自由という点にかんして、女性の権利拡張運動はそれほど急進的ではないとしてこれを批判したが、他方では、女性には、主として教えることと養育する仕事を構成する特別な「天性の仕事

の場所」があると唱道して、女性の労働市場を制限した。

　エレン・ケイは、晩年をスウェーデン中部のヴェテルン湖畔に自分が設計して建てた広大なストランドの屋敷ですごした。その著作物によって評価されたので、いつもヨーロッパ各地からやってきた作家や評論家たちの訪問を受けた。ケイは遺言状のなかで、女性労働者たちが避難したり研究したりする場所として利用できるように、このストランドを女性労働者たちに遺贈した。

［訳注］

＊1　ジョージ・エリオット（George Eliot［本名Mary Ann Evans］, 1819-1880）──イギリスの女性作家。早くから母親の福音主義的な厳しいしつけを受けて読書を好み、母親の死後は十分な教育を受けることができず、ほぼ独学で教養を積んだ。22歳の頃コヴェントリー市に移り、大陸旅行の後、ロンドンで雑誌の編集業務を補助しながら、T・カーライル、H・スペンサーらと知りあい、彼らの合理的思考の影響を受けて福音主義から離れた。フランス語、ラテン語、イタリア語、ヘブライ語、ギリシア語など語学が堪能で、広い教養をそなえていたといわれている。35歳のとき、哲学者のG・H・ルイス（妻子もち）との同棲生活をはじめ、59歳まで生活をともにした。ルイスのすすめで小説を書きはじめ、男性のペンネームとして恋人の名前（ジョージ）を使った。71歳のとき、20歳年下のアメリカの銀行家J・W・クロスと正式に結婚したが、半年後にロンドンで病没した。

＊2　エリザベス・バレット・ブラウニング夫人（Elizabeth Barrett Browning, 1806-1861）──イギリスの女流詩人。同じ詩作家であったロバート・ブラウニング（Robert Browning, 1812-1889）の妻。家庭でギリシア語を学び、8歳のときホメロスを読破したという逸話が残っているなど、幼少時から天才的な詩才が認められたが、15歳の頃、落馬して脊髄を痛め、その後は病床に臥す生活を送った。彼女の詩を読んで感動し、病床を見舞って相思相愛になったのが、のちに夫になる6歳年下のロバート・ブラウニングであった。40歳のとき、父親の反対を押しきって秘密結婚し、フィレンツェに移り住み、そこで55年の生涯をすごした。

＊3　『子どもの世紀』──エレン・ケイ（Ellen Karolina Sofia Key, 1849-1926）の主著のひとつ。スウェーデンの女権拡張論者で、女性解放運動家でもあったケイはスモーランド州の名門の家に生まれ、祖父はルソーの崇拝者であり、父親はリベラルな政治家であった。幼い頃から学校教育を受けず、充実した家庭教育を受けた。自分の結婚生活の苦い経験から、31歳から19年間、ストックホルムの私立学校と労働講習所の教師となるいっぽう、文芸評論や婦人問題、教育問題について発言し、当時の保守的な風潮を批判した。みずからの体験と実践と観察にもとづいて、キリスト教的な結婚観を批判し、自由意志と自由恋愛による結婚と自由離婚の正当性を主張し、対等な両性の合意による家

庭生活の建設が子どもの発達に必要であるとの立場から、婦人問題と子どもの教育問題について発言した。子どもの生命の自由な発展を助けることが教育の使命であると考え、子どもは愛情深い夫婦のもとで生まれ、育たなくてはならず、そのためには母性が大事であり、母性は人間形成の基盤であり、母性を守るには平和が不可欠であると主張した。『子どもの世紀』（Barnets århundrada, 1900）は全世界で翻訳された。小野寺信・小野寺百合子訳『児童の世紀』冨山房百科文庫、1979年）。

➡教育（ヨーロッパ）、子どもの発達概念の歴史、社会福祉、年齢と発達

●参考文献

Hacksell, Siv, ed. 2000. *Ny syn pa Ellen Key: 32 texter av 23 författare*. Stockholm. Essays about Ellen Key.
Key, Ellen. 1896. *Missbrukad kvinnokraft*. Stockholm.
Key, Ellen. 1900. *Barnets a rhundrade. Studie av Ellen Key*. Stockholm.
Key, Ellen. 1903-1906. *Lifslinjer 1-3*. Stockholm.
Key, Ellen. 1976. *Hemmets a rhundrade: Ett urval av Ronny Ambjörnsson*, ed. Ronny Ambjörnsson. Stockholm.
Lengborn, Thorbjörn. 1976. *En studie i Ellen Keys tänkande främst med utgangspunkt fran Barnets arhundrade*. Stockholm.

　　　　　　　　（RONNY AMBJÖRNSSON／北本正章訳）

経済と子ども（西ヨーロッパ社会）
(Economics and Children in Western Societies)

■農業から工業へ
■消費経済

■農業から工業へ
　家族の生産構造と消費についての研究は、その同じ見通しのなかの家族の再生産行動を視野に入れることによってはじめて可能になる。圧倒的大多数の人びとの場合、その時間の大半は「手」（つまり生産）と「口」（つまり消費と再生産）とのバランスをとろうとするなりゆきまかせの行動についやされてきた。農民であれ、資産をもたない労働者（プロレタリア）であれ、あるいは職人であれ、小さな災難の気配ですら、そこから抜け出すのが不可能ではないとはいえ、その家族全体をかなりむずかしい貧困と欠乏状態につき落とすのに十分不安定な状態に追いこんでしまった。

　1750年以前に見られたプロレタリア化のほとんどは、小さな土地を所有する農民が土地をもたない貧民階層へと下方移動したことによって生じた結果であった。そうした人びとは、最終的には都市人口の大半を占める最下層の労働者であるルンペン・プロレタリアート[1]へと沈澱する浮浪者や移民労働者となった。1750年以後になると、こうした悲劇的な社会的転落

ケイサイト

「クランベリーを摘む人」(1910年)、ルイス・ハイン撮影。農村部の子どもたちは幼くして稼ぎ手となった。写真には、ニュージャージーのクランベリー園で5歳のジェニー・カパロミが大人のかたわらでクランベリーを摘んでいるようすが写っている。©CORBIS

にくわえて、新しい種類の大規模な水平移動がみられるようになった。これは、ときには工場制工業と競合——しかし、それ以上にひんぱんにそれを補完していた——するかたちで農村工業の劇的な成長を経験したことにともなうものであった。最底辺の、ヨーロッパ北西部の地方人口の大きな部分を占めていた農民は、ほとんどあるいはまったく土地をもっておらず、小屋住み農(コテイジャー)や小地主(ドワーフ・ホルダー)などとよばれており、彼らが補助的な収入を得ていた農村部のプロト工業*2を産業革命の第一段階の生産物が破壊したとき、彼らは、それまで所有していた小さな土地から得ていた収入もなくしてしまったことをまのあたりにした。これと同じような下方移動の過程は、北アメリカでは、植民地時代と初期の連邦都市でも見られたが、フロンティアの可能性は、開拓民として人生をやりなおすことで最終的な破局をとりあえずまぬかれることができることを意味した。

人口革命

ヨーロッパ人口は、1500年には約6500万人であったのが、1750年には1億2750万人となり、1900年には3億人に迫った。1750年の北アメリカの人口はおそらく200万人程度であったが——アメリカ生まれの人びとの自然増加にくわえてヨーロッパからの大量の移民の結果——1900年にはリオグランデ川以北の東海岸から西海岸までに8100万人が暮らすようになっていた。この人口革命では死亡率の低下と出生率のゆるやかな上昇に対応して、1750年以後に人口の増加が見られた。人口増加が**出生率**の上昇による場所もあれば、別の地域では死亡率が低下した結果によることもあったことから考えて、その原因の複合は単純ではない。もちろん、多くの場所では、人口増加はこの二つが合わさった結果であった。出生率の上昇そのものについては注目に値する。というのも、ほかのすべての要素が一定であれば、死亡率の低下にともなって出生率が低下するはずだからである。しかし、これ以外のすべての要因は均等ではない。

現在、人口革命としてわかっていることは、おそらくそれが死亡率の低下から派生したということであろう。しかし、魔法使いの弟子*3のように、この新しい事態によって若年層と結婚した成年の生存率が予想外の高水準となったことが結婚年齢の低下と相俟って非嫡出子の割合が急上昇したことで、コントロールできない力がはたらきだした。つまり、いままで以上に結婚する人の数が増えただけでなく、結婚年齢が下がって結婚期間が延びたのである。1800年ごろでは、おそらくイギリスでは新生児の約12人に1人が非嫡出子であった(1700年ではおよそ50人に1人にすぎなかった)。ドイツの一部では非嫡出子の割合は5人に1人にもなった。この事態はとりわけ出生率に大きな意味をもった。出生率それ自体は結婚期間の長さと合計特殊出生率*4の所産であった。なぜなら、結婚年数あたりの出生数は、死亡率と出生率の変化がたとえわずかであっても、総計して数世代を重ねるとその数字は増幅され、非常に大きな影響をもつようになるからである。

家族形成の戦略に影響をあたえたのは、人口革命を通じて生じた日常生活のペースの変化であった。家族で農業をしたり家内工業を切り盛りしたりする古い世界が完全に失われてしまったわけではないが、ひとにぎりの者が成功するということは、ほとんどの者が失敗に終わるということでもあった。人口の大半は——社会的あるいは物理的に——異動を余儀なくされ、まったく新しい日常を送ることになった。その結果、新たな社会生活のあり方が生まれ、同時に廃れていった。最初に小屋住み農は賃金を稼ぐ労働者になり、やがて土地からの収益をまったく失ってしまった。さらに女性と子どもの労働価値は当初は上昇したものの、その後急激に低下した。家内制手工業では女性と子どもが「働き手」であったが、都市部で政治経済と産業資本主義が台頭すると、周縁化されていった。家族に対して男性の戸主が経済的にも精神的にも大黒柱となる家父長的な経済に移行するなかでこうした都市部の、賃金労働者の家庭は新たな社会規範を作り上げていった

が、その際彼らにとって基準となっていたのは、家長が家のいっさいをとりしきり、女性や未婚の子どもたちを監督するという自分たちの出身地である農村部の農民のあいだの行動規範であった。この過程の別の側面は、もはや家長でもなく、賃金の稼ぎ手でもない者の立場が急速に危うくなっていったことでもある。個々の家族はこうした大きな歴史の流れに懸命に抵抗していたが、彼らがとりうる人口学的行動、あるいは家族形成の行動は、われわれがそれを想い描くことができるとするなら、一連の予防的な対抗手段のうち、わずかひとつしかなかった。

家内工業の発展による人口爆発の背景には、すくなくとも結婚の増加があった。より多くの人が、以前よりも早く、つまりより多くの子どもを産める年齢で結婚した。そしてまた、それまでの社会における生産関係のなかでは、結婚は崩壊して妻と子どもが残される危険と隣りあわせであったのに対して、農村部の工業化により、結婚した夫婦はいっしょに過ごすことができた。戦争、天候不順、凶作などに周期的に悩まされていた底辺層の農民家族の経済基盤は脆弱であった。この意味で、手工業を支える主体をなしていたプロレタリア化した小屋住み農は、新たに家族を形成することを可能にする、これまでとはまったく違う経済的、社会的な自由を手にすることとなった。したがって、前工業化社会の小屋住み農は、大きな人口の貯水池ともいうべき存在であった。農村部の工業発展は、個々の行動をより大きな人口の流れに結びつけながら、こうした人たちを農村経済に吸い上げることができた。さらに、1750年以前には、晩婚と高い生涯未婚率が人口増加の歯止めになっていたが、この時期をすぎると、好況期には結婚率の上昇と結婚年齢の低下が見られ、同時に生涯未婚率は下がることになった。

前工業化時代の再生産をめぐる人口経済システムでは、およそ6割の家族に跡とり息子がおり、2割には跡とり娘がいたことがわかっている。つまり、どの世代でも残る2割の土地には相続人がおらず、持ち主がいなくなっていたということである。その不潔な環境が微生物を増殖し、乳児には致命的となる都市化は、地球全体で平均余命の改善を相殺した。しかし全般的には、死亡率が低下して乳幼児、子ども、大人の健康状態が改善されたことは、とりわけ農村部の状況にとっては大きな意味をもっていた。子どもたちが成人して結婚できるまで生きのびられる可能性が高い比率で高まる一方で、既婚の夫婦も、二人で生きられる期間が延び、より長く子どもを生みつづけられるようになった。

しかしながら、こうした流れからはいくつかの疑問がでてくる。平均余命が延びてより多くの人が生きのびるようになったのに、なぜ人は人口の置換レベルを超えるほど多くの子どもをもうけたのであろうか？これまでよりも数が増えた子どもたちは、すでに過密状態にあった世の中でどうやって生きる場所や手段を見いだしたのであろうか？　彼らが新たに参入できるような経済的な余地はどのようにして創りだされたのであろうか？　農業分野には彼らを吸収する余地があったのであろうか？　あるいは、工業分野あるいはサービス分野にそれがあったのであろうか？　こうした疑問に答える際、留意すべき鍵となるのは、人口増加がはじまった頃、こうした子どもたちが生まれたのは農村工業に従事する家族のもとにおいてであったという事実である。少女は5、6歳になれば綿糸を紡いだり麦わらを編む仕事を長時間するようになっていた。少年たちは7、8歳になると、釘作りの修行のため、年長の頑健なはたらき手のもとに徒弟に出された。男女をとわず、こうした農村工業を行なう世帯では、子どもが12、13歳になるまで養育する費用を負担することは可能であった。というのも、10代後半になれば、親は子どもたちを家業につかせて「利益」を得ることができたからである。児童労働の経済と、それにともなって子どもたちが早期に独立する可能性は、二つの意味をもっていた。第1に、こうした出来高払いの仕事をする者は、以前の貧しい農民たちとは違って、生活の糧になるものを何ひとつ相続する見こみがなくても、必要なものをかき集めて若いうちに結婚にこぎつけることができた。第2に、特殊な場合だが、大家族は「その日暮らし」の割合を変えるだけでなく、［家庭内における］生産者と消費者の割合から余剰所得を得られる家族サイクルの期間を延ばすことにもなるので、子どもが多いのはよいことであるという考え方が出てきたことであった。

出産行動の変化がもたらす結果はこれだけではなかった。人口ピラミッドは、18世紀末には底辺が急速に拡大した。これは、子どもの生存率が上昇し、また、結婚が中断する可能性が減少したため、低年齢層が増加したからであった。世代間の間隔が狭まったため、総体として出生率が押し上げられることになった。しかし、とくに高年齢層での高出生率が維持された要因はこのほかにもあった。底辺層——相続財産をもたない子どもたちのような——は、かならずしも直接的にではなかったものの、人口増加の影響を感じていた。というのも、3世代が経過するなかで、人びとに確保されている場所は一定なのに、人口は急激に増加していたからである。村落で、前の世代を上まわる人口になっている場合、その増加分にあたる人たちはどこかにすきまを見つけて結婚できるかもしれないという希望をもって待ちつづけるか、移民するしかなかった。つまり、そうした人たちは、生まれた社会階層から下に向かって移動するか、生まれ育った場所を物理的に離れるかのどちらかであった。この二つめの選択肢こそ、前の世代が直面した現実であった。相続するものをもたないことは社会的には転落を、人口学的には死を意味した。農村経済において継承すべき地位をもた

ない人びとは家系がそこで絶えることを意味した。彼らは、結婚して子どもをもつことができなかったため、子孫が絶えることになったからである。

とはいえ、相続するものが何もない下層の人びとにとって家内工業は、しばらくのあいだではあったが、神の恵みともいえるものであった。自分が生まれ育った家の近くで新たに自分自身の世帯をかまえる手段を見つける幸運に恵まれる者もいた。それほど恵まれていない者は、プロト工業が根づいていたほかの村、町、都市に移動することができた。そうした場所で世帯をかまえることができれば、自分ではたらいて得られる収入で自活できたし、共同で家畜を飼ったり、小さな庭をもつこともできた。子どもたちも労働のなかに組み入れられていた。4〜5歳になれば、もう幼い兄弟の面倒を見ることができた。6〜8歳頃には、糞や薪を集め、床を掃除し、鍋・皿・食器類を洗い、井戸から家まで水を運び、きざんだり皮をむいたりして食材の準備をし、家の外にお使いに行くなどしていた。9〜12歳の子どもの仕事は、糸紡ぎ、編みもの、必要に応じての衣服のつくろいもの、ベッド作り、暖炉の火の管理、衣類の洗濯、家畜の世話と乳しぼり、家族の食事の支度などであった。われわれが青年期とよぶ時期にさしかかると、家事と外での生産労働とで自活していくのに必要なコストをまかなえるようになっていた。彼らはほぼ「大人と同等」であった。やや体力や忍耐力、技術が足りないとはいえ終日労働——そして日払いの大人並の賃金を得て——をこなすこともできるようになっていた。このため、農村工業に従事する家庭では、10代の子どもたちが生家を離れて家事奉公人になることにのり気ではなかった。子どもたちを育てる費用をかけた両親は、子どもたちの労働から恩恵を受けることを望んでいたのである。

古典的な産業革命期（1760-1840）を通じて、人口の大部分は「生涯続く」とよばれたプロレタリアートへの移動を経験した。彼らの行動は、個人が生産手段をみずからの手にとどめておいたり、またふたたびそれを獲得しようとする努力だとみなされるかもしれないが、それは、彼らの大半を最終的にプロレタリア階級へと引きづりこむ強力な歴史の流れに逆らって泳いでいるようなものであった。この事態は、農村部の人口が増えるのにともなって、驚くべき頻度で人びとの身に降りかかった。好況時が農村から人口を吸い上げるサイホンのようなものだったとすれば、プロト工業のあった共同体はこうした根なし草のような余剰人口を吸収するスポンジであった。

ところで、農村部に残った者はどうなったのであろうか？　彼らはどのように暮らし、その子どもたちは農村部の工業化によっていかなる影響をこうむったのであろうか？　農村地域で再生産水準が上昇し、それが移民を生みだす原因の一端となり、このため、相続財産をもたない子どもたちを域外へ送り出すという選択肢は、移民の出身地における人口圧の高まりに起因する資源の争奪戦を緩和したことについて、われわれはすでに一瞥してきた。子どもたちのなかに財産を相続できない者をかかえていた両親は、そうした子どもたちはどこかに送り出せるという認識をもっていたはずである。プロト工業は、移民を引きつける磁場としての役割を果たしていただけでなく、移民になる人の再生産を永続化する保険政策でもあった。さらに、農村工業は余剰人口を吸収するだけでなく、将来的には財産を受け継ぐことになるが、そうなるまでしばらく待たねばならなかった子どもたちに現金収入をもたらすものでもあった。もし子どもたちのなかの一人が、その家族の農地あるいは家屋を受け継ぐことになっていても、その子どもが相続するまでのあいだに、収入源としてそれを利用できないというわけではなかった。実際には、ほとんどの者は**思春期**から結婚あるいは**相続**を待つまでの長い期間を、住みこみの使用人として、あるいは農業労働者としてすごしていた。前工業化社会では、イギリスや北西部ヨーロッパの農村経済で現金収入を得るための一年ごとの仕事は非常に大きな意味をもっていた。貧しい小屋住み農家出身の子どもは12歳で生家を離れ、10年から15年にわたって年老いた農民世帯を渡り歩いた。しかし、古典的な産業革命期には、このような伝統的なライフサイクルのシステムは、プロト工業世帯として高収入を得るという非常に魅力的なスタイルと競合することになった。

プロト工業で得られる現金所得は、家内工業への一種の所得移転であった。つまり、こうした所得によって、だれかが手放した地位を手に入れることができた者もいれば、工業化の初期に従来よりも安く生産されるようになった消費財や資本財を購入できるようになった者もいた。さらに、資本不足が明らかな分野に資金が流れこんだ。したがって、農村部の工業地帯は、増加した人口のはけ口であると同時に、移民の発生源である農村部にとってはこの人口動態を刺激するものでもあった。結果的に、農村部の人口はすぐにいっぱいになった。小地主が増加し、サービス産業における新たな、より活発な分業の発達とともに、集約的な耕作、新しい作物は、飽和状態になるまでその土地を利用できるようにすることと結びついた。しかし、これは長くは続けられなかったし、実際、続かなかった。

農村から都市工業への転換

農村部では1750年以後、全国的に工業化と人口増加が見られたが、19世紀なかば、つまり1825年から75年にかけての農村は、脱工業化と人口減少にみまわれた。農村部の家内工業（cottage）から都市部の作業所（workshop）や工場への転換は、とくに子どもたちにおよぼす影響が大きかった。児童労働を支えていた家内（工業）経済の基盤がくずれると、最初に失業の犠牲者となったのは子どもたちであった。それ

それの夫婦が、高い確率で職業が奪われてしまう自滅的なサイクルから自分たちと子どもを必死に守ろうとしている間にも、農村部の変動は、ほとんど資産をもたない農民たちの大多数を飲みこみ、まったく資産のないプロレタリアに姿を変えて吐き出していった。失業した子どもたちは19世紀なかば以後、北大西洋をまたぐ全域で発達した学校制度にとりこまれていった。

19世紀なかばまでには、イギリスやヨーロッパの北西部では、村人をその土地に引きとめておく力はほとんどなくなっていた。そこに残ろうと力をつくす者も少なくなかったが、絶望の果てに出ていく者のほうが多かった。19世紀後半は未曾有の移民を経験した時期でもあった。外に向けて——19世紀なかば以後、何百万人もがヨーロッパをあとにした——だけではなく、ヨーロッパの内側——大陸内部で都市化が継続的に進行した結果、1881年までには、人口の40パーセントが6大都市圏に集中するイギリスの水準に急速に追いついた——においても、大規模な人の移動が見られた。家族経営を継続する可能性がどんどん小さくなるなかで、人口革命と産業革命は、細分化された保有地からの収入の足しにするためにプロト工業にしがみついていた農民層に致命的な打撃をあたえることになった。

自分たちの労働力にだけ依存する家族を単位とする生産ユニットは、19世紀なかばに取引条件の変化によって大きな逆風にさらされることになった。女性と子どもが担ってきた仕事——糸紡ぎが最初の、そしてもっともよく知られた仕事——は、単調でくりかえしの多い作業であったとはいえ、重要なものであったし、貧しい農民世帯の家計にも貢献していた。こうした仕事は専門化した工場生産と競合することとなり、無残にも衰退してしまった。1790年代から進行した紡績の機械化は、農村工業にとって大きな打撃となった。この時期に人口が増加していたことも、こうした農村工業に従事する世帯の収入を圧迫する要因となっていた。

このような衰退に合わせて、家内工業の相互扶助主義も影をひそめ、家族を基盤とした家内工業の生産システムに代わって、性別役割と年齢にふさわしい活動を重視する考え方が強くなると、労働の場では女性と子どもたちは周辺に追いやられた。家庭内性（ドメスティシティ）は、一家の生計を支えることを重視する新しい文化の基本的な鍵となる概念であった。この新しい文化では、仕事とは男性的な努めであると考えられるようになり、その一方で男らしさ（マスキュリニティ）は家庭内の規律とその体面上の独立性との調和によって判断されるようになっていった。そのため、当時の識者らは、農村のプロレタリアの女性たちの「自然の」性質が「男らしい」仕事によってゆがめられてしまうのではないかと懸念していた。このような女性たちは、女性らしさを奪われてしまうだけでなく、「女性たちが家庭で果たすべき義務」をこなすことができないために社会的にも不安定な位置にとどめられてしまうというのである。こうした考え方は強い影響力をもってはいたものの、実際には、労働階級の女性たちの生活とはほとんど無縁であった。彼女たちはブルジョワジーたちの期待にこたえることはなかったし、なによりも大きな関心事である家計の維持を犠牲にしてまで、いわゆる「女性らしさ」（フェミニニティ）を優先させることなどありえなかったからである。

工業化の初期を通じて、プロレタリアの高い出生率は中産階級とはまったく逆であった。中産階級では子どもが増えるということは、扶養すべき者の数が増えると考えたのに対し、労働階級では、はたらき手の増加ととらえており、子どもは家族メンバーが災難にみまわれたときには家族で立ち向かう強さを保障するものであった。不運を分かちあうことは、日常生活で避けられない変転に立ち向かう方策であった。この種の相互扶助主義は、各階級に特有の家族形成のあり方にも深く反映していた。プロレタリア家族における相互扶助主義——当時の政治家や社会改良に取り組んだ人びとが称賛した個人主義とは対極にあるもの——は、フランスだけでなくイギリスでも、彼らに対する不適切な道徳教育の証拠として言及された。

19世紀後半を通じて進展した、国家による教育と福祉の制度化は、出生率の低下を基調とする現在進行中の家族革命に歴史的な見通しをもたらした。1860年代に結婚したイギリスの女性は平均して6.16人の子どもを生んだ。1890年代に結婚した、その娘世代の女性が生んだ子どもの数は平均で4.13人であった。1920年代に結婚した孫世代になると、子どもの数は平均で2.13人になっていた。結婚関係内の出生率の低下は［生殖技術の］イノベーションと［出産］調整の両方によってもたらされたものであった。これは、社会組織全般のマクロなレベルで起きた変化への対応であっただけでなく、一人ひとりの男女がそれぞれの歴史をどのようにつくろうとしたのかをあらわすものでもある。子どもの数が劇的に減少したばかりではなく、家族サイクルのなかで子育てにかかわる期間も短くなった。人口学者のなかには、このような現象を一人の子どもにかける時間、エネルギー、資源の「量から質へ」の転換という言葉で表現する者もいる。しかし、もっと大きな変化が起きている。つまり、家族は脱産業化され、子どもたちははたらかなくなっている。近代家族は以前の家族とはまったく違う優先順位のもとに築かれており、子ども期は、プライヴァシー、家庭内性、そしてなんといっても子ども中心主義に向かうこうした移行によって、深く影響を受けている。

［訳注］
＊1 ルンペン・プロレタリアート（Lumpen-proletariat）——未熟練労働者、浮浪者、犯罪者をふくむ最下層のプロレタリアートをさしている。1850年頃カール・マ

ルクス（1818-83）がその経済理論において、Lumpen（ボロ服をまとった人びと）とProletariat（無産階級）という二つのドイツ語を合成して作った用語。プロレタリアートの人びとは、さまざまな理由からお互いの意思疎通を欠き、階級意識や連帯性にも欠けるとされた。

＊2 プロト工業（proto-industrialization）──「家内産業」訳注1参照。

＊3 魔法使いの弟子（sorcerer's apprentice）──ゲーテ（Johann Wolfgang von Goethe, 1749-1832）が、サモサタのルキアノスの詩「嘘を好む人たち」（Philopseudes）に想を得て書いたバラード「魔法使いの弟子」（Der Zauberlehrling）のこと。この詩歌の内容は次のようなものである。──老いた魔法使いの留守中に、若い弟子がこの魔法使いに命じられていた水くみの仕事にあきてしまい、傍にあった箒に魔法をかけて仕事の身がわりをさせようとした。だが、かけた魔法が未熟であったため、あたりが水浸しとなってしまい、魔法の止め方もわからなかったため、弟子は絶望してこの箒を二つに割ってしまったが、かえって2倍になって水があふれつづけ、もはや洪水のような勢いになって手がつけられなくなったとき、老いた魔法使いが戻ってきて正しい呪文で水くみを止めたというものである。このことから、理由がわからないまま、あるいは支配できない能力によって取り返しのつかない事態に立ちいたることをさす。

＊4 合計特殊出生率（fertility rates per year of marriage; total fertility rate: TFR）──女性がその生涯の受胎可能な時期に産む子どもの平均数。受胎可能年齢は15歳から49歳までと規定して算出する期間合計特殊出生率と、同年代に生まれた人びとを対象としたコホート合計特殊出生率とがある。この指標によって、異なる時代、異なる集団間の出生による人口の自然増減を比較・評価することができる。

➡家族の諸類型、児童労働（欧米）、ヨーロッパの工業化、労働と貧困

●参考文献

Anderson, Michael. 1971. *Family Structure in Nineteenth-Century Lancashire*. Cambridge, UK: Cambridge University Press.

Cobbett, William. *Cottage Economy*. 1979 [1822]. New York: Oxford University Press.

Collins, Brenda. 1982. "Proto-Industrialization and Pre-Famine Emigration." *Social History* 7: 127-146.

Durand, John J. 1977. "Historical Estimates of World Population: An Evaluation." *Population and Development Review* 3: 253-296.

Goldstone, Jack. 1991. *Revolution and Rebellion in the Early Modern World*. Berkeley and Los Angeles: University of California Press.

Hajnal, H. J. 1965. "European Marriage Patterns in Perspective." in *Population in History*, ed. David V. Glass and David E. C. Eversley. London: Edward Arnold.

Hajnal, H. J. 1983. "Two Kinds of Preindustrial Household Formation Systems." In *Family Forms in Historic Europe*, ed. Richard Wall. Cambridge, UK: Cambridge University Press.

Hobsbawm, Eric J. 1968. *Industry and Empire: An Economic History of Britain since 1750*. London: Weidenfield and Nicolson.

Hufton, Olwen H. 1974. *The Poor of Eighteenth-Century France, 1750-1789*. Oxford, UK: Clarendon Press.

Kussmaul, Ann. 1981. *Servants in Husbandry in Early Modern England*. Cambridge, UK: Cambridge University Press.

Levine, David. 1977. *Family Formation in an Age of Nascent Capitalism*. New York: Academic Press.

Levine, David. 1987. *Reproducing Families: The Political Economy of English Population History*. Cambridge, UK: Cambridge University Press.

Malthus, Thomas Robert. 1970 [1798]. *An Essay on the Principle of Population*. Ed. Anthony Flew. Harmondsworth, UK: Penguin.

Mendels, Franklin. 1972. "Proto-Industrialization: The First Phase of the Process of Industrialization." *Journal of Economic History* 32: 241-261. F・F・メンデルス、R・ブラウンほか『西欧近代と農村工業』（篠塚信義・石坂昭雄・安元稔編訳、北海道大学図書刊行会、1991年）所収。

Sharpe, Pamela. 1996. *Adapting to Capitalism: Working Women in the English Economy, 1700-1850*. Basingstoke, UK: Macmillan Press.

Smith, Ruth L., and Deborah M. Valenze. 1988. "Mutuality and Marginality: Liberal Moral Theory and Working-Class Women in Nineteenth-Century England." *Signs* 13: 277-298.

Tilly, Charles. 1984. "Demographic Origins of the European Proletariat." In *Proletarianization and Family History*, ed. David Levine. Orlando, FL: Academic Press.

Wrigley, E. A. 1978. "Fertility Strategy for the Individual and the Group." In *Historical Studies of Changing Fertility*, ed. Charles Tilly. Princeton, NJ: Princeton University Press.

（DAVID LEVINE／並河葉子訳）

■消費経済

20世紀を通じて、家族のために労働力や所得を提供するという意味での子どもたちの役割が減少していった一方で、子どもの消費者としての側面は強くなっていった。このため、子どもと両親との関係に大きな変化が起きた。この流れは学者たちが家族の消費経済──すなわち、核家族の機能は市場の物資を購入し、使用することにあるというもの──とよぶ傾向と一致しており、これは世界の経済的先進地帯でさまざまな形態で顕在化してきている。

新しい形態の家族が生まれた背景にはいくつかの要因がある。電力、屋内トイレ、セントラル・ヒーティングなどの導入は、1890年ごろからみられるようになっていたが、1950年以降に完全に普及した展開である。これらはいずれも、子どもたちが伝統的に日々こなしてきた細々とした仕事（水くみ、手で洗濯する手伝い、薪運びなど）を減らした。家庭で作り置きしたり台所で調理した食品類が、しだいに缶詰や冷蔵の袋づめ食品に置き換わっていったことも、同じように子どもの家事労働を減らした。また、地方の農園から都市への移住は、子どもたちから鶏や馬などの家畜の世話や菜園の手入れなど、日常の仕事を奪ってしまった。20世紀の終わり頃に子どもたちが家事にさく時間は週に4時間から6時間ほどにすぎなくなっていたが、これは1900年の1日あたりの時間とほぼ同じであると推計されている。こうした経済的および技術的な変化と並行して出生率の顕著な低下も起き、年長の子どもたちの世話を必要としていた幼児と赤ん坊の数も減った。

家族を支えるために子どもたちが肉体労働に出る必要がなくなりつつあった時期、家庭の外では技術革新と社会変革によって子どもの賃金労働に対する依存度も低下した。繊維工場では機械化が進んだため、早くも19世紀なかばには児童労働者の需要が減少した。情報ネットワーク（電話や新聞の宅配など）の発達で、1920年代までには使い走りをする少年や新聞売り少年は減ってしまった。20世紀初頭に家事使用人の需要が衰退したことは、同じように掃除や料理人の助手として雇われる子どもの数も減らした。上昇した賃金のなかで、とくに父親の賃金上昇は顕著であったので、このことも子どもたちの賃金を世帯の生活費の足しにしようと両親があてにしなくなる要因になった。

子どもたちが学校で受ける授業時間は、それまで子どもたちが家庭内の雑用や賃金労働にあてていた時間に置き換わった。1900年当時、12歳あるいは14歳をすぎた子どもたちが学校に在籍しつづけることはめったになかったし、10代以前の子どもでさえ、両親は、彼らの賃金や仕事の手伝いで家族の助けになるように、しばしば学校をやめさせていた。第1次世界大戦後になると、最初は都市部で、子どもたちが学校を去るのが10代にずれこむようになり、やがて第2次世界大戦後になると農村部でも同様になった。こうした傾向を先導したのは都市の中産階級の家庭であった。大人たち、とくに労働階級の大人（および、児童労働に依存している産業の雇用主）たちは、義務教育と、法的に子どもたちを労働力として雇用できる年齢の規制に反発した。アメリカでは、［はたらかない］子どもが怠惰になることをおそれたため、児童労働を規制する法律は1938年までなかった。だがそれでも、より熟練した労働力の需要が高まったことや、そのこと以上に、子どもたちがこなせる仕事が減りつづけるという長期的な経済動向は、この世紀のなかばまでに、親が学校教育の拡張を受け入れるよう助長した。

家族の役割の変化

こうしたことすべてが子どもの世話や、養育期間を長くすることにつながり、子ども期の経済的な依存年数を10代どころかそれ以降まで延長することになった。子どもたちは、完全に成人するまで生家にとどまるようになっただけではなく、家族が未来の労働者を社会化し、ますます複雑さを増す消費需要に適応させる重要な制度になっていくかぎりにおいて、大人が日常的に子どもたちとかかわる時間も増大した。その結果、親には大家族を養う動機が少なくなったため、19世紀の家族には4〜6人の子どもがいたのに、20世紀の家族は2人もしくは3人の子どもしかもたなくなった。20世紀を通じて、より高い所得と教育期待が子どもにかける時間とお金を増やしたために、親は子ども数を減らそうとする動機を強めた。はたらく既婚女性の割合が急増した（1900年には経済的な先進国の多くで10〜30パーセントであったものが世紀末には60パーセント近くになった）ことは、子どもたちが労働力から撤退すると要求したとき、既婚女性たちは、家庭のなかの子どもの心理的なすべての利益を担保にして、失った収入分（と消費経済のなかで子どもを育てる支出）の子育てと養育費を負担しなくてはならなかった。20世紀末には、アメリカで子どもを育てるためには41万ドルから150万ドル（所得に応じて必要な額は上昇する）もかかると推計されている。すべての子どもに教育をほどこすことが、間接的にすべて大人たちの福祉につながるとはいえ、子どもの時間の多くが教育にあてられるようになったことは、親が子どもたちにそそいだ精力と投じたお金を、その若者たちが労働や収入で返すことはめったにないことを意味する。世代間に伝統的に見られた個人レベルでの互恵性はほとんどなくなってしまったのである。

もうひとつの長期的に生じた現象は、年長の子どもたちに代わって母親が労働力になったことである。この決断は幼い子どもたちが家にいる期間が昔より短くなったことが理由のひとつであるが、もっと大きな理由は、子どもたちが経済的に生家を支えるのではなく、子どもたちにかかる長期的なコスト（たとえばとくに大学における専門的な訓練など）には母親の所得も必要であると考えられるようになってきたためである。これは、親子の互恵的な関係を変えた。つまり、年長の子どもが労働力と収入を親に提供することで幼い子どもたちを育てるために親がついやした時間とお金に報いるという期待感は劇的にしぼんでしまったのである。これに代わって、子どもたちは親に対してではなく、自分たちの次の世代に返していくという［親から子への］一方通行的な犠牲にもとづく、時間をずらした順送りの互恵関係とでもいうべき現代のパターンが

生まれている。

こうした新しい親子間の経済的関係は、親の側に大きな負担を強いたが、子どもを産み育てることの意義が変化したことでこの関係が保たれている面もある。子どもたちは、もはや経済的な資産や投資とは考えられなくなった。そのかわり、子どもたちは感情的にお金には代えられない貴重な宝であるとして、子どもが家庭に幸せを運びこんでくれる可能性や、市場や仕事を超えて人生に価値をもたらしてくれる（所得に応じて必要な額が上昇する）存在としての価値が見出されるようになってきている。子どもの価値はお金には代えられないものであるという考えが、（豊かさのなかから少しずつ浸みだしてきたものとして）親たちに広く受け入れられるようになると、もはや親たちは、家の雑用や（個人に立ちはだかるものとしての）家族のためにお金を稼ぐことに子どもたちが多くの時間をついやすことは期待しなくなる。よい親とは、子どもたちにあたえることができ、名目上の総額を上まわるお金を子どもの労働に期待したりはしない人たちのことである。

消費者としての家族と子ども

経済学的な言い方をするなら、子どもは家族消費の受けとり手であると同時に家族消費をうながす存在にもなった。多くの家庭向けの商品やサービスは、家庭内で生産されるよりも外で購入することがますます多くなった。家計収入が上昇すると、消費される商品の種類が増え、とりわけ象徴的なあるいは精神的な意味をもつ商品の消費も増えた。1900年ごろまでには、子どもの健康を守り、将来の可能性を広げ、その高い地位を確保することに関心をもつ親たちに迎合する広告がみられるようになった。赤ん坊の身体の大きさに合わせて作られた家具や衣服、ベビーバスや食器類などの新しい製品は、子どもたちのニーズにこたえてやりたいと願う親たちに向けて開発されたものである。中産階級の親は、子どもたちに競争の激しい学校生活や実業界を勝ち抜くために必要とされる人格や教養を身につけさせようとの願いから、とくに知育おもちゃや裏庭で使うおもちゃセットや、子どもたちの能力を伸ばすための雑誌などを購入した。1910年ごろになると、アメリカやイギリスなどでとくに影響力が大きかった子育ての専門家たちは、子どもに消費の仕方を身につけさせるために、毎週**お小遣い**をあたえるべきであると主張しはじめた。お小遣いは、勤労と倹約という昔ながらの教訓に代わって、熟慮した消費とお金のやりくりの訓練をする教育になることが意図されていた。

親はお小遣いをあたえることをとおして子どもたちに間接的な影響をおよぼし、子どもたちの決定をある程度管理していたが、この習慣は子ども自身の希望と、子どもが**消費文化**に参加することについて、「**子ども**の権利」を肯定するものとなった。子どもたちは、家計に貢献することも、将来のために貯金することもますます期待されなくなっており、自分が得たお金を自己満足と自己表現のために使った。さらに、20世紀初頭になると、とくに進歩的な中産階級の家庭では、子どもたちは家族消費の意志決定に影響をおよぼすようになった。アメリカでは、食品、日用雑貨、衣服などの選択において、子どもたちの好みに訴える**広告**がみられるようになり、1930年代頃からは、売り上げを増やすため、子ども向けのおまけを利用するようになった。

深層心理的な動機づけは、大人が子どもに非実用的な商品をあたえるよう誘導した。これは、ある面では、身がわりの消費という形態ともいえる——つまり、子どものために商品を買うことをとおして、大人たちは消費することを楽しみ、それによって得られるステータスを楽しんでいるのである。ヴィクトリア時代なかば頃の中産階級ではじまったのだが、親たちは自分たちの富と家庭的な快適さは、子どもたちが自分たちの子ども時代に比べてのびのびと育つのを可能にしてくれるものと考えた。この結果、子ども期は遊びに満ち、ファンタジーを賞賛するものになった。こうした傾向は20世紀初頭に頂点に達し、新しいおもちゃや**人形**、ゲームが次々と生まれ、子ども向けの流行が考案され、その流行が子どもに波及した。これらの商品を消費することは、ある程度まで昔ながらの技能を伝承する慣習にとって代わった。**組み立ておもちゃやミニチュアのおもちゃの兵隊**を贈り物としてもらった子どもは、自分がエンジニアや軍隊の指揮官になった姿を想像し、将来に「そなえた」。赤ちゃん人形をあたえるのは、（小さな家族からは急速に姿を消した）幼いきょうだいたちの世話を実際にする身がわりであり、将来親になる準備をさせるためでもあった。しかしながら、しだいに非実用的なおもちゃや、お菓子や娯楽などの消費に向かう傾向も出てきたが、この動きは、気苦労や競争がつきものの大人の世界とは違う情感と表現力に満ちた世界としての子ども期を賞賛するものであった。1907年に世界的に大流行したテディ・ベアや、1904年に初演された『ピーター・パン』[*1]などをはじめとするおもちゃや娯楽は、子どもたちが遊びと想像の世界を楽しむことを可能にした。その後の世界大恐慌と第2次世界大戦という苦境は、親が子ども用品に使えるお金を減らしてしまったが、販売促進者たちはおもちゃや**映画**、その他のファンタジー製品の種類を増やし、子どもたちを喜ばせたい親たちの願望にアピールしつづけた。たとえばディズニーは、1930年代初頭から、彼が制作した動画を世界じゅうに配信しはじめただけでなく、同時にそのキャラクター商品のライセンス生産もはじめた。

20世紀後半には、子どもに対する支出は、とくにヨーロッパと**日本**が豊かになると急激に増加した。

1999年のアメリカでは、4歳から12歳までの子どもたちが110億ドルを、10代の子どもたちが940億ドルを使った。また、7歳から12歳の子どもの55パーセントが、いちばん好きなことは買い物であることが調査から明らかになっているが、この比率は、ほかの消費先進国の子ども調査でも、日本で47パーセント、ドイツで37パーセントと高い値を示している。こうした消費は子どもたちを甘やかしてしまうことになり、子どもの将来性や発達にはほとんど必要ないのではないかという、しばしばくりかえされる懸念を強めた。それでも大人たちがこうした夢のあるものへの消費を続けたのは、過剰消費に対する自分自身の罪悪感がどのようなものであれ、また、ほかのなんらかの感情を埋めあわせるためであり、消費することは子どもといっしょに大人も楽しめるからであった。

子どもたちに対するこの種の消費の多くは、とくにクリスマスや誕生日といった休日に行なわれる。かつては共同体の祭りの前後に行なわれ、古くからあった大盤ぶるまいをするポトラッチ*2は、しだいに子どもに焦点を置くようになった。このような傾向は第2次世界大戦後に家族とともにすごす休暇［の定着］とともに加速した。1955年のディズニーランドの開園、1971年のディズニーワールドの開園、1982年の東京と1983年のパリにおけるディズニーランドの姉妹園の開園は、子ども向け**休暇**（バカンス）がこのように発展してきたことの小さな一部にすぎない。

だがそれと同時に、親たちは子どもたちの消費願望を管理することはできなかった。子どもたちがそれほど大きな額のお小遣いをもたなかったにもかかわらず、安価な読み物や映画、キャンディ、新奇な商品やおもちゃの製造業者たちは、20世紀初頭以降、子どもたちに直接販売することに工夫をこらしてきた。近所の同年齢仲間（ピアグループ）が形成されるようになり、また、就学期間の長期化にともなって、学校や課外活動での仲間も増えると、親の権威は低下していった。アメリカで子ども関係の商品を扱う企業は、1950年代中ごろには**テレビ**で子ども向けの広告を流しはじめた。しかしながら、ほかの多くの国ではテレビの商業利用が規制されたり、スカンディナヴィア諸国でのように完全に禁止されていたため、こうした流れには一定の歯止めがかかっていた。子どもたちは「おねだりのパワー」をいたるところで発揮した。休日のポトラッチで得たプレゼントやお小遣い、パートタイム仕事で得た自分の収入などをかき集めて、子ども向けの消費市場に近づく足がかりをつかんでいった。

家族の消費経済では、家族の物質的および社会的な福祉に貢献する役割を子どもに求めることは少なくなってきている。それでも親がこうした変化を受け入れていたのは、学校での勉強は、将来において家族の消費経済をうまく確立する術を子どもたちが身につけるのに役立つと考えていたからである。年長者が技能を伝達し、宗教や倫理的な価値観までも伝えようとしていた文化が廃れゆくなかで、贈り物は、親が子どもと文化を共有したりコミュニケーションを深めたりする手段となりつつある。同時に、消費される商品は、子どもがアイデンティティを形成するうえでも重要なものとなってきている。子どもたちは自分が成長して親から独立しつつあることを商品をとおして表現し、仲間のなかでの自分の役割をあらわし、グループの一員であることを示したりしている。つまり、現代では、豊かな家族のもとで育つ子どもたちは、消費される商品を追求することで親やきょうだいたちから離れていくのである。親たちは、子どもたちに贈り物をすることは世代を超えた絆を生むだろうと期待しているため、それが子ども期の記憶にないものであったり、親が自分の子どもの将来に期待しているものとはあいいれないものであったりすると、子どもの消費文化は、しばしば大人たちをいらだたせることになる。

［訳注］

*1 『ピーター・パン』（*Peter Pan*）——ジェームズ・マシュー・バリー（James Matthew Barrie, 1860-1937）による子ども向けの演劇作品『ピーター・パンあるいは大人になりたがらない少年』（*Peter Pan, or The Boy Who Wouldn't Grow Up*）（全3幕）は、1904年にロンドンで初演され、その後1911年に小説化された。

*2 ポトラッチ（potlatch）——大盤ぶるまいをするお祝いの儀式。もともとは北アメリカの北西岸地域の先住アメリカ人たちのあいだで広まっていた習俗のひとつ。かれらのうち、とくにクワキュートル族のあいだでは、自分の富を誇示して地位を高めるために、多くの財産を消費して大盤ぶるまいをし、参加者全員に豪勢なお土産や贈り物をあたえる儀式があった。客はその返礼としてそれ以上のことをしなければ名誉や地位を失った。

➡グローバリゼーション、児童労働（欧米）、児童労働（発展途上国）

●参考文献

Burggraf, Shirley. 1997. *The Feminine Economy and Economic Man: Reviving the Role of Family in the Post-Industrial Age*. Reading, MA: Addison-Wesley.

Caldwell, John Charles. 1982. *Theory of Fertility Decline*. London: Academic Press.

Kline, Stephen. 1993. *Out of the Garden: Toys and Children's Culture in the Age of TV Marketing*. London: Verso.

Mizen, Philip, ed. 2001. *Hidden Hands: International Perspectives on Children's Work and Labour*. London: Routledge.

Sutherland, Anne, and Beth Thompson. 2001. *Kidfluence: Why Kids Today Mean Business*. Toronto: McGraw-Hill Ryerson.

Tilly, Louise, and Joan Scott. 1978. *Women, Work, and Family*. New York: Holt, Rinehart and Winston.

Zelizer, Viviana. 1985. *Pricing the Priceless Child: The Changing Social Value of Children*. New York: Basic

Books.

（GARY CROSS／並河葉子訳）

警察と子ども
(Police, Children and the)

　子どもたちの生活のなかで、警察はしばしば両義性のある役割を果たしている。すなわち、犯罪統制の執行者であるとともに社会福祉サービスの非公式な供給者でもあるという両方のはたらきをしている。一方で警察は、子どもや若者を潜在的犯罪者として扱い、彼らをおどすことで行動を規制しようとしたり、彼らを拘束したり身柄を確保して法廷に送致したり、ときには実力行使したりする。そして他方で警察は、子どもや若者が保護を必要としている未成年として扱うこともある。警察官は、一年中、迷子をさがしたり、交通から保護したり、社会施設に身柄をゆだねたり、彼らのための娯楽を整備してやったりしている。

警察以前

　子どもや若者はいつも誤った行動をして罪を犯すものだが、近世世界において、青少年の行動は外部の機構ではなく、家族もしくは家族の身がわりになる人びとによって管理されていた。フランスやイタリア、その他のヨーロッパの国々では、16世紀から18世紀にかけて、若者たち自身が夜間に往来を練り歩いたり、罵声を浴びせたり、嫌がらせをしたり、ときには道徳的あるいは社会的規範を侵した人びとを襲撃したりして、他人の行動を統制することもあった。もっともありふれていたのは、親あるいはその他の成人が、若者の非行に対処することであった。17世紀と18世紀フランスのコレージュやアカデミーでは、教師たちが学生の決闘や、彼らが学校当局に対して起こす暴動への対処に腐心していた。さらに、よく見られたのは、ヨーロッパの都市部における徒弟制度による若者管理であった。親方たちは自分の息子やそれ以外の若者たちに食事や住まいをあたえて手工業を伝授し、そのかわりに若者たちは、親方の世帯にとどまるかぎり彼の道徳的権威を受け入れた。イギリス本国でもアメリカの植民地でも、子どもの不品行を正す権威は直接的には家族にあった。17世紀のマサチューセッツでは、判事が定期的に若者の犯罪者を家族のもとに返して、法廷が命じた鞭打ちやほかの刑罰をゆだねていた。

　家族や世帯によるこのような統制は、18世紀になると崩壊しはじめた。移住によってヨーロッパとアメリカの都市に貧困が広がり、同時に商業と製造業を志向する経済がしだいに発展して古い手工業の生き残りがむずかしくなってくると、徒弟制度は衰退した。その時代の論評者たちは、貧しい浮浪児や若者の急増が、ロンドンやフィラデルフィアなどの都市の中心部で目立ってきたことを記録し、彼らが生きてゆくために少額窃盗に手を染めないかと懸念していた。19世紀前半までには、伝統的な統制の機構は、もはやヨーロッパやアメリカの都市における犯罪と無秩序の高波を制御することができなくなっていた。これに対し、公的な機構――国家当局と民間の博愛団体の双方――が不品行を統制する責務を負うとみなされるようになった国家は成人犯罪者に対して懲治院（penitentiary）を設けたが、19世紀の改革者たちは、とくにやっかいな若い犯罪者の責任を引き受けて、1825年にニューヨークに、そしてその後1826年にボストン、1828年にフィラデルフィアに、それぞれ隔離型の保護施設（Houses of Refuge）を設立した。19世紀中葉のアメリカ諸都市における近代警察の創設は、より大きなプロセスの刑事裁判システムの構築のひとつの側面をあらわしている。

19世紀

　警察という機構は19世紀と20世紀の発明である。最初の近代的な警察機構とされるロンドン首都警察が創設されたのは1829年であった。ボストンは1838年にアメリカで最初の警察権力を設立した。ニューヨークは1845年に、そしてシカゴは1855年に、この先例にならった。歴史家ウィルバー・R・ミラーによれば、近代的な警察組織とは、犯行後に捜査をするのではなくこれを予防し、昼夜を問わぬフルタイムのパトロールを行ない、バッジや制服といった目に見える権威のシンボルを身につけるといった取り組みによって定義されるという。

　19世紀のアメリカでは、警察権力はもっぱら都市部の機構であり、犯罪統制よりもサービスを志向していた。警察官はすべて男性で、たいてい第1世代および第2世代の移民居住区出身の労働階級の白人であり、地元を歩いて巡回することが彼らのなすべき仕事であった。実際にパトロールをする警察官が何をしたかということを知るもっとも詳細な資料は、1895年のボストンの役人スティルマン・ウェイクマンの日記から得られる。ウェイクマンは、法執行や逮捕に時間をついやすより、もっぱら近隣のもめごとを調停していた。とくに彼は、地元の家屋所有者や商店主が、少年たちが窓を破ったり、火をつけたり、少額窃盗をはたらくことに苦情を申し立ててきた際、若者たちに接見していた。ウェイクマンは状況に応じて対応を判断していた。少年たちに非行をやめさせることもあれば、被害者に謝りに行かせることもあり、少年たちを逮捕して法廷に引き渡すのはもっともひどいケースにかぎっていた。

　警察官が年少の子どもたちと接するのは、もっぱら社会サービスを供給するときであった。警察官は自動車や列車、公共輸送機関の事故でけがをした子どもたちに対して、事故原因を調査し、傷ついた子どもが医療支援を確実に受けられるようにするなどして彼らを

支援した。また、警察官は迷子の捜索もした。巨大な、そして他人に関心をもたない19世紀後半の都市では、監督なしに遊ぶことを許された幼い子どもたちを家族が見失ってしまうことがよくあり、しばしば警察官に助けが求められた。都市警察は毎年何百人という子どもたちを見つけ出しては、家に送り戻してきた。

年長の子どもたちに対しては、警察は、社会サービスと法執行機能を組みあわせたやり方で彼らを監視した。たとえば、デトロイト警察は1883年からミシガン州の義務教育法を執行する出席調査官を任命しはじめた。この業務の目的としてあげられたのは、「適切な統制」を欠く少年たちが犯罪に走るのを防ぐ、というものであった。同様に都市警察は、街路の商いに従事する少年たちを監督した。1890年代にピッツバーグの警察官は、街路での仕事——とくに使い走りの仕事——で少年たちが玉つき場や売春宿にしばしば行かされ、そこで賭博や飲酒、悪徳にさらされていることに関心を示している。同様に、警察官たちは街路の仕事（新聞売りなど）に従事する少女たちが、売春への最初の一歩をふみだすことを懸念していた。つまるところ警察は、ストリート・アラブ*1 を潜在的な堕落の被害者であり、かつ潜在的な犯罪者とみなし、彼らを統制しようとしたのである。

警察は、しばしば大人だけではなく青少年に対しても超法規的な自由裁量で法を執行した。19世紀の警察は、統制手段として若者に対しても暴力を用いた。逮捕に際し、被疑者を制圧して警察署まで連行する必要があったため、警察官はことを簡単に運んで犯罪者を自分たちで罰したがる傾向があった。とくに警察官は若者の懲戒に暴力を行使したが、それは10代の若者に将来罪を犯させないためであると考えられた。1920年代になってもシカゴの警察官たちは、お仕置きをしてから釈放することで若い犯罪者たちをつねに矯正しているのだと誇らしげに語っていた。

20世紀への転換期になると、都市警察は若者を随意に逮捕するという悪評が高まった。1884年のシカゴの法執行についてのある研究で、のちにイリノイ州知事となるジョン・ピーター・アルトゲルドは、警察は、おもに将来的な害悪を抑止するために、公共の場で寝たという理由で毎年何百人もの少年たちを拘束したと報告している。それでもなお子どもたちは全逮捕者のうちの小さな割合を占めるにすぎなかった。たとえば、デイヴィッド・ウォルコット（2003）は、1890年代のデトロイトでは、17歳未満の少年少女は全逮捕者の10分の1以下であったとしている。都市人口全体についてと同様、一般に逮捕された若者は労働階級と移民の親をもつ子どもたちであった。彼らのなかには少額窃盗で逮捕された者もいれば、青少年という身分から定義される違法行為（学校のずる休みや、外出禁止令違反などの地位犯罪）で逮捕された者もいた。しかし、警察が子どもや若者を逮捕するのは彼らを法廷や監獄に入れずに保護するためであり、そのかわりに、大人の場合よりはるかに高い頻度で、親や社会サービス機構に彼らをゆだねるという方法がとられていた。

20世紀

20世紀の警察は、長期的に進行した専門職化を経験したが、これは子どもや若者と警察との相互作用を新しいかたちに変えた。1910年代に、ワシントンDCのリチャード・シルヴェスターや、カリフォルニア州バークレーのオーガスト・ヴォルマーのような警察官たちは、中央集権の強化や警察官の訓練の徹底、高度な専門化、より高学歴の警察官の採用、そして法規範志向という新しい方向づけを推進しはじめた。さらに全般的なこととしては、彼らは都市警察の機能を（迷子捜索のような）社会サービスの供給から、より効率的な犯罪制御へとシフトさせようとした。

少年裁判所の設立——1899年のシカゴが最初で、その後1910年までに大部分の大都市に設けられた——によって、警察が子どもを扱う法的・機構的コンテキストは変化した。シカゴの社会活動家ジュリア・ラスロップ*2 やティモシー・ハーリーのような少年裁判所の初期の弁護士たちは、都市警察への批判をふくめた議論を基盤にしていた。かれらは警察と裁判所が、子どもたちを大人といっしょに監獄に拘留し、理解のない判事の前に引きだして裁き、不必要に子どもたちを危険と堕落にさらしていると主張した。少年裁判所は子どもたちを刑事裁判制度の外に出し、そのかわりに保護観察処分にするか感化学校に入れて個別対応することを企図していた。少年裁判所の目的のひとつは、警察が若者に対しておよぼす影響を減じることにあった。

実際問題として、新しい少年裁判所は、新しい**少年司法**制度から警察を完全に排除することはできなかった。警察は依然として苦情や逮捕、そして少年裁判所への付託の第一のよりどころであった。たいていの大都市の警察機構は専門の少年課に、子どもたちへの苦情調査や、少年裁判所と密接に連携して行なう活動をまかせていた。これらの職員は、どのケースについて審問が必要で、どのケースについて警察が自己裁量で判断できるかということを裁定していた。本来彼らは少年裁判所の取扱い件数を（たいていは裁判所職員の是認を得て）予備的に選択していた。20世紀初頭に、警察の少年課は苦情の大部分を裁判所で審問することなく解決していた。さらに警察は若年犯罪者を逮捕したあとで拘留するか、それとも先に裁判所の審問に送るかを決定することで、若者たちに権威を示していた。法的には少年裁判所が拘留決定を担当するロサンゼルスのような司法管区でさえ、勧告を行ない、それを実行するのはほぼいつも警察の少年課であった。

警察署は、女性の少年犯罪者に特有の必要性に見あ

う新しい制度も発展させた。都市の悪徳の脅威とみなされるものから少女たちを保護することを第一の義務とする部局に女性職員を採用した。最初の女性警察官は1905年にオレゴン州のポートランドで任命されたが、1910年にアリス・ステビンズ・ウェルズ*3がロサンゼルス警察署のソーシャルワーカーに任命されたのが女性警察に対する国家の動きのはじまりであった。女性市民団体の要請で雇用されたウェルズや彼女のような女性警察官は、不道徳を暴き、商業娯楽を統制し、性的に無防備とみなされる少女たちを救済することに警察の威信をかけようとしていた。1920年までに大方の大都市の警察で女性警察官が採用されたが、1970年代までは彼女たちの役割は10代の少女と小さな子どもを監督することだけに限定され、治安維持にかかわる女性たちは周辺的な地位に追いやられていた。

しかし、1920年代と1930年代には、多くの署が若者向けの新しい「犯罪防止」プログラムを設けることで、社会サービスと犯罪統制のあいだの従来のつながりを専門化する方向に動いた。バークレーのヴォルマーは、当局が「非行の前段階にある」若者の生活に積極的に介入するべきだと提案した。ヴォルマーは1919年に、警察は子どもたちが非行者や犯罪者になるのを防ぐために、法を施行するだけでなくソーシャルワーカーとしても活動すべきだと論じた。これは、警察は、毎日の行動を監視して問題のある若者を特定し、彼らを処遇機関へ委託することができるとするものであった。これらのアイディアを実現するためにヴォルマーは、警察と裁判所職員、教育者、ソーシャルワーカーのあいだで、危険な状態にある若者の情報を共有し、もっとも効果的な介入の手段を決定する「協調会議」を設立した。これらの計画は1930年代のロサンゼルスにおいて、もっとも完成に近いかたちに到達した。そこでは、警察は大規模なレクリエーションと監視のプログラムを設立し、全国的な協調会議に参加した。同様に、ニューヨーク警察は、よく知られている警察競技連盟（Police Athletic League）を創設し、スポーツや諸活動を組織化した。これらの犯罪防止プログラムはもっぱら男子を対象とし、警察と若者のあいだに男性的な絆を作ろうとするものであった。

1930年代には、警察は若者の犯罪との闘いも強調した。名の知れた集団によって大がかりに宣伝された犯罪性のあるばか騒ぎと、法によって権限が強化されたFBIの長官J・エドガー・フーバー*4のような政府当局者のたくみな弁舌によって、大恐慌時代のアメリカでは、重大犯罪に対するする人びとの関心が急激に高まった。これに対して警察は、優先事項として社会サーヴィスをこれまでほど重視しなくなり、たとえそれが青少年であっても犯罪者の逮捕と懲罰の方を選ぶようになった。くわえて、アフリカ系アメリカ人が北部の工業都市に、ヒスパニックが西部都市に移動するようになるのにともなって、警察は、犯罪と非行がこれらのグループの責任だとして逮捕の標的とするようになった。1930年代のロサンゼルスでは、警察は青少年を小額対物犯罪や虞犯行為*5ではなく、もっぱら重罪で逮捕するようになった。さらに彼らはアフリカ系アメリカ人とヒスパニックをことさら逮捕の標的にしたり、若い男性グループを一斉検挙したり、若者の乗った車を盗難車の嫌疑で停車させたりした。

第2次世界大戦後の数十年は、社会サービスと若者を取り締まる犯罪統制機能は不安定なバランスで共存していた。警察署は分離独立した青少年課を維持し、おもに少年向けに人格形成プログラムを提供しつづけた。少年裁判所から若年犯罪者をとりのぞいて社会サービス機関に委託することは、少年司法制度における警察の標準的な義務となった。大戦後におけるドナルド・ブラックとアルバート・ライス、ロバート・ランドマンが行なったような参与観察研究*6は、1890年代にそうであったのと同様に、いたずらや小額窃盗に対する苦情が、依然として若者に警察が干渉する主因であったことを明らかにした。同じ時期に、少年犯罪は成人の犯罪と似たものとしてみなされるようになってきた。戦後期には、少年も少女もギャングにくわわったり、**ドラッグ（薬物）**を使用したり、暴力的な違法行為を犯すなどした。警察は子どもにかんする業務に社会サービス機能を組みこみつづけたが、20世紀後半になると、犯罪統制への要請が若者に対する警察の干渉の性格をますます決定するようになった。

[訳注]
- *1 ストリート・アラブ（street arabs）——街路の子どもたち。物乞いや盗みなどをして生きている宿なし子、浮浪児、だらしのない子どもをさして、しばしば軽蔑的な意味でいわれる。street arabsという表現の初出は1859年頃から。
- *2 ジュリア・ラスロップ（Julia Clifford Lathrop, 1858-1932）——アメリカの社会改良家。アメリカ連邦児童局の初代局長（1912-1922）。A・リンカーンの友人であった法律家の父と、婦人参政権の活動家であった母親のもとに生まれ、シカゴで社会福祉活動に従事し、教育、社会政策、児童福祉問題に取り組んだ。
- *3 アリス・ステビンズ・ウェルズ（Alice Stebbins Wells, 1873-1957）——アメリカ生まれの最初の婦人警官。ロサンゼルス市警に採用され、未成年の少女に対する尋問は婦人警官が行なうルール、婦人警官の制服のデザイン、女性服役囚への処遇改善ルールなどを決めた。1915年には世界婦人警官協会（International Policewomen's Association）を創設し、その初代会長につくなど、婦人警官による治安行政に足跡を残す一方、女性の職業分野としての婦人警官職への注目を集めた。
- *4 ジョン・エドガー・フーバー（John Edgar Hoover, 1895-1972）——アメリカ連邦捜査局（FBI）の初代長官。1924年から亡くなる1972年までの48年間、長官職にとどまり、歴代の大統領や行政府に影響をおよ

ぼすとともに、長きにわたって国家予算の「聖域」をつくった。

*5 虞犯行為（status offenses）——成人が行なっても犯罪を構成しないが、少年が行なうと少年裁判所などの措置対象となる行為。学校を無断欠席したり、親の言うことに従わないなどの性癖をおびた行為。その性格・環境に照らし、将来罪を犯す虞れがあるため、少年法の適用を受け、少年裁判所（日本では家庭裁判所）の審判に付される。status offenceという英語表記の初出は1975年頃から。

*6 参与観察（participant observation）——文化人類学や社会学の研究者が、参与観察者として、ある共同体や社会集団、組織などに入って生活をともにし、その集団の生活・文化・意識などを直接観察するフィールドワークの方法。1933年頃から定着した。

➡学校銃撃事件と校内暴力、銃、10代の飲酒、非行、浮浪児と宿なし子、法律と子ども、ユース・ギャング

● 参考文献

Appier, Janis. 1998. *Policing Women: The Sexual Politics of Law Enforcement and the LAPD*. Philadelphia: Temple University Press.

Ariès, Philippe. 1962. *Centuries of Childhood: A Social History of Family Life*. New York: Knopf. アリエス『〈子供〉の誕生——アンシァン・レジーム期の子供と家族生活』（杉山光信・杉山恵美子訳、みすず書房、1980年）

Black, Donald J., and Albert J. Reiss, Jr. 1970. "Police Control of Juveniles." *American Sociological Review* 35: 63-77.

Escobar, Edward J. 1999. *Race, Police, and the Making of a Political Identity: Mexican Americans and the Los Angeles Police Department, 1900-1945*. Berkeley: University of California Press.

Haller, Mark H. 1976. "Historical Roots of Police Behavior: Chicago, 1890-1925." *Law and Society Review* 10: 303-323.

Kelling, George L. 1987. "Juveniles and the Police: The End of the Nightstick." In *From Children to Citizens, Volume II: The Role of the Juvenile Court*, ed. Francis X. Hartmann. New York: Springer-Verlag.

Liss, Julia, and Steven Schlossman. 1984. "The Contours of Crime Prevention in August Vollmer's Berkeley." *Research in Law, Deviance, and Social Control* 16: 79-107.

Lundman, Robert J., Richard E. Sykes, and John P. Clark. 1979. "Police Control of Juveniles: A Replication." *Journal of Research in Crime and Delinquency* 18: 74-91.

Mennel, Robert M. 1973. *Thorns and Thistles: Juvenile Delinquents in the United States, 1825-1940*. Hanover, NH: University Press of New England.

Miller, Wilbur R. 1999 [1973]. *Cops and Bobbies: Police Authority in New York and London, 1830-1870*. Columbus: Ohio State University Press.

Monkkonen, Eric H. 1981. *Police in Urban America, 1850-1920*. New York: Cambridge University Press.

Von Hoffman, Alexander. 1992. "An Officer of the Neighborhood: A Boston Patrolman on the Beat in 1895." *Journal of Social History* 26: 309-330.

Walker, Samuel. 1977. *A Critical History of Police Reform*. Lexington, MA: D. C. Heath.

Wolcott, David. 2001. "'The Cop Will Get You': The Police and Discretionary Juvenile Justice, 1890-1940." *Journal of Social History* 35: 349-371.

Wolcott, David. 2003. "Juvenile Justice before Juvenile Court: Cops, Courts, and Kids in Turn-of-the-Century Detroit." *Social Science History* 27: 111-138.

（DAVID WOLCOTT／森本真美訳）

継父母（アメリカ）（Stepparents in the United States）

アメリカにおける継父母は、せいぜい不承不承容認されたにすぎず、ひどい場合には、アメリカ史を通じて否定的かつ懐疑的に受けとめられさえした。概して継父母の役割は、法律、公共政策、社会慣習において、これまで十分に明確化されてきていない。しかし、子育てにおいて継父母はつねに重要な役割を果たしてきた。植民地時代の初期には、高い死亡率のために、そして最近では離婚のために再婚することが一般化している状況で、アメリカの子どもたちの相当数は複合家族*1で育てられている。

継父

未亡人であることは、植民地時代のアメリカではめずらしくはなかった。子どもがいる未亡人の多くは再婚したが、そうした子どもの継父の役割は、重要ではあっても不明瞭であった。17世紀のイギリスのコモン・ローの下では近代のアメリカ家族法でもそうであったように、継子との関係では、継父は不確かな立場であった。コモン・ローでは、継父と継子のたんなる関係をめぐってはなんの権利もあたえられず、なんの義務も課されなかった。しかしながら、もし継父がすすんで子どもを家族に受け入れ、家族のメンバーとして扱うなら、親子関係の相互の権利と義務が成立し、その関係が続くかぎり継続された。もし継子への遺言を残さずに男性が死亡した場合、継子はその相続を受けることはできなかった。それ以外のことについて、法律はほとんど何も語らない。

継父が、たとえそれが公的に認知されていなくても、事実上、一家の長として実の父親の全責任を担っていたことを示す歴史上の証拠資料を目にすることができる。事実、父親、両親、親方に対して、その世帯内の子どもや召使いの扶養、教育、訓練を要求している植民地時代の法律のすべてが、世帯内で実の子を養育していたかもしれない継父にも適用されていたことは確

かである。通常は父親の役目であったのだが、継子をほかの家に見習奉公に出していた継父への言及も多数残っている。夫の庇護の下にある女性*2（夫から分離された法的地位をもたない女性）として、こうした子どもたちの母親は、その再婚に際して、自分の権利として年季奉公契約を結ぶことはできなかった。

しかしながら、継父は、その継子を扶養する義務については制約があった。継父には、世帯の長として、受け入れた子どもを扶養する義務があったが、それは実の父親が養育できない場合にかぎってのことであった。もしその子どもが婚外子として生まれたのであれば、実の父親がその子どもの扶養費を支払わなくてはならず、彼はその費用を直接継父に渡した。このケースでは、生物学上の父親がみずからの性的背徳の責任をとって、継父と妻本人の父親に対して、支払うことを強いられた。マサチューセッツの郡裁判所は次のような裁定をしている。

> リン（Lyn）在住のジョーゼフ・ホールは、ソールズベリー在住のナッスル・イーストマンの妻エリザベスから、結婚前に彼女の子どもの父親となったとして告発され、それが事実であることが証明された。ここに、規定にもとづいて2年以内に、当該の子どもの養育費として12ポンドをエリザベスの夫に支払うよう命じる。被告人ホールはまた、彼女の父親の警告に反して彼女を誘惑して交際を続けたかどで、法令にしたがってエリザベスの父親ヨアソン・ハドソンに5ポンドを支払わなければならない（マサチューセッツ州エセックス郡四季巡回裁判所記録および判決資料集第5巻、1672～1674年、103ページ）。

継子の母親が亡くなった場合、継父の権利は大いにそこなわれた。**養子縁組**をすることは19世紀まで利用できなかったので、継父は継子を扶養する法的権利をもっていなかったのである。裁判所は、主要には慣例上の配慮にもとづいて、そうした状況下にある子どもたちの譲渡を決定した。労働力が不足する一方で健康な子どもは重要な資産であったので、その事実を裁判所が見逃さなかったのである。継父がメリーランド孤児裁判所に起こした訴訟は、祖父母の要求に対して子どもの監護権をめぐって争われたが、それは子どもへの特別な関心が言及されたものというよりも、むしろ継父がすでに子どもたちを扶養していて、子どもたちの労働力を必要としていたことを浮き彫りにするものであった。

慣例では、子どもたちの大半は、もし継父が彼らを扶養することを選べばそこにとどまったが、共同体は注意深く継父を監視しつづけた。裁判記録は、継父が子どもたちの財産を浪費したこと、継子を虐待したことなどをめぐる告発で埋めつくされている。後見人にかんする法律では、未成年者は14歳になるまで彼らの財産を管理する後見人を任命することができた。その年齢になったとき、アーロン・プロッサーは、メリーランドの裁判所に彼自身の後見人を選ぶ許可を求めた。というのも「遺憾ながら義理の父（継父）にしばしば鞭打たれていた」（Wall, p. 90）からである。隣人とタウンの官吏は、以前に実の父親の行動について監視したように、継父の行状も監視したが、裁判所は、この継子を「不道徳に扱っている」、あるいは「酷使している」とたびたび言及された実の父親から引き離すよりも継父からその子を引き離そうとしたようであった。

継母

男やもめは未亡人と同じように再婚したので、植民地時代アメリカでは、継母は大きな社会階層を構成していた。しかし、彼女たちは、実の母親たちと同様に、夫の庇護のもとにある女性であり、夫の庇護のもとでのみ法的に存在したので、継母の法的地位について言及されることはほとんどなかった。生物学的母親と同様、彼女たちが主張しえた権利は「愛と尊敬」だけであった。夫が亡くなった際に、経済的、婚姻的未来が不確かであったため継母は継父ほど強く子どもの監護権を主張することはできなかった。継母は、父親が子どもの後見人として継母を指名するという遺言を残したときにかぎって強く権利を主張することができた。

いくつかの訴訟で、裁判所は継母よりも血縁のある親類を選んだ。コネティカットでは、エドワード・クラークの未亡人の継娘は、未亡人の異議申し立てに反して叔母のもとに奉公に出された。養子縁組はまだ法的に確立した概念ではなく、契約によって奉公や徒弟に出すことが養子縁組に類するものであった。子どもが成人するまでは、親類が子どもを法的にしっかりと支配していた。こうした決定は、裁判所の判決では、継母は直近の親類と同じように少女を扶養することができないことを意味していた。それは、裁判所が叔母を選んだのは、彼女には血のつながりがあり、継母にはそれがなかったからであるということも意味した。

このように矛盾する判決は、継父母の権利にかんする明確な法的原理と、非常に重要な労働力をもたらすことができる子どもたちを送致する際に裁判所が従う実務的戦略のどちらも欠いていたことを示している。19世紀は、養子縁組という新しい選択肢と、**徒弟制度**、あるいは父親を亡くした子どもへの対応策のひとつである「年季奉公」の廃止によって、継母の地位をある程度変化させた。血のつながりのない両親との関係を決定する際、「子どもの最善の利益」が子どもの労働価値にとって代わった。だが、そのときでも、とりわけ早すぎた結婚によって生まれた子どもがいた場合、すべての継父母にとって養子縁組が都合のよい方策であったとはかぎらなかった。養子縁組することで子ど

もに相続権があたえられたが、しばしばそれは、以前からその家族に属していたほかの子どもたちを憤慨させた。したがって、多くの継子と継父母は曖昧な関係のまま共存しつづけたのである。

現代の複合家族

　再婚理由が、もっとも広く見られた死別から離婚へと大きく推移したことにともなって、20世紀には複合家族という人口動態上の大きな変化が起きた。現代の複合家族は、いくつかの重要な点で植民地時代の複合家族とは異なっており、非常に複雑である。通常は、死別よりもむしろ離婚が背景となって、親権を保有した母親が再婚することで複合家族が形成された。継子の約86パーセントが、おもに親権を保有する母親と複合家族で暮らしている。多くの場合、親権をもたない親がまだ存命中であるため、子どもたちが2組以上の両親をもつことになる現象が生み出されていた。この事実は、多くの継父が選択肢としての養子縁組を結ぶうえでさまたげになっている。離婚にくわえて、子どもたちの28パーセントが未婚の母親から生まれ、その母親の多くが子どもの父親ではない相手と結婚する。親が離婚した子どもにかぎらず、すべての子どもを対象にしたある研究では、1980年代初頭のアメリカで生まれた子どもの4分の1が成人に達する前に継父母と暮らすことになると見積もられていた。

　だが、継父母の役割は、社会的概念あるいは法的概念としてはいまも無視されつづけてきている。血のつながりのある親、とりわけ未婚の父親たちの権利と義務は、近年になって大きく拡張してきているが、政策立案者たちは継父母に対してはほとんど関心をはらってこなかった。ほとんどの州で継父母は、結婚している間でも、継子を扶養する義務を果たさず、まして監護権や監督権を享受することもない。このような状況で、もし離婚や死別によって結婚生活が終わりを告げた場合、継子との関係は長期間持続していくにもかかわらず、通例、彼らには親権はおろか面会権すらもあたえられない。反対に、たとえ継子が長年にわたって親の収入に頼っていたとしても、離婚した後は、継父母には子どもの養育費を支払う義務は課されていない。その上、継父母が亡くなった場合、継子たちには相続権がまったくないのである。

　社会科学者たちのなかには、継父母と継子の関係は血がつながっている家族ほど強く養育的ではなく、また、継子は学校やその他の外的環境でうまくやっていくことができないと考える者もいる。ほかの研究では、未婚の母親、あるいは離婚した母親が結婚した場合、家計収入は3倍以上増加し、核家族と同レベルになることを示している。多くの場合、それによって母親と子どもたちは貧困から救い出されるのである。いくつかの研究は、子どもとともに暮らす継父母たちは、血のつながりがある両親と同じように、宿題を手伝ったり、学校まで子どもを車で送迎したりするなど、多くの養育機能を果たすことも明らかにしている。そして、多くの複合家族では、継父母と子どもとのあいだの情愛的絆は温かく、強固である。複合家族は、重要な家族形態としてこれから存続していきそうである。しかしながら、複合家族が受けるに値する認知と承認をすぐに得られる兆しはまだほとんど見られない。

[訳注]
＊1 複合家族（stepfamilies）──「義理家族」「混成家族」ともよばれる。まま親（継父、継母）のいる家族。まま子まま親家族。死別、離婚や再婚によって血縁のない人たち、子連れの親同士の結婚によって新しく形成される家族。

＊2 夫の保護の下にある女性（femme couverte）──今日では廃止されている古い法律において、結婚することによって夫の保護下に置かれる妻の身分をさす。これは、女性が婚姻によってその人格が夫の人格に吸収されて一体となることを意味し、妻が犯罪を犯した場合、それが夫の教唆によるものとみなされ、その罪は夫が負った。

➡育児、同性家族の子育て、離婚と監護権

● 参考文献

Mason, Mary Ann, et al. 2002. "Stepparents: De Facto Parents, Legal Strangers." *Journal of Family Issues* 23, no. 4.

Mason, Mary Ann, Arlene Skolnick, and Stephen Sugarman. 2002. *All Our Families: New Policies for a New Century*, 2nd ed. New York: Oxford University Press.

Vernier, Chester G. 1971 [1931-1938]. *American Family Laws: Vol. 4. Parent and Child*. Westport, CT: Greenwood Press.

Wall, Helena M. 1990. *Fierce Communion: Family and Community in Early America*. Cambridge, MA: Harvard University Press.

（MARY ANN MASON／佐藤哲也訳）

啓蒙思想（Enlightenment, The）

　1784年、ドイツの哲学者イマニュエル・カント（1724-1804）は、「啓蒙とはなにか」という難解な問いに対して明快な答えを提出した。カントは啓蒙という知的運動を、人間がみずから好んでおちいっている未成熟な状態から抜け出すことであると定義した。啓蒙に対するカントの解放的な解釈は、同じ主題についての彼の講義、『教育学について』（教育学講義）でも示された教育への関心とならんで、広い範囲で共有された。ジョン・ロック、モンテスキュー、ヴォルテール、ジャン＝ジャック・ルソー、デイヴィッド・ヒューム、ドゥニ・ディドロ、ベンジャミン・フランクリンといった論者たちはいずれも、自分のことを、人類全体を教育する者と考えた。彼らが共有した目的は、自由をより拡大することであった。専制的な権力から

の自由、言論の自由、商業の自由、自分の才能を実現するための自由などである。しかしながら、啓蒙という概念は、これら個々の著作家にとって、それぞれ異なる意味ももっていた。啓蒙思想は、近代主義者によって統一された集団であるというよりはむしろ、さまざまな進歩的思想家による、ゆるやかなまとまりであった。近年の研究が示しているのは、啓蒙思想は、それが展開する国ごとに独自の多様性があったし、キリスト教的な形式をもった啓蒙思想のほうが、よく知られている理神論的啓蒙思想、あるいはより例外的な無神論的啓蒙思想よりもはるかに広く普及し、影響力も大きかったことである。近年の研究が示しているもうひとつの新しい論点は、啓蒙思想は合理性だけではなく情緒性にも焦点をあてていたことである。多くの論者は情念や感情の重要性を強調していたし、それらを研究する必要性を確信していた。

啓蒙思想の教育学

啓蒙思想と教育学は、広義には同じことを意味していた。ディドロは、啓蒙思想運動の礎となり、1751年から1772年までのあいだに刊行された『百科全書』[*1]の序文において、この『百科全書』の計画は、次世代を、いっそう啓蒙され、より有徳で幸福な人びとにするために着手されたものである、と述べている。ディドロと彼の仲間たちは教育者であることを自認し、自分たちの仕事は人類を解放することであると考えていた。人間を教育するには、その幼少期から教育をはじめなくてはならないと彼らは考えた。エラスムスにはじまる学者や神学者たちもまた両親や教師のための教育助言書を著していたが、18世紀において、教育学は固有の意味で科学としての発展をとげた。近代教育学は啓蒙思想の発明なのである。1788年に匿名の著者が記したように、「今日われわれは教育にかんする著作が次々と書かれ、翻訳される時代に生きている」。これらの出版物の潮流の源泉は、ジョン・ロックとジャン＝ジャック・ルソーの二人である。

ジョン・ロックの『子どもの教育』［教育に関する考察］が出版されたのは1693年で、これは今日では啓蒙思想の出発点とみなされている。ロックは子どもに対する新しいアプローチを導入した。ロックは子どもを何も書かれていない白紙「タブラ・ラサ」になぞらえたが、その子ども観は、子どもを生得観念をもって生まれ、原罪を負っている存在とみなすロック以前の思想家たちとは対照的なものであった。子どもは経験によって発達するので、両親はこれらの経験を刺激し、操縦しなければならないと経験主義者のロックは説いたのであった。そして、このようにすればかならずや子どもは自分の情念を方向づけ、さまざまな技能を身につけることができるという。ロックの教育論は1680年代に友人に宛てた一連の手紙をもとにしたものだが、その時機に彼は、オランダ共和国に亡命中であった。当時のオランダの子育ては比較的寛大で、両親と子どもの距離が近いものであり、ロックはこのオランダの子育て実践から影響を受けている。ロックは子どもに対する個別的なアプローチの必要性を強調した。またロックは、食事・衣服・運動・読書にかんするきめ細かな実践的助言を行なった。彼が書いたことのすべてが新しかったわけではない（それらの多くが、ロック以前に書かれたオランダの子育て書からとられていることは明らかである）が、ロックの教育学的なメッセージは、彼が著したほかの哲学的な著作とぴったりと適合した。ディドロ編の『百科全書』における「子ども」の項目では、読者はロックの教育にかんする著作を読むようにと、はっきりと助言されている。

ロックの教育学に対する貢献が影響力のあるものであったとするならば、ジャン＝ジャック・ルソーの貢献もそれに負けずおとらず大きなものであった。ルソーの『エミール』は1762年に出版されたのちすぐに発禁本となったが、その数年後には、ルソーが定式化した教育思想は全ヨーロッパにわたって議論されるようになった。『エミール』は多くの実践的な助言をふくみつつ、ユートピア小説の形式で書かれた教育論である。『エミール』に比べれば、それ以前の教育にかんするあらゆる思想は時代遅れであるとルソーは主張した。ルソー以前の思想家としては唯一ロックに好意的な言辞があたえられてはいるものの、ルソーは両親が子どもと理性的なやり方で議論すべきであるというロックの考え方を嘲笑した。ルソーの見解によれば、ルソー以前の著作家たちが根本的にまちがっているのは、彼らが教育学を、めざすべき目標、すなわち子どもが将来そうなるべき大人の姿に基礎を置いて構築していることであった。「万物は創造主の手を離れるときは、すべてが善いものであるが、人間の手にかかると、それらはみな例外なく悪いものになっていく」。このことばは『エミール』の冒頭部にあり、この著作の根本原理を述べたものでもある。子どもは自然の一部であるがゆえに善であり、教育と文化は自然な子どもをだいなしにすることにしかならない、とルソーは述べる。幼い孤児エミールに対して行なわれる模範的な教育は家庭教師――彼はジャン＝ジャックという名前である――によって田園地域でなされ、自然がエミールの教師となる。子どもは経験的な出来事から学ぶべきであるという理由で、本を読むことは禁止される――唯一の例外はデフォーの『ロビンソン・クルーソー』のみである。自由は人生における最高の善であり、したがって、たとえば「自由の喜びは多くの傷を埋めあわせる」ものであるから、子どもは手引きひもを着けずに歩くことを学ぶべきである。

『エミール』は、同時代の人びとにとって魅力的であると同時に支離滅裂なものでもあり、道理と不条理、宗教と無神論、干渉と自由への愛とが矛盾しつつ混りあっていた。ありとあらゆる批判にさらされたにも

ジャン＝バティスト・グルーズ「小鳥の死を嘆く少女」（1765年）。典型的な18世紀の絵画作品であるグルーズのこの絵画は、子どもには天性の純真さがあるとする啓蒙思想の新しい考えとは敵対する性的な暗示（小鳥の死は処女性の喪失を象徴している）を漂わせている。NG 435. National Galleries of Scotland, Edinburgh.

かかわらず、『エミール』は啓蒙思想にもとづく教育学の基礎となり、基準点となった。ルソーは『エミール』の末尾において、この本が子育て助言書であることを意図したものではないとはっきり述べていた——ルソーは『エミール』をユートピア的なテキストとよぶことを好んだ——にもかかわらず、『エミール』を実際の子育てに試してみようとする親があらわれた。『エミール』が世に出てから2年後に行なわれたリチャード・エッジワース（1744-1817）による事例のように、これらの実験のいくつかには正確な記録が残さ

れている。父エッジワースは、彼の息子を「ルソーの方法の公正な実験」に利用しようとした。その結果は、最初のうちはうまくいっているように思われた。というのも、息子ディックは「大胆で、自由で、おそれを知らず、度量が大き」く育ち、「自分のあらゆる感覚を即座に、抜け目なく活用した」からであった。息子が7歳になったとき、エッジワースは息子をパリにつれていってルソーに面会させたが、そのときルソーは、ディック少年が知的ではあるが、同時に頑固でうぬぼれの強い性格だと考えた。ルソーが見抜いたこの性格はすぐに増長して手がつけられなくなった。ディックは学校を放校になって海軍に送りこまれたが、その海軍からもすぐに脱走し、最終的にはアメリカへと渡ることになった。そして息子がたどったこの顛末に対して、父親はようやく息子と手を切ることができ、大いに安堵したのであった。

『エミール』はヨーロッパ中に議論をまきおこした。しかし、『エミール』をもっとも深く愛好した人びとでさえ、ルソーの思想を実行に移すのは不可能であり、実践の目安という程度に扱わなければならないと理解していた。

汎愛派

教育学という新しい学問をもっとも熱心に発展させたのはドイツであった。これは偶然ではない。ドイツで啓蒙思想運動が生じたのは、ドイツが政治的および学問的な発展が遅れていた時代から抜け出そうとしていた時期と重なっていた。ドイツ語の *Pädagogik* という単語は1771年に導入され、1770年から1830年にかけての時期は、今日では教育学時代 (*pädagogisches Zeitalter*) とよばれている。志を同じくした著作家、聖職者、教師たちは、親密なネットワークを構築した。彼らは汎愛派 (*philanthropen*、「人民の友」の意) とよばれた。J・B・バゼドウ (1723-1790)、J・H・カンペ (1746-1818)、C・G・ザルツマン (1744-1811) らは、汎愛派のなかでもっともよく知られた人びとである。汎愛派は、非常に啓蒙された進歩的な人びとであったが、本質的な点でルソーとは異なっていた。たとえば、彼らはルソーが批判した賞罰の体系を発展させた。彼らは『エミール』をドイツ語に翻訳する際、原文を見おとりさせるほど詳細な解説と批判を注に書きくわえた。このドイツ語の改訂版では、エミールは行儀のよいブルジョワ少年へと飼いならされた。先に引用したルソーの有名な冒頭の文章には次のような注がつけられた。「自然にだけまかせられてしまって、人間の不断の努力によってそれが支えられなければ、万物は頽廃してしまうのではないかと論じることもできよう」。このような汎愛派版の『エミール』は、ドイツの教育学者たちによって大量に出版されたほかの著作や雑誌と同じように、他国でいくつかの言語に翻訳されて広まった。

ルソーと汎愛派のあいだの重要な違いは、汎愛派が社会の外部での教育の可能性をしりぞけたことであった。汎愛派の教育学者は教育を家族と学校の内部で改善しようと努めた。ロックやルソーのような初期の啓蒙思想家たちがエリートの子どもだけを教育しようとしていたのに対して、汎愛派はエリートばかりか下層階級の子どもも教育しようとしていた。バゼドウは啓蒙君主デッサウ侯に招聘され、新しい原理にもとづいた学校を設立した。この学校、すなわち汎愛学院 (Philanthropinum)[*2] は、ほかの多くの学校のモデルとなった。汎愛学院には生徒が労働をするための小さな庭園が設置されたり、生徒各自の部屋に手工芸作業をするための小さな旋盤が置かれたが、これはルソーが『エミール』で展開した主張から間接的な影響を受けたことを示している。

新しい世代の教育学者たちは庶民を教育することに関心を集中させた。彼らは、学校は、都市と農村のいずれにおいても時代遅れになっており、ほとんどの教師は無能だと見ていた。18世紀なかばにおいては、文化的エリートと、文字の読めない大多数の人びととのあいだにはなおまだ大きな溝が広がっていた。この時期に新たに設立されたさまざまな協会は、啓蒙思想のメッセージを庶民に伝達することを目的としていた。たとえばオランダ共和国では、公益協会 (the Society for Public Welfare) が貧民学校を設立し、近代的な原理に従った安価な教科書を出版した。

ドイツの汎愛派や、ヨーロッパのほかの地域の博愛主義者たちは、新しい教授法を大規模に生み出していった。バゼドウは1774年の著作『基礎教科書』 (*Elementarwerk*) において、人間がもつあらゆる既存の知識を子どもに提示しようとした。彼らはまた、児童文学という新しい文学ジャンルを創りだした。ルソーが、子どもは本を何も読んではならないと考えたのは、ひとつには教育の原理にもとづいた選択がなされなかったためであったが、他方では適切な本がないという状況があったためでもある。この状況は、1770年頃をすぎると劇的に変化した。オランダ人小説家であり教育学者でもあるベチェ・ヴォルフ[*3]は、「今世紀は、われわれが子どものための本を書きはじめた最初の世紀である」と述べている (引用はDekker, p.46)。これらの本では、啓蒙思想はかなり粗雑に提示されることが多かったものの、子ども向けの啓蒙思想的な本の登場は大きな前進であった。

啓蒙思想と革命

アメリカ独立戦争からフランス革命にいたる民主主義の革命時代において、子どもにかんする新しい理念は政治的な意味あいもおびるようになった。とはいっても、成人男性の権利が定式化されることはあっても、子どもの権利が固有に論じられることはなかった (女性の権利にかんしても同じであった)。しかし、自由

の木を植えるといった儀式にみられるように、革命の儀式や祭典には、しばしば子どもが登場した。自由・平等・博愛といった理念を子どもに説明するため、革命政府によるカテキズムが出版された。革命家たちは、さまざまな学校改革案を展開した。1791年のフランス憲法では、教育は国家が担うべき責務とされ、著作家で政治家でもあったコンドルセ侯爵（Marquis de Condorcet, 1743-94）や、その後の政治家のミシェル・ルペルチェ Michel Lepeletier, 1760-93）らは、政府の依頼によって新しい公立学校制度の青写真を創案した。

政治はもはや老人が支配する領域ではなくなった。1789年に権力を手に入れた多くのフランスの革命家たちは、いちじるしく若い世代の人びとであった。これら若き政治家の一例をあげるならば、マルク・アントワーヌ・ジュリアン・ジュニア（Marc-Antoine Jullien Jr., 1775-1848）は［バスティーユ襲撃事件が生じた1789年には］、ルソー的な教育を修了したばかりであった。まだ16歳であったにもかかわらず彼は、急進派の集会場であったパリのジャコバン・クラブに定期的に通った。その1年後、彼は当時野党であったウィッグ党と接触するためにイギリスに送られた。1793年、ジュリアンは急進派の指導者ロベスピエールによって諸州の代理人に任ぜられ、フランス北西部における恐怖政治の責任者となった。もうひとりの若き革命家であり恐怖政治を担った権力者として知られる、ルイ・アントワーヌ・ド・サン＝ジュスト（Louis-Antoine-Léon de Saint-Just, 1767-94）があげられる。サン＝ジュストは、自分の道徳的な権威は、若さをよりどころとしていると主張した。「わたしは若いがゆえに、より自然に近い存在である」と彼は述べた。彼はその後、28歳でギロチン台で死を迎えることになった。ジュリアンのほうは処罰をのがれ、革命後は教育学にかんする著作家となった。彼は、1817年に世界初の比較教育学研究である『比較教育学研究序説』（Esquisse et vue préliminaire d'un ouvrage sur l'education comparée）を公刊した。

子どもの法的地位は多くの国で変化した。フランスでは1792年に投票年齢が25歳から18歳にまで引き下げられた。1795年のバタヴィア革命*4後のオランダでは、投票年齢は20歳に設定された。子どものほかの諸権利も、多くの国で、親権の制限をともなって拡張された。子どもは、たとえ両親が反対しても、結婚相手を選択する際にはより大きな自由があたえられるようになった。子どもはもはやその相続権を両親から完全に奪われることもなくなった。しかし、1814年にはじまる王政復古の期間において、こうした子どもの権利は多くの国でふたたび、ある程度まで制限された。たとえばフランスでは、投票年齢はふたたび30歳まで引き上げられた。諸権利をあたえるべき成熟年齢は何歳なのかという議論は、しばしば男子のことを暗に意味しており、女子はこの議論から排除されていた。しかし、女子は完全に無視されていたわけではなく、ルソーがエミールの子育てにソフィーの教育をつけくわえたように、啓蒙期の教育学者の多くは、しばしば独立した一章を設けるか、あるいは別の著作を執筆するというかたちで女子教育に注意をはらった。

啓蒙思想の影響

要するに、啓蒙思想は教育学と教育に対して非常に大きな影響をあたえたし、また教育学と教育を通じて影響力を拡大した。最後の啓蒙思想の教育学者は『一般教授学』（Allgemeine Paedagogik, 1806）の著者ヨハン・フリードリヒ・ヘルバルトである。彼はカントの死後、ケーニヒスベルク大学のカントのポストを引き継いだ。19世紀には、博愛主義者たちの大半は忘れ去られてしまったが、スイスの学校教師J・H・ペスタロッチと彼の協力者フリードリヒ・フレーベルは、しばしばロマン主義時代に属する人びととみなされてはいるものの、彼らに先行する啓蒙思想家たちと密接な関係があった。啓蒙思想の教育学者とのちの時代の教育学者をつなぐもうひとつの系譜は、パリの聾唖学校の校長ジャン・イタール（Jean Marc Gaspard Itard, 1774-1838）が、アヴェロンの野生児を教育しようとして開発した教育方法に見いだすことができる。啓蒙思想の教育学のもっとも前衛的な実験であったかもしれないイタールの実践は結局失敗に終わったが、それにもかかわらず、イタールの著作は永く影響をおよぼした。今日の子ども世界のかなりの部分は啓蒙思想の時代につくりだされたものであるし、体育、手工訓練、学校菜園をふくむ今日の標準的な学校カリキュラムのいくつかの要素は、ルソーが『エミール』で示した助言にまでさかのぼることができる。

［訳注］

*1 『百科全書』——ディドロとダランベールを編集者として、18世紀中頃の進歩的知識人を総動員して刊行されたフランス啓蒙思想の代表的な成果のひとつ。正式名称は『百科全書、あるいは科学・芸術・技術の理論的辞典』（D. Direrot, J. le Rond d'Alembert, L'Encyclopédie, ou Dictionnaire raisonné des sciences, des arts et des métiers, par une société de gens de lettres, 1751-72, 1776-80）。

*2 汎愛学院（Philanthropinum）——バゼドウが、啓蒙的なアンハルト・デッサウ侯の庇護のもとに1774年に開設した学院。子どもたちに博愛の世界観を教えることを目的にかかげ、実践的教育と体育に重点を置いた。最初は生徒3名でそのうち2名はバゼドウ自身の子どもであった。15名以上に増えることはなかったが、改革者原理にそって経営されていたため大きな関心をよんだ。デッサウの汎愛学院は1793年に閉鎖されたが、1800年代をとおしてドイツ語圏には16校を越える汎愛学院があった。

*3 ベチェ・ヴォルフ（Betje Wolff, フルネームはElizabeth

Wolff-Bekker Betje, 1738-1804）——オランダの女性作家、教育学者。アーグジェ・デケン（Aagje Dekenとの共著 De historie van mejuffrouw Sara Burgerhart, 2 vol.（1782; "The History of Miss Sara Burgerhart"）が知られている。

＊4 バタヴィア革命（Batavian Revolution）——フランス革命の影響を受けて、オランダ共和国が崩壊した1795年に、ネーデルランドにバタヴィア共和国が生まれ、1806年まで続いた。Bataviaとは、ライン川とワール川のあいだにあった島（Batawee）に住んでいた民族のラテン語名Bataviで、オランダ語を話す人びとをさす。

➡エラスムス、教育（ヨーロッパ）、子ども期の理論

● 参考文献

Dekker, Rudolf. 1999. *Childhood, Memory and Autobiography in Holland from the Golden Age to Romanticism*. London: Macmillan.

Dekker, Rudolf M. & Baggerman, J. A. 2009. *Child of the Enlightenment: Revolutionary Europe Reflected in a Boyhood Diary* (Egodocuments and History). Leiden: Brill Academic Publishers.＊

Douthwaite, Julia V. 2002. *The Wild Girl, Natural Man, and the Monster: Dangerous Experiments in the Age of Enlightenment*. Chicago: University of Chicago Press.

Lempa, Heikki. 1993. *Bildung der Triebe Der deutsche Philanthropismus（1768-1788）*. Turku, Finland: Turun Yliopisto.

Lévy, Marie-Françoise, ed. 1990. *L'enfant, la famille et la Révolution française*. Paris: Olivier Orban.

Rothschild, Emma. 1998. "Condorcet and Adam Smith on education and instruction." In *Philosophers on Education: New Historical Perspectives*, ed. Amelie Oksenberg Rorty. London: Routledge.

Todd, Janet, ed. 1996. *Female Education in the Age of Enlightenment*. London: Pickering.

（ARIANNE BAGGERMAN & RUDOLF M. DEKKER／岩下誠訳）

化粧品（Cosmetics）

化粧品とは通常、見栄えをよくするために顔に塗る製品として広く定義されている。その目的——美しさを引き立てること——は、宗教的、あるいは儀礼的、医学的な目的で肉体にほどこす装飾とは異なるものとして、化粧品の役割を明確にしている。また、20世紀後半に発明された「色落ちしない化粧品」を例外とすれば、一過性のものであるという性質が、**入れ墨とピアス**、スカリフィケーション（かき傷）など、肉体そのものを変えてしまうものと化粧品とを区分している。

ほぼすべての文化が、化粧品を用いてきたといっても過言ではない。マニキュア（その成分は、アラビアゴム、卵白、ゼラチン、蜜蝋）は、すくなくとも紀元前3000年以上も昔の中国にその起源をもつ。古代エジプトの女性は、目のまわりを緑（クジャク石）と黒（石炭）のアイラインやアイシャドウで彩った。ヘンナは中東において、爪に色をつけるのに用いられた。イギリスでは、ギルベルトゥス・アンジェリクスの1240年の著作『医学概説』（*Compendium Midicinae*）のなかに、化粧品のレシピが掲載されている。それによると、1400年代まで女性たちは、酢と粉末状の鉛とを混ぜあわせたおしろいを、顔と胸を白くするために使っていたという。

西ヨーロッパ文化における化粧品は、舞台で使う顔料が発端となっている。19世紀後半から20世紀初頭にかけて、リリー・ラングトリーやサラ・ベルナール、シーダ・バラといった女優たちが、舞台やスクリーンを離れた場所でも、いちはやく化粧品を使いはじめた。しかし、20世紀初頭にマックス・ファクターやエリザベス・アーデン、ヘレナ・ルビンスタインなどの起業家が、よりナチュラルかつ簡単に使える製品を発表するまで、ほとんどのアメリカ人女性は、化粧を「毎日」の習慣的行為とは考えていなかった。子どもの場合には——農産物品評会[*1]でのフェイス・ペインティングの儀式や、**ハロウィーン**のときの仮装、母親の化粧品を拝借しての「きせかえ」ごっこの機会はともかくとして——化粧品は、ほとんどの場合、使用禁止とされていた。

化粧品は、美を向上させ、セックスアピールを高めることを目的としており、それゆえ、その使用はつねに**通過儀礼**のひとつでありつづけた。1920年代の**フラッパーズ**たちは、喫煙や公の場でダンスをする権利を獲得するためのみならず、化粧を許してもらうために、両親たちとのあいだで火花をちらしてきた。映画『理由なき反抗』（*Rebel Without a Cause*, 1955）のなかで、ナタリー・ウッド（1938-81）が扮するジュディは、父親から、彼の目から見ればあまりに大人びているその口紅を落とすよう強いられている。しかし、1950年代ともなると、化粧品業者は急成長するベビーブーム世代の若者市場にお金の匂いをかぎつけ、闘いの口火が切られた。

1950、60、70年代のあいだ、化粧品業者は、限界がないようにすら思えるティーンエイジャー市場をターゲットにしていた。アメリカではボンネベルが10代（ティーン）をターゲットとし、一方のイギリスではマリー・クワントが「若者の反乱」[*2]という名のコレクションを発表した。しかし、20世紀末までの期間、子どもたちがこれらを使用することはたいていの場合、禁止されていた。たとえば、「ティンカーベル」[*3]は1950年代に子ども市場にのりだしたが、アイシャドウや口紅は幼い女の子には不適切であるとみなし、それらの製品を売ることを断固として拒否した。またその**広告**についても、子どもに直接的に訴えかけるのではなく、両親をターゲットとするスタンスをとった。

しかし、1980、90年代のアメリカおよびヨーロッパでは、化粧品はトゥィーンズ（Tweens）（子どもとティーンのはざまにいる女の子）*4に向けて考案され、市場へ送りこまれた。さらにその後、3歳以下の幼児さえもが対象とされた。1993年に最初の「おもちゃ」化粧品を発表した日本がこれに迫るのも、そう遠い先のことではないだろう。

　幼い子どもたちにお化粧法を習得するよう駆りたてる風潮は、議論を避けては通れない問題である。ある批評家は、化粧品の安全性を懸念している（2000年代のアメリカでは、化粧品の原料にかんして、着色料以外のものは規制を受けていない）。一方、このような製品について、それが子どもの早熟化をあおっており、子どもの自尊心をむしばむのではないかと疑問視する者もいる。しかし、21世紀初頭までのあいだ、アメリカ国内だけで年に100億ドルを売り上げてきた子ども向けの化粧品市場が姿を消すことは、当分ありえないだろう。

[訳注]
*1 農産物品評会（county fair）──「共進会」ともよばれる。郡内の同一地で毎年開催される農産物や家畜などの品評会。さまざまな催しやお祭りが開催され、地域の人びとにとっての晴れの舞台となる。
*2 若者の反乱（Youthquake）──1960-70年代に大学の学生運動に起因して若者のあいだに広がった、体制に対する反抗と過激主義をさす。この表現の初出は1966年である。
*3 「ティンカーベル」（Tinkerbell）──アメリカのメーム社が1967年に買収したトム・フィールズ社製の子ども用化粧品。オーデコロン、石鹸、タルカムパウダーなど。
*4 トゥィーンズ（Tweens）──10歳から12歳の子ども。

➡少女期、ファッション、若者文化（ユースカルチャー）

●参考文献
Brumberg, Joan Jacobs. 1998. *The Body Project: An Intimate History of American Girls*. New York: Vintage Press.
Fass, Paula. 1977. *The Damned and the Beautiful: American Youth in the 1920s*. New York: Oxford University Press.
Palladino, Grace. 1996. *Teenagers: An American History*. New York: Basic Books.
Peiss, Kathy. 1999. *Hope in a Jar: The Making of America's Beauty Culture*. New York: Owl Press.

（ELIZABETH HAIKEN／内藤沙綾訳）

ゲゼル、アーノルド
（Gesell, Arnold, 1880-1961）

　アーノルド・ゲゼルは、子どもの行動についての注意深い観察のなかで、通常の神経運動発達の秩序ある順序を研究する新しい方法の基盤を切り開いた。胎児

アーノルド・ゲゼル（1880-1961）*

の発達時期における器官システムの個体発生を見出した初期の発生学者から大きな影響を受けたゲゼルは、「法則的な成長過程」の心理的発達はそれと似た秩序ある順序に従うとする説を提案した（*Gesell and Amatruda*, p. 4）。幼児と年少の子どもについての詳細な研究によって、ゲゼルはこの通常の順序とその進行順序を統べる法則の決定に着手した。子どもの生活のどのような点が子どもに似ており、そのような子どもは年齢の違いに応じて特殊な刺激とテストにどのように反応するかを調べようというのである。

　ゲゼルの仕事は、身体的・心理的発達の規範的パターンを決定しようという、当時、勃興しつつあった関心の一部である。それは自分の子どもの生活の出来事を時間的に記録するいわゆる赤ちゃんの伝記作家たちとともに1800年代なかばにはじまったものである。こうした子どもの生活の個人史は子どもの心理発達の規範的パターンを理解しようとする科学的アプローチのはじまりであった。クラーク大学のG・スタンリー・ホールは、親が残した記録を編集して子どもの行動と心理発達の通常のパターンにかんするデータベースを構築しはじめた。ホールの弟子であったゲゼルは、出生から青年期にいたる人間行動の発達の質的研究を行なうために観察方法を明確にすることでこの分野を大きく進歩させた。ゲゼルは、先駆的に映画カメラと一方向スクリーンを用い、特定の状況とテスト用具が置かれた状況での子どもの行動反応の詳細を研究した。

さらに、行動機構の発達についての観察によって、これまでの幼児の研究者や臨床家が依拠していた神経運動的成熟の発達段階の図式を提供した。

ゲゼルは1880年に生まれた。彼はウィスコンシン州アルマに入植したドイツ移民に生まれた最初のアメリカ人の世代に属する。1906年ウィスコンシン大学で学士号を得た後、クラーク大学から心理学の博士号を取得した。ゲゼルは1911年イエール大学助教授に就任した。イエール大学での最初の数年間は医学博士号の取得に向けて努力し、1915年にそれを得た。イエール大学に着任してすぐ、ゲゼルはニューヘブン診療所（the New Haven Dispensary）に「心理クリニック」を開いた。これはのちに「子ども発達クリニック」（the Clinic of Child Development）として知られるようになるものであるが、そこで彼は1930年から48年までイエール大学の小児衛生学の教授として指導した。ゲゼルのクリニックはイエール医学部（医科大学院）児童研究センター（the Child Study Center at the Yale School of Medicine）の前身である。

ゲゼルの最初の仕事は発達障害をもつ子どもが中心であったが、異常を理解するには通常の幼児と年少の子どもの発達を理解することが必要だと考えていたからである。彼は、幼児を就学前の子どもから標準となる研究をはじめ、のちに5歳から10歳、さらに10歳から16歳の子どもに拡大した。ゲゼルは新生児から学齢期の子どもにわたる神経運動発達のさまざまな領域で想定される発達段階を記述した最初の一人である。彼は、身体が一般的にエンコードされた順序のあるパターンで発達するのとまったく同様に、発達順序にあらわれる行動パターンは中枢神経系の分化を反映していると考えていた。ゲゼル自身はこう記している。

「行動パターンは、単純に特定状況に対する神経運動系の明示的な反応である。…小さな赤ん坊は目の前をちらちら動く対象を目で追う。この目の動きが行動パターンである…。行動パターンは予測不可能な偶然の派生物ではない。それは整然とした順序にしたがってはたらく発達過程全体の真の最終的産物である…。これらのパターンは徴候であって、神経系の成熟の指標なのである」（Gesell and Amatruda, p. 4）

ゲゼルは、成熟過程と生まれつきの資質に優位性をあたえたが、この優位性の強調は当時の発達心理学者たちから批判をよんだ。しかし彼は、経験と環境が成熟の変化率を規定する役割を果たすとも考えており、（彼以降のすべての心理学者もそうだが）経験、つまり発達環境が概念のはじまりであると規定した。

彼は、さまざまな行動の成熟順序の観察を積み重ねることで（詳細は『幼児行動図録と行動発生学』[An Atlas of Infant Behavior and The Embryology of Behavior] を参照）、生後4週間から6歳までの子どもに適用可能な「ゲゼルの発達スケジュール」（the Gesell Development Schedules）を案出した。この道具は、テスト用具や状況に対応した量的・質的反応を測定した。測定された領域には運動発達と言語発達、適応行動、個人的-社会的行動などがふくまれている。子どもがもっている機能は発達年齢としてあらわれるが、それは次にその子どもの年齢に対する標準的能力の比率をあらわす発達比率に転換される。ゲゼルの仕事によって、子どもの正常な発達過程の指標と比較しうる規準を発達の多くの側面に適用することが可能になった。

1940年代から50年代にかけて、ゲゼルは子育てと子どもの発達の権威とみなされており、彼が考案した発達スケジュールは子どもの発達過程を測定する標準的な方法として広く使われた。ゲゼルは同僚のフランシス・L・イルグ（1903-81）と数多くの共著を公にし、世の親たちに広く受け入れられた。『現代文化における乳幼児の養育』（Infant and Child in the Culture of Today, 1943）、『5歳から10歳の子ども』（The Child from Five to Ten, 1946）、『若者――10歳から16歳』（Youth: The Years from Ten to Sixteen, 1956）などがそれである。そのなかで彼はみずからの研究成果を用い、標準的な行動の発達段階を示した。彼が用いた元のデータは小さく、典型的ではない母集団から導かれているとの批判を受けたが、それにもかかわらず、ゲゼルの研究は、直接観察した対象にもとづいて体系的に収集された子どもの標準発達の最初の基本的な記述であった。発達の不変的順序、発達法則、発達比率の可変性にかんするゲゼルの記述は、発達心理学の歴史における里程標である。

➡子育ての助言文献、子どもの発達概念の歴史、児童心理学

●参考文献

Gesell, Arnold, and Catherine S. Amatruda. 1941. *Developmental Diagnosis: Normal and Abnormal Child Development, Clinical Methods and Pediatric Applications.* New York: Hoeber.

（LINDA C. MAYES／太田明訳）

結核（Tuberculosis）
➡接触伝染病（Contageous Diseases）／予防接種（Vaccination）

ゲッディーズ、アン（Geddes, Anne）

アン・ゲッディーズは、世界でもっとも有名な赤ちゃん写真家だといわれてきた。彼女のスタイルはわかりやすく、ゲッディーズの肖像写真は大きな人気を得て、比類のないブランド名の地位を享受した。ゲッディーズが撮った写真は、ポスター、葉書、文具、個人

アン・ゲッディーズ（1956-）*

用の小切手、しおり、ジグソーパズル、広告チラシなどに示される。しかし、ゲッディーズのもっとも偉大な名声は、彼女が創作したカレンダーと卓上大型豪華本から生まれた。1997年のゲッディーズ「イメージ・コレクション」（*A Collection of Images*, 1997）は、アメリカで売り上げ第1位となったカレンダーであった。アン・ゲッディーズのカレンダーは、750万部以上の売り上げと見積もられており、彼女が作った予定帳はいまも印刷されている。彼女の写真集『庭の綿毛』（*Down in the Garden*, 1996）は150万部以上売れ、ニューヨーク・タイムズのベストセラー・リストの第3位となった。アン・ゲッディーズのタイトルは、2002年度には世界中で1500万部以上売れた。

ゲッディーズの写真は、丹念に作られ、注意深く演出されている。作品の大部分は手のこんだ衣装と小道具とを使った室内のスタジオで撮影された。これらの肖像写真は、ジョークと語呂合わせによっているが、それは子どもたちを奇妙で変態的な状況に置いて創作されている。ゲッディーズのもっとも有名な肖像写真は、写真撮影のモデルになった子どもとそのまわりの自然界とのあいだの境界線をぼかしている。たとえば、「スイートピー」（*Sweet Peas*, 1995）では、生まれたばかりの何人かの赤ん坊が、それぞれ違った豆のさやを着せられ、横になって眠っている。彼女の作品は、子どもがかわいらしいものであり、何でも受け入れる存在で、現実世界の利害関係から保護されるべきものであり、大人の鑑賞者の喜びのためにだけ存在するという幻想を生んでいる。ゲッディーズは、撮影中は子どもがじっとしていられるように、生後数週間以内の赤ん坊、あるいは未熟児の赤ん坊を使って作品にした。そうした幼い子どもを撮影するいちじるしい困難さは、ゲッディーズの写真を非常に注意深いものにしている。

また、ゲッディーズの作品が人気を得たのは、彼女が作成したカレンダーや書物で、子どもを純真無垢としてと同時に官能的なものとしても表現したという事実に大きな理由がある。彼女のもっとも有名な作品のひとつは、巨大なキャベツのなかから二人の子どもがあらわれてくるようすを示しているが、これは、赤ん坊がキャベツ畑から生まれるという神話*1に関連したコピーである。ゲッディーズ自身がもっとも気に入っている「チーズケーキ」（*Cheesecake*）と題された写真は、性器を隠した裸体の赤ん坊がにっこり笑って、バラの花を敷きつめたベッドに横たわっている。この肖像写真は、子どもの生身の身体を表現すると同時に、子どもが性的であるという観念を茶化してもいる。近年では、ゲッディーズの作品は変化しはじめている。彼女は小道具にあまり関心を示さなくなり、カレンダーや書物では白黒写真を多く使うようになっている。

ゲッディーズは、オーストラリアのクイーンズランドで生まれ育ち、自己研鑽を積んで写真家になった人である。彼女は、現在、オーストラリアのオークランドに住んでいる。

［訳注］

*1 キャベッジ・パッチ・キッズ（Cabbage Patch Kids）——キャベツ畑の子どもたち。Cabbage Patch Kid Doll, Cabbage Patch Dollともよばれる。アメリカでは、子どもが「わたしはどこから生まれてきたの」とたずねると、親がよく「キャベツ畑からよ」と答えることにちなんだ表現である。1982年からColeco Industriesが売り出した人形をキャベッジ・パッチ・ドールとよぶ。

➡子どもの写真

●参考文献

Isaacs, Nora. 1996. "Monitor: Genesis; Geddes Gardening Tips." *American Photo* 7: 32.

Swazeny, Sue. 1996. "Interview with Anne Geddes." *Family Photo*: 28-31, 72.

●参考ウェブサイト

The Official Anne Geddes Website. 2002. Available from 〈www.annegeddes.com〉

（A. CASSANDRA ALBINSON／北本正章訳）

ケルシェンシュタイナー、ゲオルグ (Kerschensteiner, Georg, 1854-1932)

ゲオルグ・ケルシェンシュタイナーは、ドイツのミュンヘンに生まれ、そこで育った。彼が育った家庭環境は貧しく、その子ども期は混乱と矛盾に満ちていた。彼が8歳のとき、窃盗罪で投獄されたが、「聖霊セミナー」で教育を受けて、芸術、読書、自然、技術などへの素養と興味を示した。ケルシェンシュタイナーは、現職中に行なわれた教室訓練に助教という立場で、当

ケルシエン

ゲオルグ・ケルシェンシュタイナー（1854-1932）*

時取り組んでいた科学と数学の研究を組みあわせることによって、教授実践の経験を積んだ。ケルシェンシュタイナーの教育理論の中心教義は、秩序・従順・責任とならんで、実習・経験・参加であった。彼の先輩にあたる**ヨハン・ペスタロッチ**と同じようにケルシェンシュタイナーも、子どもは成長したがっており、自己表現したがっていると認識していた。

ケルシェンシュタイナーは、個人の労働の価値は、国家にとってそれがもつ重要性と直接つながっていると考えた。もっとも有益な市民は、その能力のすべてを発揮して仕事をしていた。教授方法は商業と手職業から、生徒の思考力、感情、意志を訓練することになる能力資格を認められた熟練を要する労働プロセスへと変わった。しかし、彼の理論には、ドイツで継続する工業化と民主革命を求める闘争が、かならずしも明確に示されてはいない。ケルシェンシュタイナーは、熟練労働の過程は、生徒たちが学習し、探求し、調査し、行動する能力を支援し、その能力をつくりだすと考えていた。こうした仕事は、几帳面さ、注意深さ、的確さ、仕事の優先順位づけ、自信なども必要とする。彼は、教育を組織化してワークショップや実験室にすれば、生徒たちが特殊な活動を学ぶ助けとなり、実習と省察をとおして性格を形成し、自信をもつのに役立つことを発見した。

彼は、教育長として、生徒の自己活動・感覚・経験に信頼を置いた職業学校を基盤に、1900年にミュンヘンの学校制度を改革した。彼は、職業教育と一般教育も、生徒の人格発達と社会発達の機会を均等に提供するべきであると考えていた。学校長の仕事と平行して、1904年にミュンヘン大学の講師となった彼は、自分の経験と知識を体系的に整理し、理論的な著作にまとめた。その著作の体系は、彼にミュンヘン大学名誉教授の資格をあたえた。彼は、1912年から1919年まで、自由主義的な進歩主義民主党の代議士としてドイツ議会に席を置いたこともあった。

ケルシェンシュタイナーは、議会政治が未成熟で不安定であった時代と場所で、国民国家の市民権（National State Cityzenship）という概念を推進した。彼が生きたヨーロッパの日常生活の構成要素は、戦争・革命・階級闘争であった。ケルシェンシュタイナーは、市民権の教育は歴史的に定義され、形成されてきたものであることを明らかにした。アメリカのジョン・デューイ（John Jewey, 1859-1952）や旧ソヴィエトのナデツダ・クループスカヤ（Nadezhda Krupskaya, 1869-1939）などのほかの何人かの教育者たちも、労働と活動を学習過程に結びつけた。身体的および芸術的なトピックを学習しているときに手を使う仕事を実際にやってみることは、生徒の想像力と省察力を高める。権能化、政府、および市民権という理念は、差異を浮かび上がらせるのに役立つ。デューイは、生徒たちが、民主主義の発展に参加することができる多芸多才の経験を積んだ市民になれる権能をあたえるために、学ぶことで行動することに重点を置いた。クループスカヤは、生徒たちが階級社会を克服し、社会主義政府の発展を熟知できるようになるために、ポリテクニック教育によって学生たちに権能をあたえてやりたいと考えていた。ケルシェンシュタイナーは、教師とは、やがてはその労働と、自分が担うべき市民としての義務にかんする知識とによって、国家に貢献することになる未来の市民に責任感を教えるために熟練労働を活用することができるだろうと考えていた。これら三つの構成要素――労働、市民としての義務そして、社会権――は、いまもなお教育によって効果的な市民権を構築する鍵となる基本要素である。

➡教育（ヨーロッパ）、職業教育・工業教育・職業訓練学校

●参考文献

Kerschensteiner, Georg. 1912. *Der Begriff der Arbeitsschule.* Leipzig and Berlin: Teubner.

Kerschensteiner, Georg. 1912. *Der Begriff Staatbürgerlichen Erziehung.* Leipzig and Berlin: Teubner.

Kerschensteiner Georg. 1917. *Das Grundaxiom des Bildungsprozesses und seine Folgerungen für die Schulorganisation.* Berlin: Union Deutsche Verlagsgesellschaft.

●参考ウェブサイト

UNESCO on Georg Kerschensteiner. Available from 〈www.ibe.unesco.org/International/Publications/Thinkers/ThinkersPdf/kerschee.PDF〉

(KNUD JENSEN／北本正章訳)

堅信（Confirmation）

　堅信は、多くのキリスト教徒にとって個人を「キリストの身体」[*1]に合体させる――すなわち、キリスト教会の一員になること（『使徒言行録』8・15-16）――3つの加入儀礼（initiation）のうちのひとつである。ほかの2つは洗礼（Baptism）と聖体拝領（聖餐）（Eucharist）[*2]である。堅信の目的は、聖霊の臨在（the presence of the Holy Spirit）を子どもあるいは大人の生活に授けることである。幼児洗礼のすぐ後に堅信を行なう慣行は古代に起源があった。初期の教会を通じて、そして東方教会[*3]では今日でもなお、幼児は洗礼、堅信、そして聖体拝領を誕生後数分以内に、この順番でほどこされていた。この伝統は、キリスト教の世界の目で見て、聖体拝領において幼児たちに完全な参加を認めることによって、大人に対する子どもの純真無垢さと平等性とを強調した。子どもたちは、分別がつく年齢（つまり7歳）に達する頃、教理問答を学んだり、キリストの教理の信仰を宣誓するなどして、自分がこの秘跡を受けるに値する人間であることを証明する必要はなかった。初期の教会は、完全な参加を、洗礼による再生によってもたらされる霊的成熟と同一視した。キリスト教会の成員であることは霊的なものであった。それは年齢には関係なく、知的および身体的な成熟とも無関係であった。監督派の儀礼としての堅信は、清めの油である聖油[*4]を塗油することをふくむ、両手をかざして按手することと聖油式とによって特徴づけられた。司祭は、信者の額に聖油を塗り、「聖霊の恩恵の印です」("Be sealed with the gift of the Holy Spirit.") という言葉を朗唱した。

　カトリック教会は、その初期の歴史を通じて、堅信を受けるはっきりした年齢を定めていなかった。しかし、1563年初頭、トリエント公会議[*5]は、堅信を受ける理想的な年齢が12歳であること、また、7歳以下のいかなる子どもにもこの秘跡をほどこしてはならないことを決定した。したがって、1563年という年は、秘跡神学の歴史における分水嶺である。堅信は、簡単な法令によって3つの秘跡（堅信、告解、そして聖体拝領）の一部になった。それ以降、堅信は分別がつく年齢とみなされるようになった。したがって、16世紀にはじまる、教義を実践している多数のカトリック教徒たちは12歳で堅信を受ける前に、告解と聖体拝領を受けていたのではないかと推測するのは理にかなっている。実際、トリエント公会議は、秘跡の順番が

ジュール・A・A・L・ブルトン「堅信礼を受ける若い娘たちの行列」（1888年）。Jules Adolphe Aime Breton, Young Women Going to a Procession, 1888.*

変更可能であることと、その変更は、子どもへの対し方の変化を反映するものであることを認めていた。トリエント公会議は、堅信を乳幼児に結びつけるかわりに、それを分別の秘跡とみなしたのであった。こうして堅信の候補者たちは、いまや精神的な成熟の尺度を具現するように求められた。彼らはキリストとその教会に対する彼ら自身のかかわりを公に告白するよう要求され、それは知恵、悟性、知識、賢慮、不屈の精神、清純、神への畏怖という聖霊の7つのたまものによって強められた。堅信を思春期（破瓜期）まで延長するトリエント公会議の決定は、部分的に16世紀の宗教改革者たちの見解から影響を受けていたかもしれない。なぜなら、プロテスタントの改革者たちは、精神的な心の準備を身体的な成熟と同等視していたからである。彼らが行なう堅信と聖餐の儀礼は、実際には――身体的に成熟したキリスト教徒は、精神的にも成熟しており、道徳的にも責任を負うことができるということを公的に承認する――一対になった**思春期**の儀礼となった。

マルティン・ルター*6は、堅信はほんとうの秘跡であるという考えを排除し、それを「秘跡的な儀式」とした。ルターは、堅信を告解を受け入れる準備段階とみなし、罪の恩赦の徴候とみなした。プロテスタントとギリシア正教会の場合、堅信はつねに聖体拝領よりも先に行なわれたが、大半のカトリック信徒の場合はそうではなかった。今日のキリスト教各派のあいだでは、堅信が子どもたちにほどこされる年齢は一定していないが、それがもっともひんぱんにほどこされているのは青年期である。

［訳注］
* 1 「キリストの身体」（the Body of Christ）――キリストをかしらとする信者の集まり、教会をさす。「あなたがたはキリストの体であり、また、一人一人はその部分です」（「コリントの信徒への手紙一」12・27）
* 2 聖体拝領（the Eucharist）――カトリックとギリシア正教会で「聖体」。拝領の秘跡［領聖機密］としての「聖体」、ミサ聖祭［聖体礼儀］の犠牲としての「聖体」、また主の晩餐の記念としてのキリストの体、などの意味がある。カトリックで「聖体」「聖体拝領」（Holy Communion）、プロテスタントで「聖餐（式）」。
* 3 東方教会――東ローマ帝国を構成する諸国に起こった教会。東方式典礼によって儀式を行ない、ニケア＝コンスタンチノープル信条を堅持する。
* 4 聖油（chrism）――聖香油または聖油（consecrated oil）とよばれるキリスト教の儀礼用の油。ふつうオリーヴ油と芳香性のバルサム油（balsam）を混ぜたもので、教会での洗礼や堅信の秘跡儀式に用いられる。この儀礼は聖式式あるいは塗油式とよばれるが、とくにギリシア正教会では傅膏礼儀とよばれる。
* 5 トリエント公会議（Concilium Tridentinum; the Council of Trent）――教皇パウルス3世によって1545年3月15日にトリエント（現在のイタリア領トレント）で召集され、1563年12月4日にピウス4世のもとで第25総会を最後に終了したカトリック教会の公会議。さまざまな事情のため、多くの会期が断続的に行なわれたが、宗教改革に対するカトリック教会の教理と姿勢を明確にし、宗教改革を非難し、対抗改革といわれるカトリック教会の刷新と自己改革の原動力となった。
* 6 マルティン・ルター（Martin Luther, 1483-1546）――ドイツの神学者。エルフルト大学在学の22歳のとき、雷雨のなかで経験した心の衝撃から、アウグスティノ会修道院に入り修道士となり、次いで司祭となった。29歳頃、ヴィッテンベルク大学教授となり聖書講義を担当した。やがて「免罪符」の効力を論じる95個条の提題をヴィッテンベルク教会の門扉に掲げて、宗教改革の端緒を開いた。新約聖書のドイツ語版を完成させた。彼自身も家庭生活における福音主義的聖化を重視し、家庭内礼拝を徹底した。

➡カトリック、初期キリスト教思想、初聖体、プロテスタントの宗教改革

●参考文献

DeMolen, Richard L. 1975. "Childhood and the Sacraments in the Sixteenth Century." *Archiv fuer Reformationsgeschichte* 66: 49-71.

Marsh, Thomas A. 1984. *Gift of Community: Baptism and Confirmation*. Wilmington, DE: M. Glazier.

Marsh, Thomas A. 1990. "Confirmation." In *The New Dictionary of Sacramental Worship*, ed. Peter E. Fink. Collegeville, MN: The Liturgical Press.

Whitaker, Edward C. 1970. *Documents of the Baptismal Liturgy*, rev. ed. London: S.P.C.K.

（RICHARD L. DEMOLEN／北本正章訳）

現代日本のアート（Japanese Art, Contemporary）

ヨーロッパの子ども期の表徴は、第2次世界大戦後の日本のポピュラーアートで非常に顕著な役割を果たしたが、これは今日までにその範囲をしだいにグローバルなものにしてきている。漠然と、アニメ（*anime*）とよばれるこれらのイメージは、アニメーション映画・書物・静物画・遊戯カード・衣装・アクセサリー類、そしておもちゃをふくむ、多数の形態で示される。

アニメは、第2次世界大戦という出来事に対する反応のなかではじまったため、トラウマに直面すると同時にそこからのがれようとする両面性が日本の文化的活力となっている証拠として描かれてきた。アニメの偉大な開拓者である手塚治虫（1928-1989）は、1960年代に、変わりやすいリアリズムを避けて、形態変化（メタモルフォーゼ）を強調するアニメ的な顔面類型と洗練された描画スタイルを確立し、このジャンルを集大成した。全体的に見ると、彼が描いたアニメの顔つきは「スーパーフラット」とよばれている。アニメ映画の古典例として、宮崎駿（1941-）の「もののけ

姫」（*Princess Mononoke*, 1997. この作品は、すべてのジャンルで最高収益をあげた日本映画である）や、「攻殻機動隊」（*Ghost in the Shell*, 1995）がある。

　子ども期の歴史における日本のポピュラーアートのもっとも目立つ特徴は、純真無垢な子ども期という理想を表現している明確なヨーロッパの慣例を丸ごととりこんでいることである——伝統的な日本の漫画の描き方とヨーロッパで主流であった風刺漫画を混ぜあわせたのである。もっとも重要なこととして、型にはまった無邪気な子どもが大きなぱっちり目をした顔の特徴が、日本人の顔の特徴とは人種的に異なっていたにもかかわらず、またたくまにアニメのヒーローやヒロインを表現する標準モデルになった。ヨーロッパの幼年向けのおもちゃや服装のさまざまなイメージの登場人物たちも、そのままアニメのなかに総動員され、さらに強められて、日本の大衆文化を通じて、ときには「カワイイ」（kawaii）とよばれる一般の美的感覚にまでなった。

　「カワイイ」は「かわいい」（cute）や、「かっこいい」（cool）、「かわいこちゃん」（pretty）、「いとしい」（sweet）などだけでなく、「すてきな」（smart）や「洗練された」（elaborate）などの言葉に訳すことができる。だが、ヨーロッパの子ども期のイメージは、しばしば「超カワイイ」（hyper-cute）というモードにおいて日本文化に写しこまれているにもかかわらず、「アニメ」は性や暴力という極端へと走る（そして、核戦争後の情勢への関心もしばしば扱っている）。たとえば、白いブラウス、格子縞のプリーツ・スカート、短いソックス、それにヒールのない靴を身につけたヨーロッパの女生徒というステレオタイプは、日本のポピュラー・アートでは非常にセクシュアルなイメージになった。「カワイイ」「アニメ」、それに「マンガ」に夢中になっている「オタク」（otaku）とよばれる多くの人びとのほとんどすべての人たちは子どもとはよびがたく、むしろ、日本の外へと広がり、増えつづけるすべての年齢で構成される集団である。

　1990年代なかば以降、文化のグローバリゼーションは、一般に、そしていっそう目立って、現代のハイ・アートにポピュラー・アートの様式をとりいれる傾向があるため、日本のポピュラー・アートは新しい尺度にもとづいて注意を集めることとなった。奈良美智（1959-）や村上隆（1962-）といった先導的なオタク画家の仕事は、今日では欧米の画廊や美術館などで広く展示されている。さらに、欧米の作家たちは、根本的に新しい方法を用いて、彼らが出自とする子ども期のステレオタイプの再現という状況を招来しながらも、アニメ的イメージを彼らの伝統のなかにとりこみはじめている。たとえばフランスのコンセプチュアル・アーティスト[*1]として受賞に値するピエール・ユイグ（Pierre Huyghe, 1962-）が率いる創作家集団は、アンリー（Annlee）とよばれる少女のキャラクターをもとに、1999年から2002年のあいだに、共同作品として「お化けはいない、殻だけだ」（*No Ghost Just a Shell*）と題した連作を制作した。これらの作品はあきらかに大人の関心を射程に入れている。ポストモダンのほかの側面、たとえばグローバル文化のように、かつては本質的に自然であるとされたもの、たとえばここでは純真無垢な子ども期の表徴は、その内容からは分離されてしまっている。

［訳注］
*1 コンセプチュアル・アーティスト（conceptual artists）——1960年代後半から欧米で広まった概念芸術（「コンセプト・アート」ともよばれる）を創作する芸術家一般をさす。作品よりも、その根源となる作者のコンセプトを重視する芸術。作品にはコンセプトを示すたんなる道具としての役割が明確にあたえられ、説明文・図面・記録写真・ビデオなどが用いられる。

➡グローバリゼーション、コミック・ブック、子ども期のイメージ

●参考文献
Aoki, Shoichi, ed. 2001. *Fruits*. London: Phaidon.
Brophy, Philip. 1997. "Ocular Excess: A Semiotic Morphology of Cartoon Eyes." *Art and Design* 12 (March/April): 26-33.
Higuinen, Erwan. 2000. "Au pays de l'anime." *Cahiers du Cinéma* 543 (February): 36-39.
Hoptman, Laura. 2002. *Drawing Now: Eight Propositions*. New York: Museum of Modern Art.
Kravagna, Christian. 1999. "Bring on the Little Japanese Girls! Nobuyoshi Araki in the West." *Third Text* 48 (autumn): 65-70.
Murakami, Takashi. 2000. *Super Flat*. Japan: Madra. 村上隆（編著）『Super flat』（マドラ出版、2000年）
　　　　　（ANNE HIGONNET／遠藤知恵子・北本正章訳）

建築様式（アーキテクチャー）（Architecture）
➡学校建築と建築様式（School Buildings and Architecture）／子ども空間（Children's Space）

工業教育（Industrial Education）
➡職業教育・工業教育・職業訓練学校（Vocational Education, Industrial Education, and Trade Schools）

攻撃（Aggression）
➡怒りと攻撃（Anger and Aggression）

広告業と子ども（Advertising）
　21世紀を通じて、先進国の経済において子どもの

消費者はしだいに重要な役割を果たすようになってきた。子どもの消費者のもつ影響力がとくに顕著にあらわれているのはアメリカであり、21世紀初頭の概算によれば、子どもは年間5000億ドルもの消費を行なっているか、あるいはそれに影響をあたえているという。広告者の側でも、消費者の心（allegiance）と子どもが物をせがむ力（nagging power）をとらえるために、多額の費用を投じている。21世紀には、テレビの力のおかげで、子ども向けの広告が地球上のいたるところでみられるようになった。だが、これは決して最近になってはじまった現象ではない。

　子ども向けの商品——本、おもちゃ、衣服、家具——はすくなくとも18世紀には存在していたが、アメリカにおいて子どもを消費者としてとらえる市場意識がはじめてあらわれたのは、1870年代から1880年代にかけてであった。この頃、全国規模の広告者は、色とりどりのトレーディング・カード*1やマザー・グースの詩をもじった広告冊子を小売業者に配りはじめていた。企業が望んだのは、トレーディング・カードの裏面に書かれた広告メッセージを子どもの購買者が読み解き、母親の注意をその内容に向けさせることであった。とはいえ、広告者のおもな目的は、購入に際して実際の売り上げを促進することにあった。子どもをお使いに行かせた母親が特定のブランドを指定し忘れても、子どもがカウンターに行って、そこに魅力的なトレーディング・カードがならべられていれば、それで問題は解決するというわけである。豪華なカラー印刷のカードは子どもたちにとって宝物であった——クロモリトグラフ*2の技術の向上によってこうした商品が可能となったのであった。スクラップブックにこれらのカードを集めることは、とくに女の子のあいだで好まれる子ども期の娯楽であった。広告者はワンセットのあるいは収集できるシリーズもののトレーディング・カードを作ることでこうした趣味を後押しし、また子どもたちはめずらしいカードや見事なコレクションの所有者になることに大喜びであった。

　20世紀の幕開けの頃、広告業界は総じて、子どもは一般購買者の一員であるという見方をすてていたが、すぐに、子どもは未来の購買者を構成しているという考えをいだくようになった。ウォルター・ディル・スコットをはじめとする広告心理学の理論家たちは、合理的な議論よりも、広告者が消費者の精神に植えつける「示唆」をふくむ無意識的な意思決定のほうが、購買活動により大きな影響をあたえると論じた。スコットの推測では、年少の子どもたちを広告にとってとくに重要なターゲットにしているのは、その精神的可塑性にあるという。子どもたちは、くりかえしトレードマークやブランドの名前にさらされることによって、気づかないうちに、また無意識のうちに、生涯にわたって続く、ある特定のブランドに対する好みを身につけるようになるのである。

　こうした心理学的な洞察が子ども向けの広告に革命をもたらすことはほとんどなかったが、それらの洞察は、ヴィクトリア時代に考えられていたのとは正反対に、庇護された子ども期という概念は、子どもたちが商取引の世界にさらされることと本質的に矛盾しないことを示した。子どもは、購買力を手に入れるはるか以前に消費者意識に支配されているという考えが、世紀転換期の広告図像の世界に広まっていた。広告制作者は、大人と子どもがいっしょに読む雑誌広告やトレーディング・カードのなかで、子どもたちをその商品の推奨者、特別な購買客、貪欲な消費者として描いた。これらのイメージは、子どもの快活さや抜け目のなさを子ども期の純真無垢さと同じくらい高く評価する新しい子ども期の文化理念に乗じたのであった。

　1920年代を通じて、このような快活な子どもという中産階級の文化理念は、広告業界においてさらに大胆な展開を見せることとなった。この頃までに、広告主たちは中産階級の子どもを明日の購買者ではなく、今日現在の購買者であり、家庭内の販売代理業者であるとみなしていた。広告主たちは、子どもたちがより限定的かつ成長可能な消費者集団であると認識したが、その理由の一部は、近代の子ども期それ自体が仲間同士の活動をめぐってより多く組織されるようになっていたことにある。義務教育、年齢別学級、あるいは**ボーイスカウトやガールスカウト**といった少年組織の成立、これらはいずれも仲間同士の交流に特徴的な性質を高めた。ボーイスカウト、ガールスカウト、そしてキャンプファイア・ガールズといった団体が、それぞれ独自の雑誌を発行していたという事実は、少年少女たちに共通の関心をとどける便利な伝達手段を広告主たちにあたえていた。実際、広告主たちは、自分たちの商品を使えば［スカウト運動での］メリットバッジを獲得でき、あるいはキャンプ体験がより充実したものになるのだとほのめかして、この親密な仲間関係をひんぱんに利用した。中産階級家族の内側での変容もまた、子どもの消費者を開拓しようとする広告主たちの熱狂をうながす一因となった。男女の広告業者は、ある部分では自分たち自身が中産階級的な背景を負っていたため、都市の中産階級の友愛的な家族の民主化に新たな好機を感じとっていた。この家族では、ヴィクトリア時代の中産階級家族とは異なり、子どもたちには大幅な自己表現の余地が認められ、また多くの場合、自分自身で自由に使うことのできるお金をあたえられていた。

　「セント・ニコラス」（*St. Nicholas*）、「ボーイズ・ライフ」（*Boy's Life*）、「アメリカン・ボーイ」（*American Boy*）といった子ども向け雑誌は、子どもを対象とした広告が長期的あるいは短期的な投資価値をもつものとして普及する際、重要な役割を果たした。「アメリカン・ボーイ」には、業界誌（trade journals）を宣伝する数多くの広告が掲載され、それらは少年消費者の快

活さと、彼らが家族の購買活動にあたえる影響についておおげさに広告しているが、その理由の一部は、少年が車やラジオ、カメラ、バッテリーといった新たな消費者向け技術に習熟しているからであった。「アメリカン・ボーイ」が販売促進のためにはらった努力は、十分に功を奏した。1910年代中期を通じて、「アメリカン・ボーイ」は自転車、エレクター・セット*3、ライフル、朝食シリアルなどの広告を満載した。1920年までに、雑誌の年間広告料収入は50億ドルに達した。1920年代なかばには「アメリカン・ガール」（American Girl）と「エブリガールズ」（Everygirl's）が、それぞれガールスカウトとキャンプファイア・ガールズによって出版された。これらの雑誌もまた、未来の主婦の忠誠心を育むとともに、今現在の売上げに拍車をかけようともくろむ広告主たちの注意をひきつけた。

20世紀初頭になると、広告主と雑誌発行者はともに、子どもたちに広告の読み方やブランド志向の買い物を教えるため、多数のゲーム、コンテスト、教育事業に着手した。雑誌発行者はこうした事業に対して広告主に匹敵するほどの投資を行なったが、それは雑誌の存続が、いまや購読料よりも広告収入に大きく依存するようになっていたからである。収益性のある広告媒体であるとの信頼を得るために、「アメリカン・ボーイ」と「スコラスティック」（Scholastic）といった全国の中等教育の学生向けの週刊誌に連載コラムが掲載された。そのコラムには、読者が広告者を信頼すべき理由や、なぜ広告のつく商品がノーブランド商品と比べてよりすぐれた経済的価値をもつかといったことが説明されていた。青少年雑誌の発行者もまた、注意深い広告の読み方を子どもに教えるためのコンテストやゲームに出資することで、広告主の信頼を勝ち得ていた。

公立学校は、ブランド志向を高めるためのもう一つの有益な場を広告者に提供した。学校カリキュラムという紋切り型の境界線による名目上の制約を受けていたとはいえ、広告主が自分たちのメッセージを教室へ、さらに教室から家庭へととどけるのにあまり労力はかからなかった。広告主たちは、ありふれた授業を活気ある催し物に変えることを約束する無料の小冊子、展示物、図表、その他の「豊富な」教材を提供した。教師や教育機関は、かぎられた学校予算のなかで視覚的な補助教材の使用はしばしば削減されていたため、企業が提供するカリキュラム上の新たな手法に対してきわめて受容的であることが明らかとなった。たとえば1920年代後半には、全国の約7万校の学校教師たちは、温かい朝食シリアルの定期的な消費をうながすためにクリーム・オヴ・ウィート社が段階づけをしたコンテスト用品、賞、朝食献立表を利用した。「学校設備を利己的な目的のために」流用しているという理由で広告主を批判する論説委員もたしかに存在した。しかし、学校は、消費者教育運動が下火になる1930年代なかば頃にいたるまで、近代広告の要求に対する実質的な対抗策をまったくもちあわせていなかった。

20世紀初頭の青少年向け広告主たちは、子どもの欲望と親の関心に対処する際、両者のあいだに適切なバランスをとろうと苦労していた。多くの場合、子ども向けの広告には、子どもが消費することでそれが栄養価とすぐれた学業成績に結びつくことを望む親側の訴えが顕著にあらわれていた。さらに1920年代から1930年代にかけての青少年向け広告では、消費者民主主義のなかで暮らす子どもに力をあたえようとするきわめて大胆な取り組みがなされた。子ども向け雑誌に掲載された広告は、親の新たな購買活動をうながす方法を子どもに文字どおり指導し、親の関心を強く引きつけるような売上材料を彼らに提供した。1970年代には、カナダの放送広告業者向けの指針は、広告者に対し「親に問いあわせや購入を求めることを…直接子どもに奨励」しないよう勧告したが、他方で20世紀初頭のアメリカの広告主にはこのような良心の呵責はまったく見られなかった（Kline, 1993に引用されている）。「お願い、お父さん、お願い［買って］」といった厚かましい見出しではじまる広告では、乞い願うことや昔ながらの子どものやり方——つまり、親の機嫌をとる——を用いることがごくふつうに認められていた。

戦間期には、広告主たちは、まわりの評判や身なりについての関心を表明することによって、子どもの消費者の忠誠心と関心を涵養しようとした。ハイスクール入学者数が急増し、青年たちがそれまで以上に多くの時間を仲間とともにすごすようになると、同じ年代の仲間の規範や期待に適合することが彼らの関心事となった。仲間の同意や［他人にあたえる］イメージのコントロールといった問題を解決するための、お金で購入できる手段を提示する場合でさえ、広告主たちは、匿名でなされる評価にさらされているのだという事実を10代の子どもたちに思い起こさせることによって若者の不安感を増幅した。ポスタム社のシリアルやケッズ社の靴といった商品広告は、少年少女のあいだに身体的な外見に対する大きな関心をよび起こした。しかし、広告主から少女に宛てたメッセージには矛盾があった。というのも、広告主は運動が得意な少女をポスト・ヴィクトリア時代のジェンダー的自由を謳歌するモダンガールの象徴として賞賛する一方で、彼女たちの運動能力よりも仲間に認められることや美しさを、肉体的な訓練から得られる最高の報酬なのだとすることによって、女性らしい野心と女性がなしうる成果の範囲を狭めてしまったからである。広告者たちは、少女たちが彼らの商品を購入すれば、それだけデートの機会が確実に増えるのだとくりかえし助言した——これはデートをするという新たに生じつつあった公共文化に対する確かな約束であり、まわりの評判は、人が

行なうデートの頻度と多様さによって測られた。

　1930年代の子ども向けラジオ番組の登場とともに、もはや典型的な都市の、中層と上層の中産階級の青少年雑誌の読者に限定されない広告主たちは、子どもの消費者文化をまさしく全国的な現象にした。大恐慌時代に生まれた何百万人もの子どもたちは、「小さな孤児アニーの秘密サークル」や「ポスト・トースティーズの少年探偵団」といったラジオから派生したクラブに参加したり、商品を購入した証とひきかえに「無料」でもらえる景品を手にすることで、自律性があると認められることへのあこがれを満喫した。子どもたちは、秘密のパスワード、暗号解読装置、大人には理解できない謎ことばで身を固めることによって、力を増す道としてクラブのメンバーであることの特権をかみしめたのであった。しかし、クラブのメンバーであることは同時に、長いあいだ心待ちにしていた景品が広告主の誇大広告どおりのものではない場合、消費者としての落胆を最初に学ぶ場でもあった。子どもたちは、怪しげな景品よりも賞金のかかったコンテストのほうを選び、誇大広告に冷笑を浴びせかけることで、みずからが消費者としてもっているかぎられたかたちで、元金の回収能力を発揮した。放送で流される過度な広告に苦情を訴える親もなかにはいたが、ラジオは、宣伝文句を物語の筋のなかに組みこむことによって、おそらくテレビ時代の広告が進むことになる、かつてはなかった広い道を切り開いたのである。

　第2次世界大戦後を通じて、アメリカでは、テレビが出現したことによって、広告主は子どもたちに一斉にはたらきかけることのできる新たな手段を手に入れる一方で、経済的な豊かさと許容的な子育てが広まったために、子どもたちはより大きな経済力をもつようになった。当初はテレビが広告媒体としてもつ可能性について疑念がいだかれることもあった。しかし、「ハウディー・ドゥーディー・ショー」(The Howdy Doody Show)[*4]や「ミッキーマウス・クラブ」(The Mickey Mouse Club) などの人気番組がそれらのとりこになる視聴者を生みだすことを確信するやいなや、広告主たちはここぞとばかりにテレビに殺到した。とはいえ、ラジオも若者市場に大きな影響力をおよぼしつづけており、1950年代のロックンロール関連のレコード売り上げのうち80パーセントは、ベビーブーム世代の人びとによるものであった。

　子どもが自分の判断で使うことのできる金額が増えたのにともなって、広告主が子どもの消費者に食指を伸ばすための投資額はさらに増えた。「セブンティーン」(Seventeen) 誌の調査によれば、1960年代に13歳以上の少女が手にしていた平均収入額は、週に9.53ドルであった。1999年までに、13歳から15歳までの子どもにあたえられる標準的な1週間分の**お小遣い**は30.50ドルから34.25ドルとなり、また、少女がもらう金額は少年よりも平均3ドルから4ドルほど多かった。

また、13歳以上の少年少女の副収入は、彼らが毎週手にする収入を倍増していた。その下の10歳から12歳までの子どもたちが別の収入源から得ていた金額は週5〜6ドルの上乗せにすぎなかったが、お小遣い額の平均は、彼らの毎週の収入にさらに21〜22ドル上乗せした額であった。1996年のある概算によれば、お小遣い額は、子どもの裁量で自由に使える金額890億ドルのうち、3分の1以上を占めた。子どもたちが集合的な消費者としてもつ影響力は、実際に重大なものであった。

　20世紀最後の20年間のアメリカでは、子どもたちと市場の障壁はほぼ消失した。両親の共ばたらき——これは今日のアメリカ人にとっては標準的な状況である——にともない、子どもたちのメディア消費を監視することが以前よりもいっそう困難になっただけでなく、親が抑制をくわえることもさらにむずかしくなってきた。もちろん、親の黙認も子ども期の商業化の一因であった。アメリカの多くの子どもたちが、自分の部屋で自分専用のテレビや、インターネットに接続可能なコンピュータを楽しんで使うようになったことで、広告業者たちはさらに仕事がしやすくなった。たとえ非常に用心深い親であっても、子どもが商業的なメッセージにさらされることに対して、せいぜいかぎられた統制しか行なうことができなかった。公立学校においてさえ、毎朝見るチャンネル1のニュース番組を通じて、子どもたちは最近の出来事にかんする報告とともに日々コマーシャルにさらされていた。実際、1920年代にはじまった資金不足の公立学校と広告業者とのあいだの結託は、20世紀最後の四半世紀に起きた課税反対運動や、投票者が学校債法案の承認に難色を示したことによって、不可避的な協力関係へと発展した。財政運営が厳しい公立学校は、歳入の増加を歓迎した——ソーダ会社との独占契約で何百万ドルもの収益をもたらすことができ、コンピュータ会社と秘密裏に協定を結ぶことで、新しいコンピュータの提供を「無償で」受けることができた。企業側は、品物を贈るかわりに、テレビよりもはるかに安く、多数の子どもたちに広告をとどけることのできる立場という見返りを受けたのである。

　子ども向け広告業者たちは、マーケティングの成功をめざして、古くからのレシピに新しいスパイスをくわえた。「スマーフス」、「ストロベリー・ショートケーキ」、「ヒー・マン」などのおもちゃをもとにしたテレビ番組が1980年代に出現したことにともない、子ども向けの娯楽番組に商品の推薦を織りこむという、ラジオによって最初に確立された伝統的な手法が新たにとりいれられた——これはおもちゃ産業が皮肉をこめて、子どもがおもちゃで遊ぶためには前もって決められた物語の筋が必要なのだと主張することで擁護した、マーケティング上の策略であった。この戦略はまた、大恐慌にみまわれた1930年代を思い起こさせる

ものでもあった。当時のおもちゃメーカーは、ミッキー・マウスやシャーリー・テンプル、バック・ロジャーズ、スーパーマンといった子どもたちのあいだで有名なアイドルを中心に、世間的に定評のあるキャラクターのおもちゃを作ることで、下降気味の売り上げを活性化させたのであった。

20世紀初頭の先行者と同様に、現代のマーケティング業者もまた、子ども向け広告の有効性を、いわゆる「ナグ・ファクター」(nag factor、ねばり要因)——その目的は、親が門を開けるまで最大限しつこくねばる(nag)ことにある——によって判断している。しかし、かつての広告業者は、家庭内の力関係をくずしてしまうことについてはより慎重であった——結局のところ、親の快諾を得ることが青少年の快諾を得る目的であった——のに対し、20世紀後半から21世紀初頭にかけての広告業者は、こうした境界線をさらに押し広げようとした。自己改善や知的啓発といった旧世代の親たちを満足させた約束は、今では快楽主義、反権威主義、そしてキッズ・パワーが君臨する子ども向け広告文化に道をゆずった。エレン・サイターの表現を借りれば、今日の子どもたちは親という門番をなだめるよりもむしろ、ナグ・ファクターを増大させるように作られた魅力ある品物を、「個別に売りつけられている」。

しかし、現代のマーケティング業者は独特な子どもの空想文化を創造するために巨大な投資をしているという事実を認めるにしても、それは20世紀初頭を子どもの消費文化にとってのユートピア的な瞬間として美化することにはならない。実情は、それとはまったく異なる。1990年代のポケモン・ブームは実際のところ、1930年代の子ども向けラジオ・クラブの直接的な後継者とみなすことができる。「小さな孤児アニー」や「ジャック・アームストロング」*5が特別な景品を約束したことで、[かつての]子どもたちはもっとたくさんのココモールト(Cocomalt)とかウィーティーズ(Wheaties)[といったシリアル食品]を親にねだるようになった。それとちょうど同じように、ポケモン(the PokeMon)が流行したことで、子どもたちは全150種類のポケモンを捕まえるのに役立つレアなトレーディング・カードをねだるようになった。ポケモンとは、有名な子ども向けアニメ番組やテレビ・ゲームのなかに出てくる「ポケット・モンスター」"pocket monster"とよばれる架空の動物のことである。いずれにせよ、市場はラジオのアイドルや人気のあるテレビ・ショーと上手に結びつくことで、流行にとって欠かせない要素を提供する一方、独特な子どもの世界へ参加することの魅力がブームに火をつけた。ラジオ・クラブのメンバーは、彼らの仲間しか知らない秘密のメッセージを解読したが、他方でポケモン・トレーダーは、各ポケモンの名前や、特別な戦闘能力や個体値(point value)などを暗記し、それぞれのポケモンにかんする知識の専門家となった。

1950年代以降の数十年間に子ども文化がこうした仕方で特権化されたことを受けて、子ども向け市場内でのさらなる年齢区分が進化した。戦間期の広告を特徴づけていたのは、ティーンエイジャーと子どもとの区別にしばしば曖昧さがみられることであった。しかしそれはやがて、よちよち歩きの小児(トドラー)から子ども(キッズ)をへて、さらにトゥイーンズ[9歳〜12歳]からティーンズ[13歳〜19歳]にまでいたる明確な直線的カテゴリーへと展開していった。マーケット業者はまた、さまざまな子どもの視聴者にかんするデータを集めるために、より多くの時間と費用をついやしている。かつての情報は、コンテストのデータや広告にかんする子どもの証言、ごく少数の個人インタビューから集められていたが、今ではより科学的な調査手段やフォーカス・グループといった方法を通じて広告代理人のもとへ送られている。1990年代を通じて広告者が見出したのは、ある特定のウェブ・サイトに入る前に——名前や、性別、年齢、電子メールアドレス、好きなテレビ・ショーや音楽グループなどをふくむ——重要な個人情報を提供するよう子どもたちに要求するという、子どもの趣向にかんする情報を手にするためのいっそう巧妙なやり方であった。1998年、連邦取引委員会は、親やメディア監視組織からの憤慨の声に応じて、親の許可なく13歳未満の子どもからオンラインで個人情報を求めることを違法とした。それにもかかわらず、子ども向けの広告業者は、インターネット上の架空のショッピング・モールが、近隣のそれと同じくらい人びとの行きつけの場所になるのではないかという高い望みをいだきつづけている。

政治家や消費者の権利擁護団体は、メディア企業や広告会社に対し、暴力的な商品や映画を子どもたちに売りこむ際、今以上の規制を行ない、責任を果たすようはたらきかけてきた。しかしそれにもかかわらず、こうした限定的な外側からの統制では、資本主義文化における自由市場や商業的な言論の自由への侵害行為に対する抵抗を抑えることはほとんどできなかった。実際のところ、抜け目のない子どもの消費者自身、商業主義の枠内で抵抗の手段を発見したにすぎなかったのである。こうした手段のうちの一つが、コンシューマー・リポーツ社の発行する「ジリオンズ」(Zillions)という子ども向け雑誌であり、商品検査や比較購入の基礎を子どもに教えている。子どもたちもまた消費至上主義を批判の言葉として用いるようになり、彼ら自身の反企業感情を、独自のインターネット上のミニコミ(自費出版の雑誌)やファッションを通じて市場に売りこんでいる。しかし、こうした抵抗によっても、広告業者がグローバルな規模で発信するメッセージのさらなる拡大を防ぐことはできなかった。上海の独身者たちは、急速な商業主義化と中国の一人っ子政策の

おかげで、消費者としての豊かさとグローバルな嗜好を十分に受容することができたが、彼らはそこに「トイ・ストーリー」(Toy Story)の道徳ジレンマがふくまれていることにすぐに気がついた――「トイ・ストーリー」はディズニーの物語であり、アニメのおもちゃの視点から、新しいおもちゃを手に入れるやいなや、子どもがいかに簡単に昔からのお気に入りのおもちゃに対する興味を失ってしまうかが語られる。逆説的なことに、消費至上主義は子どもたちがみずから独自のアイデンティティを作り出すことを可能にすると同時に、子どもたちをますますグローバルな商業文化へとしばりつけているのである。

[訳注]
* 1 トレーディング・カード(trading card)――さまざまな商品につけた風船ガムなどの包みにおまけとして入っているプロの運動選手などが描かれた小さなカード。子どもが集めたり、交換したりする。
* 2 クロモリトグラフ(chromolithography printing)――多色石版印刷術。印刷術のひとつで、磨いた石の版材に脂肪墨で描画し、脂肪性インクをあたえて印刷する18世紀初頭以降進化してきたリトグラフの印刷法を、1798年にドイツの印刷業者が改良し、インクの色数を増やした多色刷りの印刷技法。石版石の板の上に、脂肪入りのチョークで絵柄を線描し、これに油性インクを塗って線描部分だけにインクが付着することを利用して、図柄を紙に転写する技法。画家が石版への素描作業に直接かかわることが可能であるため、従来の銅版画が線描作業を専門家にまかせる方法に比べて画質が向上した。19世紀初頭以降のヨーロッパのボタニカル・アートの流行にみられるように、植物画家による植物画の植物学的な正確さをより忠実に再現できることから、博物学の視覚資料が各段に改善されるとともに、各種の印刷物や読みものの専門の挿絵画家が登場することとなった。chromolithographyという用語の初出は1839年頃からである。
* 3 エレクター・セット(elector sets)――1913年頃からアメリカで販売されはじめた組み立ておもちゃ。金属やプラスチックなどでできた子ども用の組み立てセット。橋、塔、建物などを組み立てて遊ぶ。
* 4 ハウディー・ドゥディー・ショウ(the Howdy Doody Show)――1947～1960年まで、アメリカで放映されたテレビ番組。架空の町ドゥーディービル(Doodyville)でサーカスを経営する、赤毛でそばかすだらけのカウボーイ姿の少年(Howdy Doody)が主人公の人形劇で、進行役のバッファロー・ボブ(Bob Smith)ら人間の役者もまじり、ピーナッツ・ギャラリー(Peanuts Gallery)とよばれる子どもの観客も参加する。この種の幼児向けの参加番組の草分けとなった。
* 5 「小さな孤児アニー」(Little Orphan Annie)や「ジャック・アームストロング」(Jack Armstrong)――「小さな孤児アニー」(Little Orphan Annie)は、アメリカの人気漫画で、これをもとに、G・ストロウズが作曲して作ったのがミュージカル「アニー」(Annie, 1977-1983)。「ジャック・アームストロング」(Jack Armstrong)は、1930年代のアメリカで放送が開始されたラジオの連続冒険ドラマ "Jack Armstrong, the All-American Boy"(1933-1951)の主人公。アメリカを代表する典型的な「すばらしい高校生」。

➡メディアと子ども期、消費文化

● 参考文献

Cross, Gary. 1997. *Kids' Stuff: Toy and the Changing World of American Childhood*. Cambridge, MA: Harvard University Press.

Davis, Deborah S., and Julia S. Sensenbrenner. 2000. "Commercializing Childhood: Parental Purchases for Shanghai's Only Child." In *The Consumer Revolution in Urban China*, ed. Deborah S. Davis, pp. 54-79. Berkeley: University of California Press.

Forman-Brunell, Miriam. 1993. *Made to Play House: Dolls and the Commercialization of American Girlhood, 1830-1930*. New Haven, CT: Yale University Press.

Garvey, Ellen. 1996. *The Adman in the Parlor: Magazines and the Gendering of Consumer Culture, 1880s to 1910s*. New York: Oxford University Press.

Jacobson, Lisa. 2004. *Raising Consumers: Children and the American Mass Market in the Early Twentieth Century*. New York: Columbia University Press.

McNeal, James. 1987. *Children as Consumers: Insights and Implications*. Lexington, MA: Lexington Books.

Palladino, Grace. 1996. *Teenagers: An American History*. New York: Basic Books.

Seiter, Ellen. 1993. *Sold Separately: Parents and Children in Consumer Culture*. New Brunswick, NJ: Rutgers University Press.

(LISA JACOBSON／渡邊福太郎訳)

後天性免疫不全症候群(Acquired Immune Deficiency Syndrome)
➡エイズ(AIDS)

国際機関 (International Organizations)

ほとんどの国において、子どもは周囲から影響を受けやすく無防備な存在であり、したがって特別な保護と対応がはかられるべきであるとみなされている。だが、歴史を通じて、数百万人の子どもたちが飢え、病気、貧困、搾取、あるいは戦争などに苦しみ、それらが原因で生命を落としてきている。子ども保護の重視は20世紀初頭にはじまり、いまも進化しつづけている。国際的な政府間機関(IGO)、とりわけ国連(UN)とその下部組織、宗教団体、非政府組織(NGO)の創設は、貧窮している子どもたちに人道的な食糧と支援を提供することを重要な目的として、二度にわたる

世界大戦の悲劇によって後押しされたものである。1950年には、子どもたちの生活の改善に貢献するために活動する組織はほんのひとにぎりしか存在しなかったが、今日ではそれは数千に上っている。

国際的な非政府組織（NGO）の登場

国際連盟（LN）は、第1次世界大戦後の集団的安全をもたらす試みとして創設された。1920年に採択された国際連盟協約は、人道的な労働条件を提供することや、女性と子どもの人身売買を止めさせることなど、子どもにかかわるいくつかの問題に取り組んだ。しかし、国際連盟はその目的を達成しそこない、第2次世界大戦の戦勝国が1945年に国際連合を創設したとき、解散した。

第2次世界大戦終結時の数億人を緊急に援助する当初の任務、とりわけ子どもたちに住む場所と食糧をあたえることが、国連の救済復興局に委任された。1945年には、こうしたさまざまな役目は漸進的に新しく創られた国連食糧農業機関（the Food and Agricultural Organization：FAO）、世界保健機関（the World Health Organization：WHO）、国連教育科学文化機関（the United Nations Educational, Scientific, and Cultural Organization：UNESCO）、そして国際難民組織（the International Refugee Organization：IRO、これは1951年に国連難民高等弁務官事務所［the UN High Commission for Refugees：UNHCR］となった）などの特別な国連の機構に受け継がれた。1946年に創設された国連国際児童緊急基金（UN International Children's Emergency Fund、今日では**ユニセフ**［国連児童基金、the United Nations Children's Fund：UNICEF］とよばれている）は、現在126ヵ国に事務所を置き、**子どもの権利**を推進し、唱導する重要な国連機関である。UNICEFは、数百万人の子どもたちに食糧、医療、基礎教育を提供するために、国連の諸機関とNGOとともに活動している。

1950年代に創設された二つの新しい組織も子どもを対象にした計画を展開している。国連人権高等弁務官事務所（OHCHR）と国連開発計画（UN Development Programme：UNDP）である。OHCHRは、1950年に活動をはじめて以来、推定で5000万人を援助し、その後も毎年2000万人の難民を援助しており、その80パーセントが女性と子どもである。UNDPは、1959年に活動を開始し、今日では国連のもっとも重要な機関のひとつとなっている。UNDPは、発展途上国に対する多面的で開発的な援助を提供する。UNICEFとOHCHR、そしてNGOのひとつである国際赤十字社（the International Red Cross）をふくむいくつかのIGOは、その任務の推進と子ども保護の取り組みに対してノーベル平和賞をあたえられた。

法律文書

国際連盟と国際連合が創設されて以降、子どもの権利問題は意義深く進展してきている。IGOとNGOは、子どもの法的権利を定義する国際法と法的規範を成文化するうえでお互いに助けあってきた。

子どもを特別な対象とした最初の法律文書は、1919年の「最低年齢に関する国際協定」[*1]の可決であった。その2年後、国際連盟は、「女性と子どもの抑圧と人身売買に関する国際協定」（the International Convention for the Suppression of Traffic in Women and Children）を可決した。搾取からの保護をふくむ子どもの基本的な諸権利は、バルカン半島諸国の子ども難民を救済するために創案された1924年の子どもの権利に関するジュネーヴ宣言[*2]［巻末資料参照］のなかではじめて明言された。

国際連盟が解体したのち、国際連合は、子どもの基本的ニーズを保護する国際法を創案する重要な機関となった。これは、国連が主催する全世界規模の会議を通じてか、あるいは国連総会の決議を通じてのどちらかで行なわれた。

世界人権宣言[*3]は、1948年の国連総会において採択された。この宣言は、すべての人間の基本的な政治的、経済的、社会的な諸権利を網羅している。そこにふくまれている子どもの権利のなかには、無償の初等教育、適切な生活水準、そして社会的な保護が保障される権利がある。これらの権利は、いまなお多くの文化で論争をよんでいる、結婚関係の外で生まれた子どもたちをふくむことを意味している。

結婚にかんして、1954年の国連決議と1962年の条約はどちらも、幼児結婚はその当事者が**思春期**の年齢に達していなければ違法であると断言した。「児童の権利に関する宣言」（The Declaration on the Rights of the Child, 1959）［巻末資料参照］は、政府と市民社会に向けて、子どもたちに教育と健康管理と良好な栄養をあたえるよう求めた。1965年には、国連は、結婚の最低年齢を15歳以上（若干の例外があったが）でなくてはならないと明記した。

1970年代には、いくつかの条約と子ども向けのサービスが（両親または国のそれよりもむしろ）子どもの将来展望を反映しはじめた。たとえば、「里親斡旋と養子縁組に関する国連宣言」（the UN Declaration on Foster Placement and Adoption, 1986）は、もし子どもたちの身体的および感情的なニーズが満たされない場合、その両親を超えた権利を子どもたちに認めた。1988年には、大人がいない子どもだけの難民の窮境は、UNHCRに「難民児童の救済指針」（Guidelines on Refugee Children）を確定させることとなった。

現在までに、子どもを保護するもっとも重要な条約は、1989年の「**国連子どもの権利条約**」（the 1989 UN Convention on the Rights of the Child：CRC）［巻末資料参照］である。これは世界のほとんどの国で

批准された協定であり、子どものために経済的、政治的、市民的、および社会的な諸権利をはじめてひとつに結びつけるものであった。2002年には、子どもの売買、子ども買春（→児童売春）、および子どもポルノ（→児童ポルノ）を禁止する条約と、武力紛争に巻きこまれた子どもたちに対処するほかの条約がくわえられた。これらの新しい法律は、兵士、使用人、あるいは性の奴隷となっている30万人以上の子どもたちに大きな影響をおよぼすものと考えられている。

1990年代を通じての子どもの権利にかんする進展状況についての国連の回顧は、ある地域での進展とほかの地域での退行を示している。積極的な展開は、さらに数百万人の子どもたちを学校に送っている。ジェンダーの平等は、とくに教育と健康分野で進んでいる。**ポリオ**はほぼ撲滅している。そして、子どもたちは以前よりも長く、より健康的な人生を送っている。CRCの採択と、国際的な諸機関、NGO、そしてメディアによって展開されている諸活動のおかげで、子どもの権利に対する侵害は、政府と公的な関心をますます多く集めている。たとえば、多国籍企業は彼らが児童労働者を雇用した結果、公的な抗議とボイコットに直面している。

だが、新しい千年紀の初め（21世紀初頭）には、1億人もの子どもたちが、まだ学校の外にいた（そのうちの60パーセントは少女であった）。3000万人の子どもたちが性的搾取のために人身売買される一方で、5000万人の子どもたちが耐えがたい労働形態のなかではたらいていた。さらに、毎年1000万人のどもたちが、避けることができる原因で生命を落としている。1億5000万人の子どもが栄養失調になっており、**ヒト免疫不全ウイルス（HIV）／エイズ（後天性免疫不全症候群、AIDS）**は、何百万もの子どもたちに感染した。2010年までに3000万人の子どもたちがエイズのために孤児になると見積もられている。

子どもたちに援助を提供しようとするさまざまな取り組み、また、子どもを守るための多数の法律文書にもかかわらず、貧困状態、戦闘地域、あるいは発展途上国で暮らしている子どもたちは、多くの困難に直面している。数百万人もの子どもが、適切な公衆衛生、飲料水、教育、あるいは未来への希望をいだくことなく、ますます勢いを増しつつある貧困状態で暮らしている。戦争、腐敗、そして対外債務は、政府が子どもたちの基本的なニーズに財政投資するのをしばしばさまたげている。残念なことに、国際組織は、すべての子どもたちに提供する十分な基金を欠いている。

［訳注］
＊1 最低年齢に関する国際協定（the Minimum Age Convention）——第1次大戦後の1919年のパリ講和会議で締結された「ベルサイユ平和条約」のなかの第13編「労働」で示された国際労働憲章を受け、1919年に創設された国際労働機構（ILO）が、同条約の労働規定を国際協約として確定するために同年10月にワシントンで開催した第1回ILO総会で、工業の労働時間、失業、母性保護、女性の夜業、工業に従事する最低年齢と若年者の夜業を扱う六つの国際労働条約を採択した。このときの第5号協定が「最低年齢に関する国際協定」（工業に使用しうる児童の最低年齢を定むる条約）である。ただし対象となったのは工業的労働分野と、児童労働を利用する企業のみであったことに注意しなくてはならない。

＊2 子どもの権利に関するジュネーヴ宣言（The Declaration of the Rights of the Child; the Declaration of Geneva）——1924年9月26日の国際連盟総会第5会期で採択された。権利の内容は次のようなものである。
「すべての国の成人男女は、人類がもつ最善のものを子どもにあたえる義務を負っていることを認め、人種、国籍または信条にかんするあらゆる理由には関係なく、すべての子どもに、以下の諸事項を保障すべきことを宣言し、かつ自らの義務としてこれを受け入れます。(1)子どもは、身体と精神の両面において通常の発達を遂げるうえで必要な諸手段をあたえられなくてはなりません。(2)飢えた子どもには食物があたえられなくてはなりません。病気の子どもは看病されなくてはなりません。発達が遅れている子どもには援助の手を差しのべなくてはなりません。非行をおかした子どもには更生の道を用意しなくてはなりません。孤児や浮浪児となった子どもには住まいがあたえられ、援助の手を差しのべなくてはなりません。(3)子どもは、危難の際には最初に救済を受けなくてはなりません。(4)子どもは、生活が可能な状況に置かれ、なおかつ、あらゆる形態の搾取から守られていなくてはなりません。(5)子どもは、その才能を人類同胞への奉仕のために捧げられるべきであるという自覚をもって育成されなくてはなりません。」
この草案は前年の1923年に、イギリスの児童福祉運動家で、児童救済基金（the Save the Children Fund, 1919-）の創設者であるエグランタイン・ジェブ（Eglantyne Jebb, 1876-1928）によってまとめられたものである。

＊3 世界人権宣言（the Universal Declaration of Human Rights）——人権に関する世界宣言。1948年12月に国連総会で採択された30カ条からなる人権宣言。高木八尺・末延三次・宮沢俊義（編）『人権宣言集』（岩波文庫、1978年）参照。

➡児童労働（欧米）、児童労働（発展途上国）、少年司法、少年兵（世界的な人権問題）、戦争と子ども（20世紀）、労働と貧困

● 参考文献

United Nations. 2002. *We the Children: End-Decade Review of the Follow-up to the World Summit for Children*. New York: United Nations Publications.

Van Bueren, Geraldine, ed. 1993. *International Documents on Children*. Boston: Martinus Nijhoff Publishers.

Ziring, Lawrence, Robert E. Riggs, and Jack C. Plano. 2000.

The United Nations: International Organization and World Politics. Orlando, FL: Harcourt College Publishers.
● 参考ウェブサイト
UNICEF. 2002. "About UNICEF." Available from 〈www.unicef.org/uwwide〉
UNICEF. 2002. "United Nations Special Session on Children." Available from 〈www.unicef.org/specialsession.html〉
United Nations. 1997. "Convention on the Rights of the Child." Available from 〈www.unhcr.ch/html/menu3/b/k2crc.htm〉

(SONJA L. TAYLOR／北本正章訳)

国連子どもの権利条約（UN Convention on the Rights of the Child: CRC）

1959年、国際連合は、国際連盟の先例にしたがって「児童の権利に関する宣言」（*Declaration of the Rights of the Child*）を採択した。しかし、教育・健康・保護における子どもの福祉をうたうこの宣言の条文にはなんの拘束力もなかった。つまり、国にはその子どもの扱いについて法的責任がなかったのである。国連「国際子ども年」（*International Year of the Child*, 1979）を契機に、「子どもの権利条約」（*the Convention on the Rights of the Child*: CRC）が1989年の国連総会で採択され、翌年に発効した。これは締約国に法的責任を課した子どもの権利のはじめての規範文書であり、国連加盟国のもっとも多くの国が批准し、191カ国が参加する条約である。だが、ソマリアとアメリカ*¹の2カ国だけがまだ批准していない。条約の遵守を監視するために、締約国は専門家委員会に定期的に報告することが求められており、子どもの権利委員会（the Committee on the Rights of the Child）は締約国が負う条約の義務の達成状況を審査することとされている。さらに、子どもの権利の重要な論点に関連する国際法に鑑みて、国連総会は2000年にCRCにかんする二つの追加議定書を批准した。「武力紛争における子どもの関与に関する議定書」（*the Protocol on the Involvement of Children in Armed Conflict*）と、「子どもの売買、児童買春および児童ポルノに関する議定書」（*the Protocol on the Sale of Children, Child Pornography, and Child Prostitution*）である。

CRCは、子どもとは18歳未満のすべての個人であると定義し、子どもの福祉にかんして40の条項を設け、さまざまな権利・禁止・手続き的ガイドラインをうたった。条約の基本的要件は、締約国は子どもにかんするすべての行為において、子どもの最善の利益を考慮することである。条約の条項には次のようなものがある。——生命および差別を受けることなく健康に発達する子どもの権利、名前と国籍をもつ権利、無償の義務教育を受ける権利、表現・思想・良心・宗教の自由への権利、固有の文化・言語・宗教を享受する権利、情報を利用する一般的権利。この条約は、子どもの養育、健康な発達、道徳的指導にかんする親あるいは保護者の第一義的な権利も確認している。だがそれでも、締約国は物理的・心理的暴力、放置、搾取、性的虐待から子どもを保護する義務を負う。

この条約は、子どもの健康と安全を保障する締約国の責任を拡大し、それを養子手続きの改善から子どもにとって社会的・文化的に有益な情報を提供するマスメディアにまでおよぶようにした。また締約国は、達成可能な最高水準の健康と病気治療を保証しなければならない。たとえば、乳児および子どもの死亡率を低下させる措置、母親の産前産後の健康への適切な配慮、武力紛争にさらされた子どもへの特別な保護の提供などである。CRCのもとで、締約国は、すべての子どもの身体的・心理的・精神的・道徳的・社会的発達をとげるために十分な生活水準をうる子どもの権利を認識する。この条約はまた、犯罪で訴追された、あるいは有罪を宣告された子どもにかかわる権利を確立した。そこには、18歳未満の子どもに対する拷問や品位を傷つける処罰の禁止、法の適正手続*²と推定無罪の権利*³、死刑あるいは釈放の可能性のない終身刑の廃止がふくまれている。

[訳注]

*1 ソマリアとアメリカ——子どもの権利条約をソマリアが批准していなかったのは、長らく独裁的な政治体制をとっていて、統治機構の点で対応できなかったためであるが、2015年10月1日に批准した。現時点で批准している国と地域は196カ国であり、未批准国はアメリカだけとなっている。アメリカは、将来的に批准する意志があることは示しているが、次の理由で批准していない。(1)アメリカでは各州ごとに法律の運用基準が異なり、州の自治を重んじる政治風土のため、子どもの権利条約で示されている内容との整合性が容易に作れないこと。(2)子どもの権利条約で示されている「子どもの教育権」「健康と福祉への権利」など子どもの社会権を認めることについては、親の権威を重視し、家族秩序を重んじる共和党支持者や宗教関係者のあいだに根強い抵抗があること。(3)アメリカ外交の伝統的な孤立主義を踏襲していること。

*2 法の適正手続き（due process; due course of law）——アメリカ合衆国憲法および州憲法において、基本権を侵害する法律や行政機関の行為を憲法違反とする一般的条項。

*3 推定無罪（presumption of innocence）——英米法系の刑事訴訟において、被告人の無罪の推定を優先する考え。被告人の有罪を訴追機関が挙証しないかぎり、被告人は無罪であるとする推定。

➡国際機関、児童虐待、少年裁判所
● 参考文献
Andrews, Arlene Bowers, and Natalie Hevener Kaufman, eds. 1999. *Implementing the UN Convention on the Rights of the Child: A Standard of Living Adequate for*

Harris-Short, Sonia. 2003. "International Human Rights Law: Imperialist, Inept and Ineffective? Cultural Relativism and the UN Convention on the Rights of the Child." *Human Rights Quarterly* 25: 130-181.
Holmström, Lei, ed. 2000. *Concluding Observations of the UN Committee on the Rights of the Child: Third to Seventeenth Session, 1993-1998*. The Raoul Wallenberg Institute Series of Intergovernmental Human Rights Documentation, vol. 1. The Hague; Boston: Martinus Nijhoff Publishers.
Schabas, William A. 1996. "Reservations to the Convention on the Rights of the Child." *Human Rights Quarterly* 18: 472-491.

● 参考ウェブサイト
Defense for Children International. 2003. Available from 〈http://defence-for-children.org/〉
Human Rights Watch. 2003. Available from www.hrw.org.
United Nations. 1989. Convention on the Rights of the Child. Available from 〈www.hri.ca/uninfo/treaties/index.shtml〉
United Nations. 2003. Office of the High Commissioner for Human Rights-Children's Rights. Available from 〈www.unhchr.ch/html/menu2/isschild.html〉

（DIANE E. HILL／山口刀也・太田明訳）

子殺し（嬰児殺し）（Infanticide）
➡子どもの遺棄（Abandonment）／捨て子（Foundlings）

孤児（Orphans）

　過去には無数の子どもが親を亡くした孤児であった。人びとが早い年齢で結婚して多数の子どもをもうけ、成人人口の死亡率がどこでも高かった社会では、多くの子どもが、成人になる前に片親を失っており、ときには両親を失っていた。

　孤児たちは、そうでない子どもたちよりも高い死亡率であった。しばしば彼らは、標準的な世帯の外で暮らさざるをえなかったが、それは、彼らが里親のもとに預けられていたり、それよりも多くの場合、ふつうの子どもたちよりも早い年齢で使用人あるいは徒弟として他家に預けられていたためであった。こうした子どもたちの生活条件を改善し、彼らが社会に統合されるのを容易にするために、最初は慈善的な社会団体が、次いで町や国家が組織された。

どれくらいの数の孤児がいたか？

　社会のなかで孤児になる子どもの数は、政治的および経済的な環境（戦争、飢饉、伝染病）と、人口動態の状況に結びついている。17世紀以降、死亡率が下降するのにつれて、ヨーロッパ諸国の多くで人びとが晩婚化しはじめ、そして、人びとが平均年齢よりも高い年齢で死亡するようになるのにつれて、子どもたちは遅い年齢で両親を亡くすようになり、未成年の孤児の数も減少した。

　近世初期になると、孤児は正確に数えられるようになる。17世紀と18世紀のフランス、イギリス、あるいはスペインのいくつかの村落にかんする推定値は、すくなくとも子どもたちの3分の1が子ども期のあいだに片親を亡くしていたことを示している。19世紀のミラノでは、子ども2人につき1人が20歳までに、すくなくともどちらか片方の親を亡くしていた。19世紀の中国では、少年たちのほぼ3分の1が15歳までに片親あるいは両親を亡くしていた。近世には、年少の子どもたちは、父親を亡くすよりも母親を亡くすことが多い状況にあった。多くの女性が産褥死[*1]していたからである。西ヨーロッパでは、出産後60日以内に死亡する女性のリスクは、17世紀の1パーセントから1900年の0.5パーセントへと減少した。男性人口の死亡率が高かったため、12歳以上の子どもが父親を失うリスクは増加した。19世紀のヴェネツィアでは、5歳の時点で子どもたちの5.4パーセントが父親を亡くし、6パーセントが母親を亡くし、1パーセントが両親を亡くしていた。15歳になると、22パーセントが父親を亡くし、15パーセントが母親を亡くし、6パーセントが両親を亡くしていた。

無力な子どもたち

　どの研究も、孤児の死亡率がほかの子どもの死亡率より高かったことを示している。感情的および心理的なトラウマにくわえて、子どもたちの生存条件におよぼす影響は深刻であった。労働階級の父親の死は、ほとんどの場合、その世帯を極貧状態におとしいれることになった。

　どの場合でも、子どもたちがその母親を亡くすと状況はいっそう悪化した。この現象は19世紀のヨーロッパ、中国、そして日本で見られた。たとえば19世紀のスウェーデンのリンチョーピングでは、1歳の誕生日を迎える前に母親を亡くした子どもたちの60パーセントが15歳までに死亡しているが、これは、父親を亡くした子どもの場合の30パーセント、両親を亡くした子どもの場合の25パーセントに比べると対照的である。母親が亡くなることによって生じるこのような結果は、しばしば父親がすみやかに再婚することによって緩和することができた。

　父親が亡くなったときの子どもの年齢も要因であった。父親あるいは母親が亡くなったとき、その子どもが年少であれば、それだけ死亡率のリスクも高かった。1915年のボルティモアでは、生後2カ月以内に母親を亡くした子どもの死亡率は、1000人中526人であった。これにくわえて、子どものジェンダーが家族の干

トマス・B・ケニントン「孤児」（1885年）。Tate Britain, London*

渉と家族の外からの援助に影響をおよぼしていたため、孤児の生存はジェンダーとつながりがあったように思われる。少女は少年よりも洗濯や料理することを学ぶ覚悟ができており、幼い年齢でも上手に身のまわりを整えることができた。したがって、通常、非常に多くの援助が少年たちに向けられていたが、少年と少女の生存は家族の調整能力に左右された。いくつかの研究は、宗教が果たした役割についても言及している。たとえば19世紀のヴェネツィアでは、子どもたち全体と、とくに孤児たちのあいだの死亡率は、ユダヤ人のあいだでの死亡率の2倍であった。このことは、個人の衛生観念、病気や医学への対し方、それに両親の死という出来事における共同体の諸制度の効率性などをふくむさまざまな要因と関連していたであろう。

孤児たちと世帯

　ある子どもの父親あるいは母親が亡くなった場合、その世帯の存続は危機に瀕し、いくつかの可能性が思案される。(1) 世帯は、死去した両親を欠いたまま存続するかもしれない。(2) その世帯は子どもたちの何人かが家を去るとか、生き残った親を助ける意志のある新しい参入者（叔母、従姉妹たちなど）の到着によって変わってしまうかもしれない。(3) その世帯は、生き残った親が再婚する場合、しばしばつれ子のいる継父や継母によって再構成されるかもしれない。あるいは、(4) その世帯は、生き残った親によって孤児たちがバラバラにされてしまうことによって、ちりぢりになってしまうかもしれない。16世紀以降のヨーロッパ社会では、一般に寡婦は寡夫よりもひんぱんかつ迅速に再婚していた。したがって、孤児たちが育つ再構成された世帯には、継父よりも継母のほうがより多くふくまれていた。いくつかの研究は、孤児はほかの子どもに比べてはるかにひんぱんに、とくにその継父や継母たちによる性的虐待の犠牲者であったかもしれないと暗示している。しかし、その資料は手薄である。

　父親が死ぬと、その寡婦は世帯の長になることができた。しかしこの役割は、一般的には10代後半の男子の孤児に移譲することもできた。工業化以前の日本では、孤児の少年は、16歳になるとその世帯の長として自分の父親の後を継ぐことができたが、このような立場の孤児は、年齢のわりに早い段階で大人の責任を引き受けなくてはならなかった。このことが可能であったいくつかの国では、孤児はしばしば早い年齢で家父権からの解放という利益を得た。

　父親の死という出来事に際して、再婚しなかった寡婦が多数の子どもを自力で養うのは、しばしば困難なことであった。そのため孤児たちは、孤児でないほかの子どもよりもひんぱんに早い年齢で家を出た。**祖父母たちは年少の孤児たちが暮らしている住宅ではごくかぎられた役割しか果たさなかったようだが、おそらくそれは、彼らが生存していることがきわめてめずらしかったからである。孤児たちは、しばしば使用人あるいは徒弟という身分になった。しかし、家族の連帯感は、孤児たちを可能なかぎりいつでも親戚の家に使用人あるいは徒弟として預けるようにしていたようである。

家族の支援から集団の支援へ

　中世から17世紀末までの時期を通じて、慈悲深い社会から得られる物質的な支援がほとんどなかったため、つましい暮らしをしていた孤児でも、しばしば極貧生活に追いやられる運命にあった。小説家たちは、住むところのない少年が物乞いや**非行少年**に身を落とし、住む家のない少女が売春を強いられる状況を詳しく書きたてた。しかし、こうした子どもたちの世話をする諸制度は、ゆっくりとしか組織されなかった。ヨーロッパの多くの国々では、救貧対策委員会が生まれた。これは、一般に孤児の親戚たちで組織され、孤児の教育と、彼または彼女の財産の保管に責任を負っていた。

　孤児になった子どもの世話を懇請した最初の人びとは、その代父（godfather）と代母（godmother）であった。しかし、保護者としての**名づけ親**（godparents、代父母）の役割は、おそらく東ヨーロッパ

と南ヨーロッパには強く残存していたが、中世末以降の西ヨーロッパでは衰退していたようである。フランスでは、フランス革命が市民法にもとづく**洗礼**を制度化した。そこでは、その子が成人するまでに両親が亡くなったり、面倒を見ることができなくなった場合、代父と代母が、その子に必要なものをあたえることを公的に、また厳粛に、誓約した。

孤児が養子に出されることもありえたが、これはすでに古代ギリシアにおいて立証された慣行であった。近世には、これを最初に代父と代母が懇請したが、このことは、なぜ養子がよい生い立ちをもつ比較的若い人びとのなかから選ばれなくてはならなかったのかを説明している。フランスでは、モンテーニュ、コルネーユ、そしてヴォルテールといった著名な人びとが、彼らの孤児となった名づけ子を養子にしたことで知られている。

孤児は、病院や慈善団体によって養子にされることもあった。ヨーロッパでは、これはおもに16世紀以降に起きた。西ヨーロッパでは、その孤児の親族でない中産階級の人びとの手で、何人かの孤児が養育院に養子として預けられていたことを示す証拠資料がある。この慣行は、とくにドイツでは18世紀まで残っていたようである。ヴェネツィアでは、物乞いを減らすことをめざした啓発運動の一部として、1811年に最初の**孤児院**が創設された。それ以前には、放浪する孤児たちは、放浪乞食や心身障がい者たちとともに、治療センターというよりも短期少年院[*2]のような大きな病院に収容された。ヴェネツィアの孤児院に収容されるには、孤児は、7歳ないし12歳であり、正嫡子で、ヴェネツィアに生まれ育った者であり、健康であり、はたらくことができなくてはならなかった。この孤児院にはかぎられた住居しかなかったため、ほかの孤児たち、とくに非常に幼く、病気で、非嫡出子あるいは移民である場合には受け入れが拒絶された。こうした孤児たちはほかの慈善団体から、衣類、食物、あるいは避難所などの援助を少しは得ることができたが、主要には自分の親戚か縁者に頼らざるをえなかった。

近代のヨーロッパでは、非嫡出の子どもは、捨て子になる高いリスクを背負っていた。非嫡出の孤児が生きのびられる唯一の希望は、養育院あるいは慈善組織にひろわれることであった。孤児になった非嫡出の子どもたちの大半は、遺棄された無数の子どもたちと同じように、保護者の家に預けられ、自分の家族との接触を断たれた。ほかの者は、自分が受けた援助を支払うためにはたらかざるをえないワークハウス（救貧院）に監禁された。

19世紀になると、国家は、とくに孤児院の経営に財政支援と支配をすることによって、孤児たちを扶養することにしだいに積極的になってきた。戦争孤児——その父親が戦闘中に殺され、あるいは生きて傷痍軍人になる——のような特殊な場合についても言及しておく必要がある。たとえば、第1次世界大戦後のフランスは、戦争孤児たちのために、「国家保護の戦災孤児」（Pupilles de la Nation）とよばれた特別な地位を作った。国家によって養子にされたこうした戦災孤児たちは、法的な成年の範囲を超えた物質的および道徳的な利益を得た。

現在の孤児が置かれている状況は、すくなくとも開発途上国においては、幸運にも、20世紀を通じて改善してきている。未成年の子どもの親の成人死亡率が低いため、孤児はそれほど多くはなく、ほとんどの孤児院は閉鎖されている。生き残っている両親は、しばしば保険と公的基金から援助を受けとる。福祉国家は、子どもの両親がどちらも亡くなり、その親戚が子どもの世話をすることができない場合には、教育と世話を提供しようとする。また、子どもがいない夫婦による孤児の養子縁組（これは多くの国で、19世紀にはまだ法的に認められていなかった）は、20世紀後半以降ひんぱんに行なわれるようになってきている。

[訳注]
*1 産褥死（died in childbirth）——分娩中に子宮内の胎盤の剥離面や、難産による大量の失血、分娩によって生じた傷への細菌感染によって起こる産褥熱やその他の併発する病気による妊婦の死亡。分娩中およびその後の母親の死亡。20世紀初め、抗生物質の発見によって産褥熱およびそれにともなう母親の死は大幅に改善された。
*2 短期少年院（detention center）——おもにイギリスで、14歳から20歳までの男子少年犯罪者を、3週間から4週間にわたって収容していた施設。1988年から young offenders' institution に変わった。

➡継父母（アメリカ）、子どもの遺棄、捨て子、ホームレスの子どもと家出中の子ども（アメリカ）、養子縁組（アメリカ）

●参考文献

Akerman, Sune, Ulf Högberg, and Tobias Andersson. 1996. "Survival of Orphans in 19th Century Sweden." In *Orphans and Foster Children: A Historical and Cross-Cultural Perspective*, ed. Lars-Göran Tedebrand. Umea, Sweden: Umea University.

Bideau, Alain, Guy Brunet, and Fabrice Foroni. 2002. "Orphans and Their Family Histories: A Study of the Valserine Valley (France) during the 19th and the 20th Centuries." *The History of the Family: An International Quarterly* 5: 315-325.

Campbell, Cameron, and James Lee. 2002. "When Husbands and Parents Die: Widowhood and Orphanhood in Late Imperial Liaoning, 1789-1909." In *When Dad Died: Individuals and Families Coping with Distress in Past Societies*, ed. Renzo Derosas and Michel Oris. New York: Peter Lang.

Derosas, Renzo. 2002. "Fatherless Families in 19th Century Venice." In *When Dad Died: Individuals and Families Coping with Distress in Past Societies*, ed. Renzo Derosas

and Michel Oris. New York: Peter Lang.
Faron, Olivier. 1999. "The Age of War Orphans: Construction and Realities of a Group of State Wards between Education and Assistance (1917-1935)." *The History of the Family: An International Quarterly* 4: 17-29.
Faron, Olivier, and Jacques Renard. 2002. "The Varied Repercussions Caused by the Demise of the Father among Past Populations." In *When Dad Died: Individuals and Families Coping with Distress in Past Societies*, ed. Renzo Derosas and Michel Oris. New York: Peter Lang.
Gager, Kristin E. 1996. *Blood Ties and Fictive Ties: Adoption and Family Life in Early Modern France*. Princeton, NJ: Princeton University Press.
Kurosu, Satomi, and Emiko Ochiai. 1995. "Adoption as a Heirship Strategy under Demographic Constraints." *Journal of Family History* 20: 261-288.
Oris, Michel, and Emiko Ochiai. 2002. "Family Crisis in the Context of Different Family Systems." In *When Dad Died: Individuals and Families Coping with Distress in Past Societies*, ed. Renzo Derosas and Michel Oris. New York: Peter Lang.
Vassberg, David E. 1998. "Orphans and Adoption in Early Modern Castilian Villages." *The History of the Family: An International Quarterly* 3: 441-458.
Wall, Richard. 2002. "Elderly Widows and Widowers and Their Coresidents in Late 19th and Early 20th-Century England and Wales." *The History of the Family: An International Quarterly* 7: 139-156.

(GUY BRUNET／北本正章訳)

孤児院（Orphanages）

14世紀なかば、宗教組織、信心会、そして地方自治体は、疫病対策として、また増大する貧困への対策として、ヨーロッパのいたるところに孤児院と**捨て子養育院**を設立した。パリの信心会は、1366年に孤児院オピタル・ドゥ・サン＝エスプリ＝アングレーヴェ（Hôpital du Saint-Esprit-en Grève）を創設し、イタリアでは1444年にフィレンツェにイノチェンティ孤児院（Innocenti）が開設された。孤児院の大半は西ヨーロッパと南ヨーロッパに設立されたが、東ヨーロッパと北ヨーロッパにも少数が設立された。カトリック教会は、遺棄された幼児や私生児の面倒を見たが、15世紀以降、捨て子養育院は、ドイツ、イタリア、そしてフランスの各都市で多く見られた。

アメリカの孤児院

19世紀以前のアメリカには少数の孤児院しかなかった。戦争や流行病への対策のひとつとして、通常、宗教団体が孤児院を設立した。1734年、フランスのカトリック組織のひとつであるウルスラ会修道会[*1]は、ナチズ[*2]でのインディアン虐殺で残された子どもたちの世話をするために、ニューオルリンズにあった彼らの学校を孤児院につくりかえた。1737年、ドイツの宣教師アウグスト・ヘルマン・フランケの信奉者たちは、ジョージア州のエベネザーにザルツブルク孤児院を設立した。その一年後、イギリス国教会派のジョージ・ホワイトフィールド[*3]が、ジョージア州ベテスダに孤児院を設立した。19世紀初めまでに、およそ24以上の孤児院が大都市に設立され、1830年以降、孤児院はアメリカの大部分の都市で急速に開設されるようになった。

工業化、都市化、そして移民は、子どもの養育施設が増殖する要因であった。工業化以前のアメリカでは、孤児たちはその労働とひきかえに里親家族と年季奉公契約をかわした。しかし、19世紀を通じて生活にあえぐ移民をかかえて膨張していた都市は、孤児になった子どもやホームレスになった子どもの問題を解決するために、年季奉公の労働に頼ることはできなかった。賃金労働者たちは、失業期間を体験し、子どもの大集団が両親を失ったり、子どもの面倒を見ることができなくなった両親を生みだす病気や事故に、しばしば倒れた。宗教と民族性は、移民を町の住民から引き離した。カトリックの移民は、自分の子どもがプロテスタント家族から受ける影響をおそれた。また、カトリック教会の内部では、ドイツ人がアイルランド人に怒りをぶつけ、ドイツ人協会を優先した。その後、ほかのカトリックの移民（イタリア人、ポーランド人、フランス系カナダ人）も、その文化と言語を保持するために孤児院を設立した。通常、プロテスタント教会の諸団体は、移民ではない定住民の共同体に役立つように、どの分派にも属さない孤児院を設立した。

19世紀なかばまでに、教育は労働よりも重視され、その時間を子育てと慈善活動に捧げていた中産階級の女性は、子どもに関係する社会問題に積極的にかかわっていた。彼女たちは、1830年代から1860年代にかけての南北戦争前の改革運動で重要な役割を果たした。都市部での貧困の拡大に対応するため、超絶主義者[*4]の影響を受けた改革者たちは、両親を失った子ども、養育放棄された子ども、虐待を受けた子ども、遺棄された子ども、そして非行少年たちなどのために、大自然のなかで避難所と教育を提供しようと模索していた。彼らは、こうした子どもたちを大人から引き離して教会付属の救貧施設に隔離し、田園地域の施設に住まわせ、子どもたちの活動を組織化し、教育をほどこすことは彼らを善き市民に変えることになると信じていた。改革者たちは、すでに都市で悪徳生活を体験していた子どものために、労働と職業教育を重視して、職能訓練所、貧民救済所、そして矯正施設を作った。幼い貧民——両親を亡くした子ども、遺棄された子ども、そして養育放棄された子ども——は、孤児院で教育を受けた。ある組織はジェンダーによって規定されたが、ほかの組織は年齢による制約を設けていた。1860年代までに、孤児院はアメリカのほとんどの州で見られ

た。ごくわずかの新しい州、および都市センターのない小さな州には孤児院はひとつもなかった。

南北戦争後の孤児院

南北戦争後、政府は戦争孤児のために孤児院の建設にかかわるようになったが、これはのちにアメリカ＝スペイン戦争[*5]の孤児をふくんだ。産業が急速に発展し、移民が増えるのにともなって、ますます多くの子どもが事故、病気、あるいは絶望のために片親あるいは両親を失った。地方自治体の財政援助を受けた孤児院とならんで、ユダヤの孤児院と友愛組合の孤児院も設立された。アフリカ系アメリカ人と先住アメリカ人の共同体も、その子どもたちのための孤児院を作った。こうした共同体の外にいた博愛主義者たちも、とくに人種的マイノリティ（黒人、中国人、日本人、朝鮮人、そして先住アメリカ人）のための孤児院を設立した。少数ではあったが、人種が混じりあった人びとを収容する孤児院もあった。

公的な孤児院をもたなかった州（ニューヨーク、カリフォルニア、そしてメリーランド）は、保護した人びとを民間組織にまかせ、そのまかない費を支払った。しかし、大部分の民間の児童養護施設は個人、子どもたちの生き残った親あるいは親類、そして子どもたちの仲間などの義援金で支えられており、州政府の援助はわずかしかなく、あるいはまったくなかった。共同体の社会的地位が高く、富裕な市民がメンバーになっている評議会が孤児院を運営していた。通常、彼らはその職務を宗教的かつ公共的な義務だと考えてボランティアで行なっていた。彼らは基金を充実させ、方針を策定し、子どもたちを受け入れ、指導者やスタッフを監督した。19世紀を通じて、こうした指導者は、その仕事を天職と見ていた教育者や宗教的リーダーたちであった。多くの者は、その組織の方針を練り上げ、孤児に対する世話の安定性と継続性を提供しつつ、数十年にわたってその地位にとどまった。

進歩主義時代（1890-1920）までに、孤児院の指導者は、ソーシャルワークの専門教育を受け、**保育**という新しい分野を専攻した卒業生であった。19世紀末の孤児院は、扶養児童の世話をする最善策だと考えられていた。孤児院の人気が増し、独身の貧しい片親は、しばしば孤児院を、状況がよくなるまで一時的に子どもを預けられる場所だと考えたり、子どもがよい教育を受けられる場所だと考えていた。多くの孤児院は混みあっており、いくつかの孤児院は、両親がそろっていたり片親がいる孤児の受け入れを制限した。19世紀後半の孤児院の大多数の子どもは、すくなくとも片方の親が生きていた。両親が生きている孤児は裁判所にゆだねられ、虐待と養育放棄された孤児は福祉団体にゆだねられ、子どもの面倒を見ることができない、あるいはその意志がない両親の場合は孤児院にゆだねられた。しばしば両親は、自分の子どもが非行少年あるいは手に負えない子どもだと宣言することによって施設への収容を確実にするために裁判所を利用した。

孤児院の多くは年少の子どもは受け入れなかった。保育室をそなえていた孤児院はほとんどなかったからである。大都市には捨て子養育院があったが、はたらいている未婚の母親は、新生児のためにしばしば**ベビーファーム（有料託児所）**[*6]を利用した。託児所では、育ての母が赤ん坊を育て、赤ん坊が死ぬのを待つか、養子として売却するのを待っていた。あらゆる種類の乳幼児施設の死亡率は信じがたいほどの高さであったが、それは、遺棄された子どもたちが施設に受け入れられたときにはすでに飢えて衰弱しており、外気にさらされて病気になっていたり、あるいはとくに乳幼児の高い死亡率の原因になっていた猩紅熱、ジフテリア、そして百日咳などの**接触伝染病**にかかっていたからであった。子ども期の初期を生き抜いても里子になれなかった捨て子たちは、孤児院に移された。ほかの乳幼児施設とは違って、流行伝染病や病気が広まっていたにもかかわらず、孤児院の死亡率は低かった。一般に孤児院の子どもたちは、治療・栄養摂取・衛生および新鮮な空気という点で、孤児たちが以前置かれていた環境で得ていたよりもはるかに良好なものを享受していたからである。

19世紀後半の改革者たちは、社会を改良して救済する鍵となるのは子どもであると考えていた。こうした「子どもの救済者たち」は、児童労働に反対し、貧しい都市近郊に義務教育を普及させ、遊び場や図書館を作ることに賛成した。孤児は、こうした改革で重要な役割を果たした。20世紀初めまでに、多くの孤児院が遊び場・図書館・運動施設・音楽教育・レクリエーション・職業教育を提供していた。子どもたちは孤児院のなかで学校教育を受けるか、近隣の公立学校に通うかした。有能な生徒はハイスクールに進学し、大学教育を受けるよう奨励された。

孤児院は、収容した子どもの人種・宗教・階級およびジェンダーや、ときには学習能力にもとづいてさまざまな種類があった。しかし、進歩主義時代の孤児院には単一なモデルはなかったものの、どの孤児院もおしなべて、教育を通じて子どもたちに生活の最初の手段をあたえようとしていた。

孤児院への攻撃

19世紀後半までに、収容した子どもたちを過度に画一的に管理し、過剰に長く保護しすぎているとして、孤児院を批判する改革者も何人かいた。社会ダーウィニズムの影響を受けた著名な社会福祉研究家として知られたエイモス・ウォーナー[*7]は、その著書『アメリカの慈善』（American Charities, 1894）で、類似の背景をもつ、群れをなす一団の子どもは貧困層の温床になると言い、また、施設に収容された子どもは生活の苦しさに対して適切に準備していないと主張した。彼

は、子どもたちを各家庭に分散させるべきだと主唱した。1854年にはじまるが、アメリカの改革者チャールズ・ローリング・ブレイスは、生活をともにしてはたらかせるために、扶養児童をニューヨークから中西部の家庭に送りこんだ。**ニューヨーク児童保護協会**によって実施されたこうした**里親養育**計画は、ほかのいくつかの都市もそれにならったが、これは後年**孤児列車**とよばれた。児童保護協会は、徒弟奉公契約の伝統を継承し、里親養育の先駆組織であった。子どもたちの何人かは養子になったが、ほかの者は搾取された。多くの孤児は、彼らが生まれた家族との接触を失い、移設後の収容施設で監督を受けることはほとんどなかった。これとは対照的に、孤児院が家族を解体させることはめったになかった。孤児の大半は家族との関係をもち、兄弟姉妹といっしょにいるよう奨励された。大半の子どもは、環境が変わればそれぞれの家庭に戻っていった。だが、両親、とりわけ移民の両親は、孤児院が子どもを児童保護協会にゆだねてくれることを望んだ。

進歩主義時代の改革者たちは、子どもの個性を消失させていると非難し、孤児院に対する批判を強めた。1909年、子どもの福祉を討議するために、セオドア・ルーズヴェルト大統領によってホワイトハウス会議が招集されたとき、200名のソーシャルワーカーが、扶養児童に対する世話の最善策は、子どもを家庭あるいは代理家族の下に置くことであると宣言した。彼らは、施設で預かることは最後の手段でなくてはならないと主張した。彼らは、代理家族を必要としている子どもの場合、ソーシャルワーカーの監督下にある、適格審査を受けた無報酬の里子を預かる家庭に親権をゆだねることを示唆した。子どもは学校に出席し、そのまかない費用を稼ぐためにはたらくことを期待された。

各孤児院は、家庭的な施設をつくることに骨折ることでこうした批判にこたえようとした。大規模な集団的なベッドルームを壊して小規模なユニットに分け、子どもたちの小集団が一名の家庭の母親といっしょに暮らし、規律をゆるめ、もっと多くの娯楽と豊かさのプログラムをつけくわえ、子ども一人一人の才能を陶冶できるコテージをつくった。近代化できなかった孤児院は閉鎖されたり統廃合された。残存した孤児院は扶養児童の寄宿学校になろうとした。

第1次世界大戦後の孤児院

1920年代以降、各慈善団体は、施設収容事業よりも里親制度が好ましいと考えたソーシャルワークに忠実な里親養育機関を作るために、それまでの施設を閉鎖しはじめた。カトリックの慈善団体はこの趨勢に抵抗し、変化は緩慢であった。1910年代の、家父とその子どもの年金法は、多数の未婚の母親が子どもを家庭にとどめられるようにし、1920年代初期の移民規制法は扶養児童の人数を減少させた。しかし、1930年代を通じて、孤児院はふたたび混雑するようになった。世界大恐慌が襲った数年は、施設の財源を激減させ、子どもたちを里親家族に送り出さざるをえなくさせた。1935年の扶養児童援護法は、孤児院に預けられるほかなかったかもしれない子どもを多くの家族が引きとって養育するのを可能にした。この頃までに、多くの孤児院がその使命を、精神的、情緒的、そして身体的な問題をかかえた子どもの世話をすることにシフトした。ソーシャルワーカーたちは、健康な子どもを里親家族に預け、そのまかない費用を支払うやり方を好んだ。身体に障害のある子どもは施設に残された。1950年代までに、大半の州が扶養児童を世話する責任を果たすようになり、里親制度は障がい児のための特別な養護法を発展させ、孤児院は里親家族が設けられるまでは寄宿センターとして、また一次的な避難所としての役割を果たすようになった。

1960年代の反制度化運動は、残存していた孤児院の大部分を閉鎖させた。1960年代にはじまる要扶養児童世帯扶助法（Federal Aid for Families with Dependent Children legislation：AFDC）は、生物学上の家族を維持し、子どもが里子に出されるのを防ぐのがねらいであった。

しかし、里親制度の子どもの人数は減らず、1980年代までに里親制度は危機に瀕していた。この制度は、里親の不足、不適切な監督、スタッフの交替率の高さ、その親権が次々と変わる子どもたちなどの問題に直面していた。里親家庭においてさえも子どもの虐待、養育放棄、死といったケースもまま見られた。1994年、下院議員のニュート・ギングリッチは、孤児院への回帰を示唆した。彼の所見は、1世紀におよぶ論争にふたたび火をつけた。反対者たちは、1950年代以降の寄宿対策にかんする調査に注目し、問題のある子どもたちが一個所に集められたときに生じるさまざまな問題を指摘した。一方、支持者たちは、進歩主義時代の孤児院が提供していた永続性、家族の保持、そして教育的な利益を強調した。1980年代を通じて、孤児院について調べていた歴史家と大学院生たちは、孤児院にかんする研究はこれまで手つかずのままに放置されてきており、1世紀におよぶ論争は、そのほとんどがフィクションと映画にもとづいたものでしかなかったことを発見した。彼らの研究と個人的な説明との組みあわせは、収容施設をそれまで描かれていたよりもいっそう明白な光のなかに投げこんだ。いくつかの州と民間の博愛主義者たちは、養子に迎えられる見こみがなかったり親権者をみつける見こみのない10代以前の子どもや10代の子どものための寄宿制のアカデミーを設立しはじめている。ほかには、子どもを解放して養子縁組させるために親権を取り消したり、永続的な里親制度のユニットを確立したり、さらには危機的な家族への支援を増強することなどによって、復活した論争と解消されない危機に対応しようとする動きも

見られた。

[訳注]
- *1 ウルスラ会修道会（the Ursuline Sisters）──イタリアの聖職者、聖アンジェラ・メリチ（Saint Angela Merici, 1474-1540）が、1535年にイタリアのブレスキア（Brescia）に創設したカトリックの女子修道会の海外組織として、1727年にアメリカのニューオルリンズのフランス人居住区に入った伝導組織が起源の、アメリカ最初のカトリックの女子修道会。
- *2 ナチズ（Natchez）──かつてミシシッピー川南西部に住み、のちにオクラホマに移った北アメリカの先住民。
- *3 ジョージ・ホワイトフィールド（George Whitefield, 1714-1770）──18世紀のイギリスとアメリカにおけるもっとも著名な説教者の一人。北アメリカのイギリス植民地を踏破して説教活動をくりひろげ、福音主義を広めた。アメリカにおけるメソディスト派の創設者の一人とされる。
- *4 超絶主義者（transcendentalists）──超絶主義の哲学を信奉する人びと。超絶主義は、アメリカのエマーソン（Ralph Waldo Emerson, 1803-82）らが唱えた哲学思想で、実在の原理は思考過程を研究するなかで発見されると考え、経験よりも直観的で霊的なものを重視する立場。
- *5 アメリカ＝スペイン戦争（the Spanish-American War, 1898）──スペイン領キューバの独立戦争にアメリカが介入して起きた戦争。アメリカはスペインを破り、フィリピン、グアム、プエルトリコを獲得した。
- *6 ベビーファーム（baby farm）──妊娠した未婚女性のために子どもを預かって保育する施設。未婚の母の家。ときには預かった子どもの養子縁組などの世話もしていた。baby farm という表現は1868年頃から使われはじめた。
- *7 エイモス・G・ウォーナー（Amos Griswold Warner, 1861-1900）──アメリカの経済学者、ソーシャルワーカー、作家、教育者。統計分析を応用した社会調査を貧困分析、福祉政策に生かそうとした。

➡孤児、子どもにかんするホワイトハウス会議、子どもの遺棄、児童救済、ベビーファーム（有料託児所）、要扶養児童

●参考文献

Ashby, Leroy. 1984. *Saving the Waifs: Reformers and Dependent Children, 1890-1917*. Philadelphia: Temple University Press.
Bogen, Hyman. 1992. *The Luckiest Orphans: A History of the Hebrew Orphan Asylum of New York*. Urbana: University of Illinois Press.
Boswell, John. 1990. *Kindness of Strangers: The Abandonment of Children in Western Europe from Late Antiquity to the Renaissance*. New York: Pantheon.
Broder, Sherri. 2002. *Tramps, Unfit Mothers, and Neglected Children: Negotiating the Family in Late Nineteenth-Century Philadelphia*. Philedlphia: University of Pennsylvania Press.
Cmiel, Kenneth. 1995. *A Home of Another Kind: One Chicago Orphanage and the Tangle of Child Welfare*. Chicago: University of Chicago Press.
Crenson, Matthew A. 1998. *The Invisible Orphanage: A Prehistory of the American Welfare System*. Cambridge, MA: Harvard University Press.
Dulberger, Judith A. 1996. "Mother Donit Fare the Best," *Correspondence of a Nineteenth-Century Orphan Asylum*. Syracuse, NY: Syracuse University Press.
Friedman, Reena Sigman. 1994. *These Are Our Children: Jewish Orphanages in the United States 1880-1925*. Hanover, NH: University Press of New England, for Brandeis University Press.
Fuchs, Rachel. 1986. *Abandoned Children, Foundlings, and Child Welfare in Nineteenth-Century France*. Albany: State University of New York Press.
Hacsi, Timothy A. 1997. *Second Home: Orphan Asylums and Poor Families in America*. Cambridge, MA: Harvard University Press.
Holt, Marilyn Irvin. 2001. *Indian Orphanages*. Lawrence: University Press of Kansas.
McKenzie, Richard B. 1996. *The Home: A Memoir of Growing Up in an Orphanage*. New York: Basic Books.
McKenzie, Richard B. 1998. *Rethinking Orphanages for the 21st Century*. Beverly Hills, CA: Sage Publication
Molat, Michel. 1986. *The Poor in the Middle Ages: An Essay in Social History*. Trans. Arthur Goldhammer. New Haven, CT: Yale University Press.
Polster, Gary Edward. 1990. *Inside Looking Out: The Cleveland Jewish Orphan Asylum, 1868-1924*. Kent, OH: Kent State University Press.
Rothman, David J. 1971. *The Discovery of the Asylum: Social Order and Disorder in the New Republic*. Boston: Little, Brown.
Rothman, David J. 1980. *Conscience and Convenience: The Asylum and Its Alternatives in Progressive America*. Boston: Little, Brown.
Zmora, Nurith. 1994. *Orphanages Reconsidered: Child Care Institutions in Progressive Era Baltimore*. Philadelphia: Temple University Press.

（NURITH ZMORA／北本正章訳）

孤児列車（Orphan Trains）

　孤児列車という用語は、19世紀中頃から20世紀初頭にかけて、貧しい都会の子どもたちを農村部の大家族の家庭に送致する対策を意味する。19世紀中頃から後半にかけての改革者たちは、工業化社会の進展にともなって累積していた社会病理に関心を深めていた。そこには子どもの貧困問題もふくまれていた。移民の貧しい子どもたちが増え、19世紀アメリカ都市部の街路を埋めつくしていた。たとえば、1849年には、ニューヨーク市では約3000人のホームレスの子ども

孤児列車。©The Kansas Historical Society Collection*

が路上で暮らし、はたらいていた。**チャールズ・ローリング・ブレイス**は、そうした子どもたちの窮状に対応したもっとも有名な改革家の一人であった。ブレイスは有名なプロテスタント系児童福祉機関であるニューヨーク児童保護協会（New York Children's Aid Society：CAS）を1853年に設立し、当時、貧困浮浪児が収容されていた典型的な施設である貧窮者収容施設、**孤児院**、刑務所に代わるものを提供した。CASは最初は任意団体として、都市の若者たちのために保護宿泊センターを設営し、職業教育と宗教教育を提供して、都市部の家庭的な預かり場所を探していた。しかし、そうした解決策のみでは不十分であったため、CASはすぐに「移住計画」（Emigration Plan）の実験に取り組みはじめた。後年、それは孤児列車として知られるようになった。列車は、それまでの施設依存型の児童施策に対するチャレンジであり、その支持者たちは家族的環境こそ子どもたちの最善の擁護を保証するものであると説いていた。研究者の大半は、この列車を近代的な里親制度の起源と考えている。

孤児列車に乗った子どもたちは、多くの場合、グループでアメリカ農村部に送りこまれ、そこで地域住民に迎えられ、非公式の競売をへて家庭へとつれていかれた。「孤児」という言葉はじつは誤称であった。というのも、列車に乗車した子どもの半分は実際に孤児であったが、25パーセントは両親健在の子どもたちであったからである。ブレイスは、田舎で生活して訓練されることで、都市生活がつくるよくない習慣やゆがんだ性格を防止できると信じていた。これはアメリカ農村部と西部への当時のロマン主義的な期待感を反映したものであった。このシステムは以前から存在する年季奉公と酷似していたが、ブレイスとCASはその言葉を拒絶した。年季奉公とは対照的に、CASと実の親とは、送致された子どもの保護者であり、問題が起きれば、子どもたちをそこから退去させることができた。孤児列車に乗った者は、見習奉公の子どもたちと同様に、新しい家族の家ではたらくことが期待されたが、それは19世紀の非公式な里子制度のありようを反映していた。少年の多くは農作業を行ない、少女の多くは家内労働に従事した。しかし、多くの家族はまた、子どもたちを「自分の身内のひとり」として扱い、避難所だけでなく愛情もあたえようとした。

ブレイスは彼の里子制度によって大きな名声を得たが、孤軍奮闘していたわけではなかった。CASやブレイスのあとに続いた多くのグループよりも以前に、ボストン貧窮児童のための子ども伝道（the Children's Mission to the Children of the Destitute of Boston）のような組織が農村部に里子を送致する制度を発展させており、そのなかには西ヨーロッパよりも遠方に送り出していた組織もあった。ニューヨーク孤児院（The New York Fundling Hospital）はカトリックの組織であったが、同様なシステムを採用したアメリカ最大の組織であった。カトリック組織はCASには非常に批判的であり、改宗させる手段としてカトリックの子どもをプロテスタント家庭に送りこんでいると非難していた。ニューヨーク孤児院は、カトリックの子どもたちのためにカトリック家庭を探し出すことに成功したが、カトリック家族が少ない農村部では困難をきわめていた。

宗教にくわえて、当時の人種差別も孤児列車に乗車した子どもたちの運命を左右した。作家スティーヴン・オコナーの主張によると、有色人種の孤児院が同様のプログラムを開発してニューヨーク近郊のアフリ

カ系アメリカ人の農村に施設をつくったことが全国的に知られていた。しかし、CASやその他の孤児列車プログラムは、アフリカ系アメリカ人のコミュニティを無視していた。CASがアフリカ系アメリカ人の子どもを送致した実例もあるが、概して白人のもとに「送致され」、多くの子どもたちがホスト・ファミリー内での人種差別に直面した。ニューヨーク孤児院がヨーロッパ系白人カトリックの子どもたちをアリゾナのメキシコ系家族に送致したとき、国民的スキャンダルが勃発した。地域のアングロ系住民グループが子どもたちを送致先から強引につれさり、暴動騒ぎを起こしたことで、ニューヨーク孤児院は新聞紙上で大々的に批判されたのである。

　孤児列車は多くの支援を得ていた一方で、批判をまぬがれていたわけではなかった。教派の対立にくわえ、孤児列車による斡旋の質と結果に異議申し立てがよせられていた。CASはしばしば、子どもたちの何人かが大成したことを指摘して、天文学的「成功率」を自画自賛していた。組織的な調査がないため孤児列車を評価するのはむずかしいが、歴史家たちは、プログラムを通じて奉公に出た子どもたちが愛情に満ちた家族を見つけ、すぐれた業績を上げたことを示唆している。たとえば、アラスカ州知事ジョン・ブレーディ（John [James] Green Brady, 1847-1918）はCASの被保護者であった。しかし、歴史家たちはまた、多くの子どもたちが搾取され、虐待されていたことも確認している。19世紀から20世紀初頭まで、批判者たちは、孤児列車プログラム、とりわけCASが斡旋先の監督を怠っていると非難していた。CAS職員は、基金不足にくわえてアフターケアが煩雑であったため、子どもたちを斡旋したあと、ほとんど家庭訪問を行なわなかった。職員は手紙を送ることでコミュニケーションをはかっていると主張したが、ひとたび斡旋したあと、あらゆるコンタクトを失ってしまうことも決してめずらしくはなかった。里親家族は入念に選別されたわけでもなく、職員代理人が家族に簡単な聞きとり調査をし、きわめて表面的な情報を集めただけの場合もあると批判された。CASやほかの組織は、注意深く家族を選別して監視しようと努めたにもかかわらず、誹謗者をなだめることができず、1900年までに、いくつかの中西部諸州で、子どもの斡旋への制限や規制を定める法律が採択されていった。進歩主義の時代には、子どもを擁護する新世代の人々は、自立していない子どもたちは可能であればいつまででも生まれ落ちた家族にとどまるべきであるとして、子どもを送致する根本思想に強烈な一撃をくわえた。列車は20世紀最初の何十年か走りつづけたが、全盛期に比べて少数の子どもたちを移送していたにすぎなかった。CASによる最後の孤児列車がその路線を走ったのは1929年であった。そのときまでに、孤児列車は20万人以上の子どもたちを移送していた。20世紀後半の児童福祉システムと同様、孤児列車が残した混沌とした遺産は、窮乏した子どもの支援が複雑であることを語っている。

➡子どもにかんするホワイトハウス会議、徒弟制度、ニューヨーク児童保護協会、要扶養児童、要扶養児童扶助法
● 参考文献

Holt, Marilyn. 1992. *The Orphan Trains: Placing Out in America*. Lincoln: University of Nebraska Press.

O'Connor, Stephen. 2001. *Orphan Trains: The Story of Charles Loring Brace and the Children He Saved and Failed*. New York: Houghton Mifflin.

Tiffin, Susan. 1982. *In Whose Best Interest?: Child Welfare Reform in the Progressive Era*. Westport, CT: Greenwood Press.

（LAURA CURRAN／佐藤哲也訳）

子育ての助言文献（Child-Rearing Advice Literature）

　両親が子どもを育てるのを助けるという意味での印刷された助言文献の登場は、知識の社会的分布という点で、深遠な歴史変化をあらわすシグナルである。空間と時間をまたいでほとんどすべての文化において、子育ての助言は、さしむかいの集団でみられる口承分野を形成する。若い両親と同居する、あるいはその近くで暮らす拡大家族の祖父母やその他のメンバーは、子育ての助言をあたえることができるし、しばしば実際に子育てにくわわることもできる。子育ての助言についての口承文化は、現代の工業社会においてさえ盛んであり、母親たちはほかの女性たちとの会話のなかで助言を求めたり、あたえたりしているし、父親たちは、今日の世界で男の子の育て方について男性の友人たちと話しあうこともある。

　しかし、無数の歴史的諸力は、17世紀のヨーロッパとイギリスのアメリカ植民地で助言文献の出版を隆盛させた。もともとは医者たちの手で書かれ、最後には、道徳性や性格の問題にまで助言を広げた聖職者やその他の人びとの手で書かれたこのような印刷分野の出現は、家族の物理的移動性（拡大家族から立ち去っていたかもしれない）が増えていたこと、法的に認可された「エキスパート能力」をもった一定の専門職が増え、また、両親が自分の本能に疑念をいだき、子育てのような一見して常識的な問題について専門家の助言を求めるようにさせた一定の社会状況（たとえば、社会階級的な強い願望）が高まったことを意味している。人間性をつくり変えて理性的な市民を作ることを重視する啓蒙思想も、子育て問題に助言をあたえ、助言を求める風潮を助長した。

　また、こうした助言文献の登場は、子ども期を特別な、また区別された人生段階として概念構成することを必要とした。たとえば、アメリカ植民地における17世紀と18世紀の物質文化は、子どもを小さな大人

と見る見方から、養育と指導に向けた特別なニーズをもつ純真無垢な生き物と見る啓蒙思想の描写へと歴史的に推移したことを文字資料からも説明できることを支持している。子どもは家のなかに自分専用の部屋、専用の食器や室内便器、そして耐久性のあるおもちゃ類をもちはじめたのであった。この時期の子ども期の発明は、それと並行する母性と父性の発明を必要とした。

　こうした新しい考えを子育ての助言文献が牽引しつづけてきたかもしれないため、歴史家たちは、子ども、母親、そして父親の概念が変化している証拠を探すために、こうした助言文献を解読した。史料としての子育ての助言文献にはいくつかの制約がある。たとえば、ある時期にそれを受けとった両親が実際にこうした助言に従ったかどうかについては何もわかっていない。可処分所得とリテラシーの双方における格差は、社会の特定部分が利用できる専門知識を制限するため、現在においてさえ、すべての社会階級が印刷された助言を手に入れるわけではない。

　しかし、それでもなお歴史家たちは、助言は社会階級の子ども観と親としての義務観をあらわすという理由からだけでなく、こうした子育ての助言文献に引きつけられた。歴史家の大部分は、「子どもは大人の父親である」、あるいは（格を言い換えて）「ゆりかごをゆらすその手が世界を支配する」という考えを共有している。つまり、歴史家たちは、そうした育て方がどういう種類の成人男性を生みだすことになるのか――あるいはすくなくともどういう社会を生みだすことになるのか――を理解するために、ある社会の、あるいは社会のある部分の、子育ての実態を再構成することに熱心なのである。18世紀なかば以降、科学的な心理学は、子ども期の経験を成人の思想と行動に結びつけるために多数の子どもの発達理論をもたらした。したがって、子育ての助言文献の歴史は、こうした発達理論の歴史を示している。しかし、歴史家のなかには、ある社会の子育てのパターンを説明するために発達心理学を利用しようとする者もいる。それゆえ、ある種の歴史家にとっては、子育てと成人のパーソナリティを関係づける心理学は、研究主題であると同時に分析ツールにもなっている。

17世紀と18世紀

　子どもたちをどう育てるかについてはじめて助言を印刷物にした人びとは医者であった。植民地時代のアメリカの、そして初期の国家形成期の最初の助言マニュアルはイギリスからのもので、そのなかにはいずれもアメリカで多数の版を重ねたウィリアム・キャドガン[*1]の1749年の『子どもの養育についてのエッセー』（Essay on Nursing）と、ウィリアム・バカン[*2]の1804年の『母親への助言』（Advice to Mothers）がふくまれる。これらの文献は、歴史家ジュリア・グラン

トが1998年に指摘したように、「母性の医療化」のはじまりを特徴づけるものであるが、こうした医者たちは、その助言を純粋に医療分野だけに限定しなかった。17世紀と18世紀の医者たちは、子どもへの給餌、**排便訓練**、泣き叫び、睡眠、**怒り**、そして自律性などの社会化は、性格形成の課題であると考えていた。こうした医者たちは、その大半を（ジョン・ロック、ジャン＝ジャック・ルソー、その他の思想を継承した）啓蒙思想的な見方にもとづいて書いていたが、それは、子どもを純真無垢な自然の生き物と見ており、彼らは、子どもを育てることは、本性的に罪深い乳幼児あるいは子どもの意志と親の意思とのあいだの戦いであると見るカルヴィン主義的な子ども観が一般に広まっていたことをよく承知していた。たとえば、子どものふるまいと性格を形成するための子どもへの身体罰は、アメリカ人の場合、深い宗教的ルーツと意味をもっていた。ホーレス・ブッシュネル[*3]のような、プロテスタントの主流派の牧師が、祈りの集会に集まった人たちへの祈祷のなかで、幼い子どもを本性的な罪深さではなく、善に向けてやさしく育て上げることが可能な存在と見ることができると勧める説教をしたのは、19世紀なかばになってからであった。この当時、中産階級の親たちはすでに、医者たちの指導の下に自分たちの養生法としつけの仕方を柔和なものにしはじめていた。

　両親に向けて書かれた助言は、18世紀に穏やかなものとなり、この時期全体の趨勢はしだいに許容的で、子ども中心的な子どもの社会化の方法をとるよう推奨していた。アメリカでは、子育ての方法をめぐって道徳と科学はつねにもつれていたが、子育てについての科学的な思考法と助言は、ゆっくりと純粋な道徳的な助言に置き換わっていった。たとえば、感情の歴史について研究していた歴史家たちは、子どもにおいては感情としての怒りをなくすべきであるとする18世紀のキャンペーンについて言及している。身体罰は衰退し、助言マニュアルの書き手たちは、よきふるまいをする気にさせる方法として、恥よりも罪を推奨した。18世紀に書いていた専門家たちは、家族を社会の小宇宙と見る傾向があった。子どもたちが家族の人間関係について学んだことは、地方の社会組織と農業的な価値観から、より流動的で都会的で商業的なパターンへとしだいに推移していく社会の大人として、未来の相互作用を学ぶうえで重要であった。

19世紀

　欧米において、工業化と都市化とともに、しだいに生活が公的領域と私的領域のふたつに区分されるようになったが、これはジェンダー役割にも結びつくこととなった。公的で男性的な領域は、若い男性に特定の資質を要求したが、これは、商業文化における競争的個人主義に適合した。初期の国家形成期の子育てにか

んする文献は、女性が属する私的で家庭内的な領域でこうした公的な人物が形成されることを明確にした。こうして、新しい国家に生きる自律的な（男性の）市民を作るうえで母親が決定的に重要な役割を果たすことを認める母性神話があらわれたのであった。

戦前の助言マニュアルの作家たちは、新たに自制心と自己規律を重視した。怒りとか嫉妬といった感情は、このような社会的な世界では非生産的であり、親は、子どもたちが自分の気分を抑制する方法を学ぶのを助けてやれるよう助言された。作家たちは、怒りの表現を抑えるよう親たちに助言したが、それはクリストファー・ラッシュの表現でいえば、ヴィクトリア時代の人びとは、家庭というものを「薄情な外の世界からの避難所」だと見ていたからである。白人の中産階級の戦後の女性たちの公的活動では、通常は教会と結びついた母親組織の創出が見られ、また、1830年代と1840年代を通じては、母親による子育てにかんする情報を共有する目的で書かれた新しい月刊誌や書籍の出版も見られた。

18世紀初めに非常に一般化した啓蒙思想にもとづく児童心理学は、1859年（チャールズ・ダーウィンの『種の起源』の出版年）以降、子育てに生かすことができる特徴として本能と無意識の欲求を認めるダーウィン主義の進化心理学に道をゆずった。アメリカにおいて、科学的な心理学を創造するうえで強力な人物であり、子ども期と成人期の両方から区別される人生段階としての青年期という理念の鍵となる発明者でもあった心理学者のG・スタンリー・ホールは、子どもをどのように育てるべきかについて、両親や教師たちに助言するための科学的な根拠を提供する**子ども学研究**（child-study）の運動を創設するきっかけを作った。子どもはもはや啓蒙思想の「まだ何も書きこまれていない粘土板」ではなく、進化によってゆっくりと作られた本能と特徴の相続人であった。ダーウィン主義的な心理学にもとづいた子育ての助言文献は、両親、教師、そして（増大する専門職集団である）ユースワーカーたちに、こうした力強い本能を消し去ろうとしたり抑えつけようとするよりも、むしろそれらを積極的な活動にふり向けるよう駆りたてた。

20世紀初期

1909年当時には、第一回目の子どもにかんするホワイトハウス会議を開催できるほど科学的な子育てについての十分な人数のエキスパートたちがおり、政府は**アメリカ連邦児童局**を1912年に創設したが、これはほどなくして、食事と健康から社会化にいたるまで、子どもにかんする重要な科学的情報源となった。助言マニュアルの著述業は、道徳的な基盤をもつ助言マニュアルの衰退を加速させ、科学に対してなんらかの要求をする人を支持する方向に推移した。20世紀初頭には、**小児医学**と**児童心理学**は子どもについての専門的技術をもつ専門分野を確立した。政府は、児童局とその他の現場を通じて、書物やパンフレットを出版し子どもの健康、安全、そして安寧について最新の科学的な情報の提供を意味する乳幼児福祉ステーションを設立した。研究大学、とくに市民のためにつくすというその使命を名誉だと考えている無償払い下げ地の公立大学は、子育てにかんする最新の科学知識を普及させる助けとなる家庭経済学の拡張サービスを確立した。1920年代までに、子ども理解にかんする科学的な根拠をもつと思われるエキスパートの助言を提供する、広い地域におよぶ制度的ネットワークが存在した。

女性たちの運動も子ども学と親業教育に影響をおよぼしていた。たとえば、全国母親会議（The National Congress of Mothers）、子ども学協会（the Child Study Association）、アメリカ大学女性協会（the American Association of University Women）などの諸団体は、近代の母性理解のための（宗教的な方法に反対するものとしての）科学的なアプローチを支持した。

ジョン・B・ワトソンとその他の人びとの行動主義は、この分野ではフロイトとその他の精神分析理論も相当の人気を博したが、1920年代と1930年代の子育てについての理念の大半を超えた科学的な心理学を提供した。どちらの研究方法も、生まれてから最初の2年あるいは3年間を非常に重要な子育ての期間と考えた。行動主義心理学の方法は、行動は強化*4のパターンによって完全に作り上げることができると考えており、ワトソンの考えは、児童局の育児法の記事や、1926年に創刊された「ペアレンツ・マガジン」に浸透した。歴史家とその他の人びとが見ているように、子どもの行動のプログラミングと管理に応用されるこの方法は、合理化された工場生産と、合理的な工業関係の雇用管理理論に適合するものであった。ワトソンは、子どものなかに自制心を発達させようとするかぎり、その子育てのテクニックにおいて公平で客観的になるよう両親に助言するなかで明確に、「母親は子どもを愛しすぎている」と批判していた。

19世紀後半と20世紀初めの多数のエキスパートたちは、アメリカで子育てをしている圧倒的大多数の移民の母親たちに対する懸念を表明した。こうした母親は、膨大な移民人口をアメリカ化しようとする親業教育協会によって運動の対象となる聴衆になった。これと同様の政治的な動機は、近代的な科学的子育て方法と考えられていたことをアフリカ系アメリカ人に教える運動を駆りたてた。世代関係の変化と家族内の助言の衰退が中産階級の両親さえも子育ての助言に対して非常に依存的にしてしまったことも示されてきた。1920年代に子育ての助言本の販売と出版物のタイトルの数が急上昇したのは確かであった。

1930年代を通じて行動主義心理学の方法は強化されつづけたが、子どもにはそれぞれ、考慮されるべき

独自の性質をもっているという認識が高まる予兆も見られた。子ども中心的な方法は、子育て問題を、子どもを訓練することから、両親を訓練して、子どものニーズに対して大いに鋭敏になれるよう方向転換した。それと同時に、**世界大恐慌**の時代の経済環境は、より多くの女性（と子ども）を労働力に置き換え、子育てにおける父親の重要性を高めるようにエキスパートたちを仕向け、ジェンダー役割を混乱させる傾向があった。1930年代の両親に対する助言の言葉は、母親、そして父親たち一人一人のニーズに対して、非常に平等主義的で、非常に敏感な、家族文化に必要なものを強調するきわめて治療的な助言になった。この助言の中心的な話題になったのは、感情、とりわけ怒りに対するやさしい対処法であった。

異常な人気を博したアーノルド・ゲゼルとフランシス・L・イルグの1943年の書物『現代文化における乳幼児の養育』（Infant and Child Care in the Culture of Today, 1943）は、行動主義心理学の方法に結末をつけ、子どもの身体的および心理的な成長における生物学の力を認識する発達論的アプローチを大衆化した。この本は、第2次世界大戦の最中、そうした発達論的アプローチの明確なイデオロギーを作った。管理された行動主義的心理学はファシズムに似ていたが、一人一人の子どものユニークな成長を最大化するのを目的にしていた発達論的アプローチは、民主的な家族と民主的な社会に適合するものであった。子ども中心的なアプローチは、食事・排便訓練・自律訓練に対するリラックスしたアプローチを推奨した。

20世紀なかばから20世紀後期にかけて

ベンジャミン・スポック博士の1946年の書物『赤ん坊と子どもの養育についての常識（スポック博士の育児書）』（The Commonsense Book of Baby and Child Care）は、**ベビーブーム世代**（1946〜1964年）の親たちの子育てを指導した。スポック博士のいうところに従えば、その目的は、母親たちがもう一度自分を信頼し、一人一人の子どもの特質を認識した、非常にリラックスした方法をとるようにさせることであった。しかし、この書物とスポック博士自身は、ある何人かの保守派の人びとが、社会の悩みを許容的で子ども中心的な彼の子育ての方法の影響のせいだとして批難したように、1980年代と1990年代の文化戦争で話題の中心になった。ベトナム戦争の批判者としてのスポック博士の派手な存在は、権力当局をあざ笑う反抗的な子どもや青年たちの世代を作る手助けをしたという印象が固まるのに有効であった。

1970年代までに、ほかの医者たちは赤ん坊と子どもを育てることについて、もっとも目立ち、また、もっとも信頼される助言の分配者になろうとしてスポック博士と張り合った。レンドン・H・スミス博士は、こうしたなかでもっとも成功した人物であった。スミス博士は、1969年の書物『子どものお医者さん』（The Children's Doctor, 1969）にはじまり、1970年代のラジオとテレビの連続番組で、食事と、その結果もたらされる子どもの身体の化学反応が子どもの行動を説明すると指摘した。食事によって子どもの健康と行動を管理することができるという彼のメッセージは、行動にあらわれる問題の原因については、学習行動よりも生物学に目を向けようとした1970年代と1980年代の趨勢と合致した。これとは対照的に、臨床心理学者トマス・ゴードン博士は、1970年の彼の著作『親になるための効果的訓練術——子どもの責任感を高めるための成功まちがいなしの学習計画』（Parental Effectiveness Training: The No-Lose Program for Raising Responsible Children, 1970）のなかで、管理訓練の方法を提示した。これはやがて、全国的に広まる「親になるための効果的な訓練セミナー」[親業訓練セミナー] と学習計画の設立へと発展した。

新しいベビーブーム（これはしばしば「小ブーム」あるいは「エコブーム」[第2次ベビーブーム] とよばれた）は、1982年にはじまり、赤ん坊と子どもの世話、親業、そしてこれらに関連する諸問題を扱った書物の需要を生んだ。どの書店も、医者、心理学者、そして増加する読者層に向けて主張することを競ったその他の専門家たちの膨大なタイトル数の書物を棚ぞろえしはじめた。

医学者のウィリアム・シアーズとその妻で看護士であったマーサ・シアーズは、1990年代と2000年代初めの大衆市場で、スポック博士の広範な影響力の再現に最接近した。1993年の著書『ベビーブック——誕生から2歳までの赤ちゃんについて知っておくべきすべてのこと』（The Baby Book: Everything You Need to Know about Your Baby from Birth to Age Two, 1993）を手初めに、シアーズ夫妻は、ときどきは共著で、1995年の『しつけの本』（The Discipline Book）と2000年の『成功する子育て——子どもの責任感を育てるための証明付きの学習プログラム』（The Successful Child: The Proven Program for Raising Responsible Children）などの著作のように、基本的な健康管理法から年長の子どもの道徳教育にいたるまでのトピックについて助言するシリーズ本を執筆した。これらの書物は、その先駆者と同じように、子どもの人生の最初期をもっとも基本的な時期として重視している。初期段階の脳の発達にかんする近年の研究は、この傾向を補強している。シアーズ夫妻の助言の核心にあるのは「愛着的な子育て」（アタッチメント・ペアレンティング）で、その起源であるジョン・ボウルビーの愛着理論は論争をよんだ方法であった。それは、できるだけ長いあいだ、母親と子どもの両者が関係を楽しめる子育てをすること、乳幼児の泣き声にはすぐに対応すること、（特大のベッドで赤ん坊と眠ることをふくめて）眠りの解決のために赤ん坊が示す好みに

応じてやること、そして、彼または彼女を母親あるいは父親の身体とふれたままにするつり網のなかに入れて運ぶことなどを勧めている。著者たちが主張しているように、愛着的な子育ては、子どもの特別な欲求に対応できるだろうし、そうした欲求に対する親自身の反応を確信するだろう。したがって、愛着的な子育ては、子どもの能力を親に手掛りをあたえる程度にまで高める。このような愛着的な親子関係で発達した信頼感は子どもの自尊心、彼または彼女の人生を通じて子どもが築く他者との絆、さらには信頼と「健全な良識」の発達にもとづいた規律のある関係などの基礎を作ると著者たちは論じている。

1990年代と2000年代初期におけるインターネットの急速な発達は、デジタル・デバイド*5がもたらす階級問題は情報へのアクセスに影響するが、両親が子育ての助言を求める方向に目を向けることができる情報源の範囲を増殖した。インターネットにアクセスする両親は、インターネット・ブックストアや検索サービスで、あらゆる出版書籍を見つけることができる。おそらく、それ以上に重要なのは、多数のウェブサイトが、子どもの健康と人格訓練にかんする情報と助言を分配していることであろう。たとえば、ウィリアム・シアーズ博士は、育児や子育てについてのほかの多くの著名な作家たちと同じように、自分のウェブサイトをもっているだろう。しばしばこうしたウェブサイトは、オンライン読者からの質問に、専門家が提供する解答で対応することをよびものにしている。特別なニーズ──身体障害、情緒問題、注意力欠如障害および発達障害などをふくむ──のある子どもの親は、こうした課題に対処しようとしている両親のための助言と情報源を満載したウェブサイトを見つけることができる。

結論

子育ての助言は、子ども観が変化しつづけていること、母親、父親、家族メンバーおよびその他の養育者の適切な役割も変化しつづけていることについて、有益な歴史的証拠を提供する。助言が口頭から文字をへてコミュニケーションの電子媒体へと推移したのにともなって、専門知識の資料源も、家族から宗教的指導者をへて医学者や心理学者へと推移した。過去400年以上にわたって、著作者たちから提供された文字で書かれた子育ての助言における一般傾向は、厳格なスケジュール管理と統制の方向に一時的にゆれもどす(たとえば、1920年代と1930年代の行動主義心理学)こともあったが、非常に許容的な子育ての実践(無制限哺育、あまり厳しくない排便訓練、失敗体験の減少など)に向けて推移した。

20世紀の最後の10年間には、身体の矯正に対する批難が減少したこととならんで、子どもの排便訓練と哺育について、より厳格な要求が復活した。これは、親の養育は子どもの感情と認知的な生活について、自然の内面的な発達に比べればそれほど重要ではないと見る新しい観点と、子どもの無作法なふるまいについて高まる関心への対応という二つの考えから生じた。家族をめぐる公的な論争において福音派の宗教的な正しさがその可視性を高めたことは、あきらかにこの展開にも影響をおよぼした。

子育ての助言は、これまでつねにイデオロギーの重要性を担ってきた。助言は、たとえそれが映し出すものが現時点のいくつかの理念のあいだの緊張をめぐる深い軋轢や不快感であるにしても、ある時期の宗教的、科学的、そして政治的な理想を反映する。政治的および経済的なイデオロギーは、エキスパートと両親が、家族をふくめてアメリカの民主主義の性格とその制度について現在広まっている考えに、どの子育ての方法が矛盾するか否かをめぐる論争にみられるように、子育ての助言のなかに骨折って浸透する。これは、初期の国家形成期にあてはまるのと同じように、20世紀の論争にもあてはまるが、1980年代と1990年代の文化戦争をめぐって昂揚した公的な言説は、アメリカの民主主義の諸制度の特性と将来にかんする論争の核心部分で、正しい子育ての方法をめぐる論争にふたたび火をつけた。社会言語学者のジョージ・ラコフは、アメリカにおける政治的および道徳的な意味における相違点のどれほど多くが、二つの異なる家族概念に由来しているかを示している。すなわち一方におけるヒエラルキー的で権威主義的な家族と、他方における平等志向的な家族という家族概念である。同様に、ジュリア・グラントは、子育てのための親の教育について彼女が書いた歴史記述の結論で、子育てについて非常に目立つ現在の専門家たち(このなかにはT・ベリー・ブラゼルトン、ペネロープ・リーチ、そしてデイヴィッド・エルキンドらがふくまれる)の多くが、親としての子育てにジェンダーの違いをもたらす生物学的な基盤が存在するという見解を推奨している点を指摘している。子どもたちを育て上げる父親とその他の養育者の役割については、これまでつねに非常に激しい議論があった。しかしどうやら、子育ての助言は、社会が経験し、しかもすぐには変わりそうもない非常に大きな課題と緊張のいくつかにふれているようである。

[訳注]

*1 ウィリアム・キャドガン(William Cadogan, 1711-1797)──ウェールズ生まれのイギリスの小児医学者。オックスフォード大学で学んだ後、オランダのライデン大学に留学後、帰国してブリストルで開業医となった。1740年代に、「ロンドン捨て子養育院」の名誉医師となり、孤児対策に従事した。この経験にもとづいて著した『子どもの養育についてのエッセー』は、伝統的なスウォッドリングや乳母養育を批判し、母乳保育と医学的な経験にもとづいた育児法を説いてイギリスとアメリカなどで広く読まれた。

*2 ウィリアム・バカン（William Buchan, 1729-1805）──スコットランド生まれのイギリスの医学者。エディンバラ大学で最初は神学を学んだが、医学に転じて開業医となった。主著『家庭の医学』（*Domestic Medicine*, 1769）は、啓蒙的な健康医学書として広く読まれた。

*3 ホーレス・ブッシュネル（Horace Bushnell, 1802-1876）──アメリカのコネティカット州生まれの会衆派教会の牧師、神学者。イェール大学卒業後、一時、雑誌の編集の仕事についたが、ふたたび大学で法学に続いて神学を修め、北部会衆派教会の聖職者に任じられた。

*4 強化（reinforcement）──心理学において賞や罰をあたえて刺激に対する反応を変えるための手続きを工夫することによって反応のパターンを変えることができるとする仮説。あたえる賞や罰の種類を変えることによって反応のパターンを変え、くりかえすことによって行動パターンが定着することを動物実験によって実証しようとした。

*5 デジタル・デバイド（digital divide）──情報格差ともよばれ、情報技術を使いこなす条件を満たしている者とそうでない者との個人間、地域間、国家間の格差をさす。Digital Divideという表現は1996年頃から使われはじめ、「情報スーパーハイウェイ構想」の展開とともにパソコンやインターネットなどの普及度、そのインフラ整備の進度によって生じる待遇や貧富、機会の格差とその固定化現象をさす。

➡育児、科学的育児法、父親業と父性、母親業と母性
●参考文献

Deetz, James. 1996. *In Small Things Forgotten: An Archaeology of Early American Life*, rev. and expanded ed. New York: Anchor Books/Doubleday.
Grant, Julia. 1998. *Raising Baby by the Book: The Education of American Mothers*. New Haven, CT: Yale University Press.
Greven, Philip. 1990. *Spare the Child: The Religious Roots of Punishment and the Psychological Impact of Physical Abuse*. New York: Knopf.
Hulbert, Ann. 2003. *Raising America: Experts, Parents, and a Century of Advice about Children*. New York: Knopf.
Hunter, James Davison. 1991. *Culture Wars: The Struggle to Define America*. New York: Basic Books.
Lakoff, George. 1996. *Moral Politics: What Conservatives Know That Liberals Don't*. Chicago: University of Chicago Press.
Lasch, Christopher. 1977. *Haven in a Heartless World: The Family Beseiged*. New York: Basic Books.
Mechling, Jay. 1975. "Advice to Historians on Advice to Mothers." *Journal of Social History* 9: 44-63.
Stearns, Carol Zisowitz, and Peter N. Stearns. 1986. *Anger: The Struggle for Emotional Control in America's History*. Chicago: University of Chicago Press.
Stearns, Peter N. 1989. *Jealousy: The Evolution of an Emotion in American History*. New York: New York University Press.
Stearns, Peter N. 2003. *Anxious Parents: A History of Modern Child-rearing in America*. New York: New York University Press.
Wishy, Bernard. 1968. *The Child and the Republic: The Dawn of American Child Nurture*. Philadelphia: University of Pennsylvania Press.

（JAY MECHLING／北本正章訳）

古代（Antiquity）
➡古代ギリシア・ローマの子ども（Ancient Greece and Rome）

古代ギリシア・ローマの子ども（Ancient Greece and Rome）

■概観
■自己形成

■概観

　現代の研究者のなかには、古代ギリシア・ローマ世界の大人は子どものことをほとんど配慮しておらず、子ども期とは大人になるのを待っている時期でしかなく、今日私たちが青年期として知っているような概念は古代社会ではほとんど知られていなかったと主張する者がいる。しかしほかの研究者は、古代の文学や芸術に描かれている子どものようすは、家族や共同体が子どもたちにいだいていた愛情や誇りを示すものだと主張している。さらに、非常に識別的な儀礼によって境界を定めた古代文化において、子ども期の諸段階に注意深く構造を設けたこの社会は、大人たちが自分の子どもの成長をいかに重視していたかを示しているとも主張している。子ども期と成人期のあいだの明確な区別は、ギリシア・ローマ社会のあらゆる面、すなわち家庭、市民生活、社会政治、法律、個人、儀礼で感じとられていた。

全般的な考察と史料の制約

　典型的なギリシアの都市国家（ポリス）は、自由、競争、個人主義、法律、商業、そして奴隷の利用といった一連の価値観を共有しており、すべての都市国家は同一のオリンピアの神々[*1]を崇拝していた。アテナイとスパルタは典型的な二つの都市国家であるが、これらは、それぞれが単独的になったり、連携することもあり、非常に興味深い独自性をもっていた。子どもについての見方、あるいは子どものイメージを示す古代の文献史料の多くは、おもに古代のアテナイ（紀元前5～4世紀）の成人男性によって書かれたものであり、子どもの日常生活を明らかにしたり、子ども自身によって書かれた史料は存在しない。これと同じよう

に注目すべき点は、古代の史資料は一方では文化的価値観を示すが、他方では社会の規範を示すものでもあるという事実である。文化的価値は曖昧である。たとえば哲学者たちは注意を引くようすをほとんど記述していないが、ギリシア悲劇に登場する子どもたちは、数は少ないが、乳母、家庭教師、両親たちが子どもたちにつくす、いつくしみの深い配慮を示している。プラトン*2にとって、子どもは、女性、奴隷、動物と同列の存在であり、動物が人間との関係でもつ立場と同じように、子どもは大人とのあいだで従属的な関係をもっていた。アリストテレス*3は、少年の体つきを女性と類似させた。また、子どもを、肉体的に弱く、道徳的に未熟で、精神力がそなわっていないと考えていた。また、子どもはほとんど物事を知らず、だまされやすく、信じこみやすいとも考えていた。しかし、さまざまな規範は相互につながりがあり、しかも明瞭である。たとえば男児は特別な一連の儀式をともなう諸段階をへて家族に受け入れられなくてはならなかった。

ローマでは家父長（paterfamilias）の男性の父権（patriae potestas）の強大さのために、ローマの共和政期と帝政期を通じて、子どもはたとえあったにせよごくわずかな権利しかもっておらず、驚いたことに当時の学者もほとんどそのことに注意をはらわなかった。研究の大半は、家族（ローマの家族には血縁者だけでなく、夫婦、拡大家族、里子、奴隷もふくまれていた）と家系図、および家族内の関係に焦点をあてており、豊富な埋葬碑文で補われた文字史料にも焦点をあてている。子どもの図像学にかんする最近の新しい研究状況は、子どもとその役割についてのさらに広汎な解釈を認めるようになっており、ローマ世界の子どもにかんするいっそうの研究の必要性が高まっている。

ローマ帝国の拡大によってひき起こされたたえまない戦争による多数の死と高い**乳児死亡率**、短い平均余命は、子どもを再生産することに高い価値を置いた。そして、ローマの立法者と皇帝たちは、失ったものを補充させ、それを魅力的にするために階級ごとに異なる法律を発布した。実際、ローマの結婚の主要目的は、子孫をもうけることであったが、文献で描かれる子どもについての一般化は、道徳的あるいは喜劇風のステレオタイプになりがちである。「ピエタース」*4すなわち敬虔さは世代間の基礎を形成した。すなわち両親は子どもを生み、育て、教育することが期待され、その見返りに、子どもたちは両親を敬愛し、かつ従い、その老年期に彼らを心理的にも物質的にも扶養することになっていた。しかしあらゆる文化と同じように、こうした概念は現実とは大きく違っていることがありえた。

幼年期から思春期前期

ギリシア世界では子どもの出産は、おそらくほとんどの場合、女性だけの集まり空間、すなわち助産婦の助けを受けて、女性たちの前で行なわれた。母親が子どもを出産することは危険なことになりえた。それは一部には、不適切な**衛生水準**のためであり、初産の母親が**思春期**をやっとすぎたばかりであったためでもあった。家族は新生児の性別を公知するために、女子が生まれた場合は羊毛を、男子の場合はオリーヴの花輪を、それぞれその家の入り口に飾った。キュリオス（kyrios）すなわち家長は、子どもを受け入れる権限を有しており、性別、家族規模、奇形、あるいは虚弱、経済的理由、合法性、または奴隷に産ませた子であるなどの理由から、受け入れを拒否することもできた。子どもの処分は、子どもが死ぬと予測される遺棄によって行なわれた。この慣習は、たんに幼児を殺害するということよりも、むしろ世帯を汚れた血から守るためであり、両親がすてた子どもは神の御許へ行くと心から信じていたという事情から発展したかもしれない。子どもの遺棄はいまも論争がくりかえされている問題である。スパルタでは、身体が弱い子どもや病弱な幼児を遺棄することは法律によって要請されており、その決定は家長ではなく、部族の長老たちによって決定された。

家長による子どもの受け入れは、「アンフィドロミア」（Amphidromia、文字どおりには、歩きまわること）*5とよばれる誕生後5日目に行なわれる儀式でお祝いされた。この儀式は家で行なわれ、子どもに生存権を認めて、正式に家族の一員になることを示した。子どもは、「デカテ」（dekate、10日目）とよばれる10日目の儀式で**命名**された。少女および経済的に下層の子どもは、アンフィドロミアの時点で命名されたかもしれない。アテナイ人の名前のつけ方は三つの要素をふくんでいた。第1に家族の価値観を示すことができる個人名（たとえば友情を示すフィリア、馬の調教師を示すヘゲシッポスなど）、第2に父親の名前、そして第3に家族が属する市（deme、ポリスのさらに下の政治区分）を示す名前である。こうしてたとえば、スウニオン（Sounion）出身のヘゲシアス（Hegesias）の息子ヘゲシッポス（Higesippos）であれば、ヘゲシッポス・ヘゲシオ・スウニエス（Higesippos Hegesiou Sounieus）と示される。

公的世界への幼児の披露は、年に一度、10月か11月に開かれるアポロン祭とよばれる祭礼で行なわれた。すべての男性市民は、世襲のフラトリア（phratriai）集団*6に集まった。そして父親あるいは法的後見人が、子どもの正統性を示すために、供物の上に手を置き、フラトリア祭壇の前で誓うことを求められた。少女がこのフラトリアに登録されたのかどうかはわかっていない。3歳から4歳にかけてのすべての少年は、「チョエス」（Choes、水差し）とよばれるさらに公的な春の儀式に参加する資格があった。幼年期の終焉を示すこの儀式では、はじめてワインを試飲する小さな水差しをあたえられた。このチョエス儀式はアッティカ

（アテナイの周辺地域）に限定され、子どもが共同体の完全なメンバーになる最初の段階を画した。

ローマ世界では、出産は助産婦の前でも行なわれた。一般に、こうした出産は光が入る窓が3カ所以下しかなく、入口が一つしかない部屋で、分娩椅子の助けを借りて行なわれた。その入口は、部屋に出入りするすべての人を監視する3人の男女に守られていた。出産に際しては、5人の身ごもっていない自由民の女性が、新生児の健康状態と身体の欠落を調べた。分娩が終わると、生まれた赤ん坊は父親の足もとに置かれた。もし父親がその赤ん坊を抱きかかえるか膝にのせれば、その赤ん坊は完全に家族のなかに受け入れられた。しかし、もしこの父親が受け入れなければ、その赤ん坊はすてられた。

女の子の場合には8日目に、男の子の場合には9日目に、「清め」(lustratio) の儀式が行なわれた。このとき、子どもは名前と、首からかける金色のお守り、ブラ*7を受けとった。貴族の少年の場合、伝統的に三つの名前があった。その三つとは、まず個人の名前であるプラエノーメン (praenomen)（たとえばマルクス）、氏族名であるノーメン (nomen)（たとえばトゥッリTullii氏族のティリウスTuillus）、そして姓（たとえばキケロ）である。最初に生まれた息子にはしばしば父親あるいは祖父たちと同じ個人の名前があたえられた。同じ家に生まれたほかの息子たちは、伯父などの男性の名前をあたえられるか、生まれた順番がそのまま名前になった（たとえば6番目を意味するセクストゥスSextus）。共和制期を通じて、約16種類の共通する個人名しかなかった。このため氏族名にくわえて、少年の場合にはときどき、あだ名であるアゴノーメン (agnomen) をみずから名のるかあたえられた（たとえばスキピオ・アフリカヌス*8は、アフリカにおいてローマを勝利に導いたので、アフリカヌスの名前を獲得した）。少女は氏族名から名前を受けとった（たとえばマルクス・ティリウス・キケロ*9の娘トゥリアのように）。通常、少女の名前は男性の名前の女性形であった。家族のなかのすべての女性は同じ氏族名を受けとったため、娘が一人以上いる場合には生まれた順番でよばれた（たとえば1番目ならユリア・プリマ、2番目ならユリア・セクンダ、3番目ならユリア・テッティアのように）。彼女が結婚すれば、相手の氏族のすべての名前と夫が所有する名前を得た（たとえばテレンティウスの氏族出身のマリクスの妻は、テレジア・マルキとよばれた）。彼女が家族の名前を引き継ぐこともときどきあった。ローマでは**養子縁組**が広く見られ、息子を家長からほかの家長へ移動させる必要があった。これは一方の家に嫡男がいなかった場合、親類関係者のあいだで行なわれた。養子縁組では、息子は最初の家族での権利を失った。法律上は女子を養子にすることはできなかった。

教育

アテナイでは、子どものしつけと教育は子どもが18歳になるまでは両親の責任であった。6歳までの少女と少年は女性空間ですごし、そしてほとんどもっぱら女性の視界のなかにいた。こうした初期の時期を通じて、少年と少女の活動にはほとんど差異は生じなかったが、女子が長いドレスをまとっていたのに対して、少年は裸のままか前開きのチュニックを着ていた。6歳になった少年は、**ギムナジウム**またはパレストラ (palaestra) とよばれた私的な学校へ送られた。カリキュラムは、文学（読み方、書き方、ホメロス*10の暗唱）、音楽（楽器の演奏法、歌）そして体育であった。少女は家庭で、織物、料理のような家事を習い、年少のきょうだいたちといっしょに母親を手伝った。両親は、しつけに役立てるために、子どもを食べるモルモ*11とか、次々と姿と形を変えるグレムリン*12であるエンプサエ*13などの想像上の生物を頼みとすることが常であった。

スパルタでは、赤ん坊は男女をとわず、食事制限と肉体的必要性から、平和的であること、おそれを知らないこと、そして厳しさを教えられた。どの子どもも国家に奉仕することが教えこまれ、少年は将来訓練された軍の兵士になることを知っており、少女は、成人女性の目的は、この体制を永続させるために健康な子どもを産むことにあると自覚していた。6歳になると少年は生家を去って教育組織 (agoge) に入り、そこでほかの少年とともに共同生活を送った。**識字能力**（リテラシー）は重要視されなかったが、規律と体育／軍事の訓練があった。11歳になるとこれらの訓練プログラムは非常に厳しくなり、肉体的な快適さは減少した。少女も正式の公的な教育を受けたが、そのプログラムが少年たちのものとどの程度違うかはわかっていない。粗野で識字能力のないスパルタという典型的な理解は、それをアテネが宣伝した結果であり、実際には、識字能力はスパルタの国家経営において重要な役割を担っていたことなどを近年の研究は明らかにしている。

初期のローマ時代の教育はきわめて非形式的で、素朴なふるまい方を教えることが目標であり、子どもは家庭で父親から、読み方、書き方、そして算数を習っていた。教育の大部分は、伝統をうやまうことと「ピエタース」(pietas) を子どもに教えることに集中していた。子どもはよき市民になるよう訓練された。仕事の技能は**徒弟制度**で教えられた。しかし、ローマ政府は、教育を監督しなかったし、子どもに教育を受けさせることを求めなかったため、父親は子どもに教育を受けさせずに成長させると決めることもできた。

ローマが強大になってくると、教育はますます形式を整えたものになる必要があった。子どもがまだ非常に幼い頃に、男の子のために子守り役の家庭教師や養育係が雇われたが、こうした人びとは上流階級の人間、

サルコファガス。紀元280年頃ローマ市内で発掘された少年の石棺。Vatican Museums, Galleria dei Candelabri I. 20, inv. 2422. 北本正章撮影。*

自由民に生まれた人間、解放奴隷、あるいは奴隷たちであった。少年につきそう世話係（*paedagogus*、パイダゴーグス）は、真面目で、信頼でき、信用が厚く、ギリシア人であり、教養があることを期待された。そして、彼らは少年の外出につきそうだけでなく、その子どもに人格形成の影響をおよぼすことも期待された。少女にもこの種類のつきそい役がいることもあった。このつきそい制度は子どもの教育、養育、道徳的保護を提供し、こうした世話係とその義務は子どもが成熟したあとまで続く強い絆をつちかった。上流階級の少年は、政治と政府において成功した生活を送る準備をするよう奨励されることになっており、上流階級の少女には、少年と同じ教育がほどこされ、ローマの「マトローナ」（*matrona*、貴夫人）[*14]としての価値観を教えこまれた。少年少女のための道徳教育は家で続いたが、12歳になると少年の正式のアカデミックな教育（音楽、天文学、哲学、自然科学、修辞学）は家の外で行なわれた。無作法にふるまったり、あまり学習していない生徒に教師が体罰をふるうことはよくあった。奴隷の子どもは、忠実な奉仕の見返りとして奴隷身分からの解放を得るか、習得した技術で生計を立てていくかを望むことができた。上流階級の子どもは、運動競技のための余暇時間があり、毎日の課題を両親とともに勉強した。下層階級と奴隷の子どもは、明白な経済的理由で、幼少時から労働に従事させられていた。

芸術と宗教

紀元前5世紀末までの芸術では、子どもは大人のミニチュアとして表現されていたが、芸術家たちはしだいに子どもの年齢にふさわしい性格を付与して描くことに関心を深めるようになった。おそらくこれは、子どもそのものに対する関心が高まったことと時期的に一致していることを示していよう。ギリシアの壺絵は、しばしばペットやおもちゃで遊んでいる幼い子どもを描いている。テラコッタの像は子どもと、ゆりかごのなかの赤ん坊、大人の肩に乗っているよちよち歩きをはじめた幼児、料理を習っている幼い少女など、子どもたちのさまざまな活動を示している。ローマ時代の「サルコファガス」[*15]にきざまれたレリーフは、騒がしく遊んでいる少年や、乳母車や一輪車などの玩具で男の子よりも静かに遊んでいる少女を示している。子どもは、宗教においては多数の重要な役割を担ってい

た。公的な奉仕において子どもが果たすべき義務は、寺院での給仕、聖歌隊、詩の朗読、行列の参加、司祭としての奉仕、ウェスタの巫女[*16]などにおよんでいた。ウェスタの巫女たちは、6歳から10歳のあいだに国家奉仕に入って、30歳まで仕えた。14歳か15歳ぐらいまでの若い少年は、聖職者の仕事に参加することができた。彼らの参加は葬儀といった私的な儀礼ではとくに重視された。子どもの役割がこのように重視されていたことについて研究者たちは、年少の子どもは純真さのシンボルであるために、あるいはまた年少の子どもは死にふれてもごくわずかにしか汚されず、したがって身体の堕落によってはオリンピアの神々に脅威をあたえることはないと信じられていたからであると説明している。ポリスの礼拝儀式で少女が果たした特別な宗教的役割(たとえば、アテナイにおけるアテネ神の誕生をたたえる例年祭における役割、あるいはブラウロンのアルテミス神の誕生をたたえる例年祭での役割など)が、少年に比べてはるかに周到に行なわれていたことは、注目すべき興味深い点である。しかし、その参加は少数の少女にかぎられており、おそらくそれは貴族生まれの少女であったためであろうが、この少数の者が年少の少女集団を象徴的に代表していたかどうかについては議論があろう。少年に対しては、彼らが宗教的というよりはむしろ市民的および社会政治的な機構にくわわる集団であることを教えこむために、より大きな注意がはらわれていた。

医学と法

小児医学は古代医学の公認分野であり、すくなくとも10点ほどの小児医学の論文が書かれたことがわかっている。そこには子ども期特有の病気が分類されており、子ども期がある種の病気や感染病にかかりやすい時期であることがわかっていたことがうかがえる。ガレノス[*17]とヒッポクラテス[*18]の著作物にあげられた証拠には、子ども期に共通してかかりやすい病気として、くる病(骨軟化症)、貧血症、ジフテリア、水疱瘡、おたふくかぜ、百日咳などがふくまれていた。女性の健康問題には大きな注意がはらわれていた。たとえば、ヒッポクラテスによると、**初潮を迎えた未婚の少女**は、しばしば錯乱し、井戸に身を投げようとしたという。ヒッポクラテスの見解では、この問題は、月経の血が、まだ広げられていない処女膜を通って適切に流れ出ることができないことが原因であるとされた。彼によれば、この解決策は性交である。

法律において、アテネの子どもは完全に家長または法的後見人の権限の下に置かれ、紀元前6世紀初めのソロン[*19]の時代までは、奴隷として売却されることもありえた。子どもたちが家庭内で肉体的虐待を受けていても、法的に救済されることはまったくなかった。実際に証言することができたことを示す証拠は何もないが、子どもは、しばしば同情を受ける芝居がかった証言をするために、男性の原告または被告によって法廷に立たされることはありえた。ローマでは、家父長権(パトリエ・ポテスタス)[*20]を定めた法律によって、子ども、妻、奴隷は家父長の権限の下に置かれていた。息子は、その年齢に関係なく、父親が亡くなった場合にのみ独立が認められたが、少女は依存状態にとどまった。レイプにかんする法律も存在していた。クレタ島では、男女をとわず自由人の女性または家内奴隷をレイプした者は罰金を課せられた。アテナイでは姦通に対しては死刑が科せられたのに対して、レイプには罰金が科せられた。ローマでは、女性の被保護者に対する権利侵害者は国外追放か財産没収に処せられた。

思春期から青年期

ギリシアの都市国家は、子ども期から成人期への移行をしるす儀式をいくつか生みだしたが、そうした儀式は性別を区分していた。少女たちが子どもの産み手としての生物学的役割や妻としての社会的地位に焦点をあてられ、プライベートで家庭的な儀式を経験したのに対して、少年たちは、市民としての政治生活や世帯の長としての社会経済的な地位に焦点があてられ、公的で市民的な儀式を経験した。古代の著作家たちは、13歳を思春期のはじまりと見ることでは同意していたが、思春期がどれぐらいまでの期間であるかについては広く意見の一致は見られなかった。

14歳になったスパルタの少年は、「エフェブス」(*ephebus*)[*21]となり、軍事訓練はますます真剣になった。17歳から19歳までのスパルタのエフェブスは、「クリュプテイア」(*krupteia*)とよばれる一種の秘密の警察組織に入った。彼らは社会から隔離され、おそらく秘密裡に暮らしていた。この2年間の奉仕をへてもまだ彼らは完全な市民ではなかったが、軍務につく資格はあった。

アテナイでは、子どもから大人への移行期は、16歳から20歳まで続いたが、この時期を通じて若者は社会的および市民的役割を教えこまれた。16歳になった少年は、アポロン祭の期間中の「クレオティス」(*Koureotis*)として知られている日に、ふたたび「フラトリア」に紹介された。このイベントを特徴づけたのは断髪の儀式であった。18歳になったアテネの少年は市に登録され、法的成年に達した。こうして「エフェブス」としての2年間の義務的な軍事訓練がはじまった。少年は最初の1年間を兵舎で生活し、軽装備について学んだ。2年目は、アテネの国境警備兵としての役割を果たした。この2年目が終了すると、若い成人としてふたたび市に登録された。エフェブスとしての任務は、紀元前4世紀末までに義務ではなくなり、紀元前3世紀初めまでに1年に短縮された。

ローマでは、15歳または16歳の少年は、3月17日に開かれる「リベラリア」(*Liberalia*)[*22]において、思春期を象徴する儀式を経験した。父親とほかの男性

少女メリストの墓石（前340年頃）、大理石［人形と小鳥をもって飼い犬と戯れている］。Harvard University Art Museums, Arthur M. Sackler Museum, Alpheus Hyatt Purchasing and Gifts for Special Uses Funds in memory of Katherrine Brewster Taylor, as a tribute to her many years at the Fogg Museum.*

をともなった年少の少年たちは供物を捧げるために寺院まで行進し、そのあと家庭で供物を捧げ、家庭内でパーティを開くために家に戻った。このとき、彼らはブラを脱ぎ、子ども服であるトガ・プレテクスタ（toga praetexta）*23から成人の服装であるトガ・ウィリリス（toga virilis）*24に着替えた。このような若い男性は、いまや後見人から自由となり、政治を行なう公の職務を選ぶか軍務の時代（tirocinium）へ入るかを選ばなくてはならなかった。

　少女たちについては、スパルタでもアテネでもローマでも、少年の場合と同じような大人への段階的な加入儀礼はなかった。これは、少年が大人としての社会的人格をおびるのに対して、少女にはそれがなかったことを暗示している。少女にとっては結婚がゴールであり、結婚することによって**少女期**から成人女性期へと移行し、父親あるいは後見人の法的および経済的統制から夫のそれへと移行した。何人かの選ばれた少女のなかには、アテネ神のためにローブを織ったり、ウェスタの処女として奉仕する儀式活動の役割を担う者がごく少数いたが、この少数の者が多数の少女たちを象徴していたかどうかについてはまだ明らかではない。

結論

　古代のギリシア・ローマ社会では、家族、政府、宗教、宗教活動、経済などの思惑にみられる子どもの位置は複雑であり、さらに、一方では子どもによる直接の資料が欠落していたために、また他方では、われわれが目にすることができる古代の資料が複雑であるため、研究者がこの時代の子ども期の性質を再構成するのはむずかしい。学者たちは、これらの社会における子どもの周縁性は、法的権利の欠落、嬰児殺し、ネグレクト、そして感情的・肉体的・性的な虐待などによって解明されていると結論する。しかしながら、演劇、詩歌、医学書、伝記、小説、物語および歴史書などをふくむほかの文献のなかで描かれている子どもたちについての複雑な描写は、両親が子どもたちにいだいていたかもしれないいつわりのない愛情や強い誇りを示している。多くの墓石には、死んだ子どもに対する親としての慈しみの感情の深さが示されている。これと同様に、玩具、ゲーム、そしてペット動物などの物的証拠資料は、人格と個人の才能の発達におよぼす遊びの意義に、真剣に注意をはらっていたことを示している。

［訳注］

* *1 オリンポス12神（Olympos）——オリンポスの山頂に住まうと考えられた古代ギリシアの主要な神々。ゼウス、ヘラ、アテナ、アポロン、アルテミス、ポセイドン、アフロディティ、ヘルメス、ヘライストス、アレス、デメテル、ディオニソス（または竈の神のヘスティア）の12神。紀元前5世紀以降に定まり、いずれもゼウスの子どもないし兄弟姉妹とする。
* *2 プラトン（Platon, 前428-347）——ギリシアの哲学者。アテナイの名門の出。幼少よりソクラテスと交わり、大きな影響を受けた。政治家をめざしたが、30人僭主政の横暴や民主制復活下でのソクラテスの処刑により政治への絶望を深め、哲人政治の理想をいだく。遍歴時代をへて、40歳頃、アカディメイアを創設し、若者に哲学を教える一方、みずからの理想を深めた。魂の不死を説き、イデア論を展開した『ファイドン』、理想国家を論じた『国家』など多くの著作は後世に大きな影響をあたえた。
* *3 アリストテレス（Aristoteles, 前384-322）——ギリシアの哲学者。マケドニア王の侍医の子として、カルキディケのスタゲイラに生まれる。17歳でプラトンの学園アカディメイアに入り、20年間学んだ後、小アジア、レスボス島をめぐり、紀元前343年フィリポス2世に招かれ、王子アレクサンドロスの教育係となる。紀元前335年にアテネに戻り、リュケイオンに学校を開き、ペリパトス学派とよばれた。紀元前323年にアレクサンドロス大王が亡くなると、アテナイに反マケドニアの動きが高まったため、エウボイア島のカルキスにしりぞき、翌年そこで没した。彼の研究は、自然、生物、倫理、政治、経済、文芸、論理など百科にわたり、綿密な観察の上に立つ明晰な論理展開を特色とす

る。『動物誌』のほか、『形而学』では存在について考察し、資料に内在する本質として形相を考えている。『政治学』では具体的事例によりつつ、国家のあり方、あるべき姿を考えている。

*4 「ピエタース」（*Pietas*）——古代ローマ人の神格・親族・国家に対する敬愛の念を擬人化した女神。それへの信仰。

*5 アンフィドロミア（*Amphidromia*）——子どもの誕生後5日か7日目に行なわれるギリシアの祭礼。プラトンの『テアイテトス』によれば、出産に立ち会った女性たちは手を清めて乳児を抱き、家の竈の女神（ヘスティア）のまわりを走る。そして乳児に名前がつけられ、親類や友人たちが子どもの長寿を祈ってタコやイカを贈ることになっていた。喜劇作家のアリストパネスは『鳥』のなかで、これを子どもが生まれて10日目の儀式としており、アリストテレスは『動物誌』のなかで、命名は7日目としている。

*6 フラトリア（*phratria*）——古代ギリシア諸都市における血族集団。胞族、兄弟団などとも訳される。古代ギリシアの部族（phyle）の下位区分で、種族（tribe）のなかで共通の祖先を崇めるなど、共属信仰などによって非常に親密な関係をもつ氏族（clan）群の集合体。父称を用い、氏神への礼拝を重視した。大部分はヘレニズム期までに消滅。

*7 ブラ（*bulla*）——魔除け（amulet）などを入れ、首からつるした金製または革製の小箱。大きさは直径2cm。楕円形あるいは心臓のかたちをしていた。プルタルコスは円形あるいは弓形という。これはエトルリアで見られた慣習がローマに導入されたと考えられている。エトルリア人は成人後も首にかけていたことが墓石から読みとれる。男子は成人の服であるトガ・ウィリリスをつけるまで、女子は結婚するまで首にぶらさげていた。大人の服をよそおう日に、あるいは結婚の前夜に、ブラは首からはずされ、家の神、ラルの祭壇にかけられた。「ブラにふさわしい」という言葉は、「子どもっぽい」ことを、「ブラをつけているとき」は「少年時代」を意味した。なおブラは自由人の子どもであることの証明でもあった。とくに黄金のブラは裕福なローマ市民（パトリキ議員や元老院議員）の子どもであることを示した。ブラは魔除けだけでなく、それをつける人の神聖さも示した。

*8 大スキピオ（*Publius Cornelius Scipipo Africanus*, 前235?-183）——共和制中期ローマの将軍、政治家。第2次ポエニ戦争で、父の死後、紀元前210年スペインにおける軍の指揮権をあたえられ、スペインのカルタゴ勢力を制圧したのち、アフリカに兵を進め、紀元前202年ザマの戦いでハンニバルを破り戦争を終結させた。その後政界の主導権をにぎり、シリアのアンティオコス3世に対する遠征に参加したが、元老院保守派と対立し、紀元前184年に引退し、翌年失意のうちに死去。地中海世界におけるローマの優位性を確立した政治家。

*9 キケロ（*Marcus Tullius Cicero*, 前106-43）——共和制ローマ末期の政治家・哲学者・雄弁家。熱心な共和制擁護者で、カエサルと意見があわず、三頭政治の開始で失脚。のちにアントニウスに反対して殺された。その著作はラテン語の散文の模範といわれ、『国家論』『義務論』『友情論』などが知られる。

*10 ホメロス（*Homeros*, 生没年不詳）——ギリシアの詩人。ギリシア最古の叙事詩『イリアス』『オデュッセイア』の作者とされる。ギリシア人はこの詩人の存在を深く信じ、その詩は彼らの教養の中核をなしていたが、人物について正確なことは何もわからない。現代の学者は詩を細かく分析して、一人の詩人の手になるか、多くの詩のよせ集めかを論じた。今日の大勢は、一人の天才詩人の実在を認めるが、その年代については紀元前9世紀、または紀元前8世紀とするものが多く、議論があり、一致しない。本来口誦詩であったものが、文学に定着した時期・経緯についても定かではない。ギリシアでは、このホメロスの詩を暗唱することは非常に重視された。クセノフォンの『饗宴』のなかでは「ホメロスは人間のあらゆることについてふれていないものはない。家のやりくり、雄弁、武具などについて学びたいものは、ホメロスによってそれを学ぶことができる。（中略）それどころか、ホメロスは馬車の御し方、玉ねぎの食べ方まで教えてくれる。（中略）わたしの父はわたしを立派な人間にしたようと、ホメロスをすべて朗唱するようにと命じた。それでわたしはいまでも『イリアス』と『オデュッセイア』のすべてを朗唱できると思う」としている。

*11 モルモ（*Mormo*）——ギリシア神話に登場する怪物で女神ヘカテに仕える。性格はおとなしく親しみやすい妖怪のような存在。

*12 グレムリン（*gremlin*）——小悪魔。神話上の生き物で、多義的な意味と性格をおびるが、一般的には、悪戯っぽくふるまい、空中を跳ぶ。

*13 エンプサエ（*Empusae*）——ギリシア神話に登場する人間を食べる女の怪物の一族。いろいろな姿と形をとり、青銅でできたひづめがあるロバの脚をもつといわれている。

*14 マトローナ（*matrona*）——*matre*（母）たる役割を担う既婚婦人。とくに威厳をそなえた社会的地位のある婦人。古代ローマでは、ローマ神話のユノ（Juno）が最高の女神であり、女性と結婚の守護神とされ、理想の既婚婦人のイメージとしても崇められ、毎年3月1日にマトロナリア祭（Matronalis）を催していた。

*15 サルコファガス（*sarcophagus*）——古代ギリシアでは、石灰岩などが死体の肉を分解、吸収すると考えられたことから、ギリシア語の sarx（肉体）と phagein（食べる）を合成した *lithos sarkophágos*（肉を食べる石）を語源とする。子ども専用のサルコファガスの上蓋や側面には、子どもが遊んだり学んだりしているようすが浮き彫りに描かれている［図版参照］。

*16 ウェスタの巫女（*Vestal Virgins*）——女神ウェスタに仕えた処女。永遠の貞操を誓い、女神ウェスタの不断の聖火を守った6人の少女の一人。この聖人の祭りの際に、少女は火を炉にともす手伝いをした。なおローマにおいてウェスタの巫女は神官職のひとつであった。

*17 ガレノス（Galenos, 129-199）――ギリシアの医学者。小アジアのペルガモンに生まれ、ローマでは侍医として代々の皇帝に仕えた。血液循環理論を打ち立て、生理学を中心に膨大な著作を残す。ルネサンスにいたるまで医学の権威とあがめられた

*18 ヒッポクラテス（Hippodamos, Hippocrates, 前460?-370?）――古代ギリシアの医学者。コス島出身。古来「医学の父」とされるが、彼の生涯についてはほとんどわからない。コスの医学派に属し、諸国を広く旅したこと、コスに住んで、医学の実践と教育にたずさわっていたこと、2人の息子と1人の義理の息子がいたことが知られている。彼の名前で残されている全集は、解剖学や婦人科、小児科の病気、食餌療法などを扱っており、紀元前440年頃から120年間ほどのあいだにいろいろな人によって書かれたものが、コス派の重要参考書として一つに集められたといわれている。

*19 ソロン（Solon, 前638?-559?）――アテナイの立法家で、ギリシア七賢人の一人。紀元前594年に改革を実施。当時アテネでは、借材のために、ヘクテモロイという隷属農民に転落し、さらに奴隷に売られていく人びとの存在と貴族による政治権力の独占とが大きな社会問題としてなっていた。彼は紀元前594年にアルコンおよび調停者に選出されると、ヘクテモロイを解放し、債務の帳消しその他の改革を実践した。混乱を完全に除くことには失敗したが、彼の改革は長期的に中小農民の安定に寄与し、貴族政治を原理的に否定した。

*20 家父長権（*patriae potestas*）――ローマ法で、家長権、家父権、父権。ローマ人の家族の家長がもつ支配権のことで、この権限によって家族の財産所有権はもっぱら家長にあたえられる。家族の一員が得た財産は家長の財産となり、家長以外は自分自身の権利によって取引行為を行なうことはできない。

*21 エフェブス（*ephebus*）――古代ギリシアで成人したばかりの15～20歳の青年。とくにアテナイでは、18歳になった少年に2年間の軍事訓練をほどこす制度があり、この訓練を受ける18歳から20歳までの青年をさす。

*22 ルディ・リベラレス＝リベラリア（*Liberalia*）――3月17日に行なわれるローマの祈年祭。14歳から16歳のあいだの男子はこの祭りの際に、成人の服であるトガ・ウィリリスをつけるという元服式を行なった。

*23 トガ・プレテクスタ（*toga praetexta*）――紫（緋色）の縁どりがあるトガ。これは高級政務官や神官が身につけたものと同じである。彼らは神事をつかさどるため、ふつうの純白のトガとは違うトガを身につけていた。これを身につけるということは、子どもの神聖さ、無垢さを示している。

*24 トガ・ウィリリス（*toga virilis*）――法定年齢に達したローマの男性の大部分が公式行事の際に身につけた純白のトガ。

➡古代ギリシア・ローマの子ども（自己形成）、子ども期の理論、子どもの遺棄

● 参考文献

Bradley, Keith R. 1991. *Discovering the Roman Family: Studies in Roman Social History*. New York: Oxford University Press.

Colón, A. R. and Colón, P. A. 2001. *A History of Children: A Socio-Cultural Survey across Millennia*. Westport, CT: Greenwood Press.

Dixon, Suzanne. 1992. *The Roman Family*. Baltimore, MD: Johns Hopkins University Press.

Dixon, Suzanne, ed. 2001. *Childhood, Class, and Kin in the Roman World*. London: Routledge.

Eyben, Emiel. 1993. *Restless Youth in Ancient Rome*. London: Routledge.

French, Valerie. 1991. "Children in Antiquity." In *Children in Historical and Comparative Perspective: An International Handbook and Research Guide*, ed. Joseph M. Haws and N. Ray Hiner. New York: Greenwood Press.

Garland, Robert. 1990. *The Greek Way of Life: From Conception to Old Age*. Ithaca, NY: Cornell University Press.

Garland, Robert. 1998. *Daily Life of the Ancient Greeks*. Westport, CT: Greenwood Press.

Golden, Mark. 1990. *Children and Childhood in Classical Athens*. Balti-more, MD: Johns Hopkins University Press.

Katz, M. A. 1998. "Women, Children and Men." In *The Cambridge Illustrated History of Ancient Greece*, ed. Paul Cartledge. New York: Cambridge University Press.

Lacey, Walter K. 1968. *The Family in Classical Greece*. Ithaca, NY: Cornell University Press.

Lambert, Garth R. 1982. *Rhetoric Rampant: The Family under Siege in the Early Western Tradition*. London, Ontario: Faculty of Education, University of Western Ontario.

Lefkowitz, Mary R. and Maureen B. Fant. 1982. *Women's Life in Greece and Rome: A Source Book in Translation*. Baltimore, MD: Johns Hopkins University Press.

MacDowell, Douglas M. 1978. *The Law in Classical Athens*. Ithaca, NY: Cornell University Press.

Pomeroy, Sarah B. 1997. *Families in Classical and Hellenistic Greece: Representations and Realities*. Oxford, UK: Clarendon Press.

Rawson, Beryl, ed. 1986. *The Family in Ancient Rome: New Perspectives*. Ithaca, NY: Cornell University Press.

Rawson, Beryl, ed. 1996. *Marriage, Divorce, and Children in Ancient Rome*. New York: Oxford University Press.

Rawson, Beryl, and Paul Weaver, ed. 1997. *The Roman Family in Italy: Status, Sentiment, Space*. Oxford, UK: Clarendon Press.

Wiedemann, Thomas. 1989. *Adults and Children in the Roman Empire*. New Haven, CT: Yale University Press.

● 参考ウェブサイト

Bar-Ilan, Meir. 2002. "Bibliography of Childhood in

Antiquity." Available from 〈http://faculty.biu.ac.il/~barilm/bibchild.html〉
Diotima: Materials for the Study of Women and Gender in the Ancient World. 2002. "Bibliography." Available from 〈www.stoa.org/diotima/biblio.shtml〉

（ELISE P. GARRISON／鈴木明日見訳）

■自己形成

　ローマ帝国の住民の大半は、きわめて厳格な身分階層という観点から自分たちの世界を見ており、それとは別の見方があることは思いもよらなかった。とはいえ、すべての人間は平等に作られているという考えと類似した思想を提示したストア哲学[*1]の影響を受けた何人かの思想家はいた。古代の地中海世界の日常生活には、少数の人間が多数の人間よりもはるかに恵まれて生まれてきたことを示す無数の証拠がある。その少数の者たちは、より多くのしかも良質な食べ物を所有し、働かず、暑さ寒さをしのぐことができ、法によって苦役をまぬがれており、さらに、これらの結果、彼らはほかの一般大衆とは異なる風貌をもち、より長生きした。実際、多数を支配する少数の選ばれた者の優越性は、頭脳（すなわち精神）に支配されている人間の身体とちょうど同じようなはたらきをすると理解され、社会の基礎原理となった。それは、よく組織された身体を支配し、各成員があらかじめ決められた地位と役目を果たすような社会である。その共同体の安寧は、すべての構成員がそれぞれその地位に厳密にしたがって調和的に動くのを遂行することによってのみ保つことができる。

古代ギリシア・ローマにおける宇宙論

　有力な古代ギリシア・ローマ時代の宇宙論は、こうした厳密な位階制的な世界秩序が神に定められ、それが自然であるとされていたことを反映している。エリートに属する者は生まれつき（すなわちエリートの両親のもとに生を受けたという事実そのものによって）神の領域により高く、より近い存在である。つまり「最高神」または「最高知」（すなわちゼウスやユピテルなど）のように創造され、彼らに導かれた。したがって、選ばれたエリートに属する者は、（理論上は当然そうなるのだが）そのよい生まれ（eugenes）のおかげで、本質的に善なる者であり、より知をそなえた存在であった。また、その内面の徳は身体の美しさによって外に明示された（Kalos kai agathos、美にして善なる者、プラトン『メノン』）。

　こうした世界観は広範囲におよぶローマ帝国のすみずみにまで流布し、地方の多様性のなかから生まれたエリートのあいだに統一をもたらすのに役立ったが、その本質として、次のような相互に関連する三つの概念があった。

　第一に、宇宙は分割不可能なひとつの全体であるが、ミクロ・コスモスにすぎない人間はマクロ・コスモスを映しだすものであると考えられた。したがって、社会全体がそうであるように、各人は、（神聖な）最高の精神／知性と同じような本質からなる精神に支配されているとされた。

　第二に、存在論的に考えると、人間の精神は、神の心とは違い、神聖な領域とは異なるなにかのもの、すなわち物質あるいは身体に、本質的に結びつけられている。この結びつきは、物質と身体がどちらも神聖さとは反対のものを具現しているので、本来的に不安定さを生みだした。したがって、神が永遠かつ平穏であっても、物質は移ろいやすくたえず変化しつづけるのである。また、神が善であり、平等であっても、物質の倫理学的側面はそれとは正反対になるのである。

　第三に、神の典型的な特徴のひとつは物を生みだし、物質を形成する能力であるから、同じように人間の精神もまた神によって創られたものである。したがって、身体とその徳性（食欲や性欲ばかりでなく怒りや貪欲や嫉妬心など）を示すが、逆に身体は態度（gestus）と習慣（habitus）による精神の内的支配を反映する。しかし、万物は本質的にひとつの全体をなし、外見的要素もまた精神に刻印されうる。たとえば食物への過度な関心は精神に痕跡を残し、その支配能力を失わせてしまうに違いない。言い換えれば善い者になることと美しい者になることとは、よい出生の結果であると同時に精神の欲するままに生涯にわたって続く自己形成に取り組んだ結果でもあり、これらもまた最高の神格（Supreme Divinity）によってもたらされた結果である。

パイデイア

　実際には、このような自己形成の生涯にわたっての過程は「パイデイア」[*2]としても知られているものである。おそらく、パイデイアは誕生のときからはじまり、あらかじめ決められているさらなる自己形成もしくは高等教育の道をたどりつづけ、やがてはエリートの男性の全生涯を通じて示されるという単純な理由によって、ローマ帝国におけるエリートの地位を示す唯一の、もっとも重要な指標であっただろう。エリートの男性の行動にみられる過失のそれぞれ――幼年期以降それに気がつくように訓練されたまなざしによって、そうした過ちはすぐに気づかれるものだが――は、精神の過失を意味した。このことは、人を自己統制できない状況にしてしまうかもしれない。なぜならだれであれ、自分の身体と欲望を支配できない者は家政を治めることはできず、ましてや帝国を統治できるはずがないからである。

　もちろん、このような自己形成（あるいは自己統制）の継続的な過程の前提条件は、富があることであった。物質的利益の追求から自由でいられる富者だけ

が、そうした生涯にわたって続く自己形成に取り組むことができた。したがって、パイデイアはいかなる統治形態にとっても欠くことができない前提条件とみなされた。なぜなら、それが受胎とともにはじまり、富を必要としたからである。したがって「生まれ」以外のなにかほかの大切なものによって権力的な地位を手に入れた者、そしてそれゆえに人生の黄昏においてパイデイアの境地に達した者は、その言葉づかいとふるまいの特質を忘れることが決して許されなかったのである。

妊娠中と子ども期初期における人間形成

受胎時に起こる形成過程は、妊娠の最初期からはじまった。ローマで開業していた2世紀のエフェソスの産科医ソラヌス*3によると、エリートの母親は、「軽い運動」によって「胎児の完全な状態」を確保すべきであった。その運動とは大型の分娩用椅子に座ったまま移動したり、優雅に歩いたり、「適度なぬるま湯」に入ったり、マッサージを受けたり、適切なものを食べることなどによって行なわれた。適切な食べ物とは、「刺激のない野菜」だけでなく脂がのっていない魚や肉であった。そして食事の前に「少量のワイン」とともに大量の水を飲むのがよいとされた（第1巻1章14節46）。出産それ自体が数多くの準備を必要とした。つまり産婆、3人の女性のお手伝い、柔らかいベッドと堅いベッド、産婆用の椅子、温めたオイルなどである。子どもが生まれるとすぐに、「子どもを育てる指針」は、価値ある子育ての仕方を強制した。つまり「どの子どもが育てるに値するか、そしてどのようにしてへその緒を切るか、どのようにして布でくるみ、子どもをゆりかごに入れるか、どのような種類の乳母を選ぶべきか、どのようなミルクを選ぶべきか」（『産科論』[*Gynaecology*] 第2巻5章9節10）。「育てるに値する子ども」は、「新生児の口やすべての孔が障害を受けていない」というだけでなく、またすべての手足がそろっており、しかも折り曲げることができ、伸ばすことができるかという点だけでなく、子どもの泣き方からも、つねったりするなどして感覚があるかどうかも確かめられ、見分けることができるのであった。ソラヌスはジェンダーを基準にするかどうかについては、まったく言及していない。ソラヌスはやむえない処置だとは示唆していないが、「生きる価値のない」子どもはしばしば遺棄されていた。

新生児の身体のすべての部分がそろっており、へその緒が適切に切断されれば、すべての四肢は清潔な柔らかい羊毛の細い布きれで包まれて「赤ん坊の自然のかたちに沿って成形」された。その目的は、均整のとれた四肢と頭部にするためで、これは、乳母とそのミルクを選ぶことだけでなく（ほかの医学者はそうは考えなかったのだが、ソラヌスは、赤ん坊を生んだばかりの母親の初乳は出産後20日間は有害だと考えていた）、新生児が横たえられ、洗い清められ、マッサージを受けさせるときの方法を規定するための配慮でもあった。乳母（たいていは奴隷であった）は、理想的には「20歳から40歳までの健康な女性で、よきふるまいとよき外見をもっているべき」であった。彼女は節度をわきまえており、おもいやりがあり、いらだたない人であり、ギリシア人であり、身ぎれいな人であることが望まれた（『産科論』第2巻第12章第19節）。要するに、きわめて早い年齢から、あらゆる点でその新生児が「美と善」の一般的概念と一致しているかどうかを確かめる必要があったのである。すなわち子どもの身体は左右対称で、よいプロポーションであり、その役割にふさわしい性格をもつ乳母から提供される正しい食べ物によって、内面的な「気質」を育てられるべきであった。

子どもが立ったり座ったりするあらゆる試みが、同じ理由——両足は非常に曲がりやすく、このことは大人の歩きぶりに影響をあたえるに違いないと考えられた——からつねに観察でき、「骨のゆがみ」を避けることができるほど固まってきた頃、**スウォッドリング**は終了した。3歳から4歳にかけての頃、少年も少女も、乳母による継続的な世話は家庭教師に移され、その後パイダゴーグス（*paidagogos*）、すなわち識字教育の最初の段階を見守る奴隷の家庭教師へと移された。この教育は家庭内ではじまり、数年後に学校に移された。学校では、パイダゴーグスはその生徒につきそうだけであったが、実際の教育実践は法学者に引き継がれた。

文字の書き方の練習がはじまると、子どもはさらに「自分の名前を書いて」社会階級に名のり、精神が（蝋版のように）整形されるとともに造形的になる。すなわち、文字を書いたり、言葉を話したり、思考したりする行為のひとつひとつが、子どもの身体に対してだけでなくその精神にも、倫理、道徳性、そして社会階級についての観念を刻印し、かくして人格全体が継続的に形成されるのであった。彼らの最初の学習（しばしばギリシア語とラテン語のバイリンガルであった）において、学校に通う少年たちは、自分の奴隷たちへの命令、身分制に応じたあいさつ、そして神々や著名な先生たちのリストなどではじまる日々の生活を書きとめたり、暗誦したりした。文法の学習における少年の進歩は、古典作家たち（ホメロス、ヘシオドス*4、プラトン、悲劇作品）の暗記、書き方の練習によって適切な表現も錬磨し、文章を書いたりそれを推敲することは社会秩序とそのなかの生徒たちの立場を具体化した。生徒たちの学習が進展すればするほど、文字を書いたり言葉を話す形成能力もそれだけいっそう強まった。

高等教育

高等教育（といっても女性のための高等教育はまれ

であったのだが）は、通常は屋外で行なわれ、生まれたところよりも各都市において修辞学教師（rhetor）のもとで行なわれるのがふつうであった。この修辞学教師は、名声が高く、教師自身の人脈を通じて学生に保証できる特技をもつ人物が選ばれた。修辞学教師のもとでの教育の中心をなすのは、いわゆる問答法だけでなく、古典の読解力をさらに深めることにあり、近代のアメリカにおける判例研究に類似した文章が用意された。学生たちは、明晰に考察すべき状況（たとえば兵士が犠牲になって、兵士に命令した者が助かった場合、この命令者は糾弾されるべきなのか？ 若い男性が父親の意に反して結婚したために父親が息子を殺してしまう場合、彼の判断は正しいのか？ 自由人が自分よりも地位が高い相手と結婚したいと望む場合、それは正しいか？ など）に直面して、法と答弁の複雑さを学んだ。しかし、もっと重要な実務練習は、家父長家族（paterfamilias）と支配階級のエリート——パトロン（patronus）——のメンバーから学んだ。

成人の人格を身につける訓練には、パトロンの保護を受けている者（たとえば法的人格が認められていない女性のような）が、パトロンをとおして、あるいはむしろ彼の代弁者として自分の声で話せるようになるために、相手を説得する訓練がふくまれていた。たとえば若い男性は、彼の教師の声音（すなわち父親の声音）を手本とし、自身の（そして彼の教師の）下にある寄留者と従者の声音においては、決してみずからと混同しないよう正しい話し方を修得した。

修辞学と弁論術における問答法の訓練は、公的官職につく必須条件であり、かつ少数のエリートだけがこの教育を受けた。同様に、法律の専門家たち（帝政末期のビブロス［現ベイルート］はローマ法の進んだ研究を学ぶ中心地であった）、医学者たち（たとえばアレクサンドリア）、哲学者たち（アテナイとアレクサンドリア）は、非常に少数であったが、さらに進んだ訓練を続けた——この当時の学生は、25歳前後までに修辞学を修了したが、このときまでに彼は、歩き方、話し方、着飾り方、食べ方、飲み方、考え方、政治の進め方などを知ることができるよう、十分に形成されていた——要するに、エリートの人間になる方法、そして、いつでもだれからも自分がエリートであると認めてもらえる方法を学んでいたのである。

[訳注]

*1 ストア哲学（Stoic philosophy）——ヘレニズム、ローマ時代の哲学の一派。紀元前300年頃、ゼノンによってはじめられ、彼がアテネのストア・ポルティコ（stoa portico、彩色柱廊）で教えたことからこの名前がある。長期にわたって学説が蓄積されており、人間を自然の立場から観想することによってポリスの枠組みを超えた思想を可能にした。紀元前2世紀頃からローマに伝わり、1〜2世紀には本格的にローマ人の哲学となって盛時を迎えた。

*2 パイデイア（paideia）——古代ギリシア時代の教養、教育概念。「美しく善く生きるための内的知恵と外的技能の調和的発達をめざす知の営み」の総体。ソクラテスに代表される当時の愛知者（ソフィスト）たちは、この概念を、人間の内面を加工する術（arete、アレテー）として、言葉にかんする三つの学知、すなわち「文法」「論理」「弁証法」と、人間をとりまく環境に語りかけ、はたらきかける四つの学知（technee、テクネー）、すなわち占星術（天文学）・数学・幾何学・音楽（学）を合わせて、すべてを調和的に学ぶことをめざした。パイデイアの概念がキケロによってラテン語の世界に紹介されたとき、この言葉はフマニタス（humanitas）となり、後年の大学の基礎教養を形成することになる「3学4科」「7自由科」（Seven Liberal Arts）などの原型をなした。

*3 ソラヌス（Sōranos; Soranus of Ephesus, 生没年不詳）——2世紀頃、アレクサンドリアおよびローマで活躍したギリシア人医師。最初の産科学書『産科医学論』（Gynaecology）の著者として知られ、婦人病、妊娠、保育などにかんする数多くのすぐれた論述があり、その後1500年にわたって典拠とされた。『急性病と慢性病』には精神障害にかんする記述もあり、今日の精神療法と似た治療法に言及している。この著作は5世紀のA・カエリウス（Caelius Aurelianus）によるラテン語訳をへて今日に伝わっている。

*4 ヘシオドス（Hesiod）——生没年不詳。ホメロスとならび称される前700年頃のギリシアの叙事詩人。ボイオティアの村アスクラに生まれ育ち、農耕と牧畜を業とした。作品は『労働と日々』『神統記』などがある。

➡アリストテレス、古代ギリシア・ローマの子ども（概観）、プラトン

● 参考文献

Dionisotti, A. C. 1982. "From Ausonius' Schooldays? A Schoolbook and Its Relations," *Journal of Roman Studies* 72, no. 1: 83-125.

Gleason, M. 1995. *Making Men: Sophists and Self-presentation in Ancient Rome*. Princeton, NJ: Princeton University Press.

Marrou, H. I. 1982. *A History of Education in Antiquity*. Trans. George Lamb. Madison: University of Wisconsin Press. マルー『古代教育文化史（1948）』（横尾壮英・飯尾都人・岩村清太訳、岩波書店、1985年）

Soranus. 1956. *Soranus' Gynecology*. Trans. O. Tempkins. Baltimore, MD: Johns Hopkins Press.

(SUSANNA ELM／鈴木明日見訳)

子ども学研究（Child Study）

パイドロジー（paidology、こども学）あるいは実験的教授学（experimental pedagogy）ともよばれる子ども学研究（child study）は、標準的な子どもの発達の諸法則を発見するために、近代科学の方法を子どもの調査研究に適用しようとする試みであった。子ど

も学研究運動は、いくつかの西洋諸国において19世紀最後の10年に起こり、子どもたちの健康と福祉を改善することをめざした多数の社会改革運動に活気づけられた。子ども学研究、学校、教師、そして教育改革運動などのあいだの結びつきはとくに強かったが、それは、多くの改革者たちが、子どもが置かれてる状況を改善したり、よりよい、そしてより公正な社会のための条件を生み出すうえで、教育制度をもっとも有効な方法とみていたためであった。彼らは、子どもの本性に対する科学的な洞察は彼らの取り組みの助けとなることを確信するようになった。最初、子ども学研究運動は包括的であった。教師、両親、聖職者、心理学者、教育行政者、医学者、精神分析学者、その他の人びとがその研究に参加した子どもたちの福祉に関心があった。20世紀への転換期をすぎると、心理学者と医学者たちは、素人の研究者たちを排除することによって、子ども学研究を科学的に立派なものにしようとした。子ども学研究は、彼らの手のなかで子どもの発達科学と児童心理学となった。その結果、子どもの発達についての調査研究は科学の探求分野となり、社会改革と教育改革とのつながりを喪失してしまったのであった。

教育改革者たちは、学校というものを社会環境を改善し、社会の道徳的進歩を促進する手段を提供してくれるものとみなしていた。彼らは、社会改善の重要な条件として自由競争を重視したイギリスの哲学者ハーバート・スペンサー（1820-1903）の社会ダーウィニズムのような多様なイデオロギーに触発されていた。この見解では、適切な教育は、現代社会において自己改善と成功を果たす道具を子どもたちにあたえ、それによって自力で貧困状態から抜け出るのを助けることであるとされた。ほかの教育改革者たちは、フランスの哲学者ジャン＝ジャック・ルソー（1712-1778）、スイスの教育家ヨハン・ハインリヒ・ペスタロッチ（1746-1827）、さらに、ドイツのフリードリヒ・フレーベル（1782-1852）らの教育理念に導かれていた。こうした思想家たちは、子ども期を純真無垢で、まだ人生に汚染されていないとするロマン主義的な理想化という考えを受け入れていた。そして、自由な遊びと探求心を刺激する環境を提供するために教育制度を改善したいと考えていた。

教育改革者たちは、その哲学と政治的な方向性の多様性にもかかわらず、型にはまった学習法、人格教育、精神的な規律訓練、学問的な指向性の強いカリキュラムにもとづいた旧来の教育実践を改革しようとする点で意見が一致していた。教育改革者たちは、こうしたカリキュラムは大半の子どもにとってはまとはずれであると主張した。彼らによれば、教育はもっと実践的で、子どもたちが社会でしかるべき役割を果たす助けになるべきものである。こうして、改革者たちはプロジェクト学習[*1]、実際的な職業教育の導入を提案し、幼稚園（キンダーガルテン）の設立を唱道した。

子ども学研究のはじまり

1880年代に心理学者G・スタンリー・ホール（1844-1924）は、アメリカでの子ども学研究運動を起こしたホールは、19世紀のイギリスの博物学者チャールズ・ダーウィンの進化理論の影響を受けていた。この理論は、子どもはその発達環境においてヒトの種の生理学的および文化的な発達をくりかえすとしている。またホールは、彼自身が哲学と心理学を学ぶために数年間滞在したことがあるドイツの心理学と教育学の発展からも着想を得た。子ども学研究運動において彼が示した組織的な努力は、いくつかの国に存在していた関心と活動を刺激し、それらを統合した。1882年、ホールは、子ども学研究を教育学の新しい専門分野の核として唱道し、クラーク大学に子ども学研究コースを設置した。彼は、自分の計画に対して熱心に反応してくれた全米教育協会（National Education Association: NEA）の主要な会員となった。ホールは、子ども学の調査研究に参加してもらうために親と教師を招待し、子どもの観察記録を収集する目的で多数の質問表を発送した。ホールは、この調査研究の結果を教育改革の論点を示すために利用した。彼は、1904年に『青年期』（*Adolescence*）を公刊したが、このなかで、青年期を、特別な挑戦心をもち、特別な配慮を必要とする人生段階として描いた。この書物は、親、教師、児童福祉機関に従事する人びとに非常に大きな影響をおよぼした。

1891年、ホールは「教育学セミナー」を創設した。これは世界的な規模での子ども学研究の調査研究を行なうもっとも目立った発表の場となった（その機関誌は、1931年に改称された「教育学セミナーと発生心理学研究」[*the Pedagogical Seminary and Journal of Genetic Psychology*]と、1954年の「発生心理学研究」[*the Journal of Genetic Psychology*]である）。

子ども学研究運動の参加者は、子どもたちの身体的、認知的、および道徳的発達、健康と衛生、疲労、教育実践と学習努力、子どもたちの興味と想像力やその宗教体験の特性、さらにはさまざまな問題への子どもたちの心的態度などをふくむ次のような広範なトピックを探求し、それに必要な広範な方法を利用した。家庭や学校での子どもたちについての自由観察、子どもたちの手になる個人の手紙や日記類、さまざまな質問表に対する量的および質的な解答、具体的な行動についての観察、体重・身体の成長と精神発達の測定、多様な特別テストの結果、母親による日記や教師による子どもの行動記録、そして、大人が自分の子ども時代をふりかえった自伝的文章などが利用された。

20世紀の最初の10年間、多数の心理学者や医学者は、子ども学研究における調査活動は、不特定の条件下で、理論や仮説の手引きなしに、そして訓練を受けていない観察者によって集められた自由観察にもとづ

いた膨大な量の支離滅裂なデータをもたらしたと論じた。彼らは、資格のある科学者たちの手によってもっと厳密で、実験にもとづいた調査研究によって子ども学研究の科学的水準を高めることを力説した。そうするには二つの方法があった。第一の方法は、教育心理学者たちによって唱道されたもので、彼らは、教育学は実験的な調査研究あるいは広範囲にわたる心理測定のテストにもとづいた心理学的知識の応用であると述べた。彼らによれば、教師と教育行政者たちは、心理学の調査研究の情報を手に入れ、その結果を応用する必要があるとされた。多数の教育者や教育学者たちは二つめの方法を推奨した。彼らは、教育研究を指導するための実験学校と教育学研究所の創設を提案した。彼らは、教育学（pedagogy）あるいは教育の科学（sciencen of education）は、心理学的な調査研究に矮小化されるべきではないと確信していた。

心理学者たちは、次の二つの点で教育の調査研究に貢献した。彼らは心理テストを開発し、また、学習の基本的な法則を究明した。最初の**知能テスト**（知能検査）は、子どもの心理研究フランス学会（the French Society for the Psychological Study of Child; *Société libre pour l'étude psychologique de l'enfant*）と、パリの教育システムと提携していた**アルフレッド・ビネー（1857-1911）**によって1905年に開発された。ビネーの場合、知能テストとは、**精神遅滞**や学習障碍をもつ生徒を適切なクラスに配置するために診断する個別的な診断ツールであった。このテストは、ふつうの子どもたちが多数の課題を解けるように年齢に応じて段階化されていた。アメリカとイギリスの心理学者たちは、精神テストの新しい利用法を発見し、個人差の心理学を発展させた。行動主義心理学者たちは精神テストの開発にくわえて、あらゆる学習の基礎となる法則を探求し、教育実践は学校における学習の最適化のためにこうした法則に従う必要があると主張した。

ドイツ

ドイツにおける子どもの発達についての調査研究は、生理学者ウィリアム・T・プライヤー（William T. Preyer, 1841-1897）による『子どもの精神』（*Die Seele des Kindes*, 1882）の出版をもって嚆矢となった。これは、彼の息子の最初の3年間に広範囲にわたって集められた生理学的および心理学的な観察記録にもとづいたものである。プライヤーは、ダーウィンの進化理論の影響を受け、本能と反射行動がしだいに言語と目的行動に置き換わる、発達にひそむ計画という考えを提起した。プライヤーによれば、科学的な洞察は、ふつうに発達している多数の健康な子どもたちについての継続的な観察を通じてのみ手に入れることができるものである。したがって、彼は、母親たちに、自分が産んだ新生児をその誕生のときから観察し、一日に数時間かけて観察記録を作るために日誌をつけることを勧めた。プライヤーの研究は、子どもの発達を科学的に探求可能にする方法を示し、そうした調査研究の可能性への広範な関心を刺激した。

子ども学研究のための一般ドイツ協会（The General German Society for Child Study; *Allgemeiner Deutscher Verein für Kinderforschung*）と児童心理学会（the Society for Child Psychology; *Verein für Kinderpsychologie*）は、1889年に設立された。後者は専門学会誌「教育心理学研究」（*the Zeitschrift für Pädagogische Psychologie; Journal for pedagogical psychology*）を1905年に創刊し、この同じ年に「実験教育学研究」（*Die Experimentelle Pädagogik; Experimental pedagogy*）も発刊しはじめた。もともとドイツの子ども学研究は、多様な協会や組織で活動的であった教師たちの活動に支配されていた。ドイツの教師たちは、子ども集団の能力と達成指標を提示する量的調査研究に代わって、子どもたちがどのように考えたり学ぶかを直接理解することを目標とする研究方法は折衷的で、アメリカの子ども学研究運動によって採用されたように、多様であった。

ヴィルヘルム・アウグスト・レイ（Wilhelm August Lay, 1862-1926）と、エルンスト・ノイマン（Ernst Neumann, 1862-1937）は二人とも、ドイツにおける教育学研究のパイオニアだが、彼らのさまざまな調査研究法は、ドイツにおける実験教育学（experimental pedagogy）あるいは子ども学（paidology）の発展ぶりを示している。レイとノイマンはともに、子ども学研究をさらに厳密にし、科学的に信頼の高いものにしようとした。レイは教師としての経歴を始め、教師の視点から調査研究を進めた。彼は実験学校の創設を推奨し、実験学校を教育学の調査研究にとって理想的な場と見ていた。ノイマンは、教育を心理学的な洞察を適用できる活動分野（フィールド）と見ていた心理学者であった。こうした観点の違いは、実験教育学の発展を支配しようとする教師と心理学者のあいだで高まりつつあった緊張感を示していた。最終的には、心理学者たちがこの活動分野を支配することになった。しかし、ドイツでは、活動分野としての教育学は、教育システムのなかで影響力を保持した。

第1次世界大戦（1914-1918）後、子どもの発達にかんする調査研究について、ドイツでは大学に永続的な場所を得ることに成功した。心理学者のウィリアム・シュテルン（William Stern, 1871-1938）は、その妻クララとともに、自分の3人の子どもの心理発達の詳細な日記をつけた。後年、シュテルンは、この資料をもとにして、年少の子どもの言語獲得と記憶力の発達にかんする研究を公刊した。このほかに影響力のあった心理学者は、オーストリアのカール・ビューラー（Karl Buhler, 1879-1963）とシャーロット・ビューラー（1893-1974）夫妻で、彼らが取り組んだ成熟とライフコースの心理学は非常に大きな影響力をもつ

ことになった。シャーロット・ビューラーの調査研究は、子どもについての誘導観察、知能テスト、日記解釈、そして自由遊びを通じた実験を基礎にしていた。彼女は、誕生から成人期初期にいたる心理発達の統合計画を開発しようとし、発達段階ごとの認知的および人格の特質を解明することに焦点をあてた。

イギリス

イギリスにおける子ども学研究は、アメリカとドイツにおける発展の後を追ったが、同じ活動レベルに達することはなかった。子どもと教育への関心は、1890年代を通じて高まったが、この時期の学童、とくに貧しい労働階級地域出身の学童にかんする医療調査のいくつかは、多数の生徒が劣悪な健康状態にあり、栄養失調に苦しみ、当時、精神遅滞*2とよばれた病気もふくめて、広範な医療問題をかかえていることを明らかにした。1913年、この条件で個人にかんする適切な治療と養護を行なうことを命じる精神遅滞法（the Mental Deficiency Act）が成立した。さらに、イギリスにおける哲学的な心理学者たちは、教育改革、教育哲学、そしてカリキュラムを現代化する重要性を論じた書物をいくつか執筆した。そして、よい教育を受けた労働力によって国民の生産性を高め、また、教育を子ども中心的にする教育改革を求める広範な要求があった。

1898年、アメリカでホールの仕事と出会い、イギリスで子ども学研究を組織したいと望む多数の人びとによって、イギリス子ども学研究協会（the British Child Study Association）が設立された。この協会は、1年後に機関誌『パイドロジスト』（The Paidologist）（この誌名は、1908年に『子ども学研究』と改称され、1921年に廃刊された）を発行しはじめた。1911年には、ライバルの『実験教育学研究』（Journal of Experimental Pedagogy、これは1931年に『イギリス教育心理学研究』[the British Journal of Educational Psychology]と改称された）も創刊された。

当初、イギリスの教育心理学は、精神検査（mental tests）の構成と運営に焦点を置いていた。知能の特性についての調査研究は、チャールズ・スピアマン（Charles Spearman, 1863-1945）のライフワークであった。彼は広範囲にわたるテスト結果を因子分析とよばれる統計技術を用いて分析し、あらゆる知能テストは一般知性の安定的で遺伝的な特質を測定するものであると結論した。1912年、心理学者のシリル・バート（Cyril Burt, 1883-1971）は、ロンドンの中心的な教育の執行機関であったロンドン市議会で、心理学者として議席をあたえられた。この立場からバートは、特殊学校（学級）あるいは治療学校（学級）に入ることを勧められている子どもたちを検査した。彼は、精神検査法と診断テストも開発した。バートは、その著書『発達遅れの子ども』（The Backward Child, 1937）のなかで、年齢を基礎に期待されているとおりに発達段階の作業ができない子どもは、貧困、劣悪な健康状態、不適切な住宅環境といった環境上のハンディキャップがしばしば原因になっていると主張した。それにもかかわらず彼は、こうしたケースの大多数はその知的能力の一般的劣等性の結果として治療不能な発達遅滞となり、このことは、彼の考えでは生得的で遺伝的であり、したがって変えることができないものであるとした。バートのこうした考えに従えば、現存する階級構造は、それが知能における生得的な差異を根拠にしているという理由で正当化された。彼は、知能は教育によっては改善できないと考えていたため、その子どもの生得的な一般的認知能力に適合させるために、子ども向けの特別な教育コースを設けることを唱道した。

アメリカ

20世紀への変わり目、心理学者たちは、児童研究運動に対して、その調査研究が科学的な厳密さを欠き、的をしぼりきれていないという特質があり、また、その基本的な対象に明確さがない、などの理由で批判した。その結果、子ども学研究運動は勢いを失ってしまった。とくに、教育心理学者たちは子どもの発達について科学的に信頼できる調査研究を試みた。彼らは、教育実践を合理化し、改善するための科学的なツールを教師や教育行政者たちに提供しようとした。彼らの研究成果を公にする『教育心理学研究』（the Journal of Educational Psychology）の出版がはじまったのは1910年であった。

心理学者エドワード・リー・ソーンダイク（Edward Lee Thorndike, 1874-1947）によると、教育心理学は合理的な教育実践組織のために、標準尺度を提供することができた。ソーンダイクは、学校の仕事を数量的な方法で目に見えるかたちで示すため、知能テストと到達度テストを広範に活用することを推進した。こうしたテストで作られた統計数値は、学級、学年、そして学校を比較可能にしたが、このことは、教育実践の評価を可能にした。とりわけ、教育行政者たちは、この種の数値情報が有用であることを発見した。発展しつつあった計量心理学*3とは別に、ソーンダイクは、行動主義心理学者たちが定式化したのと同じように、教育実践のための合理的な基盤としての学習の法則を提示した。彼が提示したなかでもっとも有名で、論争をよんだのは、さまざまな学習分野のあいだにはほとんど、あるいはまったく学習転移*4がないという考えであった。この所説は、古典カリキュラム、とくにハイスクールでのラテン語教育に反対する議論として利用された。最終的には、ラテン語の学習を通じて獲得できる精神的な規律（ディシプリン）が、ほかの分野での学習になんら派生的な効果をもたらさなければ、この科目を教えることを擁護するのは非常にむずかし

教育に精神テストを利用することは、ルイス・M・ターマン（Lewis M. Terman, 1877-1956）によって推進された。ターマンは、スタンフォード大学の学部メンバーで、ビネーの知能テストを英訳し、それを「スタンフォード＝ビネー・テスト」として1916年に出版した人物である。知能テストのターマン版は、集団を対象に実施することができた。ターマンによれば、しばしば知能指数（intelligence quotient: IQ）と表現される知能は、比較的安定している遺伝的な特性であった。彼は、生徒たちに知的特質の広範な多様性を提供するために、学校が生徒の多様な精神能力のレベルに応じたさまざまな教育コース（educationa tracks）を組織するよう提案した。同様に、ターマンは、現代社会は本質的にメリトクラシー的な社会*5、すなわち、知性をもつ個人が、自然に、より望ましい職業に入っていく社会であると確信していた。彼の考えによると、収入と社会経済的な地位にみられる差異は、教育の機会あるいは差別、排除、そして剥奪などの結果生じる差異にではなく、知能を根拠にしているという。このようなターマンの見解は、20世紀を通じて心理学者や教育者たちのあいだで非常に大きな影響力をもった。

1920年代の子どもの発達研究

　1920年代初め、子どもの発達研究（research into child development）は、目立たない取り組みであった。それは大学メンバーの小さな集まりをもとに起こり、わずかな基金を受けとった。研究者たちは、子どもの健康、児童福祉、そして教育研究など、さまざまな側面について研究に従事した。この子ども学研究を科学的な研究分野にする決定的な推進力をもたらしたのは、ローラ・スピールマン・ロックフェラー記念研究所（the Laura Spelman Rockefeller Memorial: LSRM）であった。1924年に活動を開始したこの財団が、アメリカとカナダにおける子どもの発達に貢献する研究センターのメンバーの学際的な研究に基金を提供したのであった。その結果、児童心理学あるいは発達論的心理学は、専門の学会、紀要、そして大学付属の研究所と訓練センターをもつ、信頼できる専門分野となった。1925年には、研究活動を連携させるために、全米学術会議（National Research Council）によって、子どもの発達委員会（Committee on Child Development）が設立された。

　LSRM内部で、このプログラムに着手したローレンス・K・フランク（Lawrence K. Frank, 1890-1974）によると、子どもを対象にした調査研究の大半は、非行・異常・病理に焦点を置いた。通常の子どもと、通常の発達、教育実践と子育て実践のガイドに欠かせないと彼が考えていた知識については比較的わずかのことしか知られていなかった。人生の最初の数年間は性格形成にとって不可欠であるので、フランクは、この数年間が科学的な研究の対象になることは必須だと考えた。LSRMによって設立された子どもの発達にかんするいくつかの研究センターは、生後12カ月以降の子どもたちを長期にわたって観察できる実験的な幼児学校を一般公開した。研究者たちは、それよりも後の年齢段階における子どもの発達を調査するために、しばしば小学校をハイスクールに結びつけた。いくつかの研究センターでは、個々の子どもたちがその発達研究のために数十年にわたって従うことになる比較的長期にわたるプロジェクトが企画された。その他の研究には、子どもの観察研究と、子どもの知能と能力における個人差の測定などがあった。フランクによれば、子どもの発達研究は、その成果の一般化と密接な関係を必要としていた。彼は、子ども学研究をすすめるどの研究センターも、公教育の場で使えるプログラムを制度化する必要があると主張した。彼はまた、1926年には両親に向けた子育ての助言をふくむ大衆雑誌「ペアレンツ・マガジン」（Parents Magazine）の創刊も企画した。

　基金を受けた最初の研究団体のひとつは、1917年に開設されたアイオワ児童福祉研究ステーションであった。研究者たちはそこで身体発達の測定法を開発したり、栄養の重要性を調査した。いくつかの観察研究は、実験的な幼児学校と養子縁組機関において進められた。アイオワの研究者たちは、年少の子どものIQは、高度な可変性に富んでおり、幼児学校に通う子どもと養子縁組された子どものIQは、一般的に見て、いくつかの点で上昇すると結論した。この結論は、デトロイトのメリル＝パーマー校のヘレン・トムソン・ウーレイ（Hellen Thompson Woolley, 1874-1947）によってもくりかえされたが、ほかの研究者たち、とくにルイス・ターマンと、ミネソタ大学の児童福祉研究所ではたらいていたフローレンス・グッドイナッフ（Florence Goodenough, 1886-1989）からは異論が唱えられた。イエール大学の実験室では、アーノルド・ゲゼル（Arnold Gesell, 1880-1961）が子どもの身体発達を研究していた。ゲゼルによれば、成熟と成長は、先天的な傾向が展開するようすを示すが、これは環境的な剥奪によって遅れることがありうるとされる。ゲゼルは子どもの精神的および運動的な水準を測定する多数の標準尺度を考察した。トロント大学では、子どもの社会行動を調査研究するいくつかの長期的な研究プロジェクトが進められた。カリフォルニア大学バークレー校の児童福祉研究所でも、同様の研究プロジェクトがはじまっていた。そこでも研究者たちは、個々の子どものIQ数値の不変的な特性に疑念をもった。コロンビア大学教員養成カレッジの子どもの発達研究所では、幼児学校における子どもたちの家族関係と人格発達が研究された。子どもの発達についてのこうした研究センターは、科学研究のほかのほとんどの分野で排除されていた女性たちに就労機会をもたらした。

LSRMから基金提供がなされた結果、子どもの発達分野における研究は、科学的に信頼できるものになってきた。だが、時の経過とともに、研究者たちは公教育活動に対してはあまり関心をもたなくなり、しばしば関心を中断した。子どもの発達研究と教育改革との連携も、時とともにますます希薄になってきた。子どもの発達研究は、研究自体の重要性を発展させたが、社会改革のためのさまざまな運動との連携を失ってしまった。

[訳注]

*1 プロジェクト学習（project learning）——生徒の興味や関心に沿う特定の主題に即した自主的な教育計画。家庭科や農業科などにおける家庭実習、ホームプロジェクトなど。ジョン・デューイの理論をもとに、キルパトリック（W. H. Kilpatrick, 1871-1965）が、1939年にプロジェクト・メソッド（考案教授法）の名前で、子どもたちに自主的な学習計画を立てさせることによって生産や生活の向上をめざす教授法として提案し、新教育運動の特色のひとつとなった。

*2 精神遅滞（mental deficiency, mental retardation）——ふつう以下の学習能力と、知能指数の相当な低下を特徴とする発達障碍の一種。

*3 計量心理学（Psychometrics）——心理的あるいは精神的な特性や能力、あるいは心理的プロセスを測定することをめざす心理学の分野。1854年頃からpsychometricsと表記されるようになった。

*4 学習転移（transfer of training）——学習心理学で、前の学習が後の学習に影響をあたえること。学習転移が起こることによって学習が促進される場合は「正の転移」、また、それが起こることによって妨害や遅滞が生じる場合は「負の転移」とよばれる。

*5 メリトクラシー（meritocracy）——門地や財力によらない実力・能力主義をさす場合と、すでになんらかのかたち——とくに学歴——で実力をもつ者がエリート階級・実力者層を形成する原理をさす場合とがある。近未来社会を描いたマイケル・ヤング（Michael Young, 1915-2002）の『メリトクラシーの法則』（*The Rise of the Meritocaracy*, 1958）の出版以降、学歴社会の構造分析概念として広く知られるようになった。類似概念としてのメリット・システム（merit system）は、アメリカなどで、公務員の任官・昇進に際して、成績や能力を基準にする評価制度で、能力主義制とよばれる。merit systemという表現は、meritocracyよりも早く1899年から使われた。

➡科学的育児法、子どもの発達概念の歴史

● 参考文献

Cahan, Emily D. 1991. "Science, Practice, and Gender Roles in Early American Child Psychology." In *Contemporary Constructions of the Child: Essays in Honor of William Kessen*, ed. Frank S. Kessel, Marc H. Bonstein, and Arnold J. Sameroff. Hillsdale, NJ: Erlbaum.

Chapman, Paul Davis. 1988. *Schools as Sorters: Lewis M. Terman, Applied Psychology, and the Intelligence Testing Movement, 1890-1930*. New York: New York University Press.

Clifford, Geraldine Jonçich. 1968. *The Sane Positivist: A Biography of Edward L. Thorndike*. Middletown, CT: Wesleyan University Press.

Cravens, Hamilton. 1993. *Before Head Start: The Iowa Station and America's Children*. Chapel Hill: University of North Carolina Press.

Depaepe, Marc. 1987. "Social and Personal Factors in the Inception of Experimental Research in Education (1890-1914): An Exploratory Study." *History of Education* 16, no. 4: 275-298.

Dickinson, Edward Ross. 1996. *The Politics of German Child Welfare from the Empire to the Federal Republic*. Cambridge, MA: Harvard University Press.

Gould, Stephen Jay. 1996. *The Mismeasure of Man*, rev. and expanded ed. New York: Norton. グールド『人間の測りまちがい——差別の科学史』（上・下）（鈴木善治・森脇靖子訳、河出文庫、2008年）

Hall, G. Stanley. 1904. *Adolescence: Its Psychology, and Its Relations to Physiology, Anthropology, Sociology, Sex, Crime, Religion, and Education*. New York: Appleton.

Hearnshaw, Leslie S. 1964. *A Short History of British Psychology, 1840-1940*. London: Methuen.

Hearnshaw, Leslie S. 1979. *Cyril Burt, Psychologist*. Ithaca, NY: Cornell University Press.

Kett, Joseph F. 1977. *Rites of Passage: Adolescence in America, 1790 to the Present*. New York: Basic.

Minton, Henry L. 1989. *Lewis M. Terman: Pioneer in Psychological Testing*. New York: New York University Press.

Pols, Hans. 2002. "Between the Laboratory and Life: Child Development Research in Toronto, 1919-1956." *History of Psychology* 5, no. 2: 135-162.

Richardson, Theresa. 1989. *The Century of the Child: The Mental Hygiene Movement and Social Policy in the United States and Canada*. Albany: State University of New York Press.

Rose, Nicholas. 1985. *The Psychological Complex: Social Regulation and the Psychology of the Individual*. London: Routledge and Kegan Paul.

Ross, Dorothy. 1972. *G. Stanley Hall: The Psychologist as Prophet*. Chicago: University of Chicago Press.

Schlossman, Steven L. 1981. "Philanthropy and the Gospel of Child Development." *History of Education Quarterly* 21, no. 3: 275-299.

Siegel, Alexander W., and Sheldon H. White. 1982. "The Child Study Movement: Early Growth and Development of the Symbolized Child." In *Advances in Child Development and Behavior*, Vol. 17, ed. Hayne W. Reese. New York: Academic Press.

Stargardt, Nicholas. 1998. "German Childhoods: The Making of a Historiography." *German History* 16, no. 1: 1-15.

（HANS POLS／北本正章訳）

子ども期のイメージ
(Images of Childhood)

［本項で論じる図版のうち＊＊をつけたものは、この事典のほかの項目でも参照できる。掲載ページについては、巻末索引参照。］

　わたしたちが今日理解しているような子ども期は中世以前には存在しなかったとするフィリップ・アリエスの主張に、すべての歴史家が同意したわけではなかった。だがアリエスの研究は、子ども期は純真無垢であるとする近代のロマン主義の理念もふくめて、子ども期を歴史の進展過程とともに変化する社会的構成概念として検討する可能性を拓いた。この可能性は、美術と視覚文化の歴史にもあてはまる。子どもについての視覚表現物は、たんに自然なものとしてではなく、あるいは、なんらかの安定した外的な現実に対する明白な実証物としてでもなく、むしろつねにゆれうごく文化的および性心理学的なパラダイムから社会的に構成され、しかも多様に構成されるものとして、解釈の対象になりうる。このように、子ども期のイメージは、特定の文化的な文脈でつくられたり、特殊な歴史的契機への反応のなかでつくられたりするものである。したがって、子ども期のイメージの変化を通時的に検討することは、具体的な歴史上の子どもを捨象してしまうことではない。

　子どもの視覚イメージは、美術史の視点からはとるにたりない感傷的なもの、あるいは（あどけない女性らしさの性的な構成概念をあたえられた）女性らしさが強調された副次的な分野として、しばしば周縁に追いやられ、きりすてられてきた。それはまた、時間を超越した普遍的なものとして、しばしば解釈されてきた。マルシア・ポイントンによれば、子どもを描いたそうした絵画は、単純で、容易に理解できる題材であるとみなされてきており、その結果、人間の共通体験についての感情移入的な概念が分析に置き換わってしまった。この理由から、子どもを描くことは、その主題である子ども期について、大人の鑑賞者による子どもの受容についてと同じくらい多くのことを語ることができる。これはとくに、21世紀初頭の状況にあてはまる。なぜならこの時期は、アン・ハイゴネットが説得力をもって主張したように、子どものイメージが、西ヨーロッパの消費文化においてもっとも感情的に力強く、しかももっとも矛盾したイメージのひとつになった時期であったからである。子どもの純真無垢という暗示は、公的および私的な力の政治的、性的、および商業的な表現形式に関係があるという新しい意味あいを手に入れたちょうどそのときでさえ、保ちつづけられた。近年の子ども学研究の進展とともに、決定的に重要な仮説の焦点として、人種、階級、ジェンダー、および性的方向づけといったカテゴリーに、年齢というカテゴリーがつけくわえられた。子ども期の視覚イメージ

ベッリーニ「洋梨のある聖母子像」（1500年頃）。ベッリーニの絵における幼児キリストの健康的な身体は「受肉した世界」としてのキリストの視覚表現である。The Art Archive/Carrara Academy Bergamo/Dagli Orti（A）

は、文化的な不安感と葛藤する社会的価値観とのあいだに水路をもうけるために、アイデンティティを求めるヨーロッパの大人の中産階級の多方面な価値表現とみられている。したがって、子ども期のイメージを解釈することは、その創出と受容の社会史的および心理史的な全体像を描く、挑戦的な試みを示すことになろう。

15世紀と16世紀

　近代における子ども期のイメージの歴史は、18世紀の純真無垢な子どもの絵画に生じた革命とともにはじまる。しかし、現実の子どもは実際にはそれ以前からも描かれていた。たとえば、彼らは北方ルネサンスの初期の写本『アデライド・ド・サヴォワの時祷書』＊1＊＊の「12月、雪の道」の欄外で雪合戦をしているところを描かれている。子どものミニチュア・イメージは、人生の諸時期の敬虔なイメージと同じように、ほかの15世紀のフランドル地方の時祷書のなかで欄外として見られていた。しかしながら、ここでは、子どものイメージは、本来的な「子ども期」を意味するというよりは、むしろ、人生の特定の時期や季節を象徴的に言及しているのであった。

　子どもは、たとえ子ども期の図像学がルネサンスの

聖画像において幼児イエス、ケルビム*2、そしてクピド［キューピッド］をより中心的な象徴として、あるいはアレゴリーとして強調するようになっても、なお周縁的な社会的地位にとどまっていた。レオ・スタインバーグは、神が人間として受肉することを現実にありうることとして意味するために描かれた聖母マリアと幼児イエスを描いた多数のルネサンス絵画のなかで、どのように幼児イエス、そしてとりわけその官能的な生殖器が絵の構図と図像学的な焦点になったかについて論じている。ジュリア・クリステヴァは、スタインバーグが学説的に解釈した内容に対して、非常に精神分析学的な解釈を試みている。クリステヴァは、ジョヴァンニ・ベッリーニ（1430?-1516）が描いた聖母を前エディプス的で、前言語習得的な母性空間の視覚的（そして立体感のある）復活であると主張しつつ、「聖母子像」にみられる心理学的熱情、（官能的ですらある）肉体的な結びつき、そして母親と子どものあいだの感情の分かちあいを強調した。

ケルビム、すなわちキリスト教の図像学にみられる幼児天使は、ルネサンス期の肖像画ではしばしば幼児イエスといっしょに描かれ、純真無垢でありながら、肉体の神性を証明している。ラファエロ（1483-1520）の有名な「システィーナの聖母」**（1513）では、絵の下側に描かれた愛らしい二人組のケルビム（このイメージが取り出され、1995年にアメリカの郵便切手に使われることになる）は、浮遊している聖母、幼児イエス、そして聖人たちの背後や上部にただよっているケルビムたちの頭部でできている、天国につながる雲のなかで無限に増殖している。ティツィアーノ（1487頃-1576）の「ウェヌス［ヴィーナス］の崇拝」**（1518-19?／1560頃）では、神学的な要素はあまりないものの、官能的で、翼をもつ象徴的なクピドはあらゆるところに存在するが、ここでは、いまにも額縁からあふれ出んばかりに描かれている。このような、抱きしめたくなるような赤ん坊の肉体の豊穣な群れは、エロスを集合的に発散するクピドの象徴的な役割があることを具体的に示す好例である。アモリーノ（amorino、クピドの裸像）が、象徴とされた果実を摘みとるのを見ると、これを、すくなくとも18世紀なかば以降になって発明されることになる子ども期の純真無垢さと比較すれば、そこには完全な純真無垢を見ることがむずかしい陽気な身体活動に夢中になっている異教的な欲望が具現されている。身体の姿勢がなんの制約も受けずに、いろいろに描かれているのを見ていると、後年のジークムント・フロイトが**乳幼児の性欲**の存在を認めることになる「多形倒錯」*3のことを思い浮かべることもできよう。

16世紀の肖像画では、子どもは（誰かがその肖像画を依頼していたわけではなかったが）、単独で描かれるよりも両親といっしょに描かれるのがふつうであった。ハンス・ホルバイン（子）（1497?-1543）の

ハンス・ホルバイン（子）による1538年のイギリスのエドワード6世（1537-53）の肖像画——王の衣裳をまとっている——は、一個人としての子どもの絵姿というよりはむしろ、王位継承者という社会的地位を描いたものである。Archive Photos, Inc.

「エドワード6世の子ども時代」（1538）は、王権を示す式服に身を包んだ小さな大人として、型どおりのしゃちこばったポーズをとっている姿を描いている。そこには、彼が王位継承者の義務を負っていることを証明する詩句がきざまれた精巧な銘板を手にしているのが描かれている。この絵は、一人の子どもを記念するというよりは、むしろ非常に抽象的で神聖な王朝の社会的な機能を果たすという役割をおびている。日常生活のさまざまな活動にかかわる子どもをあまり形式張らずに描いた肖像画は、ソフォニスバ・アングィッソーラ（1532-1625）の作品に見ることができるが、彼女はかつて、聖母と幼児イエスがやさしくキスをかわしているところを描いた作品（「礼拝用の祭壇画を描く、イーゼルを前にした自画像」、1550年代後半）のなかに、自分の自画像を描いていた。地方貴族の家に生まれて人文主義の教育を受けたアングィッソーラは、自分の妹たちが、この芸術家自身が高い社会階級に属していることを証拠だてている女家庭教師とにこやかにチェスを楽しんでいるようすを、「芸術家の妹たちとその女家庭教師」（1555年）という作品のなかで描いている。ヴァザーリによれば、アングィッソーラが、「ザリガニにかまれた子ども」**（1558）で情感豊かに自然な子どもの表情を黒チョークで描いた素

描は、ミケランジェロ（1475-1564）に強い印象あたえ、彼はこれを友人への贈り物にするほどであった。これを贈られたその友人は、のちにフィレンツェの大富豪でミケランジェロの後援者であったメディチ家のコジモ1世に、これよりももっと有名になる、ミケランジェロの手になる素描をこれにそえて贈ることになる。こうして、アングィッソーラは、彼女の作品で、ありのままに描かれた子どもに焦点の中心を置いたことで、芸術家としての認知を得たのであった。しかし彼女は、（高められた社会的な背景と、その結果として得られたフェリペ2世のスペイン王室の後援を得たにもかかわらず）男性の芸術家に期待された大型の、歴史的で宗教的な作品を創作することがなかった女流画家として、ほかの周縁的な文化的地位の役割を果たしていた。のちに登場するベルト・モリゾ*4やメアリ・カサット*5の場合のように、子どもは、女流画家が描く女性化された家庭内的なジャンルと考えられていた。

もっとも精巧な、16世紀の子どもたちの視覚的な一覧表であるピーテル・ブリューゲル（父）（1525頃-1569）の「子供の遊戯」**（1560）には、目隠し鬼ごっこ、（羊の趾骨で作った玉を投げて遊ぶ）お手玉のような子どもの遊戯、ジャックナイフ投げ、馬跳び、肩車、かくれんぼ、そして結婚式ごっこや洗礼行列など、90種類以上のさまざまな遊びが網羅的に描かれている。大型の絵にもかかわらず、遊びに熱中する子どもの人数が多数描きこまれているため、人物のサイズと細部はかなり小型化されることになった。いくつかの解釈は、この情景の図像法を、彩色写本のなかの季節や暦のページの欄外部と寓意的に結びつけている。近年の美術史の報告は、遊び好きであり、かついっそう教訓的な意味について議論を重ねている。一方では、子ども期初期の家庭の構造をそれとなく暗示する思春期前の少年が女性の服装をすることとならんで、やかましくわめく遊戯もふくむ、16世紀の写実的な詳細が活写されている（たとえば、この絵の前景中央から左よりのところにいる棒馬*6の男の子が着ているように、4歳前の男の子たちはエプロンと、よだれかけのついたドレスを着ていた。また、5歳から11歳までの子どもは、右側の樽の上にいる腕白小僧が着ているような前あきのスモック風の女児用のワンピースを着ていた。この年齢をすぎると、輪回し遊びをしている男の子が着ている短い上着にズボンといった大人の衣装をとりいれた）。他方、サンドラ・ハインドマンをふくむ多くの解釈者たちは、とりわけ中世とルネサンス期の人文主義者の多数のテキストが、子どもは道理をわきまえた判断力を欠いていると述べているために、この遊戯図を愚かさの象徴であると解読した。まるで都市の建築に類似した全体を見る俯瞰図のように、自由奔放な遊びを描いたこの絵の空間配置は、最終的には、正しく育てられた子どもが教育を受けるべきであるという公共善をほのめかしているのかもしれない。

17世紀

エドワード・スノウとサイモン・シャーマは、ブリューゲルの遊戯図が、17世紀のオランダ美術における子どもの図像学との関係ばかりでなく、その両義的でとらえどころのない意味も認めたうえで、この遊戯図を教訓的であると同時に非常に自然主義的に解釈することがかならずしも決定的である必要はないし、互いにあいいれないものでもないことを示唆していた。シャーマによれば、もはや子どもはかならずしも大人のミニチュアであるとか、罪に満ちた人間だとみなされる必要はなかった。かつてメアリ・フランセス・デュランティーニが示したように、17世紀のオランダ美術における子どもの描写は、家庭の日常生活を描いた風俗画や家族の肖像画から、より教訓的な性格をもつ図像にまでわたり、変化に富んでいる。このような絵画の発展は、家庭向けの芸術作品を好んだ商人層の中産階級のネーデルランド共和国［現在のオランダ］において早期に発達していたために、促進されたものであった。民主主義的で、その大半がプロテスタントで、資本主義的な共和国で生まれたこうした子どもの図像は、現代の目から見ても、見慣れはじめてきた。17世紀のフランスとスペインでは、ル・ナン兄弟、バルトロメ・エスタバン・ムリーリョ（1618?-1682）、そしてジュセペ・デ・リベラ（1591-1652）らの作品群にみられる下層階級の物乞いをする子どもたちは、道徳性を失わない貧しさと目で見てよくわかる感情を支持する上流階級の観点から概念的に解釈されていた。松葉杖を元気よく肩の上にふり上げている、威勢のいい、リベラの「エビ足の少年」**（1642-1652）は、その身体的な障害にもかかわらず、モニュメント化されている。絵のなかのこの少年が手にしている紙片は、見る者にほどこし物を求める慈善という道徳的な主題を示している。オランダでは、「聖ニコラスのお祭り」（1665-1668）や「乱れた学校」**（1670）など、ヤン・ステーン（1626-1679）による絵画が、甘やかされて無軌道にふるまう中産階級の子どもたちを描いている。そこでは、子ども期の軽率さや気まぐれは成人してから身につける慎重さと規律の遵守をもたらすという人文主義者やカルヴィニストの教えを思い起こさせるために、悪戯と浮かれ騒ぎが用いられている。

オランダの子どもの肖像画は、たとえそれがどれほど世俗的で、スカトロジー（排泄趣味）の表明であっても、それまで見られた図像学的規範を破壊していることがあきらかであると思われる場合、それらは象徴の理論構成の枠組みを潜在的に保持しているといえる。トランプ遊びやシャボン玉遊びをする子どもたちは、自然主義的には陽気に見えるかもしれないが、同時に、図像学的には、悪徳と人生のはかなさを思い起こさせる役割を果たしていると考えることもできよう。ペッ

トといっしょに描かれる子どもは、のちの世紀の視覚文化で増えることになる画題だが、これは、子どもと動物を自然の領域に結びつけるものであった。ユディット・レイステル（1609-1660）の「ネコとうなぎを持つ少年と少女」**（1630頃）は、やんちゃな陽気さを潜在的な象徴に結びつけている。子猫は遊びの表象にほかならず、うなぎ*7は人生のつかみどころのなさをあらわす諺を暗示している。そうした人生の無常さは、死のまぎわの子どもを描く場合、とくに敏感な問題になり、また、しばしば、子ども表現の触媒のはたらきをしていることは、ハブリエル・メツー（1629-1667）が描いた痛々しい絵画、「病気の子ども」**（1660頃）において、はっきりと見てとれる。

18世紀

ポイントンはさらに進めて、18世紀イギリスにおける**乳児死亡率**と肖像画制作との関係を図式化している。これよりのちの時代の、子どもを写した写真作品と同様、子どもの生命のはかなさを描いた、見る者をとらえてはなさない肖像画は、子どもの生命の消失を受け入れることと、子どもを失った喪失感から身を守ることへの視覚的崇拝の対象としての役割を、精神的なレベルで担うものである。守られた領域としての、壊れやすくて堕落しやすい子ども期の純真無垢という理念が精妙な言語で発明され、これが、生まれつき下品で自由奔放な子どもという概念に置きかわりはじめたのは18世紀をとおしてであった。エドワード・スノウは、アリエスを引きあいに出しながら、もっと早い段階でさえ、「弱い」子ども期の純真無垢という理念は、ただ進歩的あるいは利他主義的であっただけでなく、同時に、この観念には、それが理想化した子どもに対する厳格な監視を行なうことについての権威主義的な暗示もふくんでいると指摘している。ジャン=ジャック・ルソーの、非常に大きな影響力をもった著作『エミール』（1762）には、自由な、著者の言い方では「自然な」性質をもつ者としての子ども（男の子）が登場するが、この子どもは家庭教師の管理を受ける。教育による導きがなければ、子どもの「自然の」善さは、社会によって堕落させられてしまうおそれがあったからであった。18世紀後半を通じて、フランスの政治革命とイギリスの産業革命などを背景に、理想化された子どもの純真無垢という理念は、芸術家たちによって視覚的に構築されたが、こうした芸術家たちの顧客は、ルソー的な感情の価値を発見した貴族層と、しだいに増えつつあった産業革命や政治革命からノスタルジックに身を引いていたいと考えていた産業資本家層であった。しかし、当然のことと思われている子ども期の純真無垢な描写は、そこに表現されていない逆のこと、すなわち無垢を脅かす（身体的、政治的、社会的、性心理的な）力の存在を暗示することができた。

ヨーロッパのどの国よりも早く産業革命を経験した18世紀のイギリスでは、子どもの肖像画はブルジョワの親（とりわけ家父）の富を、「王朝風の」象徴ともいえる私的なぜいたく品として見せつけるものだったのかもしれない。ウィリアム・ホガース（1697-1764）の肖像画「グラハム家の子どもたち」**（1742）の優雅な衣装に身を包んだ非常に身ぎれいな子どもたちは、おそらくは、彼らの父親ダニエルにとって、この目的にかなっていたのであろう。ダニエルは、国王からチェルシー保養病院の薬剤師という名誉ある役職を授かってまもない頃、この肖像画を注文している。しかし、この絵とその歴史はこれよりもっと複雑である。左端のいちばん小さな子ども（トマスという名前の、女性的な衣装に身を包んだ小さな男の子）は、絵の注文があってから完成するまでのあいだに死亡した。この絵にあふれている純真無垢さの魅力は、この絵が遺影であるという性質によって陰影を深められている。たとえば、この赤ん坊の真上にある時間を刈りとる大鎌をにぎるキューピッドをかたどった置き時計や、かごのなかの鳥を執拗に狙っている猫は、死すべき運命を思い起こさせる象徴である（この少し後には、フランシス・デ・ゴヤ（1746-1828）が貴族の肖像画で描いた、もっとおそろしい猫と鳥のようすを描いている。このスペインの画家は、このときすでに自分の子どもの5人を幼くして亡くしていた）［「マヌエル・オソーリオ・マンリケ・デ・スニガ」（*Manuel Osorio Manrique de Zuñiga*, 1788頃）］。

ジョシュア・レイノルズ（1723-1792）の肖像画「ペネロープ・ブースビー」**（1788）の場合、描かれた少女の画像は、子ども期の純真無垢さにかんする視覚文化のその後の発展を鼓舞することになるのだが、特大のフリルのついたモブ・キャップをかぶって憂鬱そうに座っている子どもは、それから3年のうちに死んでしまう。トマス・ゲインズバラ（1727-1788）の「蝶を追いかける芸術家の娘たち」**（1756頃）やジョーゼフ・ライト・オヴ・ダービー（1734-1797）の「森の子どもたち」**（1789）のような肖像画では、捕まえることのできない蝶や宙づりになったクリケットボールは、子ども期の移ろいやすい性質をあらわすしるしとなり、それに合わせて子どもたちは後世に残り、永く伝えられ、理想化され、ワーズワース的な田園風景に組みこまれていく。子どもたちは古風な衣装に身を包めば、現実の悩みから解放された。ゲインズバラは有名な「青衣の少年」**（1770頃）の青年期直前の若者に、アントニー・ファン・ダイク（1599-1641）の肖像画から借りてきた17世紀風のサテンの三つぞろえを着せている。こうした18世紀のイギリスの画家たちは、死や産業の脅威からはっきりととりのぞかれ、保護された「自然の」状況に子どもを置き、また、時代錯誤的な、見た目では階級の違いがわからない服装をさせることによって、ハイゴネットが「近

代のロマン主義的子ども」とよんだ、大人にとってはつねにすでになくしてしまっている過去を意味するノスタルジックな記号を効果的に作りだしたのであった。

こうした画像で試みられた「永遠性」にもかかわらず、「汚れなき」子ども期の純真無垢さを描いたいくつかのイギリスの肖像画は、西ヨーロッパの本性と、西ヨーロッパが構築してきた歴史的な特殊性を暴露する植民地主義的で人種的なイデオロギーを秘めている。その初期の例は、ピーター・レリー卿（1618-1680）の「シャーロット・フィッツロイ夫人の肖像」**（1674頃）で、この絵のなかでインド人の召使いの少年は、幼いシャーロットに果物の盆を差し出し、敬意を示してひざまずいている。この少年の浅黒い皮膚の色は、背景に描かれた古典様式の彫刻と直線上にならぶ彼女の明るい白さを引き立てている。ジェームズ・ステュワードによれば、この絵にインド人の少年が描かれていることは、当時のイギリス社会においてインド人が占めた地位がアフリカの奴隷の地位に匹敵した頃に、この少女が上層階級の地位にあることを一度も物語っている（裕福なイギリスの少女がアフリカの幼い召使いといっしょに描かれている類似の肖像画としては、バーソロミュー・ダンドリッジ（1737-1785）の「幼い少女と召使い」（1720-1730頃）とジョーゼフ・ライト・オヴ・ダービーの「二人の少女と黒人の召使い」（1796-1770）を参照）。ステュワードは次のようにも指摘する。レイノルズの「インド人のアヤをともなったエドワード・ホールデン・クラッテンデン家の子どもたち」**（1759-1762）では、インド人の蜂起の際には疑いなく子どもたちの命を守っていた女召使い*8が、より明るい肌の色をした子どもたちを前へと浮き上がらせる構図上の役割を担っている。こういうふうにして、一方では、彼ら自身は力に欠けているように見える子どもたちに対する隷属関係を結んでいる。

フランスでは、植民地的色あいは薄いが、それでもなお政治的なイデオロギーが、幸せな家族や不幸せな家族を描いた絵に表現されることがあった。それらの絵は、キャロル・ダンカンやリン・ハントなどが論じているように、フランス革命での国王殺しをめぐるエディプス的葛藤をおおい隠したり、ほのめかしたりしている。革命における「家族ロマンス」*9では、子どもたちに独立した領分を認める動きは、ルソーによって鼓吹されただけでなく、伝統的な家長としての父親の役割が縮められたことにもよる。もっとも有名なフランス革命の子ども像である、ジャック＝ルイ・ダヴィッド（1748-1825）の油彩画「ジョゼフ・バラの死」**（1794）では、裸体の青年市民ですら、性器が首尾よく隠され、両性具有的な無垢が保たれ、ふみにじられた革命の殉教者として表現されている。この作品の少年「バラ」は、恐怖時代［1793年3月から1794年7月］に、革命が熱望していた（しかし達成することのできなかった）子どもらしい清らかさの段階という思春期の象徴となった。ジャコバン派のヒーローには似つかわしくないこの発明で、ダヴィッドが大人の男性の身体像にくわえたアカデミックな修正は、子どものセクシュアリティを政治的な無意識という暗黙の了解水準へと置き換えた。

子どものセクシュアリティとそれに対する大人による虐待のいちじるしく倒錯的な光景は、革命期よりわずかに後のスペインで、ゴヤによる連作「ロス・カプリーチョス」（1799）のエッチング「ひと吹き」のなかに見出された。ここでは好色な黒魔術師が、子どものお尻を肉欲の炎に火をつけるためのふいごとして利用し、そのうえほかの子どもにはフェラチオまで演じさせている。サディスティックな小児性愛を意図的に不合理に描き出すこのイメージは、啓蒙思想の純真無垢の理想の暗黒面を暴いている。フランスでは、かつてジャン＝バティスト・グルーズ（1725-1805）が、子どもの純真無垢とそのエロティシズムの対象とされる「他者」*10とのあいだの象徴的なつながりを、これほどまでは毒々しくないかたちで描写している。それ以前の、ブーシェ（1703-1770）の作品で描かれた、もっと無制約で肉感的であったロココ時代の幼な子たちの頃とは違って、グルーズの「小鳥の死を嘆く少女」**（1765）は、その道徳的教訓主義によって哲学者ドニ・ディドロを魅了した。そこで起きている性の非行は、開いた鳥かご（失われた純潔）と力つきた鳥（ついえた情熱）に象徴化されている。ジェニファー・ミランが指摘しているように、少女のあきらかな後悔は、このイメージのエロティシズムを正当化しているが、決してとりのぞきはしなかった。女性らしさを反映した子ども期の純真無垢さは、ここではその喪失を通じて表現されている。

イギリスでは、純真無垢は、やはり女性に特有のものとされるか、あるいはより包括的に、性別のないものとされることもあった。ハイゴネットが論じているように、レイノルズの「無垢の時代」**（1788頃）の女の子の純白の服は、大人のセクシュアリティを連想させる体の部位を最小限しか見せないように配慮がなされている。性別がない状態という意味を作り出す典型的な方法は、幼い男の子たち（レイノルズが同年に描いた、もっともむきだしの肩を見せつけている女の子のような「マスター・ヘア（野ウサギ先生）」と比較）に女物の衣裳を身につけさせるところにみられる。保護される、傷つきやすい純真無垢をあらわす上流階級の子どもたちを数多く描いたレイノルズだが、彼はその例に入らない労働階級の男の子も描いている。

画家たちは、「巾着切りのマーキュリー」（1771）のなかで、またとくに「たいまつ持ちの少年キューピッド」**（1774）のなかで、ファンシー・ピクチャー*11の古典的で神話的な外観をとることで、それほど繊細なやり方ではなかったものの、子どもの姿に大人の悪徳

をほのめかすことができた。ロンドンの街で、たいまつ持ちの男の子は玄関の入口から馬車のあいだの道を照らすトーチを持っている。彼らはさらに、性関係をとりもつ手伝いとして利用され、その犠牲者にもなった。レイノルズの油彩の男の子が持つトーチの直立した男根のかたちに、彼の腕の淫らなしぐさや背景の屋根の猫たちの交尾の踊りがくわわり、当世風の都会の風俗における神話的な愛の仲介者は、無垢であるとはいいがたい者となった（少年たちのセクシュアリティはカラヴァッジョ［1571-1610］の、かりに犠牲者という性質は少ないにせよ、より挑発的な「愛の勝利」［1601-1602］を思い出させる）。これよりもっとはっきりと、労働階級の子どもたちの扱いにおける社会の不正を批判したのは、ウィリアム・ブレイク（1757-1827）で、彼は『無垢と経験の歌』（Songs of Innocence and Experience, 1794）のエッチングと詩「煙突掃除人」によって、19世紀の改革主義者の関心を予言したのであった。このイメージとそれにつけられたテキストは、黒く煤けた少年（ルソー主義者の「高貴な野蛮人」）を牧歌的自然から連れさり、さらに親や教会、国王が、**児童労働**を促進したり、黙認したりしていることを暗示した。このイメージは、明確な言及はないにせよ、絵画なりの方法で、1788年の「煙突掃除人規制法」（Chimney Sweeper's Act）のような法律改正が無力であったことを示している。

19世紀

逆説的ではあるが、19世紀の子ども期の純真無垢に対するロマン主義的な礼賛の成文化や賛美、そして流布は、子どもを産業に利用する空前の搾取とぴたりと符合する。こうしたロマン主義的な子ども神話にみられるノスタルジックな逆行は、19世紀の政治と科学における革命からだけでなく、都市および産業に起きた急激な変化からの、社会的かつ文化的な退行として解釈することもできる。子どもという理想化された状態をとおしてのロマン主義の主観的な自己探求は、大人になると失われたり鈍くなったりすると考えられていた感性や感情の保管場所を求めた。（はじめはどんなに効果がなかったにせよ）法律の改正が工場の子どもたちが置かれていた苦しい状況に世論を引きつけるようはたらきかけているあいだ、資本主義は、中産階級の子どもや親が既製品を消費する階級であることを発見した。子どものおもちゃ、書籍、雑誌、歌、衣服、そして親のために書かれた育児書を生産する新興産業は、進歩と未来の象徴としての子どもという観念を市場に植えつけていった。国家による保護と監視が、教育、医療、そして法律など、さまざまな制度によって用意されると、父親の子どもに対する家父長としての権力はますます縮小し、家族や、家族のなかで守られるべき子どもの立場といった、中産階級にとっての家族の理想が拡大されていった。世紀の終わりまでに、初等学校教育が義務化され、無償になり、そして児童保護法が制定された。保護された子ども期という理想が中産階級にひろがり、最終的にはもっと貧しい階級にも、権利の上では、拡がっていった。労働階級の子どもたちに対する姿勢の変化は著作物にも見られ、その数あるなかにはシャルル・ボードレール（1821-1867）、ヴィクトル・ユゴー（1802-1885）、そしてチャールズ・ディケンズ（1812-1870）によるものがある。**小児医学**は19世紀後半のあいだに医療においてほかとは区別される分野として認められるようになり、同じようにこの時期からフランスにも新しい、いわゆる子育ての科学があらわれ、「育児学」とよばれた。ジャン＝マルク＝ガスパール・イタール（1774-1838）からロドルフ・テプフェール（1799-1846）、またオーギュスト・コント（1798-1857）にいたるまで、19世紀の著述家は時期を同じくして、子どもたちを未開人と比較することと、彼らを人類全体の子ども期の代表者と見ることによって、のちにフロイトに影響をあたえることになる理念にもとづいて、ルソーによる子ども期と文化的プリミティヴィズムの同一視を当世風に書き換えた。多くの点から見て、そのように構築された子ども期の純真無垢という理想は、子どもや若者による性生活への自覚が進んでいくことに対するヴィクトリア時代の防衛であり、フロイト自身も、この期間にその成長期をすごしたのであった。

もっともロマン主義的な子ども期の肖像画である、ドイツの画家フィリップ・オットー・ルンゲ（1777-1810）による「ヒュルゼンベック家の子どもたち」**（1805-1806）は、荒々しい、超自然的なエネルギーに弾けている。レイノルズに典型的な、隔離され、保護された子どもの純真無垢は、新しい種類の神秘的な、触覚型の力をあたえる、強烈でぼんやりと大きく不気味にあらわれるモニュメント性という方法に道をゆずっている。ロバート・ローゼンブラムが記憶すべきこととして書いているとおり、ヒュルゼンベック家の子どもたちは、プリミティブで植物のような生気論*12をあたえられている。左側の四輪車のなかでは、左の手すりから強くにぎった手をつき出して、まるまるとした頬の裸足の赤ん坊の男の子が、この子と同じくみずみずしく芽を出そうとするヒマワリの茎をつかんでいる。右側にいるその姉妹の様式化された髪の毛は葉に似ている。さらに、真んなかの兄弟がほかの者をミニチュアの馬の鞭で追い立てる。彼ら3人は、大人ではなく、子どもの尺度にあったユートピアの王国に住んでいる。大きくなっていく不思議の国のアリスのように、彼らと比べると、右側の、見かけ上はミニチュアの馬へと向かって集約していく空間に奇妙に縮められた杭垣が小さく見える。左側の地平にはハンブルクの遠い眺めのなかに、織物商である彼らの父親が所有する染物工場があり、自然と一体化することを回復したいと願うブルジョワの欲望が高まっていくことによ

コトモキノ（イメシ）

19世紀の社会的大変動のなかで、とりわけ身寄りのない「人民の」子どもたちは、新たな政治的な意味を獲得した。ウジェーヌ・ドラクロワの「民衆を導く自由の女神」（1830年）では、絵の前景で街の浮浪児が銃をふりかざし、大人の労働者や中流階級の戦士たちの先頭に立っている。Musée du Louvre, Paris. ©Archivo Iconografico, S.A./CORBIS

って生じた子ども礼賛を、産業の成長がうながしたのだということをわたしたちに思い起こさせる。ロマン主義的な芸術家たちは、本能的と想定される自然への子どもの感性を文明化に抑圧されていないと夢想し、羨んだようである。

　ドイツロマン主義は、敬虔主義的信仰の復活のなかに、そしてとくに天国に行くには子どもの如くあれというキリストの命令のうちに、子どもたちを描くことにさらなる弾みを見いだしていたかもしれない。だが、それにもかかわらず、フランスのロマン主義画家、テオドール・ジェリコー（1791-1824）は、性という側面にかんしてはもっと強力な、心的な側面にかんしてはもっと不気味な、なにかへとつき進んでいる（不気味な、とは、フロイト的な意味では、よく知っているものが知らないものに、そして不安を誘うものになることである）。ステファン・ガーマーが指摘しているように、気味の悪い肖像画「子どもとしてのアルフレッド・ドゥドゥロー」（1814頃）では、モデルを地平線からにょっきりとつき出させ、異邦人の視線によって観る者を威圧している。周囲から孤立させられ、奇妙に型にはまったプロポーションをあたえられ、彼にはもはやレイノルズのような、隔離され、保護された良識のなかの子どもじみたようすはなく、むしろもっと威嚇するような、潜在的な野性の子ども、あるいは意匠をこらしたスーツの下に閉じこめられた野蛮さがある。ルンゲの子どもたちとちょうど同じくらい強く、しかしそれよりはるかに無垢さに欠けるのは、ジェリコーの「ルイーズ・ヴェルネ」**（1816頃）である。ゲインズバラの牧歌的な穏やかさとは似ても似つかない、すさまじい闇に包まれた風景のなかにぼんやりと浮かびあがってくる子どもの位置という点で、構図的には「アルフレッド・ドゥドゥロー」と関連性がある。ここで、ドレスが滑り落ちてむきだしになった肩越しに絵を見る者に向かうあけすけな凝視は、（レイステ

ルの子猫とはひどく異なる）膝の上に抱かれた大きな猫に象徴される、危険な性的欲望の力をそのうちに宿しているのである。後年、エドゥアール・マネ（1832-1883）が描いた（成人の）「オランピア」（1863）と同様、この「ルイーズ・ヴェルネ」は、自分が欲望するまなざしの対象となることを許さず、そうしたまなざしに自覚的であるように見えるよう作られている。ガーマーによれば、彼女の抜け目のない、それどころか挑戦的な眼差しは、イメージと鑑賞者の通常の権力関係を転覆させる。もし、性にかんする知識が子どもと大人を区別すると考えるなら、その境界線を無視することによって大人の鑑賞者を超える力を獲得しているように見えるのが子どもなのだ。

　19世紀のフランスでは、民主主義革命の想像力のなかで、男性の子どもたちは新しい政治的な力を獲得することができた。かつてのホルバインの「エドワード6世」における君主制のかたくるしさや、ダヴィドの「バラ」に見られたあきらめきった生贄は消え去った。そして、よく知られているように、スペイン人のゴヤが、革命を自分の子どもを貪り食う不気味な「わが子を喰らうサトゥルヌス」（1820-1823）として象徴的に描写した一方で、フランス人のウジェーヌ・ドラクロワ（1798-1863）は、一人の子どもに先導されているフランスの1830年の革命［七月革命］を楽観的に描いた。彼の有名な「民衆を導く自由の女神」（1830）というタイトルは、胸をはだけた寓意的な女性の姿をさしているが、よく見ればバリケードの外へとふみ出す最初の人物は、実際には右側の腕白小僧、すなわちヴィクトル・ユゴーの後年の小説『レ・ミゼラブル』（1862）の登場人物ガヴローシュとして不滅の名声をあたえられるガマン・ド・パリ*13である。もう一人の「ガマン」（浮浪児）は、短剣と、道路や壁に使う丸石（暴動の有力な象徴）をにぎりしめ、くすねてきた国民衛兵（戦闘中すぐに国王に反旗をひるがえした市民軍）の歩兵のボンネット・ドゥ・ポリス（歩兵の略帽）をかぶり、左端のバリケードの後ろからあらわれる。ピストルを誇示し、王室付きの衛兵から盗んできた大きすぎる弾丸用鞄を持った、もっと目立つ腕白小僧は、騒乱を先導することで、一触即発の暴力という構図をあたえている。民主的な未来の象徴である彼は、近代的で都会的な、つぎはぎのあるズボンと暗い藍色のファリューシュ（学生用ベレー帽）を身につけた労働階級の少年である。このファリューシュは、たとえ盗んだものであっても、社会改革の約束という中産階級の教育への信念をあらわす記号の役割を果たしている。彼は、こうした構図に配置されたエディプス的な「家族ロマンス」のなかで、自由を寓意する母性的な人物に対して息子の役を演じる。ここには父性的な人物はひとりもいないが、むしろ、労働階級と中産階級の両階級が生み出す可能性が描かれているのである。政治的に、そして心理的にも、この少年は、フランス国歌の有名な歌詞に登場する「祖国の子ども」（アンファン・ド・ラ・パトリ）の象徴である。彼の役割は、同じくらい有名なパリの凱旋門の、フランソワ・リュード（1784-1855）の彫刻「ラ・マルセイエーズ」（1836）のなかの、もっと新古典主義的な青年によって演じられる。これとは異なる別の政治的パースペクティヴからは、ポール・ドラローシュ（1797-1856）の、二人のおびえる少年を描いた中世風の絵画「塔のなかの王子たち」（1831）があるが、これはドラクロワと同じサロンに出品されたシェイクスピアの『リチャード3世』に霊感を受けた場面が、最近の王の失脚に対する注解を暗ににおわせているのではないかと（おそらくは誤って）推測された。1848年2月、パリで革命が再発すると、諷刺画家のオノレ・ドーミエ（1808-1879）は「テュイルリー宮殿にいるパリのいたずらっ子（ガマン・ド・パリ）」**（1848）で、盗んできた帽子をかぶってテュイルリー宮殿の王座に座り、エディプス・コンプレックス的な快楽を楽しむ、おなじみの浮浪児の肖像を石版画にした。

　男の子は、政治的なはたらきかけにくわえて、19世紀の芸術的才能をあらわす象徴になることがあった。フランスでは、ジョットやカロといった有名な過去の巨匠たちの子ども時代は、とくにロマン主義の時代はずっと、サロン絵画に毎回霊感をあたえていた。ペトラ・テン＝デシャッテ・チュが示しているように、19世紀フランスの芸術家の伝記は、標準的な「家族ロマンス」の筋をなぞった。そのなかで子ども期は将来の創造的な才能の出現を予告すると見られていた。スーザン・カステラスは、たとえばエドワード・M・ウォードの「ベンジャミン・ウェストの最初のドローイング作品」（1849）やウィリアム・ダイスの「はじめての彩色の試みを準備するティツィアーニ」（1857）といった、ヴィクトリア時代のイギリスで少年の頃の天才たちを描いた絵画について議論を展開している。

　フランスでは、写実主義の時代にロドルフ・テプフェールが子どもの素描の美点をほめそやした頃、ギュスターヴ・クールベが巨大な油彩「画家のアトリエ」（1855）のなかで、ふたりの少年をきわだたせて描いた。そのうちの一人は中央で風景画に感嘆し、もう一人は右側で、床の上で絵を描いている。クールベが彼の「真の寓意」とよんだものによれば、この少年たちは「自然」と仮定される子どもらしい無邪気さや、写実主義の芸術家たちの原始的な仲介のないものの見方、そしておそらくはそうした芸術家たちの未来の世代を暗示している。ダニエル・ガーンジーが論じているように、中央の少年はとくに（絵の左側に戯画化して描き出された皇帝ナポレオン3世と同様）、子どもに社会の不公平の起源や自然を回復させる試みについて教える芸術家というクールベの家庭教師の役割に対し、ルソー主義者の「エミール」の役割を果たしている。これが労働階級出身の農村の子どもであるという事実

ギュスターヴ・クールベの「画家のアトリエ」(1855年)。「真の寓意」という副題がつけられたこの作品は、画家が絵の中央で子どもの注意と称賛を得ているという描写が、写実主義画家としての、自然主義的な彼の芸術態度を物語っている。Musée d'Orsay, Paris. The Art Archive/Dagli Orti

は、クールベの政治的なもくろみの効果を高め、この子どもの像を、ドラクロワのロマン主義的な作品やエドゥアール・マネの写実主義的な作品にみられるもっと都会的な浮浪児と同列に位置づけさせている。

ユゴーの『レ・ミゼラブル』と同じ年に完成した「老音楽師」**(1862頃)は、マネが子どもを描いた初期の絵画のなかで、もっとも記念碑的な作品である。画面の左側には、クールベの『仕事場』を思わせるように、社会的公民権の剥奪にかんする隠喩に満ちた声明のなかで、ユゴーによって(そして大衆的な視覚文化によっても)祝福された、近代パリの浮浪児のタイプと混じりあった浮浪児や宿なしの子どもたちが描かれている。彼らは、ル・ナン、ヴァトー、ムリーリョ、そしてベラスケスなどの子どもの肖像を参照した、美術史的な伝統である。マネは、クールベのように子どもたちを街から遠くへ引き離し、彼らを自分自身の芸術的な実践にかんする自己言及的な隠喩としても利用する。この点で、こうした子どもたちは、マネの友人で詩人の批評家ボードレールが、エッセー「現代生活の画家」(1859-1863)に記したように、芸術における「天才とは意のままにとりもどされる子ども期にほかならない」という有名な宣言文を思い起こさせる。だが、このロマン主義的な訴えにはもう少し暗い一面がある。ナンシー・ロックが論じているように、ボードレールの散文詩「紐」(1864)は、その表現に必然的にふくまれるイデオロギー的幻想を批評するために、マネの実人生での出来事、とくに、子どものモデルの自殺によって潤色されている。これとは別の散文詩「貧しい子どもの玩具」(1863)では、ボードレールは、裕福な子どもと貧乏な子どものあいだの不安で両義的な対立を謡っている。

子どもたちの階級の違いをあらわす、もう少しおちついたイメージは、ジョン・フェイド(1819-1902)の1850年に王立スコットランド美術院に展示された油彩画「少年期」(1849)のなかの、ヴィクトリア朝時代の大英帝国に見出すことができる。ここでは身なりのきちんとした男の子が、貧しい裸足の男の子が殴りかかろうとする戦闘態勢から救い出されている。赤い顔をしておびえた裕福な少年とハンサムな顔つきをしてすらりとした物腰のけんかっぱやい貧しい少年、そしておそらく彼らの教師である年老いた男性による仲裁という、誇張された人物造形のユーモラスな組みあわせを通じ、実際の階級での緊張は事実上、否認されている。貧しい少年の足もとに本の束が置かれていることはもちろんだが、年老いた男性が戯画的に描かれていることも、中産階級の調和と結束を作りだす教育の進歩の可能性を、この絵を見る者に保証する助けとなっている。類似する特徴がのちにフランスで、マリ・バシュキルツェフ(1858-1884)の非常に成功したサロン絵画「集合」**(1884)のなかにみられる。

この絵は、1882年に革新主義者フェリーの法律が可決されたことに続き、子どもたちの無償の義務教育にかんする公衆の論争が行なわれている間に描かれた。ここでは広く知られているとおりに茶目っ気たっぷりのガマン・ド・パリたちが、ドラクロワの浮浪児が持っていたような暴動のための弾薬を入れる袋ではなく、人を安心させる登校用の肩下げ鞄を持って歩いている。フェイドのひとこまは、それと比べてみると、都会から田舎へと安全な場所に移されている。そして、ヴィクトリア時代の芸術がしばしば見せてくれる少年らしい乱暴さのイメージは、サラ・ホールドワースとジーン・クロスリーが注目しているように、商業や帝国建設に必要とされた競争精神を示す記号の役割を果たしていた。

フェイドの、貧しい少年の浅黒い肌の色は、ブレイクの煙突掃除人やその他いわゆる**浮浪児**の表現にさかのぼって結びつく。後者の用語は、19世紀中頃以降のイギリスで使われ、事実上、階級と民族性を結びつけている。そのため、リンゼイ・スミスが説明しているように、労働階級の子どもの絵姿は、植民地化された「他者」の置き換えとして機能することもあった。マネの「老音楽師」の、日焼けしたジプシーの男の子のように、下層階級のヨーロッパの子どもたちはいまや、18世紀イギリスの子どもの肖像画でインド人やアフリカ人の召使が占めていた位置を占めるようになったのである。アメリカでは、ジョージ・ケイレブ・ビンガム（1811-1879）の「ミズーリ川を下る毛皮商人」**（1845頃）の作品が、魅力的な混血の先住アメリカ人の少年を意図的に中央に配置し、左側にもっと不吉な熊の子、右側に神秘的な野生と文明の感化力を媒介するフランス人の猟師を配置して、人種的な混合の記号というはたらきを機能させている。ヴィクトリア時代のイギリスの都会という文脈では、人種、階級、そして**衛生**は暗い色の髪と肌という表現で融合されるものであった。それはちょうど、フォード・マドックス・ブラウンの（1821-1893）「労働」**（1852-1865）の中央最前部でほかの「浮浪児たち」のなかで浮き上がって見える、赤ん坊をつれた家のない少女の姿にあらわされている。マネの「老音楽師」の左側の幼児をつれた少女のように、ぼろぼろに破けた露出の多い赤い服や、人類最古の職業［売春］という未来を予告する文字どおりゴミ溜めのなかという位置にもかかわらず、彼女は早くも女性であることの義務を引き受けさせられている。工場の子どもたちがイギリスでは一般に「白い奴隷」と見られていたのと同じ頃、家のない浮浪児たちは、オスカー・ギュスタヴ・レイランダー（1813-1875）によって、写真のなかで清潔な、白人の、中産階級の子どもたちにとっての「他者」として組み立てられており、それは、福音主義的改革家トマス・バーナード博士（1845-1905）による1860年代、1870年代の「博愛主義的誘拐」運動を推進する、やはり紋切り型の写真にもまたみられることである。類似の戦略はニューヨークでその後10年間にジェイコブ・リイス（1849-1914）が撮影した、アメリカの浮浪児たちのもっと果敢な「ドキュメンタリー」写真として実践される。世紀の後半には、その商品で洗ってもらって肌が白くなる黒人の子どもたちを示す、イギリスのピアーズ石鹸の広告のような大衆の視覚文化が、人種、階級、そして衛生学といったイデオロギーの融合をよりいっそう広めていった。

それと同じ頃、ウィリアム・ホルマン・ハント（1827-1910）の超写実的なラファエル前派の雑然とした「子どもたちの休日」**（1864）という絵では、上品だが閉所恐怖症をひき起こしそうな方法で、中産階級の子どものファッションに拡大しつつあった商業化の勢いを物語っている（ここでは、マンチェスターの織物製造業者であった肖像画の子どもたちの父親は描かれてはいない）。これは同時に、汚れのない子どもたちが、その足もとから飛び出しているように見える、きびきびとして華麗な母親らしい人物に支配され守られた、ブルジョワ階級の子どもの領域が、私物化され、牧歌的で、産業化されていない自然へと追いつめられていく状況を語っている。19世紀の特権階級の子ども期に対し、おそらくは最大限の視覚的な称賛をしているのはアメリカ人ジョン・シンガー・サージェント（1856-1925）の「ボイト家の子どもたち」**（1882-1883）で、そこには、絵画特有のジェンダー描写と関係する、より官能的な神秘性があきらかに投影されている。デイヴィッド・ルービン（1985）やその他の人びとが論じているように、ボイト家の女の子たちは、父親のゆたかさを示す立派な服装と有閑階級の象徴としてのレベルと、さまざまな発達段階における女性の（セクシュアリティもふくんだ）主観性をよびさますというもうひとつのレベルでも、かもしだしている。おそらく、生物学的な宿命は、中央の人物が持つ人形の、出産のように見える置き方に象徴されており、女性の子どもたちが暮らす家庭の内部（身体的なそして精神的な空間だけではなく）を小型化しつつ、暗がりにひそむ必要以上に大きな東洋風の壺のように、女の子たちを監視しているようである。

グレッグ・トマスが示したように、少女と人形を同類のものとするフランス印象派の表現は、ブルジョワ女性のふるまいの規範となる、ますます商業化されていく社会化過程に焦点をあてていた。文学の観点（ヴィクトル・ユゴーのコゼットやセギュール伯爵夫人のソフィ）や産業の観点（ピエール・フランソワ・ジュモーの大量生産された陶器の豪華な人形）から見ても、ピエール＝オーギュスト・ルノワール（1841-1919）の「ヴァルジュモンの子どもたちの午後」（1884）は、サージェントの「ボイト家の子どもたち」よりいくらか神秘性は抑制され、人形遊びやその他応接間でのふるまいを通じた理想的な女性の家庭生活でくりかえさ

ピエール=オーギュスト・ルノワール「ヴァルジュモンの子どもたちの午後」(1884年)。この明るい家庭の情景で、ルノワールは子どもの女性らしさを描写した。いちばん幼い子の人形遊びから年長の姉の縫物まで、少女たちの女性らしい趣味や仕事の発達過程を描いている。©Foto Marburg/Art Resource, NY. Nationalgalerie, Staatliche Museen, Berlin, Germany

れた成熟と再生産を物語っている。ルノワールによる子ども期がもつ女性化された構造を永続させることは、彼の豪華な肖像画「シャルパンティエ夫人と子どもたち」(1878)によっても示されている。そのなかの、上品に着飾った少女に見える二人のうち幼い方の子は、じつは男の子である。この点については、のちの「裁縫をするジャン・ルノワール」**(1898-1899)で、議論の余地なく女性が行なう裁縫に没頭する彼自身の幼い息子(のちの映画監督)の、髪にはリボンの蝶結びまでつけた肖像画によって、さらにいっそう納得がいく。

ルノワールが、近代的な生活の画題として子ども期の描写を自由な意志で選ぶ一方で、ベルト・モリゾやメアリ・カサットといった印象派の芸術運動の仲間たちは、女流画家にふさわしい主題であるというかなり大きな社会の期待によって、子どもたちを描くよう追いやられた。とはいえトマスが論じているように、彼女たちは標準的な少女期という支配的な表現に対して、現実味のある代替案を見つけ出していた。たとえばモリゾは、「ブジヴァルのウジェーヌ・マネと娘」**(1881)に自分の娘が、どちらかといえば男の子向きの玩具、おそらく列車を、日にあたってまだらに見えるブルジョワジーの父親といっしょに夢中になって遊んでいる姿を描いた。メアリ・カサットは「青い肘掛け椅子の上の少女」**(1878)で、伝統的な立ち居ふるまいや礼儀作法のどちらも転倒させており、そのことが1878年のパリ万国博覧会の出展拒否の一因になっていたかもしれない。少女は身体的にも心理的にも、何もせずだらしなく椅子に寝そべっている。カサットの子どもは、脚を閉じず、スカートはペチコートが見えるほどめくれあがり、そしてほとんどオダリスク(東洋風の後宮の奴隷[オスマン帝国の後宮の女奴隷])のポーズのパロディのように、一方の腕を頭に曲げ、ヴィクトリア時代の女性たちが生きていた息苦しさをひき起こしそうな世界を鋭く暗示している。そしてこうした洞察はカサットの仲間であるアメリカ人サージェントとはいちじるしく異なる女性特有の視点から生まれるものなのである。

印象派の画家が、おもにブルジョワの子どもを描写する傾向のなかで例外的なのは、エドガー・ドガ

コトモキノ（イメシ）

（1834-1917）の、子どもや未成年のバレリーナたちの厳しい労働を集中的に描いた一連の絵画である。「ネズミ」(rat)*14 として（さらに子どもたちと動物のあいだのもうひとつの類比関係としても）知られる、こうした労働階級の少女たちはダンスの技術によって変容する。通俗的な視覚文化で広められる踊り子に対するエロティックな意味あいをこめた見方を、そしてとくに裕福な男性の「保護者」との早熟な関係としてみなしつつ、ドガが、反復する仕事である踊りを描くパステル画に熱心であったのは、彼自身がこのテーマを連作として描くことの類似性を踊りに見ていたからである。彼は、そのかわり、他方では、ワックスやさまざまな素材でできた写実主義的な彫刻「14歳の小さな踊子」（1878-1881）で、痩せこけた少女として具体化される、もっと下層の社会秩序の「崩壊」について、物議をかもす告発をする目的で、（ルノワールとはまったく異なる方法で）人形、等身大のマネキン人形、蝋人形館、そして「犯罪」観相学といった大衆文化を利用した。ドガはかなりフェティシズム的に、彫刻に本物の髪の毛や服をつけたりしたが、むしろほとんどの場合、子どもをエロティックにはしていなかった。

ジェリコーの「ルイーズ・ヴェルネ」を先例に、続く19世紀後半の他の芸術家は、子ども期の無垢とエロティシズムという、対立して見えるふたつの属性を共存させるために、子どものセクシュアリティを、抑圧され、暗号化された仕方で、あるいはもっとあからさまな仕方で扱った。ルビン（1994）が徹底的に論じているように、イギリス生まれのアメリカ人画家シーモア・ガイ（1824-1910）の油彩画「すそを引く」**（1867）は、無垢が同時にエロティックにも見えるというやっかいな可能性さえ提示している。幼い女の子（おそらくガイの9歳の娘アンナ）がドレスアップごっこをしているこの場面は、疑いもなく子どもの遊びの無垢さと成長後の女性の虚栄とを対比することを意図している。だが大人の鑑賞者にとっては、のぞき見趣味を刺激するようなはたらきをする違いのせいで、子どもの両性具有的な胸もとへの注視が成熟した女性の乳房を思い描かせるということもありえた。ヴィクトリア朝時代のイギリスのおびただしい数の妖精の絵は、スーザン・カステラス（2002）が指摘したように、仮装した性や異種族混交（たとえばジョーゼフ・ノエル・ペイトン［1821-1901］「オベロンとティタニアの諍い」**［1849］を参照）をふくむ、不正な、あるいは逸脱したふるまいを鑑賞者のかわりに経験してもらい、そうして昇華するためのユーモラスな案内状とするために、子どもや青少年を性的に刺激するものであった。無垢の観念がくつがえされた絵のように、絵が無垢のオーラにつけこんで利用したのと同じく、そのオーラは、のちにケイト・グリーナウェイによって有名になったタイプのヴィクトリア時代の子どもの本

「14歳の小さな踊子」（1878-81年）、エドガー・ドガ。ドガによる、労働者階級の子どもであるバレリーナの描写は、主として中産階級の子どもを表現した印象主義者のなかでは例外的である。ドガは踊子たちの厳しい身体的訓練や、高級娼婦になるかもしれないという彼女たちの将来へと眼差しをそそいでいる。
©Philadelphia Museum of Art/CORBIS

の挿絵と結びついていた。

ヴィクトリア時代の絵画や印刷物におけるこうした現象についてしばしば議論される例は、広く売れていた「グラフィック」に1880年のクリスマス年刊誌として複製されたジョン・エヴァレット・ミレイ（1829-1896）の「熟れたサクランボ」**（1879）における小児性愛の暗示である。この肖像画は、レイノルズの「ペネロープ・ブースビー」を懐古的に下敷きにしているが、手と時代遅れの腕の黒い袖カバーの位置が移されて性器の形を暗示し、タイトルは象徴的に処女膜を思い起こさせている。もっと母親らしいエロティックな官能性は、キャロル・メイヴァーをふくむ近代史家たちによって、ジュリア・マーガレット・キャメロンの子どもの写真（たとえば「ふたつの星」（1864）を参照）の、夢見るように柔らかくぼかした焦点や、人を魅了する触覚的な（ほとんど嗅覚に属するような）肉体から読みとられてきた。他の文脈では、ダイ

アン・ワゴナーが、ルイス・キャロルの撮ったアリス・リデルと彼女の二人の妹の肖像を詳しく読み解くことによって、純粋さとセクシュアリティの両義的な混交によって、写真がフェティッシュの対象であると同時に自然なヴィクトリア時代の子ども期を創る視覚的な戦略でもあったことを分析している。メイヴァーとリンゼイ・スミスが指摘しているように、「ペネロープ・ブースビーとしてのクシー・キッチン」（おそらく少し前の「熟れたサクランボ」を引きあいに出している）にみられるキャロルによるレイノルズの新解釈や、キャロルの以前の作品「乞食娘に扮したアリス・リデル」**（1859頃）での階級の矛盾、またはオダリスク風の「アイリーン・マクドナルド」（1863）にみられる東洋趣味の楽しみといったフェティシズムの解釈は、1885年までヴィクトリア時代のイギリスで少女を対象にした法的な同意年齢が13歳であり、悲惨な児童売春がはびこっていたという歴史的な時代状況を考慮に入れねばならない。このことは下層階級の子どもたちだけでなく中流階級の表現にも影響をあたえていた。18世紀にもまして、はっきりとヴィクトリア時代の無垢はその逆であることを意味していた。

無垢とエロティシズムの関係におけるイデオロギー上や心理的な矛盾がイギリスにかぎられた話でなかったことは、戦略的に位置づけられたジャン・レオン・ジェローム（1824-1904）「蛇使い」**（1860年代後半）の少年のお尻によって示唆されている。ここではオリエンタリズムとフランスの植民地主義が、子どもの性への煽情的な視線への言い訳となっており、それは西洋では公的には否認されていたが、しかし私的には、マクシム・デュ・カンとの北アフリカの旅をもとに描いたとギュスタヴ・フローベールによって記されている。ポール・ゴーギャン（1848-1903）は、西洋とは異質な世界に両性具有性というエキゾティックな理想を求めてフランスの植民地タヒチを旅する前でさえもすでに「ブルターニュの少年」**（1889）を描いていた。その日焼けした顔や手が少年の裸をよりきわだたせ、農業に従事する労働階級の地位を物語っている。パトリシア・マシューズがこの絵について述べているように、鑑賞者はこの男の子を監視する位置に立たされ、その不格好な、未成年の肉体、両義的な表現、そして思春期前の性器（画家が未完成のままにした部分）が、エロティックな一面をつけくわえている。19世紀後期の画家たちにとって、無垢の喪失という論争をまねきそうな主題は、議論をよんだノルウェー人エドヴァルド・ムンク（1863-1944）の「思春期」**（1894-1895）において頂点をきわめた。描かれた女の子が性の目覚めにおびえていようがそれを喜んで受け入れようが、彼女の後ろの男根のかたちをした影によって象徴化されて、それは彼女に重くのしかかり、生物学的決定論の亡霊が彼女を包みこむ。フロイトの同時代人であるムンクは、子どものセクシュアリティ

ヴィクトリア時代のイメージはしばしば、子どもの無垢という観念を賛美すると主張しながらも、転倒させていた。この「ふたつの星」（1864年）におけるように、ジュリア・マーガレット・キャメロンの写真はよく、対象に対して官能性と母性的な愛情を混ぜあわせていた。albumen; 11×9.5cm. Courtesy of the J. Paul Getty Museum, Los Angels.

にかんする、変化していく観念に同調していった。この観念は20世紀初期にいっそう大きく芽を出すこととなる。

20世紀と21世紀

子どものセクシュアリティという概念におけるポスト・フロイトのパラダイム転換についてさしあたっての認識をもっておくには、サージェントやルノワールによって表現された人形を持つ少女という19世紀後期の主題と、ドイツ表現主義の画家エーリヒ・ヘッケル（1883-1970）（「人形を手にした少女（Franzi）」**[1910]）やフランスのアンデパンダン派の画家シュザンヌ・ヴァラドン（1865-1938）（「すてられた人形」**[1921]）など、20世紀初頭の子どものヌードにみられる同じ主題と比べるのがよいだろう。そこでは無垢は経験にとって代わられているが、注目すべき差異は、画家のジェンダー的まなざしである。ヘッケルの少女は、赤味をおびていくぶん女性性器に似た、肘掛のついたフロイト的な長椅子にもたれかかり、わけ知り顔に鑑賞者の視線を捕らえている。少女のむきだしになった太腿に赤い頬の人形が腰かけさせられ、

そのスカートがかろうじて彼女の性器をおおい、さらに左側の背景でとぎれている成人の男らしい脚のある方向を身ぶりで示しているように見える。ガイの「すそを引く」よりあからさまに、子どもの身体は成人男性の快楽のためのエロティックな対象として誇示されている。ヴァラドンの作品では、いくらか野獣派らしい室内で、もっと年頃の少女は、彼女の人形を、つまり象徴的には彼女の子ども期をすてるのだが、同時に、彼女は、虚栄をあらわす伝統的な寓意である鏡のなかの自分自身の姿をのぞきこむため、鑑賞者から顔をそむけているのである。彼女の髪のリボンは人形のそれとおそろいで、おそらく人形遊びによって馴らされる女性的な装飾の社会化をほのめかしている。母親（あるいはおそらく売春宿の女将）らしい人物が少女を見た目の領域への手ほどきをしている。マシューズが論じているように、ヴァラドンの絵はムンクのそれとは異なる思春期の見方を伝えている。少女の成熟しつつある身体は鑑賞者にのぞきみ趣味的な喜びをもたらすかもしれないが、この絵は生物学的に遺伝暗号化されているように社会的にも構成された、子どもの成長期における社会への適応化過程としての少女の視点によって、思春期を表現している。

フロイト自身は、『性理論に関する3つのエッセー』（1905）で、のちに論争をよぶことになる見解を提示した。それは、子どもたちは、ヴィクトリア時代の感覚での純真無垢ではなく、誕生時から性的な存在であり、6歳頃から思春期の開始期のあいだの潜在期へと続く、（口唇期、肛門期、そして性器期といった）性欲をかきたてるさまざまな段階を経験するというものであった。しかし、アレッサンドラ・コミーニが論じているように、その頃すでに、フロイトの出身地ウィーンの芸術家たちは、精神分析学者によってはじめて道筋をつけられた子ども期と青年期の苦痛の領域の地図を描き出していた。エゴン・シーレ（1890-1918）やオスカー・ココシュカ（1886-1980）は、当時タブー視されていた**マスターベーション**という主題に取り組み、ココシュカの「戯れる子どもたち」**（1909）やシーレが彼の12歳の妹の裸体の素描画などにおいてもっとも顕著にみられる、見る者の不快感をあおる**近親相姦**を暗示した。

改革主義者の写真が子どもの労働の表現に対する中産階級意識を前提にして制作していた一方で、もっとも注目すべきなのは、1907年から1918年の**全米児童労働委員会**のために撮ったアメリカ人ルイス・ハインによる写真で、潜在的にであれそうでないにせよ、子どものセクシュアリティをただよわせていた。また、ギリシアに霊感を受けた近代主義的抽象作品を作ったエドワード・ウエストンの息子ニールの裸体を写した1920年代なかばの有名なピクトリアリズムの写真もある。女の子のエロティシズム化はシュールレアリスム世代の男性芸術家により利用されつづけていった。

サディスティックに手足を切断され、しかもフェティッシュな人形は、ポーランド生まれの彫刻家ハンス・ベルメール（1902-1975）によって作られ、幼児と大人のセクシュアリティを、見る者の心を乱す暴力で接合させた。彼のもっと有名な同郷人、隠遁者バルタザール・クロソウスキー、すなわちバルテュス（1908-2001）という名前でよく知られているこの人物は、ヴラジーミル・ナボコフが1950年代に書いた小説のなかでロリータと名づけることになる、謎めいて刺激的な思春期の少女のタイプを描いた。たとえば「黄金の日々」**（1944-1946）で、（ヴァラドンの絵とはいちじるしく異なる方法で見出された）鏡を持った少女というモチーフを、まるで暴行してくれといわんばかりのナルシスティックな官能性という、心を乱すようなイメージへと変えている。描かれた少女は少なからず性的な表現の対象となっているかもしれないが、それは大人の男性の鑑賞者の幻想を喜ばせるためであった。

他方、抽象画のポスト・キュビズムの潮流は、20世紀の多数の画家を人物画から遠ざけることになるのにつれて、子ども表現の流行は、子ども芸術熱により多くの点で、とって代わられた。いまやプリミティヴィストのモダニズムのパラダイムと見られた。クールベの「画家のアトリエ」の床の上で絵を描いている少年やバシュキルツェフの「集合」のなかのフェンスに描かれた棒線画から集められるように、この傾向は、ある程度まではなんら新しいものではなかった。だが、ジョナサン・ファインバーグ（1997）やその他の研究者が注目しているように、ワシリー・カンディンスキーとパウル・クレーからジョアン・ミロとジャン・デュビュッフェにいたるまでの芸術家は、もはや子どもを描くだけでなく、むしろ彼ら自身が失ってしまったインナー・チャイルドを回復しようとするなかで、子どものように描くこと（これは、どちらかといえば、ボードレールの「意のままにとりもどされる子ども時代」の言葉どおりに解釈することなのだが）を望んでいた。画家たちが子ども芸術に魅了されてしまったことは、子ども期の表現の領域をますます写真や大衆視覚文化にゆだねてしまうことになった。

かつてハイゴネットが指摘したように、ジェシー・ウィルコックス・スミスやベッシー・ピース・ガットマンなど、20世紀初頭のイラストレータはロマン主義的な子ども期の無垢についてグリーナウェイ的な19世紀の伝統を生き生きと保っていた。この長年続いて普及力のある市場性は、20世紀の広告業界においてだけでなく、大成功をおさめた商業写真家アン・ゲッディーズの1990年代以降の作品でも確認できる。彼女は、数百万枚のグリーティングカード、カレンダー、ノート・パッド、子ども向けの本、そしてウサギやミツバチの衣裳を着たぬいぐるみのような子どもたちを写したポスターなどを売上げた。この延長された

かわいらしさの路線は、**モーリス・センダック**のようなイラストレータによるもっと陰鬱な屈折によってだけではなく、大恐慌以降のジャーナリスティックな写真の発達によっても抑制された。世紀のなかばになると、アメリカ人ドロシア・ラングや**ヘレン・レーヴィット**が子どもの福祉への関心を記録している。アフリカ系アメリカ人の写真家ゴードン・パークスは「ワトソンの孫たち」(「白人人形を抱いた黒人の子どもたち」)**(1942)において、人形遊びの辛辣なイメージを通じて人種差別問題を論評し、人形遊びが子どもを社会化すると同時にアイデンティティの形成を妨害する道具でもあることをあばいている。

もっと最近では、ロバート・メイプルソープ(1946-1989)やニコラス・ニクソン(1947-)そしてとくに**サリー・マン**といった、論争の的となった、子どもを撮った写真家たちは、ロマン主義的な無垢から、ハイゴネットが名づける「子ども期を知ること」へのパラダイム・シフトを効果的に記録し、その創作を助けた。マンの「ジェシーとしてのジェシー」、「マドンナとしてのジェシー」(1990)といった写真は、子どもたちのもつ無垢やセクシュアリティが相互にあいいれないものではないこと、そして肉体と精神の個性は子どもらしくしていることと共存できるということを、圧倒的な魅力で提唱している。同様に、近年、写真家ウェンディ・イーウォルドは、子どもたちが彼ら自身の複雑なアイデンティティを写真に撮ることを助けたが、そのもっとも希有な例として20世紀初めの数年間にジャック=アンリ・ラルティーグ(1894-1986)(「ハイドロライダーとボク」[1904])によってはじめられた子ども自身による表現がある。

他方、子どもたちの美人コンテスト、浮浪児のように痩せたモデル、そして異様な、民族の異なる双子の人形などが、商業化され、子どもの視覚文化の氷山の一角にすぎなくなる性的関心をよぶポストモダンの消費世界では、ますます多くの彫刻家、画家、そしてビデオやマルチメディア設備を使う作家たちが、写真家たちといっしょになって、無垢ではなく、わけ知り顔という現在の文脈で、子ども期の表現に戻ってきた。彼らは、地球規模の資本主義文化におけるアイデンティティの不確かさの強力なシニフィアン[意味伝達者]となるように、彼らは子どもたちが消費と欲望の社会的なパターンを形成するために利用される過程を提示した。「ぼくのかわいこちゃん」「推定無垢」と銘打った最近のアメリカの展覧会*15では、ジャネット・ビッグス、ディノス・チャップマン・アンド・ジェイク・チャップマン、タロ・チエゾ、ラリー・クラーク、キース・コッティンガム、キム・ディングル、トッド・グレイ、トッド・ヘイネス、ニッキー・ホーバーマン、イネス・ヴァン・ラムズウィールド、ポール・マッカーシー、トレイシー・モファット、トニー・アウズラー、アリックス・パールスタイン、ジュディ

ジュディ・フォックス「スフィンクス」(1994年)。フォックスの幼い運動選手の、不自然にねじ曲がったポーズは、子どもと子ども期が、しばしば大人が構築した理想に合うように操作されることを映し出している。Courtesy Private Collection, New York

ス・ローヒーク、オーラ・ローゼンバーグ、ジュリアン・トゥリゴ、そしてリザ・ユスカヴァージュなどのアーティストにスポットをあてている。彼らは物怖じせず、感情に左右されず、消費される対象であり、なおかつ誘惑や破壊の可能性をもつ性の対象でもある子どもという題材と取り組んでいる。チャールズ・レイ(1953-)は、異素材を組みあわせた彫刻「家族ロマンス」(1993)で、どれも幼い未成年の身長をあたえられた、同じサイズの大人や子どもの像によって、忘れがたい新しい標準装備である核家族を創作した。ますます区別のつかなくなっていく大人と子どものアイデンティティの境界はまた、美少女コンテストの女王ジョンベネ・ラムジー殺害事件の4年前に刊行された不気味な予感に満ちたイメージ(「ファイナル・ファンタジー、ウルスラ」**[1993])によって提示された。コンピュータ処理によって成人男性の歯を見せて笑う口に差し替えられた幼女のモデルのデジタル写真のシリーズを刊行した、オランダ生まれの芸術家イネ

ス・ヴァン・ラムスウィールドの作品である。どちらの芸術家も、「子どもは大人の父である」というワーズワース的な主張をふくむ、過去と現在に構成された子ども期のグロテスクで考古学的な断片と、フロイト主義者の不気味さ、そしてディズニーの気がかりな影の側面を混在させている。大人でいることと子どもでいることのそれぞれの困惑は、ジュディ・フォックス（1957-）による釉薬をほどこしたテラコッタの彫像「スフィンクス」（1994）によって、ぬぐいされないものとして視覚化された。ここでは、ポストモダンの現代版ドガ「小さな踊子」を提示しながら、謎めいた幼い体操選手の裸体の等身大の身体は歪んで、あいさつの身ぶりのなかに身体的および精神的な均衡をあたえられている。彼女の不気味なわけ知り顔はさらに、ギリシア神話の題名の由来となっている、質問に答えられなかった者を破滅させる混血の怪物スフィンクスにその祖先を見出す。こうした注意を引くイメージは、今日の子どもにかんする問題について発せられる困難で重要な質問に答えるようわれわれを挑発している。

［訳注］

* 1 『アデライド・ド・サヴォワの時祷書』（*The Hours of Adelaide of Savoy*, 1460頃）――時祷書とは絵入りカレンダーの一種で、中世末期の西ヨーロッパで、キリスト教徒の私的な祈祷文を暦や日課表として編集したもの。豪華な挿絵がほどこされた。
* 2 ケルビム（cherub）――神学上で9階級に区分される天使の第2段階の天使をケルビムとよぶ。ケルビムは知識にひいでていることが特徴であるため「智天使」とも表される。まるまると太りバラ色のほほをした、翼のある美しい子どもの姿で描かれる。神に仕える霊的な存在としての天使は神学上は9階級（seraphim, cherubim, thrones, dominions, virtues, powers, principalities, archangels, angels）に区分される。
* 3 多形倒錯（polymorphous-perverse）――精神分析の概念のひとつで、性的嗜好が一定していない状態をさし、フロイトはこの傾向が幼児にみられるとした。フロイトは、成人の性欲は「性器性欲」が一般的であるのに対して、幼児期には多様な性欲があると考え、幼児性欲は「口唇期」「肛門期」「男根期」にそれぞれ異なる性欲を示すが、ほぼ6歳前後になると「去勢不安」から押さえこまれるとした。
* 4 モリゾ（Berthe Morisot, 1841-1895）――フランスの反サロン派の印象派の女流画家で、マネ（Edouard Manet, 1832-1883）の弟子で義妹。
* 5 カサット（Mary Cassatt, 1845-1926）――アメリカ生まれのフランスの印象派に属する女流画家として、多数の子どもの肖像画、母親と子どもの情景を描いた。
* 6 棒馬（hobbyhourse）――日本の竹馬のようではなく、股にはさみこんで乗馬のまねをして遊ぶおもちゃ。
* 7 うなぎの諺――*He holds a wet eel by the tail.*「ぬれたウナギを尻尾で捕まえる」（＝人生はつかみどころのないもの）／ *He has a slipperly grip that has an eel by the tail.* これに相当する日本語の諺としては、「瓢箪で鯰を押さえる」がある。
* 8 女召使い（ayah）――旧イギリス領での、現地人の女中、あるいは、うば、ばあや、婦人家庭教師といった立場の人を示す。
* 9 家族ロマンス（family romance）――もともとは、フロイトが唱えた精神分析の概念のひとつ。エディプス・コンプレックスの圧力から、自分は両親の子どもではなく、ほんとうは上流階級の家あるいは高貴な家の生まれなのだと思いこむ空想の類型。ここではこの用語のフロイト的な用法というよりは、もっと政治的で集団的な精神をさしており、「革命期の政治の底にひそむ家族秩序にかんする集団的、無意識的なイメージ」という意味に近い。リン・ハント『フランス革命と家族ロマンス』（西川長夫・平野千果子・天野知恵子訳、平凡社、1999年）、p. 10。
* 10 （大文字の）他者（Other）――他者とは「自己」主体と対照化されることにより、自己や主体を定義する何ものかのことである。この理論的源泉はまずヘーゲルの観念哲学、そして主人と奴隷の相互決定的関係にかんする彼の議論に、それ以降はラカンの精神分析理論に求められる。ラカンの理論によれば、大文字の他者とは無意識の他者であり、象徴的な場、つまりその上に主体が構築される場であり、主体が欠如しており、探究しなければならない何ものかとして、主体の欲望や運命を方向づけるとされる。
* 11 ファンシー・ピクチャー（fancy picture）――18世紀末の肖像画と風俗画の中間に位置する絵画をさしていう。田園風景のなかに、理想化された姿の農民たちが、実際の田園ではなく、アトリエでポーズを取っているかのように描きこまれる。ゲインズバラのこの種の作品は、当時からすでにファンシー・ピクチャーとよばれていたが、定義は曖昧である。
* 12 生気論（vitalism）――生命現象には物理・化学の法則だけでは説明できない独特な生命の原理（活力）があるという説。18世紀中頃以後、一部の生理学者・哲学者が唱えた。活力説。
* 13 ガマン・ド・パリ（*gamin de Paris*）――*gamin de Paris* の "*gamin*" とは、一般に「浮浪児」と訳される。この語は、特定の性格をおびた典型的人物（街中での悲惨な暮らし、善意と自由への憧れに特徴づけられ、機転がきき、身のこなしのすばやい小さな浮浪者、あるいは腕白小僧、不良少年、いたずら者など）を総称し、ユゴーの『レ・ミゼラブル』の登場人物ガヴローシュの名は、そうした性格をおびた人物の代名詞となる。
* 14 ネズミ――当時のフランスでは、バレリーナのことを、「（パトロンの財布をかじる）ネズミ」と揶揄したり、バレリーナの卵のことを「小さなネズミ」（Petit rat）とよんでいた。
* 15 最近のアメリカの展覧会――1997年4月19日から6月22まで開催のMy Little Pretty展（Museum of Contemporary Art, Chicago）と、2000年6月8日から10月1日まで開催のPresumés innocents展（Musée

d'art contemporain de Bordeaux)。

➡ヴィクトリア時代の美術、子ども期の理論、子どもの写真、児童文学、少女期、少年期、聖母マリア（宗教）、聖母マリア（世俗）、聖母マリア（東方正教会）、ファッション

● 参考文献

Ariès, Philippe. 1962. *Centuries of Childhood: A Social History of Family Life*. Trans. Robert Baldick. New York: Knopf. アリエス『〈子供〉の誕生——アンシァン・レジーム期の子供と家族生活』（杉山光信・杉山恵美子訳、みすず書房、1980年）

Boris, Staci. 1997. *My Little Pretty: Images of Girls by Contemporary Women Artists*. Chicago: Museum of Contemporary Art.

Brooke, Xanthe and Peter Cherry. 2001. *Murillo: Scenes of Childhood*. London: Merrell.

Brown, Marilyn R., ed. 2002. *Picturing Children: Constructions of Childhood between Rousseau and Freud*. Burlington, VT: Ashgate.

Casteras, Susan P. 1986. *Victorian Childhood: Paintings Selected from the Forbes Magazine Collection*. New York: Abrams.

Casteras, Susan P. 2002. "Winged Fantasies: Constructions of Childhood, Innocence, Adolescence, and Sexuality in Victorian Fairy Painting." In *Picturing Children: Constructions of Childhood between Rousseau and Freud* ed. Marilyn R. Brown. Burlington, VT: Ashgate.

Chu, Petra ten-Doesschate. 2002. "Family Matters: The Construction of Childhood; Nineteenth-Century Artists' Biographies." In *Picturing Children: Constructions of Childhood between Rousseau and Freud* ed. Marilyn R. Brown. Burlington, VT: Ashgate.

Comini, Alessandra. 2002. "Toys in Freud's Attic: Torment and Taboo in the Child and Adolescent Themes of Vienna's Image-Makers." In *Picturing Children: Constructions of Childhood between Rousseau and Freud* ed. Marilyn R. Brown. Burlington, VT: Ashgate.

Crutchfield, Jean. 1998. *Preumed Innocence*. Richmond, VA: Anderson Gallery, School of the Arts, Virginia Commonwealth University.

Dimock, George. 2001. *Priceless Children: American Photographs 1890-1925*. Seattle: University of Washington Press.

Duncan, Carol. 1973. "Happy Mothers and Other New Ideas in French Art." *Art Bulletin* 55: 570-583.

Durantini, Mary Frances. 1983. *The Child in Seventeenth-Century Dutch Painting*. Ann Arbor, MI: UMI Research Press.

Fineberg, Jonathan. 1997. *The Innocent Eye: Children's Art and the Modern Artist*. Princeton, NJ: Princeton University Press.

Fineberg, Jonathan, ed. 1998. *Discovering Child Art: Essays on Childhood, Primitivism, and Modernism*. Princeton, NJ: Princeton University Press.

Fuller, Peter. 1979. "Pictorial Essay: Uncovering Childhood." In *Changing Childhood* ed. Martin Hoyles. London: Writers and Readers Publishing Cooperative.

Germer, Stefan. 1999. "Pleasurable Fear: Géricault and Uncanny Trends at the Opening of the Nineteenth Century." *Art History* 22, no. 2: 159-183.

Guernsey, Daniel R. 2002. "Childhood and Aesthetic Education: The Role of *Émile* in the Formation of Gustave Courbet's *The Painter's Studio*." In *Picturing Children: Constructions of Childhood between Rousseau and Freud* ed. Marilyn R. Brown. Burlington, VT: Ashgate.

Higonnet, Anne. 1998. *Pictures of Innocence: The History and Crisis of Ideal Childhood*. New York: Thames and Hudson.

Hindman, Sandra. 1981. "Pieter Brueghel's Children's Games, Folly, and Chance." *Art Bulletin* 63: 447-475.

Holdsworth, Sara, Joan Crossley, and Christina Hardyment. 1992. *Innocence and Experience: Images of Children in British Art from 1600 to the Present*. Manchester, UK: Manchester City Art Galleries.

Hunt, Lynn. 1992. *The Family Romance of the French Revolution*. Berkeley and Los Angeles: University of California Press. ハント『フランス革命と家族ロマンス』（西川長夫・平野千果子・天野知恵子訳、平凡社、1999年）

Kristeva, Julia. 1980 [1975]. "Motherhood According to Giovanni Bellini." In *Desire in Language: A Semiotic Approach to Literature and Art*, ed. Leon S. Roudiez. New York: Columbia University Press.

Locke, Nancy. 2002. "Baudelaire's 'La Corde' as a Figuration of Manet's Art." In *Picturing Children: Constructions of Childhood between Rousseau and Freud* ed. Marilyn R. Brown. Burlington, VT: Ashgate.

Lubin, David M. 1985. *Acts of Portrayal: Eakins, Sargent, James*. New Haven, CT: Yale University Press.

Lubin, David M. 1994. *Picturing a Nation: Art and Social Change in Nineteenth-Centiry America*. New Haven, CT: Yale University Press.

Mathews, Patricia. 1999. *Passionate Discontent: Creativity, Gender, and French Symbolist Art*. Chicago: University of Chicago Press.

Mavor, Carol. 1995. *Pleasures Taken: Performances of Sexuality and Loss in Victorian Photographs*. Durham, NC: Duke University Press.

Milam, Jennifer. 2001. "Sex Education and the Child: Gendering Erotic Response in Eighteenth-Century France." In *Picturing Children: Constructions of Childhood between Rousseau and Freud* ed. Marilyn R. Brown. Burlington, VT: Ashgate.

Neils, Jenifer, and John Oakley, eds. 2003. *Coming of Age in Ancient Greece: Images of Childhood from the Classical Past*. New Haven, CT: Yale University Press.

Neubauer, John. 1992. "Visualizing Adolescence." In his

The Fin-de-Siècle Culture of Adolescence. New Haven, CT: Yale University Press.
New Art Examiner. 1998. Special Issue, *Lolita* 25 (June): no. 9.
Pointon, Marcia. 1993. *Hanging the Head: Portraiture and Social Formation in Eighteenth-Century England*. New Haven, CT: Yale University Press.
Rosenblum, Robert. 1988. *The Romantic Child from Runge to Sendak*. New York: Thames and Hudson.
Schama, Simon. 1988. *The Embarrassement of Riches: An Interpretation of Dutch Culture in the Golden Age*. Berkeley and Los Angeles: University of California Press.
Schorsch, Anita. 1979. *Images of Childhood: An Illustrated Social History*. New York: Mayflower Books. アニタ・ショルシュ『絵で読む子どもの社会史――ヨーロッパとアメリカ・中世から近代へ』（北本正章訳、新曜社、1992年）
Smith, Lindsay. 1998. *The Politics of Focus: Women, Children and Nineteenth-Century Photography*. Manchester, UK: Manchester University Press.
Snow, Edward A. 1997. *Inside Bruegel: The Play of Images in Children's Games*. New York: North Point Press.
Steinberg, Leo. 1996 [1983]. *The Sexuality of Christ in Renaissance Art and in Modern Oblivion*. Chicago: University of Chicago Press.
Steward, James Christen. 1995. *The New Child: British Art and the Origins of Modern Childhood*. Seattle: University of Washington Press.
Thomas, Greg M. 2002. "Impressionist Dolls: On the Commodification of Girlhood in Impressionist Painting." In *Picturing Children: Constructions of Childhood between Rousseau and Freud* ed. Marilyn R. Brown. Burlington, VT: Ashgate.
Waggoner, Diane. 2001. "Photographing Childhood: Lewis Carroll and Alice." In *Picturing Children: Constructions of Childhood between Rousseau and Freud* ed. Marilyn R. Brown. Burlington, VT: Ashgate.
Wicks, Ann Barret, ed. 2002. *Children in Chinese Art*. Honolulu: University of Hawaii Press.

（MARILYN R. BROWN／遠藤知恵子・宮田京子・浅井百子・髙原佳江・北本正章訳）

子ども期の史学動向（Historiography）
➡子ども期の比較史（Comparative History of Childhood）／子ども期の歴史（History of Childhood）

子ども期の社会学と人類学（Sociology and Anthropology of Childhood）

1980年代以前には、子どもは社会学（社会関係と社会制度に焦点を置く学問分野）と人類学（文化研究

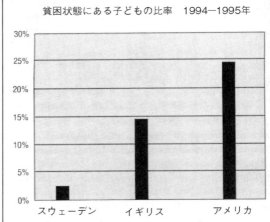

図1

貧困状態にある子どもの比率　1994―1995年

出典：Data from Luxembourg Income Study.〈www.lisproject.org/keyfigures.htm〉

を重視する隣接分野）の周辺に追いやられていた。子どもが人類学者の視界のなかに入ってきたとき、子どもたちは、おもに社会的および文化的な大人世界に誘導される学習者として研究された。1930年代、人類学者のマーガレット・ミードは子育て慣行における異文化間の多様性を記述していたが、彼女はこれが大人のパーソナリティに文化的な差異を形成すると主張した。その後40年以上にわたって、人類学者たちは、この仮説にしたがって、日本、サモア、ニューギニア、バリ島、アフリカ、ロシア、そしてアメリカなどさまざまな場所で研究しつづけた。

また、社会学者たちは社会化[*1]という概念を用いて、子どもを学習者として、あるいは成人になっていく者として研究する長い伝統をもっている。1950年代と1960年代の有力な社会学者であったタルコット・パーソンズ[*2]は、円滑に機能する全体として社会システムを理論化した。パーソンズは、子どもが生まれるとき、彼らは社会という池のなかにまるで小石のように投げこまれると書いた。成長しつづける子どもを最初は家族のなかに、次いで、学校やほかの社会的諸制度が成人世界の価値観と規律を内面化させるよう形成する。社会学者たちは、この時期の発達段階について、子どもを学習者としてだけでなく社会に脅威をあたえる者として（青少年非行にかんする研究は1950年代にあらわれた）、また、大人の犠牲者として（子どもの身体的虐待は1960年代に、また子どもの性的虐待は1970年代に話題になった）、子どもに焦点をあてた。

子ども期の新しい社会研究

1980年代のヨーロッパとアメリカでは、ますます増えつづける学者は、社会科学の知識において相対的

に子どもが不在であることに注意を向けるようになった。彼らは、子どもを大人になる訓練を受ける者としてよりも、あるいは大人の社会秩序に対する問題としてよりもむしろ、子どもそのものを完全な社会的アクターとして研究すべきであると主張した。初期の批評家のなかで、イーニド・シルドクラウトは、子どもが社会システムの品目に入ってくることはめったにないと観察し、それゆえ、子どもは大人の次の世代としてよりも子どもとして理解されるべきであると提言した。シルドクラウドは、子どもと依存というなじみ深い等式をひっくり返し、「もし子どもが一人もいなければ、(子どもの消滅以外に)大人世界にどんなことが起こるだろうか？」、また、「大人はどんなふうに子どもに依存するだろうか？」と問いかけている。シルドクラウトは、ナイジェリアのイスラム社会、ハウサ族[*3]でのフィールドワークを描きながら、女性たちを空間的に隔離するパーダ（プルダ）という宗教的慣習の維持に子どもたちがどのように貢献しているかを描いている。ハウサ族では、既婚の男性は、世帯を離れて食肉解体業者や職人として収入を得、女性たちは、食物を調理したり、地域市場で売るために帽子やズボンに刺繍をしてお金を稼いでいる。パーダの慣習によって自分の世帯に閉じこめられているため、このようにして収入を稼ぐ女性たちは、子どもたちに頼って市場でものを買ったり、商品を配達したり売ったりしていた。**思春期**までは、男の子も女の子も、世帯と市場のあいだを自由に移動することができたからである。こうした申しあわせ——空間的に移動可能な子どもたちが経済的および宗教的な慣習に貢献すること——は、子ども期と成人期双方の多様な構築ぶりに光をあてる、子ども空間についての20世紀後半のヨーロッパ的な前提をひっくり返すことになった。

1980年代と1990年代になると、多数の学者が、多様な生活と経験をもつ社会的アクターとしての子どもにそれまで以上に密接な注意をはらう運動とよぶようになる「子ども期についての新しい社会研究」が勢いを得た。従来の、大人中心的な枠組みに対するこうした批判的なアプローチは、有力な研究者の展望と関心の所在をめぐって、組織された知識に対する批判が増えることによって強まった。女性や有色人種に対する学問的関心の高まりも、これまで以上に完全な知識のなかに子どもを置く研究を要請する刺激となった。世代関係、子ども期、および子どもとか大人といったカテゴリーについての批判的な検討も、社会構成主義という理論的アプローチによって拍車がかかった。このことは、これまで組織され意味づけられてきたさまざまな方法を吟味するのは当然とされるカテゴリーを深く掘り下げることをふくんでいる。とりわけ、子どもという分割できないカテゴリーは、子どもという概念が年齢と能力の広い範囲を網羅しているため、吟味する機が熟しているが、それは上部の境界線が曖昧であり、しばしば論争をよんだ年齢と能力の広い範囲を網羅している。

子ども期の社会学者は、年齢、子ども、そして子ども期などの概念にかんする1960年代初期にはじまる社会的および歴史的な分析は、フランスの歴史家フィリップ・アリエスによって幕が開けられたと見ている。歴史社会学者のヴィヴィアナ・ゼライザー[*4]も、1985年に公刊された影響力のある著書のなかで、19世紀後半と20世紀初め頃のアメリカでは、子どもと子ども期に対する見方が、「経済的に有益な子ども」から、「経済的には無益だが、情緒的に、お金では買えないほど貴重な子ども」へと変化したこと、すなわち、子どもが賃金労働をする立場から解放され、家族と学校の保護空間に置かれることになった変化を強調した。子ども期の歴史家たちは、子どもの学習と発達過程によって子どもが概念化されたことをふくむ子ども空間について、ほかの社会科学者たちが現代のヨーロッパの前提に対する批判的展望を得るのを助けてきた。

20世紀後半の国際的な政治的および経済的な諸変化も、子どもの多様な生活と環境に対する自覚を強めた。グローバルな経済の再編は、商品・労働・情報そしてイメージなどの流通が増えることで、地理的に離れた国家間の絆を強めた。こうした変化は世界の多くの地域で子どもたちを新たな貧困状況に追いやり、難民たちの子どもの数を増やし、非常に搾取的な労働を強いられる子どもの数を増やした。テレビで放映される戦争・暴力・貧困そして飢饉といった状況下で暮らす子どもたちの映像は、子どもは純真無垢であり、保護される集団であり、家庭と学校で安全に守られているとする前提をくずしてしまった。20世紀後半には、子ども期のグローバルな文化的政治学が人類学と社会学の研究対象になっただけでなく、論争をよぶ問題領域にもなった。

子ども期の文化政治学

国際連合は、1979年の総会で国際児童年を宣言し、その後1989年に**国連子どもの権利条約**が続くと、世界の子どもたちの多様な、しばしば破壊的な環境にハイライトをあたえた。この条約は、2003年までにソマリアとアメリカ[*5]を除くすべての国で批准された。この文書は、子どもの扱い方の全世界的な道徳規準を明示しようとして文化的および政治的な差異と格闘した43の国の代表者によって練られたものであった。この条約は、四つの中核的な原理にもとづいてまとめられた。すなわちそれは、差別を受けないこと、子どもにとって最善の利益をはかること、子どもの生存権と発達権を保障すること、子どもの視点に注意をはらうこと（子どもを大人から独立した存在と認識するという原理）の四つである。多数の人類学者をふくむ批評家たちは、国連のこの権利条約は、子ども期、家族、

そして個人の権利にかんするヨーロッパの理念を前提にしており、それを押しつけるものであると論じ、また、子どもと道徳性についても、ほかの文化におけるその理解の仕方が無神経であると言って批判した。これに対してその擁護者たちは、グローバルな経済的および政治的な変化が生じていることに注意を喚起するとともに、倫理的行動は、個人の権利とほかの文化の価値判断をしない（文化的相対主義）という普遍的な主張をする両極端のあいだで鍛え上げられるべきであると主張して、こうした批判に答えた。

極端なまでの貧困状態、強いられた移民、そして戦争などの文脈に置かれて生きている子どもたちにかんする増大しつづける研究は、子どもたちを政治的および経済的な変化のなかに置くことによって、子ども期の研究範囲を、家族、近隣、そして学校をはるかに超えて拡張してきている。たとえば、研究者たちは、**ラテンアメリカ**、アジア、アフリカ、そして**東ヨーロッパ**の各都市の路上で生活し、はたらく子どもたちを研究してきている。ストリート・チルドレンという用語は、しばしばこうした子どもたちを表現するために用いられるのが常だが、研究者や改革活動家たちは、こうした子どもをとり囲む環境と社会関係がきわめて多様であることと、彼らの多くが家族との絆を保ちつづけていることなどの理由から、この用語は誤解されていると主張した。トビアス・ヘヒト[*6]のような学者は、路上での生活や労働に子どもたちを引き入れたり、そこから押し出す経済的、社会的、そして政治的な要因を次のように系統的に整理した。まず、路上生活が生存のために提示する機会とリスクの両方をふくむ都市環境とのあいだで子どもたちがもつ社会的ネットワークと多様な人間関係、そして、このような汚名を着せられた社会集団を統制したり改革しようとする政府その他の取り組み、というふうに。改革活動主義的な研究者のなかには、ストリート・チルドレンたちといっしょになってその生活を変えるために活動することで、子どもたち自身のものの見方に迫ろうとする者もいた。ほかの研究者は、リオデジャネイロのファヴェーラ[*7]あるいはスラムでのストリート・チルドレンの生活が、ジャーナリスト、研究者、さらにはマイケル・ジャクソンのビデオにさえ素材として提供される、こうした子どもたちの超視認性を調査している。彼らは、極貧状態をセンセーショナルに扱うことは、慢性的な貧困状態——ブラジルなどの国々で子どもと大人の大きな比率を占めている——をおおい隠してしまうと主張した。

ストリート・チルドレンの研究スタイルの多くは、子ども期の新しい社会研究で主軸となる三つの理論研究を例示している。(1)特定の子ども期についての政治経済的および社会的な構造化にかんする比較分析、(2)子どもと子ども期にかんする象徴論的および論証的構築にかんする研究、そして、(3)社会的アクターとして、あるいは文化の創造者あるいは説明者としての子どもへの注目。こうした研究は互いに重なりあっているが、いずれも独自の理論的ツールと研究方法を確立している。

子どもの生活の構造化にかんする比較研究

1980年代末から1990年代初めにかけて、デンマーク生まれの社会学者イェンス・クヴォルトゥルプ[*8]は、ヨーロッパの13カ国にくわえて、イスラエル、カナダ、そしてアメリカの子どもたちの生活状況にかんする意欲的な比較研究を連携組織化した。この研究者たちは、人口動態学の方法——すなわち特定の人口集団の規模、構造、そして分布を研究する統計学的手法——に部分的に依拠した。この研究チームは、14カ国を対象に、子どもの誕生年の分布をカテゴリーとして定義しながら、国民ごとの年齢構造を比較した。こうして彼らは、たとえば1950年から1990年にかけて、子どもが占める比率は、16の工業国すべてで下降し、フィンランドで最大の、また、イスラエルで最小の下げ幅を示したことを発見している。彼らはまた、子どもの居住世帯の規模と構成、子どもの雇用パターン、家で子どもが日常的に担う義務のパターン、子どもが学校ですごしたり学校外の組織的な活動ですごす時間の総量、子どもの法的地位と健康状態、各国の国民経済において子どもに割りあてられる収入と住居費のような社会的資源の比率などについて、比較情報を分析している。こうした比較研究は、子ども期が社会構造に占める地位という観点に導かれながら、法律、政治、経済、健康、教育、家族、およびその他の制度における諸関係を重視した。

クヴォルトゥルプとその仲間は、利用可能な統計学的情報はこれまでずっと、統計情報の収集において子ども自身より両親あるいは世帯のほうを用いてきたカテゴリーであるため、きわめて不均質であることを発見した。人口動態の情報が子ども中心に集められたとしても、得られた状況は、しばしば劇的に変化してしまう。たとえば、ドナルド・ヘルナンデスは、1988年には、アメリカの18パーセントの成人の両親が貧困状態で暮らしていたが、子どもではそれが27パーセントであったことを発見している。このように、子どもの経済的地位の分布は両親のそれとは違っているのである。

貧しく暮らす子どもたちの比率が国ごとに違うことはどう説明できるだろうか？　社会学者たちは、この問題を解明するために家族、政府、そして市場のあいだの関係を検討してきた。政府は、両親に責任を押しつけ、親の権力を制限し、さらに、子どもたちが法的に賃金労働につくことができる年齢を定めた。また、政府は、子どもたちに生活資源を提供するが、それはさまざまな程度に応じてであった。政府は家族と歩調を合わせて家族支援をするだろうと考えるスウェーデ

ンのようなスカンディナヴィア半島諸国は、有給の育児休暇と政府基金の子ども健康保健制度によって、子どものために政府が寛大かつ普遍的な支給をする伝統がある。アメリカは、プライバシーを重んじる家族制度をもつ連続性の別の端にあり、親は健康や保育といったサービスを購入するだろうし、政府は、非常に低所得の家族に対する連邦政府の助成金のように、家族と市場が失敗したと考えられるときにだけ介入すると考えている。連続体の真ん中に位置するイギリス連合王国には、福祉国家からプライバシーを重んじる家族制度への移行がみられる。このように、異なる社会制度は子どもの貧困率にみられる偏差を説明するうえで役立つ。

子ども期の象徴主義的あるいは論証的な構築

子ども期の社会的構築にかんする研究は、子どもたちの生活を形成する社会制度についてだけでなく、子どもの本性、あるいは思春期に入りつつある幼児もしくは少女たちのような特定の子ども集団の信念にも焦点をあててきた。人類学者と社会学者たちは、特定の世界観、あるいはこの場合には子どもと子ども期についての特定の見方を意味する理念やイメージに注意を向けるために、しばしば言説(ディスコース)という用語を使う。たとえば、ブラジルのストリート・チルドレンは、社会秩序の脅威(警察が子どもの逮捕を正当化する言説)、犠牲者(社会福祉のサービス提供機関の言説)、そして、子どもは自分の生活状況を変えることに参加すべきだと主張する改革活動家たちが用いる子どもの権利という言説などによって、これまで描かれてきた。

子どもと子ども期にかんする論証的な構築を研究する社会科学者たちは、意味がどのようにつくられるかということだけでなく、それが世界におよぼす影響についても分析した。たとえば、社会学者と人類学者たちは——すべての子どもに機会を均等に開く——工業先進諸国で明文化された公教育の目標と、学校が、概して、社会階級と人種的不平等を再生産している現実とのあいだのギャップに、しばしばとまどいを隠せない。教師たちは、公明正大に教育実践をしようとし、個人としての子どもに焦点をあてるかもしれないが、社会階級と人種という前提は、区分け(sorting)と能力別クラス編成(tracking)のプロセスに埋めこまれている。たとえばアメリカでは、天賦の才があるとみなされた子どもには特別な方策を講じているが、これは、客観的で自然な違いを示しているように見えるものの、そこには社会階級と人種的な前提が埋めこまれている。アン・ファーガソンは、カリフォルニアの多民族のミドルスクール[9]の日常世界におけるこれとは別の言説——「バッド・ボーイズ」[10]——が当然のようにつかわれていることを研究した。教師らは、低収入のアフリカ系アメリカ人の少年は不品行になりやすいという思いこみをもって、ほかの学生よりも厳密に彼らを監視した。こうした否定的な統制にもかかわらず、しばしば少年たちは自分の威厳を保つために、大人からは反抗的だとみなされる行為にふけった。悪評のレッテル貼り、対立、そして懲戒といった悪循環が不平等のパターンを再生産した。

子どもは、エキスパートやメディアによってだけでなく、拡大する子ども市場に向けて商品をデザインし、販売する企業によっても、理論的に構築された。宣伝広告のキャンペーンは、子ども期の特定の概念を売りこみながら、年齢とジェンダーによって狭く概念化される集団をターゲットにする。たとえば、1990年代、企業は、厚底靴のような独特の衣服スタイルと、ハンセンのような集団によるロック・ミュージックを、彼らがトウィーンズ[tweens、二つのTのあいだの子ども]——8歳から13歳まで(彼らがしばしば表現するように「10歳から16歳まで」)——の子ども向けに販売しはじめた。成長の速度について、市場に強制された理念が、学校に通うのにどんな服装がよいかといった問題について、子ども、両親、そして教師のあいだでの話しあいに入ってくる。ノルウェーの社会学者アン・ソルバーグは、年長者であること、あるいは年少者であるととりきめられた概念に注目するために社会年齢(social age)という言葉を造語したが、これは、時系列的な年齢よりも非常に柔軟な構築概念である。

社会的アクターとしての子ども

人類学と社会学が対象にする諸分野は、構造と能動性との関係に対する理論的関心を共有している。1852年、カール・マルクスが、人民がみずからその歴史を作ることを観察したときにこの問題の枠組みをつくったが、それは、過去によって形成され、過去から伝承された環境下でのことであった。構造理論は、時間と空間において子どもたちの生活を形成してきた外部環境——経済的諸力、制度的配置、信念体系——をとくに重視する。こうしたアプローチは、社会化という伝統的な枠組みのように、子どもが相対的に受動的な存在であることと、その生活が外部から造形されていることとを意味している。子ども期についての新しい社会研究は、こうしたイメージの修正をめざしながら、子どもの能動性、すなわち彼らが暮らしている環境をつくるうえで子どもの能力が役立つことを重視している。

子どもの能動性という概念は、これまでさまざまな使われ方をしてきた。子どもの日常生活について増大する研究は、自律的な行動と文化創造の能力をもつ経験を重ねる主体としての子どもの能力を重視する。(子どもを観察したりインタビューする研究者は、子どもたちが自分が研究対象にされていることに同意する能力について、あるいはまた、アクセスしたり理解するときの障壁としての大人の権力にかんする質問に

取り組んでいる。)

　ウィリアム・コルサロ*11は、子どもたちが独自のピアカルチャー（同輩文化）をつくるとき、彼らが大人世界の理念を利用することを立証して、アメリカとイタリアの就学前学校を観察している。彼は、子どもが文化創造と文化変容に参加することを重視するために、解釈論的再生産（interpretive reproduction）という用語を造語した。人類学的言語学者のマージョリ・ハーネス・グッドウィンは、社会的な絆を作り上げたり破壊したり、社会的ヒエラルキーを特徴づけるために、子どもたちがどんなふうに話すかを示しながら、アメリカの都市の隣人関係における**アフリカ系アメリカ人の子どもたち**の異年齢集団の会話をテープに記録して分析している。バリー・ソーンは、子どもたちのジェンダー区分のマーキングととりきめごと、たとえば、少年たちが少女たちを追いかけまわす遊び場でのゲームにおいてそれらに光をあて、アメリカの初等段階の学校の子どもたちをフィールドワークした。

　社会科学者たちは、消費、日常行動、親の離婚、子ども期そのものなど、多様な主題について子どもたちの体験と見解を子どもたちにインタビューしている。ソルバーグは、ノルウェーの10歳の子どもとはたらいている母親たちは、放課後の家で子どもが自分で身のまわりのことをすることについてまったく違った見方を発見している。母親たちは、自分の子どもが「だれもいない家」に戻ってくるのを心配しているが、何人かの子どもは、帰宅して「お帰りなさい」と声をかけられるかわりに、自分一人でものを食べ、テレビ、そして電話を使うことができると話している。

　子どもが体験したり、だれかとつきあったり、意味をつくったりする能力があるという点で、子どもが能動性をもっていることは明白である。しかし、マルクスが、人民はみずからその歴史をつくると書いたとき、彼は、現存する権力機構を——たとえば、搾取の諸形態に異議申し立てをすることによって——変革する集合的な取り組みにふれながら、能動性という言葉をもっと強い意味をこめてつかっていた。子どもはこの種の政治的能動性を発揮するのであろうか？　それは、ある部分では、子どもをどう定義するかにかかっている。1970年代と1980年代の南アフリカ共和国では、まだ12歳の子どもでもアパルトヘイトに反対する闘争にくわわったことを理由に逮捕された。しかし、乳幼児や3歳の子どもは、あきらかにこの種の行動を起こすことはできない。

　子どもと大人、あるいは10代の子どもたちのあいだでの区分はいくぶん独断的で、たえず調整される。しかし、大人を研究するときに用いるさまざまな枠組みを使って、子ども、とくに年少の子どもを研究すれば、完全にまちがった方向に進んでしまうのだろうか？　子どもを概念上の二重規準から救出し、能動性の理念といった自律的な社会行動を重視する枠組みに子どもをふくめようと探求することは、これまで誇張して描かれてきた。依存、相互依存、傷つきやすさ、欲求、そして発達といった争点にも焦点があてられるべきである。そして、これらは、大人の体験でも構成要素になっているのであるから、子ども研究に限定されるものではない。

[訳注]

*1 社会化（socialization）——個人がアイデンティティを確立し、その属する社会の地位にふさわしい、あるいはその社会から求められる規範や価値観、行動様式や言語コード、マナーや処世術などを、無意識的、形式的、および内面的に習得する人間形成の全過程。socializationという英語表記の初出は1884年からである。

*2 パーソンズ（Talcott Parsons, 1902-1979）——アメリカの構造機能主義の社会学者。人間の行為を「行為システム」ととらえ、そのサブシステムとして、「文化システム」、「パーソナリティ・システム」、「社会システム」などを想定し、社会科学の理論的把握に多大の影響をおよぼした。

*3 ハウサ族（the Hausa）——ナイジェリア北部とニジェール南部に住む民族で、農業と商業活動を中心に、つかう言語は、アフロアジア語族のチャド語派に属するハウサ語で、アフリカでは交易語として広く使われている。

*4 ヴィヴィアナ・A・ゼライザー（Viviana A. Zelizer）——アメリカのプリンストン大学の社会学教授。人間の道徳性と経済の関係を歴史社会学的に分析して注目された。子どもの価値、愛情や親密さの金銭的価値を経済社会学的に分析するために、子どもの生命保険料、誘拐事件による身代金額などに注目して『子どもの価値』にかんする研究を進めた。経済が文化や精神的価値を作るのではなく、感情や精神文化が経済行為を導いているとする観点から、経済社会と道徳性の関係を解明しようとしている。近年、次の著作が多方面から注目を集めている。*The Purchse of Intimacy* (Princeton UP, 2005); *Morals and Markets: the Development of Life Insurance in United States* (Transactions Pub, 2006); *Economic Lives: How Culture Shapes the Economy* (Princeton UP, 2010).

*5 ソマリアとアメリカ——「国連子どもの権利条約」訳注1参照。

*6 トビアス・ヘヒト（Tobias Hecht, 1964-）——アメリカの人類学者、エスノグラファー、翻訳家。ケンブリッジ大学で社会人類学の学位を取得し、ブラジルのストリート・チルドレン研究で「マーガレット・ミード賞」を受賞。

*7 ファヴェーラ（favela）——とくにブラジルで、都市やその近郊にあるバラック集落、スラム街をさしていう。1900年頃、リオデジャネイロ近郊の丘の上にスラム街が発生したとき、この丘の名前にちなんでファヴェーラとよばれるようになったといわれる。

*8 イェンス・クヴォルトゥルプ（Jens Qvortrup）——

デンマーク生まれのノルウェーの社会学者。コペンハーゲン大学で学位を取得後、南ユトラント大学をへて、現在はノルウェー大学（Norweigian university of Science and Technology）社会学教授。「社会現象としての子ども期」という観点から、世代関係・子ども期・福祉の社会学的研究をすすめ、近年は、子ども空間（子どもの居場所）にかんする「子どもの地理学（＝子どもの存在構造）」（Geography of Children）研究を推進している。

*9 ミドルスクール（middle school）──アメリカでは小学校の高学年と中等学校（junior high school）をふくむ5〜8学年制に相当する学校をさしていう。イギリスでは、私立の5〜9学年に相当する3〜4年制の中等学校。

*10 「バッド・ボーイズ」（bad boys）──道徳や芸術などにおいて時代の主流に抗して、逆の方向性と価値観を体現する異端児、反逆児。

*11 ウィリアム・コルサロ（William A. Corsaro）──インディアナ大学社会学部教授。子ども期と幼児教育、子ども文化史について幅広く研究を進め、『子ども期の社会学』（The Sociology of Childhood, 1997 1st, 2014 4th edition）は、世界各国で翻訳されている。

➡子ども期の比較史、子ども期の歴史

●参考文献

Ariès, Philippe. 1962. *Centuries of Childhood*. Trans. Robert Baldick. New York: Knopf. アリエス『〈子供〉の誕生──アンシァン・レジーム期の子供と家族生活』（杉山光信・杉山恵美子訳、みすず書房、1980年）

Chin, Elizabeth. 2001. *Purchasing Power: Black Kids and American Consumer Culture*. Minneapolis: University of Minnesota Press.

Christensen, Pia, and Allison James, eds. 2000. *Research with Children: Perspectives and Practices*. London: Falmer Press.

Corsaro, William A. 1997. *The Sociology of Childhood*. Thousand Oaks, CA: Pine Forge Press.

Ferguson, Ann Arnett. 2000. *Bad Boys: Public Schools in the Making of Black Masculinity*. Ann Arbor: University of Michigan Press.

Goodwin, Marjorie Harness. 1990. *He-Said-She-Said: Talk as Social Organization Among Black Children*. Bloomington: Indiana University Press.

Hecht, Tobias. 1998. *At Home in the Street: Street Children of Northeast Brazil*. Cambridge, UK: Cambridge University Press.

Hernandez, Donald. 1993. *America's Children: Resources from Family, Government, and the Economy*. New York: Russell Sage Foundation.

James, Allison, and Alan Prout, eds. 1990. *Constructing and Reconstructing Childhood*. London: Falmer Press.

Jenks, Chris, ed. 1982. *The Sociology of Childhood: Essential Readings*. London: Batsford Academic and Educational.

Kehily, Mary, ed. 2003. *Children's Cultural Worlds*. New York: Wiley.

Kenny, Mary Lorena. 2002. "Orators and Outcasts, Wanderers and Workers: Street Children in Brazil." In *Symbolic Childhood*, ed. Daniel T. Cook. New York: Peter Lang.

Margolin, Leslie. 1994. *Goodness Personified: The Emergence of Gifted Children*. Hawthorne, NY: Aldine de Gruyter.

Marx, Karl. 1963 [1852]. *The Eighteenth Brumaire of Louis Bonaparte*. New York: International. マルクス『ルイ・ボナパルトのブリュメール18日［初版］』（植村邦彦訳、平凡社ライブラリー、2008年）

Mayall, Berry. 2002. *Towards a Sociology for Childhood*. Buckingham, UK: Open University Press.

Mead, Margaret. 1930. *Growing Up in New Guinea*. New York: Morrow.

Parsons, Talcott, and Robert F. Bales. 1955. *Family, Socialization, and Interaction Process*. New York: The Free Press. パーソンズ／ベールズ『家族──核家族と子どもの社会化』（橋爪貞雄・溝口謙三・高木正太郎・武藤孝典・山村賢明訳、黎明書房、新装版2001年）

Qvortrup Jens, et al., ed. 1994. *Childhood Matters: Social Theory, Practice, and Politics*. Aldershot, UK: Avebury.

Reynolds, Pamela. 1995. "Youth and the Politics of Culture in South Africa." In *Children and the Politics of Culture*, ed. Sharon Stephens. Princeton, NJ: Princeton University Press.

Scheper-Hughes, Nancy, and Carolyn Sargent, eds. 1998. *Small Wars: The Cultural Politics of Childhood*. Berkeley: University of California Press.

Schildkrout, Enid. 1978. "Age and Gender in Hausa Society: Socio-Economic Roles of Children in Urban Kano." In *Age and Sex as Principles of Social Differentiation*, ed. Jean S. LaFontaine. London: Academic Press.

Smart, Carol, Bren Neale, and Amanda Wade. 2001. *The Changing Experience of Childhood: Families and Divorce*. Cambridge, UK: Polity Press.

Solberg, Anne. 1995. "Negotiating Childhood: Changing Constructions of Age for Norwegian Children." In *Constructing and Reconstructing Childhood*, ed. Allison James and Alan Prout. London: Falmer.

Stephens, Sharon, ed. 1995. *Children and the Politics of Culture*. Princeton, NJ: Princeton University Press.

Thorne, Barrie. 1993. *Gender Play: Girls and Boys in School*. New Brunswick, NJ: Rutgers University Press.

Vleminckx, Koen, and Timothy M. Smeeding. 2001. *Child Well-Being, Child Poverty, and Child Policy in Modern Nations*. Toronto: University of Toronto Press.

Zelizer, Viviana. 1985. *Pricing the Priceless Child: The Changing Social Value of Children*. New York: Basic Books.

●参考ウェブサイト

Bandelij, Nina, Viviana A. Zelizer, and Ann Morning. 2001. "Materials for the Study of Childhood." Available from 〈www.princeton.edu/~children〉

Child Trends Data Bank. 2003. Available from 〈www.

childtrendsdatabank.org〉
UNICEF. 2002. "The State of the World's Children." Available from 〈www.unicef.org/sowc02/〉
UNICEF. 2003. "Convention on the Rights of the Child." Available from 〈www.unicef.org/crc/crc.htm〉
University of Amsterdam. 2003. "Annotated List of Web-Links on Children and Youth." 2003. Available from 〈www.pscw.uva.nl/sociosite/topics/familychild.html#CHILD〉

（BARRIE THORNE／北本正章訳）

子ども期の人類学（Anthropology of Childhood）
➡子ども期の社会学と人類学（Sociology and Anthropology of Childhood）

子ども期の比較史（Comparative History of Childhood）

　子ども期の歴史にかんする比較研究の成果は非常に意義深いものになるだろう。この研究は部分的に、子どもであること、あるいは子どもをもうけるという標準的な生物学的および心理学的な側面があるために共通の経験をもつさまざまな別の社会に光をあてる。しかし、この研究は、さまざまな文化、家族構造、あるいは経済的な文脈などにもとづく多様性がかなりあることも示してくれる。子ども期の比較研究は現代世界における新たな重要性をおびるようになってきているが、それは、子ども期の西ヨーロッパ的（あるいは工業的）な基準が、西ヨーロッパ以外の非常に異なる伝統や、非常に異なる経済状況をもつ社会に適用できるかどうかをめぐって、大規模な論争が展開されてきたためである。

　それと同時に、子ども期の歴史にかんする比較研究はまだじゅうぶんとはいえない。この分野の相対的な新しさが、文化的な境界線をまたぐ比較研究のむずかしさにつけくわわる。この分野には、さらに進んだ研究成果を生み出す大きな機会が広がっている。もっとも意義深い比較的洞察が歴史家たちからよりもむしろ文化人類学者たちから、あるいは歴史資料に目を向けているその他の社会科学者たちからもたらされたことは、啓示的である。

　子ども期の比較史を扱おうとする際、新奇さをめざすという課題は別として、いくつかの重要かつ複雑な問題が横たわっている。たとえば、一般化はつねにジェンダーによって複雑化する。大部分の社会は少年と少女のあいだに顕著な差異を作り、しかもこれらの差異は比較可能なものである。だが同時にまた、差異というものは必然的に、子ども期の総体について語る言説を制約する。社会的な地位も別の難題である。たとえば、現在のトルコでは、下層階級の母親たちは、よい子とはどんな子どもなのかと問われると、従順さと礼儀正しさを強調し、独立心と自主性を重視する者はほとんどいない。ところが、トルコの上流階級の人びとは、従順さとか両親への気配りにさえあまり時間をさかず、すぐにこうした独立心と自主性といった特徴を最初にあげる。彼らの子どもへの対し方は、トルコの下層階級の対し方よりも西洋スタイルのほうに近い

　この種の相違は、個々の共同体がそれぞれ異なるペースで変化している現代社会でも共通してみられる。しかし、異なる社会集団が異なる文化を形成し、その子ども期の扱い方に影響をおよぼすように、歴史の早い段階でも差異は生じる。都市と農村という差異は、自然環境と**児童労働**の程度といった平凡な問題においてさえも別の重要な変数である。たとえば、近代史においては、ロシアの子どもたちの経験にみられる都市と農村の格差は、アメリカよりも顕著な広がりがあった。貧困はもうひとつの要因である。栄養失調になった子どもとか、両親が貧困のために子どもを育て上げる気力をまったくなくし、資源をめぐる競争者として子どもたちに腹をたてたりしさえする親の下にある子どもたちは、家族が通常の生活物資の問題に直面することがめったにない子どもたちとはあきらかに違っているだろう。20世紀の**ラテンアメリカ**における研究は、同一社会における多様な経済状況がもたらす結果を実証している。

　最後に、比較研究全般において鍵となる重要事項として、地域の規模という問題がある。子ども期を形成する際の文化要因の重要性のために、多数の比較研究は中国あるいは儒教対インド、あるいはヒンズー教対西ヨーロッパについて話題にするとき、大きな枠組みを用いる。しかし西洋史においては、ヨーロッパの旅行者たちによって広く書きとめられたアメリカの子ども期の特異な側面について論評する際のように、国別に比較するという伝統もある。さらに希なことではあるが、もっと小さな地域単位を用いることもある。たとえば、古代ギリシアでは、上流階級の少年たちが軍役につく準備のために厳しくしつけられていたスパルタと、上流階級の少年たちが非常にリラックスした子ども期を送り、多様な教育を受けることができたアテネとのあいだには、鮮明な対照性があった。

　子ども期において比較することによって見えてくる相違は、しばしばその相違が埋めこまれている社会の重要な側面を照らし出す。相違は、しばしば、アテネとスパルタのあいだの対照性のように、社会の目的そのものが大きく違っていることを映し出す。しばしば相違それ自体が、より広範な構造的な差異の原因にもなっている。たとえば、今日の何人かの比較研究者たちは、多数の伝統社会において強調されていた強烈な家族の権威とは対照的な、西ヨーロッパ世界における個人主義的な子ども期の意味の解明に取り組んでいる。すなわちそれは、西ヨーロッパ・モデルは経済的な成

功と政治的な発展の基礎として必要不可欠なのかという課題である。

前近代史

　18世紀までの子ども期を対象にした研究における比較は、通常、法律的な枠組みと家族形態を二次的な要因として用いつつ、文化的な変数、すなわち子どもとその役割について深く浸透している信念や価値観といった変数がおよぼす影響を強調する。もちろんそこにはいくつかの重要な共通の特徴もあった。たとえば、あらゆる大規模な農耕文明は、通常は、農業あるいは手職マニュファクチュアにおける成人労働を補完するために、広範囲にわたって児童労働を利用した。どの農耕文明でも、少女たちをその将来の結婚生活における役割の準備として、父親と兄弟たちに従属的であるように注意深く教育していたことにみられるように、少年と少女のあいだの家父長的な差別を強制していた。

　しかし、文化的な相違は茫漠とした大きな広がりであった。ポリネシアの伝統は、片親家族の出自であることはたいした問題ではないとみなしていたため、広汎な**養子縁組**と共同の子育てを推奨していた。これとは対照的に、家族のアイデンティティを途方もなく重視していた**イスラム社会**は、家族のない子どもたちに対する慈善的な世話に特権をあたえて正式の養子縁組を禁止していた。古代のギリシアや中国もふくめ、いくつかの文化的伝統は、家族に望まれなかった子どもたちの負担を軽減する手段として、とくに女児の乳幼児に対して広まっていた嬰児殺しを黙認していた。しかし、イスラム社会は、嬰児殺しを明確に禁じ、**相続権**をふくめ、女子の子どもに対するなみはずれた数の法的保護策を講じていた。

　紀元前100年頃以降の**中国**と**インド**にあらわれた儒教とヒンズー教の文化的伝統のあいだの比較は重要な含意をもたらす。孔子（Confucius, 前551-478）[*1]は、家族関係を広範な政治制度の小宇宙と見ており、その両方に秩序と位階制を見いだそうとしていた。子育ては従順さと感情の統制を重視しており、上流階級の子どもたちは複雑な儀礼の規準を教えられていた。長子相続制を実施していた文化において共通に見られたように、最初に生まれた息子たちは特別な特権感覚を教えこまれた。少女たちは、家事仕事の訓練にくわえて謙遜と服従を教えられていた。女性にかんする1世紀の手稿（これは19世紀に何度も再版された）の女性の著者班昭[*2]は、女性にふさわしい劣等感を教えこむために、少女たちは自分の兄弟たちのベッドの足下の簡易ベッドにねかされねばならなかったと説明している。

　これよりのちの6世紀初期になると、中国では足をしばる慣習[*3]が最初に上流階級のあいだで、次いでもっと広範囲に広まりはじめた。年少の少女たちは、両足の小さな骨が折れるほどきつくしばられ、足をひきずって歩かされたが、これはそうすることが美人であることの——また、女性たちにふさわしいとみなされていた無力さの——しるしだと考えられていたからであった。この慣習の原因は儒教文化ではなかった。しかし、その慣習と矛盾しないことはあきらかであった。纏足は、1890年代にはじまる改革運動の結果、ようやく消滅しはじめることになる。

　ヒンズー教の文化は、従順さとか女性の服従を主張することを望んではいなかったものの、子どもたちの想像力をきわめて重視している。インドの文化はドラマティックで冒険満載の物語を強調していた。そのうちのいくつか、たとえば『大物食いのジャック』（Jack the Giant Killer）や『魔法の長靴』（The Seven League Boots）[*4]は、のちに世界的な文学のなかで認められることになるものだが、正式に書かれたのは紀元5世紀頃のグプタ朝期においてであった。ヒンズー教の大叙事詩から取り出されたいくつかの冒険物語は、男性ばかりでなく女性（その父親あるいは夫のためであるのだが）による英雄的な行動が特徴である。ヒンズー教の道徳律は、単純な義務よりはむしろ特別なカースト（身分）にふさわしい義務のほうを求めた。もちろん、人気のあった物語は、戦士や商人などから期待されたさまざまなふるまいを例示していた。いくつかの分析は、この道徳律が、子ども期とその後の成人期の両方に、現実と活発な生活に対して主観的に接近するよう奨励していることも示している。インド文化は、儒教文化よりも力強く愛情を強調しており、物語は親子間のいつくしみと陽気な交わりに光をあてている。少女たちは、儒教文化のなかで実際に行なわれていたことに比べると、美しくなるために、また、快活な人格をつちかうために、大いに激励されていた。

　しかし、ヒンズー教の伝統は、儒教ほどには教育を重視しなかった。中国では、教育は、数世紀にわたってもっとも威信のある雇用の源泉であった政府官僚につく門戸を開いている競争試験[*5]で成功をおさめる鍵であった。紀元前1世紀以降、上流階級の少年たちは、最初に家庭教師から、次いで政府の支援を受けた学校で教えられた。何人かの下層階級の若者たちは、上流階級の助言者の庇護の下で教育を受ける十分な才能がある者として取り扱われたかもしれない。しかし、ここには社会移動のためにはかぎられた機会しかなかった。少女たちのなかには、班昭自身がそうであったように、教育を受けていたこととならんで家事技能の訓練も受けていたばかりでなく、溺愛する父親のもとで**識字能力**（リテラシー）は当然のこととして、その他の才芸を身につけていた者もいた。

　個々の子どもたちと家族全体を支配する文化的伝統がおよぼす影響を判断するのは、率直にいってむずかしい。上流階級の家族は、とりわけ儒教のような制度では、下層階級の家族に比べてより明確な、あるいはすくなくともより普及した伝統に従った。中国の下層

階級の家族は、従順さと礼儀正しさを求めたかもしれないが、同時に、自分の子どもたちの労働も必要としていた。人格も役割を演じた。個々の両親は、儒教のような一見すると統制的な制度でさえ、たんに相関的な人格という理由だけで、子どもたちとのあいだに強い愛情の絆を形成するかもしれない。他方、文化的に誘導されたいくつかの差異は現実的で、広く採用された。纏足の広まりは多数の少女たちの生活に無視できない影響力のある特異な制度を示している。

儒教が中国の国外、とくに韓国、**日本**、そしてベトナムに広まったとき、いくつかの修正を受けた。たとえば、中国以外の国で、少女たちの纏足を模倣した国はひとつもなかった。日本では、16世紀以降、儒教は、かつて伝統的な中国で発展していたよりも広く、教育に対する関心を奨励した。18世紀当時、日本の少年たちの大半は、すくなくとも2年間学校に通わされ、識字能力を身につけていた。

以上とは別のイスラム教とキリスト教という二つの大きな文化制度は、子ども期の経験に重大な影響をおよぼした。キリスト教は、イスラム教と同じように（しかし儒教とは違って）、ギリシア=ローマ（グレコ・ローマン）世界に広まっていた嬰児殺しの慣習には不賛成であった。キリスト教は、中世ヨーロッパの学校に対して最初の刺激をあたえたが、学校は当時はまだ広く受け入れられることはなかった。イスラム教は、世界の非常に繁栄した地域に広まり、その聖典「コーラン」を読むことを推奨することに大きな重点を置くが、とくに都市部では数世紀にわたって広範な教育的影響をおよぼした。

キリスト教のヨーロッパにおける後年の二つの発達は、比較すべき評価をうながすものである。ここでは、ひんぱんな体罰の利用と、**恐怖心を植えつけること**をふくむ、厳格なしつけのスタイルが発達した。言うことを聞かせるようにうながすため、しばしば子どもたちはお化けや怪物などでおどされていた。この方法がいつ頃行なわれるようになったのかは、はっきりしない。その理由のいくつかは、原罪に対するキリスト教の信仰と関係している。子どもは、アダムとイブの**堕落**のために罪のなかに生まれる。したがって、死に際して地獄に堕ちるように運命づけられないようにするために、正しくふるまうことによってみずからの罪を贖（あがな）うことが決定的に重要であった。死のイメージと嘆願は、19世紀にいたるまでのヨーロッパと後の時代のアメリカの両方のキリスト教文化に共通していた。総じてプロテスタンティズムは厳格なしつけ文化を奨励したが、**カトリック**よりも明確に原罪を強調したことがその理由の一部にあった。

プロテスタントの宗教改革の最初の指導者であったマルティン・ルター（1483-1546）自身は、ドイツの炭鉱労働者であった父親の手で厳格に育て上げられた人物で、彼自身が受けた育児方法のいくつかを世の親たちに推奨している。プロテスタントの世帯主、とりわけ父親は、その子どもたちの道徳指導と宗教教育に責任を負った。これは家族による聖書の朗読と厳格な身体的しつけをふくんでいた。北アメリカのインディアンは、ヨーロッパからやってきた移植者たちが、その子どもを管理するためにひんぱんにお尻たたきをすることに驚かされていた。

第二の発達は、直接キリスト教には結びつかないが、しつけにかんする意味をふくんでいた。15世紀頃のヨーロッパの家族は、（上流階級を除いて）比較的遅い年齢での結婚（女子の場合で26歳前後で、男子の場合にはこれよりも少し年長で）を重視するようになりはじめていた。これはあきらかに出生率を統制し、過剰な子どもの人数によってひき起こされる相続の負担を軽減しようとするものであった。しかし、この晩婚化によって、拡大家族の人間関係の重要性は大きく減退することとなった。西ヨーロッパの人びとは、自分の両親がすっかり高齢化し、あるいはすでに亡くなってしまっている時期になってから結婚し、子どもをもうけていた。自分たち自身が核家族であった。アメリカの**家族の諸類型**、とりわけニューイングランドのそれは、ある程度ヨーロッパの先例から派生したものであった。すなわち、結婚年齢はヨーロッパよりも少しだけ早く、結婚期間は非常に長かった。これは、ニューイングランドの家族には非常に多くの**祖父母**がおり、子どもたちに彼らの影響がおよんでいたことを意味した。しかしそれでもなお、西ヨーロッパの家族スタイルは、植民地時代のアメリカ人の経験に影響をおよぼしていた。

この家族類型からは二つのことが生まれた。その第1は、体罰の利用を説明するのに役立つ。父親だけでなく母親も懸命にはたらいており、家族が破産しないよう助けてくれる広汎な親族集団はひとつもなかった。幼い子どもたちは、母親が自由に仕事をできるようにするために、しばしば——スウォッドリングされ、釘にぶら下げられるなどして——親から引き離されていた。厳格なしつけは年長の子どもたちを制御するのに役立ったのである。第2は、多数の比較研究者たちが子どもたちの個性がしだいに重視されるようになってきたと見ている点にある。西ヨーロッパの子どもたちは、自分のきょうだい以外に仲介者があまりおらず、両親と直接交わっていたので、ほかの多くの農耕社会で共通に見られたよりもはるかに大きな個人のアイデンティティと自力本願を発達させるよう奨励されていた。

ほかのいくつかの慣習も、このような個性化を反映するとともにそれを奨励していた。ヨーロッパの家族は、10代の子どもたちを他人の世帯で生活させるために数年にわたって、しばしば生家の外に送り出していた。これには経済的な動機がはたらいていた。すなわち、過剰な子どもをかかえていた家族は、別の家族

に付加的な労働を提供することで、その負担を軽減することができた。多くの親は、これは、子どもに甘くなりやすい両親のもとでよりも他人の家でのほうがティーンエイジャーたちがその義務を果たすのが容易になるので、子どもをしつけるのに役立つのだと主張した。この慣習は、拡大家族が集団的に労働することが一般的であったほかの社会とは鋭い対照をなし、また、子どもに個人のアイデンティティを発達させるのを助長する別の要因でもあった。

近代の諸比較

子ども期の比較史研究は、過去2、3世紀の歴史を対象とするとき、二つの組みあわせを重視する。その第1は、通常、比較史研究は、西ヨーロッパ社会の内部における国別の違いを明らかにしようとする。そして第2に、比較史研究は、西ヨーロッパとそれ以外の社会とのあいだの差異を扱うが、ここではとくに20世紀に焦点をあてている。以上の二つのアプローチは興味深い相互の緊張をふくんでいる。なぜなら、後者は、前者の強調点が西ヨーロッパの内部での差異に置かれているのとは対照的に、ほかの地域と並置できる、概して共通する新しい西ヨーロッパの経験を前提にしているからである。

歴史家たちによってよりもむしろ18世紀末当時の観察者たち——彼らはアメリカにやってきたヨーロッパからの旅行者たちであった——によってはじめられたもっとも持続的な比較のひとつは、アメリカと西ヨーロッパとの並行関係をふくんでいる。この二つの社会はこれまで多くの点で類似の社会動態を示してきた。大ざっぱな比較研究の見地から見れば、出生率が減少する近代的なパターンは、18世紀末から19世紀初めにかけての時期にはじまり、1880年以降には、**乳児死亡率**に対する全面的な努力が続く。アメリカの出生率は、たとえば20世紀なかばのベビーブームはアメリカのほうが顕著であったように、ヨーロッパよりも高い傾向があったが、おそらくそれは、ヨーロッパよりも豊富な土地と資源のおかげであった。しかし、基本的な特徴は広く共有されていた。どちらの社会でも、大西洋の両岸のどの社会も、**孤児**たちの徴兵を広範に行なっていたイギリス社会のような極端な社会と肩をならべる社会はひとつもなかったが、19世紀の工業化は、子どもと若者の労働を利用する新しい方法を生み出した。この後には、児童労働に対する諸政策が——アメリカでは最初は政府レベルで——続いたが、これはしだいに縮小されるようになった。アメリカは、(遅れをとっていた南部を除いて)ヨーロッパよりも少しばかり早い時点——ヨーロッパが1860年代から1870年代であったのに対して、アメリカでは1830年代に——で大衆の義務教育制度を発展させたが、その過程はヨーロッパと類似した力に対応したものであり、その結果もたらされたことも類似していた。

しかし、両者のあいだの大きな違いには、アメリカの家庭における子どもの地位とゆるやかな権威のパターンがふくまれていた。ヨーロッパからの訪問者たちは、アメリカの子どもたちがどれほど家庭のなかで自由に自己表現し、ときには親の考えと行動に異を唱えることさえするのを許されていたのをまのあたりにして、ときには賞賛し、ときには非難するなど、たえずコメントしていた。19世紀の子育ての方法として従順さと行儀の良さが重視されていたことを考慮すれば、彼らがアメリカで目にしたことは驚きに満ちていたかもしれない。この比較は、規範的な文学があったにもかかわらず、アメリカの子ども期が非公式には柔軟になっていたかもしれないことを示している。文学においてさえ、子どもらしい純真無垢さと母性愛に対する熱狂は、ヨーロッパの大半の国々よりもまさっていた。この差異は21世紀にもち越されている。子どもたちを感情的なストレスから守ろうとするアメリカ人たちの新しい努力は、いくつかのヨーロッパの国々(とくにイギリス)がアメリカの慣行を模倣していたにもかかわらず、西ヨーロッパの国々をしのぎつづけた。たとえば、**自尊心**を守り、教師たちが教室で**怒り**をあらわにしたり生徒たちを恥さらしにするのを禁止しようとするアメリカの試みは、西ヨーロッパのやり方とはずっと一致しなかった。比較の諸規準は、19世紀の規準に比べて、アメリカにおける慣行の変化を形成するが、子どもに対する初期の国民的な感受性と子どもの放縦の上に構築されたものであった。

労働条件の違いが大西洋をはさんだ国々のあいだの差異の説明に役立つことはまちがいない。アメリカにおける不足がちな労働供給と、不愉快な家庭から出ていこうとしていた年長の子どもたちにとって辺境地が有望な場所であったことなどから、アメリカの親たちは、ヨーロッパの親に比べて自分の子どもを扱うのにより注意深かった。いくつかの分析は——ヨーロッパにはなかったことだが——ほかの選択肢をもっているかもしれない子どもたちに重要性がくわわったので、アメリカの親たちの心の奥底に懸念が広がっていたことを示唆している。

いかなる理由であれ、相違は教室の内側と外側の両方に存在した。打ち解けた、より大きくくつろぎを推奨し、さらに最終的には子どもにかんして、いっそう大きな許容性を推奨する子育て書による新しい世代が1920年代のアメリカにあらわれはじめたが、これは1950年代末期まで西ヨーロッパとは一致しなかった。そのかわり、ヨーロッパでは非常に権威主義的な両親への態度が残っていた。アメリカの子どもたちは、ヨーロッパの子どもたちよりも早い年齢で、しかもより広範囲に、近代的なコンシューマリズム(消費者中心主義)を経験させられていたかもしれない。子どもに**お小遣い**をあたえる慣行や運転免許をとらせる可能性はどちらも、アメリカではヨーロッパよりも早く発生

した。

　いくつかの分析は、1950年代後半にこの二つの社会が非常にインフォーマルになってきた点で、親の支配が弱まってきた点で、かつてよりも同輩集団志向的で消費者志向的な子ども期という点で、互いに接近するようになってきていることを示している。しかし、ここでさえも、いくつかの比較研究は、現在進行中の多少の差異に注目している。アメリカの父親は、共通の娯楽を重視しながら子どもに対して親友のようにつきあうことに、ほかの点で許容的なスウェーデンの父親よりも開放的である。アメリカの両親は、子どもの食事の仕方を統制したり、それをしつけることについては、フランスの両親よりもはるかに嫌がっていたが、その理由のひとつは、アメリカでは、子どもの肥満が急速に進んでいたためであった。

　ほかのいくつかの比較も、新しい事実を明らかにしてくれる。19世紀末から20世紀におけるアメリカの学校教育のパターンは、アメリカが男女共学制を広くとりいれていること、**スポーツや課外活動を重視する**一方、学力試験とか能力別クラス編成などはあまり重視しないという点などでヨーロッパの学校とは違っていた。ヨーロッパ（ロシアをふくむ）と日本の学校制度では、しばしば12歳前後に、子どもがどのような中等学校にするかを決めるための決定的な試験を行なうことが特徴になっているのに対して、アメリカでは、おもに適性検査にもとづいて能力別の区別をすることを定期的にとりいれることはあったものの、非常に包括的な**ハイスクール**（これはアメリカの発明である）を重視しつづけた。その結果、アメリカの中等教育は、ある意味で非常に民主的であったが、それだけでなく、もっとも比較的な説明をするなら、とりわけ大学とのつながりという点で、あまり強力ではなかった。中等以降の教育に進むのはアメリカ人のほぼ60パーセントであるのに対して、21世紀初めには、ヨーロッパ人の約40パーセントが進学していたことから、この点でのギャップは縮まってはいるものの、アメリカの若者は高い比率で大学に進学していた。

　アメリカの道徳主義と宗教的なかかわりも、ヨーロッパの態度とは違っていた。1960年代に見られた青年期の性的傾向の変化（これはアメリカとヨーロッパで類似していた）の後、ヨーロッパは産児制限の道具を使うことを大々的に唱道するようになったが、アメリカは禁欲キャンペーンを張ることのほうを好んで、産児制限には躊躇した。これは、1990年代のアメリカで、**10代の妊娠率**がきわだって高くなるということになった。1980年代当時、多くのアメリカ人は自由市場の力と福祉の縮小に身をまかせるようになったが、これはとりわけ少数民族のあいだの子どもたちに高い比率で貧困を生み出すこととなった。

　いくつかの鍵となる比較は、20世紀後半のアメリカでは、西ヨーロッパよりもかなり保守的な子どもへの対し方が見られたことを示している。女性たちの就労率は同じであったが、アメリカは**保育施設**を利用することについてはヨーロッパほどの信頼を置いていなかった。アメリカ人の**休暇**（バカンス）をふくむ余暇活動（レジャー）は、いくぶん子ども中心的なところがあった。アメリカにおける非常に伝統的な価値観に対する強いこだわりも、アメリカがなぜ高い出生率なのかを説明するのに役立つ。また、アメリカの両親は、スカンディナヴィア諸国のように法律が禁止していたのとは対照的に、子どものお尻打ちを好んで行なった。言葉でたしなめるのが上手になる一方で、身体的に自制する訓練を受けていたフランスの村の子どもたちに比べて、アメリカの子どもたちは非常にけんかに走りやすかった。放浪感覚とか自発性の感覚が小さかった西ヨーロッパの**若者文化**（ユースカルチャー）に比べて、アメリカの若者文化は大人の規準を参考にすることはあまりなかった。比較上の相違はなおまだ興味をそそることが残っており、ぴったりと一致することはない。たとえば、アメリカの年少の子ども期は、最近数十年間にヨーロッパで見られたほど急激に変化しなかったが、これとは対照的に、若者文化は消費とメディアの関心を多くの点で共有しているにもかかわらず、大西洋のアメリカ側では非常に革新的になっているようである。

　いくつかの比較の試みは、ヨーロッパ内部の国別の違いに焦点をあててきている。1930年代までは、多くの分析は、とくに子育てと父親と息子の関係の権威主義的パターンとに焦点をあてることによってドイツにおけるナチズムの勃興を説明しようとしてきたが、その結果は曖昧な結論に終わった。いくつかの特別な比較の試みは、社会のほかの側面における大きな相違が存在するにもかかわらず、共通の歴史パターンを強調している。19世紀末のイギリスとドイツ――この時点ではこの二つの社会は政治的に非常に異なっていた――における青年期研究は、この二つの社会が、分離した**少年裁判所**[*6]の創設をふくめて、非常に類似し、なおかつ新奇な青年期の特定に向けてどのように動いたかに重点を置いた。

　西ヨーロッパとアメリカをロシアと比較する研究は特別な注目を浴びた。まだ多くの研究が手つかずのままであるが、子ども期の歴史が、西ヨーロッパ・モデルに対する独自性の主張とそのモデルを移入しようとする気持ちが入り乱れているロシアの歴史のほかの側面で可能な、複雑な比較を映し出すことははっきりしている。19世紀には、ヨーロッパ志向的なロシアの貴族たちは、子ども期を純真無垢で学習可能な時期として強調したジャン＝ジャック・ルソーのような西ヨーロッパの思想家たちの著作を吸収した。トルストイ（→ロシアにおけるトルストイの子ども期）のような作家たちは、こうした概念にもとづく牧歌的な子ども期を描いた。だが、ふつうのロシア人たちはこうした

高まりからは遠い位置にいた。ロシアでは、子どもの**スウォッドリング**は西ヨーロッパよりも長く残存し、さらにこれは、ロシアの農業における**児童労働**の広汎な利用と結びついて、強い規律的な風潮をもたらした。

1917年のロシア革命によって、子どもと若者に対する関心は最高潮に達した。政府の役人たちは、学習の時期としての子ども期への古い貴族主義的な関心も反映していたが、新しいソヴィエトの市民を作り出すために子どもを鋳型に入れたいと望んでいた。教育は広く普及した。出生率が低下すると、多くの親たちは自分の子どもを私的に教育したり、ダンスや体操の個人指導をしたりするなど、子どもたち一人一人に大きな注意をはらった。このうちのいくつかは西ヨーロッパで起きていたことを映し出していた。非常に競争的な学校と、共産党内部における昇進の機会は、よい成績を上げた子どもたちを引きつけ、多くの親たちは自分の子どもを懸命に守ろうとし、ほかに抜きんでるよう子どもたちを励ました。

ソヴィエト連邦と西ヨーロッパのあいだには二つの明確な相違があった。その第一は、ソヴィエト時代の戦争と混乱によって、難民と**孤児**たちをふくむ異常なまでに多数の「行方不明の」子どもたちを生み出したことである。ソヴィエト体制はこうした子どもたちを扶養しようとしたが、その人数は利用可能な資源を凌駕した。第二は、子どもに対して集団を重視するよう強調したこと——個人の達成よりも集団のアイデンティティを重視するという意味で——が、異常に強かったことである。すくなくとも都市部では、学校は西ヨーロッパの学校よりも熱心に、各クラスとも6日間子どもたちをはたらかせた。ソヴィエトの教育プログラムは、夏になると多数の子どもたちにキャンプを準備し、そこで子どもたちは農業労働に従事し、包括的な共産主義の宣伝のなかでお互いに共通の絆を発達させることを学ぶことになっていた。政府は、前途有望な運動選手の場合のように、特別な活動のために多数の子どもを選抜した。極端な場合、ソヴィエトの権力当局は、子どもたちが社会主義体制への忠誠心を学んでくれるよう望んでいた（1930年代のよく知られた例として、パーヴェル・モロゾフ少年の事例がある。彼は、自分の父親の反体制的な行動を疑って当局に届け出たのである。モロゾフ少年は、ほかの少年たちの役割モデルとして、政府に祭り上げられたのであった）。ほかの共産主義諸国は、東ドイツの温室育ちの運動選手養成プログラムのように、ソヴィエト・モデルに従っていた。

西ヨーロッパ・スタイルのメディアやコンシューマリズムへの関心が高まったにもかかわらず、ソヴィエト体制が衰退した後でもなお東ヨーロッパ独特の特徴は残存した。ロシアでは、よい同志であるということは、カンニングについての公式のルールや個人の成功を超えて優先するという理由で、試験中にさえすすんで仕事を分けあうことをふくめて、多数の子どもが、西ヨーロッパの規準からすれば異常なまでに高い水準の集団への忠誠心を示すと報告されている。観察者たちのなかには、ロシアの子どもたち、とくに少年たちのあいだには、西ヨーロッパ社会の子どもよりも高い**友情**の強さがあると見ている。彼らはまた、ロシアでは、とくにアメリカの子ども期とは対照的に長い子ども期であることに注目している。ロシアの子どもたちは、家庭で、より多くの雑用をするよう期待されていたが、彼らは、十分にはたすべき情緒的な責務をより長引かせるのを許されていた。

子ども期の西ヨーロッパ（ヨーロッパとアメリカ）的なパターンと世界のほかの地域の子ども期のパターンのさらに一般的な比較は、19世紀以降の西ヨーロッパ社会で形成されはじめた諸変化を浮かび上がらせる。西ヨーロッパでの児童労働に対する敵対心の高まり、**義務就学**的な学校教育の主張、そして子ども期の純真無垢性へのあたたかい情緒的な対応の重視といった点が、20世紀なかばの初期までに、過度に要求するパッケージになった。もちろんそれは、かならずしも西ヨーロッパ社会だけで実施されたわけではなかった。しかし、西ヨーロッパの観察者たち、および子ども期の目的と子どもの権利にかんする西ヨーロッパの理念をおおむねとりいれた国際機関は、ほかの社会を評価したり改革を推進する際の規準を活発に用いた。いまも続いている差異は、身を切られるような収入格差ばかりでなく、子ども期の概念そのものの違いを反映していた。

日本は、西ヨーロッパに追随しながらも、（1900年頃の過酷な搾取の時期の後）児童労働を断念することと学校教育を導入することにおいて非常に成功した先例を作った西ヨーロッパ社会以外の魅力的な事例を示した。初等教育から先の日本の教育制度は、実質的に、アメリカの制度よりも西ヨーロッパの制度のほうに近かった。しかし、日本の子ども期は、順応性に大きな重点を置いていたという点で西ヨーロッパのパターンとは違いつづけていた。日本における幼児期の教育は、集団における良好な人間関係と教師の権威に対する服従を重視したが、この点は個人主義を重視しようとする西ヨーロッパとは対照的である。また、西ヨーロッパの大人は個人の自尊心のために同輩からの罰を最小限のものにとどめておこうとしたが、日本も子育てに恥を利用していた。

工業社会と、ゆっくりと工業化する社会とのあいだの対比は、もちろん非常に鮮明であった。多数の比較研究は、たとえば、高度な認知目標を明らかにする余裕などほとんど残されておらず、世帯と子育ての仕事を子どもたちに教えることを伝統的に重視するケニヤの村落と、近代の西ヨーロッパにおける村落とを比較している。ケニヤのある村では、6歳の少女たちは、家の掃除や子どもの世話に手慣れていたが、大人に物

語をくりかえし話すといったことはできなかった。子どもは年老いた両親の面倒を見るべきだという、伝統的にくりかえされてきた期待感は、西ヨーロッパのパターンとは大きく違った特徴になっていたが、これもやはり低水準の個性化と、家族と集団へのより大きな従属性を助長するものであった。

児童労働は西ヨーロッパ以外の多くの社会で残存し、実際、グローバル経済の需要のなかで生産を増やすために、しばしば圧力を強めた。多数の責任ある団体が彼ら自身の社会で生まれたという事実を無視している工業社会の観察者たちは、インドのような国で、子どもたちの大多数がいまなお直面している労働の圧力、貧困、そして学校教育の不在という現実を目にして狼狽した。これとは対照的に、インド国内の西ヨーロッパ志向的なエリートたちでさえ、児童労働が――貧民階級においては――自然なことであり、また受容しうるものであることを発見しようとしつづけたが、これは、いくつかのもっと貧しい国々においてよりも、児童労働という慣行がいっそう強固に残存した鍵となる理由であった。トルコのように、学校の機会がよりよいかたちで発展したところでさえ、就学前の幼稚園教育が準備されていなかった（1990年代のトルコでは子どもたちのわずか7パーセントしか幼稚園に通っていなかった）ことは、子ども期の経験と学校の仕事が工業社会と比べていちじるしく違っていたことを説明するものであった。

子どものセクシュアリティについての西ヨーロッパの矛盾する感情は、もうひとつの有益な比較の指標であった。とくに、国際的に市場を広げた西ヨーロッパの映画が、非常に性的なティーンエイジャーの登場人物を示したとき、性的無邪気さを青年期を超えて拡張するべきであるとする西ヨーロッパの理念に従う社会はほとんどなかった。グローバル経済では地方社会から引きとられた10代の少女たちの性的搾取が増加したが、多くの社会では、10代の子どもは子どもとはみなされていなかったため、あいかわらず早婚（といってももちろんそれは西ヨーロッパの基準から見て早婚ということなのだが）が続いていた。

重要な比較研究の成果は、若者集団を現代史のなかで扱ってきた。1970年代以降、インドのような場所の学生団体は、西ヨーロッパの大学の学生団体よりも政治色が強く、既存の政治体制に対しても非常に批判的であった。この点については、西ヨーロッパ以外の国々での大学教育は、（しばしば大学教育を受けていなかった）両親とのあいだに大きな世代間ギャップを生み出し、このことが逆に急進主義を助長したとする説明がなされている。今日、西ヨーロッパでは、専門大学と総合大学は、関係する年齢集団の40～60パーセントを集めているが、学生たちの政治的な関心は、とくに1960年代と1970年代の学生の政治活動が衰退して以来、非常に散漫になっている。

他方、**グローバリゼーション**は、進歩した工業化社会と、あまり発展していない社会とのあいだでさえ、いくつかの差異を小さくしはじめた。中国の20世紀の経験は、儒教の伝統と家父長制の価値を下げた。新しい青年期概念があらわれ、すくなくとも都市部では若者の経験の一部としてのロマンスへの関心がよく発達した。共有された若者文化（ユースカルチャー）がロック・ミュージックとみんなで楽しむスポーツやメディアが作るアイドルが広まったおかげで、1950年代以降のほかの多くの差異に広汎な影響をおよぼした。1990年代には、コンピュータに無知で、アメリカについてもほとんど何も知らないロシア東部の村の子どもたちは、それでも**ブリトニー・スピアーズ**のようなスターを美人の典型として見分けることができた。インターネットに対しては、子どもたちのほうが大部分の大人よりも精通しているが、その共通の関心は、おおむね保守的なイスラム教に支配されているイランのような地域の若者の関心を、工業地域の若者の関心に緊密に結びつけた。

1970年代以降のこれら以外のグローバルな傾向には、子どもたちを労働と家族から引き離すことについて長引くためらいとならんで、利用できる資源に左右される根強く残る差異にもかかわらず、教育の持続的な拡大をふくんでいる。出生率は下降したが、この一般的な傾向は、いつ、何を根拠にその下降がはじまったのかを左右するいちじるしい多様性と結びついていた。あらゆる社会は、子ども期の経験と子どもの扱いのために、もっと小規模な家族の潜在的な重要性に対処しはじめている。

比較現代史において、伝統的なアイデンティティと均質化する力とのあいだの緊張についてしばしば発される疑問は、あきらかに子ども期研究にもあてはまる。いくつかの社会は、手順の一部として、しばしば子どもを暴力のなかにひきずりこむ特異な生活様式を保持する活発なエージェントとして利用した。**中東社会の**ような鍵となる地域の人びとは、しばしば一方における西ヨーロッパ・スタイルの教育と消費志向的な子ども期と、他方における、場合によっては憎しみをあおり立てる宗教教育へのかかわりとのあいだで、意見が分かれる。ここでは、社会の内部で比較することは、伝統的な文明と変化する近代性に対してより開放的な文明とのあいだの対比を描くというよりも、それをいっそう露呈させるかもしれない。

西ヨーロッパ社会の比較史、あるいは日本と西ヨーロッパの比較史も、工業化の進展が約束された場所でさえ、すべての子ども期が同じではないことを思い起こさせてくれる。はたらく子ども期と学校教育を受ける子ども期とのあいだで生じた差異ほど明白なものはないが、それでもなおこの差違のもつ意味は重要である。情緒的な目標、個人主義の程度、そしてその他の重要な諸課題は、工業的な経済学と近代的な政治のど

ちらにも精通しているように見えるさまざまな社会で大きく変化しうるものである。これと同様に、比較することは、対照性と共通性を見きわめる際に欠くことができない道具でありつづける。

[訳注]

*1 孔子（Confucius, 前551頃-479）──古代中国の春秋時代の思想家。儒教の開祖。『論語』（*The Analects of Confucius*）は、孔子と弟子たちとのあいだの対話を、孔子の死後、門人たちが編纂した対話集である。

*2 班昭（Ban Zhao, 45?-117?）──古代中国の後漢時代の作家で、中国初の女性歴史家。字は恵姫または恵班。歴史家であった班彪の娘に生まれ、14歳で曹世叔に嫁いだ。世叔の死後、彼女の英才を聞いた和帝によって宮后妃の師範に迎えられた。班昭は、歴史家であった兄の班固が『漢書』を未完成のままにして亡くなったため、これを受け継ぎ、完成させた。『後漢書』にその伝記「曹世叔妻伝」がある。

*3 纏足あるいは裹足とよばれ、とくに女児が4～5歳になった頃、足指に長い布帛を巻き、第一指（親指）以外の指を足裏側に折りこむように曲げて固くしばり、足指が大きく成長しないようにした緊縛習俗。唐末の頃からはじまり、南宋頃から広まった。清の康熙帝（1654-1722）が禁止令を出したものの効果はなく、20世紀になってようやく廃止された。

*4 『魔法の長靴』（*The Seven League Boots*）──それを履くとひとまたぎで7リーグ［約34Km］歩くことができるという魔法の長靴。フランスのシャルル・ペロー（C. Perrault, 1628-1703）の童話のなかでとくに『親指太郎』（*Le petit Poucet*; 英語版*Hop-ó-my-Thumb*）に登場する *bottes de sept lieues* の翻訳。

*5 競争試験──科挙制度のこと。「科挙」とは、科目に応じて、試験で選抜された人材を挙げるという意味。中国の随の時代（6世紀末～7世紀初め）から行なわれた官僚登用試験で、唐代（7世紀初～10世紀紀）になると秀才・進士・明経などの6科に分かれ、経典・詩文などを試験した。宋代（10～13世紀）以降、科目は進士中心となり、郷試（宗では解試）・会試（宗では省試）・殿試の3段階からなっていた。清代（17世紀初～20世紀）末の1905年に廃止された。

*6 少年裁判所（Juvenile Court）──アメリカでは通例18歳未満、イギリスでは17歳未満の少年犯罪者、虞犯少年を裁く少年裁判所。少年事件法廷。アメリカにおけるこの用語の初出は1899年である。

➡アフリカの子ども、イスラエルの子ども、教育（亜アメリカ）、教育（ヨーロッパ）、近世ヨーロッパの子ども、中世とルネサンス時代のヨーロッパ、ニュージーランドの子ども

●参考文献

Ariès, Philippe, *L'Enfant et la vie familiale sous l'Ancien Régime*（Paris: Plon, 1960）; *The Centuries of Childhood : A Social History of Family Life*（1962）; *Geschichte der Kindheit*（1975）; アリエス『〈子供〉の誕生──アンシァン・レジーム期の子供と家族生活』（杉山光信・杉山恵美子訳、みすず書房、1980年）*

Bornstein, Marc H., ed. 1991. *Cultural Approaches to Parenting*. Hillsdale, NJ: Erlbaum.

Cunningham, Hugh. 1995, 2005 2nd edition. *Children and Childhood in Western Society since 1500*. London: Longman. カニンガム『概説 子ども観の社会史──ヨーロッパとアメリカにみる教育・福祉・国家』（北本正章訳、新曜社、2013年）

Delumeau, Jean. 1990. *Sin and Fear: The Emergence of a Western Guilt Culture, 13th-18th Centuries*. New York: St. Martin's Press. ドリュモー『罪と恐れ──西欧における罪意識の歴史・13世紀から18世紀』（佐野泰雄ほか訳、新評論、2004年）

Gillis, John R. 1974. *Youth and History: Tradition and Change in European Age Relations, 1700-Present*. New York: Academic Press. ギリス『〈若者〉の社会史──ヨーロッパにおける家族と年齢集団の変貌』（北本正章訳、新曜社、1985年）

Kagitcibasi, Cigdem. 1996. *Family and Human Development Across Cultures: A View from the Other Side*. Mahwah, NJ: Erlbaum.

Kahane, Reuven. 1997. *The Origins of Postmodern Youth: Informal Youth Movements in a Comparative Perspective*. Berlin: de Gruyter.

Lamb, Michael E. 1987. *The Father's Role: Cross-Cultural Perspectives*. Hillsdale, NJ: Erlbaum.

Lamb, Michael E., and Abraham Sagi, eds. 1987. *Fatherhood and Family Policy*. Hillsdale, NJ: Erlbaum.

McLoloyd, Vonnie C., and Constance A. Flanagan, eds. 1990. *Economic Stress: Effects on Family Life and Child Development*. San Francisco: Jossey-Bass.

Minturn, Leigh, and William W. Lambert. 1964. *Mothers of Six Cultures: Antecedents of Child Rearing*. New York: Wiley.

Stearns, Peter N. 1998. *Schools and Students in Industrial Society: Japan and the West*. Boston: Bedford Books.

Stearns, Peter N. 2016. *Childhood in World History*, 3rd Revised edition. London and New York: Routledge.*

Weiner, Myron. 1991. *Child and the State in India: Child Labor and Education Policy in Comparative Perspective*. Princeton, NJ: Princeton University Press.

Wylie, Laurence. 1964. *Village in the Vaucluse*. Cambridge, MA: Harvard University Press.

（PETER N. STEARNS／北本正章訳）

子ども期の理論
(Theories of Childhood)

子ども期は、一般に自然の生物学的な発達段階、あるいは近代的な理念（idea）もしくは発明された概念と考えられている。子ども期の理論は、子どもとはなにか、子ども期の本質（nature of childhood）とはなにか、子ども期の目的と役割はなにか、そして子ども

あるいは子ども期についての観念 (notion of the child or childhood) は社会でどのように利用されるか、といった点に関心をはらう。子ども期の概念 (concept of childhood) は、ほかのあらゆる発明と同じように、社会的、政治的、および経済的なニーズの枠組みについての理念とテクノロジーのあいだの潜在的な関係からつくり出された。概念としての子ども期の理論は、しばしば大きく脚色されたり情緒的であったりする。すなわち、子ども期の理論は、子ども期の心理的および情緒的な意味が時の流れとともにどのように展開してきたのかを、成人段階の視点から明らかにしようとする、いちじるしい対比を扱う。子ども期の理論は、1990年代までは、ある人が「帝国主義的」と表現した「トップダウン」型の研究で決定される傾向があった。これは、近代の子ども理論だけでなく中世の子ども理論にもあてはまる。このような理論の焦点がある一方、そうした理論の創出に子ども自身が影響をおよぼす確固たる考えをもった存在であるとみなされることはほとんどなかった。しかし、**国連子どもの権利条約（1989年）**を機に、こういった傾向を見直す風潮が生まれ、子どもの見解に耳を傾けたり、一般に**子どもの権利**と表現される事柄に焦点があてられるようになった。こうした動きを受けて、何人かの研究者たちは、子どもたち自身に、それぞれの子ども期の経験をじっくり考えさせる研究に取り組むようになった。その結果、こうした方法の普及をはかる包括的な研究方法や、より民主的な枠組みを用いるようになった。

ヨハン・アモス・コメニウス[*1]がその著書『大教授学』(*Didactica Magna*, 1649) を出版し、ジョン・ロック[*2]がその論著『子どもの教育』(*Some Thoughts Concerning Education*, 1693) を上梓して以来ずっと、子どもの観察者たちは、子どもとはなにか、子どもであることは何を意味しているのかを理解し、証拠立て、解釈することに意をそそいできた。あらゆる社会のすべての人間が経験する乳児期が終わったあとの状態の重要性は、後年確立された心理学、人類学、社会学、そしてカルチュラル・スタディーズからばかりでなく、思想の哲学、宗教学、そして科学などの学派からも、しばしば矛盾する理論を生みだした。理論家たちは、歴史を通じて子ども期として知られる長い依存期を歩むという点が、ほかの哺乳類と照らしても類を見ない人間の発達に固有の特性に魅了されてきた。

子ども期の理論的境界線

子ども期と成人期の相対的な状態に引かれた理論的な境界線は、社会、政治、宗教、および法律などの諸目的の文化領域を横断する、歴史的に非常に重要な意味をもっている。「子ども」という立場は、両親あるいは共同体に属しているという文脈で、（子どもに）保護をあたえ、個人の責任にかんする明確な限界を知らしめた。子どもは、概念的には成人年齢以下の者と定義されてきている。しかし、これについては多様な解釈がなされており、それぞれの社会が子ども期のはじまりと終焉を細かく認識するようになる過程で、歴史的にもさまざまな違いがみられるようになった。**ユニセフ（国連児童基金）**[*3]は、その目的のために、子ども期を、誕生から15歳までの人間によって経験される人生段階として識別していた。しかし1989年の「国連子どもの権利条約」の第1条は、子どもとは18歳以下の者である、と述べている。

こうして、子ども期は、乳幼児期と若者期のあいだに置かれ、青年期をふくむ時系列の年齢と結びついた人生段階とみなされてきた。多くの社会で、子どもという言葉は、血縁関係を示すためだけでなく隷属状態を示す言葉としても用いられていた。だが、生物学上の決定要因はかならずしもつねに子ども期を示す主要な要因ではなかった。過去の子どもは、しばしば彼らの生物学上の両親というよりはむしろ、世帯とともに暮らし、世帯に属していた。子ども期の開始は、それぞれの誕生時あるいは、中世ヨーロッパや近代の前工業化社会では3歳まで続くこともときにはあった母乳育が終わる頃に生じると見られていた。たとえば、「コーラン」は通常の期間として30カ月を示している。中世のヨーロッパ社会は、幼児期は、家庭内のあるいは産業的ななにかの仕事をなしとげる若い人の能力のはじまりの時期と重なる7歳前後に終わると考えていた。この時期には、近代社会が、ほかと区別される幼児期と子ども期の段階に描くことになる教育という枠組みはまだつくられてはいなかった。18世紀の哲学者ジャン＝ジャック・ルソー[*4]は、理想的な子ども期を概念構成する際、彼が名づけた「自然の年齢」を、誕生から12歳までのあいだに起きるものとして描いた。オーストリア生まれの哲学者ルドルフ・シュタイナー[*5]の考えでは、子ども期とは、ほぼ7歳から14歳までの身体的かつ霊的な状態であって、乳歯の喪失といったなんらかの生理学上の変化によってまず示されると考えた。

生物文化学的な見方をしていた生物学的人類学者たちは子ども期を、成人期に向けて準備する役割を担う人間に特有の発達段階と見ていた。しかし、社会学者のアリソン・ジェームズ[*6]のような、子ども期の新しい社会学の唱道者たちは、子ども期を非常に異なる文化と社会のなかで比較すると、時系列的な年齢はしばしばあまり役立たないと指摘した。10歳の子どもは、ある社会では学童かもしれないが、別の社会では家長かもしれない。このように、子ども期の新しい社会学は、単一の構造的な条件用語よりはむしろ「子ども期の複数性」を見きわめることのほうに関心がある。この複数性は、これまで議論されてきたように、部分的には子どもたち自身による自己定義というプリズムをとおして映し出される。

歴史のなかでしだいにあきらかになってきたのは子

コトモキノ（リロン）

子ども期に内在的な茶目っ気ぶりは、ユディト・レイステルの「ネコとうなぎを持つ少年と少女」（1630年代）に描かれている。By kind permission of the trustees of the National Gallery, London/CORBIS.

ども期の法的定義である。そして、この長きにわたる展開のなかで、法律こそが子ども期の意味や期間、重要性にかんする理解をめぐる変化を映し出すと考えられた。中世イングランドのコモン・ロー*7は、成人年齢については認識していたものの、子どもは大人の実践範囲を遂行できないか、あるいはそのためのじゅうぶんな手段をもっていないとみなしていたことを示していた。個人の行動の道徳的地位を知り、それに反映

する個人の能力は、市民社会に所属して貢献する能力を意味するようになった。人がみずからの行為を道徳的に反省できると考えられる年齢は、子ども期の理解の変化に応じて、歴史とともに変わってきた。したがって、たとえば、19世紀のイギリスのコモン・ローでは、7歳以下の子どもは犯罪責任をまぬがれるべきであるとする考えが確立されるようになった。これは1933年に8歳に引き上げられ、1963年には10歳に引き上げられた。

　子ども期の正確な法的概念を定式化する必要は、19世紀末と20世紀初頭に、子ども期の重要性について新しい認識を生み出した工業化世界において、人口動態、経済、およびこれらと関連する社会的な変化と個人の意識の変化のなかから高まった。子どもたちはこの時期以前には、父親の生物学的子孫としての地位との厳密な関係のなかで定義されていたが、この父親たちも法律によってその子どもの所有物のすべてを支配し、子どもはこの父親のためにつくす義務があると考えられていた。子どもの低い地位は、1814年以前のイギリス法が子どもの窃盗罪を認めていなかった事実に反映していた。19世紀末には、子ども期の道徳状態と家庭内の親の責任への関心は、新たに形成された中産階級のあいだで高まっていた。これにともなって生まれたのが、子ども期の純真無垢（イノセンス）さやもろさといった概念であり、これは新しい子ども期の概念——つまり、子ども期の純真無垢さともろさは産業世界よりも教育世界と密接に結びつけられているとする新たな子ども期の概念——を議論するために用いられることになった。子どもの保護と福祉という観念は、歴史上はじめて幼児と子どもの死亡率の減少を経験した世界のいくつかの地域で力強く発展した。

　かつて社会史家ヴィヴィアナ・ゼライザー[*8]は、子どもが経済的な価値をもつとみなされる存在から情緒的にかけがえのない貴重な価値をもつ存在へと推移させた、（宗教的なあるいは感情的な意味を対象化された存在としての）子ども期の「神聖化」と彼女が名づけたものがこの時期に発生した状況を描いたことがある。経済的に有用な子どもという観念は、一人一人の子どもには数量的に確定できない情緒的な価値があると見る子ども観念に置き換わりはじめた。そうした理論的な展開は、法的に正当化された義務教育をめぐるコンセンサスが一般化するうえで不可欠であった。

子ども期の重要性

　子ども期はなんのために存在したのか？　この疑問からは二つの広範な理論的立場があらわれてきた。一方の立場は、子ども期は人間が種の生存と発展を保証するために計画した人類進化の本質であると主張する。もうひとつの立場は、子ども期の状態、あるいは子ども期がどのように見られているかということそれ自体は、礼儀（civility）あるいは近代性（modernity）の

子ども期の純潔と純真無垢は、しばしばその明確な普遍的理念のなかに、植民地的および人種的なサブテキストをふくんでいる。白人のアングロ・サクソン系の子ども、とりわけ少女は、ピーター・レリー卿の「レディー・シャーロット・フィッツロイ」（1674年頃）の肖像画が示しているように、こうした理念を具象していると考えられてきた。この絵では、黒い肌の使用人はその仕える若い女主人の背景幕の役目しか果たしていない。York Museums Trust（York Art Gallery）, UK/Bridgeman Art Library.

観念に向かう社会の進化あるいは発展の指標として意義深いことを示唆している。生物社会学的および進化論的アプローチを包括している前者の立場は、子ども期は、成長と発達の段階として、成熟の見通しを最適化する諸条件をもたらすために人間社会で進化してきたという見解を主張する。とくに、こうした見方は、人間の生命の初期段階にみられる脳の異常なほど急速な成長と消化器官と歯牙発生の未熟さは人間社会を維持するために歴史的に進化してきたと論じた。そうした見解は、子ども期の説明に際して、環境よりも生物学を優先する本質論者あるいは普遍論者の見方とは矛盾しないが、同時に、社会的な条件とエコロジーが子ども期への社会的および文化的な反応を構成する役割を果たすと認識していた。いくつかの生物社会学理論とも多少つながりがある進化心理学の見解は、子ども期は、これまで育児についての心理学とよび慣わされてきたものの進化と直接つながりがあると見るようになった。この理論は、乳幼児と年少の子どもの相対的に大きな頭部と目、小さな身体といったいくつかの普遍的な特徴は、成熟に向かう発達を確実にする大人の

側の本能的な感情と反応の引き金の役目を果たすものであることを示唆している。

この見解から、子ども期を関係概念と見ることができる。したがって、子ども期は世代関係において理解されるべきものとされる。子ども期の中心的関係は成人との関係だが、より具体的には親との関係である。意識的な育児の発達あるいは育児の進化は、サイコヒストリー[*9]として知られる学派のロイド・デ゠モスの著作[*10]が発表されたのちの1970年代以降のこの学派の中心的関心事である。デ゠モスとその仲間は、子ども期について、論争をまきおこした独特の理論を展開した。この立場は、子ども期は、表面的には社会から自由で純真無垢な時期だとみなされはするものの、大多数の子どもにとっては、子ども期は抑圧と虐待を受ける時期だと考えられた経験事実を根拠にしている。デ゠モスは、乳幼児あるいは子どもへの親の対し方は、歴史のなかで、一般に虐待的で無慈悲な対応から、養育的で愛情深い対し方へと進化してきたと主張した。この理論では、そうした発達は、社会、科学技術、および文化などの変化を反映しているだけでなく、実際にそうした変化を生み出してもいると考えられた。

ジークムント・フロイト[*11]と、アリス・ミラー[*12]のようなフロイトの追随者にとって、子ども期は、個人が満足すべき安寧を熟成させる適応過程で重要な意味をもつ時期であった。フロイトは、人間が、子ども期の初期の記憶を喪失する理由を考察することによって、部分的にではあったが、彼が創案した下部意識の理論を発展させた。子ども期は、その後の成功を導くものになるにせよそうならないにせよ、エゴの発達における重要な段階だとみなされた。それゆえ、大人になってからの生活の精神的な満足は、この子ども期に左右されるものであり、抑圧された子ども期の体験を思い起こすことによって、治療効果はいっそう高まるだろうと考えられた。

発達モデルと社会構成モデル

20世紀後半以前に、生理学、心理学、そして認知科学などが子どもの発達について描き出したのは、子ども期研究の中心をなす理論モデルであった。しかし、歴史学、人類学、そして社会学の分野から登場してきた研究法と理論は、研究の焦点を子どもそのものから、時間と空間を特定する社会的および文化的に構成される子ども期という観点へと移すことで、そうした発達理論モデルに強い疑念を呈した。18世紀以降、ヨーロッパ文化の主要なパラダイムは、子ども期を、依存性、学習、成長、そして発達などで特徴づけられる段階だと見ていた。中世には子ども期という概念が存在しなかったとする考えは、フランスの歴史家フィリップ・アリエスによって、おもにフランスに焦点をあてた著書『〈子供〉の誕生』[*13]ではじめて紹介された。アリエスは、中世ヨーロッパの絵画と文献から引

完全な純真無垢としての18世紀後期の子ども観は、ジョシュア・レイノルズ（1723-1792）の作品「無垢の時代」（1788年頃）において、この絵画の表題や幼い人物の飾り気のない表情と真っ白な衣服に例示されている。Oil on canvas. Collection: ©Plymouth City Museum and Art Gallery（Plymouth Guildhall）

き出される証拠は、子どもは大人のミニチュアとみなされていたらしいことを示していると考えた。中世の子どもは、子ども期の文化を構成する特別な服装、食物、社会的な空間あるいは時間をもっていなかったというのである。成人世界と子ども期の世界のあいだにゆっくりと境界線が引かれはじめるのは17世紀と18世紀になってからであった。別の言い方をするなら、社会文化的な子ども期の世界は、新しい種類の大人、すなわちブルジョワ階級の大人を制度化するうえで鍵となる部分として制度化されたのであった。子どもであることの経験と子ども期がどのように理解されるかは、地域、文化、および社会ごとに違いがあるにもかかわらず、このような社会構成主義的な子ども観は、中心的な概念モデルになってきた。

20世紀初期には、心理学の発展と、大衆向けの義務制の学校教育を背景に心理学と結びついた教育心理学の発展とが見られた。歴史上はじめて、子どもたちを識字能力と数学能力をもつ市民につくり変えようとする計画のもとに、非常に多くの子どもが制度的に統合された。このような具体的な事実は、子ども期と特別な関係がある学習理論の発展をうながすとともに、科学的な観察と実験から導き出された発達モデルは、子どもを学習者として理解することを特徴づけるようになった。通常、ジャン・ピアジェ[*14]の著作と結び

コトモキノ（リロン）

フィリップ・オットー・ルンゲ「ヒュルゼンベック家の子どもたち」（1805-1806年）は、もっともよく知られたロマン派の子ども期のイメージのひとつである。この画家は、たくましくて健康そうな子どもたちを、生き生きとした元気旺盛な自然のイメージでとり囲んでいる。子どもたちの家と隣接する村によって示される文化は、絵の後景に引き下げられている。Hamburg Kunsthalle, Hamburg, Germany/Bridgeman Art Library

つけられる発達段階理論は、子どもは文化的文脈あるいは社会的文脈とは無関係に、自己認識できる段階で発達しやすい一定の普遍的な本性をもっていると考えている。こうした理解は、現代の学校における知識の組織化と教授学に大きな影響をおよぼした。

人類学者のマーガレット・ミード[*15]は、1920年代を通じて、こうしたピアジェの発達段階論に異議を唱えた。彼女の研究は、異なる文化で育った子どもは、ピアジェが普遍的だと考えたアニミズム段階の反復模写をしないことを示そうとしていた。ミードは、子ども期と青年期における環境要因に応じた経験にみられる重大な差異について研究し、その結論は賛否相なかばすることになったものの、その前後関係をめぐる論争は、普遍的な子ども観という確信の弱まりを反映しつつ、20世紀が終わるまでくりかえされた。

歴史家、社会学者、そして人類学者は、子ども期が意味するもの、および子ども期のはじまりと終わりが単一の普遍的な経験であると理解できるようなものはまったく存在せず、それが時間と空間にしたがって変化してきたことを示した。社会構成主義理論は、「子どもとはなにか？」とか、「子ども期とはなにか？」といった問いには多数の答えが可能であることを示そうとしている。体重というファクターは科学的に計測することができ、いかなる時間と場所であろうと同一の答えを生むであろうが、子ども期そのもの、子どもに対する社会と文化の期待感、子どもの役割と責任、

あるいは子ども期を正当化する諸段階、これらは、一定の世界観にしたがってきわめて多様に理解されるべきものと考える。社会構成主義理論は、子ども期の観念は、連続する世代によって、伝統、社会的な交わり、工業技術の発展などの複合的な結びつきのなかから生み出されるものであると主張する。その文脈（背景）は文化的であり、鍵となる想像力は言説（ディスコース）である。子ども期にかんする言説は、特定の世界観を生み出したり、それを強固にするような、大多数の文化的はけ口をとおして、相互に関連しあう一連の考え方を和解させるものである。

　子どもがもち、活発に生み出す独自な文化世界は、部族意識的な子どもと表現される別の社会構成主義的な研究で認識されている。イギリスの路上や遊び場で、子どもの**遊び**と組織的なゲームを通じて表現される子どもの文化について、**アイオナ・オーピーとピーター・オーピー**夫妻が1950年代と1960年代に進めた研究[*16]は、子ども自身の文化世界の内側で機能し、それを決定する子どもにかんする文化理解を深めた。社会構成主義的な研究法にかんするもうひとつの変形は子ども期の政治理論で、これは、子どもをマイノリティ・グループと見ている。この見方によれば、子どもは、社会でほとんど地位らしいものはあたえられてはいないが、自分自身の運命の主体になれる人間だとみなされる。こうした枠組みでは、子ども期の身体的および認知的な特徴は、子どもの発言権を否定するような、子ども期のイデオロギーの重要な政治的機能に疑念を呈する方法論に包含される。

子ども期の文化理論

　年齢と身体的成熟にかんする考察は、これらが子ども期を特徴づける唯一の要因ではないことを明らかにしている。子ども期を神霊世界と結びつけること、あるいは近代において見られたように、子ども期をファンタジー世界と結びつけることは、子ども期の経験と期待感の両面を形成してきた。ヨーロッパ中世から近代にかけて、また世界のほかの大部分でも、子ども期は自然と神霊的な事象への特別な近接性をもつ状態だと見られてきた。**マリナ・ワーナー**[*17]は、こうした子どもの特性が、歌、物語、フェアリーテイル、儀礼と図像などで、大人社会の文化にどれほど普遍的に広く認知されているかを示した。無文字的あるいは支配的な口承文化では、子ども期にかんするさまざまな理念は、物語、歌、そして儀礼を通じて伝達されてきたし、いまもそうである。そうした伝統的なメディアは意味を伝え、道徳規範を伝達し、年少の子どもの世話と保護の仕方を指図し、子ども期から成人期への重要な移行を特徴づけた。子ども期の終焉は、性的な成熟を示す生理学上の諸変化によって特徴づけられる普遍的に認められた移行段階である。あらゆる社会と文化は、成人の共同体への参入をあらわすこの重要な表徴

オノレ・ドーミエ「テュイルリー宮殿にいるパリのいたずらっ子」（1848年）。権威をひっくり返そうとする子どもたちの趣味は、フランス王の玉座に腰かけている街路のいたずらっ子たちを描いたドーミエのリトグラフに具象化されている。Benjamin A. and Julia M. Trustman *Collection of Honoré Daumier Lithographs*, Robert D. Farber University Archives and Special Collections Department, Brandeis University Libraries.

をさまざまなやり方で認めてきた。前近代社会では、ひとつの共同体やさらに広範な秩序社会における若者の相対的な地位は、現代社会の場合と同様、**通過儀礼**の集団的認知によって同時代の人びとと明確に結びつけられていた。このような配慮が、今日われわれが理論として見きわめるものに変容するようになったのは、**識字能力（リテラシー）**が発達し、それが広まったからであった。

　ニール・ポストマン[*18]は、すくなくとも西ヨーロッパでは、子ども期の意味について広く受け入れられ、理解された同意を生む主要な力になったのは、印刷術の発明による識字能力の広まりであったことを示した。この意味で、子ども期は識字能力を欠いているがゆえに、成人世界と成人の知識から本質的に切り離された人生段階と認められた。このようにして文字で書かれた言葉の知識と技法は、年少の子どもが訓練を受けて身につける成熟のしるしになった。ポストマンは、21世紀の変わり目の情報コミュニケーション革命は子ども期の終焉を告げると暗示したが、それは、大人と子どもの距離関係が、子どもによる情報コミュニケーション技術の広まりとその重要な選択によって致命的に変質してしまうと見たからであった。

コトモキノ（リロン）

ヒューゴ・シンベリの「傷ついた天使」（1903年）では、この子どもたちが天使を助けているのか、天使をつかまえたところなのか、はっきりしない。Ateneum Art Museum, Helsinki, Finland

　子ども期の消滅という概念は、かつての歴史で語り伝えられていたものの喪失感をあらわしている。18世紀後半と19世紀初期のヨーロッパのロマン派の詩人たちは、勃興してきた工業世界に対応するなかで子ども期の喪失という考えをとりこんだ。ヒュー・カニンガム[19]が述べたように、子どもとは、だれかがかわいそうだという感情をいだく「他者」であった（43ページ）。18世紀末以降、とくにジャン＝ジャック・ルソーの哲学、ウィリアム・ブレイク[20]とウィリアム・ワーズワース[21]の詩などによって、ヨーロッパ精神のなかで、子ども観は、自然状態に、また人間性の象徴としての発達を意味する存在に、さらには進歩の起源などに強く結びつけられるようになった。そこには、新しい産業の組織形態や生産様式がもたらす衝撃的な影響に対するロマン派の反発がともなっていた。ブレイクの『無垢の歌と経験』（Songs of Innocence and Experience, 1794）は、彼自身と彼の同時代の人びとが、工業化の抑圧的な影響のために破壊されてしまうかもしれないとおそれた人間性の象徴としての普遍的で自然な子ども期（childhood、子どもらしさ）という考えを披瀝している。

　18世紀後半以降にあらわれた支配的な文化的所産は、とくに白人のアングロ＝サクソンの子どもがそうであったが、純真無垢と純潔の象徴としての子どものイメージであった。人種的な枠組みのなかで、ヨーロッパの植民地支配国が配置されたとき、子ども期をめぐる進化論的な考えは、これらの国が行なったアフリカの支配地の「文明化」を正当化するのに役立つことが発見された。反復説[22]にしたがって、植民地化される人びとは、その行動と発達の進化論的段階の点で子どもにたとえられる。文化的および宗教的な点で、近代の子ども期の理論は、純真無垢と罪あるいは堕落の欠如という概念と結びつけられるようになった。純真無垢は、大人の心のなかで、たいていは女の子に結びつけられ、またそれは、それとは正反対の状態に自覚があるかどうかの指標であると論じられてきた。こ

れらは、本質的に大人の懸念であって自然の特性ではないが、かならずしも子ども自身の利益のためではなかったものの、それにともなう混乱が利用されてきた。文学の造詣が深い歴史家であるジェームズ・キンケイド*23は、子ども期は純真無垢であるという考えは、それが汚染される可能性と、そこに正反対の意味が潜在していることを意味づけるために成人世界にとりいれられた考えであると主張した。このように、子ども期の理論は、人間性の状態と、歴史の特定の局面で大人を支配している不安感に影を落としているものを伝えている。

　子どもであるという経験と、子ども期を概念化することとのあいだには、当然つながりがある。しかし、イェンス・クヴォルトゥプ*24とその仲間たちは、子ども期の理念は、（実体としての）子どもたち自身とは無関係にひとつの構造形式として発展したと指摘していた。子ども期の理論上の概念は、大人の不安感、関心、欲求などを反映したものとみなすことも可能であるが、同時に、子どもであるということはいかなることなのかを子ども自身に教え、あらゆる子どもを評価し、比較するための指標を規定する役目を果たしているともとらえられる。歴史的な観点から距離をおいてみられる子ども期は、パターンあるいはしばしば風景——子どもたちが歴史のある時期に彼ら自身と彼らをとりまく大人たちの目に写る一般的な条件——とよばれるものをあきらかにする。歴史家のジョン・サマヴィル*25は、この文脈で標準化という用語を選択した。この標準化理論によれば、一般に、支配的な価値秩序と社会におけるより繁栄した標準に応じて、同意が達成され、それによって子ども期の正常な、あるいは理想的なヴィジョンが達成される。理論家のアンリ・A・ジルー*26は、子ども期が定義されることになる文脈上の位置あるいは枠組みは歴史のなかで変化するため、子ども期の文化的定義の創出は、歴史的に理解される必要があると主張した。現代では、子ども期の文化的定義はおもに商業あるいは市場の力でなされる。つまり、子ども期の支配的な文化的定義はメディアによってなされ、レジャー産業と娯楽産業に結びついている。ジルーの考えでは、「文化の政治学」は、子ども期が構築され、体験され、もがき苦しませる概念空間をもたらす。学校は、20世紀の大半を通じて文化創造の中心的な現場としての任務を果たしたが、21世紀にはメディアとレジャー産業が、すくなくとも子ども期の文化的定義づけという点で重要になってきた。同様の文脈で、20世紀における子どもの**おもちゃ**の形態変化に注目している子ども期の歴史家ゲイリー・クロス*27によって、子ども期は自発的な欲望であると特徴づけられた。彼は、子どもを消費者として構成することにつながるこうした変化を子育てという観点からあとづけているが、それは、健全な知覚の発達と社会的な発達への欲求を充足することの重要性を強調している。

ポストモダンの子ども期理論

　21世紀への変わり目に向けて、子ども期を普遍的な状態と見る理念は、民族学、文化学、人類学などの諸研究の学術的な探求が深まったために、世界的な規模の広がりをもつ視点から、ますます多くの異議申し立てを受けた。子ども自身の世界観を決定する際、子どもの声を認め、受け入れようとする方向への変化は、構造的な子ども期の規範に疑問を投げかける、分裂した見解をもたらし、子ども期の複数性についての理論的な視点をもたらした。そうした視点は、クリス・ジェンクス*28やイェンス・クヴォルトゥプといった理論家たちにとって、多様な子ども期や、文化をまたがっての、あるいはひとつの文化のなかに生じる経験の複数性を語る際、いっそう的確で役立つものであった。グローバリゼーションの影響が普遍化するだろうという認識が高まっているにもかかわらず、単一の共通する子ども期よりも、階級、民族、ジェンダー、文化、居住地、健康、身体障害などに応じた経験の多様性のほうが重視されている。

　20世紀の最後の数十年間に生まれた大衆向けの著作や学問は、子ども期をモチーフにして、子ども期の在り方がいかに変化したかを映しだした。1850年代から1950年代に定着した伝統的なヨーロッパの子ども期概念は、「子ども期の消滅」、あるいはデイヴィッド・エルカインドの*29「急がされる子ども」といった概念の欠落を意味していた。ところが、新たに浮上した意見では、子どもが新しいメディア・テクノロジーにアクセスし、それを利用している今日のような状況では、純真無垢さや大人への依存というそれまでの子ども期の概念がもはや通用しなくなっているという。大人に向かう徒弟期間としての子ども期という考えは、とくに家庭内でのそうしたテクノロジーの活用によって、根本的な見直しを迫られた。子どもに焦点をあてた大衆向けの娯楽（これはしばしばキンダーカルチャー[Kinderculture]と称される）の強化と結びついたこうした物質的な変化は20世紀後半にはじまったが、当時あった子ども期の理論に圧力をかけた。シャーリー・シュタインバーグ*30とジョー・キンケロイ*31によって「ポストモダンの子ども期のジレンマ」とよばれたものは、伝統的な家族や権威主義的な学校といった既存の制度の多くとの軋轢のなかに子どもの期待感と子ども期の概念そのものを置く家庭生活の民主化によって特徴づけられた。こうした事態では、両親と切り離され、両親と敵対しさえもする子どもの権利という新しいヴィジョンも付けくわえられた。

［訳注］

*1 コメニウス（Johan Amos Comenius, 1592-1670）——スロヴァキアのモラヴィア地方（現在のチェコの一部）に生まれた。近代教育を先導する先駆的な教授学、教

育理念、発達段階論的知識構成論、教材開発と実践を提起した。文法学校の教師をつとめた後、宗教改革の余波を受けて、国外追放となり、生涯にわたってポーランド、イギリス、スウェーデン、ハンガリー、ネーデルランドなど、ヨーロッパ各地を遍歴するなかで、各国の知識人と交わり、教育による国際平和の思想を深めるいっぽう、汎知学的神学思想（the pansophic-theological school of thought）の立場から、普遍的な教育（Panpaedia）の必要性を説いた。この思想にもとづいて、65歳の頃、その長きにわたる教育実践と思想の集大成ともいえる大著『大教授学』（*Didactica Magna*, 1657）を著した。4段階の学習課程とそれに対応する4種類の学校組織を示して、近代以降の教育にとって大きな指針となる原理を提示して、後年の教育に大きな影響をおよぼした。言語教育の教科書をいくつか考案し、先駆的な視聴覚的技法を用いた言語教材であり、子どもに対する最初の絵本教材とも見られている『世界図絵』（*Orbis Sensualium Pictus*, 1658）は、ラテン語とドイツ語とチェコ語の連関を同時に図像で示したもので、世界中に流布した。

*2 ジョン・ロック（John Locke, 1632-1704）――イギリスの哲学者、政治思想家。近代ヨーロッパにおける代表的な啓蒙思想家の一人。イングランド西方のブリストル市の南方の寒村ラィントン（Wrington Village）に生まれ、風光明媚な田園地帯で少年時代をすごした。1646年、14歳のとき、ウェストミンスター校に進学し、1652年からオックスフォード大学の名門クライスト・チャーチ・コレッジで哲学、政治学、宗教学を学び、その後、自然科学、医学を修めた。28歳の頃、オックスフォード大学のギリシア語の講師となる。一時、公使としてドイツのブランデンブルクに滞在し、アシュリー卿（のちのシャフツベリー卿［Anthony Ashley Cooper, 1st Earl of Shaftesbury PC, 1621-1683］）と知遇を得、その侍医、政治顧問、子弟の家庭教師となる。シャフツベリーが大法官に就任したのにともなって官吏についたが、卿の失脚後は健康回復のため南フランスに4年近く滞在した。帰国してふたたび官吏となったが、政治的陰謀の嫌疑をかけられたためオランダに亡命し、各地を周遊して知識人たちと交わり、そのあいだに大いに思索を深め、50歳なかばをすぎてからあいついで著作を発表した。1688年の名誉革命後に帰国し、革命後の政治的および社会的秩序の在り方を考察し、専制君主制と族長制を廃し、権力分立制を説いてのちの三権分立論を導き、契約国家論にもとづく議会制民主主義の根本論理の究明をはじめとして、理神論的な自然宗教を基調とした宗教的寛容論、経験と観察にもとづく認識論、習慣形成と道徳性の涵養を重視した教育論など、多方面にわたってバランスのとれた議論を展開し、アメリカ独立宣言、フランス革命期の人権宣言に大きな影響をおよぼした。『人間知性論』（*An Essay Concerning Human Understanding*, 1690）、『統治二論』（*Two Treatises of Government*, 1690）などのほか、とくに『子どもの教育』（*An Essay Concerning Education*, 1693）は、成長しつつあった中産階級を中心に広く読まれ、出版後、今日にいたるまで300年のあいだとぎれることなく世界の13カ国でくりかえし翻訳され、「叡智に満ちた教育論」として哲学思想界、教育界、文学界に長く影響をおよぼしつづけている。

*3 ユニセフ［国連児童基金］（the Unted Ntions Chldren's Fund）――1946年に発足し、1953年に常設機関となった国際連合の機関。略称ユニセフ（UNICEF）。旧称は国連国際児童緊急基金（United Nations International Children's Emergency Fund）。1965年にはノーベル平和賞を受賞した。

*4 ジャン＝ジャック・ルソー（Jean-Jacques Rousseau, 1712-1778）――スイスのジュネーヴ共和国生まれの思想家・哲学者・作曲家・社会改革家。誕生と同時に母を亡くし、10歳の頃、父と生別し、16歳の頃、徒弟奉公先からフランスに逃亡した。ヴァランス夫人の庇護と感化の下に音楽を学び、ほぼ独学で教養を積み重ねる青年時代を送った。30歳の頃、パリに出て音楽批評と創作オペラ「村の占い師」――この間奏曲が、後年「むすんでひらいて」として、わが国の幼児教育界に広まった――を試み、社交界に接近した。やがてディドロやグリムらを知り、38歳の頃に書いた論文「学問芸術論」（*Discours sur les sciences et les arts*, 1750）がディジョンのアカデミー懸賞論文に当選した頃から一躍知識界で知られるようになった。人類の文明や学問の進歩は人間性の退化をまねき、人間中心主義的な傲慢さが道徳の頽廃をもたらすとするルソー独特の文明批判はさらに鋭く進んで、現存する政治と社会の体制にもおよび、自然状態と社会状態の対比の上に、人間の存在論的自然性は社会状態の進化とともに社会的不平等におちいるとし、絶対王政の社会的非合理性を痛切に暗示して、フランス革命を予言したともいわれる。主著『人間不平等起源論』（*Discours sur l'origine de l'inégalité parmi les hommes*, 1755）、『社会契約論』（*Le Contrat Social*, 1762）のほか、とくに出版後禁書にされ、逮捕命令に脅かされることになる『エミール』（*Émile ou l'Education*, 1762）は、読者の神経を逆なでする感覚論的な教育アジテーションと論理矛盾に満ちた空想教育小説だが、教育における人間の自然性の回復を主張して、当時の教育界とロマン派の著作家たちに大きな影響をおよぼした。晩年はスイスにのがれたり、イギリスの友人D・ヒューム（David Hume, 1711-1776）に招かれ、エディンバラですごしたが、8年間の放浪生活の後、フランスに帰国後も被害妄想症と持病の結石に苦しんだ。数少ないルソーの肖像画のひとつが、エディンバラのスコットランド国立美術館に所蔵されている。

*5 ルドルフ・シュタイナー（Rudolph Steiner, 1861-1925）――オーストリア生まれの神秘主義思想家。近代ヨーロッパの科学とそれがもたらした物質文化への懐疑を深め、それに対抗するため、人間の内なる力をよびさまし、精神世界の認識にいたろうとした。人智学（Anthroposophy）の提唱者で、その教育思想はヴァルドルフ学校運動などで実践されている。

*6 アリソン・ジェームズ（Allison James, 1954-）——イギリスの女性社会学者。ハル大学の子ども社会学研究センター（the Center for the Social Study of Childhood）の研究員などをへて、現在はシェフィールド大学（the University of Shefield）の社会学部教授、子ども期と青年期の学際研究センター（the Centre for the Study of Childhood and Youth）所長。1970年代から子ども期の社会学と人類学研究を通じて、子ども期の理論化と子ども学研究の方法論に取り組んできている。

*7 コモン・ロー（common law）——大陸法（civil law）、ローマ法（Roman law）、教会法（canon law）と区別されるイギリス起源の慣習的な不文律の法体系。とくに制定法（statute law）と区別され、慣習あるいは裁判所の判例にもとづいて運用される。

*8 ヴィヴィアナ・A・ゼライザー（Viviana A. Zelizer, 1946-）——アメリカのプリンストン大学の社会学教授。人間の道徳性と経済の関係を歴史社会学的に分析して注目された。子どもの価値、愛情や親密さの金銭的価値を経済社会学的に分析するために、子どもの生命保険料、誘拐事件による身代金額などに注目して「子どもの価値」と「子ども期の神聖化」（sacralization）にかんする研究を進めた。経済が文化や精神的価値を作るのではなく、感情や精神文化が経済行為を導いているとする観点から、経済社会と道徳性の関係を解明しようとしている。近年、次の著作が多方面から注目を集めている。*The Purchase of Intimacy*（Princeton UP, 2005）; *Morals and Markets: the Development of Life Insurance in United States*（Transactions Pub, 2006）; *Economic Lives: How Culture Shapes the Economy*（Princeton UP, 2010）.

*9 サイコヒストリー（psychohistory）——過去の歴史変化の心理的な条件あるいは心理要因を明らかにしようとする歴史学の学派。歴史の心理的な要因を探る意義については、19世紀なかばすぎ、当時の伝統的な歴史学を「精神生活へのあまりにも少ない関心、法律や政治のうつろいに眼を奪われて、観念や習俗、国民の心の内奥の動きをないがしろにしている」と批判したJ・ミシュレ（Jules Michelet, 1798-1874）によって指摘されていた。その後この方法論的認識はH・ベール（Henri Berr, 1863-1954）らによって発展的に継承され、「新しい歴史学」を標榜する「アナール学派」において「心性史」「感情の歴史学」「歴史人類学」のなかで具体的な主題に即して深められている。ここでは、歴史変化の要因を、政治経済的な事件や権力関係といった表層においてではなく、日常生活においてくりかえされる家族関係、親子関係、子どもの誕生、子育て、性、罪意識、死などに対するふつうの人びとの「感情の積層」「ものの感じ方や考え方」をその「深層」においてとらえようとする。しかし、狭義のサイコヒストリーといえば、1960年代以降のアメリカで登場した歴史心理学派をさしていう。とくにS・フロイトの仮説的概念を歴史研究に援用しようとする立場をさすが、この学派が資料源として自伝や日記といった個人の生活史記録にのみ依拠していて、歴史の構造的な変化要因を分析する方法としては説得力に欠ける点、また、フロイトの概念枠組みが、19世紀末のいわゆる「ヴィクトリアン・ファミリー」の心理特性から発生したものであったという事情から、それをほかの時代や社会に適用することに問題がある点などが批判された。このような問題点を克服しようとする試みとしてはE・H・エリクソン（Erik H. Erikson, 1902-1994）らによる精神分析学派の研究があり、家族史研究にライフサイクル、年齢段階、役割論、自己認識論、宗教意識の精神分析学的解釈といった方法論的視点を導入することによって歴史の心理要因の分析に貢献している。

*10 デ＝モスの著作——この研究の原書は、Lloyd de Mause（ed）、*History of Childhood, the evolution of parent-child relationships as a factor in history*（New York, 1974）である。デ＝モスの編集によるこの論文集の一部である、デ＝モスによる「第1章 子ども期の進化」（"Evolution of Childhood"）の部分は、詳細な解説がつけくわえられ、邦訳されている。ド＝モース『親子関係の進化——子ども期の心理発生的歴史学』（宮沢康人監訳、海鳴社、1990年）。デ＝モス（Lloyd DeMause, 1931-）はミシガン州デトロイト生まれのアメリカの社会思想家、心理学者。コロンビア大学で政治学を学んだのち、民間の精神分析の訓練を積み、進化心理学の立場から、親子関係における子どもの虐待の歴史を研究した。『サイコヒストリーの基礎』（*Foundations of Psychohistory*, New York, 1982）、『国民の感情生活』（*The Emotional Life of Nations*, New York, 2002）。

*11 ジークムント・フロイト（Sigmund Freud, 1856-1939）——オーストリアの神経学者・精神医学者。精神分析学の創始者。主著『夢の解釈』（*Die Traumdeutung*, 1900, 英語版 *The Interpretation of Dreams*, 1913）ほか。人間の心理現象をひき起こす動因は性欲にあるとし、この性欲が、意識の検閲者である自我、超越自我によって抑圧されて無意識層に沈みこみ、それと意識とのあいだの葛藤・軋轢がヒステリーその他の神経異常を生むと考えた。そのため、その治療はこの葛藤・軋轢をやわらげることにほかならず、そのためには無意識層を意識層に引き出すことが必要だと考えた。こうして最初は催眠術を、次いで自由連想法、夢分析などを援用した。彼が説いた普遍的性欲説は宗教界から嫌悪され、当時の正統派心理学からも無視されたが、彼はこの理論を広く芸術、宗教、道徳、文化の問題に適用して注目され、伝統的な主知主義、権威主義的な知識観に対する思想的挑戦者の役割を果たした。その娘アンナ・フロイト（Anna Freud, 1895-1982）は、児童精神分析の開拓者となった。

*12 アリス・ミラー（Miller Alice, 1923-2010）——ポーランド生まれのスイスの精神分析家、心理学者。豊富な臨床経験にもとづいて、子ども期に「しつけ」や「教育」の名の下に行なわれる「闇の教育」を受けた精神的・身体的暴力がもたらすトラウマがその後の暴力的な性格と行動の起源であるとして、さまざまな著

作を世に問い、世界各国で広く読まれている。*Das Drama des begabten Kindes und die Suche nach dem wahren Selbst: Eine Un- und Fortschreibung*（1979）、ミラー『才能ある子のドラマ——真の自己を求めて（新版）』（山下公子訳、新曜社、1996年）：*Am Anfang war Erziehung*（1980）、ミラー『魂の殺人——親は子どもに何をしたか』（山下公子訳、新曜社、1983年）

*13 『〈子供〉の誕生』——初版のフランス語版は『アンシァン・レジーム期の子供と家族生活』（*L'Enfant et la vie familiale sous l'Ancien Régime*, 1960）。英語版は『子ども期の世紀——家族生活の社会史』（*Centuries of Childhood: A Social History of Family Life*, 1962）、ドイツ語版は『子ども期の歴史』（*Geschichte der Kindheit*, 1975）、日本語版は『〈子供〉の誕生』（1980）。本書については次の解題を参照。北本正章「アリエス『〈子供〉の誕生——アンシァン・レジーム期の子供と家族生活』、人間の誕生・結婚・死——心性へのまなざし」山田昌弘編『家族本40』（平凡社、2001年）、pp. 26-44.

*14 ジャン・ピアジェ（Jean Piaget, 1896-1980）——スイスの心理学者で、はじめ生物学の研究に進んだが、ブロイラー（Eugen Breuler, 1857-1939）の精神医学研究所を訪ねた頃からフロイトの理論に関心を示し、フランスのソルボンヌで病理心理学などを勉学に進むなかで、アルフレッド・ビネー（Alfred Binet, 1857-1911）の実験学校において子どもの推理テストを改良する仕事にかかわったことを契機に、本格的に実証的な心理学研究にたずさわり、年来の問題関心であった認識の発生論的研究に進んだ。1921年からジュネーヴの「ジャン・ジャック・ルソー研究所」の主任研究員に迎えられ、子どもの知能発達と認識能力の発達にかんする多数の研究成果を生みだすこととなった。子どもの数理学的知能の発達研究を進め、新生児から青年期までの知性の発達過程にかんする発生的認識論を提唱し、人間の神経系の生理学的構造によって認知発達には普遍的な段階があると考えた。彼は、その主著『発生的認識論序説』において、知の個体発生としての認知発達と、知の系統発生としての科学史を重ねあわせた発生的認識論（genetic epistemology）を提唱し、普遍的な発達段階として四つの段階があるとした。まず、感覚と運動が表象を介さずに直接結びついている時期としての「感覚運動期」（sensori-motor、0-2歳）、ごっこ遊びのような記号的機能が生じるが、他者の視点に立って理解することができない自己中心性の特徴をもつ時期としての「前操作期」（pre-operational、2-7歳）、数や量の保存概念が成立し、可逆的操作を行なうことができる段階としての「具体的操作期」（concrete operational、7-12歳）、そして、形式的、抽象的操作が可能になり、仮説演繹的な思考ができるようになる時期としての「形式的操作期」（formal operational、12歳以降）がそれである。これらは、社会構造、人種、民族、文化の違いを超えて普遍的であると示唆された。

*15 マーガレット・ミード（Margaret Mead, 1901-1978）——アメリカの女性文化人類学者。コロンビア大学在学中からフィールドワークに出かけ、文化がパーソナリティの形成におよぼす影響を分析して、人間性あるいは人格構造が文化的に変容しうることを実証して、当時の心理学者たちの普遍的発達モデルに挑戦して学界に大きな影響をおよぼした。『サモアの思春期』（*Coming of Age in Samoa*, 1928）、『男性と女性』（*Male and Female: A Study of the Sexes in a Changing World*, 1949）。

*16 オーピー夫妻（Iona Archibald Opie, 1923-, and Peter Mason Opie, 1918-1982）——20世紀を代表するイギリスの伝承童謡と子ども文化史の研究家。子どもの遊び、伝承童謡、言語にかんする資料収集を精力的にすすめた。とくに2万点におよぶ児童書のコレクションは、「オーピー・コレクション」としてオックスフォード大学のボドリ図書館に所蔵されている。『オックスフォード伝承童謡事典』（*Oxford Dictionary of Nursery Rhymes*, 1951）、『オックスフォード版伝承童謡集』（*Oxford Nursery Ryme Book*, 1955）、『学童の伝承とことば』（*The Lore and Language of School Children*, 1959）などが知られる。

*17 マリナ・ワーナー（Marina Sarah Warner, 1946-）——イギリスの女性作家、短編小説家、文芸評論家、歴史家、神話収集家。歴史のなかのヒロイン像の社会史研究、子ども文化史研究、昔話と伝説説話研究などを進め、多数の著作がある。オランダのアムステルダム大学、イギリスのアルスター大学の教授を勤め、ケンブリッジ大学トリニティ・コレッジの研究員をへて、現在はエセックス大学の教授である。子ども学の関連では、子どもの恐怖心にかんする研究を進め、暗闇、怪物、幽霊、お化け、残虐行為、暴力儀礼などがどのように子どもに恐怖心を植えつけるかについて、世界各地の恐怖遺物や伝承を資料として幅広く研究している。次の主著は各方面から注目を集めている。Warner, Marina, *No Go the Bogeyman: Scaring, Lulling, and Making Mock*（Farrar Straus & Giroux, 1999）。

*18 ニール・ポストマン（Neil Postman, 1931-2003）——アメリカの作家、メディア・エコロジー学者。ニューヨーク州立大学卒業後、コロンビア大学で教育学の学位を取得した。印刷やテレビメディアなどのテクノロジーの発達が人間精神におよぼす影響、とりわけ映像メディアが年齢段階や社会経験に関係なく、短絡的、部分的、刹那的、瞬間的に感覚と感情に訴えることから、大人と子どもの境界を浸食するとともに、子どもの自然言語の発達を阻害し、学習の段階性とメカニズムを壊して人びとの「深い学び」を困難にしてしまうメディア社会に警鐘を鳴らした。『子どもはもういない（子ども期の消滅）』（*The Disappearance of Childhood*, 1982）ほか。

*19 ヒュー・カニンガム（Hugh Cunningham, 1941-）——イギリスの歴史学者、社会福祉史・子ども観史研究者。ケンブリッジ大学で歴史学を学んだのち、シエ

ラ・レオーネ大学ファウラー・ベイ・コレッジ歴史学科（Fourah Bay College, University of Sierra Leone）で3年間教鞭をとった。サセックス大学（University of Sussex）で学位取得後、新設のケント大学（University of Kent）の社会史教授として、イギリス近・現代のレジャー文化史、児童労働史、社会福祉史研究者として顕著な業績を残している。近年はヨーロッパと北アメリカを対象にした子ども観と教育福祉の社会史研究において、アリエス以降の半世紀の世界の子ども観研究の論点を構造化し、今後の子ども観史研究の羅針盤ともいうべきすぐれた概説書を著すいっぽう、BBCのラジオ番組などを通じて世界の貧民児童問題の啓蒙と解決に取り組んでいる。Invention of Childhood（Ebury Press UK, 2006）。

＊20 ウィリアム・ブレイク（William Blake, 1757-1827）——イギリスの詩人、版画家、神秘思想家。ロンドンの非国教会派のメリヤス商の10人の子どもの3人目として次男に生まれ、読み書きの初歩を学校で受けた後、10歳以降は学校に行かず、モラビア派信徒であった母親から聖書を中心に家庭教育を受けた。父親に買ってもらった教材でラファエロ、ミケランジェロ、デューラーなどの作品をくりかえしスケッチして学んだ。14歳から7年間、版画師ジェームズ・バジル（James Basire, 1730-1802）のもとで徒弟として彫刻技法の習得に励んだ。19歳頃、王立美術院で本格的に絵画を学ぼうとしたが、当時の画風になじめず、21歳で独立して版画家としての不安定な生活をはじめた。版画家としての活動が本格化する一方で、12歳頃から取り組んでいた詩作を版画にとりこもうとし、1787年（30歳）、新しいレリーフ・エッチングの技法を使った彩色印刷（Illuminated Printing）によって、言語テキストと視覚イメージを同時に表現する可能性をひらき、独自の印刷機を考案して、自分が作りたいものを自由に印刷出版するようになり、その独自なタッチと表現力、想像力を飛躍的に洗練させた。『無垢の歌』（Songs of Innocence, 1789）『セルの書』（The Book of Thel, 1789）『経験の歌』（Songs of Experience, 1794）など、深い神秘性と思想性をおびた版画や絵入り詩集のほか、晩年の『ヨブ記』（The Book of Job, 1820-26）、病床でイタリア語を学びながら100枚ほどの挿し絵を描いたダンテの『神曲』（La Divina Commedia）などが知られる。ロマン主義の先駆けとなる作品を多数残し、最初は狂人扱いされたが、後年になってその表現力と思想性がしだいに発見されることになった。

＊21 ウィリアム・ワーズワース（William Wordsworth, 1770-1850）——イギリスの詩人。イギリス北西部カンバーランド州のコッカーマスに弁護士の子として生まれた。ケンブリッジ大学を卒業した1792年の20歳の頃、ヨーロッパへの徒歩旅行を試み、翌年から1年あまりフランスに滞在した。フランス革命を目撃してその思想に大いに刺激を受けたが、恐怖政治にいたって大きな失望に変わった。フランス滞在中、アンネット・ヴァロン（Annnette Vallon）と同棲して一女をもうけたが、家庭の事情から結婚にはいたらず、帰国後11年をすぎた頃、メアリ・ハッチンソン（Mary Hutchinson）と結婚した。大学の同窓で家が近かったS・T・コールリッジ（Samuel Taylor Coleridge, 1772-1834）と親交を結び、イギリス詩のロマン主義時代の到来を告げる共著『叙情民謡集』（Lyrical Ballads, 1798）を発表して注目を集めた。ロマン派の子ども観との関係では、『頌歌・幼少時の回想から受ける霊魂不滅の啓示』（Ode: Intimations of Immortality from Recollections of Early Childhood, 1807）が重要である。自伝的な長編詩『序曲』（Prelude, 1805）で創作力の頂点を示し、人生の後半と晩年は湖水地方のグラスミアに妹ドロシーと居をかまえ、旅行と詩作のうちにすごした。

＊22 反復説（Recapitulation Theory）——もともと進化的な視点はなかったが、ダーウィンの進化論の影響を受けたドイツの生物学者ヘッケル（Ernst Heinrich Philipp August Haeckel, 1834-1919）が、1866年に「ヘッケルの反復説」として提唱したものが広く知られるようになった。ヘッケルの要点は、「個体発生（ontogenesis）、すなわち各個体がそれぞれの生存の期間を通じて経過する一連の形態変化としての個体の発生は、系統発生（phylogenesis）、すなわちそれが属する系統の発生により直接規定されている。個体発生は系統発生の短縮された、かつ急速な反復であり、この反復は遺伝および適応の生理的機能により条件づけられている。生物個体は、個体発生の急速かつ短縮された経過のあいだに、先祖が古生物的発生のゆるやかな長い経過のあいだに遺伝および適応の法則にしたがって経過した重要な形態変化をくりかえす」というものである。『一般形態学』（Generelle Morphologie der Organismen : allgemeine Grundzüge der organischen Formen-Wissenschaft, mechanisch begründet durch die von C. Darwin reformirte Decendenz-Theorie. Berlin, 1866.

＊23 ジェームズ・キンケイド（James R. Kincaid, 1938-）——アメリカの英文学者。南カリフォルニア大学（University of Southern California）教授として文学史を講じている。デイケンズ、テニソン、トロロープなどにかんする文芸評論のほか、子ども文化については、『チャイルド・ラヴィング』（Child-Loving: The Erotic Child and Victorian Culture, 1992）と、『エロティック・イノセンス』（Erotic Innocence: the culture of child molesting, 1998）などで、映像文化における性的な児童虐待問題を論じている。

＊24 イェンス・クヴォルトゥルプ（Jens Qvortrup）——ノルウェーの社会学者。コペンハーゲン大学（University of Copenhagen）で学位を取得後南ユトラント大学（University Centre of South Jutland）をへて、現在はノルウェー大学（Norweigian university of Science and Technology）社会学教授。「社会現象としての子ども期」という観点から、世代関係・子ども期・福祉の社会学的研究をすすめ、近年は、子ども空間（子どもの居場所）にかんする「子どもの地理学（＝子どもの存在構造）」（Geography of Children）研

*25 ジョン・サマヴィル（C. John Sommerville, 1938-）――アメリカの歴史学者。フロリダ大学（University of Florida）のイギリス近代史の教授を勤め、現在同大学名誉教授。イギリス文化史、大学史、情報文化史などのほか、子ども観史研究でも重要な貢献をしている。*The Rise and Fall of Childhood*（Sage, 1982）；*The Discovery of Childhood in Puritan England*（University of Georgia Pr., 1992.）；*The Secularlization of Early Modern England: From Religious Culture to Religious Faith*（Oxford UP, 1992）。イギリス近代における「子どもの発見」はピューリタンによってなされたと主張した。

*26 アンリ・A・ジルー（Henry Armand Giroux, 1943-）――アメリカの批判的教育学者、教育社会学者。カーネギー＝メロン大学（Carnegie-Mellon University）で学位取得後、ボストン大学（Boston University）で教育学を講じた。マイアミ大学（Miami University in Oxford, Ohio）をへて、ペンシルヴァニア州立大学（Penn State Univeristy）教授として教育学、教育社会学を講じた。現在はマクマスター大学（McMaster University）で、言語文化研究のテレビ・ネットワークを運営している。学校の社会的機能が、かつての創造的能力の育成機能をいちじるしく弱め、いまでは子どもたちに消費技能と知識を教える受動的育成機能しか果たさなくなっていることを問題視し、消費至上主義社会を批判するために「批判的教育学」を提唱している。近年では、現代の高等教育をはじめ、青年期の若者を使いすてにして、格差を再生産する経済構造と文化システムを鋭く批判している。*Stealing Innocence: Corporate Culture's War on Children*（St. Martin's Press, 2001）；*Youth in a Suspect Society: Democracy or Disposability?*（Palgrave-Macmillan, 2009）。

*27 ゲイリー・クロス（Gary Cross）――アメリカの近代史家。ペンシルヴァニア州立大学の歴史学部教授として、ヨーロッパとアメリカの近現代史を講じている。はじめはフランスとドイツの近代史を研究したが、のちにオーストラリアとイギリスでの体験から、比較史の観点で労働問題、政治経済、時間、余暇、消費、子ども期など多数の著作を著している。*Time and Money: The Making of Consumer Culture*（Routledge, 1993）；*Kids' Stuff: Toys and the Changing Worlds of American Childhood*（Harvard University, 1997）；*An All Consuming Century: Why Commercialism Won in Modern America*（Columbia University Press, 2000）；*The Cute and the Cool: Wondrous Innocence and Modern American Children's Culture*（Oxford University Press, 2004）。

*28 クリス・ジェンクス（Chris Jenks, 1947-）――イギリスの社会学者、哲学者。ロンドン大学ゴールドスミス・コレッジの社会学教授。現在はブルネル大学（Brunel University）教授、副学長。ロンドン大学のバーンステイン（Basil Bernstein, 1924-2000）教授の指導のもと、平等と機会にかんする社会学研究に従事、教育社会学者として、また言語哲学者としての経験をへて、近年は子ども期問題（issues of childhood）にかかわり、子ども期の社会学、子ども期の社会構成理論、子ども期の理論化にかんする多数の研究書を公にし、教育社会学分野における子ども学研究（Child Studies）セクターを大きく牽引している。*The Sociology of Childhood*（1982）；*Childhood*（Routledge, 1996 1st, 2005 2nd）；*Theorising Childhood*［with James & Prout］（Polity, 1998）；*Subculture: the Fragmentation of the Social*（2004）。

*29 デイヴィド・エルカインド（David Elkind, 1931-）――アメリカの心理学者、作家。カリフォルニア大学 University of California, Los Angeles（UCLA）をへてスイスのピアジェの研究所（Institut d'Epistemologie Genetique）で発達研究に従事した。その後ロチェスター大学（University of Rochester）の心理学、教育心理学教授をへて、タフツ大学の子ども発達研究所を拠点に、子どもの発達と子育てにかんする科学的な啓蒙活動を行なっている。とくに乳幼児期と年少期の子どもに対しては学校教師も両親も、子どもの発達のゆるやかなリズムを乱し、過剰な要求になって発達阻害の大きな原因になるとして警鐘を鳴らした。*The Hurried Child: Growing Up Too Fast Too Soon*, Addison-Wesley, 1981）は、世界中で読まれた。

*30 シャーリー・シュタインベルグ（Shirley R. Steinberg, 1952-）――アメリカの文化史家。アデルファイ大学（Adelphai University）で、教育文化史、映像文化と思春期・青年期の諸問題を講じている。

*31 ジョー・キンケロイ（Joe L. Kincheloe, 1950-）――アメリカの教育文化史家。ペンシルヴァニア州立大学（Pennsylvania State University）で、教育学とカルチュラル・スタディーズの教授を勤めている。シュタインベルグとの共著『子ども文化』（*Kinderculture: The Corporate Construction of Childhood*, Westview Press, 1997）では、現代アメリカ社会の子どもをとりまく文化環境を、テレビ、商業映画、ビデオゲーム、おもちゃ、本、レストラン、アミューズメント・パーク、子ども服ファッションなどが*Kinderculture*を構成しており、これらの経験が子ども期を構成し、子ども期に影響をおよぼすことを解明しようとしている。

➡遊びの理論、子ども期の社会学と人類学、子ども期の歴史、子どもの発達概念の歴史、児童心理学、法律と子ども

●参考文献

Ariès, Philippe. 1962. *Centuries of Childhood: A Social History of Family Life*. Trans. Robert Baldick. New York: Knopf. アリエス『〈子供〉の誕生――アンシャン・レジーム期の子供と家族生活』（杉山光信・杉山恵美子訳、みすず書房、1980年）

Bogin, Barry. 1999. *Patterns of Human Growth*, 2nd ed. Cambridge, UK: Cambridge University Press.

Cahan, E.; Jay Mechling; B. Sutton-Smith; and S. H. White. 1993. "The Elusive Historical Child: Ways of Knowing the Child of History and Psychology." In *Children in Time and Place: Developmental and Historical Insights*, ed. Glen H. Elder, Jr., John Modell, and Ross D. Parke. Cambridge, UK: Cambridge University Press.

Cross, Gary S. 1997. *Kids' Stuff: Toys and the Changing World of American Childhood*. Cambridge, MA: Harvard University Press.

Cunningham, Hugh. 1991. *The Children of the Poor: Representations of Childhood since the Seventeenth Century*. Oxford, UK: Blackwell.

Cunningham, Hugh. 1995, 2005. *Children and Childhood in Western Society Since 1500*, 2nd edition (Pearson Education Limited, 2005)、カニンガム『概説 子ども観の社会史——ヨーロッパとアメリカにみる教育・福祉・国家』(北本正章訳、新曜社、2013年)*

DeMause, Lloyd, ed. 1974. *The History of Childhood*. New York: Psychohistory Press.

Elkind, David. 1981. *The Hurried Child: Growing Up Too Fast Too Soon*. Reading, MA: Addison-Wesley. デーヴィド・エルカインド『急がされる子どもたち』(戸根由紀恵訳、紀伊国屋書店、2002年)

Giroux, Henry A. 2001. *Stealing Innocence: Youth, Corporate Power, and the Politics of Culture*. New York: Palgrave.

James, Allison, and Prout, Alan. 1990. *Constructing and Reconstructing Childhood: Contemporary Issues in the Sociological Study of Childhood*. London: Falmer Press.

Jenks, Chris. 1996. *Childhood*. London: Routledge.

Mead, Margaret. 1928. *Coming of Age in Samoa: A Psychological Study of Primitive Youth for Western Civilisation*. New York: Blue Ribbon Books. ミード『サモアの思春期』(畑中幸子／山本真鳥訳、蒼樹社、1976年)

Opie, Iona and Peter. 1959. *The Lore and Language of Schoolchildren*. New York: Oxford University Press.

Panter-Brick, Catherine, ed. 1998. *Biosocial Perspectives on Children*. Cambridge, UK: Cambridge University Press.

Postman, Neil. 1994. *The Disappearance of Childhood*. New York: Vintage Books. ポストマン『子どもはもういない——教育と文化への警告』(小柴一訳、新樹社、1985年)

Qvortrup, Jens, ed. 1994. *Childhood Matters: Social Theory, Practice, and Politics*. Aldershot, UK: Avebury.

Sommerville, C. John. 1982. *The Rise and Fall of Childhood*. Beverley Hills, CA: Sage Publications.

Steinberg, Shirley R., and Kincheloe, Joe L., eds. 1997. *Kinderculture: The Corporate Construction of Childhood*. Boulder, CO: West-view Press.

Warner, Marina. 1999. *No Go the Bogeyman: Scaring, Lulling, and Making Mock*. London: Chatto and Windus.

(CATHERINE BURKE／北本正章訳)

子ども期の歴史 (History of Childhood)

■ヨーロッパ
■アメリカ

■ヨーロッパ

　フィリップ・アリエスは、1960年の著書『アンシァン・レジーム時代の子供と家族生活』[『〈子供〉の誕生』](英語版は1962年出版)によって、子ども期の歴史という研究分野を有名にした。それ以来、この未開拓の分野は歴史家たちと社会科学者たちにとって、よくふみならされた戦場になった。簡単にいえば、ヨーロッパの中世と近世においてアリエスが素描したいくつかの子ども期は幸せなものではなかった、ということである。子ども期は、1500年頃から1800年にかけて発達した社会的な概念装置であった。アリエスによれば、現代の子ども期と近世の子ども期とのあいだの重要な相違は、感情が欠落していた——つまり、中世と近世には子どもたちを成人に向けて準備させること(すなわち教育)や、子どもたちに対して感情的に投資すること(要するに、愛情深く接し、時間をかけ、注意をはらう)——ことと、子どもたちに割りあてられる活動に大人との区別がまったくなかったことである。子どもたちは、誕生してから7歳になるまで、大人のミニチュアだと考えられていた。たとえば子どもたちは、大人のような服装をしており、大人世界から保護されることもなかった。7歳になった子どもは、家畜の世話や農作業などで身体を使って大人を手伝うことができた。認識の点でも、両親と同じような表現力を身につけていた。

　ヨーロッパの中世社会は農業的で、その住民たちは小さな村と農場に住んでいた。正規の教育——読み方や書き方を学習すること——は、大多数の子どもにとっては不要なぜいたくと考えられており、7歳をすぎた子どもたちは親のそばで農夫や職人として見習って、そのあとを継ぐことが期待されていた。子どもたちが学ぶ必要があったのは、自分の両親あるいは親方職人からのこうした技能だけであった。学校は中世にも存在したが、それは、子どもたちが法律によって就学することを求められていた19世紀に登場した学校とはほど遠いものであった。中世の学校に就学していたのは子どもだけではなかった。このような中世の学校のワンルーム式の教室は、小さな子どもたちから中年の大人にいたるまで、あらゆる年齢集団を収容していた。生徒たちは、教師の前で学んだことを大声で復唱する古典的な学習方法で、異なる学習水準の内容を学んでいた。教室は騒々しく、生徒たちが意識を集中するのがむずかしい場所であったことにくわえて、教師にとっては管理するのがむずかしかった。しつけは身体的で、しばしば苛烈であった。アリエスによれば、このような条件と教育の特質がはじめて変化したのは16世紀の人文主義者の保護の下においてであって、やがて、次の3世紀のあいだにいっそう全面的に変化したという。これらすべては、子どもに対する愛情の高まりを伴っていた。

　アリエスは、画家たちが子どもを個性的に描きはじ

めた17世紀の子どもに対する感情に変化を見いだした。中世に描かれた唯一の子どもはイエスで、それは、しゃちこばった子どもらしくない幼児として描かれた。アリエスによれば、17世紀は、ヨーロッパ史において子どもに対する心的態度の重要なベンチマークとなる時期であり、20世紀の子ども期と類似しはじめる近代的な子ども期の始点であった。アリエスは、過去における子ども期について下した消極的な結論によって、暗黒神話を歴史学界と一般大衆の精神に投げかけたのであった。

暗黒神話

1970年代を通じて、多数の研究者がアリエスとは別の方向から子ども期を研究したが、全般的な結論はアリエスと同じであった。彼らは、子ども期が近代に特有の現象であるという点については意見の一致があったが、その正確な発見については多少の違いがあった。研究者たちは、過去における子どもへの愛情を発見しようとする探求のなかで、**子どもの遺棄**、世帯構造、両親のあいだのロマン主義恋愛、さらに経済的、社会的、および人口動態上の要因などの領域を調査し、注意を喚起した。ロイド・デ＝モスは、1974年の著書『子ども期の歴史』(De Mause, 1974) において、紀元前4世紀まで、貧民のあいだで子どもを遺棄するのが一般的であった古代社会には、子どもに対する**愛情**は存在しなかったという結論を導き出している。彼はまた、**児童虐待**の全体史も見ており、子どもを酷使することは近代まで続いていたと考えている。ジャン・フランドラン[*1]は、1976年の著書『家族──前近代社会における親族・家・性』(Flandrin, 1976) において、子どもに特別な関心を向ける核家族（父親、母親、そして子どもたちからなる）という概念は、フランスでは19世紀の歴史過程で生まれたと結論した。フランドランは、当時の辞書類と百科事典に示されていた専門用語にその研究の基礎を置いていた。子どもたちにかつてよりも大きな注意をはらうようになった主要な理由は、18世紀後半にはじまった**産児制限（受胎調節）**法を利用することが増えたことにあった。親たちは、もし子ども数が少なければ、子どもたちをよりよく世話することができることがわかっていた。

カナダの歴史家エドワード・ショーター[*2] (Shorter, 1975) によれば、ロマン主義恋愛、経済的自立性、そして核家族は、近代的な子ども期の鍵となる構成要素であった。パートナーのあいだでのロマン主義恋愛は、両親がその子どもたちに愛情をいだくことができる以前に必要であった。こうした状況は、結婚がもはや経済的な理由のために事前にとりきめられることがなくなった1750年頃に見られはじめた。その結果、両親は子どもたちをよく世話するようになり、より大きな関心を示すようになった。資本主義が勃興し、産業革命がはじまった結果、結婚相手を自由に選ぶことがみられるようになったが、これは、若者たちが家族の農場や家業以外の場所で仕事を探し、経済的に自分の家族から自立することを可能にした。このような個人主義は、カップルが自分たちだけの核家族を始められるようにした。両親と子どもからなる核家族では、親たちは、大人世界からの避難所を子どもたちに提供し、拡大家族や隣人たちの影響を受けずに、その時間とエネルギーを自分の子どもたちにそそぐことができた。

だが、イギリスの歴史家ローレンス・ストーン[*3] (Stone, 1977) は、子どもを溺愛する核家族は、そうなるまでに長い進化を歩んできたととらえた。ストーンは1450年から1800年にかけての時期に、イギリスの家族構造に、開放的な血縁中心の世帯──3世代あるいはそれ以上の世代からなり、隣人と遠縁の家族に門戸を開いている世帯──から、閉鎖的で家庭内的な核家族へと向かう変遷を発見している。この家庭内的な核家族は、両親と子どもの2世代だけで構成され、両親は自分の子どもに非常に大きな注意をはらう。閉鎖的で家庭内的な核家族は、結婚相手の個人的な選択を許し、その結果、（お互いの個性を認めあうことをふくめて）核家族の成員、とくに子どもたちに対する愛情が強まることになったが、これはストーンが名づけた「情愛的個人主義」と連動して存在した。ストーンは、自由な市場経済（と最終的には産業革命）およびその他の社会的な諸要因──多くの人びとが、それまで依存していた家族や隣人たちがいる農村共同体を去り、経済的に自立していた都市へと移り住み、自分が選んだパートナーと結婚する能力など──が、閉鎖的で家庭内的な核家族を生み出す重要な動機であったことを発見した。

ストーンはさらに、このような経済的かつ社会的な要因に、18世紀に生じた人口動態の変化をつけくわえている。死亡率、とりわけ子どもの死亡率はこの時期に下降しはじめた。これは、両親に、自分の子どもにより多くの愛情を感じられるようにさせた重要な要因であった。それ以前には、子ども期の死がもたらす感情的な苦しみは、両親がその子どもに対して冷淡でよそよそしくふるまう理由だとみなされた。

フランスの歴史家エリザベート・バダンテール[*4]は、1981年の著書『母性という神話』(Badinter, 1981) で、ショーターとストーンによる経済的および社会的な分析をさらに敷衍し、産業革命は父親と母親の活動範囲と仕事に分離をもたらしたと結論した。19世紀のブルジョワ社会では、女性が世帯に引きこもり、自分の時間を母親と主婦としてすごしたのに対して、男性は労働力の公的領域に移動した。フランスでは、母親が家の外ではたらく必要はもはやなく、暗黒神話の歴史家たちが親の無関心の証拠と考えた慣行である田舎の乳母たちに子どもを預けて養育してもらうかわりに、自分の子どもを自分で母乳育することができた。バダ

ンテールが描いたブルジョワの母親は、より多くの注意を子どもたちにはらうことができ、子どもたちを外界から保護してやることができた。こうして理想化された母性——そして子ども期——のイメージは、しばしば1830年代と1840年代のロマン主義時代に結びつけられた。しかし、サイモン・シャーマ*5（Schama, 1987）は、17世紀を通じて、オランダ共和国の中産階級にはすでに子ども期の楽園が存在していたことを発見している。この時期のオランダの母親たちは、図像解釈と医学および教育学の指南書にしたがって自分の子どもを育て、子どもたちに愛情と慈しみの情を示し、おもちゃをあたえ、その資金力に応じて適切な教育をあたえていた。これらの歴史家たちによれば、子ども期は、1600年から1850年にかけての時期に漸次的に創り出されたものであった。

青白神話

1980年代になると、子ども期をめぐる論争はそれまでとは違った方向にむかった。歴史家たちは新しい資料源に焦点を集め、異なった結果を見出した。イギリスの歴史家であるアラン・マクファーレン*6は、1986年の著書『イギリスにおける恋愛と結婚——再生産の諸様式』（Macfarlane, 1986）のなかで、ストーンによって見出された激烈な変化よりももっと大きな継続性を、500年以上の時期にわたる世帯形成と家族成員に対する感情投資を示している人口動態学的な研究を提示した。マクファーレンは、中世におけるイギリスの核家族の起源を正確に示し、ストーンとは逆に、市場経済と産業革命は、個人主義と、結婚における個人による選択の結果とによって生じたことであって、それらの誘因ではないと主張した。

近代的な現象としての子ども期の概念は、リンダ・ポロック*7の1983年の著書『忘れられた子どもたち——1500年から1900年までの親子関係』（Pollock, 1983）と、『永遠の関係——親子関係の三世紀』（Pollock, 1987）において、別の攻撃を受けた。日記と通信資料に基礎を置いた彼女の結論は、親の愛情と関心は中世末期以降19世紀まで一貫した要因でありつづけたとするものであった。ポロックによれば、事前にとりきめられる結婚のような経済的な条件や、高い死亡率のような人口動態学的な要因は、暗黒神話の歴史家たちが主張したほど親子関係に影響をおよぼさなかったとした。子どもが病気になると、親たちは大きな懸念を示し、病気を治療するためにあらゆる手段を講じたのであった。しかし、個人が残した文書記録のような資料につきものの問題は、そうした記録が社会の上層階級に対する洞察しかもたらさないことであった。ヨーロッパの一般大衆は、近世には読んだり書いたりすることができなかったので、歴史家たちは憶測するしかないのである。

近世における継続性を強調するこのような新しい資料は、古代と中世にかんする議論を再燃させた。参照すべき資料がほとんどないにもかかわらず、歴史家たちはその解釈において革新的でありつづけた。ジョン・ボズウェル*8は、1988年の著書『見知らぬ人びとの親切——西ヨーロッパにおける古代末期からルネサンスまでの子どもの遺棄』（Boswell, 1988）において、古代末期の子どもの遺棄の問題にふたたび取り組み、修道院の戸口に子どもを遺棄する慣行は、ロイド・デ＝モスが結論したような、子どもに対する無関心とか愛情の欠如をあらわす行為ではないと主張した。通常、その慣行は、自分の乳幼児が修道院で安全に育ち、親切な見知らぬ人に世話をしてもらえると望んでいた貧民によって行なわれていた。シャラミス・シャハール*9は、1990年の著作『中世の子ども期』（Shahar, 1990）のなかで、医学文献を吟味し、両親が自分の子どもの健康に非常に大きな関心をはらっていたことを発見した。親による保護と世話は、母親たちが飲食物に気をつける妊娠中からはじまっていた。シャハールは、マクファーレンやポロックと同じように、子ども期について肯定的な結論を導き出している。これらの研究者による子ども期の歴史における継続性の強調は、論争における修正主義派（リビジョニスト）、あるいは青白神話が生まれる原因になった。

明るい灰色神話

1990年代初めになると、青白神話と暗黒神話の歴史家たちのあいだでの論争は膠着状態をむかえたように見えた。それは、どちらの立場も、子ども期をとりまく都市環境と農村環境の両方をふくむあらゆる経済的および社会的な階層、さらにはすべての宗教団体を対象にした概括的な結論に達することができなかったからである。歴史家たちによる特殊な子育て慣行の精査、もっと小規模な社会集団についての調査、もっと長期的な研究の推進、そして、新しい解釈の実験的な試みなどが着手されて以降、こうした膠着状態は終焉を迎えた。ルイス・ハース*10は、ルネサンス期のフィレンツェの支配的エリートを詳細に調査し、医学文献と個人にかんする記録文書にみられる幼児の世話を研究し、1998年に『ルネサンス人とその子どもたち——1300年から1600年のフィレンツェにおける子どもの誕生と幼児期』（Haas, 1998）を出版した。乳母の利用という点で、ハースが示した証拠事実は、バダンテールのような歴史家たちの主張が正しいことを証明しているかもしれない。フィレンツェの親たちは、たしかにその赤ん坊を周辺のトスカナ地方の田舎に住む乳母たちに預けて養育させていた。しかし、ハースは、個人にかんする記録文書の分析によって、すべての親が子どもに対して無関心ではなかったことを検証した。それどころか、ほとんどの場合、乳母たちは母親が乳を出すことができない場合に雇われていた。さらに、田舎の乳母の乳は、都市で暮らす母親たちの乳よりも

健康的だと考えられていた。田舎での暮らしは女性の乳の品質によい影響をおよぼし、子どもの健康によいと考えられていた。フィレンツェの父親たちの手紙は、自分の子どもに対する大きな愛情と、積極的に子育てにかかわっていたことを示していた。これと同様の結果は、17世紀から18世紀にかけてのオランダ共和国でも発見されている。ベンジャミン・ロバーツは、1998年の著書『鍵穴をとおして――17世紀と18世紀におけるオランダの子育て慣行』（Roberts, 1998）で、4世代にわたって都市のエリート家族の通信記録に残されている子育て慣行を追跡調査している。ロバーツは、教育の身体的、認知的、情愛的、そして道徳的側面を精査し、それらを当時の医学的および道徳的論説と比較分析することによって、家族のなかの継続性と変化を見出すことに成功している。もっとも重要な変化は、子どもをどのように教育すべきかという点に生じていた。親たちは、二世紀のあいだに学校の型を変え、子どもたちのために従来とは違うカリキュラムを要求した。しかし、子どもたちの身体的な世話、道徳的訓戒、そして愛情は、ひとつの世代から次の世代にかけて変わることなく持続していた。

1994年にイララ・クラウスマン・ベン＝アモスは、その革新的な著書『近世の青年期と若者』（Ben-Amos, 1994）を出版し、また、1996年にポール・グリフィスは、『近世イギリスにおける若者と権威』（Griffith, 1996）を出版している。クラウスマン・ベン＝アモスとグリフィスは、個人にかんする記録文書と法律にかんする記録とを吟味することによって、19世紀以前には青年期がなかったとするアリエスの誤りを示した。しかし、同時にこの二人は、アリエスの結論のいくつかが事実無根ということではなかったことに同意している。近世の若者たちは核家族の外ではたらき、生活しており、今日の若者よりも大きな独立性をゆだねられていた。しかし、子どもたちを早い年齢で世の中に送り出すことは独立性のあらわれではなく、この二人の著者が主張しているように、子どもたちを大人に向けて教育し、準備させる手段とみなされていたのである。

中世と近世には子どもに対する愛情が欠落していたとする見解は、アリエスの主張のなかでもっとも論議をよんだ。しかし、子どもの教育という点で示された愛情の欠落についてのアリエスの仮説は正しい。就学が義務制になり、**児童労働**が禁止された19世紀末よりも前の時代には、教育の機会は主として人口のごくかぎられた部分しか対象にしていなかった。1960年以降、子ども期の歴史研究は、新しい研究が子ども期の無数の側面で特徴を示しているように、多方面で発展した。ジェンダー、個人のアイデンティティ、さらに**セクシュアリティ**にかんする情報などに新しい研究の手が伸びたことは、いまやアリエスが示した地図の稜線を拡張している。歴史家たちは、もっと小規模な、類似する経済的、社会的、宗教的、および地理学的な背景をもつ同質的な集団を検討することによって、これまで以上に信頼できる結論を導き出し、大ざっぱな表現にならないようになっている。子ども期の歴史は暗黒でもなく青白でもなく、その両方を見渡すような――おそらく明るい灰色の――中間の色彩である。

アリエスを超える子ども期の歴史

アリエスの研究の歩みに従っていたヨーロッパの子ども史の歴史家たちの大多数は、1900年以前を対象にしていた。スウェーデンの教育家エレン・ケイが「児童の世紀」とよんだ20世紀は、奇妙なことだが、これまであまり関心を集めなかった。少数の歴史家は、その研究を1930年代まで伸ばしてカバーしていたが、1945年以降については、ごく最近まで、一般的には、社会学者によって開拓されてきた。その結果、福祉国家ばかりでなく近代性の登場についての社会学者たちの理解は、20世紀のヨーロッパの子ども期の歴史をいま研究している歴史家たちに一定の影響をおよぼした。20世紀は、近代的な子ども期について理解することとそれを形成することにおいてユニークな役割を果たしてきたと理解されている。両大戦間にあらわれた新しい科学、とくに児童心理学は、子どもについての古い医学知識を補足したが、この知識は、福祉国家の登場と相俟って、養育プログラム、訪問看護、子育てにかんする大衆本などを通じて、親たちのあいだに広められた。

20世紀における人口動態の急激な変化――低下する乳児死亡率、低下する出生率、そして、とくに第2次世界大戦以降増加している離婚率と、賃金労働市場ではたらき、家庭を離れる母親たちの増加――は、歴史家たちを、父親の役割においてばかりでなく母親の役割においてもみられる諸変化や、デイケア制度[*11]の発展にかんする研究へと向かわせた。

イギリスの歴史家エリク・ホブズボームは、20世紀を「両極端な時代」とよんだ。20世紀は、それ以前のどの世紀よりも多くの人間が戦争で殺された時代であった。したがって、戦争が子ども期の研究において重要な主題になってきたことはなんら驚くべきことではない。こうした研究は、第2次世界大戦の「戦争孤児たち」ばかりでなく、第1次世界大戦後の孤児や見すてられた子どもたち――占領地で現地の母親とドイツ人の父親のあいだに生まれた子どもたち、あるいはナチ政権の時代のドイツに生まれ、いわゆるレーベンスボーン・ホーム（Lebensborn Homes）に収容された子どもたち――に対する国家と国家間のプログラムを検討している。ほかの研究者たちは、**ホロコースト**の子どもたち、あるいは降伏後のドイツで生まれたが、アメリカの兵士たちによって認知された――いわゆるアフリカ系ドイツ人の子どもたち――を対象にしている。

イギリスの歴史家ハリー・ヘンドリックは、子どもがほかに依存しない社会的な行為者として理解される子ども期の社会学からインスピレーションを受けて、子ども期の歴史研究には子どもたちの声が欠如しているという疑問を呈した。子どもは口承文化のなかで生活しているので、文字に書かれた資料はとぼしい——しかも、子ども期の歴史は、その名称にもかかわらず、実際に生きられた子どもたちの生活よりも、子どもに対する大人たちの見解の方をより多く扱う傾向がある。このような自覚は、子ども期についてのヨーロッパの歴史家たちのあいだでは目新しくはない。イギリスの歴史家であるリュドミラ・ジョルダノヴァは、1989年に「子どもたちのほんとうの声」のようなものはまったく存在しないと述べて有名になったが、この発言が意味しているのは、歴史は歴史家たちが問いかけたことの結果であって、過去の子どもたちがほかに依存せずに語ったことの結果ではないということである。イギリスの歴史家アンナ・デイヴィンは、その著書『1900年頃のロンドンで貧しく育つ』（Anna Davin, Growing up Poor, 1996）のなかで、子どもたちに歴史のなかで声をあたえるという明確な目的をもって、回想録を徹底的に利用している。子どもたちの声にかんするもうひとつの有益な資料は、里親たちと、孤児院の世話係に宛てて書かれた子どもたちの手紙である。

現在の論争のなかで目新しいことは、手紙、日記、そして回想録などの資料をこれまで以上に系統的に活用することによって、また、子どもたちがフィルムやビデオテープに記録され、あるいはその生活ぶりについて質問されたことをふくむ、範囲が広がりつづけている20世紀の資料を活用することによって、子どもたちを子ども期の歴史に押し戻そうとする主張にみられる。

➡近世ヨーロッパの子ども、啓蒙思想、子ども期の社会学と人類学、子ども期の比較史、中世とルネサンス時代のヨーロッパ

● 参考文献（ヨーロッパ）

Ariès, Philippe. 1962. *Centuries of Childhood: A Social History of Family Life*. Trans. Robert Baldick. New York: Knopf. アリエス『〈子供〉の誕生——アンシャン・レジーム期の子供と家族生活』（杉山光信・杉山恵美子訳、みすず書房、1980年）

Badinter, Elisabeth. 1981. *The Myth of Motherhood: An Historical View of the Maternal Instinct*. London: Souvenir. バダンテール『母性という神話』（鈴木晶訳、筑摩学芸文庫、1998年）

Boswell, John. 1988. *The Kindness of Strangers: The Abandonment of Children in Western Europe from Late Antiquity to the Renaissance*. New York: Pantheon.

Cunningham, Hugh. 1995, 2005 2nd. *Children and Childhood in Western Society since 1500*. London: Longman. カニンガム『概説 子ども観の社会史——ヨーロッパとアメリカにみる教育・福祉・国家』（北本正章訳、新曜社、2013年）

Davin, Anna. 1996. *Growing up Poor: Home, School and Street in London, 1870-1914* (Rivers Oram Press, 1996)*

Dekker, Jeroen, Leendert Groenendijk, and Johan Verberckmoes. 2000. "Proudly Raising Vulnerable Youngsters: The Scope for Education in the Netherlands." In *Pride and Joy: Children's Portraits in the Netherlands 1500-1700*, ed. Jan Baptist Bedaux and Rudi Ekkart. Ghent, Belgium: Ludion.

Flandrin, Jean-Louis. 1976. *Familles: Parenté, maison, sexualité dans l'ancienne société*. Paris: Hachette. フランドラン『フランスの家族——アンシャン・レジーム下の親族・家・性』（森田伸子・小林亜子訳、勁草書房、1993年）

Griffiths, Paul. 1996. *Youth and Authority: Formative Experiences in England 1560-1640*. Oxford, UK: Clarendon.

Haas, Louis. 1998. *The Renaissance Man and His Children: Childbirth and Early Childhood in Florence, 1300-1600*. New York: St. Martin's.

Haks, Donald. 1988. "Continuïteit en verandering in het gezin van de vroeg-moderne tijd." In *Vijf Eeuwen Gezinsleven: Liefde, huwelijk en opvoeding in Nederland*, ed. H. Peeters, L. Dresen-Coenders, and T. Brandenbarg. Nijmegen, Netherlands: Sun.

Helmers, Dini. *'Gescheurde Bedden': Oplossingen voor gestrande huwelijken, Amsterdam 1753-1810*. Hilversum, Netherlands: Verloren.

Heywood, Colin. 2001. *A History of Childhood: Children and Childhood in the West from Medieval to Modern Times*. Cambridge, UK: Polity.

Krausman Ben-Amos, Ilana. 1994. *Adolescence and Youth in Early Modern England*. New Haven, CT: Yale University Press.

Macfarlane, Alan. 1986. *Marriage and Love in England. Modes of Reproduction 1300-1840*. London: B. Blackwell. マクファーレン『再生産の歴史人類学——1300〜1840年英国の恋愛・結婚・家族戦略』（北本正章訳、勁草書房、1999年）

Mause, Lloyd de. 1974. *The History of Childhood*. New York: Psycho-history Press.

Peeters, Harry. 1966. *Kind en Jeugdige in het begin van de Moderne Tijd* (ca.1500-ca.1650). Meppel, Netherlands: Boom.

Pollock, Linda. 1983. *Forgotten Children: Parent-Child Relations from 1500 to 1900*. Cambridge, UK: Cambridge University Press. ポロック『忘れられた子どもたち』（中地克子訳、勁草書房、1988年）

Pollock, Linda. 1987. *A Lasting Relationship: Parents and their Children over Three Centuries*. London: Fourth Estate.

Roberts, Benjamin B. 1996. "Fatherhood in Eighteenth-Century Holland: The Van der Muelen Brothers." *Journal of Family History* 21: 218-228.

Roberts, Benjamin B. 1998. *Through the Keyhole. Dutch Child-rearing Practices in the 17th and 18th Century:*

Three Urban Elite Families. Hilversum, Netherlands: Verloren.

Schama, Simon. 1987. *The Embarrassment of Riches: An Interpretation of Dutch Culture in the Golden Age*. New York: Knopf.

Shahar, Shulamith. 1990. *Childhood in the Middle Ages*. Trans. Chaya Galai. London: Routledge.

Shorter, Edward. 1975. *The Making of the Modern Family*. New York: Basic Books. ショーター『近代家族の形成』（田中俊宏・岩橋誠一・見崎恵子・作道潤訳、昭和堂、1987年）

Stone, Lawrence. 1977. *The Family, Sex, and Marriage in England 1500-1800*. London: Weidenfeld and Nicolson. ストーン『家族・性・結婚の社会史——1500年〜1800年のイギリス』（北本正章訳、勁草書房、1991年）

（BENJAMIN B. ROBERTS／北本正章訳）

■アメリカ

　子ども期の歴史研究は、これまでほとんど未踏査の広大な分野である。この長文の項目の入り口で、この分野の全体にわたって正当に評価するのは不可能である。したがって、ここではこの分野の創設者たちをきわだたせ、この分野を研究している歴史家たちの方法をいくつかとりあげ、将来この分野で深められるであろう論点をいくつかまとめておこう。

　子どもの歴史にわれわれの注意を誘った最初の学者の一人は、フランスの人口学者で文化史家でもあった**フィリップ・アリエス**であった。アリエスは、『子ども期の数世紀——家族生活の社会史』（英語版のタイトル、1962年）で、中世には子ども期（という観念）がなく、中世以降の子どもと大人の関係は悪化しつづけてきていると主張した。アリエスは、大人たちが子どもを大人のミニチュアと見るのをやめて、子どもというものを無力で傷つきやすく、役に立たない存在だと考えはじめた16世紀に、国家の抑圧的な干渉と、子どもたちが過酷な身体的および心理的な規律訓練の支配を受けることになる、子どもを対象にした独自の制度が生まれる基盤が作られたと確信していた。アリエスは、歴史家たちに、中世の子どもたちが「子ども期の観念」（the idea of childhood）を、たっぷりと味わっていた愛情と混同しないよう警告していた。近年の研究者たちは、アリエスの研究成果、とくにアリエスが絵画などの図像資料に大きく依拠していることと、近世以前には子ども期が欠如していたとの主張に対して厳しい批判を浴びせていた。しかし、たとえそのような批判があったにしても、アリエスはほかのだれにもまして子ども史研究を大いに正当化したのであり、まちがいなくこの分野の創始者とよばれるのにふさわしい研究者である。さらに、社会的な構成物としての子ども期が歴史過程の一部であったとするアリエスの論点は否定しがたいものであり、子ども期の史的展開をひき続き研究しつづけることを正当化する助けにもなっている。

　子ども史研究の初期の発展に影響をおよぼしたもう一人の研究者は、学術誌「季刊・子ども期の歴史」（*History of Childhood Quarterly*）を出版し、この主題の学術研究の最初の大きな論文集のひとつである『子ども期の歴史』（DeMause, 1974）を公刊したロイド・デ＝モスであった。特殊なサイコヒストリーの方法を子ども史研究に用いるという勇気ある唱道者であったデ＝モスは、アリエスの結論とはまったく矛盾する結論を導き出した。遠い過去に対してアリエスがノスタルジック（郷愁的）であったのに対して、デ＝モスは、「子ども期の歴史は、いままさにわれわれが目覚めはじめたばかりの悪夢のようなである」と主張して、非常に批判的であった。デ＝モスは、「歴史をさかのぼればさかのぼるほど、子どもの世話の水準はいっそう低下し、子どもは殺されて捨てられやすかったことが明らかになる」（p. 1）と主張した。デ＝モスは、文明の初期段階にみられる子殺し的な特徴から、人類は、とりわけ近代の進歩した社会の両親や、子どもの人としての全面的な発達を探求する乳幼児期の医療専門家たちのあいだでの非常に慈悲深い子どもの扱い方をする方向にむかって、変わることなく推移していると主張した。デ＝モスはまた、決定的な時点で、子どもの世話と養育を改善するうえで国家が不可欠な存在になってきたとも主張した。だが、とくに中世史家たちは、デ＝モスが主唱した心理発生理論を、彼らが研究対象にしている時代の人間に対して不当に攻撃しているとして、厳しく非難した。投げかけられたこのような広汎な批判が正当なものであったにもかかわらず、デ＝モスが子どもに対する慈悲深い扱い方に強く言及したことによって、子ども史研究への関心を助長するうえで非常に重要な役割を演じたことは、認識されるべき重要なことである。

　1980年代末、ピーター・ペシャウアーは、子育てを研究している歴史家たちを、「過去の歴史のなかに涙を発見する者と、笑顔を発見する者」（Petschauer, 1989, p. 3）という二つのグループに分けることができると述べた。この言葉がアリエスの研究とデ＝モスの研究にあてはまることは確かだが、21世紀の変わり目の歴史家たちは、デ＝モスの楽観主義も、アリエスのノスタルジックな悲観主義も、どちらもますます受け入れるのを嫌がるようになったように見受けられる。実際、リンダ・ポロックはその著書『忘れられた子どもたち——1500年から1900年までの親子関係』（Pollock, 1983）で、ヨーロッパとアメリカの親子関係に根本的な変化が生じたとするアリエスとデ＝モスの主張に真っ向から異論を唱えている。ポロックは、社会学の理論枠を引きながら、約500点にも上る日記と**自伝資料**を調査したのち、証拠資料は、「子ども期の歴史にかんする進化理論を支持しない」（p. 283）と述べている。彼女は、子どもに対する親の世話は奇

妙なまでに変化をこばみつづけてきていると結論した。ポロックによる持続理論は、それ自体にも疑問が投げかけられたため、子ども史研究の非常に多くの初期の研究を惹き起こした大人と子どもの関係という課題は、歴史家たちのあいだでは未解決のままにされ、近い将来にも解明されそうにない。

　ふりかえってみると、初期の草分け的な子ども史研究の大部分は、この分野への研究関心を刺激してその正当性を確立するうえで不可欠ではあったものの、概念と理論の明晰さを大きく欠いているという難点があった。子ども史研究がその完全な可能性に近づくことにあるとするなら、この主題の特質と、投げかけられた疑問を明確にするには、より多くの注意がふり向けられるべきである。たとえば、子ども期の概念（concept of childhood）は、すくなくともイデオロギーあるいは社会的な構成物として、経験として、さらに行動として、という3つの基本的な観点から、イデオロギーとしての子ども期（社会が子どもたちのために確立した理念と規範）を、経験を積んだ教師が、子どもに教えることはかならず学習されると考える以上のことを子どもたちが実際に体験することと混同してはならない。子ども期についての信念は、あきらかに行動と経験に影響をおよぼす。しかし、この2つがそれぞれ同時に起こることはない。同じように、子どもたちのふるまいは、子どもたちが体験したことと混同されるべきではないし、イデオロギーとしての子ども期とも混同されてはならない。子どもは、話しかけたり行動したことでその人がだれなのかをすべて明らかにすると考えるのは愚直であろう。したがって、歴史家たちが、過去の子どもたちが大人のミニチュアであるとか、ある時代には子ども期が欠如していたと断言するとき、それは何を意味しているのであろうか？　歴史家たちは、大人は子ども期をどのようなものと考えていたのか、子どもたちは実際にどんなことを体験していたのであろうか、あるいは、子どもたちは実際にどんなことをしていたのか、ということを問いかけようとしているのではないだろうか？

子どもと子ども期の歴史研究のための新たな疑問

　1985年、N・レイ・ハイナーとジョーゼフ・ハウズ（Hiner & Hawes, 1985）は、子ども史研究を導くと彼らが考えた五つの基本的な問いを提示した。この分野の初期の研究者たちの心を占めていたこれらの問いは重要ではあったものの、オリジナルなかたちでは答えることができず、今後さらに洗練させる必要があるという前提での提案であった。したがって、ハイナーとハウズは、これらの問いを、研究を導くためだけでなく、どのようにすれば過去の子どもたちを研究できるようになるのかについて継続的に思考することを奨励しようと企図したのであった。ハイナーとハウズは、これらの問いが実際に研究の方向性を決定するとか、これらの問いがたえず洗練されつづける必要があると示したわけではなかったが、これらの問いは、この研究分野における成果を評価する便利な枠組みとして役立たせることができる。これらの問いは、子どもについての歴史（history of children）は、社会的な構成物あるいはイデオロギーとしての子ども期の歴史（history of childhood）よりもはるかに広大であることを明確にする。以下においては、これらの問いがどのようなものであるのかを確認し、どのようにすれば過去の子どもたちについての情報を組織し、解釈をくわえるために活用できるか、その実例を簡単に示しておいた。

　1　子どもの発達に具体的なかたちをあたえたのはどのような条件であったのか？　この問いは、人生段階としての子ども期の期間、範囲、そして強度を決定する社会的な指標、子どもたちがそこで暮らしているさまざまな制度、そしてこうした制度のなかで生じる人間関係の性質とパターンなどを調査してきた社会史家や人口動態史家たちにとって特別な関心を集めてきた。このうち人口動態的な要因の重要性を強調した歴史家はロバート・ウェルズで、その著書『アンクル・サムの家族——アメリカ人口動態史に関する課題と展望』（Wells, 1985）は、アメリカ史における人口動態の諸要因を素描している。

　2　子どもたちの社会的、文化的、および心理学的な機能はどのようなものであったか？　子どもたちは、あらゆる社会集団のメンバーと同じように、アメリカの社会と文化のなかで暗示的な役割と明示的な役割の両方を割りあてられている。子どもたちは、自分にさまざまな要求をつきつけたり、非常に正確な仕方で自分たちの行動を形成する広大な制度の一部であって、これは歴史家たちが調査すべき対象である。初期の、そしていまもなお意義を失わない古典的な研究であるバーナード・ウイッシーの『子どもと共和国』（*Child and the Republic*, 1968）は、子ども期の歴史に対するこの研究方法の見事な実例である。社会が子どもの役割をどのように明確に示していたかについての、もうひとつの例は、ジョン・デモスによる植民地時代のプリマスについての古典的な研究『小さな共和国』（*A Little Commonwealth*, 1970）が提示してくれている。

　3　子どもたちと子ども期に対する大人の心的態度はどのようなものであったのか？　ある意味でこの問いは、歴史家にとっては最初にもっとも解答しやすい問いであった。なぜなら、大人は子どもたちへの心的態度について豊富な記録を残しているからである。しかし、子どもの世話にかんしては、心的態度あるいはレトリックを実際の行動と混同してしまってはならない。さらに、大人たちが子どもたちについてどのように考えていたのか、大人たちは子どもはどのようにふるまうべきであり、どのような存在であるべきだと期待していたのか、子ども期はどのように構成されたの

か、といった点についての知識は、子どもについての比較史研究を進める基礎となる。これは、歴史家にとってはむずかしい課題領域であるように思われるかもしれないが、歴史家ジョーゼフ・ケットがその著書『通過儀礼——アメリカの青年期・1790年から現代まで』（Kett, 1977）のなかで発展させた青年期の理念の非常に複雑な歴史は、過去の子どもたちについて歴史家たちが考えたり書いたりするかもしれない多数の方法のひとつを示している。同様に、カリン・カルヴァートの『家のなかの子どもたち』（Calvert, 1992）も、変化する子どもモデルを検証しており、とくにジェンダー問題に注意をはらっている。

4　過去において、子どもであることの主観的な経験はどのようなものであったのだろうか？　これは、歴史家にとって答えるのが非常にむずかしい問いである。その理由の一部は、子どもたち、とくに年少の子どもたちが相対的に見て体験記録をほとんど残さなかったからである。だがそれでも、資料に対する共感能力、想像力、そして細心の注意をはらうことができるなら、歴史家が子どもたちの主観的な世界にふみこめる重要な洞察を得ることは可能である。もしこのような見通しが立たなければ子ども史は完璧なものにはならないが、これは非常にむずかしいことなので、この点を例示している研究は多くはない。ここで目立っているのは、デイヴィッド・ナソーの『子どもたちと都市——労働と遊び』（Nasaw, 1985）である。広汎にわたる多彩な資料を活用するナソーの想像力は、この研究を進める重要性と困難さの両方を示している。ウィリアム・タトルも、その著書『お父ちゃんの出征——アメリカの子ども生活に見る第2次世界大戦』（Tuttle, 1993）のなかで、第2次世界大戦中のアメリカの子どもたちの体験を同じように再構成しようと試みたものである。

5　子どもたちは大人たちに対して、子どもたちどうしで、どのように影響をおよぼしてきたのであろうか？　この問いを理解するには影響力と権力を混同しないことが重要である。子どもたちが権力をもっていないことは明らかなのであるから、歴史家たちは、大人と子どもの関係における影響力の大部分が、大人から子どもへと向かうだけの一方向的な流れであることを必要以上に想定していなくてはならない。しかし、あらゆる人間関係は、非常にヒエラルキー的な関係でさえ、相互的でダイナミックな関係であることをまぬがれない。子どもたちは正式の権力をほとんどもっていないが、それでも彼らは、実質的にアメリカの社会と文化のあらゆる面に大きな影響をおよぼしてきたし、いまもおよぼしつづけている。子どもたちが大人に影響をおよぼす方法は多数あり、しかも多様である。しかし、そのなかでもっとも直接的な影響がおよぶのは、子どもが誕生するときである。N・レイ・ハイナー（Hiner, 1979, 1985）は、ピューリタンの聖職者で、初期の親たちの教育家でもあったコットン・メイザーの生活と思想に、その子どもたちがどのように影響をおよぼしたかについて書いたいくつかの論文で、こうしたダイナミックな状況を明らかにしている。

ここに6番目の問いが示されてもよかろう。すなわち、子どもたちの生活と体験の意味を明確にするうえでもっとも重要なのはいかなる制度であっただろうか？　ここには、学校教育、孤児の収容施設、家族、そして教会と宗教についての多数のすぐれた研究がふくまれよう。フィリップ・グレーヴェン[*12]の『プロテスタントの気質——初期アメリカにおける子育て・宗教体験・自我のパターン』（Greven, 1977）は、子どもたちが置かれている状況で形成される宗教の役割について徹底的に研究した調査であり、スティーヴン・ミンツとスーザン・ケロッグの『家庭内革命——アメリカの家庭生活の社会史』（Mintz & Kellogg, 1988）は、子どものもっとも基本的な発達環境の変化しつづける特性について、重要な洞察をもたらしてくれる。

不幸なことに、歴史研究は、過去の子どもたちにかんする以上のような重要な問いに対して、シンプルで決定的な解答を提供してはくれない。その理由の一端は、(1) これらの疑問自体が複雑であるため、(2) 子どもにかんする歴史研究のための資料が、しばしばかぎられているか利用できないため、(3) 歴史学は、つねに新しい挑戦的な洞察を示しつづけるダイナミックな学問であるため、(4) 子どもの歴史は、活力に満ちてはいるが、まだ浅く、未開拓な分野であるため、そして、おそらくもっとも決定的なのは、(5) 人間の経験は非常に大きな多様性に満ちているので、過去の子どもは、大人と同じように、ときどき人を混乱させるような言い方で、多くのことを語るからである。歴史家たちが人種や階級やジェンダーの問題を解明するように、これらの点は、われわれの子ども学研究にかならずや新しい道筋を創り出してくれよう（たとえば、奴隷にかんする研究分野では、1990年代に、ブレンダ・スティーヴンソンの『黒人と白人の生活——南部奴隷制における家族と共同体』（Stevenson, 1996）と、ウィルマ・キングの『盗まれた子ども期——19世紀アメリカにおける奴隷の若者』（King, 1995）をふくむ新しい研究成果があらわれている）。しかし、こうした制約があるにもかかわらず、歴史家たちは、過去20年間に子どもについてのわれわれの理解に非常に多くのことをつけくわえてきている。

「無力であること」の影響力

子どもたちはどのようにして影響をおよぼす存在であったのだろうか？　この答えの一部は議論の余地がない。大人たちはだれでもかつては子どもであった。これはあきらかに複雑な方法で子どもおよび発達を具体的に示していた経験である。だが、子どもたちがおよぼす影響は子ども期の普遍性を超えている。子ども

たちがわれわれの過去において影響力のある存在であったのは、すくなくとも次の四つの付加的な点においてであった。(1) 家族メンバーとして、(2) 独自な人口集団のメンバーとして、(3) 生産者と消費者として、そして、(4) 文化的および政治的なシンボルとして。

家族メンバーとしての子どもたちは、その両親、きょうだい、親類、そして養育者たちの生活に大きな影響をおよぼした。子どもの誕生あるいは養子縁組が家族の基本的な力学を変えることについて両親に語る必要はない。われわれが利用するアーカイブは、こうした影響力を証明する文書資料に満ちている。それだけでなく、ほとんどの子どもたちが自分の両親や他人たちからほしいものを手に入れる方法を学んでいることを否定する親はほとんどいないであろう。この点についての実例は、マクドナルドのレストラン・チェーンの市場戦略である。そこでは、直接子どもに向けて宣伝を打ち、ロナルド・マクドナルドのような風刺漫画のキャラクターをおまけにつけて子どもたちを楽しませたり、子どもたちが歓迎されていると感じるような仕方で小売店を設計している。このようにして、マクドナルドは、ハンバーガーを販売し、株主たちに十分な利益をもたらすために、親に影響をおよぼす子どもたちの能力を利用しているのである。歴史を通じて、必要と選択によって、無数の両親と養育者たちが子どもを養育したり世話をすることによって生計を立ててきている（おもちゃの購入をめぐってどのように影響がおよぼされ、これがどのように変化してきたかについては、ゲイリー・クロス*13が『子どもの持ちもの——おもちゃとアメリカの子ども世界の変貌』[Cross, 1977] において明らかにしている）。

独自な人口集団のメンバーとしての子どもたちは、彼らのそれぞれの家族をはるかに超える仕方で社会を形成してきている。たとえば、21世紀には、過去の大半を通じて見られたような、子どもたちの偏在性を完全に把握できる者はほとんどいない。1800年以前には、アメリカの人口のすくなくとも半分は16歳以下の子どもであり、20世紀になるまで、アメリカ人の平均年齢が21歳を超えることはなかった。人的資源と物質的な資源の膨大な総量は、子どもたちのために食糧、衣類、避難場所、そして教育の提供に貢献してきている。さらに、子ども期の死亡率が21世紀に比べて20倍から30倍も高かったため、過去の子どもたちの多くは、社会が彼らの世話と訓練をする十分な投資を償還できるようになる前に死んでいた。子どもたちの集団的な影響力は、年齢によって彼らが学校その他の保護制度で区分されるようになったとき、拡大された。一定の基準にしたがって、これまでにアメリカ社会によって作られたもっとも急進的な決定は、膨大な人数のティーンエイジャーをいっしょにして、ハイスクールという延長された時期のために制約された空間に閉じこめることであったと論じることもできよう。われわれはいまなおその決定がもたらした結果のなかで生きている（この現象の発端と展開にかんする検討については、ポーラ・ファスの『地獄に落とされた人びとと美しい人びと——1920年代のアメリカの若者』(Fass, 1977) と、トマス・ハインの『アメリカのティーンエイジャーたちの光と影』(Hine, 1999) を参照）。子どもたちの異常なまでに集団的な影響力は、人口に占める子どもたちの比率が一時的に上昇した第2次世界大戦後のベビーブームがもたらした持続的な効果においても見ることができる。これとは逆に、21世紀初頭には、下降しつづける出生率が政府の政策、経済、世代間に関係する政治、そして家族の力学に強大な影響をおよぼすのを見ることができよう。

生産者であるとともに消費者でもある子どもたちは、アメリカ経済のなかで重要な役割を演じた。子どもたちは、初期のアメリカ人口で非常に大きな比率を占めていたため、成人労働は相対的にとぼしく、子どもたちは非常に年少の子どもにもはたらくことが求められていた。初期のアメリカの子どもたちにとって、労働の準備をすることは、ありふれた生活の一部であった。アメリカでは、世帯、農場、そして田舎と小さな町の店では、子どもたちによって多数のさまざまな仕事がなされており、それ自体はどこでもたいした意味はなかったものの、子どもたちは集団として、経済にとって欠くことのできない貢献者であることをあらわしていた。子どもたちは、19世紀の——そして20世紀初期の——アメリカの工場、製粉所、および鉱山でもはたらいており、発展する国際市場で競争するために、安価な商品の生産に貢献することによってアメリカの工業化を助けたのである。しかし、そのために子どもたちはその生命を失い、健康を失い、そして教育を受けてふつうに発達する機会を失うという非常に高い犠牲をはらってこれを実行したのであった。児童労働を排除しようとする強力なキャンペーンにもかかわらず、社会的な圧力、規制法、新しいテクノロジー、そして義務教育法が児童労働を減らすことにつながるまで、ほとんど効果はなかった。はたらきに出るよりも多くの子どもたちが学校に通うようになってくると、子どもたちの重要な経済的役割は、子どもたちのために生み出されたありとあらゆる種類の商品を消費することが子どもたちの顕著な経済的役割となった（これらの変化についてはロバート・ブレムナーほかによって編纂された資料集『アメリカにおける子どもと若者』[Bremner, 1970-1977] を参照）。

文化的および政治的なシンボルとしての子どもたちは、広範囲におよぶ公的論点に対してきわだった影響をおよぼしてきた。子どもたちがあまり大きな人口比率しか占めないようになり、その経済的な役割が生産から消費に推移するようになってくると、家族と社会における子どもたちの心理的および文化的な重要性が増した。それゆえ子どもたちは、しばしば自分たちが

アメリカ人の心の奥底の感情、希望、そして不安感にあらわれる論争の的になっていることに気がつく。子どもたちは、アメリカの歴史を通じて、いくつか名前をあげるなら、家族、宗教、罪、教育、市民性、奴隷制、ジェンダー、人種、**セクシュアリティ**、社会正義、健康、福祉、薬物濫用、そしてデイケアなどをめぐる論争の的であった。子ども期の神聖化が子どもについての社会思想にどれほど大きく影響するかの基礎研究は、新しい分野を切り開いたヴィヴィアナ・ゼライザー[*14]の『値をつけられないほど貴重な子どもに値段をつけること——子どもの社会的価値の変貌』（Zelizer, 1985）において見られよう。神聖な子どもの文化的利用についてのごく最近の調査研究は、ポーラ・ファスの『誘拐——アメリカにおける子どもの営利誘拐』（Fass, 1997）である。

子ども史研究の将来

2002年に「子どもと若者の歴史研究学会」（Society for the History of Children and Youth）が新しく創設されたことは、この比較的新しい学問分野の将来をみごとに予兆している。1960年代に小規模な副次的専門分野としてはじまっていたことが、この主題の範囲と重要性を正確に反映している力強い学際的な企画にまで発展してきたのである。歴史家たちばかりでなく社会科学者たち、文学者や法学者たち、そしてとくに教育学者たちも、子どもを研究することは人間の条件を理解するうえで基本的で、欠くことができない第一歩であること、また、子どもの歴史を研究することは、人間の歴史そのものを理解するうえで不可欠であるということを認識しはじめたのである。

［訳注］

*1 フランドラン（Jean-Louis Flandrin, 1931-2001）——フランスの歴史学者。性、家族、再生産、食などにかんして多数の研究書を公刊している。Les Amours paysannes xvie-xixe siècles（1975）; Familles - Parenté, maison, sexualité dans l'ancienne société（1976）; Le Sexe et l'Occident（1981）; L'Ordre des mets（2002）。

*2 エドワード・ショーター（Edward Shorter, 1941-）——アメリカの家族史家、社会学者、ハーヴァード大学で学位取得後、カナダのトロント大学教授となり、近代家族史、女性の身体の文化史、精神医学の歴史などで知られる。

*3 ローレンス・ストーン（Lawrence Stone, 1919-1999）——イギリスの経済史、家族史、社会史家。オックスフォード大学教授から、1963年にプリンストン大学歴史学部教授となった。経済史・イギリス革命史・大学史・家族史など。

*4 エリザベート・バダンテール（Elizabeth Badinter, 1944-）——フランスのフェミニズム歴史学者。フランス啓蒙思想、フェミニズム、ジェンダーなどの社会史研究で知られる。L'Amour en plus : histoire de l'amour maternel（XVIIe au XXe siècle）, 1980（réimpr. 2010）; The Myth of Motherhoodで注目された。

*5 サイモン・シャーマ（Simon Schama, 1945-）——イギリス生まれの歴史学者。おもな専門領域はオランダ史、フランス史、美術史など多岐にわたる。とくに、子どもの歴史ではオランダの近世・近代の子ども史研究で注目されている。現在はコロンビア大学教授。

*6 アラン・マクファーレン（Alan Macfarlane, 1941-）——イギリスの歴史人類学者。オックスフォード大学で歴史学、ロンドン大学で人類学の学位をそれぞれ取得し、現在、ケンブリッジ大学社会人類学部教授。魔女研究・人口動態史・資本主義文化史・日英比較史・ネパール研究・中国文化・茶・ガラスなどの歴史人類学研究で知られる。

*7 リンダ・ポロック（Linda Pollock）——イギリス生まれの歴史学者。ケンブリッジ大学チャーチルカレッジの特別研究員の頃、アラン・マクファーレンの指導を受けている。子ども観史研究をすすめ、『忘れられた子どもたち』によって、アリエス、ストーンらの学説に挑戦した。おもにイギリス近代を対象に、子ども観、家族関係、宗教意識などについて感情の社会史研究を進めている。現在はアメリカのテューレーン大学教授。

*8 ジョン・ボズウェル（John Boswell, 1947-1994）——中世ヨーロッパのキリスト教と同性愛の精神文化史、古代からルネサンス時代にかけての子どもの遺棄の社会史研究で注目された。

*9 シャラミス・シャハール（Shulamith Shahar, 1928-）——ラトヴィア生まれのイスラエルの歴史学者。中世子ども史、老齢化の社会史を専門とする。テルアヴィヴ大学教授。

*10 ルイス・ハース（Louis Haas）——アメリカの歴史学者。アナール学派の影響のもとに、ヨーロッパ中世史における家族、親子関係史研究を進める。ミドル・テネシー州立大学教授。

*11 デイケア（day-care system）——専門的な訓練を受けた職員が、家族に代わって未就学児童、高齢者、身障者に対して行なう仕事日の昼間保育または昼間介護。この表現の初出は1940年。デイケア・センター（Daycare Center）という用語の初出は1947年である。

*12 フィリップ・グレーヴェン（Philip J. Greven, 1935-）——アメリカの歴史学者。植民地時代の家族、人口、世代関係、育児文化などの社会史研究の草分け的研究を進める。大部の主著『プロテスタント気質』はアメリカ子ども観史、家族関係史の古典である。ラトガーズ大学歴史学部教授。

*13 ゲイリー・クロス（Gary Cross）——アメリカの近代史家。ペンシルヴァニア州立大学の歴史学部教授として、ヨーロッパとアメリカの近現代史を講じている。はじめはフランスとドイツの近代史を研究したが、のちにオーストラリアとイギリスでの体験から比較史の労働問題、政治経済、時間、余暇、消費および子ども期など著作を多数著している。Time and Money: The Making of Consumer Culture（Routledge, 1993）;

Kids' Stuff: Toys and the Changing Worlds of American Childhood (Harvard University, 1997); An All Consuming Century: Why Commercialism Won in Modern America (Columbia University Press, 2000); The Cute and the Cool: Wondrous Innocence and Modern American Children's Culture (Oxford University Press, 2004)。

＊14 ヴィヴィアナ・A・ゼライザー (Viviana A. Zelizer, 1946-) ── アメリカのプリンストン大学の社会学教授。人間の道徳性と経済の関係を歴史社会学的に分析して注目された。子どもの価値、愛情や親密さの金銭的価値を経済社会学的に分析するために、子どもの生命保険料、誘拐事件による身代金額などに注目して『子どもの価値』にかんする研究を進めた。経済が文化や精神的価値を作るのではなく、感情や精神文化が経済行為を導いているとする、いわゆる「ソフト・パワー」(Soft Power) 論的感情社会学の観点から、経済社会と道徳性の関係を解明しようとしている。近年、次の著作が多方面から注目を集めている。The Purchse of Intimacy (Princeton UP, 2005); Morals and Markets: the Development of Life Insurance in United States (Transactions Pub, 2006); Economic Lives: How Culture Shapes the Economy (Princeton UP, 2010)。

➡子ども期の社会学と人類学、子ども期の比較史

●参考文献（アメリカ）

Abbott, Grace, ed. 1998. *The Child and the State: Legal Status in the Family, Apprenticeship, and Child Labor*, 2 vols. Chicago: University of Chicago Press.

Ariès, Philippe. 1962. *Centuries of Childhood: A Social History of Family Life*. Trans. Robert Baldick. New York: Random House. アリエス『〈子供〉の誕生──アンシァン・レジーム期の子供と家族生活』（杉山光信・杉山恵美子訳、みすず書房、1980年）

Bremner, Robert, et al., eds. 1970-1977. *Children and Youth in America: A Documentary History*, 3 vols. Cambridge, MA: Harvard University Press.

Calvert, Karin. 1992. *Children in the House*. Boston: Northeastern University Press.

Cross, Gary. 1997. *Kids' Stuff: Toys and the Changing World of American Childhood*. Cambridge, MA: Harvard University Press.

deMause, Lloyd, ed. 1974. *The History of Childhood*. New York: Psychohistory Press.

Demos, John. 1970. *A Little Commonwealth*. New York: Oxford University Press.

Fass, Paula. 1977. *The Damned and the Beautiful: American Youth in the 1920s*. New York: Oxford University Press.

Fass, Paula. 1997. *Kidnapped: Child Abduction in America*. New York: Oxford University Press.

Fass, Paula, and Mary Ann Mason, eds. 2000. *Childhood in America*. New York: New York University Press.

Finklestein, Barbara, ed. 1979. *Regulated Children/Liberated Children: Education in Psychohistorical Perspective*. New York: Psychohistory Press.

Graff, Harvey J. 1995. *Conflicting Paths: Growing Up in America*. Cambridge, MA: Harvard University Press.

Graff, Harvey J., ed. 1987. *Growing Up in America: Historical Experiences*. Detroit: Wayne State University Press.

Greven, Philip J., ed. 1973. *Child Rearing Concepts: 1628-1861: Historical Sources*. Itasco, IL: Peacock Press.

Greven, Philip J. 1977. *The Protestant Temperament: Patterns of Child-Rearing, Religious Experience, and the Self in Early America*. New York: Knopf.

Hawes, Joseph M., and N. Ray Hiner, eds. 1985. *American Childhood: A Research Guide and Historical Handbook*. Westport, CT: Greenwood Press.

Hawes, Joseph M., and N. Ray Hiner, eds. 1991. *Children in Historical and Comparative Perspective: An International Handbook and Research Guide*. Westport, CT: Greenwood Press.

Hiner, N. Ray. 1979. "Cotton Mather and His Children: The Evolution of a Parent Educator." In *Regulated Children/ Liberated Children: Education in Psychohistorical Perspective*, ed. Barbara Finklestein, pp. 24-43. New York: Psychohistory Press.

Hiner, N. Ray. 1985. "Cotton Mather and His Female Children: Notes on the Relationship Between Private Life and Public Thought." *Journal of Psychohistory* 13 (Summer): 33-49.

Hiner, N. Ray, and Joseph M. Hawes, eds. 1985. *Growing Up in America: Children in Historical Perspective*. Urbana: University of Illinois Press.

Hine, Thomas. 1999. *The Rise and Fall of the American Teenager*. New York: Bard.

Illick, Joseph E. 2002. *American Childhoods*. Philadelphia: University of Pennsylvania Press.

Kett, Joseph. 1977. *Rites of Passage: Adolescence in America, 1790 to the Present*. New York: Basic Books.

King, Wilma. 1995. *Stolen Childhood: Slave Youth in Nineteenth-Century America*. Bloomington: Indiana University Press.

Mintz, Steven, and Susan Kellogg. 1988. *Domestic Revolutions: A Social History of American Family Life*. New York: CollierMacmillan.

Nasaw, David. 1985. *Children of the City: At Work and Play*. New York: Oxford University Press.

Petschauer, Peter. 1989. "The Childrearing Modes in Flux: An Historian's Reflections." *Journal of Psychohistory* 17 (summer): 1-34.

Pollock, Linda. 1983. *Forgotten Children: Parent-Child Relations from 1500 to 1900*. Cambridge, UK: Cambridge University Press. ポロック『忘れられた子どもたち』（中地克子訳、勁草書房、1988年）

Stevenson, Brenda. 1996. *Life in Black and White: Family and Community in the Slave South*. New York: Oxford University Press.

Tuttle, William M. 1993. *Daddy's Gone to War: The Second World War in the Lives of America's Children.* New York: Oxford University Press.

Wells, Robert. 1985. *Uncle Sam's Family: Issues and Perspectives on American Demographic History.* Albany: State University of New York Press.

West, Elliott. 1996. *Growing Up in Twentieth-Century America: A History and Reference Guide.* Westport, CT: Greenwood Press.

West, Elliott, and Paula Petrik, eds. 1992. *Small Worlds: Children and Adolescents in America, 1850-1950.* Lawrence: University Press of Kansas.

Wishy, Bernard. 1968. *The Child and the Republic: The Dawn of American Child Nurture.* Philadelphia: University Press.

Zelizer, Viviana. 1985. *Pricing the Priceless Child: The Changing Social Value of Children.* New York: Basic Books.

（N. RAY HINER & JOSEPH M. HAWES／北本正章訳）

子ども空間（Children's Spaces）

どの文化でも、子どもとその活動にとっては、ほかよりもそこがより適切な空間であると理解されていたという意味で、子ども空間はこれまでつねにどこかに存在してきた。しかし、子どもだけが利用する目的の専用空間をつくる慣行が広まるようになったのは19世紀になってからであった。これは、子ども期を人間存在の特別な段階として概念化した時期と一致する。歴史上の文学の大部分は、子ども中心的な空間の創出を若者にとって利益になるものと理解してきているが、現代の子ども期の研究者は、二人のドイツ人社会学者ヘルガとハルトムート・ツァイヘル夫妻が子ども期の「孤島化」（islanding）——子ども空間が、大人が利用する空間からだけでなく、子ども空間からも分離する傾向——とよんだ動きを、憂うべきことだと考えはじめている。

家庭内的な空間

家庭は、歴史を通じて、もっとも緊密に子どもと子ども期を大人に結びつける制度であった。一般に、ヨーロッパで発達したもっとも多い住宅タイプは、家のなかでもっともプライベートで保護された場所を女性と子どもに割りあてている。一般に、このように子どもを保護する階層は、家族の富とともに増大した。たとえば、ローマ時代の大きなドムス（domus）では、家の玄関近くのアトリウム[*1]が非常にパブリックな機能をもたせられているのに対して、道路からもっとも離れた、柱廊に囲まれたエリアは、家庭生活のために取り置かれている。しかし、多くのローマの家族は、ローマの外港であったオスティアでは、インシュリ[*2]とよばれる、目立った階層構造の複数世帯向けの住宅が示しているように、ワンルームの家でいっしょに暮らしていた。

この点は、中国の田舎の家屋で発達した比較的固定的な住宅パターンとはいちじるしい対照をなしている中国の、南北を軸に四つの建物の壁で区切られた方形の中庭に面した四つの建物でとり囲まれている四合院[*3]では、家族のヒエラルキーは、社会階級とは無関係な厳格な住宅プランにはっきりと反映している。すなわち、（中庭に面した）南向きの中心的な建物には両親が住み、南側の建物は使用人たちに、東西の二つの建物は未婚の子どもと、家族をもつ既婚の息子たちに、それぞれ割りあてられた。

他方、イスラムの都市の家屋は、性差によって、サラムリク（*salamlik*）とハラムリク（*haramlik*）という二つの空間に厳格に区分されていた。サラムリクは男性の訪問者や友人たちを受け入れる、家のなかの公的な領域であった。他方、ハラムリクは、女性と子どもたちのための隔離区域であった。小さな家では、女性と子どもは、垂直方向に上階に区切られたのに対して、大きな家では、家屋の各部分は中庭で区切られていた。ハラムリクの窓でさえ、隣人がなかをのぞきこめないように設計されていた。

中世の西ヨーロッパの都市の家屋は、そうした明確な区切りをまったくしていなかった。女性と子どものための特別な空間は存在しなかった。若い徒弟をふくむ子どもたちは、仕事と家庭生活の両方に対応する、こうした非常に目立つ、こみ入った多目的な住宅のあらゆる部屋に住んでいた。年少の子どもたちは、年齢によって空間をあらかじめ区切るのではなく、（たとえば、夜になったら大人が眠る部屋で、昼間の時間は遊んでいたかもしれないように）一日の時間帯に応じて特別な空間を支配した。

産業革命以降、子どものための特別な部屋の発達は、機能に応じてますます特化する非常に大きな空間パターンを生み出すようになった。子どものための特別な空間は1830年代の中産階級に見られたが、これはヴィクトリア時代の家屋のほかの部屋を子どもから守るためばかりでなく、子どもを外の世界から守るためにも設計された空間であった。礼儀作法の助言本は、一般に、とくに両親と一緒でないときは、子どもが家のなかの主要な部屋に立ち入るのを禁じていた。小説や教訓文学の記述は、ヴィクトリア時代の子どもは親から離れ、おそらくは台所とか使用人たちの居住空間にいたことを示していた。子ども用の高椅子[*4]は、子どもの動きを抑制し、子どもがほかの家具にさわらないないようにする目的で作られた食卓用の家具であった。

子守り部屋は、たしかに18世紀の壮麗な邸宅の顕著な特徴であり、ヴィクトリア時代の家屋に欠くことのできない特色であった。遊び、教育、そして、ときには睡眠をとるための場所としての子守り部屋は、し

ばしば家の最上階にあり、家族の寝室あるいは台所と、特別な廊下で直結していた。中産階級の家庭におけるこのような子どもの空間的分離は、子どもの世話をする専門的な使用人、乳母などの登場に対応していた。家のなかの最良の部屋から子どもを引き離すことは、母親の不安感を緩和するのに役立ったかもしれないが、同時にそれは、子どもがたんなる小さな大人版というよりはむしろユニークな存在と見られていたことの証拠でもあった。有名な建築家ピーボディとスターンズによって設計されたロードアイランドのニューポートのブレーカーズ劇場のような、ある目的のために建てられた小さなプレイ・ハウスと同じように、子ども用の特別な家具、磁器、そしてもちろんおもちゃも、こうした考えを支持している。

20世紀の家屋、とりわけ第1次世界大戦後に建てられた家屋の大部分は規模が小さく、使用人はいなかった。使用人たちの居場所と「裏階段」が消滅し、台所が（使用人というよりはむしろ）母親と同一視されるようになるのにつれて、子どもの空間はますます家の中心部に調和的に統合されるようになった。子ども専用の寝室は両親の寝室に隣接し、バスルームを共有するようになった。全般的に見て、20世紀初頭には、社会統制の緩和が見られた。たとえば、バンガロー式住宅*5の「居間」(living room)は、ヴィクトリア時代の応接間（parlor）よりもはるかにひんぱんに子どもに対応していた。

第2次世界大戦が終わってすぐ、場所と部屋の間取りの両方で、中産階級にとってもっとも革命的な変化が起きた。ベビーブームは、中産階級を駆りたてて、その大半が玄関と裏階段で区切られた一戸建ての家がならぶ眺めのよい住宅地が広がる郊外へ大移動させた。子どもは、このような平屋建て様式*6とスキップフロア様式*7の家で、いくつかの鍵となる部屋、とくに、いわゆる多目的の居間を占めた。この居間は、典型的には、台所から見え、（1960年代以降には）家族がいっしょにテレビを見る場所として、家の裏側にあった。第2次世界大戦後の家屋で、これ以外の子どもの居場所でもっとも重要なのは地下室と裏庭であった。戦後の地下室は、とくにティーンエイジャーにとっては、両親からのがれられる大切な空間であり、主要階の各部屋で適当な部屋を提供する余裕がなかったロック・ミュージックを聞いたり、卓球とかポケットゲーム*8のような娯楽をする理想的な場所であった。裏庭は、遊びの空間と家庭的な設備を提供した。

1975年以降になると、中産階級の子どもは、居間をのぞいて、ほとんどの部屋にもいるようになった。家族がくつろぐ部屋は、その中央にテレビを置いて家庭生活の心臓部でありつづける。台所はさらに広くなり、（母親だけがするのではない）料理、自宅でする仕事（家事仕事）、そしてときにはコンピュータ設備を提供する一種の「スーパーセンター」のようになっ

た。寝室は性差と年齢で分かれていたが、あらゆる年齢の子どもにとって、一人になることができ、自己表現する重要な場所としての機能を果たしつづけている。

またこの時期の重要なこととして、特別な目的のために作られた託児（daycare）施設が出現したことである。託児施設は、ときにはそのために建てられたわけではない教会や学校、公会堂のような昔からあった建物に充当されることもあれば、オフィスビルや病院のような広い仕事場に組みこまれることもあった。しかしまた、託児施設は、注文建築の重要な型にもなった。ほとんどの場合、専用に造られた託児施設は、その地方の建築資材を使い、傾斜のきつい屋根、明るい色あいや、簡単に見分けやすい部屋のかたちを採用するなど、家庭的な建物をそっくりそのまま残していた。託児施設は、典型的には管理室と調理場とならんで廊下の両側に小さな教室がいくつかならぶ作りになっている。屋外の遊び空間は、戦後にあらわれたプライベートな裏庭のように、安全な集団遊びをうながすような遊具があるのが一般的であった。（都市において暴力と子どもの誘拐が増加したのではないかと考えられたため）託児センターの安全性にますます大きな関心が集まるようになった。その結果、託児センターはしばしば塀で囲まれ、職員と親と管理者だけが入ることができるようになっている。

教育空間

プライベートな家庭の外に、子どものために特別に建てられた最初の空間が学校であったことについては疑問の余地がない。実際、15世紀以降、特定の目的のために多数のグラマースクールが建てられたが、教場（schoolroom）は1394年という早い時期にイギリスのウインチェスター学寮に組みこまれた。典型的には後援者から私的に財源が支援されていたこうした学校は、1437年イギリスのユーエルム（オクスフォードシャ）に建てられた煉瓦作りの二階建ての学校の例のように、教会、救貧院、そして校長の私宅をふくむことができた広大な慈善施設の一部であった。このゴシック様式の建物では、広大な教場が1階に配置され、おそらくその上の階は少年たちの寄宿舎になっていた。イギリスの多数のグラマースクールは、16世紀まで、校長と助教師の住まいによって片面がふさがれた、これと同じ造りの教場兼寄宿舎を中心に使っていた。この配置は17世紀末まで残った。クリストファー・レン卿*9は、1693年から1697年にかけてのアップルビー・マグナ（レスターシャー）のグラマースクールのためのイニシアルデザインのなかにそれを使った。これら初期の教場では、生徒たちは、部屋の端にある校長の座席に向かって直角に伸びた長い壁に沿ってならべられた椅子（benches）に座った。授業は口頭で行なわれた。書き方は初期の学校では重視されず、17世紀のかなりの時期まで、生徒は自分の両膝を机がわ

コトモクウ

ヤン・ブリューゲル（父）「農家への訪問」（17世紀）。近代以前の西ヨーロッパでは、子どものための特別な居場所が取り置かれることはなかった。子どもと大人は家庭のなかでは、共同体的な空間でいっしょに暮らし、はたらいていた。©Francis G. Mayer/CORBIS

りに使うよう期待されていた。

　18世紀末になると、膨大な数の子どもがロンドン市内を徘徊していたが、これは最少の経費で最大数の子どもを教育するため、教育改革者ジョーゼフ・ランカスターが教場の急進的な再編を唱道するよう駆りたてた。ランカスター方式の学校は、各部屋に数百人の生徒を収容し、生徒は先生の机に向かって、教室（classroom）の真ん中で長い列を作って座る。部屋の両側の広い通路は、監視役（monitors）の生徒の監督の下で行なわれる小集団の授業を、生徒が半円形になって立ったままで受けるスペースを提供した。ランカスター方式の学校は、フィラデルフィアとニューヨークでのように、この改革運動の経済的な関心と歩調を合わせて、煉瓦造りのほとんど装飾のない質素な学校であったが、これはイギリスでも建てられた。貧民の子どもへの教育の拡大を重視することは、19世紀を通じて主要な関心でありつづけ、とくにイギリスと、大英帝国のほかの部分では、この世紀のなかば頃、いわゆる貧民学校*10（貧民の子どものための無償制の学校）がつくられていた。イギリスでは1844年に貧民学校組合（the Ragged Schools Union）が創設され、1860年には**オーストラリア**のシドニーにも、最初の貧民学校が創設された。草創期の貧民学校は借地に建てられ、格子窓の安っぽい二階建ての石造りの倉庫のなかにあったが、1872年には募金運動で集まった基金から家賃が支払われる専用の教室に移った。

　19世紀中頃までに、特別に建てられた学校はよい教育に不可欠であるという確信がますます強まり、多くの国々の教育委員会は、学校建物のデザインと建設に大きな注意を向けるようになり、しばしばモデルとなる建築プランと仕様書がつくられた。アメリカでは、学校改革のスポークスマンは、ロードアイランドの公立学校理事であったヘンリー・バーナードで、彼は、1842年にはじめて、『学校建築、アメリカにおける校舎の改善への提言』（School Architecture, or Contributions to the Improvement of School-Houses in the United States）を著した。イギリスでは、ロンドン学校委員会の建築家であったE・R・ロブソンが、1874年にその著書『学校建築』（School Architecture）を出版し、フランスでも、1882年に学校保健委員会（La Commission

子守り部屋。しばしばおもちゃや子どもサイズの特別な家具でいっぱいになっていた子守り部屋は、ヴィクトリア時代の中産階級の家庭の設備であった。子どもたちは家のなかの大人の空間から遠く離れてここで遊んだり食事をし、ときには使用人や乳母の監視の下に眠ることもあった。©CORBIS

d'hygiène des écoles）が創設された。これらの建物の建築様式は——バーナードがギリシアのリバイバルを好み、ロブソンの学校がアン女王時代風であったように——学校ごとに大きな違いはあったものの、どれも長方形で、教師の（しばしば高くもちあげられた）机に向かって椅子がすえつけられていた。校庭には目立った塀が張りめぐらされ、入り口は男女別に分かれ、採光、暖房、換気、そしてトイレなどの設備があった。

19世紀には**幼稚園**（キンダーガルテン）の設立も見られた。子ども中心的なこの教育施設は、年少の子どもたちを統一性のある社会化システムに再結合させることによって、また、子どもと自然界との絆を回復させることによって、工業化が進む都市の影響力に対抗しようとするものであった。幼稚園を設立しようとする理論家たち——ヨハン・ハインリッヒ・ペスタロッチやフリードリヒ・フレーベル——は19世紀初期に活躍していたが、特別に建てられた幼稚園が広まるのは20世紀に入ってからであった。顕著な例外は、1816年にロバート・オウエンによって、スコットランドのニューラナークの模範的な工場施設の一部として建てられた「新しい性格形成学院」（the New Institution for the Formation of Character）であった。ペスタロッチが（スイスの）イヴェルドンに作っていた子ども中心的な教育施設からヒントを得たオウエンは、幼児学校を造り、部屋には動物の説明図や鉱物の標本を飾った。19世紀後半においてさえ、イギリス、アメリカ、そしてドイツの幼稚園は、その施設の建築学上の形態よりも、そこで行なわれていた教授方法——とくにフレーベルの「恩物」（教育玩具）の利用——によって特徴づけられた。こうした私立の幼稚園の多くは、ほかの目的のために設計された建物のなかに設けられていた。

20世紀初頭になると、特別につくられた幼稚園はさらに一般化した。ヨーロッパでは、幼稚園は独立の建物であったのに対して、アメリカやイギリスでは、小学校に付設された特別なかたちの教室を採用する傾向が見られた。ヴァルドルフ学校運動（これは**ルドルフ・シュタイナー**が1919年に、シュトゥットガルト

のヴァルドルフ＝アストリア煙草工場の労働者の子どもたちのためにはじめた自由ヴァルドルフ学校にはじまる）と関係のあった学校は、諸感覚の全体的な調和によってより高度な精神能力を陶冶することを重視したシュタイナーの考えを支持していたと思われる、有機体的形態を好む傾向があった。1920年代と1930年代に大いに一般化したのは、建築家のハンス・ロイツィンガー（Hans Leuzinger）によって1934年にチューリヒ郊外に建てられた保育所のように、現代的な様式でデザインされた幼稚園であった。そこには、日差しがたっぷりある戸外に直接出ることができ、年少の子どもの大きさに合わせて作った軽くてもち運びができる設備があった。

20世紀初期には、進歩主義教育学の理論家たち（ドイツではカール・ポパー、アメリカではジョン・デューイが有名であった）が、幼稚園の基本的な哲学——子どもの全体的な発達への注意——を小学校と中学校に適用しはじめた。しかし、この教育改革運動は、その近代的なマニフェストで、学校建築上の形態変化に無条件に依存していると理解された。進歩主義の学校では、教室はさまざまな授業活動を促進するために再配置できるよう、軽量でもち運びができる家具を装備しているだけでなく、校庭、ふろ場、体育館、美術室、理科実験室、木工や手工芸のための作業場、そして家庭科教室など、広範囲におよぶあらゆる設備もふくんでいた。生徒と広範なコミュニティの両方に役立つように、しばしば講堂や図書館も作られた。インディアナ州ゲーリー市の教育制度は、これらの娯楽施設をさらに使いやすくするために、1919年にプラトゥーン・システム（ゲイリー・プランともよばれる）を導入した。すべての学校設備を一斉に使うことを目的に、生徒集団を二つの小集団（platoon）に分け、どちらか一方が特別活動に従事しているあいだ、残りの小集団が通常の教室で学術テーマを学習した。各学校は、このシステムを計画するために、典型的には、特別教室を下層階にいっしょにまとめて配置する建物の中央部分に広い講堂を設けた。

ヨーロッパでは、進歩主義的な教育改革は、しばしば、生徒をより密接な自然環境との交感に向かわせる試みと協力しあっていた。20世紀初めには、最初に結核の子どもたちのために——暖房もガラス窓もない——野外学校（open air school）が建てられた。1904年、ドイツのシャーロッテンブルクにヴァルトシューレ（the Waldschule、森林学校）が建てられた。しかし、**野外学校**は、1920年代までに、結核にかかっていない子どもにも勧められるようになった。ドイツのフランクフルトでは、1920年代にエルンスト・メイ（Ernst May）の指導のもとに活動していた建築家たちが、採光と換気をよくするために窓を可動式にして開放的な敷地に配置した一階建てのパビリオンシューレ（Pavilionschule、パビリオン学校）やフライフレッヘンシューレ（Freiflachenschule、野外学校）とよばれた、分散デザインの学校を作った。1928年にフランツ・シュースターによってつくられたニーダーウルセル学校は、このタイプの学校の最初のものかもしれない。フランスにはいくつかのパビリオン学校（ユジュンヌ・ボーデュワン［Eugène Beaudouin］やマルセル・ロッド［Marcel Lods］のデザインによるシュレーヌ［Suresnes］の野外学校は有名）があったが密集型の、屋上テラスに野外空間をもつ複数階層の煉瓦造りの建物という伝統を守りつづけた。

第2次世界大戦後、建築家たちはベビーブームで活気づいた学校に対する急激な需要を満たすため、安いコストで学校を建設する最良の方法として、プレハブ組み立て方法を採用した。しかし、教育者たちはこぞって、個別学習にも集団学習にもすばやく対応できるスペースが作れる可能性があるかどうかに注意を引きつけられていた。オープンプラン[*11]をとりいれる傾向は、1960年代と1970年代初期に急速に発展した。1967年から1969年にかけてアメリカで建てられた学校の半分はオープンデザインで、1985年のイギリスでは全小学校のうち10パーセントがこれに該当した。1971年にパーキンズとウィルの設計によるマウント・ホープ小学校（ニュージャージー）は、広い間取り、蛍光灯を多用した照明、上級学年の開放的な教室教室内の仕切り板として用いる可動式の家具、教室と巡回スペースのあいだの空間的連続性など、このタイプの学校のいくつかの特徴を示している。このような学校は、それまでの融通のきかない教室を避けたものの、同時にまた、騒音や規律の問題を新たに生みだす一方、自然光をとりいれることと戸外へ直接アクセスすることを犠牲にした。

20世紀の最後の20年間は、このようなオープンプランの学校に対する反動期であった。座席の配置を多様にすることへの注意が大いに高まったとはいえ、自己充足的な教室が戻ってきた。自然光を多くとりいれ、戸外へのアクセスを改善し、騒音レベルをおさえるために変則的なプランもふたたびあらわれた。最後に、空間の特性に子どもがどう反応するかということが、建築家の検討課題としてふたたび登場した。

図書館

公共図書館に子ども空間を準備することは、20世紀の最初の20年間に広まることになったアメリカでとりいれられた新機軸であった。これは、実業家のアンドルー・カーネギー[*12]から財政的支援を受けた図書館建設のキャンペーンに多くを負っている。とくに都市の分館や小さな町の図書館の場合、カーネギーの寄付による建物は、そのスペースの半分を子どもが使うようになっている。初期の子どもの部屋は、図書館のどんな場所でも礼儀正しくふるまうよう奨励するねらいで、大人用の読書室の配置にならって、長方形の

テーブルをきちんと整列させていた。しかし、1910年代の子ども図書館員（その多くは、当時、専門職に進出しはじめていた女性であった）は、大人と子どものあいだの基本的な違い、そしてさまざまな年齢の子どものあいだの基本的な違いを強調する進歩主義の教育理論を信奉していた。したがって、それ以降の子どもの部屋は、秩序を求めようとせず、しばしば特別に子ども向けの大きさに作った丸テーブルを用意した。暖炉がその場所になることもあったが、読み聞かせの小部屋（story-hour alcove）は、子どもを相手にする図書館員が、その足もとに座る子どもたちの母親役を果たせるように設計されていた。

アメリカで見られたこの新機軸は、しだいにヨーロッパのさまざまな地域に広まった。ノルウェーのオスロでは、1911年にオスロの子ども用の読書室がダイクマン図書館（Deikman library）に開設され、1918年にはベルゲンの公立図書館にも同じものが開設された。子ども図書館書物委員会（the Book Committee on Children's Libraries）とよばれたアメリカの組織によって、第1次世界大戦直後のパリとブリュッセルに子ども図書館がつくられた。この二つの図書館は「たのしいひととき」（L'Heure Joyeuse、ルール・ジョワイユーズ）とよばれた。そして、パリの図書館は、現存する石造りの1階の、日あたりのよい部屋にあり、1970年代まで存続した。子ども用の読書室を別枠でつくることは20世紀をとおして続けられたが、開放的で柔軟なプランが支配的であった第2次世界大戦後に設計された子ども図書館の独自な特徴の大半は失われてしまった。しかし、ポストモダニズムは、以前の様式を復元した。このことは、1980年代にマイケル・グレイブズ（Michael Graves）が設計したサン・ジュアン・カピストラーノ公立図書館（the San Juan Capistrano Public Library、カリフォルニア）が示しており、そこには丸いかたちをした読み聞かせの部屋（story-hour room）が単独で作られ、ベンチは作りつけになっており、どの壁にも雲が描かれ、いろいろな動物の変幻自在の椅子も用意されている。

健康と福祉のための空間

親がいない子ども——孤児であれ、遺棄された子どもであれ——の施設は、近世ヨーロッパの所産である。フィレンツェの捨て子養育院（the Ospedale degli Innocenti）は、1419年にフィリッポ・ブルネレスキ[*13]によって設計された捨て子を収容する病院で、おそらくこの時代の初期の孤児院としてもっとも有名なものである。正面の外観にある、スウォッドリングされた幼児の装飾を掲げた円柱列は、道行く人びとにこの建物の役割を示している。これら初期の孤児院のいくつかは（16世紀のローマに作られた縄づくり職人たちの聖カトリーヌ慈善団体による若い娘たちの保護施設のように）宗教的な命令によってつくられたが、ほか

フィレンツェの捨て子養育院。正門の円柱列。北本正章撮影。*

円柱列上部のスウォッドリングされた幼児の装飾（左）と捨て子を受入れる回転盤付き受付（右）。北本正章撮影。*

の孤児院は、広範囲におよぶ収容者を受け入れ、市の財政支援を受けた施設で保護された子どもに対しては両義的な態度をとった。ライプツィヒでは、1700年から1704年にかけて、市議会は、聖ジョージに献堂する、貧民の収容施設、孤児院、身障者施設、感化院をいっしょにまとめて建立した。この18世紀の建物は、市当局が、そこに入る資格がない者と資格のある貧民（後者には、孤児、未亡人、自分で暮らしていけない者がいた）の違いを理解していたが、両者ともに収容した。かくして、この建物は、高くそびえる尖塔（神の栄光と、この建物のもっともすぐれた部分を讃えるためであった）と、強固な外壁（資格のない者には厳しく対処することを示すためであった）をそなえていた。

孤児院の建築学上のユニークな特徴は、旋回受付口（tourすなわち回転盤）で、これは、この建物を運営している人びとの温かい庇護のもとに赤ん坊を匿名で届けることができるように考案された回転ドアであった。実際には、多数の赤ん坊と子どもは、孤児院の一時的な収容者にすぎなかった。モントリオールやケベックのような大きな産業の中心地では、子どもは困窮時や病気のときにそこに預けられ、後になって状況がよくなれば、親や保護者にとりもどされた。このように、孤児院は都市の労働階級の家庭と流動的な関係にあった。

孤児院は、19世紀になると、孤児にされたり育児放棄されたスラムの子どもたちを混沌とした不道徳な都会の暮らしから引き離すことを目的にした収容所（asylum）や保護施設（the House of Refuge）といった新しいタイプの施設に統合された。初期のアメリカの事例は、1820年代初めにニューヨークとフィラデルフィアに建てられたが、これらは最初、個人の基金によるものであった。このタイプは1850年代をとおして広まった。この建物は規律と慣例的な手順を強化しようとしていたが、これはこの種の施設の品質を証明するものであった。表向きは、都市の害悪から子どもを守るために建てられた施設であったが、その実態は、改革者たちが社会問題になりそうだと考えた子どもたちをしばしば収容していた。

病気の子どものための特別病院も、19世紀になってはじめて建てられた。それ以前には、幼い患者は一般病棟に入れられたり、ときには結核のような特殊な病気を治療するために設計された病院に入れられることもあった。最初の**子ども病院**は、1920年のパリに開設された「オピタル・ド・アンファンス・マラッド」(the Hôpital des Enfants Malades) である。ロンドンの有名な「子ども病院」(Hospital for Sick Children) は、1852年にグレート・オーモンド通りに開業した。その2年後に、アメリカで最初の子ども病院がニューヨークに開設された。これらのヴィクトリア時代の病院は、医学と道徳的な改良という二つの任務をおび、急傾斜の屋根、絵のように堂々とした建物（あるいはフォルム）、煉瓦の使用、そして鱗模様のある窓やドアなどによって特徴づけられる家庭的なイデオロギーに大きく左右されていた。このデザインの背景にあった理念は、中産階級の家庭の安らぎと結びつけることによって、幼い患者たちを病院という環境の厳しい現実から保護することであった。

子ども病院は、第1次世界大戦後になると最新の手術設備、外来患者向け設備、隔離病棟、そしてミルク殺菌のための設備などを特徴とするほかの現代的な建物に似てきた。北アメリカでは、裕福な、支払いができる患者は、ホテルのような豪華な個室病棟に受け入れられた。両大戦間につくられたヘルスケア施設のほとんどは、効率的で現代的なビジネスの方法を踏襲したものの、しばしば歴史的な外観を残していた。他方、第2次世界大戦後の小児科のヘルスケア施設は、伝統的な病院に比べるとオフィスのように見えた。

最後に、1975年頃以降のポストモダンの子ども病院は、医療とは関係のないイメージを利用している。明るい色彩、飾りつけ、人間的な基準、そしてほかの建物の形態——とくに家庭、ホテル、そしてショッピング・モールなど——との明確な関連性などが、幼い患者をなごませるためにふたたび展開されている。

気晴らしの空間

街路は、何世紀ものあいだ、欧米の子どもたちにとって主要な遊び空間であった。子どもたちはそこで独自の社会構造をつくりながら、家からも学校からも離れて、だれにも見張られずに多くの時間をすごした。少年の遊び仲間はそれぞれなわばりをもち、それを侵害する者たちとの激しい争いにくわわった。公共空間の活用のために独自なルールをつくろうとする子どものこのような傾向は、労働階級の子どものあいだでは20世紀まで続いた。たとえば、20世紀初期のニューヨークの労働階級の居住地域では、道路の真ん中は、自分の守備範囲をパトロールしてほかの地域からやってくる少年たちの襲撃を警戒していた年長の子どもに「占領され」ていた。これに対して、玄関先と歩道は、赤ん坊と幼児の面倒をみる女の子の場所であった。

だが、1800年頃までに、上層の中産階級は、かつてよりも大きな注意を子育てにはらうようになり、子どもたちの活動をいっそう緊密に監督しはじめていた。上層の中産階級の子どもたちは、（ほかの異なる階級の子ども仲間と遊ばせるよりも）自分の家のなかでおもちゃで遊ばされていたので、大人と一緒の「散歩」のときしか街路に探検に出ることはなかった。実際、19世紀をとおして、中産階級の監視者たちは、子どもたちに街路をぶらぶら歩かせるという考えにますます警告を発するようになり、さらには、「労せずして得る快楽を味わう」のを強めるかもしれない賭けごと遊びに支配されていた労働階級の遊びを、いっそう厳しく批判するようになっていた。このような関心は、貧しい子どもたちを街路から一掃するねらいで、貧民学校やその他の建物を設立する機運を高める一方、公園や遊び場をつくるはずみをあたえることにもなった。19世紀につくられた都市の大規模な公園のほとんどは、その本質において装飾的であったものの、しばしば、子ども用の遊び空間をふくんでいた。イギリスのマンチェスター市にあるクィーンズ・パーク（これは1849年に設計された公園である）には、まわるブランコ、ボール遊びとバトミントン用のグラウンド、縄跳びとブランコ用のグラウンド、別のバトミントン用のグラウンド、輪投げ競技場、ボーリング競技場、アーチェリー用のグラウンド、そしてクリケット用のグラウンド（これらの活動のいくつかは大人も楽しめるように考案されていたかもしれない）などが設けられていた。

子どもたちが使うために特別に設計された遊び場は、1877年にイギリスで最初に開設された例——バーミンガムのバーバリー・ストリート・レクリエーション公園 (the Burberry Street Recreation Ground) ——のように、19世紀後半になってしだいに広まった。19世紀のイギリスの遊び場の大半は、メトロポリタン・パブリック・ガーデン財団 [the Metropolitan Public Gardens Association]（1882年から1886年にかけてロ

ンドンで四つの遊び場をつくった)、あるいはチルドレンズ・ハッピー・イヴニングズ協会［the Children's Happy Evenings Association］(1888年までにロンドンに六つのプレイセンターを開設して以降、第1次世界大戦までに合計で96のセンターを開設した)のように、個人的な組織の財政的支援を受けていた。しかし、世紀の変わり目までに、しばしば地方自治体の支援を受けた、労働階級の居住地域に小さな公園をつくろうとする国際的な運動がみられた。たとえば、1890年、ロンドン市議会は、ロンドン学務委員会が所有する100エーカー以上の学校の校庭を土曜日に公開した。また、アメリカでは、(シカゴのプラスキ公園のように)地域の公園をつくる際、セツルメント・ボランティアの活動が重要な貢献をしたし、その活動は、(1913年から1927年にかけてオーストラリアのブリスベンで監督付きの三つの遊び場を開設した「クイーンズランド遊び場設立連合」をふくむ)アメリカ以外の遊び場連合の活動にも刺激をあたえた。こうした公園は、すくなくとも部分的には労働階級に気晴らしの仕方を指導するために設立されたので、専門的な中産階級の遊び指導者による管理とならんで、性差と年齢によって公園の使用者を分類するのを可能にする、明確に定義された空間をふくむ公共デザインを重視した。1940年代になると、遊び場を管理することは急速になくなり、地方自治体は低い維持費と安全をもたらす工場生産された遊具に大きく依存した。標準的な遊び場は、1960年代には明るい色で彩色された自由なかたちの彫刻がいたるところに配置されるようになったが、(シーソーのような)危険な遊具はとりはずされ、舗装された地面、フェンス、砂場、ブランコとジャングルジムで構成されるようになった。

年少の訪問者たちのために設計された20世紀のもっとも重要な「公的な」空間は、おそらく、ディズニーランド(カリフォルニア州アナハイム、1955年)、ウォルト・ディズニー・ワールド(フロリダ州オーランド、1971年)、東京ディズニーランド(1983年)とユーロ・ディズニー(今はディズニーランド・パリとよばれる、1992年)などの、いわゆるディズニー・パークである。これらのパークは、ウォルト・ディズニー・カンパニーによってはじめて開発された漫画のキャラクターから着想を得て、乗り物に乗ってファンタジー景観をまわるシリーズで構成されている。わずかに縮小してつくられた建物を基礎に、歩行者だけが歩きまわる巧妙なシステムは、子どもたちが現実の都市環境で味わう経験よりも大きな支配感覚を味わわせてくれる。

19世紀末までに、都市は子どもの健康にとって本質的に有害であるという考えは、子どもが完全に都市からのがれられるサマー・キャンプの定着につながった。初期の多くのキャンプ——フランスのコロニー・ド・ヴァカンスやニュージーランドの健康キャンプ、アメリカの野外キャンプ——が、貧しい子どもたちの健康を守ろうとする慈善事業であったのに対して、ほかのキャンプは宗教教育、あるいはより一般的には性格形成に焦点を置く、中産階級と裕福な家庭の息子(のちには娘)のためのものであった。アメリカでは、このような初期のキャンプの多くが、女性化した家庭が男子の社会的および身体的成長に悪影響をおよぼすのではないかとの、世紀の変わり目に起きた不安感に対応して実施され、少年をふたたび男の世界につなげるために、しばしば軍隊の野営の物的な装備——テント、簡易食堂、閲兵場——を模倣した。1930年代までに、アメリカでは常設の建物でキャンプをすることが一般化したものの、そうした建物は、キャンプ地の景観の形成におよぼす人的介入の度合を隠すために、見晴らしのよい立案原理が導入され、素朴な味わいを残した。第2次世界大戦後の時期には、特別なニーズをもつ子どものためのキャンプは、外国語・音楽・コンピュータを教える能力開発中心のキャンプと同じように、ますます広く受け入れられるようになった。しかし、20世紀末には、伝統的で素朴な性格形成的なサマー・キャンプがふたたび人気を博した。

一定の文化と時代から生まれた子ども空間と物質文化を研究しようとするとき重要になるのは、規範資料と記述資料のあいだのバランスを保つことである。なぜなら、過去の子どもについてわれわれが知っている大部分は、もっぱら大人の視点から得られたものであるからである。おもちゃと書物の場合と同じように、子ども期と結びついた空間が子どもたちの声やものの見方を記録することはめったにない。日記、手紙、写真、絵画、その他の資料は、子どものリアルな空間的な諸経験について、重要な補足情報をもたらしてくれよう。

［訳注］
*1 アトリウム(atrium)——古代ローマ時代の住宅建築で、玄関を構成する開口部付きの中央大広間。
*2 インシュリ(insulae)——古代ローマ時代の下層階級の建物で、複数の階層をもつ建物に多数の家族が共同で暮らした。初期には木造で作られたが、火災防止と耐久性を得るためにしだいに煉瓦で作られるようになった。紀元1世紀頃にはローマ市内だけで50000カ所のインシュリがあったとされる。
*3 四合院(siheyuan)——中国の華北地方の北部および西北地方に多くみられる伝統的な家屋建築。風水の影響の下に空間設計と配置がなされ、敷地の南東角(八卦でいう「巽」の方角)にメインゲートである「大門」が置かれ、大門を入った左右は目隠しになっている「影壁」があり、「影壁」に向かって左手に第1の中庭があり、その南側に使用人たちが居住する「側座」があり、北側には第2の中庭につながる「垂花門」がある。「垂花門」を入った奥にある第2の中庭は「院子」とよばれ、この空間が四合院の中心である。
*4 高椅子(high chair)——脚が高く、肘を置くための

腕木のある乳幼児用の食事椅子。通例、とりはずしのできる盆がついている。high chairという表現の初出は1848年である。

*5 バンガロー式住宅（bungalow）――植民地時代のインドに住んでいたヨーロッパ人が住んでいた、屋根の傾斜がゆるやかで、ベランダにとりまかれた草ぶきあるいは瓦（かわら）ぶきの一階建ての小家屋に起源をもち、20世紀初期にアメリカで流行した家屋建築。通例、一階（半）建てで、切妻屋根が広く張り出し、開口部の多い屋根窓をもち、丸太などで造られることが多い。

*6 平屋建て（ranch-style）――間仕切りがなく、屋根の勾配がゆるやかな平家建て住宅。郊外住宅などで広く用いられるようになった。

*7 スキップフロア（split-level）――階段でつながった半階分が上下にずれた部屋のある家。split-level houseという表現は、アメリカで1946年頃から使われはじめた。

*8 ポケットゲーム（pocket billiards; pool）――ビリヤードの一種で、台の四隅と両側にあるポケットに番号のついた15個の玉を手玉で入れるゲーム。イギリスではスヌーカー（snooker）という。

*9 クリストファー・レン（Sir Christopher Wren, 1632-1723）――イギリスの建築家、数学者、天文学者。1666年のロンドン大火後の復興に取り組み、壮大な都市計画を構想した。近代イギリスのバロック建築の大家。代表作にセントポール大聖堂（1675-1710再建）、ケンブリッジ大学トリニティ・カレッジの図書館（レン・ライブラリー）などが知られる。

*10 貧民学校（Ragged School）――文字どおりに「ぼろ服学校」ともよばれる。貧民の子弟のための無料の学校で、授業のほかに給食も出された。1820年ごろ、身体障害者であったジョン・パウンズ（John Pounds, 1766-1839）が、イギリス海峡に面した港湾都市ポーツマスで創設したのにはじまり、その後各地に普及した。ここで教えた教師は無給のボランティアで、聖書を中心に読み書きを教えた。1844年には福祉改革に熱心であった第7代シャフツベリー伯（1801-1885）によって貧民学校組合が組織され、1860年頃には350校以上、生徒数は約4万5000人に達した。

*11 オープン・プラン（open plan）――住宅の部屋を細かく間仕切りせずに、空間を自由に使えるようにした設計。

*12 カーネギー（Andrew Carnegie, 1835-1919）――スコットランド生まれのアメリカの製鉄業者。カーネギー財団を設立し、多数の図書館、学校、大学を設立し、教育振興、公共事業に貢献した。アメリカ全土を中心に世界各地に2500以上の図書館を設立したが、彼の慈善による図書館を総称して「カーネギー図書館」（Carnegie Library）とよんでいる。

*13 ブルネレスキ（Filippo Brunelleschi, 1377?-1446）――イタリアのフィレンチェとローマで活躍した金細工師、彫刻家、建築家。サンタ・マリア・デル・フィオーレ大聖堂（ドゥオーモ）のクーポラ、サン・ロレンツォ教会など建設によって大きな賞賛を得た。名声はあまりに大きく、後世には遠近法の発明やオーダー（柱式）の発見も彼によるとすることさえあった。

➡遊び場運動、学校建築と建築様式、教育（アメリカ）、教育（ヨーロッパ）、進歩主義教育、砂場、テーマパーク、動物園、モンテッソーリ（マリア・）、路上遊戯

●参考文献

Adams, Annmarie. 1995. "The Eichler Home: Intention and Experience in Postwar Suburbia." *Perspectives in Vernacular Architecture* 5: 164-178.

Adams, Annmarie. 1996. *Architecture in the Family Way: Doctors, Houses, and Women, 1870-1900*. Montreal: McGill-Queen's University Press.

Adams, Annmarie, and David Theodore. 2002. "Designing for 'the Little Convalescents': Children's Hospitals in Toronto and Montreal, 1875-2006." *Canadian Bulletin of Medical History* 19: 201-243.

Boyer, Paul. 1978. *Urban Masses and Moral Order in America, 1820-1920*. Cambridge, MA: Harvard University Press.

Bradbury, Bettina. 1993. *Working Families: Age, Gender, and Daily Survival in Industrializing Montreal*. Toronto: McClelland and Stewart.

Cranz, Galen. 1982. *The Politics of Park Design: A History of Urban Parks in America*. Cambridge, MA: MIT Press.

Cromley, Elizabeth C. 1996. "Transforming the Food Axis: Houses, Tools, Modes of Analysis." *Material History Review* 44 (fall): 8-22.

Davin, Anna. 1996. *Growing Up Poor: Home, School, and Street in London, 1870-1914*. London: Rivers Oram Press.

de Martino, Stefano, and Alex Wall. 1988. *Cities of Childhood: Italian Colonies of the 1930s*. London: Architectural Association.

Downs, Laura Lee. 2002. *Childhood in the Promised Land: Working Class Movements and the Colonies des Vacances in France, 1880-1960*. Durham, NC: Duke University Press.

Dudek, Mark. 1996. *Kindergarten Architecture: Space for the Imagination*. London: E and FN Spon.

Dunlop, Beth. 1996. *Building a Dream: The Art of Disney Architecture*. New York: Harry N. Abrams.

Foy, Jessica, and Thomas J. Schlereth, eds. 1992. *American Home Life, 1880-1930: A Social History of Spaces and Services*. Knoxville: University of Tennessee Press.

Frawley, Jodi. 2000. "'Haunts of the Street Bully': Social Reform and the Queensland Children's Playground Movement, 1910-1930." *History of Education Review* 29, no. 1: 32-45.

Maack, Mary Niles. 1993. "L'Heure Joyeuse, The First Children's Library in France: Its Contribution to a New Paradigm for Public Libraries." *Library Quarterly* 63, no. 3 (July): 257-281.

Malchow, H. L. 1985. "Public Garden and Social Action in

Late Victorian London." *Victorian Studies* 29, no. 1 (fall) : 97-124.

Marling, Karal Ann, ed. 1997. *Designing Disney's Theme Parks: The Architecture of Reassurance*. Montreal: Canadian Centre for Architecture; Paris: Flammarion.

Maynard, W. Barksdale. 1999. "'An Ideal Life in the Woods for Boys': Architecture and Culture in the Earliest Summer Camps." *Winterthur Portfolio* 34 (spring) : 3-29.

McClintock, Jean, and Robert McClintock, eds. 1970. *Henry Barnard's School Architecture*. New York: Teachers College Press.

Nasaw, David. 1985. *Children of the City: At Work and at Play*. Garden City, NY: Anchor Press/Doubleday.

Rothman, David J. 1971. *The Discovery of the Asylum: Social Order and Disorder in the New Republic*. Boston: Little, Brown.

Schoenauer, Norbert. 2000. *6000 Years of Housing*. New York: Norton.

Seaborne, Malcome. 1971. *The English School: Its Architecture and Organization, 1370-1870*. Toronto: University of Toronto Press.

Upton, Dell. 1996. "Lancasterian Schools, Republican Citizenship, and the Spatial Imagination in Early Nineteenth-Century America." *Journal of the Society of Architectural Historians* 55, no. 3 (September) : 238-253.

Van Slyck, Abigail A. 1995. *Free to All: Carnegie Libraries and American Culture, 1890-1920*. Chicago: University of Chicago Press.

Van Slyck, Abigail A. 2002. "Housing the Happy Camper." *Minnesota History* (summer) : 68-83.

Van Slyck, Abigail A. 2002. "Kitchen Technologies and Mealtime Rituals: Interpreting the Food Axis at American Summer Camps, 1890-1950." *Technology and Culture* 43 (October) : 668-692.

Verderber, Stephen, and David J. Fine. 2000. *Healthcare Architecture in an Era of Radical Transformation*. New Haven: Yale University Press.

Weiner, Deborah E. B. 1994. *Architecture and Social Reform in Late-Victorian London*. Manchester, UK: Manchester University Press.

Zeiher, Helga, and Helmut Zeiher. 1994. *Orte und Zeiten der Kinder: soziales Leben im Alltag von Grossstadtkindern*. Weinheim, Germany: Juventa.

（ANNMARIE ADAMS & ABIGAIL A. VAN SLYCK／谷村知子・窪田美怜・北本正章訳）

子ども図書館（Children's Libraries）

19世紀後半の進歩主義[*1]の立場に立った社会改革運動をきっかけに、アメリカとイギリスの公共図書館員は、子ども読者のための特別な蔵書構築はもちろん、組織的奉仕活動とプログラミングも重視する子どもへの知的情報提供を確立した。これらの蔵書と知的情報提供は、カリキュラムを維持することを目標とする学校図書館における蔵書と知的情報提供を補足するためにある。公共図書館における子どものための蔵書は、教育上のニーズにこたえようとしているが、公共図書館員は、子どもの伸び盛りの**識字能力**（**リテラシー**）を育成することだけでなく、読書の喜びを促進することにもつねに重点を置いてきている。この分野の研究者は、19世紀後半と20世紀にわたって、アメリカの児童図書館員がいくつもの「基本理念」を発展させてきたことに注目している。すなわち、子どもの個性にかんする信条、読みものへの子どもの個人選択がきわめて大切であるという信条、「平等な読者の共和国」（an egalitarian republic of readers）としての子どもの部屋にかんする信条、そして、個人間だけでなく集団間や共同体間を理解するために積極的な影響力をおよぼすものとしての文学にかんする信条である。子どもへの知的情報提供のためのイギリス図書館協会[*2]の指針が、子どもの成長の4領域において図書館がきわめて重要であることを認めているイギリスでも、よく似た考えが明確に述べられている。この4領域とは、知的発達、言語発達、社会的発達、教育的発達である。

多くの国で、国立の図書館協会が子ども図書館員のための特別部門をそなえているが、多くの場合、知的情報提供の改善と拡張の両方を唱道するのはほかならぬこの団体であった。日本の子ども図書館員のあいだには、「ポストの数ほどの図書館を」[*3]という標語が広くゆきわたっている。子ども図書館は世界中でみられるが、その発展はきわめて多様であり、教育上の優先事項や資金や法律に左右される。公共図書館が普遍的な広がりをもっていることと、それぞれの地域の言語で書かれた子どもの本が利用できるようになっていることも重要である。

アメリカでは、1890年代までに、多くの公共図書館が子どものための本をもつ特別部門を設置しはじめたが、子どものために特別に設計された部屋をもつ最初の図書館が建設されたのは1895年であった——このようなやり方は、1900年代初期に広まっていた図書館建築期の基準となるものであった。アメリカの図書館員たちはまた、子ども図書館員のための特別な2年間の訓練プログラムがピッツバーグで開かれた1900年と1901年に、アメリカ図書館協会[*4]において児童図書館員のための第1回検討委員会を設置するうえで先導的な役割も担った。学校訪問、ブックトーク[*5]、ストーリーテリング[*6]、その他のプログラムを重視する子ども図書館におけるアメリカの伝統は、世界のほかの地域における子どもにかんする仕事の発展に大きな影響をあたえた。第1次世界大戦前にも、多くのヨーロッパの図書館員が特訓のためにアメリカに来ていたが、戦後の「教育の復興」を推進したいと願った裕福なアメリカの女性団体[*7]によってブリュッセル（1920年）とパリ（1923年）の両市に子ども図

書館が寄贈されたとき、このアメリカ方式への関心が劇的に高まった。彼女たちは、模範となる子ども図書館を「自己教育プログラムに貢献する真のアメリカの創造物」とみなしたので、それを博愛主義的な関心の的として選んだのであった。第2次世界大戦後、ベルリンのアメリカ記念図書館*8 もまた、ドイツにおける青少年への知的情報提供の発展に大きな影響をあたえたものとして高い評価を得た。

大半の国々が子どもへの知的情報提供を公共図書館制度に統一しているが、その他のモデルケースもいくつか存在する。たとえばインドでは、多くの大学図書館が子ども部門をもち、コートジボアール（象牙海岸）のようないくつかの発展途上国では、国公立図書館の役割のひとつとして、子どもへの知的情報提供を行なっている。その一方、イランでは、独立した児童図書館という広範におよぶ制度をとおして子どもに知的情報を提供する。フランス、ドイツ、日本、ヨルダン、ロシアなどは、公共図書館をとおして子どもへの知的情報提供を行なうが、それにくわえていくつかの公的支援を受けない子ども図書館ももっている。そのなかでもとくに注目すべき子ども図書館は、ミュンヘンにある国際青少年図書館、パリにある市立子ども図書館「たのしいひととき」*9、ニューデリーにある子どものブック・トラスト図書館である。子どもへの知的情報提供の発展は、国連教育科学文化機関（ユネスコ）による発展途上国における模範となる公共図書館の建設によって、またその出版物と委員会によって促進されてきた。ユネスコはまた、1955年に創設された子どもに関する図書館業務*10 において活発な委員会をもつ、国際図書館連盟*11 とも密接に協働している。

20世紀後半、子どもへの公共図書館の知的情報提供は、初等・中等教育の発展と子どもの本の出版の増加とともに世界中に広がった。それでもなお、子ども図書館員は、図書だけでなく視聴覚資料のための十分な資金もインターネットへのアクセスも得るという難問に直面している。図書館員はまた、情報を利用する子どもの権利を守ることと彼らへの知的情報提供を変化する社会情勢に適合させるという課題にも立ち向かっている。子ども図書館サービス協会*12 元会長のヴァージニア・ウォルター*13 は、適切なインターネット・アクセスを提供することと「読書の大切さ、社会性、興奮」を伝えることはもちろんのこと、一対一の奉仕活動の大切さを強調し、子ども図書館員に「地域社会のなかの子ども」への知的情報提供を計画するよう求めている。

［訳注］

*1 進歩主義（progressivism）——20世紀初頭の1900年代から10年代に、アメリカに展開した広範な政治・社会運動をさす。19世紀後半からのアメリカ社会の急速な変化が、多くの旧来の政治・社会機構を混乱させ、この運動を生起せしめた。進歩主義運動は急速な都市化によって公衆衛生、住宅、貧困、教育、犯罪面で深刻な問題をかかえていた都市において、公的福祉改革運動として展開されていく。

*2 イギリス図書館協会（Library Association: LA）——1877年に設立される。当時、大英博物館図書館はイギリス国内では抜きんでて大きく、その影響力も絶大であったため、大英博物館長がイギリス図書館協会を設立、その協会長になる先例が作られた。歴史的な主要図書館の力や好古主義者や書誌学者の力が強い点が、アメリカ図書館協会と相違する。その結果、公共図書館の発展がアメリカに遅れたといわれている。

*3 「ポストの数ほどの図書館を」——石井桃子が著書『子どもの図書館』（岩波新書、1965年）の210ページにつけた小見出しが、児童図書館発展のスローガンとして借用された。石井はこのなかで、アメリカ、カナダ、イギリスの「大きな市では、子どもが歩いていける距離に一つの分館というのが、目標になっています」（p. 210）と述べている。

*4 アメリカ図書館協会（American Library Association: ALA）——1876年に設立された、世界でもっとも古くかつ最大規模の全国的な図書館の協会。本部はシカゴにある。目的は、図書館・情報サービスの発展、促進および改善、ならびに司書職という専門職のためのリーダーシップを提供することにより、学識を高め、すべてに対する情報アクセスを保障することである。知的自由、多様性、多言語を重んじており、身体的なハンディキャップをもった人も健常者と同じように情報アクセスができることが大切であると考えている。州立図書館、公立図書館、学校図書館および大学図書館をはじめ、政府、商工業、学芸、軍隊、病院、刑務所その他の施設に置かれる特別図書館といったあらゆる種類の図書館を網羅する。また、アメリカ、カナダ、その他の国の70を超える図書館の協会と緊密な関係をもつと同時に、教育、調査研究、文化振興、娯楽および公共サービスに関心を有するほかの多くの団体と密接に協働している。

*5 ブックトーク（book talk）——なにかのテーマを立てて一定時間内に何冊かの本を複数の聞き手に紹介すること。ブックトークの目的は、「その本の内容を教えること」ではなく「その本の面白さを伝えること」、「聞き手にその本を読んでみたいという気持ちを起こさせること」である。読み聞かせや朗読とは異なり、本を最初から順に読んでいくということはしない。ブックトーカーは、あらかじめテーマを決め、紹介すべき本を種々とり混ぜて選択し、紹介の仕方を考えておく必要がある。

*6 ストーリーテリング（story telling）——物語やお話を覚えて語って聞かせること。読み聞かせが絵本に視線をもっていくのに対して、ストーリーテリングはそのお話をいったん語り手のなかに入れて子どもの目を見ながら語る。子どもも語り手の方を見ているので、子どもとお話をより深く共有できるという喜びがある。アメリカで子ども図書館学を学んできた人によって日

本の子ども図書館員に紹介されたのは、1958年頃のことである。当時は、公共図書館が子どもへのサービスに力を入れはじめた時期であり、子ども文庫活動がはじまった時期であったことから受け入れられ、根をおろしていった。それまでの日本では、紙芝居を例外として、図書を媒介する文化が欠落していたことがわかる。

＊7 アメリカの女性団体——ブリュッセルとパリに創設された子ども図書館は、ともに「たのしいひととき」と名づけられた。生みの親は、1918年11月12日にアメリカで結成された"Book Committee on Children's Libraries"で、その前身は"Book Committee of the Art War Relief Association"である。このグループは第1次世界大戦中アメリカで組織された多くの民間奉仕団体のひとつ"Militia of Mercy"の下部組織であった。会員の多くはニューヨーク在住の女性（駐米フランス大使、駐仏アメリカ大使、のちに大統領となるハーバート・フーバーの夫人など）で、会長は元外交官ジョン・ルイス・グリフィスの未亡人であった。団体の当初の目的は国民兵の家族を援けることであり、資金源として作家や画家の協力を得て書籍の出版の準備をしていたが、戦争が終結したため、戦場となって荒らされたベルギーとフランスとに子ども図書館を贈るかたちで、その資金を教育の復興に向けることになった。子ども図書館寄贈の理由は、第一に両国に子ども図書館というものがそもそも存在しないためであり、第二に子ども図書館こそはアメリカが先鞭をつけた子どものための施設であったためである。また、会員の多くがニューヨークに住み、当時活発な子どもサービスを行なっていたニューヨークの公共図書館の活動を熟知していたことも、大きな動機となった。(1)ブリュッセルの場合：1919年6月、当時のニューヨーク公共図書館児童部長アン・キャロル・ムアが、ワシントンでの児童福祉会議のために渡米していたベルギー代表のカーター夫人とサンド博士の仲介の労をとったことがきっかけである。アメリカ側は、模範となる子ども図書館にふさわしい家具、備品、最初の蔵書を寄贈し、さらにこの図書館ではたらくために子どもサービスの訓練を受けるベルギー人女性司書一人をアメリカへ留学させる費用も負担した。一方、ベルギー側は、ブリュッセルに図書館用の建物を用意した。そして、翌1920年9月24日、つまり話がはじまって1年2カ月後に、ブリュッセルのラパイユ通りに「たのしいひととき」と名づけられた図書館が誕生した。(2)パリの場合："Book Committee on Children's Libraries"は、同じ時期にガネ侯爵夫人を通じてパリへも同様の申し入れを行ない、1922年、多くの逡巡と消極論を排して子ども図書館を創設することが正式に決定された。アメリカ側は、家具、備品、最初の蔵書を寄贈することにくわえて、開館準備期間と開館後1年間の人件費と諸経費を負担した。スタッフの訓練は、ヨーロッパで行なわれた。そして、1924年11月12日、パリのブートブリ通りに「たのしいひととき」が開館した。

＊8 アメリカ記念図書館（Amerika-Gedenkbibliothek）——ベルリンの西側にある図書館。東西ベルリン統一後、ベルリンの東側にある「ベルリン市立図書館」とともにその役割が新たに定義され、西の「アメリカ記念図書館」は公共図書館としての性格をもつ一般利用図書館と位置づけられたのに対し、東の「ベルリン市立図書館」は地域貸借システムの統括機能をもつ学術図書館としての性格を受け継ぎ発展させるものと位置づけられた。1995年9月25日の法律によって創設された「ベルリン中央州立図書館財団」により、両者は組織的に統合され、「ベルリン中央州立図書館」となった。以後、この二つの図書館はそれぞれの図書館長が管理し、両者を統括する財団の管理は総館長と財団評議会、議長、諮問委員会にゆだねられている。

＊9 「たのしいひととき」（*L'Heure Joyeuse*）——赤星隆子によると、日本語では「たのしいひととき」（ポール・アザール『本・こども・大人』、矢崎源九朗・横山正矢訳に初出）と訳され、英語では"Happy Hours"という名で紹介されているが、この由来は不明である。1924年、ニューヨークの奉仕団体によって創設された。当時、フランスのほかの教育施設では、子どもは年齢と性別によって分けられていたが、「たのしいひととき」では、外国の子ども図書館の先例にならって、男女の子どもが年齢をとわずいっしょに利用していた。創設当初から独立した子ども図書館であって、公共図書館の一部ではない。今日まで、フランス全国の子ども図書館のモデルとして、また子ども図書館員の実習館としての役割を果たしつづけている。

＊10 図書館業務（Library Work with Children、"Committee for Library Work with Children: CHIFLA"）——「子どもに関する図書館業務委員会」のことをさしていると思われる。1955年、IFLAブリュッセル大会で、公共図書館分科会により設置された。1977年、「子ども・ヤングアダルト図書館分科会」（Libraries for Children and Young Adults Section: SCL）と名をあらため、現在にいたっている。

＊11 国際図書館連盟（International Federation of Library Associations and Institutions: IFLA）——世界各国の図書館協会および図書館・教育研究機関を網羅した団体である。本部はオランダのハーグにある。1927年、エディンバラで開催されたイギリス図書館協会創立50周年記念総会に参加した15か国代表の署名により国際図書館および書誌委員会として創設された。1929年、ヴェネツィアで定款が採択され、名称も国際図書館協会連盟（International Federation of Library Associations: IFLA）と改称された。1947年、ユネスコの専門職図書館協会との協力のための主要非政府組織として公式に承認された。同時に、ユネスコはIFLAのプログラム実施への財政支援を約束した。会員の増加により、1976年、新しい定款が採択された。また、既存の名称に機関（Institutions）を追加し、現在の名称である国際図書館連盟（International Federation of Library Associations and Institutions: IFLA）と改称した。

＊12 子ども図書館サービス協会（Association for Library

Service to Children: ALSC）――アメリカ図書館協会のなかの分科会。児童の唱道、メディア評価、賞と奨学金、提携、専門性の開発に力を入れている。ALSC委員会は、すぐれた子ども向けの図書に、コルデコット賞、ニューベリー賞、その他五つの賞を決定する。その他の委員会は、注目に値する子ども向け図書、ビデオ、コンピュータ・ソフトなどの年間リストを編集している。

*13　ヴァージニア・ウォルター（Virginia Walter）――1992年、子ども図書館サービス協会より、1982年に公立図書館協会が刊行した『公立図書館のためのアウトプット尺度』（Zweizing, Douglas L., and Eleanor Jo Rodger. 1982. *Output Measures for Public Libraries*. Chicago: American Library Association）の姉妹編『子ども向けの公立図書館サービスのためのアウトプット尺度――規格化マニュアル』（Walter, Virginia A. 1992. *Output Measures for Public Library Service to Children: A Manual of Standardized Procedures*. Chicago: American Library Association）の執筆者に任命された。子ども図書館員にとって、現状に見あったサービス評価の手助けとなっている。1995年には、『アウトプット尺度とその後――ヤングアダルトのための公立図書館サービス計画と評価』（Walter, Virginia A. 1995. *Output Measures and More: Planning and Evaluation Public Library Services for Young Adults*. Chicago: American Library Association）も作成した。

➡子ども空間、児童文学

● 参考文献

Elkin, Judith, and Margaret Kinnell, ed. 2000. *A Place for Children: Public Libraries as a Major Force in Children's Reading*. London: Library Association.

Hearne, Betsy, and Christine Jenkins. 1999. "Sacred Texts: What Our Foremothers Left Us in the Way of Psalms, Proverbs, Precepts and Practices." *Horn Book* 75: 556-558.

Maack, Mary Niles. 1993. "L'Heure Joyeuse, the First Children's Library in France: Its Contribution to a New Paradigm for Public Libraries." *Library Quarterly* 63: 257-281.

Walter, Virginia. 2001. *Children and Libraries: Getting It Right*. Chicago: American Library Association.

（MARY NILES MAACK／髙原佳江訳）

子どもにかんするホワイトハウス会議
(White House Conferences on Children)

セオドア・ルーズヴェルト大統領（1858-1919）の招集によって1909年に第1回目が開催された「子どもにかんするホワイトハウス会議」は、アメリカの児童福祉の歴史における重大な転機となった。ルーズヴェルト大統領は会議に「要扶養児童」、つまり両親や親戚以外の人や施設の支援に依存している子どもの養護について検討し、そうした子どもにかんする勧告を行なうよう付託した。

19世紀には、要扶養児童はまず孤児院で保護を受けた。南北戦争以前の孤児院は小規模で、郊外ではなく街中に置かれ、ほとんど例外なく女性が経営にあたっていた。典型的なプロテスタント系の孤児院は「女性管理者」の理事会に統率されていたが、通常、彼女たちは強い宗教的動機をもつエリート女性であった。典型的なカトリック系の孤児院は女子修道会あるいはそれに類する女性の宗教団体によって経営されていた。彼女たちは、孤児はもちろん教区の貧民や最低限の生活を送るだけの収入しかない家庭の子どものための学校も経営していた。南北戦争以降、カトリック系の孤児院は、カトリック系移民の増加と新たな教区編成によって再構成を余儀なくされた。孤児院はより大きな教区の施設となり、教区生活から物理的に切り離された。プロテスタント系の孤児院もまた、南北戦争後は規模が拡大し、女性管理者たちはほかの社会活動や慈善活動に忙殺されるようになった。

女性が経営する孤児院のおもな代替策は里親家族運動に見出された。これは**チャールズ・ローリング・ブレイス**の**孤児列車事業**と「**ニューヨーク児童保護協会**」によって大々的にはじまった。19世紀末になると、矯正活動の経験をもつ男性がソーシャルワーカーにくわわった。また、おもに男性たちは、ブレイスのアプローチをとりいれ、孤児院は男性が経営する「家庭供給機関」（home-placing agencies）に置き換えられるべきだという考えを支持し、女性は管理者ではなく里親であることがふさわしいとのキャンペーンを張った。

孤児院への直接の挑戦は19世紀から20世紀への変わり目の時期にはじまった。1907年9月、小説家セオドア・ドライサー（1871-1945）が編集する女性誌「素描」（*the Delineator*）が、子どもを孤児院から「救済」し、里親に預けよというキャンペーンを張った。1908年12月になると、ドライサーは仲間とともにルーズヴェルト大統領に書翰を送り、最初のホワイトハウス会議の開催を求めた。その1カ月後に会議が招集され、男性185名、女性30名が集められた。会議の結論は社会福祉事業をさらに発展させる専門職にとって基本文献となるものであった。「家庭生活こそ文明の最高度にしてもっともすばらしい所産である。…例外的な場合を除き、貧困を理由にして家庭を崩壊させてはならない。…十分な理由があってみずからの家庭から引き離された子どもや家庭を失った子どもにかんしていえば、もし心身ともに健康であり、特殊な訓練が必要だというのでなければ、そうした子どもは、可能な場合にはいつでも、家族のなかで保護されるべきである」（Hart et al., pp. 9-10）。

第2回ホワイトハウス会議は、「子ども福祉の規準をもとめて」という議題の下に、ウッドロー・ウィルソン大統領（1856-1924）によって1919年に招集さ

要扶養児童が孤児院で養育されていた1世紀後の1909年、「要扶養児童の保育にかんするホワイトハウス会議」は、孤児院を里親制度に置き換えた。Courtesy of Marshall B. Jones.

れた。この会議が勧告した規準は10年前のそれよりも一般的であったが、類似していた。母子にかんする規準は1921年の**シェパード＝タウナー母子保健法**で実現された。この法律によって、国が子どもの健康と出生診断を、とりわけ地方在住の貧困女性に対して支援するための補助金が正当化された。

シェパード＝タウナー母子保健法は**アメリカ連邦児童局**によって管轄された。この組織は第1回ホワイトハウス会議の強い勧告によって1912年に設立されたものである。同法は母親福祉において政府のより積極的な役割を求める初期の運動を反映していたが、児童局とまったく同様に、非常に大きな論争の的であった。1929年にシェパード＝タウナー母子保健法改正が議会によって否決されたため、1930年にハーバート・フーバー大統領（1874-1964）が招集した第3回ホワイトハウス会議「子どもの健康と保護」によって新たな段階に入った。1920年代末に起きた児童福祉にかんする論争は、政府の役割にかんしてだけではなく、連邦政府内でどの部局が連邦レベルでのプログラムを管轄するかという方向にも目を向けた。一方には男性主導の公衆衛生サービスその他を支持する意見があり、他方には女性主導の児童局を支持する意見があった。この問題は1930年の会議で非常に熱い論争に発展したが、決着はつかなかった。

1935年の社会保障法によって、その後の20世紀におけるホワイトハウス会議が方向づけられた。1940年のホワイトハウス会議は「民主主義における子ども」と題された。その後の1950年、1960年、1970年、1980年の4回の会議には明確な方針は示されなかったが、そのうち3回目［1970年］は「子どもと青年」、4回目［1980年］は「家族」が方針として掲げられた。最初の焦点は貧困児童に向けられていたが、しだいにすべての子どもにかかわる問題と論点へと関心は移っていった。すべての子どもを民主主義的な市民に育成する最善の方法、家族・宗教・コミュニティ・政府が果たすべき子どもの生活における役割、発達心理学における最新の研究などである。検討された問題には、**少年非行**、落第、薬物使用、**児童虐待**、デイケア・センター、人種および宗教による差別、**10代の妊娠**、片親家族——これらはいずれも貧困と結びついていたが、ある程度のリスクは貧しい子どもだけでなく貧しくない子どもたちの身の上にも起こりえた問題である——が含まれていた。会議の審議対象が拡がるのにともなって委員会数も勧告の数も増え、会議の報告書は何冊にもおよび、数年をかけて印刷しなければならなくなった。視野の拡大と報告書の冊数の増大は、この会議の影響力とは負の相関にある。第3回目以降のホワイトハウス会議にふれた学術文献はまれである。

1990年、時の大統領［ジョージ・H・W・ブッシュ］は子どもにかんするホワイトハウス会議を招集しなか

った。次の会議は、幼児期の発達と学習にかんして、ビル・クリントン大統領（1946-, 在任1993-2001）によって1997年に招集された。しかし、それはすべての子どもにかかわる問題に焦点をあてた1940年代に設定されたパターンのくりかえしにすぎなかった。

➡里親養育、社会福祉（歴史）、進歩主義教育、保育（保育制度の形態）

●参考文献

Dreiser, Theodore. 1909. "The Child-Rescue League: The Delineator Starts a New and Aggressive Campaign for Doing Away with the Old-Fashioned Orphan Asylum." *Delineator* 73 (January) : 102.

Hart, Hastings H., Francis J. Butler, Julian W. Mack, Homer Folks, and James E. West (Committee on Resolutions). 1909. *Proceedings of the Conference on the Care of Dependent Children*. Washington, DC: U.S. Government Printing Office.

McCarthy, Kathleen D. 1982. *Noblesse Oblige: Charity and Cultural Philanthropy in Chicago, 1849-1929*. Chicago: University of Chicago Press.

Muncy, Robyn. 1991. *Creating a Female Dominion in American Reform, 1890-1935*. New York: Oxford University Press.

U.S. Children's Bureau. 1967. *The Story of the White House Conferences on Children and Youth*. Washington, DC: U.S. Department of Health, Education, and Welfare Social and Rehabilitation Service.

（MARSHALL B. JONES／太田明訳）

子どもに向けられる暴力
(Violence Against Children)

　子どもに向けられる暴力は何世紀ものあいだ、ヨーロッパ社会では注目されていなかった。これまで歴史家が示唆してきたように、16世紀と17世紀以前のヨーロッパでは、今日ではだれも決して容認できないさまざまな行為に対して、子どもにはなんの保証も保護もあたえられなかった。去勢・誘惑・男色・強姦・殴打・鞭打ち・労働搾取・児童売春・放置・大人のいじめなどの行為があり、子殺しさえも例外ではない。子ども期の傷つきやすさ、あるいは子ども期の純真無垢という明確な観念はなかった。歴史家によれば、子どもは保護されるべきである、あるいは子どもは養育されるべきであるという信念は、家族生活と子育ての主要な目的というよりも偶然に生じる派生的な結果にすぎなかった。子どもは人間の特殊なクラスであるとみなし、かつ、大人が年少者の生命を脅かすようなしつけや処罰を行なった場合、それを犯罪的誹毀行為とみなすと規定するような法の実体はなかった。子どもと大人はどこでもいっしょにいた。子どもが学校に通う期間は短く、芸術家や作家が描いたように、子どもはどこでも視界のなかにあった。子どもは、男女をとわず大人がはたらき・遊び・眠り・入浴し・祈り・交際する社会空間のすぐそばにいた。つまり、子どもは、物理的暴行や身体・精神・魂への危害を回避してくれる保護空間をほとんどもたなかったし、もったとしてもごくわずかであった。

アメリカにおける子どもへの暴力——概観

　この項目のはじめでは、アメリカにおいて過去300年にわたって展開してきた子どもに向けられた暴力にかんする展望に焦点をあてることにする。歴史的には、子どもに対する暴力の認識は、ほかの社会的な諸発見と同時に進展した。すなわち、子どもは本質的に無垢であり傷つきやすいものであるという発見、子ども期は人生のほかの段階とは区別される特別な人生段階であるという発見、家族は子どもにとって保護的な飛び地であるという発見、学校は若者にとって特殊化され、年齢別に階層化され、発達段階にもとづいて基準化された組織制度であるという発見、政府は子どもの権利を保護し、精緻化する重要な手段であるという発見、などである。新たな土台となるこうした考え方は、子どもは、愛情・保護・教育を必要とし、物理的暴力・性的攻撃あるいは心理的放置ではなく、忍耐強い理解を必要とする無垢で傷つきやすい可視的な集団であるという見方と同時に展開した。こうした変化する社会の発展的要素のそれぞれが触媒のように作用し、身体罰（corporal punishment）と身体拘束（physical restraint）の相対的な道徳性・有用性・正当性を中心とする一連の論争を継続させることになった。そうした要素とは、道徳的説得と心理的操作、行動管理、非暴力、家族・学校・コミュニティにおいて人間関係を形成する様式としての個人的な賞賛である。

身体罰　ひんぱんにくりかえされる論争のなかで中心になるのは、物理的な力と身体拘束の適切な使用にかんする論争である。16世紀と17世紀には、子どもは親許を離れてはたらき、ときおり学校に通うというのがふつうであった。学校にまったく通わない場合、子どもたちは契約をかわした親方・徒弟関係をとおして、あるいは内々のかたちで家庭や教会で仕事を学んだ。したがって、論争の中心は、身体罰が子どもの服従・道徳・よき行動を保証するために相対的に有用かどうかというよりも、身体罰の使用とそのための最適な手段を正当化してくれる環境で、まさにそれを行なうことの是非にあった。法と慣習によれば、「頑固かつ反抗的」で、行動が粗野で、親に対する敬意を失した礼儀知らずな未成年者は死刑に処されることがあったし、そうでなければ、不品行のかどで容赦なく鞭打ちが処せられる可能性が高かった。「筋肉的キリスト教」という考えは広く受け入れられており、親・牧師・親方・学校教師によって実際に、棒・竹箆・鞭やベルトがふるわれたのである。

　服従しない子どもに対する容赦のない身体罰が広く

行なわれていたにもかかわらず、ジョン・ロック、サミュエル・ウィラード[*1]、アン・ブラッドストリート[*2]などの改革者たちは、子ども期は傷つきやすく、順応的な人生段階であるとして、親・教師・聖職者・親方がこの年齢と状態にある子どもに注意を向け、子どもの逸脱の相対的な重要性を評価して、子どもに処罰をあたえる前に、一定の形式のしつけが潜在的に道徳的効果をもつことを勘案するよう訴えた。そのうちの一人は次のように示唆している。「親といえども、権威の名を借りて子どもを抑圧する権利はありません。…子どもを動物や奴隷のように扱ってはいけません」(Grenven 1990より再引用)。家庭や学校での子どもの鞭打ちのやり方が非人間的で危険だという認識をいだいた18世紀と19世紀の道徳改革者と社会改革者は、筋肉的キリスト教の伝統に対する嫌悪感を表明し、非人間性と誤った教育の大きな源泉は親と教師にあると考えた。多くの人びとが、どのような形式のものであれ身体罰は、子どもの幸福にとって有害であると徹底的に攻撃した。

児童労働 19世紀には、貧困にあえぐ非常に多くの移民の子どもたちが都市に住み、工場ではたらいていた。子どもの物乞い、子どもの売春、けがをした子ども、手に負えないストリート・チルドレンが公衆の面前にあらわれてきた事情を詳しく知っていた都市改革者たちは、子どもをネグレクトし、虐待している家族を発見した。彼らは、宗教心を欠いた家族と破廉恥な都市企業家の不道徳な影響のなかで、扶助を必要としている子どもたちは翻弄されていると考えた。そのため、**児童労働**は、身体的虐待の一形態であり、家族破綻の徴候であり、さらに、子どものニーズに対する容認できない侵害にほかならないと考えた。都市の改革者たちは、子どものネグレクトという概念を明確に打ち出し、子どもを道徳的に監督し、子どもに正式の教育を受けさせられない、あるいはその意志がない家族が子どもを養育することを非難した。彼らは**子どもの遺棄**という法的概念を発明し、未成年の**セクシュアリティ**、男色、同僚や雇用者による性的搾取がもたらす悪影響を非難した。

都市の中産階級の改革者の見解では、寄宿学校、都市の慈善学校、感化院は、搾取され、手に負えない子どもにとっては、工場・街路・家事労働と比べればまだまともな、人間的で教育的な環境であった。だが彼らは、こうした施設がやがては子どもの虐待者と性的搾取者(こうした子どもの虐待者と性的搾取者の存在自体が、19世紀後半と20世紀初頭における進歩主義の改革者の新世代の憤激をかうことになった)という新しい階級を醸成する温床になってしまうことを知ることはできなかった。皮肉なことに、こうした19世紀の改革者は——過酷な処罰、労働搾取、未成年者の性行為などを除くことにきわめて熱心であったが——南部や先住アメリカ人のコミュニティでの強姦や過酷な鞭打ちなど、許しがたい暴行が日常的になっているにもかかわらず、南部の奴隷の少年少女や先住アメリカ人のミッションスクールでの子どもの虐待やネグレクトに気づくことはなかった。

19世紀後半から20世紀

社会改革の新世代は、19世紀初頭の先駆者たちと同じように、19世紀後半から20世紀初頭にかけて劇的に変化する社会で育った。彼らが直面したのは、英語を話さない移民や出稼ぎ労働者の増大である。こうした移民や労働者は町の通りや学校にたむろし、彼らの存在は、改革者たちの目からすると、根本改革を必要とする一連の社会実践の理由になった。改革者たちが見たのは、少年犯罪がはびこり、家庭と教会に結びつけられる通常の絆から子どもや若者がみずから逸脱し、街頭企業家としてはたらく少年や少女がますます増加し、なじみのダンスホールや映画館に入りびたり、少年ギャング団を組織する社会であった。こうした環境のなかで、改革者たちは、青年期とは傷つきやすく爆発的な発達の時期であることを発見し、少年の**非行**とは治療すべき犯罪性の特殊なカテゴリーであり、少年たちは犯罪の潜在的な加害者であるとともに被害者でもあると考えた。改革者たちは、殴られた子どもは保護の場所を必要とする特殊な階級であると認定し、そうした子どもや青年の支援グループを形成した。彼らは、「子どもの最善の利益」という概念を成文化し、公的調査をする根本的理由として子どもの権利を確立した。最後に、彼らは、子どもへの殴打は犯罪であり、子殺しは処罰すべき違法行為であるとみなした。

20世紀をすぎると、子どもに向けられる暴力の根源を探り出し、その意味を感情的・社会的・心理的虐待をふくむものにまで拡大しようとする試みが登場した。さらに、学者・神学者・ジャーナリスト・教育者たちは、社会的な広がりを横断して家族・施設・コミュニティにおける子どもの鞭打ち、**近親相姦**、性的虐待などにまで目を向けた。デートでのレイプ、児童ポルノ、売春、小児性愛、同性愛に対して公衆の注目が集まると、かつてはふれられることがなかった現実が公の議論の一部になった。家族内での強制された性交渉や近親相姦——たいていは娘に対する父親の行為——の存在にかんする統計記録が公表されることによって、近親相姦が公衆の耳目にさらされることになった。学校で起きる暴力は、殴打、性的暴行、いじめ、ナイフ・銃・爆弾などによる殺人など多様であるが、それによって若者どうしの暴力問題に公衆の注意が向けられた。つまり、若者に対する目に見えるこうした暴力行為によって、社会は若者の再定義を迫られたのであった。こうして、若者とは、青年あるいは非行者というよりも罪人あるいは犯罪者であると決めつけられた。さらに、若者の暴力に対しては例外なしの法の適用、通常の刑務所への収監、極刑が相対的に有効で

あるとの世論が高まったのであった。

　子どもや若者に向けられた不当な扱いの形式としての暴力概念は、子どもや青年の人間としての地位が定義され、それに敬意がはらわれるようになったあとにゆっくりとあらわれてきた。子どもは保護と制限を必要とする特殊な階級であるという定義は、適切な育児、家族の権威を変化させ、特殊な形式の処罰と規律の正統性をゆるがせた。あらゆる革命がそうであるように、子ども期の地位における革命は、子どもに向けられる暴力として考慮されるべき要素を変容させたのである。

[訳注]

*1 サミュエル・ウィラード（Samuel Willard, 1640-1707）──アメリカの植民地時代の宗教家、教育者。マサチューセッツのコンコードに生まれ、ハーヴァード大学を卒業後、聖職者としてグロートン、ボストンなどで勤め、魔女狩り問題を解決に導き、ハーヴァード大学学長をつとめるなど、当時の精神界を代表した。

*2 アン・ブラッドストリート（Anne Dudley Bradstreet, 1612頃-1672）──アメリカの女性詩人。イギリスのノーザンプトンのピューリタン家族に生まれ、迫害をのがれてマサチューセッツ湾植民地に移住した。著書が出版された最初のアメリカ人作家、および著書が出版された最初のアメリカ人詩人。『最近アメリカに現われた十人目の詩神』（*The Tenth Muse Lately Sprung Up in America*, 1650）はアメリカのみならず英文学史上で最初の女性による詩集とされる。

➡子ども期の理論、児童虐待、法律と子ども

● 参考文献

Ariès, Philippe. 1962. *Centuries of Childhood: A Social History of Family Life*. Trans. Robert. Baldick. New York: Vintage Books. アリエス『〈子供〉の誕生──アンシァン・レジーム期の子供と家族生活』（杉山光信・杉山恵美子訳、みすず書房、1980年）

Beales, Ross W. 1979. "Anne Bradstreet and Her Children." In *Regulated Children/Liberated Children: Education in Psychohistorical Perspective*, ed. Barbara Finkelstein. New York: Psychohistory Press.

Books, Sue, ed. 1998. *Invisible Children in the Society and Its Schools*. Mahwah, NJ: Erlbaum.

Bremner, Robert H. 1970. *Children and Youth in America: A Documentary History*. Cambridge, MA: Harvard University Press.

Clague, Monique Weston. 1983. "A. Hall v. Tawney: Corporal Punishment and Judicial Activism." *Education Law Reporter* 2（March 14）: 909-925.

Cobb, Lyman. 1847. *The Evil Tendencies of Corporal Punishment as a Means of Moral Discipline in Families and Schools*. New York: M.H. Newman.

de Mause, Lloyd, ed. 1974. "The Evolution of Childhood." *History of Childhood Quarterly* 1: 503-575. ドゥ・モース『親子関係の進化──子ども期の心理発生的歴史学』（宮沢康人ほか訳・解説、海鳴社、1990年）

Fass, Paula. S., and Mary Ann Mason, eds. 2000. *Childhood in America*. New York: New York University Press.

Finkelstein, Barbara. 1985. "Uncle Sam and the Children: A History of Government Involvement in Child Rearing." In *Growing Up in America: Children in Historical Perspective*, ed. N. Ray Hiner and Joseph M. Hawes. Urbana: University of Illinois Press.

Finkelstein, Barbara. 2000. "A Crucible of Contradictions: Historical Roots of Violence against Children in the United States." *History of Education Quarterly* 40, no. 1: 1-22.

Finkelstein, Barbara. 2001. "Is Adolescence Here to Stay? Historical Perspectives on Adolescence and Education." In *Adolescence and Education*, ed. Tim Urdan and Frank Pajares. Greenwich, CT: Information Age Publishing.

Garbarino, James J. 1997. "The Role of Economic Deprivation in the Social Context of Child Maltreatment." In *The Battered Child*, 5th edition, ed. Mary E. Helfer, Ruth. S. Kemp, and Richard D. Krugman. Chicago: University of Chicago Press.

Gordon, Linda. 1988. *Heroes of Their Own Lives: The Politics and History of Family Violence, Boston, 1880-1960*. New York: Viking Press.

Greven, Philip. 1977. *The Protestant Temperament: Patterns of Child Rearing, Religious Experience, and the Self in Early America*. New York: Knopf.

Greven, Philip. 1990. *Spare the Child: The Religious Roots of Punishment and the Psychological Impact of Physical Abuse*. New York: Vintage Books.

Hawes, Joseph M. 1991. *The Children's Rights Movement: A History of Advocacy and Protection*. Boston: Twayne.

Hawes, Joseph M., and N. Ray Hiner. 1985. *American Childhood: A Research Guide and Historical Handbook*. Westport, CT: Greenwood Press.

Hiner, N. Ray. 1979. "Children's Rights, Corporal Punishment, and Child Abuse: Changing American Attitudes, 1870-1920." *Bulletin of the Menninger Clinic* 43, no. 3: 233-248.

Jenkins, Philip. 1998. *Moral Panic: Changing Concepts of the Child Molester in Modern America*. New Haven, CT: Yale University Press.

Kett, Joseph J. 1977. *Rites of Passage: Adolescence in America, 1790-1970*. New York: Basic Books.

Kimmel, Michael. 1995. *Manhood in America: A Cultural History*. New York: Free Press.

Males, M. A. 1996. *The Scapegoat Generation: America's War on Adolescents*. Monroe, ME: Common Courage Press.

Nightingale, Carl Husemoller. 1993. *On the Edge: A History of Poor Black Children and Their American Dreams*. New York: Basic Books.

Plotz, Judith. 1979. "The Perpetual Messiah: Romanticism, Childhood, and the Paradoxes of Human Development." In *Regulated Children/Liberated Children: Education in Psychohistorical Perspective*, ed. Barbara Finkelstein. New York: Psychohistory Press.

Polakow, Valerie, ed. 2001. *The Assault on America's Children: Poverty, Violence, and Juvenile Justice.* New York: Teachers College Press.
Rotundo, E. Anthony. 1993. *American Manhood: Transformations in Masculinity from the Revolution to the Modern Era.* New York: Basic Books.
Schlossman, Steven L. 1977. *Love and the American Delinquent: The Theory and Practice of "Progressive" Juvenile Justice, 1825-1920.* Chicago: University of Chicago Press.
Trennert, Robert A. 1989. "Corporal Punishment and the Politics of Indian Reform." *History of Education Quarterly* 29, no. 4: 595-619.

(BARBARA FINKELSTEIN／太田明訳)

子どもの遺棄（Abandonment）

生まれたばかりの赤ん坊の大半を、未開地にであれ、気づいてもらえる公的な場所にであれ、すてるというかたちをとる子どもの遺棄（child abandonment）は、宗教と空想文学では広くみられる主題である。よく知られた事例には、ファラオの娘に助けられたモーセ、古代の神話に登場するゼウスやオイディプスにはじまり、発見されて狼の乳で育てられたローマの建国者である双子の兄弟ロムルスとレムス（Romulus and Remus）にいたる、多数の神々や英雄たちがふくまれる。これらとよく似た物語は、これまでに世界中のさまざまな社会から報告されている。たとえば、ニューギニアの『ヤウタプ・エンガ』（Yautapu Enga）は、棄てられた子どもたちをひろって育てあげ、それぞれに特権的な人生を歩ませる超自然的な存在者をふくむ物語の伝統を保持している。しかし、そうした神話や民間伝承に広くみられる捨て子たちは、現実の生活において子どもの遺棄が広く行なわれていたことの証明にはならない。伝説の物語のハッピーエンドが示しているように、遺棄された子どもたちの大半が実際に救助されたかどうかについても疑問が残る。この問題は、歴史家たちとほかの研究者たちとのあいだで、激しい論争がくりひろげられてきた主題である。

「見知らぬ人びとの親切」

古代と中世のヨーロッパをふくむ大部分の前近代社会では、嬰児殺し（infanticide）が人口調節の重要な手段であったことについて、1980年代なかばまでは、歴史家たちと人類学者たちのあいだで意見の一致が見られた。前近代社会では、明白な嬰児殺しよりもむしろ遺棄することは、望まれなかった赤ん坊を処理するもっともありふれた方法であり、そうすることは子どもの遺棄が嬰児殺しを意味していたことについても、意見は一致していた。しかしこの見解は、ジョン・ボズウェルの影響力のある『見知らぬ人びとの親切』（*The Kindness of Strangers*）という1988年に出版された書物によって異議申し立てを受けた。この書物は、古代末期からルネサンス時代にいたるまでの西ヨーロッパにおける子どもの遺棄の歴史を跡づけたものである。ボズウェルは、子どもの遺棄が古代社会に広まっていたことについては否定しなかった。法律関係と宗教関係の膨大な古文書資料に彼がくわえた分析は、子どもの遺棄が畸形の赤ん坊あるいは近親相姦その他の許されざる関係によって生まれた赤ん坊に限定されないことを確認した。嫡出の子どもたちでも、家族規模の縮小を望む親によって養育が放棄されることもありえたのである。この事実からボズウェルは、西暦の最初の3世紀には、都市のローマ人たちは、自分の子どもを戸外に放り出すことによって、子どもの20～40パーセントを遺棄していたと見積もっている。しかしまた、ボズウェルに従えば、この同じ証拠資料は、遺棄された子どもたちの大半が救助されたことも示していた。古代世界では、遺棄された子どもたちのための制度的な設備がまったくなかったため、子どもたちが生き残れるかどうかは、ラテン語の*aliena misericordia*、すなわち望まれなかった子どもたちを発見して育て上げる「見知らぬ人びとの親切」という言葉に起源をもつ慣習に左右された。捨て子（foundlings）のうち何人かが奴隷になったことは確かだが、大部分の拾い子は、あきらかに里子（foster）としての地位が認められた。子どもがいないカップル、あるいは何人かの子どもを亡くしてしまった両親は、遺棄された赤ん坊を引きとって育て上げることにとくに熱心であった。

ボズウェルが描いた、効果的で、ほとんど痛みを感じない再分配のメカニズムは、過剰な子どもをかかえる家族がその子どものうちの何人かを、子ども数がきわめて少ないかあるいはまったくいない家族にゆだねるというものであったが、これは、さまざまな理由でこれまでずっと批判されてきた。ボズウェルの主張のうち、とくに、遺棄された子どもの大半は死ななかったという主張は楽観的にすぎるとして、議論の的になってきた。なぜなら、生き残ることは、危害がくわえられる前に発見され、新鮮な乳をあたえられる女性の胸に抱かれるといった幸運な環境の組みあわせに左右されたことがはっきりしているからである。それにもかかわらず、たとえその死の代償がいかなるものであろうとも、子どもの遺棄は嬰児殺しと結びつけられるべきではないというボズウェルの論点は、多くの文化において子どもを遺棄する両親が、実際に子どもの命を奪わないということ、したがってまた、遺棄した赤ん坊に生き残るチャンスをあたえることが決定的な違いを生んでいる点を重視した民族学研究によって支持されている。また、こうした民族学研究は、子どもの遺棄がかならずしもつねに死をもって終わるものではないことを示している。エスキモー社会のネトシリク族のような、子どもの遺棄がひんぱんに見られた嬰児殺しをする社会だと考えられているところでさえ、乳

コトモノイ

ベルナルディーノ・ガリアルディ（1609-1660）「捨て子をひろい集める聖ヴァンサン・ド・ポール」*

幼児の泣き声は、この赤ん坊を救済し、彼らが望めば養子にするかもしれないこの集団のほかのメンバーに対するメッセージであった。

実際、子どもの遺棄は、ほかの多くの社会とならんで大半のヨーロッパ社会でも、現実的には嬰児殺しの代替策とみられていた。この違いは、子どもの遺棄に対するキリスト教徒の心的態度を理解するうえできわめて重要である。キリスト教徒は、ユダヤ教徒やイスラム教徒と同じように、また［古代の］ギリシア人やローマ人たちとは対照的に、嬰児殺しは殺人であると考えており、断固としてそれを糾弾した一方で、子どもの遺棄に対してはそれほど厳格には扱わなかった。初期のキリスト教のモラリストたちは、エピクテトス*1、ムソニウス*2および、古代の作家たちのなかでただ一人子どもの遺棄に反対していたアレクサンドリアのユダヤ人哲学者フィロ*3のような哲学者たちの見解を共有しつつ、最初は、子どもの遺棄を嬰児殺しと同等視し、これを公然と非難していた。しかし、4世紀以降になると、初期の反対意見は、極貧状態あるいはそのほかの災難のために子どもを遺棄した人びとに対する諦観と憐憫の情にとって代わられた。中世を通じて嬰児殺しと堕胎は厳しく非難されていたが、子どもの遺棄を禁止する宗教会議や宗教機関はひとつもなかった。これと同じような態度は中世のイスラム社会にも広まっていた。

公権力の介入

子どもの遺棄は、1000年から1200年頃にかけてそれ以前の時期ほど一般的ではなくなったが、13世紀になると、人口成長とそれにともなって生じた経済的な逆境のために、ふたたび増加するようになった。社会問題に対処しようとする宗教界と世俗界双方の都市の機関による非常に広範な運動の一環として、イタリアの多くの都市に捨て子収容施設（foundling home）が創設されたのはこの時期であった。こうした捨て子収容施設は、19世紀にいたるまで、キリスト教の敬神の念をあらわす重要な具現物とみなされた。棄てられた子どもたちの世話に貢献するこうした収容施設の開設の背景にあったおもな理由のひとつは、社会的な非難を避けたいと望んでいた未婚の母親たちや、貧困と飢餓のために絶望的になっている親たちに乳幼児が殺されてしまうかもしれないという恐怖心があったことであった。

捨て子収容施設の出現は、子どもの遺棄の歴史の転換点であった。私的な「見知らぬ人びとの親切」は、公的な介入によってその座を奪われてしまったのである。イタリア・モデルは、ヨーロッパのほかの国々にはすぐには広まらなかったものの、ポルトガル、スペイン、そしてフランスでは急速に広まった。幼児の世話の新しい一章は、**啓蒙思想**の時代に開かれたが、これは、ヨーロッパの多数の都市、とりわけカトリック諸国とロシアで、捨て子収容施設が設立された第二の時代であった。この制度的な発展は、19世紀初めのヨーロッパで、おそらく毎年15万人に達するほどの遺棄された子ども数の劇的な増大と平行関係にあった。大規模な子どもの遺棄がこのように増大した理由のひとつは、私生児出産率が増大したためであった。また、貧窮した親たちが、自分の子どものすくなくとも何人かでも捨て子養育院の世話にゆだねようとする気運が高まったためでもあった。ヨーロッパの国々の大半が、入所は非嫡出子に制限していたようであるが、「回転盤」を通って名前のない子どもたちがこっそりともちこまれた。この回転盤は、人びとが、収容施設の建物のなかの人にみられることなく街路から赤ん坊を運んで来られるように作られた回転ゆりかごのことであった。その子を見分けることができるように、しばしばさまざまな種類の形見が残されていたし、子どもを遺棄した両親が数年後に施設に戻ってきて子どもの返還を要求することもめずらしくはなかった。しかし、収容された孤児の半数以上が生後一年以上生存できることはめずらしかったため、両親が自分の子どもを生きた状態で発見できる可能性は少なかった。

子どもの遺棄の制度化はヨーロッパ北西部のプロテスタント諸国にも広まったが、19世紀初頭になると、新生児が遺棄されることがめったになかったプロイセ

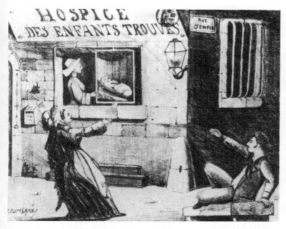

「パリの捨て子養育院」。赤ん坊の受け入れ口には回転盤がある。また建物の壁に表示された街路名は「道徳通り」となっている。
Le tour de l'Hospice des Enfants, A Lithograph by Granpré, 1862.*

ン、イギリス、スイス、そしてアメリカなどの国々と、子どもが数多く遺棄されることでもともと非常に少ない人数の子どもたちを対象にしていた捨て子収容施設を圧迫していたロシアとヨーロッパの南部と中東部のカトリック諸国とのあいだのいちじるしいコントラストがはっきりと見分けられるようになった。19世紀の進展過程で、回転盤を閉鎖することは、ますます耐えがたくなってきた状況を脱する唯一の方法とみなされはじめた。この動きをはじめたのはフランスの収容施設が最初であった。フランス国内のほとんどの回転盤は1853年までに閉鎖されており、この世紀の後半には、ヨーロッパ中の国がフランスの例に従うことになった。

　回転盤を閉鎖したことは、子どもの遺棄が突然、急激な減少を見せることになったが、このことは遺棄された子どもの死亡率の抑制に役立った。19世紀の最後の数十年間、非嫡出子の遺棄も減少しはじめたが、この変化が生まれた理由の一部は避妊法の広まりと関係があった。20世紀がはじまる頃になると、子どもの遺棄の古典的な形態は事実上消滅した。「子どもの遺棄」という用語は、今日では、遺棄された赤ん坊や幼い子どもたちばかりでなく、路上生活をする子どもたちの境遇、戦争の犠牲者、**児童売春**、親からのがれてきた子どもたち、そして悩ましい環境から逃避するために、実際に自分の両親と不幸な家庭を見すてた家出人たちもふくむ、それまでとは違った、広範囲におよぶ子ども期の経験を意味する言葉として遣われるようになっている。

[訳注]
*1 エピクテトス（Epictetus, 55-135頃）——ローマで活躍したギリシアのストア派の哲学者・教師。奴隷の身分であったが、のちに解放された。
*2 ムソニウス（Musonius Rufus, 30頃-101）——ローマのストア派の哲学者。エピクテトスの師。
*3 フィロ（Philo, 前20？-後54）——「フィロン、フィロ・ユダエウス」ともよばれたユダヤ人哲学者。ギリシア哲学とユダヤ思想の融合をはかった。

➡孤児院、里親養育、ホームレスの子どもと家出中の子ども（アメリカ）

●参考文献
Boswell, John, 1988. *The Kindness of Strangers. The Abandonment of Children in Western Europe from Late Antiquity to the Renaissance*. New York: Pantheon.
Cunningham, Hugh. 1995 1st, 2005 2nd. *Children and Childhood in Western Society since 1500*. UK: Longman Pub Group. カニンガム『概説 子ども観の社会史——欧米にみる教育・福祉・国家』（北本正章訳、新曜社、2013年）
Fildes, Valerie. 1988. *Wet Nursing. A History from Antiquity to the Present*. Oxford: Blackwell.
Fuchs, Rachel. 1984. *Abandoned Children: Foundlings and Child Welfare in Nineteenth-Century France*. New York: State University of New York Press, Albany.
Gil'adi, Avner. 1992. *Children of Islam. Concepts of Childhood in Medieval Muslim Society*. New York: St. Martin's Press.
Hrdy, Sarah Blaffer. 1992. "Fitness Tradeoffs in the History and Evolution of Delegated Mothering, with Special Reference to Wet-Nursing, Abandonment, and Infanticide." *Ethnology and Sociobiology* 13: 409-442.
Kertzer, David I. 1993. *Sacrificed for Honor. Italian Infant Abandonment and the Politics of Reproductive Control*. Boston: Beacon Press.
Panter-Brick, Catherine, and Malcolm T. Smith, eds. 2000. *Abandoned Children*. Cambridge UK: Cambridge University Press.
Scrimshaw, Susan C. M. 1984. "Infanticide in Human Populations: Societal and Individual Concerns." In *Infanticide. Comparative and Evolutionary Perspectives*, ed. Glenn Hausfater and Sarah Blaffer Hrdy. New York: Aldine.
Tilly, Louise A., Rachel G. Fuchs, David I. Kertzer, et al. 1991. "Child Abandonment in European History: A Symposium." *Journal of Family History* 17: 1-23.

（PIER PAOLO VIAZZO／北本正章訳）

子どもの感情生活（Emotional Life）

　研究者たちは、過去500年間のヨーロッパの歴史のなかで子どもの実際の感情がどれほど変化してきたかについて、いまなお論争を続けている。しかし、すべての研究者の意見が一致しているのは、子どもの感情生活に対する文化的関心の性質と程度がいちじるしく変化したという点である。16世紀から21世紀にかけて、神学者からモラリスト、小説家、心理学者、社会学者、人類学者にいたるまで、いずれも子どもの感情

のあり方を明らかにしたり、それを統制しようとすることに関心をよせる大人たちは、子どもが語る言葉をなんとか聞きとろうと努力してきた。あるときには、子どもの魂は罪深い情念で穢れており、清められるべきものとみなされた。またあるときには、子どもの心は空っぽの瓶のようなものであり、それをより望ましい感情で満たすことは可能であると考えられた。さらに別のあるときには、子どもの心には複雑な感情がすでに宿っており、熟せばそれらを発見することができ、言葉にすることもできると考えられた。いずれにせよ、時代とともに大人たちは、子どもの感情生活にますます大きな関心をよせてきた。だが、大人の側の変化を跡づけてきた歴史家たちは、これまでの時代の大半における子どもの感情が、実際に生きられた内的経験としていかなるものであったのかについては信頼できる見解をほとんど提出できていない。その端的な理由として、過去に生きた子どもの感情生活という主観的な特徴を明らかにできると期待できる記録が存在しないということがある。しかしその一方で、歴史家たちは信じがたいほど独創的な方法や史料を駆使して、歴史的な痕跡の背後に隠れている子どもの感情を理解しようとしてきた。

感情の歴史の文脈――その歴史変化をめぐる学術論争

感情の歴史を研究しはじめた第一世代の歴史家たちが発見したのは、近世の大人と近代の大人の感情的態度の違いほど大きく近世の大人と近世の子どもの感情生活は異なってはいなかったということであった。20世紀なかば、多くの近世ヨーロッパ史家は、年齢にかかわりなく、過去の人びとはみな、すくなくとも現代の基準からみれば感情的に幼い部分をもっていたと論じた。彼らが描く近世の人びとは、ひんぱんかつ唐突に大きな感情、とりわけ怒り、悲しみ、妬み、色情、欲望といった感情を爆発させる存在であった。この説明図式では、**愛情**は彼らのなかではまれな感情であって、かりに存在したとしても、それは男性同士のあいだで相互にやりとりされるか、結婚という領域の外側にあるロマンティックな関係性において瞬間的に燃え上がるものにすぎなかった。

このような議論によれば、夫婦間や親子間のいずれであっても、家族のなかに愛情はほとんど存在しなかった。家族はたんに経済的に協同する単位にすぎず、そこで子どもは小さな大人として訓練され、自活できるようになるとすぐに家族から外の世界へと放逐された。家族をめぐるこのような状況は、プロテスタントの宗教改革によってはじまり、市場資本主義の登場によって形成され、個人主義の成長によって特徴づけられる近代という時代がはじまるまで存続したと考えられた。しかし、数人の歴史家たちが「情愛的個人主義」とよんだものの登場によって、家族内部の愛情関係がいちじるしく強調されるようになる。過去の経済的制約から開放された家族は、より洗練された道徳的および情愛的機能を自由に発達させることができるようになった。1970年代初頭、植民地時代のアメリカを研究する多くの歴史家たちはこのパラダイムをみずからのテーマに適用し、感情的な紐帯は17世紀になるまでは家族生活のなかでせいぜい限定的な意味をもつにすぎなかったと論じた。

しかし、その後の研究は、このような極端な見解を修正してきている。この時期以降、多くの歴史家は近世の家族内部の感情的な紐帯、とりわけ親子関係における紐帯が重要であったという証拠を発掘した。ほとんどの歴史家はいまや、近世の人びとは怒りに身をまかせ、愛情には鈍感であったという極端な特徴づけを拒否するようになっている。宗教文書から訴訟事例にいたるまでの多くの証拠は、近世の人びとは、激しい感情とみずからの危機は切り離せないと感じており、そのことにひどく悩まされていたことを示している。さらにこの時代の詩、手紙、日記は、強い家族感情が存在していたことを示す多数の証拠をふくんでいる。

しかし、近世を通じて親子間の愛情関係がかなり広まっていた可能性が高いということにかんして、近年の歴史家たちが大幅な意見の一致を見たとしても、彼らは――主観的な感情経験がどの程度歴史的な連続性をもつかということはともかく――子どもにかんしてどのような種類の考え方が信奉されたのか、また大人が子どもにかんする感情をどの程度表明したのか、さらには子どもが自分の感情をどの程度表明したかにかんしては、歴史的に顕著な変化が存在したという新しい理解にも達している。事実、現在の研究者たちは、近世における感情が原理的にも経験的にも近代における感情とは異なったものであると20世紀なかばの歴史家が主張した部分は誇張であったかもしれないものの、子どもに対してどのような態度や考え方をもっていたか、そして家族生活において感情という要素がどのような理念的役割を果たすかについて、近世から近代にかけて重大な変化を経験したと認識した点ではまったく正しいと考えている。

現在では、近世の子どもの感情生活と、近代の子どもの感情生活とのあいだに極端な差異があったという主張は信憑性が低く、誇張されたものであると考えられているが、他方、子どもの感情生活にはまったく変化がなく連続したものであるという考え方も、非歴史的であるとまではいえないまでも、単純すぎるように思われる。ポストモダン的な批判的解釈は、経験それ自体が、すくなくとも部分的には、文化的諸概念によって構築されることへの自覚をもたらした。子どもが表明したり表現した一連の感情は、同時代に広まっていた感情の文化的理解の仕方にかなり規定されていたはずである。したがって、歴史家は通時的な比較だけでなく、文化横断的な比較の重要性も自覚するようになってきた。子どもの感情を分類し、それについて

ソフォニスバ・アングイッソーラ「ザリガニにかまれた子ども」(1558年頃)。16世紀のこの絵画は、幼い少年の生活に起きた動転する出来事についての思いやりに満ちた肖像画である。©Pedicini Napoli, Archivio dell'Arte, Galleria Nazionale de Capodimonte

論評する責任があると自負していた観察者たちのまなざしが歴史とともに変化することに注意をはらうことは、子どもの感情生活において変化しつづける関心の特質を探求するうえで重要な出発点である。

近世ヨーロッパと17世紀のアメリカ植民地の子どもの感情

16-17世紀のヨーロッパでは、プロテスタントの宗教改革に続く年月を通じて、子どもの感情に対する大人の心的態度にかんしてもっとも豊富な記録を残したのは神学者と訴訟関係者であった。イギリス植民地時代のアメリカばかりでなく、北ヨーロッパ(とりわけ多くの研究がなされてきたイギリスとドイツ)の多くの地域では、原罪と贖罪に対するカルヴァン主義的態度が、子どもの感情への関心の大部分を占めていた。この時代の感情は情念(passion)として言及されることがもっとも多く、情念は個人の意志が罪深く利己的であることを優先的に示すものと疑いの目で見られていた。

カルヴァン派キリスト教の中心的な信仰は、キリスト教信者の一人ひとりが、神の恩寵を経験するために自分の意志を神の意志に従わせるべきであるとした。したがって、聖職者はあらゆる努力を傾けて意志を鍛えることによって、できるかぎり情念を抑制すべきであると説いた。親子にとってこの教義は、子どもに自分の情念に打ち克つことを教えることが家庭生活の主要な義務のひとつであることを意味した。両親は、幼児期から子どもの感情を鍛えはじめ、子どもたちは、思わず声を上げたり涙を流したりしなければならないほど過酷な体罰や学校教育を受けつつ、あらゆる犠牲をはらっても自分の感情を抑制した。

一部の親は、子どもの意志を屈服させる自分たちの宗教的義務を享受したかもしれない。しかし、ほかの親はこのような子育てを遂行するのはあまりにもひどいと感じたであろう。歴史家たちは、「子どもを生家から外に出す」という当時どこでも見られた育児法、

すなわち子どもを奉公人や徒弟として近隣のほかの家庭に送り出し、そこで生活と労働をさせるという育児法は、子どもへの親の自然な愛情が続けば、子どもが自分の感情を正しく鍛錬することができなくなるのではないかという両親の懸念の結果として生まれた慣行であろうと推測していた。この見地からすれば、両親の過剰な愛情は子どもの不道徳な魂を危険にさらすかもしれなかった。

感情を抑制する重要性をこのように極端に重視する文化がその意図に反して生みだしたのは、手に負えないほどの感情の暴発がひんぱんに生じたことであった。近世の訴訟記録は、限度を超えた怒りが暴力にいたった事件だけでなく、言葉による暴力だけでも、その怒りを公的に補償させようと人びとを駆りたてるには十分であったという事例に満ちている。訴訟においてほとんどの原告は、自分自身あるいは自分の女性配偶者のための補償を求めて告訴した成人男性であった。しかし、ときには、自分に対する怒りに満ち、敬意のないふるまいをしたために、自分の子どもを告訴する父親もいた。一方で、怒りの暴発にかんする訴訟事例がこれほどあちこちにみられたということは、近世の人びとは、親も子どもも、現代の基準からみればきわめて感情的であったという見解を支持するものである。しかし他方で、こうした感情の暴発がたんに私的な事柄として解決されるのではなく、法廷の場にもち出されたという事実は、近世ヨーロッパ人および植民地アメリカ人が、情念に抵抗せよという宗教的な規範をどれほど深刻に受けとめていたかということも示唆している。

激しい感情は精神的な罪の道具であっただけでなく、身体的な病気の原因にもなりうるものと考えられていた。この時代には、病気についての病原菌理論はまだあらわれていなかった。そのかわり、近世の医学理論は、身体の健康は血液、胆汁、黒胆汁、粘液という四種類の気質あるいは体液のバランスが適切に保たれていることに依存していると考えていた。この四体液のいずれかが過剰であると、身体は過度に熱をもつか、冷たくなるか、乾燥するか、あるいは湿ることになり、病気にかかりやすくなると考えられた。「調子が悪い」ということはたんに気分が悪いということではなく、実際に健康状態がよくないということを意味していた。親が子どもに向かって自分の意志を支配し、情念を従えるように要求するとき、彼らは子どもの精神的な幸福と身体的な幸福の両方を心配するがゆえにそうしていたのである。

実際、死と病は近世世界に偏在していた。多くの子どもが成人になるまで生きることができず、あるいは生きのびた場合でも両親が亡くなっていることが多々あった時代では、家族の愛着がのちの時代ほど育つことはありえなかった。この事実から、近世の親子関係では家族的な愛情は大規模に発展しなかったと論じる研究者もいる。こうした学説を唱える研究者は、死んだ子どもと同じ名前を次に生まれてきた子につけるという広く見られた慣行に注意を向け、これは死んだ子どもに対して両親が強い感情をもっていなかったことを意味していると論じている。しかし、同じ証拠を正反対の立場から用いて、これは死の悲しみに直面した場合でも伝統的な家族の名前を保存し、次世代に引き継いでいこうとする意欲のあらわれであり、家族の紐帯が大きな重要性をもっていたことを具体的に示していると考える研究者もいる。

断片的ではあるが、もうひとつの重要な間接史料は、カルヴァン主義が意志の訓練を強調したにもかかわらず、情愛関係は家族の理想でありつづけたことを示している。聖職者は説教のなかで、自分を、子どもを養育する父親や母親になぞらえるということをひんぱんに行なった。回心をあらわす比喩としてよく見られたのは、(男性であれ女性であれ)キリストを婿にとるという言いまわしであった。神と信者とのあいだの、あるいは説教者と聴衆とのあいだの感情的なつながりを表現するために、教会が情愛と養育を行なう家族であるというメタファーに依拠したことは、近世の子どもは家族による愛情をかなり経験していた可能性が高いということを示唆する。しかし、もし両親との死別や奉公によってひんぱんに家族から引き離されていた近世の子どもが、さらに感情的な訓練と物質的な欠乏状態に日々置かれていたとすれば、それは彼らの感情生活に文化的な影響をおよぼし、のちの時代のそれとはかなり異なったものへと変えていたであろう。

この時代に、家族のメタファーがどのように使われたかにかんする最後の重要な点は、ヨーロッパ中の教会の高位聖職者や政府高官たちが、統治する側とされる側とのあいだの権力関係や権威関係を表現するために、両親(父親であることがきわめて多い)と子どもの関係を引きあいに出したことである。聖職者が家族の比喩を使う場合、文化的理念として家族愛の重要性が強調されたことに注意をはらう必要があるが、愛情と権威は近世の子どもの生活においてあきらかにからみあっていたのであり、これは今日の子どもの生活ではあまりなじみのないものである。

啓蒙時代における子どもの感情

18世紀になると、感情について評価したり助言したりすることに関心をよせるさまざまな人びとが、数の上でも種類の上でも飛躍的に増加する。政治理論家から道徳哲学者にいたるまで、あるいは神学者から小説家にいたるまで、啓蒙時代の著作家や思想家は、感情の重要性を説明することに新たに精力をそそぐようになった。近世の著作家が情念を罪や気質に、また身体的な病に結びつけたのに対して、啓蒙思想の著作家たちは、贖罪の重要な要素として感情(feeling)に、また社会的な徳として情緒(sentiment)に焦点をあ

てた。理性によって統制されていない情念は、いまだ危険で望ましくないものと考えられた。このような場合、医師たちは、情念は神経症を惹き起こすおそれがあると考えた。しかし、感情は適切に支配すれば、善をもたらすものであるとも考えられるようになった。子どもには、感情に対する新しい、バランスのとれたつきあい方を教えなければならない。自己を統制し、意志を支配する重要性はあいかわらず強調されつづけたが、いまやある種の感情が積極的な役割を果たすということが、教育の内容にふくまれるようになった。

宗教的な著作に関心があった歴史家たちは、感情がしだいに肯定的な文化的価値をもつと考えられるようになったことを示す多くの証拠を提供している。1700年代には、ドイツでは宗教的敬虔主義の高まりが、イギリスではメソディズムが、植民地時代のアメリカでも福音主義の信仰復興運動が見られたが、これらの運動はいずれも、宗教的回心の過程で感情が重要な役割を果たすことを新たに強調するものであった。贖罪への道筋は、罪を感情的に自覚し、その後、神の愛という救済の恩寵を経験するなかにある。これらの新しい宗教は、神の言葉を理解する学識を身につける必要性を強調する聖書主義的なカルヴァン主義とは異なり、信仰の中心に感情をすえた。その結果、文字を読むことができない子どもですら、みずからを神に捧げることができると考えられるようになった。実際のところ、信仰復興運動にかんする同時代の記述は、植民地時代のマサチューセッツの牧師ジョナサン・エドワーズの著作のように広く読まれたものもふくめて、子どもの改宗者の敬虔な感情について相当量の叙述がされている。かつては、子どもには自分の情念が罪の源泉となるということを教える必要があった。しかしいまや、子どもは新しい訓え——宗教的な感情によって自分は神に近づくのだということ——を学びはじめていた。

感情の文化的な地位が高まったことを示すもうひとつの重要な研究は思想史研究からもたらされた。啓蒙思想の重要な思潮のひとつであるスコットランドの道徳哲学は、社会的な徳の中心に位置するのは感情であるという思想をめぐって展開された。想像力によって他者の感情を見きわめる能力は、精神の内なる導き手として、道徳的な人間活動を可能にすると考えられた。この潮流に位置する神学者や哲学者は、自己を知ることや自己を保存する手段として感情を擁護したのではなかった。それとは逆に、自己を神の意志や社会的な善に従わせなければならないという思想は、それ以前の時代と変わらず根本的に重要でありつづけた。子どもはひき続き感情を訓練するよう求められた。しかし、情念を根絶しようとする欲望は、有徳な目的に向けて情念を関連づけようとする欲望にとって代わられはじめた。

感情に対する社会の態度の変化を考察する歴史家のすべてが、かならずしも歴史の流れを上述のように理解しているわけではない。18世紀には、むしろ感情に対する新たな敵対的態度があらわれたと考える歴史家もいる。この立場を支持するもっとも適切な証拠は、ある特定の書物ジャンルが拡大したことに求められる。礼儀作法書がそれである。礼儀の助言書の著者が子どもにかんして言及するケースは、18世紀のほうが、それ以前の時代よりはるかにひんぱんであった。適切なふるまいにかんする訓戒は、かつては（自分の子どもや自分より目下の者に対してこれらの規範を遵守するよう期待されていた）大人向けのものであったのに対して、**礼儀作法**の教育は直接子ども自身に向けられるようになった。これは自己統制に対して新たな強調がなされるようになったことを意味しており、歴史家のなかには、このことをもって、この時代に感情はそれ自体が否定的な意味をもつにいたったかのように議論を展開する者もいる。

こうした歴史家たちの中心的な議論——彼らは、礼儀作法書は感情を調整する教育を提供しようとする新しい関心を示していると考えているのだが——は重要であり、現在においても妥当なものでありつづけている。しかし、もっと正確な言い方をするなら、感情は、ある特定の条件のもとでは肯定的な意味をもちうると考えられるようになったからこそ、この時期に感情の統御にかんする助言がいっそう精緻なものになったと論じるほうがよいだろう。もちろん実際には感情に対する敵意というものも依然として存続しており、それは、感情のなかに危険で望ましくないものもあるとはいえ、ある種の感情は宗教目的にも社会目的にも有用にはたらきうるというこみいった見解よりもはるかに主張しやすく、また理解されやすかったことは確かであろう。かくして、18世紀の礼儀作法書は、感情に対するこうした微妙なニュアンスを取り出して分類する作業に着手しはじめたのである。

礼儀作法書から得られるもうひとつの重要な洞察は、感情の統御という思想が変化することによって、両親と子どもの双方が、それぞれの関係を新たに理解しなおすようになったことである。かつての両親は、子どもの気ままな情念を訓練する第一義的な責任を負っていた。しかし、いまや両親は、子どもは自分自身を統御することができると考えるようになった。この変化によって、両親は子どもをしつける懲罰的な立場から解放され、家族の愛情という新しい思想を開花させることになった。さまざまな研究によって、礼儀の助言書の著者たちは、子どもの手に負えない感情の表出を身体的に懲治するのではなく、両親たちに子どもに愛情を示してやるよう教えはじめたことが明らかになっている。この新しい教育方法のもとで両親は、怒りのような望ましくない感情の暴発を抑制するために、事例などを用いて子どもを教育することが期待された。感情は肯定的なものであるという同様の言説は、詩人、

劇作家、小説家などからももたらされた。文学形式のひとつとしての小説は、本質的に18世紀に発明されたものであり、その特徴は、登場人物の内的な感情が探求されることであった。

もちろん、子育てにかんする規範を論じた著作家たち——神学者であれ哲学者であれ、助言書の著作家であれ小説家であれ——から集められた証拠は、子育ての実態よりも理念を明らかにしている点に留意しておくことが重要である。ある研究者が感情学とよぶようなもの——感情にかんする文化概念の支配的な配置——は、感情そのものと同じではない。家族内部に実際に情愛的な感情がどの程度深まり、あるいは広まったのかということにかんして、1500年から1800年のあいだにいちじるしい変化が生じたわけではないかもしれない。しかし、家族感情という理念の重要性は、いちじるしく変化したのである。

両親がこれらの新しい思想を心から受け入れれば受け入れるほど、その子どももそうした思想を受け入れるようになった。18世紀なかばまでに、中産階級および上流階級の若者たちの多くが備忘録をつけるようになった。彼らは礼儀作法書からふるまいにかんする規則を抜き出して雑記長に写し、さらにさまざまな詩句や文学的な表現の断片を書きくわえた。礼儀作法書がますます子どもを対象とするようなるのと平行して、小説も若者向けのものがあらわれるようになった。著者は書簡形式（手紙の続きもの）で小説を書くようになり、求愛や誘惑、結婚の成功や失敗といった事柄を扱うようになった。他方で、18世紀におけるふつうの若者たちは、自分の手紙や日記を、新しい、より感情的な形式で書くようになった。多くの歴史家は、若者に固有の文化のはじまりを、この時代に見出している。

感情は、18世紀を通じて肯定的にとらえられるようになったというだけでなく、18世紀末には女性化されはじめたと論じる歴史家もいるが、この点にかんしては、かなり大きな論争がある。若い男女がともに小説を読んだりそれを楽しめるようになり、両方とも礼儀作法書の助言に従い、また多かれ少なかれ自分の精神や自分の社交世界にかんする関心を共有するようになったことは確かなように思われる。感情が市民的徳と結びつけられるようになるのにつれて、また公共圏が男性化していくのにつれて、少年と若い男性がとりわけ感情に関心をよせるようになったことも事実である。例外のひとつは怒りに関連するものであり、それは女子の場合（怒りという感情を女性がもつことは罪深いことであると不可避に考えられつづけた）よりも男子の場合（怒りは、男らしさを獲得していることを示す必要があるという特別な状況があった）により許容される傾向があったと考えられる。

感情表現が特定の状況では望ましいものであるとみなされるようになった結果、感情はしだいに上品さ（gentility）と礼儀正しさ（civility）という概念のなかに位置づけられていった。ある感情が許容できるものなのか否かの基準となる複雑なコードを身につけることは、社会的地位の差異をそれとなく示すのにもっとも適した手段であった。18世紀を通じて、人やものの移動がかつてないほどひんぱんになされるようになり、社会的な流動性が高まるにつれて、ダンスやほかの上品なふるまいと同様に、感情を臨機応変にあやつる能力は上品さを示す重要な指標となった。子どもも両親も、感情を非常に重視するこのような趨勢に対応していったのである。

感情に対する18世紀的な態度のなかで、社会的および文化的多様性はどのように考えられたのであろうか？　あらゆる人びとが上述のような感情の変化を支持したり、それを経験していたわけでないことは確かである。政治史にかんする著作は社会史や文化史に先行して著されるのがふつうであり、また西洋史研究がほかの地域の歴史よりも圧倒的に書かれてきたがゆえに、白人エリートの子ども以外の子どもの感情生活がどのようなものであったのか、その輪郭すらいまだ明らかになっていない部分が多く残っている。しかし、いくつかの議論もあらわれてきている。

いくつかの現存する史料は、下層階級（その後すぐに独自の経済的階級とみなされるようになる）の人びとは感情の陶冶と統制という新しい倫理を受け入れておらず、むしろ自分の感情をあまり抑制しない傾向にしたがっていたことを示している。このことは、とりわけ男性や少年にあてはまっていた可能性が高い。彼らは日々怒りに身をまかせ、娯楽としてレスリングのような荒々しい格闘に参加していた。上流階級の文化である上品さを、ほかの階層がどの程度同化し、あるいは模倣したかということは、18世紀の礼儀作法と文化にかんするあらゆる研究につきまとうテーマであるが、同じ問いは、ヨーロッパとヨーロッパ系アメリカ人の子どもたちの感情生活には階級的な差異がどの程度存在したかという問いへも適用可能である。

対照的に、**先住アメリカ人の子どもやアフリカ系アメリカ人の子どもの感情生活**は、彼らが自由民であったか奴隷であったかにかかわらず、上述したヨーロッパ的な様式とはいちじるしく異なるものであったであろう。宗教的な信仰や政治的および社会的組織が異なっていた結果、これらの子どもたちは、感情への対処の仕方や、あるいは実際の感情の経験という面で、ヨーロッパ世界の子どもたちとは異なっていたであろう。しかし他方で、ヨーロッパ人世界との相互交渉から必然的にもたらされた緊張によって、こうした子どもたちの感情生活が、ヨーロッパ人の子どもたちのそれとはさらに決定的に異なるものへと変化したであろう。

植民地時代の観察者、口承伝達された逸話、そして同時代の研究によれば、先住アメリカ人の両親の子どもへの関心としては、訓練としてよりも愛情としての

ほうがはるかに顕著に見られた。北アメリカ（北東森林地帯から南西砂漠地帯まで）の先住アメリカ人の子どもたちは母系制世帯で育てられていたが、そうした世帯では協同してはたらく習慣があったため、子どもたちは母親や親類女性と多くの時間をすごすことができた。子どもが大きくなると、男子は父親や叔父によって見守られ、訓練を受けた。女子と男子はともに成人として認められる前に通過儀礼――感情的および身体的な強さを測るための――を経験しなければならなかったが、先住アメリカ人の子どもたちが、日々両親からその情念を抑制するようにさせられたり、罰せられることはなかった。愛情は、親子だけでなく男女のあいだでも自由に表明された。最高位のエリートの場合を除いて、結婚は男女双方の合意にもとづいて行なわれ、当事者同士の意向によって離婚するのも容易であった。

しかし、このような開放性は、先住アメリカ人の子どもたちが感情にかんしてまったく制約を経験していなかったことを意味しない。逆に、先住アメリカ人のあいだでは、困難に直面してそれに耐えられる能力は、高く評価される特性であった。北東部のイロクォイ族のあいだでは、人の死に際して喪に服す仕方は文化的に様式化されており、とりわけ重要なものと考えられていた。家族のメンバーが死んだ際、彼らはきわめて大きな悲しみを感じたがゆえに、喪に服す者たちは、ほかの部族から、あるいはのちにヨーロッパ人と接触する時代にはヨーロッパ人居留地から、捕虜をゆずり受けて養子にすることで、失った家族のメンバーの埋めあわせにしようとした。このようにして先住アメリカ人の養子となったヨーロッパ系アメリカ人の子どもたちの多くは、たとえ生家に戻る機会があたえられても、生家へ帰りたがらなかったが、このことは先住アメリカ人の感情生活が比較的快適であったことを示すものである。しかし、逆もまた真なりということにはならない。植民地のヨーロッパ人世帯にとらわれの身となった先住アメリカ人の子どもたちは、そこで多大な困難を経験した。さらに、ヨーロッパ製の武器と、とりわけヨーロッパ由来の病気がもちこまれると、先住アメリカ人社会で多数の死者が出て家族が崩壊すると、子どもたちの生活は激変し、愛情よりも悲しみを経験することが多くなった。

アフリカ系アメリカ人の子どももまた、感情的な側面と家族の側面の両方で多大な困難を経験しながら成長していたはずである。イギリス領アメリカの労働制度のひとつとして奴隷制が確立しつつあった17世紀には、さまざまな要因が複合的にはたらいて、アフリカ系アメリカ人の子どもたちの人数を制限していた。プランテーション所有者は男性奴隷を女性奴隷よりも好んで使役しており、彼らの生活水準はきわめて厳しく、**乳児死亡**率を押し上げた。おそらくこうした理由から、この時代のアフリカ系アメリカ人の子どもにかんする研究はきわめてわずかしか進んでいない。しかし、18世紀までに男女比率がほぼ半々となり、基本的な生活水準が多少とも向上すると、アフリカ系アメリカ人の子どもの数は増加に転じた。実際には、近年の研究が示唆しているのは、18世紀において奴隷として強制的に北アメリカに移住させられた人びとの3分の1は、アフリカからつれて来られる時点でまだ子どもであったかもしれない。

奴隷制度の下で生活していた子どもたちは、アフリカからつれて来られたのであれ、北アメリカで生まれたのであれ、ほかに例を見ないほどの家族の崩壊を経験した。死や病気によって家族の紐帯がばらばらに引き裂かれたというだけではなかった。彼らもまた家族を求める人間的な希求をつねにいだいていたが、奴隷所有者はそうした奴隷の願いよりも、自分のプランテーションが必要とするその都度の労働力の必要性のほうをより重視していたため、奴隷所有者の意向によってたやすく離ればなれにされたのである。しかし、家族による命名のパターンや親から子へ特別な仕事上の技能を伝達する仕方など、間接的だが多数の証拠から、奴隷家族が強い愛情という紐帯で結びついていたことが明らかとなっている。他方で、歌や物語という豊かな伝統が世代を通じて受け継がれたことは、奴隷制の下で生きた子どもたちが、不正で不当な仕打ちに日常的に立ち向かうための抵抗や誇りを教えられていたことを示している。

先住アメリカ人の子どもたちと同様に、ほとんどのアフリカ系アメリカ人の子どもも、母系制の家族集団で母親とともに暮らしていた。このような子育て方法が、たんに奴隷所有者の都合によるものなのか、あるいはアフリカ的な伝統や好みを反映しているのかについてははっきりとわかっていない。他方で、自由身分の黒人家庭はしばしば父親を家長とする核家族を形成することを選んだようである。このことから、奴隷制地域において母親を中心とした世帯が典型的に見出せるのは、奴隷の身分の下での家族生活を維持することが困難であったことを反映しているからであると考える歴史家もいる。他方で、歴史家のあいだで通説となってきたのは、母系制家族はアフリカの伝統を保持した結果であるという見解である。実際には、多くの研究者が、ヨーロッパの家族モデルに従っているように見える自由身分の黒人家庭においてさえ、そこで仕事の役割がより平等に割りふられているのは、愛情深いパートナーシップが、より権威主義的な家父長制をモデルとするヨーロッパの家族モデルから生まれたものであることを意味していると主張した。いずれの場合も、奴隷制下にある家族生活が直面した困難のいくつかは、広範囲にわたる血縁ネットワークの発達によってやわらげられてきたに違いない。拡張家族と擬制的な血縁関係は、親と子の両方に対して、実際の支援だけでなく感情的な支援という主要な資源を提供したの

である。

建国期のアメリカにおける子どもの感情

　アメリカの建設から現在にいたるまで、アメリカ人は子どもと子どもの感情をますます重要なものと考えるようになってきた。感情それ自体が、もっぱら罪と結びついていた状態から、救済をもたらしうるものへと変化したのにつれて、子どもに対する見解も変化した。かつては、生まれつき道徳的に堕落しており、感情的に訓練する必要があるとされていた子どもは、本来無垢で、生まれつき感受性が豊かで、愛情あふれる配慮が必要な存在であるとみなされるようになった。アメリカの歴史において、子どもの感情にかんする見解が、明確に肯定的なものへと変化したのは、アメリカ独立革命後のことである。

　アメリカ独立革命は、家族にかんする新しい政治的および文化的関心をともなった共和主義の政治哲学が支配的になる時代の幕開けを告げるものであった。新しい国家は民主主義と経済発展を進めようとする楽観主義的な将来像を刺激したが、それはまた道徳的堕落と退廃という不安なイメージももたらした。共和国がもたらす影の部分を放逐し、共和国の夢を研ぎ澄ますためのひとつの方法は、市場の悪徳と政治的分断という危険から隔離された天国としての家族へと立ち返るということであった。この文脈において、子どもの感受性は共和主義的美徳という重要な観点から解釈されるようになった。つまり、その美徳は家庭を守る共和国の妻や母によって養われ、育まれるべきものと考えられるようになったのである。このような傾向がプロテスタントのあいだで支持され、広まっていったのは、1830年代に第2次信仰復興運動が生じた頃であった。信仰復興運動は、救済に対する感情の重要性をあらためて価値づけ、自己の完成可能性についての新たな楽観主義を導き入れた。

　20世紀初頭までに、感受性に対する信仰は全盛期を迎えた。新しい国家の国民たちは、感情は美徳の基礎であるという18世紀の道徳哲学者が前提としていた考え方からは遠く飛躍しつつ、より善い感情をもつことができるよう自分の能力を陶冶し、芸術や文学における情念（ペーソス）を理解できるようになることを望んだ。初めのうち、この感情的な資質はすべての善き共和主義者がもつべきものと期待され、ジェンダーというよりも美徳を示すものであったように思われる。しかし時代が下り、経済的および政治的発展によって公的生活と私的生活のあいだに概念的な懸隔が広がっていくにつれて、家庭は女性の領域とみなされるようになった。この変化にともなって、感情の女性化も進展した。19世紀への転換点においては、幼い少年と少女はともに感情的な感受性をもつことが期待されたかもしれない。しかし、しだいに女子は涙を流して泣くことを覚える一方で、男子は涙をこらえることを教えられるようになった。男子は国民になるために訓練されなければならず、女子は共和主義者の妻とならねばならなかったからである。

　実際に国民であることと、共和主義者としての象徴的な役割を担うことのいずれからも排除された子どもたち――つまり、私有財産をもたない白人男性と、労働に従事する妻、先住アメリカ人、アフリカ系アメリカ人たち――にとって、感情生活はまったく異なるものであった。農村に住む貧しい白人の子どもは、18世紀と同じような感情世界を経験しつづけたかもしれない。しかし、両親が長時間労働に従事し、劣悪な環境で日常生活を送ることになった結果、多くのカトリック移民をふくむ都市に住む貧民は、まったく異なる感情を経験した。訴訟記録と当時の俗説から、彼らの日常生活に、言語的および身体的暴力がひんぱんに発生していたことが明らかになっている。名誉を守るために勇気を奮いたたせ、殴りあいも辞さないということが労働階級の男性の顕著な特徴であると考えられるようになり、それは移民であるかアメリカ生まれであるかをとわず、労働階級に広まり、また南部の上流階級にも広まった。男子はこの理念にしたがって自分の感情を訓練した。他方で女子は、生存のための感情的な手段として共感能力が重要であるということを母親という実例から学んだ。病気のときにバケツ一杯の新鮮な水をあたえてくれるもの、あるいは亭主の給料がすべて酒代に使われてしまうとき、パン一きれをあたえてくれるのは女性同士の連帯だったのである。

　有産階級の白人男性が自分たちを新たな国家の国民とみなすようになると、彼らはすぐにほかのアメリカ人は自分たちに依存しているのだという考えをいだいた。アフリカ系アメリカ人と先住アメリカ人の子どもの両親は、形式的な国民の権利から排除されるだけではなく、現実にも成人社会のメンバーとして認められなかった。南部の奴隷所有者は成人奴隷を子どもになぞらえて、「黒人と白人からなるわが家族」に言及した。アンドルー・ジャクソン大統領は、先住アメリカ人への迫害を推進した人物であったが、先住アメリカ人を「わたしの赤い子どもたち」とよんだ。このような白人の男性指導者たちが自分の「子どもたち」に対する家父長的愛情について語る際、家族感情と公権力のあいだに数世紀前からあった関係が、依然として進化しつづけていたのである。

　アフリカ系アメリカ人と先住アメリカ人の子どもは、共和主義的規範の影響から家族形態に対してますます不寛容になっていく社会で成長する過程で、とりわけ感情的な困難に直面することになった。しかし、非エリートたちのあらゆる試みに対する敵意は、共和主義の可能性を主張する。「涙の旅路」を通って西部へと強制移住させられたチェロキー族の子どもから、「綿花王」に仕えるため南部へと売られたアフリカ系アメリカ人の子どもにいたるまで、多くの子どもたちが居

心地のよい安全な共和国の家庭を経験することは決してなかった。母親から引き離される喪失感と悲しみ、あるいは父親が鞭打たれているのをまのあたりにする屈辱、一時的に抑えることはできても決して消えることのない抑圧に対する怒りといった感情は、友人や親族のあいだでどれほど大きな愛情や情愛が共有されようとも、決して完全には鎮められないものであった。

一部の歴史家は、白人女性や有色人種とは反対に、エリート白人男性の感情生活が特異な輪郭をもつことを視野に入れながら、20世紀の転換期までアメリカ全体を特徴づけていたと思われる個人主義を実際に受け入れようとしていたのは、こうしたアメリカ人男性のみであったと論じている。中産階級の子どもの社会化においては、感情の経験の仕方に大きな差異があった。少年は、恐怖心のような特定の感情を抑制するよう求められた。両親や教師だけではなく、少年たち自身の遊びの様式もまた、この種の感情管理の重要性を強調した。過度に感情的な少年は意気地なしとみなされた。少女にかんしては、恐怖心を抑えることはあまり重要視されなかった。ひかえめであることと物怖じすることが望ましい女性の特性であった。しかし、少女には、愛情豊かであるという資質が肯定的に重視されたこととならんで、怒りを抑制することが求められた。少女向けの人形をふくむ子ども向けのおもちゃも、同じように複雑で、ジェンダーに特有の感情の解放と抑制を推奨した。

20世紀と21世紀の子どもの感情生活

感情生活におけるこの分裂は、最終的に20世紀を通じて変化しはじめた。この頃までに、(ユダヤ系やほかの東欧系、アジア系、ラテン系、そして独立革命時にはアメリカでほとんど存在しなかったほかの集団をふくむ大規模な移民の結果もたらされた) 人種的、民族的、宗教的多元性によって、多くの古い偏見は維持できなくなった。学校教育、商業的な大衆文化、心理学的な助言が、いまやこの社会に存在するようになった多様な集団に影響をあたえるようになった。

近世のヨーロッパ人は、自我とその情念は、多くの危険を惹き起こすがゆえに完全に抑圧しなければならないものと考えていた。これとは対照的に20世紀中葉および末期のアメリカでは、子どもは自我の発達のために、あるいは自己実現とよばれるもののために、感情を評価し、それを表現する重要性を学ぶようになった。感情とのつきあい方にかんして、より柔軟で、より自然で、より開かれたものと考えられた**若者文化(ユースカルチャー)** は、1600年には想像もできなかったほど社会に流通するようになった。1960年代のブラックパワー運動は、ついにあらゆる世代のアフリカ系アメリカ人に自分たちの怒りを表明できるようにした。ポストフェミニスト時代においても、多くのアメリカ人が女性は非常に感情的な性であると考えているが、しかしそう主張する彼らは、この違いを女性らしさの罪というよりは、男性らしさの欠陥であるとしばしばみなすようになっている。子どもと両親はどちらも、日常的に自分の感情を伝えあうようになった。感情的な幸福は身体的な純潔のためや、精神的な罪をおそれるためではなく、それ自体のために求められるようになった。

アメリカの子どもが自分の感情を受け入れるようにうながされるという事態は、19世紀から20世紀にかけて見られたもっとも明瞭な変化であったが、変化したのはそれだけではなかった。子どもを過度に濃密な感情にふれさせつづけることに対する懸念が生じたことも、もうひとつの重要な変化であった。両親たちは心理学的な助言に刺激されて子どもの恐怖心や怒りに対してより懸念をいだくようになり、兄弟間の嫉妬を抑制しようとする運動が感情にかんする新たな注意を喚起した。20世紀の子育て助言書は、子どもがこうした否定的な感情を口に出すのを奨励したが、感情のおもむくままにふるまうことは抑制した。妬みや恐怖心のような感情から子どもの気をそらすためにおもちゃを利用するといったことをふくめ、ほかの子育て手段も同じ目的を遂行した。きちんとした大人になるための準備をさせるには、子どもの感情をうずかせないよう配慮してやることが両親の責任であると広く信じられるようになった。ジェンダーによる差異は残りつづけたが、少年と少女の感情的な社会化がまったく違ったやり方でよいとする考えは支持を失った。かわりに、すべての子どもは、感情を極度に高めないようにすることを教えられるようになった。子どもに深い悲しみを経験させないようにすることが、こうした新しい取り組み方のひとつであった。最後に、子どもの感情的な脆弱性への自覚の深まりは、子どもの自尊心をどう促進するかといった課題に新たな焦点をあてるようになった。

さらに、子どもに対する態度や感情それ自体に対する態度が変化するのと同じように、子どもの感情生活も変化しつづけている。たとえば、科学者たちは近年「心身」関係、すなわち、感情と身体的な健康との結びつきを再発見しはじめている。皮肉なことに、自我がより自由になり、発達するようになればなるほど、それだけいっそう感情的な自己規制がふたたび評価されるようになってきている。かつて子どもの情念を監視して矯正したのは両親であり、必要に応じて、大人の過度な感情を抑制したのは法廷であった。しかし、現代のアメリカ人は、感情の抑制は完全に個人的な事柄であると考えている。他方で、多くのポストモダン論者は、自律的な自我という概念はそれ自体はヨーロッパ的な幻想にすぎず、啓蒙思想の時代の遺物なのであって、感情や自己同一性や社会関係を考えるための唯一の方法ではまったくないし、まして最善の方法でもないと主張している。子どもの感情生活にかんする

歴史は現在進行形で書きつづけられていると同時に、現在進行形で実践されてもいる。
➡怒りと攻撃、内気、悲しみ・死・葬礼、恐怖心、子育ての助言文献、罪悪感と恥辱感、ジェンダー化、嫉妬と羨望、児童心理学、友情

●参考文献

Ariès, Philippe. 1962. *Centuries of Childhood: A Social History of Family Life*. Trans. Robert Baldick. New York: Vintage Books. アリエス『〈子供〉の誕生――アンシァン・レジーム期の子供と家族生活』（杉山光信・杉山恵美子訳、みすず書房、1980年）

Barker-Benfield, G. J. 1992. *The Culture of Sensibility: Sex and Society in Eighteenth-Century Britain*. Chicago: University of Chicago Press.

Bloch, Ruth H. 1987. "The Gendered Meanings of Virtue in Early America." *Signs* 13: 37-58.

Bumstead, J. M. 1976. "Emotion in Colonial America: Some Relations of Conversion Experience in Freetown, Massachusetts, 1749-1770." *New England Quarterly* 49: 97-107.

Burke, Peter and Roy Porter, eds. 1991. *Language, Self and Society: The Social History of Language*. Cambridge, UK: Polity Press.

Bushman, Richard L. 1992. *The Refinement of America: Persons, Houses, Cities*. New York: Knopf.

Corrigan, John, Eric Crump, and John Kloos, eds. 2000. *Emotion and Religion: A Critical Assessment and Annotated Bibliography*. Westport, CT: Greenwood Press.

Cushman, Philip. 1995. *Constructing the Self, Constructing America: A Cultural History of Psychotherapy*. Boston: Addison-Wesley.

Demos, John. 1994. *The Unredeemed Captive: A Family Story from Early America*. New York: Knopf.

Ekman, Paul and Richard J. Davidson, eds. 1994. *The Nature of Emotion: Fundamental Questions*. New York: Oxford University Press.

Fiering, Norman S. 1976. "Irresistible Compassion: An Aspect of Eighteenth-Century Sympathy and Humanitarianism." *Journal of the History of Ideas* 37（April）: 195-218.

Frost, J. William. 1973. *The Quaker Family in Colonial America: A Portrait of the Society of Friends*. New York: St. Martin's Press.

Hemphill, Christine Dallett. 1999. *Bowing to Necessities: A History of Manners in America, 1620-1860*. New York: Oxford University Press.

Hendrix, Scott. 1995. "Masculinity and Patriarchy in Reformation Germany." *Journal of the History of Ideas* 56（April）: 177-193.

Hirschman, Albert O. 1982. *The Passions and the Interests: Political Arguments for Capitalism before its Triumph*. Princeton, NJ: Princeton University Press.

Howe, Daniel. 1997. *Making the American Self, Jonathan Edwards to Abraham Lincoln*. Cambridge, MA: Harvard University Press.

Huizinga, Johan 1996. *The Autumn of the Middle Ages*. Trans. Rodney J. Payton and Ulrich Mammizsch. Chicago: University of Chicago Press. ホイジンガ『中世の秋』（上・下）（堀越孝一訳、中公文庫、1976年、中公クラシックスⅠ、Ⅱ、2001年）

Kamensky, Jane. 1997. *Governing the Tongue: The Politics of Speech in Early New England*. New York: Oxford University Press.

Kasson, John F. 1990. *Rudeness and Civility: Manners in Nineteenth-Century Urban America*. New York: Hill and Wang.

Kerber, Linda. 1976. "The Republican Mother: Women and the Enlightenment-An American Perspective." *American Quarterly* 28: 187-205.

Levy, Barry. 1988. *Quakers and the American Family*. New York: Oxford University Press.

Lewis, Jan. 1983. *The Pursuit of Happiness: Family and Values in Jefferson's Virginia*. New York: Cambridge University Press.

Lockridge, Kenneth. 1992. *On the Sources of Patriarchal Rage: The Commonplacebooks of William Byrd and Thomas Jefferson and the Gendering of Power in the Eighteenth Century*. New York: New York University Press.

Lutz, Catherine A., and Lila Abu-Lughod, eds. 1990. *Language and the Politics of Emotion*. New York: Cambridge University Press.

Macfarlane, Alan. 1986. *Marriage and Love in England: Modes of Reproduction, 1300-1840*. New York: B. Blackwell. マクファーレン『再生産の歴史人類学――1300～1840年 英国の恋愛・結婚・家族戦略』（北本正章訳、勁草書房、1999年）

Miller, Jacquelyn C. 1996. "An 'Uncommon Tranquility of Mind': Emotional Self-Control and the Construction of a Middle-Class Identity in Eighteenth-Century Philadelphia." *Journal of Social History* 30: 129-148.

Morgan, Edmund S. 1966. *The Puritan Family: Religion and Domestic Relations in Seventeenth-Century New England*. New York: Harper and Row.

Radcliff, Evan. 1993. "Revolutionary Writing, Moral Philosophy, and Universal Benevolence in the Eighteenth Century." *Journal of the History of Ideas* 54: 221-240.

Reddy, William. 1997. "Against Constructionism: The Historical Ethnography of Emotions." *Current Anthropology* 38: 327-352.

Rotundo, Anthony. 1993. *American Manhood: Transformations in Masculinity from the Revolution to the Modern Era*. New York: Basic Books.

Scott, James C. 1990. *Domination and the Arts of Resistance: Hidden Transcripts*. New Haven: Yale University Press.

Smith, Daniel Blake. 1980. *Inside the Great House: Planter Family Life in Eighteenth-Century Chesapeake Society*. Ithaca, NY: Cornell University Press.

Sobel, Mechal. 2000. *Teach Me Dreams: The Search for Self in the Revolutionary Era*. Princeton, NJ: Princeton University Press.

St. George, Robert. 1984. "'Heated' Speech and Literacy in Seventeenth-Century New England." In *Seventeenth Century New England*, ed. David D. Hall and David G. Allen. Boston: The Colonial Society of Massachusetts.

Stansell, Christine. 1986. *City of Women: Sex and Class in New York, 1789-1860*. Urbana: University of Illinois Press.

Stearns, Carol Z., and Peter N. Stearns. 1986. *Anger: The Struggle for Emotional Control in America's History*. Chicago: The University of Chicago Press.

Stearns, Peter N., and Jan Lewis, eds. 1998. *An Emotional History of the United States*. New York: New York University Press.

Stone, Lawrence. 1977. *The Family, Sex, and Marriage in England, 1500-1800*. New York: Harper and Row. ローレンス・ストーン『家族・性・結婚の社会史――1500年～1800年のイギリス』(北本正章訳、勁草書房、1991年)

Wallace, Anthony F.C. 1972. *The Death and Rebirth of the Seneca*. New York: Vintage Books.

White, Deborah Gray. 1985. *Ar'n't I a Woman?: Female Slaves in the Plantation South*. New York: Norton.

Zagarri, Rosemarie. 1992. "Morals, Manners, and the Republican Mother." *American Quarterly* 44: 192-215.

（NICOLE EUSTACE／岩下誠訳）

子どもの権利（Children's Rights）

アメリカ史を通じて、子ども、親、国家のあいだでの義務と権利は、国家の成長にともなう力強い変化に応じて展開をみせてきた。それがもっとも顕著にあらわれているのは親の権利であり、かつてそれはおよそ絶対的なものであったが、子どもの保護と教育に対する権力的役割を国家がますます多く担うようになるのにつれて、制限がくわえられてきた。しかし、子どもの権利が十分に独立した一つの概念としてあらわれることはなかった。子どもの権利を親のそれとは区別されたものとして考慮しようとする試みは、おもに刑事司法や性と生殖にかんする権利など、かぎられた法的領域でのみ行なわれてきた。

アメリカの初期の歴史において、法律上子どもは経済的な資源あるいは負債とみなされており、その価値は彼らが親やほかの大人に報いるための労働能力をどの程度有しているかによってはかられた。植民地時代および建国期初期を通じて、家長としての父親は子どもの養育と統制にかんして完全な権利を行使し、それは子どもが結婚してからも、あるいは当時はまれであったにせよ離婚してからも続いた。父親は母親の同意がなくても子どもを賃労働につかせたり、ほかの家庭に徒弟に出すことができた。教育や職業訓練、道徳発達といった事柄もまた、父親の責任であった。

国家が子どもに対する責任を認めたのは、ごくかぎられた状況においてであった。たとえばそれは、ある子どもが私生児であるために父親の責務が認められない場合や、父親もしくは両親が死去した場合、あるいは両親が子どもを世話し、訓育する十分な資質と経済的能力を欠いている場合などにかぎられていた。こうした場合、子どもの運命は、管理と監督を行なう十分な能力を大人が有しているかどうかを考慮すべきおもな事項としつつ、その子どもの労働価値に応じて決定された。婚姻外で生まれた子どもは、「だれの子でもない子ども」（ナリアス・フィーリアス：*nullius filius*）、あるいは「私生児」として知られ、町の救貧法役人はこうした身よりのない子どもを追放する権限をもっていた。未亡人は、子どもの面倒をみることができなくなると、しばしば子どもを手放した。**孤児院**や**養子縁組**が一般的になる以前には、こうした子どもはたいてい徒弟に出されるか、労働力とひきかえに最低限の衣食住を提供してくれる家庭へと送られるかした。

1800年代を通じて、国家がますます都市と産業を発展させると、子どもにあった労働力としての価値の比重は減少し、子どもの養育と教育に対する関心が高まることとなった。こうした新しい工業化の時代が到来すると、父親はみずからの農地や自営の商店を手放してどこかほかの場所ではたらくよう強いられた。これまで家にとどまっていた母親は、父親に代わって子ども世界の主要人物としての役割を担うようになった。さらに、新たな産業秩序は、現場ではなく教室で教えられ、学ぶことのできる労働技能をもつ中産階級を必要とした。そして、親に代わるパブリックスクールの教師が子どもの主要な教育者の役割を担うようになった。こうした移行によってはじめて、子どもはなんらかの固有の権利をもつ存在とみなされるようになった。

親の権利からは独立の、子ども固有の権利にかんする最初の認識は、「子どもの最善の利益」（the best interest of the child）として表現される法的概念によって具現化された。また、幼児期の子どもの感情的ニーズをよりよく養育できる親として好ましいとされたのは母親の方であった。離婚がますます一般的な出来事となるのにつれて母親は、親の監護権争いに際して父親よりもいっそう優位になった。そして、親と死別した子どもや、子どもの面倒を見ることができなくなった親の子どもにとって、**里子制度**よりも、もっと子ども中心主義的な代替物として孤児院があらわれた。それと同時に、公教育が急速に**自宅学習**にとって代わりはじめていた。子どもの知的および職業的生活の形成に際して、国家が親に代わる役割を担うようになったのである。

20世紀初頭には、広く子どもの救済者として知ら

れる公徳心のある大人たちの連携によって、子どもを搾取や悪影響から守る多様な改革運動が進められた。草分け的な法令には、限定的な**児童労働法**や、**義務就学**、そして親から養育放棄された子どもや、非行がみられる子どもを裁くための**少年裁判所**の創設などがふくまれる。これらの主導権は、決定的により積極的な役割を国家に担わせることとなり、その結果、親の権威が不可避的に減衰すると同時に、現代のアメリカにおける児童福祉と教育体制の基礎が築かれた。

だが、親の権利から切り離された子ども固有の市民権が承認されはじめたのは、それからさらに時代を下った1960年代に公民権運動の高揚をみてからであった。1965年には、アイオワ州デモインの3人のクウェーカー教徒の子どもが、教室のなかでベトナム戦争に反対する宗教的抗議を行なったとして停学処分となった。アメリカ連邦最高裁判所は言論の自由にかんする重要な判決のなかで、子どもは「憲法上の権利を校舎の入り口ですててはいない」(**ティンカー対デモイン訴訟**、1969年)と公布した。

非常に保守的な雰囲気に包まれていた1970年代の最高裁は、学校新聞の検閲を認め、生徒のロッカーを検査する際の決定権を学校にあたえた。のちの司法判断でも、未成年の学生に認められていた特権に制限をくわえつづけた。21世紀初めには、最高裁は生徒の薬物検査を行なうためのさらに広範な自由を学校当局側にあたえた。最高裁は、教育委員会対リンゼイ・アールス裁判 (2002年) において、地方当局に、バンド、コーラスあるいは学術的なコンテストといった課外活動に従事するすべての生徒に対する任意の薬物検査の実施を許可した。この判決は、すでに行なわれていた学生のスポーツ選手に対する強制的な薬物検査を是認していた。

最高裁は、**少年司法**での手続きに際して、子どもの権利にかんする格別の配慮が必要であることを認めていた。ティンカー対デモイン訴訟の原因となる出来事が起きた同じ1965年には、アリゾナ州ヒーラ郡の15歳の少年が、近隣に住む年上の住民に卑猥な電話をかけつづけたとして訴えられた。法廷弁護人による援助も審理もなしに、この少年ジェラルド・ゴールトには21歳までの矯正施設収容を命じる判決がくだされた。その結果としてくだされた画期的な最高裁判決である——これは、のちにいくつかの後続する訴訟によってもっと詳細に議論されることになるが——**ゴールト裁判**(1967年)は、少年裁判所において刑事訴訟に問われている未成年の被告人に対し、弁護士を雇う権利や自己を有罪にしないようにするための権利といった、通常の刑事裁判所で成年の被告人が享受する法の適正手続き権[*1]をほぼ全面的に認めた。しかしながら、迅速な裁判を受ける権利、保釈権、あるいは陪審員といった制度については、20世紀の終わりにいたるまで確立されないままであった。

1990年代には、少年犯罪の増加がとりざたされたことを受け、ほとんどの州議会ですべての少年違反者に成人裁判所での裁判を課し、成人の判決規則に従わせる法制が敷かれた。21世紀初頭には、14歳の少年が成人として殺人罪に問われ、16歳の少年がほとんどの州で死刑判決を受ける可能性がある状態となっている。

最高裁によって、学校、裁判所およびその他の政府組織に対する子どもの一連の権利が部分的に認められたとはいえ、伝統的に親が行使していた権利を子どもに認めることは躊躇された。これらの権利のうちもっとも反対を受けたのは、性と生殖にかんする意志決定をめぐる権利にかかわるものである。最高裁は、ロウ対ウェイド事件判決のすぐ後に、成年女性に認められていた堕胎によって中絶する権利を少女にも認める判決をくだした。しかし、その一方で最高裁は、親の同意を義務づける法律の制定を各州にゆだねることで、実質的な親の権威を留保した。また最高裁は、少女は、裁判官への請願を行なうことで親の承諾を迂回することができるとしていた。裁判官が彼女を成熟した未成年者だと認めれば、彼女はみずからの選択に従うことができるとされたのである(**ベロッティ対ベアード裁判Ⅱ**(1979年)。ここには、子どもの権利をめぐる初期の意志決定に特徴的な、ある種の曖昧さが見てとれる。親、世論、そして国家は依然として未成年者の中絶をめぐっては深刻な意見の対立を見せており、判例をくつがえす審理は今後も続くであろう。

あまり論争的ではないが、性感染症や薬物、アルコール濫用の治療といったほかの慎重を要する医学的手続きにともなう青少年の同意をめぐっては、さらなる議論の余地が認められてきた。多くの州で、医師は親の同意なしには青少年にアスピリンを処方することができないが、その一方で、未成年者の**性行為感染症**(VD)については治療を行なうことができるとされている。これとは対照的に——また、犯罪者として収監される可能性のある子どもにあたえられる法の適正手続き権とはとりわけ対照的に——最高裁は、親が司法審査を受けずに、内科医の推薦だけで未成年の子どもを精神医療機関に委託することを認める判決をくだした(パルハム対J・R裁判、1979年)。こうして親の意志で委任された子どもは「自己あるいは他者に危害をくわえる」——これが成年者が拘留される際の基準である——人物である必要はなく、ただ医学的な治療が必要であるとみなされるだけでよいのである。

家族法の司法機関では、子どもの最善の利益は、離婚あるいは離別した生物学的両親間で監護権が争われる際の標準でありつづけている。しかし、実際には、監護権をめぐる司法手続きの場で子どもが意志の表明者とみなされることはめったにない。このため、ほとんどの州では、青年期に達した子どもの意向だけが、裁判で考慮される唯一の要素であると認められている。

したがって、最善の利益という基準が子ども自身の直接的あるいは間接的な教唆によってさえ、満たされることはまれなのである。

国連は、子どもの権利の明確化と拡充化にかんして鍵となるいくつかの点で、アメリカにおける進歩主義的な法制度改革よりも進んでいる。1989年の**国連子どもの権利条約**では、次のような諸原則の枠組みが提示された。すなわち、子どもはみずからの発達上の要求に応じた養育環境をもつ権利を有しており、さらに、法的手続きにおいて独立した意志表示を行なう権利と、親と国家から経済的、感情的な援助を受ける権利を有している。2003年の時点でこの条約に署名していないのは、ソマリアとアメリカ*2だけである。

[訳注]
＊1 法の適正手続き（due process rights; due process right; due process protections）──アメリカ合衆国憲法修正第5条と修正第14条で保障されている権利。正当な法の手続きまたは法によらなければ個人の権利・自由は奪われないことを保証し、基本権を侵害する法律や行政機関の行為を憲法違反とする一般的条項。
＊2 ソマリアとアメリカ──「国連子どもの権利条約」訳注1参照。

➡子どもの最善の利益を越えて、児童救済、法律と子ども、離婚と監護権

●参考文献
Ladd, Rosalind Ekman. 1996. *Children's Rights Revisioned: Philosophical Readings*. Belmont: Wadsworth.
Mason, Mary Ann. 1994. *From Fathers' Property to Children's Rights: A History of Child Custody in America*. New York: Columbia University Press.
Mnookin, Robert H., and D. Kelly Weisberg. 1994. *Child, Family, and State: Problems and Materials on Children and the Law*. Boston: Little, Brown.

（MARY ANN MASON／渡邊福太郎訳）

子どもの最善の利益を越えて（Beyond the Best Interests of the Child）

「精神的な親」（psychological parenthood）という術語は、1973年の『子どもの最善の利益を越えて』（*Beyond the Best Interests of the Child*；邦訳名『子の福祉を越えて』）と題する影響力の大きな文献によってはじめて紹介された。精神的な親とは、生物学的関係の有無にかかわらず、子どもと親子関係を結んでいる者のことをいう。この術語は、主として法的言説での監護権論争において用いられている。この概念をめぐるもっとも重要な実例は（精神的な親たちのすべてがまきこまれたわけではなかったが）、子どもを幼少期から育てた養父母と、後になって子どもの返還を要求した生物学的親とのあいだの争いであった。こうした返還要求は、以下のような状況において主張されている。離婚、継親と生物学的親との争い、互いに未婚の生物学的両親による争い、ともに子どもを育てた同性の両親による争いなどである。21世紀が幕を開けると、ますます多発する監護権論争には、育ててきた子どもとの養子縁組を希望する養父母、その子を生物学的親あるいはその親戚に渡そうとする州機関などがまきこまれていった。

争いが発生すると、法律は伝統的に生物学的両親を支持してきた。今日、[アメリカの]多くの州では、親が子どもをすてたり、子育てに「適さない」と宣告されないかぎり、生物学的両親の権利は事実上不可侵となっている。

1973年、『子どもの最善の利益を越えて』は、生物学的関係重視に異議申し立てをした。3巻本の第1巻は、法学教授（ジョーゼフ・ゴールドスタイン[Joseph Goldstein]）、児童分析家（アンナ・フロイト）、そして児童精神科医（アルバート・ソルニット[Albert Solnit]）による共著であった。ゴールドスタイン、フロイト、そしてソルニットは、精神的親が子どもと生物学的につながっていようとなかろうと、正常な発達は親子関係の継続性にもとづいているので、裁判所はその絆を保護すべきであると主張した。彼らはまた、子どもにとって監護権闘争にまきこまれることは心理的な非常事態であると強調した。危害がくわえられたうえに危機的状況におちいっている子どもへの裁判所による最善策は、問題を迅速に解決することであった。裁判官と法律家は、子どもの未成熟な時間感覚、不断の情愛に満ちた養育を提供する人物との関係を継続することがなによりも大切であることをふまえて、判決をくださなければならない。

精神的な親とは法的術語であり、心理学的術語ではない。精神分析理論によって幼少期の親子関係が重要であることがかねてより強調されてきたにもかかわらず、『子どもの最善の利益を越えて』が公にした見解は、その後の発達心理学研究や理論とは異なるものであった。ジョン・ボウルビーの研究にもとづく愛着理論（Attachment theory）は、21世紀初頭の親子関係を理解するうえで主要な概念枠組みになっている。ゴールドスタイン、フロイト、そしてソルニットの著書におけるもっとも論争を呼んだ見解は、典型的離婚案件において、裁判所は母親と父親のどちらが精神的親であるのかを決定し、その人物のみに子どもの監護権をあたえるべきだと勧めていたことである。さらに、ゴールドスタインらは、裁判所によって選ばれた親は、子どもとほかの親とが互いに行き来することを管理したり、あるいはそうした交流を禁じたりできるべきだと勧めていた。

それに反して、最近の研究では、幼い子どもは1人以上の人物と情緒的に結びつくことができることが示されている。片親が主たる愛着の対象になるかもしれない。しかし、子どもたちは、愛情と思いやりのある養育を提供する他者と同様、たいていは両親に対して

情緒的愛着を結ぶのである。その他さまざまな批判にもかかわらず、精神的な親という概念は、監護権の決定における子どものニーズや展望に注意を喚起する際、影響をあたえている。

➡子どもの権利、同性家族の子育て、法律と子ども、養子縁組（アメリカ）、離婚と監護権

●参考文献

Goldstein, Joseph, Anna Freud, and Albert Solnit. 1973. *Beyond the Best Interests of the Child*. New York: Free Press. ジョセフ・ゴールドスティン、アンナ・フロイト、アルバート・J・ソルニット『子の最善の利益――精神分析と良識による監護紛争の解決（子の最善の利益１）』（中沢たえ子訳、岩崎学術出版社、1990年）

（ARLENE SKOLNICK／佐藤哲也訳）

子どもの写真
(Photographs of Children)

肖像写真が技術的に実現可能になったのは1840年代のことであるが、それ以来、子どもはもっとも一般的かつ魅力的なカメラの被写体のひとつに数えられてきた。1999年にアメリカの全世帯が写真についやした費用は91億ドルにのぼった。また1995年には、そのうちの40パーセントがプロ・カメラマンによる撮影を経験していた。しかし21世紀の転換期にさしかかると、子どもの写真は子どもの**セクシュアリティ**、あるいは子どもの性的虐待といった問題のなかでとりあげられるようになった。19世紀後半のヨーロッパやアメリカでは、子どもにかんするロマン主義的理想を反映し、生み出し、広めるにあたって決定的な役割を果たしたのは写真であった。こうした理想のなかで、子どもは特別に愛情をこめた世話と、大人の労働や社会的やりとりからの保護を必要とする、無垢で傷つきやすく、感情的になにものにも代えがたい存在として思い描かれる。子どもの写真描写をめぐる21世紀の論争は、長きにわたるこうしたロマン主義的理想の崩壊と、その性質と地位についてはいまだ根本的な疑問が残るポスト・ロマン主義的な子どもの出現を予兆するものである。

肖像写真（ポートレート）

自己にかんする複雑な心理学的感覚をもち、あきらかに不可侵なものとしての人権を認められた人物に価値を置く**啓蒙思想**の結果、主権を有する者としての主体が生まれた。大衆商業文化は、このブルジョア的でリベラルな主体を形成して拡大するための強力な道具として、新たに肖像写真をとりいれた。そして人類史上はじめて、かつてはその真実味を想像することさえできなかった一般的かつ手ごろで入手しやすい媒体が、画家の注目を集めるのに十分なほど裕福でも有名でもない子どもの視覚的な存在を記録したのである。初期の銀板写真（1839-1850年代）のなかで描き出された子どもの外見は、まさに中産階級の核家族の一員そのものであった。子どもは片方あるいは両方の親といっしょにポーズをとることもあったが、たいていは一人かきょうだい集団といっしょに写っていた。彼らの肖像は一点もののイメージとして、装飾をほどこされた手持ち箱のなかに保管された。こうした初期の写真には厳かな雰囲気が感じられるが、それは銀板に焼きつける際に要した時間と、その場の社会的な形式性によるものである。また、乳幼児や子どもが死去した際に彼らの写真を撮影することは、19世紀を通じてみられる追悼の際の儀式的な光景であった。

子どもと家族の写真は商業写真の中心を占めていたが、その一方で、1880年代にジョージ・イーストマン[*1]がコダック社を創立したことにより、写真映像をめぐる大衆文化は変貌した。コダック社は写真技術にいくつもの最新技術（たとえば、軟質ロールフィルムや、感度の高い感光乳剤、小型で操作が容易なカメラ、流れ作業による写真処理など）をとりいれ、また野心的なマーケティング戦略をとることで、写真が家族生活に欠かせないものであることをアメリカやヨーロッパの中産階級に確信させた。素人によるスナップ写真は、誕生日や祝日、卒業式、結婚式、再会の集い、**休暇**（バカンス）と同じくらい一般的かつ儀式的なものとなった。記録されることのない子ども期はもはや存在しないのである。こうした数多くの自己発生的な家族イメージがもつ美的および／あるいは商業的価値はわずかであるかもしれないが、他方でそれは家族史や社会秩序とからみあうかたちで、われわれのもっとも深層にある自己理解を示す集合的な視覚的無意識を構成しているのである。

ファイン・アート写真

家族スナップ写真は、通常は家族の幸福物語を構築し、確認するものであった。他方で、写真の歴史にはジュリア・マーガレット・キャメロン（1815-1879）[*2]やルイス・キャロル（1832-1898）からガートルード・ゲゼビア（1852-1934）[*3]やサリー・マン（1951-）にいたる、芸術写真家のきわだった伝統が存在した。彼らにとって子どもは強力な図像学的肖像であった。彼らのイメージのなかで、カメラを正面にした主体の歴史的現存在という経験事実は、文学的参照枠と絵画や印刷から継承された美的プログラムにまきこまれる。したがって、たとえばキャメロンが描き出すヴィクトリア時代の上流階級の拡大世帯は、ルネサンス絵画から引き継がれた天使の理想を体現している。他方で、思春期前の友人にかんするキャロルのイメージには、子どもと大人を分離しようとする慣習的な束縛からのがれるような遊びとファンタジーにもとづく関係性を築こうとする彼の個人的な取り組みがあらわれている。

コトモノシ

ジャック＝アンリ・ラルティーグによる、水力グライダー（hydroglider）を持った自身のセルフ・ポートレイト（1904年）。特別にお気に入りのおもちゃを持ったラルティーグの満足そうなようすが、この20世紀転換期の写真によくあらわれている。カメラ操作の容易さによって、子どもは写真の被写体になると同時に、みずから写真家になることができた。その結果、鑑賞者は子どもの視点から見た子ども期のイメージを手にすることができるのである。©Ministère de la Culture-France/AA.JHL.

19世紀全体と20世紀初めの数十年にいたるまで、芸術写真のなかで表現される子どもの裸体は、天真爛漫な性的無垢や家族の情感、ノスタルジー、そして精神的若返りなどからなる結びつきの複雑な混合物を提示していた。こうした限定的かつ社会的に受容可能な意味の振幅は、男女の裸体が抽象的、哲学的、美学的理想を外面的かつ物理的な仕方で体現していた、ルネサンス以来のファイン・アートの伝統を継承することによって確保されていた。しかし、20世紀後半には、ロバート・メイプルソープ[*4]、ジョック・スタージェス[*5]、サリー・マンといった写真芸術家による子どもの裸体イメージの生産と流布が、公的な論争や州法、連邦法および法的起訴の際の焦点となった。これらポスト・フロイト的な訴訟手続きの際に、児童ポルノや子どもの性的虐待の主張に抗してしばしば持ち出されたのが、言論の自由をめぐる議論であった。またこの議論は、写真が描き出す現実の仮想的で不安定かつイデオロギー的な性質を主張する、洗練されたポストモダンの表象論で理論武装されていた。

社会派ドキュメンタリー

1830年代および1840年代におけるチャールズ・ディケンズ[*6]の小説やシャフツベリー卿（1801-1885）の演説とともに、子どもはとりわけ社会改革をめぐる修辞学や政治学のなかで、社会的不平等が生み出した非良心的な犠牲者として、またよりよき未来への希望の象徴として描かれるようになった。1870年代にトマス・ジョン・バーナード博士[*7]は、ロンドンで彼自身が取り組んだ福音主義的な**児童救済**活動の成功を示すために、その活動の「事前および事後」の模様を撮影した一連の鶏卵紙[*8]写真を発注した。それ以降、写真は改革を求める公衆から政治的、財政的援助を引き出すために利用されるようになった。アメリカでは、ジャーナリストであるとともにスラム一掃の初期の提唱者でもあったジェイコブ・リース[*9]が、産業資本家による移民労働力の搾取が原因で生じた制度的な社会問題の存在を中産階級に対して例示し、劇的に表現するために、ニューヨークの長屋街を写したカメラ写真を利用した。こうした多くの画像のなかで、子どもは

コトモノシ

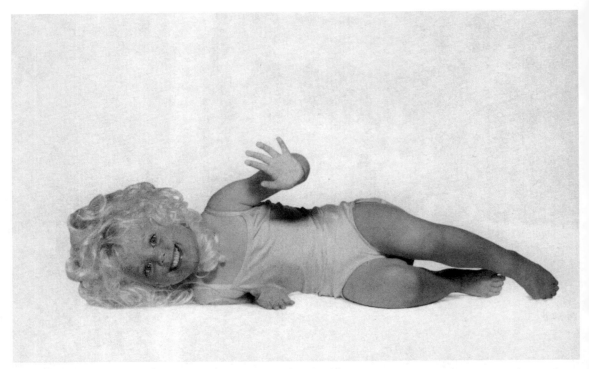

オランダ生まれの芸術家イネス・ヴァン・ラムスウィールドは、デジタル写真にコンピュータ処理——少女のモデルに歯をむき出しにして笑う男の顔を組みあわせる、など——をほどこすことによって、子ども期と成人期のあいだの曖昧な境界線を表現しようとしている。「ファイナル・ファンタジー、ウルスラ」（1993年）。©Inez van Lamsweerde and Vinoodh Matadin

スラム環境における無垢な犠牲者として描き出されていた。他方、労働階級の子どもを進歩主義の改革の対象として正面にすえていたのは、1907年から1918年のあいだに**ルイス・ハイン**が**全米児童労働委員会**のために撮影した、5000枚の写真のみであった。

　意識的に提唱されたプロフェッショナルなジャンルのひとつとしてのドキュメンタリー写真は、**世界大恐慌**によってひき起こされた社会的、経済的混乱に応じるかたちで、1930年代に出現した。ドロシア・ラング[10]とウォーカー・エバンス[11]は、ニューディール政策下での支援を受けて働いた才能豊かな写真家集団のなかでも、もっとも著名な人物である。彼らは援助の提供を目的とする連邦のプログラムが正当なものであることを示すために、アメリカにおける地方の窮状を記録した。写真印刷の急成長によって生み出された後続世代のフォト・ジャーナリストのなかには、W・ユージン・スミス[12]、ロイ・デッカレイヴァ[13]、ヘレン・レーヴィット（1913-）らがふくまれる。彼らはつねにといっていいほど、その無防備な幸せや不当な苦しみが、大人の生活にみられる辛辣で抜け目のない環境ときわめて対照的な位置に置かれていることを、大いに訴えかける存在として子どもを描き出した。このリベラル＝ヒューマニスト的な観点は、後続世代の写真家の引き立て役となった。そうした世代の写真家には、ロバート・フランク[14]、ダイアン・アーバス[15]、ラルフ・ユージン・ミートヤード[16]、エメット・ゴーウィン[17]らがふくまれる。彼らは、より直接的に、アメリカにおける社会生活のさらにやっかいで、混乱し、矛盾し、不快で、実利主義的で、好色な、あるいは感情的に混乱をきたした側面にまきこまれた存在としての子どもを表現した。マリー・エレン・マーク[18]、ラリー・クラーク[19]、クリス・キリップ[20]、セバスチアノ・サルガド[21]、ナン・ゴールディン[22]、ローレン・グリーンフィールド[23]といった写真家に残されているのは、逃亡・亡命・疎外・早熟・非行にかかわる少年を映し出した、一連の困難な作品を創造するという課題である。こうした少年は、ロマン主義的な子どもが否定的な意味で失われた可能性あるいは壮大な幻想として描き出されるような、社会情勢の症候としてあらわれるであろう。

　1970年代には、ますます多くの芸術家が写真を操作したり再文脈化することが可能な媒体として、したがって、表象の複雑さと不安定さを強調すべく、それ自体に抗するかたちで回帰する媒体として理解しはじめた。写実主義の慣例に一致あるいはそれに反した役割を担う子どもの写真は、写真の透明性やドキュメンタリーの真実性にかんする広く行きわたった前提をくつがえすものである。この点で、ジェフ・ウォール[24]、

ルイス・キャロル「乞食娘に扮したアリス・リデル」（1859年頃）。ヴィクトリア時代の多くの芸術家と同じく、ルイス・キャロルにとっても少女像はインスピレーションの源であった。キャロルが彼の若い友人の肖像写真がもつ性的なふくみ――21世紀の鑑賞者が見れば、このことはすぐにわかる――に気づいていたかどうかをめぐって、学者のあいだでは激しい論争がくりひろげられてきた。©Bettmann/CORBIS

クリスティアン・ボルタンスキ[*25]、ナンシー・バーソン[*26]、キャリー・メイ・ウィームス[*27]といったポストモダンの芸術家にとって、子どもの写真は有用なものであることが明らかとなった。

関連テーマ

商業写真

1920年代における広告と写真複製技術時代の到来以降、子どもの写真はいたるところで消費者の欲望をひき起こす触媒をかたちづくるようになった。「現実」のもつ直接性に想像上の構築物を植えつける写真の比類なき能力と相俟って、ロマン主義的な偶像、家族の至福、身体的な完璧さといったものが、車のタイヤから健康保険にいたる、ありとあらゆるものの消費にともなう幸福の約束として大衆文化に浸透した。こうしたイメージは、子どもとはだれであり、またいかにして大人の世界に適合するのかについて、われわれが共通にいだく理解と期待に大きな影響をおよぼしている。その事実は、非常に幼い子どもをふくむ鑑賞者が、雑誌上のフィクションと生きられた経験とのあいだの不一致について、どれほど洗練された感覚をもち、あるいは批判的であろうとも変わらない。これと同様に広告のイメージもまた、鑑賞者の注意を引きつけるための新しくより効果的な方法を探し求めるなかで、子どもの身体がもつエロティックな魅力にかんするわれわれの鬱積した混乱や、アンビバレンスや抑圧を利用しているのである。

胎児のイメージ

胎児の写真（超音波診断器やそれに関連する医療用画像技術によるもの）は、胎児の発達というこれまでにない未熟な段階を人格性に付与することで、子ども期の概念に大きな影響をおよぼした。当初「ライフ」誌上で公表された（1965年4月30日）レナート・ニルソン[*28]のカラー写真には、まるで母体をただよう宇宙の「スター・チャイルド」であるかのような胎児が鮮明に映し出されていた。この写真は当時、出生前のまさにすべての存在を「やがて生まれてくる子どもの生命」としてあらためて定義し、想像するよう求めていた、中絶反対運動の強力なイデオロギー的構築物となった。

写真家としての子ども

子どもは定義上、自分自身および彼らの世界を定義する力に欠けているとされる。しかしながら、機械的な容易さと言語からの独立性をあたえられた写真は、子どものヴィジョンや観点をめぐるコミュニケーションに際しての、透明性と直接性を約束する。写真史のなかでも、ジャック＝アンリ・ラルティーグ[*29]は長いあいだ、フランスのよき時代（ベル・エポック）における貴族的な少年の目線の持ち主として賞賛されてきた。アメリカでは、**ウェンディ・イーウォルド**が南部地方の労働階級の若者とともに仕事をし、個人的な表現のための道具として、また文化的な力を強めるものとして写真を用いるよう彼らをうながした。

家族史

それがとり返しのつかない出来事を示す場合でさえ、一時的な瞬間をとらえて保存する写真の能力は、ある特殊な情緒的力をいつでも行使してきた。すなわち、移ろいやすく、未来志向的で、やがては現実の世の中や大人としての責任に道をゆずらねばならない無垢と依存の段階として理解される子ども期の肖像と関連した情緒的力である。子ども期の写真は、やっかいな認識論的課題をもたらすと同時に、個々人の生活史と、より集合的で長期的な形式である社会史とが交差する点を探査するための触媒ともなりうる。

[訳注]

*1 ジョージ・イーストマン（Georege Eastman, 1854-1932）——アメリカの写真技術者・発明家。世界ではじめてロールフィルム、カラーフィルムを開発したイーストマン・コダック（Eastman Kodak Company）社を1880年に創設した。ロチェスター大学のイーストマン音楽学校と医歯学部の創設、ロチェスター工科大学（RIT）への寄付、マサチューセッツ工科大学（MIT）の第2キャンパスの建設、黒人の入学を認めていたいくつかの大学への寄付などのほか、ロンドン市内の貧しい子どもたちの歯科治療をする低所得者向けの病院の設立を支援したり、ヨーロッパ各地の都市に診療所建設のための基金を創設するなど、さまざまな福祉事業に貢献した。

*2 ジュリア・マーガレット・キャメロン（Julia Margaret Cameron, 1815-1879）——イギリスの写真家。当時の各界の著名人の肖像写真家として、詩人のテニスン、ダーウィン、カーライル（スコットランドの批評家・歴史家）、画家で彫刻家のジョージ・フレデリック・ワッツ、アメリカの詩人ロングフェロー、天文学者・数学者のジョン・ハーシェルなどの写真で知られる。その作品は写真術の発展に多大な衝撃をもたらし、とくに肖像写真は現代でもまだ模倣されている。

*3 ガートルード・ゲーゼビア（Gertrude Kasebier, 1852-1934）——アメリカの写真家。母性や先住アメリカ人などをテーマにした作品で、20世紀初めの写真芸術に多大な影響をおよぼした。

*4 ロバート・メイプルソープ（Robert Mapplethorpe, 1946-1989）——アメリカの写真家。花やヌード、セルフポートレイトなどのモノクロ写真分野で話題作を残した。

*5 ジョック・スタージェス（Jock Sturges, 1947-）——ニューヨーク生まれのアメリカの写真家。カリフォルニアやフランスのビーチで、みずからと交友関係にあるヌーディスト家族のポートレート作品で、家族の親密さと平穏な生活時間を表現して世界的に注目された。作品にふくまれる多くの子どものヌードをめぐって、1990年、FBIが児童ポルノ禁止法違反の容疑で家宅捜索を受けたが不起訴となった。作品はメトロポリタン美術館、ニューヨーク近代美術館、グッゲンハイム美術館、パリ国立図書館、フランクフルト現代美術館など世界の主要な美術館で展示された。

*6 チャールズ・ディケンズ（Charles Dickens, 1812-1870）——近代イギリスの作家、ジャーナリスト（筆名 ボズBoz）。イギリス写実主義文学を代表する作家。南イングランドに生まれ、父親の破産と投獄のために、靴墨工場の労働、弁護士の使い走りなどをしながら、読み書きを独学した。新聞記者となって社会のすみみを観察して知見を深め、24歳の頃、分割月賦販売の絵入り小説本『ピックウィック・クラブ遺文録』（1836-37）で大成功をおさめた。その後、『オリヴァー・ツイスト』（1839）『クリスマス・キャロル』（1843）『デイヴィッド・コパーフィールド』（1849-50）『大いなる遺産』（1860-61）など、多くの作品で、ヴィクトリア朝時代の工業化にともなって生じた社会悪と偽善を暴露した。当時の住宅問題をはじめ下層貧民の窮状、貧しい子どもたちの世界を純真な道徳性と社会派の精神から描き出した。救貧法や教育制度の不合理を指弾して改善を訴え、公開処刑制度の廃止を主張するなど、社会福祉にも取り組んだ。

*7 トマス・ジョン・バーナードー博士（Thomas John Barnardo, 1845-1905）——アイルランド生まれのイギリスの医師、社会改良家。医学を学ぶかたわら、貧民学校や救貧施設で奉仕活動を行ない、1870年頃（25歳頃）ロンドン市内のイースト・エンドのステップニー・コーズウェイに最初の児童救済施設「子どもの家」を開設した。酒場を買いとり、無料診療所をそなえたコーヒー店に改装するなど、貧民のために創意工夫に富んだ慈善活動を展開。60歳で亡くなるまで112カ所の施設を設立し、6万人の子どもを救済した。博士の遺志は、今日「バーナードー博士の家」とよばれる施設に受け継がれ、孤児や心身障がい児を救済する慈善活動を展開している。近年では、当時「救済」された子どもたちがカナダやオーストラリアなどに「輸出」されていたのではないか、批判的な検証が進められている。

*8 鶏卵紙（albumen prints）——卵白、食塩、クエン酸などを塗布して乾燥し、硝酸銀溶液で感光性をもたせた写真用の印画紙。1850-80年頃用いられた。

*9 ジェイコブ・リース（Jacob Riis, 1849-1914）——デンマーク生まれのアメリカのジャーナリスト、写真家。「ニューヨーク・トリビューン」紙、「イブニング・サン」の記者となり、ニューヨークのスラム街の取材と写真で注目された。

*10 ドロシア・ラング（Dorothea Lange, 1895-1965）——アメリカの報道写真家。ドイツ系移民の2世としてニュージャージー州に生まれ、7歳の時小児麻痺（ポリオ）を発症して右足の機能を失ったが、フォトスタジオなどで写真術を学び、やがて世界大恐慌下の庶民生活を記録写真として大量に撮影して評価された。貧困と差別の問題の本質を見つめる目線でドキュメント写真分野の先駆となった。第2次世界大戦中の日系人の強制収容所の生活を撮影した800枚の写真は軍によって没収された。

*11 ウォーカー・エヴァンス（Walker Evans, 1903-1975）——アメリカの写真家。ソルボンヌ大学に留学して作家をめざしたが、帰国後に世界恐慌下のアメリカの農業安定局（FSA）のプロジェクトにくわわり、おもに南部の農村地帯のドキュメント写真で注目された。記録性を徹底したストレートフォトグラフィの手法で作品を残した。

*12 W・ユージン・スミス（W. Eugene Smith, 1918-1978）——アメリカの写真家。第2次世界大戦中にサイパン、沖縄、硫黄島などへ戦争写真家として派遣される。1947年から1954年まで、「ライフ」誌に作品を発表したのち、日本のチッソ公害問題を世界に報道した。とくに「MINAMATA 入浴する智子と母」（1971年）は日本の公害被害の実態を示す歴史的な映像記録

となった。

*13 ロイ・デッカレイヴァ（Roy DeCarava, 1919-2009）——アメリカの写真家。ジャマイカ移民の母子家庭に育ち、クーパー・ユニオン美術学校に通うが白人の迫害を受け、ハーレムの美術学校に移る。戦時中、アメリカ陸軍を退役後、ハーレムの日常生活の写真記録の作品が評価された。1952年、アフリカ系アメリカ人写真家として初のグッゲンハイム・フェローシップを受けた。1955年詩人ラングストン・ヒューズとの共著 The Sweet Flypaper of Life で知られる。公民権運動やジャズ・ミュージシャンたちの映像作品を残した。

*14 ロバート・フランク（Robert Frank, 1924-）——スイス・チューリヒ生まれのアメリカの写真家、映像作家。1955年にグッゲンハイム財団の奨学金を得て、アメリカ全土の撮影旅行に出かけ、約2年間の旅で撮影した写真を編集した『アメリカ人』（Les Americains, 1958）は、当時の金ぴか時代のアメリカ文化の断面を鋭くえぐり、写真界に多大な影響をあたえた。

*15 ダイアン・アーバス（Diane Arbus, 1923-1971）——ニューヨーク生まれのアメリカの写真家。1940年代から、夫アラン・アーバスとともに、「ヴォーグ」「ハーパース・バザー」「エスクァイア」などのファッション雑誌を中心に活躍した。『ダイアン・アーバス作品集』（筑摩書房、1992年）。

*16 ラルフ・ユージン・ミートヤード（Ralph Eugene Meatyard, 1925-1972）イリノイ州生まれのアメリカの写真家。家族をテーマにした作品集で知られる。The Family Album of Lucybelle Crater, 1972.

*17 エメット・ゴーウィン（Emmet Gowin, 1941-）——バージニア生まれのアメリカの写真家、はじめ家族の肖像を手がけたが、西部の自然風景の空撮で知られる。

*18 マリー・エレン・マーク（Mary Ellen Mark, 1941-）——フィラデルフィア生まれのアメリカの写真家。フォトジャーナリズム、肖像写真、広告写真などで受賞作品がある。

*19 ラリー・クラーク（Larry Clark, 1943-）[本名ローレンス・ドナルド・クラーク（Lawrence Donald Clark）]——アメリカの映画監督・写真家・作家・映画プロデューサー。映像作品として「KIDS/キッズ」が広く知られた。

*20 クリス・キリップ（Chris Killip, 1946-）——マン島生まれのイギリスの写真家、著作家。ハーヴァード大学で映像論の教鞭をとったことがある。

*21 セバスチアノ・サルガド（Sebastião Salgado, 1944-）——ブラジルのシャカイ・ドキュメンタリー写真家、フォトジャーナリスト。世界100カ国以上を旅してまわり映像作品として出版した。現在ユニセフの親善大使をつとめている。

*22 ナン・ゴールディン（Nan Goldin, 1953-）——アメリカの写真家。初期作品のテーマは愛、ジェンダー、家庭、セクシュアリティなどで、しだいにアンダーグラウンドの若者文化（ユースカルチャー）をテーマにした作品を手がけている。

*23 ローレン・グリーンフィールド（Lauren Greenfield, 1966-）——ハーヴァード大学を卒業後、「ナショナル・ジオグラフィック」の見習い経験から、「ニューヨーク・タイムズ・マガジン」、「タイム」、「GQ」、「アメリカン・フォト」などに作品を発表し、写真家、フィルムメーカーとしての評価を得た。ユースカルチャー、少女文化、ジェンダー、消費文化などをテーマとする。"Girl Culture," "Fast Forward," "THIN" など。

*24 ジェフ・ウォール（Jeff Wall, 1946-）——カナダ人映像アーティスト。映画的写真（シネマトグラフィック・フォトグラフ）という手法を用いて、事実とフィクションを巧みに融合させることで写真に絵画的な物語性をあたえることから、「コンテンポラリー・アーティスト」とよばれる。写真を現代美術の最前線へと押し上げたとされる。

*25 クリスティアン・ボルタンスキ（Christian Boltanski, 1944-）——フランスの彫刻家、写真家、画家、映画監督。

*26 ナンシー・バーソン（Nancy Burson, 1948-）——アメリカの映像アーティスト。コンピュータ・グラフィックスの技法（Age Machine, Human Race Machine, Anomaly Machine などを駆使するモーフィング[morphing]など）を用いた作品で知られる。

*27 キャリー・メイ・ウィームス（Carrie Mae Weems, 1953-）——アメリカの映像アーティスト。書籍、織物、デジタル・イメージなどで多数の受賞作品がある。

*28 レナート・ニルソン（Lennart Nilsson, 1922-）——スウェーデンの科学者、写真家。胎児のマクロ写真で知られる。

*29 ジャック＝アンリ・ラルティーグ（Jacques-Henri Lartigue, 1894-1986）——20世紀初頭のフランスのアマチュア写真家、画家。写真家としては、アンリ・カルティエ＝ブレッソン（Henri Cartier-Bresson, 1908-2004）とならぶ名声を得た。

➡子ども期のイメージ
●参考文献

Brown, Marilyn R., ed. 2001. *Picturing Children: Constructions of Childhood between Rousseau and Freud*. London: Ashgate.

Dimock, George. 2002. *Priceless Children: American Photographs 1890-1925: Child Labor and the Pictorialist Ideal*. Seattle: University of Washington Press.

Ewald, Wendy, and Alexandra Lightfoot. 2001. *I Wanna Take Me a Picture: Teaching Photography and Writing to Children*. Boston: Beacon Press.

Hacking, Ian. 1991. "The Making and Molding of Child Abuse." *Critical Inquiry* 17 (winter): 253-288.

Higonnet, Anne. 1998. *Pictures of Innocence: The History and Crisis of Ideal Childhood*. New York: Thames and Hudson.

Hirsch, Marianne. 1997. *Family Frames: Photography, Narrative, and Postmemory*. Cambridge, MA.: Harvard University Press.

Hirsch, Marianne, ed. 1999. *The Familial Gaze*. Hanover, NH: University Press of New England.

Holland, Patricia. 1992. *What Is a Child? Popular Images of Childhood*. London: Virago.

Kincaid, James R. 1992. *Child Loving: The Erotic Child and Victorian Culture*. London: Routledge.

Kuhn, Annette. 1995. *Family Secrets: Acts of Memory and Imagination*. London: Verso. アネット・クーン『家庭の秘密──記憶と創造の行為』(西山けい子訳、世界思想社、2007年)

Mann, Sally. 1992. *Immediate Family*. New York: Aperture. サリー・マン『IMMEDIATE FAMILY イミディエイト・ファミリー』(トレヴィル、1993)

Marks, Laura U. 1990. "Minor Infractions: Child Pornography and the Legislation of Morality." *After Image* 18, no. 4 (November): 12-14.

Mavor, Carol. 1995. *Pleasures Taken: Performances of Sexuality and Loss in Victorian Photographs*. Durham, NC: Duke University Press.

McCauley, Elizabeth Anne. 1980. *Likenesses: Portrait Photography in Europe, 1850-1870*. Albuquerque, NM: University of New Mexico Press.

Spence, Jo, and Patricia Holland, eds. 1991. *Family Snaps: The Meanings of Domestic Photography*. London: Virago.

Stange, Maren. 1989. *Symbols of Ideal Life: Social Documentary Photography in America, 1890-1950*. New York: Cambridge UniversityPress.

Stanley, Lawrence. 1989. "The Child Porn Myth." *Cardozo Arts and Entertainment Law Journal* 7, no. 2: 295-358.

Stanley, Lawrence. 1991. "Art and Perversion: Censoring Images of Nude Children." *Art Journal* 50, no. 4 (winter): 20-28.

Stott, William. 1973. *Documentary Expression and Thirties America*. New York: Oxford University Press.

(GEORGE DIMOCK／渡邊福太郎訳)

子どもの発達概念の歴史 (Child Development, History of the Concept of)

子どもが「発達する」という考えは、直観的で明白な、しかもわかりきった理念でさえあるように見える。子どもは、小さく生まれ、かぎられた方法で世界を知り、他者を自分自身の身体あるいは精神から切り離されたものとして、ほとんどあるいはまったく理解せず、社会関係や道徳性をまったく理解しない。彼らはしだいに大きくなり、物理的および社会的な世界について学び、さまざまに助けあう社会集団にくわわり、ますます複雑さを増す正しいこととまちがったことについての感覚を磨き上げていく。子どもを扱う心理学者、教師、その他の人びとは、子どもの状態を理解し、自分の実践を合理化する方法として、いつも発達という言葉をつかう。「発達」という言葉は、**児童心理学**と児童中心的な専門職のあいだに広まっている。これらの分野の専門家たちは、子どもの初期教育のための「発達的にふさわしい活動」とか、読書のための発達論的な「レディネス」、認知、道徳、社会的な発達の「諸段階」などという言い方をする。政策立案者たちはしばしば、子どものための社会プログラムを正当化するために発達心理学者に助けを求める。もし、「質の高い」**保育**が子どもの発達をよくするのであれば、そのような保育を提供することはよい公共政策となろう。

発達理念は、子どもたちの身体的、認知的、社会心理的、そして道徳的な発達の時系列的な変化に秩序と意味をあたえるために広範囲にわたって利用される。発達は、子どもに関係する莫大な数の活動や政策に論理的な根拠をもたらす。しかし、もっと綿密な探査にもとづけば、かならずしも非常に明白であるとはいいきれない発達概念に埋めこまれている概念がいくつかある。発達概念それ自体ほど明確ではないものとして、発達のメカニズム、発達の方向性、そして発達の目標がある。これらの用語における発達について考えたり、発達理念の起源と意味をさらに深く考察しようとすると、明白だとされていることがもはやそれほど明確ではないように見えてくる。

発達は目的論(teleological)的な概念である──つまり、発達はなんらかの方向性と目標をもっている。後の段階は前の段階の上に構築され、以前の段階よりも発達し、「よりよい」ものであるというのがその前提である。スイスの心理学者ジャン・ピアジェ(1896-1980)は、認知発達の普遍的な目標として形式的操作という考えを提案した。ピアジェの場合、形式的操作とは、思考についての非常に抱括的で、論理的に力強い系統化をもたらすものであった。ピアジェの仕事を拡張したローレンス・コールバーグ(1927-1987)は、道徳発達の段階理論を念入りに仕上げた。彼もまた、正しさについての非常に抽象的な概念を基礎に、普遍的な目的を訴えた。ピアジェもコールバーグもともに、普遍性についての最初の前提が、文化のあいだでもジェンダーのあいだでも、想像以上に非常に大きな違いがあるとして、批判を受けてきた。こうした多様性は、普遍的で特定の時代にしばられない心理学を追求している人びとに悶着をひき起こす一方、もっと多元的な発達概念への扉を開いた。さらに、(普遍的であると否とをとわず)典型的な発達概念は、ある特定の方向に向かうことと、後の段階は前の段階に比べて「よりよく」、より包括的であることを前提にしている。方向性と最終目的をもっていることが発達の公理である。

発達理論の核心は、個人と社会にとっての「善」にかんする価値観と理念である。後の段階は非常に包括的であるだけでなく、よりよい存在の仕方もあらわす。なぜなら、その目標は人間存在の善として非常に価値があるからである。もし発達がどこかに向かっている

ものであり、後の段階がそれ以前の段階に比べて「よりよいもの」あるいは、「より高いもの」であるなら、その「目標」は人間の美点のなかでなにかの頂点を示すものでなくてはならない。すなわち、その目的は「善」であるべきなのである。だが、そのような目標は何を根拠にしているのであろうか？　発達の意味を探求しようとするとき、これらの問いは決定的に重要である。発達理念は価値観に根拠をもっているが、それと同じように経験的な事実にも根拠をもっている。科学は価値観を提供できるであろうか？（ここでの導入文は、高度に「方向づけられた」分野——たとえば、知覚発達あるいは運動発達の遺伝学や生理学の側面によって高度に方向づけられる分野——における発達を念頭に置いたものではないことに留意していただきたい。）

　ここでは、まず第一に、アメリカの思想にあらわれた子どもの発達理念について、その歴史的な文脈を紹介することによって発達の意味を解明する。第二に、発達理念が、発達にかんする資料、そのメカニズム、そして発達の目標について非常に異なる前提を基礎にしている二人の著名なアメリカの思想家の著作を簡単に解説する。まず、ジェームズ・マーク・ボールドウィン（James Mark Baldwin, 1861-1934）は、わずかに姿を変えた神性の下での自然の発達について、非常に複雑な概念を練り上げた。ボールドウィンにとって、発達の方向と目的は自然そのもののなかにそなわっており、真・善・美として感知されるとされた。これとは対照的に、ジョン・デューイ（John Dewey, 1859-1952）は、時代の趨勢に抵抗し、発達についての考えを、明確に選択した一連の価値観を根拠にしていた。この対比は、発達を自然のプロセスとして受けとめるのか、それとも社会的に導かれるプロセスとして受けとめるのか——子どもは自然の存在なのかあるいは文化的な存在なのか——という基本的な違いを示している。

子どもの発達理念の歴史的起源

　発達理念は、子どもたちとともにはじまったり終焉したりするものではなかった。子どもの発達理念は、自然と人間の歴史についての一連の古い観念から生まれた。19世紀なかばまでに、進化・発達・進歩についての理念が事実上の三位一体を形成した。進化論的歴史（フィロジェニー：系統史）、固体の発達（オントジェニー：個体発生）、そして社会変動（歴史）のすべてが発達を示し、発達を明らかにした。アメリカで、組織的な児童研究がはじまったとき、進化・進歩・発達というイデオロギーのプリズムを媒介して発達概念が登場した。

　自然史と人類史の両方における発達をめぐる議論は新しいものではないが、19世紀は「歴史」「発達」そして「進歩」の世紀としてもっともよく知られている。イギリスの博物学者チャールズ・ダーウィン（1809-1882）の諸理論が出版されるのに先立って、スコットランドの出版業者で著作家でもあったロバート・チェンバーズ（1802-1871）[*1]は、1844年に出版した影響力のあった著作『創造の自然史の痕跡』のなかで、重力とならんである大きな生命の法則——発達の法則——がある、と主張した。無生物が重力の原理に支配されているように、あらゆる生命は発達の原理に支配されているとされた。イギリスの社会哲学者ハーバート・スペンサー（1820-1903）は、（彼の表現で）理想的な人間の究極の発達は論理的には明白であると書いたとき、楽観的な時代精神をつかんでいた。スペンサーにとって進歩は偶然起きるものではなく必然であった。スペンサーは、文明は人工的なものではなく、自然の一部であり、発達する胚あるいは開花する花がすべてよせ集まったものであると書いた。これは、彼、あるいは彼を非常に温かく迎えたアメリカ文化のたんなる比喩以上のものであった。

　発達をめぐる議論がかまびすしかったなかで、ダーウィンは（ほぼまちがいなく）中立を保った。まったく斬新な彼の著作『種の起源』（On the Origin of Species, 1859）で開陳されたように、自然淘汰による生物進化のダーウィンの理論は、人類の起源について急進的な非宗教的理論として役立っただけではなかった。旧弊の信念に対する新しい科学的な裁可ももたらしたのである。ダーウィン自身は、進化の記録が発達あるいは進化——人類は不可避的にほかの種よりも「発達している」ということ、あるいは進化的な変化を通じて成熟していくこと——を意味するという考えをいだいていたわけではなかったが、彼の先任者や支持者の多くは、そうした考えをいだいていた。ダーウィンの漸次的で、非進歩的な進化の変化理論は、ダーウィンを受け入れ、彼を発達理論一般のスポークスマンにするイデオロギー的な準備ができていた文化と同化した。科学という権威で武装した発達論の熱狂者たちは、一連の古い観念を検証して拡張するために、新しい世俗的な科学をつかみとろうとした。生物学者、哲学者、歴史学者、それに全盛期を迎えていた新しい社会科学者や政治学者の多くは、ダーウィンの進化理論を、あらゆる学問分野における発達の実演を行なうプラットフォームとして理解した。いわゆる進化論的有神論者たちは、人間の起源についての聖書の説明と新しい科学を調和させるために懸命に取り組んだ。そのうちの多くは、自然法を神の仕事の目に見える提示と同一視することによって、このジレンマを解決した。こうした類比の氾濫は、さまざまな動物種、人種、文明、そして子どもなどのあいだでの発達をめぐって見られた。発達理念は、さまざまな学問分野で、進化理論、哲学、人類学そして歴史学が多様に形成されたのとおなじように、さまざまに解釈され表現され、子どもの発達にかんする体系的な研究の有力な知的文脈を構成した。子どもの発達は、進化における発達と文明の発達との

あいだのつながりを示すのに役立った。子どもは——自然史と人類史のあいだをつなぐ——かなめとなったのである。

発達——自然・社会・善

ジェームズ・マーク・ボールドウィンとジョン・デューイは、どちらも傑出した哲学的心理学者であった。ボールドウィンは、異彩を放つ理論家で、その理論は今日ではピアジェの業績を先どりするものであったと見られている。ごく最近では、ボールドウィンの業績は、多数の歴史的な問いと経験的な問いの双方に着想をあたえている。彼の心理学は複雑かつ総合的であり、多くの点で才気に満ちている。ボールドウィンは、発達一般を自然史と人類史のなかで説明するためにその研究の基礎を進化理論に置いていた。ジョン・デューイは、その著作の多くを教育をめぐる諸問題にさいた第一級の哲学者であった。

この二人はどちらも進化、子どもの発達、そして歴史について論述したが、その描き方は大きく違っていた。ボールドウィンは、進化、子どもの発達、そして歴史の変化のなかに発達についての自然の筋道を見ていた。自然は、真と善と美に向かうこうした発達のプロセスを支配し、方向づけていた。デューイは、時を超えたあらゆるこの種の経緯における必然的、自動的、あるいは一般的な発達を見てはいなかった。デューイは、個人と社会の発達の方向性と目標は文化的に調整された価値観にもとづいていると考えていた。ボールドウィンとデューイのあいだのコントラストは明瞭である。このコントラストは、発達の目標が自然に内在するのか、それとも文化と歴史に内在するのかというプロセスに自然に起こるものとして子どもの発達を理解するうえで、非常に大きな意味の違いを示している。どちらの理論も価値観に碇を下ろしているが、その価値観の起源は違っている。

ジェームズ・マーク・ボールドウィン　ボールドウィンは、1881年にプリンストン大学（当時はニュージャージー・カレッジであった）に入学した。まもなく聖職者、教授、カレッジの学長でもあったジェームズ・マコッシュ*2の影響を受けるようになった。マコッシュは、科学と聖書とを調和させようともがいていた多数の自由主義的な聖職者の一人であった。彼は若きボールドウィンに、人間は基本的に善であること、また、科学が自然における神聖な手仕事を解明するのとちょうど同じように、道徳哲学は人間界における道徳目的を説明するものであることを教えた。道徳の法則は、重力と同じように実際に厳然と存在し、どちらも世界の神聖な支配者の存在を示すものであった。ボールドウィンが、子どもの発達について経験的なことはわずかしかいわず、濃密な理論的説明を苦労して推敲したとき、彼は自分を教えてくれたマコッシュ教授の、通常の社会慣習を描写することは倫理的な行為を規定することでもあるという信念を支持していた。ボールドウィンは多数の著作を通じて、おそらく自然の原因を基礎にした発達の目的を詳述した。ボールドウィンは、そのように説明するなかで自然と善とのあいだの基本的な連動作用を提示したのであった。神が自然を善に向けて方向づけているのであるから、人間は善なのである。

ボールドウィンは、進化論的生物学を個人の発達に対する「作為」と認めていた。ダーウィンは、自然選択を進化論的変化のメカニズムであるととらえていた。ジャン＝バティスト・ラマルク（Jean-Baptiste Lamarck, 1744-1802）は、動物は、努力によって環境に対してよりよく適応するために、その形態を変えるかもしれないし、こうした適応能力を子孫に伝達するだろうと提案した。ボールドウィンは、単純なラマルク理論に依拠することなく、かなり独創的な一連の手法で、遺伝的な獲得形質を明確に説明するために、進化論的転移の二つめのメカニズム、「器質的選択」（organic selection）という考えを発明した（器質的選択という概念は、「ボールドウィン効果」（Baldwin effect）としても知られるが、あらゆる種類の人間の局部的適応を説明することができるメカニズムとして、進化論の生物学者たちに今なお認められている）。ボールドウィンは、進化論的な諸原理を推敲し、それを子どもと社会の両方をふくむ非常に広いプラットフォームに移した。彼は、子どもの社会的な発達を、自己と他者の概念が双方についてしだいに包括的な理解に向けて同時進行的に発達する弁証法的なプロセスとして描いた。道徳発達は社会的な発達の本質であった。19世紀後半の理想主義の思想家のように、ボールドウィンは、善であり、法律を遵守する自己感覚は、私的目的と社会的理想とがひとつであり、同じであるような公的な自己でなくてはならないと主張した。自然に発達する社会的自己は善であり、それは、自己認識がきわめて高度に発達した形態の展開である精神を明示する。このように、発達の資源、方向性、そして目的は、通常の人間の経験を超えた超越的なものであるとされた。

1884年、ボールドウィンは、社会にかんする発生学は保育園における研究に道を開いており、社会組織や社会進歩にかんするあらゆる理論は、個人の心理学と調和したものであるべきだと宣言した。個人と社会は、その全体が自然に発達する二つの側面である。個人の螺旋的な発達は社会組織の水準にもあてはまるものでなくてはならない。したがって、社会進歩は、子どもの個人的な発達の弁証法と厳密に類比される弁証法的なプロセスを通じて起こる。人間の歴史は、個人が社会関係に入るのを助けるような精神状態——理想的、社会的、そして倫理的——を乱すような方向で動くことはできないのである。ボールドウィンは、社会

進歩は道徳目的と社会的な目的の追求をめざして進歩するものだと確信していた。それは、「これが自然そのものが社会進化を求める方向である」からであった（ボールドウィン、163ページ）。子どもと社会はどちらも伝統的なキリスト教の価値観で表現されていた自然法によって発展する。発達について自然に起こる「事実」あるいは記述は価値観をあきらかにするが、それは価値観というものが自然のなかにひそんでいるからである。精神とは、もしそれが完全に解明されるなら、真・善・美である。自然に神につながっていく発達は、自然のなかのマニフェストを作った。

ジョン・デューイ しかし、発達のなかに進化、子どもの発達、そして社会進歩という三位一体を認めない懐疑論者もいた。彼らは発達をめぐる騒がしい論争ではほとんど聞かれない少数者の声であった。デューイは、そうした懐疑論者の一人であり、彼もまた、進化、子どもの発達、および歴史における通時的な変化の意味について書いている。かつてデューイは、自然のなかの発達の資源と目的を発見した非常に批判的な批評家が周囲にいたため、あらゆることがそれ自体の外にむかって発達するという考えは、子ども期とは「若々しさの完成表現」（consummate juvenilism）――これはダーウィンによってすたれさせられた古い思考モードの遺物であるが――であると述べたことがあった。

発達についてのデューイの考えは、彼の哲学の中核をなすものであり、教育について書いたなかでは非常にわかりやすいものであった。デューイは、スペンサーに対する直接的な批判のなかで、子どもの発達と花が開花することとのあいだの一般的な類比の虚構を発見している。デューイは、非常に可塑的な子どもの成長と宿命は、開放的で可変的であるが、種子の宿命は、自然によって規定されていると述べた。これよりも柔軟な結果は、種子よりもはるかに濃密に才能が賦与されている人間のほうが可能性がある。デューイによれば、子どもは「未発達の能力」をもっているかもしれないが、種子としての子どもというアナロジーについて、さらに続けて、子どもは丈夫な樫の木、あらゆる方向の風にたわむ柳、棘の多いサボテン、あるいは毒草にさえ発育するだろうと主張している。デューイは、遠い目標に向かって内部から潜在能力が開花することを示唆したり、それを訴える発達理論のすべてをしりぞけた。発達は、子どもの精神の外のなにかを獲得することだけを意味しない。発達は生きられた経験を通じて外面化されるものである。デューイは、成長には方向性と目的を特定する必要があることは認識していた。彼は、善とはなにかということの先験的知識をもたずに、望ましい発達とはなにかについて知ることはできないということについては理解していた。意図的な「自然の」発達が依拠しているのは、まさしくこうした当然のことと考えられた先験的な知識なのである。

デューイの哲学的心理学は、社会心理学としては最初で最先端のものである。彼は、急速に変化するアメリカの状況を承知しており、異常な社会的変動期を生き抜いた。彼は、理念と制度は社会変動とともに変化すべきものであるという議論を展開した。彼は、哲学者たちがかかえこむ問題について懸念するのをやめ、人びとがかかえこむ問題のほうにより深く懸念するよう力説した。デューイは、工業化されたアメリカの社会秩序の複雑な特性に反応して、子どもの発達に必要な制度的条件を提供するため、学校に大きく依拠した。彼は、教育は社会変動をひき起こす梃子の役割を果たし、発達を正しく方向づける場所になるよう委任統治された役目を担うことを提案した。デューイは、こうした理想を民主的な統治と科学的な探求のなかで見いだしたが、後者は、広い意味で「批判的思考」（critical thinking）という用語を構成し、それと類似している。

もし教室が、専制的な権威あるいは感情よりも、民主的な統治と批判的探求を基礎とする共同体のミニチュアモデルになることができるなら、デューイの主張では、教室はよき社会にとって最良の保証となるものをもたらすであろう。子どもたちは、一定の固有の関心と好奇心をいだいて学校にやってくる。教師が子どもたちを社会的に望ましい特定の目標に向けて最初に導くべきは子どもたちのこうした傾向である。互いに協力しあう小さな集団を作る可能性を生む環境を設置するのが学校の任務である。教師の任務は、自然の傾向を体系的な探求と民主的な統治に向けて方向づけることである。たとえば、植物の生物学への体系的探求は、子ども向けに集団的に設計され、耕作された庭のなかからあらわれるかもしれない。動物園に見学に行った学級からは、動物園の歴史や生態学、あるいは動物園のさまざまな生き物の生まれつきの習性の共同学習が生まれるかもしれない。生きられた経験をとおして成長が生まれる。デューイは、学級内の社会体験の変化が、子どもたちを「正しい方向に」成長させるガイドとなるよう期待した。学級は、専制的な権威や感情から自由で民主的な統治と探求の条件が、民主主義と科学が広範な社会で発展するのを確実にでき、かつそうするために存在しなくてはならない場所となる。こうして、教育・成長・経験は相互に同義語となる。知識と政治は、教室における科学が行動において民主的になるのにつれて、一体になった。こうして学校は、個人発達と社会進歩の両方にとってのエージェントとなるのであった。

デューイは、学校とは、科学者たちが人間の発達の可能性について学習できる実験場であると考えた。彼はそうした「実験」学校をシカゴ大学で1896年に開始した。デューイの主張に従えば、学校では、市民たちが、彼らが望むタイプの社会の実現を計画するかもしれない。デューイは、学校は、子どもたちが成長し、知性を社会の民主主義にもちこむことを要求した。科

学と民主主義はお互いを必要とするが、それは科学がものごとを知るうえでもっとも民主的な手段であり、民主主義はもっとも客観的な統治手段であるからである。

デューイは、子どもの個人発達と社会進歩の双方にとって理想的な目標として、科学と民主主義を促進した。この意味で彼は、個人の発達と社会進歩を結びつけるボールドウィンやその他の者と似ている。科学と民主主義は自然のなかには刻まれていないが、絶対的な善という状態に接近する。なぜならそれは、デューイの判断では、膨大な領域におよぶ問題を解決していくうえでそれが最善の方法であるからである。科学と民主主義は、歴史の必然的な目的ではない。この二つはつねに育てることと再統合することとを必要としている。デューイの場合、発達観につきまとう価値観という問題の解決策は、自然法のなかにあるのではなく、社会的に合意を見た価値観にある。発達の自然法的な連環は価値観の特定化を避けるが、それは発達の目標である善なるものが自然それ自体のなかに本来的にそなわっていると考えられるからである。

デューイは、自然のプロセスとしての発達を拒絶しつつ、発達観念によって求められるさまざまな疑問を示し、それに答えた。デューイは、発達を潜在能力の自然の開花であると推論するよりもむしろ、発達は、自己と社会にとって社会的に善と認められた機能のことであると主張した。彼の考えでは、民主的な統治と客観的な思考は、善・正義・実験を行なう社会の最良の保証であった。19世紀のイギリスの思想家ジョン・ステュアート・ミル（1806-1873）、ドイツの生理学者であり心理学者でもあったヴィルヘルム・ヴント（1832-1920）、アメリカの心理学者ヒューゴ・ミュンスターベルク（1863-1916）およびその他の人びとのように、デューイは、人間をその文化的な環境との関係で理解することにもとづいた社会心理学を探究した。この見方では、文化それ自体が発達のメカニズムとなる。彼は、こうした社会心理学は、もっと古い、非常に堅固な実験心理学と肩をならべることができ、「第二の心理学」になることができると考えた。2000年代の初めまでに、「生態学的」、「社会文化的」あるいは社会史的な発達心理学（sociohistorical developmental psychology）は、おそらくデューイの知的展望をもっともよくあらわすものであろう。ロシアの偉大な心理学者レフ・ヴィゴツキー（1896-1934）のすぐ後に続くユーリー・ブロンフェンブレンナー、マイケル・コール、バーバラ・ロゴフ、そしてジェローム・ブルーナーらはいずれも、発達の文化史的アプローチ（cultural-historical approach）のためのモデルとメカニズムを提起した。これらの研究者は、発達を社会的な文脈において文化的に価値づけられた目標と社会的な慣行としての発達を理解しようとした発達心理学者である。

20世紀後半およびそれ以降の発達理論

1970年代なかばから2000年代初めにかけて、哲学者、歴史学者、心理学者の粘り強い一群の人びとはふたたび、みずから価値自由な客観的な科学でありたいという途絶えることのない希望にもかかわらず、心理学はいまも価値観のまわりをうろついていると主張した。発達は、価値観を背負った理念であり、人が信じたがるような経験データから正確に引き出されたものではない。かつてデューイは、発達に対する自然の目的をどのように放棄するか、また、善い発達を構成するものを決定するプロセスに政治的および道徳的に参加しなければならなくなるが、それがどのように達成されるかを描いていた。科学はそうした善がどのようなものであるのかを見きわめることはできないが、多様な目的を達成するためのさまざまな方法を示唆することはできる。固定的で自然によって決定された目的をひとたび放棄すれば、発達は歴史的な偶発事項になる。哲学者マックス・ワルトフスキー（1928-1997）は、自然のなかに価値観は何もなく、価値観を作り出すのは人間なのだ、と書いている。この観点に立てば発達は研究の対象となった人びとのなかに直接ひそんでいるのではなく、用いられた観点のなかに存在することになる。ジェローム・ブルーナー（1915-2016）は、発達理論は善き人と善き社会についての価値観のメタ理論を必要としていると主張した。もし発達心理学者たちがこうした価値観を吟味しそこない、自然のベールの向こう側に隠蔽してしまうなら、発達理論は意識的に果たされた目標よりはむしろ社会の暗黙の価値観のたんなる補完物になってしまう危険をおかす。シェルドン・ホワイト（1928-2005）は、発達の観念は分析の文脈で示されようが、ある特定の問題では、それは善とはなにかについての観念になると述べた。また彼は、善についての観念は、体系的な観念であるが、それは倫理的な理想として扱われやすいとも述べた。バーナード・カプラン（1983年）とウィリアム・キッセン（1990年）も、発達理念が価値観を満載しやすい特性に向けてわれわれの注意を喚起してる。発達の「最終目標」は、人びとが大事だと考えていることや、人びとが自分の子どもの発達をあやつっている方向とを反映する。こうした発達の価値観は、歴史と文化をまたいで非常に多様である。もし発達が善にいたる道筋を示すものであるなら、発達を助けるのは善である。若い頃のピアジェは、宗教と科学を両立させようと青年期特有の苦闘の真っ最中にあった頃、「進化を加速することは善を実践することである」と書いた（29ページ）。発達心理学は、価値を追究するものとしてはじまり、今日なおそうしようと取り組んでいる。

[訳注]

*1 ロバート・チェンバーズ（Robert Chambers, 1802-1871）──スコットランドの出版者、地質学者、進化

思想家、作家、骨相学者。著書『創造の自然史の痕跡』（*Vestiges of the Natural History of Creation*, 1844）は大きな論争をまきおこし、著者が彼であることは死後に確定した。

*2 ジェームズ・マコッシュ（James McCosh, 1811-94）——スコットランド生まれの哲学者。はじめ非国教会派の牧師であったが、のちにアメリカに渡りプリンストン大学の総長（1868-88）をつとめ、いわゆる「プリンストン学派」（Princeton school）の基礎を築いた。主著『精神的直観力』（*Intuitions of the Mind*, 1860）など。

➡アイザックス（スーザン・）、クライン（メラニー・）、ゲゼル（アーノルド・）、バート（シリル・）、ビューラー（シャーロット・）、フレーベル（フリードリヒ・W・A・）、フロイト（アンナ・）、フロイト（ジークムント・）、ボウルビー（ジョン・）、ワトソン（ジョン・B・）

●参考文献

Baldwin, James M. 1911. *The Individual and Society or Psychology and Sociology*. Boston: Richard G. Badger.

Bruner, Jerome. 1986. "Value Presuppositions of Developmental Theory." In *Value Presuppositions in Theories of Human Development*, ed. Leonard Cirillo and Seymour Wapner. Hillsdale, NJ: Lawrence Erlbaum.

Dewey, John. 1981. "The Need for a Philosophy of Education." In *John Dewey: The Later Works, 1925-1953*, ed. Jo Ann Boydston. Carbondale: Southern Illinois University Press.

Kaplan, Bernard. 1983. "Value Presuppositions of Theories of Human Development." In *Value Presuppositions in Theories of Human Development*, ed. Leonard Cirillo and Seymour Wapner. Hillsdale, NJ: Lawrence Erlbaum.

Kessen, William. 1990. *The Rise and Fall of Development*. Worcester, MA: Clark University Press.

Kohlberg, Lawrence. 1981. *The Psychology of Moral Development: The Nature and Validity of Moral Stages*. San Francisco: Harper and Row. コールバーグ『道徳性の発達と道徳教育——コールバーグ理論の展開と実践』（岩佐信道訳、麗澤大学出版会、1987年）

Piaget, Jean. 1977. "The Mission of the Idea." In *The Essential Piaget*, ed. Howard E. Gruber and J. Jacques Vonèche. New York: Basic Books.

Spencer, Herbert. 1850/1864. *Social Statistics*. New York: Appleton.

Wartofsky, Marx. 1986. "On the Creation and Transformation of Norms of Human Development." In *Value Presuppositions in Theories of Human Development*, ed. Leonard Cirillo and Seymour Wapner. Hillsdale, NJ: Lawrence Erlbaum.

White, Sheldon H. 1983. "The Idea of Development in Developmental Psychology." In *Developmental Psychology: Historical and Philosophical Perspectives*, ed. Richard M. Lerner. Hillsdale, NJ: Lawrence Erlbaum.

（EMILY D. CAHAN／北本正章訳）

子どもの魔法使い（Child Witch）

歴史を通じて、子どもは魔法（witchcraft）の告発にまきこまれてきた。裁判では証人として登場したし、有害な魔術（magic）を使ったという告発に対して自己防衛する必要もあった。少年も少女も魔法の告発にまきこまれていたが、魔法に苦しんでいた地域の大半では、5～11歳の少女が証言台を占めていたようである。しかし、それには地域的な違いがあった。北アメリカでは、（12～18歳の）子どもというよりはむしろ若い青年は、魔法の噂をもっとも積極的に広めており、ヨーロッパ北部では、少年も少女と同じように、（少女ほどではなかったにしても）魔女集会[*1]についての空想にふけっていた。

15世紀と16世紀のスペイン北部では、異端審問[*2]のあいだ、数百人もの子どもが夜間に誘拐されて魔女集会につれていかれ、キリスト教の儀式を嘲弄する大規模な祝祭に参加していたといわれてる。彼らは魔法を学び、悪魔と契約をするおそろしい物語を語った。これと類似した物語は、17世紀末のスウェーデンにおける大規模な魔女裁判でも重要な役割を演じているし、もっと後の1850年代になっても、百人以上の子どもが、魔女集会に向けて魔法の夜間飛行を空想したために、センセーショナルな見出しをつけられた。ドイツでは、1720年代に一群の子どもの魔法使いがはじめて投獄され、その治療のために病院に送りこまれ、アメリカのマサチューセッツ州セイラムでの1692年の魔女裁判[*3]は、魔法の力で未来を占おうとする一群の青年期の少女たちがきっかけであった。

魔女裁判における子どもの証言の重要性は時間と場所によって多様であるが、子どもたちと子どもの安全が非常に重要な関心事であったことは明白である。子どもは魔術の攻撃を受けやすいと考えられており、魔法信仰は、母親による子育ての理念と結びつけられてきたため、魔女は悪い母親として描かれた。告発された子どもの魔法使いの大半は、魔術の攻撃を受けた犠牲者であると主張する証人としてはじまった。だが、そうした証言がくつがえされることはめずらしくなかった。もし彼らが魔法の飛行について過剰なまでの知識を示せば、彼らは魔法を使うものとして断罪されるだろう。

子どもの原罪と子どもが罪を犯しやすいことについて関心を高めることになったプロテスタントの宗教改革以降、魔女裁判では子どもが容疑者になることが多くなりがちであったことについて議論があった。ルター派のモラリストたちによれば、子どもは悪に向かう生来の傾向があった。権力当局は、子どもを純真無垢な犠牲者と見るかわりに、年齢に関係なく魔女集会について空想にふけった者に罰をあたえる傾向があった。18世紀以降のこうした変化は、新しい子ども期の概念を生み出した。子どもは純粋で無垢であり、堕落と

セイラムの魔女裁判（1692年）*

罪悪から大人に守ってもらう必要があるとみなされた。魔女集会について子どもたちが語るおそろしい物語は、子ども期が純真無垢であるという新しい観念とは矛盾することになった。

歴史家のなかには、魔法について子どもが語ったことは、自分の子どもの暗い感情や空想を親が知るようにさせたと主張する者もいた。親たちのなかには、当時の理想から、子どもたちが必要としていることを理解できず、子どもたちの奇妙な行動を説明することもできなかったため、魔法を使う子どもたちを告発することに終始する者もいた。しかし、魔法の告発にまきこまれた子どもたちは、純真無垢な子ども期という概念に異議申し立てをしただけでなく、子どもと大人の関係を規定していた社会規範も打ち壊した。子どもたちの告発は、大人の権威を疑問視させ、基本的な階層構造を脅かした。

1800年代を通じて、魔法についての子どもたちの説明は論争を引き起こしつづけた。その頃までに、純真無垢な子ども期という理想が非常に固定的になったため、子どもたちの空想はめったに問われなくなった。むしろ、魔女集会に対する不信心な物語は、病気や親のネグレクトの徴候とみなされ、子どもたちを責任から解放し、最終的に純真無垢な子ども期という理念を守ることになった。

［訳注］
＊1 魔女集会（witches' sabbath）──サバト。14～16世紀ごろ、魔女や魔法使いが魔王（Satan）を崇拝するために祭礼を行ない、踊ったり飲み騒いだとされるもの。
＊2 異端審問（Inquisition）──とくにここではスペインの異端審問をさす。スペインでは1480年から1834年まで、国家の管理下におかれて進められた宗教裁判で、異端者を告発し、拷問し、殺害した。16世紀になると厳格で残酷になったことで知られる。
＊3 セイラムの魔女裁判（Salem witchcraft trials）──少

女たちの「告白」によって、200人近い村人が魔女として告発され、そのうち19人が処刑され、1人が拷問中に圧死、5人が獄死した。無実とされる人びとが根拠のないまま次々と告発され、裁判にかけられた。集団心理による暴走例として、これまでに何度も文学者や歴史家によってとりあげられた。

➡近世ヨーロッパの子ども、啓蒙思想、子ども期の理論
● 参考文献
Boyer, Paul, and Stephen Nissenbaum. 1974. *Salem Possessed: The Social Origins of Witchcraft*. Cambridge, MA: Harvard University Press.
Roper, Lyndal. 2000. "Evil Imaginings and Fantasies: Child-Witches and the End of the Witch Craze." *Past and Present* 167: 107-139.
Walinski-Kiehl, Robert. 1996. "The Devil's Children: Child Witch-Trials in Early Modern Germany." *Continuity and Change: A Journal of Social Structure, Law, and Demography in Past Societies* 11, vol. 2: 171-190.
Willis, Deborah. 1995. *Malevolent Nurture: Witch-Hunting and Maternal Power in Early Modern England*. Ithaca, NY: Cornell University Press.

（KRISTINA TEGLER JERSELIUS／北本正章訳）

子ども病院（Children's Hospitals）

アメリカでは、小児科病院は、1854年にニューヨーク市に「乳母と子どもの病院」（Nursery and Child's Hospital）の設立をもってはじまった。その翌年、「フィラデルフィア子ども病院」（Children's Hospital of Philadelphia）が開設された。1860年代を通じて、このほかにいくつかが設立された。「女性と子どものシカゴ病院」（Chicago Hospital for Women and Children, 1865年）、「ボストン子ども病院」（Boston Children's Hospital, 1869年）、「ニューヨーク孤児収容所」（New York Foundling Asylum, 1869年）などである。これ以降30年以上にわたって、アメリカの主要都市の大半が子ども病院を創設した。

子ども病院の設立は、国内のほかの地域でみられた爆発的な病院の拡大と連動していた。歴史家のチャールズ・ローゼンバーグが指摘しているように、1860年代から1930年代のアメリカにおける病院の急増は、医療専門職における変化だけでなく、アメリカの各都市における変化も反映していた。子ども病院の発展は、アメリカにおける医療の役割が変化しつつあることについての意識と同じように、子どもについての社会認識が変化しつつあったことも示している。多数の主要な都市は、入院患者へのサービスだけでなく外来患者の治療のためにも、子ども病院をケアの中心として頼りにしていた。

子ども病院と19世紀の諸改革

初期の子ども病院は、病院設備の経験と威信を求め

るエリートの医学者と、貧しい子どもたちの生活を改善したいと望んでいた影響力のある一般人とのあいだの連携からはじまった。南北戦争以前の改革者たちは、貧困・病気・死亡率は密接に結びついており、したがって、病気は医療ケアを提供するだけでなく、道徳的価値も教えこむべきだと考えた。子どもはその若さ（youth）と純真無垢さ（innocence）のために、とくにこうした社会改善説[*1]の形態になじみやすいと見えた。かくして、初期の子ども病院が明確に宗教的ミッションを擁護したのは決して偶然ではなかった。

児童救済運動（Child Saving）は、**児童労働**の廃止や**幼稚園**の設立をふくむ19世紀後半の多数の改革のなかでもきわだった特徴をもつ運動であり、こうした一連の改革において、効果的な子どもの健康は統合的な役割を果たした。病院は、社会問題を解決するための制度と、専門職制へと変化する広大な社会運動の一部となった。**小児医学**と子ども病院は、進歩主義時代の改革の典型であった。

子ども病院を設立しようとする運動は、慈善的な動機と宗教的動機に対するアピールにくわえて、アメリカの各都市に生じた構造的な諸改革への対応でもあった。歴史家のモリス・ヴォーゲルは、都市化と工業化と移民がどれほどアメリカの諸都市を疲弊させ、貧しい市民を対象にした病院サービスの需要の高まりを生みだしたかを描いた。家族は、拡大家族と重篤な病気の家族メンバーを治療するスペースの両方を欠いた共同住宅に大挙して殺到した。貧しい母親が労働に従事するようになると、彼女たちには病気の子どもの世話をすることはできなかった。自暴自棄になった多数の家族にとって病院は、健康ケアを受けられる唯一の場所であった。小児科病院は、この時代のほかの病院と同じように、「立派な貧しい」子どもたちを治療するために特別に設計された。だが、実態は、子どもたちが感染していることがわかったり治療不能とみなされれば追いはらわれるだけであった。富裕な家族は、プライベートな医師の治療を自宅で受けることができた。もっとも貧しい家庭だけが子どもたちを病院につれていくことができた。

病院は社会変動に対応しただけではなかった。医学は、19世紀後半を通じてしだいに子どもに特有の医療ニーズがあることを認識するようになってきた。子どもの病気に特別な関心をもつ医師たちは、病気の子どもは大人から分離して治療ケアを受けるに値すると主張した。医師たちは、子どもは小さな大人ではないと主張した。子どもたちは共通する病気に多様に反応しただけでなく、特別な病気に苦しみ、ユニークな症状と治療的課題を示した。19世紀のアメリカの諸都市で見られたぞっとするほどの**乳児死亡率**は、子どもの健康ケアの焦眉の課題に切迫感をあたえた。貧民のあいだの道徳的放縦、不十分な都市資源、赤ん坊が病気に抵抗するうえで相対的に能力がないことなどを非難しつつ、医師も改革者たちも同じように、こうした深刻な問題に着手するように引きつけられていると感じた。

新しい分野である小児医学は、急を要する子どもたちの健康ケアのニーズに真面目に取り組んだ。公的な小児医学は、「アメリカ医学会子どもの病気セクション」（1880年）と、アメリカ小児医学会（the American Pediatric Society, 1888年）の創設をもって、1880年代にはじまった。こうした初期の小児科医たちは、隔離病院での子どもケアの利点を直接目にした。専門職化をめざす彼らの努力は、新しい小児医学分野を法制化し、同じ考えをもつ医師たちからなる共同体を生みだし、この分野の発展に必要とされる精密な科学的合理主義精神を助長し、子どものために特別に考案されたケアの利点を公にした。病気の子どもを小児科病院に集中させることは、小児医学に関心をもつ若い医師たちに豊かな訓練基盤をもたらした。こうした意欲的な医師たちは、小児科病院の病棟ではたらくことによって外科技術を洗練し、新しい治療法を試し、子どもの病気について研究を進めた。

子ども病院の初期モデル

19世紀には一般病院の大半がひんぱんに子どもを受け入れていた。典型的には、受け入れられた子どもたちは成人病棟に収容され、そこで子どもの病気について特別な訓練を受けていない看護婦や医師たちから治療を受けていた。一般病院は、20世紀に入るとすぐ子どもの分離治療のメリットを認識しはじめ、小児科病棟を創設した。しかし、典型的には、一般病院の治療実務者——小児科の医師ではなく——が、こうした子どもの治療にあたった。

子どものための初期の病院は、一般病院に対する顕著な優位性を保証していたが、その基本的な考えとサービスの点で一般病院とは違っていた。いくつかの病院は、とくに遺棄された乳幼児のための**孤児院**と**捨て子養育院**など、子どものための古い組織から進化した。ほかのものは、乳幼児の健康問題に特化した赤ちゃん病院（babies' hospitals）としてはじまった。この施設の医療使命は、栄養のある乳幼児用調合ミルク（infant formula）を提供し、とどまるところのない高い乳児死亡率の要因であり、広まっていた病気である下痢を治療することにあった。初期の子ども病院の大半は、乳児死亡率に対してごくわずかな対処しかできなかったため、受け入れ患者を2歳以上に限定していた。しかし、1900年以降、都市の衛生環境が改善されるのにともなって乳児死亡率は下降し、子ども病院はすべての年齢の子どもを治療する近代的な組織になった。

子ども病院のひかえめな開始は、そのとぼしい財源だけでなく、その基本原理（philosophy）も映しだしていた。病院設立者たちは、典型的に、男性患者と女

性患者を別々の病棟に区別する小さな家屋を提供した。スペースが許せば患者たちはさらに外科病棟と治療病棟に区分された。接触感染が病院に迫り、すでに虚弱になっている子どもたちの生命を脅かすため、隔離病室を設けるのが一般化した。病院の看護婦長が病院内で暮らし、日常的な患者ケアを監督した。病院の評議員たちは、こうした家庭的な環境のもとで、病気になった貧しい子どもは、暖かさ、養護、そしてキリストの家庭の慈しみを受けとるだろうと考えた。19世紀末に向けて、医学者たちが病院経営に影響力の大きな役割を果たしはじめると、小児科病院ケアの多数の医療モデルがあらわれ、多くの子ども病院が最新の衛生デザインをとりいれた独立した建物へと拡張した。

入院期間は、しばしば数週間、ときには数ヵ月におよぶこともあった。周期的な病気と接触伝染症を防止しようとする試みにもかかわらず、初期の病棟の多くは、こうした疾患の子どもたちであふれていた。19世紀のアメリカでは多数の子どもが、治癒時間がかかる主要な致死病であった結核に苦しんでいた。入院した子どもの多くは、極度の栄養失調状態であるか瀕死の状態であった。こうした子どもの回復は、もしそれが起こればのことであったが、先延ばしにされていた。病院治療の大半が支持療法*2であったため、養育は危機療法*3であった。初期の病院では、しばしば宗教的な婦人団体のメンバーが看護婦の役目を果たした。1900年までには、専門訓練を受けた看護婦がこうしたボランティアにとって代わった。

病院は面会時間を厳しく制限し、はたらいている親が病気の子どもを訪ねるのをむずかしくしていた。このような面会時間のありかたは、家族がホームシックをますますひどくし、病棟での問題行動を生み、新しい感染と認定されていない食品をとりいれ、回復にとって逆効果となる事態をまねくという現実的な関心を反映していた。さらに、貧しい家族は、しばしばその子どもの病気に責任があり、したがって両親とのひんぱんな接触は有害だと考えられた。しかし、病気の子どもたちを楽しませることにも注意がはらわれた。何枚かの写真は、病棟内のゆり木馬と人形を示している。

退院後の子どもたちは、予後療養所（convalescent home）に送られるか、病院内の通院外来患者部門でフォローされた。多数の小児科病院は、病後と術後の回復がしばしば遅れると、田舎に予後療養所を創設し、子どもたちはそこで新鮮な空気と滋養物の供給を受けながら数週間をすごした。1890年代初め、各病院は家族に適切な在宅ケアの原則を教えるために、自宅で療養している子どもたちを訪問するソーシャルワークと看護婦を任命した。

初期の小児科病院の非常にめずらしい取り組みは、水上病院（floating hospital）であった。これは、軍隊の病院船を一部モデルにしていたが、水上病院は病気の子どもとその家族を港までつれていった。そこで彼らは、健康によいと考えられていた海の空気を吸うことができた。船中の子どもたちは、注意深く準備された調合ミルクをあたえられ、両親は正しい栄養と衛生の利点を教わることになっていた。最初、小旅行は日帰り遠足であったが、1920年代までに病気の子どもも泊まりがけの遠足になった。

統一的な小児科モデル

19世紀を通じて小児科病院のケアはおおむね看護・栄養指導・着替え・一般的な補助ケアからなっていた。小児医学が、その方法の点でますます専門的で科学的になってくると、子ども病院は補助的ケアの提供者であるというイメージは消え去り、みずからが進める医療研究とならんですぐれた医療サービスと外科サービスを重視しはじめた。その結果、これらの病院は、貧しい子どもたちのためだけでなく富裕な子どもたちにとっても明確な利点となる制度へと進化した。これらの病院は、1920～30年代を通じて、とくに外科技術の場合、採算のとれる患者を得ようとしはじめた。

1930年代までに、それまで多様であった小児科病院は、かなり統一的な小児科病院でのケアモデルに進化した。そこでは、歩くことができるすべての子どもが最新の医療ケアと外科ケアを受けた。子ども病院内では、医学の若い院生たちが小児医学の進歩した訓練を求め、子どものための最新の医療技術と外科技術を学んだ。

［訳注］

*1 改善説（meliorism、メリオリズム）——心理学者でプラグマチズムの理論的な開拓者でもあったアメリカのウィリアム・ジェイムズらによって、世界は人間の努力によって改善しつつあるし、改善することは可能であるとする説。1858年頃からこのようにいわれはじめた。

*2 支持療法（supportive）——患者の体力を維持するため必要な栄養物を静脈注射をしたり、精神不安をとりのぞくための指導・奨励を行ないながら、正常な生理の平衡を保つために行なう治療法。

*3 危機療法（critical）——患者が、食欲の低下、動作の緩慢、意識消失などによって不安定で異常なバイタルサイン（生命徴候）や、その他の好ましくない指標を示している危篤状態に対する療法。

➡子ども空間

● 参考文献

Evans, H. Hughes. 1995. "Hospital Waifs: The Hospital Care of Children in Boston, 1860-1920." Ph.D. diss. Harvard University.

Golden, Janet, ed. 1989. *Infant Asylums and Children's Hospitals: Medical Dilemmas and Developments 1850-1920*. New York: Garland.

Halpern, Sydney A. 1988. *American Pediatrics: The Social Dynamics of Professionalism, 1880-1980*.

Berkeley: University of California Press.
Rosenberg, Charles E. 1987. *The Care of Strangers: The Rise of America's Hospital System*. New York: Basic Books.
Vogel, Morris J. 1980. *The Invention of the Modern Hospital: Boston, 1870-1930*. Chicago: University of Chicago Press.

（HUGHES EVANS／北本正章訳）

コミック・ブック（Comic Books）

　コミック・ブックのジャンルは、伝統的に子どもの娯楽の一種と考えられているが、その区分は完全に真実といってよいわけではない。実際、2000年前後に北アメリカで制作されたコミック・ブックの大部分は、思春期もしくは成人向けのものであった。

　関連する表現形式には、コミック・ストリップ（comic strip）、アメリカの新聞紙面で19世紀後半から続いているコマ割り物語（panel narratives）、そしてグラフィック・ノベル（graphic novel）がふくまれる。グラフィック・ノベルとは、長編の絵物語で、より簡易なパンフレット形式ではなく、一般的に本として出版されるものである。もっともよく知られている作品は、ピュリッツァー賞を受賞したアート・スピーゲルマンの『マウス――アウシュヴィッツを生きのびた父親の物語(1)』（*Maus*, 1986）と『マウス――アウシュヴィッツを生きのびた父親の物語(2)』（*Maus II*, 1991）である。「コミック」という用語は、ユーモアを含意しているという誤解をまねくが、ユーモアはこの形式に不可欠な要素ではない。ほかの言語での言い方、すなわちフランス語の "bande dessinée"（バンド・デシネ、「描かれた帯」）、イタリア語の "fumetti"（「煙をぷっと吹くこと」、会話の吹き出しをさす）、スペイン語の "historieta"（「小さな物語」）などでは、この問題は緩和される。日本の用語である「マンガ」（*manga*, 漫画）は、もとは「ユーモアのあるスケッチ」を意味していたが、その含意はもはやもたず、いまではこの用語は、コミック全般をさししめす中立的な方法とみなされている。

背景と歴史

　「コミック・ブック」という用語の定義にかんしては多くの議論がある。スコット・マクラウドのような何人かの批評家は、言葉と絵によって語られるどのような話もコミック・ブックと考えられうると主張するだろう。ほかの者は、たとえば19世紀のスイスのユーモア作家ロドルフ・テプフェールの作品や、19世紀のドイツのイラストレータであり詩人であったヴィルヘルム・ブッシュが『マックスとモーリッツ』（*Max und Moritz*, 1865）で描いたいたずら話のような、コミック・ストリップ的な物語をふくむ本ならすべて、このカテゴリーに入れるかもしれない。

　しかし、この「コミック・ブック」という用語がもっとも通例的に示すのは、一般にコマ漫画の枠というかたちでページ上に配置され、言葉と絵の組みあわせによって物語られる定期刊行物である。「月刊コミック」（*Comic Monthly*, 1922）や、それよりのちのタブロイド判の「フェイマス・ファニーズ」（*Famous Funnies*, 1934-1955）のような初期の定期刊行物は、新聞の連載マンガの再版で構成されていた。こういった出版物は、子どもと大人の双方を読者として想定していた。なぜなら、大人も子どもも、新聞を読んでいたときからなじんでいたキャラクターに魅せられていたからである。歴史家ロン・グーラートは、彼の『コミック・ブック文化――描かれた歴史』（*Comic Book Culture: An Illustrated History*, 2000）のなかで、内容がすべて描き下ろされていることを特色とする最初の定期刊行物は、デル出版社の短命な週刊誌、「ザ・ファニーズ」（*The Funnies*, 1929-1930）であったと指摘している。デル社は、1935年にふたたび、すべてが描き下ろしであるタブロイド紙「ニューファン」（*New Fun*）を出版した。それは、すぐにタブロイド判から雑誌サイズに変わり、描き下ろしマンガで構成されたアメリカ初の正真正銘の「コミック・ブック」となったのである。

人気の芽生え

　最初の人気があったあいだに、この新しい表現形式は数年で文化的影響力をもつようになった。もともとは2人の10代の少年、ジェリー・シーゲルとジョー・シュスターによって、新聞マンガへの連載をめざして生み出されたスーパーマンの冒険[*1]は、まず1938年6月に『アクション・コミックス』（*Action Comes*）に登場した。このキャラクターは、即座に、そして圧倒的に一般に受け入れられた。このキャラクターの初登場の翌年に出版された、作品単独のコミック・ブック『スーパーマン』（*Superman*）は、1940年に100万冊を上まわる売り上げを記録した。ほかのコスチューム・ヒーローたちもこの後に続いた。画家ボブ・ケーンと原作者ビル・フィンガーによって生み出された『バットマン』（*Batman*, 1939）、ジョー・サイモンとジャック・カービーによる愛国的な『キャプテン・アメリカ』（*Captain America*, 1941）、そして心理学者ウィリアム・モールトン・マーストンによる『ワンダー・ウーマン』（*Wonder Woman*, 1942）といった面々である。スーパーヒーローたちは、第2次世界大戦中に自身のページ上で戦争活動に従事していた。たとえば、「キャプテン・アメリカ」シリーズの表紙は、読者に戦時公債の購入をうながしていた。

　だが、スーパーヒーローたちはこの時期の唯一の人気コミックであったわけではなかった。デル・コミック社によって出版された、ディズニー漫画の系譜に典

型的に示される動物コミックも、同様に成功をおさめた。カール・バークスによる『ドナルド・ダックとスクルージおじさんの物語』(The Donald Duck and Uncle Scrooge) は、(ディズニーのすべてのコミック作家の仕事がそうであったように、彼の仕事は何年もクレジットを入れられないままであったが) その冒険、ユーモア、そして視覚的な完成度のために高く評価されつづけている。西部劇 (Westerns、ウェスタン) は、1940年代と1950年代にとくに人気があった。それは、ロイ・ロジャーズとデール・エヴァンスのようなテレビや映画のスター、そして同名タイトルの作品『ローン・レンジャー』(The Lone Ranger) に登場するキャラクターの人気によるものであり、表紙はたいてい写真で飾られていた。

とくに「アーチー」(the Archie) シリーズのような、いわゆるティーン・コミック (teen comics) は、13歳未満の読者、とくに少女のあいだで人気を博した。ロマンス・コミック (romance comics) は、1940年代に「キャプテン・アメリカ」シリーズを生み出したジョー・サイモンとジャック・カービーの2人によって1950年代に生み出されたジャンルであるが、その物語が一般的には男性によって書かれ、従来の性別役割を維持していたにもかかわらず、このジャンルもまた、女性読者を強力に惹きつけた。

1940年代と50年代──コミック・ブック反対運動

第2次世界大戦後に人気を博した二つのジャンルであるクライム・コミック (crime comics) とホラー・コミック (horror comics) は多くの論争に火をつけた。両ジャンルの特色は、映画やほかのメディアでも同様に人気を得ていた、華麗で人目を引く犯罪者によるセンセーショナルな大事件と、異形の登場人物による陰惨な報復物語であった。『怪奇の納骨所』(Vault of Horror) ──これはE.C.社 (Entertaining Comics) によって出版された──のようなタイトルをもつこれらのコミック・ブックは、子どもと大人の双方の心をとらえた。通常、これらのストーリーは教訓的な物語を描いており、その結末において犯罪や悪は適切に罰せられるのだが、そこにいたるまでに多くの露骨な暴力シーンがあった。

ホラー・コミックとクライム・コミックは、すぐに教育者と図書館員によって監視されるようになり、1920年代と30年代に先行していたコミックと同様、子どもの読書習慣に悪影響をおよぼすと考えられた。言葉と絵を同時に使うことが若い読者の識字能力 (リテラシー) を脅かすと感じる教育者もいた。より説得力のある主張として、これらのコミックの大半がかならずしもよく書けているわけではないということが指摘された。

すべての主張のなかでもっとも説得力があったのは、物語の内容にかんするものであった。クライム・コミックとよばれるコミック作品に対する反対運動は、急進的な精神病医フレデリック・ワーサムによって先導された。彼の著作『無垢への誘惑』(Seduction of the Innocent, 1954) は、出版前に「レディース・ホーム・ジャーナル」(Ladies Home Journal) 誌に抜粋掲載されたものだが、その著作で彼は、自身の臨床研究にもとづいて、コミック・ブックの暴力描写、性描写が、青少年非行に寄与すると主張した。ワーサムをふくめ、多くの参考人が青少年非行にかんする1954年のアメリカ上院小委員会において証言した。一連の質疑の結果、そしてこれ以上の介入からみずからを守り、政府に規制をさせないため、当時の最大手出版社の多くは連帯し、自主検閲委員会であるコミックス倫理規定委員会 (the Comics Code Authority: CCA) を設けた。CCAは、出版された全コミック・ブックが家族向けの健全な娯楽であることを保証するのを目的としていた。CCAは、作品に登場する親、警察その他の権威者を汚らわしく描写しないこと、犯罪は決して成功しないこと、女性の身体を現実的に描くようにし、淫らに描かないこと、薬物使用を説明したり描写しないこと、そして、吸血鬼やゾンビのような怪物をまったく描かないことなどを要求した。CCAの歴史については、エイミー・キスト・ナイベルグが、その著作『承認印──コミック倫理規定の歴史』(Seal of Approval: The History of the Comics Code, 1998) で非常に詳しく論じている。

これらの基準は、コミック・ブックの物語が描ける余地を事実上、娯楽的だが穏やかで無害なものを描かざるをえないように制限した。こうして、コミック・ブックの出版は、その後十年間はもっぱら子どもの娯楽を志向する活動となった。ホラー・コミック、クライム・コミックとロマンス・コミックはまだ出版されていたが、その出版は倫理規定に対する従順さとはほど遠く、より旧来に近いかたちで行なわれた。E.C.社の人気風刺雑誌*MAD*はCCAのもとで生き残ることができず、その結果、モノクロの雑誌形式に変更することによって、従来のコミック・ブックを取り締まる倫理規定をまぬがれた。おもなコミック出版社のうちデル社とクラッシック・イラストレイテッド社だけはCCAに参加しなかった。両出版社の作品の内容は健全であったので、両社の本はCCAの保証がなくても広く流通される確信があったからである。

すべての年齢の読者のための再生

1960年代には、二つの異なる圧力がはたらき、コミックの読者の間口を幼い子どもの外にも押し広げた。1961年の初め、マーヴェル・コミックスの発行者であったスタン・リーは、ジャック・カービーやスティーヴ・ディッコといった画家と協同し、ファンタスティック・フォー (Fantastic Four)、スパイダーマン (Spider-Man)、ドクター・ストレンジ (Doctor Strange) といっ

たキャラクターによって、スーパーヒーローのジャンルをふたたび活性化させた。その手柄は昼メロ的な話と壮大な冒険を組みあわせたことにある。マーヴェル・コミックスは、子どもと、より高い年齢層の両方に人気を博すようになり、コミック・クラブが全国の大学キャンパスに生まれた。

　1960年代の終わり近くには、*comix*ともよばれるアンダーグラウンド・コミックが、カウンターカルチャー的な文脈を増した。ロバート・クラム、トゥリーナ・ロビンズ、そしてアート・スピーゲルマンのようなコミック作家は、ほかの多くのコミック作家のなかでもとりわけ目立って、ドラッグ吸引用具店（あるいは「ヘッド・ショップ」）（幻覚剤などを売る店）を通じてみずからのコミックを出版し、販売することをはじめた。これはすなわち、ニューズスタンドでの販売という従来のやり方を避けるということであり、結果的にCCAも回避することになる。当時の青年運動の影響を受け、これらのコミックは、種々さまざまのトピックに取り組み、精力的にタブーを打ち破り、そして彼らの作品の成人読者に向けて社会と政治的な論評を行なった。これらのコミックの多くは、外見上1950年代における奇妙な動物とほかのコミックに似ていたが、これはこのジャンルの作家がこれらを読みながら大きくなったからである。これらの本はまた、しばしばCCAのシンボルのパロディーを特色としていた。このことは、20年前なら、もしコミックが大人の読者を対象とすることを望んだとしても、アンダーグラウンドな販売方法に頼る必要がなかったということを皮肉な形で思い出させるものであった。

　メインストリーム・コミックがアンダーグラウンド・コミックの出現後も徹底的には変わらなかった一方、メインストリーム・コミックはCCAによる制約に対して異議を申し立てた。アメリカ保健教育福祉省［1953-79］が、マーヴェル・コミックスに対して、その『アメージング・スパイダーマン』（*Amazing Spider-Man*）のコミック中で薬物意識を促進してくれるように依頼した際、それを組みこんだ3号（No. 96-98）は、CCAに承認を拒否された。それでもマーヴェルは、1971年上半期にこれらの3号を出版し、この件が知れわたったことによって倫理規定の見直しが促進された。そのひとつとして、何種類かの題材が若い読者にふさわしいかどうかにかんする態度が変化することにつながった。

　この倫理規定は1989年に見直され、まだ存在しているにもかかわらず、以前ほどの支配力はもっていない。1980年代のコミック専門店の増加と、ニューズスタンドでの販売を避ける直接的な市場流通システムは、ニューズスタンドでのコミック販売数の減少をもたらした。同時に、このシステムによって、多くの新しい、もっと小規模な会社は、各作品を競争相手よりも少ない部数で印刷し、それでも利益を得ることができてきた。オルタナティヴ・コミックとよばれるこれらは、より小さな市場に向けた作品の出版と、ノンフィクション、ファンタジー、そしてユーモアといった、それまでの数十年間で利益を出せなかったテーマでの作品制作を可能にした。

　ほとんどのオルタナティヴ・コミックは成人読者を対象にしているが、子どもたちを念頭に置いて制作された作品もある。ジェフ・スミスによる、1991年にはじまった9巻のファンタジー叙事詩「ボーン」（*Bone*）シリーズのようなコミックは、そのようなかたちで若者と年長者を対象としている。その一部は、雑誌「ディズニー・アドベンチャー」（*Disney Adventures*）で再連載された。1996年にはじまったリンダ・メドレーの「キャッスル・ウェイティング」（*Castle Waiting*）シリーズでは、おとぎ話が終わった後に、その物語のサブキャラクターに何が起こるのかを追っている。女性本位の彼女のファンタジーは、大人を憤慨させると考えられた一方で、若い読者を魅了している。メドレーは、彼女のコミックのなかに子どものための活力を、そして教師向けガイド版の全集のなかには、従来の文学形式同様に、コミックにおいてもさらに読み深めるためのガイドをくわえている。編集者としてのアート・スピーゲルマンとフランソワーズ・ムリーは、1980年代と1990年代には前衛的なコミック・アンソロジー『RAW』[*2]の責任者であったが、2000年には『リトル・リット』（*Little Lit*）の出版をはじめた。この作品は、子ども読者のために特別にあつらえられたハードカバーのアンソロジー年刊誌である。それぞれ「面白い昔話とフェアリーテイル」（*Folklore and Fairy Tale Funnies*, 2000）、「おかしな子どもたちのためのおかしな話」（*Strange Stories for Strange Kids*, 2001）という副題がついた第1巻、第2巻では、子ども向けの古典コミックの再版と、コミック画家と子どもの本の挿絵画家によって新しく生み出された物語の両方がおさめられている。

　日本の漫画の影響を受けた作品は、日本漫画の翻訳受容にくわえて現代コミックの別の一派を形成しており、とくに注目に値する。複数巻にわたって続く物語や、見開きのページデザインといった、日本漫画の物語技術と視覚的なスタイルの両方が、アメリカの新たなスーパーヒーローとファンタジーの作家の仕事に、かなりひんぱんにあらわれている。彼らは、芸術的なインスピレーションを得るためにますます日本に目を配っている。

コミックとほかのメディア

　初期の新聞コミック作家は、自分の読者（そして自身の利益）を増やしたいと望み、しばしば急成長する映画産業にキャラクターの使用を許可した。コミック・ストリップの『眠りの国のリトル・ニモ』（*the Little Nome in Slumberland*, 1905-1911; 1911-1913;

1924-1926）と『チーズトーストの悪夢』（Dream of the Rarebit Fiend, 1904-1913）を生み出したウィンザー・マッケイ[*3]は、早くからみずからの手によってアニメーションを制作した。たいてい自身のコミック・ストリップのキャラクターをベースにした、たとえば「調教された恐竜ガーティ」などの彼の映画は、初期のアニメーションにおける優良作品とみなされている。

同じく、コミックのキャラクターもすぐに許可されることとなった。そのもっとも人気のある例は、スーパーマンである。スーパーマンは1938年の登場後たった数年で、日刊新聞で読み、ラジオで聞き、そして土曜の午後にシリーズ映画を見ることができるようになった。1950年代には、スーパーマンのテレビシリーズは新しい読者を獲得し、すぐ後に、初期のカラー番組のうちのひとつとして、この番組はカラーになった。10年後、「バットマン」のテレビ・シリーズは、コミックのキャラクターの、テレビへのより原作に忠実な翻案をもたらした。「スーパーマン」シリーズでは、コミックのSF要素と超人的な悪役の要素が最小にとどめられていたのに対し、バットマンは、『キャットウーマン』（Catwoman）や『ジョーカー』（the Joker）のような一級の仇敵との大立ちまわりを大いに楽しんでいた。とはいえ、その強く誇張された大衆芸術的なやり方は、コミックは本質的に軽薄で幼稚な題材だという一般大衆の考えをさらに強めてしまった。

ハリウッドは、出典元としてコミックとコミック・ストリップにますます目を向け、「スーパーマン」（Superman, 1978）、「バットマン」（Batman, 1989）、「ディック・トレイシー」（Dick Tracy, 1990）、「X-メン」（The X-Men, 2000）、「スパイダーマン」（Spider-Man, 2002）、そして「ハルク」（The Hulk, 2003）といった映画を製作した。「メン・イン・ブラック」（Men in Black, 1997）や『ロード・トゥ・パーディション』（The Road to Perdition, 2002）のようなあまり知られていないコミックの映画化もまた、たとえそれらが青年期の若者や大人といった年上の読者を対象としたものであっても、同じように成功することを証明した。

コミック出版社の多くが、会社と、キャラクターに関連したウェブサイトをよびものにしている。そして、新しいコミック作家たちは、インターネットが、より大勢の読者に自分の作品を見てもらう有効な方法であり、その読者たちが、最終的に印刷出版された作品を手にとることも多いと気づいた。1990年代には、CD-ROM版のコミックを作成するいくつかの試みがあったのだが、このやり方は未だに大衆に受け入れられてはいない。電子コミックは、出版業界における明らかなニューフロンティアというよりも、宣伝の道具か実験にとどまっている。

［訳注］

[*1] スーパーマン（Superman）——1933年、アメリカの漫画家ジェリー・シーゲル（Jerry Shiegel）が文章を書き、ジョー・シュスター（Joe Shuster）が絵を描いた作品で、1938年に発表された漫画の主人公。ふだんは新聞記者クラーク・ケントとして姿を隠しているが、事件が起きると変身し、超人的な能力で正義のために闘う。ドイツ語の Übermensch の翻訳。

[*2] RAW——「ロー」。アメリカのRaw Books & Graphics社が出版した前衛的な大人向けの漫画雑誌。1980年に創刊され、1990年代まで毎年２回出版された。"The Graphix Magazine of Postponed Suicides"（延期された自殺のグラフィック・マガジン）という奇妙なキャッチフレーズが付けられていた。

[*3] ウィンザー・マッケイ（Winsor McCay, 1869/71-1934）——アメリカの画家、漫画家。漫画作品『眠りの国のリトル・ニモ』（Little Nemo in Slumberland）のほか、漫画映画「調教された恐竜ガーティ」（Gertie, the trained Dinosaur, 1909）は、商業的に成功した最初の漫画映画といわれている。

➡児童文学、双書（シリーズもの）、『タンタン』とエルジェ

● 参考文献

Barker, Martin. 1984. *A Haunt of Fears: The Strange History of the British Horror Comics Campaign*. London: Pluto.

Daniels, Les. 1971. *Comix: A History of Comic Books in America*. New York: Bonanza Books.

Foster, David William. 1989. *From Mafalda to Los Supermachos: Latin America Graphic Humor as Popular Culture*. Boulder, CO: L. Rienner.

Goulart, Ron. 2000. *Comic Book Culture: An Illustrated History*. Portland, OR: Collectors Press.

Groensteen, Thierry. 1999. *Système de la bande dessinée*. Paris: Presses universitaires de France；ティエリ・グルンステン『マンガのシステム——コマはなぜ物語になるのか』（野田謙介訳、青土社、2009年）

Harvey, Robert C. 1996. *The Art of the Comic Book: An Aesthetic History*. Jackson: University Press of Mississippi.

Jones, William B., Jr. 2002. *Classics Illustrated: A Cultural History, with Illustrations*. Mastrmons. Jefferson, NC: Macfarland and Co.

Kurtzman, Harvey. 1991. *From Aargh! to Zap!: Harvey Kurtzman's Visual History of the Comics*. New York: Arts.

Lent, John A., ed. 1999. *Pulp Demons: International Dimensions of the Postwar Anti-Comics Campaign*. Madison, NJ: Fairleigh Dickinson University Press.

McCloud, Scott. 1993. *Understanding Comics: The Invisible Art*. Northampton, MA: Kitchen Sink Press；スコット・マクラウド『マンガ学——マンガによるマンガのためのマンガ理論』（岡田斗司夫監訳、美術出版社、1998年）

Nyberg, Arny Kiste. 1998. *Seal of Approval: The History of the Comics Code*. Jackson: University Press of

Mississippi.
Pustz, MatthewJ. 1999. *Comic Book Culture: Fanboys and True Believers*. Jackson: University Press of Mississippi.
Robbins, Trina. 1999. *From Girls to Grrrlz: A History of Women's Comics from Teens to Zines*. San Francisco: Chronicle Books.
Rubenstein, Ann. 1998. *Bad Language, Naked Ladies, and Other Threats to the Nation: A Political History of Comic Boks in Mexico*. Durham, NC: Duke University Press.
Sabin, Roger. 1996. *Comics, Comix, and Graphic Novels: A History of Comic Art*. London: Phaidon.
Savage, William W., Jr. 1998. *Commies, Cowboys, and Jungle Queens: Comic Books and America, 1945-1954*. Hanover, NH: Wesleyan University Press.
Schodt, Frederik L. 1996. *Dreamland and Japan: Writings on Modern Manga*. Berkeley, CA: Stone Bridge Press; フレデリック・L・ショット『ニッポンマンガ論――日本マンガにはまったアメリカ人の熱血マンガ論』(樋口あやこ訳、マール社、1998年)
Wertham, Fredric. 1954. *Seduction of the Innocent*. New York: Reinhart.

（GENE KANNENBERG JR.／伊藤敬佑訳）

コメニウス（Comenius, Johan Amos, 1592-1670）

　ヨハン・コメニウスは、（現在はチェコの一部になっている）スロヴァキアのモラヴィア地方のニヴニスに、ヤン・アーモス・コメンスキーという名前で1592年3月28日に生まれた。彼は、プレロヴのグラマースクールを修了した後、1611年から1614年まで、ヘルボルンとハイデルベルグの大学で研究した。その後、プレロヴのグラマースクールに戻り、1614年から1618年までその学校で教鞭をとった。1618年から1621年まで、フルネクのボヘミアン・プロテスタント教会で聖職者の地位にあった。
　対抗宗教改革のあいだにボヘミアン・プロテスタント教会は破壊され、カトリックに改宗することを拒絶した者は国外追放の憂き目にあった。この動向は、コメニウスに1621年から1628年まで、さまざまな国にしばしば隠れ住むことを強いることとなった。1628年には、コメニウスは、ほかのいくつかの家族のメンバーといっしょに、ポーランドのリサに追放されることになったが、彼はこの土地の文法学校で1641年まで教えた。1641年から1642年まで、コメニウスはイギリスですごした。1642年から1648年まではスウェーデンのエルビングで暮らしたが、ここでコメニウスは、スウェーデンの学校制度の改革の仕事に取り組むいっぽう、彼の教授学上の変化に合わせて何冊かの教科書を執筆した。1648年から1650年にかけて、ふた

ヨハン・アーモス・コメニウス（1592-1670）*

たびリサにおもむいている。1650年から1654年にかけては、ハンガリーの学校制度改革の仕事に献身し、1654年にリサに戻った。リサが1656年の大火で焼け落ちたとき、コメニウスはアムステルダムに移り、1670年11月5日、当地で没した。

コメニウスの教育思想
　コメニウスの思想の特徴は、汎知学[*1]的神学思想の学派に属するものとあらわすことができる。この学派によれば、万物はあるひとつの確固とした枠組みのなかでお互いに結びつきあっており、これは究極的には神の創造の結果であるとされた。神の実在性は、自然のなかに、自然法の合理性のなかに、そして世界の美と調和のなかにその姿をあらわしていると考えられた。自然の秩序それ自体は、万物が相互に関係しあいつつも混じりあうものがひとつもないことを保証する理性の原理の上に築かれている。このような秩序感覚は、コメニウスが名づけた「理性」（*ration*）という形態で神によって人間にあたえられており、このため人間はそれぞれ聖なる秩序の創造のために自分の役目を積極的に果たすことができると考えられている。理性とは、神と人間とを結びつける連結環（link）なのである。各人（人間の人格）においてそのような理性は神聖である。すなわち、そうした理性は、人間がほかのあらゆる生き物のなかで優先的に至高の地位を占めることを正当化するものであると同時に、人びとにそのふるまいに責任を負うよう命じてもいるのである。しかしながら、神の智慧についての認識を得たいと思う者はだれでも、神がその智慧を示した三つの「書物」のすべてに通暁しなくてはならない。それは、自然、

コメニウスのイラスト入り『世界図絵』の1780年版のページから。1658年に出版されたコメニウスのこの著作は、多数の言語で翻訳され、18世紀と19世紀を通じて教科書のモデルとなった。The Catholic University of America

魂、そして「聖書」である。

コメニウスは、汎知学的神学思想と、彼自身の理論的および実践的な教授学とのあいだの基本的なつながりを確立しようとくりかえし取り組んだ。彼は、人間は、理性を通じてのみ自然と神とのあいだの調和を理解することができるのであるから、理性を適切に活用することを人間に教えなくてはならないと主張した。したがって、「普遍的な教育」（Pampaedia）が必要であり、最終的には、「人間性にかかわることがらすべてについての普遍的な改革」をもたらすことになろう（1991, p. 67）。教育とは、人びとが現世において担っているそれぞれの義務を果たすことができるようにすることであり、これはそのまますべての子どもたちにもあてはまる。なぜなら、すべての人間は教育を受けることができ、基本的に、だれかに教えてもらうことができると同時に自分から学ぶこともできる存在であるからである。教える過程それ自体は、観想の原理（principle of contemplation）に導かれるべきものである。コメニウスは、普遍的な調和の理念を掲げながら、すべての知識は感覚知覚を活用することによってのみ獲得できると考えていた。さらに進んで、コメニウスは、学校では、のちの人生において活用することができるかもしれない事柄だけを教えるよう推奨した。コメニウスにとって、こうした考察のすべては、学ぶことが耐えがたいつらさにならないようにし、より多くの喜びになるようにする方法にもとづいて、学生たちが個別に扱われ、教えられるようになる新しい教授学が発展されるべきであることを意味していた。

コメニウスは、1657年に印刷された主著『ディダクティカ・マグナ』（Didactica magna、大教授学）のなかで、汎知学的神学思想に言及した教授学のくわだてのための目的と方法を披瀝し、具体的に説明している。彼は、「教授法」（didactics）とは「教える技」（art of teaching）を意味すると書いている。そして、彼は大胆にも、「大教授学は、あらゆる人に、あらゆる事柄を教授する普遍的な技法を提示するものであり、人びとに確実に教え、その結果失敗することがない方法である。さらに、教える者には喜びが生まれる方法、すなわち、教師の側にも生徒の側にも不快感や嫌悪感がなく、むしろ双方に最大の喜びをもたらす方法、また、子どもたちに表面的にではなく、外見を飾るのでもなく、そうした方法によってほんとうの知識、道徳の純潔さ、そして心のもっとも奥底で行なう専心（innermost devotion）へと導く完全な教え方」を提示したのである。

コメニウスは生涯学習の可能性を信じていた。彼は、人間は、誕生の瞬間から物事の知識を獲得する能力を付与されていると信じていた。彼は、教授過程において、人間の精神に外側からものごとを注入する方法は推奨しなかった。コメニウスの確信はこうであった。人は、「内側に隠れているもののなかから選び出し、広げて見せ、はっきりと目にみえるようにすべきである。…そうすれば、感覚と理性を付与されている人間が理解しようとしてできないものは何もないことになる。人間は、知識を求める渇きを満たそうとする生き物なのである（1985, p. 38）」

生涯学習

教育が必要であるという考えは、コメニウスの次の言葉によって根拠があたえられた。「したがって、人間がほんとうに人間になることができるような方法でふるまうことを学んだことがないような人間がいるとは考えられない（1985, p. 86）」。そしてさらにふたたび、「人間は、自分が知りたいと望むすべてのことを、まず最初に学ばなくてはならない（p. 47）」。あらゆる生き物のなかで人間だけが、「人間になる」目的をもって生まれた。「つまり人間は、理性を付与され、ほかの生き物を支配し、創造主とまったく同じイメー

ジをあたえられた生き物なのです。したがって、各人は、この現世を有益に生き抜くことができ、来るべき人生に適切に準備することができる方法によって向上すべきなのです（p. 34）」。コメニウスは、「人間として生まれた者はだれでも、…野生の動物、ありふれた動物あるいは粗仕上げの煉瓦のような存在であるというよりはむしろ人間であろうとする意志をもっているという理由から、教育を必要としているのです」（p. 49）と書くことによって、理性に導かれた合理的な生き物という考えをふたたび強調している。しかしながら、人間の教育は、「生命は学習することについやされるべきものではなく、活動するためについやされるべきものであるので」（p. 50）早い年齢ではじめなくてはならないと述べている。

彼は、すべての人間は同じように教えられるべきであると考えた。「少年たちと少女たちは、高貴な生まれであろうとそうでなかろうと、金持ちであろうと貧者であろうと、どんな都市でも街でも、村や小さな集落でも、学校に通わされるべきです（p. 55）」。出自やジェンダーに関係なくどの子どもも、能力という決定的な要素によってのみ、教育をあたえられるべきである。

また、コメニウスは、「生まれつき愚鈍でのろまに見える者」でさえも教育をあたえる重要性を確信していた。「とくに、愚鈍な者は精神を教化する必要があります。子どもの意志が弱くて愚鈍であればあるほど、それだけいっそう彼らはその愚かしさから解放されるための助けを実際に必要としているのです。精神があまりにも能力不足になっているため、その教化が能力を進歩的に改善することができなくなっているのを発見することはできません。…のろまで意志の弱い子どもは、学んだことがすくなくともそのふるまいの道徳性を改善することがあったにしても、科学（学問・知学）における大きな成果を享受することは決してないかもしれません（p. 56）」。普遍的な教育の目的は、「人びとがいっしょに暮らしているすべての教区、町、村の子どもたちに、共通の教育組織としての学校」（p. 55）を設立することによって達成されるものである。既存の学校は「精神の完全かつ包括的な教育を行なう場所として」再編されるべきであり、そのような学校で、「すべての若者が教育を受け、だれもがすべてのことを教えられる」であろう。彼は、「人類のすべてが等しく智慧と道徳性と神聖という目的に向かって導かれるべきです。なぜなら、すべての人間は同じ性質をもっているのですから」（pp. 60, 73）と書いている。さらに、学校は、「ゆっくり学ぶ者が、すばやく学ぶ者、敏捷さのある怠け者、従順さのある意地っ張りとが混じりあうように」（p. 74）組織されるべきである。

ヨハン・アモス・コメニウスは、戦争ばかりでなく、分裂と危機に特徴づけられた時代を生きた。公教育制度が子どもたちのなかの小さな集団にしか開かれていなかった時代にあって、彼の主要な関心は、「すべての子どもがすべてのことを教えられる」ことにあった。教育についての彼の理念は、最終的に、当時の社会によって広く受け容れられることはなく、学校制度にかんする彼の示唆も、部分的にさえ実施されたわけではなかった。しかしながら、『大教授学』の著者コメニウスは、近代教授学の先駆者として、また偉大な改革者であるとともに教育改革の擁護者として、われわれの記憶のなかに生きつづけている。

[訳注]

*1 汎知学（Pansophy）――ヨーロッパで宗教改革が起きた頃のおおよそ16～17世紀にかけて、ヨーロッパ北方のいくつかの都市と地域で見られた精神運動のひとつで、人間をとりまく自然、および自然を支配する神について、それらを全体的なつながりのなかで理解するために必要とされる統一的な知識の体系、またはその体系を作り上げようとする知の営み。コメニウスの教育思想の根幹をなす知識観と宇宙観。ラテン語とドイツ語の表現から、パンソフィア（Pansophia）、パンゾフィー（Panzophie）とよばれた。

➡教育（ヨーロッパ）、バゼドウ（ヨハン・ベルンハルト・）、ロック（ジョン・）

●参考文献

Comenius, Johann Amos. 1985. *Grosse Didaktik*. Stuttgart, Germany: Klett-Cotta. コメニウス『大教授学（1・2）』（鈴木秀勇訳、明治図書、1980年）

Comenius, Johann Amos. 1991. *Pampaedia-Allerziehung*. St. Augustin, Germany: Academia-Verlag. コメニウス『パンパイデイア――生涯にわたる教育の改善』（太田光一訳、東信堂、2015年）

Comenius, Johann Amos. 1623. *Labirynt sveta a lusthauz srdce*. English edition: *Labyrinth of the World and Paradise of the Heart*, 1631. コメニウス『地上の迷宮と心の楽園』（藤田輝夫訳・相馬伸一監修、東信堂、2006年）*

Comenius, Johann Amos. 1658. *Orbis Sensualium Pictus*. コメニウス『世界図絵』（井ノ口淳三訳、ミネルヴァ書房、1988年。平凡社ライブラリー、1995年）*

（NORBERT STÖRMER／北本正章訳）

コモンスクール（Common Schools）

コモンスクールという用語は、アメリカにおける先駆的な公立学校とその体系をさす。コモンスクールは、もともとは植民地時代に運営され、その後は州政府に権限が委譲された準公立の教育機関である。この学校は基礎レベルの学校教育を提供し、しだいに男女共学になったが、教授活動・カリキュラム・開校期間の点で、しばしば計画性に欠けていた。

共和国における学校教育の重要性は、建国初期の著述家たちがくりかえしとりあげたテーマであった。市民は識字能力と、エリートが信奉するプロテスタント

のイデオロギーを反映した道徳性と勤勉性を身につけることが必要であると考えられ、理念上、そのための方策を講じることは、エリートが支配する国家の責務であった。ペンシルヴァニアの改革家ウォルター・ジョンソン（Walter Johnson）によれば、「人間として、また共和国の市民としての義務を果たすために、アメリカ社会を構成するすべての人びとに適切な知識をあたえる」（2ページ）ために無償学校（free schools）はきわめて重要であった。しかし、（とくにニューヨークとコネティカットのような）少数の例外は別として、学校支援や管理はおもに地方にゆだねられた。そして、コミュニティ規模が大きくなるのにつれて、学校の運営団体の数は分裂しながら増えた。

その実態はさまざまであったが、概して地方の学校は都市部の学校よりも成果をあげていた。年間授業期間が不確定で、しばしば2〜3カ月しか続かず、出席状況はさらに低調であった。コモンスクールは基礎教育を提供したが、その教育方法は機械的学習を特徴として、厳しい**しつけ**をほどこすのがふつうに見られ、執拗に愛国的でプロテスタント的なメッセージが説かれていた。どの学校も満員状態で、設備がとぼしく、短期間しか職務に従事しない教師は十分な訓練を受けておらず、開校期間はコミュニティからの支援に左右された。夏学期はしばしば女性が担当したものの、教師の多くは男性で、その任期は短かった。しかし、1830年代までには女性教師が教室を支配しはじめた。州政府によってある程度までの支援が行なわれたものの、それ以上の部分は地域コミュニティが費用を負担するとともに、両親には子どもたちの教育費を分担することが期待された。

いわゆるコモンスクール・リバイバルは1830年代にはじまり、南北戦争時代に最盛期を迎えた。この運動では、公的に運営される学校の社会的および政治的役割が強調された。都市化が進展し、移民が急速に増加した初期の資本主義時代を通じて、政治的指導者たちは学校を社会秩序の支柱とした。その運動は北部と中西部諸州においてもっとも高揚し、マサチューセッツ州のジェームズ・カーター*1や**ホーレス・マン**、コネティカット州のヘンリー・バーナード*2、ミシガン州のジョン・ピアース*3、オハイオ州のカルヴィン・ストウ*4などによって推進された。改革者たちは南部諸州との連携を模索したが、南北戦争以前にはそれらの地域での運動は成功しなかった。

改革者たち（その大半はホイッグ党員*5であった）が最優先した目的は、すべての者に学校教育を提供すること、あるいは初代の連邦教育長官ヘンリー・バーナードが期待したような、富裕層には立派な学校を、貧困層には安価な学校を提供することであった。公的な学校教育を税金で支えることが非常に重視され、堅牢な造りにして適切な設備をそなえた校舎、学年制、共通の教科書、明確に規定された出欠と報告手続きがつねに推奨された。もっとも重視されたのは、短期養成機関や州立師範学校による教員養成であった。管理責任は州にゆだねられた。こうした運動によって、組織的な学校教育の基盤がつくられた。改革の全体に通底している基本理念は、主流派プロテスタンティズムと中産階級的、資本主義的エートスであり、これらは改革者たちによって真にアメリカ的なものとみなされていた。

こうした改革に対する反対は、学校教育へのコンセンサスがすでに得られていたため、学校教育反対派からではなく地方政府支持派や増税反対派からよせられた。民族・母国・宗教が異なるマイノリティの人びとも、この運動の排他的性質に反対していた。つまり、今日でも問題となっている論争の種は、この時期にまかれたものであった。それにもかかわらず、コモンスクール運動は、公教育制度の基礎と、いまなおアメリカ的信条とされている共通の性質という神話の基礎を築いたのである。

[訳注]

*1 ジェームズ・G・カーター（James Gordon Carter, 1795-1849）──マサチューセッツ州議会議員、教育改革者。マサチューセッツ州の教育委員会議長として教育改革に取り組んだ。

*2 ヘンリー・バーナード（Henry Barnard, 1811-1900）アメリカの教育改革者。1930年代から40年代にかけてコモンスクールの普及に努め、1855-1881年の長期にわたって、著名な教育雑誌（the American Journal of Education）の編集と発行を行ない、内外の教育情報を紹介するとともに、教育学の基礎知識の普及に努め、教員養成改革、教科書の出版など、教育界に大きな影響をおよぼしつづけた。

*3 ジョン・D・ピアース（John Davis Pierce, 1797-1882）──アメリカの組合派教会の牧師、ミシガン州議会議員、教育改革者としてパブリックスクールの設立に努めた。

*4 カルヴィン・E・ストウ（Calvin Ellis Stowe, 1802-1886）──アメリカの聖書学者。パブリックスクールの設立運動を助けた。妻は『アンクル・トムの小屋』（Uncle Tom's Cabin, 1852）で知られるハリエット・エリザベス・ビーチャー・ストウ［ストウ夫人］（Harriet Elisabeth Beecher Stowe, 1811-1896）。

*5 ホイッグ党員（the Whig）──アメリカ独立戦争当時、イギリスからの独立革命を支持した人びと、独立党員。王党派もしくはトーリー党と敵対する。1834年頃、ジャクソン（Andrew Jackson, 1767-1845）の民主党（Democratic Party）に反対して結成され、1855年まで存続した独立党員をさしていう。

➡義務就学、教区学校（アメリカ）、グラマースクール、識字能力（リテラシー）

●参考文献

Cremin, Lawrence A. 1980. *American Education: The National Experience, 1783-1876*. New York: Harper and Row.

Glenn, Charles Leslie. 1988. *The Myth of the Common School.* Amherst: University of Massachusetts Press.

Johnson, Walter R. 1830. *Remarks on the Duty of the Several States in Regard to the Public Education.* Philadelphia: W. Sharpness.

Kaestle, Carl F. 1973. *The Evolution of An Urban School System: New York City, 1750-1850.* Cambridge, MA: Harvard University Press.

Kaestle, Carl F. 1983. *Pillars of the Republic: Common Schools and American Society, 1780-1860.* New York: Hill and Wang.

Katz, Michael B. 1968. *The Irony of Early School Reform.* Cambridge, MA: Harvard University Press. Reprint, 2001, New York: Teachers College Press.

（EDITH NYE MACMULLEN／佐藤哲也訳）

子役スター（Child Stars）

　1900年頃に映画が普及して以来、子役たちはスクリーン上で大きな成功をおさめてきた。メアリ・ピックフォード（Mary Pickford, 1892-1979）――1910年代にアメリカでもっとも人気のあった女優で、「アメリカの恋人」とよばれていた――から、1920年代の「ちびっ子ギャング」（Our Gang）シリーズや、1930～1940年代のシャーリー・テンプル（Shirley Temple, 1928-2014）やジュディ・ガーランド（Judy Garland, 1922-1969）にいたるまで、子役たちは、大人の役者たちと競りあうほどの富と人気を集めてきた。しかしながら、これまで多くの子役スターたちが実感してきたように、その成功はたいてい長続きしなかった。子役が思春期を迎えると、その人気がおとろえることが多いのである。子役たちのつかのまの名声は、人気スターとしての地位のもろさだけでなく、アメリカにおける若さへの執着の証にもなっている。

　子役スター現象の立役者は映画であったが、子役がはじめて登場したのは舞台であった。19世紀なかばのアメリカでは、ロッタ・クラブツリー（Lotta Crabtree, 1847-1924）という名の少女が、家計を支えるために女優になるよう母親に後押しされ、全国で評判の子役となり、子役ブームの火つけ役となった。その流行にのってエルシー・ジャニスとジェニー・ジャニス（Elsie Janis, 1889-1956; Jenny Janis）の姉妹が登場し、世界でもっとも出演料の高いボードビルスターとなった。1906年には、ニューヨークで上演された演劇「バージニアのウォーレン一家」（*The Warrens of Virginia*）にメアリ・ピックフォードという名の少女が登場し、称賛を浴びた。1908年にピックフォードは、ブロードウェイが閑散期を迎えたため、当時芽生えたばかりであった映画業界に仕事を求めた。初期の舞台子役の多くが映画に出演するようになったが、ピックフォードもそのひとりであった。また、ピックフォードはD・W・グリフィス監督による

シャーリー・テンプルは1930年代に世界でもっとも人気のあった子役である。当時の大統領フランクリン・デラノ・ルーズヴェルトは、映画はアメリカ文化に大きな影響をもたらすと指摘し、シャーリー・テンプルの映画が大恐慌中に国民の士気を高めたとして高く評価した。©Bettman/CORBIS

短編映画の何本かに主演したのち、1915年には世界でいちばん人気のある女優になったばかりでなく、アメリカでもっとも高収入な女性にもなった。長い巻き毛がトレードマークで、1927年までに200本以上の映画で主演をつとめ、それらの映画で子どもやティーンエイジャーの役を演じた。

　ピックフォードの驚異的な成功は、映画業界にとってひとつのメッセージとなった。そのメッセージとは、スクリーンにあらわれる子どもの登場人物は、それを演じるのが子どもの役者であれ大人の役者であれ、観客を惹きつけるということであった。1920年代には、アメリカの映画製作会社が子役だけを使ったシリーズを製作しはじめた。そのなかでもっとも人気があったのは、ハル・ローチ監督によるコメディー、「ちびっこギャング」シリーズである。ローチは1922年から1929年のあいだに「ちびっこギャング」映画を88本発表した。そのシリーズの映画に登場したやんちゃな少年たちは、映画のなかで使われるあだ名で全国に知れわたった。そのあだ名とは、ウィーザー（Wheezer）、スタイミー（Stymie）、ファリナ（Farina）と、アルファルファ（Alfalfa）である。アルファルファは、前

髪を真ん中で分けて頭の後ろのほうにひと房の髪を立たせるという髪形で目立っていた。子役は、大人の一流の役者と共演するようにもなっていった。1921年には、ジャッキー・クーガン（Jackie Coogan, 1914-1984）という名の6歳の少年がチャーリー・チャップリンの無声映画「キッド」（*The Kid*, 1921）に出演し、世界中で評判となった。目ざといメーカーがすかさずクーガンの人形や、小さな像や、グッズなどを製造し、それらは飛ぶように売れた。ハリウッドが学んだとおり、スクリーンに登場した子どもたちは、観客を惹きつけただけでなく、映画業界を正当化するのにも役立った。子役がかもしだす無垢な雰囲気のおかげで、映画業界は宗教団体や社会改革団体からの批判に対抗することができたのである。それらの団体は、ハリウッド映画が性行為や暴力を美化していると非難し、連邦政府に映画の検閲を立法化するよう迫っていた。

世界大恐慌に襲われた1930年代を通じて、アメリカにおける子役の人気は絶頂に達した。1934年に、歌手であり、ダンサーであり、女優でもあった6歳のシャーリー・テンプルが「歓呼の嵐」（*Stand Up and Cheer*）に登場すると、人びとは子役に熱狂するようになった。観客は、その天使のようなふるまいや、スクリーン上での活発なおどけたようなしぐさや、すばらしい才能に魅了され、テンプルをスターダムに押し上げた。1930年代を通じて、テンプルは大勢のファンに称賛された。フランクリン・ルーズヴェルトもそのひとりで、テンプルを経済的危機にある国民の気持ちを引き立てた「小さな奇跡ちゃん」（"Little Miss Miracle"）と称して評価した。テンプルは、1935年から1938年のあいだに、「テンプルの福の神」（*Poor Little Rich Girl*（1936））や、「農園の寵児」（*Rebecca of Sunnybrook Farm*, 1938）や、「テンプルちゃんの小公女」（*The Little Princess*, 1939）をふくむ10本以上のフォックス・スタジオの映画に出演し、アメリカでもっとも人気のあるスターにも選ばれた。

当然ながら、大勢の人がテンプルの成功にならいたいと考え、映画ゴシップ欄の担当記者ヘッダ・ホッパーの言葉を借りると、「腹をすかせたイナゴの大群」のようにハリウッドにつめかけた。写真家や劇場のオーナーたちがアメリカ中の都市で「美しい赤ちゃん」コンテストを開催し、受賞した子どもには撮影審査を受けられるという特権をあたえた。また、1930年代には毎日およそ100人の子役がハリウッドにやってきた。ハル・ローチは「ちびっこギャング」シリーズの配役を決めるために14万人の子役の審査をしたとふり返っている。ほとんどの子どもたちの夢は実現しなかったとはいえ——ある概算によると、一週間に必要な経費を一年間の映画の出演料で稼ぐことのできた子役は1万5000人にひとり以下であったという——前途有望な人材から数人の真のスターが誕生した。エリ

ジュディ・ガーランドは1930年から1940年代にかけての子役スターであった。代表作はドロシー役として出演した、L・フランク・ボームの原作を翻案した1939年の大ヒット作「オズの魔法使い」の映画版である。UPI/Bettman-CORBIS

ザベス・テイラー（Elizabeth Taylor, 1932-2011）、フレディ・バーソロミュー（Freddie Bartholomew, 1924-1992）、ディアナ・ダービンDeanna Durbin, 1921-2013）、ミッキー・ルーニー（Mickey Rooney, 1920-2014）、そして、映画「オズの魔法使い」（1939）で主役をつとめたジュディ・ガーランドは、1930年代と1940年代に正真正銘のセレブリティとなった。そして、ルーニーとダービンは、1939年に「若者の精神とあり方をスクリーンでみごとに体現した」としてアカデミー賞特別賞を授与された。

第2次世界大戦後にテレビが普及すると、子役のニーズはさらに高まり、子役たちはホームドラマや、連続ホームコメディの中心人物になっていった。1950年代には、「リーヴ・イット・トゥ・ビーバー」（*Leave it To Beaver*）に主演したジェリー・マザーズ（Jerry Mathers, 1948-）や、「オジーとハリエットの冒険」（*The Adventures of Ozzie and Harriet*）に出演していたリッキー・ネルソン（Ricky Nelson, 1940-1985）などの何人かの子役が名声を得た。ネルソンは1950年代後半にロックを録音しはじめると、「クロスオーバー」の若者スターという現象[*1]を生みだした。クロスオーバーのスターたちは同時に二つの娯楽媒体に主演した。エルヴィス・プレスリー（Elvis Aaron

Presley, 1935-1977）のように若きポップアイコンであったネルソンは、1950年代の豊かなアメリカで、当時高まっていた若者たちの購買力を利用して、無数のレコードをティーンエイジャーのファンたちに売った。

大人の有名な芸能人のように、子役もファン文化全体を刺激した。あらゆる年齢のファンたちがお気に入りの子役のためにファンクラブを立ち上げ、無数のプレゼントやファンレターを送り、好きなスターの名前や写真の入ったグッズを購入した。1920年代に「ちびっこギャング」の出演者たちがケロッグのシリアルのCMに登場すると、子役スターがCMに出演するようになった。テンプル、ガーランド、ルーニーやダービンも大企業の衣服やおもちゃや化粧品などの売り上げに貢献した。ファンたちは、子役スターの私生活について詳細に書かれていた数多くの雑誌やタブロイド紙なども読んだ。1930年代初期には、10種類以上あるファン誌から読みたい雑誌を選ぶことができた。第2次世界大戦の頃までには、子役スターのスクリーン以外での活躍の物語はじつにスクリーン上での成果と同じくらいアメリカ人たちの心を奪っていた。貧しかった人が金持ちになる成功物語にとりつかれている社会において、ルーニーやガーランドのように豊かではない生活を送っていた子どもが著名人へと驚異的な出世をとげたことは、国中のあこがれの的となった。

子役スターの出世譚と同じくらい人びとの興味をそそったのは、子役たちの、一見するとまぬがれえない衰退の話であった。1940年代には、シャーリー・テンプルのスターの座からの没落──テンプルのキャリアは、テンプルが思春期に達すると終焉を迎えた──に、公衆の心はくぎづけになった。また、人びとはジャッキー・クーガンの問題について書かれた記事なども読んだ。クーガンは大人になると、苦々しい訴訟にまきこまれてしまったのである。この訴訟の相手はクーガンの子役時代の収入を思いのままにしていた両親であった。クーガンの訴訟は、いわゆる「クーガン法」*2 の通過につながった。その法案は、子役の親に、子どもの稼いだ収入の一定額を残しておくよう義務づけるものであった。「チャンプ」（The Champ, 1931）の主役ジャッキー・クーパー（Jackie Cooper, 1922-2011）は、大人になるとアルコール中毒症と戦うこととなった。ガーランドは薬の過量摂取により死亡したし、ルーニーは7度の離婚ののち、破産宣告をした。多くの子役にとって、スターの座は恵みというよりは呪いのようなものであった。

1970年代には、子役スターはその業績と同様に悪行でも知られるようになっていた。子役にかんする一連の有名なスキャンダルや悲劇が、若くしてスターの座につくことは思ったほど魅力的ではないことを、いっそう冷笑的になっていた公衆に示した。1980年代の連続ホームコメディの人気作品「アーノルド坊や

人気者」（Different Strokes）に出演していた3人の子役スターは、番組が終了すると犯罪を犯したり薬物中毒になったりして、そのニュースが国中に報道された。1982年の映画「Ｅ・Ｔ」に出演していたドリュー・バリモア（Drew Barrymore, 1975-）のアルコール中毒症や、「ホーム・アローン」（1990年）で主演をつとめ、その人気がシャーリー・テンプルと比べられた子役マコーレー・カルキン（Macaulay Culkin, 1980-）の親権争いのこともまた大きく報道された。若き有名人たちは、スクリーン上で年を重ねることの危険性を示す実例となった──あまりにも早く、あまりにも有名に、あまりにも金持ちになってしまったのである。

1996年に起こったジョンベネ・ラムジー（JonBenét Ramsey, 1990-1996）殺人事件は、子役のスターダムにひそむ危険性を痛烈に白日の下にさらした。ラムジーの写真が国内のメディアで公表されたとき──ラムジーは、いくつかの子ども美人コンテストで優勝しており、しばしば口紅や頬紅をぬった姿で写真におさめられていた──アメリカの国民は圧倒された。子どものパフォーマーに性的な特徴を付与するという問題は、当時青年期にあった**ブリトニー・スピアーズ**（Britney Spears, 1981-）をめぐっても提起された。ブリトニー・スピアーズは、1990年代後半にセクシーな衣装や踊りで有名になった歌手である。21世紀初頭には、十代の少女たちがスピアーズや、性的に反発をまねきそうな役を映画で演じた若い女優ジェニファー・ラブ・ヒュイット（Jennifer Love Hewitt, 1979-）、サラ・ミシェル・ゲラー（Sarah Michelle Gellar, 1977-）などをひんぱんにまねて、親の心配をかきたてた。メディアや広告業界が子役のマーケティングを積極的に行なえば行なうほど、そして、子どもが手本とする子役を見つければ見つけるほど、また、アメリカの若者がスターを夢見続けるにつれて、それだけいっそう子役スター現象はアメリカのポップカルチャーの一部として定着するように運命づけられてきたといえよう。

［訳注］

*1 クロスオーバー（crossover）──ポピュラー音楽の歴史において、ジャズとロックを混合したり、「カントリーミュージックのクロスオーバー」のように、異なる音楽スタイルを融合させることで新しい趣向を切り開こうとする、1960年代後半以降にあらわれたジャンル。

*2 「クーガン法」（the Coogan Act; California Child Actor's Bill）──子役スターであったジャッキー・クーガンが、出演料などで得た300万から400万ドルの資産を母と義父がすべて浪費してしまったことが発覚したことから、親とのあいだで訴訟ざたになり、このことを契機に、映画界、芸能界などで未成年の子役が得たお金を子役のために残しておくことを規定した法律。未成年者が稼いだ収益から、その生活費・養育費・維持費・教育費・訓練のための費用などの額を確保しておくこ

と、出演料から一定額をその子役が成人するまで積み立てること、学校教育を受ける機会と時間の確保、労働時間の制限などを規定している。1939年に成立。
➡映画、子ども期のイメージ、メディアと子ども
●参考文献
Aylesworth, Thomas G. 1987. *Hollywood Kids : Child Stars of the Silver Screen from 1903 to the Present*. New York: Dutton.

Black, Shirley Temple. 1988. *Child Star: An Autobiography*. New York: McGraw-Hill. シャーリー・テンプル『シャーリー・テンプル——わたしが育ったハリウッド』(上・下)(大社貞子訳、平凡社、1992年)

Darvi, Andrea. 1983. *Pretty Babies: An Insider's Look at the World of the Hollywood Child Star*. New York: McGraw Hill.

Dye, David. 1988. *Child and Youth Actors: Filmographies of Their Entire Careers, 1914-1985*. Jefferson, NC: McFarland.

Serra, Diana Cary. 1978. *Hollywood's Children: An Inside Account of the Child Star Era*. Boston: Houghton Mifflin.

Whitfield, Eileen. 1997. *Pickford: The Woman Who Made Hollywood*. Lexington: University Press of Kentucky.

Zierold, Norman. 1965. *The Child Stars*. New York, Coward-McCann.

(SAMANTHA BARBAS／金子真奈美訳)

ゴールト裁判 (In re Gault)

　少年法における画期的な決定がゴールト裁判 (1967年)である。この裁判でアメリカ連邦最高裁判所は、子どもはアメリカ合衆国憲法修正第14条(市民権保証)の範囲にある人格であり、そのようなものとして手続き的保護を受ける資格があるとの判例を確立した。この判決は、大人にあたえられているあらゆる憲法上の保護が未成年に権利としてあたえられるのではないが、完全に憲法上の保護の埒外におかれているというわけではないと述べている。この最高裁判決に由来するおそらくもっとも有名な言葉は裁判官アベー・フォルタスが発した、「修正14条も権利憲章も大人のためだけのものではない」というものであろう。

　15歳の少年ジェラルド・ゴールトは、近所の女性に淫らな内容の電話をかけたとして訴えられた。少年裁判所は審問によって、ゴールトの行為は平安を紊乱し、彼は明白に非道徳的行為をなしたとの決定をくだした。少年裁判所は、ゴールトを21歳までアリゾナ州立産業学校(少年拘留施設)に送致するよう命じた。この審問のあいだ、もし成人の犯罪事件として裁判を受けていればあたえられるのと同じ手続的保護がゴールトにはあたえられなかった。しかし、彼の扱いは20世紀前半期における**少年司法**の目標には合致していた。この時代、少年司法は犯罪処罰というよりも矯正とみなされていた。したがって、もし法廷が大人と同じ憲法的権利を子どもに適用するよう期待されるなら、法廷の矯正的権力は十分に機能しないと広く考えられていた。しかし、このアプローチは論争をよび、最高裁はゴールト判決を承認しなかった。

　ゴールト事件に対する最高裁判決によって、**少年裁判所**は通常の手続きを遵守しなければならず、憲法が保障する特別の保護をあたえなければならないという原則が確立された。最高裁は少年非行事件に対するいくつかの手続き的要件を次のように説明する。第1に、少年とその両親は、その少年／少女に対してなされた特定の訴えを文書で告知されねばならず、また、この告知はこの少年が審問に対して準備を行なう合理的な機会をもつことができるような時間内に提供されねばならない。第2に、少年とその両親は、少年の権利が代理人によって代弁されることを告知されねばならず、また、少年と両親は、もし十分な資力がない場合には、裁判所が代理人を選任することを知らせられねばならない。第3に、少年は、大人と同様に、修正第5条による自己負罪に対する権利を有しており、第4に、少年は自分に対する宣誓証言を聞き、この証言に対して証人の反対尋問によって対抗する権利を有する。

　最高裁は、国は非行の発見を上訴する権利を少年に保障しなければならないかどうか、あるいは国は法廷審理の記述(筆記録あるいは音声録音)を提供しなければならないかという重要な問題にかんして意見を述べなかった。しかし、最高裁の積極的な宣言は、これらを欠くこと以上に重大である。最高裁は、パレンズ・パトリー (*parens patriae*)*[1] 思想に依存して青少年への取り締まりを正当化する国家権力の限界を深く認識したからである。それゆえに、ゴールト裁判は子どもの権利にかんする最重要の判例としてよく引用されるのである。
[訳注]
*1 パレンズ・パトリー (*parens patriae*)——「クルーズ事件」訳注1参照。
➡法律と子ども
●参考文献
Krisberg, Barry, and James F. Austin. 1993. *Reinventing Juvenile Justice*. Newbury Park, CA: Sage.

Mnookin, Robert H. 1985. *In the Interest of Children: Advocacy, Law Reform, and Public Policy*. New York: W.H. Freeman and Company.

Ramsey, Sarah H., and Douglas E. Abrams. 2001. *Children and the Law in a Nutshell*. St. Paul, MN: West Group.

Simonsen, Clifford E., and Marshall S. Gordon III. 1982. *Juvenile Justice in America*. New York: Macmillan.

Vito, Gennaro F., and Deborah G. Wilson. 1985. *The American Juvenile Justice System*. Newbury Park, CA: Sage.

(AMY L. ELSON／太田明訳)

コレクションと趣味
(Collections and Hobbies)

ほとんどすべての文化と社会で子どもたちは広範にわたる品目のコレクションをしている。こうした活動は普遍的であると考えられる一方で、この主題について記述されることはこれまでほとんどなかった。また、コレクションを集めることは、多くの個人の人生にとって重要な役割を果たしたとはいえ、そのことが備忘録や自伝のなかで記述されることはめったにない。これはおそらく、コレクターが成長すると、それまで集められた多数のコレクションが突如廃棄されてしまうからであろう。こうしたコレクションの多くは、両親がそれらを幼いコレクターを魅了した世界であると理解し、それらを残すために特別な注意をはらわないかぎりバラバラにされ、消失してしまう。しかし、コレクションのなかには、大人になっても続き、生涯にわたって情熱的に取り組むものもある。これは、とくになんらかの経済的な価値があったり、もっと探求しようと挑戦する気持ちや機会を大人に提示してくれるようなコレクションの場合には、大いにありうることである。

コレクションを見つけたり、創り出したりする喜びは、子どもが成長するにつれて、その年齢に応じて、もっと手に入れやすい新しい品目のものを蒐集するよう子どもを導く。壮大なコレクションは、最後には、自分が情熱を傾けて投資したコレクションが消滅しないように望むコレクターの夢のような博物館といった専門的な機関で終わるのかもしれない。しかし、大部分のコレクションは、年月とともに散逸し、その所有者よりも長く存在しつづけることはない。

コレクションの機能

ものを収集することは、広範におよぶ目的と機能をもたらす。ものを集めることは、観察力を鍛え、秩序感覚を生みだし、美を理解する能力を発達させる。しかし、コレクターたちは、最初のうちは、自分が考えた計画を自分で楽しむために没頭するという特徴をもつ。その意味でコレクターたちは孤独であるかもしれないが、コレクターたちがお互いの楽しみを共有すれば社会的にもなりうる。しばしばコレクターたちは、そのつながりが非公式な集まりから組織的なネットワークにいたるまで、幅広くなっていくコミュニティに参加する。これらは、コレクターたちに経験、助言、そして具体的な品目を交換する機会をあたえるだけでなく、自分のコレクションを見せるプライドや、他人のコレクションを見る楽しみもあたえる。多数のコレクターたちは、こうしたコレクターたちの世界の外にいる人びとがそこに集まる特殊なサブカルチャーのメンバーをエキセントリックでかぎられた興味に大きな注意をはらう人間だと見ているのを知っている。

子どものコレクションは、それが大人世界からは奇妙であったり空想的に見えるものであっても、大きな寛大さでみられる傾向がある。子どもは子どもらしい空想力と想像力に没入できる空間を形成する。現在みられるいくつかの傾向は、子どものコレクションと大人のそれとのあいだの違いについてひとつの変化が進んでいることを示している。多くの子どもは、マスメディアや広告の力で直接子どもに向けて売りこもうとする価値ある品目のコレクションをはじめる。それと同時に、大人はかつては子ども期にだけ属していた品目や、幼稚なものだとみなされるかもしれない意味をもつ品目を集めることに、ますます関心をもつようになっている。ヨーロッパじゅうの男性と女性のおもちゃのコレクターたちは、かつて厳密に子どものおもちゃであったごく最近の雑多な物品だけでなく、貴重な小型の車（→**おもちゃとしての車**）、**おもちゃの兵隊**、**人形**、人形の家なども集める。これらは永遠の子ども期の夢をあらわすものと見られ、おもちゃに魅了されることをあきらめる必要があるだけでなく、経済的に独立している大人のコレクターの、新しい陽気な野心を子ども期にもたらすものでもある。

純粋な娯楽は、現代世界のもっとも偉大なコレクターの一人であるマイケル・ジャクソン（1958-2009）の目的であるかもしれない。彼は、おもちゃの動物にとくに傾倒していたが、そのコレクションは、遊園地のアトラクション、**動物園**、そして無数の種類のおもちゃなどからなる。ある人びとにとっては、彼はポストモダンの人生における世代間でくっきりと見えていた境界線が消滅したことを具現していたかもしれない。つまり、決して成長することのない少年であり、自分に課された新しい役割と責任を決して引き受けようとはしない大人である。ジャクソンは、仕事と遊びを混同し、余暇と学習を混同し、子ども期と成人期を混同し、また、可能なアイデンティティと不可能なアイデンティティに向かう新しい道筋をつけるコレクターのほんとうのアイデンティティを体現していたかもしれない。

暮らしの経済学

暮らしの経済学では、自然は乳幼児のコレクターの対象となる永遠の源泉である。人類学者たちが子ども学（child studies）の特別な文脈のなかで、その活動を記述することはめったになかったが、ほとんどの民族文化では、大人も子どもも、石・貝類・骨・小枝・木の葉・花・鳥の羽・歯、そして毛髪などが集められ、その善さを十分楽しんだ。こうした人びとは、それを魔法、宗教、あるいは祭りなどの文脈で研究しがちである。親の集団あるいはほかの養育者たちのようにふるまおうとする基本的な本能は、子ども期のこうしたコレクションの起源でありつづけてきているのかもしれないが、その永続性と経験は人びとの移動と社会階

級に左右される。

　ジェンダーと分業が子どものコレクションを形成し、それに構造をあたえる決定要因であったかもしれない。暮らしの経済学に子どもの労働が統合されていることに左右される遊びと余暇の時間はさまざまに変化した。一般に、狩猟社会、遊牧社会、そして前農耕社会が家庭内的な空間を提供することは少ない。したがって、動かすことのない物体やコレクションを置くための空間も少ない。

農耕社会

　農耕社会の子どもたちは労働に従事したが、彼らは暮らしの経済に生きる子どもたちよりもはるかに多く定住的で家庭的な生活を送った。このことは、非常に首尾一貫した収集活動を可能にした。たとえおもちゃを購入することができなくても、作ることはできるし、どれくらいの時間を遊びのために利用できるかに依存しながらもコレクションを開始することができた。木の枝で弓をつくることができ、ものを投げる道具として用いることができた。こうした道具は模様にきざまれたり、ほかの物品と交換することができた。アメリカの移民の文化環境では、トウモロコシの鞘を人形に作りかえるのは容易であったし、多くの少女たちはそうした人形をたくさんもっていた。自作のおもちゃの所有とコレクションとのあいだに明確な区分線はない。

　農耕文化では、子どもたちは大人世界から得たものをしばしば再利用した。ガラスの破片を集めたり、割れた陶器のかけらに色をつけたりするのはふつうに見られた。使い古したメリヤス類から取り出した紡ぎ糸は、さまざまな模様のボールに編みなおすことができた。牛の冬刈りのやわらかい毛は、よく弾くボールに作るために、つばをつけてかたちを整えられたり丸められたりした。麦わらや花で作ったヒモは、しばしば女の子のあいだで人気があった。紙は折りたたまれたり、気に入った模様に切り分けられたりした。針で穴が空けられた紙は、子どもたちに大きな喜びをもたらした。子どもたちは、しばしば浜辺で穴が空いた石を集め、その穴に糸を通し、それを牛のようにひっぱった。こうした物品を交換したり、それを富くじに使ったりするのが広く見られた。カブ、サトウダイコン、カボチャなどは、その中味がくりぬかれ、いまでもハロウィーンで行なわれるように灯籠に変わった。粘土は、小さな立像に造形されたりビーズに作られたり、ブレスレットやネックレスに作られた。木の葉、麦ワラ、貝殻、その他の多くのものが、宝物を入れる家を作るためのさまざまな種類の箱の表面にとりつけられた。一般に、農耕文化においてコレクションを集めることは、お金を使う必要のない野外活動でなされ、これは空想力と社会遊びの両方の興味をそそった。1800年代と1900年代には、このようなコレクションは、農耕文化と並行して発展したブルジョワ文化と工業社会でのコレクションよりはるかに短命であった。

工業社会

　1700年代に発展しはじめたブルジョワ文化は、消費することと家庭内的な生活とを重視した。その結果家庭生活は急変した。ブルジョワの子どもたちは、より大きな身体空間をあたえられ、トレーニングと教育が非常に大きな関心を集め、さらに世代間の新しい知的境界線が確立した。理想的な家庭生活は生産することをますます排除し、親密さ、再生産活動、そしてレジャーを好むようになった。子どもたちは家のなかに自分専用の部屋をもちはじめ、専門スタッフの世話を受け、ほとんどの場合、女性の使用人の手で育てられた。子どもの人生において教育と学校は、かつてなく重要な役割を果たした。子どもを世話することと統制することが並行して発達した。こうして、子どもたちのコレクションは変化し、新しい目標にふり向けられるようになった。

　再生産と消費という面での女性と子どもたちの経済的な従属性は、幼いコレクターのための新しい条件を生みだした。コレクションの品目は、ますます事前にとりきめられ、お金や贈り物をする流行の慣行に左右されるようになった。クリスマスは、1800年代を通じて、かつてほど社会的で宗教的な祭りではなくなり、現代の祝祭に典型的にみられるように、私的で、情緒的な、人づきあいを避ける要素をふくむように変化した。親の愛情は、クリスマスや誕生日、その他の特別な状況で、ますます子どもたちに贈り物をすることと結びつくようになった。新しいコレクションは、しばしばそうした贈り物を契機にしてはじまり、発展した。子どもたちは、ほしい品目リストを作成するようになったが、これらは店やマーケットで購入できた。しかし、手作りの贈り物はまだふつうに見られ、非常にパーソナルなものとみなされた。1800年代のドイツは、おもちゃの製作で世界をリードした。しかし、ドイツの製紙業は、プリント・ゲーム、紙人形、カード遊具、シート、そして彩色されたペーパー・スクラップ帳などをふくむ、子ども向けの新商品を開発した。

　しかし、魅力的なコレクションは特別な支出なしにははじめられなかった。消費社会の誕生は、包装用のぜいたくな模様紙の大規模な生産を意味した。さまざまな商品が魅力的な紙で包装されて売買されるようになったが、子どもたちはしばしば節約した。食物、スイーツ、化粧品、タバコ、その他多くの商品が新しい方法で顧客とその子どもたちに示された。郵便配送会社は切手の印刷をはじめたが、これは多数の若い切手蒐集家たちを生みだすこととなった。拡大する交通網とコミュニケーションの世界から生まれた鉄道チケットやその他の品目は、子ども期の世界を拡大するコレクターの新しい品目を具現した。

20世紀のコレクション

　消費の成長と民主化ということが近年の顕著な特徴かもしれず、それは子どもたちのコレクションを決定的に変えた。第1次世界大戦後、子どもの誕生日を祝福することが一般化した。誕生日の招待状は、1920年代のコレクターの新しい品目になり、社会的な記念品としての意味をもつようになった。少女たちは、しばしば誕生パーティから家にもちこまれた非常に美しいプリント柄のペーパー・ナプキンのコレクションをはじめた。マーケティングの担当者たちは、大人向けの商品に子ども向けのコレクターの品目をおまけにするという新しい戦略を導入した。巻きタバコ、石けん、コーヒーの代用品、チューインガム、そのほか多くの商品は、子ども向けのコレクションをふくんでいた。拡大しつづける映画産業、スポーツ、マスメディアは、子どもたちにスターたちのサイン、写真、あるいはその他の記念品などを集めるようにさせた。マッチ箱、ブリキの箱、おしゃれな瓶、そしてファッション・ショップで配られるショッピング・バッグなどをふくむ美しい包装は、まだ人気があった。第2次世界大戦前、ウォルト・ディズニー会社は、年少の消費者とコレクターたちにアピールする、商標登録した商品の統合的な消費戦略に着手した。映画、雑誌、カード、ポスター、石けんでできた人形、風船ガム、プリント模様のナプキン、そしておもちゃ類は、子どもが手に入れたいと思うものや全体的な経験の宇宙を構築した。この戦略は大いに成功し、トレードマーク付きのキャラクターを壁紙、ビデオ、コンピュータ・ゲーム、タオル、スクールバッグ、鉛筆、消しゴム、そして衣類に示したり、ファスト・フード店でみられるような、現代の商品売買ビジネスへと進展した。子どもたちがそうしたものを集めることは、それが事前に決められてしまっているキャラクターであることや、それが子ども期を商品化してしまうやり方であるために、ある種の大人たちを困惑させるかもしれないが、それは、現代文化がさしかかっている状況と、また同時にそれが大人世界にも影響をおよぼしていることとを映しだしている。

➡消費文化

● 参考文献

Merrick, J., ed. 1988. *Merete Staack: Børns samlinger.* Fra vaettelys til coca-cola-kultur. Copenhagen, Denmark: Barndom.

（BJARNE KILDEGAARD／北本正章訳）

コレラ（Cholera）
➡接触伝染病（Contagious Diseases）

コンピュータ（Computers）
➡メディアと子ども（Media, Childhood and）

サ

罪悪感と恥辱感（Guilt and Shame）

これまで罪悪感と恥辱感は、自我意識を反映し、道徳を強制する感情として、また、行動を社会規範に押しとどめる手段としての機能をもつ感情として分類されてきている。そのようなものとして、罪悪感と恥辱感を教えこむことは子ども期の社会化の中心要素である。罪悪感と恥辱感についての正確な定義は、これまでさまざまになされてきている。ある者は、恥辱感の決定的に重要な要素は、人間の悪行あるいは欠点が公にさらされることであると主張し、他方、ある者は、恥辱感とは、自己卑下と自己に対する無用感情にほかならないととらえている。どちらの場合も、恥辱感には他者から隠れたいという欲求がふくまれている。他方、罪悪感は、謝罪し、賠償し、ゆるしてもらいたいという欲求と結びついている。恥辱感と罪悪感を区別する際、ある者は、恥辱感が自我の全体に焦点を置くのに対して、罪悪感とは誤った行為に焦点を置くことから派生するものと定義している。これに対して、ほかの者は、罪悪感は個人的な良心の問題であり、恥辱感は公的な名声にかかわる感情であると見ている。

罪悪感と恥辱感は、ほとんどの場合、子ども期の必然的な性質であるが、こうした感情についての子どもの経験は、文化的な信仰体系や習俗をふくむ社会的な諸要因の影響を受ける。これまで人類学者たちは、こうした二つの社会化の形態が重視されることを根拠にして、しばしば文化を識別してきた。歴史家たちは、たとえば神との不確定な関係あるいはその宗教の信奉者としての無価値さを強調するといったような、子どもの心に不確定な罪意識をいだかせるいくつかの宗教的な信条についてしばしば記述してきた。実際、エリク・エリクソンによるマルティン・ルター*1の生涯にかんする分析では、ルターの子ども期において鍵となる要素であったのは罪意識であり、このことが、ルター独自のキリスト教理解において原罪を強調することに転移したことを示している。子どもの罪悪感と恥辱感についての経験は、とりわけしつけのパターンと同輩集団の行動から影響を受ける。

しつけの諸類型——恥辱感から罪悪感への移行

恥辱感は人前にさらされる経験と関係しているので、しつけを公然と行なうことを重視する社会では、しつけを私的な営為とみなす社会よりも強い恥辱感を子どもたちにひき起こすことになる。たとえば、日本の子どもたちは、家庭と学校の両方で、人前で不品行が指摘され、矯正されることで、かなり強い恥辱感を味わうことになる。ジェームズ・スティグラー*2とミシェル・ペリーは、日本の小学校での算数の授業で、立方体を正しく描けない子どもが黒板の前にひっぱり出され、くりかえし挑戦するが、正しく描くことができるまで仲間の児童たちから批評されつづけるようすを紹介している。そのため、その子の正しさの観念と自尊心は、公の場での集団の承認を得られるかどうかにかかっているのである。このようなしつけのパターンは、ひとつには、集団的要求を重視して集団への服従をうながす思想が広くいきわたっていることに由来する。罪悪感と恥辱感は人目を気にすることで生じる感情であり、文化的に多様な自我観念と結びついている。ヘイゼル・マルコスと北山忍は、多くの非ヨーロッパ的文化は相互依存的自我を重視し、個人は集団として結びつけられるため恥をいだきやすいのに対して、ヨーロッパ文化は自立した自我を重視し、個人は集団から分離して罪悪感をいだきやすいと論じていた。

しかし、公衆の面前で恥さらしにすることは、近世のヨーロッパ社会の特徴でもあった。歴史家たちは、18世紀から19世紀の時期に、とくにアメリカとなった地域で子ども期のしつけが恥辱感をあたえることから罪悪感をあたえることへと変化したことについて大きな関心をよせてきた。植民地時代のアメリカでは、子どもの恥辱感に訴えるしつけが一般的で、ときには体罰をともなっていた。不作法な子どもたちは例外なく、きょうだいによって、あるいは多くの場合、近隣住民によって、公然と笑いものにされていた。お尻たたきや鞭打ちのような叱責も、わざわざ公衆の面前で行なわれていた。子どもたちも、ほかの子どもたちだけでなく、さらし台で罵詈雑言を浴びせられたり、公開絞首刑に処せられてさらし者にされる大人を辱める行為に積極的に参加していた。したがって、（われわれはこうした経験によるインパクトについては推測することしかできないのだが）子ども期の経験は、他者を執拗に辱め、また自分が辱められる可能性に影響を受けていた。恥辱をあたえるこうした伝統は、行儀の悪い子どもや成績がよくない子どもを特別なコーナーに座らせてクラスメートの前でさらし者にし、しばしば目印として「愚か者の帽子」（ダンス・キャップ）*3をかぶせたり、なにかのしるしをつけくわえるなどして、学校の教室で長いあいだ続けられてきた。

しかし、18世紀後半から19世紀初頭にかけて、家族でのしつけには大きな変化が起きた。その頃、しつけの大部分は私的なことになった。日記や規律教本はどれも、言うことを聞かない子どもに対する典型的な対策として、その子どもを隔離し、彼（ごくまれには

彼女）を離れの部屋に入れ、しばしば何日ものあいだ粗末な食事をあたえることをふくんでいた。そうする目的は、その反抗的行動について内省をうながし、最後には罪を認めさせることにあった——そのようにして、その子を愛する家族の輪のなかに戻すのであった。家族の人びとはその経過を知っていたので、こうした方法によって恥辱感が完全に晴れることはなかったが、ほんとうの目的は罪悪感にあった。そして、将来の過ちにそなえて罪悪感を経験したり、それを予期する能力を身につけることにあった。罪悪感に対する処置は、とくに危険だとみなされたり、大人になってからの悪しき人格に潜在的につながっているとみなされた子どもの過ちに対して行なわれた。たとえば、**マスターベーション**をふくむ性的興味の兆しは、罪悪につながる不快な経験と受けとめられた。罪悪感をいだく能力はしだいに成熟と同等視され、健全な人格形成にとって決定的に重要であるとみなされた。驚くまでもなく、19世紀末頃には、とくにフロイト理論において、神経症的な子どもに対する治療では罪悪感があるかどうかが過剰に解釈された。

大人は子どもの生活にとって重要な部分を占めるが、われわれは子どもが実際に経験する恥辱感と罪悪感が大人が示す指針を直接反映したものかどうかを推測することはできない。恥辱感への批難が高まったとしても、なおそれは子どもの生活の一部でありつづけた。ひとつには、この状況は両親、とりわけ専門家による助言に反してでも恥辱感をあたえることを利用しつづける教師たちに起因していたからである。しかしながら、子どもたち同士の経験もまた、**子どもの感情生活**の重要な誘因であり、子どもたちは互いに恥辱感をあたえつづけていた。19世紀には、少年たちの集団は、仲間同士の圧力や集団的な恥辱感の脅威（たとえば、気の弱い少年が勇気を示すために皆の前で「大胆不敵」にふるまうなど）によって、団結心を誘導していたのである。

19世紀後半以降、子どもたちのあいだに消費至上主義（コンシューマリズム）が広がったことは、恥辱感を惹起させるもうひとつの要因を強化した。1890年代までに、多くの観察者が、衣服の流行スタイルやおもちゃについて行けない子どもたちは、しばしば恥辱感をいだいていたと指摘した。20世紀を通じて、消費至上主義のなかで仲間の水準に合わせようとする子どもの努力は、仲間から受ける恥辱を回避したいという欲求に強く動機づけられていた。大人たちがそうした恥辱感を低減させようとしたときでさえ、子どもたちはそれに従わなかった。アメリカでは、20世紀後半までに、学校の成績を公衆の面前に張り出して恥辱感をひき起こす慣習——これは、子どもの恥辱感にかんして大人が強い関心をいだきつづけていたことを示す明確なしるしであった——は、法律で禁止された。しかし、多くの子どもは、無分別にお互いの成績を教えあって、恥辱感を惹起しつづけていた。

罪悪感への疑念

アメリカでは1920年代から1930年代にかけて、ヨーロッパでは1950年代までに、子どもに罪悪感を教えこむことが文化的に強調される点について疑念が投げかけられはじめた。専門家たちは、子どもに罪悪感を負わせることはあまりに過酷であり、発達を潜在的に歪めてしまうと主張しはじめた。規律教本が、当時見られたしつけを非常に抑圧的な19世紀型の社会化の方法だとして明確に批判すると、親たちは子どもに罪悪感を押しつけない方法をとりいれるよう急き立てられた。罪悪感はあまりにも不快で強烈であり——子どもたちを望ましい行動に向けて動機づけるというよりはむしろ——大切な自尊心の発達をさまたげ、子どもを無能化してしまうとみなされた。心理学者たちもしだいに、子どもは傷つきやすいものであり、前世紀的な人格形成の慣習には耐えられないと考えるようになった。消費至上主義が新しく重視されるようになったことも、罪悪感からの脱却に貢献したのかもしれない。基準を廃棄せずに、子ども期に、そして大人になってからの消費者という役割にそなえるために、モノや娯楽を購入することをふくめて、子どもたちがわがまま勝手にふるまう快感を覚えるのを容認してやることが重視された——多数の広告は、それを見る者たちによい暮らしを追求するのであれば罪悪感をすてさるよう、あからさまに急き立てた。

罪悪感に置き換えて、子どもを社会化する三つの代替策が見いだされた。第1に、大人たちは、不作法をまねくことになるかもしれない状況から子どもたちを遠ざけ、懲戒する必要をなくすよう助言された。こうした対応は、ある種の子どもらしい行為（たとえば、性的な興味の兆し）に非常に寛大な対応をすることで助長された。第2に、両親と教師は、悪事を罰するのとは反対に、よい行ないに褒美をあたえるように勧められた。この結果、学校では、自尊心の育成プログラムが導入され、罰として悪い成績をつけることが再評価された。心理学における行動主義学派は、子どもの行為を修正する内発的戦略の開発と、罪悪感を喚起する懲罰は子どもの発達にとって有害だと見ており、そうした懲罰をやめさせるという点でとくに大きな影響力があった。たとえば、臆病な子どもに対しては、感情の弱さを悪化させることにしかならない叱りつけておどすやり方ではなく、むしろ暗い部屋に入ってみるとか、ペットと出会ってみるなどの非常に勇気のある行為をほめることで誘導することができた。3番目に、ほかのすべてがうまくいかず、それでもなんらかのしつけが必要な場合、専門家と親たちは一様に、ヴィクトリア朝時代によく行なわれていた子どもを家族から引き離し、罪悪感を喚起していた手法に代わって、情緒的に中立的な制裁を探した。つねに期待されていた

のは、子どもたちが罪悪感にさいなまれることなく理性的な議論に応答することであった。しかし、もしそれでも功を奏さなかった場合、1920年代以降のアメリカでは二つの独特な方法が熱心に勧められた。その第1は、子どもに罰金を科す――すなわち懲らしめをあたえる――ことであるが、これは情緒的に厳しく責め立てるものではなかった。第2に、より一般的に見られたのだが、子どもは「外出禁止」に処せられた――これは、一定期間、通常の娯楽（ラジオやテレビなど）や仲間とのつきあいを奪うものであった。これもまた、その目的は罪悪感にあからさまに頼らずに矯正することであった。

　こうした新しい方法は、両親が、時間と自制心の両方の点でかなりの投資をすることが要請された。しつけの必要を避けるには子どもの生活を整えよという命令は、両親にとっては負担の大きなものになりえたであろう。さらに、罪悪感には潜在的に怒りの表現がふくまれていたので、両親はしだいに子どもに対応するときには自分の感情をコントロールすることが求められるようになった。いうまでもなく、新しい助言に対する両親の反応はさまざまであり、子どもの悪行には決然とした態度で対処すべきだという者とならんで、罪悪感を問わない環境に対応する者もいる。しかし、専門家による勧告は広く議論され、しつけのテクニックとしての外出禁止が広く利用されたことをふくめて、しつけの変化をもたらした。

　こうした変化が子どもの経験におよぼす全般的な影響を評価するのはむずかしい。子ども期の罪悪感が軽減されてきているかもしれない一方で、子どもたちが罪悪感の経験を懸命に軽減しようとしてきた家庭のなかでさえ、子どもたちが罪悪感をいだきつづけてきたことははっきりしている。もちろん、専門家の助言などは無視する多くの家族は、それを軽減しようとさえしなかった。実際、ほかのいくつかの社会変動が罪悪感をいだく新しい機会を提供している。たとえば、学業成績に対する両親の高い期待感や（19世紀後半以降の）離婚率の上昇などがそれであり、後者は、家族が破綻したのは自分にも責任があると子どもたちに感じさせている。だが、子どもが罪悪感をいだくことへの疑念がふくらんできたことは、子どもたちの心のなかに、罪悪感に対する自分自身の感情を見きわめたり、その経験に対する嫌悪感をあらわすことにしだいに熟練するようになっている。罪悪感への嫌悪は、大人の行動をあやつるために利用することもできた。20世紀後半までに、中産階級の子どもたちは、自分が潜在的に有害な罪悪感に直面すると、それに対する親の批判をかわすために、親に対して母親あるいは父親が「わたしに罪の念をいだかせている」と訴えてもかまわないと感じていた。罪悪感と恥辱感は、子どもの経験の一部でありつづけたが、その意味と効用は、家族・学校・同輩集団のコンテクストが大きく変わったことでずいぶんと変化した。こうした情緒の諸形態は大人の行動を開発する強力な手段として、基本的な分析形態が内省である文化において、どのように子ども期の経験を歴史的に検討するか、その視点の一部になってきたのである。

［訳注］

*1 マルティン・ルター（Martin Luther, 1483-1546）――ドイツの宗教改革者。はじめパウロの「神の義」の解釈をめぐって内面的葛藤におちいったが、突然啓示を受け、これを神の贈り物としての「信仰による義」であると確信した。ローマ教会の贖宥状（免罪符）の発行を攻撃し、1517年10月31日「95カ条の提題」を発表してキリスト教の内面性を強調し、これが宗教改革の先駆けとなった。ウォルムス国会によって放逐されたがワルトブルク城に潜伏（1521-22）し、ギリシア語新約聖書をドイツ語に翻訳した。ドイツ農民戦争（1525）ではしだいに急進派から離れ、また聖書解釈をめぐってエラスムス（1466?-1536）とも論争した。生涯にわたって教会の組織化に努力し、聖書を神学の基礎におく聖書主義と万人司祭主義、「信仰のみ」の立場を広めた。子ども向けの聖書教本を多数考案してリテラシーの改善に貢献した。

*2 ジェームズ・W・スティグラー（James W. Stigler）――アメリカの学習心理学者。カリフォルニア大学ロサンゼルス校心理学教授。第3回国際数学・理科教育調査ビデオ研究代表者。レッスン・ラボ教育研究所の創設者で現所長。1982年にミシガン大学で発達心理学の研究により博士号を取得し、1989年グッゲンハイム特別会員となる。1995年には全米教師協会のクエスト賞をはじめ、多数の賞を受賞。授業の研究において重要な研究を多数手がけている。国際比較研究では次のものが知られる。James W. Stigler and J. Hiebert, *The Teaching Gap: Best Ideas from the World's Teachers for Improving Education in the Classroom*（Free Press, 1999; rep. 2009）. スティグラー／ヒーバート『日本の算数・数学教育に学べ――米国が注目するjugyou kenkyuu』（湊三郎訳、教育出版、2002年）

*3 「愚か者の帽子」（ダンス・キャップ、dunce cap）――学校で物覚えの悪い生徒や怠け者の生徒に罰としてかぶせた円錐形の帽子。fool's capともよばれた。

➡怒りと攻撃、恐怖心、消費文化

●参考文献

Demos, John. 1988. "Shame and Guilt in Early New England." In *Emotion and Social Change: Toward a New Psychohistory*, ed. Carol Z. Stearns and Peter N. Stearns. New York: Holmes and Meier.

Erikson, Erik H. 1958. *Young Man Luther: A Study in Psychoanalysis and History*. New York: Norton. エリクソン『青年ルター』（1・2）（西平直訳、みすず書房、2002-2003年）

Gay, Peter. 1985. *Freud for Historians*. New York: Oxford University Press.

Markus, Hazel Rose, and Shinobu Kitayama. 1991. "Culture

and the Self: Implications for Cognition, Emotion, and Motivation." *Psychological Review* 98: 224-253.

Matt, Susan J. 2002. "Children's Envy and the Emergence of the Modern Consumer Ethic, 1890-1930." *Journal of Social History* 36, no. 2: 283-302.

Stearns, Peter N. 2003. *Anxious Parents: A History of Modern American Parenting*. New York: New York University Press.

Stigler, James W., and Michelle Perry. 1990. "Mathematics Learning in Japanese, Chinese, and American Classrooms." In *Cultural Psychology: Essays on Comparative Human Development*, ed. James W. Stigler, Richard A. Shweder, and Gilbert Herdt. New York: Cambridge University Press.

Tangney, June Price, and Kurt W. Fischer, eds. 1995. *Self-Conscious Emotions: The Psychology of Shame, Guilt, Embarrassment, and Pride*. New York: Guilford Press.

(DEBORAH C. STEARNS／佐藤哲也訳)

財産（Property）
➡相続と財産（Inheritance and Property）

里親養育（Foster Care）

　里親養育とは、親が自分の子どもを養育することができない、養育する意欲がない、養育を禁じられているなどの場合に、実家とは別のところで、その子どもを非公式あるいは公式に保護することである。歴史的には里親養育は、貧しくかつ親のいない子どもに家庭を提供してきており、また、変化しつつある社会の秩序を維持するのに役立ってきた。現代アメリカの里親養育の起源は、植民地時代の契約年季奉公[*1]あるいは「見習い奉公」にまでさかのぼる。当時のアメリカ人家族は、イギリスでの伝統にしたがって、自分たちの子どもをしばしば家の外の親方に預けた。親方は、子どもの労働とひきかえに、その子に商いの仕方を教え、また暮らしの必需品をあたえた。貧しい家の子どもは、家族が養育できなければ、しばしば心ならずも競売にかけられて見習い奉公に出された。こうした状況では、きわめて広く搾取が横行した。契約による年季奉公は18世紀末から19世紀にかけて衰えた。それは、改革者たちが、施設に収容してそこで生活させることを奨励し、また、組織化され、必要なものがあたえられる施設生活は、扶養を受けている親がいない子どもの窮状をふくめ、貧困とそれにともなう社会的病理の解決策になると考えるようになったからであった。

里親養育の制度化

　里親養育の実施は、19世紀末の虐待反対運動の発展と児童虐待防止協会（SPCC）の設立にともなって、しだいに制度化されるようになった。これらの機関は、通常、預かった子どもを施設に送ってしまい、家族を基盤にした里親養育を利用することはあまりなかった。その結果、1865年から1890年までのあいだに孤児の数は3倍になった。任意団体の「児童虐待防止協会」の職員には、しばしば警察権が認められていたので、虐待されているとか、よりふつうには、貧困が原因でネグレクトされているという理由で、子どもをその実家から連れ去った。しかし、19世紀の改革者たちのなかにはそうした施設の活動に疑問をいだく者もいた。もっともよく知られた例は、チャールズ・ローリング・ブレイスがニューヨーク児童保護協会（New York Children's Aid Society）を設立したことである。この協会は、都市の孤児、片親を失った子ども、これら以外の貧しい子どもたちを、農園の家族といっしょに住めるように送り出した。ブレイスは、田園地方の生活についてロマン主義化された観念をもち、ネグレクトされたり虐待されたりしている子どもは生まれた家族から連れ去ることが最善であるという信念を支持していたので、彼の活動は、都市社会の特徴となっていた移民・犯罪・疾病の増大に対応しようとするものであった。しかし、ブレイスを批判する者がいなかったわけではない。とりわけ、農園家族は子どもの労働を搾取すると考える人や、ブレイスはカトリックの子どもをプロテスタントの家庭に預けていると非難したカトリックの改革者がいた。

　進歩主義の時代は、貧しく、親のいない子どもの窮状に対する関心が深まりを見せた。児童救済運動の時期は、子どもは家族の保護・養育・愛情が必要な、傷つきやすい存在として描かれ、子どもはその実の親によってこそ最善の世話を受けられると主張されていた。児童救済論者たちは、母親手当、託児所、公衆衛生改革といった、家庭外での養育のニーズを少なくすると期待した多様な児童福祉の発案に関心を集中させていた。さらに、ホルマー・フォークス[*2]のような改革者も、児童保護を継続する必要性を認め、また、家族を基盤とした里親養育を強力に提唱していた。彼らは、そうした里親養育は施設養育よりもはるかによいと見ていた。進歩主義時代でさえ、保育施設は「一戸建ての小家屋」風の住居にし、家族と似た環境をより多く提供するために改装された。だが、この時期に扶養された子どもの大多数は、いかにも施設らしい環境で世話を受けつづけていた。これらの任意団体の大部分は宗派色の強い里親養育機関で、たびたび差別的な対応に手を染めた。虐待反対運動の歴史家たちも児童保護運動の歴史家たちもともに、貧しい移民家族の家族生活に干渉し、その祖国の外国の文化的な営みと貧困に支配された状況をしばしば子どもに対するネグレクトとして扱った中産階級のアングロ・サクソンの改革者たちの階級的および人種的偏見に光をあてている。さらに、児童福祉機関は、典型的に、アフリカ系アメリカ人の子どもには里親養育サービスを享受させなかったし、もし享受させても差別待遇にもとづいて、少数

の住居しか提供しなかった。その結果、20世紀初期のアフリカ系アメリカ人の改革者たちは、彼ら自身の組織をつくった。だが多くの場合、それらの機関は十分な資金をもっていなかったため悪戦苦闘した。アフリカ系アメリカ人社会の構成員もまた、人手が必要なときは友人、隣人、親類の子どもを迎え入れ、非公式に里子として世話した。多くの移民コミュニティでは非公式の里親養育という慣行も広く見られた。

現代の里親養育

　児童福祉と里親養育への関心は、保守的な1920年代に弱まった。ニューディール時代の福祉国家の立案者でさえ、もっと大規模な反貧困への取り組みは、子どもを家庭外に預けるのを減らし、最終的にはそれをなくすと信じていたため、里親養育にはほとんど注意をはらわなかった。しかし、ニューディールの改革者のそうした判断は完全にまちがっていた。実際、第2次世界大戦後の数年は、現代の児童福祉の官僚政治の発展に遭遇した。アメリカ合衆国政府は、ますます多くの資金を公立の児童福祉機関の設立と拡大のために投じた。こうした公立機関は、任意団体が行なう宗派色の強い機関とは違って、人種・民族・信仰を問わず、すべての子どもを助力しなくてはならなかった。また、戦後は、**児童虐待**の「再発見」があったことも示している。20世紀中頃の放射線医師たちは、親が虐待するため子どもに多種多様な骨折がくりかえし起きていることをあばいた。そこで、1962年の「アメリカ医学会誌」(*Journal of the American Medical Association*) は、医師のC・ヘンリー・ケンプ*3とその仲間による、「児童受傷症候群」*4という表題の、いまでは広く知れわたっている論文を公にした。その論文は、公的機関の注意をおおいに引きつけ、また、改善に関心をもっているアメリカ人の想像力をとらえた。1963年から1967年のあいだに、すべての州が専門家に対して児童虐待が疑われる事例の報告を命じる法律を可決した。1972年に、アメリカ合衆国議会は、「児童虐待防止処置法」(the Child Abuse Prevention and Treatment Act) を制定した。この法律は、児童虐待とネグレクトにかかわる国立センターに資金を提供するものであった。当然のことながらこの法律は、児童虐待を報告する書類の途方もない増大と、最後には、養育される里子の劇的な増加とをもたらした。

　里親養育のこのような増大に当惑した1970年代の児童福祉擁護者は、実際に預けられた子どもがいくつもの里親家庭を転々とする「里親養育のたらいまわし」という現象をあばいた。この現象は、子どもがよりよい発達をとげるには愛着と養育の持続性が重要であると強調する当時人気のあった社会科学の知見とは正反対のものであった。連邦議会は、高まりつつあったこうした批判にこたえて、1980年に「児童福祉法」(the Child Welfare Act) を可決した。この法律は、家族の安定維持と再生のためのプログラムを強調することで養育される里子の数を減らそうとしたもので、州機関に対して、子どもを家庭から連れ去る前に「適切な努力」をするよう求めた。さらに、この法律は、以前には内輪の営みであった、親類の者が里親の役目を果たす「血族養育」を制度化した。同法は、養育される里子の数を一時的に減少させる一因となったものの、1987年から1992年にかけては、養育される里子の数が28万人から46万人へと増加した。これについて、ある人は、同法は資金が十分でなかったためにうまくいかなかったと示唆している。だが、別の人は、里親養育の増加は、スラム街の低収入のアメリカ人を荒廃させた1980年代の麻薬使用の大流行に原因があるとしている。このことと同時に、家族を安定維持させようとする連邦議会の努力も批判を受けた。ある調査が、社会事業プログラムが増えても、子どもが家族から外に出ていくのをほとんど防いでいないことを明らかにしたからであり、また、詳しく公表された児童虐待の一連の事例が、虐待のようす、つまり、子どもが最終的にそこで死を遂げることになる、その子の生家にとどまったりそこに戻るのを許されるようすを描写していたからである。ほかの批判者は、養育される里子に占めるアフリカ系アメリカ人の子どもの割合が増大していることにとくに関心をもっていた。その割合の増大は、児童福祉制度のなかに組みこまれていた人種差別にかなりの原因があった。

　養育されている里子数に継続的に関心がはらわれてきたことにくわえて、1997年の「連邦養子縁組健全家族法」(the federal Adoption and Safe Families Act) の制定で、家族の安定維持への反発は最高潮に達した。この法律は、ある程度まで家族の安定維持のための予算措置を講じていたが、養育される里子数を減らすことと、家族を安定維持させる努力よりも**養子縁組**を優先することによって養育の持続性を高めることを求めた。また、同法は、親権を停止させるタイムスケジュールを早め、さらに、児童福祉相談員が家族の再生と養子縁組を同時に準備する「並行計画」を考慮して、養子縁組のための財政的報奨金を州にあたえた。養子縁組の提唱者は、支援を拡大すれば、それにつれて、以前には「里親に預けるのが困難」と考えられていた子ども――身体障害や精神障害の子ども、および、歴史的に低い養子縁組率を経験してきた黒人の子どものような――のために、安全で愛情のある家庭をますます見つけやすくなると主張した。

進行中の批判

　現代の児童福祉制度の批判者は、子どもたちに貧弱な成果しかもたらしていない原因は、里親養育それ自体にあるのではなく、むしろ、訓練が不十分で能力以上の任務を負った職員が運営する機能不全と資金不足の児童福祉官僚政治にあると主張する。アメリカの児

童福祉連盟（the Child Welfare League）は、ケースワーカーが一定期間内に対応する子どもの人数が15人を超えないようにと勧告していたのだが、2002年までに、いくつかの州では、それが55人にまで増えた。ほかの批判者は、児童福祉制度の不備は、子どものネグレクト・虐待・殺害の原因となっている根本的な問題、すなわち、貧困問題に対処する能力をもっていないことから生じていると主張している。実際のところ、養育されている里子の圧倒的大多数は貧困のなかに生まれてきている。そのため、子どもの殺害を説明する根本的な変数は、虐待の過酷さではなく、家族の収入水準であることをいくつかの調査が立証している。批判者は、21世紀初期のアメリカは、工業化したヨーロッパのすべての国のなかで栄養失調による虚弱児の割合がもっとも高かったことを指摘し、西ヨーロッパ諸国で典型的にみられるような、収入と家族手当、政府が財政援助をする託児所、家族別居政策、未婚の母とその子に対するいっそう十分な手当といった社会的支援を行なうことが、里子養育されているアメリカの子どもの数を減らすだろうと主張した。

［訳注］
*1 契約年季奉公──植民地時代には、数年間の不自由労働に従事することを契約し、船賃無料でヨーロッパからアメリカに渡った移民たちがいた。そうした移民たちは、同時代初期の中部・南部で重要な労働力となった。
*2 ホルマー・フォークス（Holmer Folks, 1867-1963）──アメリカの社会学者、社会改革者。ハーヴァード大学を卒業後、ペンシルヴァニア児童保護協会の秘書をつとめたのを皮ぎりに、生涯にわたってさまざまな社会福祉の推進組織にかかわった。機関雑誌「チャリティ・レビュー」（Charities Review）を編集発行し、著書『見すてられ、ネグレクトされ、非行少年になった子どもたちのケア』（The Care of Destitute, Neglected, and Delinquent Children, 1902）で児童福祉の充実を訴えた。1935年にはニューヨークに「ホルマー・フォークス記念病院」（Holmer Folks Hospital）が設立され、その後38年にわたって子どもの結核病治療にあたった。
*3 C・ヘンリー・ケンプ（Carl Henry Kempe［ドイツ語表記ではKarl Heinz Kempe］、1922-1984）──ドイツ生まれのアメリカの小児科学者。はじめて医学的に児童虐待を認識し、組織的な対策を提案した。
*4 児童受傷症候群（Battered Child Syndrome）──「被虐待児症候群」ともよばれ、両親や保護者にくりかえしたたかれたり、虐待を受けている幼児・子どもが呈する種々の肉体的受傷。本文にあるように、C・ヘンリー・ケンプ博士が1962年の論文ではじめて用いた用語に由来する。

➡里子制度、社会福祉
●参考文献
Ashby, LeRoy. 1997. *Endangered Children: Dependency, Neglect, and Abuse in American History*. New York: Twayne.
Billingsley, Andrew and Jeanne Giovannoni. 1972. *Children of the Storm: Black Children and American Child Welfare*. New York: Harcourt Brace Jovanovich.
Duncan, Lindsey. 1994. *The Welfare of Children*. New York: Oxford University Press.
Gordon, Linda 1988. *Heroes of Their Own Lives: The Politics and History of Family Violence, Boston, 1880-1960*. New York: Viking.
Mason, Mary Ann. 1994. *From Father's Property to Children's Rights: The History of Child Custody in the United States*. New York: Columbia University Press.
Nelson, Barbara. 1984. *Making an Issue of Child Abuse: Political Agenda Setting for Social Problems*. Chicago: The University of Chicago Press.
Platt, Anthony. 1969. *The Child Savers: The Invention of Delinquency*. Chicago: University of Chicago Press. アンソニ・M・プラット『児童救済運動──少年裁判所の起源』（藤本哲也訳、中央大学出版部、1989年）
Roberts, Dorothy. 2002. *Shattered Bonds: The Color of Child Welfare*. New York: BasicBooks.
Tiffin, Susan 1982. *In Whose Best Interest? Child Welfare Reform in the Progressive Era*. Westport, CT: Greenwood Press.

（LAURA CURRAN／松丸修三訳）

里子制度（Placing Out）

1607年、ブリティッシュ・ヴァージニア会社*1は、ジェームズタウン*2への植民によって北アメリカ海岸線での植民活動にのりだした。不運にも、この未開地に居留地を作るという大自然への挑戦を決意できた初期のジェントルマン探検家はほとんどいなかった。このため、ロンドンの政府当局者はかなり焦って安価な労働力の供給源を探し、有罪宣告を受けた多数の重罪犯に対する刑の執行を猶予して彼らをヴァージニアに送りこんだ。だが、それでも労働需要を満たすことはできず、利用可能な受刑者がたりないことが明らかになった。そのため、ヴァージニア会社の総裁であったトマス・スミス卿*3は、ロンドンの「浮浪者」、すなわち、遺棄された子ども、私生児、家出した子どもやティーンエイジャー──彼らは貧しく、浮浪しており、多くは男子であった──を駆り集め、年季奉公人として南北アメリカへ「里子に出す」ことができるかどうかを検討した。

17世紀と18世紀当時、労働力を必要としていたアメリカの植民地へ子どもを里子に出すことは、刑事犯罪司法あるいはありふれた誘拐のいずれかと太い結びつきがあった。1618年、最初の100人の「浮浪者」がロンドン地域からヴァージニアへ移送されたが、これは、市内の父親たちによって準備されたものであった。

枢密院は、1620年1月31日に、「浮浪の身で、権力に抵抗する」子どもたちのヴァージニアへの移送を適法と認めた。1623年までにさらに二つの集団が送られた。植民地の労働市場の需要は満たされたが、それは、一部は宗教的熱狂者や慈善家の募集活動に、大部分は俗に「スピリッツ」*4という言いまわしで知られていた移民機関の職員らの組織的な取り組みに負っていた。その言葉は、軽蔑的な意味をふくんでいた。つまり、通常の年季奉公契約による徴募であっても、その隠された意図は誘拐にほかならなかったのである。賄賂を渡して大人をそそのかすより、幼い子どもを強奪するほうが容易であった。そのため、主要な港町の近くに住む子どもたちのなかには、南北アメリカで年季奉公につかせられるために簡単に誘拐された者もいた。

子ども移民団[child migration]（これはイギリスの言い方）あるいは（アメリカの言い方では）里子制度[placing out]には、ほとんどつねに論争とスキャンダルにまみれた、変化に富む長い歴史がある。実際、それは継続的に遂行された単純な政策ではなかった。むしろ、互いにせめぎあう個人のもくろみ、政府のイニシアチブ、カリスマ的人物、順序がごちゃ混ぜになった優先事項、混乱した協議事項などが複雑にもつれあっていた。それは、ある特定の時代の経済的・政治的・社会的な圧力から大きな影響を受けていた。年少の子どもを奉公人あるいは徒弟として里子に出すことは、エリザベス1世時代あるいはジェームズ1世時代*5のイギリスではふつうに見られた。庶民の若者が奉公に出ることは、成人に達するまで、あるいは結婚するまでは標準であった。アメリカ独立戦争*6と長期にわたったナポレオン戦争*7のあいだ、イギリスの陸海軍は、かつて北アメリカの植民地で年季奉公についていた数万人のティーンエイジャーと若者を徴兵していた。

戦後[ナポレオン戦争後]、イギリスが社会的に大きな困窮状態におちいっている最中に、子どもを外国に送り出す二つの小規模な博愛的取り組みが見られた。1830年から1841年にかけて、子ども共済会*8は、何人かの少年を南アフリカのケープ植民地と**カナダ**のトロントへ送った。また、1850年代には、セント・パンクラス救貧委員会（the St. Pancras Board of Guardians）が少数のティーンエイジャーをイギリス領西インド諸島へ送るのを、シャフツベリー卿*9が支持した。一方、1850年代に、**チャールズ・ローリング・ブレイス**によって、ニューヨーク、ボストン、ボルティモアといったアメリカの大西洋沿岸の都市のすさんだスラム街で危険にされされていた子どもを里子に出すことがはじめられた。それらの子どもは、アメリカ中西部の農業州の家族で養育されるために、**孤児列車**とよばれた鉄道に乗せられ、集団で送り出された。この計画によって、1854年から1932年にかけて10万人以上が里子となった。

里子移住がピークを迎える

カナダへの子ども移民は、1870年代から第1次世界大戦開始までのあいだにピークを迎えた。これは、それ以前の数年間にわたる深刻な経済状態、1866年のコレラの流行によって生じた社会的混乱、1867年の不作、さらに経済が周期的に下降する間に広範囲に広がった失業などが引き金となった。アニー・マクファーソン*10、トマス・バーナードー*11、そして（「救世軍」の創設者であった）ウィリアム・ブース*12らが、ロンドンのイーストエンド*13のもっともみすぼらしく、もっとも貧窮した人びとのあいだでその活動をはじめたのはこの時期であった。彼らの目には、またほかの多くの宗教活動家の目にも、海外への移住は、遺棄された子どもの強制移住もふくめて、絶望的に貧しい者がみずから幸せをつかむ確実な方法であると思えたのである。この時期を通じて約8万人の子どもがカナダへ送られた。

オーストラリア諸州への子ども移民は、それ以外の土地への移民政策とともに、こうした長期にわたる経験の末期を飾った。20世紀初頭には新しい神がかり的な移住推進者がかかわるようになったが、彼らは子どもは植民地の農場主に預けられる前に植民地の孤児院で訓練されるべきだと主張した。この面で目立っていたのはキングズレイ・フェアブリッジ*14で、彼は自分が唱道した農場小学校*15をはじめるため、1911年に西オーストラリア州政府からパース南部の土地を提供された。フェアブリッジと彼の支持者は、英雄的な努力を重ねた後、そのベンチャー事業を確立した。これにひき続いてニューサウスウェールズ州とヴィクトリア州にも別の農場小学校が生まれた。

第1次世界大戦の勃発によって、ブリテン島からの移住は一時的に中断されたが、1920年に移住が再開されたとき、送られる子どもの数は以前と同じ規模ではなかった。1920年までに、カナダでは強力な圧力団体が、同伴者のいない少年少女の通関手続きに反対したため、その後の10年間、カナダへの子ども移民は減少した。この計画を最終的に終わらせたのは世界大恐慌*16であった。カナダが同伴者のいない少年少女の通関手続きを禁じると、ボランタリー団体はしだいに意識をオーストラリアへ向けた。1920年代に経済が上向きになっていたオーストラリアでは、政府が子ども移民の通関手続きを奨励した。バーナードーは、1920年代に872人の子どもをニューサウスウェールズ州へ送った。フェアブリッジはバーナードーの仕事を引き継ぎ、この時期に918人の子どもを西オーストラリア州に送りとどけた。

第2次世界大戦後には、500人近くの子ども移民がオーストラリアへ送り出されたが、その大部分はカトリック教会の保護下に置かれ、そのほとんどが西オーストラリア州へ送られた。その後、フェアブリッジ、バーナードー、およびほかの多くの団体が何人かの子

キングズレイ・O・フェアブリッジ（1885-1924）*

どもを送り出したが、その数は少数にとどまった。最終的に約3500人の子どもがオーストラリアに送りこまれ、その約半数がカトリック教会の施設に預けられた。1950年にはマルタ島の子ども移民が西オーストラリア州の孤児院に預けられた。次の10年間に、約280人の少年がこうした計画にしたがって到着した。しかしこの頃までに、社会工学的に続けられてきたこの現象は時代遅れのものとなりつつあった。時代が変わったのである。すなわち、子どもを海外に送り出すことにつながる社会状況と社会意識は消えつつあった。過酷な貧困が縮小しつつあり、また福祉国家の社会事業が拡張され、子どもを家庭の近くで世話することが標準になってきたのである。

［訳注］

*1 ブリティッシュ・ヴァージニア会社（the British Virginia Company）——北アメリカにおけるイギリス最初の恒久的植民地ヴァージニアの建設と統治にあたった商社。1606年にトマス・ゲイツ卿（Sir Thomas Gates, ?-1621）とジョージ・サマーズ卿（Sir George Somers, 1554-1610）などに下付された国王特許状のもとに設立され、翌1607年から植民事業を開始した。1609年に同社に第2特許状が交付され、トマス・スミス卿（Sir Thomas Smythe, 1558頃-1625）が総裁として商業活動と植民地統治にあたり、挫折しかかった植民事業を定着させた。

*2 ジェームズタウン（Jamestown）——アメリカ北東部に位置するヴァージニア州東部の古い村。1607年にイギリスが行なった最初の開拓地であり、当時のイギリス国王ジェームズ1世（1566-1625）の名をとってジェームズタウンと名づけられた。

*3 トマス・スミス卿（Sir Thomas Smythe or Smith, 1558?-1625）——イギリス南部ケント州生まれの貿易商人、政治家。東インド会社の初代総督。

*4 スピリッツ（spirits）——当時のスラングで、spiritは「神隠しにする」「誘拐者」「人さらい」の意味があった。spiritには「魔法をかける」という意味もあったが、移民機関の多くの職員たちは、魔法をかけたように言葉巧みに子どもたちを誘導して海外の植民地へ売り飛ばす専門業者とつながっていた。

*5 エリザベス1世時代とジェームズ1世時代——エリザベス1世の在位は1558〜1603年。ジェームズ1世の在位は1603-1625年。

*6 アメリカ独立戦争（American War of Independence）——アメリカ史において、18世紀後半のアメリカにおける13のイギリス領植民地の反イギリス闘争から、戦争をへて統一国家を形成するまでの一連の動きをさす。とくに独立戦争（1775-83）をさすこともある。

*7 ナポレオン戦争——ナポレオン（Napoleon, 1769-1821, 皇帝在位1804-15）によって1796〜1815年に行なわれた一連の戦争。

*8 子ども共済会（the Children's Friend Society）——浮浪児たちに矯正教育をほどこし、海外に移民させることによって保護することを目的に、富裕な博愛主義者の支援とイギリス政府の協力を受けて、エドワード・ペラム・ブレントン海軍提督（Edward Pelham Brenton, 1774-1839）が1830年にロンドンに設立した。1832年にいくつかの子ども集団を南アフリカのケープ植民地とオーストラリアのスワン・リヴァーに送り、その後数年間にカナダのトロントとニューブルンスウィックに230名の子どもを送りこんだ。1860年代のアニー・マクファーソン（Annie Parlane Macpherson, 1825-1904）による、オーストラリア、南アフリカ、カナダ、ニュージーランドへの大規模な子ども移民活動にも影響をおよぼした。

*9 シャフツベリー卿（Lord Shaftesbury, Anthony Ashley Cooper, 7th Earl of, 1801-1885）——第7代シャフツベリー卿。通称アシュレー卿。イギリスの政治家（トーリー党）、社会改革家として労働保護立法に貢献した。オックスフォード大学を卒業後、25歳でトーリー党員として下院に入り、27歳頃からいくつかの行政官職についた。福音主義者として、女性、子ども、労働者、精神障害者、奴隷など、社会的弱者の窮状に強い関心をよせ、その改善をはかるため、40歳以降すべての官職を辞し、R・オースラー（Richard Oastler, 1789-1861）らとともに、労働者の労働時間短縮を求める「10時間運動」の指導者となり、1833年の工場法を成立させた。奴隷制廃止運動、鉱山法（1844年）、

精神障害対策法（1845年）などの法案の成立に尽力する一方、貧民学校組合を創設し（1844年）、終生その議長をつとめた。多くの社会改革や慈善活動、博愛運動にかかわったが、急進派や社会主義者とは一線を画す貴族としての使命感（noblesse oblige）と福音主義的キリスト教徒の立場をとって、労働者の選挙権獲得や労働組合（Trade Union）の結成には反対した。

*10 アニー・マクファーソン（Annie Parlane Macpherson, 1825-1904）——スコットランド生まれのイギリスの博愛主義者、クウェーカー教徒。ロンドンのイーストエンドの貧民街を見て深く心を動かされ、1868年にロンドン市内に勤労院（Home of Industry）を設立し、その後ここを拠点にして10万人以上の子どもをオーストラリア、カナダ、ニュージーランド、南アフリカなどに送り出した。

*11 トマス・J・バーナードー（Thomas John Barnardo, 1845-1905）——アイルランド生まれのイギリスの医師、社会改良家。21歳の頃、医学を学ぶかたわら、貧民学校や救貧施設で奉仕活動に従事するなかで、海外での伝導活動よりもイギリス国内の貧困児童の救済を優先すべきであると確信し、25歳の頃（1870年頃）、ロンドンのステップニー・コーズウェイに最初の児童救済施設「子どもの家」（Children's Home）を開設した。彼の慈善活動は、酒場を買いとって貧しい人びとのために無料の診療所をそなえたコーヒー店に改装するなど、創意と工夫に富んでいた。各地で救済活動に取り組み、60歳で亡くなるまでに112ヵ所の施設を設立し、6万人の子どもを救済した。その意志は受け継がれ、今日では「バーナードー博士の家」（Dr. Barnardo's Homes）とよばれる施設で、孤児や心身障害児を救済する慈善活動を展開した。しかし近年では、「救済」された子どもたちがカナダやオーストラリアなどに「輸出」されていたのではないかということをめぐって、批判的な検証が進められている。

*12 ウィリアム・ブース（William Booth, 1829-1912）——イギリスの宗教者。メソジスト派の牧師となったが、ジョン・ウェスリー（John Wesley, 1703-1791）の精神が失われていることに不満をいだき、1865年、ロンドンの下町ホワイトチャペルに移り住んで、キリスト教復興協会（Christian Revival Association）を設立し、妻キャサリンとともに貧民救済に取り組んだ。この運動の拡大のなかで考案されたのが、従来のこの協会とキリスト教伝道団（Christian Missions）を再編して作った救世軍（the Salvation Army）であった。武器をもたない救世軍は、浮浪者、売春婦、アルコール中毒者、最底辺の人びと、困窮者らに福音を説き、彼らのための宿泊施設、無料食堂、孤児院、募金活動などに力をそそいだ。最初は白眼視されたが、その後、賛同者を集め、ブースの息子とその家族らがアメリカなどで運動を継承発展させ、今日では世界の100カ国以上に拠点をもつ世界有数の人道支援団体として知られる。

*13 イーストエンド（the East End）——ロンドン東部の商工業地区で波止場が多い。かつては下層貧民が多く住んでいたことから貧民街の代名詞であった。これに対して、ウエストエンド（the West End）は、シティー（the City）西側、ハイドパークまでの高級住宅街・商業地区で、とくにピカディリを中心として劇場、レストラン、有名商店、デパートなどで名高い。

*14 キングズレイ・フェアブリッジ（Kingsley Ogilvie Fairbridge, 1885-1924）——南アフリカ生まれのイギリスの社会事業家、教育者。イギリスの植民地（カナダ、オーストラリアなど）への子ども植民地計画を立て、植民地への子ども移民推進協会（Society for the Furtherance of Child Emigration to the Colonies）——これはのちに子ども移民協会（Child Emigration Society）と改称され、最後にフェアブリッジ協会（Fairbridge Society）となった——を設立するいっぽう、オーストラリアのパース南方のピンジャラにフェアブリッジ農業学校を設立し、移民してきた子どもたちの自立を支援しつつ、この地域を開拓した。フェアブリッジが1924年に39歳で亡くなった後も、フェアブリッジ協会は同種の農業学校をカナダ、南アフリカなどにも合計6校設立した。ピンジャラの農業学校は、その後シンガポールやインドネシアからオランダ人の孤児も受け入れ、1981年に閉鎖されるまでに、1195名の子どもを受け入れて教育をあたえた。なお、イギリス政府によるオーストラリアへの子ども移民の実態については、マーガレット・ハンフリーによるドキュメントによって再評価が進められている。Margaret Humphreys, *Empty Cradles*（1994）、マーガレット・ハンフリーズ『からのゆりかご——大英帝国の迷い子たち』（都留信夫・都留敬子訳、国書刊行会、1997年、2012年改訂版）。この著作は2011年に「オレンジと太陽」（*Oranges and Sunshine*）として映画化された。

*15 農場小学校（farm school）——イギリスの植民地時代の南アフリカの農業地区に設けられた白人の子ども用の学校をさしていわれる場合と、校舎が農場主の敷地内にあり、教師の給料を政府が負担していた農場小学校をさしていう場合があった。キングズレイ・フェアブリッジは、自身が南アフリカ生まれであったので、みずからの体験と見聞にもとづいて西オーストラリアで同種の学校を子どもの自立支援のために考案したと考えられている。

*16 世界大恐慌（the Great Depression）——1929年10月にアメリカのウォール街の株価大暴落からはじまった世界的な規模の大恐慌。

➡孤児、里親養育、徒弟制度、労働と貧困

●参考文献

Bean, Philip & Joy Melville. 1989. *Lost Children of the Empire. the Untold Story of Britain's Child Migrants*. London: Unwin Hyman.*

Corbett, Gail H. 2002. *Nation Builders: Barnardo Children in Canada*. Toronto: Dundum Press.

Holt, Marilyn. 1992. *The Orphan Trains: Placing Out in America*. Lincoln: University of Nebraska Press.

Sherington, Geoffrey, and Chris Jeffrey. 1998. *Fairbridge: Empire and Child Migration*. Nedlands: University of Western Australia Press.

（BARRY M. COLDREY ／松丸修三訳）

サマー・キャンプ（Summer Camps）

　サマー・キャンプ――両親をともなわずに子どもたちが参加する夜通しのキャンプ――がはじめて確立されたのは1880年代の北アメリカにおいてであった。これは退廃と出生率の低下に対する新しい懸念とならんで、道徳と身体にもたらす自然の利点についてのヴィクトリア時代の信念によって活気づけられた。20世紀になると、サマー・キャンプの理念はさまざまな社会的・政治的・宗教的および教授学的な検討項目をもつ組織によって支持された国際的な現象になってきた。要するに、サマー・キャンプは現代の子どもを社会化する重要な手段になってきたのである。

　最初期のキャンプ場は、年長の少年向けの、小規模でプライベートなキャンプ場で、過剰な文明化とよばれた活気のない傾向に対する懸念の高まりに対応するかたちで発展した。こうしたキャンプ場の多くは、エリート家族の子弟への料理を提供しながら、都市生活の誘惑や「女性化された」家庭の優雅さから遠く離れたニューイングランド北部の森林地帯に設置された。初期のものには、チョコルア（1881年から1889年までのあいだに活動がはじまった）、アスクアム（1885年キャンプ・ハーヴァードとして開設され、1887年に名称変更された）、そしてパスカニイ（1895年に設立された）などがあり、いずれもニューハンプシャーのスクアム湖あるいはその周辺にあった。こうしたキャンプ場の物理的な特徴は、（その常設の建物の建築に粗仕上げの材木がふんだんに使われるなど）非常に質素なものであったが、あるキャンプ場は、別のところに比べて非常に荒涼としていた。たとえば、パスカニイではプロの料理人が陶器の食器で食事を提供していたが、チョコルアでは、キャンパーたちは全員炊事と洗濯をし、ブリキのお皿で食事をしていた。

　1890年代のキャンプ場の設立ブームは、（宗教組織、**ソーシャル・セツルメント**施設およびその他の社会福祉事務所が組織したキャンプ場に参加していた）都市の貧困層と、（のちにキャンプ・ダドリーとして知られるようになる最初の少年向けのキャンプ場を1885年に設立した）**キリスト教青年会（YMCA）**によって提供された中産階級の少年たちをふくむ、広範な観客がキャンプするのを可能にした。YMCAは、1901年までに毎年夏に推定5000人の少年たちにキャンプを提供したが、この人数は1916年には2万3300人に増えた。エリート少年たちのキャンプ場とは違って、これらの初期のYMCAのキャンプ場のキャンパーたちは、起床ラッパ・朝の点呼・柔軟体操、そして行進などを決めて行なう四角い閲兵場のまわりに睡眠用のテントを張って、軍隊の野営地を模倣する傾向があった。こうした軍隊的な装飾は、女性化された家庭と鋭い対照をなす、全員が男性の環境を少年が経験するのを可能にしたが、このキャンプが少しばかり自然の現場に置かれることも保証した。テントは季節の終わりごとにとり壊すことができたが、これは、少年のためにキャンプする意義を促進することに熱心であった支援者から借りていた土地でキャンプをするには非常に有利であった。20世紀初期になると、（最初からいくつかのキャンプで見られた）先住アメリカ人のモチーフが非常に人気になったが、この理由の一部には、1910年以降、少年向けのサマー・キャンプを奨励したもうひとつの組織であるアメリカの**ボーイスカウト**の先駆者であったウッドクラフト・インディアンズがあった。

　少女のためのキャンプ場は、新しい、独立独歩の若い女性の世代を育成する目的で20世紀初期に設立された。最初期のもののなかには、キャンプファイアー・ガールズ（1911年設立）やアメリカの**ガールスカウト**（1912年設立）がすぐに中産階級の少女を対象にしてはじまったが、（すべて1902年に設立されたニューハンプシャーのケホンカや、メーン州ブリグトンのワイオネゴニク・キャンプのような）民間のキャンプ場があった。1925年当時、アメリカには約300のガールスカウトのキャンプ場があった。

　少年向けにであれ少女向けにであれ、キャンプ術（たとえば荒野で生き残るために必要な技能）、自然研究、工芸（これはのちにアーツ・アンド・クラフトとよばれるようになった）、柔軟体操、スイミング、およびその他の**スポーツ**（初期のキャンプ主催者は、ベースボールとバスケットボールは、キャンプでやるにはあまりにも「都会的」すぎるとして難色を示したのだが）など、キャンプはさまざまな活動を提供した。人気があったキャンプ・ゲームは、「標的遊び」[*1]、「オール・カム・オーバー」、そしてキャンパーたちのなかでインディアンとよばれた役が、「草原を旅する白人たち」を演じるほかのキャンパーたちを捕らえる遊びである「インディアンと白人遊び」などであった（Gibson, p. 217）。夕方に行なわれるキャンプ・ファイアーは、そのキャンプのはじまりと終わりを示す特別な儀式であるだけでなく、劇場のような娯楽・歌・物語の語り聞かせ（ストーリーテリング）のための舞台でもあった。自然の舞台は（大人と家族集団が参加する野外伝道集会ですでに体験していたように）宗教感覚を強くするというはるか昔からの信念を思い起こしながら、多数のキャンプも、それと同じような精神的な要素を特徴にしていた。素朴な家具と、樹木あるいは石の祭壇がしつらえられ、湖の景色によって縁どられた森のなかのチャペルで、白い服を着たキャンパーが礼拝に出席するあいだ、日曜日ごとに行なわれる

規則的な祈りの行事は延期された。

　1920年代までに、自然と精神的に結びつくこのような感覚は、多くの宗教団体に、彼らが早くからはじめた慈善キャンプの取り組みをのりこえて、中産階級とエリートの家族の子どもたちを対象にした宗教に基礎を置いたキャンプになるよう駆りたてた。カトリックのキャンプとプロテスタントの聖書キャンプにくわえて、ユダヤのキャンプは、近代化と同化政策によっておびやかされた民族慣行をユダヤ人たちが維持しようとしたため、1920年代から1950年代にかけて人気の高まりを享受した。そうした夏のキャンプにおけるユダヤ人のアイデンティティへのアプローチは大きく変化した。そのうちのいくつか（ウィスコンシンのキャンプ・ラマのような）は、そのオリエンテーションにおいてあきらかに宗教的であり、ほかのもの（マサド・ヘブライ・キャンプのような）も、シオニズム的*2であり、その他のもの（ニューヨークのポート・ジャービスにあるチェイヴィン・キャンプのように）世俗的なユダヤ文化の慣行を重視した。

　世界のほかの地域では、「慈善キャンプ」という世紀の変わり目の実験は、1920年代にはもっと幅広いキャンプをする取り組みにとって代わられた。ニュージーランドでは、キャンプは、デリケートな子どもたちに健康をとりもどさせることと密接につながっていた。1919年に設立された、軍の余剰テントを使った最初の「健康キャンプ」は、国防省によって低料金で提供された。1930年代までには、新しい日光浴療法の科学によって処方される日光浴を重視する、カンタベリーの「日光同盟」をふくむ九つの健康キャンプ協会が設立された。1930年代後期になると、健康キャンプは、新しい永続的な周年使用できる施設を新たに重視するようになった結果、政府の規制を受けることになった。1950年代には、しだいに厳格になった政府の基準は、夏期だけのキャンプ場の多くを閉鎖に追いやった。

　ほかの環境では、1920年代と1930年代に、政治的な傾向があるサマー・キャンプの高揚が見られた。アメリカでは幅広い左翼のキャンプ（ニューヨークには1956年までに27の共産党系のキャンプがあった）があり、フランス、ドイツおよびオーストリアの共産党系のキャンプ、イタリアのファシストのコロニー、ポーランドとドイツのあいだで争われた国境線上でのポーランド文化を継承するためのキャンプなどが見られた。

　北アメリカのいくつかのキャンプと物理的にあまり違わないアメリカの急進的なキャンプとは違って、共産党政権下の地方自治体によって設立されたフランスのサマー・キャンプ（「イヴリー＝シュル＝セーヌ」[Ivry sur Sene]のような）は、部分的に、党への忠誠を確保するために制度化され、そのため多数の利用者に提供された。1929年には、ロワン近くのル・マテスの19ヘクタールの松林にいくつかのコロニーが建設された。付設されていた古い農場建物は、五つの新しい寮（これはそれぞれ100名の子どもの収容能力があった）と、800人に対応できる食堂兼台所があった。また、注目すべきことに、子どもたちの自治が慣行になっていた。ル・マテスの日常生活についての決定は、少女のために予約席の半分で、一般的な子ども期の選挙権によって毎年夏に選ばれる植民農業者の市議会の指導のもとに、集団的に決定された。これと同じくらいの大規模なものは、政治的な教化を助けるために、ファシズム時代のイタリアで設立されたコロニーであった。ここでは子どもたちに、日光浴と柔軟体操をするための、広くて自然に生えた植物が茂っているテラスに隣接した、大きく、簡素で、現代的な建物をつくった。

　第2次世界大戦の直前、専門的なエキスパートが、自分たちのアドバイスをキャンプの指導者にあたえたために、北アメリカのキャンプ計画の実施は変わってしまった（1935年のアメリカ・キャンピング協会の結成以降、指導者たち自身も専門職化した）。児童心理学者たちの調査結果は、ユニット・プラン（これはキャンプの景色を年齢基準の生活ユニットに分けるというもの）の導入と、入念につくられた寝室（ここにはキャンパーとカウンセラーのあいだの親密な相互作用を促進するための社会化空間をふくんでいる）の建設をうながした。アメリカ赤十字社の水の安全にかんするエキスパートたちは、ライフガードの見張り台、チェックボード、そして、泳げない人、初心者、泳げる人のために注意深く区切りを設けたエリアのあるウォーターフロントの改良を示した。キャンプ計画のエキスパートたち（その多くは、34の連邦のレクリエーション模範区域でキャンプを設計しているニューディールの保護のもとに、国立公園局ではたらいたことがある人びとであった）は、（キャンプ景色の発展をコントロールする）マスター計画と、（その支配の範囲を変形する）具体的なイメージがわく計画原理を推奨した。

　1940年代に、YMCA、ガールスカウト、そしてキャンプファイアー・ガールズなどによって出版されたキャンプ計画のマニュアルに成文化されているように、このような専門的な助言は、**ベビーブームと並行した戦後のキャンプ場建設ブームを誘導した**。この時期からより多くのキャンプが選ばれただけでなく、これらのキャンプは、多数の若いキャンパーたちを受け入れた。キャンプ・カウンセラーも、以前より若かった。戦後の多数の10代の若者たちは、キャンプに参加できるようにするために、多数のキャンプ組織者に、カウンセラー実務訓練計画（Counselor-in-Training: CIT）を確立するようにうながしていたが、（19世紀後半におけるキャンパーの年齢の中央値であった）16歳でさえ、自分をサマー・キャンプに参加するには年

長すぎていると考えていた。

　戦後、障害をもつ子どもたちに外国語、音楽、そしてコンピュータ・プログラミングを習熟度別に教えるキャンプは、ますます一般的になった。しかし、20世紀末になると、伝統的で、素朴な性格形成を行なうサマー・キャンプが、復活した人気を享受した。

　こうして、サマー・キャンプは、北アメリカ、ヨーロッパ、そしてオーストラレーシアの各世代で、身体的健康、社会性の発達、そして精神発達を促進する24時間体制のケアを提供する、すべての子どもを教育するために設計された最初の施設のひとつとなっている。だが、1880年代以降、サマー・キャンプの一般的な目標が変らないままであったにしても、子どもたちにとって何が最善なのかについて変化しつづける考えをキャンプの組織者たちがしっかり受けとめたため、キャンプがこうした目標を達成した特別な方法は変化した。

[訳注]
* 1 標的遊び（Rover）──「遠的遊び」ともよばれる。プレーヤーは、草むらや木など自然のものを臨時の的に見立て、決められた数の矢でこの的を撃ち、あたった矢の数で勝負を競う。
* 2 シオニズム（Zionism）──19世紀末頃にはじまったイスラエル国家への帰還運動、またはユダヤ教、ユダヤ・イディッシュ・イスラエル文化の復興をめざすユダヤ人の文化復興運動（文化シオニズム）。シオンとはイスラエル市街にある丘の名前。

➡休暇、共産主義の若者、キリスト教女子青年会とキリスト教青年会、子ども空間、組織的なレクリエーションと若者集団、ファシズムの若者

●参考文献

de Martino, Stephano and Alex Wall, ed. 1988. *Cities of Childhood: Italian Colonie of the 1930s*. London: Architectural Association.

Downs, Laura Lee. 2002. *Childhood in the Promised Land: Working-Class Movements and the Colonies de Vacances in France, 1880-1960*. Durham, NC: Duke University Press.

Gibson, Henry W. 1911. *Camping for Boys*. New York: Association Press.

Joselit, Jenna Weissman, and Karen Mittelman, eds. 1993. *A Worthy Use of Summer: Jewish Summer Camping in America*. Philadelphia: National Museum of American Jewish History.

Macleod, David I. 1983. *Building Character in the American Boy: The Boy Scouts, YMCA, and Their Forerunners, 1870-1920*. Madison: University of Wisconsin Press.

Maynard, W. Barksdale. 1999. "'An Ideal Life in the Woods for Boys': Architecture and Culture in the Earliest Summer Camps." *Winterthur Portfolio* 34: 3-29.

Mechling, Jay. 2001. *On My Honor: Boy Scouts and the Making of American Youth*. Chicago: University of Chicago Press.

Mishler, Paul C. 1999. *Raising Reds: The Young Pioneers, Radical Summer Camps, and Communist Political Culture in the United States*. New York: Columbia University Press.

Tennant, Margaret. 1996. "Children's Health Camps in New Zealand: The Making of a Movement, 1919-1940." *Social History of Medicine* 9: 69-87.

Van Slyck, Abigail A. 2002. "Housing the Happy Camper." *Minnesota History* 58: 68-83.

Van Slyck, Abigail A. 2002. "Kitchen Technologies and Mealtime Rituals: Interpreting the Food Axis at American Summer Camps, 1890-1950." *Technology and Culture* 43: 668-692.

　　　　（ABIGAIL A. VAN SLYCK／北本正章訳）

ザルツマン、クリスティアン・ゴットヒルフ（Salzmann, Christian Gotthilf, 1744-1811）

　ドイツの神学者、教育改革者、そして作家でもあったクリスティアン・ゴットヒルフ・ザルツマンは、1744年、ドイツのゼンマーダ*1に生まれ、1811年、シュネッペンタールで亡くなった。ザルツマンは、彼がまだ副牧師であった時期にすでに教授学についての文筆活動をはじめていたが、1780年に、ヨハン・B・バゼドウの有名な学校であった「汎愛学院」（the Philanthropinum）に雇用してもらうために、デッサウにおもむき、（汎愛主義教育philanthropinismとして知られていた）この学校の教授学の発展を手伝った。

　汎愛主義の学校は、子どもと大人のあいだの慈しみの信頼関係という理想、そして、（ジャン=ジャック・ルソーの影響を受けた）子どもの教育においては、自然の歩みに応じながら、喜びと面白さをあたえるものでなくてはならないとする考えにその特徴があり、この考えの信奉者たちは汎愛主義者とよばれた。1784年、ザルツマンは、シュネッペンタールに自分で寄宿学校*2を創設するために「汎愛学院」退職した。彼は、学校は家庭という形態をとるべきであり、教師はその生徒たちにとって最初の、そして最善の模範を示すべきであると考えていた。ザルツマンは、子どもの道徳性の発達ばかりではなく、観察力や知能の活用能力の開発に大きな比重を置いていた。子どもにもっとも身近なものから教えはじめ、目に見えるものから見えないものへ進むこと、近くのものから遠くのものへと進むこと、そして、具体的なものから抽象的なものへと進むこと、これが彼が考えた基本的な教育原理であった。最後に、**体育**は非常に重視されており、ザルツマンは、健康・体操・手工労働（木工、ガーデニングなど）をその教授活動にとりいれていた。

クリスティアン・ゴットヒルフ・ザルツマン（1744-1811）*

シュネッペンタール（テュービンゲンのヴァルターシャウベンに位置する）のザルツマン・シューレ*

　ザルツマンは、バゼドウ、J・H・カンペ、フリードリヒ・E・フォン・ロヒョウらとならんで、汎愛派の教育思想家のなかでもっとも重要な人物の一人であり、彼の時代の教授学の論争と教授実践に果たした彼の意義は、ドイツ語圏諸国を越えて広まった。彼が影響をおよぼした理由の一部は彼の著作物にあり、また一部は彼の教授学を学んだ多数の教師や個人教師が訪ねたシュネッペンタールの彼の学校にあった。また、彼は、シュネッペンタールで著名な体育の改革者となるヨハン・グーツムースにも影響をおよぼした。

　教育分野におけるザルツマンの多数の著作は、すくなくとも次の二つのグループに分けることができる。教育の入門書と教育小説である。ザルツマンは、彼が著した入門書のなかで、子どもに悪い性格を植えつけることにしかなっていない彼の時代の教育に共通してみられる誤りについて皮肉をこめて語り、正しい教育だと彼が考えていることをどのように子どもに提供するか、その指針を示し、教育者を教育する必要性を指摘している。彼が著した教育小説では、ザルツマンが考える教育の理想は、古い社会秩序のさまざまな階級の生活の仕方や生活条件についての印象的な物語に示されている。たとえば、『コンラート・キーファー』（*Conrad Kiefer oder Anweisung zu einer vernünftigen Erziehung der Kinder. Ein Buch fürs Volk*, Schnepfenthal, 1796）が、農民の子どもたちのものわかりのよい、あるいは理性的な教育を描いている書物であるのに対して、小説『カール・フォン・カールスベルク』（*Carl von Carlsberg oder über das menschliche Elend*, Leipzig, 1783-1787）は、おもに貴族とブルジョワジーのあいだでの生活条件を描いている。最後に、ザルツマンは、彼が精神疾患ばかりでなく身体的な病気にもつながる、もっとも大きな文明病のひとつと見ていたマスターベーションの危険性について強い関心をもっていた。

［訳注］
*1　ゼンマーダ（Sömmerda）──ドイツ中央部のライプツィヒの西方に位置する小さな町。
*2　寄宿学校（his own boarding school）──これはザルツマンシューレ（Saltzmannschule）とよばれ、1991年にギムナジウム（Gymnasium）として、2001年に特別ギムナジウム（Spezialgymnasium）として今日にいたっている。

➡教育（ヨーロッパ）

（SIGNE MELLEMGAARD／北本正章訳）

産科学と助産術
（Obstetrics and Midwifery）

　産科学と助産術は、妊娠している女性と出産間近の（分娩中の）女性の世話をすることに焦点を置いた医療知識と実践の、異なる二つの分野であるが、互いに重なりあう分野でもある。産科学は、妊娠と出産にかかわる問題と困難な状況に焦点をあてるが、助産術は出産過程に付随する傷つきやすさを視野に入れつつ、正常分娩を重視する。産科学が古代のギリシアとローマで行なわれていた医療の伝統と結びつき、また近世のヨーロッパで発達した近代解剖学や外科学の勃興と結びつきながら発展したのに対して、助産術のほうは伝統的に、女性たちがお互いにあたえあっていた社会的および外科的支援のなかからしだいに発展した。産科学は、その解剖学、生理学、病理学をふくむ分娩の基本原理が認識され、また多数の男性の開業医が赤ん坊をとりあげはじめるようになるのにともなって、18世紀末にもっとも大きな影響をおよぼした。麻酔法と

消毒法は19世紀の産科学を発展させたが、分娩中の医学的干渉に関係する感染が母親の死の原因につながらなくなるのはサルファ剤の出現*¹が見られた20世紀の30年代になってからのことであった。21世紀の産科学は、その方向性においてしだいに科学技術的になり、妊娠の病理に焦点を置くようになっている。これに対して助産術は、依然として妊娠の正常と、妊娠中の、また出産間近の女性に対して、実際的で感情的な支援を提供することに重点を置きつづけている。

古代、中世および近世

古代のギリシアとローマでは、通常、出産は家父長制家族の母親として、男子を出産する場合にはとくに妊産婦の地位を承認するすべての女性の出来事であった。分娩中の女性は支援を求めてアスクレピオス*²とアルテミス*³に祈った。助産婦たちはさまざまな社会経済的な出自をもち、その教育訓練に応じていろいろな特権を享受していた。ギリシアでは、ヒッポクラテス*⁴の医学から得た経験知識にもとづいて訓練されていた男性と女性の祈祷師たちが高い社会的地位を享受し、出産に立ち会い、ときには正常な出産にも異常な出産にもいっしょになって取り組んだ。ヒッポクラテスの医学の訓練を受けていなかった助産婦たちは、魔法や呪文ばかりでなくさまざまな民間伝承の秘薬に頼っていた。

赤ん坊が異常な出産体位でゆっくりと生まれてきた場合、その出産の立会人は、この赤ん坊をもう一度子宮内に押しもどすか、外から子宮を動かすためにベッドをゆさぶった。分娩が失敗し、死んでしまった赤ん坊は、鋭い器具で子宮のなかで手足をバラバラにされてから「しめつけ具」で取り出された。残った胎盤はつり錘をぶら下げるやり方で強制的に体外に引き出して排出させた。痛み止めと鎮静剤は、出産合併症のために母親が異常に苦しんでいる場合にかぎって処方された。正常な分娩に付随する痛みは生産的なものだと見みなされ、出産過程の一部だとされた。

ローマで施療していた2世紀のギリシア人医師ソラヌス*⁵は、産科学理論を論じた『産科医学論』（Gynaecology）を出版し、正常分娩と異常分娩のための基本施術を提案した。このなかで彼は、足位回転法（podalic version）とよばれる、赤ん坊の足を子宮内で伸ばし、最初に足から引き出すことで横の位置になっている赤ん坊を出産させる方法を提案した。ソラヌスは、出産椅子についても描写しており、助産婦が果たすべき義務と、身につけておくべき技法の一覧表を示している。また彼は、難産のときは鉗子を用いるよう助言している。

歴史家たちは、近代以前の女性の平均結婚年齢が25歳であったのに対して、古代ギリシアの女性が21歳以前に結婚していたとしても、古代の幼児の死亡率は、おそらく近代以前の比率と似ていただろうと推測して

出産椅子による分娩のようす（紀元前2世紀頃）*

いる。晩婚は、母親と赤ん坊にとって相対的なリスクが低かったことと関係していた。マラリアや結核は、とりわけ近代的な衛生学と、よく効く薬がなかったために特別なリスクをひき起こしていたが、産褥熱*⁶は、相当高い確率で母親を死にいたらしめていた。

中世とルネサンス時代を通じて、子どもの出産は、分娩中の母親、母親の親戚の女性、そして助産婦たちの共同作業をふくむ家庭中心の社会的な出来事であった。出産は女性にとって通過儀礼であって、それによって妊孕力と母親という新しい地位が認められた。「お前のはらみの苦しみを大きなものにする」（『創世記』3・16）という聖書の戒めにもかかわらず、助産婦は麻酔薬あるいは痛み止めとしてハーブやワインを使用した。プロテスタントの女性が、聖人への嘆願なしに直接、主に祈りを捧げたのに対して、カトリックの母親も、妊娠中の女性の守護聖人である聖マルガレーテ（St. Margarete）に祈りを捧げることで出産の苦痛の緩和を求めた。

出産をうながすために、助産婦は母親のおなかと生殖器に油を塗ってマッサージした。足のくるぶしの静脈を切開して瀉血処置したこともあったかもしれない。分娩中の妊婦は、出産するのに快適な身体の体位を見つけるために、お産の床の部屋を歩きまわった。お産用の椅子は、とくにドイツでは広く用いられていた。異常な出産のときは、熟練の助産婦は、いくつかの選択肢をもっていた。彼女は、分娩を誘発するために羊膜嚢を破ることができたし、産道でつまってしまった胎児に布をしばりつけてひっぱったり、あるいは触診や腹腔マッサージを行なうことによって体内あるいは体外から幼児の位置を動かすこともできた。臀位*⁷、死産、双子、あるいは母親の骨盤の変形によってひき起こされるその他の問題が生じた場合には、最後の手段として外科医がよばれた。外科医は、しばしば母親の生命を救うために、鉤針やナイフを用いて胎児の手足をバラバラにしたり、引き出すしか方法がなかった。

13世紀後半から18世紀後半にかけて、助産婦の社会的背景、職業的地位および技能水準は、国の内外で多

様化した。助産婦の標準的な仕事量、賃金、仕事の範囲も多様化した。助産婦についての一般のイメージと専門家たちのイメージは、無恥で未熟練なイメージから熟練した腕をもち、尊敬されているイメージまで、さまざまであった。魔女としての助産婦という近代の概念は、現実的な根拠はほとんどなかった。法廷の記録文書は、助産婦が魔女として告発されたことはめったになかったことを実証している。実際、宗教当局と地方自治体当局は、助産婦に多様な医学的および法的な責任を負わせていた。助産婦は、妊娠、子殺し、処女であること、強姦などの場合、専門の証人として証言するために、家庭内のもめごとをやわらげるために、さらに宗教上の遵奉や非嫡出子の出産あるいは子殺しを証明するために、ますますひんぱんに召喚されることが多くなった。

宗教的な関心は、1277年の（トリーア宗教会議において）、助産婦に対する最初の公的規制の動機となった。助産婦たちが聖職者をよんでくる時間がないとき、緊急の洗礼をほどこす方法を学ぶことができた。16世紀初頭以降、地方自治体当局は、新たに登場した男性の医学的ヒエラルキーの保護の下で助産婦を規制した。助産婦の道徳性、宗教的素養、そしてしばしばその技法が評価された。しかし、イギリスとアメリカでは、助産婦は散発的な規制しか受けなかった。

ロジャー・スコフィールド、B・M・ウィルモット・ダビー、そしてアーヴィン・ラウドンらによる諸研究は、1400年から1800年にかけての母親の死亡率は1～3パーセントであったと見積もっている。出産中の女性の死は、ほとんどの場合、狭いあるいは奇形の産道、胎児の異常胎位、分娩後の多量出血、あるいは産褥熱などによってひき起こされる、長引いた出産が原因である。妊娠するたびに健康上のリスクはくりかえされた。一人の女性が平均して5回妊娠していたことから考えて、出産中あるいは出産後にこうした女性の10パーセントが死亡していた。

16世紀と17世紀を通じて、人体解剖の体系的な研究、古代の医療知識の復活、そして、人間の再生産における男性の医療実務者のあいだで更新された関心などが産科学の発達と革新を促進した。印刷技術の進歩は、知識の普及を促進した。フランスの外科医アンブロワーズ・パレ[*8]は、1550年に足位回転法をふたたび紹介した。何人かの助産婦とならんで、ほかの有能な外科医は、正常分娩と異常分娩に対する基本的な治療計画（プロトコル）をふくむ産科学の教科書を出版した。実際、フランスの外科医は、次の世紀のイギリスの外科医と外科医をかねる薬剤師たちが貴族の出産の立ち会い人になる道を開いた。

18世紀のイギリスとスコットランドでは、外科医と医者は、道具を用いる場合と用いない場合の両方で、正常分娩と異常分娩の識別法と対処法を洗練した。受胎した子宮の正確なイラストがはじめて描かれた。スコットランドの外科医ウィリアム・スメイリー[*9]は、出産中の鉗子の使用を実用可能な選択肢に改善した。彼は、1752年に、初期の基本的治療法がしばしばひき起こした子宮と膣の切除を避けるために、新しく改良をくわえた道具を導入した。しかし、こうした進歩にもかかわらず、妊娠した女性は、外科医が伝統的に死と結びついていたために、外科医をよぶのをまだためらっていた。さらに、妊婦の夫とモラリストは、分娩中にほかの男性が立ち会えば女性の道徳性を容易に危険にさらしてしまうのではないかと懸念した。しかし、18世紀末までに、男性はイギリスの多数の地域で全出産の50パーセントに立ち会っていた。この傾向はフランスでも同じであったし、アメリカにもしだいにあてはまるようになった。

貧しい女性たちのための産科病院の設立は、最終的に優越性をもつことになる医学の専門分野としての産科学に寄与した。病院は男性が正常分娩と異常分娩の出産技法を行使できる患者を際限なく供給した。さらに、有名な外科医（accoucheurs）や医者は、全員が男性の弟子たちに、産科学・手術・解剖についての私的な連続講義をはじめた。「実地体験」をふくんだ学習方法は学生の技能と確実さを改善した。

産科学の隆盛は、複合的な影響を助産婦におよぼした。助産婦のなかには伝統的なやり方に固執する者もいた。しかし、それ以外の助産婦たちは新しい科学をとりいれ、再訓練を受け入れようとした。国家政策も助産術の概略を構築した。アメリカとイギリスの助産婦たちが規制を受けることはめったになく、新しい技術・道具・産科知識をとりこんだ病院や私立学校から排除されることもめったになかったが、ヨーロッパの助産婦たちは地方自治体と国家当局の保護の下で再教育を受け、規制を受けていた。たとえば、フランスでは、人口減少の恐怖は、1759年、国王ルイ15世にドゥ・クードレ夫人[*10]が地方の助産婦を教育するのを支援させた。彼女は、産科用のマネキン人形と絵入りの手引き書を使って約1万人の農婦を訓練し、進歩した救命法を用いて赤ん坊を出産させられるようにした。

近代

女性たちによる痛みのない出産経験の探求は、産科学の歴史に決定的に重要な転機をもたらした。1792年から1834年にかけてのエーテル、モルヒネ、クロロフォルム、そして1902年のスコポラミン[*11]といった薬物の発見は、痛みを管理できるようにした。「半麻酔」[*12]、すなわち麻酔薬の投与の下での分娩を求める運動は、20世紀初頭のドイツではじまり、すぐにアメリカとイギリスに広まった。上流階級と中産階級の女性は、出産中にスコポラミンその他の薬物を用いて、無痛分娩させるために助産婦を廃止した。麻酔薬を利用することにともなう潜在的な危険は、病院環境に医者が立ち会うことを要請した。麻酔薬の下で妊婦

が起こす奇矯な行動は、付添人たちが病院のベッドに妊婦を強制的に鎖でつなぐようにさせた。さらに、母親の意識がもうろうとした状態は、出産過程について彼女たちを完全に無意識にした。くわえて、麻酔薬を投与された母親から生まれた乳幼児の多くは新生児うつ症に苦しんだ。1900年当時、イギリスとアメリカでは、医者の手助けによる出産の50パーセントは、病院でクロロフォルムかエーテルを用いられていた。イギリスの研究者アーヴィン・ラウドンによる1997年の報告は、病院出産は、1932年の全出産の24パーセントから1946年の54パーセント以上へと増加したことを発見している。病院出産は、もはやすべての女性のライフサイクルの出来事において他人事とはみなされず、男性の医者は出産前と出産過程により大きな支配権を行使しはじめた。

痛みの管理革命に続いて、新しく登場してきた、みずから産科医とよんだ医者集団は、アメリカとその他の多くの西ヨーロッパ諸国で慣例となる病院出産の基本的な治療計画を制度化した。麻酔薬、鉗子を使った出産、妊婦の下腹部を剃ること、分娩に先立つ浣腸処置、飲食物の支給停止、会陰部の切開、出産にそなえての膀胱位置の修正、出産を誘発させたり抑制したりするピトシン[*13]その他の薬物投与、これらすべてが慣例になった。胎児のモニタリング、断層造影撮影、そして母親への点滴投与なども、とくにアメリカで帝王切開と分娩誘発剤の投与が行なわれるようになったことにみられるように、20世紀末までに標準的な処置法になった。

だが、皮肉なことに、1900年から1930年にかけて産科学の革命が勢いを増すのにともなって、妊婦の死亡率は高まった。ほとんどの場合このような妊婦の死は、「お産の床」すなわち、細菌性の連鎖球菌による化膿によってひき起こされる女性の生殖器管の細菌感染である産褥熱が原因であった。18世紀の産科病院の出現は、すでに産褥熱の問題を流行伝染病と同じ比重でとりあげていたが、この産褥熱は、病気についての病原菌理論が19世紀後半に受け入れられたあとでさえ、多数の在宅出産の場合だけでなく病院出産でも致命的であることを示していた。その結果、ラウドンは1997年の著作において、1863年と1934年における子どもの出産中の死亡リスクは基本的に同じであったと報告している。高い死亡率は、いい加減な細菌消毒、そして、とりわけ鉗子を用いた、不必要で危険な産科的な介入に従事する看護者の未熟さに原因があった。この事実は、国別の違いを考慮に入れると明白になる。ラウドンは、1992年に公刊した報告のなかで、1935年には産科的な介入は、オランダでは1パーセント、ニューヨークでは20パーセントであったことを見いだしている。問題が起きたとき、自然分娩の死亡率が1万件につき4パーセントであったのに対して、敗血症（感染）が原因の死亡率は、1万件につき40パーセントであった。妊婦の死亡率は、連鎖球菌バクテリアの毒性が弱まり、1935年にサルファ剤が導入されてようやく減少した。妊婦の死亡率は、安全な輸血、妊娠中毒症への処置技術の発達、そして出産後の止血剤であるエルゴメトリン[*14]の導入などによって、第2次世界大戦後も下降しつづけた。

帝王切開法

帝王切開による出産の正当化は、もともとは宗教的なものであった。妊婦が瀕死の状態になっていて、胎児が洗礼を受けられるようにしようとするとき、この手術が行なわれた。帝王切開は、19世紀を通じて、殺菌法、麻酔術、無菌手術、および新しい種類の子宮縫合術が母子の生存率を大幅に改善するのにともなって、広範に受容された。1940年代のペニシリンの純粋型の発見[*15]は、感染症、子宮破裂、その他の病理を大幅に減少させた。

好成績をあげた帝王切開の技術は、アメリカでは出産後の形態に急激な増加をもたらした。ジェーン・シーウェルは、1970年のアメリカでの帝王切開率は約5パーセントであったが、1988年には25パーセント近くにまで増えたことを発見している。ジュディス・ペンス・ルークスは、1990年には、アメリカにおける帝王切開による出生率は、ヨーロッパの多数の国々のほぼ2倍であったことを発見した。母親の健康リスクによるアメリカにおけるこの比率を減少させようとする努力は、ある程度の成功をおさめた。1992年の23パーセントから1994年の21パーセントへと下降した。この減少は、「一度帝王切開を経験したらいつでも帝王切開」という言説に対してくりかえされた異議申し立ての結果、同じ患者が帝王切開するのが減ったことに起因するものであった。

未熟児出産

1880年代のフランスでの未熟児保育器（インキュベーター）の発明[*16]は、今日「新生児学」[*17]とよばれている分野の中心的な発展をつくった。未熟児の看護を専門的に行なう最初の病院は、1923年にシカゴに開設された。在宅出産がまだ標準的であったため、両親は実験的な処置を受けさせるために子どもを病院に残しておくのを嫌がった。この状況は、呼吸補助技術の大きな発展、助産器具の改善、新しい外科医術、革新的な**乳児哺育**、そして新しい治療効果のある薬剤などが発展した1960年代を通じて、新生児学を**小児医学**における発展的な副次的専門分野として劇的に変化させた。1960年代以降、医学の進展は、未熟児と低体重の懐胎期の乳児の生存率を大幅に改善した。

出産前の看護

産前看護が慣例になったのは比較的最近の現象である。母親と子どもの健康を確保する看護効果は国ごと

に異なり、アメリカ国内でも社会階層と人種ごとにさまざまである。すべての国民が国民健康保健制度で守られているヨーロッパでは、産前看護サービスを受けるのが標準で、通常は助産婦によって行なわれる。あらゆる人種と民族の女性がこのサービスを利用することができたため、健康問題を起こすことはほとんどなく、未熟児出産になることもめったになかった。しかし、アメリカでは、普遍的な健康看護がなかったため、出産前に診療所を利用する慣習は、驚くほど多様である。妊娠を計画している教養のある健康な中産階級の女性は、かかりつけの医者あるいは助産婦をひんぱんに訪問し、その助言に従う。不利な立場に置かれていて産前看護を受ける手だてをもたない女性、あるいは子どもをもうけることに迷いがある女性は、予定日より早い出産になったり、その他の健康に関連する問題をかかえこむ傾向がある。文化的および社会的な理由も、こうした女性が、たとえ自由で利用可能であった場合でも、産前サービスの利点を受けとるのを阻害する。アフリカ系アメリカ人女性は、白人女性の2倍の確率で、低体重児を出産する。アメリカにおける産前看護にかんする研究は、産前看護のヨーロッパ・モデルの適切な助言と効果を補強している。すなわち、産科医たちが作った標準的な産前看護に対抗するものとしての産前診療所の看護婦・助産婦看護を受けに来た低収入でハイリスクを背負ったアフリカ系アメリカ人女性は、良好な出産成績を得ているのである。

乳児死亡率

乳児死亡率は、人口全体の福祉水準と衛生状態を反映する。近代以前のヨーロッパでは、4人ないし5人の子どものうち1人は、誕生後1年以内に死亡しており、2人に1人は10歳までに亡くなっていた。社会階級は、乳児死亡率を決定する鍵となる要因でありつづけた。専門家によれば、この状況は変わりそうにない。妊婦の死亡率との対比では、乳児死亡率は20世紀初頭から1930年代なかばにかけて、西ヨーロッパ世界全体で下降した。この傾向は、妊婦の死亡率と乳児死亡率とのあいだに密接な関係がないことを示している。

1900年から現在までの助産術

1900年から1930年にかけて見られた産科学の勃興と子どもの出産の医療体制化（medicalization）は、ヨーロッパの助産婦たちのアイデンティティと自律性に異議申し立てをした。この異議申し立ては、出生率の低下、産科医の不足、公共保健労働者たちの異議申し立て、そして経済的危機などのなかで発生した。助産婦たちは、さまざまな方法でこれに対応した。スウェーデンの助産婦たちは、ほかのヨーロッパの国々の助産婦が医師と張りあうために有益な新しい医療技法を身につけていたのに対して、鉗子を用いる訓練を受け、それを使う権利を得た。これとは対照的に、同じ時期のアメリカの助産婦たちは、その組織、政治力、そして経済力がなかったことが、彼女らが医学専門家たちに対して身を守るのを困難にしていた。医学者たちは、当時の多くの研究がそれとは矛盾する評価をしていたにもかかわらず、彼女たちのことを無能で無知だと決めつけた。そうしたなかで、数少ない顕著な例外として、北部における移民の助産婦たちの継続的な実践と、貧民のための助産婦になる看護婦を訓練したニューヨーク母性中央協会（the Maternity Center Association in New York、1918年創設）とケンタッキー先端看護協会（the Frontier Nursing Service in Kentucky、1925年創設）の設立があった。ほかの事例のほとんどすべてにおいて医学者の管理下にあった病院の登録看護婦による産科学的な看護実践は、代替的な出産運動が高まる1960年代と1970年代までに、助産婦と入れ替わった。

21世紀初頭、産科学と、潜在的に病理学的で危険なものとしての妊娠と出産という産科学の考え方は、ヨーロッパ文化を支配しつづけている。全体的に見れば、助産婦たちは出産を正常で健康なプロセスと見る訓練は受けていなかったのだが、病院ではたらいていた助産婦たちもこの考えの影響下にあった。ヨーロッパでは、助産婦たちは妊娠中の母親の介護にアメリカの助産婦よりもはるかに大きな役割を果たすが、医療体制化された出産モデルがしだいにヨーロッパ各国にも浸透していった。

だが、スウェーデンとオランダでは、正常な健康プロセスとしての妊娠と出産の助産婦モデルは、ほかのヨーロッパ諸国に比べてはるかに大きな役割を果たしている。ほかのヨーロッパ諸国では、出産数の3分の1は在宅出産である。在宅出産の伝統の支援と結びついた国民健康管理保険の安全性と費用効果は、オランダの助産婦たちが、ほかのほとんどの国の助産婦よりも大きな自律性と、さしむかいでの医療専門職の仕事を享受できるようにさせていた。1992年のオランダの幼児死亡率は、このときアメリカが世界で第22位であったのに対して第10位で、出生数1000あたり6.3という低さであった。スウェーデンの助産婦も、産前看護の80パーセントと、スウェーデン国内の家族計画サービスの80パーセント以上を管轄していることにみられるように、きわだっていた。スウェーデンでは、公立病院におけるすべての正常な出産に助産婦が立ち会っており、スウェーデンの女性は、アメリカの女性ほど多くの介入を病院では受けない。オランダとスウェーデンの助産婦は、その成功の多くの部分を政府の支援政策に負っている。

アメリカの助産婦は、かつての衰退期の後に20世紀後半になってその地位を盛り返した。子どもの出産の過剰な医療体制化に反対する消費者とフェミニスト革命は、在宅出産のための、独習あるいは見習い訓練

を受けた「素人の」、あるいは「直伝の」などとよばれる助産婦への関心の復活につながった。直伝型の助産婦は、いくつかの州では法的な認可を受けたが、医療の周縁にとどまったままである。

助産術の訓練を受けた大学院生が看護婦としても登録している公認の助産資格をもつ看護助産婦（nurse-midwives）は、広く受け入れられた。「安全」で、しかも「家庭的な」病院環境で、もっと自然な出産経験を求めていた中産階級のフェミニストの女性たちは、助産資格のある看護助産婦が重要な役目を果たす、それまでとは違う出産運動を展開した。1970年代の医師不足も、貧民のために新しく設けられた家族計画センターに臨床看護婦や助産資格のある看護助産婦を人員配置するのを連邦政府が支援するのを後押しした。2000年代初頭には、公認の助産資格をもつ看護助産婦は、アメリカ全体で、ほぼ普遍的な法的認定を受けている。彼女たちの専門的な経験知識が低リスクの妊娠のための対等な、あるいはよりよい結果を導いたことは、データが示している。1980年から1995年までのあいだに、アメリカの政策立案者たちは、多数の、貧しい、高リスクの妊娠をしている女性たちが産科医への介護料を支払うことができなかったことと部分的に関係がある、改善がすすまない全国的に高い乳児死亡率を低減させるうえで、助産婦資格のある看護助産婦を手配することは、潜在的に低コストの解決策になると見ていた。

産科学は、さまざまな種類の医学的合併症や、治療を急ぐ事態に直面していた多数の女性と子どもたちの救命と人命擁護の役割を果たしている。だが、産科学が病理を重視することは、妊娠と出産に関連するほかの慣習や風習の影を薄めてしまった。病院で治療を受ける子どもの出産はいまでは通過儀礼になっているが、そうした出産は、医師のテクノロジーと権威に過剰に依存する西洋医学の合理的で科学的な価値観を強化することになる。妊娠と出産がテクノロジーに依存し、主体性を奪うような産科学の方法を批判する人びとは、医療裁判と異文化間の研究から得られた膨大なデータに注意を向けている。こうしたデータは、助産術において暗黙の前提になっているローテクで、「自然」で、そして健康を増進してくれるモデルの多様な側面が、非常に高い費用効果を上げているばかりでなく、低リスクの母親とその子どもに対して、産科学と同等の、もしくはそれ以上の好結果をおさめることもできているとする考えを支持している。さらに、子どもの出産への助産婦のかかわりは、生まれてくる子どもの情緒的および身体的な健康を支援するだけでなく、妊婦のそれらをも支援する多様な方法を母親に提供できるのである。

［訳注］

*1 サルファ剤の出現——細菌性の感染症に対する化学療法の治療薬として、いわゆるサルファ剤（sulfa drug）としてスルファニルアミド（sulfanilamid: $C_6H_8N_2O_2S$）が開発されたのは1937年。

*2 アスクレピオス（Asclepius）——ギリシア神話のアポロの息子で医神。ローマ神話の医薬と医術の神アエスクラピウス（Aesculapius）に相当する。アスクレピオスは死者を蘇生させたため全能の神ゼウスの怒りをまねき、雷によって殺され、「蛇つかい座」の星（Ophiuchus）と化したとされる。

*3 アルテミス（Artemis）——ギリシア神話に登場する女神で、ゼウスとレトの娘でアポロの双生の妹。アルテミスは山野を支配し、人間と野獣の多産の神、および子どもの守り神とされた。若くて美しい処女の猟人として表現される。デロス島のキュントス山で生まれたことからキュンティア（Cynthia）ともよばれる。ローマ神話では、美しい月の女神であり、女性と狩猟の守護神ダイアナ（Diana）に相当する。

*4 ヒッポクラテス（Hippocrates, 前460-377）——古代ギリシアの医者。世襲制の医者の家に生まれ、各地で医学を学んだのち、生まれ故郷のコス島の医学校の教師となり、医学知識を迷信や呪術から切り離して組み立てようとした。人間の健康状態を自然との調和状態からもたらされると考え、病気は四種類の体液の混合状態のバランスをくずすことから生じる変調が原因であると考えた。今日まで伝わる「ヒッポクラテスの誓い」は医療にたずさわる者の普遍的な倫理観を述べたもので、彼は「医学の父」「医聖」「疫学の祖」と称されている。

*5 ソラヌス（Sōranos; Soranus of Ephesus, 生没年不詳）——2世紀頃、アレクサンドリアおよびローマで活躍したギリシア人医師。最初の産科学書『産科医学論』（Gynaecology）の著者として知られ、婦人病、妊娠、保育などにかんする数多くのすぐれた論述があり、その後1500年にわたって典拠とされた。『急性病と慢性病』には精神障害にかんする記述もあり、今日の精神療法と似た治療法に言及している。この著作は5世紀のA・カエリウス（Caelius Aurelianus）によるラテン語訳をへて今日に伝わっている。

*6 産褥熱（puerperal fever）——子宮内の胎盤の剥離面や、分娩によって生じた傷への細菌感染に由来する、産褥期に発生する熱性疾患の総称。一般的には、産褥24時間から10日目ぐらいまでのあいだに38℃以上の発熱が2日以上持続する場合をいう。産褥熱には、乳腺炎、尿路感染症はふくまれない。現在では、分娩管理と効果的な抗生剤の進歩によっていちじるしく改善されている。

*7 臀位（reech presentation）——「骨盤位」ともいわれ、子宮内で胎児の頭部が子宮底に、臀部が子宮口に向かって位置していること。このため、分娩の際に、お尻または脚部が先にあらわれるので逆子ともよばれる。

*8 パレ（Ambroise Pare, 1510-1590）——フランスの外科医学者。初め理髪師のもとで外科を学び、パリの市立病院で研究後、軍医となり、戦場で多年にわたる治療経験を積み、豊富な体験に裏づけられた実証精神をもって、「銃創の治療」にかんする新しい治療法を発

明し、産科でも足位回転術を考案したことで知られる。「フランス外科医学の父」と称される。

*9 スメイリー（William Smellie, 1697-1763）──イギリスの医者。地方で20年、ロンドンで20年、産科医として活動した後、晩年の60歳代以降はそれらの経験を著作にまとめ、助産術の発展につくした。「スメイリー鉗子」「スメイリー鋏」などの医療器具を開発する一方、逆子の分娩法、狭骨盤における分娩機転を記述したほか、自然分娩法について多数の業績を残した。

*10 ドゥ・クードレ夫人（Angelique Marguerite Le Boursier du Coudray, 1712-1790）──フランスで「国王の助産婦」とよばれた、助産の経験が豊富にあった女性。ルイ15世の支援を受けて、1760年から1783年にかけて、フランス各地の40以上の都市と農村で、貧しい女性たちに出産知識を教え、直接指導を受けた生徒だけでも4000名に達したといわれている。

*11 スコポラミン（scopolamine）──鎮静剤の一種で、副交感神経を遮断し、散瞳作用をともなう。ユーラシア原産のナス科ハシリドコロ属 $Scopolia\ carniolica$ にふくまれる無色、粘性、水溶液のアルカロイド（$C_{17}H_{21}NO_4$）で、ヒオスミン（hyoscine）ともよばれる。イタリアの博物学者スコポリ（G. A. Scopoli, 1723-88）にちなんで命名された。

*12 半麻酔（twilight sleep）──無痛分娩の半麻酔状態のことで、通例は麻酔薬のスコポラミンとモルヒネの皮下注射によって麻酔状態にする。1915年頃から twilight sleep と表現されるようになった。

*13 ピトシン（pitocin）──オキシトシン（oxytocin）の商標名。ポリペプチド質のホルモンの一種であるオキシトシンは脳下垂体後葉でつくられ、子宮（平滑）筋の収縮を刺激し、陣痛の促進作用を高めたり、産後出血を抑制して母乳分泌を促進する作用がある。これらの作用は1928年以降確認されてきている。化学式は $C_{43}H_{66}N_{12}S_{12}O$。

*14 エルゴメトリン（ergometrine）──麦類その他のイネ科植物の子房に寄生した麦角菌から採取される水溶性アルカロイド（$C_{19}H_{23}N_3O_2$）で、そのマレイン酸塩は産婦の子宮収縮促進薬、止血薬として用いられる。

*15 ペニシリン──イギリスのアレグザンダー・フレミング（Sir Alexander Fleming, 1881-1955）が、1928年、ロンドン大学のセント・メアリーズ病院医学校でブドウ球菌の培養実験中に、偶然、彼がクシャミをした粘液が落ちた場所のアオカビ（Penicillium notatum）のコロニーの周囲にブドウ球菌の生育が阻止される領域が生じる現象を発見したことから、アオカビを液体培養したあとのろ液にも同じ活性があることをつきとめ、アオカビの学名（Penicillium）にちなんでペニシリンと名づけた世界初の強力な抗生物質。フレミングはこの新発見の重要性を認識し、1929年6月号の『British Journal of Experimental Pathology』誌にペニシリンにかんするレポートを発表した。フレミング自身は細胞物質を単離しなかったが、その後、1940年にH・W・フローリー（Howard Walter Florey）と E・B・チェイン（E. B. Chain）がペニシリンの単離に成功した。このとき一つと思われていたペニシリンが、ペニシリンG、ペニシリンNなどの混合物であったこともわかった。翌1941年には臨床でその抗菌剤としての効果が確認され、発見後10年以上の歳月をかけて医療用として実用化された。第2次世界大戦中に多くの負傷兵や戦傷者を感染症から救い、医療現場で広く使われるようになった。

*16 インキュベーター（incubator）──温度を一定に保つ機能をもつ装置で、恒温器ともよばれる。元来は鳥類や魚類などの卵を人工的に孵化させるための孵卵器をさしていたが、温度調節、換気、回転など自然の孵卵条件を再現する精密な機能が付加され、生物学や農学などで広く使われるようになっている。産科学、周産期医学では、体温調節機能の未熟な新生児を保護する保育器をさす。

*17 新生児学（neonatology）──新生児の発育や疾患を研究する学問分野として、1960年頃からいわれるようになった。従来の産科学、小児科学、保育学、幼児心理学、発達心理学、生理学などの学際領域として新生児の発育、保健、病理対策、発達などを焦点化している。

➡妊娠と出産

●参考文献

Demand, Nancy. 1994. *Birth, Death, and Motherhood in Classical Greece*. Baltimore, MD: Johns Hopkins University Press.

Devitt, Neal. 1996. "The Transition from Home to Hospital Birth in the United States, 1930-1960." In *Childbirth: Changing Ideas and Practices in Britain and America 1600 to the Present*. New York: Garland Publishing.

Davis-Floyd, Robbie. 1988. "Birth as an American Rite of Passage." In *Childbirth in America: Anthropological Perspectives*, ed. Karen Michaelson. Beacon Hill, MA: Bergin and Garvey.

DeVries, Raymond. 1996. *Making Midwives Legal: Childbirth, Medicine, and the Law*, 2nd ed. Columbus: Ohio State University Press.

Dobbie, B. M. Willmott. 1982. "An Attempt to Estimate the True Rate of Maternal Mortality, Sixteenth to Eighteenth Centuries." *Medical History* 26: 79-90.

Enkin, M., M. J. N. C. Keirse, and I. Chalmers, eds. 1995. *A Guide to Effective Care in Pregnancy and Childbirth*, 2nd ed. New York: Oxford University Press.

French, Valerie. 1986. "Midwives and Maternity Care in the Roman World." *Helios* 13, no. 2 (special issue): 69-84.

Gélis, Jacques. 1984. *L'arbre et le fruit: La naissance dans l'Occident modern XVIe-XIXe siècle*. Paris: Fayard.

Green, Monica. 2000. *Women's Healthcare in the Medieval West*. Burlington, VT: Ashgate.

Harley, David. 1990. "Historians as Demonologists: The Myth of the Midwife-Witch." *Social History of Medicine*

3: 1-26.
Jordan, Brigette. 1993. *Birth in Four Cultures: A Crosscultural Investigation of Childbirth in Yucatan, Holland, Sweden, and the United States*. rev. ed. expanded by R. Davis-Floyd. Prospect Heights, IL: Waveland Press.
King, Helen. 1998. *Hippocrates' Woman: Reading the Female Body in Ancient Greece*. London: Routledge.
Leavitt, Judith Walzer. 1986. *Brought to Bed. Childbearing in America, 1750-1950*. New York: Oxford University Press.
Lingo, Alison Klairmont. 1999. "Midwifery." In *Women's Studies Encyclopedia*, 2nd edition. ed. H. Tierney. Westport, CT: Greenwood Press.
Loudon, Irvine. 1992. *Death in Childbirth: An International Study of Maternal Care and Maternal Mortality, 1800-1950*. Oxford: Clarendon Press.
Loudon, Irvine. 1997. "Childbirth." In *Western Medicine*, ed. Irvine Loudon. Oxford: Oxford University Press.
Marland, Hilary, ed. 1993. *The Art of Midwifery: Early Modern Midwives in Europe*. London: Routledge.
Marland, Hilary, and Anne Marie Rafferty, eds. 1997. *Midwives, Society and Childbirth: Debates and Controversies in the Modern Period. London*: Routledge.
Porter, Roy. 1996. "Hospitals and Surgery." In *The Cambridge Illustrated History of Medicine*, ed. Roy Porter. New York: Cambridge University Press.
Rollet, Catherine, and Marie-France Morel. 2000. *Des bébés et des hommes: Traditions et modernité des soins aux tout-petits*. Paris: Albin Michel.
Rooks, Judith Pence. 1997. *Midwifery and Childbirth in America*. Philadelphia: Temple University Press.
Schofield, Roger. 1986. "Did Mothers Really Die? Three Centuries of Maternal Mortality in the 'World We Have Lost'." In *The World We Have Gained*, ed. Lloyd Bonfield, et al. Oxford, UK: Basil Blackwell.
Strong, Jr., Thomas H. 2000. *Expecting Trouble: The Myth of Prenatal Care in America*. New York: New York University Press.

● 参考ウェブサイト
Cochrane Pregnancy and Childbirth Group. 2003. Abstracts of Cochrane Reviews. Available from 〈www.cochrane.org/cochrane/revabstr/g010index.htm〉
Sewell, Jane Eliot. "Cesarean Section-A Brief History." Brochure for an exhibit at the National Library of Medicine, Bethesda, MD. Available from 〈www.nlm.nih.gov/exhibition/cesarean/cesarean_1.html〉

（ALIOSN KLAIRMONT LINGO／北本正章訳）

産児制限（受胎調節）（Birth Control）

人類は古代以降今日まで、出産を避ける方法を探しつづけてきた。避妊や堕胎のためにさまざまな方法が用いられてきた。宗教界と世俗の権威者たちは、子どもをもうけることと性交渉を切り離すことには反対していた。自然法に反するだけでなく、人的資源を奪うことにもなるからである。したがって、膣外射精、あるいは流産の誘発など、通常の道徳規範からはずれる悪質な手法を使ってでも、個々の人びとが各自の利害を追求しようとすることもめずらしくはなかった。

出生率の低下と社会環境

イギリスの経済学者で聖職者でもあったトマス・マルサスは、著書『人口論』（*Essay on Population*, 1798）を発表し、貧困の本質を問う議論に出産行動についての視点をもちこんだ。彼は、急激な人口増加は労働階級の生活水準の低下をもたらすが、こうした状況は、「道徳的に節度をもたせて」慎重に結婚年齢を遅らせることでしか改善できる見こみはないと主張した。19世紀初頭、イギリスの労働者を組織化したフランシス・プレイス*1やほかの貧困層の指導者たちは、家族制限を社会正義のひとつの手法として提唱し、ときには避妊法を記した本を出版することもあった。こうしたネオ・マルサス主義は、19世紀に大西洋沿岸世界で発展しつつあった市場経済に積極的に参入していった多くの国で出生率が低下しはじめるようになると、支持を集めるようになった。このような出生率の低下は、性的に活動的な人びとがそれぞれ個人的に妊娠を避けるようになった結果であるが、こうした傾向に批判的であった政治指導者たちはつねに、受胎調節の方法の情報が流布するのを抑制しようとした。「産児制限」（*birth control*）という言葉はマーガレット・サンガー*2がニューヨークで出版していた戦闘的なフェミニストの雑誌、「女性の反逆」（*The Woman Rebel*）の1914年6月号ではじめて使われた。サンガーは、避妊の実践に対する法的、社会的障害の撤廃をめざすキャンペーンをとおして、子どもを産むことについて女性の自己決定権を主張する運動の傑出したリーダーであった。最終的に「産児制限」は「家族計画」（*family planning*）や「人口統制」（*population control*）と同義になっていったが、「家族計画」は、本来、出生率をコントロールしようとする運動をサンガーのフェミニズムとは切り離そうとする人びとが用いていた言葉であり、「人口統制」は、第2次世界大戦後、非ヨーロッパ世界における人口の急増が資本主義の発展を阻害することを懸念した社会科学者や政策立案にあたるエリートたちが牽引した運動で用いられた言葉である。

ヨーロッパと北アメリカにおいて多産多死型の経済から少産少死型への移行を決定づけた社会的要因と正確な時期については、地域や階級ごとに動機や行動が異なるため、人口学者のあいだでは今なお大きな議論の的となっている。フランスの農民たちは、18世紀を通じて出生率抑制の先駆者であったようだが、アメリカ生まれのプロテスタントたちの多くは、19世紀を通じて家族制限に戻った。アメリカでは、アメリカ

生まれの白人女性が生涯に産む平均的な子ども数は18世紀末では7人から8人であったが、19世紀なかばになると5人、20世紀初頭になると3人、さらに1930年代の大恐慌のさなかには2人になっていた。アメリカの人口転換で注目すべきは、1900年以前には継続的な**乳児死亡率**の低下は見られなかったということである。アメリカの女性は、何世代にもわたって乳児死亡率が高く、社会の指導者たちが積極的に出産を奨励していたにもかかわらず、女性たちは自身の子ども数を母親世代よりも減らしてきていたのである。

出生率の低下は、社会環境の変化へのひとつの対応であったととらえると理解しやすい。家庭が生産単位ではなくなり、衣服やその他のモノの生産が工場へと移っていくなかで、登場しつつあった中産のホワイトカラー階級では、子どもたちは労働力として必要な存在ではなくなってきていた。子どもたちは、教育と資金だけでなく、母親から「キリスト教徒としての資質」を十分に教えられることも必要な、むしろ高価な投資対象となっていた。母親としてふさわしいかどうかは、家庭にとどまることができるかどうかにくわえて、家庭の外で父親が行なう仕事で得る収入をうまくやりくりできるか否かが判断基準となっていた。結婚生活のマニュアル類には、妊娠についての記述もあり、1830年ごろからアメリカ文化に欠かせない自助教本の代表的なものとなっていった。ロマン主義恋愛が結婚の基本的な動機となり、宗教指導者たちは、夫婦間の性的な結びつきをあらためて重視するようになった。社会的向上欲に満ちたカップルは、性的衝動と、子どもを社会に送り出すまでに多額の費用をかけて許容的に養育しようとした場合に実際に育てられる子どもの数とのバランスをどのようにとるのかという難題に頭を悩ませることになった。

出生率の低下について歴史家たちは、身体的な変化や結婚している人の割合や結婚年齢などの推移よりも、妊娠を抑制する行動——避妊、中絶、膣外射精など——の影響を重視するようになってきている。個々人が自分自身の出生力をコントロールしようとすることは、意識的な産児制限の第一歩である。1840年から1870年にかけて指導的立場にあった医師たちは、新しい州法によって中絶を違法とする運動を組織的に展開して成功をおさめた。州法制定による中絶反対運動が最高潮に達したのは、ちょうどコムストック法（1873年）[*3]の成立と同じ時期であった。この法律では、堕胎剤、猥褻文書、避妊薬は、どれもすべて禁止された。

避妊について法律的には保守的傾向にあったこの時期、カトリックの神学者たちは、女性の月経周期上、妊娠しにくい時期があるという臨床生理学者の説にもとづく避妊の道徳的な可否について議論していた。教会の権威者は、性交を妊娠しにくい時期にかぎる［という避妊法の］正当性を受け入れていったものの、「周期法」の有効性の限界が証明され、また、ローマ教皇ピウスXI世は、人工的な避妊を禁止するという、カトリック教会が昔からとってきた立場を回勅「聖なる婚姻」（Casti Connubi）で再確認した（1930年12月）。

マーガレット・サンガー

1920年代までに、イギリスとアメリカの女性たちは産児制限のタブーに挑むようになっていた。マーガレット・サンガーは、アメリカにおける産児制限運動のカリスマ的な指導者であった。違法な堕胎による感染症で驚くべき数の女性が亡くなっていたが、彼女は堕胎にかわる手段として避妊を受け入れるよう世論を説得することに成功した。彼女の行動は、無政府主義者のエマ・ゴールドマンやヨーロッパへの旅で触発されたものである。ヨーロッパの旅において彼女は、フランスのふつうの女性がもっている性についての知識やオランダでフェミニストの医師たちが運営する受胎調節の助言をする施設に感銘を受け、看護にあたっていた患者のひとりが自分で堕胎しようとしたために亡くなったことが、出産についての女性の自己決定権確立のために精力を傾けるきっかけになったと述べている。サンガーは、1916年10月、はじめての産児制限診療所をニューヨークのブルックリン、ブラウンズヴィル地区に開設した。この診療所はわずか10日で警察によって強制的に閉鎖に追いこまれ、サンガーの裁判や、自身が短いながらも投獄されたことが彼女を全国的な有名人に押し上げることになった。また、彼女は上訴審のなかで、1919年、ニューヨーク州の猥褻法について、医師が女性たちに対し、「病気の治癒と予防のために」避妊の助言をする権利を確立したとの解釈を明確にすることを勝ちとった。

サンガーは、この決定を、医師を配置した産児制限診療所［開設］の指令であると考えた。1921年にロンドンで産児制限診療所を開設してサンガーと同様の運動を推進していたイギリス人メアリ・ストープス[*4]に刺激されたサンガーは、これまでの先鋭的なやり方をあらため、財政的な支援者を得て、1922年、はじめて医師のいる産児制限臨床研究所をニューヨーク市に開設した。ここは、避妊方法の安全性や効果を実証する事例を蓄積し、1930年代末までに全米で300を超えるまでになった産児制限診療所の全国的なネットワークのモデルとしての役割を担った。1936年、サンガーは連邦法についてアメリカ政府対［日本のペッサリーの］小包事件[*5]で重要な修正を勝ちとった。これにより、医師が避妊具を手に入れる権利が明確になった。1937年、アメリカ医師会は避妊を倫理にかなった診療であると認めた。

第2次世界大戦前夜には、産児制限運動の限界が明らかになったようである。アメリカ人のほとんどがなんらかのかたちで産児制限を行なっていたが、低い出生率への関心が高く、［産児制限につながる］サービス

に対する公的補助はほとんど支持が得られなかった。社会の指導的立場にあった人びとは、20世紀初頭、若い女性が賃金労働者としてだけでなく、エロティックな消費文化の担い手としてもますます存在感を増すようになるのにともなって顕著になりつつあった性的に寛容な規範に頭を悩ますようになった。アルフレッド・キンゼーをはじめとする性行動調査の先駆者たちの報告によって婚前の性交渉が増加していることが明らかにされると、保守派は性の解放はゆきすぎであると考えるようになった。第2次世界大戦後は、プリンストン大学人口研究センターのフランク・ノートシュタインのような影響力のある社会科学者が第三世界の急速な人口増加に関心を集め、出生率を抑制する方法を見い出せなければ、資本主義と両立できる経済発展は見こめず、アメリカが冷戦に敗北する危険性があると述べて、産児制限に新しい理論的根拠を提供した。

第2次世界大戦後の産児制限

ジョン・D・ロックフェラー3世は1952年に人口会議を設立し、ふたたび盛り上がりを見せるようになった人口調節運動のリーダーとなった。ロックフェラー3世は、これに先立ち、ロックフェラー財団首脳の説得に失敗しており、それが、あらたなリーダーシップを模索していた理由であった。人口会議はアメリカや諸外国の大学における学術的な人口研究の発展に助成金を提供し、1950年代末までにはインドとパキスタンで家族計画プログラムの技術支援を行なうようになっていた。コンドームやペッサリーなどを使用する伝統的なバリア避妊法の失敗の確率を考慮し、会議は子宮内避妊具（IUD）の臨床試験や改良、統計評価に大きな資金を投入した。子宮内避妊具とは、子宮内に器具を入れて妊娠を防ぐ方法である。避妊法の次なる大きな前進は1960年、サール社（J. D. Searle and Company）によって、経口避妊薬が発売されたことによりもたらされた。この時期のステロイド化学の進歩の成果であった「ピル」は、経口摂取することで効果が得られる安価な合成ホルモンであった。マーガレット・サンガーはこうした新しい薬は産児制限のために利用できると確信し、ウスター実験生物学基金のグレゴリー・ピンカスに研究を依頼することにした。サンガーは、ピンカスをフェミニスト運動の同士であったキャサリン・デクスター・マコーミックに引きあわせた。キャサリン・デクスター・マコーミックは、性行為の前に特別な準備を必要とせず、女性が管理できて自然な性交渉が可能な避妊方法の実現のために必要な資金をピンカスに提供した。医学界や女性患者にピルが急速に受け入れられたのは、婦人科の疾患治療のために合成ホルモンが使用されることが増えてきていたためであり、避妊も過去の「めちゃくちゃな騒動」からようやく切り離され、近代的な治療の一環と位置づけられるようになった。1963年、カトリックの婦人科医で、はじめて経口避妊薬の治験を行なったジョン・ロック（John Rock）は、『時は来たり』（*The Time Has Come*）のなかで、ピルのおかげで避妊はカトリックの自然法神学と矛盾しないものになったと主張した。だが、ロックの楽観主義は誤りであることが明らかになった。教皇パウロ6世が、1968年7月の回勅「人間の生命」（*Humanae Vitae*, July 1968）において、人工的な避妊を禁止する伝統的な見解を確認したからである。しかしながら、アメリカのカトリックの夫婦のほとんどはその頃までに産児制限を行なうようになっていた。

一連の連邦裁判所の判断と新しい福祉政策は、産児制限に対する世論の変化を反映したものであった。1965年にグリスウォルド対コネティカット州裁判[6]において、連邦最高裁判所は避妊を禁じた法律を違憲とした。裁判所は時代遅れの規制を撤廃するために個人の権利拡大をひき続き認めていき、1972年のエイゼンシュタット対ベアード裁判では、未婚の人びとが避妊する権利を認めた。リンドン・ジョンソン大統領が「貧困との闘い」（War on Poverty）を議会で宣言したことにともなって、1967年の社会保障改正法では、予算が拡充されつつある母子保健基金のうち、すくなくとも6パーセントは家族計画サービスに使用すべきであると明記した。同年の海外援助法（the Foreign Assistance Act）により、国際的なプログラムに対する支援を提供することになり、避妊用具は国際開発基金（International Development Funds）が購入することができない物品リストからはずれた。

1960年代までにはフェミニストや人口調節の指導者たちは中絶を制限している州法に異議申し立てを行ない、徐々に成功をおさめつつあった。1973年、ロウ対ウェード裁判（Roe v. Wade）において、アメリカ最高裁判所は、妊娠期間の最初の3分の1のあいだは必要に応じて中絶する権利を認めることについて、新たに合意形成を試みた。しかしながら、カトリックの指導者が「妊娠中絶反対」（ライト・トゥ・ライフ）[7]や「（伝統的な）家庭中心の価値観（を推進する）」運動においてプロテスタントの原理主義者や福祉国家に対する保守的な批判者たちと共通目標を見いだしつつあったなかで出されたこの判決は、論争をますます激化させる結果となった。1974年に設立された「断種手術乱用根絶委員会」に代表される左派は、政府の母性保健プログラムによりマイノリティの女性たちが不妊手術を強制されていることを、人種抹殺につながるとして批判した。倫理規定も不十分であった政府のこのプログラムで不妊手術を受けた女性たちのなかで、ヒスパニック系やアフリカ系アメリカ人の割合が［人口比からみてあきらかに］不自然なほど高いという事実が明らかになったことは、アメリカの健康保健制度は高い技術とトップダウンのパターナリスティックな手法によって、性と生殖にかんする健康の問題

について根本的に誤った方向に向かっているとの全米女性保健運動（the National Women's Health Movement）や国際女性健康連合（the International Women's Health Coalition）による批判を裏づけることになった。

1974年、ルーマニアのブカレストで開催された国連世界人口会議（1974 United Nations World Population Conference）において、ジョン・D・ロックフェラー3世はフェミニストたちが担ってきた伝統的な家族計画プログラムに対する批判を認め、この人口会議は女性の健康問題に対する包括的なアプローチを重視するものへと再編された。連邦の補助を受けた母体健康プログラムのための倫理的なガイドラインの作成も決まったが、民主党支持者が主体の「中絶支持者」と、共和党支持者が中心である「中絶反対派」とのあいだの深い溝は埋められないまま残った。異議申し立ては州や連邦から数多くなされたものの、ロウ対ウェード裁判の結果はいまもなお動かしがたい国法のままである。1990年代末、避妊や不妊手術、人工妊娠中絶などをふくめた家族計画に対して、連邦と州あわせて毎年7億ドルを超える補助金が支出されている。アメリカ出身者のあいだでは出生率は人口維持水準を下まわるにもかかわらず、リベラルな移民法とアメリカへの大量の移民流入のために人口は増加しつづけている。

出生率はヨーロッパではもっと低く、スペインやイタリアの人口再生産率は、人口の維持水準を下まわっている。中国、インド、中東をふくめ、かつて出生率が高かった世界の多くの地域でも出生率は低下しつつある。

［訳注］

*1 フランシス・プレイス（Francis Place, 1771-1854）——イギリスの急進主義的社会改革者。労働組合の結成を禁止する「結社禁止法」（the Combination Acts）の廃止（1824年）、第1回選挙法改正（Reform Act）の成立をめざす運動にくわわり、1839年、「人民憲章」（People's Charter）の起草にもかかわった。1822年の著作『人口原理の例証』（Illustrations and Proofs of the Principle of Population）は、イギリスにおける産児制限論の先駆をなす。

*2 マーガレット・サンガー（Margaret Louise Sanger, 1883-1966）——アメリカの病院看護婦、著述家。産児制限［受胎調節］と女性の生む権利と自由を主張する運動の指導者。

*3 コムストック法（the Comstock Act, 1873）——アンソニー・コムストック（1844-1915）が中心となって1873年に成立させた連邦法。郵便による猥褻物の取引・流通を禁じた。

*4 メアリ・ストープス（Mary Carmichael Stopes, 1880-1958）——イギリスの古生物学者、性科学者、産児制限運動家。計画出産の国際団体 Marie Stopes International の創始者。

*5 アメリカ政府対小包裁判（U.S. v. One Package 1936）——「アメリカ対約120個の避妊用ゴム製ペッサリー入り小包裁判」。1932年に日本人医師からマーガレット・サンガー（1883-1966）に送られてきた避妊具の小包がアメリカ税関に押収されたことを発端とする。サンガーは、医療行為に対するコムストック法適用除外を意図して、同じ小包をハンナ・ストーン医師に再送するように要請した。1933年、ハンナ・ストーン医師が小包の引き渡しを求めてマンハッタン南連邦地方裁判所に起こした訴訟。1935年、関税法による差し止めは、合法的医療目的の避妊具の輸入をさまたげるために適用することはできないとの判決が出された。1936年、ニューヨーク州連邦第二巡回抗争裁判所での審議においても、原告が勝訴した。

*6 グリスウォルト対コネティカット裁判（Griswold v. Connecticut）——1961年、コネティカット州に、イエール大学の医師らが「家族計画クリニック」を開設した。コネティカット州法は、避妊行為のみならず、避妊についての助言も禁じていたため、所長のエステル・グリスウォルドが逮捕され、裁判となった。裁判の争点となったのは、性というきわめて私的な領域に司法が介入できるのかどうかという問題であった。1965年に出された判決により、プライバシーの権利は憲法で保障された基本的人権であることが確認され、既婚者による私的な避妊は憲法で保障された権利であることが立証されたことで、州法による避妊が解禁されるきっかけとなった。

*7 「妊娠中絶反対」（right-to-life）——胎児の生まれる権利を主張する、妊娠中絶に反対する運動のスローガン。とくに妊娠中絶規制法案を支持するスローガンとして、1972年頃このように言われはじめた。

➡産科学と助産術、出生率、セクシュアリティ、妊娠と出産、優生学

●参考文献

Brodie, Janet Farrell. 1994. *Contraception and Abortion in Nineteenth-Century America*. Ithaca, NY: Cornell University Press.

Chesler, Ellen. 1992. *Woman of Valor: Margaret Sanger and the Birth Control Movement in America*. New York: Simon and Schuster.

Critchlow, Donald T. 1999. *Intended Consequences: Birth Control, Abortion, and the Federal Government in Modern America*. New York: Oxford University Press.

Critchlow, Donald T., ed. 1996. *The Politics of Abortion and Birth Control in Historical Perspective*. University Park: Pennsylvania State University Press.

Dixon-Mueller, Ruth. 1993. *Population Policy and Women's Rights: Transforming Reproductive Choice*. New York: Praeger.

Garrow, David J. 1994. *Liberty and Sexuality: The Right to Privacy and the Making of Roe v. Wade*. New York: Macmillan.

Gordon, Linda. 1990. *Woman's Body, Woman's Right: A Social History of Birth Control in America*. New York: Grossman. 1976. Revised, New York: Penguin.

Hull, N. E. H., and Peter C. Hoffer. 2001. *Roe v. Wade: The Abortion Rights Controversy in American History*. Lawrence: University Press of Kansas.
McCann, Carole R. 1994. *Birth Control Politics in the United States, 1916-1945*. Ithaca, NY: Cornell University Press.
McLaren, Angus 1985. *Reproductive Rituals: The Perception of Fertility in England from the 16th to the 19th Century*. London: Routledge. マクラレン『性の儀礼――近世イギリスの産の風景』(荻野美穂訳、人文書院、1989年)*
McLaren, Angus. 1990. *A History of Contraception: From Antiquity to the Present Day*. Cambridge, MA: Blackwell.
Mohr, James C. 1988. *Abortion in America: The Origins and Evolution of National Policy, 1800-1900*. New York: Oxford University Press.
Reagan, Leslie J. 1997. *When Abortion Was a Crime: Women, Medicine, and Law in the United States, 1867-1973*. Berkeley: University of California Press.
Reed, James. 1984. *The Birth Control Movement and American Society: From Private Vice to Public Virtue*. New York: Basic Books. 1978. From *Private Vice to Public Virtue: The Birth Control Movement and American Society since 1830*. Reprint, Princeton NJ: Princeton University Press.
Tone, Andrea. 2001. *Devices and Desires: A History of Contraceptives in America*. New York: Hill and Wang.

(JAMES W. REED／並河葉子訳)

死 (Death)
➡悲しみ・死・葬礼 (Grief, Death, Funerals)／乳児死亡率 (Infant Mortality)

シェパード＝タウナー母子保健法 (Sheppard-Towner Maternity and Infancy Act, 1921)

1921年11月23日にウォーレン・G・ハーディング大統領によって署名された「シェパード＝タウナー母子保健法」は、女性と子どものために制定された社会福祉の最初の連邦プログラムであった。それによって、第1次世界大戦前の進歩主義改革運動（女性による支持グループが組織された）と、ニューディールのような1920年代の「福祉資本主義」によって表明された戦後の福祉理念とが橋渡しされた。それは、女性参政権運動の成功によって最初にもたらされた主たる政治的成果でもあった。女性組織はその法律をなしうるかぎり重視した。

1912年に設立された**アメリカ連邦児童局**は、アメリカの乳幼児と母親の死亡率が非常に高いことを示す注目すべき研究を進めた。1918年、工業化された国々のなかで、アメリカは**乳児死亡率**で11番目、母親の死亡率は17番目であった。全妊婦の80パーセントが出産前助言や教育的養護を受けてはいなかった。また、児童局の研究者は貧困と死が密接な関係にあることも見出していた。児童局の局長ジュリア・ラスロップ[*1]は、母子保護キャンペーンを展開し、テキサス州選出民主党上院議員モリス・シェパード (Morris Sheppard) とアイオワ州選出共和党下院議員ホーレス・タウナー (Horace Towner) は、ラスロップが要請していたことをかたちを変えて第66回連邦議会に再提出した。すべての女性に参政権があたえられた1920年選挙では、全米婦人有権者連盟 (the National League of Women Voters: NLWV) が、民主党、社会党、禁酒党、そして農民労働党に対して、各党が政策要綱に法案を掲載するよう圧力をかけた。共和党の政策要綱だけがそれを無視したが、共和党の大統領候補者ウォーレン・G・ハーディングは法案を承認した。その法案は7月に上院で63対7で可決され、下院では、共和党 (GOP) が緩慢に対応して共産主義者の陰謀であると喧伝したが、279対39で可決された。おもな反対派はアメリカ医師会 (the American Medical Association) や女性愛国者団 (the Woman Patriots) のような反参政権組織、また女性参政権やフェミニズムに憤慨している主要政党の政治家たちであった。

連邦道路局 (the United States Bureau of Public Roads) がハイウェイに年間20億ドルを支出していた1920年代にあって、シェパード＝タウナー法は決してぜいたくな法案ではなかった。1921年から1922年の国家歳入中148万ドルが、それに続く5カ年で122万4000ドルが認められ、1927年6月30日に終了した。総計から各州に例外なく5000ドルが支出され、マッチング・ファンド[*2]を提案した州には、2倍の額が交付された。児童局は人口に応じて剰余金を分配した。行政支出は制限されていた。加盟州は、法律を実施に移すために法案を成立させた。法律によって、看護師、センター、会議、大衆パンフレットを通じて母子衛生にかんする情報が提供された。1922年には41州が加盟した。加盟しなかったのは3州だけであった。1929年、連邦議会の反対派が法案の無効を決議し、フーバー大統領は不承不承それを承認した。

1922年から1929年までのあいだ、児童局は18万3252回もの会議を実施し、2978の親支援ユニットを設立し、訪問看護師は313万1996回におよぶ家庭訪問を行ない、2202万489冊のパンフレットを発行した。アメリカにおける乳児死亡率および産褥死率は、それぞれ16パーセントと12パーセントまで減少したが、それらは同時期のニュージーランドと大英帝国の2倍であった。

[訳注]
*1 ジュリア・ラスロップ (Julia Clifford Lathrop, 1858-1932)――アメリカの教育分野・社会政策・児童福祉を専門とする社会改良家。1912年から1922年まで連邦児童局の局長をつとめた。[「アメリカ連邦児童局」の図版と訳注3を参照]

＊2　マッチング・ファンド（matching funds）――本来は、市民・企業・行政などが資源をもちあい、かなり大規模な活動や事業を実現させるために共同して寄付あるいは補助金といった資金を提供しあう制度をいう。とくに、政府・公共企業体が出す資金で、その額が政府資金を受ける側自体の資金と同額であるもの。さまざまな形態があるが、最近では、大学と企業が共通の利益のために互いに資金を出しあって研究開発を行なったり、大学の研究者が基礎特許を所有する研究を大規模に実用化しようとするときに、その起業を補助するための制度としても使われている。アメリカではとくに、大統領予備選挙の際に、一定の条件下で連邦政府が、候補者自身によせられた小口献金の総額と同額を公的活動資金として候補者に支給する基金をさしてこのようにいうことがある。また maching grant ともよばれる。

➡社会福祉、要扶養児童扶助法
●参考文献
Lemons, J. Stanley. 1969. "The Sheppard-Towner Act: Progressivism in the 1920s." *The Journal of American History* 55 (March) : 776-786.

（HAMILTON CRAVENS／佐藤哲也訳）

ジェンダー化（Gendering）

「男の子です！」「女の子です！」こうした書き出しではじまる出産報告は、北アメリカの新聞によくみられる。出産や養子縁組を報告するために家族や友人に送られる手紙には、子どもの性別を知らせる伝統的な色――女の子にはピンク色、男の子には青色――がひんぱんに用いられ、手紙を受けとった側は赤ん坊の名前を読むまでもなく、すでにその子どもの性別を知ることになる。実際、もしこうした報告を行なう親が新生児や新たに養子になった子どもの性別を知らせなかったとしたら、ほとんどだれもが不審に思うであろう。新生児にあてがわれる性別を重視するという事実は、まさにわれわれの文化においてこのように性別を差異化するカテゴリーがいかに重要なものとして残りつづけているかを示している。あらゆる歴史的時期のすべての文化を通じて、諸個人を個別集団に分類するために用いられてきた多様なカテゴリーのうち、ジェンダーこそはその最たる基礎であると多くの人が認めるであろう。程度の差こそあれ、出生に際してあてがわれる性別によってわれわれの人生は見通しを立てられ、われわれと他者がどのように自分自身を見るかが決定されるのである。

今日でさえ、北アメリカと全世界のほとんどの人びとはジェンダー上の差異の妥当性と安定性を受け入れ、疑いをさしはさむことなくそれを「自然」だとみなしている。実際、子どものアイデンティティ形成に関与する親やほかの人物のほとんどは、社会学者や心理学者たちが社会化とよぶことがらに対してみずからが果たすべき役割について、意識的な反省を行なうことはない。たとえば、男の子がやかましく叫びまわり、おもちゃの拳銃で撃ちあいをしたり、女の子が静かに座って人形遊びをしていると、人びとは「男の子はやっぱり男の子ね」、とか「女の子はやっぱり女の子ね」などというのである。その一方で、研究者が指摘しているように、女の子が粗野で騒々しい活動にくわわっていたり、男の子が静かにぬいぐるみの動物で遊んだりしていると、同じ人びとが今度は、ジェンダーによるステレオタイプ化を逸脱することにまったく気づかないか、あるいは一般的な規則の例外ということをもち出してそれを説明しようとする。

だが、北アメリカにおけるその影響は限定的なものにとどまってはいたものの、男性と女性との違いや、こうした差異を生み出すにあたって育児慣行が果たす役割にかんする学者の見解には、ある画期的な変化が生じていた。この大規模な変化は、19世紀と20世紀のフェミニズムの勃興によってひき起こされたものであった。1960年代に女性運動の「第二波」が生じた際、フェミニズムはとりわけ北アメリカにおいて強力な政治的力として出現し、また歴史学や社会科学、生物学といった分野での学問的研究に重大な影響をおよぼすことにはじめて成功したのである。1970年代の十年間は、われわれの文化における性役割の不変性と有用性をめぐる無頓着な考えに対して、フェミニスト研究者がその創造的な努力を通じて鋭い問題提起を行ない、脚光を浴びた時期であった。これらの新たな学問研究者は、フェミニストやゲイ、レズビアンの政治運動家とともに、男性性や女性性といった事柄は（人種や階級や民族的アイデンティティといったものと同様に）生物学によってではなく、おもに文化によってかたちづくられるものであるという見解を明確に表明したのであった。

こうした新たな方向性とともに、新しい概念があらわれた。ジェンダーという語を分析的カテゴリーとして用いることが一つの鍵となる展開であった。現在、ジェンダーという用語は学術文献のなかで、生物学的な性と後天的に学習されるふるまいとの相違をきわだたせるために使われている。この項目のタイトルでもある「ジェンダー化」（Gendering）は、女性あるいは男性として同定された新生児が、そのままでは決して女性的あるいは男性的な大人に成長するわけではないことを気づかせる。つまり、ジェンダー化とは、誕生の瞬間からはじまる社会化の主要課題なのである。親や拡大家族あるいは子どもの面倒をみる人は皆、赤ん坊が女性的、男性的なパターンを受け入れることをうながす契機を提供しており、したがってテレビ、映画、子ども向けの物語、おもちゃ、衣服、さらには政府、宗教、学校といった機関をふくむ広義の文化もまた、同様のことを行なっているのである。

男性および女性としてふさわしいふるまいとはなに

ピエール＝オーギュスト・ルノワール（フランス、1841-1919）「裁縫をするジャン・ルノワール」（1899年頃）。21世紀の鑑賞者は、ここに描かれているリボンをつけた長い髪の子どもが縫物をしているのを見て、それが男の子であるとは思いもよらないであろう。しかしながら、20世紀初頭にいたるまで、長い髪とペチコートは、男女をとわず小さな子どもに一般的に見られた。Oil on canvas, 55.9×46.6cm, Mr. and Mrs. Martin Ryerson Collection, Art Institute of Chicago.

かという定義は、文化や時代によってさまざまである。しかしながら、ほとんどの文化では、程度の差こそあれ、人類の歴史の大半を通じて女性以上の権力と威信を担ってきた男性のほうが好まれる傾向がある。歴史的にみると、男性の権力と支配は子どもの扱いにも影響をあたえてきた。古代ギリシアとりわけアテネでは、望まれない子どもはしばしば遺棄されたが、このようにして死亡した乳幼児の大部分は女性であった。ヴィクトリア時代のイギリス人男性は、最初の子どもが男の子でなかったことの深い失望感を、やましさを感じることなく明確に書き記すことができた。1980年代の中国農村部では、祖父が男の子の誕生を「大福」（big happiness）とよび、女の子の誕生を「小福」（small happiness）とよぶ習わしがあったという。過去、現在の文化を通じて、食糧不足の際に少女や成人女性にあたえられる食べ物は、少年や成人男性にあたえられる食べ物より少なかった。

あらゆる文化において、子どもは実例から学ぶことを通じてみずからの属する文化にとって適切な性役割を受容または拒否した。明示的にあるいは暗黙裡に伝えられるメッセージを通じて、女の子は自分の母親やその他の知人女性、あるいは物語や学校図書やテレビ番組のなかで出会う女性をモデルとするようにうながされる。そして男の子は、父親やほかの男性の人物を見本とするよう励まされる。女性を明確に妻もしくは母親として定義づけ、女性の役割を養育と、非常に限定的な仕事のみに制限する信念が支配的な文化では、子どもが学ぶ具体的なお手本も明確なものとなるであろう。たとえば、ヴィクトリア時代の中流、上流階級の女の子には人形があてがわれ、その女の子は人形の世話をするようにいわれ、さらには人形の服を縫うことを教えられ、そのことを通じて「針をあやつる」こと、つまりは女性らしさにとって必要不可欠であるとされていた裁縫のスキルを学んでいた。しかし彼女たちがラテン語やギリシア語、つまり教育を受けた男性である証となる科目を勉強することはめったに許されなかった。今日、多くのイスラム文化では、子どもは家庭や学校で伝統的な性役割を教えられている。21世紀を迎えた今日の世界には、ジェンダーにかんするイデオロギーが変化し、性役割それ自体がより柔軟化している地域もたしかに存在する。しかし、それでもなお、あらゆる状況で女性は男性よりも多く子どもの養育にかかわり、男性は女性よりもより多く目に見えるかたちで公的な役割を担い、公的な権力を行使しているのは事実である。男の子も女の子も、こうした違いに気づかずにはいられない。

ほかの多くの人びとと同様、ジェンダーにかんする学問研究に従事する人でさえ、こうした不平等が正当化されているのは、男性は「生まれながらに」女性より優秀で、自己主張が強く、創造的で、なおかつ身体的にも強く、他方で女性は「生まれながらに」男性よりも穏やかで、従順であり、子どもを養育するのに適しているからだと主張する。ジェンダー史家たちがこれまで二世代にわたって明らかにしてきたように、人類の歴史を通じて男性の優位と支配を正当化するために用いられてきたのが、ここで想定されているようなジェンダー差の自然さである。歴史の大半を通じて、宗教的信念はジェンダー上の不平等を正当化する主要な論拠を提供し、他方で法規範はこうした不平等を強化する主要因として作用した。

どのように定義されるにせよ、科学もまた一定の役割を担ってきた。古代世界においては、哲学者アリストテレスや医学者ガレノスといった男性が、人間の生物学の理解にもとづいて、男性の優位と女性の劣位を唱える理論を提起した。たとえばガレノスは、女性は男性よりも体温が低いがゆえに、より不完全なのだと考えていた。20世紀と21世紀にいたっても、世界の多くの場所で宗教はジェンダー上の不平等を強めつづけている。しかしながら、とりわけヨーロッパや北アメリカでは、性とジェンダーにかんする重要な論説が科学と結びつくようになってきている。一方では、行動主義心理学者ドリーン・キムラ[*1]がその著書『女の能力、男の能力』（*Sex and Cognition*, 1999）において、

男女のあいだには認知能力の点で重要な違いがあり、その違いは生物学的な差異によるのだということの証明にのりだしている。他方で遺伝学者リチャード・レウォンティン*2のような研究者は、生物学的および遺伝的な多様性を強調する。レウォンティンは、「自然」の側に立つ一面的な思考の持ち主がジェンダー、人種、階級上の差異は根本的に生物学に根拠を置いていると主張するとき、彼らは生物学的要素と養育とのあいだの複雑な因果関係を説明しそこなっていると指摘している。

「生まれか、育ちか」をめぐる今日の論争は、科学をめぐる論争であると同時に政治をめぐる論争でもある。その際、レウォンティンのような自然の側に立つ立場からは不平等を是正するための社会政策の擁護が唱えられ、他方、キムラのような研究者の側には政治的に保守的な立場をとる傾向がみられる。性別間の生物学的な気質の違いを見出そうとする研究者は、発見された性別間の相違点がどれほど微小なものであっても、実際にいくつかの証拠を手にしている。そして、「生まれ」の立場をかたくなに支持する者でも、「育ち」あるいは文化が重要な影響をあたえうることは認めている。

こうした理由から、われわれは、生物学的要素が一定の役割を担うことはありうるにしても、それは宿命ではないと主張することができる。もしかりにわれわれの宿命が生物学的要素によって決定づけられるのだとしたら、一見普遍的に見えるジェンダー規範のあらわれ方に広範な多様性を見出すことはできなくなるはずである。たとえば、多くの文化においては性的欲求が男女間で異なると信じられているが、こうした違いをめぐる定義はさまざまに異なっている。中世と近世のヨーロッパでは、女性は男性よりも性欲が強いと考えられていた。しかし、19世紀末になると、男性が抑えきれない熱情をかかえている一方で、女性はこうした熱情を欠いているとみなされるようになった。16世紀のイギリスでは、裕福な男性は、みずからの肉体を誇示するためになるべく多くのレースや刺繍をあしらった衣服をまとい、乗馬の際には自身の足のかたちが見えるように気を配っていた。ところが19世紀になると、装飾をほどこされていたり、肌を露出する衣服は男性的ではないと考えられるようになった。子ども期になされるジェンダー化のパターンをとりわけよく示しているのは、子どもの衣服と外見にかんする事例である。今日の北アメリカの親は、たとえ性役割の柔軟性を支持していたとしても、男の子にフリル付きのエプロンドレスを着せたり、女の子に男の子のような髪型をさせたりすることはめったにしないであろう。しかしながら、かつてのヨーロッパや北アメリカでは20世紀にいたるまで、赤ん坊や小さな子どもは男女をとわず同じような格好をさせられていたのである。たとえば、男女ともにペチコートを着せられ、ともに長い髪をしていたのである。男の子が半ズボン（ひざ下までの男性用半ズボン）*3をはくようになるのは、ようやく6歳や7歳になってからであり、こうした儀式は彼がそれ以降、男性的な性役割を担う存在になったことを知らせるものであった。

20世紀に日本とアメリカで行なわれた比較研究は、男らしいふるまいと女性らしいふるまいをかたちづくる際の、ジェンダーとは無関係の、また生物学的要素よりもむしろ社会化の重要性を補強するいくつかの特性について、それぞれ対照的な見方を提示している。日本では男女ともに（多くの北アメリカの人びとなら女性性を連想するにちがいない）協調性および他者への依存性の承認に価値が置かれている。また日本の文化はアメリカの文化に比べ、伝統的なジェンダー差にいっそうコミットしており、男性が支配的でありつづけているにもかかわらず、日本人はこうした仕方で子どもを社会化するのである。これとは対照的に、アメリカでは国の創設以来、個人主義と自律性に価値が置かれており、男の子により顕著かつ広範囲に認められるとはいえ、男女を問わずこれらの特性が奨励されている。

したがって、結論的にいえば、ジェンダーにかんする文化的イデオロギーと、男性あるいは女性に対して権力支配、責任感、そして特権などによってジェンダーを割りあてることは、赤ん坊や子どもがジェンダーについて学ぶ仕方を決定づけているのである。家父長制を明白な仕方で維持しつづける文化ではジェンダー間に明確な区別が設けられ、他方、より平等主義的な文化では男女の役割に大幅な柔軟性が認められる。だが、ほんとうの機会均等を支持する人びとは、もっと「進んだ」世俗的な文化において達成されたことについて無頓着であってはならない。フェミニズムによって女性の法的地位を改善するための重要なはたらきかけがなされた21世紀初頭の北アメリカとヨーロッパでさえ、子どもの世話や幼い子どもの社会化の責務を負っているのは、依然として母親であり、世話をする人であり、あるいは教師でもある女性でありつづけている。他方、政府と労働界でもっとも大きな権力をにぎっている指導者は男性である。両親がともに平等に子どもを養育するようになってはじめて、ジェンダーの平等が達成されるのだと信じる人もいる。そうなってはじめて、少女の自己主張や、少年の穏やかさがわれわれの文化のなかで評価され、男女がともに公私にわたって平等に権力と権威を担うようになるだろう。

歴史家たちは、ジェンダーの定義やこうした諸概念の変化にかんする比較研究にくわえて、明確にジェンダー化されないか、あるいは意図的にクロス・ジェンダー化された子どもというカテゴリーにもとづく研究を進めている。こうした意図的操作は、これまでとは異なる仕方でジェンダー化された労働システム内のある特定の労働者を規定するためになされている。最後

に、歴史家たちは、子ども期の社会化に際してジェンダー化が果たす重要性の変化にかんする研究も進めている。20世紀になされたジェンダー化の重視は、多くの大人が理解するよりもはるかに強力なものではあったが、19世紀のそれと比べると、さほど広範囲におよぶものではなかったように思われる。また、男女別の教育進路や感情の集積には、それほど力点が置かれなくなってきてもいる。ジェンダー化の意義をかつてなく重視する動きは、子ども期の歴史研究にとってきわめて重要で、なおかつ決して一時的なものとは思えない様相を呈している。

[訳注]

*1 ドリーン・キムラ（Dreen Kimura, 1933-2013）——カナダ生まれの心理生物学者。ウェスタン・オンタリオ大学教授。『性と認知』（Sex and Cognition, 2000）など。

*2 リチャード・C・レウォンティン（Richard Charles Lewontin, 1929-）——アメリカの進化生物学者。遺伝学者。遺伝と進化理論の数学的基礎を発展させたことで知られる。

*3 半ズボン（breeches）——17〜19世紀初め頃まで、さまざまな用途に応じて男子が広く着用していた膝丈のズボン（knee breeches）。乗馬用の半ズボンはridding breechesとよばれた。この服装が成人男性の標準的なイメージとして広まったことから、少年が半ズボンをはくこと（breeching）は、大人への第一歩となる通過儀礼の一種とみなされた。このことから、この時期のイギリスでは、「半ズボン（ブリーチ）をはく」（wear the breeches）という表現は、「家庭内の主導権をにぎる」「いっさいの切り盛りをする」の意味で使われ、これを女性が行なえば「亭主を尻に敷く」という意味をおびた。本事典の「半ズボンをはくこと」の項参照。

➡少女期、少年期、半ズボンをはくこと

●参考文献

Ariès, Philippe. 1962. *Centuries of Childhood: A Social History of Family Life*. Trans. Robert Baldick. New York: Knopf. アリエス『〈子供〉の誕生——アンシァン・レジーム期の子供と家族生活』（杉山光信・杉山恵美子訳、みすず書房、1980年）

Belotti, Elena Gianini. 1975. *Little Girls: Social Conditioning and Its Effects on the Stereotyped Role of Women During Infancy*. London: Writers and Readers Publishing Cooperative.

Brooks-Gunn, Jeanne, and Wendy Schempp Matthews. 1979. *He and She: How Children Develop Their Sex-Role Identity*. Englewood Cliffs, NJ: Prentice-Hall.

Dinnerstein, Dorothy. 1996. *The Mermaid and the Minotaur: Sexual Arrangements and Human Malaise*. New York: Harper and Row.

Ferdows, Adele K. 1995. "Gender Roles in Iranian Public School Textbooks." In *Children in the Muslim Middle East*, ed. Elizabeth Warnock Fernea. Austin: University of Texas Press.

Frieze, Irene H; Jacquelynne E. Parsons; Paula B. Johnson; et al. 1978. *Women and Sex Roles: A Social Psychological Perspective*. New York: Norton.

Gorham, Deborah. 1982. *The Victorian Girl and the Feminine Ideal*. Bloomington: Indiana University Press.

Gould, Stephen Jay. 1996 *The Mismeasure of Man*. New York: Norton. スティーヴン・J・グールド『増補改訂版 人間の測りまちがい——差別の科学史』（鈴木善次・森脇靖子訳、河出書房新社、1998年）

Kimura, Doreen. 1999. *Sex and Cognition*. Cambridge, MA: MIT Press. ドリーン・キムラ『女の能力、男の能力——ジェンダーについて科学者が答える』（野島久雄、鈴木真理子、三宅真季子訳、新曜社、2001年）

Lewontin, Richard. 1995. *Human Diversity*. New York: Scientific American Library.

Lewontin, Richard; Steven Rose; and Leon J. Kamin. 1984. *Not in Our Genes: Biology, Ideology, and Human Nature*. New York: Pantheon Books.

Miedzian, Myriam. 1991. *Boys Will Be Boys: Breaking the Link between Masculinity and Violence*. New York: Doubleday.

Shwalb, David W., and Barbara J. Shwalb, eds. 1996. *Japanese Childrearing: Two Generations of Scholarship*. New York: Guilford Press.

Rotundo, E. Anthony. 1993. *American Manhood: Transformations in Masculinity from the Revolution to the Modern Era*. New York: Basic Books.

Tosh, John. 1999. *A Man's Place: Masculinity and the Middle-Class Home in Victorian England*. New Haven, CT: Yale University Press.

（DEBORAH GORHAM／渡邊福太郎訳）

歯科と子ども（Dentistry）

基本的な歯の治療行為（たとえば抜歯）についての断片的な事例や口腔衛生への注意は古い世紀にまでさかのぼることができるが、公認された医療外科学の専門分野として登場しはじめたのは17世紀のヨーロッパにおいてであった。『歯の治療について』（*Le Chirurgien Dentiste*, 1728）の著者で、フランスの外科医であったピエール・フォシャール[*1]は、「近代歯科学の父」として広く知られている。彼が選んだ顧客のなかには、通常は彼の患者（おもに女性）のだれかの娘で、歯の抜けあとあるいは入れ歯が彼女の外観と社会的地位にとって脅威になるのではないかという理由で、抜歯するのを嫌がったためにひどいカリエス[*2]となり、目で見てわかる虫歯のままの特別な子どもがいた。フォシャールの創造的な解決法は、虫歯を抜き去り、すぐにそのかわりのものを歯槽に充填するという方法であったが、これはあきらかに一定の成功が見られた。フォシャールと彼の同時代の人びとは、痛みの解放を提供することを超えて、歯ならびをまっすぐ

に矯正する新しい治療法を用いた実験も行なった。その主要な患者の治療対象になったのは12〜14歳の子どもであった。

こうした初期の事例にもかかわらず、18世紀と19世紀には、どの階級の子どもも歯科にかかることはめずらしかった。指導的な専門職のスポークスマンのあいだでさえ、子どもの第一生歯（乳歯）は消耗品であって、お金を投じるほどの価値はなく、子どもの将来の口腔衛生とは無関係であるとする伝統的な見解がまかりとおっていた。乳歯の修復治療は、19世紀後半を通じてその内容が改善され、人気を博すようになった。だが、高価な金の充填物に大きな信頼を置くことは、それを広く子どもにまで拡張するには不利であった。子どもの歯の病気に対する主要な対処法は、抜歯法のままであった。熟練の歯科医――その人数は少なく、おもに都市で開業しており、高額でもあった――は、理髪業者、いかがわしい薬物のセールスマン、即席の痛みの緩和を売り物にする巡回の「抜歯業者たち」などに支配されていた抜歯商売に対しては、ほとんどの場合、周辺的であった。なんら驚くには値しないのだが、19世紀には、老人のためだけでなく、子ども期から使える歯がほとんどなく、いつも口の痛みを感じていた若い大人のためでもあった歯の入れ替えと義歯のビジネスがブームになっていた。歯科医と細工師は、個々に、また共同して公的な需要にこたえたり、義歯の品質と適合性（ジョージ・ワシントンが歯をくいしばっている有名な肖像画[*3]は、技術改良が必要だと考えられていた理由を例証している）の改善に取り組んでいた。アメリカの歯科医たちは、「機械を使う歯科」の分野で、また義歯の製造、品質、多様性、そして経済において、明確な優先性を確立した。

教育、児童福祉、そして子ども歯科の発展

20世紀前半のカナダ、イギリス、それにアメリカでは、子ども歯科は明確に区別された副次的専門分野として登場した。奇妙なことにこの分野は、歯科医の事務室の内側というよりはむしろ、おもに外側から、また、私的な後援者よりもむしろ公的な後援者のもとで形成された。歯科医の大半は、敵対的であったわけではないが、子どもたちを私的な治療に結びつけることについてはあいまいな態度であった。技術を洗練することへの挑戦とそれへの報償、子ども中心的で、埋めあわせや予防がうまくいっていない歯科ではなく、大人中心的な機械を使った歯科が専門職の大部分を駆逐した。だが、それにもかかわらず、歯の病気についての科学的な方向、専門職としてのオリエンテーションと歯の病気についての公的な言説の大きな変化は、1900年代初期までに明確になった。歯科医たちは、抜歯という治療法と、その結果として当然、歯がなくなる状態を避けることはできないという考えに、はじめて真剣に疑問をいだいた。「（虫歯の）予防」という新しい信条は、歯科学が、子どもの歯を治療する必要性にまつわる因習的な前提を変え、また、「口腔衛生」を医療、公衆衛生、そして教育において重要な概念とする、戦闘開始の合図となった。

1880年代と1890年代に見られたいくつかの科学の進展は、新しい観点の基礎となった。もっとも重要な理論は、ゼラチン質の歯垢の下にあらわれる虫歯によるバクテリアの進行を描いたウィリアム・ミラー博士の「化学・寄生虫」理論と、不潔な口腔の虫歯の穴を子どもの感染症が浸透する主要な経路とみなす「病巣感染」理論であった。また、専門職の信用を築くうえで重要であったのは、エドワード・エンジェル博士の、歯をまっすぐにするための創造的な発明で、これは歯の不正咬合にかかわる難問の全領域を対象に取り組む希望を高めた。充填物などによる虫歯治療のもっと良質な、長期に持続でき、しかも安価な充填物による新しい技術と装置もまた、歯の修復治療の明るい未来を約束した。

子どもの歯科は、進歩主義時代（1890-1920）の広範な児童福祉とアメリカ化キャンペーンに向けて、そしてとりわけ学校保健運動に向けて、統合的になった。教育計画はその中心に子どもの歯科を置いていた。教師らは、栄養と定期的な虫歯予防の重要性を強調したが、とくにそのなかでも、子どもたちが長い時間厳格に、技術的に完全に標準的な歯磨き――1日に3回、4回、理想的には5回――をしつづけるようはたらきかけた。子どもたちだけでなく母親も、この新しい規格どおりの知恵の支持者であった。進歩主義時代の児童福祉のアジェンダのほかの要素にも示されているように、母親は、子どもたちに不必要な痛みや苦しみをあたえないように、したがってまた、子どもが学校での成功や、アメリカでの生活に同化できるよう確証してやることに大きな責任を負わされた。

学校と歯科医院による手術治療の提供は、20世紀初期の歯科におけるもっとも大胆な革新であった。1910年代、公立学校や地域の衛生局で専門的に、あるいは重点的に子どもを対象に治療サービスをする相当数の歯科医院が作られた。ボストンとロチェスターでもっとも顕著に見られた私的なサポートのある少数の医院も設立された。こうした医院は、予防と治療を指向する歯科学をはじめて大衆に提供した。多数の歯科医院で歯科医たちは、子どもの歯を検査しただけでなく、保存治療や抜歯なども行なった。これと同様に革新的であったのは、定期的な歯科予防治療の導入で、これは通常、新しい、大半が女性の歯科衛生士による、学校中心的な専門職によってなされた。歯科予防は、虫歯予防の点でその重要性が知られていたにもかかわらず、時間がかかり、徒労が多く、わずかな報酬しか得られなかった。衛生士あるいはそれに対応する訓練を積んだ助手が広い範囲で活用できるようになるまで、歯科医がその私的な治療室で歯科予防治療を行なうこ

とはめったになかった。男性の歯科医は、大部分の学校や医院を基盤にした手術治療を提供したが、進歩主義時代の児童福祉改革のほかの分野でもそうであったように、子どもの歯科の旗ふり役を担ったのは、低水準の女性専門職――教師、看護士、衛生士――であった。

女性の歯科医の小集団も、子どもに主要な焦点が集まりはじめた20世紀初めに登場した。1909年に開業していたM・エヴァンジェリン・ジョードンは、ほぼまちがいなく、子どもの歯科医として最初のスペシャリストであった。ジョードンは、この分野の最初の専門的な教科書『子どものための歯科手術』(Operative Dentistry for Children, 1925) を著した。ジョードンのこの教科書によせた序文のなかで、著名な歯科学者ロドリゲス・オトレンギ*4は、1915年までは、「子どもを対象にした、特別に専門化した歯科医について耳にしたことは一度もなく」、また、「わたしがこれまでに学ぶことができたなかで、ジョードン博士は、子どもを専門に治療していた最初の歯科医であった。したがって、彼女は、アメリカで、そしておそらく世界で最初の先駆的な小児歯科医である」(p. vii) と述べている。1927年、彼女が治療者としての仕事を退職した頃、歯科医たちの小さなグループが、「もし子どもが治療を受けることになれば、一般の歯科医たちはその治療の大半を引き受けざるをえなくなるだろう」という共通理解のもと、アメリカ小児歯科推進協会 (the American Society for the Promotion of Dentistry for Children) を組織した。1933年には、「小児歯科学会誌」(the Journal of Dentistry for Children) も創刊された。

一般の歯科医は、大恐慌時代を通じて多数の子どもを治療しはじめたが、それは、政府の保護のもとに拡張された学校や医院の有給の勤務医としてであった。大恐慌は歯科医たちに相当の困難を強いたが、学校と医院が置かれていた状況での公的に設置されたプログラムは、彼らが専門職として生き残っていくうえで不可欠であった。いまや、何百にものぼるこうした医院は、1930年代を通じて子どもたちがなんらかの情報源から受けた歯の治療の全体件数の半数近くを提供した(しかし、第2次世界大戦における徴兵検査が明らかにしているように、アメリカの子どもと若者の口腔衛生は、公的財政補助のある学校と歯科医院がまったく確立されていなかった地方共同体や南部では、まだお粗末な状態であった)。したがって、計画とか要望以上の必要性がない子どもと歯科たちは、もはやお互いが知らない者同士ではなかった。子どもを一般の歯科に統合するための専門職の経験の基礎と患者の期待感の基盤はすでに整っていた。1940年、アメリカ小児歯科推進協会は、この副次的な専門分野がしだいに専門職としての合法性を得ていると判断して、その名称をアメリカ小児歯科医学会 (the American Society of Dentistry for Children) と改称した。

虫歯なし児童に向けて――小児歯科における新しい展開と新しい地平

第2次世界大戦を通じて数百万人にものぼる治療者に対する無料の回復治療あるいは修復治療の提供も、戦後における小児歯科の新しい消費者基盤を生み出す大きな要因になった。戦後経済の繁栄の見返りに、この可能性はすぐに実現された――だがそれは、今度は、公的な分野においてというよりはむしろ私的分野においてであった。戦後の10年間、アメリカにおける歯科の私的治療はかつて見られなかったブームを迎え、知的な歯科治療を受ける子どもの割合は劇的に拡大した。1950年代末までに、学齢児童のほぼ半数が一年に一度は歯科医院を訪ねていた。組織歯科――これは、組織医療とは違って、フリースクールと子どものための臨床歯科プログラムを大規模に支援していたが――は、こうした私的治療が劣悪な処置をし、時代遅れの設備を用い、子どものほんとうの、しかも、もはや必要とはされていない歯科ニーズについて、両親を誤った方向に導いていると批難して、1950年代のそうしたプログラムに対して見くだすような態度をとった。子どもを治療する1時間あたりの頭割りもしくは賃金ベースの、失業中の、あるいは不完全就業中の歯科医たちを招集するのが習慣になっていた学校検診やその他の公的機関は、もはや歯科医たちが時間的にも金銭的にもそうした解決策に関与する気持ちにはなれなくなっていることに気づいていた。こうして、ついに家庭歯科医 (family dentist) という長いあいだ追い求めてきた理想が現実のものとなってきたのであった。

戦後の数年間には、やがて1980年代までに、子どもの口腔衛生を根本的に変えることになる大きな変革もあらわれた。それは、虫歯に対するフッ素化合物の予防効果の発見であった。1970年代に、国立歯科研究所 (the National Insitute of Dental Research) が、学校教師と歯科医たちに、学校単位でフッ素化合物で口をすすぐ計画がもっとも費用効果的であり、学校単位で実施する方法が虫歯予防に利用できることを教師と歯科医たちに説得する大規模な広報キャンペーンを展開しはじめると、学校はすぐに子どもの歯科で中心的な役割に戻った。1980年までに、全米のすべての学区のほぼ4分の1がフッ素化合物の口すすぎ計画に参加し、子ども数は800万人に達したと思われる。多数の自治体では、虫歯予防のためのフッ化物添加水をめぐって、反対者のなかにはフッ素化合物で水を殺菌することを共産主義者の陰謀だと考えたように、厳しい戦いがあったが、フッ素殺菌した水の供給は、第2次大戦後急速に広まった。1950年代末までに、約2000の自治体が3300万人の住民にフッ素殺菌した水を提供するようになった。1980年までに、8000以上のコミュニティとアメリカ市民の半数以上が人工的に

あるいは自然にフッ素殺菌された水を飲用した。

さらに、1960年代にはじまるフッ素化合物入りの練り歯磨きの出現と、1970年代のフッ素化合物の口すすぎの大規模な普及は、その自治体が給水をフッ素殺菌しているかどうかには関係なく、子どもたちがフッ素化合物の殺菌効果を容易に利用できる可能性をいっそう高めた。フッ素化合物を子どもの歯科衛生に広範に用いることの影響は劇的にあらわれた。1970年代末に、飲料水をフッ素化合物で殺菌した自治体でも、殺菌しなかった自治体でも、虫歯の発生が全国的に急勾配で減少したことは明白であった。歯科医たちは、わずか20年前には実質的には知られていなかった、虫歯が一本もない子どもの人数がかなり増えていると報告しはじめた。明確な原因ははっきりしないが、自治体の飲料水の供給、錠剤、口すすぎ、および練り歯磨きなどによるフッ素化合物の摂取とともに、食物連鎖におけるフッ素化合物の偏在は、実質的に、虫歯の予防に寄与した。

21世紀初めまでに、子ども歯科の専門分野を生みだした「口腔衛生」で認められていた危機が去ったことは明らかであった。たしかに、虫歯はなおも子どもの健康を危険にさらしており、子どもたちの下位集団、とくに恵まれない子どもたちのあいだでは、不均衡に虫歯に苦しみつづけている。しかし、この分野の指導者たちは、当然のことながら、多様な新しい問題や未対応のニーズに注意をふり向けた。これらには、子どもの歯周病にもっと注意をはらうこと、不正咬合の治療は早期に対処すること、歯科医と子どもの関係を、子どもの発達の科学的原理にもとづいて、いっそう堅実にすること、障害をもつ子どもたちにも歯科治療を拡張すること、歯科医の責任を**児童虐待**とネグレクトの認定に拡張すること、エイズにかかっている患者にも医学的に対処すること、さらに、虫歯ワクチンを開発することなどがふくまれている。健康問題とならんで、審美眼的な問題への関心は、20世紀なかば以降、補強剤やその他の矯正器具を用いた歯科治療の比率を高めることになった。

おそらくそれ以上に大胆なのは、比較的最近になって確立された「就学前歯科検診」の指導者たちの何人かが、子どもがはじめて歯科医と会う理想的な年齢――3歳――は、実際には、最適の歯科衛生を保持するには遅すぎると主張していることである。それよりも、生後6カ月から1年のあいだに子どもの最初の歯科検診の予約を両親がスケジュール管理するよう奨励した。就学前歯科検診のすべての分野は一世紀前には考えられないものであった。しかしその基本的な前提、すなわち「病気の予防ははじめるのに早すぎるということはない」（ピンカム、4ページ）という20世紀初めの子ども歯科におけるジョードン博士とその他の先駆者たちの前提を堅持している。

[訳注]

* 1 フォシャール（Pierre Fauchard, 1678-1761）――フランスの医学者で「近代歯科学の父」とよばれる。広く知られたその著書『歯の治療について』（1728）で口腔解剖、口腔機能、口腔病理学、手術法、保存法、歯科矯正学、移植法などについて記述し、ヨーロッパにおけるその後の歯科学の基本となった。
* 2 カリエス（Karies）――骨の慢性炎症のこと。とくに結核によって骨質がしだいに破壊され、組織が死んだ部位の乾酪壊死物が膿状に流出する骨の病気。
* 3 ワシントンの歯をくいしばった肖像画――ジョージ・ワシントン（George Washington, 1732-1799）は、20歳台の早い時期に永久歯の多くを失い、67歳で亡くなるまで歯の問題に悩まされ、何種類もの総義歯を用いており、晩年は演説を嫌がっていたといわれている。
* 4 オトレンギ（Rodrigues Ottolengui, 1861-1937）――スペイン、ポルトガルのユダヤ系の血を引く、アメリカの歯科医で、推理作家としても広く知られた。

➡衛生学と子ども、小児医学

●参考文献

Adams, Tracey I. 2000. *A Dentist and a Gentleman: Gender and the Rise of Dentistry in Ontario*. Toronto: University of Toronto Press.

Campbell, J. M. 1963. *Dentistry, Then and Now*. Glasgow, UK: Pickering and Inglis.

Dunning, James Morse. 1970. *Principles of Public Health*, 3rd ed. Cambridge, MA: Harvard University Press.

Gies, William J. 1926. *Dental Education in the United States and Canada*. New York: The Carnegie Foundation for the Advancement of Teaching.

Jordon, M. Evangeline. 1925. *Operative Dentistry for Children*. Brooklyn, NY: Dental Items of Interest Publishing.

King, Roger. 1998. *The Making of the Dentiste, c. 1650-1760*. Brookfield, VT: Ashgate.

Lambert, Camille, Jr., and Howard E. Freeman. 1967. *The Clinic Habit*. New Haven, CT: College and University Press.

Loevy, Hannelore T. 1984. "M. Evangeline Jordon, Pioneer in Pedodontics." *Bulletin of the History of Dentistry* 32, no. 1（April）.

McBride, Walter C. 1945. *Juvenile Dentistry*. Philadelphia: Lea and Febiger.

McCluggage, Robert W. 1959. *A History of the American Dental Association: A Century of Health Service*. Chicago: American Dental Association.

McDonald, Ralph E. 1963. *Dentistry for the Child and Adolescent*. Saint Louis, MO: C. V. Mosby.

Nettleton, Sarah. 1992. *Power, Pain, and Dentistry*. Buckingham, UK: Open University Press.

Pelton, Walter J., and Jacob M. Wisan. 1955. *Dentistry in Public Health*. Philadelphia: W. B. Saunders.

Pinkham, J. R. 1988. *Pediatric Dentistry: Infancy through Adolescence*. Philadelphia: W. B. Saunder.

Schlossman, Steven L., Joanne Brown, and Michael Sedlak. 1986. *The Public School in American Dentistry*. Santa Monica, CA: Rand.
Welbury, Richard R. 2001. *Paediatric Dentistry*. Oxford, UK: Oxford University Press.

(STEVEN SCHLOSSMAN／北本正章訳)

識字能力（リテラシー）（Literacy）

　識字能力（リテラシー）の水準を正確に測定することは、時代や地域が異なる場合、非常にむずかしい。これには大きく分けて二つの理由がある。ひとつは、「識字能力がある」と認識される水準とはなにかということが、かならずしもはっきりしていないことがある。つまり、どの程度の読み書き能力を識字能力があると認めるかという問題である。この言葉に付随する問題を解決するために、「機能的識字」(functional literacy)という概念が開発された。「機能的識字」とは、もともとアメリカの軍隊が第2次世界大戦中につくりだした言葉であり、軍事作戦を理解し、5年生レベルの読解力をもつ能力水準をさすものであった。国際連合教育科学文化機関（UNESCO、ユネスコ）はこの機能的識字を、個人が社会的に参加し、個人が通常の生活を送るうえで不可欠な読み書き技能を有していること、と定義している。

　しかし、こうした定義上の問題が解決しても、特定の時代、場所、あるいは人口の識字水準を見きわめることはあきらかに問題をはらんでいる。二つめの問題というのは、識字能力の水準を示す歴史的分布を解明するためにわれわれが利用できる資料がきわめてかぎられており、基本的にそのほとんどが結婚登録をはじめとする公文書にもとづいているという問題である。これまでこうした資料が識字率を推定するもっとも有力な手がかりとして用いられる際には、新郎新婦や証人が結婚登録に署名できるか、あるいはほかの人びとがその他の公的書類に署名できるかがとりわけ大きな関心を集めてきた。しかし、こうした資料は識字率を過大に推定することにつながりかねない。というのも、自分の名前以外には何も書くことができない場合もあるからである。反対に、同じ資料が識字能力の過小評価につながることもある。文字を書くときに要求されるじゅうぶんな熟練は、ものを読むのには必要とされない。このため、自分の名前を署名できなくても読むことができる人もいるかもしれないが、こうした人は非識字者とされてしまう危険性がある。われわれは、こうした留意事項に配慮したうえで、ヨーロッパ世界の識字率が歴史的にどのような特色をもっていたといえるであろうか？

　プロテスタントの宗教改革以前、教育はカトリック教会によって厳格に管理され、かぎられたエリート層、つまり男性の聖職者だけのものであった。さらに、エリートにとっての目標は、俗語ではなく、ラテン語の識字能力の獲得にあった。16世紀なかばになると、いまだ組織宗教との関係を保っていた学校や教師が数多くあった一方で、一般の個人や教区、ギルドなどの手で新しい学校も作られるようになってきた。こうした教育の世俗化は、識字能力が社会的なエリート層が独占するものではなくなってきたことを意味する。はじめはラテン語の、続いて俗語の識字率が、社会のなかでゆっくりと上昇したことは、カトリックとプロテスタントの双方で、宗教的な権威の維持に識字率が重要な役割を果たすと同時に、国家建設や道徳の維持だけでなく、識字能力が人びとに価値のある技能を身につけさせるための政治的手段とみなされるようにもなっていった。デジデリウス・エラスムスやマルティン・ルター[*1]は、このような政治や統治上の可能性に関心が集まるうえで大きな役割を果たした。ジェームズ・ボーウェンはその著書『西洋における教育史』(*A History of Western Education*, 1981)のなかで、16世紀初頭のイングランドにおける識字率を1パーセント以下と推定している。しかし彼は、エリザベスI世の治世（1558-1603）にはそれが50パーセントに近づいたとしている。つまり、宗教改革は教育と識字能力の普及を大いに刺激したといえる。したがって、こうした教育の出発点が宗教知識と道徳であったことを忘れてはならないが、同時にほかの有用な知識を獲得することもその目標であった。

　しかしながら、ヨーロッパ全域で状況が一様であったわけではない。一般に、プロテスタント地域はカトリック地域よりも識字率が高かった。たとえば、フランスでは1880年に政府主導で行なわれた識字率についての歴史的な調査研究の成果が公刊されているが、それによると、1686〜1690年にかけては、人口の75パーセントは自分の名前を自署できなかった。カルロ・M・チポラが『ヨーロッパにおける識字能力と経済発展』（1969）で示したように、ヨーロッパのカトリック圏の識字率は全体としてフランスの統計とほぼ同水準であった。ヨーロッパのプロテスタント圏の識字率はこれよりはるかに高く、およそ35〜45パーセントであった。さらに、チポラは、こうした統計のなかでも階層や地域によって大きな開きがあったことを明らかにした。都市部のブルジョワジーの識字率は最低でも90パーセントであったのに対して、農村部の農民層では10パーセントほどでしかなかった。さらに、識字率には男女間でも違いがあった。1880年のフランス政府の調査研究によると、1686〜1690年にかけて女性の識字率（自分の名前が書けるかどうか）は、わずか14パーセントであったが、男性は36パーセントであった。

　イングランドでは、宗教改革期とその後の時期に学校が増加し、識字率が上昇するのにともなって書物の流通量も増えた。リチャード・アルティックはエリザ

シキシノウ

ジェシー・ウィルコックス・スミスがイラストを描いた『子ども期の七つの時期』（Seven Ages of Childhood, 1909）。20世紀初めまでに、多くの西ヨーロッパ諸国の識字率は100パーセントに近かった。読書すること、とくに親が子どもたちに読み聞かせることは、家庭生活に不可欠な部分だとみなされるようになった。©Blue Lantern Studio/CORBIS

ベス期について、意図的な量的制限があったにもかかわらず、学校の教科書（文法、初級読本など）は毎年1万2000冊まで印刷することが許可されていたことを示した。民衆は識字能力を熱望していたが、社会の上層部は、識字能力が広がりすぎると社会的な不満と無秩序につながると懸念していた。18世紀の終わりになると、イングランドとスコットランドでは慈善学校運動が展開され（とくにキリスト教知識普及協会[*2]が果たした役割が大きい）、貧困層の識字水準の向上に力がそそがれた。こうした学校の目的は聖書学習に十分な識字能力を確保することであったが、同時に貧困層が甘んじて社会的に低い身分を受け入れる姿勢も説いていた。こうした学校は、国家建設においても重要な役割を担った。英語だけで教育することで、スコットランドからゲール語を一掃しようとしたからである。

宗教改革期から19世紀にかけて、民衆教育と識字教育はほぼ同義であった。エリート層には読み書き以外の技能や知識を得る機会があったが、民衆の学校教育では読む能力に重点が置かれていた。さらにいえば、読むといえば聖書を読むことであった。問題となったのは、イアン・ハンターのいうように、いかにして大衆に社会規律を守らせ、精神的によく導かれた人びとに仕上げるかということであった。読む能力を身につけることは、道徳的にいっそうすぐれており、経済的にもさらに生産的であるような、新しい人格を作り出す過程の一歩をふみ出すことであるが、これは、なによりもまず宗教や道徳にかんする本を読むことで達成される。

国家は、19世紀を通じて、ゆっくりとではあったが、学校の管理にのりだすようになり、最終的にはこの時期のヨーロッパとアメリカ諸国のほとんどが義務教育を導入した。たとえば、アメリカは1852年（マサチューセッツ州）から1919年（ミシシッピ州）にかけて、プロイセンでは1868年に、イギリスは1870年に、フランスでは1882年に、という具合である。イギリスでは1861年にニューカースル委員会報告書が出されたが、義務教育を勧告するまでにはいたらなかった。しかし、250万人の子どもがなんらかのかたちで学校教育を受けており、識字率も男子で67パーセント、女子で51パーセントであったことが明らかにされた。ニューカースル委員会報告書はこの時期に典型的なものであった。国家は、自由主義国家における義務教育の正しい面と誤った面についての議論と平行して、すくなくとも統計をとったり課題や問題点に対処するなど、しだいに教育に介入するようになっていった。

19世紀のアメリカでは、**コモンスクール**が、非宗教的で無料の義務教育という考え方の先鞭をつけた。この試みの根底にあったのは、教育を受けた民衆に政治、社会、経済活動を保証することであった。したがって、学校教育と公民科は同時に発展した。識字教育はコモンスクールやこれを引き継ぐかたちで設立された公立学校においても依然として中心的な課題であったが、この時期になると、学校教育は歴史・地理・算数・簿記などをふくむほかの教科にも関心をもつようになっていた。ホーレス・マンは、アメリカにおける公的義務教育制度の変化のなかで決定的な役割を果たした人物である。マンは広く、とりわけヨーロッパ各国を視察旅行し、初期のマサチューセッツの学校制度に海外の最良のものをとりいれようとした。マンは、1837年にはじめてマサチューセッツに設置された教育委員会の委員長に就任し、全国に義務教育制度が普及するのを見とどけた。男女ともに、またあらゆる社会層で完全に義務教育が実施されるようになるまでには時間がかかったが、20世紀初頭にはヨーロッパとアメリカ諸国の多くで識字率は100パーセントに近づいた。

［訳注］
*1 マルティン・ルター（Martin Luther, 1483-1546）ドイツの宗教改革者。はじめパウロの「神の義」の解釈をめぐって内面的葛藤におちいったが、突然啓示を受け、これを神の贈り物としての「信仰による義」であると確信した。ローマ教会の贖宥状（免罪符）発行を攻撃し、1517年10月31日「95カ条の提題」を発表し、キリスト教の内面性を強調した。これが宗教改革の先駆けとなった。ウォルムス国会によって放逐されたが、ワルトブルク城に潜伏（1521-22）し、ギリシア語新約聖書をドイツ語に翻訳した。ドイツ農民戦争（1525）ではしだいに急進派から離れ、また聖書解釈をめぐってエラスムスとも論争した。生涯にわたって教会の組織化に努力し、聖書を神学の基礎におく聖書主義と万人司祭主義、「信仰のみ」の立場を広めた。子ども向けの聖書教本を多数考案してリテラシーの改善に貢献した。

*2 キリスト教知識普及協会（the Society for the Promoting of Christian Knowledge: SPCK）——国教会派の牧師トマス・ブレイ（1656-1730）と4名の平信徒が1698年にロンドンで設立した国教会の伝道団。慈善学校の設立とキリスト教関連の書籍出版を当面の目的とし、それによるキリスト教の普及と、敬虔で勤勉な労働者の育成をはかった。翌年の1699年、ブレイは、アメリカのメリーランドに教会を建てるためにアメリカに派遣され、インディアン伝導のための福音伝道協会（SPG）を創設した。

➡義務就学、教育（アメリカ）、教育（ヨーロッパ）
●参考文献
Altick, Richard. 1957. *The English Common Reader*. Chicago: Chicago University Press.
Bowen, James. 1981. *A History of Western Education*. 3 vols. London: Methuen.
Cipolla, Carlo M. 1969. *Literacy and Development in the West*. Harmondsworth, UK: Penguin Books. チポラ『読み書きの社会史——文盲から文明へ』（佐田玄治訳、お茶の水書房、1983年）
Hunter, Ian. 1994. *Rethinking the School: Subjectivity, Bureaucracy, Criticism*. London: Allen and Unwin.
Vincent, David. 1989. *Literacy and Popular Culture: England 1750-1914*. Cambridge, UK: Cambridge University Press.
Vincent, David. 2000. *The Rise of Mass Literacy: Reading and Writing in Modern Europe*. Cambridge, UK: Polity Press. ヴィンセント『マス・リテラシーの時代——近代ヨーロッパにおける読み書きの普及と教育』（北本正章監訳、岩下誠・相澤真一・北田桂子・渡邊福太郎訳、新曜社、2011年）

（GAVIN KENDALL／並河葉子訳）

事故（Accidents）

事故は、人類史の大半を通じて西洋および非西洋の文化における子ども期に共通する特徴であったが、事

故が影響をおよぼす人びとだけでなく、事故の特徴とそれが起こる場所も、これまでに何度も変化している。子どもたちが受ける災難の物理的原因には驚くべき連続性がある。火、落下、荷車あるいはその他の車両によって衝突を受けることなどは、時間と空間をまたいで危険なことである。家屋は、とくに幼い子どもにとっては共通の災難に遭遇する場でありつづけている。住宅は、楽園であることとは反対に——初期の中産階級が19世紀に家庭を定義したように——子どもたちがもっとも大きな、有害でやっかいな危険と遭遇する場でありつづけているのかもしれない。しかし、そうであっても、時を超えて、一群の新しいタイプの事故があらわれ、古い危険にとって代わった。たとえば、電気ショック、交通事故、有害な化学物質をふくむ事故のような危険が、「のしかかられる」（両親がベッドを共有する子どもたちにおおいかぶさる）とか、動物の世話にともなう事故などの危険に置き換わった。

もちろん、子どもたちは、自分の家の外で多数の危険に直面したが、これは産業革命が19世紀のヨーロッパと北アメリカに広まったときのように、急速な経済変動の時期に増加した。20世紀までに、都市型社会の成長、とくに自動車の発達にともなう道路をふくむ公共空間と結びついた危険性は、きわだって増大した。たとえば、現代の車社会では、自動車事故は子どもたち——とくにティーンエイジャー——の身に起こる、増えつづける事故原因になっている。

中世

中世ヨーロッパの子どもたちは多様な危険に直面しており、火事（火傷）、動物にかみつかれること、落下物、溺死、熱湯、圧死、あるいは荷車に轢かれるなどの災難にみまわれていた。こうした危険は、地方と都市の環境によってあまり違わなかったが、おそらく火にふれることは、乳児にとってはもっとも目立った脅威であった。中世イギリスの検死官たちの調査表に示されている子どもたちの3分の1以上は、ゆりかごのなかで焼死していたし、また、3歳以下の子どもの約5分の1は家で焼死していた。近代の読者にとっては、赤ん坊を丸のみする雌豚というイメージは、チョーサーの「騎士のお話」(*The Knight's Tale*) にもあるとおり、異様なものと隣りあっているが、ほとんどの場合、動物が子どもに示す一般的な脅威をはっきりと示していた——そして、これはしばしば公的な記録にも残されている。

中世から近代をへて、多少とも一定でありつづけた事故パターンのなかで家庭は、とくに年少の子どもにとっては、もっとも大きな危険がひそんでいる場所であった。中世イギリスの検死官の記録によれば、子ども期のもっとも致命的な事故は家庭で発生している。事故の約49パーセントが子どもの家庭で発生し、約20パーセントが他人の家庭で、20パーセントが公共の場で、12パーセントが水のある場所で発生した。事故は、親がもっとも忙しい時間帯——早朝とお昼——に発生しやすかった。致命的な事故のほぼ半分は家族が畑や農業労働に注意を向ける夏場に起きているが、これは、こうした災難の原因のすくなくとも一部が親の無視、あるいはちょっとした不注意に起因していることを示している。

近世ヨーロッパでは、事故記録の大半は、教区と行政の記録類から得られる。事故は、子ども期の死亡原因のほんの小さな部分しか占めておらず、人口動態学者は乳幼児の30〜50パーセントと見積もっている。この点は、この時期の子守歌や唱歌によっても証拠立てられている。近世では、子ども期の死はごくありふれたものであり、事故は主要な死亡原因ではなかったしたがって、多くの家族にとって、おそらく主要な関心事ではなかったであろう。だが、たとえそうでも、基本的な子育て戦略は、事故死についてすくなくとも多少の関心があったことを明示している。**スウォッドリング**は、子どもが「冷える」のを防ぐ手段として広く行なわれていた。これは、乳幼児を安全にし——家では、這いずりまわって問題を起こしたり、家から路上に出ていったりするので——動けないようにしておくという理由からも実施されていたようである。皮肉なことにスウォッドリングは、実際に乳幼児を危険にさらしてしまうかもしれない行為を助長してきたかもしれない。たとえば、人から人へ乳幼児を投げわたすことは人気の高い娯楽のかたち——スウォッドリングされた子どもといることを楽しむ容易な方法——であったが、しばしば事故につながった。

子どもが成長して両親の保護と養育者の注意がおよぶ範囲の外に出るようになると、子どもが直面する危険も変化し、新しい危険があらわれた。中世では、火傷は、年長の子どもの事故死としては、年少のきょうだいの場合ほど多くはなかった。しかし、年長の子どもの行動力が大きくなってくると、深刻な致命的事故と結びつき、あらゆる致命事故の65パーセントは**遊**びの場で起きた。子どもが年齢を重ねて成長すると、その人生全体にわたってつきまとうことになるジェンダー役割の世界に足をふみ入れ、それまでとは違う危険と出会うことになる。たとえば、幼女は、家でそれまでよりも多く事故にあいやすくなるし、少年は、父親とともに野外に出ているあいだに、致命的な災難にあいやすい。それでも、少年の60パーセント、少女の79パーセントが家庭内あるいはそのすぐ近くでけがをしているように、家庭は依然として危険な場所でありつづけた。だが、少年が5歳あるいは6歳になる頃、彼らが経験する事故の大半は、しばしば道具類、動物、そして車両が原因で、農場で発生している。これとは対照的に、少女たちの場合、家庭はすくなくとも8歳あるいは9歳になるまでつねに危険な原因をかかえつづけていた。

工業化

　19世紀の工業化は、子ども期と事故特性の両方を作り変えるほど劇的な変化をもたらした。貨幣経済、機械化された工場と生産過程の導入は、その劣悪な健康状態とともに、都市環境の急速な変化にともなって、子どもたちをふくむ社会のすべての人間をまったく新しい危険にさらした。しかし、こうした新しい都市と工業化された環境、その他多くの要因——高い死亡率、すべての労働者にみられる前例のない高い事故発生率、そしてはなはだしい社会混乱——のなかで、子ども期の災難に広く注意がはらわれることはなかった。改革者たちが子どもの事故に注意をはらったとき、彼らは、労働現場の安全、子どもの福祉と結びついた広範な問題への注目、都市環境での健康状態の悪化についての懸念などを、広範な取り組みと関連させたうえで視野に入れていた。

　新しい貨幣経済は、子どもたち、とりわけ少年たちを、年少の賃金労働力になるようますます駆りたてた。たとえば、イギリスとアメリカの産業界は、しばしば子どもたちの労働力を利用し、かれらを新しい危険にさらした。1801年当時のロード・アイランドでは、4歳から10歳までの100人の子どもたちがスレイターの紡績工場ではたらいており、原綿の洗浄、紡錘*1の手入れ、糸巻きの着脱作業、切れた糸の結びつけなどの作業に従事していた。これとほぼ同じ時期、イギリスのランカシャーの石炭鉱山では、12歳以下の子どもたちが労働力全体の25パーセント以上を占めており、両親を襲っていたのと同様の傷害の頻発——機械による手指の切断、車両による手足や頭蓋の破砕、転落による骨折——に苦しんでいた。しかし、10歳あるいは12歳以下の子どもが工場ではたらくことは、比較的短期の現象であったように見える。1870年代までに、この慣行はイギリスでもアメリカでも比較的めずらしくなった。改革者たちの努力、高まる学校教育の重視、成人移民の流入、その他のこともふくめ、工場におけるオートメーション、これらすべてが製造業における**児童労働**の衰退——そして、子どもたちが工場の事故の犠牲者になる可能性の減少——につながった。

　19世紀に産業社会が登場すると、子どもたちが家と共同体で危険にさらされる状況は、彼らが属する社会階級と民族あるいは人種的な出自に応じて変化した。比較的貧しい家庭の子どもは、不十分な住宅と危険な状況のために、また、両親が家庭、近隣、あるいは仕事場で子どもたちを見守る時間があまりなかったために、より多く事故にあった——こうした子どもは中産階級の子どもより幼い年齢で事故にあった。同様に、新しい家にのがれてきた経済的および政治的な難民たちも、子どもたちをさまざまな危険にさらす、不慣れな環境の危険な旅に直面した。たとえば、20世紀初頭、ニューヨーク市への移民の子どもたちは、混みあった家庭から閉め出され、街路に押し出された。子どもたちは街路でさまざまな楽しみと危険とを発見した。彼らは新しく掘られたトンネルのなかで遊んだり、地下鉄に乗ったりした。また、自動車を体験し、電気の光で自分の世界を見た。街路——可能性と危険に満ちていた——は、こうした子どもたちにとって家庭であるとともに彼らの世界であり、両親であり、学校でもあった。

　この当時、社会の広範な関心事として、子ども期の事故問題がゆっくりとあらわれはじめた。それぞれの家庭は守られた安全な場というよりはむしろ、危険な場所だとみなされはじめた。すでに1897年にフランシス・フィッシャー・ウッドは、彼女が著した重要な育児書『幼児期と子ども期』(Infancy and Childhood, 1897) のなかで、子どもたちを住宅のなかにひそんでいる危険から守ってやるには、窓に柵を設け、炉にはシールドをとりつけ、階段には開閉扉を設けるべきであると述べていた。ウッドは事故防止のための言及をこれだけにとどめ、その後1914年に、当時のカリスマ的助言者ドロシー・キャンフィールド・フィッシャーは、家庭で安全対策をとる人びとを物笑いの種にした。しかし、20世紀初頭には、アメリカの子どもの主要な死因として、急速に事故が病気にとって代わった。事実、1940年代までは、(1歳から4歳までの) よちよち歩きの子どもたちのあいだでは、インフルエンザ、肺炎、結核、そしてジフテリアが、主要な死亡原因としての事故を凌駕していたものの、事故は、1910年代にかけて5歳から14歳までの子どもたちの主要な死因であった。

　1920年代には、10代の子どもたちのあいだで、社交クラブ、進歩主義の政治家たち、そして全米安全協会*2のような労働現場の安全組織などが、家庭における危険性に注意を集めはじめたが、これは当然のなりゆきであった。子どもたちを安全な状態にしておこうとする責任感をめぐって、家庭経済学者その他の人びとが、性差別的な言い方で、夫が産業や公的部門で経済と安全性を管理しているのと同じやり方で、女性は自分の世帯とそこにひそむ危険性とを管理すべきであると主張したのも驚くに値しない。

　こうした危険を防ごうとする取り組みは、完全なかたちではなかったが、全米安全協会と公衆衛生組織が、とくに自動車事故をふくむ、家庭とコミュニティにおける事故にかんする統計を集めはじめた1930年代に、母親と家族から離れはじめた。ハーバート・フーバー大統領の「子どもの健康と保護に関するホワイトハウス会議」(the White House Conference on Child Health and Protection) は、住宅と学校における健康と安全に対する権利をふくむ、子どもが保持する権利についてはじめて示した明確な認識のひとつであった。1960年に設けられた「子どもと若者に関するホワイトハウス会議」(the White House Conference on

Children and Youth）は、子どもの事故対策を目標にしていた。

テクノロジー

20世紀には、テクノロジーは事故の歴史において逆説的な役割を演じた。電気や省力化機械の関連分野のような新しいテクノロジーが家庭やコミュニティに入ってくると、子どもたちと家族が直面する危険性は変わってきた。おそらく自動車は、ほかのあらゆる技術革新よりも事故の特徴を変えた。アプトン・シンクレア*3 の1906年の暴露小説『ザ・ジャングル』（The Jungle）では、幼い子どもを殺害している責任は自動車にあると描いていたり、第2次世界大戦後にあらわれた、死をまねく車の事故がますます広まり、1970年代までに子どもの事故死の主要原因になるほどであった。

しかし、テクノロジーが新しい危険を示すと、消費社会で保護を約束する新しい安全器具が、急成長したショッピング・モールでますます購入できるようになった。すでに1950年代、消費者は、子どもの安全を配慮したキャップで保護された毒物、化学薬品、医薬品を購入することができた。1960年代には、安全装置（safety restraints）が自動車の共通の特徴になった──これはアメリカでは連邦政府によって指定された。1970年代には、バッテリーで動く煙感知器が市場に登場すると、多数の法律がその使用を命じた。アメリカ政府は、1966年の高速道路安全法（Highway Safety Act）と、1970年の消費者商品安全法（the Consumer Product Safety Act）によってもたらされた製造物の安全に関する全米委員会（National Commission on Product Safety）によって設立された全米高速道路安全局（the National Highway Safety Bureau）（のちの全米高速道路運輸安全委員会［the National Highway Traffic Safety Administration］）のようなさまざまな制度的な手段によって、こうしたテクノロジーを利用する消費者問題の解決を推進した。そうした広範な取り組みは、しばしば子どもの安全に対する特別な配慮をふくんでいたが、このことは、車用の安全なチャイルドシートの導入と、子どもたちにとって潜在的な危険性のあるゲームやおもちゃにラベルを貼って分類することにつながった。子どもの安全を配慮すること──とりわけ家庭で──は、20世紀後半に急増した子ども期の事故問題に対する消費者とテクノロジーの解決策として流行語になった。

20世紀後半まで、事故はヨーロッパの工業国の子ども期の主要な死因でありつづけたが、事故を防ごうとする取り組みは成果を上げ、事故の死亡率は減少した。それでもなお、産業世界における子ども期の事故は、中産階級と富裕階級よりも貧しい家族を苦しめつづけ、非工業世界では、子ども期の事故は、病気、貧困、戦争に対するさし迫った懸念のなかで後まわしにされている。

［訳注］
* 1 紡錘（spindle）──糸に撚りをかけながら巻きつける両端の細くなった丸い心棒で、初期のものは木製でできていた。機械紡績の時代になると大量の紡錘が機械の軸棒にとりつけられ、紡錘スピンドルとよばれた。
* 2 全米安全協会（the National Safety Council: NSC）──1913年に設立されたアメリカの非政府組織。家庭や地域社会における公共サービスの維持・保護・促進をはかり、安全にかんするリーダーシップ・研究・教育・権利擁護を通じて、家庭生活・交通機関・道路・職場でのけがや死亡を防止し、危険を予防することをめざしている。会員は、企業・労働団体・学校・公的機関・民間団体・個人をふくめ5万5000以上といわれている。
* 3 アプトン・シンクレア（Upton Beall Sinclair, 1878-1968）──アメリカの小説家・社会運動家。社会生活や政治、産業界などさまざまな題材で、社会主義的な観点から問題を告発する作品を発表し、人気を得た。『ジャングル』（The Jungle, 1906）では、アメリカの精肉産業の実態を暴き、食の安全に一石を投じ、食肉検査法の制定につながった。

➡乳児死亡率

● 参考文献

Burnham, John. 1996. "Why Did the Infants and Toddlers Die? Shifts in Americans' Ideas of Responsibility for Accidents - From Blaming Mom to Engineering." *Journal of Social History* 29, no. 4（summer）: 817-834.

Cooter, Roger, and Bill Luckin, eds. 1997. *Accidents in History*. Amsterdam: Rodopi.

Fass, Paula S., and Mary Ann Mason, eds. 2000. *Childhood in America*. New York: New York University Press.

Hanawalt, Barbara A. 1986. *The Ties That Bound: Peasant Families in Medieval England*. New York: Oxford University Press.

Hiner, N. Ray, and Joseph M. Hawes. 1985. *Growing Up in America: Children in Historical Perspective*. Urbana: University of Illinois Press.

Iskrant, Albert P., and Paul V. Joliet. 1968. *Accidents and Homicide*. Cambridge, MA: Harvard University Press.

Orme, Nicholas. 2001. *Medieval Children*. New Haven, CT: Yale University Press.

Reinier, Jacqueline. 1996. *From Virtue to Character: American Childhood, 1775-1850*. New York: Twayne.

Tarr, Joel, and Mark Tebeau. 1996. "Managing Danger in the Home Environment, 1900-1940." *Journal of Social History* 29, no. 4（summer）: 797-816.

（MARK TEBEAU／北本正章訳）

自殺（Suicide）

自殺は10歳以前にはほとんど起こらない。アメリカでは1970年代なかばから1980年代のなかばにかけ

て、10〜14歳の子どもあるいは青年期の若者の自殺率が増加したが、子どもと青年期の若者の自殺率はそれ以外の年齢層に比べて低い。それにもかかわらず、20世紀末までに、自殺は（おもに自動車に関連する）事故に次いで青年期の若者の死因の第2位を占めた。10〜14歳にかけての子どもの自殺は、この年齢の死因のなかで、不慮のけがと悪性の腫瘍に次いで第3位を占めた。アメリカでは、10〜14歳の子どものうち、男子は女子よりも3倍多く自殺によって命を落としており、14〜19歳にかけては、男子が女子より5倍も多く自殺している。こうした男女間の自殺率の違いは、男子がより傷つきやすく、また致死的手段、とりわけ銃による自殺を選ぶためかもしれない。銃弾による負傷は、アメリカにおける全年齢層の自殺原因となっている。自殺によって（「自殺をなしとげて」）死んだ人すべてが、50〜100回ほど自殺を試みようとしていたと推定されている。18歳以下の子どもに、これまで真剣に自殺を試みたことがあるかと聞くと、すくなくとも20人のうち1人は、試みたことがあると答える。

歴史的問題

青年期の若者の自殺にかんする現代の関心は、複雑な歴史的な問題をひき起こしている。まずはじめに、これはどれくらい新しい行動パターンなのかという問題がある。過去にも青少年や成人してまもない大人が自殺していることはわかっている。1700年代後半のドイツにおける、ヨハン・ヴォルフガング・ゲーテ（1749-1832）の著作『若きウェルテルの悩み』（*Die Leiden des jungen Werthers*, 1774）[1]は、おそらく当時流行していたロマン主義文化によって死に魅了された青少年たちの自殺のいくらかの引き金になったであろう。19世紀後半のイギリスにおける自殺の研究も、思春期の自殺の事例を明らかにしている。注意と関心が新たな水準になっているのに抗するかのように、現在の自殺パターンが新しい展開をどれほど反映しているかは明らかになっていない。

変化の範囲がどこまでおよぶかという点で、何が自殺をひき起こすのかという疑問が生じる。文化は暴力イメージを広めたが、そうした文化のなかで子どもが直接死を経験することはほとんどないと説明されることがしばしばある。学校や仲間のあいだで味わう新しい緊張が自殺に関係しているかもしれないし、ときには薬物でそれをやわらげようとすることもある。もちろん自殺はそうした心理的な抑鬱状態と密接に関係するが、こうした心理が青少年のあいだで高まっていることも確かなようである。

子どもは自殺を理解している

年少の子ども（10歳から12歳以下）が自殺によって生命を落とすことはほとんどないが、現代の子どもは早い年齢で自殺について理解しており、彼らがいだく自殺概念は、**青年期の傷つきやすさを経験するとき**、のちの人生の行動に影響をおよぼすかもしれない。

子どもは7〜8歳頃までに自殺の意味を理解でき、自殺という言葉を用いることができ、自殺の手段をいくつかあげることができることがこれまでの研究で明らかになっている。また、5、6歳の幼い子どもは、自殺という言葉は理解できなくても自殺そのものを理解し、自殺について語ることができる。7、8歳頃の子どもは、子ども同士で自殺について語ることができ、テレビをとおして、すくなくとも一度は架空の自殺を目撃している。このような架空の自殺は通常、マンガの世界で悪者が戦いに敗れ、ほかに方法が残されていないときにみずから死を選ぶシーンとして描かれている。子どもは、連続ドラマやニュースなど、大人向けの番組でも自殺を目撃している。このように、子どもは、自殺について知識をもち、自殺問題にさらされているが、それにもかかわらず、自殺について大人から指導を受けることはほとんどない。

一般に、5〜12歳にかけての子どもは自殺に対して否定的であり、自殺とは、決してしてはいけないものと受けとめており、人間には自分を殺す権利はないと一般的に考えている。自分の家庭あるいは友だちの家庭で自殺が起きた場合、親は子どもにその自殺の事実を語らず、それを隠そうとするか、その死が事故であったと説明しようとするが、子どもはそれを自殺と理解している。たとえば、ブライアン・L・ミシャラがカナダのケベック州で行なった研究では、大人からその事実を聞いたことはないものの、8パーセントの子どもが自殺を試みた人を知っていた。両親を対象とした調査では、4パーセントの子どもが自殺をしてしまうのではないかとの恐怖心をいだきつつも、このような恐怖心に真剣に対処しようとしたり、話しあわれたことはほとんどないという結果が出ている。

幼い子どもは、死に対して好奇心を示し、人はみずから死を選ぶことができると知りながらも、だれかが死んだときはどうなるかについての理解は、大人の理解とはまったく違ったものになろう。しかしながら、子どもはかなり早い時期（一般に7歳あるいは8歳頃まで）に、死は終極的なもの——死んだ人は二度と生き返らないということ——であることを理解する。しばしば年少の子どもは、死んだ人は見たり聞いたり感じたりでき、生きている人がしていることがわかると考える。

子どもと青年期の若者にみられる自殺行為

自殺は、いくつかの危険因子が結びつくこと、つまり、通常は、適切な支援の欠如と自殺する手段の利用とが結びついてしまう突然の出来事であって、比較的まれな出来事である。通常、自殺は、発達的、個人的、環境的、生物学的状況などの複雑な相互作用の結果と

考えられている。だが、自殺行為につながってしまう要因が複雑であるにもかかわらず、子どもが自殺の危機に直面している可能性はある。

子どもが抑鬱状態であるかどうかは、見分けるのも治療するのもむずかしいであろうが、鬱は、自殺の主要な危険因子である。思春期前の子どもの場合、鬱の兆候には、長いあいだ悲しみつづける、理由なくひんぱんに泣く、あるいはその逆に表情や感情を表に出さないといったことがふくまれる。このほかに、学校で集中するのがむずかしい、やる気がしない、社会的に引きこもることや孤立することなどにみられる。自殺におののいている、もしくは、首つり用に引き結びをしたり、自殺ごっこをしたり、銃を手に入れようとするなどして自殺する手段に興味をもつようになった子どもや青年期の若者には、潜在的な自殺の危険があると考えるべきである。

自殺の危機を検証する最良の手段は子どもに直接聞いてみることである。その質問には、「いまきみは自殺のことを考えているのかい？」、「どうやって自殺しようかって考えたことはあるかい？」、「きみは自分がほんとうに自殺するかもしれないって思うかい？」といった問いがふくまれるであろう。多くの大人は、こうした問いは子どもに自殺の考えを「植えつけてしまう」のではないかと怖れて、質問するのをためらう。しかし、何十年にもわたる経験は、自殺について語りかけることが子どもに自殺行為を示唆することはなく、むしろそれは子どもがいだいている懸念を表現する機会となることを示している。

自殺を試みる子どもに対して、人が死んだらどうなると考えるかと聞くことも重要である。もしその子どもが、死んだ人はふたたび生き返るとか、死ぬことは生きることと変わりがないと答えるようなら、死に対するそうした印象を修正してやり、死ぬことはどんな意味があるのかをていねいに説明してやることが有益であろう。

鬱の症状があり、自殺の兆候を見せる子どもにはメンタル・ヘルスの専門家による支援が有効であろう。家庭や学校のなかで自殺が起きた場合、子どもたちや青年期の若者たちと話しあうことも重要になってくる。子どもたちの大半は、起きたことをすでによく理解しており、自殺が適切な行為ではないと感じている。しかしながら、その子どもが、自殺による死を賞賛したり、それをとるにたりないものとしたり、自殺の被害者は死んだ後に「いまより幸せ」になると感じたりしているようであれば、起きたことを明確にし、もし必要ならカウンセリングや専門家の支援を求めることが重要である。自分は見すてられたのだというような感情から、自殺の犠牲者に対して「許せない」という怒りの感情をいだいている場合でも、自殺による喪失感を子どもが表明するのを助けるのも大切である。また、一般に、自殺は避けることができるものであり、だれにとっても益することはない悲劇的な出来事であると伝えることが重要である。

[訳注]
＊1『若きウェルテルの悩み』――ゲーテ自身も22歳のとき、15歳の少女に失恋し、何度か自殺を試みたことがあり、この時期に友人がピストル自殺をしてすくなからず衝撃を受けていた。その経過のなかで失恋から3年後の25歳のときの作品が『若きウェルテルの悩み』で、これを読んだヨーロッパ各国の若者のあいだで自殺が急増したことが知られている。

➡子どもの感情生活、精神疾患
●参考文献
Bailey, Victor. 1998. *This Rash Act: Suicide across the Life Cycle in the Victorian City*. Stanford, CA: Stanford University Press.
Kushner, Howard I. 1989. *Self-Destruction in the Promised Land: A Psychocultural Biology of American Suicide*. New Brunswick, NJ: Rutgers University Press.
Maris, Ronald W., Alan L. Berman, and Morton M. Silverman, eds. 2000. *Contemporary Textbook of Suicidology*. New York: Guilford Press.
Mishara, Brian L. 1999. "Conceptions of Death and Suicide: Empirical Investigations and Implications for Suicide Prevention." *Suicide and Life-Threatening Behavior* 29, no. 2: 105-108.
World Health Organization. 2001. *Preventing Suicide: A Resource for Primary Health Care Workers*. Geneva: World Health Organization.

（BRIAN L. MISHARA／山口理沙訳）

思春期（Puberty）

思春期とは、少年少女たちの性的成熟体験である。その経験は、あらゆる時代と場所で若者の生活にあらわれる一定のホルモン上、身体上、および生理上の諸変化を網羅している。少年少女は、思春期を通じてホルモン水準の上昇を経験し、急成長として知られる身長の増加を経験する。第2次性徴があらわれ、少年少女は再生産の潜在能力を発達させる。しかし、こうした広大な媒介変数のなかで若者たちが経験する思春期の生物学的な過程のようすは、文化横断的にも歴史的な時期区分においても、かなりの多様性があった。工業国における思春期の経験にみられるもっともいちじるしい変化は、健康管理と栄養の改善が進んだために平均的な**初潮**年齢、すなわち月経開始年齢が下降したことである。思春期は、生物学上の過程そのものに生じた諸変化とならんで、さまざまな時代と場所で、多様な概念化がなされてきた。そうした多様な思春期の見解と、思春期への多様な期待感は、若者の性的成熟体験の仕方に重大な影響をおよぼしてきている。

西ヨーロッパでは、思春期の意味と経験は、**青年期と若者期**として知られる人生段階の意味と経験との関

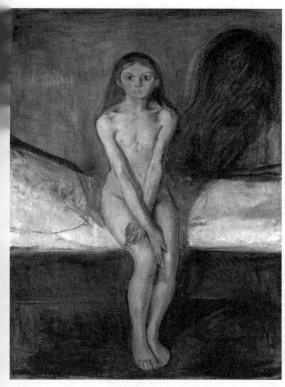

エドヴァルト・ムンク「思春期」(1894-1895年)。ムンクのこの若いモデルの曖昧な顔つきは、彼女が待ち望んでいた変化を歓迎しているのか、それともおそれているのか、不確かさを漂わせている。2003 The Munch Museum/The Munch-Ellington Group/Artists Rights Society (ARS), New York. The Art Archive/Nasjonal Galleriet Oslo/Album/oseph Martin

係でかたちづくられてきている。古代と中世には、思春期を性的な関心が高まる時期と認識しており、思春期は個人の活力と社会的な利益の両方に結びつけられ、また、とくにキリスト教の影響が強まるなかで、不道徳と社会的脅威にも結びつけられた。16世紀と17世紀のイギリスの騒然とした社会情勢のなかで、若い男性の肉欲が罪、誘惑、そして破壊的なふるまいに明確に結びつけられたために不満をつのらせていた都市の徒弟たちが社会秩序につきつけた脅威に対して、ピューリタンの道徳神学者たちは懸念を示した。そして、家族・学校・教会に向けて、しつけの役割を果たすようよびかけた。これとは対照的に、植民地時代のニューイングランドの人びとは、その秩序のとれた、ヒエラルキー的で家父長的な社会が若者に対してもっていた支配力については大きな自信があり、すくなくとも移民の最初の数世代のあいだは、思春期についてそれほど大きな不安感はあらわしていなかった。17世紀末にはじまる人口動態と経済におけるさまざまな変化、そのなかでもとくに顕著であった人口成長、地理的な流動性、そして商業の発達などが渾然一体となった変化は、ニューイングランドの多数の家族と町の基盤を掘りくずしはじめた。若者の生活に対する大人たちの支配のすべてではないにせよ、ある部分はゆるんだ。その結果、世代関係の軋轢が強まり、宗教当局者たちによって、潜在的に危険をはらんだ若者の**セクシュアリティ**の発現に注意が向けられることになった。

しかし、18世紀なかばまでに、若者たちの性的成熟を通じて、権威主義的に彼らを支配するのを重視することは、ある程度の社会的および性的な自律性をとくに少年に是認した**啓蒙思想**によって補足された。理想的には、少年は、身体の内側からわき起こり、自発的な個人としてその若さからあらわれる力強い熱情を統制することを学ぶはずである。自主的な決定ということにかんしては、少年と同じような能力を賦与されていないとされた少女は、しだいに純粋で感情に動かされないとみなされるようになり、どんな表現であろうとも女性としての性欲は異常だと考えられた。それと同時に、ロマン主義的な感覚は、思春期の気まぐれを危険と破壊に結びつけるよりも、むしろその活力、創造力、および愛情と哀れみの感情の目覚めのほうに結びつけるようになった。ここでの重要なテキストは、ジャン＝ジャック・ルソーの『エミール』(*Émile*, 1762)であった。この書物は、いかにも思春期がはらんでいるように見えるさまざまな困難は、自然の所産というよりはむしろ社会の所産であり、身体、精神、および心の段階的な発達を準備する教育訓練によってもっともよく処理することができると断言している。

19世紀を通じて、思春期にかんする議論を支配したのは科学的な理論で、人種と階級のヒエラルキーを示す目印としてばかりでなく、性的な差異の主要な決定要因として思春期を確立した。医学者と進化論者たちは、男性の発達と女性の発達は、子ども期のあいだはほぼ同じであると主張した。生殖器官の成熟とともに起こる生物学上の変化は、身体・精神・行動、および社会的な役割と責任感などの点で、男性と女性のあいだに打ち消しがたい差異を確定した。白人の中産階級の成人男女のあいだでのそうした差異の持続は、社会秩序を維持するうえでも、西ヨーロッパ文明においていまなお進行中の進歩を保証するうえでも、必要不可欠であると考えられた。男性の思春期については、**マスターベーション（自慰行為）**を身体的および道徳的に激減させる効果についての不安感ということを除けば、なんらかの大きな特殊性をおびて科学の専門家たちに議論されることはなかった。この時期の発達理論によれば、本性は、中産階級の白人男性の成長を、漸進的で安定した成長過程を歩ませようとしており、そうした「文明化された」少年たちに、思春期がはじまる頃にかたちづくられる身体上の諸変化をやさしく鼓舞するような管理能力を賦与した。これとは対照的に、「文明化された」少女は、医学的および進化論的な言説では、性的な成熟過程を通じて彼女の身体が体

験する非常に移ろいやすく、複雑で、重大な結果をもたらす諸変化に直面すると傷つきやすく、受動的になると表現された。女性の思春期は性的欲望のはじまりだけでなく、将来の母親らしさの能力をも予兆した。少女たちによる身体的、精神的、あるいは感情的なエネルギーの消費は、すでに重荷になっている発達過程をさらにあやうくすると考えられており、それによって、彼女の健康、彼女の精神的安定性、そして、彼女の人生の後半になって果たす能力である「文明化された」白人種の再生産者としての本質的な機能に脅威をおよぼすことになる。すべての医師が、女性の思春期を本質的に危険視したわけではないが、多くの有力な医学者は、青年期を通じて少女の活動、とりわけ彼女が19世紀後半に奨励される高等教育制度に接近することについては、それを抑制することを第一義的に正当化する考えをおしすすめた。

　進化論的な図式を社会科学に適用する影響を受けていた19世紀の科学的な言説もまた、生まれつきの性差、人種、および階級ヒエラルキーの存在を示す証拠としての思春期のタイミングに注意をはらった。中産階級の白人少女は、彼女の「文明化された」兄弟よりもいっそう急速に思春期に向けて成長し、より早く思春期に達するということが広く注目された。彼女の身体が成長をやめれば、彼女の知的および道徳的な発達も止まり、少女よりもゆっくりと、しかし最終的には完全に成熟することになる少年と比較しておとる地位を決定することになった。同様に、世界の熱帯地域に暮らしている人びとと生活をともにしていたり、その子孫であるとか労働階級のメンバーであるような少年や少女たちは、（温暖な気候と、非常に放埓な性的傾向の強さがおよぼす影響のために）「文明化された」同等者よりもはるかに早く思春期の過程を完了する。したがって、進化論的な発達段階の最上位にまで進化することは生物学的には不可能であったのである。しかし、たとえそうであったとしても、少女たち全員と非白人の中産階級の少年たちが、生まれつき早熟であるとみなされ、したがって発達論的に「文明化された」少年たちにおとるということになるが、少女の人種と階級の優位性の品質保証として有益なのは彼女の純潔であったことから、「文明化された」少女の性的成熟は制約を受けた。白人の中産階級の母親たちに向けられた助言は、自慰行為、小説を読むこと、肉や甘いものを食べること、そして、もちろん、なんらかのかたちで男性たちと物理的に出会うことなどをふくめて、性的な熱情をよびさます危険な活動の全範囲から少女たちを保護することに満ちている。19世紀になると、白人の奴隷貿易を廃止し、**同意年齢**を引き上げる啓発運動が、女性の純潔をさらに保護することになった。非白人と労働階級の少女たちの性的早熟は、それに対して寛容であったわけではないものの、それが期待されることは大いにありえた。そして、19世紀末には、若い女性の反抗的な性的ふるまいを矯正したり処罰しようとする多数の組織や制度が設立された

　1904年、先駆的な発達心理学者G・スタンリー・ホールは、まったく独創的な文献『青年期』を出版したこれは、性的な差異をひき起こす時期として思春期を再確認したものであった。ホールは、男性の成長の規則性にかんするそれ以前の主張の根拠を掘りくずしながら、思春期に起きる生物学的な諸変化は、少年も少女も同じように肉体的に傷つきやすく、感情的に激発しやすく、そして社会的に臆病にさせる「嵐とストレス」を発達中の青年期に普遍的にひき起こすと主張した。逆にいえば、彼は、思春期における少年ばかりでなく少女の性欲の目覚めを解明することにも熱中していた。しかし、ホールは女性の性欲については、それが男性の快楽を生み、また、民族の再生という高貴な目的を推進する役割を果たす性的本能について、男性の熱狂的な性格づけの大部分を保持するかぎりにおいてこれを承認した。さらにホールは、思春期の経験のかなり共有された特徴を認識していたにもかかわらず、少女を、彼女のその後の人生における人格と役割を決定するものを思春期において確定する意識と機能をもつ、生物学的および感情的な自我へと向かって成長するものと描いている。彼の考えでは、自律性と合理性に対する少年の潜在能力は、最終的には、彼が思春期に作られた身体的および心理的な傷つきやすさを凌駕するのを可能にしてくれるものであった。その結果、少年は、社会の進歩のために継続的に探求する指導力を発揮する正しい自分の立場を引き受けることができたのである。

　20世紀になると、思春期は、人間の発達研究に対するいくつかの新しい方法というレンズをとおして見るなかで、ふたたび解釈されるようになった。精神分析理論は、性欲の原初的経験と性差のはじまりを、思春期から幼児期と子ども期初期のエディプス・コンプレックスの時期にそれぞれ押し下げた。ジークムント・フロイトは、思春期前の性心理学的な発達の諸段階を、人格の健全さにとってもっとも必然的なものと考えた。彼はまた、少女の場合にはその性的および心理的な能力が弱まるとした従来の考えを保持していた。フロイトの娘で、精神分析医であったアンナ・フロイトは、生殖器的衝動は青年期を通じて重大な心理的葛藤をひき起こすと主張して、思春期の重要性を再確認した。思春期と青年期についての理論化の大半を特徴づけた生物学的決定論に対する異議申し立てをした文化人類学者のマーガレット・ミードの広く読まれた『サモアの思春期』（1928）は、青年期にぶつかる諸困難が、生物学的な思春期の結果ではなく、近代文明によって若者に課された複雑な要請の結果であると主張するために文化横断的な比較を利用している。また、ミードは、性的成熟の過程は、西ヨーロッパの少女の発達を、いかなる点でも制約するものではなかったこ

とを強調した1920年代にはじまる内分泌科学の高まりは、思春期の概念化に新しい生物学的な枠組みをもたらした。しかし、研究者たちは、思春期の発達を形成するホルモンの役割を理解しようとするなかで、性差の原因と徴候ばかりでなく、しだいに青年期の心理と行動を形成するなかでみられる生物学的要因と社会的要因のあいだの相互作用にも注意をはらうようになった。20世紀における思春期は、科学的な支配力にくわえて、**消費文化**の優勢な動きによっても影響をこうむるようになった。とりわけ少女たちの場合、女性らしさについての支配的な文化基準に順応するよう助長する生理用品、ブラジャー、その他の美容品を購入することが性的成熟過程の意味と経験を形成した。

➡子どもの発達概念の歴史、少女期、少年期、青年期医学、年齢と発達

●参考文献

Brumberg, Joan Jacobs. 1997. *The Body Project: An Intimate History of American Girls*. New York: Random House.

Freud, Anna. 1969. "Adolescence as a Developmental Disturbance." In *Adolescence*, ed. G. Caplan and S. Lebovici. New York: Basic Books.

Freud, Sigmund. 1954. *Collected Works*, Standard Edition. London: Hogarth Press.

Hall, G. Stanley. 1904. *Adolescence: Its Psychology and Its Relations to Physiology, Anthropology, Sociology, Sex, Crime, Religion and Education*, 2 vols. New York: Appleton.

Mead, Margaret. 1928. *Coming of Age in Samoa: A Psychological Study of Primitive Youth for Western Civilization*. New York: William Morrow and Company. ミード『サモアの思春期』(畑中幸子／山本真鳥訳、蒼樹社、1976年)

Prescott, Heather Munro. 1998. *A Doctor of Their Own: The History of Adolescent Medicine*. Cambridge, MA: Harvard University Press.

Rotundo, E. Anthony. 1993. *American Manhood: Transformations in Masculinity from the Revolution to the Modern Era*. New York: Basic Books.

Rousseau, Jean-Jacques. 1979 [1762]. *Émile or On Education*. Trans. Alan Bloom. New York: Basic Books. ルソー『エミール』(上・中・下)(今野一雄訳、岩波文庫、1962-64年)

Russett, Cynthia Eagle. 1989. *Sexual Science: The Victorian Construction of Womanhood*. Cambridge, MA: Harvard University Press. ラセット、シンシア・イーグル『女性を捏造した男たち――ヴィクトリア時代の性差の科学』(上野直子訳・富山太佳夫解題、工作舎、1994年)

Tanner, J. M. 1981. *A History of the Study of Human Growth*. New York: Cambridge University Press.

(CRISTA DELUZIO／北本正章訳)

自尊心（Self-Esteem）

　自尊心についての研究運動は19世紀後半にさかのぼる。この時期の研究運動は、子どもの傷つきやすさについてのもっと大きな概念と、大人の保護と支援を必要としていることなどと相互にからまりあっていた。**子ども学研究**運動にくわわっていた心理学者の大部分は、とくに自尊心の概念については、それが子育てを成功に導く鍵となる要素であると主張した。進歩主義時代の教育者たちは、発達を補完する学校環境を模索するとともに、子どもの自尊心に対するこうした考えを援用した。しかし、専門家たちによって長く確立されてきたこの信念が一般の支持を得て、その学問的な貢献が子ども期の性格のもろさや子どものための特別な価値に対する親の関心と一致するものとして制度的な支持を得るのは、ようやく1960年代になってからであった。

1880年代から1930年代にかけて

　自我の重要性を主張した初期の心理学者のなかにジョン・デューイとウィリアム・ジェームズ[1]がいた。デューイは、1886年に著し、その後大きな影響をおよぼすことになる著書『心理学』(*Psychology*)において、知識一般を得るための護符としての自我についての知識を用いながら、「自我の直観」について論じている。この見解では、個人としての存在（selfhood、自分らしさ）は、自由にとって不可欠なものであった。しかし、自尊心という語を明確に科学的に定義して、1892年にはじめて用いたのはジェームズであった。ジェームズの見解では、子どもを社会化する際に鍵となる課題は、子どもたちが「自我」を発達させる能力や、その能力を用いて自我を適切に対象化させ、異なる環境に適応する能力を獲得するのを手助けしてやることである。自尊心とは、非常に特殊な言い方をするなら、達成と成功にとって決定的に重要な、適度に磨き上げられた知覚を意味した。

　1920年代と1930年代を通じて心理学が普及するとともに、子どもはしばしば専門家を必要としているという考えが深まったことは、自尊心についての関心がさらに大きな関心を集める助けとなった。子どもたちがものごとを首尾よくこなすために自我の感覚を必要としている場合、しかし、それが子どもたちが傷つきやすいものでもあると考えられている場合、その心理規制（自我）が正しく機能することを保証してやるために、なんらかの特別な手段が必要となるかもしれないことは確かであろう。

1950年代から現在まで

　自尊心と補完的な学校カリキュラムとの結びつきは、1950年代と1960年代を通じて十分に構築された。さらに深い自覚の原因とならんで、明確な徴候は、この

主題にかんする専門家たちの研究を激発させた。1967年に、スタンリー・コッパースミスは、「子どもへの過度な支配や厳しい処罰は子どもの自尊心を弱める。このような環境下では、子どもは愛情や成功体験をすることはほとんどなく、（まれに反発心からどう猛で支配的になる場合もあるが）非常に服従的で引っこみ思案になる傾向がある」(p. 45) と述べて、自尊心と性格のもろさとの関連性を明らかにしている。

このふたつのあいだの正確な相互関係について専門家たちが議論——彼らの目には、この主題は非常にこみいったものであった——を重ねるなかで、次のような三つの点が明確になってきた。第1に、そしてもっとも明らかなこととして、自尊心は、精神的に安定していて、高い能力をもっている子どもや大人にとってきわめて重要なものであるということである。この結論は、過去の科学的記述からも十分に検討されていた。第2に、自尊心は親が子どもに対してはたらきかけたことによって決定的に大きく左右されるということである。しつけの程度や、家族の愛情、結婚生活の安定性といったすべてが、子どもが自分には価値があるのだという観念が生まれてくるうえで子どもの心にきざまれている。最後に、自尊心は学校での成功に決定的に重要な役割を果たす。コッパースミスが指摘しているように、「能力や学業成績は個人の価値感情と密接につながっている」。

自尊心の研究運動は、学校の責務と子どもへの過度な負担とのあいだの調整に資するものであった。その動きは、セールスマンに必要とされる販売技術や管理職に求められる戦略的思考といった人間的な技量に依存するサービス部門の隆盛にともなう、大人の成功の必須条件について重要な見直しが進む時代にも活発になった。さらに、自尊心の研究運動は、中産階級の家庭環境における自信の喪失も反映しており、このことは、子どもたちが、離婚率の増加や混みあった学級に苦しんでいることにみられるように、ベビーブームが原因で人口が増加したことに対応する非常に現実的な問題にも結びついていた。

自尊心と親からの明確な支援の必要性について、1950年という早い時点で高まりを見せた議論は、子育て書のなかで標準的な領域を占めるようになってきた。たとえば、シドニー・グルエンバーグ*2は、「子どもは、自分の意見に価値を見出すことで、自分が価値ある人間だと感じるようにすべきですし、個人として自分に対して自信をもつようにすべきです。この自信を形成することは子どもには困難ですが、それを刺激してくれる多くの経験があります」と1952年に述べていた (p. 192)。この方法は、1930年代にグルエンバーグが書いた膨大な論述で、この主題について何もふれていないことと比較してみると興味深い。だがグルエンバーグは、今度は親に向かって、子どもが犯した過ちについてはとくにその言い訳を聞いてやり、

シドニー・グルエンバーグ (1881-1974)*

そのことをとおして子どもを励まし、子どもに誇りをもたせてやる必要があることについて、強い関心を示している。「わたしたちは、子どもを信頼しているがゆえに…その過ちを締め出してはいけないのです」。正直さと永続的な能力の両方を「彼に発達させるようにすべきであるかぎり、子どもにはほんとうの永続的な自立を獲得する必要があるからです」(p. 193)。自尊心は、あきらかに家庭で育まれる。したがって、両親には非常に柔軟なしつけの方法が求められるのである。

1960年代以降の学校では、自尊心の概念を実際に適用することは、子どもに達成感をもたらす無数の特別プログラムや非常に広範にわたる方針転換をもたらした。典型的なプログラムは、厳密に子どもたちの学問的な資質がどれほどのものであろうとも、子どもたちが達成感とか習熟感を味わうことができるように、広範囲な活動を提供してやることの重要性に重点を置いていた。たとえば、多くの学校では、自己表現のための新しい機会を基礎科目に組みこんだ。歴史あるいは文学の科目の学習では、音読したり討論したりする、しばしば手のこんだロールプレイングの授業を行なった。子どもたちは、歴史上の人物を演じることによって、同じ人物についての事実をただ口にしていただけでは光をあてられなかったかもしれない技能を実演することができるかもしれない。これらの付加的な授業の大部分が成績をつけることができず、あらゆる水準で能力を発揮することに興味をもつように仕向けるこ

とが目的であったことも、非常に重要な点であった。自尊心を高めるほかの活動として、「ボランティア学習」の重要性をとりあげることがある。この学習では、個人の能力を発揮する機会を得ることによって、学生たちは直接、地域社会に貢献することができた。カリフォルニア州の「チャレンジ・プログラム」では、高校生が小学生を個人指導し、歴史研究への参加や環境保全活動に参加することを指導している。この活動の理論的根拠は自尊心研究の核心をなしている。つまり、学生たちはこれらの課外活動を経験するなかで、「個人として活動を楽しみ、そのコツを学ぶことができる」ようになるに違いないというわけである。

この方法は、学校での学習能力や競争心に代わるものを供給しようとする取り組みのなかで興味を引いたが、さらに、学校は正課外の学習活動によって変わらねばならないという点でも、さらに興味を引いた。この賛同者たちは、自尊心の向上プログラムに参加した学生と参加しなかった学生を比較し、参加した学生では学校内での問題が減り、学業成績も向上したと主張した。自尊心を向上させる学習活動の利用が増加したにもかかわらず、アメリカの子どもたちの学業成績の水準が（たとえば、自尊心を重視していない国々と比較した場合）なぜ低迷しつづけているのかについてはほとんど明らかにされていない。

自尊心をめぐる議論は、教師のふるまいにどのように推奨するかをめぐってもおよんでいる。たとえば、教師は生徒のすべての課題に対して、批判的な観察にくわえて（おそらくそれに代えて）肯定的なコメントをするよう求められた。何人かの教育の権威者たちは、本質的に、よい行ないに対して報酬をあたえることは、悪い行ないを懲らしめることよりもはるかに有益であると提言した。自尊心を正当化する動きはほかにも多数見られたが、そのなかにはポートフォリオ*3運動もふくまれた。ポートフォリオは、従来のテスト結果だけで生徒を評価する方法に代わって、美術からコンピュータ・グラフィックスにいたるまでの科目分野において、さまざまな学習表現の集合体を評価するため、自尊心を獲得する平等な方法に向けて、多様な学びの形態が提供された。また、自尊心への関心は、成績評価の概念に対して、おそらく等級づけのインフレにつながる評価概念にさらに大きな影響をおよぼした。

自尊心の概念とそのための学習活動はしばしば批判を受け、1990年代に見られたいっそう厳格な試験の実施を求める動きはその反動をあらわしていた。だが、20世紀末の30年間を通じて、自尊心の理念は、厳格な学習活動と子どもの心理発達とのあいだにいくつかの緩衝帯を設けることによって学校教育の要求に対して両親が折りあっていくのを助ける一方、多数の教師と、ある種の運動コーチにさえも強い影響をおよぼした。

［訳注］

*1 ウィリアム・ジェームズ（William James, 1842-1910）──アメリカの哲学者・心理学者。アイルランド系の移民の家系にニューヨークで生まれ、恵まれた環境のもとに、画家をめざしたが転じて博物学、生物学、生理学、医学など幅広く知見を磨き、ハーヴァード大学教授となる。50歳以降、『心理学の諸原理』（Principles of Psychology, 1890）、講義録『信ずる意志』（The Will to Believe, 1897）、『宗教的経験の諸相』（The Varieties of Religious Experience: A Study in Human Nature, 1901）、『プラグマティズム』（Pragmatism: A New Name for Some Old Ways of Thinking, 1907）など次々と著作を公にした。チャールズ・サンダース・パース（Charles Sanders Peirce, 1839-1914）やデューイ（John Dewey, 1859-1952）とならぶプラグマティストの代表として知られる。弟は小説家のヘンリー・ジェームズ（Henry James, 1843-1916）。

*2 シドニー・グルエンバーグ（Sidonie Matsner Gruenberg, 1881-1974）──オーストリアに生まれ、ドイツとアメリカで学んだアメリカの教育者、著述家、子ども政策の立案者。育児雑誌「ペアレンツ・マガジン」誌の編集にかかわって、子育て情報を幅広く提供した。育児書『今日と明日のあなたの子ども』（Your Child Today and Tomorrow, 1913）は各国で翻訳され、広く知られた。1923年から1950年まで「アメリカ子ども研究協会」（the Child Study Association of America）の会長をつとめ、ホワイトハウスの子ども政策、教育福祉政策にも深くかかわった。

*3 ポートフォリオ（Portfolio）──教育における個人評価ツールのひとつ。一人一人の学習者の学習にかかわる経験データ、記録、試行過程などを比較的長期にわたって集積し、整理したもの。ノート類、テスト、観察記録、実験記録、調査記録、写真類、作文などを時系列的に整理したり、学習成果目標ごとに整理することで、学習の取り組みの経験を構造化したり、努力の特色、方向性、自信と注意点の指標などが個別的に把握される。もともとは、1980年代後半以降の、金融における市場分析のためのさまざまな指標やデータをコンピュータ分析して、安定した資産運用を行なうためのデータ管理法に由来する。

➡子育ての助言文献、子どもの感情生活、児童心理学

● 参考文献

Coopersmith, Stanley. 1967. *The Antecedents of Self-Esteem*. San Francisco: W. H. Freeman.

Gruenberg, Sidonie. 1958. *The Parents' Guide to Everyday Problems of Boys and Girls*. New York: Hill and Wang.

Rosenberg, Morris. 1965. *Society and the Adolescent Self-Image*. Princeton, NJ: Princeton University Press.

Stearns, Peter N. 2003. *Anxious Parents: A History of Modern Child-rearing in America*. New York: New York University Press.

Wang, Jianjun, Betty Greathose, and V. M. Falcinella. 1996. "An Empirical Assessment of Self-Esteem Enhancement." *Education* 119: 99-105.

(PETER N. STEARNS／山口理沙訳)

自宅学習（Homeschooling）

　学校教育は、歴史的に見て、しばしば公式あるいは非公式に家庭で起きた。アメリカの植民地の子どもたちの大半は、「デイムスクール」（dame school）［女性がおもに自分の家で開いていた私塾］とよばれたところで学習していた。各地域の子どもは、ホーンブック[*1]、教義問答書[*2]、聖書から抜粋した語句、『天路歴程』[*3]、その他の教材などを読んだり読みなおすために、近隣の家庭の台所のテーブルのまわりによく集まった。**徒弟制度**とならぶこの家庭中心の学習は、19世紀のかなりの時期まで、主要な教育方法でありつづけた。

　学校は、人間の歴史の大半で、包摂的というよりはむしろ排他的であった。ラテン語の**グラマースクール**は富裕な家庭の少年だけのものであった。ハーヴァード大学は、グラマースクールの若い男子卒業生のために1634年に創設された。女子のための最初の高等教育機関が開かれたのは、それから約200年後の1827年であった。南部諸州の大半では、アフリカ系アメリカ人の奴隷に読み方を教えるのは違法とされていた。学校に通うことができなかった者のなかには、ときどき家庭で教えられる者がいた。

　19世紀初頭、すべての子どもを教えるために**コモンスクール**が開設されたが、多数の子どもが通学できたわけではなかった。19世紀後半と20世紀初期に発展しつつあった産業革命は、アメリカ北部に数千人ものヨーロッパからの移民がやってきた。20世紀までに、南部出身の黒人移民がこれに合流した。しばしば、その子どもたちは学校には通わなかった。彼らは、自分の両親や親類の者たちといっしょに工場ではたらいた。児童労働法とともに、義務就学法は、子どもたちを工場から引き離しはじめた。政府は、子どもたちを収容するための安全な場所を必要とした。学校は──家族が認めてくれれば──子どもたちが行くことができる場所になった。だが現実には、大部分の子どもは第4学年をへて第6学年までしか学校には通えず、その後は家族を助けるために必要とされた。

　20世紀なかば以降、学校教育へのアクセスは着実に増えた。**ハイスクール**の就学者は第1次世界大戦後に急増し、第2次世界大戦後もふたたび増えた。1954年、連邦最高裁判所は、アフリカ系アメリカ人の子どもは、南北戦争終結以降に通っていた分離学校[*4]に代わって地域の公立学校に通うことを認められるべきであると裁決した。最終的に、公立学校の人種差別撤廃は、1960年代にケネディ大統領とジョンソン大統領によって強化された。こうして、1970年代末までに、アメリカはそれまで見られなかった──そしてその後も見られなかった──ハイスクール卒業者のもっとも大きな比率を占めることとなった。このことへの対応として、およびその他の課題への対応として、1980年代の10年間は、学校改革の時代の先駆けとなった。そうした改革のひとつが自宅学習[*5]であった。これは、これまでつねに特権階級の人びとに利用されてきており、なかには家庭教師を雇うこともあった。しかし、多くの者が自宅学習をはじめると、学区当局者たちは、そうすることは学校のずる休みを助長するとして、親たちを引き止めようとしはじめた。この対応は、早期の自宅学習者たちの結束、法廷闘争、法案をとおすための議会活動につながった。

　21世紀の変わり目で自宅学習をしていたのはだれであり、またそれはどのような理由であったのだろうか？　人口動態は定義しにくい。自宅学習を誹謗中傷する人びとは、自宅学習しているのはたかだか25〜30万人であると述べている。これに対して自宅学習の支持者は、この人数は100〜150万人にのぼると主張している。アメリカ教育省の教育統計センターからの1999年のある報告書は、全国で85万人の子どもが自宅学習を受けていると見積もっていた。家族は、さまざまな理由で自宅学習することを選ぶが、大半はイデオロギーもしくは学業成績のどちらかに関心があった。根本主義[*6]のキリスト教者からニューエイジャー[*7]にいたるまでの理論家たちは、彼ら自身の家庭と共同体の道徳的雰囲気を学校の雰囲気よりも好む。教育者たちは、もしも子どもたちが教室で受ける教育のペースで学ぶよう求められた場合、この子どもたちが学業成績でハンディを負ってしまうことにつねに関心があった。

　自宅学習をした子どもたちは、教育者と無断欠席生徒補導員たちの初期の懸念があったにもかかわらず、学業成績はずば抜けている。調査研究は、彼らの試験成績は標準もしくはそれ以上で、子どもが自宅学習を長く行なうほど、そのぶん彼らの試験成績と、伝統的に学校教育を受けた生徒の成績とのギャップが広まることを示している。1999年の自宅学習者たちの世帯収入は、伝統的な学校教育を受けた同一年齢の場合とほとんど違わなかったが、自宅学習をさせている両親は、教育達成の水準が高かった。これとは別の、自宅学習者たちの社会化という懸念も、最終的には解消した。自宅学習者たちはネットワークを形成した。彼らは、ニュースレターを発行し、運動場をもち、サッカーチームを組織し、資源を共有し、さまざまな年齢の社会集団で相互に交流しあう。

　自宅学習を規制する州の法令は、三つの異なるカテゴリーになった。もっとも抑圧的な法令は、資格を認定された私立学校を除いて、公立学校入学の例外をまったく認めていない。第2のカテゴリーは、「ほかの教育と対等」であることを認める言語によって自宅学習をすることを暗黙のうちに承認する。三つめは、家庭での教育を提供し、いくつかの規準と手続きを指定する明確な法令である。この最後のカテゴリーは、州

政府からの助成金を受けとる目的で、教育長たちがその学区の自宅学習者たちを参入することを認めるものである。自宅学習することをめぐっては論争を残しているが、きわめてありきたりな選択にもなり、今日では、教育の目標達成について深く関心をもつ社会において多数ある代替策のひとつとみなされている。

[訳注]
*1 ホーンブック（hornbook）——もともとは子どもたちに読み方を教えるために、アルファベットや主の祈りなどを書いた紙を、牛の角を薄く削って作った透明な薄片でおおい、取っ手がついた四角い板の四すみにとりつけてもち運びができるようにしたもの。学校が普及する以前の民衆の子どもの初歩教育の教材の一種。

*2 教義問答書（catechism）——カテキズム。キリスト教の教理について、問答体のわかりやすい言葉で書かれた子ども向けの学習書。キリスト教徒として信ずべき教義、学ぶべきこと、神の恵みを受ける道など、信仰生活の要綱を啓蒙的に簡潔に書いたテキスト。宗教改革後は、識字教育の教材として多数のカテキズムが考案された。

*3 『天路歴程』（The Pilgrim's Progress, 1678, 1684）——イギリスの説教師で寓意作家であったジョン・バニヤン（John Bunyan, 1628-1688）の作品。主人公クリスティアンが現世のさまざまな試練を超え、誘惑と戦いながら天国をめざす宗教的寓意物語で、民衆のあいだで長く読まれつづけた。

*4 分離学校（separate school）——カナダなどで、少数民族や宗教上の少数派からの生徒を受け入れる学校。とくにローマカトリック教の教区学校をさすこともある。

*5 自宅学習（homeschooling）——教員の資格をもつ者が自分の家庭などに子どもたちを集めて教育すること。反学校教育の一種。アメリカのH・ホルト（H. Holt）が提唱した「学校に行かずに成長できる」（GWS：growing without school）運動と相俟って広がってきた。公的認定によって「学校卒業」とみなされるため、学校信仰に疑問をもつ親たちの支持を集めている。

*6 根本主義（fundamentalism）——20世紀初期のアメリカで、哲学的・科学的概念に照らして教会の教義を解釈しようとする19世紀後期から20世紀初期にかけてのローマカトリックの思想運動であるモダニズムに反発して起きたプロテスタント内の運動。天地創造、処女懐胎、キリストの復活、犠牲死による贖罪、再臨など、聖書の記事すべての歴史的実在性への信仰を不可欠のものと考える立場を主張する。

*7 ニューエイジャーズ（New Agers）——神秘主義や占いなどの触発された瞑想的なムード音楽を愛好するニューエイジ・ミュージックの文化とその支持者をさす。New Agersという表記は1985年頃から登場した。

➡教育（アメリカ）

●参考文献

Cremin, Lawrence A. 1970. *American Education: The Colonial Experience 1607-1783*. New York: Harper & Row.

Marrou, Henri I. 1982 [1956]. *A History of Education in Antiquity*. (*Histoire de L'Éducation dans L'Antiquité, Editions du Seiul, Paris*, 1948) Trans. George Lamb. Madison: University of Wisconsin Press. マルー『古代教育文化史』（横尾壮英・飯尾都人・岩村清太訳、岩波書店、1985年）

National Center for Education Statistics. 2001. *Homeschooling in the United States: 1999*. Washington, DC: U.S. Department of Education, Office of Educational Research and Improvement.

Simon, Joan. 1966. *Education and Society in Tudor England*. Cambridge, UK: Cambridge University Press.

Stevens, Mitchell L. 2001. *Kingdom of Children: Culture and Controversy in the Homeschooling Movement*. Princeton, NJ: Princeton University Press.

Van Galen, Jane, and Mary Anne Pitman. 1991. *Home Schooling: Political, Historical, and Pedagogical Perspectives*. Norwood, NJ: Ablex.

（MARY ANNE PITMAN／池田雅則・北本正章訳）

しつけ（Discipline）

アメリカ史を通じて、大人は子どもにきちんとした行儀作法（behavior）を身につけさせようと努めてきた。多くの両親や教育者は、子どもがばか騒ぎをし、強情であったりわがままであったりすることに挫折感情を示してきたが、それでも多くの者は、個人の行動を、大人としてその人物を支配する価値観と行儀作法を子どもに教えこもうとしていた。身体罰、習慣形成、環境の統制、あるいは道義に訴える説得などに対して彼らが示した信頼の度合は、望ましい行儀作法の概念と、家庭、仕事場、そして社会における期待感の変化を反映しつつ、時代とともにゆれうごいてきた。

先住アメリカ人と植民地時代の子どもたち

ヨーロッパと接触する以前の先住アメリカ人の子どもは、思春期がはじまる頃に生じる入会儀礼までは、甘やかされた子ども期を享受していたようである。子どもは、平均して4年間隔で生まれていたため、背負い板にしばりつけた赤ん坊を背負って移動する母親から長期にわたって母乳育と愛情を受けとった。動けるようになると這いずりまわったり、3歳までは自由に走りまわることが許されていたため、身体罰でしつけられることはなかった。そのかわり、両親と共同体のメンバーからジェンダーに応じた割りあて仕事を教えられたので、恥をかかされることで懲罰を受けた。少女は、月経がはじまる頃に集団から引き離され、断食するよう教えられた。同じ年齢の少年は少女から分離され、監禁され、生活をするガイドとして将来を見通せるように仕向ける財産があたえられた。このような習俗は、それぞれの文化が示した仕事を若い男女が引

き継ぐようになる頃、子ども期と成人期のあいだに明確な一線を引いていた。

17世紀のイギリスでは、乳幼児はまず乳母の手で（体形が）形成され、次いで、人間の身体は自立できないという考えにしたがって布で巻かれた。子どもは、約1年ほどその母親から母乳育を受けるか、不注意な養護になることもありえた乳母の手で養育されるかのどちらかであった。赤ん坊がハイハイするのは動物のふるまいを思わせると考えられたため、子どもは丈の長いローブの下に堅く固定したコルセットを利用したり、子どもの両肩にとりつけられた手引きひも（leading string）で、また、子どもを長期間そのなかに放置しておくことができるつかみ立ち器（standing stool）あるいは歩行器（walking stool）を使って、身体をまっすぐにしているよう奨励された。成長につれて、少年も少女も身体罰で矯正された。イギリス人たちがチェサピーク湾に面した植民地に住みつきはじめたとき、こうしたイギリスの育児慣行は新しい環境の事情によって変わってしまった。移民の約70ないし85パーセントは、年季奉公人*1として到来し、その3分の1から3分の2は20歳以下であった。こうした子どもや若者は、煙草生産の単調な労働訓練を受け、身体罰あるいは恥さらしにされることで懲罰を受けた。彼らと、ヴァージニアとメリーランドに生まれた子どもたちは、この地域の高い乳児死亡率がもたらす結果に翻弄された。生まれた子どもの半数は20歳まで生きられず、また、生き残った子どもの半数以上が片親あるいは両親を亡くしていた。孤児は救貧官の監督下に置かれ、別の家族のところでいっしょに暮らすために送り出されていたが、親としての愛情深い養護を欠いていたかもしれない大人の管理下に置かれることになった。しかし、こうした状況も、家父長的な父親の権力を制限し、まだ早い年齢で子どもを実社会に投げこむことによって、懲罰をやわらげた。

宗教的な信念も、この懲罰習俗を緩和した。ニューイングランドに定住したイギリスのピューリタンは、原罪を受け継いだ新生児の堕落を信じていた。乳幼児はスウォッドリングされておらず、自分の母親から母乳育されていたかもしれないが、赤ん坊が自律の前兆を示したとき、母親は子どもの性格の素直さを作るためにそれを抑圧した。子どもが成長するのにともなって、母親ばかりでなく父親も、事例と熱烈なほめ言葉をあたえて子どもを教えたり、必要なときは体罰によって矯正するなどして、子どもの監督にくわわった。だが、ピューリタンは、親子関係の相互依存関係、すなわち子どもは両親の名誉心と従順さをいだくが、両親は子どもの保護と世話をするという関係に強くこだわった。クウェーカー教徒――ペンシルヴァニアに入植した非常に急進的なピューリタン――は、新生児の原罪による堕落という信仰を排除し、愛情深い家庭環境での霊的な発達を奨励した。クウェーカー教徒は、子どもを保護するために、罪深い影響から子どもを隔離しようとした。クウェーカー教徒の家族は、子どもの意志を大人の意志に従わせる管理された環境になった。しかし、クウェーカー教徒の権威は、子どもの自律性を育んでそれを支援しようとしていた。両親は自分の子どもの理性にはたらきかけ、共同体の価値に対するほどの服従を個人に強いる必要はないと教えた。

ジョン・ロックの影響

ジョン・ロックは、1693年に公刊されたその著書『子どもの教育』（*Some Thoughts Concerning Education*, 1693）のなかで、子育ての仕事は合理的で自律的な大人に向けて発達するよう計画されるべきであると示唆していた。ロックは、1690年の著書『人間知性論』（*Essay Concerning Human Understanding*, 1690）で、生まれたばかりの子どもは白紙[a blank tablet (*tabula rasa*)]に似ていて、内在的な理性の力によって命令される感覚の印象を通じて知識を受けとると論じていた。両親がなすべきことは、この理性の能力の発達をうながすように子どものなかに強靭な身体と精神の習慣を構築してやることであった。ロックは、強靭な体格を作るために、ゆるやかな衣服、新鮮な空気、そして運動を勧めた。ロックは、欲望を否定することを教えるために、生後1年間は 行動で示すお手本をあまり重視しなかったが、そうすることで親は子どもが明確にほしがるものを拒絶した。ひとたび自制心（self-denial）と従順さ（obedience）の習慣が確立されれば、両親は子どもの善いふるまいには尊敬の念で報いてやり、悪いふるまいには恥辱――これは親の承認と愛情の取り消しを意味した――で罰することができた。論理的に考える能力が発達するようになると、子どもにはますます大きな自立心があたえられ、両親は子どもに友人という新しい役割をあてはめる。

ロックのこうした助言は、あるジェントルマンの子息の教育に向けられていたが、18世紀の植民地でも広く人口に膾炙されていた日刊紙「ザ・スペクテイター」（*the Spectator*, 1711-1714）*2では、これが女子教育に応用された。この新聞に掲載された女性と少女向けの物語記事は、当時の流行を軽蔑し、代わって理性、徳、上品な機知を称揚し、愛情深く、反家父長的な家庭という新しい家族概念を広めた。1740年までに、イギリスの医者たちはロックの助言にもとづいた考えを洗練させ、また、ジョン・ニューベリー*3は、子どもに教えこむことだけでなく楽しませることも盛りこんだ書物を印刷しはじめた。植民地の前衛的な親は学習を楽しいものにするために、アルファベット積み木（alphabet blocks）を購入し、子ども期の陽気な側面を賞賛しつつ、子どもの肖像をいくぶんリラックスした心的態度で描いた。ロックの助言を大衆化する波は、拡張する消費経済の輸入と上品なふるまい方の理想への強い願望の広がりという風潮にのってアメリ

ジョン・ロック『子どもの教育』(1693年)の手稿原稿扉ページ。*

力に到達した。親は自分の子どもを上品さに向けて鋳型にはめこもうとし、若者のなかのある者は、自己訓練するためにこの種の資料を利用している。たとえば印刷業者の徒弟であったベンジャミン・フランクリン*4は、1720年代に、日刊紙「スペクテイター」に掲載されたいくつかの記事を書き写すことによって書き方を自学自習した。また、1746年、当時14歳であったジョージ・ワシントン（George Washington, 1732-1799）も、『礼儀と上品なふるまいの諸規準』（Rules of Civility & Decent Behavior）を自分の備忘録に書き写すことによって、意識的に克己心を獲得しようとしていた。

奴隷制と独立革命

しかし、18世紀に見られたアフリカ人奴隷の輸入の増大は、膨大な人数のティーンエイジャーと多数の子どもを植民地にもたらした。こうして、家族と生まれついた文化から引き離されてつれてこられた子どもや若者は、農業労働の場ではたらかせるためにつれていかれ、身体罰による過酷なしつけを受けた。奴隷の子どもたちは、こうしたしつけを仕事先の親方と、自分の両親や親類縁者の両方から受けた。植民地に生まれた子どもは、その母親を、奴隷に要求される仕事と共有しており、しばしば父親とは離れて暮らした。子どもがまだ幼い頃は遊ぶのを許されたが、親は、奴隷制のなかで子どもたちが生きのびることができるように、自律の兆候を抑えていたかもしれない。奴隷社会で生育することは、早い年齢段階で親方を見いだしていた白人の子どもに対する親のしつけにも影響をおよぼしていたかもしれない。人格は環境のさまざまな影響によって形成されるとするロックの考えに同意していたトマス・ジェファーソン*5は、奴隷に対する過酷なしつけを目にする子どもたちがそれを模倣し、自分がなすべき行儀作法に熟達できなくなのではないかとおそれていた。

アメリカ独立革命は、文化的なリーダーたちが純粋な共和制社会を創り出そうとするのにともなって、子どものしつけに対する政治的な意義を教えた。個人の独立（independence）と個人の自律（autonomy）が望ましい目標になったが、克己心は未来の市民になるうえで不可欠だと考えられた。子ども期の初期に人格を形成する仕事は母親に割りふられ、共通の社会的な絆の形成は学校に割りふられた。アメリカ人は、ジャン＝ジャック・ルソーの1762年の著書『エミール』（Émile, 1762）を心の底から受け入れたわけではなかったものの、自然の子どもというルソーの思想は受け入れ、子どもの人格は環境の操作によって形成することができるとした。ウィリアム・ポッツ・ディーウィーズ博士*6は、1825年の著書『子どもの身体的および医学的処置法に関する論考』（Treatise on the Physical and Medical Treatment of Children）で、母親による母乳育と、18世紀の医者たちに唱道されたゆったりした衣服、新鮮な空気、そして運動を勧めた。しかし、ディーウィーズ博士は、子どもの飲食物のような問題については、これを厳格に統制することによって従順さを教えこむべきであるとも主張した。また、彼は、中産階級の世帯の場合、子どもに特別な育児空間を割りあてたが、そこでは、子どもたちは、母親の絶えざる監視の下に、蔓延しつつあった新しいおもちゃで遊ぶことができた。

19世紀

19世紀なかばまでに、福音主義派のプロテスタンティズムの広範な運動は、子どもが罪悪感によって内面化する自制心を発達させるのに役立つ愛情深い母親の信条を重視することを補強した。中産階級が非常に子ども中心的になってくると、年少の子どもには特別な精神的感受性があると見るロマン主義的な子ども期概念があらわれた。しかし、子どもの実生活も、年齢段階化された公立学校制度の発達によって非常に画一的になった。資本主義経済の成熟とともに、子どものしつけという点で階級的な差異がきわだってきた。労働階級の親は、子どもが家庭の内外で家族の生活費に貢献してくれることを期待した。移民の親は、子どもが親を尊敬するよう要求したが、彼らには道義に訴えて説得する時間とエネルギーを欠いていた。多くの親

が身体罰をあたえ、都市の街路の自由が子どもを親の支配から誘惑すると、挫折感を覚えた。都市の子どものなかには、治安判事や両親によって保護施設（the Houses of Refuge）といった組織の手にゆだねられる者もいたが、彼らはそこで規則正しい習慣を教えこまれ、性格を矯正するために考案された厳しい訓練の下に置かれた。農場で成長した子どもも、年少の子どものジェンダーに応じて割りあてられた仕事を両親が日常的に教える昔ながらのパターンをくりかえしながら、はたらくことが期待されていた。

社会評論家たちは、19世紀の進展とともに、労働階級と移民の若者たちには危険な男性本能の適切なはけ口がない一方で、母親と女性教師たちは中産階級の少年たちの養育を引き受けていると警告するようになった。その結果見られたのは、キリスト教の男らしさの側面を強調することと、競争心をあおる男性的で人格形成的なスポーツの力を擁護する**キリスト教青年会（YMCA）**のような組織が設立されたことであった。世紀の変わり目には、放課後の**体操**競技、バスケットボール、そしてバレーボールなどが身体規律を習得し、チームワークを訓練する手段になった。子どもにかんする科学的な研究は、G・スタンリー・ホールによる1904年の『青年期』（*Adolescence*）のような著作を生みだした。この著作は10代を感情的に抑圧される時期と定義し、保護された中産階級の子ども期を延長した。ジョン・デューイの教育理念を奉じる進歩主義の教育者たちは、子どもがみずからの方向を決定をするために教室の自由と子どもの創造的表現力を唱道したが、全般的な傾向は、若者の余暇時間に対する大人の方向づけがますます強まった。

20世紀

20世紀初期になると、子育ての専門家は子ども期についてのロマン主義的な見解を放棄し、子どもをしつける正しい習慣形成を唱道した。1914年の**アメリカ連邦児童局**（U.S. Children's Bureau）のパンフレット『小児保育』（Infant Care）は、厳密なスケジュールを力説し、両親に赤ん坊とは遊ばないよう忠告した。ジョン・B・ワトソン*7の1924年の『行動主義心理学』は、親は、子どもの善いふるまいをほめ、悪いふるまいを罰することによって、さらに、食物、睡眠、その他の身体機能のための正確なスケジュールに従わせることによって、順応性のある子どもを訓練できると主張した。こうした原理は1930年代初めには拒絶されはじめたが、自分の本能を信じ、子どもを思慮分別のある親しみを感じることができる人間と見るよう、両親に説いた小児科医ベンジャミン・スポックによる1946年の『赤ちゃんと子どもの養育（スポック博士の育児書）』（*Baby and Child Care*, 1946）によって完全に否定された。スポック博士は、1957年に初版を改訂し、いっそう親中心的なしつけを主張したが、1960年代と1970年代に若者の反抗が見られた時期になると、評論家たちは、子どもへの許容的な態度を理由に、人気のあったこの書物を非難した。

第2次世界大戦後の豊かな消費社会は、おもちゃや好きな**テレビ番組**を見る権利を否定することによって子どもをしつける方策を親にもたらした。当時の専門家は、子どもが親に対する好意的な態度を維持できるようにする理性的な討論と非懲罰的なテクニックに賛同していた。大人は、行動がもたらす結果を明示し、確固たる境界線と規則を設け、中断させることと分離させることで処罰する。しかし、全国調査は、多くの親が依然として身体罰に訴えていることを示している。そして、中産階級として生き抜き、その地位を達成したり維持するために父親ばかりでなく母親も労働力として参加しているので、多数の子どもが親から指導助言を受けないまま、いまなお多くの時間を勝手し放題に放置されている。

［訳注］

*1 年季奉公人（indentured servants）——アメリカ史ではとくに、17世紀から18世紀にかけて、2年ないし7年間の不自由労働に従事することを条件に、船賃無料でヨーロッパからアメリカへ渡航した移住者をさす。多くの場合20歳未満のこうした子どもたちは、アメリカの植民地時代初期に、中部と南部のプランテーションの重要な労働力となったが、1690年代以降、しだいに黒人奴隷労働にとって代わられ、アメリカ独立戦争期にはほとんど廃止された。契約上は、年季明けに若干の農機具や土地をあたえられ、小農民として出発できることになっていたが、その数は少なく、彼らの大半は年季奉公期間中に死亡したり、過酷な労働を避けて逃亡したり、本国に帰国するか、「貧乏白人」として社会の底辺に沈澱することを余儀なくされた。

*2「スペクテイター」（*The Spectator*）——ロンドンのチャーターハウス校で同期であったジョーゼフ・アディソン（J. Addison, 1672-1719）とダブリン生まれのリチャード・スティール（R. Steele, 1672-1729）の共同発行による日刊紙（1711-12, 1714）。アディソンはロジャ・ド・カヴァレイ卿（Sir Roger de Coverley）という架空の典型的なジェントルマンを作って世相批判を行ない、スティールも1709年創刊の週刊誌「タトラー」（*Tatler*）で、アイザック・ビッカースタッフ（Isaac Bickerstaff）の筆名で啓蒙的な世相批判を展開した。

*3 ジョン・ニューベリー（John Newbery, 1713-1767）——イギリスの出版業者。世界初の児童専門書の書籍出版業者。アメリカでは、1922年に、年間最優秀児童図書に贈る賞として「ニューベリー賞」（Newbery Award）を設けた。

*4 ベンジャミン・フランクリン（Benjamin Franklin, 1706-1790）——アメリカの政治家、外交官、政治家、科学者、発明家。独立宣言の起草者の一人。ストーブの発明家、避雷針の考案者として知られる。ボストンに生まれ、父親の獣脂ロウソク製造所、兄の印刷所

はたらいたのち、19歳のとき、フィラデルフィアに移って印刷業に従事した。26歳のとき、『貧しきリチャードの暦』（Poor Richard's Almanac, 1732-57）で広く読者層をつかんで成功した。21歳の頃、のちにアメリカ哲学会（American Philosophical Society）へと発展することになる討論会「ジャントー」（Junto）を組織したり、45歳の頃、のちのペンシルヴァニア大学の中核となるアカデミーを創設するなど、多彩な啓蒙活動をくりひろげる一方、政治分野でもペンシルヴァニア植民地議会の書記を皮ぎりに、駐英代理人、フィラデルフィア郵便局副局長、第2回大陸会議代表メンバー、独立宣言起草委員などに選ばれ、外交官としてフランス、イギリスとの交渉にも奔走した。生涯にわたって権力の集中を嫌い、勤勉な生活規律、強い科学的探究心、合理主義精神、社会活動への参加という、18世紀のアメリカを超えた近代的人間像を象徴する人物のひとりである。未完の自叙伝『フランクリン自伝』（Autobiography）がある。

*5 トマス・ジェファーソン（Thomas Jefferson, 1743-1826）──アメリカの政治家・外交家・建築家。独立宣言の起草者の一人。第3代大統領（1801-09年）。19歳でウィリアム・アンド・メアリー大学を卒業し、24歳で弁護士を開業。26歳のときヴァジニア植民地議会議員に選出され、対イギリス抵抗運動の理論家として登場し、1775年から第2回大陸会議の議員となり、1776年6月には独立宣言を起草した。フランス公使、ワシントン政権下の国務長官、アダムズ政権下の副大統領、1801年、58歳のとき、大統領選挙に勝利して第3代大統領となり、1809年まで2期つとめる。引退後はヴァジニア大学の創設（1819年）に努めた。

*6 ディーウィーズ博士（Dr. William Potts Dewees, 1768-1841）──アメリカの小児医学者。ペンシルヴァニア大学で医学博士号を取得し、フランスとイギリスの小児医学をアメリカに紹介し、1820年代なかばにあいついで出版した『助産法』（Comprehensive System of Midwifery, 1824）、『小児医学論』（Treatise on the Physical and Medical Treatment of Children, 1825）、『産科学論』（Treatise on the Diseases of Females, 1826）にかんする著作で広く知られ、この時期のアメリカにおける標準的な小児医学書となった。

*7 ジョン・B・ワトソン（John Broadus Watson, 1878-1958）──アメリカの心理学者。行動主義心理学の創始者。サウスカロライナに生まれ、地元の大学を卒業後、J・デューイの哲学を学ぶためにシカゴ大学大学院に進学して機能主義を学んだ。第1次世界大戦中の従軍期間をはさんで1907年から20年までジョンズ・ホプキンス大学教授をつとめた。その間とくに、1913年にコロンビア大学で行なった「行動主義者から見た心理学」（Psychology as the Behaviorist Views It）と題する講演で、当時の心理学の主流であった意識を内観によって研究する観念的な心理学に代わって、観察可能な刺激や反応に着目する自然科学としての心理学を提唱し（行動主義宣言）、行動主義心理学を創始した。心理学の目的は行動の法則を定式化し、行動を予測し、それをコントロールすることであると論じ、行動の単位は刺激／反応の結合からなるとした。当時の伝統的な精神分析を中心とする実験心理学に反対し、心理学が科学的であるために客観的に観察可能な行動を対象とすべきだと考えた。1915年、アメリカ心理学会会長に就任し、1920年にはレイナーと連名で「条件づけられた情動反応」を発表したが、42歳の頃、スキャンダルによって大学を去って広告業界に身を投じ、80歳で没するまでふたたび学界に復帰することはなかった。

➡子育ての助言文献
●参考文献

Calvert, Karin. 1992. *Children in the House: The Material Culture of Early Childhood, 1600-1900*. Boston: Northeastern University Press.

Clement, Priscilla Ferguson. 1997. *Growing Pains: Children in the Industrial Age, 1850-1900*. New York: Twayne.

Demos, John. 1970. *A Little Commonwealth: Family Life in Plymouth Colony*. New York: Oxford University Press.

Illick, Joseph E. 2002. *American Childhoods*. Philadelphia: University of Pennsylvania Press.

Rawlins, Roblyn. 2001. "Discipline." In *Boyhood in America: An Encyclopedia* ed. Priscilla Ferguson Clement and Jacqueline S. Reinier. Santa Barbara, CA: ABC-CLIO.

Reinier, Jacqueline S. 1996. *From Virtue to Character: American Childhood, 1775-1850*. New York: Twayne.

（JACQUELINE S. REINIER／北本正章訳）

SIDS
➡乳幼児突然死症候群（Sudden Infant Death Syndrome）

嫉妬と羨望（Jealousy and Envy）

19世紀以降、両親、心理学者、そして教師たちは子どもたちがいだく羨望と嫉妬心について関心を示してきた。今日、羨望と嫉妬心は、ひとつのものとしてしばしば語られるが、19世紀と20世紀初めには、この二つの感情をまったく別のものと考えていた子ども専門家やモラリストたちから異なる反応が出てきた。羨望は、所有物あるいは別の人の象徴物に強い願望をいだいた人が経験する感情を示すものとされた。これとは対照的に嫉妬心は、関係あるいは所有が脅かされると感じたときに個人が経験する感情のひとつだと考えられた。羨望が物質的なものへの強い願望とひんぱんに結びつけられたのに対して、嫉妬心はしばしば**愛情**に結びつけられた。

長いあいだ大罪[*1]とみなされていた羨望は、19世紀後半のアメリカではじめて、多くの者にとって心配の種になった。アメリカのモラリストたちは、急速に拡大する消費経済のなかで、アメリカ人たちがあまり

ハイネス・キング「嫉妬と戯れ」（1874年）。Victoria and Albert Museum, London*

にも貪欲で物質主義的になっているのではないかと懸念した。教育者、牧師、そして先駆的な心理学者たちは、子どもたちがあらわす羨望について特別な関心を表明した。彼らは、ユダヤ教とキリスト教の伝統が結びついた感情批判をくりかえし、若者たちに、自分の遊び仲間の所有物に羨望をいだくよりも、自分がもっているものに満足できるようになることを学ぶべきであると語りかけた。神は、人間にとって最善のものだと考えた状況に人間を置いたのだとされた。それとは異なる環境にみずからを置こうとするのは、こうした神の知恵を疑うことであった。このようなメッセージは、子育て書においてばかりでなく、子ども向けの学校図書、祈祷、そして物語でも、たえずくりかえされた。

1910年代と1920年代の多数の子育て専門家たちは、羨望を罪悪視しなくなった。彼らは羨望を問題視してはいたものの、若い頃に感情を抑制することを学ばなかった子どもは、協調性とチームワークをますます要求する企業社会とはうまく合わないかもしれないと考えていた。したがって、子どもたちのあいだの羨望には注意をはらうべきであった。専門家たちは、こうする方法として、子どもたちに自分の羨望を抑制し、感情を遮断して暮らすよう子どもたちに強いるのではなく、そうするかわりに、子どもたちがほしがっているものをあたえるよう示唆していた。もし子どもたちがクラスメートの衣服あるいはおもちゃに羨望をいだいた場合、その子どもたちにはそれと類似のものをあたえるようにすべきであるとされた。

20世紀には羨望に対する抑制は広範にゆるめられたが、嫉妬心を支配する規準はいっそう厳格になった。ピーター・N・スターンズは、感情に対する心的態度がどれほど変化したかを描いている（1989年）。それによると、工業化以前のヨーロッパとアメリカでは、嫉妬心は、後年になってとがめたてられたほど厳しく非難されることはなかった。当時の著作家たちの多くは、嫉妬心は愛情やだいじな人間関係を守ろうとする願望から自然にわき出るものであると主張した。嫉妬心は、名誉心と密接に結びついた人間らしい感情なのだと考えられた。こうして、嫉妬心が自然なものであり、賞賛に値するものとさえみなされたため、子どもの心でどのように嫉妬心を抑制するかについては、ごくわずかの注意しかはらわれなかった。

1800年代の初期には嫉妬心に対する心的態度が変わりはじめた。多数の注釈者とモラリストは、嫉妬心を真実の愛情とは正反対のものとみなした。理念的には、愛情は非常に大きな包容力と全体力があるので、嫉妬心がわき上がることは決してない。とりわけ女性は、感情と、感情が基盤になっている利己心とを自力で抑制できるといわれた。しかし、感情が女性化されると同時に烙印を押されるようになっても、子育ての文献では、感情にはごくわずかの注意しかはらわれなかった。ほんとうの嫉妬心は——ロマン主義的な感覚が発達する青年期と成人期に問題になるのであるから——子どもたちを苦しめることはない、という伝統的な見識が維持された。子どもたちは言い争いをしたりけんかをしたりするかもしれないが、家族の愛情と団結はこうした問題を埋めあわせるためにじゅうぶん強くなるよう支持された。

しかし、19世紀後半頃になると、子ども専門家たちは嫉妬心を問題視した。この時期を通じて、親の情愛と世話をめぐってくりひろげられる**きょうだいの競争**がそれまで以上に激しくなるなかで、家族の規模は縮小し、母親の愛情は強まった。専門家たちは、1890年代になってはじめて確認されたきょうだいたちの対抗意識という観点から、嫉妬心についての議論をしばしば展開した。彼らは、きょうだいたちのあいだの対抗意識が中産階級の家族に広まっており、少女のほうが少年より感情に傾きがちであると結論した。その結果、20世紀全体を通じて、子育ての助言文献はしばしば、きょうだいの対抗意識と嫉妬心の問題を扱った。子育ての助言者たちは、嫉妬心を克服できなかった子どもは大人として不適応症になる危険をおかすことになり、人間関係を維持したり満足させたりすることができなくなると示唆した。彼らは、嫉妬深い子どもたちに特別な愛情とおもちゃをあたえて子どもの嫉妬心の問題に対処するよう助言した。1960年代以降の子育て文献では、きょうだいの対抗意識についての関心は薄まったが、きょうだいのあいだの対抗意識と嫉妬心を小さくするために、愛情と遊び道具が平等になるように熱心にあたえつづけた。

子どもたちの羨望と嫉妬心についての現代の研究は、変化しつづける家庭生活の本性と構造だけでなく、**消費文化**の強烈な影響も映し出している。このような羨望と嫉妬心といった子ども期の問題に対する現在の解

決策は、物質的な商品は満足をもたらすことができること、また、ほしがる気持ちを押さえつけるよりも、好きなようにさせるのがよいという考えを基盤にしている。

[訳注]
＊1 大罪（deadly sins）——ヨーロッパでは、一般に「精神的な死をもたらす七つの大罪」（seven deadly sins）として、次の七つがあり、嫉妬（envy）もふくまれている。pride（高慢）、covetousness（貪欲）、lust（色欲）、anger（怒り）、gluttony（大食）、envy（嫉妬）、sloth（怠惰）。

➡怒りと攻撃、子育ての助言文献、子どもの感情生活、罪悪感と恥辱感

● 参考文献
Foster, George. 1972. "The Anatomy of Envy: A Study in Symbolic Behavior." *Current Anthropology* 13: 165-202.
Matt, Susan. 2003. *Keeping Up With the Joneses: Envy in American Consumer Culture, 1890-1930*. Philadelphia: University of Pennsylvania Press.
Schoeck, Helmut. 1969. *Envy: A Theory of Social Behavior*. Trans. Michael Glenny and Betty Ross. New York: Harcourt Brace.
Spielman, Philip M. 1971. "Envy and Jealousy: An Attempt at Clarification." *Psychoanalytic Quarterly* 40: 59-82.
Stearns, Peter. 1989. *Jealousy: The Evolution of an Emotion*. New York: New York University Press.
Stearns, Peter. 1998. "Consumerism and Childhood: New Targets for American Emotions," In *An Emotional History of the United States*, ed. Peter Stearns and Jan Lewis. New York: New York University Press.
Stearns, Peter. 1999. *Battleground of Desire: The Struggle for Self-Control in Modern America*. New York: New York University Press.

(SUSAN J. MATT／北本正章訳)

室内ゲーム（Indoor Games）

ボードゲームのような遊具の事例はエジプトやメソポタミアのような古代文明にもあったが、大量生産されたおもちゃをふくむ室内ゲームが手作りの遊具のように子どもたちのあいだで一般化するのは、ようやく19世紀になってからであった。19世紀なかばまでに、拡大する工業化と都市化とならんで、変化する子ども期の定義は、ヨーロッパとアメリカにおける現代のおもちゃ産業の創業につながり、娯楽産業が活況を呈することにもなった。

しかし、娯楽は中産階級と上層階級の独占物のままではなかった。労働階級の家族、とくに移民は、娯楽活動のための時間やお金はほとんどなかった。さらに、労働階級の子ども（と女性たち）は、20世紀のかなりの時期まで、産業労働では非常に重要な部分を担っており、遊ぶ時間はほとんどなかった。労働階級の子どもたちの遊びにかんする証拠事実の大半は、アウトドア・ゲームあるいは路上遊びにかんするものである。混みあった借家で暮らしていた都市の子どもたちには室内遊びのための空間がほとんどなく、かわりに路上遊びやしゃがみこんで行なう遊びをよくしていた。

1830年代まで、一般大衆の子ども期についての認識は、前世紀のそれとはまったく違っていた。子どもは純粋で純真無垢であるとみなされ、養育され保護されるべき者とみなされた。また、1830年代までに、母性概念も変化した。工業化にともなって、男性と女性の分業が声高に論じられるようになった。中産階級のモデルにしたがって、男性は外にはたらきに出て、女性はそのあいだ家にいて子どもを養育した。これは、多くの中産階級の家庭が小売店主とか熟練工で、家から出てはたらいていた前世紀のものとは非常に違うモデルであった。18世紀の家庭は、まだものを作る主要な中核であり、家族経済には家族全員がかかわっていた。ところが19世紀になると、この家族経済は、家庭内的な安息の場へと変貌したのであった。

管理された家庭環境での室内ゲームは、両親であれ、養護者であれ、あるいは教師であれ、子どもの遊びを指導する大人たちに前例のない機会を提供した。歴史家のジェイ・メックリングは、19世紀になると、大人たちは、しばしばおもちゃを使って、**遊びを建築的な形態**にしようとしはじめたと指摘している。1840年代にフリードリヒ・フレーベルによって開発された幼児教育システムにもとづいた**幼稚園**（キンダーガルテン）運動は、とくに子ども期の初期に、遊びを通じて学ぶことを奨励した。しかし、子どもたちが食堂のテーブルの下で遊んだり、歌ったり、あるいは飼い犬の毛づくろいをするなど、自発的な遊びをしていたことの証拠資料は、回想録とかフィクションで、逸話というかたちで存在している。

ボードゲームとテーブルゲーム

初期のボードゲームは、18世紀後半のイギリスで作られたものである。アメリカの会社がボードゲームを制作しはじめたのは1840年代になってからであった。ボードゲームが製造される前に、アメリカの製造業者の大部分はすでに、地図あるいは書物のような、子ども向けの教材の出版業者としての地位を確立していた。アメリカで最初のおもちゃ製造業者のひとつであるマサチューセッツ州セイレムのW・アンド・S・B・アイブス社は、文房具販売の副業として1840年代に「バズビー博士」（あるいは「幸せな家族」）というカードゲームを発売した。ミルトン・ブラッドリー（1836-1911）は、マサチューセッツ州スプリングフィールドで最初にリトグラフィー・ビジネスをはじめた1年後に、「波乱に富んだ人生ゲーム」[*1]を1861年にはじめて市場に売り出した。ブラッドリー社は、アメリカでもっとも成功したボードゲーム会社に発展した。

ブラッドリーは、幼稚園運動の擁護者として幼稚園の「恩物」*2を生産し、本も出版した。恩物とは、フレーベルが考案した教具である。ほかにこのような会社としては、マクロフリン・ブラザーズ社、パーカー・ブラザーズ社、そして、セルコー・アンド・ライター社がある。

ボードゲームまたはカードゲームをふくむ多数の室内ゲームは、本質的に教育的であった。19世紀のボードゲーム、カードゲーム、ジグゾーパズルは、教育テーマだけでなく、しばしばその時代の出来事を描いた。イギリスのおもちゃ専門家であるキャロライン・グッドフェローは、1991年の著書で、ゲームについて、中産階級の台頭を、子どもたちに国内や国際的な出来事について教えることの重要性が高まったことに関連づけた。グッドフェローによれば、19世紀は、子どもたちが大人社会に入ることができるようになる前に非常に広範囲にわたる準備を要求する、探検と膨張の世紀であった。1845年マクロフリン・ブラザーズ社製の「地区別メッセンジャー・ボーイ」(Game of the District Messenger Boy)というボードゲームは、子どもたちに商業と貿易について考えさせるゲームである。このゲームはまた、子どもたちに破産や刑務所に入ることもふくめた悪い状況も見せることで、自発性と道徳性をもつことまで、考えさせるものである。ほかのゲームでは、1890年、同じマクロフリン・ブラザーズ社製の「ネリー・ブライと世界一周」(Around the World with Nellie Bly)*3があるが、これは、現実の出来事をゲームに取り込んでいる。

大量生産されたほかのおもちゃ

室内ゲームのもっとも多く存在する証拠は、アメリカの南北戦争の後すぐに優勢になった工場生産されたおもちゃで示される。しかし、ヨーロッパ(とくにイギリスとドイツ)では、すくなくとも18世紀にはすでにおもちゃ製造会社が設立されていたが、おもちゃの大量生産は、あきらかに19世紀の現象であった。これらのおもちゃ(そのほとんどは鋳鉄とブリキ製であった)が、歴史家たちは、19世紀後半のなかば以降、これら大量生産されたおもちゃは実際に子どもたちが遊んだおもちゃなのか、それとも手作りのおもちゃに比べてほとんど人気がなかったおもちゃであったのか、さらに、子どもたちはおもちゃを使わない(かくれんぼ遊びのような)ゲームを改良したのか、いくつかの意見に分かれている。だが、これまでにわかっているのは、おもちゃ産業が繁栄したことである。

おもちゃの列車と消防士は、男の子のおもちゃとしてとくに人気が高く、1870年代からは鋳鉄製のセットものがカーペンター社、ハブリー社、アイブス社、ケントン社、そしてパット・アンド・レッチワース社などによって製作されるようになった。技術の変化とともに、おもちゃも変化し、この頃から子どもたちは小型化された乗り物で遊ぶようになった。

人形とドールハウスは女の子のおもちゃとしてとくに重要であった。人形は、どの時代でも女の子にとってもっとも話題になってきた。近年の研究は、人形遊びの否定的側面に焦点をあて、もっとも注目すべきはとくに女性らしさと家庭的という固定観念を強めるのが人形の役割であるとしている。だが、多数の女の子たち(そして男の子たち)はさまざまな方法——世話をする、壊す、そして物語を聞かせるなど——で人形で遊ぶという積極的な面は理解されていない。

機械じかけのおもちゃは、私的あるいは公的なおもちゃコレクションとしてとくに目立っている。壊れやすいことで悪評が高いこれらのおもちゃは、ほとんどが室内だけで使われる。19世紀末以前の機械じかけのおもちゃの大半は、フランスあるいはドイツに発祥の起源があり、もっとも有名なものはパリのフェルナン・マルタン社あるいはドイツのE・P・レーマン社によって製作された。

トイ・シアター

「トイ・シアター」*4は、木製の舞台セットとリトグラフで描かれたイメージが貼りつけられた人形からなっている。商業的な「トイ・シアター」は、1830年代から1840年代にかけての時期、ロンドンのコヴェント・ガーデンの周囲で隆盛をきわめた。舞台セットと人形は、コヴェント・ガーデンでこの頃上演されていたものをしばしばモデルにしていた。この市場は、1850年代までドイツの製造業者が支配していた。

最初、「トイ・シアター」は、ボードゲームのように、人気のある演目の立体人形とか平面人形を多数販売していた小規模な出版社によってしばしば製作されていた。「トイ・シアター」は、典型的に中産階級の娯楽であり、各家庭で購入され、家で演じられていた。アメリカでは、「トイ・シアター」を製造できなかったため、豪華な輸入品になることが多かった。今日では、これらの芸術的な印刷物は、蒐集家によって非常に高価なものになっている。

遊びの手引書

19世紀には、遊びの手引きとして書かれた子ども向けの本が無数出版された。一般に、これらの本は、室内遊びと戸外遊びの両方の助言を満載しており、活動内容と組み立て作業で成り立っている。たとえば、1866年にE・ランデルスが出版した『少年の自作おもちゃ——娯楽の時間の活動に有益な実用挿し絵入りガイド』(The Boy's Own Toy-Maker: A Practical Illustrated Guide to the Useful Employment of Leisure Hours)では、紙やボール紙での製作方法の指示など、室内娯楽用にきちんと製作できるような提案を掲載していた。ウィリアム・クラークが1829年に出版し、1996年に再版された『少年自身のための本』(The

Boy's Own Book）は、カードマジックと科学遊びといった室内活動の章ばかりでなく、多数の章を戸外運動にさいている。これとは違ったゲームと活動を詳細に示しているのは、1833年に出版され、1992年に再版されたL・マリア・チャイルド夫人の『女の子の楽しみ』（The Girl's Own Book）である。チャイルド夫人の助言は、あまり活発でないゲームをふくんでいるが、その大部分は室内でも戸外でも可能な遊びである。手作業で行なう課題のための教育として、押し花や人形の着せかえなど、非常に「上品な」作業を行なうことをあげている。このような子ども向けの本の大半は、室内であれ野外であれ、あらゆるタイプの遊びにおける穏健さを奨励しながら、子育ての進歩的な概念の宣伝にも役立った。これらの書物は、子どもは日常的な諸活動や娯楽を通じて模範的な市民になるよう訓練しなくてはならないという大人たちの考えを映し出していた。

レクリエーションを扱った書物の大部分は、子どもたちが技能を学び、創造力を増進するために自分専用のおもちゃをつくるよう奨励した。今日でも、商業的に作られた遊具は、しばしば過去の手作りのおもちゃには劣ると（大人からは）みなされており、いまも続く論争は早くも19世紀末にはじまったものである。

おもちゃとゲームは、実際には、ある世代から別の世代への移行のなかで劇的に変化する場合もあるかもしれない。室内ゲームについて調べてみると、時代を超えてみられるいくつかの変化はとくに重要であるが、それは、遊びについてのこのカテゴリーが、都市と田舎の子どもたち双方のために製造されたおもちゃの激増によって、非常に大きな影響を受けてきたためである。1993年の『アパラチアのおもちゃとゲームのフォックスファイアー・ブック』*5 では、北ジョージア州の子どもたちに、過去のおもちゃとゲームを口承で伝えるために、古くからの居住者に聞きとりを行なっている。彼らは長い期間、自作のおもちゃ、とくに人形と、民族学者サイモン・ブロンナーがその序論で「フォーク・ゲーム」とよぶ遊具のことを記憶にとどめている。もともと室内ゲームは、雨の日に子どもたちが戸外に出るのを引きとめるためのものであった。

回顧録と小説のなかのゲーム

19世紀から20世紀を通じて、子ども期の回顧録が室内ゲームについて直接言及することはめったにない。歴史学者と社会学者たちによって、遊びは子どもたちの主要な活動であると広く認められているが、遊びは過去について大人が構成される作品であるため、かならずしもつねに子ども期の記憶を支配しているとみなされるわけではない。都市の作家たちの回顧録は、田舎で暮らす作家たちのそれとは根本的に違っているし、中産階級の子ども期の回顧録は、混みあった共同住宅で育った作家が書いたものとは非常に異なっている。

だが、室内ゲームは、19世紀以降に書かれた小説には描かれている。そのなかでもとくに興味を引くのは、1868年に出版されたルイーザ・メイ・オルコット*6 のもっともよく知られた小説『若草物語』である。オルコットは、とりわけ、1871年の『少年』と、1880年の『ジャックとジル』のなかで、自然発生的に行なわれた室内ゲームを詳細に記述している。オルコットは、まるで遊びの手引書の書き手のように、手工芸と料理のようなあらゆる健全な活動の美徳を強調しているだけでなく、人形、積み木、ミニチュアの料理オーブンのような商業的に製造されたおもちゃについても言及している。

ゲーム研究

19世紀末までに、子どもの遊び、とくにゲームは、詳細な調査研究を根拠に、子どもの初期の発達と成長にとって優先すべき非常に重要なものとみなされた。子どもの遊びに言及するいくつかの主要な研究は、おもちゃとゲームについての歴史理論の一部になっている。これらの研究は、おもちゃとゲーム一般についてのデータを集積したが、とくに室内ゲームについてはそれを行なっていない。

こうした概観の最初期のものには、1896年に「教育学セミナー」で出版されたものがあり、社会科学者のT・R・クロスウェルが、マサチューセッツ州ウースター市内の公立学校の約2000名の子どもたちについての事例研究がある。この異常なまでに詳細な研究は、子どもたちが受けとめている役割に応じて彼が分類したさまざまなタイプの娯楽を識別する質問を投げかけている。その結果明らかになったのは、人形と人形を乗せる乳母車が室内でも戸外でも遊ばれ、男の子と女の子がどちらも圧倒的に戸外遊びを好んでいることであった。一般に、女の子は男の子よりも室内ゲームを好むが、それは、男の子の場合、身体活動が非常に重視されたからである。文化史家のバーナード・マージェンは、1991年の論文で、男の子と女の子の遊びについて観察調査した結果、20世紀末には、前世紀に比べて両者の遊びが非常に類似するようになってきたことを、子どもたちがどんなおもちゃとゲームを選択してきたかで証拠づけ、また、この変化は、電子メディアがいきわたるようになった結果であると仮定している。

子どもための室内空間

子ども部屋は、中産階級が都市の風景として確立するようになるのにともなって、19世紀を通じてますます一般的なものになった。大きな家の建築によって、また、労働の場所が家の外の仕事場に移ることによって、子どものために分離された空間を作ることが可能になった。上流階級の家族の場合、各部屋は全体でひと続きになっており、しばしば住みこみの子守りのた

めの寝室があり、子どもたちは日常的な大人の活動からは完全に切り離されていた。しかし、中産階級と上流階級のどちらでも、子ども部屋は、後年子どもたちが成長して入っていく世界へ準備させるだけでなく、堕落していると思われていた大人世界から子どもを保護する目的にもかなっていた。

19世紀末まで、子ども部屋の大部分は、おそらく、手作りと既製品のおもちゃで一杯であっただろう。残念ながら、子ども部屋の内部の遊び道具の存在を示す図像はほとんどない。20世紀の過程で、子どものために分離された部屋あるいは室内遊びのために割りあてられた空間は、すべての社会階級できわめてふつうにみられるようになった。だが、貧民家族と労働家族、とくに都市のこれらの家族では、子ども部屋として利用できる空間はなおまだ懸案問題である。

家族で楽しむ室内ゲーム

室内ゲームが家族全員の娯楽として人気があったことは確かである。ガスの照明（ほかの材料で作られた照明もふくむ）が出現したことによって、夜の娯楽はさらに一般的になった。1992年に、シャーリー・ワイダは、立体鏡[*7]についての論文で、ヴィクトリア時代の人びととはとくに、修養するために考案された教育ゲームに夢中になっていたと述べている。当時の居間にそなえられたおもちゃには、立体鏡や立体写真だけでなく、幻灯機（現代のスライド・プロジェクターの先駆）や幻灯画もあった。ボードゲーム、カードゲーム、ジグゾーパズルも、家族の娯楽の見出しに入るものであり、同じ目的をもっていた。

卓上ゲームは21世紀初めのいまでもまだその焦点を教育にあてている。1935年にチャールズ・ダロウが考案した「モノポリー」[*8]のような古典的なゲームも、時代の価値観と関心を反映しており、複数の家族がいくつかのレベルに合わせていっしょに遊ぶ機会を提供するものである。

販売企画としての電子ゲームと室内ゲーム

21世紀が幕開けしたとき、コンピュータ・ゲームとビデオゲームは、子どもと大人にとって、もっとも人気の高い気晴らしであった。ほとんどの資料によれば、最初のコンピュータゲーム（「スペースウォー！」[*9]）は1962年にスティーヴ・ラッセルによって考案された。テレビスクリーン上で操作する最初のゲーム[*10]は1967年ラルフ・ベアーによって考案された。そして、最初のアーケードゲーム（「コンピュータ・スペース」）[*11]は、ノーラン・ブッシュネルとテッド・ダブニーが考案した。電子ゲームは、1970年代にはますます人気のあるものとなった。2001年には、インタラクティブ・デジタル・ソフトウエア協会（the Interactive Digital Software Association）の報告によると、コンピュータとビデオゲームの売上総額は、教育関係のソフトウエアを除いて、60億ドルに達するといわれている。

両親と専門家たちは、電子ゲームに関連する多数の懸念を表明してきている。ゲームの暴力的な描写は、多くの人びとの関心を引く主題だが、その理由の一部は、いくつかの目立った事例が、コンピュータ・ゲームを、子どもが犯した犯罪に結びつけているからである。しかし、現在までにこの考えを支持する確かな証拠は見つかっていない。初期に見られたもうひとつの懸念は、電子ゲームを一人で行なうという特性が、仲間と行なう娯楽活動を狭めてしまうために、子どもたちの社会性の発達をいくらかそこねてしまうのではないかという懸念であった。コンピュータ・ゲームとビデオゲームはどちらも、定義上は室内ゲームであるが、もっと小型の手のひらサイズの（「ゲームボーイ」[*12]のような）ものは、家庭の外にもって行くことができるように設計された。

コンピュータゲーム市場は、もともとは年長の子どもたちと大人を対象にしていたが、ほかの事業は幼い子どもたちの活動に注意を向けている。今日みられる興味深い展開は、子どもを対象に室内遊びの空間を商業企画の枠内でつくろうとしていることである。いくつかのアメリカの企業は、とくに幼い子どもたちの室内娯楽ビジネスをつくりだそうとしている。たとえば、子ども服の販売も行なっていたジンボリー社[*13]は、幼い子どものための音楽教室や体操教室を市場開拓した最初の企業のひとつである。ほかの事業は、単純に、山登り設備やその他の娯楽設備をそなえ、室内遊びの空間を維持している。どちらの業態も、子どもの身体発達と精神発達を刺激する業務を展開している。多くの場合、遊び施設は、アウトドア活動のシミュレーションとして役立つように念入りに作られており、しかも十分な広さの空間をそなえている。

室内ゲームのコレクション

もっとも重要なおもちゃのコレクションの主要なものは、保管されている室内ゲーム類である。おもちゃとゲームのコレクションは、世界中の美術館と歴史協会が行なっている。アメリカでとくに興味深いのは、ニューヨーク州ロチェスター市にあるストロング美術館と、ニューヨーク市のニューヨーク歴史協会である。ニューヨーク歴史協会は、最近、アーサーとエレンのリーマン夫妻のゲーム・コレクションを収蔵したが、これは、商業的に製造されたボードゲームや卓上ゲームを最大規模で公的に保存する団体の典型である。ほかの有名な美術館としては、イギリスのロンドンにあるベスナル・グリーン子ども博物館[*14]やポロックおもちゃ博物館[*15]がある。

[訳注]

*1「波乱に富んだ人生ゲーム」（*Checkered Game of Life*）——1860年、アメリカ、マサチューセッツ州ス

プリングフィールドの印刷業者ミルトン・ブラッドリー（Milton Bradley, 1836-1911）が24歳のとき、*The Checkered Game of Life* を考案。1960年 "*The Game of Life*" として、Milton Bradley社より発売され、現在はハズブロ社より発売されている。ミルトン・ブラッドリー社はアメリカ国内の玩具メーカーとしては、マテル社に次いで第2位だが、ボードゲーム会社としては世界最大である。

＊2 恩物（独 das Gabe、英 gifts）――フリードリヒ・フレーベル（Friedrich Froebel, 1782-1852）によって、幼稚園（Kindergarten）の教育教材として、現在の積み木の原型である「恩物」が開発された。恩物の基本的な考え方は次の4点にまとめることができる。⑴丸・三角・四角の基本的な形体から成り立っている。⑵それぞれの形が体系的に構成され、互換性をもっている。⑶それぞれの寸法が体系的に構成され、互換性をもっている。⑷発達段階に応じたさまざまな遊びができる。

＊3 マクロフリン・ブラザーズ社（McLoughlin Brothers）――1858年から1920年頃に活躍した出版社で、子ども向けの本ではカラー印刷技術の先駆者であり、ピクチャーブック、パズル、ゲーム、ペーパードールなどの商品を幅広く販売した。「ネリー・ブライと世界一周」（*Around the World with Nellie Bly*）は、1889年から1890年のエリザベス・コクラン（通称ネリー・ブライ）という25歳の女性が72日間の世界一周旅行をしたことをテーマにしたボードゲームである。ジュール・ベルヌの『80日間世界一周』の物語からも刺激を受けている。

＊4 トイ・シアター（Toy Theaters）――劇場に見立てた箱のなかに、紙製の人形を動かして遊ぶもので、一種の立体紙芝居。

＊5 『アパラチアのおもちゃとゲームのフォックスファイアー・ブック』（*The Foxfire Book of Appalachian Toys and Games*）――The Foxfire Bookは、その副題 Reminiscences and Instructions from Appalachia（アパラチアからの回想と説明書）にあるように、アメリカ、アパラチア山脈付近の独自の文化を保存することを目的に1972年はじまった「フォックスファイアー・プロジェクト」の作品集である。初版は1985年で、その後何度も改訂されている。

＊6 ルイーザ・メイ・オルコット（Louisa May Alcott, 1832-1888）――アメリカの小説家。ペンシルヴァニア生まれ。1840年マサチューセッツ州コンコードに移住。父エイモス・ブロンソン・オルコット（Amos Bronson Alcott, 1799-1888）は、ボストンで実験学校を設立した教育者、社会改革者、超絶主義者。『若草物語』（*Little Women: or Meg, Jo, Beth and Amy*, 1868）では、19世紀のアメリカの女性たちの暮らし、とくにコンコードでの暮らしがていねいに描写されている。この後日談である『少年』（*Little Men, or Life at Plumfield with Jo's Boys*, 1871）は、『第三若草物語』として、主人公ジョーとその夫がはじめた学校生活が物語の中心になっている。『第三若草物語』（吉田勝江訳、角川文庫）。

＊7 立体鏡（stereoscope）――ステレオスコープ、実体鏡、双眼写真鏡。少し違った角度から撮った同一物体の2枚の写真を左右の目で1枚ずつ見て立体的に再現する装置。1838年頃から広まった。

＊8 モノポリー（Monopoly）――1933年に、アメリカの発明家チャールズ・ダロー（Charles Brace Darrow, 1889-1967）が考案し、1935年にパーカー・ブラザース社が発売した、すごろくに似たボードゲームで、競技者は盤を進みながら不動産の独占権を得ようと争い、不動産を取引して資産を増やす。「モノポリー」とは独占を意味する。政治・経済についての教育上の試みであるゲーム The Landlord's Game が原型といわれている。

＊9 「スペースウォー！」（*Spacewar!*）――1962年、スティーヴ・ラッセル（Steve Russell, 1937-）によって考案された最初のコンピュータ・ゲーム。ミニコンピュータ（PPF-1）で稼働するデモンストレーションであった。

＊10 テレビ・スクリーン上で操作する最初のゲーム――1967年にラルフ・ベアー（Ralph Baer, 1922-）によって考案された「ポン・テニス」（*Pong Tennis*）。

＊11 「コンピュータ・スペース」（Computer Space）――最初のアーケード・ゲーム［ゲームセンターなどに設置されるゲーム機の総称］。ノーラン・ブッシュネル（Nolan Bushnell, 1943-2011）とテッド・ダブニー（Ted Dabney, 1943-）とラリー・ブライアン（Larry Brian, 1943-）が考案した。ゲーム内容は「スペースウォー！」とほとんど同じだが、「スペースウォー！」が2人専用であったのに対して、これは1人用である。

＊12 ゲームボーイ（GAMEBOY）――1989年に日本の任天堂が発売したもち歩きができる小型のファミコンゲーム機。同時発売ソフトは「スーパーマリオランド」「アレイウェイ」「ベースボール」「役満」の四つ。

＊13 ジンボリー社（Gymboree）――アメリカ、サンフランシスコを拠点にしている子ども服の有名ブランド。1976年に創業者のジョアン・バーンズが、サンフランシスコで「プレイ＆ミュージック」をコンセプトとした「乳幼児プレイセンター」を開設したことにはじまる。1986年にオーストラリア、1987年にフランス、1993年に韓国、2006年に日本に進出し、現在、世界30数カ国、600カ所以上で展開している。

＊14 ベスナル・グリーン子ども博物館（the Bethnal Green Museum of Childhood）――ロンドン市内の旧自治区にある子ども文化博物館で、人形、おもちゃ、服装などの展示で知られる。現在は、ヴィクトリア・アンド・アルバート美術館の一部になっている。

＊15 ポロックおもちゃ博物館（Pollock's Toy Museum）――ロンドンの大英博物館の近くにある、子どものおもちゃ類を集めた博物館。

➡遊びの理論、子ども空間、路上遊戯

●参考文献

Goodfellow, Caroline. 1991. *A Collector's Guide to Games and Puzzles*. Secaucus, NJ: Chartwell Books.

Mergen, Bernard. 1991. "Ninety-Five Years of Historical Change in the Game Preferences of American Children." *Play and Culture* 4: 272-283.

Mergen, Bernard. 1992. "Children's Play in American Autobiographies." In *Hard at Play: Leisure in America, 1840-1940*, ed. Kathryn Grover. Rochester, NY: Strong Museum.

Page, Linda Garland, and Hilton Smith, eds. 1993. *The Foxfire Book of Appalachian Toys and Games*. Chapel Hill: University of North Carolina Press.

Tibaldeo, Alessandro Franzini. 1991. *Guida ai Musei di Giocattoli d'Europa*. Milan: Odos Editions.

Wajda, Shirley. 1992. "A Room with a Viewer: The Parlor Stereo-scope, Comic Stereographs, and the Psychic Role of Play in Victorian America." In *Hard at Play: Leisure in America, 1840-1940*, ed. Kathryn Grover. Rochester, NY: Strong Museum.

West, Elliott, and Paula Petrik, eds. 1992. *Small Worlds: Children and Adolescents in America, 1850-1950*. Lawrence: University Press of Kansas.

White, Colin. 1984. *The World of the Nursery*. New York: Dutton.

（SHIRA SILVERMAN／神戸洋子・北本正章訳）

自伝（Autobiographies）

　言葉の厳密な意味としては、子どもは昔から自伝を残さない。このジャンルのほとんどの書き手は50歳くらいになってから執筆するようになるものである。すくなくともジャン＝ジャック・ルソーがその後2世紀にわたって大きな影響をあたえる模範となった作品『告白』（Confessions）を執筆したのは50歳のときであった。日記の書き手としてなら、15歳未満の子どもたちはより多くの痕跡を残しているが、それも古い時代にはきわめてまれである。イギリスとアメリカについては、1800年以前のものとして知られている子どもの日記は7点しかない。オランダでは、組織的な研究によって、1814年以前に子どもが書いた日記が6点あることが判明した。そのうちのひとつが、1791年に10歳で書きはじめ、7年で1500ページ以上を埋めたオットー・ファン・エック（Otto van Eck, 1780-1798）の日記である。彼は両親に命じられて、また同時に教師たちの勧める教育戦略でもあった日記を18世紀末から書いた。日記をつけるということは、子どもの自己認識の高まりを意味した。親たちは子どもの成長を確かめるためにわが子の日記を読んだのであった。フィリップ・ルジュンヌ*1が明らかにしたように、19世紀には、日記をつけることは若い女性のあいだでとくにさかんであった。この時代のもっともよく知られる日記には、ロシア生まれのマリ・バシュキルツェフ*2が15歳のときから書きはじめたものがある。彼女の日記は、本人が若くして世を去ったのちの1887年に出版された。この本はフランスにはじまり、翻訳が出てからはイギリスやアメリカでもセンセーションをまきおこした。これほどまでに芸術家になりたいという野望を隠しだてせずに語り、名声を求めたうぬぼれの強い女性はそれまで存在しなかった。しかしながら別の点では、この日記はよくあるパターンを踏襲していた——これは父親が原文を編集して出版したものであった。子どもの日記の多くは、ひとつの早い死のメモリアルとしての役割を果たすためだけに残された。この点は17歳で死んだオットー・ファン・エックの場合も同じであった。年若い人物によって書かれたもっとも有名な『アンネの日記』（*The Diary of Anne Frank*）も、このパターンにあてはまる。アンネ・フランクは第2次世界大戦中にアムステルダムに隠れ住んでいるあいだ、日記をつけていた。彼女と家族は見つかって移送され、彼女の父親だけが生き残った。アンネの日記の初版は、この父親の意志で1947年に出版された。

　20世紀になっても、日記をつけることは教育学者から奨励されていた。さらに、そうしたテキストは研究資料としても活用された。たとえばドイツではシャーロット・ビューラーがこの種の研究を行なっている。当時、教育学者はものを書くことを制御の手段としてではなく、自己意識を発達させる助けになるとみなしていた。日記は個人的な記述の究極形態へと発展し、たとえ親といえどもこのプライバシーは尊重しなくてはならなかった。教師たちは記述のスキルを上げるために日記を書くようすすめた。架空の日記を書くことは、しばしば言語のレッスンの一部にもなった。のちにインターネット上に日記をつける子どもが出てくると、このことはまた子どもの日記の私的あるいは公的性格についての議論をまきおこした。

　ルソーとともにはじまる、成人してから書く自伝は、書き手の人生における人格形成期としての子ども期に焦点をあてるようになった。自伝作者が過去を回想する方法も変化した。連想記憶が重要になり、かつてはとるにたらないとされた細かいことが大切だとみなされるようになった。19世紀には子ども期の記憶という特定分野が発達した。子どもから大人への成長の物語という新しい文学のジャンルが教養小説（*Bildungsroman*）であった。このジャンルはひるがえって若い読者の生き方にも影響をあたえた。その初期の例のひとつが、1777年にドイツの小説家ハインリヒ・ユング＝スティリング（Johann Heinrich Jung-Stilling 1740-1817）が書いたものである。リチャード・N・コウによれば、とくに詩人や小説家は独創的な方法で自身の子ども期を想起することができたという。ヨーロッパ以外では、ひとつのジャンルとしての子ども期の記憶は20世紀に発展した。ごく初期の一例が日本の作家、谷崎潤一郎*3である。このように子

ども期についての西洋的なまなざしは、文学の形をとって世界中に輸出された。文学の一形式として、子ども期の記憶は今日では世界中で記述されているが、その内容と形態は文化の異なりごとに変化しうる。心理学の研究では、「長期的な自伝的記憶」[*4]とよばれるもののはたらきにも、かなりの違いがあることが明らかになっている。人文系の研究者や科学研究者は、子ども期をすごした年月を思い出してそれを文章にするという行動について、まだ多くの答えを見出すべき問題をかかえている。

[訳注]

*1 フィリップ・ルジュンヌ（Philippe Lejeune, 1938-）——フランスの自伝研究の専門家。著作の邦訳では、『自伝契約』（井上範夫他訳、水声社、1993年）、『フランスの自伝——自伝文学の主題と構造』（小倉孝誠訳、法政大学出版局、1995年）がある。

*2 マリ・バシュキルツェフ（Marie Bashkirtseff, 1858-1884）——ロシア名ではマリヤ・コンスタンチノヴナ・バシュキルツェヴァ。ロシア貴族出身の画家・彫刻家。フランスの名門美術学校アカデミー・ジュリアンで学び、短期間に多数の作品を発表したが、26歳で早世した。おもな作品に23歳のときの「アトリエにて」（*Atelier Julian, the studio*, 1881）や、パリの貧民街の子どもたちを描いた「集合」（*At Meeting*, 1884）などがある。作品の大半は第2次世界大戦中にナチによって破壊された。13歳から付けていた日記の自筆原本はフランス国立図書館で発見された。後年、フェミニストとしても再評価され、日本では1937年頃、宮本百合子（1899-1951）によってその日記が紹介された。『マリ・バシュキルツェフの日記』（上・中・下）（野上豊一郎訳、学陽書房、1950年）。

*3 谷崎潤一郎（1886-1965）——1955-56年に「文芸春秋」に、自身の幼少期の記憶を回想した「幼少時代」を連載している。（谷崎潤一郎『幼少時代』、岩波文庫、1998年）

*4 自伝的記憶（autobiographical memory）——心理学用語で、人が経験したさまざまな出来事についての記憶の総体のこと。

➡児童文学

●参考文献

Baggerman, Arianne. 1997. "The Cultural Universe of a Dutch Child, Otto van Eck and his Literature." *Eighteenth Century Studies* 31: 129-134.

Bashkirtseff, Marie. 1980. *The Journal of Marie Bashkirtseff*. Trans. Mathilde Blind. London: Virago.

Coe, Richard N. 1984. *When the Grass Was Taller: Autobiography and the Experience of Childhood*. New Haven, CT: Yale University Press.

Dekker, Rudolf. 2000. *Childhood, Memory and Autobiography in Holland from the Golden Age to Romanticism*. New York: St. Martin's.

Wang, Qi, and Michelle D. Leichman. 2000. "Same Beginnings, Different Stories: A Comparison of American and Chinese Children's Narratives." *Child Development* 71: 13-29.

（ARIANNE BAGGERMAN & RUDOLF M. DEKKER／森本真美訳）

自転車と三輪車
（Bicycle and Tricycles）

自転車と三輪車はどちらも子どもが乗ることができる遊具である。ペダル駆動で動くという目立った特徴をもったそれらは1880年代にはじめてあらわれた。三輪車は最初から子どものための特別なものとして考案され、生産されるようになったが、子どものための自転車は、たんに大人用の縮小版からはじまった。

1880年代にチェーン駆動の伝導装置のついた後部車輪とダイヤモンド型のフレームをそなえた近代的な自転車が発明された後、移動手段としてはもちろん、仕事、レジャー用に自転車の使用は急速に広まった。アメリカでは自家用自動車が大人のおもな移動手段になっていくのにつれて、自転車が小さい子どもの遊具や、若者の移動手段として1920年代以降用いられるようになった。

ヨーロッパにおけるモータリゼーションは、ゆっくりと進み、自転車は依然として移動・仕事・レジャー・スポーツ・遊びのために、長期間かつ非常に広範囲に使用されつづけ、じつに多くの国で用いられてきた。自転車の使用は、北ヨーロッパの地域では広く宣伝され、とりわけオランダやスカンディナヴィア諸国に広まった。

子どものための自転車フレームもすぐに設計されたが、大量生産が開始されるようになるには1950年代を待たねばならなかった。それまでは、子どもでも扱いやすいように小さいサイズの大人用フレームが使われており、通常、子どもたちは、自転車に乗ることからは遠ざけられていた。今日では、子ども用の小さいフレームが広い範囲で入手でき、利用できるようになっており、小型サイズのフレームは3歳以下の子どもたちのサイクルトレーニングにも役立っている。公私にわたるモータリゼーションとその制度化のなかで、子どものサイクリングはレジャーや遊びのなかにもとりいれられるようになった。近年では、自転車の開発の主軸は安全であること、リスクを回避することに置かれている。その結果、反射材、ライト、ヘルメットなどの着用が義務づけられたアクセサリーの開発が重視されている。また、北ヨーロッパのいくつかの都市では、自転車専用レーンの建設が広まっている。

近代的な自転車の発明以前には、前輪ペダルの自転車が用いられ、1860年代の終わり頃まではそれが熱狂的に受け入れられていた。前輪駆動の自転車の技術は、子どものおもちゃとして三輪車に受け継がれた。この単純な構造は安価な生産を可能にした。三輪車の構成要素は、前輪ペダル、車体から離れてついている

横棒につながれた二つの後方タイヤであり、これが車体に安定性をもたらしている。これらは、バランスをとることの必要性をなくし、発進や停止を簡単にしているので、1歳くらいの子どもでも乗れるようになった。三輪車は広い範囲で大量生産され、形や素材、品質もじつにさまざまで、安価な室内乗りのプラスティック製の短期間使用のものから、耐久性にすぐれた屋外用の、スティール製の圧縮空気で動くタイヤをもつ高価なものまである。三輪車は、一般的に1～3歳の子どもたちのためのワンサイズモデルである。1960年代頃までは三輪車が就学前の子どもたちのおもな乗り物であったため、いろいろな大きさのものを手に入れることができた。しかし、20世紀の終わり頃になると、自転車が三輪車市場に進出してきた。その結果、もっと小さな子どもたちが二輪車の乗り物を手に入れるようになった。

➡遊び、おもちゃとしての車
● 参考文献
Dodge, Pryor. 1996. *The Bicycle*. New York: Flammarion.
(HANS-CHRISTIAN JENSEN／寺田綾訳)

児童虐待（Child Abuse）

　歴史の主題としての児童虐待は、虐待という概念が必然的に相対的で、非常に不確かであり、文化を横断し、歴史を縦断することによってしか解明できないため、やっかいな問題である。現代のアメリカで子どもを殴打する虐待と考えられる親の行動は、世界のほかの地域では親のしつけとしてふつうに行なわれていることかもしれないし、アメリカ自体についても、それは数世紀前にはたしかにしつけとみなされていたであろう。さらに、今日のスカンディナヴィア諸国の基準では、ある種のアメリカの家族で行なわれている限定的な体罰でさえ虐待と見えるかもしれない。そして、アメリカの医療体制のもとではそうした体罰を容認する可能性については論争がある。文化を横断してみると、あきらかに、アメリカ人たちは現代のイスラム社会のいくつかの地域で行なわれている女性の陰核切除あるいはかつての中国で行なわれていた纏足を虐待とみなすだろう。したがって、虐待はある特定の社会的および文化的な文脈においてもっともよく理解できるとするかぎり、児童虐待の歴史と社会学は、虐待の習俗を見きわめたり描写する際には、どうしても相対主義という認識をもつ必要がある。

歴史的文脈における虐待の定義

　児童虐待の歴史における重大な分岐点は、つい最近の1962年という年にきざまれるべきであろう。この年に児童虐待はアメリカの医療組織によって児童受傷症候群[*1]としてその現代的な定式を付与されたからである。子どもたちの酷使は、以前の数世紀にはたしかに一般的であって、実際、たとえばグリム兄弟の物語のなかに記録されているように、ヨーロッパのフォークロアには、特定の時代に限定されずに刻印されている。だが、そうした広まり自体が社会規範からの虐待の分岐を構成しているものについてのあらゆる合意を支配した。C・ヘンリー・ケンプ、フレデリック・N・シルヴァーマン、そしてその仲間たちによる論文「児童受傷症候群」は、児童虐待の歴史における旧体制の終焉を1962年前後の時期としている。この年以降、幼い子どもの殴られた骨を明らかにする放射線医学をふくむ医療検査の証拠にもとづいて児童虐待を定義したのは医療組織であった。それと同時に、この論文「児童受傷症候群」の科学的な結論は、さらにふみこんで、一連の社会学的な新事実を暗示した。第一に、おそらくは文明化された社会で虐待が一般的に広まっていたこと、第二に、虐待は、かならずしも悪意のある見知らぬ人による、あるいは悪意のある義理の両親による行為ではなく、多くは生みの親がその子どもたちにふるまわれるという、それまで承認されなかった環境でもみられることである。

　児童虐待の歴史を理論的に理解するうえで決定的に重要なのは、子ども期それ自体の歴史である。1960年、フランスの歴史家フィリップ・アリエスは、子ども期の概念はさまざまな歴史的な文脈で変化したり発展するものであるということ、また、近代的な子ども期は、いくつかの意味で、ルネサンス時代に「発見された」ものであるという、論争をよぶテーゼを提起した。アリエスによれば、ルネサンス時代になってようやく、ヨーロッパの社会と文化は、子ども期固有の特性に順応し、子ども期と成人期との根本的な違いを認めるようになったとされる。子ども期と成人期のあいだに根本的な差異があるという考えは、児童虐待を理解するうえで不可欠である。なぜなら、児童虐待の概念は、子どもの扱い方についての独自の基準があり、その基準に反することが虐待を定義すると考えるからである。

　1962年以前の数世紀について、児童受傷症候群との関連性は、体罰の流行と激しさだけでなく、現代人にとっては鞭打つこと（beating）が過剰であるように思われるかもしれない体罰の基準が変化しつづけていることにも関係している。ローレンス・ストーン[*2]とフィリップ・グレーヴェン[*3]のような歴史家は、現代の基準からすれば極端であったが当時の人びとにとってはふつうのことに思われた近世イギリスと植民地時代のアメリカにおける体罰文化を描いた。宗教改革と対抗宗教改革の時代を通じて子どもにあたえる処罰は、基本的に子どもは純真無垢であるのか、それとも子どもは生まれつき罪深いのかという異なる宗教観に応じて対処されていたが、学校での鞭打ちは、**近世ヨーロッパ**、イギリス、そしてアメリカでは、慣例的に行なわれていた教師による懲罰を構成していた。子どもを怖がらせる鞭をおしめば、甘やかせてその子をだ

めにするというよく知られた原理は、虐待が広まっていたことを示す証拠ではなく、むしろ、子どもを育てるうえで鞭打つことは適切な方法であると考えられていたことを示すものであった。実際、プロテスタントの体罰文化は、20世紀末になってもまださかんで、『神、鞭、あなたの子どもの身体――キリスト教徒の両親のための愛しみの矯正技法』（God, the Rod, and Your Child's Bod: The Art of Loving Correction for Christian Parents, 1981）のような根本原理を説く出版物のなかで体罰のあたえ方を指示している。

　一般に、近世の家族における社会習俗は、ある程度の体罰と、体罰の激しさの適切な程度を判断するいくつかのバリエーションをふくんでいたが、ジョン・ロックやジャン＝ジャック・ルソーといった哲学者たちの著作でみられるきわだったイデオロギーの展開は、子どもの邪悪さと鞭の利用をめぐる初期の宗教的な論争を変化させはじめた。ロックは、その書著『子どもの教育』（Some Thoughts Concerning Education, 1693）のなかで、鞭打つことをひかえるよう助言し、むしろ恥ずかしい気持ちにさせるように罰をあたえる戦略を選ばせ、自然状態での人間性の純真無垢さを賛美したルソーは、それに合わせて子どもたちの純真無垢さを確信していた。ルソーは、1762年の『エミール』（Émile）で、子どもにあるとされる自然性に対する感受性が非常に鋭いため、伝統的な教育のほとんど全部が虐待的なものに見えてしまう新しい教育学の概要を描きながら、「子ども期［子どもらしさ］を愛しめ」と読者に向かって命令している。ルソーは、子ども期［子どもらしさ］は不適切な扱いによって壊されてしまうだろうし、それゆえに子どもは子ども期［子どもらしさ］を奪われた存在になってしまうだろうと考えていた。そうした考えは、近代の虐待概念が形成されるうえで不可欠であった。ストーンは、18世紀のイギリスにあらわれた、子どもを甘やかして育てる（coddling）まったく新しい子育て文化は、子どもと子ども期［子どもらしさ］を溺愛することを基礎にしていると主張している。ルソーがスウォッドリングという伝統的な育児習俗は残酷で抑圧的であり、ある意味では子どもの四肢の自由を虐待するものであると宣言したように、スウォッドリングをめぐる論争は、この世紀に独特のものであった。したがって、ルソーは、スウォッドリングからの解放をよびかけ、彼の訴えに留意した親たちを啓発したのであった。

　ロックが体罰よりも恥を教えるほうが好ましいとしたことは、最終的に、過剰な鞭打ちを虐待とみなす、子どもにあたえる罰についての現代的な考えに向かう道筋を示した。だが、罪人に対する懲戒的刑罰から、規律と監視の社会システムへの歴史的な変容についての20世紀のフランスの哲学者ミッシェル・フーコー[*4]の議論を考慮に入れるなら、子どもたちもまた、たとえ彼らが最終的に鞭打ちをひかえられるようになったときでさえ、もっと包括的な規律という圧力にさらされるようになったと結論できよう。この意味で、児童虐待の概念の結晶化は、鞭打ちがもはや教育あるいはしつけのもっとも効き目のある方法とはみなされなくなった歴史的な岐路において生じたといえるであろう。

純真無垢と虐待

　18世紀後半に起源をもつ子どもたちの純真無垢の世俗的な基準は、子どもの適切な扱い方を考えなおすためのまったく新しい舞台を示した。純真無垢であることの特質は、違反の可能性、さらに保護の必要性を意味している。イギリス議会は、1788年に煙突掃除人を保護する法律を制定し、1789年には詩人のウィリアム・ブレイク[*5]が『無垢の歌』（The Songs of Innocence, 1789）のなかで煙突掃除の子どもたちが置かれている状況のひどさを訴えている。19世紀を通じて、イギリス、アメリカ、フランス、そしてドイツなどで、子どもたちを搾取から守る必要を華々しく強調する児童労働法を立法化した。この搾取という概念は、暗黙裏に児童虐待という概念を示唆していた。純真無垢は、性的な保護の必要性もふくんでおり、歴史家のジョルジュ・ヴィガレッロの研究によれば、18世紀後半以降のフランスでは、性的暴行に対する訴訟は、子どもへの性的暴行への新しい世俗的な非難を反映している。18世紀には、カサノヴァ[*6]がその備忘録で、11歳の少女たちと性交し、それについて楽しげに自慢しているが、カサノヴァのヴェネツィアでは、18世紀末までに、成人男性と思春期前の少女たちとの性的関係も、純真無垢さを汚すものとして、きわだった批判をこめて公式化された。だが、それにもかかわらず、そうした行為を性的虐待として確定する枠組みは法的にも社会学的にも存在しなかった。

　一般大衆のあいだで爆発的に批判が広まったのは、ロンドンのジャーナリストW・T・ステッドが、「13歳の子どもを5ポンドで」という見出しで出版した1885年の「若い娘の贈り物」紙のスキャンダル記事で、児童売春の流行を暴露した19世紀末のことであった。イギリスでは、このスキャンダルに対応して、性的同意年齢を13歳から16歳に引き上げた。一般大衆の激しい不快感は、性的虐待の最終的な公的認知に向かい、また、19世紀末には、精神医学は加害者たちを診断することによってさらにこの問題に焦点をあてた。19世紀のドイツの精神医学者リカート・フォン・クラフト＝エーヴィング[*7]は、その著書『性の精神病理』（Psychopathia Sexualis, 1886）で、「現時点では性的ペドフィリア（小児への性倒錯愛）と名づけられるかも知れない、性・心理の異常形態」について記述したが、彼はこれを、ドイツとオーストリアの法律にしたがって、「14歳以下の個人に対する陵辱」と定義した（371ページ）。

　性的虐待をその家族の文脈で認識することは、ジー

クムント・フロイトが1895年に、子どものヒステリー症[*8]は、大人とくにその父親による性的被害に起因するとした「誘惑理論」（seduction theory）に到達したときほとんど成就された。1897年、フロイトはこの理論をもう一度検討しなおし、彼の患者たちは、子どもとして性的陵辱の幻想にだけ苦しんでいると結論した。この結論は、非常に知的に冒険的なヴィクトリア時代の人びとでさえも、普遍的な社会学的症候群としての児童虐待の概念に向きあうことがいかにむずかしかったかを示している。1919年に、フロイトが「むち打たれている子ども」という論文を書いたとき、彼はこの筋書きの全体を幻想の問題として論じたのであった。

だが、19世紀末には、親からネグレクトされたり酷使されていた子どもたちのために介入する常設の博愛団体があった。そのモデルとなったのは、皮肉にも、1866年にアメリカで創設された**動物虐待防止協会**[*9]で、このあと1870年代と1880年代のアメリカとイギリスでは、児童虐待防止協会の設立[*10]があいついだ。1889年にイギリスで制定された「子ども憲章」（Children's Charter）は、子どもの権利を公式に示そうとする試みであった。子どもを酷使する理由のほとんどは貧しさに起因するものであるため、必然的に博愛団体は、貧民階級の家族生活に介入するヴィクトリア時代の中産階級の代理人となった。

ヴィクトリア女王の治世がはじまった1837年は、チャールズ・ディケンズの『オリヴァー・ツイスト』（Oliver Twist, 1837-39）が最初の続きものの始まりの起源でもあるヴィクトリア時代を通じて、おどされたり虐待された子どもという人物像は、感傷をそそる表象となり、また、子ども期の純真無垢さを残忍に扱うことは、猥褻すれすれの魅惑をヴィクトリア時代の一般大衆に広めた。純真無垢さを保持することは、19世紀の社会におけるそのような強迫観念になったため、その影響は、子どもにとってはしばしば抑圧的で、現代の基準では虐待になった。もっとも顕著な事例は、両親が子どもたちに不快な避妊具、道具、罰をあたえることに駆りたてられたように、ヨーロッパ中で、医学が**マスターベーション（自慰行為）**を予防するために躍起になったことであった。1855年、フランス人の女家庭教師セレスティーヌ・ドゥーデが、5人のイギリス人の姉妹を拷問しているのが発見されたが、これは、この娘たちの父親の同意を得て、娘たちがマスターベーションをするのを防ぐためであった。彼女は、子どもの一人が死んだとき、裁判にかけられ投獄された。同様に、1899年のウィーンでも、虐待が現実に子どもの死をもたらすことになってはじめて、殴打による虐待の目立つ事例が公衆の前で明らかにされた。

殴打による虐待を認識するうえで20世紀の革命をもたらした決定的な技術の発展は**X線**[*11]であった。放射線医学は、1946年の「慢性硬膜下血腫に苦しむ幼児の長骨にみられる複合骨折」と題されたジョン・カフィーの論文を嚆矢として、アメリカの家族における、隠れた虐待の存在を解明するうえで先駆的な役割を果たした。そうした重要な発見が医療の専門分野で行なわれることによって、1962年の『児童受傷症候群』の出版で頂点に達し、最終的に、放射線医学の証拠が総合され、同化されたのは**小児医学**の分野であった。児童虐待の横行を認識することは、医療専門家にとっても社会全体にとっても一つの挑戦であった。『児童受傷症候群』の著者は次のように述べていた。「放射線医学であきらかになった徴候を、くりかえされるトラウマとあり得べき虐待の徴候であると受けとめることに多くの医者はとまどいを感じる。このとまどいは、虐待というものをその子どもの困難の原因と考える医者たちの気持ちの上での抵抗感に由来する」（18-19ページ）。だが、その10年以内に、児童虐待防止法が50州すべてで採択され、アメリカ中の公的社会事業部門は報告書を受け入れ、子どもたちを保護するための家庭内のシナリオに介入するようになった。1970年代には、児童虐待の全国の発生件数は、アメリカ人100万人あたり毎年500件と見積もられた。1977年には、国連児童基金（UNICEF）と世界保健機構（WHO）の支援を受け、この問題について世界中で自覚させることを推進し、調整するために、子どもの虐待とネグレクトの国際防止協会（International Society for the Prevention of Child Abuse and Neglect）が設立された。

児童虐待の防止と起訴

虐待問題を認識することは、そのままあるいは単純に解決にはつながらなかった。もっとも強硬な干渉——つまり、両親の家から子どもを引き離し、ときには親の権利を完全に停止させてしまうことさえする——は、その子どもにとっては悲惨な結果をまねくかもしれない。両親から、すなわち暴力的で虐待的でさえある両親から子どもを剥奪することは、思いやりのある**里親養育**の提供によってのみ正当化されるが、これは必然的に、つねに供給不足である。実際、組織化された里親制度は、虐待された子どもを虐待の新たな形態にさらす。2002年12月の「ニューヨーク・タイムズ」は、子どもの頃に虐待の犠牲になったことがある成人にインタビューしている。「彼は6カ月間自分の母親と暮らした。この期間、彼は虐待を受け、ふたたび鞭打たれた。それは、別の里親のもとに送られる前のことだったと彼は言った。彼は、いくつかの里親のところで性的にも身体的にも虐待を受けたと話した」

疑わしい虐待についての委任報告でさえ、信頼できない文書であることが判明した。とくに、ある小児科医の説明によれば、ネグレクトというカテゴリーは、「監督を欠き」、「めちゃくちゃな生活状況」に置か

ているため、とくに貧しい家庭にかんしては、ソーシャルワーカーたちにかなり主観的な判断を助長させてしまう（カントウェル、183ページ）。しかし、中産階級における児童虐待は、これよりも容易に隠蔽されつづけ、容易に疑念をもたれることは少ない。1987年、ニューヨーク市とアメリカの大部分は、弁護士ジョエル・シュタインバーグと編集者ヘッダ・ヌスバウムの7歳の娘リサ・シュタインバーグが死にいたらしめられた残虐な虐待についてのセンセーショナルな報道に動揺した。

虐待のカテゴリーのいくつかが曖昧であることからのがれられない事情から、また、虐待についてのアメリカ人の意識が世代とともに急速に変化していることからも、1980年代には、大人たち自身が自分の子ども時代に虐待の犠牲者であったと定義することが大人のあいだで一般化した。身体的虐待と平行して、感情面での虐待というカテゴリーも考察の対象とされ、記憶のなかで、おしりをぴしゃりと打たれたことも殴打とみなされた。さらに、セラピストのなかには、自分の患者たちがすでに忘れてしまっていたり、抑圧されてしまっている虐待の記憶を「思い出す」よう奨励する者もいた。これはしばしば性的な虐待で、ときには悪魔のような虐待でもあった。したがって、治療のなかで、信じがたいことではあるが、患者の100パーセントが子ども期に受けた虐待の犠牲者であったことが判明している。性的な虐待問題も、カリフォルニア州のマクマーチン・プレスクールと、マサチューセッツ州のフェルズ・アクア・デイ・ケア・センターにおける1980年代の大きなデイ・ケア・スキャンダルで、破壊的な法的紛争に発展した。最初、これらのケースは組織化されたデイケアの世界で隠蔽される児童虐待の、それまで嫌疑がおよばない深さを示しているように思われたが、子どもたちが証言した状況に疑念をいだく法的手続きは、その証言の信頼性に対する疑念に発展し、無効審理と逆転有罪判決となった。

1994年のニュージャージー州の7歳のミーガン・カンカのレイプと殺人と、その後に続いたこの犯罪が、以前有罪判決をくだされたことがある男性によって犯されたものであることが発覚したことを受けて、性犯罪者の住所登録を制定しようとする全国運動があらわれた。地域コミュニティで有罪となった性犯罪者を特定する法的決定は、1996年にニュージャージー州における「ミーガン法」*12の通過において頂点に達したが、これは、児童虐待に対するアメリカ社会の懸念を反映するものであった。虐待を受けた子どもは、医者あるいは教師によってアザや火傷の跡の発見によってときどきは特定することができるが、虐待を行なう大人は、そのコミュニティの他者からはめったに見きわめられない。

『受傷児童症候群』が最初に出版されてからほぼ一世代〔約30年〕がたち、さまざまな形態の児童虐待が広まっていることが一般大衆にも認識されるようになった——しかしまた、虐待は、家族のプライバシーを守るという家庭の壁のなかに大きく隠蔽されたままであるという自覚も高まった。過去の歴史において、子どもたちの扱い方が、現在の基準から見て虐待のように見えるのと同じように、虐待を正確に構成しているものについての当時の社会内部に対しては多様な見方ができるだろう。これらをすべて考慮するなら、児童虐待は、これまで認識されてはきたものの、一度も解決されることがなかった社会問題である。これは、ここ数十年間アメリカの教区において、カトリックの聖職者たちによるペドフィリア症的な陵辱についてのスキャンダラスな暴露を受けて、今まさに21世紀がその幕を開けようとしたとき、強い調子で提示された。教会のヒエラルキーが意図的に見て見ぬふりをし、虐待のスキャンダルを隠蔽し、ペドフィリア症の聖職者が新しいコミュニティでやすやすと虐待行為をしつづけていた事実が暴露されたのであった。最終的には、2002年12月にボストンの大司教バーナード・ロー枢機卿を辞任に追いこんだ世論の激怒は、児童虐待をまぎれもない社会悪として起訴することに関与しようとするアメリカの新しい動きを特徴づける出来事であった。

〔訳注〕
*1 児童受傷症候群（the battered-child syndrome）——被虐待児症候群ともよばれる。両親や保護者にくりかえしたたかれたり、虐待を受けている幼児が呈する種々の肉体的受傷をさしていう。アメリカで1962年からこの表現が使われはじめた。
*2 ローレンス・ストーン（Lawrence Stone, 1919-1999）——イギリス生まれのアメリカの歴史学者、経済史家。はじめ経済史研究で「ジェントリー論争」にかかわり、アメリカのプリンストン大学に移ってからはヨーロッパ家族史研究を推進した。
*3 フィリップ・グレーヴェン（Philip J. Greven）——アメリカの歴史学者。植民地時代以降のアメリカの家族史、世代関係史、子育て思想史などの分野ですぐれた業績を残している。
*4 ミッシェル・フーコー（Michel Foucault, 1926-1984）——フランスの哲学者。おもな著書として、『狂気の歴史』（L'Histoire de la folie à l'âge classique, 1961）、『臨床医学の誕生』（Naissance de la clinique, 1963）、『監獄の誕生——監視と処罰』（Surveiller et punir, naissance de la prison, 1975）など。
*5 ウィリアム・ブレイク（William Blake, 1757-1827）——イギリスのロマン派の詩人・版画家・神秘思想家。ロンドンに生まれ、読み書きの初歩を学校で受けた後、10歳以降は学校に行かず、モラビア派信徒であった母親から聖書中心の家庭教育を受けた。父親に買ってもらった教材でラファエロ、ミケランジェロ、デューラーなどの作品をくりかえしスケッチして学んだ。14歳から7年間、版画師ジェームズ・バジル（James

Basire, 1730-1802）の徒弟として彫刻技法の習得に励んだ。19歳頃、王立美術院で本格的に絵画を学ぼうとしたが、当時の画風になじめず、21歳で独立して版画家としての不安定な生活をはじめた。30歳頃、新しいレリーフ・エッチングの技法を使った彩色印刷（Illuminated Printing）によって、言語テキストと視覚イメージを同時に表現する可能性をひらき、独自に考案した印刷機で自由に印刷出版し、独特のタッチと表現力、想像力を飛躍的に洗練させた。『無垢の歌』（Songs of Innocence, 1789）『セルの書』（The Book of Thel, 1789）『経験の歌』（Songs of Experience, 1794）など、深い神秘性と思想性をおびた版画や絵入り詩集のほか、晩年の『ヨブ記』（The Book of Job, 1820-26）、病床でイタリア語を学びながら100枚ほどの挿し絵に描いたダンテの『神曲』（La Divina Commedia）などが知られる。

＊6 カサノヴァ（Giovanni Jacopo Casanova, 1725-1798）――イタリアの文人で、有名な漁色家として数奇な生涯を送った。晩年になって著した『わが生涯の物語』（Histoire de ma vie, 1791-98）は、「カサノヴァ回想録」として知られる。

＊7 リカート・フォン・クラフト＝エーヴィング（Richard Krafft-Ebing, 1840-1902）――ドイツとオーストリアの医学者、精神科医。主著は性的倒錯の研究書として知られる『性の精神病理』（Psychopathia Sexualis, 1886）。「サディズム」（sadism）という用語を創案し、また、同時代の作家レオポルト・フォン・ザッハー＝マゾッホの名前に由来する「マゾヒズム」（masochism）という用語も造語した。

＊8 ヒステリー症――精神分析における、神経症の一種。激しい感情爆発、知覚・運動機能の障害などの異常を特徴とする。

＊9 動物虐待防止協会（the Society for the Prevention of Cruelty to Animals）――アメリカでは1866年に創設されたが、イギリスはこの42年前の1824年に、王立動物虐待防止協会（Royal Society for the Prevention of Cruelty to Animals）として発足していた。これは1824年にリチャード・マーチン（Richard Martin, 1754-1834）ら22名の代議士らがロンドンのコーヒーショップで話しあって発足した世界初の動物愛護団体である。その年に63件の動物虐待の事例を裁判所に告発した。1840年にヴィクトリア女王の認可を受け、王立動物虐待防止協会となった。これをモデルに各都市に組織が生まれ、世界中に広まった。動物虐待の調査活動、動物病院の設置など幅広く活動している。65年後、イギリス児童虐待防止協会が設立された。

＊10 児童虐待防止協会（the Societies for the Prevention of Cruelty to Children: SPCC）――児童虐待防止協会の設立をめぐってアメリカとイギリスは密接な関係があった。イギリス児童虐待防止協会（the National Society for the Prevention of Cruelty to Children）は、1881年にアメリカのニューヨーク児童虐待防止協会を訪ねたリヴァプールのビジネスマン、トマス・アグニュー（Thomas Agnew, 1834-1924）がイギリスに戻り、1883年にリヴァプール児童虐待防止協会（the Liverpool Society for the Prevention of Cruelty to Children: LSPCC）を設立した。これを前例として翌1884年にはロンドン児童虐待防止協会（London the London Society for the Prevention of Cruelty to Children: SPCC）が創設された。これらをモデルにして各都市に作られた児童虐待防止協会の全国組織として、シャフツベリー卿、エドワード・ルドルフ尊師、ベンジャミン・ウォー尊師などによって、1889年にロンドン児童虐待防止協会を改称して創設された全国組織。

＊11 X線（X-ray）――1895年にこれを発見したレントゲン（Wilhelm Conrad Röntgen, 1845-1923）の名前を冠してレントゲン線ともよばれる。電磁波の一種で、光より波長が短く、紫外線とガンマ線とのあいだの波長域（0.1-10nm）で、固体や電離気体を貫通することができる。

＊12 ミーガン法（Megan's Law）――1994年、アメリカニュージャージー州で起きた少女ミーガン・カンカの暴行・殺害事件の被告男性が、事件以前に女児暴行による逮捕歴があったことが明らかにされたことと、性犯罪者の再犯率が高いことなどをきっかけに、全米で高まった運動を背景として、同年10月に同州で成立した、常習性犯罪者から子供を守ることを目的とした性犯罪防止法案。被害者の少女の名前をとってミーガン法とよばれる。同種の犯罪歴のある者は、15年間住所などを登録させて監視可能状態に置き、同時に、当該人物の住所、犯罪歴などの情報を地域社会に通知して犯罪を防止することをねらいとするが、人権上の論争もある。

➡回復記憶、近親相姦（インセスト）、子どもに向けられる暴力、子どもの権利、児童労働（欧米）、同意年齢、ペドフィリア（小児性愛症）、ミーガン法

●参考文献

Ariès, Philippe. 1962. *Centuries of Childhood: A Social History of Family Life*. Trans. Robert Baldick. New York: Knopf. アリエス『〈子供〉の誕生――アンシァン・レジーム期の子供と家族生活』（杉山光信・杉山恵美子訳、みすず書房、1980年）

Behlmer, George. 1982. *Child Abuse and Moral Reform in England, 1870-1908*. Stanford, CA: Stanford University Press.

Cunningham, Hugh. 1995 1st, 2005 2nd. *Children and Childhood in Western Society Since 1500*. London: Longman. カニンガム『概説 子ども観の社会史――欧米にみる教育・福祉・国家』（北本正章訳、新曜社、2013年）

DeMause, Lloyd, ed. 1974. *The History of Childhood*. New York: Psychohistory Press.

Greven, Philip. 1977. *The Protestant Temperament: Patterns of Child-Rearing, Religious Experience, and the Self in Early America*. New York: Knopf.

Greven, Philip. 1990. *Spare the Child: The Religious Roots of Punishment and the Psychological Impact of Physical*

Abuse. New York: Knopf.
Kantwell, Hendrika. 1980. "Child Neglect." In *The Battered Child*, 3rd edition, ed. C. Henry Kempe and Ray Helfer. Chicago: University of Chicago Press.
Kempe, C. Henry, and Ray Helfer, eds. 1980. *The Battered Child*, 3rd ed. Chicago: University of Chicago Press.
Kempe, C. H., F. N. Silverman, B. F. Steele, W. Droegemueller, and H. K. Silver. 1962. "The Battered-Child Syndrome." *Journal of the American Medical Association* 181: 17-24.
Krafft-Ebing, Richard von. 1998. *Psychopathia Sexualis*. Trans. Franklin Klaf. New York: Arcade. クラフト=エービング『色情狂編』(日本法医学会訳、春陽堂、1894 [明治27] 年) 明治政府により発禁処分。『クラフト=エビング変態性慾ノ心理』(柳下毅一郎訳、原書房、2002年)
Masson, Jeffrey. 1984. *The Assault on Truth: Freud's Suppression of the Seduction Theory*. New York: Farrar, Straus, Giroux.
Miller, Alice. 1984. *Thou Shalt Not Be Aware: Society's Betrayal of the Child*. Trans. Hildegarde and Hunter Hannum. New York: Farrar, Straus, Giroux.
Shorter, Edward. 1975. *The Making of the Modern Family*. New York: Basic Books. ショーター『近代家族の形成』(田中俊宏ほか訳、昭和堂、1987年)
Sommerville, C. John. 1982. *The Rise and Fall of Childhood*. Beverly Hills, CA: Sage.
Stone, Lawrence. 1977, Abridged edition 1979. *The Family, Sex, and Marriage in England, 1500-1800*. New York: Harper and Row. ストーン『家族・性・結婚の社会史――1500～1800年のイギリス』(北本正章訳、勁草書房、1991年)
Vigarello, Georges. 2001. *A History of Rape: Sexual Violence in France from the 16th to the 20th Century*. Trans. Jean Birrell. Malden, MA: Polity Press.
Wolff, Larry. 1988. *Postcards from the End of the World: Child Abuse in Freud's Vienna*. New York: Atheneum.
(LARRY WOLFF／北本正章訳)

児童虐待防止協会 (Societies for the Prevention of Cruelty to Children)

1874年12月、名門出身の弁護士エルブリッジ・ゲリー (1837-1927) がはじめて児童虐待防止協会 (Society for the Prevention of Cruelty to Children: SPCC) をニューヨークに設立した。このニューヨーク児童虐待防止協会 (NYSPCC) はひとつの運動の口火を切るものであった。それから20年のうちに全米で児童虐待を防止するための団体が150以上も設立されたのである。ゲリーは、8歳のメアリ・エレン[*1]に身体的な虐待をくわえていた後見人から彼女を救い出すことにかかわったが、彼はこの件をきっかけにSPCCを組織する必要性を痛感したのであった。この考えがかくも多くの人に共有されたのはなぜであろうか？

18世紀なかば以降、アメリカ人は他者の痛みに敏感になってきた。これは、痛みの緩和をめざした数多くの任意団体の成長にもあらわれている。こうした「博愛主義者」たちの活動のなかでもっとも有名なのが奴隷貿易廃止に向けた闘いであった。SPCCの設立は、時期的にはこうした博愛主義革命の最終段階にあたり、動物虐待防止運動よりのちのことであった。エルブリッジ・ゲリーは、メアリ・エレンの事件の前に、ニューヨーク動物虐待防止協会 (the New York Society for the Prevention of Cruelty to Animals, 1866) の創設者であったヘンリー・バーグ (1813-1888) の弁護士としてはたらいていた。子どもの窮状に対する無関心をくりかえし批判されたために、ベルグはゲリーに対し、メアリ・エレン救出のために尽力している慈善家、エタ・ウィーラー (1857-1921) を支援するよう助言した。

博愛主義的改革者たちは1870年代よりも前から子どもたちに関心をよせており、学校の生徒たちに対する体罰をやめさせる運動をしたり、孤児の世話をする団体を設立して、孤児を西部の里親のもとへ列車で送りこんだりもしていた。しかし、改革にたずさわっていた人びとは、プライバシーの領域とされる家庭内にふみこむことには消極的であった。1870年代になると、子どもへの関心と家族のプライバシーのとらえ方の関係に変化が見られた。メアリ・エレンとその里親 (彼女の実親は亡くなっていた) の住居を見て、彼女の保護者はこの境界をふみ越えようとする意志に歯止めがかかった。階級や文化の違いもまたSPCCの設立をうながした。この組織は、裕福で保守的なプロテスタントの白人によって運営されていた一方で、この組織が対応するのはほとんどが貧しいカトリックの移民や貧しい黒人の家庭であった。

SPCCの設立者らは、この組織は法律を強制執行するためのものと考えていた。係官は、虐待されている子どもを見つける――街路で見つけることもあれば、隣人や親戚からの情報がもとになることもあったし、虐待されている子ども自身からの訴えの場合もあった――と、家庭を調査し、虐待者を告発した。多くの州は、SPCCに捜査令状の発行や、警察が彼らを支援するなどの警察権を認めていた。もっとも重要なのは、「無慈悲な人」(SPCC係官は、貧しい近隣の人たちにときにこのように認識されていた) は子どもたちを家庭から引き離すこともできたことである。

20世紀初頭になると、SPCCは取り締まりから福祉業務へと大きな変革をとげた。1903年にマサチューセッツ児童虐待防止協会はグラフトン・クッシング (1864-1939) を会長に選任した。クッシングは、SPCCは虐待の背景に横たわる社会問題を改善することによって虐待を防止する必要があるとの信念をもっていた。彼はマサチューセッツ児童虐待防止協会の新

しい方針の推進役を、慈善活動を行なってきたC・C・カーテンス（1865-1939）に託した。カーテンスは団体の活動の主眼を身体的な虐待からネグレクトへと移した。彼は、ネグレクトは劣悪な社会状況から生み出されると考えていた。彼のチームは、家族を調査したり告発するかわりに、家族の崩壊を防止しようと活動した。ほかの多くの児童虐待防止協会も、このカーテンスの路線を踏襲した。

　新しい手法により、初期の改革モデルの深刻な欠陥を修正することができたが、新たな問題を生みだすことにもなった。［SPCC］関係者が認知する社会問題は、客観的に見て貧困家庭が直面している問題というよりも、彼ら自身の偏見を反映するものであった。係官たちが貧困を違法行為と混同したり、犠牲者のトラウマを責めたりすることもしばしばあった。家族が母親の収入に頼っている場合でも、彼女が［子どもを］ネグレクトするほどはたらいているとして、母親が批判されることも多かった。性的ないたずらをされたり強姦されたりした少女は、［彼女自身が］性的な罪を犯したと決めつけられた。虐待する夫と別れた女性たちは［家庭責任を］放棄したと非難された。カーテンス自身、遺伝的な「精神的欠陥」がネグレクトのおもな原因だと考えており、「精神的な欠点」をかかえる人たちに対する不妊手術を支持した。このような判断はたんに道徳的なものとはいえなかった。かれらは、係官が把握している経済的支援を受けるであろう人の数を考慮していた。

　福祉活動に重点が置かれるようになると、人びとの関心は身体への虐待からそれてしまった。ニューディール政策の時代になると、SPCCが担ってきた福祉事業の多くは連邦政府が引き継ぐことになった。たとえば、1935年の「社会保障法」（Social Security Act 1935）の第Ⅳ章は**要扶養児童扶助法**を制定している。これは、母子家庭に給付金を支給するというものである。SPCCの係員が調査してきたように、ケースワーカーも、給付金を受けとっている家族が道徳的に「適格か」どうかを調査した。だが、身体への虐待を防止するための努力は忘れ去られがちであった。子どもたちへの残酷な仕打ちへの対処がふたたび重要な課題となるのは、1960年代になってからであり、この頃になると、エックス線技術の普及によって、傷つけられた子どもたちのトラウマになった経緯に医師たちが気づくようになった。

［訳注］
＊1　メアリ・エレン事件（Mary Ellen case）——アメリカで1874年、当時8歳のメアリ・エレンが継母によって虐待死させられた事件。この事件をきっかけに、「ニューヨーク児童虐待防止協会」が設立された。

➡警察と子ども、孤児列車、児童虐待、児童救済、ニューヨーク児童保護協会、ブレイス（チャールズ・ローリング・）、法律と子ども

●参考文献
Antler, Joyce, and Stephen Antler. 1979. "From Child Rescue to Family Protection." *Children and Youth Services Review* 1: 177-204.
Costin, Lela B. 1996. *The Politics of Child Abuse in America*. New York: Oxford University Press.
Gordon, Linda. 1988. *Heroes of Their Own Lives: The Politics and History of Family Violence*. New York: Viking.
Pleck, Elizabeth. 1987. *Domestic Tyranny: The Making of Social Policy Against Family Violence from Colonial Times to the Present*. New York: Oxford University Press.
（RACHEL HOPE CLEVES／並河葉子訳）

児童救済（Child Saving）

　児童救済運動は、その起源を、19世紀なかばに設立されたニューヨーク児童保護協会（CAS）のような、子どもの保護と利益のための民間慈善団体にもっている。この運動が最高潮に達した1890年から1920年にかけて、児童の救済者たちは、**児童虐待の撲滅**、**児童労働の法的規制**、**幼稚園の設立**、**遊園地の造成**、**少年裁判所の創設**、**母子手当て**＊1の支給のための啓発運動、そして**乳児死亡率の改善**といったさまざまな改革に取り組んで尽力した。児童救済運動は、婦人会の会員、博愛主義者たち、都市の専門職といった人びとが幅広く活発に連携することによって、19世紀後半にはじまった。イギリスでは1860年代に、またアメリカでは1870年代に、「慈善団体」の活動は、「援助を受けとる資格がない者」に援助を受けさせないように、慈善の配分を科学的で効果的にしようと骨折った。1890年代初頭の進歩主義者は、児童福祉の仕事をしだいに専門職化するとともに世俗化した。1920年までに、ソーシャルワークの分野はボランティアよりも大学教育を受けた女性の専門家が大半を占めた。

　アメリカの児童救済運動は、急速な産業化と大量移民がもたらした諸問題に進歩主義時代の改革家が対応するのと歩調を合わせて発展した。児童救済者たちは、年少の子どもが貧窮化する危険を緩和してやり、移民の子どもをアメリカに帰化させれば、彼らはかならずや国家にとってよりよい未来を確立してくれるに違いないと信じていた。新しい移民の大半はカトリック教徒であったが、初期の児童救済者はプロテスタントの傾向が強かった。したがって、これらの改革者が、貧しい子どもを救済しようとするやむにやまれぬ博愛心に駆られた救済活動からどの程度影響を受けていたのか、あるいは町に大量に流入する新しい移民の大集団を統制したい願望の影響をどの程度受けていたのかは、歴史学で論争をよぶ大きなテーマである。

児童虐待と養育放棄

　児童救済の進展ぶりは、多くの点で児童虐待と養育放棄と戦ってきたさまざまな努力が例証している。チ

ャールズ・ローリング・ブレイスを代表者として1853年に創設されたニューヨーク児童保護協会は、孤児になっていたり、養育放棄され、虐待を受け、非行に走っていた子どもを西部の代理家族の農場で暮らせるように送り出して都市の貧民の子どもを救済しようとした。ブレイスとその仲間は、田舎は本質的に都市よりも健全で健康的だと信じていた。児童救済者は、劣悪な環境が子どもの不品行の原因であると考え、農業を営む家はすさんだ若者を救えると信じていたのである。この協会は多くの慈善家や改革者の支援を得たが、西部の住民のなかには、**孤児列車**が小さな町に手に負えない少年を大量につれてくることに不満をいだいて批判する者もいた。また、子どもがどう扱われるかを十分に監督せずに無給の労働力（free labor）を農場に提供するこのような救済計画を告発する者もいた。

1874年、メアリ・エレンという名前の子どもが後見人に殴打されるという事件[*2]が起こったとき、動物虐待防止協会（the Society for the Prevention of Cruelty to Animals）会長のエルドリッジ・ゲリー（Eldbridge Gerry）は、子どもの虐待者を告発する方法として動物の権利を保護する法律しかないことに気づいた。世間を震撼させたこの事件は、ニューヨークの**児童虐待防止協会**の設立につながった。児童保護協会や児童虐待防止協会といった初期の児童救済団体は、民間の資金供給によるものであった。歴史家リンダ・ゴードンによれば、1910年以前の児童虐待に焦点をあてた児童救済組織は、女性解放運動の影響を受けた道徳改善運動（moral reform movement）の一翼を担っており、違法な男性権力と家庭内暴力におけるアルコールの飲用を問題にしていた。1910年から1930年にかけては、ソーシャルワークの専門職化と児童福祉に対する国家規制がすすみ、虐待よりもむしろ身体と「道徳」の両面で子どもの養育放棄がいっそう重視されるようになったことが特徴である。マサチューセッツ州の児童虐待防止協会がよく知られているように、「協会」は慈善活動と民間の法の執行機関として機能し、保護と援助の仲介をする一方で貧しい家族に介入した。この時期のアメリカのいくつかの児童虐待防止協会は、保守的な女性解放の方針の下で運営されており、遺棄され、殴られ、酷使されていた子どもに援助の手を差しのべると同時に、家庭的であること（domesticity）という中産階級的な理想を貧しい移民に押しつけようとしていた。

児童虐待と養育放棄を撲滅しようとする団体組織は、家族に対しては両義的であった――あるときは子ども中心的で、子どもを守るために私的な家族に介入するのにやぶさかではなかったし、また、移民や労働階級の家族に対しては、自分たちが正しいと考える子育てを押しつけたりしたが、その一方では家族中心的で、家長が権力を乱用している場合でも、その家族が団結するよう腐心していた。一般に、進歩主義者は、子どもを家族から引き離すことについてはチャールズ・ローリング・ブレイスのような先駆者たちほど積極的ではなかった。たとえば、1909年に行なわれた、第1回目の子どもにかんするホワイトハウス会議では、出席者は、貧困であるという理由だけでは子どもを家族から引き離す十分な理由にはならないという点についてはすぐに合意したが、窮乏した家族を支えるには、民間の援助だけでよいのか、国家補助による給付が必要なのかについては激しい意見の応酬があった。この会議の出席者の大半は、国家補助の給付に反対したが、1919年までに39の州で、親元にいる扶養児童の基金が、母子手当（mothers' pensions）というかたちで支給された。

イギリスの児童救済者たちは、アメリカの先例にしたがって、1883年にリバプール児童虐待防止協会を創設した。その後まもなくロンドンとその他の都市に支部が開設された。イギリスの児童虐待防止協会は、親を起訴することを避け、おもに公的に警告したり訪問することで、言うことをきかない親を懲らしめる方策に頼った。1889年、児童虐待防止協会が支持する「児童虐待防止法」（Act for the Prevention of Cruelty to Children）は、子どもの取り扱いを監督する協会の権限を強化した。全英児童虐待防止協会（The National SPCC）は、児童虐待問題をイギリス人に気づかせ、ベンジャミン・ウォー[*3]の指導の下に、1890年代の、不首尾に終わった子どもの生命保険への反対運動まで強力な組織を維持した。

児童労働

20世紀初頭のアメリカの児童救済者は、16歳以下の子どもは大人と同じ労働負担に耐えることはできないと主張した。1908年から1916年にかけて、**ルイス・ハイン**は、**全米児童労働委員会**の要請を受け、南部各州の織物工場、炭鉱、缶詰工場ではたらく子どもの写真を撮り、こうした産業の児童労働を廃止させようと尽力していた児童救済者に、視覚に訴える強力な支援を提供した。1910年以前には児童労働を規制する連邦法はなかったが、1880年から1910年にかけて、児童労働を禁止したり規制する多数の州法が議会を通過した。1900年以前に、児童労働法が28の州で成立したが、これらは家事労働、路上販売、および家事労働よりも鉱業や製造業を対象にする法律であった。各種の就学義務法も児童労働を抑制した。1900年以降、改革者は児童労働を減らすことに功績を残したが、オートメーションや、以前は子どもが担っていた仕事をもっと多くの移民労働者がするようになったことなど、児童労働をあまり役立たなくする産業界の諸変化は、児童労働の減少と深い関係があった。

イギリスでは、児童労働はこれよりも早い時期に法的に規制されていた。1833年、効力をもった最初の

「工場法」が、織物工場ではたらく9歳から12歳の子どもの労働参加を週48時間に制限し、1日に2時間は学校に出席するよう規定した。だが、子どもの主要な雇用主であった絹織物工場はこの規制をまぬがれていた。1844年には、最低年齢が8歳に引き下げられたが、織物工場の児童労働者は、半日労働だけが許され、残りの半分は学校に出席することが義務づけられた。イギリスのほかの産業で児童労働がはじめて法的に規制されたのは、最小限の規制しかしなかった1842年の炭鉱法を除けば、ようやく1860年代と1870年代になってからのことであった。クラーク・ナーディネリは、この時期の法的規制は、児童労働の減少傾向の追い風にすぎなかったと論じている。このように、イギリスでは、アメリカとは違って、児童労働反対運動はほかの児童救済活動に先んじていた。

教育

アメリカでは、**義務就学**にかんする法律は、1890年以前からあったものの、その内容は貧弱で、広範に施行されることはなかった。いっぽう、イギリスで実際に効力のある義務教育法が制定されたのは、19世紀末になってからであった。大西洋の両岸の児童救済者は、私立と公立の幼稚園の両方をつくるよう議会にはたらきかけていた。世紀末転換期のアメリカでは、**子ども学研究**運動の継承者が、すしづめの学校と古くさい教授法を批判して、教育改革を叫んだ。児童救済者のなかには、労働階級の子どもが良質の勤勉な労働者になるうえで助けとなる実践的な労働技能を身につけさせる新しい**職業教育**の必要を叫ぶ者もいた。

青少年団体と子どもの余暇

多数の児童救済者が子どもの余暇時間の編成を議会にはたらきかけた。1906年、ヘンリー・S・カーティスと**ルーサー・ギューリック**が創設したアメリカ遊び場協会（the Playground Association of America）は、地方自治体の援助を得て、子どもの野外活動の場所と遊びの指導者を提供することに目標をしぼっていた。**遊び場運動**の成功は、遊びは子どもの発達にとって基本的に重要であるということと、中産階級は労働階級が余暇時間をつくり出すのにかかわるべきであるという考えが受け入れられたことにもとづいていた。ギューリックの指導のもと、1886年から1896年にかけて、YMCA（→キリスト教女子青年会とキリスト教青年会）は体育団体へと組織替えをした。YMCAは、明確な福音主義的な団体でありつづけながらも、団体スポーツを通じて若い帰依者を獲得しようと考えたのであった。

1908年、ボーア戦争で功績があった**ロバート・ベイデン＝パウエル**は、かつて彼が若年兵を訓練するために用いた斥候活動（scouting）にもとづいて、イギリスの**ボーイスカウト**連盟を創設した。1910年には、アメリカ・ボーイスカウト連盟が設立された。ベイデン＝パウエルは、ボーイスカウトの活動は、少年が国を守るのにふさわしい身体をつくり、精神的な態度をつくるのに役立ち、危険な青年期の年月をぶじにのりこえるのにも役立ってほしいと願っていた。イギリスとアメリカのボーイスカウト活動は、おもに中産階級の若者を対象にしていた。

少年非行

非行少年の処遇改革は、最終的にはアメリカとイギリスの両国で、児童救済者が青少年のための独立の司法制度を設立することにつながった。1899年、最初の少年裁判所がシカゴに設立された。少年裁判所のもっとも著名なスポークスマンの一人はデンバーの判事ベン・リンゼイ[*4]であった。リンゼイは、裁判所は少年犯罪者に対処する際には柔軟でなくてはならないし、子どもの最善の利益に焦点をあてるべきだと論じた。少年裁判所は、[虞犯少年を]施設に収容するよりも保護観察期間をあたえて家に戻したり、里親家族に戻す傾向があった。少年裁判所は1915年までにはほぼすべての州で設置された。また、1920年代になると、大きな関心がよせられていた精神医学が少年裁判所と**児童相談のクリニック**にとりいれられるようになり、虞犯少年に対する裁判所の見方が変わった。1908年、イギリスは独自の少年裁判所制度を設けたが、これは問題を起こした青少年を社会復帰させる取り組みに、保護観察制度と職業指導学校を頼みとするものであった。

同意年齢

1885年の「ペル・メル・ガゼット」紙[*5]に掲載されたW・T・ステッド（W. T. Stead）の「現代のバビロンに捧げられた娘たち」と題した悪徳世界にかんする調査記事は、少女に対する性的虐待問題をイギリス人の意識に深く植えつけた。この連載記事のなかのある物語は、13歳の娘が売春宿に「買いとられる」ようすを描いている。このセンセーショナルな連載記事は少女の**同意年齢**を13歳から16歳に引き上げさせることになった。警察も、売春にかかわった者を告訴する大きな権限を付与された。世紀末転換期のアメリカでも、改革者は少女を性的虐待から守るために同意年齢を上げようと取り組み、成果を上げた。

公衆衛生

イギリスとアメリカの児童救済者は、子どもの幸福な生活状態（well-being）を脅かす公衆衛生問題に心を悩ませていた。貧弱な下水設備、結核の蔓延、腐敗した食糧とミルクの供給、これらすべてが改革者の改善目標であった。1874年、イギリスの法律は、**ベビーファーム（有料託児所）**での児童虐待を制限する対策のひとつとして、乳幼児の出生と死亡を登録することを義務づけ、里親を審査することを目標にしていた。1906年の法律では、この方針をさらに厳格に規定し

た。1906年から1908年にかけて、イギリスの学校では、小学校の生徒に学校給食と身体検査を実施する計画に着手した。

1909年、ホワイトハウスは、第一回目の「扶養児童の保護に関するホワイトハウス会議」を開催したが、これは児童救済者の関心を集め、やがて1912年の**アメリカ連邦児童局**の設立へとつながった。連邦児童局は、ジュリア・ラスロップ（1858-1932）を局長に、まず最初に、貧窮した都市住民のあいだの驚くべき高さの乳児死亡率に目を向けた。この児童局は、妊婦と乳幼児の保護についてわかりやすい教育冊子を作成し、「赤ちゃん救済」運動を推進した。また、その関心をおもに移民の幼児の高い乳児死亡率——同じようにアフリカ系アメリカ人のあいだで高かった乳児死亡率は未調査のまま放置されていた——に置いていたが、産児制限運動と乳児死亡率にかんする研究を広めることに尽力した。1914年から1920年にかけて、児童局は、その機能を拡大し、児童労働問題の調査や母子の保健研究、母子手当を獲得する闘い、さらには非嫡出子と障碍をもった子どもの問題に対応できるようにした。

児童救済は1920年に終焉を迎えたわけではなかった。とはいえ、児童救済運動の目標と運動を支えた基本原理は変化した。ハミルトン・クレイヴァンスによれば、児童救済者の重点は、1910年代初め、改革から「ふつうの」子どもの社会科学的な研究へと移った。子どもの発達研究が隆盛をきわめ、多数の子ども研究所が設立され、法律の制定による改革は二次的な役割しか担わなくなった。さらに、新しい児童救済の専門家たちは、適応問題を説明するために、子どもの発達問題の環境要因よりも、子どもの内面感情の葛藤に焦点を置いた。のちの時期の児童救済者がその関心を、いわゆるふつうの子ども（normal child）に置いたのに対して、進歩主義者は、いわゆるふつう以下の子ども（subnormal child）にもっとも大きな関心をはらっていたのである。

[訳注]

*1 母子手当（mothers' pensions）——未亡人その他、貧困状態にある母親に対して、その子どもの養育費を支給する法律で、1911年にイリノイ州とミズーリ州で成立した。その後、ほかの州もこれにならい、1926年には40州で同様の法律が設けられた。資産調達の制限など厳しい認定条件がついていたものの、公的な援助が州の福祉政策として定着していくことになった。

*2 メアリ・エレン殴打事件——1874年、ニューヨーク州で、当時8歳であったメアリ・エレンに対して養母であるメアリ・マコーマック・コナリーが、約6年におよぶ心身の虐待を行なっていた事件。この事件をきっかけに「児童虐待防止法」が生まれた。また、ニューヨーク児童虐待防止協会も設立され、児童を虐待から救出する活動が広まった。

*3 ベンジャミン・ウォー（Benjamin Waugh, 1839-1908）——イギリスの社会改良家、宗教活動家。北部ヨークシャーの聖職者の息子として生まれ、ブラッドフォードの神学大学で学んだ後、ニューベリーで活動した。のちにロンドンに移り、グリニッジのスラム街で改宗派の牧師になった。そこで、子どもの搾取や虐待をまのあたりにし、救貧院制度や救貧法を批判し、刑事裁判のあり方にも疑問をもち、子どもたちを犯罪生活から引き離すために、少年裁判所と少年刑務所の設置を主張した。いくつかの児童虐待防止協会が統合されて、1889年に全国児童虐待防止協会（NSPCC）が設立されたとき、初代の事務局長に選出され、ヴィクトリア女王が初代の後援者となった。彼は、宗教雑誌 The Sunday Magazine の編集出版も行ない、定期的に多数の賛美歌を発表した。

*4 リンゼイ（Benjamin Barr Lindsey, 1869-1943）——アメリカの法律家。少年非行問題にかんする権威。

*5 「ペル・メル・ガゼット」（the Pall Mall Gazette）——イギリスのロンドンのペル・メル街で発行された雑誌。トラファルガー広場からセント・ジェームズ宮殿にいたる、多くの高級クラブがある街路一帯を「ペル・メル街」とよぶが、これは、かつてここに「ペルメル競技場」があったためである。この街路には以前イギリス陸軍省があったことから、Pall-Mallといえば陸軍省をさした。

➡社会福祉、浮浪児と宿なし子、法律と子ども

●参考文献

Ashby, Leroy. 1997. *Endangered Children: Dependency, Neglect, and Abuse in American History*. New York: Twayne Publishers.

Behlmer, George K. 1982. *Child Abuse and Moral Reform in England, 1870-1908*. Stanford, CA: Stanford University Press.

Cavallo, Dominick. 1981. *Muscles and Morals: Organized Playgrounds and Urban Reform, 1880-1920*. Philadelphia: University of Pennsylvania Press.

Cohen, Ronald D. 1985. "Child Saving and Progressivism, 1885-1915." In *American Childhood: A Research Guide and Historical Handbook*, ed. Joseph M. Hawes and N. Ray Hiner. Westport, CT: Greenwood Press.

Cravens, Hamilton. 1985. "Child-Saving in the Age of Professionalism, 1915-1930." In *American Childhood: A Research Guide and Historical Handbook*, ed. Joseph M. Hawes and N. Ray Hiner. Westport, CT: Greenwood Press.

Cremin, Lawrence A. 1961. *The Transformation of the School: Progressivism in American Education, 1876-1957*. New York: Alfred A. Knopf.

Cunningham, Hugh. 1991. *The Children of the Poor: Representations of Childhood Since the Seventeenth Century*. Oxford, UK: Blackwell.

Dwork, Deborah. 1987. *War Is Good for Babies and Other Young Children: A History of the Infant and Child Welfare Movement in England, 1898-1918*. London: Tavistock Publications.

Fass, Paula S. 1989. *Outside In: Minorities and the*

Transformation of American Education. New York: Oxford University Press.
Gillis, John R. 1975. "The Evolution of Juvenile Delinquency in England, 1890-1914." *Past and Present* 67: 96-126.
Gordon, Linda. 1988. *Heroes of their Own Lives: The Politics and History of Family Violence, Boston 1880-1960*. New York: Viking Penguin.
Hawes, Joseph M. 1971. *Children in Urban Society: Juvenile Delinquency in Nineteenth-Century America*. New York: Oxford University Press.
Lindenmeyer, Kriste. 1997. "A Right to Childhood" : The U.S. Children's Bureau and Child Welfare, 1912-46. Urbana: University of Illinois Press.
Macleod, David I. 1983. *Building Character in the American Boy: The Boy Scouts, YMCA, and Their Forerunners, 1870-1920*. Madison: University of Wisconsin Press.
Mason, Mary Ann. 1994. *From Father's Property to Children's Rights: The History of Child Custody in the United States*. New York: Columbia University Press.
Mennel, Robert M. 1973. *Thorns and Thistles: Juvenile Delinquents in the United States, 1825-1940*. Hanover, NH: University Press of New England.
Nardinelli, Clark. 1980. "Child Labor and the Factory Acts." *Journal of Economic History* 40: 739-753.
Nasaw, David. 1985. *Children of the City: At Work and at Play*. Garden City, NY: Anchor Press/Doubleday.
Odem, Mary E. 1995. *Delinquent Daughters: Protecting and Policing Adolescent Female Sexuality in the United States, 1885-1920*. Chapel Hill: University of North Carolina Press.
Tiffin, Susan. 1982. *In Whose Best Interest? Child Welfare Reform in the Progressive Era*. Westport, CT: Greenwood Press.
Walkowitz, Judith R. 1992. *City of Dreadful Delight: Narratives of Sexual Danger in Late-Victorian London*. Chicago: University of Chicago Press.

（CARORINE HINKLE MCAMANT／北本正章訳）

児童支援基金
(Children's Defense Fund: CDF)

　児童支援基金（CDF）は、1950年代から1960年代の公民権運動の帰結として、1973年に設立された。CDFはまたたくまに、貧しく危機に瀕した子どもたちを力強く支援し、**アメリカ連邦児童局**（U.S. Children's Bureau）がなしえなかった成果をあげていった。その設立者にして活動的な指導者マリアン・ライト・エデルマン（Marian Wright Edelman, 1939-）は、サウスカロライナ州ベネッツビルで、キリスト教は世に仕える必要があると説くアフリカ系アメリカ人のバプテスト派牧師アーサー・ベネットの娘として1939年6月6日に誕生した。父ベネットは、寝台車ポーター組合長（president of the Brotherhood of Sleeping Car Porters）にして公民権運動の英雄であったA・フィリップ・ランドルフ[*1]に心酔していたエデルマンはアトランタのスペルマン・カレッジや海外（ソヴィエト連邦もふくむ）で勉学に勤しんだ。1959年にスペルマン・カレッジに戻り、外務局法律部門ではたらくことを断念して公民権運動に身を投じた。1963年、彼女はイェール大学で法学の学位を取得した。その後、ニューヨークの「全米黒人地位向上協会法的保護基金」（NAACP Legal Defense Fund）のために尽力し、のちにミシシッピで公民権問題に取り組んでヘッドスタート・プログラム[*2]を立ち上げた。アメリカ司法長官ロバート・ケネディ[*3]がミシシッピを視察したとき、彼女は、ケネディの補佐官ピーター・エデルマンと出会い、一年後、彼と結婚するためにワシントンD.C.へ移った。1968年、彼女は、貧しい人びとを救済するための民間非営利団体である「ワシントン・リサーチ・プロジェクト」（Washington Research Project, Inc.）を設立し、議会がそれらの人びとのために企画した連邦プログラムの調査監督を支援した。マリオン・ライト・エデルマンは二重目的の改革スタイル、すなわち活動的で簡素な公的支援と同時に調査研究も行なうというスタイルを開発した。

　エデルマンとワシントンD. C. 地域の彼女の協力者たちは、「ワシントン・リサーチ・プロジェクト」の人材と知識とを活用し、1973年に「児童支援基金」（the Children's Defense Fund）を創設した。夫のエデルマンは、政府諸機関、予算、職員に直接頼らないようにしていた。これに代わって、彼女と同僚たちは、法律家、連邦政策の監督者、研究者、地域連携推進員（彼ら全員が国内の子どもたちのために長期にわたる組織的支援と改革に専心していた）による私的非営利団体として、CDFを組織したのである。初期のCDFプロジェクトは、なぜさまざまな年齢や背景をもつ子どもたちが学校に通わないのかを丹念に調べ上げた。1973年7月から1974年3月まで、42名のパートタイム夏期職員、それにエデルマンと3名のフルタイムの同僚をくわえて、9州30地域の8500戸のドアをノックして、6500家族以上と話をした。このインタビューによって、多くの子どもたちが社会的亀裂に落ちこんでいるとする衝撃的な報告の嚆矢となるものがまとめられたのである。CDFによる調査書は、こうした問題や争点について、ときには国税調査（the United States Census）よりも綿密なものであった。

　1993年、ビル・クリントンが大統領に就任したとき、CDFの職員たちは子どもに優しい政策を期待した。しかし、クリントンは、「要扶養児童世帯扶助法」（Aid to Families of Dependent Children: AFDC）やほかの類似プログラムを廃止してしまった。エデルマンはそうした措置を厳しく非難した。2003年までに、CDFは130名のスタッフを雇い、私企業からの援助を

増額し、年間2500万ドルをついやして、もっとも困窮した、援助の手がとどいていない子どもたちへの支援活動を継続している。

[訳注]
* 1 アーサ・P・ランドルフ（Asa Phillip Randolph, 1889-1979）——アメリカの労働運動指導者。Brotherhood of Sleeping Car Porters 委員長（1925-68）、AFLおよびCIO副会長（1957-68）。
* 2 ヘッドスタート（Head Start）——アメリカにおいて連邦政府主導ではじめられた就学前児童のための教育事業。恵まれない地域の子どもが、初等教育のスタートにあたって不利にならないように企図された。
* 3 ロバート・ケネディ（Robert Francis Kennedy, 1925-1968）——アメリカの政治家（民主党）。36歳で司法長官（1961-64）となり、上院議員（1965-68）として大統領選挙戦中にロサンゼルスで暗殺された。

➡社会福祉、福祉改革法（1996年、アメリカ）、法律と子ども、要扶養児童扶助法

● 参考文献
Children's Defense Fund. 1974. *Children Out of School, a Report by the Children's Defense Fund of the Washington Research Project, Inc.* Cambridge: Children's Defense Fund.

● 参考ウェブサイト
About Women's History. "Marian Wright Edelman." Available from 〈http://womenshistory.about.com/library/bio/blbio_marian_wright_edelman.htm〉

（HAMILTON CRAVENS／佐藤哲也訳）

自動車（Automobiles）
➡おもちゃとしての車（Cars as Toys）

児童心理学（Child Psychology）

人間の発達に関心のある親も学者も、数千年にもわたって子どもたちを観察しつづけてきているが、アメリカとヨーロッパにおいて研究者たちが子ども期の行動について組織的な研究を進めはじめたのは20世紀の幕開け前後であった。通常の発達を成文化しようとするそれ以前の試みは、一人の子ども、通常はその書き手の息子あるいは娘の行動を記述した日記として公刊されていた。たとえば、1787年、ドイツの心理学者ディートリヒ・ティードマンは、ある子どもの知的能力の発達を文書記録に残している。その一世紀後、ドイツの心理学者ウィリアム・プライヤーは、胎児と年少の子どもの両方の発達を描写した詳細なエッセーを書いた。1887年、イギリスのチャールズ・ダーウィンでさえ、自分の息子の生後2年間に集めた観察記録を出版している。

19世紀末を通じて、アメリカの心理学者たちは、大規模な子ども集団について最初の客観的な評価を主導した。こうした研究者たちは平等主義を奉じており、もし発達初期の家族体験が最適条件であれば、大部分の子どもは責任感のある大人になることができるはずであるという理想主義的な希望をいだいていた。しかし、心理学者たちの研究は、子どもたちのあいだの知的能力、学業成績、性格などに非常に印象的な多様性があることを明らかにした。その悩ましい結果は、研究者たちに、この多様性の大きさを資料的に跡づけるだけでなく、なぜこれほど多くの子どもたちが最低限の熟達レベルさえ達成できなかったのかを説明するよう駆りたてた。

こうした組織的な研究の最初の段階を通じて研究していた心理学者たちの大部分は、18世紀と19世紀における科学思想と一致する五つの暗黙の前提を保持していた。たとえば、彼らは、子どもたちの心理特性におけるあらゆる変化は、急激にではなく、むしろ漸次的に起こると考えた。この考えは、進化は漸進的な過程であるとするダーウィンの確信と、18世紀の数学者や哲学者の見解の両方と合致した。

第2の前提は、子どもの精神的な傾向は、大部分が大人によって、とくに両親によってあたえられる報酬と罰の特徴に起因するということであった。この仮定は、子どもは、快楽を最大にするために、あるいは苦痛を最小にするために行動するという確信にもとづいていたが、これは、200年前に哲学者のジョン・ロックによって主張され、1920年代にアメリカの行動主義心理学者ジョン・ワトソンによって推進された考えであった。この前提によれば、苦痛をもたらした行動は弱められて中止されるのに対して、子どもに喜びをもたらす行動は強化されてくりかえされる。アメリカの親たちは、自分の子どもへの親の対し方が、その子の人格・才能・性格を決定すると説明され、それを信じた。

だが、19世紀末になると、アメリカの心理学者ジェイムズ・マーク・ボールドウィンは、子どもの発達における推論・言語・表象の重要性を認識していた少数派の研究者たちの強まる見解を代表した。ボールドウィンは、乳幼児期を通じて、唯一の支配的な影響をおよぼすのは快楽と苦痛であると述べた。彼が主張するところによると、2歳をすぎた子どもたちは、その成熟に沿って善悪を見きわめ、暗黙のうちに「わたしは何をしたらよいのだろうか？」と問う。

しかし、20世紀の初期の数十年を通じて、ワトソンの行動主義の諸原理は、ボールドウィンの理論よりも歓迎されつづけた。科学者とジャーナリストたちは、ヨーロッパからアメリカへの移民たちの低劣な基礎学力を論じた記事を公刊した。これらの著者たちは、移民の子どもたちの低い学業成績や常軌を逸したふるまいの原因は彼らの遺伝的な傾向にあると断じた。このような宿命論的な説明は平等主義者をいらだたせただけでなく、ほかの研究者たちに、生物学的な要因の重

要性を否定し、社会的な経験の役割を熱心に強調する動機をあたえた。

移民に関連する政治的な緊張にくわえて、行動主義が持続的に大衆受けした二つめの理由は、新しい科学の分野としての心理学の地位にあった。心理学者たちは、自分たちの分野を、哲学とは区別され、あらゆる形而上学を切り離した実験的で厳密な科学として、生物学者や物理学者に示そうとした。習慣の条件づけ[*1]を重視する理論は、洗練された経験科学を示し、発達心理学の分野で研究しはじめていた若い研究者にアピールした。こうして、1920年代後半までには、条件づけと賞罰の適切な適用による新しい習慣学習は、さまざまな特徴にあらわれる多様性と普遍的な性格の出現の両方を説明する際の主要な方法となった。こうした行動主義的な見解は20世紀なかばまで存続した。

第3の前提は、子ども期の習慣と気分が成人期のそれらと強い関係性があることを支持するもので、これは、子どもの人生の最初の数年間に獲得する行動と感情は無期限に保存することができることを主張した。逸脱的な人生になる非社交的な習慣とならんで、読書能力と計算能力の獲得をさまたげる知能の遅滞は、社会問題の原因となる二つの徴候であった。解説者のなかには、あらゆる大人の知的な特徴はその起源を乳幼児期にもっていると主張する者もいた。ほかの解説者は、映画の場面が子どもに刺激をあたえ、後年の望ましくない性格を作るかもしれないため、年少の子どもを映画を見につれていないよう警告する者もいた。だが、[幼年期の経験と成人期の性格との]関係性の信頼は、平等原理とは矛盾しなかった。なぜなら、それは、もしだれかがすべての乳幼児と年少の子どもたちに発達を促進する類似の経験を準備してやることができるのであれば、すべての市民が能力、信念、感情についての理想的な特徴を身につけられることを意味したからである。漸次的変化と関係性というふたつはどちらも、あらゆる現象を理解するにはその完全な歴史を知らねばならないと考える18世紀の科学者たちを魅了した歴史主義と調和した。

第4の前提は、母親は子どもの成長にもっとも大きな影響をおよぼす者の代表であるということであった。古代ローマ、中世、ルネサンスの学者たちはいずれも、父親のほうがより重要な役割を果たすと考えていたが、ジョン・ロックとその後に続く思想家たちは、より大きな影響力をもつのは、子どもに対する母親の関係であり、母親による社会化の実践であると主張した。この主張は、東海岸を経てアパラチア山脈と中西部に移り住んだ家族のアメリカ人女性たちが担う重要性を強めたため、アメリカ人にアピールした。ヨーロッパの各都市の中産階級の女性たちは、テネシー、ケンタッキー、オハイオ、インディアナ、そしてイリノイ諸州に住み着いた開拓民の女性たちほど必要とはされていなかった。これらの州の孤立した家族は、生き残るために、女性の労働、忠節、愛情を必要とした。

最後の前提は、子どもは自由（liberty）を愛するというジョン・ロックの宣言を確認することであるが、これは、子どもの自由（freedom）は成熟するうえでもっとも重要な資質であると考えていた。この命題は**遊びの重要性**と個人の自律性の奨励についての心理学のエッセイでは隠蔽されていた。ある批評家は、母親が哺乳瓶を取り去ろうとするのに反抗した乳幼児は、権威主義的な支配に対する果敢な抵抗の最初の徴候を示しており、これは助長されるべきものであると述べている。1930年代にもっとも人気のあった発達論の教科書は、子どもは親の支配から解放されるべきであり、家族に対する親密な感情的愛着からも自由でいられるように認められるべきであると述べていた。個人の自由への意欲をかきたてることは、子どもの遊び研究で人気の高い話題である理由のひとつであった。子どもが遊んでいるとき、彼は最大限に自由であることは多くの者には、自明のことのように見えるし、ある専門家によれば、子どもの遊びは、アメリカの民主主義の基盤であった。

発達研究の諸段階

前世紀を超えて、子どもについての研究史に五つの時期区分を見ることは可能である。第1期は、だいたい1900年から1925年頃までで、この時期は、子どもたちのあいだの知的能力と性格の多様性にかんする研究によって特徴づけられる。これは多くの場合、学校に適応できず、犯罪を犯していた多数の移民の子どもに対する懸念によって動機づけられていた。シカゴは、1899年に非行少年を対象にした**少年裁判所**をはじめて創設し、その後の10年間に、ボストンの「判事ベーカー・子どもセンター」は、非行原因の科学的な解明をめざす最初の研究所となった。

第2期は次の25年を占め、理論的には第一期と矛盾せず、フロイトの理論の影響によって特徴づけられた。精神分析が示したいくつかの考えは、大多数の精神科医、心理学者、教養のある親たちの目には直観的に正しいものであるように思われた。親たちは、母乳育すべきかそれとも哺乳瓶を使うか、自分が養育している幼児をいつ離乳させればよいのか、どうやって**排便訓練**すればよいのか、子どもと一緒に**睡眠**（添い寝）をしてもかまわないのかどうか、そして子どもの性的好奇心に対してどのように対処すればよいのか、などについて途方にくれた。**ジークムント・フロイト**が示した概念は、人間性についての19世紀的な見方の大部分を手つかずで残したまま、あまり本質的でない特徴だけを変えたため、一般大衆には人気があった。

たとえば、19世紀の科学者たちは、人間は、精神的な活動に利用できるエネルギーの総量に応じて多様であると考えていた。各人の脳は、一定のエネルギー量をもっていると考えられ、この資源を個人が使いは

アヴラム・ノーム・チョムスキー（1928-）*

たしてしまえば心理的な徴候があらわれると考えられた。神経学者のジョージ・M・ビアード*2は、1869年に神経衰弱という用語を造語したが、これは、その脳がエネルギーを使い果たしたために緊張・抑鬱状態・不眠を経験した人を描写するためであった。フロイトは、人は一定のエネルギー量を遺伝的に受け継いでいると一般大衆の理解を受け入れたが、彼は、エネルギーの枯渇を過度の精神労働に起因するとするよりもむしろリビドー*3的な本能の抑制に起因するとした。したがって、性的な衝動を抑えるためにエネルギーを使った人は、適応的な仕事に利用できるエネルギーをあまりもっていないことになる。

フロイトが売り込んだもうひとつの大衆概念は、幼少時の経験は人格発達に影響をおよぼすものであり、したがって、その徴候をあらかじめ得ることは可能であるという考えであった。フロイトは、幼年期の重要性については受け入れていたが、徴候の主要な原因として、服従よりもむしろ性的な衝撃によるとするまちがった社会化理論を作ってしまった。フロイトは、性的快楽の過剰な発作は危険であり、ひんぱんな**マスターベーション（自慰行為）**あるいはセックスの強迫観念は狂気あるいは精神遅滞の引き金になりうるとする一般大衆の考えに便乗したのである。

19世紀の思想の最後の特徴は、身体に対する治療的干渉——たとえば、冷水浴、ハーブ、電気刺激など——は、心理的な問題を軽減することができると考えたことであった。フロイトは、それに代わって精神的治療法を考案し、患者は、セラピストに自分が心の奥底で考えていることを話すことによって、自分を抑制している原因についての洞察を得ることができると主張した。

第3期は、認知革命によって特徴づけられるが、この時期は、言語獲得についての行動主義的な解釈に対するアメリカの言語学者ノーム・チョムスキー*4の急進的な批評によって幕が切って落とされ、スイスの心理学者ジャン・ピアジェの広範囲におよぶ研究によって継続された時期であった。論証された条件づけ理論の限界のために高まった不満は、児童心理学者たちが、条件づけの前提をピアジェが拒絶し、子どもの自発的な行動を重視する彼の立場を受け入れさせた。ピアジェは、ワトソンの受動的な子どもを、最初は事物の操作によって、そして、その後には、観念の操作によって、知識を手に入れようとする認知的に活発な子どもと入れ替えた。ピアジェは、ボールドウィンの考えをくりかえしながら、子どもはなんらかの出来事についてもっとも筋の通った理解を継続的に構築しようとしていると主張した。驚くべきことに、ピアジェは、たとえ発達段階論を採用していたにせよ、発達の漸進主義と［幼児期の経験と成人期の性格との］関係性という原理には忠実であり、脳の成熟の重要性については低く評価した。ピアジェは、幼児はそれぞれが感覚をはたらかせる一定の機能をもって生まれることは認めたが、生物学には可能なかぎり小さな力しか認めたがらなかった。一部の学者は、ピアジェは、人間の道徳性を経験の歴史の上に築きたいと考えていたため、生物学よりもむしろ環境との出会いのほうを成長をかたちづくる重要な彫刻家にしたかったのであろうと推測した。

第4期は、幼児の愛着（アタッチメント）概念を導入したイギリスの精神科医ジョン・ボウルビーの研究によって明示される。愛着の感覚的な意味は、乳幼児の世話をする人に対する感情の結びつきのことで、これは乳幼児が世話をしてくれる人の面前での乳幼児の楽しい経験によって生まれ、彼女が帰ってしまうと悲しみのなかで減少する。乳幼児の愛着についてボウルビーが示した推論に幅広い関心が集まったのは、部分的には、第2次世界大戦後の労働力にくわわるため、膨大な数のアメリカの母親たちが年少の子どもたちを代替的なケア施設にあずけはじめていたからであった。この新しい社会的な調整は、家にとどまって自分が産んだ子どもたちの世話する母親という標準的な19世紀の概念を破るものであった。大衆は、単独の世話をしてくれる人への感情的な愛着を小さな幼児に発達させるべきであると信じる賢明な学者のいうことを理解できた。こうした発達初期の愛着は、その人の人生が

回転する軸芯をあらわすものであるというボウルビーの仮定は、非常に大きな地理的な移動、はたらく母親の高い比率、そして人びとのあいだや、市民と共同体とのあいだでしだいに高まる緊張関係によってひき起こされる強い不安感を減らすことを約束した。

多数の19世紀の観察者たちなら、ボウルビーの理論を理解し、おそらくボウルビーに同意したに違いないが、この考えが、空は青いという事実と同じくらい明白な真実と思われたため、愛着にかんする書物はわずかに3冊しか書かれなかった。ボウルビーの結論は20世紀後半のニュースになったが、それは歴史的な出来事が、子どもに対する母親の献身的な愛情がどうしても必要であることと、自分の親に対する子どもの愛情について、多くの人びとに疑問をいだかせることになったからであった。新聞は、親による子どもの虐待と、親殺しをする思春期の子どもたちは、親の愛情の自然主義に対する19世紀の信頼を転覆していると見出しにする。市民はこうした新しい状況に憂鬱になり、子どもと親のあいだの愛情は心理的健康の必須条件であると明言する精神科医のいうことに熱心に耳を傾けていた。

どの社会も、その市民が誠実であるためには、なんらかの高邁な課題を掲げる必要がある。過去には、神の存在、美しさと知識の有用性、誠実なロマン主義恋愛の高潔さが、アメリカの倫理におけるもっとも神聖な理念であった。だが近代の現実の生活は、多数のアメリカ人がこうした理想への誠実さを維持することを困難にした。それでも母親と幼児のあいだの絆の神聖さは、汚されずに残存している最後の信念の一つとして根強く残った。母親に対する幼児の愛着について、また、出産後の最初の数時間に肌でふれあう絆の必要性について書かれた多数の書物や雑誌の記事は、科学的な事実以上のなにかがこの議論をおしすすめていることを示唆しつつ、強い感情を生み出した。関心のある大人であればだれでも幼児の世話をすることができるのなら、実母は不要となり、わずかに残っている検討を要する倫理的課題の一つが危機にさらされることになろう。

現代の発達心理学

過去20年間に遺伝学、分子生物学、神経科学においてすばらしい諸発見がなされた結果、児童研究の分野に生物学が戻ってきた。生物学的な影響に対する熱い期待感は二つの形態をおびた。その最初の形態は、生命がはじまった最初の数年間に乳児と幼児が生物学的にそなえている潜在的能力についての記述によって示される。これらの能力には、特定の種類の刺激(たとえば、身体の輪郭・運動・湾曲などの魅力)に対して好んで示す幼児の注意、記憶の強化と最初の数年をすぎた頃に示される模倣行動、そして、2年目にあらわれる言語・道徳感覚・自意識などがふくまれる。これらの発達のどれもが、子どもたちが事物と人間の世界に住んでいるかぎりかならず起こる。どの発達も、100年前に行動主義心理学者たちが提示した賞罰をあたえる療法をまったく必要としない。

生物学的な影響の第2の形態は、1950年代後半を通じてアメリカの精神科医アレグザンダー・トマスとステラ・チェスが研究者たちにふたたび紹介した人間の気質研究[*5]と関連性がある。神経科学者たちは、乳幼児のあいだにみられる短気さ・活発さ・恐がりといった特質の多様性の原因を解明しようとしていた。こうした探求は、脳の神経化学[*6]における遺伝的多様性に関心を集中する。社会環境は、幼児の気質に影響をおよぼし、後年、その子どもの人格を形成することになると考えられた。

このような学問的進歩によって、発達心理学はぐるっと一まわりして元の状態に戻った。つまり、初期の研究者たちの研究日誌も、人間と事物にさらされて成長する子どもたちのだれにでも発現する共通の心理特性を重視していたのであった。だが、われわれは、こうした潜在能力のそれぞれが発現する時期が、脳内の熟成的事象と密接に対応していることを学んだ。生物学的な影響と経験的な影響の両方が成長に関与する。したがって、成長を完全に理解するうえで必要なこの二つの影響力を総合しようとする試みは、この先数十年間の研究と理論を支配するだろう。この総合を進めるには、一方で生物学的な事象を記述し、他方では心理現象を記述する一つの用語が必要になるだろう。行動、思考、あるいは感情は、外部の事象、思考、あるいは自然に起きる生物学的な変化によってはじまる一連の連鎖反応(カスケード)[*7]の最終的な生成物である。それぞれが連続するカスケードで構成される形態は、これまでとは異なる用語で記述される必要がある。それぞれが独自の機能をもっているため、遺伝子、ニューロン[*8]、子どもは、それぞれ異なった記述を必要としている。遺伝子は突然変異し、ニューロンは抑制し、子どもは活動する。こうした課題についての理解を深めていくことが、児童心理学の未来を方向づけるだろう。

[訳注]
* [*1] 条件づけ(conditioning)——賞罰によって行動を変える過程。最初は中性であったなんらかの刺激が、食べ物の味のようなふつうに反応を生じさせるほかの刺激とくりかえし結びつけられることで、特定の反応をひき起こす過程。条件の内容や方法によって、「自発的条件づけ」(operant conditioning)「パヴロフの条件づけ」(Pavlovian conditioning)などさまざまな条件づけの分類がなされている。
* [*2] ジョージ・M・ビアード(George Miller Beard, 1839-1883)——アメリカの神経科医。「神経衰弱」(neurasthenia, 1869)の造語者、普及者として知られる。

*3 リビドー（libido）――精神分析学において、原始的衝動であるイド（id）から誘発されるあらゆる本能的なエネルギーと欲望をさす。フロイトの精神分析学ではとくに、性本能にもとづくエネルギーをさす。
*4 ノーム・チョムスキー（Norm Chomsky, 1928-）――、アメリカの言語哲学者、言語学者、社会哲学者、論理学者。長く在籍するマサチューセッツ工科大学で言語学および言語哲学の研究所の教授を勤め、現在は名誉教授。生成文法にかんする著作『文法の構造』（Transformation Analysis, 1957）によって、言語学を超えて、脳科学・認知科学にも巨大な影響をおよぼした。1960年代以降、研究の視野は拡大し、現代社会、政治経済、外交政策、環境問題、福祉国家論、公教育問題、医療体制批判、メディア・情報産業論、軍事と戦争問題、官僚主義批判など、多方面で鋭い問題提起を行ない、イギリスの「プロスペクト」誌とアメリカの「フィーリン・ポリシー」誌による2005年の合同調査では、「世界でもっとも重要な知識人」として第1位に選出された。
*5 気質研究（the study of human temperaments）――1950年代初めから、アレグザンダー・トマス、ステラ・チェス、H・G・バーチ、マーガレット・ヘルツィグ、サム・コルンらによってすすめられた長期におよぶ乳幼児の気質研究。活動性・規則性・最初の反応・適応能力・集中力・気分・注意の散漫性・持続性・情緒性という九つの気質のそれぞれが乳幼児の家庭、学校、友人関係など生活全体でどのように適応性をもたらすかを経年研究した。
*6 神経化学（Neurochemistry）――神経系や神経組織に影響をおよぼす神経伝達物質や神経化学薬物の化学的構造やはたらきを研究する学問分野。neurochemicalという用語の初出は1949年である。
*7 連鎖反応（cascade、カスケード）――生化学において、前段の反応産物によって順次活性化されていく酵素群によって触媒される一連の反応をさす用語。このことから神経化学などでは最初の刺激応答を増幅する作用をもつ現象をさす。
*8 ニューロン（neurons）――細胞生物学では神経単位（nerve cell）ともよばれる。神経細胞と神経突起の総称で、神経組織の形態および機能の単位である。神経興奮がひとつのニューロンの軸索の末端からほかのニューロンの樹状突起へ伝わる連結部分をシナプスとよぶ。

➡育児、子ども期の理論、子どもの発達概念の歴史
●参考文献
Bowlby, John. 1969. *Attachment and Loss: Vol. 1. Attachment*. New York: Basic Books.
Cairns, R. B. 1998. "The Making of Developmental Psychology." In *Handbook of Child Psychology: Vol. 1*, 5th edition, ed. R. M. Lerner and W. Damon. New York: Wiley.
Chomsky, Noam and Donaldo Macedo. 2000. *Chomsky on Miseducation* (Critical Perspectives Series). Rowman & Littlefield Pub Inc. チョムスキー『チョムスキーの「教育論」』（寺島隆吉・寺島美紀子訳、明石書店、2006年）*
Freud, Sigmund. 1957. *A General Selection From the Works of Sigmund Freud*. New York: Liveright.
Kagan, Jerome. 1983. "Classifications of the Child." In *Handbook of Child Psychology: Vol. 1*, 4th edition, ed. W. Kessen and P. H. Mussen. New York: Wiley.
Piaget, Jean. 1951. *Play Dreams and Imitation in Childhood*. New York: Norton.

（JEROME KAGAN／北本正章訳）

児童相談（Child Guidance）

アメリカにおける児童相談は、進歩主義的改革運動が掲げる理想主義とともにはじまり、その目的は最初は青少年**非行**を防止することに、その後は児童問題の最初の兆しとみなされた**精神疾患**を予防することにあった。児童相談は、何年かの活動のなかで、当初目的としていた予防的視点は後退し、子どもたちの軽度の行動障害や情緒的問題を扱うようになった。児童相談運動は、民間の財団であった青少年非行防止共和国基金プログラム（The Commonwealth Fund's Program for the Prevention of Juvenile Delinquency）の計画の一部として、1922年にはじめられた。この運動によって、いわゆる不適応児（軽度な行動的または精神的問題を示す知能が正常な学齢児童）のための児童相談クリニック（child guidance clinics）がコミュニティ施設として設立された。

青少年非行防止プログラムによって、全米の都市部に八つの公開クリニックが導入され、それを契機に1933年までに42カ所のクリニックが創設された。児童相談クリニックには、新しく登場した専門職である精神科医、心理学者、精神科ソーシャルワーカーで構成される治療チームが配置された。治療チームのメンバーは、子どもをめぐるあらゆる局面に敏感に対応するためにさまざまな知見を蓄積していった。コミュニティのあらゆる不適応児を治療する目的で設立された新しいクリニックは、多種多様な子どもに対応するために、既存の社会福祉・教育・医療サービスと協力した。

20世紀初頭、精神医学がコミュニティに進出し、精神病について公衆を啓発し、その初期兆候を見きわめてそれを防止しようとする、楽観的かつ精力的な**精神衛生学**の推進を展開した。1920年代初頭の児童相談運動はそうした運動によって推進された。「相談」（guidance）という用語は、一方では教育と養育を、他方では治療と治癒という医学モデルを含意する中間的な言葉であった。しかしながら、1930年代までに、児童相談は医学的な営為をあらわす言葉となり、軽度の行動障害で情緒的問題があると相談所で診断された一群の子どもたちに対応することを目的とするようになった。相談所を児童救済サービス網と結びつけるた

めに地域内できめこまかな活動を展開し、さまざまなところに発生する子ども問題、とくに移民の貧困児童をめぐる問題を明らかにしながら、子どもに早期介入していった。

それでもやはり、児童相談は、危機的な住民、いわゆる問題児に対しても同じように継続的に対応していった。児童相談は、問題児について、「不適応」とよばれるカテゴリーに入れられる、行動面と心理面に問題があらわれた標準的な知性をもった子ども、と定義した。そうした不適応の兆候は、幼い頃の親指しゃぶり、爪かみ、夜尿、夜泣きから、過敏、引きこもり、無関心、想像力過剰、非現実的嘘にまでおよんだ。また年齢の高い子どもたちの不快な行動には、不服従、いびり、いじめ、かんしゃく、悪い仲間を求めること、夜ふかし、性的行為に耽ることなどがふくまれていた。

初期の児童相談運動における問題児は社会問題とされた。社会的に規定された行動基準に従わないことが問題視されたのである。相談クリニックは社会的に重視され、行動基準に従わせ、社会的逸脱を防止する責任を負った。1930年までには、相談クリニックは、当事者である子どもとその家族にのみ重要な問題について個別に支援しはじめた。問題の焦点は、攻撃的、外向的、不作法な子どもから、子どもたちの内なる心理的・情緒的状態へと変化した。児童精神科医、心理学者、精神科ソーシャルワーカーは、みずからの仕事を医学的なもの、つまり子どもの心理障害を診察することであるとみなした。こうしたことで、問題児の「社会的特徴」にもいちじるしい変化がもたらされた。1920年代の児童相談が直面した社会的課題は、中産階級の基準に順応することを強いられた貧しい移民の子どもたちについてであった。児童相談は、1930年代までには、不安におちいっている子どもや教養ある両親のような、アメリカ生まれの増加する中産階級の人びとに対抗していた。こうした大きな変化によって児童相談クリニックは、コミュニティの問題児をめぐってたえず変化する人びとについて調査治療をおこなうセンターとなった。

➡児童救済、児童心理学、少年裁判所

●参考文献

Horn, Margo. 1989. *Before It's Too Late: The Child Guidance Movement in the United States 1922-1945*. Philadelphia: Temple University Press.

Jones, Kathleen. 1999. *Taming the Troublesome Child: American Families, Child Guidance, and the Limits of Psychiatric Authority*. Cambridge, MA: Harvard University Press.

（MARGO HORN／佐藤哲也訳）

『児童の世紀』（Century of the Child）

エレン・ケイ（1849-1926）の2巻本『児童の世紀』（*Barnets å rhundrade; Century of the Child*）は1900年の大晦日の夜に出版された。この日付で出版することは意図的な選択であった。ケイは、ヨーロッパ社会における子どもの地位は、来るべき世紀に劇的に変化するに違いないと考えていた。彼女の考えでは教育と子育ては、家庭生活と社会の両方にとって焦点になるだろうということであった。

この書物が出版されたとき、かなりの長さの二つの書評論文が書かれ、そのうちのひとつはかなり批判的であったが、スウェーデンの出版界では、実際にはほとんど注目されなかった。エレン・ケイには多くの論敵がいた——自由恋愛についての彼女の意見のために「若者たちをそそのかす者」だと見られていた。しかし、彼女には、その当時のスウェーデンで非常に強力になっていた成人教育運動に活発にかかわっていた重要な友人も何人かいた。

『児童の世紀』は、スウェーデン各地とその近隣諸国で、研究サークルや講義シリーズに組みこまれた。子育てと教育についてのケイの理念は、やがてしだいに増えてきた支援者を、とくにドイツで獲得した。この書物は、ヨーロッパの約13カ国で翻訳され、ドイツでは、1902年からケイが亡くなった1926年までに17版が出た。

『児童の世紀』は、子育てと教育についてだけの本ではなかった。それは、家族構造、ジェンダーの役割、児童労働、そして階級問題なども扱っている[*1]。この書物は、ケイのほかの著作や講義の大部分と同じように、ユートピア的な傾向を裏切る。彼女の分析では、どの子どもも、自分の子ども期に対する権利をもっており、この時期を、彼あるいは彼女が経済的な責任をまったく負っていない個人の早い人生段階の時期であると定義している。当時の多くの自由主義者たちと同じく、ケイは、大規模な児童労働の存在に非常に批判的であり、彼女の書物は、ヨーロッパのさまざまな国での児童労働にかんする統計資料を示している。ケイは、子どものしつけとジェンダーのあいだに密接な関係があると見ており、子どもの自然の居場所は母親といっしょに暮らす家庭にあると考えていた。彼女は、いくつかの家庭から集められた子どもたちが一人の女性教師から教えを受ける一種の家庭学校のようなものを唱道しつつ、あらゆる階級の女性は、自分の子どもが小さいうちは家庭にとどまるのを認められるべきであると説いた。彼女は、年長の子どもは、あらゆる階級の子どもたちに門戸を開いているコモンスクールに行くべきであると書いてる。

社会階級とは無関係にすべての子どもを対象にしたコモンスクールと、「子ども期に対する権利」についての理念は、当時の経済的な必要性ばかりでなく、スウェーデンの法令とも矛盾した。しかし、ケイが示した理念は、20世紀なかばに確立されたスウェーデンの福祉国家によって導入されることになる改革に先鞭

エレン・ケイ（1849-1926）*

をつけるものであった。この点で、またほかの多くの点で、20世紀は、すくなくともヨーロッパ世界では、現実に児童の世紀となることが証明された。

ケイを動機づけたイデオロギー上の議論は意味深長である。ケイによると、集産主義*2は個人主義とは矛盾しない。あらゆる階級に共通の学校制度は、あらゆる多様な影響を受けやすく、それが逆に個性を刺激する。子育ての究極の目的は「人格」（personalities）をつくることである。そのモットーにあるように、『児童の世紀』は、ケイがしばしば援用した用語である「超人」（superman）の予言者であるドイツの哲学者フリードリヒ・ニーチェ（1844-1900）からの引用を特徴としている。

ニーチェは別にして、ケイのイデオロギー的な個人主義は、その起源をジャン＝ジャック・ルソーにかんする彼女の初期の研究にさかのぼることができる。ケイに大きな影響をおよぼしたのは、ルソーの著書『エミール』のなかで提示されている、独力で行なう経験の価値についてのルソーの理念であった。彼女はまた、とくにドイツの教育学者フリードリヒ・フレーベルの「自由遊び」（彼女自身は幼稚園［Kindergarten］には関心がなかったのだが）についての理念など、改革派の教育学に熟知していた。彼女は、教師は子どもに助言できる指導者であるべきであって、監督者であるべきではないと考えていた。ケイにとって学校とは、社会の規則や道徳性の第一義的な代弁者ではなく、よりよい社会を建設することができる諸個人を生み出す手段であった。

［訳注］
＊1『児童の世紀』——エレン・ケイは、スモーランド州の名門の家に生まれ、祖父はルソーの崇拝者であり、父親はリベラルな政治家であった。ケイは、幼い頃から学校教育を受けず、充実した家庭教育を受けた。自分の結婚生活の苦い経験から、31歳以降の19年間、ストックホルムの私立学校と労働講習所の教師となり、文芸評論や婦人問題、教育問題について発言し、当時の保守的な風潮を批判した。みずからの体験と実践と観察にもとづいて、キリスト教的な結婚観を批判し、自由意志と自由恋愛による結婚と自由離婚の正当性を主張した。子どもの発達には対等な両性の合意による家庭生活の建設が必要であるとの立場から、婦人問題と子どもの教育問題について発言した。ケイは、子どもの生命の自由な発展を助けることが教育の使命であると考え、子どもは愛情深い夫婦のもとで生まれ、育たなくてはならず、そのためには母性が大事であり、母性は人間形成の基盤であり、母性を守るには平和が不可欠であると主張した。

＊2 集産主義（collectivism）——社会的効率を重んじる観点から、社会、経済、とくに生産のすべての手段を集権的統制下に置くという政治上の主張。フランス語の*collectivisme*の初出は1880年である。

➡ケイ（エレン・）、子どもの権利、社会福祉

●参考文献
Key, Ellen. 1900. *Barnets à rhundrade*. Stockholm. Reprint, 1996; New York: Arno Press, 1972. ケイ『児童の世紀』（小野寺信・小野寺百合子訳、冨山房百科文庫、1979年）
Lengborn, Thorbjörn. 1976. *En studie i Ellen Keys tänkande främst med utgangspunkt fran Barnets a rhundrade*. (*A study in Ellen Key's thought from the perspective of the Century of the Child.*) Stockholm.

●参考ウェブサイト
Key, Ellen. *Century of the Child*. Available from 〈www.socsci.kun.nl/ped/whp/histeduc/ellenkey/key03_b.html〉

（RONNY AMBJÖRNSSON／北本正章訳）

児童売春（Child Prostitution）

対応がむずかしい社会問題の場合、現実的に効果的な対応をとれないことがよくある。また不快な社会の底辺を認識したがらないために、隠蔽されたままであることも多い。その最たるものは、おそらくモラルの問題であろう。風俗産業に子どもや若者がかかわることで、文化の多くのデリケートな領域、とくに子どもらしさ、家族、そしてセクシュアリティにかんする理想像がさらけ出されることになった。子どもや若者は、不平等な権力関係によって大人の影響や支配を受けやすくなり、それが家族内外での売春を可能にしている。20世紀後半以降、児童売春、児童ポルノ、性的目的での子どもの人身売買の根絶にかんする活動によって注目されるようになったエクパット（ECPAT）*1は、児童売春を、「報酬やその他の対価のために、子どもを性的活動に利用すること」と定義している。

「白人奴隷貿易」という神話

　不幸なことに、歴史上、あるいは現代にあっても、児童売春という現象にかんする証拠を得ることはむずかしい。歴史上、参照可能なものは通常、「白人奴隷貿易」というもっとも劇的に描写された児童売春についてのみ聞いた大勢の人びとか、あるいは偶然見つけ、その存在を記録した一にぎりの者たちのイデオロギーと認識をとおして伝えられてきたと考えられる。したがって、資料が利用可能な場合でさえ、断片的で散在的であり、しばしば道徳的な言いまわしのなかで使われたものであった。子どもや若者自身の声は、大人による断定とおおげさな言葉におおい隠され、まったくといっていいほど識別できない。歴史的にみると、19世後半以前には、この問題にかんする出版物はほとんどなく、それにかんする情報も非常にまれであったが、20世紀後半には、この分野の研究はかなり広まった。

　20世紀末まで、**同意年齢**に達していない子どもの売春にかんする議論は、主として医学や政治の領域、あるいはボランティア組織に限定されていた。一方、風俗産業への若者の関与もまた、見覚えのある日常生活とは結びつかない劇的なかたちで浮かび上がった。イギリスやヨーロッパ、アメリカにおける白人奴隷貿易として劇的に表現された物語は、無垢で若い白人少女や女性が、通常外国人によって強制的に**誘拐**され、売春宿や外国ではたらかされるというものであった。この物語は、女性によって享受された自由の拡大、変化する性的道徳観、移住、そして余暇活動の新しい場所にかんする社会不安と人種差別については相当量の言及がなされる一方で、子どもや若者の売春についてはほとんど何も語っていない。実際、20世紀初頭には、西洋諸国の政府が人身売買とこの方法による少女と女性の供給について、ますます関心を向けるようになったが、白人奴隷貿易の神話は、多くの場合、売春を目的にした人身売買の裏にある実際の経験を見えにくくしてしまった。

　人身売買や奴隷制度という用語は、児童売春の議論の一部でひき続き使用されているが、帝国主義者や人種差別主義者がこの問題で強調するのは、白人の犠牲者が相当数いるという点である。20世紀なかば以降、人身売買は人種というよりはむしろ移動と搾取という言葉で定義されるようになった。売春を目的とした子どもの移動は、歴史的に農村と都市のあいだの、そして豊かな地域や国と貧しい地域や国とのあいだの経済格差を反映している。その一方で、ジェンダー、年齢、そして市場などの要因をふくむほかの要因は、それらが若者の脆弱性をいちじるしく促進したという点で非常に重要である。したがって、20世紀後半には、**東ヨーロッパ**の社会的、経済的不安定さと戦争は、欧州連合（EU）の風俗産業に参入する女性と子どもを増加させることとなった。他方において、児童売春はまた、グローバルな一般市場と商業化によって支えられた、ほかの場所ならもっと多くを得ることができるという認識に影響された。

　児童売春にかんする全国メディアの暴露記事のなかで最初の、そしておそらくもっとも悪名高いものは、ロンドンの新聞「ペル・メル・ガゼット」（*Pall Mall Gazette*）に掲載された1885年7月の記事であろう。一連の記事は、ロンドンの売春宿で行なわれていた若い少女の売買を発見したと主張するものであった。扇情的でわいせつな「現代のバビロンに捧げられた娘たち」の話は、「イーストエンドで買われた少女」や「しばられた少女」といった副題がつけられており、児童売春の問題にかんする最初の全国的なモラル・パニックの一つをひき起こした。この種の記事は、次の世紀やそれ以降、誘拐され、裏切られた無垢な子どもとして描かれる風俗産業にとりこまれた子どもや若者の姿をゆるぎないものにした。これらの「捧げられた娘たち」の記事と彼らをとりまく出来事は、1885年の改正刑法の最終的な可決に決定的な影響をあたえ、それを確実なものにした。この法律は、同意年齢を13歳から16歳に引き上げ、みだらな行為を取り締まる警察官の権限を強化した。管理と保護のバランスは、児童売春と一般的な少年非行の問題にかんする議論における永続的な特徴となった。「捧げられた娘たち」熱は、すくなくとも風俗産業が年齢を問わないことをきわだたせるのに役立った。

　19世紀後半のイギリスとアメリカにおける児童虐待にかんするモラル・パニックは、数多くの慈善団体の設立をひき起こした。その後、貧しく搾取された子どもたちの窮状を強調することが続いた。実際、児童売春にかんする証拠のもっともすぐれた出所の一つが、子どものための慈善活動である。その慈善団体の活動は、「非行少年」を定義し、彼らと「ふつうの」子どもたちとを区別することにつながった。そして堕落の概念、独立心、そしてとりわけ性的な知識や経験と「非行少年」とを結びつけた。性的経験をもっていると考えられた子どもたちは、それが虐待の結果であっても、たいていは家族から引き離され、「邪悪な知識」をもつ子どものための諸機関に入れられた。逆説的にいえば、いったん少女が性的な経験の一線を越えれば、当時の人びとの多くは、彼女を汚れた不埒者だと理解したのである。イギリスでは、戦間期にいたるまで、多くのフェミニストと児童福祉にかんする組織は、一貫して、年上の男性を求め、誘惑する不道徳な少女という限定的な描写に反対し、若い少女の性的早熟は性的虐待の結果なのだと説明しようと努めた。

子どもと若者の人身売買

　歴史的に、子どもと若者の国際的な人身売買は、もっとも公的な行動を必要としてきた。20世紀初頭におけるいくつかの会議と1904年の白人奴隷売買禁止協定（the Suppression of White Slave Traffic）に続

いて、国際連盟（LN）は1919年に、売春婦の人身売買にかんする情報を集めるための委員会を設置した。1921年に、子どもと女性の売買にかんする国際連盟総会がジュネーヴで開かれた。この委員会の仕事は、1946年の国際連合（UN）に引き継がれた。国際連合は、1953年に、1926年の奴隷条約を改正し、奴隷制度と「奴隷のような諸慣行」、すなわち奴隷貿易、子どもの売買、児童売春、**児童労働**の搾取などの人権問題を強調した。

　人身売買は、たいてい農村から都市部へつれてこられるというように、国内で行なわれるか、あるいは国境を越えて行なわれるものもある。20世紀を通じて、それぞれのやり方で女性と子どもの搾取と戦うために活動する機関は多種多様であり、児童売春の問題は、さまざまな非政府組織（NGO）だけではなく、**ユニセフ**（UNICEF、国連児童基金）や国際労働機関（ILO）といった**国際機関**の仕事の一部となった。1989年の**国連子どもの権利条約**の第34条は、子どもが非合法の性的活動に従事するよう勧誘したり強制したりするのを防ぐための適切な対応を求めている。20世紀後半には、海外で子どもに性的虐待を行なったとして、国が自国の市民を起訴できる国外犯処罰法が模索された。同法は、旅行者向けの風俗産業を通じて続けられた**児童虐待**の増加を受けて制定された。この問題はエクパット、ユニセフ、子どもの権利条約にかんする非政府組織によって、1996年に開催された第1回子どもの商業的性的搾取に反対する世界会議（1996 First Congress against the Commercial Sexual Exploitation of Children）の主要テーマであった。

　商業的な性的活動にまきこまれた子どもと若者の問題に関心が向けられつづけた結果、児童売春という意味は、歴史的に一連の否定的な信念から作られたものであるとされた。売春をする子どもは性行為に関心があり、独立心の強い、不道徳なものとして認識され、その結果、ほんとうの子どもでもなく、かといって大人でもないと理解されてきた。こうした否定的で抽象的な認識傾向によって、売春をする子どもが性的に積極的な独立心の強い不道徳な者とみなされたため、彼らは心が病んでいるか、あるいは子ども期のよくない形態、すなわち「ほかの」なにかになっているという前提を導いた。したがって、20世紀を通じて子どもの性的虐待についての議論が積み重ねられたが、児童売春にかんするそれは、異なる方向に進んだ。子どもに対する非難を導き、なかには子どもによる犯罪だとする者さえ出現したのである。児童売春がしだいに児童虐待の領域に位置づけられ、顧客が児童保護法の処罰対象者である児童虐待の加害者や幼児性愛者とみなされるようになるのは、ようやく20世紀後半になってからのことであるが、その時期にいたるまで、これらの否定的な見解を真剣に打破しようとする動きは見られなかった。

［訳注］
*1 エクパット（ECPAT: The International Campaign to End Child Prostitution in Asian Tourism）——「アジア観光における児童買春根絶国際キャンペーン」。最初、1990年にタイのチェンマイで、キリスト教関係者を中心に、ECTWT（第三世界における観光問題に関するエキュメニカル連合）によって開催された児童買春問題についての国際会議を契機に、翌年の1991年に設立された、児童買春撲滅をめざす国際的ネットワーク。とくにアジア地域で深刻な問題となっている児童に対する商業的な性的搾取（児童買春）の根絶をめざし、国際エクパットと、その基本指針にのっとり、世界各地で独自活動を行なっている関連団体が活動を展開している。日本では、「ECPAT／ストップ子ども買春の会」（通称：エクパット東京）、「エクパット・ジャパン・関西」などが組織的に取り組んでおり、2001年12月には、「第2回・子どもの性的商業的搾取に反対する世界会議」が横浜市で開催された。

➡近親相姦（インセスト）、ペドフィリア（小児性愛症）

●参考文献
Barrett, D. 2000. *Youth Prostitution in the New Europe: The Growth in Sex Work*. Lyme Regis, UK: Russell House.
Brown, A., and D. Barrett. 2002. *Knowledge of Evil: Child Prostitution and Child Sexual Abuse in Twentieth Century England*. Cullompton, Devon, UK: Willan.
Ennew, J. 1986. *The Sexual Exploitation of Children*. Cambridge, UK: Polity Press.
Gibbens, T. N. C. 1957. "Juvenile Prostitution." *British Journal of Criminology* 8: 3-12.
Gorham, D. 1978. "The 'Maiden Tribute of Modern Babylon' Re-Examined. Child Prostitution and the Idea of Childhood in Late-Victorian England." *Victorian Studies* 21: 353-79.
Smart, C. 2000. "Reconsidering the Recent History of Child Sexual Abuse, 1919-1960." *Journal of Social Policy* 29, no. 1: 55-71.

●参考ウェブサイト
ECPAT International. Available from 〈www.ecpat.net/eng/index.asp〉

(ALYSON BROWN／三時眞貴子訳)

児童文学 (Children's Literature)

　児童文学は、子ども期の概念と同じく、歴史のなかで進化しつづける文化的構築物そのものである。児童文学は、子ども向けに特別に書かれてきたテキストと、子どもたちが自分で読むために選択したテキストから成り立っている。このため、児童文学と大人の文学とのあいだの境界線は驚くほど流動的である。かつてジョン・ロウ・タウンゼントは、唯一の実用的な児童文学の定義は出版社が作る子どものリストに示されると論じたことがある。だが、現代の出版社は、それほど簡単に子どもと大人を区別してはいない。たとえば、

モーリス・センダックの『まどのそとのそのまたむこう』（Outside Over There, 1981）は、子どもと大人の両方のための絵本として出版されているし、J・K・ローリングの『ハリー・ポッター』（Harry Potter）シリーズは、本のカバーの絵の違いだけで、子ども向けか大人向けかがわかるようになっている。むかし話（folk tales）やフェアリーテイル（fairy tales）は、もともと子ども向けのものではなかったが、これらは19世紀初め以降、児童文学の主要部分となった。その一方で、17世紀と18世紀を通じて子ども向けに書かれ、また、広く子どもに読まれた多数の本は、今日では歴史上の児童文学とみなされており、また、もっぱら大人の児童文学の研究者によって読まれている。児童文学は、子どもを啓発したり楽しませるために、つねに大人たちによって執筆され、挿し絵を入れられ、出版され、市場に出され、販売されてきている。一般的な言い方をすれば、この分野を定義しているのはテキストの生産者というよりはむしろ想定されている読者である。デイジー・アシュフォードの『小さなお客さんたち』（The Young Visiters, 1919）やアンネ・フランクの『アンネの日記』（Het Achterhuis, 1947）［英語版は『ある少女の日記』（The Diary of a Young Girl, 1952）］のように、子どもや思春期の著者が書いた児童文学のテキストは例外である。ルイーザ・メイ・オルコットやルイス・キャロルのような、多数の有名な児童文学作家たちは、すでに子どものときに家庭雑誌を創作しており、若い頃の作品のいくつかを書きなおし、児童書として出版したのであった。これよりももっとひんぱんに見られたのは、大人の作家が特別な子どもや子ども仲間と共同したり、直接子どもたちからインスピレーションを得て、児童書が生まれることであった。たとえば、ジェームズ・バリーとルウェイン・デイヴィス家の少年たちとの親交は、『ピーター・パン、大人になりたがらなかった少年』（Peter Pan, or The Boy Who Would Not Grow Up, 1904）という劇作や『ピーターとウェンディ』（Peter and Wendy, 1911）という小説を生みだした。また、A・A・ミルンが息子のクリストファー・ロビンが眠る前に語り聞かせた物語は、手直しされて『くまのプーさん』（Winnie-the-Pooh, 1926）となったのである。

児童文学は、本来子どもを対象にしているが、そのようなテキストは子どもの読者と大人の読者という二重の読者をもっていると見るのがより正確であろう。両親、教師、図書館員などの大人は、そのテキストが子どもにふさわしいかどうかを見張る役割を果たしている。児童文学は大人の手で市場に出され、購入され、その結果子どもに買いあたえられるものなので、その作家や出版社は、テキストの子どもの読者ではないにしても、実際の大人の購読者の要望に添う子ども向けのテキストを作ろうとしている。とくに絵本やチャプター・ブック*1といったジャンルでは、大人は子ども

ジョン・テニエルによる「わたしを飲んで」というラベルを貼ったビンを持つアリスのイラストは、ルイス・キャロルの『不思議の国のアリス』（Alice's Adventures in Wonderland, 1865）の初版本からとったものである。どの世代もアリスのイメージを作りなおしてきているが、それによってつねにアリスとの関連性を回復している。©Bettman/CORBIS

や子ども集団を相手に読み聞かせる。青年期の若者たち、そしてときにはそれよりも年少の子どもたちが、大人の管理あるいは資金から離れて自分の本を選べるようになったのは、ペーパーバック本*2が登場してからであった。19世紀後期に公教育と公立図書館が発展する以前には、児童文学は中産階級と上流階級だけを対象にする傾向があった。児童書（children's book）は、それが書かれた文化のイデオロギーを反映し、子どもについての時代の考えと適切なふるまい方を具体的に表現している。その結果、児童文学は、子ども自身が選ぶトピックよりも、むしろ大人の関心と大人がいだく子ども期の概念をよりひんぱんに具現するのである。児童文学に対する子どもの意識と大人の意識のこのようなズレは、もっとも売れ行きの多い、通常はシリーズものの本と、傑出した絵本（コールデコット賞［the Caldecott Medal］の受賞本）や傑出した物語（ニューベリー賞［the Newbery Medal］の受賞本）としてアメリカ図書館協会（the American Library Association）によって毎年選定される本とのあいだの違いに、しばしばあらわれる。

近世

　社会が児童文学の実質的な体系を生みだすには、子どもの存在を、大人とは異なるニーズや関心をもつ、重要かつ独自の読者カテゴリーと見る必要がある。子ども期は17世紀に発見されたとする、大きな議論をよんだフィリップ・アリエスの主張にもかかわらず、子ども向けに書かれたテキストは、かぎられた範囲にしか流通していなかったものの、もっと早い時代からあった。宗教教育の写本やふるまい方のルールを教える礼儀作法書（courtesy books）は、すでに中世の裕福な人びとのあいだに流布していた。ハーヴェイ・ダートンは、17世紀以前のイングランドには児童書はなかったとしている。だが彼は、児童書を15世紀のヨハネス・グーテンベルグによる発明以降にあらわれた印刷テキストに限定し、もともと教育に関係していた印刷物とならんで写本類も児童書にふくめている。したがって教科書や宗教入門書などは除外している。

　子どもを教育することと子どもに喜びをあたえるという対をなす目的は、これまで児童文学の基本的な目標として受けとめられてきた。ロンドンの書籍商ジョン・ニューベリー[*3]は、すくなくとも30点の児童書を出版した人物であり、児童書を永続的で利益をもたらす書籍販売部門にしたイギリスで最初の出版業者として知られる。ニューベリーの『小さなかわいいポケットブック』（*A Little Pretty Pocket-Book*, 1744）は、英語で出版された最初の、注目に値する広く読まれた児童書である。ニューベリーは、ジョン・ロックの『子どもの教育』（*Some Thoughts Concerning Education*, 1693）に大きな影響を受けたので、『小さなかわいいポケットブック』の口絵は、ニューベリーがロックから直接援用した「デレクタンド・モメヌス、すなわち楽しみながら教育する」（*Delectando Momenus: Instruction with Delight*）というモットーを掲げている。ロックは、紀元前1世紀のホラティウスの『詩論』（*Ars poetica*, 前19頃、*On the Art of Poetry*）が推奨する概念を言い換えて、「有益さと楽しむことを結びつける者は、読者を教育することと読者を楽しませることの両方によって成功をおさめる」と述べたのであった。ニューベリーは、ロックが理論化したことを実践に移した。ロックは、子どもに本を読むように仕向けるには、「その子の能力にふさわしい、平易で楽しめる本」をあたえるよう勧めていた。ロックはフェアリーテイルは拒絶したものの、寓話（fables）の価値には気づいていた。それは、寓話はしばしば道徳と結びついており、子どもにふさわしいテキストだと考えたからである。ロックはとくに、『きつねのルナール』（*Reynard the Fox*, 1481）と『イソップ寓話集』（*Aesop's Fables*, 1484）の両方を推奨し、「もしイソップ寓話集に挿し絵が入っていたら大いに子どもを楽しませるだろう」と指摘している。[*4]『小さなかわいいポケットブック』は、図示されたアルファベット、諺集、そして挿し絵入りのイソップ寓話集をふくむ一覧表であった。

　ダートンも、児童文学の定義から教訓読みもの（didactic books）を除外したとき、非常にせまくとらえていた。タウンゼントは、ニューベリー以前に出版された資料を児童文学の前史と考えていた。これらの書物は、初めから子ども向けに書かれたものではなく、むかし話やロビン・フッド伝説をあつかったチャップブック[*5]のように、最終的に子どもの手にとどいたものである。幼いジェントルマンのための礼儀作法書である『赤ん坊の本』（*The Babees Book*, 1475）のような教育のテキストも児童文学の前史にふくまれる。イギリスの最初の印刷業者であったウィリアム・キャクストン[*6]は、いくつかのテキストを出版したが、それらはとくに子どもを対象にしたものではなかったものの、とくに『イソップ寓話集』『きつねのルナール』、そしてトマス・マロリー[*7]の『アーサー王の死』（*Le Morte d'Arthur*, 1485）などが子どもの興味を引いた。

　教訓的児童文学の初期の形態はホーンブック[*8]であった。これは一般に、一つのアルファベットと一つの祈祷文からなる印刷テキストの1枚のシートで、年少の学童たちがまわし読みしていた。この印刷テキストは木製の枠に貼りつけられており、木製の取っ手がついた少し平べったい角（horn）で保護されていた。もう少し後の時代に見られた技術革新は、パーチメント（羊皮紙）あるいは木のかわりに重い紙を用いたことで両面に印字できるようになった手習い本（Battledore）[*9]であった。チェコの神学者で、教育者でもあったヨハン・コメニウスは、子どもは視覚的にも言語的にも学ぶことを理解していた。彼はハンガリーで『世界図絵』（*Orbis sensualium pictus*, 1658）を出版した。この教科書は、ロバート・フールによって『目で見て学ぶ世界』（*Visible World*, 1659）として英語に訳された。最初の挿し絵入り教科書であった『世界図絵』は、世界について目で見て学ぶ百科事典を提供する木版画とともに、ラテン語と共通言語による簡単なキャプションをふくんでいる。このような視覚的要素と言語的要素の統合は、とくに情報伝達と絵本において、児童文学のデザイン上の重要な特徴として残っている。これとは別の、影響力のあった子ども向けの教科書（children's textbook）は、ベンジャミン・ハリス編集の『ニューイングランド初等読本』（*New England Primer*, 1689頃）であった（初版本の所在は確かめられていないが、第2版が1690年に宣伝され、残存する最古のアメリカ版の日付けは1727年である）。この教科書も、重要な視覚的要素と言語的要素を結びつけている。そのもっとも有名な節は、「A：アダム（Adam）の堕落によってわれわれ全員が罪を負っている」という文句ではじまる挿し絵付きのアルファベットで、これは、識字能力の教育を宗教教育に関連づけている。この『ニューイングランド初等読

ビアトリクス・ポターの『ピーター・ラビット』(The Tale of Peter Rabbit, 1902) のように、動物についての物語は、児童文学が文化的なピークに達したヴィクトリア時代を通じて人気があった。とくにポターの書物は、その魅力的な挿し絵で有名であった。

本』は、17世紀と18世紀を通じて北アメリカでもっともよく使われた教科書であった。

　ピューリタンの児童文学は、子どもに宗教教育と道徳教育をあたえることを企図していた。もっとも極端な例として知られるのは、ジェイムズ・ジェインウェイの『子どもへの贈り物――幼い子どもの回心、お手本とすべき神聖な生活、および喜びに満ちた死についての正しい説明』(James Janeway, A Token for Children: Being an Exact Account of the Conversion, Holy and Exemplary Lives and Joyful Deaths of Several Young Children, 1672) で、ここには、病弱だが精神的に強い、臨終の床についているさまざまな子どもが登場する。ピューリタンは、児童書の大きな体系を生みだした最初の社会集団のひとつであったが、原罪についての彼らの教理では、すべての子どもはキリスト教に改宗するまで罰せられると考えられていた。子どものためのピューリタン神学のそれほど厳格ではない版は、詩歌からと、自然から取り出された神聖な寓意画のコレクションであるジョン・バニヤンの『少年少女のための本』(A Book for Boys and Girls, 1686) に見いだすことができる。バニヤンの宗教的な寓意物語『天路歴程』(Pilgrim's Progress, 1678) は、とくに子どもも向けに書かれたものではないが、ダニエル・デフォ

ーの『ロビンソン・クルーソー』(Daniel Defoe, Robinson Crusoe, 1719) やジョナサン・スウィフトの『ガリヴァー旅行記』(Jonathan Swift, Gulliver's Travels, 1726) などと同様に、すぐに年少の読者用の簡略版が作られた。『天路歴程』が子どもたちに根強い人気があったことは、オルコットの『若草物語』(Alcott, Littlewomen, 1868) の前半にあるマーチ姉妹の「巡礼ごっこ」において確認できる。

　ニューベリーの児童書は、ピューリタンが制作するものほど宗教色を前面に出してはいなかった。そのせいか、彼の児童書は、経済的、社会的な成功に魅了されていた親の関心を引いた。都市で新たに登場しつつあった中産階級を対象にした彼の作品は、いかに識字能力（リテラシー）が金銭上の成功につながるかを示した。その顕著な例として知られるのは、『くつ二つさんの物語』(The History of Little Goody Two-Shoes, 1765) であった。この作品は、ニューベリーのために子ども向けの別のテキストを書いたオリヴァー・ゴールドスミスが著したとされている。物語の主人公である孤児のマージェリ・ミーンウェルは、貧しくも勤勉にはたらいて女性教師になり、やがて裕福な大地主に見初められて結婚する。このように、ニューベリーによる児童書は、中産階級のイデオロギーを支えていた。

　ニューベリーの才能は、作家あるいは挿絵画家としてではなく、起業家、そして商売人としてのものであった。だからこそ、この新しいジャンルの商品に価値があることを中産階級の両親に納得させる技法に長けていたのである。新聞広告をひんぱんに出したり、彼が作った児童書のテキストで別の書物のタイトルや特定の作品に言及したりするニューベリーの手法は、今なお児童書の出版業界で踏襲されている。ニューベリーはまた、児童書に、本以外のものをおまけにつけるという販売方法をあみだした。『小さなかわいいポケットブック』には、本そのものよりもわずかに高い料金を払うと、「トミー坊やをよい男の子に仕立て、ポリーちゃんをお利口さんにすることうけあいのボールと針刺し」がついてきた。

　イギリスでは、児童文学の発展は、イギリス小説の勃興と同時に見られた。最初の子ども向けの小説はサラ・フィールディングによる『女教師――少女のための塾』(The Governess, or Little Female Academy, 1749) であるが、この作品が彼女の兄ヘンリー・フィールディングの『トム・ジョウンズ』(Tom Jones) と同じ年に出版されたことは特筆に値しよう。この『女教師』は、トマス・ヒューズの『トム・ブラウンの学校生活』(Tom Brown's School Days, 1857) でもっとも広く知られた、学校小説という人気の高いジャンルの幕開けを告げるものであった。学校小説が恒常的な人気を博すことは、J・K・ローリングの『ハリー・ポッター』(Harry Potter) シリーズにおいて

シトウフン

A・A・ミルンの『くまのプーさん』（Winnie-the-Pooh, 1926）を生みだすことになったオリジナルのテディー・ベア（ぬいぐるみのクマ）。このクマは、彼の父親によってクリストファー・ロビン・ミルンに1歳の誕生日の贈りものとしてあたえられたが、アーネスト・シェパードの挿し絵とのちのディズニーの挿し絵とともに、ミルンのテキストのなかで不朽の名声をあたえられた。AP/Wide World Photos

みられるとおりである。

児童文学に大きな影響をおよぼしたもう一人の重要な教育理論家は、ジャン＝ジャック・ルソーであった。彼の著作『エミール』（Émile, 1762）はフランスで出版されるとすぐに英語に翻訳された。ルソーはこの著作で、ピューリタンの原罪という考えを否定し、子どもは生まれつき純真無垢であるのに社会によって堕落させられると主張した。多数の児童書の出版をもたらすことになったこのテキストにとっては皮肉な話だが、ルソーは、子どもは読書よりも体験によって学ぶべきであると考えていた。彼は、子どもは12歳になってから読み方を学ぶべきで、そのとき読むのは『ロビンソン・クルーソー』（The Life and Strange Surprising Adventures of Robinson Crusoe, 1719）だけでよいと考えた。イギリスのもっとも著名なルソー信奉者であったトマス・デイは『サンドフォードとマートンの物語』（History of Sandford and Merton, 1783-1789）を著したが、これは、家庭教師のバーロウ氏からたえず道徳教育を受けていた、貧しくも高潔なハリー・サンドフォードと、裕福な商人の息子で甘やかされて育ったトミー・マートンの人生を対比的に描いた3巻本の作品である。ウィリアム・ブレイクが挿し絵を描いているメアリ・ウルストンクラフトの『実生活からの物語集』（Original Stories from Real Life, 1788）は、少女のための同じような作品で、理性的なメイソン夫人がキャロラインとメアリという二人の教え子に教えるために自然のなかから実物教育（object lesson）を見つける物語である。子どもは、体罰によってではなく、ものごとの道理を説いてやれば理解できる力があるとするルソーの考えは、アンナ・レティシア・バーボールドの『子どもの教科書』（Lessons for Children Books, 1778）シリーズや、リチャード・エッジワースが娘のマライアと共著で書いた『実践的教育』（Practical Education, 1798）、そしてそのマライア・エッジワースの『両親の手助け』（The Parent's Assistant, 1796）などで例示されている。リチャードの娘マライア・エッジワースは、この時期の、子どもに自己改善に取り組むよう奨励する短編集の家庭小説である教訓小説のもっとも巧みな作家の一人であった。このような教訓小説は、18世紀を通じて児童文学の主流をなす表現形式のひとつであった。

フェアリーテイルとむかし話

19世紀初頭には、フェアリーテイルとむかし話は子どもにはふさわしくない読みものと考えられており、とくに中産階級ではその傾向が顕著であった。ピューリタンはこれらを魔術によってつくられたものと考えていたし、ロックとルソーはどちらも、日常生活についての物語のほうが好ましいと考えて、フェアリーテイルやむかし話にみられる、人を怖がらせる描写に警鐘を鳴らした。メアリ・シャーウッドは、教訓小説のもっとも厳格な作家で、人気のあった『フェアチャイルド家の物語』（The History of the Fairchild Family, 1818-1847）シリーズの作者であった。この作品は、読者に宗教教育を提供するねらいがあった。物語の山場のひとつは、フェアチャイルド家の子どもたちが口げんかをした後の場面に設けられている。父親は教訓をたたきこむために、兄弟を殺した罪によって処刑された男の、腐敗した死体がぶら下がった絞首台へと子どもたちをつれていく。セアラ・トリマーの『たとえばなし』（Fabulous Histories, 1786）は、コマドリの一家が道徳的価値を説く物語であった。彼女は両親と女性教師を対象にした雑誌「教育の守護者」（The Guardian of Education, 1802-1806）の編集発行も手がけている。これは、児童書の価値を認め、それまでの児童文学の歴史をまとめようとした最初の試みであった。

児童文学としてのフェアリーテイルに対する心的態度は、ヤーコプとヴィルヘルムのグリム兄弟が2巻本の『子どもと家庭のための童話集』（Kinder und Hausmärchen, 1812-1815）をドイツで出版した19世紀のあいだに変化した。グリム兄弟はドイツ・ロマン主義の一翼を担い、大人向けに書いていたほかの作家たち——ルードヴィヒ・ベックシュタインやクレメン

シトウフン

スース博士の古典的な名作『キャット・イン・ザ・ハット』(The Cat in the Hat, 1957) は、200 語をやや超えるぐらいの語彙数で、幼い子どもの読本として書かれた。スース博士の作品でもっとも人気があった『キャット・イン・ザ・ハット』は、2000 年までに 700 万部以上売れた。Geisel, Theodor, illustrator. TM and copyright ©1957 and renewed 1985 by Dr. Seuss Enterprises, L.P. Reproduced by permission of Random House, Inc.

ス・ブレンターノ、E・T・A・ホフマンなど——とともに、むかし話や文字化されたフェアリーテイルを擁護した。グリム兄弟は、ほかの研究者のためにドイツの民間伝承 (folklore) を収集して保存するつもりであったが、これをエドガー・テイラーが『ドイツ民話集』(German Popular Stories, 1823-1826) として英語版を作った際、テイラーはその内容を改訂し、子ども向けに作りかえてしまった。英語版の挿し絵はジョージ・クルックシャンクが描き、彼の手によるユーモアたっぷりの作風は、ジョン・ラスキンの賞賛を受けた。児童文学としてのグリムのフェアリーテイルの人気は、1697 年のシャルル・ペローの『ペロー童話集』(Histories, ou contes du temps passé, avec des Moralitez, 1697) の出版によって下支えされたものであった。ペローの巧妙で道徳的な八つの物語は、1729 年にロバート・サンバーによって『昔話』(Histories, or Tales of Past Times, 1729) として英訳された。ペローによって生みだされた文学的なフェアリーテイルは、しばしば、『マザー・グースの物語集』(The Tales of Mother Goose) あるいは単純に『マザー・グースのお話』(Mother Goose's Tales) とよばれた。「ガチョウおばさんのお話」(Contes de ma mere l'oye) という表現が、一人の老女が子どもたちにお話をする場面の木版画に描きこまれ、これがペローの物語集の口絵に使われた。そしてその表現が、サンバーによって「マザー・グースのお話」と翻訳されたのであった。

ペローの著作の出版、さらには彼の作品と同時にマリー＝カトリーヌ・オーノワ夫人の『妖精物語』(Contes de fées [Stories of the fairies]) が出版されたことなどによって、17 世紀末のフランスの宮廷社会の大人たちのあいだにフェアリーテイルが流行するようになった。オーノワ夫人による文学的なフェアリーテイル集は、1699 年に『妖精たちの物語』というタイトルで英訳された。この当時のもう一人の影響力のあった文学的なフェアリーテイルの作家は、マリー・ボーモン夫人であった。彼女は 1745 年にイギリスに移住し、その地で『子どもの雑誌——賢い女教師と生徒たちの対話』(Magasin des enfans, 1756) を出版し、これは 1757 年に『若い令嬢の読本』(The Young Misses Magazine, 1757) として英訳された。彼女の作品は、女性教師とその生徒との会話を描いたもののほかに、もっともよく知られた彼女の翻案として知られる『美女と野獣』(Beauty and the Beast) など、多数のフェアリーテイルをふくんでいる。

ペローのフェアリーテイルは、しだいに、総体的に『マザー・グース』として知られる子ども向けのテキスト (children's text) として受け入れられた。オーノワ夫人のフェアリーテイルは、『バンチの女将』(Mother Bunch) のお話として認知され、ヴィクトリア時代の家庭の芝居であった多数のパントマイム劇の基礎になった。

ヘンリー・コールは、フェリックス・サマリーというペンネームで、影響力のあった児童書『フェリックス・サマリー家庭宝典』(The Home Treasury, 1843-1847) シリーズを編纂したが、これはフェアリーテイルの評判を、子どもが読むのにふさわしいものとしてとりもどさせるのに役立った。コールは、このシリーズが子どもの想像力をはぐくみ、トリマー夫人やシャーウッド夫人のような作家たちによってくわえられたフェアリーテイルに対する攻撃への対抗策になるのを望んでいた。さらに、このシリーズは、当時人気があったピーター・パーレーによる入門書シリーズにとって代わるものになるとの意図の下に書かれたものであった。パーレーとは、入門書の多作なアメリカ人作家であったサミュエル・グッドリッチ[*10]のペンネームで、彼はフェアリーテイルや童謡をお粗末で低俗だと軽視していた。多数のフェアリーテイルと文学作品

からなるこの『名作家庭文庫』シリーズは、反ピーター・パーレー主義者であったコールが考案したシリーズであった。フェアリーテイルをめぐってたえずくりひろげられる戦いは、日常生活の物語の価値を空想的で幻想的な作品と対抗させるという衝動的行為であり、児童文学の歴史に何度もあらわれる論争である。

ハンス・クリスティアン・アンデルセンの『童話集』(Eventyr, fortalte for børn [Tales, told for children, 1835, 1843, 1858, 1861])が1848年に英語に翻訳されることで、正当な児童文学としてのフェアリーテイルの勝利は完全なものとなった。それからまもなく、特別な作家の手によってむかし話というかたちで書かれた、むかし話と文字化されたフェアリーテイルのコレクションは、ヴィクトリア時代末期まで児童文学の中心となった。ヴィクトリア時代のもっとも人気を博した文字化されたフェアリーテイルはルイス・キャロルの『不思議の国のアリス』(Alice's Adventures in Wonderland, 1865)で、これには、その続編としての『鏡の国のアリス』(Through the Looking Glass, 1872)が続く。この二つの作品のどちらにもジョン・テニエルが挿し絵を描いた。キャロルの想像力にあふれた小説には、しばしば、児童文学における重点が教育(instruction)から娯楽(delight)へと変化したことが認められる。アリス本に先立つ児童書の大多数と比較してみると、キャロルの作品は、宗教的あるいは社会的な教訓からはかけ離れている。キャロルは、『子どものための賛美歌集』(Divine Songs, 1715)から「怠惰と悪戯に抗して」(Against Idleness and Mischief)と題するアイザック・ウォッツ*11の詩をやんわりとパロディー化しさえしたが、そうしたあてつけはまたウォッツの宗教的著作の持続的な人気を示していた。ジョージ・マクドナルド*12の『北風のうしろの国』(At the Back of the North Wind, 1871)にみられる宗教的な教訓や、クリスティナ・ロセッティ*13の『ものいう肖像画』(Speaking Likenesses, 1874)で強調されている社会的な教訓は、ヴィクトリア時代を通じて児童文学の重要な特徴であった。

キャロルのアリス本だけが児童文学に変化をひきおこしたわけではなかった。ローラとハリー・グラハム姉弟の陽気な冒険を描いたキャサリン・シンクレアの『別荘物語』(Holiday House, 1839)は、児童書の世界に騒々しくて悪戯っぽい子どもたちをふたたび登場させた。ハインリヒ・ホフマンの『滑稽な挿し絵と愉快な物語』(Lustige Geschichten und drollige Bilder)は、1845年にドイツで出版されたものだが、1847年以降の第3版以降は『もじゃもじゃペーター』(Struwwelpeter)として知られた。これは、子ども向けのピューリタンの教訓物語のゆきすぎを嘲笑する挿し絵と詩が特徴になっていた。エドワード・リア*14の『ノンセンスの本』(Book of Nonsense, 1846)は、もうひとつの有名な滑稽詩集*15で、子どもを道徳的に改善しようとか勧善懲悪的であろうとする衝動を排除する喜劇的な挿し絵がついている。リアは、滑稽五行詩(リメリック)*16を得意としたが、同時に、メランコリーの趣のある『ふくろうくんとこねこちゃん』(The Owl and the Pussy-cat)や『光る鼻のドング』(The Dong with a Luminous Nose)のような長編詩も得意であった。キャロルとリアは、しばしばナンセンス文学の二大作家としてならび称され、どちらも、イギリスで童謡として知られ、またアメリカで『マザー・グース』として知られる作者不詳の滑稽詩(nonsense verse)の影響を受けていた。『マザー・グースの子守歌』の編集物には無数の出版物があった。そのうちもっとも有名なもののひとつは、ボストンのマンロー・アンド・フランシス社出版の『マザーグースの童謡集』であるが、このなかで『マザーグース』は、自分のことをあらゆる時代のもっとも偉大な詩人の一人であり、ビリー・シェークスピアとファーストネームでよびあう仲だと誇らしげに言っている。ジェイムズ・オーチャード・ハリウェルの『イギリスのむかし話』(Nursery Rhymes and Tales of England, 1845)は、フェアリーテイルがすでに達成していた立派な社会的地位を童謡にあたえた。

ヴィクトリア時代の児童文学

ヴィクトリア時代の児童文学は、少女向けと少年向けにそれぞれ違ったタイプの本を提供する男性の領分と女性の領分に分かれた文化を反映していた。少女向けの物語は、オルコットの『若草物語』(Little Women, 1968)やケイト・ダグラス・ウィギンの『少女レベッカ』(Rebecca of Sunnybrook Farm, 1903)のように、しばしば家庭的な作品で、家庭生活を賞賛した。少年向けに書かれた物語は、マーク・トウェインの『トム・ソーヤーの冒険』(The Adventures of Tom Sawyer, 1876)とその続編である『ハックルベリー・フィンの冒険』(Adventures of Huckleberry Finn, 1884)のように、少年に冒険体験をもつよう奨励していた。ヴィクトリア時代の児童文学はよい少年と悪い少年というキャラクターを展開したが、女性のキャラクターには柔軟性があまり認められなかった。冒険物語――たとえば、ロバート・バランタインの『サンゴ礁の島』(The Coral Island, 1858)、ロバート・ルイス・スティーヴンソンの『宝島』(Treasure Island, 1883)、そしてラドヤード・キプリングの『少年キム』(Kim, 1901)など――は、少年たちの人気の分野になった。少女たちは、シャーロット・ヤングの『ひなぎくの首飾り』(The Daisy Chain, 1856)や、『少女たちの世界』(The World of Girls, 1886)を皮切りとした、L・T・ミードの異常なまでに人気を博した少女たちの学校物語(school stories)のような道徳主義的で家庭的なフィクションを読むよう奨励された。アンナ・シュウェルの『黒馬物語』(Black Beauty,

マーガレット・ワイズ・ブラウンの『おやすみなさいお月さま』(*Goodnight Moon*, 1947) のためにクレメント・ハードが描いた挿し絵。ブラウンの本は6歳以下の子どもを対象に書かれていたので、この年齢の子どもたちの就寝時に読み聞かせる定番になった。Harper & Row, Publishers, 1975. Illustrations copyright renewed 1975 by Edith T. Hurd, Clement Hurd, John Thacher Hurd, and George Hellyer.

1877) とキプリングの『ジャングル・ブック』(*The Jungle Book*, 1894) と『第2のジャングル・ブック』(*Second Jungle Book*, 1895) といった動物物語 (animal tales) は、男女双方にアピールしたと考えられた。この伝統は、**ビアトリクス・ポターの**『ピーター・ラビットのおはなし』(*The Tale of Peter Rabbit*, 1902)、ケネス・グレーアムの『たのしい川べ』(*The Wind in the Willows*, 1908)、そしてE・B・ホワイトの『シャーロットのおくりもの』(*Charlotte's Web*, 1952) など、もっとも記憶に残る動物物語として、20世紀まで続いた。ぬいぐるみの動物は、A・A・ミルンの『クマのプーさん』(*Winnie-the-Pooh*, 1926) と『プー横丁にたった家』(*The House at Pooh Corner*, 1828) の作品の主人公になったが、この作品はアーネスト・シェパード[*17]によってすばらしい挿し絵がほどこされている。

19世紀後半になると、児童文学が爆発的に増加し、その質も飛躍的に高まった。歴史的に見ると、児童文学は、作者としてまた挿し絵画家として、男性よりも女性に広く門戸を開いていたが、それは児童文学が大人の文学ほど重視されていなかったためであり、また、出版者たちが女性のほうが子どもを教えたり養育する能力があると認めていたためでもあった。また、労働階級のために通俗小説や三文小説[*18]が作られ、中産

階級と上流階級のために高尚な文学が作られたように、児童文学は、社会階級に応じて分岐した。

ヴィクトリア時代は、本の挿絵と絵本の黄金時代であったと考えられている。19世紀前半の児童文学の大半は、木版画で挿し絵が作られるか、木版の上に印刷され、その上に手書きで彩色されるかしていたが、その後の印刷術の革新は広範な色の使用を可能にした。1850年代までに、熟練のカラー印刷業者であったエドマンド・エヴァンズは、その時代のもっとも有能な絵本の挿絵画家たち——ランドルフ・コールデコット[19]、ウォルター・クレイン[20]、ケイト・グリーナウェイ、ビアトリクス・ポター、そしてリチャード・ドイルなどがふくまれる——とともに、異彩を放つ絵本と挿絵入りテキストを生み出すためにはたらいた。

現代の児童文学

20世紀の児童文学の特徴は、登場人物と作者の両方で多様性が増したことであった。初期の人気があった児童書——ジョエル・チャンドラー・ハリスの[21]『リーマス爺や』(Uncle Remus, His Songs and His Sayings, 1880)、ヘレン・バンナーマンの『ちびくろサンボ』(The Story of Little Black Sambo, 1899)、ヒュー・ロフティング[22]の『ドリトル先生物語』(The Story of Dr. Dolittle, 1920)、マール・ハースによってフランス語から『ぞうのババール』(The Story of Babar, The Little Elephant, 1933)として英語に訳されたジャン・ド・ブリュノフのHistoire de Babar, le petit éléphant (1931)、そしてロアルド・ダール[23]の『チョコレート工場のひみつ』(Charlie and the Chocolate Factory, 1964)など——は、これまでずっと人種差別的な作品だと非難されてきた。20世紀以前の児童文学の大部分は、白人のイデオロギーを具体的に示しており、それはテキストと挿絵の両方に反映していた。1920年代以降、児童文学にかつて以上に多文化的な視点を入れようとする試みが見られた。W・E・B・デュボイスの「黒人の願い」(The Brownies Book, 1920-1921)は、アフリカを祖先とするアメリカ黒人の最初の子ども向けの雑誌であった。これは、ラングストン・ヒューズ[24]やジェシー・フォーセットらの作家たちによる物語、詩、情報紹介などを扱っていた。時代を超えて、出版者たちは多文化主義と多様性の問題にますます関心を示すようになった。有名なアフリカ系アメリカ人作家たち——たとえばアーナ・ボンテンプス (Arna Bontemps)、ルシール・クリフトン (Lucille Clifton)、ミルドレッド・テーラー (Mildred Taylor)、ヴァージニア・ハミルトン (Virginia Hamilton)、そしてジョン・ステップトウ (John Steptoe) たち——そしてアジア系アメリカ人作家たち——ローレンス・イェップ (Laurence Yep)、アレン・セイ (Allen Say)、そしてケン・モチヅキ (Ken Mochizuki) ——は、かつてすべて白人であった児童文学の世界を永久に変えてしまった。

他方で、年齢にふさわしいかどうかという観点から、児童文学はかつて以上に細分化されるようになった。1940年代、バンクストリート教育大学 (the Bank Street College of Education) の創設者であるルーシー・スプレイグ・ミッチェルの教育理論に触発されたマーガレット・ワイズ・ブラウンは、6歳以下の子どもを対象にした絵本を作りはじめた。ブラウンが非常に小さい子ども向けに作ったもっともよく知られた絵本は、『ぼく　にげちゃうよ』(The Runaway Bunny, 1941) と『おやすみなさい　おつきさま』(Goodnight Moon, 1947) で、どちらもクレメント・ハードの挿し絵がついている。ミッチェルはまた、『むかしといまのフェアリーテイル』(Here and Now Storybook, 1921) のようなコレクションのなかで現実世界を反映した物語を作っている。年齢ごとに特化した読みものに対する新たに発見されたこのような関心は、ウィリアム・S・グレイとザーナ・シャープによって開発され、スコット・フリーマン・アンド・カンパニーから販売され、広く使われた読本『ディックとジェーン』(Dick and Jane, 1930-1965) を生みだすことになった。スース博士の『キャット・イン・ザ・ハット』(The Cat in the Hat, 1957) は、ひかえめな語彙集としても編纂されたが、そうした基礎読本に対する独創的な代用として書かれた。

19世紀末に、ロタール・メッゲンドルファーが、つまみと折りこみページがある可動絵本 (movable picture book) を開発したのに対して、飛び出し絵本 (pop-up books)、組み立て絵本 (shaped books)、それに立体絵本 (tactile books) などは、20世紀に入ってはじめて広範な人気を博すようになった。こうした本のなかでもっともよく知られているのは、ドロシー・クンハートの前後どちらからでも読める『パット・ザ・バニー』(Pat the Bunny, 1940) である。ジャン・ピエンコフスキーの『おばけやしき』(Haunted House, 1979) と『ロボット』(Robot, 1981) のような、さらに現代的なテキストは、本とおもちゃの違いを曖昧にしている。ボードブック (board books) は赤ん坊と幼児が利用できる。そのうちもっとも想像力に満ちた絵本は、ローズマリー・ウェルズの『マックス・ライド』(Max's Ride, 1979) にはじまる『マックス』(Max) シリーズで、これは就学前児童の心をとらえた物語を提供している。

20世紀にあらわれた多数の子ども向けのテキストは、年長の子どもの生活にアピールし、それを探求したが、批評家の大半は、モーリーン・デイリの『十七歳の夏』(Seventeenth Summer, 1942) と、J・D・サリンジャーの『ライ麦畑でつかまえて』(The Catcher in the Rye, 1951) を、児童文学から切り離された分野としての青年期文学 (adolescent literature) のはじまりだと指摘している。つい最近では、別のカテゴリー

としてミドル・スクール文学（middle school literature）というジャンルも登場している。ビバリイ・クリアリーの『ビーザスといたずらラモーナ』（*Beezus and Ramona*, 1955）にはじまる『ラモーナ』（*Ramona*）シリーズ、ルイーズ・フィッツヒューの『スパイになりたいハリエットのいじめ解決法』（*Harriet the Spy*, 1964）、そしてジュディ・ブルームの問題小説『神さま、わたしマーガレットです』（*Are You There God? It's Me, Margaret*, 1970）などにみられるテキストは、絵本を読むには歳上すぎ、青年期小説を読むには早すぎる子どもの読者を引きつけた。

双書（シリーズもの）は、依然として児童文学の大きな部分を占めているが、互いに競争しあうようになった。ボロ服を着た状態から金持ちになる勇気のある少年が登場するホレイショ・アルジャーの小説や、敬虔ではあるが人気のあった『エルシー・ディンズモア』（*Elsie Dinsmore*）についてのマーサ・フィンリーの双書ものの出版にみられるように、同じ傾向の人物を登場させたり定着した様式をくりかえす図書が、19世紀以降の児童文学の重要な部分になってきた。20世紀初頭には、エドワード・ストラテマイヤーの匿名作家シンジケートが、さまざまな筆名で多様な双書ものを書いた。そのなかには、キャロリン・キーンの『ナンシー・ドルー』（*Nancy Drew*）シリーズ、フランクリン・W・ディクソンの『ハーディー・ボーイズ』（*Hardy Boys*）シリーズ、そして、ヴィクター・アップルトンの『トム・スウィフト』（*Tom Swift*）シリーズがふくまれる。図書館司書や批評家たちは、双書本のくりかえす特徴を見すごしてしまいがちであったが、いくつかのシリーズ本──『大草原の小さな家』（*Little House in the Big Woods*, 1932）ではじまるローラ・インガルス・ワイルダーの『小さな家』（*Little House*）シリーズや、『ライオンと魔女』（*The Lion, the Witch, and the Wardrobe*, 1950）ではじまるC・S・ルイスの『ナルニア国物語』（*Chronicles of Narnia*, 1950-1956）コレクションなど──は、傑出した文学作品として認められた。それにもかかわらず、双書もののフィクション──『オズの魔法使い』（*Wonderful Wizard of Oz*, 1900）ではじまるL・フランク・ボームの『オズ』（*Oz*）シリーズ、『恐怖の館へようこそ』（*Welcome to the Dead House*, 1992）ではじまるR・L・スタインの『グースバンプス』（*Goosebumps*）シリーズ、『クリスティーのグレイト・アイディア』（*Great Idea*, 1986）ではじまったアン・マーティンの『ベビー・シッターズ・クラブ』（*Baby-Sitters Club*）シリーズ──は、年長の子どもに受け入れられたが、しだいに大人や批評家たちからは空疎な内容だとして広く拒絶された。

児童書を映画あるいはテレビのシリーズとして脚色することは、児童文学のますます重要な側面になってきた。人気テレビ番組シリーズは、ワイルダーの『大

ヒラリー・ナイトの風変わりな挿絵は、ニューヨークのホテルで暮らしているかわいらしい女の子についてのケイ・トンプソンの物語『エロイーズ』（*Eloise*）が、20世紀後半以降の子どもたちのあいだで人気を集めるのに一役かっている。Simon & Schuster, 1983. Copyright ©1955 by Kay Thompson. Copyright renewed ©1983 by Kay Thompson. Reproduction by permission.

草原の小さな家』（*Little House*）シリーズや、『アーサーの鼻』（*Arthur's Nose*, 1976）ではじまるマルク・ブラウンの『アーサーの冒険』（*Arthur Adventure*）シリーズのような本を下敷きにしていた。ウォルト・ディズニーは、最初の長編アニメーション映画「白雪姫」（*Snow White and the Seven Dwarfs*, 1937）を皮ぎりに、子ども向けのテキストを映画用に改作する分野を支配した。フェアリーテイルを下敷きにしたアニメ映画がもっともよく知られるが、ディズニーは、カルロ・コルローディの『ピノッキオの冒険』（*Le avventure di Pinocchio*, 1882）とT・H・ホワイトの『王様の剣』（*The Sword in the Stone*, 1939）を下敷きにしたアニメ作品ばかりでなく、P・L・トラヴァースの『風にのってきたメリーポピンズ』（*Mary Poppins*, 1934）を下敷きにした「メリーポピンズ」（*Mary Poppins*, 1964）のようなアニメ動画映画も多数制作した。L・フランク・ボームの1900年の小説を下敷きにしたヴィクター・フレミングの映画「オズの魔法使い」（*The Wizard of Oz*, 1939）、あるいはフランシス・ホジソン・バーネットの1905年の小説を下敷きにしたアルフォンソ・キュアロンの映画「リトル・プリンセス──小公女」（*A Little Princess*, 1995）の場合のように、映画用の脚色は、改訂版とまではいわないにしても、しばしば原作を変えた。このことは、子どもたちが本を読むことによってよりも脚色されたものを眺めることによってテ

キストにより親しみをもつとき、児童書のテキストの意味を複雑にしている。

1960年代以降、よく構成された絵本の出版がますます増大した。モーリス・センダックの『かいじゅうたちのいるところ』(Where the Wild Things Are, 1963)、クリス・ヴァン・オールズバーグの『ジュマンジ』(Jumanji, 1981)、そしてアンソニー・ブラウンの『すきですゴリラ』(Gorilla, 1983) のような絵本の挿し絵画家たちは、非常に想像力豊かな絵本を生みだした。才気あふれるグラフィック・デザイナーたち——『はらぺこあおむし』(The Very Hungry Caterpillar, 1969) のエリック・カール、『スイミー：ちいさなかしこいさかなのはなし』(Swimmy, 1963) のレオ・レオニ、そして『色のついた動物』(Color Zoo, 1989) のロイス・エルトら——は、創造的な絵本のために大胆な新しい手法を用いた。

年齢によって児童文学を分類しようとする近年の傾向にもかかわらず、ますます多くの大人たちが、子ども向けのテキストと大人向けのテキストのあいだの境界線が曖昧になっている児童書を読みはじめている。『ハリー・ポッターと賢者の石』(Harry Potter and the Sorcerer's Stone, 1997) にはじまるJ・K・ローリングの『ハリー・ポッター』(Harry Potter) シリーズは、子どもの読者と大人の読者の両方から広く共感を得ている。フランチェスカ・リア・ブロックの『ウィーツィ・バット』(Weetzie Bat, 1989) のようなポストモダンのフェアリーテイルと、『最悪のはじまり』(The Bad Beginning, 1999) にはじまるレモニー・スニケットの『世にも不幸なできごと』(A Series of Unfortunate Events) シリーズは、どちらも大人の読者から強い支持を得ている。絵本は、これまでずっとつねにデザイナーや挿し絵画家たちがその才能を披瀝するショーケースであった。ますます洗練されてきた絵本——デビッド・マコーレイの『黒と白』Black and White (1990)、あるいはジョン・シェスカによって書かれ、レイン・スミスの挿し絵がついた、フェアリーテイルについてのポストモダン的な修正版『くさいくさいチーズぼうや＆たくさんおとぼけ話』(The Stinky Cheese Man and Other Fairly Stupid Fairy Tales, 1992) ——は、子どもたちと同じように大人の心をとらえている。こうして現代の児童文学は、非常に革新的で挑戦的な分野でありつづけている。児童文学がますます金銭的な利益を生むビジネスになってくると、カール・ハイアセン『HOOT』(Hoot, 2002) やマイケル・シェイボン(『サマーランドの冒険——ハリネズミの本箱』(Summerland, 2002) のような、最初は大人向けの作家として地歩を固めて成功した作家たちが、子ども向けに書くことを好むようになっている。

［訳注］

*1 チャプター・ブック (chapter books) ——7歳から10歳ぐらいまでの子どもを対象にした読本で、それ以下の子どもを対象にした絵本が絵を主体にしているのに対して、チャプター・ブックは多様な挿絵とともに物語を簡潔に文字表現している。短い章 (chapter) 立てで、細かく区分けされて展開できるように考案されていることからこのようによばれる。

*2 ペーパーバック (paperback) ——この語の初出は1899年である。Paperback本は粗紙を用いた小形のMass-market paperbackと、上製紙を用いたTrade-paperbackの二種類があり、前者のサイズ (幅10.64cm、天地17.46cm) が現在の文庫本［わが国では新書本］の原型になったといわれている。

*3 ジョン・ニューベリー (John Newbery, 1713-1767) ——イギリスの出版業者。バークシャーの農民の子として生まれ、16歳のとき、地方の出版業者の徒弟となった。24歳のとき、この出版業者の親方ウィリアム・カーナンが亡くなったとき仕事を引き継ぎ、2年後にその未亡人メアリと結婚した。1740年からレディングに会社を移し、本格的に出版業を開始し、ロンドンにいくつかの小売店も設け、1744年に、「世界で最初の児童書」とよばれることになる子ども向けの『ポケットブック』(A Little Pretty Pocket-Book, 1744) を出版した。継続的な子ども向け書物の出版と、市場の開拓によって児童文学という新しいジャンルを開拓した。サミュエル・ジョンソン (Samuel Johnson, 1709-1794) やオリヴァー・ゴールドスミス (Oliver Goldsmith, 1730?-1774) らの作家たちを支援し、彼らの作品を出版したことでも知られる。彼の名を冠して1922年に創設された「ニューベリー賞」は、アメリカの児童図書の年間最優秀作品にあたえられる賞。

*4 ロックと『イソップ寓話集』——ジョン・ロックは、子どもの視覚にうったえる語学教材として、『イソップ寓話集』に注目し、実際に絵入りの語学教材として、ラテン語と英語を上下に1行ずつ、それぞれの単語の上下が揃うように表記したラテン語・英語併記版のテキストを作成している。John Locke, Aesop's Fables, in English & Latin, Interlineary, for the benefit of those who not having a master, would learn either of these tongues (London, 1723), 357 pages. これは、ロックの死後、1705年頃に初版が出版され、ニューベリーが10歳になった頃の1723年には第2版が出ている。

*5 チャップブック (chapbook) ——イギリスの呼び売り本。呼び売り商人 (chapman) が町や村々をまわって売った物語や俗謡を書いた安価な小冊子。

*6 キャクストン (William Caxton, 1422?-1491) ——イギリスの印刷業者、翻訳家。ケント州に生まれ、最初、ロンドンを出て呉服商の徒弟として修行を積み、10代の終わり頃、フランドルのブルッヘへ移って商人として成功をおさめ、冒険商人としての地位を固め、ブルゴーニュ公妃の依頼を受けてトロイア戦争にかんするフランス語のロマンスを筆写し、印刷の必要を痛感して、当時印刷術が発展していたドイツのケルン市に出向いて活版印刷術を学んだ。その後ブルッヘに戻って印刷所を開いて翻訳出版を手がけたが、54歳の頃イン

グランドに帰国してウェストミンスターにイギリスで最初の印刷所を設立し、没年までチョーサーの『カンタベリー物語』をはじめ、約80種類の本を出版し、その後の出版デザイン、活字デザインなどのモデルとなった。

*7 マロリー（Thomas Malorey, 1400?-1471）——イギリスの文学者。生誕地と生誕年は不詳だが、ウィリック伯リチャード・ド・ビーチャムの家臣団の騎士として百年戦争に従事してフランスで戦った後、暴力事件を起こしたかどで終身投獄に処され、獄中で、21巻507行の大作、『アーサー王の死』（Le Morte Darthur）を書いたと推定されている。これは1485年にW・キャクストンによって印刷され、その後の散文の発展に大きな影響をおよぼしたとされている。

*8 ホーンブック（hornbook）——「角本」とも表記される。古代ローマ時代に、表面に蝋を塗って文字や絵を描いた「書字板」（タブレット）を起源として、近世のイギリスなどで使われていた子どもに読み方を教えるための学習用具。大きな文字でアルファベット、主の祈り、数字などを書いた紙の四すみを牛の角でつくった透明な角質の薄片で覆っていることから、ホーンブックとよばれた。さまざまな大きさと種類があり、柄のついた薄い板状の枠に入れてもち運ばれた。この板状の枠が黒板の起源のひとつであろうし、電子メディア時代の手のひらサイズのタブレットPCなどはその進化形と考えられる。

*9 手習い本（battledore）——17～18世紀頃、板や厚紙で作られた子ども用の文字教本、あるいは手習い本。羽子板の形をしていたことからこうよばれた。

*10 グッドリッチ（Samuel Goodrich, 1793-1860）——アメリカの出版業者、著述家。子ども向けシリーズを開発した。

*11 ウォッツ（Isaac Watts, 1674-1748）——イギリスの神学者、賛美歌作者。

*12 マクドナルド（George MacDonald, 1824-1905）——スコットランドの小説家、詩人。The Princess and the Goblin（1872）。

*13 ロセッティ（Christina Georgina, 1830-1894）——イギリスの叙情詩人。Goblin Market（1862）。兄は、ラファエル前派の主導者D・G・ロセッティ（Dante Gabriel [Gabriel Charles Dante Rossetti], 1828-1882）。

*14 リア（Edward Lear, 1812-1888）——イギリスの滑稽詩人。風景画家。

*15 滑稽詩（nónsense vèrse）——滑稽詩、戯詩。通例、子ども向けの軽妙でユーモラスな詩で、light verseともいわれる。この語の初出は1799年である。

*16 滑稽5行詩（limerick）——弱弱強格の5行からなる戯詩の一形式。

*17 シェパード（Ernest Howard, Shepard, 1879-1976）——イギリスの挿し絵画家。雑誌の「パンチ」やミルンの Winnie-the-Pooh などの挿し絵で知られる。

*18 三文小説（dime novels）——dimeはアメリカで10セントを意味し、「10セント小説」すなわち安価で扇情的な三文小説をさす。dime novelsというアメリカでの表記の初出は1864年で、この頃から第1次世界大戦頃まで使われた。イギリスでは同様の意味でpenny dreadfulsという表記が1873年頃から使われはじめた。

*19 コールデコット（Randolph Caldecott, 1846-1886）——イギリスの挿絵画家。彼の名にちなんで、アメリカでは毎年、すぐれた児童向けの絵本に対して「コールデコッド賞」（Caldecott award）が贈られる。

*20 クレイン（Walter Crane, 1845-1915）——イギリスの画家、児童本の挿画画家、織物のデザイナー。

*21 ハリス（Joel Chandler Harris, 1848-1908）——アメリカのジャーナリスト、小説家。リーマスおじさん（Uncle Remus）を語り手とする民話集で有名。

*22 ロフティング（Hugh Lofting, 1886-1947）——イギリス生まれのアメリカの児童文学作家。ドリトル先生（Dr. Dolittle）もの（全12巻）で有名。

*23 ダール（Roald Dahl, 1916-1990）——イギリスの作家。短編ミステリーが多く、意外な結末の短編小説で知られる。ほかに多数の長編小説と子ども向けの物語を書いている。

*24 ヒューズ（John Langston Hughes, 1902-1967）——アメリカの小説家、詩人。The Weary Blues（1926）。

➡アルファベット習字帳、映画、コミック・ブック、青少年向けの出版事業

●参考文献

Avery, Gillian. 1965. *Nineteenth Century Children: Heroes and Heroines in English Children's Stories 1780-1900*. London: Hodder and Stoughton.

Avery, Gillian. 1994. *Behold the Child: American Children and Their Books*. Baltimore: Johns Hopkins University Press.

Bader, Barbara. 1976. *American Picturebooks from Noah's Ark to the Beast Within*. New York: Macmillan.

Carpenter, Humphrey, and Mari Prichard, eds. 1984. *The Oxford Companion to Children's Literature*. Oxford, UK: Oxford University Press. カーペンター／プリチャード『オックスフォード世界児童文学百科』（神宮輝夫監訳、原書房、1999年）

Darton, F. J. Harvey. 1932. *Children's Books in England: Five Centuries of Social Life*. Cambridge, UK: Cambridge University Press.

Green, Roger Lancelyn. 1964. *Tellers of Tales: British Authors of Children's Books from 1800 to 1964*. New York: Franklin Watts.

Hunt, Peter, ed. 1995. *Children's Literature: An Illustrated History*. New York: Oxford University Press. ピーター・ハント『子どもの本の歴史——写真とイラストでたどる』（さくまゆみこ・福本友美子・こだまともこ訳、柏書房、2001年）

Hunt, Peter, ed. 1996. *Intentional Companion Encyclopedia of Children's Literature*. New York: Routledge.

Hürlimann, Bettina. 1959. *Three Centuries of Children's Books in Europe*. Trans. and ed. Brian Alderson. Cleveland, OH: World Publishing Company. ヒューリマ

ン『ヨーロッパの子どもの本』（上・下）（野村ヒロシ訳、ちくま学芸文庫、2003年）

Jackson, Mary V. 1989. *Engines of Instruction, Mischief, and Magic: Children's Literature in England from Its Beginning to 1839*. Lincoln: University of Nebraska Press.

Muir, Percy. 1954. *English Children's Books*. London: B.T. Batsford.

Silvey, Anita, ed. 1995. *Children's Books and Their Creators*. Boston: Houghton Mifflin.

Thwaite, Mary F. 1963. *From Primer to Pleasure in Reading*. Boston: The Horn Book.

Townsend, John Rowe. 1974. *Written for Children: An Outline of English-Language Children's Literature*. New York: J. B. Lippincott. タウンゼント『子どもの本の歴史――英語圏の児童文学』（上・下）（高杉一郎訳、岩波書店、1982年）

Watson, Victor, ed. 2001. *The Cambridge Guide to Children's Books in English*. Cambridge, UK: Cambridge University Press.

（JAN SUSINA／浅木尚実・神戸洋子・谷村知子・寺田綾・内藤紗綾・伊藤敬佑・髙原佳江・北本正章訳）

児童ポルノ（Child Pornography）

　児童ポルノとは、猥褻とみなされる子どもの視覚表現のことをさす。これは文化の問題と同時に法的な定義でもある。児童ポルノは北アメリカの人びとと一部のヨーロッパの人びとが1980年代ごろから実際に関心を向けてきた問題であるが、子どもの性的画像と文書はつねに公然と作られてきた。たとえば、キューピットは、神話に出てくる性欲を駆りたてる存在であるが、つねに子どもや青年として表現されている。18世紀以前には、子ども期の**セクシュアリティ**は、ふつうのことであった――多くの自然の特徴の一つであり、それを教育することは、子どもが大人の社会的地位を得るための訓練と信じられていた。したがって、子どもの性にかんする絵画は、多種多様なポルノグラフィの一つでしかないとみなされた。しかし、18世紀になって、子ども期を絶対的な性的無垢とみなす近代的な理想が出現すると、あからさまな子どもの性的表現は社会的に受け入れがたいものとなった。

　ヴィクトリア時代の上品な子どもにかんする多くの画像と物語は、性的なふくみや無意識の性的願望をにじませていた。その一方で、それらのほのめかしは、19世紀初頭から20世紀後半にかけてのあいだに、どんなときでも子ども期の純真無垢さを完全に確信していた人びとには識別できなかった。たとえばチャールズ・ドジソン（ルイス・キャロルというペンネームのほうがよく知られている）は、裸同然か裸の子どもの写真を撮っていたが、それを児童ポルノだとする無数の申し立てが20世紀後半に出され、いまや彼の名声を脅かしていることに心底驚くに違いない。しかしながら、1960年代から70年代までに、『ロリータ』とよばれる小説は、大衆文化のほかの分野と同様に、性的目的による子どもの文学的、映像的虐待に対する危惧から世論をゆるがした。その後すぐに、**児童虐待**、子どもの**誘拐**、子どもの安全にかんするその他の事柄に焦点があてられるようになり、ポルノグラフィがもつ潜在的な課題に人びとの注意が向けられるようになった。

　法的にみると、児童ポルノは、1982年にアメリカのニューヨーク市対ファーバー訴訟によって、はじめて大人のポルノグラフィと区別された。続く14年間では、法的決定や政府報告がその見解を引き継ぎ、児童ポルノの定義はそれが実在する子どもであろうとなかろうと、一人でも「猥褻だ」とみなした写真用の画像すべてにまで拡大された。重要な事件、政府報告、法律としては、1986年のポルノグラフィにかんする米司法長官委員会（メーゼ・レポート）、マサチューセッツ州対オークス訴訟（1989年）、ノックス対アメリカ訴訟（1991-1994年）、1996年の児童ポルノ禁止法などがある。児童ポルノの製造・頒布・消費は、連邦法のもと20年以下の懲役によって罰するべきものになった。くわえて、ほとんどの州は、警察に疑いをもたれたあらゆる描写を制作業者に報告させるために、すべての画像フィルムを業者に提出させる法律を可決した。

　アナログであれデジタルであれ、写真画像だけがその影響を受けた。というのも写真画像だけが、起訴の正当な理由とするに十分な本物の記録と思われたからである。児童ポルノが性的な児童虐待にかんする人工的な画像と現実との関係性を作りだしてしまうと考えられていたが、児童ポルノ法の裏には両者を関連づける正当な理由があった。立法者とアメリカの世論は、児童ポルノの制作中に行なわれる児童虐待だけではなく、制作後にそれを見る鑑賞者に対する影響についても懸念をいだいていた。児童ポルノは、子どもたちにとって一生涯、忘れられないものになるだけではなく、被害者である子どもと加害者である大人双方の性的抑制を弱めると考えられていた。児童ポルノ法の方向性は、2002年のアッシュクロフト司法長官対自由連合訴訟によって変えられた。出演する子どもが実在するかどうかにかかわらず、児童ポルノには子どものあらゆる画像がふくまれるという主張は拒否され、最高裁は、デジタル方式の人工的な画像は実際の児童虐待を記録したものではないという理由で、法律の適用から除外するとの判決を言い渡した。

　欧米文化のあらゆる場所で、子どもを性欲の対象とする動きに強い懸念が示されつつあるなかで、児童ポルノ法は発展した。この懸念とそれに対する反応は、成功した衣類メーカーであるカルヴァン・クラインの

シトウホル

ブルック・シールズは、1980年にカルヴァン・クラインのジーンズで悪名高い刺激的なポーズをとったとき、たった15歳であった。広告キャンペーンが子どものセクシュアリティの問題に対する人びとの関心を集めたが、結果としてカルヴァン・クラインに対する激しい反発は生まれなかった。AP/WIDE WORLD PHOTO

広告キャンペーンをめぐる三つの連続したスキャンダルによって示すことができる。1980年に、カルヴァン・クラインは子役スターのブルック・シールズ（1965-）を起用したジーンズにかんする一連の雑誌広告とCMを打ち出した。彼女は性的に魅力的な女性をよそおっており、「わたしとカルヴァンのジーンズのあいだに何がある？　何もない」というキャッチ・コピーがつけられていた。キャンペーンによって、子どもっぽい女性（child-woman）現象は社会問題化したが、なんの損害もこうむらなかった。ジーンズの売り上げは急上昇した。1995年、カルヴァン・クラインはまたもや多くの消費者を驚かせ、幅広い批判を集めるジーンズの広告を打ち出した。その広告は数名のモデルに下着が少し露出するきわどいポーズをとらせたものであり、モデルたちは、**同意年齢（18歳）**ぎりぎりであるかのように感じられる年頃であった。今度は、法的調査が開始された。モデルたちは大人であると証明されたが、この広告キャンペーンは長く続かなかった。1999年までに、児童ポルノに対する寛容さは姿を消した。にもかかわらず、その年、カルヴァン・クラインはさらにもう一度、混乱をひき起こす広告キャンペーンを張った。それは下着ではねまわっている子どもたちを出演させるというものであり、その日のうちにキャンペーンを中止させるほどの猛烈な怒りをかった。

インターネットがますます利用しやすくなったことは、児童ポルノにかんする新たな懸念を増加させた。性行為にかかわる子どもの画像は、いまやこれまでよりもはるかに急速に広くかけめぐった。子どもがインターネットを使用するので、それに比例して児童ポルノに彼らが露出する危険性も増加した。子どもへの性的いたずらという犯罪は、児童ポルノの消費と強い関係をもっていたと考えられる。とはいえ、両者の因果関係が確実に立証されたことはこれまでなかった。児童ポルノの消費と子どもへの暴力は、ともに非常に複雑な要因がからみあった結果であるというほうが、はるかにありそうなことであった。

犯罪的な児童ポルノに対する懸念は、ふつうの子どもの日常的な画像に対する不安のほうが、はるかに深くかつ浸透していることを示すと同時に、それを隠すことにもなっている。あまりにも性的すぎる非常に幼い子どもに対する懸念が徐々に拡大するのにつれて、写真に注目が集まっている。成人の性衝動の基準にしたがってポーズをとらされるか、よそおわされた子

どもは、美人コンテストや種々のスポーツといった子ども期とは完全に無関係な製品広告で、若い芸能人に囲まれて、あらゆるマスメディアにたえずのせられている。子ども期を性欲の対象とすることは瑣末なことではなく、もはや主流の現象なのである。おそらく大人の女性らしさのイメージが、大人の男性らしさのイメージより性欲の対象にされる傾向があるために、それは少年のイメージよりも少女のイメージに強い影響をおよぼしている。

家族内で撮られた子どもの画像は、公共の場で作成された子どもの画像と同じくらい、これまでにない綿密な調査を受けることになった。警察から嫌疑をかけられた児童ポルノにかんして報告することを写真制作業者に命じる法律は、商業的な児童ポルノ市場を抑制しようとしたのと同じかあるいはそれ以上に、親や保護者的な人物を捕まえることを意図していた。加工されたフィルムを偶然手に入れたことで警察に逮捕された親や、自分の子どもにかんする作品を展示したために警察に捕らえられた芸術家の親といった多くの事例が、幅広いメディアから注目された。これらの事例は、現代文化のもっとも一般的な具象活動のひとつ、すなわち自分の子どもの写真を撮ることの危険性を警告している。それを制限なしに見境なく行なわれる撮影に対する警告とみなしても、あるいは司法による過剰な監視への警告ととらえても、結果は同じである。写真家がその子どもとどれほど親しくても、子どもの下着の写真を撮るのは危険である。児童ポルノにかんする法的な申し立ては、児童ポルノがいまや憎むべき道徳的犯罪であると考えられているので、たとえ調査がむだに終わった場合でも、心理的にも財政的にもそのダメージは非常に大きいものとなっている。

それにもかかわらず、20世紀後半から21世紀前半にかけて、プロの芸術家がますます増加し、成功をおさめたが、彼らは、子どもの身体、とくに青年期の目覚めつつある、やっかいな、ときには過激ですらある体つきに取り組んだ。1980年代から1990年代前半の**サリー・マン**の先駆的な仕事に続いて、アンナ・ギャスケル、マルセル・ザマ、ダナ・ホーイ、マレリー・マーダー、エイミー・カトラー、アンソニー・ゴイコリア、ジュスティーヌ・クルランド、そしてケイティ・グラナンといった芸術家は、たんに子どものセクシュアリティを主張しないだけではなく、怒りと同様に信頼、強さ、想像、美など、否定的特質と肯定的特質の両面をセクシュアリティと結びつけることによって、絶対視されてきた子ども期の純真無垢という理念に挑戦する子どもイメージを作りだした。これらの芸術家の意図は、子どもを客体化することではなく、むしろ彼らに豊かで多様な個性をあたえることであった。この仕事がその意図をふまえて理解されうるのかどうかはまだわからない。というのも児童ポルノの本質的な問題は知覚によるものであるからだ。セクシュアリティ、とくにセクシュアリティの表現は、それを見る人の目のなかにあるのである。

➡子ども期の理論、子どもの写真、法律と子ども

●参考文献

Edwards, Susan H. 1994. "Pretty Babies: Art, Erotica or Kiddie Porn." *History of Photography* 18, no. 1 (spring) : 38-46.

Fisher, William A. and Azy Barak. 1991. "Pornography, Erotica, and Behavior: More Questions than Answers." *International Journal of Law and Psychiatry* 14: 65-73.

Geiser, Robert L. 1979. *Hidden Victims: The Sexual Abuse of Children*. Berkeley: University of California Press.

Ginsberg, Allen and Joseph Richey. 1990. "The Right to Depict Children in the Nude." In *The Body in Question*, ed. Melissa Harris. New York: Aperture.

Goldstein, Michael J. and Harold Stanford Kant. 1973. *Pornography and Sexual Deviance*. Berkeley: University of California Press.

Heins, Marjorie. 2001. *Not in Front of the Children; "Indecency," Censorship, and the Innocence of Youth*. New York: Hill and Wang.

Higonnet, Anne. 1998. *Pictures of Innocence: The History and Crisis of Ideal Childhood*. London: Thames and Hudson.

Marks, Laura U. 1990. "Minor Infractions: Child Pornography and the Legislation of Morality." *Afterimage* 18, no. 4 (November) : 12-14.

Stanley, Lawrence. 1991. "Art and Perversion: Censoring Images of Nude Children." *Art Journal* 50, no. 4 (winter): 20-27.

Strossen, Nadine. 1995. *Defending Pornography: Free Speech, Sex, and the Fight for Women's Rights*. New York: Scribner.

(ANNE HIGONNET／三時眞貴子訳)

児童労働（欧米）
(Child Labor in the West)

子どもはこれまでつねにはたらいてきた。前工業化時代においては、農夫の子どもたちは、彼らが役に立つことができるほどに成長するとすぐに両親の仕事を手伝い、世帯収入を補助することに貢献した。子どもが仕事につくことができるかどうかは、彼らの体力と労働能力によって規定されていた。工業化は子どもの賃労働に変化を生じさせた。そこでは、労働に従事する子どもは政治的および社会的な問題となった。

児童労働とは、特定の法定年齢に満たない子どもを雇用することである。ある職業で子どもがはたらくことが許される最低年齢は、国家によって異なる。しかしその下限は、19世紀から20世紀への転換期前後に、12歳ないし13歳に設定されることが多かった。児童労働法の制定は、実体としての帰結と、文化的な帰結

欧米における児童労働は、しばしばジェンダーによって区分けされた。少年たちは、ノコギリ製造所、炭鉱などではたらいたが、アメリカの写真家ルイス・ハインが20世紀初めに撮影したこの少女のように、繊維工場の労働者の大半は女性であった。The Library of Congress

とをもたらした。年齢——身体や体力以上のなにものか——が、子どものアイデンティティの概念を形成するようになったのである。

欧米社会における児童労働——発展と変化

　欧米社会における児童労働の歴史は、子どもが家庭経済においていかなる役割を果たしていたかにかんする歴史である。世帯経済において、子どもの状況は家庭の地位と労働の必要性によって強く規定される。家内企業の本質が農業生産にあろうと、工芸的あるいは投資的なシステムでの工業雇用であろうと、あるいは両者の組みあわせであろうと、子どもは幼い年齢から仕事に従事することが期待された。子どもは、家内企業の参与者として幼い頃から大人と同じ役割を果たすべく統合されていた。その場合、子どもの社会化とは、子どもを世帯経済へと漸次的に関与させることを意味していた。

　工業化によってイギリスの織物工場ではたらくことになった子どもは、18世紀という早い時期にはごくわずかであったが、19世紀になると、子どもは織物業や石炭採鉱といった基幹産業において重要な役割を果たすようになった。19世紀中葉のイギリス鉱業において、労働力の13パーセントは15歳未満の子どもであった。ベルギーでは、その割合ははるかに高かった。ここでは、石炭およびコークス産業において、16歳未満の子どもは、1846年時に4万6千人いた全労働力の22.4パーセントを占めていた。

　児童労働は、ジェンダーによって分かれていた。男子が製材業や炭鉱業といった産業で労働に従事したのに対し、女子は織物業や縫製業で雇用された。イギリスのランカシャーから得られた1871年の国勢調査によれば、10歳から15歳までの女子の4人のうち1人は綿工場ではたらいていた。1870年代のベドフォードシャーでは、10歳から15歳までの女子のうちおよそ3人に1人が麦わら編み業で雇用されていた一方で、バッキンガムシャーでは同じ年齢層の女子のうち9人に1人が枕カバー製造にたずさわっていた。

　アメリカでは、南北戦争（1861〜1865年）以降の急激な工業化によって児童労働が増加し、子どものための新たな職業が導入された。1870年の全国的な国勢調査によれば、アメリカの子どもの8人に1人が雇用されていた。1900年までに、およそ175万人の子

も、言い換えれば6人に1人の子どもが賃労働に従事していた。そのうち60パーセントが農業労働者であり、工業に従事する残りの40パーセントの半数以上は移民家庭の子どもたちであった。

北アメリカへの移民の農業家庭のすべての成員にとって、生きることは過酷な労働を強いられることを意味していた。1869年から1919年のあいだにイギリスからカナダへと単身で移住してきた大多数の子どもたちにとって、生きることはさらに過酷であった。7万3000人の都市部に住むネグレクトされた子どもたちが、「両親や保護者につきそわれることなく」、その多くが都市から遠く離れた農場にあるカナダの家庭へと移送された。イギリス人の子どもに提供されるおよそ10倍もの家庭が、彼らをボランティアで自分の家へと受け入れる意向を示した。この理由は、前工業化段階の農村部のカナダ家族は、はたらき手としての子どもを必要としていたからであった。移民の子どもたちは農場労働者や家庭内奉公人としてはたらくことになった。

工業に従事した労働児童の状態は、農業に従事した子どもたちとの比較で、いかなる点が異なっていたのだろうか。フランスでは、工場での労働時間が長く、またより構造化されていたため、ある種の子どもたちにとって工業化は労働の度合を強めたということが研究によって明らかになっている。他方で、19世紀後半のフランス農村での生活は過酷で文明化されておらず、特定の農村地域出身の若者は、都市出身の若者よりも軍務につくのを拒否される場合が多かった。このことは、工業化時代の児童労働の「悲惨な歴史」に対して一石を投じるものである。

もうひとつの歴史的神話は、工業化が伝統的な家族の紐帯を破壊し、労働階級の家族を解体したというものである。20世紀への転換期における世界最大の織物工場――ニューハンプシャーのアモスケグ・マニファクチュア・カンパニー――にかんする事例研究は、この神話を解体させ、変化しつづける労働様式に家族がどのように順応し、生きのびたかを明らかにしている。イタリアのボローニャ郊外の小作農村では、地域に織物工場ができたことによって子どもと両親の同居が促進され、家族のつながりがいっそう強化された。農夫の家庭の子どもたちは、〔かつてのように〕縁戚者や他人の家庭で、徒弟や奉公人として子ども時代をすごすのではなく、マニファクチュアではたらきながら両親と同居する機会を手に入れることができたのである。

子どもが家計収入に量的にどの程度貢献するのかは多様であった。そして家族のライフサイクル全体をとおしてみた場合、家計収入の総額に占める割合は、家族における成人男性の収入がピークを迎えた後に最大となった。アメリカから得られた数値は、子どもは家族内の成人男性が50代を迎えるまでに、家計収入のおよそ3分の1程度の貢献をしていた。ヨーロッパでは、子どもの家計収入に対する貢献はこれよりも大きかった。スペインのカタルーニャ地方の織物業都市では、世帯主が50代になった時点で子どもたちは家計収入のちょうど半分に貢献しており、世帯主が60代を迎えると子どもたちの収入は家計収入の3分の2を占めた。フランスでは、家計収入にかんする研究によって、子どもの賃金が家計収入に貢献する割合は1907年に10パーセントであったものが、1914年には18.5パーセントに上昇したことが明らかにされた。男性の主要な稼ぎ手モデルは、これらの地域ではほとんど現実のものとはならなかった。子ども、とくに男子は、賃金の稼ぎ手と考えられていた。女子は世帯の家庭内労働者として必要とされた。

19世紀後半までに、イギリスの子どもたちはそのほとんどがもはや鉱業や織物業といった基幹産業でははたらかなくなった。1911年時のイギリスでは、15歳以下の雇用されている男子の4分の1以上がサービス産業ではたらいていた。これは経済に対しては周縁的な仕事であった。ノルウェーにおいても、同じような変化が児童労働市場で起きていたことが統計的に示される。1875年当時の子どもは、農業、タバコ産業、ガラス工業といった主要産業ではたらいていた。しかし1912年までに、彼らの役割は非常に小さなものとなり、男子は新聞配達員となり、女子は家庭内サービスに従事するという姿が典型となった。したがって、20世紀初頭までに、児童労働の役割は本質的なものではなくなり、衰退に向かっていったのである。

児童労働再考――新たな視点

20世紀への転換期の西ヨーロッパ世界で、なぜ児童労働が減少したのであろうか。それは部分的には、子どもの通学率の上昇によって説明できる。スウェーデン、デンマーク、シカゴにかんする研究は、義務就学法の導入の主要な目的のひとつが、児童労働の制限や廃止であったことを明らかにしている。ノルウェーでは子どもの通学日数は1880年から1914年のあいだに50パーセント増加した。この頃には、子どもは学童となり、労働はパートタイムで行なうようになっていた。

児童労働撲滅運動は、19世紀後半のほとんどの欧米社会で展開された。子ども期にかんする近代的な概念は、「社会悪」に対抗する運動と、児童労働法を要求した。児童労働法は、十分に施行される手立てを欠いていたため、それが効果をもたらすことはめったになかった。義務就学法はそれよりも効果があり、児童労働にかんする議論は教育的な影響力ももった。国家、教育者、政治家、そして博愛主義者たちは子どもを工場から引き離し、学校へ入れようと協力した。アメリカでは、1904年に**全米児童労働委員会**（National Child Labor Committee：NCLC）が組織された。この委員

シトウロウ

ウィリアム・ブレイクの詩集『無垢と経験の歌』（Songs of Innocence and Experience, 1802頃-1808）にある「煙突掃除の少年」は、年少の煙突掃除人の窮状についての苦悩ぶりをていねいに描いている。18世紀には、子ども期は、保護されるべき純真無垢の時期としだいにみなされるようになった。家族が生きていくには必要だと考えられてきた児童労働は、虐待であるかのように見られはじめた。©Fitzwilliam Museum, University of Cambridge, UK/Bridgeman Art Library

会は児童労働が存続しているあらゆる州に地方委員会を組織することを奨励し、講演旅行を開催し、宣伝写真を大規模に利用したものとしては初の組織化された改革運動を展開した。1915年にNCLCは416紙の新聞を発行し、4億ページ以上の宣伝文書を配布した。宣伝は——あちらこちらで——子ども期にかんする態度や実践の変化を促進した。著名な写真家ルイス・ハインもまた、NCLCにおける児童労働撲滅運動家のひとりであった。1908年にハインは教師としての職を辞し、残りの職業人生を写真とNCLCの新聞記者としての仕事に捧げたのであった。

前工業化社会において、児童労働は経済的に価値あるものであると同時に倫理的な価値をもつと考えられていた。他方で工業化が進展すると、児童労働はます ます非文明的なものと考えられるようになった。伝統的に、児童労働は進歩と道徳性という観点から記述されてきた。E. P. トムスンは、1963年のイギリス産業革命にかんする著作のなかで、児童労働を「われわれの歴史のなかでもっとも恥ずべき出来事のひとつ」であり、野蛮で暗い過去の記憶であると解釈した。しかし近年では、児童労働にかんするさまざまな文化的視点が登場し、多様な意味を解明している。児童労働にかんする伝統的な解釈に挑戦するひとつの決定的な問いは、次のようなものである。勤労は人間のアイデンティティにとって重要な構成要素のひとつであるのになぜ子どもははたらいて、自分の努力の価値を味わってはならないのか？

文化的観点のなかには、はたらいている子どもたちとその家族そのものが、研究の周縁から中心へと移ってきている。児童労働は子どもが自分自身を信頼し、家族を支えるために責任を負うことができるようになる、意義のある活動であったと解釈されるようになってきている。もちろん、はたらく子どもたちは、かならずしもつねにではないが、犠牲者となることがあった。児童労働を非難する新たな時代の要請に従うならば、子どもは遊び、学校へ行くべき存在なのであった。規範としての学童という存在は、しだいに「ふつう」で「普遍的な」ものとみなされるようになった。歴史が現在のフィルターをとおして過去を見ることであるとすれば、過去の児童労働の複雑さを叙述することがいかに困難であるかが明らかになる。

社会的なレベルでは、「家族全員労働」から一家の稼ぎ手戦略へという家族戦略の転換、義務就学への国家関与、保護主義から資本主義への雇用の変化などによって、児童労働の条件はいちじるしく変化したが、それにもかかわらず、子どもたちは欧米世界以外の多くの地域で、パートタイム労働者として、あるいはフルタイム労働者としてはたらきつづけている。20世紀後半において、産業がグローバル化するのにつれて児童労働もいちじるしく拡大し、欧米社会にもふたたび姿をあらわすようになっている。したがって、児童労働の歴史は今日まで続いている歴史であり、児童労働は21世紀初頭においても依然として存続しつづけている問題なのである。

➡経済と子ども（西ヨーロッパ社会）（農業社会から工業社会へ）、里子制度、ヨーロッパの工業化、労働と貧困

●参考文献

Bremner, Robert H., ed. 1971. *Children and Youth in America: A Documentary History: Vol. II: 1866-1932*. Cambridge, MA: Harvard University Press.

Coninck-Smith, Ning de, Bengt Sandin, and Ellen Schrumpf, eds. 1997. *Industrious Children: Work and Childhood in the Nordic Countries, 1850-1990*. Odense, Denmark: Odense University Press.

Cunningham, Hugh. 2000. "The Decline of Child Labour:

Labour Markets and Family Economies in Europe and North America since 1830." *Economic History Review* 53, no. 3: 409-428.

Hawes, Joseph M., and N. Ray Hiner, eds. 1991. *Children in Historical and Comparative Perspective: An International Handbook and Research Guide*. New York: Greenwood Press.

Nardinelli, Clark. 1990. *Child Labor and the Industrial Revolution*. Bloomington: Indiana University Press. クラーク・ナーディネリ『子どもたちと産業革命』（森本真美訳、平凡社、1998年）*

Parr, Joy. 1980. *Labouring Children: British Immigrant Apprentices to Canada, 1869-1924*. London: Croom Helm.

Schrumpf, Ellen. 2001. "The Working Child-Enslaved or Privileged? Changing Perspectives on Child Labour." *Brood and Rozen* 6, no. 4: 35-53.

Sutherland, Neil. 1976. *Children in English-Canadian Society: Framing the Twentieth-Century Consensus*. Toronto: University of Toronto Press.

（ELLEN SCHRUMPF／北本正章訳）

児童労働（発展途上国）
(Child Labor in Developing Countries)

　発展途上国では、はたらいている子どもたちが搾取されているという事実は1800年代以降知られてきている。しかし、労働が子どもの身体的および心理的福祉におよぼす影響に国際社会が政治的な関心を本格的によせるようになったのは、ようやく1990年代初頭になってからである。

国際法における児童労働

　「国連子どもの権利条約」（1989年）は国際法における画期であった。それは10年以内に190もの国で批准され、ほぼ普遍的に受け入れられたことにみられるように、前例を見ない成功となった。児童労働の問題は条約のいくつかの規定で取り扱われるにすぎなかったとはいえ、子どもの権利に対する政治的な支持は、はたらく子どもたちへの関与も高めた。国際法では、労働問題は国際労働機関（ILO）の管轄事項であった。ILOの伝統的な立場からすれば、児童労働は労働市場から排除されるべきものであった。したがって、設立当初から児童労働と闘おうとするILOの戦略は、児童労働の最低年齢にかんして国際的な合意を守らせることにあった。1920年代から1930年代にかけて、さまざまな産業部門にかんする一連の国際条約は労働年齢の最低基準を設定するよう国家に求めた。1973年、これらの条約は、「就業が認められるための最低年齢に関する条約」（the Convention concerning Minimum Age for Admission to Employment）として統合された。その最大の目的は、第一条が述べているように、「児童労働を効果的に廃止することを確実にする」ことにあった。

　国際連盟とのちの国際連合は、（成人の）労働市場の規制と並行して、奴隷と強制労働を廃止しようと努力した。しかし子どもは、奴隷制度、奴隷取引ならびに奴隷制度に類似する制度および慣行の廃止に関する補足条約（1956年）があらわれるまで、特別に取り扱われることはなかった。その条約の奴隷制度に類似する実態の一覧（第一条）においてようやく、「搾取のために他人へと引き渡された」子どもが言及されたのである。その10年後、子どもは国際人権条約の一部、「経済、社会、および文化的権利に関する国際規約」（1966年）において言及され、そこでは国家は「子どもの精神もしくは健康に有害な」条件のもとでの子どもの雇用を法律で処罰するように求めた（第10条）。国連による基本的人権にかんする諸条約の見解は、ILOとは異なるものであった。すなわち、前者は子どもの福祉と発達を主張するものであり、したがってそれは、先進工業世界を通じて博愛事業と福祉立法によって普及していた保護主義的アプローチを採用するものであった。

　1989年の「子どもの権利条約」によって、子ども中心的アプローチが広く知られるようになった。経済的・社会的および文化的権利にかんする国際規約に即した場合、それは経済的および社会的搾取から子どもを保護することを求めていた（第32条）。それにくわえて、1989年の権利条約は性的およびほかの種類の搾取からの保護という側面（第34条および36条）をふくんでおり、またあらゆる種類の戦争行動に子どもを動員することからの保護をふくんでいた（第38条）。

　子どもの権利条約に対する巨大な支持は、児童労働へのアプローチに影響をあたえた。ILOにおいては、伝統的な労働組合的観点が、保護主義的な方向性に非常に接近するかたちでしだいに改定されていった。1999年、ILOははじめて純粋に子どもを対象とした条約、「最悪の形態の児童労働の禁止および撤廃のための即時の行動に関する条約」を採択した。この新たな戦略と機関はILO史上最大の成功をおさめ、3年半以内に130以上の国々が条約を批准した。

児童労働の実態

　労働に従事する子どもの全般的な数は減少傾向にある。たとえば、ILOが提示した非常に慎重な測定目安によれば、1995年には5歳から14歳までの子どものうち約4人に1人が労働に従事していたが、2000年には5人に1人まで減少している。ILOは、もっと詳細な分析のなかで児童労働を次の三つのカテゴリーに分けている。すなわち、有害ではない労働、有害な労働、無条件に最悪の形態の児童労働という三つである。2000年のILOの試算によれば、15歳以下の子ども1億8600万人が有害ではない労働に従事している。こ

のカテゴリーの定義によれば、5歳以上12歳未満の子どもにかんしては週14時間まで、12歳以上の子どもにかんしては週43時間までの労働がふくまれる。有害な労働とは、これらの基準を超えるか、あるいは子どもの健康と精神の発達に不都合な影響をおよぼし、あるいはおよぼす可能性のある労働を意味する。試算によれば、1億1100万人の子どもがこの種の労働の下に置かれており、これは経済的な活動に従事する子ども（5歳から14歳までの子どもで2億1100万人と推計される）のおよそ60パーセントを占める。これら二つのカテゴリーの労働に従事する子どもは、女子よりも男子のほうが多い。無条件に最悪の形態の児童労働とは、強制労働と債務労働、武力衝突への関与、売春、ポルノグラフィ、そして違法活動である。ILOのひかえめな試算によれば、18歳以下の子どもの800万人がこうしたタイプの活動にまきこまれている。

もっと狭く、賃金労働に従事する子どもに焦点をあてた場合でさえ、発展途上国にかんする研究はいまなおむずかしく、それゆえ比較的少数にとどまっている。しかしながら、1990年代にはじまる子どもの権利運動の拡大によって、**ユニセフ（国連児童基金）**の監督下で活動するイノチェンティ調査研究所（the Innocenti Research Center）のような、新しい研究機関と研究計画も生まれている。

児童労働の広がり具合とその状況は地域ごとに異なっている。1990年前後に世界銀行による世帯調査、あるいは生活水準調査から得られたかなり大規模な標本にもとづいた比較研究によれば、複数の国において、子ども、とりわけ少年は、家計収入にかなり貢献していた。その貢献の度合はガーナでは世帯収入の3分の1、パキスタンでは4分の1、ペルーではわずかに10分の1程度となるが、労働に従事する子どもは学校には通っていない。こうした家族ははたらいている子どもたちにいちじるしく依存しており、それゆえ子どもが職につくことを制限された場合、それが原因で不安定になる可能性はきわめて高い。

子どもが労働に従事すると同時に通学もしている家族では、一般に経済状態が比較的よく、家族は子どもの収入に依存する割合が少ない。しかし、児童労働と通学率に明瞭な関係は見られないようである。子どもは仕事と学業を両立すべきであるという伝統が広まっている地域もあれば、子ども、とりわけ少女は──総じて家事に勤しむので──どちらもすべきではないとする地域もある。ラテンアメリカ諸国は前者のカテゴリーの子どもが非常に顕著にみられる地域であり、アジア諸国は後者、アフリカ諸国はその中間に位置している。

児童労働の比率に影響をあたえる社会経済的な要因には、経済成長（児童労働をかならずしもつねに減少させるわけではないが）、両親の教育水準、学校やほかの生活施設へのアクセス、世帯構成などがある。文化的には、発展途上世界では子どもが労働に従事することは広く容認されている。家計収入を生み出すことであれ、あるいは家族としての義務を果たすことであれ、子どもがそうした活動に家族とともに参与することは、子どもが生存し、より快適な生活をするために必須であるばかりでなく、子どもの道徳的および身体的教育にとっても不可欠な側面である。

子どもの健康は、彼らが労働に従事することによって多様な仕方で影響を受ける。この分野にかんする統計はしばしば貧弱か、あるいは不足している場合が多く、マクロ研究においては、両者のあいだに明瞭で曖昧さのない関係があると指摘することはできていない。労働は、極貧の子どもにとって、たんなる生存手段を提供するということによって、ときに子どもの健康にプラスの影響をおよぼす場合もありうる。他方で、子どもは騒音、高温、特定の化学物質、有毒物質に対して大人よりも影響を受けやすく、**事故**にまきこまれる可能性も高い。さらに、子どもはもっとも危険な産業部門で労働をする傾向がある。経済的活動に従事する子どものうちの3分の2以上という圧倒的に多数の集団が、第1次産業、とりわけ農業に従事している。工業、商業、家庭内労働はより害の少ない労働であるが、こうした種類の労働に従事する子どもは、全体の4分の1にとどまっている。建設業、輸送業、鉱業で雇用される子どもは健康上および安全上の非常に高いリスクにさらされるが、こうした産業部門に従事する子どもの割合は比較的少なく、10パーセントを下まわる。家庭内でほとんどの子どもが引き受ける無償労働は、総じて賃労働に比べて彼らの健康に対してより安全で望ましいとはかならずしもいえない。最後に、児童労働の長期的な影響を明瞭に確認することはできないが、とりわけ女性の場合、成人になってからの健康水準の低さと児童労働とのあいだには相関関係が認められるようである。

児童労働との闘い

この分野における主要な国際機関、とくにILO、UNICEF（ユニセフ）および世界銀行のあいだでは、最悪の形態の児童労働を抑制する取り組みに傾注しようとする合意が形成されている。これらの組織はいずれも、各国政府が政策方針および戦略を発展させるよう援助を行ない、実施計画への支援も行なっている。

輸出業に従事する児童労働の割合は非常に少ないにもかかわらず、制裁をふくめた貿易体制を構築することが、児童労働問題にかんする公的な議論では主要なテーマとなっている。しかしながら、世界貿易機構（WTO）では、児童労働に関係した貿易を禁止する法令は、とりわけその潜在的動機が［先進国の］保護貿易主義であるとみなす途上国によって、強い反対にあっている。

貿易制裁が、子どもに対しては逆の悪影響をあたえ

かねない両刃の剣であるということは、共通理解として広まっている。他方で、人権部門と産業部門との協同構想は、迅速に展開した領域であった。2000年に国連は企業と直接協同する「グローバル・コンパクト」*1という計画を立ち上げたが、その10の目的のひとつに、「児童労働の実効的な排除」が掲げられた。

地域的に見れば、北米自由貿易協定（NAFTA）の下では、その傘下にある国々の労働権を監視する機構が存在する。アメリカは伝統的に、貿易にかんする合意に特定の労働基準を一方的に適用したり、児童労働の禁止をくわえたりしてきた。2000年代初頭には、アメリカと欧州連合（EU）の双方は、いわゆる「一般特恵関税制度」によって、特定の労働基準に従う国家に貿易便益をあたえるようになった。アメリカの制度では輸入品のみが対象となるが、1998年に導入されたEUの制度では、児童労働をより広範囲に禁止した政策を特恵受益国が導入した場合、それも特恵の対象とした。

児童労働と闘うためのほかの手段は、しばしば非営利団体との協同を通じて、産業部門だけでなく個々の企業によっても展開されてきた。これらの取り組みは、［児童労働抑制のための］投資および貿易原則の促進、途上国における供給側への［児童労働抑制のための］要求、生産物への［児童労働を使用していないという］標識化をふくんでいる。

こうした努力にもかかわらず、児童労働問題には多くの錯綜した利害が深く根づいているため、児童労働を促進しようとする勢力と闘うための戦略は、さまざまなレベルではたらきかけなくてはならず、子ども自身をふくむあらゆる利害関係者をふくめて展開する必要がある。

［訳注］
*1 国連グローバル・コンパクト（UN Global Compact）——人権・労働・環境・腐敗防止の四つの分野にわたって10原則を掲げている。(1)人権擁護の支持と尊重、(2)人権侵害への非加担、(3)組合結成と団体交渉権の実効化、(4)強制労働の排除、(5)児童労働の実効的な排除、(6)雇用と職業の差別撤廃、(7)環境問題の予防的アプローチ、(8)環境に対する責任のイニシアティブ、(9)環境にやさしい技術の開発と普及、(10)強要・賄賂などの腐敗防止の取組み。いずれも世界的に採択・合意された普遍的な価値として国際社会で認められており、企業が影響のおよぶ範囲内で「人権」「労働」「環境」「腐敗防止」の分野における一連の本質的な価値観を容認し、支持し、実行に移すことを求めている。

➡国際機関、児童労働（欧米）、労働と貧困
●参考文献
Boyden, Jo, Birgitta Ling, and William Myers. 1998. *What Works for Working Children*. Stockholm, Sweden: Rädda Barnen and UNICEF.
Cullen, Holly. 1999. "The Limits of International Trade Mechanisms in Enforcing Human Rights: The Case of Child Labour." *International Journal of Children's Rights* 7, no. 1: 1-29.
Cunningham, Hugh, and Pier Paolo Viazzo, eds. 1996. *Child Labour in Historical Perspective, 1800-1985: Case Studies from Europe, Japan, and Colombia*. Florence, Italy: UNICEF.
Grootaert, Christiaan, and Harry Anthony Patrinos, eds. 1999. *The Policy Analysis of Child Labor: A Comparative Study*. New York: St. Martin's Press.
International Labour Organization. 2002. *Every Child Counts: New Global Estimates on Child Labour*. Geneva, Switzerland: International Labour Organization, International Programme on the Elimination of Child Labour and Statistical Information and Monitoring Programme on Child Labour. Also available from www.ilo.org/public/english/standards/ipec/publ/policy/.
Maitra, Pushkar, and Ray Ranjan. 2002. "The Joint Estimation of Child Participation in Schooling and Employment: Comparative Evidence from Three Continents." *Oxford Development Studies* 30, no. 1: 41-62.
O'Donnell, Owen, Furio C. Rosati, and Eddy van Doorslaer. 2002. *Child Labour and Health: Evidence and Research Issues*. Florence, Italy: Innocenti Research Centre. Also available from www.ucw-project.org/resources/pdf/childlabour_health.pdf.
●参考ウェブサイト
Child Rights Information Network. Available from 〈www.crin.org〉
International Labour Organization. International Programme on the Elimination of Child Labour. Available from 〈www.ilo.org/public/english/standards/ipec/index.html〉
Understanding Children's Work: An Inter-Agency Research Cooperation Project at Innocenti Research Centre. Available from 〈www.ucw-project.org〉
UNICEF. Innocenti Research Centre. Available from 〈www.unicef-icdc.org〉

（ANETTE FAYE JACOBSEN／岩下誠訳）

シネマ（Cinema）
➡映画（Movies）

死亡率（Mortality）
➡悲しみ・死・葬礼（Grief, Death, Funerals）／乳児死亡率（Infant Mortality）

社会福祉（Social Welfare）
■歴史
■20世紀における社会福祉の比較発展

■歴史

近代の社会福祉と社会福祉諸制度は、三つに区分される歴史展開をとげた。19世紀初期から半ばにかけての第1期には、北アメリカ、西ヨーロッパと中央ヨーロッパの改革者たちがおもに老齢年金と、なんらかの任意のもしくは市場基盤の救済策など、さまざまな社会保険の仕組みを修復した。彼らは、精神病者を介護し、公衆衛生を普及させ、**流行伝染病**を予防し、公教育を広め、多数の企業家・職人・機械工・貧民といった人びとの生活環境を改善するねらいで、さまざまな制度も構築した。だが、これらの計画はごく一部の国民にしか影響をおよぼさなかった。この時代は自由と民主主義を理想としており、こうした取り組みもそうした時代精神を反映していた。第2期の1870年代から1920年代にかけては、イギリス、帝政期ドイツ、スウェーデン、デンマーク、オーストリア、フランスとならんでアメリカも、共通にふくまれていた効率性とヒエラルキーという概念を反映しつつ、いくつかの団体をその政治組織に擁し、さまざまな社会保険計画を立てていた。第3期は、1930年代の**世界大恐慌**とともにはじまった。これは、とくにアメリカにおける広範な「社会保障」計画[*1]と、西ヨーロッパと中央ヨーロッパのほとんどの国ではじまったが、これらの国々は、第2次世界大戦（1939-1945）後に登場する包括的な社会福祉国家と類似のものを採用していた。1990年代と2000年代初頭になると、ヨーロッパとアメリカの福祉政策の反対論者は、たとえば、近代の社会福祉の歴史とはまったく違う局面がいままさにはじまろうとしていると主張したり、社会福祉という実験は終焉を迎えるだろうとさえ示唆して、福祉国家について、政治的に効果的な批判を展開した。

社会福祉と19世紀の自由主義

19世紀初頭からなかばにかけて、社会福祉にかんしては三つの国——イギリス、1871年にプロイセンの覇権下でオットー・フォン・ビスマルクが統一したドイツ語圏諸国、およびアメリカ——が、非常に多くのことをなしとげた。これら3国はいずれも、野心的な公共と政治にかんする歴史、多数の中産階級、かなりの工業発達、そして自由放任主義（レッセ＝フェール）[*2]的な市場型資本主義を有していた。

イギリス

イギリスでは、17世紀以降の「エリザベス救貧法」[*3]は、貧民を扶養する責任を王国内の1万5000の教区に負わせ、貧民が自活する方法を学ぶ救貧院（ワークハウス）[*4]を創設した。しかし、この救貧法[*5]が問題を緩和したり解決したりすることはなかった。イギリスでは、1800年代初頭から1830年代にかけて、急進的で個人主義的な自由放任主義のイデオロギーが支配的であった。これは、あらゆる集団もしくは政府による規制と改善の取り組みを失速させた。だがそうした状況も、1830年代初頭までには変わった。その理由のひとつは、政府がより多くのことをなしうる場面では、自由放任主義イデオロギーがいまや経済における利益団体の競争を企図するようになったためである。そして、イデオロギーがこのように推移した結果、産業革命初期に新たに登場した企業家たちは、資本投資した工場、商店、小売店に移動できる流動性のある労働力を必要とした。これを受けたイギリス議会は、「1834年の改正救貧法」（the Poor Law Amendment Act of 1834）を制定した。この新法は、急速に産業化する経済において労働者が仕事を求めて転々と移動する自由を認め、貧民救済にかかる費用を劇的に減らした。

19世紀なかばの大きな懸案事項は公衆衛生であった。これは、清潔、疾病、そしてこれらに関連する諸問題をふくんでいた。ますます多くの人びとが工場ではたらくようになると、その衛生状態はしばしば悪化し、任意の、あるいは個人による解決法では歯が立たなかった。新しい救貧法の制定に尽力したエドウィン・チャドウィック[*6]は、この法律の制定後、数年をへずして、不潔、すしづめ状態、病気がすべてつながっており、衛生設備[*7]は、人間らしい快適さに必要であるだけでなく経済にとっても有利であると主張するとともに、イギリスの都市部の労働環境と住宅環境の衛生状態の調査を主導した。こうして、1842年には、労働者の衛生状態にかんする有名な報告書[*8]が公刊された。綿密で筋の通った正確な事実と数字に満ちたこの報告書は、不潔な生活と労働者の道徳的退廃、そして潜在的な経済破綻などは相互に関連していると論じた。常設の国立衛生局を設けることは、当時としては政治的にもイデオロギー的にもまだ実現不可能ではあったものの、議会が創設した衛生局は、チャドウィックを局長に迎えることによって、その5年におよぶ活動（1848-1854年）を通じて多くの情報と知識をもたらした。衛生設備は、政治経済的な公共政策においても、また、人びとの健康、活力、体力にくわえ、妊娠力さえも維持するとともに、これらを増進するうえでも、いまや重要な要素になった。病原菌理論[*9]は、それが公衆衛生と公衆衛生学の取り組みを再編することになる次の世紀に入っても重要性を保ちつづけた。

女性と子どもを保護することは、成人男性の労働者の保護と解放を目的にしていた旧救貧法に端を発している。1802年の「徒弟の健康と道徳にかんする法律」[*10]は、すべての徒弟、女性と子どもを同じように扱う救貧法の下で、国王の責務の副産物としてつくられたが、この法律は、劣悪な衛生設備、機械がもたらす危険、そして夜間労働などの劣悪な労働条件を、綿織物工場にかぎって禁止した。だが、こうした規定が実質的な強制力をもつようになるのは「1833年の工場法」[*11]が通過してからであった。工場規制をめぐ

広範な闘争は、国家のふたつのエリートである地主と製造業者とのあいだでくりひろげられたさらに大規模な闘争の一部であった。だが、工場労働者たちも、よりよい労働条件を勝ちとるために団結した。

「1833年の工場法」は、子どもだけを保護し、(レース編み業を除く)すべての繊維産業に適用された。しかし、この法律で任命された監督官は、彼らが担当する子どもたちの福祉にはなんら責任を負わなかった。織物工場よりもはるかに劣悪であった鉱山では、労働条件の監視と規制を求める運動が広がった。報告書が出されると、ヴィクトリア時代のイギリスは、炭鉱で発生する病気と事故の可能性にくわえ、男女間の不道徳な関係すらありうることに衝撃を受け、女性と13歳以下の少年を地下ではたらかせることを禁じる「1842年の炭鉱およびその付帯施設[鉱山と炭鉱]にかんする法律」[12]を制定させることになった。1日10時間労働を求める運動を助けたこうした動きによって生みだされた政治的な勢いは、1847年の工場法[13]の制定を見たが、これは、すべての女性と13歳から18歳の少年の労働時間を週58時間に限定した。また1850年には、その他の基準となる、労働時間と食事時間を明確に規定した法律が議会を通過した。イギリスでは1870年代までに、工場労働者と家内労働者を保護するさらに多くの規制法が制定された。しかし、職業病の防止法はまだなかったし、ましてや全国民を対象にした社会保険の構築手段は皆無であった。公衆とその代表者が関心をもつかぎりにおいて達成されたのは、政府による規制と労働状態の視察、議会活動への助言、最悪の労働環境を禁止する先例がすべてであった。これらのすべてにおいて、チャールズ・ディケンズ[14]のような作家が熟知していたように、はたらく子どものイメージが非常に大きな象徴的価値をもった。

ドイツ語圏諸国

19世紀のドイツ語圏諸国も、福祉国家の活動につながる経済と将来展望を進展させていた。ドイツ語圏諸国は、18世紀末期から19世紀初頭にかけてのフランス革命とナポレオン戦争から立ちなおるまでしばらく時間がかかり、政治的統一にはさらに時間を要した。啓蒙的な絶対主義は、これらの国々を18世紀末まで統治しており、また、不健康になると考えられていた不衛生状態を君主や国王の視察官が検出する、ドイツ人内科医ペーター・フランク[15]が考案した「医療ポリス」(medical police)の制度も、ドイツ人の清潔好きという伝統──お湯と石鹸と洗剤用アルカリ液を豊富に使用する──を強固にしつつ、19世紀初頭まで支配しつづけた。しかし、19世紀初頭の新しい自由主義的なドイツ語圏諸国は、啓蒙されているかどうかには関係なく、ともかくも絶対主義から抜け出そうと努め、政治経済にかんしては重商主義と絶対主義という古い形態のままであったが、啓蒙思想の合理主義を市場にとりいれた。

ドイツには社会福祉国家を構想できる一定の状態があった。ドイツは、国家には社会福祉を促進するとともに社会を統制する義務があるという互いにからみあった考えを封建主義から継承したが、これはドイツのすべての団体がその関心に応じて受け入れた理念であった。自由主義的な思想家でさえ、法的基盤をもつ新しい国家理念を古い国家概念に結びつけた。ドイツの社会科学の先駆者たちは、能動的な国家が公共の福祉を促進するには産業社会に干渉すべきだと主張した。野放図な経済成長とそれがもたらすであろう革命的な無産階級をおそれた商人層と産業資本家層は新しい自由主義を支持しなかったが、上級公務員と専門職層はそれを支持した。1830年代以前のドイツでは、自由主義者たちが労働者の自助団体を擁護し、イギリスと同時並行的に自由放任主義的な個人主義をとりいれたが、そうした考えは、のちに都市部の新しい産業状況に社会福祉を適用することに転化した。国家干渉の手段は、強力な、独裁的なドイツ官僚制であった。1848年の革命の後、ドイツ語圏諸国は主導権を掌握し、国家としての権威を強めるいっぽう、その緩和剤として一定の給付と規制の仕組みを定めた。もっとも重要なのは、救貧を近代の給付型の福祉プログラムへと転換させることになったプロイセンの1854年法であった。これはのちのビスマルク体制下の福祉国家の原型となった。

ドイツで工場が発展し、科学技術がイギリスと肩をならべるようになると、プロイセンは、児童労働を規制し、女性のための環境保護法を制定し、労働階級に一定の基本的でまともな状況を提供するうえで、ほかの領邦国家をリードした。19世紀なかばから終盤にかけて、ドイツ語圏諸国に公衆衛生設備運動が広がった。プロイセンの宰相ビスマルクが1871年にドイツ語圏諸国をドイツ帝国として統一すると、自由主義思想は、プロイセンの指導のもとにドイツの社会と文化に極限まで浸透した。

アメリカ

19世紀の政治的および経済的な自由主義は、ヨーロッパよりもアメリカをいっそう支配していた。1789年に採択されたアメリカ合衆国憲法は、すべての州で国内関税の統一を可能にした。その結果、自由放任主義的な経済的自由主義は劇的な段階に達した。この理想的な国家では、理性的で文明化した個人が、最小限の干渉しか受けずに商業と貿易に従事することができた。アメリカ独立革命は、重商主義の残滓をひと世代のうちに一掃し、政府による最小限の干渉の下に共和主義の美徳を追求する、文明化された理性をもつ個人を重視する新しい個人主義的な民主主義をもたらした。ボランティアも営利目的の民間企業もともに、地方自治体と州が行なう公共事業の責任の大半を担っ

た。公衆衛生が脅かされれば——たとえば1832年に発生したコレラの蔓延のときのように——緊急事態に対処するための強制隔離、遺体の埋葬などの対応をする保険局を臨時に設置することが命じられ、危険状態を脱したあとで解散させられるのが常であった。連邦政府は、払い下げられた公有地、軍事と外交問題、郵便物の配達を受けもち、また、連邦の政治体制に示される経済団体の利益を推進することなどに理論上は対処でき、実際にはわずかではあったが対処した。アメリカでは、1830年代から1870年代にかけて、貧窮者の援助は、政府の給付よりも大規模な慈善的援助でなされていた。いわゆる道徳改良家とよばれる人びとは、ケアと管理を必要としている人びとに対して、親がいない子どもを収容する**孤児院**、虞犯青少年の保護施設、そして、**ニューヨーク児童保護協会**や、虐待を受けているかネグレクトされているとみなされた子どもを守るための**児童虐待防止協会**といった組織など、救済策として多数の施設を考案した。対象となった子どもたちのすべては、通常、都市の貧民のなかからつれてこられた子どもであった。しかし、すくなくともアメリカ北部のいくつかの州政府は、大衆教育の計画を発展させていた。だが、1880年代から1890年代にかけては、社会のニューモデル、すなわち社会福祉のニューモデルに向かう兆候がいくつか見られた。

ヒエラルキー・効率・制度の時代の社会福祉
　1870年代から1920年代にかけて、ヨーロッパ世界には、人間の経験をどのように組織するかについて、新しい理念を模索する動きが広がっていた。この時期は、科学、専門知識、ヒエラルキー、自然と社会の秩序体系、効率を求める時代であった。多くのヨーロッパ人とアメリカ人にとって、どのようにして最大限の効率で仕事をする社会をつくるかが根本的な懸案事項であった。こうしたいくつかの考えが社会福祉とその制度をとりまいていた。これらの変化の多くは、新しい世界観だけでなく新しい政治情勢にも由来した。たとえば、スカンディナヴィア半島諸国では、税金でまかなわれる国民年金（universal pension）——これが実現したのは、デンマークでは1891年、スウェーデンでは1913年で、長引いた政治闘争のあとであった——を求める戦いを先導したのは、進歩主義的な中産階級や社会主義的な左翼ではなく、農民であった。帝政期のドイツで、税金にもとづかない掛金制度による労働者の年金案を推進したのは「鉄血宰相」ビスマルクであったが、この案は、社会主義と革命を求める労働者の気勢をそぎ、彼らに保守的な土地貴族階級（ユンカー）[*16]とプロイセン国家に対する恩義を感じるように仕向ける策謀であった。この社会保険案は、産業災害、疾病、長期療養、高齢を取り扱った。この法案の成立は、この基金に寄付した労働者、雇用者そして国家、これらすべてのあいだの、多くの妥協の産物で

あった。またこの案は、さまざまに生まれ変わるなかで、21世紀まで残り、ハンガリー（1891年）、オーストリア（1889年）、スイス（1911年）、さらにフランス（1928年）でさえも広く手本とされてきた。ドイツ連邦は、大陸の多数の工業化された政治体制のように、すでに児童労働の規制法を成立させていたが、それは、健康な成人人口を擁するにはそうした法案なしには不可能であったからである。20世紀初め、ベルリンやデュッセルドルフのような都市で、乳幼児福祉を求める各種の協会は子どもの健康について母親たちを教育する主導的な役割を果たしたが、これはのちに地方政府が担うことになる役割であった。1873年以降、国立公衆衛生局が存在し、1900年代には公衆衛生運動がドイツ第二帝政期を通じて拡大した。
　ビスマルクが反革命に向けた福祉計画を開始したとすると、20世紀初頭のイギリスは、アメリカや帝政期ドイツと比較すると、国家の産業が衰退したために生じた大規模な貧困に直面した。1900年代初頭、何人かのイギリスの政治家は、ドイツの福祉制度の高い効率性と、それがドイツ帝国の経済競争力を強めるのに有効であることに言及している。なかでもデイヴィッド・ロイド・ジョージ（1863-1945）とウィンストン・チャーチル（1874-1965）は、失業補償、健康・廃疾保険、医療保険、そして出産手当さえもが支給される1911年の国家保険法[*17]の制定につながるキャンペーンを主導していた。一方で、これらの計画は、貧困者の健康状態を向上させ、国家を政治的に統合するのに役立った。要するに、ドイツの福祉制度で暮らしていた人びとはそれに満足していたが、イギリスの福祉制度は、ドイツにくらべて寛大であった。このように、20世紀初頭までのヨーロッパは、失業、疾病、障がい、そして老齢をふくむ、国家が管理し、資金供給するさまざまな福祉計画を創案していた。またこの50年間、ヨーロッパの多数の国も、大衆向けの公教育と大衆向けの成人男性の参政権を採用していたアメリカにならっていた。
　アメリカは、このような制度の時代に社会福祉を革新した。そして、ヨーロッパの姉妹国の文化との違いは、ヨーロッパ諸国に相互の違いを生みだした同一の要因から派生しているように見える。すなわちそれは、おおざっぱに見て、政治、国家、そして時間という文脈についての問題である。アメリカ人は、「南部連合国」[*18]によってばらばらになった諸州を再建し、大衆向けの公教育を創設し、連邦公衆衛生局の創設によって公衆衛生と衛生設備を推進し、食糧と薬物を規制し、南北戦争の退役兵士（南部連合軍の退役兵士もふくむ）と、未亡人と**孤児**を意味する被扶養者たちに対する大規模な、最終的には寛大な年金計画を創設した。この連邦計画は、高い保護関税率で生み出された莫大な黒字を都合よく投入して自己決済された。すなわち、最後の退役軍人が死んだとき、この計画も終了した。

だが、この計画はこの時代の社会保険の理念をあらわしていた。つまり、人生の予測できない変動に対して、集団は自分自身に保険をかけることができるという考えである。それは、同時代のヨーロッパの案とくらべて重点の置き方に違いはない。アメリカは、アメリカの男性が成人の男性労働者の福祉に関心を示したのと同じように、中産階級の女性たちが子どもの福祉、教育、道徳性をめぐって協議する政治に参加する伝統のおかげで、福祉理念に大きな貢献をした。アメリカにおいて、またヨーロッパ世界での例にみられるように、社会福祉とその制度化を推進したのは、1900年から1920年にかけての児童福祉運動であった。連邦政府ではなく、州と都市にますます広く根を張るようになっていたアメリカ型の母性的社会福祉は、イギリス-ドイツ型の家父長的福祉計画と、ほぼ完全につりあっていた。アメリカの児童福祉運動では、子どもの健康と保護を強調し、**少年裁判所**[*19]、**里親養育**、児童福祉局、そして母子手当などの新しい制度は、ケアへの新しい意識を表現しつつも、社会効率を高める方法としてその意義を明確にした。これらの多くは、有色人種と南ヨーロッパと東ヨーロッパからやってきた「新しい」移民に対する白人の根深い偏見も映し出していた。

大恐慌時代と世界大戦期の福祉国家

1920年代から1950年代にかけて、この時代の合言葉は、政府と民間部門は協力できるという考えであった。すでにスカンディナヴィア諸国が、かなり包括的な社会福祉国家を設立していたのに対して、アメリカは、「1935年の社会保障法」にもとづいた社会保障の採用によって、近代の包括的な福祉国家に向かって前進した。アメリカとヨーロッパのあいだの福祉制度の大きな違いは、国民健康保険にしろ、あるいは国営の医療にしろ、アメリカに国民健康保健計画がないことに関係していることはまちがいない。この理由は、経験科学における存在証明を根拠に、20世紀のアメリカの医師たちの力と威信が増したことにあった。「社会保障」は、民間の恩給案の補充策として税金にもとづく老齢年金を可能にした。失業保険、障害保険、その他の計画がアメリカの福祉国家を構成したのとまったく同じように、児童福祉は、**要扶養児童扶助法**（ADC）、のちの要扶養児童世帯扶助法（AFDC）によって、連邦政府による新しい福祉計画の一部に組みこまれた。1960年代になると、アメリカの福祉国家は受給対象者の数を急速に拡大しはじめた。

この時期を通じて、ヨーロッパ大陸の多くの国が戦争によって荒廃した。ヨーロッパを再建しようとしたマーシャル・プラン[*20]は、政治改革の下地を作り、いっそう規模が大きな福祉国家を作るために必要な活力と創造力を提供した。第2次世界大戦後すぐに議会と政府の支配権を得たイギリス労働党は、いくつかの産業を国有化し、医師の大半を国家が雇用する国民健康保険（National Health Service: NHS, 1948年）を設立することによって福祉国家を拡張する法案の制定を実現し、さらには、公教育も慎重に拡張しはじめた。ドイツ連邦共和国（あるいは西ドイツ）は、1949年の創設以降、ビスマルク時代の福祉国家をすぐに復活させ、今度は寛大な年金構想で拡張した。すなわちそれは、洗練された国民健康保険計画と連動した最上の医療介護、公衆衛生、衛生設備およびその他の福祉設備を充実し、また、家族がもっと多くの子どもをもち、国民人口を再建するためのキンダーゲルト（Kindergeld、児童手当）さえも推進した。第2次世界大戦後のほかのヨーロッパ諸国は、全国民を対象にした福祉国家を拡張したが、フランスやスウェーデンなど多くの国は、各家族に特別手当を支給して、子どもを貧困のなかで成長させないようにした。さらに、これらの国々は、保育園、託児所、有給休暇、無償の高等教育を提供した。

福祉国家は衰退するのか？

20世紀末の数十年には、発展途上国あるいは第三世界の国々にとって高価なぜいたく品であり、また多くの先進国で多額の投資となっていた福祉国家に対して、反乱の兆候が見られた。先進諸国の人口が高齢化し、全国民を対象にした福祉国家の維持にあまり貢献できなくなったため、おそらく福祉国家の終焉という事態が目前に迫ってきた。いかなる事態になろうとも、近代の社会福祉とその諸制度は、国家の政治活動──すなわち、一定の時代において可能な芸術と科学である政治活動──のさまざまな傾向と連繋して、たえず発展したり衰退したりすることはありうるであろう。

➡児童救済、児童労働（欧米）、社会福祉（20世紀における社会福祉の比較発展）、労働と貧困

●参考文献

Baldwin, Peter. 1990. *The Politics of Social Solidarity: Class Bases of the European Welfare State, 1875-1975*. Cambridge, UK: Cambridge University Press.

Cravens, Hamilton. 1993. *Before Head Start: The Iowa Station and America's Children*. Chapel Hill: University of North Carolina Press.

Mazower, Mark. 1999. *Dark Continent: Europe's Twentieth Century*. New York: Knopf.

Ritter, Gerhard A. 1986. *Social Welfare in Germany and Britain: Origins and Development*. Trans. Kim Traynor. New York: Berg.

Rosen, George. 1993. *A History of Public Health*, expanded ed. Baltimore, MD: Johns Hopkins University Press.

Skocpol, Theda. 1995. *Social Policy in the United States: Future Possibilities in Historical Perspective*. Princeton, NJ: Princeton University Press.

Tiffin, Susan. 1982. *In Whose Best Interest? Child Welfare Reform in the Progressive Era*. Westport, CT: Greenwood.

（HAMILTON CRAVENS／稲井智義訳）

■ 20世紀における社会福祉の比較発展

　20世紀の福祉国家は、公的支援によるケアに重点を置いた。これは、家族や地域共同体、ギルドなどの専門職組合にケアをゆだね、あるいは19世紀に見られたように、ほかの援助可能な形態がまったくない場合には博愛主義の諸団体がケアを行なっていた初期の国家形態とは対照的であった。しかし、その福祉国家はまったく同じものではない。政府主導の普遍的な年金をもち、市民の安全と安寧への関与を拡大したスカンディナヴィア諸国の制度はひとつのモデルを示したといえるだろう。これ以外のモデルには、社会でもっとも弱い立場にある市民だけを救済する自由主義モデル、すなわちアングロ＝サクソンモデルと、社会的年金を労働と報酬の現状に対応させるヨーロッパ大陸モデルがある。

　だが、このような分類体系は広く受け入れられているものではない。研究者のなかには、こうしたモデルが純粋な形態では存在せず、また、モデル間の相違は普遍的な年金制度を適用するかどうかによってではなく、むしろ社会部門に応じて比較すれば、本質的に異なる結果を生むだろうと指摘する者もいた。たとえば、福祉国家が社会の若年層と老齢層をどのようにケアしているかに目を向けると、特別家族手当と公的な就学準備教育（母親学級［écoles maternelles]）を提供しているフランスは、ドイツやオランダよりもスカンディナヴィア諸国と似ている。これら二国では、母性に対する考え方は、20世紀を通じて社会労働政策の形成に重要な役割を演じた。したがって、ドイツとオランダでは、託児制度については相対的に不足しているが、長期の産休を認めている。このことは、福祉国家の構造が、現在の子ども観と親のあり方からどれほど影響を受けるか、また、福祉国家を形成する助けとなるかを例示している。

　このことはまた、政治学者ゲラン・サーボーンによる、福祉国家が子どもの権利にどのように対応するかにかんする研究でも示されていた。彼は、スカンディナヴィア諸国は、第１次世界大戦が勃発したときさえ、嫡出子と非嫡出子の平等な権利の保証をふくめて、家族にかんする法律のねらいを、子どもの利益を保護することにあると考えていたのであるから、これらの国をこの分野の前衛とみなすべきであると結論している。このことの論理的帰結として、1970年代と1980年代には、あいついで子どもの法的地位の拡大が見られた。これは、子どもに対する殴打禁止法と、別居と子どもの監護権をめぐる論争がある場合には、子どもの希望を考慮するという義務規定をふくんでいた。こうした展開は、国際的な人権活動と1989年の国連子どもの権利条約の作成において、スカンディナヴィア諸国に中心的な地位を保証した。サーボーンは、この発展を説明するために、ヨーロッパのほかの国に比べて、スカンディナヴィア諸国での弱い家父長制、弱い教会、そして非常に個人志向的な福祉モデルの存在をあげている。

　ヨーロッパの福祉国家は、しばしば社会民主主義の成長と直結していたにもかかわらず、20世紀全体を通じて、保守的な政治体制からさえ、幅広い政治的支持を得ていた。したがって、福祉の組織化は、政治的イデオロギーと同様、一国の政治文化の基盤をなす特徴と対応していた。19世紀末にはじめて、シングルマザー、子ども、そして貧民に対する試験的な救済計画が構想されたとき、その背景には、国民の規模と質についての思惑――とくにドイツではそれが顕著で、フランスでもそうであったのだが――と、大都市の中心部への移民が社会秩序を動揺させる脅威となったときの社会不安に対する予防策をとりたいという欲求とを結びつけようとする動きが広まっていた。また、福祉国家は、意志決定への参加と選挙権がある程度の教育をあたえることと、社会的および文化的な違いがある程度まで同質化されることの両方を前提とするブルジョワ民主主義の発達にも結びついていた。福祉はより大きな平等を生むという考えが広まり、福祉国家と民主主義は互いに政治的な正当性をもたらした。民主主義と社会福祉とのあいだのこのような相互作用は、人口を抑制する新しい方法を確立することにもなった。これによって、福祉国家の二面性――一方における社会支援、他方における社会統制――があらわになった。その結果、福祉国家を建設するなかで、市民は国家のケアを受ける受動的な立場から、健康から子育てまでのすべての点で、福祉国家を構成する多数のエキスパートというパートナーの地位へと変化した。そして、このようにして権能を強めた個人として、大きな可視性を獲得した。これは大人と子どもに等しくあてはまる。

　19世紀に発展した博愛主義的な関与の拡張であった福祉国家が、とりわけ貧しい都市住人に対してどの程度拡張したのかをめぐって、あるいは、事実上、そうした関与の拡張がどの程度まで過去と断絶していたかをめぐっても、論争は続いている。実際、公的なイニシアチブと私的なそれとの共同は、とりわけ家族と子どもの関係という分野については、20世紀のかなりの時期まで重要な役割を果たした。カトリック諸国では、このような介入は、とりわけ宗教界では、シングルマザー、子どもの栄養状態、児童養護施設などに対する関心に例示されているように、今日にいたるまで維持されている。博愛事業が拡張し、ゆりかごから墓場まで、福祉国家が市民の人生に介入することが増えてくると、訪問相談員、就学前教師、医師、歯科医、そして子どもの健康を専門に研究する心理学者など、一連の新しい専門職が登場した。こうした専門職化の重要な側面は、それぞれが相互に国際的に刺激しあっていたことである。たとえばアメリカの医療計画はデンマークとフィンランドで1940年代と1950年代にそ

れぞれ実現しているし、同様に、スカンディナヴィア諸国は、たとえば人口減少が懸案事項になっていた1930年代には密接に協力しあっていた。

福祉国家と親のあり方

　福祉国家の新時代を通じて、親のあり方がどのように変化したかを考察してみると、すぐにいくつかの特徴が目を引く。人口動態、社会、そして文化などの諸変化によって親のあり方の社会的意味内容が変わってきており、また、そうした変化の結果、子どもと親の関係の科学的理解も変化した。

　北ヨーロッパでは、シングルマザーであることや婚外出生であることは、今日ではもはや不名誉なことではない。同様に、養子をほしがっている親は、ほかの親と同じ支援を受けるし、人工授精するかどうかは異性カップルの自由である。北ヨーロッパのすべての子どもの40から50パーセントが未婚カップルから生まれており、100年前には全女性の25パーセントに子どもがいなかったが、今日では90パーセントの女性が子どもをもっている。このように母親の人数が増えたのは、100年前には多くの女性が結婚しなかったためであり、教職とか保育のような家の外で女性がつくことができる仕事が母親であることと両立しなかったからである。またこれは、感染症が原因の、意図せざる不妊のためかもしれない。21世紀初めの女性が平均して2人の子どもをもつようになっているのに対して、20世紀の変わり目の女性は、平均4人の子どもをもっていた。だが、どちらの母親も25歳から35歳のあいだに、ほぼ同じ年齢で母親になっていた。出産年齢が下降するのは——男性の稼ぎ手が主導する家族が頂点をきわめた——1950年代と1960年代になってからであった。20世紀初めと末期の高齢出産については二つの異なる説明が可能である。第1に、農業社会の家族形成には、ある程度の財政的安定が必要であったという理由がある。第2に、福祉社会では、若い女性の多くが家族を形成する前に教育を修了しておきたいと望むという理由がある。これは、別居数の増大——全結婚数の50パーセントにおよんでいる——とならんで、親のあり方の個人主義化を反映している。今日では、親になることは、男性にとっても女性にとっても、重要な個人の一大事業であり、国家がみずから進んでそれを保障しなくてはならない個人の権利である。

　南ヨーロッパでも、変化はいまなお続いている。出生率は20世紀の最後の30年間を通じて、ヨーロッパでの最大値から最小値に変わった。イタリア、スペイン、あるいはギリシアといった国々では、全女性の40パーセントが子どもを産まないか、産んでもわずか一人である。しかし、一般に、こうして産まれた子どもは結婚したカップルに生まれており、北ヨーロッパの子どもたちと比べると両親の別居を経験する可能性は低い。

　親のあり方を科学の対象にすることは、大部分が福祉国家による介入が原因である。かつて博愛主義者たちは母親を無能とみなし、父親を社会的なお荷物と見ていたが、すべての市民を対象にした国家介入の拡大は、子どもとその発達にかんする最新の科学的知見にもとづいて子育てをする共同事業のパートナーという地位をしだいに両親が獲得することを意味した。この過程を歩む最初の段階には、児童福祉と産科サービスがふくまれていたが、これらは、**乳児死亡率**と出生率を低下させようとする戦いの時期に関心が高まった結果生じたものである。教育と保育の分野でも同様の発展を見ることができる。

　19世紀の医学が良好な子ども期を決定していたとするなら、20世紀におけるその役割は心理学によって補われた。自給自足的な個人としての子どもを重視する現代の子育てのパターンは、静かにしていること、規則正しくすごすこと、清潔にしていることを重視することにもとづく古くからの非常に権威主義的な子育て観にゆっくりととって代わった。両親が福祉国家の専門職といっしょになって、共同の子育て事業にパートナーとして参加することを期待されたように、子どもに対する同様の展開は1980年前後に——とりわけスカンディナヴィア諸国で——見られた。子どもは——ほかに優先する身体的および心理的な全体性に対する——法的権能をもち、権利を保持する存在であるとみなされた。こうした展開は、子どもに対する身体的懲戒の法的禁止（1979年にスウェーデンで最初に制定された）、史上初の子どもオンブズマン[*21]の確立（1981年にノルウェーで創設された）、そして、1989年の「国連子どもの権利条約の批准」によって公認されてきた。

福祉国家と子ども期

　20世紀を通じて福祉国家の発展が進んだという文脈で子ども期の変化がみられるとするなら、そこには三つの特徴が目立っている。**遊び**と学習を行なう独立の人生段階が子ども期であると考えるかつての中産階級の概念が、ジェンダー、文化、そして社会階級という区分を越える規範になったという意味で、子ども期は制度化され、専門化され、非常に同質的になった。ここでは、親のあり方との関係でこれまでずっと注目されてきた北ヨーロッパとそれ以外のヨーロッパ地域との差違も、はっきりと認識できる。

　1870年代以降の初等教育の普遍化は、子どもたちの生活に起きた顕著な変化をともなっていた。はたらくことはしだいに学校に次ぐ地位になった。児童労働に対する規制は、最初は工場労働に向けられていたが、農業と、工場以外のさまざまな形態の都市ではたらく子どもたちにも、掃除と幼いきょうだいの世話をする少女たちの無償の手伝いにもなんら効果はなかった。だが、たとえそうであっても、こうした展開はこの規

制に支えられていた。それと同時に、子どもの身体と精神の健康に焦点を置く一連の新しいイニシアチブは学校教育に結びつけられていた。たとえば、学校給食、学校入浴、健康診断、ホリデーキャンプ、学校菜園、遊び場などである。このようにして、広範な社会層から集まった子どもたちは、しだいに、かつては中産階級の子どもたちが保持していた子ども期を共有するようになった。だが、子どもたちの仕事が完全に消滅することはなかった。北ヨーロッパでは、子どもたちは自分の小遣い稼ぎのためにはたらくが、南ヨーロッパのもっと貧しい地域では、家族に対する子どもの経済的貢献はいまなお重要である。

子どもの生活はほかの分野でも変化した。1900年以降、乳児死亡率は年長の子どもの死亡率が下降したのと同じように減少した。この原因は、改善された生活環境とペニシリン、予防接種にあった。寿命がのびたことは、両親と祖父母が、その子どもや孫たちの人生のより長い時間をいっしょに暮らすのを可能にした。そして、21世紀初頭に向けて、ふたたび子どもたちはより多くのきょうだいをもちはじめているが、今度は、離婚と別居が増加した結果、異父母の兄弟と姉妹というかたちにおいてである。

だが、子どもたちの生活を変えたのは、学校教育の普及と子どもたちの仕事の段階的な消失だけではなかった。これにおとらず重要なのは、1960年代以降、母親たちが家の外ではたらく傾向が強まったことである。以前から多数の母親が、家族生活を——農場や商店での手伝い仕事、あるいは近隣での洗濯や掃除などの——パートタイム仕事と結びつけていたところでは、昼間は、母親たちはますます家から離れていた。子どもの生活は制度化されるようになったが、これは二つの異なる道をたどった。スカンディナヴィア諸国では、相対的に短い育児休暇、短い労働時間、そして一年以上にわたる、拡張された保育と**幼稚園**の制度からなる組みあわせがゆっくりと発展した。ほかのヨーロッパ諸国では、育児休暇は、一般に子どもが3歳になるまで続き、そのあと子どもは半日学校に通いはじめる。したがって、南ヨーロッパと中部ヨーロッパでは、母親たちは主として専業主婦になるかパートタイムの仕事につくかのどちらかであるのに対して、スウェーデンとデンマークの年少の子どもの母親の80パーセントがフルタイムの仕事についているのはなんら驚くに値しない。ポルトガル、イタリア、そしてスペインなどの国々のように、片親家族に対してあまり包括的ではない公的ケアしかない状況では、シングルマザーがフルタイムの仕事につくのが慣習になっている。

制度化は、ふつうの年少の子どもとその能力を専門家の視野のなかに置いた。1900年前後に採用された良好な子ども期という概念が、貧しい子どもと病気の子どもにかんする研究にもとづいて作られたものであったのに対して、子どもにとって好ましい生活という規準にもとづく新しい科学的な概念は、ますますふつうの子どもについての研究にもとづくようになった。したがって、子ども期を制度化することと専門職化の動きが新しい基準をもたらすことになったが、それだけでなく、1980年代を通じて、子どもの公的な世話がますます多くの子どもにとってしだいに日常生活の一部になってくると、ジェンダー、階級、そして文化の差異を横断して、子どもたちの生活に調和をもたらすことにもなった。

子ども期の画一化に向かうこうした動向も、高等教育制度が民主化された結果、教育への莫大な投資に支えられてきている。このことは、田園地方出身の子どもたち、そしてとりわけ少女たちにさらに進んだ教育を手に入れる機会をあたえた。ラジオ、**テレビ**、そして最近ではインターネットも、はじめは国内だけであったが、しだいに国際的に、子どもと若者のあいだに共通の参照情報網を構築するのに貢献した。

だが、調和をはかることは、すべての子どもたちに同一の生活水準を享受させることとはまったく違う。EU（ヨーロッパ連合）のデータは、子どもと若者の9パーセントは借金なしでは暮らせない家庭で暮らしていることを示している。周縁化[*22]は、片親の子どもや移民の子どもにとって、とくに過酷な影響をおよぼした。最悪のシナリオはイギリスにある。ここでは、すべての子どもの23パーセントが貧困家庭で暮らしている。イギリスは、ギリシアやアイルランドとならんで、ヨーロッパでは乳児死亡率がもっとも高いのである。最後に、今日、スカンディナヴィア諸国の子どもと若者が——体重問題、喫煙、アルコール、そしてストレスといった——ライフスタイル[*23]に関連する問題に悩まされていることを指摘しておきたい。

結論

良好な子ども期という夢想は、20世紀の福祉国家の特徴であったが、この夢想は、大きな変更を余儀なくされてきた。子どもが置かれている状況は変わってしまった。かつての子どもは、国家のケアと保護を受ける権利をもつには不適格だと考えられていたが、今日では市民と同じ資格があると見られている。このように、子ども期についての理解が変わったことは、親のあり方について、はじめてその役割を母親だけでなく父親にまで広げるという新鮮な理解につながった。親としての適性能力は、科学とその専門家との対話のなかで発達させるべきものである。親であることと子どもであることの利益になろうとする野心が、21世紀の幕開けの時期よりも高まることはありえないだろう。

だが、ヨーロッパの福祉共同体を横断して、子どもたちの生活にかなり大きな差異があると強調しておくことは重要である。二つの決定的な、しかし相互につながっている相違は、公共部門が、その出発点として個人あるいは家族を対象に置く程度と、子ども期を固

有の権利をもつ人生段階あるいは成人生活への準備段階とみなす程度とによって構成されている。前者は北ヨーロッパの事例であり、後者は南ヨーロッパと中部ヨーロッパにあてはまる。

[訳注]
* 1 アメリカの社会保障（the Social Security）――税収入を財源として政府が計画的に経済的保障と社会福祉を個人にあたえようとする理論と実践を網羅した福祉対策。アメリカ合衆国政府が主管する老齢・失業・健康・不具廃疾・遺族保険などの社会保障制度をさし、社会保障番号（SSN）を割りふった特定雇用者・従業員グループの強制加入による社会保障制度。1935年に「社会保障法」（the Social Security Act）を制定して実施された。
* 2 レッセフェール（laissez-faire）――フランスの重農主義者が18世紀後半に用いたのがはじまりで、フランス語の原義では、「人びとが最善だと考えることをさせよ」ということから、思想的には無干渉主義あるいは自由放任主義、政治的には個人の自由競争を助長する自由主義、経済的には経済秩序が政治から独立しており、企業や個人が市場のメカニズムにまかせることを重視する自由経済思想など複合的な意味がある。
* 3 「エリザベス救貧法」（the Elizabethan Poor Law）――一般に「エリザベス救貧法」とよばれるのは、1601年に制定された救貧法をさす。これは、それ以前の1572年の救貧法、1576年の救貧法などを集大成したものである。その概要は、教区を単位として治安判事（Justice of the Peace）が責任を負い、貧民監督官（Overseer of the Poor）が実務にあたること、救貧税を徴収し、労働不能貧民の救済費、矯正院（House of Correction）で貧民をはたらかせるための資材費、扶養者のいない貧困児童を育てて徒弟に出すための養育費などにあて、健常な貧民が就労を拒否すれば鞭打ちの刑に処すことなどを再確認した。これが、これ以降のイギリスにおける救貧行政の基本となった。
* 4 救貧院（workhouse）――健常な貧民を収容して労働技術を教えて就労させたり、はたらくことができない貧民を収容して保護する施設として、イギリスでは救貧法（Poor Law）にもとづく貧民救済制作のひとつとして1697年のブリストルでの取り組みに端を発し、1723年の救貧院実験法（Workhouse Test Act）以降、多くの教区が救貧院を設立して普及した。1782年のギルバート法（Gilbert's Act）、1834年の改正救貧法（Poor Law Amendment Act）、1908年の老齢年金制度（Old Age Pensions）、1911年の国家保険制度（National Insurance）などをへて、1948年の国民生活扶助法（National Assistance Act）によって、救貧法は最終的に廃止された。
* 5 救貧法（Poor Law）――「近世ヨーロッパの子ども」訳注17参照。
* 6 チャドウィック（Edwin Chadwick, 1800-1890）――イギリスの社会改革家、公衆衛生の提案者。救貧法王立委員会のメンバーとして、病気の原因は貧困にあると考え、救貧対策の重要課題として公衆衛生の観念を広め、設備を整えることに取り組むいっぽう、1834年の改正救貧法にも尽力した。
* 7 衛生設備（sanitation）――人間の健康状態を維持するうえで必要な衛生環境を集団的かつ総合的に改善するための設備と技術と意識改革。sanitationという用語の初出は1848年である。sanitaryはとくに健康を害する諸条件や感染・病気の予防手段という意味で用いられ、hygenicは、おもに身体の保護・健康増進という意味で用いられる。
* 8 有名な報告書（the famous report）――エドウィン・チャドウィック（Sir Edwin Chadwick, 1800-1890）による次の報告書をさす。*Report on the Sanitary Condition of the Labouring Population*, 1842, チャドウィック『大英帝国における労働人口集団の衛生状態に関する報告書』（橋本正己訳、財団法人日本公衆衛生協会、1990年）、「都市の埋葬慣行」（*The Practice of Interment in Towns*, 1843）。これらによって公衆衛生の必要と、その観点からの埋葬墓地の改善を説いた。
* 9 病原菌理論（germ theory）――伝染病は微生物を介して広まるとする説。1871年頃からこのようにいわれはじめた。病気の原因が微生物を介して病原菌にあるとする考えが広まった結果、科学界では生物学者を中心に微生物の同定と調査がさかんに行なわれるようになり、何千種類ものバクテリアやウイルスが発見され、微生物間の相互作用についての研究が進んだ。また社会的には、病原菌の存在を前提にした衛生観念が広まり、食物と水の安全な取り扱い、牛乳の加熱殺菌、飲食物の保存法の改善、公衆衛生設備の充実、隔離政策、予防接種、清潔な外科医療などが行なわれるようになった。
* 10 工場法（Factory Act）――1802年の工場法（Factory Act of 1802）は、イギリスで最初の工場法で、正式名称は「徒弟の健康と道徳を守る法」（Health and Morals of Apprentices Act）。貧困その他の理由で教区が預かり、養育した後に働きに出した教区徒弟が、木綿工場で就労する労働時間を1日12時間に制限し、夜間の勤務を禁止した。ロバート・オウエン（Robert Owen, 1771-1858）の努力によって制定された1819年の工場法では、木綿工場では9歳未満の児童の雇用が禁止され、9歳～16歳の少年少女の1日の労働時間が12時間以内に制限され、児童の夜勤が禁止された。オーストラーやシャフツベリー卿らによる10時間労働運動の結果、1833年の工場法では、絹を除く全繊維工業で9歳未満の雇用が禁止され、9～13歳の児童は1日9時間、14～18歳の少年少女は1日12時間の労働時間とされ、工場ではたらく子どもに毎日2時間、教育をほどこすことが求められ、その実施状況を監督官に監視させた。繊維工業における女性と14～18歳の少年少女の労働時間を1日10時間に制限した、いわゆる10時間労働法（Ten Hours Act）が成立したのは1847年の工場法であった。
* 11 「1833年の工場法」――絹を除く全繊維産業において、9歳未満の児童の雇用を禁止し、9-13歳の児童は1日9時間、週48時間、14-18歳の少年少女は1日

12時間、週68時間を限度とするよう「改善」された。工場ではたらく児童に毎日2時間ずつ教育をほどこすことが求められ、これらの履行状況を監視させるため政府直結の監督官を任命した。

*12 「1842年の鉱山およびその付帯施設にかんする法律」(the Mines and Collieries Act of 1842)──第7代シャフツベリー卿(Anthony Ashely Cooper, 7th Earl of Shaftesbury, 1801-1885)らの奔走によって、腰が重かった政府委員会による炭坑・鉱山労働の実態調査が進み、女性・少女、および10歳以下の少年を地下ではたらかせることを禁止した最初の鉱山法。坑内の危険な労働環境を改善する方策として、強力なワイヤーロープが発明され、石炭運搬車や運搬かごを蒸気を利用したワイヤー巻き上げ機で行なうようになった。炭坑労働に従事する少年の最低年齢が12歳に引き上げられたのは1860年、地下作業の8時間規制がもうけられたのは1908年の炭坑規制法(Coal Mines Reguration Act)においてであり、多くの課題が第2次世界大戦後までもちこされた。

*13 1847年の工場法──「十時間労働法」(Ten Hours' Act)ともよばれる。繊維工業における女性労働者と14〜18歳の少年少女の労働時間を1日10時間に制限した工場法。しかし、工場経営者は、交代制を口実にして、実質的に1日10時間以上はたらかせることが可能であったため、ザル法となった。

*14 チャールズ・ディケンズ(Charles Dickens, 1812-70)──近代イギリスの作家、ジャーナリスト(筆名ボズBoz)。イギリス写実主義文学を代表する作家。南イングランドに生まれ、父親の破産と投獄のために、靴墨工場の労働、弁護士の使い走りなどをしながら、読み書きを独学した。新聞記者となって社会のすみずみを観察して知見を深め、24歳の頃、分割月賦販売の絵入り小説本『ピックウィック・クラブ遺文録』(1836-37)で大成功をおさめた。その後、『オリヴァー・トゥイスト』(1839)『クリスマス・キャロル』(1843)『デイヴィッド・コパーフィールド』(1849-50)『大いなる遺産』(1860-61)など、多くの作品で、ヴィクトリア朝時代の工業化にともなって生じた社会悪と偽善を暴露した。当時の住宅問題をはじめ下層貧民の窮状、貧しい子どもたちの世界を純真な道徳性と社会派の精神から描き出した。救貧法や教育制度の不合理を指弾して改善を訴え、公開処刑制度の廃止を主張するなど、社会福祉にも取り組んだ。

*15 ペーター・フランク(Johann Peter Frank, 1745-1821)──ドイツの医学者、衛生学者。シュトラースブルク大学、ハイデルベルク大学で医学を修め、ウィーン大学教授なり、王室の侍医となる。主著『国民医療政策提要』全9巻(System einer vollständigen medicinischen Polizey, 1779; A Complete System of Medical Policy)は、近代の医療体制、衛生学の基本書として長く典拠とされた。

*16 土地貴族階級(Junker)──19世紀のプロイセン東部の地主貴族層で、思想的に軍国主義と権威主義に傾倒し、官僚や軍隊組織の将校を多数出した。

*17 1911年の国家保険法(National Insurance Act of 1911)──1911年にイギリスで制定された被雇用者の疾病・失業に対する強制保険制度。これが国民保険制度の事実上の端緒となった。失業保険では、不況時に一時解雇されやすい建設・造船など7業種の労働者が週2.5ペンスを支払い、雇用者と国家も同額を拠出することとし、実際に失業すると週7シリングを最大15週まで給付された。疾病保険では、年収160ポンド以下の労働者は週4ペンスの保険金を支払い、雇用者が3ペンス、国家が2ペンスを拠出することを義務づけ、傷病時に週10シリングを給付され、医療費は無償とされた。しかし、これらの保険の適用は本人のみで、家族は除外された。この状況を精細に調査・分析して、すべての国民は、「困窮・疾病・無知・不潔・怠惰」(want, disease, ignorance, squalor, idleness)から解放され、「ゆりかごから墓場まで」(from the cradle to the grave)健全な生活を送ることができるようにするのが政治の責任であるとし、抜本的な国民保険制度の必要性を提案した1942年の「ベヴァリッジ報告書」(Beveridge Report)を受けたのは、若い頃トインビー・ホールでのセツルメント活動に従事したこともある労働党内閣の首相アトリー(Clement Richard Attllee, 1883-1967)であった。彼は、1946年に国民保険制度(National Insurance Act of 1946)を制定し、1948年に実施に移した。労働者・雇用者・国家の三者による拠出金を財源に、従来の失業手当と疾病手当にくわえて、妊娠手当・老齢年金・寡婦年金・死亡一時金までふくむ包括的な国民保険制度として、同年に成立した「国民健康保健法」(Natinal Health Service Act of 1948: NHS)とともに、福祉国家の基本モデルとして諸外国に大きな影響をおよぼした。

*18 南部連合国(the Confederate States of America; the Confideracy)──1860年から1861年にかけて、アメリカから脱退して南部の11州がつくった国。

*19 少年裁判所(juvenile court)──通常は18歳未満の青少年の犯罪を扱うが、イギリスでは17歳未満を扱う。少年事件法廷ともよばれる。この表記の初出は1899年のアメリカにおいてである。

*20 マーシャル・プラン(Marshall Plan)──アメリカの国務長官であったジョージ・C・マーシャル(George C. Marshall, 1880-1959)が提唱した、第2次世界大戦後の「欧州復興計画」(1947-1952)。正式名称はThe European Recovery Program(1948-1952)。マーシャルは、1953年にノーベル平和賞を受賞した。

*21 オンブズマン(ombudsman)──20世紀初め、スカンディナヴィア諸国、イギリス、ニュージーランドなどで、政府や国家機関の立法措置、施策、さらには国家公務員の業務などに対する一般市民の苦情や要望を処理するために、立法府が任命した行政監察官のこと。スウェーデン語で「代行者」を意味するombudに由来する。英語では1911年頃からこの表記が用いられるようになった。

*22 周縁化(marginalization)──公的な救済基準から除

外されたり意図的に過小評価され、あるいは無視されることによって、救済計画からとり残され、福祉からこぼれ落ちること。

*23 ライフスタイル（lifestyle）——オーストリアの精神医学者・心理学者であったアドラー（Alfred Adler, 1870-1937）が、1929年に、子ども時代の食事、睡眠、遊びなどの生活パターンが個人の基本的性格を決定すると考え、これを「ライフスタイル」がもたらす性格特性として用いたことにはじまる。

➡社会福祉（歴史）、保育

●参考文献

European Commission /Eurostat. 2002. *European Social Statistics: Demography*. Luxembourg: Office for Official Publications of the European Communities.

Lewis, J. 2002. "Gender and Welfare State Change." *European Societies* 4, no. 4: 331-357.

Michel, Sonya, and Rianne Mahon, eds. 2002. *Child Care Policy at the Crossroads: Gender and Welfare State Restructuring*. New York: Routledge.

Mitchell, Brian R., ed. 1998. *International Historical Statistics: Europe 1750-1993*, 4th ed. London: Macmillan Reference. ブライアン・R・ミッチェル編著『マクミラン新編世界歴史統計〈1〉ヨーロッパ歴史統計：1750-1993』（中村宏・中村牧子訳、東洋書林、2001年）

Pedersen, Susan. 1993. *Family, Dependence, and the Origins of the Welfare State: Britain and France 1914-1945*. Cambridge, UK: Cambridge University Press.

Sainsbury, Diane, ed. 1994. *Gendering Welfare States*. Thousand Oaks, CA: Sage.

Therborn, Göran. 1993. "The Politics of Childhood: The Rights of Children in Modern Times." In *Families of Nations: Patterns of Public Policy in Western Democracies*, ed. Francis G. Castles. Aldershot, UK: Dartmouth.

Trägardh, L. 1997. "State Individualism: On the Culturality of the Nordic." In *The Cultural Construction of Norden*, ed. Øystein Sørensen and Bo Stråth. Oslo: Scandinavian University Press.

（NING DE CONINCK-SMITH & BENGT SANDIN　／稲井智義訳）

シャリヴァリ（Chrivari）

シャリヴァリは、中世と近世のヨーロッパにおいて社会的に期待されていること、とくに性的なことがらに順応しそこなった共同体の成員を責めるために利用された儀礼であった。その具体的な事例には、再婚した寡婦、夫を殴った妻、あるいは子どもをもうけることができなかった夫婦などがふくまれていた。この用語の発祥地であるフランスでは、通常、そうした儀礼を先導したのは10代の少年や若い未婚の男性たちであった。若者たちは、深鍋やフライパンを打ち鳴らし、耳障りな音を立てながら、人をあざける侮辱的な言葉を叫びながら、また、ときには威嚇的な暴力をともないながら、街路を練り歩いた。シャリヴァリの標的にされた者がこうした若者たちにワインやお金を支払って状況を効果的に解決することができれば、この儀礼は平穏に終息し、問題は沈静した。

ヨーロッパ人の大半は、19世紀になるまでシャリヴァリを社会的な逸脱を抑制する合法的で効果的な手段とみなしていた。シャリヴァリは、共同体が、標的にされた者に対する不満を公の場で発散させたものであるが、同時にそれは、潜在的に不穏な状況を穏便に解決する機会も提供した。近代以前の共同体では、個人を社会的なしきたりに従わせようとする圧力は高く、それに従わない場合には家族のあいだに、あるいは隣人たちのあいだにも、長期にわたって残る反目が生まれることになった。シャリヴァリはそうした緊張が破壊的になる前にそれを拡散させることができた。騒がしくて耳障りな音楽、衣裳、標的にされた人物をののしるための人形の活用、これらすべては、シャリヴァリが伝統的に毎年催されるカーニヴァルの祝祭が四旬節[*1]の直前に催されていたように、隣人に対してぶちまけてはならない日常的なタブーが一時的に撤廃される「時間枠をはずれた」特別な儀礼であった。シャリヴァリには、からかうような陽気さという要素があった。このことは、冗談の標的にされた者が怒るのを困難にし、大声を上げて侮辱する敵意を拡散させるのに役立った。ある者は、この儀礼は、共同体から邪悪な魂を排除する魔力をもっていると考えたかもしれない。シャリヴァリの標的にされた者は、その儀礼によって恥さらしにあったが、同時にそれは、その人物を共同体に再統合するのにも役立った。標的にされた者たちがシャリヴァリを独特な虐待だと考えはじめ、そのことで、教会や権力当局に明確な不満を訴えはじめるようになったのは、17世紀なかばをすぎてからのことであった。

シャリヴァリは、求愛と結婚について、共同体の期待に対する支配力を主張する機会を若者たちに提供した。若者たちは、規範を逸脱した者を激しく責め立てることによって、どのような環境でだれと結婚することが許されるのかをすべての者に思い起こさせた。サルデーニャ[*2]では、しばしば10代の少年たちの非公式な集団が攻撃をくりかえし、性的な不義を犯した者や再婚した寡婦を悩ませた。少年たちは、既婚女性たちからそうするようにそそのかされていたのであるが、しばしば、こうした女性たちは、騒々しい行列に必要な鍋やフライパンを少年たちに提供していた。イギリスの若者たちは、17世紀と18世紀を通じて、夫を殴った妻に対する耳ざわりな音楽の儀礼に参加し、四旬節の期間に、地方の売春婦たちに対する攻撃を先導した。男性の敵対者たちもシャリヴァリの標的になった。たとえば、1590年、ドイツのブルグレンという村に住んでいた男子の若者たち全員が、この村に引っ越してきた一人の若者に対して、このよそ者が自分たちの

シャリウア

ウィリアム・ホガース「スキミントン〔嘲笑行列〕に遭遇したヒューディブラス」（サミュエル・バトラーの『ヒューディブラス』の挿し絵7〔銅版〕、1725年）*

結婚の見通しを脅かすという理由で、やかましい音楽と罵声で対決した。標的にされた者がシャリヴァリによる制裁を受けるのを拒絶した場合には、暴力ざたになった。そのような事例としては、1668年に、再婚したばかりのフロリエ・ギャロというリヨンの寡婦が、自分をシャリヴァリの標的にした若い職人たちの雇い主を公の場で侮辱した例がある。ギャロは、再婚したために恥さらしにあうのを拒絶したが、彼女のこうした大胆なふるまいは、彼女に対する二度目のシャリヴァリを活気づけ、その過程で彼女の若い夫は撃ち殺されてしまった。全般的に見て、シャリヴァリは、たとえ若者たちがこの儀礼を行なうなかで暴力の日常的な規範と礼儀正しさを逸脱しても、若者たちに彼らが社会規範を強める役割、とりわけ彼らに都合のよい結婚市場を維持するという役割を担っていることを自覚させるようあおり立てた。

16世紀という早い時期に、教会と世俗権力の双方が公式にシャリヴァリを違法行為だとした。しかし、実際には、地方の権力当局は、シャリヴァリの儀礼を行なった男性の若者集団を起訴するのをしばしばためらった。現代の都市でみられる非行仲間とは違って、近世の若者集団は、市の当局者たちからカーニヴァルの祭儀を組織したり、キリスト教の宗教的な行列に参加するのをしばしば認められていた。この同じ集団が、地方の居酒屋で朝まで飲み明かした後にシャリヴァリをしはじめたこともまた、市の当局者が彼らを違法者にすることにはならなかった。若者たちが一線をふみ越えて、シャリヴァリを集団レイプや暴行に変質させてしまった場合でさえ、裁判官たちは彼らに判決をくだす際、しばしば非常に寛大であった。若者たちは数日間刑務所に留置されたかもしれないし、彼らの道徳性を矯正するために感化院に送致されたかもしれないが、若者たちが糾弾されて暴行罪で通常の起訴にまわされることはめったになかった。そのかわり権力当局は、共同体の価値観から基本的に疎外され、社会規範からはずれた者たちからなる下層階級が生まれるのを避けた。

18世紀と19世紀を通じて、ヨーロッパでのシャリヴァリ慣行は、最初は都市で、次いで田舎で衰退した。16世紀のシャリヴァリが恥さらし的であるとともに癒し的でもあったのに対して、その3世紀後の19世紀の都市の住民たちは、この慣行を基本的に破壊的で無作法だと見ていた。読み書きができるヨーロッパの人びとは、教会の活動と民衆文化とのあいだに明確な線を引きはじめ、もはや両方に参加した若者集団を制裁することはなかった。また、今では、結婚は、その役人たちがすべての町と村にまで手を伸ばしている国家によって不平等に管理されることがなくなったため、共同体が性的な規範を統制することもそれほど必要ではなくなった。19世紀後半までに、新しく構築された警察権力は、標的にされた人びとを若者たちが儀礼的に苦しめるのを防ぐためばかりでなく、彼らを社会規範の支持者として入れ替えるためにも、街路をパトロールするようになった。

〔訳注〕

*1 四旬節（Lent）――復活祭（Easter）すなわち春分の

後の満月の次の日曜日の準備として行なわれるキリスト教の祭事のひとつ。断食と改悛の期間をさし、「灰の水曜日」(Ash Wednesday) にはじまり、復活祭までの、主日 (Sunday) を除く40日間。大斎節、受難節とも訳される。

＊2 サルデーニャ (Sardegna) ──地中海のコルシカ島の南に位置するイタリア領の島。

➡近世ヨーロッパの子ども、中世とルネサンス時代のヨーロッパ、通過儀礼、若者文化 (ユースカルチャー)

●参考文献

Boes, Maria R. 1996. "The Treatment of Juvenile Delinquents in Early Modern Germany: A Case Study." *Continuity and Change* 11: 43-60.

Burgière, André. 1980 "The Charivari and Religious Repression in France during the Ancien Régime." In *Family and Sexuality in French History*, Robert Wheaton and Tamara K. Hareven. Philadelphia: University of Pennsylvania Press.

Cashmere, John. 1991. "The Social Uses of Violence in Ritual: Charivari or Religious Persecution?" *European History Quarterly* 21: 291-319.

Davis, Natalie Zemon. 1984. "Charivari, Honor, and Community in Seventeenth-Century Lyon and Geneva." In *Rite, Drama, Festival, Spectacle: Rehearsals Toward a Theory of Cultural Performance*, ed. John MacAloon. Philadelphia: Institute for the Study of Human Issues.

Hammerton, A. James. 1991. "The Targets of 'Rough Music': Respectability and Domestic Violence in Victorian England." *Gender and History* 3: 23-44.

Ingram, Martin. 1984. "Ridings, Rough Music, and the 'Reform of Popular Culture' in Early Modern England." *Past and Present* 105: 79-113.

Schindler, Norbert. 1997. "Guardians of Disorder: Rituals of Youthful Culture at the Dawn of the Modern Age." In *A History of Young People in the West*, Vol. 1, Ancient and Medieval Rites of Passage, ed. Giovanni Levi and Jean-Claude Schmitt, trans. Camille Naish. Cambridge, MA: Belknap.

(SARA BEAM／北本正章訳)

銃 (Guns)

子どもと銃という主題は問題をはらんだ現代の争点であるが、20世紀以前にはほとんど論争を生まなかった。旋条[*1]のない、先込め式のマスケット銃[*2]が植民地と初期の共和国では一般的な銃であった。武器はヨーロッパから輸入されていたが、これは、当時のアメリカに鉄砲鍛冶の職人がほとんどいなかったためである。輸入された銃のなかには古くて壊れてしまうものもあったが、多くは使用可能で、子どもたちも手にしやすかった。しかし、銃をあたえられたアメリカの少年はゆりかごのなかで銃を撃つという大衆のイメージは誇張されている。19世紀なかばにライフルとピストルが改良される以前は、正確な射撃ができるほど十分に精密な銃はほとんどなかった。だが、民間人のあいだに銃が流布していたことは、アメリカの子どもたちが、銃の所有が国によって厳密に管理されていたヨーロッパの子どもたちよりも銃を手にすることになじみがあったことを意味した。そのことをよくあらわす逸話は、ヨーロッパからの訪問者たちの物語に見いだすことができる。

初期のアメリカには、子どもと銃にかんする懸念はほとんど広まっていなかったが、20世紀末の新聞を満たしたのと同じような悲劇的な災難が起きている。1797年、デイヴィド・オスグッド尊師は、ある少年の友人がもっていた銃が暴発し、胸を打たれて殺されてしまった9歳の少年の葬式で追悼の祈りをしている。しかしこのとき、オスグッド尊師は、この事故から今日のモラリストとは非常に異なる教訓を引き出している。彼は、人生というものの不確かさに注意をうながし、弔問に集まった会衆に向かって、自分がそういう目にあう前に神の恩寵を受けるよう注意をうながしたのであった。銃が身を守るものでないことを彼はよく承知していた。しかし、そのことを批難せず、子どもたちに銃を使わせないようにしたのであった。

子どもと銃に対して批判的に見ていた最初期の文書の著者の一人は、エリートのスポーツであったことの評判を落とすことほどには子どもの安全性については心配していなかった。ピーター・ホウカーは、1814年の著書『若いスポーツマン入門』(*Instructions to Young Sportsmen*) のなかで、労働階級の若者を卓越した射撃の儀礼に適応させようと試みた。19世紀の有名な漁師でハンターでもあったフレッド・メイザーは、路を横切る小さな生き物たちのために、子どもと銃について悩んでいた。その回想録『わたしがいっしょに釣りをした人びと』(*Men I Have Fished With*) で、メイザーは、友だちと共有していた非常に古いマスケット銃を使って、友だちといっしょに鳥、ジャコウネズミ、鹿などを撃って冒険した少年時代を懐かしそうに回想している。しかし彼の記憶は、自分の節度のなさに対する後悔の念で汚されている。彼は、世の父親たちに向かって、少年というものは野蛮で血に飢えており、殺せるものは何でも殺してしまうので、息子たちには決して銃をあたえないよう懇願している。

19世紀後半になると、おもちゃの銃が市場にあらわれた。1859年にはキャップ・ガン[*3]が発明され、1870年代にはポップ・ガン[*4]が、そして1888年にはデイジー・エアー・ライフル (またはBB銃)[*5]が発明された。これらのおもちゃの武器は最初きわめて危険なもので、その能力は制限されていたが、その安全性が高まると、20世紀には売り上げが急増した。1930年代になると、広告業者たちは、射撃練習をするためのおもちゃの銃の販売から、空想的なロールプレーイングにそれを使うことを強調するようになった。男の子は、捜査官、カウボーイ、さらにはギャングに

銃で遊ぶ少年たち（1950年頃）。おもちゃの銃は19世紀なかばにはじめて製造されたが、早くも1930年代には、批評家たちはこのおもちゃは子どもたちを狂暴にさせると批判していた。©Horace Bristol/CORBIS

さえなることができた。一部の大人にとってこうしたゲームは、実際に大恐慌時代のギャングがかかわっていた、人びとを恐怖におとしいれる「撃ち殺しあい」を激しく思い起こさせるものであった。1934と1935年、社会活動家のローズ・シモーンは、おもちゃの銃が若者の暴力を助長していることに抗議するために、シカゴの学校児童たちに、みんながもっているおもちゃの銃をかがり火のなかに放りこませた。

しかし、密造ギャングに属していた若者さえもがその争いに銃を使ったかどうかについてはほとんど証拠がない。ナイフは銃より一般的に使われた。銃が10代のギャング行動において優勢な役割を演じはじめたのは1960年代だけであった。だが、彼らは、相手を傷つけるというよりもむしろ、自分を強く印象づけることが広くいきわたっていたやり方であった。一方、ベトナム戦争反対運動によって高められた反戦平和の感情は、おもちゃの銃に対する新しい反対運動に火をつけ、シアーズ社が、そのカタログからおもちゃの銃を削除し、子どもたちが「ピストル遊び」にくわわることに**ベンジャミン・スポック博士**が異を唱えること

につながった。しかし、おもちゃの銃に対するこうした反感は、新技術の発明が子どもたちのゲームにおよぼした影響の大きさに比べると、かなり縮小してしまった。テレビゲームは子どものゲームにおいて——視覚的に示されるか、あるいはスクリーンにねらいを定める手にもったプラスチック製のファクシミリとしてであるかのどちらかで——銃の役割を確証させた。現代の社会批評家の一部は、テレビゲームは子どもたちを暴力に対して鈍感にさせ、彼らに実際に命を奪うよう条件づけていると主張する。ほかの批評家はこれに同意しない。

1980年代を通じて展開したクラック・コカインの不法市場に銃が大量に流入したことによって子どもたちが危険にさらされることは、いまや推測の域を超えている。低価格のクラックと、その少量販売は、ドラッグセールスの絶対数の急増をひき起こし、必然的にそれに並行してそのセールスマンの人数も増加することとなった。都会に住む多数の若者がクラックの売人になった。この市場の流動性は、クラックの売人たちのあいだでの激しい競争をかきたて、ますます多くの若い売人たちが自分の身を守るために銃を持ちはじめた。1984年から1991年までのあいだに、青年期の若者による殺人事件の発生率は3倍になったが、この増加は銃を所有する若者の比率が上昇したことに直接起因している。

政府と非営利団体は、善意から生まれたキャンペーンの嵐を受けてこの危機に反応した。アメリカ議会は、1989年(「セイブ・ザ・キッズ」[Save the Kids]キャンペーンの一部として)と1992年に、子どもと銃という主題にかんする公聴会を開催した。そこでは、問題を防止するための特別立法(その提案のいくつかは、たとえば1994年の「銃を持たせない学校法」[the Gun-Free Schools Act of 1994]のように、議会を通過したものもあった)が提案された。カーター・センター、暴力対策センター、**児童支援基金**、そしてアメリカン・ユース・センターは、1989年以降、子どもと銃の問題にかんするいくつもの報告書を公刊している。そうした報告書のどれもが、よりよい銃規制に賛同している。その大半が白人が住む地方を校外のコミュニティで発生した1990年代の学校で頻発した銃乱射事件についての詳細な報道は、多くのアメリカ人に、この危機はアフリカ系アメリカ人の若者が住む大都市のスラム街だけのことでないことを認識させた。1999年には4205人の子どもが銃撃によって殺された。そのほとんどは10代後半の子どもで、15歳未満の子どもも629人いた。

だが、それにもかかわらず、子どもの銃撃遊びを好ましいと思う強い感情は残っている。全米ライフル協会(the National Rifle Association: NRA)は、ジュニア・メンバー向けの特別誌「洞察」(*InSights*)を出版しているが、そのなかで、銃を所持している子どもたちを光沢紙に焼きつけた写真を売り物にし、その読者たちが目標を撃ち、狩りをするよう奨励している。これと同じく、父親あるいは祖父といっしょに銃を撃っている子ども期の回想録は、全米ライフル協会の主要な出版物である『アメリカン・ライフルマン』(*Amencan Rifleman*)の人気の高い売り物である。NRAが推進する銃の安全教育プログラム、あるいはNRAの論敵によって主唱されている銃規制法案が、アメリカの子どもたちを脅かしている銃の事故と銃による暴力を止められるかどうか、注視されつづけている。

[訳注]

*1 旋条(smooth-bored)——弾丸を遠くに飛ばす目的で、弾丸が発射された後に銃身内を弾丸が通過するときに弾丸に回転をあたえるため、銃身の内側にらせん状の細い線を掘ることを旋条という。この旋条によって弾丸に回転があたえられるが、弾丸の表面にその銃に固有の旋条痕がつくため、弾丸がどの銃から発射されたかを特定することができる。旋条痕は銃による犯罪捜査では「指紋」と同じ証拠能力をもつ。近代以前の銃では、銃身の内側に旋条を掘る技術がなかったため、弾丸は遠くまで飛ばず、しかも弾道がゆがみやすく、命中率が低かった。

*2 マスケット銃(masket)——16世紀に発明された大口径の歩兵用の滑腔銃(smoothbore)。ライフル銃の前身。先込め式の銃は弾倉をもたず、一発発射するたびに銃口から弾丸をつめるため、連発ができず、しかも、弾丸込め作業を円滑にする必要から口径が大きく重量があった。

*3 キャップ・ガン(cap gun)——おもちゃのピストルの一種で、紙火薬で音を出すだけの小型の銃。

*4 ポップ・ガン(pop gun)——おもちゃの銃の一種で、コクル製の弾などが空気圧で飛び出すしくみになっている。

*5 BB銃——直径が0.18インチ弾丸(散弾子)あるいは0.175インチの弾丸。BB弾(BB shot)ともよばれ、空気銃やBB銃などに用いられる。空気圧で連射して飛び出す子ども向けのおもちゃのBB銃はプラスチック製のBB弾であるが、殺傷力がある。BBという名称はBall Bullet(球形弾)の略、あるいはBall bearing(ボールベアリング)の略ともいわれるが、散弾の大きさ(BBサイズ)に由来する。デイジー社はアメリカのエアーライフルの老舗メーカーである。

➡おもちゃ、学校銃撃事件と校内暴力、警察と子ども、ドラッグ(薬物)、非行、法律と子ども、ユース・ギャング、路上遊戯

●参考文献

Cook, Philip J., ed. 1996. "Kids, Guns, and Public Policy." *Law and Contemporary Problems* 59, no. 1.

Cross, Gary. 1997. *Kids' Stuff: Toys and the Changing World of American Childhood*. Cambridge, MA: Harvard University Press.

Grossman, Dave. 1995. *On Killing· The Psychological Cost*

of Leaning to Kill in War and Society. Boston: Little, Brown.
Ward, Jill M. 1999. *Children and Guns*. Washington, DC: Children's Defense Fund.

（RACHEL HOPE CLEVES／北本正章訳）

就業調書（アメリカ）
(Working Papers)

　社会が**児童労働**を規制したり廃止しようとすると多くの問題に直面する。学校教育といった利用可能な代替物の欠如や雇用者および親を児童労働に向かわせる文化的・経済的誘因といった問題にくわえて、数多くの実践的問題を検討しなくてはならなくなるからである。年齢制限が課されるか、あるいは特定年齢以下の子どもに対して時間が制限されるとなれば、なんらかの方法で労働者の年齢を立証する必要があろう。この問題にかんしては多くの方法が試みられてきたが、そのなかでも効果的な方法がいくつかある。年齢の記録は児童労働に対する規制強化の方策のひとつを提供するが、それだけでは児童労働問題を解決することはできない。子どもが法定の就労可能年齢であることを証明する記録は、就業調書とよばれる。

　法定就業調書の要件は、適切な出生記録のシステムを前提としている。出生記録が重要なものになる以前は、子どもの実年齢については、多くの親が漠然と記憶しているだけであった。一部の親は家庭用聖書*1やその他の記録簿に出生記録をつけていた。多少の資産をもつ親であれば保険証書に記録したかもしれないが、多くの親は子どもの正確な年齢を知らなかった。さらに、出生記録の個人的なシステムでは誤用されやすかった。多くの親は、しばしば雇用者の威圧的な影響下にあったため、子どもたちを仕事につかせるためにその年齢を故意にごまかしていた。子どもたちの就業調書の要件が十分に効力を発揮できるのは、はたらいていた子どもたち全員の最新のコホート（同一年齢集団）が十分な期間にわたって蓄積的に記録されている場合である。

　アメリカでは、1938年まで、連邦政府が労働者を規制するのは「州権」*2によってさまたげられており、各州政府は年齢記録制度を用いて望ましい方法を見つけようと試みていた。州は独自の方法を見つけなくてはならなかったが、そこから多少とも規則性のある進化が見られた。北部の州に採用された最初の年齢制限のいくつかは、記録をまったく必要としなかった。たとえば、ペンシルヴァニアでは、長年にわたって炭鉱労働に従事できる年齢を14歳以上（地下での業務は16歳以上）としていたが、1905年まで記録は必要なかった。このため、無煙炭ストライキ委員会が1902年の大規模なストライキの事情聴取をはじめた際、連邦政府は、ペンシルヴァニア東部の炭鉱と破砕場で14歳未満の子どもたちが1万人以上もはたらいていたことを知って愕然としたのであった。年齢記録を要件とする最初の法律は、一般的には、公証人が保護者に宣誓させることのみを求めた。そこで、多くの採掘抗、選鉱所、製作所は、事務員の一員として公証人を雇った。初期の法律のいくつかは、「困難」時の例外規定を設けていた。そのため1907年には、サウスカロライナの紡績工場では、12歳未満のすくなくとも500人の子どもが合法的にはたらいていた。このシステムは問題だらけであり、児童労働を廃止するのに完全に失敗していたことを証明していた。

　親たちは、偽証を犯す多数の誘因をかかえており、英語を話せない者の多くは自分が偽証していることさえ理解していなかった。雇用者は──「わたしたちに仕事をください」と書かれた書類を子どもたちがもっているかぎりは──［正しい年齢の申告を］強要して効果を上げることにほとんど関心はなかった。公証人たちは、就業調書をお金で売るなどの軽微な不正をしたり、子どもの雇用者と非常に親密な関係にあるなど、さまざまな利害関係にさらされていた。最終的には第三者による年齢の「証明」が法的に必要となった。保険証書や、牧師・ラビ・神父らによる証明書など、さまざまな記録でまにあわせることができたが、こうした方法は、信頼できる公的な出生記録システムが運用されはじめるまで、十分な効果を上げなかった。たとえば、1916年にペンシルヴァニア東部のある神父は、彼が嘘の出生証明書を書かなかったために教区民を失ってしまったと報告している。アメリカでは、州および地方の出生登録にかんする法律は断片的に採用され、典型的には、最初の児童労働法の立法化に数年遅れた。だが、法律が制定された地域でさえ、農村地域の子どもや移民の子どもへの法の適用は問題をはらんだままであった。

　結局のところ、労働許可の発行およびそのあとの追跡調査に対する責任は学校に移された。この措置は、信頼できる出席記録システムと結びついたことで、非常に効果的な文書管理体制をもたらした。20世紀末までに、若年労働者の就業調書の管理体制の主要な責任は地方の学校と保健所が負うことになった。こうして就業調書は、20世紀なかば初期までに、若者が夏季とパートタイムの雇用を見つける一般的な方法となった。

［訳注］
＊1 家庭用聖書──通常、巻頭あるいは末尾に、一家の結婚、誕生、死亡の記録を書きこむページがついていた大型聖書。フランスの人口動態研究では、一種の家計簿あるいは出納帳の役目を果たしていた家庭用聖書に書きこまれた手書き文の解読によって、家族復元法のデータを得ようとした。
＊2 州権 (state's rights)──各州に帰属する権利で、とくにアメリカ合衆国憲法の厳格な解釈に照らした場合、

連邦政府への委任を憲法が規定していないすべての権利をさす。1798年頃からこのように表記されはじめた。

➡経済と子ども（西ヨーロッパ社会）、年齢と発達、法律と子ども、労働と貧困

●参考文献

Abbott, Grace. 1938. *The Child and the State, Vol. I: Legal Status in the Family, Apprenticeship and Child Labor*. Chicago: University of Chicago Press.

Anthracite Coal Strike Commission. 1903. *Report to the President on the Anthracite Coal Strike of May-October, 1902*. Washington: Government Printing Office.

Hindman, Hugh D. 2002. *Child Labor: An American History*. Armonk, NY: M. E. Sharpe.

Kelley, Florence. 1905. *Some Ethical Gains Through Legislation*. New York: Macmillan.

Kohn, August. 1907. *The Cotton Mills of South Carolina*. Columbia: South Carolina Department of Agriculture, Commerce and Immigration.

（HUGH D. HINDMAN ／三時眞貴子訳）

宗教の復活（Religious Revivals）

歴史家は、ウィリアム・J・マクローリンの先駆的な仕事以降、アメリカの文化史において信仰復興——祈祷、説教、回心のための大衆の宗教的な信徒集会——がとりわけ顕著にあらわれる時期を四つに区分してきた。

そのうち最初のものは、1735年から1745年にかけてのいわゆる大覚醒の時期[*1]であり、ニューイングランド地方から中部植民地にかけて生じ、ジョナサン・エドワード[*2]が「驚嘆すべき回心」と名づけた一連の出来事によって特徴づけられる。こうした回心のなかでもっとも驚くべきものは、子どもや若者のあいだで生じた多くの回心である。とくに子どもの回心には特別な位置づけがなされていた。というのも、信仰復興運動の支持者は、子どものなかにこうした出来事がもつ神秘性を見てとったからである。他方でこれを揶揄する者は、信仰復興運動において子どもが目立つことを逆手にとって、彼らを非合理的な「宗教的熱狂者」とみなした。のちの観察者は、子どもの儀式的なふるまいと年長者による信仰復興にかんする報告に共通してみられる特定可能なパターンの存在を指摘し、より広範囲にわたる社会的、政治的潜在要因を強調した。ほぼすべての説明は、公的な回心体験者としての子どもが登場したことは、すくなくともカルヴァン主義者に典型的にみられるような理解とは対照的に、アメリカにおける自我およびライフ・コース概念がいっそう可変的な様相をおびていたことを示しているという。とはいえ、フィリップ・グレーヴェン[*3]が指摘しているように、この可変的な自我がいまだ厳格な社会構造の下にあったことはいうまでもない。それにもかかわらず、子どもはあくまでも回心体験者として歴史に登場する。子どもは超越的な神の庇護のもとでの回心体験者であると主張した。しかし彼らの主張がそれほど注意を惹かなかったのは、とりわけそれが勃興しつつあった市場経済における生産者および消費者の要求と一致していたからである。

歴史家が信仰復興運動の第2期に目を向けるとき、市場・信仰復興・子ども・若者のあいだの結びつきはより確かなものとなる。この第2期は19世紀前半に相当し、1857年から1858年にかけて北東部で生じた一連の「実業家の信仰復興」によってピークに達する。歴史家によっては、1800年から1805年にかけて南部で生じた「大いなる信仰復興」を第2期と見る場合もある。これによってバプティスト派とメソジスト派は南部における永続的な足場を獲得し、アフリカ系アメリカ人の共同体内での優位な立場を手に入れた。北部での信仰復興運動は、教養ある聖職者に対する主導権を平信徒がにぎっていたことが特徴で、そのため進取的な若者（またある場合には若い女性）が精神的（および経済的）な主導権をにぎっていた。こうした信徒集会は、南北に急速に広まっていった。とりわけケンタッキー州のケイン・リッジでは、世代間の野外イベントが地域社会のヒエラルキー的拘束を越えるかたちで行なわれ、人類学者のいう熱狂的なコミュニタス経験[*4]と、いわゆるエンターテイメントを提供した。若者は社会的機会と同じく精神的機会についてもこれにすばやく便乗し、キリスト教はそのプロセスのなかでさらに「民主化」された。またそのことによって、ときには子ども説教師として年少の少年たちの仲間にくわわることもあった若い女性のための社会空間が開かれた。一連の信仰復興運動がニューヨーク州北部の全域を吹き抜けた1830年代頃、当時もっとも有名な福音主義者であったチャールズ・グランディソン・フィニー[*5]は、若い男女をともによび出し、彼らの救済について考えるために「信仰不安者席」へ座らせるという技術を生み出した。フィニーはまた、妻エリザベスとともに、信仰復興運動が神からのたまものであるだけでなく、「新たな手段を正しく用いたこと」、すなわちマーケティングとよばれはじめていた手法を新しく用いた結果でもあると主張することで、信仰復興論者による可変的な自我を重視することをさらに推進した。それほど注目を浴びることはなかったが、日曜学校のようなキリスト教的な子どもの養育の提唱者であるホーレス・ブッシュネル（1802-1876）などの神学者は、こうした技術の重視を根拠に、信仰復興運動が一種の**児童虐待**にあたると主張した。だが、それにもかかわらず、企業家的な復興気運に直接結びつくかたちで、新しい福音主義の聖書学校やオバーリン大学のような大学が創設され、これらの学校はハーヴァードやイェールといった「合理主義的な」大学が放棄した市場のすきまを急速に埋めていった。その後、福音主義派の学校は、とくに奴隷制度廃止といった社会改革をめざ

して行なわれた若者による改革運動の母体となった。他方、バプティスト派とメソジスト派は、いくつかの明確な理由から、南部における禁酒法の推進に賛同した。1857年と1858年の企業家による信仰復興期には、たしかにフィービ・パルマーのような女性指導者も自己主張をはじめていたが、そのなかでとくに目立ったのはやはり若い男性であった。ジョン・コリガンによれば、都市部では同一年齢集団（コホート）で改宗する若い男性が公の場にあらわれたことによって、きわだった「少年文化」が育まれたという。これはアメリカにおける初期の青年伝道団の発展と一致し、それをうながすものでもあった。

1890年から1920年にかけて見られた信仰復興の第3期の流れは、今度はおもに都市部で生じ、**キリスト教青年会（YMCA）**の唱える「筋肉的キリスト教」に専念する若者組織の存在を広く利用したものであった。主導的な立場にあった福音主義者たち――ドワイト・L・ムーディ、ビリー・サンデー、エイミー・センプル・マクファーソン――は、大テントあるいは「タバナクル」（tabernacles、幕屋）で行なわれる若い男女のための集会を数多く催し、スウィング調の「ゴスペル」音楽をよびものにするなどして、フィニーが生み出した合理主義的技術をいっそう発展させた。こうした集会は、若者向けに新しく登場してきた大衆文化と、年齢に沿って区分されたイデオロギーを認めた。このような仕方での若者の分離は、G・スタンリー・ホールによる有名な青年期の定義にある、敬虔と騒乱という属性で特徴づけられる人生の特別な段階という概念とよく一致した。これらの属性を示す豊富な証拠はタバナクルでの集会に見出すことができる。そこでは、性的なエネルギーが熱情的な祈りに転化し、感動的な回心体験と陽気な音楽によって騒乱にはけ口があたえられる。だが、いまや回心体験に期待されるのは、開拓時代に自発的に発生した「コミュニタス」ではなく、むしろ長い時間をかけて醸成された価値観と一致する行動で示される慣習に彼らを従わせることであった。かつては可変的な自我の表徴であった公の場での若者の回心体験は、いまや確定された市場の機能を果たしはじめ、若者の善のために信仰復興論者たちが求めた社会改革のあるもの、すなわち禁酒法が実現を見ることとなった。こうした「成功」は皮肉にも、H・L・メンケン*6やシンクレア・ルイス*7といった文化的エリートたちのあいだで軽蔑を生み、新興の社会科学的な学問分野によって青年期と回心体験との関連性を探究することに結びついた。信仰復興論者が原理主義運動と同盟を結び、みずからを周囲にとり囲まれた少数派であるかのように感じはじめると、こうした還元主義に応答するかたちで、ある特定のコミュニティにとってつねに重要であった信仰復興主義に内在していた反知性的要素がさらに前面にあらわれるようになった。

信仰復興運動の第4期は、第2次世界大戦下でのキリスト青年会の創設にまでさかのぼる。ビリー・グラハムによって導かれたこの団体は、ジェームズ・ドブソンといった主導者が表明した、いわゆる新たなキリスト者の権利や、「プロミス・キーパーズ」といった運動に結実した。こうした運動は、キリスト教徒の回心体験・交流・文化的変容に多くを負っており、今日では国家主義的政治学とも結びついている。しかし同時にまた、現代の信仰復興主義は、もはや可変的なライフ・コースをうながしてはいない。今日、信仰復興論者たちは子どもと若者を抑制し、彼らをさまざまな州・教会・家庭での（**自宅学習のような**）プロジェクトに従わせる方策を探し求めており、これらすべては最新のテクノロジーによって市場取引されている。

[訳注]

*1 大覚醒（the Great Awakening）――およそ1725年から1770年ごろまで続いたアメリカ植民地、とくにニューイングランド地方において広がった信仰復活運動。この運動は、ニューイングランドではジョナサン・エドワーズ（下記*2）の指導のもとにはじまり、中部のアメリカ植民地地域ではオランダの改革派と長老派のあいだに1730年代に広まった。1739年にイギリスから渡ってきた、カルヴァン主義メソジスト派の説教師ジョージ・ホイットフィールド（George Whitefield, 1714-1770）が各地で伝道活動をはじめる頃には植民地全域に広まる信仰復興運動となり、1750年代にはアメリカ南部にも広まった。この信仰復興運動のねらいは、形式的で外面的な権威主義に堕していた既存の教会運営と聖職者を批判し、信徒の内面性とくに回心体験を重んじ、信仰の自由を重視し、寛容で人道主義的という特色があった。アメリカ独立革命の思想的前史を形成したといわれている。

*2 ジョナサン・エドワーズ（Jonathan Edwards, 1703-1758）――アメリカの著名な牧師・神学者。11人兄弟の5人目の子どもとして生まれ、父親と年長の姉たちから家庭教育を受けた。14歳でイェール大学に進学し、ジョン・ロックの『子どもの教育』（1693年）に深い感銘を受け、学問の道に進む決意を固めた。17歳のとき首席で卒業し、大学講師となった。カルヴァン派の教会牧師として多数の宗教書を著し、広く読まれた。その熱狂的な説教によって気を失って倒れる聴衆が多数いたと伝えられる。ニューイングランドを中心に、寛容で人道主義的な信仰復興をめざし、1734年の信仰復興運動（リバイバル運動）、1740年頃～1770年代の大覚醒運動を指導した。55歳のとき、プリンストン大学第3代学長に着任したが、種痘が原因で急死した。

*3 フィリップ・グレーヴェン（Philip J. Greven, 1935-）――アメリカの歴史学者。植民地時代の家族、人口、世代関係、育児文化などの社会史研究の草分け的研究を進める。大部の主著『プロテスタント気質』（1977）はアメリカ子ども観史、家族関係史の古典である。ラトガーズ大学歴史学部教授。

*4 熱狂的なコミュニタス経験（experience of ecstatic

communitas）――イギリスの象徴人類学者V・W・ターナー（V. W. Turner, 1920-1983）が提唱した概念で、集団で通過儀礼のなかの移行期的段階の境界的状況（リミナリティ：liminality）を体験した者たちが共有する親密な一体感。

＊5 チャールズ・グランディソン・フィニー（Charles Grandison Finney, 1792-1875）――アメリカの聖職者・教育者。第2期信仰復興運動の指導者で、「近代の信仰復興運動の父」とよばれる。オバーリン大学（Oberlin College）の教授・学長（1837-75）をつとめた。

＊6 H・L・メンケン（Henry Louis Mencken, 1880-1956）――アメリカの編集者・批評家。因襲に対する批判的な論陣を張ったことで知られる。*Prejudices*（1919-27）；*The American Language*（1918）など。

＊7 ハリー・シンクレア・ルイス（Harry Sinclair Lewis, 1885-1951）――20世紀前半のアメリカ文学を代表する作家。アメリカ人として最初のノーベル文学賞（1930）を受賞した。

➡プロテスタントの宗教改革

●参考文献

Blumhofer, Edith L. and Randall Balmer, ed. 1993. *Modern Christian Revivals*. Urbana: University of Illinois Press.

Carpenter, Joel A. 1997. *Revive Us Again: The Reawakening of American Fundamentalism*. New York: Oxford University Press.

Corrigan, John. 2002. *Business of the Heart: Religion and Emotion in the Nineteenth Century*. Berkeley: University of California Press.

Greven, Philip. 1977. *The Protestant Temperament: Patterns of Child-Rearing, Religious Experience, and the Self in Early America*. New York: Knopf.

Hardesty, Nancy. 1999. *Women Called to Witness: Evangelical Feminism in the Nineteenth-Century*. 2nd ed. Knoxville: University of Tennessee Press.

Long, Kathryn Teresa. 1998. *The Revival of 1857-58: Interpreting an American Religious Awakening*. New York: Oxford University Press.

McLoughlin, William G. 1978. *Revivals, Awakenings, and Reform*. Chicago: University of Chicago Press.

Putney, Clifford. 2001. *Muscular Christianity: Manhood and Sports in Protestant America, 1880-1920*. Cambridge: Harvard University Press.

Thomas, George M. 1989. *Revivalism and Cultural Change: Christianity, Nation Building, and the Market in the Nineteenth-Century United States*. Chicago: University of Chicago Press.

（JON PAHL／渡邊福太郎訳）

修正第26条
(Twenty-Sixth Amendment)

1971年に承認されたアメリカ合衆国憲法修正26条は、投票年齢を21歳から18歳に引き下げるものである。この修正条項第1節は「18歳以上のアメリカ国民の投票権は、アメリカまたはいかなる州によっても、年齢を理由に否定され縮減されてはならない」と述べている。この修正条項が承認された当時、21歳から18歳への投票年齢の引き下げには多数の国民の支持があった。しかし、この修正の実現には多くの困難がともなった。

投票年齢を21歳から18歳に引き下げることにかんする一般の議論は、議会が「選抜訓練徴兵法」（the Selective Service and Training Act）を修正し、18歳に徴兵年齢を引き下げることを決定したあとの1942年にはじめて登場した。この年から毎年、連邦政府は投票年齢引き下げのさまざまな提案を行なった。くわえて、アイゼンハワー、ジョンソン、ニクソンという歴代大統領は18歳への投票年齢引き下げを支持した。しかし、1971年まで投票年齢は21歳のままであった。ヴェンデル・W・カルティスは、1960年代から70年代に蔓延していた危機感が若いアメリカ人を投票年齢の引き下げに向けて運動し、闘争を行なう原因になったと指摘する。彼らは自分たちが政治システムによって支持されていないと感じていたからである。とりわけ、投票権を求める若いアメリカ人を方向づけるうえで重要な意義をもったのはベトナム戦争である。若者たちは、「戦うのに十分な年齢は、投票するにも十分な年齢だ」（"old enough to fight, old enough to vote."）というスローガンの下に結集した。1969年、徴兵に抽選制が導入されると、投票年齢の引き下げに対する国民の支持も政治の支持も増大した。

投票年齢の引き下げに対する国民の支持が増すなかで、議会は、投票権の18歳への引き下げは早ければ1965年に予定されている投票権法の改正によって行なうと決定した。しかし、この改正案はアメリカ合衆国憲法に違反するかもしれないと危惧した議員も多かった。こうした懸念にもかかわらず、ニクソン大統領は1970年6月22日、18歳への投票年齢の引き下げ条項をふくむ投票権法に署名した。

アメリカ連邦最高裁判所は1970年のオレゴン州対ミッチェル裁判でこの法律の合憲性を審査した。連邦最高裁判所は、この法律がもっぱら連邦選挙での投票年齢を引き下げるものであり、州が地方選挙の選挙年齢を引き下げる必要を求めていないと判決した。この決定の結果、州は連邦選挙と地方選挙とで投票手続きを分けるという、魅力にとぼしく費用のかかる負担に直面することになった。この問題を除くために、1971年1月25日に修正案が発議された。この発議は1971年3月10日に上院で、同月23日には下院でも承認された。その後、成立に必要な13州で批准されたが、これはアメリカ史上最短の批准手続きであった。

18歳への選挙年齢の引き下げの決定はさまざまな理由で重要である。第1に、この決定は、18歳とも

なれば選挙に参加するために必要不可欠な情緒的・精神的成熟に達しているという信頼を意味する。第2に、修正の経過を見ると、もし18歳が戦争に参加するにたる、また刑法的処罰を受ける大人の規準が適用されるのに十分な年齢であるなら、それは投票を行なう十分な年齢でもあるという議論が受け入れられたことを意味する。第3に、修正26条の審議経過は、成人年齢（法的に大人とみなされる年齢）がほかの多くの目的のために18歳に引き下げられる契機となった。

➡学生の政治活動、子どもの権利、ベビーブーム世代、法律と子ども

●参考文献

Briffault, Richard. 2002. "Review of The Right to Vote: The Contested History of Democracy in the United States, by Alexander Keyssar." *Michigan Law Review* 100（May）: 1506.

Cultice, Wendell W. 1992. *Youth's Battle for the Ballot: A History of Voting Age in America*. New York: Greenwood Press.

Keyssar, Alexander. 2000. *The Right to Vote: The Contested History of Democracy in the United States*. New York: Basic Books.

Rogers, Donald W., ed. 1992. *Voting and the Spirit of American Democracy: Essays on the History of Voting and Voting Rights in America*. Urbana, Illinois: University of Illinois Press.

Scott, Elizabeth S. 2000. "The Legal Construction of Adolescence." *Hofstra Law Review* 29（winter）: 547.

Teitelbaum, Lee E. 1999. "Children's Rights and the Problem of Equal Respect." *Hofstra Law Review* 27（summer）: 799.

（AMY L. ELSON／太田明訳）

10代の飲酒（Teen Drinking）

10代の飲酒はアメリカでは目新しい現象ではないが、1970年代以降この慣習は特別な関心をもたれるようになってきている。

リンゴ酒のようなアルコール飲料は、アメリカ入植者の食料としては、子どもやときには乳児にとってさえごくありふれたものであった。酒場は10代の少年を歓迎したし、父親たちは**通過儀礼**として彼らをそこにつれてきたものであった。地方条例で16歳未満の若年者のアルコール飲用が制限されることもあったが、そういうことはまれであり、また家での飲酒は対象とはならなかった。アルコールの消費はアメリカ建国当初には高水準を保ち、15歳以上の成人は年間6～7ガロンの純粋アルコールと同等の酒を飲んでいた。大学生はつねに酒になじんでおり、飲酒の高水準の要因となっていた。

19世紀後半から20世紀初頭にかけて、子どもを救済しようとする改革者たちは、酒場で若者が容易に酒を入手できることに関心を示した。1877年、**児童虐待防止協会**の助力で酒場やダンスホールから子どもを締め出す法律が制定された。しかしながら、新聞などの物品を商う子どもたちは、品物を売るために酒場の外にたむろしていたし、従業員のためにビール容器を酒場から工場まで運ぶ子どももいた。さらに少年たちのなかには、大人になった彼らが上客になることを期待するバーテンダーのはからいで、酒場のなかで酒を飲む者もいた。

また当時、女性キリスト教禁酒同盟（Women's Christian Temperance Union）や反酒場連合（Anti-Saloon League）のメンバーは、公立学校や日曜学校、若者の禁酒クラブを通じて「科学的禁酒」というメッセージを広めたが、かれらは若者の飲酒習慣についてはあまり注意をはらわなかった。この期間にできた法律には若者のアルコール使用を制限したものもあったが、親たちが家で、あるいは商業施設においてさえ、子どもに飲酒を許すことはできたし、違反しても責任を問われるのは酒を飲む若者自身ではなく、アルコールの販売者であった。

1920年1月に施行された禁酒法は、アメリカにおける飲酒の撲滅には失敗した。大学生、とくにフラタニティ[*1]のメンバーは学則を無視してアルコールの飲用を広めており、多くの大人はハイスクールのフラタニティでも飲酒が奨励されていることを懸念した。1930年には大学生のほぼ3分の2が飲酒しており、多くの大人は若い女性による飲酒が増えていることを嘆いた。アメリカ合衆国憲法修正第18条[*2]の支持者が若者の飲酒が減少していると主張する一方で、禁酒法の反対者たちは、若者が酒を飲む場所を求めるために、アルコールの規制で自動車事故が増加するであろうと論じた。

1933年4月に禁酒法時代が終わりを告げると、各州は飲酒年齢を設定しはじめたが、それは21歳のこともあれば、ビール購入を18歳で認める場合もあった。反アルコール教育は依然として公立学校では標準的に実施されていた。それにもかかわらず、若者はアルコールを飲みつづけた。1953年にイェール大学アルコール研究センターから出版された、大学での飲酒習慣にかんする研究によれば、男性飲酒者の79パーセントと女性飲酒者の65パーセントが大学に入る前にはじめて飲酒しており、多くがすでに常習的に飲酒するようになっていた。さらに男性の45パーセントと女性の40パーセントが11歳になる前に酒の味を知ったとの報告もある。だがこのような研究は、10代の飲酒に対する懸念を高めるには不十分であった。

ベビーブーム世代の議員たちは、21歳ではなく18歳でアルコール飲用（および投票）の権利が得られるようにとロビイ活動を展開した。1975年までに28の州が法的な飲酒年齢を、その大方のところで18歳という年齢に引き下げた。だがこの新しい自由は短命で、

アルコールに関係した事故率の上昇や思春期のアルコール乱用の報告が広く認知されるようになると、各州はすばやく飲酒年齢をふたたび21歳に引き上げた。1986年までに法的飲酒年齢を21歳とする州にのみ連邦高速道路基金をあたえるという1984年の法律で、この傾向は全国的なものとなった。

アメリカでは21歳という飲酒年齢が現在も続いているが、21歳未満の子どもはアメリカのすべてのアルコール飲料の11〜25パーセントを飲用している。さらにコロンビア大学の全国薬物中毒・乱用研究センター（Columbia University's National Center on Addiction and Substance Abuse）の研究では、1975年の高校生では27パーセントが第8学年[*3]までに飲酒をはじめていたのに対して、1999年のクラスでは36パーセントであることが明らかになった。この研究ではまた、若い男性と女性では、ほぼ同じ時期に飲酒をはじめることもわかった。現行法の反対者は、飲酒の最低年齢がさらに低い国々の若者は、アルコールとつきあう方法を学んでいるので乱用しない傾向があると主張している。一方で、アメリカの近年の研究では、飲酒と性的行動、飲酒運転事故の高死亡率、過度の飲酒から生じうる神経系のダメージ、その後の人生におけるアルコール依存率の上昇などとの関連も示されている。

ヨーロッパにおける法的飲酒年齢は、スペインやオランダの16歳からイギリスやポーランドでの18歳、アイスランドでの20歳など、国ごとに多様である。しかし、西ヨーロッパにおいては、大半のティーンが15、16歳で飲酒をはじめており、ときにそれは仲間集団での飲酒であり、また少女よりも少年のほうが酒を飲む傾向にある。イギリスでは人口の約90パーセントが17歳までに飲酒するようになっている。

［訳注］
*1 フラタニティ（fraternity）——もともとはイングランドの中世後期から近世に、おもに俗人によって自発的に形成された友愛の連帯組織に由来する。宗教的機能をはじめ、社会生活のさまざまな互助的な機能を果たすことを目的としていた。その後、さまざまな友愛組織が生まれたが、フラタニティは社会団体や慈善団体の意味を強めるようになった。アメリカとカナダでは、もっぱら大学および大学院の男子学生の社交団体をあらわす。

*2 アメリカ合衆国憲法修正第18条（the Eighteenth Amendment）——アメリカ合衆国憲法に、酒類の製造・販売・運搬・輸出入の禁止を定めた憲法修正条項。1914年連邦下院では憲法修正に必要な賛成票を得られなかったが、1917年に上下院で決議案として採択され、1919年初めまでに必要な4分の3の州議会の批准を得て、同年10月のヴォルステッド法（Volstead Act）で発効した。

*3 第8学年（eighth grade）——アメリカの公立初等学校の最終学年で、ほぼ14歳にあたる。

→青年期と若者期、法律と子ども
● 参考文献
Mendelson, Jack H., and Nancy K. Mello. 1985. *Alcohol, Use and Abuse in America*. Boston: Little, Brown.
Mosher, James F. 1980. "The History of Youthful-Drinking Laws: Implications for Current Policy." In *Minimum-Drinking-Age Laws: An Evaluation*, ed. Henry Wechsler. Lexington, MA: Lexington Books.
Murdock, Catherine Gilbert. 1998. *Domesticating Drink: Women, Men, and Alcohol in America, 1870-1940*. Baltimore: Johns Hopkins University Press.
National Center on Addiction and Substance Abuse at Columbia University. 1993. *Teen Tipplers: America's Underage Drinking Epidemic*. New York: National Center on Addiction and Substance Abuse at Columbia University.
Straus, Robert, Selden Daskam Bacon, and Yale Center of Alcohol Studies. 1953. *Drinking in College*. New Haven, CT: Yale University Press.
Torr, James D. 2002. *Teens and Alcohol*. San Diego, CA: Greenhaven Press.

（ELLEN L. BERG／森本真美訳）

10代の妊娠（Teen Pregnancy）

10代の妊娠を算定するために青年期出産率を用いてみると、青年期に親になることはアメリカ史を通じてかなり一般的な経験であったことが理解できる（すべての妊娠が出産にいたるわけではないので、通時的な10代の妊娠率を正確に算定することはほとんど不可能である）。アメリカにおける10代の出産率の最新の値は、1000人の青年期女性につき約51.1件であるが、これは歴史的趨勢と一致しており、1920年の数値と同じである。それにもかかわらず、1970年代以降、アメリカの政治家や政策立案者、そして社会批評家たちは、「蔓延する10代の妊娠」を知って非難していた。このレッテルは、過去のアメリカには10代で妊娠して親になっていた者がいた事実を批判者たちがほとんど知らなかったことを示している。

植民地時代を通じて19世紀末まで、圧倒的多数のアメリカ人は、20歳代前半あるいは中頃までに結婚して子どもをもつことを選択していた。家内生産に依存する社会に暮らす人びとにとって、結婚することと親になることは合理的な選択であった。人種・民族・階級、そして地域性などが、非常に早い年齢で結婚を経験する地域の個人をとりまく環境に影響をあたえた。出産する前に母親になることが期待されているかぎり、10代の妊娠を懸念する者はほとんどいなかった。親になる前に結婚を迫る強い社会的圧力があったが、結婚式の後の9カ月以内に多くの赤ん坊が生まれていたことは、結婚誓約をした多くの若いカップルがすでにその時点で子どもを身ごもっていたことを示している。

結婚の最低年齢を定めた州法は、12歳以下の少女は親の承諾なしには結婚できないとしたイギリスのコモン・ロー*1を踏襲していた。

一般に、子どもを生む能力は、女性にとっては子ども期から成人期への移行を画するものである。肉体的な労働能力は、少年たちにとって、子ども期の依存状態から若者期として知られる半依存状態への移行を示すものであった。男性にとって結婚とは、完全な成人として自立し、自分に課された責任を負うことであった。子ども期と成人期のあいだの区分線は身体能力と生活状況であって、年齢ではなかった。多くの人びとにとって、身体的成熟は食糧難と子ども期につきものの疾病によって遅滞していた。少女たちの大多数は、16～17歳になるまで初潮（したがって子どもを身ごもる能力）がなかった。少年たちの多くは、青年期の初期に骨の折れる労働に勤しんでいたが、20歳代の中頃になるまで家族を養うのに必要なだけの稼ぎを得ることはできなかった。こうした生物学的・社会的・経済的要因の結びつきが、10代の妊娠と親になることに歯止めをかけていた。

1900年までに事態は変化しはじめた。産業経済への移行は、多くのアメリカ人の日常生活を根底から変えた。健康状態が改善され、進歩主義の時代に若い男性の経済機会が向上したことで、多くのカップルが10代あるいは20代初期というそれまで以上に若い年齢で結婚して親になった。興味深いことに、結婚することと親になることの早期化傾向は、都市の中産階級家族にしだいに普及していた青年期をめぐる社会的概念とは相反するものであった。1820年代以降増大してきた中産階級の親たちは、青年期の子どもたちを**ハイスクール**に通わせるようになった。都市の中産階級家族の理想を唱道する者たちは、青年期とは成人としての責任を免除された時期であると主張した。彼らは親たちに、10代の子どもをはたらきに出したり結婚を許すかわりに学校に通わせることを奨励した。

1904年、**G・スタンリー・ホール**は、彼が著した2巻本の『青年期――その心理学および生理学・人類学・社会学・性・犯罪・宗教、そして教育との関係』（*Adolescence: Its Psychology and its Relations to Physiology, Anthropology, Sociology, Sex, Crime, Religion, and Education*）のなかで、近代の青年期の広汎な心理的・生理学的特性を明確に定義づけた。ホールは、10代とは生理的・倫理的な動揺が不可避的に起きる時期であるとした。ホールは、10代の子どもが性について思いをめぐらせるのは正常なことではあるものの、青年期に性交するとか、親になることは、生理的・心理的にあまりに未成熟であると警告した。

児童福祉の改革者たちの多くがこの考えに賛同した。新しい児童労働法、義務教育法、少年裁判所の設立、10代の性行為を規制しようとする努力、その他無数の政策は、近代的な青年期を定義しようとする新しい社会的態度を反映していた。しかし、多くの10代の若者たちは、その自立にくわえられた新しい制約に抵抗した。1900年当時、14～19歳の1パーセント未満の男子と11パーセントの女子が結婚していた。それに続く60年間、初婚年齢とそのあとに親になる確率は、男女双方とも低下していった。初婚年齢の中央値は、1950年までに男性で22.8歳、女性で20.3歳になった。この趨勢は、大恐慌によって1930年代には一時的におとろえたが、第2次世界大戦後、早婚率と10代の妊娠率は劇的に跳ね上がった。1940年代、1950年代、そして1960年代は、20世紀において10代の出産率はもっとも高い値（それぞれ1000人あたり79.5人、91.0人、69.1人）を示していた。1960年までにアメリカ人女性の約3分の1が20歳以下で第1子をもうけていた。

1970年代、1980年代、1990年代には、こうした趨勢が反転した。離婚率の上昇、大学卒業者の増加、信頼性の高い避妊法などによって、多くの若者たちが結婚を遅らせたり、まったく結婚しないことを選択するようになった。同時に、平均初潮年齢は12歳まで低下し、8歳位で月経を経験する少女もいた。多くのアメリカ人は結婚年齢の上昇を気にとめず、かわりに未婚の母親たちの変容に目を向けるようになった。1990年代までに、すべての赤ん坊の約25パーセントは未婚女性から生まれた。そうした乳幼児の3分の1が10代の母親から生まれたが、黒人やヒスパニックの10代が、白人の10代と比べて婚外子を得やすいという事実は、世間の注目を集めた。さらに、1970年以前には、未婚の母親たちの大半が中絶によって赤ん坊をあきらめていたが、1990年代までには、10代の母親10人のうち9人は子どもをみごもったまま、すくなくとも出産まで未婚状態のままである。

1970年以降、10代の妊娠と親になることへの関心の高まりは、社会的・経済的・政治的変化をめぐるさまざまな重要問題と結びついていた。1965年の移民法*2に刺激された移民の新しい波によって、アメリカにおける多様性は拡大した。公民権運動にもとづく国家的な人種政策と実践の変化は連邦法の一部となった。中絶の可否をめぐる法的論争は、しばしば10代を焦点にしていた。産業経済からサービス基盤経済と情報基盤経済への移行によってうながされた経済変動によって、新しい社会問題がひき起こされた。多くの批判者たちにとって、10代の未婚の母親の存在は、アメリカにおける不品行と、拡大していく要扶養児童世帯扶助法（AFDC）をめぐる福祉問題の象徴であった。ホールが何十年も前に理論化したように、10代で妊娠して親になることは婚内婚外両方において受け入れがたく、現代的な社会問題とみなされたのであった。

1996年、アメリカ合衆国議会は、「個人責任および就業機会調整法」（the Personal Responsibility and Work Opportunity Reconciliation Act）を可決した。

この新法によってAFDCは廃止され、子宮内挿入避妊具による受胎調節が奨励され、10代の未婚の母親への連邦援助は制限されることになった。法案の支持者たちにとって、「われわれが知っていた福祉を変革する」鍵のひとつは、10代の未婚の母親への連邦援助を打ちきることであった。その結果、10代の出産率は低下しつづけているが、その理由は明らかではない。若者たちは、アメリカ史を通じて彼らがそうしてきたように、親になることを彼ら自身で選択しているようである。

[訳注]
* 1 コモン・ロー（common law）——欧米の法制史において、大陸法（civil law）、ローマ法（Roman law）、教会法（canon law）と区別されたイギリス起源の慣習的な不文律による法体系。
* 2 1965年の移民法（the 1965 Immigration Act）——政権下の名前で「ケネディ＝ジョンソン法」、策定者の名前で「ハート＝セラー法」ともよばれる移民政策の大改定をさしていう。この移民法によって、移民の受入総数を29万人に設定し、その内訳をヨーロッパ、アジア、アフリカから、各国の上限をそれぞれ2万人としてこの地域からの総数を17万人とし、南北アメリカ大陸の国々からは国別の上限なしに総数で12万人と定めた。さらに、アメリカ市民の親族に対する優先的受入と、アメリカ社会が必要としている職業に従事しうる移民の優先的受入などを規定した。これによって、アジアからの移民にふたたび門戸を開放するいっぽうで、カナダとラテンアメリカ諸国からの移民数にはじめて上限を設定して、白人至上主義的な政策を大きく転換した。

➡育児、10代の母親（アメリカ）、初潮、セクシュアリティ、要扶養児童、要扶養児童扶助法、養子縁組（アメリカ）

●参考文献
Gordon, Linda. 1994. *Pitied but Not Entitled: Single Mothers and the History of Welfare*. New York: Free Press.
Hall, G. Stanley. 1922[1904]. *Adolescence: Its Psychology and Its Relations to Physiology, Anthropology, Sociology, Sex, Crime, Religion, and Education*. 2 vols. New York: Appleton.
Lindenmeyer, Kriste. 2002. "For Adults Only: The Anti-Child Marriage Campaign and Its Legacy." In *Politics and Progress: American Society and the State since 1865*, ed. Andrew Kersten and Kriste Lindenmeyer. Westport, CT: Praeger.
Luker, Kristin. 1996. *Dubious Conceptions: The Politics of Teen Pregnancy*. Cambridge, MA: Harvard University Press.
Vinovskis, Maris A. 1988. *An "Epidemic" of Adolescent Pregnancy? Some Historical and Policy Considerations*. New York: Oxford University Press.

（KRISTE LINDENMEYER／佐藤哲也訳）

10代の母親（アメリカ）（Teenage Mothers in the United States）

10代で母親になること（teenage motherhood）を構成するものを正確に定義するのは、その年齢範囲を規定することが不整合であるためむずかしいが、10代の娘が母親になる原因と結果に焦点をあてた研究では、典型的には15歳から19歳までの少女たちがふくまれる。出産は15歳以下の若い思春期の娘にも起きるが、それはしばしば集合的な国勢調査統計にだけ加算される。15歳以下の子どもの出産は、ほとんどすべての産業文化で社会問題とみなされている。10代で母親になることについて、その趨勢・状況・流行にかんする研究が示すところによれば、10代の出産率は、すべての工業国でアメリカがもっとも高く、1960年代から1970年代に減少し、1980年代中頃から1990年代初頭に急激に増加し、1987年以降には15歳から19歳にもっとも低い数値が観察されたことを反映して1999～2000年にはかなり低下し、この30年間では10歳から14歳がもっとも低率であったことなど、そのパターンは歴史のなかでたえず変動することをくりかえし示している。こうした趨勢にもかかわらず、アメリカの少女のおよそ10人中4人が10代のうちにすくなくとも1度は妊娠したことがあり、10代で出産した20パーセントが妊娠をくりかえし、そして、アフリカ系アメリカ人の約18パーセント、ヒスパニックの約14パーセント、白人の7パーセントが10代の母親である（スージー・ホフマンとヴェルマ・M・マレーは、すべての妊婦が親になるとはかぎらないと指摘していた）。

10代の妊娠についてのリスク要因には、南部の田舎で生活していること、教育への期待と学業成績が低いこと、将来を楽観できないことなどがふくまれている。追加的なリスク要因としては、貧困率と男性投獄率が高いこと、あるいは男女比が不均衡であること、無秩序で危険な地域の片親家族であること、家計所得と両親の教育水準が低いことなどがふくまれる。これら以外の論点には、母親になることへの願望やそれをロマン主義化すること、青年期の精神状態が未熟なこと（抑鬱的で自己評価が低いこと）、家族関係が貧弱なため情緒的支援をボーイ・フレンドや仲間たちに頼ろうとすることなどがふくまれる。その他の要因としては、性に対して積極的な年上のきょうだいがいること、妊娠しているか母親になっている10代の姉妹がいること、子どもをもつ友人とつきあいがあること、年上の男性と親密な交際をしていること、性的被害者であることなどがふくまれる。アンドロゲン・ホルモン[*1]のレベル、**思春期のタイミング**、母親たちの**初潮**年齢といった生物学的諸要因は、増大する妊娠リスクと関連づけられてきた。妊娠をくりかえすリスク要因には、抑圧的兆候、低い自己評価、学業成績の不振、

そして子育てがうまくいかないことなどがふくまれる。

　10代で母親になることは、教育成果が上がらなくなること、高い失業率、福祉への高い依存性、母親の心理機能の低下などをふくむさまざまな問題に向けて若い母親とその子どもを危機に直面させることになる。家族に対する社会支援と教育成果の達成度は、10代の母親を暮らし向きのよい者とそうでない者に差異化する。10代の親の下に生まれた乳幼児は、出生時の低体重や学習上の問題の発生率が高い。そこでは、よい母親になりたいという願望は、子育ての技能のとぼしさ、子どもとの言葉や情緒的なふれあいがあまり積極的に行なわれにくく、非現実的な期待によって妥協を迫られる。これとは逆に、10代の両親による育児行為は、母親と祖母との関係が協力的で愛情深いときは、家庭内に祖母がいることで補強される。貧しいなかでの出産の結果も、母親の年齢によって緩和される。すなわち、15歳以下の思春期の母親が産んだ子どもは、16歳から19歳の母親が産んだ子どもよりも大きなリスクを背負う。また、子どもの発達は、母親がより多く教育を受けており、雇用が安定しており、世帯に子どもが少なく、恵まれたコミュニティで暮らし、男性パートナーをふくむ大人がいっしょに暮らしていれば促進される。

　スタンリー・ヘンショウの調査研究によると、すべての10代での妊娠の22パーセントと、15歳から19歳の出産の44パーセントが意図的であるという。思春期の少女を母親になるように駆りたてる要因は、成人女性が子どもをもつ決断をくだすときと同じように複雑なものがある。子どもを「ほしがる」思春期の少女の多くには、他者とのあいだで濃密で円満な人間関係の経験が欠けており、そのため彼女たちは安らぎを求め、ライフコースを安定させる手段のひとつとして、また成熟を得るために子どもをほしがる。パトリシア・イーストとマリアンヌ・フェリスの研究によると、計画妊娠をしようとする思春期の少女は、無計画に妊娠してしまった者とは違っているという。計画妊娠を報告した者では、その28パーセントが10代の黒人で、45パーセントが10代の白人であり、ヒスパニックの10代の少女の63パーセントは年齢が高め（平均17.4歳）で、子どもの父親との関係の継続を望み、子どもの誕生から2年後には家計状態が好転しているという。

　こうした調査結果が示しているのは、要するに、10代で母親になることがそのまま自動的に否定的な結果につながるわけではなく、一部の10代の少女は意図的に母親になっているということである。研究者や専門家にとって課題となるのは、初産の年齢には関係なく、10代の母親とその子どもにとって好ましい結果をもたらす状況がどのようなものであるのかをより深く理解する研究方法を考案し、さらに、幼くして親になることを思いとどまらせる方策と、親になった者に対して好ましい結果をもたらす保護的な要因となる方策を解明することである。

　10代の女性は、世界的に見ると、20年前の同じ世代と比べて出産する機会は減少しているが、出産率で見ると依然として高く、その多くが望まれない妊娠である。アメリカでは、10代の少女が産んだ赤ん坊の数は減少しているものの、出産率はいまなお多くの産業国の4倍以上である。ステファニー・ヴェンチュラと彼女の同僚による調査研究では、アメリカでは15〜19歳の少女1000人あたり48.7人が出産を経験しており、同じ年齢集団で、デンマーク、フィンランド、フランス、ドイツ、イタリア、日本、オランダ、スペイン、スウェーデン、スイスでは1000人中10人以下であるという。こうした違いの理由は不明である。ジャクリーン・ダーロックとその同僚の調査研究によれば、ダグラス・キルビーの研究と同様、アメリカは、効果的な避妊薬の入手がほかの先進国と比べて困難であったり、早い年齢段階での性にかんする包括的な情報に接する機会がとぼしいことを示している。

［訳注］
* 1 アンドロゲン（androgen）――男性ホルモン。精巣から分泌される雄性物質の総称。この表記の初出は1936年頃から。これに対して、卵巣から分泌され、女性の発情・二次性徴の発達をうながすホルモンはエストロゲン（estrogen）と総称される。この表記の初出は1927年頃から。

➡ 10代の妊娠、青年期と若者期、セクシュアリティ

● 参考文献

Alan Guttmacher Institute. 1981. *Teenage Pregnancy: The Problem That Hasn't Gone Away*. New York: Alan Guttmacher Institute

Brooks-Gunn, Jeanne, and Lindsay Chase-Lansdale. 1995. "Adolescent Parenthood." In *Handbook of Parenting: Vol 3. Status and Social Conditions of Parenting*, ed. Marc H. Bornstein. Mahwah, NJ: Erlbaum.

Darroch, Jacqueline E., Susheela Singh, and Jennifer J. Frost. 2001. "Differences in Teenage Pregnancy Rates among Five Developed Countries: The Roles of Sexual Activity and Contraceptive Use." *Family Planning Perspectives* 33: 6.

East, Patricia L., and Marianne E. Felice. 1996. *Adolescent Pregnancy and Parenting: Findings from a Racially Diverse Sample*. Mahwah, NJ: Erlbaum.

Henshaw, Stanley K. 1998. "Unintended Pregnancy in the United States." *Family Planning Perspectives* 30: 24-29.

Hoffmann, Susie D. 1998. "Teenage Childbearing Is Not So Bad After All… or Is It? A Review of the New Literature." *Family Planning Perspectives* 30: 236-243.

Hoyert, Donna L., Mary Anne Freedman, Donna M. Strobino, and Bernard Guyer. 2001. "Annual Summary of Vital Statistics: 2000." *Pediatrics* 6: 1241-1256.

Kirby, Douglas. 2001. *Emerging Answers: Research Findings on Programs to Reduce Teen Pregnancy*. Washington, DC: National Campaign to Prevent Teen

Pregnancy.
Lawson, Annette, and Deborah L. Rhode. 1993. "Introduction to Adolescent Pregnancy." In *The Politics of Pregnancy: Adolescent Sexuality and Public Policy*, ed. Annette Lawson and Deborah L. Rhode. New Haven, CT: Yale University Press.

(VELMA MCBRIDEURRY & DIONNE P. STEPHENS／沖塩有希子・佐藤哲也訳)

修道院学校（司教座聖堂学校）(Convent Schools [Cathedral Schools])

　修道院学校（または修道学校とよばれる）は、初期中世（500〜1000年）のヨーロッパにあらわれた。西ヨーロッパで古代ローマ文化が消失していくと、教育の拠点は修道院になった。奉献児童（*Oblates*）とよばれたのは、両親から修道院の世話を受けるよう委任され、修道士になる意志のある6、7歳の少年たちのことであるが、彼らはここで読み書きの訓練を受けた。『聖ベネディクトゥス*1の戒律』によれば、修道職志願者であった10代の修練士見習たち*2は、修道生活に入る前にすくなくとも1年間教育を受けなくてはならなかった。固有の修練長と教育計画をもつ修道院内に区別して作られた修練院（the novitiate）は、典礼書と教会テキストによる教育を修道院生活の文化的適応に結びつけた。

中世初期

　修道院の教育水準を高めようとした中世初期の偉大な人物の一人は、ヒルダ*3である。彼女は、ヨークシャーの男女並存修道院のあるホイットビーの女子修道院長であった。彼女は、良質な図書館をつくるために書籍を収集し、しかも、男性聖職者も修道女もともにラテン語と文学の卓越した知識をもてるようとりはからった。数世紀後、オックスフォード大学で最初の女子カレッジは「セント・ヒルダ」とよばれた。

　ヒルダの努力をさらに高めようとしたのは、ヨークのアルクィン*4のようなカロリング朝の人物であった。アルクィンはアーヘンにあるカール大帝*5の非公式の宮廷学校長となり、帝国中に司教座聖堂学校を設立しようとする取り組みを後援した。しかし、その夢はヴァイキングの侵入によってすぐにたたれた。

　11世紀と12世紀にヨーロッパ文化が復興すると、新しい改革の取り組みはふたたび学問を奨励した。教会評議会は、おもに聖職志願者を教育するために司教座聖堂学校の存在を確固たるものにしようとした。このため修道院と司教座聖堂学校は、読み書きの基礎を教える最初のグラマースクール（文法学校）となった。教育のすべては、当時の国際的な学問言語であったラテン語で行なわれた。他方、遍歴学生は、有力な人脈をもち、実入りのよい仕事を世話してもらえるよい教師を求めてヨーロッパじゅうをわたりあるいた。

盛期中世

　この時期を通じて、修道院組織の改革が進められ、とくに1098年にブルゴーニュに設立されたシトー修道院から生まれた新しい修道院規律の開始後には統制が進んだ。シトー派修道会*6は奉献児童の受け入れをこばみ、修練士になる最低年齢を18歳とした。それと同時に彼らは、見習い期間の学習内容をいっそう重視した。彼らは修道院生活の新規見習い者たちが、教区司祭や司教座聖堂学校から習得できるラテン語の基礎知識を身につけることを期待していた。

　文法、修辞学、論理学（これらは三学［*trivium*］*7とよばれた）は中世教育の基礎になった。多くの男子生徒は、語彙と文法構造を暗記する学習のために、退屈な時間をすごさなければならなかった。授業をなまけた者は鞭で打たれた。古代の教育の理想は、理解が遅い生徒に対して寛容ではなかったからである。しかし、11世紀の修道院改革は、身体罰をあたえることは公正な観念なのか否かという議論を惹き起こした。偉大な修道院哲学者で教育者でもあったアンセルムス*8は、修練士には気遣いと思慮深さをもって接することを強調した。アンセルムスは、修練士たちは教科への愛情と教師の愛情によって動機づけられさえすればもっと勉強するにちがいないと考えたのであった。

　12世紀末になると、パリとオックスフォードに創設された新しい大学で、高等教育の専門分化が進んだ。14歳の少年たちは、教区学校や修道院学校、または司教座聖堂学校で三学の教育を受けた後、これらの高等教育組織に入った。シトー派修道会のような宗教組織は、最初は大学から距離を置いていた。しかし1240年頃、この宗教組織もパリに独自の学寮を創設し、知的にもっとも聡明な修道士を送りこんだ。托鉢修道士の新しい組織であるドミニコ会*9やフランシスコ会*10もパリ大学の教授になるような会員を輩出した。

　女性は、盛期中世（1000-1300）には、中世初期の男女並存修道院であたえられたのと同じ教育機会はあたえられなかった。しかし、女性のための修道院は、読み書き教育を実際に提供していた。12世紀のフランスでは、おそらく当代最高の学識をもつ女性であったエロイーズ*11が女子修道院を創設し、高い知的水準の教育を行なっていた。

　これと時を同じくして、教育水準を向上させ、有力な聖職者以外の人びとにも教育を受けさせようとする圧力が、司教座聖堂学校に継続的にかかっていた。発展を続けていたヨーロッパの都市では、富裕な市民は、少年のために専用の学校を設立しはじめたが、その大半が聖職者の教師を雇っていた。14世紀末、ジャン・ド・ジェルソン*12という名前の教区付き司祭［在俗司祭］で神学者であった人物が、パリのノートルダム司

ホイットビーの女子修道院（イギリス、ヨークシャー）*

教座聖堂学校を指導した。ジェルソンは、『キリストにならいて』（*De imitatione Christi*）*13 という表題の専門書を使用し、厳格な規律と人間らしい扱いの結合を奨励した。彼はまた、一部の教師が生徒に性的な虐待をしている可能性を懸念したため、少年は決して一人だけで教師たちと会わないように——あるいは、生徒と教師が一対一にならないように——配慮しようとした。

宗教改革

16世紀には、プロテスタントとカトリックの宗教改革に続いて巨大な変化が見られた。ヨーロッパ・カトリックの新しい宗教組織であるイエズス会*14 は、政治的な影響力を手に入れ、ヨーロッパのプロテスタント地域をローマ教会に引き入れるために、教育（とくに貴族の教育）を大いに重要視した。イエズス会士たちは、厳格な規律主義者であり、自分たちの学校にルネサンスの古典的な人文主義的教養をとりいれようとする教育革新者であった。

宗教共同体を組織し、教育を獲得しようとする女性の願望も、カトリックの宗教改革から影響を受けた。ウルスラ会修道院*15 は、世俗の宗教運動として北イタリアではじまった。この団体組織は社会事業に取り組み、学校を開設したが、16世紀なかばのトリエント公会議*16 の厳格な規律は、ウルスラ会修道院に対して世俗世界と半観想的な生活から隠遁生活に入るよう強要したが、修道女たちのなかには少女に教えることを許された者もいた。このため、ウルスラ会修道院は、17世紀には320の組織で1万2000人の修道女を擁するまでになり、イタリアとフランスで教育的成功をおさめた。

もうひとつのフランスの教育改革運動であるキリスト教学校修士会（正式名称はフレール・デ・ゼコール・クレティエンヌ）*17 は、ジャン・バティスト・ド・ラ・サール*18 によって設立された。ラ・サールは、ランス*19 の司教座聖堂参事会員として、貧しい少年のための学校設立に着手し、ただちに教育を専門に行なう宗教共同体を主導した。彼はまた、聖職者がこれにくわわることを禁止することによって、この団体組織が聖職権重視主義になるのを避けた。この組織は、フランス全土に広がり、多数の教師養成カレッジを開設した。

ラ・サールは、その著書『キリスト教学校の根本指針』（*La Conduite des écoles chrétiennes*）で示した教育的理念によって不朽の業績を残した。彼は、中世の先駆者のように、教育はキリスト教徒の育成に不可欠であると考えた。学校は敬虔なキリスト教徒を作り出すために存在したが、10代の少年たちにもキリスト

教徒の教義の理論的、歴史的基礎を理解する機会があたえられた。

アメリカにおける修道院学校

　ウルスラ会修道院とクリスチャン・ブラザーズの理念と実践は、19世紀と20世紀の修道院学校と**教区学校**においてアメリカに伝えられた。このようにして、新しい年少世代は中世文明の卓越した実績のいくつかを手に入れることができるようになった。独身であることを重視し、女性と**セクシュアリティ**に対する根深い不信感をもつカトリックの教育文化は、近代教育において多数の問題と矛盾に直面してきた。しかし、とくに強調すべきは、この教育がめざす方向性が、人文主義的教養、国際的な視野、教師と生徒のあいだの対話を重視してきたことである。

[訳注]
* 1 聖ベネディクトゥス（Benedictus, 480-543）──ヌルシア出身のキリスト教の聖人、西ヨーロッパ修道院の創始者。529年、ローマ南のモンテ＝カッシーノに西ヨーロッパ初の修道院を設立し、服従・清貧・貞潔の3原則を掲げる「聖ベネディクトゥスの戒律」（*Rule of Saint Benedict*）を定めるいっぽう、修道士に労働の義務を課して修道院の経済的自立を確立した。この戒律を採用した修道院は最盛期に全ヨーロッパで2000あまりを数えた。妹のスコラスティカも著名な聖女。
* 2 修練士の見習い（novices）──正式の修道士としての訓練を受ける、まだ請願をしていない、10代前半の見習修道士。
* 3 ヒルダ（Hilda, 614-680）──イギリスのアングロ・サクソン時代初期の修道女、聖人。ノーザンブリア王族出身で、33歳で献身生活に入り、657年頃ホイットビー修道院を建設してその修道院長となった。663～4年にこの修道院で宗教会議が開かれたとき、ケルト系カトリックを支持したが、ローマ系カトリックが正当と定められるとこれに従った。
* 4 アルクィン（Alcuin, 732-804）──イギリスの神学者、教育家。ヨークの大聖堂付属学校で古典教育を受け、のちに同校の校長となるが、カール大帝に請われてその宮廷に仕え、教会と教育の改革に尽力した。当時、おもにイギリスの僧院に保たれていた高度な学問文化をフランスに伝え、カロリング朝の繁栄に貢献した。晩年はフランスのトゥールの修道院長となり、同院の改革を行なうとともに多くの後進を養成した。
* 5 カール大帝（Karl I, 742-814）──フランク王国、カロリング朝の最盛期の王（在位768-814）としてカール大帝（ドイツ）、チャールズ大帝（イギリス）、シャルルマーニュ（フランス）とよばれる。ピピンの子として兄とフランク王国を分治したが、兄の死後、全フランクを統治し、ザクセン族を征服した。教皇の要請でイタリアのロンバルド（ランゴバルド）族も討って、ローマ教会とのつながりを強化し、スペイン北部や東欧も征服し、ほぼ西ヨーロッパ世界を政治的に統一した。800年、教皇レオ3世から西ローマ帝国皇帝の帝冠を受け、ローマ教会のビザンツ帝国からの独立と西ヨーロッパ社会のキリスト教化、古典文化の受容をすすめ、アーヘンの宮廷を中心にカロリング＝ルネサンスを起こした。
* 6 シトー会（Sacer Ordo Cisterciensis）──1098年、「聖ベネディクトゥスの戒律」を遵守する厳格な修道会をめざしてフランスのシトーに設立されたカトリック修道会。第3代院長S・ハーディングの時代に基礎が固められ、1112年クレルボーのベルナールの入会後急速に勢力を拡大して、12世紀後半～13世紀に「シトー会の世紀」を現出した。14世紀以降は托鉢修道会に席をゆずるが、17世紀トラピスト修道会の改革などで復活した。
* 7 三学（*trivium*）──文法と修辞学と論理学の三学は、パイデイアの思想では「人間の内面を加工する術」を形成する「ことば（ロゴス）の学」としてアレテー（arete＝arts）とよばれ、人間の外面を加工する術である数学・幾何学・占星術（天文学）・音楽の四科（*quadrivium*）であるテクネー（technee＝technology）と対をなし、二つの学知を合わせて三学四科＝「七自由科」（seven liberal arts）として、中世の大学での教養科目となった。
* 8 アンセルムス（Anselm, 1033-1109）──ベネディクト会士、教会博士、「スコラ哲学の父」とよばれる。イタリアに生まれ、カンタベリー大司教（1093-1109）となり、教皇権を排除しようとしたウィリアム2世と争って追放され、次のヘンリ1世と和解した。「理解せんがために信ずる」という有名な言葉があり、信仰を理性に先行させる実在論の立場をとった。
* 9 ドミニコ会──聖ドミニコ（Saint Dominic, 1170-1221）が1215年にトゥールーズに設立したカトリック托鉢修道会。
* 10 フランシスコ会（Ordon Fratrum Minorum）──1209年アッシジのフランシスコ（Francis of Assisi, 1182?-1226）によって、清貧と説教を中核として設立されたカトリックの托鉢修道会。
* 11 エロイーズ（Heloïse, ?1098-1164）──パリのノートルダム大聖堂参事会員フュベールの姪。1118年頃当時著名な神学者、哲学者アベラール（Pierre Abelard, 1079-1142）を家庭教師としたが恋に落ち、ひそかに結婚して1男をもうけた。エロイーズの親族の怒りをかって引きはなされ、アベラールは去勢された。彼はサン・ドニ修道院に、エロイーズはアルジャントゥイユの女子修道院に入ったが、解散したため、アベラールはパラクレトゥス女子修道院を建ててこれをエロイーズにあたえ、彼女はその院長になった。死後、アベラールの墓のかたわらに埋葬された。
* 12 ジャン・ド・ジェルソン（Jean de Gerson, 1363-1429）──フランス出身の神学者。「もっともキリスト教的なる博士」といわれる。パリ大学総長をつとめ、教会会議およびコンスタンツ公会議を主導し、公会議主義を精神的に支える思想家となった。
* 13 『キリストにならいて』（*De imitatione Christi*）──15世紀前半に書かれた中世キリスト教文学の代表作で、

作者はトマス・ア・ケンピス（Thomas á Kempis, 1379頃-1471）といわれている。短い章に分かれた全4部はそれぞれ、修道の教えを示し、世俗から解脱して内的な生を深め、敬虔なうちに神との交わりを求めるべきことを説いている。

* 14 イエズス会（Societas Jeus）——イグナティウス＝ロヨラらによって、1534年にパリで組織されたカトリック会派。別名ジェスイット会。1540年教皇によって公認され、厳格な軍隊的統制と教皇への絶対的忠誠によって反（対抗）宗教改革運動の中心団体としてプロテスタントへの攻撃と全世界へのカトリックの宣教に従事した。この活動によって、カトリック教会内部の腐敗が排除されて近代化が進み、南ドイツがプロテスタントの勢力圏からカトリック圏に戻った。ヨーロッパの外への宣教は、日本に渡来したフランシスコ＝ザビエル、中国で活躍したマテオ＝リッチら海外宣教者のように、きわめて熱烈で、ヨーロッパで失われたカトリックの地盤を補った。18世紀なかば頃最盛期に達したが、ほかのカトリック会派との摩擦がたえず、1773年クレメンス14世によって禁止された（1814年復活）。スペイン語では「イエスの軍隊」を意味し、中国では「耶蘇会」と称された。

* 15 ウルスラ会修道院（Ordo Sanctae Ursulae）——1535年イタリアのブレシアにアンジェラ・メリチによって設立されたカトリックの女子修道会。中央集権的組織をとらず、いくつかの修会組織に分かれ、神の愛に全面的に身をゆだね、信仰と愛を中心とする共同生活を送ることをモットーとして、全世界で教育事業を展開している。

* 16 トリエント公会議（Tridentinisches Konzil; Concilium Tridentinum ; the Council of Trent）——カール5世が宗教改革に対抗して、ローマ教皇パウルス3世と北イタリアのトリエント（イタリア名トレント）で、1545〜47年、1551〜52年、1562〜63年の3回に分けて開いた宗教会議。カトリック教会内部の粛清、教皇の至上権と無謬説、宗教裁判の励行、禁書目録の作成、聖書と伝承の権威の承認などが決議された。これによって、伝統的カトリック教義を再確認し、反宗教改革の理念を確立した。

* 17 キリスト教学校修士会（Fratelli delle Scuole Christiane）——1681年、ジャン・バティスト・ド・ラ・サールが貧民子弟の教育のためにフランスのランスに設立した平信徒のカトリックの最初の男子教育修道会。ラ・サール会ともいう。1725年ローマの公認を受け、フランス革命中に一時中断していたが、キリスト教教育に大きな成果を上げ、19世紀以降全世界に広まった。

* 18 ジャン＝バティスト・ド・ラ・サール（Jean-Baptiste de La Salle, 1651-1719）——フランスの宗教家・教育者。「フランスのペスタロッチ」とよばれる。サン・シュルピス神学校、ソルボンヌ大学を卒業して司祭となる。近代教育の先駆者で、当時、ヨーロッパでは上流階級の子女だけが家庭教師からラテン語による教育をうけるのが一般的であったのに対し、庶民を一堂に集め、彼らが日常用いているフランス語で教育を行なうなど、現代の学校教育のシステムに通じる革新的な教育法を実践し、青少年教育に尽力した。主著『キリスト者のつとめ』（Les Devoirs d'un chrétien, 3vols, 1703）、『キリスト教学校の根本指針』（La Conduite des écoles chrétiennes, 1720）

* 19 ランス（Reims）——フランス北東部の商業都市。

➡教育（ヨーロッパ）、近世ヨーロッパの子ども、中世とルネサンス時代のヨーロッパ、ラテン語学校

● 参考文献

Leclercq, Jean. 1979. *Monks and Love in Twelfth-Century France*. Oxford, UK: Clarendon Press.

McGuire, Brian Patrick. 1996. "Education, Confession, and Pious Fraud: Jean Gerson and a Late Medieval Change." *American Benedictine Review* 47: 310-338.

Mullett, Michael A. 1999. *The Catholic Reformation*. New York: Routledge.

Nicholas, David. 1992. *The Evolution of the Medieval World, 312-1500*. London and New York: Longman.

（BRIAN PATRICK MCGUIRE／鈴木明日見訳）

宿題（Homework）

宿題は、学校に通う子どもたちの生活でよくみられるだけでなく、学校と家庭のあいだの重要な日常的な相互交流でもある。宿題はそのようなものとして——とくに、19世紀と20世紀を通じて大衆教育が拡大した後——子どもの時間と両親が担う教育の役割をめぐって、しばしば家族と学校のあいだに緊張関係をもたらす。

20世紀初めのアメリカでは、両親の権利と子どもの権利を声高に主張する反宿題運動があらわれた。ある批評家は、「…学校が家族時間に介入することによって…家族の文化生活あるいはレクリエーション生活は深刻に制約され、あるいはハンディを負う」（「ホームスタディは必要か？」69ページ）と主張し、別の批評家は、宿題は子ども期にとっては罪なことであると述べている。反宿題の立場は、子どもの健康と発達にかんする科学知識が国際的に高まりつつある影響を反映していた。これは、今度は、個性を明確にする「子ども中心的な」研究方法を支持して、決まりきった教育と学習方法を拒絶した進歩主義の教育改革運動に弾みをあたえた。教育者の多くは、進歩主義の教育体制、とりわけ初等段階でのそれは、宿題をやる余裕はまったくないと論じた。20世紀前半を通じて、アメリカ各地の多数のコミュニティの学校政策は、宿題の縮減もしくは廃止を命じた。

だが、それにもかかわらず、大衆教育の時代を通じて大部分の両親は、すくなくとも節度のある宿題であればそれを支持した。こうした親たちは宿題というものを学業成績にとって必須であるとみなしただけでなく、子どもが自己規律と責任感を発達させる重要な手段でもあると見ていた。最後に、親のなかには、宿題

を、家族時間を侵害すすものではなく、学校が自分の子どもをどのように教育しているのかを理解するうえで決定的に重要な手段であると見る者もいた。1930年代のある親の言葉には、次のようなものがある。「宿題は、両親と子どもの学校生活のあいだをつなぐすばらしい鎖である」(「宿題の効用を信じるか？」58ページ)。この20年後、別の親は、自分の考えをもっとぶっきらぼうに次のように主張している。「宿題は、学校で行なわれていることを知らせつづけてくれる唯一の手段である」(Langdon and Stout, p. 370)。

20世紀後半を通じてしだいに、専門家の意見は、宿題を支持する親の意見と一致するようになってきた。1957年にソヴィエト連邦がスプートニク衛星を打ち上げた後、アメリカの政治家、親、教育者たちは、ソヴィエトのすぐれた科学技術と張りあうには、教育制度を根本的に改革する必要があるということに関心をもつようになった。その結果見られた科学と数学の重視は、**進歩主義教育**に対する異議申し立てを強めることとなり、意欲的な学習目標をいっそう支持するために宿題を利用することに興味をかきたてた。1980年代までに、すくなくともアメリカでは、「基礎に戻る」*1運動が、教育におけるそれ以前の進歩主義的論説に大きく置き換わった。この運動によって、学業成績、道徳的善性、国際的な経済競争力——そして学校教育における両親のパートナーシップの強い承認——を育成するうえで必須のものとして宿題を賞賛するようになった。

だが、宿題の実質的な分量が、子どもあるいはその家族生活にとって圧倒的に多いときはとくに、すべての親が宿題の賞賛にくわわったわけではなかった。しかし、アメリカでは、大多数の子どもたちは宿題のために多くの時間をついやすことはなかった。スプートニク以後の10年間のハイスクールの生徒や、また1980年代と1990年代の年少の子どもの場合、宿題の時間が少し増えたにもかかわらず、20世紀後半全体を通じて、アメリカの学生の大半はわずかな時間しか宿題に取り組まなかった。初等段階では20世紀末に時間数が増えたものの、大半の子どもは毎週2時間しか宿題に取り組まなかった——この時間数は、たぶんほかの工業国家の時間数に匹敵するだろう。一方では、アメリカのハイスクールの生徒の大半は、毎日約1時間ぐらいを宿題にあてていた——これはほかの先進工業国にくらべてかなり少ない。21世紀初頭には、ヨーロッパとアジアの多くの地域のハイスクールの生徒たちは、かなりの時間を宿題についやしていた。これとは対照的にアメリカでは、まじめな宿題賛成者の言説と、大学進学をめざしている生徒のあいだでさえ頑固なまでに低水準のままであった宿題の実践とのあいだのギャップは明白であった。

[訳注]
*1「基礎に戻る」(back-to-basics または back-to-the-basics)——子どもの興味や関心に合わせて非体系的に教育するのではなく、学問それ自体の客観的で論理的な構造にしたがって配列されている知の大系に沿って、読み・書き・算数などの伝統的な基礎科目から学ばせる教授法。back-to-basicsという表現が用いられたのは1975年頃から。

➡教育（アメリカ）
●参考文献

Chen, Chuansheng, and Harold W. Stevenson. 1989. "Homework: A Cross-Cultural Examination." *Child Development* 60: 551-561.

"Do You Believe in Homework? Replies For and Against." 1936. *Parents Magazine* (January) : 11, 14-15, 58-61.

Gill, Brian P., and Steven L. Schlossman. 1996. "'A Sin Against Childhood': Progressive Education and the Crusade to Abolish Homework, 1897-1941." *American Journal of Education* 105: 27-66.

Gill, Brian P., and Steven L. Schlossman. 2000. "The Lost Cause of Homework Reform." *American Journal of Education* 109: 27-62.

Gill, Brian P., and Steven L. Schlossman. 2003. "Homework and the Elusive Voice of Parents: Some Historical Perspectives." *Teachers College Record* 105, no. 5.

Gill, Brian P., and Steven L. Schlossman. 2003. "A Nation at Rest: The American Way of Homework, 1948-1999." *Educational Evaluation and Policy Analysis*.

"Home Study?" 1930. *Washington Education Journal* (November) : 69-70, 82.

Langdon, Grace, and Irving W. Stout. 1957. "What Parents Think about Homework." *NEA Journal* 46: 370-372.

Larson, Reed W., and Suman Verma. 1999. "How Children and Adolescents Spend Time Across the World: Work, Play, and Developmental Opportunities." *Psychological Bulletin* 125, no. 6: 701-736.

Patri, Angelo. 1927. *School and Home*. New York: D. Appleton and Company.

(BRIAN GILL & STEVEN SCHLOSSMAN／池田雅則・北本正章訳)

シュタイナー、ルドルフ
(Steiner, Rudolf, 1861-1925)

オーストリアの哲学者ルドルフ・シュタイナーは、オーストリア＝ハンガリー帝国*1のクラリェヴェクに、1861年に生まれた。彼はウィーナー・ノイシュタット*2で教育を受け、1884年にウィーンの工科大学を卒業した。シュタイナーの生命観は、アントロポゾフィー（人智学）*3すなわち人類についての智慧とよばれる。それは、個人的な統一感覚ではなく宇宙の統一感覚において肉体・精神・心魂の統一を強調する。この哲学によれば、世界は物質世界、心魂世界、そして

ルドルフ・シュナイター（1861-1925）*

霊的世界という三つの世界からなっているとされる。人間は、地上におけるそのすべての経験の七つの形態を通じてこの三つの世界すべての一部をなしている。それらは、物質的、エーテル的、心魂的な身体で物質世界に「根を張って」おり、その霊的な自我、その生命の息吹、そして霊的存在によって精神世界で「開花する」とされる。

この人智学は、宇宙の運命と霊魂再来*4 という教義をふくむ、ヨーロッパの科学的な文化への対抗計画であろうとしている。こうした純粋な秘教哲学（purely occult philosophy）が教育に適用されると、子どもは、人間の「隠れた」あるいは「秘密の」本性が明らかにされるときにのみ、その「本質」が知られるような「人間存在」であると考えられる。したがって、教育は、秘教（Geheimwissenschaft）すなわち、公的に知られるものではなく、それを信じる者に対してのみ明らかにされるものの一部分となってしまう。こうした見解は、啓蒙思想の時代以降の近代の教育を構成するすべてと対立する考えである。

シュタイナーとその信奉者にとって、教育の基礎とは、教えることでも学ぶことでもなく、発達することにあった。しかしながら、ここでいわれる発達とは、ルソーが述べたような意味での自然にあてはまるものではないし、ピアジェが提案した精神発達にあてはまるものでもない。シュタイナーは、連続する7年区切りのなかで、それぞれが互いにつながっている「人間の三つの誕生」ということを主張した。シュタイナーによれば、7歳までの子どもは生命体的および感覚体的おおいのなかにいまだある。2度目の歯牙発生を終えると、エーテル的な身体が、14歳になるとアストラル的な身体、すなわち感覚体的な身体がおおいから姿をあらわす。そして、21歳になると、「わたしという本体」が霊的な生命のなかに芽生える。第1期を通じての教育の方法は、模倣と模範に合わせることであり、第2期は継承と権威であり、そして第3期は、「人間のより高度な霊的世界」へと続く道が広がっている。

シュタイナーが信じるところでは、第1期における教えることは、「抽象的な」方法でなされるべきではなく、子どもを理解するためのほんとうの精神性をあらわす「生きた、活気のある表情」で、具体的なやり方でなされるべきであった。教育者は、彼または彼女が精神科学（spiritual science）の源を研究した結果として、「気配りができ、あたたかく、共感能力のある」人でなくてはならない。要するに、教師とは、「精神科学について真に理解しており、これがあらゆる真実の教育の核心であることを示さなくてはならない。子どもが性的な成熟に達するまで、教えることは子どもの記憶につながっており、それ以降には理性とつながっている」とシュタイナーは主張した。概念を対象とすることは性的な成熟のあとになってはじめて必要になる。教えることにはある中心的な原理がはたらいている。つまり、最初に記憶があり、それがあってはじめて理解できるという原理である。記憶がよければよいほど、それだけいっそうその理解も深まる。したがって、あらゆる最初の学校教育はものごとを記憶することを基礎にすべきなのである。

1919年2月、シュタイナーはチューリヒで4回の公開講義を行なった。これらはすぐに「社会問題の核心」と題して出版された。シュタイナーは、これを後年の有名な「社会三層構造」、すなわち経済、法、そして精神生活という原理に発展させた。教育と学校教育は精神生活、すなわち精神文化（geistige Kultur）の一部であるが、これは、それが完全に自由であるときにのみはたらくことができる。したがって、学校教育も完全に自由でなくてはならない。この原理に従ったヴァルドルフ学校は、非政府的な事業であって、政府のカリキュラムからは自由に活動していたので、自由学校（Free School）とよばれた。

これらの学校の基礎をなす原理は、講義をすることではなく「リズム」であった。すなわち1日の、1週間の、そして1年のリズムである。カリキュラムは、エポック授業あるいはリトミック学習*5 のような内容をふくむ特殊な授業形態で、7年サイクルで構成されている。これらの学校は非選択的で成績による等級化も順位づけもしない。生徒たちはクラス分けされることはなく、ひとつのサイクルが終わるまで一人の教師とともにひとつの集団としていっしょにとどまる。これらの学校は男女共学であり、独立の教育行政を行ない、教師と生徒のあいだの関係は密接であった。これらの学校では、子どもたちに圧力をかけないようにし、子どもたちがその固有の能力に応じて取り組むのを認

めようとしていた。

[訳注]
* 1 オーストリア＝ハンガリー（二重）帝国——オーストリア帝国とハンガリー王国およびその他の諸小国をふくんだヨーロッパ中部の君主国の時代（1867-1918）。
* 2 ウィーナー・シュタット（Wiener Neustadt）——オーストリア東部Lower Austria州の都市。
* 3 人智学（Anthroposophy）——シュタイナーによって提唱された哲学的思想で、人間の内なる力をよび醒まし、精神世界の認識にいたろうとする思想。
* 4 霊魂再来（reincarnation）——肉体の死後も霊魂はふたたび新しい肉体を得て生まれると考える説。
* 5 リトミック（ユーリズミックス）（eurthmics）——スイスの作曲家エミール・ジャック＝ダルクローズ（Emile Jaques-Dalcroze, 1865-1950）が考案したリズム教育法で、音楽のリズムを体の動きで表現する。

➡ 子どもの発達概念の歴史、児童心理学、進歩主義教育、ニール（A・S・）

● 参考文献

Lindenberg, C. 1997. *Rudolf Steiner. Eine Biographie*. Stuttgart, Germany: Verlag Freies Geistesieben.

Steiner, Rudolf. 1919. *Die Kernpunkte der Sozialen Frage in den Lebensnotwendigkeiten der Gegenwart und Zukunft*. Stuttgart, Germany: Greiffer and Pfeiffer.

Steiner, Rudolf. 1948 [1907]. *Die Erziehung des Kindes vom Gesichtspunkte der Geisteswissenschaft*. Stuttgart, Germany: Verlag Freies Geistesleben.

Steiner, Rudolf. 1982 [1925]. *Mein Lebensgang. Eine nicht vollendete Autobiographie*. Ed. M. von Sievers. Dornach, Switzerland: Rudolf Steiner Verlag.

Steiner, Rudolf. 1994 [1904]. *Theosophy: An Introduction to the Super-sensible Knowledge of the World and the Destination of Man*. London: Rudolf Steiner Press, 1973.

Wilkinson, Roy, ed. 1993. *Rudolf Steiner on Education: A Compendium*. Stroud, UK: Hawthorn.

（JÜRGEN OELKERS／北本正章訳）

出生順位（Birth Order）

歴史に残された記録を見ると、出生順位は社会的・政治的・経済的生活の多面にわたる影響をあたえてきたことがわかる。この影響は今日でも、多くの伝統社会において明白に続いている。とりわけ、かつての非ヨーロッパ世界の多くの社会では、ある子どもをほかの子どもよりも可愛がる親の行為が是認されていた。こうした親のえこひいきのパターンはたいていの場合、出生順位と関連している。たとえば、ある子どもに先天性の欠損があったり、ある年長の子どもがまだ授乳中であったりするような場合、多くの伝統社会では子殺しが容認されている。しかし、二人のきょうだいのうち年長の子どもの殺害を容認する社会はない。

出生順位は、親の手のかけ方の違いによって、しばしば子どもの日々の健康や幸福に影響をあたえる。たとえば、初子に比べると後から生まれた子どもが種痘を受ける機会は少ないし、先進国では後から生まれた子どもは年長のきょうだいと比べて寿命が短く、子ども期の死亡率も高くなる傾向がある。出生順位は知能や性格にも影響するようである。それは親の手のかけ方の違いによるし、きょうだいとの相互行為にも依存するようである。こうした知性面や行動面での違いは人生における達成のさまざまな面に影響をあたえている。

社会的および政治的影響

出生順位が果たす役割を39の非西欧社会を対象にして検討した研究によれば、一般的に、初子の誕生はその親の結婚を安定させ、地位を上昇させるという点でとくに重要な意味をもっている。これらの社会では、初子は遅く生まれた子どもに比べてはるかに盛大な誕生祝いを受け、年下のきょうだいよりも権力をもち、大人になると親からの財産をより多く相続したり管理し、さらに非同族者に対してはより大きな権威をふるうのがふつうである。

相続は、多くの場合、出生順位と関連していた。長子相続制は、一般に、富の大部分が土地所有に依存し、土地が稀少資源である社会で行なわれてきた。この制度のもとでは、初子あるいは最年長の男子が親の土地と財産の大半を相続する——この慣習は、財産の分割を禁止し、それによって父系家族とその父祖の名を保存する。中世ポルトガルの有力家族の家系にかんするジェームズ・ブーンの研究（1986）によれば、最年長の息子は年少の息子たちに比べておそらく1.6倍以上の子孫を2世紀以上にわたって残したのに対して、年下の息子たちは初子と比較して庶出の子どもの父親となる率は9倍以上であった。娘たちのあいだでは、遅く生まれた娘たちはたいてい修道院に送られる運命にあり、そのため、早く生まれた娘たちに比べてその子孫は少なかった。

ポルトガルをふくむいくつかの国では、土地を所有しない年少の息子たちは政治的安定に対する潜在的脅威とみなされた。十字軍とならぶ領土拡張政策の軍事キャンペーンは、こういう年少の息子たちを遠隔地に送り出す手段の一部として利用した。彼らは、送り出された地で身を立てようと試みたが、戦闘や病気によって死ぬ場合が多かった。

男子の長子相続制は、王族間で政治権力を委譲する慣習であった。封建時代に制度化されたこの慣習は、それ以前には王位継承を中断に追いこんでいたきょうだい間の血で血を洗う対立を抑制する役割を果たした。**プロテスタントの宗教改革指導者たちは**、平等主義的な改革精神をもって、ドイツ諸邦で長子相続制の廃止をよびかけて成功したにもかかわらず、この慣習は今日でも君主制をとるプロテスタント系ヨーロッパ諸国では正当な王位継承方針として維持されている。

ほかの差別的な相続制度も知られている。第2子相続制（第2子あるいは2番目の息子が親の財産の大部分を相続する慣習）や末子相続制（末子あるいはもっとも年下の息子に財産を残す慣習）などである。この末子相続の慣習は、重い相続税が課される社会に共通にみられる。末子相続によって課税までの期間が延長されたからである。

親が子孫に財産を均等に分配するという選択もあった。中世のヴェネツィアでは、富は商業投資をもとにしており、成功するかどうかは予測できない環境に左右される場合が多かったため、通常、親は財産を分割し、すくなくとも1人の子どもが商売で成功する可能性を最大限度まで大きくしようとした。つまり、出生順位と相関する相続慣習は明白に歴史的にも地域的にも相違することを反映し、それぞれの家族や社会が選択する特殊な形式は、通常はその地方独自の経済的意味をもっていたのである。

出生順位、知能、性格

この数十年における心理学分野のもっとも注目すべき発見のひとつは、いっしょに育ったきょうだいの差異は、一般から無作為に抽出した人間と同程度であるということである。行動遺伝学は、共通の家庭環境——つまり、同一の家庭——で育った人間の性格にあらわれる相違のうち家庭環境の影響を受けたものはわずか5パーセント程度にすぎないことを明らかにした性格にあらわれる差異のほぼ40パーセントは出生時の遺伝的なものであり、ほかの20パーセントは測定上の誤差に由来するようである。差異のうち残りの35パーセントは非共有環境（きょうだい間で共有されない独自の経験）が原因である。

この行動遺伝学がもたらした重要な結果のひとつはほとんどの場合、家族は共有環境ではないということである。そうした非共有環境の源泉のひとつが出生順位である。なぜなら、出生順位が異なる子どもは年齢も家族内での役割も違うからである。さらに、子どもたちは親の配慮（愛、注意、希少資源など）をめぐって競争するし、親のほうでも、その意図はなくとも、ひとりの子どもをほかの子ども以上に可愛がることがある。

ダーウィンの進化理論によれば、動物、魚、昆虫、それに植物においてさえみられるそのような競争は、

フランス革命期を通じて、893人の国民会議議員たちは兄弟殺しらしきものをはじめた。初子の議員と遅く生まれた子どもの議員は異なる政治グループに属し、異なった投票行動を行なったのである。Mary Evans Picture Library

当然のことながら人間のきょうだいにも起きる。ダーヴィニズム的競争のこの特殊な形態は遺伝原理によって理解できる。平均的な見方をすれば、きょうだいが遺伝子を共有するのは50パーセントにすぎず、自分自身に対する血縁度はほかのきょうだいに対する血縁度の2倍である。血縁選択理論*1によれば、きょうだいは、希少資源の共有から得られる利益がコストの2倍以上でないならば、それぞれ利己的行動をとると推測される。したがって、きょうだいは親の配慮を最大化するために、人間関係優先戦略を、ときにはほかのきょうだいを犠牲にしてでも展開する傾向がある。こうした戦略は年齢、身体の大きさ、力、家族内の地位によって違ってくる。出生順位はこうした違いの卓越した代表である。

1800年頃よりも前には、全人類の子どものうち成人に達したのは半分に満たなかった。したがって、親の配慮やきょうだい間でなされる有利な立場をめぐっての競争のささいな差が、だれが生き残り、だれが死ぬかを決めるバランスに大きく影響した。家族内にユニークで有用な地位を築くことで、きょうだいはそれぞれ家族システムのなかで自分の価値を増した。初子は慣例的に親がわりの役割を果たしたが、その理由で初子は年下の兄弟に比べていっそう親と同一化し、保守的になる。遅く生まれた子どもたちは自分で子守りはできないため、一般的に家族システム内に初子とは違う、まだ占有されていない地位を築こうとするが、これは、実験的な精神や先例にとらわれない経験を好む傾向をふくむ性格形成の過程である。

2000以上の件数を網羅する出生順位研究によって、出生順位が性格にあたえる差異の明確なパターンが明らかとなった。これらの差異は性格の5因子モデル（Five Factor Model）によって単純化して説明するのが有益であろう。5因子とは、真面目さ、経験への開放性、感じの良さ、外向性、神経質という五つの次元である。初子は、親がわりの役割をひんぱんに果たすことを反映して、遅く生まれた子どもよりも真面目である。遅く生まれた子どもは、競争にさらされていることから、初子よりも経験に向かっていく傾向がある。とくにそれは、この性格次元のうち、家族の価値観や年長のきょうだいたちの権威に対する疑念をふくむ側面にあらわれている。また、遅く生まれた子どもは、初子よりもいくらかひとあたりがよい。それは彼らが協力や妥協など、あまり力を用いない戦略を採用し、自分より年下で弱く、身体が小さいきょうだいと協調するからである。さらに、遅く生まれた子どもは初子に比べて、楽しみごとが好きで、興奮を求め、社交的という特殊な意味でより外向的である。最後に、初子も遅く生まれた子どもも、あきらかにどちらにも神経質な面がある。だが、そのあらわれかたは違っている。初子は、力や地位を失うことに対して不安をいだくという意味で神経質である。それに対して、遅く生まれた子どもは、自己意識的という意味で神経質である。それはおそらく、より大人に近い年長のきょうだいのモデルと自分とを比較することから生まれる属性であろう。

家族内で測定された性格における出生順位の差異と比較すると、家族外のコンテクストで確かめられている差異はそれほど顕著でない傾向がある。それでも、性格と行動における出生順位の差異は、家族外コンテクストで明白である。とくに、これらの家族外行動のコンテクストが家族内で以前に経験したことのあるコンテクストと類似する場合、かなり歴然としている。キャサリン・サロモンが示した例によれば、初子と遅く生まれた子どもは、「ブラザー」や「シスター」という語を「仲間」と対立するものとしての意味で用いる政治的発言に対して異なる反応を示すということである。

広範な調査によって、初子は遅く生まれた子どもに比べて高いIQ値を示す傾向があるが、その差は大きくないことが示された（IQは家族内における出生順位がひとつ下がるごとにおよそ1ポイント下がる）。この発見を説明するために、家族規模の拡大がもたらす結果に注目が集まるようになった。大家族の出自の子どものIQ値は、小家族の出自の子どもよりも低いからである。ロベルト・ザジョンクの合流モデル*2によれば、子どもは大人に比べると知的に成熟していないのであるから、年少のきょうだいが家族にくわわることでその家族の知的環境は劣化してしまう。この理論によれば、遅く生まれた子どもに比べて初子が高いIQ値を示す傾向があるのは、初子が両親だけを独り占めする時間がより長く、年少のきょうだいとすごす時間がより短いからであるということになる。

出生順位と世界史

出生順位と関係する性格と行動の違いは、ときには世界史の舞台に反映されることがある。初子は年少の子どもに比べて親からより手厚い扱いを受け、したがって真面目でIQ値も高くなる傾向がある。その結果、大きな業績を上げ、紳士録やその他の人名録に掲載される人物のなかで初子はかなり顕著である。同様に、初子は世界の指導者、著名作家、探険家、著名な科学者（ノーベル賞受賞者をふくむ）でもきわだっている。このこととは対照的に、遅く生まれた子どもは、歴史的に見て、探険家や急進的な政治的・社会的変動の指導者として傑出している。たとえば、宗教改革、フランス革命、その他の急進的な社会的・政治的変動の顕著な出来事の指導者たちがいる。こうした出生順位の違いがどのようにあらわれるかについては、一般的にそのコンテクストに注意をはらう必要がある。つまり、個別的な状況に依存するのである。たとえば、カトリックの国々では宗教改革時代に遅く生まれた子どもは、初子と比べてプロテスタント信仰の支持に殉じる傾向

があった。しかし、たとえばイギリスなどプロテスタントの国々では、初子は遅く生まれた子どもに比べて宗教改革への抵抗に殉じる傾向があった。

科学史においても出生順位は、科学理論に根本的な変化が生じる時代に重要な役割を果たした。ニコラス・コペルニクス（4人兄弟の末子）やチャールズ・ダーヴィン（6人兄弟の5番目）のように遅く生まれた子どもは、科学の現状やそれと関連する宗教的ドグマに挑戦する科学革命の先駆者であった。ほかにも、フランシス・ベーコン*3やルネ・デカルトのような遅く生まれた子どもも、スコラ学やアリストテレスのドグマをはげしく攻撃し、科学革命の頂点を形成している。アイザック・ニュートン*4、アントワーヌ・ラボワジエ*5、アルバート・アインシュタインのように、初子が重要な科学上の革命をなしとげることがあったが、それにしても、こうした科学革命の初期の支持者は遅く生まれた子どもである傾向がある。それにもかかわらず、科学革命を創始し、支持するようになるとき、遅く生まれた子どもには決定的なアキレス腱がある。それは、ダーヴィニズムや量子力学、プレートテクトニクスのような成功した革命を熱心に支持する場合があったにしても、彼らが骨相学（頭部の隆起が性格と人格を示すとする19世紀の思想）のような、急進的ではあったが失敗に帰した革命を推進することがふつうだったのである。こうした理由から、遅く生まれた子どもが初子よりも創造的だという証拠はない。むしろ、初子も遅く生まれた子どもも、それぞれ創造力をもっているが、そのあり方が違うのだと考えられる。とりわけ、初子は体制内で創造する傾向があるのに対して、遅く生まれた子どもは現状そのものに疑問を投げかけるというかたちで創造性を発揮するというのが、事実に近いと考えられる。

結論

出生順位は相続の実際や社会的・政治的な生活に影響をおよぼすために、過去何世紀にもわたって人びとの生活に今日に比べて格段に大きな力をもっていたように思われる。今日においてもなお出生順位は、親の配慮に影響をあたえたり、親からの相続を増やそうというきょうだいの行動に影響したりするというかたちで、性格や行動を形成している。心理学者たちは行動遺伝学の研究をとおして家族が共有環境ではないということを見出した。性格に影響をあたえる環境はたいていの場合、共有されていない経験に由来し、そのうちのいくつかは出生順位に起因するようである。出生順位は、性格や行動の形成にくわえて、家族感情にも影響をあたえる。家族感情における個人的差異は、家族に対する忠誠、親や近親者への接触の度合、親の権威への態度を媒介する。こうした出生順位の差異は、過去何百年ものあいだに重大な革命を説明したり、子ども期の性格形成の経験と世界史の過程との結びつきをあたえたりするなどの役割を果たしてきた。今日においてもなお、出生順位は、人生経験の全体に意味深長な仕方で影響をあたえる性格と行動にあらわれる違いを形成しつづけている。

[訳注]
*1 血縁選択理論（theory of kin selection）——「血縁淘汰」ともよばれる。子の保護など、近縁者に対する利他行動が代々続いて、利他的遺伝因子が代々増加するような自然選択のこと。
*2 合流モデル（confluence model）——発達社会学において、子どもの知的成長は家族の大きさときょうだいの年齢差に関連しているとする、1976年以降に登場した発達社会学の説。子どもが幼く、人数が多いほど家族の知的レベルは下がるとされる。
*3 フランシス・ベーコン（Francis Bacon, 1561-1626）——イギリスの哲学者、政治家。父親はエリザベス1世の国璽尚書をつとめたニコラス・ベーコン（Nicholas Bacon, 1510-1579）で、51歳のときに生まれた長男。12歳でケンブリッジ大学トリニティ・カレッジに入学し、その後、ロンドンのグレイ法学院で法律を学ぶ。18歳で父を亡くし、23歳で国会議員となった。1605年に『学問の進歩』を出版し、1606年、45歳の頃、14歳の少女と再婚し、1618年に大法官となった。
*4 アイザック・ニュートン（Sir Isaac Newton, 1642-1727）——イギリスのリンカンシャーの小都市グランサム近郊の農民長男として生まれた。誕生前に父親を亡くしており、母親も再婚した。ケンブリッジ大学トリニティ・カレッジに進学し、数学、光学などで業績を上げ、数学教授となる。イギリスを代表する数学者・物理学者・天文学者として、とくに「万有引力の法則」を発見した。
*5 アントワーヌ・ラボワジエ（Antoine Lavoisier, 1743-1794）——フランスの化学者。1774年に体積と重量を精密にはかる定量実験を行ない、燃焼などの化学反応の前後では質量が変化しない質量保存の法則を発見、酸素の命名、フロギストン説の打破などから「近代化学の父」とよばれる。弁護士を父親として長男に生まれ、5歳で母親を亡くし、莫大な遺産を受けて叔母の手で育てられた。

➡家族の諸類型
● 参考文献

Boone, James L. 1986. "Parental Investment and Elite Family Structure in Preindustrial States: A Case Study of Late Medieval-Early Modern Portuguese Genealogies." *American Anthropologist* 88: 859-78.

Costa, Paul T., Jr., and Robert R. McCrae. 1992. *NEO PR-R Professional Manual*. Odessa, FL: Psychological Assessment Resources.

Daly, Martin, and Margo Wilson. 1988. *Homicide*. Hawthorne, NY: Aldine de Gruyter.

Dunn, Judy, and Robert Plomin. 1990. *Separate Lives: Why Siblings Are So Different*. New York: Basic Books.

Fichtner, Paula Sutter. 1989. *Protestantism and Primogeniture in Early Modern Germany.* New Haven: Yale University Press.

Herlihy, David. 1989. "Family and Property in Renaissance Florence." In *The Medieval City*, ed. David Herlihy and A. L. Udovitch, pp. 3-24. New Haven: Yale University Press.

Hertwig, Ralph, Jennifer Nerissa Davis, and Frank J. Sulloway. 2002. "Parental Investment: How an Equity Motive Can Produce Inequality." *Psychological Bulletin* 128: 728-45.

Hrdy, Sarah Blaffer, and Debra Judge. 1993. "Darwin and the Puzzle of Primogeniture." *Human Nature* 4: 1-45.

Rosenblatt, Paul C., and Elizabeth L. Skoogberg. 1974. "Birth Order in Cross-Cultural Perspective." *Developmental Psychology* 10: 48-54.

Salmon, Catherine. 1998. "The Evocative Nature of Kin Terminology in Political Rhetoric." *Politics and the Life Sciences* 17: 51-57.

Salmon, Catherine, and Martin Daly. 1998. "Birth Order and Familial Sentiments: Middleborns are Different." *Human Behaviorand Evolution* 19: 299-312.

Sulloway, Frank J. 1996. *Born to Rebel: Birth Order, Family Dynamics, and Creative Lives.* New York: Pantheon.

Sulloway, Frank J. 2001. "Birth Order, Sibling Competition, and Human Behavior." In *Conceptual Challenges in Evolutionary Psychology: Innovative Research Strategies*, ed. Harmon R. Holcomb III, pp. 39-83. Boston: Kluwer Academic Publishers.

Zajonc, Robert B. 2001. "The Family Dynamic of Intellectual Development." *Psychological Review* 82: 74-88.

（FRANK J. SULLOWAY／太田明訳）

出生率（Fertility Rates）

ほとんどすべての社会は、出産率（birth rate）をかなり制限する。**産児制限（受胎調整）**のパターンは、歴史のなかで変化する。狩猟社会と採取社会では、しばしば授乳期間を長くすることで出産を制限した。これとは対照的に、農耕社会は、二つの戦略が結合した。一方では、労働に利用でき、家族の土地と財産を受け継ぐために十分な人数の子どもを確実にもうけることであり、他方では、資源を守るために出産率（birth rates）を制限することであった。

社会が家族規模を制限する方法の違いは子どもたちに影響する。ある社会では、**きょうだい関係**を密接にするために子どもの出産間隔をいかに密接にするかに焦点を置くが、別の社会では人口統制（population control）の手段として少女の人数を制限する。これは、大人のあいだの性比率のバランスを失わせるだけでなく、少年と少女のあいだの諸関係も変え、生き残った少女たちのあいだの結婚を普遍的にするが、候補者が過剰な男性のあいだではそうはならない。そればかりでなく、出産率の制限は、工業化以前の状況で非常に裕福な者が、多人数の家族を扶養するより多くの資産をもっていたために、通常、貧民集団よりも多くの子どもをもうけたように、しばしば社会経済的な地位を反映する。

人口動態学（demography）は、社会生活における主要な変化を見きわめることにつながる人口構成や人口動態比率[*1]における変化を研究する。出生力問題にとりかかる際、最初に考慮すべき論点は、人びとは近代の避妊技術に頼らずに、どのようにしてその成員を制限していたかということである。ほとんどすべての人類学的な調査は、生理学的な限界値に接近することは決してないという基本的な生物学的事実への文化的適応をめぐる混乱をあばいている。アンリ・レリドンによれば、「第一に、多産能力を保持し、15歳から45歳までの誕生日にリスクにさらされ、さらに自分の子どもを母乳育しない女性が産む子ども数の生物学的限界値は、17〜18人であろう」（147ページ）。事実の点で、レリドンは、かつての世代が多産な能力をもっていたとされたことに対する彼の評価にはいくぶん狭量なところがある。たとえば、ケベックの非常に小規模な少数民族の女性は、17世紀以降、1960年代にケベックに生じた静かな社会変化の時代にいたるまで、20回以上の生児出産をしていた。また、どの人口でも、一定数の女性は多産である。焦点になってきた歴史問題は、レリドンがいう「生物学的限界値」と観察された全体の出生率とのあいだの違いに関心が向けられる。近代以前の出生率はどれくらい低かったのであろうか？

晩婚による出生調節

ダニエル・スコット・スミスは、38の家族再構成研究（そのうちの27家族は17世紀末から18世紀のフランスのいくつかの村のようすを描いている）で発見したことを次のように要約している。「20歳ちょうどで結婚し、45歳まで生きたある女性は、夫とのあいだに9人の子どもを産んだ」（22ページ）。こうして、潜在的な出生力の限界値は、レリドンの生物学的限界値の約半分でしかない。これにつけくわえるべきは、スミスの潜在的出生力の限界値が二つの理由で誇張されていることである。第1に、北西ヨーロッパの女性たちの初婚年齢の平均は20歳ではなく、第2に、全結婚数の約3分の1は、45歳になる前に一人の伴侶の死によって破綻しており、閉経期の開始については急場しのぎの測定値しか用いていない。たとえば、スミスによる38の村の事例では、女性の平均初婚年齢は25.7歳であったし、その夫は28.0歳であった。

マイケル・フリンは、近世の北西ヨーロッパおける女性の年齢に特徴的な出生率を記述している公刊された54点の研究に対する結論にもとづいて、女性の平均初婚年齢が25歳前後で変動することを指摘しなが

ら、スミスの主張に同意している。フリンは、この中間点のまわりに分布が広がっていることを評価する測定値を提示していないが、ほかの研究は、標準偏差を約6年と決定しており、これは北西ヨーロッパの全女性の約3分の2が、22歳から28歳までのあいだに最初の結婚をしていたことになる。少数の10代の花嫁は、すでにそうであったように、30代で結婚する女性の同じ人数によって相殺された。おそらく、10人のうち1人は結婚しなかった。人口動態学者の専門用語では、この10人目の女性は生涯独身主義者であった。

したがって、高い出産率の相対的な低さにかんするわれわれの疑問に対する解答において、われわれが視野に入れておくべきは、独自に、北西ヨーロッパは晩婚であったということである。あるいは、もっと正確にいうなら、思春期と結婚とのあいだの結びつきは、近世の北西ヨーロッパでは、ほかの地域に比べて非常に弱かったことである。現代の人口動態研究は、アフリカとアジアの国々の大半で、**思春期**と結婚は、少女が月経の開始によって成人女性（そして大人の地位）になるのとほぼ一致していたのに対して、東ヨーロッパと南ヨーロッパでは、この思春期―結婚ギャップは約半分ほどであったことを示した。この後すぐに調整婚が行なわれた。

こうした状況を禁欲的なマルサス主義*2様式と見たことは、初期の現代人口動態学のもっとも大きな成果であった。この統計数値は、ほかの社会とは区別される新しい家族が北西ヨーロッパに生まれたことを識別する単一の尺度をもたらしてくれる。このユニークな結婚戦略は、二つの理由で決定的に重要であった。第1に、この戦略は、世代と社会構造の人口再生産を特徴づける人口と資産のあいだで進行中の調整に、安全な価値観あるいは誤りの許容範囲をもたらした。そして第2に、それは、女性の役割が、年長の子どもではなく、若い大人として結婚するかぎりあまり依存的でなく、影響を受けやすくもないことを意味した。調整婚は、世界のほとんどすべてのほかの地域と同じように、ヨーロッパの有産階級のあいだでは標準であった。こうした調整婚の大半は、少女がまだ子どものうちにとりきめられ、思春期の後に儀式が行なわれた。

スミスの統計数値のうち結婚中の道徳性についての考察から浮かび上がってくる2番目の論点はどのようなものであろうか？　大人の死亡率が結婚カップルの多産能力におよぼす影響を考察する前に、すべての成人女性のおそらく10パーセントが永続的な独身がおよぼす影響を考慮するために、潜在的出生力の限界値についてのスミスの推定値（9人の生児出産）を検討しておく必要がある。スミスがとりあげた38の村で、「結婚適齢期をすぎた女性比率の最大値」は13.3で、「結婚適齢期をすぎた女性比率の最小値」は8.6であった。これらの数値を平均すると、われわれがおおよそ10パーセントが結婚しなかったとすることに一致する。これは、女性一人あたりの潜在的出生力の限界値を8回の出産に修正する。

さて、ここで成人の死亡率が出生率におよぼす影響の問題に戻ることができる。配偶者のどちらか一方の死によって結婚が破綻したために、この8回の潜在的出産のうちどれくらいが実現されなかったのであろうか？　近世社会にかんする人口動態の変数は死の偏在によって圧倒的な影響をこうむっていた。だが、出産時の余命――平均して30年から40年ほどであった――についての非常に重苦しい統計数値は、かならずしも成人の死亡率の明確な指標にはならない。それは、生命の最初の数年に死が集中したことが、公衆衛生と個別的な医学治療のどちらもなかった時代の生命の脆弱さの反映と同じほど、一般的な健康水準の指標ではなかったからである。総体的に見て、10人の赤ん坊のうち平均2人は最初の1年以内に死んでおり、同じ人数が子ども期の初期の数年のうちに死んでいた。だが、5歳まで生きた者は、彼または彼女が50歳になるまで生きのびるチャンスがあった。

女性は、出産との関係で、死に対して非常に敏感であった。このことは、危険であるとともにトラウマにもなりやすかったので、子どもを出産する年月を通じて女性の死亡率は飛び抜けて高かった。おそらく全女性の約1パーセントは、出産が原因で起こる合併症のために死んだ。そして、もちろん、平均的な女性は何度か出産し、こうした危険に身をさらした。したがって、成人の死亡率の累積的な影響はかなり大きかった。3組の夫婦のうち2組だけが、結婚から閉経期まで（すなわち25歳から45歳まで）健全に生存することが可能であった。このような死亡率の様式が出生力水準におよぼす蓄積的な影響は、相当大きかった――親の死が原因で結婚生活が破綻した結果、修正された潜在的出生力の限界値全体のほぼ3分の1が失われていたと見積もることができよう。近世の人口動態の実態は、女性1人あたりの平均出産数は5人そこそこであったようである――最初の修正で示された8人（これは生涯にわたって独身であることを計算に入れての人数）ではなく、あきらかにスミスがいう9人でもなかった。

子殺しによる出生調節

結婚を遅らせ、女性の再生産年数のうちのほんの数年間に出生力を集中させる北西ヨーロッパのシステムは、人びとが歴史のなかで実践した一例にすぎない。中国と日本では、かなり違ったシステムが展開していた。ここで鍵となる構成要素は、少年に対する強いジェンダー的な偏向の結果行なわれる組織的な子殺しであった。近代以前のアジアにおける女性の結婚は、北西ヨーロッパよりもはるかに早い年齢で行なわれていたが、まったく異なる方法で行なわれていたものの、

最終的な人口再生産水準は本質的には同じであった。

歴史学的方法の崩壊

1800年以前には、出生力水準は、東アジアと北西ヨーロッパのどちらでも、低い率の人口増加を生むために死亡率水準と肩をならべていた。1800年以降には、マルサス主義的な賢明な結婚システムは、新しく登場したプロレタリアートのあいだではまだそれほど効果的ではなかった。したがって、このことは、北西ヨーロッパ（とそこから国外への相当数の移住）における人口増加の水準を高めることにつながった。中国でも、出生力を調整する古いシステムは19世紀に緊張を強いられ、もっとも貧しい地域の人口増加率はかなり増加した。しかし、この点で、古いシステムは抑制的な傾向であっても破綻することはないので、一定の見通しを維持することは非常に重要である。19世紀の北西ヨーロッパと東アジアの両方の人口は、20世紀の第三世界の人口よりも非常にゆっくりと増加した。

人口が増加するとき、通常、そこには年齢ピラミッドの変化が反映されるが、これは、死亡数よりも誕生数が多いとき、ピラミッドの基礎が大きくなる。マルサスは、増加する人口は、死亡率の上昇原因となる「予防策」の支配を受けることになるだろうと主張したが、これを証明する証拠は貧弱である。もっと重要なことは、人口が増えるときその人口は、若者と子どもが全体の大きな比率を示すようになることである。賢明な人口抑制をするさまざまなシステム——北西ヨーロッパにおける晩婚や東アジアにおける子殺し——は、今日の世界の貧しい地域よりも人口全体に占める子どもの比率を低い水準にとどめる効果があった。このような拡大する格差の原因は、第三世界の国民の多くが、死亡率を劇的に下降させる公衆衛生から恩恵を得たからであるが、出生力の埋めあわせとなる調整はまだなされていない。

いままでは、グローバルな平均的な論点だけを考察してきた。こうした平均的な論点について理解するには、付加的な要因についても考察の対象にする必要がある。レリドンの生物学的限界値とスミスの潜在的限界値——スミスの潜在的限界値と近世の人口動態システムの実態とのあいだの差異だけでなく——は、生物学要因あるいは生理学的要因という点からだけ説明できるものではない。実際、この違いのもっとも大きな部分は、文化的な——そして歴史的な——要因に言及することによってのみ説明することができる。上に述べたように、西北ヨーロッパにおける慎重な結婚あるいは東アジアにおける子殺しの役割は、文化的な選択を反映していた。

近代以前の低い出生率についての明細

それでは、なぜ過去に高いと言われていた出産率はそれほど低かったのか？　この問いに答えるには、年齢と婚姻率に付随することがらのような要因だけでなく、妊娠の可能性に影響する性交頻度、妊娠中絶、飢餓状態——生児出産につながる妊娠を中断させてしまう無月経をふくむ——にくわえて、母乳哺育の実践や、女性が妊娠を望まなかったり性行為が許されなかったりした場合、出産後の安全期間[*3]を生み出す儀礼的なタブーなども考察の対象に置く必要がある。したがって、出生力は、生物学的な力以上にそうした文化的な規準の結果であった。生物学的な力は、「自然の」仕方でその力を発揮することは決してないので、あらゆる社会が、それぞれの社会に固有の文化的および経済的な出生力をはたらかせるやり方の結果として子どもをもうけたとき、これを「自然出生力」とよぶのは誤解をまねく。

近世の出生率を低くさせる要因のもうひとつの領域は、**乳児死亡率**の数値と関係している。赤ん坊が死亡すると、その子どもの誕生と次の子どもの誕生の間隔は、最初の子どもが生きていた場合に生じた平均的な間隔よりも短かった。それゆえ、出生率と死亡率とのあいだの関係は相互に影響しあうものであった。おおざっぱにいって、乳児死亡率が極端に高い人口でも、極端に高い出生力をもち、その逆もあるということである。さらに、多数の結婚数は、成人の死亡率によって破壊されやすかったが、これは人口動態学の見地から見れば、問題になったのは女性の死亡率だけであった。このことは、寡婦、再婚、別居、遺棄などの比率について考察を加える必要を迫るものである。いくつかの社会は、女性が再婚することについて過酷な拒絶を実施しており、このことは、夫の死は、人口動態学的には彼女自身の死と同じであったことを意味している。彼女は生活しつづけることはできるが、もはや性的な関係をもったり子どもを産むことはできなかった。こうした文化的規準は、寡婦が、亡くなった夫の葬式用の積み薪の上で焼かれるインドのいくつかの地域での極端な例から、（チョーサーの作品に出てくるバースの女房[*4]のような）生き長らえて何人もの夫をもつ女性たちがいた北西ヨーロッパのいくつかの地域に広まっていた状況にいたるまで、信じがたいほど柔軟であった。

出生率は、それを社会文化的な文脈に置くことによってのみ、またそれについて非人口動態学的な説明を見いだすことによってのみ理解することができる。出生率の生物学的および文化的な要素から人口動態学的な統計値を再構成することによって、この世に生まれてきた子どもたちが、社会関係によってどのようにパターン化されたのかが理解できるようになる。

人口補充率以下の出生率と移民

出生力の推移——女性1人あたり5〜6回の出産から、いくつかの近代末期の社会でのように人口充足率

以下の水準をもたらす、抑制された出生率にいたるまでの推移——については、これまでJ・C・コールドウェルによって手際よく要約されている。コールドウェルは、家庭内における子どもの役割に焦点をあてることによってこのプロセスを理解することができると主張している。高い出生力様式の下での富は子どもから親に向かって流れるが、低い出生力様式の下での子ども中心的な家族では、資源としての子ども一人一人への時間、お金、感情の集中は親から子どもに向かって流れ落ちることを意味する。出生力に対する抑制が近代以前の社会にすでにあったことを考えれば、この変化を言いあらわすには劇的すぎる比喩かもしれないが、コールドウェルは、これを羅針盤の回転（compass swing）とよんでいる。

　もっとはっきりいえば、コールドウェルのいう羅針盤は、ヨーロッパ、北アメリカ、日本、オーストラリアでは非常に劇的に回転した。たとえば、20世紀初めのケベックでは、10人ないしそれ以上の子どもがいる家に、子ども2人のうち1人は、10人あるいはそれ以上の子どもがいる家に生まれていたが、21世紀初めの、いわゆるポーレイン・ケベコワ（純粋ケベック人：フランスからの移民の末裔たち）は、人口補充率以下の出生率である。フランス、北イタリア、日本、そして発展途上世界のそのほかの地域の大部分では、移民集団が異常に大きな子どもの比率を占めたのに対して、その土地生まれの人口は人口補充率以下の出生率である。たとえば、トロントでは、最近移民してきた人びととのあいだでの人口再生産率は、地元生まれのそれを2対1で凌駕している。トロントのいくつかの学校（あるいは、この問題にかんしては、ロサンゼルス、ロンドン、パリでも）では、移民の子どもたちはその土地生まれの子どもよりも数でまさっている。移民を受け入れているトロントのような都市では、公立学校に入学してくる子どもたちの半数以上は、この市民社会の家庭で話されている支配的な言語を話すことはない。こうした子どもたちは大家族の出身であり、学校には短期間しか滞在せず、たとえ学校にとどまっているときでも、自分の家の収入に貢献するために、放課後や週末には大いに仕事をしたがる。また、こうした子どもたちは、大多数の人口に比べて異常なまでに貧しい。作家のジョージ・オーウェル[*5]が1930年代の大恐慌時代に、ウィガンの貧民家族を訪ねたとき、誇張して、これらの家族が貧しいのなら、それは彼らが大家族であるからなのか、それとも貧しいから大家族になっているのかと問いかけたのであった。いずれの場合も、20世紀と21世紀の移民の流れは、豊かさが広がるなかで、多数の子どもたちを貧困状態に押しとどめた。世界のほかの地域では、子どもが急増するような状況ではない。

世界の人口増加

　われわれは、（1700年から1900年までの）200年間にすでに世界の人口を倍増させ、それから1世紀たらずのあいだにさらに4倍にしてしまった出生率と子どもの生存との両方におけるこうした大規模な加速を、いったいどのように説明できるであろうか？　このプロセスをもっともわかりやすく示す方法は、おそらくそれをハサミの動きと比較してみることであろう。過去数千年間の大部分にわたって人口増加率は死亡率水準と連動して変動したため、ハサミの2本の腕は閉じたままであった。だが、20世紀になると、出生率が、生存可能性の大規模な上昇にゆっくりと対応するあいだに、公衆衛生のさまざまな手段は子どもと成人双方の余命を劇的に改善した。人口統計学のハサミが開くことは、二つの点で劇的な影響をおよぼした。まず第1に、19世紀には約0.5パーセントであった人口増加率が4倍あるいは5倍（あるいはエジプトでのように6倍になったところもいくつかあった）になり、このため、人口が倍増するまでにかかる時間は約200年から、今日では約40年に短縮された。第2に、人口増加率の急上昇にともなって、年齢ピラミッドの基底部が全人口に占める比率を増加させた。生存世代が以前よりもいちじるしく増加すると、子どもたちは非常に多人数になった。

　近代におけるこのような人口爆発は、ひとたび人口動態のハサミが開けば、そのハサミをあやつる初学者がふたたびそれを閉じるのが非常にむずかしいという事態に直面する問題のようなものであった。そして、ひとたび新しい均衡状態が達成されれば、グローバルな人口組織は、数百年前に存在した組織とはまったく違ったものになるであろう。1700年当時、5人のうち2人ぐらいが中国人であった。いまこの数字を比較すると、5人のうち1人となる。1700年当時のヨーロッパの人口はたぶん5分の1であったが、いまでは10分の1である。対照的に、南アメリカ人、アフリカ人、アジア人の相対的な比率は、世界の人口バランスが新しい方向にふれたことにともなって急速に増えた。さらに、人口の急増は、こうした地域の付加的な人口の大半が子どもであるという理由だけでなく、大家族で育つもっとも貧しい人びととの出生力を統制できない力学のためでもある。たとえば、ブラジルでは、白人で、都市に住み、中産階級である人びとは、2人あるいは3人の子どもがいる家庭をもつが、黒人で、地方に住み、土地のない階級の人びとは、6人あるいはそれ以上の子どもをもうける。これと同じような力学は、エジプト、インド、インドネシア、メキシコ、ナイジェリア、そして、小規模な経済と、養うべき大きな人口をかかえているその他多くの地域でもみられる。近代の人口爆発を均衡状態に押し戻すには、腕のよい魔法使いが必要となろう。そうした魔法の力を借りることなく、21世紀の新しい人口力学は、世界の

人口のこれまで以上に大きな部分を、貧しい国々で暮らしている恵まれない政治経済的な背景をもつ子どもたちが構成するようになることを意味している。

[訳注]
* 1 人口動態比率（vital rates）——人口動態事象の発生数率を人口動態統計（vital statistics）で示した数値。出生数（率）、死亡数（率）、結婚数（率）、社会移動などによる人口の状況およびその変動にかんする統計数値と比率。通常は人口1000人あたりの年間の発生件数で示す。
* 2 マルサス主義（Malthusianism）——イギリスの聖職者で経済学者でもあったトマス・ロバート・マルサス（Thomas Robert Malthus, 1766-1834）が、その著書『人口の原理』（An Essay on the Principle of Population, 1798）で唱えた学説。食糧の増産が算術級数的であるのに対し、人口の増加は幾何級数的であるから、戦争・疫病・飢饉などが人口を減少させるか、人口の増加が抑制されないかぎり、食糧不足にいたるとする説。
* 3 安全期間（safty period）——避妊期間。妊娠の可能性がもっとも少ない、通例、生理前後の数日間あるいは出産後のしばらくの期間。
* 4 バースの女房（the Wife of Bath）——イギリスの詩人チョーサー（Geoffirey Chaucer, 1340?-1400）の『カンタベリー物語』（The Canterbury Tales, 1387-1400）に出てくるアリスーンという名前の、生涯に5度の結婚歴のある女性。女性の貞節や処女性を重視する当時の価値観を明快に論破している。
* 5 ジョージ・オーウェル（George Orwell, 1903-1950）——イギリスの小説家、文明批評家。『動物農場』（Animal Farm, 1945）、『1984年』（1984, 1949）などで、近未来社会の行く末を監視社会と見て悲観的に描いた。ウィガン波止場の労働者家族を訪ねた際の体験は、『ウィガン波止場への道』（The Road to Wigan Pier, 1937）に著された。

➡家族の諸類型
●参考文献
Bongaarts, John. 1975. "Why High Birth Rates Are So Low." *Population and Development Review* 1: 289-296.
Caldwell, J. C. 1978. "Theory of Fertility: From High Plateau to Destabilization." *Population and Development Review* 4: 553-577.
Daly, H. E. 1971. "A Marxian-Malthusian View of Poverty and Development." *Population Studies* 25: 25-38.
Daly, H. E. 1985. "Marx and Malthus in North-East Brazil: A Note of the World's Largest Class Difference in Fertility and Its Recent Trends." *Population Studies* 39: 329-338.
Flinn, Michael. 1981. *The European Demographic System*. Baltimore: Johns Hopkins University Press.
Henry, Louis. 1961. "Some Data on Natural Fertility." *Eugenics Quarterly* 8: 81-91.
Lee, James, and Wang Feng. 1999. *One Quarter of Humanity: Malthusian Mythology and Chinese Realities, 1700-2000*. Cambridge, MA: Harvard University Press.
Leridon, Henri. 1977. *Human Fertility*. Chicago: University of Chicago Press.
Orwell, George. 1937. *The Road to Wigan Pier*. London: Gollancz. ジョージ・オーウェル『ウィガン波止場への道——イギリスの労働者階級と社会主義運動』（現代史叢書）（高木郁朗訳、ありえす書房、1978年）；ジョージ・オーウェル『ウィガン波止場への道』（土屋宏之・上野勇訳、ちくま学芸文庫、1996年）
Smith, Daniel Scott. 1977. "A Homeostatic Demographic Regime: Patterns in West European Family Reconstitution Studies." In *Population Patterns in the Past*, ed. R. D. Lee. New York: Academic Press.
Smith, T. C. 1977. *Nakahara: Family Farming and Population in a Japanese Village, 1717-1830*. Stanford, CA: Stanford University Press. トマス・C・スミス『日本社会史における伝統と創造——工業化の内在的諸要因：1750～1920年』（大島真理夫訳、ミネルヴァ書房、1995年初版、2002年増補版）

（DAVID LEVINE／北本正章訳）

ジュニア・ハイスクール（Junior High School）

1910年、カリフォルニア州バークレーで最初のジュニア・ハイスクールが扉を開け、1920年までに州内のいたるところに7～9学年制のジュニア・ハイスクールが800校以上設置された。率直にものを言うレオナルド・クーズ、トマス・ブリッグズ、そしてウィリアム・スミスといったジュニア・ハイスクール設立の唱道者たちは、11歳から15歳までの生徒を対象に、特別に考案された学校に寄与する核心的な目標について、一般的な合意に達していた。この目標には次のようなことがふくまれていた。

(1) 年齢集団にふさわしいやり方で、ジュニア・ハイスクールで提供されているカリキュラムと教授法を充実させ、強化させること。
(2) 適性、興味そして能力などにあらわれる青年期初期の特別な天性や個人の特性を見きわめ、適応させてやること。
(3) 年少の青年たちと協働するための特別な準備ができている教師を学校のスタッフにすること。

何人かの推奨者は、ジュニア・ハイスクールは、その多くが第8学年末にその教育を停止し、追加の年数を学校にとどまるつもりでいる生徒たちを奨励するだろうということも考えていた。

公教育の初期段階で生徒が受けるもっと厳密で多様なカリキュラムを導入しようとする後押しは、1888年に全米教育協会（the National Education Association:

NEA）でのチャールズ・エリオット*1の演説ではじまったが、その演説でエリオットは、大学の新入生は、彼らが公立学校で数年間すごすあいだに、じゅうぶんな準備ができていないと主張した。中等学校研究にかんするNEA専門委員会は、1893年の報告書のなかで、初等段階の高学年で学問的な科目の学習をはじめるよう推奨した。1906年にはじまるカーネギー・ユニット*2は、大学の入学資格と中等学校の学習内容の焦点になった。カーネギー・ユニットのそれぞれは、1学年のあいだに、毎週5日、1日に40〜60分の独習時間を課した。大学入学には14のカーネギー・ユニットが求められ、これらのユニットは第9学年において蓄積がはじまった。ジュニア・ハイスクールの大半は、第9学年をふくんでおり、カーネギー・ユニットの習得を支援する組織構造をとりいれていた。そうした構造こそ全国のハイスクールでとりいれられていたものであった。ジュニア・ハイスクールの推進者たちが、年少の青年期のニーズに適切に対応するうえで不可欠だと考えていた学術的な訓練と柔軟なスケジュールを縦断するような教育実践は排除されていた。

　青年期は人間の発達において明確に区別された段階であるとする考えは、20世紀初めの心理学研究、とりわけG・スタンリー・ホールの著作を生むこととなった。ホールは、青年期は、身体的・精神的・社会的・感情的そして道徳的な面もふくめて、基本的に人間の発達のあらゆる面で急速な意味深い変化があらわれる時期であると主張した。ジュニア・ハイスクールの推進者たちは、ホールが「疾風怒濤」時代のまっただなかにいる年少の青年たちのニーズを認識し、対応するために個別教授法のような授業を要求した。だが、実際には、ジュニア・ハイスクールは教育を個別化せず、それぞれの子どもの学習の軌跡を無視し、生徒たちを、自分の知的発達に関係なく活動することがめったにできなくなる学問的、職業的あるいは治療的な軌道に区分してしまった。

　ジュニア・ハイスクールの教師の大半は、いかにもハイスクールらしいカリキュラム、教授法、そして組織を支えるプログラムを準備させられた。年少の青年期の発達と結合した構造と実践をもたらす教師のための特別な準備もなく、推進者たちが想い描いたジュニア・ハイスクールは、1960年代にはじまった若い青年期のための新しい学校構造であるミドルスクールに向かうはずみとなったハイスクールの伝統の危機的な状況を生き抜くことはなかった。

［訳注］
*1 チャールズ・エリオット（Charles William Eliot, 1834-1926）――アメリカの教育家。1869年から1909年までの40年間、ハーバード大学の学長をつとめた。
*2 カーネギー・ユニット（Carnegie unit）――「カーネギー単位」。アメリカの中等教育（ミドルスクールとハイスクール）において、1科目を1年間履修した場合にあたえられる授業の単位で、大学入学の必要条件となる基準授業単位。カーネギー教育振興財団が最初に定義したことにちなんでこのようによばれる。

➡グラマースクール、青年期と若者期、ハイスクール（アメリカ）

●参考文献
Briggs, Thomas H. 1920. *The Junior High School*. Boston: Houghton Mifflin.
Hall, G. Stanley. 1905. *Adolescence: Volume I*. New York: Appleton-Century.
Koos, Leonard. 1927. *The Junior High School*. Boston: Ginn and Company.
Scales, Peter. 1992. *Windows of Opportunity: Improving Middle Grades Teacher Preparation*. Carrboro, NC: Center for Early Adolescence.
Smith, William. 1927. *The Junior High School*. New York: Macmillan.
Tyack, David, and William Tobin. 1993. "The 'Grammar' of Schooling: Why Has It Been So Hard to Change?" *American Educational Research Journal* 30: 453-479.

（P. GAYLE ANDREWS／池田雅則・北本正章訳）

趣味（Hobbies）
➡コレクションと趣味（Collections and Hobbies）

商業カリキュラム（Commercial Curriculum）

　商業（ビジネス）科目は長年にわたってアメリカの中等教育で教えられていた。19世紀初頭にはこうした訓練が簿記係や商人のために準備されており、学生のほとんどは男子であった。またこれらの科目はたいていの場合、実業家をめざす学生向けの職業学校（proprietary schools）で教えられていた。しかし、南北戦争以前には、こうした学習指導がハイスクールやアカデミーで一般的に行なわれることはなく、私立のビジネススクールは、事務職や簿記係その他の会社員の需要があった東部の都市に集中していた。

　南北戦争以降は、ハイスクールの増加にともない、商業教育への関心が高まった。これはカリキュラムをより実用的なものにすることへの要求にこたえた結果であると同時に、都市経済の変容を反映したものでもあった。鉄道会社から製造会社、通信販売会社にいたるさまざまな企業が成長したことで、記録を管理し、書簡を処理し、会計記録を行なう事務労働者の需要が生み出された。これは一夜にして起きたのではなく、1890年代にはすでにきわめて明白にあらわれていた。

　それと同時に、技術的な進歩によって事務労働の性質も変化した。1870年代に発明されたタイプライターや、その数年後に登場したほかの機械や速記法によって、事務職はより定型的で階層的になった。すなわち、出世への期待がほとんどなく、ほどほどの技能を

もった労働者を大量に雇うことが可能になったのである。こうした状況のもと、雇用主はより多くの女性を雇うようになり、1910年までに事務労働はおもに女性の領域となった——大恐慌時代に女性が従事した仕事のうち、この事務労働はもっとも大きなカテゴリーのひとつであった。

事務労働の成長によって、20世紀には商業教育が中等教育の主要な要素となった。1880年代と1890年代には、商業を学ぶ学生のおよそ80パーセントが職業学校で訓練を受けていた。しかし、1920年までには公立学校がこの領域で優勢を占めるようになり、ほぼ半数の学生を入学させていた。そして最終的には、規模と影響力の点で私立学校をしのぐことになった。この30年のあいだに、公立学校の商業コースに入学する学生の数は、1万5000人から30万人以上へと増加した。

商業コースの内容は、最大手の雇用主が掲げる技術的要求によって決定された。なかでもタイピングや速記のクラスがもっとも一般的であった(そして女子が占める率がもっとも高かった)。簿記、会計、商業地理学やその他のコースには、かなりの数の男子が在籍していた。こうした点からすると、商業コースの成長は、新たに生じつつあったビジネス界内部での分業を反映したものであった。暗記技能、速記、記録整理などに焦点化した秘書カリキュラムは女子に適しているとされ、他方で、会計記録、人事管理、計画の変更作業などの高度な仕事は男子にあたえられた。学生はおもに下層の中産階級出身(つまり、技能労働者やホワイトカラー労働者の子どもたち)で、ジェンダー差が非常に顕著であった。当時の調査が指摘しているように、営業職についていた男子は多くの場合、管理職へと昇進したのに対し、女子は結婚を機に退職するまで事務職員のままであった。

➡職業教育・工業教育・職業訓練学校、男女共学と別学教育、都市の学校制度の誕生

●参考文献

DeVault, Ileen A. 1990. *Sons and Daughters of Labor: Class and Clerical Work in Turn-of-the-Century Pittsburgh.* Ithaca, NY: Cornell University Press.

Krug, Edward A. 1964. *The Shaping of the American High School, 1880-1920.* New York: Harper and Row.

Powers, Jane B. 1992. The "Girl Question" in *Education: Vocational Training for Young Women in the Progressive Era.* London: Falmer.

Rury, John L. 1991. *Education and Women's Work: Female Schooling and the Division of Labor in Urban America, 1870-1930.* Albany: State University of New York Press.

(JOHN L. RURY /渡邊福太郎訳)

小皇帝 (Infant Rulers)

小皇帝とは、政治的あるいは精神的に、公的に最高の権力を行使する乳幼児のことである。小皇帝は多数の文化と文明に登場した。その役割と影響は、宗教的、政治的、そして社会的な伝統によって多種多様である。小皇帝は、一般に認められた政治的および法的原理をもつ、永続性のある、世襲的な権力構造のなかにあらわれる。チベット仏教には特別な手続きと関係があり、未来のラマ教の生き仏(ラマ)[*1]は、最後の前任者の生まれ変わりと考えられた男子の乳幼児のあいだに見いだされる。中世と近代のヨーロッパでは、通常、小皇帝は、正統な国王と認められた王家の子どもを描写する。政治権力は、非常にしばしば、この幼児の名の下に統治されている摂政団あるいは最高枢密院にゆずられる。これは、この王家の幼児が、権力を掌握している大人たちの手であやつられる人形であることを意味しない。小皇帝は、すべての注目の焦点となりながら、しばしばその周囲を社会的かつ心理的に支配する。

もっとのちの世紀になると小皇帝はめずらしいものとなるが、おそらくそれは、平均余命が上昇したためであろう。原理的には今日でも、君主の役割の象徴的および代表的な性格が優先される世襲の立憲君主制において小皇帝が存在する可能性がある。たとえば大統領のように選挙で選ばれた近代の国家元首としての幼児は、現存する政治的および社会的な秩序のなかでは、ほんとうに存在する可能性があるとはみなされていない。

一般に、小皇帝の役割は、国家の継続性、視覚的象徴を代表し、権力を正統化することである。選挙原理と世襲原理の組みあわせが、大半のゲルマン民族の諸国家の特徴となっていた中世初期のヨーロッパでは、反乱集団が、支配家族の乳幼児の成員を自分たちの言い分の根拠のシンボルにすることによって、反乱を正統化することがきわめてひんぱんに見られた。反乱団体は、王室のすべてのメンバーは王位と王室直属領に対する権利をもっているという広く受け入れられていた見解を利用した。

小皇帝がいる国家は弱い国家と見られたかもしれず、国内外の敵から圧力をかけられることがありえた。小皇帝とその助言者たちは、影響力のある個人や団体からの支援に左右されていたかもしれない。1163年から1164年にかけての時期、7歳のノルウェー国王マグヌス・エールリングソン(Magnus Erlingsson)の背景にいた団体は、キリスト教会に大きな特権をあたえることによって支持を獲得していた。宗教的な支援は、小皇帝あるいは幼児後継者の即位戴冠式と聖別式で示された。その一例は、7歳のカヌート6世(Knut VI)がデンマーク王として行なった1170年の戴冠式がある。この種の儀式は、その幼児が神聖な保護の下にあり、したがって、これに反抗することは神に対す

る暴動行為であることを示した。他方、1596年の19歳のクリスティアン4世（Christian IV, 1577-1648）の戴冠式は、彼の幼児期と摂政時代の終焉を画するものであった。

小皇帝の教育は、王位の継承者の個人教授や、王侯貴族の子どもたち一般の養育と大きく違わなかった。通常それは、支配的な社会的および文化的理念と、当時の社会の価値観を反映していた。中世ヨーロッパでは、軍事的能力は必須であった。王室の乳幼児の養育の際の道徳的およびキリスト教的な価値観は、騎士道文学や教育論に反映している。たとえば、ノルウェーの、宮廷の召使いの義務、軍事戦略、騎士のふるまいのようなほかの事柄にかんしてもいっしょに反映する歴史的および聖書の理想で示されるキリスト教徒の王子の行動と資質を扱っている13世紀以降の『スペキュルム・レガール』（Speculum Regale、王位の鏡）がそれである。さらに、この『スペキュルム・レガール』は、地球、太陽、天体、北半球の気候と地理にかんする一般知識も示している。

『スペキュルム・レガール』で述べられているキリスト教徒と騎士道の理想はおおむね、18世紀まではヨーロッパの世襲君主の基礎であったが、16世紀以降、それらは人文主義によって補足された。古典文学と哲学を講読することが、小年王エドワード6世*2をふくむイギリスのヘンリー8世の子どもたちと、スウェーデンのグスタフ2世アドルフ*3の教育を構成した。

1588年に11歳で名目上の国王になったデンマークのクリスティアン4世*4の場合、その貴族政治は、皇太后を摂政団から追放し、この少年王の教育におよすいかなる影響からも排除した。その目的は、あきらかにこの小皇帝がデンマークの貴族階級の国家的な伝統のなかで育てられることを確実にし、絶対主義的な考えから小皇帝が影響を受けるのを防ぐことにあった。これとは別に、教育は、彼の父親が家庭教師に示した方針に従っていた。ほとんどの点で、クリスティアン4世の教育は、キリスト教、騎士道、人文主義の理念の伝統的な結びつきをあらわしていた。その道徳的およびイデオロギー的な基盤は、ロッテルダムのデジデリウス・エラスムスとマルティン・ルター*5の著作物であった。クリスティアン4世の教育学上の主任の個人教授はヨハン・シュトルム*6の理念に感化されていた。シュトルムの考えにしたがって、彼にデンマーク語とラテン語の両方の文体を身につけさせることに大きな重点が置かれた。1591年11月から1593年5月にかけて、授業の一環として190通以上のラテン語の手紙を書いている。デンマーク語とドイツ語で書かれた3000通以上の手稿書簡は、彼が、こみいった問題でさえ明瞭に表現することができたことを示している。数学と技術にかんする能力も彼の教育で重要な役割を果たし、要塞の建築だけでなく造船の訓練も受けていた。

軍事的指導力は君主制の基礎であった。その結果、通常、男性は女性よりも先に相続した。1632年、スウェーデン国王グスタフ・アドルフは、ただ一人の王位継承者として6歳の娘クリスティーナを残して、軍事行動中に死亡した。このため、クリスティーナは男子と同じように教育することが決められた。これは、女性の地位が低いことにかんする社会的偏見を克服する唯一の方法であった。彼女は、古典語と現代語で、政治、歴史、数学、哲学と神学の教育を受けた。後年宰相のアクセル・オクセンシェルナ*7は、「わが女王陛下が一人の女性のような存在ではなく、最高の知性をそなえた勇敢な人間であることが、わたしにとってどれほど大きな喜びであるかを、神はご存知だ」と書いている。

王室の幼児の養育をめぐって、ヨーロッパのプロテスタントとカトリックのあいだにいくつかの違いがあることは確かだが、この違いは過大評価されるべきものではない。一般に、フランスの、カトリック教徒のルイ14世の教育は、約60年前の、ルター派のクリスティアン4世の教育訓練のように、軍事、騎士道、キリスト教、および人文主義的理念の組合せと同じものを基礎にしていた。技術および工学的な技能訓練の両方だけでなく、古典作家の作品を読み、現代語での絵画、音楽、政治、歴史の授業も、皇帝の教育の基礎であった。

小皇帝の健康はつねに厳しい監視下に置かれた。ルイ14世の侍医の日記は、病気の徴候に対する医学的治療法だけでなく、この小皇帝の反応の仕方についての医学的および心理学的な解釈について、生き生きとした印象をもたらしてくれる。

研究分野としての小皇帝という主題は、未開拓地のままである。多くの文学は、フランスのルイ14世とかスウェーデンのクリスティーナ女王といった個々の小皇帝を扱っているが、こうした事例研究の大部分の出発点は、こうした君主の政治的および社会的な影響であり、その子ども期に受けた影響と印象から、成人した君主の政治的および社会的な行動を説明しようと試みている。だが、現代の行動理論や教育学理論を小皇帝の養育研究に導入しようとする研究は、これまでほとんど見られない。ほとんどの場合、こうした事例研究の結論は、心理学的および教育学的な学問的知見に対する特別な洞察力をもたずに、歴史家たちによって作られた一般的な意見にもとづいている。さまざまな文化的および社会的な価値観をもつ社会から取り出した事例の比較研究が有益であることが明らかになるだろうが、ヨーロッパ社会と非ヨーロッパ社会との比較研究は、民族学的にも人類学的にもかなり深い洞察力が要求されよう。典型的なヨーロッパ中心的な認識は、ベルナルド・ベルトルッチ監督の壮大な映画「ラスト・エンペラー」*8において見ることができる。ベルトルッチは、3歳で中国の清朝皇帝になった愛新覚

羅溥儀（1906-1967）の生涯をフロイト的な文脈で解釈し、この少年皇帝がその人格の発達過程を北京の紫禁城の巨大な宮殿内ですごしたことの否定的な影響を強調している。溥儀の個人的無能ぶりは、社会革命で不可避的に転覆された封建制度の結果だとみなされた。ベルトルッチは歴史家ではないが、彼が描いた中国の小皇帝はヨーロッパ歴史学の主要な傾向に従ったものである。

　非ヨーロッパ社会における小皇帝の研究は、資料そのものとそれが映し出す概念についての解釈がむずかしいため、複雑なものになるだろう。このことは、エジプトのトトメス３世*9とツタンカーメン*10に示されよう。20世紀の歴史学の大部分では、女王ハトシェプストとトトメス３世による共同統治は、未成年であったトトメス３世の観点から説明できるかもしれない。ツタンカーメンの幼児統治は、証拠事実の組合せにもとづいた憶測であるように思われる。彼のミイラは若い人のものであり、約10年間統治していたことがわかっている。残念ながら、彼が亡くなったときの正確な年齢は不明である。18歳説から27歳説までさまざまある。

　小皇帝にかんする研究文献の大半は、一定の政治的および社会的文脈での特別な個人に関連している。その結果、それは厳密な概念それ自体を欠いており、統治におよぼす役割の心理学的および精神的な影響を理解し、説明するための理論的および方法論的枠組みをいまなお開発しなくてはならない。

[訳注]
*1 生き仏（ラマ）（lama）──チベットなどのラマ教の「生き仏」「生きている僧侶」。チベット語のlamaは、「すぐれた人」を意味し、高位の修道僧にだけ用いられる尊称。
*2 エドワード６世（Edward Ⅵ、1537-53）──10歳でイングランドとアイルランドの王位についた（1547-53）。ヘンリー８世（Henry Ⅷ、1491-1547）とその３人目の妻ジェーン・シーモア（Jane Seymour, 1510?-1537）との子。
*3 グスタフ２世アドルフ（Gustavus Adolphus or as Gustav Ⅱ Adolph, 1594-1632）──17歳でスウェーデンの国王に即位し（1611-32）卓抜な軍略と外交能力によって国力を増大させた国民的英雄。
*4 クリスティアン４世（Christian Ⅳ、1577-1648）──デンマークとノルウェーの王（1588-1648）。
*5 マルティン・ルター（Martin Luther, 1483-1546）──ドイツの神学者。エルフルト大学在学中の22歳のとき、雷雨のなかで経験した心の衝撃から、アウグスティノ会修道院に入って修道士となり、次いで司祭となった。ヴィッテンベルク大学教授となり聖書講義を担当し、やがて免罪符の効力を疑う95個条の提題をヴィッテンベルク教会の門扉に掲げて宗教改革の端緒を開いた。新約聖書のドイツ語版を完成させ、家庭生活の福音主義的聖化を重視し、家庭内礼拝を徹底し

た。
*6 ヨハン・シュトルム（Johannes Sturm, 1507-1589）──ドイツの教育学者。中等教育のギムナジウム制度を構想したことで、ドイツ、フランス、イギリスなどに影響力をもった。
*7 アクセル・グスタフソン・オクセンシェルナ（Axel Gustafsson Oxenstierna, 1585-1654）──スウェーデンの宰相、政治家、軍人、伯爵。スウェーデン・ヴァーサ朝のグスタフ２世アドルフ（1594-1632）とその娘クリスティーナ（Kristina, 1626-1689）に仕えた名宰相。30年戦争を戦い抜き、スウェーデンの大国時代を作り上げた人物。
*8 「ラスト・エンペラー」（*The Last Emperor*）──1987年公開のイタリア、中華人民共和国、イギリスによる合作映画。３歳で即位した清朝最後の皇帝（第12代）で、紫禁城内での幽閉生活の後、日本の傀儡国家である満州国皇帝（1934-45）にかつぎあげられ、第２次世界大戦後の中華人民共和国の成立に伴って弾劾され、晩年は北京市の一市民として一生を終える愛新覚羅溥儀（Henry Pu Yi, 1906-67）の数奇な生涯を描いた歴史映画。溥儀の自伝である『わが半生』（原題：我的前半生、英語訳：*The former half of my life*, 1964）を原作としてイタリア人監督ベルナルド・ベルトルッチ（Bernardo Bertolucci, 1940-）が監督、脚本を兼任した。アカデミー賞の９部門で受賞した。
*9 トトメス３世（Thutmose Ⅲ, 前1504頃-1426頃）──紀元前1475年ごろ活躍したエジプトの王で、オリエント全域に勢力を伸ばした。カルナック大神殿の建設者。父王アメンホテプ２世（Amenhotep Ⅱ）の死によって後継者に指名されたが、即位した継母ハトシェプストが20年後に亡くなるまで実権はなく、軍隊ですごしたが、その時期に高い軍事的能力を身につけ、即位後は周辺諸国に遠征し、国威を回復してエジプト史上最大の帝国を築いた。
*10 ツタンカーメン（Tutankhamun, 前1342頃-1324頃）──古代エジプト第18王朝のファラオ（在位前1333頃-1324頃）。厳密な表記ではトゥト・アンク・アメン（Tut-ankh-amen、「唯一神アテンの生ける似姿」という意味）。

➡貴族の教育（ヨーロッパ）、ルイ13世の幼年期
●参考文献
Duneton, Claude. 1985. *Petit Louis dit Quatorzième: L'Enfance de roisoleil*. Paris: Éditions Seuil.
Foisil, Madeleine, ed. 1989. *Journal de Jean Héroard*, I-II. Paris: Fayard.
Marvick, Elizabeth Wirth. 1986. *Louis XIII: The Making of a King*. New Haven, CT: Yale University Press.
（STEFFEN HEIBERG／北本正章訳）

少女期（Girlhood）

　ヨーロッパの近世とアメリカの植民地時代を通じて、６歳までの子どもはまだ性的特性がないと考えられていた。このため、幼い少年少女たちはほとんど同じよ

ショウシヨ

ジョシュア・レイノルズは、中産階級に属する若い人物を、「ペネロープ・ブースビー」（1788年）という肖像画で、行儀のよい、純真無垢な少女期のモデルとして描いている。©Ashmolean Museum, Oxford

うな衣装をつけており、両者の違いに関心がはらわれることはほとんどなかった。少女期――特有の、もしくは特権的な経験としての――は、それをふくむ子ども期というもっと広い概念ほど重要ではなかった。6歳をすぎた少女たちは、女性がしている家事を教えこまれ、彼女たちの日常生活は母親や姉たちのまわりでくりひろげられるようになった（他方、少年たちはより多くの時間を父親とすごした）。このように、アメリカの植民地社会では、子ども期の終わりと成人の女性期のはじまりは、早い年齢で、ほとぎれなく生じた。親に対する子どもの従順さは、この時期のアメリカではおそらく少女と少年の双方にとって支配的な理想であったであろう。すなわち、道徳と宗教の修練、基礎教育、社会生活は、ユダヤ教とキリスト教に共通する第5の戒律である、「あなたの父と母をうやまいなさい。これは、あなたの神、主が賜わる地にあって、あなたがたが長く生きながらえるためです」という教えにしたがって組織された。

アメリカの植民地時代末期と南北戦争以前の南部の農村地域で女子に期待されたことは、人種と階級ごとに違っていた。プランテーションをもつエリート層の娘たちは、装飾的な女性らしいたしなみである刺繍、スケッチ、ダンス、フランス語などの手ほどきを受けた。少女は訓練を受けてレディーになるべきだと広く

考えられていたため、ある程度のマナーの優美さが奨励された。他方、奴隷階級の少女たちは、白人の女主人がそなえているべき資質のかけらさえ身につけていないとみなされていた。彼女たちは、成人の男性や女性たちといっしょに農場ではたらくよう期待され、妊娠を機に所有者が彼女たちの健康保持に関心を示すまで、特別扱いされることはなかった。実際、もし黒人の少女が白人の少女に適用される女性らしい特性――とくに性的な純潔や月経期間の体の不調――を訴えようものなら、「レディーを気どっている」と非難された。これと同様に、南部の都市部だけでなく産業化した北東部でも、19世紀末から20世紀初頭にかけて、その土地で育った少女や移民の労働階級の少女たちは工場であくせくとはたらいていた。1890年には、10～15歳のすべての子どもの18パーセント以上が工場労働に従事していた。したがって、多くの少女は、少年と同じように、大人としての責任と仕事を引き受けなくてはならなかった。これとは対照的に、中産階級あるいは上流階級の少女たちは、ほかの少女や年長の女性たち――クラスメート、女性教師、母親、それ以外の女性の親類――とともに社会経験に満ちた生活を送った。彼女たちのなかには、女子の寄宿学校に進み、成人期になっても続く、きわめて緊密な**友情**の絆をしばしば結ぶ者もいた。

少女期の理念と経験が近代的な形態であらわれたのは、19世紀なかばを通じて、大西洋沿岸の都市部の中産階級と上流階級の少女たちにおいてであった。小規模マニュファクチャーの衰退にともなって、そしてとくにアイルランドから、家政婦の職を求めて、より多くの女性や少女たちがアメリカに移住するようになると、中産階級の少女たちの多くは、もはや自分の家で家事をする必要がなくなった。その結果、少女期とは「家事見習い」の時期という観念は、ほぼ消滅した。少女たちは母親の「お手伝い」をしつづけていたものの、しだいにそうした彼女たちの仕事に小遣いが支払われるようになった。そうでない場合には、少女たちは学校に通い、仲間と交わって、思いのままに余暇をすごした。とくに12歳以下の少女には自由があたえられた。「全速力で駆けまわること、活動的なゲーム、木登り、ボートこぎ、泥のパイ作りといった健全な楽しみ」が年少の少女たちに推奨され、またこの時期には、「男まさりの娘」（tomboy）という世に知られたスタイルがあらわれた。識字能力（リテラシー）が高くなったために、年長の少女は、小説や連載物のフィクション――冒険ものと恋愛ものの両方――を読んで余暇をすごすようになり、彼女たちの多くは日記もつけていた。彼女たちの日記には、ヴィクトリア朝的な目標として少女たちに大いに賞賛された「上品なふるまい」を誇示するために、どんな風に努力したかが記されていた。上品なふるまいが意味したのは、自分の感情、とりわけ怒りを抑え、規律正しい生活を送り、

ジョン・シンガー・サージェント「ボイト家の子どもたち（エドワード・ダーレイ・ボイトの娘たち）」（1882-1883年）。サージェントの絵画は、少女期の神秘的なもの、とくに大人の女性になろうとするときにかもし出される神秘さを暗示している——この作品では、最年少の少女だけがくっきりと描かれ、姉たちは薄暗がりのなかにたたずんでいる。©Francis G. Mayer/CORBIS

性的な純潔を守ることであった。少年には、少女のような「上品なふるまい」——とくに、自分よりも他者の幸福を大事にするとか、人前ではひかえめにしていることなどについて——は期待されなかった。

労働階級における**児童労働**は、19世紀末から20世紀初頭にかけての転換期の進歩主義の改革者たちの努力によって減少し、就学率は1870年から1910年にかけて2倍以上になった。セツルメントの事業家は、アメリカ全土の都市に遊び場をつくり、**児童相談所**を設け、教育学者は、学校カリキュラムに「個人としての成長」のためにより多くの機会を設けることを提唱した。就学率が高まったことがおもな要因となって、少女たちはますます多くの時間を仲間とすごすようになった。労働階級の少女たちのあいだには、商業的な娯楽施設——ダンスホール、映画館、遊園地——が増えたために、親の支配を受けずにサブカルチャーに参入する新たな機会が生まれた。その結果、異社会混合的な**若者文化（ユースカルチャー）**がアメリカ化の過程を特徴づける側面となったが、それは同時に、移民世代の両親とアメリカで育った娘たちとの世代間の断絶を深めるものでもあった。こうした文化の広がりは、少女期について今日まで続く、一般に流布することに

なる感覚が定着するうえでもっとも大きな要素になった。すなわち軽薄さ、遊び好き、買い物好きといったことが10代の少女期の特性として広まることになったのである。「ヤング・レディ」が「ガール」へと進化するのにともなって、ガールという呼称があらゆる未婚女性に広まった。この時期に新たに登場したデパートではたらく若い女性は「ショップ・ガール」とよばれ、未婚の女性はしばしば「バチェラー・ガール」*1といわれ、男性と交際している若い女性は「チャリティ・ガール」*2として知られた。独身の若い成人女性を広い意味で「ガール」とよぶことは、少女期という概念それ自体の発展と賞揚、すなわちその生活が個性的な服装、ダンス、恋愛遊戯——要するに楽しみの追求——を追い求めることをめぐって編成される時期としての少女期を反映するものであった。

1920年代以降になると、**フラッパーズ**——これは流行の先端を走る女子大生にも思春期の少女にも等しく用いられた呼称である——が、アメリカ文化の魅力を象徴する姿で登場した。フラッパーズは、世慣れし、タフで、ヴィクトリア時代風の女性らしい繊細さや「上品なふるまい」といった前提に反抗しようとする点でどこか中性的な少女であった。しかし、少女らしいあどけなさ（girlish innocence）という古い観念は、**シャーリー・テンプル**や「みなし子アニー」のようなキャラクターに残った。どちらも、貧しかったが愛らしい幼い少女であり、路上生活に生きるしたたかさ、愛嬌のあるしぐさ、見る者の涙を誘うか弱さで、富める者たちを魅了し、彼女たちのパトロンに、下層階級に味方する気持ちを起こさせた。こうして、年長の少女たちが伝統的な少女の無欲と汚れのなさといった理念をすてさりはじめたとき、社会はそれよりも年少の（あるいは「愛らしい」）少女に目を向けはじめ、女性らしい汚れのなさと美徳といった伝統的な観念を見出そうとしたのであった。

少女ははじめてティーンエイジャーとよばれるようになったが、それは、1940年代なかばにこの用語が流行したとき、10代の子どもと結びついたある種の消費主義——モルト・ミルク*3、レコード収集、風変りなファッション——が、はじめて少女たちに受け入れられたためであった。1944年に少女向けのはやりものとファッションに的をしぼった月刊誌『セブンティーン』の創刊によって、自己中心的な楽しみの時期という少女期の概念が、アメリカ文化で完全に王座を占めることになった。1950年代に10代の少女がより多くのお金を手にするようになる——そのほとんどはベビーシッターによって得たお金と、小遣いが増えたことによる——と、彼女たちは重要な消費市場部門となり、広告主、映画製作者、ファッション・デザイナーたちのかつてないほど格好の標的になった。少女たちの新しい購買力はアメリカ文化全体で影響力を高め、少女たちは「消費市民」になったと論じられた。だが、別の論者は、少女たち自身は増殖する少女イメージの支配は受けていなかったと指摘している。また、10代の少女たちに売られる商品の大部分は、現実には、お金ほしさに自分の父親に甘えることと、自分の欲望が軽薄であるという考えを強めたとも指摘している。

第2次世界大戦後、少女は両親の監視とシャペロン［付添い］なしで少年とデートすることがしだいに許されるようになった。しかし、一般に考えられていたように、新たに見いだされた性的および消費者的な自律の結果、少女たちはかならずしも両親と疎遠になったわけではなかった。1950年代から1960年代にかけて、少女と両親の関係が、実際に社会的意味を深め、文化的な重要性をとりもどしたことを示す証拠が豊富にあることは確かである。戦後期を通じて、心理学者と社会学者たちは、両親が娘の「性的な役割モデル」としてどのようにふるまい、また、成人の女性らしさが、子ども期のエディプス・コンプレックスのなかからどのように発達するかといった研究に着手した。こうした少女と両親の結びつきが心理的な深さをもち、少女の発達に重要な影響をおよぼすことを心理学者と社会学者たちが発見したことは、家族の親密さと親子の心の絆についての新しい形態を作るのに貢献した。

10代の少女の**セクシュアリティ**が、ある程度容認されるようになってくると、社会評論家や子どもの専門家は、年少の少女にかつて以上に懸念をいだくようになった。**初潮**（最初の月経期間）の開始時期は、1850年にはその平均年齢が15歳以上であったのが、20世紀初頭までには13歳に下がり、19世紀なかば以降、低年齢化しつづけた。少女の外見的な早熟さと、それゆえに、成人男性を魅了する幼い少女の潜在的官能性は、ロシア生まれのアメリカ人作家ヴラジーミル・ナボコフ（1899-1977）の有名な小説『ロリータ』（1956年）や、アメリカ人作家グレース・メタリアス（1924-1964）が若者の性的な無分別を描いた超ベストセラー『ペイトン・プレース物語』（1957年）の出版ともあいまって、1950年代に文化的な関心事となった。

1960年代後半から1970年代に見られたフェミニスト運動は、その関心を少女たちの消費主義とセクシュアリティから、少女の内面生活、人格的な葛藤、そして教育の必要性へと移した。1972年に、連邦議会が、高等教育法である「連邦**教育法第9篇**」*4を可決したとき、それまで少年を対象にしていた一連の**スポーツ**に、少女たちが正式に参入することが可能になった。1972年には、「ミズ財団」*5による「わたしたちの娘（と息子）を職場につれていく日」*6も制定され、少女の職業上の向上心に公的な関心が集まった。さらにフェミニスト研究者であるキャロル・ギリガンは、草分け的著書『もうひとつの声』（1982年）*7で、少女に少年とは異なる道徳的価値観と感受性が発達するかどうかとの、かつて見られなかった議論をまきおこした。

それにもかかわらず、セクシュアリティの問題は、21世紀の転換期にいたっても、少女——あらゆる人種と階級の——をめぐって、現代も重要な考察の対象でありつづけている。研究者、社会批評家、フィクション作家たちは、さまざまなトピックに焦点を合わせて論じている。たとえば、思春期の性欲、少女の性的脆弱性、10代の妊娠の脅威、少女が性的虐待にさらされているかどうかについての考察、少女が仲間から「ふしだら」とか「あばずれ娘」といった社会的烙印を押される道筋、10代やそれ以前のファッションのきわどさ、少女がもっと低い年齢にまで拡張していくこと、などのトピックである。少女のセクシュアリティに文化的な焦点が容赦なく集まってきたことは、その一部は十分に意図的であったかもしれないものの、結局のところ、少女は、なによりもまず性的アイデンティティによって定義されるという認識を助長した。それだけでなく、つい最近見られたような、とくに広告やメディアが作る魅力的な少女の尺度が、はたして当の彼女たちにとって完全に益することになったのかどうかという問題は、じっくり考えてみる価値があろう。だが、20世紀を通じて、少女期はもっともよく研究され、特権をあたえられ、大事にされた——といってもかならずしもほんとうに保護されてはいなかったのだが——文化的経験のひとつになったことは明白である。

[訳注]

*1 バチェラー・ガール（bachelor girl）——自活する若い女性をさして1895年頃からこのようにいわれはじめた。career girlともよばれた。

*2 チャリティ・ガール（charity girl）——アメリカの若者のあいだの俗語で、男の子からデートに誘われればすぐに応じ、だれとでもベッドインする少女のことをさした。

*3 モルト・ミルク（malted milksakes）——大麦の麦芽で小麦粉を糖化し、牛乳と合わせて脱水乾燥した水に溶けやすい粉末。通例、ミルクに溶かして飲むことから麦芽乳ともよばれ、しばしばアイスクリームをくわえる。1887年頃からアメリカで子ども用の飲料食品として広まった。

*4 連邦教育法第9篇（Title IX）——連邦改正教育法（Education Amendments of 1972）第9篇とよばれ、アメリカの連邦の補助金や助成を受けているすべての教育機関において、ジェンダー差別を禁じた改正教育法。

*5 ミズ財団（Ms. Foundation for Women）——アメリカでフェミニスト運動が高まった1972年に、非政府組織として創設された啓発団体。同じ年に、この財団と連携して、進歩的なアメリカ女性向けの雑誌「ミズ」（*Ms.*）も創刊された。

*6 「わたしたちの娘（と息子）を職場につれていく日」（Take Our Daughters and Sons to Work）——「ミズ財団」が2003年からはじめた、家庭生活と労働とコミュニティ活動の実態を子どもたちに男女平等に啓発し、そのための学習を学校教育にとりこむ社会教育のための教育プログラム。

*7 『もうひとつの声』（*In a Different Voice*, 1982）——ハーヴァード大学（当時）の女性心理学者キャロル・ギリガン（Carol Gilligan, 1937–）の代表作で、1983年度のアメリカ教育研究学会出版賞を受賞し、1984年の「ミズ」誌の「ウーマン・オヴ・ザ・イヤー」にも選ばれた。心理学、文学にくわえ、著者自身の研究データにあらわれた男性と女性の異なる声が、それぞれどのような意味をもつかを分析し、女性が従来の発達理論からはみ出すという事実は、女性の発達に問題があるのではなく、主として男性の視点で研究されてきた実験・調査や理論が普遍性を欠いているためであるとした。

➡ジェンダー化、少年期、勝利の女神の少女たち、デート、ベビーシッター

● 参考文献

Ariès, Philippe. 1962. *Centuries of Childhood*. Trans. Robert Baldick. New York: Alfred A. Knopf. アリエス『〈子供〉の誕生——アンシァン・レジーム期の子供と家族生活』（杉山光信・杉山恵美子訳、みすず書房、1980年）

Demos, John. 1970. *A Little Commonwealth: Family Life in Plymouth Colony*. New York: Oxford University Press.

Devlin, Rachel. 1998. "Female Juvenile Delinquency and the Problem of Paternal Authority, 1941-1965." In *Delinquents and Debutantes: Twentieth Century Girls' Culture*, ed. Sheri Inness. New York: New York University Press.

Douglas, Susan J. 1994. *Where the Girls Are: Growing Up Female with the Mass Media*. New York: Three Rivers Press.

Fass, Paula S. 1977. *The Damned and the Beautiful: American Youth in the 1920s*. New York: Oxford University Press.

Fox-Genovese, Elizabeth. 1988. *Within The Plantation Household: Black and White Women in the Old South*. Chapel Hill: University of North Carolina Press.

Gilligan, Carol. 1982. *In A Different Voice: Psychological Theory and Women's Development*. Cambridge, MA: Harvard University Press. ギリガン『もうひとつの声——男女の道徳観のちがいと女性のアイデンティティ』（岩男寿美子監訳、川島書店、1986年）

Jones, Jacqueline. 1985. *Labor of Love, Labor of Sorrow: Black Women, Work and the Family, From Slavery to the Present*. New York: Basic Books. ジャクリーン・ジョーンズ『愛と哀——アメリカ黒人女性労働史』（風呂本惇子・高見恭子・寺山佳代子訳、學藝書林、1997年）

Hunter, Jane. 2002. *How Young Ladies Became Girls: The Victorian Origins of American Girlhood*. New Haven, CT: Yale University Press.

Lamb, Sharon. 2002. *The Secret Lives of Girls: What Good Girls Really Do-Sex Play, Aggression and Their Guilt*. New

Muncy, Robyn. 1991. *Creating a Female Dominion in American Re-form, 1890-1935*. New York: Oxford University Press.
Peiss, Kathy. 1986. *Cheap Amusements: Working Women and Leisure in Turn-of-the-Century New York*. Philadelphia, PA: Temple University Press.
Pollock, Linda A. 1983. *Forgotten Children: Parent-Child Relations from 1500 to 1900*. London: Cambridge University Press. ポロク『忘れられた子どもたち――1500～1800年の親子関係』（中地克子訳、勁草書房、1988年）
Smith-Rosenberg, Caroll. 1975. "The Female World of Love and Ritual: Relations Between Women in Nineteenth-Century America." *Signs: Journal of Women in Culture and Society* 1: 1-30.
Sommerville, C. John. 1992. *The Discovery of Childhood in Puritan England*. Athens: University of Georgia Press.
Tanenbaum, Leora. 2000. *Slut! Growing up Female with a Bad Reputation*. New York: Perennial.
Walkerdine, Valerie. 1997. *Daddy's Girl: Young Girls and Popular Culture*. Cambridge, MA: Harvard University Press.

（RACHEL DEVLIN ／沖塩有希子・内藤紗綾訳）

小児医学 (Pediatrics)

　子どもの世話は人類の歴史と同じくらい古いが、小児医学という専門分野があらわれたのは、ほんの1世紀前であった。この進展のなかで、小児医学の分野は医学史の一般的パターンをたどる歴史を歩んでいる。すなわち、家庭における非公式な健康管理の時間を超えた伝統、古代のギリシア、ローマ、そしてアラブ世界にみられる近代医学のルーツ、1600年代における科学の漸進的な出現、1800年代の、かつてなく大規模な制度ではたらく医療専門家たちによる健康管理の提供、そして技術的に洗練された医学が病気を治し、健康を改善するだろうという、近年にみられる信念などの歴史である。小児医学をほかの医療部門から区別するのは、子どもはわれわれの未来であり、したがって子どもの健康と安寧は広汎な社会的関心事であるという考えである。古代以降、政治の指導者と医学の指導者は、健康な子どもは国家の安寧に必要だと主張してきた。こうした議論に対するそれぞれの国民国家の反応は、子どもの健康と、各社会がいかにして小児医学的な健康サービスを組織したかの両方に影響をおよぼした。

古代と中世の医学書

　古代と中世においては、多数の観察者たちが、子どもをたんに小さな大人としてしか見なかったかもしれないが、中世の著作者たちの大半は、子どもに固有の健康問題に焦点を置いていた。たとえば、人生の最初の数年間は、特別な世話をすることが必要だと考えられていた。ヒッポクラテス[*1]は、歯の主題について、『歯の萌出について』（*On Dentition*）という小論を著し、その著書『アフォリズム』（*Aphorism*）では、さまざまな点で、子どもが大人とどのように違っているかについても記述している。ヒッポクラテスは、大人にとっては晩夏と初秋がもっとも健康的な時節であるが、これに対して、子どもの健康に最適なのは春季と盛夏であるとしている。エフェソスのソラヌス[*2]は、子どもの病気についてさらに詳細な著作をまとめているが、これには、幼児に対してどのように食物をあたえ、入浴させ、スウォッドリングをするかについての説明をふくんでいる。バグダードで研究し、教えていたラーゼス[*3]は、子どもについての包括的な論文を著した最初の中世の学者の一人であった。

家庭と孤児収容所

　以上のような学問的努力が、圧倒的多数の子どもたちに影響をおよぼすことはほとんどなかった。健康管理の大半は、家庭において家族メンバーから提供された。子どもが、家族では対応できないほどの重篤な病気にかかった場合、子どもはその地方の未熟なスペシャリストの手にゆだねられることもありえたが、通常、これらのスペシャリストは、宗教指導者あるいは医療問題のエキスパートとして評価を得ていた共同体に住む女性たちであった。子どものための特別な医療サービスがあったわけでも、その提供者がいたわけでもなかった。787年、大主教ダーテウスは、ミラノに最初の孤児収容施設のひとつを開設した。これ以降1000年以上にわたって、宗教の指導者たちは、遺棄されたり孤児になった赤ん坊を収容する多数の避難所を開設した。しかし、こうした組織では、医療処置がほとんど、あるいはまったく提供されず、乳幼児と子どもたちの大半は、収容後すぐに死亡した。

ルネサンス時代の医学書

　1400年代にもち運び可能な活字が発明されると、すくなくともラテン語を読む学者にとって医学書は、以前に比べていっそう容易に手にできるようになった。印刷された最初の医学書は、イタリア人のパオロ・バゲラルド[*4]の手になる小児医学の論文であった。これは、泣きやまない赤ん坊をあやすために利用できる薬物のように、彼自身の経験をふくんでいたが、大半はギリシア語とアラビア語の著作を下敷きにしていた、1545年、トマス・フェーア[*5]は、英語で書かれた最初の小児医学にかんする書物を書いた。『子どもの本』と題された彼の著作は、歯の萌出にかんするもので、子どもの歯の萌出は、歯肉と顎の膨張、泣くこと、発熱、痙攣、麻痺などの原因となることについて、長い節をさいている。彼はカモミール[*6]を煎じた湯で子ど

もの身体を洗ってやったり、薔薇の花びら、フレッシュバター、少量の小麦あるいはハチミツ、または精製した粉に混ぜこんだ乳香と甘草で練ったものを塗布するよう勧めている。バゲラルドとフェーアの書物は、その内容と、数世紀にわたるギリシア、ローマ、アラビアの資料に対する信頼という点で、1600年以前の典型的な小児医学書であった。

経験主義の勃興

1600年代になると、学者たちは伝統的な理論と超自然的な説明をひかえるようになり、自然界についてみずから行なう観察に価値を置きはじめた。いわゆる科学革命は、フランシス・ベーコン[*7]が、その著書『学問の進歩』（Advancement of Learning, 1605）で示した経験主義によって予告されていた。1600年代末までに、自然界にかんする信頼できる知識を生む基礎として、理論から区別される科学的事実という概念が登場した。医学においては、これはウィリアム・ハーヴェイ[*8]による体内の血液循環の実証実験をふくむ、解剖学と生理学にかんする非常に現実的な研究を意味した。臨床医学では、病気の分類と記述が医学者たちの中心的な話題になった。たとえば、トマス・シデナム[*9]は病気を範疇分けする洗練された手法を開発し、リューマチ熱をともなう不規則な運動（シデナム舞踏病）[*10]についての彼の記述は、臨床観察のお手本であった。シデナムは、こうした発熱に対処するために古代以来信奉されてきた医学的治療法を処方した。彼は、血液を7オンス［約200グラム］排出させ、その後、センナ[*11]、ブラックベリー[*12]、水、アヘンチンキなどの下剤を用いて腸内洗浄した。

大胆な治療学

シデナムとその他の医学者による17世紀の臨床観察は今日でもなじみ深いものだが、瀉血法とか下剤を用いた養生法は、今日では原始的な方法のように見える。しかし、そうした治療法は、健康と病気についての当時の概念とぴったりあうものであった。これらは当時広く受け入れられていた病気の原因にかんする理論への合理的な対応であった。医療学者と一般大衆は、さまざまな身体的気質（たとえば、血液・胆汁・粘液）のバランス[*13]は、健康を維持する鍵であるとの考えで一致しており、特殊な病気はこのバランスがくずれたときに発症すると考えられた。発熱中に血流が高まった場合、静脈を切開したり、ヒルを吸いつかせて血を吸わせるのが自然の方法であった。一般に、死亡率が高い状況では、大部分の人びとは、ひんぱんに起きる子どもや若者の死を甘受していた。外科医たちは、その治療能力の低さのためでなく、いかに正確に結末を予告できるか、あるいは、いかに大胆に瀉血や下剤によって体液のバランスを回復させようとしたかといったことで、悪評が立っていた。こうした処置に

エドワード・ジェンナー（1749-1823）*

よって患者が生きのびた場合、この治療法は成功したとみなされ、この外科医はその治療法によって称讃を受けることができた。患者が死亡すれば、この処置をとるのが遅すぎたか、処置の仕方が上品すぎたと考えられた。神の意志がしばしば祈願された。19世紀以前の治療法はドラマティックで、だれかが死んでも、それは医者が処置しようとしなかったためであるとはだれも主張できなかった。

種痘

1700年代のもっともよく知られた治療的介入は、概念的に異例であった。天然痘に対する予防接種は、もともとは数世紀前からインドとアラブ世界の一部で行なわれていたものだが、それが病気の型と体液のバランスによってもたらされる治療法と一致することはまったくなかった。1718年、メアリ・ウォートレイ・モンタギュー夫人（1689-1762）は、コンスタンチノープルで、天然痘の犠牲者からとった物質を自分の息子に接種してもらったとき、この処方をはじめてヨーロッパにもたらした。彼女は、外科医と王族に先立って、天然痘の負担をやわらげる方法として種痘という考えを擁護した。ほぼすべての子どもがこの病気の徴候と症状を呈し、多くの者が皮膚の病変によって永続的な傷を受けていたのである。すべての子どもの30パーセントが天然痘で死亡していたとする推定がいくつかある。1790年代、エドワード・ジェンナー[*14]は、牛の乳を飲み、牛痘にかかった若い女性は天然痘には

表1

精選されたバクテリア・抗生物質・ワクチンの発見年	
発見年	細菌名（発見者）
バクテリア	
1882	結核菌（ロベルト・コッホ）
1883	コレラ菌（ロベルト・コッホ）
1884	肺炎球菌（アルベルト・フレンケル）
1894	ペスト菌（アレグザンダー・イェルサン、北里柴三郎）
1905	梅毒（フリッツ・シャウディン）
抗生物質	
1910	サルバルサン（パウル・エールリヒ）
1929	ペニシリン（アレグザンダー・フレミング）
1935	サルファ剤（ゲルハルト・ドーマク）
ワクチン	
1923	ジフテリア・トキソイド（A・T・グレンニー、バーバラ・ホプキンズ、ガストン・ラモン）
1955	ポリオ・ワクチン（ジョナス・サルク、アルベルト・サビン）
1962	麻疹ワクチン（ジョン・フランクリン・エンダース）

（資料：本項執筆者のご厚意により転載）

ならないと記している。牛痘にかかったあとにみられる症状は、天然痘の予防接種を受けた者ほどひどくなかったことから、牛痘を用いた予防接種が広く行なわれるようになった。実際、1807年のバーバリアと、1810年のデンマークでは、予防接種は義務化された。

病院の登場

近代の治療学は、1700年代末に医学研究の中心地になっていたパリの病院ほどには、ジェンナーやモンタギュー夫人に負ってはいない。ピエール＝シャルル＝アレクサンドル・ルイーズ[15]のようなフランスの学者は、施設に収容された膨大な数の患者によって、特殊な病気の自然の経過に従うことができた。ルイーズは、身体内部で見いだされる特別な異常をともなう特殊な病気の徴候と症状を治すために、臨床統計学を利用した。彼は、死体解剖にかんする病理学的な発見によって臨床的症例に早くから取り組んでいたザビエル・ビシャー[16]やその他の人びとの業績に依拠していた。たとえば、黄色みをおびた皮膚と両眼の変色は、肝臓の異常を予兆する。肝臓組織の顕微鏡分析は、バラバラになった細胞と傷があることを明らかにした。フランスの学者は、聴診器、顕微鏡、入院患者に対する統計学的推論などの新しいテクノロジーをたえずとりいれることによって、近代の臨床医学の基礎をつくった。おそらくもっとも重要なのは、彼らが、過去2000年間の医学的処置――瀉血と下剤――は、生き残るための工夫をしなかったようであると記述したことである。

病原菌理論（細菌論／胚種論）

身体気質が病気の原因であると考える何世紀にもわたる信念をフランス医学が打倒したとき、医者たちは自分の患者の病気を説明し、やわらげるために多数のさまざまな戦略を探求することに専念した。1800年代後半を通じて、「通常の」医学の施療者との激しい競争を意図しながら、同種療法（ホメオパシー）[17]、整骨療法、そして水治療学[18]などの学派が隆盛をきわめた。病原菌理論[19]は、ロベルト・コッホ（1843-1910）やルイ・パストゥール（1822-1895）の研究成果が生まれるまで、病気の原因についてくりひろげられた多数のもっともらしい説明のひとつであった。彼らは、今日ではよく知られるようになっている多数の実験で、特殊な病原菌（バクテリア）が特定の病気をひき起こすことを実証した。コッホ、パストゥール、および彼らの多数の仲間は、違ったやり方で研究を進めていたが、おおむね手順は同じであった。すなわち、微生物学者たちは特定の病気にかかった動物や人から流動物を得る。そうした体液のなかに存在するバクテリアを分離する。次いで、このバクテリアを培養する技術をつくる。さらに、この病気の徴候と症状を再生させるために、こうして培養したバクテリアを健康な被験者に注入する。

病原菌理論は、多数の伝染病の因果関係とパターンについて理解する方法をもたらしただけでなく、抗生物質やワクチンを投与する治療法も示唆した。20世紀における小児医学の歴史は、アレグザンダー・フレミング卿によるペニシリンの発見[20]あるいはジョナス・ソーク博士[21]とアルバート・セービン[22]によって導入されたワクチンによる西半球におけるポリオの消滅にせよ、特殊な伝染病を克服する一連の過程（表1を参照）として読める。

小児医学分野の登場

何世紀にもわたって、子どもに焦点を置いた学問の小部屋は存在したものの、小児医学という分野は1800年代なかばまで形成されてはいなかった。ある部分では、医療の専門分野としての小児医学の登場は、制度化された医学における広汎な傾向の一例にすぎなかった。1800年以前には、世界のほとんどの地域の外科医たちは、さまざまな病気、人口、治療技術に対応できる広範囲にわたる専門知識をもっていると主張した。外科と歯科は唯一の正統な専門領域と考えられていた。特殊な分野の専門知識をもっていると主張する医者はヤブ医者と見られがちであった。1800年代に医学知識が拡張するようになると、多数の医学研究者は、脳のような特別な部分（たとえば精神医学や神経学）あるいは特定の外科技術（たとえば整形外科、

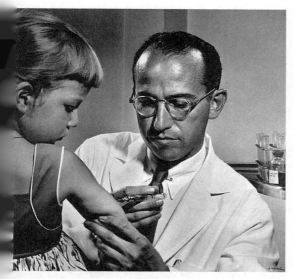

ジョナス・ソーク博士（1914-1995）*

眼科学）に焦点をあてる知的正当化を見いだした。たとえ彼らが一般的な医療実践を続けたとしても、外科のいくつかの集団は、医学会で共有する興味のまわりに集まり、特別な専門雑誌を創刊し、医学校のカリキュラムや臨床教育を支配しはじめた。1800年代なかばには、小児医学は産科学と密接な関係があった。しかし、1900年代初めまでに、小児医学はその専門の病院、専門雑誌、専門職協会、医学校の教授職を擁するようになった（表2を参照）。

専門分化の経済学

　医学が専門分化する背景に知的妥当性があったとしても、多くの外科医たちは経済的な利益にも動機づけられていた。1900年以前の医学は、かならずしも実入りのよい職業ではなかった。実際、世界の多くの地域では、金持ちに目を向ける医者たちだけが、医療実践に経済的あるいは社会的な安全を見いだした。都市への人口集中にともなって、もっぱら医療専門職に貢献する医療行為が経済的に発展できるものになった。専門職化は、医療看護にお金を支払うことができるかぎられた家族数を競うための戦略であった。若い医者なら、病院、クリニック、あるいは医学校の特別実習と提携することによって自分の仲間とは一線を画することができた。ヨーロッパと北アメリカの小児医学には、100年以上前から公的な訓練プログラムが存在した。各国は、小児科医を認証するために医学校を卒業したあとの訓練のために独自の規準を発展させ、また、ほとんどの国が、標準化された筆記試験あるいは口頭試問で優秀な成績をとるよう要求した。たとえば、アメリカでは国内の小児科医たちを認証するために、1933年に全米小児科委員会（The American Board of Pediatrics）が創設された。

小児医学を評価する感情的理由の変化

　1800年代の外科医たちから見れば、小児医学の登場は、経済的な圧力への対応と、子どもの身体を大人から区別する発達論的生物学と臨床医学から得られる証拠への論理的な対応とみなされたかもしれない。しかし、小児医学は子どもに対する感情的な価値を広汎に受け入れるという文脈における専門分野としてあらわれた。子どもはもはや父親のたんなる経済的資産ではなく、社会にとってなんらかの保護を受けるべき、かけがえのない大事な人間とみなされるようになった。こうした子ども観は、さまざまな地域でさまざまな時期にあらわれたが、1900年までに、ほとんどの国家は子どもたちに教育を提供し、父親による身体的虐待を防ぎ、一定の年齢に達するまでは過重労働や危険な仕事をさせることを違法とする法律を定めた。子どもの死は避けることができるし、避けるべきであるとい

表2

代表的な小児医学の施設・機関
外来機関
1761　Lying-in Hospital of Stockholm, Sweden
1769　Dispensary for the Infant Poor, London
1787　Dispensary for Children, Vienna
病院
1802　Hospital des Enfants Malades, Paris
1852　Hospital for Sick Children in Great Ormond Street, London
1855　Children's Hospital of Philadelphia, Pennsylvania
専門学会
1880　American Medical Association, Section on Pediatrics
1883　Gesellschaft der Naturforscher und Aerzte, Pediatric Section, Germany
1885　Russian Pediatric Society
1888　American Pediatric Society
小児医学専門雑誌
1834　*Analekten über kinderkrankheiten*, Germany
1841　*Clinique des hopitaux des enfants*, France
1883　*Archivo di patologia Infantile*, Italy
1895　*Pediatrics*, United States
教授職
1845　T. T. Berg, Karolin Medico-Chirurgical Insitute
1860　Abraham Jacobi, New York Medical College, United States
1888　Thomas Rotch, Harvard Medical College, United States

（資料：前同）

う考えが広まるのにともなって、小児医学という分野は、子どもは大人から区別される特別な存在であるとする新しい子ども観が生まれることに、ある程度まで貢献した。

小児医学の専門家たちあるいは一般医療看護

小児医学の専門分化は、われわれの子ども理解を深め、また、医者と看護士の訓練を改善した。しかし、専門家による小児科学の施療は、大半の家族には直接的な影響はほとんどおよぼさなかった。平均的な家族が、訓練を受けた医者、とりわけスペシャリストはいうまでもなく、専門職の診察を受けるようになるのは、ここ200年ほどのことでしかない。世界の多くの地域で、医療看護を見いだすのはまだむずかしく、小児科の専門医はまれにしか見られないぜいたくである。実際、各国の小児医学分野についての特別な配置は、小児医学の知的な内容よりも、社会的、政治的、および経済的な要因により大きく左右されている。大半の国では、子どもたちは一般的な医学の訓練を受けた医者や看護実務者たちから医療看護を受けている。小児医学の専門的な訓練を受けた医者は、子どもあるいは青年期の子どもが一般の医療実務の範囲を超えた施療を必要とする医療問題をかかえている場合、その診療を行なった。工業化した国家でさえ、農村の家族や貧しく暮らす人びとは、医療専門職を目にすることはあまりない。

アメリカの小児医学

小児医学がすでに重要な看護専門領域になっていたという点で、アメリカは特異である。1910年には、医療実務が小児医学に限定される医者は約100名ほどいた。1935年までにこの人数は数千人に達した。西暦2000年の時点で、全米小児医学会（the American Academy of Pediatrics）の会員になっていた小児医学者は5万人以上で、これは子ども1500人あたり1人の小児科医がいることを意味する。こうした状況は、子どもたちの大半が、定期健康診断や軽症の病気に対して小児医学的な特別訓練を受けた医者の診療を受けられるようにした。ほかの子どもは、家庭医としての小児科医や小児医学の看護実務者から看護を受けるが、アメリカでは子どもたちのほぼ全員が小児医学の診察を受けることができる。こうした准専門実務者たちは、小児心臓病学、新生児学、そして小児消化器病学などの分野の専門技能を身につけるために、一般的な小児医学を修了後、さらに2、3年の追加訓練を積んだ医者である。小児医学の専門家は、ほかの多くの国のさまざまな学術センターでも見いだせようが、こうした医療実務者から定期的な治療を受けることができる家族は、アメリカ以外では皆無であろう。

ピエール＝コンスタン・ブーダン（1846-1907）*

女性と小児医学

アメリカ連邦児童局の初代局長であったジュリア・ラスロップ*23のように、専門的な医療訓練を受けていない多くの女性が、とくにアメリカでは、子どもの健康と福祉を改善するために計画された政府組織と慈善組織で、指導的な地位を保った。医学分野では、1900年代初めのアメリカのいくつかの都市の医療実務者の20パーセントを女性の医者が占めていた。彼女たちは病院、医学校、そして都市の健康課を監督した。多数の女性が、女性たちと子どもに医療看護を提供する特別な義務を感じていたため、多くの者は、しばしば産科学と小児医学の分野を専攻した。多くの者が学問的な地位につき、その何人かは小児医学で全国的に卓越した評価を得た。1900年代初めの医学教育の改革のあと、女医の人数はすべての医者の約5パーセントに落ちこんだ。しかし、1970年以降その人数が増えてくると、ふたたび女性は専門分野としての小児医学に進出するようになった。2000年前後には、アメリカのすべての小児科医の半数は女性になった。そして、小児医学の研修医の約3分の2は女性であった。

子どもの健康の社会的含意

小児医学の学知（science）が、子どもの健康の社会的含意という観点から切り離されることはめったになかった。古代以来、学者と政治の指導者たちは、健

康な子どもは国家の安寧に欠かせないと考えていた。医学の権威者たちも、一般的にはこれに同意し、子どもの正しい養育と教育をつねに医学の領域内のことと見ていた。ペルシア人医学者アヴィケンナ[*24]は、あらゆる医学研究と医書は、子どもの性格形成に焦点を置くべきであると書いた。医学書の執筆者たちは、何世紀にもわたってアヴィケンナのこの意見に共鳴し、21世紀には、小児科医たちは子どもを養育し、もっとも効果的な子育てと教育の方法を示す子どもの健康のエキスパートとして、しばしばその地位を利用した。他方、子どもの健康の重要性は、哲学者や政治にかんする著者たちを医療問題に向かわせた。たとえば、ギリシアの学者プルターク[*25]は、支配階級の家族が国家の将来の強さを確定できるように子どもを正しく形成する方法を示すために、『子どもの教育』（The Education of Children）を書いた。プルタークが示した多数の医学的な示唆のなかで、彼は、母親たちに母乳育するよう懇願しているが、それは、そうすることが「善き感情的な絆」をつくるからであった。何世紀ものあいだ、政治的な指導者たちは、国家の人種的健康を確保する目的をもった極端な優生学計画によってであれ、政治家の将来に対する公約を強調することをねらった空疎なキャンペーンのスローガンによってであれ、子どもたちの健康を社会問題として追求しつづけた。

乳児死亡率と国民国家の命運

乳児死亡率の歴史は、小児医学分野が科学と社会政策をどのように結びつけてきたかを知る好例である。1761年という早い時点で、イギリスの医師ウィリアム・バカン[*26]は、国家による健康問題への不吉な影響のために人類の半数が乳幼児期に死んでいると書いている。1800年代を通じて、健康にかんする統計データの改善は、ヨーロッパ全域で、乳幼児の死亡率に対する注意を高めることにつながった。乳幼児の死は、たんなる医療の欠陥としてではなく、国家の経済的、政治的および道徳的な安寧に対する告発とみなされた。フランスの医学者で政治家でもあったテオフィル・ルーセル（Theophile Roussel, 1816-1903）は、おそらくもっとも声高に意見を主張する指導者であっただろう。彼は、乳母に預けられている乳幼児を保護（1874年）し、虐待を受けたり遺棄された子どもを保護（1889年）し、さらに、医療的な慈善活動を組織（1893年）することなどを規定した一連の法律である「ルーセル法」（the Loi Rousell）の栄誉を受けた人物である。

1800年代後半のヨーロッパ各地で、各国政府は妊娠中の女性を保護するプログラム（たとえば、有給の出産休暇）を制度化したが、これは、健康な乳幼児は国家の将来の経済的および政治的な福祉にとって決定的に重要だと考えられたからであった。1892年、パリの医師ピエール＝コンスタン・ブーダン[*27]は、母

アブラハム・ヤコビ（1830-1919）*

親たちが健康な赤ん坊の体重を測定したり、検診を受けるために赤ん坊をつれてきたとき、はじめて乳幼児の健康診断を開始した。そうした健康な子どもの世話は、助言と新鮮なミルクが乳幼児の死を防ぐという希望をもって、ヨーロッパとアメリカじゅうで倍増した。そうした予防的な巡回保健婦は世界の多くの地域で幼児死亡率が出生数1000人あたり10人以下に減少するようになっても、小児医学の実務の中心にとどまっている。その結果——定期健康診断——は、いっそう豊かな社会集団と地域の両親と同じく、子どもたちの経験に見られた大きな変化である。

子どもの健康問題の台頭と存続

医学の専門分野と見られていた小児医学は、子どもたちのあいだで最重要と思われていた病気について、各世代への対応のなかで変化した。ヒッポクラテスが子どもたちにとって特別に傷つきやすい気候と時期に焦点を置いていたのに対して、後年の学者たちは、1700年代の天然痘から1800年代後半の小児下痢症にいたるまで、その時期にもっとも一般的な伝染病について記述した。前世紀を通じて発展途上諸国における伝染病の劇的な減少は、小児医学者たちの関心を慢性病と行動と発達状況に向けさせた。ヒトゲノムの配列は、21世紀において、障害をとりのぞき、慢性病を防ぐ新しい方法を期待させている。

この成功のいくつかは、世界のすべての子どもに共有されてきている——1970年の天然痘の撲滅は、特別な病気に対する特別な治療法を適用する公衆衛生の

最高の功績である。しかし、アフリカやアジアの数100万の子どもたちは、麻疹、結核、小児下痢症などで死亡しつづけており、抗生物質、ワクチン、そして近代的な病院だけが有効であることを示している。**エイズ（後天性免疫不全症候群、AIDS）**の発症率がヨーロッパ世界で減少したときでさえ、21世紀初めには、ますます多くのアフリカとアジアの赤ん坊が**ヒト免疫不全ウイルス（HIV）**[*28]に感染して生まれている。こうした国々では、小児医学者たちと公衆衛生の係官たちは、共通の伝染病による死亡率を減らすもっとも効果的な方法として、栄養、衛生設備、および母親教育に焦点をあてつづけている。

小児医学と社会改革

アブラハム・ヤコビ[*29]は、一般的には、近代の小児医学の「父」と考えられている。かつて、1848年の革命に参画したかどで逮捕されたことがあるドイツ人医師ヤコビは、ニューヨークに移住し、当地で科学的な発見、臨床医療業務、そして子どものための疲れを知らぬ擁護活動に生涯を捧げた。彼は、子どもの健康と安らぎは、医療専門職を適切に訓練することだけでなく、こうした人びとの生活と隣人関係に社会的および経済的な投資をすることも必要になっていると主張した。彼の言葉は、小児科医たち、学者たち、そして政治の指導者たちによって100年以上にわたって心にきざみこまれてきており、おそらく小児医学分野を特徴づける科学と社会改革をもっともよく具現しているだろう。「…だが、病院で個人のそばではたらくだけでは十分ではありません。近い将来、あるいはぼんやりとした未来において、小児医学者は、教育委員会、保健局、議会で席を占め、支配することになりましょう。彼は、裁判官や法律家の正当な助言者であり、共和国会議において小児医学者たちの議席は、人びとがそれを要求する権利をもっている議席なのです」

［訳注］

*1 ヒッポクラテス（Hipocrates, 前460頃-377）――古代ギリシアの医学者。医学を原始的な迷信や呪術から切り離し、臨床と観察を重んじる経験科学へと発展させた。また、『ヒッポクラテスの誓い』（the Hippocratic Oath）として知られる言葉は、医師の倫理性と客観性について、現在でも受け継がれている。病気は四種類の体液の混合に変調が生じたときに起こるという四体液説を唱え、人間をとりまく環境（自然環境、政治的環境）が健康におよぼす影響についても言及した。これらの功績は古代ローマの医学者ガレノスをへて、のちの西洋医学に大きな影響をあたえたことから、ヒッポクラテスは「医学の父」「医聖」「疫学の祖」などと称されている。

*2 エフェソスのソラヌス（Solanus of Ephesus, 98-138頃）――小アジアのエフェソス出身で、アレクサンドリアで医学を学び、トラヤヌス帝とハドリアヌス帝の時代にローマで活躍した医者。疾病症状を観察・分類して体系的な治療法を考案した。とくに産科・婦人科の医学書として『産婦人科論』（*Gynecia*）、『急性および慢性病の病理と治療法』などのほか、『産婆問答集』も残し、長く医学界の典拠となった。

*3 ラーゼス（Muhammad ibn Zakariya al-Rhazes, 865頃-932頃）――アル・ラーズィーまたはラーゼスとよばれる。テヘラン生まれのペルシアの錬金術師、化学者、哲学者、医師。知的関心は多方面におよび、ペルシア、古代ギリシア、インドの医学にも精通しており、観測や発見によって医学に多くの進歩をもたらした。初期の実用医学を進歩させ、小児科学の父とよばれたり、脳神経外科学と眼科学の開拓者ともいわれる。すくなくとも184冊以上の書物を著した。

*4 パオロ・バゲラルド（Paolo Bagellardo, 1425頃-1495）――ルネサンス・イタリアの医学者。著書『子どもの病気について』（*Libellus de aegritudinbus infantium*, 1472）で、幼児期の湿疹（eczema）の原因など、子どもの病気についてはじめて体系的に記述した。

*5 トマス・フェーア（1510頃-1560）――イギリスの法律家、小児医学者。はじめオックスフォード大学で法学を学び、50歳近くになってから医学を修めた。『子どもの本』（*The Boke of Chyldren*, 1543）では、大人とは違う子ども期に特有の病状について細かくふれており、後年の子どもの病気にかんする観察記述の先駆となった。

*6 カモミール（chamomile、学名 Matricaria recutita）――キク科の耐寒性一年草。「カモミール」の語源はギリシア語で「大地のリンゴ」という意味のカマイメーロン（χαμαίμηλον：chamaímelon）に由来する。これは花にリンゴの果実に似た香りがあるためであり、スペイン語名のマンサニージャ（manzanilla）も「リンゴのような香りがあるもの」（manzana）という意味をもつ。学名にある「マトリカリア」とは「子宮」を意味し、古く4000年以上前のバビロニアの時代から薬草として用いられ、とくに婦人病の薬として広く利用されてきた。カモミールには体内の平滑筋組織を鎮静させる作用があり、腹痛や胃痙攣、女性の生理痛などをやわらげる効能があることが知られている。カモミールにふくまれるアズレン誘導体という物質が胃の粘膜を修復して丈夫にし、消化機能を正常な状態に整え、過敏性腸症候群や胃潰瘍など、ストレスが原因の症状に効果的であることがわかっている。さまざまな刺激から皮膚を守り、膀胱の炎症や気管支の炎症などをやわらげ、不眠症の改善にも効果があることがわかっている。

*7 フランシス・ベーコン（Francis Bacon, 1561-1626）――イギリスの哲学者、神学者、法学者。ケンブリッジ大学のトリニティ・カレッジで学んだ後、ロンドンのグレイ法学院で法学を学び、23歳で国会議員となる。1605年に『学問の進歩』を出版する。1606年、45歳のときに14歳の少女と再婚し、1607年に法務次長、1617年に国璽尚書、翌年には大法官となった。「知識は力なり」（*Ipsa scientia potestas est*）の名言で広く知

*8 ウィリアム・ハーヴェイ（William Harvey, 1578-1657）──イギリスの解剖学者、医学者。イタリアのパドヴァ大学で解剖学を学び、イギリスに帰国して医者としての名声を確立し、国王ジェームズ1世の侍医となった。1628年に血液循環説を発表し、医学界から激しい反発を受けたが、20年近くにわたって反論を準備し、血液循環の原理を確定した。1645年からオックスフォード大学のマートン・カレッジの学長をつとめた。

*9 トマス・シデナム（Thomas Sydenham, 1624-1689）──イギリスの医学者。オックスフォード大学で医学を修めた後、開業し、ケンブリッジ大学で学位を得た。彼はさまざまな病例についての所見や経過を詳しく観察調査し、病歴を正確に記載し、病気の本質、原因となる因子を見きわめ、主著『医学観察論』（Observationes medicinae, 1676）で次のように分類した。(1) 体液の異常や生命力の不調による病気、(2) 急性と慢性の病気、(3) 散発性と流行性の病気。当時の物理的医学派や化学的医学派のように理論だけに走らず、あくまでも臨床観察による経験主義をとり、自然治癒を重要視した。「イギリスのヒッポクラテス」とよばれた。

*10 シデナム舞踏病（Cydenham's chorea）──リューマチ症の患者に頻発する症状で、この症状をはじめて記載した医学者シデナムの名を冠してよばれる。

*11 センナ（senna）──マメ科カワラケツメイ属Cassiaの植物の総称で、高木、低木、草などさまざまな種類がある。古くから、葉を乾燥させて下剤を作ったが、このために使われたのは、エジプト産コバノセンナ（C. acutifolia [Alexandrian senna]）とホソバセンナ（C. angustifolia [Tinnevelly senna]）である。薬理成分のセンノシド（sennoside）が腸内で分解され、瀉下効果を示すことが知られている。

*12 ブラックベリー（blackberry）──バラ科キイチゴ族の低木で、7月から8月の夏場にかけて多数の黒い大粒の実をつける。果実は利尿作用があり、下剤としても使われる。

*13 身体的気質（humour）──体液説、cardinal humorともよばれる。中世生理学で、体液を構成する血液、粘液、黒胆汁、黄胆汁の4種の割合に応じて人間の体質や気質が決定されると考えられ、このバランスがくずれると病気になるとされた。

*14 エドワード・ジェンナー（Edward Jenner, 1749-1823）──イギリスの家庭医。種痘の発見に努め、その安全な普及に貢献した臨床医学者。酪農業がさかんな農村に、牧師の息子として6人兄弟の末っ子に生まれた。12歳の頃、ブリストルの開業医のもとに弟子入りし、9年間、医学の基礎と実務を学んだ。その後1770年、21歳になった頃、著名な外科医、生理学者、解剖学者として知られるスコットランド生まれのジョン・ハンター（John Hunter, 1728-1793）の住みこみの弟子となってロンドンで研鑽を積み、24歳のとき故郷のバークレイに戻って開業医となった。これらの経験のなかで、酪農に従事する農民たちのあいだでは、一度牛痘にかかった者は天然痘にかかりにくいという事例をヒントに、天然痘の疫学調査を行なうとともに、牛痘と人の天然痘との関係を臨床的に解明しようと試みた。ハンターから助言された、ウィリアム・ハーヴェイ（William Harvey, 1578-1657）の言葉「考えるよりも実験せよ。しかも粘り強く、正確に」のとおり、詳細で周到な実験をくりかえし、「免疫」（immune）という機能がはたらくことを察知し、種痘法を開発した。最初、当時の医学界や科学界は認めなかったが、しだいに治療効果が高いことが確かめられ、広く支持された。ジェンナーは、貧しい人びとにとってワクチンが高価にならないように、開発した種痘法に特許権は設定しなかった。このためジェンナーによる種痘法は「人類への贈り物」とよばれるようになった。

*15 P・C・アレクサンドル・ルイーズ（Pierre-Charles-Alexandre Louis, 1787-1872）──フランスの医学者で、治療に際して、病気の観察データ、病歴、臨床所見、治療歴などを数字で記録したものを利用する「数的方法」を導入したことで知られる。

*16 ザビエル・ビシャー（Xavier Bichat, 1771-1802）──「近代の組織学、生理学の父」として知られるフランスの医学者。顕微鏡を用いなかったにもかかわらず、人体にかんするきわめて正確な理解を深めることに貢献した。なかでもはじめて「組織」（tissues）という概念を考案し、病気（病原菌）は、器官全体（organs）を攻撃するのではなく、器官を構成する組織を攻撃すると考えた。

*17 同種療法（homeopathy、ホメオパシー）──類似療法ともよばれ、健康体にあたえるとその病気に似た症状を起こす薬品を患者に少量あたえて治癒を引き出そうとする昔の治療法。

*18 水治療学（hydrotherapy）──水を治療に用いることを研究する治療学の一部門で、身体各部の機能障害の回復、傷の治癒の促進、痛みの緩和と除去などのために、専門の療法士の指導のもとに、全身または体の一部を水に浸す治療法。

*19 病原菌理論（germ theory）──細菌論あるいは胚種論ともいわれ、伝染病は微生物を介して広まるとする説。1871頃からこのようにいわれはじめた。病気の原因が微生物を介して病原菌にあるとする考えが広まった結果、科学界では生物学者を中心に微生物の同定と調査がさかんに行なわれるようになり、何千種類ものバクテリアやウイルスが発見され、微生物間の相互作用についての研究が進んだ。また社会的には、病原菌の存在を前提にした衛生観念が広まり、食物と水の安全な取り扱い、牛乳の加熱殺菌、飲食物の保存法の改善、公衆衛生設備の充実、隔離政策、予防接種、清潔な外科医療などが行なわれるようになった。

*20 ペニシリン（Penicillin）──1928年にイギリスの細菌学者アレグザンダー・フレミング（Sir Alexander Fleming, 1881-1955）が抗菌物質リゾチーム（lysozyme）とアオカビ（Penicillium notatum）から見出した世界初の抗生物質。1928年、フレミングがブ

ドウ球菌の培養実験中に生じたアオカビのコロニー周囲にブドウ球菌の生育が阻止される阻止円領域が生じる現象を発見したことに端を発し、アオカビを液体培養した後の濾液にも同じ活性があることをつきとめた。彼自身は単離しなかったその物質を、アオカビの学名 *Penicillium* にちなんでペニシリンと名づけた。医療用として実用化されるまでに10年以上を要したが、1942年にベンジルペニシリン（ペニシリンG、PCG）が単離されて以降実用化され、第2次世界大戦中には多数の負傷兵や戦傷者を感染症から救った。

*21 ジョナス・ソーク博士（Jonas Edwards Salk, 1916-1995）──アメリカの細菌学者。貧しいロシア系ユダヤ人家庭に生まれ、医学を修める。小児麻痺に投与される不活化ウイルスワクチンの開発者と知られ、1954年以降「ソーク・ワクチン」とよばれる。安全で確実なワクチンの開発後のインタビューで、「特許は存在しません。太陽に特許をもうけることはできますか？」("There is no patent. Could you patent the sun?") と答えている。

*22 アルバート・セービン（Albert Sabin, 1906-1993）──ロシア（現在のポーランド）生まれのアメリカのウイルス学者。経口の生ワクチンの開発者。この開発によって、長期にわたって免疫性が持続し、ウイルスの伝播を阻止できるようになった。

*23 ジュリア・C・ラスロップ（Julia Clifford Lathrop, 1858-1932）──アメリカの社会改良家。アブラハム・リンカーン（Abraham Lincoln, 1809-1865）の友人であった弁護士の父親と、女性の参政権運動にかかわっていた母親の子としてイリノイ州に生まれ、名門女子大学であるヴァサー大学に進学し、統計学、歴史学、社会学などを学んだ。大学卒業後しばらく父親の仕事を手伝った後、シカゴでジェーン・アダムズ（Jane Addams, 1860-1935）らと社会事業活動を起こした。教育、社会政策、児童福祉などを専門分野として、1912年から22年まで、連邦児童局の初代局長として、児童労働、乳児死亡率、母親の産褥死亡率、非行少年問題、母子手当制度、私生児率などの改善に精力的に取り組んだ。

*24 アヴィケンナ（Avicenna, 980-1037）──イブン・スィーナーとも表される。ペルシアを代表する知識人で、哲学・医学・科学など知的活動の範囲はきわめて広く、「第二のアリストテレス」とよばれる。当時の世界の大学者であると同時に、イスラム世界が生み出した最高の知識人と評価され、ヨーロッパの医学、哲学に多大な影響をあたえた。アリストテレスと新プラトン主義を結びつけた知識人とみなされた。医学における著作『医学典範』（*Al-Qanoon fi al-Tibb; The Canon of Medicine*）、哲学における著作『治癒の書』（*Kitab Al-Shifa; The Book of Healing; Sufficientia*）は広く知られる。

*25 プルターク（Plutarch, 46頃-120）──プルタルコスともあらわされる。帝政ローマのギリシア人著述家。アテナイで数学と自然哲学を学び、ギリシア本土と小アジアのサルディス、エジプトのアレクサンドリアにおもむき、故郷カイロネイアの使節としてローマにもたびたび出かけて滞在した。著作に『対比列伝』（英雄伝）など。

*26 ウィリアム・バカン（William Buchan, 1729-1805）──スコットランド生まれのイギリスの医学者。はじめエディンバラ大学で神学を学んでいたが医学に転じ、エディンバラで開業医となった。のちにロンドンに移り、啓蒙的な家庭医学書を出版して、広く知られた。『家庭医学書』（1794年版と1802年版の2種類がある）は広く流布した。(*Domestic Medicine: or, a treatise on the prevention and cure of diseases by regimen and simple medicines. With an Appendix, containing a dispensatory for the use of private practitioners*, 1794；*Domestic Medicine: or, The family physician: being an attempt to render the medical art more generally useful, by showing people what is in their own power, both with respect to the prevention and cure of diseases*, 1802）.

*27 ピエール＝コンスタン・ブーダン（Pierre-Constant Budin（1846-1907）──フランスの小児科医。小児科病院での多数の臨床研究にもとづいて、母乳育を推奨し、新生児に対する病気の予防教育や、母親の栄養摂取の重要性についての提言など、乳児死亡率の改善に数多くの貢献をした。近代の周産期医学の創設者といわれる。主著『乳幼児』（*Le nourrisson: alimentation et hygiène - enfants débiles, enfants nés à terme*（1900）；（英語版）"*The Nursling. The feeding and hygiene of premature and full-term infants*"（1907）。

*28 ヒト免疫不全ウイルス（human immunodeficiency virus：HIV/AIDS──後天性免疫不全症（*acquired immune deficiency syndrome*）もふくめて、変異しやすいレトロウイルス（retrovirus）の一種で、免疫をつかさどるヘルパーT細胞に侵入し、エイズやエイズ関連疾患の原因となる。変異したウイルスには、リンパ節腫脹関連ウイルス（LAV）、ヒトT細胞好リンパウイルスタイプ3（HTLV-3）、エイズ関連ウイルス（ARV）などがある。国際分類委員会により、ヒト免疫不全ウイルス（HIV）の名が提案されている。

*29 アブラハム・ヤコビ（Abraham Jacobi, 1830-1919）──ドイツ生まれのアメリカの小児医学者。貧しいユダヤ人の小売店を営む両親のもとに生まれ、大きな犠牲をはらって大学に進み、ボン大学で医学を修めた。1848年の革命運動に参加して2年間投獄され、解放後にイギリスにのがれてマルクスやエンゲルスとともに暮らした後、アメリカに渡ってニューヨークで開業医となった。ニューヨーク医科大学（New York Medical College）の小児医学教授となり、ニューヨーク州立大学やコロンビア大学などでも小児医学の教鞭をとり、学問としての小児医学の発展に貢献した。アメリカで最初の子どもクリニックを設立するなど、アメリカにおける小児医学のパイオニアとなった。アメリカ医学会の、唯一の外国生まれの会長になった。産科学の研究誌「アメリカ産科学研究」（*the American Journal* of Obstetrics) の創刊にも尽力した。

➡ 子ども病院、産科学と助産術、接触伝染病、流行伝染病

● 参考文献

Abt, Arthur, and Fielding Garrison. 1965. *Abt-Garrison History of Pediatrics*. Philadelphia: Saunders.

Ackerknecht, Erwin. 1982. *A Short History of Medicine*. Baltimore, MD: Johns Hopkins University Press.

Brosco, Jeffrey P. 1999. "The Early History of the Infant Mortality Rate in America: A Reflection Upon the Past and a Prophecy of the Future." *Pediatrics* 103: 478-485.

Burke, E. C. 1998. "Abraham Jacobi, MD: The Man and His Legacy." *Pediatrics* 101: 309-312.

Charney, Evan. 1994. "The Field of Pediatrics." In *Principles and Practice of Pediatrics*, 2nd ed., ed. Frank A. Oski et al. Philadelphia: Lippincott.

Cone, Thomas E. 1979. *History of American Pediatrics*. Boston: Little, Brown.

Dwork, Deborah. 1987. *War Is Good for Babies and Other Young Children: A History of the Infant and Child Welfare Movement in England, 1898-1918*. London: Tavistock.

Halpern, Sydney. 1988. *American Pediatrics: The Social Dynamics of Professionalism, 1880-1980*. Berkeley and Los Angeles: University of California Press.

Kevles, Daniel. 1985. *In the Name of Eugenics: Genetics and the Uses of Human Heredity*. Berkeley and Los Angeles: University of California Press.

Klaus, Alisa. 1993. *Every Child a Lion: The Origins of Maternal and Infant Health Policy in the United States and France, 1890-1920*. Ithaca, NY: Cornell University Press.

McKeown, Thomas. 1979. *The Role of Medicine: Dream, Mirage, or Nemesis?* Princeton, NJ: Princeton University Press.

Meckel, Richard. 1990. *Save the Babies: American Public Health Reform and the Prevention of Infant Mortality*. Baltimore, MD: Johns Hopkins University Press.

Pearson, Howard A. 1994. "The History of Pediatrics in the United States." In *Principles and Practice of Pediatrics*, 2nd ed., ed. Frank A. Oski et al. Philadelphia: Lippincott.

Preston, Samuel H., and Michael R. Haines. 1991. *Fatal Years: Child Mortality in Late Nineteenth-Century America*. Princeton, NJ: Princeton University Press.

Stern, Alexandra Minna, and Howard Markel, eds. 2002. *Formative Years: Children's Health in the United States, 1880-2000*. Ann Arbor: University of Michigan Press.

Still, George. 1931. *The History of Paediatrics: The Progress of the Study of Diseases of Children up to the End of the XVIIIth Century*. London: H. Milford Oxford University Press.

Viner, Russell. 1997. *Healthy Children for a New World: Abraham Jacobi and the Making of American Pediatrics*. Cambridge, MA: University of Cambridge.

Zelizer, Vivian. 1985. *Pricing the Priceless Child: The Changing Social Value of Children*. New York: Basic Books.

（JEFFREY P. BROSCO／北本正章訳）

少年期（Boyhood）

「少年期」は定義づけがむずかしい言葉である。その理由の一部は、少年期の概念が世紀をまたいで変化してきたためであるし、また一部には、それが文化や地域の影響を受けて変化しつづけるということもある。あきらかに、少年期は少年と結びつけられており、幼児期とヤングアダルト期によって区切られた時期にも結びつけられる。

少年期と大衆向けの育児書

1990年代後半のアメリカで少年期を定義することに関心が高まったことは、少年について一般読者を対象に販売されている多数の出版物に反映していた。これらの出版物の多くは、著者たちが21世紀の少年が直面するに違いないと見ていた問題を示している。そのひとつにマイケル・グリアン[*1]が1996年に出版した『不思議な男の子』[*2]がある。これは、ジェンダーが社会的な構成概念であるという考えに異を唱え、生物学的な差異の正当性を強く主張するために歴史学やその他の文献資料を利用している。ウィリアム・ポラック[*3]は、1998年の作品『男の子が心をひらく親、拒絶する親』[*4]で女性の労働進出を批判している。彼は、母親や女性教師は、少年が「ほんとうの少年」であるために自分の感情を表現する十分な時間と場所をあたえていないと主張する。だが、少年について、また、少年の文化的な扱いによってひき起こされる問題や少年たちの見解について書かれた本のすべてを、男性が書いているわけではない。1994年のアンジェラ・フィリップスの『悩みの種の男の子──少年を育てるというむずかしい仕事のための知恵と励ましのガイド』(*The Trouble with Boys: A Wise and Sympathetic Guide to the Risky Business of Raising Sons*, 1994) は、母親が、少年たちにいかに痛みを少なくして、より価値のある少年期を経験させることができるかを解明している。これに対して、2000年のクリスティーナ・ホフ・ソマーズ[*5]の『少年たちに仕向けられた戦争──フェミニズムはなぜ男の子たちの子育てに失敗したのか』[*6]は、フェミニストは、男の子を男の子らしくさせることを認めるべきだと問題提起している。ホフ・ソマーズによると、少年は、遊びのなかで少女よりも積極的、競争的、活動的であるとき、少年らしくなるという。

ケネス・キッド[*7]は、「20世紀の少年学」(Boyology) という論文で、少年たちが直面する「問題」を扱うこ

ポール・ゴーギャンの「ブルターニュの少年」（1889年）は、飾りたてる文明から解放されたシンプルで自然のままの状態で描かれている。Wallraf-Richarts-Museum, Köln; photo courtesy of Rheinisches Bildarchiv, Köln.

れらの出版物に反応し、少年期の生まれと育ちにかんするものと、少年を育てる最良の方法について書かれた育児書が、20世紀初期にも同じように増えていたことを確認している。これら初期の育児書は、少年を粗野で野性的で社会規範に反抗的であるとする文学と文化の神話をしばしば指摘している。少年期にかんする20世紀後半に評判になった子育てのハンドブックのように、20世紀初期に書かれたハンドブックも、少年を「適切に」しつければ、それがどのように生産的で裕福な市民である中産階級の白人の文明を作り上げられるかに焦点をあてている。キッドは、「少年学」という言葉は1916年にヘンリー・ウィリアム・ギブソン*8によって使われたが、少年を生物学的側面と社会文化的側面の双方から検討するという考えは、ウィリアム・バイロン・フォーブラッシュ*9の『少年がかかえる問題』（The Boy Problem, 1901）やケイト・アプソン・クラーク*10の『少年を育てること』（Bringing Up Boys, 1899）のような作品が普及したために、都合よく確立されたものであったと指摘した。20世紀初期の育児書は、少年を研究すれば、その身体的、情緒的、教育的に必要としていることなど、少年について新たにつけくわえられた知識を得ることができ、危険なふるまいを抑え、より安全で生産的なふるまいを助成するために少年期の経験に干渉することができると説いている。20世紀後半の育児書もふたたびこのテーマに戻っているが、それらは、現代の少年期が置かれている状況にかんし、少年を困らせるだけでなく、社会のほかの成員も苦しめていることに焦点を置いている。少年に役立つ育児書のほぼすべては少年期に付随する深刻な問題を説明し、それに対する方策を提案している。これら一般に流布しているさまざまな言説をとらえなおすひとつの方法は、典型的だとみなされている少年期と、これまで無視されてきた少年期の文化的背景を綿密に検証してみることである。

少年期を創りだしたもの

少年期は本来的にさまざまな問題をかかえこむものであるという考えはいったいどのように形成されてきたのであろうか。1960年代以降、子ども期と、変化しつづける子ども期の定義を理解するために多数の研究が進められてきた。このテーマでもっとも知られた研究は、**フィリップ・アリエスの『〈子ども〉の誕生——アンシャン・レジーム期の子どもと家族生活』**であろうが、そこでも関心は主として少年期に向けられている。アリエスのテキストを出発点として使うなら、（今日ではヨーロッパの歴史と帝国主義的拡張のレンズをとおして理解しているような）最初の子どもが少年たちであったことがわかる。すなわち、より多くの少年が読み書きを教えられていたため、また、文化の大きな多様性のなかで家父長的な権力システムを維持するのに役立つ人間になるのが少年であったため、少年の子ども期の出版物が比較的手に入りやすく、したがって、13世紀以降にあらわれてくる多数の事例は、実際には少年期についての事例なのである。アリエスは、今日われわれが少年期として理解しているのは、実際には、当時は少年たちが無視されていたり小さな大人と見られていたため、成人期と区別するのがむずかしかったことを示唆している。ほかの人生段階から切り離される少年期に対して関心がなかった理由の一部は、当時の子どもの死亡率が高かったことである。

少年期という観念の登場は、子ども期に特有の衣服（少年と少女が丈の長いガウンを着せられる）が出現し、その後の少年期に特有の衣服（この時期には少年は半ズボンやパンツを身につけさせられる）を示す絵画作品を検討することによって跡づけることができよう。この衣服（半ズボン）は、身体の大きな自由を少女よりも少年にあたえ、ほかの少年たちといっしょに屋外に出かける少年期文化を生むこととなった。これは19世紀末には正式の服装ではなくなってきたが、**半ズボンをはく**という習慣は19世紀をとおして残存した。

少年期が服装によって明確にされていたことにくわえて、教育における変化も少年期を形成するのに役立った。少年期を識別するひとつの方法は、初等学校がはじまり、はじめて生家を離れることによってなされた。少年期は、教育組織が制度化される以前には、長

期におよぶ区切りのないものであり、19世紀になってようやくそのはじまりと終わりの時期が明確になった。クラス分けをする教育制度の導入によって、少年期の諸段階が創出されたのである。少年たちは授業の進度と一致する身体的および文化的な達成目標を成就するよう期待された。アリエスは、学年制の教育制度が実施される以前の17世紀には、24歳の男子でも11歳の年少の少年と一緒のクラスで学んでいたかもしれないと指摘している。フランスでは、少年期は17世紀を通じて、アカデミーでの教育にそなえる時期として区分されていた。すなわち、少年期は、グラマースクールの初年と、そのあとの徒弟期間、ヨーロッパ周遊旅行（グランド・ツアー）が終わるとき、あるいは軍隊ですごす数年とのあいだに生じた。

17世紀を通じて、少女は少年とは非常に異なる育てられかたをしていた。少女にはアカデミーの教育を受けたり生家を離れて徒弟になったりする慣習がなかったからである。少女の衣服は、幼い少年と少女が着る子ども期のガウンのままであった。男女共学の初等学校が広まり、多数の少女が基礎的な読み書きを学びはじめるようになると、母親や身内の者といっしょに家庭に隔離されていた頃にはできなかった方法で、同輩仲間と交流できるようになった。

アメリカの少年期

アメリカでは、少年期は、服装、教育、仕事への態度などによって形成された。地域経済も少年期を形成した。1830年代を通じて、コモンスクールの法律がマサチューセッツにおいて施行され、教室に少年たちが集められ、少年期が再構成された。1830年代後半にジェイコブ・アボット[11]によって出版された子ども向けの教科書は、教育内容を発展させるために父親といっしょにはたらく少年を描いている。1850年代までに、少年にかんするオリヴァー・オプティック[12]の教科書、とりわけ小さな町に住む少年について書いた彼の教科書は、手のこんだルール体系と、所属する者とそうでない者との違いを識別する制服をもつクラブを組織している少年たちを描いている。中西部と南西部では、東海岸の都市や町とは対照的に、コモンスクールの教育制度はさまざまな比率で発展した。こうした地域の少年期は、しだいに都市化する北東地域ほど明確に都市の街路文化によって少年期が形成されることはなかった。これらの地域では、土地が少年たちを同輩仲間から切り離し、農業や家畜を世話する仕事のために、少年たちが大人といっしょにはたらく必要があったからである。1863年の奴隷解放令以前には、奴隷であった少年たちは7歳頃までは母親のもとにいた。7歳になると、しばしば彼らは売られ、成人男性と同じ仕事をはじめるよう強いられた。フレデリック・ダグラス[13]の自伝的な物語は、奴隷にとめ置かれた少年たちのなかには、識字能力と自由を手に入れるために教育を受けた自由身分の少年たちとの親密な関係を利用した者もいたことが示されている。

このように、少年期は、時間的な時期であるとともに、多様な行動を定義するために用いられる用語でもある。20世紀末と21世紀初頭には、ある種のアメリカ的な少年期は、20代の終わりになるまで続く。1890年代のイギリスとアメリカの上層中産階級と中産階級の少年たちも、30歳代後半になるまで結婚と財産の所有が達成できないため、同じように延長された少年期を経験していた。その期間が多様であったことが確かだとしても、少年期は、この用語のもっとも構成的な意味で限定的であり、したがってそれゆえに貴重な時期なのである。

少年期へのノスタルジー

このような少年期の大切さは、少年期についてなにかを書く衝動の一部となる。なにかが失われるにしても、書物やイメージによって郷愁をかきたてられながら、ふたたびとりもどすことができるものでもあるからである。マルシア・ヤコブソンは、『もう一度少年にもどる』（Being a Boy Again）のなかで、少年期に郷愁を覚えるこうした心の動きは、19世紀後半にとくに強まったと指摘している。ヤコブソンは、ハムリン・ガーランドが1899年に発表した『大草原の少年』（Boy's Life on the Prairie）[14]や、スティーヴン・クレイン[15]による1900年の『昔の町の物語』（Whilomville Stories）にみられる少年期への郷愁について論じている。彼女は、作家のなかには、少年期をめぐる公開討論の場として子ども向けの雑誌を利用している者もいると述べている。たとえば、ハウエルズ[16]は、1890年の「ハーパーズ・ヤング・ピープル」誌[17]に、『少年の町』（A Boy's Town）を発表している。これらの出版物は子どもにも大人にも読まれたが、深みのある長く支持される少年期の観念を形成するのに役立った。マーク・トウェインが1886年に出した『ハックルベリー・フィンの冒険』（Adventures of Huckleberry Finn, 1886）は、今なお少年期を理想化するために利用されている。

少年期がフィクションやノンフィクションにおいて定義されるとき、しばしばそれは、のちの成人期に影響をおよぼすことになる行動を形成するものと理解される。少年は今まさに少年期を送っている。これに対して、少年についての書物の著者はかつての少年であり、少年の観察者であって、つねに今現在の少年期の当事者ではない。少年期について書かれたものは記憶を映し出したものであり、もう一度語りなおすなかで少年期を再構築したものなのである。

多様な少年期

少年期の歴史が考察されるとき、心にとめておくべき重要なことは、記録され、歴史に組みこまれてきた

少年期は、しばしばほかの少年期を除外したり無視してしまうこともあるという点である。1990年代に少年問題を扱った大衆向けの論文の大部分は、白人の中産階級の少年に焦点を置いている。しかし、当時議論されたのは、この時期に論じられたような少年期だけではなかった。J・M・クッツェー*18による1997年の『少年時代』は、1940年代から50年代にかけての南アフリカにおける白人の少年期の描写において卓越しており、ほかにもネガ・メイズレキア*19は、2001年の『ハイエナのなかから――エチオピアの少年時代』(Notes from a Hyena's Belly: An Ethiopian Boyhood)で、1960年代から70年代にかけてのエチオピアでの少年期を細かく著述している。

部分的には少年期が社会評論の有力な資料を提供しつづけているという理由で、また、すでに確立している「少年は少年らしく」という観念が人びとの心をかき乱し、暴力的で女性不信の言動に根拠をあたえつづけているという理由で、高まりつづける少年期研究は、これまであまりにも長いあいだ不問にされてきたこれらの構成概念を検討する方法をもたらすだろう。

[訳注]
* 1 マイケル・グリアン (Michael Gurian) ――アメリカのカウンセラー、社会哲学者、ベストセラー作家。グリアン『だからすれ違う、女心と男脳――悩んだときの「オトコ取り扱い説明書」』(藤井智美訳、講談社、2005年)。
* 2 『不思議な男の子』――原書は The Wonder of Boys: What Parents, Mentors and Educators Can Do to Shape Boys into Exceptional Men (1996) である。ほかに少年問題を扱ったものとして A Fine Young Man: What Parents, Mentors and Educators Can Do to Shape Adolescent Boys into Exceptional Men (1999)；The Wonder of Children: Nurturing the Souls of Our Sons and Daughters (2004)；The Minds of Boys: Saving Our Sons From Falling Behind in School and Life (with Kathy Stevens, 2005) などが知られる。グリアンは、男の子は父親や伯父などの男性との交わりをもたないと社会的な役割を見出すことができないと主張している。
* 3 ウィリアム・ポラック (William Pollack, 1926-2013) ――アメリカの臨床心理士。ハーヴァード大学医学部病院男性研究センターのディレクター。男性と男らしさの心理学会の発起人。
* 4 『男の子が心を開く親、拒絶する親』(Real Boys: Rescuing Our Sons from the Myths of Boyhood, 1998)――「男の子」の育て方のガイド。このなかでポラックは、男子と女子の発達の違いを無視する画一的な学校教育や男の子に対する固定的な見方に従う親の子育てによって、男の子らしい感情が抑圧され、それが彼らの向上心を奪い、さまざまな反社会的行動を生み出していると論じている。
* 5 クリスティーナ・ホフ・ソマーズ (Christine Hoff Sommers, 1950-) ――アメリカのフェミニズム研究家、哲学者。ジェンダー・フェミニズムを批判している。
* 6 The War against Boys: How Misguided Feminism Is Harmning Our Young Men, 2000 ――ソマーズは、この作品において次のように主張する。――アメリカでは男の子は能力的にも向学心においても女の子に差をつけられており、男の子はいまや大いなる危険にさらされている。女子の苦難の問題はかつて大きくとりあげられいまでも強調されているが、その陰で男の子は自分の尊厳すらあやうくなるような状況にあり、男の子こそ助けを求めている。
* 7 ケネス・キッド (Kenneth Kidd) ――フロリダ大学教授。メディア論、ジェンダー論、英米文学者、児童文学者。Making American Boys, 2004.
* 8 ヘンリー・ウィリアム・ギブソン (Henry William Gibson) ――Camping for Boys (2008再版)、Boyology: or Boy Analysis (1922, 2009).
* 9 ウィリアム・B・フォーブラッシュ (William Byron Forbrush, 1868-1927) ――アメリカの作家、編集者。The Queens of Avalon (1911)；The Coming Generation (1912) The Boy Problem (1901, rep. 2007).
* 10 ケイト・アプソン・クラーク (Kate Upson Clark, 1893-1935) ――アメリカの作家、編集者。「ゴーディーズ・レディーズ・ブック」(Godey's Lady's Book)、「アトランティック・マンスリー」(Atlantic Monthly)、「クリスティアン・ヘラルド」(Christian Herald)「ハーパーズ・マガジン」(Harper's magazine) などに記事を書き、「スプリングフィールド・リパブリカン」(Springfield Republican)、「ニューヨーク・イブニング・ポスト」(New York Evening Post) などの有力紙の編集者でもあった。
* 11 ジェイコブ・アボット (Jacob Abbott, 1803-1879) ――アメリカの児童文学作家。多才をもって知られ、初めアマースト・カレッジで数学と哲学の教授をするかたわら、教会の説教者としても知られ、子ども向けの多数の読みものを書いた。「ロロ」シリーズ (Rollo at Work, Rollo at Play, Rollo in Europe) は広く読まれた。
* 12 オリヴァー・オプティック (Oliver Optic [本名 William Taylor Adams], 1822-1897) ――アメリカの政治家、児童文学者。おもに少年向けに100冊ほどの作品を書いた。
* 13 フレデリック・ダグラス (Frederick Douglass, 1818-1895) ――メリーランド州出身のアフリカ系アメリカ人の元奴隷で、苦学した後、奴隷制度廃止のための演説と活動を行ない、リンカーンとともに奴隷解放のために運動した。新聞社を主宰し、編集・講演・執筆・政治家としての活動をとおして、奴隷制廃止論を唱えた。『フレデリック・ダグラス自叙伝――アメリカの奴隷』(Narrative of the Life of Frederick Douglass, an American Slave, 1845)；The Heroic Slave, 1853、『屈従と自由』(My Bondage and my

Freedom, 1855) などが知られる。
* 14 『大草原の少年』(*Boy's Life on the Prairie*, 1899) ——アメリカの作家ハムリン・ガーランド (Hamlin Garland, 1860-1940) の作品。自身の少年時代の農場での生活体験と見聞をもとに、西部開拓時代の子どもたちの生活とその生活を支える開拓者精神、アメリカ建国精神を描いた歴史と冒険の物語。
* 15 スティーヴン・クレイン (Stephen Crane, 1871-1900) ——アメリカの作家、詩人、自然主義の先駆者で、フォークナーやヘミングウェイに影響をあたえた。
* 16 W・D・ハウエルズ (William Dean Howells, 1837-1920) ——アメリカの小説家、批評家、編集者。独学で文学その他を学び、19世紀アメリカのリアリズム文学を代表する作家となった。晩年は「アメリカ文壇の大御所」(Dean of American Letters) とよばれた。作家のクレイン (Stephen Crane, 1871-1900) やフランク・ノリス (Frank Norris, 1870-1902) らを育てた。『サイラス・ラパムの向上』(The Rise of Silas Lapham, 1885)、『批評とフィクション』(Criticism and Fiction, 1891) などが知られる。
* 17 「ハーパーズ・ヤング・ピープル」(*Harper's Young People*) ——アメリカ児童文学雑誌 (1879-1899)。アメリカの児童雑誌「セント・ニコラス」誌と人気を二分した。
* 18 クッツェー (John Maxwell Coetzee, 1940-) ——南アフリカ生まれの作家、言語学者、翻訳家。2003年度のノーベル賞を受賞した。その受賞理由は、「数々の装いをこらし、アウトサイダーがまきこまれていくところを意表をつくかたちで描いた。その小説は、緻密な構成とふくみのある対話、すばらしい分析を特徴としている。しかし同時に、周到な懐疑心をもって、西欧文明のもつ残酷な合理性と見せかけの道徳性を容赦なく批判した」というものである。自分の少年時代を回想した作品『少年時代』(*Boyhood: Scenes from Provincial Life*, 1997) は、ケープタウンでオランダ系入植者のアフリカーナの父とドイツ系の母と、英語を使って暮らす少年期を描いている。*The Childhood of Jesus* (2013) など。
* 19 ネガ・メイズレキア (Nega Mexlekia, 1958-) ——エチオピア生まれのカナダの作家。

➡ ジェンダー化、少女期

● 参考文献

Ariès, Philippe. 1962. *Centuries of Childhood: A Social History of Family Life*. Trans. Robert Baldick. New York: Alfred A. Knopf. アリエス『〈子供〉の誕生——アンシァン・レジーム期の子供と家族生活』(杉山光信・杉山恵美子訳、みすず書房、1980年)
Clark, Beverly Lyon, and Margaret Higonnet, eds. 1999. *Girls, Boys Books, Toys: Gender in Children's Literature and Culture*. Baltimore: Johns Hopkins University Press.
Coetzee, J. M. 1997. *Boyhood: Scenes from Provincial Life*. New York: Viking. クッツェー『少年時代』(くぼたのぞみ訳、みすず書房、1999年)
Gurian, Michael. 1996. *The Wonder of Boys: What Parents, Mentors, and Educators Can Do to Shape Boys into Exceptional Men*. New York: Penguin.
Hoff Sommers, Christina. 2000. *The War against Boys: How Misguided Feminism Is Harming Our Young Men*. New York: Simon and Schuster.
Jacobson, Marcia. 1994. *Being a Boy Again: Autobiography and the American Boy Book*. Tuscaloosa: University of Alabama Press.
Kidd, Kenneth. 2000. "Boyology in the Twentieth Century." *Children's Literature* 28: 44-72.
Kotlowitz, Alex. 1991. *There Are No Children Here: The Story of Two Boys Growing Up in the Other America*. New York: Random House.
Mezlekia, Nega. 2001. *Notes from a Hyena's Belly: An Ethiopian Boyhood*. New York: Picador.
Nelson, Claudia. 1991. *Boys Will Be Girls: The Feminine Ethic and British Children's Fiction, 1857-1917*. New Brunswick, NJ: Rutgers University Press
Pollack, William. 1998. *Real Boys: Rescuing Our Sons from the Myths of Boyhood*. New York: Random House.
Rotundo, E. Anthony. 1993. *American Manhood: Transformations in Masculinity from the Revolution to the Modern Era*. New York: Basic Books.

(LORINDA B. COHOON／谷村知子・北本正章訳)

少年裁判所 (Juvenile Court)

　最初の公的な少年裁判所は、1899年にイリノイ州クック郡に設立された。1920年までに少年裁判所はアメリカのほとんどすべての主要都市に拡がった。少年裁判所は、犯罪を犯した18歳以下の少年、育児放棄された少年、そして要保護少年に対し、ほかとは区別された手続きと設備を提供し、予防、診断および更生に焦点化したものであった。少年裁判所は、子どもを成人の刑事システムから分離することを求める、19世紀の大きな運動の流れの一部として生じた。都市の改革論者は、アメリカの多くの産業都市にみられる劣悪な生活条件が逸脱行為の原因になっていることを危惧していた。彼らは、問題をかかえた少年を好ましくない環境から分離し、生産的な市民へと訓練するための特別な機関および組織の必要性を訴えた。19世紀末にいたるまで、進歩主義的な改革論者の多くは、こうした初期の方法に対して批判的な見解をいだいていた。改革論者たちは新たに生じた心理学的、社会学的研究に後押しされるかたちで、子どもの生活への早期の介入をうながした。改革論者たちは、少年裁判所の権限を通じて、それぞれの子どもの個別的な経験を考慮に入れることにより、彼らの好ましくないふるまいを変化させることができると考えていた。発足当初から、少年裁判所は人道主義的活動であると同時に社会統制の手段でもあるものとして機能した。

広く認識されているように、少年裁判所は子どもと彼らの家族の生活に対して介入を行なう。少年裁判所は、親がわり（*parens patriae*、パレンズ・パトリー）[*1]という中世イングランドの教義を受容したものであり、子どもの福祉が脅かされる状況にある場合、国家は彼らの親として行動するのだとされていた。裁判官は個々の事件を非形式的に、刑事ではなく民事の手続きにのっとって処理した。また彼らには、子どもの利益の最優先という原則のもと、大幅な裁量権が付与されていた。典型的には、裁判官は子どもの家族、生活状況、および健康状態の調査を行ない、当の子どもを裁判所に出頭させるかあるいは社会奉仕活動に付託するかを決定する保護観察官を任命することができた。審判を待つあいだ、子どもはしばしば拘置所に置かれた。そこで子どもは、年齢、性別、医学的状態に応じてふり分けられ、診断を受けた。事件が法廷にもち越された場合、裁判官は判決をくだすために、子どもや親と裁判官自身との非公式なやりとりをふくむ、収集されたあらゆる情報を利用することができた。通常の場合、裁判官は保護観察を科すことが多かった。しかし、事件が深刻で、裁判官がその他の方法を見出せなかった場合、子どもは州の少年院へと引き渡された。

多くの人びとが少年裁判所を人道主義の成果として歓迎したが、より批判的な見解をもつ人びとも存在した。初期の批判者は、少年裁判所が意図どおりの手続きとプログラムを遂行していないと非難した。少年裁判所はしばしば処理できないほどの取り扱い件数をかかえており、子どもを監護する際に十分な配慮を行なうことができなかった。少年裁判所は多くの場合、自発的に保護観察官を申し出た人びとによる過重労働に依存しており、更生処置よりも拘置所や懲罰的手段を多く利用した。

ほかの人びとは、子どもと親に対してあまりにも強大な権力を行使しているという理由で、少年裁判所を批判した。刑事上の犯罪のみならず、法令違反を犯した場合や保護が必要と判断された場合であっても、子どもには非行というレッテルが貼られた。少年裁判所には、陪審員も証言も証人もなく、正当な手続きもなかった。また裁判官は、被告人による弁護人の要請も認めなかった。このことは、裁判官が過度の裁量権を行使することを意味していた。一方、数多くの少年裁判所研究者が指摘しているように、少年裁判所は親の権限に干渉し、しばしば裁判所職員と家族との階級的、文化的衝突の場となった。多くの場合、親はみずからの子どもに対する権限を主張するために少年裁判所を利用したが、進歩主義的な少年裁判所は親や子ども、さらには下層階級やマイノリティ、移民に対する社会的統制を行なうためのひとつのメカニズムとして機能しているのだと指摘する学者もいた。

1960年代には、19世紀にはじまって以来もっとも重要な変化が少年裁判所にもたらされた。市民的自由主義者たちたちは、裁量権によってくだされる判決や施設収容を通じて、少年裁判所がしばしば階級や人種、民族に応じた差別を青少年に対して行なっていると論じた。さらに彼らは、法廷において青少年は成人と同等の憲法上の権利を認められていないにもかかわらず成人の犯罪者と同様の懲罰的拘禁にさらされていると強く主張した。10年のあいだに、最高裁判所は五つの主要な判決——このうちもっとも有名なのは、**ゴールト裁判**（1967年）である——を言い渡したが、これらはいずれも少年裁判所に改変をもたらすものであった。これらの判決によって正当な手続きと形式的手続きが大幅に整えられ、裁判官の裁量権は縮小された。同時に、多くの州が少年裁判所からの地位犯罪者の排除を法制化し、弁護人の参入を命じ、少年裁判所での手続きを刑事法廷のそれにならわせ、その結果、より多くの少年犯罪者を矯正施設以外の機関に送致した。皮肉にも、1970年代後半以降に少年裁判所が**子どもの権利**に対して非常に適合したものになると、少年裁判所での手続きもそれに応じてより刑事化されていった。アメリカ人が青少年の暴力に対して多大な関心をますます表明するようになると、少年裁判所は、手続きの厳格化とより多くの青年期の子どもを成人として審理することで応じた。

1899年のシカゴ少年裁判所は、国際的にも影響力をおよぼした。多くの工業国といくつかの途上国では、少年裁判所に司法裁量権と社会福祉的アプローチを組みこむかたちで、アメリカの少年裁判所モデルが自国の裁判所の基礎として用いられた。各国の少年裁判所がその国の文化に特有の形態をとる一方で、いずれの国においても、子どもの権利や人種的、民族的差別、非行を統制する際の更生的方法と懲罰的方法の対立といった、多くの共通したジレンマとの取り組みがなされている。

[訳注]

*1 「親がわり」（*parens patrie*）——パレンズ・パトリー原則（*parens patriae*、国親思想ともいわれる）にもとづく少年司法の原則のひとつ。公権力が、「親に代わって」（*in loco parentis*）私的領域に介入するために、親子関係のパターナリズムを利用して考案した支配の論理。「クルーズ事件」訳注1参照。

➡非行、少年司法

●参考文献

Platt, Anthony M. 1969. *The Child Savers: The Invention of Delinquency*. Chicago: The University of Chicago Press.

Rosenheim, Margaret K., et al., eds. 2002. *A Century of Juvenile Justice*. Chicago: The University of Chicago Press.

Ryerson, Ellen. 1978. *The Best-Laid Plans: America's Juvenile Court Experiment*. New York: Hill and Wang.

Schlossman, Steven L. 1977. *Love and the American Delinquent: The Theory and Practice of "Progressive"*

Juvenile Justice, 1825-1920. Chicago: The University of Chicago Press.

Schneider, Eric C. 1992. *In the Web of Class: Delinquents and Reformers in Boston, 1810s-1930s*. New York: New York University Press.

（LAURA MIHAILOFF／渡邊福太郎訳）

少年司法（Juvenile Justice）

■国際的状況
■アメリカの状況

■国際的状況

19世紀後半には、社会的、経済的条件が果たす役割によって子どもが法律に抵触する状況に置かれていることを認める運動がヨーロッパとアメリカではじまった。その結果、20世紀初頭までに、成功の度合いや公的支援の状況は一様ではなかったものの、世界の多くの地域において、成人とは区別される、少年を対象にした司法手続きが創設された。子どもの教育権や構造的不公平——とりわけ人種差別や貧困、あるいはそれにともなう薬物売買、売春、窃盗といった犯罪に対する覚醒があげられる——に対する権利など、ほかの人権問題と密接に結びついていたにもかかわらず、20世紀最後の四半世紀にいたるまで、少年司法の運営が国際的な人権問題の主題としてあらわれることはなかった。

1924年の国際連盟による「子どもの権利に関するジュネーヴ宣言」（Declaration of the Rights of Children）や、それに続く国際連合の「児童の権利に関する宣言」（1959年）によって、子どもの権利にかかわる問題が国際的な関心事であると認められた。しかしながら、いずれの文書も、法律と抵触状態にある子どもの権利や、司法運営において青少年が成人と区別されるべきかどうかについては、何ら言及はなかった。1955年の「国連被拘禁者処置最低基準」（Standard Minimum Rules for the Treatment of Prisoners）では、青少年の犯罪者は基本的に収監されるべきではなく、かりに収監されることになった場合でも成人とは分離されると明記された。国連犯罪防止刑事司法会議（UN's Congress on the Prevention of Crime and Treatment of Offenders）が少年犯罪者に特有のニーズについて包括的な取り組みを見せたのは、ようやく1980年になってからであった。

この発議に続き1985年に国連は、「少年司法運営に関する国連最低基準規則」（Standard Minimum Rules for the Administration of Juvenile Justice）、いわゆる「北京ルール」（Beijing Rules）を採択した。北京ルールでは、少年の社会的・身体的・心理的発達に鑑み、更生を少年の個別的状況や個々の犯罪内容にふさわしい司法矯正と結びつける試みがなされた。その結果、1990年には法的拘束力をもたない、自由を奪われた少年を保護するための国連規則および少年非行の予防ガイドライン、いわゆる「リヤド・ガイドライン」（Riyadh Guidelines）が採択された。これらの文書は、少年の非行や犯罪に子ども中心主義的な価値観を適用する国際規範の形成に貢献するとともに、社会化や統制の対象ではなく、価値ある構成員としての青少年に社会はかかわっているのだと規定した。

しかしながら、少年司法を国際的な関心事として確立したもっとも重要な法律文書は、1989年の国連子どもの権利条約（1989 UN Convention on the Rights of the Child：CRC）である。歴史上もっとも広く受け入れられた人権にかんする条約として1990年に発効したこの条約は、191の批准国——いまだに批准していないのは、ソマリアとアメリカ[*1]だけである——に、国内法を各条項に適合したものに変更することと、CRCの監視組織である子どもの権利委員会（the Committee on the Rights of the Child）へ、この法律の遵守状況について定期報告することを義務づけている。ここで重要なのは、CRCが17歳を少年の上限年齢としていることであって、この年齢は、子どもと成人の区分線として国際的な規範でありつづけていた年齢でもあった。

CRCの一般条項のいくつかは法律との抵触状態にある子どもにかかわるものであり、なかでも少年司法の問題についてとくに言及しているのは第37条と第40条である。第37条は青少年犯罪者が人間として有する尊厳を掲げ、拷問や品位を傷つける扱いを禁止し、未成年者に対する死刑および釈放の可能性のない終身刑を廃止するとしている。また子どもの拘禁は、最終的な解決手段として最短期間のみ認められるとされている。1966年の市民的および政治的権利にかんする国際規約を反映するかたちで、青少年犯罪者が拘留あるいは収監される場合には、成人とは分けて収監されねばならないとしている。

第40条は、子どもが社会の建設的な構成員として復帰することを唱えるものである。この条項は、正当な手続きや、罪が証明されるまでの無罪推定、法的支援へのアクセス、そして迅速な裁判を受ける子どもの権利を明らかにしている点で、1948年の世界人権宣言（Universal Declaration of Human Rights）を忠実に反映している。第40条は、刑法を犯す能力を有さないと推定される最低年齢の確立を各国政府に要求した。またそれにくわえて、可能な場合にはつねに、子どもを司法手続きに訴えることなく扱い、カウンセリングやプロベーション［保護観察制度］、**里親養育**、教育、職業訓練など、子どもの状況と、犯した罪に応じた代替的な矯正教育を提供するよう要求した。

各国の条約もまた、少年司法運営の国際的な権利規範を形成するうえで重要な貢献をしている。1969年の「米州人権条約」[*2]は18歳以下の者への死刑を禁止

し、青少年犯罪者を成人犯罪者から分離することを規定した。またこの条約には、犯罪者の未成年者としての地位を配慮する、「特別な裁判所」での迅速な裁判を受ける権利が特記されている。1999年には、「子どもの権利および福祉に関するアフリカ憲章」[*3]が、アフリカ統一機構（OAU）[*4]によって発効された。これはCRCにおける子どもの権利の観点から少年司法運営について特記した（第17条）、CRCに続く最初の地域憲章であった。1954年の「欧州人権条約」（ECHR）[*5]は、法に抵触した青少年に関連する子どもの権利についてほとんど明記していなかったため、欧州評議会はより包括的な条約である、2000年の「子どもの権利行使に関する欧州条約」（European Convention on the Exercise of Children's Rights）の採択をうながすことになったのであった。

司法制度における子どもの権利をより強固なものにするために、ここ数十年のあいだに世界中で多くの取り組みがなされたにもかかわらず、人権にかんする緊急の課題はいまだに残されたままとなっている。とりわけ最貧国に代表される多くの国々では、特別な少年司法制度が欠如しているか、あるいは既存の制度インフラが不十分な仕方で維持されているため、結果的に、超過密や不衛生な状態や、あるいは未成年者が成人とともに拘留されるといったことが生じている。これらの国々は、更生プログラムや、少年司法制度を担う（しばしば犯罪者とは異なった文化的、経済的背景をもつ）人材のための訓練施設の創設を迫られており、また児童心理学者、ソーシャルワーカー、法律家といった関連サービスの配備も不十分なままである。国の豊かさはかならずしも少年司法制度の充実度をあらわす指標とはならず、また裁判の大幅な遅れや、裁判を待つ間の子どもの長期にわたる待機拘束をもたらす、非効率的な司法手続きからの自由を示す指標ともならない。2002年にヒューマン・ライツ・ウォッチ[*6]は青少年犯罪者に対する法定代理人や、公正な審問の制度的な保証の欠如が、アメリカをはじめブラジル、ブルガリア、グアテマラ、インド、ジャマイカ、ケニア、パキスタン、ロシアにおいてみられると報告した。子どもは、拘留施設のなかで長期間にわたる家族からの隔離や、法的支援の欠如、そして犯罪内容に不つりあいな判決に直面しうるのである。

もうひとつの根深い問題が、警察官や職員による体罰をふくむ身体的虐待である。「子どもの権利委員会」は、**ラテンアメリカやアフリカ**その他の地域でなされる、青少年犯罪者への拷問、折檻、鞭打ちの発生率について言及した。青少年の拘留もまた、男色や家庭内暴力問題といった、社会問題とされているものに対する治療手段として生じた。さらには、アメリカや**オーストラリア**などの国々で、20世紀末に犯罪が増加したことは、青少年犯罪者の個別状況にかんする裁量を許すものよりも、むしろ強制的な判決を可能にするような仕組みの確立につながった。

こうした人権への要求がさしせまった課題となっていることの背景には、CRCが提示した国際規範やほかの国連規約と、いまだに植民地時代の法規制を敷いているいくつかの旧植民地国における少年司法運営にかんするガイドラインとを統合する国内法の欠如という問題がある。バヌアツなどいくつかの国々では、新たな国内法の適用と旧来の法律および慣習とのあいだで衝突が生じた。CRCが具現しているように見える、ヨーロッパ的な価値観に対して懐疑的な部族の指導者や共同体の首長は、子どもの権利条約の各条項によって彼らの伝統的な価値観や慣習から子どもたちが離れてしまい、そのことによってかえって青少年非行が加速されるのではないかとの懸念を表明した。

多くの政府は、CRCに従いながらも、その少年司法規定には低い優先順位しかあたえていない。なぜなら、青少年犯罪者が置かれている苦境は、共感とぼしい資源に対する支援をほとんど引きよせないからである。各国政府でほかの子どもへの教育の拡大については意欲的な取り組みがなされているにもかかわらず、少年司法運営の創設や強化、さらには青少年犯罪者の教育権については、しだいにおろそかにされるようになってきている。このことによくあらわれている共感の欠如は、一般公衆の想像力のなかで、ある種の犯罪タイプを青少年犯罪者と結びつけ、社会における少年非行の拡大をひんぱんに歪曲して伝えるマス・メディアの傾向によって、しばしばいっそう悪化させられている。少年司法制度の改変が懲罰的になされるべきか、あるいは更生的になされるべきかにかんする一般公衆の意志は、メディアによる実質的な影響を受けているために、「リヤド・ガイドライン」は各メディアに対して、「青少年が社会に対して行なう積極的な貢献を描くよう」、とくにうながしている。

国際外交もまた、各国間の少年司法制度の違いによる影響をこうむっている。各国間で犯罪者引渡条約が結ばれる際には、死刑にかんするそれぞれの見解が明示されねばならない。このことは、とくにアメリカとの関係にあてはまる。なぜならアメリカは、死刑に相当する罪を犯した18歳未満の者に対する死刑判決を認めている数少ない国のひとつだからである。アメリカの23の州は、新たな国際規範に反対するかたちで、いまでも有罪判決を受けた18歳以下の青少年の死刑と、仮釈放なしの終身刑を認めている。1985年以降に18歳以下の犯罪者を死刑に処した国は、バングラデシュ、イラン、イラク、ナイジェリア、パキスタン、サウジアラビア、アメリカ、イエメンのみである。その他の国際的な困難は、とりわけオーストラリア、アメリカ、ドイツといった国々における移民法と抵触した子どもの拘留をめぐって生じている。イタリアやスロヴァキア、チェコにおいてロマ（Roma）の人びとがかかえる窮状にあらわれているように、ある特定の

マイノリティに対する虐待も、国境を越えた問題となっている。また、世界中で増加の一途をたどっている越境する青少年売春や薬物売買に対して、いかなる効果的かつ統合的なアプローチをとるべきかも、少年司法運営をめぐる国際的な関心事でありつづけている。

[訳注]
*1 ソマリアとアメリカ──「国連子どもの権利条約」訳注1参照。
*2 「米州人権条約」（American Convention on Human Rights）──1969年に採択され、1978年に発効した地域的人権保障の条約で、人権委員会と人権裁判所を設置し、加盟国に勧告などを行なう。
*3 「子どもの権利および福祉に関するアフリカ憲章」（African Charter on the Rights and Welfare of the Child）──アフリカ統一機構によって、加盟するアフリカの国々の子どもの包括的な子どもの権利宣言。1990年に採択された。
*4 アフリカ統一機構（the Organization of African Unity: OAU）──アフリカ諸国の連帯と政治協力の強化を目的に、1963年に創設された。エチオピア、エジプト、ガーナ、ギニア、スーダン、チュニジアなど53カ国の地域的連帯機構。本部はエチオピアのアジス・アベバ。
*5 「欧州人権条約」（1954 European Convention for the Protection of Human Rights and Fundamental Freedoms: ECHR）──人権と基本的自由の保護を集団的に保障するためにヨーロッパ諸国が1954年に成立させた条約で、シュトラスブールにヨーロッパ人権委員会（the Euorpoean Commission of Human Rights）と、欧州人権裁判所（the European Court of Human Rights）を常設機関として設置した。
*6 ヒューマン・ライツ・ウォッチ（Human Rights Watch）──国際的な人権NGO。旧ソビエト連邦のヘルシンキ協約違反を監視するために1978年に組織された非政府組織を前身として組織化が進んだ。人権侵害をおこなう政府を公に批判し、国際的な注目を集めることで是正を迫ることを目的に、1980年以降、「アメリカ・ウォッチ」（1981年）「アジア・ウォッチ」（1985年）「アフリカ・ウォッチ」（1988年）「中東・ウォッチ」（1989年）を世界的に拡大した。現在の組織は1988年にすべての組織が統合されて「ヒューマン・ライツ・ウォッチ」と改称し、「調べる、知らせる、世界を変える」のスローガンのもとに、全世界、90カ国で人権状況をモニターし、人権擁護活動を展開している。ニューヨークに本部がある。http://www.hrw.org

➡児童売春、児童ポルノ、児童労働（欧米）、児童労働（発展途上国）、少年兵（世界的な人権問題）、誘拐（現代アフリカ）

●参考文献
Feld, Barry C., ed. 1999. *Readings in Juvenile Justice Administration*. New York: Oxford University Press.
Shoemaker, Donald, ed. 1996. *International Handbook on Juvenile Justice*. Westport, CT: Greenwood Press.
United Nations. 1985. *Standard Minimum Rules for the Administration of Juvenile Justice*（The Beijing Rules）. G.A. Res. 40/33, 40U.N. GAOR Supp. No. 53 at 207, U.N. Doc. A/40/53.
United Nations. 1989. *Convention on the Rights of the Child*. G.A. Res. 44/25, U.N. GAOR, 44th Sess., Supp. No. 49, U.N. Doc. A/44/49. 喜多明人・森田明美・広沢明・荒牧重人（編）『逐条解説　子どもの権利条約』（日本評論社、2009年）。また、文部科学省による全訳は次を参照。http://www.mofa.go.jp/mofaj/gaiko/jido/zenbun.html
United Nations. 1990. *Guidelines for the Prevention of Juvenile Delinquency*（The Riyadh Guidelines）. G.A. res. 45/112, annex, 45 U.N. GAOR Supp.（No. 49A）at 201, U.N. Doc. A/45/49.
United Nations. 1990. *Rules for the Protection of Juveniles Deprived of their Liberty*. G.A. res. 45/113, annex, 45 U.N. GAOR Supp.（No. 49A）at 205, U.N. Doc. A/45/49.
United Nations. 2002. *Report of the Committee on the Rights of the Child*. U.N. GAOR, 57th Sess., Supp. No. 41, U.N. Doc. A/57/41.

●参考ウェブサイト
Annan, Kofi. A. 2003. "We the Children: Meeting the Promises of the World Summit for Children." Available from 〈www.unicef.org/specialsession/about/sg-report.htm〉
Cothern, Lynn. 2002. "Juveniles and the Death Penalty." Available from 〈www.ncjrs.org/html/ojjdp/coordcouncil/index.html〉
Defence for Children International. 2003. Available from 〈http://defence-for-children.org/〉
Human Rights Watch. 2003. "Juvenile Justice." Available from 〈www.hrw.org/children/justice.htm〉
Human Rights Watch. 2003. "World Report 2003." Available from 〈www.hrw.org/wr2k3/〉
United Nations. 1989. *Convention on the Rights of the Child*, U.N. Doc. A/44/49. Available from 〈www.unhchr.ch/html/menu2/6/crc/treaties/crc.htm〉
United Nations. Office of the High Commissioner for Human Rights. Committee on the Rights of the Child. 2003. Available from 〈www.unhchr.ch/html/menu2/6/crc/〉

（DIANE E. HILL／渡邊福太郎訳）

■アメリカの状況
　アメリカの司法制度は、「子どもは、法律が反映すべき、生活におけるきわめて特別な位置を占めている」（メイ対アンダーソン事件判決、1953年）という前提に立って機能している。犯罪者である子どもにとっての、ここでいう「特別な位置」をよくあらわしているのがアメリカの少年司法制度であり、この制度は関連する人びとの法的権利と手続きからなる複雑なネットワークに留意しつつ、一般公衆を少年犯罪（juvenile offences）から保護する責任を担っている。

少年司法にとっての重要な諸段階

社会福祉 アメリカの少年司法における社会福祉的段階（1899年以前）は、数世紀にわたるイギリスのコモンロー（慣習法）に起源をもつ。初期のコモンローは、国王の特権から派生するかたちで、みずからの世話をする能力がないと法的にみなされた人民を保護する権利と責任をイギリス国王に付与していた。しかしながら、子どもの保護は通常、地主貴族の家族のみに制限されており、その際にもくろまれていたのは国王自身への金銭的報酬の確保であった。アメリカ独立革命以降、国王によって担われていた権限を各州が引き受け、地主貴族を越えて保護の範囲をさらに拡張した。

アメリカの初期の歴史を通じて、子どもは家族や財政的な問題に際し、成年（アメリカ史においてもっとも一般的な年齢は21歳であった）にいたるまでは法的な無能者であるとみなされていた。法律は概して家庭内の出来事には関心をはらわず、子どもに対して親がもつ、ほぼ絶対的な権限を認めていた。親や教師は、体罰を強調する宗教的、教育的見解に支えられて、反抗的な子どもをたたき、押さえつけるために適切だと思われる手段であれば何でも自由に用いた。親や学校が行なう規律訓練の慣習に裁判所が干渉することはまれであった。子どもの問題行動に対するこうした「不干渉主義的な」アプローチは、1800年代初期から中期の数十年間にわたって政府がとったアプローチを特徴づけるものでもあった。

19世紀のアメリカでは、産業革命の結果、人びとは、互いに接近して暮らすとともに、都市の生活スタイルの出現にともなう社会的な難題に立ち向かうことを余儀なくされた。このとき生じていた変化はとりわけ子どもにとって重要な意味をもつものであり、国家は早くも、手に負えないとみなされた子どもや、家族や共同体に対して問題をひき起こす子どもに対処する必要性を認識していた。

こうした懸念に対する直接的な応答として、ニューヨーク州は貧民収容所を創設し、フィラデルフィア市がこれに続いた。これらの民間収容所は、刑事犯罪を犯した子どもや、逃亡者あるいは放浪者として発見された子どもの監護を意図したものであった。本質的にこれらの施設は、犯罪生活や、成人といっしょに収容されることにともなう悪影響から子どもを保護するために設立された。19世紀末までに、こうした子どもへの関心は拡大し、反抗的なすべての子どもを収容するための同様の施設が多くの主要都市で創設された。このような関心が少年裁判所を創設する際の根拠となり、この少年裁判所を通じて、各州は罪を犯した子どもに公的に介入することができるようになった。

少年司法の社会制度化 少年司法が社会制度化される段階（1899～1966年）は、1890年代から1900年代初頭にかけての社会的、政治的運動の成果として生まれた少年裁判所の出現とともにはじまった。これらの運動は、厳格な刑事司法制度から子どもを救うために手を差し伸べる、進歩主義の児童福祉運動として特徴づけられることもあれば、貧しく、力をもたない子どもに中産階級の価値を押しつけるメカニズムとして特徴づけられることもある。だがその創設動機が何であれ、少年裁判所という考えは定着し、全国に広がった1912年までに、約半数の州が少年裁判所をもち、20世紀末にはすべての州に少年裁判所が存在するようになった。

1966年にいたるまで、少年司法制度はアメリカのほかの司法制度と根本的に異なる法律と正義概念のもとに機能していた。社会制度化された少年司法は、法律違反に対処したり、法的争いを解決する議論の場を設けることではなく、むしろ深刻な法律違反への事前介入をめざすものであった。またこの制度は、愛情ある親が子どもにあたえるのとほぼ同様の気づかい、監護、規律訓練の提供を意図するものでもあった。州は、里親の立場でふるまうことを通じて、子どもに対する親と同様の絶対的な権限を担うようになった。

社会制度化された少年司法は、現在の制度に比べればより非形式的かつ機械的な方法をとっていたとはいえ、そこにふくまれるすべての機能を行使するものであった。また社会化された制度においては、事件に際して、州側の陳述を行なう警察官や保護観察官が、同じく子ども側の陳述も同時に受けもっていた。

被告の権利 被告の権利擁護の段階（1966～1990年）は、最高裁が社会制度化の段階の見直しを行ない、「子どもは次のいずれの世界においても最低限の扱いしか受けていないという懸念、すなわち、子どもには成人と同等の保護があたえられないばかりか、彼らにとって必要とされる、ゆきとどいた気づかいも更生のための処置もほどこされていないという懸念」（ケント対アメリカ事件判決、1966年）を表明したことによってはじまった。1967年の**ゴールト裁判**において、最高裁は少年裁判所での裁定に際して行なわれる審判に対し、憲法にのっとった正当な手続きの要求を課した。この手続きのなかには、少年の弁護人選定権、被疑事実および審問の告知、証人との対質権、反対尋問権、自己に不利な供述を拒否する権利がふくまれていた。

1970年に最高裁が、非行事件は州側の合理的疑いを越えて、成人の刑事事件と同様のレベルで立証されねばならないとの判決をくだしたことによって（ウィンシップ事件判決、1970年）、これらの基本的な手続き上の権利はさらに強化された。その後、少年裁判所は刑事法廷での一般的な証拠規準に従うことになったため、少年の裁定に際して行なわれる審判は、憲法上、少年事件は陪審員による判断を必要としないとされている点を除けば（マッキーバー対ペンシルヴァニア州

事件判決、1971年）、刑事裁判とほとんど区別がつかなくなった。

　手続きにかんするこれらの要求は、少年裁判所での手続きに多大な影響をおよぼした。被告側弁護人による陳述の確保は、審判の性質が非公式の会議から、刑事裁判とほぼ同様の対審的な論争の場へと変化することを意味した。立証請求によって、個々の犯罪行為にふくまれる諸要素にこれまで以上に焦点が集まる一方、個々の子ども自身に置かれる比重は減少した。

懲罰と責任　1990年に、少年司法制度は懲罰と責任の段階に入った。少年犯罪者の被告の権利がそこなわれることはほとんどなかったが、1990年代初頭のアメリカ社会は、自身の犯罪に対して少年が受けるべき懲罰と負うべき責任にますます焦点をあてるようになった。このことは、より多くの事件が少年裁判所から刑事法廷へと移され、成人の刑事法廷で少年事件を起訴する際の検察側の裁量権が増したことを意味した。1900年代初頭に少年裁判所制度が創設された際の原動力は、治療と更生を行なうために、子どもを懲罰的な刑事司法制度から分離することへと向けられていた。以上の事実は、この本来の原動力を完全に逆方向に転換するものであった。

　混合量刑あるいは青少年に対する拡大裁量権として知られる比較的新しいタイプの制定法もまた、少年司法制度の重要な機能と成人の刑事制度を融合する取り組みとして一般的なものになりつつある。混合量刑とは、成人の刑事法廷あるいは少年裁判所をつかさどる裁判官に、成人年齢の制限を超えて収容される青少年犯罪者に対して青少年の量刑と成人の量刑の両方を課すことを認めるものである。こうしたタイプの立法は、犯罪を行なった時点では刑務所に収監する成人の年齢に達してはいなかったが、数年のうちに釈放することはできないと判断された青少年を拘留するための方法であるとみなされる。通常、成人の量刑は、少年法の判決に従っている間に模範的なふるまいが見られた場合には猶予される。しかし、殺人やレイプといった非常に凶悪な犯罪の場合、判決は少年が州で定める成人年齢に達した直後に執行される。混合量刑法規のヴァリエーションは、少年に成人の判決と少年の判決のいずれかが言い渡される場合から、少年および成人の収監をともにふくむ複合的な判決がくだされる場合にいたるまで、多岐にわたる。連続的に組みあわされた混合量刑は、少年裁判所が、裁判所の拡大裁量権によって認められた年齢を超えて効力をもちつづける制裁を少年に対してくだすことを承認する。

　少年犯罪者の未熟さは、現代のほかの法制度においても、手続きと量刑に際して、典型的な検討事項となっている。しかし、アメリカのように少年裁判所を公的に分離した国はほとんどない。子どもの犯罪とこれに対する特別な要求は、たいていの場合、少年裁判所とは別の場所で、より非公式なかたちで処理される。また、アメリカにおいて青少年犯罪者にくだされる制裁は、世界のほぼすべての地域よりも厳しい。

青少年犯罪と矯正的代替案

　犯罪者としての子どもという概念が想定しているのは、少年裁判所で定められた年齢制限（通常は18歳）を下まわる人物が、ほかの人物もしくはその所有物に対して、または自分自身に対して実際に危害をおよぼすか、およぼすおそれのある行為を行なうといった状況である。これらの行為はそのほとんどが犯罪とみなされるものであるが、行為者が子どもであった場合、それらは犯罪としては扱われない。

　交通違反は従来、ほかの青少年犯罪とまったく同じ仕方で扱われていた。しかし、こうした慣習はかなりの批判にさらされるようになり、近年では、あまり深刻でない交通違反は交通裁判所に委託されるようになった。10代の運転手は、運転免許証により多くの制限が課されている点や、成人の運転手よりも運転の際の特権を失いやすい点を除けば、成人の運転手とまったく同様の扱いを受ける。未必の故意による殺人のような、もっと深刻な交通違反は少年裁判所にとどめられ、通常の非行事件として処理される。少年裁判所においても交通裁判所においても同様の裁判手続きがとられることを認める司法制度も存在するが、最高裁は両方の裁判所で同一の違反にかんする裁判を行なうことは違憲であるとの見解を示した（ブリード対ジョーンズ事件判決、1975年）。

　虞犯行為[*1]は、子どもによる一連の非犯罪的なふるまいを網羅しており、少年裁判所が扱う全事例の半数を占めている。虞犯行為は習慣的な無断欠席のような、あらゆる子どものふるまいをふくめて解釈することも可能な、曖昧かつ包括的なふるまいからなる。その結果、少年裁判所は本質的に、ほとんどすべての子どもの虞犯行為を有罪とみなす無限の権力をもつことになる。少年裁判所はさらに、自宅での保護観察から、自宅から遠く離れた安全な矯正施設での拘置にいたるまでの、非行に対する場合とほぼ同じ懲罰を虞犯行為者に命じる権力を有している。したがって虞犯行為者に対する司法は、比較的範囲がかぎられた非行司法に比べると、広範かつ包括的な範囲におよぶものとなっている。

　非行は一般的に、成人によって行なわれた場合には犯罪となるような、州および地域の刑事法の違反行為であると定義される。いくつかの州は、もっとも深刻な刑事犯罪もしくはもっとも軽度の刑事犯罪を除外することによって、広範な非行の定義に制限をくわえている。こうした司法制度においては、たとえば死刑あるいは終身刑の適用が可能な刑事犯罪が、非行から除外されている。その対極にあるのが、交通違反や漁業法違反、狩猟法違反といった軽犯罪を非行から除外す

る司法制度である。また非行のなかには、子どもだけに適用される法律違反も存在する。未成年者による外出禁止令違反がもっとも一般的な例であるが、エアガンの所持やアルコール摂取などがふくまれる場合もある。非行に対する矯正的な代替案は、共同体による非行者の保護観察から数年間の施設収容にいたるまで、多岐にわたっている。

殺人、レイプ、強盗といったもっとも深刻な刑事犯罪を犯した場合、ティーンエイジャーは成人の刑事裁判所で起訴され、少年裁判所へ送致されるか、あるいは最初から刑事裁判所で直接提訴される。たいていの司法制度において、このような深刻な刑事犯罪を犯した少年は、終身刑や死刑もふくむ成人のもっとも厳しい量刑を受ける可能性があり、また実際にこうした量刑がくだされてもいる。こうしたもっとも厳しいアメリカの判決は、ほかの現代社会の状況にほとんどそぐわない。アメリカでくだされる量刑判決は、同じ犯罪に対し、ほかの地域でくだされるものに比べ非常に長期にわたるものであり、またほかのほとんどの国々では、少年犯罪者に対する死刑の適用が廃止されている。21世紀初頭の時点で、犯罪を犯した少年に対する死刑制度を維持しているのは、アメリカ、とりわけテキサス州のみである。

少年司法手続き

少年司法が定める年齢制限以下の子どもが非行や不良行為を行なった場合、少年司法制度は通常、彼らの法的手続きを順次行なう権限を有している。少年とその親が、逮捕あるいは召喚されることなく、自発的に少年補導担当の警察官や少年保護観察官と接触するのはよくあることである。たいていの家族はほかの社会福祉機関に援助を求めるが、公的に訴訟を起こすことが適切だとみなされる場合もある。

子どもの逮捕は、成人の逮捕と大きく異なるわけではない。逮捕の際には身体的な力を用いることができ、めったにないとはいえ、絶対的に必要不可欠である場合には殺傷能力のある武器を用いることもできる。少年に対する裁判の準備が進められている場合には、逮捕にくわえ、証拠収集に必要なさまざまな捜査活動が警察によって行なわれる。この捜査には、たとえば子どもの身体検査や、家宅捜査、車内およびロッカーの検査がふくまれることもある。警察は監護尋問に先立って、黙秘権や尋問の際に弁護人をよぶ権利などをふくむ警告を行なわなければならない——とはいえ、この点にかんして法律には曖昧な点がある（フェアー対マイケル・C事件判決、1979年）。ある州では、親の同伴なしに子どもに尋問を行なうことが禁止されている。他方で別の州では、あらゆる陳述に先立って、子どもはまず弁護人と最初に協議するよう求められている。

子どもを引きとる親がいない場合や、親がそれを拒否した場合、あるいは事態があまりに深刻で釈放が適切な処置ではないと判断された場合には、子どもはさらなる手続きを待つあいだ、拘留されることがある。こうした決定は少年保護観察官によってその場でくだされるが、その後すぐ拘留審判が少年裁判所での裁判の前に開かれる。仮釈放中の犯罪を防止するために、審理前の少年の釈放を禁止する方針は、1984年に最高裁によって憲法上容認されると認められた（シャル対マーティン事件判決）。

次の段階で行なわれるのがインテイク［受け入れ審問］であり、これは少年裁判所でなされる手続きのうち最初の段階のものである。ここでは審理の対象となりうる事件のなかから、より形式的な手続きへとさらに進められるべきものが選別される。通常の場合、少年保護観察官は警察からの告発について議論するために、子どもおよび親との面談を行なう。子どもは彼あるいは彼女の側の言い分を述べるよう求められ、当の問題を解決するために公式の裁判訴訟が必要かどうかを全員で協議する。

インテイクによっても事件の性質に変化が見られなかった場合、保護観察官は少年裁判所裁判官の権限のもと、少年裁判所に公式の申立てを行ない、少年に対する法律裁判所での公式の訴訟が成立する。少年にかんする申立てでは、ある子どもが、ある特定の法律に、ある特定の日時、場所および方法において違反したことについての申立てがなされる。不良行為にかんする申立てはこれよりもいくぶん具体性を欠くものではあるが、そこでも事案の根拠となる違反行為について申立てがなされ、きわめて深刻な少年犯罪の場合には、成人の刑事裁判所で直接提訴されることもある。

手続き上は刑事裁判所での裁判と非常に似かよったものであるにもかかわらず、少年裁判所での裁判は聴聞とよばれる。検察官は、申立てにある犯罪を少年が実際に行なったことを示す証拠を州に提出し、これに対して被告側弁護人は、その証拠に対して疑義を投げかけ、さらなる証拠を提示する。ほとんどすべての州においてこの聴聞は、判決をくだし、量刑あるいは処分を決定する少年裁判所の裁判官の前でのみ開かれる。

子どもに対して、非行あるいは不良行為の判決がくだされた場合、少年司法手続きは量刑あるいは処分の段階へと進む。聴聞から処分審判までの期間に、保護観察官は社会調査書および判決宣告前報告書の準備を進める。少年裁判所は、保護観察官による社会調査書および推奨処分にくわえ、少年の弁護人や親、およびその子どもを知るほかの人物から提示された証拠と推奨処分を考慮する。

非行や不良行為事件に際して少年裁判所裁判官が選択することができる処分の代替案としては、さまざまな形態での保護観察や施設収容などがある。一般的に、きわめて深刻な犯罪を行なったことがなく、前科も最低限のものにかぎられる年齢の低い少年には保護観察

が科される傾向にある。他方、矯正施設は、前科があり、より深刻な犯罪を犯した年齢の高い少年のためにとっておかれる。少年違反者の記録は秘匿扱いになる。まるで犯罪がそもそも生じなかったかのように、記録が封印され、最終的にはあらゆる公的記録から抹消されることもある。

[訳注]
＊1 虞犯(ぐはん)行為（status offenses）――学校を無断欠席したり、親の言うことに従わないなどの性癖を帯びた行為。その性格・環境に照らし、将来罪を犯す虞(おそ)れがあるため、少年法の適用を受け、少年裁判所（日本では家庭裁判所）の審判に付される。

➡警察と子ども、子どもの権利、法律と子ども
●参考文献
Feld, Barry C. 2000. *Cases and Materials on Juvenile Justice Administration*. St. Paul, MN: West.
Feld, Barry C. 2003. *Juvenile Justice Administration in a Nutshell*. St. Paul, MN: West.
Fox, Sanford J. 1970. "Juvenile Justice Reform: An Historical Perspective," *Stanford Law Review*, 22: 1187-1239.
Mack, Julian W. 1909. "The Juvenile Court." *Harvard Law Review* 23: 104-122.

（VICTOR L. STREIB & C. ANTOINETTE CLARKE／渡邊福太郎訳）

少年兵（世界的な人権問題）（Soldier Children: Global Human Rights Issues）

戦争が続くかぎり、子どもたちはその犠牲者であるとともに参加者でもありつづけてきた。20世紀を通じて上昇した全負傷者数に占める民間人の割合の一部は子どもであった。国連によって編纂された調査統計によると、全負傷者数に占める民間人の割合は、第1次大戦で10パーセント、第2次大戦で45パーセント、1980年代と1990年代でおそらく90パーセントに達した。20世紀の最後の10年だけでも、約150万人の子どもたちが殺され、400万人が戦争によって負傷し、1200万人が戦争難民となった。

戦闘員の子どもはほんのわずかであったが、未成年者の兵士問題は20世紀の終わりまでに国際問題になっていた。軍が子どもたちを使用する背景には、子どもが優秀な兵士になるという不幸な真実がある。政治学者たちによると、紛争をより簡単に終わらせる手段として、大人や年長の子どもよりもとくに幼い子どものほうが、戦争と暴力を受け入れるという。さらに子どもたちは、軽量化された現代の武器を容易に扱い、たやすく動機をもち、疑いをいだくことなく戦闘の「参加者」となり、危険をおかすこともいとわない。敵の陣地や領土に侵入することもひんぱんにあった。たいていの大人の兵士は子どもを撃つのを嫌がるからである。21世紀への変わり目には、およそ30万人の18歳未満の少年少女たちが戦闘にくわわった。それは国の正規軍としてであったり、反乱軍としてであったり、両方のこともあった。そのようなことが、アフガニスタン、アンゴラ、ビルマ、コロンビア、イラク、レバノン、リベリア、マリ、シエラレオネ、ソマリア、スリランカ、スーダン、旧ユーゴスラヴィア、それ以外の24の国々でも行なわれていたと見られている。

志願兵としての子どもたち

子どもたちのなかには、愛国心、冒険心あるいは宗教的信念から、みずからの意思で戦場へおもむく者もつねにいた。1212年にはフランスとドイツの子どもたちが「少年十字軍」[*1]を創設した。この試みは大失敗に終わったが、伝説は残り、敬虔なキリスト教徒たちを刺激した。ナポレオンの時代、フランス軍人を父にもつ子どもたちは政府による教育と訓練を受けた。子どもたちはたびたび父親について従軍し、軍に入隊した。アメリカ北部や南部に暮らす数千人の子どもたちは、10歳の少年ジョン・クレムのように、家出して少年ドラマーになろうとした。だが最終的には多くの子どもがドラムではなく銃を手にすることになった。ほかにも数えきれないほどの国や植民地で、少年少女たちが、実際に侵略者や植民地開拓者や圧制者と戦うときがくる前に大人になっていた。たとえば、20世紀後半のビルマの子どもたちは、イギリスと日本からの独立に貢献したアウン・サン[*2]のような英雄たちや、国内の異民族グループの有名な兵士たちの物語を聞かされて育った。この国では、ほかの多くのコミュニティと同様、兵士になることは威信と名誉をかねそなえた成人男性の証であった。ヨーロッパでは、少年ドラマーや未成年の兵士に対する似たようなロマンティシズムや、戦時中に愛国の証として子どもたちをひんぱんに利用したことで、数世紀にわたって政府が子どもたちを利用するのを許した。

こういった「吸引」力が同じ程度の力のある「後押し」によって補われることもしばしばあった。貧苦にあえぐ多くの発展途上の――そして戦闘の多い――地域では、子どもたちは戦場や工場で強制的な長時間の重労働を課せられている。子どもたちのなかには、家族を失って頼る人がいない孤児(おつじ)もいれば、安定した収入源を得るあてのない難民もいた。こうした子どもたちは正規軍や反乱軍にくわわった。軍務を自分たちの生活をよくする手段と考えていたからである。子どもたちにとって、軍隊に入ることはかならずしも子ども期に終わりを告げることではなく、未成熟な成人期という違ったモードとすり替わることなのである。

イデオロギーは、未成年の兵士が志願して軍に入るときの重要な要素を担っている。親が参加している政治的もしくは社会的な運動にくわわりたいと子どもたちが強く望んでいる場合、かれらはしばしば一般的な反乱、とくに敵に対する厳格な復讐の機会をあたえて

ショウネン

ジャック＝ルイ・ダヴィッド「ジョゼフ・バラの死」(1794年)。戦時には、子どもたちはロマン主義化された愛国のシンボルにしばしば利用される。1793年、フランス革命の革命軍の兵士であった13歳のジョゼフ・バラは、王党派の軍隊によって殺されたのち、殉教者として賞賛された。彼は、「国王万歳」と叫ぶのをこばんだために殺されたと伝えられている。Musée Calvet, Avignion, France/Peter Willi/Bridgeman Art Library

くれる反乱に引きつけられる。家族を殺されたり、文化的集団に対して行なわれる民族浄化や、長期にわたる政治的および経済的差別といったものすべてが憎しみをかきたて、(大人の兵士たちがそうであるように)若い兵士たちにとって重要な動機になるのである。政治、宗教、経済的困窮が相互関係にある環境で育ったため、数千人の10代のパレスティナ人やさらに幼い子どもたちが、2000年の終わりにはじまったイスラエルの占領に対する大規模な反乱に参加した。イスラエル軍との戦闘で大勢が亡くなり、数百人以上が負傷した。自爆攻撃を敢行した者もいた。厳密には兵士ではないが、こういった少年たちと少数の少女たちは、何も疑わずに自分たちを大義のための愛国者や戦士と考えていた。ジョニー・トゥーとルーサー・トゥーという13歳の双子の兄弟の話は驚くべきものである。この二人は1999年から2001年までのあいだに、「神の軍隊」とよばれる少数民族カレン族の少年兵の集団を率いて、ミャンマー軍に反抗した。ここから、子どもたちがどのようにして武力衝突に参加する意志をもつにいたったかをうかがい知ることができる。二人の周囲で急速にふくらんだ伝説によると、ミャンマー軍がこの双子の村を襲った際、二人は不思議な力を発揮し、ミャンマー軍を打ち負かして村に勝利をもたらしたという。

兵役を強いられる子どもたち

20世紀のあいだに、子どもたちは急速に兵士となる意志を失うようになった。それはとくに、発展途上国を困窮させている残酷な革命的、民族的争いで顕著にみられる。正式に徴兵されて正規軍に配属される子どももいる。たとえば、イラン軍は1980年代に起きた悲惨なイラン・イラク戦争のあいだ、数万人もの10代の子どもたちを招集していた。捕らえられ、強制的に軍に組みこまれた子どもたちもいる。現政府と決着のつかない戦争をしている非正規軍による攻撃を受けた村の子どもたちがそれである。たとえば、ウガンダ政府と敵対していた反抗武装組織「神の抵抗軍」は、8000人以上の子どもたちを拉致し、強制的に戦闘員や使用人にし、場合によっては性的搾取におよんだという。「志願して」戦闘に参加した子どもたちに

選択の余地はなかった。新たに兵力としてくわわった子どもたちは——とくに正規軍に対する主要な反乱を指揮している非正規の武装集団では——家族を人質にとられたり、逆らえば子どもたち自身を殺すとおどされていた。

子どもたちへの兵役の影響

実戦の危険性にくわえて、戦闘にくわわった子どもたちへの影響は甚大な被害をもたらす。重い荷物を背負っての過酷な行軍は、成長過程にある子どもたちの背骨をゆがめる可能性がある。また食料の供給が不確実であるため、栄養失調をまねく可能性もある。あらゆる天候下で野ざらしにされ、皮膚病や呼吸器系の感染症にかかることもある。強制的な、あるいは合意の性行為を、多くの場合ずっと年上の相手とすることで、妊娠や性感染症につながることもある。正規の軍事手続き以外で活動する反抗組織の多くを特徴づける激しい訓練や人命を無視した行為もまた、重大な犠牲をもたらしている。行軍を続けられなかったり、命令に従わなかったりした子どもは、その場で即時に射殺される。

こういった経験のなかでこうむる心理的な影響は深刻化する可能性がある。少年兵や幼い犠牲者たちは、死や破壊や暴力のイメージにとらわれた絵を描いたり、話をする。こういった子どもたち、とくに強制的に兵役につかされた子たちは、「ロスト・ジェネレーション」*3 となる。発展途上世界における大部分の反乱やほかの非正規の武装集団は解体される傾向にある。こういった集団は私利私欲と破壊行動に関心があり、実際に新政府を樹立しようとか祖国を守ろうという姿勢は見られない。子どもの発達の専門家たちによると、少年兵を使用する最大の悪影響は、子どもたちが残虐性を内面化したり、政治や道徳への信頼を軽蔑するようになってしまうことである。こういった子どもたちは通常、道徳的価値観が完全に形成される前にとらえられて訓練を受けてしまうので、しばしば無分別に人を殺すようになってしまう。皮肉にも、この悲惨な残虐性は子どもから子どもに対して実行されてしまうことがある。

政治、外交問題としての少年兵

少年兵の利用はこれまで問題視されてこなかったわけではない。実際、多くのメディアが子どもたちと戦争について紙面をさき、少年兵の扱いに正面から立ち向かっている。またこれは政治的な問題にもなってきた。少年兵の利用については公的に抗議の声が上がっており、**ユニセフ（国連児童基金）**や、ヒューマン・ライツ・ウォッチ（Human Rights Watch）、レッダ・バーネン（Rädda Barnen、国際NGOセーブ・ザ・チルドレンのスウェーデン支部）、「子ども兵士の従軍禁止を求める連合」（the Coalition to Stop the Use of Child Soldiers）、これらのほかにも多くの子どもの権利団体や人道団体が反対している。従軍させる年齢制限を15歳とした近年の基準は、1989年の**国連子どもの権利条約**で定められた。以来、政治活動家たちは兵役についての対策を、権利条約のほかの条件へと段階を進めようと努めてきた。つまり、18歳未満はすべて子どもとみなそうというのである。1990年代の終わりにはその成果が少しあらわれた。国連は18歳未満の兵士を平和維持軍の活動には参加させないという方針を打ち立て、多くの国が兵士の最少年齢を18歳まで引き上げた。国連は、さらに強い言いまわしが用いられた文書（「武力紛争における児童の関与にかんする子どもの権利条約選択議定書」[Optional Protocol to the Convention on the Rights of the Child on Involvement of Children in Armed Conflict]）を提出した。この議定書は、非政府軍における18歳未満の子どもを軍隊に採用することを禁止している。また各国に少年兵を除隊させ、彼らがふたたび社会復帰できるように対応するよう求めている。16歳未満の子どもたちを志願兵として採用することも禁止している。

だが、少年兵の根本的な問題はいまなお解決していない。「選択議定書」の言い方では、18歳未満の子どもたちが確実に戦闘にさらされないようにするため、各国政府に「すべての実行可能な措置」をとることを求めるにとどまっている。18歳未満を世界的な年齢制限にする反対派の先頭に立つのはアメリカである。アメリカ軍は17歳の志願兵の採用を認めている。ただし戦場へ派遣しないことを約束している。もうひとつ曖昧さが問題になっているのが、議定書が定める未成年の兵士の戦闘への「直接参加」の禁止である。この戦闘という言葉はほとんど意味をなさない。20世紀末と21世紀の初頭における通常の戦闘において、最前線と後方は明確に区別できないからである。

[訳注]

*1「少年十字軍」（Children's Crusade）——1212年、北フランスの少年エティエンヌが「神の手紙」を神から手渡され、聖地回復をするようお告げがあったと説いてまわり、それに感化されたフランスとドイツの少年少女（数千人から2万人前後）が集まり結成された。しかし、ひどい食糧事情と船の難破のため、多くはアレクサンドリアで奴隷商人の手にわたってしまうという悲劇的な結末となった。この背景には第4回十字軍（1202-1204年）の失敗があった。第4回十字軍は、聖地エルサレムではなくキリスト教（正教）国家東ローマ帝国の首都コンスタンティノポリス（現在のイスタンブール）を攻め落としてラテン帝国を築くなど、諸侯・騎士の領土拡大とその支援者であったヴェネツィア商人の経済圏の拡大を目的にした遠征となって、教会の信用を失墜させた。このため、当時のローマ教皇インノケンティウス3世（1161?-1216）が新たな十字軍を編成するためにヨーロッパ各地に説教師を派

遣して兵士をつのるよう命じ、説教師にあおられた熱心な信仰者など民間人も混じって組織された遠征隊のひとつが「少年十字軍」であったが、構成員には大人や庶民も混じっていた。

*2 アウン・サン（Aung San, 1915-1947）――ビルマ（のちのミャンマー）の独立運動家。最初はイギリスからの独立をめざし、のちに日本の支配にも抵抗して、独立直前に暗殺された。「ビルマ建国の父」として死後も国民から敬愛されている。その長女アウン・サン・スーチー（Aung San Suu Kyi, 1945-）は1991年にノーベル平和賞を受賞し、現在の民主化運動家として知られる。

*3 ロスト・ジェネレーション（lost generation）――「失われた世代」。もともとは作家のG・スタイン（1874-1946）がE・ヘミングウェイ（1889-1961）に向かって"You are all a lost generation."と言ったことにはじまり、第1次世界大戦中またはその直後に成年に達し、その戦争体験と当時の社会的激変の結果、文化的、情緒的安定を失ったとみなされる世代をさして使われた。一般化して、子ども期や青年期の戦争体験などによる人生段階の欠落感、精神的喪失感、幻滅と懐疑をいだく世代をさす。

➡子どもに向けられる暴力、少年司法（国際的状況）、戦争と子ども（20世紀）

●参考文献

Brown, Ian. 1990. *Khomeini's Forgotten Sons: The Story of Iran's Boy Soldiers*. London: Grey Seal.
Dodge, Cole P., and Magne Raundalen. 1991. *Reaching Children in War: Sudan, Uganda, and Mozambique*. Bergen, Norway: Sigma Forlag.
Images Asia. 1997. *No Childhood at All: A Report about Child Soldiers in Burma*. Chiangmai, Thailand: Images Asia.
Marten, James, ed. 2002. *Children and War: A Historical Anthology*. New York: New York University Press.
McManimon, Shannon. 2000. "Protecting Children from War: What the New International Agreement Really Means." *Peace-work* 27: 14-16.
Rosenblatt, Roger. 1983. *Children of War*. Garden City, NY: Anchor Press/Doubleday.
Skinner, Elliott P. 1999. "Child Soldiers in Africa: A Disaster for Future Families." *International Journal on World Peace* 16: 7-17.
Susman, Tina, and Geoffrey Mohan. 1998. "A Generation Lost to War." *Newsday* October 10: A6-A7, A54-A57, A60.
United Nations. 1996. *Promotion and Protection of the Rights of Children: Impact of Armed Conflict on Children*. New York: United Nations.

（JAMES MARTEN／竹内茜・北本正章訳）

消費文化（Consumer Culture）

西ヨーロッパでは、子ども期と子育ては消費文化の隆盛と密接につながっている。増大した世帯の富は、**遊び**のための時間をつくり、大人の寛容さを増しながら、労働と過酷な規律から子どもを解放した。18世紀にはじまる消費財は、とくに大人が子どものふるまいと期待を間接的に導くためにおもちゃと書物を用いるとき、大人と子どもの関係を再定義した。子どもへの贈り物は、公的な、とくに宗教的な祝祭と儀礼を飾る、象徴的で空想的な商品の私有化とその発達の鍵であった。ヨーロッパでは、16世紀までに、（クリスマスのクレーシュ*1のような）お祭りの装飾品は、ミニチュア化され、家庭内の飾りに使われるようになり、最終的には子ども向けのおもちゃセットに変わった。西ヨーロッパでは、18世紀までに子どもにおもちゃとその他の娯楽品をあたえたとき、子どもたちがそれをどんなふうに不思議がったり、感情が切り替わるかを楽しむために、子どもが大切にされた。子守り部屋の新しい子ども用品（特別な衣類、家具、本、遊具など）が、保護された学習と想像力の保護膜のなかで、中産階級の子ども期を発達させた。

近代の消費文化

19世紀になると、子どもの消費文化は（積み木、道徳教本のような）訓育商品から、楽しい空想的なおもちゃ物語へと変化した。19世紀なかばには、キャンディ、おもちゃ、そして本が、親を喜ばせる行動を積極的に補強する新しい規則の一部になった。新しいぜいたく品は、親たち自身が受けた厳格な子育てから子どもたちを解放し、その新しい豊かさを示そうとする意欲を反映していた。ルイス・キャロルの『不思議の国のアリス』（*Alice in Wonderland*, 1865）や、J・M・バリーの『ピーター・パン』（*Peter Pan*, 1904）のように、子どもの特別な想像力を礼賛し、教育目的をまったく、あるいはほとんどもたない物語の登場によって、おとぎ話が子どもの消費文化に参入した。両親は、子どもの消費財の大半を供給しつづけたが、なかでも労働階級の少年は、使い走りの仕事をしたり、新聞を売ったり、その他の小さな仕事で得られる稼ぎで遊びにくわわるだけでなく、お菓子や廉価雑誌や本などを買うこともできた。1870年代には、中産階級の子どもは、予約購読雑誌を売った年少の読者向けの商品として示されたおもちゃや、気のきいた小物を手に入れる機会を見いだした。

1920年代には、大人たちは、自律性と保護された遊びを子どもにあたえるために、遊び部屋、**砂場**、ブランコ・セットを購入した。子どもの文化的技能を高めるためにピアノが購入され、子ども期の「かわいらしい」初期段階を記憶にとどめる目的で、コダック社のスナップ写真機*2や映像カメラも販売された。変化と未来の表徴としての子どもは、しばしば商業的な流行をもたらした。1906年のテディ・ベアの熱狂的な流行は、おそらく20世紀に何度もくりかえされるこ

とになる初期の——商業的な大流行によって新しいものを賛美する——パターンの最良の事例であっただろう。

　新たに登場した子どもの商業文化は、暮らし向きのよい階級にかぎられていた。労働階級やアフリカ系アメリカ人の子どもたちは、1900年という時点でさえ、しばしば子ども期を10歳までに終えていた。そして、アメリカの子どもたちの多くは、とくに地方では、手工業製造されたおもちゃ、本、あるいはその他の商品をほとんどもっていなかった。こうした子どもたちは空き缶を「フットボール」に見立て、何世紀にもわたって伝承してきた伝統的なゲームや歌を存続させる石蹴り遊び（ホップスコッチ）*3のようなゲームをしていた。さらに、長期的な傾向もはっきりしていた。すなわち、子どもたちが労働市場から撤退したとき、両親が自分の子どもの「かけがえのない価値」をあらわすためにお金を使いはじめるようになるのにつれて、子どもたちは、今度は新しい市場——消費市場——にとって不可欠な部分になった。1910年代までに、子ども専門家たちは、子どもに金銭感覚を教えるには週決めのお小遣いをあたえるよう推奨するだけでなく、個人的に選ぶ小間物、おもちゃ、あるいはキャンディといった「ささやかな喜び」を手に入れる権利を認めてやることも推奨しはじめた。空気銃、自転車、そしておもちゃの列車へのあこがれをよびさます子ども向けの雑誌広告は、子どもは正しい買い物を選ぶときに最良のものを知ると主張した。広告にあおられた消費文化に少女たちが接近するのは、少年よりも遅れていたが、彼女たちもまた、母親のファッション雑誌の広告から「紙人形」を作るとき、新しく登場した消費文化に結びついた。両親も、娘たちに流行のひとそろいの既製品の衣類を目玉にしている**人形**をあたえた。これは、少女たちが自分の人形の衣服の作り方を学ぶことを求めた19世紀の「お裁縫人形」とは対照的であった。いずれの場合も、人形は、子どもの遊び文化のほかの多くの側面と同じように、過去に見られたように大人向けの雑誌広告やカタログを介して大人に売るというよりもむしろ、子どもたちに直接販売することがしだいに多くなった。

　世界大恐慌と戦争の年月が、こうした過程を鈍らせたものの、1945年以降の**ベビーブーム**は、おもちゃと新生児用のにわかづくりの市場を生みだした。新たに発見された豊かさは、両親による消費の焦点に子どもたちを置くのを可能にした。両親は、モラリストの不平にもかかわらず、親から離れて好き勝手にするのを教えるほど多くのものを子どもにあたえた。こうした外見上の矛盾は、子ども向けの多数の商品が、室内で使うためにデザインされたもの（ゲーム、本、レコードなど）であり、大人たちに、若者をモニターし、彼らに街路でぶらつくかわりとなる楽しみをあたえる手段をもたらしたという事実によって説明される。

休日の商業化

　19世紀と20世紀を通じて、季節ごとに行なわれていたさまざまな儀礼が商業化されたが、子どもの消費文化は、それでもなおそうした伝統的な儀礼と深く結びついていた。かつては共同体のアイデンティティと権力役割の反転と結びついていた休日（Holiday）は、しだいに子ども期を祝ったり、子どもたちに「贈り物をする」ときになった。アメリカでは、ながいあいだ、宗教的な純粋さという理由を無視するか、ばか騒ぎをする共同体的な飲食物の交換を楽しむかのどちらかであったクリスマスは、19世紀なかばまでに子ども期と消費者的な商品に関連づけられるようになっていた。年少の子どもは、彼らをとりまく社会がますます人間的なあたたかみをなくしていくのに対抗して、家族の親密さと純真無垢さの象徴とみなされた。子どもは、大人が自分の若かりし頃と未来に対する希望とを視覚的に暗示する存在になった。実際、市場で稼いだお金は、子どものプレゼントを介して家庭生活の感情に変貌した。サンタクロースは、しだいに子どもに対して際限なく贈り物をする象徴になった。労働搾取工場の労働者ではなく、かわいい妖精たちがおもちゃを作る、北極のサンタクロースの家庭の物語は、子ども向けの贈り物の起源となる市場を偽装するものであった。

　それ以外のいくつかの休日、とりわけ、飲食物を要求する野蛮行為や脅迫行為のような、共同体の乱暴な慣行と長いあいだ結びついていた**ハロウィーン***4などは、1930年代末に、ごちそうしてくれなきゃ暴れるよと言って騒ぐ子どもたちに飲食物が「贈与」されるようになると、アメリカのキャンディ産業を刺激する新しい伝統となった。**休暇**（バカンス）も、子どものための浪費の機会となった。1900年代にはじまったアイスクリームコーン*5を季節ごとに贈る風習は、1950年代にむけて家族休暇にまで拡大した。顧客の大部分が若い独身者であった庶民的な遊園地*6は、ディズニーランド（1955年に開園）によって、中産階級の家族が、贈り物やお土産にお金を遣うことによって、親子関係の絆を固める**通過儀礼**に変わってしまった。

子どものお小遣い管理

　子どものお小遣いは、しだいに子どもによって浪費されるようになった。19世紀には、年長の子どもたちは、キャンディや小型のおもちゃ、それに廉価版の小説などを路上で手にすることができ、1890年代になると、工業生産されたキャンディ・バーやソーダの導入は、子どもたちの自己表出的な消費の範囲をいっそう拡大した。広告や店の展示物にさらされ、あおりたてられた子どもの要求は、消費者の意志決定を形成するのに役立った。そして、1910年代までに、商品の取引業者たちは、まだ経験に束縛されていない子どもにものを売るのは比較的簡単であることを学んだ。

自分自身のお金でおもちゃを購入できる子どもはほとんどいなかった。しかし、おもちゃ会社やキャンディ会社は、親の消費に影響をおよぼすことができるのは子どもであると認識していた。こうして、1910年代以降になると、子ども向けの雑誌の広告は、しばしばあからさまにこの点を奨励した。さらに、商品取扱業者たちは、世帯向けの新製品については、時代遅れの親に子どもが教えることを期待していた。

　1890年代以降の人形、ゲーム、そしておもちゃなどにそのイメージがあらわれたキャラクターを導入することになるイラスト付きの物語やコマ割り漫画（comic strips）によってはじまる子どもの消費文化を形成するうえで主要な役割を演じたのは、メディアであった。そのプロセスは、音声付きの**映画**の登場によって加速された。1930年代、風刺漫画から生まれた**ディズニー**のキャラクターは、無数の人形、おもちゃ、照明具、腕時計、歯ブラシなどに描かれ、具象化された。ディズニーは、1973年までに、映画があらわれる前でさえ、「白雪姫と7人のこびと」（*Snow White and the Seven Dwarfs*）という作品を売り出すことで、抱きあわせ販売の手法に熟達した。1930年代初期までに、子ども向けのラジオ番組の広告は、食品や日用雑貨の売り上げを伸ばすために、おもちゃやその他の珍奇なものを景品として使った。さらに、商品取扱業者たちは、子どもたちにおもちゃやスイーツを宣伝することで親の機嫌をそこねないように、非常に注意深かった。いっぽうモラリストたちは、子どもたちがこうした新しい商業メディアにのることを、くりかえし禁止しようとしていた。1909年初頭、都市と州政府は、子どもにとって危険だと思われる映画を禁止し、子どもが遊技場に出入りするのさえ禁止した。モラリストたちは、1950年代には、**コミック・ブック**のなかの暴力やセクシュアリティに対応するために、この種の本のある類型のものを検閲したり、禁書にしようとさえした。

　第2次世界大戦後に、ユージーン・ギルバートのような子どもの市場開拓の専門家たちが、子どもたちの潜在的な消費力を明確に理解するようになると、子どもたちはますます標的にされた。シリアル食品のメーカーは、子どもの甘いものへの嗜好に合わせて作った砂糖をまぶしたシリアルが儲かることを知り、パッケージのデザイナーたちは、漫画のキャラクターのかたちをしたシャンプーその他の容器を作れば子どもの目を引くことができることを知った。もっとも重要なことは、広告主たちが、子どもは3歳までに広告に反応すること、したがって、親を対象にした消費文化を子ども向けの消費文化から分離することを知ったとき、テレビが子どもの想像力に直結するパイプラインになったことであった。1955年におけるミッキー・マウス・クラブの初登場とともに、シリアル食品やおもちゃの広告は子ども向けに特別にデザインされはじめ、継続的なマーケティングが爆発的に増えることになった。1960年代後半までに、集団としての子どもたちは毎年200億ドルを自分のためにつかい、両親の支出に数十億ドル以上の影響をおよぼしていると見積もられている。

　子ども期は、映画、テレビのショー番組、ビデオゲーム、そして衣類などを網羅する、ライセンスのあるキャラクターを基盤にした巨大な相互関係的な産業と結びつくようになった。映画制作者たちは、商業的な流行を子ども期のほぼ全体にわたって持続させて、ファストフード*7に珍奇なおもちゃを提案するために、しばしばおもちゃ会社やファストフード会社と提携した。1970年代なかばに10代の子どもとヤングアダルトを対象にして登場したビデオゲームは、アタリ*8によって1970年代後半に、また1980年代後半までに任天堂*9その他によって市場開拓された。メディアが子ども向けにつくりだした市場は、年少の子どもたちに人形、おもちゃ、本、ビデオなど、あらゆる「セット」を買いそろえるよう助長する「付加価値的な」消費をつくり出した。こうした市場開拓は、「スターウォーズ」3部作（1977-1983年）では、さらに手のこんだものとなった。1980年代には、おもちゃと人形の生産ラインを基礎にテレビの風刺漫画シリーズが量産された。

　子ども向けの商品は——ひとつの生産ラインから、基本的にグローバル規模での別の生産ラインへと急速に転換する——ファスト資本主義（fast capitalism）の新時代を画する一部となった。おもちゃやその他の子ども向け商品は、かつて見られたような親から子どもへ贈り物をするという仕方で世代間を結びつけたり、過去と未来をつなぐ媒体としての役割をもはやほとんど果たさなくなった。

［訳注］
*1 クリスマスのクレーシュ（Christmas crèches）——馬槽のなかの幼児イエス像のことで、ベツレヘムの馬小屋で幼児キリストが入っているマグサ桶のまわりに、マリア、ヨセフその他おおぜいの人びとが集まっている情景をあらわした群像。クリスマスの時期に大型のものが街の広場や教会の内外に作られたり、家庭内に小型のものが飾られたり、贈り物にされたりする。
*2 コダック（Kodak）——1888年にアメリカ人の発明家で福祉事業家でもあったジョージ・イーストマン（George Eastman, 1854-1932）が開発して商品化に成功したロールフィルムを用いるスナップ用カメラ。
*3 石蹴り遊び（hopscotch）——地面に1〜10ぐらいまでの番号数字を書いて区切り線を引き、その区画のなかに石などを番号順に蹴りこみ、片足でぴょんぴょん跳んで全部の区画をまわりきる早さを競う遊び。
*4 ハロウィーン（Halloween）——万聖節（All Saints' Day）の前夜（10月31日）（Allhallows Eve）にくりひろげられる子どものお祭り騒ぎ。この夜、子どもたちはカボチャをくりぬいて「お化けちょうちん」

（Jack-o'-lantern）を作ったり、お化けや海賊などの仮装をして、徒党を組んで街を練り歩き、家々の戸口に立って"Trick or treat"「ごちそうしてくれなけりゃ、暴れるよ」と言って脅かし、お菓子などをもらう習慣がある。

*5 アイスクリームコーン（ice cream corn）――円錐形のウエハースにアイスクリームをつめたお菓子。ice-cream cornという言い方は1904年が初出である。

*6 遊園地（amusement park）――アメリカではamusement park（1909）と表現され、イギリスではfan fair（1925）と表現される。

*7 ファストフード（fast food）――ハンバーガー、フライドチキン、サンドウィッチ、ピザ、フライドチキンなど、調理ずみのすぐに食べられる簡易食品。糖分、脂肪、保存料、着色剤、安定剤、香辛料などが過剰にふくまれているため高カロリー食品となり、ファストフードを利用する低所得者層の子どもの肥満が問題になっている。fast foodの表現はアメリカ英語で、1954年頃からつかわれはじめた。

*8 アタリ（Atari）――1972年にノーラン・ブッシュネルによって創設されたアメリカで最初のビデオゲーム会社。社名は日本の囲碁の用語「あたり」に由来し、ロゴマークは富士山をデザインしている。

*9 任天堂（Nintendo）――山内房治郎（1859-1940）によって「任天堂骨牌」として、おもに花札の製造業として創業された。本社は京都市。とくに家庭用ゲーム機業界では日本と世界をとわず最大級の企業であるが、麻雀、囲碁、将棋、花札用具のメーカーとしても知られ、ゲームソフトのクオリティの高さには定評があり、人気のゲームソフトシリーズを多数かかえている。とくに1985年に発売した「スーパーマリオブラザーズ」は全世界で大ヒットし、ゲームソフト市場で不動の地位を獲得した。1990年代までにNintendo（ニンテンドー）は、おもに北アメリカでビデオゲーム一般をさす俗語としても使われるようになった。ゲームソフト販売では日本で1位（世界ではエレクトロニック・アーツに次いで2位）であり、現行ハードの売り上げは携帯機・すえ置き機ともに世界第1位となっている。

➡経済と子ども（西ヨーロッパ社会）（消費経済）、広告業と子ども、子ども期の理論、子役スター、室内ゲーム、テレビ、メディアと子ども

●参考文献

Buckingham, David. 2000. *After the Death of Childhood: Growing Up in the Age of Electronic Media*. Cambridge, UK: Polity Press.
Cross, Gary. 1997. *Kids' Stuff: Toys and the Changing World of American Childhood*. Cambridge, MA: Harvard University Press.
Gilbert, James. 1996. *A Cycle of Outrage: America's Reaction to the Juvenile Delinquent in the 1950s*. New York: Oxford University Press.
Gillis, John. 1996. *A World of Their Own Making: Myth, Ritual, and the Quest for Family Values*. New York: Basic Books.
Jenkins, Henry. 1998. *Children's Culture Reader*. New York: New York University Press.
Nasaw, David. 1986. *Children of the City: At Work and at Play*. New York: Oxford University Press.
Seiter, Ellen. 1993. *Sold Separately: Children and Parents in Consumer Culture*. New Brunswick, NJ: Rutgers University Press.
Zelizer, Viviana. 1985. *Pricing the Priceless Child*. New York: Basic Books.

（GARY CROSS／北本正章訳）

勝利の女神の少女たち（Victory Girls）

勝利の女神という表現は、しばしば正確な定義をはばむが、一般的には、第2次世界大戦中に戦争に従事した軍人たちと親密に交わり、そしてしばしばセックスを提供することによって愛国心を示す10代の少女、あるいは若い女性をさした。戦時動員の士気高揚に参加する機会は男性ほどは多くなかったものの、多数の若い女性が、制服を着た男性との親密な出会いを求めて、さまざまな野営地や港湾地域をわたり歩いた。勝利の女神の少女たちのこうした行動は、けっして目新しいものではなかった。第1次世界大戦中の、いわゆる愛国的娼婦や「ふしだらな娘」（チャリティ・ガールズ）は、進歩主義改革者と軍の当局者の注意を集めた。しかし、国外で闘っている軍隊に対して国内で支援する市民活動の動員が増大するのにともなって、彼女たちを道徳的および社会的に危険な状況に追いこむことになる、あきらかに誤ったこのような愛国主義をもつ少女や女性たちへの監視が強まった。

こうした勝利の女神の少女の多くが、実際には若い既婚女性であったことは、さまざまな研究によって明らかになっているが、1940年代の文献は、勝利を導く少女を――「カーキ色の軍服狂い」、「いつでもシャルロット」、「お手軽娘」、あるいはまた「すぐ寝る子」という言い方でも知られていた――独身の女性として、また、女性の「性の逸脱」という大きな問題の一部として描いている。アメリカ連邦児童局のような機関は、社会奉仕の提供を通じておよぼされる軍人たちの堕落した影響を地方の少女たちが受けないように保護する必要を強調した。連邦安全機構の社会保護部門（SPD）のようなほかの連邦機関もこの必要性を認識していたが、勝利の女神の少女がアメリカの軍隊に性病を広めないようにすることの重要性を強調した。社会政策は、一方における予防と社会復帰という理想と、他方における処罰規準とのあいだで引き裂かれた。

アメリカ社会衛生協会は、1942年の会議で、勝利の女神の少女たちは、「冒険と社交［を求めてさまよう］非営利的な性格の性的非行者であり」、居場所をまちがえた愛国主義感覚に病んでいると報告した。専門家

たちの大半は、勝利の女神の少女たちの行動にみられる感情的な特性を強調しつつ、この評価に同意した。カレン・アンダーソンがその著書『戦時下の女性たち』で説明しているように、勝利の女神の少女たちは、ほかの考慮すべきことよりも男性の仲間を優先して渇望しているという考えは、彼女たちの高い失業率、戦争産業での給料が高い仕事への不本意な就労、そしてサービス産業への集中などによって支持されていた。戦時下の当局者たちは、男性の性的な行動を、避けることができない欲求を充足することだとみなしていたが、女性の性行動においては、情緒的な動因だけでなく身体的な動因も役割を演じる可能性をすてさるか無視していた。歴史家たちは、勝利の女神の少女たちは、その因習にとらわれないふるまいに対して別の動機をいだいていたかもしれない、と指摘している。この時期のアメリカ人のほかの集団──アフリカ系アメリカ人、ゲイ、レズビアンのような──と同じく、勝利の女神の少女たちは、アンダーソンが述べているように、戦時下の冒険と自由気ままな意志決定を優先して、家族基盤と共同体基盤の性道徳の概念を拒絶することによって、「社会的な自由の境界線を試している」のかもしれない。

多くの少女や若い女性たちにとって、性的な出会いがもたらす結果のなかには**性行為感染症**、私生児出産、刑罰制度などの罠にかかることがふくまれていた。軍事機関とその他の連邦機関による研究は、軍隊における性病の大半のケース──国内のある論文が主張しているように、おそらく90パーセント──は、勝利の女神の少女たちのような「素人の少女たち」にまで追跡可能であることを示している。軍隊は、性の二重規準が広まっていることを示しつつ、すぐ近くにいる勝利の女神の少女たちの危険性について軍人たちに警告したり、女性たちの性的利用価値を抑圧することに注意をはらった。SPDの奨励を受けて、全国の各都市は、道徳管理の観点から、逮捕された女性や少女たちを強制的な性病検査にゆだねるとともに、結果が出るまで、数日間あるいはそれ以上、彼女たちを拘留した。こうした拘留を行なうことが女性の性的ふるまいを抑止するうえで効果がないことが明らかになると、社会保護の支持者たちは、まだ矯正を受けていない勝利の女神の少女たちのための追加のカウンセリングと社会復帰を承認した。しかし、そうした法律によるサービスを強制的に受け入れないかぎり、対象となった少女や女性たちは、自分の行動に影響をおよぼすはたらきかけを拒絶しがちで、これは、是認されていない性的慣行をやめさせようとする婦人警官やソーシャルワーカーのいっそう強力な対策を誘発することになった。

➡セクシュアリティ、戦争と子ども（20世紀）、非行

●参考文献

Anderson, Karen. 1981. *Wartime Women: Sex Roles, Family Relations, and the Status of Women during World War II*. Westport, CT: Greenwood Press.

Brandt, Allan M. 1987. *No Magic Bullet: A Social History of Venereal Disease in the United States since 1880*. New York: Oxford University Press.

Hegarty, Marilyn Elizabeth. 1998. "Patriots, Prostitutes, Patriotutes: The Mobilization and Control of Female Sexuality in the United States during World War II." Ph.D. diss., Ohio State University.

（AMANDA H. LITTAUER ／北本正章訳）

初期キリスト教思想
（Christian Thought, Early）

キリスト教は、子ども期の歴史に複合的な遺産を提示している。まず、イエスの教えは子ども期を弟子という身分のモデルとして示している。したがって、新たに洗礼を受けたキリスト教徒は、年齢に関係なく、「幼子」（infants、言葉を話せない者たち）とよばれ、回心（conversion）の物語は、しばしば子ども期への身体的回帰を描いている。最初期のキリスト教共同体から生まれた書簡は、子どもたちに両親をうやまうようさとすユダヤ教の聖典[*1]に従っている（「出エジプト記」20・12）。しかし、新約聖書では、子どもを愛しなさい、そして彼らを怒らせてはならない、と両親に忠告している（「テトスへの手紙」2・4、「エフェソの信徒への手紙」6・4）。初期キリスト教の著述家たちは、堕胎・子どもの遺棄・子どもの置き去り・奴隷や売春婦として売却することなどの諸慣習に抗議した。史料と慣行から得られる証拠は、初期のキリスト教共同体の子ども期と子どもたちの存在の価値を肯定的に示している。

他方、イエスは、自分の弟子となるために両親や子どもを残してきた者をほめたたえた（「マタイによる福音書」19・29、「ルカによる福音書」14・26）。キリスト教は、家族に代わって新しくキリストの下での兄弟や姉妹たちの集まりを提示した。このため、この新しい家族の成員は、しばしば生物学的な絆と血縁の絆を壊した。北アフリカの若い貴族女性、ウィウィア・ペルペトゥア[*2]は、イエスの教えを文字どおりに受け入れ、殉教を選ぶかわりに母親であることをすてた。激しい迫害の時代（202年頃）にあっても、ペルペトゥアは、ローマの神々に生けにえを捧げようとはしなかった。そのために投獄され、まだ乳飲み子であった息子から引き離された。ペルペトゥアは抵抗したため殉教したが、その息子の消息は知られていない。ペルペトゥアの逸話は、ハーヴァード・ムスリロの『キリスト教殉教者行伝』（*The Acts of the Christian Martyrs*, 1972）に、初期キリスト教徒の受難のなかでもっとも鮮やかな例としておさめられているが、このことが彼女の子どもにおよぼした影響については記録されていない。しかし、それから2世紀後、北アフ

リカの神学者ヒッポの聖アウグスティヌス*3は、別の女性に向かって、禁欲的な女性たちの共同体で暮らすために夫や子どもをすててはならないと説得しようとした。

キリスト教が広まった最初の数世紀以降、子ども期と子どもの実態にかんする資料は、三つのカテゴリーに分かれる。すなわち、霊的子ども期（spiritual childhood）の記述、子どもの世話と教育にかんする資料、そして子ども期と子どもの実態が示す諸問題、とくに原罪と苦悩をめぐる神学上の議論である。

霊的子ども期

「子供のように神の国を受け入れる人でなければ、決してそこに入ることはできない」（「マルコによる福音書」10・15）。イエス自身の教えは、子ども期を霊的生活のモデルとして示している。信仰生活に入ることは、人を子ども期に戻すことであり、それゆえキリスト教の加入儀式は、誕生と幼年期、母親であること、子どもの出産などの象徴的意味に満ちていたのである。イエスの死後の最初の4世紀において、キリスト教への改宗者の大半は大人であり、彼らは文字どおり信仰のなかで「生まれ変わった」のであった。4世紀以降、**幼児洗礼**はいっそう重要になった。新たに洗礼を受けたキリスト教徒は、名実ともに「子供たち」であった。

キリスト教信仰は家族を再定義した。アレクサンドリアのクレメンス*4が、「教師」という表題の論文で主張したように、キリストは信者の真の守護者としてつくした。キリストは信者を教えるが、子どもは霊的生活に習っている。クレメンスは信者に向かって、彼らの霊的生活において子どもの純朴さ、はつらつさ、若々しさを見習うよう強く勧めた。後年の神学者、セビーリャの聖イシドールス*5は、大人に対する子どもの霊的優越性を強調した。彼は、プエール（puer）［ラテン語の「少年」］はピュリタス（puritas）［ラテン語の「純粋」］に由来するというわずかな語源学的根拠から、少年は大人の男性がすっかりなくしてしまった美徳（virtues）を保持していると主張した。すなわち、少年は憎しみも恨みもいだくことはなく、美しい女性の魅力に心を動かされることはなく、よけいなことを考えたり話したりはしない。霊的子ども期は、弟子の生活の理想として存在したのである。

驚くべきことではなく、回心の説明は人間の誕生の比喩的表現をとりいれていた。聖アウグスティヌスが32歳の自分の回心体験を詳しく語るとき、彼は自分がまるで新生児のように手足をばたばたさせて鳴き声をあげたと説明した。アウグスティヌスは身体的にも精神的にも傷つきやすい状態で、「子どもを多く産む母親」として「克己」の幻想を見たのであった（p. 151）。母親は赤ん坊に自分の方に向かって足をふみ出すようにうながしたが、これは歩行を学ぶ方法として意図的に何度もくりかえされた光景である。こうして、子ども期は回心の物語をかたち作るのである。

子どもの養育と教育

子ども期はキリスト教の霊的モデルの機能を果たしたが、子どもの現実生活には非常に多くの問題があった。古代ローマの世界では、子どもは、田舎や市場の指定された場所（ラクタリア、lactaria）*6、そしてのちには教会の入り口の階段に、ごくふつうに遺棄された。2世紀の殉教者聖ユスティノス*7、アテナゴラス*8、テルトゥリアヌス*9、3世紀のラクタンティウス*10といった初期キリスト教の著作者たちは、たとえ遺棄された子どもたちのすべてが餓死し、野獣の餌食になってしまうことはなかったとしても、遺棄する習俗は子殺しにほかならないとして強く非難した。おそらく子どもは奴隷か売春婦として育てられることによってのみ死をまぬがれたであろう。テルトゥリアヌスとラクタンティウスには、極貧状態はこうした悲しむべき事態を親に強いることがわかっていた。それにもかかわらず、ラクタンティウスが、子どもを扶養できない親は自分が断食すべきであると明言しているように、貧困であることは子どもを遺棄することの言い訳には決してならないとされた。アレクサンドリアのクレメンスは、養育する余裕があるにもかかわらず子どもを捨てた富裕な両親を激しく非難した。キリスト教の著述家は、性交を生殖に限定するよう強く勧めたが、これは**セクシュアリティ**と身体の恐怖として広く解釈されてきた動きであった。子どもは使い捨てにできるとみなす世界にあって、初期キリスト教の神学者たちがこうした子どもの運命に深く心を痛めていたことは大いにありうることである。

ローマ帝国におけるキリスト教を合法の宗教とした313年のミラノ勅令*11によって、もはや迫害によるおそれはなくなった。キリスト教徒は、集会し、教会を建築し、財産を保持する権利を付与された。子どもは、教会が支援する**孤児院**で保護されるよう、教会の入り口の階段に置かれた。修道院は通例、幼い子どもを受け入れ、キリスト教徒の家族はこうした子どもたちを支えつづけた。子どもを奉献するこのような慣行*12の理由はさまざまであった。子どもの出産には危険がともない、平均余命が短かったため、相当数の子どもには両親がいなかったという事情があった。ほかの事例では、非常に質素な財産しかもたない両親の場合、かならずしもつねにすべての子どもに持参金あるいは世襲財産を用意してやることはできなかったという事情があった。一方で、貧しい親たちは、奉献は子どもが生存する可能性を高めてくれると考えていた。さらに、別の理由として、子どもの奉献は敬虔な行為であるともみなされていた。つまり、ある者は、現世または来世におけるなんらかの霊的恩恵を求めたし、別の者は感謝の気持ちから、旧約聖書におけるハンナ*13の例にしたがって、子どもを奉献した（「サムエル記

上」1・27-28)のであった。

　修道院規則は奉献の慣行を証言しており、その慣行の付添人の問題を認めている。聖バシリオス*14の修道院規則は、両親が子どもを信仰共同体に奉献するとき、証人を同席させるよう規定している。バシリオスはまた、16歳または17歳での奉献は、修道生活に残りたいか否かを自ら決意させるよう主張した。6世紀の聖ベネディクトゥス*15の修道会会則は、しだいにヨーロッパにおける修道院生活を規制するようになったが、修道院は子どもを受け入れるよう規定している。この会則は、子どものいたずらに対しては厳しい罰を課しているにもかかわらず、お互いが尊敬しあうよう次のように忠告している。すなわち、子どもたちはこの信仰共同体の年長者を大いに尊敬すべきであり、同様に年長者もまたその見返りに、彼らを愛さなくてはならない、と。

子どもおよび子ども期の神学上の諸問題

　貧困に苦しむ子どもたちは、飢餓から遺棄にまでおよぶ危険な領域のいずれかに直面したが、病気と死は、階級の境界線を越えて発生した。実際、子ども期に直面するこれらの危機は初期キリスト教の著述家たちの心を深くとらえ、宗教迫害が終わったため、今度はその神学的な注意を子どもにふり向けるようになった。

　聖嬰児の苦難(つまり、「ベツレヘムへとその周辺一帯にいた二歳以下の男の子を、一人残らず」対象にしたヘロデ王*16による大量殺戮〔『マタイ福音書』2・16〕)は、古代末期におけるキリスト教の成人男女の想像力に暗い影を落としていった。4世紀後半から5世紀にかけての西ヨーロッパでは、ヘロデ王による新生児の痛ましい大量虐殺(「マタイ福音書」2章)にふれた説教が激増した。これらの嬰児は、キリスト教の洗礼を受けずに死んだ。そこで神学者たちは、この子らは母親の涙とみずからの血で洗礼されたと考えた。この嬰児たちこそキリスト教における最初の殉教者であった。

　聖書のなかの子どもは、ただ審問*17を受けるだけの子どもではない。アウグスティヌスはひとり息子のアデオダトゥスの父親であり、彼は入念に子どもを観察し、言葉をつかわない世界から言語世界へと子どもを導いた。彼はその自伝のなかで、「わたしよりもまずくふるまっている」学校教師たちの下にある子どものように、自分が受けた数多くの鞭打ちを嘆いている(『告白』1・9、12ページ)。アンティオキアの司教ヨハネ・クリュソストモス*18は、これとよく似た憐れみの気持ちで、母親が赤ん坊をどれほどひどく扱おうとも、いつも母親を思いこがれている子どもの純粋な信頼について記述している。クリュソストモスとアウグスティヌスはともに司教として、子どもの身体的、精神的ニーズに対応することに非常に多くの時間をついやした。彼らの観察記録の背後には、古代世界における子どもの厳しい生活がかいま見える。

東方教会と西方教会の子ども観

　東方教会と西方教会出身のキリスト教の神学者たちは子どもたちが置かれていた状況を明らかにしているが、そこにはきわだつ差異があらわれてくる。西方教会の教父たちは、継承された罪という遺産に焦点をあてたが、それは、子どもたちが洗礼による罪の贖いをほどこされることなくあまりにもひんぱんに死亡していたからである。これに対して東方教会の教父たちも早すぎる幼児の死に心を痛めていたが、それは、子どもたちが教育を受けられるようになる前に、あるいは洗礼によってはじめられる信仰生活に入ることができるようになる前に、あまりにもひんぱんに死亡していたからであった。

　西方教会のアウグスティヌスは、両親から子どもに受け継がれたアダムの罪の遺産をめぐる論争に焦点をあてた。原罪*19は幼児にまで悪影響をおよぼすと考えられ、アウグスティヌスは、生まれたばかりの赤ん坊がもうすでに乳を飲み終えているにもかかわらず、ほかの赤ん坊が乳母の乳を飲んでいるのを目にすると嫉妬して激怒することをその証拠にあげた。だが、アウグスティヌスは、ライフサイクルにはいくつかの段階があり、各段階で道徳的責任がしだいに増していくことを認めていた。幼児の段階では、話すこともできないし、論理的に思考することもできない。さらに、だれかを傷つけるにはあまりにも弱い。子どもは純真無垢ではないが、かといって完全に邪悪でもない。彼らには、話したり論じたりする能力がないため文字どおりに純真無垢ではなく、無害な存在でもない。子どもは、言語能力を獲得することによって言いつけを理解し、その言いつけを守ったり服従しない能力を獲得し、道徳的な釈明義務を負う段階に達した。**青年期**とともに、人間の平等についての基本原理の理由がわかり、それを理解する能力は、さらに大きな釈明義務をあたえた。アウグスティヌスは、ライフサイクルにおけるこの段階には青年期特有のいたずらが付随すると説明した。彼自身が若い頃に、隣人の木から西洋ナシを盗む少年グループにくわわったことがあった。この少年たちは空腹であったわけではなく、だれかに自分たちの行為が罪悪であると説明されなくてもわかっていた。それゆえ、青年として責めを負うべき罪は、幼児あるいは子どもが犯した罪よりも重かった。アウグスティヌスの神学は、幼年期にはじまる罪の釈明義務を段階づけた点に特徴があった。この理由からアウグスティヌスは、生まれつき負っている原罪を救済するために幼児洗礼を強く勧めたのであった。

　東方教会の教父たちは、キリスト教信仰を継続して形成する人生を中断させてしまう幼児の早すぎる死に焦点をあてた。カッパドキアの偉大な神学者であるニュッサのグレゴリウス*20は、「子どもの早すぎる死」

と題する論文で、神の正義に子どもの受難と死を一致させようと試みた。子どもにはまちがいをおかす機会も善行を行なう機会もあたえられてはいない。こういう彼らに永遠の生命から何を期待できようか。グレゴリウスは、誘惑に対して首尾よく戦ったこうした小さな魂に現世の善という報酬があたえられるようには願わず、むしろしだいに神と一体化し、神聖な善性を知ることになる死後の世界を受け入れた。グレゴリウスは乳幼児期に、アウグスティヌスがいうところの罪をおびて生まれる「邪心のある」(non-innocence) 状態ではなく、無知の状態で生まれる純真無垢の状態 (innocence) を見出していた。

東方教会の教父たちは、この無知を教育によって改善した。そして、彼らの著作物から子育てにかんする文献があらわれた。クリュソストモスは、キリスト教的な子どもの養育方法を両親に課した。彼は、『子育てする両親のための虚栄心と正しい方法』(*On Vainglory and the Right Way for Parents to Bring Up Their Children*) と題した書物で、ライフサイクルにおける子どもの立場にふさわしい聖書物語の分類法を提示した。両親は、乳幼児と年少の子どもには、聖書の物語から適切な教えを正確に要約して教えなくてはならない。8〜10歳の年長の子どもに対しては、神罰、[ノアの]大洪水、そしてソドム*21の破壊など、もっとおそろしい物語を理解できるようになっている。クリュソストモスは、地獄と恩寵の物語を話すのは子どもが15歳になるまで待ってやるのがよいと忠告した。

クリュソストモスのこのような段階的な宗教教育プログラムとアウグスティヌスの段階的な罪の釈明義務とを比較してみると、東方教会の教父たちと西方教会の教父たちの子ども期への対し方の違いに気がつく。子ども期におよぼしたキリスト教の影響についての包括的評価は、子ども自身の声が沈黙したままであるため今なお不十分である。利用可能な証拠は、大人たちの手によるものしかないのだが、大人たちは、時の経過と神学上の利害関係からなるゆがみを通して子ども期を考察していたのである。

[訳注]

*1 ユダヤ教の聖典 (Hebrew scriptures) ――セム語に属する古代ヘブライ人の言語で書かれた聖典で、キリスト教の旧約聖書の大部分がこれにもとづいて書かれているため、Biblical Hebrew とも呼ばれる。紀元前100年以降ヘブライ語は、学問および典礼用語として保存され、1948年のイスラエルの建国後は Modern Hebrew として公用語となっている。

*2 ペルペトゥア (Vivia Perpetua, 181-203) [聖パーペチュア]――古代ローマのカルタゴで異教徒の両親のもとに生まれ、貴族の家に嫁いで子どもをもうけた。20歳でキリスト教に改宗したが、201年に皇帝セルウィスがキリスト教への改宗を禁止する法を制定したため、22歳のとき、妊娠中の奴隷フェリキタス、キリスト教の宣教師サトルスらといっしょに捕縛された。獄中で刑の執行を待っているあいだに見た夢のなかに白い髭の羊飼いがあらわれ、羊の乳でつくったチーズを差し出した。これを口にしたときに「アーメン」という声を聞き、目覚めると口中に甘いチーズの味がしたという。彼女はこの一連の夢想を書きとめた。刑場において、公衆の前で鞭打たれ、野牛に襲われ、最後は身体をばらばらにされて命を落としたが、彼女が書き残した夢想の記録『ペルペトゥアとフェリキタス殉教者行伝』は、女性による最初の奇跡の記録として広まった。

*3 ヒッポの聖アウグスティヌス (St. Augustine of Hippo, 354-430) ――異教徒でローマの官吏であった父とキリスト教徒の母モニカのもとに北アフリカのヌミディア (=アルジェリアのタガステ) 生まれ、初めカルタゴに遊学したが放蕩し、欲望と理性の葛藤に翻弄され、母親の同意無しに19歳で身分の低い娘と同棲して二人の男子をもうけた。一時マニ教に帰依し、徹底した善悪二元論によって自分がかかえる悪の煩悶を解決し、宇宙全体の存在論から自己探求を深めた。ローマ、ミラノに遊学し、指導者の助言と篤信の母モニカの献身的な祈りによって回心に進み、34歳頃から学究生活に入った。北アフリカのヒッポの司教 (396-430) として死にいたるまで、この教区を指導した。『告白録』(*Confessiones*, 400頃)、『神の国』(*De Civitate Dei*, 413-426) など。

*4 アレクサンドリアのクレメンス (Clement of Alexandria, 150頃-215) (*Titus Flavivs*) ――アレクサンドリア派のギリシアの神学者・著述家。ギリシア文化と哲学を高く評価し、これをキリスト教の前段階として神からあたえられた賜物とみなした。古代哲学とキリスト教を統合した最初の神学者として知られ、その系譜は弟子オリゲネスから4世紀のギリシア教父およびアウグスティヌスにまでおよぶ。主著『ギリシア人への勧告』は異教の神の不合理を批判して改宗を勧め、『教師』(*Paidagogus*) は信徒の日常をよき生活へ教導し、『雑録』(*Storomateis*) は哲学的見解の備忘録で、『富者の救い』は富の正しい使い方を示し、救いにあずからしめようとしたものである。

*5 セビーリャの聖イシドールス (Isidore of Seville, 560頃?-636) ――スペインの大司教・学者・歴史家。カルタナ出身の貴族の家に生まれ、兄のレアンデル (Leander) から教育を受け、その後を継いでセビーリャ大司教となった。大司教として第4回トレド会議 (633年) をはじめ、その他の公会議を通じて、西ゴート族およびユダヤ教徒のカトリックへの改宗に尽力し、教育制度の整備に注力し、スペインのカトリック教会の基盤を固めた。主著『語源論』(*Etymologiae*)。聖祝日は4月4日。

*6 ラクタリア (*lactaria*) ――ラテン語で lacta は「乳」を意味し、*lactaria* は乳飲み子が集まるところ。マリア・ラクタンス (*maria lactance*) は「聖母マリアの授乳の姿」、転じて「授乳の聖母」「母乳育の女神」となった。

* 7 殉教者聖ユスティノス（Justin Martyr, 100頃-163?）——「護教教父」とよばれた前2世紀のキリスト教神学者。アテナイとローマに学び、さまざまな哲学諸派をへてキリスト教にたどりつき、エフェソスで洗礼を受けた。当時さかんであったグノーシス主義を激しく批判し、アントニウス・ピウス帝の時代のローマでキリスト教を広める私塾を開いた。

* 8 アテナゴラス（Athenagoras, 生没年不詳）——2世紀後半のアテナイの哲学者で、のちにキリスト教に回心して護教家となる。ローマ皇帝マルクス・アウレリウス（121-180）とその子コモドゥスに宛てた護教論『キリスト者のための弁護』において、神の三位一体説を基礎づけた。

* 9 テルトゥリアヌス（Quintus Septimius Florens Tertullianus, 160頃-220）——カルタゴのキリスト教著作家、法律家。最初プラトンやストア哲学を学び、のちにキリスト教に改宗した。ユスティニアヌスの影響を受け、護教家として多数の著作を著わし、異教と異教の学問、とくにギリシア哲学、グーノシス派を攻撃した。

* 10 ラクタンティウス（Lactantius, 240頃-320）——キリスト教の護教家。290年頃ローマ皇帝ディオクレティアヌスによりニコメディアに招かれ、帝室のラテン修辞学教師となった。その頃改宗し、大迫害のときに追放された。晩年はコンスタンティヌス1世の子クリスプスの教師となった。主著は異教哲学を論駁した『神聖教理』『神の怒りについて』のほか、大迫害の重要な史料『迫害者の死について』など。キリスト教のキケロと称された。

* 11 ミラノ勅令（Edict of Milan）——313年2月、コンスタンティヌス1世がリキニウス帝とミラノで会見した際に発した勅令。キリスト教をはじめて公認し、長かったキリスト教迫害に終止符を打った。キリスト教の信仰の自由の認可、教会の没収財産の返却などが定められた。

* 12 子どもの奉納（oblation）——宗教上の事業あるいは慈善事業に対して、また養育不可能な生活状況から子どもを救済する手段として、実質的な子どもの「遺棄」を宗教的な意味づけによって合理化し、子どもを教会と信徒集団に奉納する慣行。

* 13 ハンナ（Hannah）——旧約聖書の登場人物で、エフライム人エルカナの妻でサムエルの母。名前はヘブライ語で「恵み」という意味。彼女は長らく子どもが生まれなかったために、エルカナのもう一人の妻ペニンナに悪く言われて悩んだ。エルカナ一家は毎年シロの聖所で参拝していたが、ある年ハンナは祈りのなかで、もし神が祈りにこたえて男子を授けてくださるなら、その子を主に捧げると誓った。祈りが通じてハンナは男子を産み、サムエルと命名された。

* 14 聖バシリオス（Basil the Great, 330頃-379）［バシレイオス（Basileios）］——ギリシアの教父、聖人、カエサリア主教。三位一体の正統教義を確立したニュッサの聖グレゴリウス（Saint Gregory of Nyssa, 330頃-395?）の兄。ナジアンザスのグレゴリウス（Gregory of Nazianzus, 329?-389）とならぶカッパドキア3教父の一人で、「大バシレイオス」と尊称され、「修道生活の父」とよばれる。アテナイに学び、のちのローマ教皇ユリアヌスとは同門。対アリウス派闘争とその修道規則による修道生活とで、キリスト教正統信仰の模範を示した。主著『フィロカリア』『エウノミオス駁論』『聖霊論』など。

* 15 聖ベネディクトゥス（Benedictus, 480-543）——ヌルシア出身のキリスト教の聖人、西ヨーロッパ修道院の創始者。529年、ローマ南のモンテ＝カッシーノに西ヨーロッパで最初の修道院を設立し、服従・清貧・貞潔の3原則にもとづくベネディクトゥス会則を定め修道士に労働の義務を課して修道院の経済的自立を確立した。この会則を採用するベネディクト会系修道院は最盛期には全ヨーロッパで2000あまりに達し、中世の精神史上、顕著な文化的達成をもたらした。

* 16 ヘロデ（Herodes, 前73頃-前4）——ユダヤの王でヘロデス大王とも称される。ローマの有力者によって王に任ぜられ、エルサレムを略奪して専制政治を行ない、エルサレム神殿を大改修するとともに多くの都市を建設した。猜疑心から妃と実子3人を死刑にし、イエス・キリストの成長をおそれてベツレヘムの2歳以下のすべての嬰児を殺害したと伝えられる。

* 17 審問（scrutiny）——初期のキリスト教会で、入信志願者が洗礼前に受ける試験。

* 18 クリュソストモス（Johannes Chrysostomos, 347頃-407）——コンスタンティノープルの大司教で、説教家、聖書注釈家、聖人、教会博士。370年、キリスト教の洗礼を受けて修道生活に入り、聖書を研究。のちにアンティオキアに戻り、司教となり、説教活動に従事。398年、コンスタンティノープル大司教に就任したが、その改革努力が女帝エウドクシアの怒りをかって流謫され、いったんは許されたが、ふたたび小アジアに追放された。死後その雄弁さを讃えてクリュソストモス（「黄金の口の」ヨハネ）と称された。

* 19 原罪（original sin）——人類の始祖アダムとエバの堕罪の結果、マリアを除く全人類が生まれながら負っているとされる罪。カトリック神学では成聖の恩恵（sanctifying grace）が喪失していることをさす。回心・信仰・受洗によってその汚点を消し去り、「神の子」として再生すると考えられた。

* 20 ニュッサのグレゴリウス（Gregorius Nyssenus, 335-394）——東方教会の教父。バシレイオスの弟。兄およびナジアンザスのグレゴリウスとともに、カッパドキア3教父の一人。はじめ修辞学で身を立て結婚したが、カエサレア主座司教であった兄の懇請によって371年に小アジアのニュッサの司教となる。政治的にしばしば賢明さを欠いたが、正統信仰を守るうえではコンスタンティノープル公会議で重要な役割を果たすなど功績は大きい。

* 21 ソドム（Sodom）——ヨルダン低地にあった町。現在は死海南部に水没。旧約聖書「創世記」（18、19）によれば、ケダラオメルの連合軍に敗れた後、男色など道徳的退廃がはなはだしいため、死海近くの都市ゴ

モラ (Gomorrah) とともに天から降りそそがれた硫黄と火によって滅ぼされた。このことから、「ソドム」は、いちじるしい罪悪とこれに対する神罰をさす言葉として用いられる（「マタイ福音書」10・15など）。

➡イスラム世界の子ども、カトリック、プロテスタントの宗教改革、ユダヤ教

● 参考文献

Athenagoras. 1953. *Early Christian Fathers*, ed. and trans. Cyril C. Richardson. London: SCM Press.

Augustine, Saint. 1991. *Confessions*, trans. Henry Chadwick. Oxford: Oxford University Press. アウグスティヌス『告白録』（キリスト教古典叢書）（宮谷宣史訳、教文館、2012年）

Basil of Caesarea. 1925. *The Ascetical Works of Saint Basil*, trans. W. K. L. Clarke. New York: Macmillan.

Boswell, John. 1988. *The Kindness of Strangers: The Abandonment of Children in Western Europe from Late Antiquity to the Renaissance*. New York: Pantheon Books.

Bunge, Marcia J., ed. 2001. *The Child in Christian Thought*. Grand Rapids, MI: W. B. Eerdmans.

Chrysostom, John. 1978 [1951]. "Address on Vainglory and the Right Way for Parents to Bring Up Their Children." In *Christianity and Pagan Culture in the Later Roman Empire*, trans. M. L.W. Laistner. Ithaca, NY: Cornell University Press.

Clement of Alexandria. 1954. *Christ the Educator, tianity and Pagan Culture in the Later Roman Empire*, trans. Simon P. Wood. New York: Fathers of the Church.

deMause, Lloyd, ed. 1974. *The History of Childhood*. New York: Psychohistory Press.

Goody, Jack. 1983. *The Development of the Family and Marriage in Europe*. New York: Cambridge University Press.

Gould, Graham. 1994. "Childhood in Eastern Patristic Thought: Some Problems of Theology and Theological Anthropology." In *The Church and Childhood*, ed. Diana Wood. Oxford, UK: Ecclesiastical History Society/Blackwell Publishers.

Gregory of Nyssa. 1972. *Gregory of Nyssa: Dogmatic Treatises*, ed. Philip Schaff and Henry Wace. Grand Rapids, MI: W. B. Eerdmans.

Guroian, Vigen. 2001. "The Ecclesial Family: John Chrysostom on Parenthood and Children." In *The Child in Christian Thought*, ed. Marcia J. Bunge. Grand Rapids, MI: W. B. Eerdmans.

Hayward, Paul A. 1994. "Suffering and Innocence in Latin Sermons for the Feast of the Holy Innocents, c. 400-800." In *The Church and Childhood*, ed. Diana Wood. Oxford, UK: Ecclesiastical History Society/Blackwell Publishers.

Holmes, Augustine. 2000. *A Life Pleasing to God: The Spirituality of the Rules of St. Basil*. Kalamazoo, MI: Cistercian Publications.

Justin Martyr. 1953. *Early Christian Fathers*. In *The Library of Christian Classics*, vol. 1, ed. and trans. Cyril C. Richardson. London: SCM Press.

Musurillo, Herbert, ed. and trans. 1972. *The Acts of the Christian Martyrs*. Oxford, UK: Clarendon Press.

Nelson, Janet. 1994. "Parents, Children, and the Church in the Earlier Middle Ages." In *The Church and Childhood*, ed. Diana Wood. Oxford, UK: Ecclesiastical History Society/Blackwell Publishers.

Rousselle, Aline. 1988. *Porneia: On Desire and the Body in Antiquity*. Trans. Felicia Pheasant. Oxford, UK: Basil Blackwell.

Stortz, Martha Ellen. 2001. "'Where or When Was Your Servant Innocent?' Augustine on Childhood." In *The Child in Christian Thought*, ed. Marcia J. Bunge. Grand Rapids, MI: W. B. Eerdmans.

Van Der Meer, Frederik. 1961. *Augustine the Bishop: The Life and Work of a Father of the Church*. Trans. Brian Battershaw and G.R. Lamb. London: Sheed and Ward.

Wood, Diana, ed. 1994. *The Church and Childhood: Papers Read at the 1993 Summer Meeting and the 1994 Winter Meeting of the Ecclesiastical History Society*. Oxford, UK: Blackwell.

（MARTHA ELLEN STORTZ／鈴木明日見・宮田京子訳）

職業教育・工業教育・職業訓練学校 (Vocational Education, Industrial Education, and Trade Schools)

19世紀は、多くのタイプの職業学校とその教育計画の発達という特徴があった。こうした教育計画は、15世紀と16世紀における学習の復活のなかから生まれた運動と哲学にその起源をもっている。この時期の人文主義運動は、個人の特権と責任に重点を置いていた。重点の変化は、リアリズム運動が具体的になってきた16世紀後半から17世紀を通じての時期に起きた。この運動は、科学と実用的な技術がカリキュラムに導入されたことが原因であった。18世紀、すなわち理性の時代[*1]は、民主主義的な自由主義・慈悲・寛容の時代であった。

産業を学ぶ学校

産業を学ぶ学校は、18世紀の最後の25年間にドイツとイギリスで発展した。この種の学校は、産業にかかわる賃金労働を教室での研究に結びつけた。産業労働は、学生たちが授業料を支払うお金を稼ぐために提供された。これらの学校で行なわれるさまざまな種類の産業労働には、女子のための紡績作業、編みもの、縫製作業、そして男子のための刺繍、指物作業、家具製造、木彫り作業などがふくまれた。この時期の教育の指導者たちは、よき労働者とよき市民を養成するに

ブカー・T・ワシントン（1856-1915）*

は、自学自習、学生の学問への参加、普遍的な教育、そして環境という要素の重要性を強調した。その結果、19世紀には多数の新しい学校とプログラムが生み出された。労働需要の高まりが、衰退しつつあった**徒弟制度**の代替制度としての学校につながる一方で、人間の幸福に関心が増大したことは、貧民と非行少年のための学校が発展する要因であった。大衆教育の重視と熟練労働者の需要の高まりは、学校の組織と労働者と将来の労働者を対象にしたカリキュラムを必要とした。

アメリカにおける職業訓練学校運動

19世紀初期、はたらく人びとは子どもたちの教育の平等を獲得するために闘った。だが、彼らの非常に自由奔放な夢においてさえ、無償の公立学校では職業教育はふくまれていなかった。たんなる「熟練労働」とは対立する「教養のある労働」という理念は、19世紀前半を通じてしだいに受容された。しかし、急速に拡大する産業経済において、人びとに雇用を準備することができる新しいタイプの学校に対する急を要する需要が高まったのは、ようやく南北戦争後の再建時代*2においてであった。こうして、すべてのアメリカ人のための実現可能な産業教育制度をつくろうとする職業訓練学校運動が登場した。

最初の私立の職業訓練学校のひとつは、1868年にサムエル・チャプマン・アームストロング*3によって組織された、ヴァージニア州のハンプトン専門学校であった。ハンプトン専門学校は、性格と社会的地位を改善するために、アフリカ系アメリカ人を対象に教養教育と職業訓練の両方を提供するために設立された。学生たちは、4年間を要する人文系の学習コースとならんで、3年におよぶ組織的なコースによって職業にかんする学習に毎日8時間取り組んだ。4年間のプログラムの全体を終えれば、学生たちには卒業証書があたえられた。ブカー・T・ワシントン*4は、このハンプトン専門学校のもっとも有名な卒業生の一人である。彼はのちにアラバマ州のタスキーギ専門学校*5の校長となり、1915年に亡くなるまで顕著な教育歴を歩んだ。

それぞれの職業分野に関連する補充学習をもつ特別な職業訓練を提供する最初の学校は、1881年にリチャード・タイルデン・オークミューティ（1831-1893）大佐によって設立されたニューヨーク職業学校であった。オークミューティは、労働問題についての研究の結果、すでに雇用された労働者の補充教育だけでなく、雇用前教育をあたえるためにデザインされた職業訓練パターンを開発した。

ニューヨーク職業学校の指導計画とは対照的に、1883年11月にニューヨーク市に設立されたヘブライ実業学校は、広範な一般教養科目を提供した。こうした特色をもつ学校の需要が高まったのは、19世紀後半に多数のユダヤ人がアメリカに移住してきたからであった。

ウィリアムソン職工自由学校は、商人であり博愛主義者でもあったイザヤ・V・ウィリアムソン（1803-1889）によって、1891年にフィラデルフィアで組織された。この学校は、もはや広く行なわれなくなっていた徒弟制度の訓練をしかるべきものにするよう設計されていた。16歳から18歳までの少年たちは、3年間の年季奉公契約をかわして学校理事の徒弟となった。予備コースを修了した学生は、学校理事によってひとつの職業分野が割りあてられた。ウィリアムソンは、徒弟制度の放棄が怠惰と犯罪をもたらすこととなり、社会に対する脅威をつくったと確信していた。彼の学校は完全に無償であった――衣類、食費、授業はすべて無料であった。

このような三つの異なるタイプの学校は、1800年代後半に国中にかぎられた数の職業訓練学校を産みだした。この同じ時期を通じて、公立の中等学校は、手工芸訓練と工芸技術の履修コースを提供し、大学ほどではなかったが、さまざまな個人経営の寄付金立職業学校は、農業、ビジネス、家政学、商工業の教育を提供した。

20世紀に入ると、どの形態の職業教育を採用すべきかをめぐって、しばしば意見の不一致はあったものの、職業教育制度を設立して運営する州政府と連邦基金の利用に対する支援が増大しはじめた。1905年、

マサチューセッツ州知事ウィリアム・ダグラス（1845-1924）は、製造業、農業、労働界、教育界の代表者からなる委員会を設置した。この委員会は、職業教育の現状を調査し、必要な修正のための勧告を行なうよう諮問された。1906年に公表されたこの委員会の勧告は次のことをふくんでいた。(1)小学校の生徒たちに工業、農業、家事に習熟させるための教育、(2)中等段階での数学、科学、製図に具体的な応用をとりこむこと、(3)農業、家庭内の仕事、工業の仕事を教える昼間コースと夜間コースの両方を提供する独立の職業学校の創設。

スミス＝ヒューズ法

公立学校で農業、家庭科、職業を教えるために連邦基金を提供することを求めたスミス＝ヒューズ法*6は、商工会議所やアメリカ農業大学と実験農場協会（the Association of American Agricultural Colleges and Experiment Stations）をふくむ多数の団体に認可されたものの、議会によって迅速には動かなかった。大きくは、トマス・ウッドロウ・ウイルソン大統領*7からのアピールと、さしせまった第1次世界大戦に参戦する国家からの圧力の結果、この法案が最終的に承認されたのは、1917年2月17日になってからであった。ウイルソン大統領は、正式名称「1917年職業教育法」(the Vocational Education Act of 1917) に2月23日に署名した。かくして、この法律は、州政府によって提供される職業教育プログラムを具体化する連邦政府の役割を確立したのであった。

スミス＝ヒューズ法の条項は、農業、職業および工業を教える教師の給料と訓練費用のための継続的な割当金を確定し、その額は毎年増大し、1926年にはそれぞれ最高額で300万ドルに達した。このように提供された基金は、州政府が、1917～1926年の時期を通じて見られた教育プログラムの拡張と入学者の増加の両方を助成するための新事業の着手金としてのねらいがあった。グラント・ヴェンは、3年以内に、連邦政府の補助金を受けたプログラムへの入学者は倍増し、連邦政府、州政府、地方自治体の支出の合計額は4倍になったと述べている。

職業教育は、20世紀を超えて公立学校に定着したが、もっと上級の熟練した学習にいたる道としての魅力は衰退した。一部のカリキュラムがしだいに生徒たちに学問的に最低限のことしか教えなくなると、職業教育は慢性的な資金不足になったが、21世紀の初めには、職業技術を発達させることへの実際の需要は、職業教育を行なう学校で関心をとりもどした。

[訳注]

*1 理性の時代（Age of Reason; Age of Enlightenment）——17～18世紀のヨーロッパの思想運動で、とくに理性の開発をとおして人間生活の進歩や改善をはかろうとした。信仰や非合理な主義を否認し、宗教的・社会的・哲学的な事象の批判的研究が優位であった時代を象徴的に言いあらわす言葉。とくに18世紀のイギリスとフランスにおける学術文化、博物学などの自然科学の発展に示される。

*2 再建時代（Reconstruction）——南北戦争時に脱退した南部連合諸州をふたたびアメリカの州として連邦に復帰させようとした1865年から1877年頃までの時期。

*3 サミュエル・C・アームストロング（Samuel Chapman Armstrong, 1839-1893）——アメリカの教育家、元軍人。南北戦争後に解放された奴隷のための職業教育の必要性を感じたことから、その目的のために尽力し、1868年に職業学校（Hampton Normal and Industrial Institute、のちのHampton Institute ハンプトン大学）を設立して経営した。

*4 ブカー・T・ワシントン（Booker T. Washington, 1856-1915）——アメリカの社会改良家・教育者。奴隷から身を起こした黒人職業教育の先駆者。

*5 タスキーギ専門学校（Tuskegee Institute）——アメリカアラバマ州東部の都市タスキーギ市に1881年に創設された職業専門学校で、黒人の生徒を対象にした学校として有名。1985年よりTuskegee Universityとなり、アメリカの黒人の歴史資料のすぐれたコレクションを有していることで知られる。

*6 スミス＝ヒューズ法（Smith-Hughes Act）——1917年に制定されたアメリカで最初の職業教育連邦補助立法。

*7 トマス・W・ウィルソン（Thomas Woodrow Wilson, 1856-1924）——アメリカの政治家（民主党）、第28代大統領（1913-21）として、任期中に「14か条の平和原則」（Fourteen Points Plan for Peace）を発表（1918）し、ノーベル平和賞（1919）を受賞した。

➡進歩主義教育、都市の学校制度の誕生、非行

● 参考文献

Barlow, Melvin L. 1967. *History of Industrial Education in the United States*. Peoria, IL: Chas. A. Bennett.

Bennett, Charles A. 1926. *History of Manual and Industrial Education up to 1870*. Peoria, IL: Manual Arts.

Bennett, Charles A. 1937. *History of Manual and Industrial Education 1870 to 1917*. Peoria, IL: Manual Arts.

Gordon, Howard R. D. 2003. *The History and Growth of Vocational Education in America*. Prospect Heights, IL: Waveland Press.

Hawkins, Layton S., Charles A. Prosser, and John C. Wright. 1951. *Development of Vocational Education*. Chicago: Harper and Row.

Roberts, Roy W. 1956. *Vocational and Practical Arts Education*. New York: Harper and Row.

Scott, John L., and Michelle Sarkees-Wircenski. 2001. *Overview of Career and Technical Education*. Homewood, IL: American Technical Publishers.

Venn, Grant. 1964. *Man, Education and Work*. Washington, DC: American Council on Education.

Walter, R. A. 1993. "Development of Vocational Education." In *Vocational Education in the 1990s II: A Sourcebook for Strategies, Methods, and Materials*, ed. Craig

Anderson and Larry C. Rampp. Ann Arbor, MI: Prakken.
(HOWARD R. D. GORDON／池田雅則・北本正章訳)

職業訓練学校（Trade Schools）
➡職業教育・工業教育・職業訓練学校（Vocational Education, Industrial Education, and Trade Schools）

植民地支配（Colonianism）
➡インドにおけるイギリスの植民地支配（British Colonianism in India）／ラテンアメリカの子ども（植民地支配）（Latin America: Colonianism）

助言（Advice）
➡子育ての助言文献（Child-Rearing Advice Literature）

助産術（Midwifery）
➡産科学と助産術（Obstetrics and Midwifery）

女子カレッジ（女子大学）（アメリカ）(Women's Colleges in the United States)

アメリカでは、19世紀を通じて、女性に高等教育への参入を認めるという見識をめぐって激論が闘わされた。支持者は、女性は知的に男性と同等であり、文化的には男性よりもすぐれており、女性が母親として、また初等学校教師としての義務を遂行するには、最良かつ最先端の教育を受けるのは当然であると主張した。いっぽう反対者は、高等教育は女性たちを身体的にも情緒的にも伝統的な役割に不向きにしてしまい、彼女たちから「女らしさを奪う」と主張した。

こうした論争にもかかわらず、早くも1830年代と1840年代には、女性たちはセミナリー、アカデミー、師範学校へ入学する権利を獲得しており、これらの教育機関の一部は、男子カレッジに匹敵するカリキュラムをそなえていた。それらの教育機関は、中西部や西部では、男女共学であるとともに、中産階級の学生にとって非常に利用しやすかった。南部と北東部では、通常、上層中産階級と上流階級に対応していた男女別学が一般的であった。したがって、「カレッジ」と自称する初の女子校が、ジョージア女子カレッジ（1836年）、テネシーのメアリ・シャープ・カレッジ（1853年）、ニューヨークのエルマイラ・カレッジ（1855年）［いずれも南部と北東部］であったことは驚くに値しない。実際、南北戦争以前の南部──アメリカでもっとも保守的な地域──は、アメリカで最大数の女子カレッジを擁する発祥地であり、そこでは北部出身の女性教師がはたらいていた。南部に根強く残っていたジェンダー規範は、皮肉にも、富裕層の親が女性の高等教育を支援することをうながしたのだが、それは、もし娘にカレッジの学位が授与されても、彼女たちが道をふみ違える可能性がほとんどなかったからであった。しかし、歴史家たちは、こうした教育機関から提供される教育が厳格であったかどうかについて異議を唱え南部の女子カレッジは、南北戦争によってひき起こされた分裂と荒廃を生きのびることはできなかったと見ている。

南北戦争後の時期には、娘に経済的に自立する手段をもってもらいたいと望んでいた納税義務のある親たちの圧力によって、モリル法[*1]のもとに創設された西部と中西部の新たな州立大学に女性が入学することとなった。だが、南部と東部では、定評のある名門の男子カレッジも新しい州立大学も、女子学生の入学は認めなかった。1870年当時、アメリカのカレッジと大学で共学であったのは3分の1にすぎなかった。かくして、1860年代から1930年代にかけて、さまざまな個人や団体によって新しい女子カレッジが設立された。

もっとも有名な名門女子カレッジは女子版アイビー・リーグ、あるいはセブン・シスターズとよばれる、ヴァッサー、ウェルズリー、スミス、ブリンマー、バーナード、ラドクリフ、マウントホリヨークの7校である。こうした東海岸のカレッジは、1865年から1893年にかけての時期に、個人の慈善家や有力な女性の民間団体によって設立された。南部では、個人の慈善家や教会の支援によってガウチャー（ボルティモア女子カレッジ）、ソフィー・ニューカム（テューレーン大学の女子カレッジ）、ジョージア州のディケーターにアグネス・スコットなどが創設された。1900年から1930年にかけて、シスター（女子修道会）というカトリックの機構によって、19校の女子カレッジが設立され、それ以降さらに多くが設けられた。

東部のいくつかの女子カレッジでは、ごく少数のアフリカ系アメリカ人学生の入学を認めていたが、南部のカレッジは、公民権運動の時代まで完全に白人学生だけを認めていた。1881年に、白人の女性宣教師たちがアフリカ系アメリカ人の少女と女性を対象に、スペルマン・セミナリーを創立し、同校は1923年にカレッジとなったが、事実上、歴史的に黒人カレッジはすべて共学であった。その他の黒人の教育機関──ベネット、バーバー・スコシア、ヒューストン・ティロットソン──は、その歴史のなかで長きにわたって女子カレッジであった。

女子カレッジのほかの人口動態上の特徴も、1970年代までは比較的一定していた。一部の学校、とくにカトリックの学校組織は非常に多様な学生からなっていたが、大半の学校は、費用を自弁できる者──通常、プロテスタントの上層中産階級の家庭の娘たち──に入学を制限した。若い女性にとってカレッジへの入学

ウェルズリー・カレッジの1887年のクラス記念写真。「セブン・シスターズ」のひとつとしてのウェルズリー・カレッジは、19世紀後半に創設されたもっとも卓越した女子カレッジのひとつであった。初期のウェルズリー・カレッジの学生は、伝統のアカデミックな正装で撮影されるのを望んでいたようである。Courtesy of Wellesley College Archives; Photo by Pach Bros.

がそれほどめずらしい選択ではなくなってくると、これまで以上に多くの社会的エリート家族も娘たちをカレッジに送りこむようになった。セブン・シスターズは、第2次世界大戦後まで、ユダヤ人とおそらくはカトリック教徒も、入学を制限していた。ここ数十年に受けた財制支援と差別撤廃措置によって、ようやく多様な社会背景の女性が女子カレッジに入学できるようになった。

女子カレッジは、もっとも良質な男子カレッジであたえられるのと完全に同一の教育を提供することをつねに誇りとしてきた。しかし、女子カレッジは、アマースト、ノートルダム、モアハウスのカリキュラムを複製することに甘んじず、実験科学や芸術コースを率先して提供した。一部のカレッジは、元学生が「復学する」ための特別な機会や、女性の学者や専門家を奨励するプログラムを設けた（たとえば、ラドクリフのバンティング・インスティテュート）。いくつかの女子カレッジでは学位を授与した。ブリンマーの古典プログラムとスミスのソーシャル・ワークのプログラムはとりわけ知られている。さらに、女子カレッジは、通常、多数の女性の教員と経営者を擁しており、彼女たちは学生たちの能力がひいでるように、高度な課題に取り組むよう奨励した。女子カレッジは、ときには家政学コースのような職業向けの教育を提供しないことに批判を受けたものの、教養教育のカリキュラムを首尾よく維持していた。実際のところ、こうしたカレッジは、1970年代と80年代には、知的分離主義についての歴史的な懸念から、女性学のプログラムを確立する先導者であろうとするよりも、むしろ共学の大学の支持者となった。

19世紀末になると、体面を誇示する必要に迫られた女子カレッジは、学生に対して多くの社会的な制限を設けた。その結果、野心的で自立心のある若い女性はたいてい共学の大学を好むようになった。とはいえ、女子カレッジの女子学生は、20世紀初頭までには共学大学の女子学生よりも多くの利点を享受した。それには、教員の手厚い配慮、学生自治会の運営機会、キャンパス新聞・文芸雑誌・年報の発行管理、ディベー

トや競技などの幅広い活動にたずさわるチャンスがふくまれた。一部の女子カレッジには女子学生クラブ*2 があったが、大半のカレッジにはなく、最終的には、狭くて同質的なキャンパスでは社会的な不和が生じやすいとして廃止された。カレッジの経営者たちは、参政権運動やほかの議論の的になる運動を公然と支援することにしばしば難色を示したが、多くの学生はしばしば人目をしのんでそうした運動にくわわった。1920年代に、カルヴィン・クーリッジ*3 大統領は、セブン・シスターズを急進主義の温床になっているとして批判した。しかし、南部やカトリックの女子カレッジでは、厳しい社会的な規制が非常に長く残っていたため、学生は政治的なことにさほど関与しなかったようである。歴史家たちは、1920年代から1970年代にかけての女子カレッジにおける政治活動についてはまだ評価していないが、個人の実体験にもとづく証拠は、すくなくとも学生の一部が政治的なことにかかわる伝統を保持していたことを示している。

女子カレッジは、社会的保守主義を標榜していたにもかかわらず、反伝統的なライフスタイルを身につけた、実質的な少数派である卒業生を生み出していた。卒業生の多くはキャリアウーマンになったり、政治に関与したり、独身をとおしたり、ささやかな家庭をもったり、そうでない場合には、中産階級のジェンダー規範に修正をくわえたり抵抗した。社会はこれらを認めつつも、女子カレッジは独身女性を作る（1890-1920年）、レズビアンを奨励する（1920年代と1970-90年）、家庭的であることに満足しないよう女性に教えこむ（1930-60年）と、周期的に女子カレッジを攻撃した。

第2期フェミニズム運動*4 が盛り上がりを見せて以来、女子カレッジは、多くのアメリカ人から時代錯誤とみなされるようになった。男子のアイビー・リーグや軍隊のアカデミーですら女性を入学させるようになったため、女子カレッジの数は、1960年の233校から1986年の90校へと急減した。すべてのカトリックの男子カレッジと女子カレッジは、ヴァッサーやサラ・ローレンス、その他の名門の別学のカレッジがたどったのと同じように共学となった。1960年には女子学生の10パーセントが別学のカレッジに在籍していたが、1986年には2パーセントにも満たなかった。しかし、近年の社会科学的な研究では、女子カレッジの卒業生は、さほど名門でないカレッジの出身でも、共学のカレッジの卒業生に比べて、とくに非伝統的な分野で「なにかをなしとげた人」の割合が高いことが明らかにされている。研究者は、そうした相違の理由を、女子カレッジにおけるすぐれた指導体制や支援環境によると述べている。したがって、女子カレッジは、新たに設立される可能性はないが、現存する女子カレッジが消滅することもありえないだろうし、それはまた望ましいことでもない。

[訳注]

*1 モリル法（the Morrill Land Grant Act 1862）──アメリカで1862年に制定された、農科大学校設立を目的に、連邦政府の公有地を州に払い下げる法律。国有地の譲渡など、連邦政府の援助を受ける資格のある大学をland-grant-collegeとよぶ。ヴァーモント州出身の国会議員モリル（Justin Smith Morrill, 1810-98）の名前にちなむ。

*2 女子学生クラブ（sorority）──アメリカの女子カレッジ、大学において、学業成績、クラブ活動などですぐれた女子学生が基準を設けてメンバーをつのった社交クラブ。男子大学生の「友愛会」（fraternity、フラタニティ）とならんでアメリカの学生文化の発信拠点である。

*3 カルヴィン・クーリッジ（Calvin Coolidge, 1872-1933）──アメリカの共和党の政治家。第30代大統領（1923-29）。在任中顕著な政治指導力は見られなかったが、産業界と企業経営に対する政府の干渉を極力押え、税率引下げにより資本蓄積を有利にし、高率の保護関税を維持するなど、経済の安定維持に取り組んだ。外交政策は国際協調を基本とし、1928年パリ不戦条約の締結に寄与した。

*4 第2期フェミニズム（the second wave of feminism）──欧米で1960年代以降に高揚したフェミニズム運動をさす。19世紀末～20世紀初頭にかけての第1期フェミニズム運動では、婦人参政権の獲得を目標とした婦人解放運動など女性が公的領域に入ることが要求された。これに対して、第2期フェミニズム運動は、思想・学問のあり方によって社会構造のすみずみにまで浸透している男性中心主義を告発し、女性の社会的・経済的・性的な自己決定権の獲得を目標とした。政治などの公的領域への参画だけでは不十分として、家庭内の私的領域にこそ女性の抑圧の根本的な原因がひそんでいると主張し、女性が家庭内で経験するさまざまな不都合や矛盾は、個人の問題ではなく社会に由来する問題であることを提起した。「個人的なものは政治的である」は、第2期フェミニズムのスローガンのひとつである。

➡教育（アメリカ）、女子校、男女共学と別学教育

● 参考文献

Farnham, Christie. 1994. *The Education of the Southern Belle: Higher Education and Student Socialization in the Ante-Bellum South*. New York: New York University Press.

Geiger, Roger L. 2000. "The Superior Instruction of Women, 1836-1890." In *The American College in the Nineteenth Century*, ed. Roger Geiger. Nashville, TN: Vanderbilt University Press.

Gordon, Lynn D. 1989. "Race, Class, and the Bonds of Womanhood at Spelman Seminary, 1881-1923." *History of Higher Education Annual* 9: 7-32.

Horowitz, Helen Lefkowitz. 1984. *Alma Mater: Design and Experience in the Women's Colleges from the Nineteenth Century to the 1930s*. New York: Knopf.

McCandless, Amy Thompson. 1999. *Past in the Present: Women's Higher Education in the Twentieth Century American South.* Tuscaloosa: University of Alabama Press.
Miller-Bernal, Leslie. 2000. *Separate By Degree: Women Students' Experiences in Single Sex and Coeducational Colleges.* New York: Peter Lang.
Nash, Margaret. 2000. "A Salutary Rivalry: The Growth of Higher Education for Women in Oxford, Ohio, 1855-1867." In *The American College in the Nineteenth Century*, ed. Roger Geiger. Nashville, TN: Vanderbilt University Press.
Palmieri, Patricia A. 1988. "Women's Colleges." In *Women in Academe: Progress and Prospects*, ed. Mariam K. Chamberlain. New York: Russell Sage Foundation.
Perkins, Linda M. 1997. "The African American Female Elite: the Early History of African American Women in the Seven Sister Colleges." *Harvard Educational Review* 67, no. 4 (winter) : 718-756.
Tidball, M. Elizabeth. 1999. *Taking Women Seriously: Lessons and Legacies for Educating the Majority.* Phoenix, AZ: Oryx Press.

（LYNN D. GORDON／沖塩有希子訳）

エマ・ハート・ウィラード（1787-1870）*

女子校（Girls' Schools）

　女子校は、近世のかなり前から存在していたが、ヨーロッパと北アメリカでは、その発展と多様性の起源は18世紀末にある。この発展の大部分は、男性と女性の双方にかかわる理性と教育の重要性を説く啓蒙思想に触発された。女子校は、最初から社会的境界線——これは20世紀のかなりの時期まで残った——に沿って、ほとんどつねに厳格に区分けされてきた。すなわち、中産階級や上流階級の娘たちが同じ階層の仲間とともに中等教育を受けたのに対して、労働階級と農民の娘たちは、初等学校に在籍して基礎教育を受けるにとどまった。どちらの段階の学校でも社会生活で女性が果たす独自の役割が強調される傾向があり、そのことが女性を劣位に置きつづける要因になっていた。

　しかし、過去200年以上にわたる女子校の拡大は多岐におよぶ変化をもたらした。第1に、女子を対象にした初等学校の増加は、女性の**識字能力**（リテラシー）を刺激し、女性が教師として専門職につく機会を開いた。つまり、教職の女性化と女子校の普及とは同時進行したのである。第2に、しばしばフェミニズム運動の影響下にあった女子の中等学校は、男子と同一の試験に向けた準備教育をしたり、高等教育への進学機会を提供するなど、しだいに男子の中等学校と肩をならべる水準になった。1980年代までに男女別の学校はほぼなくなったが、これはヨーロッパ世界で男女共学が標準になったからである。だが、こうした目に見えるかたちでの女子校の消滅（カトリックの学校制度は除く）は、教育上のジェンダーの差異がもたらす影響をとりのぞいたわけではなかった。むしろ、そうした差異は、過去数世紀のあいだに女子校であからさまに奨励されてきたジェンダーにもとづく行動と学習のパターンを、教師たちが無意識のうちに助長する、隠れたカリキュラムとしてしばしば言及される。

女子校の普及（1750-1850年）

　18世紀末、多くの知識人は、女子教育の拡大を強く支持した。たとえばフランスでは、1791年、革命期の哲学者マーキス・ド・コンドルセ[*1]は、「教育は男女同一でなくてはならない」と主張し、ドイツでも、哲学者テオドール・フォン・ヒッペル[*2]が同様の考えを擁護している。さらに、一般的にこの時期の女子教育の擁護者たちは、別学の女子校の発展を構想し、多くの著述家たちも中産階級の女子と成人女性の教育に焦点を置いていた。アメリカでは、共和主義の評論家ジュディス・サージェント・マレイ[*3]や医者で政治家のベンジャミン・ラッシュ[*4]が、新しい国家において女性としての責務を担うために、より厳格な女子教育を擁護する「共和国の母性」（Republican Motherhood）[*5]という概念を作り上げることに手をかした。ヨーロッパでは、イギリスの教育作家ハナ・モア[*6]のような人物が、中産階級に新たな家庭性を創出することを先導したが、そこで女性は、母親としても妻としても私生活を活性化するだけでなく、息子たちに行なう教育に

よって公的生活を道徳化することも期待されていた。19世紀初頭には、私的領域において女性たちがそうした任務を効率的にこなせるようにする女子の寄宿学校や**アカデミー**が広範囲にあらわれた。

ヨーロッパにおいて、中産階級の女子を対象とする学校の大半は比較的小規模であり、個人経営で授業料が徴収され、女生徒は、女性として不可欠なたしなみ（裁縫・刺繍・絵画・音楽など）とならんで、文学・歴史・地理・自然科学の一部・外国語（ただし、一般にはラテン語とギリシア語は除く）・宗教といった比較的幅広い科目が教えられた。こうした学校は、国家が教育に介入する以前には、個人の経営者、とくにカトリック諸国では、宗教組織、管財人、ときには（コペンハーゲンの女子のドットレスコーレン・アカデミー[*7]のように）両親によって営まれていた。これらの学校がどれくらい存続するかは、各学校の創意工夫と財源に大きく左右された。

研究者は、この種の学校を都市における短命な社会組織、もしくはたんなる花嫁学校[*8]のようなものとしか見ず、長いあいだ無視していた。しかし、近年の歴史研究では、そうした学校の多様性、および、それらが女子の教育機関のネットワーク構築に果たした点を重視している。たしかに、ヨーロッパと北アメリカの一部の学校は、長きにわたって名声と評価を得て、ヨーロッパ世界全体のモデル校としての任務を果たした。早くも1686年には、マントノン夫人[*9]が、フランスのサンシールに貴族の子女向けの学校を設立し、ロシアのサンクトペテルブルクでも、1764年創設のスモーリヌィ女学院がエリート層の女性を対象に開明的な教育を提供しはじめていた。ナポレオン時代に設立された、陸軍将校の娘を対象にしたレジオン・ド・ヌール校（the Legion of Honor schools）は、ヨーロッパでもっとも名高い女子校で、ドイツ、ロシア、イタリアでも同様の学校が設立される刺激となった。著名な教育家で教育作家でもあったジャンヌ・カンパン[*10]の指導のもとにエクアンに設置された最初の学校では、当時、多数存在した私営の花嫁学校のひかえめな学問的野心をはるかにしのぐ、女子教育のための厳密に学問的なカリキュラムを導入した。北ヨーロッパでは、オランダ人校長のアンナ・バルベラ・ファン・メールテン＝シルプロールトやドイツ人のベティ・グライムといった有力な女性教育家たちが学校を開き、女子教育にかんする著作を出版した。アメリカでは、エマ・ウィラード[*11]やキャサリン・ビーチャー[*12]といった教育家が、有名校を提供することで女子教育の水準を向上させるのに大きく貢献した。ウィラードが設立したトロイ女子セミナリーは1821～72年にかけて隆盛をきわめ、ビーチャーが設立したハートフォード女子セミナリーは、教職や教育での女性の役割を促進しようとする彼女のねばり強い活動によって、全国的に名声を得た。

中等教育をほぼ例外なく特徴づけていたのは男女別学であったが、初等教育はしばしば男女共学で、それはとくにプロテスタント諸国で顕著であった。他方、カトリック諸国では、男女を分離することに力がそそがれており、このことは、単純に女子校というものが存在しないことをしばしば意味した。だがこれは、19世紀を通じて、国家の関与というよりも宗教的なイニシアチブの結果として初等女子学校が急成長をとげたベルギーやフランスのようなカトリック国にはあてはまらない。1850年のフランスのファルー法は、800人の住民をかかえる各コミューンに対して、女子校を1校開設するよう規定したが、この公的部門でさえ宗教的な教師は相当数にのぼり、たとえば1863年には公立の初等学校の教師の70パーセントは修道女であった。イギリスでは、教育のボランタリー・システム[*13]によって、労働階級の女子が就学する多様な学校——デイムスクール［女性がおもに自分の家で開いていた私塾］、**日曜学校**、イギリス国教会による学校、およびユニテリアン派[*14]による学校など——の出現が見られた。こうした学校は制度的に男女別学をとってはいなかったものの、女子を対象にした宗教と裁縫を重点的に扱うことでジェンダーの相違を確実に強化した。同様に、北アメリカでも、**都市の学校制度**の発達によって、エリート層を対象とする私立学校を除いて、広く同一の学校に男女が統合された。

カトリックの教義とカトリック教会は、ヨーロッパ世界全体に女子の初等学校を普及させるうえで重要な推進力になった。これは、とりわけウルスラ会[*15]が女子教育に尽力した17世紀の対抗宗教改革の時期にすでにはじまっていた。カナダでは、1660年代に、「托身の聖女」[*16]が、フランス人と「未開の」娘たちの双方を対象にした寄宿学校を営んでいた。「慈善の娘たち」（the Daughters of Charity）のような修道会は、しばしば教育と保育をかねた学校を都市や地方に開設し、宗教教育にくわえて基礎教育——読み書き算術——も貧しい少女に提供した。下層階級の女子を対象にした学校の普及は、男女平等を広めようとする関心に動機づけられていたわけではなかった。むしろ、日曜学校・週日学校・慈善学校のいずれも、彼女たちが将来の責務を十分果たすうえで最良の学課を提供することのほうに関心があった。したがって、そうした学校では、宗教教育を重んじると同時に、最低限の読み書きが提供された。なぜなら、母親には信仰の根本的原理を幼い子どもに伝えることが求められていたからであった。

多様化と専門化（1850-1900年）

19世紀後半までに、ヨーロッパと北アメリカの女子校の数はかなり増加した。しかし、それ以上に意義深いのは、自己意識に目覚めたフェミニストの女性解放運動が、変革要求の最前部に女子教育を掲げたこと

ガートン・カレッジ（ケンブリッジ大学）1890年代の外観*

であった。この要求には、教育がもたらす就業機会を広げることだけでなく、女子教育の専門性を改善することへの関心として、少女と成人女性を対象にした良質な教員養成や厳密に学問的な試験もふくまれた。したがって、19世紀なかばまでの女子校は、少女たちを良妻賢母に仕立て上げることだけに集中していたわけではなかった。女子校は、働き手や「レディーにふさわしい」専門職業人として女性たちが公的領域に直接参入することも構想していた。

19世紀なかば頃には、多数のすぐれた女性が、私営の女子校の改善だけでなく、高等教育や中等教育の女子校の設立にも貢献した。イギリス人女性フランシス・バス[*17]、ドロシア・ビール[*18]、エミリー・デイヴィス[*19]、および、アイルランド人のイザベラ・トッド[*20]といった女性たちはいずれも、女子中等教育の質的改善運動を起こした。また、女性を対象とする学問的に厳密な教育を求める広範な社会的要請にこたえるために、改善された女子校が多数あらわれた。すなわち、ノース・ロンドン・コリージェト・スクール、チェルトナム・レディース・カレッジ、レディース・インスティテュート・オヴ・ベルファースト、および男子のパブリックスクールをモデルにした多くの女子の「パブリック」スクール——パブリックスクールといっても実際は私立学校であった——（ロウディーン校やセント・レナズ校など）である。とりわけ、デイヴィスは、女性が男子と同じ基準でケンブリッジ地方試験[*21]にアクセスしうる権利の獲得に向けて奮闘した。こうした信望の高い試験は中等教育試験の質を保証するとともに、将来専門職につく扉を開いた。フランス人女性のジュリー・ヴィクトワール・ドービエ[*22]は、1866年に全学校段階で女子教育を改善する必要性を訴えて『19世紀の貧困女性』（*La Femme Pauvre*, 1866）を出版した。ドイツでは穏健派フェミニスト、ヘレーネ・ランゲ[*23]が、1890年に女性教師協会を設立し、女性のための実科コース（*Realkurse*）の創設を助けた。これは、数学・科学・経済・歴史・現代語・ラテン語の2年制の学習プログラムであった。ここでの関心は、女子に将来の勉学に必要な知識を授けることに置かれていた。そうした取り組みのすべては、おおむね上流階級と中産階級の女子を対象にしていた。

この時期を通じて、すでに発達していた学校の性質が非常に異なる形態を見せてはいたが、大西洋を横断する旅行や大陸間のヨーロッパ旅行は、女子教育を促進する共通目的を設定するのに寄与した。アメリカにおける**女子カレッジ**（1865年創設のヴァッサー、1875年創設のウェルズリーとスミス）の早期の出現とともに見られた共学のハイスクールの発達も、1900年以前にはそのどちらもヨーロッパで多くの模倣を生み出すことはなかった。だが、これは海外の多数の教育家たちの関心をよんだ。実際、ヨーロッパでは、大学レベルの女子校はほとんど発達していなかっ

た。そのかわりに、もっとも注目すべき変化として、とくに公的領域において女子の中等学校の進歩的な発展が見られた。フランスでは、最終的に1880年にコレージュとリセで女子を対象とする公立中等教育が確立した際、この法の発案者（カミユ・セー [Camille Sée, 1847-1919]）は、ロシア、ベルギー、オーストリア、さらにギリシアさえも例にあげて、ヨーロッパ世界全体で進んでいた女子中等教育の全容を示すことができた（ロシアでは1858年に最初の女子ギムナジア*24があらわれ、ベルギーでは1864年にイサベル・ガッティ・ド・ギャモン [Isabelle Gatti de Gamond, 1839-1905] が女子中等学校のモデル校を設立し、オーストリアでは1870年以降に女子リセー [Mädchenlyzeen] が設立されて女子を対象にした中等学校が創設された。さらにギリシアでも「芸術学校」[アルサキオン、the Arsakion] として知られる私立学校が教員養成教育とともに中等教育を提供していた）。ジェームズ・アルビセッティは、1860年代にすでに普及していた世俗的女子中等学校のドイツモデルは、それら多くの女子中等学校が全国的に発展する際の推進力であったと論じた。イタリアの教育改革者たちは、フランスのカミユ・セー法が成立した直後にはじめて公立の女子校（*istituti femminile*）を導入した。アメリカとカナダでは、共学校が普及しても女子校は消えることはなかった。依然としてカトリックの家族は、聖心会*25や聖ヨセフ修道会が営む女子アカデミーやセミナリーといった男女別学の教育環境を好んでいたからである。

　女子を対象とする非常に学問的な志向性をもつ学校の出現も、ヨーロッパと北アメリカ各地で教員養成や教員資格の発展をうながし、それが初等段階の女子教育の改善にもつながった。女子を対象にした師範学校（教員養成カレッジ）の創設は19世紀後半に顕著に促進されたが、これは、しばしば宗教団体の活力のおかげであった。たとえばイギリスでは、国教会派の国民協会によって1840年代初期に最初の女子師範学校（ホワイトランズ女子教員養成所）*26が設立され、フランスでも、カトリックの教授団によって、1838年に最初の女子師範学校が設立された。しかし、ヨーロッパ全体を見ると、国家も女子の教員養成機関の提供にしだいに介入するようになる。たとえば、1858年にピエモンテ、1860年にフィレンツェ、1866年にはベルギーとポルトガル、1869年にはオーストリア・ハンガリー帝国、そして1879年にはフランスに、それぞれ教員養成機関が創設された。女性を対象にした師範学校の発展は、ヨーロッパ世界のいたるところで、あるひとつの傾向――初等段階の教育職の女性化――を助長するとともにそれを広めることになった。カナダのケベック州では、1851年までに公立学校教師の半数が女性となり、この比率は、アメリカではもっと高かった。この傾向は20世紀にさらに強まった。

20世紀における変質

　19世紀末までに、北ヨーロッパの女性たちは識字能力の点で彼女たちがこうむっていた教育上の不利をおおむね克服していた（アメリカでは、1850年までに男女の識字率は白人の男女のあいだでほぼ同じ水準であった）。これは、公教育の全国的な制度が登場したことと、工業社会では男子だけでなく女子も識字能力が必要であるという認識が高まっていたことを反映していた。しかし、地中海沿岸諸国では女子校はきわめてまれで、これはカトリックのイタリアでは女性の高い非識字率の要因になっていた（1901年には、イタリアの女性の54パーセントは読み書きができなかった）。女性の非識字率はアイルランドとロシアでも高かった。

　1900年当時、女子が初等教育だけで終わるかそれとも中等教育まで進むかは依然として社会階級によって決まったが、しだいにその中間レベルの教育があらわれ、その一部は女子に対応した。フランスでは、非常に職業志向的な教育を提供する女子上級初等学校が増えた。女子の科目とみなされた家政学やソーシャル・ワークへの科学的アプローチもあらわれ、これは女子の特別クラスや、1898年にアムステルダムに創設された「ソーシャル・ワークのためのオランダ学校」(the Dutch School for Social Work)、ドイツのアリス・サロモンといった同種の学校の創設をうながした。とりわけ、**幼稚園教育**は、教員養成機関を設立させることになったが、それは主としてフリードリヒ・フレーベルの思想に影響を受けたものである。ドイツの女子大学（*Hochschule für das weibliche Geschlect*）やフランスのカルパンティエ法王学校（*Ecole Pape Carpentier*）といった19世紀に創設された学校は、20世紀でも多数の類似の学校を生み出した。また、アメリカの労働組織もさまざまな革新的な教育プログラムを発展させた。たとえば、女性労働者のためのブリンマー・サマースクールは労働組合に支援され、文学・芸術・音楽・女性の健康問題などとならんで、経済学・労働史・演説法などの科目を、はたらく女性たちに提供することをめざした。

　女子校は、当初は妻や母親としての役割を果たすために必要な学課を女子に提供するために発達したが、女性の労働機会が拡大するのにつれて、別学を維持しようとする力は衰退した。この傾向の例外は、強固な宗教的あるいは倫理的な考えが浸透していたところであり、とくにカトリック諸国ではそれが顕著であった。たとえば、アイルランドでは、1980年代初頭でも公立と私立を合わせた全中等学校の半数以上が男女別学であった。実際、大部分の西ヨーロッパ諸国の女子は、1980年代までには男子と同じ比率で就学していただけでなく、しばしば男子よりもすぐれた成績であった。だが、それにもかかわらず、女性が男性と同等の教育機会を手に入れることが専門職に根強く残る不平等を

是正するにはいたっておらず、そのことが多くの国々——とりわけドイツ・アメリカ・アイルランド・フランス——での、科学のようないまや男子が支配している分野で女子が自信をもつためには、別学教育に戻る必要があるとする近年の議論を一部活気づけている。

[訳注]
*1 コンドルセ（Marquis de Condorcet, 1743-1794）——フランスの哲学者・数学者・政治家。1791年、立法議会議員、公教育委員会議長となり、政治誌「公人論叢」に発表した「公教育に関する五つの覚書」（1791年）を委員会に提出し、これを素材の一つに「公教育の全般的な組織に関する報告および法案」（コンドルセ案）がまとめられた（1792年）。これは法律としては成立しなかったものの、国民公会によって印刷され（1793年版）、その後の改革案の重要なベースとなった。ここで示された公教育の原則（男女平等、無償制、小学区制、単線型、政治的および宗教的中立性など）はその後、世界各国の公教育の制度化の過程で理念モデルとなった。

*2 テオドール・ゴットリープ・フォン・ヒッペル（Theodor Gottlieb von Hippel, 1741-1796）——ドイツ啓蒙期の思想家で、哲学者カントの友人。バイリンガル教育の提唱者。おもな著作として『婚姻について』（Über die Ehe, 1774）、『女性の市民的改善について』（Über die bürgerliche Verbesserung der Weiber, 1792）などがある。

*3 ジュディス・サージェント・マレイ（Judith Sareant Murray, 1751-1820）——アメリカ植民地時代の作家。イギリスの作家メアリ・ウルストンクラフト著『女性の権利の擁護』（1792年）に触発され、女性解放運動に参加した初期のフェミニストの1人である。

*4 ベンジャミン・ラッシュ（Benjamin Rush, 1745-1813）——アメリカ独立革命期の医者。ニュージャージー大学（現在のプリンストン大学）を卒業後、イギリスのエディンバラ大学で医学博士号を取得、帰国後フィラデルフィアで開業するとともにフィラデルフィア大学の化学教授となった。軍医総監として独立革命に尽力し、戦後、ペンシルヴァニア病院にはじめて無料診療所を開設する一方、ペンシルヴァニア大学教授として、アメリカ最初の精神医学の教科書『精神の病気』（Diseases of the Minds, 1812）を公刊し、この時期のアメリカの医学の発展に多大な貢献をした。政治家としても活躍し、アメリカ独立宣言署名者の1人であり、奴隷解放、死刑反対、婦人・教育問題のために戦った。

*5 「共和国の母性」（Republican Motherhood）——「共和国の母性」という表現は、1970年代に、アメリカ史の研究者のあいだで使われだした概念で、共和主義の理想を高め、それを次世代に引き継ぐことが愛国者の娘たちの義務であり、市民としての役目であると考える保守思想である。「共和国の母性」思想には二面性があり、一方では、男性の公的な世界から切り離された家庭内的な女性の領域という観念を強めるが、他方では、女性の教育を促進し、その伝統的な領域に威厳と重要性を付与しようとした。

*6 ハナ・モア（Hannah More, 1745-1833）——イギリスの詩人・劇作家・宗教作家。ブリストルのフィッシュポンズに教員一家の5人姉妹の4番目の娘として生まれ、姉たちが経営していた学校で学び、その後、同校の教員となった。その後、ロンドンで悲劇作家として成功した。また、『ウィル・チップによる村の政策』（1793年）、『チープ・レポジトリー・トラクト』（1795-98年）といった貧者のための宗教的小冊子を書き、後者の成功によって宗教トラクト協会を創設した。姉妹たちとともにサマーセット州メンディップ炭鉱地域で学校経営に着手する一方、教訓小説『妻を求めるシーレブズ』（1809年）や『モラル・スケッチズ』（1819年）を出版。女子教育の改善に関心をもっていたが、『現代女子教育制度批判』（1799年）にみられるように、女性の地位にかんする見解は保守的で、メアリ・ウルストンクラフトの主張は女性にはあてはまらないと述べた。

*7 ドットレスコーレン・アカデミー（Dottreskolen academy）——デンマークのコペンハーゲン近くのクリスチアンハブン島の住民たちが、通学が困難であった子どもたちのために、地域住民の協力で1791年にドットレスコーレン村に設立し、1799年に入学を受け入れはじめた女子アカデミー。

*8 花嫁学校（finishing school）——教養学校ともよばれる。上流階級の若い娘たちが社交界に出るための特別な教育をほどこす全寮制の私立学校。

*9 マントノン夫人（Madame de Maintenon, 1635-1719）——フランス王ルイ14世の第二夫人。教育問題に関心をもち、1686年にフランス中北部ヴェルサイユの西にある町サン・シールに没落貴族の子女のための学校「サン・ルイ王家の館」（通称サン・シール校）を設立し、注目を集めた。同校は当初、非常に進歩的な方針を掲げ、6～19歳までの女子250名が文学・経済学・音楽など多様な科目を学んだ。夫人は手紙やエッセイも執筆しているが、その多くは教育に言及している。サン・シール校でみずからしばしば教鞭をとったが、しだいに信仰に身を捧げるようになり、同校の方針の大部分を宗教教育を中心とするものに戻した。1692年以降、同校は正規のウルスラ会修道院となった。

*10 ジャンヌ・カンパン（Jeanne Campan, 1752-1822）——フランスの教育者。15歳でルイ15世の3人の娘の家庭教師となり、20年間マリー・アントワネットの侍女をつとめた。1794年にパリ西郊外のサン・ジェルマンに女子寄宿学校を設立、1806年にナポレオンの任命で、レジオン・ドヌール受勲者の娘たちを教育する学校をまかされ、ブルボン王朝の復活でとりつぶされるまで校長をつとめた。

*11 エマ・H・ウィラード（Emma Hart Willard, 1787-1870）——アメリカの教育者。地元の学校で教育を受け、1802年から1803年までベルリン・アカデミーに通う。教職に従事しながら学問を続け、1807年バーモント州ミドルベリー女子アカデミーの校長に就任。

1809年に結婚により退職。さらに学問を続け、ミドルベリー・カレッジの教科をすべて修了するが、講義への出席も学位の取得も認められなかった。1814年にはミドルベリー女子セミナリーを開校、数学・哲学・幾何学といった新しいカリキュラムを導入。1818年にクリントン知事およびニューヨーク州議会に請願し、みずから起草した「女子教育向上計画案」(1819年)への支援を求めた。ウォーターフォードに移るが、州議会は彼女の女子セミナリーに許可はあたえたものの、補助金は出さなかったため、誘いのあったニューヨーク州トロイに移り、1821～38年にトロイ女子セミナリーを経営、同校は事実上初の女子カレッジとして実力のある教師を多く輩出した。また、ベストセラーとなった教科書も執筆した。1830年にヨーロッパにおもむき、アテネで女子カレッジの創設に協力した。その後、教育家ヘンリー・バーナード(1811-1900)とともに公立学校増設、学校環境改善、施設建築、教員の男女機会均等を訴えた。1854年にロンドンで開催された世界教育会議にアメリカ代表として出席した。

*12 キャサリン・ビーチャー(Catharine Beecher, 1800-78)——アメリカの教育者。ハリエット・ビーチャー・ストウ(ストウ夫人)の姉。ロング・アイランドの会衆派教会の牧師の家庭に9人の子どもの長女として生まれ、早くから弟妹のしつけや教育をまかされた。家庭での基礎教育をへて、10歳～16歳までコネティカット州リッチフィールドの伝統的私立学校に学び、21歳のときニューロンドンの女子校で教職についた。婚約者のイェール大学教授アレグザンダー・フィッシャーの死に落胆し、一時は深刻なうつ状態におちいったが、生涯を教育に捧げる決意のもとに立ちなおり、ハートフォードに高等教育カリキュラムをもつ女子学院を開いて成功をおさめた。1832年にはシンシナティへ移り、西部女子学院を5年間経営したが、財政問題と健康上の理由から1837年に閉校した。その後、教育機会均等を求める運動にかかわるようになり、「教育改善を求める西部女性協会」にくわわって教員募集活動等を行ない、ミルウォーキーとウィスコンシンでの大学開設に貢献した。また、女性のための高等教育にかんする執筆や講演活動を幅広く行ない、女子高等教育のカリキュラムに家政学をくわえることの必要性を訴えた。その一方で、著書にうかがえるように、女性はよき妻や母になるためにのみ力をつくすべきだと信じる反女性参政権論者でもあった。自伝に『教育に関する回想録』(Educational Reminiscences and Suggestions, 1874)がある。

*13 ボランタリー・システム(voluntary system)——教会・学校・病院など、公共性(および社会性)が高い制度について、自立主義、非依存主義的な立場からその創設と運用をはかろうとする考え方。政府の補助金に頼らず寄付金による基金をもち、自発的奉仕によって運営することで政府の干渉を受けない維持運営をめざす。

*14 ユニテリアン派(Unitarians)——神は単一(unitary)であり、不可分の力であるとして、三位一体説(Trinity)やイエス・キリストの神性を否定する非国教徒(Nonconformists)の一派。イギリスでは、信仰における理性のはたらきを重んじる宗教観や信仰の自由を尊重する態度が18世紀の時代風潮のなかで、非国教徒の長老派やJ・プリーストリー(1733-1804)らの支持を得て広まり、アメリカ独立戦争やフランス革命の際にあらわれた政治的・社会的な急進主義の思想的支持母体となった。1813年に法的に信仰の自由が認められ、1825年にはイギリス・海外ユニテリアン協会(British and Foreign Unitarian Association)が創設された。アメリカのユニテリアンは、会衆派(Congregationalists)から独立した教派で、1783年にはじめてボストンのキングズ・チャペル(King's Chapel)が公式にユニテリアンを名のった。1825年にアメリカ・ユニテリアン協会(American Uniterian Association)が創設された。

*15 ウルスラ会(the Ulsulines)——カトリックの女子修道会。1535年、神の愛に全面的に身をゆだね、信仰と愛を中心とする共同生活を通じて神の愛の証人となることをモットーとして、イタリアのブレシアにアンジェラ・メリチ(Angela Merici, 1474頃-1540)が、ケルンの殉教者と伝えられる聖ウルスラを保護者に選んで創立した。中央集権的組織をとらず、いくつかの修道会に分かれ、全世界で教育事業を実施している。

*16 「托身の聖女」(Mère de l'Incarnation)——フランスのトゥール生まれの修道女マリー・ギュイアール(Marie Guyart, 1599-1672) [Saint Marie of the Incarnation] が、ウルスラ会の修道女としてカナダに渡り、1660年頃、ケベックに北米で最古の女子教育のための学校を組織した。

*17 フランシス・バス(Frances Buss, 1827-1894)——イギリスの教育者。父親は破産した画家兼エッチング作家で、一家は母親の学校経営によって支えられていた。14歳から教えはじめ、18歳でロンドン市内のケンティッシュ・タウンに母親と共同で学校を経営した。1849～50年に教職を続けながら、クィーンズ・コレッジの夜間コースの第1期生として学んだ。1850年23歳でカムデンにノース・ロンドン・コリージェット・スクールを設立した。同校は良心的な授業料で教養教育を提供する私立の通学制学校であったが、1872年にトラストによる運営形態へと変わった。また、1871年に授業料がより安価なカムデンスクールを設立した。また、教員養成会議の初代委員をつとめたほか、女性校長協会の結成会議を自宅で開き、協会創立と同時に初代会長となった。

*18 ドロシア・ビール(Drothea Beale, 1831-1906)——イギリスの教育者、女性運動家。自由党支持者の外科医の父の11子の4番目としてロンドンに生まれた。家庭とエセックス州シャルフォードの学校で基礎教育を受けた後、グレシャム・カレッジに学んだ。その後パリでの短期留学をへてイギリスに戻り、フランシス・バスらとともにクィーンズ・カレッジで学んだ。1849年から同校で数学を教えはじめ、1854～56年まで主任教師をつとめた。1857年に同校を去り、旧ウェ

ストモアランド州カスタートンの聖職者の子女のための寄宿学校（ブロンテ姉妹が入れられた悪評高いカウアン・ブリッジスクール）の校長に就任したが、彼女の学校改革案が同校に受け入れられず、数か月で辞任した。1858年にチェルトナム・レディース・カレッジ（1854年創設）の第二代校長に就任し、生徒数を増やし、同校を経済的にも安定した名門校に育て、付属幼稚園や教員養成部門のセント・ヒルダス・カレッジ（彼女が私淑していた聖ヒルダにちなんで命名）を創設した。1864年に王立委員会（通称トーントン委員会）に女子教育の必要性を訴える報告を提出、1869年には「女子教育に関する報告」を発表した。1875～77年には女性校長協会の会長をつとめた。

*19 エミリー・デイヴィス（Emily Davies, 1830-1921）——イギリスの女性運動家で女性の高等教育の主唱者として知られる。父親は牧師で教師でもあり、家庭と地元の私営通学制学校で教育を受けた。1859年ロンドンを訪問した際にエリザベス・ギャレット・アンダーソン、バーバラ・ボディションらと出会い、彼女たちの取り組みに刺激を受けて女性雇用促進協会のノーサンバランド＝ダラム支部を結成した。1861年の父親の死後にロンドンへ出て、フェミニスト雑誌『イングリッシュ・ウーマンズ・ジャーナル』の編集員となった。1862～69年にロンドンにおいて大学入学資格試験を女子にも開放するよう請願する委員会の書記をつとめた。1863年にはケンブリッジ地方試験（詳細は後述の＊21）での女子の受験を許可するようケンブリッジ大学にはたらきかけた。1866年にはロンドン女性教師教会を設立した。また、1864年の王立委員会の質問に女子の教育問題にかんする項目をくわえさせ、この問題にかんする論文も執筆した。なお、1867年に女性カレッジ設立準備委員会を結成し、1869年にはハートフォード州ヒッチンに学生数5名のヒッチン・カレッジを開校し、1873年にケンブリッジ大学に近いガートンに移転した。同校はケンブリッジ大学の一構成部分というよりその外部に位置づき、女性に対して男性と同一の教育を提供することをめざした。

*20 イサベラ・トッド（Isabella Maria Susan Todd, 1836-96）——エディンバラ生まれのアイルランドの社会改革家、女子教育改革者。ベルファストに移り住んで、労働者の生活環境、労働条件改善に尽力する一方、女子教育の改革にも取り組み、中等教育と高等教育の女子への機会を拡大するため、1867年にベルファスト女性協会（the Ladies' Institute in Belfast）を設立し、法律改正、学校建設に尽力してアイルランドにおける女子教育の進展に大きな足跡を残した。

*21 ケンブリッジ地方試験（the Cambridge Local Examination）——1858年に開始された試験。エミリー・デイヴィスは、こうした試験を女子が受験することによって男子におとらない能力が女子にあることを客観的に証明することを意図して、ケンブリッジ地方試験の女子の受験を許可するようはたらきかけ、1863年に3年間の試行期間を置くとの条件つきで認められた。

*22 ジュリー・ヴィクトワール・ドービエ（Julie-Victoire Daubié, 1824-1874）——フランスの男女平等論者。司祭の兄から古典の知識を学んだ。家庭教師をしながら1858年にリヨン・アカデミーのエッセイ・コンテストに優勝。審査委員に勧められて男子にしか許されていなかった国家試験バカロレアに挑戦して注目を集め、優秀な成績をおさめた。さらに1871年にはその上のリセの資格試験にも合格したが、その3年後に死去した。

*23 ヘレーネ・ランゲ（Helene Lange, 1848-1930）——ドイツの社会活動家。教師をつとめたのち、女子教育の改革を志し、1889年に男子と同様の科目をもつ女子ギムナジウムをベルリンに設立した。次いで1893年には雑誌『婦人』を刊行し、女性運動の精神的指導にあたり、1902年には「全ドイツ夫人同盟」の総裁として、女性の文化的・社会的地位の向上に尽力した。

*24 女子ギムナジア（girls' gymnasia）——1858年にマリア皇后庁・国民教育省によって設立された女子中等教育機関。男子中等教育機関であるギムナジアに類似する。従来の貴族の子女を対象とする女学院型の教育機関とは異なり、身分的に開放的な性格をもち、通学制を採用した。

*25 聖心会（the Sacred Heart）——1800年に聖女マグダレナ・ソフィア・バラが、女子の教育のためにパリに創立したカトリック修道会で、1826年に認可を受けた。当初、貧しい少女を対象に無料学校を開設したが、のちに富裕層の女子高等教育で有名になった。

*26 ホワイトランズ女子教員養成所（Whitelands Training College）——1842年チェルシーに設立。教員の質的向上を意図して、中級教育を行ないながら教授法を学ばせた。

➡教区学校（アメリカ）、私立学校と独立学校、男女共学と別学教育

●参考文献

Albisetti, James. 1993. "The Feminization of Teaching in the Nineteenth Century: A Comparative Perspective." *History of Education* 22: 253-263.

Albisetti, James. 1988. *Schooling German Girls and Women: Secondary and Higher Education in the Nineteenth Century*. Princeton, NJ: Princeton University Press.

Cullen, Mary, ed. 1987. *Girls Don't Do Honours: Irish Women in Education in the Nineteenth and Twentieth Centuries*. Dublin: Argus.

Eisenmann, Linda, ed. 1998. *Historical Dictionary of Women's Education in the United States*. Westport, CT: Greenwood Press.

Fahmy-Eid, Nadia, Micheline Dumont, and Francine Barry, eds. 1983. *Maîtresses de maison, maîtresses d'école: femmes, famille et éducation dans l'histoire du Québec*. Montréal: Boréal Express.

Gold, Carol. 1996. *Educating Middle Class Daughters. Private Girls Schools in Copenhagen, 1790-1820*. Copenhagen: Royal Library / Museum Tusculanum Press.

Hunt, Felicity, ed. 1987. *Lessons for Life. The Schooling of Girls and Women 1850-1950*. Oxford, UK: B. Blackwell.
Kerber, Linda. 1980. *Women of the Republic: Intellect and Ideology in Revolutionary America*. Chapel Hill: University of North Carolina Press.
Kleinau, Elke, and Claudia Opitz, eds. 1996. *Geschichte der Mädchenund Frauenbildung*, 2 vols. New York: Campus Verlag.
Mayeur, Françoise. 1979. *L'éducation des filles en France au XIXe siècle*. Paris: Hachette.
Prentice, Alison, and Margert Theobald, eds. 1991. *Women who Taught: Perspectives on the History of Women and Teaching*. Toronto: University of Toronto Press.
Purvis, June. 1991. *A History of Women's Education in England*. Milton Keynes, UK: Open University Press. パーヴィス『ヴィクトリア時代の女性と教育——社会階級とジェンダー』(香川せつ子訳、ミネルヴァ書房、1999年)
Rogers, Rebecca. 1995. "Boarding Schools, Women Teachers, and Domesticity: Reforming Girls' Education in the First Half of the Nineteenth Century." *French Historical Studies* 19: 153-181.
Van Essen, Mineke. 1993. "'New' Girls and Traditional Womanhood: Girlhood and Education in the Netherlands in the Nineteenth and Twentieth Century." *Paedagogica Historica* 29: 125-151.
Woody, Thomas. 1929. *A History of Women's Education in the United States*, 2 vols. New York: Science Press.

（REBECCA ROGERS／沖塩有希子訳）

女子スポーツ（Girl's Sports）
➡教育法第9篇と女子スポーツ（Title IX and Girl's Sports）

庶出（Bastardy）

ピーター・ラスレットが1980年に庶出（bastardy）について最初の比較史を書いていたとき、彼はこの現象を紹介するために、それが過去200年にわたって社会問題とされてきたことや、太古の昔から道徳問題でもあったと書きはじめている。しかし、1980年には、この庶出という語は一般的な用語ではなくなっていた——たとえば、フランスでは革命中の1793年には廃棄されていた。21世紀初頭には、庶出という用語ばかりでなく非嫡出（illegitimacy）という語も、まれにしか使われていない。このことは、これらの語が法的、社会的、および文化的な構成概念であることを暗示させるものとして役立つだろう。非嫡出という語のもっとも一般的な定義は、結婚関係の外で生まれることであるが、その法的および社会的な地位は歴史とともに変わってきた。相違点は、教会法と慣習法のあいだにも、それぞれの国と大陸の内外でも見いだされる以下では、いくつかの法的側面の概観をふくむが、主要な課題は、西ヨーロッパ世界における非嫡出の社会的および文化的な意味の解明にある。

非嫡出の水準

非嫡出の水準の全般的な概観を描くことはなまやさしいことではない。すでにこれまでに何人かの著者が論じたように、非嫡出の定義が定まっていないことが問題を起こしているし、非嫡出にかんする登録資料の信頼性が空間的にも時間的にも多様だからである。だが、それでもなおそこにいくつかの主要な傾向がみられることは、立証されている。

16世紀を通じて、一般に、婚外出産率はきわめて高かっただろうと受けとめられているが、この率はその後の絶対主義の時代を通じてしだいに低下した。1700年代なかばには、全出生数のわずか2～3パーセントが婚外出産であったとされているが、この一世紀後の数値は、北欧ゲルマン系諸国では7～11パーセントのあいだを浮動し、フランスとイギリスでは7パーセント前後であった。いくつかの国と地域では、この数値はもっと高かった。たとえばアイスランドでは、全出生数の14パーセント以上が婚外出産であり、バスク地方の非嫡出率は例外的に高かった。次の世紀以降、すなわち1840年代から1960年代にかけて、非嫡出出産に新たな減少が見られ、とくに世紀の変わり目には顕著な減少が見られた。しかし、そこでも地域的な偏差は依然として見られた。

西ヨーロッパと北ヨーロッパの国々を、南ヨーロッパと東ヨーロッパの国々と比較してみると、20世紀初頭の全体的なパターンは、前者の西と北の地域は、南と東の地域よりも非嫡出の水準が低いように見える。アメリカでは、植民地時代を通じて非嫡出子出産は比較的めずらしく、またその比率は20世紀初頭でも低いままであったと主張されている。しかし、奴隷の子どもは全員が非嫡出子とみなされており、大きな格差が存在した。1938年には黒人の子どもの11パーセントが、白人の子どもではわずか3パーセントが未婚の母親から生まれていた。

婚外出産に対する高いレベルの寛容さは、非嫡出率が高いいくつかの社会の特徴であったことが確認されている。この寛容さは、道徳、宗教、および文化に結びつけることができるが、経済状態と世帯構造にはほとんど結びつけられない。ロラ・ヴァルヴァードは、バスク地方で非嫡出子出産の高い比率がみられるのは、そうした出産が不名誉であるという概念が欠落していたことと、婚約は結婚と同一視されていたという事実によって説明している。したがって、法的な非嫡出子でも、社会的には嫡出子とされえた。さらに、聖職者と未婚女性との関係のような非合法な夫婦（union）が広く受け入れられており、父親は、もしその母親と

結婚していなくても自分の子どもの経済的な責務を負った。

他方、突然の経済変動と生計手段の減少は、結婚数を減少させ、非嫡出子の出産数の増加をまねいた。すべての国においてではなかったものの、この観点から見たいくつかの国では、1750年以降に非嫡出出産の増加が見られた。

法的地位

非嫡出子という立場は、両親が自分の子どもの擁護にかんしてばかりでなく、家名と相続に対する権利という点でもその親としての法的義務と関連している。そうした権利は制約されており、いくつかの地域ではまったく欠落しさえしている。また、非嫡出子という立場は、社会に対する個人の関係の本質を規定している。たとえば、非嫡出子の場合、ローマカトリック教会における経歴は、ローマ法王の特免によってのみ実現されたし、非嫡出子として生まれた人間は、いくつかのギルドへの加入を制限されたり、完全に拒絶されたりした。だが、そこに絶対的なルールがあったわけではなく、ヨーロッパの君主の座につく苦闘の道を歩んだ非嫡出の後継者たちの物語はよく知られている。

正嫡子として認められる規準は、キリスト教以前と以後とで違っていたが、非嫡出子の地位は、教会法に応じて両親が結婚すれば変化した。これは北欧諸国ではふつうに見られた原理であったが、イギリスとアイスランド、そしてのちのアメリカでは、すぐには承認されなかった。さらに、ローマ法王には子どもの地位を変える権能があった。

ヨーロッパの多くの国々、とくにカトリック教国では、非嫡出出産は教会にとってほかよりも優先して取り組むべき問題であった。教会と慈善団体は、とくに南ヨーロッパの主要都市に大きな孤児院をいくつか設立した。しかし、こうした孤児院に正嫡子として生まれた子どもたちも多数つれてこられていたという事実は、家族のつながりという問題が未婚の親のもとに生まれた子どもに限定されないことを示している。北欧諸国では、非嫡出出産は国家によって監督され、犯罪撲滅運動につながった。近世になると、未婚の母親に対するこうした撲滅運動はきわめて厳格になった。

人口政策

19世紀末に向けて、非嫡出子対嫡出子という問題は人口政策と密接につながっていた。出生率の低下と結びついた国際競争は、いくつかの国家の関心を**乳児死亡率**にふり向けた。人口動態統計は、結婚関係のなかに生まれた子どもよりも非嫡出子として生まれた子どもの死亡率のほうがはるかに高かったことを示している。国民の道徳よりも国家権力のほうに強い関心をもっていた政治指導者たちは、非嫡出子として生まれた子どもの環境を改善するために慈善家たちと力を合わせた。イギリスやドイツなど、いくつかの国では、第1次世界大戦で味わった経験は、この問題を高度な政治レベルで議論すべき主題にするうえで決定的であった。

エドワード・R・ディッキンソンによれば、ドイツの急進的なフェミニストは、世紀の変わり目以降、父親の名前と制限された相続に対する子どもの権利を主張したことにくわえて、国家による擁護と親の貢献を主張してきた。すでにドイツの父親たちは、経済的に貢献するために一定の法的義務を負っていたが、彼らの過半数はこうした義務の履行延期を求めていた。そればかりでなく、彼らは、自分の子どもが16歳になるまで義務を果たしていただけで、大多数の子どもは母親の生活水準に翻弄されていた。したがって、子どもたちの大半は、さらに上級の教育を受ける手段がまったくなく、貧しく育っていた。未婚の母親とその子どもは、ヨーロッパのいたるところで同様の問題に直面していた。

ドイツでは、新しい法律の制定は、家族の価値と女性の性道徳を擁護するキリスト教徒の政治家から強く反対され、多くの国で法律上の平等を実現するには時間を要した。文化的に類似した地域のあいだでも、その差異はいちじるしく大きなものになりえた。ノルウェーでは早くも1915年に、非嫡出子に相続権と父親の名の継承権をあたえる法律が制定されたが、デンマークとスウェーデンの法律制定は、1960年代まで嫡出子と非嫡出子の差別原理にもとづいていた。

ノルウェーでは、法律上の権利に付加されている経済上の権利は長期間にわたって制限されていた。ドイツが一定の経済的責任を負ったのに対して、フランスは、すべての子どもには安寧と健康を得る平等な権利があると大いに強調したことで、もっとも偏見がなく、寛大な国家であったように見える。その一方で、フランスでは非嫡出子の法的権利はとくに制限されていた。

社会的な包摂と排斥

法律と慣行はかならずしもつねに互いに同時進行したわけではなかった。そのため、結婚関係の外で生まれた多くの子どもが、社会的に同じ家族や地域社会の一員として包括された。すなわち、そうした子どもの親は結婚したり、母親がほかのだれかと結婚したり、自分が拡大家族に迎え入れられたりした。しかし、家族や地域社会との結びつきがなかった子どもは、見すてられている。その集団の規模はさまざまであったが、非嫡出子が歴史を通じて貧困、不名誉、地域社会からの文化的排斥と結びつけられてきたことを確証できるほどの大きさであった。そうした子どもは、ほかの子どもよりもひんぱんに孤児院や慈善施設に遺棄（→子どもの遺棄）されたり里子に出されるおそれがあった。また、そうした子どもは、20世紀初期のいくつかの国で養子縁組が選択肢のひとつになったとき、ほかの

子どもよりもひんぱんにその候補者にされた。

　20世紀の進展とともに、既婚であれ未婚であれ、子どもはその母親といっしょにいるべきであるという考えがしだいに支配的になった。それにもかかわらず、未婚の母親の場合、保護者としての母親と稼ぎ手としての母親とのあいだの葛藤はとくに強かったように見えるが、それは、ほとんどの国家で、未婚の母親は寡婦の場合よりもずっと後まで経済支援が認められていたからである。その違いは、道徳的判断にもとづいていた。寡婦は価値ある者とみなされていたが、未婚の母親は価値のない者とみなされていた。

　法律と文化と経済のそれぞれの側面が撚りあわされていたことは、1960年以降のヨーロッパ世界ではっきりと確認できる。経済が公的にも私的にも改善され、社会福祉プログラムが拡張され、国家が父親に経済的責任を負わせるようになると、未婚の両親から生まれる子どもの数が劇的に増大した。もう一つの重要な要素は、結婚せずに生活をともにするカップルの増大であった。その時以降多くの国々で、結婚関係内で生まれた子どもと結婚関係の外で生まれた子どもとのあいだの法的平等性が確立され、ヨーロッパ社会の文化、経済、ジェンダー、社会に生じた深遠な諸変化は、両親の結婚関係の地位を基礎にする子どもたちのあいだの差異化を無意味なものにした。

　21世紀初期のもっとも懸念される特色は、結婚関係の内側で生まれたか、それとも外側で生まれたかのいずれであっても、片親と暮らす子どもたちは、一般に、両親がそろっている家族の子どもの生活水準よりも低い水準にあるように見える。これが、アメリカばかりでなくヨーロッパでも見られる状況である。

➡子どもの権利、出生率、相続と財産、法律と子ども

●参考文献

Anderson, Michael, ed. 1996. *British Population History from the Black Death to the Present Day*. Cambridge, UK: Cambridge University Press.

Dickinson, Edward Ross. 1996. *The Politics of German Child Welfare from the Empire to the Federal Republic*. Cambridge, MA: Harvard University Press.

Gordon, Linda. 1994. *Pitied But Not Entitled: Single Mothers and the History of Welfare 1890-1935*. New York: Free Press, Macmillan.

Hansen, Lars Ivar, ed. 2000. *Family, Marriage and Property Devolution in the Middle Ages*. Tromsø, Norway: University of Tromsø.

Henderson, John, and Richard Wall, eds. 1994. *Poor Women and Children in the European Past*. London and New York: Routledge.

Klaus, Alisa. 1993. *Every Child a Lion: The Origins of Maternal and Infant Health Policy in the United States and France, 1890-1920*. Ithaca, NY, and London: Cornell University Press.

Laslett, Peter, Karla Osterveen, and Richard M. Smith, eds. 1980. *Bastardy and Its Comparative History*. London: Edward Arnold.

Loøkke, Anne. 1998. *Døøden i barndommen*. Copenhagen, Denmark: Gyldendal.

Valverde, Lola. 1994. "Illegitimacy and the Abandonment of Children in the Basque Country, 1550-1800." In *Poor Women and Children in the European Past*, ed. John Henderson and Richard Wall. London and New York: Routledge.

（ASTRI ANDRESEN／松丸修三・北本正章訳）

女性の割礼（性器切除）
(Female Genital Mutilation)

　「女子割礼」（female circumcision）として知られている、女性の性器切除は、現在、主としてアフリカで行なわれている。この慣習は、イスラム勢力が強い地域で広くみられるが、女子割礼はイスラムよりはるかに古くから行なわれている。ファラオ・タイプ[*1]とよばれる、もっとも大きく切りとるタイプの割礼は、古代エジプトにさかのぼる。これは北アフリカ、サウジアラビア、さらにイスラム教徒の多いアジアの多くの国には見られない。しかし、エジプトのキリスト教徒、つまりコプト教徒やファラシャとよばれるエチオピアのユダヤ人のあいだにはこの慣習が知られている。ケニアのキクユ族は女子割礼を行なうが、隣のルオ族は行なわない。同様の慣習はメキシコ東部、ペルー、ブラジル西部などにもみられる。これは奴隷貿易の時代にもちこまれたためである。女子割礼は、19世紀のあいだ、ヨーロッパでも女性のヒステリー症の治療のために行なわれていた。

　割礼のなかでもっとも切除部分が少ない方法は、アラビア語で「伝統」を意味する「スンナ」[*2]とよばれるものである。なかでももっともダメージが少ないのは、クリトリスの包皮を切りとるものであるが、クリトリスがすべて切除されることが多い。「タハラ」（*tahara*、浄化）とよばれる、小陰唇を取り去る方法もある。ハウサ地域のギシリ族の若い女の子は、思春期を迎えるか迎えないかの年齢でこの処置を受け、膣に切りこみを入れて性交が可能になると高い値で売られていく。

　陰部封鎖（infibulation）は、陰唇のほとんどをとりのぞく。残った部分は、スーダンやエチオピアでは絹糸で、ソマリアではアカシアのトゲで縫合する。この手法は西アフリカ（ナイジェリア北部、セネガルのアル・プラール）にもみられる。麻酔にはマイ・マイ（*mai-mai*）とよばれる樹脂、砂糖、薬草の湿布や灰、ヤギの糞まで使われる。手術では棒やワラなどを差しこんで小さな穴がふさがらないように残して、外陰部をすべて閉じてしまう。この小さな穴は尿や経血を流すためのものである。この処置は最初の結婚前、とき

にはその後に若い女性の処女性を確実にするために行なわれる。カミソリの刃などを用いて、閉じられた部分をもう一度挿入可能なように開くのは夫の役目である。割礼の目的は、夫が妻の**セクシュアリティ**を厳格に管理できるようにすることなのである。

女子割礼は、出生から**思春期**までのあいだのさまざまな年齢で行なわれる。まったく逆のことが行なわれることもある。クリトリスを長くする処置がベニンの一部地域や南アフリカのコイサン人のあいだにみられる。一方で、レーク・ヴィレッジ*3では**マスターベーション**によって陰唇を伸ばし、ショナの人びとは棒を使って膣を拡張する。こうした処置は女性の仕事であり、夫に語られることはけっしてない。女子割礼を行なうことに対する社会的圧力はきわめて強く、年長の女性はとくに強くこの習慣に固執する。教育を受けた都市部の人びとを除いては、割礼を受けていない若い女性は結婚できないとみなされている。これはまた、少女たちが待ちこがれる行事でもある。というのも、割礼は皆が祝い、喜び、贈り物をするものであるからである。割礼を受けなければ、[共同体から]追放されてしまう。

世界保健機構（WHO）の推計によれば、アフリカでは36カ国以上におよぶ地域でおよそ40パーセントの女性が割礼を受けている。割礼によりひき起こされる短期および長期にわたる弊害は多岐にわたる。ほとんどの施術者は女性であり、近代的な感染防止技術をよく知らない。もっとも一般的な副作用としては、出血、敗血症、破傷風などがあるほか、つらい心理的なトラウマはいうまでもない。スーダンでは割礼を受けた少女の3人に1人は、この手術のために亡くなっているとする報告もある。割礼による心身への影響は女性の生涯にわたって続く。感染症がくりかえされ、不妊にいたることもあり、また、そのために夫から離婚を言い渡される結果につながることもある。

女子の性器切除を法的に禁止することについては、具体的な成果をほとんど得ていない。女子割礼が一般的な地域からヨーロッパへ移民した人たちのなかにも、この慣習を受け継ぐ人がいることが知られている。イギリスは1946年、スーダンとケニアにおいて女子割礼を禁止した。この慣習はエジプトとエリトリアのほとんどの地域からは消滅しつつある。これは、ナセル大統領期［1956-70］に見られた社会および教育の発展のたまものである。西ヨーロッパのフェミニストはアフリカの女性運動との連携にあまり積極的ではなく、長いあいだ連携が進まなかったが、1979年、ハルツームで共闘することとなり、それを受けて1982年、世界保健機構は女子割礼を強く非難した。今日、ようやくタブーがとりのぞかれつつあり、この問題が公に議論されるようになってきている。

［訳注］

*1 ファラオ・タイプの割礼（pharaonic circumcision）——陰部封鎖または鎖陰（infibulation）ともよばれる。これは、尿、月経血を排出できるように小さな開口部を残し、陰唇を縫合すること。多くは陰核切除（clitoridectomy）後に行なわれる。アフリカなどの各国政府は、国連の指導の下にこのようなジェンダー差別的風習の撲滅に取り組んでいる。

*2 スンナ（sunna）——陰核切除（clitoridectomy）とよばれる。いくつかの種族で女子の成人儀式として、また女性の性欲抑制のためになされる。スンナ（Sunnah）とはアラビア語（سنة）で、字義どおりには「踏み慣らされた道」すなわち「慣行」を意味する。

*3 レーク・ヴィレッジ（Lake Village）——河川や湖水に面して形成される共同体。とくに河川や湖沼地の浅瀬に高床式の家屋を構築したり、水面に草木層を浮かべてその上に家屋を構築する形態の村落。ベニンなど、世界各地にみられる。

➡割礼

● 参考文献

Coquery-Vidrovitch, Catherine. 1997. *African Women: A Modern History*. Boulder, CO: Westview Press.

Rahman, Anika and Nahid Toubia. 2000. *Female Genital Mutilation: A Guide to Laws and Policies Worldwide*. London: Zed Books.

Shell-Duncan, Bettina, and Ylva Hernlund. 2000. *Female "Circumcision" in Africa: Culture, Controversy, and Change*. Boulder CO: Lynne Rienner Publishers.

World Health Organization, UNICEF, and United Nations Population Fund. 1997. *Female Genital Mutilation: A Joint WHO/UNICEF/UNFPA Statement*. Geneva: World Health Organization.

(CATHERINE COQUERY-VIDROVITCH／並河葉子訳)

初潮（Menarche）

月経の開始である初潮は、若い女性にとって身体的、精神的、社会的移行期の重要な特徴である。身体的な推移は、胸の発達や体重の増加、そしておしりに丸みをもたらす全身が丸みをおびた体型への変化に先立ってあらわれる。精神的な推移は、あまり表面にはあらわれないが、少女にとって初潮は、子どもを産む能力のはじまりであり、意義深い出来事である。社会的推移、およびそれをとりまくさまざまな儀礼は、文化や時代によって変わる。どの社会でも再生産に関心をもっているので、性的成熟は重大な社会的契機である。

歴史家たちは、過去におけるこれらの推移の意味を解明しようとしてきたが、そこで得られた結論は、情報源が少ないために限界がある。歴史学者のヴァーン・バロウによると、古典時代の作家たちは、12歳から14歳にかけて初潮が起こると見ていたが、これに対して中世の権威は、14歳で月経がはじまると書いていると指摘している。19世紀と20世紀初頭の研究はしばしば、それよりもいくぶん遅く、15歳から

16歳のあいだに初潮がはじまるとしている。

20世紀のあいだ、ヨーロッパでは、少女たちの初潮年齢は早まった。北アメリカにおける平均初潮年齢は、1850年には15.5歳前後と推定されたが、1850年以降、10年ごとに3カ月から4カ月ほど早まっている。しかし、初潮を迎える年齢はまだ比較的安定しており、1970年代には12.5歳にまで早まった。同様の傾向がヨーロッパのほかの国々でも見られ、この変化の要因には生活水準の向上、栄養摂取の改善、女性の**識字能力**（リテラシー）をはじめとする諸能力の向上、さらには少女たち課せられる重労働の軽減が関係していた。初潮の低年齢化は、20世紀後半の中国でも確認されている。

現代のいくつかの研究は、初潮年齢の持続的な変動を示している。アメリカの平均初潮年齢は今日では12.3歳であるのに対して、フィリピンのルソン島、カガヤン地方のアグタ族の女性は、典型的には17歳で初潮を迎え、ハイチの女性は15.37歳で初潮を迎える。これらの研究は、肉体労働が初潮のはじまりを遅らせうる原因であることを示しつつ、地方と都市のあいだの違いも指摘している。

アメリカとイギリスの歴史家たちは、医学的な検査結果や書簡、日記などを用いて、性的成熟の心理的な重要性を理解しようとしてきた。19世紀のアメリカの医師たちは、初潮を、中産階級の少女の発達における「重大局面」と考えていた。歴史学者のジョアン・ヤコブズ・ブラムバーグは、20世紀に月経についての理解が深まった要因を、受胎能力よりも**衛生学**をますます重視するようになってきたことに見出している。20世紀の歴史家たちは、オーラル・ヒストリーの研究を進めることによって、過去の母親たちは、初潮の意味について娘と話しあうことにしばしばむずかしさを感じていたと指摘している。少女たちは、初潮が起きたとき、しばしば月経にともなう出血への準備をしておらず、その結果におそれをいだいた。20世紀なかば以降、生理用品の製造会社が情報を提供しようとし、それが少女の身体的成熟について教育するうえでしだいに重要な情報源になった。

初潮によってもたらされる社会的な推移は、初潮の開始にともなう、文化集団を横断する——共同体のお祝いから隔離や性器切除にいたるまでの——文化的慣習を調査しようとする人類学者の精細な調査研究の対象となってきた。だが、このような初潮に対する慣習が文化間でどれほど違っていようと、初潮は、少女から成人女性になるときとして、また、新しい行動基準にしたがうときとして広く理解されていた。したがって、初潮は、個人にとって二面性をおびるときであった。すなわち、成熟とひきかえに子ども期の自由を放棄するときであった。歴史的に見ると、多くの文化でみられる結婚前の女性の純潔の重視は、初潮がはじまってから結婚するまでのあいだの若い女性に対する厳格な社会統制の押しつけを意味した。

➡思春期、少女期、性教育、青年期と若者期、セクシュアリティ、通過儀礼

●参考文献

Brookes, Barbara, and Margaret Tennant. 1998. "Making Girls Modern: Pakeha Women and Menstruation in New Zealand, 1930-1970." *Women's History Review* 7, no. 4: 565-581.

Brumberg. Joan Jacobs. 1993. "'Something Happens to Girls': Menarche and the Emergence of the Modern American Hygienic Imperative." *Journal of the History of Sexuality* 4, no. 1: 99-127.

Bullough, Vern L. 1983. "Menarche and Teenage Pregnancy: A Misuse of Historical Data." In *Menarche, the Transition from Girl to Woman*, ed. Sharon Golub. Lexington, MA: Lexington Books.

Thomas, Frederic et al. 2001. "International Variability of Ages at Menarche and Menopause: Patterns and Main Determinants." *Human Biology* 73, no. 2: 271-290.

（BARBARA BROOKES／山口理沙訳）

私立学校と独立学校（Private and Independent Schools）

私立学校は、そのほとんどが宗教学校であるとはいえ、世界の大部分の国に存在する。私立という地位によって、それらの学校はより柔軟な教育計画やスタッフ構成をもっているが、その大部分は、政府によって統制された公立学校と類似のカリキュラムをもち、政府によるある種の統制に従ってもいる。しかし、私立学校に通う生徒の親たちは、ほとんどの公立学校とは異なって、学校教育の対価を支払わねばならない。このことによって、これらの学校は、収入の低い家族にとってより利用しにくい教育機関となっている。ある家族が私立学校を選択するのは、彼らが次のように信じているからである。つまり、私立学校では公立学校よりもよい教育を受けることができる、あるいはより良好かつ安全な環境で教育を受けることができる。あるいは、私立学校が、自分たちの教育理念によく似た理念をもっていると信じるからである。

植民地時代のアメリカでは、私教育と公教育の区別はかなり曖昧で、さまざまな形態の教育が存在していた。しかし一般的には、ほとんどの学校教育は生徒に必要最低限の読み書き算といった基礎的なスキルを、しばしば**徒弟制度**のような組織であたえようとしていた。いくつかの都市にはラテン語の**グラマースクール**（文法学校）が存在したが、中等教育は希少であった。アメリカでは、独立革命から南北戦争までの時期、中等教育を担うアカデミーの影響力が高まったが、これらの学校は大覚醒運動[*1]の時代の宗教的熱狂としばしば結びついていた。カリキュラムは古典的なものから近代的なものまで多様で、実践的なカリキュラムも利

用することができた。当初、学年制はめったに導入されず、女子校もほとんど存在しなかった。あらゆるアカデミーは、もともとは寄宿施設をもたない週日学校であった。生徒が自分の家族と同居していない場合、彼らは学校がある町の別の家族に寄宿した。(とくに1778年と1781年に設立された) アンドーバー[*2]のフィリップス・アカデミーやフィリップス・エクセタ・アカデミーといった学校は、1820年代後半にいたるまで寄宿舎を付設しなかった。しかし、ひとたび生徒が学校内部で生活をはじめると、学校は彼らの「親がわり」[*3]の役割を引き受けるため、また預かった子弟を潜在的害悪から守るために、たえず課外活動を組織するようになった。

女子の私立学校は男子とは異なる歴史をもっている。ほとんどの女性にとって、基礎的な読み書き以外の教育は不要なものであると考えられていた。そのため、植民地時代から初期の共和制までの時期、女子教育は多様なかたちで散発的に行なわれた。利用可能な教育のほとんどは花嫁教育というかたちをとり、学習と同じくらい社交上のたしなみを身につけることに重点を置いた。キャサリン・ビーチャー、メアリ・ライオン、エマ・ウィラードという3人の先駆的な女性の教育者たち[*4]は、1820年代から30年代にかけて、旧来の女子教育のあり方とはまったく異なるカリキュラムを提供した。彼女たちが設立した学校は寄宿学校であり、科学、数学、歴史、文学を重視した。しかし、教育は「女性らしい」美徳を身につけさせるためのものであるという古くからの考えが消え去ることはなく、19世紀なかばに、女子のための新しい学校が設立される際にも、これらの美徳は重視されつづけた。しかし、**女子カレッジ（女子大学）**が増加し、また多くのカレッジが男女共学になっていくのにつれて、これらの伝統的な女子学校でもカリキュラムは学術的なものを優先するようになった。

週日学校はきわめて多様な歴史をもっており、とりわけ初等学校の歴史は錯綜している。というのも、一般に初等学校は中等学校よりも小規模で安価に運営できたので、設立するのが容易であったからである。植民地時代と初期共和制期において、多くの場合これらの学校は基礎教育を提供したが、それは、基礎教育以外の教育は家族と教会が行なうべきであるという考え方によるものであった。のちに、税金で運営される公立学校がさまざまな社会階層に初等教育を提供するようになると、中等教育を重視する私立学校が増加することになった。これらの私立学校のなかでも独特なタイプの学校としてあらわれたのはカントリー・デイスクールであったが、それが登場した理由の大部分は、寄宿制学校が田園環境に設置されたのと同じものであった。つまり、都市生活がもたらす身体的および精神的な危険性が認識されたことに対して、その危険を回避するためであった。これらの学校は寄宿学校ときわめて似かよったカリキュラムをもっていたが、通学制であり、生徒は夜になると自宅に戻った。これらの週日学校はアメリカ教育の主要な傾向にならっていたが、私立学校という地位によって、より広い範囲の教育理念を追求することができた。たとえばヴァルドルフ学校[*5]は、子どもの発達にはたらきかける方法として芸術的な技能や手先の技能を重視した。他方で、倫理文化学校[*6]は実験的な教育方法を好んで採用した。

しかし、私立学校以外のほとんどの学校にもあてはまることだが、19世紀末から20世紀なかばまでの時期にあらわれたもっとも重要な影響のひとつは、進歩主義教育運動であった。進歩主義教育運動は、複雑化した社会において市民に求められる資質を形成できるように学校のカリキュラムを拡大し、子どもが将来つく職業や、子どもの健康、彼らが送る家族生活についても関心をよせた。子どもの情緒的な発達はきわめて重要であると考えられるようになった。多くの私立学校のなかでも、コミュニティスクールからモンテッソーリスクール、無学年学校にいたるまで、今日の私立の週日学校は、その志向性と目的の点でいちじるしい多様性がある。当然ながらこの結果、私立学校に子どもを通わせる余裕のある家族は、自分の子どもの教育にかんして非常に多様な選択肢を得ることになる。

私立学校の歴史は、学校教育の結果が社会にとってどのような重要性をもっているかにかんする現在の研究上の論争と深く関係している。これらの論争は、次のテーマにかかわってなされている。学校は、生徒の学習をどの程度効果的に達成しているか？　私教育は社会に対してどのような影響をおよぼしているか？（また、私立学校に通うことで、生徒がどの程度まで大きな社会展望をもつことができるか？）　そして、私立学校が社会的および経済的エリートの形成と再生産にかんしてどのような役割を果たしているか？　第1に、私立学校は授業料を徴収するため、授業料を支払うことができる親の子どもに入学者を限定する傾向がある。このことによって、私立学校は、みずからの教育の価値を示すために、語彙、読み方、数学といった標準テストで生徒が高い成績をとることを重視するようになる。しかし、国際比較調査の結果が示すところによれば、私立学校の高い学業達成は、それらの学校に特別な教育能力があるというよりはむしろ、その学校に通わせる親の子どもへの期待や励ましに多くを負っている。

第2は、主として社会の富裕層から生徒が集まってくる学校が社会に対してどのような影響をもたらすかという問題である。ここで懸念されているのは、ごく狭い社会層から生徒を集めて成り立つ学校教育は、狭い範囲の社会的および経済的選択肢しか提供しえないのではないかということである。E・ディグビー・バルツェル[*7]とC・ライト・ミルズ[*8]にはじまる多くの論者によれば、エリートの寄宿学校が提供する環境

は、生徒に大学生活を準備させるだけではなく、浮き沈みの激しい職業生活と政治生活も準備させている。不つりあいなほど多くのCEOや政府高官がこれらの学校出身であるという事実から、彼らは、これらの学校の主要な目的のひとつは、「権力者になるための準備をすること」にほかならないと述べている。アメリカの北東部に集中するこれらの学校は、厳格な学問的カリキュラムを提供し、大学レベルの教科書を使うこともしばしばである。昼夜をとわず時間は厳密に管理され、**スポーツ**、必修の勉学時間、多岐にわたる課外活動、とりわけ音楽が重視される。学内の美術室や招待講演においても、ハイカルチャーが重視される。通常、クラスは小規模で、ディスカッションと小論文が重視される。これらの学校が主張するところによれば、彼らが育成しているのは生徒の「人格」であり、それはクラスにおける議論や生徒心得などにもっともよく示されるという。あらゆる生徒を等しく扱おうとする努力とともに、ほとんどすべての活動が他者を前にして、集団のなかでなされる。

しかし、多くの研究者たちは、このような「全体環境」が、プライバシーや自由な自己表現を求める生徒に対して心理的な苦痛をあたえることに注意を向けている。また、これらの学校の生徒文化を分析した結果、高いレベルでの競争性が認められた。しかし、学校生活がストレスに満ちたものであるにもかかわらず、これらの学校は通常、自分の生徒たちを名門大学に進学させることに成功している。より重要なことに、これらの学校は、複数の研究者からその他の学校の模範となるべきであるとみなされてきた。これらの研究者は、学業達成に高い価値を置き、生徒のために目標を設定し、個々の生徒に注意をはらう共同体や学習文化に注目している。アーサー・パウェルは、これらの私立学校は、それを使えばほかの学校でも平均的な生徒がよい結果をもたらすことができる授業を提供するだろうと考えている。ほかの研究者は、これらの学校が成功しているのはその学問的な教育内容のおかげであるとし、裕福な家庭の子どもが集まっているという事実は、副次的な理由にすぎないと論じている。

アメリカの私立学校をヨーロッパの学校と比較することは、教育体系に大きな多様性があるためむずかしい。しかし、ほとんどの私立学校が寄宿制学校あるいは週日学校であり、さらにそれらの大部分が教会と結びつき、歴史的に「エリート」校であったという点で、おおまかにいえばイギリスにおける教育の歴史は、アメリカのそれと類似している。近年、両国では私立の週日学校が増加している。イギリスのエリート寄宿制学校は力強い学生文化をともなう「総合的な」環境であるとみなされてきた。これらの学校もまた、エリートの価値観の基礎となるものを生徒に提供する機関であり、生徒たちはのちにこれらの価値観を、権力の座につくというかたちで実現してきたのである。

［訳注］

* 1 大覚醒運動（the Great Awakening）——およそ1725年から1770年ごろまで続いたアメリカ植民地、とくにニューイングランド地方における新教徒の信仰復活運動。寛容で人道主義的という特色があったことで知られる。
* 2 アンドーバー（Andover）——アメリカ東部のマサチューセッツ州北東部に位置する都市。ここにはアメリカでもっとも古い、一流大学への準備教育を行なう私立の寄宿制学校のフィリップス・アカデミー（Phillips Academy、1778年創立の男子校）と、アボット・アカデミー（Abbot Academy、1829年創立の女子校）がある。
* 3 「親がわり」（*in loco parentis*）原則——国親思想（*parens patriae*、パレンズ・パトリー）にもとづく少年司法の原則のひとつ。公権力が、「親に代わって」（*in loco parentis*）私的領域に介入するために、親子関係のパターナリズムを利用して考案した支配の論理。「クルーズ事件」訳注1参照。
* 4 3人の先駆的な女性教育者（three pioneering women）——1人目のキャサリン・ビーチャー（Catherline Esther Beecher, 1800-1878）は、アメリカの教育家、社会改革者。コネティカット州のハートフォード（Hartford）とシンシナティ（Cincinnati）で女子学校を経営し、女子の高等教育を主導した。弟のエドワード（Edward Beecher, 1803-95）は、イリノイ大学学長。妹のハリエット（Harriet Beecher Stow, 1811-96）は、奴隷廃止を訴えた小説家で、『アンクル＝トムの小屋』（*Uncle Tom's Cabin*, 1852）の作者ストウ夫人。2人目のメアリー・ライアン（Mary Lyon, 1797-1849）は、アメリカの女子高等教育の先駆者で、1837年にアメリカでもっとも古い私立の女子大学マウント・ホリオーク大学（Mount Holyoke College）の創設者。3人目のエマ・ウィラード（Emma Willard, 1787-1870）は、アメリカの詩人、教育家で、1821年にニューヨーク州にエマ・ウィラード校を創設し、女子教育の普及に尽力するとともに、地理学と歴史学の教科書を発行した。
* 5 ヴァルドルフ学校（Waldorf School）——日本ではシュタイナー教育としても知られ、「教育芸術」としての教育実践をめざす。「シュタイナー、ルドルフ」の項参照。
* 6 倫理文化学校（Ethical Culture school）——神学や形而上学を離れた倫理を至高のものと考え、宗教とは別に倫理目的の実現をめざす、ドイツ生まれのアメリカの教育家で社会改革者でもあったフェリックス・アドラー（Felix Adler, 1851-1933）が、1876年頃にニューヨーク市ではじめた倫理協会運動（Ethical Cultural Movement）にもとづく学校。
* 7 E・ディグビー・バルツェル（Edward Digby Baltzell, 1915-1996）——アメリカの社会学者、社会史家。ペンシルヴァニア大学教授。アメリカの近現代史のエリート文化史を研究してWASP（White Anglo-Saxon Protestant）という用語を広めたことで知られる。

*8 C・ライト・ミルズ（Charles Wright Mills, 1916-1962）——アメリカの社会学者。コロンビア大学教授。アメリカ社会の権力構造を分析し、政府機関幹部、政治リーダー、大企業の幹部、軍事組織の上級幹部などが、利益を一致させつつ大衆操作し、政策決定に独占的な影響をおよぼすとする「パワー・エリート」論を展開した。『パワー・エリート』（上・下）（鵜飼信成・綿貫譲治訳、東京大学出版会、1958年）など。

➡教区学校（アメリカ）、女子校、進歩主義教育、パブリックスクール（イギリス）、ラテン語学校

●参考文献

Baird, Leonard L. 1977. *The Elite Schools: A Profile of Prestigious Independent Schools*. Lexington, MA: Lexington Books.

Baltzell, E. Digby. 1971 [1957]. *Philadelphia Gentlemen: The Making of a National Upper Class*. Chicago: Quadrangle Books.

Cookson, Peter W., and Caroline H. Persell. 1985. *Preparing for Power: America's Elite Boarding Schools*. New York: Basic Books.

Cremin, Lawrence A. 1977. *Traditions of American Education*. New York: Basic Books.

Kraushaar, Otto. 1972. *American Nonpublic Schools: Patterns of Diversity*. Baltimore: Johns Hopkins University Press.

Powell, Arthur G. 1996. *Lessons from Privilege: The American Prep School Tradition*. Cambridge, MA: Harvard University Press.

Walford, Geoffrey, ed. 1991. *Private Schooling: Tradition, Change, and Diversity*. London: Chapman Publishing.

（LEONARD L. BAIRD／岩下誠訳）

人工授精（AI）（Artificial Insemination）

人工授精は、精子を用いて女性に受胎させることである。この用語は、歴史的に医学の監視下で行なわれる場合に用いられ、不妊の医学的治療として社会的に合法化されている。多くの場合、精子は女性の配偶者からのものでない（ドナーによる人工授精あるいは非配偶者間の人工授精）ため、医学的合法化が必要となっている。人工授精は歴史的に医療現場以外でも行なわれていた。最初の報告は、1790年に発表されたジョン・ハンター*1による医学論文である。20世紀初頭、人工授精の知名度は上がり、道徳的、社会的にひき起こされる結果が、アメリカでは1909年に、ヨーロッパでは1940年代までに、医学や一般の報道で論じられるようになった。人工授精の支持者たちは、人工授精によって子どもを産むことができる喜びを指摘した。反対派は非配偶者間の人工授精を一種の姦通罪と考え、マスターベーションの悪癖を推進するものととらえた。カトリック教会は自慰や膣外射精の悪事を推進するとして、また、性交渉の宗教的重要性を否定するものとして、いかなる人工授精も否定した。人工授精に対するこれら以外の批判として、それは**優生学**を支持する政治と行政を推進するものであるとの指摘があった。

非配偶者間の人工授精にまつわる一般の関心は、精子提供者を求める需要が高まると、欧米では消えていった。冷凍保存した精子からの授精の成功が1953年にはじめて報告され、1970年代には、精子バンクが盛況を見せはじめ、また非配偶者間の人工授精の商業化もやってくる。1941年の調査では、アメリカ国内で3700件の人工授精が推計されたが、1987年までには、同国内で年間17万2千人の女性が人工授精を受け、6万5千件の出産があった。エイズをわずらう妊娠が新たな注目を集め、多くの地域で新たな規制がもうけられるようになった。新しい精子はHIVをふくむ性感染症の原因となりうるため、多くの病院で精子提供者と提供そのものへの検査が定められており、それは多くの地域や政府によって課せられている。くわえて、提供者のプライバシーは一般に保護されており、何度も精子提供をすることは身体的に可能であり、非配偶者間の人工授精によって生まれた子どもたちが、生物学的きょうだいであることを知らずしてのちに結婚することを防ぐためにも多くの病院の方針と政府の統制により、一人の精子提供者の精液が何度も用いられることを厳しく制限している。

多くの国で、非配偶者間の人工授精にまつわる法的、社会的疑問が生物学的父子関係と家族の基盤としての異性婚の夫婦の維持と関連する文化的関心とされている。カトリック教会や多くの**イスラム教**の解釈者たちは、非配偶者間の人工授精を不純とみなし、1990年以降、**ブラジル**、エジプト、リビア、アイルランド、**イスラエル**、イタリア、南アフリカでは禁じられ、婚姻関係にある夫婦においてのみ人工授精の使用を認めた。ほかの多くの国々では、同性愛の女性同士のカップルが人工授精を試みることは禁止されている。ヨーロッパの多くの国々では、非配偶者間の人工授精によって生まれた子どもを、人工授精を受けた母親の配偶者、もしくはパートナーの子どもとしてこれらの男性が承諾書を提出した場合、実子として法律上認めている。一方で、ほかの地域では、その線引きは曖昧である。多くの病院や政府では、臨床的非配偶者間の人工授精を独身女性や同性愛者の女性にほどこすことは許可していないが、フェミニストによっては、非医療行為としての非配偶者間の人工授精を組織し、伝統にとらわれない家庭の形成を支援している。生物学的親子関係において、非配偶者間の人工授精によって生まれた子どもに、その生物学上の親についてどのように説明すればよいかについて議論が加熱している。非配偶者間の人工授精は、自然性と社会的、生物学的親族関係の必然性に挑んだ、新しい再生産技術のひとつである。

［訳注］

*1 ジョン・ハンター（John Hunter, 1728-1793）——ス

コットランド出身の外科医・生理学者・解剖学者。「実験医学の父」「近代外科学の開祖」と呼ばれ、種痘法で知られるエドワード・ジェンナー（Edward Jenner, 1749-1823）とは師弟関係にあった。兄のウィリアム・ハンター（William Hunter, 1718-1783）も、啓蒙医学者として知られる解剖学者、産科医。

➡産科学と助産術、代理母出産、妊娠と出産、排卵誘発剤、養子縁組（アメリカ）、卵子提供

●参考文献

Arditti, Rita, Shelley Minden, and Renate Klein. 1984. *Test-Tube Women: What Future for Motherhood?* Boston: Pandora Press.

Meyer, Cheryl L. 1997. *The Wandering Uterus: Politics and the Reproductive Rights of Women*. New York: New York University Press.

Pfeffer, Naomi. 1993. *The Stork and the Syringe: A Political History of Reproductive Medicine*. Cambridge, MA: Polity Press.

Strathern, Marilyn. 1992. *Reproducing the Future: Essays on Anthropology, Kinship, and the New Reproductive Technologies*. New York: Routledge.

（LARA FREIDENFELDS／山口理沙訳）

心身障害（Disability）
➡精神遅滞（Retardation）／先天性欠損症（Birth Defects）／特殊教育（Special Education）

身体装飾（Body Modification）
➡入れ墨とピアス（Tatoos and Piercing）

進歩主義教育 (Progressive Education)

　進歩主義教育とは、教授と学習に活力をあたえるために構想された広汎な思想と実践の体系である。進歩主義という意味は、それを構成する非体系的な要素とともに、人、場所、そして時代によって変化した。それは、広く、「新しい」あるいは「よい」教育と同義の言葉として認識された。とはいうものの、19世紀後半に形成され、20世紀初頭に急速かつ広汎に普及し、1950年代までには後退してしまったこの異質なもののよせ集めの影響力があった運動には、いくつか中核をなす思想があった。

進歩主義教育対伝統的教育

　進歩主義者のほとんどは、彼らが反対しているものを理解しており、彼らの取り組みのどの部分が敵対するものと違っているかを見きわめていた。彼らの敵は伝統的な教育であった。生徒たちは、その若々しい興味とはかけ離れた退屈な現実離れしたカリキュラムにもとづいて、事実や公式を際限なく暗記するよう要求された。教師の大部分は、すぐれた教授とはドリルと練習をすることであると固く信じて疑わなかった。こうした教師たちがすることといえば、生徒たちの討論を導いて発展させることではなく、だれかの暗唱にひたすら耳を傾けさせることであった。学級生活は厳粛なものであった。教師たちは、一方的に規則や規定を決め、それに反する行動をした生徒を厳しく罰した。しかも、教育行政は、しばしば党派主義や政治的な任命権に翻弄されていた教育委員会にゆだねられていた。

　このような伝統的な教育についての媚びへつらわない描写とは対照的に、進歩主義者は非常に快活で実践的な教育展望を提示した。彼らはしばしば、教育は大きくて重い教科書と厳しい教師たちの権威にもとづくのではなく、むしろ「子ども中心」的な教育であるべきだと述べた。子どもは、手なずけられるべき強情で手に負えない者ではなく、生まれつき好奇心が旺盛で創造的であり、広汎にわたる価値ある興味をいだいていると考えられた。そうした興味は、より広範囲におよぶカリキュラムと人間性豊かな教授法によって大いに尊重されるべきものであると考えられた。

　このような「全人的な子ども」の教育は、20世紀前半を通じて、学校カリキュラムの範囲を着実に拡張した。非常に幼い子どもたちにも音楽・美術・演劇・リクリエーションなどの多様な機会があたえられた。思春期初めの子どもたちのためには、この人生段階に特有のニーズにこたえるジュニア・ハイスクールがあった。10代後半の子どもたちにはハイスクールが、多数の「学習進路」、すなわち職業・商業・学術・一般教養などの学習プログラムをそれぞれ提供した。学校教育のすべての段階で、クラブやチームなどの課外活動が発展した。その他の急速な発展が見られたのは、全人的な子どもの身体的および情緒的なニーズに対応する健康管理と社会奉仕の分野であった。

　教授方法や教材も変化した。進歩主義者は、教師とはディスカッションやグループ・プロジェクトを通じて生徒の参加と活動をうながす世話役であるとみなした。学習は楽しむものとなった。ゲーム・実地見学・映画などによって勉強と遊びの境界線は曖昧になった。教師は、厳格で冷淡であるべきではなく、親切で忍耐強くなくてはならなかった。よい学級とは民主的なコミュニティであって、そこではルールが公平で、だれもが発言でき、全員が快適で達成感をいだく。その結果、落第したりドロップアウトする生徒がほぼいなくなったことで、20世紀の最初の3分の2の時期を通じて、入学者数が急上昇した。拡大し、多様化した生徒集団は、教育によってますます多くのものを獲得し、それが好きになったのだと進歩主義者たちは考えた。

　入学者が急増したことは別にしても、19世紀末から20世紀初頭にかけての時期になぜこうした思想や実践が確立したのであろうか？　この点について進歩主義の教育者たちは、アメリカ人の生活における三つ

の重要な発展について指摘していた。第1に、半熟練労働や事務労働への需要が高まった時代にあって、幅広いカリキュラムは変化しつつある雇用者のニーズにマッチしていた。新しく創設された職業コースと商業コースに多くの生徒たちが集まったことで、卒業要件は労働市場のニーズに合致するものへと改善された。第2に、ヨーロッパからおびただしい数の新たな移民がおしよせ、忠実で、有徳で、生産的な市民になるために、シェイクスピアや三角法の知識よりも、非教養的な訓練を必要とする生徒たちが都市部の学校を満杯にしたという状況があった。第3に、進歩主義教育は、子どもたちのよりよい生活を促進することをふくむ、政府の介入範囲にかんするいっそう包括的な考えから力を得た。若者が影響を受けやすいことについての認識が高まることで、**児童労働法**、**少年裁判所**、公共の遊び場、母親年金、急速に変貌する社会における生活危機から若者を救済するその他の対策などの改革運動は成功をおさめた。親切で広汎な学校教育を進歩主義者が唱道したことは、アメリカのほかの分野で児童を救済する福祉的援助の精神と基準に合致した。

　進歩主義者の大半はみずからを科学的であるともみなしていた。1880年代と1890年代に彼らは、都市部の多数の学校の無計画な運営を非難した。選出された学校役員は、しばしば党派的な思惑による決定にもとづいていた。このため、多数の政策はむだが多く、賄賂が横行していた。進歩主義者たちは、急速に拡大する学校を監督するには熟練の管理者を任命すべきであると主張した。専門知識、合理性、基準化、そして予見性といったことが、有能な行政者の価値を決める特質であった。多くの者が地方自治と国家統制からの自由を好ましいと考えていたにもかかわらず、20世紀初頭までに、すべての学校が円滑な官僚組織ではなかったものの、専門職のあいだではそれが理想であった。

　これと同じように、確実性を探究していた進歩主義者は、**知能テスト**を支持した。子どもの生得的な知能を測定することは、生徒たちを特定の学習コースと学習進路に適正かつ公正に割りふる厳密で公平な方法であると考えられた。進歩主義者たちは、子どもたちを能力別に区分することはすべての子どもを同一基準で維持するよりも民主的ではないかと考えた。第1次世界大戦でIQ（→**知能指数**）テストがはじめて大規模に実施された10年間に、国内のすべての学区でそのテストが利用された。もちろん、すべての進歩主義者がIQテストを支持したわけではなかったが、懐疑論者たちでさえも、若者たちの社会的、情緒的、知的発達を詳細かつ継続的に精査する「子ども学研究」には賛同した。

論争と影響

　すべての人びとが進歩主義の実践を賞賛し、それをとりいれようとしたわけではなかった。変化がもっとも大きかったのは**私立学校**と裕福なコミュニティの小学校においてであった。子どもの養育と訓練をめぐる進歩主義の理念と親の教育理念がかみあったのは、そうしたかぎられた教育現場においてであった。それ以外のところでは、教育者たちは昔ながらの慣例にわずかな事柄を追加しただけで、あらためようとはせず、進歩主義の影響はひかえめなものであった。進歩主義教育は、その教義を厳粛に受けとめた教師たちをいとも簡単に疲弊させた。たとえば、十分な補助教材がそろっていないハイスクールの150人もの生徒たちに教えるという制約は、教師が生徒一人一人のニーズと興味や関心にふさわしい学習プロジェクトの世話係になるのを困難にした。

　広領域におよぶカリキュラム、懇切ていねいな授業、そして科学的なものの見方の最終目標が何であるかということについては、進歩主義者たちのあいだで議論があった。ある有力な派閥は、特権を奪われた者たちに力をあたえ、政府を強化し、企業を統制することによってアメリカ社会を「再構築」することを大胆に求めて注目を集めた。政治的左派としてのこの再構築主義派の人びとは、1930年代のニューディール政策を信奉し、指導者たちのなかには社会主義と共産主義の政治体制を賛美する者もいた。反対に、さらに多くの人びとは、「効率」と「適応」の旗印の下に派閥を形成した。彼らにとって、教育の目的は若者たちを既存の社会に異議申し立てさせることではなく、適応させることであった。有益な教育とは、卒業生が生計を立て、知的に投票し、賢く買い物をすることができるようになるために準備させること、あるいは成人生活の要求に順応していくことであった。双方の派閥が共有していたのは、学校教育は非常に重要であり、教育者はその手に人類の未来をにぎっているという確信であった。

　進歩主義者たちは、内部分裂にくわえて、彼らの思想に対する辛辣な批判にも直面した。彼らが子どもの善性を熱狂的に賛美すると、それは情緒的で感傷的であり、子どもを訓練するどころかむしろ甘やかしてしまうと嘲られた。彼らの政治性が左翼的になりすぎると、今度はそれは破壊的で非アメリカ的であると非難された。進歩主義の新たな試みには多額の税金を投入する必要があったため、倹約を美徳と考える有権者たちは、進歩主義教育はむだの多い「はやり物のぜいたく品」であるとして軽蔑した。とりわけ、批判者たちは、はたして進歩主義学校は学問的に的確なのかと疑念をいだいていた。多くの親たちは、こういう学校生活を楽しくすごして自己満足している生徒たちは、化学や微積分法を決して学ぼうとはしないと懸念していた。第2次世界大戦後になって、大学に入学することが中産階級の若者にとってたんなる願望ではなく実現可能な期待へと変わると、こうした懸念は強まった。

　進歩主義は初等段階の学校にはふさわしいものであったかもしれないが、一流大学に入学して成功する有

能な10代の若者を育成できるかどうか、疑念は消えなかった。

進歩主義のもっとも影響力のあった理論家は哲学者のジョン・デューイであったが、残念なことに彼の思想は反知性主義であると誤解された。彼は、非現実的なカリキュラムに異論を唱える意義についてはなんら疑念はいだいていなかった。デューイは、進歩主義の授業は知的な努力をするための手段であり、それを回避するものではないと考えていた。子どもの好奇心と教師の柔軟性は精神生活を高揚させこそすれ、減退させるものではなかった。しかし、デューイの文体はしばしば非常にまわりくどく、賛同者たちは彼の思想をまちがって解釈した。もっとも悪名高い誤解は、平均的な能力をもった生徒たちの機知と意志を軽視したことである。似非進歩主義者は、たいていの生徒たちはアカデミックな勉強にまじめに取り組めないし、取り組もうともしないし、取り組む必要がないと主張した。

1940年代後半には、「生活適応運動」とよばれる、もっともよく知られた教育改革によって、デューイを誤読することによっておちいる危険性があらわになった。適応主義者たちは、ハイスクールの卒業生の大多数が、その後の人生でフランス語や代数学よりもはるかに使用頻度が高い処世術やソーシャル・スキルを身につけていないと考えた。彼らの議論によれば、すべてのティーンエイジャーに必要なのは、**友情**、趣味、家庭生活にかかわる実用的な事柄を教えてもらうことであった。適応主義者たちは、多くの生徒たちを大学に進学させたり、職業技術を身につけさせることよりも、彼らが他者とうまくやっていくための実用的指針を網羅したカリキュラムを想い描いていたのだった。

生活適応運動は、公式の運動としては1950年代なかばまでに姿を消した。この運動に対する歯に衣を着せぬ批判者たちはこれを、思い上がった、破滅的で、味気ないものだとののしった。批判者たちの見解によれば、学校カリキュラムに人生のさまざまな日常的な局面を配置し、それだけを学習活動の中心にすえることは滑稽で、危険ですらあった。さらに、親たちの大半は、社会的あるいは個人的な事柄を討論するために教師と生徒がアカデミックな課業から引き離されてしまうことを望まなかった。これらの話題は、教室ではなく家族の夕食の団欒の場でとりあげられるべきものであった。

進歩主義の基本理念は、生活適応運動が総くずれしたあとも生き残った。多くの親と教師たちはあいかわらず、非常に実用的で楽しい教育という理想を信じつづけていた。学校カリキュラムと正課外カリキュラムによる学習コースは、社会奉仕とならんで1960年代と1970年代に拡張しつづけた。かつては軽視されていた集団、とくに急進的な少数派や、**特殊教育を受けている生徒たち**は、より多くの学習機会を得ていた。教授方法は19世紀に見られた融通のきかない古いかたちに逆戻りすることはなかった。行政官はまだ冷静な専門的基準に準拠していた。進歩主義の中心思想が注意深く、なおかつ過大に売りこまれることがなかったときはいつでも、成功をおさめる公算は高かった。

➡教育（アメリカ）、児童救済、職業教育・工業教育・職業訓練学校

●参考文献

Cremin, Lawrence A. 1988. *American Education: The Metropolitan Experience, 1876-1980*. New York: Harper and Row.

Cuban, Larry. 1993. *How Teachers Taught: Constancy and Change in American Classrooms, 1880-1990*. New York: Teachers College Press.

Dewey, John. 1916. *Democracy and Education*. New York: Free Press. デューイ『民主主義と教育』（松野安男訳、岩波文庫、1975年）

Fass, Paula S. 1989. *Outside In: Minorities and the Transformation of American Education*. New York: Oxford University Press.

Jervis, Kathe, and Carol Montag, eds. 1991. *Progressive Education for the 1990s: Transforming Practice*. New York: Teachers College Press.

Kliebard, Herbert M. 1995. *The Struggle for the American Curriculum, 1893-1958*. New York: Routledge.

Ravitch, Diane. 2000. *Left Back: A Century of Failed School Reforms*. New York: Simon and Schuster. ダイアン・ラヴィッチ『学校改革抗争の100年――20世紀アメリカ教育史』（末藤美津子・宮本健市郎・佐藤隆之訳、東信堂、2008年）

Reese, William J. 2001. "The Origins of Progressive Education." *History of Education Quarterly* 41: 1-24.

Tyack, David, and Elisabeth Hansot. 1982. *Managers of Virtue: Public School Leadership in America, 1820-1980*. New York: Basic Books.

Zilversmit, Arthur. 1993. *Changing Schools: Progressive Education, Theory, and Practice, 1930-1960*. Chicago: University of Chicago Press.

（ROBERT L. HAMPEL／佐藤哲也訳）

睡眠（Sleep）

睡眠は、歴史学的に取り組むのがむずかしい主題である。したがって、今日では、そのもっとも興味深い歴史的エピソードは比較的最近の変化をふくんでいる。19世紀のアメリカの子育て書は、ほかのカテゴリーのなかで広範囲にわたる健康相談があるにもかかわらず、あるいはそれゆえに、睡眠を問題として扱わなかった。たしかに個々の親は、子どもたちを異常な睡眠の困難さに直面させるが、問題のもっと大きなカテゴリーという感覚はあらわれなかった。アメリカの女性雑誌のなかの例にあるように、断片的な助言は比較的短い時間、熟睡することが必要なことを示した――しばしば6～8時間の睡眠が必要だといわれたが、この

ことは睡眠が問題の源泉とは見られていなかったという印象を裏づけるものである。

睡眠問題への関心の欠如を分析することは、歴史学的には挑戦的な仕事となる。19世紀の大人(そして、おそらくはそれ以前の大人たちもまた)は、なぜ子どもの睡眠にそれほど大きな注意をはらわなかったのか、その理由を説明するのに役立ついくつかの要因がある。第1に、まどろみは、多くの子どもにも大人にもふつうに見られた。歴史家たちは、近代以前の大人の睡眠パターンが今日ほど厳密に定義されてはおらず、また、子どもの睡眠は大人と同じようなリラックス状態という定義から利益を得たことに注目した。個々の子どもの睡眠が問題になっていたところでは、多くの親が、催眠剤あるいはアルコールに頼ったことは疑いない。明るい人工的な光をあてないようにすれば、悪夢を誘う刺激が減り、子どもたちを深い眠りへと誘った。

大人の睡眠についての関心は、当時、流行していた神経衰弱症のような病気や、現代生活で広くみられるストレスがひき起こす体調不良に対する攻撃の一部として、19世紀末に向けて増大しはじめた。電灯の利用が増えたこととカフェイン飲料の大衆化が睡眠問題の発現と重なった。子どもの扱い方をめぐってさまざまな論争がかまびすしくくりひろげられるようになってきたが、子育て書が睡眠を標準的な問題としてとりあげるようになったのは、1920年代になってからであった。この時以降、「ペアレンツ・マガジン」(育児雑誌)のような出版物にくわえて、子育ての主要な助言書のすべてが睡眠問題を扱うようになった。小児科の医者たちも睡眠にかんする助言を行ない、医師たちも乳幼児期以降の睡眠時間の総量を増やすよう唱導した。子どもを眠りにつかせることは、親にとっても子どもにとっても、自由と権威のあいだでせめぎあう定期的な機会という重要な毎日の儀礼になった。行動主義心理学者たちに道筋をつけられた子どものエキスパートたちは、決まった睡眠時間は子どもの健康を守るだけではなく、子どもの社会化にとってきわめて重要な部分であると主張した。毎日入浴し、物語を読み聞かせ、新しく登場したテディ・ベアのような大量生産されたおもちゃ、あるいは終夜灯といった新しい儀礼が多種多様にとりいれられた。

睡眠の道徳的規範はなぜエスカレートしたのか、なぜ睡眠はより重要な問題になってきたのであろうか？エキスパートたちが、解決すべきさまざまな問題を推進するのに熱心であったことはことは確かであるし、その問題に睡眠が包まれていることは、善意の両親が家の外の助けを必要とする別の領域がいまなお存在することをはっきり示していた。夢について心理学的な関心が高まったことと、子どもの不安な夢についての研究は、睡眠不安に付加的な科学的根拠をもたらした。近代の都市生活の騒音にくわえて、ラジオのような気をそらす新しい娯楽は、実際に以前に比べて睡眠を達成するのをいっそうむずかしくしたかもしれない。学校教育の入学資格は、ごく幼い子どもは除いて、子どもがうたた寝をする機会を減少させた。今日では、大部分の子どもは、大人たちの大部分と同じように、衝動的なことに身をまかせるよりも、むしろ一定時間熟睡すべきであると教えられる。

子どもに睡眠を準備させることは、アメリカでは19世紀末以降、変化しつづけていることも確かな事実である。赤ん坊は、両親が仕事をしたりリラックスするときに、ゆりかごのなかでゆられているよりもむしろ、かなり幼い年齢で、枠付きの幼児用寝台のなかに置かれるようになっている。一人で眠れるようになることは、近代の重要なしつけであり、囲い枠付きの幼児用寝台は、親が乳幼児を離れた場所に置いておくのを可能にした。夜間に大人たちが新しい娯楽を楽しむようになると、彼らは眠っている子どもの現場に即した世話から自由になれる方法を探した。年長の子どもは幼児用寝台を卒業してベッドに移り、ほかのきょうだいといっしょに眠ることはあまりなくなった。出生率の低下が意味しているのは、以前よりもきょうだいの数が少なくなっているということであり、エキスパートたちは、子どもは自分だけの個室で快適にすごしていると主張した。新しい個人主義の水準を目的とする睡眠の準備にみられるこのような特殊な変化は、子育ての助言書が対応することになる新種の睡眠問題を生みだしているのではないかと思われる。

子どもたちを眠らせることについての特別な推奨は、20世紀を通じてゆれ動きつづけた。1920年代に見られた行動主義心理学のアプローチの厳格な睡眠管理は、20世紀後半になるとベンジャミン・スポック博士のような非常に許容的なエキスパートたちによって修正された。しかし、子どもの睡眠についての大人の関心はかなり高いレベルで残った。自分自身の発達の早い年齢で、睡眠をひとつの問題として学んだ多くの子どもは、彼らが大人に成長したときでさえ、新しい睡眠方法に悩むようそそのかされているのかもしれない。子どもの睡眠への対し方に生じた20世紀の変化が意味していることは、すくなくともアメリカにかんしては、それが魅力的な研究分野として横たわっているということである。

➡子育ての助言文献、子ども空間
●参考文献

Ekirch, A. Roger. 2001. "Sleep We Have Lost: Pre-Industrial Slumber in the British Isles." *The American Historical Review* 106, no.2: 343.

Fishbein, Morris. 1926. "The Tired Child." *Hygeia*: 406-407

Stearns, Peter N., Perrin Rowland, and Lori Giarnella. 1996. "Children's Sleep: Sketching Historical Change." *Journal of Social History* 30: 345-366

(PETER N. STEARNS／北本正章訳)

スウォッドリング（Swaddling）

　乳幼児のスウォッドリングは、ヨーロッパ、アジア、南北アメリカの大部分で、何世紀にもわたって知られてきた育児習俗である。この育児方法は、熱帯地方では一般的ではなかった。スウォッドリングは、21世紀には、さまざまな民族集団でいまも行なわれている。

　スウォッドリングとは、スウォッドリング・バンド（丈の長い乳児服）とよばれる産着（バンド）で赤ん坊の衣類の上からくるむ前に、乳幼児の身体に何枚かの布きれを巻きつけることを意味する。くるまれた乳幼児は、身体をまっすぐに支えるために、寝板[*1]に固くしばりつけられたり、携帯用のゆりかごのなかに置かれていたかもしれない。先住アメリカ人たちのあいだでは、乳幼児は通常、垂直状態のまま眠っていた。これに対してヨーロッパでは、スウォッドリングされた乳幼児は水平に眠っていた。

　乳幼児をスウォッドリングする習俗にはいくつかの理由があった。スウォッドリング・バンドは、赤ん坊を暖かくしておくと同時に、赤ん坊の身体を支えるために利用された。あらゆるタイプのスウォッドリングの方法は、多かれ少なかれ、その子どもが動きまわるのを阻止している。この習俗に共通する前提のひとつは、赤ん坊の四肢が柔軟であるということと、赤ん坊の突然の運動は有害であるということであった。

　ヨーロッパでは、身体のまわりをきつくしばる方法と、あきらかにゆるやかに十文字に結ぶ方法が、スウォッドリングの二つの主要なやり方であった。西暦2世紀以降、医学者ソラヌス[*2]は、このスウォッドリングの習俗について、乳幼児を両肩から両足先まできつくくるむよう勧めている。このように彼が推奨したことは、のちに医学書と助産術の書物に印刷され、15世紀以降ヨーロッパ中に広まった。

　ヨーロッパのスウォッドリング習俗に変化をもたらしたのは啓蒙思想であった。たとえば、1762年、哲学者のジャン＝ジャック・ルソーはその著書『エミール』のなかで、赤ん坊を拘束的なスウォッドリングの産着から解放すべきだと主張した。しかし、ルソーが推奨したことはもっとも裕福な上流階級にしか理解されず、彼の考えが広く受け入れられるようになるまでに一世紀以上もかかっている。

　19世紀を通じて、医療専門家たちは、あまり拘束的でないスウォッドリングの仕方を推奨した。母親たちは依然として赤ん坊の背中を支えるためにスウォッドリング・バンドを使いつづけるよう助言されていたが、しばしば中産階級によって実施されていたこのタイプのスウォッドリングでは、乳幼児はその足を動かすことができ、両手は拘束から自由になった。

　1800年代後半の医者たちは、スウォッドリング・バンドは不要であると主張し、実際、それは身体運動のさまたげになったので、子どもには有害であった。

スウォッドリング。「生後2カ月のコルネリア・バーチの肖像」（1581年）。Ferens Art Gallery, Hull*

それにもかかわらず、赤ん坊のお腹と背中のまわりにスウォッドリング・バンドを使う習俗はすぐには消えなかった。女性たちの大半は、赤ん坊の世話の仕方を自分の母親から学んでいた。したがって、伝統的な理念と習俗は、社会からの影響をほとんど受けず、その家族の女性たちのあいだで保持されていた。スウォッドリング・バンドは、ヨーロッパのいくつかの地域では、1930年代初めまで使われていた。

　子どもの自然の運動を抑制することに長らく抵抗したあと、21世紀になると新しい考え方がスウォッドリング習俗から得られる利点の可能性を考えはじめている。たとえば、身体的なふれあいを必要としてじっとしていられない赤ん坊にとって、スウォッドリングは慰めとなることが立証されている。

［訳注］

- [*1] 寝板（cradle board）──北アメリカの先住アメリカ人女性が赤ん坊を背中におんぶするために用いた木製の板枠。取っ手をつけたり、下部に縄や布を巻きつけて用いた。
- [*2] ソラヌス（Soranus of Ephesus）──西暦1世紀から2世紀頃のギリシアの医者。小アジア西部のエフェソス出身で、はじめエジプトのアレキサンドリアで開業したが、のちにローマに渡り「治療実践学派」（Methdic School）の代表者の一人となった。『産科医学論』（Gynaecology）全4巻がある。

●参考文献

Rose, Clare. 1989. *Children's Clothes Since 1750.* New York: Drama Book Publishers.

Rousseau, Jean-Jacques. 1979 [1762]. *Émile, or On Education, introduction*, translation, and notes by Allan Bloom. New York: Basic Books.　ルソー『エミール』（上・中・下）（今野一雄訳、岩波文庫、1962-64年）

　　　　　　　（KIRSTEN LINDE／北本正章訳）

スカッツバラ少年事件
(Scottsboro Boys)

1931年4月9日、アラバマ州北部の白人法廷は略式裁判で9人の黒人青年に死刑を宣告した。3月25日にこの青年たちが2人の白人女性をレイプしたという罪で、この地方出身の白人陪審員は全員一致で有罪判決をくだしたのだが、主たる証拠は当事者の2人の女性の証言だけであった。青年たちは無罪を主張したが、しりぞけられた。青年たちを救うための長期にわたる闘争が開始された。この闘争は最終的に勝利したが、アメリカ史上、もっとも劇的で意味のある公民権闘争のひとつとなった。

当初、熱烈な弁護団は国際労働者擁護連盟（the International Labor Defense：ILD）という共産党系の法律団体によって主導されたが、青年の生命を救うという大義のキャンペーンに対して国際的にも国内的にも支援が広がった。一方で、「クチコミ」のルポルタージュや影響力の大きい新聞報道は、被疑事実に性心理学的側面と人種的側面とを結びつける役割を果たした。他方で、青年たちの弁護団とおびただしい数の支持者たちは、南部の黒人差別（ジム・クロウ）のもとにある白人至上主義の社会秩序においては、それらの同じ諸側面が結びつけられてしまうと公正な裁判が事実上、不可能になると強調した。

オーレン・モンゴメリー、クラレンス・ノリス、ヘイウッド・パターソン、オージー・ポーウェル、ウイリー・ロバートソン、チャーリー・ウィームズ、ユージン・ウィリアムズ、アンドルー・ライトは、南部の黒人差別の下では黒人男性であるがゆえに、無罪であることも青年であるということも自分たちを保護するものではないことを知った。9番目の被告である13歳のレロリー・ライトは、その年齢ゆえに無期懲役は宣告されないはずであった。にもかかわらず、白人女性をレイプしたという扇情的な陳述は、とりわけこのようなきわめて注目される事件の場合には、彼らの生命をいつまでも不安におとしいれた。

1933年4月、ヘイウッド・パターソンの再審で、弁護士サミュエル・ライボヴィツ*1は、レイプ被害者であると称するヴィクトリア・プライスとラビー・ベイツは、住所不定と売春での告訴をのがれるためにレイプの訴えをでっち上げたものであることを明らかにした。同じ再審で、ラビー・ベイツはすべての被告に対してみずからの証言を撤回し、パターソンとほかのスカッツバラ事件の少年は無罪であると告白した。しかし、アラバマの白人男性の陪審員はベイツの撤回と新たな筋書きを認めず、スカッツバラ事件の少年たちを迫害しつづけた。その結果、一連の弁護側の訴えが訴因を甦らせることになった。ポーウェル対アラバマ裁判（Powell v. Alabama, 1932）で、連邦最高裁は8人の被告すべての再審を命じ、非常に重要な事件の

サミュエル・ライボヴィツ弁護士とスカッツバラの少年たち（1932年）*

被告は、形式にかかわらず、実質的保護に値すると命じた。ノリス対アラバマ裁判（Norris v. Alabama, 1935）で、州最高裁はノリスとパターソンの有罪をくつがえし、黒人を陪審員から排除しているという理由によって州裁判所にこの事件の再審を命じた。

スカッツバラ事件の少年たちの物語は、訴えられた黒人男性はレイプ犯にまちがいなく、いまの場合は少年という見せかけがあるにすぎないという白人の人種差別主義者の根強い恐怖を物語っている。さらに、この恐怖の力が有罪と無罪の判別において証拠と理由を簡単に打ち負かしてしまうほど強力であることを如実に示している。実際、重要なのは有罪か無罪かではなかった。むしろ、白人の優越性の維持と黒人に対する自由の抑圧であった。それにもかかわらず、スカッツバラ事件の少年たちに向けられた、不法をくつがえすためになされた協力と人びとを奮い立たせた努力は、アフリカ系アメリカ人の自由を求める闘争の継続と、それに関連する黒人差別廃止に向けた闘争に大きく寄与した。

［訳注］
*1 サミュエル・ライボヴィツ（Samuel Simon Leibowitz, 1893-1978）——ルーマニア生まれのアメリカの法律家。コーネル大学を卒業後弁護士となり、多数の人種差別裁判で勝利した。のちにニューヨーク州裁判所の判事となった。

➡アフリカ系アメリカ人の子どもと若者、少年司法、法律と子ども

● 参考文献
Carter, Dan T. 1976. *Scottsboro: A Tragedy of the American South*, 2nd ed. Baton Rouge: Louisiana State University Press.
Goodman, James. 1994. *Stories of Scottsboro: The Rape*

Case that Shocked 1930's America and Revived the Struggle for Equality. New York: Pantheon.

（WALDO E. MARTIN JR.／太田明訳）

スクール・バウチャー
（School Vouchers）

アメリカにおけるスクール・バウチャーとは、一定の私立学校群を選択できるようするために限定的な購買力を学生に保障する補助金のひとつである。伝統的な学校財政の仕組みでは、公立学校に対する公的資金は直接的に、連邦政府・州政府・地方コミュニティから学区に流される。自分の子どもを私立学校に通わせたい家族は、みずからの資金をそれに支出しなければならない。大規模なバウチャー計画はこの仕組みを変えることになる。あるバウチャー計画によれば、自分の子どもを私立学校に行かせたい家族は授業料の一部あるいは全額を、徴収された税金によって補填される。

スクール・バウチャーというアイディアはアメリカ独立戦争と同じぐらい古くからある。アメリカ独立の指導者トマス・ペインはバウチャー制度を支持した[*1]。強制的な教育は個人の良心を侵害すると感じたからである。ペインはジョン・ステュアート・ミル（1806-1873）の見解に従っていた。ミルは、政府が資金を出す教育は人間を完全にほかの人間と同じものに形成する仕組みであると考えていた。1960年代になると、テッド・サイザー[*2]のような教育運動家たちは、地区の公立学校から都会の子どもが逃げ出すことを可能にするバウチャーを主張した。

1990年代には、バウチャー運動は新たな勢いを得て、ウィスコンシン、オハイオ、フロリダではバウチャーの先導的試行がはじまった。2001年にはランド財団がブライアン・ジル、ミカエル・ティンパーン、ドミニク・ブリューワーによる報告書を出版し、バウチャー制度がもたらす選択の成果について評価した。それによれば、学生の成績、親の満足、アクセス、統合、市民的社会化において成果があったと評価されている。この報告書は、小規模で実験的な私的基金によるバウチャーは1～2年のうちはアフリカ系アメリカ人学生にとって限定的な利益を示すかもしれないが、ほかの人種集団の子どもには明白な利益はないと結論づけた。親の満足度は、それを選択した親のあいだでは高いが、研究対象になった相当数の家族ではきわめて低かった。

収入が低く、成績もよくないマイノリティの生徒をとくに目的としたバウチャー・プログラムのいくつかでは、それ以外の生徒に向けてもバウチャーが提供された。しかし、一般に、選択プログラムは貧困者の就学機会の拡大に向けたものではない。実際、バウチャー的な教育税（授業料税）は中間以上の収入をもつ家族に利益をもたらすのである。同じように、きわめて強力に隔離されたコミュニティでは、バウチャー・プログラムは人種的統合をある程度までは促進するかもしれない。しかし、他国の例が暗示するように、たいていの選択プログラムは教育的階層化の度合いを高めてしまい、それを緩和するという結果にはならない。市民的社会化という点でいえば、私立学校と公立学校のあいだにはほとんど差がないのである。

スクール・バウチャーにかんする論争は経験的な結果にではなく、かなりの程度まで、自由に対する深い信頼感にもとづいている。論争の激しさと論調の多くの部分は、もっと一般的な時代精神によっている。つまり、市場競争が生産的で正しい社会への方途であるとみなされる程度に応じて、バウチャーは実質的にマイノリティな市民に訴えることになるだろう。バウチャーは、政府が民主主義の守護者とみなされる程度に応じて、通学は原理の問題であると政府に抗議する比較的小規模の市民集団にアピールすることになるだろう。バウチャーをめぐる議論は教会と国家の分離にかかわる問題もふくんでいる。宗派学校はバウチャーの受けとり手であるからである。21世紀の初頭、スクール・バウチャーにかんする議論は連邦最高裁の決定によって加速された。その決定は教会と国家との法的な壁を低くしたからである。

[訳注]
* 1 トマス・ペイン（Thomas Paine, 1737-1809）——イギリス出身のアメリカの社会哲学・政治哲学者・革命思想家。その著書『人間の権利』（*Rights of Man*, 1792）で、恵まれない子どもに対する「バウチャー」「クーポン」による教育機会の保証と地域の活性化という観点から、子どもを学校に通わせることを条件とした補助金を提案している。
* 2 テッド・サイザー（Ted Sizar 本名 Theodore Ryland Sizer, 1932-2009）——アメリカの教育改革家。ハイスクールの教員をへて、ハーヴァード大学で学位を得てその教授となり、大学紛争を経験した。1970年代末からエッセンシャルスクール運動を指導し、ハイスクールと高等教育の改革運動を組織的に展開した。アカデミーやハイスクールの校長をつとめる一方、ハーヴァード大学、ブラウン大学などでも教鞭をとった。*Horace's Compromise: The Dilemma of the American High School*（1984）.

➡学校選択、教育、教区学校（アメリカ）、私立学校と独立学校、チャータースクール、マグネットスクール

●参考文献

Gill, Brian, Michael Timpane, and Dominic I. Brewer. 2001. *Rhetoric Versus Reality: What We Know and What We Need to Know about Vouchers and Charter Schools*. Santa Monica, CA: Rand Education.

Greene, Jay D., Paul E. Peterson, and Jiangtao Du. 1996. "Effectiveness of School Choice: The Milwaukee Experiment." *John F. Kennedy School of Government*. Cambridge, MA: Harvard University.

Hanus, Jerome J., and Peter W. Cookson Jr. 1996. *Choosing Schools: Vouchers and American Education.* Washington, DC: American University Press.
Peterson, Paul E. 2001. "Choice in American Education." In *A Primer on America's Schools*, ed. Terry M. Moe. Stanford, CA: Hoover Institution Press.
Rouse, Cecelia E. 1997. "Schools and Student Achievement: More Evidence from the Milwaukee Parental Choice Program." *Working Paper* No. 396, Industrial Relations Section. Princeton, NJ: Princeton University Press.
Steuerle, C. Eugene. 1999. "Common Issues for Voucher Programs." In *Vouchers and the Provision of Public Services*, ed. C. Eugene Steuerle et al. Washington, DC: Brookings Institution.
Witte, John F. 1996. "Who Benefits from the Milwaukee Choice Program?" In *Who Chooses? Who Loses? Culture, Institutions, and the Unequal Effects of School Choice*, ed. Bruce Fuller et al. New York: Teachers College Press.

（PETER W. COOKSON JR.／太田明訳）

切手になったスース博士*

スース博士（Dr. Seuss, 1904-1991）

　子どもの本の作家ドクター・スースことセオドア・スース・ガイゼル（Theodore Seuss Geisel）は、1904年3月2日、マサチューセッツ州のスプリングフィールドに生まれた。彼は、子どもの頃、たえず絵を描き、滑稽なものが大好きで、またリズム感がよかった。ガイゼルは、学業や運動にはほとんど興味をもたなかった。彼は、しばしば想像力に富んだペンネームで署名し、高校の新聞に時事風刺漫画を寄稿した。ダートマス大学在学中には、大学のユーモア雑誌「ジャコランタン」（*the Jack-o-Lantern*）を制作することに多くの時間をついやした。4年生のときに編集長になったが、密造のジンを飲んだ理由で学校当局が彼に謹慎を言い渡したのち、投稿作品に「スース」で署名することにした。少しのあいだオックスフォード大学で英語を勉強したが、そこで、彼が講義ノートに描いた時事風刺漫画スケッチを感心して眺めるヘレン・パーマーに出会った。1927年、二人は結婚して、ニューヨークへ引っ越したが、そこで彼らは酒を飲み、煙草を吸う、パーティに行くジャズ・エイジ*1のニューヨークの夜の娯楽に夢中になった。ガイゼルは悪ふざけをし、人（とくに気どった人）をからかうことを好んだ。彼は、子どもらしい想像力をもっていたが、また、自身を異常なほど孤独にさせる不安定さや弱さを心にいだいていた。ガイゼル夫妻は子どもをもつことができず、強く喪失感をいだいていたが、そのことがまたガイゼルに自由に子どもっぽくふるまわせることになった。ヘレンは、ガイゼルの世話をした。たとえば彼女は、車を運転し、小切手帳の帳尻を合わせ、勘定を払い、ガイゼルが家庭内で必要としていることを行なった。彼らは、ひんぱんにペルーのような遠隔地へ旅行した。ガイゼルとヘレンは、1967年にヘレンが死ぬまでずっと結婚生活を続けた。1968年、ガイゼルはオードリー・ストーンと再婚したが、オードリーはガイゼルよりも長生きした。

　ガイゼルは、1927年に漫画家としての人生をはじめ、「カレッジ・ユーモア」（*College Humor*）誌、「リバティ」（*Liberty*）誌、「ヴァニティ・フェア」（*Vanity Fair*）誌にくわえて、ユーモア雑誌「ジャッジ」（*Judge*）誌に線画と文書を最初に寄稿し、作品に「ドクター・スース」と署名した。1930年代、ガイゼルはまた、スタンダード・オイル社*2のために漫画広告を作った。彼の虫よけスプレーのキャッチフレーズ「早く、ヘンリー、飛ぶんだ！」（"Quick, Henry, the Flit!"）は、流行の宣伝文句となった。1937年、教訓がないという理由で27の出版社に原稿を断わられたのち、ガイゼルははじめての子どもの本『マルベリーどおりのふしぎなできごと』（*And to Think That I Saw It on Mulberry Street*）をヴァンガード・ブックス社に売りこんだ。『マルベリーどおりのふしぎなできごと』は、ドクター・スースのひな型を確立した。つまり、それは韻文で書かれ、滑稽に誇張された線画で描かれており、当時の子どもの本の典型であったかわいい絵とはきわだった対比をなしていた。それから数年間、ガイゼルはフランク・キャプラ*3通信部隊に参加したが、芸術家としての彼の才能を戦争中の国民協力にあてるまで、古典になっている『ぞうのホートンたまごをかえす』（*Horton Hatches the Egg*, 1940）をふくむさらに数冊の本を出版した。

　ハリウッドで戦後の一時期をすごした後、ガイゼル夫妻はカリフォルニア州のラ・ホーヤに引っ越し、ガイゼルは子どもの本をふたたび書きはじめる。成功の連続であったが、そのなかには、『スニーチとほかのおはなし』（*The Sneetches and Other Stories*, 1953）、『ぞうのホートンひとだすけ』（*Horton Hears a Who!*, 1954）、『シマウマのかなたに』（*On Beyond Zebra!*, 1955）、『グリンチ』（*How the Grinch Stole Christmas,*

1957)、『かめのイートルとほかのおはなし』(*Yertle the Turtle and Other Stories*, 1958) などがふくまれる。しかし、ガイゼルの躍進のきっかけとなった本『キャット・イン・ザ・ハット』(*The Cat in the Hat*, 1957) のものすごい人気にならぶものはない。戦争中に知りあった友だちで、ホートン・ミフリン出版社の編集者であるウィリアム・スポールディング*4からのたっての希望に触発され、ガイゼルは200と少しの語を使って、初歩読本としての最高傑作を書いたのであった。

ベビーブームに後押しされ、『キャット・イン・ザ・ハット』は1960年までにほぼ100万部を売り上げ、2000年までに合計7回版を重ねた。その成功は、『かえってきたキャット・イン・ザ・ハット』(*The Cat in the Hat Comes Back!*, 1958)、『いっぴきのさかな にひきのさかな あかいさかな あおいさかな』(*One Fish Two Fish Red Fish Blue Fish*, 1960) を出版したランダム・ハウス社支部のビギナー・ブックス社を駆りたてた。50語──「anywhere」という単語を除いてすべて単音節──しか使っていない『みどりのたまごとハム』(*Green Eggs and Ham*, 1960) は、彼のもっとも人気のある作品となり、1996年までに600万部を越す売り上げとなっている。

以来30年間、ガイゼルは、小さな子ども、大きな子ども、大人向けに本を書きつづけた。彼の奇想天外なユーモア、作り上げた言葉、なめらかな韻文は、何世代もの読者を引きつけ、彼を著名人にした。彼の晩年の本の数冊は、強い教訓を伝えるものであった。『ロラックス』(*The Lorax*, 1971) は環境保護を主張し、『バター戦争物語』(*The Butter Battle Book*, 1984) は核兵器開発競争を非難した。たとえそうであっても、ガイゼルは、まず楽しませ、その次に教育するという成功の秘訣から決してそれなかった。ガイゼルは、癌との長年の闘いのすえに、1991年に亡くなった。

[訳注]
* 1 ジャズ・エイジ (Jazz Age) ──アメリカでの、第1次世界大戦後から大恐慌のあいだの1920年代をさす。ジャズが流行し、自由で退廃的な雰囲気が町にあふれた。
* 2 スタンダード・オイル社 (Standard Oil) ──アメリカの大手石油会社。1870年にジョン・D・ロックフェラーが創設した。トラストを形成し、アメリカ全土の石油の90パーセントを扱う。アメリカ最初の独占禁止法である1890年のシャーマン法以降、解体され、エクソン・モービル、ソーカルなど30数社に分かれた。
* 3 フランク・キャプラ (Frank Capra, 1897-1991) ──社会風刺とヒューマニズムにあふれる理想のアメリカ社会を描いた、1930〜40年代の人気映画監督。「我が家の楽園」(*You Can't Take It With You*, 1938)、「素晴らしき哉、人生!」(*It's a Wonderful Life*, 1946) など。イタリアのシシリー島生まれ。第2次世界大戦中、フランク・キャプラ大佐が率いるハリウッドの映画部隊で、陸軍通信部隊少佐セオドア・ガイゼルはアニメーションの基礎を学んだ。
* 4 ウィリアム・スポールディング (William Spaulding) ──当時、ホートン・ミフリン出版社の教育書部門の部長をつとめていた。

➡児童文学
● 参考文献

Fensch, Thomas. 1997. *Of Sneetches and Whos and the Good Dr. Seuss: Essays on the Writings and Life of Theodor Geisel*. Jefferson, NC: McFarland.

Morgan, Judith, and Neil Morgan. 1995. *Dr. Seuss and Mr. Geisel: A Biography*. New York: Random House. モーガン、ジュディス、ニール・モーガン『ドクター・スースの素顔──世界で愛されるアメリカの絵本作家』(坂本季詩雄・平野順雄訳、彩流社、2007年)

『世界児童・青少年文学情報大事典7』(藤野幸雄訳、勉誠出版、2002年)*

(RACHEL HOPE CLEVES／髙原佳江訳)

捨て子 (Foundlings)

はるか昔の古代ヘレニズム時代から20世紀の最初の数十年の時期にいたるまで、西ヨーロッパ史の主要な特徴であったのは、新生児の大規模な遺棄であった。**子どもの遺棄**は嬰児殺しと混同されることもあるが、だれかがその子どもを見つけて育ててくれるだろうという希望と結びついて起こった。多くの場合、このように遺棄された乳幼児、すなわち捨て子たちは、後になって返還要求するときの助けとするために、また、上手に育ててもらえることを保証するために、目印を身につけられて放置された。13世紀までは、洗礼を受ける状態であることを示す指標として、捨て子といっしょに塩が残された。こういった目印は、ある期待感、すなわちすくなくともその子どもが生きて発見されるという希望を示していた。

中世後期まで、しばしば乳幼児は、容易に発見されるかもしれない公的な建物の外とか野外に置き去られた。キリスト教が広まると、捨て子たちはしだいに教会に預けられるようになった。しかし、12世紀に入ると、遺棄のプロセスは大いに制度化されることになった。生命の損失を防止するという目的で──とくに**洗礼**を受ける前に遺棄された場合──捨て子収容所 (foundling homes) という制度がイタリアに出現し、やがてヨーロッパじゅうに広まった。19世紀まで、こうした施設には毎年10万人以上の捨て子が遺棄されていた。公的に是認された制度は、通常、匿名のままでの遺棄を斟酌していた。ヨーロッパの多くの地域で、乳幼児を回転盤 (wheel) という名で知られるしかけ──これは、捨て子収容所の建物の内壁に設置された木製の回転台 (turntable) で、しばしばゆりか

ごのような形をしていた――によって乳幼児を遺棄することができた。捨て子収容所の外に立った人は、この回転盤に乳幼児を置くことができ、また、多くの事例が示しているように、この回転盤の上部にはベルがついていたが、これは建物のなかにいるだれかをよんで見張りをし、ベルが鳴れば回転盤をまわして、その子どもを置き去りにした人の顔を見ることなく遺棄された子どもを受けとることができるようにするためであった。理想的には、こうした制度は、報酬をとって預かった捨て子を育ててくれ、望むらくは田舎の里親のもとに預けることになる。捨て子収容所は、里親たちへの報酬の支払いを停止する年齢という点では多様であったが、ほとんどの場合、男子の捨て子たちが、その里親家族への支払いが停止されるとあらゆる支援から切り離されたのに対して、女子の捨て子は、結婚するまでその家の保護下に置かれたままであった。

　遺棄された子どもたちは、とりわけ都市部ではめずらしいことではなかったが、アメリカにおける最初の捨て子収容所がメリーランド州のボルティモアに設立されたのは1856年のことであった。この年以降、さらに多くの収容所が設立され、20世紀初頭には、大部分の大都市にはすくなくともひとつの捨て子収容所が設けられるほどになった。しかし、ほかの多くの場所では、個別の収容所が設立されることもなく、捨て子たちは**孤児院**（orphanages）、郡の救貧者収容施設（county almshouses）、あるいは救貧院（poor-houses）などに収容されていた。アメリカにおけるこのようなバラバラな制度は、ある特定の時期にどれくらいの人数の捨て子がいるのかを見積もったり、彼らが受ける世話の方法を一般化するのを困難にしている。実際、積極的かつ迅速に里親の斡旋を展開している捨て子収容所があるいっぽうで、里親に出すことに反対している収容所もいくつかあったことを示す証拠事実がある。しかし、制度化についてはある悲しい一般化を行なうこともできよう。ヨーロッパとアメリカの双方で、中産階級からはじめられた競争は、子どもたちの里親になることができ、あるいは、しばしば一人以上の子どもを養いながら、捨て子収容施設の狭苦しい環境ではたらきたいと望んでいた乳母の人員不足を招来した。その結果、19世紀末にミルクの安全な低温殺菌法が普及する以前には、多数の子どもが生後数カ月以内に病気と栄養失調のために、孤児院で死んだのである。

➡乳母養育、孤児、子どもの遺棄、里親養育、庶出、ベビーファーム（有料託児所）、養子縁組（アメリカ）

●参考文献

Boswell, John. 1988. *Kindness of Strangers: The Abandonment of Children in Western Europe from Late Antiquity to the Renaissance*. New York: Vintage Books.

Cunningham, Hugh. 1995 1st, 2005 2nd. *Children and Childhood in Western Society since 1500*. UK: Longman Pub Group. カニンガム『概説 子ども観の社会史――ヨーロッパとアメリカにみる教育・福祉・国家』（北本正章訳、新曜社、2013年）*

English, P. C. 1984. "Pediatrics and the Unwanted Child in History: Foundling Homes, Disease, and the Origins of Foster Care in New York City, 1860-1920." *Pediatrics* 73: 699-711.

Fuchs, Rachel. 1984. *Abandoned Children: Foundlings and Child Welfare in Nineteenth-Century France*. New York: State University of New York Press, Albany.*

Lynch, Katherine A. 2000. "Infant Mortality, Child Neglect, and Child Abandonment in European History: A Comparative Analysis." In *Population and Economy: From Hunger to Modern Economic Growth*, ed. Tommy Bengtsson and Osamu Saito. Oxford, UK: Oxford University Press.

Tilly, Louise A., Rachel G. Fuchs, David I. Kertzer, and David L. Ransel. 1992. "Child Abandonment in European History: A Symposium." *Journal of Family History* 17: 1-23.

（WENDY SIGLE-RUSHTON／北本正章訳）

ズートスーツ暴動（Zoot Suit Riots）

「ズートスーツ暴動」は、〔第2次世界大戦中の〕1943年の7月3日から10日にかけて、カルフォルニア州ロサンゼルスで勃発し、この地における史上最大規模の騒動となった。暴動の最中、ロサンゼルスに駐在していたアメリカ人の兵士や水兵、一般市民らは、メキシコ系アメリカ人の少年や青年たちを攻撃した。襲撃者たちは、独特なズートスーツ[*1]（極端にだぶついたズボンに、大きな襟のついた膝丈までのコート、大きな肩パッド）を着た、いけにえとなるべき者たちを探し求めて通りを歩きまわり、バーや映画館、レストランに侵入し、もし見つければ彼らを殴ったり、そのスーツをはぎとったりした。暴動がおさまるまで、軍人たちは、10代から20代前半ごろまでのメキシコ系アメリカ人の若者たちを、彼らがズートスーツを着ていようがいまいが、見境いなく襲撃した。ロサンゼルス警察（LAPD）は騒動をくいとめるための対策をほとんどとらず、むしろ、暴動のあいだに600人以上のメキシコ系アメリカ人の若者たちを逮捕した。この暴動は、アメリカ陸軍省が、軍人に対して立ち入り禁止区域を明確化したのち、ようやく沈静化した。

　ズートスーツ暴動は、メキシコ系アメリカ人コミュニティの拡大に対する大きな偏見の結果起きたものであり、そうした偏見は第2次世界大戦によってひき起こされた不安感によっていっそう悪化した。ティーンエイジャーのメキシコ系アメリカ人による犯罪疑惑をとりあげた大々的な新聞報道は、犯罪の急増に対する人びとの不安感を高めた。ロサンゼルス警察はまた、メキシコ系アメリカ人の明らかな暴動や若者への虐待に対する非難の声を上げることによって、民族間の緊

張を生む原因をつくった。戦争が起きてからの数年、ロサンゼルス警察は定期的に、尋問を行なうためにメキシコ系アメリカ人が運転する車を止めていた。1942年には、放浪罪や不法集会といった曖昧な罪を理由に、一斉逮捕やヒスパニック地区の道路封鎖、ティーンエイジャーや若者の拘束をするようになった。

この暴動の引き金となった最大の原因は、メキシコ系アメリカ人居住区にアメリカ海軍訓練施設を設置したことであった。何百人もの兵士たちがこの施設に出入りするようになると、こうした兵士たちは必然的に、周囲をとり囲んでいるウェールズ移民地域の道徳的な決まりを破るようになった。地元住民である男性や少年たちは、隣で起こると予測される無礼や暴力に対し、軍人たちに肉体的に挑みかかったり、言葉でおどすことによって反応を示した。暴動の引き金となった具体的な証拠が判明するまでのあいだ、このような軍人たちと若い市民たちのあいだの対立は、1943年の春という戦争の危機的雰囲気がただようなかで激化した。メキシコ系アメリカ人の若者たちからあからさまな挑発を受けていた水兵たちは、この年の6月初旬、そのすぐあとに起こる暴力を示しながら、ズートスーツの群衆を探しはじめたのであった。

メキシコ系アメリカ人の若者にとって、ズートスーツを着ることは、差別的な文化に対する自分たちの反抗心を示すことであった。キャブ・キャロウェイ[*2]のようなジャズ・ミュージシャンたちは、西海岸の若者たちが関心をもちはじめる前の1940年代初期に、東海岸地域の流行に敏感なアフリカ系アメリカ人のあいだにこのファッションを広めた。戦争のあった数年間、アメリカ人たちは軍人特有のこざっぱりした格好を重んじ、古典的な価値観を拒否するズートスーツのような奇妙な洋服は手にしないよう強いられていた。メキシコ系アメリカ人の若者にとって、ズートスーツを着てダンスや飲酒といった自堕落な生活を送ることは、独自のサブカルチャーを形成し、アメリカ人の主流に同一化するのを拒否する行為であった。だが同時に、ロサンゼルスに住む白人たちは、ズートスーツを犯罪者の兆候を示すものとみていた。

[訳注]
* 1 ズートスーツ（zoot suits）——第2次世界大戦中をふくむ1940年代に、とくにアメリカで流行した男子服。大きな肩パッドが入った、丈の長い上着と、股上が深く、ヒップから膝にかけてだぶだぶで太くなり、先端が細くなったズボンが特徴の派手な男子服のファッション。のちに「遺体袋」ともよばれた。
* 2 キャブ・キャロウェイ（Cab Calloway, 1907-1994）——アフリカ系アメリカ人のジャズ・シンガー、バンドリーダー。弁護士の父親、学校教師の母親のもとに生まれ、幼少時からその音楽的才能を見いだした両親によって特別な教育を受けた。1930年代初期から1940年代後半にかけて、彼のビッグバンドがアフリカ系アメリカ人のバンドとしてアメリカで最大級の人気を博し、キャブのエネルギッシュなスキャット唱法は広く愛された。

➡ファッション、若者文化（ユースカルチャー）

●参考文献

Escobar, Edward J. 1999. *Race, Police, and the Making of a Political Identity: Mexican Americans and the Los Angeles Police Department, 1900-1945*. Berkeley: University of California Press.

Mazon, Mauricio. 1984. *The Zoot-Suit Riots: The Psychology of Symbolic Annihilation*. Austin: University of Texas Press.

McWilliams, Carey. 1948. *North from Mexico: The Spanish-Speaking People of the United States*. Philadelphia: J. B. Lippincott.

Pagan, Eduardo Obregon. 2000. "Los Angeles Geopolitics and the Zoot Suit Riots, 1943." *Social Science History* 24: 223-256.

（DAVID WOLCOTT／内藤沙綾訳）

砂場（Sandbox）

砂場遊びの正確な起源と、その原初の存在理由はよくわかっていないが、砂場遊びは、子ども期の初期に、世界中の子どもたちが没頭しているように見える、大地とのさまざまな種類の遊びから自然に進化したものである。自然物との自由な遊びの価値を示唆した近代の教育理論家たちにとって、砂は安価で衛生的な解決策であった。もっとも早い時期に子どもたちの砂場遊びについて言及しているのは、19世紀なかばのドイツでの遊び場にかんする説明文のなかにみられる。世界のこの分野の教育理念は、キンダーガルテン（幼稚園）すなわち子どもの園庭（children's garden）という概念を導入したフリードリヒ・フレーベルの著作物から非常に大きな影響を受けた。彼の著作は、子どもの自由遊びと自然とのふれあいの重要性を強調しており、彼が示したキンダーガルテン（Kindergarten）のモデル・プランのなかで、園庭のデザインを推奨している。これは、子どもたちがおそらく砂をふくむ自然物と出会う機会を提供するものであったが、フレーベルは、このデザインのなかではとくに砂場をふくめていたわけではなかった。遊びの素材としてはじめて砂を利用した事例として知られるのは、1850年にベルリンの公園に盛り上げられた「砂山」（ザント・ベルクス）とよばれた砂の山である。ドイツのキンダーガルテン運動は、19世紀後半のデザインに砂場をとりこむようになったが、1889年には、「ペスタロッチ・フレーベル子どもの家」（the Pestalozzi-Froebel children's houses）についての新聞の特集では、砂山の造り方を紹介している。

砂場の概念は、医者であったマリア・エリザベス・ザクルゼウスカ[*1]がベルリンの公園の砂山を見た後、

初期の「砂の庭」（ボストン市内）*

1885年にアメリカにもちこまれた。非常に大きな砂山であった最初の「砂の庭」（sand gardens）は、ボストンに造られた。社会学者のリー・レインウォーターは、全国の遊び場運動の発展について著した1922年の著作で、公共の遊び場設計の第1段階として、砂の庭についてふれている。砂場の考えはすぐにアメリカ中に広まり、1889年までに、ボストンには21カ所に砂場が、ニューヨーク市には1カ所あった。これらのほとんどは貧民の居住地に隣接して造られたが、移民の子どもたちにサービスを提供するために、しばしば福祉施設に隣接して造られ、女性たちの手で運営されていた。そのうちのひとつは、1892年にシカゴに造られたハル・ハウスとよばる有名なコミュニティ・セツルメント・ハウスに隣接して造られた。公的な砂遊びの場所という考えは、20世紀初期にヨーロッパとアメリカで急速に広まり、そのあと、ほかの工業先進国にも広まった。

1887年、アメリカにおける子ども学研究の先駆者G・スタンリー・ホールは、『砂山のおはなし』*2を書いたが、これは、象徴遊びと社会的な遊びを通じて学習することに大きな価値を置いている。彼は、とくに少年はこの遊びに活発で、それは14歳ぐらいまで続くと述べている。今日では、幼児期をすぎた子どもたちはこうした自然物で遊ぶことはめったになくなっているが、砂山は、一般によく対にされるのだが、水をのぞくほかのどんな自然物よりも年齢幅の広い子どもに遊ぶ機会を提供しているようである。そのあとに続いて、早期の子ども期の教育の著作者たちは、砂場遊びが子どもの発達にもたらす利点について書き、砂場はキンダーガルテンのデザインの基礎となった。しかし、砂場遊びの提供は、動物の糞便が原因ではないかと考えられている砂の毒性への関心が高まり、必要な機会を維持しようとする自治体の担当部局の意欲が減退したため、20世紀後半には、公共空間では衰退した。

われわれは、子どもたちが手押し車、熊手、バケツ、鋤（すき）、そして動物やその他のかたちをした鋳型などを手にしているのを見ることができるのは、アメリカとヨーロッパの砂場を撮影した初期の写真によってである。今日の遊び道具は、通常は小さな道具に限定されており、これらは金属ではなくプラスティックでつくられている。

[訳注]
*1 マリア・エリザベス・ザクルゼウスカ（Maria Elizabeth Zakrzewska, 1829-1902）——ドイツ生まれのポーランド人医学者。アメリカに渡り、診療所を開設した。1862年に「ニューヨーク女性と子ども病院」（New England Hospital for Women and Children）をボストンで最初に開設し、ここに看護学校を付設して、女性が医学界に入る契機をつくるなど、アメリカにおける女性医師の先駆者といわれる。

*2 『砂山のおはなし』—— *The story of a sand-pile* by G. Stanley Hall; Published 1897 by E.L. Kellogg & co. in New York, Chicago. これは英語で書かれ、20ページほどの小冊子である。

➡遊びの理論、遊び場運動

●参考文献

Frost, J. L. 1989. "Play Environments for Young Children in the USA: 1800-1990." *Children's Environments* 6, no. 4. Also available from http://cye.colorado.edu.

Hall, G. Stanley. 1887. *The Story of a Sand-Pile*. New York and Chicago: E. L. Kellogg.

Rainwater, Lee. 1922. *The Playground Movement*.

(ROGER A. HART ／北本正章訳)

スピアーズ、ブリトニー
(Spears, Britney, 1981-)

「ポップ・プリンセス」（*Pop Princess*）、「ティーン・クイーン」（*Teen Queen*）、「ビデオ・ヴィクセン」（*Video Vixen*）、これらはすべてブリトニー・スピアーズをあらわす言葉であり、彼女が1998年発表の楽曲「ベイビー・ワン・モア・タイム」*1のビデオによって17歳でミュージックシーンに躍り出て以来、口にされてきたものである。1980年代のマドンナ以降、その音楽性以上に容姿を値踏みされるような若い女性アーティストは長らく登場していなかった。だが、マドンナのときとは異なり、ブリトニー・スピアーズのデビューが時期尚早ではないかという賛否が浮上した背景には、視聴者リクエストによってオンエア内容が決定されるMTVの番組「トータル・リクエスト・ライブ」で流れたそのビデオの存在があった。

ブリトニー・スピアーズは、8歳のときにすでに成熟さをたたえており、エンターテイメント産業への最初の進出をはかった。ディズニー・チャンネルの番組「ミッキーマウス・クラブ」*2のオーディションに応募したが、その年齢が理由で落選した。これは、スピアーズの若さが音楽そのものよりも関心の的となってしまうという、以後くりかえされることとなる出来事の

第一歩であった。しかし、11歳のとき、彼女はついにマウスケッター*3の座を射止め、ねずみの耳がスピアーズの必須「衣装」のへそ出しルックに注目の座を奪いとられるまでに、さほど時間はかからなかった。

彼女をとりまくソングライターやスタイリスト、振付師の存在ゆえに、ブリトニー・スピアーズをエンターテイメント産業の持ち駒以外の何者でもないと感じる人もいるだろう。彼女は、おもに男性の手によって生み出された（3枚目のアルバムで、5曲を共同製作してはいるが）楽曲を披露する若い娘であり、その曲の数々は、女の子みんなの本音という形式をとりながら、男の子たちに対して発せられているかのような内容である*4。2003年までに、スピアーズは370万枚ものアルバムを売り上げた。数えきれないほどの雑誌の表紙を飾り、多くの賞や大衆の支持を勝ちとり、2冊の自伝も出版している。また、2002年の映画「ノット・ア・ガール」（原題は*Crossroads*）*5では主演をつとめた。その音楽性にではなく、目に見える魅力に向けられたものであるにせよ、だれしもがスピアーズに好感触を示すようになり、彼女は広いファン層を獲得した。

10代のアイドルと、そのファンである少年少女、そんな子どもたちに目くじらを立てる親たちという図式は、エルヴィス・プレスリー（Elvis Presley, 1935-1977）が、そのヒップスウィングによって検閲対象とされていた時期にまでさかのぼって存在する。その頃と変わらず、現代のティーンアイドルたちがそなえ、若者たちが憧れてやまない要素は——親たちからすれば批判に値するものなのだが——セクシュアリティである。ブリトニーは、みずからについてこのように述べている。身にまとう衣装（あるいはその露出ぶり）や、ダンスの動きによって示されているかのような過度のセクシュアリティは、パフォーマンスにすぎない。本来の自分は、結婚まで処女を守り抜くような、きわめて純真な若い女の子なのです、と。このようにして、彼女のセクシュアリティは商売戦略にまで貶められ、それが、さらなる批判をひき起こすことにつながったのだった。

彼女が果たした商業的成功は、音楽業界に「親しみやすくてセクシーな若い女の子」という決まり文句にのっとった、ブリトニー・スピアーズ予備軍をデビューさせる風潮をもたらした。音楽の主要な発信源としてラジオよりもテレビが主流であるのと同じように、成功を決定づけるものは、才能よりもその人物の外見であった。

1981年、ルイジアナ州ケントウッドに生まれたブリトニー・スピアーズは、特定のだれかを強く魅了するというよりは、あらゆる聞き手を楽しませることに努めた。そしてそれが、1990年代初頭に人気を博した、グランジ*6という名で知られる陰鬱かつハードなロックンロールが荒廃してゆく風潮のなかで、彼女に成功をもたらしたのである。

[訳注]

*1「ベイビー・ワン・モア・タイム」（*Hit Me Baby One More Time*）——1998年10月リリースし、翌年1月にはビルボード・チャートで1位に輝き、全世界でヒットを記録した。おへそを出した制服姿で学校中を踊り歩くといった内容のプロモーションビデオも話題になった。1999年発売の同名アルバムは、全世界で2500万枚以上を売り上げた。

*2「ザ・ミッキー・マウス・クラブ」（The Mickey Mouse Club）——ディズニーが制作する子ども向け番組。内容はアニメやコメディ・ショー、歌やダンスなど。放送期間は1955〜59年、77〜79年、89〜96年におよぶ。11歳で公開オーディションに合格したスピアーズは、13歳までレギュラー出演。彼女のほかにも、数名のスターを輩出した。

*3 マウスケッター（Mouseketeer）——ミッキーマウス・クラブのレギュラーメンバーの呼称。Musketeers（三銃士）という言葉に由来。番組中、彼らはしばしばねずみの耳のカチューシャを装着して登場した。

*4 内容——歌の中身はおもに恋愛を扱い、元彼への冷めやらぬ思いや、片思いの切なさ、恋愛初期の暴走する恋心、女たらしの男性に対する複雑な心情などを歌っている。

*5「ノット・ア・ガール」——3人の女の子たちのロードムービー。主題歌も担当した（邦題は、この主題歌名をそのまま採用）。健闘むなしくゴールデン・ラズベリー賞の最悪主演女優賞・最悪主題歌賞を受賞。

*6 グランジ（grunge）——グランジ・ロック（grunge rock）のこと。わざと汚れた感じ、くずれたイメージをつくろうロック音楽で、稚拙な演奏で音楽的にあかぬけしないが、攻撃的でエネルギッシュ、挑発的で熱狂的なサウンドが特徴である。

➡ティーンエイジャー、若者文化（ユースカルチャー）

● 参考文献

石川祐弘編『標準ロック＆ポップス辞典』（ドレミ楽譜出版社、2001年）*

三井徹ほか編『クロニクル 20世紀のポピュラー音楽』（平凡社、2000年）*

● 参考ウェブサイト

Official Britney Spears Website. Available from 〈www.britneyspears.com〉

（NIKA ELDER／内藤沙綾訳）

スポーツ（Sports）

子どもの遊びと子どものゲームは、これまでつねに文化の重要な部分であった。だが、子どもの遊びの役割と社会的な意味は、それが置かれている歴史的な文脈に応じて変わった。しばしばゲームと遊びはそれだけのもの——愉悦、娯楽、気分転換のためのたんなる「遊び」——でしかなかった。組織化されていない一定の時間、あるいは日常的な仕事のなかでさえも、歴

史を通じてよく見られたように、子どもたちはかけっこや投げ物競争、あるいはそうでない場合には、大人の活動の周辺でそれを模倣したりするとき、これらすべてはスポーツ*1とみなされえた。

古代世界と中世ヨーロッパの若者のスポーツ

しばしばゲームは、社会的に承認されたジェンダー役割を教え、成熟を示し、そして個人と文化が未来に向けて生存するのに必要な技能を教えるために考案された。アフリカのいくつかの部族は、成人への儀礼的イニシエーションの一部として、思春期の年頃になった少女たちに互いに取っ組みあうよう奨励している。ガンビア*2の格言は、男性と女性にレスリングをさせてチャンピオンを競わせ、結婚するよう奨励することによって身体の強健さを促進した。古代ギリシアの少年たちは、オリンピック・ゲーム*3に参加するよう奨励され、しばしば、年少の少年向けのレースが個別に組織された。この時代の少女たちは、彼女たち独自のゲームを楽しんでいた。つまり、彼女たちは、オリンピックの女性版であるヘラ・ゲーム（the Hera Games）に参加していた。スパルタの子どもたちは、より強健で非常に有能な大人になるために、陸上競技を競い、模擬戦争に参加するよう奨励されていた。ローマ文明のなかの少年たちも同様に、ゲームと個人のスポーツで競いあう若者として、トレーニングをはじめるよう期待されていた。

しかし、中世ヨーロッパ社会のキリスト教は、ローマ帝国や古代ギリシアの先人たちほどスポーツには注意をはらわなかった。その結果、中世のゲームと遊びは、適切なふるまい方を教える手段を社会的に奨励するものではなく、子どもっぽいものに転換されていた。だが、スポーツは、重要な魂の救済から個人を解放して楽しませるかもしれない肉欲的身体への危険な関心を生んだにもかかわらず、子どもも大人も実際にゲームを楽しんだ。たとえば、中世の民衆たちの大規模なフットボールの試合には、町に住む多数の大人と子どもがかかわっていた。少女や乳しぼり娘たちも、ストゥールボール*4とよばれた、のちにベースボールやクリケットに進化することになるさまざまなスポーツを楽しんでいた。そうした活動に対するヨーロッパの両義的な態度は、イギリスの国王ジェームズ１世*5のスポーツ宣言（『スポーツの書』（The Book of Sports [1618] ともよばれる）にもかかわらず、何世紀ものあいだ変わらなかった。この宣言は、子どもと大人のあいだの合法的なレクリエーションを助長したが、敬虔なピューリタンには反対された。

初期アメリカのスポーツ

ピューリタンたちが北アメリカの新世界に到着したとき、彼らは、ゲームとスポーツに対するその不寛容な伝統を守りつづけた。宗教的意義をその組織的なスポーツに結びつけ、参加を大人だけに限定した現地の先住アメリカ人たちとの出会いは、スポーツは、子どもたちのあいだでさえ、不道徳な魂を危険にさらすに違いないというピューリタンの信念を硬化させるのを助長した。北アメリカの先住アメリカ人とピューリタンのあいだに子どものための組織的なスポーツあるいはチーム・スポーツが存在しなかったことは、子どもたちが遊びに参加していなかったということを意味するわけではなかった。だが、大人たちは、古代世界でふつうに見られ、1800年代に普及しはじめるような仕方で、組織的なスポーツを提供することはなかった。

17世紀と18世紀の北アメリカの植民地には組織的なスポーツはほとんど存在しなかったが、南部地域は、野外活動を大いに重視しており、ピューリタン的な魂への関心はあまり強くなかった。南部のほとんどすべての少年と多数の少女たちは、乗馬や野生動物の狩猟の仕方を教えられていたが、これらはどちらも、生存する手段であるとともにレースや競争による一種のスポーツでもあった。18世紀後半の北部では、組織的なスポーツとして、馬術にかんする技能について子どもたちが理解を深めることを意味する引き馬レースを発達させたが、このスポーツでの少年たちの役割は、一般的には、馬丁と馬の飼育者の役割にかぎられていた。

クラブとトゥルネン運動

大人向けの組織化されたスポーツとチーム・スポーツは、19世紀の初めとなかばのアメリカを通じて発展したようである。民間の体操クラブは、魚釣り、アーチェリー、漕艇などのスポーツ分野で形成された。1860年、アメリカでは、成人男性と少年たちが約100のさまざまな都市でクリケット・クラブを形成した。この種のクラブの多くは、お金持ち向けのものであったが、のちに登場した体操クラブは、移民たちが自分たちのスポーツとならんで文化と言語を保持するための場所として、民族原理に沿って組織されるのが常であった。

19世紀初め、社会改革者たちは、工場ではたらき、都市で暮らしている若い成人と少年たちが、田舎に比べて身体的健康とスタミナを欠いていることに気づいていた。このため彼らは、民間のギムナジウムを設立し、トゥルネン運動を推進した。この企画の重要人物はプロイセンのフリードリヒ・ヤーン*6で、彼はドイツ文化を体操（Gymnastics）に結びつけた人である（トゥルネンという言葉は、体操をするという意味のドイツ語に由来する）。ヤーンのトゥルネン運動がドイツの教育界に少年向けのものとして導入されたのは1842年であったが、早くも1830年代初めのアメリカでは、ヤーンの教えを移植した学生たちが、少年と大学生の若者のために民間のジムで教えていた。

この同じ時代のアメリカでは、非公式レベルで大学

スポツ

女子ハイスクールのバスケットチーム（1913年、ニューヨーク市ブルックリン）。バスケットボールは、1891年にこのゲームが発明されてすぐ、女子の体育プログラムに採用された。©Bettman/CORBIS

スポーツがはじまり、南北戦争終結後は、野球のプロリーグが創設された。組織された若者スポーツはまだ登場していなかったが、クラブ・スポーツとプロ・スポーツが、その土地生まれと移民の若者たちにモデルを提供し、彼らは、こうしたゲームを自分のペースで独自に楽しんでいた。スポーツ運動はさまざまな文化のなかで、部分的に人種、階級、国籍にもとづいて多様であった。

筋肉的キリスト教

若者スポーツの進化は、部分的には、「筋肉的キリスト教」の高まりからはじまった。イギリスとアメリカ両国におけるヴィクトリア時代の指導者たちは、とりわけ少年たちが身体的に虚弱すぎて、実務に耐える力強い指導者になれないのではないかと怖れていた。1828年から1842年までイギリスのラグビー校の校長であったトマス・アーノルド*7は、強壮な身体を鍛えるために男子学生のためのチーム・スポーツを組織した。この活動は、少年たちをスポーツに集中させ、疲れさせ、さらに、効果的に指導すべき少年たちの精神と能力を腐敗させるとアーノルドが怖れていた飲酒と売春の誘惑から少年たちを遠ざけておくのにも役立った。このラグビー校の校長は、体育を精神の教育に積極的に結びつけようとした近代の最初の教育者であった。アーノルドのモデルは賞賛され、最終的に、アメリカの社会改革の指導者たちにも支持された。

キリスト教青年会（YMCA）とキリスト教女子青年会（YWCA）

キリスト教青年会（YMCA）が設立されたのは、イギリスでは1844年、アメリカでは1851年であった。YMCAは、少年と若い男性、とくに、大都市でよく見られた非キリスト教の誘惑というリスクにさらされているとみなされた下層階級あるいは移民の少年や若者たちに避難所を提供することが当初の狙いであった。その後25年以内に、アメリカ全土で260以上のYMCAのジムが設立され、若者たちに野球やフットボール、漕艇、水泳を行ない、その他の健康な身体をつくることを奨励していた。1895年までに、全面的に発達した人間の、知力・体力・精神力という三つの部分を強調する逆3角形の標章を採用した。YWCAが登場したのは1870年代後半であったが、これは、ドイツ・

スポツ

モデルとスウェーデン・モデルにもとづいた、いくつかの体操プログラムを提供しただけで、運動競技を同じようには重視しなかった。

YMCA組織は、いくつもの新しいアメリカのスポーツを生み出すことになった。1891年、マサチューセッツ州スプリングフィールドのYMCAトレーニングスクールのインストラクターをしていた若いジェームズ・ネイスミス（30歳）*8は、冬期中に屋内で可能なゲームを考案するよう依頼されたことを受けて、バスケットボールを発明した。ネイスミスは、このゲームが男性専用のものであり、女性の体操教師がこのゲームをすぐに採用するだろうとは明言しなかったが、それを部分的に修正して、激しい活動を最小限に抑えた、あまり激しくない6対6人制にした。マサチューセッツのもう一人のYMCAの体育指導者ウィリアム・モーガン*9は、バレーボールを創案し、これはすぐに全国の体育プログラムにとりいれられた。

筋肉的キリスト教とつながりがあったのは遊び場運動であった。これは、若者スポーツは移民の若者をアメリカ化し、犯罪率を下げ、さらに労働階級と貧民に対する社会統制をくわえる手段として利用できると考えた多数の改革者たちの信念にもとづく運動であった。多数の博愛主義者たちは、監督されず、新鮮な空気にふれず、遊ぶ場所のない貧しい都市の子どもたちは犯罪に走るのではないかと懸念した。その結果、1890年代後期の初めには、公的な区分変更と連動した私有地の寄付によって、多数の都市公園と遊び場が創設された。遊び場は、最初はボランティアによって管理されたが、20世紀の変わり目になると、教育者たちがその統治メカニズムとしての価値を認識しはじめ、多くのコミュニティが、子ども向けのゲームと活動を組織するために大人を雇用しはじめた。たとえば、ボストン市教育委員会は、それを公立学校の適切な役目を果たすものとみなしたため、遊び場を管理しはじめた。

大学スポーツと体育

大学スポーツが非公式にはじまったのは、1800年代なかばであった。イェール大学とハーヴァード大学の学生は、1840年代に対抗漕艇をはじめ、野球が登場してからほぼ10年後の1859年に、ほかの二つのニューイングランドの大学もクラブ・チームを組織して定期的に対戦した。こうしたイベントは、今日も続いている大学スポーツの躍動的なシーンの基礎を築くことになった。19世紀末のアメリカでは、大学の運動競技がはじめて広範な人気を博したが、この時期には、ますます多くのチームがさまざまなスポーツに参加しはじめた。セオドア・ルーズヴェルト大統領は、筋肉的キリスト教と大学スポーツのつなぎ役を果たした。ルーズヴェルト自身も、熱心なアウトドア愛好家であり、少年時代に厳しい身体訓練を受けて育った人物であった。彼は、身体と性格を強健に鍛えるには、すべての少年が体操に参加すべきであると考えていたので、若者スポーツと大学スポーツを強く支持した。彼のリーダーシップは、大学のフットボールが最大の危機を迎えた1905年にきわめて重大になった。人気の高いアメリカのスポーツは、部分的にはラグビーから進化し、その初期の形式では、非常に乱暴で危険であった。多数の死者が出たあと、大学の指導者たちはルーズヴェルトによってゲームを禁止にするかどうかを決断するよう求められたが、彼らは、禁止にするかわりに、それまで以上にプレーヤーを保護するための大幅なルール変更に同意することができた。増えつづける大学体育協議会を監督するために、1910年には全米大学体育協会（the National Collegiate Athletic Association: NCAA）が結成された。両大戦間の若干の衰退をのぞけば、大学体育への参加は20世紀全体で増えつづけ、その文化的な意義は、大学キャンパスだけでなく、とくに観客に人気の高いものは全国的になった。

女子の大学スポーツは、最初は体育部門から生まれた。体育プログラムの初期の教師たちは、若い女性が激しい闘争活動や過剰な競争の危険にさらされることを懸念していた。その結果、女子大学生は、しばしば、男子がプレーするゲームの変形をプレーした。教師たちは、スポーツよりも美容健康体操（calisthenics）を奨励し、大学間の対抗試合よりも学内競技を推奨した。

しかし、女子大学の学生たちはスポーツを楽しみ、とくにアフリカ系アメリカ人女性は、いくつかの学校で、陸上競技種目で競うよう奨励された。1900年代なかばを通じて、アメリカ全体の女子の陸上競技チームは、アフリカ系アメリカ人の女子学生に席巻された。女性の権利運動の高まりと、1972年の連邦教育法第9篇*10の制定は、女性の大学スポーツに甚大な影響をおよぼした。この法律の結果、女子大学の運動選手はよりよい施設、コーチ、さまざまなスポーツに、これまで以上に大きな参加機会を得ることとなった。その結果、前例のない高い比率で女性の大学体育への参加が見られた。男子の運動選手と同じように、女子の運動選手も大学のスポーツ・ビジネスの一部であるが、このことはテレビ放送と生出演による公共観戦を基礎にしている。

学齢期の体育

学校における体育は、1830年代に、トゥルネン運動の学生であったチャールズ・ベック博士*11——アメリカの最初の体育教師——が、マサチューセッツのラウンドヒル・スクールの教職員に任命されたときにはじまった。ベックは、体操にくわえて自分の学生たちに水泳、スケート、レスリング、ダンスも教えた。彼の活動はほかの学校のモデルとなり、健康増進のために男女双方の生徒に美容健康体操と体操を教えるためにとりこまれた。教室内での実践は、特別な体育の

世界子ども学大事典

インストラクターによってよりも、しばしばそのクラスの担任教師によって行なわれた。だが、20世紀初めにますます多くの大学が体育をとりこむようになると、大学はスポーツとレクリエーション活動を特別に教えるために、学校が雇用していた若者たちを訓練しはじめた。

多数のアメリカの指導者が、初年兵の身体的虚弱さを懸念した第1次世界大戦後になると、いくつかの州は、学校で体育を教えることを義務づけた法律を制定した。これらの法律の大部分は男子だけに焦点を置いていたが、いくつかの州は女子も同じ教育を受けるよう義務づけた。だが、これらのプログラムの一部は、**世界大恐慌**時代に打ちきられてしまった。その結果、第2次世界大戦中のアメリカの兵士の持久力についての懸念がふたたび高まり、それ以降、体育には大きな関心がはらわれた。

さらに、第2次世界大戦後のアメリカにおける郊外や地域の発展は、ある変化をもたらした。それは、伝統的に都市の学校環境の体育を重視することに代わって、新しく校外居住地を重視する方向への変化であった。体育は、都市の学校でも郊外の学校でも、美容健康体操だけでなくゲームとスポーツもふくむようになった。

学校の体育組織

1890年に少年たちがスポーツをはじめたとき、彼らは、大学生たちと同じように、もっぱら自分が通っているハイスクールのチームを結成し、このチームが都市部での最初となった。YMCAのトレーニングスクールの前任監督であった**ルーサー・ギューリック**は、1903年にニューヨークのパブリックスクールで身体訓練の指導監督になった。道徳発達に合わせた身体発達の必要性ということについての偉大な信奉者であったギューリックは、組織スポーツは、体操や美容健康体操だけよりもはるかに少年たちのためになると理解していた。彼は、公立学校体育連盟（the Public Schools Athletic League: PSAL）を結成したが、これはライフル射撃のようなスポーツによって学校対抗競技を推進した。のちにその女子部門も創設されたが、学校対抗競技は認めなかった。

ハイスクールのチームスポーツの大人による監督は、ほぼこれと同じ時期にはじまった。20世紀の変わり目頃のいくつかのフットボール・プログラムは、この時期の大学プログラムが直面していたのと同じ問題──多数の負傷者、競技選手の優遇措置、そして、（チームの技量を改善するためにくわえられる熟練の部外者である）「替え玉」の利用など──に直面していた。1902年、全国のハイスクールの教師たちは、**学校対抗運動競技**に対する自分たちの権限を増すために会合し、1923年までに、三つの州を除く各州は州内全域にわたって学校対抗競技協会を設立した。大部分の改革派たちの運動のように、ハイスクールの組織スポーツは、活発な多数の学生たちを支配し、彼らの注意をセックスと無法行為からそらして学問に集中させることを目的にしていた。ハイスクールのスポーツは、学生どうし、運動選手と観衆との双方の絆を形成し、地方のコミュニティにアイデンティティをあたえるのに役立った。さらに、1970年代の教育者たちが競技参加者に対して最低限の学習を課しはじめたためスポーツは教室でのよりよいパフォーマンスの動機になった。

ハイスクールの少女たちのためのスポーツの機会は最初は制約されていた。いくつかの州では、ある種のハイスクールのスポーツへの参加が広まった。たとえば、オクラホマ州とアイオワ州は、ハイスクールの少女たちのバスケットボール・プログラムを拡張し、非常に人気があったが、少女たちは1980年代までは、6対6でプレーしていた。だが、連邦教育法第9篇と女性の権利運動は、女子の大学生の場合と同じように、ハイスクールの少女たちのスポーツの機会を増やした。その結果、彼女たちの参加率は、1970年代初めには劇的に上昇した。

若者のスポーツリーグ

20世紀には、ますます多くの民間組織が組織固めをしはじめ、子どもたち──とくに少年たち──のための若者のスポーツリーグを支援しはじめた。初期の一例として、1930年に設立されたカトリックの青年組織によるものがあった。宗教と体育を結びつけるために、すぐにカトリックの少年を対象にしたバスケットボールとボクシングのトーナメント試合がはじまった。20世紀の残りの時期を通じて、ほかの教会リーグも形成され、公的基金をもつコミュニティ・リーグの数も増えていた。組織的なスポーツは、全国の多数の地域で4歳から5歳の子どもも利用することができた。

1939年には、最大の若者スポーツ・プログラムであるリトルリーグ・ベースボール法人が設立された。リトルリーグ・ベースボールは、その歴史を通じて世界中に拡張する参加率を示し、組織構造は、リトルリーグ・ワールド・シリーズで最高潮に達するプロ野球をほとんどそっくりそのままモデルにした。リトルリーグ・ベースボールは、その最初の数十年間は、すべての年齢の少年を引きつけたが、1974年に、リトルリーグ・ベースボールとそれ以外の同様の若者のベース・ボール・リーグを相手どって一連の訴訟が行なわれた後、リトルリーグ・ベースボールは、公式に女子にダッグアウトを開放した。しかし、それと同時に、リトルリーグ・ソフトボールが登場し、少女たちはかわりにしばしばこのリーグに入会するよう奨励された。今日では、何人かの少女がリトルリーグ・ベースボールのチームでプレーするが、リトルリーグ・ソフトボ

ールでプレーする少女のほうが多い。反対に、リトルリーグ・ソフトボールのチームでプレーする少年はほとんどいない。両親がリトルリーグにかかわることも拡大したが、あまり評判はよくない。1960年代と1970年代には、リトルリーグの何人かの親（とくに父親たち）は、あまりにも激しく自分の子どもを売りこみ、コーチや審判、それに相手チームの選手を威嚇するなど、やかましく、口汚い連中だという悪評が立った。

リトルリーグ・ベースボールは、第2次世界大戦後に設立され、その後30年間に拡大したほかのいくつかの若者スポーツのモデルであった。このなかには、ちびっ子とポップ・ワーナー・フットボール（Pee-Wee and Pop Warner Football）、ちびっ子と小人ホッケー（Pee-Wee and Midget Hockey）、そしてビディ・バスケットボール（Biddy Basketball）などがふくまれる。裁判所が、リーグに対して少女たちに門戸を開放するよう命じた1970年代まで、こうしたプログラムの大半は、少年専用であった。アマチュア競技者組合は、陸上競技、レスリング、スキー、水泳のプログラムを提供したが、これは年齢集団に区分されていた。

1960年代にはアメリカ・ユース・サッカー協会（the American Youth Soccer Organization: AYSO）が創設され、リトルリーグに代わるものとして部分的に売り出され、ときどき親が過剰に関与してくる組織となった。サッカーはアメリカにとっては比較的新しいスポーツで、父親たちはこのゲームに対して、野球やフットボールで示したのと同じような感情的な愛着はいだかなかった。その結果、少女たちはAYSOの草創期からプレーするよう奨励された。リーグは、それ自体をリトルリーグ・ベースボールよりも親切で、より穏やかなものとして売り出し、親の関与がないこととすべての子どもが積極的にチームにくわわることを強調した。「すべてのプレーヤーがクォーターバックである」というのがAYSOの非公式なスローガンであった。ユース・サッカーも、かつてほかのスポーツで見られたような熱心すぎる親がもたらす問題をいくらか経験したが、その人気は、その発端時から劇的に高まった。それにもかかわらず、親のかかわりは——ときには支援的で建設的であり、ときには過剰で否定的でもあるのだが——いまも若者スポーツの大きな要素でありつづけている。

［訳注］

*1 スポーツ（sports）——「スポーツ」の語源は、「あるものを別のところに移動させる」という意味があるラテン語のdeportareにあるとされ、ここから「憂いをもち去る」「憂いを切り離す」という意味に転じ、古フランス語で「気晴らし」を意味するdesport、中世英語で「気晴らしをする」「楽しむ」を意味するdisportとなり、接頭辞のdeとdiが省略されて、現在のsportとなったとされている。

*2 ガンビア（Gambia）——アフリカ西部を大西洋に向かって流れるガンビア川の両岸沿いに内陸部に伸びる共和国。イギリスの直轄植民地および保護領の時代をへて、1965年にイギリス連合王国の一員として独立した。

*3 オリンピック・ゲーム（Olympic Games）——古代ギリシアでは、4大競技祭として、コリントスで隔年で行なわれていたイストモス祭典（Isthmian Games）、オリュンピアの2年目と4年目に行なわれたネメア祭典（Nemean Games）、アポロの祭りとしてデルファイで4年ごとに行なわれたピュティア競技祭（Pythian Games）、そして、4年目ごとのゼウス神の祭りにオリュンピアの野で行なわれたオリュンピア競技祭（Olympiad Games）があった。このうちオリュンピアの競技祭が、フランスの教育家であったピエール・クーベルタン（Baron de Pierre Coubertin, 1863-1937。1894～1925年まで国際オリンピック委員会会長）によって、国際オリンピック競技大会として、1896年に復興され、4年ごとに夏季と冬季に行なわれるようになった。冬季大会は1924年から、1992年からは夏季大会と冬季大会が2年交替で開催されるようになっている。

*4 スツールボール（stoolball）——イギリスの伝統的な遊びの一つで、クリケットに似た球戯。古くから女子が愛好し、16世紀頃にさかんになった。いまも南東部のサセックス地方では残存している。

*5 ジェームズ1世（James I, 1566-1625）——イングランドおよびアイルランド王（1603-25）。スコットランド王としてはジェームズ6世（1567-1625）。スコットランド女王メアリ・スチュアート（1542-87）の子。ピューリタンの安息日厳守主義に対抗するために、聖日にも各種のスポーツ、娯楽や踊り、さらにはカード遊びも楽しむことを許す「スポーツの書」（1618年）を公布し、王権神授説を信奉した。欽定訳聖書（Authorized Version）を英訳発行させた。

*6 フリードリヒ・ヤーン（Friedrich Ludwig Jahn, 1778-1852）——プロイセンの教育家、体育家、軍人。「体操の父ヤーン」（*Turnvater Jahn*）とよばれた。1811年に体操クラブ（Turnvereinen）を創設し、国民の体力増進に努めるとともに、ロマン主義的なドイツ・ナショナリズムを鼓舞した。政治体制が反動期を迎えると、全国の体育学校は閉鎖され、彼自身も逮捕され、投獄された。「強く、敬虔に、楽しく、自由に」（*Frisch, Fromm, Fröhlich, Frei*）をモットーに、近代体操の基礎を築いた。

*7 トマス・アーノルド（Thomas Arnold, 1795-1842）——イギリスの教育家、歴史家。名門パブリックスクールの一つであるラグビー校（1567年創立）の校長（1812-42）として、学校改革に取り組み、ジェントルマン精神とキリスト教とスポーツを結びつけるために、1823年頃、フットボールの一種を奨励し、これが「ラグビー」として発展した。ヒューズ（Thomas Hughes）の『トム・ブラウンの学校生活』（*Tom*

*8 ジェームズ・ネイスミス（James Naismith, 1861-1939）──カナダ生まれのアメリカの体育学教師。バスケットボールの創始者。「ネイスミス杯」は、毎年、アメリカ全土の大学のバスケットボール選手のなかで最優秀選手に贈られる。

*9 ウィリアム・G・モーガン（William G. Morgan, 1870-1942）──アメリカのバレーボール考案者。バスケットボールの考案者ジェームズ・ネイスミスの誘いでマサチューセッツ州の国際YMCAトレーニングスクール（現在のスプリングフィールド大学）に入学し、1894年に卒業後、各地で体育教師としてはたらいた。だれもが楽しめるスポーツとして、1895年に、当時ミントネット（Mintonette）とよばれるゲームを考案し、これがバレーボールになった。

*10 連邦教育法第9篇（Title IX）──連邦改正教育法（Education Amendments of 1972）第9篇。アメリカ合衆国の補助金や援助を受ける教育機関での性差別を禁じている。

*11 チャールズ・ベック博士（Charles Beck or Karl Beck, 1798-1866）──ドイツのハイデルベルグ生まれのアメリカの古典学者、ハーヴァード大学教授。ドイツでフリードリヒ・ヤーン（Friedrich Ludwig Jahn, 1778-1852）の体操理論と実践の影響を受け、アメリカで学校体操を広めた。

➡キリスト教女子青年会とキリスト教青年会、グーツムース（J・C・F・）、組織的なレクリエーションと若者集団、

● 参考文献

Berryman, Jack W. 1996. "The Rise of Boys' Sports in the United States, 1900 to 1970." In *Children and Youth in Sport: A Biopsycholsocial Perspective*, ed. Frank L. Smell and Ronald E. Smith. Madison, WI: Brown and Benchmark Publishers.

Cozens, Frederick W., and Florence S. Stumpf. 1953. *Sports in American Life*. Chicago: University of Chicago Press.

Dunning, Eric, and Kenneth Sheard. 1979. *Barbarians, Gentlemen, and Players*. Oxford: Oxford University Press.

Fields, Sarah K. 2000. "Female Gladiators: Gender, Law, and Contact Sport in America." Ph.D. diss., University of Iowa.

Garnham, Neal. 2001. "Both Praying and Playing: 'Muscular Christianity' and the YMCA in North-East County Durham." *Journal of Social Hist:cry* 35: 397-409.

Gem, Elliott, and Warren Goldstein. 1993. *A Brief History of Amencan Sports*. New York: Hill and Wang.

Guttmann, Allen. 1988. *A Whole Neul Ball Game: An Interpretation of American Sports*. Chapel Hill: University of North Carolina Press.

Guttmann, Allen. 1991. *Women's Sport: A History*. New York: Columbia University Press.

Kerrigan, Colm. 2000. "'Thoroughly Good Football': Teachers and the Origins of Elementary School Football." *History of Education* 29: 517-542.

Rader, Benjamin G. 1999. *American Sports: From the Age of Folk Games· to the Age of Televised Sports*, 4th ed. New Jersey: Prentice Hall.

Swanson, Richard A., and Betty Spears. 1995. *History of Sport and Physical Education in the United States*, 4th ed. Dubuque, IA: Brown and Benchmark Publishers.

Wiggins, David K. 1996. "A History of Highly Competitive Sport for American Children." In *Children and Youth in Sport: A Biopsychosocial Perspective*, ed. Frank L. Smolt and Ronald E. Smith. Madison, WI: Brown and Benchmark Publishers.

（SARAH K. FIELDS／北本正章訳）

スポック博士（Benjamin Spock, 1903-1998）

ベンジャミン・スポックは、20世紀にもっとも影響力のあった子育て助言書の著者であった。彼の主著『赤ちゃんと子どもの養育』（*Baby and Child Care*）[*1]は、7版を重ね、38カ国語に翻訳され、世界中で5000万部の売り上げがあった。聖書を除くと、20世紀のベストセラー本であった。

スポックは、コネティカット州のニューヘブンに、成功した企業弁護士の息子として生まれた。彼はイェール大学を卒業したが、学生時代には、1924年のオリンピックで金メダルをとったボート競技の代表選手であった。またコロンビア大学では医学部を卒業した。彼はニューヨーク精神分析研究所（the New York Psychoanalytic Institute）で研究し、1933年から1943年まで、ニューヨークではじめて精神分析的な訓練を積んだ小児科医として個人診療していた。

彼がパークアヴェニューで行なっていた施療は、**小児医学と児童心理学を独自に結びつけるように彼にはたらきかけたいくつかの出版社から提案を受けることとなった**。1946年、実際に彼はそれに応じた。『赤ちゃんと子どもの世話』の初版は、その後の版と同じように、「自分自身を信じなさい。そうすれば自分がしようと思っているよりも多くのことを知るでしょう」という言葉ではじまっている。それは、最新の科学的な研究を根拠にして、母親たち自身と子どもたちの衝動に身をまかせても安全であるということを読者の母親たちに確信させながら、そうするように誘っている。このようにして、本書は、前の世代の専門家や権威主義的な母親たちのあいだのコンセンサスをひるがえして、子どもに対する「自然な」感覚を表現させるようにした。スポックのこの本はアメリカ内外で、すぐに成功をおさめた。

ジョン・B・ワトソンのベストセラー本とアメリカ政府の幼児の養育指針冊子の発行に具体的に示されているように、子育てについてのかつての助言は、厳格

ベンジャミン・スポック（1903-1998）*¹

なしつけのスケジュールから親が逸脱し、溺愛や身体の愛撫が生む不適当な見せかけになることに反対した。スポックは、両親の側でも子どもの側でも、自発的で暖かみがあり、適度な喜びを感じるようにすべきだと主張した。彼は、母親たちに、子どもはそれぞれ違った扱いをすべきであると語りかけていた。

保守的な批評家たちは後年、彼らが許容的な子育てとよんだ育児法をおしすすめたのはスポックだと言って非難した。20世紀の最後の25年間を特徴づけた「文化戦争」という最初期の表現のなかで、批評家たちは、対抗文化があらわれたことと伝統的な道徳性が崩壊した責任はスポックにあると考えた。彼らの目からすれば、そうした変化は耐えがたいことであった。だが、スポックが自由放任を勧めたことは一度もなく、その初版の後で、きっぱりとそれに反対している。しかし、彼は、1960年代とそれ以降になると、その政治的立場において進歩主義的であった。

スポックは、ベトナム戦争（1954-75）以前においてさえ、危険な核実験に反対し、「穏健な核政策のための全国委員会」（SANE）*²の副議長として尽力した。彼はベトナム戦争反対の声を上げ、1967年にはペンタゴンへの行進の先頭に立って反戦運動を支援し、1968年には徴兵された反政府主義者たちを支援したという嫌疑をかけられ、有罪判決を受けて投獄された（彼の有罪判決は嘆願書によってくつがえされた）。1972年、彼は人民党の候補者として大統領選挙に出馬し、そのあともひき続き活動した。70歳をすぎてから長い年月をへた頃、ニューハンプシャーの核兵器製造プラントの建設に反対し、ホワイトハウスの予算削減に異議を唱え、さらにペンタゴンの核兵器に反対したかどで逮捕された。80歳をすぎてもなお、小児医学とならんで核兵器競争についても、毎年何百回もの講演を行なった。

スポックの子育ての助言は、彼の政治的見解とアメリカの家庭生活が進化するのにともなって変化した。

ひき続いて出された版で彼は、母親だけでなく父親にも子どもの世話をする役目を作り、少年と少女に新しいジェンダーの役割を認め、離婚した者や片親による育児を認め、さらに読者たちに向かって菜食主義にもとづくライフスタイルを説いた。

しかし、スポックの助言の本質は決して変わらなかった。彼は、医学的な参考書というよりはむしろつねに生きた指針を書くつもりであった。彼は、正常ということについての伝統的な考え方に異議申し立てをし、両親と子どもたち双方の不安感を等しくやわらげようとした。彼は、その助言をはじめるにあたってつねに現実的なやり方で相手を安心させようとしていた。彼には大衆向けに平易に語る才能があった。彼ほど上手に日常言語でフロイトを説明できた者は一人もいなかった。ジェンダーに中立の立場でものを書いた人もほかにはいなかった。

彼は、政治の現状に対して彼自身は攻撃的な反対の立場をとったときでも、自分の子どもたちを、彼らが出会う社会と経済の現状に適応させようとする親たちを助けようと努力した。だが故意にではなかったものの、彼は、子どもたちが出世することになる法人官僚社会に向けて子どもたちを準備させるよう母親と父親を駆りたててしまった。彼は、団体生活が要求する共同分担性と相性の一致を強調した。彼は、親は、「自分を好ましい人間にしてくれるのは自分の子どもであり」、また、親はその子どもを他人から好かれるような人間にしなくてはならないと考えていた。彼は自分と意見を異にする政治や体制順応的な子育ての方法とは決して妥協しなかった。

［訳注］

*1『赤ちゃんと子どもの養育』（*The Common Sense Book of Baby and Child Care*）——原題では「赤ちゃんと子どもの養育の常識本」となっている。初版は1946年にデュエル・スローン・アンド・ピアース社から出版され、1957年に第2版、1968年に第3版、1976年に第4版、1985年に第5版、1992年に第6版、そして死去と同年の1998年に第7版と、合計6回の改訂版が出され、内容も次々と変化した。出版から6年で600万冊販売され、現在までにすくなくとも42カ国で翻訳され、日本でも暮しの手帖社から『スポック博士の育児書』として第6版まで翻訳版が出版されている。

*2「穏健な核政策のための全国委員会」（the National Committee for a Sane Nuclear Policy: SANE）——核実験に反対し、国際平和を提唱するアメリカの民間組織。1957年設立。

➡子育ての助言文献

●参考文献

Bloom, Lynn. 1972. *Doctor Spock: Biography of a Conservative Radical*. Indianapolis: Bobbs-Merrill.

Hulbert, Ann. 2003. *Raising America: Experts, Parents, and a Century of Advice about Children*. New York: Alfred A. Knopf.

Mitford, Jessica. 1969. *The Trial of Dr. Spock, the Rev. William Sloane Coffin, Jr., Michael Ferber, Mitchell Goodman, and Marcus Raskin*. New York: Alfred A. Knopf.

Spock, Benjamin, and Mary Morgan. 1989. *Spock on Spock: A Memoir of Growing Up with the Century*. New York: Pantheon.

Zuckerman, Michael. 1993. "Doctor Spock: The Confidence Man." In *Almost Chosen People: Oblique Biographies in the American Grain*. Berkeley and Los Angeles: University of California Press.

(MICHAEL ZUCKERMAN／北本正章訳)

スミス、ジェシー・ウィルコックス (Smith, Jessie Willcox, 1863-1935)

イラストレータのジェシー・ウィルコックス・スミスの子ども表現は、彼女の生涯を通じて、彼女をアメリカでもっともよく知られたアーティストの一人にした。スミスは、1917年から1933年まで（44歳から70歳まで）、雑誌「グッド・ハウス・キーピング」*1の毎号の表紙のイラストを提供した。彼女は友人たちのあいだでは「ザ・ミント」（the Mint、造幣局）として知られていたが、それは、発展しつつあった広告イラスト業界で示した彼女の権威が非常に大きかったからである。

スミスは、1863年にフィラデルフィアに生まれ、20歳代まで美術の道には進まなかった。彼女は最初、幼稚園（キンダーガルテン）の教師として訓練を積んだが、1885年（22歳の頃）に、ペンシルヴァニア美術学校*2に進学した。ここを卒業後、スミスは、「レディーズ・ホームジャーナル」*3の制作部で広告イラストを描く仕事についた。1894年に、イラストレータのハワード・パイル*4が「ドレクセル美術学院」で教鞭をとりはじめたとき、スミスは彼の授業を受講した。スミスが、その生涯にわたって友人となり、共同制作者ともなるエリザベス・シッペン・グリーン（Elizabeth Shippen Green, 1871-1954）とバイオレット・オークレイ（Violet Oakley, 1874-1961）と出会ったのはこの学院であった。この3人の女性たちは、その後15年にわたってともに暮らし、ともに制作した。彼女たち3人は、ひとまとめにして「赤いバラの貴婦人」（the Ladies of Red Roses）として知られるようになった。

スミス、グリーン、そしてオークレイの3人は、子

キングズリー『水の子』へのイラスト（1916年）、J・ウィルコックス・スミス。*

J・ウィルコックス・スミス「母のはげまし」（1908年）*

J・ウィルコックス・スミス「思慮深いまなざしの頃」(『子ども期の七つの時期』より、1909年頃)*

ども期と母性の情景制作に精力的に取り組んだが、この主題は、当時ますます力を増しつつあった女性の消費者にアピールした。とくにスミスは、ノスタルジックな背景のなかに純真無垢な子ども期を描いたイギリスのイラストレータであるケイト・グリーナウェイの伝統の影響を受けていた。スミスの最初の現実的な成功は、『子どもの本』(the Book of Child, 1903)の出版によってもたらされた。これは、スミスとエリザベス・シッペン・グリーンによるカレンダー・イラストを編纂したものであった。この同じ年、スミスは、ロバート・ルイス・スティーヴンソン*5の『子どもの詩の庭』(A Child's Garden of Verse, 初版は1885年、1905)のイラストを描く仕事に抜擢された。スミスはその生涯で700点以上のイラストを制作し、約60冊の本のイラストを描いた。そのなかでもっとも有名なものは『ジェッシー・ウィルコックス・スミスのマザー・グース』(The Jessie Willcox Smith Mother Goose)である。この初版は1914年で、21世紀初頭でもまだ印刷されつづけている。スミスがもっとも気に入っていた作品は、チャールズ・キングズリーの『水の子』(The Water Babies, 原作は1863年初版、1916)のために彼女が描いたイラストで、これは

ミスが子ども期を魔法とファンタジーの時期と考えていたことを確認できる。

[訳注]
* 1 「グッド・ハウス・キーピング」(Good House Keeping)——1885年、マサチューセッツ州のホリヨークで創刊されたアメリカの婦人雑誌。アメリカの7大婦人雑誌(Seven Sisters)のひとつ。
* 2 ペンシルヴァニア美術学校(the Pennsylvania Academy of the Fine Art)——1805年に、ペンシルヴァニア州のフィラデルフィアに創設されたアメリカ最古の美術博物館兼美術学校。19世紀と20世紀のアメリカの絵画、彫刻などを収蔵した美術博物館は世界的に知られている。
* 3 「レディーズ・ホーム・ジャーナル」(Ladies Home Journal)——1883年創刊のアメリカの婦人雑誌。アメリカの7大婦人雑誌のひとつ。
* 4 ハワード・パイル(Howard Pyle, 1853-1911)——アメリカのイラストレータ、挿絵画家、児童文学者。ドレクセル美術学院(the Drexel Institute of Art, Science and Industry、現在のドレクセル大学Drexel University)でイラストレーションを教えたのち、1900年には自分の学校(the Howard Pyle School of Illustration Art)を作ってイラストレーションを教えた。アールヌーヴォースタイルの挿絵で有名。
* 5 ロバート・ルイス・スティーヴンソン(Robert Lewis Stevenson, 1850-1894)——スコットランドの小説家、詩人、随筆家、旅行作家として、多数の作品を残した。『宝島』(Treasure Island, 1883)、『ジーキル博士とハイド氏』(Strange Case of Dr Jekyll and Mr Hyde, 1886)など。

➡ヴィクトリア時代の美術、ガットマン(ベッシー・ピース・)

●参考文献
Carter, Alice A. 2000. *The Red Rose Girls: An Uncommon Story of Art and Love*. New York: Harry N. Abrams.
Higonnet, Anne. 1998. *Pictures of Innocence: The History and Crisis of Ideal Childhood*. London: Thames and Hudson.
Nudelman, Edward D. 1989. *Jessie Willcox Smith: A Bibliography*. Gretna, LA: Pelican Publishing.
Stryker, Catherine Connell. 1976. *The Studios at Cogslea*. Wilmington: Delaware Art Museum.

(A. CASSANDRA ALBINSON/北本正章訳)

性教育 (Sex Education)

学校と国家には若者に性について教える責任があるとするのは、きわめて近代的な考えである。しかしながら、アメリカや西ヨーロッパにおいて、性教育が正式な学校カリキュラムに位置づけられるようになったことは、単純に性についての抑圧と無知の継承を打ち破る近代の啓蒙の物語ではない。むしろ、性教育運動は、複数の関連する視点から理解できるだろう。すな

わち、近代における次世代の性道徳を決定する人びとの大規模な奮闘の一部として、あるいは**青年期**——とくに青年の**セクシュアリティ**——のとらえ方にかんする永続的な傾向の一部として、さらにはますます合理的な管理を受ける個人生活に対するおおまかな歴史的傾向の一部として理解できるであろう。性教育はこれまでつねにその歴史的文脈によって決定されてきている。

　公的な性教育が性情報を独占したことが一度もなかったことは注目に値する。性教育担当者の悩みの多くは、若者が学校での授業を記憶し、それを完璧に適用するようにはならないことである。彼らはつねにみずからの経験にもとづいた自分（や他者）の身体についての個人的理解にくわえて、「公的な」性教育や両親による教え、遊び場での神話、大衆文化、さらにはポルノグラフィまでもふくむ偶然集めた情報もいっしょにあわせもっている。

初期の歴史

　20世紀以前には、性教育はかなり無計画に行なわれていた。ほとんどのアメリカ人とヨーロッパの人びとは農村に住んでおり、そこで、動物の行動を観察することができたことは、若者たちにすくなくとも出産にかんする性生活についての妥当な情報を提供した。その上、教育は複合的に行なわれた。少女は結婚初夜まで純潔でいることが期待されていたので、彼女たちに対する性教育は結婚直前まで強制されなかったようである。そのときには、母親が少女を座らせて、性や出産について説明することになっていた。これとは対照的に少年に対する期待は、しばしば若い男性に性の謎を手ほどきするために男性親族や同僚が彼を売春婦のところにつれていくという行動をひき起こした。

　しかしながら、1830年代には、アメリカとイギリスでさまざまな保健改革者や聖職者が、学校や仕事を理由に家を出る若者に情報を提供し、防御策を講じるための大量のパンフレットや本を出版しはじめた。それらの書籍の典型は、神学、栄養学、哲学などの情報をうまく組みあわせたものであった。しかしそれらの目的はすべて、読者が安全に結婚を表明できるまで、性衝動を抑制する手助けをすることであった。とりわけ、初期の性教育の担い手は、**マスターベーション（自慰行為）**の危険性を懸念する傾向にあった。たとえば、保健改革者であったシルベスター・グラハム[*1]の1834年に行なわれた『若者に対する講義』（Lecture to Young Men）やジョン・トッド尊師[*2]による1845年の『若者——アメリカの若者に対する助言』（The Young Man. Hints Addressed to the Young Men of the United States）に続いて、イギリスの内科医、ウィリアム・アクトン[*3]は「独りで行なう悪徳（たとえば自慰）」がおそらく身体的、精神的衰弱（死さえも）をひき起こすだろうという警告を発した。若い男性が身軽に動くことができた一方で、一般的に社会が女性を、両親の、その後は夫の保護のもとにいるべき存在とつねにみなしていたために、女性に焦点をあてた印刷物はめったに存在しなかった。フランスでは、性教育にかんする文献は1880年代に見られはじめたが、通常、それらはブルジョワの母親向けに書かれており、主として、結婚後の性行為の準備をしつつも、結婚までは純潔であるという二重の要求を娘に教えるという義務に焦点があてられていた。これらが性教育への小さな一歩であったにもかかわらず、のちの改革者たちは、20世紀初頭になっても存在していた性的問題についての「暗黙の申しあわせ」に不満をいだいた。

運動の起源

　公的な性教育運動は、20世紀初頭にはじまった。奇妙にも、初期の改革者たちは、家族が農村でよりも都市で子育てをした場合、失われた野卑な知識を埋めあわせるのに必要なことについて、ほとんど何も言わなかった。21世紀の幕が開く頃の中国のように、急速な都市化を経験したほかの社会では、何年ものあいだ新聞は子どもが生まれるのを希望している都市の若夫婦について定期的に記事にしたが、妊娠する方法を示唆する動物の繁殖にかんするきわめて重要な情報は決してとりあげなかった。アメリカの改革者は、ほぼ同時期のイギリスの改革者と同じく、関連する医学的衰弱、道徳的堕落の危険性にいっそう注目した。第1に、医者は、あらゆる市民階層、そして男性だけではなく女性にも、梅毒と淋病（「性行為感染症」）がもたらす影響についてますます警告するようになった。調査官は、それらの性感染症（STDs）が毎年、骨盤内炎症、不妊、乳児の失明、さらには精神異常さえもひき起こすことを認識しはじめた。第2に医者とその支持者は、この「流行病」を、多くのアメリカ人が都市生活で不道徳と考えていることに結びつけた。とりわけ、アメリカ生まれの人びとは、農村からの移民や移住者が陰鬱な共同住宅に密集して暮らし、子どもたちが農場から人生を「高める影響」を受けずに育つようなシカゴやニューヨークのような都市において、道徳的危機が大きくのしかかってきたと確信した。一方、ほとんどの都市部の売春宿が密集する地域では、売春が事実上公然の秘密であったことも懸念され、医者は性感染症の大半が売春婦を訪れた男性を介して伝染したと確信するようになった。この道徳的概念と医学的概念の組みあわせは、アメリカの性教育と、それよりもゆるやかではあるがヨーロッパの性教育の特色にもなった。

　性教育は、それら二つの懸念にこたえる重要なものとなった。1914年にニューヨークの内科医プリンス・モロー[*4]と宗教的改革運動家であったアンナ・ガーリン・スペンサー[*5]によって設立されたアメリカ社会衛生協会（American Social Hygiene Association:

ASHA）は、医学的改善と道徳的改良という二つの目的を達成するための改革にいち早く着手した。ASHAとその関連組織は、売春に対する警察の断固たる取締りを主導し、成人に対する性教育の一連の講義を提供したのち、ハイスクールの就学年齢に達した若者を対象にした「セックス知識」プログラムを計画した。ASHAの主導者は、若者が性行為のために「医療の必要性」に悩んでいるという信念が幅広く流通しているが、そうした有害な誤報によって彼らが「道を誤る」前に、性にかんする適切な「科学的」事実を若者に伝えたいと望んでいた。改革者たちは、市民が性的不道徳の医学的危険を知ってさえいれば、その後彼らは合理的に考え、売春や乱交などの経験はしまいと決心するだろうと信じていた。

イギリスの性教育運動も同様の懸念を増幅させており、同じように医療機関と道徳機関の連携によって主導されていたが、フランスの運動は、いくつかの重要な点で異なっていた。たとえば、フランスでは、売春を公式に許して規制していたため、売春は教育者が尽力する対象には決してならなかった。そのかわり、フランスの性教育者は中産階級の若い女性が、結婚や出産などの性的な段階への準備をすることに大きな関心をもっていた。彼らは通常、労働階級の女性がすでに生まれつき不道徳であると決めつけていたので、彼女たちを無視した。フランスの諸機関は、ときには、性行為感染症の苦難と戦っている男性に対する性教育を支援することもあった。しかし、第1次世界大戦によって大量の死者を出した後は、フランスの教育者も、フランスの家族が国家の人口増加のために多くの子どもを産む必要性と性教育とを結びつけた。

学校への移行

アメリカの性教育者たちは、ときどき、親・教会・公開講義を通じて実験的な活動を行なった。しかし彼らはすぐに公立学校での性教育へと転じた。20世紀初頭には、義務教育法によって、公立学校への就学が爆発的に増加した。さらに経済構造の変化はより多くの生徒たちをむりやり教室へ押しこめ、子どもたちを長時間そこに押しとどめるようになった。それと同時に、人びとは青年期を、その時期に特有のニーズと危険性があるという理由で、成人期とは異なる別の時期としてとらえるようになってきた。青年期にかんするこうした新しい概念は、1904年に出版されたG・スタンリー・ホールの『青年期』の出版によって広く普及した。青年期は、**思春期**の性的目覚めと、結婚という「合法的な」性的はけ口とのあいだに押しこめられたために、とくに注意深く指導する必要があるとみなされた。このため、公立学校は、親であればうまくいかないと思われたところで、青年期の子どもたちにそうした注意深い指導をあたえることにふみこんだのであった。したがって、公立学校が、嫌がる生徒たちに性教育を説いてその使命を果たそうとしたのは、決して偶然ではなかったのである。

初期の性教育者は、彼ら自身のセクシュアリティに対する不安を反映して、その中心的任務を性についての好奇心を抑えるプログラムを作成することに注いだ。まず手はじめに、性教育のプログラムは、外部の医者が出産の仕組みについての基本的事項、梅毒や淋病の有害性、婚前や婚外で性行為を行なうことによってひき起こされる道徳的、医学的危険性の概要にかんする一連の講義を提供する内容になっていた。少年と少女は別々の教室に分けられ、授業は性別ごとにまったく異なる観念を反映していた。少年は、性感染症についての医学的警告を聞くことにくわえて、彼らが貞淑な母親や将来の妻に道徳的責任を負っていることを学んだ。少女はさらに直接的なおそれ（とくに男性から梅毒を移される可能性が高いこと）を慎重に教えられた。20世紀初頭の一部の教育者は、女生徒が絶対に結婚をしないのではないかと実際に不安になったという警告を発したが、それは非常に真に迫ったものであった。なぜなら彼らは、出産とセクシュアリティを同義にすることで、セクシュアリティを上品なものにしようとしていたので、初期の性教育者は**10代の妊娠**に対する懸念をほとんどいだいていなかったからである。

教育者の道徳的な語調にもかかわらず、性教育はすぐに反対された。1913年に、高校での性教育を実施した最初の主要都市がシカゴになったとき、とりわけカトリック教会はこのプログラムを強く非難し、責任者であり有名な教育長であったエラ・フラッグ・ヤング[6]を辞任に追いこんだ。

いわゆるシカゴ論争には、次の世紀にわたってアメリカの性教育のポリティクスを特徴づけることになる論点がすでに出されていた。肯定派も否定派も若者のセクシュアリティが問題であるということについては同意した。しかし、肯定派は、セクシュアリティ（あるいはすくなくとも出産）にかんする「科学的」知識が若者を道徳的行動へと向かわせるだろうと感じていたが、否定派は、それがどれほどすばらしい意図をもっているかには関係なく、セクシュアリティにかんするいかなる助言であろうとも生徒の精神を堕落させると考えていた。

アメリカ政府は、第1次世界大戦中にはじめて性教育にかかわるようになったが、それは1918年のチェンバレン＝カーン法（Chamberlain-Kahn Act of 1918）によって、はじめて梅毒[7]と淋病について兵士に教えるための資金が確保されたことによる。50万人以上の若者が、戦時中に性教育をはじめて経験した。アメリカ社会衛生協会（ASHA）は、顧問医が映画「戦いへの適応」（*Fit to Fight*）などの軍隊向けの多くの資料を作成し、予防法にかんする部分を削除することで、のちにそれらを公立学校に適応させた。1950年代まで、アメリカ政府は、主として公衆衛生

局を通じて性教育にかかわりつづけ、性感染症の医学的、道徳的危険性について強調した。

衛生学を越えて

　1920年代のジャズ・エイジ*8になると、アメリカとフランスでは、性教育がカリキュラムに進出するようになった。アメリカの性教育は、多くの場合、ハイスクールの生物学の授業のかわりに教えられた。しかし運動の主導者たちは、当初、大人が描く性的理想と社会が若者に対して期待していることとのあいだの明確な相違に直面した。20世紀初頭までは、性的な充足は、結婚している成人にとってさえ、一般的な理想あるいは立派な理想とは考えられておらず、教育者が講義で性行為を非難するのはたやすかった。しかし、1920年代には、多くのアメリカ人が性的充足は結婚において決定的に重要な要素であると考えるようになるのにつれて、教育者は性行為が結婚生活によい影響をあたえると認識する一方で、未婚の人びとに対しては、そうした表現をとがめる必要性があると考えていたために、ジレンマをかかえることになった。性教育者は、それに部分的に対処するために、婚外での性行為がもたらす健康への危険性をふたたび強調しただけでなく、新しい理想も組みこんだ。1920年代と1930年代の「新しい若者」の性の自由に対して大いに関心をいだいた性教育者は、結婚前に性的な実験をすれば、若者が充実した結婚生活を得る機会をあやうくすることを示す証拠を、心理学と社会学に求めた。

　第2次世界大戦中にペニシリン*9の効果が発見されたことによって梅毒の危険が減少した後、アメリカ社会衛生協会（ASHA）と関連諸機関は、より直接的にセクシュアリティと結婚生活の社会的側面に焦点を合わせた。さまざまな名前によって知られる新しい「家庭生活の教育」は、教育者の使命が拡大したことをあらわしている。家庭生活の教育者たちは、生徒に主として性的な禁止事項について教えるかわりに、きちんとした秩序のある家庭生活から得られる肯定的な満足感を教えようとした。子育て、家計管理、結婚計画、デート、その他多種多様な日常的な仕事にかんする教えは、アメリカの新世代の若者を白人の中産階級の規範に適合させることを意図していた。

　性教育者たちは、婚前交渉、妊娠、性感染症の割合が急増した1960年代と1970年代の「性革命」にとくに反応して、公然と道徳を語り、狭小な異性愛に焦点をおいていた以前の教育から、「セクシュアリティ教育」と彼らがよぶものを区別し、それを発展させた。全米セクシュアリティ情報教育協議会（the Sexuality Information Education Council of the United States：SIECUS、1964年設立）のようなセクシュアリティ教育の主導者は、価値中立的な方法でセクシュアリティを教えることによって、生徒が性行動や性道徳について自分なりの結論を得ることができるだろうと考えていた。セクシュアリティ教育は産児制限（受胎調節）法、10代の妊娠、マスターベーション、ジェンダー関係、そして、最終的には同性愛についての情報をふくむことをめざしていた。価値中立的なセクシュアリティ教育は、概して以前のようにあからさまに道徳を説法することは避けていたにもかかわらず、伝統的な道徳観——異性と結婚するまでは禁欲する——に賛成するといういかさまをはたらいた。

　セクシュアリティ教育は、その大半が伝統的なメッセージであったにもかかわらず、すぐに反対の炎に油をそそいだ。1968年の初め、保守派のグループと以前から政治に無関心であった宗教活動家たちは、「露骨なセックス」とよばれたあるポスターが校舎内に張られたことを激しく攻撃した。反対者たちは、セクシュアリティ教育のあからさまな性描写に対してだけでなく、その教育が「適切な」性道徳を生徒たちに教えこむのを拒否していることにも不快感を示した。セクシュアリティ教育は、アメリカ社会にあらわれはじめていた広い多様性のあるリベラルな態度を示しているように見え、1970年代には、セクシュアリティ教育をめぐる戦いは、新世代の宗教的保守派にアメリカの政治に参入する動機をあたえるのに役立った。アメリカの経験がヨーロッパがめざした方向から離れはじめたのはほかならぬこの点においてであって、このことは、しばしばカトリックから非難をまねきはしたものの、激しい政治的な反対キャンペーンにみまわれることはまったくなかった。

ヒト免疫不全ウィルス（HIV）／エイズ（後天性免疫不全症候群、AIDS）危機

　アメリカでは、賛成派と反対派の論争は、ヒト免疫不全ウィルス（HIV）／エイズ（後天性免疫不全症候群、AIDS）の大流行が1980年代にはじまるまで、同一路線で続けられた。この性感染症の規模と致死率が甚大であることが知られるようになると（そして、この病気が同性愛だけでなく異性愛も危険にさらすものであることに気づきはじめると）、性教育者たちはその立場が支持されたことに気づいた。1990年代なかばまでに、西ヨーロッパのほとんどすべての国は、「安全なセックス」においてかなり明確な教育計画を支援するようになり、アメリカでも、ある州ではセクシュアリティ教育との組みあわせで、別の州では単独のプログラムとして考案されたエイズ教育を、すべての州が行なうことを指示する命令書を出した。エイズは、非常にリベラルなセクシュアリティ教育者たちが避妊法、同性愛、婚前交渉にかんする情報をとりこむことに決定的に重要な正当性をあたえた。大学と多数のハイスクールでは、学生たちが、序列的で批判的な（そしてときには露骨すぎる）要素をかなり減らした性教育のメッセージをほかの学生たちに伝える「ピアエデュケーション」グループを形成しはじめた。セクシュアリ

ティ教育の地位は、復活した保守派からこれらのプログラムが攻撃されたにもかかわらず、確かなものになったようである。

アメリカにおける保守的な反対派の人びとは、性教育のいくつかの形態はほぼ避けられないものであると認識しはじめ、セクシュアリティ教育を「禁欲教育」に置きかえる運動をはじめた。宗教的保守派は、「1996年福祉改革法」に禁欲教育の規定をもりこむことに一役かった。当初、アメリカ政府は数千万ドルを禁欲教育プログラムに割りあてたが、そのほとんどは伝統のある公衆衛生組織ではなく宗教団体に関連したものであった。禁欲教育は、セクシュアリティ教育者たちの価値中立的なものとは違って、非常に命令的な道徳主義で、伝統的なジェンダー観と性的関係をあからさまに支持するものであった。禁欲教育はまた、性行為の危険性を強く強調する初期の性教育に立ち戻ろうとするものであった。多くのカリキュラムは、コンドームや経口避妊薬のような防御策についての情報を意図的に省略するか、ねじ曲げて伝えた。さらに、このやり方は、セクシュアリティ教育が世俗の医学関係諸機関の監督下に手堅く置かれ、宗教的、あるいは政治的異議申し立てを受けることがほとんどなかったヨーロッパの経験とは対照的であった。

国際的状況

西ヨーロッパやアメリカ以外では、性教育は、人口爆発に関心が向けられるまで、大部分が非公式のものでありつづけた。エイズ危機によって、とりわけアフリカや南アジアの住民への避妊法と予防にかんする教育には国連などの国際機関が関与するようになった。これらの地域の宗教的な反対派は沈黙していたが、教育者たちは、しばしば国民がエイズ問題をかかえていることを認めようとしない政府や、女性が自分のセクシュアリティをコントロールするのを嫌がる男性の伝統主義者から抵抗を受けた。アメリカにおける政治闘争も、21世紀初頭のアメリカの保守派の人びとが、国際的な性教育プログラムの内容を避妊法から切り離して禁欲と道徳主義的な性的関係へと方向転換するために国内の基金を使おうとしたことにみられるように、世界の低開発地域における性教育の形成にも影響をおよぼした。

結論

エイズ危機への反応は、性教育が病気や10代の妊娠といったほかの「流行病」に対する災害防止策としてふたたび正当化する、全般的な傾向の基礎を作った。性教育の歴史を通じて、西ヨーロッパの成人は、青年期の性行動で危機をくりかえすという理由で性的人間あるいは若者文化を非難しながら、青年期のセクシュアリティを別の世界ではそれが成熟したものとは別のかたちで存在している広くとらえた。しかし、若者の性行動はほとんどの場合、成人の行動パターンと密接に結びついていた。たとえば青年期の若者が婚外交渉をする比率の増加は、たんに成人の同様の現象に追従したにすぎないし、同じことは1970年代の婚外子を妊娠する「流行病」にもあてはまった。すなわち妊娠した10代の女性は、同じように婚外子をもつ成人を模倣しただけであった。

アメリカの性教育が生徒の無知と懸念を消散させたことはまちがいないが、すくなくとも青年期の性行動を変化させるという目的を達成することについてはほぼ失敗した。性行動は複雑な現象であり、教室ですごす時間で、階級、人種、家族、地域、大衆文化の影響を打ち消すことはほとんどできない。それにもかかわらず、性教育の歴史は、セクシュアリティ、青年期、権威という近代的概念について非常に多くのことを明らかにしている。

[訳注]

*1 シルベスター・グラハム尊師（Reverend Sylvester Graham, 1794-1851）——アメリカの食養生の改革者。節制生活運動、菜食主義を広め、1829年に全粒粉で作成したグラハム・パン、グラハム・ブレッド、グラハム・クラッカーを考案したことで知られる。ベジタリアン主義の普及や禁酒運動にも積極的にかかわった。禁欲と節制を若者に説いて、マスターベーションを行なわないよう訴えた。広く読まれた文献に次がある。 *Lectures to Young Men on Chastity*（1834-39）.

*2 ジョン・トッド尊師（Reverend John Todd, 1818-1894）——アメリカの組合教会の牧師、奴隷制度廃止論者、逃亡奴隷支援組織の指揮者。

*3 ウィリアム・アクトン（William Acton, 1813-1875）——イギリスの医学者、著述家。若い頃フランスのパリで医学を学び、生殖器・泌尿器科学を専門とする。マスターベーションについての著作物で知られる。『生殖器の機能と疾患』*The Functions and Disorders of the Reproductive Organs in Childhood, Youth, Adult Age, and Advanced Life: Considered in Their Physiological, Social, and Moral Relations*. 3rd Edition.（London: Churchill, 1862）；『売春にかんする道徳的、社会的および衛生学的考察』*Prostitution, Considered in its Moral, Social, and Sanitary Aspect, in London and other large cities and Garrison Towns, with Proposals for the Control and Prevention of Attendant Evils*.（London, 1857）.

*4 プリンス・モロー（Prince A. Morrow, 1846-1913）——アメリカの皮膚科学者、性行為感染症学者で、初期の性教育啓発運動の指導者。

*5 アンナ・ガーリン・スペンサー（Anna Garlin Spencer, 1851-1931）——アメリカの教育者、女性解放運動家、ユニテリアン聖職者。女性の選挙権と平和運動の指導者。*Woman's Share in Social Culture*（1913）、*The Family and Its Members*（1922）.

*6 エラ・フラッグ・ヤング（Ella Flagg Young, 1845-1918）——アメリカの教育者。シカゴの地区教育長を

つとめ、シカゴ大学教授として、ジョン・デューイ（1859-1952）の進歩主義教育理念の先駆的実践者であった。

*7 梅毒（syphilis）——スピロヘータの一種であるトレポネーマ（treponema pallium）によって発生する感染症。この感染症をsyphilisとよぶのは、イタリアの医師で詩人のジョヴァンニ・フラカストロ（Giovanni Fracastoro, 1478-1553）が書いた詩「梅毒すなわちフランス病」（Syphilis, sive morbus Gallius, 1530）で造語されたことに由来する。梅毒の検査法として、ドイツの医師で細菌学者であったアウグスト・フォン・ヴァッセルマン（August von Wassermann, 1866-1925）が、血清による検査法としてワッセルマン反応（Wassermann reaction）を1906年に開発したのち、アメリカの細菌学者ロイベン・L・カーン（Reuben L. Kahn, 1887-1979）が、1923年にこれを改良したカーン・テスト（Kahn test）を開発し、続いて、B・S・クライン（B. S. Kline, 1886-1968）はクライン・テスト（Kline test）を開発した。梅毒の第一感染経路は性行為であるが、妊娠中、出産時の母子感染による先天性梅毒もある。梅毒は、1940年代以降のペニシリンの普及によって発症は劇的に減少したが、2000年以降、ふたたび感染率が上昇している。

*8 ジャズ・エイジ（Jazz Age）——アメリカ史において、第1次世界大戦後から大恐慌までの、1920年前後の約20年間の自由で退廃的な時代。この時代をジャズ・エイジとよぶようになったのは、作家のフィッツジェラルド（Francis Scott Fitzgerald, 1896-1940）の短編集 Tales of the Jazz Age（1922）にちなむ。

*9 ペニシリン（Penicillin）——イギリスの細菌学者アレグザンダー・フレミング（Sir Alexander Fleming, 1881-1955）が抗菌物質リゾチーム（lysozyme）とアオカビ（Penicillium notatum）から見出した世界初の抗生物質。1928年、フレミングがブドウ球菌の培養実験中に生じたアオカビのコロニー周囲にブドウ球菌の生育が阻止される阻止円領域が生じる現象を発見したことに端を発し、アオカビを液体培養したのちの濾液にも同じ活性があることをつきとめ、彼自身は単離しなかったその物質を、アオカビの学名 Penicillium にちなんでペニシリンと名づけた。医療用として実用化されるまでに10年以上を要したが、1942年にベンジルペニシリン（ペニシリンG、PCG）が単離されて以降実用化され、第2次世界大戦中には多数の負傷兵や戦傷者を感染症から救った。

➡エイズ（後天性免疫不全症候群）、衛生学と子ども、性行為感染症

●参考文献
Bigelow, Maurice A. 1916. *Sex-Education: A Series of Lectures Concerning Sex in Its Relation to Human Life*. New York: Macmillan.
Chen, Constance M. 1996. *"The Sex Side of Life": Mary Ware Dennett's Pioneering Battle for Birth Control and Sex Education*. New York: Free Press.
Hall, G. Stanley. 1904. *Adolescence: Its Psychology and its Relations to Physiology, Anthropology, Sociology, Sex, Crime, Religion, and Education*. New York: D. Appleton.
Irvine, Janice. 2002. *Talk About Sex: The Battles Over Sex Education in the United States*. Berkeley: University of California Press.
Moran, Jeffrey P. 2000. *Teaching Sex: The Shaping of Adolescence in the Twentieth Century*. Cambridge, MA: Harvard University Press.
Smith, Ken. 1999. *Mental Hygiene: Classroom Films 1945-1970*. New York: Blast Books.
Stewart, Mary Lynn. 1997. "'Science is Always Chaste': Sex Education and Sexual Initiation in France, 1880s-1930s." *Journal of Contemporary History* 32: 381-395.

（JEFFREY P. MORAN／三時眞貴子訳）

性行為感染症（VD: Venereal Disease）

20世紀のあいだ、医師や教師、社会運動家、教会、政府そしてメディアは、思春期の若者に対して性交渉時の細菌感染による性病の危険性について警告してきた。思春期の若者よりも年少の子ども、とりわけ少女に対しては、まだ性交渉をしておらず、性犯罪者に対する警戒から家庭で安全に保護されていると考えられていたため、あまり注意がはらわれてこなかった。19世紀から20世紀にかけて、少女がいかに性病に感染するかについての医学的見解は劇的に変化した。1890年代から1940年代にかけて、医師たちは医学研究を信頼しなかったのではなく、子どもに性的虐待をする可能性があるタイプの人間がいるという仮説に同意する医学的な見解を修正した。

歴史的見解

15世紀後半のヨーロッパの伝染病の記録をたどると、性病には長い歴史があることがわかる。これまでの通念では、性病は、都市や、疑わしい性的習慣をもつ移民を多くかかえるアメリカの問題、もしくは成人にかかわる問題であって、子どもがその対象になることはないと考えられていた。売春婦の存在や都市の売春宿の赤線地区に対する自覚の高まりは、懸念を生んだ。さらに、現実的な問題は成人にかかわる問題であったが、子どもに対する性病の警告は、19世紀の性的助言を増幅し、子どもたちに婚前交渉を避けさせるという別の理由を作った。この種の注意喚起は20世紀でも続けられ、1960年代までに、青年期のセクシュアリティの新しいパターンと、新たな性病があらわれたことは、注意喚起と実際に発症する性病の両方にかかわる問題を再定義することとなった。

歴史的に見て、性病といえばおもに梅毒[*1]と淋病[*2]のことであると考えられており、このため、1940年代にペニシリン[*3]が開発されるまで効果的な治療法はまったくなかった。梅毒は、抗生物質によってアメリカからはほぼ撲滅されたが、医学者たちは性感染症

(STDs）といった新しい感染病を発見している。アメリカ疾病対策予防センター（CDC）は、25の性感染症を特定し、アメリ国内で毎年1500万人以上の人がそれらの性感染症のすくなくともひとつに感染していると推定している。6500万人のアメリカ人が不治の性感染症、たとえばヒト免疫不全ウイルス（HIV）[4]や性器ヘルペスに感染しているのである。エイズをひき起こす可能性のあるHIVに感染した子どもの大半は母親から感染している。2000年12月の時点で、アメリカ国内では9000人以上の子どもと、45人の思春期の若者がエイズで死んでいる。

統計学的見解

アメリカ内での性病感染率は、人種・民族・社会階級・年齢・地域などによって違うであろうし、また健康に対する教育や医療を受ける機会の不足といった要因のために多様であろう。だが、どれくらい多くの人が感染しているかを正確に把握する方法はない。ほとんどの患者が貧しい非白人で、公衆衛生クリニックの医師しか新たな感染を継続して報告していないため、統計数値は信頼できない。さらに、人によっては症状があらわれることがなく、またある人は社会的な不名誉を怖れて感染を隠しているという現実がある。

感染報告の4分の1は青年期の若者たちで、彼らはとくにクラミジア[5]と淋病にかかりやすい。CDCは、年間300万人がクラミジアに感染し、100万人が淋病に感染しており、クラミジアの感染報告の40パーセントは淋病も併発して感染する、もっともリスクが高い青年期の少女であると推定している。CDCは、感染に対して治療をほどこさないと不妊症につながるだけでなく、淋病は無防備な性交渉とあいまって、HIVの感染の可能性を劇的に高めその伝播を助長することを発見している。

これらの感染者数は心配なものであるが、子どもの感染者数にかんするデータはごくわずかしかない**児童虐待**の証拠を医学的に調査する場合を除いて、多くの医師は子どもに対して性感染症の検査をしていない。もしこれを実施すれば、淋病はもっとも一般的な単一の病気となろう。医師たちは、毎年5万人以上の子どもが淋病に感染すると報告している。性感染症は実際の性交渉がなくても感染し、生殖器への傷はすぐに消えてしまうため、性感染症は性暴力があったことを立証する唯一の身体的証拠であると考えられる。淋病はバクテリアが体内に入ったときに感染するため、とくに重要な証拠であった。少年も少女もともに直腸と咽喉部に淋病をわずらうが、性感染症と診断された子どもの圧倒的大多数は、1900年でも2000年でも、膣内の淋病をわずらった思春期前の少女であった。変化したのは、少女がどのように感染したかについての医学的説明である。

性感染症と性暴力

19世紀には多くの医師が、性病（彼らはこの病名を「背徳」という意味でつかった）は、そもそも売春婦が感染源であり、性交渉において感染が広まると考えられたが、彼らは子どももこの病気に感染することを知っていた。この場合、医師たちは、母親を介して子どもたちが梅毒や眼の淋病すなわち淋菌性結膜炎にかかるのだろうと思いこんでいた。しかしながら、膣内の淋病は恒常的にも遺伝的にも出産時に感染することはなく、感染した子どもの多くは性暴力を受けたと訴えた貧しい労働階級もしくはアフリカ系アメリカ人の少女であった。医師はこれらの感染は、少女がしばしばその父親にレイプされたことを示す重要な証拠であると考えた。

しかし、19世紀末における科学の進歩によって性病を特定する医師の技術が向上すると、子どもに向けられた性的暴力と感染との関連について医師の考えは突然変わった。医師たちは、性病がアメリカのどの人種、どの階層や民族にも蔓延しているだけでなく、生殖器の淋病が少女たちのあいだにきわめて広範囲に及んでいることにも気づいていた。この被害を受けていたのは5歳から9歳にかけての少女で、性暴力の被害にあったとは報告されていなかった。記録管理システムの環境が整う1920年代後半までに、報告された女性感染者の10パーセントを13歳以下の少女が占めていた。

非常に多くの少女、とりわけ上流階級や中産階級の裕福な親がいる家庭の少女がどのような事情で性病にかかっていたのか、医師たちはその理由の特定に手こずっていた。白人の医師と専門家たちの多くは、外国人や移民の男性だけが娘を虐待していると見ており、近親相姦は貧困層、労働階級、移民、そしてアフリカ系アメリカ人の家庭にのみ存在すると考えていた。だが、白人の医師や専門家と同じ階層の家庭における少女の性感染症の事例が増加したとき、医師、公衆衛生担当官、社会運動家や教育者は、その事例が少年や大人には見られないにもかかわらず、トイレの便座やタオル、寝具を介した非性的接触による感染を疑った。この推測は、少女の生殖器の上皮層が非常に薄く、バクテリアの浸食を防ぐのに十分でないという事実を根拠にしていた。バクテリアは空気中ではすぐに乾燥してしまうため、淋病の感染を汚物が拡大させるとは思えないことを専門家は知っており、学校の便座から感染した少女の事例が皆無であったにもかかわらず、1900年から1940年代にかけての時期を通じて、医療機関の専門家は、性的暴力の可能性を無視し、そのかわりに、少女たちが学校のトイレでもっとも大きな危険にさらされていると主張した。

淋病へのはじめての有効な治療として1940年代にペニシリンが導入されて以降、少女の感染にかんする情報への医学的関心は減少した。1970年代には、虐

待被害にあった子どもへの治療を専門とする医師は淋病感染と子どもへの性的虐待の関連を重視しはじめた。1998年、アメリカ小児医学会は、医師に対して、性感染症にかかった子どもは性暴力にあっていることを疑うべきであると指導した。しかし、多くの小児科医は、白人の中産階級と上流階級の父親が娘を虐待しているとは考えたくないという態度をとっている。訴訟手続きにまきこまれることを怖れるこれらの医師や子どものまわりの大人は、「感染経路不明」として少女を家へ戻してしまっている。

[訳注]
* 1 梅毒 (*syphilis*) ——スピロヘータの一種であるトレポネーマ (*treponema pallium*) によって発生する感染症。この感染症をsyphilisとよぶのは、イタリアの医師で詩人のジョヴァンニ・フラカストロ (Giovanni Fracastoro, 1478-1553) が書いた詩「梅毒すなわちフランス病」(*Syphilis, sive morbus Gallius*, 1530) で造語されたことに由来する。梅毒の検査法として、ドイツの医師で細菌学者であったアウグスト・フォン・ヴァッセルマン (August von Wassermann, 1866-1925) が、血清による検査法としてワッセルマン反応 (*Wassermann reaction*) を1906年に開発したのち、アメリカの細菌学者ロイベン・L・カーン (Reuben L. Kahn, 1887-1979) が、1923年にこれを改良したカーン・テスト (Kahn test) を開発し、続いて、B・S・クライン (B. S. Kline, 1886-1968) はクライン・テスト (Kline test) を開発した。梅毒の第一感染経路は性行為であるが、妊娠中、出産時の母子感染による先天性梅毒もある。梅毒は、1940年代以降のペニシリンの普及によって発症は劇的に減少したが、2000年以降、ふたたび感染率が上昇している。
* 2 淋病 (*gonorrhea*) ——淋菌感染症。淋菌 (*Neisseria gonorrhoeae*) によって発症する尿道粘膜の炎症。おもに性交によって伝染し、感染後2〜3日で排尿時に痒痛、疼痛、灼熱感を覚え、また尿意促迫を起こす。はじめは粘液性、後には膿様の分泌物が尿とともに排出される。女性では子宮・卵巣等の炎症に進展し、不妊症の原因となる。
* 3 ペニシリン (Penicillin) ——1928年にイギリスの細菌学者アレグザンダー・フレミング (Sir Alexander Fleming, 1881-1955) が抗菌物質リゾチーム (lysozyme) とアオカビ (*Penicillium notatum*) から見出した世界初の抗生物質。1928年、フレミングがブドウ球菌の培養実験中に生じたアオカビのコロニー周囲にブドウ球菌の生育が阻止される阻止円領域が生じる現象を発見したことに端を発し、アオカビを液体培養した後の濾液にも同じ活性があることをつきとめ、彼自身は単離しなかったその物質を、アオカビの学名Penicilliumにちなんでペニシリンと名づけた。医療用として実用化されるまでに10年以上を要したが、1942年にベンジルペニシリン (ペニシリンG、PCG) が単離されて以降実用化され、第2次世界大戦中には多数の負傷兵や戦傷者を感染症から救った。
* 4 HIV/AIDS ——変異しやすいレトロウイルス (retrovirus) の一種で、免疫をつかさどるヘルパーT細胞に侵入し、エイズやエイズ関連疾患の原因となる変異したウイルスには、リンパ節腫脹関連ウイルス (LAV)、ヒトT細胞好リンパウイルスタイプ3 (HTLV-3)、エイズ関連ウイルス (ARV) などがある。国際分類委員会により、ヒト免疫不全ウイルス (HIV) の名が提案されている。
* 5 クラミジア (*Chlamydia; lymphogranuloma venereum*) ——性器クラミジア症、クラミジア肺炎、性病性リンパ肉芽腫、子宮頸管炎、尿道炎、オウム病、トラコーマなどの病原体。生きた動物細胞のなかでのみ増殖する小型の寄生性細菌の一種。

➡小児医学、接触伝染病、流行伝染病

●参考文献

American Academy of Pediatrics. 1998. "Statement." *Pediatrics* 101: 134-35.

Brandt, Allan M. 1987. *No Magic Bullet: A Social History of Venereal Disease in the United States since 1880*. Expanded ed. New York: Oxford University Press.

Division of STD Prevention, National Center for HIV, STD, and TB Prevention. 2001. *Tracking the Hidden Epidemics: Trends in STDs in the United States, 2000*. Rev. ed. Atlanta, GA: Centers for Disease Control and Prevention.

Gutman, Laura T. 1999. "Gonococcal Diseases in In c ants and Children." In *Sexually Transmitted Diseases*, 3rd edition, ed. King K. Holmes, et al. New York: McGraw-Hill.

Hamilton, Alice. 1908. "Gonorrheal Vulvo-Vaginitis in Children: With Special Reference to an Epidemic Occurring in Scarlet-Fever Wards." *Journal of Infectious Diseases* 5: (March) 133-57.

Nelson, N.A. 1932. "Gonorrhea Vulvovaginitis: A Statement of the Problem." *New England Journal of Medicine* 207: (21 July) 135-40.

Sgroi, Suzanne M. 1977. "'Kids with Clap': Gonorrhea as an Indicator of Child Sexual Assault." *Victimology* 2: 251-67.

Taylor, Alfred S. 1845. *"Rape."* In *Medical Jurisprudence*, ed. R. Egglesfield Griffith. Philadelphia: Lea and Blanchard.

Wolbarst, Abraham L. 1901. "Gonorrhea in Boys," *Journal of the American Medical Association* 33: (September 28) 827-30.

(LYNN SACCO／山口理沙訳)

青少年向けの出版事業 (Juvenile Publishing)

アメリカの南北戦争前の北東部地方に、新しい、白人の中産階級が形成された結果、子ども期の延長が見られた。家庭内で以前よりも長くなった子どもたちの依存状態は、さまざまな組織を生みだしてそれを支え

たが、新しいホワイトカラーの職業向けの技能と知識を子どもたちにあたえたのは公立と私立の学校であった。しかし、勃興する中産階級の子弟は、すべての時間を勉学についやすことができたわけではなく、学校を離れた時間は遊びの時間となり、青年期の子どもにふさわしい娯楽の必要性を高めた。子どもじみた悪戯や団体スポーツ、年少者向けの政治的および改革的な諸活動とならんで、12歳から18歳までの少年たち、そして少年に比べてその範囲はかぎられていたが少女たちもまた、自分たちの新聞を発行し、すべてが自分たちだけの世界のなかで大人になる訓練を積んでいた。

青少年の新聞は1840年代と1850年代に北東部全域で創刊され、若い編集者たちは使用ずみの活字や植字ステッキをひろいあさり、母親がすてたチーズ圧搾機を再利用した。10代の印刷工のなかには自分の印刷技術を磨いたり、ベンジャミン・フランクリン（1706-1790）の印刷彫版を模倣する者もいた。彼らは仕事道具を集めることができたが、若い編集者たちは広大なアマチュア娯楽の一部になった。1846年3月16日、ボストンの「ジャーム」（Germ）誌の編集長は、ボストンに8誌、ウスターにも同数の青少年新聞があると誇らしげに述べている。ノベルティ・プレス（Novelty Press）社が創られ、その模倣であるコテイジ（Cottage）やロウ（Lowe）、ケルジー・プレス（Kelsey Presses）といった後続によって、出版事業は1867年までに、より多くの子どもたちにも経済的に手のとどくものとなり、アマチュア新聞は少年の、そしてときに少女の10代を特色づける存在となった。15～50ドルで売られていた印刷機は、たとえ速度が遅くとも、刷り方しだいでプロ級の成果を保証した。印刷機は、十分な資金のある若者にとって、自身の文学的才能、ジャーナリストとしての才能、さらには組織運営の能力を試す手段を提供した。

さらに小型のおもちゃ印刷機の出現で、1870年代にアマチュア出版は黄金期に入った。購読者リストは膨大で、また、アマチュアのジャーナリズムでは出版物の交換が重要な要素であったため、この趣味は北東部から全国へと広がり、同じ記事を読み、同じ問題で議論するという経験を分かちあう青年期の若者たちのマスカルチャーを形成した。たとえばルイーザ・メイ・オルコット*1は、『若草物語』のなかでマーチ姉妹にアマチュア新聞「ピックウィック・ポートフォリオ」（The Pickwick Portfolio）の執筆と編集をさせているし、『オズのすばらしい魔法使い』（The Wonderful Wizard of Oz）の作者L・フランク・ボーム*2は、作家としてのキャリアをアマチュア新聞「バラ屋敷通信」（Rose Lawn Home Journal, no.1, 1871）でスタートした。1840年代と1850年代の新聞の多くはほかの雑誌から選んだ記事を採録しており、全般的には大人の新聞をまねたものであったが、1870年代の青少年新

ホレイショ・アルジャー『ぼろ着のディック』（1867年）*

聞は独自性のある仕事に打ちこんでいた。文体上の洗練――メタファー、表象、登場人物の成長、そしてときには筋立ても――などは何もないアマチュア新聞とミニチュア小説は、子ども期と成人期のあいだにより長い時間があることを示すためにおもちゃを使うよう、年少の子どもたちの思考に討論の場を提供した。書き手たちは駆け出しであったため、キャプテン・メイン・リード*3やホレイショ・アルジャー*4、オリヴァー・オプティック*5などのお気に入りの大人の作家が創作した筋立てや登場人物をしばしばコピーし、あるいはもっと正確にいえば盗用した。それでもなおアマチュア編集者たちは、大人の作品のいわゆる翻案のなかで、キャラクター造形や筋立てを自分たち自身の感覚に合わせ、意義ある改作を行なった。

全国アマチュア出版協会

1876年にアマチュア作家たちは全国アマチュア出版協会*6を設立し、最初の大会をフィラデルフィアで開催した。この協会は、編集者たちがお互いに出会う以外にも、組織の方針とアマチュア出版全般にかんして、ルポルタージュと編集の無限の機会をあたえた。若い編集者たちは、その会員資格や機構の修正条項、出版の諸問題についての議論のなかでむずかしい問題

に直面した。アマチュア出版の編集者たちは親たちの見解を全面的に排除はしなかったものの、彼らは女性との異なる新しい関係を試みた——この関係には女性の自主性とセクシュアリティがふくまれていた。アマチュア編集者たちはまた、自分たちのなかにかなりの数のアフリカ系アメリカ人がいることを知ると、人種問題にも取り組んだ。彼らは、郵便料金の値上げと彼らの新聞の分類変更が出版物交換プログラムを脅かしたときには、連邦郵政省と対決して政策の変更も引き受けることになった。

　新規の出版事業主が出したアマチュア新聞やアマチュア小説は、19世紀の青年期が、構造的な変化や親の介入といった、社会化という観点からの説明よりもはるかに複雑であったことを示している。若いジャーナリストたちが書いた小説は、自分たちの社会の複雑な関係を自力で理解する相互教育的なプロセスに置かれていた若い男女の心をとらえ、自分たちの理解力の可能性を開拓しようとする行動のなかに彼らを釘づけにする。これらのアマチュア刊行物は同時代の児童文学作家たちの浸透性のある影響を誇示するだけでなく、ジェンダーについての新しい一連の価値観も明らかにし、いかにして若い男女が中産階級的な規範を鋳造しなおし、彼ら自身の世代のイデオロギーを形成していくかを明らかにする。アマチュア新聞はまた、子どもと青年期の青少年が、彼ら自身の言葉で語る数少ない場のひとつを構成する。

新しい出版形態

　アマチュア出版事業は、アマチュア出版の第一世代が舞台からしりぞいた後も断続的に続いた。よく知られる子ども雑誌「セント・ニコラス」*7のある記事は、1882年にこの趣味を復活させ、新しい青少年の集団をアマチュア出版事業へとよびこんだ。アマチュア出版事業は、19世紀ほどの人気を得ることは二度とないまま、20世紀初頭には苦境の時代に落ちこんだ。1930年代に復活を経験したが、それはケルジー・プレス・カンパニーがいくつかのアマチュア出版社と協力して資金援助したリクルート・プログラムの成果によるところが大きかった。しかし、アマチュア出版事業の人口動態は変化した。すなわち、1930年代までにアマチュア出版事業は大人の娯楽になっていた。19世紀なかばに若者によって組織された全国アマチュア出版協会もその存在を維持し、1930年以降そのメンバーシップはもっぱら大人で構成されていたが、年次総会と出版物交換を続けた。インターネットとワールドワイドウェブ（WWW）の発達はアマチュア出版事業をまったく新しいかたちへと誘導した。ウェブブラウザとHTML編集ソフトがアマチュア出版の植字ステッキや活字トレイ、プレス機にとって代わっても、ティーンエイジャーの余暇の精神はウェブのなかに住まう無数の青少年のウェブサイトやブログ（ウェブ上のジャーナルや日記、記事）のなかに生きている。

［訳注］

*1　ルイーザ・メイ・オルコット（Louisa May Alcott, 1832-1888）——アメリカの小説家。1868年に書かれたピューリタン家族の4人姉妹の成長物語を自伝的に描いた小説『若草物語』（*Little Women: or Meg, Jo, Beth and Amy*, 1868）で知られる。超絶主義者（Transcendentalist）として広く知られるエイモス・ブロンソン・オルコット（Amos Bronson Alcott, 1799-1888）とアビー・メイ（Abby May, 1800-1877）の娘として生まれ、ボストンで父親が開いた実験学校を介して教育問題にも関心をよせ、哲学者のラルフ・ウォルドー・エマソン（Ralph Waldo Emerson, 1803-1882）やヘンリー・デイヴィッド・ソロー（1812-1862）らと超越主義者クラブに参加していた。

*2　ライマン・フランク・ボーム（Lyman Frank Baum, 1856-1919）——アメリカの児童文学作家、ファンタジー作家。エディス・ヴァン・ダイン（Edith Van Dyne）、ローラ・バンクロフト（Laura Bancroft）など、女性名をふくむ多くのペンネームで60編以上の童話、児童文学作品を執筆し、とくに『オズの魔法使い』をはじめとする「オズ」シリーズの作者として知られる。ドイツ系アメリカ人の父親と、スコットランド系の母親のもとにメソジスト派の家庭に育った。父親がペンシルヴァニア州の油田で財を築いたため、幼少時は裕福な環境で育った。早くから創作に取り組み、15歳頃、父からあたえられた簡易印刷機を使って「バラ屋敷通信」（*The Rose Lawn Home Journal*）という新聞を発行したり、アマチュア誌「切手収集家」（*The Stamp Collector*）を創刊したことを手はじめに、月刊誌「養鶏通信」（*The Poultry Record*）を創刊するいっぽう、1886年（30歳）には最初の単行本『ハンバーグ種読本——交配・飼育その他に関する概論』（*The Book of the Hamburgs: A Brief Treatise upon the Mating, Rearing, and Management of the Different Varieties of Hamburgs*）を公刊したこともあった。

*3　トマス・メイン・リード（Thomas Mayne Reid, 1818-1883）——アメリカ西部をはじめ世界各地の辺境を舞台にした冒険小説を執筆し、少年読者の人気を集めた。

*4　ホレイショ・アルジャー（Horatio Alger,Jr., 1832-99）——聖職者から作家へと転じ、苦境にある若者が成功するという筋立てのダイム・ノベルを多数書いた同時代の代表的な人気作家。『ぼろ着のディック』（*Ragged Dick*, 1867）など。

*5　オリヴァー・オプティック（Oliver Optic）——本名はウィリアム・テイラー・アダムズ（William Taylor Adams, 1822-1897）。文筆をはじめ教育・政治など多彩な活動で知られる。自身が編集した雑誌をはじめ、オリヴァー・オプティックの筆名で多くの少年向け小説を発表した。

*6　全国アマチュア出版協会（the National Amateur Press Association: NAPA）——世界最古のアマチュア出版協会。1876年2月19日に、E・R・ライアル（Evan Reed Riale）とほかの9人のメンバーによって、

ペンシルヴァニア州フィラデルフィアに設立され、今日まで存続している。イギリスの最古のアマチュア出版協会（the British Amateur Press Association）は1890年に設立された。

*7「セント・ニコラス」（St Nicholas）——アメリカのボストンで1873年に創刊された少年少女向けの月刊雑誌（1873～1940年、1943年に一時復刊）。児童文学者のメアリー・E・ドッジ（Mary Elizabeth Dodge, 1831-1905）の編集で、児童文学の水準を高めるうえで大きな貢献をした。おもな寄稿者にはオールコット（L. M. Alcott, 1832-88）、キプリング（J. R. Kipling, 1865-1936）、ハウエルズ（William D. Howells, 1837-1920）らがいた。

➡自伝、児童文学

●参考文献

Harrison, George T. 1883. *The Career and Reminiscences of an Amateur Journalist and a History of Amateur Journalism*. Indianapolis, IN: George T. Harrison.

Horton, Almon. 1955. *The Hobby of Amateur Journalism, Part One*. Manchester, UK: Almon Horton.

Kett, Joseph F. 1977. *Rites of Passage, Adolescence in America, 1790 to the Present*. New York: Basic Books.

Mergen, Bernard. 1982. *Play and Playthings, A Reference Guide*. Westport, CT: Greenwood Press.

Petrik, Paula. 1989. "Desk-Top Publishing: The Making of the American Dream." *History Today* 39: 12-19.

Petrik, Paula. 1992. "The Youngest Fourth Estate: The Novelty Printing Press and Adolescence, 1870-1876." In *Small Worlds: Children and Adolescence, 1850-1950*, ed. Elliott West and Paula Petrik. Lawrence: University of Kansas Press.

Spencer, Truman J. 1957. *The History of Amateur Journalism*. New York: The Fossils.

（PAULA PETRIK／森本真美訳）

聖書と子ども（Bible, The）

異なる宗教コミュニティは、それぞれ異なる聖書のテキストを用いてきた。中世後期の文字が読める一般信徒にとって、聖書とは1170年に初版が出され、のちにヨーロッパ中の口語に翻訳されたペトルス・コメストル*1が編纂した、『スコラ学的聖書物語』（*Historia scholastica*）のことであった。宗教改革以後、聖典とは「アポクリファ」（the Apocrypha、聖書外典）をふくむか否かにかかわらず、いかなる翻訳版においても聖書正典をさすようになった。聖書の文や節はさまざまに引用されている。「集会の書」（*Ecclesiasticus*）や「詩編」（*Psalms*）のようなそれぞれの書や子ども聖書、ユダヤ人読者のためのヘブライ語版、19世紀以後は、新約聖書だけのものなどのかたちがある。中世から16、17世紀にかけては、聖書を読む際に豊富な注釈がもちいられ、ルター聖書、ジュネーヴ聖書、欽定訳聖書など早い時期に出版された聖書テキストの理解を助けた。この項目では、オックスフォード大学出版局より1970年にはじめて刊行された、聖書外典をふくむ『ニューイングリッシュバイブル』（*New English Bible with the Apocrypha*: NEB）のテキストを用いることとする。

19世紀のテキスト批評の時代以前は聖書の読み手はふつう、聖書は神の言葉を記した単一の一貫性のあるテキストであると理解していた。今日、われわれが知っている聖書はさまざまな時代のテキストを集めたものであって、なかにはより古い時代の口承伝承や記述された伝統にもとづくものもふくまれている。聖書のもっとも古い部分は、遊牧文化の価値観や、遊牧民と定住農耕共同体との葛藤も反映している（たとえば、神はカインの捧げものである野菜よりもアベルからの動物の捧げものを好んだ）。イスラエルの民が都市化するにつれ、聖書のテキストはバアルやモレクといった異教の神への礼拝およびソドムとゴモラのような都市の歓楽への執着を激しく非難するようになる。最近の神秘主義のテキストでは、ヘブライ語聖書に精通した初期のキリスト教徒の著述家の作品のなかに生きつづけていた衝撃的なこの世の終わりのイメージが使われている。

子ども用聖書とバイブル・チルドレンの発明

近世の聖書史の編者たちは、子どもたちの聖書知識を養うという観点に立って登場人物の年齢を下げていった。ノアの成人した息子であるハムは行儀の悪い子どもとされ、イサクは、中世には37歳（ヨセフの推定による）であったものが、おどおどした、しかし従順な7、8歳の子どもというふうに、だんだん幼くなっている。

ペトルス・コメストルは、ラテン語であらわした『スコラ学的聖書物語』において、聖書の語りを大きく変えた。彼の叙述によれば、父親が酔って裸になったことをハムが（「笑いながら」）兄弟に知らせたのは親に対する子どもの行ないとしては罰するに値する、従順さに欠ける行為であるとされるようになった。アブサロム*2については、聖書のなかでは父であるダビデがかえりみなかったことや、個人的な失敗がアブサロムの反抗的な行動の原因とされている。しかしながら、のちの時代に子ども向けに聖書物語を編纂した人びとは、聖書で美しい容姿とされているアブサロムを内面の罪深さを映す醜い姿に書きかえ、それが反逆の原因であったと説明しようとしている。反対に、7世紀以降21世紀の現在までの子ども聖書のなかで、イスラエルの英雄的なリーダーであるモーセは、「美しい」赤ん坊として描かれ、長じるにしたがってますますハンサムな容姿になっていったとされている。

子ども聖書では、従順さがなによりも重要な徳目とされるようになってくる。さらに、1750年代以後、労働階級の子ども向けの聖書には、勤勉さがこれにく

わわる。聖書の物語は、従順さや勤勉さにかなうよう、つくりかえられたり、新たに創作されたりした。19世紀から20世紀にかけて、カトリックの子ども向け読みものの作者たちは、（聖書には存在しない）マリアの子ども期について創作し、イエスの幼年期についてのわずかな事実を大幅にふくらませていった。創作した「聖書の登場人物」の子ども期が出てくる学校での宗教劇が人気を博し、広く普及した。このような劇は中世にもあったが、17世紀のフランスや18世紀のイギリスではこのジャンルが教育的な役割をもつとされるようになった。

聖書に描かれていると広く信じられている子どもや子ども期についての記述は、聖書物語の産物であり、散文や劇というかたちで出てくる。それぞれは、それが作り出された時代の価値観を反映している。たとえば、サムエルのような子どもについては、書き手が思い描く19世紀の子ども期に似たものになっている。

聖書正典のなかの少女と少年

聖書正典のなかの子ども期のイメージは一様ではない。聖書に出てくる娘は近い親戚と結婚しているが、これは近親者と結婚させることで家族の紐帯を強化するためであった。家族の外との関係において、父親は娘の結婚を政治的な紐帯を築く道具とすることもある。たとえば、ソロモンは、「エジプトの王ファラオの婿となった」（「列王記　上」3・1）。美しさ、従順さ、処女性が娘にとってもっとも大切な価値とされていた。姉妹として聖書に少女が登場するのはまれであるし、問題のある存在として描かれている。たとえば、ロトの娘たちは父親の血筋を残そうと積極的に協力しあった。父を酔わせ、父と寝ることでそれぞれモアブ人とアンモン人の母となったのである（「創世記」19）。ディナとタマルはそれぞれ性的なはずかしめを受けたが、一族の名誉を守るために、また、個人的な怒りのためにどちらも兄弟が仇を討った（「創世記」34、「サムエル記　下」13）。

聖書のなかで、少年は少女よりもはるかにひんぱんに登場する。これは、聖書が基本的に男性中心であることと関連している。世代は男系で継承されていくため、息子の名前は娘の名前よりもはるかにひんぱんに出てくる。たとえば、アダム（とエバ）はカイン、アベル、セト、そしてほかの「息子や娘をもうけた」（「創世記」5・3-4）。このような書き方は、聖書のなかではここではじめてみられるものであるが、この後、これと同様に男子の系列をたどる系図の記述が数多く出てきて、新約聖書の「マタイによる福音書」まで続いている。

世代継承の暗黒面は旧約聖書の、より古い部分の記述にあらわれている。たとえば、ヤーウェが「父祖の罪を、子、孫に三代、四代までも問う」（「出エジプト記」34・7）というものや、ダビデとバト・シェバの不義の息子の病に続く死などは象徴的な例である（「サムエル記　下」12）。世俗の世界でも現実に同じ倫理を踏襲しており、サウルの7人の孫息子（数人はまちがいなくまだ大人になりきっていない年齢である）がギベオン人のサウルに対する怒りを鎮めるために死に追いやられた（「サムエル記　上」2・1）。またネブカドネザルがゼデキヤを降伏させた後、ゼデキヤの息子たちは父親の目の前で殺害された（「列王記　下」7。「エレミヤ書」52・10）。父親の罪をその子や子孫に負わせるという考え方はのちの預言者の物語になると変化している。エゼキエルは、「子は父の罪を負わず」と説いている（「エゼキエル書」18・20）。

聖書のなかの少年の人生の初期の諸段階——誕生、**割礼**、そして離乳——は、祝宴の機会となり、イサクの場合、盛大に祝宴が催された（「創世記」21・8）。息子たちのあいだには出生順に厳格な序列があり、長子が優先される。「申命記」21章16-17節によれば、たとえ愛されていない妻との子どもであっても長男は尊重されなければならないとされている。ただし、ときには長子相続制は感情によってくつがえされることもあった。たとえば、サラはアブラハムの長子であるイシュマエルを追い出すよう強いた（「創世記」21・9-21）。また、ヤコブはエサウが空腹であったことと、イサクが盲目であったことを利用して（エサウのもつ）長子の権利を自分のものにした（「創世記」25・29-34）。また、ヤコブはヨセフの二人の息子のうち、あえて年少の者に祝福をあたえた（「創世記」48・14-20）。聖書は息子たちが父親の言いつけに注意をはらうこと、また、母親の教えに従うことを求めている（「箴言」1・8-9、4・1-5）。初期のテキストは、父や母に対して暴力をふるうなど、物理的に抵抗した場合は死にいたることを冷酷にも述べている（「出エジプト記」21・15、17）。

旧約聖書には、成人した兄弟間の反目がひんぱんに描かれている。しかしながら、あきらかに未成年である兄弟の争いが二つ出てくる。イシュマエルがイサクをなじった場面（「創世記」21・9）と、ヨセフの兄弟が17歳のヨセフを穴に投げ入れ、エジプト人に売り飛ばした場面である（「創世記」37・24-28）。ほかのエピソードはどれもすでに（牧畜や農耕などで）経済的に完全に、あるいはほぼ独立しているか、すでに別に住んでいる兄弟間の反目について詳述している。カインとアベル[*3]、ヤコブとエサウ[*4]のあいだのさらなるあらそい、アブサロムと異母兄アムノンの例などがある。ダビデとヨナタンの友情ですら、すでに二人が大人になってからのものである。そのころヨナタンにはすでに子どもがおり、ダビデもとに両親の家を出て、その庇護から離れて久しかった。

聖書には子どもや子ども期についてくりかえし記されている例はわずかで、モーセ、サムエル、ダビデについてはとりわけ簡潔にふれられている。モーセの子

ども期は情感豊かな言葉でつづられている。(母親が)「その子がかわいかったのを見て、三か月の間隠しておいた」(「出エジプト記」2・2)。その後、姉のミリアムはファラオ[エジプトの王]の王女が泣いている赤ん坊を見つけるまで見守った。「王女はふびんに思い、『これは、きっと、ヘブライ人の子です』と言った」「そのとき、その子の姉が」、弟を守るために一計を案じて、「ファラオの王女に申し出た。『この子に乳を飲ませるヘブライ人の乳母を呼んで参りましょうか。』」(「出エジプト記」2・4-8)。その後モーセは「成人した」(「出エジプト記」2・11)。サムエルの幼少期の生活の描写からは当時の母親の育児のようすがわかる。「サムエルは、亜麻布のエフォド*5を着て、下ばたらきとして主の御前に仕えていた。母は彼のために小さな上着を縫い、毎年、(中略)、それを届けた」(「サムエル記 上」2・18-19)。さらに、「少年サムエルはエリのもとで主に仕えていた」「主はサムエルを呼ばれた」(「サムエル記 上」3・1-4)。ダビデは子どもの頃、「血色が良く、目は美しく、姿も立派であった」(「サムエル記 上」16・11-12)。若者(「サムエル記 上」17)となって、サウルに仕え、鎧を身につけ、堅琴を奏でた(「サムエル記 上」16・21-23)。ダビデが戦いの場にあらわれたとき、年長の兄弟は彼に「お前の思い上がりと野心はわたしが知っている」と言った(「サムエル記 上」17・28)。

聖書のなかで若い男女について述べられている部分は、その年齢段階の抗しがたい不安定さのために、聖書全体にみられる節度がどこかに置き忘れられてしまっているようである。「おとめがその身を飾るものを(中略)忘れるだろうか」と、エレミヤ*6は問いかけている(「エレミヤ書」2・32)。よりあからさまなのは、エゼキエル書でのアホラとアホリバに対する非難である。この二人の姉妹は「エジプトで淫行を行った。まだ若いのに淫行を行った。その地で、彼女たちの乳房は握られ、処女の乳首は摘まれた」(「エゼキエル記」23・3)。新約聖書では、ヘロディアの娘[サロメ]*7がヘロデ大王の前で踊り、ほうびとして洗礼者ヨハネの首を手に入れた(「マルコによる福音書」6・21-28)のは、青年期の少女のセクシュアリティの感動的な魅力に対するもうひとつの例証である。

少年のセクシュアリティは、たとえ非難されている場合でも、非常に日常的に登場するようである。たそがれどきに経験豊かな娼婦に誘惑された知恵のない若者は、たやすく彼女の虜になってしまった(「箴言」7・6-29)。パウロがテモテに告げた、「若いころの情欲から遠ざか」るようにとの警告は、青年の正しい生き方を脅かすさまざまな危険のひとつである放縦な性に対する、初期の戒めを構成するものであろう(「テモテへの第二の手紙」2・22)。

17世紀の「シラ書」*8は、今ではほとんど忘れ去られている聖書外典であるが、育児の手引書とみなされていた。聖書のある部分だけが子どもたちに知られているのと同じように、その一部が子ども用に出版されていた。「シラ書」は、安寧で質実な人生を送るための現実的な処世訓にあふれている。息子たちに対して両親を敬慕することにはじまり、娘の徳や幸福に対する父親の懸念が続く(「シラ書」22・3-5ほか、いたるところに)。

旧約聖書と新約聖書の子どもと少年期のイメージの違い

新約聖書のなかには、旧約聖書の残忍さが再現されている。ファラオがユダヤ人の男の子を手あたりしだい殺すよう命じたように(「出エジプト記」1・15-22)、ヘロデ王は「ベツレヘムとその周辺一帯にいた二歳以下の男の子を、一人残らず殺させた」(「マタイによる福音書」2・16)。さらに、新旧どちらの聖書にもあるのが、子どもの[病からの]回復である。旧約聖書では、預言者のエリヤとエリシャはそれぞれ男の子を生き返らせた(「列王記 上」17・17-23、「列王記 下」4・18-37)。一方、新約聖書ではイエスが女の子と男の子を同じように癒し、生き返らせている。会堂長のヤイロ*9の12歳の娘(「マタイによる福音書」9・25、「マルコによる福音書」5・42、「ルカによる福音書」8・40-42、49-56)や、汚れた霊にとりつかれた女の子(「マルコによる福音書」7・25-30)、カペナウムにいる役人の息子(「ヨハネによる福音書」4・43-53)などの例がある。また、パウロとシラスは、預言者のような霊にとりつかれたイスラエル人の奴隷の少女を救った(「使徒言行録」16・16-18)。

イエスは説教において「子」という言葉を「信徒」を意味する言葉として何度も使っている(「御国の子ら」の例など、「マタイによる福音書」13・38)。また、「子どもたち」を精神的な進歩を示すものとしても使っている(「子供たちをわたしのところに来させなさい。(中略)神の国はこのような者たちのものである」「マルコによる福音書」10・14-15)。イエスはみずからを幼い子どもになぞらえ、だれでも「わたしの名のためにこのような子供の一人を受け入れる者は、わたしを受け入れるのである」と述べた(「マルコによる福音書」9・36-37、「ルカによる福音書」9・46-48)。子どもは純真さ、素朴さ、無力さなどを象徴する存在とされている(「マタイによる福音書」18・1-6、19・14)。

新約聖書の記述では、親が子どもをいつくしみ、育てるのは当然であるとしている(「ルカによる福音書」11・11-13)。たとえば、パウロは寓意的に、神の摂理による親子の関係は、神とイエスの信徒たちの関係を象徴するものであるとして、次のように述べている。「子は親のために財産を蓄える必要はなく、親が子のために蓄えなければならないのです」(「コリントの信徒への手紙二」12・14)。「ヨハネの手紙一」は、比

喩としての子どもではなく、実際の子どもに対して宛てた一節がある（「ヨハネの手紙一」2・12）。これは、新約聖書においても、「ヨハネの手紙」においてもまれなことである。というのも、「わたしの子たち」という言葉は、ほとんどの場合、精神的には子どもである大人をさしているからである。

新約聖書の子ども期についての描写は、旧約聖書の場合と根本的に異なっている。旧約聖書では、子どもは圧倒的に弱い存在として描かれている。戦争や抑圧の犠牲となって、ユダヤ人が経験した苦しみを成人男女と同じように伝える存在である。後見人とともにサマリアに残っていたアハブの70人の子どもたちは斬首され、頭はかごに入れられてイスラエルに運ばれ、市の門のそばに打ちすてられた（「列王記　下」10・1-11）。同じく野蛮なのは、以下のような描写である。メディア人は「胎内の子さえ憐れまず／子供らにも情けの目を向けない」（「イザヤ書」13・17-18）。籠城に疲れて「幼子は母に言う（中略）都の広場で傷つき、衰えて／母のふところに抱かれ、息絶えてゆく」（「哀歌」2・11-12）、あるいは、「乳飲み子の舌は渇いて上顎に付き／幼子はパンを求めるが、分け与える者もいない」（「哀歌」4・4）。サウルの命令に従って、ドエグは「剣で撃ち、男も女も、子供も乳飲み子も、牛もろばも羊も剣にかけた」（「サムエル記　上」22・19）など。

自分の家族にさえ危険がひそんでいた。アブラハムは、ヤーウェへの忠誠を示すために息子のイサクを生贄（いけにえ）として差し出す用意をしていた（「創世記」22）。また、のちに父親たちがバビロン捕囚から戻った際には、外国人の妻とのあいだにできた子どもたちは追放された（「エズラ記」10）。祖母ですら孫を殺そうとすることがあった。6歳のヨアシュは、アタルヤの復讐からのがれるために、乳母とともに6年間、神殿に身を隠した（「列王記　下」11・1-3）。

旧約聖書の子どもたちはその父親の所有物として描かれている。子どもたちは父親の富の一部であり、個人の資産に新たにくわわったものなのである。このような子どもに対する見方は、ヤコブがエフライムとマナセを自分のものと見なしてそのように宣言したことによくあらわれている（「創世記」48・5）。所有しているということは、処分する権利をもつということでもある。親が餓えた場合は、自分たちの借金を払うために子どもを差し出すこともあったほどである（「ネヘミヤ記」5・1-6）。もっともひどいのは、子どもが餓えた親に食べられてしまうという例である。「憐れみ深い女の手が自分の子供を煮炊きした。わたしの民の娘が打ち砕かれた日／それを自分の食糧としたのだ」（「哀歌」4・10）という記述には、「女がその胎の実を／育てた子を食い物にしているのです」（「哀歌」2・20）という苦悩の叫びが続く。子どものなかでも身よりのない孤児はもっとも無防備に危険にさらされていた。このため、イスラエルの人びとは、すでにモーセ五書*10のなかで、孤児を冷遇しないよう厳しく命じている（「出エジプト記」22・23）。

『旧約聖書』の預言者たちはイスラエルの最終的な再建を描くために子ども期をメタファーに用いている。イスラエルは「国々の乳に養われ」（「イザヤ書」60・16）、慰めをあたえる乳房から乳をあたえられる（「イザヤ書」66・11）という具合に。「イザヤ書」のなかには、「子牛は若獅子と共に育ち／小さい子供がそれらを導く。（中略）乳飲み子は毒蛇の穴に戯れ／幼子は蝮（まむし）の巣に手を入れる」という記述がある（「イザヤ書」11・6、8）。「イザヤ書」は、非常にあやうい環境においても、子どもたちは安全であるという幼子のイメージを伝えているが、同時にまた、子どもたちがもつ絶対的に無防備な感覚も伝えようとしているのである。預言者的な書き手は子ども期を圧倒的なおそれを伝える比喩として使うことがある。たとえば、死が戸外にいる子どもたちを一掃して命を奪ってしまうと記している。また、イスラエルの民は若者のなかでもっとも弱い「みなしご」（「エレミヤ書」49・11、51・22）や、「剣に倒れ／幼児は打ち殺され」（「ホセア書」14・1）となぞらえられている。

ヨセフとその兄弟は多くの創作（たとえばトマス・マンなど）や言語学的分析をふくむ学術的な研究業績の創造を触発する存在でありつづけてきた。モロッコの地中海域の儀礼において長男を生贄にすることや、のちの時代にみられる子どもを神にささげるよう要求すること、また、**出生順位**を調べることなどについての研究は、年代を知るための根本的なテーマである。

[訳注]

*1 ペトルス・コメストル（Petrus Comestor, ?-1178頃）——フランス北東部トロワ生まれの、12世紀の神学作家、宗教教育家。編纂した『スコラ学的聖書物語』（*Historia Scholastica*）は、学生を対象にして、創世記、12使徒の言行など、聖書を構成するさまざまな物語をわかりやすく説明したもの。

*2 アブサロム——ダビデのお気に入りの第三子であったが、父親に反逆してヤコブに殺された。

*3 カインとアベル——カインはアダムとイヴの長男で、弟のアベルを殺害した。「創世記」4章。

*4 ヤコブとエサウ——イサクとレベッカの双子の息子。エサウはヤコブの弟で、一杯の羹（あつもの）と引き替えに家督相続権を売った。ヤコブはのちに名前をイスラエルと変え、この名がイスラエル民族に冠せられた。「創世記」25・21-34。

*5 エフォド——古代の大祭司のエプロン状の法衣。豪華な刺繡がほどこされ、金環でとめられた二つの肩章と胸あてがついている。「出エジプト記」28・6、7、25-28。

*6 エレミア——紀元前6～7世紀の大預言者。「悲哀の預言者」とよばれている。

*7 ヘロディアの娘——聖書にはサロメという固有名詞で

書かれてはいない（「マタイによる福音書」14・6-11）が、この娘は、ヘロデの後妻であったヘロディアの娘サロメ。サロメの舞を喜んだヘロデに対して、母親のヘロディアがサロメをそそのかしてバプテスマのヨハネの首を望ませ、ヘロデはこれに応じてあたえたとされる。

*8 「シラ書」──ローマカトリックで、「シラ書」または「集会の書」とよばれ、プロテスタントでは「ベン・シラの知恵」、ギリシア正教では「シラフの子イイスの叡智の書」とよばれる。聖書外典の一書。

*9 会堂長のヤイロ──選挙で選ばれるシナゴーグ役員の長。

*10 モーセ五書──『旧約聖書』の最初の五書。「創世記」、「出エジプト記」、「レビ記」、「民数記」、「申命記」（Deuteronomy）の総称。

➡子ども期の理論

●参考文献

Bottigheimer, Ruth B. 1996. *The Bible for Children: From the Age of Gutenberg to the Present*. New Haven, CT: Yale University Press.

Daube, David. 1942. "How Esau Sold his Birthright." *Cambridge Law Journal* 8: 70-75.

Hayward, R. 1981. "The Present State of Research into the Targumic Account of the Sacrifice of Isaac." *Journal of the Study of Judaism* 32: 127-150.

Heider, George C. 1985. *The Cult of Molek: A Reassessment*. Sheffield England: JSOT Press.

Levenson, Jon. 1993. *The Death and Resurrection of the Beloved Son: The Transformation of Child Sacrifice in Judaism and Christianity*. New Haven, CT: Yale University Press.

Longacre, Robert E. 1989. *Joseph: A Story of Divine Providence. A Text Theoretical and Text Linguistic Analysis of Genesis 37 and 39-48*. Winona Lake: Eisenbrauns.

Mendelsohn, Isaac. 1959. "On the Preferential Status of the Eldest Son." *Bulletin of the American Schools of Oriental Research* 156: 38-40.

Weinfeld, Moshe. 1972. "The Worship of Molech and of the Queen of Heaven and Its Background." *Ugarit-Forschungen* 4: 133-154.

（RUTH B. BOTTIGHEIMER／並河葉子訳）

精神衛生学（Mental Hygiene）

精神衛生学は、精神医学のなかで公衆衛生学の分野に属するが、1910年から1960年頃にかけて影響力をもっていた。第2次世界大戦以降、精神衛生学の理念は、とくに1960年代のコミュニティ健康運動によって、当時主流であった精神分析学にしだいに統合されるようになった。それ以降、精神衛生学あるいは精神的な健康運動は、独立した運動としては存在しなくなった。

クリフォード・ビーアズ（1876-1943）*

精神衛生学者たちは、**精神疾患**の治療に焦点を置くかわりに、精神的な健康状態の初期治療・予防・促進を強調した。精神衛生学者たちは子どもに関心をもつが、それは彼らが、精神疾患と精神障害が子ども期の初期の経験と重要な関連性をもつことになると確信していたからである。彼らが予防に関心をもったことは、彼らが進めてきた公衆衛生の教育活動を、両親に焦点をあてて行なうようにさせたが、それは、親たちに、子どもの発達と子育てにかんする最新の科学的洞察を知らせるためであった。精神衛生学者たちも、教育システムを予防的な治療活動にとって適切な場所と見ており、教員養成と教育改革のプログラムにかかわるようになった。

精神衛生運動の起源

精神衛生学のための全国協議会（the National Committee for Mental Hygiene: NC）は、多数の主導的な精神医学者たちと、クリフォード・ビーアズ*1らによって、1909年にニューヨークで設立された。ビーアズは、自身が神経衰弱になったのち、いくつかの精神病院を設立した人物であった。彼はその自伝『わが魂に出会うまで』（*A Mind That Found Itself*, 1908）のなかで、自分の体験と精神病院の嘆かわしい状況を描いている。この全国協議会は、精神病院の状況を改善すること、精神医学の研究を活性化すること、精神医学教育の質を改善すること、精神疾患の予

防法を開発すること、そして、精神医学と心理学の分野を普及させることなどを目的にしていた。精神衛生学は精神医学のなかで生まれたが、精神衛生学という理念も、ソーシャルワーカー、教師、心理学者、社会学者、そしてその他多くの専門家たちを鼓舞した。その結果、精神衛生運動は本質的に学際的になった。

精神衛生学の基本的な理念は、力動精神医学者アドルフ・マイヤー*2に由来する。マイヤーによると、精神疾患と精神障害は、個人と環境とのあいだの力動的な相互作用の所産であった。進化論とプラグマティズムの哲学に触発されたマイヤーは、こうした状況を日常生活におけるさまざまな課題に対する不適切な対応として、あるいは不適応形態として解釈した。個人の生活史を精査することは、精神衛生学者たちが不適応の起源を追跡するのを可能にし、予防的な治療を可能にした。マイヤーの見解では、不適応の初期形態の治療は、そのあとに起きるさらに深刻な諸問題を予防できるとされた。彼の考えは、予防法のための示唆をいくつかふくんでいた。

アメリカでは、1920年代を通じてジークムント・フロイトの精神分析学の理念がしだいに影響力をもつようになっていた。精神分析学は、子ども期の初期の経験と、それがのちの人生の精神的な健康状態におよぼす影響を重視した。精神衛生学者たちは、予防的処置をとることは、発育中の子ども、および子どもと非常に広範囲にわたって接触する人間、すなわち両親や教師たちに対する最善の指示であると確信するようになった。もともと精神衛生学者たちは、年少の子どもの情緒障害の問題に治療的な処置をすることの重要性を強調していた。のちに彼らは、すべての成長中の子どもたちを対象にした精神衛生学を推進する重要性も強調した。

1920年代に活動をはじめていた精神衛生学者たちは、子どもたちの日常的な諸問題に対する治療分野を推進した。全国協議会は、**児童相談クリニック***3を設立する手段であった。もともとこの種のクリニックは**少年裁判所**と結びついていた。これは、少年裁判所と結びついていたシカゴの少年精神病質研究所（Juvenile Psychopathic Institute）の初代所長であった**ウィリアム・ヒーリー**（1869-1963）のクリニックをモデルにしたものであった。1917年、ヒーリーは、ボストンのベーカー判事記念財団の理事になっていた。ヒーリーによれば、少年非行者は、その能力、家庭環境、感情生活、動機、知能を確認するために、心理学者、精神医学者、およびソーシャルワーカーたちからなるチームによって、個別に調査を受ける必要があった。これを基礎にすれば、個別的な治療計画を開発して実施することができる。1930年代を通じて、児童相談クリニックは、少年非行者たちを診断して治療することにはあまり重点を置かなくなり、中産階級の子どもたちの情緒障害の問題に治療的な処置のほうに

り多くの関心をもつようになった。児童相談クリニックはしだいに、自分自身の決定にもとづいて助けを求めてやってくる両親と子どもを治療するようになった。

1920年代を通じて、子どもにかんする学術研究は、いくつかの学術組織での子どもの発達研究を支援した大規模な慈善組織である**ローラ・スピールマン・ロックフェラー記念研究所**によって設けられた基金の結果、しだいに名声を得て、十分に系統立てられるようになった。その目的は、ふつうの子どもの発達を調査し、その調査から得られた結果を普及させることであった。この調査に刺激された多数の主導的な精神衛生学者たちは、予防的治療活動は、不適応の初期徴候を検出することにはもはや関心をもつべきではなく、それに代わって、通常の子どもの発達にみられる異常を追跡することに関心を集めるべきであると主張した。その結果、予防的治療活動は、両親と教師にとって問題児であった子どもだけを対象にすることに代わって、問題が潜在するすべての子どもを対象にするようになった。1930年代を通じて、何人かの主導的な精神衛生学者たちは、学校児童の精神衛生を促進するための教育プログラムを開発した。

精神衛生と教育システム

精神衛生学者たちは、教育システムを予防的治療活動を行なうための前途有望な場所であると見ていたが、それは、教育システムは、問題を潜在的にもっているすべての子どもを網羅できるからであった。こうして彼らは、1930年代を通じて、教員養成プログラムに影響をおよぼし、発達心理学をふくめることに成功した。もともと彼らは、教育実践から派生する諸問題——とくに、逸脱行為に対する統制と処罰を維持する方法——に対応する精神衛生学に向けて教師たちの意識を高めたいと考えていた。多数の教育改革者たちは、必要とされるカリキュラムは子どもの発達に対する洞察と矛盾しないように編成されるべきであると要求していたが、そうすることによって教育改革の合理的根拠を提供するために、精神衛生学に関心を示すようになっていた。さらに、多数の進歩主義的な教育改革者たちは、学校を、子どもたちが環境への適応力を訓練する場所であると見ていた。たとえば彼らは、学校とは人生の準備をするところと考えていた。教育における人生への適応力の育成運動は、学校は彼あるいは彼女の知性面だけでなく、子どもの全体を訓練すべき場所であると主張した。教育改革者たちは、大半の子どもたちにとってはまとはずれになっていると彼らが見ていた精神的規律と機械的な学習方法であることを理由に、伝統的なアカデミックなカリキュラムを批判したのであった。それに代わって、彼らは職業訓練とかプロジェクト学習*4といった、教育的な独創力の多様性を唱導した。こうした考えが教育におよぼした影響は非常に大きく、人格発達が教育の中心的な目標のひ

とつになった。

　第２次世界大戦後に精神衛生学の理念がおよぼした影響は、子育ての助言文献のなかで、両親、とくに母親のあいだに広まった関心に具体的に示されていた。批評家たちは、この種の文献は、母親たちに自分の子どもの幸福について不必要な懸念をいだかせていると主張し、教育におよぼす精神衛生学の理念は、しばしば基礎的なアカデミックな能力を教えることを重視する立場から論駁された。1990年代になると、精神医学と心理学の理念が教育実践におよぼす影響は、北アメリカにおける教育の衰退原因のひとつとして批難された。

[訳注]
*1 クリフォード・ビーアズ（Clifford W. Beers, 1876-1943）——アメリカの社会改革家、精神衛生学の先駆者。当時の閉鎖的な精神病院で重症うつ病の入院治療を受けた経験があるビーアズは、自身の精神病治療の経験談を *A Mind That Found Itself*（1908）[ビーアズ『わが魂にあうまで』江畑敬介訳、星和書店、1980年] で著し、精神病患者が置かれていた劣悪な入院環境や非人道的な処遇の改善を強く訴え、改善運動を起こした。力動精神医学（精神分析）を専攻していた精神科医のA・マイヤー（Adolf Meyer, 1866-1950）が、ビーアズが起こした精神衛生運動を支援し、コネティカット州に精神衛生協会が設立され、その後この運動はアメリカを越えて世界中に広まった。

*2 アドルフ・マイヤー（Adolf Meyer, 1866-1950）——スイス生まれのアメリカの精神病学者、精神科医。ジョンズ・ホプキンズ大学とコーネル大学の精神科教授を勤め、20世紀前半でもっと影響力が大きかった心理学者の一人。クリフォード・ビーアズの精神衛生運動を支援して、精神病治療の改善に尽力した。アメリカ精神医学会会長となった。

*3 児童相談（child guidance）——治療教育の一環として、環境不適応または知能の遅れた子どもを精神医学の力を借りて治療し、再教育すること。情緒障がい児のカウンセリングを行なう。child guidanceという表現の初出は1927年からである。

*4 プロジェクト学習（project learing）——プロジェクド・メソッド（project method、構案教授法）あるいは課題学習法ともよばれ、子どもたちに自主的な学習計画を立てさせることによって、具体的に生産や生活の向上をめざす教授法として広まった。これは1919年に、アメリカの教育哲学者キルパトリック（William H. Kilpatrick, 1871-1965）によって提唱された。子どもの興味にもとづく学習法であるため、学習の動機づけが強く、学びのリアリズムが保たれる反面、子どもの興味は持続せず、断片的になりやすく、学習の系統性と体系性を獲得しにくい。

➡衛生学と子ども、子育ての助言文献、子どもの発達概念の歴史、児童心理学、非行

●参考文献
Beers, Clifford W. 1913. *A Mind That Found Itself: An Autobiography*. 3rd ed. New York: Longmans, Green. クリフォード・ホイティンガム・ビーアズ『わが魂にあうまで』（江畑敬介訳、星和書店、1980年）

Cohen, Sol. 1983. "The Mental Hygiene Movement, the Development of Personality and the School: The Medicalization of American Education." *History of Education Quarterly* 23: 123-148.

Dain, Norman. 1980. *Clifford W. Beers: Advocate for the Insane*. Pittsburgh: University of Pittsburgh Press.

Jones, Kathleen. 1999. *Taming the Troublesome Child: American Families, Child Guidance, and the Limits of Psychiatric Authority*. Cambridge, MA: Harvard University Press.

Meyer, Adolf. 1948. *The Commonsense Psychiatry of Adolf Meyer: Fifty-Two Selected Papers Edited, with Biographical Narrative, by Alfred Lief*. New York: McGraw-Hill.

Pols, Hans. 2002. "Between the Laboratory and Life: Child Development Research in Toronto, 1919-1956." *History of Psychology* 5, no. 2: 135-162.

Richardson, Theresa. 1989. *The Century of the Child: The Mental Hygiene Movement and Social Policy in the United States and Canada*. Albany: State University of New York Press.

（HANS POLS／北本正章訳）

精神疾患（Mental Illness）

　精神疾患とは、個人の知的、情緒的および心理学的な構成に影響をおよぼす一連の機能障害と病気のことである。その因果関係は、（器質的および遺伝的な慢性病から環境的な誘因にまで、貧しい栄養状態や貧困状態から心理的トラウマにまで）広範囲にわたっているが、それがどれくらい多くの回数なのかはわかっていない。無数の機能障害が精神疾患というよび方のもとに分類されているため、一般化された「治療」は、開発されてこなかった。機能障害がおよぶ範囲の効力を改善する手がかりとしては、さまざまな病態、カウンセリング、薬学的介入などの治療法がある。

　精神疾患は、時間と場所という文脈から切り離された社会的真空状態には存在しない。その考えられる病因学（etiology、諸原因）と徴候は、疾病が存在する社会的な状況の反映である。20世紀は精神疾患の徴候を示す人の数が非常に大きく増えた時代であった。この現象が、より正確になった報告方法と、分類上の記載水準が変化した結果によるものなのか、それとも、この病気に苦しむ人の数が全般的に増えたためなのかについては、まだ論争が続いている。しかし、21世紀の変わり目の子どもたちが流行性の精神疾患に苦しんでいることは、まぎれもない事実である。2003年のアメリカでは、非常に多くの子どもが、エイズ、白血病、糖尿病などに関連する病気よりも精神医学的な

疾病に苦しんでいる。こうした子どもたちの精神疾患によってひき起こされる諸問題に向けて提示される解決策は、その社会の基礎をなすいくつかの前提を映し出している。こうした解決策が、同じように何度も変化してきたことは、アメリカ社会そのものが歴史のなかで、その知的な前提を作りなおしてきたことを反映している。

植民地時代のアメリカにおける宗教的原因

伝統的に、子どもの情緒的および心理的な問題は、宗教というプリズムをとおして見られてきた。幻覚を体験し、声を聞き、あるいは発作に耐えてきた子どもたちは、神あるいは悪魔のどちらかによって心を動かされた人間とみなされた。そこでは病因学は別世界のものと見られていた。したがって、機能障害を軽減することは、神への嘆願によってもたらされるものであった。これは、祈願、聖書の読解、そして個人による罪と罪悪感の告白においてなされた。

1692年のマサチューセッツ州セイラムの魔女の危機*1は、アメリカの植民地時代を通じて、子ども期の精神疾患がどのように認識され、どのように扱われたかを示すもっともなじみ深い例を示している。幻想、呪文、身体の機能障害、そして、悪魔は実際にセイラム村のなかとその周辺に住む人びとを支配しているという信念によって強調された、多方面にわたる精神錯乱による魔女の告発には、十数名の若い女性たちがかかわっていた。歴史家たちは、経済的、文化的、心理学的および医学的な説明をまことしやかに示しながら、この出来事についての「ほんとうの」原因を主張した。だが、わかっているのは、当時の人びとがただひとつの説明しかしていないことである——すなわち、魔女という告発に参加したこの村の若い女性たちは、現代的な言葉の意味では精神的な病気ではなかったということであり、彼女たちは、神と悪魔とのあいだで人間の霊魂をめぐってくりひろげられていた戦いの犠牲者であったということである。影響力のあったピューリタンの聖職者コットン・メイザー*2は、こうした信仰を、1692年に出版した著書『見えざる世界の不思議』（Wonders of the Invisible World）のなかで非常に明確に表明していた。メイザーとその他のピューリタンの指導者たちは、これらの若い女性たちを、その年齢と依存的な状況を理由に、このような宇宙の戦いによってひき起こされる幻影をいだきやすく、身体への攻撃を受けやすいと見ていた。悪魔から魔法をかけられた者に対する罰だけでなく、悩んでいる者への祈願は、魔女ヒステリーにかかわった少女たちの身体的および精神的な病気に対する治療だとみなされていた。

18世紀における社会的原因への転換

18世紀までに、宗教的というよりはむしろ社会的な原因が機能障害を起こすという考えに信頼がよせら

フィリップ・ピネル（1745-1826）*

れるようになると、魔女と結びついていたヒステリー症的な暴動や悪魔にとりつかれることは鎮静した。この時期を通じて、子ども期に発現する精神的な機能障害は、目にみえるもの、あるいは見かけ上の流行であるとみなされた。子ども期は、大人世界の問題や苦役などには直面しない、一方的な楽しみの時期とみなされるようになった。精神的な機能障害の徴候を示している大人は、階級と社会的地位に対応した異なるやり方で取り扱われた。精神的な問題の徴候を示している上流階級の人間は、通常、家庭内で看護を受け、奇妙であるとか常軌を逸しているなどとよばれて分類された。精神的な機能障害の徴候をひんぱんに示す下層階級の人びとは、自分や家族だけではどうすることもできず、共同体から「見放される」か救貧院に送られるかし、それ以外の者はすべてだれかに扶養されていた。精神病者のための分離施設は、アメリカの植民地時代末期と近代国家の頃に発展した。そして、収容した患者たち（しばしば「同居者」[inmates]とよばれた）に対して、原始的な医療処置（下剤を用いた腸の洗浄とか瀉血*3）をほどこし、精神的な規律をあたえるために労働を強制したり、治療計画にもとづいた道徳教育などが、フランスの医師フィリップ・ピネル*4によって開発された。しかし、こうした新しい施設（これは、その創設者たちが、患者たちをますます複雑化する社会の問題からのがれてきた人びとだと見ていたように、しばしばアサイラム［避難所］とよばれていた）に、子どもの収容が認められることはほとんどなかった。子どもたちは、それぞれの行政区が彼らを育て

には個人および宗教団体あるいは政府の慈善組織に頼らざるをえなかったため、家族の精神的な機能障害の犠牲者になることが非常に多かった。

19世紀におけるジェンダー区分

　19世紀には、精神的な機能障害の範囲を形成する慢性疾患がしだいにジェンダー区分されるようになった。19世紀前半に西ヨーロッパとアメリカに広まった産業革命は、職業と地位による性の分離が表面化する原因になると同時に帰結にもなった。この社会のありさまは、「引き離された領域」という概念でよばれたが、それは、男性たちが一家の大黒柱として家庭の外ではたらき、女性たちが家庭的な領域の守り手として世帯を切り盛りする社会であった。このパラダイム転換に連動して、女性の感情的、知的、および性的な性質についての認識の変化が起きた。暮らして行くには男性の保護が必要であると考えられていたので、女性たちは、扶養される人間という大きなカテゴリーのなかに分類されることになったが、このカテゴリーには子どもたちもふくまれていた。19世紀なかばまでに、女性と若い少女たちは、医師や社会批評家たちがそれを女性の構造と情緒性にともなう特殊な問題に結びつけた一連の精神的な機能障害を示していた。こうした機能障害は、抑圧的な憂鬱状態から異常なまでに高揚した感情にいたるまでの、感情の全領域にわたって、深刻になりやすく、あるいは長引き、能力を奪い、ただわずらわしいのである。治療の試みは、床上安静から、避難所滞在、それに、水治療法と体内洗浄のような医療的介入に向けての食養生改変など、多岐にわたった。大半の養生法は成功しなかったが、多数の女性が「ふつうの」生活を送ることができるほどまで回復した。

　このような機能障害は、女性のなかではじめて高い水準の正式の教育を受けていた上流階級と中産階級の若い女性に異常なまでに集中的に起きたが、その教育は、当時広まっていた女性の依存性という前提と激しく矛盾したかもしれない。19世紀の最後の25年までに、医療にかかわる医者たちは、こうした感情にかかわる病気の名前——神経衰弱症、つまり虚弱性の精神システム——を開発した。アメリカの神経科医ジョージ・ビアード[*5]とアメリカの生理学者S・ワイアー・ミッチェル[*6]によって一般化されたこれらの用語は、女性化された神経質なエネルギーと関連づけられた精神的な問題に対応する、すべてを網羅したカテゴリーになった。若い上流階級の男性も神経衰弱症と診断されはじめたこと（たとえば、アメリカの心理学者で哲学者でもあったウィリアム・ジェームズ［1842-1910］は、ほぼ一年近く神経症の問題で動けなくなっていた）は、医者たちにアメリカ文化の女性化を公然と批難させることになった。「精力的な人生」[*7]というお節介な表現は、この病気に苦しんでいる「弱い」若い男性を治すのにうってつけだとされた。

　神経衰弱症は、労働階級出身の若者のあいだでは問題視されていなかった。これらの若者が示す感情にかかわる問題は、彼らの劣った知的な性質あるいはその生い立ちの背景に起因すると考えられた。19世紀の最後の20年間に、南ヨーロッパと東ヨーロッパからの大量の移民の流れがはじまると、アメリカの労働階級の構成は、しだいに外国の性格をおびるようになった。医者たち（そのほとんどは白人のアメリカ人であった）は、やってきた外国人たちを劣った人間と見て、複雑な現代社会と関連する問題には対処できないだろうと考えていた。アメリカ社会の体制への同化不足、多数の若い移民の男性がかかわっているらしい軽犯罪、あるいはまた、移民の若い女性たちを、女性にふさわしいふるまいの基準にむけてしつけるのは無理だと思われていること、これらすべてが、移民を劣等視する考えの背景にあった。精神的な問題をかかえた人びとのための州の施設がますます外国人たちによって構成されるようになったことは、こうした考えを確証させたようである。移民たちのあいだのこうした精神的な機能障害の問題は、遺伝されたものがあらわれたのであって、したがって変えることはできない性向であるとみなされたため、治療不能だと考えられたのであった。

20世紀——社会学的、心理学的および医学的なパラダイム間の競争

　1900年当時、子ども期と青年期は、その独自の問題と可能性をもつ、ほかとは明確に区分される人生段階とみなされた。子どものニーズを視野に入れて設計された個別の公的制度の発達は、20世紀の最初の20年間を通じて進歩主義時代の変革を示す鍵となる重要な要素になった。歴史家たちは、この時期を通じて増加した年少の違反者のための**少年裁判所**と特別な施設が社会改革の手段なのか、それとも社会統制の手段なのかをめぐって論争している。だが、そこで争点になっていないのは、子どもは大人とは異なるニーズと関心をもっているがゆえに、大人とは違う扱いを受けるべきであるという考えであった。この重要な変化のために、歴史家のテレサ・R・リチャードソンは、改革者エレン・ケイの前例に続いて、20世紀を「児童の世紀」とよんだ。

　こうした変化を受けて、医者たちは、子ども期の病気の問題を別個の分析カテゴリーとして調査しはじめた。子どもの精神的な機能障害もこの変化をまぬがれなかった。同時に、別個の専門分野としての心理学の発達は、精神的な機能障害をひき起こす原因とその病気を構成するものについての理解の分岐点を見ていた。神経衰弱の問題は、体細胞にかんする病気（身体に影響をおよぼす病気）というよりは、感情的あるいは知的な問題とみなされるようになった。したがって、

神経衰弱症は、医学的な干渉ではなく、セラピーとカウンセリングによって治療でき、軽減することができた。しばしば狂気というあらゆる症状に対応可能な言い方で分類される、もっと重篤な精神病は、大規模な国家制度の職員として過小評価されていた医者の守備範囲にとどまっていた。狂気は治療不能であると思われていたが、1920年代と1930年代までには、医者たちは、確固たる複合的な結果を生む電気ショック療法とかロボトミー手術[*8]のような侵襲技術[*9]を用いた実験を行なった。最後に、精神的な機能障害と分類されたいくつかの問題、とくに年少の少年たちに結びつけられる窃盗とか学校のずる休みなどの問題はしだいに、医学的な機能障害というよりもむしろ社会的な機能障害とみなされた。そのようなものとして、これは、心理学者や医者たちよりもソーシャルワーカーと少年裁判所の担当者が扱うべき問題になった。

20世紀を通じて、社会学、心理学、そして医学におけるそれぞれのパラダイムは、精神的な機能障害の全般に対して、とりわけ子ども期の精神的疾患に対する支配権をめぐって張りあった。ほぼ1975年までに、精神疾患として知られるようになった分野を超えた主導権を確立するうえで医学モデルが成功したことは、将来の発展が見こめる契機であった。社会状況に適応する際の諸問題を扱う医療体制化は、それまで本質的に社会的な問題であると考えられてきた機能障害を解決するために、医師の処方箋無しでの医薬品と処方箋による医薬品の両方に対する信頼につながった。遺伝学の新しい進歩は、薬物中毒やアルコール中毒といった機能障害が拡張する際の生物学的特徴の重要性を明らかにした。最後に、アメリカ精神医学会の『精神障害の診断と統計マニュアル』(the Diagnostic and Statistical Manual of Mental Disorders：DSM)[*10]は、精神的な機能障害のタイプと数を、1952年に出版した第1版の112から、1994年に出版した第4版の374へと大幅に増やした。こうして新しく定義された機能障害は、とくに子ども期の精神疾患を扱った。21世紀の幕開けとともに、子ども期の精神疾患は大きな社会問題であると定義された。医学的な介入の効果と子ども期の精神的な機能障害の真の性質をめぐって激しい対立を生む議論が続いていることにみられるように、その解決策と治療法を手に入れるのはまだむずかしいようだ。

子ども期の精神的な機能障害の医療体制化をめぐる争点をむずかしくしているのは、これらの疾患を示している子どもの数が増大していることと、この問題の社会階級的、人種的、およびジェンダー固有の特性についての懸念である。行動障害や反抗的拒絶など、いくつかの障害は圧倒的に若い男性に起きるのに対して、とくに**拒食症**とか過食症のような摂食障害はおもに女性に起きるという特徴がある。多くの場合、不安障害は女性に起こるが、注意欠陥・**多動性障害**（ADHD）と自閉症の流行は、同じように男性の重要な構成要素を示す。医学者と研究者たちは、たとえば、10代の**自殺**率が増えつづける間の、遺伝と、子ども期の精神分裂症のような機能障害とのあいだの強い結びつきを研究している。10代の暴力は——1999年にコロラド州リトルトン郊外のコロンバイン・ハイスクールで起きた、中産階級の白人の生徒による銃撃のような注目された事件[*11]にもかかわらず——圧倒的に貧しい、マイノリティの、都市近郊の人びとに集中している。医学者たちは、マイノリティの若者たちは、同じような精神的な健康問題に苦しんでいる白人の若者たちにあたえられる支援の約3分の1しか受けていないと報告している。アメリカ国立衛生研究所[*12]の2001年の報告は、子どもたちと思春期の若者たちの10人に1人が、障害をひき起こすのに十分高いレベルの精神的な機能障害に苦しんでいるが、そのうち必要な治療を受けたのはわずか20パーセントでしかないことを示している。子どもの精神疾患の問題は、市民が、これらの機能障害の特質と、この疾患がより幅広い社会的傾向と関係していると議論しているように、21世紀のかなりの時期までアメリカ人にとって広範な国民的な懸念でありつづけるだろう。

[訳注]

*1 セイラムの魔女裁判（Salem witchcraft trials）——20歳以下の村の少女たちの「告白」によって、200人近い村人が魔女として告発され、そのうち19人が処刑され、1人が拷問中に圧死、5人が獄死した。無実とされる人びとが根拠のないまま次々と告発され、裁判にかけられた。集団心理による暴走例として、これまでに何度も文学者や歴史家によってとりあげられた。

*2 コットン・メイザー（Cotton Mather, 1663-1728）——アメリカのピューリタン聖職者で、ハーヴァード大学を卒業し、政治的にも宗教的にもニューイングランドのピューリタンのあいだで大きな影響力をもった。イギリスの科学者ロバート・ボイル（Robert Bpyle, 1627-1691）の影響を受け、家畜の品種改良、土壌改良なども手がけた。ピューリタンの父親は、ハーヴァード大学学長で、セイラム魔女裁判では主要な役割を担った。

*3 瀉血(しゃけつ)（bleeding）——治療目的で、一定量の血液を体外に放出する古くから行なわれていた治療法。高血圧症、脳出血などの治療法として行なわれていた。

*4 フィリップ・ピネル（Philippe Pinel, 1745-1826）——フランスの医師。「精神病患者を鎖から解きはなった」はじめての医者として、人道的な心理学の臨床を重んじる精神理学医療と看護法の開発を進めた。薬の過剰投与に代わる人道的な精神理学療法によって、臨床医学的に患者のニーズにより添った温かみのある看護をめざし、患者の人権を重視した人道的精神医学の創設者とよばれる。

*5 ジョージ・ビアード（George Miller Beard, 1839-1883）——アメリカの神経科医で、1869年頃から神経衰弱

(neurasthenia) という用語を一般化したことで知られる。
* 6 サイラス・ワイアー・ミッチェル（Silas Weir Mitchell, 1829-1914）――アメリカの医者。カイザルギー痛（causalgia、灼熱痛）の発見者。
* 7 「精力的な人生」（The Strenuous Life）――1899年4月10日に、セオドア・ルーズヴェルト（Theodore Roosevelt, 1858-1919）が、大統領になる前にシカゴで行なった演説のタイトル。ルーズヴェルト自身の経験にもとづいて、精力的に努力して困難を克服することが20世紀のアメリカ市民の理想だと述べた。
* 8 ロボトミー（lobotomy）――肺や脳などで臓器を構成する大きな単位である「葉」（lobe）を切除することを意味する外科分野の術語で、とくに、かつての精神外科（のちに脳神経外科）で、脳に外科的手術を行なうことにより精神疾患の治療が行なえるとした医療分野の術法。散発的に行なわれていたが、現在では、抗精神病薬の発明とロボトミーの副作用が大きいため行なわれていない。
* 9 侵襲技術（invasive techniques）――医学的治療において、生検など、針・カテーテルなどを用いるなどして、体細胞を傷つけることによって診断をつける方法。
* 10 『精神障害の診断と統計マニュアル』（the Diagnostic and Statistical Manual of Mental Disorders：DSM）――精神障害の分類（英語版）のための共通言語と標準的な基準を提示するもので、アメリカ精神医学会によって1952年に第1版（DSM-I）が出版された。当初のDSMは、統計調査を目的として作成されたが、第3版（DSM-III）から明確な診断基準を設け、診断が異なる場合の信頼性の問題に対応しようとした。「特定の状態が特定の期間に存在する」という具体的な診断基準を設け、疾病の解明にくわえ、各々の医師等のあいだにおける結果の比較を可能にするとともに、疫学的調査にも有用性を増した。最新のDSMは第5版（DSM-V）で、2013年5月18日に出版された。第4版の日本語の邦訳名は、高橋三郎・大野裕・染矢俊幸（訳）『精神疾患の診断・統計マニュアル（DSM-IV-TR）』（新訂版）（医学書院、2004年1月）。DSMは、世界保健機関による疾病および関連保健問題の国際統計分類（ICD）とともに、国際的に広く用いられている。
* 11 コロンバイン・ハイスクールで起きた事件（コロンバイン高校銃乱射事件）（the Columbine High School shootings; Columbine High School massacre）――1999年アメリカコロラド州の高校で起きた銃乱射事件。同年4月20日、ジェファーソン郡コロンバイン高校に、散弾銃とライフル銃などで武装した2人の少年（17歳と18歳の男子生徒）が押し入り、銃を乱射した。死者は12名の生徒と1名の教師、負傷者は24名で、犯人2人は自殺した。学校で起きた無差別大量殺人事件としては、アメリカ史上それまでで最悪の事件であった。その後、2007年4月16日には、ヴァージニア工科大学で23歳の男子学生による銃乱射事件が起き、死者31名、負傷者29名と被害の規模がさらに上まわった。
* 12 アメリカ国立衛生研究所（National Institutes of Health: NIH）――移民が急増しはじめ、さまざまな伝染病がもちこまれていたことに対処するために1887年に設立されたアメリカでもっとも古い医学研究の拠点機関。アメリカの保健福祉省公衆衛生局の管轄下に、本部はメリーランド州ベセスダに置かれている。国立癌研究所（NCI: National Cancer Institute）、国立心肺血液研究所（NHLBI: National Heart, Lung, and Blood Institute）、国立老化研究所（NIA: National Institute on Aging）、国立小児保健発達研究所（NICHD: National Institute of Child Health and Human Development）、国立精神衛生研究所（NIMH: National Institute of Mental Health）など、それぞれの専門分野を扱う研究所と、医学図書館（NLM: National Library of Medicine）などの研究所以外のセンター組織など、全部で27の施設と所長事務局（OD: Office of Director）によって構成されている。病気・障害の原因・診断法・治療法・予防法などを研究するとともに、その成果と知識を普及させることで、人類の健康状態を改善させることを目的に掲げ、世界中の研究機関に資金助成もしている。この機関に在職する科学者の100人以上がノーベル賞の受賞者である。

➡児童心理学
● 参考文献
Gijswijt-Hofstra, Marijke, and Roy Porter, eds. 2001. *Cultures of Neurasthenia: From Beard to the First World War*. Amsterdam: Rodopi.
Lutz, Tom. 1991. *American Nervousness, 1903: An Anecdotal History*. Ithaca, NY: Cornell University Press.
Richardson, Theresa R. 1989. *The Century of the Child: The Mental Hygiene Movement and Social Policy in the United States and Canada*. Albany: State University of New York Press.
Safford, Philip L., and Elizabeth J. Safford. 1996. *A History of Childhood and Disability*. New York: Teachers College Press.
● 参考ウェブサイト
"Childhood Mental Health." Available from 〈www.childhooddisorders.com〉
"Mental Disorders in America." Available from 〈www.nimh.nih.gov/publicat/numbers.cfm〉
（STEVEN NOLL／北本正章訳）

精神遅滞（Retardation）

精神遅滞には多くの解釈がある。過去には、精神遅滞は疾患と考えられたことがあるし、ほかにも、能力障害と考えられたこともある。現在、アメリカの多くの専門家はアメリカ精神遅滞学会（the American Association for Mental Retardation：AAMR）が公表した定義を採用している。その定義には、精神遅滞は疾患でも能力障害でもなく、知的能力と適応能力に

限界がある機能状況をさす、とある。人びとは、適切に標準化された道具でテストされた知能指数（IQ）が70点以下だと精神的な遅滞があると分類する。精神遅滞者は、適応能力に問題があり、この問題は18歳以前に進行する。精神遅滞の有病率は、これまでのところ人口の約3パーセントと考えられている。精神遅滞を示す人の大部分が最小限の支援しか必要としておらず、耐えうる環境下では察知されることはなかろう。人によっては、家族や専門家の大きな支援を必要としている。精神遅滞の原因はほぼ均等に、有機的なものと非有機的なものに区分される。有機的な原因としては、出生前の損傷、たとえば代謝や遺伝上の疾患といった出生前の早産や分娩外傷、子ども期の病気やトラウマなどがあげられる。一方、非有機的な原因は環境の喪失と結びついている。多くの場合、この病気の原因は不明である。その治療には、通常多くの専門分野にわたって、精神遅滞の人が家庭内や学校、職場や社会において必要な支援が多様に提供されている。

アメリカ精神遅滞学会の定義は21世紀には広く受け入れられているが、ヨーロッパ文化には精神遅滞を標準からの逸脱・無能・疾病と見る伝統的な解釈が深くしみついている。これらの解釈、いわゆる蔑視は、精神遅滞の人びとに対する社会の考え方と対応の仕方に影響した。そのルーツは、哲学的論争、宗教的信念、科学の諸発見、そして過去の社会的展開にある。歴史上の記録は、精神遅滞の人びとが白痴・愚鈍・低い知能・精神的欠陥などをふくむ精神遅滞とその類比的な状態と結びついたさまざまな意味を示している。この歴史のレビューでは、これまで精神遅滞がどのように定義されてきたのか、またいまなお定義されつづけているのかを多様な方法で描いてみることにする。

精神遅滞の構成についての起源は、知能の本性を反映している古代ギリシアとローマの哲学者の著作のなかに見える。**プラトンもアリストテレス**も、人間の価値を理性をはたらかせる能力に見出している。この二人の哲学者は、知能の質に依拠して人類をほかの生物と区別する。道理を説く能力に欠ける人びとは、人として認められず、そのため社会的に下等とみなされていた。紀元前5世紀のヒッポクラテス[*1]のものとされている著作では、生理学的な説明が採用されている。この著作から、知能を脳に見出し、体液説による知能の解釈がとられていたことがわかる。もっとも優秀な知能をもつ人びとは身体の温度と湿度のバランスがとれる性質をもつと考えられていた。一方、知能を欠く人びとは温度が低く、湿度が高いと考えられた。構成要素の感度の種類も知能に影響をおよぼすと考えられた。当時の医学では、ヒッポクラテス学派の著作によって健康であるか病気であるかが定義され、これは精神遅滞の人びとに対する後世の識別の基礎として役立つことになる。2世紀末のローマで執筆していたガレノス学派の人びとはヒッポクラテスの知能理論を採用し、それを体系化し、体液説において洗練した。知性の本性についてのガレノスの理解は18世紀のかなりの時期に多数の科学者と哲学者によって支持された。

古代のローマ法は、西ヨーロッパの法律体系において、意図せざるして罪を犯した犯罪者に対する寛大な処置という概念に寄与した。ローマ人は、無能力を乳幼児期と結びつけながら、犯罪者の理解力と意図に応じて罰をあたえる法律を確立した。この原理はヨーロッパの法制度の中心をなすが、アメリカでは、犯罪における責任能力と精神遅滞の問題は、21世紀初頭でもまだ論議をよぶ問題である。経済的、政治的な影響をもつもうひとつの法的前例は、中世イギリスで確認できる。13世紀に、イギリス国王は、個人の問題を処理することができない白痴と当時よばれていた人びとの財産について返還を要求している。その意図は、白痴と思われている人びとに後見人をつけることであったが、国王の財産を増やすという別の目的もあった。法律は、白痴を狂気から区別し、能力を決定する基本的な評価基準を制度化した。近世のイギリスとアメリカの植民地法は、家族の支援が受けられない精神遅滞の人びとに対する後見人制度と福祉救済制度を設けた。福祉を受ける適格性を判断するために、また、重罪を犯した人びとを査定するために、さまざまなテストが開発された。このような検査と法律一般は、助けを必要としている人びとへの支援を拡大したが、その一方では、精神遅滞に対して、依存・無能・幼児性といったイメージを植えつけた。

古代世界では、ほとんどの人びとは自分が目撃した不可解な出来事を多神教の神々のせいだと考えており、中世ヨーロッパでは、人びとはそれを魔女・悪魔・魔法などの超自然的な力のせいであると信じていた。だが、こうしたヨーロッパの見解は**ユダヤ教**やキリスト教、**イスラム教**という一神教の信仰によってしだいに変容された。この三つの宗教は、精神遅滞に対する近代の社会的な倫理観を築くこととなった。この倫理観は、人間に固有の価値を、人間が神に模して作られたものと考えているため、本質的に楽観的なものであった。公正の原則が確立され、恵まれない人びとへの慈善が支持された。キリスト教社会では、よく知られているように、白痴は神の創造のあらわれであり、神が創造した宇宙の多様性とみなされた。さらに、白痴は、純朴と純真無垢のあらわれであるとも考えられた。だが、このような寛大さにもかかわらず、宗教的信念は白痴の症状を子どもっぽい人、甘やかされた人、慈善を受ける価値のある人、援助も希望もない苦悩者というイメージを強める役割を果たした。事実、カトリックもプロテスタントも、人びとが白痴の人を秘跡から締め出し、そうすることで救済を否定してしまうことを禁じた。精神遅滞についてのこうした相反する描写は、その後も長く残り、21世紀でもまだ確認できる。

イギリスの解剖学者トマス・ウィリス[*2]の著作は、

白痴を対象とした最初の近代的な説明を行なった。ウィリスは白痴が先天的、もしくは重度の疾患や外傷による脳の機能障害が原因であるという見解を採用した。彼は、脳の小ささと関連する条件を理論化し、重度と軽度の二種類の白痴を識別し、軽度の白痴は重度の白痴よりも能動的であるとした。ウィリスはおそらく、白痴を疾患とみなし、その原因を推測し、治療を提言した最初の人物であった。しかし、当時の多くの医師たちと同じく、ウィリスは白痴の大半は恒常的で治療することは不可能であると考えていた。

1800年代を通じて、医学者たちは脳機能についての研究を重ねた。たとえば、フランツ・ヨーゼフ・ガル*3は脳の特定の場所の発達が知能の多様性を説明していると結論づけた。ガルのこの考えに影響を受けたほかの医学者たちは、知能を頭蓋の構造に結びつける骨相学の体系を発展させた。長いあいだ、脳の大きさは知能と関係するということが広く信じられていたが、1870年代までには、骨相学はもはやかえりみられることはなくなった。知能と道徳の類似点をあげるほかの理論も生まれた。1866年のジョン・ラングドン・ダウン*4の著書『モンゴル』（Mongols）によると、先天的白痴にみられるモンゴル系特有の顔つきは隔世遺伝によるものであり、人種の退化現象であるとされた。1859年にチャールズ・ダーウィンが『種の起源』を出版したすぐ後に、フランシス・ゴールトン*5は、社会に対して再生産の人為的選択をするようよびかけた。20世紀において、人間性に深い含蓄を残すこの社会統制の方法をゴルトンは優生学と命名した。知能と頭蓋構造との関係を解明しようとする試みに満足できなかったアルフレッド・ビネーは、それに代わる知能の測定法を考案した。ビネーは、弟子であったテオドール・シモン*6とともに、学習障害をもつ子どもを識別する知能テストを、1905年にはじめて創案した。

19世紀のヨーロッパにおけるほかの科学者は、白痴を狂気から識別し、また、能力を基礎にして白痴の諸段階を定義するための分類体系に関心をよせていた。その目的の一部は、治療可能な者とそうでない者を区別することにあった。フランスの医師エドゥアルド・セガン*7は、さらに研究を進め、白痴の四つのタイプをふくむ独自の分類体系を発展させた。セガンは、ほかの研究者とは違って、知能の低い人びとに対しては非常に楽観的な見解をとっていた。セガンは、パリの悪名高い精神病院、ビセトール病院の状況に抗議し、そこで役立てることができないと放置されていた重度の白痴者に対する治療プログラムを開発した。1848年、セガンはアメリカに移住し、そこでも生理学的方法にもとづいた教育プログラムを開発しつづけた。

だが、セガンの楽観的アプローチは長くは続かず、19世紀中頃には、白痴は永続的で治療不能という意味がふたたびつけくわえられた。アメリカでは、もともと精神遅滞の子どもたちに向けた教育を企図していた学校は、しだいに、もっと重度の障害をもつ人びとやリハビリが困難な人びとを受け入れる保護施設へと転じるようになった。1920年代までには、優生学運動が、道徳的におとっていると非難された精神遅滞の人びとに対する一般大衆の恐怖心をあおりたてた。社会から拒絶され、ふくれあがった精神遅滞の人びとを収容するために、制度環境はその力と規模を拡大した。ほとんどの精神遅滞の人びとはこれまで同様、最小限の公的補助を受けながら家庭内で家族の介護を受けつづけていたが、1970年代に向けて進んだ大規模な公的制度に置かれた膨大な数の社会的棄民は、充満する人間性の喪失と絶望の時代が来ることを予兆するものであった。

アメリカの公共計画の失敗に対応して、1960年代の中頃、精神遅滞のある子どもをもつ両親は自分たちを守るために組織を立ち上げた。精神遅滞の子どもをもつ親とその専門家仲間は、1960年代の公民権運動に後押しされながら、教育の機会、医学的治療、地域での生活環境、基本的人権などを追求した。1970年代の脱制度化運動と呼応したノーマリゼーション*8の概念は、地域コミュニティにおける精神遅滞の人びとへの公共サービスを促進した。それと同時に、生理学的問題の改善と予防に対する医学的進歩が達成された。この動きに敏感であった政治家や好意的な企業は、精神遅滞に対する計画と支援を供給するための法律制定に向けた運動を推進した。くわえて、司法裁判所における勝利は、精神遅滞にある人びとのための法案と計画を後押しした。とりわけ、それまで障害のために通学を認められなかった子どもをふくむすべての子どもに、公費で教育を受ける権利が保証された。重度の障害がある子どもは未だ隔離された状態ではあるものの、21世紀初頭には、精神遅滞のある子どものほとんどが、同級生とともに公立の学校で教育を受けている。地域社会での暮らしや社会参画、学校や職場での機会均等、司法裁判所における公正な扱い、そして自己決定といったすべての側面での意味ある参加について、精神遅滞にある人びとにかかわる課題はいまなお残っている。

［訳注］

*1 ヒッポクラテス（Hipocrates, 前460頃-377）——古代ギリシアの医学者。医学を原始的な迷信や呪術から切り離し、臨床と観察を重んじる経験科学へと発展させた。また、『ヒッポクラテスの誓い』（the Hippocratic Oath）として知られる言葉は、医師の倫理性と客観性について、現在でも受け継がれている。病気は4種類の体液の混合に変調が生じたときに起こるという四体液説を唱え、人間をとりまく環境（自然環境、政治的環境）が健康におよぼす影響についても言及した。これらの功績は古代ローマの医学者ガレノスをへてのちの西洋医学に大きな影響をあたえたことから、ヒッポクラテスは「医学の父」「医聖」「疫学の祖」などと称

*2 トマス・ウィリス（Thomas Willis, 1621-1675）――近代医学史において解剖学、神経学、精神病学の分野で顕著な貢献をした。1662年に創設されたロイヤル・ソサエティの設立メンバーの一人。とくに脳外科、神経と筋肉細胞の解剖学を進め、脳内の動脈の環状形態は彼の名をとって「ウィリス環」（Circle of Willis）とよばれる。

*3 フランツ・ヨーゼフ・ガル（Franz Joseph Gall, 1758-1828）――ドイツの医師。1800年頃、頭蓋骨のかたちから、人格、個々の発達、道徳感覚などを決定づけるという方法を考え出し、「頭蓋骨相学」（cranioscopy）と名づけた。この方法は、彼の弟子のヨハン・シュプルツハイム（Johann Spurzheim, 1776-1832）によって後年、Phrenologieという呼称に変更されたが、ガルは骨相学の創始者とされる。ほかに脳の解剖学、神経の生理学なども研究し、神経解剖学の進歩に貢献した。

*4 ジョン・ラングドン・H・ダウン（John Langdon Haydon Down, 1828-1896）――イギリスの医学者、眼科医。1866年に論文「白痴の民族学的分類にかんする考察」（学会発表は1862年）で「ダウン症」の存在を発表した。最初は「目尻が上がっていてまぶたの肉が厚い、鼻が低い、頬がまるい、あごが未発達、体は小柄、髪の毛はウェーブではなくて直毛で薄い」という特徴があることから蒙古人症（Mongolism）または蒙古痴呆症（mongolian idiocy）と称し、発生時の障害により人種的におとったアジア人のレベルで発育が止まったために生じるという人種差別的な説明をしていたが、アジア人にもダウン症がみられることからこの説明は破綻した。その後の遺伝学の発展によって、1959年、フランス人のジェローム・レジューンによって、21番染色体がトリソミー［通常は2本であるものが3本になっていること］を形成していることが発見され、1965年にWHOによってDown syndrome（ダウン症候群）を正式名称とすることが決まった。

*5 フランシス・ゴールトン（Sir Francis Galton, 1822-1911）――イギリスの遺伝学者、人類学者、統計学者で、チャールズ・ダーウィンのいとこ。統計学的手法を用いた天才児研究で知られる。1869年の著書『遺伝的天才』（Hereditary Genius）のなかで、人の才能は遺伝によってほとんどが受け継がれると主張し、家畜の品種改良と同じように、人間にも生物学的な改良をくわえればよりよい社会ができると論じた。1883年に「優生学」（eugenics）という言葉をはじめて用いたことから「優生学の父」ともいわれる。

*6 テオドール・シモン（Théodore Simon, 1872-1961）――フランスの心理学者、計量心理学者。早くからビネーの研究に魅了され、その助手となって共同で「ビネー＝シモン式知能テスト」（the Binet-Simon Intelligence Scale tests）を開発した。

*7 エドゥアルド・セガン（Édouard Séguin, 1812-1880）――フランスの教育者、近代の精神薄弱者教育の創始者。早くから医学校に学び、1837年、25歳の頃、『アヴェロンの野生児』で知られるイタール（Jean Marc-Gaspard Itard, 1774-1838）の指導のもと、白痴児の教育問題に取り組んだ。1848年の2月革命後の政治反動を避けてアメリカに渡り、いくつかの州で精神薄弱者の教育と保護事業を推進し、1876年に「アメリカ白痴および精神薄弱者施設医務職員協会」の初代会長となる。白痴者を「活動・知性・意志」をもつ統一的な人格体としてとらえ、その障害の軽減と能力・人格の全体的な発達を測ろうとした取り組みは、全世界に影響をおよぼした。

*8 ノーマリゼーション（normalization）――老人、病人、障害者らを家族や社会生活、友人や隣人などの人的ネットワークから隔離して、公的制度である福祉施設や病院で、公的な費用で雇用された専門家やエキスパートたちによる機械的な世話にゆだねるのではなく、可能なかぎり主体性を重んじて、地域社会のなかでケアをしようとする「正常化」運動。

➡教育（アメリカ）、教育（ヨーロッパ）、先天性欠損症、知能テスト、特殊教育

● 参考文献

American Association on Mental Retardation. 2002. *Mental Retardation: Definition, Classification, and Systems of Supports*, 10th ed. Washington, DC: AAMR.

Blatt, Burton, and Fred Kaplan. 1974. *Christmas in Purgatory: A Photographic Essay on Mental Retardation*. Syracuse, NY: Human Policy Press.

Bogdan, Robert, and Steven J. Taylor. 1994. *The Social Meaning of Mental Retardation: Two Life Stories*. New York: Teachers College Press.

Dykens, Elisabeth M., Robert M. Hodapp, and Brenda M. Finucane. 2000. *Genetics and Mental Retardation Syndromes: A New Look at Behavior and Interventions*. Baltimore, MD: Paul H. Brookes.

Ferguson, Philip W. 1994. *Abandoned to Their Fate: Social Policy and Practice Toward Severely Retarded People in America 1820-1920*. Philadelphia: Temple University Press.

Finger, Stanley. 1994. *Origins of Neuroscience: A History of Explorations of Brain Function*. New York: Oxford University Press.

Hankinson, R. J. 1991. "Greek Medical Models of the Mind." In *Psychology*, ed. Stephen Everson. Cambridge, UK: Cambridge University Press.

Robinson, Daniel N. 1995. *An Intellectual History of Psychology*, 4th ed. Madison: University of Wisconsin Press.

Scheerenberger, R. C. 1983. *A History of Mental Retardation*. Baltimore, MD: Paul H. Brookes.

Stainton, Tim. 2001. "Reason and Value: The Thought of Plato and Aristotle and the Construction of Intellectual Disability." *Mental Retardation* 39: 452-460.

Trent, James W., Jr. 1994. *Inventing the Feeble Mind: A History of Mental Retardation in the United States*. Berkeley: University of California Press. ジェームズ・

W・トレント『「精神薄弱」の誕生と変貌——アメリカにおける精神遅滞の歴史』(上・下)(清水貞夫・茂木俊彦・中村満紀男監訳、学苑社、1997年)

Wright, David, and Anne Digby, eds. 1996. *From Idiocy to Mental Deficiency: Historical Perspectives on People with Learning Disabilities*. London: Routledge.

Zigler, Edward, and Robert M. Hodapp. 1986. *Understanding Mental Retardation*. Cambridge, UK: Cambridge University Press.

(PARNEL WICKHAM／山口理沙・北本正章訳)

性的指向（Sexual Orientation）
➡同性愛と性的指向（Homosexuality and Sexual Orientation）

青年期医学（Adolescent Medicine）

　青年期医学の分野は、たんに青年たちに影響をおよぼす病気や心身の機能障害だけでなく、その歴史を通じて、心理学、社会学、および生理学など多様な観点から身体全体のニーズにこたえようと取り組んできている。青年期の健康管理についてみられる現代の傾向は、病気のパラダイムをさらにふみ越えて、健康リスクを吟味するだけでなく、青年の身体的および感情的なよりよい生活状態に役立つ環境にも利益となるようにしている。

　この分野は、独自の発達論的カテゴリーとしての青年期を手堅く確立した発達心理学者G・スタンリー・ホールの著作によって、20世紀初めに端緒が拓かれた。ホールは、青年期の医学分野を確立することもはじめて示した。しかし、新しい医学的専門分野がこの年齢集団に専念するようになるのは、青年期医学が小児医学のひとつの部門としてはじめて登場する1950年代になってからであった。アメリカにおいて、もっぱら青年期を対象とする最初の医療ユニット（medical unit）は、1951年に、ボストン子ども病院（Boston Children's Hospital）のJ・ロスウェル・ギャラガー博士によって設立された。青年期医療ユニットは、10代の患者に対応しようとする大きな流れを示していた。すなわち、1950年以前には、青年を治療した医者の大部分は患者の健康問題を両親と話しあったが、若者自身が自分で話すのを認めることはほとんどなかった。これに対して、ギャラガーとそのスタッフたちは、10代の患者は、患者をその両親から切り離して診察し、その秘密を守り、ティーンエイジャーの関心事を優先してくれる「自分だけの医者」を必要としている、と主張した。

　ボストン青年期医療ユニットは、北アメリカのほかの病院のモデルになった。1960年代なかばまでに、アメリカとカナダでは、各病院に55の青年期クリニックがあり、2002年にはアメリカのすべての子ども病院の半分以上が10代の健康相談に対応する医療ユニットをもっていた。青年期の健康サービスの拡大は、1968年に設置された青年期医学会（the Society for Adolescent Medicine: SAM）という青年期の専門職の特別組織の創設、1980年に創刊された「青年期健康ジャーナル」（*Journal of Adolescent Health*）という専門雑誌の創刊、青年期医療の副専門家になることに関心をもつ医者のために、委員会認定試験制度の設置を1991年に決定したことなどにつながった。

　青年期医療分野におけるこうしためざましい発展にもかかわらず、アメリカのティーンエイジャーを対象にした年齢にふさわしい健康相談は、今なお危機的に欠乏している。カリフォルニア州オークランド市に拠点を置く全国規模の非営利の子ども政策組織「子どもたちは今」（Children Now）によって2000年に発行された「移行期のパートナー——青年期の若者と健康管理」（*Partners in Transition: Adolescents and Managed Care*）と題する報告書は、アメリカ社会に今なお存在する青年期の健康相談における意識のずれを概観している。この報告書は、調査対象になった10代の若者の20パーセントは、自分が住むコミュニティに適当な相談場所がないために、また、医療施設への搬送を欠いているために、そしておそらくはまた、彼らが医療相談を受けようとすれば、両親にそのことを気づかれてしまうのを若者たちがおそれたため、彼らが必要と考えた医学的治療を受けずにすごしていると報じている。

　さらに、1960年代以降、青年期の若者たちは新しい健康問題の危機にさらされる行動にかかわることとなった。この時期を通じて見られた社会規範の変化は、ティーンエイジャーたちを、性行為で感染する病気、薬物中毒、暴力、そして妊娠といった新しい「社会病」にさらした。こうした問題は、人口全体に影響をおよぼしたが、ティーンエイジャーに対しては不均衡なまでに大きな影響をおよぼしたようである。これは、1960年以降、ほかの年齢集団の死亡率が下降しているのに対して、青年期の死亡率が上昇している原因かもしれない。

　社会的なカテゴリーとしての青年期は、消滅しているようにも拡張しているようにも見える。子どもは、かつてよりも早い年齢で暴力、**セクシュアリティ**、その他の「大人の」主題にさらされる。健康管理と栄養の改善が**思春期**年齢を着実に引き下げたため、子どもがかつてよりも速く、文字どおり「大人になっている」ことを示す証拠さえある。それと同時に、未就労、離婚、大学教育、孤独、あるいは高額な住宅費などのため、ますます増えるヤングアダルトは、より長く両親と同居するようになっている。1960年代後半以降、両親といっしょに暮らす成人した子どもたちの人数は、200万人から500万人へと2倍以上になり、すくなくとも一度は両親の家に戻ったことがある若者は、全体

の40パーセント近くになると推定されている。したがって、通常、青年期と結びついた経済的依存期は20歳台にまで、人によっては30歳ないし40歳台にまで延びているようである。青年期医学会は、最近になって青年期医学は10歳から25歳までを対象とすると宣言する基本方針を採択することで、青年期の生物学的および社会的な特徴に生じたこのような諸変化に対応したが、メンバーのなかには、この分野は20歳台後半から30歳台初めまでカバーするよう、対象年齢を広げるべきであると主張する者さえいた。

　青年期医学のエキスパートたちは、青年期の若者たちを苦しめつづけている複雑な問題にも取り組んできている。青年期の健康改善に貢献する「青年期の健康に関する全国長期研究」(the National Longitudinal Study of Adolescent Health: Add Health) は、健康を、病気やリスクがない状態としてだけでなく、若者たちが家族とコミュニティで積極的に行動できるように役立てるという点からも再定義した。こうした研究にたずさわった研究者たちは、地方のコミュニティが、「すべての若者がその社会で必要とされる発達の基礎を築くために」、家族、学校、若者を対象にした奉仕団体やほかの組織を統合するイニシアティブをとりはじめるよう援助してきた。

　その開始時以来、青年期医療分野は、人種、ジェンダー、性的定位、あるいは社会経済的な地位にかかわりなく、すべての青年期の若者が質の高い医学的治療を受けるのを確実にすることに役立とうとする道を歩んできた。青年期の専門家は、10代の若者たちに年齢にふさわしい診療を行なうことは、大きな苦痛をともなう青年期の健康問題をとりのぞくのに役立つだけでなく、若者たちに生涯にわたる健康的な生活習慣の重要性を教えることによって、大人の健康問題を予防することもできると主張している。

➡青年期と若者期
●参考文献

Benson, Peter L. 1998. *Healthy Communities, Healthy Youth*. Minneapolis: The Search Institute.
Brumberg, Joan Jacobs. 1988. *Fasting Girls: The Emergence of Anorexia Nervosa as a Modern Disease*. Cambridge, MA: Harvard University Press.
Brumberg, Joan Jacobs. 1997. *The Body Project: An Intimate History of American Girls*. New York: Random House.
Elkind, David. 1998. *All Grown Up and No Place to Go*. Reading, MA: Addison-Wesley.
Gallagher, J. Roswell. 1982. "The Origins, Development, and Goals of Adolescent Medicine." *Journal of Adolescent Health Care* 3:57-63.
Hall, G. Stanley. 1904. *Adolescence: Its Psychology and Its Relation to Physiology, Anthropology, Sociology, Sex, Crime, Religion, and Education*. New York: Appleton.
Hall, G. Stanley. 1905. "Adolescence: The Need of a New Field of Medical Practice." *The Monthly Cyclopaedia of Practical Medicine*, n.s., 8: 242.
Halpern, Sydney. 1988. *American Pediatrics: The Social Dynamics of Professionalism 1880-1980*. Berkeley: University of California Press.
Jones, Kathleen W. 1999. *Taming the Troublesome Child: American Families, Child Guidance, and the Limits of Psychiatric Authority*. Cambridge, MA: Harvard University Press.
Lesko, Nancy. 1996. "Past, Present, and Future Conceptions of Adolescence." *Educational Theory* 46: 453-472.
Prescott, Heather Munro. 1998. "A Doctor of Their Own": *The History of Adolescent Medicine*. Cambridge, MA: Harvard University Press.
Resnick, Michael D., et al. 1997. "Protecting Adolescents from Harm: Findings from the National Longitudinal Study on Adolescent Health." *JAMA* 278/10: 823-832.
Schulenberg, John, Jennifer L. Maggs, and Klaus Hurrelmann. 1997. *Health Risks and Developmental Transitions During Adolescence*. Cambridge, UK: Cambridge University Press.
Society for Adolescent Medicine. 1997. "Clinical Preventive Services for Adolescents: A Position Paper of the Society for Adolescent Medicine." *Journal of Adolescent Health* 21: 203.

●参考ウェブサイト

Children Now. 2000. *Partners in Transition: Adolescents and Managed Care*. Available from 〈www.childrennow.org〉
Search Institute. 2003. Available from 〈www.search-institute.org〉
Society for Adolescent Medicine. 2003. Available from 〈www.adolescenthealth.org〉

（HEATHER MUNRO PRESCOTT／北本正章訳）

青年期と若者期 (Adolescence and Youth)

　青年期 (adolescence) という用語は、ラテン語のアドレスケーレ *adolescere*、すなわち「成長する」という言葉に由来している。『ランダムハウス英語辞典』は、青年期を次のように定義している。「成長する過程あるいはその条件。人間の成長時期。子ども期から成人男性あるいは成人女性に向けて伸張する時期。通常は、男性の場合で14歳から25歳まで、女性の場合で12歳から21歳までの伸張期をさす。」概念としての青年期は、そこに生物学的、社会的、および心理学的な意味あいを展開してきたが、そのもっとも重要な展開は若者の規範とふるまいに対する大人の認識のなかで生まれた。

　青年期は、歴史の大半を通じて人生段階としては知られていなかった。さまざまな先住民の社会は、子ど

も期から成人期にかけて、若い人びとの出現を意味する**通過儀礼**を遵守していたが、この二つの年齢段階のあいだに青年期という概念はまったく介在していなかった。古典世界では、**アリストテレス**が、今日的な意味での青年期の発達についての記述、すなわち、男女双方における第２次性徴の出現についての記述を残しているが、彼とそのほかの古代人たちは、人生については、子ども期（childhood）、若者期（youth）、そして老年期（old age）という、わずか三つの年齢段階しか識別していなかった。ローマ人のあいだでは、「子ども」（puer）という用語は、ほとんどの場合、年齢とは関係なく用いられており、この用語は、中世を通じて、低い社会的地位にある人間の品位を傷つけるのに都合のよい言葉として用いられていた。ルネサンス時代になると、ある程度の大きな人口比率を対象とした学校の設立が子ども期を拡張する手助けとなったが、就学も学校における階梯も年齢に基礎を置いていなかったため、そのときでもまだ分離された青年期の段階を明確に規定してはいなかった。識別された人生段階の進化をはばんでいたほかの要因としては、寿命が短かったこと、エリートを除くほぼすべての人にとって労働に従事する必要があったこと、そして、年齢とは無関係に大部分の人びとを貴族階級に依存させるようにしていた堅固な社会的位階制があったことなどが考えられよう。

　近世ヨーロッパの農業世界の大部分は、若者たちを半依存状態におしとどめていた。そこでは、若い人びとの経済的地位と人格的地位は家族経済に対する重要な貢献をふくんでいたが、個々の若者は両親に対して依存状態のままに置かれていた。西ヨーロッパ（南ヨーロッパではそれほどひんぱんではなかった）、イングランド、それに植民地時代のアメリカの下層階級のあいだでは、10代の少年少女の多くはほかの家で使用人としてはたらくために生家から送り出されていたが、この慣行は、経済的な機能を果たすと同時に、他家でのしつけの機能も果たしていた。フランス語には「青年期」（adolescence）という言葉があったが、（その類語である）「若者」（youth）という言葉は、こうした半依存状態に置かれていた人びとをさす言葉として広く用いられていた。歴史家のなかには、18世紀には、かなりの程度組織によって示され、また、その活動によっても示される**若者文化**（ユースカルチャー）が存在していたと指摘する者もいる。さらに、この時期の欧米では、大人たち――とりわけ宗教的な指導者たち――は、若者たちの感情面と行動面にあらわれるさまざまな問題に関心を示し、家族と共同体で未来の役割を担う準備として、若者の教育を主張しはじめた。

伝統的な青年期研究

　18世紀後半と19世紀を通じて、生物学者と医学者たちは、青年期現象にかんする本格的な研究にのりだした。ヨーロッパの科学者たちは、女子における**初潮**と男子の射精のはじまりのような身体発達のいくつかの段階について研究した。こうした研究成果は、心理学者たちが1890年代になって**思春期**のはじまりと結婚までのあいだの若い人びとの能力、行動、そして心的態度の調査をはじめたとき、その科学的背景と哲学的な背景とを提供した。この時期の心理学者たちの研究は、青年期の最初の出現を公式概念として区分した。

　性的目覚めの時期と反抗期としての若者の概念は、一人の高貴な少年が洗練された大人に向けて進化する過程を描いた**ジャン＝ジャック・ルソー**[*1]の哲学物語『エミール』（Émile, 1762）のなかで特別な表現をあたえられた。ルソーによれば、15歳あるいは16歳になった少年は危機を経験し、彼の心は「ほとんど抑えることができないくらい」の「絶えざる動揺」を覚えるという。しかし、適切な心づかい（ケア）と教育によって、彼は美と英知を楽しむすべを学び、青年期の終わりに結婚し、子どもを育てる準備ができるようになるとされる。

　科学者と哲学者たちが青年期概念を発展させていた同じ時期に、西ヨーロッパ社会の工業化は、人間の成長過程に新しい圧力をかけていた。産業資本主義とそれに付随する機械化は子どもたちが労働力として産業に参加するのを減らしたが、そのことによって、それまで多くの人びとの若者期を特徴づけていた**徒弟制度**の影響範囲を狭めることになった。仕事につくために生家を出る若い人びとは以前よりも少なくなり、より多くの者が親元にとどまって、しばしば学校に通った。労働と生産を世帯から切り離したことは、家族をいっそう孤立させ、さらに、とりわけ勃興してきた中産階級のあいだで、道徳的な責任を母親の領域にゆだねた。出生率が低下したために、中産階級の家族は、実用的で経済的な観点よりもむしろ道徳的で感情的な観点から子どもに新しい価値を置くのを可能にした。栄養摂取と病気の支配におけるさまざまな進歩は、性的な成熟過程を早めた。18世紀なかばのアメリカにおける平均初潮年齢は16歳以上であった。この年齢は19世紀末には15歳以上に下落したが、20世紀末までに12歳9カ月まで下降した。雇用と娯楽の機会をともなう都市化も、子どもたちを守る必要のある脅威をおよぼす環境を生み出していると見られていた。少年たちが学校に閉じこめられ、専門の仕事や共同体の生活に必要な技能を学んだのに対して、少女たちは家庭で保護され、そこで家庭的な大人になる準備をした。その結果、かつての青年期を特徴づけていた半依存状態は、いっそう依存的な状態にとって代わられた。

　こうした傾向への反応として、子どもとその学習過程にかんする研究の先駆者で、アメリカの心理学者であった**G・スタンリー・ホール**[*2]は、1904年に出版したその著書『青年期――青年期の心理学、および、生

理学、人類学、社会学、性、罪、宗教および教育に対する青年期の関係』（Adolescence: Its Psychology and Its Relations to Phsiology, Anthropology, Sociology, Sex, Crime, Religion and Education）において、青年期にかんする最初の包括的な概念を示した。当時のアメリカと大英帝国で同書の著者ホールは、人間の発達は文明社会の進化を写し出すものであるため、若い人びとのストレスと悪戯は、その人生の特別な時期にふつうにみられることだと考えた。ホールの考えでは、人類が野蛮状態から文明状態へと進化してきたのとちょうど同じように、各個人の発達も未開状態から進歩した状況へと発達する。個人における青年期は、大変動が社会を特徴づけ、論理的な思考が本能に置き換わりはじめる時期の先史時代に対応するものであり、あるいはそれを反復する時期であると考えられた。のちの理論家たちはホールのこのような反復説をしりぞけたが、ホールが青年期を嵐とストレスの時代として特徴づけたことは存続した。

　ホールの本が公刊された一年後、**ジークムント・フロイト**[*3]は、あるエッセーを公刊した。そのなかでフロイトは、青年期を、性心理的な葛藤が感情の激変を生み、ちぐはぐな行動をし、異常な活動にそまりやすい原因となる時期として定義した。フロイトは青年期の行動の多くを思春期における性器の発達と関連づけた。この発達についてフロイトは、感情的に両親から自立したくなる欲求を青年たちのあいだに誘発したと述べた。この欲求は、不安感、気まぐれ、そして攻撃的なふるまいをともなう反抗を誘発した。社会的な相互作用から影響を受ける自己像への懸念もまた、しばしば青年期にぶつかる難問のひとつであった。

　20世紀なかばにおける、青年期にかんする主導的な理論家は、ネオ・フロイト主義者の**エリク・エリクソン**[*4]であった。エリクソンは、八つの性心理的危機、すなわち「アイデンティティ」の危機からなる人間の一生にわたる自我発達の段階的なつながりを考案した。各段階における「アイデンティティ・クライシス」を個人がどのように首尾よく解決するかは、その段階の文化環境から受ける影響と結びついた、前の段階で作られた自我の強さによって決まる。エリクソンによれば、身体上の変化と性的覚醒をともなう青年期は実験の時期であって、この時期は同輩集団と制度との関係をふくみ、それ以前の諸段階で生み出された自我概念と役割混乱とのあいだで危機を生み出す。この危機を解決しようとするなかで青年が直面する課題は、同時代の人びとや仲間から発せられるさまざまな判断のなかで、自己認識（self-knowledge）を統合することが求められた。青年は、こうした危機のさまざまな時期に、流布している文化制度に反抗するか、それを受け入れるかの決定をくださなくてはならない。20世紀を通じて、ホール、フロイト、そしてエリクソンたちが強調した急進的な心理発達と性的覚醒から生じた不安感と危なっかしさは、青年期の科学的な定義にばかりでなく、一般的な定義にも浸透した。

学校教育と年齢階梯から生まれたピアカルチャー

　アメリカとヨーロッパのどちらの近代においても、青年期は中産階級の現象であり、中等学校の拡張から特別な刺激を受けたものであった。アメリカの**ハイスクール**、イギリスの寄宿学校、そしてドイツの**ギムナジウム**は、工業社会において読み書きができる労働力を創り出す手段として確立された学校であったが、これらは若者期の新しいイメージを構築する助けとなった。年齢階梯（すなわち学生をその年齢にもとづいてクラス分けすること）は、19世紀なかばの下級学校（lower school）ではじまったが、19世紀後半に広まったハイスクールに通うことになりそうな学生たちの年齢範囲を狭めた。1930年代までは中等学校に入学したのは少数の若者たちであったが、ハイスクールに**ティーンエイジャー（10代の子ども）**[*5]を集結させる過程は、若者期の同輩集団の形成を促進し、一般に嵐のような数年と思われていた時期を通じて、大人が若者を支配しようとするのを可能にした。ヨーロッパのいくつかの国々では、**義務就学法**を成立させたが、これは子どもたちを14歳あるいはそれ以上の年齢まで学校にとどめた。そうした法律は、1930年にかけて14歳から20歳までの若者たちのほぼ半数がハイスクールの学生であったアメリカでは、強い影響力をもった。地方の若者やアフリカ系アメリカ人の就学登録は、比較的低水準のままであった（1920年代には、アメリカの黒人のわずか6分の1しかハイスクールに通っていなかった）。しかし、移民や外国から来た両親のもとにその土地で生まれた白人の大部分は、ハイスクールに通っていた。教育改革者たちは、若者に成人生活にそなえさせるためのカリキュラムを開発し、クラブ、ダンス、スポーツなどの正課外の組織と活動は同輩集団での若者たちの社会化を強めた。その結果、中等学校と青年期はますます一致するようになった。

　イギリスでは、アメリカほど多くの若者がハイスクールに通ってはいなかったが、これはおもに、より厳格な階級構造が、政府資金によるハイスクールをなによりもまず中産階級の青年の領域にしていたためであった。労働階級の若者たち、とりわけ男性の若者たちは、彼らを統制しようとする制度的な手段に抵抗するためにいつも路上を利用するようになっていた。それにもかかわらず、1900年までに、イギリスの若い労働者たちは、教育制度や監督下に置いた正課外活動に青年たちの集団を追いこむことによって、法律を遵守する生産的な大人に向けて彼らを社会化するようになっていた。イギリス、ヨーロッパ大陸、それにアメリカの若者たちによる大人に対する抵抗——青少年**非行**のおそれを刺激した抵抗——は、厳格な管理を必要とする人生段階として、以前よりもはるかに厳密に青年

期を区別するよう教育者や心理学者たちを駆りたてた。

20世紀初頭に強まった西ヨーロッパ社会の年齢意識は、構造的な変化を超えて青年期の特殊性と同輩の社会化を鋭敏にした。1920年代までに、青年たちの大部分は、目覚めている時間の多くを家族よりも同輩仲間とすごした。アメリカでは、親の目がとどかないダンスホール、遊園地、それに**映画館**といった新しい商業的な娯楽と結びついた時間と空間に身を置く機会の拡大が、ユニークな若者文化を強化した。これらの娯楽施設は、ヨーロッパとイギリスでも青年期の同輩集団を引きつけた。

若者たちのこうした文化は皮肉にも――あるいはおそらく当然といってもよいのだが――大人の管理をかいくぐった友だち選び、活動、服装スタイル、そして性的行動であらわす青年たちの自立心にいらだつ大人たちを驚愕させ、大人たちと衝突した。1920年代までに大人の監督下にあった求愛行動にとって代わり、ハイスクールと新しく登場した商業的な娯楽と結びついた**デート**をするアメリカの慣行は、自立志向的な青年期の非常に明白な新しい行動タイプにほかならなかった（デートをすることは、ヨーロッパではゆっくりと発展したが、そうなったのは、ヨーロッパの青年たちには、アメリカの若者たちであればだれもが手にしていたような勝手に使える収入がなかったためである）。車が急増したことと、それが若者たちに行動の機会とプライバシーをあたえたことは、若者文化のもうひとつの側面であった。

これにおとらず重要なのは、青年たちが、とりわけ自分の性欲の目覚めやトラブルになるのを好む傾向などで経験する感情問題に対して、大人の関心が高まったことである。実際、大人の見るところでは、**セクシュアリティ**が青年期の中心を占めていた。とくに男子の若者は、性的欲望をもっており、彼らを**マスターベーション（自慰行為）**と**同性愛**に誘いこむ衝動をもっているとみなされていた。若い女性の性欲は、報道されているところでは、不特定多数を相手にした性的行為と売春になりやすいとされた。一般に、大人たちは、青年たちがあまりにも急速に成熟するのを不安に感じていた。その結果、1920年代の心理学者と医者たちは、青年期は自分自身によってだけでなく、両親、医者、教師、ソーシャルワーカー、それに警察官などによっても厳格な統制を受ける必要があると主張した。さらに、青年期を特徴づけていたストレスと大人の権威に対する反発に――しばしばギャングになって――同輩仲間を結びつけることは、青少年非行に対する関心が高まる一因になった。アメリカの各都市にあらわれたストリートギャングやイギリスのフーリガンの乱暴なふるまいは、理屈の上でどの青年も潜在的な非行少年であるという理由で、若者たちのふるまいを大人が管理したいという願望を強めた。かくして、伝えられているところでは、青年たちがその不健康な早熟性のなかで経験したりひき起こした諸問題を改善するために、**少年裁判所、少年院、その他の児童救済施設**が創設されたのであった。

世界恐慌と第2次世界大戦時代の青年期

1930年代の大恐慌時代を通じて、青年たちは新しい精神的な緊張を経験しただけでなく、新しい機会にも遭遇した。仕事が少なくなったことや低賃金が若者たちの個人的な野心をしぼませ、経済的および社会的な自立能力の発達を遅らせるようになると、それが世代間の軋轢になる可能性が高まった。大人による若者の支配は異議申し立てを受け、ドイツにおいてさえ、**ヒトラー・ユーゲント***6のメンバーは、ナチ党の指導者たちに異議申し立てをした。アメリカでは、非就労と無収入が多くの若者を前の世代よりも長く学校に押しとどめた。1940年当時、アメリカの若者の49パーセントがハイスクールを卒業したが、これは1930年当時の30パーセントから上昇した。1930年代の青年たちは、1920年代の青年たちほど自由に使える収入はなかったものの、音楽・ダンス・映画などに示した彼らの嗜好は大衆文化に影響をおよぼした。

第2次世界大戦という緊急事態は、ヨーロッパの青年たちの人生をずたずたに引き裂いてしまった。しかし、アメリカでは、拡大する戦争経済により、14歳から17歳までの年齢範囲にあったすべての子どもの3分の1にあたる300万人の若者が、1945年までに正規雇用あるいはパートタイム雇用を得ていた。こうして彼らが稼いだ収入は、グレン・ミラー*7やフランク・シナトラ*8といったミュージカルのスターたちに熱中したり、**ボビー・ソクサーズ***9などの新しい服装スタイルを生み出す新たな若者文化を支える助けとなった。国民経済と大衆文化におけるその役割は、いまや、雇用と戦争の責任感がもたらした個人としての独立と、より大きな社会が依然として青年たちに押しつけた家族や制度の束縛への依存とのあいだで捕らえられてしまっている青年期の地位を複雑にした。

戦後のティーンカルチャー

戦後、ヨーロッパ諸国の人口に占める青年たちの比率は一時的に下降した。第2次世界大戦直後に10代に達した子どもたちは大恐慌時代に生を受けた子どもで、この時期は、出生率が少し低下したために青年期に達した同輩集団の規模は以前よりも小さかった。さらに、戦後には結婚ブームが続き、若者たちが結婚生活に入る年齢は劇的に下降した。とくにイギリスとアメリカでは、女性の平均結婚年齢はイギリスで26歳から23歳に、アメリカで23歳から21歳に、それぞれ下降した。1960年当時、アメリカの19歳の若者の40パーセントはすでに結婚していた。

やがてこの結婚ブームは、最終的には、かつて例を見ないほどの広がりを見せたティーンカルチャー（10

代の文化）をおしすすめる物質的な繁栄と結びついた**ベビーブーム**[*10]へとすぐに推移した。1960年当時、ベビーブーム時代に生まれた赤ん坊の最初の同輩集団は10代に達しており、アメリカでは、ソフトドリンク、衣類、車、スポーツ施設、レコード音楽、雑誌、化粧品——これらすべては、個人所得の拡大と結びついた若者向けの広告によって大量に、しかも特別に売りこまれたものであった——といった商品が、やがてすぐに海外にも広まって、繁盛する若者市場を形成した。それと同時に、**ラジオ、テレビ、レコード会社、映画**、それにマス・マーケット型の出版も、その内容の大半を人口のこの部分を対象にしたものであった。マーケティングの専門家たちは、ティーンエイジャーが仲間と同じような格好をし、買い、ふるまいたい願望を満たすことができる商品を売るために、何ごとにも無批判に順応する青年期の心的傾向を示す意識調査とならんで、青年期の不安感について、はるか以前からあった諸理論を活用した。

当然のことながら、青年たちがその嗜好の点で独自なふるまいをしはじめ、新しい習慣を手に入れはじめるようになると、両親そして大人たちのあいだには10代の若者たちがあまりにも急激に成熟しているのではないかという懸念が強まった。手を差しのべる立場にある専門家たちは、やっかいな人生段階としての青年期の概念と、人間の成長過程に付随する不確かさ、犯罪、その他の問題とのあいだの結びつきをさらに重視した。ベビーブーム世代が10代に入る前でさえ、社会科学者たち、教育家たち、そして政府当局者たちは、結婚前の妊娠と少年犯罪についてうろたえるほかなかった。アメリカでは、15歳から19歳までの白人の女性たちの婚前妊娠率は、1940年代の10パーセント以下から1950年代の19パーセントへと倍増した。アメリカのロックンロール[*11]世代と、イギリスのテディボーイ[*12]世代は、しばしば反社会的な行動をふくむ反抗のタイプを示したが、これはメディアから大きな注目を集めることになった。しかし、関心の大半は、現実よりも理論を反映していた。とくにアメリカでは、新聞各紙は、暴力団どうしの抗争やセンセーショナルな青少年犯罪の訴訟を熱心に報道し、政治当局は、予想される10代の犯罪の波に対処するために少年団（jevenile units）を創設した。

反社会的な行為は、ごく少数の若者たちからしかけられたものであったが、1960年代と1970年代までに国際的な特徴になった。1970年代のイギリスでは、サディスティックな、大部分が労働階級のスキンヘッドの若者たちが、ブーツ、革製品でそろえた装い、そして虚無主義的な音楽といったジャンルを助長した。ドイツ人たちは、「ティーンエイジャー」という用語をドイツ語の語彙にとりいれ、破壊的な行動に走る疎外された若者たちの数がふくらむのを目にしていたが、こうした若者たちのなかには、手あたりしだいに、また別の者は住宅政策や警察の嫌がらせなどの政治的な破壊活動に走った者もいた。フランスとスウェーデンは、「黒のブルゾン」（blousons noir、10代の「黒シャツ」）とラガル（raggare、疎外された若者たち）からそれぞれ生まれた対抗文化的な暴動を経験した。東欧諸国とソヴィエト連邦でも、工業化は、青年たちが服装やふるまいで常軌を逸した一時的な流行をとりいれる機会を生みだし、子ども社会と大人社会のあいだにくさびを打ちこんだ。ロシアの社会学者たちも、10代の飲酒、暴行、窃盗などの問題を報告しはじめた。1973年のある調査は、日本における青年期の疎外は、工業先進国12カ国のなかでもっとも高いことを発見したが、青少年の非行問題は、1980年代には中国にも広まっていた。

注目すべきことに、1960年代と1970年代の青年たちは、「アイデンティ・クライシス」にかんするエリクソンの理論を実証しているかのように見える順応の探求を反映していた。1961年、心理学者のジェームズ・S・コールマンは、アメリカのハイスクールのティーンエイジャーについて研究した『青年社会論』（The Adolescent Society）を公刊した。このなかでコールマンは、しばしば若者たちは、学校の学業成績よりもスポーツや社会的相互作用のほうにより高い価値を置くことによって、彼らの仲間うちで認められたいと望んでいると指摘した。彼らは調査員に、自分たちにとって英雄とは教師や人道主義者たちではなく、むしろ運動選手や映画スター、ミュージシャンたちであると答えている。この種の順応は、両親と教師が青年たちに望んでいたものとは対立したが、拡大する法人社会に広まっていた同輩集団の価値観と順応に対する大きな圧力の存在を反映していた。

戦後になってあらわれた青年期の多数の傾向、とくに消費経済におよぼす青年たちの影響は20世紀末まで持続した。しかし、1960年代と1970年代には、自動車を利用することが増えてきたことと高い水準の物質的繁栄のおかげで、ジェンダーの平等性と**産児制限（受胎調節）**についての新しい心的態度は、青年たちのあいだに新しい心理的価値観をつくるのに役立った。アメリカのハイスクールとカレッジ（1970年当時、アメリカ人の4分の3はハイスクールを卒業しており、3分の1はカレッジに進学していた）の同輩集団は、デートをすることを、非公式に異性といっしょに「外出」（going out）したり、「パーティ」（parties）にでかけることに、ますます置き換えた。さらに、デートが結婚への第一段階とみなされるようになったため、（若者たちのあいだでばかりでなく、大人たちのあいだでも）結婚に対する曖昧な態度と、婚外性交を受け入れることが、多くの国の青年たちのあいだに高まり、青年の性行動を統制する社会の能力に対する関心を高めた。1976年のアメリカの調査は、16歳の白人女性のほぼ4分の1と16歳の黒人女性の2分の1が婚前

性交の体験があることを示していた。1990年当時、15歳から19歳までの女性の55パーセントには性体験があった。この数値は20世紀末までにわずかに低下するものの、多数の若者の外見上の性的放縦は、何人かの分析家たちに、結婚はその特別な意味を失いつつあると結論させた。1970年と1990年の比較をすると、男性の場合で23歳から26歳へ、女性の場合で21歳から23歳へ、それぞれ平均結婚年齢が急激に上昇したことは、そうした結論を補強した。

それと同時に、若者たちのなかの少数派——それは、声高に意見を述べたりひんぱんに出版物に登場する少数の者という意味なのだが——の人びとは、青年期に増大する「世代間ギャップ」をさらに押し広げたかもしれない政治意識という新しいブランドを吹きこみはじめた。**学生の政治活動**の大部分は、バークレイからベルリンにいたるまでのカレッジや大学のキャンパスで最盛期を迎えたが、ハイスクールへも徐々に浸透を強め、教育者やその他の公的当局者たちはかつて一度も出会ったことのない異議申し立てに直面した。公民権運動と、1963年のジョン・F・ケネディ*13大統領の暗殺は、アメリカのティーンエイジャーたちに、大人社会の価値観に疑問をいだかせることになったが、ベトナム戦争は、彼らとヨーロッパの同輩集団の多くの若者たちを政治的にした。若者たちの大多数はこの戦争には反対しなかったが、彼らの一定数の者は、ハイスクール生活の非政治的な特徴の伝統的な前提をくつがえそうとする抗議に参加した。こうした政治活動は、戦争に反対することを示す黒色のアームバンドを身につけたいと考えていたハイスクールの生徒たちに言論の自由権を適用した**ティンカー対デモイン訴訟**のなかで、1969年に連邦最高裁判所の法廷で宣言を採択するほどにまで発展した。ドイツのボン市をはじめとするヨーロッパの各都市でも、若者たちによる大規模な抗議運動が起きたが、ボン市では、南ベトナムの大統領の訪問に対する抗議として、若者たちが市の公会堂を襲撃し、略奪行為を行なった。

ベトナム戦争終結後、社会からの青年たちの疎外——と同時に、青年の心のなかでは、青年からの社会の疎外も——は、減少するというよりはむしろ強まったようである。核兵器のヨーロッパ地域への配備に対する怒り、地球的規模での生態系の危機は、大西洋の両岸で若者たちの抵抗運動を活気づけた。さらに、ドラッグカルチャー*14の広まり、パンクロック*15やラップミュージック*16などにみられるわざとらしい挑発的な歌にティーンエイジャーが魅了されると、ボディーアート*17やピアスの流行、片親（あるいは無親）世帯の増大、そして共ばたらきの両親が一日の大半を留守にする家庭が増加した——これらすべてが、青年期仲間の結合力をさらに高めることとなった。青少年犯罪は、依然として注意をひきつづけ、1980年代のいくつかの実態調査は、アメリカの男性の12〜18パーセント、女性の3〜4パーセントが21歳までに逮捕されたことがあると見積もっている。公的当局者たちがフラストレーションを感じたのは、犯罪を避けるための監禁から職業斡旋や職業相談にいたる犯罪防止プログラムが10代の暴力と犯罪の常習化をくいとめるのに失敗したことであった。若者たちは、アイデンティティの政治学が大人社会に広まるのにつれて、なんらかの行動的あるいは視覚的な方法（イデオロギー的な場合だけなのだが）で自己表現する集団のなかで天国を探した。ドイツやフランスではネオナチズム*18が若者たちを引きつけたが、それは、彼らが厳密にその政治学に惹きつけられたためではなかった。アメリカのハイスクール人口は、「ゴス」*19、「ジョック」*20、「ナード」*21、「ジーザス・フリーク」*22、「プレッピー」*23、「ドラッギー」*24その他多くの、目がくらむほど多様な個性集団をふくんでいた。そのあいだずっと、新しいグローバル経済への商業的関心は、それがスニーカーやスポーツウェア製造業者であれ、音楽プロデューサーあるいはスナックフード製造業者であれ、10代のすぐ後ろにぴったりとくっついたまま、青年期のあらゆる新しい表現を熱心に利用し、あるいはそれらをガイドしている。

普遍概念としての青年期

21世紀には、多元的な青年期モデルは、何人かの専門家が青年期の歴史概念は20世紀に存在したと暗示したのと同じ一貫性があるのだろうかという疑問を投げかけている。たしかに、青年たちの大部分は、人種・階級・国籍などには関係なく、月経年齢のような特徴は通時的に変化するものの、類似した生物学的な変化を示す。しかし、社会的および心理学的なパラメータはしだいに複雑かつ多様になってきているように見える。もっとも共通する青年イメージは、若者志向的な衣服・音楽・映画などの消費文化に身を置くことであるが、経済成長にともなう変わりやすい暗黒面はますます大きな注意を集めるようになっている。貧困・虐待・薬物濫用・学習障害*25・抑鬱症・摂食障害*26、そして暴力などは、若者の経験をメディアやマーケティング担当者が描いたような、楽しみと自由を追い求めることにほかならないとして特徴づけるようになってきた。一般理論は今なお、青年たちの大半は同じようなストレスや不安感から生じる難問題にぶつかるという考えを受け継いでいるが、そのプロセスには、それを特徴づけようとするいくつかの試みを混乱させる複雑さがある。アメリカでは、結婚年齢が上昇しつづけ、男性で20歳代後半に、女性で20歳代なかばに接近し、家族形成は青年期の終点とはいえなくなっていった。音楽の選択・服装（化粧品をふくむ）・ヘアースタイル、さらには薬物や性行動のような、かつてはもっぱら10代の若者たちにかぎられていた特質と習慣を13歳以前の子どもたちがとりこんで、青年期が

はじまる年齢の文化的概念に疑問を呈した。青年期それ自体においても、大人の性的・家族的・社会的、そして経済的な責任——と青年たちの参加問題——を若者たちが引き受ける傾向は、以前は青年期にその違いを示していた多数の特徴を不鮮明にした。

[訳注]

*1 ルソー（Jean-Jacques Rousseau, 1712-1778）——スイスのジュネーヴ共和国生まれの思想家・哲学者・作曲家・社会改革家。誕生と同時に母を亡くし、10歳の頃、父にすてられ、16歳の頃、徒弟奉公先から逃亡してヴァランス夫人の庇護と感化の下に、音楽を学び、ほぼ独学で教養を積み重ねる青年時代を送った。30歳頃、パリに出て音楽批評と創作オペラを試み、社交界に接近した。やがてディドロやグリムらを知り、38歳頃に書いた論文「学問芸術論」（*Discours sur les sciences et les arts*, 1750）がディジョンのアカデミー懸賞論文に当選した頃から一躍知識界に知られるようになった。人類の文明や学問の進歩は人間性の退化をまねき、人間中心主義的な傲慢さが道徳の頽廃をもたらすとしたルソー独特の文明批判はさらに鋭く進んで現存する政治と社会の体制にもおよび、自然状態と社会状態の対比の上に、人間の存在論的自然性は社会状態の進化とともに社会的不平等におちいるとした。絶対王政の社会的非合理性を痛切に暗示して、フランス革命を予言したともいわれる。主著『人間不平等起源論』（*Discours sur l'origine de l'inégalité parmi les hommes*, 1755）、『社会契約論』（*Le Contrat Social*, 1762）のほか、とくに出版後禁書にされ、逮捕命令に脅かされることとなる『エミール』（*Émile ou l'Education*, 1762）は、教育における人間の自然性の回復を主張して、当時の教育界とロマン派の著作家たちに大きな影響をおよぼした。晩年はスイスにのがれたり、イギリスの友人D・ヒューム（David Hume, 1711-1776）に招かれ、エディンバラですごしたが、8年間の放浪生活の後、フランスに帰国後も被害妄想と持病の結石に苦しんだ。数少ないルソーの肖像画はエディンバラのスコットランド国立美術館に所蔵されている。

*2 ホール（Granville Stanley Hall, 1846-1924）——アメリカの心理学者、教育家。ウィリアムズ大学、ユニオン神学校で学んだのちドイツに留学し、実験心理学に従事した。W・ジェームズ（William James, 1842-1910）やW・M・ヴント（Wilhelm Max Wundt, 1832-1920）らに学び、精神分析および実験心理学をアメリカに導入し、ハーヴァード大学、ジョンズ・ホプキンズ大学で教鞭をとった。1887年に「アメリカ心理学雑誌」（*American Journal of Psychology*）を創刊し、1891年にはアメリカ心理学会を組織して初代会長となった。1909年、クラーク大学創立20周年記念のとき、当時学長であったホールは、S・フロイト（Sigmund Freud, 1856-1939）ら精神分析運動の主唱者たちを招いて講演会を催し、当時のヨーロッパ・アカデミズムにおいてほとんど無視されていた精神分析がアメリカで社会的に認知されるきっかけを作った。心理学実験室、児童研究所を設立し、質問紙法を採用するなど、実験心理学と児童心理学の発展に寄与した。進化論の影響を受けた発生的心理学を提唱した。『入学児童の心理』（*The Content of Children's Mind in Entering School*, 1883）、『青年期』（*Adolescence*, 1904）、『若者』（*Youth*, 1906）、『老年期』（*Senescence*, 1922）。児童研究運動の父とよばれる。

*3 フロイト（Sigmund Freud, 1856-1939）——オーストリアの神経学者・精神医学者。精神分析学の創始者。主著『夢の解釈』（*Die Traumdeutung*, 1900、英語版 *The Interpretation of Dreams*, 1913）ほか。人間の心理現象をひき起こす動因は性欲にあるとし、これが、意識の検閲者である自我、超自我によって抑圧されて無意識層に沈みこみ、それと意識とのあいだの葛藤・軋轢がヒステリーその他の神経異常を生むと考えた。そのため、その治療はこの葛藤・軋轢をやわらげることにほかならず、そのためには無意識層を意識層に引き出すことが必要だと考えた。こうして最初は催眠術を、次いで自由連想法、夢分析などを援用した。彼が説いた普遍的性欲説は宗教界から嫌悪され、当時の正統派心理学からも無視されたが、彼はこの理論を広く芸術、宗教、道徳、文化の問題に適用して注目され、伝統的な主知主義、権威主義的な知識観に対する思想的挑戦者の役割を果たした。その娘アンナ・フロイト（Anna Freud, 1895-1982）は、児童精神分析の開拓者であった。

*4 エリクソン（Erikson, Erik H., 1902-1994）——ユダヤ系のデンマーク人を両親としてフランクフルトに生まれたが、ドイツ人の小児科医を義父として育った。はじめミュンヘンとフィレンツェなどで芸術を学んだが、ウイーンで学校の補助教員をはじめた頃、心理学者のアンナ・フロイト（Anna Freud, 1895-1982）と出会った。その治療を受けるなかで精神分析の技法を学んでフロイト主義者たちと交わる一方、モンテッソリ（Maria Montessori, 1870-1952）の教育方法を研究した。ナチの脅威をのがれてアメリカに渡り、ボストンで「ハーヴァード・サイコロジカル・クリニック」（the Harvard Psychological Clinic）を開業して子どもにかんする研究を続けて評判を得る一方、ヘンリー・マレイ（Henry Murray）やカート・レヴィン（Kurt Lewin, 1890-1947）らの心理学者たちと、また、ルース・ベネディクト（Ruth Fulton Benedict, 1887-1948）やマーガレット・ミード（Margaret Mead, 1901-1978）ら、アメリカを代表する人類学者たちとも交わるようになった。彼には学歴がほとんどなかったが、イェール大学は彼に教育と研究の職位を提供した。1939年以降カリフォルニアに移り、カリフォルニア大学バークレイ校で子どもにかんする長期にわたる研究をすすめ、子ども訓練の精神分析医としての仕事を行ない、人類学研究を遂行した。東海岸に戻ると、人生全体にわたっての心理発達のサイクルにかんする理論について、ハーヴァードで教鞭をとった。その後、引退してサンフランシスコに戻り、1994年にこの地で歿した。主著『子ども期と社会』（*Childhood and*

Society, 1950、邦訳名は『幼児期と社会』）には、ライフサイクルについてエリクソンが提唱した理論についての初期の所説も所収されている（この概念について、エリクソンは1959年、1964年、そして1977年にそれぞれ修正をくわえている）が、この書は、人間の発達の各段階には固有の特徴があり、力動的で、葛藤に満ち、子ども期を超えて青年期、若い成人期、成熟期、そして老年期へと発達段階概念を拡張していく過程であるとしている。また、エリクソンは青年期についても格別な関心を示した（たとえば、『青年の挑戦』）。彼は、アイデンティティが鍛え上げられる（forged）青年期という移行期的な発達段階が惹起する葛藤と動揺に好奇心を示し、1960年代に青年期の「アイデンティティ・クライシス」という明確な表現をして注目を集め、世界の青年研究に大きな影響をおよぼした。

*5 ティーンエイジャー（teenager）——13歳から19歳までの男女の子ども。teenageという用語の初出は1925年であるが、teenagerという表記の初出は1939年である。

*6 ヒトラー・ユーゲント（Hitlerjugend; Hitler Youth）——1926年に設けられたナチ党内の青少年組織に端を発した学校外の放課後における地域の党青少年教化組織。集団活動を通じてドイツ民族共同体の一員としての自覚をうながす目的で、同世代の指導者によって肉体の鍛練、準軍事訓練、祖国愛が教えこまれた。1936年以降、ヒトラーユーゲント法によって14歳～18歳の男子が強制的に加入させられ（女性も10歳～21歳、女子グループは「ドイツ少女団」とよばれた）、1939年には、800万人を擁する集団へと発展した。戦局の悪化とともに、1944年に国民突撃隊に併合された。

*7 グレン・ミラー（Glenn Miller, 1904～1944）——アメリカのジャズミュージシャン。アイオワ州に生まれ、トロンボーン奏者としては目立たなかったが、1937年に楽団Glenn Miller Orchestraを結成後、バンドリーダー、作編曲家として大人気を博し、第2次世界大戦の勃発による1942年の兵役まで多くのヒットを放ちつづけた。除隊後の精力的な慰問演奏活動中、1944年12月15日、フランスへ慰問演奏に飛び立った後、乗っていた専用機がドーバー海峡で行方不明になり、12月18日戦死と発表された（のちの調査で、ドイツへの爆撃から帰還する途中のイギリスの爆撃機が上空ですてた爆弾があたり墜落したとわかった）。ニュー・グレン・ミラー・オーケストラとして現在も世界中で活動中の彼のバンドは、カウント・ベイシー、ベニー・グッドマン、デューク・エリントンなどとともにスウィングジャズ／ビッグ・バンドの代表的な演奏集団である。よく知られたスタンダードナンバーとして、「ムーンライト・セレナーデ」（Moonlight Serenade）、「イン・ザ・ムード」（In The Mood）、「茶色の小瓶」（Little Brown Jug）「真珠の首飾り」（String of Pearls）などがある。

*8 フランク・シナトラ（Frank Sinatra, 1915-1998）——ニューヨーク州近郊ニュージャージーのイタリア系アメリカ人の家に生まれ、20歳の頃、ジャズ・ポピュラー歌手としてデビューした。出産時の難産の際、鉗子が耳の鼓膜を傷つけ、これが原因で、後年、第2次世界大戦中の入隊検査で兵役不合格となったが、AFRS（American Forces Radio Service＝アメリカ軍ラジオサービス）や慰問部隊の歌手の一人としてアメリカ全土の基地やヨーロッパ各地をまわると同時に、レコードのリリースや映画への出演を続け、歌手としてのキャリアが兵役によって中断されることはなかった。とくに1940年代には、戦争中戦場に駆り出された若い兵士や10代の女性たちのあいだで絶大な人気を誇った。映画にも出演し、アカデミー賞助演男優賞を受賞した。生涯に4回結婚し4回離婚した。エルヴィス・プレスリーやビートルズなどとならぶ20世紀を代表する歌手の一人であり、その卓越した歌唱力によって「ザ・ヴォイス」（The Voice）と称された。

*9 ボビー・ソクサーズ（Bobby Soxers, Bobby-soxers）——とくに1940年代のアメリカで、一時的な流行を熱狂的に追い求める10代の少女たち。通常は、当時人気のあった歌手フランク・シナトラに熱中する少女たちのことをさした。1950年代には、髪に大きなリボンを飾り、Poodle Skirtとよばれる長い丈のスカート（とくにピンク系や赤系の派手な色が多かった）を身につけ、スニーカーを履き、靴下をくるぶしまで丸め、舞台やダンスフロアーでくるくるまわってスカートを広げて踊るスタイルが定着した。

*10 ベビーブーム（baby boom）——第2次世界大戦後の、赤ん坊の出生率がとても高かった時期。この時期に生まれた赤ん坊のことをbaby-boomerまたはboom babyとよぶ。baby boomという用語の初出は1941年、babyboomerという用語の初出は1974年である。

*11 ロックンロール（rock-'n'-roll aka Rock and Roll）——1950年代にアメリカを中心に、黒人のR&B（Rhythm-and-Blues）から発展し、1960年代中ごろからロックへと移った、解放感と躍動感に満ちたリズムを特徴とするポピュラー音楽の一形式。語源的にはrock（ゆらす）とroll（転がす）ということから躍動感をあらわすことに由来するとされるが、アメリカ英語の黒人のスラングの性的な「交合」の意味を含意する。公的には、ディスク・ジョッキーであったアラン・フリードが定着させたといわれている。その音楽的特徴は、R&Bのほぼ均等なエイト・ビート、ブルース・ジャズのシャッフル／スイングするビート、それにブルースのコード進行と音階を応用した構成をもとに、カントリー・アンド・ウェスタンを体得した白人ミュージシャンが、双方のスタイルを混合させたといわれている。

*12 テディボーイ（Teddy boy）——エドワード7世（Edward VII, 1841-1910。王位は1901-10年）時代風の衣装にヒントを得た華美な服装を愛用する、1950年代から1960年代前半にあらわれたイギリスの反抗的な男子の若者。女子の場合はテディガール（Teddy girls）とよばれた。なお、「熊のぬいぐるみ」である「テディベア」（Teddy bear）は、こうした若者のファッションとはまったく関係なく、アメリカの大統領

のクマ狩りに由来する。
*13 ジョン・F・ケネディ（John Fitzgerald Kennedy, 1917-63）——第35代アメリカ大統領。民主党。
*14 ドラッグカルチャー（drug culture）——麻薬常用者［中毒者］たちの作り上げたサブカルチャー。
*15 パンクロック（punk rock）——ロックンロールの一種で、1970年代の後半に頂点に達した。punk ともいう。
*16 ラップミュージック（rap music）——1970年代の後半にニューヨークのディスクジョッキーや都市部の黒人たちによって作られたファンクサウンドの一種。ディスコビートに乗って、韻をふんだ語呂のよい Black English を早口にしゃべるのが特徴。ヒップホップ・ムーブメントの発端となった。rapという表現の初出は1981年である。
*17 ボディーアート（body art）——1960年代から1970年代の欧米を中心に、伝統的な表現主義から派生して行なわれた美術の手法ないし様式。人体を作品化したり、人体を用いた動的演劇要素を実演したりするため、パフォーマンスアート（performance art）あるいはコンセプチュアルアート（conceptual art）ともよばれる。body artの初出は1971年である。
*18 ネオ・ナチズム（Neo-natizm）——第2次大戦後の経済的繁栄のなかで生じた世代間格差、あるいは民族間格差を背景に、国内の労働需要との関係で外国人労働者の排斥、同性愛に対する嫌悪、そして共産党に対する敵対感情などを背景に、アドルフ・ヒトラーを指導者とした国家社会主義ドイツ労働者党（ナチ）の思想を受け継ぐと称して、ドイツを中心に活動する人・団体・政治勢力をさす。しかしその実態は、思想的にも組織的にも、あるいは社会的にも、歴史上の旧ナチとは断絶があり、ときにはヒトラーやナチ党を支持していない場合もあり、むしろ一般の注目を浴びたいためにその名を名のって国粋主義を煽動しているという事情もある。近年では社会的に疎外されていたり、経済的な上昇ルートからはずれた（あるいははずされた）、ルサンチマン化した若者がネオナチをかたり、移民や外国人労働者の排斥を訴え、暴行・略奪などの犯罪行為を行なうケースが増加している。
*19 ゴス（Goths）——ゴシック・ファッション、ゴシック・アンド・ロリータ（ゴスロリ）、ゴス（サブカルチャー）、ゴシック・ロックやゴシック文学の影響を受けたサブカルチャーやその愛好層のこと。ゴシック・ファッションはゴシック趣味をとりいれたファッション様式のひとつで、もとはゴシック小説や映画に登場するキャラクターのような服を着たのがはじまり。このうちとくにゴシック・ロリータ・ファッション（ゴスロリ）はゴシックから派生した日本のサブカルチャーとして知られている。
*20 ジョックス（Jocks）——アメリカの高校文化に深く根ざした概念で、狭義にはアスリートの男性をさすが、広義にはアメリカの学校文化のなかでスポーツを主とする「人気者になった男性」の総称。
*21 ナード（Nerds）——豊富な知識、とくにコンピュータや情報工学、認知科学、メディア科学系の知識をもつ社会的に内向な者、またしばしば「異性関係が苦手の者」をさすスラング。とくにコンピュータ技術に長けているナードのことを「ギーク」（Geek）とよぶ。ナードは日本語の「オタク」に相当するが、日本語の「オタク」が服装や髪型などの身だしなみに対して極端に無頓着でマニアックな趣味に没頭するイメージであるのに対して、英語の「ナード」はたんに「頭はとてもよいが内向的でパッとしない者」という意味あいで扱われることが多いので、「オタク」に比べればそれほど侮蔑的意味あいは強くない。この反対概念が「ジョック」である。スース博士の If I Ran the Zoo（1950）中の人物名にも使われている。
*22 ジーザス・フリーク（Jesus freak）——根本主義（fundamentalism）にもとづいて、従来の教義から離れた無教会主義キリスト教運動「ジーザス運動」（the Jesus Movement, Jesus Revolutionともいわれる）をする青年団体（Jesus people）の一員をさしていう。
*23 プレッピー（Preppies）——アメリカの、一流大学に進学するための準備教育をする9～12学年向けの寄宿制の私立中学校（プレパラトリースクール）の学生に特有の、金持ちのお坊ちゃま風の、アイビー調の服装をした伝統的で保守的な礼儀正しい学生をさす。
*24 ドラッギー（Druggis）——麻薬常用者または麻薬中毒者。
*25 学習障害（learning disabilities）——ある程度以上の知能をもちながらも、読み、書き、算数など知的教科の学習活動において強い困難を示す児童の病気。learning disability という表現の初出は1960年である。
*26 摂食障害（eating disorders）——神経性食欲不振症（anorexia nervosa）あるいは思春期やせ症いわゆる拒食症、多食症（bulimia）あるいは過食症などの食事障害とそれにともなう栄養バランス、自律神経バランスの喪失状態。

➡10代の妊娠、消費文化、勝利の女神の少女たち、徒弟制度、年齢と発達、フラッパーズ、ベビーブーム世代

● 参考文献

Ariès, Philippe. 1960. *L'Enfant et la vie familiale sous l'Ancien Régime*（Paris: Plon, 1960）; *The Centuries of Childhood : A Social History of Family Life*（1962）; *Geschichte der Kindheit*（1975）; アリエス『〈子供〉の誕生——アンシァン・レジーム期の子供と家族生活』（杉山光信・杉山恵美子訳、みすず書房、1980年）

Bailey, Beth L. 1988. *From Front Porch to Back Seat: Courtship in Twentieth-Century America*. Baltimore, MD: The Johns Hopkins University Press.

Chudacoff, Howard P. 1989. *How Old Are You? Age Consciousness in American Culture*. Princeton, NJ: Princeton University Press.チュダコフ『年齢意識の社会学』（工藤政司訳、法政大学出版局、1994年、新装版、2015年）

Coleman, James S. 1961. *The Adolescent Society*. New York: Free Press.

Coleman, John C. and Hendry, Leo B., *The Nature of*

Adolescence, 3rd edition: コールマン／ヘンドリー『青年期の本質』（白井利明ほか訳、ミネルヴァ書房、2003年）*
Fass, Paula F., and Mary Ann Mason, eds. 2000. *Childhood in America*. New York: New York University Press.
Gillis, John R. 1975. "The Evolution of Juvenile Delinquency in England, 1890-1914." *Past and Present* 67: 96-126.
Gillis, John R. 1974, 1981. *Youth and History: Tradition and Chang in European Age Relations, 1770-Present*（Academic Press, 1974, Student edition 1981）、ギリス『〈若者〉の社会史——ヨーロッパにおける家族と年齢集団の変貌』（北本正章訳、新曜社、1985年）
Graff, Harvey J., ed. 1987. *Growing Up in America: Historical Experiences*. Detroit, MI: Wayne State University Press.
Hall, G. Stanley. 1904. *Adolescence: Its Psychology and Its Relations to Anthropology, Sex, Crime, Religion, and Education*. New York: Appleton.
Hine, Thomas. 1999. *The Rise and Fall of the American Teenager*. New York: Avon Books.
Jones, Kathleen W. 1999. *Taming the Troublesome Child: American Families, Child Guidance, and the Limits of Psychiatric Authority*. Cambridge, MA: Harvard University Press.
Kett, Joseph F. 1977. *Rites of Passage: Adolescence in America, 1790 to the Present*. New York: Basic Books.
Macleod, David. 1983. *Building Character in the American Boy: The Boy Scouts and Their Forerunners, 1870-1920*. Madison: University of Wisconsin Press.
Modell, John. 1989. *Into One's Own: From Youth to Adulthood in the United States, 1920-1975*. Berkeley: University of California Press.
Modell, John and Madeline Goodman. 1990. "Historical Perspectives." In *At the Threshold: The Developing Adolescent*, ed. S. Shirley Feldman and Glen R. Elliott. Cambridge, MA: Harvard University Press.
Modell, John, Frank E. Furstenberg, and Theodore Hershberg. 1976. "Transition to Adulthood in Historical Perspective." *Journal of Family History*, 1: 7-32.
Sebald, Hans. 1984. *Adolescence: A Social Psychological Analysis*, 3rd ed. Englewood Cliffs, NJ: Prentice Hall.
（HOWARD P. CHUDACOFF／北本正章訳）

青年伝道団（Youth Ministries）

青年伝道団——青年期の若者のための宗教的プログラムや組織——は、近代宗教史上もっとも注目すべき組織上の革新であった。そうした組織は、とくにヨーロッパやアメリカにおけるキリスト教プロテスタントから、またキリスト教と同様、**ユダヤ教、イスラム教**、仏教、そしてヒンドゥー教の諸宗派から、何百万人もの若者たちをそのメンバーとしていた。もちろん、宗教的指導者たちはその信条や実践をあらゆる世代に伝えようと努めてきた。**通過儀礼**と成人儀礼は古代のものである。しかし、19世紀後半と20世紀初頭に、子ども期と成人期のあいだに位置づく若者集団に宗教的関心が集まったことは、**日曜学校**の直後に青年期概念を発達させた。

最初期の宗教的な青年協会はヨーロッパに出現したが、青年伝道団は、アメリカで現存しているように、宗教的ボランタリズムと多元主義の文脈においてもっとも劇的に発展した。識者たちは、アメリカにおける宗教的リバイバルによって回心した若者たちが卓越したはたらきをしてきたことを、以前から指摘してきた。19世紀後半、アメリカにおける宗教指導者の何人かは、実働メンバーのなかに若者たちがいない点を指摘するようになり、青年を回心に導くために信仰復興主義的な方策を練り、プログラムや組織をより永続性のあるものにした。こうした方策を生み出した組織のなかでもっとも有名なものは、1844年のロンドンにおいて、ジョージ・ウィリアムズ[*1]が設立した**キリスト教青年会**（The Young Men's Christian Association：YMCA）と、マーシャル・ロバーツ夫人とルクレティア・ボイドらの女性たちによって、1850年代にボストンとニューヨークで設立された**キリスト教女子青年会**（The Young Women's Christian Association：YWCA）であった。このふたつの青年運動は、あるときは全般的に、またあるときにはきわめて具体的に、地方のプロテスタント教会と連携した。それらはまた、実業界や産業界と、ときには労働者とも、多岐にわたるつながりをもっていた。このふたつの運動は青年を、レクリエーション、伝道的努力、そして教育といった健全な活動に従事させ、専門家が都市の好ましからざる要素とみなしたものから若者たちを保護しようとしていた。20世紀を通じて、このふたつの団体はプログラムを実施するにあたって、「精神・知性・身体」（body, mind and sprit）という三つの焦点を掲げて、若者を対象にした広範におよぶ社会事業を提供し、1960年代にはいくつかの急進的な活動も指導した。20世紀の最後の10年間、YMCAとYWCAはともに、宗教にかかわりなく、すべての年齢の人びとに家族向けのリクレーション・センターを広く提供するようになった。

それらの組織構造が示しているように、YMCAとYWCAの初期の運動は厳格にジェンダー区分されていた。それは民族性においても同様であった。アフリカ系アメリカ人の若者は、この団体のどちらからも差別され、1940年代まで、ある団体ではそれ以降も、民族差別され、しかも同じ設備を利用することすらできなかった。ジェンダーと人種にかかわる厳格な区別は、初期の青年伝道団の多くに共通する特徴であったが、皮肉にもそのことは、しばしば女性とマイノリティにとって、分離を主導してきた白人男性優位の前提をくつがえす方向に組織を導く根拠となった。その結

果、数十年の歳月を要したものの、こうした分離はかなり緩和され、両組織における福音主義的熱情やプロテスタント支配もまた緩和されていった。ジュディス・ワイゼンフェルトとナンシー・ボイドの研究が示していたように、「世界的規模の女性運動」の一環として、とくにYWCAは、最終的には民族的、文化的多元主義イデオロギーを受け入れた。1920年代になると、両組織は、重要なキリスト教青年運動と世界規模のエキュメニカル運動において非常に影響力のある機関、たとえば世界キリスト教学生連盟（the World Christian Student Federation）、学生宣教運動（the Student Volunteer Movement）、そして世界教会協議会（the World Council of Churches）青年局なども生み出した（アンズ・J・ファン・デル・ベントの『世代から世代へ』[From Generation to Generation]を参照）。これらの運動は、若者たちがヨーロッパとアメリカの植民地主義がもたらしたグローバルな帰結に対峙しはじめると、しばしばその伝道的な活動を「進歩的」な旗印を掲げた政治活動につなげた。

19世紀後半には、YMCAとYWCAの登場と軌を一にしつつ、ほかのプロテスタント諸派による青年伝道運動も多数登場した。そのなかのいくつかは、伝統的な黒人諸宗派の大半がみずからの青年委員会や青年局を創設していたにもかかわらず、アフリカ系アメリカ人を喜んで招き入れた。非宗派系のキリスト教共励会[*2]は、数々のプロテスタント青年伝道運動のなかでもっとも大規模なものであった。このキリスト教共励会は、1881年2月2日、フランシス・E・クラーク博士指導のもと、メイン州ポートランドのウィリーストン会衆派教会（Williston Congregational Church）ではじまった。この組織は、1887年までに、ほかの宗派からも参集していたが、その大半は世界中の長老派と会衆派のプロテスタント教会（いわゆる主流派教会）に所属する5万人の会員を擁する7000の団体を誇っていた。このキリスト教共励会の組織によって非常に模範的な類型が確立された。それらは、地方団体（たいていは集会）における毎週の祈祷会、礼拝、教育、レクリエーション、機関誌「キリスト教共励会の世界」（Christian Endeavor World）の発行、年次会議や集会、そして指導者委員会などであった。また、キリスト教共励会はその誓いによって異彩を放っており、日々聖書を読んで祈ること、地域集会の活動的メンバーとなること、そして伝道的行動主義を若者たちに誓約させるなどしていた。キリスト教共励会は、特定宗派がみずからの在宅青年委員会、出版物、そして事務所を設立することで、会員数は劇的に減少したが、その運営は21世紀まで続いた。

キリスト教の青年伝道団は、プロテスタント主流派グループの新規事業として着手されたものであったが、第2次世界大戦後になると、福音主義的およびファンダメンタリスト[*3]的なプロテスタントによって多くの名高い非宗派的青年伝道団が創設された。ユース・フォー・クライスト（Youth for Christ）は、1940年代、全国のスポーツ競技場での若者向けのラジオ放送集会で、アップ・テンポの白人ゴスペル・ミュージックと戦争の英雄やスポーツ界のスターによる証を上演するという、巷に知られたリバイバル流の企画をとりいれていった。ビリー・グラハム[*4]は、このユース・フォー・クライストのための最初の旅行伝道師であった。ヤング・ライフ（Young Life）は1940年代にはじまったほかの著名な福音主義的青年伝道団であったが、そのあとすぐにひき続き、キャンパス・クルセード・フォー・クライスト（Campus Crusade for Christ）、インター＝ヴァーシティ・クリスチャン・フェローシップ（Inter-Varsity Christian Fellowship）、フェローシップ・オヴ・クリスチャン・アスリーツ（Fellowship of Christian Athletes）、ユース・スペシャリスツ（Youth Specialists）、グループ・パブリッシング（Group Publishing）、その他多くが設立された。

アメリカにおけるこうしたプロテスタント青年伝道運動は、そこに多くの特徴と共通の歴史的軌跡を有していた。それらは通例、都会ではじまり、製造業、あるいはほかの専門職につくために都市に出てきた若者たちによってはじめられた。また、地域の集会と連携して組織され、全国会議、出版、そして**サマー・キャンプ**を通じてネットワークを確立した。さらに、それらは就職援助、住宅、教育、レクリエーション、そして霊的同胞に対する若者たちのニーズにこたえようとしてはじめられたが、すぐさま宗教的指導者による特殊なアジェンダに向けて仕立てられていった。それらは一般に、その精神性と道徳性という点で中産階級的であり、中西部でもっとも活発になり、1950年代以降になると、集会に配属されはじめた訓練と資格を有する青年伝道者を戴くようになった。

21世紀までに、青年伝道団と青年伝道者は、建造物、宗派事務所、出版、集会、ウェブ・ページ、そしてキャンプ場などで、アメリカの宗教的伝統における組織的な実体をともなった慣例的特徴となった。いくつかの青年伝道団は、その布教活動を通じて、平和部隊（the Peace Corps）[*5]と類似した社会正義と環境保全に取り組む国際機関を派生させ、連携してきた。このようにして青年が取り組んだなかでもっとも注目に値するものは、ハビタット・フォー・ヒューマニティ（Habitat for Humanity）、イエズス会奉仕団（the Jesuit Volunteer Corps）、ルター派奉仕団（the Lutheran Volunteer Corps）などの青年たちのキャンパス集会、それに青年研修制度やメノー派中央委員会（the Mennonite Central Committee）のようなプログラムであった。**グローバリゼーション**は、21世紀初頭のキリスト教青年団体におけるリーダーたちのあいだで広く論争の的になっている。もちろん回心を重んじる伝道も、いくつかのプロテスタント青年伝道団とモ

ルモン教徒たちのあいだでは続いている。彼らはカレッジで学ぶ年齢の若者たちに2年間におよぶ布教活動を要求し、14歳から18歳の青年のための毎日の「神学校」プログラムを、モルモン教徒のあいだでの広範な社会的圧力によって継続的に提供しつづけている。

カトリックのあいだでは、しばしば教区を基盤にした教理教育、あるいは堅信、聖体拝領、結婚などの聖礼典にそなえる教育と青年伝道団が結びついてきた。それでもやはり、若者の特定集団を対象に、世界青年の日（World Youth Day）のような特別な組織やプログラムがカトリックのあいだでも創始されてきた。アメリカにおけるこうした組織やプログラムは、カトリック移民がしのぎを削りながら形成した民族的居住集団によって、ゆっくりと散発的に地方で発展していった。カトリック青年会（the Catholic Youth Organization：CYO）は、これらの集団を汎民族的青年奉仕団体へとつないだ最初の運動であった。CYOは、シカゴのバーナード・シェイル司教（1888-1969）の指導により、当初は若者のボクシング連盟として1930年代に創始され、その後は伝道団を生み出すにいたり、大司教の庇護のもと、いくつかの地域では21世紀まで存続している。カトリック青年労働者連盟（the Young Christian Workers：YCW）とカトリック青年学生連盟（the Young Christian Students：YCS）は、20世紀中頃のカトリックを活性化させた国際的なカトリック・アクション運動の一部であり、その運動を支えたエネルギーが第二ヴァティカン公会議（1962-1965）の改革にとりこまれていくまでのあいだ、何千人もの俗人カトリック青年を、さまざまな成果をあげることになるプログラムへと引きこんでいった。

アメリカ以外では、政教一致、あるいは宗教と民族の一体性によって、青年伝道団には異質な政治力が付与されていた。ドイツの青年運動は、とくにプロテスタントとカトリックの青年集団の関係や国家社会主義の台頭については、日本におけるYMCAの布教活動と伝統的な宗教的・政治的慣習とのつながりのように、詳細に研究されてきた（マーク・ローズマン［Mark Roseman］とジョン・デビダン［Jon Davidann］の研究を参照）。このほかの地域では、青年伝道団による国際的な布教活動と文化的発展との関係は、複雑多岐にわたっていた。ひとつの帰結として、南半球各地に隆盛した聖霊降臨派主義（ペンテコスタリズム）[*6]のような、新しい宗教運動を展開する若者たちがあらわれたことをあげることができよう。しばしば、信仰の篤い青年たちが宗教的過激派との暴力にまきこまれてきた歴史は、これらの場合においても同様であった。若者たちが問題（悪魔）と潜在的可能性（天使）の両方を象徴しているとする青年期として知られる人生段階についての、柔軟ではあるが永続的でもある神話あるいは文化的因習は、文化横断的な普遍性をもっており、国際的に進出したキリスト教青年伝道団がこれらの因習の生成と普及に一役かったことは明白である。

したがって、キリスト教的伝統の革新としてはじまったことがほかの宗教集団にも広がったことは驚くにあたらない。たとえば、ユダヤ教の青年たちが19世紀から20世紀のあいだに組織したものでもっとも有名なものはブナイ・ブリス青年協会（B'nai B'rith Youth Organaization）とブナイ・ブリス女子協会（B'nai B'rith Girls）[*7]であったが、大学キャンパスを基盤にしたヒレル[*8]、シオニスト青年連盟（the Federation of Zionist Youth）、その他の団体も組織されていった。イスラム教の青年たちは、イスラム教青年世界会議（the World Assembly of Muslim Youth。北米イスラム協会［the Islamic Society of North America］と連携した）、北米イスラム教青年協会（the Muslim Youth of North America）、イスラム教学生連合（the Muslim Student Association）、その他諸々の団体を設立した。仏教徒の青年たちは、20世紀後半までに、仏教青年ダーマ王国協会（the Dharma Realm Buddhist Youth）や仏教青年世界連盟（the World Federation of Buddhist Youth）による活動に参加することができたし、ヒンドゥー教徒の高校生たちは、ヒンドゥー学生協議会（the Hindu Students Council）に加入することができた。多くの地方シナゴーグ、寺院、モスクもまた、青年期の若者たちのために特別に仕立てられたプログラムを運営していた。

こうした青年伝道団の子ども史上の意義については、個々に評価することはできないが、広く一般論としてなら可能であろう。20世紀を通じて、青年伝道団はあきらかに、子ども期の幅を広げ、伝統をのりこえようとする中産階級の願望を強め、地位を高めていった。それらは、しばしば実業界とつながっていた。その一方で、労働者との関係は希薄であった。青年伝道団は、ジェンダー役割をめぐる実験空間をしばしば不本意のうちに提供し、ときとして女性と急進的少数派が指導力を発揮することをあきらかに奨励したが、それにもかかわらず保守的ジェンダーと人種的イデオロギーの砦となった。通例、宗教的伝統を堅持しようとするあまり、青年伝道団には曖昧なイデオロギー的境界線が引かれ、公的伝統の社会的欄外に置かれた。その結果、若いメンバーたちに超教派的かつ異教派的な実験を認めることになった。植民地主義や帝国主義ではなかったとしても、概して政治的立場は愛国主義者であった青年伝道団ではあったが、若者たちが国際的な経験をする豊かな機会をあたえ、その結果、宗教的な過激主義を標榜しないときに、間接的に（とくに20世紀後半）多元文化主義的意識を促進していった。

一般的に見て、アメリカにおける青年伝道団は20世紀後半に姿を消すか、あるいは陳腐な、文化的にかろうじて確認できるとするジョーゼフ・ケットの見解を支持する証拠は何もない。実際、これらの運動の意

義については、時代を明確に区分したうえで、地域的コンテキストと国際的なコンテキストの双方から注意深く歴史研究を行なうべきなのである。最近のいくつかの研究では、それらの組織が20世紀を通じて宗教集団の来るべき指導者を育成してきたこと、予見力に富んだ指導性と、それらに加入した若者たちのエージェンシーによって、しばしば伝統や文化を急進的につくりなおしてきたことが明らかにされてきている。

[訳注]
* 1 ジョージ・ウィリアムズ（Sir George Williams, 1821-1905）――イギリスの社会改良家。ロンドンの繊維会社の共同経営者として禁酒運動を推進する一方、説教活動を展開したり貧民学校などで教えるなどした。23歳の頃、1844年に、キリスト教精神にもとづいて青少年教育や社会奉仕をおこなう超教派的な活動組織YMCAをロンドンに創設した。創設50周年目にナイトに叙せられた。
* 2 キリスト教共励会（Christian Endeavor）――アメリカのメーン州ポートランドの会衆派教会の牧師であったフランシス・E・クラーク（Francis Edward Clark, 1851-1927）によって、1881年にはじめられ、プロテスタント諸教会の間に、宗派と国境を越えて広まった。正式名称は、教会活動のための青年会（Young People's Society of Christian Endeavor）。
* 3 ファンダメンタリスト（Fundementalist protestantism）――モダニズムに反発して、20世紀初期に起こったアメリカのプロテスタント内の運動。根本主義派。天地創造、処女懐胎、キリストの復活、犠牲死による贖罪、キリストの再臨など、聖書の記事すべての歴史的実在性への信仰を必須のものとする信仰上の立場。
* 4 ビリー・グラハム（Billy Graham, 1918-）――現代のアメリカの宗教界で「アメリカの伝道師」とよばれるもっとも著名なキリスト教の福音伝道師、牧師、神学校教師、福音派キリスト者。1950年にビリー・グラハム福音伝道協会（Billy Graham Evangelistic Association）を設立し、20世紀中期のリバイバル運動の聖霊運動の主力を担った一人。
* 5 平和部隊（the Peace Corps）――1961年にケネディ大統領（John F. Kennedy, 1917-1963）の提唱によって、アメリカ政府の後援によって発足した民間ボランティア組織。発展途上国で工業、農業、教育、衛生事業の普及・指導を目的にボランティアを派遣する。
* 6 聖霊降臨派主義（Pentecostalism、ペンテコスタリズム）――聖霊のはたらきを強調し、聖潔な生活を力説する一方、異言による神の賛美も行なう。通例、「根本主義」（fundamentalism、ファンダメンタリズム）の各教派についていう。
* 7 ブナイ・ブリス（B'nai B'rith）――ユダヤ人文化教育促進協会のこと。ユダヤ人および一般大衆の社会・教育・文化的向上のための諸活動をする国際的共済組織。「ブナイ・ブリス」とは、ヘブライ語で「契約の息子たち」の意味。
* 8 ヒレル（the Hillel Foundation）――「ヒレル基金」およびその組織。1924年に「ブナイ・ブリス」が設立した全米的機関。ユダヤ人大学生の宗教的、文化的、社会的生活の向上を目的とする。「ヒレル」とは、バビロニア生まれのパレスティナのユダヤ教のラビで、最高会議（Sanhedrin）の主宰者（nasi）となり、聖書解釈学において明確な基準を示したヒレル（Hillel, 前60-後9?）にちなむ。

➡キリスト教女子青年会とキリスト教青年会、組織的なレクリエーションと若者集団

● 参考文献

Bergler, Thomas E. 2001. "Winning America: Christian Youth Groups and the Middle-Class Culture of Crisis, 1930-1965." Ph.D. diss., University of Notre Dame.

Boyd, Nancy. 1986. *Emissaries: The Overseas Work of the American YWCA, 1895-1970*. New York: Woman's Press.

Coble, Christopher Lee. 2001. "Where Have All the Young People Gone? The Christian Endeavor Movement and the Training of Protestant Youth, 1881-1918." Ph.D. diss., Harvard University.

Davidann, Jon Thares. 1998. *A World of Crisis and Progress: The American YMCA in Japan, 1890-1930*. Bethlehem, PA: Lehigh University Press.

Kett, Joseph. 1977. *Rites of Passage: Adolescence in America, 1790 to the Present*. New York: Basic Books.

Mjagkij, Nina, and Margaret Spratt, eds. 1997. *Men and Women Adrift: The YMCA and the YWCA in the City*. New York: New York University Press.

Myers, William R. 1991. *Black and White Styles of Youth Ministry: Two Congregations in America*. New York: Pilgrim Press.

Pahl, Jon. 1993. *Hopes and Dreams of All: The International Walther League and Lutheran Youth in American Culture, 1893-1993*. Chicago: Wheat Ridge.

Pahl, Jon. 2000. *Youth Ministry in Modern America: 1930 to the Present*. Peabody, MA: Hendrickson Publishers.

Roseman, Mark, ed. 1995. *Generations in Conflict: Youth Revolt and Generation Formation in Germany, 1770-1968*. Cambridge, UK: Cambridge University Press.

Senter, Mark H., III. 1992. *The Coming Revolution in Youth Ministry*. Wheaton, IL: Victor Books.

Van der Bent, Ans J. 1986. *From Generation to Generation: The Story of Youth in the World Council of Churches*. Geneva: World Council of Churches.

Weisenfeld, Judith. 1997. *African American Women and Christian Activism: New York's Black YWCA, 1905-1945*. Cambridge, MA: Harvard University Press.

Zotti, Mary Irene. 1991. *A Time of Awakening: The Young Christian Worker Story in the United States, 1938-1970*. Chicago: Loyola University Press.

（JON PAHL／佐藤哲也訳）

聖母マリア（宗教）
(Madonna, Religious)

　イタリア語で「聖母マリア」を意味することばに由来する聖母（Madonna）という用語は、広く芸術作品、とくに「聖母子像」（Madonna and Child）としてよく知られる母親と子どもを描いた肖像画に用いられる「聖母マリア」（the Virgin Mary）に対する尊称である。「聖母マリア」は、キリスト教美術にきわめてひんぱんにあらわれるため、多くの者は、四つの福音書のなかで彼女のことがほとんどふれられていないのを知って驚く。彼女の芸術上のアイデンティティは、聖書、伝統、信仰、そして解釈の編集物である。とくに意義深いのは、「ヤコブ書」（「幼児の福音書」）で、これはマリアの子ども期とイエスの幼児期を描いた2世紀なかばの聖書外典の手稿なのだが、この二つの時期はどちらも聖書のなかでは語られていない。

　伝統は、言語慣習、民間信仰、そして霊的な聖書の解釈を反映しながら、数世紀にわたって進化しつづけた。民間説話集は、ヤコブス・デ・ヴォラギネによる13世紀の『聖人伝』（Legenda aurea）［黄金伝説（Golden Legend）］と、アンナ・ジェイムソンの19世紀の『聖母マリアの伝説』（Legends of the Madonna）においてみることができる。伝統の発展は中世だけにかぎらない。西ヨーロッパの教会がプロテスタント派とカトリック派に分裂したのちの時代に続く16世紀末から17世紀にかけての数十年間（この時期は、対抗宗教改革あるいはトリエント公会議以降の時期として知られる）は、聖母を取り扱った美術作品への需要が新たに生まれたこととならんで、聖母マリアへの奉献の多くの側面で発展あるいは改革がみられた。聖母マリアの教義の二つの重要な要素、すなわち「無原罪の御宿り」（the Immaculate Conception）（原罪の汚れから解放された聖母マリアの誕生を示す）*1と「聖母マリアの被昇天」（Assumption）は、13世紀以降に「無原罪の御宿り」が、そして7世紀以降には「聖母被昇天」がそれぞれ祝祭日になったが、近年になってはじめて、1858年と1950年にそれぞれカトリック教会によって、ほんとうの信仰を必要とする教義として定義された。

　イエスの誕生前の出来事──「無原罪の御宿り」、（天使ガブリエルが、マリアが神の子を身ごもったことを知らせる）「受胎告知」（Annunciation）、（マリアの奇跡の妊娠が、彼女の従姉妹のエリザベトによって認められる）「聖母マリアの御訪問」（the Visitation）──についての物語におけるさまざまな情景、あるいはまた、イエスの死後に起こる（聖霊が聖母マリアと使徒たちに降臨する）「復活」（Pentecoste）、さらには「聖母マリアの被昇天」といった出来事で描かれるように、聖母マリアが子どもをともなわずに描かれることはめずらしくはなかった。聖母マリアの肖像画は、イエスの誕生物語からはずれて、とりわけ（祈りを誘起する人物であり、崇敬の念を引き出す象徴としての肖像画である）敬虔な祈りの肖像として単独で示されることもあった。たとえば、礼拝用の聖母マリアの彫像は、彼女に向かって祈りを捧げる人びとを代表する、天国での仲介者としての彼女の役割を賛美するなら、彼女の子どもをともなう必要はないのである。だが、キリスト教における聖母マリアの意義は、彼女がイエスの母親であるという役割に直接結びついており、独りぼっちの女性としてよりも、ふつうとは違う幼児の若い母親としての象徴的な意味を見いだすことのほうがより一般的である。

聖母マリア美術の起源

　聖母子像は、かならずしもつねによく知られた芸術作品に特有の親密な、いつくしみの交わりによって特徴づけられるとはかぎらなかった。もともとこの二人の主役は、今日では多くの者がよそよそしくてかたくるしいと特徴づけている豪華で儀式ばった姿勢を示していた。最初期に知られていたマリアの描写は、2世紀末あるいは3世紀初めのローマの地下墓地であるプリスキラのカタコンベ*2に由来する。壁に描かれている赤ん坊を養育する女性は、天空を指さしながら立っている、ひげを生やした男性のそばに座っている。研究者はこの男性を、その著作でイエスの誕生を預言していると解釈されているイザヤ*3あるいはバラム*4という二人のヘブライの預言者ではないかと考えている。

　初期のキリスト教美術では、マリアは祈祷女人像（オランス、祈りを捧げる人物像）*5、母親、あるいはグレコ＝ローマン時代の最高会議から援用した王位についた皇女風の姿で描かれた。キリスト教にとっては、新しい宗教のように、なじみのない理念を表現するために、すでにふさわしいとされ、大衆に理解されている芸術的な表現法を使うことが賢明なやり方であった。聖母マリアの高い地位を伝える肖像画は、見る者に世俗の支配者と同等の、あるいはそれよりも高い尊敬の念をいだくようにうながした。古代末期の異教徒の見物人は、この聖母マリアをふつうの女性が身にまとうシンプルなヴェールではなく、精巧な衣装に身を包んだ豊穣の女神と混同することは決してなかったし、ましてや聖母マリアは破壊的な力を具現などしていなかった。異教の女神は人間からは遠く離れた存在であったが、聖母マリアは近づきやすい存在であった。近よりがたい全能のローマの皇帝たちの母親や妻たちが家来たちの仲介役をつとめたのとまったく同じように、キリスト教徒たちは、聖母マリアをとおして彼女が抱いている息子と謹厳な父親に近づくことができたのであった。

　ギリシア語で「神の母」を意味するテオトコス*6という称号をマリアにあたえて栄誉をたたえた431年のエフェソス宗教会議によって彼女の地位が高められた後の5世紀になると、聖母マリアの描写が非常にひん

ぱんにみられるようになった。彼女に捧げられることになる最初の教会であるローマのバシリカ聖堂*7である「サンタ・マリア・マッジョーレ教会」（聖母マリア大教会）は432年に献堂されたが、この時期は、幼児イエスを左腕に抱き、この息子がその手をお祈りをするようにもちあげ、その右手でこの子どもをさししめしているマリアが荘厳な女帝のように描かれるホデゲトリア聖像（ギリシア語で「先導する聖母」を意味する）*8のコピーがローマ帝国全域に流布してからまだ遠く離れてはいなかった。このようなビザンティン形式は、西ヨーロッパ美術において何世紀にもわたってくりかえされた。

母子関係に、非常に慈しみ深く、あまり格式張らない関係がしだいにあらわれるようになった。幼児が母親の腕にからみつき、二人の頬がふれあい、あるいは互いに見つめあいはじめるあいだ、マリアの顔は息子の方に深く傾いた。厳粛な表情であった子どもは身体をくねらせる赤ん坊として表現されるようになり、マリアは優しい母親として描かれるようになった。もともとは皇女の身なりをしたマリアを描くために一体化されていた玉座と王冠は、中世絵画では、天の女王（Queen of Heaven）と知恵の王（Sede sapientia、知恵の椅子）として、彼女の役割の側面とみなされるようになった。13世紀末までに、かつて以上に高まった自然主義が、以前には信望と尊敬を伝えるために用いられていたしゃちこばった姿勢にとって代わりはじめ、芸術家たちは母親と子どものあいだの強い母性的な絆を描くことに熱心に取り組んだ。中世のゴシック時代の絵画では、金色の背景に人物を浮かび上がらせて描く形式的な感覚をとどめていたが、ルネサンス時代には、写実的に背景を描く手法がこの伝統を終結させた。

子育てする聖母マリアの出現

中世末期から近世にかけて、ますます表象的な芸術に向かう美的傾向は、その傾向にともなって人間性を宇宙の隠喩とみなし、自然界を神の鏡と見る哲学の変動期と一致する。新たに創設されたフランシスコ修道会*9の教えの影響を受けた宗教思想は、同じように、イエスの神性よりも人間性のほうに関心を集めはじめた。キリスト教は、神の息子としてのイエスは、その母親である聖母マリアとともに、その人間性を捧げる完全な神であると同時に完全な人間でもあると考えた。神性が立派な女王と成人の救世主のイメージで表現されたのに対して、人間性に教義上の力点をおくことは、母親としての聖母マリアと幼子イエスというイメージによってもっともよく示された。

宗教的な実践における発展もこの変化を支えた。北ヨーロッパで流行した中世末期の礼拝様式であるデヴォツィオ・モデルナ*10は、マリアの深い悲しみとイエスの苦痛に対する人格的同一視を強調した。その実践者は、瞑想と祈祷にインスピレーションをあたえてくれる道具として芸術作品を利用した。赤ん坊としてその母親に抱かれている幼子イエスの表象は、イエスが人間の誕生であることを礼拝者に思い起こさせただけでなく、彼ら自身の子ども期や親の養育の経験によって、人間が互いに結びついているという感覚の深まりも助長した。**乳児死亡率**が高かった頃、そうした光景は悲哀と憐憫の情の両方をかきたてた。このようにして、神学、哲学、そして民衆慣行は、いずれも、こうした母親の腕に抱かれている光景のなかに堅信の秘跡を見いだした。

感情と聖書

聖母マリアと幼児イエスという組みあわせは、ルネサンス時代の芸術家、作家、そして説教者たちの心に強くうったえた。聖母マリアは、すぐれた才能をもつ早熟な子どもをあわれみ深く守る母親として描かれることがますます多くなった。聖母は、伝統的に赤い衣服と青いマント（赤は受難と真実の愛を示し、青は天国と精神的な愛情を示した）を身につけていたが、その息子は、いまや裸のままで、あるいはわずかな衣服でおおわれて、男の子の生殖器を完全に露出させて描かれている。レオ・スタインバーグは、影響力のあるその著書『ルネサンス芸術におけるキリストの性の表出と近代の忘却』（*The Sexuality of Christ in Renaissance Art and in Modern Oblivion*, 1983）で、これを母親のプライドとして、あるいは当時の育児法の自然な表現として拒否する傾向に異論を唱えている。シュタインバーグは、幼児の生殖器がひんぱんに人目にさらされることを、「神の言葉が肉体を作る」という福音書の一節に具体化されている幼い少年に芸術的に変形された、ルネサンス時代に重視された神の顕現——この地上において神が人間のかたちとなってあらわれること——という教義に結びつけている。神の顕現の媒介者としてのマリアの役目は、「キリスト降臨」の情景と、14世紀なかばに登場し、15世紀に人気を得た「マリア・ラクタンス」（*Maria lactance*）すなわち授乳するマドンナの礼拝用の肖像画においてほめたたえられている。

聖職者は、自分の息子を母乳育する聖母の肖像を賞賛し、女性たちが、子どもを乳母のところに預けるよりもこの例に従うよううながした。パリのジャン・ド・ジェルソン*11は、母親の乳は幼児の自然の食物であるだけでなく、キリスト教教育の開始でもあると説きすすめた。それにもかかわらず、宗教改革期を通じてプロテスタントは、これらの作品が養育をめぐって幼子イエスがマリアに依存していることを示しているため、マリアはイエスを超える力を主張しているという宗教的な理由で、マリアが息子を養育する光景に異議を申し立てたのであった。ピューリタン牧師ウィリアム・クラショー*12は、女性に服従する小さな赤

15世紀を通じて一般化する「マリア・ラクタンス」、すなわち授乳する聖母マリアは、聖母マリアとその子どもとのあいだの人間関係を重視した。「ついたての前の聖母マリアと幼子イエス」（1440年頃）、ロベール・カンパンの弟子。The Art Archive/National Gallery London/Eileen Tweedy

「グアダルーペの聖母」（17世紀末）は、新世界において生みだされたもっとも重要な聖母の肖像画である。植民地時代のメキシコで最初に生まれた彼女の似顔絵は、西半球の全域でヒスパニックの自尊心の源泉として採用されてきた。The Art Archive/Pinacoteca Virreinel Mexico City/Dagli Orti

ん坊としてイエスを描くそうした肖像画を、人を堕落させるものだと考えた。彼の批判に従えば、そのような肖像画は、キリストを父なる神にふさわしい大きさと背丈をもった、奇跡を行なう男性に成長させないことになろう。

　プロテスタントの多くは、カトリックは聖母マリアに過剰な卓越性をあたえていると感じていた。もっとも急進的な立場の者は、聖母マリア崇拝——キリスト教における聖母マリアの役割を誇張した重要性を根拠にした偶像崇拝の形態——をする教会を告発した。おそらく多くの信者は聖母マリアを非常に尊敬していたであろうが、これは、キリストの背丈を小さくしようとする教会の意図的な努力よりも、永遠の慈しみと寛容さをたたえている母親としての聖母が大衆の心をつかんでいたためであろう。カトリックの教義では、神だけが崇拝の対象になる資格があるとされた。聖人としての聖母は、尊敬され（敬意をはらわれ）、その献身的な存在によって嘆願の対象となったかもしれないが、崇拝されることはなかった。カトリック教会は、その草創期から宗教的な芸術を、読み書きができない人びとに教える道具として、神聖な心を重視する手段

として、さらには救済の物語を忘れないようにする方法として定義しながら、礼拝における芸術の利用と偶像崇拝とを区別することに気をくばった。礼拝者たちは、心の目が神聖な経験を精神的に再創造するのに役立つ芸術作品を用いて、彫像あるいは絵画に向かうのではなく、それが表象する化身に向かうことになっていた。

非ヨーロッパ社会における聖母の受容

　非ヨーロッパ諸国に渡った宣教師たちは、その旅に芸術作品をたずさえていった。17世紀日本のイエズス会士たちは、その土地の技法とアジアの特徴をこめて、ヨーロッパ様式の絵画を創作するための南蛮寺[*13]という絵画アカデミーを設立した。「聖母子像」（*The Madonna and Child*）は、新しく回心した信者の大半から強く要望された肖像画であった。現地の聴衆に聖母マリアを説明するためにヨーロッパ人は、彼女を神道の太陽の女神アマテラスと比較したが、それはアマ

コアトリクエ。Museo Nacional de Antropología*

テラスが聖母と芸術的な類似性があったからである。その視覚的な類似性にもかかわらず、アマテラスの力は自然にかんするものであって道徳にかんするものではなかったため、適切な比較の対象ではなかった。宣教師たちが視覚的な外観よりもむしろ教理にもとづいて比較していたなら、日本の仏教におけるあわれみの女神である観音菩薩（中国では観音 *Kuan Yin* として知られる）のほうが、よりふさわしい比較の対象になっていたであろう。

アフリカでは、母子像はすでになじみのある儀礼芸術の一部になっており、これはキリスト教的な意味を伝統的な形式に転写するのを促進する助けとなった。コンゴ族のさまざまな十字架にみられる合成物は、キリスト教がアフリカ的な転換によって受容されたこととならんで、土着の宗教的伝統と押しつけられた宗教的伝統の同化があったことの証拠である。ナイジェリア系アメリカ人の詩人イフェアンニ・メンキティ*14 は、アフリカ人たちがどれほど聖母を、托身（受肉）を受ける受動的な人間としてよりもむしろ活動的な保護者であり擁護者として崇拝しているかについて書いたことがあったが、これは、土着の女性の神性のダイナミックな役割の影響を受けた見方であった。

回心は、聖職者が探検使節に兵士をともなっていたラテンアメリカの新世界で、ヨーロッパの入植者たちの公式の目標であった。北アメリカのイギリス系のプロテスタントの入植者たちとは違って、スペイン人の入植者たちは、原住民たちを撲滅すべき野蛮人とみなすよりはむしろ救済すべき人間と見ており、その結果、強制的に回心をせまられた人の数が非常に多く、その土地の人びとの生存率はより高くなった。またそこでは、土着の宗教的伝統がキリスト教に適用され、組みこまれただけでなく、文化的残存をある程度おおいかくした。

新世界のもっとも重要な聖母は、グアダルーペの聖母*15 であった。この名前は、メキシコシティー郊外のテペヤク（Tepeyac）で、聖母マリアがナワ族*16 のインディオの前に出現した1531年につけられたものである。多くの者は、グアダルーペと、（今日では母なる女神トナンツィン［Tonantzin］に結びつけているのだが）アステカの大地と死の女神コアトリクエ*17 という二つの女神の名前のあいだの類似性を引きあいに出しながら、その古い寺院がテペアクの丘に建立されたグアダルーペの聖母を、アステカ文明の女神をキリスト教化したものと見ている。しかし、少数の者は、グアダルーペの聖母は、スペインから伝わり、メキシコで広めようとして驚異的なことをする黒人の聖母の名前でもあったと認識している。この神話の聖職者は、最終的には土着民たちが黒がもつ超自然的な力を女性よりも男性の神性に結びつけたのを発見するだけに終わる。したがって、黒く塗られたコーカソイド系の白人の聖母よりもむしろ黒人の聖母のほうが明るく描かれたのは、民間信仰に従い、その土地固有の民衆を制圧するためであった。こうした歴史にもかかわらず、ラ・モレニタ（la Morenita）（小さな茶色の聖母）として愛情をこめて知られている「グアダルーペの聖母」は、彼女の受容された混合人種の肌の色のゆえに、文化的および宗教的な提携関係の象徴として、またラテンアメリカのプライドのシンボルとして採用された。21世紀のラテンアメリカの人びとのあいだにみられる聖母に対する強い傾倒は、文化的および宗教的な人物像として聖母が絶えることのない影響をおよぼしている証拠である。

［訳注］

*1「無原罪の御宿り」（the Immaculate Conception）——カトリックで、聖母の無原罪の御宿りとよばれる「無原罪懐胎説」を示す。これは、聖母マリアは、イエス・キリストの功徳をまえもってあたえられることによって、彼女が母の胎内に宿った瞬間から原罪をまぬがれていたとする聖座宣言の教義である。また、聖母マリアが処女のまま出産したとする説は「処女降誕」（the virgin birth）の教義とよばれ、キリストの生誕が神の奇跡的な力によって聖母マリアの処女性をそこ

なわせなかったとする教説または教義が生まれた。無原罪の宿りのカトリックの祝祭日は12月8日である。

＊2 カタコンベ（Catacomb）——もともとはローマのサン・セバスティアーノ・フォーリ・レ・ムーラ教会の埋葬場所を意味した。初期キリストの迫害時代には避難所あるいは礼拝所にもなったが、しだいに周辺や各国に広まり、死者を葬るために使われた洞窟、岩屋や地下の洞穴をさすようになった。類似のものとしてはトルコのアナトリア、北アフリカのスサ、イタリアのナポリ、ドイツのトリーア、ウクライナのキエフなどのカタコンベが知られる。

＊3 イザヤ（Isaiah）——紀元前8世紀の旧約聖書中の大預言者（Major Prophet）の一人。エルサレムのイザヤ（Isaiah of Jerusalem）ともよばれる。

＊4 バラム（Balaam）——メソポタミアの預言者。モアブの王バラク（Balak）の依頼を受けイスラエルの民を呪うために出かけたが、乗っていたロバに戒められ、イスラエルの民に神の祝福を祈り、よき預言を告げた。

＊5 祈祷女人像（orans, Orant、オランス）——ラテン語のoransは「祈る人」の意味。古代中世、とくに初期キリスト教美術に見られる、救済された魂を象徴的に表現した、両腕を左右に大きくひろげ、手のひらを上に向けて天を見あげる女性像。ビザンティン美術では聖母マリア図像の一類型として示される。

＊6 テオトコス（Theotokos）——ギリシア正教で「生神女」（Birth-giver of God）。受肉した神の子の母としての聖母マリア（Virgin Mary）の称号。後期ギリシア語のTheotókosに由来し、theo-は「神」を、-tokosは「…を生む」を意味する。

＊7 バシリカ（basilica）——とくにイタリアの教会堂建築において、身廊（nave）、二つまたは四つの側廊（aisle）、半円形の後陣（apse）、拝廊（atrium）などを特徴とする長方形型の初期キリスト教の教会堂。

＊8 ホデゲトリアの聖母——ホデゲトリア（Hodegetoria）とは、ギリシア語のΟδηγήτρια（彼女は道を示している）に由来し、東ローマ帝国の首都コンスタンティノープルの守護者された古代の聖母子。首都が包囲攻撃されると都市の外側に向かって掲げられた。1453年にオスマン帝国軍に攻められて陥落した際、略奪され？失われた。

＊9 フランシスコ修道会（Franciscan order）——13世紀にイタリアのアッシジの聖フランシスコ（St. Francis of Assisi [Giovanni Francesco Bernardone], 1182?-1226）が創立した托鉢修道会。会員は灰色の修道服を着ているのでGray Friarsとよばれる。

＊10 デヴォチオ・モデルナ（Devotio moderna）——「新しい信心」。ドイツの聖アウグスティノ修道会の修道士ケンピス（Thomas à Kempis, 1380?-1471）が唱導した改革運動の精神を示す言葉。

＊11 ジェルソン（Jean de Gerson, 1363-1429）——フランスの神学者。パリ大学総長として改革につとめ声価を高める一方、ピサ教会会議およびコンスタンツ公会議を主導してカトリック教会の大分裂（シスマ）を克服し、公会議主義を精神的に支える思想家となった。

＊12 クラショー（William Crashaw, 1572-1626）——イギリスのピューリタン宣教師、詩人。息子は詩人のリチャード・クラショー。ケンブリッジ大学のセント・ジョンズ・カレッジにW・クラショー・ライブラリーがあり、多数の手稿、詩歌が保存されている。

＊13 南蛮寺（Namban）——日本に渡ったイエズス会士によって1576年に京都に建てられた教会堂。「都の南蛮寺」とよばれた。建築の知識があったイタリア人宣教師オルガンティーノ（Organtino Gnecchi, 1530頃-1609）が指揮をとった教会堂の建設にあたっては、日本人大工、職人の手による和風を基本としながら、ヨーロッパとくにイタリアの建築様式やキリスト教に関連するモチーフが加味されたと推測されている。「都の南蛮寺」の正式名は「被昇天の聖母教会」であり、献堂ミサも会堂の落成に先立つ1576年8月15日（聖母被昇天の祝日）に行なわれた。教会堂の所在地は中京区姥柳町（蛸薬師通室町西入ル）付近と推定される。その後1587年、豊臣秀吉による伴天連追放令後に破壊されたとされている。

＊14 メンキティ（Ifeanyi Menkiti）——ナイジェリアのオニッシャ生まれのアメリカの詩人、哲学者、大学教授。アメリカに渡り、コロンビア大学、ニューヨーク州立大学などで学び、ハーヴァード大学で哲学博士号を取得。30年以上にわたってウェルズリ・コレッジで医療倫理学、法哲学、文学などを講じた。

＊15 グアダルーペの聖母（Our Lady of Guadalupe）——グアダルーペ・イダルゴ（Guadalupe Hidalgo）は、メキシコ中部メキシコシティ北西部にある都市で、キリスト教に改宗した先住民の一人が1531年に、この地で聖母マリアの幻を見たと伝えられてから、アメリカ大陸随一の巡礼地となった。グアダルーペという地名は、もともとはスペイン中西部にある中世からの巡礼地の名前に由来し、ここでも13世紀末に牧人の前に聖母マリアがあらわれたと伝えられている。

＊16 ナワ族（Nahuatl）——メキシコ東南部から中米の一部に居住するアメリカ・インディアンの先住民で、アステカ族をふくむ。その言語ナワトル語は、ユト＝アステカ語族（Uto-Aztec）に属し、おもにメキシコ中部で約80万人が用いている。ナワトル語はアステカ王国の言語であった。

＊17 コアトリクエ（Coatlicue）——「毒蛇のスカートをはく者」という意味があり、アステカの神話では、「すべての天の者を生む地球の大母神」、「炎と肥沃の女神」、「生と死、および再生の女神」、さらには「南の星の生みの親」などといわれる女神で、手と足に鋭い爪をもち、とぐろを巻いた毒蛇のスカートをまとい、犠牲者の心臓と頭蓋骨をつないだネックレスを首に飾ったおそろしい女神の姿をしている。人間をふくむあらゆる生き物の生肉がその食物で、子宮であると同時に墓場でもあるようなその姿から、「子どもを飲みこむ母親」を体現しているといわれる。

➡子ども期のイメージ、聖母マリア（世俗）、聖母マリア（東方正教会）

●参考文献

Ashley, Kathleen, and Pamela Sheingorn. 1990. *Interpreting Cultural Symbols: Saint Anne in Late Medieval Society.* Athens: University of Georgia Press.

Atkinson, Clarissa W. 1991. *The Oldest Vocation: Christian Motherhood in the Middle Ages.* Ithaca, NY: Cornell University Press.

Bailey, Gauvin A. 1999. *Art on the Jesuit Missions in Asia and Latin America 1542-1773.* Toronto: University of Toronto Press.

Belting, Hans. 1994. *Likeness and Presence: A History of the Image before the Era of Art,* trans. Edmund Jephcott. Chicago: University of Chicago Press.

Bossard, Alphonse, et al. 1985. *Dictionary of Mary.* New York: Catholic Book Publishing.

Boyer, Marie-France. 2000. *The Cult of the Virgin: Offerings, Ornaments, and Festivals.* New York: Norton.

Brown, Raymond E., Karl P. Donfried, Joseph A. Fitzmyer et al., eds. 1978. *Mary in the New Testament.* Philadelphia: Fortress Press.

Bynum, Caroline Walker. 1991. *Fragmentation and Redemption: Essays on Gender and the Human Body in Medieval Religion.* New York: Zone Books.

Carroll, Michael P. 1986. *The Cult of the Virgin Mary: Psychological Origins.* Princeton, NJ: Princeton University Press.

Cunneen, Sally. 1996. *In Search of Mary: The Woman and the Symbol.* New York: Ballantine Books.

Durham, Michael S. 1995. *Miracles of Mary: Apparitions, Legends, and Miraculous Works of the Blessed Virgin Mary.* San Francisco, CA: Harper San Francisco.

Gold, Penny Schine. 1985. *The Lady and the Virgin: Image, Attitude, and Experience in Twelfth-Century France.* Chicago: University of Chicago Press.

Grabar, André. 1968. *Christian Iconography: A Study of Its Origins.* Princeton, NJ: Princeton University Press.

Graef, Hilda. 1963-1965. *Mary: A History of Doctrine and Devotion,* 2 vols. New York: Sheed and Ward.

Heldman, Marilyn E., ed. 1993. *African Zion: The Sacred Art of Ethiopia.* New Haven, CT: Yale University Press.

Jacobus de Voragine. 1993. *The Golden Legend: Readings on the Saints,* trans. William Granger Ryan. Princeton, NJ: Princeton University Press.

Jameson, Mrs. (Anna). 1852. *Legends of the Madonna as Represented in the Fine Arts.* London: Longman, Brown, Green, and Longmans.

Katz, Melissa R., ed. 2001. *Divine Mirrors: The Virgin Mary in the Visual Arts.* New York: Oxford University Press.

Levi D'Ancona, Mirella. 1957. *The Iconography of the Immaculate Conception in the Middle Ages and Early Renaissance.* New York: College Art Association of America/Art Bulletin.

MacGregor, Neil, with Erika Langmuir. 2000. *Seeing Salvation: Images of Christ in Art.* New Haven, CT: Yale University Press.

Miles, Margaret R. 1985. *Image as Insight: Visual Understanding in Western Christianity and Secular Culture.* Boston: Beacon Press.

Os, Henk van, et al. 1994. *The Art of Devotion in the Late Middle Ages in Europe, 1300-1500.* Princeton, NJ: Princeton University Press.

Ousterhout, Robert, and Leslie Brubaker, eds. 1995. *The Sacred Image East and West.* Urbana: University of Illinois Press.

Pelikan, Jaroslav. 1996. *Mary Through the Centuries: Her Place in the History of Culture.* New Haven, CT: Yale University Press.

Peterson, Jeanette Favrot. 1992. "The Virgin of Guadalupe: Symbol of Conquest or Liberation?" *Art Journal* 51, no. 4 (winter): 39-47.

Réau, Louis. 1957. *Iconographie de l'Art Chrétien.* Paris: Presses Universitaires de France.

Russell, H. Diane. 1990. *Eva/Ave: Woman in Renaissance and Baroque Prints.* Washington, DC: National Gallery of Art.

Schiller, Gertrud. 1971. *Iconography of Christian Art,* trans. Janet Seligman. Greenwich, CT: New York Graphic Society.

Steinberg, Leo. 1983. *The Sexuality of Christ in Renaissance Art and in Modern Oblivion.* New York: Pantheon.

Stratton, Suzanne L. 1994. *The Immaculate Conception in Spanish Art.* New York: Cambridge University Press.

Trens, Manuel. 1947. *María, iconografía de la Virgen en el arte español.* Madrid: Editorial Plus Ultra.

Warner, Marina. 1976. *Alone of All Her Sex: The Myth and Cult of the Virgin Mary.* London: Weidenfeld and Nicolson.

（MELISSA R. KATZ／北本正章訳）

聖母マリア（世俗）
(Madonna, Secular)

　聖母マリアは、何世紀にもわたる歴史のなかでもっとも目立つ女性でありつづけてきた。彼女は、美術、音楽、文学、そして神学など無数の作品の主題でありつづけ、彼女の名のもとに多数の偉大な建築記念物も建立されてきている。われわれの世紀においても、聖母マリアは、女性たちの達成、認識、そして歴史的な視覚性についての曖昧なコメントである「タイム」誌の表紙に、もっともひんぱんにその顔があらわれる女性でありつづけている。彼女は、宗教的および文化的な人物として、もっぱら男性によってその性格が定義され、女性によって実践される理想的なパラダイムを表象している。その清純さ、しとやかさ、謙虚さ、そして素直さなどの性格特性は、これまでずっとキリスト教徒と非キリスト教徒のモデルとして役立ってきて

セイホマリ

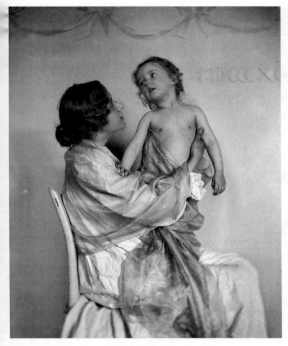

ガートルード・ケーゼビア「崇敬」（1897年頃）。ガートルード・ケーゼビアは、ロマン主義化した母親と子どもの肖像を生み出した20世紀への変わり目の多数の芸術家の一人であった。「崇敬」は長い伝統をもつ「聖母子」の絵画的形象を使っているが、しだいに世俗的になったアメリカの観衆の好みに合わせて、明確な宗教的な象徴主義は見られない。Courtesy of George Eastman House

的依存は、宗教的に正当視される処女という立場よりもむしろ、なによりもまず母親という生物学的な役割という観点から聖母マリアを見るよう人びとをうながした。修道女たちは、マリアの処女性を表徴していただけでなく、母親としての役割——子どものキリストの世話と養育を分担する精神的な母親としてみずからを定義していた——も表徴していた。修道院に限定されない女性の宿命は結婚することであり、その目的は、教会と社会が理解していたように、子どもを産むことであった。子どもを産むこと——野良仕事をしたり、商売をしたり、財産を相続したり、あるいは年老いた両親の世話をするのであれ——は、社会の安寧にとって不可欠であり、女性の貢献が認められたのはこの領域においてであった。

したがって、子どもがいない女性はののしられ、子どもが産まれないことは離婚の原因になった。子どもが生まれない女性は妊娠を手伝ってもらえるよう聖母マリアに祈り、妊娠したばかりの女性は聖母マリアに安産を祈願し、母親は変わることのない子どもの健康を聖母マリアに祈願した。聖母マリアのやさしげで寛容な人格は、男女双方にとって親しみやすく、威圧的ではなかったが、その母親としての経験は、女性とのあいだに特別な絆を生み、妊娠、出産、子育てという女性の経験は、聖母マリアとの精神的な共感を深めることとなった。

子どもの世話をする、優しい母親としての聖母マリアを描くことは、キリスト教徒としての義務と、市民としての義務を母親であることによって果たしていた女性に、慰めと目的感覚をあたえた。また、「聖母子」の肖像画は、社会的にも宗教的にも正しい女性のふるまいのモデルを映し出すことによって、女性を家庭内の領域に限定する家父長的な価値観を強めた。このような宗教的な領域と世俗的な領域のからみあいは、聖母マリアの無私無欲の愛情を基礎にした価値観の強い投射と、ふつうの女性に対する期待感を示す世俗的な聖母マリア像を生みだした。

家庭の天使

現実には、世俗的な聖母マリアは、女性の従順さについて男性がいだく幻想ほどには聖書に登場するマリアの人物像にもとづいてはいない。世俗的な聖母マリアの特徴は、他者の安寧のための不断の犠牲、彼女のまわりのすべての人が必要としていることへの物おしみしない奉仕、消し去ることができないほどの自己否定、家庭と家族への変わることのない献身、そして素直で辛抱強い性格などをふくんでいた。これは、子どもの生まれつきのナルシシズムと、家庭全体の中心ではないまでも、母親の存在の中心にいようとする願望を満たすものであった。いうまでもなく、ほんとうの世俗的な聖母マリアが、**フェアリーテイル**、フィクション、芸術品などから離れて存在することはほとんど

いるが、彼女をもっともきわだたせている側面——出産前、出産中、そして出産後の永続的な処女性という側面——は、今生きているすべての女性がそのような完全な基準を満たすのを不可能にしている。

運命の女神としての生物学

おそらく、母子関係を定義するうえで、世俗文化におよぼす聖母マリアの影響ほど大きなものはほかには見あたらないであろう。これはあきらかに、キリスト教美術において聖母子として広く人口に膾炙している肖像の包括的な描写に負っているであろう。そこでは、聖母マリアは、幼子イエスの、うっとりするほど美しい、慈愛に満ちた若い母親として描かれている。もともと視覚的なイメージは、絵画、彫刻、そして印刷形式で流布していたが、「聖母マリアと幼子イエス」は、宗教的なドラマ、詩歌、祈祷、そして音楽作品などの主題であった。養育する親としての聖母マリアの広く流布した表象は、女性であること（womanhood）と母親であること（motherhood）との集合的同一視を促進するのに役立った。

これとは反対に、種の再生産のための女性への社会

世界子ども学大事典　　711

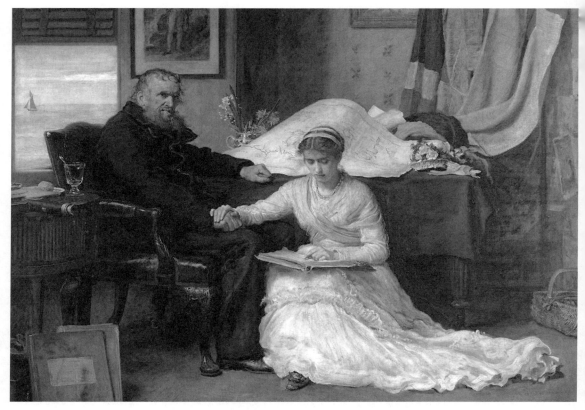

ジョン・エヴァレット・ミレイの「北西航路」（1874年）は、従順な女性としての世俗的なマリア像を例示している。年齢差が大きい夫の足もとにすわるこの若い女性は、夫が彼女を導くどこにでも、喜んでつきしたがっていこうとするひたむきな辛抱強さをあらわしている。The Art Archive/Tate Gallery London/Eileen Tweedy

ないが、血の通った女性が彼女の影響を感じるのを止めることはなかった。忍耐強いグリゼリダの時代——ボッカチオの『デカメロン』やチョーサーの『カンタベリー物語』の「書記のお話」のなかで夫の虐待を受ける従順な犠牲者——からの贈り物ではあったが、世俗的な聖母マリアは、ロマン派の運動の理想主義とヴィクトリア時代の真面目さに支持された19世紀に、その文化的影響力は頂点に達した。彼女の子どもは、純真無垢な生き物として感傷的に見られ、子どもの道徳発達と市民としての発達は母親の指導にかかっており、その欠点と逸脱はまちがった育児に原因があるとされた。

母親の孤独と犠牲に基礎を置くものとしての女性の美徳の視覚的および文学的な描写は、ヨーロッパにおける文化的なメッセージの伝達を助長した。芸術家たちは、純真無垢な農民から、じっと耐えている娘たちや天使のような妻にいたるまで、現世よりもむしろ天上の徳の化身として女性を描いた。フェアリーテイルは男性の芸術家に限定されない。ヴィクトリア時代の写真家ジュリア・マーガレット・キャメロンは、聖母マリアを示すモデルの多数の肖像と、普遍的な美徳と母親としての献身の理想を体現する女性の肖像写真を残している。今日ではあまり知られていないが、コヴェントリー・パトモア[*1]の非常に大きな人気を博した影響力のある詩集『家庭の天使』（The Angel of the House）は、妻と母親の地位を賛美した。1854年から1863年にかけて何回かに分けて出版されこの詩集は、6人の子どもをもうけ、1862年に若くして亡くなったパトモアの最初の妻エミリー・アンドルーズにもとづいて、そのヒロインであるホノリアの結婚生活のすばらしい幸福の展開をたどったものである。

これと同じ物語は、世俗的な聖母マリアの特性を具現しそこなった女性たちに割りふられた宿命であった。淫蕩の徴候が少しでも見られれば、貧困と追放によって社会的に、あるいは病気と醜怪によって象徴的に、当該女性とその子どもの両方にあたえられる罰によって、邪悪の前兆として扱われた。ヒロインのテスの私生児が死んでしまう、トマス・ハーディの『ダーヴァヴィル家のテス』（Tess of the d'Urbervilles, 1891）のような誘惑された娘を扱った作品や、最後はホームレスになって自殺してしまう不貞の妻を描いた三部作、アウグストゥス・エッグの『過去と現在』（Past and

Present, 1858) などの作品は、理想に向かう道をふみはずした女性たちの悲惨な結末を描いている。そのふるまいに対しても、そうした事件がひき起こした厳しい波紋に対しても、女性と同じ制約が男性の側にくわえられることはまったくなく、恋愛遊戯を楽しむ男性に有利な二重基準がはたらいていたことは驚くにあたらない。

当時の、そして今日でもそうなのだが、女性たちに求める道徳規準は、感じやすい子どもに影響をおよぼすストレス水準や、子どもたち自身の怒りやあからさまな拒絶を抑圧することになるほどまでフラストレーションの水準を高く定められていた。ちょうど、聖母マリアの超自然的な純潔、罪と性からの自由、そして永遠の処女性が、いかなる現実の女性であれ、その理想とするものに合致するのを不可能にしているように、今日の女性たちの世代——女性にとっての達成は、結婚、子育て、地域へのかかわり、そして仕事上の成功を調和させるなかに存在しており、これらすべてはふさわしい重みをもっているとメディアに吹きこまれている——は、そのスタートから目標に達することができないように運命づけられていた。

新しい世界の聖母マリア

世俗的な聖母についてのアメリカ的な概念は、感傷的ではあるものの、イギリスの形式ほどには敵意に満ちたものではないが、民族あるいは帰属社会とは関係なく、女性に対する包括的な心的態度を形成するうえでも同じように効果があった。このような異形は、**メアリ・カサット**の作品によって明らかにされているような、しばしば父親を除外している母親と子どものイメージに起源をもっていた。芸術家としてのカサットの成功は、主題にふさわしい女性を扱う才能が彼女にあったことが大きかった。男性は一家の大黒柱という役割に限定され、彼らの養育本能は母親の養育本能によって影を薄められ、疑わしいと見られていた。(厳格な父親は、子どもの養育が**しつけ**と矯正の中心を占めていた啓蒙思想時代以前の**育児**の残滓であった。)

アジア、アフリカ、そして南北アメリカにおけるヨーロッパによる植民地時代と軌を一にして、世俗的な聖母マリアの概念が世界中に広まり、その影響は、人種、宗教、あるいは国籍で独立に感じられる社会的な力になった。宣教師たちが非ヨーロッパ社会に対してヨーロッパ的な信条ばかりでなくジェンダーの慣習をとりいれるよう奨励したのに対して、新世界への移住者たちは、その社会的な道徳慣習（モーレス）に同化したばかりでなく、性的役割にも同化した。その影響が相互的であったことはまれであった。女性の貢献にヨーロッパ社会よりも大きな価値を置いていた伝統的なアフリカ社会は、母親であることを、共同体全体に利益をもたらす家庭内的な義務だと見ていた。アジアの長老支配では、母親はその子どもたちの安寧のために犠牲になることを期待され、成人した子どもたちは両親への責務を果たすよう期待された。ヨーロッパの価値観は、そのような受けた恩義を埋めあわせることを拒否した——母親の犠牲はそれ自体が目的であって、子としての義務によっては報われないと考えるからであった。

詩的で美しい子ども期の情景は、写真家ガートルード・ケーゼビア[*2]、イラストレータの**ベッシー・ピース・ガットマン**、そして作家のローラ・インガルス・ワイルダー（1876-1957）らアメリカの女性芸術家の作品においてみられる。子どもたちも、天使のような生き物として、無邪気で、甘い香りがし、そしてその母親が子どもに密着するように母親に密着するものとしてロマン主義化された。その背後に光輪が描かれていないにもかかわらず、母親と子どものあいだには、イエスに対する聖母マリアの関係とまったく同じように、生物学的限界を超越した霊的な絆があると信じられていた。実際、カトリック——もともと19世紀なかばの下層階級の移民人口を構成していた——に対する憎悪が高まった時期には、光輪が描かれていないこととほかの目立つ宗教的シンボルとは、誇りある世俗的な国民のなかで、もともとのプロテスタントの中産階級の聴衆に大いに気に入られるイメージを作った。

宗教の明白な表象から分離した聖母マリアのイメージの広範におよぶアピールは、しばしば大勢の観客によっては承認されない微妙な方法で、その持続性を今日まで育んできている。メディアによる聖母マリアのイメージの確かな採用、とりわけ市場戦略としての採用は、女性は元来母親であり、子どもの保護者であるというメッセージばかりでなく、女性の身体的、情緒的、そして心理的な安寧は子どもの養育を通じて表現されるというメッセージも助長する。（問題の作品ばかりでなく、自分自身も）じゅうぶんな能力を発揮しそこなっている母親の側に罪があるとたきつける広告から、新しい一千年期に向かって、非常に皮相的に現代化したステレオタイプのジェンダーを売り物にしたテレビ番組や映画（「ザ・シンプソンズ」[*3]の風刺漫画シリーズのような善悪混交の番組や、「危険な情事」[*4]のような狡猾な映画作品）にいたるまで、われわれは、2000年前のマリアというユダヤの娘に由来する女性の行動への期待感にとらわれている。

この世代間の伝達は、世俗化されはしたものの、世俗的な聖母マリアを定義し、完全な（あるいは理想的な）愛情深い母親のファンタジーを永続化するうえで、部分的に、子どもによって演じられる本質的な役割に負っている。子どもが自分を母親の存在の中心として見るようにうながされ、また、母親が家族の要求を自分のそれよりも上位に置くように慣らされているかぎり、未来の世代は、女性は生まれつき無私無欲の愛情に身を捧げる傾向があるという考えを受け入れつづけるだろう。母親とその子どもはどちらも、男性と女性

の双方に対するその歴史的な願望、生物学的な役割、心理的な欲求などの不安定な混交、そして深く根を下ろした文化的な期待感によって、世俗的な聖母マリアという神話の受容と永続化において共謀している。

[訳注]
* 1 コヴェントリー・パトモア（Patmore Coventry (Kersey Dighton)、1823-1896）――イギリスの詩人、随筆家。若いころロセッティらラファエル前派の人びとと交わり、41歳の頃（1864年）カトリックに改宗した。夫婦愛を賛美する長編の詩集『家庭の天使』（The Angel in the House, 1854-63）、神秘主義的な短詩集『知られざるエロス』（1877年）が有名。「家庭の天使」というイデオロギーは、中産階級の女性たちの居場所と自己実現の場を家庭という私生活空間に限定するイデオロギーとしてヴィクトリア時代の女性を束縛した。
* 2 ガートルード・ケーゼビア（Gertrude Käsebier, 1852-1934）――アメリカの写真家。とくに母親を描いたことで著名。女流写真家の草分け的存在となった。
* 3 「ザ・シンプソンズ」（The Simpsons）――マット・グレイニングの創作によるアメリカのテレビアニメシリーズ。1989年にFOXテレビで放送開始されてから400話以上が放映され、アメリカアニメ史上で最長寿番組として知られる。架空の町スプリングフィールドを舞台に、シンプソン家を中心にその周囲の人びとがくりひろげるユーモアをベースに、政治、社会、教育問題を投げかけている。2009年には20周年を迎え、60か国以上で20か国語に翻訳され、現在、シーズン21を放映中。エミー賞、ピーボディ賞受賞作品。全世界で毎週6000万人以上が視聴しているといわれる。
* 4 「危険な情事」（Fatal Attraction）――エイドリアン・ライン監督、マイケル・ダグラス、グレン・クローズ主演の1987年に公開されたアメリカ映画。弁護士一家が浮気がもとで破滅的なストーカーの攻撃を受けるサスペンス映画。アカデミー賞6部門でノミネートされ、クローズの鬼気迫る演技が話題になった。

➡ ジェンダー化、聖母マリア（宗教）、聖母マリア（東方正教会）、母親業と母性

● 参考文献

Atkinson, Clarissa W. 1991. *The Oldest Vocation: Christian Motherhood in the Middle Ages*. Ithaca, NY: Cornell University Press.
Carroll, Michael P. 1989. *Catholic Cults and Devotions: A Psychological Inquiry*. Kingston, ON and Montréal, QB: McGill-Queen's University Press.
Cunneen, Sally. 1996. *In Search of Mary: The Woman and the Symbol*. New York: Ballantine Books.
Katz, Melissa R., ed. 2001. *Divine Mirrors: The Virgin Mary in the Visual Arts*. New York: Oxford University Press.
Maeckelberghe, Els. 1994. *Desperately Seeking Mary: A Feminist Appropriation of a Traditional Religious Symbol*. The Hague, Netherlands: Pharos.
Marsh, Jan. 1987. *Pre-Raphaelite Women: Images of Femininity*. New York: Harmony Books.
Miles, Margaret R. 1989. *Carnal Knowing: Female Nakedness and Religious Meaning in the Christian West*. Boston: Beacon Press.
Musacchio, Jacqueline Marie. 1999. *The Art and Ritual of Childbirth in Renaissance Italy*. New Haven, CT: Yale University Press.
Parsons, John Carmi, and Bonnie Wheeler, eds. 1996. *Medieval Mothering*. New York: Garland Publishing.
Pelikan, Jaroslav. 1996. *Mary Through the Centuries: Her Place in the History of Culture*. New Haven, CT: Yale University Press.
Thurer, Shari L. 1994. *The Myths of Motherhood: How Culture Reinvents the Good Mother*. Boston: Houghton Mifflin. シャーリ・L・サーラ『「よい母親」という幻想』（安次嶺佳子訳、草思社、1998年）
Warner, Marina. 1976. *Alone of All Her Sex: The Myth and Cult of the Virgin Mary*. London: Weidenfeld and Nicolson.
Yalom, Marilyn. 2001. *A History of the Wife*. New York: Harper Collins. マリリン・ヤーロム『妻の歴史』（林ゆう子訳、慶應義塾大学出版会、2006年）

（MELISSA R. KATZ／北本正章訳）

聖母マリア（東方正教会）
（Madonna, Orthodox）

カトリック教会は、431年のエフェソス公会議*1で、イエスの母親マリアは「神の付添人」を意味するテオトコス*2という称号を受けるに値すると正式に認めた。こうすることによって、カトリック教会は聖母の公的崇拝物の出現を奨励したのであった。5世紀になると、聖母に捧げられた多数の教会がローマ、コンスタンティノープル、そしてエルサレムに建立された。6世紀

トカリ・キリセ（カッパドキア）*

から7世紀にかけて、「受胎告知」、「清めの期間」、そして、キリストの降誕とマリアの眠り（あるいは「就眠」）などの祭礼が確立された。7世紀には、聖母は都市とその首長、すなわちコンスタンティノープルの皇帝、ローマ法王の守護者と考えられるようになった。

聖母の姿にあたえられた政治権力は、6世紀後半に出現し、8世紀にはとくにローマで優勢になったマリア・レジーナ（Maria Regina）の肖像の構成のなかに視覚的表現がみられる。マリア・レジーナの肖像は、ビザンティンの女帝として、王冠、真珠の首飾り、そして絹の帯飾り、あるいはロロス（loros）などでよそおった聖母を示している。彼女は、宝石をちりばめた王座に座り、膝の上の幼児イエスを支えている。どちらの人物もそのまなざしを、その絵を見る人に投げかけながら、まっすぐに正面を向いている。マリア・レジーナの肖像画では、人物はマリアの姿を皇女のようによそおって、キリストの神聖な姿の「生ける王」としての役割を隠喩的に担っている。しかし、現世に超自然的な力が存在することを示すこのような位階制的な肖像群は、親と子どものあいだの母子関係を示してはいない。

偶像破壊時代*3だけが、聖母と幼子イエスの関係に新しい重点を置いた。すなわち、テオトコスという中立的な表現は、メーテル・テオウ（Meter Theou）、すなわち「神の母」という用語に、しだいに置き換えらるようになったのである。この新しい称号はマリアとキリストの母性的な結びつきを強調した。しかし、9世紀のテキストのなかで発展した母親と子どものあいだの情緒的に強い愛情は、視覚文化のなかにすぐには明示されなかった。

トルコのカッパドキアのトカリ・キリセ（Tokali Kilise）*4のように、新しい母親と子どものイメージを情緒的によびおこすのは10世紀末のことであった。これらの肖像は、聖母がその子どもである幼児イエスに頬ずりしながら頭を傾けているあいだ、幼児イエスはその母親の首のまわりに自分の腕をかわいらしくまわしているようすを示している。彼女は、（モスクワのウラジーミルの聖母マリアのイコンの例のように）片方の腕でイエスを抱きかかえ、キリストの参拝者の信者たちに示すように、もう一方の手を彼に向けている。

これらの肖像画は、子どもへの確固たる愛情を強く重視しており、子どもは元気に母親に手を伸ばし、首に抱きつき、唇を彼女の顔に近づけようとしている。こうした肖像画は、キリストの愛情を描くことによって、マリアの力の源泉を示している。なぜなら、キリストは、人類に代わって聖母マリアの嘆願に対して彼が祝福をあたえた限界を超えてこの母親を愛するからである。こうして、茶目っ気があって愛らしい幼児イエスの肖像画は、人類の救済が、母親に対するキリストの確固たる愛情にかかっていることを説明するので

ホデゲトリアの聖母*

ある。

これらの肖像画は、子どもの愛情とならんで、母親の犠牲的行為という理念も伝えている。聖母はキリストに嘆願しているが、彼女はそれを見る者に彼の存在を示し、差し出してもいる。彼女が幼児イエスを高く抱き上げ、手でしぐさを示しているのは、キリストを信徒に差し出すこの行為の象徴である。彼女が幼児イエスをやさしくつかんでいるのは、これを見る者がこの肖像画を母親と子どもの抱擁の一部と見るのを可能にするためである。ビザンティン美術の聖母マリアとキリストのイコンは、二重の犠牲的行為のイメージをあらわしている。すなわち、母親は自分の息子を捧げ、その息子は自分の生命を人類の救済のために捧げるのである。

こうした理念の最上の絵画表現は、ビザンティン帝国と東方正教会の世界でもっとも有力なイコンのひとつであるホデゲトリア*5に顕現されている。12世紀頃、このイコンは首都（コンスタンティノープル）、皇帝、帝国の超自然的な守護者と受けとめられた。この板絵は、表側に聖母と幼児イエスの肖像を描き、裏側にはキリストの磔刑を描いている。表面は、幼児キリストがその母の腕に抱かれているかたちでロゴス（ことば）が人間の姿であらわれる［incarnation、托

身・受肉］イメージを描いている。彼はマリアの嘆願を人類のために受け入れ、これに祝福でこたえている。裏面のキリストの磔刑は、キリストが犠牲になる約束の達成を示している。キリストの身体は、生命を奪われて十字架から垂れ下がり、マリアの両手は空をつかみ、だれかが、彼女の失望と苦しみのしるしとして彼女を抱きしめ、別の者はなおまだ嘆願する身ぶりのままである。ここでは聖母マリアの犠牲は、見る者の心をゆさぶるように表現されている。すなわち、彼女の母親としての愛情とその子の死という犠牲は、人類の救済のために捧げられた代価なのである。

［訳注］

- *1 エフェソス公会議（the Council of Ephesus）――431年にテオドシウス2世（TheodosiusⅡ, 401-450）が、小アジア西部のイオニアの古都エフェソスに召集した宗教会議。ネストリウス（Nestorius, ?-451?）を破門にすることなどを決めた。
- *2 テオトコス（Theotokos）――聖母マリアの尊称で「神の母」（Mother of God）を意味する。
- *3 偶像破壊時代（Iconocrasm, 730-843）――東ローマ皇帝レオ3世（在位717-41年）以降、イコン（聖画像）使用の是非をめぐる東方正教会内の論争のなかで、因習打破を訴える聖画像破壊論者たちが、大衆の支持を得て、芸術作品を破壊したり、聖画像崇拝論者たちを邪教・異端のかどで迫害した運動。女皇イレーネ（Irene, 752-803）の時代になって、787年に聖画像崇拝正式に復活され、四旬節の第一主日を正統信仰記念祭（Feast of Orthodoxy）として祝うようになった。
- *4 トカリ・キリセ（Tokali Kilise）――トルコのギョレメ国立公園にあるカッパドキア歴史地区にある遺跡群のひとつとして知られる岩窟教会の壁画。古代ローマ時代後期に伝えられたキリスト教の影響が教会の天井や壁、柱などに大量に描かれたフレスコ画に示されており、世界遺産に登録されている。
- *5 ホデゲトリアの聖母――ホデゲトリア（Hodegetoria）とは、ギリシア語のΟδηγηετρια（彼女は道を示している）に由来し、東ローマ帝国の首都コンスタンティノーブルの守護者された古代の聖母子。首都が包囲攻撃されると都市の外側に向かって掲げられた。1453年にオスマン帝国軍に攻められて陥落した際、略奪されて失われた。

➡子ども期のイメージ、聖母マリア（宗教）、聖母マリア（世俗）

● 参考文献

Carr, Annmarie Weyl. 1993-1994. "The Presentation of an Icon on Sinai." *Deltion tes christianikes archaiologikes hetaireias* 17: 239-248.

Kalavrezou, I. 1990. "Images of the Mother: When the Virgin Became Meter Theou." *Dumbarton Oaks Papers* 44: 165-172.

Peltomaa, L. M. 2001. *Medieval Mediterranean: Peoples, Economies, and Cultures, 400-1453: Vol. 35. The Image of the Virgin Mary in the Akathistos Hymn.* Leiden, the Netherlands: Brill.

Pentcheva, Bissera. 2001. "Images and Icons of the Virgin and Their Public in Middle Byzantine Constantinople." Ph.D. diss., Harvard University.

Vassilaki, M., ed. 2000. *Mother of God: Representations of the Virgin in Byzantine Art*. Milan: Skira.

（BISSERA V. PENTCHEVA／北本正章訳）

世界大恐慌とニューディール政策（Great Depression and New Deal）

数百万人のアメリカの子どもと10代の子どもにとって、世界大恐慌［1929-33］は数10年におよぶ苦難と苦悩をもたらした。経済的困窮と二桁数字の失業が襲ったとき、大統領フランクリン・D・ルーズヴェルト（1882-1945）が、その二度目の大統領就任式のスピーチで述べたように、国民の3分の1が「ひどい住宅、ひどい身なり、ひどい栄養状態」となり、子どもたちは不つりあいな貧困に耐えていた。1933年の救貧調査は、16歳以下の子どもはアメリカ人口のわずか31パーセントでしかなかったが、彼らは救貧受給者となった貧乏に苦しんでいるアメリカ人全体の42パーセントを占めた。

こうした統計数値のもっと下に横たわっている人的犠牲は、大恐慌時代を通じて低収入の若者が大統領夫人エレノア・ルーズヴェルト（1884-1962）に送った数千通の手紙からひろい集めることができる。手紙は失望した子どもたちからのもので、その多くはルーズヴェルト夫人に靴、衣類、本、そして子どもたちが非常に困っていた通学手段を求めていた。この書簡は、もともとは大恐慌の経済的危機が教育の危機でもあった事実を強調している。税収の縮小は、1934年のアメリカの地方の学校を約2万校ほど閉校させ、学期を短縮させた。この書簡はまた、受診しにくくなった医療と歯科の治療、縮小されたレクリエーションの機会、大人たちが仕事を追われて貧困状態に投げこまれている家庭で子どもたちが体験する心理的な負担などについても語っている。そうした家庭では、社会科学者のミラ・コマロフスキとグレン・H・エルダー・ジュニアの研究が確認しているように、父親が一家の養い手という伝統的な役割を果たすことができないことが明らかになると、しばしば親の権威は衰退し、保護された子ども期のいくつかの要素を否定された子どもたちは、家庭のなかのやりくりと支援という点で非常に大人っぽい役目を引き受けた。このような状況は、当時のアメリカ人たちに、物質的剥奪と、制限された教育と雇用の機会が若い世代の未来を脅かした1930年代の「若者の危機」といわしめた――これは、大恐慌時代の最初の数年に見られた結婚率と出生率の低下が象徴になった危機であった。

知識人がかかわっていたニューディールのリベラル

派の人びとと学生活動家らは、一般大衆の注意をこの若者の危機に向けるのに大いに貢献した。ニューディールの農場保全局は、貧窮した子どもたちの窮状を記憶に残る映像で記録したドロシア・ラング[*1]とウォーカー・エヴァンス[*2]のような、同情心の厚い写真家たちに基金をあたえた。エレノア・ルーズヴェルトは、若者問題に光をあてるために、日刊紙のコラム欄や毎週行なっていたラジオ演説を利用して、大恐慌のもっとも若い犠牲者を救済するうえで連邦の役割を拡大するよう主張した。左翼学生と1930年代の若者たちの抗議運動は、アメリカ青少年会議（the American Youth Congress）やアメリカ学生連盟（the American Student Union）のような、貧困学生と教育に対する連邦政府の支援を支持し、ワシントンにおける最初の全国的なユース・マーチに発展することになる全国的な組織を創設した。

　ニューディールのリベラル派の人びとは、若者の危機問題について語ること以上のことを行なった。彼らは、若者と教育に対する連邦政府の支援の歴史的な拡張によって、その問題を改善した。たとえば、アーカンサス州では、援助は約4000校の閉鎖をくいとめた。雇用促進局（Works Progress Administration: WPA）[*3]は、1933年と1934年に約3000個所に無償の保育園（nursery school）を設立して、労働者がこれを利用できるようにした。WPAは、大恐慌の終期までに、貧しい学生に無料の学校給食を10億食以上提供した。市民保全部隊（Civilian Conservation Corps: CCC）[*4]も、10代の男子を対象とした短期的な労働救済と訓練を提供したが、国民青少年局（National Youth Administration：NYA）によって提供された体験学習は、低収入の学生200万人以上が教育を続けられるようにし、学校外の青少年に260万件の仕事の基金を提供した。連邦緊急救済局（the Federal Emergency Relief Administration: FERA）とWPAからの基金援助を親が受けたように、間接的に若者——親以上に貧しかった——を支援した大人中心的な救済機関でさえ、基本的な生活必需品を子どもたちに提供することがさらに可能になった。

　こうしたニューディール政策の基金提供は、アメリカが大恐慌期初期の教育危機から立ち直るのを助けた。一部には、学生に対する連邦の支援のおかげで、ハイスクールの在学者数は、大恐慌がはじまった時点での439万9422名から1930年代末までに654万5991名へと増加した。大学レベルでは、NYA基金は、大学人口の12パーセントに体験学習を提供することによって低収入の学生が学校にとどまるのを助けた。大学の在籍者数は、1932年から1934年にかけて減少したのち、1930年代の後半を通じて増加し、1939年には、登録者数は130万になり、大恐慌以前のピークであった110万人をしのぐほどになった。

　ニューディールは、これらの緊急措置を越えて、そ

カリフォルニア州における極貧の移民労働者の母親とその子どもたちを写したドロシア・ラング（1895-1965）の1936年のこの報道写真は、世界大恐慌をいつまでも忘れさせないもっとも有名なイメージのひとつとなった。ラングによると、この写真を撮影したときまで、この女性、その夫、そしてこの夫婦の7人の子どもたちは凍ったキャベツと、子どもたちが捕まえてきた何羽かの小鳥を食べながら何日かは生きのびてきたのであった。The Library of Congress

の影響が1930年代をはるかに越えておよぼす青少年福祉の関連法を制定した。ニューディールは、「1935年社会保障法」（the Social Security Act of 1935）の一部として要扶養児童扶助法（Aid to Dependent Children: ADC）プログラムに着手した。この保障法は、それによって福祉国家が貧しい子どもたちに援助を提供する中心手段となることになった。連邦改正教育法第5篇社会保障法（Title V of the Social Security Act）は、ネグレクトされたり虐待を受けている子どもたちのために州政府が改善プログラムを拡張するのを連邦政府が財政援助することを定めた。1938年公正労働基準法（the Fair Labor Standards Act of 1938）の制定によって、ニューディール政策は、進歩主義者たちのもうひとつの長期目標であった多様な形態での児童労働を非合法化することを実現した。

　児童福祉を推進する連邦政府の役割は歴史的に拡大したが、ADCと児童労働の禁止は、子どもたちに政府が援助の手を差しのべるのを遅らせたり、場合によってはそれを妨害するという構想と実施方法の両方の点で問題があった。ローカリズムと州政府の権利の伝統は、南部のいくつかの州ではADCへの参加を遅ら

せる予算上の制約と結びついたため、ミシシッピとケンタッキーのような州は1940年代までこの幼児援助プログラムには参加しなかった。また、南部のいくつかの州では、州政府が「道徳的に不十分である」とみなした要扶養児童の母たち（とくに黒人家族）への援助を拒絶するなど、この基準を人種差別的なやり方で適用する傾向があった。児童労働の禁止は、農業と街路での仕事をふくむ年少者が仕事をしていたもっとも搾取的ないくつかの分野には適用されなかった。

1930年代の自由主義的な改革派の精神は、子育てと教育言説に影響をおよぼした。C・アンドルー・オルドリッチとメアリ・M・オルドリッチによる人気のあった子育て本『赤ちゃんは人間である――ひとつの解釈』（*Babies Are Human Beings: An Interpretation*, 1938）のなかで、子どもたちの感情的ニーズに注意をはらい、彼らに愛情をそそぎ、変化する世界のなかで彼らに安心感を提供するよう親たちを駆りたてた。これは、1920年代に非常に影響力があったことがわかっている行動主義的な育児のガイドに比べると穏健で、より子ども中心的な育児法であった。進歩主義教育協会（Progressive Education Association：PEA）――これはジョン・デューイの教育ヴィジョンを推進するのに貢献した主導的な全国組織であった――が、1930年代を通じて会員数と影響力の両方の点で絶頂期を迎えたという事実によって例証されるように、子ども中心的な教育学もかなり前進した。資本主義がぐらつくのにともなって、教育者のなかには左翼に傾斜する者も出てきた。そして、ジョージ・S・カウンツ（1889-1974）と「ソーシャル・フロンティア」の思想家たちに追随して、教育制度は、これまで資本主義制度を悩ませてきた不平等から自由な新しい社会制度の建設に役立つものでなくてはならないとする、社会改造主義（social reconstructionism）を唱導した。

しかし、PEAの進歩主義とソーシャル・フロンティア・グループの急進主義が多くの影響をおよぼしたのは教育実践よりも教育理論に対してであったことはあきらかなようである。保守的な教育長たちのリーダーシップの下で厳しい予算に直面していた学校制度は、伝統的な教師中心的な教育学モードにしがみつきがちであった。たとえば、1930年代の教室での授業実践にかんするもっとも大規模な研究としてリーゼント調査があるが、これは、ニューヨークに焦点をあてたもので、大半の学校での授業は、数十年前と同じように、反復練習、事実の朗唱、そして教科書の丸暗記が中心であることが明らかになった――ニューヨークはジョン・デューイと進歩主義教育の中心であった教員養成大学（ティーチャーズ・カレッジ）の拠点があった場所でもあるという事実にもかかわらず。デイヴィド・タイアックとアーサー・ツィルヴァーシュミットによる進歩主義教育の歴史にかんする研究は、大恐慌時代の10年間に児童中心的な教育学で実験的な授業を受けたのは、経済的に豊かな学区と学校が大半であったことを示している。

進歩主義教育とまったく同じように、ニューディールの自由主義は、それが大恐慌時代のアメリカの子どもたちに提供することができる以上のものを約束した。NYAが貧しい学生たちを数百万も助けたことはたしかだが、予算の制約のために、しばしば人種差別的な根拠で救済プログラムを運営してしまい、助けることができたよりも多くのものを失い、（1930年代にNYAの担当者であったリンドン・ジョンソン（1908-73）は、1960年代に彼が大統領の在任期間中に、「偉大な社会」[*5]の青年プログラムでNYAスタイルの連邦政府援助を復活させることになるのだが）ルーズヴェルト政権を長続きさせることはできなかった。ニューディールの基金援助は貧困学生を助けたが、豊かな学区と貧しい学区とのあいだに巨大な不平等を許していた地方偏重主義的な学校の財政制度を改革しそこなった。たとえいまよりももっと人間的な社会に向かう歴史的なステップであったにしても、1930年代を超えて続いたADCと児童労働の禁止というニューディール・プログラムでさえ、その範囲と資金提供という点であまりにも制限が大きかったため、すべてのアメリカの子どもたちを貧困と児童労働の影響がもたらす荒廃から保護することはできなかった。青年についてのこの種の記録の曖昧さは、1930年代に低収入の子どもや10代の子どもたちがルーズヴェルト大統領夫人に送った手紙にも反映している。これらの手紙は、貧困に対するニューディールの戦いが、こうした貧しい若者から愛情と忠誠心をよびさましただけでなく、新しい連邦の救済プログラムが子どもたちの個人的な物質的ニーズを満たしてやったり、彼らの教育機会を前進させることに失敗してしまったという失望感も示しているのである。

大恐慌時代のアメリカの**若者文化**（ユースカルチャー）は、危機の時代にそれがあらわれたことを反映していて、比較的穏やかであった時代と比べると非常に分裂的であった。一方では、もっと豊かな時期であれば若者文化の基調を決定することが多い**消費文化**と市場の価値は、1930年代にはまだ明確であった。その頃、豊かな者だけが大学に行くべきだと主張した者を、大学に通うエリート青年層のあいだで見ることができよう。貧しい子どもたちがルーズヴェルト大統領夫人に書き送った手紙のいくつかでもそのことはいっそう明確である。これらの手紙は、**広告**や自分の友人たちがもっている高級品が貧しい彼らを、中産階級の人びとが享受している物品にあこがれをいだいている貪欲な個人主義者であるかのようにさせていると訴えたのである――そしてそれは、「世間に後れをとりたくない」という若者らしい気持ちから、どうしても欲しい消費財であった。他方、労働者、左翼、そしてニューディールそれ自体への非常に協力的なエートスが広まり、若

者におよぼす消費文化の競争的な特質への異議申し立てを可能にしている。こうした平等主義は、労働運動への若者の参加率の上昇や、アメリカ史における最初の大規模な学生運動、すなわち平等な社会と政治を実現するための課題を支持する運動の創出などによって立証される。そうした課題と、貧しい少年や10代の子どもたちがルーズヴェルト大統領夫人にあてて書いた手紙において重要なのは、教育を手に入れることができることと、公正な社会とは、すべての者が――豊かな者だけでなく――中等教育や、高等教育さえも手に入れることができるような社会のことであるという左派自由主義の信念であった。したがって、第2次大戦後のアメリカの教育機会を拡大する時代と、「偉大な社会」の連邦政府によるいくつかの若者支援プログラム――ヘッドスタート計画[*6]から「職業部隊」[*7]にいたるまで――を統括した政治家たちの世代が、政治的に大恐慌時代のアメリカの世代に育った世代であったことは偶然ではなかったのである。

[訳注]

*1 ドロシア・ラング（Dorothea Lange, 1895-1965）――アメリカの報道写真家。ドイツ系移民の2世としてニュージャージー州に生まれ、7歳のときに小児麻痺（ポリオ）を発症して右足の機能を失ったが、フォトスタジオなどで写真術を学び、やがて世界大恐慌下の庶民生活を記録写真として大量に撮影して評価された。貧困と差別の問題の本質を見つめる目線でドキュメント写真分野の先駆となった。第2次世界大戦中の日系人の強制収容所の生活を撮影した800枚の写真は軍によって没収された。

*2 ウォーカー・エヴァンス（Walker Evans, 1903-1975）――アメリカの写真家。ソルボンヌ大学に留学して作家をめざしたが、帰国後に世界大恐慌下のアメリカの農業安定局（FSA）のプロジェクトにくわわり、おもに南部の農村地帯のドキュメント写真で注目された。

*3 雇用促進局（Works Progress Administration: WPA）――世界恐慌期のアメリカの失業対策として公共事業の設立と促進にあたった連邦局。1935年から1943年まではWorks Projects Administrationと改称された。

*4 市民保全部隊（Civilian Conservation Corps: CCC）――アメリカで、1933年から1943年まで設置された連邦政府機関で、おもに失業中の若者を雇用し、道路建設や植林などに従事させることで雇用を創出して若者の自立を支援した。

*5 偉大な社会（Great Society）――1964年のアメリカ大統領選挙で、ジョンソン（Lyndon Baines Johnson, 1908-1973）唱えた民主党の達成目標のスローガン。ジョンソンは国民青少年局（NYA）のテキサス州の局長であった。

*6 ヘッドスタート計画（the Head Start Project）――就学前児童のためにアメリカ政府が主導した教育事業で、恵まれない地域の子どもが、初等教育のスタートにあたって不利にならないように各種の支援を行なうことを企図した。

*7 職業部隊（Job Corps）――16～21歳までの失業青少年のために、自然保護キャンプや職業訓練センターを運営する労働省管轄の組織。

➡学生の政治活動、社会福祉、ニューディール政策の青少年支援組織

● 参考文献

Ashby, Leroy. 1985. "Partial Promises and Semi-Visible Youths: The Depression and World War II." In *American Childhood: A Research Guide*, ed. Joseph M. Hawes and N. Ray Hiner. Westport, CT: Greenwood Press.

Cohen, Robert, ed. 2002. *Dear Mrs. Roosevelt: Letters From Children of the Great Depression*. Chapel Hill: University of North Carolina Press.

Cohen, Robert. 1993. *When the Old Left Was Young: Student Radicals and America's First Mass Student Movement, 1929-1941*. New York: Oxford University Press.

Elder, Glenn H., Jr. 1999. *Children of the Great Depression: Social Change in Life Experience*. Boulder, CO: Westview. グレン・H・エルダー『大恐慌の子どもたち――社会変動と人間発達（新装版）』（本田時雄・川浦康至・伊藤裕子・池田政子・田代俊子訳、明石書店、1997年）

Fass, Paula. 2000. "Children and the New Deal." In *Childhood in America*, ed. Paula Fass and Mary Ann Mason. New York: New York University Press.

Hawes, Joseph M. 1991. *The Children's Rights Movement: A History of Advocacy and Protection*. Boston: Twayne.

Lindenmeyer, Kriste. 1997. *"A Right to Childhood": The U.S. Children's Bureau and Child Welfare, 1912-1946*. Urbana: University of Illinois Press.

Komarovsky, Mirra. 1949. *The Unemployed Man and His Family: The Effect of Unemployment upon the Status of the Man in Fifty-Nine Families*. New York: Dryden.

Modell, John. 1989. *Into One's Own: From Youth to Adulthood in the United States, 1920-1975*. Berkeley: University of California Press.

Reiman, Richard. 1993. *The New Deal and American Youth: Ideas and Ideals in a Depression Decade*. Athens: University of Georgia Press.

Thompson, Kathleen, and Hilary MacAustin. 2001. *Children of the Depression*. Bloomington: Indiana University Press.

Tyack, David, Robert Lowe, and Elisabeth Hansot. 1984. *Public Schools in Hard Times: The Great Depression*. Cambridge, MA: Harvard University Press.

（ROBERT COHEN／北本正章訳）

セクシュアリティ（Sexuality）

ほとんどの現代文化では、子ども期は成人のセクシュアリティ[*1]から分離されることによってそのほとんどが定義づけられている。現代文化の多くは、幼い子どもたちのあいだに広くみられる性的好奇心の高まり、あるいは**マスターベーション（自慰行為）**といった子

ジョシュア・レイノルズ「たいまつ持ちの少年キューピッド」（1774年）。すべての社会が子どもたちを大人のセクシュアリティから保護する必要を感じていたわけではなかった。18世紀のロンドンの街路では、たいまつ持ちの少年たちは、夜の旅人たちの道を照らすたいまつを持つ。彼らは、性的密通の手伝いとして利用されたが、その犠牲者でもあった。Oil on canvas; unframed: 30×25" (76.2×63.5cm), Seymour H. Knox Fund, through special gifts to the fund by Mrs. Marjorie Knox Campbell, Mrs. Dorothy Knox Rogers, and Mr. Seymour H. Knox Jr., 1945.

どもの性的欲求の様相を認識しつつも、子ども期のそうした性欲と、子どもが成人の性欲および性体験に接触することとのあいだに明確な区分線を引いている。ほとんどの現代文化では、思春期前の子どもは成人の性的衝動と性行動の合法的な対象ではない。このように子ども期と成人のセクシュアリティを分離していることが、皮肉にも、現代文化において子ども期をセクシュアリティに非常に密接に結びつけることになっている。いくつかの社会は、法律、機関、イデオロギーの精巧なシステムによってそうした分離を強化しようとしている。マスメディアや公共文化で示される適切な性役割と性的イメージにかんする議論では、しばしば子ども期の純真無垢という考えが扱われる。現代社会が子どもを成人の性的欲求から保護しようとするために、社会慣習の全体像が形成されることになった。

思春期、すなわち性的および生殖機能の成熟に向かう生物学的な成熟過程は、一般に子ども期の終わりを意味している。しかしそれは、かならずしも成人期や成人のセクシュアリティへの参入を意味するわけではない。たいていの現代社会は、思春期に続く時期を直接性に関係するものとみなすが、そのような直接的な関係は、多くの点で子ども期の間接的なそれよりもずっと問題をはらんでいる。子ども期が成人の性的欲求から保護されるべき――保護を必要とする――時期として定義される一方で、青年期とセクシュアリティの適切な関係はそれほど明確ではない。青年期はあきらかに性的な時期であるが、しかし厳密には成人ではない。生物学的成熟と社会的成熟がつねに同じであると考えられるわけではない。それでは若者のセクシュアリティはどのように規制され、管理されるべきなのであろうか？　これらは人類史上において新しい課題ではない。人間社会は、数千年にもわたって生物学的成熟と社会的成熟という共通の問題と取り組んできた。しかし、子ども期の意味および経験が劇的に文化と時間によって異なっているのと同じように、子ども期、若者期、そしてセクシュアリティについての社会的定義もまた多様である。

古代と近代以前の社会

セクシュアリティの歴史について書くことは、歴史のなかで性の意味と習俗にかんする直接的な証拠を見つけるのが困難であるように、つねに複雑な仕事になる。性についての論争や性を規制する法令、性表現、性に対する禁止事項、あるいは人口統計データ（このデータからはたとえば、婚外妊娠の頻度のいくらかは明らかにできようが、婚外妊娠にいたらしめた性行為やそうした行為の意味についてはほとんど示すことはできないのだが）によって、間接的に性にかんする知識を手に入れることはできる。性やその意味にかんする歴史的情報を得ることがむずかしい問題になるのは、性や性欲の対象としてほとんど合法化されていなかった子どもを取り扱う場合である。この問題は、遠い過去の社会あるいは前近代の、文字をもたない社会について記述する際には、いっそう複雑になる。われわれの知識、とりわけ古代文化にかんする知識の大半は、法体系、なかんずく**相続と財産**にかんする法律からもたらされる。文字をもたない部族文化の場合、旅行者によって、のちには人類学者によって書きとめられた習俗がどの程度正確に実際の習俗を反映しているのか、またそれらの習俗が昔から長く続く伝統なのか、あるいは比較的最近発達したものなのかを知るのは困難である。だが、古典学者、歴史家、人類学者たちの研究によって、遠い過去についてある程度の見通しが可能になる。もっとも刮目すべきは、子ども期にかんする文化的定義と、人間の文化にこれまで内在してきた文化的定義とセクシュアリティに対する子どもと若者の関係が非常に大きな多様性をもっていることをかなり明らかにしていることである。

アフリカ大陸にかんする調査は、前近代的文化における子ども期、若者、そしてセクシュアリティをとりまく文化的習俗が非常に大きな多様性の感覚があるこ

とを示している（ここでの議論は、とくにA・R・コロンの『子どもの歴史』（*A History of Children: A Socio-Cultural Survey across Millennia*, 2001）で述べられた有益な総括にもとづいている）。19世紀後半の記録によれば、当時、サハラ砂漠以南には約5000もの異なる部族が暮らしていた。子ども期の意味と経験は、部族ごとに異なり、それが若者やセクシュアリティに対する伝統的な態度を形成し、彼らをしばる慣習となった。サハラ砂漠以南で暮らす多くの部族では、子どもたちは幼少時から性別にふさわしい役割を学んだが、思春期は人生の新たな段階を示し、いくつかのイニシエーションの儀式――数日、あるいは数年間にわたって行なわれた――によって特徴づけられた。ここでは、性的成熟の認識はしばしば成人としての責任と地位への参入と結びついていた。現在のリベリアの一部族であるクペル族は、**割礼**儀礼をふくむイニシエーションと教育の時期として4年間少年を隔離した。ピグミー族のあいだでは、少年たちはアンテロープ*2か水牛をしとめるまで、結婚の準備ができているとはみなされなかった。ンゴニ族の少年たちは、最初の夢精の後に川で浄化の儀式を行なうことで思春期を祝された。遊牧民のフラニ族の少年たちは、割礼儀礼が行なわれる十歳で家畜の世話に責任を負った。ベドゥイン族の少年たちも、儀式的な割礼を受け、ラクダに対する耐性を獲得するために、ラクダの糞が塗られたパンの一片を食べるよう要求された。子どもたちを資産ととらえていて、子どもを育てることがほとんどないガンダ族では、どんな方法であれ思春期を示すことはなく、性的および社会的成人期への通過儀礼はひとつもなかった。

少女の場合、思春期の儀式は、しばしば**初潮**、あるいは月経の開始に結びつけられた。ほかの多くのアフリカ部族と同様、中央アフリカのンゴニ族の少女たちは月経中は隔離小屋ですごした。はじめての月経出血が終わると、少女たちは浄化の儀式を受けた。少女は村に住む父方のおばやほかの女性たちにつれられて、隔離小屋から川へと移動し、南東を向いて裸になり、水のなかに入る。その後、少女は彼女のおばの住居につれていかれ、人生の新たな段階にふさわしいふるまいにかんする教育を受けた。この新たな地位には、少女が処女であることを証明する責務をあたえられた村の年上の女性による隔月の膣検査がふくまれており、それによって少女の処女性が維持された。ほかの部族では生殖器への外科的処方によって少女の処女性を保証しようとした。女性割礼の処置が、ときには幼少時あるいは子ども期に行なわれることもあったが、女性割礼は思春期における一般的なイニシエーション儀式であった。エチオピアの中央部の部族内で幼い女児に行なわれたスンナ割礼*3は、クリトリスから包皮のみをとりのぞくものであった。ファラオ型割礼*4は、少女のクリトリス、小陰唇、大陰唇の一部を切除するこ

とが主要な手術法であった。大陰唇の残りの部分は縫合されるかもしくは留め具をつけられ、少女の両脚は閉じたまま外陰部が癒着して閉じられるまで40日間しばられたままであった。泌尿器官と膣の感染症は、月経中の難事と同じくらい一般的であり、癒着した外陰部は性交渉の際に痛みをもたらし、その結果としての出産をむずかしくした。すべての人にほどこされたわけではなかったが、ファラオ型割礼や簡単な鎖陰*5はアフリカ全域で実践されており、ざっと見積もってもアフリカの26カ国（あるいは全体の半分以上）で今日でも続けられている。スーダンでは少女たちの約90パーセントがいまもファラオ型割礼を受けている。

イスラム教とキリスト教がアフリカ各地に広まるのにつれて、これらに特有の宗教的伝統は、現地の部族の習慣と融合し、セクシュアリティ、子ども期、家族についての理解に影響をあたえた。たとえば、伝統的な母系制の相続パターンの部族は、父系制のそれにとって代わられ、それにともなって資産管理は男性に移譲され、女性の経済的安定と保護のために結婚の重要性が増した。とくに、イスラム教の影響を受けている地域では、18世紀までに、サン族の地区では7歳、マダガスカルでは10歳、スーダンとアフリカ南東部では12歳あるいは14歳と、若いうちに婚約して婚姻関係を結ぶ傾向がいっそう強まった。一方、前近代的な太平洋信託統治諸島*6の文化でも、セクシュアリティの社会的規制の幅広さが示された。たとえば、ティウィ族のあいだでは少女たちが思春期以前に結婚する一方で、少年たちが結婚可能となるのは、思春期に開始される10年にもわたるイニシエーションを受けた後からであった。メラネシアのヴァナティアナイでは、14歳頃に思春期を迎えた後は、性行為は少年少女の双方にとって適切で楽しい活動だとみなされていた。

人類史の大半――今日でも多くの場所ではそうなのだが――では、子どもと若者はかなり直接的に性にさらされている。人類の大多数は小さな居住地に住んでいた。プライバシーはほとんどないも同然であり、プライバシーの概念そのものが現代のアメリカおよび西ヨーロッパ文化のそれとは異なっていた。子どもたちは通常、両親と同じ部屋で眠っていた。多くの場所、とりわけ寒い地域では、家族全員でひとつの寝床を分けあっていたであろう。そのような状況では、子どもたちが大人たちの性交渉を見聞きすることはありふれたことであった。これは狭い空間に寄り集まってともに居住していた人びとにかぎらなかった。動物はしばしば性知識の源になった。農村でも都市でも同様に、子どもたちは――たいてい動物の世話に責任を負っていたので――性について動物の交尾や出産を見て学んだ。前工業社会と前近代社会の人びとが、生と死の過程に直接ふれていたように、子どもたちは非常に直接的に性にかんする知識にふれていた。子どもたちはこれらの知識を共有した。彼らは性にさらされつづけた。

セクシュア

テオドール・ジェリコー「ルイーズ・ヴェルネ」（1816年以前）は、子どもの少女の非常に世慣れたまなざしを鑑賞者に投げかけている。この子どもの性的な魅力は、肩からずり落ちたドレスと、彼女が膝にかかえた猫によって暗示されている。この肖像画は、19世紀を通じて展開することになる、純真無垢で冷静なものとしての少女期の理想との違いを表しているだろう。
Louvre, Paris, France/Giraudon-Bridgman Art Library

しかし、たんに子どもたちが性の知識をもったからといって、彼らが成人の性的欲求および性的接触から保護されていなかったわけではない。そうした保護は多くの文化で存在した。とはいえ、「子ども期」が近代の発明だとする認識は多くの研究者から強く拒絶されてきたが、それでもなお、性やその他の領域で子どもたちが普遍的に社会から保護を受けるのは当然の存在だとみなされていたわけではないし、また保護された地位に向けて着実に前進したわけでもないことに注目することは重要である。古代社会のなかには子どもの保護を法律（保護はすべての子どもたちを対象にしていたわけではないが）で規定していた社会もあったが、ほかの社会では、**子どもの遺棄**、間引き、子ども奴隷、**児童売春**が広く見られた。

シュメール文明にまでさかのぼることになる人類の文明にかんする初期の記録は、子どもに対する適切な扱い方をある程度まで具体的に記載している。たとえば、紀元前18世紀のハンムラビ法典[*7]は、男性が娘と**近親相姦（インセスト）**を行なうこと、あるいは息子の婚約者の「純潔を奪う」ことを禁じている。エジプトの『死者の書』（*Book of the Dead*）[*8]は、男性が死後の国に入ることをはばむ行動を記しているが、そのなかで「少年との性的関係」をふくむ子どもとの性交を規制するいくつかの制限を定めている。古代ヘブライ人はまた、子どもとの肛門性交（ソドミー）を身体崇拝に関係した偶像崇拝の一つととらえて禁じた。9歳以下の少年とのソドミーは鞭打ちの罰を、少年が9歳よりも年上であった場合は石打ちの刑[*9]を受けた。これらの規制が子どもの保護を目的としたというよりは、ある種の性的行動の禁止をねらったと思われるとはいえ、子どもたちがほとんどあるいはまったく保護されていなかったほかの文化とは非常に対照的であった。紀元前10世紀に地中海沿岸で活動していたフェニキア人は子どもに対する残忍性で知られていた。赤ん坊および年少の子どもを生きたまま焼き殺すなど、幼児と子どもを生贄にすることが日常的に行なわれており、フェニキア人は、成人男性のソドミーの相手をさせる公式の「寺院の少年」や「神聖な」売春婦を養っていた。

古代ローマの子育て習俗は、子どもに対する大きな性的情動の徴候を、子どもの保護の驚くべき欠如に結びつけていた。子どもの遺棄は広く行なわれており、遺棄された子どもは——もし生き残れば——奴隷にされるか売春目的に身売りされるのが常であった。売春させるために遺棄された男児は、中性的な少年らしい特徴を維持するために去勢された。こうした習俗はネルヴァ皇帝[*10]によってその短い在位中（96-98年）に禁止された。次の皇帝トラヤヌス（Marcus Ulpius Nerva Trajanus, 53?-117）とハドリアヌス（Piblius Aclius Hadrianus, 117-138）はこれらの改革を確立させ、ハドリアヌス帝は少年の去勢を禁止する法律の制定を強行し、性的目的での子どもの売買を禁じた。意義深いことに、彼はこれらの保護を自由民の子どもだけではなく奴隷の子どもにも適用した。子どもと若者のセクシュアリティにかんする規制は、資産問題をめぐっても発展した。一般に、相続可能な財産のある富裕層では子どもたちの性行動を管理することに大きな関心が向けられていた。法的に認められた婚姻と後継者である嫡出子の出産は富裕層であればあるほど重要であり、結婚前の娘が処女であることがいっそう重視されることになった。古代中国では、下層階級の人びとのあいだでは15歳頃に結婚させるのが一般的であったが、エリートの若者の性体験は厳密に監視されており、このことは資産のある者にとって結婚が非常に重要であったことを示している。古代ペルシアでは、エリート層の少女は、一般に15歳で一夫多妻制の婚姻関係を結んだ。ここでは、セクシュアリティと財産に対する家族支配が非常に厳しく、近親相姦はタブーではなかったため、男性は自分の娘と結婚することができた。

古代ギリシアでは、少女の処女性は家族の名誉と密接に関係しており、未婚の少女は、性的衝動を防ぐ方

法として、柳の細枝あるいは長くてしなやかな小枝で作られたベッドで眠るよう勧められた。結婚は少女にとって成人へといたる通過点を区切るものであった。すなわち結婚することによってのみ、少女は成人の女性になることができた。他方、少年は18歳か19歳——この年齢は生物学的な性的成熟によってではなく、国家との関係によって区切られた——になると、成人や市民への通過を祝福された。中世と近世の西ヨーロッパでは、若者のセクシュアリティに対する規制と支配は、経済生活の必要性と宗教当局の権力が強まったことによって構築された。最優先されたのは、生活を優先する農業社会で生き残ることであった。出産を制限すること（そして、資源を分配するために養う数と子どもの数）は決定的に重要であり、家族とコミュニティは出生率を制限するためにセクシュアリティを規制した。これには生物学的状況も一役かっており、栄養不足のために、思春期は比較的遅く、通常14歳から15歳で迎えた。短い寿命（近世イギリスの平均寿命は35歳から40歳であった）と早期の閉経とがあいまって、女性の出産可能期間は今日の一般的なそれよりもかなり短かった。しかし、若者は通常、思春期に子どもをもうけたり結婚することはなかった。西ヨーロッパの近世における平均結婚年齢は、現代社会の大半よりも遅く、女性で約26歳、男性で27歳から29歳であった。

子どもたちは早い年齢ではたらきはじめ、しばしば10代なかばで徒弟として奉公するために家から出されたが、彼らは思春期に、あるいは就労の開始時に、子ども期から成人期へと直接移行したわけではなかった。そうではなく、「若者」の時期は若い男女が結婚して家庭を築くことができるまで続いた。したがって、ほとんどの者が人生の半分近くを従属的な若者期というカテゴリーに置かれたまますごした。この背景には資産問題があった——つまり、若者の労働は家族を支えるために必要であり、しばしば若者は年長世代の死によってのみ家庭を築く十分な資産を受け継ぐことができた。しかし、豊富な資産をもつ裕福なエリート家庭のあいだでさえ、性的成熟は結婚に向けての唯一の指標ではなかった。富裕層のあいだではもっと早く婚姻関係が結ばれたが、たとえばウォリック伯爵夫人の息子が19歳のときに若い花嫁と結婚した際、伯爵夫人はこの嫁を手もとにとどめたうえで、息子を外国に行かせているが、それは二人がともに暮らすには若すぎるし世間を知らなさすぎると考えたからであった。結婚するのに十分な財力をそなえて徒弟奉公を終えた若者でも、結婚を遅らせることがあったが、それは、結婚と世帯への責任はたんに財力の問題ではなく、成熟の問題だと理解されていたからであった。たしかに、もっとも貧しい人びとのあいだでは、こうした抑制がかならずしも得られたわけではなかった。だが、中世と近世のヨーロッパのほとんどで、家族と共同体は、性的に成熟していても「成人」とはいえない若者の行動を管理しようとしていた。

この点で、彼らは教会と協力した。キリスト教思想では、中世盛期以降、青年期を、性的に危険な時期であり、精神をコントロールすることが必要な時期であると明確に主張した。ギベール・デ・ノジャン[*11]が自伝で述べているように、12世紀初頭から、「こうしてわたしの若い肉体は少しずつ成長し、わたしの魂もまた世俗の生活によって覚醒され、性的な衝動と欲望によって、当然のことながら快い刺激を受けるようになった」。青年期は「いまだ純真な」魂を誘惑する時期であり、神学者は人間の罪の傾向に注目して、若い時期はとりわけ肉体の誘惑に弱い、ととらえていた。教会はまた、少女や若い女性の処女性をますます強調し、処女性をキリストの母である聖母マリアと関連づけて賞賛した。したがって、宗教上の教義、共同体の経済的な必要性とそれに関連する共同体による厳しい若者監視、そして成熟にかんする文化的定義が若者の性への探求を制限することとなった。婚約中の二人が正装したままでともに床で寝るバンドリングのような特殊な慣習は、つねに成功したわけではないが、通常は求婚期間の性衝動を規制した。それにもかかわらず、持参金も大きな資産ももたない貧しい農村の家族にとって、結婚前の処女性はそれほど重要ではなく、婚前交渉することが広まっており、財産をもつエリート家族にとっては重要であった法的な結婚よりも、非公認ではあっても長期にわたる内縁関係（アニムス・マトリモニ *animus matrimonii*、意志にもとづく結婚）のほうがはるかに多かった。貧しい農村共同体は妊娠すれば結婚につながると理解していたため、婚前交渉を受け入れていた。16世紀と17世紀のイギリスでは、花嫁の5分の1が結婚時にはすでに妊娠していたが、婚外子として生まれた新生児は約3パーセントにすぎなかった。

しかし、町と都市が発展し、ますます多くの若者が農村部を後にして、徒弟や奉公人になるために発展しつづける都市に出るようになると、共同体の支配は弱まった。とりわけ若い女性は、しばしば彼女たちの親方やその他の家族から性的搾取をますます受けやすくなった。しかもそれは単純な搾取ではなかった。というのも若い男女——彼らの多くは20代前半の「若者」であった——はどちらも、都市で得られる大きな自由の恩恵を得ていたし、徒弟の親方はしばしば年長の徒弟や奉公人に対して性的およびその他の大きな自由を許していたからである。この自由には危険がともなっていた。もし若い女性や少女が妊娠しても、相手の男性は彼女とは結婚できず、結婚するつもりもなかったし、その女性は地位を追われて法廷で起訴されることもありえた。彼女と子どもの暮らしはどう見ても不確かなものであった。だが、それにもかかわらずヨーロッパにおける私生児率は、16世紀以降、とりわけ18

世紀から19世紀初頭にかけておもに若者のあいだで増加した。町と都市の発展とともに、さまざまな異なる社会層の多様な慣習がいっそう目立つようになり、教会は、新興ブルジョワジー——彼らは財産譲渡を容易にするために明確に定められた結婚と家族関係を求めた——とともに、単一の行動基準を推進しはじめた。未婚女性の処女性がしだいに強調されるようになり、教会はもはや結婚形態のひとつとしての、貧しい農村地域の人びとに典型的に見られた非公認の内縁関係を認めなかった。

中世盛期とルネサンス期における西ヨーロッパ都市の裁判記録も、性的「悪徳」と性的搾取の横行ぶりを示している。およそ1300年から1700年にかけての頃、成人男性は一般に、思春期から完全な性的成熟期（15歳から22歳くらい）の「まだひげが生えていない若者」が、20代なかばから後半の男性から肛門への性交を受ける、性関係の年齢構造にくわわっていた。この時期の男性は、経済的要因や、社会的に高い地位の家庭で少女の処女性を強調する文化があったため、かなり遅くまで婚期を遅らされたことから、一般に、少年とのあいだで性関係を結ぶとともに、売春婦や、搾取とレイプを受けやすかった下層の少女や若い女性とも性交していた。若い男性と年長の男性との同性愛関係は、長期的な性関係や役割にはならなかった。若者のあごひげが十分な長さになれば、彼はもっと若い少年と「活発な」性関係を築きはじめ、彼よりも年上のパートナーは、結婚可能年齢に達すれば男性とのソドミーをやめた（もちろん、一部の男性は適齢期になってもソドミーを続けたが、これは性関係の年齢構造とはまったく異なるものと考えられた）。このような性関係の年齢構造は違法であり、教会からは許されていなかったが、おそらく非常に一般化していた。15世紀なかばのフィレンツェでは、すくなくとも1万5000人の男性が法廷でソドミーを告訴されたが——その行為に対する寛容が示され——罰は厳しくなく、罰金が課されただけで、しかも多の場合、支払われることはなかった。こうした若い男性と成人男性との年齢構造にもとづく性関係は、北西ヨーロッパでは1700年頃に一般慣習としては消滅したが、ヨーロッパのほかの地域と中東では20世紀初頭まで残存した。

工業社会

工業社会の発展と、それにともなって膨張する中産階級あるいはブルジョワ階級の発展は、子どもと若者の性生活をほぼ正反対の方向に導いた。工場の増加と農村貧民の都市部への移住は、子どもと若者に巨大な搾取と苦難をもたらした。西ヨーロッパでは、子どもたちは3歳になると工場ではたらかされた。このような子どもたちは、ほとんどなんの保護もあたえられずに、長くつらい時間をはたらいてすごし、しばしば十分な食料、衣服、住まいもなかった。こうした子どもと若者は、ますます性的虐待や性的搾取を受けやすくなった。非常に多くの子どもたちが街路にたむろし、生きるために多くの子どもが売春あるいはその他の性的活動に従事した。アメリカでは1865年まで奴隷が存在したが、奴隷にされたアフリカ系アメリカ人の少女と女性は、ひんぱんに性的搾取とレイプを受けていた。

それと同時に、北アメリカと西ヨーロッパの中産階級の子どもたちは、新しい方法で大事にされ、保護された。19世紀の宗教的信仰と社会哲学は、子ども期を純真無垢の時期と定義し、これ以降、芸術や文学では子どもを感情豊かに表現し、しばしば純潔、無垢、素朴な宗教心のシンボルとして描いた。子どもたちは資産というよりも経済的債務となり、家族は故意に子ども数を減らした。アメリカの出生率は19世紀のあいだにほぼ半分に下降した。もっとも劇的であったのは、都市の中産階級と専門職の家族での変化であった。彼らは子ども一人一人の養育と教育によりいっそう注意をはらうようになった。子どもたちは、純真無垢なために影響されやすいとみなされるようにもなり、母親はますます子どもの道徳発達に責任を負うようになった。これらの新しい都市型工業社会において、自制心をうながそうとするしつけと教育は経済的成功——あるいはすくなくとも経済的安定性——の手段とされた。少女たちはまた、自制心と勤勉さという美徳をくりかえし教えられたが、大いに強調されたのは道徳的純潔であり、これは妻や母親という将来の役割にとって必須のものとみなされた。しかし、性行動にかんして期待されたことは、人種、階級、地域によって異なっていた。婚前交渉は、その結果としての「婚外」子でさえ、南部の農村貧民には、黒人であろうと白人であろうと、非常に受け入れられやすいものであった。

中産階級の純潔と自制心にかんする考え方が、しばしば性欲を中心に組み立てられていたとしても驚くべきことではない。増えつづける子育ての助言文献は、マスターベーションの危険性を警告するために、医学的メッセージと道徳的メッセージを結びつけた。こうした関心は、匿名の文献『オナニア』[*12]やS・A・ティソの『オナニスム』[*13]をふくむ18世紀の一連の出版物にまでさかのぼることができるが、北アメリカと西ヨーロッパの中産階級は、この問題にかんする出版物の洪水にみまわれた。秘密の悪徳といわれたこの行為は、不妊症、精神異常、白痴、あるいはさまざまないむべき結果をもたらすとされた。シルヴェスター・グラハム[*14]のような健康改革者は、マスターベーションと夢精を抑制することを意図した食餌摂生法を提示し、ほかの者はさまざまな器具を開発した。そうした器具のひとつは、若者が性に目覚めるのを思いとどまらせるために、棘のついたリングで陰茎を囲むものがあり、またその他にも手を拘束するものや、冷たく

濡れた布のベルトで生殖器をおおうものなどがあった。マスターベーションにかんする懸念は少年と若い男性に集中していた。一部のより慎重な書物だけは少女にも注意を向けた。母親は娘のマスターベーションの証拠として、とくに脱力感に注意するよう警告された。しかし、少女と若い女性たちは、男性と比べて、この種の性的な監視からはおおむねのがれていた。それは、ひとつには、彼女たちが生まれつき性的ではないと考えられていたからである。女性の理想として、純潔と冷静さが掲げられた。しかし、若い女性は、貞操を守るために同じ社会階層の男性よりも緊密なつきそいを必要とし、厳しく監督された。なぜなら、性的なつつしみ深さにかんする評判は、中産階級の若い女性とエリート層の女性、そして伝統的な文化を維持していたアメリカ移民の多くの労働階級の女性にとっても、結婚する際には決定的に重要であったからである。逆説的だが、女性が男性よりもまったくといっていいほど性欲が少ないという前提は、ある領域すなわち女性同士、あるいは少女同士のかかわりのなかでの性的自由を大幅に許すことになってしまった。若い女性同士の「ロマンティックな友情」は比較的一般的であり、20世紀初頭には全面的に受け入れられた。強く抱きしめること、あるいは「スマッシング」*15とときおりよばれた行為は、20世紀初頭には**女子カレッジ（女子大学）**における社交生活の主要な部分となった。そうした関係の性的な意味は多様であったが、この時期を通じて若い女性は、同性関係を求めることにかなりの自由を見出していた。

19世紀の中産階級のイデオロギーは、大人の役割だけでなく、子ども期の活動に対する方針においても男女の違いを強調した。19世紀における思春期についての理解は、男女間にかなり明確な線を引いていた。19世紀までに西洋医学は、［女性を］衰弱させる毎月の出来事として月経を描き、とりわけ思春期のあらゆる激しい身体活動あるいは知的活動は、少女の健康をそこない、不妊にしたり性的魅力を低下させたりする可能性があることを示した。かくして、思春期の少女の活動の自由が制限されることになった。こうした制限はかなり早い時期に起きた。19世紀には、平均初潮年齢は、ヨーロッパ系アメリカ人女性では14歳、アフリカ系アメリカ人女性では11歳であった。通常の月経治療が少女たちの生活をどの程度制限していたのかを理解することは重要であるが、他方、月経のプロセスはほとんど解明されておらず、医者たちが子宮内膜症や卵巣嚢胞といった痛みをともなう疾患にかんして正確な診断をくだし、治療する能力をもっていなかったことも指摘しておくべきであろう。女性の身体が「弱い」という理由で、女性の活動を制限することにもっとも大きな役割を果たしたのはイデオロギーであったが、近代医学と使いすて生理用ナプキンやタンポンのような製品も、月経自体がもたらしていた制限から女性を解放するのに役立った。

初潮開始時の少女の活動の制限は、西ヨーロッパの産業社会に特有のことではなかった。中国でも、月経の開始は女性の弱さと不潔の徴候とみなされた。健康にかんする古典的著作は19世紀になっても影響をもちつづけた。そのなかには16世紀の医学にかんする著作家、李時珍*16が著した月経中の女性にかんする次のような記述もあった。「女性の邪悪な体液は悪臭と汚物にまみれている。したがって、君子たる者は近づかないようにすべきである。彼女たちは汚れており、男性の本質を傷つけ、病気を誘発する」。清朝後期において思春期は、ヨーロッパ文化におけるよりも幅広く定義された。たんに生殖にかんする身体的な成熟の兆候を示す生物学的なプロセスではなく、むしろその人の両親によって「受胎時に授けられた真の天の気」の活性化ととらえられた。青年期は特別な儀式を通じて明示されるものではなかったが、『礼記』*17などの古典的著作に女性の結婚適齢期が20歳、男性のそれが30歳と述べられたことで、若者期がつくり出された。婚期を遅くすることになったこうした規範は、若者の陰と陽が「充満した」状態になるためには長い年月がかかるという考えと一致した。しかしながら、結婚もしくは求愛する年齢は、社会階層および社会的状況によって大きく違っており、貧困層の若い男性は、結婚や家族を支えるための資産に欠けていたので独身時代が大幅に延びたが、こうした家庭では家事を手伝う義理の娘を得るために思春期前の少年の結婚を整えることもあった。

西ヨーロッパ社会では、成熟しているが「成人」ではない若者によってもたらされた問題は、工業化と都市化によっていっそう悪化した。アメリカと西ヨーロッパの中産階級は、息子に自制心を高めるようにうながしたが、その一方で、彼らは、発展しつづける都市で、労働階級の家族の多くの若者が、共同体による効果的な監視をのがれて暮らしており、彼らがその性的エネルギーをもてあまし、制御できなくなるのをおそれていた。研究者のなかには、実際の青年たちの身体的成長——1880年から1920年の北アメリカでは、栄養状態がよかったために平均して若者は身長が2インチ［約5センチ］、体重が15ポンド［約6.8キログラム］上昇した——が彼らをおびえさせたと指摘する者もいる。理由は何であれ、若者、とりわけ労働階級の若い男性の性的エネルギーと性的衝動を制御するために多大な努力が傾けられた。アメリカの婚前妊娠率は、19世紀なかばには10パーセントであったが、1880年から1910年にかけて23パーセントまで上昇し、改革者たちは若い労働階級の女性を性的搾取から保護しようと努めた。イギリスにおける児童買春の暴露を端緒にはじまった運動をもとに形成された、アメリカのもっとも巨大な女性組織であるキリスト教婦人矯風会（WCTU）*18は、少女が法的に性交渉をする際に承諾

できる年齢である**同意年齢**を引き上げるよう奮闘しはじめた。改革者たちは、性的誘惑と性的搾取に対する法的保護を少女と若い女性に提供しようとした。同意年齢にかんする法律は、彼女たちの行動がいかなるものであれ、未成年の少女を法的に無罪とし、違法な性行為に対する責任を男性に負わせた。これらの法律の下で、未成年の少女との性交渉をもった［成人］男性と少年は、その少女がみずからの意思で参加したかどうか、あるいは彼がそれを強いたり脅したりしたかどうかには関係なく、強姦罪を犯したとされた。

　1880年代なかばに、アメリカの法定同意年齢の中央値は10歳であった。10年後にそれは14歳まで引き上げられた。1885年までに、法定同意年齢は22の州で16歳以上とされた。同意年齢の引き上げに対してもっとも強く抵抗したのは南部諸州で、反対者の主張は、これらの法律によって「黒人の少女が白人の男性を相手に訴訟を起こすことが可能になる」だろうし、白人男性陪審員によって「以前から貞淑」だと思われた黒人女性や少女は皆無であったという見解を示して、「以前から貞淑な性格」ではなかった少女を免じようとするかもしれないというものであった。ジョージア州では1918年までに同意年齢が10歳から14歳に引き上げられた。その一方で連邦政府は、1899年に連邦裁判権がおよぶ地域では同意年齢を21歳に引き上げた。同意年齢運動は複雑な結果となった。これらの法律は若い少女に対する保護をもたらした。しかし、これらの法律は子どもに限定されてはいなかった。キリスト教婦人矯風会は、子ども期の無罪という言葉を用いて「女の赤ちゃん」「女の子」「乳幼児」の保護を求める運動を行なったが、その一方で改革者たちは同意年齢の引き上げを10代後半までにしようと努めた。国家は、「無罪」を立法化することによって、若い女性（18歳あるいは21歳になってさえも）が同意の権利をもつことを否定した。裁判記録は、一部の両親が法廷で法律上の強姦罪を娘のボーイフレンドに課すことで反抗的な娘を制御しようとして、これらの法律を用いたことを明らかにしている。

20世紀

　20世紀は、北アメリカと西ヨーロッパにおいて、子ども期、若者期、セクシュアリティの社会的定義と社会経験が劇的かつ急速に変化した時代であった。20世紀の子ども期およびセクシュアリティ理解の変化に必要不可欠であったのは、乳幼児と子ども期の性欲にかんする**ジークムント・フロイト**の著作であった。1905年に『性欲論三篇』（*Three Contributions to the Sexual Theory*）として初版が出版されたフロイトの理論モデルは、広く出まわるにつれてしばしば見分けがつかないほど変更がくわえられたが、非常に大きな影響力をもった。フロイトは性欲が最初に発現するのは思春期ではなく、幼児期から6歳になるまでの発達段階——子どもが思春期まで続く潜在期に進む時期——であると明確に述べた。フロイトによれば、子ども期の性欲（口、肛門、陰茎の）をどのように経験したかが、大人になってからの経験の大部分を決定することになるという。子どもおよび**乳幼児の性欲**にかんするフロイト理論の需要は、幼い子どもは大人の性欲から保護されるべきだという広く流布された信念を弱めることはなかった。それどころかむしろ、1960年代のかなりの時期になっても、成人期の性的、個人的な問題を解釈する際には、幼少期の家族力学にその説明を見出そうとしていたし、教養のある親たちはしばしば、子どものライフコースと将来の性的適合にとってそれが大きな意味をもつと理解していたので、家族関係と子どもの性的発達を管理することに大きな注意をはらった。

　20世紀初頭は、とりわけアメリカでは若者とセクシュアリティをめぐる論争の時代であった。若者は、性交渉自体に対してではなかったとしても、セクシュアリティに対する権利をしだいに主張するようになった。労働階級の少女と若い男性は、都市のダンスホール、遊園地、映画館などの新たな公共遊技場で楽しんだ。「チャリティー・ガール」[*19]は、しばしば自分ではお金を支払わず、娯楽とひきかえに（戯れから性交渉にいたるまでの）お返しをした。1920年代までに、さまざまな外見が新しい性的特徴を強調する文化を映し出した。1920年代のフラッパーズは、母親世代が着用していた肌着のほとんどをふくめて衣服から布の面積を減らした。彼女たちは、口紅やリップ、ストッキング、短く切った髪で、あからさまな性的魅力をまとった。カレッジの男子学生は映画俳優のルドルフ・ヴァレンチノ[*20]の性的魅力にあふれたイメージを模倣した。ポピュラー音楽とダンス・スタイルはよりいっそう性的な雰囲気をまとっていた。アメリカのカレッジの学生は、ジャズに夢中になっていたが、「レディーズ・ホーム・ジャーナル」は、ジャズを「ブードゥー教のリズム」とよんで非難した。国中の都市で若い白人が、シミーとターキー・トロット[*21]のような労働階級の黒人文化の身体的な表現力が豊かなダンスを選んだ（そして順応した）。

　20世紀全体を通じて、北アメリカおよび西ヨーロッパの子どもと若者は、より多くの時間を年齢によって区別された同輩集団の文化のなかでいっしょにすごすようになった。アメリカでは1940年代初頭までに、5人に4人の少年と、6人に5人の少女がハイスクールに進学した。ハイスクールとカレッジなどの同年齢者で占められた空間で、若者たちは社会的、性的な慣習を発達させた。とりわけアメリカでは、当時の新しい求愛のスタイルとしてデートが出現したが、若者がデートに「出かけ」たことで、部分的に両親や共同体の監視の目からのがれることになった。「ネッキング」や「ペッティング」（これらはいずれも20世紀なかば

にある社会学者によって「既婚のカップルに知られていた性交渉をもたずに行なう、まさしく愛撫のすべてをふくむ」ものと描写された）は、デートで期待する行為の一部となり、新たに生み出された**若者文化（ユースカルチャー）**に若者が身を置いていることを示す方法のひとつとなった。だが、すべての若者がそうした自由を見出したわけではなく、たとえばメキシコ系アメリカ人の少女は、こうした新しい「アメリカ風の」慣習を受け入れることができなかった両親によって、しばしば緊密につきそわれていた。

第2次世界大戦後の数年間に、アメリカの平均結婚年齢は劇的に低下した。1959年までに、全花嫁の47パーセントが19歳までに結婚し、結婚した14歳から17歳の少女の割合は、1940年から1959年までに全体の3分の1に増加した。妊娠したティーンエイジャーもいた。1950年には第1子を出産した女性の27パーセントが既婚の10代女性であった。1965年までにその数値は39パーセントまで上昇した（1960年に10代の女性が婚外子を出産した割合はわずか16パーセントであったが、1996年には、婚姻関係にないままの出産は76パーセントであった）。10代のアメリカ人の多数が結婚したため、彼らのきょうだいはさらに早い年齢で結婚へと向かった。1940年代末までにデートは、「恋人になり」、一夫一婦の婚姻関係を結び、わずかに年上の仲間の安定した結婚をまねて、しばしば熱烈な（けれども通常短期間の）関係を結ぶシステムへと進化した。異性間のデートへといざなうプレッシャーが強まり、通常、11歳で恋人をもち、13歳でいまだ相手のいない者は発達が遅れている、あるいは「奥手」とみなされた。若者の性行動を監視する責任を負っている両親やその他の大人が、子どもたちが恋人同士になることで性的な探究心を満たす希望やその機会を増やすのを懸念したことはもっともなことであった。とくに少女はむずかしい立場になっていた。というのも「うわさ」は容易に消えたが、ネッキングやペッティングは恋人になるために期待される行為のひとつとなったからである。

1960年代と1970年代の「性革命」は、北アメリカと西ヨーロッパの若者の性行動に大きな変化をもたらした。たとえばフランスでは、初体験の平均年齢は、1968年から1989年までに、女性で5歳、男性で6歳ほど低下し、1989年までに、フランスの10代の少女の90パーセントが18歳までに性交渉を経験した。結婚の平均年齢も急上昇したため、10代で結婚する者はわずかになった。アメリカでは、性体験の「同一標準」が一般的になった。1995年には、ハイスクールに在籍する上級生徒のうち、ほぼ同じ割合の男女が性交渉をもっていると報告された（男子生徒で67パーセント、女子生徒で66パーセント）。性体験には人種の違いがあると主張されつづけたが、1995年の時点では、黒人の高校生（73パーセント）はヒスパニック系の生徒（58パーセント）や非ヒスパニック系の白人生徒（49パーセント）よりも性交渉の経験をしやすかった。10代の妊娠の割合はアメリカでは1990年代に17パーセントに減少したが、しかしこの割合はフランスあるいは日本のすくなくとも4倍のままであった。

ゲイとレズビアンの若者も、アメリカ精神医学会によって同性愛が精神病として分類された1973年以前と比べると、20世紀末には広く受け入れられていた。多くの学校とカレッジは、活動的なレズビアン・ゲイ・バイセクシュアルトランスジェンダード・クイアーズ（lesbian-gay-bisexualtransgendered-queer）の組織をもっていた。しかしながら一部の研究は、10代のゲイとレズビアンは、**自殺**の危険性がかなり高いことを示唆している（10代の自殺の約30パーセントを占めている）。また1998年にワイオミングのララミーで起きた21歳の大学生マシュー・シェパード殺人事件は、10代のゲイとレズビアンが直面している同性愛嫌悪による暴力行為の一例を示していた。

思春期の性体験が広く受け入れられているにもかかわらず、北アメリカと西ヨーロッパにおける思春期の性的欲求に対する管理および規制への関心は持続している。アメリカでは、禁欲運動は1980年代のレーガン政権以降非常に目立つようになり、保守派のグループは道徳的な観点から婚前の純潔を主張した。その一方で、性感染症の蔓延、望まない妊娠の割合の高さ、未婚の10代が親になることに対する社会的・経済的損失といった状態も、政府機関、学者、保護者、社会評論家のあいだに議論をよび起こした。

北アメリカと西ヨーロッパにおける変化の方向性が自由主義化しているからといって、文化間にある持続的な違いを不明瞭にするべきではないだろう。インドでは、見合い結婚が一般的であるが、日本では減少している。ネパールでは、少女の7パーセントが10歳までに、40パーセントが15歳までに結婚している。イスラム法では、婚前交渉と同性愛は厳しい処罰を受ける。2000年には、ナイジェリアでは10代の少女が婚前交渉をもったことを理由に180回の鞭打ちの刑を宣告され（100回の鞭打ちが施行された）、1990年代のトルコでは、若い女性が法律によって強制的な「処女管理」の検査を受けた。ジャマイカでは少年の初体験の平均年齢は12.7歳であったが、中国の大学の女子学生で性交渉をもったと認めたのは、1990年の調査によると12パーセント未満であった。しばしば強い宗教的、文化的な伝統に埋めこまれているこうした違いは、世界的に若者の境遇を改善しようとする子どもの擁護と人権にかんするグループに、実践的にも哲学的にも諸困難をもたらした。

21世紀初頭には、子どもたちが成人の性欲、性的搾取、性暴力から保護されるべきであるという信念は、全世界にではないにしろ、広く普及した。国連子ども

セクシユア

の権利条約の第34条は、すべての国家で性的搾取と虐待から子どもを保護するよう求めている。グローバル化する世界では、若者の経験がそうであるように、子ども期の社会的定義も非常に同質化された。しかし、若者の性体験と子どもや若者とセクシュアリティとの適切な関係についての理解はいまなお非常に多様である。

［訳注］
* 1 セクシュアリティ（sexuality）──性的志向や性をめぐる観念や傾向性の総体をさすが、本項目ではとりわけ生物学・動物学的文脈での性的欲求について論じているときには「性的欲求・性欲」と訳し、それ以外の社会史的および文化史的な文脈では「セクシュアリティ」と訳した。また、sex educationを「性教育」、sexuality educationを「セクシュアリティ教育」とした。
* 2 アンテロープ（antelope）──レイヨウ（羚羊）。おもにアフリカ、アジアに産するウシ科の角のある反芻動物の総称。
* 3 スンナ割礼（sunna circumcision）──陰核切除（clitoridectomy）ともよばれる。いくつかの種族で女子の成人儀式として、また女性の性欲抑制のためにされる。スンナ（Sunnah）とはアラビア語（سنة）で、字義どおりには「ふみ慣らされた道」すなわち「慣行」を意味する。
* 4 ファラオ型割礼（pharaonic circumcision）──陰部封鎖または鎖陰（infibulation）ともよばれる。これは、尿、月経血を排出できるように小さな開口部を残し、陰唇を縫合すること。多くは陰核切除（clitoridectomy）後に行なわれる。アフリカなどの各国政府は、国連の指導のもとにこのような性差別的な風習の撲滅に取り組んでいる。
* 5 鎖陰（infibulation）──月経血が通るための小さな開口部を残し陰唇を縫合すること。
* 6 太平洋信託統治諸島──太平洋西部のマリアナ島（グアム島を除く）、カロリン島、マーシャル島をさす。第2次世界大戦後、国連の名の下にアメリカを施政権者として安全保障理事会の管轄下に置かれた。アメリカは個別に信託統治を終了し、1994年にパラオと自由連合盟約を結んだのを最後に太平洋諸島信託統治領は消滅した。
* 7 ハンムラビ法典（Hammrabi's code）──紀元前1700年頃のバビロニア第1王朝第6代の王ハンムラビの治世（前1792-1750）に作成された法典。アッカド語が使用され、楔形文字で記されている。まとまったかたちで現存する世界最古の法。
* 8 『死者の書』（Book of the Dead）──「日のもとに出現するための呪文」ともよばれる。古代エジプトで冥福を祈り、死者とともに埋葬された葬祭文書。パピルスなどに、おもに彩色された絵とヒエログリフによって、死者の霊魂が肉体を離れてから死後の楽園アアルに入るまでの道程と道しるべを描いている。
* 9 石打ちの刑（stoning）──罪人とされた人物を、四つ角など人びとが集まりやすい路傍に生きたまま頭部を残して埋められ、罪人が死にいたるまで人びとが石を投げつける残虐な公開処刑。
* 10 ネルヴァ皇帝（Marcus Cocceius Nerva, 30?-98?）ローマ皇帝（96-98）。弾圧的であった前皇帝ドミティアヌス（Titius Flarius Domitianus Augustus, 51-96）の後を継いで、啓蒙的で進歩的な政治を行なった五賢帝時代の最初の皇帝。
* 11 ギベール・デ・ノジャン（Guibert de Nogent, 1055頃-1124）──ベネディクト修道会の神学者、歴史家、自叙伝作者。
* 12 匿名による『オナニア』（Anonymous. Onania）── Anonymous. *Onania, or the Heinous Sin of Self Pollution, and all its Frightful Consequences, etc*, 6th edn. London, 1722.
* 13 S・A・ティソの『オナニズム』──スイス人の内科医ティソ（Simon André D. Tissot, 1728-1798）によって書かれた書物で、1766年に出版されるとすぐに英訳版が出された。医学的な見地から自慰行為の危険性を強く訴えた健康にかんする助言書。Simon A. D. Tissot, *Onanism: or, a Treatise upon the Disorders produced by Masturbation, or, the Dangerous Effects of Secret and Excessive Venery* (translated by A. Hume) London, 1766.
* 14 シルベスター・グラハム尊師（Reverend Sylvester Graham, 1794-1851）──アメリカの食養生改革者。節制生活運動、菜食主義を広め、1829年に全粒粉で作成したグラハム・パン、グラハム・ブレッド、グラハム・クラッカーを考案したことで知られる。ベジタリアン主義の普及や禁酒運動にも積極的にかかわった。禁欲と節制を若者に説いて、マスターベーションを行なわないよう訴えた。広く読まれた文献に次がある。*Lectures to Young Men on Chastity*（1834-39）.
* 15 スマッシング（smashing）──お互いに首に抱きつき、身体を密着させて一体感を確かめること。ネッキングともよばれる。
* 16 李時珍（Li Shizhen, 1518-1593）──字は東壁、号は瀬湖仙人。湖北省蘄春の人。明時代の自然科学者、医者。中国本草学の集大成ともいうべき『本草綱目』（1578年）を著した。同著は1800種類以上の薬について述べているだけではなく、植物、動物、鉱物、冶金など幅広い知識を提供しており、アジアのみならずヨーロッパ各国で翻訳された。
* 17 『礼記』（the Li Chi; the Book of Rites）──中国古代の礼の規定および礼の精神を雑記した書物。儒教でいう五経のひとつ。周（前1046頃-256）から前漢（前206-8）の時代にかけて儒学者がまとめた礼にかんする注記をまとめた書物を戴聖が編纂したもので、全49篇。礼経と認められた『儀礼』に対する補記のほかに、独立した諸篇から構成され、そのうち「中庸」と「大学」の2篇はのちに抜き出されて、「論語」「孟子」と合わせて四書の一部となった。
* 18 キリスト教婦人矯風会（Woman's Christian Temperance Union: WCTU）──アルコールの悪影響を家庭や社会から根絶することを目的に、1874年にアメリカのオ

ハイオ州クリーブランド市で結成された全国組織。初代会長アニー・ターナーウィッテンマイヤーのあと会長に就任した教育家フランシス・ウィラード（Frances E. C. Willard, 1839-1898）が、1894年に国際組織に拡大し、禁酒だけでなく、モラルある生活の向上をめざして各種の活動を展開した。日本では、1893（明治26）年に、矢島楫子（1833-1925）らによって、日本基督教婦人矯風会が結成され、禁酒・廃娼・平和を目的に社会改革をはじめた。

＊19 チャリティー・ガール（charity girl）――アメリカの若者のあいだの俗語で、男の子からデートに誘われればすぐに応じ、だれとでもベッドインする少女のことをさした。

＊20 ルドルフ・ヴァレンチノ（Rudolph Valentino, 1895-1926）――イタリア生まれのアメリカの映画俳優。美男子として人気があった。

＊21 シミーとターキー・トロット（Shimmy and Turkey trot）――シミーもターキー・トロットもダンスの一種。シミーは肩や上半身をゆさぶり、乳房をふるセクシーなラグタイム・ダンス。ターキー・トロットは、2人ずつ組になって身体をスイング風に動かす舞踊。四つのステップを基本に、片足ずつ大きく上げて踵を下ろす動作などをする。

➡子ども期の理論、ジェンダー化、童虐待、10代の妊娠、女性の割礼（性器切除）、同性愛と性的指向、乳幼児の性欲、ペドフィリア（小児性愛症）

●参考文献

Alexandre-Bidon, Danièle, and Didier Lett. 1999. *Children in the Middle Ages: Fifth-Fifteenth Centuries*. Trans. Jody Gladding. Notre Dame, IN: University of Notre Dame Press.

Bailey, Beth. 1988. *From Front Porch to Back Seat: Courtship in Twentieth-Century America*. Baltimore, MD: Johns Hopkins University Press.

Bearman, Peter S., and Hannah Bruckner. 2001. "Promising the Future: Virginity Pledges and First Intercourse." *American Journal of Sociology* 106, no. 4 (January); 859-913.

Beisel, Nicola. 1997. *Imperiled Innocents: Anthony Comstock and Family Reproduction in Victorian America*. Princeton, NJ: Princeton University Press.

Ben-Amos, Ilana Krasuman. 1994. *Adolescence and Youth in Early Modern England*. New Haven, CT: Yale University Press.

Bolin, Anne, and Patricia Whelehan. 1999. *Perspectives on Human Sexuality*. Albany: State University of New York Press.

Chauncey, George. 1994. *Gay New York: Gender, Urban Culture, and the Makings of the Gay Male World, 1890-1940*. New York: Basic Books.

Cleverley, John, and Denis C. Phillips. 1986. *Visions of Childhood: Influential Models from Locke to Spock*, rev. ed. New York: Teachers College Press.

Colón, A. R. 2001. *A History of Children: A Socio-Cultural Survey across Millennia*. Westport, CT: Greenwood Press.

Cox, Roger. 1996. *Shaping Childhood: Themes of Uncertainty in the History of Adult-Child Relationships*. London: Routledge.

Darroch, Jacqueline E., et al. 2001. "Differences in Teenage Pregnancy Rates among Five Developed Countries: The Roles of Sexual Activity and Contraceptive Use." *Family Planning Perspectives* 33, no. 6: 244-251.

Devlin, Rachel. 1998. "Female Juvenile Delinquency and the Problem of Sexual Authority in America, 1945-1965." In *Delinquents and Debutantes: Twentieth-Century American Girls' Cultures*, ed. Sherrie A. Inness. New York: New York University Press.

Douglas, Susan J. 1994. *Where the Girls Are*. New York: Random House.

Dunlap, Leslie K. 1999. "The Reform of Rape Law and the Problem of White Men: Age of Consent Campaigns in the South, 1885-1910." In *Sex, Love, Race: Crossing Boundaries in North American History*, ed. Martha Hodes. New York: New York University Press.

Esquibel, Catrióna Rueda. "Memories of Girlhood: Chicana Lesbian Fictions." *Signs* 23, no. 3: 645-682.

Evans, Harriet. 1997. *Women and Sexuality in China: Female Sexuality and Gender Since 1949*. New York: Continuum.

Fass, Paula. 1979. *The Damned and the Beautiful: American Youth in the 1920s*. New York: Oxford University Press.

Furth, Charlotte. 1995. "From Birth to Birth: the Growing Body in Chinese Medicine." In *Chinese Views of Childhood*, ed. Anne Behnke Kinney. Honolulu: University of Hawai'i Press.

Gillis, John R. 1981. *Youth in History: Tradition and Change in European Age Relations, 1770-Present*. Expanded Student Edition. New York: Academic Press. ギリス『〈若者〉の社会史――ヨーロッパにおける家族と年齢集団の変貌』（北本正章訳、新曜社、1985年）＊

Gittins, Diana. 1998. *The Child in Question*. New York: St. Martin's Press.

Hall, Lesley A. 1992. "Forbidden by God, Despised by Men: Masturbation, Medical Warnings, Moral Panic, and Manhood in Great Britain, 1850-1950." *Journal of the History of Sexuality* 2, no. 3: 365-387.

Herdt, Gilbert, and Stephen C. Leavitt, eds. 1998. *Adolescence in Pacific Island Societies*. Pittsburgh, PA: University of Pittsburgh Press.

Kent, Kathryn R. "'No Trespassing': Girl Scout Camp and the Limits of the Counterpublic Sphere." *Women and Performance: A Journal of Feminist Theory* 8, no. 2: 185-203.

Killias, Martin. 2000. "The Emergence of a New Taboo: The Desexualisation of Youth in Western Societies since 1800." *European Journal on Criminal Policy and*

Research 8, no. 4: 459-477.
Lesko, Nancy. 2001. *Act Your Age! A Cultural Construction of Adolescence.* New York: Routledge Falmer.
Modell, John. 1989. *Into One's Own: From Youth to Adulthood in the United States 1920-1975.* Berkeley and Los Angeles: University of California Press.
Moran, Jeffrey. 2000. *Teaching Sex: The Shaping of Adolescence in the Twentieth Century.* Cambridge, MA: Harvard University Press.
Murray, Stephen O., and Will Roscoe. 1997. *Islamic Homosexualities: Culture, History, and Literature.* New York: New York University Press.
Nathanson, Constance A. 1991. *Dangerous Passage: The Social Control of Sexuality in Women's Adolescence.* Philadelphia: Temple University Press.
Odem, Mary E. 1995. *Delinquent Daughters: Protecting and Policing Adolescent Female Sexuality in the United States, 1885-1920.* Chapel Hill: University of North Carolina Press.
Ruggiero, Guido. 1985. *The Boundaries of Eros: Sex Crime and Sexuality in Renaissance Venice.* New York: Oxford University Press.
Ruiz, Vicki L. 1998. "The Flapper and the Chaperone: Cultural Constructions of Identity and Heterosexual Politics among Adolescent Mexican American Women, 1920-1950." In *Delinquents and Debutantes: Twentieth-Century American Girls' Cultures*, ed. Sherrie A. Inness. New York: New York University Press.
Sahli, Nancy. 1979. "Smashing: Women's Relationships before the Fall." *Chrysalis* 8: 17-27.
Schneider, Dona. 1995. *American Childhood: Risks and Realities.* New Brunswick, NJ: Rutgers University Press.
Singh, Susheela Wulf, et al. 2000. "Gender Difference in Timing of First Intercourse: Data from Fourteen Countries." *International Family Planning Perspectives* 26, no. 1: 21-28.
Solinger, Rickie. 1992. *Wake Up Little Susie: Single Pregnancy and Race before Roe v. Wade.* New York: Routledge.
Sonobol, Amira al-Azhhhary. 1995. "Adoption in Islamic Society: A Historical Survey." In *Children in the Muslim Middle East*, ed. Elizabeth Warnock Fernea. Austin: University of Texas Press.
Stone, Lawrence. 1977, 1979 (abridged edition). *The Family, Sex and Marriage in England 1500-1800.* New York: Penguin Books. ストーン『家族・性・結婚の社会史――1500年～1800年のイギリス』(北本正章訳、勁草書房、1991年)*
West, Mark I. 1988. *Children, Culture, and Controversy.* Hamden, CT: Archon Books.

● 参考ウェブサイト

Office of the Assistant Secretary for Planning and Evaluation, U.S. Department of Health and Human Services. 1997. *Trends in the Well-Being of America's Children and Youth.* Available from 〈http://aspe.hhs.gov/hsp/01trends〉

(BETH BAILEY／三時眞貴子訳)

接触伝染病 (Contagious Diseases)

　20世紀初めまで、幼い子ども期の死は、どこでも人生の悲痛な出来事であった。19世紀以降およびそれ以前の墓石は、どの家でも生まれたすべての子どもの4分の1から2分の1の子どもたちの人生の最初の10年をすごす前の死を追悼している。その死の原因のほとんどは接触伝染病であった。

接触伝染病の定義

　接触伝染病とは、直接接触による伝染病を意味するが、この用語は、通常の用語法では、一般的な風邪（風邪はあらゆる病気のなかでもっとも多い接触伝染病にふくまれるが）よりも重篤な状態を意味し、感染力が非常に強く、危険な病気をさすのがふつうである。イタリア人修道士ギロラモ・フラカストリウス[*1]は、1548年の著作『感染病』(Contagione, 1548) において、接触伝染病を三つの形態に識別している。すなわち、直接の親密な接触（性的な交わりによって伝播される病気など）によるもの、小さな滴（咳・くしゃみ・会話など）によるもの、そして、不潔な物質（衣類、調理道具類など）によるもの、の三つである。これら以外の、フラカストリウスが認識しなかった接触経路には、汚水や不潔なミルクや食べ物、さらには蚊のような昆虫の媒介動物による伝播がふくまれる。

接触伝染病の特質、発生源、生態学、および進化

　病原菌とよばれる、接触伝染病をひき起こす作用物質（エージェント）は、超微粒ウイルス、極微のバクテリア、そしてマラリア寄生虫といった原生動物から、数メートルの長さになる寄生虫にいたるまで、その大きさと複雑さは多種多様である。病原菌の生存は、寄生相手から栄養を摂取し、繁殖し、そこから新しい寄生相手に広がることができるヒトの身体あるいはその他の寄生相手に侵入する能力に左右される。この能力は、生物学的、生態学的、および行動学的な諸要因によって決定されるが、これらすべては、以下において論じるように、とくに子どもを感染させやすくする。病原菌は、人間の健康、そしておそらくは人間という寄生相手を犠牲にして繁殖する。繁殖した病原菌の大半は寄生相手を殺さず、新しい寄生相手に病原菌が広まるのを助長する症状を生みだしているあいだ、寄生相手を病気にするだけである。一般的な風邪の原因となるウイルスは、この点でとくに繁殖力がある。

　地球が、最後の氷河期（すなわち約1万年前）以降に温暖化したとき、人類の祖先は、食糧・ミルク・衣服のために動物を家畜化する方法と、穀物を栽培して

ギロラモ・フラカストリウス（1478-1553）*

収穫する方法とを発見した。こうした発見は、遊牧民的な狩猟採集社会から定住型の農耕社会への移行を可能にし、人間の共同体を永続的に変容させた。短い世代時間と系譜的再生産率は、もともとは動物にだけ感染したいくつかの微生物を、人間と家畜動物のあいだの親密でひんぱんな接触に助けられて、人間の病原菌に進化させた。このようにして、いくつかのバクテリアとウイルスがはじめて人間の病原菌になった。このことはおそらく、麻疹（はしか）、天然痘、インフルエンザ、結核がどのようにして接触伝染性の人間の病気として発生するかということを示していよう。いくつかの重要な病原菌は、人間とその他の生き物——犬・羊・牛・豚・蚊・ダニ・淡水の巻き貝など——に関与する生存メカニズムを発達させた。歴史の幕開け以来、人間と蚊が水とのあいだにもつ関係は、非常に悲惨な、その大半が子どもである無数の死者を生むマラリアの進化論的起源の段階を作る。人類、水、およびその他さまざまな生物のあいだの生態学的な結びつきは、住血吸虫病と何種類かの蠕虫（ぜんちゅう）による寄生虫の体内侵入の進化をもたらした。考古学上の諸発見も、人類の大きな苦しみの種のいくつか——天然痘、結核、マラリア、住血吸虫病をふくむ——の資料が、新石器時代——1万年から1万5000年以前——にまでさかのぼることを明らかにしている。麻疹、インフルエンザ、チフス、黄熱病をふくむほかの病気は最近になって発生した病気で、これらはいまも存続している。20世紀の最後の25年間に30種類以上の接触伝染病があらわれ、これらをひき起こす病原体が同定された。新たに発現した病気の多く——ヒト免疫ウイルス／エイズウイルス（HIV/AIDS）[2]、ラッサ熱[3]、エボラ熱[4]、そしてマールブルグ病[5]など、ウイルス性の出血熱などをふくむ——は致命的で、ごく少数の病気は、在郷軍人病[6]やライム病[7]のように、致命的ではないものの強い不快感をともなう病気である。こうした多数の新しい病気のおもな犠牲者は子どもであった。

農業の発達は、頼りになる食糧供給を確実にしたが、これは人口の急激な膨張につながった。家族とクラン（氏族）の小さな集団が発展して町や都市になり、これは——宗教・法・芸術や文化・科学・文学などの——文明が興る必須の前提条件となった。しかし、高まる人口密度と、豚、羊、牛、山羊などの家畜動物と人間とのあいだの緊密な関係は、生態系を変質させ、微生物の進化を方向づけ、病原体の伝達リスクを高めた。

中世の都市と町は、今日の低開発諸国で周囲を近代的な都市に囲まれたバラック地区（貧民街）とおおむねよく似た、いまにも倒壊しそうな住居で成り立っていた。そこでは、子どもたちが遊ぶ場所に家庭のゴミ、台所の廃棄物、そして人間と動物の糞便などが無差別にまきちらされていた。こうした環境は——いくつかの接触伝染病の伝達に貢献するハエ・ゴキブリ・ネズミなどの——無数のペット動物に居心地のよい棲息場所を提供した。ほとんどの人びとはめったに風呂に入らず、ひんぱんに衣服を着替えることもなかった。このため、人びととその衣服は不潔で、シラミやノミ——これらはチフス菌とペスト菌という二つの致命的な病気の媒介物であった——にとって天国となっており、害虫が群がっていた。人間と動物の糞便による水の汚染は、接触伝染病の胃腸病を頻発させた。飲料水や食物のくずの汚染物質によって広まる伝染性の下痢は、19世紀のヨーロッパとアメリカの産業都市で広まったコレラの大規模な**流行伝染病**で頂点に達するが、適切な衛生手段を欠いた場所に人間の住居が増えると、いっそう広汎に広まった。人間の住居を引きつける河川や湖沼だけでなく、淀んだ淵の水も、マラリアの寄生虫の媒介宿主である蚊の培養環境を提供した。マラリアは風土病の一種で、20世紀初頭にいたるまで、ヨーロッパの大部分とアメリカ、とくにミシシッピー川流域の峡谷地帯でときどき大発生する流行病であった。これとは違う種類の蚊は、ほかの接触伝染病——黄熱病、デング熱、ウイルス性出血熱、ウイルス性脳炎——を伝染させた。こうしたすべての病気の主要な犠牲者は子どもであった。

人間の定住地が拡大し、世界中に広がるようになると、そこにますます多くの人数が集まって暮らすようになった。人口密度、交易、商業活動、戦争、征服などの増大は、見知らぬ者どうしのひんぱんな接触につ

ながった。接触伝染病の最初の攻撃を生き抜いた者の多くは免疫を獲得したが、このことは、その後に続く無防備にさらされることから彼らを保護した。しかし、人口密度の上昇は、かならずしもこの免疫を強める助けとはならなかった。それどころか、それがシラミやノミ、そしてチフス菌やペスト菌と結びつくときにはとりわけ、一時的に病気が蔓延する世界的大流行を促進した。15世紀から19世紀にかけての商業とヨーロッパ人の探検は、居住地が非常に遠く、また、なんらかの遺伝された免疫機能をあたえられ、先に被った感染のために、接触伝染病に対する抵抗力が非常に違っていた人びととの接触をいっそうひんぱんにした。先に感染したことがない場合、しばしば結果は破壊的であった。ヨーロッパ人による南北アメリカの征服と植民地化は、麻疹、天然痘、結核の壊滅的な蔓延に助けられたものであって、これらすべての病気は、ヨーロッパ人の植民地内よりも南北アメリカの先住民たちの死亡率のほうがはるかに高かった。天然痘は、スペイン人の征服者たちを助け、多くのアズテカ族[*8]を滅ぼした。麻疹は、1回の流行でフィジー[*9]の住民の推定90パーセントを殺した。

高まる子どもの罹患傾向

子どもはこれまでつねに大人よりも接触伝染病に感染しやすかったが、それにはいくつかの理由があった。子どもは、生まれつき愛情を求めているので、無差別に遊び仲間、**ペット動物**、その他と抱きあったり、キスしあったりする。年少の子ども、とくによちよち歩きの頃の子どもは何でも口に入れて味見する——これはすべての幼児の本能的な行動特性である——ことで、自分をとりまいている環境の一部を探検する。こうしたふるまいは、必然的に子どもたちをあらゆる種類の病原菌のひんぱんにくりかえされる攻撃にさらすことになった。大部分の子どもは、母親の抗体[*10]から獲得したり、母乳のなかの付加的な抗体で補強された共通の感染に対する部分的な免疫をもって誕生する。しかし、このようにして獲得された免疫は、子どもが離乳期を迎える頃には弱まってしまう。したがって、子どもが2、3歳になるまで、共通の接触伝染病に対する抵抗力はしばしば低く、あるいはまったく存在しない。大人は子ども期の感染を生き抜き、一定の免疫を獲得しているので、このことが、なぜ大人よりも子どもが伝染病にかかりやすいかの説明になる。

栄養失調はこれまでつねに広く見られたが、これは、感染が大人よりも早く子どもの身体の防衛機能を壊滅させてしまう可能性を高め、子どもの免疫反応を弱めてしまう。子どもの呼吸器系は大人よりも小さく、また子どもの呼吸気管は大人より狭く、炎症性の腫れや粘液の滲出物によってすぐにつまってしまう。予防ワクチンや近代的な治療法が開発される前の数世紀には、子どもが接触伝染病の攻撃を受ければ、こうしたすべての要因が致命的な結果をもたらす高リスクの原因になっていた。

接触伝染病の多様性

歴史を通じて、子どもと幼児を苦しめてきた接触伝染病は、その広がり方の様相と、人体への侵入手段と経路に応じて、以下のように分類することができる。

(1) 糞便・口腔経路によって広まる病気は、汚水あるいは腐った食べ物やミルクなどで広まる。これは、下痢や嘔吐などを特徴とするさまざまな症状を呈する激しい胃腸炎をふくんでいる。コレラはこうした病気のひとつだが、世界的な大流行のなかでくりかえし見られた。しかし、中世以降の数世紀にわたって、コレラが破壊的な大流行になることがめったに起きなかったのに対して、下痢症はいつでも存在していたため、乳幼児の激しい胃腸炎は、乳幼児と子どもの死亡率を高くしていたが、これは破壊的な流行病ではあったものの、散発的にコレラが発生するところではどこでもつねに存在するからであった。下痢症はいまも、おもにアフリカとアジアの低開発諸国で、毎年300〜400万人の乳幼児の生命を奪っている。糞便・口腔経路によって広まるその他の病気には、胃腸炎の症状が原因ではなく、病原菌が体

ガブリエル・メッツ「病気の子ども」(1660年頃)。抗生物質と信頼できるワクチンの時代以前には、見た目はたいしたこともなさそうな病気でさえ、死んでしまうことがあった。病気の子どもをもつ両親は、生命のはかなさと脆弱さを敏感に感じとっていたことであろう。©Rijiksmuseum Amsterdam

内に入りこんだあとに神経細胞に侵入する**ポリオ**（灰白脊髄炎）と肝臓の炎症熱であるウイルス性肝炎がふくまれる。ポリオとウイルス性肝炎はどちらも、ほぼどこにでも見られ、20世紀に改善された衛生が誕生後早期にこれらにかかる危険性を減らすまで、乳幼児と幼い子どもの症候のない、あるいは軽い感染であった。年長の子どもと成人は、こうした病気の過酷な攻撃にさらされやすく、1920年代と1930年代以前に年長の子どもと若い成人のあいだでポリオとウイルス性肝炎が、なぜそれほど顕著に見られなかったのかを説明している。

(2) 呼吸器系（喉・気管・肺）に侵入したり、攻撃する病気は、感染したヒトが咳をしたり、クシャミをしたあとに飛沫が空気中に浮遊するなどして、結核、急性気管支炎やクループ*11、ジフテリア、麻疹、猩紅熱、そして百日咳*12など、おもに小さな滴によって広まる。呼吸器系の重篤な病気、激しい気管支炎や気管支肺炎など、もっとも一般的にみられる危険な形態は、いまなお毎年、低開発国で乳幼児と子どもたち300万人の生命を奪っている。ジフテリアが気管を攻撃すると、その幼い犠牲者を死にいたらしめる。ジフテリア・バチルスも、心臓を傷つける毒素をつくる。麻疹は、肺胞に激しい炎症（急性気管支炎と気管支肺炎）をひき起こす。感染した子どもが栄養失調だと、しばしば致命的になる。20世紀初頭にいたるまで、子どもたちが同じベッドで眠ることはふつうに見られた。麻疹、あるいはその他の接触伝染病にかかった年長の子どもたちは、しばしば年少の子どもたちに病気をうつし、悲惨な結果となった。改善された生活環境は、子どもの生命を奪う主要なキラー病原菌（child killer）としての麻疹、クループ、百日咳の機能を弱めただけではなかった。麻疹ワクチンが開発されるまで、麻疹が原因の死亡率は、豊かな産業国家では無視できるほどの水準にまで下降した。結核については、以下においてさらに検討してみよう。

(3) 病原体を媒介する昆虫によって人体に感染する病気——マラリア、ペスト、チフス、そして黄熱病——は、ながいあいだ人類を悩ませてきたおそろしい病気である。今日、これらの病気は、おもに熱帯地域の低開発国の人びとを苦しめているが、これらの病気のどれもが19世紀末まで、ヨーロッパと北アメリカの温帯地域でも発生していた。以下において検討するように、病原体を媒介する昆虫に運ばれるこうした病気のすべての重要な決定要因は、環境条件と社会状況とである。

(4) ヒトとヒトとの直接接触によって伝播する病気には、おもに性的に伝播されるものと母親・乳幼児のあいだで伝播されるものとがある。こうした病気には、多種多様な肝炎や、今日世界的に流行している**ヒト免疫不全ウイルス（HIV）の感染によるエイズ**

1920年代以降の旧ソヴィエト連邦のポストカードには、「お母さん方、お子さんたちの唇にキスしてはいけません。だれかにお子さんたちにキスさせてはいけません」とある。ソヴィエト政府は、農村人口に広まっていたインフルエンザ、梅毒、ジフテリアなどの接触伝染病の蔓延を防ぐためのキャンペーン・ポスターやプリントのなかでそう命じていた。©Rykoff Collection/CORBIS

（後天性免疫不全症候群、AIDS）がふくまれるが、これらはこれまでに4000万人以上に感染し、1000万人以上の生命を奪っている。これらの病気に感染している者（そして死にいたった者）の約3分の2はサハラ砂漠以南のアフリカにおいてである。ヒト免疫不全ウイルスは、このウイルスが乳幼児の生命を奪ったり、子どもたちがこのウイルスに感染した母親のもとに生まれた直接的な場合にも、また、両親がともにこの病気のために亡くなったあと孤児になった子どもたちが自活していく間接的な場合にも、アフリカの子どもたちの健康に破壊的な影響をおよぼしつづけている。

(5) 病気は、破傷風菌をふくめ、環境に存在する病原体によってひき起こされる。1930年代に抗破傷風菌ワクチンが開発され、その後、第2次世界大戦後に予防接種キャンペーンで広く使われるようになるまで、破傷風菌は新生児にとって致命的な多数の病気のひとつであった。臍の緒の切断面に破傷風菌の

胚種が付着した場合、その胚種は、誕生後数週間以内に死をもたらす毒素をつくる。新生児の破傷風はこれまでつねに不潔な助産婦や、不衛生な伝統的な出産習俗と結びついていた。1960年代という最近でも、新生児の破傷風は毎年、新生児の50万人以上の命を奪っていた。母胎内の子どもを守るために妊婦への予防接種を行なっている今日でも、産科的処置中の予防消毒をほどこすことは、乳幼児が新生児破傷風によって死亡するのを防ぐ最善策である。

強力なキラー細胞

歴史を通じて、全世界的に広まる流行性の接触伝染病は、膨大な数の人びとをなぎ倒してきており、ときには、商業や産業を混乱におとしいれるほど重大なダメージを社会組織にあたえることもあった。これは、20世紀初めには、サハラ砂漠以南のアフリカ諸国に起こり、HIV/AIDSが全国民を破壊している。ヨーロッパ文明の進展は、1347年から1349年にかけて大流行した黒死病（ペスト）（おそらくほとんどが腺ペストと肺ペストであった）によって途絶させられた。19世紀のコレラの大流行は、それほど破壊的ではなかったものの、これに比肩しうる短期的な衝撃をあたえた。1918年から1920年にかけて見られた何回かのチフスの大流行と、世界的な広まりを見せたインフルエンザの大流行は、推定で2000万人の死者を出した。長期にわたって、最終的にもっと多くの被害をもたらしたほかの病気には、天然痘、マラリア、結核などがある。接触伝染病について、いくつかの種類とそれをコントロールするためにとられた処置法については、さらに検討を要する。

ノミによって伝播されるバクテリアがひき起こすペスト[*13]は、もともとはネズミの病気であるが、ペスト菌がネズミを殺すと、そのネズミのノミはほかの哺乳動物の宿主を探し、ペストの細菌を運ぶ。腺ペストとよばれるのは、この感染が腋窩部や鼠径部に大きな腫れを起こしたり、リンパ腺に炎症をひき起こすためである。人間の場合、しばしばペスト菌は、肺胞をおかして重篤な肺炎をひき起こしたり、血流に侵入して重篤な全身の敗血症[*14]をひき起こす。あらゆる全世界的な流行伝染病のなかでもっとも致死率が高いのはペストである。黒死病として知られる全世界的なこの流行病は、1347年から1349年にかけてヨーロッパ人口のほぼ3分の1を死にいたらしめ、ヨーロッパ文明の進展を数世代にわたって停滞させた。その犠牲者の大半は子どもであった。ペストは、「ハーメルンの笛吹き男」（the Pied Piper of Hamelin）の伝説や、「バラのまわりで輪になって」（"Ring-a-ring o'roses"）という伝承童謡を生むこととなったが、このどちらも、子どもたちのあいだのおそろしい死亡率の高さを記憶にとどめている。ペストの大流行は、ネズミの出没を助長する不潔な生活状況と結びついていた。

流行性のチフスは、ペストと同じようにその伝播を助ける昆虫に依存している。この場合、媒介昆虫は人体のシラミ[*15]で、不潔な身体にまとった不潔な衣服に繁殖する。チフスは撲滅運動の対象になる典型的な病気であったが、都市の住民にも攻撃し、30年戦争［1618-48年］から20世紀初頭までに何度か大流行した子ども殺し（child killer）の病気で、第2次世界大戦中に強制収容所（ゲットー）に収容されたヨーロッパのユダヤ人たちのあいだで再発した。チフスは、ペストと同じように、その防止は、おもに媒介昆虫――チフス菌を伝播するシラミ――を駆除することにかかっていた。清潔にしておくこととひんぱんに身体を洗浄すること、そして清潔な衣服に着替えることがチフスを防ぐ最善策であった。1944年、ナポリにおいて切迫していた大流行は、多数の人びとのあいだに蔓延していたシラミの殺虫剤であるDDT[*16]を広汎に使用することによって防止された。

マラリア[*17]は、媒介昆虫の蚊が繁殖する湿度の高い熱帯地方ではいまなお極端に広まっている。マラリアは、以前には、南ヨーロッパ、中央ヨーロッパ、はるか北のイギリス中部のミッドランド、北アメリカ、南アメリカと中央アメリカ、カナダ南部でも広く見られた。マラリアは無数の子どもの生命を奪った。マラリアに対しては、何世紀ものあいだキニーネが処方され、つい最近でもキニーネからの抽出物が処方されている。しかし、ほかのすべてのグレート・キラー（強力なキラー細胞）と同じように、全国民を対象にした予防戦略は、個人レベルの対処よりもはるかに効果がある。全国的な予防戦略は、蚊を殺す殺虫剤、網戸の利用のほか、室内で、あるいは睡眠中に、ヒトが蚊に刺されるのを防ぐためにベッドを網で囲んだりするなどして、繁殖地をつくる蚊を根絶することに依拠している。この戦略は、20世紀初頭以降、アメリカ南部をふくめて、世界の多数のマラリア棲息地域で広く活用され、サハラ砂漠以南のアフリカ諸国と南アジアと東南アジアのいくつかの地域を除いて、マラリアを首尾よく根絶してきている。21世紀初頭、マラリアは毎年100万人の子どもを殺しているが、その大部分はアフリカの子どもたちである。

コレラ[*18]は、これまでつねに糞便・口腔感染病の典型であった。この病原菌は古代から南アジアと東南アジアに存在した。これがヨーロッパと北アメリカに移入されたのは、18世紀に貿易が拡大したときであり、19世紀の破壊的な大流行でピークに達した。コレラ菌は汚水によって伝播され、下水設備の欠如、そして個人と台所の不衛生な状態などによってひき起こされた。コレラの撲滅は、人間の排泄物の衛生的な処理と安全な水の供給の導入によってはじめられた。コレラは、南アジアと東南アジアでは繁殖しつづけている。1990年に南アメリカの太平洋沿岸地域で発生した大流行は、（インドの）ベンガル湾から来た船舶の

バラスト水[19]のなかのコレラ細菌の移入によってひき起こされた。これは、気候変動に関連する複雑な生態学的諸要因と結びついたものだが、数世代前の高い死亡率は、経口補水療法（oral rehydration therapy）によってくいとめられてきた。

ウイルス性疾患である天然痘[20]は、歴史の幕開け以前から人類を苦しめてきた。大規模な流行は、しばしばすべての感染者の3分の1の生命を奪い、生き残った者の多くに傷痕を残し、目に影響をおよぼした場合には視力を奪うなど、人びとのあいだで猛威をふるった。あらゆる流行性の接触伝染病と同じように、その主要な犠牲者は子どもであった。18世紀末、イギリス人の家庭医（family doctor）であり博物学者でもあったエドワード・ジェンナー[21]は、23人の子どもたちに実験を行なった。彼は、子どもたちに牛痘の痘苗を接種し、この処置が、当時のイギリスで流行して猛威をふるっていた天然痘から子どもたちを守ることができると報告した。1798年のジェンナーの書物『牛痘の原因と効果に関する研究』（An inquiry into the causes and effects of the variolae vaccinae）は、おそらくこれまで書かれたなかで公衆衛生にかんするもっとも重要な論文である。これは、天然痘に対する**予防接種計画**を刺激し、天然痘を撲滅することに直接つながった（天然痘の撲滅は、1980年に世界保健機構によって正式に宣言された）。天然痘ウイルスのサンプルは、いくつかの国の安全な実験室で生き残っており、細菌戦の潜在的な武器でありつづけている。

結核[22]は、肺結核（white plague）とよばれたり、肺病（consumption）ともいわれるが、18世紀と19世紀のヨーロッパと北アメリカの人びとに惨禍をもたらした。結核は、その犠牲者が幼く、しばしば10代の子どもである場合、典型的に襲ってくるが、通常、患者が30歳あるいは40歳になるまで死にいたらしめることはなかった。その直接の原因は、結核バチルス（病原菌）であるが、この病気がもっとも耐えがたい攻撃をするのは、貧困、貧弱な栄養状態、混みあった生活、無知、失業、アルコールの乱用——これらは、19世紀のヨーロッパとアメリカの薄汚れた産業都市の貧民のあいだで共通に見られた組みあわせであった——などが見られた場合であった。

接触伝染病の撲滅

接触伝染病の個々のケースに対処することは、20世紀なかばを通じてはじめて大規模に行なわれる抗生物質とその他の近代的な抗菌治療薬の発見と開発が行なわれるまでは、おおむねあまり効果はなかった。しかし、個々のケースへの対処は、接触伝染病が人口全体に広まるのを防ぐ公衆衛生の手段としてはお粗末な代替策にとどまっていた。唯一の——性的に病気を伝播する——集団では、個々のケースに対処するのは、効果的な撲滅手段といえる。

効果的な撲滅のためには、接触伝染病の疫学的特徴を理解しておくことが必要で、これは同様に、この病気の生態環境について理解しておくことも必要である。予防接種と免疫法は、天然痘、麻疹、百日咳、ジフテリア、それに破傷風をふくむ多数の接触伝染病をこれまでのところ首尾よく撲滅してきたが、接触伝染病の撲滅は、しばしば社会変動の副産物として起こり、疫学的洞察力と予防法は、大規模な流行のあと、遅れて手に入る。

撲滅に対する生態学的アプローチ

接触伝染病に固有の原因となっている特定の病原菌をつきとめることは避けては通れないが、致命的な流行が起こる前に、病原菌以外の決定要因を見きわめておくことも必要である。接触伝染病について理解が深まると、不潔は病気を生むという警句が19世紀末に発達した価値観をとらえる。公衆衛生の科学者と行政担当者たちは、効果的な撲滅には、不潔な生活環境とふるまいだとみなされるようになったことがらへの攻撃が必要だと認識していた。汚れて害虫がはびこっている住宅、むさ苦しく混みあった生活状況、ノミ、シラミ、ハエ、ネズミたち、下水設備の欠如、個人と家庭内の劣悪な**衛生状態**、これらすべてが重要な環境的、社会的、および行動的な決定要因だと認識された。効果的な撲滅には、ワクチンで予防できる病気に対する予防接種と免疫法、衛生工学[23]、そして安全な水の供給設備とならんで、社会経済的な状況、個人と家庭内の衛生状態の改善にかんする教育などが必要である。

接触伝染病の未来

われわれは、歴史的な洞察力をもつことによって、可能な未来について経験から学びとった推測を行なうことができる。20世紀のなかばをすぎた頃、ワクチンの接種と抗生物質によって、すべての接触伝染病はまもなく撲滅され一掃されるだろうという楽観的な見方があった。だが、こうした楽観的な見方は短命であった。ほどなくして、抗生物質が効かない危険な病原菌の変種が、現在進行中の問題を提起していることが明らかとなった。致命的な新しい接触病原菌があらわれたのである。この発症プロセスの解明はいまも続いている。それは進化生物学の避けがたい結果である——病原菌はつねに進化しつづけるからであり、また、その再生産率は驚異的に高く、世代交代の時間は非常に短く、微生物の進化は非常に急速であるからだ。このことは、抗生物質が効かない多数の病原菌の変種がきわめて急速に発達する理由を説明する。公衆衛生科学の役割は、病原菌の発生プロセスを解明することと、つぎつぎとあらわれる新しい接触伝染病に公衆衛生の実務がすばやく対処できるようにすることである。

[訳注]

*1 フラカストリウス（Girolamo Fracastoro, 1484-1553）

――イタリアのヴェローナ生まれの医学者。梅毒にかんする長編詩「シフィリスあるいはフランス病」（*Syphilis sive Morbus gallicus*, 1530）を発表し、ここに登場する少年の名前から梅毒を*Syphilis*とよぶようになった。主著『感染論』（*De Contagione*, 1546-48）では、多くの病気は伝播力があり、自己増殖力のある物質（germ）によってひき起こされ、各病気はその特有のgermをもち、各病気のgermはその抵抗力と侵襲力が異なり、germは感染した個体の組織のなかで自己増殖し、germは身体内あるいは外界で発生し、germはヒトからヒトへの直接接触あるいは離れたところへの伝播によって広がるとされている。病気の治療には、暑熱や寒冷処置によってgermを破壊する方法、ヒトから外に排出させる方法、抗病理物質を使用してのgermの無毒化という方法の3つによるとしている。

*2 HIV/AIDS――変異しやすいレトロウイルス（retrovirus）の一種で、免疫をつかさどるヘルパーT細胞に侵入し、エイズやエイズ関連疾患の原因となる。変異したウイルスには、リンパ節腫脹関連ウイルス（LAV）、ヒトT細胞白血病ウイルスタイプ3（HTLV-3）、エイズ関連ウイルス（ARV）などがある。国際分類委員会により、ヒト免疫不全ウイルス（HIV）の名が提案されている。

*3 ラッサ熱（Lassa fever）――1969年にナイジェリアのラッサで発見された高伝染性のウイルスによる病気。死亡率が非常に高く、嚥下困難、咽頭炎、高熱などの症状があらわれ、肺、心臓、腎臓などがおかされる。

*4 エボラ熱（Ebola）――1976年にザイールのエボラ川周辺で発見されたエボラ・ウイルスによる病気。高熱と内出血、肝障害などをひき起こす。

*5 マールブルグ病（Marburg disease）――西アフリカ産のミドリザルが媒介するウイルス伝染病の一種。高熱、下痢、嘔吐、激しい消化管出血をともない、しばしば死にいたる。Green Monkey diseaseともよばれる。

*6 在郷軍人病（legionnaires' disease）――レジオネラ菌による重度の大葉性急性肺炎。症状としては悪寒、高熱、肺の鬱血、腹痛が特徴。1976年のアメリカ在郷軍人会大会での発生が最初に確認されたことから、このようによばれる。

*7 ライム病（Lyme）――マダニを媒体とする細菌による感染疾患。発疹、発熱、関節病、慢性的な疲労感、局部麻痺を示す。

*8 アズテカ族（the Aztecs）――1519年にスペイン人のコルテス（Cortés）に征服されるまで、メキシコ中部で高度の文化をもっていた複合帝国のナワトル系の種族。

*9 フィジー（共和国）（Republic of Fiji）――ニュージーランド北方の南太平洋上にある独立国。フィジー諸島、ロツマ島など約800の島からなり、1970年にイギリスから独立し、イギリス連合王国の一員となった。現代の人口は約73万人、面積は1万8274km^2。

*10 抗体（antibody, immune body, Antikörper）――免疫学において、病原体などの異物の侵入に対して生体内でつくられ、病原体上の抗原に結合して破壊したりその毒素を中和無毒化する物質。母親から子どもに伝達される抗体のうち、脊椎動物の体液中に存在し、抗体活性を有するタンパク質を「免疫グロブリン」（Immunoglobulin）とよび、IgM、IgG、IgA、IgD、IgEの5種類がある。種別ごとに免疫応答の機能、出現場所、時期は異なる。

*11 クループ（croup）――喉の部分の炎症による、しわがれた咳と呼吸困難を特徴とする子どもの咽頭と気管の病気。

*12 百日咳（whooping cough）――とくに子どもの呼吸器粘膜の伝染病で、百日咳菌（*Bordetella pertussis*）によってひき起こされる。chincough, pertussisともいう。whooping coughという表現の初出は1739年である。

*13 ペスト（pest）――ペスト菌（*Yersinia pestis*）は、短く太い非連動性グラム陰性桿菌で、1894年に日本の北里柴三郎（1852-1931）がドイツで、スイスのA・イェルサン（A. Yersin, 1863-1943）が香港で、それぞれ独立に発見した。ペストは、ペスト菌の感染によって発現する急性感染症で、長らく人類を苦しめてきた。ペスト菌はもともとネズミ類の病原菌で、ネズミ類に寄生したノミが、ペスト菌をふくむ血液を吸って人間に伝播する。ペスト菌に感染した人間の皮膚・粘膜などから接触伝染し、飛沫感染もする。潜伏期は1～7日で、突然、全身に悪寒をおぼえて高熱を発し、頭痛・倦怠・めまいなどの症状を起こし、皮膚が乾燥して紫黒色になって重篤状態から死にいたる。腺ペスト、ペスト敗血症、肺ペストなどの病型があり、いずれも感染率が高く、致死率も高い。ヨーロッパでは古くからたびたび大流行をくりかえし、人びとにおそれられ、政治・経済・宗教・芸術文化に多大な影響をおよぼした。イギリス人のダニエル・デフォー（1660-1731）は、1722年の作品 A *Journal of the Plague Year*（デフォー『ペスト』、平井正穂訳、中公文庫、2009年改版）で、1665年にロンドンをおそったペストの恐怖を描いている。

*14 敗血症（septicemia, blood-poisoning）――血液およびリンパ管中に病原細菌が侵入して、頻呼吸、頻脈、体温上昇または体温低下、白血球増多または白血球減少などの症状を示す症候群。重症になると、循環障害、敗血症性ショックを起こす。

*15 シラミ（body louse, sucking luose, Anoplura）――シラミ目の昆虫の総称。シラミ類は哺乳動物の皮膚に寄生し、その血液を吸って栄養源としている。皮膚を不潔にしておくと繁殖しやすく、チフス菌を媒介する。体型はふつう紡錘形で扁平であり、翅はなく、眼は退化している。ノミなどの昆虫と異なり、宿主の体から離れるとまもなく死ぬ。ヒトジラミ、ケジラミ、イヌジラミ、ブタジラミ、アタマジラミ、キモノジラミなど種類が多い。

*16 DDT――ジクロロジフェニルトリクロロエタン（dichlorodiphenyltrichloroethane: $C_{14}H_9Cl_5$）。ノミ、シラミなどの害虫を駆除する有機塩素系の殺虫剤の一種。

急性経口毒性があり残留毒性が高く、日本では環境汚染防止のため、1971年以降使用が禁止されている。アメリカでは1973年から農業での使用が禁止されている。

*17 マラリア（malaria）――イタリア語の「悪い空気」（mala aria）に由来するとされ、イタリアの医者F・トルティ（Francisco Torti, 1658-1741）が1740年頃おそらくはじめて使用した。かつては湖沼地など湿気の多い地域の毒気、瘴気と考えられていた病気だが、マラリアはおもにハマダラカが媒介する4種類のマラリア原虫が、血球内に寄生する伝染性の感染症である。マラリア原虫が血球内で増殖・分裂して血球を破壊する時期に発熱し、ほぼ48時間ごとに発熱する三日熱マラリア、最初の発作から72時間ごとに高熱を発する四日熱マラリアのほかに、発熱が不規則な卵形マラリア、熱帯熱マラリア（悪性マラリア）などに分類される。

*18 コレラ（cholera）――コレラ菌の経口感染による急性の腸管感染症。激しい下痢と嘔吐をひき起こす。強い脱水症状によってチアノーゼ、血圧低下、虚脱、筋の疼痛痙攣を起こして死亡する。コレラ菌（vibrio cholera）は、1854年にイタリアの解剖学者フィリッポ・パチーニ（Filippo Pacini, 1812-1883）によって発見され、1884年には、ロベルト・コッホ（Robert Koch, 1843-1910）が純粋培養に成功した。日本では、1789～1801年頃、江戸時代中期の津山藩医であった宇田川玄随（1755-1797）によって翻訳されたオランダ語の医書『西説内科撰要』ではじめて記述された。

*19 バラスト水（ballast water）――脚荷または底荷ともよばれ、船の安定をはかるために船底に積まれる重量物のこと。通常は船底をいくつかの小部屋（バラスト・タンク）に区切り、大量の水を入れる。海洋貿易の発展とともに、バラスト水と船の外壁に付着したムラサキイガイ（紫貽貝、学名 *Mytilus galloprovincialis*）が侵略的外来種として全世界に広まった。

*20 天然痘（smallpox, variola major）――痘瘡ウイルスの感染によって発症する伝染性感染症。高熱とともに全身に発疹が生じ、やがてそれが化膿する。死亡率が高く、治っても瘢痕が残るため、おそれられ、忌み嫌われた。イギリスのエドワード・ジェンナー（1749-1823）によって種痘法が開発されたことにより、予防の道が開かれ、約200年後の1980年、世界保健機構（WHO）によって絶滅宣言が出された。

*21 ジェンナー（Edward Jenner, 1749-1823）――イギリスの家庭医。種痘の発見に努め、その安全な予防接種法の普及に貢献した臨床医学者。イギリス西部の酪農業がさかんなグロースター州のブリストル市の北方に位置するバークレイという小さな農村に、牧師の息子として6人兄弟の末っ子に生まれた。12歳の頃、ブリストルの開業医のもとに弟子入りし、9年間、医学の基礎と実務を学んだ。その後1770年、21歳で、著名な外科医、生理学者、解剖学者として知られスコットランド生まれのジョン・ハンター（John Hunter, 1728-1793）の住みこみの弟子となってロンドンで研鑽を積み、24歳のとき故郷のバークレイに戻って開業医となった。これらの経験のなかで、酪農に従事する農民たちのあいだでは、一度牛痘にかかった者は天然痘にかかりにくいという事例をヒントに、天然痘の疫学調査を行なうとともに、牛痘と人の天然痘との関係を臨床的に解明しようと試み、ハンターから助言された、ウィリアム・ハーヴェイ（William Harvey, 1578-1657）の言葉「考えるよりも実験せよ。しかも粘り強く、正確に（*Do not think, but try; be patient, be accurate.....*）」のとおり、詳細で周到な実験をくりかえし、「免疫」という機能がはたらくことを察知し、種痘法を開発した。最初、当時の医学界や科学界は認めなかったが、しだいに治療効果が高いことが確かめられ、広く支持された。ジェンナーは、貧しい人びとにとってワクチンが高価にならないように、開発した種痘法に特許権は設定しなかった。このためジェンナーによる種痘法は「人類への贈り物」とよばれるようになった。

*22 結核（consumption）――結核菌（mycobacterium tuberculosis）によって起こる慢性の伝染性感染症。人体への侵入経路は大多数が肺で、肺を経由して腸・腎臓など種々の臓器のほか、骨・関節・皮膚などを侵し、また結核性の脳脊髄膜炎・胸膜炎・腹膜炎などを起こす。結核菌は1882年にR・コッホ（1843-1910）によって発見され、1944年に、ウクライナ生まれのアメリカの細菌学者S・A・ワクスマン（Selman Abraham Waksman, 1888-1973）らによって、土中の放線菌の一種ストレプトミセス・グリセウスから分離された抗生物質ストレプトマイシン（streptmycine）によってはじめて結核症の薬物治療の道が開かれた。

*23 衛生工学（sanitary engineering）――上水道、下水処理、排水溝など、公衆衛生にかんする問題を扱う土木工学の一部門。衛生工学という言い方は1868年頃からいわれだした。

➡小児医学、乳児死亡率

● 参考文献

Chadwick, Edwin 1965 [1843]. *Report on the Sanitary Condition of the Labouring Population of Great Britain*. Reprint, annotated by M.W. Flinn. Edinburgh, UK: Edinburgh University Press. エドウィン・チャドウィック（M・W・フリン校閲）『大英帝国における労働人口集団の衛生状態に関する報告書』（日本公衆衛生協会、1990年）

Chin, James, ed. 2000. *Control of Communicable Diseases Manual*, 17th ed. Washington DC: American Public Health Association.

Ewald, Paul. 1994. *Evolution of Infectious Disease*. New York: Oxford University Press.

Kunitz, Steven J. 1994. *Disease and Social Diversity: The European Impact on the Health of Non-Europeans*. New York: Oxford University Press.

McMichael, Tony. 2001. *Human Frontiers, Environments and Disease: Past Patterns, Uncertain Futures*. New York: Cambridge University Press.

McNeill, William H. 1976. *Plagues and Peoples*. New York: Doubleday. マクニール『疾病と世界史』(上・下)(佐々木昭夫訳、中公文庫、2007年)

Porter, Roy. 1997. *The Greatest Benefit to Mankind: A Medical History of Humanity from Antiquity to the Present*. London: Harper Collins.

（JOHN M. LAST／北本正章訳）

先住アメリカ人の子ども
（Native American Children）

先住アメリカ人の祖先は、2万年前に、獲物を求めて現在ベーリング海峡となっている樹木のない平原を歩いて渡り、北アメリカの多様な環境下に移住したアジア人であったと考えられている。したがって、北アメリカ・インディアンはエスニック・グループではなく、地域環境に対応した基本的に類似した生活様式をもつ部族を内包する文化エリアによって分類されるのが慣例となっている。

ヨーロッパ文化以前

16世紀にヨーロッパからの侵略者が到達しはじめた頃、北東文化圏内（大西洋から五大湖ならびにローワーカナダからイリノイとノースカロライナまで）と南東文化圏（大西洋からミシシッピ川まで）内の大陸東部では、主たる活動は農耕であった。魚釣りが行なわれていた何カ所かの沿岸地域や採集がより重要であった乾燥した南西地域を除けば、それ以外の地域は狩猟が中心であった。農耕がさかんな地域では定住傾向が顕著であった。しかし、農耕地域でさえ、土地を開墾する際には男性は女性を助けたが、農耕労働（耕し、種をまき、とうもろこし、豆、かぼちゃを収穫したり、狩猟や野生のベリー、果樹、木の実を摘むなど）に従事したのは女性と子どもで、その一方で男性（ときには若い女性）は、春、初夏、そして秋に猟に出た。狩猟地域では、獲物が大きく、それを追いかける旅が長期にわたるほど、インディアンは遊牧生活にとどまっていた。こうした先住民の経済活動は、一見原始的であるが、現在のアメリカおよびカナダになっている地域の500万から1000万人の人口を養っていた。

東部のウッドランド・インディアン

北アメリカの文化地域の先住民は、ヨーロッパ人の進出によって最初に影響を受けた北東および北西部の人びとは、通常、東部のウッドランド・インディアンとよばれている。彼らは異なる言語を話し、居住地域の規模は数千人からほんの数十人までさまざまであった。政治的に民主的で自由主義的な組織がある一方で、階級的で権威主義的な組織も存在した。しかし、すべての東部のウッドランドの部族にはクラン（氏族）があり、それぞれの始祖を主張していた。大半の部族は母系制であったが、おそらくそれは女性が農耕における主要な経済活動を担っていたためであろう。諸部族は、子どもへの関心と養育という点でも類似していた。子どもたちは、生まれる前でも生まれた後でも大切にされた。インディアンを訪ねた男性伝道者や交易業者たちは出産の立ち会いからは閉め出されていたが、彼らは、インディアンの妊婦は身重のあいだでも良好な健康を享受し、出産の際には痛みを感じず、出産後すぐに通常の生活に復帰したと証言している。

新生児もまたすぐに世事にそなえた。大半のインディアンは、出産時に、水温にかかわりなく、子どもに浸礼をほどこした。ある部族は男児に割礼をほどこした。ほかの部族の慣習儀礼には、赤ん坊の耳に穴をあけたり、貝殻玉やほかの飾りを赤ん坊の首に下げたり、油や獣脂を食べさせた。インディアンの過酷な生活や、ヨーロッパ人と接触したことで天然痘のような**流行伝染病**が頻発したため、子どもの死亡率は50パーセントにもなった。長期におよぶ母乳育、母乳をあたえているあいだの性的関係、中絶、嬰児殺しさえも禁じられていたために、子どもは総じて4年間隔で生まれていた。これらすべての要因によって人口規模は安定していた。家族はヨーロッパの基準では小規模であり、平均の子ども数は3〜4人であった。

出生時に、その氏族にあたえることができる名前、あるいは出来事や子どもの風貌に応じて、または生命があるものや生命がないもの（鷲、風）にちなんで子どもに名前があたえられるのが一般的であった。男子は彼の（男性的な）手柄にちなんだあだ名がつけられた。それはさらなる成果へのプレッシャーとなった。ヒューロン族の男性は病気と闘ったり夢への応答として、人生段階が変わるたびに名前を変えたようである（大部分のヒューロン族は二つの魂をもっていると信じており、ひとつは子どもとして生まれ変わるまで身体にとどまっているので、何人かの子どもたちは死んだ祖先に似ていると解されていた）。最後に、死亡してまもない人の名前は、その名前が失われてしまわないように部族のほかの成員に引き継がれた。しかし、彼あるいは彼女自身の名前をよぶことはできなかった。かわりに、話者とよびかけられる人物との関係をあらわす用語、たとえば「わたしの妹の息子」という言い方がなされた。家族関係者がいない場合でも、兄弟とか甥っ子といった用語を使うことができた。

ヨーロッパからの観察者たちは、高い**乳児死亡率**に難色を示しながらも、子どもたちに対するインディアンの母親の愛情や思いやりのある世話に感動を覚えた。このようなすぐれた取り組みは、乳幼児の養育で顕著に見られた。インディアンは、ヨーロッパの上流階級の親たちとは違って、自分の子どもを乳母のもとに送りだしたりはしなかった。もし子どもが乳離れする前に母親が死ぬようなことがあれば、父親は煮たてたトウモロコシを混ぜた水を口にふくみ、それを子どもに

一人の先住アメリカ人の少年と彼のフランス人の父親が毛皮交易のためにミズーリ川をくだった。ジョージ・ケイレブ・ビンガム「ミズーリを下る毛皮商人」（1845年頃）©Geoffrey Clements/CORBIS

あたえた。母乳育は数年間続いた。この間、子どもは母親のすぐ近くにとどまっており、たいていは母親の背中のおんぶ板にしばりつけられて運ばれていた。子どもが大きくなって這いまわるのが許されるようになると、このおんぶ板なしで運ばれるようになり、片足とその反対の腕をつかまれてふたたび母親に背負われた。ほぼ３歳頃に離乳し、それまで注意深く育てられてきた幼いインディアンは突然、乳房から引き離され、つなぎ止められることなく、いまや年長者を模範にして学ぶことなる。それでも、幼い子どもたちは両親の、そしておそらく村落共同体全体の注意深いまなざしの下に置かれていたに違いない。

　子どもたちは霊的な世界と特別なつながりがあると考えられ、一般に罰せられることはなく、むしろ甘やかされていた。インディアンの子どもたちに**しつけ**をする手段として、体罰が用いられていなかったことほどヨーロッパ人を驚かせたことはなかった。しばしば彼らは、水を少しだけ子どもの顔に飛ばして懲らしめたり、クリーク族の親が、ときどき手に負えない子ど

もを引っかいたり、チカソー族のあいだでのように、幼い者が家の外のだれかにたたいてもらっていたことなどが報告されていた。それにもかかわらず、服従させるために嘲笑や超自然的存在への怖れが利用されたが、体罰を行なうことは、規則であるというよりもむしろきわめて例外的であった。両親、とくに戦士である父親が、体罰を回避しようとすることで、年長者が示す自制心を子ども、とくに息子が模倣する態度をうながしたに違いない。実際には、たじろぐことや体罰――へのあからさまな感情発露――をせずに痛みや苦しみに耐えることを推奨する環境などどこにもなかった。子ども期にはじまる自己抑制と禁欲主義の発達は、成人期に高く賞賛される自立心の育成と密接に関連していた。

　このような先住アメリカ人の親が目的としていたことは、男性の狩猟戦士を訓練することであった。すなわち、狩猟戦士は一匹狼のごとく行動しながらも、共同体的で保守的であり、同質的な社会の要求につねに従うことが求められた。少年たちは冬でも衣服をほと

んど身につけなかったので、精神と同じように身体も堅強にした。年長者は彼らに自制心と「女々しい」情緒をいだかないことを期待した。女性は栽培＝採集者として教育され、男性よりも上手に荒れ野で生き残る生活技能を身につけていなくてはならなかった。子どもたちは定められた明確な性役割を受け入れるよう期待された。若者の教育は、年長者を模範として優先的に、しかし閉鎖的になることなく教えられた。宗教と道徳の訓練は両親によって行なわれ、共同体全体から支持された。これと関連していたが違っていた訓練手段はストーリーテリングであった。口承作品は聞き手を楽しませるものであったが、それ以上に重要なのは、文化的な信念体系と習俗を伝達したことであった。伝説や神話の主役はしばしば子どもや若者であり、こうした物語のターゲットになっていたのが若者であったことをはっきりと示している。

子ども期に受けた訓練の成果は成人期に検証されることとなっており、ひとつの人生段階から別の人生段階への移行は非常に明確であった。少女たちの場合、生理がはじまる頃、しばしば儀礼が催された。少年たちの場合、思春期の通過はあまり明確な生物学的な出来事ではなかったが、非常に手のこんだ儀式、すなわちハスキノー*1とよばれる過酷な身体的試練と、霊的な旅であるヴィジョン・クエスト*2が課された。この二つの儀式はどちらも感覚喪失と刺激とともに隔離状態をともなった。その目的は、子ども期に受けた訓練を失うことなく人生の新たな行程にふみ出すことであり、若者の人生を支配する祖霊の幻影を見定めることであった。しばしば部族の大人たちが若者に新しい名前を授けることがあり、その名前の意味によって、名づけられた者は辱められたりほめそやされたり、ときには性格を賦与されることさえあった。

また、それゆえに、子ども期と成人期のあいだにははっきりと境界線が引かれていた。東部のウッドランド・インディアンは、成長後の行動を支配するために幼少期に教えこまれた教訓を基礎にしていた。思春期をすぎればセックスするのは自然なことだとみなされた。結婚相手は試験的に両親によって選ばれていたようであり、若者は自分が婚約している女性のことを両親に相談するよう期待されていた。しかし、それは強制ではなかった。結婚するかどうかとか夫婦でありつづけるかどうかということになれば、その選択権は若い男女双方にあった。

平原インディアンとプエブロ・インディアン

平原インディアンの部族組織、部族間関係、子育ては東部森林インディアンと似ていた。しかし、平原インディアン部族の大半は農民ではなく狩猟者であり、定住せずに移動しつづけていた。父親は、日常の雑用に従事する母親を残してしばしば留守にした。したがって、空席のままになった役目を果たしていたのはたいてい祖父母たちであった。

北アメリカ南西部にいた16世紀のプエブロ・インディアンの文化*3は、すでにそれまでに消滅していたアナサジ文化*4まで数世紀さかのぼるが、この二つの文化の子ども期の経験は、大西洋沿岸のインディアンと平原インディアンの遠いいとこたちの文化との類似点と相違点があった。プエブロ・インディアンは儀式に支配された生活を営んでいた。場所と労働にかんする性的区分を明示するように、新生児のヘソの緒は（女子の場合には）家のなかに埋められ、（男子の場合には）トウモロコシ畑に埋められた。（成人の）自然界で雲（男性）が種（女性）に雨を降らせて発芽させるように、男の子のペニスには水がふりかけられ、一方、女の子の外陰部には種をつけた瓢箪（ひょうたん）がかぶせられた。第4日目には、呪医*5が幼児を日の出のほうに向けさせて名づけを行ない、一穂のトウモロコシ（これは生命を授ける母なるトウモロコシをあらわす）を、もしも男の子であれば堅い矢じり（雷と光を創る）をあたえた。女性は産屋に残り、男性が住居を変更しているあいだ、男子として彼の母親といっしょに暮らし、青年期に男性口承を学ぶためにキヴァ*6に移った。

プエブロ・インディアンのあいだでは、ジェンダーだけが社会的区分をあらわすものではなかった――年齢も重要であった。子どもたちは両親に大きな恩義があるとみなされていた。両親は、誕生儀礼のために宗教上の長老に敬意をはらわなくてはならず、あたえた者と受けとった者、年長者と年少者のあいだの対になった関係が続いていた。森の祖霊カチーナ*7は最高最強の存在であった。すべての青年たちは、カチーナ・カルトに加入するとすぐに、互いの助けあいを尊重しない者に待ち受けているおそろしい罰について学んだ。少女が初潮を迎えると、親族を基礎にしたグループにくわわるイニシエーションによって一人前の女性になり、一方、少年は、戦士仲間から手ほどきを受ける前に東部ウッドランドのハスキノーの身体的試練を思い出して、敵を一人殺さなければならなかった。

プエブロ・インディアン社会は、17世紀にスペインによって占領され、キリスト教を強制されたために根本的に変化した。フランチェスコ派の司祭は、年齢にもとづく関係性を無効にし、息子たちを実の父親よりも霊的な父親に帰依させ、**洗礼**をはじめるなどによって、彼らをキリスト教に改宗させようとした。両親は、キリスト教の宗教劇で大人に悪魔の役割がふりあてられることで誇りが傷つけられ、父親たちは労働の性的分業が壊されることで柔弱にされ、子どもたちは、互いに恩恵をほどこしあうというインディアンの信念をフランチェスコ派が利用したために、贈り物で求愛するようになった。家畜の贈り物、動物を用いて農耕するための訓練は、洗礼と敬虔な生活にとって代わられてしまったばかりでなく、インディアンの狩猟長の権威も失墜させられた。また、修道士たちは、インデ

ヨーロッパ人と接触した後も残存した先住アメリカ人の慣習は地域ごとに多様であった。おんぶ板で子どもを運ぶ東部のウッドランドの習慣は、ミネソタのタワー・ライス・キャンプで1940年に撮影されたこの写真のように、いくつかの地域で20世紀まで残存した。©CORBIS

ィアンの若者に母親を連想させる食物のほどこしを行なった。ホピ族（Hopi）のようにキリスト教に強く抵抗したインディアンだけが母系制社会を残存させた。

19世紀およびそれ以降

　19世紀中頃のアメリカの西半分には、移住を強制された東部のウッドランド・インディアン［ウィネベーゴ族（Winnebago）、チェロキー族（Cherokee）、そしてチッペワ族（Chippewa）をふくむ］、平原インディアン［スー族（Sioux）、ブラックフット族（Blackfoot）、シャイアン族（Cheyenne）、クロー族（Crow）、アラパホ族（Arapaho）、ポーニー族（Pawnee）、カイオワ族（Kiowa）、アパッチ族（Apache）、コマンチ族（Comanche）］、南西部プエブロ・インディアン［ホピ族（Hopi）、ズーニー族（Zuni）、ナバホ族（Navajo）］、そしてカリフォルニアと太平洋沿岸北西部インディアンなど、約25万人のインディアンが居住していた。大陸横断鉄道計画やインディアンと白人との断続的な戦闘などをふくめ、ヨーロッパ系アメリカ人の入植の進展は1860年代後半における特別居留地の創設につながった。その後数十年のあいだに長く続いてきた闘争は、アメリカ政府による強制的な同化政策によって解決した。インディアンの子どもたちは白人の学校に通う必要があったが、しばしばそれは家庭から遠く離れていた。1900年までには、特別居留地の寄宿学校や全日制学校、公立学校（ここにはインディアンと白人の生徒たちがいっしょに通っていた）、ミッションスクールなどのほかに、特別居留地外に25校の寄宿学校があった。これらのどの学校でも、インディアンの子どもたちは、自分自身の文化をすててヨーロッパ系アメリカ人の文化を身につけるよう要求された。

　ホピ族は20世紀中頃までヨーロッパ＝アメリカ文化から距離を置きつづけていた。おんぶ板の習俗は残存し、長期におよぶ養育も行なわれていた。主流の医療は拒絶された（その結果、乳児死亡率は高かった）。褒美があたえられる一方、懲罰は（母方のおじによって行なわれることがあったものの）、ほとんど見られなかった。子どもたちはつねに他者の目がとどくところで成長した。少女は母親から家事を教えられ、少年は父親から教えられ、農業を学んだ。ゲームのなかには、過去に戦士であったことを想起させるものもいくつか残っていた。イニシエーションの儀礼は、若者をホピ族の世界に導き入れる手段として続けられていた。子どもたちは学校に通うよう強制されたが、年長者たちがホピ族の基本的な価値観を信じるようにしこんでいたために、学校で教えられたことを内在化させることはなかった。こうして、ホピ族は過去との強い文化的なつながりを守りつづけていた。

　しかし、通常、先住アメリカ・インディアンとヨーロッパ系アメリカ人との接触は、前者がより大きな影響を受けた。通常、伝統集団は、より攻撃的で、より強力で、そして非常に不寛容な社会に直面すると生き残ることができなかった。たとえば、デラウェアでは、東部のウッドランドの部族は、16世紀初頭から20世紀中頃にかけて、彼ら独自のアイデンティティを喪失し、ミシシッピ川東部の土地を失い、オクラホマのインディアン準州に移住したことで文化的に衰退していった。彼らはそこで木造小屋に暮らし、ヨーロッパ風の衣服を身にまとい、連邦政府に依存することに甘んじ、子どもたちをミッションスクール（のちに政府が設立した学校）に送り、血統組織の基盤を変更して、地方の貧しい白人と見分けがつきにくくなった。

　ウィネベーゴ族は東部のウッドランド部族のひとつであったが、それほど劇的な影響を受けたわけではない。彼らは、政府から土地譲渡を強制されたものの、ウィスコンシンにとどまることができたし、子どもたちをミッションスクールに通わせても、両親の家を離れさせはしなかった。しかし、1930年までには、赤ん坊は病院で生まれ、子育ての多くの方法が寛大なやり方から体罰さえも辞さない厳しいやり方へと変化した。兄弟姉妹はけんかをするようになり、青年期には両性が混じりあい、男性の仕事が消失した（なぜなら、

男性は女性よりも文化変容の影響を受けやすかったからである)。家庭では英語が教えられ、衣装・住居・主要作物の運搬も妥当なものとなった。20世紀中頃には、精神分析家のエリク・エリクソンが平原インディアン部族のひとつであるダコタ・スー族を訪ね、そこで彼は子どもたちが家庭では伝統的な訓練を受けていても学校ではヨーロッパ系アメリカ人社会の要求に直面していることを知った。しかし、彼らはそれに公然と抵抗することも内的葛藤の兆候を示すこともなかった。むしろ生徒たちは、感情を抑え、あるいは消極的に抵抗し、世界を危険で敵意に満ちたものとみなしていた。

第2次世界大戦は先住アメリカ人に破壊的な結果をもたらした。男性は兵役につき、女性は男性同様に防衛産業に従事した。都市生活は非伝統的で、地方で暮らす女性たちがする仕事は人手不足であった。しかし、破壊的な状況下にあっても文化意識は高揚し、戦いの歌や勝利の祈りや伝統的なダンスのような長らくすてさられていた習俗への回帰がうながされた。戦後になって、政府は、いわゆる管理終結政策実施にふみきった。すなわち、いまや税金を支払い、居住している州の法律に従っているインディアンに土地を給付する一方で、部族による統治とインディアン領地の委託保護を一掃したのである。管理が終結した結果、インディアンは都市に移住するようにうながされ、連邦政府の援助もないままに、1958年までに約10万人がそうした行動をとった。

移住策は同化政策としては失敗であった。移住策によって集団的孤立化と貧困が永続したからである。1928年に人類学者のルイス・メリアムが記録していた先住アメリカ人の悲しむべき生活状況は、第2次世界大戦時に収入が増えたことで一時的に改善されはしたものの、1966年のカリフォルニアでの報告や1971年にミシガン大学の人類学者ショゼフ・ヨルゲンソンによって、さらには1990年の国勢調査によって再確認された。1954年にインディアン衛生局(Indian Health Service：IHS)が創設されたとき、あらゆる問題のなかでもっとも深刻な問題はおそらく飲酒問題であっただろう。運営資金が不足していたが、IHSは致命的なアルコール依存症はインディアン民族特有の(そして流行性の)問題であるとよびかけた。なぜインディアンが目立ってアルコールの乱用におちいりやすいのかは明らかでないが、1990年代でも、ほかのアメリカ人と比べてアルコールが原因のインディアンの死亡率は5倍であった。

アルコール依存症と自殺、貧困と失業、こうした現実こそ、今日のアメリカのほかのいかなる集団にもまして先住アメリカ人が置かれている生活状況をつぶさにあらわしている。「インディアン教育法」(Indian Education Act, 1972)、「インディアン自己決定および教育援助法」(Indian Self-Determination and Education Assistance Act, 1975)、「インディアン・ヘルスケア改善法」(Indian Health Care Improvement Act, 1978)、「部族が管理するコミュニティ・カレッジ援助法」(the Tribally Controlled Community College Assistance Act, 1978)、「インディアン児童福祉法」(Indian Child Welfare Act, 1978)といった一連の法律が示しているように、連邦政府はインディアンの子どもたちのニーズに多くの注意をはらってきたが(こうした配慮によるインパクトを否定することはできないが)、それにもかかわらず、インディアンの子どもたちが今日置かれている状況は、しばしば厳しいものである。

[訳注]
*1 ハスキノー(huskinaw)——ポーハタン族に属する先住インディアンのあいだで行なわれる厳格な成人儀礼。青年期になった少年が生家と部族から隔離され、自己探求のために数週間にわたって森のなかで隠遁生活に入る。隠遁生活がはじまると家族はその子が死んだものとして深く嘆く。隠遁生活が終了するとその若者は戦士として部族に戻る。

*2 ヴィジョン・クエスト(vision quest)——いくつかの北アメリカの先住インディアン部族で行なわれる男子の成人儀礼(initiation)。隔離状態で徹夜の断食祈祷を行ない、幻覚や夢のなかにあらわれる霊を自分の守護霊としてとらえる。

*3 プエブロ(Pueblo)——アメリカのアリゾナ、ニューメキシコ州からメキシコにかけての地域で先史時代から居住する先住インディアン諸族の総称。ズニ族、ホピ族など。農耕を営む。

*4 アナサジ文化(Anasazi)——アメリカのアリゾナ、ニューメキシコ両州の北部と、ユタ、コロラド両州の南部の高原地帯で紀元100〜1300年頃、かご細工、農耕、弓矢の使用、半地下式の竪穴住居などを特徴として発達した「バスケット・メーカー文化」。

*5 呪医(medicine man)——北米インディアンその他の原始民族のあいだで、魔術的、超自然的な力をもって病気を治すと考えられている人。まじない師(shaman、シャーマン)。

*6 キヴァ(kiva)——北米南西部のプエブロ・インディアンのアナサジ文化期に特徴的な、通例円形の地下ないし半地下の宗教的建造物。

*7 森の祖霊カチーナ(kachina)——北米インディアンのホピ族の祖霊。雨とともに訪れるとされる。この宗教儀式では、ハコヤナギ属の植物の根で作るカチーナの彫像を手にしたり、それに似せた仮面をつけた祖霊を擬人化して踊るカチーナ・ダンサー(kachina dancer)がシャーマンの役割を演じる。

➡アメリカ先住民の学校、カナダの子ども
●参考文献
Axtell, James, ed. 1981. *The Indian Peoples of Eastern America. A Documentary History of the Sexes*. New York: Oxford University Press.
Boyer, Bryce L. 1979. *Childhood and Folklore: A Psychoanalytic Study of Apache Personality*. New York:

Library of Psychological Anthropology.
California State Advisory Commission on Indian Affairs. 1966. *Indians in Rural and Reservation Areas*. Sacramento.
DeMallie, Raymond J., and Alfonso Ortiz, eds. 1994. *North American Indian Anthropology: Essays on Society and Culture*. Norman: University of Oklahoma Press.
Dennis, Wayne. 1940. *The Hopi Child*. New York: Appleton-Century.
Eggan, Dorothy. 1970. "Institution and Affect in Hopi Cultural Continuity." In *From Child to Adult*, ed. John Middleton. Garden City, NY: Natural History Press.
Erikson, Erik H. 1950. *Childhood and Society*. New York: Norton. エリクソン『幼児期と社会』（1・2）（仁科弥生訳、みすず書房、1977-80年）
Ferrero, Pat. 1983. *Hopi: Songs of the Fourth World*. San Francisco: Ferrero Films.
Gutierrez, Ramon A. 1991. *When Jesus Came, the Corn Mothers Went Away: Marriage, Sexuality, and Power in New Mexico, 1500-1846*. Stanford: Stanford University Press.
Hilger, M. Inez. 1951. *Chippewa Child Life and Its Cultural Background*. Washington, DC: U.S. Government Printing Office.
Illick, Joseph E. 2002. *American Childhoods*. Philadelphia, University of Pennsylvania Press.
Jorgenson, Joseph G. "Indians and the Metropolis." In *The American Indian in Urban Society*, ed. Jack O. Waddell and O. Michael Watson. Boston, MA: Little, Brown.
Mann, Henrietta. 1997. *Cheyenne-Arapaho Education, 1871-1982*. Niwot: University Press of Colorado.
Mannes, Marc. 1996. "Factors and Events Leading to the Passage of the Indian Child Welfare Act." In *A History of Child Welfare*, ed. Eve P. Smith and Lisa A. Merkel-Holguin. New Brunswick, NJ: Rutgers University Press.
Mead, Margaret. 1932. *The Changing Culture of an Indian Tribe*. New York: Columbia University Press.
Meriam, Lewis, et al. 1928. *The Problem of Indian Administration*. Baltimore, MD: Johns Hopkins University Press.
Newcomb, William W. 1956. *The Culture and Acculturation of the Delaware Indians*. Ann Arbor: University of Michigan Press.
Newcomb, William W. 1974. *North American Indians: An Anthropological Perspective*. Pacific Palasades, CA: Goodyear.
Pettitt, George A. 1946. *Primitive Education in North America*. Berkeley: University of California Press.
Rawls, James J. 1996. *Chief Red Fox Is Dead: A History of Native American Indians since 1945*. New York: Harcourt Brace.
Rountree, Helen C. 1989. *The Powhattan Indians of Virginia: Their Traditional Culture*. Norman: Oklahoma University Press.
Sorkin, Alan L. 1978. *The Urban American Indian*. Lexington, MA: Lexington Books.
Swanton, John R. 1946. *The Indians of the Southeastern United States*. Washington, DC: U.S. Government Printing Office.
Szasz, Margaret. 1974. *Education and the American Indian: The Road to Self-Determination, 1928-1973*. Albuquerque: University of New Mexico Press.
Tooker, Elizabeth. 1964. *An Ethnography of the Huron Indians, 1615-1649*. Washington, DC: U.S. Government Printing Office.
Trigger, Bruce. 1969. *The Huron Farmers of the North*. New York: Holt, Rinehart and Winston.

（JOSEPH E. ILLICK ／佐藤哲也訳）

戦争と子ども（20世紀）
(War in the Twentieth Century)

第4回ジュネーヴ会議で、戦時下の子どもの権利と保護が――一般市民の一部として――言及された1949年、はじめて子どもは国際会議を構成した。これは、1977年に歴史上はじめて少年兵問題を討議するために補足された。この会議では、子どもは、軍隊への徴兵、戦争の危険、そして飢餓から保護されるべきであると規定した。1989年には、**国連子どもの権利条約**が採択された。その条項は、子どもが名前を名のり、国籍をもち、家族が修復される必要があること、拷問から保護されることなどをふくむ、子どもの扱い方の基準を定めた。それは、15歳以下の子どもを兵士として徴募することを禁じた。こうした国際法を強制するのはむずかしいが、戦時下の子どもや、子どもの法的権利にかんするわれわれの見解に規準を設けた。徴兵に対する15歳という年齢制限は多くの議論をよび、ある者はこれを18歳に引き上げることを示唆した。この年齢問題は、子どもとはどの年齢なのかということと、子どもはいつ青年期になり、いつ大人になるのかという問題に焦点を置いているため、興味を引く。同様にこの問題は、政治とは無関係な子どもについてのわれわれの理解を深め、いたずら者とか武力衝突の場での犠牲者としてわれわれが目にする対象を明確にしてくれる。また、これは、子どもの年齢の情報が不明確であったり、まったく議論されていないような場合、しばしば文献的にも未解決の問題である。

少年兵とレジスタンス活動

第2次世界大戦中、年少の少年たちは、枢軸国の兵力の軍隊組織においてばかりでなく、連合国側の戦闘活動にも貢献した。年齢をごまかした13歳から15歳までのアメリカの子どもたちが、ヨーロッパでの戦闘に参加したあと、ひき続いてアメリカ海軍にくわわった例がある。他方、ドイツでも、1944年秋から1945

年春にかけてのドイツ防衛戦の最終局面で、12歳から16歳までの多数の少年が東部戦線と西部戦線の両方で、ドイツ軍人として徴兵された。この少年たちの多くは**ヒトラー・ユーゲント**[*1]から徴募され、総統は彼らの何人かに鉄十字勲章をあたえた。少年たちは、高射砲、手投げ弾投擲機、その他の兵器を扱った。アメリカ軍がルール地方[*2]を占領したとき、降伏するのをこばんだ兵士の多くは少年であった。彼らはドイツが1945年5月に最終的に敗北するまで、バリケード、待ち伏せ攻撃、その他の障害物をつくって抵抗した。

20世紀の最後の数十年に見られた工業技術の発展、とりわけ軽量で扱いやすい兵器製造は、かつて以上に子どもを兵士として利用しやすくした。**ユニセフ（国連児童基金）**は、1988年には約20万人の子どもが兵士や戦闘員として軍事活動に関与させられていたと見積もっている。1980年代には、多数の子どもが食糧と保護を求めてカンボジアの武装組織にくわわった。1990年のリベリアでも同じ状況が見られた。ここでは、6歳から20歳までの少年たちが軍隊組織に徴集された。同じ年のミャンマーでは、ゲリラ組織が衣類と食糧を提供すると、多くの親は自分の子どもたちを兵士として引き渡した。

ウガンダの全国レジスタンス軍のように、少女たちも兵士として徴兵され、1986年にここにいた少年兵3000人のうち約500人は少女であった。ある者は、政治的、宗教的、文化的、あるいは社会的な理由で戦い、別の者は家族メンバーの死者の恨みを晴らそうとした。

子どもたちを軍務に徴集する方法のひとつは、学童たちにプロパガンダをくりかえし教えこむことであった（これは、スリランカのタミル・イラム[Tamil Eelam]の自由の虎[the Liberation Tigers]によって用いられた戦略であった）。別の方法は、1980年代のエチオピアや、1990年代のモザンビークのレナモ（Renamo）の例のように、子どもを誘拐して強制的に軍事活動につかせることであった。子どもたちを残虐にし、暴力と戦闘に慣れさせるために、洗脳、身体的虐待、子どもたちの面前で親類の処刑などがくりかえし行なわれた。

戦争捕虜としての子どもの例は、1901年から1902年にかけてのボーア戦争中にみられる。ボーア人側について戦った43人の捕虜のなかには子どもが交じっていた。第2次世界大戦を通じて、約1万人の未成年のドイツの少年兵が、フランスのアッチー村に設定された連合国軍最大の駐屯地に拘留されていた。ルワンダでは、少年兵たちは大量殺戮の助手としてかかわり、それを目撃した。

第2次世界大戦中のフランス、オランダ、デンマーク、その他ドイツ軍に占領されていた国々のように、子どもたちはレジスタンス運動の活動を通じて軍事衝突にくわわっていた。フランスの少年たちはレジスタンス運動の訓練を受けていた。年長の子どもは、補助的な通報者として使われたり、サボタージュにくわわったりしていた。別の子どもたちは、家宅捜索を受けた場合、家やアパートに住んでいる違法な人物については黙っているよう、ふるまい方を教育されていた。別の子どもは、占領軍に協力している人物についてレジスタンス運動に報告した。1942年に創設されたモンテネグロのピオネール組織は、10歳から15歳までの子どもであった。子どもたちは、食糧、武器、衣類、その他必要な物資を運んでパルチザンを助けた。ウガンダの内戦（1986年）では、スパイや伝令として子どもたちが利用された。

ベトナムでの長期にわたる戦争（1940年、1954～1975年）[*3]では、多数の子どもが、独立のためにフランス軍と戦い、ホー・チ・ミン[*4]と共産主義者たちに味方してアメリカ軍と戦う母親や父親たちの経験とともに育った。この戦争の期間は非常に長引いたため、多数の子どもが戦争にまきこまれた。少年も少女もともに、ビラを配ったり、メッセージを伝達したり、戦闘員の隠れ家をつくったり、レジスタンス戦士の連絡員としてはたらいたり、彼らに食糧と装備を運び、待ち伏せ攻撃にくわわったりした。母親に抱かれていた幼い子どもたちは、敵が作物を破壊するのを防ぐ盾となっていっしょに立ち上がったり横たわったりした。子どもたちは見せしめのために殺され、15歳と16歳の少女たちは殉教者になった。

強姦、拷問、大量虐殺

女性や若い少女への強姦は、戦争暴力と組織的な戦闘活動の道具として、20世紀を通じてくりかえされた。強姦は民族紛争では広く見られた。ルワンダでのツチ族[*5]に対して行なわれた大量虐殺（1994年）では、少女と女性たちを妊娠させて村落共同体の絆を壊すために強姦が行なわれた。母親たちは、こうして生まれた子どもをしばしば拒絶した。ほかの母親たちは子どもを育て、育てられた子どもは家族に統合された。1990年代の元のユーゴスラヴィアでの内戦中、父親の面前で強姦された娘や、子どもの面前で強姦された母親たちばかりでなく、強いられた妊娠の結果として、子殺しされる場合があった。モザンビークのレナモ駐屯地では、年少の少年たちが年少の少女たちに性的暴行をくわえた。

強姦されたり、強姦を目撃した子どもにおよぼす人間性を失わせる影響については、じゅうぶんな文書資料がある。それは子どもが成人になってからの人生にまでおよぶ長期の影響を残す経験であった。闘争とか戦争という緊張状態では、多数の女性と少女たちが食糧を手に入れ、避難所に入れてもらうためにセックスを強いられた。20世紀後半から21世紀初めにかけては、戦時下の性的暴力によって、多数の子どもが**孤児**となり、**ヒト免疫不全ウイルス（HIV）**をもって生まれる子どもも増加、**エイズ（後天性免疫不全症候群）**

センソウト

9歳のキム・フックは、1972年のアメリカの指揮下にあった南ベトナム軍によって、彼女のベトナムの村に対するナパーム弾の攻撃からのがれている。20世紀後半の戦争のおもな犠牲者は、子どもをふくむ市民であった。AP/WIDE WORLD PHOTOS

のような性的に伝染する病気が急速に広まった。

20世紀の何度かの戦争と武力対立で、親に対する罰として、家族メンバーについての情報を強制的に聞き出す方法として、あるいは、村落共同体全体への集団的罰として、子どもたちは拷問を受けた。大規模な人民虐殺や大量処刑において、子どもたちが見逃されることはなかった。1904年、ドイツの植民地権力に対して南西アフリカの英雄たちが起こした反乱では、暴力は大量虐殺で終焉し、数千人の英雄たちが殺されたがその多くは子どもであった。1915年から1916年、トルコ人は約120万人のアルメニア人[*6]を大量虐殺したが、その大半は女性と子どもたちであった。ドイツ軍の占領下のポーランドと、第2次世界大戦中の**ホロコースト**の一部として、ユダヤ人の再生を終わらせる目的で、子どもたちへの襲撃が組織的に行なわれた。子どもたちは殺され、あるいは集団キャンプに送られ、そこで実験材料として利用された。ジプシーの子どもたちや身体障害のある子どもたちは、ナチのもとで大量虐殺と殺戮の的にされた。

身よりのない子どもたち

20世紀の特徴は、難民や居場所を追われた人びとの大きな集団が生まれたことである。これが新しい現象で大衆運動であったことは、1918年以降の時期に明確になり、その後数十年のあいだに、ヨーロッパ大陸とそうした子どもたちにとって大きな問題になってきた。1990年代後半までに、難民問題は多かれ少なかれ恒常的なグローバルな問題とみなされているようであり、世界の難民の子どものもっとも多い人数はアフリカとアジアにおいてであった。

難民の子どもと、居場所を追われた子どもとのあいだの一般的な違いは、前者は隣接する国の国境を越えて隣国に移る場合をさし、後者は避難してその国のどこかに移動した場合である。しかしこうした違いは、つねに明確とはかぎらない。現代の難民の子どもの特徴は、しばしば複雑な国籍問題が原因となって難民という立場が長期的に持続することである。こうした子どもたちは、何年ものあいだ放浪したり難民キャンプで長くすごすため、しばしば市民社会から隔離されてしまう。

世界子ども学大事典

1900年当初、ボーア戦争の結果、難民キャンプが南アフリカに急遽つくられた。これらはイギリスがボーア人たちの支援者と考えていた人びと――おもに女性と子どもたち――のための集合キャンプへと発展した。劣悪な衛生環境と飢餓のために多くの子どもたちが死んだ。

第1次世界大戦後、オスマン（トルコ）、ロマノフ（ロシア）、ハプスブルク（オーストリア＝ハンガリー）、そしてヴィルヘルム（ドイツ）などの帝国が崩壊した結果、またそのあと、ロシア革命後のロシアにおける内乱や、第2次世界大戦前と戦争中のファシスト支配者たちによって行なわれた迫害と追放の結果、多数の子どもたちが難民になった。

市民権をどうするかという問題は、しばしば居場所を追い立てられた子どもの問題であった。1918年にオーストリア＝ハンガリーで二重君主制が崩壊したあと、ヨーロッパには新しい政府がいくつかつくられ、国境が変わった結果、多数の子どもの国籍と市民権が何年ものあいだ曖昧なまま放置された。

1920年代、ソヴィエト連邦の大人数の子どもたちが、革命・内戦・飢饉・無秩序の結果、両親あるいは家庭を失った。ソヴィエト政府は、こうした居場所のない子どもたちがこうむった非常に大きな問題を解決することはできなかった。孤児たちのある者は施設に、ほかの者は里親家族や労働コミューンに収容された。こうした子どもたちは疑いの目で見られ、1930年代なかばには内戦の犠牲者ではなく犯罪者とみなされるようになった。

第2次世界大戦終結の直前には、約7万人のドイツの難民の（15歳以下の）子どもがデンマークに送られた。こうした子どもたちは、いくつか例外もあったが、デンマーク政府から不適切な医療しか受けられなかった。1946年秋までに、2歳以下の難民の子どもたち全員が死亡したと推定されている。デンマークでは、劣悪な栄養と医療の欠如のために、約7000人の難民の子どもがキャンプで亡くなった。

20世紀を通じて、難民になった子どもたちにとって重大であったのは、栄養不良と病気の問題であった。戦時下の子どもが両親から引き離されることは、しばしば、保護者と経済的な安定とを失い、ホームレスになることを意味した。もし家族全体が消滅してしまえば、子どもたちは完全に遺棄され、食糧とすみかのために他人に頼るようになった。ユニセフは、子どもたちの家族を探そうと努力し、身よりのない子どもたちの似顔絵と情報を収集し、それを難民キャンプじゅうに配布した。隔離の大半は偶然であったが、ハイチとベトナムでは、しばしば両親は、家族全員が避難所に入ることができるという期待をもって子どもたちを送り出していた。南スーダンの内戦中、7歳から17歳までの約2万人の少年たちがこの国をのがれて非常に遠い距離を難儀して旅した。旅の途中で多くの少年が生命を落とした。20世紀の最後の数年間、身よりのない子どもは、難民人口の約5パーセント、すなわち5300万人を占めた。

疎開

子どもたちを両親と家庭がある地域から送り出すことは、別種の問題の解決策として20世紀を通じて用いられた。たとえば、子どもたちは、敵の攻撃から守るために外国とか国内の別の場所に送られた。イギリスが爆撃されるのではないかと考えられた1938-39年のミュンヘン危機の時期、子どもたちは民間主導でイングランドからウェールズに送られた。第2次世界大戦の勃発以来、イギリスの子どもたちは、ドイツの爆撃から守られるために都市から田園地帯に向けて大規模に疎開させられていた。通常、疎開児童は地方の受け入れ家族のもとに身を置き、ときどき母親と学校教師がつきそった。イギリスの疎開児童の何人かは、ナチが支配する国々で二度目の難民になったユダヤ人難民の子どもたちであった。ロンドンとその他の大都市から疎開してきた子どもたちもカナダ、アメリカ、南アフリカ、ニュージーランド、そしてオーストラリアなどの外国に送り出された。イギリスの子もたちがドイツ軍の空襲から守られるために疎開させられたのと同じように、ドイツの大都市の子どもたちも、連合軍の爆撃から守られるために、ドイツ南部あるいは占領下の隣国に集団疎開させられた。

ソヴィエト連邦では、1941年夏にドイツとのあいだに戦争が勃発したとき、ドイツ軍の侵攻と包囲攻撃からのがれるために、26万4000人以上の子どもがレニングラード（現在のサンクトペテルブルク）やその他の地域に疎開させられた。戦闘と爆撃から子どもたちを守るために、1939-1940年には、約4000人のフィンランドの子どもがデンマークに送られ、1941-45年には約6万5000人の子どもがスウェーデンに送られた。しかしこのような移転は、スウェーデンから示された連帯の意思表示であるとともに、食糧供給という社会問題を解決するためにフィンランド政府が示した方法でもあった。フィンランド政府は、戦争が終われば子どもたちに祖国に戻ってほしいと望んだが、多数の子どもが里子としてスウェーデンとデンマークにとどまり、何人かが養子縁組をした。

学童疎開は人道的な援助活動の一部としてもくりかえされた。1917年から1925年にかけて、子どもたちに適切な食糧と休養をあたえる方法として、ドイツとオーストリアの50万人の子どもたちが、おもにスイスとオランダなどのヨーロッパのほかの国に送り出された。これは、短期の予定であったが、子どもたちの何人かは、受け入れ家族に数年間とどまった。このような学童は戦争犠牲者と見られていたが、政府当局も、この救済計画が、子どもたちがヨーロッパ再建の脅威となる大人になるのを防いでくれるものと確信してい

た。第2次世界大戦後、ドイツの子どもたちと、ノルウェー、ベルギー、オランダ、それにチェコスロヴァキアから集められた子どもたちの小集団は、ヨーロッパの貧窮者に対する援助救済計画の一部としてスウェーデンにつれてこられた。この目的は、子どもたちに医療、食糧、衣類をあたえることであったが、そのねらいは子どもたちを通じてドイツを民主主義化し、再建することでもあった。

学童疎開は、1936年から1939年にかけてのスペイン内戦期を通じても起きた。このとき、子どもたちを戦争地域から引き離すとともに、人道的な援助努力の一部としても、スペインの子どもたちはイギリス、ノルウェー、スウェーデン、デンマーク、フランス、そしてベルギーに送られた。国際的な援助組織も、スペイン国内の家庭と施設の子どもたちを移転させる手配をした。

第2次世界大戦中、アメリカ政府は、日系アメリカ人が国家にとって潜在的な脅威であると主張して、1942年春、11万人の日本人家族——その大半は、乳幼児期から青年期までの子どもであった——を強制的にキャンプに移した。こうした家族は、「集会所」に集められたあと、武装兵士と有刺鉄線に囲まれたキャンプである「移転センター」に移され、戦争中ずっと拘束された。

学校

戦争中に子どもが疎開させられたり、学校が閉鎖されたり破壊された場合、子どもたちはその将来にとって非常に重要な教育を受けそこなってしまう。また、子どもたちは、学校で友だちとふれあったり、毎日の規則正しい生活を失ってしまう。第2次世界大戦中、ドイツ軍の占領下にあったウクライナでは、学校は破壊され、閉鎖されていた。パルチザンと地下のレジスタンス運動は、施設と教師が欠如しており、学齢期のすべての子どもを入学させるという問題があったにもかかわらず、学校教育のための秘密ネットワークを構築していた。

第1次世界大戦中、イギリスに疎開していたベルギーの子どもたちは、1915年から1916年に彼らを対象にした分離学校が設立されるまで、ふつうの小学校に通っていた。第1次世界大戦後、スウェーデンに疎開していたドイツとオーストリアの、すべてではないにしても、何人かの子どもは、短期間ではあったものの、疎開先の学校に通っていた。また、戦争中は、1937年から1938年にイギリスのケンブリッジでスペインの子どもたちが対象にされたように、革新的なエリートが、疎開児童に対する教育的で教授方法上の実験を行なう機会を提供した。学校と教育は、政治的な手段と人道的な援助計画の両方をつなぐチャンネルとして利用されてきた。1939年にドイツ軍がポーランドを占領したあと、民族上ドイツの子どもたちにドイツ文化とナチのイデオロギーを教えるために、若いドイツの教師たちがポーランドに送りこまれた。第1次世界大戦後のベトナムの学校教師たちは、都市で機能していた人道的援助計画のいくつかによってどの生徒が海外に送り出されるかを決める権能をあたえられていた。フランスの学校は、第2次世界大戦中にアメリカとスイスから送られてきた食糧の分配センターとして使われた。

戦時下の子どもの成長

第1次世界大戦中につくられた「銃後のそなえ」[*7]という用語は、軍事的戦線と国内戦線の密接な関係と、市民としての子どもが戦争中に中心的な役割を果たしたことを示している。子どもたちは、学校や映画で、あるいは武装した青年組織によるイデオロギーの洗脳など、さまざまな方法で戦争のそなえをさせられた。第2次世界大戦が勃発したとき、イギリスの子どもたちは、防空壕のつくり方、ガスマスクの使い方、そして火事への対処法を教えられた。5歳以下の子どものために特別に着色されたガスマスクが製造された。ドイツの子どもたちは、イギリス軍がドイツの町を爆撃しはじめたとき、同じような訓練を受けた。ソヴィエトの学校生徒たちは負傷兵の手当の仕方、銃の使い方、敵の攻撃の防ぎ方などを学んだ。

子どもたちは、戦場に向かう兵士や、捕まえられた捕虜たちを目撃していた。子どもたちは兵士に手紙を書いた。子どもたちは占領軍兵士としての敵と出会い、難民たちを目撃し、また、第2次世界大戦中、ユダヤ人以外の子どもたちは、しばしばキャンプに向かう途中、ユダヤ人の貨物列車を見ていた。この時期を通じて、子どもたちは、公式番組や敵側から不法に伝えられるラジオのニュース番組を聞いて戦争にかんする情報を得ていた。彼らは、勝利のニュースも敗北のニュースも、侵略軍と占領軍のニュースも耳にしていた。20世紀の最後の数十年間、工業国の子どもたちは、しばしば暴力に対する子どもの能力に影響をおよぼすテレビ画面や映画で、いつも——しばしば負傷した子どもに焦点をあてた——戦争映画を目にしていた。

しばしば家族経済は、子どもたちが家族の暮らしに貢献する必要がひんぱんにある事情から、戦争のために変化する。第1次世界大戦中のベトナムでは、子どもたちの仕事のひとつは、家族のためにパンやその他の必需品を買うために、しばしば何時間も行列にくわわることであった。また、子どもたちは、鉄道や倉庫の周辺に出かけ、燃料にする石炭をひろい集めた。両大戦期間中、ヨーロッパの子どもたちは食糧制限、栄養不足あるいは飢餓、寒い家、衣類と医療手当の欠乏などを体験した。

第2次世界大戦中、子どもたちの家族の状況は、前線にいる父親、年長のきょうだいたち、あるいは親類の者たちによって大きく変わった。さらに、戦争捕虜

センソウ

第2次世界大戦中、スイスのボンフォアで、国境を渡ろうとしたとき、難民センターに行くよう指示されるフランスの女性と子どもたち。大規模な人びとの住所の置き換えと、数百万の子どもたちをふくむ長期にわたる難民問題が20世紀の戦争の特徴であった。AP/ WIDE WORLD PHOTOS

問題は多くの家族に現実に起こりえる問題であり、親が生きて帰ってくるかどうかを知らずに暮らすほかなかった子どもたちの生活に大きな影響をおよぼした。もし母親たちがレジスタンス運動に積極的にかかわったり、家族を養うために有給の仕事につけば、だれが子どもの面倒を見るべきかということが焦眉の課題となる。多くの子どもが、父親の行方不明、死亡、あるいは重傷を負ったという知らせに立ち向かわなくてはならなかった。ヨーロッパと日本の都市では、子どもたちは通常兵器と原子爆弾の両方によってひき起こされる爆撃やファイアーストーム*8の目撃者であった。ある者は生き残り、別の者は死んだ。

戦時中と戦後における水と食糧供給の不足は、子どもの健康と通常の成長にとって大きな脅威であった。これらは、しばしば兵器によるよりも多くの子どもの生命を奪った。制裁、封鎖、経済戦争は、たとえば第1次世界大戦中のベルリン、あるいは1990年代末と2000年代初めのイラクのように、子どもたちに大きな打撃をあたえた。1980年から1988年にかけて、アンゴラでは戦争に関連する原因で約33万人の子どもが死んだ。

北アイルランドにおけるカトリック教徒とプロテスタント教徒とのあいだの紛争やイスラエルとパレスティナのあいだの紛争のような長期にわたる内乱は、高いレベルで子どもたちを政治的に色分けしがちである。これと類似の現象は、同じ家族で一世代以上にわたって紛争にまきこまれたベトナム戦争でも起きている。膨大な数の子どもが、その人生において戦争以外のことを経験することはなかったのだ。

第2次世界大戦後、爆撃で完全に破壊されてしまった家屋、闇市場、絶えることのない難民などに対処しなくてはならなかった子どもたちの日常生活は、ふたたび変化した。ドイツを占領中のアメリカの兵士たちは、子どもたちにお菓子、果物、チューインガムを提供した。ドイツの子どもたちは、敵が協力的で親切な人だと理解したし、何人かの子どもにとって、黒人を見たのははじめてであった。帰国しなかった父親や、心理的あるいは身体的な傷を負って帰宅した父親がい

た。多くの場合、戦争前の家族生活が回復されることはなかった。1945年にドイツとイタリアでナチとファシスト政権が崩壊したことは、自分の親が支持する側に依存する新しい政治的立場を子どもたちにあたえた。戦争は、家族の状況とホロコーストの経験によって、子どもたちがどれほどの精神的衝撃を受けたかを左右する影響を、子どもたちに長期にわたっておよぼした。多くの変化を経験する子どもは、栄養不良や戦争が関係する病気ばかりでなく、戦争のトラウマ――たとえば、将来に対する絶望感――を非常に受けやすい。

世紀が推移するのにともなって、地雷が使われた地域では、その地域で戦争が終わったあとも長いあいだ子どもたちが傷つけられ、殺されつづけた。無数の子どもたちが、遊んだり、動物と戯れたり、あるいは農作業にくわわったりしているときに、地雷で殺されたり身体に障害をきざまれたのだ。こうした子どもたちは、たとえ生きのびても、失明から四肢の喪失あるいは慢性的な痛みにいたるまで、深刻な障害を負って暮らすことになる。20世紀後半、アフガニスタン、カンボジア、そしてアンゴラは、おそらく地雷によってもっともひどく破壊された国であった。こうした子どもたちの多くは、生き残ろうと必死にもがくなかで、乞食や犯罪者としてその生涯を終えた。

戦争孤児問題

「戦争孤児」という用語は、さまざまなタイプの子どもをさして使われてきた。第1次世界大戦中に居場所を変えられたドイツの孤児たち、1920年代のベトナムの子どもたち、1939年から1945年にかけてフィンランドからスウェーデンとデンマークに送られた子どもたち、さらに、占領軍の兵士あるいは連合国の兵士とその駐留地の女性とのあいだに生まれた子どもたちなど、さまざまである。父親たちも平和維持勢力の一部になりえた。戦争中の強姦の結果生まれた子どもも戦争孤児とよばれた。親が戦争の最前線で違った側であった子どもは、自分の母親が無国籍者という理由で排除されたり汚名を着せられたのと同じ経験をもっている。

戦争や武力衝突を経験したどの国も、戦争孤児を生み出した。1940年から1945年にかけて、ドイツ軍兵士たちとノルウェー女性たちとのあいだには約1万～1万2000人の子どもが生まれた。1965年から1975年にかけて、ベトナムのアメリカ軍兵士と近隣の国々とのあいだに生まれた子どもたちは約10万人という最大規模の孤児集団を構成した。第2次世界大戦中、イギリスに駐留したアメリカ兵の何人かは黒人のアメリカ人であったが、白人のイギリス人女性たちと彼らとのあいだに生まれた子どもたちは「茶色の赤ちゃん」とよばれた。1000人から2000人にのぼるこうした子どもたちの多くは孤児院に収容された。アメリカ人の父親とイギリス人の母親のもとに生まれた子どもの総計は、約2万人であった。アメリカの兵士と西ドイツの母親たち（1945-1956）、フランスの兵士とアルジェリアの女性たち（1954-1962）、イギリスの兵士とソヴィエトの女性たち（1941-1945）、日本の兵士と中国の女性たち（1945-1950）あるいは、その多くが「慰安婦」として戦場に送りこまれた韓国の女性たち（1940-1945）とのあいだに子どもたちが生まれた。これらはほんの一例でしかない。

戦争と人道的支援

戦争中、ナチが双子やその他の子どもたちに行なったように、子どもたちは医学実験の犠牲者であった。彼らは、1945年のデンマークにおけるドイツ難民の子どもたちのように、政治的な理由で医学的に無視された。あるいは、1920年代のスウェーデンの戦争孤児のいくつかの例のように、こうした子どもは、めずらしい病気について医師たちに医学的な経験をさせるために、治療を受けさせられた。

第1次大戦後、戦争の犠牲者となった子どもは、アメリカとヨーロッパの国際問題になり、多数の救済活動の結果、子どもたちに焦点があてられるようになった。この世紀を通じて、個人と組織は――合法的にも非合法的にも――戦争の影響を受けた子どもたちを救済し、保護して援助するために活動した。赤十字運動はこの分野における主要な活動団体のひとつであった。もうひとつの団体は、第1次世界大戦後に創設された、児童保護のための国際的な人道組織である「セーブ・ザ・チルドレン」（児童救済基金）[*9]であった。公式のあるいは非公式の救済計画をもたないさまざまな宗教組織や団体は、第2次世界大戦中のユダヤ人の子どもたちの救済のように、大きな努力をした。

1980年代、ユニセフの援助活動のなかから、子どもたちのまわりに「紛争の影響を受けないゾーン」をつくるという考えがあらわれてきた。1985年のエルサルバドルや1986年のウガンダでのように、交戦中の相手との協議は、戦争地域の子どもたちが援助や**予防接種**を受けることができる平和の回廊を短期あるいは長期につくった。

20世紀には、市民、したがってまた子どもたちは、犠牲者としても戦士としても、これまで以上に多人数での戦争活動の参加者であった。20世紀は、ますます増える子どもたちの死者数を目撃し、数百万人の子どもが戦争に苦しんだ。われわれのだれもが、子どもは政治的な分裂とは無関係であるべきだと考えるかもしれないが、現実には、子どもたちは軍事活動のあらゆる分野にくわわっている。子どもはもっとも大きな保護を受ける存在だと考えられるべきであるが、戦時下の子どもは、しばしばもっとも傷つきやすく消耗される存在だということを現実は教えている。

［訳注］

*1 ヒトラー・ユーゲント（Hitler Youth; Hitler Jugend）──ナチ・ドイツの政権下につくられたファシズム青少年組織で、1926年に発足したあと、1936年以降は14〜18歳の男子が強制的に加入させられた。

*2 ルール地方（Ruhr valley; Ruhrgebiet）──ドイツ西部を北西に流れるライン川にそそぐルール川の下流域に広がる地域で、近くで石炭を産出したため早くから重化学工業が発達した。

*3 ベトナム戦争（the Vietnam War, 1954-75）──南ベトナムとベトコン・北ベトナムのあいだで戦われ、のちにアメリカ、韓国、オーストラリア、フィリピン、タイ、ニュージーランドが南ベトナム側に参戦した。

*4 ホー・チ・ミン（Ho Chi Minh, 1890?-1969）──北ベトナムの政治指導者。1930年にベトナム共産党を設立しフランスからの独立をめざした後、第2次世界大戦後は、ベトナム民主共和国初代大統領（1945-69）としてアメリカ軍とその傀儡政権と戦い、独立を勝ちとった。1976年に南北が統一され、ベトナム社会主義共和国となった。

*5 ツチ族（the Tutsi population）──ルワンダおよびブルンジに住む長身の民族で、15-19世紀に王国を形成して支配した牧畜民。Watusi, Watutsi ともいわれる。

*6 アルメニア（Armenia）──トルコ東部とイラン北西部にまたがる中期に住む接するアルメニア人がつくっている独立国家共同体加盟国のひとつ。

*7 銃後のそなえ（home front）──銃後、国内戦線あるいは銃後の国民。国外で戦っている軍隊に対して、国内にあって支援する市民活動。

*8 ファイアーストーム（firestorm）──とくに核爆弾によってひき起こされる大火で起こる大気現象で、しばしば上昇気流が雨（黒い雨）をともなう強風をひき起こす。

*9 セーブ・ザ・チルドレン（the Save the Children Fund）──災害地域の子どもの救済を目的として、1919年に創設された。セーブ・ザ・チルドレン・ジャパンのホームページには次のようにある。「セーブ・ザ・チルドレンは、1919年、第1次世界大戦で荒廃したヨーロッパで敵国の子どもたちを援助することなどだれも思いつきもしなかった時代に、『わたしには11歳以下の敵はいない』と立ち上がったイギリス人女性、エグランタイン・ジェブ（Eglantyne Jebb, 1876-1928）によって創設された子ども支援団体です。エグランタイン・ジェブは子どもの権利にかんする最初の国際的な公式文書とされる『ジュネーヴ子どもの権利宣言』（1924年9月26日に国際連盟第5回総会で採択）の草案を起草したことで知られています。以来90年以上にわたり、セーブ・ザ・チルドレンはつねに子どもの権利のパイオニアとして、30の独立したパートナーが約120カ国で活動を展開しています。ジェブの精神は、いまもセーブ・ザ・チルドレンの理念でありつづけています」http://www.savechildren.or.jp/about_sc/

➡国際機関、子どもの権利、少年兵（世界的な人権問題）

●参考文献

Crosby, Travis L. 1986. *The Impact of Civilian Evacuation in the Second World War*. London: Croom Helm.

Duchen, Claire and Irene Bandhauer-Schoffmann, eds. 2000. *When the War Was Over: Women, War and Peace in Europe, 1940-1956*. London: Leicester University Press.

Eisenberg, Azriel, ed. 1982. *The Lost Generation: Children in the Holocaust*. New York: Pilgrim.

Fishman, Sarah. 1987. "Waiting for the Captive Sons of France: Prisoner of War Wives, 1940-1945." In *Behind the Lines: Gender and the Two World Wars*, ed. Margaret R. Higonnet, Jane Jenson, Sonya Michel, Margaret C. Weitz. New Haven, CT: Yale University Press.

Grieg, Kai. 2001. *The War Children of the World*. Bergen: War and Children Identity Project.

Harvey, Elisabeth. 1998. "Die Deutsche Frau im Osten. Rasse Geschlecht und öffentlicher raum im bebezetzten Polen 1940-1944." *Archiv für Sozialgeschichte* 38: 191-214.

Janfelt, Monika. 1998. *Stormakter i människokärlek. Svensk och dansk krigsbarnshjälp 1917-1924*. Åbo, Sweden: Historical Institution, Åbo Akademi University Press.

Krebs, Paula M. 1992. "The Last of the Gentlemen's Wars: Women in the Boer War Concentration Camp Controversy." *History Workshop Journal* 33: 38-56.

Lindner, Jörg. 1988. *Den svenska Tysklands-hjälpen 1945-1954*. Umea, Sweden: Acta Universitatis Umensis.

Lylloff, Kirsten. 1999. "Kan laegeløftet gradbøjes? Dødsfald blandt og laegehjaelp til de tyske flygtninge i Danmark 1945." *Historisk Tidsskrift* 1: 33-68.

Marrus, Michael R. 1985. *The Unwanted: European Refugees in the Twentieth Century*. New York: Oxford University Press.

Marten, James, ed. 2002. *Children and War: A Historical Anthology*. New York: New York University Press.

Myers, Kevin. 1999. "National Identity, Citizenship, and Education for Displacement: Spanish Refugee Children in Cambridge, 1937." *History of Education* 3: 313-325.

Myers, Kevin. 2001. "The Hidden History of Refugee Schooling in Britain: The Case of the Belgians, 1914-1918." *History of Education* 2: 153-162.

Raymond, Alan, and Susan Raymond. 2000. *Children in War*. New York: TV Books.

Rosenblatt, Roger. 1983. *Children of War*. Garden City, NY: Anchor Press/Doubleday.

Schwartz, Paula. 1987. "Redefining Resistance: Women's Activism in Wartime France." In *Behind the Lines: Gender and the Two World Wars*, ed. Margaret R. Higonnet, Jane Jenson, Sonya Michel, and Margaret C. Weitz. New Haven, CT: Yale University Press.

Sherrow, Victoria. 2000. *Encyclopedia of Youth and War: Young People as Participants and Victims*. Phoenix, AZ: Oryx Press.

Stevens, Jennie A. 1982. "Children of the Revolution: Soviet Russia's Homeless Children (Besprizorniki) in the 1920s." *Russian History* 9: 242-264.
Taylor, Sandra C. 1999. *Vietnamese Women at War. Fighting for Ho Chi Minh and the Revolution*. Lawrence: University Press of Kansas.
Tuttle, William M. 1993. *Daddy's Gone to War: The Second World War in the Lives of America's Children*. New York: Oxford University Press.
United Nations. 1996. *Promotion and Protection of the Rights of Children: Impact of Armed Conflict on Children*. New York: United Nations.
Weitz, Margaret Collins. 1995. *Sisters in the Resistance: How Women Fought to Free France, 1940-1945*. New York: John Wiley and Sons.
Werner, Emmy. 2000. *Through the Eyes of Innocents: Children Witness World War II*. Boulder, CO: Westview.

●参考ウェブサイト
UNICEF. 2003. "Children in War." Available from 〈www.unicef.org/sowc96/〉

（MONIKA JANFELT／北本正章訳）

モーリス・センダック『かいじゅうたちのいるところ』（神宮輝夫訳、冨山房、1975年）の表紙*

センダック、モーリス（Sendak, Maurice, 1928-2012）

　モーリス・センダックは20世紀におけるもっとも偉大な絵本作家、イラストレーターのひとりであり、オペラやバレエの舞台や衣装のすぐれたデザイナーでもあった。1928年6月10日に「ブルックリンという名の地」で、ポーランドから移住したユダヤ人の息子として誕生した。さえない高校生活を送り、いくらかの美術教育を受けたのち、1948年からはF・A・O・シュワーツ玩具店のショーウィンドウを装飾する仕事につく。そして、1950年にその店の本の仕入れ担当者から出版社ハーパー・アンド・ブラザーズの児童書担当の編集者を紹介してもらった。その編集者との出会いが80冊もの本の誕生につながる。それらの本は10以上の言語に翻訳され、700万部以上を売り上げることになった。

　センダックは、1950年代から60年代の初頭にかけて、ほかの作家が文章を書いたおよそ50冊の本にイラストをつけた。また、広告会社の依頼を受けて絵コンテを描いたり、大人向けの本の表紙の絵を描いたりもした。そして、文章とイラストの双方を手がけた『かいじゅうたちのいるところ』（*Where the Wild Things Are*, 1963）で、心理学的な能力の非常に高い画家・作家としての名声を得る。その物語のなかで、主人公マックスは飼い犬を追いかけ（犬はセンダックの作品にくりかえし登場する）、母親に夕食抜きで自分の部屋に追いやられる。マックスは母親に「食べちゃうぞ」と言い返したのち、自身の怒りをあらわす架空の怪物たちと出会い、怪物たち——センダックはユダヤ人の親戚たちが怪物たちのモデルになったと述べたことがある——を手なずけると、心の平静をとりもどす。この絵本は、大いに議論をまきおこした。絵がおそろしすぎる、主人公の怒りがあまりにもあからさまに描かれているといわれたのである。センダックは、1964年にコールデコット賞*[1]を受賞する際にこう述べている。「わたしは、子ども期にかかわる避けがたい事実——子どもがどうしようもなく脆弱であることと、《野蛮なものたち》（'Wild Things'）の王になろうとあがいていること——に向きあっています。それが、わたしの作品に力と情熱をあたえるのです。」

　主人公ミッキーの全裸の姿が描かれているので、不快に思うひともいる『まよなかのだいどころ』（*Night Kitchen*, 1970）と、いわば3部作の3作目である、少女が、ゴブリンにさらわれた幼い妹を救う物語で、幼い妹は、おだやかな風景からつれさられ、その風景には、のちにモーツァルトも登場する『まどのそとのそのまたむこう』（*Outside Over There*, 1981）は、ともにこの「避けがたい事実」を扱っている。それから十年以上たってから発表された『わたしたちもジャックもガイもみんなホームレス——ふたつでひとつのマザーグースえほん』（*We Are All in the Dumps with Jack and Guy: Two Nursery Rhymes with Pictures*, 1993）は、ホームレスの子どもたちについての本である。子どもたちは悪夢のような町で、橋のたもとの箱のなかで暮らし、「ニューヨークタイムズ」紙の不動産のページで身をくるみ、AIDSをあらわす文字と絵に囲まれている。そして、登場人物のジャックたちがネズミから赤ん坊を救うと、その赤ん坊はジ

ャックの腕のなかで眠る。この作品は、より苛酷な時代の『かいじゅうたちのいるところ』である。

音楽——とくにモーツァルトを好んだ——をこよなく愛したセンダックは、1979年に劇場の仕事もはじめた。センダックがかかわったオペラの作品も、センダックの本と同じテーマを扱っている。とくに「ヘンゼルとグレーテル」ではそれが顕著だが、「魔笛」や「イドメネオ」にも同様のことがいえる。そのテーマとは、子どもが危険に打ち勝つこと、おそれ、両親の愛、食べもの、食べることである。センダックは、大人向けの文学作品にもイラストを描いている。代表作は、ハーマン・メルヴィルの『ピエール』（*Pierre*, 1995）である。1996年には、当時の大統領ビル・クリントンよりアメリカ国民芸術勲章（National Medal of the Arts）を受賞した。

［訳注］
* 1 コールデコット賞（Caldecott award）——イギリスの挿し絵画家ランドルフ・コールデコット（Randolph Caldecott, 1846-86）の名にちなんで、アメリカで毎年、すぐれた児童向けの絵本に対して贈られる賞。

➡児童文学
●参考文献
Lanes, Selma G., and Robert Morton. 1993. *The Art of Maurice Sendak*. New York: Abradale Press/Henry Adams. セルマ・G・レインズ『センダックの世界』（渡辺茂男訳、岩波書店、1982年）
Sendak, Maurice. 1963. *Where the Wild Things Are*. センダック『かいじゅうたちのいるところ』（神宮輝夫訳、冨山房、1975年）
Sendak, Maurice. 1970. *Night Kitchen*. センダック『まよなかのだいどころ』（神宮輝夫訳、冨山房、1982年）
Sendak, Maurice. 1981. *Outside Over There*. センダック『まどのそとのそのまたむこう』（脇明子訳、福音館書店、1983年）
●参考ウェブサイト
"Maurice Sendak（1928-）."
〈www.northern.edu/hastingw/sendak.htm〉

（THOMAS LAQUEUR／金子真奈美訳）

ホセ・デ・リベーラ「エビ足の少年」（1642年）。近世のヨーロッパでは、奇形児は、生きていくためにときにはほどこしを受けねばならなかった。リベーラが描いた少年は、手に「神への愛に、ぼくにほどこしを」と書かれた紙を持っている。The Art Archive/Musée du Louvre Paris/Dagli Orti

先天性欠損症（Birth Defects）

生児出産した赤ん坊のおよそ3パーセントが、深刻な先天性欠損症になっている。このような出産異常のいくつかは遺伝的であり、そのほかは、胎児の発育過程での感染、もしくは肥料、アルコール、薬物をふくむ化学物質、食生活、エックス線などが影響している。先天性欠損症は、まちがった妊娠中絶による直接的な損傷によってもひき起こされる。かつては「怪物」とよばれていたこのような赤ん坊への関心の歴史は、すくなくとも古代エジプトにまでさかのぼることができる。現代では、先天性欠損症の研究は奇形学（*teratology*）として知られており、奇形をひき起こす作用因子は催奇形性要因（teratogens）として知られるようになった。

先天性欠損症は、ながいあいだ警告や真正の予言と考えられ、奇形児は神話的生き物と混同されることもあった。古代のユダヤ人の風習では、公衆浴場の入り口に美しい子どもを置き、女性がこの子と同じぐらい美しい子どもを授かるおまじないをした。古代カルタゴにおいては、胎児が影響を受けないように、新郎新婦はアルコールの摂取を禁じられていた。後年、怪物とよばれていた奇形児は集められ、描写されるといった興味の対象となった。近年では、そうすることは不適切と考えられるようになっているが、それでもたいていの病理学の博物館はいまだに奇形児のコレクションを所蔵している。

奇形の定義は、もちろん時代や場所によって異なる。1700年前後の西ヨーロッパでは、「頭巾をかぶって生まれてきた（つまり、頭部に胎盤の一部をくっつけて生まれてきた）」赤ん坊*1は、悪魔に目をつけられた子と考えられ、奇形とみなされた。社会によっては双子もまた、悪魔に目をつけられた子と考えられ、欠陥とみなされた。一般的に見て、近代科学の幕開けと、広範囲におよぶ文化交流などによって、これらの定義は消滅した。

　18世紀には、母胎への影響についての関心、たとえば、驚愕するといったことが先天性欠損症をひき起こすと信じられていた。19世紀中頃には、英語圏において、遺伝に対して外部環境からの影響によって変形が生じると信じられていた。なお、これは、胎芽から離乳までの時期に起こると考えられていた。医師は、薬物やアルコールが子どもの形成に影響をおよぼすと考え、薬物投与やアルコール摂取した状態での性交渉に警告を発した。1870年に、医学の専門家たちは、母胎への影響があらゆる奇形を生む原因になりうるという誤った情報を流布させたとして批判を受けた。

　19世紀末になると、このような考えは、魔術や非科学的な思考に結びつくものとして悪評が立った。奇形と魔術との結びつきは、長きにわたって否定され、無視されてきた背景がある。医学が非常に科学的になると、魔術はますます軽蔑されるようになった。胎盤は神話や神秘に包まれていたため、それを科学的に分析することはなかった。胎盤はある種の似非魔術的リンボ界*2にとどまったままであり、時代の社会的幻想に翻弄された。さらに、19世紀末には、医学的関心が妊婦や新生児、子どもの健康状態にそそがれることはほとんどなかった。このため、多くの子どもが感染症で亡くなっており、それよりも少ない奇形児については重視されなかった。奇形児が生まれたら、すぐさま水を張ったバケツのなかに落とすということが広く受け入れられていた。

　胎盤は環境からの悪影響に対して完全な防壁となるという考えは、ヴィクトリア時代の女性の偶像化によって補強された。これは女性の理想化だけでなく子宮の理想化も生みだした。かくして、女性の生殖器は特異かつ特別なものとみられ、また、ほかに原因が見あたらない症状や病気のすべての源泉であるともみなされた。

　1930年代までに、非常に深刻な関心が奇形学によせられた。一般的には1937年ごろになってようやく、定評のあった教科書にも胎児の奇形についての診断がとりあげられるようになった。しかしながら、その原因についてふれられることはなかった。1941年には、妊娠中の母胎が風疹にかかると、先天性欠損症をひき起こすことが明らかにされたが、このときには感染の特性が強調され、胎児の脆弱性についての一般的警告にはつながらなかった。今日でも、子宮の後遺症的理想化の事例を、おそらく子宮を完璧な環境もしくは理想的病後療養所として描くことに見ることができよう。

　妊娠期の環境による影響があまり注目されてこなかった理由として、長いあいだ胎児、死産、新生児が消耗しても代わりがいるという対象として、あるいはすくなくとも非常に重要な存在ではないとみなされてきた背景がある。ほとんどの医師が、自分のためにこうした子どもに関心をよせることはほとんどなかった。産褥死率が高かった頃、胎児は母胎に影響をおよぼしていた。1930年代までに産褥死率は減少し、**産児制限（受胎調節）**が広がりはじめ、家族構成は減少し、幼児とその生存への関心が高まった。また、感染による死亡率の減少と出生前の注意への関心が高まったことによって、先天性欠損症は、死亡や衰弱の原因として非常に目を引くもの、すくなくとも研究に値するものとみなされるようになった。

　だがそれでも、関心をよせる医師や研究者はほとんどいなかった。医学生は、胎盤が胎児にとって外部からの完璧な防壁であると教えられていた。1962年にサリドマイドが胎児におそろしい奇形をもたらすことが発見されたとき、この考えはあらためられた。多くの人びとが突然考えを変えざるをえなくなったのであった。

　サリドマイド剤*3は、医学の専門家に妊娠期の薬物摂取についての見解を変えさせた。さらに、サリドマイド剤によって、以後、女性への中傷と理想化がかわるがわるあらわれ、西洋の医学史においてゆるぎないものであった胎盤の理想化という概念を打ち砕くことにもつながった。しかしながら、サリドマイド剤は有効な薬物であり、サリドマイド児が生まれるという不可避の結果をもたらすものの、ハンセン病の治療として使用する地域も世界中にある。今日の妊婦は、薬物を避け、またほかの催奇形性要因にさらされないように注意を受けており、先天性欠損症に対する非常に啓発された態度がみられる。

［訳注］

*1「頭巾をかぶって生まれてきた赤ん坊」（born with the cowl）——これは胎盤の一部の薄い網膜を頭部につけて生まれた赤ん坊をさし、この網膜は胞衣または襃（えな）とよばれる。いくつかの地域では水難よけのお守りとして珍重された。

*2 リンボ界（limbo）——「古聖所」「孩所（がいしょ）」などともよばれ、洗礼を受けなかった幼児やキリスト降誕以前に死んだ善人の霊魂が死後に住むところとされ、地獄と天国の中間にある場所。

*3 サリドマイド剤（thalidomide）——西ドイツの製薬会社が、てんかん患者の抗てんかん薬として開発したが、その効果が認められなかったかわりに催眠作用があることがわかり、催眠鎮静薬として1957年に精神安定剤、鎮静剤として販売しはじめた。しかし、妊娠中に服用すると奇形児が生まれる危険性があることが判

明（1961年11月「レンツ警告」）したため、製薬会社は販売を中止して回収を開始（1961年11月）した。日本では、1958年から大日本製薬株式会社が販売を開始し、ドイツで販売中止になってから6カ月近くたって販売が停止され（1962年5月）、10カ月後の1962年9月に回収を開始し、すべてが回収されるまでに2年を要するなど、当時の製薬会社と法務・厚生行政の手遅れが多数の被害者をだした。全世界の被害者総数は約5800人にのぼるといわれている。

➡妊娠と出産

● 参考文献

Ballantyne, John W. 1904. *Essentials of Obstetrics*. Edinburgh: Green.

Dally, Ann. 1998. "Thalidomide: Was the Tragedy Preventable?" *The Lancet* 351: 1197-1199.

Huet, Marie-Hélène. 1993. *Monstrous Imagination*. Cambridge, MA: Harvard University Press.

Moscucci, Ornella. 1990. *The Science of Woman: Gynaecology and Gender in England, 1800-1929*. Cambridge, UK: Cambridge University Press.

Paré, Ambroise. 1982. *On Monsters and Marvels*. Trans. Janis L. Pallister. Chicago: University of Chicago Press.

Porter Dorothy, and Roy Porter. 1989. *Patient's Progress: Doctors and Doctoring in Eighteenth-Century England*. Stanford, CA: Stanford University Press.

Rosenberg, Charles. 1967. "The Practice of Medicine in New York a Century Ago." *Bulletin of the History of Medicine* 41: 223-253.

Wilson, James G., and Josef Warkany, eds. 1965. *Teratology: Principles and Techniques*. Chicago: University of Chicago Press.

（ANN DALLY／山口理沙訳）

全米児童労働委員会（National Child Labor Committee）

1902年、米国聖公会の聖職者エドガー・ガードナー・マーフィー（Edgar Gardner Murphy, 1869-1913）牧師は、アラバマ児童労働委員会（the Alabama Child Labor Committee）を創設した。その翌年、ニューヨーク市セツルメント・ハウス代表者32名は、ニューヨーク児童労働委員会（the New York Child Labor Committee）をつくった。これらのグループが共同して、1904年8月15日に全米児童労働委員会（NCLC）を設立した。この委員会は、1907年、ジェーン・アダムズ、フローレンス・ケリー[*1]、エドワード・T・ディヴァイン[*2]、リリアン・ウォールド[*3]といった著名な進歩主義改革者たちをふくむ役員会とともに法人化された。それ以降、NCLCは全米児童労働改革運動を推進した。

アメリカでは、子どもたちはつねに労働に従事していた。1790年、ロードアイランドのサミュエル・スレイター[*4]は、アメリカではじめて設立された工場ではたらかせるために、7歳から12歳までの9人の子どもたちを雇った。1870年のアメリカ国勢調査によると、アメリカでは8人に1人の子どもが賃金労働に従事していた。1900年には、この割合は6人に1人となり、1910年にいたるまでずっとその比率は高まりつづけていた。農業に従事する白人の子どもはアメリカのすぎさりし過去を彷彿させたが、工場で低賃金労働に甘んじていた多くの若者たちは粗暴で無慈悲であった。

1908年から1921年まで、NCLCは支持を訴えた。写真家ルイス・ハインは、児童労働の写真を撮影して全米の人びとの心をゆさぶった。それと同時期に、NCLCは州を中心としたキャンペーンを組織した。アレグザンダー・マッケルウェイ[*5]はNCLCの主任研究員としてアメリカ南部で活動し、オウエン・ラブジョイ（Owen R. Lovejoy, 1866-1961）は北部諸州での組織の取り組みを監督した。NCLCはまた、全米の子どもたちの境遇を調査報告する連邦児童局の設立を求めた。ウィリアム・ハワード・タフツ大統領[*6]は、1912年4月9日、**アメリカ連邦児童局**を設立する法律に署名した。象徴的な行為として、彼は署名に使ったペンをアレグザンダー・マッケルウェイに手渡した。それに続く30年にわたって、NCLCは連邦児童局と密接に連携しながら活動し、州および連邦レベル双方から児童労働改革を振興していった。

その取り組みは製造業者や新聞編集者からの強烈な反対に直面した。くわえて、労働階級の親たちの多くは、職場のかわりに子どもたちを学校にとどめておくメリットをなんら感じていなかった。そうした抵抗にもかかわらず、1916年、NCLCは連邦議会を説得してキーティング＝オウエン法（the Keating-Owen Act）を通過させた。この法律は、児童労働を規制するために連邦政府の権限を州際通商におよぼすものであった。しかしながら、この法律が効力を発する直前、連邦最高裁判所は、この法律が意図するところを賞賛しつつも、その方法が憲法違反であると宣言した（1918年、**ハマー対ダゲンハート訴訟**）。その後、NCLCは連邦憲法修正へとその戦略を転換した。1924年、連邦議会の同意をとりつけたものの、1932年まで、わずか6州からしか賛成票が得られず、その一方で24州が法案を拒否した。

1910年から1930年にかけては、連邦修正条項がいっこうに進まなかったにもかかわらず、さまざまな地方や州で義務教育学校への出席を定める法律が制定されたことで、賃金を稼ぐ子どもの割合は低下した。こうした下降傾向は、大恐慌の発生によって一時反した。児童福祉の提唱者や労働組合による圧力によって、フランクリン・D・ルーズヴェルト（Franklin D. Roosevelt, 1882-1945）による1933年全国産業復興法（NIRA）[*7]は、児童労働にかんする規制をふくめることとなったが、これによって産業復興局（National Recovery

Administration: NRA）が設立された。しかし、1935年5月27日、連邦最高裁判所がそれを憲法違反としたために、NRAはまたくまに廃止され、その結果、アメリカはふたたび児童労働に対する連邦規模の規制を失うことになった。

それにもかかわらず、NCLCは1924年修正児童労働法（the 1924 Child Labor Amendment）採択へのロビー活動を続けた。改革の主唱者たちは連邦最高裁判所の新たな態度を察知し、1938年、「公正労働基準法」（Fair Labor Standards Act）に児童労働への規制を入れた。ニューディールにおけるこの法律は、14歳以下の者の雇用を禁止し、14歳から17歳までの若年労働者にかんする制限事項を設けた。1941年2月、連邦最高裁判所は、アメリカ対ダービィ（*United States v. Darby*）裁判において、アメリカ合衆国憲法における州際通商条項によって連邦議会が児童労働を規制する権利を支持することで、それまでの立場をくつがえした。しかし、NCLCは、こうした支持があろうとも、1938年法はすべての子どもを保護するものではないことを理解していた。1930年代以降もこのグループは、アメリカおよび世界中の職場における子どもの搾取を防止するためにロビー活動を続けた。

［訳注］

*1 フローレンス・ケリー（Florence Kelley, 1859-1932）——アメリカの女性社会事業家。全米消費者連盟（National Consumers' League）の事務総長（1899-1932）をつとめ、女性と子どもを守るための労働立法運動に尽力した。

*2 エドワード・ディヴァイン（Edward T. Devine, 1867-1948）——アメリカの社会改良家。進歩主義の立場から、「慈善団体協会」を設立し、ニューヨーク市の貧困問題に取り組み、社会政策の基本原理、労働問題、家族問題などについて発言した。『救済の諸原理』（1910）『進歩主義の社会改革』（1933）など。

*3 リリアン・D・ウォールド（Lillian D. Wald, 1867-1940）——アメリカの看護師、社会事業家。ニューヨークにHenry Street Settlementを設立して貧民救済に取り組んだ。

*4 サミュエル・スレイター（Samuel Slater, 1768-1835）——イギリス生まれのアメリカの実業家、アメリカ繊維産業の先駆者。はじめイギリスの綿織物工場の見習い工としてはたらいたのち、1789年（21歳頃）にアメリカに密航し、記憶を頼りにアークライト式の紡績機を製作し、1793年、アメリカで最初の綿織物工場をロードアイランドに設立した。

*5 アレグザンダー・マッケルウェイ（Alexander McKelway, 1866-1918）——アメリカの社会改良家。児童福祉の推進運動家。1904年に発足したアメリカの非政府組織である全米児童労働委員会（The National Child Labor Committee: NCLC）の設置趣旨に掲げられた、「子どもと若者を労働から解放し、彼らの権利、自覚、尊厳、福祉、教育を促進する」という改革運動の理念にしたがって、オーウェン・R・ラブジョイとともに全米の児童労働の実態調査を大規模に行ない、進歩主義教育思想の立場から、児童労働の抑制と労働環境の改善、および子どもの教育福祉のための政策提言を行なった。

*6 ウィリアム・ハワード・タフツ（William Howard Taft, 1857-1930）——アメリカ第27代大統領（1909-13）、最高裁判所長官（1921-30）。

*7 全国産業復興法（National Industrial Recovery Act: NIRA）——1933年に制定されたニューディール政策の根幹となる連邦法。この法律によって、大統領および産業復興局（NRA）は、さまざまな失業対策を作成、遂行した。1935年、連邦最高裁により無効判決を受けた。

➡児童労働（欧米）、労働と貧困

●参考文献

Bremner, Robert H., et al. 1974. *Children and Youth in America: A Documentary History*, vols. II and III. Cambridge, MA: Harvard University Press.

Lindenmeyer, Kriste. 1997. "*A Right to Childhood*": *The U.S. Children's Bureau and Child Welfare, 1912-1946*. Urbana: University of Illinois Press.

Trattner, Walter I. 1970. *Crusade for Children: A History of the National Child Labor Committee and Child Labor Reform in America*. Chicago: Quadrangle Books.

●参考ウェブサイト

National Child Labor Committee. 2003. "NCLC Fact Sheet." Available from 〈www.kapow.org/nclc.htm〉（NCLC Papers [1904-1953] are housed in the Library of Congress）

（KRISTE LINDENMEYER／佐藤哲也訳）

洗礼（Baptism）

キリスト教徒にとって洗礼は、個人がキリストの身体と合体する——つまり、キリスト教会の一員になること（「コリントの信徒への手紙　一」1・13）——三つの加入儀礼のうちのひとつである。ほかの二つは、**堅信**（confirmation）と聖体（eucharist）である。洗礼は、洗礼者が、「父と子と聖霊の名によって洗礼を授ける」（「マタイによる福音書」28・19）という定式文とともに、その人が水に浸されるか水をふりかけられることによって行なわれる。秘跡としての洗礼は、新たに加入を許された者から罪を取り去ることであり、これはそれ自体が功なくして神からあたえられた贈り物である。キリスト教の洗礼はその起源を、ヨルダン川で洗礼者ヨハネによるイエス・キリストへの洗礼にまでさかのぼることができる。大半のキリスト教の諸宗派は、幼児洗礼を要求したが、それは、聖ペトロの権威（「使徒言行録」2・38-39）のためばかりでなく、「はっきり言っておく。だれでも水と霊とによって生まれなければ、神の国に入ることはできない」（「ヨハ

ネによる福音書」3・5）というイエスの命令のためでもあった。

3世紀頃の初期の教会は、誕生後ただちに新生児に洗礼、堅信、そして聖体をほどこしはじめた。教会は、子どもであれ大人であれ、その信徒全員の精神的な平等性を認めていた。紀元後180年頃に著述していたリヨンの聖イレナエウス*1は、この点を強調して次のように述べていた。「なぜなら主は、自分をとおしてすべての者を救済するために来臨されたのだ。すべての者というのは、主をとおしてふたたび神のなかに生まれた者たちすべてであって、乳幼児、幼い子どもたち、少年たち、成人たち、そして老人たちをふくむすべての者たちのことである」（*Adversus Omnes Haereses*, Book 1.）。

『使徒伝承』（*The Traditio Apostolica*, 217頃）は、ローマのヒッポリュトスの作とされるが、3世紀頃の洗礼の儀式とそれが子どもたちにもっていた意味についての記述を残している。この文書は、子どもたちが成人する前に洗礼を受けることになっていたことと、もしも子どもがそうすることができないときは、両親あるいは親類の者が、定められた質問に答えることになっていたことを記している。東ローマ帝国の神学者であったオリゲネス*2は、その著書『ローマ法注解』（*Commentarii in Romanos*）のなかで、幼児洗礼を規定している。さらに、4世紀に起草された『ニケア信条』（*Nicene Creed*）は、「洗礼を受けた者に罪の赦し」を認め、堅信と聖体と洗礼に関連づけていた。5世紀の、ヒッポのアウグスティヌス*3の時代になると、西ヨーロッパ世界に幼児洗礼が広まった。彼は、子どもたちが可能なかぎり早く洗礼を受けるようすすめたが、それは、乳児死亡率が高かったからである。聖アウグスティヌスによれば、洗礼はほかのさまざまな罪だけでなく、アダムとエバの原罪をもとりのぞくとされた。しかし、第4回ラテラノ公会議（1215年）は、洗礼子の幼児に聖体をささげていた初期の伝統と、洗礼後の堅信と聖体拝領を数年間遅らせる5世紀の慣習の両方を排除し、幼児が分別年齢（すなわち7歳）に達するまでは、聖体を受けるのを禁じた。精神的な心の準備は理性と同等視された。

1525年以降、再洗礼派は、身体的に未熟な子どもは精神的にも純真無垢であるという理念を共有していたが、彼らは幼児洗礼の有効性を否定する唯一のキリスト教分派となった。再洗礼派は、青年期以前の子どもには信仰がないので、信徒教会に入ることは認められないと主張した。それと同時に、再洗礼派は、青年期以前に死亡した未洗礼の子どもは、故意の罪を負うことができないので救済を保証されるという考えを維持することによって、悲しみでとりみだしている親たちを慰めた。

1960年代に開かれた第2回バチカン会議は、子どもに洗礼をさずけるための祭儀に改訂をくわえた（*Ordo Baptismi Parvulorum*, 1969）が、これは、私的な洗礼に対置されるものである。その認定は、洗礼は教区教会もしくは聖体拝領をともなう日曜日のミサのあいだ、あるいはすくなくともことばの典礼のあとにとりおこなわれると規定している。小教区の教会の信徒は、子どもたちにほんとうの信仰をもつよう教育する両親と代父母たちを手助けするの役割をになっている。最終的にこの新しい形の祭儀は、続く時期（初聖体拝領の場合には8歳、堅信の場合には16歳）をとおして、これらの秘跡が実際に行なわれるときに、三つの加入儀礼の秘跡のあいだの固有の結びつきを強調している。

［訳注］
*1 聖イレナエウス（Saint Irenaeus, 130頃-202頃）——2世紀のキリスト教の聖人。小アジアに生まれ、リヨンの司教として南ガリアのケルト人に布教した。当時大きな影響力をもっていたグノーシス派の異端説からカトリックの正統信仰を擁護し、カトリック教会の教義と組織の成立に貢献した。
*2 オリゲネス（Origenes Adamantius, 185?-254?）——アレクサンドリア生まれの神学者。ギリシア正教会の教父。
*3 ヒッポの聖アウグスティヌス（St.Augustine of Hippo, 354-430）——異教徒でローマの官吏であった父とキリスト教徒の母モニカのもとに北アフリカ（＝アルジェリアのタガステ）に生まれ、初めカルタゴに遊学したが放蕩し、欲望と理性の葛藤に翻弄され、母親の同意を受けずに19歳で身分の低い娘と同棲して2人の男子をもうけた。一時マニ教に帰依し、徹底した善悪二元論によって自分がかかえる悪の煩悶を解決し、宇宙全体の存在論から自己探求を深めた。ローマ、ミラノに遊学し、指導者の助言と篤信の母モニカの献身的な祈りによって回心して、34歳頃から学究生活に入った。北アフリカのヒッポの司教（396-430）として死にいたるまで、この教区を指導した。『告白録』（*Confessiones*, 400頃）、『神の国』（*De Civitate Dei*, 413-426）など。

➡カトリック、初期キリスト教思想、初聖体、プロテスタントの宗教改革

●参考文献

Cullmann, Oscar. 1978. *Baptism in the New Testament*. Trans. J. K. S. Reid. Philadelphia: Westminster Press.

DeMolen, Richard L. 1975. "Childhood and the Sacraments in the Sixteenth Century." *Archiv für Reformationsgeschichte* 66: 49-71.

Nocent, Adrian. 1997. "Christian Initiation." In *Sacraments and Sacramentals*, ed. Anscar J. Chupungco. Collegeville, MN: The Liturgical Press.

Osborne, Kenan B. 1987. *The Christian Sacraments of Initiation: Baptism, Confirmation, Eucharist*. New York: Paulist Press.

Searle, Mark. 1980. *Christening: The Making of Christians*. Collegeville, MN: The Liturgical Press.

(RICHARD L. DEMOLEN／北本正章訳)

早産児（Premature Birth）
➡産科学と助産術（Obstetrics and Midwifery）

双書（シリーズもの）（Series Books）

　双書（シリーズもの）とは、同一の登場人物、背景設定、あるいは予想できるジャンルなどを含む、類似の筋立てをもつ小説のことである。これらは題名や作者を思い出せるなじみの良さによって市場を開拓している。複雑な展開にくわえて、行動と登場人物の再現性に 力点を置きつつ、それらには一般に――同一の種類の筋立てがそのタイトルで完結するタイプと、もっと長い筋立てが多くの冊数で展開するタイプの――二つがある。後者の典型はローラ・インガルス・ワイルダー*1の長編『大草原の小さな家』（Little House, 1932-1971）シリーズで、一人の登場人物がさまざまな冒険と年月をへて成長していく。批評家たちの多くは、最初の双書があらわれたのは1800年代初頭から中期にかけてであると考えている。この時期には、子ども向けのエンターテイメントのフィクションが、宗教の入門書の陰鬱さから逸脱しはじめ、さまざまな登場人物が人気を得た。1835年にはじまったジェイコブ・アボット*2の『ロロ』（Rollo）リーズはそうした双書にふくまれる。初期の双書できわだっているのは、マーサ・フィンレイの感傷的な『エルシー・ディンズモア』（Elsie Dinsmore, 1867-1909）*3シリーズと孤児たち――高潔で勤勉な主人公は不幸を克服し勇気に報いられる――である。ホレイショ・アルジャー*4の『ぼろ着のディック』（Ragged Dick）は1868年から1870年まで双書化され、後者のタイプとしてはもっとも有名で、影響力があった。

　19世紀末の転換期の三文小説*5は、この時期にもっとも人気の高いフィクションのひとつになった。エドワード・ストラッテメイヤー*6は、1905年頃に著述家連合を設立し、大規模な双書の開発者となった。これは、偽名で書くゴーストライターたちを雇い、物語の概要を決めたり、実際に執筆して1000冊以上の小説を著し、『ローヴァー・ボーイズ』（Rover Boys, 1899-1926）*7から『似たもの同士』（Bobbsey Twins, 1904-1992）*8まで、70種類近くの双書を生み出した。1900年以降20世紀なかばを通じて、スポーツ、旅、冒険、西部劇、とりわけミステリーにいたるまでのさまざまな小説を生み出し、本棚はストラッテメイヤーのフィクションに占領された。『ナンシー・ドルー』（Nancy Drew, 1930-）*9と『ハーディ家の少年たち』（Hardy Boys, 1927-）*10は、非常に聡明で幸運な子どもの探偵が活躍するスリルあふれるミステリーで、ストラッテメイヤーのもっとも成功した二つの作品である。

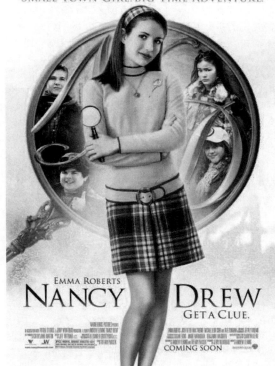

エマ・ロバーツ主演「ナンシー・ドルー」（2007年）。映画化されたときのタイトルバック*

テクノロジー――ボート・車・ラジオ・探偵の小道具類――に焦点をあてた本は、『トム・スウィフト』（Tom Swift, 1910-1941）*11シリーズのように、若い天才科学者と彼が行なう奇想天外な発明についての物語である。第2次世界大戦までに、志願兵になることをロマン主義的な筆致で描く戦争シリーズが非常に人気を博すようになった。さまざまな環境ではたらく若い看護師が登場するヘレン・ウェルズ*12『チェリー・エイムズ・ブック』（Cherry Aimes, 1943-1968）と、マーガレット・サットン*13のおそろしい『ジュディ・ボールトン』（Judy Bolton, 1932-1967）シリーズも、女主人公の新しい生き方を展開した。

　第2次世界大戦の頂点をすぎると、いくつかの異なる分野が目立つようになり、それ以前の双書を凌駕した。ミステリー分野は、論理的な謎解きがあり、ミステリーの答えが本の後ろについていたガートルード・C・ウォーナー*14の『ボックスカー・チルドレン』（The Boxcar Children, 1942-）とドナルド・J・ソボル*15の『少年探偵ブラウン』（Encyclopedia Brown, 1963-）によって活況を呈した。1980年代には、年少の若者市場で、アン・マーティン*16の『ベビーシッ

ターズ・クラブ』（*Baby-Sitter's Club*, 1986-2000）で爆発的な人気が出た一方で、フランシーヌ・パスカル*17の『スウィート・ヴァレイ・ハイ』（*Sweet Valley High*, 1983-）やキャロライン・B・クーニー*18の『チアリーダー』（*Cheerleader*, 1985-1987）シリーズなど、ハイスクール向けの双書の人気が高まった。同様の人気があり、とくに少女を対象に市場開拓したのはボニー・ブライアントの『ザ・サドル・クラブ』（*The Saddle Club*, 1988-2001）のような続きものの動物双書であった。同時にR・L・スティーンは『鳥肌』（*Goosebumps*, 1992-）と『おそろしい道』（*Fear Street*, 1989-1991）のシリーズで、ホラーもののジャンルの人気を復活させた。ふたたび人気が出てきたホラーものは、若い主人公が多くのありきたりのホラーに出くわすのが特徴である。多文化的な傾向は、プレゼント・カンパニーがつくって大人気になったさまざまな人形といっしょに売れた『アメリカン・ガールズ』ブック（*American Girl*, 1986-）*19においてだけでなく、スコラスティック社からの『ディア・アメリカ』シリーズ（*Dear America*, 1996）*20のような歴史学習の伝統も頂点に達した。21世紀への変わり目には、フィクションと市場との関係がかつて例を見ないほど直結することになり、**消費文化とチェーン店化した本屋が大きな影響**を双書におよぼした。

双書の大半は、需要を市場開拓する必要があったため、体系化された筋立てを工夫した見覚えのある世界を再創造することによって読者の期待感を描き、なじみ深さと予想のしやすさという特色を出そうとする。そうすることによって、双書は、すぐに味わうことができる安心感と強烈な興奮とのあいだのバランスをとるために、柔軟性のないパターンを用いる。双書は、市場を開拓するうえで必要な語り口の工夫によってねじ曲げられてしまうこともときにはある。新しい読み手に説明をする必要性もそのひとつで、それはしばしば物語のはじめの部分で示され、最後の数ページでは、別の主題の広告で読者を誘惑する。しかし、こうした特殊な語り口は、双書の深い価値を減じるものではない。双書として特徴づけられるフィクションの全体は子ども向けの文学として非常に人気のある有意義な作品を含んでおり、それらを読んだことを覚えている者に深い喜びを残している。

[訳注]

*1 ローラ・I・ワイルダー（Laura Ingalls Wilder, 1867-1957）――アメリカの児童物語作家。*Little House in the Big Woods*（1932）にはじまり、のちにテレビドラマ化されて人気を博した『大草原の小さな家』シリーズ *Little House on the Prairie*（1935）など、Little Houseシリーズが9冊ある。ワイルダーの功績をたたえて、1954年には全米図書館協会児童文学賞として「ローラ・インガルス・ワイルダー賞」が設けられ、5年に一度、すぐれた作品に授賞される。

*2 ジェイコブ・アボット（Jacob Abbott, 1803-1879）――アメリカの会衆派（組合派）教会の牧師、著作家。主人公ロロが、さまざまな場面や旅先で行なう道徳訓話の物語シリーズで一世を風靡した。

*3 『エルシー・ディンズモア』（*Elsie Dinsmore*）――マーサ・フィンレイ（martha Finley, 1828-1909）によるエルシー・ブックス（Elsie Books）と呼ばれる全体で28冊の双書。信仰が厚く、どんな誘惑にもなびかない女性エルシー・ディンズモアを主人公とする感傷主義的な少女小説。

*4 ホレイショ・アルジャー（Horatio Alger, Jr. 1832-1899）――アメリカの小説家・牧師。少年向けの物語を書き、とくに『ぼろ服のディック』（*Ragged Dick*, 1867）で知られる。

*5 三文小説（dime novels）――アメリカでは1868年頃からdime novelsあるいは10セント小説とよばれはじめ、イギリスでは1878年頃からpenny-dreadfulとよばれはじめた三文小説。おもにペーパーバック版で、恋愛、冒険、犯罪、暴力などを扱うメロドラマ仕立ての扇情的な小説。

*6 エドワード・ストラッテメイヤー（Edward Stratemeyer, 1862-1930）――アメリカの作家。ウィンフィールド（Arthur M. Winfield）というペンネームを使い分け、160冊の少年少女向けの物語を書いた。1906年には著述家連合（Literary Syndicate）を設立。下請け作家たちに書かせ、さまざまなペンネームで発表させ、800冊を量産した。彼の死後は娘のハリエット（Harriet Stratemeyer Adams, 1892-1982）がその事業を引き継いだ。

*7 『ローヴァー・ボーイズ』――アメリカの作家ストラッテメイヤーの少年向け双書30冊。この作品の主人公にちなんで「ローヴァー・ボーイ」は、うぶで未経験だが、勇敢で節操のある人物像をさす言葉として定着した。

*8 『似たもの同士』（the Bobbsey Twins）――いつもいっしょにいて外観や行動も似ている友人同士の物語を描いた作品。著述家連合のメンバーであったローラ・リー・ホープ（Laura Lee Hope）というペンネームで書かれた、子ども向けの双書に登場する主要人物。このうちの何冊かはアメリカ人作家ガリス（Lillian C. Garis, 1873-1954）の作といわれている。

*9 『ナンシー・ドルー』（*Nancy Drew*）――エドワード・ストラッテメイヤーの筆名であるアメリカの女性サスペンス作家カロリン・キーン（Carolyn Keene, 1905-2002）作の少年少女向けの探偵シリーズ（1930-39）。ナンシー・ドルー（Nancy Drew）は、この作品の主人公の少女探偵。

*10 『ハーディ家の少年たち』（*Hardy Boys*）――探偵シリーズ。映画化されたシリーズ（1937-47）では、主人公アンディー・ハーディーが好ましい少年像を示している。のちにテレビのシリーズ番組にもなった。

*11 『トム・スウィフト』（*Tom Swift*）――ヴィクター・アップルトン（Victor Appleton）のペンネームでエドワード・ストラッテメイヤーが書いた子ども向けの作

品。ここに登場する発明の才がある主人公の少年の名前トム・スウィフト（Tom Swift）は、機知に富んだ聡明な少年イメージの代名詞となった。この双書は1400部以上の大ベストセラーとなった。

*12 ヘレン・ウェルズ（Helen Weinstock aka Helen Wells, 1910-1986）──ニューヨーク大学で哲学を中心に社会学と心理学を学んだのち、ソーシャルワーカーとなったが、転じてYA作家となった。

*13 マーガレット・サットン（Margaret Sutton, 1903-2001）──アメリカの作家。1932年から1967年まで刊行されたミステリー・シリーズ『ジュディー・ボルトン・シリーズ』のほかに、『ゲイル・ガードナー・シリーズ』（Gail Gardner）や『マジック・メーカー・シリーズ』（Magic Maker）なども広く知られた。

*14 G・C・ウォーナー（Gertrude Chandler Warner, 1890-1979）──アメリカの小説家。病弱のためハイスクールを中退し、家庭教師のもとで学んだ。日曜学校で教えた経験から、第1次世界大戦で男性教師が不足したために小学校教員となったが、病気のため著作活動に入り、『ボックスカー・チルドレン』シリーズで評判になった。

*15 ドナルド・J・ソボル（Donald J. Sobol, 1924-）──アメリカの児童文学者、推理作家。少年探偵Encyclopedia Brownシリーズなどミステリー作品で知られる。

*16 アン・マーティン（Anne Martin, 1955-）──アメリカの作家。絵本作家。大学卒業後学校教師となり、児童書の編集にもたずさわったが、やがて専門的な作家となった。

*17 フランシーヌ・パスカル（Francine Pascal, 1938-）──アメリカの作家。YA向けの学園小説『スウィート・ヴァレー』シリーズの作者として知られる。これは映画化され、続編として The Unicorn Club や Sweet Valley University を書いて人気があった。

*18 キャロライン・B・クーニー（Caroline B. Cooney, 1947-）──アメリカの作家。とくにYA向けのミステリー、ロマンス、ホラー、サスペンスなど多数の作品を発表している。

*19 プレザント・カンパニー（Pleasant Company）──アメリカの教育者、レポーター、作家で博愛主義者でもあったプレザント・ロウランド（Pleasant Rowland, 1941-）が設立したおもちゃなどの通信販売会社。1998年にマテル社の傘下に入った。さまざまな民族の9歳から11歳頃の少女の姿でつくられた「アメリカン・ガールズ」とよばれた人形は、解説本との抱きあわせ販売で人気を得た。

*20 スコラスティック社（The Scholastic Corporation）──1920年創業のアメリカの教育出版社。子ども、学校、教師向けのさまざまな教材や学習参考書類を「読書クラブ」（Book Clubs）、書籍フェアー、ネットなどを介して販売する。『ディア・アメリカ』は、少女の日記形式で、アメリカの歴史のさまざま出来事や時代背景のなかでフィクションを展開する。

➡キーン（キャロリン・）、児童文学、『ハリー・ポッター』とJ・K・ローリング

● 参考文献

Billman, Carol. 1986. *The Secret of the Stratemeyer Syndicate: Nancy Drew, The Hardy Boys, and the Million Dollar Fiction Factory*. New York: Ungar.

Johnson, Deidre. 1993. *Edward Stratemeyer and the Stratemeyer Syndicate*. New York: Twayne Publishers.

Kensinger, Faye R. 1987. *Children of the Series and How They Grew*. Bowling Green, OH: Bowling Green State University Popular Press.

Mason, Bobbie Ann. 1975. *The Girl Sleuth*. Athens: University of Georgia Press.

Prager, Arthur. 1971. *Rascals at Large; or, The Clue in the Old Nostalgia*. Garden City, NY: Doubleday.

(CHRIS MCGEE／谷村知子・北本正章訳)

相続と財産（Inheritance and Property）

死と関係があるものとしての、そして家族、家名、家産の存続とも関係があるものとしての相続慣行は、人間が短命であるという特性に直面したとき、人間がとる行動の主要な源泉を明らかにする。このような人間がとるべき行動を解明する方法は、それが生じる社会集団と同様に多種多様であろう。詳細な研究が行なわれれば、ラテン、ケルト、ゲルマンその他の影響を跡づけることもできようが、それがきわめて多様な行動であることが明らかとなろう。たとえば、ブルターニュ地方[*1]では、二つの共同体はわずか10マイルしか離れていないのに、異なる相続慣行を発展させている。

譲渡システム

このテーマの比較研究が行なわれるようになったのは最近である。フランスにかぎっていえば、比較研究は、1949年に研究に着手し、家族戦略の主要な役割を解明したクロード・レヴィ＝ストロース[*2]にはじまる。その後、1966年に公刊されたジャン・イヴルーの相続慣行についての研究に対する1976年のル・ロワ・ラデュリ[*3]による歴史地理学的コメントによって、また、**出生順位**にかんする新しい観点を拓いたピエール・ブルデュー[*4]の社会学的研究によって引き継がれた。

家族の譲渡システムには二つあることが明らかになっている。ひとつはおおむね平等主義的なもので、親族を重視するが、財産を分割することになるシステムである。いま一つは、特権を認められた一人の後継者──男性あるいは女性──に有利なシステムで、家の継続性を確実にするが、不平等になりやすいシステムである。どちらのシステムにおいても、家族の威信と資産をある世代から次の世代へと継承できるかどうかがかかっている。

満足できる子孫がいない場合、なんとしても家族の相続人がほしいという願望が示される別の興味を引く事項は、養子である。養子にかんする法律は、財産の

譲渡を支配する法的規定だけでなく、相続を支配する心理的および社会的な要因も明らかにする。

相続慣行は、法的変化の結果としてよりも、人口動態、経済、社会などの変化の結果として変容を迫られることのほうがはるかに多かった。これは、相続慣行が、成文法よりもむしろ慣習に深く根ざしたものであることを裏づけるものである。これはまた、たとえば子どもたちが国内や国外に移住するのを奨励するというような、社会の趨勢における混乱状態が、法律の条文よりも家族のあり方に大きな影響をおよぼした理由も明らかにしてくれる。さらに、ピレネー山系の家族において女性（母や寡婦）の地位が変化したり権威が高まったりしていたことにみられるような、法的基盤が安定しているときに生じるほかのいくつかの変化も説明してくれる。

おおむね平等主義的な相続システム

公証人によって認証された財産の相続や土地取引についての分析は、いわゆる平等主義的な社会は、土地を分割して適当な大きさの小規模な自作農地となる場合、土地を複数に分割するのを避けることはなかったことを明確に示している。大地主のなかには自分の土地が細分化されるのを回避するために、特別な結婚戦略を発展させた者もいたが、その場合でも、子どもが受けとる相続財産がゼロに減らされてしまうことはなかった。多くのヨーロッパ社会では、娘たちはしばしば動産だけを受けとり、土地と生産手段は息子たちが継承することが多かった。スカンディナヴィアのすべての国では、息子は、娘が相続するものよりも多くを相続した——通常その価値は2倍であった。

平等主義的な相続を要求する事例もあった。たとえば、ブルターニュ地方では、いかなる子どもにも特権は認めないと書かれた1539年の文書にある慣習に従っていた。親が亡くなる前に子どもにあたえられた特権でさえ、土地の譲渡に際しては、その特権によって生じた不平等を埋めあわせなくてはならなかった。だが、実際には、ブルターニュの農民が土地の所有者であることはまれであったため、相続は動産にかぎられ、分割が容易であった。この状況は、土地所有がより一般的になると変化した。そうなると、最初に生まれた子どもに、彼または彼女が受けとる相続分をあたえるという意味で特権があたえられた。

ヨーロッパの多くの農村地帯はジェンダーや出生順序の違いとは関係なく、土地、借地契約、あるいは動産の譲渡を行なっていた。このような場合、結婚は相続や相続財産の使途とは直接結びつかなかったため、結婚契約は不要であった。しかしながら、相続が確定した後、合意した支払いを相続人が遅らせると、兄弟と姉妹とのあいだでもめごとが起こりえた。この種の平等主義的な相続システムは、とりわけ19世紀のように人口増加の時代には、最終的に人びとを困窮に追いやることに手をかした。

産業革命がはじまった頃、平等主義的な相続システムの地域は、借地農制度が主流になっていた地域であった。しかし、その頃でも、父親には遺言を残す権利があったため、ある程度の柔軟性をもたせることはできた。もちろんすべての父親が遺言を書き残したわけではないが、遺言を残す場合、自分の希望に沿って法律を適用してくれるよう、公証人の手腕を信頼するほかなかった。

不平等な相続システム

不平等な分配は、統一的な成文法が成立した結果生まれたものであり、理論的にはローマのシステムを継承しているが、実際の不平等な分配は非常に複雑である。特権をあたえられるのはだれなのか？　女性よりも男性が多く受けとるのか？　最初に産まれた子どもなのか？　遺言状に書かれている相続者なのか？　親の存命中にある程度の財産をすでに受けとっている息子や娘は、先どりする恩恵を受けることになるのか、それとも〔遺産相続において〕有利になるのか？　地方の慣習と成文法が併存していたという事実は、簡単に見すごすわけにはいかない。

娘が結婚したり、修道院に入る際に彼女に財産をあたえ、後年の親の遺産分配から排除することは広く見られた方法であった。この方法は、平等主義的な譲渡が行なわれていたノルマンディのような地域でも用いられていた。古くからの権利は、持参金制度で相続するよりもはるかに多くを相続する女性の権能を制限していた。相続が女系に依存するとき、家族の未来は危機にさらされることになると考えられた。「娘たちは父方一族の終焉を意味する」（Julien, p. 441）という諺は、18世紀のプロヴァンスにかぎらず、多くの地域にもあてはまると考えられていた。

長子相続の法律は王家や封建的な相続をめぐる議論のなかでは非常に広く言及されるが、それが法的長子相続法について書かれた法律文書で論じられることは、じつはあまり多くない。フランスでは、こうした慣習はバスク地方とピレネー峡谷周辺でのみ見られたにすぎない。ただし、父親には跡とりを決める権利があり、通常、最初に生まれた子どもを選び、贈与あるいは遺言状によって、彼に〔財産の〕先取権をあたえた。家長が亡くなるまで相続条件の確定を家族が待つことはめったになかった。通常、〔相続についての〕とりきめは、子どもの結婚契約にもりこまれた。

相続者の選択を表明する前に父親が亡くなった場合、起こる事態は慣習しだいであった。17世紀のニューヨークでは、植民地に住む親は、長子相続制をとるイギリスの慣習を無視し、遺言状なしの相続法を都合よく解釈して、自分の希望どおりに財産を遺贈した。一方、ペンシルヴァニアとニューイングランドの法律では、遺言状がない場合、最年長の息子にほかのきょう

だいの2倍の不動産と動産を相続させていた。つまり、ほかのきょうだいは最年長の息子の半分しか相続権がないことになっていたが、ほとんどの遺言はすべてのきょうだいに均等相続させていた。プロヴァンス法は、出生順にかぎらずプロヴァンス地方の息子たちに平等に相続させ、娘には（非常に少ないながら）子どもの数に応じて「法定遺留分」の確保を定めている。子どもが二人だけの場合、6分の5を息子が、6分の1を娘が相続した。息子二人と娘が一人の場合、財産のそれぞれ9分の4を息子たちが、9分の1を娘が相続したが、これは通常、娘が結婚の際に受けとる持参金の額よりもはるかに少なかった。こうした不平等な相続は北アメリカやヨーロッパの南西部にだけ見られたわけではない。きわめて平等主義的な相続システムであったフランドル地方とは対照的に、ピカルディー[*5]、ワロニア[*6]、ルクセンブルク[*7]では［財産の］先取権をあたえるのが一般的であった。

家の継承にかんして、平等の原則を定めた1804年のフランス民法典[*8]により、不平等な相続システムをもつ地域はすべて混乱した。しかし、この民法典は、子どものうち1人を優遇する（子どもが2人の場合、1人に3分の1まで多くを、3人いる場合は4分の1まで多くを相続する）ことを認めており、また、土地分割のリスクについても注意をはらっていた。つまり、フランス民法典は革命的な宣言というより、パリの慣習との妥協の産物であったと解釈すべきである。この法典は、成文法に対する地方の慣習の抵抗がどの程度であったかを歴史家が評価するきっかけを提供することになる反応をひき起こした。早くも1814年には、ドイツの法律家フリードリヒ・カール・フォン・サヴィニー[*9]が、民衆の慣習と法律とを対比した論文を著している。その10年後、フレデリック・ル・プレイ[*10]は、伝統的な慣習がどのように法と併存するかたちで存続するのかを考察し、革命、進歩、土地分割とプロレタリア化といった有害な概念に対抗する手段として、（各世代の結婚した相続人が生家にとどまり、実親と暮らす）直系家族の伝統的な慣習を尊重し、温存する社会改良を主張した。

フランス民法典の影響はスペインやそのアメリカの植民地をふくむ多くの地域におよんだ。そこでは、1841年、マジョラト、つまり、「資産を完全な形で永続的にその家系が保持していくという条件のもとに相続する権利」は禁止された。現実の社会は、ル・プレイの予言に反して、この変化を助長する傾向があった。19世紀を通じて、ヨーロッパの直系家族が広まった地域では、婚資不足のために結婚できない独身男女の数が増えたため、婚外子も増加した。というのも、教会はもはや人びとの性行動をコントロールすることができなくなっていたからである。弟や妹たちは生家にとどまり、無給のまま奉仕することをよしとしなくなった。1860年代以後は、ノルウェーからバルカン半島にいたるヨーロッパの中央高地地域と地中海地方では、若い人、とくに男性は大都市や外国でのよりよい暮らしを夢見て家を離れることが多くなり、生家には末子、それも息子よりも娘だけが残る例が増えた。息子より娘が跡とりとして農場を継ぐことが多くなった1880年代以後、こうした末子相続への移行が顕著になっていった。

西ヨーロッパにおける女性の後継者の役割は最近まで過小評価されてきた。歴史家や社会学者は女子相続人を家族の行動モデルの主たる継承者とみなしてきた。しかしながら、彼女たちは必要な場合、家（農場や都市部の事業）の継続を確実にするが、あくまで一般的なモデルからは逸脱したものとされてきた。とはいえ、彼女たちが後継者になっていたことは統計的にも証明されている。しかも、17世紀以来、女系の家督相続は3割に上っていた。女性が家督を継ぐ割合は時代とともに増加し、最終的には西ヨーロッパで移民の影響が大きかった地域では家督相続の半分以上が女性によるものになった。

失われた子どもや親のかわり

平均余命が短かった時代には、家族を襲う危機によって、多くの子どもや親が命を落とした。夫婦のあいだに相続する（あるいは自分たちの老年期に世話をしてくれる）子どもが一人もいなかった場合、どう対処したのであろうか。養子を迎えたのであろうか。

フィリップ・アリエスは「子どもが存在しない、あるいは子どもを考慮しない伝統的な社会のあり方がどこも同じであったと考えるのはまちがいである。一方で、養子を受け入れない社会の場合、子どもは再生産をするために物理的になくてはならない存在であった」と述べている（1980, p. 645）。これは、西ヨーロッパ社会では養子縁組によって築かれた関係よりも血縁を重視することを示唆している。ヨーロッパ社会は、養子縁組を相続の標準的な手法としていた古代の習慣を引き継がなかったのである。古代のギリシア社会では、養子になったのはおもに親族の男性であり、男子の後継者に恵まれなかった養い親は自分が存命中に、あるいは遺言によって、養子を迎え入れていた。

伝統的な西ヨーロッパで養子縁組が果たした役割は、非ヨーロッパ社会とは違っていた。非ヨーロッパ社会における養子縁組は、人口の危機に対処するためだけでなく、異なる社会階層に生まれた子どもを、血縁の有無にかかわらず家族として統合する機会を提供するものでもあった。キリスト教では血縁を優先し、嫡出子あるいは嫡出と認められた子どもに直接相続させることを好んだ。この点でヨーロッパは、大規模に子どもを移動させることで知られるほかの多くの社会とは一線を画している。たとえば、アジア社会では、養子はきわめて一般的であるばかりでなく、望ましいものであるとさえみなされており、日本では、義理の息子

が家に迎えられるとすぐにほんとうの養子として、実子と同等の扱いを受けるようになる。日本の養子縁組は、本質的に先祖の入れ替えである。つまり、養子となった人は、その時点から、養子先の家系の祖先崇拝の義務を負うのである。一方、ヨーロッパでは養子先に引きとられた子どもは、しかるべきふるまいを求められ、幼くして養い親のもとに引きとられ、自分自身を「養い親の家族」であると考えていたとしても、子どもは血縁のある元の家族メンバーとみなされる。

幼い孤児の養育責任を負うこと

親を失う（あるいは、幼い孤児）ことにともなう問題は西ヨーロッパではひんぱんに起き、聖職者や世俗の権威のある者によって対処されてきた。孤児になることは、平均余命が短かった時代ではめずらしくはなかった。孤児の養育は、親族のだれか——片親だけが亡くなった場合はもう一人の親であることが多かった——に託されるのが一般的で、養育者は、場合によっては法律的な専門家がくわわった親族協議の方針に沿って、後見人として日々の世話をまかされた。しかし、孤児を日々養育することと遺産を守ることは別物である。孤児がまだ幼く、養育が必要なとき、家督の分散はどのようにして回避されたのであろうか。

孤児の運命は、16世紀に慣習法が編纂される以前には、せいぜい公証人が記した証書によって保証される程度であった。近親者が借地権や後見を引き受け、孤児の不動産収入を集め、個人資産を引き継ぐことで、子どもを食べさせ、教育し、世話をすることを約束した。子どもは、その見返りに彼または彼女に従わなければならなかった。証書によっては、子どもが一定の年齢に達すると不動産を返却するよう定めているものもあったが、これは、［孤児の］引きとり手が負担した養育費用をまかなってもまだ十分なだけの収入と資産がある場合にかぎるという条件つきであった。最後の、そして驚くにはあたらない帰結は、財産が何に使われたのかよくわからないまますべてなくなってしまうこともめずらしくはなかったことである。後見人制度は、引きとり手にとってそれほど悪いものでもなかったようである。というのも、一定期間、子どもの世話をする、あるいは子どもを「ゆずり受ける」候補者に、複数の者が手をあげる例がよくあるからである。もちろん、このように候補者が競合するのは、理論上は孤児の資産を保全することを最大限保証するためであった。

親族会議は、後見人を指名し、監督する責任を負っていたが、このシステムは自動的に設けられるものではなかった。実際のところ、孤児の利益を特別に考慮すべき事情が発生した場合にかぎって、こうした会議が設定されていたことを示す記録が残っている。たとえば、配偶者と死別した親が再婚する場合や孤児がおじや祖母の遺産相続人になる場合などである。会議のメンバーには、親族の男性と母親、あるいは存命であれば祖母、それに、場合によっては隣人の男性もくわわった。かれらは親を亡くした子どもが15歳、つまり通常自分で生計を立てていく年齢に達するまで、養育状況を監督した。

後見人の候補者は、孤児の性別や年齢を考慮して選ばれた。女の子の労働の価値は男の子の場合よりも低いとみなされていた。さらに、女の子を引きとった場合、その子が結婚する際には嫁入り道具一式を調えてやる必要があった（とはいえ、これは、女の子自身の資産の一部を使って用意するものであったため、持参金とは違う）。子どもが小さければ小さいほど、引きとり手にとって使いものになるまで時間がかかった——つまり、養育費用を回収するまでに時間がかかった。引きとり手は、子どもに財産を残しておくために子どもの労働力に期待した。

こうした子どもは一体どのような立場にあったのであろうか？　一時的に預けられた養子、寄宿者、あるいはたんなる幼い使用人であったのであろうか？　子どもたちは家庭的な環境で生活しつづけることができたであろうが、それは土地資産を回復する望みをつなぎつつも、「自分の資産や資産から上がる収入をくいつぶしながら」であった（Desaive, p. 1987）。残された子どもの財産の一部を売却することが正当であると認められるのは、極貧状態——ふつうは住宅環境がかなりひどい状態——におちいった場合だけであった。通常、貧困におちいるのは寡婦が子どもを自分の手もとに置こうとした場合であることが多かった。寡婦になることは生活水準の低下を意味した。このため、寡婦は親族会議に対し、子どもの世話をすること、および、［寡婦］遺産の使用は認められてはいたものの、子どもたちの遺産を守ることを約束する必要があった。

親族会議によって指名された後見人に子どもがいない場合、そこで養育される子どもは、法律上は養子ではなかったとはいえ、養子に非常に近い存在となった。1729年のポーランドのグラボヴィーチェ地区の法令によると、「夫が農業労働者である夫婦が亡くなった場合、夫を雇っていた農民には、残された子どもたちを育てあげる義務があった。また、子どものいない隣人が、残された子どもの一人を引きとるといえば、認められたであろう」（Kula, p. 953）。養子をとることは、再生産する家族戦略のひとつの選択肢となることも多かった。孤児は亡くなった子どもの身がわりとして、彼らがもっとも必要とされる役割を果たした。また、遺言により、遺産の受取人になることもあった。つまり、わざわざ養子にする必要はなかったのである。

前工業化社会における子どもの養育

孤児の年齢が高くなるほど、もっている財産に対してその子どもの価値は高くなった。ウィトルド・クラの研究によれば、ヨーロッパの農民は、子どもが10

歳になるまでは負担になると見ていたが、10歳から18歳までは、子どもの労働の価値は養育にかかる費用を上まわると考えていたという。男子の労働と女子のそれは価値が異なるだけでなく、労働に適した季節も違うとされていたが、どちらも、たとえ世襲財産がまったくなくても、子どもは将来の経済的価値をいくらかもたらすものと考えられていた。

遺棄されたわけでもなく、また共同体のお荷物になっているわけでもないのに孤児となった子どもは、後見人や里親、あるいは「身請け人」の家に引きとられた。彼または彼女の被信託人——子どもがいないおばや未婚のおじなど——は、いくばくかの財産の相続人としてこうした子どもを引きとったであろうが、おそらく、登録された遺言状に、相補的かつ互恵的な誓約義務を明記したいくつかの条項を書きくわえたであろう。その子どもは、(その子がすくなくとも10歳になっていれば)親族や隣人に若い徒弟あるいは使用人として預けられることもあった。こうした幼い子どもの移動に考察をくわえるには、親族ネットワークについての理解が不可欠である。幼い女の子が使用人として住みこむ先はたいてい、姪、従妹など、なんらかの親戚関係にある家であった。

子どもが遺棄されると、その子の家族のネットワークが失われていることが明らかになった。教会は古くからこうした子どもに、代わりの家族を見つけようと世話していた。しかし、17世紀のヨーロッパの各都市においては、生後すぐに遺棄される子どもが増加したことを受けて、新たに養育院が作られた。こうした養育院の運営者は、子どもたちの世話をしながら里親を探した。里親は、キリスト教のホスピタリティの精神をもっていたのはもちろんであるが、子どもの労働力に期待していたことも事実である。何世紀にもわたって、子どもの福祉のためにこのような里親の斡旋がつねに行なわれてきた。生き残った子どもが里親に引きとられると、子どもが7歳になるまで施設から手当が支払われた。7歳で支給が止められたのは、この年齢から仕事をはじめたり奉公に出はじめるとみなされていたからである。

1800年前後になると、工業化がはじまったのにともなって、新しい状況が生まれた。ヨーロッパ全域で、繊維産業界が安価な**児童労働**を利用するようになったのである。これは、子どもを養育する別の道を開いた。つまり、彼らに対する搾取がはじまったのである。19世紀の大半は、遺棄された子どもにとって耐えがたい時代となった。教会はまだ強い影響力をもってはいたが、都市でも農村でも、かつてのように公的な生活のあらゆる側面に関与するほどの絶対的な存在ではなくなっていた。だが、まだ国家は、遺棄された子どもたちに対する共同体のなりゆきまかせの取り組みを一元的に調整することはなかった。

[訳注]

*1 ブルターニュ地方 (Breton) ——フランス北西部につき出た半島で、北にイギリス海峡、南にビスケー湾を望む。ブルトン[ブルターニュ]語は、インド＝ヨーロッパ語族ケルト語派に属し、アングロ・サクソン人に圧迫されてブリテン島から渡来した人びとの言語であり、独自な文化を継承した。かつてはブルターニュ王国、そしてブルターニュ公国という独立国であったが、1532年にフランスに併合されて州となった。古くからケルト文化の伝統を保持していることから「歴史的ブルターニュ」(Bretagne historique) とよばれることもある。

*2 クロード・レヴィ＝ストロース (Claude Lévi-Strauss, 1908-2009) ——ベルギーのユダヤ系の家に、画家を父として生まれた。フランスの民族学者、人類学者で構造主義の祖とされる。1927-30年パリ大学で法学と哲学を学び、23歳で哲学教授資格を取得した。リセでの教師生活の後、1934年にブラジルに新設されたサン・パウロ大学社会学教授に赴任し、人類学のフィールドワークを開始した。第2次世界大戦に応召したが、フランスがナチに敗北したためアメリカに亡命し、ニューヨークで、ハーヴァード大学教授であった構造言語学者R・ヤーコブソンと知りあい、彼から構造論的研究方法を会得し、『親族の基本構造(1949)』によって構造人類学を構築した。やがてその方法論的視点から、ヨーロッパ近代思想の普遍性に対する根本的な懐疑と反省的思考を深め、『人種と歴史(1952)』、『悲しき熱帯(1955)』、『構造人類学(1958)』、『野生の思考(1962)』、『今日のトーテミズム(1962)』を著した。『神話論理(全4巻)(1964-1971)』では、おもに南米インディアンの神話を素材に、原住民たちの野性的思惟の様式と「構造」を探り、文化理論や解釈学、ポスト・モダンを指向する現代思想に多大の影響をおよぼした。1959年以来コレージュ・ド・フランスの社会人類学の正教授をつとめ、1973年にはアカデミー・フランセーズ会員に選出された。1977年に来日した際の講演集として『構造・神話・労働』(大橋保夫編、みすず書房、1979年) がある。フランス政府は、2008年に「レヴィ＝ストロース賞」を設けた。

*3 エマニュエル・ル・ロワ・ラデュリ (Emmanuel Le Roy Ladurie, b.1929) ——現代フランスの歴史学者。アナール学派の社会史家。*Montaillou, village occitan de 1294 à 1324* (Gallimard, 1975),『モンタイユー——ピレネーの村』(上・下) (井上幸治・渡辺昌美・木居純一訳、刀水書房、1991年); *Le Siècle des Platter*, Paris, Fayard: t. I, *Le mendiant et le professeur*, 1995 (*The Beggar and the Professor: A Sixteenth-Century Family Saga*. Translated by Arthur Goldhammer. Chicago: University of Chicago Press, 1997); t. II, *Le voyage de Thomas Platter*, 2000; t. III, *L'Europe de Thomas Platter*, 2006など。

*4 ピエール・ブルデュー (Pierre Bourdieu, 1930-2002) ——フランスの社会学者。ハビトゥス (Habitus)、界、象徴的暴力などの概念をはじめとして、文化資本、社会関係資本、象徴資本などの概念視角から、哲学、文

学理論、社会学、人類学などの諸分野にわたる研究を指向した。教育と社会階級にかんする社会学的分析では、進学や進路選択で有利なのは直接的な経済的資本投下が可能な富裕家族ではなく、生活の質が上品さの文化に支持され、情報や教養に対する感受性が家庭内に蓄積され、学びが習慣化されている「文化資本」の保有率によって左右され、子どもが親の文化資本を相続することによって高学歴化しやすい傾向などを統計資料にもとづいて証明し、教育作用を「文化的再生産」とよんだ。この文化的再生産はとくに学校を介して世代間継承がなされ、社会構造が再生産され、変化するメカニズムに深く関与することを指摘した。*La Distinction* (1979), 『ディスタンクシオン──社会的判断力批判（1・2）』（石井洋二郎訳、藤原書店、1990年）; *Le Bal des célibataires. Crise de la société paysanne en Béarn*, (2002), 『結婚戦略──家族と階級の再生産』（丸山茂・小島宏・須田文明訳、藤原書店、2007年）など。

*5 ピカルディー（Picardy）──フランス北部、パリ盆地北部の地域圏で、ベルギーとの国境に近く、酪農や畑作など古くから温暖な気候を生かした農業で栄えた。州都は大聖堂で有名なアミアン。ここのエーヌ県とオワーズ県がヴァロワ（Valois）とよばれ、カペー朝のフィリップ3世の4男シャルルがこのヴァロワに封じられてヴァロワ伯となり、ヴァロワ家の家系をつくった。カペー朝がシャルル4世で絶えたのち、サリカ法により男系血統を受け継ぐフィリップ6世（シャルルの長男）が1328年にフランス王に即位し、ヴァロワ朝をひらいた。1589年にアンリ3世が暗殺されてヴァロワ朝は断絶し、代わってブルボン朝がはじまった。

*6 ワロニア（Wallonia, Wallonie）──ベルギー国の南半分を構成するモンス、ナミュール、リエージュなどの都市がフランス語圏であるワロニアとよばれる。これに対してブルッヘ、アントウェルペンなどブリュッセル以北の都市をふくむ北部半分はドイツ語圏であり、南部のワロニア地域の独立問題がくりかえし話題になってきている。

*7 ルクセンブルク（Luxemburg）──ルクセンブルク大公国は、西ヨーロッパの立憲君主制国家で首都はルクセンブルク市。南にフランス、西と北にベルギー、東にドイツと隣接する。

*8 フランス民法典（the French Civil Code of 1804）──フランス語の正式名称はCode civil des Français（略称Code Napoléon）。当初の題名は「フランス人の民法典」（Code civil de Français）であったが、ベルギー、ドイツのライン左岸地方、オランダ王国にも適用されることとなったことから、1807年9月3日の法律で「ナポレオン法典」（Code Napoléon 1807）に改題された。一般には「フランス民法典」。これは、ハムラビ法典、ローマ法大全とならんで世界の3大法典に数えられる。法の下の平等・国家の世俗性・信教の自由・経済活動の自由などの原則にもとづいて、さまざまな慣習法、相続法、婚姻法などを統一した初の本格的な民法典。全体は5部に分かれ、近代市民社会の法規範として各国の近代法に影響をおよぼした。日本語版の翻訳は、フランスに留学した啓蒙法学者、箕作麟祥（1846-97）が5年の歳月をかけて訳した『仏蘭西法律書』（1874年）。

*9 フリードリヒ・K・v・サヴィニー（Friedrich Karl von Savigny, 1779-1861）──ドイツのローマ法学者。ローマ法の近代化に努め、『現代ローマ法の体系』（*System des heutigen Römischen Rechts*）全8巻などを著して、近代私法（民法・国際私法）の基礎を築いた。

*10 フレデリック・ル＝プレイ（Pierre Guillaume Le Play, 1806-1882）──社会調査や家族研究の発展に貢献した、フランスの社会改革運動家。家族を社会の単位と考え、家計を中心とする社会調査を実施した。*L'Organisation de la Famille*, 1871; *The Organization of Labor in Accordance With Custom and the Law of the Decalogue*, 1872.

➡家族の諸類型、きょうだい、子どもの遺棄、里親制度、出生率、庶出

●参考文献

Ariès, Philippe. 1962. *Centuries of Childhood: A Social History of Family Life*. Trans. Robert Baldick. New York: Knopf. アリエス『〈子供〉の誕生──アンシァン・レジーム期の子供と家族生活』（杉山光信・杉山恵美子訳、みすず書房、1980年）

Ariès, Philippe. 1980. "Two Successive Motivations for the Declining Birth Rate in the West." *Population and Development Review* 6: 645-650.

Bourdieu, Pierre. 1972. "Les stratégies matrimoniales dans le système de reproduction." *Annales E.S.C.* 27: 1105-1125.

Clavero, Bartolome. 1974. *Mayorazgo: propriedad feudal en Castilla, 1369-1836*. Madrid: Siglo Veintiuno Editores.

Collomp, Alain. 1983. *La maison du père: famille et village en Haute-Provence aux 17e et 18e siècles*. Paris: Presses Universitaires de France.

Desaive, Jean-Paul. 1987. "Le bail à nourriture et le statut de l'enfant sous l'ancien régime en Basse-Bourgogne." *Bulletin de la Société des Sciences historiques et naturelles de l'Yonne* 118: 11-21.

Fauve-Chamoux, Antoinette, and Emiko Ochiai, eds. 1998. *House and the Stem-Family in Eur Asian Perspective/ Maison et famillesouche: perspectives eurasiennes*. Kyoto, Japan: Nichibunken.

Julien, Jean-Joseph. 1778. *Nouveau commentaire sur les statuts de Provence*. Aix-en-Provence, France: E. David.

Kula, Witold. 1972. "La seigneurie et la famille paysanne dans la Pologne du 18e siècle." *Annales E.S.C* 27: 949-958.

Le Play, Frédéric. 1875. *L'organisation de la famille selon le vrai modèle signalé par l'histoire de toutes les races et de tous les temps*, 2nd ed. Tours, France: Mame.

Le Roy Ladurie, Emmanuel. 1976. "Family Structures and Inheritance Customs in Sixteenth Century France." In

Family and Inheritance: Rural Society in Western Europe, 1200-1800, ed. Jack Goody, Joan Thirsk, and Edward Palmer Thomson, pp. 37-70. New York: Cambridge University Press.

Lévi-Strauss, Claude. 1949. *Les structures élémentaires de la parenté*. Paris: Gallimard. レヴィ＝ストロース『親族の基本構造』（福井和美訳、青弓社、2001年）

Lévi-Strauss, Claude. 1969. *Elementary Structure of Kinship*. Trans. James Harle Bell, John Richard von Sturmer, and Rodney Needham. Boston: Beacon Press.

Lévi-Strauss, Claude. 1983. "Histoire et ethnologie," *Annales E.S.C.* 38: 12-17.

Savigny, Friederich Karl von. 1840. *Traité de la possession, d'après les principes du droit romain*. Paris.

Savigny, Friederich Karl von. 1975 [1831]. *Of the Vocation of Our Age for Legislation and Jurisprudence*. Trans. Abraham Hayward. New York: Arno Press.

Yver, Jean. 1966. *Egalité entre héritiers et exclusion des enfants dotés. Essai de géographie coutumière*. Paris: Sirey.

（ANTOINETTE FAUVE-CHAMOUX／並河葉子訳）

組織的なレクリエーションと若者集団 (Organized Recreation and Youth Groups)

　子どもの遊びを組織化する試みが顕著に生じたのは20世紀のことである。子どもたちが自分の自由な時間を使うことについて、子ども以外のだれかが関心をよせるようになったのは、ようやく20世紀前半になってからであった。歴史の大部分において、子どもの**遊び**とは、本質的に目的のない軽い楽しみのための時間であり、生きのびるためにすべきことが終わったあとに残された時間のことであった。19世紀後半の大規模な社会変動の結果、子どもが自由時間に何をしていたのか、そしてどのようにそれをしていたのかが注目を浴びるようになった。この観察の結果、大人たちは、子どもたちの遊びを組織化し、系統立った機会をあたえ、資金提供することが子どもにとって重要であると確信するにいたったのであった。

自由な遊びから組織的なレクリエーションへ

　19世紀後半、欧米では産業化によって徹底的な変革が起きた。工場労働者が職能別組合へと組織されるようになるのにつれて労働条件が改善され、賃金水準は向上し、労働時間も減少した。子どもたちは工場や鉱山、そして大都市での低賃金かつ悪条件の職場で長時間の重労働についていたが、**児童労働法**によってこの労役から解放された。ますます多くの子どもと若者が、いまや占有されておらず、忙しくもない、相当な期間にわたって自由時間をもつようになり、飲酒、賭博、その他さまざまな違法行為といった大人の気晴らしに魅惑された。子どもたちが自由時間を悪いことについやすことは、広く起きている社会問題とみなされるようになり、健全な遊び活動を用意して統制することが社会改革の手段となった。多数の改革者が組織と制度の発展に努めた。それは、子どもたちがいまや非常に長い時間を監督されずに遊ぶこの新たな時代の産物であり、次々とあらわれるこれらの社会問題を解決するためである。系統立った遊びの機会と監督を増やすことを求める社会の要求は、ますますひんぱんに、そしていっそう声高になった。**遊び場運動**は、子どもには、保護され、刺激があり、かつ安全な遊び場が必要であるとする、とくに大都市における大衆の関心によって高まった。組織的なレクリエーション・プログラムは、子どもたちが路上での遊びや、遊技場のような商業化された遊びの誘惑に打ち勝つための助けとするために、教会・警察機関・市民団体によって徐々に奨励されていった。1880年代と1890年代までに、教会指導者たちは、彼らが目にしていた好ましくない遊び方に代わるものとして、「是認された娯楽とレクリエーション」を広く促進した。隣保館（セツルメントハウス）もまた、監督された遊びのためにさまざまな組織された行事と施設を提供した。同様に、各種の民族団体は、ドイツ体操協会（the German Turnverein）やユダヤ人たちのサマー・キャンプなど、運動競技と体操クラブを組織した。

　レクリエーションのプログラム、サービス、施設を組織して提供するのは、市役所であるべきであるという考えが広く受け入れられるようになった。また、ますます多くの州が、系統立ったレクリエーション・プログラムを管理する権限を地方自治体にあたえる法律を可決した。20世紀初頭の数十年間に、若者を対象とした重要な非営利団体が数多く組織された。ボーイズ・クラブ全国協会（The National Association of Boys' Clubs）は1906年に、**ボーイスカウト**とキャンプファイア・ガールズは1910年に、そして**ガールスカウト**は1912年に、それぞれ創設された。これらの組織は、1920年代の終わりまでにアメリカの生活に広く浸透し、多数の裕福な子どもや若者に役立っていた。多数の都市部の教育委員会は、早くも1890年代には、放課後と**休暇**（バカンス）の系統立てられた娯楽プログラムを開始し、20世紀を通じてこの傾向は続いた。「価値ある余暇の利用」のための教育は、アメリカ各地の中等学校の重点目標として積極的に支援された。1910年から1930年にかけて、何千もの学校組織が、とくに**スポーツ**と趣味の分野で広範な課外活動プログラムを計画した。

役割を果たす政府──組織的なレクリエーションの制度化

　第2次世界大戦末期から21世紀初めまでに、レクリエーション・プログラムは、政府と非営利団体が責

任を果たす比較的小さな領域から、巨大で、複雑で、利潤追求的な事業へと発展した。第2次世界大戦直後の数年に出生率が劇的に上昇し、数百万もの子どもと若者が学校とレクリエーション・センターにあふれかえった。こうした新しい家庭の多くは、数年以内に中核都市から近郊の郊外地区に移り住んだ。これらの郊外コミュニティでは、増加する家族のためのレクリエーションが主要な関心事となった。大多数の郊外では、すべての年代の子どもを対象にした組織的なプログラムを開発するために急遽、レクリエーション部門が設立された。時を同じくして、都心部における人口も劇的に変化した。1960年代の重要な発展は、ジョンソン大統領による「貧困との戦い」[*1]で示された重要な要素のひとつとして、組織的なレクリエーションの役割が拡大されたことである。1960年代なかばには、アメリカの多くの主要都市で破壊的な暴動が噴出した。多くの場合、その発生は都市のより豊かな地区よりも都心部近隣においてであって、レクリエーション施設とプログラムが全面的に不足していたところであった。さらなる暴動の発生を防ぐために、1960年代なかばから末の貧困撲滅プログラムの多くは、組織的なレクリエーション・プログラムによって都市のスラム街に住む未成年集団の欲求を満たすことに重点を置いた。1964年の経済機会法と住宅市街地開発法、そして1967年のモデル都市計画をふくめた立法の新たな波によって、地域の組織的なレクリエーション・プログラムは資金供給を受け、不景気な近郊地域で行なわれるようになった。地方自治体は毎年数億ドルをあたえられ、主として若者を対象に、スポーツ・プログラム、社会プログラム、文化プログラム、そして旅行といったレクリエーション・サービスを提供した。

さらに、何千もの政府系団体や非営利団体もまた、この動きに呼応するかたちで子どもと若者を対象にしたそれぞれの組織的なプログラムを展開した。アメリカでは、若者のスポーツ・プログラムは20世紀初頭以来存在していたが、それらが組織的なレクリエーションで果たした役割は比較的小さかった。子どもと若者を対象にした組織的なスポーツ・プログラムが急増したのは20世紀後半のことである。1939年に設立されたリトルリーグ・ベースボール[*2]は、世界選手権がテレビ放映されたことで広く知られるようになり、1964年にはジョンソン大統領の署名した法案によって認可法人となった。リトルリーグは、連邦議会に認められた憲章をもつ唯一の青少年スポーツ組織である。青少年スポーツは、市営の公園・レクリエーション部門、リトルリーグ・ベースボール、ビディー・バスケットボール、アメリカ在郷軍人フットボール、ポップ・ワーナー・フットボール、全米アイスホッケー協会、アメリカ青年サッカー機構、少年少女クラブ、ガールズ・インコーポレーテッド、全米ボーイスカウト連盟、YMCA（キリスト教青年会）、YWCA（キリスト教女子青年会）といった多数の機関によって組織化され、系統立てられ、そして管理されており、未就学児童から上の約400万人の子どもたちが、毎年さまざまな青少年スポーツに参加している。

個人的で商業的な部門への変化——ビッグビジネスとしての組織的なレクリエーション

政府からの支出の増大が、全米の各州と各都市における課税に対する抗議と資金提供の削減につながった結果、組織レクリエーション運動は、1970年代と1980年代に深刻な危機に直面した。1970年代なかばに、アメリカの「ラスト地帯」[*3]に位置する多くの古くからの工業都市は、エネルギーコストの増加、福祉と犯罪の問題、そしてインフラ維持費の増加に関連する支出に苦しみはじめた。そうした自治体は、いくつかの郊外の学区が登録者数の急上昇と限定された課税基盤に直面したのにともなって財政赤字となり、歳出を凍結する必要に迫られた。固定資産税、所得税、あるいは売上税の引き下げ、もしくはほかの種類の支出の上限を適切な範囲に定めるという法律の条項は、1979年末までに36州で承認された。この結果、子どもと若者向けの組織レクリエーション・サービスのための資金提供は大幅に削減された。

しかしながら、子どもを対象にした組織的なレクリエーション・プログラムとそのサービス需要が減ることはなく、それらは非常に効果的な新しい方法で取り組まれることになった。それまで公的補助金が交付されていたレクリエーション・プログラムにとって代わることは成長部門であり、組織的なレクリエーションへの企業家的、市場志向的なアプローチを提供した。その結果、組織的なレクリエーションは産業となり、アメリカ経済に直接的に、あるいは複雑に組みこまれた何千もの企業の組みあわせによって構成された。公共のレクリエーション機関は、有効な競争をするために、成功した会社が採用しているのと同じような運営方針と事業経営をとりいれる必要があると主張された。このことは、機関の業務のすべての段階——つまり潜在的な対象母集団を評価してプログラムを立案することにはじまり、サービスに値段をつけ、発表し、そして配分することにいたるまで——の複雑な分析方法とマーケティング手法を用いなければならないことを意味した。

1980年代にはじまった厳しい時代に対する二つめの種類の反応として、多数の組織的なレクリエーション提供者は、経済的、効率的な理由から、みずからが遂行不可能な行事を行なうために、民間への下請けや、民間組織との譲渡合意を進める民営化という手段に頼った。これは、行政の役割が疑問視された際、アメリカの生活における主要な推進力となった。スイミングプール、ゴルフ場、総合テニスセンター、マリーナ、コミュニティ・センターなどの施設を管理するために、

数多くの公的部門は、満たすべき基準と支払うべき課税率を定めた契約協定を定め、民間企業と契約をかわした。現在の営利的なビジネスが、子どもの遊びとレクリエーションのために系統的な機会を提供するようになるのにつれて、組織的なレクリエーションはいまや公共部門から民間に移ったといえる。この移行は、根本的な方針が健康的で安全な遊びの提供ではもはやなく、むしろ若者に提供するレクリエーションからどれだけの利益を引き出せるかになっているということで、多くの人びとから非難を受けた。

[訳注]

*1 「貧困との戦い」（War on Poverty）——第36代アメリカ大統領リンドン・B・ジョンソン（Lyndon Baines Johnson, 1908-1973）が、1964年の年頭一般教書で公表した、いわゆる「偉大な社会」（Great Society）建設計画の中心をなすヴィジョンで、「貧困をなくし、貧困から生じる悪影響を軽減する」ことをめざした社会福祉政策。ジョンソンは若い頃世界大恐慌を経験し、テキサスの国民青少年局の局長であった。

*2 リトルリーグ・ベースボール（Little League Baseball）——1939年、ペンシルヴァニア州ウィリアムズポートで結成された8～12歳の少年のチームで構成したアメリカの野球リーグ。なお13～14歳の選手で編成されたアメリカの野球リーグはポニー・リーグ（のちにBoy's Baseballと改称）とよばれる。

*3 ラスト地帯（rust belt）——文字どおりには「さびついた産業地帯」。旧式の産業工場をかかえるアメリカ中西部および北東部の重工業地帯、とくにピッツバーグを中心とする斜陽化した鉄鋼業地帯をさしていう。

➡遊びの理論、室内ゲーム、路上遊戯

● 参考文献

Cross, Gary A. 1990. *A Social History of Leisure since 1600*. State College, PA: Venture Publishing.

Hans, James S. 1981. *The Play of the World*. Amherst: University of Massachusetts Press.

Kraus, Richard. 2001. *Recreation and Leisure in Modern Society*. 6th ed. Boston: Jones and Bartlett.

Russell, Ruth V. 2002. *Pastimes: The Context of Contemporary Leisure*. 2nd ed. Champaign, IL: Sagamore Publishing.

Schwartzman, Helen B. 1978. *Transformations: The Anthropology of Children's Play*. New York: Plenum Press.

Sutton-Smith, Brian. 1997. *The Ambiguity of Play*. Cambridge, MA: Harvard University Press.

（LYNN A. BARNETT／伊藤敬佑訳）

ソーシャル・セツルメント (Social Settlements)

ソーシャル・セツルメント[*1]あるいはセツルメントにかかわる施設は、たいていが人口密度の高い都市部における近隣の社会サービスと社会改良活動の中心をなす。発展期（1890～1920年）には、教育改革者たちが、社会階層間でますます拡大する格差を埋め、必要不可欠な近隣サービスを提供し、都市において急を要する社会問題を解決する目的の下に、低収入コミュニティに福祉施設を設置した。このセツルメント運動は、第1次世界大戦までにその範囲を広げ、政治的な影響力を強めた。ソーシャル・セツルメント運動とそれによって構築された機関や政策は、戦後の保守的な時期に普及したにもかかわらず、21世紀にいたるまで、子どもと家族を保護しつづけている。

ソーシャル・セツルメント運動は、教区司祭サミュエル・バーネット[*2]と彼の妻ヘンリエッタ（Henrietta Octavia Weston Rowland, 1851-1936）によって、ロンドンのイースト・エンドのスラム街にトインビー・ホール[*3]が設立されたことにはじまる。トインビー・ホールは、イギリスの知識人に、ロンドンで貧困におちいっていたユダヤ人とアイルランド人の都市問題が存在し、それについて学ぶ機会を提供した。同施設の設立後すぐに、アメリカ人改革者スタントン・コイット（Stanton George Coit, 1857-1944）とジェーン・アダムズがトインビー・ホールを訪れた。かれらはアメリカにソーシャル・セツルメント運動をもたらす使命をもって帰国した。コイットは1886年、ニューヨークのロウアー・イースト・サイドで隣保組合（the Neighborhood Guild）[*4]の設立に着手した。アダムズと彼女の友人であるエレン・ゲーツ・スター（Ellen Gates Starr, 1859-1940）は、1889年にシカゴのウェスト・サイドに有名なハル・ハウス[*5]を開館した。セツルメント運動はすぐに国中の都市部に広がり、1910年までに全国に400ものソーシャル・セツルメントが存在した。

セツルメント運動は、都市における大規模な移住や過密状態から生じる多数の社会問題や抑制できない資本主義、そして1893年の厳しい経済不況に対応していた。ソーシャル・セツルメントの施設に居住した者［レジデント］は、主として裕福な白人で、高い教育を受けた女性であったが、「近隣の理想」を遂行するよう努めた。彼女たちは、貧困におちいった移民コミュニティのなかで生活することは、病気、アルコール依存症、売春、過密状態、厳しい労働条件など、近代の産業都市を悩ませた多数の問題を解決する助けになると信じていた。女性にとって選択が制限されている時代に、セツルメント・ワーカーの多くは、宗教的使命による奉仕の精神や専門的な野心を満たしたいという探究心に導かれた。セツルメント・ワーカーはそこに居住しながら研究し、改革するというやり方が近代における主要な社会悪を相殺するだろうと楽観的に考えていた。

転換期の**児童救済**運動の一部として、ソーシャル・セツルメント・ワーカーは、子どもたちのケアと保護に対する関心を高めることによって、世論の支持に訴えた。移民の子どもと若者のニーズが知覚され、この

ニーズに対する彼らの反応は、直接的な近隣サービスから国家的な政策による改革にまでおよんだ。典型的なソーシャル・セツルメントは、保育所、デイ・ケア、放課後のクラブ、創造的活動、教育プログラムといった年少者を対象にした多数の直接的なサービスを提供した。セツルメントは、移民の若者のための文化と社会化を重視する地域活動を組織した。エリザベス・ラッシュ＝クインとアンソニー・プラットのような一部の歴史家は、セツルメントのこうした活動を移民の若者を同化するための試みと見ているが、アレン・デーヴィスとウィリアム・トラットナーらは、セツルメントは移民文化の伝統を尊重し、保存しようとしたものであったと主張している。

セツルメント・ワーカーは、時流にのった社会科学的な技術の可能性に大きな信頼をよせていた。彼らは意識調査などの社会学的手法や多数の都市の社会問題にかんする緻密な研究を学んだ。彼らは多量の事実と情報で武装し、女性と子どものための労働保護立法のような進歩的な政策改革を主張するためにそれらのデータを用いた。彼らの改革への努力は、地方の改善や、州や連邦政府の職場関連法の制定につながることもあった。

子どもの労働保護法の主張にくわえて、セツルメント・ワーカーは、すべての子どもに対する公教育が社会と人間を発展させる鍵と見た。彼らは、いくつかの重要かつ長期的な教育イニシアチブを編成したが、それは子どもと家族の生活における公立学校の役割を高め、拡大させた。これらの改革には、遊び場、幼稚園、保育園、学校の公衆衛生、そして福祉サービスがふくまれていた。彼らはまた、アメリカの一部の州で義務教育法を成立させることにも尽力した。

セツルメント・ワーカーはまた、**少年裁判所および保護観察**にかかわるサービスに従事したことでも知られる。ハル・ハウスのパイオニアであるジュリア・ラスロップ*6、ジェーン・アダムズ、グレース・アボット（Grace Abbott, 1878-1939）は、1899年にイリノイ州のクック郡において初の少年裁判所の設立に寄与した。1928年までに二つの州を除く残りすべての州は、**非行**と麻薬依存症の事件を扱う個別の司法制度を制度化した。少年裁判所は子どもに対する陪審員裁判を中止し、投獄された若者のための別個の施設を創設し、少年の保護監察制度を発展させた。矛盾と不備がおびただしいものの、子どものための個別の裁判制度の設立は、非行と麻薬依存症に対する以前の取り扱い方と比較すると大きな社会的進展だと考えられた。

シカゴのハル・ハウスを中心にしたソーシャル・セツルメント・ワーカーの女性たちの何人かは、子どもと家族にかんする公共政策問題に対処する、卓越した全国的な指導者という立場になった。アダムズのハル・ハウスおよびリリアン・ワルド（Lillian D. Wald, 1867-1940）のヘンリー・ストリート・セツルメント

フローレンス・ケリー（1859-1932）*

ではたらいたことのあるフローレンス・ケリー*7は、全国消費者連盟の事務局長に任命され、1904年には**全米児童労働委員会**を創設した。ケリーは、同じくハル・ハウスのレジデントであったジュリア・ラスロップおよびグレース・アボットとともに、1909年に第1回子どもにかんするホワイトハウス会議を組織した。1912年にアメリカ大統領タフトは、**アメリカ連邦児童局**の初代長官にラスロップを任命した。その他の主要な業績として、児童福祉局は、母子手当と**シェパード＝タウナー母子保健法**といった子どもと家族のための広範囲にわたる全国的で公的な福祉改革に中心的な役割を果たした。

セツルメント運動が明確で進歩的な子どものアジェンダをおしすすめる一方で、人種にかんして受け継いだものはそれほど明白ではない。いく人かのセツルメントのリーダーたちは、市民権グループに関係しており、全米黒人地位向上協会（the National Association for the Advancement of Colored People：NAACP）の設立を支援しさえした。しかしながら、ラッシュ＝クインのような歴史家は、セツルメントがアフリカ系アメリカ人を苦しめた貧困および人種差別をおおむね無視したと述べている。彼らはアフリカ系アメリカ人家族を支援せず、各地に個別の福祉施設を設立していたアフリカ系アメリカ人改革者と協力してはたらく

こともしなかった。ジェーン・ポーター・バレット*8 やバーディ・ヘンリエッタ・ヘインズ（Birdye Henrietta Haynes, 1886-1922）といった社会改革者は、直接的サービス、「道徳性の向上」、公民権に焦点をあてたセツルメントを創設した。アフリカ系アメリカ人にとって公民権は、貧困問題の解決とからみあっていた。

　子どもと若者を対象にした現在の社会福祉政策と福祉サービスの多くは、ソーシャル・セツルメントの理念と活動にまでさかのぼることができる。いくつかのセツルメントの施設は、地域や家族のリソース・センターとしていまも健在である。これらのセンターは、子どもたち、若者、家族に放課後の活動や地域における活動を提供しつづけている。さらに、20世紀後半から21世紀初頭におけるアメリカの児童福祉制度の枠組みは、この運動からもちあがった理念である「子どもの最善の利益」を前提に作られている。最終的に、ソーシャル・セツルメント運動は、子どもを市民の一人として保護されるべき存在ととらえ、子どもたちに教育、個別の機関、質の高い生活の機会の保証を提供することを公的責任とするという、子どもについての不朽の理念を残した。

[訳注]
*1 ソーシャル・セツルメント（social settlement）——社会改良の志をもった篤信の進歩的慈善家や知識人たちが、スラム街などの貧しい地域へ移住し、ともに暮らしながら生活困窮者を援助し、教育を提供したりすること。本文中にあるように、ロンドンのトインビー・ホールの設立がセツルメント運動の発祥となったといわれている。

*2 サミュエル・A・バーネット（Samuel Augustus Barnett, 1844-1913）——イギリスの聖職者で社会改革家。経済学者で社会改良家でもあったアーノルド・トインビー（Arnold Toynbee, 1852-1883）との議論をへて、オックスフォードとケンブリッジ両大学の関係者を得て、ロンドンのスラム街ホワイトチャペルに、はじめての大学セツルメントとして、1884年に隣保館（セツルメント）を設立し、31歳の若さで亡くなったトインビーの名を冠してトインビー・ホール（Toynbee Hall）と名づけた。大学関係者とロンドン東部のイースト・エンドの住民が一緒に生活し、貧民がかかえる問題を研究したり、援助活動など、福祉教育事業、法律相談などを展開して、ソーシャル・セツルメント運動のひな形を作った。

*3 トインビー・ホール（Toynbee Hall）——「産業革命」という概念を定着させたことで知られるイギリスの経済学者で、生涯をかけて貧困問題の解決に取り組み、「セツルメントの父」とよばれたアーノルド・トインビー（Arnold Toynbee, 1852-1883）が発起人にくわわって、その死後の1884年、ロンドンのスラム街に建てられた建物で、31歳の若さでなくなったトインビーを記念してこの名前がついた。トインビー・ホールは、スラム街、工場街などに住みこみ、住民の生活を援助する活動拠点として、スラム街の牧師S・バーネット（Samuel Augustus Barnett, 1844-1913）の指導の下に開設された。『歴史の研究』（A Study of History, 1934-1961で知られる歴史家のアーノルド・J・トインビー（Arnold Joseph Toynbee, 1889-1975）の叔父にあたる。

*4 隣保組合（the Neighborhood Guild）——近隣住民を中心に、最初は組合方式で運営され、やがて組織的に教会や大学などの援助で都市部で運営されるようになり、教育・娯楽・医療サービスなどを地域住民に提供する施設として定着した。「隣保館」（Neighborhood House）ともよばれる。

*5 ハル・ハウス（Hull-House）——ジェーン・アダムズ（Jane Addams, 1860-1935）とその友人エレン・ゲーツ・スター（Ellen Gates Starr, 1859-1940）たちが、当時の、おもに移民が中心の貧しい人びとが住んでいたシカゴ市内のスラム街サウスホルステッド通り800番地にあった、シカゴ開拓者の一人チャールズ・J・ハルによって建てられた建物が廃屋になっていたのを借り受けて改装し、1898年9月18日に開設した。当時としては世界最大規模の福祉施設で、貧困者のための地域福祉のセンターであり、また地域の社会改善事業センターとしての機能を果たすもので、社会福祉活動のモデルとして世界的に注目され、大きな影響をおよぼした。「ハル・ハウス」は、近隣の貧民のために読書会や子どもクラブ、婦人クラブ、労働者のための社会科学クラブ、移民のためのさまざまなプログラムを提供したり、毎週2000人ほどを世話し、成人の夜間学校、乳幼児の幼稚園、少年少女たちのクラブ活動、慈善食堂、画廊、喫茶部門、体育館、少女のための手芸、調理クラブ、プール、製本所、音楽教室、図書館、その他の部門を擁した大規模な活動を展開するようになった。また、栄養状態や労働状態、公衆衛生、死亡率などの社会調査や職場改善などの活動も行なった。アダムズは1923年に日本を訪れ、キリスト教社会改良運動家で、「貧民街の聖者」として知られる賀川豊彦（1888-1960）ら多くの社会事業家と交流した。

*6 ジュリア・ラスロップ（Julia Clifford Lathrop, 1858-1932）——アメリカの社会改良家。アブラハム・リンカーン（Abraham Lincoln, 1809-1865）の友人であった弁護士の父親と、女性の参政権運動にかかわっていた母親の娘としてイリノイ州に生まれ、名門女子大学であるヴァサー大学に進学し、統計学、歴史学、社会学などを学んだ。大学卒業後しばらく父親の仕事を手伝った後、シカゴでジェーン・アダムズ（Jane Addams, 1860-1935）らと社会事業活動を起こした。教育、社会政策、児童福祉などを専門分野として、1912年から1922年まで、連邦児童局の初代局長として、児童労働、乳児死亡率、母親の産褥死率、非行少年問題、母子手当制度、私生児率などの改善に精力的に取り組んだ。

*7 フローレンス・ケリー（Florence Kelley, 1859-1932）——アメリカの社会改革者、政治改革者。労働者の

最低賃金、労働搾取問題、8時間労働制、子どもの権利問題などの改善に取り組んだ。1909年の全米黒人地位向上協会（the National Association for the Advancement of Colored People：NAACP）創設に尽力した。

＊8　ジェニー・ポーター・バレット（Janie Porter Barrett, 1865-1948）——アメリカ合衆国の社会福祉事業家、教育家。ヴァージニア州ハンプトンで私設保育所を開設し、黒人のための初のセツルメントをつくった。1915年にはピーク市に非行少女のための矯正学校を創設してその経営にあたり、同校を全米でもっともすぐれた矯正学校のひとつといわれるまでに発展させた。

➡教育（アメリカ）、児童労働（欧米）、社会福祉、法律と子ども、労働と貧困

● 参考文献

Addams, Jane. 1910. *Twenty Years at Hull-House: With Autobiographical Notes.* New York: Macmillan.

Davis, Allen. 1973. *Spearheads for Reform: The Social Settlements and the Progressive Movement, 1890-1914.* New York: Oxford University Press.

Katz, Michael B. 1986. *In the Shadow of the Poorhouse: A Social History of Welfare in America.* New York: Basic Books.

Lasch-Quinn, Elizabeth. 1993. *Black Neighbors: Race and the Limits of Reform in the American Settlement House Movement, 1890-1945.* Chapel Hill: University of North Carolina Press.

Muncy, Robin. 1991. *Creating a Female Dominion of American Reform.* New York: Oxford University Press.

Platt, Anthony. 1977. *The Child Savers: The Invention of Delinquency.* Chicago: University of Chicago Press.

Salem, Dorothy. 1990. *Black Women in Organized Reform, 1890-1920.* New York: Carlson Publishing.

Trattner, William. 1996. *A History of Social Welfare in America,* 6th ed. New York: Free Press.

Trolander, Judith A. 1987. *Professionalism and Social Change: From the Settlement House Movement to Neighborhood Centers, 1886 to the Present.* New York: Columbia University Press.

（LAURA S. ABRAMS／三時眞貴子訳）

祖父母（Grandparents）

祖父母という立場の歴史的経験は、広範な社会・文化的要因がおよぼす影響を映しだす。祖父母と孫の関係は、複合的な交点を結ぶ文脈で展開する。ここには、人口動態の変数・社会構造と社会的規範・家族・ジェンダー・階級についての文化イメージ・人種・民族・居住地などがふくまれる。20世紀なかば以前には、社会科学者と歴史家たちが、目立つ話題としての祖父母に焦点を置くことはめったになかったが、20世紀後半以降、増大する一群の経験にもとづいた研究は、祖父母と孫の関係のさまざまな側面を吟味した。この研究は、祖父母たちが積極的に（たとえば、唱道者として、動機づける人として、メンターとして、そして倫理的および宗教的な伝統の伝達者として）孫に影響をおよぼすことができる祖父母、また、消極的に（たとえば、世代間の家族のもめごとを悪化させてしまうかもしれない、求められていない子育ての助言の提供者として）孫に影響をおよぼすことのできる直接的および間接的な方法の両方を実証した。孫から祖父母への双方向的な影響も確認された。研究の大半は、祖母に焦点をあてたが、いくつかの研究は祖父にも注目していた。

個々の子どもたちの生活における祖父母の役割についての包括的な歴史研究の試みは皆無であったが、加齢の歴史研究は、過去の祖父母のいくつかの側面に目を向けている。いくつかの研究は、北アメリカでは、植民地時代から20世紀末にかけて大きく祖父母が変化したことを示している。変化の時代区分という点では異なっているものの、これらの研究は、主要な文化的イメージと、加齢中の成人たちをとりまく物質環境の変化は、老齢者たちを、権威と尊敬を集める伝統的な地位から老朽と依存という地位へ、そして最終的には彼らに独立と自律をもたらすと主張している。さらにこの変化は、世代関係における尊敬と愛情のあいだのバランスを、親と子どもの、そして祖父母と孫とのあいだの愛情とふれあいに新しい強調点を置く方向へと動く、年長者の情緒的な環境も変えた。しかし、ほかの研究は、老人への態度における激烈な変化についての理念と、初期アメリカでは、長寿は自動的に老齢者に名誉と権力をあたえるという考えの両方に異議申し立てをした。このような対立する見解は、老齢者についての歴史研究と、祖父母と孫の関係を歴史的な展望のなかに置こうとする取り組みの複雑さに光をあてることになる。

近世アメリカの祖父母

植民地時代とアメリカ独立戦争以降を通じて、宗教的および文化的な慣習は老齢者に対する尊敬を強調し、世代間におよぶ家族の義務を重視したが、農業社会では祖父母、とくに祖父は、主として土地に対するその所有権によって経済的および社会的な支配権を行使した。子どもたちが自分の世帯をかまえたときでさえ、子どもたちが両親の資産に依存していれば、両親が家庭内で権威を失うことはなかった。子どもたちが別の土地に移り住むか、財政的に独立するようになれば、この状況は変わったが、老齢者のうち少数の者だけが子どもと孫たちといっしょに暮らした。通常、同居は個人の選択よりもむしろ必要性——病気、身体の不自由、そして、女性の場合には未亡人——を反映した。

高い死亡率、高い出生力、そして晩婚という西ヨーロッパの人口動態パターンにみられるいくつかの特徴は、20世紀のそれとは違って、初期のアメリカ社会で、

活動的な親という時期から区別される人生段階としての祖父母という時期を経験したのは少数の大人であったことを規定した。寿命が短かったことは、18世紀の南部の家族では祖父母という立場がますます重要な役割を演じていたが、17世紀のチェザピーク社会ではめずらしい経験であったことを意味した。これとは対照的に、初期のニューイングランドのでは、ほかの植民地よりも多くの住民が高齢まで生きのびた。寿命が延びたことと女性が男性よりも若い年齢で結婚するという傾向は、その子孫全員の成熟と結婚を体験できるほど長生きできた者がほとんどおらず、子どもが遅く生まれることと早く孫になることが同時であるのはめずらしくなかったことを意味した。ニューイングランドから得られる人口動態記録は、年少のきょうだいたちは、祖父母たちと相互交流する機会をほとんど経験しなかったが、第1子、あるいは第2子の子どもは、幼い子ども期にその祖父母たち全員に知られやすかったこと、また、おそらく、青年期に、2人あるいは3人の生存する祖父母をもつことがありえたことを示している。遺言状、検認ずみの裁判所記録、その他の当時の文書記録は、この時期の高い死亡率と出生率にもかかわらず、初期のアメリカ家族では、祖父母と孫たちのあいだのひんぱんな接触と情愛的な絆がめずらしくなかったことを示している。祖父母たちは孫たちに定期的に財産と金銭を残し、子ども期にはしばしば孫の世話をした。逆に、年長の孫たちは、虚弱になった祖母や祖父の世話をしたり、手伝ったりした。育児書のなかでときどきみられる祖父母の過保護への言及も、尊敬と義務によってばかりでなく、愛情によっても特徴づけられる関係であることを示している。

1830～1920年の祖父母

多くの人びとが老齢期まで生き、人びとが若く結婚して早く子どもをもうけるようになると、家族メンバーの3世代が同時に生存する可能性が増え、同居することがしだいに増えてきた。たとえば、1900年までに、3世代世帯の比率は、アメリカ史においてピークに達した。年老いた未亡人たちは、子どもと孫たちといっしょに暮らす人びとの多数を構成した。同居する可能性が高まった一方で、その消極的な影響への懸念も増大した。世紀の変わり目とそれ以降の中産階級の注釈者たちは、老齢の両親との同居、とりわけ子育てに祖父母が介入することをめぐって、頻発する世代間の葛藤といった破壊的な影響を嘆いた。それと同時に、別居している両親は、不愉快な扱いと、子どもや孫といっしょの暮らしを強いられることに不満を述べた。同居が、ある種の家族にさまざまな困難をもたらしたことはまちがいないが、それらが家庭内で和解しても不服を残した。1900年でさえ、60歳以上のアメリカ人の70パーセントは、世帯主あるいはその伴侶として暮らしていたが、これは、祖父母と孫の相互関係の大半は、世代間の家庭内的軋轢によって形成されなかったことを示している。それにもかかわらず、工業的にも技術的にもますます洗練された社会において、非生産的で余剰な存在としての老齢者というイメージがあらわれたことは、歳をとることを病気と見る医学的な解釈とならんで、歳をとる両親と祖父母たちを社会と家族にとって負担だと見る感覚を助長した。

この時期を通じて、歳を重ねる個人の否定的な文化表現が蔓延したにもかかわらず、19世紀の手紙、日記、そして自伝的回想録などは、排他的にではなく、しばしばジェンダーによって明確にされるが、祖父母と孫たちのあいだでのひんぱんな接触と、接近的で情愛的な関係を証拠立てている。たとえば、しばしば祖父母は、ストレスと病気のときに年少の子どもたちの世話をし、その逆に、成人した孫娘たちは弱くなった祖母に親交と援助とを提供した。19世紀に自分の生涯を記録した多数の女性たちは、モデルとしての祖母の影響を強調した。男女とも祖父母は、孫の誕生に喜びをあらわし、熱心にその成長を願った。祖父も祖母も、あらゆる年齢の孫たちとひんぱんに交流した。若い女性からの手紙は、祖父母たちへの愛情と関心をあらわしたが、たとえば、南北戦争中の若い男性からの手紙は、若い男性とその祖母のあいだでも親密さを示している。初期のアメリカでのように、子どもを甘やかしてしまう祖父母についての19世紀の言及は、異常なことではない。自分たちの優しさを強調する祖母たちの芸術的な表現力は、非常に積極的な公的イメージも示している。

1920年以降の祖父母

歳を重ねることについての消極的な描写と、同居によって示される脅威にかんして家族専門家から発せられる警告に対応して、ますます多くのアメリカ人たちが自律的な世帯という理想を支持した。大恐慌の破局的な経済的衝撃が一時的にこの目標を達成する過程をさまたげたが、同居の衰退は、1920年以降の数十年におけるある大きな展開を示している。20世紀なかばまでに、社会保障、個人年金、それに老人世代における繁栄の増加などは、祖父母たちの大半が単独で暮らせるようにしたが、これは、多くの世帯の構造に生じた大きな変化で、暗黙の承認が広まっている。この傾向は、改訂された文化イメージに反映している。もはやお荷物としては描かれない老齢者たちは、いまでは自分の人生を統制でき、また統制しなくてはならず、活動的で忙しく、自律的な個人であった。祖父母たちを対象にした規範文学は、その役割を愛情とふれあいの提供者としてはっきりと定義した。こうした新しいイメージの文脈では、孫を溺愛し、甘やかしてだめにするという認めがたい行為を示すことはもはやない。

証拠の範囲は、20世紀後半における祖父母であることの改訂されたイメージと祖父母と孫の相互関係と

のあいだの調和を反映している。祖母、祖父、そして孫たちをとりまく書簡だけでなく、経験にかんする諸研究は、世代間の強い絆を示している。祖父母たちは、彼らはあたたかい絆を享受し、共通の興味、そして自分の祖父母との相対的な平等感覚などを享受しながらも、感情的な距離感は彼ら自身の祖父母たちと自分との関係を特徴づけた、と報告した。祖父母たちは、年少の孫たちに可愛らしい手紙や奇妙な絵を書き送り、青年期と若い成人の孫たちには物おしみしない贈り物をし、友人や親類の者たちに自分が祖父母であることの喜びを表明した。孫たちは感謝をこめたありがとうのメッセージを書き、祖父母の健康を気づかい、自分の活動ぶりを描き、ときには自分の人生において祖母と祖父がいかに大切であるかをはっきりと告白したりもする。現在進められている多数の研究は、20世紀後半における友愛的な祖父母の肯定的な特性を強調するが、研究者のなかには、祖父母と孫の関係は、感情と、役立ってくれるという側面での絆とのあいだのバランスが変わると、大事な構成要素を喪失するかもしれないと指摘する者もいる。

多様性と祖父母

祖父母と孫の関係史に共通体験があったことを示す証拠資料があるにもかかわらず、それを過剰に一般化する危険性を知っておくことは重要である。多様性と異質性は、あらゆる時代の祖父母を特徴づけてきた。ジェンダー、階級、人種、民族、そして居住地などの要因は、この文脈での変数としてじゅうぶん分析されてこなかったが、それらがおよぼす影響のいくつかの例は、引用することができる。たとえば、共有されるジェンダー役割は、20世紀の祖母たちが孫たちとのあいだで男性の祖父たちよりもあたたかい、非常に話がわかる関係を発達させたのに対し、19世紀には、祖母と孫娘とのあいだに特別な親密さが助長されていた。世紀の変わり目には、祖父母との同居は、まず最初はその家族が年老いた親類の者たちを支える資源をもっていた中産階級の子どもたちによって経験された。アフリカ系アメリカ人の祖父母、とくに祖母は、奴隷制の時代から現代にいたるまで、その孫たちの生活において重要な役割を演じてきた。白人の祖父母とは対照的に、かならずしも選択によってではなかったが、彼女たちは孫の子育てに深く関与しつづけていた。彼女たちは、相手を愛しむ友愛関係を提供しつつ、何世紀にもわたってアフリカ系アメリカ人の家族が直面したあらゆる問題に対応する際、非常に機能的な責任と非常に大きな権威とを堅固に保っていた。したがって、孫の人生へのかなり大きな関与は、アフリカ系アメリカ人の世代間にまたがる家族文化に不可欠な部分となってきた。そして現代のアフリカ系アメリカ人の祖母たちは、孫たちとの相互関係において、独特の干渉的なスタイルを反映しつづけていた。多くの移民家族、とくにイタリア系アメリカ人は、年長世代のなかでもとくに家庭内で、助けてくれる祖母を崇敬していた。それと同時に、言語と文化の壁は、祖父母と孫の親密な関係が発展するのをさまたげる可能性があった。最後に、強い絆は、田舎の家族における世代を結びつけたが、これはしばしば若者が都市に移り住むときに変わってしまった。

結論

祖父母の社会・文化的な文脈の諸変化と、家庭内の世代間関係で見られた実際の経験における諸変化の結びつきは複雑である。家族史のあらゆる側面が示しているように、直接的な一対一の関係は保持されえない。時代区分にかんする研究は、前工業社会から現在に向けて祖父母であることの地位は、親である立場と同時に発生した。同居は家族の不調和を生んだ。20世紀末までに老齢者は以前よりも多くの余暇時間・財政的安全性・独立性を享受した。平均寿命が延びたことは、多くの老人が長い時期にわたって独立した人生段階としての祖父母という立場を経験するのにじゅうぶん長生きできるようになったことを意味した。さらに、人びとは自分が祖父母になることを目標として待ち望んでいる。出生率の低下にともなって供給不足になったのはいまや祖父母よりも孫たちであった。しばしば地理的な距離が家族メンバーを切り離していたが、旅行とコミュニケーションの簡便さは、こうした人びとの連絡を可能にした。このようないくつかの変化が、祖父母と孫たちの関係の特質をどのように変容させたかを考察することは重要である。しかし、それにもかかわらず、20世紀ばかりでなくそれ以外の時代でも、あきらかに愛しみの情愛的な関係があったことを示す証拠は、祖父母と孫の相互関係が通時的に変化したと誇張することに警告している。個人の文書記録やその他の一次資料に記録されている個人に関係する歴史研究をさらに進めることは、祖父母という地位の変化と連続性のあいだのバランスについて、いっそう説得力のある理解を深めるうえで必要となろう。

➡育児、きょうだい関係、名づけ親（代父母）

● 参考文献

Achenbaum, W. Andrew. 1978. *Old Age in the New Land.* Baltimore, MD: Johns Hopkins University Press.

Brady, Patricia, ed. 1991. *George Washington's Beautiful Nelly: The Letters of Eleanor Parke Custis to Elizabeth Bordley Gibson 1794-1851.* Columbia: University of South Carolina Press.

Cherlin, Andrew J., and Frank F. Furstenberg Jr. 1986. *The New American Grandparent: A Place in the Family, A Life Apart.* New York: Basic Books.

deButts, Mary Sutis Lee, ed. 1984. *The Journal of Agnes Lee.* Chapel Hill: University of North Carolina Press.

Demos, John. 1983. "Old Age in Early New England." In

The American Family in Social-Historical Perspective, 3rd edition, ed. Michael Gordon. New York: St. Martin's Press.

Fischer, David Hackett. 1977. *Growing Old in America*. New York: Oxford University Press.

Gratton, Brian, and Carole Haber. 1996. "Three Phases in the History of American Grandparents: Authority, Burden, Companion." *Generations* 20: 7-12.

Haber, Carole. 1983. *Beyond Sixty-Five: The Dilemmas of Old Age in America's Past*. New York: Cambridge University Press.

Haber, Carole, and Brian Gratton. 1994. *Old Age and the Search for Security: An American Social History*. Bloomington: Indiana University Press.

Kornhaber, Arthur, and Kenneth L. Woodward. 1985. *Grandparents/Grandchildren: The Vital Connection*. New Brunswick, NJ: Transaction.

Premo, Terri L. 1990. *Winter Friends: Women Growing Old in the New Republic, 1785-1835*. Urbana: University of Illinois Press.

Uhlenberg, Peter, and James B. Kirby. 1998. "Grandparenthood over Time: Historical and Demographic Trends." In *Handbook on Grandparenthood*, ed. Maximiliane E. Szinovacz. Westport, CT: Greenwood Press.

（LINDA W. ROSENZWEIG／中村勝美・北本正章訳）

体育 (Physical Education)

　体育（**体操**［gymnastics］、身体訓練［physical training］ともよばれる）には長い伝統がある。『国家』のなかでプラトンは、教育のふたつの部門、すなわち精神のための音楽（これをつかさどっているのはミューズ*¹である）と、身体のための体操について説明している。このふたつのつりあいがとれている発達*²――とならんで身体の調和がとれている発達――が望ましい目標であった。体育は、**衛生学**と予防医学にかんする古典的な理念とも強く結びついていた。1800年代末以降、生理学、心理学およびその他の学問分野から生まれた知識を体育に組みこもうとするさまざまな取り組みがあった。

　18世紀には、多数の注目すべき論文が書かれ、そのなかで、子どもの年齢と性別にふさわしい運動は、子どもの教育にとって不可欠な部分であると宣言された。「健全な身体に宿れかし健全な精神が」（mens sana en corpore sano）という格言ではじまる**ジョン・ロック**の『子どもの教育』（Some Thoughts Concerning Education, 1693）は、しばしば引用された。医学者のジャン・シャルル・ドセッサールツ（Jean Charles Desessertz, 1729-1811）は、ジャン=ジャック・ルソーに影響をあたえた人物といわれているが、彼の『低年齢の子どもの身体教育論』（Traité de l'Éducation Corporelle des Enfants en Bas Âge, 1760）は、少年たちにランニング、ジャンプ、シャッフルボード*³、水泳、フェンシングのような活動をするよう勧めていた。ドセッサールツとジャンリス伯爵夫人*⁴（『ある女家庭教師の教育論』［Leçons d'Une Gouvernante à ses Éleves, 1791］の著者）は、少女はふつうに受ける教育よりもはるかに多くの運動をさせるべきであると宣言した多くの論者の一人であった。**ヨハン・バゼドウ**の「汎愛学院」（Philanthropium, 1774）は、毎日3時間を気晴らし運動にさいていた。**ヨハン・クリストフ・グーツムース**（近代体操の父とよばれる）は、19世紀における子どもの発達に大きな影響をおよぼした。

　1800年代を通じて、それぞれが独自の動機とスタイルをもっていた美容健康体操（カリスセニクス）*⁵と体操の公認プログラムは、ヨーロッパのさまざまな国に広まった。イギリスでは、政府の助成を受けた学校での通常の運動形態は、体操／美容健康体操であった。ゲームをして遊ぶこと（性格を形成する潜在力があると考えられている）は、ハロウ校やラグビー校およびこれらの学校と肩をならべようとするグラマースクールのようなパブリックスクールを支配した。ラウンド・ヒルスクールに徒手体操クラブ（Turnen）*⁶が導入された1826年と同じ年に、「アメリカ教育雑誌」（American Journal of Education）が掲載した「体育」というタイトルの論文は、「体験よりも書物を重んじる教育施設が、適切な道具など何も必要とせず、健康体操と天真爛漫なレクリエーションをとりいれるときは近い、とわれわれは待ち望んでいる」と宣言していた。南北戦争前の健康改善者たちは、両親と教師たちに成長、健康、そして運動の法則に対応するようくりかえし主張した。「ボストン医学外科学会報」と多数の教育出版物も同じことを主張していた。キャサリン・ビーチャー*⁷の人気を博した著書『学校と家族のための生理学と美容健康体操』（Physiology and Calisthenics for Schools and Families, 1856）は、身体の循環とその他の機能について数章をさいて、（イラスト入りで）少女と少年のための教室内での運動について述べている。

　19世紀最後の数十年間を通じて、「身体訓練」は生体臨床医学的な関心*⁸に支配された。全米体育推進協会（the American Association for the Advancement of Physical Education, 1885）の最初の10人の会長のうち9人は医学者であった。ウィリアム・T・ハリス*⁹は、全米教育委員会の身体訓練にかんする1889年のボストン会議の開催にあたって、運動の重要性に言及し、運動の利点を推奨した。この会議は、大半が当時流行していたいくつかの体操システム（ドイツ体操*¹⁰、スウェーデン体操*¹¹、アメリカ・システム）について議論することにさかれ、スポーツのことはほとんど話題にならなかった。

　20世紀には、カリキュラムの焦点としてゲーム、スポーツ、ダンスが、しだいに形式的な体操／美容健康体操に置き換わるようになった。子どもたちは各種のゲームに引きつけられ、**学校対抗運動競技**（少年向け）が大いに人気を集めた。教育学的な観点からもっとも重要なのは、**進歩主義教育**の支持者たちが、身体発達だけでなく、**遊び**とゲームの重要性を強調していたことである。1893年にG・スタンリー・ホールがはじめた教育学セミナー（Pedagogical Seminary）は、**ルーサー・ギューリック**の「集団ゲームの心理学的、教育学的、および宗教学的側面」といった論文を多数公刊した。ギューリックは、新たに登場した体育分野の多数のほかの指導者たちと同じように、YMCA、アメリカ遊び場協会（the Playground Association of America：PAA, 1906）、さらに、子どもといっしょに活動するその他の組織に重要な貢献をした。彼は、

1903年にニューヨーク市公立学校運動連盟（the New York City Public School Athletic League）を設立したが、これは全国の類似の組織のモデルとして役立った。これらの組織の焦点は、教育的な運動すなわち、非常に少数の者たちのための競いあう運動ではなく、多人数の少年と少女のためのスポーツに置かれた。

これらは同じようなものに見えるかもしれないが、体育と学校／大学の対抗運動競技はその目的の点やほかのいくつかの重要な方法の点で違いがある（この違いは、2000年以上も前にプラトンによって指摘されている）。1920年代初めの「アメリカ体育評論」（American Physical Education Reviewのちに Research Quarterly for Exercise and Sportと改称）に掲載されたいくつかの論文は、プラトンの時代以来くりかえされてきた関心の本質を映し出している。1920年までに、身体を使った教育は、体育における支配的なイデオロギーとしての身体についての教育に、急速に置き換わった。トマス・デニソン・ウッド博士*12のような個人の貢献によって、体育は、第1次世界大戦以降に独立した分野として登場した健康教育とのつながりを保持していた。アメリカ体育局の初代局長であったトマス・ストーリー*13の考えは、学校衛生学と体育の目的（教科書の情報を実践に移すこと）は、どちらも健康にあると考えた多くの人びとと同じであった。これとよく似た見解は、全米教育協会の初等教育の見直しにかんする委員会（Commission on the Revision of Elementary Education）のために準備された『体育における学校プログラム』（School Program in Physical Education, 1922）で敷衍されている。カリフォルニア州教育局によって公刊された『小学校における体育』（Physical Education in the Elementary School, 1951）は、学校教師たちに情報を提供し、第1学年から第8学年までの子どもに対応する数百ものゲーム、リズミック、およびその他の活動についての解説を提供した別の包括的な事例である。

1800年代後半の研究は、人体測定学の手法によって姿勢と身体成長の研究に集中した。1920年代を通じて、関心は身体効率（強さと調整のような）の測定へと向かった。子どもの発達研究協会（the Society for Research in Child Development）によって出版された『青年期における運動能力』（Motor Performance During Adolescence, 1940）は、運動発達における重要な研究に着手している。1975年のPL-142法*14の成立に続いて、体育教師たちは、障がいのある子どもたちに関係する重要な研究をいくつも生みだした。1970年代以降、多数の研究は、いくつもの専門分野にまたがって広がりながら子どもと若者の身体活動に関連している。スポーツにおける子どもたちの不安感にかんする研究は、「スポーツ心理学研究」（Journal of Sport Psychology）のような出版物の登場にみられるように、高度に組織化された競争プログラムに参加する若者たちのあいだで高まりつつあるいくつかの傾向を反映しているかもしれない。

1960年代を通じて、ほとんどの州が法律を制定している必修の日常的に行なわれるハイスクールの体育は、選択科目数が非常に多くされ、したがって柔軟な時間割編成が必要な履修になっていることが理由の一部になって、衰退していた。1955年に設置された健康とスポーツにかんする大統領諮問委員会（the Presidents Council on Physical Fitness and Sports）は、1976年の報告書で、「日常的な［体育の］授業に参加している公立学校の生徒は40パーセント以下である」と述べていた。疾病対策予防センターの「ガイドライン」（Guidelines for School and Community Programs, 1997）は、その重要性を確認している**小児医学**、疫学、生理学、その他の分野から得られる広範な証拠にもかかわらず、膨大な数の子どもと青年期の若者たちは、定期的な身体活動に参加していないと指摘している。他のいくつかの国でも、これと同じような事実を報告している。こうした衰退は、**テレビ**その他の電子メディアによってもたらされた不活発さが一因である。さらに、比較的少数の子どもと若者しか参加しない高度な運動能力を必要とするスポーツの魅力は、（意図したわけではなかったにせよ）かつて体育教師たちが学校の授業が提供する基礎は自分たちがつくると主張していた、広い層の支持基盤をもっていたカリキュラムと放課後の校舎内の運動プログラムから、子どもたちの関心をそらせてしまっている。

［訳注］

*1 ミューズ（Muses）——一般には学芸をつかさどる女神。もともとはギリシア神話において、詩歌（Aoede、アオイデ）、思索（Melete、メリテ）、記憶（Mneme、ムネメ）の3人の姉妹神の一人をさしていたが、のちに、ゼウス（Zeus）と記憶の女神であるムネモシュネ（Mnemosyne）とのあいだに生まれた学問・芸術をつかさどる9人の女神たち、すなわち叙事詩（Calliope、カリオペ）歴史（Clio、クリオ）、叙情詩（Erato、エラト）、音楽（Euterpe、エウテルペ）、悲劇（Melpomene、メルポメネ）、宗教音楽（Polyhymnia、ポリュヒュムニア）、舞踊（Terpsichore、テルプシコラ）、喜劇（タレイア、Thalia）、天文（Urania、ウラニア）のなかの一人をさす。

*2 このふたつのつりあいがとれた発達（balanced development of the two）——プラトンの『国家』411E-412Aでは次のようにある。「…ある神がふたつの技術を人間に与えたもうたのだ…。すなわち、気概的な要素と知を愛する要素のために、音楽・文芸と、体育とをね。これらはけっして、魂と身体のために…与えられたのではなく、いま言ったふたつの要素のために、それらが適切な程度にまで締められたり弛められたりすることによって、互いに調和し合うようにと与えられたものなのだ」（藤沢令夫訳、岩波文庫、1979年、上巻p. 270）

*3 シャッフルボード（shuffleboard）――長い棒で円盤をついてさまざまな点数表示部分に入れ、合計得点を競う遊戯。

*4 ジャンリス伯爵夫人（Stéphanie Félicité du Crest de Saint-Aubin, Comtesse de Genlis, 1746-1830）――一般にはジャンリス伯爵夫人として知られるフランスの作家、ハープ奏者、教育者。フランス啓蒙期の典型的な教養人。のちに国王となるルイ・フィリップの養育係となり、ルソーとも交流があった。多数の著作を書きながら、生涯にわたって何度も養子を迎えて養育した。

*5 美容健康体操（calisthenics）――特別な道具などを使わない運動。腕立て伏せ（push-ups, press-ups）、起き上がり（sit-ups）、ストレッチ（stretches）、全身の柔軟体操などの身体運動の総称。

*6 徒手体操クラブ――プロイセンの教育家、体育家、軍人で、のちに「体操の父ヤーン」（Turnvater Jahn）とよばれたフリードリヒ・ルートヴィヒ・ヤーン（Friedrich Ludwig Jahn, 1778-1852）が1811年にはじめた徒手体操クラブ（Turnvereinen）。一般的には「ドイツ体操」（トゥルネン）とよばれる。ヤーンは、国民の体力増進に努めるとともに、ロマン主義的なドイツ・ナショナリズムを鼓舞し、「強く、敬虔に、楽しく、自由に」（Frisch, Fromm, Fröhlich, Frei）をモットーに、近代体操の基礎を築いた。

*7 キャサリン・ビーチャー（Catharine Esther Beecher, 1800-1878）――女子教育を推進したアメリカの教育者。幼稚園の普及にも尽力した。その妹は『アンクル・トムの小屋』（Uncle Tom's Cabin; or, Life Among the Lowly, 1852）で知られる作家のストウ夫人（Harriet Elisabeth Beecher Stowe, 1811-1896）。ビーチャー姉妹は奴隷制度廃止を訴えた。

*8 生体臨床医学（biomedical interests）――生物学や生理学を基礎科学として臨床医学に用い、生体（人体）の構造や機能、疾病について臨床研究することによって、疾病の診断・治療・予防法を開発する学問分野。

*9 ウィリアム・T・ハリス（William Torrey Harris, 1835-1909）――アメリカの教育家、哲学者、政治家、辞書編集者。セントルイス市の学校教師から教育行政官（1868-1880）になり、全米教育委員会会長（1889-1906）をつとめた。

*10 ドイツ体操――教育家のバゼドウ、哲学者のフィヒテらの思想を継いだフリードリヒ・ルートヴィヒ・ヤーン（Friedrich Ludwig Jahn, 1778-1852）によって1811年にドイツで創始された体操法。これはとくに器械体操が有名で、鉄棒、あん馬、平均台など、今日の器械体操競技種目の大部分はヤーンが創案したものといわれている。スウェーデン体操の研究家ロートシュタインから、器械体操は青少年の体育の方法としては有害であるとの批判を受け、激しい論争（平行棒論争）が展開されたが、医者などの支持を得て今日まで残っている。

*11 スウェーデン体操――スウェーデンの体育家で、医療体操（medical-gymnastics）を開発したことで知られるペール・ヘンリク・リング（Pehr Henrik Ling, 1776-1839）によって、国民の体力の増進のために、解剖学、生理学、物理学などの観点から合理的な体力増進運動をめざして考案された徒手体操を中心とした体操。

*12 トマス・デニソン・ウッド博士（Thomas Denison Wood, 1865-1951）――アメリカの健康教育学者。コロンビア大学教授として、アメリカの学校教育の健康教育を推進した。

*13 トマス・ストーリー（Tomas Storey, 1875-1943）――アメリカの生理学者、体育学者、社会衛生学者。学校の保健衛生学の改善に組織的に取り組み、1906年に設立されたアメリカ学校保健衛生学会に貢献した。

*14 PL-142――正式にはPublic Law 94-142（Education of All Handicapped Children Act［すべての障がい児のための教育法］）。現在はIDEA（Individuals with Disabilities Education Act［障がいのある諸個人の教育法］）として成文化されている。この法律によって各州は、すべての障がいをもつ子どもたちが自由に選べる適切な公教育を整備するための基金を連邦から得るために、政策を改変・整備しなくてはならない。また、各州の教育政策は、連邦改正教育法第20編（Title 20 United States Code Section 1400 et.seq.［20 USC 1400］）と一致していなくてはならない。

➡遊び場運動、教育法第9篇と女子スポーツ、組織的なレクリエーションと若者集団、バスケットボール、ベースボール（野球）

●参考文献

Dauer, Victor P., and Robert P. Pangrazi. 1983. *Physical Education for Elementary School Children*. Minneapolis: Burges Publishing Company.

Gerber, Ellen W. 1971. *Innovators and Institutions in Physical Education*. Philadelphia: Lea and Febiger.

Hackensmith, Charles W. 1966. *History of Physical Education*. New York: Harper and Row.

Haley, Bruce. 1978. *The Healthy Body and Victorian Culture*. Cambridge, MA: Harvard University Press.

Massengale, John D. and Richard A. Swanson, ed. 1997. *The History of Exercise and Sport Science*. Champaign, IL: Human Kinetics.

National Center for Chronic Disease Prevention and Health Promotion, Centers for Disease Control and Prevention. 1997. "Guidelines for School and Community Programs to Promote Lifelong Physical Activity Among Young People." *Journal of School Health* 67: 202-219.

Van Dalen, Deobold, and Bruce L. Bennett. 1971. *A World History of Physical Education, Cultural, Philosophical, Comparative*. Englewood Cliffs, NJ: Prentice-Hall.

●参考ウェブサイト

American Alliance for Health, Physical Education and Dance. Available from 〈www.aahperd.org〉

(ROBERTA PARK／北本正章訳)

体外受精（IVF）（In Vitro Fertilization）

　体外受精（IVF）は、不妊治療の方法であり、卵子と精子の結合を実験容器内で発生させることである（語源となるイン・ヴィトロ（in vitro）とは、「ガラス管内で」を意味している）。女性の生殖器官の卵管内部において受精が起こる体内受精とは異なるものである。科学者、S・L・シェンクにより、1880年に動物の体外受精にかんする研究がはじまった。しかし、明確な報告は、1959年に、科学者ミシェル・チャンによってなされるまでなかった。1978年イギリスで、パトリック・ステプトーとロバート・エドワーズによってはじめてヒトの体外受精が成功し、人類初の試験管ベビー、ルイーズ・ブラウンが誕生した。アメリカ初の体外受精による赤ん坊の誕生は1981年にハワード・ジョーンズとジョージアナ・ジョーンズ夫妻による研究によってもたらされた。ハワード夫妻は、彼らが考案した技術を、シェンクやエドワーズによる体外受精の技術とは区別し、近代的体外受精の新たな方法として導入した。アメリカ内だけで、1999年には、3万5000人以上の赤ん坊が補助的生殖技術（ART）によって生まれている。有効なデータはわずかな年月しかないが、補助的生殖技術の使用は、1996年から2000年までに54パーセント増加したといえる。使用の増加が、体外受精の技術の社会的広まりか、不妊の増加によるものか、ベビーブーム層によるものかは明らかではないが、出産の高齢化と少子化がみられる。補助的生殖技術は、出産年齢にあるすべての女性のうち1パーセントの層に用いられているとしても、すべての女性のうち7パーセントの層は不妊治療を考慮している。

　通常、女性の卵巣は1ヵ月に1個の卵子を生産する。体外受精を専門とする医師は、数個の卵子を生産することをうながすために**排卵誘発剤**を用いる。それらの卵子は、病院において膣から卵巣に注射針を挿入して取り出す処置がなされる。そして、受精をひき起こすために、卵子は精子と混合される。実験室において経過観察がなされ、今日では胚芽*¹として知られる多数の受精卵は、子宮頸部に差しこまれたプラスティックのチューブをとおして子宮に戻される。

　そもそも体外受精は、35歳以下の女性を対象とした、卵管の閉塞や不在による不妊治療として開発された。その後、体外受精は大幅に拡大し、排卵機能障害や、男性不妊、原因不明の不妊に対する治療に用いられている。体外受精の施設によっては、卵子提供により、卵巣のない女性や出産年齢をすぎた女性、閉経後の女性にも妊娠を可能にさせている。胚芽は、後で使用するために、ほかの夫婦に贈与するために、あるいは代理母の子宮に移植するために、凍結して無期限に保存することができる。また、子宮に戻す前に、胚芽から遺伝性疾患の判断を行なうこともできる。

　アメリカ生殖医学会議による年次報告は、体外受精の成功率を明らかにしている。成功する確率は、両親の年齢や、新しい胚芽か凍結させた胚芽かによって、またほかの要因によって異なってくる。2002年のデータでは、ひとつの卵子が出産にいたる確率は29.1パーセントであると報告されている。体外受精すれば出生異常率が高まるという証拠はない。しかしながら、治験医師の報告によると、体外受精の場合、胎盤形成に異常がみられることがあり、胎児の成長に問題が生じると指摘されている。

　体外受精は医学的、倫理的、法的、社会的、宗教的な議論をよび、物議をかもした。医学的にはこの技術は女性にいくばくかの危険を生んだ。排卵誘発剤には、命にかかわることはまれではあるものの、卵巣過剰刺激症候群（OHSS）をひき起こす可能性がある。くわえて多くの体外受精の施術者が、妊娠を成功させる機会を増やすために、複数の胚芽を女性の子宮に植えつけている。そうなると今度は、双子（およそ25パーセント）や三つ子さらなる多児妊娠（およそ5パーセント）の危険をよぶこととなる。単胚妊娠に比べ多胚妊娠は母体への危険が高く、未熟児の危険の増加や新生児の脳性まひ、失明、死亡率が高まる。体外受精にまつわるこれらのことは、家族と医療制度に多大なストレスをあたえている。

　体外受精によって生まれた子どもは、最大5人の親——遺伝子上の父と母、代理母、育ての父と母——をもつことから、社会学的な関心がよせられている。子どもに対する遺伝子上の、妊娠上の、そして養育上の役割の分離は、親であることや家族の意味に疑問を投げかけている。凍結受精卵や代理母から生まれた子どもの親権をめぐっては法的闘争も起きいる。いくつかの宗教団体は、性と生殖を分離させていることを理由に体外受精を禁止している。子宮に植えつけられることのなかった胚芽をどうしたらよいのか、その問題についても論争が起きている。胚芽が破棄されたり、幹細胞の研究に用いられる場合、体外受精は、アメリカ国内で扱いにくい問題とされる妊娠中絶の議論にまきこまれてしまう。

　体外受精にかんしては、ジェンダーや人種、階級問題にも関連する疑問点も生じている。フェミニスト研究者によっては、体外受精を、妊娠が不可能な環境下にある女性に生物学的な母性の機会をあたえるという、人生の新たな選択肢の機会とみなす見解を出す者もいる。その一方で、体外受精は、女性を再生産の道具とする慣習化された役割を強要し、また女性の身体を取引材料にするものであると主張するフェミニスト研究者もいる。フェミニストによる批判のなかには、不妊症にまつわる「疾病」についての医学的言説によって、不妊症が社会的に構築される診断によって決めつけられているという明確な認識をさまたげていると指摘するものもある。体外受精の人種にまつわる問題は十分

に明らかにはなっていないが、おそらくほかの要素、たとえば、アフリカ系アメリカ人は、不妊症ではなく、子どもを産むことが極端に多いという固定観念は、きわめて突出した再生産をめぐる論争となっている。しかしながら、アフリカ系アメリカ人の女性の不妊症の比率は白人系のアメリカ人女性に比べて1.5倍であり、白人系のアメリカ人女性が体外受精をふくむ生殖補助医療の技術などを利用する率はアフリカ系アメリカ人の2倍となっている。体外受精は非常に高いコスト——1カ月あたり1万ドル——がかかり、しかも、つねに保険適用であるわけではなく、さらに医療保険でカバーできることは非常にまれであるため、社会階級が密接にかかわった行為である。

➡多児出産、名づけ親（代理父母）、妊娠と出産

［訳注］
＊1 胎芽（embryo）——胚、幼胚、胚子ともよばれる。人間の場合、受精後8週未満の発達初期の生体をさしていう。それ以降は「胎児」（fetus）とよぶ。体外受精などで余剰卵を廃棄することを非難して「胎児迫害」（embryo abuse）という。生物学一般では、卵生動物の受精卵が卵割して器官原基ができるまでの個体をさしていう。

●参考文献

Brinsden, Peter, ed. 1999. *A Textbook of In Vitro Fertilization and Assisted Reproduction*, 2nd ed. New York: Parthenon Publishing.

Chandra, Anjani, and Elizabeth Stephen. 1998. "Impaired Fecundity in the United States: 1982-1995." *Family Planning Perspectives* 30, no. 1: 34-42.

Jones, Howard. 1991. "In the Beginning There Was Bob." *Human Reproduction* 6: 5-7.

Raymond, Janice. 1994. *Women as Wombs-Reproductive Technologies and the Battle Over Women's Freedom*. New York: Harper Collins.

Roberts, Dorothy. 1997. *Killing the Black Body - Race, Reproduction, and the Meaning of Liberty*. New York: Vintage Press.

Seoud, M., and H. Jones. 1992. "Indications for In Vitro Fertilization: Changing Trends: The Norfolk Experience." *Annals of the Academy of Medicine* 21: 459-70.

Society for Assisted Reproductive Technology and the American Society for Reproductive Medicine. 2002. "Assisted Reproductive Technology in the United States: 1998 Results Generated from the American Society for Reproductive Medicine/Society for Assisted Reproductive Technology Registry." *Fertility and Sterility* 77: 18-31.

Speroff, Leon, Robert Glass, and Nathan Kase, eds. 1999. *Clinical Gynecologic Endocrinology and Infertility*, 6th ed. Baltimore: Lippincott Williams and Wilkins.

●参考ウェブサイト

American Society for Reproductive Medicine. Available from 〈www.asrm.org〉

CDC Reproductive Health. 2002. "2000 Assisted Reproductive Technology Success Rates-National Summary and Fertility Clinic Reports." Available from 〈www.cdc.gov〉

National Center for Health Statistics. "National Survey of Family Growth." Available from 〈www.cdc.gov/nchs/nsfg.htm〉

（LISA H. HARRIS／山口理沙訳）

大学紛争（1960年代）（Campus Revolts in the 1960s）

　10年にもおよんだかつての大学紛争は、近年の歴史においてもっとも広範囲かつ強烈な影響をおよぼしたが、その背景には1950年代におけるいくつかの問題の複雑な組みあわせが存在していた。東西陣営における冷戦下の軍国主義、権威主義、そして植民地主義は、もっとも開かれた社会においてさえも、それが民主化しうるかなり前から、民主主義の理念と衝突した。同時に、かつてはごく少数の先駆者のものであった社会的、文化的トレンドが、いまや大衆的な**若者文化（ユースカルチャー）**の一部になったこともあげられる。知的解放は、伝統的な家族構造と衝突するいくつかの性的傾向がつきものであった。多くの口実によって、体制順応主義と不寛容に対する攻撃の舞台が用意された。ベビーブーム世代が大学に入る年代になったことと、多様な社会的（そしてアメリカの場合には人種問題もあった）な背景をもつ学生たちからなる大量の入学者に不慣れであった大学が、そうした状況をもたらした。大衆動員を必要とする機運は一連の持続的な対立からもたらされ、それはときどきささいな問題で火花が飛び、ついには1967年と1968年の世界的規模で起きた事件で最高潮に達した。

アメリカ

　大学は、この期間中、直接反抗行為を示す場ではなかったときでも、ほかの場所で行なわれていた大衆活動を組織する場所であった。アメリカで学生の急進主義が最初に焦点をあてたのは、核軍縮の問題であった。1959年結成された学生平和連合（Student Peace Union）は、1962年にワシントンでデモ行進を行なった。その一方で、1960年2月、学生たちはグリーンズボロで座りこみ抗議に参加し、それが南部の人種差別に全国の関心が向けられる一つのきっかけとなった。同年春には、カリフォルニア大学バークレイ校の学生が、下院反アメリカ活動委員会（House Committee on Un-American Activities）の地域公聴会に反対するデモを行ない、従来型の政治と学生の政治との分裂が明確になった。1960年代には、ケネディ政権［1961-63］が学生運動の活力を利用しようと試みようとしたのに対して、もっと革新的な学生たちは、トム・ヘイドン（Tom Hayden）によってしばらくのあいだ先導された民主社会をめざす学生同盟（Students for

Democratic Society：SDS）を結成した。

その後の数年間、公民権とベトナム戦争が学生運動の検討課題を進展させた。1964年の夏、学生非暴力調整委員会（Nonviolent Coordinating Committee）は、人種平等会議（Congress of Racial Equality）と協同して、ミシシッピー州やほかの南部諸州のアフリカ系アメリカ人の有権者の大量登録に取り組んだ。これらの学生たちの一部は、陥落したカリフォルニア大学バークレイ校に戻り、学内の政治活動を抑えこもうとしていた大学当局に対して反旗を掲げた。この抵抗はその年の学期末まで続き、大衆集会、大学や市の職員との緊迫した交渉、そして警察との衝突をひき起こし、ほかの場所で起きた同様の抵抗運動の手本となった。バークレイ校での闘争が進行しているあいだ、SDSはワシントンDCで反戦デモ行進を組織しはじめ、翌年も続いた。

ベトナムでの戦争行動が拡大するのにともなって、抗議活動はいっそう熾烈になってきた。1967-1968年度は、化学兵器に抗議するウィスコンシン大学での座りこみで幕を開けた。まもなくして、バークレイ校付近のオークランド軍事徴兵検査場が包囲されて攻撃され、アメリカ国防省（ペンタゴン）でも大規模なデモ行進がくりひろげられた。この年の2月、公民権と黒人学生のためのよりよい機関を求めたデモは、サウスカロライナ大学オレンジバーグ校での暴力衝突という結果に終わった。オレンジバーグでの警察の暴行に抗議したハワード大学の学生は、「黒人大学」とサウスカロライナ大学オレンジバーグ校でのほかの変革を要求した。すぐ後に、メリーランド州のボウイ［アーカンサス］州立大学のキャンパスでも同様の行動が起こったが、警察によって鎮圧された。公民権と反戦問題の組みあわせが、1968年4月23日にコロンビア大学で起きた反乱を特徴づけたが、これはバークレイ以来2番目に大規模な暴動であった。この年の8月には、アメリカ軍の撤退を要求して、反戦を唱える民主党指名大統領候補者ユージン・マッカーシー[*1]を支持する学生たちが、民主党の全国大会が開かれるシカゴでデモを行なった。そこで起きた警察との衝突は、史上類を見ないほどの暴力行為に発展してしまい、これによって、次の大統領選挙では、リチャード・ニクソン[*2]が世論の支持を固めた。1970年5月、4名の学生が殺されたケント州立大学での学生と警察間の悲劇の決戦は、ベトナム戦争終戦前とはいえ、さらなる暴力衝突をしばらくのあいだ思いとどまらせることにつながった。

ヨーロッパ

ヨーロッパの観点からみれば、ベトナム戦争は西側による軍事化と植民地主義の最悪の結果を象徴しているように見えたが、その一方で、大学キャンパスの内外で起きたアメリカの学生運動は大衆動員の可能性を示していた。その衝突の模様は、急速にあちこちに広がっていった。ヨーロッパの抗議運動もまた、消費社会の浅薄さと、依然として続く大学進学に対する階級間の障壁を攻撃するイデオロギーとならんで、混雑した人間味のない大学と不安定な雇用の展望にかんする懸念にも関係があった。

フランスでは、1960年に、フランス学生連合（UNEF）がアルジェリア独立の支援を宣言し、ド・ゴール政権［1959-69］と学生の政治活動とのあいだに亀裂が広がりはじめた。1963年には、表面上は、増加する大学入学者数に直面した大学組織の崩壊が引き金となり、ソルボンヌ［パリ大学］における暴発によって、不平不満の声が最高潮に達した。1万人のソルボンヌの大学生と4500人の警察官とのあいだの丸一日にわたる争いの後、国内23大学の約30万人の学生が、半数の教授とともにストライキを行なった。翌年、イタリア大統領が、非妥協的なフランス文部大臣クリスティアン・フーシェをともなって大学視察を行なった際、パリ大学の学生たちとUNEFは抗議活動を組織し、大学内部の民主的改革を要求した。

イギリスでは、1965年にロンドンスクール・オヴ・エコノミクスで行なわれた抗議の中心は、ローデシア[*3]における白人支配に対して向けられていた。イタリアでの初期の抗議活動は、1965年のトリノ大学に集中していた。それは社会学での学位認定問題に端を発し、学生自治、カリキュラム改革、そして教育プログラムと同時代の出来事との関連性の問題にまで広がった。さらにトリノでは、1967年に大学施設が7カ月間にわたって占拠されたのだが、当初は大学問題に焦点があてられていたものの、その後、国内の関心事の社会問題にまで広がった。

ドイツの大学では、1967年6月に、イラン国王（シャー）の公式訪問に抗議する学生たちが、前もって計画されていた警察の攻撃によって激しく打ちのめされ、傍観者の一人が射殺されたことにより、学生の怒りは極限に達した。7月9日にハノーファーで行なわれた亡くなったその傍観者の葬式には、約2万人の学生が西ドイツ各地から参列した。ハノーファーの会合では、大学の一般的危機だけでなく、警察の暴虐さをドイツ政府の権威主義的で排他的な構造に結びつけて論じる声明文が出された。この会合とその成果によって、学生のリーダーであったルディ・ドゥチュケ[*4]と社会主義ドイツ学生連盟（Sozialistische Deutsche Studentenbund: SDS）は、その名を高めた。同年、学生たちは、ますます官僚化が進むベルリン自由大学のかわりに、西ベルリンでクリティッシェ大学（Kritische Universität）を組織し、学生が相互に教えあう教育課程を提唱した。

1968年の学生暴動の季節は、チェコスロヴァキアでも幕を上げた。この年の1月、不人気であった新スターリン主義者に代わってチェコ共産党の第一書記に選出されたアレクサンデル・ドゥプチェク[*5]は、党内

の民主化、移動の自由と表現の自由をふくむ広範囲にわたる改革に着手した。議論と抗議がくりかえされた「プラハの春」において、学生たちは、改革の方針と共産党支配の解体の継続を求め、大きな役割を果たした。プラハの活動に鼓舞されたポーランドのワルシャワの学生たちは、民族主義的な劇が上演禁止にされた際に、さらなる自由と民主化を求めたデモを行なった。両者の運動に対して行なわれた暴虐的な鎮圧は、1989年の学生指導者にとって、参考にする点となったであろう。

　西側諸国では、プラハの学生運動の勢いは、おもに、NATOがヨーロッパ各国に要求する諸問題、ベトナム戦争、そしてアメリカの中東政策の影響によって刺激を受けた活動をひき起こした。ローマでは、ジュリア通りでの暴動によって、250人の学生が逮捕された。続いてドイツでは、ルディ・ドゥチュケが［1968年］4月のイースター暴動の鎮圧時に銃撃によって大けがを負い、運動が鈍化した。同月、コペンハーゲン大学の学生たちがデモ行進を行なった。フランスでは、パリ・ナンテール大学の学生指導者ダニエル・コーン=ベンディットが、5月上旬に、彼が行なっていた組織活動を理由に国外追放されたことによって、抗議活動の中心はふたたびソルボンヌへと移った。警察の暴力と非妥協的な政府の態度を受け、労働者たちもデモ隊にくわわり、5月末までに国内の労働者約1000万人がストライキを行ない、政治問題に労働問題がくわえられた。最終的には、ド・ゴール大統領が労働問題にかんして迅速に譲歩したことにより、労働者の学生運動への支援は弱まり、政治的失態は回避された。5月におけるパリでのこうした出来事に触発され、ユーゴスラヴィアのザグレブとベオグラードでは6月3日から10日にかけて、スイスのチューリヒとロンドンでは6月末に、それぞれ暴動が起こった。さらにその後には、イギリスのウォリックで、大学経営者による学生の政治活動への調査活動を示す文書を学生が発見したことから、暴動が起きた。ヨーロッパ以外では、ダカール、東京、ベネズエラ、メキシコシティなどの大学で、同様の出来事が起こった。

意義

　抗議活動がまきおこったこの2年間の意義は、社会史研究者のあいだで今なお議論をよぶ問題である。研究者の大多数が合意しているのは、すぐ後に見られた結果は長期的な影響ほど重要ではなかったということである。これらの運動は、具体的な成果をほとんど生み出さなかったが、その一方で、大学登録はより開かれ（ヨーロッパでは大きく拡張され）、入学のための要件は減り、その結果、大学は消費者としての学生を対象にいっそう大きな説明責任を負うこととなった。長期的な影響にかんしては、いくつかの研究が、急進左派を急激な戦術変更に追いやった運動を非難した。

こうした研究が述べるところによると、運動を組織していた者たちの一部は、全般的な革命をひき起こすための運動が挫折してしまったことに失望し、秩序の破壊を専門とする暴力的な工作員によって、少数の尖兵を形成するという手段に頼るようになってしまったという。その例としてあげられるのは、ドイツの赤軍派[*6]、フランスの直接行動派、イタリアの赤い旅団[*7]そしてアメリカのシンバイオニーズ解放軍[*8]やウェザー・アンダーグラウンド[*9]といったグループである。肯定的な側では、いくつかの研究が、好景気に乗じた世間一般の熱狂のなかで、戦後の政党がイデオロギーを放棄しはじめたのと同時期に、運動の関心が、民主主義の夢の実現をさまたげる執拗な階級の壁に向けられたことを示唆した。その関心は、資本主義の発展と現代技術の否定的な側面に向けられ、経済成長の限界を強調し、環境問題に脚光を浴びせることとなった。

［訳注］

*1 ユージーン・ジョーゼフ・マッカーシー（Eugene Joseph McCarthy, 1916-2005）——アメリカの民主党の政治家。連邦下院議員（1949-59）、連邦上院議員（1959-1971）。おもに外交委員会で活躍し、当時のリンドン・ジョンソン大統領が進めていたベトナム介入政策を批判し、議会におけるベトナム反戦活動の指導者として知られた。1968年の大統領選挙で、現職のジョンソンに対抗してニューハンプシャー州予備選に立候補し、反戦を訴えて多くの反戦運動家、学生、草の根の選挙キャンペーンで支持を広げ42パーセントの票を獲得し、ジョンソンの得票率49パーセントに肉薄した。マスコミ各社はマッカーシーが事実上勝利したと「判定」したためジョンソンは本選不出馬を表明した。その後、同じ民主党のロバート・ケネディ（1925-68）上院議員が立候補して、最有力候補となったが、カリフォルニア州予備選での勝利後に暗殺されたため、シカゴでの党大会で、マッカーシー支持派の学生運動が暴動を起こした。このため、ヒューバート・ハンフリー副大統領が指名されたが、共和党のニクソンが大統領となった。マッカーシーは1968年のあとにも、1972年、1992年の民主党大統領候補予備選に立候補したが、その後は民主党を離れて活動した。

*2 リチャード・ミルハウス・ニクソン（Richard Milhous Nixon, 1913-1994）——アメリカの軍人、政治家。下院議員、上院議員、第36代副大統領、第37代大統領（1969-74）を歴任。大統領任期中に辞任した唯一の大統領。1968年、シカゴの民主党大会において、当時の民主党大統領ジョンソンのベトナム政策に反対する大規模な暴動が起こり、それが鎮圧されたため、そこで選出されたハンフリー候補（副大統領）への反感が高まった結果、共和党の候補者であったニクソンが大統領選で勝利をおさめた。

*3 ローデシア（Rhodesia）——アフリカ南部の「ローデシア」は、1924年にイギリスの自治領となり、北ローデシアと南ローデシアに分割統治されていたが、前者は1964年に独立してザンビア共和国（Republic of

Zambia) となり、後者は1980年に独立してジンバブエ共和国（Republic of Zimbabwe）となった。「ローデシア」という表現は、帝国主義時代に、イギリスのアフリカ植民地のダイアモンドと金など植民地の利益をむさぼった資本家で、ケープ植民地の首相（1890-96）でもあったセシル・ローズ（Cecil John Rhodes, 1853-1902）の名前からとった名称で、1965年から1979年にかけてのジンバブエを実質支配した白人政権が用いていた名称である。

*4 アルフレート・ウィリ・ルディ・ドゥチュケ（Alfred Willi Rudi Dutschke, 1940-1979）――1960年代後半の西ドイツにおける著名な学生運動家、社会学者、政治運動家。社会の機構の完全な一部となることにより、政府や社会システムの内側から根本的な変革を実現するという「制度内への長征」（long march through the institutions）を提唱して内外に影響をおよぼした。1970年代には当時生まれたばかりの環境保護運動にくわわることでこの思想を実践した。1968年に暗殺未遂事件にあい、その12年後に後遺症で死亡した。

*5 アレクサンデル・ドゥプチェク（Alexander Dubcek, 1921-1992）――チェコスロヴァキアの政治家。機械組立工から、周囲に押されてチェコスロヴァキア共産党第一書記（第2代）となり、「人間の顔をした社会主義」を掲げて、改革運動「プラハの春」を率いた。1970年に失脚後、一人の機械工として勤労市民としての人生を終え、1989年の「ビロード革命」時の民主化の象徴の一人となって名誉を復活した。『証言プラハの春』（岩波書店、1991年）、『希望は死なず――ドプチェク自伝』（講談社、1993年）など。

*6 赤軍派（The Red Army Faction: RAF）――1970年代に西ドイツで結成されたテロリスト組織。一般には Baader-Meinhof Group (or Baader-Meinhof Gang) と称される。

*7 赤い旅団（the Red Brigades; Brigate Rosse: BR）――マルクス=レーニン主義を掲げて1970年頃イタリアで組織された純軍事的な極左テロリスト集団。さまざまな暴力、殺人、誘拐、窃盗、破壊活動事件などに関与してきた。

*8 シンバイオニーズ解放軍（Symbionese Liberation Army）――アメリカのカリフォルニア州を中心に1970年代初めに活動した左翼過激派組織。

*9 ウェザー・アンダーグラウンド（Weather Underground）――アメリカの過激派団体。1969年にミシガン大学において、SDS内部の組織「革命的青年運動」（Revolutionary Youth Movement）を脱退した毛沢東主義者によって結成されたウェザーマン（Weatherman）の活動停止後、メンバーの一部で結成した極左の秘密テロ組織。

➡学生の政治活動
●参考文献

Erikson, Erik H. 1968. *Identity, Youth, and Crisis*. New York: Norton. エリク・エリクソン『アイデンティティ――青年と危機』（岩瀬庸理訳、金沢文庫、1982年）

Feuer, Lewis S. 1969. *The Conflict of Generations: The Character and Significance of Student Movements*. New York: Basic Books.

Keniston, Kenneth. 1971. *Youth and Dissent: The Rise of a New Opposition*. New York: Harcourt Brace Jovanovich.

Lipset, Seymour Martin, and Philip G. Altbach, eds. 1969. *Students in Revolt*. Boston: Houghton Mifflin. リプセット『学生と政治』（内山秀夫・大久保貞義編訳、未来社、1969年）

Statera, Gianni. 1975. *Death of a Utopia: The Development and Decline of Student Movements in Europe*. New York: Oxford University Press.

（BRENDAN DOOLEY／杉谷祐美子・伊藤敬佑訳）

胎児画像（Fetal Imaginig）
➡超音波画像診断法（Sonography）

体操（Gymnastics）

体操は、その習俗としての歴史は数千年ほどさかのぼるが、その言葉は単純な運動からきわめて特異な軽業師的な妙技までの範囲の活動をさすものとして用いられてきた。**ヨハン・フリードリヒ・グーツムース**によって著された『若者のための体操』（*Gymnastik für die Jugend*, 1793）は、今日の競技スポーツの基礎としてだけでなく、包括的な運動システムの基礎もつくったものとして、しばしば引用される。グーツムース（シュネッペンタールの汎愛学院で教師をしていた）は、同じ時代の医者として、古典的な資料源としてジャン=ジャック・ルソーについて書きながら、**体育**の三つの要素を見きわめていた。それは、手わざ、社会ゲーム、体操練習の三つで、これらはレスリング、ランニング、スイミング、ジャンプ、バランス、そして木登りなどをふくんでいた。グーツムースの考えは、1810年に学校の近くの森林地帯で生徒集会をはじめたフリードリヒ・ルードヴィヒ・ヤーン[1]にかなりの影響をおよぼした。生徒たちは初歩的な用具を使う体操をふくむさまざまな活動をした。ヤーンの著書『ドイツ式体操芸術』（*Die Deutsche Turnkunst*, 1816）は、広範囲にわたって道具を利用するドイツ体操[2]の核心となる平行棒、跳躍、その他の運動のためにいくつかの章をさいている。スウェーデン体操[3]（ペール・ヘンリク・リング[4]によって1800年代初めに考案された）は、比較的小さな器具を用いて、ポーズ、連続運動、適切な呼吸法、そして身体各部のための特別な運動などを重視した。多くの国々で、その教育と医学部門が採用され、改造された。どちらのシステムがよいかについての論争はしばしば激化し、スポーツがカリキュラムのなかで優勢になるまで続いた。

19世紀の教師たちは、ジェームズ・H・スマートの、教室での徒手体操の訓練法を提供する『学校体操マニュアル』（*Manual of School Gymnastics*）のような小

タイソウ

フリードリヒ・ルードヴィヒ・ヤーン（1778-1852）*

さな書物を作成することができた。1848年のドイツ革命後にアメリカに着いた体育家たち（ドイツ体操協会の会員）は、ドイツ体操をカリキュラムの基礎にするために活発な啓発運動を展開した。学校の外では、体操協会（ドイツ体操協会）とスラヴ体操協会（チェコ体操協会）*5は、独自のイベントを組織した。ほかには、1890年代にボストンのパブリックスクールに導入されたスウェーデン体操がふくまれるが、これは、とくに子どもと女性にとって非常に適切であった。ウィルバー・ボウエンの『小学校の体操教師』（The Teaching of Elementary School Gymnastics, 1909）のような書物は、それぞれのシステムの長所を説明している。1920年代には、デンマーク体操（これは非常に大きな多様性があった）*6がアメリカのカリキュラムに導入された。離れ業や宙返りをともなう体操（たとえば、前転とか前・後転跳び）については、一定の注意がはらわれた。

　競技体操は二つの形態で構成されている。ボール、輪、そして同じ軽さの器具を用いるモダン・リズム体操と、芸術的（オリンピック）体操の二つである。女子のチーム競技は、1928年のオリンピックで採用されたが、個人競技がはじまったのは1952年のヘルシンキ大会になってからであった。1960年のローマ・オリンピックのテレビ放送は、多数の国で関心を沸き立たせた。1972年の［ミュンヘン・オリンピックでの］小柄なオルガ・コルブト選手*7の活躍の後、アメリカの数千人の幼い少女たちが私設の体操クラブの人数を急増させ、ジュニア・オリンピック種目に参加するようになった。体操は、身体の強靱さ、柔軟性、協調性、規律、そして長時間練習する強い意志を必要としている。身長が低く、体重の軽い身体が有利だというのがその特徴である。このスポーツがいっそう競争的になってくると、体操競技の選手の年齢と身体の大きさの両方が低下した。多くの年少の子どもたちが挑戦することを楽しみ、勝利の感動はたしかにあったものの、体操への関心のほとんどは、激しいトレーニングが自分の身体と心理におよぼす影響についてであった。

［訳注］

*1 ヤーン（Friedrich Ludwig Jahn, 1778-1852）——プロイセンの教育家、体育家、軍人。「体操の父ヤーン」（Turnvater Jahn）とよばれた。1811年に体操クラブ（Turnvereinen）を創設し、国民の体力増進に努めるとともに、ロマン主義的なドイツ・ナショナリズムを鼓舞した。政治体制が反動期を迎えると、全国の体育学校は閉鎖され、彼自身も逮捕され、投獄された。「強く、敬虔に、楽しく、自由に」（Frisch, Fromm, Fröhlich, Frei）をモットーに、近代体操の基礎を築いた。

*2 ドイツ体操——教育家のバゼドー、哲学者のフィヒテらの思想を継いだフリードリヒ・ルートヴィヒ・ヤーンによって1811年にドイツで創始された体操法。これはとくに器械体操が有名で、今日の器械体操競技種目の大部分はヤーンが創案したものである。スウェーデン体操の研究家ロートシュタインから、器械体操は青少年の体育の方法としては有害であるとの批判を受け、激しい論争（平行棒論争）が展開されたが、医者などの支持を得て今日まで残っている。

*3 スウェーデン体操——スウェーデンの体育家ペール・ヘンリク・リングによって、国民の体力増進のために、解剖学、生理学、物理学などの観点から合理的な体力増進運動をめざして考案された徒手体操を中心とした体操。

*4 リング（Pehr Henrik Ling, 1776-1839）——スウェーデンの身体セラピストで、医療体操（medical-gymnastics）を開発し、教育者としてその普及に努めた。

*5 スラヴ体操協会（Sokols）——1862年にプラハで組織された体操クラブ。当時のチェコがドイツに対抗するために、スラヴ民族の団結とチェコ国民の体力増進を目的として開発され、「人間の集団美」を追求した体操として知られる。

*6 デンマーク体操——スウェーデンの体育家身体の柔軟性を高めるねらいで考案された度促進を目的とした体操で、ドイツ体操をもとにして、ペール・ヘンリク・リングを指導したフランツ・ナハテガルによって1780年頃に考案された体操。

*7 コルブト選手（Olga Valentinovna Korbut, 1955-）——旧ソ連邦の体操選手として、1972年のミュンヘン・オリンピックで団体、平均台、ゆかで金メダル、段違い平行棒で銀メダルを獲得。華麗な演技でミュンヘンの

観衆を魅了し、「ミュンヘンの恋人」とよばれた。
➡教育法第9篇と女子スポーツ、スポーツ
●参考文献
Cochrane, Tuovi Sappinen. 1968. *International Gymnastics for Girls and Women*. Reading, MA: Addison-Wesley Publishing Co.
Gerber, Ellen. W. 1971. *Innovators and Institutions in Physical Education*. Philadelphia: Lea and Febiger.
Goodbody, John. 1982. *The Illustrated History of Gymnastics*. London: Stanley Paul.
Ryan, Joan. 1995. *Little Girls in Pretty Boxes: The Making and Breaking of Elite Gymnasts and Figure Skaters*. New York: Doubleday.
●参考ウェブサイト
USA Gymnastics Online. Available from 〈www.usa-gymnastics.org〉

(ROBERTA PARK／北本正章訳)

代理母出産 (Surrogacy)

　代理母出産とは、ある女性つまり代理母が、彼女が出産することになっている子どもを、通常は精子を提供した男性をふくめた他人、あるいは別のカップルが養育することを了解したうえで、妊娠をすることを意味する。伝統的な代理母行為(traditional surrogacy: TS) として知られている場合、代理母は人工授精(artificial insemination)を受け、代理母自身の卵子で妊娠する。これに対して、懐胎代理母行為(gestational surrogacy: GS)の場合には、**体外受精**(In Vito Fertilization: IVF)によって胚が作られ、それが代理母の体内に移植される。

　代理母出産と類似の慣習をもつ時代や文化は少なくない(たとえば、中国の伝統的な家族では、正妻が息子をもうけることができない場合、内縁の妻の息子を慣習的かつ法的に正妻の子どもとすることが行なわれてきた)。しかし、それが法的にも社会的にも認知されたのは1980年代のアメリカにおいてである。代理母に対しては非常に批判的な意見も多く、とくに、代理母あるいは利益を求める代理母出産斡旋業者に対価が支払われるかたちで商業化されると、アメリカでもヨーロッパでも非常に多くの批判的な意見が投げつけられ、論争がくりひろげられてきた。2000年までに、ヨーロッパの大部分の国と北アメリカでは、営利目的の代理母行為は法的に禁止された。

　社会的および宗教的な保守派の人びとが代理母出産に反対するのは、代理母出産は、性と生殖と家族形成という一連のつながりを切り離してしまい、その結果、異性愛にもとづいて形成される核家族という「自然な」基盤に挑戦するものだからである。これと同じ理由から代理親を支持するフェミニストもいるが、代理母出産にかんする論争は、フェミニストの哲学におけるもっとも根本的な相違点が明らかとなる。フェミニストのなかには、代理母行為を奴隷制度や売春になぞらえて、代理母行為はより豊かな女性や男性が貧しい女性の性的能力と生殖能力を食いものにする手段となる可能性があると主張する者もいる。これに対して、子どもを産むか産まないかの選択は女性がするものであるとか、自分自身の身体をコントロールする女性の権利を強調するフェミニストたちは、消防のような危険な職業を選択することが人びとに許されているように、女性にも代理母となる生理的および心理的リスクをおかすことが許されているのであるから、代理母が妊娠期間中にその身体に対する法的保護がなされ、通常よりも多額の対価が支払われるべきだとの利害関係通告[*1]をともなうべきだとする議論を展開してきた。

　法廷で争われた代理母出産の同意に対する異議申し立ては、現代の公的議論の焦点となっている。1980年代後半、人びとの注意は「赤ちゃんM」訴訟[*2]に釘づけになった。この訴訟では「伝統的な」代理母がすでにかわした契約を破棄して自分が生んだ赤ん坊を手もとに置こうとした。注目すべき点は、この訴訟で両者の議論が、裁判官の判決と同様に、「伝統的家族」を擁護する言葉でなされたことである。生物学上の父親であるウィリアム・シュテルンは、この代理母行為は、彼と彼の妻が切望してやまない伝統的家族を作るための合法的な手段にもとづいた不妊治療であると主張した。これに対して、代理母のマリー・ベス・ホワイトヘッドは、胎児を妊娠した自然の一部として、にわかに「赤ちゃんM」に対する愛情をいだくようになったが、こうした赤ん坊と産みの親との自然な結びつきは破壊されてはならないものだと主張した。上訴審においてニュージャージ州最高裁判所は、商業ベースの代理母出産契約は、赤ん坊の売買を禁止するニュージャージ州法のもとでは違法であると判決し、この訴訟をシュテルンとホワイトヘッドの二人の親のあいだの親権をめぐる争いとして扱った。評論家たちは、シュテルン側には経済的安定といった基準にもとづいて親権があたえられるが、それは高収入の側に有利であって、こうした基準はほとんどつねに人びとに代理母に対する先入観をいだかせることになるだろうと指摘した。生物学が、社会的に親であることの「自然な」根拠とみなされているかぎり、また、親が二人いる異性愛にもとづく核家族が家族の標準であり、理想であると考えられるかぎり、さらに、経済的および社会的な不平等が一部の女性を非常に搾取されやすい状態にしているかぎり、代理母行為は、これからも議論の的になりつづけるであろう。

[訳注]
*1 利害関係通告(caveat)——通知要求登録ともよばれる。ある法律上の手続きが通告人へ知らせないままとられないように、あらかじめ裁判所または役所に対してなされる通告。
*2 「赤ちゃんM」訴訟(Baby M case)——ウィリアム

とエリザベスのシュテルン夫妻は子どもをほしがっていたが、自分たちの子どもをもつことはできなかった。妻のエリザベスに医学的なリスクがあったためである。そこで夫妻は不妊症センターに連絡し、代理母募集の広告を出した。この広告に応募したメアリ・ベス・ホワイトヘッド（29歳）は、1985年2月、ウィリアム・シュテルンとのあいだで、金銭の報酬とひきかえに彼の精子を人工授精し、子どもを産み、生まれた子どもを彼に引き渡すという内容の契約をかわした。人工授精を数回試みたのち、ホワイトヘッドは妊娠し、1986年3月に女の子を出産した。シュテルン夫妻は、その子にメリッサという名前を用意し、まもなくその子が養女となってやって来るのを心待ちにしていた。赤ちゃんはシュテルン夫妻のもとにとどいたが、しばらくして代理母のメアリ・B・ホワイトヘッドが、「赤ちゃんが居なくなって寂しくてたまらないから、数日預からせてほしい」と言ってつれさり、そのまま両親の居るフロリダに移ってしまった。このため、シュテルン夫妻が裁判所に訴え出て法廷闘争がはじまった。1987年3月31日、ニュージャジー州上位裁判所は、代理母契約を合法とし、依頼者シュテルン夫妻に親権を認め、代理母メアリ・ベス・ホワイトヘッドには親権も養育権も認めないとした。ところが、1988年2月3日、ニュージャージー州最高裁判所は代理母契約を無効とする逆転判決をくだした。父親をスターンとし、母親をメアリ・ベスとするが、父親側に親としての適格性があるとし、メアリ・ベスには訪問権を認めた。この一連の裁判の経過について世論は二分した。

➡産科学と助産術、人工授精（AI）、妊娠と出産、排卵誘発剤、養子縁組（アメリカ）、卵子提供
●参考文献
Cohen, Sherrill, and Nadine Taub. 1989. *Reproductive Laws for the 1990s*. Clifton, NJ: Humana Press.
Dolgin, Janet L. 1997. *Defining the Family: Law, Technology, and Reproduction in an Uneasy Age*. New York: New York University Press.
Farquhar, Dion. 1996. *The Other Machine: Discourse and Reproductive Technologies*. New York: Routledge.
Hartouni, Valerie. 1997. *Cultural Conceptions: On Reproductive Technologies and the Remaking of Life*. Minneapolis: University of Minnesota Press.
Holmes, Helen B. 1992. *Issues in Reproductive Technology I: An Anthology*. New York: Garland Publishing.
（LARA FREIDENFELDS／松丸修三・太田明訳）

多児出産（Multiple Births）

歴史を通じて、双生児については文化的および宗教的な強い信念が残存してきた。双生児に対する心的態度は、怖れ、あるいは敵意から、その超自然的な力（たとえば豊饒をもたらすこと）への崇拝と信仰にいたるまで、大きな多様性がある。双生児の生物学についての誤った考えも長くはびこってきた。17世紀の

ヨーロッパでは、男の子と女の子の双生児は、いまわしい近親相姦のために子宮のなかに同時に存在するとか、二人の子どもは二人の父親を意味するとか、さらには、不妊は、男子と女子一対（a boy-girl pair）の女子に、必然的に起きるなどと考えられていた。

フランシス・ゴールトン卿[*1]は、人間の発達にかんする研究のなかで、はじめて双生児の潜在能力を認めた（1876年）。この研究に不可欠であったのは、双生児には二つの異なるタイプ——ひとつの受精卵の分裂から発生して同一の発生的気質をもつ一卵性双生児（MZ: monozygotic）と、二つにわかれた受精卵から発生したその遺伝子の半分しか共有していない二卵性双生児（DZ: dizygotic）——があることについての新しい理解であった（信頼できることではないが、接合性[*2]は、最初は双生児の身体的な特徴を比較することによって決定されたが、のちにDNA分析が好ましい方法になった）。

MZ（一卵性）ではなく、DZ（二卵性）の双生児が生まれる比率は、さまざまな民族集団ごとに多様である。1950年代以降、すべての発展途上国は同じような傾向を示していた。すなわち、1950年から1970年代にかけての時期に見られた減少期のあと、1980年代以降は、卵胚刺激剤あるいは**体外受精**（IVF：In Vitro Fertilization）に続く複数の胚移植などの不妊治療技術をしだいに利用することになったことがおもな理由で、二卵性双生児は着実に増加した。1960年代には、クロミフェン[*3]が、その10年後には注入可能なゴナドトロピン[*4]が導入された。最初の体外受精児は、1978年にイギリスで、1980年にオーストラリアで、そして1981年にアメリカで、それぞれ出産された。双生児の体外受精児がはじめて生まれたのは1981年であった。1980年代なかば以降、3倍から6倍に増えた三つ子の比率とともに、高比率の多児出産の件数は非常に大きく急増した。いくつかの体外受精児の調査対象群のなかでの三つ子の比率は、妊娠数の6パーセント以上に増えた。21世紀初頭には、三つ子の比率は不妊治療が多児出産の潜在的な障害であることについていっそう自覚的になってくると、いくつかの国では下降しはじめた。しかし、それにもかかわらず、体外受精に続く単一の胚移植をとりいれたいくつかの国を除いて、双生児の比率は増加しつづけた。排卵誘発剤は、2003年には最多の九つ子（nonoplets）状態での多児妊娠と、七つ子（septuplets）という生存した最多数の出産にみられるように、非常に多人数の妊娠になりつづけた。

MZ（一卵性双生児）の比率はこれとはまったく違っている。これは、説明不能なかすかな上昇が検出された1990年代まで、世界的な規模で、出生数1000あたり3.5で一定していた。MZになる原因はよくわかっていないが、それが体外受精に付随したにせよしなかったにせよ、さまざまなかたちでの不妊治療によ

て生じる双生児と三つ子のあいだで、推測人数の6～12倍のMZが見いだされる。

2000年代になると、六つ子出産した子どもたちは、良好な健康状態で通常の発達をとげて成人に達した。しかし、新生児の障害、死亡率および長期的な病気状態にもかかわらず、未熟児と赤ん坊の出生児の低体重になる程度は、一般に、胎児数に比例して増加する。それまで不妊であった多数のカップルは、多児妊娠を双子に減らすか、それともそのまま妊娠を続け、お腹のなかの子どもたちの何人か、あるいは全員が死亡するか障害をおびる高いリスクを負うことにするか、いたましい選択に直面する。

[訳注]

* 1 ゴールトン（Sir Francis Galton, 1822-1911）——チャールズ・ダーウィン（1809-1882）の従兄弟にあたるイギリスの遺伝学者・人類学者・統計学者で、天才児研究を進めた。1883年に優生学（eugenics）という言葉をはじめて用いたことから、優生学の創始者といわれる。なお日本語の「優生学」はeugenicsのeu-を「優」にあて、gen-を「生」にあてて造語された表記である。
* 2 接合性（Zygosity）——遺伝学において、両親から半分ずつ受け継いだ遺伝子のペアのことで、個人の遺伝形質を示すものとされ、これを調べることによって個体の生物学的由来と先祖がわかると考えられている。
* 3 クロミフェン（clomiphen）——クエン酸塩を用いた排卵誘発剤。商品名はクロミド（clomid）。
* 4 ゴナドトロピン（gonadotropin）——視床下部で産生されるペプチドホルモンの整剤で、早発思春期、前立腺癌、不妊症、女性生殖器の疾病などの治療薬として用いられる性腺刺激剤。

➡妊娠と出産、排卵誘発剤

●参考文献

Blickstein, Isaac, and Louis Keith. 2001. *Iatrogenic Multiple Pregnancy*. Carnforth, UK: Parthenon Publishing Group.

Bryan, Elizabeth. 2002. "Loss in Higher Multiple Pregnancy and Multifetal Pregnancy Reduction." *Twin Research* 5: 169-174.

Corney, Gerald. 1975. "Mythology and Customs Associated with Twins." In *Human Multiple Reproduction*, ed. Ian MacGillivray, Percy P. S. Nylander, and Gerald Corney. London: WB Saunders.

Galton, Francis. 1876. "The History of Twins as a Criterion of the Relative Powers of Nature and Nurture." *Journal of the Anthropological Institute* 5: 391-406.

Gedda, Luigi. 1961. *Twins in History and Science*. Springfield, IL: Charles Thomas.

(ELIZABETH BRYAN／北本正章訳)

多動性障害（Hyperactivity）

子どもの多動性障害の特定と治療は、そうした子どもについての医学研究と、子どもへの一般的な対し方と置かれている環境との魅惑的な結びつきを形成する。多動性障害的な行動への新たな関心の散在する指標は19世紀後半に蓄積されはじめた。多動性は20世紀初頭、とりわけ西ヨーロッパにおいて、「発達に遅れのある」子どもを認識し、区別しようとする新たな関心の一部を作る。脳の機能障害にかんする医学研究は1920年代から1930年代に加速したが、多動性障害を起こす特殊な条件が存在するかどうかについての論争は続いた。1937年にはじめて導入された薬物治療は、1957年以降には非常に一般的になった。しかし、多動性障害の子どもが注意欠陥障害（ADD）[1]という病名で広く認識されるようになったのは、ようやく1970年以降になってからであった。論争のなかで、1990年代を通じて治療計画は着実に進歩した。

歴史的背景

子どもの多動性障害は、それが存在する程度に応じて、近代までは単純に**しつけ**の問題であり、とりたてて注目されることはなかった。18世紀と19世紀のプロテスタントの牧師と保護者たちは、礼拝中に長時間じっと座っていられない子どもに対してひんぱんに体罰をあたえていたが、これは、そのふるまいが子どもの原罪や手に負えない気ままさのあらわれであると考えられたため、とくに言及されることはなかった。今日われわれが多動性障害とよんでいることが子どもの活動能力にどのような影響をおよぼすかについて、われわれは体系的な指標を何ももっていない。

1850年代のドイツのある児童書には、じっと座っていることができない多動性障害の特徴をもつ子どもである「おちつきのないフィリップ」（Fidgety Phil）という人物が登場する。この時期までに、子どもに対するより厳格な礼儀作法は、身体抑制についての明確な命令をふくんでいたが、このことは、その分野で困難をかかえた子どもをそれとなく選り分けることになったであろう。より統制された学校教育も、多動性障害の子どもたちに該当する問題を生み出した。しかしそれでも、ほんとうに手に負えない子どもは、やはり学校からは閉め出され、すぐに労働にかり出されるか、（裕福であれば）家庭教師をあてがわれていた。

1900年前後には、それまで以上に拡張的な学校の必須条件と医学研究の可能性によって、とりわけイギリスやドイツでは、多動性障がい児の特定にかんする新たな前進が見られた。一般にこの種の子どもは、共通テストを上手にこなすことができなかったり、または、持続的に学校やクラスにおいて問題のある行動を起こす子どもとして、広義には発達に遅れがある子ども、あるいは精神障害のある子どもというカテゴリーに入れられた。こうした子どものなかには、特別な課題に焦点を置いたさまざまな種類の指導を学習能力の改善につなげることができる特別学校や特別学級に送りこまれる子どももいた。1920年代までに専門家た

ちは、多動性障がい児はしばしばきわめて知能が高く、かならずしも発達の遅れがみられるわけではないことを認識しはじめた。

多動性障害という行動問題をかかえた子どもたちの脳機能障害についての研究は、アメリカでは関心を高めながら続けられた。1937年に発表されたチャールズ・ブラッドレーによる研究は、ベンゼドリン*2を使った薬物治療の可能性がはじめて示された。多動性障害問題にかんする識別はいくつかの考えによっていまなお制約を受けている。ある程度の放縦性は子どもには自然であるとする意見や、学校自体が多動性障がい児の問題の原因の一部であるとする意見のほか、子どもをどのように管理するかは保護者にまかせるべきであるという意見もある。

1957年以降の研究・診断・治療

とりわけ1957年に登場した薬品であるリタリン*3による精神刺激薬を用いた投薬治療の導入をふくむ新たな進歩が多動性障害への関心を高めはじめた。現在、中等学校以前に学校をやめてしまう子どもは少なくなっている。以前に比べてはたらく母親が増加するのにともなって、多動性障がい児に保護者がつきっきりで援助することは減少しているが、支援に対する保護者の関心は増加している。1960年代までに、就学前に幼稚園や保育園に入園する子どもが増加したため、かつてよりも早い年齢で多動性障害の諸問題を見つけることが可能になった。アメリカで学校の統一が進んだことは、教師たちが子どもの行動にかんする問題を早急に発見できるようにした。最終的には、教師自身が体罰を自重するようになり、教育現場に新しい観点が導入された。

こうしたいくつかの進歩は、効果的な投薬治療とならんで、注意欠陥障害の兆候とみなされていた多数の行動——これは、過去数十年、しばしばありふれたこととみなされていたかもしれない行動であった——に対する着実な研究を促進した。いくつかの注意も聞かれた。観察者のなかには、多動性障害に対して過度な投薬治療をほどこすと副作用や依存症をひき起こしかねないと指摘する者もいる。いくつかの研究は、教師がクラスの統制を保つ手段としてこの選択を行ない、マイノリティの子どもたちが投薬治療を受けることが多い傾向にあると指摘している。

しかし、多動性障害を疾患のひとつと認めることにより、学校によっては入学条件として、その兆候がある子どもには治療を義務づける場合もある。1980年には、すべての子どもの3パーセントが注意欠陥障害をわずらっており、10年後には5パーセントに上昇したと推測している。リタリンの生産量は1990年から1996年にかけて500パーセント増加した。注意欠陥障害の概念が一般化したことは、かつてのようにしつけができていないと非難された子どもの行動が脳機能の問題であると指摘することができるようになり、保護者たちを力づけた。多動性障害に対するセラピー、特別食、そして大人による支援グループをふくむ補助手段が発展したが、薬物治療はもっとも大きな注意を集めつづけている。

［訳注］
*1 注意欠陥障害（Attention Deficit Disorder: ADD）——精神医学において、学習・行動障害を示す症候群のひとつで、とくに子ども期にみられる。重度の肉体的および精神的障害に起因するものではないものの、注意散漫、衝動的な行為、多動などが特徴で、「注意力欠陥型」「多動衝動型」「混合型」などに分類される。Attention Deficit Hyperactivity Disorder: ADHDと表記されることもある。このような病名としていわれはじめたのは1980年からである。
*2 ベンゼドリン（Benzedrine）——アンフェタミン（anphetamine: C9H13N）の商品名。これは、ラセミ性（racemic）の薬品で、中枢（交感）神経を刺激する。おもに覚醒剤、食欲減退剤として用いられる。
*3 リタリン（Ritalin）——塩酸塩の性状で用いられるメチルフェニデートの商品名。うつ病や子どもの過敏症治療に用いられる。

●参考文献
Armstrong, Thomas. 1996. "ADD: Does it Really Exist?" *Phi Delta Kappan*（February）: 424-428.
Charles, Alan F. 1971. "The Case of Ritalin." *New Republic*（October）: 17-19.
Fowler, Mary. 1994. *NICHCY Briefing Paper: Attention Deficit/Hyperactivity Disorder*. Washington, DC: Government Printing Office, 1-S.
Smelter, Richard W., et al. 1996. "Is Attention Deficit Disorder Becoming a Desired Diagnosis?" *Phi Delta Kappan*（February）: 29-32.
Swanson, James. 1995. "More Frequent Diagnosis of Attention Deficit-Hyperactivity Disorder." *New England Journal of Medicine* 33: 944.

　　　　　　（PETER N. STEARNS／山口理沙訳）

タバコ（Tobacco）
➡喫煙（Smoking）

誕生（Birth）
➡妊娠と出産（Conception and Birth）

誕生日（Birthday）

毎年行なう誕生日のお祝いは、近代の工業社会の現象である。それは、科学的な思考法の登場と、子どもと子ども期についての新しい心的態度とに結びついている。エジプト人とメソポタミア人による暦の完成は、人びとが自分の誕生日を正確に計算できるようにした

が、古代文化と古典文化は、誕生日を祝福することは、王族を除いて、めったになかった。初期のカトリック教会は、誕生日のお祝いを異教徒の習俗と見ていた。つまり、カトリック教会にとってより重要であったのは、**洗礼の日に子どもにその名前がつけられる守護聖人の記念日である命名日**（the name day）であった。**プロテスタントの宗教改革**の後、ヨーロッパの諸文化は、王族、大統領、それに戦争の英雄たちなどの誕生日を祝福したが、一般市民が彼ら自身の誕生の機会を特別な関心のために利用することはめったになかった。アフリカやアメリカの先住民社会は、年齢の記録を残すことはめったになかった。したがって、通常、子ども期から成人期への**通過儀礼**を除いて、彼らが特別な誕生日を遵守することはなかった。東洋では、中国の家族は、おもに成人に対してであったが、誕生日を認識していた。これに対して日本の家族は、しばしば家族全員の誕生日を新年の元日にまとめ［数え年］、これを共通の行事としていた。

19世紀なかば頃までに、家庭用の大型聖書に誕生日と洗礼日を記録することとならんで、正確な誕生の日付を記入する公的な人口動態データの収集、もっとも注目すべき出生証明書、10年ごとの国勢調査、およびその他の公的調査などにより、より多くのふつうの人びとが自分の誕生日を見きわめたり注意をはらったりするようになった。それでもまだ、この機会が特別な儀礼をともなうことはめったになかった。アメリカの子どもたちの日記や回想録は、誕生日についての認識を欠いており、そうでなければ、贈り物とかパーティに言及しないまま誕生日のことにふれているにすぎない。しかし、いくつかの慣習が確立された。たとえばドイツの家族は、通常はパーティで食べられるバースデイ・ケーキであるゲブルツタークトルテン（Geburtstagtorten）を堪能した。

19世紀末になると、子どもの価値と特質に対する新しい心的態度は、誕生日を手のこんだ儀礼へと変容させるのに役立った。乳幼児と子どもの死亡率が低下したこととならんで、理性よりも感覚を重視したロマン主義者たちの影響を受けた作家や親たちは、大人とは違った仕方で子どもを扱いはじめただけでなく、子どもたちを溺愛し、大事に育てはじめた。こうした子どもの扱い方は、かつては公的に存在しなかった子どもへの耽溺をしばしば意味した。誕生日はそうした耽溺の機会を示すものであった。1870年代までに、富裕な家族は、手のこんだ子どもの誕生パーティを催すようになっており、子どもたちが友だちや親類の者たちの誕生日を書きこむバースデイ・ブック*1が広く出まわった。誕生パーティとケーキは、都市の家族と労働階級の家族のあいだでも一般的になってきた。幸運のためのお尻たたきや、吹き消す前のバースデイ・ケーキのロウソクに願いごとを言うことなどの慣習がお決まりになった。

おそらくもっと重要なのは、測定と時間についての新しい心的態度が、誕生日を同輩仲間や社会的な期待感とつながる自分の経験と達成を計測するために利用しはじめるよう人びとをうながしたことであろう。ある特定の誕生日までに乳歯のすべてが生え替わっていなかったり、なんらかの子ども期の病気にかかった子どもは「予定より遅れている子」（behind schedule）とよばれた。また、ある年齢までに学年を進級したり、同輩よりも背が高くなった子どもは「予定より発達が早い子」（ahead schedule）とよばれた。

20世紀の進展にともなって、商業的な関心は、とくに子どもの誕生日のお祝いが新しい人気を博したことに、ますます対応するようになった。19世紀のクリスマスカードやグリーティングカードを翻案したバースデイカードは、それまで見られなかった手のこんだメッセージをふくみ、のちにはミッキー・マウスやピーナッツ・コミック・ストライプ（the Peanuts comic strip）のような、子どもの大衆文化のなかの登場人物をふくむようになった。デコレーションケーキ・帽子・パーティ用品・贈り物用包装材料（ギフト・ラップ）が誕生日の主要品目になった。そして、ミルドレッド・J・ヒルとパティ・スミス・ヒル姉妹がうたう「ハッピー・バースデイ・トゥ・ユー」*2は、英語圏でもっとも広くうたわれた歌になった。誕生日は、子どもにとって一年のうちでもっとも期待に胸をふくらませるお祝いごとのひとつとして残り、家庭と学校における子どもの特別な地位を反映する特権への願望と耽溺がつまった儀礼である。

［訳注］
*1 バースデイ・ブック―― 誕生日をメモする欄のある日記帳。誕生日のプレゼントに使われたり、誕生日のお祝いの品として特別に作られる。
*2「ハッピー・バースデイ・トゥ・ユー」―― 1893年、アメリカ人のヒル姉妹（姉 Mildred J. Hill と妹 Patty Smith Hill）が作曲して唄った *Good Morning To All* という曲を、1924年までに、メロディーはそのままに、歌詞の *Good Morning* の部分を *Happy Birthday* に置き換えた歌が公的なソングブックに登場し、その後ブロードウェイのミュージカルにとりいれられるなどして広まった。

➡子ども期の理論、子どもの発達概念の歴史、年齢と発達

●参考文献

Ariès, Philippe. 1962. *Centuries of Childhood: A Social History of Family Life*. Trans. Robert Baldick. New York: Knopf. アリエス『〈子ども〉の誕生――アンシァン・レジーム期の子どもと家族生活』（杉山光信・杉山恵美子訳、みすず書房、1980年）

Chudacoff, Howard P. 1989. *How Old Are You? Age Consciousness in American Culture*. Princeton, NJ: Princeton University Press. チュダコフ『年齢意識の社会学』（工藤政司・藤田永祐訳、法政大学出版局、1994年；新装版、2015年）

Linton, Ralph and Adelin Linton. 1952. *The Lore of Birthdays*. New York: Schuman.

(HOWARD P. CHUDACOFF／北本正章訳)

男女共学と別学教育（Coeducation and Same-Sex Schooling）

　男子と女子をどのようにしていっしょに教育するかという問題は、長期にわたる、しかもかなりゆれうごく歴史をたどってきている。その歴史は、子どもの社会化における道徳性、男女平等、および男女双方のより高い学業成績といった諸問題と結びつけられている。一般的に見て、リベラルな教育改革者たちが典型的な男女共学の擁護者であったのに対して、保守派は男女別の学校教育を唱導してきた。こうした傾向は、近年のアメリカでは少し変化してきている。それは、フェミニストが女性の成功を支える手段として別学を支持するようになり、また、改革者たちがアフリカ系アメリカ人の生徒の学業成績に男子校がおよぼす効果を調査するようになっているからである。ある地域では共学の人気が高まってきているが、その他の多くの地域では、ジェンダーで区別された学校教育がいまも支配的である。その結果、ジェンダーと教育をめぐる問題はいまなお論争をひき起こしつづけている。

　歴史のほとんどを通じて、少年と少女を分けて教育するのが標準であった。これは、近代以前の社会のほとんどで、それぞれのジェンダーに割りふられる役割が違い、男子と女子の地位が不平等であったためである。概して、男子の識字能力（リテラシー）は、女子のそれよりはるかに高かった。少年たちは労働・政治・戦争などの世界に向けて訓練を受けていた。これに対して少女たちは、住居・料理・子育てなど家庭内の仕事の準備をさせられた。こうした伝統的な労働区分にとっては、共学という考えそのものが脅威であり、またそれは、既存のヒエラルキーを浸食しかねなかった。

初期の男女共学への取り組み

　18世紀を通じて、北アメリカの英語圏では、広範な基盤の上に男女共学が出現しはじめた。イデオロギー的には、この動きは宗教改革に刺激された宗教対立と、辺境社会における生活状況に結びつけられる。男女共学がはじめて実施されたのは、首尾よく学校が作られたニューイングランドであった。すなわち、その多くは、宗教教育のための識字能力の提供を目的に設置された学校であった。男女をいっしょに入学させる慣行は、住民の数が少ない地方の学校を維持するのに必要な人数の子どもを調達するという実務上の必要からだけでなく、おそらく、女性の教会員を増やすという事情からも生じていた。

　アメリカ独立革命直後の数年には、女子教育への関心の高まりと、新しい共和国で子どもの社会化にきわめて重要な役割を果たすのは女性であるとの認識の深まりが見られた。この考えは――おもに農民層に広まった考えと結びついていたが――男女共学を、19世紀の初頭までに、すくなくとも北部と西部地域で非常に人気の高い慣行にするのに役立った。男女共学は、伝統的なヨーロッパの規範が広まっていたアメリカの大都市ではまだありふれたものではなかった。だが、教育改革者たちは、学校で男女をともにすることは、ほかの二つの重要な組織である教会と家庭における男女の「自然な」融合を反映するものであると主張して、男女共学を受け入れるよう強力におしすすめた。南北戦争以前のアンティオク・カレッジ[1]やオバーリン・カレッジ[2]といった男女共学の高等教育の先駆的な試みは、この慣行がさらに広く受け入れられる道を切りひらくのに役立った。1890年代までに、アメリカの学童の圧倒的大多数は共学校に入学しており、その割合はほかの国々よりはるかに高かった。子どもたちの大部分はコモンスクールもしくはプライマリースクールに入学したが、男女共学は中等学校とカレッジにも広まるようになっていた。1900年までに、アメリカの高等教育機関の約70パーセントが、男女両方の入学を認めていた。男女共学は標準的なアメリカの教育慣行になった――これは、この国の学校を他国の学校制度と明確に区別するものであった。

男女共学に反対するケース

　以上の点は、男女共学がなんの論争もへずにとりいれられたことを意味しない。男女共学は、ハイスクールとカレッジにかんしては、とくに19世紀末期を通じて論争の原因になった。男性の医師のなかには、男女に拡張された教育は、男子学生との競争がひき起こす過剰な努力によって害になるので、女子には危険であると主張する者もいた。その他の反対者たちは、若い男女が長期にわたって接近状態に置かれていると不適切な行為の危険性が高まると主張して、宗教的・道徳的見地から異議を唱えた。しかし、こうした議論は、男女共学は実際に成功しており、アメリカの教育制度の美徳でもあると擁護する多数の人びとの反駁を受けた。男女共学は女子を病的にするという主張を学校当局がしりぞけたため、親たちは進んで娘たちを共学のハイスクールとカレッジに通わせた。学校長も、男女共学は中等教育機関を成功させるには不可欠だと論じたが、それは、中等教育機関を男子に限定すると、非常に大きなコミュニティを別にすれば、そうした学校を維持できなくなるからであった。教育者のなかには、女子の存在は、男子をおちつかせて「礼儀正しくする」よう感化し、また、教室に若い男子がいることで女生徒の刺激となり、より大きな成功に役立つと述べる者さえいた。要するにこうした議論は、アメリカでは男女共学への強力な支持があったことを示していた。

だが、アメリカでは、南部と同様に大都市でも保守的なヨーロッパの伝統が残っており、そのようなところでは、男女別学が存続した。

男女共学を構想するほかの国々

アメリカ以外の国々における男女共学制の採用は非常にゆっくりと進んだ。北欧諸国は男女混合の学校を採用したもっとも早い地域のひとつであった。男女共学制度の起源は、デンマークでは18世紀に、ノルウェーでは19世紀にさかのぼる。しかし、イギリス、イタリアおよびドイツでは、いくつかの散発的な試みがあったにもかかわらず、それ以外のところでは、伝統の重みが男女共学の推進にとって堅固な障壁となった。共学は、その公的な精神において女性の権利と密接に結びついていたが、初期のフェミニストの限定的な要求は共学の受け入れに制約をくわえた。ヨーロッパの比較的高い人口密度は、男女別の初等学校を理論上は実施可能にしていた。そのため、中等教育はほとんどエリート層に限定され、しかも男子生徒に支配されていた。女子は、19世紀末には高等教育機関への入学が認められていたが、少数の勇猛果敢な先駆者たちを除けば、彼女たちが中等教育を受けていなかったことは、ほとんどの大学において彼女たちの入学を不可能にしていた。こうした傾向に対する最初の主要な挑戦は、ボリシェヴィキ革命（ロシア暦10月革命）*3後のロシアで起きた。同国の女子は、教育を受ける非常に大きな権利をあたえられ、しばしば男子と対等であった。男女共学は、急進的な平等概念と結びつき、学生の入学者を急増させ、新生ソヴィエト連邦が多様な分野においてますます増大する熟練労働者の需要を満たすのを助ける効率のよい手段であった。だが、ほかのヨーロッパ諸国は、全般的に見て、男女共学のソヴィエト・モデルを模範にはしなかった。

アメリカにおける急激なゆれもどし

アメリカでは、ハイスクールの生徒数が劇的に増加したため、20世紀初頭に男女共学問題が再燃した。家庭科・商業（秘書養成の）・手仕事（とくに衣類の製作）をふくむ、女子学生を対象にした新しいカリキュラムが考案された。他方、男子学生は工芸技術・簿記・商業地理学などの科目を学んだ。こうした多様なコースは、労働市場に向けた学校教育の重要性、あるいは男女の仕事を区別しつづける明確な労働区分についての認識の深まりを反映していた。若い男女が同じ学校に通っていても、性別役割やジェンダーにふさわしい労働形態など、より大きな社会通念が教育機関に相当の影響をおよぼしていた。

ほぼ同じ頃、いくつかの団体が男女共学に抵抗した。カトリックの信徒たちは、男女共学は乱交という亡霊をよびさまし、男女間に不健全な競争をまねくと主張して、道徳的・宗教的理由で男女共学の実施に反対した。こうした批判者は、若い男女に別々の職業コースを推奨しようとしていたカリキュラムの専門家たちの議論に共鳴して、男女を差異化する原理には宗教的な根拠があり、男性と女性にはそれぞれが果たすべきまったく異なる目的があると主張した。この理由から、教区が運営する多くの小学校がアメリカ的な男女共学クラスをとりいれるようになっても、カトリックの中等教育学校の大多数は男女別学のままであった。ほかの私立学校も、ヨーロッパの規範に従うことが多い社会の上層が支持していた伝統をおおむね受け入れ、男女共学には反対した。したがって、男女共学はアメリカでは広範な人気があったものの、それが普遍化するのはむずかしかった。労働における性別区分や、若い女子の礼儀作法やその保護への伝統的な関心は、学校の方針に影響をおよぼしつづけた。こうした規制が劇的に変化するのは第2次世界大戦後になってからである。

広がりつづける男女共学

20世紀に全世界で進展し、1945年以降に加速する男女共学にはいくつかの発展原因があった。そのひとつに、第2次世界大戦後のアメリカの世界的規模の影響力がある。その文化摩擦はヨーロッパを圧倒し、新しい男女共学モデルに対する抵抗をやわらげた。だが、おそらくそれよりも重要なのは、ジェンダーにもとづく役割にゆるやかな変化が生じたことで、この変化は、女性たちに家庭の外の生活にかかわる機会をより多くもたらした。これはとくに、労働に参加する女性の割合が上昇したことにはっきりと示され、おそらくアメリカとヨーロッパがもっとも明白ではあるものの、ほかの国でも見られた。こうした展開は、女子に開かれた教育機会は男子と同等であるべきとする議論を補強し、そうした平等を達成するもっとも直接的かつ現実的な道は男女共学であると理解されるようになった。最後に、性の規範における革命的な変化が20世紀後半の数十年の特徴となり、とくに1960年代には広範な影響力をもつようになった。この文化変容は、一般大衆のあいだにみられた道徳的および宗教的理由による男女共学への抵抗を弱めた。こうした影響力のすべてが、アメリカとそのほかの国で男女共学をすみやかに前進させる新時代を先導するのに役立った。

男女共学は、アメリカ全土にゆっくりと広まっていった。1950〜60年代になると、男女共学を検討しはじめた別学の学校もあった。この展開は公民権運動に支えられたが、これは教育における人種的不平等について一般の自覚を高めただけでなく、フェミニズムの促進にも役立った。教育におけるジェンダー平等の要求は、別学教育は本質的に不平等であるという理解に応じるよう学校に圧力をかけた。それに対して、おそらくもっとも大きな変化が見られたのはカトリック系の学校とカレッジであった。こうした学校の多くは、

部分的には有能な生徒の要望があったこともあり、公的な圧力がかかったことを受けて入学方針を修正した。ハイスクールとカレッジで男女共学を求める要望が増えたのにともなって、ほかの多くの私立学校やカレッジも入学方針をあらためた。この時期の調査データは、別学に関心をもつ生徒がしだいに減少していることを示している。アメリカでは、長いあいだ男女共学が人気であり、これを一般大衆が前例のない水準で受け入れた。それと同時に、労働力と非常に密接な関係をもっていたカリキュラムには、ジェンダー区分された教育がほとんどの学校にそのまま残っていた。法律や医学など、それまで男子が幅をきかせていた領域で女子の人数が急増した一方、看護・事務・大工仕事・自動車修理などの分野では、いまなお性別区分を残したままであった。

同様の変化はヨーロッパでも起きた。だが、ヨーロッパでは、もともと男女共学はきわめてまれにしか実施されていなかったため、その広まりはアメリカの場合よりもはるかにきわだった。ドイツその他のエリートの中等学校では、男女共学の実施に抵抗しつづけていたが、ヨーロッパの多数の都市で、初等教育はおおむね男女共学になった。フランスとイギリスでは、男女共学が非常に急速に標準になり、さらに、アメリカ式の「総合制」学校の発展は、ついにジェンダーの平等をもたらした。だが、おそらく最大の変化は大学で起きた。中等教育段階で大学進学教育を受ける多数の女子が、大学への女子入学者数を増やすことになったからである。

世界のほかの地域では、男女共学の採用はあまり進まなかった。日本では、女子の大学入学許可はほかの先進国からつねに遅れをとっており、高等教育でのジェンダー分離は根強く残っていた。だが、ほかの国々では女子教育のめざましい改善が見られ、教育機会の拡大にともなって男女共学が広く実施された。これは、たとえばキューバや中国にあてはまる。他方、その他の発展途上国のなかには、とくに中等学校段階と大学において、伝統的で宗教的な影響が女子教育の発展をこばむ国もあった。アフリカの多くの国やアラブ諸国では、男女共学はいまなお難色を示されるか、厳しく禁じられるかしたままである。

男女別学の巻き返し

アメリカの教育におけるジェンダーの平等に向けた運動は、1970年代と1980年代を通じて継続的に男女共学を推進していた。1972年に議会で可決された「連邦改正教育法第9編」*4はジェンダーをめぐる平等問題について一般大衆の意識を高めることとなり、1980年代と1990年代の教育制度改変に寄与した。だが同時に、それへの対抗勢力も存在した。ロナルド・レーガン大統領［1981-89］に代表される影響力のある保守的な政治運動、性の解放に対する一般大衆の懸念、未婚の妊娠――とりわけ10代での――の増加、性病の蔓延といったことが、男女共学政策の再検討を迫る動きとなった。同時に、数学のような分野で女子が緩慢な進歩しか見せないのを懸念したフェミニストたちは、教育の平等を実現する主要な手段としての男女共学の妥当性に疑問をいだきはじめた。1970年代末になると、研究者たちは男女共学カレッジに比べて男女別学カレッジの女子の学業成績が高水準であることに注目しはじめた。全米女子学生協会*5は、1992年に公刊した報告書で、男女共学は若い女子が高い学業成績を達成する最善の方法なのかと問いかけた。同協会によれば、女子はクラス討論で無視される傾向があり、セクシャル・ハラスメントに脅かされているという。こうした研究結果は女子大学への関心を再燃させた。同じように、教育改革者たちも、都市のアフリカ系アメリカ人の若い男子学生の学業成績の低さを懸念した。教育改革者たちは、男子の高等教育機関の成否の検討と、そのような学生が気を散らさずに学業に専念できる環境作りをはじめた。こういった理念や試行は、男女共学の原理に対する重大な異議申し立てであり、戦後を通じて優勢であった男女共学は、はじめて大きな後退を経験した。

歴史的に見ると、男女共学は教育における男女平等や女性の機会拡大という理念と結びつけられてきた。男女共学の進展は、女性の権利の拡張と、すべての階層に役立つ近代教育制度の拡大とを特徴としている。男女共学の高まりは、とくに中等教育と高等教育段階に女子が参入する動きに示された。男女共学の実施が最初に顕著な広まりを見せたのはアメリカにおいてであった。ほかの先進諸国の多くの地域では男女共学の進展は不均衡であり、発展途上国では男女共学になっていないことへの反応が鈍かった。一般に、女性の権利が非常に厳しく抑圧されている社会では、男女共学への抵抗はきわめて大きい。道徳的にリベラルなアメリカのような社会でさえ、最近の推移は、男女共学の訴えがとどく範囲に現実的な限界があることを示唆している。ふたたび高まった男女別学校への関心は、男女共学をめぐる論争がすぐにはおさまりそうにないことを示している。

［訳注］

*1 アンティオク・カレッジ（Antioch College）――1853年にプロテスタントの一派であるディサイプルズ・オヴ・クライスト（Disciples of Christ）の信者たちが、「アメリカ公教育の父」として知られるホーレス・マン（Horace Mann, 1896-1959）を学長に迎えて開校した。オバーリン・カレッジに次いで共学を採用した。

*2 オバーリン・カレッジ（Oberlin College）――1833年に長老派教会によってオハイオ州オバーリンにアメリカで最初の男女共学の大学として設立された。1932年に入学にかんする人種差別を撤廃、1962年に大卒黒人女性第1号を輩出した。

*3 ボリシェヴィキ革命（11月革命、ロシア暦10月革命）——1917年11月7日（ロシア暦10月25日）に、ロシアで起きた革命。レーニンらの指導するボリシェヴィキが首都ペトログラードに武装蜂起して全国に波及し、ケレンスキー臨時政府を打倒して社会主義政権を樹立した革命。

*4 連邦改正教育法第9編（Title IX）——アメリカの連邦の補助金や助成を受けているすべての教育機関においてジェンダー差別を禁じた。

*5 全米女子学生協会（the American Association of University Women）——1881年に女子学生のための教育や教育の平等を促進するために設立された。現在、約10万人のメンバー、1000の支部を擁し、500のカレッジや大学と提携し、アメリカ全土にネットワークをもつ。

➡教育（アメリカ）、教育（ヨーロッパ）、ジュニア・ハイスクール、女子カレッジ（女子大学）（アメリカ）、女子校、ハイスクール（アメリカ）

● 参考文献

Albisetti, James. 1988. *Schooling German Girls and Women: Secondary and Higher Education in the Nineteenth Century.* Princeton, NJ: Princeton University Press.

King, Elizabeth, and M. Anne Hill, eds. 1993. *Women's Education in Developing Countries: Barriers, Benefits, Policies.* Baltimore, MD: Johns Hopkins University Press.

Komarrovsky, Mirra. 1985. *Women in College.* New York: Basic Books.

Riordan, Cornelius. 1990. *Boys and Girls in School: Together or Separate?* New York: Teachers College Press.

Solomon, Barbara Miller. 1985. *In the Company of Educated Women.* New Haven, CT: Yale University Press.

Tyack, David, and Elisabeth Hansot. 1990. *Learning Together: A History of Coeducation in American Schools.* New Haven, CT: Yale University Press.

Wilson, Maggie, ed. 1991. *Girls and Women in Education: A European Perspective.* New York: Pergamon.

（JOHN L. RURY／沖塩有希子訳）

『タンタン』とエルジェ
(Tintin and Hergé)

勇敢な青年記者であるタンタンのキャラクターは、1929年にベルギーの漫画家ジョルジュ・レミ[*1]によって生み出された。1930年から1976年までに書かれた23冊にわたる冒険には、タンタンや愛犬のミル（スノーウィ）、ハドック船長、ビーカー教授、カスタフィオーレ夫人といった人物たちが登場する。タンタンシリーズの最終刊『タンタンとアルファアート』（*Tintin et l'Alph-Art; Tintin and Alpha-Art*［1990］）は、レミが亡くなる際には未完成のままであったが、

タンタンとその犬スノーウィを描いたフランスの切手は、2000年3月の全国切手週間で公開された。©AFP/CORBIS

草稿をもとに1986年に出版された。

レミは、イニシャルを入れ替えた"R-G"のフランス語読みから来ている、エルジェのペンネームでより知られている。彼は、ローマカトリックの保守的な新聞である「20世紀」（*Le vingtième siècle*）紙で、イラストレーターとしての経歴を歩みはじめた。タンタンを手がける以前の、エルジェ初期の子どものための絵入り物語は、挿絵のついた文章がぎっしりつまった、子ども向けの伝統的な様式をとっていた。そのなかでは、別のテキスト執筆者による散文の物語は短いまとまりに分けられ、それをイラスト化している絵か、もしくは説明している絵の下に置かれていた。絵はよくても装飾用にすぎず、テキストの内容と重複していた。当時のアメリカでは、文章が会話として絵に組みこまれたコマがつらなる、コミック・ストリップという新しい様式が生まれていたが、メキシコからもちこまれた新聞でそれを目にしたエルジェは、読者のために、この革新的様式をとりいれた新しい物語を制作しようと決意した。

タンタンの最初の物語『タンタン ソヴィエトへ』（*Tintin in the Land of the Soviets*）は、新聞の子ども向けの増刊である「プチ20世紀」（*Le petit vingtième*）紙に、1回2ページで連載され、1930年にまとめられ出版された。はじめは一人で制作にあたっていたエルジェであったが、やがて小規模なアシスタントグル

ープを雇った。エルジェは、「20世紀」紙の廃刊後、1940年には新聞「夕方」(Le soir) 紙の子ども向け増刊に、次いで最終的には、1946年に自前の雑誌「タンタン」に、タンタンの連載を移した。通常、一話完結の短編か、結末が設定されていないシリーズものかのどちらかによって構成されているアメリカン・コミックの子ども向け作品とは異なり、タンタンの物語は導入部、中間部、結末をそなえた、ひとそろいの物語として構成されていた。そしてそれらの物語は集められ、ハードカバー版とアルバム版で出版された。それらは全集のかたちをとっており、少数の例外を除き、初版から現在にいたるまで絶版にはなっていない。

『タンタン ソヴィエトへ』は、当時の反共産主義的プロパガンダをもとにつくられた。新聞社の納期を守るため、反共産主義の冊子(Joseph Douillet's *Moscou sans voiles* [1928])ただ一冊に対する調査のみで、エルジェは作品を仕上げたのである。ここにみられるいくぶんかの外国嫌いの傾向は、非白人の登場人物をステレオタイプな風習で描いた『タンタンのコンゴ探検』(*Tintin au Congo*, 1931; *Tintin in the Congo* [1991])と、『タンタン アメリカへ』(*Tintin en Amerique*, 1932; *Tintin in America* [1978])にも続いている。とくに『タンタンのコンゴ探検』は、コンゴが当時ベルギー統治下にあったため、その時代の植民地にかんする偏見の悪影響をこうむっている。

第5巻『青い蓮』(*Le lotus bleu*, 1936; *The Blue Lotus* [1983])には、エルジェの物語の着想における変化の兆しが見える。ありふれた着想、もしくは誤解のみにもとづく、現実的でない単純な筋の冒険に代えて、エルジェは物語の基幹をより注意深い調査に置き、すくなくとも間接的には同時代的な問題を扱うようになった。『青い蓮』のために、エルジェは中国の文化と歴史を、ブリュッセル美術アカデミーの生徒であった張仲仁(Tchang Tchong-Jen, 1907-1998)から教わっている。この巻では、中国人の登場人物の描写の多くが、依然として外見上の通俗的な固定概念にもとづいていたものの、中国に対するヨーロッパの偏見と正面から向きあっている。当時のベルギーにおける子ども向けの創作としてはめずらしく、当時の政治的状況、とくに日中戦争が直接的に取り扱われている。

時がたつにつれ、外国市場での出版といった外部圧力や、自分の本が若い読者にあたえる影響をエルジェが理解しはじめたことにより、タンタンの本はときに改訂や再構成がなされた。今日入手できる版は、エルジェの最後の改訂版である。

タンタンは、ディズニーがもっとも重視するキャラクターに対するのと同じぐらいの熱意をかけられ、子ども服から高級陶器にいたるまで、さまざまな商品として売り出された。実写映画としては「タンタンとトワゾンドール号の神秘」(*Tintin and the Golden Fleece* (1961)、「タンタンと水色のオレンジ」(*Tintin and the Blue Oranges* (1964)、アニメ映画として、「太陽の神殿」(*Prisoners of the Sun*, 1969)、「紅海のサメ」(*Tintin and the Land of Sharks*, 1972)があり、さらに1990年には、1話30分のシリーズがふたたび制作された。

エルジェは世界中の漫画家に幅広い影響をあたえた。インクのシンプルな輪郭、平塗りされた、はっきりとした色使い、そしてリアルで詳細な背景とともに描かれた、「明快な描線」(クリアー・ライン)の描画法による絵は、ヨーロッパやその他の国において、大人向け子ども向けをとわず、多様な漫画家の仕事に見てとることができる。

[訳注]

*1 ジョルジュ・プロスペル・レミ(Georges Prosper Remi, 1907-1983)ペンネームはエルジェ(Hergé)――ベルギーの漫画家。代表作『タンタンの冒険』(*Les aventures de Tintin*)の作者として知られ、ほかに『クックとブッケ』(*Quick et Flupke*)シリーズなどの作品を残した。首都ブリュッセルの首都圏地域を構成するエテルベーク(Etterbeek)で、ワロン人の父と、フラマン人の母の子として中産階級の家庭に生まれた。エルジェというペンネームは本名のイニシャルGRを逆さにしたRGをフランス語読みした音「エルジェ」に "Hergé" の文字をあてたもの。

→児童文学、双書(シリーズもの)

●参考文献

Farr, Michael. 2002. *Tintin: The Complete Companion*. San Francisco, CA: Last Gasp. マイクル・ファー『タンタンの冒険――その夢と現実』(小野耕世訳、株式会社ムーランサールジャパン、2002年)

Peeters, Benoît. 1992. *Tintin and the World of Hergé: An Illustrated History*. Boston: Little, Brown.

(GENE KANNENBERG JR./伊藤敬佑訳)

恥辱感(Shame)
→罪悪感と恥辱感(Guilt and Shame)

父親業と父性 (Fathering and Fatherhood)

伝統的な知恵に従うなら、古い時代の家父長的な父親は厳格な権能者(authoritarian)であって、子どもに対する父親らしい気遣いは最近の現象であり、工業化は男性を家庭から引き離してその役割を弱めてしまったということになる。歴史研究は、過去の父親の役割についてのわれわれの理解に複雑さをつけくわえ、子どもたちの人生への父親のかかわり方を記述し、産業革命のさまざまな影響を明らかにするとともに、父親になること(fathering)と父性(fatherhood)についての単直線的な見方をわかりにくくしてきた。歴史家たちは父親の法的権能と家庭内的権能の範囲、その

妻に対する責任の分配、子育てにおける父親の役割、そして少女と少年の過去の育児（parenting）の違いなどについて問いかけている。

家父長権

　ローマ時代の家族（familia）という概念は、世帯主すなわち家長（paterfamilias）の権能に従う世帯の人びとのことをさしていた。世帯の構成員は、第1に父親への広汎な服従を、また第2に血縁あるいは絆への広汎な服従を分かちあっていた。家父としての父親は、世帯に対する完全な権力を掌握していた。このなかには、彼の世帯を構成していた奴隷、自由民あるいは女性に対する性的な権能がふくまれていた。実際、究極的な権力（power）はローマの父親の手中にあった。すなわちそれは家父長（patria potestas）*1 の生殺与奪の権力である。父親は子どもの誕生に際して、自分がその子の父親であることを確認するとともに、新生児をもちあげて自分の足下に置くか、あるいはそうしないかによってその子どもの未来を決定した。娘たちを養育するかどうかも父親が決めた。父親がその生物学上の子孫を扶養するよう求める法律はひとつもなかった。ローマのあらゆる社会階級のあいだで広く見られた**子どもの遺棄**は、世襲財産（patrimony）あるいは**相続**を守った。それはまた、家族を制限する方法でもあった。子どもを拒絶することはその子の死を意味したが、遺棄された子どもたちは、しばしば血縁のない世帯で里子あるいは奴隷として育てられた。こうした子どもは、後年、その産みの親が子どもの養育を賠償すれば、里親家族に返還を求めることができた。ローマ時代の父親は、生物学的な父親であるというよりはむしろ、意志的な父親、法的な父親、さらには社会的な父親であり、**養子縁組**が一般化していた。養子縁組は、相続問題を解決し、亡くなった父親の遺言状によって死後に効力を発することもできた。

　古代ローマの父親の権能は、無数の点で家族を超えてローマ人の公的生活に影響をおよぼすほど鳴り響いていた。父−息子関係は、さまざまな階級の男性のあいだの政治関係のモデルであった。父親は、その息子もふくめて、自分の全世帯を政治的に代表していた。ローマの元老院の議員たちは、お互いをパトレース・コーンスクリプティ（patres conscripti）*2 とよびあっていたが、これは、父親が世帯の指導者としての役割を果たし、ローマの父親として支配していたことを示している。息子は2番目の父親となる身分であったにもかかわらず、その父親によって市民権を賦与されていた。自分の息子を未来の完全な市民として育て、教育する責任を負う父親は、いつも息子をつれて都市を歩きまわることでその政治的義務を果たした。

　若者は、成長すれば父親になるよう期待されたが、完全に独立できるのは父親が死んでからであった。市民権を得ること、軍務につくこと、そして子どもをもうけて父親になること、これらはローマの男性の責務であった。男性は妻が石女（うまずめ）であった場合、離婚して再婚した。また、妻が出産中に亡くなれば、ただちに再婚した。多数の子どもを残すことが市民としての義務であり、市民であることを示す必要な儀礼であったからである。

　ローマ法のもとでの父親の権能は完璧であった。法律は、父親が息子を廃嫡するのを認めていたし、［息子が］反逆罪のような重罪を犯すことも何度かはあったものの、父親がこの権利を行使した事例のいくつかは、理論上は、息子を殺害してしまうことも認めていた。未亡人で妊娠している女性は、たとえ引退していても、彼女が産んだ子どもが夫にだけ所有されるとする法令にしたがって、夫の側の家族から注意深い監視を受けた。父親は、結婚した娘たちに対しても、姦通のかどで娘を罰したり、もっと有利な家族同盟を得るために、すでに結婚している家族から娘を引き離して別の家族に嫁がせる権利をふくむ権能を保っていた。

　このような父親の支配からのがれるために、きわめて部分的にではあったにせよ、成人した貴族の息子は、富によって満たされる自立への欲求を示して結婚し、父親の世帯を出ていった。息子は独立できるだけの生計の手段を受けとったが、財産の所有権は父親に残された。父方の系族を重視することは、孫が父方の**祖父母**に育てられ、**離婚**、死、あるいは付加的な結婚によって家族が崩壊した場合、父方の祖父母の家庭に預けられることを意味した。結婚は、男性間の同盟を助長し、最初の妻は、その夫が新しい結婚相手と話がまとまれば、自分がもとの家の父親に送り返されることに気づいていたかもしれない。おそらくローマ人たちは、成人した娘にかんしては、父親に帰される長期におよぶ責任のために、父・娘関係に高い価値を置いていた。キケロ［前106-43］は、「わが娘たち以上に、われわれを楽しませてくれ、可愛らしいと思わせるものはほかにはあるまい」と述べている（Hallett, p. 63での引用）。

　ローマの作家たちは、家庭で自由に怒りを表明することに反対している。セネカ［前4頃-後65］は、怒りを正しく表明することと、怒りを必要とすることとを区別している。この助言は、法律によって父親に授けられた、世帯に対する全般的な権能がもたらす危険性から導き出されたようである。

　キリスト教は、家父の権能に対する異議申し立てを導入した。個人は、彼がキリスト教徒、すなわち教会と聖職者というかたちで、現世的であるとともに来世的でもある信徒になったとき、世帯の家長がおよばない権能にこたえることができる存在になった。

中世

　古代末期から中世初期にかけて、ドイツの家父（Hausvaters）は、法律によってその子孫に身体的な

罰をあたえたり、拒絶したり、売り飛ばしたり、殺害することができた。子どもを拒絶したり、私生児を産んだり、あるいは母方の家族に子どもを遺棄すること——たとえば、文学にしばしばみられる事例だが、母親の叔父が姉妹の子どもの保護者としての役割を果たす場合のような——の責任を定めていた村の社会慣習は、法律の融通のきかなさを補った。

夫婦家族は、ヨーロッパ家族史のきわめて早い時期——ほぼ1000年頃——から基本的な家族単位であった。この不完全な家族は、法律のなかの父親の権能を大きく変えることはなかったが、家庭における妻の地位を改善するかに思われた。結婚は生涯にわたる絆とみなされ、父親は、結婚して世帯をあとにする息子たちの面倒を見るよう期待される存在であることを意味した。このことから、次の世代の成人に対する権能は衰退した。封建時代の世帯における人口成長は、家族生活における愛情に変化をもたらした。すなわち、子育てと教育に対する親の関心が増大した。父親は、息子が成長するのにともなって、母親の24時間の世話にあまり依存しなくなるのに合わせてその養育に責任を負ったが、これは、もっとのちの世紀でも持続することになるパターンである。相続慣行は、最年長の息子に対する父親の関係の感情的および経済的力学を強めた。

11世紀になると、相続とそれに付随する父親という立場は、強力な家父長制を生むことになる革命を経験した。分割可能な相続（すなわち、相続人のあいだで分割できる相続）、父母双系の血縁関係（血統が母方と父方の両方の系でたどることができる）、そして、財産に対する女性の支配権は大きく弱められた。貴族階級は、財産がそっくりそのまま父親から最年長の息子に渡される長子相続制という制度を開拓した。父親は、一人の男性の後継者を指名し、分割できない財産だけでなく、男系を引き継ぐ姓名もゆずり渡した。家族資産の支配権はほとんどすべてが男性に移った。女性はすべてを失ったが、婚資としての財産に対するもっとも短命な支配権は、生涯保証になっただけで、結婚する前に妻が相続していた土地を売却するには夫の同意が必要であった。このような革命をもたらすことになる、新しく登場してきた制度である封建制もまた、貴族の家長を王朝の創設者に変えたが、彼は、世帯の権能を発揮しただけでなく、自分の土地を守る責任があるという理由で、その土地をとりまく境界線の内側を実質的に統治することもあった。

しかし、中世のキリスト教は、親権をやわらげ、父親の責任に対する見方を変えた。子どもはもはや父親の所有物とはみなされなくなった。それに代わって、子どもを保護することは神によって父親に委任された責任とされた。こうして父親には、子どもおよび非嫡出子でさえも養育し、保護することが求められた。

父親としての、また夫としての男性は、理念的には、子どもがその両親を厚遇するあいだ、愛情をもって統治した。しかし、父親が長寿であることは、息子が結婚し、自分の家をかまえ独立する経済手段を手に入れるのに必要な土地を息子に相続させないようにしつづけることになったため、父親と息子のあいだには世代間の軋轢が生まれた。父親は世襲財産を支配したが、キリスト教会は、次世代はそれとは関係なく身を立てていくべきであると主張した。15世紀における中世末の世帯規模は、家族慣行がこうした理想を反映していたことを示しており、複合世代的な世帯は、規準というよりはむしろ例外であった。父親が、子どもたちの結婚を通じて都合のよい経済的調整と同盟関係を模索すると、結婚選択に重大な世代間の緊張が噴出した。結婚相手の選択をめぐって、父親は大きな力で娘の選択を阻止して思いとどまらせようとしたかもしれないが、父親と対立した貴族の娘は、ひとつのオプション——神への奉仕に生涯を捧げること——をもっていた。

中世末の聖ヨセフ[*3]の崇拝は、父親らしいふるまい方の規則を示している。作家や図像画家たちは聖ヨセフを、彼が愛情深いと同時に勤勉な人間でもあることを示しながら、彼には聖家族を扶養し、世話をする能力があるという理由で崇拝したのであった。中世末期の飢饉と疫病は、家族と系譜の存続を確実にしてくれる父親の保護的で愛情深い役割に対する関心を至上のものとした。

中世の富裕な父親の義務のひとつは、子どものために乳母を雇うことと、乳母が提供する世話を確かめることであった。子どもが乳離れする時期と、生まれた家に戻ってくるかどうかを決めるのも父親であった。父親は息子の教育に責任を負っており、子どもが7歳に達すると適切な職業につけるよう導いてやらねばならなかった。貴族のなかには、息子の教育を父親が決めていたかもしれないが、この教育をみずから進んでやろうとはしなかった。そのかわりに、少年は別の貴族の家、おそらく母方あるいは父方の叔父の家で騎士になる訓練を受けた。都市の中産層の父親は、中世によく見られたように、生家で自分の子どもが青年期をすぎるまで育てていた。中世の父親には、稼ぎ手、教育者、そしてすくなくとも想像上は遊び相手といった近代的な父親のすべての要素があった。しかし、こうした役割に割りふられる重みと意味は時代とともに変化した。

宗教改革期と啓蒙時代の父親

父親の情緒的な特色と愛情の絆に集中的に焦点をあてた学問的関心は、主としてプロテスタンティズムが内省を奨励し、綿密な研究を可能にする文字記録を生み出したという理由で、**プロテスタントの宗教改革**とともにはじまる。また、プロテスタンティズムは、家庭における男性の新しい役割も要求した。それは宗教の教育者という役割であった。宗教改革は、家父長的

な核家族の「全盛期」を示した。プロテスタントの宗教改革と、その後すぐに起こるカトリック教会による対抗宗教改革は、家族の改革を、しばしば父親の権威を強固にする方向で進めることになった。たとえば結婚法は、ヨーロッパ各地で改革され、カトリック教会が有効だと認めた子どもの秘密の結婚を違法とした。いまや法令書は、両親の同意を得た公的な儀礼を要求し、両親にはその子どもの安寧を尊重してやることが求められた。改革者たちの最終目標は、結婚制度を支え、それによって結婚生活に入る手段を明確にすることで両親による子どもの支配を強めるほどのものではなかったかもしれない。カトリックのフランスとイタリアでは、結婚の同盟をめぐって両親と意見が合わなかった若者は政府（フランス）に頼ることができたり、教会（イタリア）が縁組みを見つけてきたりしたが、イギリスでは改革が1753年に法案化*4されるまで、教会法は逃亡を禁止せずに放置しつづけた。

ドイツでは、父親向けの育児書は、子どもがまだ子宮のなかにいるあいだに父親としての心配がはじまることを示している。育児書は、胎児と妊娠中の母親の健康のための食物とハーブを処方し、出産のときが近づくと、父親を代理人に任命して助産婦をよびにやり、分娩中は助手としてつきそうよう命じている。プロテスタントの父親から得られる日記資料は、子どもの誕生に父親が立ち会い、注意深かったことを記録している。

宗教改革時代のヨーロッパ人は、自分の子どもの将来の性格を形成する両親の能力に重点を置いていた。その子どもの身体的な、そしてもっとも重要なこととして道徳的な健全さには、両親とりわけ母親だけでなく父親も責任があった。この時代のヨーロッパ人は、行儀のよい敬虔な子どもをほめたたえていたが、どちらかといえばこの時期以降の子育ての助言文献は、実際には、両親は、**しつけ**に非常に厳格であったというよりはむしろ非常にだらしなかったことを示していた。

社会秩序と永遠の救済は、厳格な養育の背景をなす重要な理論的根拠であった。性の生得的な性質についての理念は、子どもの身体的なしつけの仕事を父親にゆだねた。母親は、そうした仕事をするにはやさしすぎると考えられた。ルター主義の子育て助言者は、体罰にかんするローマ時代の規定に呼応して、冷静な対し方を広め、怒りに駆られて子どもをたたいてはならないと述べた。中世と同じように、父親は6歳をすぎた男の子を養育した。父親も息子もともに、次の世代の教育と職業選択を父親が指導するよう期待していたが、子どもの性向、才能、幸福を考慮に入れていた。

16世紀の子どもの死亡率と原罪に対するプロテスタントの懸念が、とりわけ硬直した父親としてふるまうスタイルを形成するということにはならなかったようである。子どもの死は、宗教的な信仰や、悲しみを外にあらわすサインをほとんど示さず、むしろ自分の子どもがこの世の苦しみから解放されたことを喜ぶよう唱道する説教（これはときどき悲しんでいる父親によって書かれた）にもかかわらず、人びとに人としての深い悲しみをもたらした。第一世代のプロテスタントが父親の信頼をかなぐりすてたとしても、プロテスタンティズムは、父親が自分の子どもに教理問答を教える義務を認めていた。彼らが子どもに教えたテキストは、自信過剰を生みだしやすい個人主義を強調した。歴史家のスティーヴン・オズメントによれば、プロテスタントの次世代の父親となる努力目標は、こうした初期の個人主義の厳しい責任感を子どもに教えこむことにあった。

啓蒙思想家たちは、世帯に対する父親の規則の正しさを認めると同時に、その表現にも制約を設けていた。契約概念は、父親の家族哲学にも浸透した。ジョン・ロックによれば、親であることの仕事は、夫婦双方が共有しあうべきものである。ロックは、父親であることに子どもに対する養育義務を見ていた。世話の中止は、子どもが服従する必要性を不要にした。いっぽうジャン＝ジャック・ルソーは、いかなる父−子の絆も、自発的行為として生き残るために父親の助けを必要とはしなくなると見ていた。

植民地時代のアメリカの父親

植民地への入植者が新世界に共同体を建設したとき、家父長制は増強された。イギリス人入植者たちは、イギリスの法律にもとづいて家父長制を拡張し、もっぱら子どもや使用人、**奴隷**などの従属的な世帯構成員たちの労働力に対する支配力のゆえに、西洋世界でもっとも強力な世帯主を生んだ。キャロル・シャマスによれば、新世界には、イギリスや西ヨーロッパのどの国にもいないような、子どもに結婚を強いたり使用人を売買したり、さらにはその生命を奪ったりするような父親がいた。人的財産としての奴隷制と、徒弟契約を結んだ強制労働とは、労働力に対する世帯主の支配を容認し、強大な家父長権を富裕な男性の手ににぎらせていた。植民地時代のアメリカでは、人口の80パーセントは、法律上は、男性の世帯主の保護下に置かれていた。奉仕労働は、地方の村落共同体の貧民救済と矯正制度の機能を果たす一方で、成人と未成年労働者の人生を彼らの奉仕労働によって支配する権利を当然のこととして、植民地の父親に認めていた。法律による制約は、体罰による強制の範囲を多少ともやわらげたにせよ、使用人たちの生活に対する支配、ピューリタンの共同体における家族の宗教的権能、そして、王権に対する義務からの距離などが、父親の権能を強めていた。

南北戦争時代の奴隷制の南部では、プランテーションの奴隷制度が最大限度にまで発達したのにともなって、白人男性の世帯主の家父長権はその頂点に達した。奴隷にされたアフリカ系アメリカ人男性にとって、奴

チチオヤキ

ベルト・モリゾ「ブジヴァルのウジェーヌ・マネと娘」(1881年)。近代のイメージのなかでは、ヴィクトリア時代の家父の肖像は大きな姿であらわれるが、19世紀の父親は、それ以前の数世紀の父親よりもはるかに家庭的であった。19世紀には、父性と家族の感情生活は、しだいに工業化される家の外の世界の要求からのがれて小休止する場所と見られていた。©Giraudon/Art Resource, NY. Private Collection, Paris, France.

隷の身分は、白人男性の場合とはまったく異なる父親の身分を意味した。奴隷にされた子どもは母親が置かれていた状況に従い、白人の親方はアフリカ系アメリカ人の奴隷家族に対する支配力を保持した。アメリカの大西洋海岸から南西部への国内の奴隷売買では、奴隷の親と子どもを引き裂き、奴隷にされた人びとの居住パターンは、かならずしも引き離す必要がなかったにもかかわらず、しばしば父親が子どもから引き離されてプランテーションで暮らすことを意味した。南北戦争中あるいは戦争後の奴隷解放は、アフリカ系アメリカ人男性が、家族労働への権利と、必然的にみずからの生命を危険にさらすことなく自分の家族を守る能力とをはじめて掌握する画期となった。

ヴィクトリア時代

世帯の仕事をほとんど免除され、神話化された専制君主的で厳格なヴィクトリア時代の家父長は、過去の概念というよりも現在の構成概念である。産業革命は、父親を家庭から完全に遠ざけることはなかったかもしれないものの、労働、余暇、そして子育ての場所と意味に変化をもたらしつつ、男性と家族の日常生活と義務を劇的に変えた。

工業化以前の世帯の子どもたちは、同じ家に住みつづけているあいだは父親のためにはたらく義務があった。これと同じ前提は親方/徒弟関係も支配しており、家に同居する非血縁の年少者たちにも適用された。工業化は、世帯構成員を労働力として貯留している家族経済 (the family economy) を、世帯の構成員が家の外の生産労働で得た金銭を貯留する家族の賃金経済 (family wage economy) へと変えた。労働階級の家で年少の子どもが賃金を稼ぎはじめ、労働階級の家族が賃金に依存するようになったことは父親の権力を小さくした。工業化は、中産階級の世帯へはこれとは違った影響をおよぼし、父親を一家の大黒柱へと変え、

母親を家庭内の重要な管理者へと変えた。仕事場が公共空間に移ると、中産階級の父親は自分が直接かかわる教育や手本を子どもに示す支配権をほかにゆずり渡した。これは、父親が家の外の権力の源泉との持続的な関係を維持しつづけたのに対して、父親に代わって母親の自律性を強めることになった。中産階級の父親は、彼自身の家庭ではほんとうの家父長ではなかったかもしれないが、家族の政治的、社会的、および経済的な資本の統制権はにぎったままであった。

ヴィクトリア時代の父親は、一般に流布している考えとは違って非常に家庭的であって、歴史家のジョン・トッシュによれば、イギリスでは、ヴィクトリア時代の父親は、今日までのどの時代の父親と比べても非常に家庭的であった。家庭は男性が支配する場所であったが、同時に男性の感情的な欲求を満たす場所でもあった。家庭のなかの家族メンバーは、男性をただの雄バチにしてしまう脅威をあたえた工業化がもたらす劇的な社会経済的変化に対応するようになった。家庭生活と父親の立場は、男性を若返らせ、世界がますます「薄情に」なっていくなかで意味をもたらすことを期待されていた。さらに、家庭的な生活には、イギリスの中産階級の家庭の外の非常に同質社会的な余暇の分裂状態を元に戻すことが期待されていた。同様に、アメリカの男性は、家庭的な団欒の楽しみのためにクラブをひかえるよう迫られた。しかし、父親は、家庭では息抜きだけでなく義務も負った。過去の時代と同じように、男性の子育ては、とりわけ息子に集中し、上首尾をおさめた男らしい息子は、成功した父親の公的なシンボルであった。スティーヴン・フランクによれば、アメリカでは、このパターンは、自立的で男らしくなるよう鼓舞されていた父親と息子のあいだに、非常によそよそしい関係をもたらした。これとは対照的に、父親は、自分の経済的な成功の証拠として費用が高い教育をあたえても、娘とのあいだでは非常に親密な関係を発達させた。

ヴィクトリア時代の父親には、非常にきわだった法的な権力があたえられていた。男性が世帯の代表になっていたイギリスのコモンローの法体系は、アメリカでは、既婚女性の財産法が議会を通過したのにともなって縮小したが、この財産法は女性に自分の稼ぎを管理させ、離婚した場合には子どもの監護権を母親にあたえ、さらに、公教育制度は、1880年までにほぼすべての州で優勢になった。禁酒運動や奴隷制度の廃止運動をふくむ19世紀の改革運動の多くは、その根底では、家父長の堕落あるいは統治不可能になっている問題に対処しようとしていた。

20世紀における「家父長制の衰退」

過去に見られた家庭における完全な権威主義的な家父長制支配という前提が、ひんぱんに詮索を受けることはなかった。世帯の内と外の両側における愛情・憐れみ・同盟関係は、しばしば父親の権力を調停した。それにもかかわらず、歴史家たちは民主的あるいは友愛的な家族の進化のなかに新しい父親らしさを見いだそうとしている。この新しい父親が出現した正確な時期については議論がある。

父親としての遊びは、19世紀のアメリカの中産階級に根深い影響をおよぼしていた。父親たちは、家庭では自分の幼い子どもたちとの楽しい団欒の場で元気づけられていた。遊びは、父親のための特別な居場所を家庭生活にもたらすとともに父親の重要性を無視することにもなった。世紀の変わり目までに、父親としての遊びは中産階級のアイデンティティの指標となり、それによって専門家たちが家庭空間に男らしさを注入することができるのではないかと思わせる手段となった。

1930年代には、多くの男性が一家の大黒柱としての、また、ジークムント・フロイトの理論を受け入れる心理的な共同体としての役目を果たすのを、世界的な経済危機が阻害したが、この時期を通じて、助言者たちは、子どもと遊び戯れる役割を超えた父親の新しい役割を精巧に作り上げた。父親は、息子と娘の双方にとって適切な性的役割が発達するモデルであった。こうした注意は、大規模な失業が、家族に示す父親の権力を弱めるのにともなって、家庭内での男らしさについての不安感を映し出していた。成人の男性と女性は、男性の権能は一家の大黒柱としての役割から生まれると見ていた。労働救済プログラムは、一家の大黒柱にふたたび仕事をあたえることを目的として、成人男性を対象にしていた。世界大恐慌が、経済的な活力を奪われ、国内の家族の周辺で無為にぶらついている非常に多くの父親たちへの懸念をもたらしたとするなら、第2次世界大戦は、父親が完全に欠落していることがおよぼす影響への懸念を高めたといえよう。この段階は、終戦時にアメリカ人が家庭生活のくつろぎの復活を経験したように、「非家父長的であること」をふたたび受け入れる方向に向かっていた。

対等な関係者としての父親

父親の役割は、男性の強壮剤として、また家族にとっては性的分業*5のモデルとして、おおむね友愛的な関係と遊びを通じて達成された。この二つは、親密さを生みだすことができたが、ひんぱんに生みだすことはなかった。どちらもジェンダーに応じた子育てをする責任を再編成することは要求しなかった。20世紀なかばまでに、アメリカの父親は、家族の扶養者としてだけではなくその友だちとしても子どもたちの前にあらわれるようになった。専門家たちに定義されたように、父親の役割は子どもの世話にかかわることであったが、成人男性たちは、子どもの世話という仕事が一所懸命に取り組むべきものであるという理由からではなく、そうした骨折り仕事を母親と「交替」したり、

子どもたちとの関係を深めるために引き受けた。ここにみられる考えは、子どもの世話をする役割が、家庭内の男性の居場所を割り当てる場合さえ、ジェンダーに応じた労働の役割分業を具体化した。すなわち、育児は、父親らしい遊び（fatherplay）であったが、母親にとっては労働（motherwork）であった。

驚くべきことではないのだが、頑固なまでに変化をこばむことがわかっているこのような性的分業に対して、20世紀は三つの異議申し立てを展開した。戦後のベビーブーム（1946-1964）は、父親の育児参加という理想が主流となるように導いた。専門家たち、母親、そして父親自身も、「父親だって親なんだ！」と主張した。女性たちは、ベビーブーム世代の子どもに対処しようとすると必要になる支援を後押ししてもらうため、専門家の助言を家庭にもちこんだ。ベビーブームの家族サイクルが進行するのにともなって、家庭と仕事のあいだの要求に引き裂かれた男性は、一家の大黒柱になるというなじみのある報償を得ることを選択した。しかし、こうした男性、その妻、そしてその夫婦の子どもたちは、男性が日常的な子どもの世話や子どもの遊びにかかわりそこねたときに科される感情的な罰が大きいことを、ますます自覚するようになった。子どもが巣立ったのちの空っぽの巣*6になった1980年代の母親と父親の思いを特徴づけたあきらめと後悔は、同時にまた、父親がいないという心の傷を負ったベビーブーム生まれの男性が書いた文学の氾濫を見た。

戦後の年月は、アメリカと西ヨーロッパの家族に、もうひとつ別の変化をもたらした。それは、労働力に占める既婚女性の割合が増えたことである。主たる家計支持者としての父親の登場によって、大半の家族はときどき子どもの世話をすることを男性に求めたが、女性は、子どもの世話と家事の不当に大きな部分を担いながら、しだいに家計支持者の役割を担うようになってくると、彼女たちの需要と説得力のある権力が増大した。現在進められているいくつかの研究は、アメリカの家庭における家事労働と子どもの世話にかんするジェンダーに応じた責任分担の調整がいまなお進行中であることを確認している。最後に、1960年代、1970年代、および1980年代のフェミニスト運動は、家父長制批判を提起し、ジェンダー役割の区分は、変わることのない生物学的継承であるよりもむしろ社会的に構築されたものであるとする考えをおしすすめ、公共空間における女性のための「平等」は、私的領域における不平等を小さくすることなしには不可能であろうと提案した。

女性たちは、大衆心理に広まっていたフェミニズムと結びついてはいたものの、女性の労働力参加と福祉国家の両者によって可能になったことであったが——離婚あるいは結婚しないという選択肢のどちらかによって——自分自身と子どもたちを、彼女たちが虐待的あるいは不満足と思いこんでいた父親から引き離すことができるようになった。このことは、貧しい生活を送る子どもの人数の増加に結びつき、一般にあだ名された「ぐうたらオヤジ」が子どもを養育するよう求める声が大西洋の両岸で沸き上がった。いくつかのこうした変化は、20世紀末における男性の権能の衰退と父親の「消滅」、あるいは父親の弱さについての文化的な不安感をあおり立てた。この問題は、男性と女性のあいだで解消されない経済的不平等と、父性と権力とのあいだの強い結びつきばかりでなく、新しい一千年紀における参加型の父性の意志の特質を明らかにしている。ますます多くの母親が労働と家族へのかかわりを均衡化しなくてはならなくなっているのに対して、一家の大黒柱という役割は、父親の基本的な責任を保持しており、労働空間は、家族をよそよそしいものにしたままである。父親はもはや家父長ではないが、一家の大黒柱や友だち以上の存在になろうともがいている。21世紀の父親は、自分の子どもたちとの関係のなかで自己同一性、意味、そして満足を探し求めている。

［訳注］

*1 家父長権（Patria Potestas）——ローマ法における家長権、家父権、父権。ローマ人の世帯の家長がもつ支配権。家族の財産所有権は家長にだけあたえられ、家族の一員が得た財産は家長の財産となり、家長以外は自分自身の権利によって取引行為を行なうことはできないと規定されていた。

*2 パトレース・コーンスクリプティ（patres conscripti）——文字どおりには「よび集められた父親たち」という意味のラテン語。古代ローマの元老院議員の呼称。

*3 聖ヨセフ（St. Joseph）——イエス・キリストの父親で、キリストの生みの母親マリアの夫。ナザレで大工を職業としていた。ヨセフが崇拝の対象になるのは、中世末以降のことであった。清貧の理想を掲げるフランシスコ会の動勢と、ジャン・ジェルソン（Jean Charlier de Gerson, 1363-1429）によって1413年〜1418年に集中的に展開された「ヨセフ称揚プロパガンダ」を背景に、しだいに信仰と崇拝の対象になり、やがては「聖ヨセフ」とよばれ、守護聖人に数えられて祝日（3月19日）を制定されるまでになった。家族史家サンドラ・カヴァーロは、聖ヨセフ像が、人びとの信仰生活において、理想の父親としてのイメージがしだいに明確化されてきたことに大きく貢献したスペインのバロック時代の画家バルトロメ・エステバン・ムリーリョ（Bartolomé Esteban Perez Murillo, 1617-1682）の作品『小鳥をもった聖家族』（*The Holy Family with a Little Bird*, 1665頃）における「革新的な描写」に注目して、次のように述べている。「聖ヨセフは、ながいあいだ中世のキリスト降誕の物語では、年老いた姿ですみに追いやられる老人として描かれてきた。よくても無視できる人物として描かれてきた。この絵においては、若くてハンサムな、しかも彼の息子の養

育と世話を積極的に引き受けるたくましい男性として示されている。事実、15世紀末以降、カトリック世界における聖ヨセフ信仰の高まりは、"子育てする父親"を強調する新しい男らしさの理想を促進したのである」。Sandra Cavallo, "Family Relationships," in Sandra Cavallo and Silvia Evangelisti eds., *A Cultural History of Childhood and Family*, vol. 3. In the Early Modern Age, (Berg, 2010)、pp. 20-21. 北本正章「ヨーロッパ史における父親像と父性の社会史的系譜に関する比較教育思想論的考察」(青山学院大学教育人間科学部『紀要』第3号、2012年) pp. 59-86.

＊4 1753年の法案化──イギリス議会において「ハードウィック結婚法」(Lord Hardwicke's Marriage Act) が1753年に制定されたことを意味する。これによって結婚制度とその手続きが整備・徹底されたが、上流階級と庶民の結婚、未成年者の秘密結婚はむずかしくなり、貴族階級における結婚戦略はやや閉鎖的になったといわれている。

＊5 性的分業（sex-role）──sex-roleという表現は1927年頃から使われはじめた。この言葉は、男女の一方には適合性があり、他方にはそれがないとされる仕事や役割を、お互いにそうだと了解しながら分担するという意味で用いられてきた社会学の用語であるが、近年では、ジェンダー差別的であるとして、非難をこめて用いられることが多い。

＊6 空っぽの巣（empty-nest）──子どもたちが成長して生家を出ていき、取り残された寂しい親たちのことを1967年頃からempty-nesterとよぶようになった。また、子どもが自立して家を出た後に残された寂しい中老年夫婦にしばしば認められる不安定な精神状態や、憂鬱症をともなう強い虚脱感を、1972年頃から「巣立ち症候群」(empty nest syndrome) と呼ぶようになった。

➡母親業と母性

● 参考文献

Ago, Renata. 1997. "Young Nobles in the Age of Absolutism: Paternal Authority and Freedom of Choice in Seventeenth-Century Italy." In *A History of Young People, Ancient and Medieval Rites of Passage*, vol. 1, ed. Giovanni Levi and Jean-Claude Schmitt, pp. 283-322. Cambridge, MA: Belknap Press of Harvard University Press.

Boswell, John. 1988. *The Kindness of Strangers: The Abandonment of Children in Western Europe from Late Antiquity to the Renaissance*. New York: Pantheon Books.

Burguiere, Andre, et al. 1996. *A History of the Family*. Volume I: Distant Worlds, Ancient Worlds. Cambridge, MA: Belknap Press of Harvard University Press.

Demos, John. 1982. "The Changing Faces of Fatherhood: A New Exploration in Family History." In *Father and Child: Developmental and Clinical Perspectives*, ed. Alan Gurwitt Stanley and John M. Ross. Boston: Little, Brown.

Fossier, Robert. 1996. "The Feudal Era (Eleventh-Thirteenth Century)." In *A History of the Family*, Volume I: Distant Worlds, Ancient Worlds, ed. Andre Burguiere. Cambridge, MA: Belknap Press of Harvard University Press.

Frank, Stephen M. 1998. *Life with Father: Parenthood and Masculinity in the Nineteenth-Century American North*. Baltimore, MD: Johns Hopkins University Press.

Gies, Frances, and Joseph Gies. 1987. *Marriage and the Family in the Middle Ages*. New York: Harper and Row.

Gies, Frances, and Joseph Gies. 1999. *Daily Life in Medieval Times-a Vivid, Detailed Account of Birth, Marriage and Death; Food, Clothing and Housing; Love and Labor in the Middle Ages*. Black Dog & Leventhal Publishers.*

Gottlieb, Beatrice. 1993. *The Family in the Western World from the Black Death to the Industrial Age*. New York: Oxford University Press.

Griswold, Robert. 1993. *Fatherhood in America: A History*. New York: Basic Books.

Griswold, Robert, ed. 1999. "Special Issue: The History of Fatherhood." *Journal of Family History* 24: 3.

Guichard, Pierre and Jean-Pierre Cuvillier. 1996. "Barbarian Europe." In *A History of The Family*, Volume I: Distant Worlds, Ancient Worlds, ed. Andre Burguiere. Cambridge, MA: Belknap Press of Harvard University Press.

Hallett, Judith P. 1984. *Father and Daughters in Roman Society: Women and the Elite Family*. Princeton, NJ: Princeton University Press.

Herlihy, David. 1985. *Medieval Households*. Cambridge, MA: Harvard University Press.

Johansen, Shawn. 2001. *Family Men: Middle-Class Fatherhood in Early Industrializing America*. New York: Routledge.

La Rossa, Ralph. 1997. *The Modernization of Fatherhood: A Social and Political History*. Chicago: University of Chicago Press.

Ozment, Stephen. 1983. *When Fathers Ruled: Family Life in Reformation Europe*. Cambridge, MA: Harvard University Press.

Rouselles, Aline. 1996. "The Family under the Roman Empire: Signs and Gestures." In *A History of The Family*, Volume I: Distant Worlds, Ancient Worlds, ed. Andre Burguiere. Cambridge, MA: Belknap Press of Harvard University Press.

Ryan, Mary. 1981. *Cradle of the Middle Class: The Family in Oneida County, New York, 1790-1865*. Cambridge, UK: Cambridge University Press.

Shahar, Shulamith. 1992. *Childhood in the Middle Ages*. London: Routledge.

Shammas, Carole. 2002. *A History of Household Government in America*. Charlottesville: University of Virginia Press.

Thomas, Jan. 1996. "Fathers as Citizens of Rome, Rome as a City of Fathers (Second Century BC-Second Century AD)." In *A History of The Family*, Volume I: Distant Worlds, Ancient Worlds, ed. Andre Burguiere. Cambridge, MA: Belknap Press of Harvard University

Press.
Tosh, John. 1999. *A Man's Place: Masculinity and the Middle-Class Home in Victorian England*. New Haven, CT: Yale University Press.
Weiss, Jessica. 2000. *To Have and To Hold: Marriage, the Baby Boom and Social Change*. Chicago: University of Chicago Press.
Zoja, Luigi. 2001. *The Father: Historical, Psychological and Cultural Perspectives*. Philadelphia: Taylor and Francis.
(JESSICA WEISS／北本正章訳)

知能指数（IQ）(Intelligence Quocient)

　IQすなわち知能指数は、1920年代以降、さまざまな診断目的のために学校、養護施設その他の児童救済施設などで用いられてきた知能の測定手段である。とくにアメリカでは、その展開が数百万の子どもたちのライフ・チャンスに影響をおよぼしたため、20世紀のさまざまな社会的および政治的な文脈で歓迎されたり罵倒されたりしたIQとそれが生みだしたテストは、あまり目立たない起源をもっていた。フランスの心理学者アルフレッド・ビネーが学校に通う子どもたちのための最初の知能テストを考案したのは1908年と1911年であった。彼は、子どもが成熟するのにつれて知的能力も増加すると理解していた。彼が考えた年齢尺度は、子ども期の各年齢に対する日常的なものや情報についてのまちがった解答をしのぐ正しさの規準として案出した概念で、ガウスのベル型曲線[*1]にもとづいていた。その結果は子どもの「精神年齢」という概念をもたらした。もし子どもが3歳で、彼または彼女の精神年齢が3歳児の標準（normal）であれば、その子どもは標準とされる。もし子どもの精神年齢が彼あるいは彼女の暦年齢[*2]よりも「高い」場合、その子は進んでいる、あるいは標準的なIQよりも高いことになる。もし状況が逆になると、その子は、彼あるいは彼女の年齢に相当する標準的なIQよりも低い、おとった知恵遅れの子どもとされた。各年齢ごとにいくつかのテストがあり、ビネーは精神年齢としてそれを点数で示した。彼の最大の洞察は、精神年齢は暦年齢とは離れて存在するが、暦年齢と関連していると見たことであった。ハンブルク大学のウィリアム・シュテルン[*3]は、子どもの精神年齢を彼あるいは彼女の暦年齢で除すことによって、知能指数という概念を創案した──すぐにこれがIQとしてデビューした。たとえば、精神年齢が12歳の10歳の子どもはIQが120あるということになる。暦年齢が5歳で精神年齢が4歳の子どもは、IQが80しかないということになる。
　アメリカの心理学者、スタンフォード大学のルイス・M・ターマン[*4]は、ビネーの知能テストを「アメリカ化」し、1910年にはシュテルンのIQ概念を「アメリカ化」した。彼は、各年齢の基準値が、対象とした子どもたち──とその親類、同じ年齢の者、隣人たち──によってもっともよく理解されている文化的知識と一致させるために、多数の小都市、西北部のヨーロッパ出身の中産階級のカリフォルニアの学校の子どもたち、プロテスタントの家系などにもとづいて、ビネーのテストを改訂した。ビネーのテストを、スタンフォード＝ビネー版知能の測定尺度、あるいは、単純にスタンフォード＝ビネー法（the Stanford-Binet）に作り変えるなかで、ターマンは、このテストは、個人と集団の生得的な知能を測定するものであると主張した。この前提は、1960年代になるまで、学術的な心理学の主流によって広く、また真っ正面から問題にされることはなかった。スタンフォード＝ビネー法は、その後のIQテストと知能テストのモデルとなり、次の世代のアメリカでは、アメリカと海外の多数の子どもたちの人生に影響をおよぼすようになった。1920年代から1960年代にかけて、IQは、教育制度と社会福祉制度をもっとも大きく支配した。1920年代には、こうしたテストが、人口全体のある特定民族や人種集団の「平均的なIQ」の道理にかなった科学的な測定になっているのかどうかをめぐって、短命ではあったが、激しい論争があったことは確かだが、個人のIQは、その誕生時に生得的なものであるといえるのかどうか、またそれはその後も恒常的であるのかどうかについて、当時無視されたひとにぎりの研究者だけが、疑問を投げかけていた。
　1960年代以降、さまざまな関係団体や利害グループがIQテストを行なうことに批判的な疑問をまきおこした。公民権とフェミニズムの擁護者たちは、人種差別と収容施設化をすすめた人種政策の擁護者たちは、よい学校、仕事、そして近隣からマイノリティや女性たちを遠ざけておくために、いわゆる平均的な人種のIQ得点を利用したと主張した。心理学者のなかには、知能は非常に複雑な現象であって、単純な比率にしてしまうことはできないと主張する者もいた。心理学者デイヴィッド・ウェクスラー[*5]によって開発されたモデルにもとづいた第2次世界大戦後のテストの大半は、知能は複合的な要因とプロセスの結果であると主張した。発達初期の子ども期の教育研究者たちは、1960年代に、就学前の子どもたちのIQは、すくなくとも、多数の人種的マイノリティと白人の多数派とのあいだのギャップと同じく、環境の刺激と圧力に対応することができるし、実際に対応してきたと主張した。1920年代と同じように、明確な結論をもたずに次の数十年以上にわたって、生まれか養育か（nature versus nurture、氏と育ち）論争が起きた。第2次世界大戦以降、学校とか児童救済組織のような制度の大半は、IQの得点を、その子どもを理解し、その子の潜在能力を理解するほかの多くの指標とともに利用すべきひとつの指標にすぎないと解釈する傾向になった。
［訳注］

*1 ガウスのベル型曲線（the Gaussian bell-shaped curve）──「正規曲線」(normal curve)、「確率曲線」(probability curve) ともよばれる。つり鐘の外形に似た頻度曲線であることから、「ベル（鐘）型曲線」(bell curve, bell-shaped curve) とよばれることもある。自然界にみられるさまざまな頻度分布を示す曲線のひとつで、統計学の基本概念である正規分布の曲線。これを最初に研究したドイツの数学者カール・フリードリヒ・ガウス（Karl Friedrich Gauss, 1777-1855）の名前をとって、1893年頃から英語ではthe Gaussuan Curveといわれるようになった。

*2 暦年齢（chronological age）──「生活年齢」ともいわれる。誕生してから一定の時日にいたるまでに経過した年月を暦にもとづいて計算したもので、心理学などでは行動・知能を測定する際の基準として用いられる。

*3 ウィリアム・シュテルン（William Stern, 1871-1938）──ドイツ生まれのユダヤ系心理学者で、人格主義哲学者としても知られた。IQ概念の創始者。1916年までブレスラウ大学で教鞭をとり、音響知覚研究で業績を上げた。1916年以降、実験教育学者E・モイマン（Ernst Meumann, 1862-1915）の後任として、第1次大戦後に新設されたハンブルク大学心理学教授に着任し、子どもの個性や人格、知能にかんする先駆的な研究をすすめた。ナチ政権をのがれてオランダ経由でアメリカに渡り、デューク大学で67歳で没するまで教鞭をとった。

*4 ルイス・M・ターマン（Lewis Madison Termann, 1877-1956）──アメリカの心理学者。スタンフォード大学の教授として、子どもの知能測定の分野で、「改訂版スタンフォード＝ビネーIQテスト」(Revision of the Stanford-Binet IQ Test) の開発、天才児研究など、20世紀初期の教育心理学の先駆的研究を進めた。

*5 デイヴィッド・ウェクスラー（David Wechsler, 1896-1981）──ルーマニア生まれのアメリカの心理学者。知能検査の分野で、ウェクスラー知能尺度の考案者。「ウェクスラー式成人知能検査」(WAIS) と改訂版 (WAIS-R)、「ウェクスラー式児童知能検査」(WISC) と改訂版（WISC-R）、「ウェクスラー幼児知能検査」(WPPSI)、および「ウェクスラー＝ベルビュー検査」(Wechsler-Bellevue Scale) などをふくむ一連の知能検査を開発したことで知られる。

➡子どもの発達概念の歴史、知能テスト

● 参考文献

Boring, E. G. 1950. *A History of Experimental Psychology*, 2nd ed. New York: Century Co.
Cravens, Hamilton. 1988 [1978]. *The Triumph of Evolution: The Heredity-Environment Controversy, 1900-1941*. Baltimore, MD: The Johns Hopkins University Press.
Cravens, Hamilton. 2002 [1993]. *Before Head Start: The Iowa Station and America's Children*. Chapel Hill: The University of North Carolina Press.
Cremin, Lawrence A. 1961. *The Transformation of the School: Progressivism and American Education, 1876-1955*. New York: Knopf.
Curti, Merle. 1980. *Human Nature in American Thought*. Madison: University of Wisconsin Press.
Hunt, J. McVicker. 1960. *Intelligence and Experience*. New York: The Ronald Press.
Stoddard, George D. 1943. *The Meaning of Intelligence*. New York: Macmillan.
Terman, Lewis M., et al. 1917. *The Stanford Revision and Extension of the Binet-Simon Scale for Measuring Intelligence*. Baltimore: Warwick and York.

（HAMILTON CRAVENS／北本正章訳）

知能テスト（Intelligence Testing）

　知能についての近代的な測定方法は、しばしばフランスの心理学者アルフレッド・ビネーの議論とともにはじまる。1905年、ビネーは、彼が最初の知能テストを導入したとき、精神測定運動を開始した。ビネーは、世紀の変わり目における標準以下の精神能力の子どもは（学校から排除するのではなく）特別なプログラムを受けることを求めるフランスの法律に対応して、こうした子どもたちを識別することができるテストを設計するよう要請された。ビネーが考案した最初のテストは30項目からなっており、その大半は、相当の理解力と論証力を要求するものであった。たとえば、ある設問は、子どもたちに、いくつかの言葉が抜けており、文脈のなかで意味をなす欠落している言葉を埋めて意味が通る文章を作るよう求めた（こういった文章完成問題は今日も広く用いられている）。ビネーは、ある年齢集団の典型的な子どもの50パーセントが正しく答えられるように、彼が作ったテスト項目をいくつかのグループに分類した。同一の生活年齢（CA）*1の個々人は、その等級得点または精神年齢（MA）*2に応じて広範な多様性を示した。CAに対するMAの比率が、その個人の精神発達の水準を決定した。この比率は、今日では**知能指数（IQ）**として知られているものを算出するために、のちに100倍されて表示された。

　ビネーの方法は成功した。彼が作ったテストを受けた子どもたちの得点は、教師を格づけしたり学校の教育実績を問題にする前兆となった。ビネーが、一般的な知的機能を測定するこの最初のテストを開発している間に、イギリスの心理学者チャールズ・スピアマン*3は、このテストの予測の有効性を信頼できるものにする有力な範囲を解明する研究を進めていた。

　スピアマンは、一般的な知能g*4が心理的に結合する範囲が、求められている精神的な取り組みのあらゆる項目の達成能力の基礎であるという考えを提唱し、明確にこれを支持した最初の人物であった。スピアマンは、gが、知的な仕事のすべての外来的な集積物とテスト項目を貫徹しているように見えることを示した。

彼は、外来的な項目はいずれも軽度に積極的に相関しており、それらが合計されるとき、個々に伝達される信号は連続的に増強され、個々に伝達される雑音は連続的に減少することを例証した。

精神能力の階層構造

知能テストの現代版は、20世紀の変わり目にスピアマンが発見したのと同じ構造と基本的に一致しているが、非常に効果的に一致している。たとえば、g［一般的知能］は、ウェクスラー成人用知能検査[5]を構成している13のサブテストに共通しているとみられるものが約半数であることを示す統計的な抽出概念である。知能研究者イアン・J・ディアリが注目したように、gの特性は、「人びとが上手に、ほどほどに、あるいは下手にテストをこなす傾向という点で、すべてのテスト項目になにかが共有されている」ことを研究が見いだしたことを示している。この「傾向」は、時間を超えて非常に安定している。ディアリの研究チームは2001年に、11歳でのテスト主題と77歳での2回目の調査研究を行なう、一般的知能のもっとも長期におよぶ安定性評価を示す研究を公刊した。彼らはそこに0.62の相関関係を見いだしたが、これは、統計処理されて0.70以上まで上がった。

計量心理学者たちは、精神的な諸能力は、最上位にgがあり、このgを越えて心理的にとりいれることを提供するほかの広範な精神能力からなる一つの階層構造に従うという点で意見が一致するようになった。具体的には、数学的、空間機械的、言語的な推論能力はいずれも、教育的で職業的な結果を予測する際、gを越えて（付加的に）増加する有効性を示した。

g［一般的知能］と生活結果の予測

一般的知能の研究は、教育的で職業的な業績を予測するために、gの有効性を確認した。経験主義も、ほかの社会的に重要な結果、たとえば攻撃性・犯罪・貧困といった関係での一般的知能のネットワークを実証した。一般的知能は、学業成績尺度とは0.70〜0.80の相関変数を、軍事教練任務とは0.40〜0.70の相関関数を、仕事パフォーマンス（より高い相関関係は、より大きな仕事の複雑さを反映するが）とは0.20〜0.60の相関関数を、収入とは0.30〜0.40の、法律の遵守とはおよそ0.20の相関関数があった。gの測定尺度も、あきらかに愛他主義、ユーモアセンス、実際的な知識、社会的技術およびスーパーマーケットでのショッピング能力と相関するし、さらに衝動性、事故の起こしやすさ、怠慢、喫煙と人種的な偏見とは消極的な相関関係がある。こうした多様な相関関係群は、いかに一般的知能の個人的な違いがほかの人格特性に影響をおよぼすものであるかを明らかにしている。

一般的知能についての専門家による定義は、経験的な関係とgの結びつきと一致する。測定専門家の大半は、一般的知能の計測が抽象的思考や推理に関連する個人差、知識の獲得能力、および問題解決能力を評価する。一般的知能と標準的なアカデミックな学力テストの伝統的な計測はどちらも、こうした一般的な情報処理能力を評価する。教育心理学者リー・クロンバックは、1976年に次のように述べていた。「テストをめぐる一般の論争において、討論者は、達成度についての包括的な尺度によって同一の研究が行なわれれば、IQによって得られたすべての証拠が、実質的にほぼ再現されることを認識しそこなった」（1976年、211ページ、原著で強調）

知能における個人差の諸原因

遺伝子要因と環境要因はともに、知能で観察される個人差の要因になっている。知能の個体差が一般的にどの程度まで遺伝的に影響されるかは、諸個人のあいだの遺伝子の違いに起因する知能で観察される偏差割合である推定遺伝率で示される。gについてのさまざまな家族研究（たとえば、いっしょに、または、離れて育てられる双子研究）を蓄積することによって、先進工業国の一般的知能の遺伝率は、幼児期に40パーセント、成人期に60〜80パーセントであると推定された。このパターンは、被験者がもっと年をとってより自主的になると、彼らに固有の能力と関心にますます一致するよう、自分が選んだ環境で成長することを反映すると考えられる。

知能の個人差におよぼす環境要因は、おおざっぱに、すべての非遺伝的影響として定義される。社会経済的な地位とか近隣関係といった共通の環境要因は、特定の家族内の個人に共有されるが、家族間では違ってくる。特別な教師あるいは所属する同輩集団の指導のような、共有されない環境要因は、一般に、家族内の個人に特有のものである。知能におよぼす環境要因の大多数は、共有されない諸要素に起因するが、これは特殊な事項は縁遠いためよく知られていないからである。知能にかんする家族研究は、幼年期における共通の環境要因（およそ30パーセント）のひかえめな重要性が成人期までに基本的にゼロまで減少することを一貫して実証してきた。

知能研究をめぐる論争

上記の経験主義は、知能と個人差の分野の専門家たちのあいだで広く受け入れられている。しかし、一般的知能にかんする研究は、つねに論争をまきおこしている。教育と職業の機会を割りあてるために心理学的評価がひんぱんに利用され、また、（社会経済的な地位や人種などにもとづく）さまざまな人口統計学のグループは、テストの得点と達成基準が違っているため、当初から社会的な懸念がつきまとった。こうした社会的な懸念のため、ハワード・ガードナーの「多重知能理論」やロバート・スターンバーグの「知能の三角理

論」のような、知能についての別の概念化は、一般大衆に広く、肯定的に受け入れられてきている。しかし、知能についてのこうした代替的な定式の測定は、伝統的な知能測定によってすでに得られていたものを凌駕する知能の増加効力を示したわけではなかった。つまり、彼らは、重要な生活結果（たとえば学業成績と仕事の業績）における非常に大きな多様性について、伝統的な知能テストによってすでに説明されていたこと以上の説明を示してはいないのである。

[訳注]

*1 生活年齢（chronological age）──「暦年齢」とも表記される。心理学において、誕生してから一定の時日にいたるまでに経過した年月を、暦にもとづいて計算したもので、行動・知能を測定する際の基準として用いられる。

*2 精神年齢（mental age）──「知能年齢」と表記されることもある。言語・数量・記号などの能力を測定するためのテストなどで示される知的能力の表記法のひとつ。知能テストでは、生活年齢との比率によって「知能指数」の基準数値として扱われる。なお「教育年齢」（educational age）と「成就年齢」（achievemental age）は、個人の学業成績を示し、標準達成度試験（achievement test）によって、同一の暦年齢集団の平均点との比較で示される。

*3 チャールズ・スピアマン（charles edward spearman, 1863-1945）──イギリスの心理学者、統計学者。知能には一般因子と特殊因子があるとする説を示した。「スピアマンの順位（相関）係数」（Spearman's rank-order [corelation] coefficient）とよばれる概念を創始した。*The Nature of 'Intelligence' and the Principles of Cognition* (1923), *The Abilities of Man* (1927)。

*4 g（general intelligence）──心理学における概念の一つで、すべての知的活動に共通してはたらく知能。

*5 ウェクスラー成人用知能検査（the Wechsler Adult Intelligence Scale: WAIS）──ルーマニア生まれのアメリカの心理学者デイヴィド・ウェクスラー（David Wechsler, 1896-1981）によって考案された知能尺度検査。「ウェクスラー式成人知能検査」（WAIS）と、その改訂版（WAIS-R）、「ウェクスラー式児童知能検査」（WISC）とその改訂版（WISC-R）、「ウェクスラー幼児知能検査」（WPPSI）、および「ウェクスラー=ベルビュー検査」（Wechsler-Bellevue Scale）などをふくむ一連の知能検査。

➡精神遅滞、知能指数（IQ）、特殊教育、年齢と発達

●参考文献

Bouchard, T. J., Jr. 1997. "IQ Similarity in Twins Reared Apart: Findings and Responses to Critics." In *Intelligence: Heredity and Environment*, ed. R. J. Sternberg and E. L. Grigorenko. New York: Cambridge University Press.

Brand, Christopher. 1987. "The Importance of General Intelligence." In *Arthur Jensen: Consensus and Controversy*, ed. S. Magil and C. Magil. New York: Falmer Press.

Brody, N. 1992. *Intelligence*, 2nd ed. San Diego, CA: Academic Press.

Carroll, John B. 1993. *Human Cognitive Abilities: A Survey of Factor-Analytic Studies*. Cambridge, UK: Cambridge University Press.

Cronbach, L. J. 1975. "Five Decades of Public Controversy over Mental Testing." *American Psychologist* 30: 1-14.

Cronbach, L. J. 1976. "Measured Mental Abilities: Lingering Questions and Loose Ends." In *Human Diversity: Its Causes and Social Significance*, ed. B. D. Davis and P. Flaherty. Cambridge, MA: Ballinger.

Deary, Ian J. 2001. *Intelligence: A Very Short Introduction*. New York: Oxford University Press.

Gottfredson, Linda S. 1997. "Intelligence and Social Policy." *Intelligence* 24 (special issue).

Jensen, Arthur R. 1998. *The g Factor: The Science of Mental Ability*. Westport, CT: Praeger.

Lubinski, David. 2000. "Assessing Individual Differences in Human Behavior: Sinking Shafts at a Few Critical Points." *Annual Review of Psychology* 51: 405-444.

Messick, S. 1992. "Multiple Intelligences or Multilevel Intelligence? Selective Emphasis on Distinctive Properties of Hierarchy: On Gardner's Frames of Mind and Sternberg's Beyond IQ in the Context of Theory and Research on the Structure of Human Abilities." *Psychological Inquiry* 3: 365-384.

Murray, Charles. 1998. *Income, Inequality, and IQ*. Washington, DC: American Enterprise Institute.

Neisser, U., G. Boodoo, and Bouchard, et al. 1996. "Intelligence: Knowns and Unknowns." *American Psychologist* 51: 77-101.

Snyderman, Mark, and Stanley Rothman. 1987. "Survey of Expert Opinion on Intelligence and Aptitude Testing." *American Psychologist* 42: 137-144.

Spearman, Charles. 1904. "General Intelligence Objectively Determined and Measured." *American Journal of Psychology* 15: 201-292.

（APRIL BLESKE-RECHEK／北本正章訳）

チャータースクール（Charter Schools）

1990年代初めのもっともポピュラーな、学校の再構築戦略のひとつは、チャータースクール*1の登場であった。1991年、ミネソタ州は、チャータースクールの設立を可能にする法案をとおした最初の州となった。その後の10年間に多くの州が、行政部局と州議会において異例の超党派的な支援を優先することで、チャータースクール法案を練り上げた。この学校は急速に普及し、チャータースクールの数は、1992年の2校から、2001年秋の時点で、34の州とコロンビア特別区で2300校以上の公立のチャータースクールとなり、50万人以上の生徒を擁するまでに発展した。

チャータースクールは、公的に認可する組織と関係団体とのあいだで、設立認可状（charter）あるいは

契約書（contract）をとりかわして設立される公立学校である。認可する組織は、州のチャータースクール法にもとづいて、地方の教育機関、高等教育組織、あるいは裁定された設立認可状の目的に応じて作られた特別な認可機関などをふくめることができた。チャータースクールは、入学した子どもの人数にもとづいて公的基金を受け、ある一定の期間、独立の認可団体として機能する。設立認可状の運営者は、あらかじめ決められた成果を達成しなくてはならず、認可状が取り消されることもありうる。チャータースクールは、成績責任[*2]のやりとりのなかで、認可状に示されている教育目標の達成をさまたげる可能性のある多数の州法での権利規定の放棄[*3]を申し立てることができる。

チャータースクールは、既成の学校教育とは別の理想を実現するために、特別な目標をもつ生徒に対応するために、あるいはまた、地方の学区から柔軟性と自律性を引き出すために設置された。設立認可状の開拓者たちは、チャータースクールは、もし拘束力のある法律の規定から離れて自由に学校運営ができる機会と、教育目標の達成に直結させることができる安定的な財源があたえられれば、従来の学校よりももっと効果的に教育目標を達成することができると主張していた。権利放棄を要求したのは、州と地方の試験制度の仕組み、教職員の規制、あるいは州と地方のカリキュラムの命令権などに対してであった。しかし、子どもたちの差別問題、健康問題、あるいは安全問題については権利放棄の対象とすることはできなかった。

チャータースクールが初期段階で成功するかどうかは、認可をする組織が学校に課した成績責任に大きく左右された。チャータースクールの大部分は、自分たちが認可状の一部として測定可能な目標を掲げており、成績責任を果たす重要な手段として、標準化された試験と出席率をふくんでいると報告した。閉鎖したり設立認可権を失ったチャータースクールは、しばしばその学習成果が不十分であったためというよりもむしろ、財政運営の失敗とか、管理の誤りが原因であった。チャータースクールの運営者たちは、測定可能な成果を達成するため、購入、雇用、スケジュール策定、およびカリキュラムなどをふくむ学校運営のもっとも重要な領域に対する主要な支配権をもっていた。また、チャータースクールは、設立された学区への明確な影響力ももっていた。多くの学区は地方のチャータースクールのものと類似の新しい教育計画を実施していた。さらに、チャータースクールは、広報活動や顧客サービス案内なども改善した。

1990年代に生まれたチャータースクールは、従来の学校に比べて小規模な場合が多く、しばしば第8学年（K-8）の生徒も対象にしたり、生徒たちの同じような人口動態に広く対応するなど、ユニークな学年配置をしていた。しかし、いくつかの州では、チャータースクールは、かなり高い割合のマイノリティ、あるいは経済的に恵まれていない生徒たちを受け入れていた。チャータースクールの開拓者たちは、施設の資源の制約、運営費用、認可をあたえた部局から法的な自律性の範囲を調整することなどをふくむ、新規事業の開始にともなう多数の諸問題を経験した。連邦政府は、1994年に成立した「公立チャータースクール計画法」（the Public Charter Schools Program）によって、チャータースクールが発展するよう支援したが、この法律は、計画立案や初期の設備費用などをふくむ、新規事業の開始にともなう問題のいくつかの補助基金を提供するものであった。チャータースクールに対する連邦の権限は、国家予算で、1995年の最初の600万ドルから、2002年には2億ドル以上に増加した。新規事業の開始にともなう負担を軽減しようとするこうした連邦政府の継続的な資金によって、チャータースクールの発展は、成功モデルを模倣し、チャータースクールのより大きな自律性と成績責任を奨励する支持者が増えるのにともなって増加した。

［訳注］
*1 チャータースクール（charter school）──もともとは、貧しいローマカトリック教徒を教育する目的で、イギリス統治下のアイルランドで18世紀に設立されたプロテスタントの学校をさすが、20世紀後半になってアメリカを中心に、既存の公教育への適応問題、人種問題、経済格差や宗教問題を背景に、柔軟な学校運営をめざして新たな展開を見せ、学校設置にかんして従来の認可基準を変えた設置形態の学校をさすようになっている。charter schoolという表記の初出は1763年である。

*2 成績責任（accountability）──生徒の成績によって学校の資金や教師の給料が左右される学校運営の方式。

*3 権利放棄（waiver）──いくつかの法的権利が相反利益を生む場合、どちらかの権利を優先して、ある種の権利または法的利益を自由意志によって放棄すること。またはその権利を放棄する意思表示。

➡学校選択、教育（アメリカ）、マグネットスクール

● 参考文献

Hassel, Bryan C. 1999. *The Charter School Challenge: Avoiding the Pitfalls, Fulfilling the Promise*. Washington, DC: Brookings Institution Press.

Office of Educational Research and Improvement. 2000. *The State of Charter Schools: Fourth-year Report*. Washington, DC: U.S. Department of Education.

（JUBAL C. YENNIE／池田雅則・北本正章訳）

チャーチ、シャルロット (Church, Charlotte, 1986-)

シャルロット・チャーチは、12歳から16歳にかけて毎年ソロアルバムをリリースし、21世紀初頭のクラシック音楽界における若き顔となった。チャーチは、才能ある子どもを出演させる地元の人気テレビ番組へ

シャルロット・チャーチ（1986-）。「Prelude: The Best of Charlotte Church」CDジャケット*

の出演をきっかけに、彼女が1986年に生を受けた地であるウェールズ州カーディフの小さな故郷から、世界規模のスポットライトのなかへと踊り出ることとなった。自宅にいた頃は学校に通っていたが、ローマ教皇ヨハネ・パウロ2世やクリントン大統領夫妻、チャールズ皇太子といった著名な観客を相手にするツアー中は家庭教師をつけていた。彼女はP・ディディやグロリア・エステファンなどのポップ歌手の曲も聞いたが、アルバムの曲目にはケルト民謡「ハーレックの男たち」（Men of Harlech）や「キャリックファーガス」（Carrickfergus）、アンドルー・ロイド・ウェーバーの「パイ・ジーズー」（Pie Jesu）「アヴェ・マリア」（Ave Maria）といった曲目がふくまれている。クラシックの一枚として成功をおさめた各アルバムから見てとれる彼女の個人的な、そしてプロ歌手としての美的感覚が、ブロードウェイ・ヒットとクラシックの人気曲のための道を切り開いた。

人びとがシャルロット・チャーチにいだくイメージは、彼女がはじめてレコーディングをした1998年発売のアルバム「天使の声」（Voice of an Angel）によって決定づけられている。3大テノール*1の躍進や彼らの市場での成功に後押しされたレコード業界の重役たちは、クラシック音楽の聴衆層を広げようと試みた。クラシック音楽を多くの若手演奏者たちに宣伝させ、このジャンルならではのエリート階層のひまつぶし的な近よりがたいイメージを払拭することが期待された。彼女のもつ天使のようなイメージは、音楽による魂の救済を期待させる一方、クラシック音楽界を不況からも救いだした。

チャーチの音楽は、聴衆に対して威嚇的なものではないが、批評家たちは、成長過程にある彼女の声帯にとっては有害になると述べた。チャーチのようなソプラノの声は、大人にさしかかる頃にようやく完成するものである。ある批評家は、チャーチの声は、彼女の歌う曲目には技術的に適していないと主張した。またステファン・アダムの「ホーリー・シティ」（Holy City）のような曲を、若い少女がいったいどれだけ正確かつ情熱的に歌い上げられるのかという疑問の声も上がっている。

シャルロット・チャーチを**天才児**ととらえるのはその才能ゆえのことであるが、一方、**子役スター**としての彼女の地位は、そこから派生したイメージの反映である。ウォルフガング・アマデウス・モーツァルト（Wolfgang Amadeus Mozart, 1756-1791）は、彼のオペラ初作品「ポントの王ミトリダーテ」（Mithridates, King of Pontus）の制作を14歳のとき依頼されている。しかし、モーツァルトの父親が息子だけの宣伝を請け負っていたのとは異なり、チャーチの所属するレコード会社は、この一人のパフォーマー、この一人の子どもを使って、クラシック音楽ジャンル全体のマーケティングを開始した。こうして、多くの人びとにとって、シャルロット・チャーチはオペラ界の象徴になった。

人びとは、ほかのミュージシャンたちがチャーチの作りだした流れにのることによって、彼女の天使のようなイメージが、クラシック音楽界の新時代の到来を告げるものとなるよう願った。このような長期にわたる目標は、最大のCD購買層──45歳以上の大人と、10歳から19歳までの子どもたち──の聴衆たちを引きこむことによって、すぐに達成された。シャルロット・チャーチが14歳にして、イギリスにおける30歳以下の長者番付60位以内にランクインしたという事実は、すくなくとも、彼女のもつ成功イメージ──それが彼女自身によってもたらされたものではないにせよ──を裏づけている。

［訳注］

*1 3大テノール（the Three Tenors）──3人の著名なクラシック・オペラ歌手が、共同のコンサート、世界ツアー、ニューイヤー・コンサートなどを行なった際の名称。テノール歌手のルチアーノ・パヴァロッティ（Luciano Pavarotti, 1935-2007）、プラシド・ドミンゴ（Placido Domingo, 1941-）、ホセ・カレーラス（Josep Carreras i Coll, 1946-）の3人が、1990年イタリアで開催されたサッカー・ワールドカップの前夜祭で、ローマのカラカラ浴場で開催されたコンサートにはじまり、2002年の日韓共同開催のときに開催された横浜アリーナでの前夜祭まで続いた。

●参考ウェブサイト

Official Charlotte Church Website. 2003. Available from 〈www.charlottechurch.com〉

（NIKA ELDER／内藤紗綾訳）

注意力欠陥障害（Attention Deficit Disorder; ADD）➡多動性障害(Hyperactivity)

中国の子ども（China）

　1991年、歴史家ジョン・ダーデスは、近代以前の中国における子ども期の歴史について、子ども期と子どもたちの歴史のハンドブックを作るために、短いけれども見事な調査を行なった。彼はこのなかで、このテーマは、「最近までまったく手つかずのままである」（71ページ）と述べた。彼がぶつかったテーマのいくつかは、10年後のいまでもまだわれわれの手のなかにあるし、この分野の変化を評価する枠組みをもたらしてくれる。たとえば、潜在的に有益な国内外の膨大な原資料の量、ヨーロッパの伝統や慣習と非常に異なるがゆえに興味をかきたてられる中国の子ども期、社会科学者や医療実務家たちによって研究された現代中国の子ども期と、中国の学者によって研究されたより深い伝統とパターンとのあいだの問題をはらんだつながり、そして、あまりにも広大で複雑であるため、それを一般化しようと主張する者たちをつねに驚かせる文明のなかで、時間・場所・登場人物・環境を特定しつづける重要性などの枠組みである。

資料と視点

　そうした豊富な資料のいくつかは、とくに、『中国の子ども観』（*Chinese Views of Childhood*, 1995）や『中国美術に描かれた子どもたち』（*Children in Chinese Art*, 2002）などの、新しい書物で調査が進められてきている。アン・ベーンケ・キネイによって編集された『中国の子ども観』は、11名の学者と六つの学問分野の視点をまとめたものである。文学（フィクション、死亡記事、伝記、自叙伝）、制度史（教育、福祉、法律制度）、美術史、医学史、社会学史、および文化史の6領域である。執筆者たちは、子どもと子ども期についての手がかりを得るために、さまざまなタイプの記述テキストと視覚表現物を精査している。推論のための文章はしばしば長文でわかりにくく、理解するには特別な資質とあきらめと特殊な言語能力が必要である。

　この分野では、子どもたちの生活、とりわけ非エリートの子どもたちの生活の直接証拠は、20世紀以前は断片的にしか存在せず、漢王朝（前206年～後220年）以前にはほとんど存在すらしない。しかし、これを全体のなかで見ると、中国において残存している視覚資料や記述資料の全体は巨大なものであることを思い起こす必要がある。たとえば、10世紀、11世紀、そして12世紀から入手可能な子どもたちの生活に焦

蘇漢臣『秋庭嬰戯図』（12世紀、部分）。秋の宮廷中庭で遊ぶ子どもたち。Su Hanchen, Children Playing in an Autumn Courtyard. National Palace Museum, Taipei*

点をあてた中国の資料は、「世界のほかのどこで見つかった資料より…かなり大きい」（バーンハート、56ページ）。パトリシア・イーブレイが探求したエリート家族の儀礼や家庭教育について記述された残存テキストは、子どもたちの生活の組織的な背景について、豊かな洞察をもたらした。

　アン・バロット・ウィックスが編集した『中国美術に描かれた子どもたち』（Ann Barrott Wicks ed., *Children in Chinese Art*, 2002）は、中国の視覚図像の膨大な財産目録のなかから子どもと子ども期についての意味を取り出そうと試みたはじめての単行本である。宋王朝（960-1279年）以前の子どもたちを描いた視覚描写は、翡翠細工がほどこされた額縁、漢王朝の墓に埋葬された装飾品や家具類、文化的な英雄たちを絵に示した伝記の図版類、漆器、木版刷りの教典、大理石のストール、それに仏教壁画と巻物に混じって発見された。宋時代に、子どもたちは中国の肖像画のなかで認知されたカテゴリーになり、宮廷画家たちのなかには、このジャンルで示した技法によって個人的に知られる者もいた。画家の蘇漢臣（Su Hanchen, 1130-1160頃に活躍）は、後代の画家たちが模写する範例を残した。

　この本に収録されているエッセイの大半は、明王朝（1368-1644）と金王朝（1644-1911）の時代から得られた、遊ぶ子どもたち、母親たちと息子たち、多産性の象徴、家族の肖像画、そして民間宗教からの子どものお守りなどのテーマを扱った視覚資料である。編

集者のウィックスが述べているように、こうした子ども表現物の焦点は、子ども自身にではなく、「年老いた両親と父系［男性の子孫の血筋］の保持者の扶養者としての子どもの未来の役割に」置かれていた。ここに表現されているのは過去への指向性であり、伝統に対する服従を助長することを意味していた（ウィックス、27ページ）。

中国の差異

　中国は、子ども期の研究にいくつかの異なる視点を提供しつづけている。ヨーロッパでの研究の20年後に着手した中国の研究者たちは、子育ての特質（愛情に満ちた世話対虐待）と、歴史におけるその改善、あるいは悪化をめぐってくりひろげられたヨーロッパでの論争に固着することはなかった。むしろ彼らの研究は、ヨゼフ・M・ハウズとN・レイ＝ハイナーが1991年に編集した入門書『歴史と比較展望のなかの子どもたち』（Children in Historical and Comparative Perspectives）で示しているような、非常にひかえめな疑問に焦点を置いている。すなわち、子どもと子ども期に対する大人の心的態度はどのようなものであったのか、子どもの発達をとりまいていたのはどのような条件であったのか、そして、子どもの社会的・文化的・心理学的な機能はどのようなものであったのか、という疑問である。現在進行中の研究は、子どもの孝行（filial piety）の重要性、祖先崇拝の影響力、そして哲学的に根拠づけられた社会秩序をもつ父系支配への回帰を避けつづけている。ジェンダーの差異化も強く特徴づけられている。宋王朝から清王朝（1616-1911）にかけての美術における子ども表現は、複数の息子が生まれることに対して、「100世代にもわたって受け入れられていたプロパガンダ」（ウィックス、30ページ）を伝える根強い懸念があったことを明らかにしている。子ども期にかんする中国の伝統の最後の要素は、才能のある農民の子どもにも機会を開いている、幼いエリートの子どものために国家が支援する孔子（Confucius, 前551?-479）の教えを早期に導入したことであった。

　古代史の文明としての中国が文化・社会・政府の複雑なからまりあいだけでなく、伝統の粘り強さと力も示しているとするなら、その20世紀の物語は、関連する洞察をもたらす。そのような国家、社会、文化は、そうやってみずからを作りかえるのであろうか？　一部の若者たちは集団や伝統の支配をどうやって破るのであろうか？　ジョン・L・サーリは、1982年と1990年の研究において、いたずら好きな子どもたちが、子どもらしいふるまいにくわえられる強い圧力をのりきっていくうえで、おそらく一枚岩的な家族制度には十分な脆弱さがあり、文化的な伝統にも十分な多様性があったのではないかと主張している。海岸沿いの都市の家族の外と、1905年以後の新しいスタイルの学校での新しい支持は、だれかが文化的な革新者になったり、政治的な改革派になるのを可能にした。

　これらの線に沿ってもっとも論争の的となる洞察は、「政治文化」の下位分野から来た。政治学者のリチャード・H・ソロモンは、20世紀の共産主義革命は多くの部分において、権威主義的な指導者とその盲従者というパターンを打破しようとして失敗した毛沢東主義であったと主張した。彼が（インタビューと調査にもとづいて行なった）1971年の研究の相当部分は、家族内の伝統的な社会化のようすを描いたものであった。子ども期の二つの区分のあいだの鋭い裂け目——6歳までの甘やかす子育てと、それ以降の厳格で妥協を許さないしつけと訓育——は、権威に対する両義性を生み出す一方、個人の自立性という感覚を浸食した。伝統的な社会化が消極的な影響をおよぼすという考えは、台湾の心理学者の集団によっても助長されたが、これは、とくにトマス・A・メッガーによる1977年の研究で反論されることになった。家庭内の伝統的な社会化を20世紀の政治運動に結びつけることは、子ども期の歴史研究分野で、もっとも多くの論争をまきおこした。マーク・ルファーの関連する研究は、「文化大革命」（1966〜1976年）[*1]における青年活動家［紅衛兵］に焦点をおいたもので、この革命は「革命の小さな赤い悪魔たち」を共産党の権力組織に敵対させた（ルファー、321ページ）。

連続性・変化・亀裂

　連続性と変化の問題は、現代の中国（1949年から現在まで）とそれに先行する中華民国（1912〜1949年）だけでなく、単純に「近代以前の」中国として分類される長期にわたる数世紀も対象にしている。キネイは、子ども期の歴史は、社会が過去の誤りをどのように認識しているか、そしてその子どもたちを通じて異なる未来を作ろうと模索しているかもしれないことを理解する機会をあたえてくれると指摘している。中華民国の歴史はそのもっともよい例を示している。魯迅（1881-1936）[*2]のような文化批評家と改革者たちは、「子どもたちを救え」（有名な短編『狂人日記』の最後の行からの引用）という嘆きの声を上げたが、それは、彼らが、保守と反動が渦巻く泥沼から社会と政治が抜け出る新しい道を切り開くことができるのは若者だけだと感じていたからであった。実際に、20世紀は、子どもたちに影響をおよぼす非常に大きな社会構造と心的態度の諸変化が起きた。政治的君主制の崩壊とその対応物である家父長制への攻撃、間近に迫る普遍的な学校教育と識字能力、（大人の権威との鋭い緊張感が生まれる時期である）ライフサイクルの切り離された段階としての青年期の創出、そして、優しい親という理想と、子どもたちの法的権利理想の広まりなどがそれである。

　しかし、子どもたちに対する感性も、重要な変化の

時期として別のいくつかの時代の特徴となっていた。たとえば、リチャードとキャサリン・バーンハート（2002年）、そしてペイ＝イ・ウー（1989年）は、宗時代（960-1279）の中国を人間的に描いており、改革派の人びとが初等段階の学習を重視し、芸術や詩のなかでときどき子どもたちが大人の先入観から離れて描かれる時代に光をあてている。また、明朝時代末期の哲学者、王陽明（1472-1529）[*3]の思想が、「子どもの神話」（ペイ＝イ・ウー、1995年、146ページ）を生み出すのに十分なほど広まった時代があり、あるいはまた、リチャード・B・メイザーが論じているように、因襲にとらわれない老荘思想[*4]が（年長者に対して不作法だが才気煥発を感じさせる）「不品行な」子どものふるまいを奨励した六朝時代（386-589年）もある。子どもたちがどのように呼ばれ、特徴づけられ、理解されていたかということは、キネイも指摘しているように、「中国の歴史のある特定の時代の支配的な期待感と目標」（キネイ、1ページ）のバロメータになりうる。

成熟しつつある研究分野の徴候

2002年における中国の子ども期の歴史研究は、1991年にホウズとハイナーによって記述されているようなほかの分野の発展と類似している。つまり、総合分野の研究者による混乱と実りの多い成果、多少とも啓発的なテキストや図像資料から非常に価値のある洞察を注意深く引き出している。この分野は多様な方向に向けて発展するかもしれない。たとえば、（中国国内あるいは世界的規模の）共通基盤を解明しようとする研究、あるいは、基本的に調和することがない文化的な地域と歴史の範囲内で複雑な総合を精緻に行なおうとする研究などがあろう。この両方の取り組みは現在進行中である。1991年に、ハウズとハイナーが子ども期の歴史の全体を描こうとしたちょうどそのとき、キネイとウィックスはともに、編集者として、寄せられた各論文のばらばらな洞察を組みこめる一般化を模索していた。彼ら自身で行なった広大な一般化は、テキスト全体と比較した断片的な速記文のように、抽象的で不完全である。理解を深めるうえで助けとなるのは、結論部分だけでなく、時間と場所についての完全な文脈であり、証拠にもとづいて機能する精神の共有プロセスである。

『中国の子ども観』に序文をよせたC・ジョン・サマヴィルは、この本を、資料の点で文学と芸術に大きく依拠しており、したがってまた、実際の子どものたちの生活というよりはむしろ子どもたちについての大人の理解を実証している分野の書物であると言外に特徴づけている。彼は、大人の子ども認識を実証するなかで、その作業を、最終的には次の段階すなわち広範な子どもの社会史につながる最初の段階だとみなした。こうした研究段階は、社会的およびイデオロギー的な構成物としての子ども期の歴史［子どもの理念史］と、より大きな非常に包括的なカテゴリーをふくむ子どもたちの歴史［子どもの実態史］とのあいだみられる、有益なまた共通する違いを映し出す。だが、中国の歴史の時間と地理が大きな範囲におよんでいること、さらには、資料の制約と二次資料に依存せざるをえないことを考えれば、非常に大きな学問的な努力を傾けても、きわめて不確かな結論しか得られそうになく、シシュポスの仕事[*5]のような徒労に終わる苦役のように思える。

20世紀は、（国内と国外とも）資料が非常に豊富であり、そして、人間化の理論モデルが研究者たちに断片的な情報をつなぎあわせる方法をもたらしたため、複雑な総合を行なう展望がひらかれている。1990年のジョン・L・サーリの著作『子ども期の遺産――危機の時代の中国の子育て』（*Legacies of Childhood: Growing Up Chinese in a Time of Crisis, 1890-1920*）は、中国の大人たちに彼らの子ども期と青年期についてのインタビューを行ない、同時に、その幼児期の発達段階を理解する枠組みとしてエリク・H・エリクソンの段階理論を用いることによって、こうした利点を生かそうとしたものであった。それは、教育を受けた若者世代の集合的な伝記であり、彼らは子どもとして、両親と子どもたちから新しいふるまい方を許され、要求されさえもする特別な歴史の接点の相続人であっただけでなく、新しい儒教（neo-Confucian）の伝統の相続人でもあった。子どもたちのなかには、こうした機会を生かして成長し、若者や若い成人として、彼らの古代文化を理解するための新しい経路を産み出す者もいた。文化伝達をめざすもっと大きな物語に子どもの歴史をつけくわえることによって子どもの歴史を主流に組み入れることは、長期目標を展望することである。

中国の子ども期の歴史研究がまだ未熟であることは、いくつかの兆候が示している。単純化に対して警告するのは義務である。安易な東西比較をしても物事を正当に扱えるものはほとんどない。自明の参照点としての「中国」は、一定の時代・場所・民族団体・階級・ジェンダー・家族に溶けこんでいる。それと同時に、研究者たちは中国の外からの見方や投影、および仮定されたヨーロッパ社会からの影響と基準を軽視しながら、中国中心的な理解をくわだてる。子ども期の歴史研究については、こうした中国中心的な見方がこれまで肯定的であった。なぜなら、研究者自身が中国の了解事項を最初にもっとも重要なこととして掘り出すことを奨励したからであった。たとえば、シャーロット・ファースは、後期皇帝時代（1368-1911年）における人間観、乳幼児期、および性的成熟についての中国医学の理解の仕方と交差するさまざまな宇宙論的、儀礼的、生物学的、および文化的な見方について微妙な違いを説明している。

同様に、多くの貴重な研究、とりわけウィリアム・ド・バリーとジョン・チャフィーによる研究は、新しい儒教と教育について、われわれの理解を広げ、深めてくれる。中国中心的な原理も、リチャード・H・ソロモンのような現代の社会科学者の仕事のように、「装飾的な中国学」(モート、116ページ) として、中国の伝統についての不十分な情報しかもたらさないとして批判をまねくことになった。これとはまったく逆のことが理論嫌いの伝統主義者に向けられることはまちがいない。こうした論争は、一般的に、中国の官僚組織をあやつるのに役立つ外交と異文化についての理解力はいうまでもなく、語学力と学問的力量の両方があるため、中国研究に従事する研究者によせられている需要の高さを反映している。中国における子ども期の歴史研究の細分化された分野は中国の一般史に埋めこまれており、全体的に見て、中国研究分野よりも早く成熟する可能性は低いだろう。

[訳注]

*1 文化大革命 (Cultural Revolution) ——中華人民共和国で1966年から1976年頃まで続いた政治活動。政治・社会・思想・文化の全般にわたる改革運動という名目で紅衛兵と呼ばれた若者たちを扇動して開始された。そのスローガンは「封建的文化、資本主義文化を批判し、新しく社会主義文化を創生しよう」であった。実質的には大躍進政策の失政によって政権中枢から失脚していた毛沢東 (1893-1976) とその意を受けた「文化大革命の4人組」(Gang of Four) ——江青 (1914-1991, 毛沢東夫人)、王洪文、姚文元、張春橋——らが、中国共産党指導部内の実権派による修正主義の伸長に対して、自身の復権を画策してひき起こした大規模な権力闘争 (内部クーデター) として展開された。4人組は、毛沢東の死後、逮捕され、裁判で死刑・無期懲役などの判決を受けた。

*2 魯迅、ルーシユン (1881-1936) ——中国の小説家・思想家。本名は周樹人 (Zhou Shuren)。最初、医学の勉強のために日本の東北大学に留学したが、中国の人民を救うのは医学ではなく、彼らの心を治療する文学であると思い定め、文学研究に進み、中国近代文学の開拓者の一人となった。おもな作品として『狂人日記』(1918)、『阿Q正伝』(1921-22) などがある。

*3 王陽明 (1472-1529) ——中国の明代の儒学者、思想家。朱子学を批判的に継承し、文献学的読書だけではほんとうの理に達することはできず、人間が日常的に行なっている仕事や日常生活で実践するなかでその心中に理をもとめる実践的な儒学として陽明学を起こした。王陽明のこのような実践倫理思想の根幹は、南宋の儒学者陸九淵 (1139-1192) の思想をもとに、「事物の理は自己の心にこそあり、その外に事物の理を求めても、事物の理はない」という、心即理の理念枠を解明し、また、天地に通じる理は自己のなかにある判断力 (良知) にあると主張して、「良知を致す」ことがすなわち「致良知」であると唱え、さらに、知と行は切り離して考えるべきものではなく、知行合一説を

唱えた。このように自分の心に理を求めたり、自己の内面にある判断力をみきわめることは、すべての人間にできることであり、「満街の人すべて聖人」と考え、知識人の学問であった儒学を広く庶民の学問へと解読した。王陽明の思想は日本の大塩平八郎 (1793-1837)、吉田松陰 (1830-1859) らに影響をおよぼしたといわれている。

*4 老荘思想 (Taoist ideas) ——老子 (Lao-tzu, Lao-zi, 生没年不詳) と荘子 (Chuang-tzu, Zhuangzi, 生没年不詳) の「無為自然」の哲学思想。虚無をもって宇宙の根源とし、無為をもって教義の極致とする思想。とくに魏晋時代 (220-589年) の思想界に流行し、世事を離れて自由な行動を旨とする、いわゆる「清談の徒」を生んだ。

*5 シシュポスの仕事 (Sisyphean task) ——ギリシア神話に出てくる貪欲で狡猾なコリントの王シシュポス (Sisyphus) が、死後地獄 (タルタロス) に落とされ、大岩を山頂に運び上げる仕事を罰として科されたが、大岩は山頂近くでかならず転がり落ちてしまい、その苦行には果てがなかったことから、果てしなく無駄な、徒労をくりかえすばかりの仕事をさしていう。

➡インドと南アジアの子ども、子ども期のイメージ、日本の子ども

● 参考文献

Barnhart, Richard, and Catherine Barnhart. 2002. "Images of Children in Song, Painting, and Poetry." In *Children in Chinese Art*, ed Ann Barrott Wicks. Iionolulu: University of Hawaii Press.

Dardess, John. 1991. "Children in Promodern China." In *Children in Historical and Comparative Perspective: An International Handbook and Research Guide*, ed. Joseph M. Hawes and N. Ray Hiner. New York: Greenwood Press.

de Bary, Wm. Theodore, and John W. Chaffee, eds. 1989. *Neo-Confucian Education: The Formative Stage*. Berkeley: University of California Press.

Ebrey, Patricia Buckley. 1991. *Confucianism and Family Rituals in Imperial China: A Spcial History of Writing about Rites*. NJ: Princeton University Press.

Furth, Charlotte. 1995. "From Birth to Birth: The Growing Body in Chinese Medicine." In *Chinese Views of Childhood*, ed. Anne Behnke Kinney. Honolulu: University of Hawaii Press.

Hawes, Joseph M., and N. RayHiner, eds. 1991. *Children in Historical and Comparative Pespective: An Inteniational Handbook and Research Guide*. New York: Greenwood Press.

Kinney, Anne Behnke, ed. 1995. *Chinese Views of Childhood*. Honolulu: University of Hawaii Press.

Lupher, Mark. 1995. "Revolutionary Little Red Devils: The Social Psychology of Rebel Youth, 1966-1967." In *Chinese Views of Childhood* ed. Anne Behnke Kinney. Honolulu: University of Hawaii Press.

Mather, Richard B. 1995. "Filial Paragons and Spoiled

Brats: A Glimpse of Medieval Chinese Children in the *Shishuo* xinyu." In *Chinese Views of Childhood* ed. Anne Behnkc Kinney. Honolulu: University of Hawaii Press.

Metzger, Thomas A. 1977. *Escape from Predicament Neo-Confucianism and China's Evolving Political Culture*. New York: Columbia University Press.

Mote, Frederick W. 1972. "China's Past in the Study of China Today—Some Comments on the Recent Work of Richard Solomon". *Journal of Asian Studies* 32, no. 1 (November) : 107-120. Saari, Jon. 1967. "China's Special Modernity." In *China and Ourselves: Explorations and Revisions by a New Generation*, ed. Bruce Douglass and Ross Terrill. Boston: Beacon Press.

Saari, Jon L. 1982. "Breaking the Hold of Tradition: The Self-Group Interface in Transitional China." In *Social Interaction in Chinese Society*, ed. Sidney L. Greenblatt, Richard W. Wilson, and Amy Auerbacher Wilson. New York: Praeger.

Saari, Jon L. 1983. "The Human Factor: Some Inherent Ambiguities and Limitations in Scholarly Choices." In *Methodological Issues in Chinese Studies*, ed. Amy Auerbacher Wilson, Sidney L. Greenblatt, and Richard W. Wilson. New York: Praeger.

Saari, Jon L. 1990. *Legacies of Childhood Growing Up Chinese in a Time of Crisis, 1890-1920* Cambridge, MA: Council on East Asian Studies.

Solomon, Richard H. 1971. *Mao's Revolution and the Chinese Political Cultltre*. Berkeley: University of California Press.

Wicks, Ann Barrott, ed. 2002. *Children in Chinese Art* Honolulu: University of Hawaii Press.

Wu, Pei-yu. 1989. "Education of Children in the Sung." In *Neo-Confucian Education: The Formative Stage*, ed. Wm. Theodore de Bary and John W. Chaffee. Berkeley: University of California Press.

Wu, Pei-yu. 1995. "Childhood Remembered: Parents and Children in China, 800-1700." In *Chinese Views of Childhood*, ed. Ann Behnke Kinney. Honolulu: University of Hawaii Press.

(JON L. SAARI／益井岳樹・北本正章訳)

中世とルネサンス時代のヨーロッパ (Medieval and Renaissance Europe)

ヨーロッパ北西地域の歴史家によって書かれた伝統的な政治史の叙述は、中世がはじまる境界線をローマが陥落した476年に確信をもって設定している。そして、クリストファー・コロンブス*1がアメリカ大陸に向けてへ出航した1492年、または神聖ローマ皇帝カール5世の軍団によるローマの略奪*2が起きた1527年のどちらかでルネサンス時代の終わりとしている。ルネサンスのはじまりと終わりの両端では、狭い地理に焦点をあてることによって、これらの日付を実際

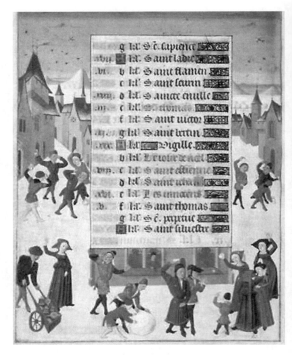

15世紀の挿し絵入りの写本『アデライド・ド・サヴォワの時祷書』の欄外に、雪つぶてを投げている子どもたちが見える。The Art Archive/Musée Condé Chantilly/Dagli Orti（A）

りも説得力があるようにした。その時代の開始において、キリスト教世界の北西地域、すなわち1000年頃になって中世の文明がようやく繁栄した地域に焦点をあてることは、多くの歴史家たちに、地中海をとり囲むようにおおっていたローマ帝国自体の地勢を無視させてしまった。このため、ビザンツ帝国における連続的な活気、つまりビザンツ帝国の住人がローマ人風（*Romanoi*）にふるまっていたことに示されるローマとの連続的な活気は、当然はらわれるべき大きな注意を集めることはなかった。イスラム文明がギリシアの科学や哲学の成果を専有し、11世紀末に向けてそれらをもう一度西ヨーロッパのラテン世界に送り返したときでさえ、政治史においても軍事史でも、イスラム文明と西ヨーロッパのキリスト教世界とのあいだの文化的軋轢を誇張した。

中世の盛期と晩期における教皇権と俗権とのあいだでくりひろげられた闘争が、イタリア半島全域を、侵略を受けやすく、たえまない戦争になりやすくしていたため、もはや政治的な独立があまり大きな意味をもたなくなっていたとはいえ、時代区分のもう一方の端に位置するローマの略奪は、ルネサンス時代のイタリアの都市国家の独立が終焉を迎えたことを示しているように見える。ルネサンス期の人文主義が、いわゆるルネサンスとして知られる運動の中心とみなされるようになると、ルネサンス文化の地理的な境界線は、ボ

ヘミヤ、ハンガリー、ポーランド、スペインだけでなく、アルプスを越えてフランス、ドイツ、イギリスへも広がったと理解されるようになった。一部の文学史家は、この境界線をもっと遅い時期の、イギリスの詩人ジョン・ミルトン（1608-1674）[*3]やイギリスの国内戦争（1642-1648）[*4]をふくむ1640年代にまで伸ばすことをいとわないが、現在では、ルネサンスは1600年頃には終焉を迎えたと考えられている。

子ども期の歴史の時代区分

子ども期の歴史研究の目的にかんしていえば、時代区分の定義にかんするさらに重要な議論は、もしそれが可能であればのことだが、中世とルネサンスのあいだに適切に設けられる相違点とはなにかということに集中していた。かつて、アメリカの歴史家カール・ホーマー・ハスキンズはその著書『12世紀ルネサンス』（1927年）で、個人主義、古代のギリシアとローマ文化への愛、そして科学の起源など、12世紀の文化的達成が伝統的にルネサンスにつながったと主張しようとしていた。イタリア・ルネサンスの独創性に対するこうした攻撃は、1970年代には、ジョアン・ケリー＝ゲイドルの論文「女性にはルネサンスがあったか？」（1977年）に先導されたフェミニストや、近代以前の経済と社会で経験された日常生活は、11世紀の都市の復活の時代から18世紀なかばの産業革命の時代まで、基本的には変化しない、はっきりと見分けがつく周期パターンのなかに安定していた、と述べた社会経済史家たちから擁護された。

近代を作った重要な時期としてのイタリア・ルネサンスの地位を傷つけようとするそうした試みは、誇張もあったが、ルネサンス研究者をして、この時期の特徴をこれまで以上に注意深く見きわめさせるうえで一定の効果があった。その結果見られたのは、中世の学問とルネサンスのそれとの関係、すなわち自由七科（セブン・リベラル・アーツ）のなかの自然科学分野（数学、幾何学、音楽、天文学）から、人文主義分野（文法、論理学、修辞学）への重点の推移をふくむ関係について、非常に精緻な理解が進んだことであった。とりわけ、人文主義の教育内容は、都市の政治と社会に積極的に参加するために必要とされた技術と学科である歴史学、詩学、倫理学を重視した。

ハスキンズの研究とケリー＝ゲイドルの研究のあいだに、フィリップ・アリエスの記念碑的な『〈子供〉の誕生』（1962年）があらわれた。アリエスは、中世とルネサンスのあいだに引かれてきた伝統的な境界線を認めてはいるものの、ルネサンスは、子どもとその教育にそれまでなかった新しい注意をはらう先ぶれとなったが、それは、子ども自身から自由を奪うものであったと主張した。アリエスは、計画的な仕事の一部として週末ごとにあちこちを旅して歩くなかで目にした中世の絵画からいくつかの事例をとりあげながら、中世には、ほかの人生段階から切り離された子ども期という概念がなく、子どもは小さな大人として描かれていたと主張した。芸術においてと同じように生活においても、子どもはきわめて早熟に大人の役割を引き受けるよう期待されており、16世紀フランスの人文主義における教育革命が子どもたちの道徳生活を厳しく管理し、**しつけ**をあたえはじめるまで、子どもたちの特別なニーズに対する注意はほとんどあるいはまったくはらわれなかった、とアリエスは確信していた。実際、アリエスの見解では、子どもに感情をそそいでも、このような高い人的損失をこうむることになってしまう時代にあっては、高い**乳児死亡率**は両親の真の愛情をすべからく鈍らせていたという。この視点は歴史家たちのあいだではもはや優勢ではなくなっているが、中世とルネサンスにおける子ども期の歴史研究の多くはいまでも、まるでアリエスの非常に刺激的な考えがまだ議論全体の枠組みであるかのように叙述されている。

子ども期の諸段階の定義づけ

過去のヨーロッパにおける子どもの人生段階の時系列の境界線とその期間は、21世紀初めに普及しているものとはまったく違っていた。7世紀初めの著述家であったセビーリャの聖イシドールス[*5]は、子ども期を7年ごとに二つの時期に分けたが、これは当時の法律の資料が広くくりかえしていた基本的な区分と用語であった。最初の7年は、話すことができない子どもの無能さによって定義されたが、この場合、話すという意味は、正しい文法を用いて自分の考えを述べることができる子どもの能力のことである。この表現能力は、7歳前後の善悪の判断がつきはじめる年齢のはじまりを特徴づけた。きわめて重要なのは、14歳という年齢が学校教育の終了を区切り、28歳が形式的に**青年期**が終わるときであることを区切ったように、7歳が学校教育のはじまりを区切る年齢であったことである。子どもは、14歳で正式に大人世界に入り、結婚の義務を契約することができた。刑事責任は、プエリティア（pueritia）、つまり子ども期の中ごろにはじまったようであるが、これはこの時期に高まる善悪を見分ける能力によって特徴づけられた。刑事責任を問えるとみなされた正確な年齢は、法律的に見れば各都市の法体系によって違いがあるものの、一般的には、法律は、10歳から14歳の子どもが犯した犯罪に対しては成人に課される刑罰の半分を規定しており、子どもがひとたび14歳に達すれば、完全な成人に対するのと同じ刑罰の適用を受けた。死罪が14歳未満の子どもに課されることはめったになかったが、まったく知られていなかったわけではない。しかし、この刑罰を除けば、子ども期の諸段階についての定義とその期間に対する現実的な法律の適用は、著述家、地域、そして時代によって多様であった。

チユウセイ

ティツィアーノ「ウェヌス［ヴィーナス］の崇拝」（1560年頃、部分）。ティツィアーノの絵画のなかの多人数のふっくらした赤ん坊のクピド［キューピッド］たちは、のちの時代の純真無垢の子ども期という概念とはあいいれない、明白な非キリスト教的な官能性を例示している。Prado, Madrid, Spain/Bridgeman Art Library

証拠史料

アリエスによって美術史からの証拠資料が活用されたことは、中世の子ども期の研究者全員が直面していた基本的な問題、すなわち資料源の欠落あるいはすくなくとも家族や個人の日記といった伝統的な資料源の欠落という問題をきわだたせた。家族や個人の日記は、とくにイタリアでは14世紀に登場しはじめたものだが、一部の歴史家は、子どもの生活としつけにかんする研究において、これらの文字資料のなかでしつけへの言及が相対的に欠落しているため、初期ルネサンスでさえ、個人としての子どもへの関心が欠落していたと理解してきた。しかし、つい最近の研究では、中世後期やルネサンスにおいてさえ、これらの資料源は、近代的な意味での個人または家族の日記ではなく、経済単位として、また政治的地位と社会的に高い地位の要求として、家族生活を時系列に沿って記録した家計簿であったことが明らかになっている*6。

こうして、ヨーロッパにおける中世とルネサンスの全期間について、歴史家たちは、この時期の子ども期の実態を再現するために考古学的な証拠資料、文学的証拠資料、修道院や慈善施設などの組織からの証拠資料、さらに少数の自伝資料などにもとづいた推論に依拠してきた。だが、歴史家の最終目標が、安定した家族環境における「ふつうの」子ども期を記述することであるなら、利用可能なこれら一連の資料源は非常に大きな挫折をもたらすだろう。なぜなら、歴史家は法廷記録、**孤児院**の記録、**子どもの遺棄**にかんする文書記録などで子どもたちに出会うが、こうした証拠資料で確認できる子どもたちが世帯と家族の文脈で果たしていた役割の意味は、現実に彼らが果たしていたであろう役割よりも小さかったからである。カトリック教会の教父の説教と著述物でも、聖書に登場する子どもたちについてふれている——たとえば、病気の子どもを治療する逸話をふくむ奇跡の物語と同様に、モーセの遺棄*7、嬰児大虐殺*8は人気の高い主題である。同様に、中世後期の美術のイメージとならんで子どもについての中世の説教も、聖人たちが偶然の傷害や死から子どもたちを守るために行なった奇跡の介入を詳細に示している。

中世とルネサンスにおける子ども期の連続性

地理と時代の違いを除けば、中世とルネサンスの子ども期に共通するいくつかの特徴は、前近代をまたいで古代から19世紀にまでおよんで連続しているとい

う印象を受ける。広く受け入れられている考えによれば、子どもを身ごもることは、期待どおりの結果を生むために、正しいタイミングとふさわしい状況の両方を必要とした。この点で、母親についてのイメージ、つまり夫婦をとりまく視覚的イメージは、子どもの性格だけでなく身体的な特徴を決定するうえでも、重要な役割を果たした。同様に、母親が摂取する食べ物も、一般的な意見や医学的な意見によれば、生まれてくる子どもに影響をおよぼすと考えられた。ルネサンス時代を通じて、新生児の両親への贈り物としてさまざまな陶磁器とならんで、デスコ・ダ・パルト (desco da parto)、つまり出産盆[*9]は、両親のしつけと子どもの精神的吸収能力に影響をおよぼすことを意味するほかの教訓にくわえて、高潔な主題をくりかえした。

　子どもが誕生したのちの期間を通じて、ほとんどすべての権威書は母親による母乳育を勧めている。それと同じ権威書は、乳母の性格が授乳をとおして子どもに伝わると考えられていたため、乳母を選ぶことの重要性を強調することで、母親による母乳育がまれであったことを暗に認めていた。歴史家たちのなかには、アリエスにしたがって、**乳母養育**は高い乳児死亡率という過酷な現実から感情的に距離を置こうとする育児形態であったと主張する者もいた。しかしながら、近年では、家族戦略という論点が歴史研究の文献で非常に優勢になっており、母乳育は出生率を抑えるので、母親たちは、妊娠間隔を短くするために、また、女性が妊娠する可能性を最大限にするために、子どもを乳母のもとに送っていたことを示唆している。

　とくに地中海社会では、そうした家族戦略も男性優位に展開したため、乳母たちは、おそらく男児よりも女児の世話をいくぶん怠っていたであろう。ポリプティック (Polyptychs)、すなわちカロリング朝期 (768-814年)[*10]のパリ近郊の大修道院サン・ジェルマン・デ・プレ[*11]の人口調査は、非常に狭い所有地におけるきわめて顕著な男女差をあらわしており、女性よりも男性のほうが多いことを示している。ルネサンス時代の性別による待遇の相違は、**捨て子養育院**における死亡率の記録のなかに証拠がある。こうした相違は18世紀になってようやく解消しはじめた。医療人類学者たちの主張に従えば、誕生後の1年間が生物学的にもっとも傷つきやすかったために、両親が男の子に対してより多くの注意をはらう男性優位は、環境の影響を受けやすかった社会ではつねにみられる特徴である。

嬰児殺し、遺棄、収容施設

　高い乳児死亡率、嬰児殺し、そして子どもの**遺棄**もまた、この時期における子ども期の歴史の連続性を示している。だが、歴史家たちは後者の二つの慣習がどのように広まったかについては鋭く意見が対立している。前近代社会における乳児死亡率は、経済状況が非

出産盆 (デスコ・ダ・パルト)、アポロニーオ・ディ・ジョヴァンニ「愛の凱旋」(1460-70年頃)。Victoria and Albert Museum, London[*]

常に良好であったエリート層の約17パーセントから、貧しい人びとおよび慈善施設に収容されていた人びとの50パーセントまで、幅があったように見受けられる——だがそれは、18世紀と19世紀のヨーロッパの捨て子養育院で共通に見られた80～90パーセントという乳児死亡率と比べればまだかなり低い。幼児と子どもの死亡率は、不安定な経済状況と伝染病の流行のために、ぞっとするほどの高水準になっていた。

　嬰児殺しと捨て子は、これらがかならずしも対等に行なわれていたということではなく、飢餓に対してとりうる人の道にかなった唯一の選択肢としての遺棄を両親が正当化（そしてしばしば合理化）するという意味で、あきらかに相互に関係があった。早くも4世紀なかばのビザンツ帝国では、ローマ法を意識的に模倣した孤児院と捨て子養育院が創設された。事実、ローマ法は、弱い立場の子どもを保護するための精巧な制度をビザンツ帝国に設けていた。それによると、施設への遺棄は、親族と被収容者のネットワークが疲弊してしまった後に残された最後の手段であった。後年のビザンツ帝国の皇帝とキリスト教の総主教たちは、売春婦が遺棄した子どもたちのために捨て子養育院を設立し、それを支援した。とくにこれらの施設は、最初に作られた孤児院といわれている。ビザンツ帝国の多数の孤児院は、その音楽訓練で有名になったが、これはルネサンス期のイタリアの孤児院で復興され、あるいは再発見された伝統である。

　この点にかんして、もっと農村的であったヨーロッパの北西地域と比べて比較的都市化が進んでいた中世初期のビザンツ帝国の社会は、遺棄された子どものた

ドメニコ・ディ・バルトロ「病人の治療」（1441-42年）。fresco in Spedale di Santa Maria della Scala, Siena（part）.*

めのさまざまな選択肢と施設を擁していた。すくなくとも500年頃から1000年にかけて、ヨーロッパの北西地域は、侵略、飢饉、そして広範囲におよぶ農村の貧困に苦しめられていた。大人も子どもも危機に瀕した時代であったが、両親が、母乳を飲むことができない子どものためにまにあわせの粘土製の哺乳瓶を作って、病気や畸形の子どもでさえも生きのびさせようと苦心していたことを示す考古学的証拠が残っている。乳児死亡率が高かったからといって、それが必然的に両親と子どもの絆を弱めることはなかった。14世紀フランスにおける宗教裁判の記録は、異端のカタリ派運動に参加するために子どもを遺棄することに耐えきれず、最終的に子どもを部屋からつれだすように命令しなくてはならなかった母親の苦悩ぶりを示している。

中世初期の西ヨーロッパにおける孤児院と捨て子養育院においてもっとも類似している点は、奉献儀礼、つまり子ども、とくに男子を修道院の生活に引き渡す奉納慣習である。この慣習の本質は純粋な宗教的な動機であったが、ある種の親にとって、年上の子どもが修道院の環境で育てられ、教育を受けることは、経済的な必要性にくわえて家族戦略も考慮してであったことは明らかであった。修道院は、中世後期の慈善施設にもあてはまるように、架空の親戚と家族の親密さを構築するために家族ということばを修道院にだけでなく女子修道院にも用いていた。

11世紀に、ラテン語圏の西ヨーロッパにおける中世社会が都市化するようになると、遺棄の構造と形態も変化した。西ヨーロパでは、孤児院は14世紀初頭まで発達しなかったが、非常に特殊な施設とならんで大規模な総合病院も、ほかの病院の患者や巡礼者にくわえて孤児と捨て子を受け入れていた。イタリアのシエナにあるサンタ・マリア・デッラ・スカラ救済院*12の病院の壁面に描かれた一連のフレスコ画は、遺棄された子どもを養育する大きな総合病院でのさまざまな援助のようすを描いている。

中世の女子修道会と修道院にもちょうどあてはまるように、子どものための養育院の用語と組織は、家族がふつうにやっていることを模倣しようと努めていた中世とルネサンスの一般病院や特殊な病院は、田舎や都市の乳母のもとに子どもたちを送りこんだ。たとえば、中世末のイタリアでは、遠く離れた山岳地域のどの都市でも、乳母養育というミクロ経済を発展させていた。これらの都市の養育院は、家族が行なったのと同じように少年たちを学校に入れるか、徒弟に出すかしていた。少女たちは、裁縫と織物を教えられ、養育院の収容者として長く残ることが多く、しばしば女子修道院に入るか、結婚のために、持参金をあたえられて養育院を去った。多くの施設は、16世紀をとおして、少女たちに織物製品の記録を残すことを要求したが、それは彼女たちが持参金としてその一部を受けとり、残りを施設の費用にまわすことになっていたからであった。少年と少女はどちらも、通常は、彼らを引きとった家族の使用人としてはたらくことをふくむ非公式な養子縁組のために利用されたであろう。

愛情と搾取

高い遺棄水準だけでなく、幼児と子どもの高い死亡率も、一部の（しばしば、アリエスの伝統を引き継いでいる）歴史家たちが、子どもの感情生活は非常に抑制されており、両親には子どもに対する愛情が欠けていたと主張するように導いた。だが、今日では、子ども期を研究する歴史家の大半は、現代の親が子どもに対していだいているのと同じような感情を中世とルネサンスの両親も示していたことについて意見が一致している。当時、**児童虐待**と搾取が見られたといっても、それは今日と同様、かならずしもその時代の典型ではないのである。ルイス・ハースが『ルネサンス人と子どもたち——1300～1600年のフィレンツェの子どもの出産と幼児期』（1998）で示しているように、**洗礼**と名づけ親の儀式は、身近な家族と、親族、隣人、そして共同体からなる大きなネットワークが、生まれた幼児を受け入れて歓迎するものであった。最初はイタリアに登場し、次いでヨーロッパ北方で展開した人文主義的な教育学は、子どもが公的な生活において大人の役割を果たせるように訓練するための小国家としての家族の役割を重視した。その結果、子どもの訓育は、カトリックと**プロテスタント**の宗教改革の双方において、古典的なしつけ観の復活と近世の国家観が基礎となった。

だが、それにもかかわらず、社会的および性的な正しいふるまいにかんする境界線は、現代の境界線とは違ったところに引かれていた。たとえば、マイケル・ロックの『禁じられた友情——ルネサンス・イタリアの同性愛と男性文化』（1996）が示しているように、

ルネサンス期のフィレンツェでは、夜まわり警官たち*13の活動は、年配の男性たちと幼い少年たちとのあいだの同性の出会いのネットワークが異常な広がりを見せていたことを暴露している——こうした出会いは、しばしば後見的行為、被保護者の立場、および援助に対する性的でない人間関係のつながりを反映していた。大人と10代の少年との性的な出会いは、大人の男性二人の出会いよりも許容され、黙認されていたのである。カトリックとプロテスタントの改革者たちが宗教的規律と政治的規律を融合させることによって本気で解決しようと取り組んでいたのは、ほかならぬそのような問題なのである。16世紀なかばのまさにこの時点で、子ども期についての近代的な輪郭が識別されはじめたのだと考えてよいだろう。

ルネサンスの教育改革が持続するなか、カトリックとプロテスタントの宗教改革は、地方の家族にとって死活問題でありつづけていた経済的搾取に対しては本気で取り組まなかった。その結果、家庭内の子どもたちは、重要な経済的役割を引き受けるようになった。バーバラ・A・ハナウォルトが、その著書『固く結ばれた絆——中世イングランドの農民家族』（1986）と『中世ロンドンにおける子どもの成長』（1993）で、中世イングランドの検視官の記録を対象にした調査は、とくに溺死と火のなかへの転落による事故死の高い比率を示した。同様の危険は中世のロンドンではたらいていた子どもや徒弟たちを待ち受けていた。事実、ある程度まで、近世ヨーロッパにおける新しい慈善の取り組みは、近世における、国家の事実上の被保護者として施設に収容した子どもたちへの経済的搾取を助長した。通常の**徒弟制度**でさえ、しばしば若い青年を重労働に従事させただけでなく、非常に厳格な規律にも従わせていた。

しかし、この時期の子どもの死は決して軽視されてはいなかった。しばしばイタリア・ルネサンス期の日記は、かなり簡単明瞭に子どもの死を記録しているが、これは、子どもへの愛情が欠落していたことに関係していたためというよりはむしろ、家族の財政状態と家族の威信の説明としての日記の機能に関係があったためであった。一定の期間を通じて、多数の女子の子どもたちが行方不明になっているように見える租税記録の場合でさえ、この空白は、納税者たちが、子どもたちがもっと若く見えるように、したがって結婚の適齢期であるように見せるために、こうした記録を意図的に歪曲したためであると説明される。この時期から得られる私的な書簡は、両親が自分の子どもの生命に高い価値を置いており、**流行伝染病**その他の災禍が子どもの生命を奪ってしまった場合、彼らが非常に大きな喪失感情をいだいたことを示している。モラリストたちは両親に、子ども一人一人の特質と能力に応じて養育し、教育するよう指示していた。

もし多くの点で、中世とルネサンスの子ども期が20世紀と21世紀のそれと共通するところがあるにしても、中世とルネサンスの子ども期の文化的背景はあまりにもいちじるしく異なっているので、表面的な類似点はしばしば誤解をまねきやすい。子どもに対する注意の欠落として最初にあらわれたものは、子どもを非常に幼い年齢で、名誉、セクシュアリティ、拡大家族、隣人、そして労働などからなる共同体の相関関係のなかに統合させることとつながりがあるだけでなく、資料の性質にも大いにつながりがある。家族生活の経済機能と子育てが愛情を完全におおい隠してしまうことはなかった。相続慣習という事例では、遺産にかんする厳格な規則は、しばしば子どもたちに対して長期におよぶ保護と利益をもたらすように作用した。だが、それでも、愛情の絆や、その家族の経済的、社会的、および政治的な生き残りを懸けた判断がそうした作用とは反対の方向に動くようなときは、どの家族も、しばしば非常に危ない橋を渡らねばならなかったのである。

［訳注］

*1 クリストファー・コロンブス（Christopher Columbus, 1446-1506）——イタリアのジェノヴァの生まれの航海者。スペイン女王イサベルの援助を得て、1492年アジアに向けて出帆したが、西インド諸島サン・サルバドル島に上陸後、キューバ島、イスパニョーラ島に到達した。その後3度の航海で、ジャマイカ島、南アメリカ北部、中央アメリカに到達した。その業績は「新大陸の発見」とよばれた。

*2 ローマの略奪（tha sack of Rome; *Sacco di Roma*）——「ローマ劫掠」ともいわれる。歴史上、ローマの略奪は410年、546年など何度かあるが、ここでは1527年5月6日から17日にかけての事件をさす。このとき、神聖ローマ皇帝（在位1519-56）となってスペイン王カルロス1世（在位1516-56）も名のったカール5世 Karl V, 1500-1558）の軍勢が、フランス王フランソワ1世と北イタリアをめぐって争い、イタリアに侵攻し、教皇領のローマで殺戮、破壊、強奪、強姦などを行なった。この事件によって、ローマに集まっていた文化人や芸術家の多くが殺害され、あるいはほかの都市へのがれた。文化財が奪われたり、教会など歴史的遺物も破壊されたため、1450年代から続いていた盛時ルネサンスは停滞の時期を迎え、時代区分の上で大きな画期となった。

*3 ジョン・ミルトン（John Milton, 1608-1674）——イギリスの詩人。ロンドンの富裕な代書人の家に生まれ、ケンブリッジ大学に学ぶ。高貴にして端麗な容貌と清らかな心情の持ち主であったことから、学友たちから「貴婦人」とあだ名されたが、在学中に早くも「キリスト生誕の朝」を発表して天才ぶりを発揮した。卒業後6年近くを田園にあって、古典文学と数学などを研究しながら多数の詩、劇作などを書いた。フランスとイタリアを旅し、ガリレイ（1564-1642）と知遇を得た。帰国後、国教会に反対して、ピューリタニズムを擁護する論陣を張り、教会・議会改革の精神的支えと

なった。17歳のメアリ・パウエルと結婚したがすぐに離婚し、『離婚論』(1643) を書いたほか、『アレオパジティカ』(1644) では言論の自由を説き、国王チャールズⅠ世 (Charles I, 1600-1649) の処刑後はクロムウェル (Oliver Cromwell, 1599-1658) の共和政治を擁護して政府のラテン語書記官に任命されるなど、激動する政治状況に深くかかわった。激務に追われて失明し (1652)、王政復古後は生命の危険にさらされたが、3度目の結婚によってようやく家庭の平和を得てからは詩作に没頭し、失明という悲劇的困難のなかで、大作『失楽園』(*Paradise Lost*, 1667-8)、『闘士サムソン』(1671) などを残した。

* 4 イギリスの国内戦争 (the English Civil War, 1642-1648) ——イギリスの近代初期の大内乱期。チャールズⅠ世の専制政治に反対して、清教徒 (ピューリタン) を中心とする議会派と王党派のあいだに起きた内乱 (1642-49)。ピューリタン革命ともよばれる。その範囲を1640-60年とすることもある。1649年に国王が処刑され、クロムウェルが独裁的な共和制を敷いた。

* 5 セビーリャの聖イシドールス (Isidore of Seville, 560頃?-636) ——スペインの大司教・学者・歴史家。カルタナ出身の貴族の家に生まれ、兄のレアンデル (Leander) から教育を受け、その後を継いでセビーリャ大司教となった。大司教として第4回トレド会議 (633年) をはじめ、その他の公会議を通じて、西ゴート族およびユダヤ教徒のカトリックへの改宗に尽力し、教育制度の整備に注力した。スペインのカトリック教会の基盤を固めた。主著『語源論』(*Etymologiae*)。

* 6 家計簿 (family account books) ——イタリア・ルネサンス期の大商人フランチェスコ・ダティーニ (Francesco Datini〔正式名はFrancesco Di Marco Da Prato Datini〕、1335頃-1410) が残した家計簿などの記録類。ダティーニはイタリアのプラートに生まれ、1348年のペストで両親と兄弟姉妹の何人かを失い、フィレンツェの小売店の徒弟としてはたらいたのち、15歳のとき、ローマ教皇が落ちのびていたフランスのアヴィニョンに移った。この地に32年間とどまって武器・繊維織物・宗教的御物・絵画・宝飾品などをイタリアから輸入して財をなした。43歳でプラートに戻り、25歳年下のマルガリータと結婚したが、子どもには恵まれなかった。イタリア各地、スペイン、ブルッヘ、ロンドンなどに拠点をもち、世界的規模の交易活動を展開した。遺言によってフィレンツェの「イノチェンティ捨て子養育院」の建設を支援した。彼の死後460年たった1870年、邸宅を改装中に15万通の手紙類、500冊以上の会計帳簿、300通の不動産譲渡証書、400通の保険契約書、数千点にのぼる商取引文書が発見され、彼の経済活動、家族生活の詳細を解明することに役立った。この資料の解読が進み、次の研究が知られている。Iris Origo, *The Merchant of Prato: Francesco di Marco Datini, 1335-1410* (Octagon Books, 1979)〔イリス・オリーゴ『プラートの商人——中世イタリアの日常生活』(篠田綾子訳、白水社、新装復刊版2008年)〕。

* 7 モーセ (Moses; Mosheh、生没年不詳) ——前13世紀頃のイスラエルの立法者、預言者。エジプトでレビ族の家系に生まれ、エジプト圧政下にヘブライ人を率いて脱出に成功した指導者。イスラエルの子孫の力をおそれたエジプトのパロ (王) は出生した男児の殺害を命じた。幼児モーセは葦の小舟で川に遺棄されたがパロの娘に救われ、宮廷で成人した。しかし、苦役に従事する同胞に同情したモーセは、同胞を率いてエジプトを脱出し、シナイ山において神と民の契約を仲介して律法を民にあたえ、約束の地へ導いたと伝えられる。

* 8 嬰児大虐殺 (the Slaughter of the Innocents) ——ユダヤ王ヘロデ (Herod, 前73頃-4) が救世主の出現をおそれてベツレヘムのすべての幼児を虐殺した事件。

* 9 出産盆 (*deschi da parto*) ——中世末期から17世紀初頭にかけてイタリアのトスカナ地方、フィレンツェとシエナなどの上流家庭で流行した出産儀礼。出産後の女性に、飲み物、お菓子、自身肉などのお見舞いの品々をこのお盆にのせて贈る風習。そのお盆には「愛の勝利」などの名前がつけられ、寓話や聖書、聖人列伝の場面などが描かれた。

* 10 カロリング朝 (Carolingians) ——フランク王国の第2王朝。751年ピピンにはじまり、カール大帝治世に版図をいまのドイツ・フランス・オランダ・北イタリアまで拡げ、法制度を整え、古代ローマの学芸を復興したことからこの時期を「カロリング・ルネサンス」とよぶ。843年のヴェルダン条約により王国は3分割され、現在のドイツ、フランス、イタリア3国の原形を形成した。

* 11 サン・ジェルマン・デ・プレ修道院のポリプティック (the Polyptych [or Polyptyque] of Saint-Germain-des-Prés) ——この修道院の修道院長であったイルミノン (Irminon) によって記録された一種の財産目録で、セーヌ川とユーレ川にはさまれたパリ地区に位置するこの修道院の所有物の一覧と、数千人の借地人とその子どもたちの名前が記載されている一種の人口登録簿。ポリプティック (polyptych) は、修道院内の聖壇の背後を飾る4枚以上のパネルをつづりあわせた壮麗な画像 (彫刻)。これを所蔵するサン・ジェルマン・デ・プレ修道院聖堂は、パリに現存する最古の修道院聖堂で、ヒルデベルト王が542年スペインからもち帰った聖バンサンの遺物を収蔵するために、543～558年にパリ司教ジェルマンとともに建立された。8世紀頃からベネディクト会修道士による有力な宗教文化的拠点となり、写本制作も活発に行なわれた。10世紀にノルマンによって破壊されたが、11世紀初めに現在の塔・身廊・翼廊をもつバシリカ式聖堂に再建された。内陣は12世紀にゴシック式に拡張され、その後17～18世紀までに、小塔・側廊部・ファサードなどが増改築された。

* 12 サンタ・マリア・デッラ・スカラ救済院 (Santa Maria della Scala) ——9～11世紀に、旅行者、巡礼者、貧しい人びとの救済を目的としてイタリアのシエナに作られたヨーロッパで最古の病院。「慈善介護の間」のフレスコ画は、大きな壁面全体に、貧しい人に食物を配

る姿、治療のようす、教育の場面など、救済院の歴史と日常が描かれている。
＊13 夜まわり警官たち（Officials of the Night）——1432年に、フィレンツェのソドミー（男色）を取り締まるために特別に組織された団体。
➡近世ヨーロッパの子ども、啓蒙思想
●参考文献

Alexandre-Bidon, Danièle. 1997. *Les Enfants au Moyen Age: Ve-XVe siècles*. Paris: Hachette.
Ariès, Philippe. 1962. *Centuries of Childhood*. Trans. Robert Baldick. New York: Knopf. アリエス『〈子供〉の誕生——アンシァン・レジーム期の子供と家族生活』（杉山光信・杉山恵美子訳、みすず書房、1980年）
Boswell, John. 1988. *The Kindness of Strangers: The Abandonment of Children in Western Europe from Late Antiquity to the Renaissance*. New York: Pantheon.
Crawford, Sally. 1999. *Childhood in Anglo-Saxon England*. Gloucestershire, UK: Sutton Publishing.
Cunningham, Hugh. 1995 1st, 2005 2nd. *Children and Childhood in Western Society since 1500*. UK: Longman Pub Group. カニンガム『概説 子ども観の社会史——ヨーロッパとアメリカにみる教育・福祉・国家』（北本正章訳、新曜社、2013年）*
Gavitt, Philip. 1990. *Charity and Children in Renaissance Florence: The Ospedale degli Innocenti, 1410-1536*. Ann Arbor: University of Michigan Press.
Grendler, Paul. 1989. *Schooling in Renaissance Italy: Literacy and Learning, 1300-1600*. Baltimore, MD: Johns Hopkins University Press.
Haas, Louis. 1998. *The Renaissance Man and His Children: Childbirth and Early Childhood in Florence, 1300-1600*. New York: St. Martin's Press.
Hanawalt, Barbara A. 1986. *The Ties That Bound: Peasant Families in Medieval England*. New York: Oxford University Press.
Hanawalt, Barbara A. 1993. *Growing Up in Medieval London*. New York: Oxford University Press.
Haskins, Charles Homer. 1927. *The Renaissance of the Twelfth Century*. Cambridge, MA: Harvard University Press. ハスキンズ『十二世紀ルネサンス』（新装版）（別宮貞徳・朝倉文市訳、みすず書房、2007年）
Hausfater, Glenn, and Sara Blaffer Hrdy, eds. 1984. *Infanticide: Comparative and Evolutionary Perspectives*. New York: Aldine.
Kelly-Gadol, Joan. 1977. "Did Women Have a Renaissance?" In *Becoming Visible: Women in European History*, ed. Renate Bridenthal, Claudia Koonz, and Susan Stuard. Boston: Houghton Mifflin.
Kertzer, David. 1993. *Sacrificed for Honor: Italian Infant Abandonment and the Politics of Reproductive Control. coming Visible: Women in European History*, Boston: Beacon Press.
King, Margaret. 1994. *The Death of the Child Valerio Marcello*. Chicago: University of Chicago Press.
Kuehn, Thomas. 2002. *Illegitimacy in Renaissance Florence*. Ann Arbor: University of Michigan Press.
Miller, Barbara. 1981. *The Endangered Sex: Neglect of Female Children in Rural North India*. Ithaca, NY: Cornell University Press.
Miller, Timothy. 2003. *The Orphans of Byzantium: Child Welfare in the Christian Empire*. Washington, DC: Catholic University of America Press.
Musacchio, Jacqueline. 1999. *The Art and Ritual of Childbirth in Renaissance Italy*. New Haven, CT: Yale University Press.
Niccoli, Ottavia. 1995. *Il seme di violenza: Putti, fanciulli e mammoli nell'Italia tra Cinque e Seicento*. Bari, Italy: Laterza.
Orme, Nicholas. 2001. *Medieval Children*. New Haven, CT: Yale University Press.
Ozment, Steven. 1983. *When Fathers Ruled: Family Life in Reformation Europe*. Cambridge, MA: Harvard University Press.
Ozment, Steven, ed. 1990. *Three Behaim Boys: Growing Up in Early Modern Germany: A Chronicle of Their Lives*. New Haven, CT: Yale University Press.
Rocke, Michael. 1996. *Forbidden Friendships: Homosexuality and Male Culture in Renaissance Florence*. New York: Oxford University Press.
Schultz, James. 1995. *The Knowledge of Childhood in the German Middle Ages, 1100-1350*. Philadelphia: University of Pennsylvania Press.
Shahar, Shulamith. 1990. *Childhood in the Middle Ages*. London: Routledge.
Taddei, Ilaria. 2001. *Fanciulli e giovani: Crescere a Firenze nel Rinascimento*. Florence, Italy: Leo S. Olschki, Editore.
Trexler, Richard. 1998. *The Children of Renaissance Florence*. Asheville, NC: Pegasus Press. Originally published as *Power and Dependence in Renaissance Florence*. Binghamton, NY: Medieval and Renaissance Texts and Studies, 1993.

（PHILIP GAVITT／鈴木明日見・宮田京子訳）

中東社会の子ども（Middle East）

今日、中東諸国[*1]の大部分では、15歳未満の子どもが人口の大多数を構成している。このような人口の急成長は、子どもたちのニーズ、発達、将来について長く認められてきた前提に疑問を呈している。この項目ではまず、子ども期についての古い文化的概念を概観し、そのあとで、子ども期の理念に疑問を呈するようになった新しい状況に目をむけることにしよう。

子ども期と家族のパターンは、最近まで、宗教的な境界線と民族の境界線をまたいで類似していた。拡大家族はこの社会の基本単位であった。父系モデルはこうした家族の基礎であった。そして、子ども期は遊び

の時期ではなく、成人の義務と責任を学び、それに向けて訓練する時期とみなされた。他方、いくつかの重大な相違も広まっていた。たとえば、キリスト教徒のあいだでの離婚の禁止は、ユダヤ教とイスラム教とは対照的であるが、これは、大人世界だけでなく子ども世界でも、かならずしも同じではないことを意味した。しかし、全体的に見れば、相違点よりも類似点のほうがはるかに大きい。

過去の支配的な農業社会において、中東地域に広まった主要な社会単位は拡大家族であった。その規模は20人から200人で、これは、結婚によって結びつく両方の側に関係し、ともに生き残ろうとするためであった。子どもたちはそれぞれ、理想的には誕生から死にいたるまで、この血縁集団のなかでアイデンティティ・愛情・規律・役割モデル、そして経済的かつ社会的な支援を受けた。そのひきかえに家族は、子ども期の初めから、すべてのメンバーに服従と忠誠を要求した。忠誠の決定的に重要な試練は結婚するときに起きた。このとき息子または娘は、家族の期待にこたえるかそれとも反抗するかどちらかを受け入れる。この制度のもとでの結婚は、公的には個人のあいだの感情的な愛着(これはもっとあとになって高まるかもしれないが)としてではなく、二つの家族集団のあいだで、双方にとって利益となる経済的かつ社会的な契約であると理解された。結婚は個々のメンバーを集団に結びつけるうえで決定的に重要な段階であったが、結婚する男性と女性の双方にとって完全な大人の地位をあたえてくれるのは、二人のあいだに子どもが誕生することであった。子どもの誕生によってのみ新婚の男女は、彼らの特別な家族の完全なメンバーであり、もっと広い社会の成人メンバーと考えられた。結婚と子どもに対するこうした態度は、キリスト教徒やユダヤ教徒の集団にも見られたが、イスラム教徒の集団では非常に強かった。「男に子どもが生まれたら、彼は自分の宗教の半分を達成したことになる。残りの半分を達成するには、彼に神をおそれるようにさせよ」と「ハディース」*2 すなわち預言者ムハンマドの教えが述べている。中東社会の伝統では、子どもたちはつねに経済と政治の理由からだけでなく、宗教的な理由からもその価値を認められていた。

ユダヤ教、キリスト教、そしてイスラム教の家族制度は父系制である。つまり、その人の家系図を起草する際、親族集団の成員は父方の男系を経由する。女子はほかの父方の家族の成員で、彼女の兄弟たちとは違って、その成員であることを自分の子どもたちに引き継がせることはできない。イスラム教の伝統では、同一の父親の男子と女子の子孫はその父親から相続し、その名前を生涯にわたって名のりつづける。たとえば、娘はその夫の姓を名のることは決してないが、息子と同じように、父親の名前を名のる権利を保有する。父系制度は、理念上は最年長の男性がその子孫に対する支配力を公的に受け入れ、その親族集団の主たる経済的扶養者としてふるまうなど、ヒエラルキー的な組織をもっていた。彼は、生きているかぎり親族集団の長でありつづけ、その成員たちの労働をふくむ経済的資源の支配者でありつづけた。伝統的に構成されてきた親族集団は、係争問題、とりわけ男子をめぐる係争問題を避けては存続することができなかった。権力という点で、子どもたちは親族集団の段階にいた。だが、子どもは家族単位と世代的なつながりをもち、家族が継続していく鍵であり、現在を過去と未来に結びつける生きた人間でもあるので、その存在は決定的に重要であった。このため、新婚カップルが子どもを産むこと、とりわけ家族の名前を継ぐことができ、家族を扶養する重責を引き受ける息子を産むことに、大きな圧力がかかった。娘たちも重要であった。母親と祖母を助け、広大な血族集団のなかで男性の花嫁候補として重要であったが、息子は優先的に重要であった。

ユダヤ教、キリスト教、そしてイスラム教の教典には、子どもの世話とトレーニングについての特別な教訓が示されている。民族学者の多くは、小さな赤ん坊に対するさまざまな態度について実証している——異常な甘やかし、**無制限母乳育***3、そして、母親・父親・年上のきょうだい・親類からの愛情深いふるまいなど。こうした育児パターンには、しばしば1歳以前の早期の**排便訓練**(排泄のしつけ)、長期におよぶ母乳哺育あるいは、次の子どもの誕生によって起こる突然の離乳などがふくまれる。離乳は、親の甘やかしの終焉と、特定の性別役割に向けての社会化のはじまりを意味した。預言者ムハンマドは次のように述べたと伝えられる。「子どもが7歳になるまでは優しく接してやり、その次の7年間は厳しくしなさい」。ユダヤ教の態度は、「鞭と叱責は智慧をもたらすが、子どもをしたい放題にさせておくとその母親にとっては恥辱の原因となる」(『旧約聖書』の「箴言」29:15)と要約できるかもしれない。しつけは7歳よりもはるか以前からはじまる。4歳あるいは5歳という幼い少女は、年少のきょうだいへの責任を共有するよう期待された。農村地域の小さな男の子は、動物の世話をするなどの責任があたえられた。市街地域の少年は、家の仕事の使い走りやお手伝いをするよう求められた。子どもへのこうした期待は今日でも広くみられる。

子どもが他人を意識するようになると、ほとんどすぐにほかの社会規範に向けて行動の社会化がはじまった。この規準には食物・宗教・親族集団などへの尊敬、来客者の歓待、そしてわけても父親の権威に対する服従と尊敬がふくまれた。エジプトの社会学者でイスラム教徒のハーメド・アマールによれば、ムアダブ(*muaddab*)とよばれるよい子どもは礼儀正しく、しつけがされていて、集団の価値観に従順である。子育ての最終目標は、理性を教えこんでそれを発達させることであるが、こうすることは成功する成人の生活に

とって不可欠だとみなされた。ユダヤ教とキリスト教の家族もこれと類似した子どもへの期待感をもっている。子どもの社会化の時期も、誕生と**命名**、すべての少年と一定数の少女に対する**割礼**（性器切除）、さらに、ユダヤ教徒、キリスト教徒あるいはイスラム教徒であるかどうかに関係なく行なわれる継続的な宗教教育の達成など、儀礼的な行事によって区切られた。宗教的社会化は、少年と少女の双方に対して家庭内で行なわれたが、地元の宗教学校でも行なわれた。少年の割礼はほとんど一般的に行なわれていたが、少女の割礼はそうではなかった。ユダヤ教、キリスト教、あるいはイスラム教では宗教的な義認はなかったが、少女の割礼は、おもに、ナイル川沿岸のキリスト教徒とイスラム教徒のあいだの伝統文化の習俗であった。北アフリカの少女たちは、4歳あるいは5歳になった頃に耳に穴を空ける、風変わりな**通過儀礼**を受けていた。

要するに、過去の文化的な理想は、その集団を継続し、維持するための子ども、とくに息子の重要性、そして父親の支配的立場など、個々の成員に対する集団の優越性を意味した。宗教的イデオロギーは、この理想を補強した。それは、18世紀末にヨーロッパ列強による植民法、その後、独立運動による抵抗と革命が続き、20世紀なかばにおける近代国家の出現によって、疑問が投げかけられはじめた。

19世紀と20世紀初期は、政治的および経済的大変動の時期であった。ヨーロッパの植民地支配者たちは、この地域の言語、伝統工芸、民間伝承、生活様式、宗教（この地域の多数派宗教であるイスラム教は、「過去の停滞した手」とみなされた）、それに社会構造など、伝統的なパターンを軽視した。だが、予想されていたように、西ヨーロッパの影響は、この地域の家族の父系制モデルあるいは学習と成人期への準備期としての子ども期という認識を途絶させることはなかった。むしろ、植民地主義がますます強くなり、男性が自分の権限が弱まるのをまのあたりにするようになると、家族は、子育ての伝統、男性と女性の性別役割の社会化、そして親の権威がなおまだはたらく最後の避難所となった。唯一の例外は、1948年のイスラエルの建国の地となる地域におけるキブツ*4 すなわち集団農場施設であった。初期のユダヤ人の移民は、早くも1920年代に、かつて移民が育ったヨーロッパ諸国で影響力をもっていた家父長制度に対する意識的な代替物としてキブツ制度をはじめた。キブツは、経済活動が集団的であっただけでなく、子どもの養育、**育児**、そして学校教育も集団的になるように組織された。このキブツには人口の5パーセント未満がいまも生活し、労働しているが、この実験は現代のイスラエルではまだ続けられている。

現代の中東における国家では、伝統的な家族制度に、したがって、伝統的な子ども観に、最終的にはいくつかの重要な要因が影響をおよぼすかもしれない。いくつかの運動が女性の平等を高めつづけたが、家父長制度は厳格にしっかりと維持された。父権的なシステムは依然としてしっかりと実施されている。しかし、そうした運動の焦点は、家族を破壊することにではなく、家族内の男性と女性により多くの平等をあたえることにある。本質的にほとんどが世俗的な、無償制の公的普通教育の導入は、**識字能力**（リテラシー）に印象的な上昇をもたらした（クウェートの80パーセント、イスラエルの90パーセント、エジプトの60パーセント、ヨルダンの90パーセント、イラクの70パーセント）。中産階級は、ほとんどすべての国で急速に発展しており、今日では、人口の大部分は、農村地帯ではなく都市に住んでいる。しかし、インフレの上昇にともなって増えた失業は、仕事を探す数百万人もの男性を国外に移住させ、数百万人もの女性たちを家の外ではたらくようにさせた。このため、子どもたちの生涯でもっとも大事な時期に父親不在となり、母親たちも一日の大半を留守にした。かくして、もはや親の権威は偏在しなくなっている。他方、子どもたちはいまなお女性と男性の役割を担うように社会化されている。高い生活費は、子どもたちに、より長く両親の住居にとどまらせ、しばしば家計収入に貢献させた。若者たちは、おもに経済的な理由から結婚を遅らせるよう強いられていたが、このことは今度は国民の出生率の低下をまねいた。**テレビ**が普及し、子どもやティーンエイジャーを外の世界とふれさせている。以上のような要因のすべてが子ども期の概念と、少年と少女の双方の子育ての実践における未来の変化につながるかもしれないが、このことはまだ実証できていない。

［訳注］

*1 中東（the Middle East）――広義にはリビアからアフガニスタンにおよぶ地域の総称で、通例はエジプト、スーダン、イスラエル、ヨルダン、レバノン、シリア、トルコ、イラク、イラン、サウジアラビアおよびほかのアラビア半島の国々をふくむ。

*2 「ハディース」（hadith）――イスラム教徒が準拠する標準的な生活様式で、預言者 ムハンマドとその教えと実践、それらを広める仲間たちの言行、および「コーラン」（クルアーン）の解釈を記した伝承。聖典「コーラン」がムハンマドへの神の啓示というかたちで天使をとおして語られた言葉とされるのに対して、「ハディース」はムハンマド自身が日常生活のなかで語った言葉やその行動について、その教えと実践を広める教友（サハーバ）たちの日常生活における信仰をめぐる体験、礼拝作法、衣食住の作法など、イスラム教徒の信仰生活全般にわたる規範と遵守すべき慣行（スンナ）を提示している。「ハディース」はイスラーム法「シャリーア」の上で、「コーラン」とならぶ重要な法源とされている。

*3 無制限母乳育（on-demand breast-feeding）――赤ん坊がほしがるままに、あるいは赤ん坊を泣きやませるために、時間と分量に関係なく授乳する伝統的な哺乳

形態。近代以降の小児医学、保育学、生理学、心理学、栄養学などの発展によって、こうした無制限保育に代わって、授乳の時間とタイミング、分量を科学的に管理する、「制限哺育法」が強調された。しかし、消化吸収の個人差や、乳幼児が置かれている社会文化的な環境の違いによって生じる発育のリズムの違いなど、より細かな哺乳法が探求されている。

*4 キブツ（kibbutz）——イスラエルで集産主義の下に組織された、通例、農業を中心とした生活共同体。「キブツ」とは、近代ヘブライ語で「集まり」を意味する。

➡イスラム社会の子ども

● 参考文献

Ammar, Hamed. 1954. *Growing Up in an Egyptian Village*. London: Routledge and Kegan Paul.

Fernea, Elizabeth, ed. 1995. *Children in the Muslim Middle East*. Austin: University of Texas Press.

Meijer, Reel, ed. 2000. *Alienation or Integration of Arab Youth: Between Family, State, and Street*. Richmond, UK: Curzon Press.

Rugh, Andrea. 1997. *Within the Circle: Parents and Children in an Arab Village*. New York: Columbia University Press.

Talman, Yonina. 1972. *Family and Community in the Kibbutz*. Cambridge, MA: Harvard University Press.

（ELIZABETH WARNOCK FERNEA／北本正章訳）

超音波（Ultrasound）

➡超音波画像診断法（Sonography）

超音波画像診断法（Sonography）

　高周波音が内臓に反射することにより内臓の形態や密度を測定することができる超音波画像診断法は、工業金属の欠陥を測定するために作られた機械装置であり、1955年に子宮内の胎児の映像を撮影するためにはじめて用いられた。しばしば超音波検査と称されるこの技術は、産科の診療の一環とされ、1970年代以降、非侵襲性の診断と経過観察の技術として広く用いられてきた。医師は超音波画像診断法を胎児の発達を測定し、出産予定日もしくは、中絶の的確な方法を判断するために用いる。アメリカでは1990年代後半、多くの医師により、超音波診断には、胎児が健康であると安心させ、また胎児との「絆」をもたらすという心理的効果があることが指摘されている。インドや中国などの国々では、経済的もしくは法律上、多くの子どもを育てることをおそれており、男児は女児に比べて価値あるものと考えられているため、超音波診断は、しばしば胎児の性別を特定し、女児の場合は中絶する手段として用いられている。

　超音波診断の安全性は、大規模な医学実験をへて明らかにされてはきていない。使用が広がったあとも、有害であることを示す証拠事実が何もなかったため、安全であるとみなされてきたにすぎない。しかし、1993年の研究により、妊娠期に超音波診断をくりかえし利用してもそれが出産を改善することにはならないと指摘されている。それにもかかわらず、妊娠期の超音波の使用は、21世紀初めには北アメリカやヨーロッパ圏のみならず広く世界的に用いられている。

　フェミニストのなかには、超音波診断画像を重視する医師たちによって、女性の妊娠体験（胎児の動きによって示される自分のおなかのなかの胎児の健康状態や成長ぶりについての女性としての感覚といったもの）にもとづく証拠事実が、通常、無視されてしまうと指摘して、超音波診断が生殖の医療体制化に果たす役割について懸念を強めている者もいる。また、フェミニストは、アメリカでは、超音波診断の画像は、胎児が乳幼児と変わらない形態であり、そのようなものとして保護されるべきものであるという考えを広めるために画像を操作し、解釈し、広めようとする中絶反対活動家たちによって普及されたと指摘する。一方、文化人類学者は、アメリカやカナダでは妊婦とその配偶者が超音波診断の画像を見ることを楽しみ、「いまだ産まれていない」赤ん坊の写真として、家族や友人らに見せており、また胎児のイメージを映像化することが心理的恩恵にもなっていると指摘する。アメリカでは、胎児の診断画像は一般社会で広く見られており、胎児の安全性と安らぎの代替物として消費を促進している。

　超音波検査は文化的文脈に左右される非常に異なった意味をおびている。アメリカやカナダに比べて超音波検査がより多く使われているギリシアでは、超音波検査は、女性やその配偶者、そして医師が望ましい近代的な妊娠を望むにあたってのひとつの技術であり、診療として認識されている。超音波検査の利用法とその意味は文化的に多様な方法で形成されてきたが、広く超音波検査が使われている地域では、妊娠や胎児、医師の役割や生殖技術についての理解を変える可能性をもたらしている。

➡産科学と助産術、小児医学、妊娠と出産

● 参考文献

Duden, Barbara. 1993. *Disembodying Women: Perspectives on Pregnancy and the Unborn*. Cambridge, MA: Harvard University Press.

Farquhar, Dion. 1996. *The Other Machine: Discourse and Reproductive Technologies*. New York: Routledge.

Saetnan, Ann Rudinow, Nelly Oudshoorn, and Marta Stefania Maria Kirejczyk. 2000. *Bodies of Technology: Women's Involvement with Reproductive Medicine*. Columbus: Ohio State University Press.

Taylor, Janelle S. 1998. "Image of Contradiction: Obstetrical Ultrasound in American Culture." In *Reproducing Reproduction: Kinship, Power, and Technological*

Innovation, ed. Sarah Franklin and Helena Ragoné. Philadelphia: University of Pennsylvania Press.
（LARA FREIDENFELDS／山口理沙訳）

通過儀礼（Rites of Passage）

　通過儀礼はあらゆる時代のあらゆる社会でみられるが、文化ごとに異なるばかりでなく、ある特定の文化のなかでも歴史的に異なっている。通過儀礼は社会の変化とともに変容しており、しばしば伝統的なものと理解されているが、決して永久に続くものではない。通過儀礼は、すくなくとも近代以前の社会においてと同じように近代においても共通している。西ヨーロッパ文化に即していえば、通過儀礼は時代とともに増加した。通過儀礼は、個人の人生においてしばしば変化をひき起こすし、じゅうぶんなシナリオにもとづいた演技であり、集団内あるいは集団間の関係にも影響をおよぼすものである。それは、ふるまいを変化させることと同じくらい知覚を変えるように方向づけられていた。儀礼そのものは、彼あるいは彼女のそれ以前の地位から主要な役目を分離することではじまる3部構造*1になっていた。通常、これには衣服、場所あるいはふるまいの変化が付随した。そのあとに、個人が過渡的な状態にあると考えられる移行期（境界閾：liminal moment）が続く。この儀礼は、彼あるいは彼女が新しい役割あるいはアイデンティティをもって、その中心的な役目が社会に再統合されるときに完成した。現代社会のもっとも明確な通過儀礼の事例は、花嫁が白いウェディング・ドレスを着た盛大な結婚式（a big white wedding）であり、ここでは、結婚する女性はその服装と立ち居ふるまいによって未婚の女性たちから分離され、その次に、既婚の女性として社会に再統合される前の時期を「花嫁」として隔離される。このホワイト・ウェディングは、花婿に対する花嫁の関係ばかりでなく、カップルがその仲間集団、家族、そして共同体に対する関係も変えてしまう、よく練られたシナリオにもとづいた演技である。

　通過儀礼は、伝統の所産のように見えるかもしれないし、特定の社会においてなすべき事柄についての同意をあらわしているようにも思われるが、実際には、なにかの社会秩序に固有の両義性、不確定さ、そして葛藤に対抗する方法であった。生活がスムーズに流れ、そこに何ひとつ矛盾がない場合、こうした文化的介入は不要になる。しかし、あらゆる社会において、個人と集団の生活のなかにはたしかに、もっと多くのなにか、はっきりした矛盾を調停して秩序感覚をとりもどしてくれるなにかを求めるようなときが何度かある。儀礼は、こうしたなにかのことを何も考えずにスムーズに起こさせるものである。バーバラ・マイヤーホフは次のように書いている。「儀礼はかならず秩序、継続性、そして予言について基本的なメッセージを伝える。新しい出来事は、それが伝統と経験から生まれたものであると認められるように、一連の前例に組みこまれているものに結びつけられている。儀礼は、永続的で根本的なパターンを示すことによって、歴史と時間を廃棄しながら、過去、現在、そして未来をつないでいるのである」（p. 306）。通過儀礼は、起きている変化に意味を賦与するほど物事を変化させるものではないのである。

　通過儀礼は、西ヨーロッパ世界では18世紀における近代性のはじまり以降、劇的に変化してきた。近代以前の儀礼は、工業化以前の社会秩序における多義性と緊張感に対処する、集団的で共同体的な催しであった。その当時、人びとの生活は時間的にというよりはむしろ空間的に感知されていた。社会は静的な位階制——存在の大いなる連鎖——として理解され、人びとは時間のなかで前方と後方（水平方向）に動いていたのではなく、上下（垂直方向）に向かって動いていた。工業化以前の社会では、上位者はかならずしも年齢が上の者であるとはかぎらなかった。この世界では、非常に幼い男子と女子でも、非常に高い地位につくことができた。

　近代以前の西ヨーロッパの通過儀礼は、年齢そのものとは一致しなかった。そのかわり、通過儀礼は、より広大な共同体での地位の変化をきわだたせた。最初の、そしてほとんど普遍的といってもよい通過儀礼は**洗礼***2で、それはキリスト教の共同体の成員になる象徴であった。それは通常、誕生後数日のうちに行なわれたが、いくつかの宗派では、それよりもずっとのちの時点まで延期された。19世紀以前に**誕生日**がお祝いされることはめったになかった。年少の子どもたちのためのお祝いの儀礼は、彼らの究極の通過儀礼を構成する宗教的な召命への加入と結びついていた。徒弟、職人、そして親方たちの儀礼は、いずれも等しく演技であった。村落の若者集団も彼ら独自の通過儀礼をもっていたが、もっとも手のこんだ儀式は婚礼であった。これは、町でも田舎でも最大の、比類のない地位の変化をきわだたせる儀礼であった。世帯を維持できる者だけがこのようにして結婚を許された。非常に公的な婚礼の儀式は、たんにその家族だけが関係していたわけではなく、共同体全体に関係していたが、結婚にともなう公的な地位と権力の変化を受け入れることでもあった。それは、個人の変容というよりはむしろ集団的な変容であった。

　これとは対照的に、近代の通過儀礼は非常に個人的で家族的である。また、近代の通過儀礼は社会秩序の調整にはあまり関心がなく、個人の変化する年齢のアイデンティティのほうに関心がある。数字の上で年齢そのものが地位を割りふる際により重要になってくるのにつれて、通過儀礼はかつて以上にますます年齢的な特徴を強めた。しかし、人によってはかなりの儀礼的な注意を引くと期待するかもしれない**初潮**や**思春期**

のようないくつかの出来事は、年齢が自然学的な事実である以上に文化的な構成概念でもあったために、かならずしもそうはならない。他方、なにかの大きな変化を示さない誕生の日付は、今日ではしばしば手のこんだ儀礼である。このような非宗教的な時代にあっては、人生の最初の通過儀礼は洗礼ではなく誕生である。

幼児期から**少年期**への移行は、近世における半ズボン（ブリーチング）によって特徴づけられた。そして、19世紀には、**初聖体**[*3]、**堅信**[*4]、そして**バル・ミツヴァー**[*5]のような儀式が青年期への標準的な行事になってきた。20世紀には、青年期から若い成人期（ヤング・アダルト）への移行は、エリートの女性が初舞台の舞踏会に出たり、さまざまな社交界にデビューすることであったのに対して、男性の場合には盛大な卒業式であった。今日では、こうした儀式は自動車運転免許証[*6]の取得や、はじめての合法的飲酒といったきわだった出来事によってその影は薄れている。しかし、**青年期と若者期**は依然として強烈な儀式化の時期のままであり、同じことは、大学の卒業、はじめての「一人前の」仕事、生家を出ること、結婚、住宅ローンを組むこと、そして子どもをもうけることなど、延々と続く出来事によってさまざまに特徴づけられる若い成人期にもあてはまる。近代の通過儀礼にあったような儀式化された出来事に満ちたライフコースはまったくなく、そのほとんどすべてが家族と友人にかぎられた範囲で祝福されるようになっている。

近代世界における近代的な通過儀礼の発達は、あるひとつのパターンに従っていた。手のこんだ儀式が最初にあらわれたのは上流階級であり、そのあとにそれが下層階級とさまざまな民族集団にとりいれられた。これらの儀式が最初に男性のあいだで増殖し、のちに女性たちのあいだにも広まったことについては注意しておきたい。ユダヤ教では、少年向けの近代のバル・ミツヴァーは、少女向けの同じような儀式（バト・ミツヴァー）[*7]が必要だと考えられるようになるはるか以前に発達していた。階級とジェンダーのこのようなパターンの理由はまちがいなく、近代の資本主義社会において、男性によって最初に経験された非常に大きな不確実さと曖昧さの度合と関係している。娘としての、また妻としてのエリートの女性たちの人生は、彼女たちにとって大きな通過儀礼であるホワイト・ウェディングが、その催しものによって生み出された不確実さに対処するときである結婚するときまではすくなくとも大いに予言可能で連続的なものであったのに対して、エリートの男性たちは、最初に個人として彼ら独自のやり方を案出するよう期待されていた。

今日の通過儀礼は、階級、民族およびジェンダーの多様性がきわめて明白になってはいるものの、かつてほど排他的ではない。今日ではどの集団もそれぞれ固有の通過儀礼の基準をもっている。アフリカ系アメリカ人の家族は、その若い世代の卒業式を大事にしている。ラテン系の女性たちの成人式のパーティは、費用と意味の点で古い時代の初舞台の舞踏会と張りあっている。バト・ミツヴァーはバル・ミツヴァーと同等になり、ホワイト・ウェディングはいまや西ヨーロッパ世界では普遍的であり、近代的な結婚の仕方として、日本、メキシコ、およびアジアの多くの国々など、世界に輸出された。今日ではさらに、ゲイやレズビアンも、その婚約儀式もふくめて、固有の通過儀礼をもっている。しかし、今日では、かつてよりもはるかに多様な通過儀礼があるものの、それらは共同体をふくむことは少なく、非常に家族志向的な儀礼になっている。

西ヨーロッパ社会は、異常なまでに子ども中心的になってしまっており、実質上、子ども期の各段階は儀礼的に扱われるようになっている。この原因は、近代社会においてますます大きな不確実さと葛藤を増している人間の成長の特質にある。通過儀礼は、子どもたちをなんらかの規範に合わせるように圧力をかける「生き急がされた子ども」の時代にあって、大人たちが、いまでもまだ「永遠的で根源的なパターン」があり、子ども期そのものがまだ失われてはいないことを再保証しようとする方法のひとつである。儀礼は、わたしたちの子どもが正しい子ども期を送っており、結局のところ、わたしたちはよき両親であり、祖父母であることを保証する。今日の高度に儀礼化された家族生活においては、誕生日あるいは卒業式のお祝いをしそこなうことは、その人を無視しているか悪く思っているとみなされる。近代家族とは、一連の儀礼を共有している人びとの集団のことであるとさえいう人もいるであろう。わたしたちがどこに行こうとも、とりわけ緊張と予言不可能なことがある場所に行けば、そこにはかならず通過儀礼がある。これは、儀礼はつねに意図したとおりに作用するといっているのではない。儀礼は、緊張と論争について、その独自の源泉にもなりうるものである。これは、なぜ通過儀礼がつねに変異しつづけているのかの理由である。通過儀礼は、もっとも顕著なもののひとつであり、同時にまた、歴史家や文化のほかの観察者たちから非常に大きな注意を集めながら、近代の生活にみられるもっとも変幻自在な特徴のひとつでもあるのだ。

[訳注]

*1 通過儀礼の3部構造（tripartite structure）——ファン・ジェネップ（A. van Gennep, 1873-1957）の類型的分析に従えば、通過儀礼は次のような三つの継起的な段階もしくは局面から構成されていた。第1段階は「分離の儀礼」（rites de séparation）とよばれる段階で、個人がそれまで属していた社会的身分や状態からの「分離」「離脱」を象徴する「禁欲生活」「旅」「若者宿」「娘宿」などの分離行動において、さまざまな「別れの儀式」が行なわれる。第2段階は「過渡の儀礼」（rites de marge）とよばれ、まだどこにも属さない未分化な過渡期的で無限定な状態のなかで「学習」「修

業」「試練」が行なわれる。そして第3段階は「統合の儀礼」(rites d'agrégation) とよばれ、分離儀礼と過渡儀礼を「通過」した個人が、新しい姿で「再生」し、新しい役割と責任を担う「仲間」として「加入」が許され、「承認」(sanction) される。

＊2　洗礼 (baptism) ——キリスト教の入信に際して、全身を水に浸すか、それを模して簡略化あるいはより高度に儀式化して頭部に水をふれさせる儀式。『新約聖書・福音書』を根拠とし、ヨハネがヨルダン川で行なっていた「浄化儀式」の日本語訳として造語された。動詞としての「洗礼をほどこす」は、ギリシア語で「バプティゼイン」($\beta\alpha\pi\tau\iota\zeta\epsilon\iota\nu$) といい、「バプテスマ」($\beta\alpha\pi\tau\iota\sigma\mu\alpha$) はこれに由来し、英語のbaptismとなった。日本語では「受洗」もしくは「受浸」と表記され、とくに日本正教会では「領洗」とも表記する。洗礼の形態はおもに全身を水に浸す「浸礼」、これを模した頭部に水をそそぐ「潅水礼」と、濡らした手で頭に押しつけて水に沈める所作をまねる「滴礼」の3種類である。このうちどれを有効とするか、また洗礼を受ける者に意志があったかどうかをめぐって、宗派ごとに長い論争がある。洗礼の解釈と意味づけは多様であるが、基本的には、洗礼をとおしてキリストの贖罪にあずかることによって、原罪および、それまでに犯したすべての罪が赦されるとされている。古代末期から中世にかけて、告解の教理と制度が整備されるなかで、魂に保護があたえられることを望み、幼児のうちから洗礼をほどこす習慣（幼児洗礼）が定着するようになった。

＊3　初聖体 (First Communion) ——カトリックの場合、キリストの聖体の象徴であるパンと、霊の象徴であるぶどう酒を拝領する儀式。

＊4　堅信 (Confirmation) ——ラテン語でコンフィルマティオ Confirmatio とよばれ、英語でコンファメーション (Confirmation) とよばれる堅信は、キリスト教の教派の多くで行なわれる儀式のひとつである。宗派によってその概念は異なるが、一般的には「それ以前に洗礼を受けた者が一定期間の信仰生活を送ったのち、みずからの信仰をより確かなものとして宣言する」という意味がある。カトリック教会では、堅信は秘跡と考えられ、多くの場合、幼児洗礼を受けたものが思春期になってから受けるため、文化によってはこれを成人儀礼の一種とみなすこともある。このような意味をもつことから、成人洗礼を受ける場合には洗礼と同時に堅信を受けるのが一般的である。

＊5　バル・ミツヴァー (Bar Mitzvah) ——ユダヤ教の成人式。barはアラム語で「息子」を意味し、mitzvahはヘブライ語のmiswah（神聖な法、戒律）に由来する。成人になる証となるユダヤ教にかんする正規の課程を修了した13歳の男子を社会の一員として受け入れる儀式。通例、13回目の誕生日の直後の安息日の朝、会堂で行なわれる。

＊6　自動車運転免許証 (driver's license [アメリカ]、driving licence [イギリス]) ——アメリカではjuvenile (driver's) license（少年運転免許証）は州によって14、15、16歳のいずれかで発行され、正規の運転免許証は州によって15、16、17、18歳のいずれかで発行される。15、16歳の場合は driver education course（運転教育講習）を受けることが条件になることが多い。この用語の初出は1944年である。

＊7　バト・ミツヴァー (bat mitzvah, bath mitzbah) ——ユダヤ教の女子の成人式。13歳に達した少女をbath mitzvahとして認め、宗教上の責任と義務が生じる荘厳な儀式。通例、13回目の誕生日のすぐ後の安息日の金曜日の晩に会堂で行なわれる。

➡ライフコースと成人期への移行

● 参考文献

Chudacoff, Howard. 1981. *How Old Are You? Age Consciousness in American Culture*. Princeton, NJ: Princeton University Press. ハワード・P・チュダコフ『年齢意識の社会学』（工藤政司・藤田永祐訳、法政大学出版局、1994年、新装版2015年）

Davis-Floyd, Robbie E. 1992. *Birth as an American Rite of Passage*. Berkeley and Los Angeles: University of California Press.

Gillis, John. 1996. *A World of Their Own Making: Myth, Ritual, and the Quest for Family Values*. New York: Basic Books.

Lowe, Donald. 1982. *History of Bourgeois Perception*. Chicago: University of Chicago Press.

Myerhoff, Barbara. 1986. "Rites and Signs of Ripening: The Inter-twining of Ritual, Time, and Growing Older." In *Age and Anthropological Theory*, ed. David Kertzer and Jennie Keith. Ithaca, NY: Cornell University Press.

Pleck, Elizabeth. 2000. *Celebrating the Family: Ethnicity, Consumer Culture, and Family Rituals*. Cambridge, MA: Harvard University Press.

Sheehy, Gail. 1995. *New Passages: Your Life Across Time*. New York: Random House.

（JOHN R. GILLIS／北本正章訳）

ディケンズ、チャールズ (Dickens, Charles)
➡『オリヴァー・ツイスト』(Oliver Twist)

ディズニー (Disney)

　ウォルト・ディズニー（1901-1966）の名前は、かならずしもつねに子ども期と同義語ではなかった。1930年代の彼の仕事は、ポピュリズムの支持者でアバンギャルド（前衛派）だとみなされていた。その30年前、彼は貧しく生まれ、彼の漫画はフォークアートのような単純な線描であったことから、その名前はポピュリズムの支持者とみなされたのだった（たとえ彼が雇っていたアニメーターの一人が、ディズニーを象徴するミッキー・マウスを描くよう彼に教えねばならなかったとしても、この項目での説明でやがて示されるように、これらの漫画は「彼の」作品とみなさ

ミッキー・マウスのオリジナルのスケッチ。おそらくウォルト・ディズニーのもっとも人気のある創案であるミッキー・マウスは、アニメーションの初期の歴史では、もっぱら子ども向けのキャラクターとはみなされていなかった。1940年代以前、ディズニー作品は、アヴァンギャルドだとみなされ、広く批評家たちの賞賛を得た。AP/Wide World Photos

れた)。映画制作(シネマ)が新しく登場した芸術形式であったため、ディズニーの漫画はアバンギャルドであるとみなされ、この頃、写真撮影はまだその芸術性に対して曖昧な主張しかせず、動画の映画作品はただ写真を動かすだけのものであったため、アニメーション漫画の映画は芸術性に対して非常に大きな主張をすることができたのであった。アニメーション芸術において抜群の知名度を誇ったのは——ミッキー・マウス、シリー・シンフォニー・シリーズ[*1]、「3匹の子ブタ」のおかげで——ウォルト・ディズニーその人であった。

ディズニーは、その経歴の初期には人気を得て成功をおさめ、知識人の寵児でもあった。1932〜1941年にかけて、彼の仕事は13個のアカデミー賞を獲得し、イェール大学とハーヴァード大学から名誉学位を授与された。哲学者のモーティマー・アドラー[*2]は、ディズニーの偉大さについて熱意をこめて、ロシアの映像作家セルゲイ・エイゼンシュテイン[*3]に比すべきものと語っている。フランスの映像作家ルネ・クレール監督[*4]も、彼のことを卓越した芸術的手腕の持ち主とよんだ。芸術家のデイヴィド・ロウ[*5]は、彼のことをレオナルド以来のもっとも重要なグラフィック・アーティストとよんだ。映画史家ルイス・ジェイコブズはディズニーを、現代のもっとも賞賛を浴びたディレクターと評している。新しいテクノロジーに資本を投入し、望みどおりの効果を達成するための財政的リスクをおそれないディズニーの意気込みは——後年になって意味づけられることになったような起業家的な才腕ではなく——ジェイコブズの理解では、芸術的な誠実性の提示であった。

ディズニーの観客には老若男女がいた。批評家たちは、彼のフィルムが子どもと老人に向けられていることをしばしば賞賛し、実際、1940年の「アトランティック・マンスリー」紙は、「アーティスト、知識人、子どもたち、労働者たち、そして毎日、世界じゅうの人びと」と表現している。1930年代のディズニーの商品を見てみると、そこにはミッキー・マウス人形だけでなく、灰皿、ビールの受け皿、ネグリジェ、ドナルド・ダック・コーヒーなどがあった(ディズニーは抱きあわせ販売と複合商品を開拓し、その会社法人は現在、複合販売業界のリーダーとなっている)。

変わる態度

ディズニー作品は、1940年代に一般市民のあいだで人気を保ちつづけたが、批評家と知識人のあいだでの彼の評価はしだいに弱まり、1950年代には急落した。この変化は、1937年作の「白雪姫と7人の小人たち」[*6]にはじまる長編漫画に人間を登場させることになったことと、この登場人物たちが現実の生活を中途半端にしか模倣しなかったことに原因があるかもしれない。おそらく幻想を打ち砕いたのは、1941年のディズニー・ブラザーズ・スタジオでの手厳しいストライキか、あるいは、1945年の作品「3人の騎士」[*7]の実験的な試みに起因するのであろう。また、おそらく、ディズニーが過去に行なったほど漫画だけに集中せず、動画フィルム、自然のドキュメンタリー作品、**テレビ番組**、そして最初のマルチメディア帝国とよばれた**テーマパーク**などに力をそそいだという事実に、批評家たちが憤激したことも原因であろう。

ディズニーの評判は1950年代も下がりつづけた。おそらくその理由は、テレビの出現となにかの関係があったであろう。それまでの短編漫画は、それがどれほど洗練された工夫がこらされていても、**映画館**での夕べの娯楽の一部としてしか期待されていなかった。しかし、第2次世界大戦後の数十年間、漫画は、劇場ではあまり見られなくなり、土曜の朝のテレビでよくみられるようになった。漫画は最終的に、厳密に子ども向けのものとみなされた。

別の言い方をすれば、ディズニーの漫画がひとたび子どもにだけふさわしいものとみなされるようになり、また、彼自身が数百万人の鑑賞者にとって「ウォルトおじさん」になると、ディズニー漫画はもはや知識人にふさわしいものではなくなった。どんなことでも青少年を疑いの目で見る20世紀の知的雰囲気(これは、

「白雪姫と7人の小人たち」（1938年）からのスチール写真。これは、ウォルト・ディズニーの最初の長編アニメ映画で、アニメーションの歴史で新境地を開いた作品であった。文化評論家たちは、ディズニーによる古典物語の改作にしばしば明らかな、家父長的で自民族中心的な偏見に疑問を呈した（ディズニーの作品では唯一、「白雪姫」だけが7人の小人たちの母親になる）。AP/Wide World Photos

19世紀のそれとは非常に異なるものであった）のなかで、ディズニー作品は価値を奪われたのであった。

1930年代でも、ディズニーの作品を批難する批評家は何人もいた。1938年にニューヨーク市の学校向けの推薦図書リストにミッキー・マウス本が入ると、ルイーズ・シーマン・ベクテルは、「文学の土曜評論」誌で、映画「白雪姫」の「スクリーン上で非常にせわしなく色が変わる中途半端なリアリティを追い求め、複雑になりすぎたストーリーとごちゃごちゃしすぎている背景」に苦言を呈している。そのあとの数十年には、さらに大きな一斉攻撃が図書館司書フランセス・クラーク・セーヤーズによってなされた。彼女は、1965年に「ロサンゼルス・タイムズ」紙に、しばしば引用されることになる記事（これはのちにふくらまされて論文になり「ホーン・ブック・マガジン」に掲載された）を投稿し、ディズニー作品の露骨さ、とくにその暴力、凡庸さ、下品さ、そしてその「すべてがとても甘く、歯の浮くような、露骨な暴力の軋轢を除けばなんの葛藤も感じられない作品」と慨嘆した。ほかの批評家のなかには、その著書『ディズニー・バージョン——ウォルト・ディズニーの生涯、時代、芸術と商業』（*The Disney Version: The Life, Times, Art and Commerce of Walt Disney*, 1968）のなかで、「わたしは、われわれの時代のこのような非常に子どもらしいマスコミ業界人のなかに、非常に子どもっぽいもの、したがって彼と同じ時代に生きるわれわれ全員にみられる非常に危険なものを見る」と嘆いたリチャード・シッケルがいる。

ディズニー・ワールドに行く！

近年では、一般大衆のディズニー人気は急上昇した。ディズニー作品は、キュートで安全で愉快であるとみなされている。ディズニーの会社の社長マイケル・アイスナーは、2001年の年次報告書で、ディズニーのさまざまなスタジオは、過去7年のうち6年間、アメリカの切符売り場で第1位であり、そのうちの5年間は国際的にも第1位であったと主張した。彼は、ディズニーは、世界の児童書の最大の出版社であり、世界中で10億人以上の人びとがディズニー作品を使ったことがあることをつけくわえた。ジャイアンツ球団の強打者バリー・ボンズは、2001年に記録破りのホームランを打ったとき、「ぼくはディズニー・ワールドに通っているよ！」と説明し、2001年9月11日にテロ事件が起こったとき、ジョージ・W・ブッシュ大統

領は、アメリカ国民に向かって、「さあ、みんなで（いつものように）フロリダのディズニー・ワールドへ行こう。家族をつれ、人生を楽しむんだ。そうすれば望みどおりに愉快にすごせるだろう」と勧めたのだった。

しかし、文化評論家と映画史家たちは、『白雪姫』、『シンデレラ』(Cinderella)、『眠れる森の美女』(Sleeping Beauty)、『美女と野獣』(Beauty and the Beast) といった伝統的な物語を部分的に修正することによって、団体的、家父長的、自民族中心的、帝国主義的な価値観を強めるこの娯楽会社を糾弾しつづけた。だが、ディズニーの作品のなかで「白雪姫」だけが、小人たちの幸福な主婦であった。口承資料のある伝統的な物語は、個々の語り手と翻訳者たちの関心や心理的傾向を映しだすためにその歴史を通じて変化しつづけてきたが、ひとたび（今日知られている会社のように）ウォルト・ディズニー・プロダクションが──『ピノッキオ』[*8]、『不思議の国のアリス』[*9]、『くまのプーさん』[*10]のように、それが伝統的な物語であれ古典作品であれ──物語作品を作ると、ディズニー作品は何百万人もの子どもたちのスタンダードになった。『人魚姫』(The Little Mermaid) に出てくる水中の魔法使いは、今日ではアースラと名づけられているドラッグ・クイーンとして世界中で視覚化され、アメリカ先住民のポカホンタス[*11]は、ブルーネットのバービー人形になっている。

ほかの文化評論家と歴史家たちは、ディズニーの映画作品に論争点を見いだしている。エリザベス・ベルは、その著書『ネズミから人魚まで──映画、ジェンダー、文化の政治学』(From Mouse to Mermaid: The Politics of Film, Gender, and Culture) で、その身体は古典ダンサーの身体をモデルにしていたフェアリーテイルのヒロインたちに強さと規律の視覚イメージを見いだしている。ロリ・ケンシャフトは、そのエッセー「スプーン一杯の砂糖？ メリー・ポピンズにおけるジェンダー不安と階級」のなかで、すべての者が、とくに今日のようなマルチメディアと早送り機能のある時代には、ディズニーの「メリー・ポピンズ」と同じようには映画を経験することはないことをわれわれに思い起こさせてくれる。ある人は映画のなかの煙突掃除のエネルギーを感じるであろうし、別の鑑賞者は、この映画が階級とジェンダーについて断続的に批判しているのに気づくかもしれない。

ディズニー・カンパニーは財政的には、1930年代と1940年代に悪戦苦闘したが、1950年代に安定性を達成し、1966年のディズニーの死後、会社は何度も栄枯盛衰を味わった。「フォーチュン」誌は、1999年と2002年にもう一度、この会社を「世界でもっとも悩み多き娯楽産業の巨人」とよんだ。それにもかかわらず、この会社は、世界中でもっとも大きなメディア法人であり、「フォーチュン」誌で、年間総収入が250億ドルで、100位以内に安座している。その持ち株会社には、タッチストーン・ピクチャーズ社、ミラマックス社、ザ・ディズニー・チャンネル社、ラディオ・ディズニー社、ヒュペリオン・ブックス社、ハリウッド・レコード社、多種多様なテーマ・パーク、そしてテレビ・ネットワークのABCとESPN[*12]などがふくまれる。議論のあるところだが、この会社は世界でもっとも影響力のある法人である。それは、ディズニーがわれわれに若さをもたらし、自分とは何者なのかについて理解を深めるのに役立つものであり、わたしたちが仕事中に口笛を吹き、大きなおそろしいオオカミを怖がらず、いつの日にか王子様が自分の前にあらわれるようにと星に願いをかけ、実際に、所詮この小さな世の中で、ディズニー作品を、効かなくなったどんな薬のかわりにもなるスプーン一杯のお砂糖として受けとめるようにさせるうえで役立つからであろう。

[訳注]

*1 シリー・シンフォニー (Silly Symphony) ──ウォルト・ディズニー・カンパニーが製作し短編アニメーション映画作品群。「骸骨の踊り」(The Skeleton Dance, 1929) から、「みにくいあひるの子」(The Ugly Duckling, 1939) まで、全部で75作品がある。このシリーズは、ミュージカルをとりこみながら、新しい脚本の方向性と製作技術などで積極的に斬新的な試みを導入して注目された。3色カラーをはじめて用いた「花と木」(Flowers and Trees, 1932) や、おとぎ話を題材とした「3匹のこぶた」(Three Little Pigs, 1933) が広く知られる。また「かしこいメンドリ」(The Wise Little Hen, 1932) では、ドナルドダックがデビューしている。

*2 モーティマー・アドラー (Mortimer Jerome Adler, 1902-2001) ──アメリカの哲学者、教育者、作家。グレートブックスというプロジェクトを構想し、国民の一般教養を高めるために、アリストテレスなどの古典作品の読書運動を生涯にわたって展開し、社会普及に努めた。『本を読む本』（講談社学術文庫、1997）(M. J. Adler and Charles Van Dren, How to Read A Book, rev. 1972) など。

*3 セルゲイ・エイゼンシュテイン (Sergei Eisenstein, 1898-1948) ──旧ソ連邦の映画監督。「戦艦ポチョムキン」(Potemkin, 1925) でモンタージュ理論を確立したといわれ、ディズニーやチャーリー・チャップリンを友人にもち、アメリカのハリウッド映画に影響をおよぼした。

*4 ルネ・クレール (René Clair, 1898-1981) ──フランスの映画監督、映画プロデューサー、脚本家。おもな作品に、「巴里の屋根の下」(Sous les toits de Paris, 1930)、「自由をわれらに」(À nous la liberté, 1931)、「巴里祭」(Quatorze Juillet, 1932) などがある。

*5 デイヴィド・ロウ (Sir David Low, 1891-1963) ──ニュージーランド生まれのイギリスの政治漫画家。その風刺漫画に登場するブリンプ大佐 (Colonel Blimp) は、中年のもったいぶった態度で、頑固な保守的な反

動主義者のイメージを定着させた。

*6「白雪姫と7人の小人たち」（Snow White and the Seven Dwarfs）——ディズニーの長編アニメ映画の第一作。で、世界初のカラー版の長編アニメーション映画作品。グリム兄弟による童話『白雪姫』を原作として、1937年12月に公開され、日本では1950年9月に公開された。

*7「3人の騎士」（The Three Caballeros）——ウォルト・ディズニーが旅したラテンアメリカでの経験をもとに制作されたオムニバスのカラー作品。アニメーションと実写映像を合成したアニメ映画。

*8『ピノッキオ』（Pinocchio）——イタリアの童話作家カルコ・コッローディ（Carlo Collodi, 1826-1890）の童話『ピノッキオの冒険』（The Adventures of Pinocchio, 1883）の主人公あるいはその物語作品。ピノッキオとはイタリア語の「松の種・松かさ」を意味する。ピノッキオは最初は木の人形で、嘘をつくと鼻が伸びるが、のちに人間の子どもになる。ウォルト・ディズニーはこれをもとに1940年にアニメ映画「ピノッキオ」を制作した。

*9『不思議の国のアリス』（Alice's Adventures in Wonderland, 1865）——イギリスの童話作家ルイス・キャロル（本名はチャールズ・L・ドジソン Charles Lutwidge Dodgson, 1832-1898）の作品。

*10『くまのプーさん』（Winnie-the-Pooh, 1926）——イギリスの小説家、劇作家、童話童謡作家ミルン（Alan Alexander Milne, 1882-1956）の作品。

*11 ポカホンタス（Pocahontas, 1595頃-1617）——アメリカ先住民ポウハタン族（Powhatan）の族長の娘。キリスト教徒となりイギリス人ジョン・ロルフ（John Rolfe）と結婚し、英語名称ではレベッカ・ロルフ（Rebecca Rolf）となった。本名はマトアカ（Matoaka）またはマトワ（Matowa）。「ポカホンタス」という表現は、実際は彼女の戯れ好きな性格から来た「お転婆」、「甘えん坊」を意味する幼少時のあだ名であるが、さまざまな逸話が創作され、文学、映画などでとりあげられた。

*12 ESPN——イーエスピーエヌ局。娯楽とスポーツの専門番組を配信するアメリカのケーブルテレビ局。Entertainment and Sports Programming Network の略。

● 参考文献

Bell, Elizabeth, Lynda Haas, and Laura Sells, eds. 1995. *From Mouse to Mermaid: The Politics of Film, Gender, and Culture*. Bloomington: Indiana University Press.

Kenschaft, Lori. 1999. "Just a Spoonful of Sugar? Anxieties of Gender and Class in Mary Poppins." In *Girls, Boys, Books, Toys: Gender in Children's Literature and Culture*, ed. Beverly Lyon Clark and Margaret R. Higonnet. Baltimore: Johns Hopkins University Press.

The Project on Disney. 1995. *Inside the Mouse: Work and Play at Disney World*. Durham, NC: Duke University Press.

Sayers, Frances Clarke, and Charles M. Weisenberg. 1965. "Walt Disney Accused." *Horn Book Magazine* 40: 602-611.

Schickel, Richard. 1968. *The Disney Version: The Life, Times, Art and Commerce of Walt Disney*. New York: Simon and Schuster.

Smoodin, Eric, ed. 1994. *Disney Discourse: Producing the Magic Kingdom*. New York: Routledge.

Watts, Steven. 1997. *The Magic Kingdom: Walt Disney and the American Way of Life*. Boston: Houghton Mifflin.

（BEVERLY LYON CLARK／北本正章訳）

ディズニーランド、ディズニー・ワールド (Disneyland, Disney World)
➡テーマパーク (Theme Parks)

ティーンエイジャー (Teenagers)

1900年には、ティーンエイジャー*1は存在しなかった。10代の若者は存在したが、彼らをひとつに結びつけたり、社会的な規模で同輩集団（ピア・グループ）の発達を助長する文化や制度はなかった。ある者は家で、家族経営の農場で、あるいは工場や事務所ではたらき、ほかの者は学校に通っていた。さらには、結婚していたり、結婚の準備をしている者もいた。100年後の2000年には、ティーンエイジャーを避けることは不可能であった。かつてよりも多くの10代の若者がいたし、彼らの文化的な存在感は否定できなかった。彼らはハイスクールの生徒であっただけでなく、**ファッション**、音楽、**映画**の流行しかけ人として注目を浴びる、非常に需要のある消費者としても存在した。

ティーンエイジャーが独自の服装・習慣・文化をまとって大衆のイメージにその姿をあらわしたのは第2次世界大戦後である。しかし、アメリカにおけるティーンエイジャーの成立にとって1950年以前が非常に重要な時期であったことは疑う余地がない。1900年以降、社会改革者、教育者、立法者たちは、10代の若者を大人と子どもから区別しはじめた。法制度は**少年裁判所***2を創設した。州政府と連邦政府は、性的同意・結婚・就学・就労、さらにその後、選挙・運転・飲酒などの最低年齢を法律で定めた。しばしば矛盾をはらみつつ、ジェンダーによって10代の若者をさらに区分する法律もあった。たとえば、少女は少年よりも若く結婚できたが、性的行為についてはそれ以降の年齢まで、法律上は認められなかった。

ハイスクールの就学率の劇的な上昇は、ティーンエイジカルチャー（10代の文化）を創り出すうえで唯一の、もっとも重要な要因であった。ハイスクールは、生物学的な年齢にもとづいて、13～18歳の経験を別のかたちにつくりかえた。1910年から1930年までのあいだに、中等学校への入学者数は、ほぼ400パーセント増加した。ハイスクールに通う14～17歳の比率

は、1901年の10.6パーセントから、1930年の51.1パーセント、1940年の71.3パーセントへと上昇した。卒業率はまだ低かったが、1930年の29.0パーセントから1940年には50.8パーセントに上昇した。ハイスクールに通うアフリカ系アメリカ人の10代の若者の割合は低かったが、1950年代初頭までにはその率も着実に伸び、14〜17歳のアフリカ系アメリカ人の80パーセント以上が入学した。

就学率の上昇にともなって生徒構成も変化した。ハイスクールはもはやエリートの組織ではなく、しだいにあらゆる社会経済・民族・人種から集まるようになった。教育者たちは、責任感のある市民の育成と社会秩序の促進のため、そして、世界大恐慌下には10代の若者を労働市場によせつけないために、学校教育の拡張計画を慌ただしく立てなおした。また、ハイスクールは管理のおよばない同輩集団の相互作用をうながすことになった。

1920年代、30年代、そして40年代を通じて、製造業者・仲買人・小売業者の一部も、ハイスクールの生徒たち、とくに女生徒たちを、購買力があって、流行のスタイルを楽しむ消費者だと認識しはじめた。同時に、ティーンエイジャーのほうも、「ティーンエイジ」としてのアイデンティティを発達させ、自分たちの集団としての強さを自覚しはじめた。社会科学者と両親も、**青年期の特性**、ハイスクール、そして明確になってきたティーンエイジャー概念をめぐって、広く意見をかわすようになった。ハイスクールカルチャーと10代の消費文化の発達と並行して、学術的な研究、大衆向けの助言本、親の思惑があらわれた。ジェンダーの違いはそのまま残った——少年文学では教育・労働・反抗が強調されたのに対して、少女文学では作法・身だしなみ・人間関係がとりあげられた。また、メディアも重要な役割を担い、ティーンエイジャーをしばしば女子に限定した。メディアは、ほかの10代の少年少女にとどけるための広告と全国的な手段を提供することで、10代の流行がそれをおしすすめるという役割を果たした。しかし、1940年代初頭までは、ボビー・ソクサー[*3]というステレオタイプが支配的であった。これは、10代の少女を、有名人や青年期の一時的な流行をやみくもに追いかけまわす存在として否定的に描いたものであった。

ティーンエイジャーは、青年期からは切り離される存在であると認識されたため、ハイスクールカルチャーとそれまで以上に密接に結びつけられた。ティーン（teen）、ティーナー（teener）、ティーン・エイジ（teen-age）、そしてティーンエイジャー（teenager）といった言葉の使用がはじめてあらわれたのは1920年代から1930年代にかけてであった。これらの言葉はいずれも13〜18歳をさし、メディア・大衆文学・広告において、ほかとは区別される同一年齢集団（コホート）としてしだいに概念化された。ティーンエイジャルチャーが生まれると、10代の少年少女は、大人を模倣するためだけでなく、一時的な流行を創り出したり、自分自身をティーンエイジャーとして定義するために量産品を使った。

[訳注]
* 1 ティーンエイジャー（teenager）——英語で語尾に-teenのつく13歳から19歳までの、おおむね思春期と青年期の初期、学齢期では中学生と高校生と重なる時期の年齢段階をさしていう。日本語表記では、ティーネイジャー、ティーネージャー、ティーン（teen）、ティーンズ（teens）と略されることもある。ティーンエイジャーのうち、13・14歳の年代を「ローティーン」（英語ではearly teen[s]）、15・16歳の年代を「ミドルティーン」（英語ではmiddle teen[s]）、17・18・19歳の年代を「ハイティーン」（英語ではlate teen[s]）とよばれるが、個人差も大きく、明確な定義はない。英語で語尾に-teenのつかない、10歳から12歳にかけて（ten, eleven, twelve）はプレティーンとよばれる。英語表記でteenagerという表記の初出は1939年頃からである。

* 2 少年裁判所（Juvenile Court）——アメリカでは通例18歳未満の未成年の犯罪を裁くが、イギリスでは14歳から17歳までの青少年の犯罪を裁く。少年事件法廷ともよばれる。かつてのYouth Courtに代わってJuvenile Courtと表記されるようになったのは、アメリカでは1899年以降である。

* 3 ボビー・ソクサー（Bobby Soxer）——1940年代のアメリカで流行を追い求める思春期の10代の少女たちをさす。くるぶしまでの靴下を着用していたのでこのようによばれた。

➡消費文化、若者文化（ユースカルチャー）
●参考文献

Austin, Joe, and Michael Nevin Willard. 1998. *Generations of Youth: Youth Cultures and History in Twentieth-Century America*. New York: New York University Press.

Inness, Sherrie, ed. 1998. *Delinquents and Debutantes: Twentieth-Century American Girls' Cultures*. New York: New York University Press.

Palladino, Grace. 1996. *Teenagers: An American History*. New York: Basic.

Schrum, Kelly. 2004. *Some Wore Bobby Sox: The Emergence of Teenage Girls' Culture, 1920-1945*. New York: Palgrave Macmillan.

（KELLY SCHRUM／沖塩有希子訳）

ティンカー対デモイン訴訟（Tinker v. Des Moines）

1965年11月初旬、アイオワ州の小さな平和団体——おもにクウェーカー教徒[*1]とユニテリアン派[*2]の人びと——のメンバー数人が、東南アジアでしだいにエスカレートするアメリカの軍事行動に対して、彼ら

エイブ・フォータス判事（1910-1982）*

の抗議を示威する方法を話しあうため、デモイン市*3のある家に集まった。この集会に参加していた若者たちの何人かは、両親にうながされたわけではなかったが、ベトナム戦争の犠牲者たちに哀悼の意をあらわし、停戦を促進するために、学校まで黒い腕章をつけることを決めた。腕章をつけたこのデモは、1965年11月16日と17日に行なわれた。デモイン市の公立学校に在籍する1万8000人の生徒のうち約60人だけがこのデモに参加し、学校の通常の課業に深刻な問題は何も起こらなかった。しかし、学校管理者たちは、抗議のシンボルを学級で表示することを禁じるために、あわてて制定した学区規則に違反したとして、少数の違反生徒を停学処分にした。

アイオワ市民自由連合（the Iowa Civil Liberties Union）によって明言された腕章をつけた3人の学生——クリストファー・エックハルト、ジョン・ティンカー、およびメアリ・ベス・ティンカー——は、連邦裁判所において、こうした学区当局の対応に異議を申し立てた。このとき、クリストファーとジョンは15歳で、ハイスクールの2年生であった。メアリ・ベスは13歳で、第8学年であった。アイオワの腕章抗議と市民的自由は、アメリカのほかの地域で見られた1960年代の荒々しい政治デモほどのニュース価値はなかったが、最終的に、子どもの権利についてのアメリカ最高裁判所のもっとも重要な裁決のひとつになった。

1969年のティンカー対デモイン訴訟では、最高裁判所の7名の多数派の意見陳述のなかで、エイブ・フォータス判事*4は、腕章をつけたアイオワの10代の若者たちの行動は、教育活動を「大きく破壊するものではなく」、したがって、アメリカ合衆国憲法修正第1条*5のもとで保護されたシンボルの表現を構成していると述べた。さらにフォータス判事は、表現の自由についての憲法上の保護は、「学校の建物の内側」の子どもたちにも拡張されるべきであると述べた。フォータスは、「ゴールト訴訟」（In Re Gault, 1967）における法廷での意見書のなかでも、完全な訴訟手続きの権利は、**少年裁判所にもちこまれる前に**、嫌疑をかけられた青少年の違反者たち本人の承諾を得るべきであると述べた。ゴールト訴訟とティンカー訴訟にみられる意見陳述のつながりは、フォータス判事をウォーレン*6法廷の子どもの権利にかんする指定代弁者にしたようである。

これに対する激烈な異議申し立て者だったヒューゴ・ブラック判事（1886-1971）は、「子どもは監視すべきであって、彼らの意見に耳を傾ける必要などないのだ」と一喝した。多数の年長のアメリカ人たちが、学生たちの政治的表現をいまいましく思っていた時代に、ブラック判事のこうした意見は、保守派の先陣役を果たした。彼は、教室での抗議に反対する彼の立場を賞賛する数百通の手紙を受けとった。

1960年代以降、ティンカー訴訟の前例は、重大な修正がくわえられてきている。たとえば、ヘイゼルウッド学区対クールマイアー訴訟（Hazelwood School District v. Kuhlmeier, 1988年）では、署名入りの記事を書いた何人かの学生に罰金を科す校長の決定は、合理的に法的な根拠がある決定であると結論して、ミズーリ州のハイスクールの新聞に対する行政の検閲を支持した。しかし、それにもかかわらず、ヘイゼルウッド訴訟、ティンカー対デモイン訴訟におけるフォータス判事の意見、ゴールト訴訟は、20世紀末のアメリカにおける子どもの権利をめぐるすべての議論の重要な出発点でありつづけている。

[訳注]
*1 クウェーカー教徒（Quaker）——イギリスの宗教家ジョージ・フォックス（George Fox, 1624-1691）が1597年頃、「主の言葉を聞いて震えよ（Tremble at the Word of the Lord）」と言ったことから、「震える」trembleを同意語quakeに代えて、1650年頃、ダービーのベネット判事（Bennet）がフォックスと彼の賛同者をそうよんだといわれる。信者たちはのちにアメリカに渡ってフィラデルフィア（ギリシア語で「兄弟愛」の意味）を中心に普及した。クウェーカー教徒はみずからをフレンド（friend）とよび、信者間の平等を優先し、フレンド会（the Religious Society of Friends）と総称される。非暴力の平和主義に徹した自然の素朴な生活を重んじる。
*2 ユニテリアン派（Unitarian）——三位一体説を排し、神が唯一の実在であることを主張する立場のキリスト

教徒、ユニテリアン派。この教説に立脚し、各教会に完全な自律権をあたえているプロテスタントの一派。
* 3 デモイン市（Des Moines）——アイオワ州中南部のデモイン川にのぞむ州都。
* 4 エイブ・フォータス判事（Abe Fortas, 1910-1982）——アメリカの弁護士、法学者、最高裁判所陪席判事（1965-69）。
* 5 憲法修正第1条（First Amendment）——1791年に権利章典の一部として批准された。連邦議会が信教・言論・集会・請願などの自由をさまたげることを禁止した、いわゆる「言論の自由」条項。
* 6 ウォーレン（Earl Warren, 1891-1974）——アメリカの法律家、政治家、最高裁判所長官（1953-1969）。ケネディ大統領暗殺事件の真相究明のために1963年に設置された委員会（Warren Commission）の長として、「ウォーレン・レポート」（1964）を作成した。

➡学生の政治活動、法律と子ども
●参考文献
Johnson, John W. 1997. *The Struggle for Student Rights: Tinker v. Des Moines and the 1960s*. Lawrence: University Press of Kansas.

（JOHN W. JOHNSON／北本正章訳）

ティーン雑誌（Teen Magazines）

21世紀への転換期にあって、**ティーンエイジャー**は、最新のティーンのファッションや音楽、**スポーツ**、**映画**、そしてアドバイスを扱った多数の雑誌から好きなものを選ぶことができた。ティーン、とくに10代の少女たちは、じゅうぶんに確立された儲けをもたらす雑誌の読者層であった——ティーン向けの商品を生み出しては消費するからである。しかし、つねにそうであったわけではない。子ども向けの雑誌が出版されはじめたのが19世紀であったのに対して、ティーンエイジャーに語りかける出版物は20世紀になるまであらわれなかった。

それぞれガールスカウトとキャンプ・ファイア・ガールズの公認雑誌である「アメリカン・ガール」（*American Girl*）と「エヴリガールズ」（*Everygirls*）は、1920年代にはじめて直接、少女たちに照準を合わせた雑誌であった。しかしながら、これらの雑誌は組織のメンバーにしか普及しなかった。1920年代の終わりに「レイディーズ・ホーム・ジャーナル」（*Ladies' Home Journal*）は、美容と家事の助言をのせた「サブ・デブ*1、少女のためのページ」を導入した。そのトーンは1931年にははっきりと「ヤング向け」となり、1938年になるとティーンがつかうスラングがみられるようになった。

1941年の「ペアレンツ・マガジン」（育児雑誌）（*Parent's Magazine*）誌のハイスクール・ファッションの流行についてのコラムで「ティーンの秘訣」（"Tricks for Teens"）とよばれたティーンの関心は、最初の総合的なティーンエイジャー向け雑誌である「コーリング・オール・ガールズ」（*Calling All Girls*）に息吹をあたえた。この雑誌はコミックや小説、そしてアドバイスを提供したが、広告主たちが関心をもつようになっていたファッションに対する意識が高いハイスクールの少女たちよりも、10代以前の少女たちを引きつけた。

「セブンティーン」（*Seventeen*）誌は1944年に創刊され、より幅広いティーン層に好まれた。発行部数は1947年2月に100万部を超え、1949年7月には250万部を突破した。読者には白人の中流階級が多かったものの、「セブンティーン」は「コーリング・オール・ガールズ」やサブ・デブ向けコラムよりもはるかに多くのティーンの手にとどいた。「セブンティーン」が提供したのも、同様の若者ファッションや美容、娯楽、アドバイスであったが、少女たちは、第2次世界大戦や投票の重要性についての記事をふくめ、自分たちを子どもや大人ではなく、よりよいティーンエイジャーにしようとする同誌の努力を評価したのである。

少年たちもまた熱心な雑誌読者であった。編集者たちは、少年たちが少女雑誌を読み、流行についてのアドバイスを求めてくると述べている。しかし、大部分のティーンエイジャーの少年はまずは「ライフ」（*Life*）のような総合的な関心を満たす雑誌や、機械関係あるいはスポーツ雑誌を読んだ。1950年代までには多くの少年たちが「ホット・ロッド」（*Hot Rod*）のような自動車専門雑誌を読むようになっていた。しかし、「セブンティーン」に匹敵するほど10代の読者と広告主で大きな成功を得た雑誌はほかには出なかった。

1950年代には、「セブンティーン」がファッションやデート、早期の結婚を前面に出していたのに対して、「ティーン・パレード」（*Teen Parade*）や「ヘップ・キャッツ」（*Hep Cats*）のようなゴシップ雑誌は、労働階級に読者を求めた。1960年代と1970年代のティーン雑誌はいくぶんフェミニスト思想を反映していたが、1980年代にはそのほとんどが薄れていった。1980年代には「サシィ」（*Sassy*）のような新しい雑誌が、きわどいセックス記事で読者を得た。

ティーンエイジャーの雑誌は、ティーンが手引きや娯楽について商業的な大衆文化に依存しはじめたときに出現し、かれらが大人よりも同世代の仲間に目を向けたとき、ふたたび変化を見せた。1990年代のミニコミ誌や非営利的な少女雑誌、そしてヴァーチャル雑誌の激増で、多くの声が10代の少女たちに、そして彼女たちのために語りかけるようになった。商業ベースのティーン向けウェブサイトにくわえて、少女たちによって作成されたウェブサイトも、記事やファッションのアドバイス、話しあいの場を提供し、読み手からの情報を頼りにした。雑誌の場合と同様に、10代の少年向けのサイトも「ティーン」中心ではなく、特集テーマのままであった。

[訳注]
＊1 サブ・デブ（Sub-Deb）──Sub-debutanteの略で、まだ社交界にデビューしていない若い娘をさしていう。1919-20年頃からアメリカでいわれはじめた用語。

➡広告業と子ども、消費文化、青年期と若者期、若者文化（ユースカルチャー）

●参考文献

Duncombe, Stephen. 1998. "Let's All Be Alienated Together: Zines and the Making of Underground Community." In *Generations of Youth: Youth Cultures and History in Twentieth-Century America*, ed. Joe Austin and Michael Nevin Willard. New York: New York University Press.

Palladino, Grace. 1996. *Teenagers: An American History*. New York: Basic Books.

Schrum, Kelly. 1998. "'Teena Means Business': Teenage Girls' Culture and Seventeen Magazine, 1944-1950." In *Delinquents and Debutantes: Twentieth-Century American Girls' Cultures*, ed. Sherrie A. Inness. New York: New York University Press.

Schrum, Kelly. 2004. *Some Wore Bobby Sox: The Emergence of Teenage Girls' Culture, 1920-1945*. New York: Palgrave Macmillan.

(KELLY SCHRUM／森本真美訳)

テディ・ベア（Teddy Bear）

テディ・ベア＊

テディ・ベアは、20世紀初頭に流行するようになった。それが導入される以前には、子ども向けの柔らかいおもちゃのほとんどはボロきれでつくったぬいぐるみ人形で、子どもの自然の衝動を育成するために、少年と少女の両方にあたえられた。つめものをした動物のおもちゃがはじめて作られたのは、19世紀後半のドイツで、乗り物に乗った、フエルトでおおわれた動物たちで構成されていた。このタイプのつめもの人形は、柔らかくて抱きしめたくなるような遊具というよりはむしろ堅い、引いて遊ぶおもちゃで、テディ・ベアが爆発的に大流行するようになると、基本的に消滅した。

最初のテディ・ベアが登場したのは1902年であった。一般に知られている物語によれば、アメリカの大統領セオドア・ルーズヴェルト（1858-1919）が、ミシシッピ州とルイジアナ州のあいだの境界線をめぐる論争が進んでいた頃の息抜きとして、1902年11月にミシシッピに狩猟旅行に出かけた。この物語の大半の版は、「テディ」［大統領］が、彼のために捕らえられていた一頭の熊を撃つのをこばんだということで一致している。ルーズヴェルトは、熱心なスポーツマンとして、また環境保護論者としても、すでに名声を確立していた。このエピソードは、クリフォード・ベリーマン＊1が「ワシントン・ポスト」紙上で「ミシシッピで一線を画す」（*Drawing the Line at Mississipi*）と題する風刺漫画を書くきっかけを作った。ベリーマンは、その後数年間、この光景（ワナに捕まった熊という別の版で）を描きつづけた。

最初の風刺漫画が公にされてまもない頃、ロシア移民のモリス・ミッチトムは、彼の妻ローズが縫い上げた豪華な熊を、ブルックリンにかまえた新型商品と文房具を売る店の窓に、「テディ・ベア」のラベルをつけて飾りつけた。この夫婦は、ルーズヴェルト大統領に宛てて、彼の名前の使用許可を求める手紙を書き、すぐに了承された。このおもちゃはすぐに成功をおさめ、翌年の1903年には、ミッチトム夫妻によって新型おもちゃ会社（Ideal Novelty and Toy Company）が設立されることになった。

これとまったく同じ頃、ドイツの会社も、糸でつないだ熊のデザインを開発していた。1880年、マルガレーテ・シュタイフは、つめものをしたフエルト製のおもちゃの動物をはじめてつくりだし、1893年にはこの商売を拡大した。1902年、彼女の甥で芸術家であったリチャード・シュタイフが、豪華な熊の試作品を製作しはじめた。シュタイフは、地方の動物園で描いた絵をそのデザインの基礎とした。最終的なデザインは、1903年早々、ニューヨークのジョージ・ボルグフェルト・アンド・カンパニー（George Borgfeldt and Company）という量販店を通じて成功裏に販売された。

1906年、アメリカのおもちゃ業界紙である「遊具」（*Playthings*）は、「テディーズ・ベア」（Teddy's Bear）を「テディ・ベア」（Teddy Bear）と短くし、このフレーズはすぐに製造業者に採用された。1913年頃まで、いくつかのアメリカの会社はドイツの製造業者と競いあってテディ・ベアを製造していた。第1次世界大戦中、イギリスへのドイツの輸出品が禁止されると、イギリス製のつめものをしたおもちゃ産業が生まれることになり、テディ・ベアの成功によって拍車がかかった。戦後すぐ、フランスもこの市場に参入した。

テディ・ベアは、もともとは大人によって活気づけられた市場に繁栄をもたらす、収集価値のある主力商品としてだけでなく、もっとも人気の高い子どものおもちゃのひとつにもなった。アメリカン・ヴァーモント・テディ・ベア・カンパニー（the American Vermont Teddy Bear Company）や、マルガレーテ・シュタイフ有限会社（Margarete Steiff GmbH）（21世紀初頭の今日でもまだ営業している）といった会社は、とくに大人のコレクターをねらったキャクター・ベアをつくりはじめている。さらに、一般につめものおもちゃは、1990年代のバービー人形の爆発的な大流行が示しているように、大人にも子どもにも人気の高いおもちゃになっている。

テディ・ベアは、世界でもっともすぐれたおもちゃコレクションを公的に所蔵しているイギリスのロンドンにあるベスナル・グリーン子ども博物館*2や、ニューヨークのロチェスターにあるマーガレット・ウッドベリー・ストロング博物館（the Margaret Woodbury Strong Museum）*3のコレクションの一部になっている。

［訳注］
* 1 クリフォード・K・ベリーマン（Clifford K. Berryman, 1869-1949）──「ワシントン・スター」（1907-1949年）紙や「ワシントン・ポスト」（1891-1907年）紙上で健筆を揮ったアメリカの風刺漫画家。ピュリッツァー賞を受賞した。
* 2 ベスナル・グリーン子ども博物館（the Bethnal Green Museum of Childhood）──ロンドンのイーストエンド、ベスナル・グリーンにある、1872年に建てられた建物を使って、現在は、ヴィクトリア・アンド・アルバート博物館の分館として機能している子ども博物館。
* 3 マーガレット・ウッドベリー・ストロング博物館（the Margaret Woodbury Strong Museum）──アメリカの富裕なコレクターであったマーガレット・ウッドベリー・ストロング（Margaret Woodbury Strong, 1897-1969）の遺言にしたがって1982年にニューヨークのロチェスターに設立された子ども博物館。もともとはthe Margaret Woodbury Strong Museumとよばれたが、2006年に改装と拡張が大幅に行なわれ、現在はストロング記念国立遊び博物館（the Strong National Museum of Play）とよばれている。

➡遊び、室内ゲーム
●参考文献
Cockrill, Pauline. 1993. *The Teddy Bear Encyclopedia.* London: Dorling Kindersley.

（SHIRA SILVERMAN／北本正章訳）

デート（Dating）

デートとは、求愛行為が儀式化したものであり、若者たちが異性との認められたつきあいをするための手段として、20世紀に発展した。デートはまずアメリカで、学校や仕事場、家庭生活、余暇活動のなかで起きた社会的およびジェンダー的な大きな変化の影響を受けて出現した。デートは、1960年代以降、婚前交渉をめぐる革命を背景に、しだいにその勢いを弱めつつも、20世紀のあいだにほかのヨーロッパ社会にも広がっていった。

求愛活動は、近代社会ではたいてい家族やそれ以外の大人たちに監視されていた。アメリカ国内では、ヨーロッパの貴族や上流階級とは異なり、形式的な調整婚という慣行は広まらなかったものの、若者たちの情熱を人種や階級といった条件に見あう相手にそそがせる非公式な調整は行なわれていた。ほとんどの若者には、実践的な活動に広く従事する時間もプライバシーもなく、社会的地位の高い人びとのあいだで女性の純潔が重要視されたという事実は、少女や若い女性が大人のつきそいなしには思いきった行動にはふみ出さなかったことを意味している。もともと、ひっそりと行なわれていたこのような干渉は、19世紀に起きたロマン主義的な**愛情**という概念の誕生や、結婚の価値観における家父長制にとって代わるものとしての友愛関係に適合できるものであった。それ以上に挑戦的であったのは、19世紀後半における都市と工業の変化にともなって生じた社会の劇的な構造転換であった。

富裕エリート層のあいだでは、舞踏会への初登場や社交界デビューのセレモニーといった念入りに演出された儀式を通じて、思春期や若い子どもが求愛活動の時期に近づくと、彼らの将来が家族の選択によって決定づけられることが証明されていた。それゆえ18～19歳の少女は、そのなかから相手を選んだり、また選ばれたりするような、きちんとした場で紹介された。しかしそれ以外の、なかでも大多数を占め、さらに成長しつつあった中産階級や外面的品位を重んじる労働階級では、若い男女が両親の目のとどかない場で、より長い時間をすごしていた。そしてこういった事実は19世紀と20世紀初頭に見られた大きな文化的関心や心配ごとの原因となり、なかでももっとも影響力のあったのは社会改革家ジェーン・アダムズの『**市街地に生きる若者たちの精神**』（*The Spirit of Youth in the City Streets*）であった。ここでとくに問題とされたのは、若い女性の新しい自由についてであった。若い少女が工場や店、会社にはたらきに出るようになると、大人の監視を受けずにすむ仕事場や遊び場で、少年と少女の姿が入り混じってみられるようになった。このような若者たちはしばしば、**映画**やダンスホール、遊園地といった、監視の目がいきとどかない消費的娯楽にお金と時間をそそぎこんでいた。新しく登場した就学法は、年齢の高い子どもたちも対象としており、若い男女はともに、いっそう長い期間学校に在籍するようになった。彼らの監督を強いられた学校側は、子どもたちが年長になっても反抗的な生徒として学校に居座りつづけるようになると、彼らを社会化するために

さらに多くの機会をあたえるようになった。学校はしだいに、カリキュラム外のクラブ、**スポーツやプロムナード・コンサート**その他のイベントの舞台へと変化し、それにつれて自然と異性交流の場にもなっていった。大人の監視から自由になったことによって、配偶者を選択したり性的な可能性をもつことが可能となり、そのための手段として、労働や教育の場で生じたこのような変化を背景に、若者たちはデートを発展させたのであった。

20世紀初頭、家庭外でのデートやその交友関係、男女ペアでの活動といった行為から推しはかることができる大きな自由は、危なっかしくて大胆とも思える新たな慣習を作り出した。しかし、デートは1920年代までに、しだいに思春期から青年期にかけての若い男女の交流を目的とした正当な手段とみなされるようになった。移民団体や宗教団体のなかには、よく知らない相手とのデートを許す自由には依然として反発し、慄然とさせられていた者もいたが、現地に暮らす白人の若者の大半は、デートとは大人の監視を受けるものではないものの、その境界線は、体面、資格、そしておきまりの性的接近を規制していた仲間によって強化されるものであると理解していた。さらに、若者たちは、何が魅力的であり、相手に受け入れられ、人気があるのかを定義しただけでなく、明確な階級的・人種的・民族的な境界線を維持しつづけた。

二つの世界大戦のあいだに（移民もふくめた）公立の**ハイスクール**に通う多くの若者や、少数派であった裕福な大学生に対して学校教育が大きく拡大したことによって、「同級生」（peer）という新たな定義が生まれた。これらの教育機関の多くで男女共学化が進むのにつれて学校ですごす時間が長くなり、家庭や仕事場にあった支配力は若者を基盤とした組織へと移行し、それによって、同級生という尺度がデートにおいて支配的になった。カリキュラム外の活動もふくむ複雑な社会システムである学校では、スポーツ試合、男女の社交クラブ、文学活動、ミス・コンテストといった、個性と人気を決定づける数々の手段によって、デートという行為は習慣的なものになっていた。しかしこのシステムは、若者が、家庭を基盤としない新たな流行やファッションを生みだすためのインスピレーションを得ようと学校外の組織に参加していたために、消えることはなかった。こういったシステムは、学校における集団の多様性や、映画、ポピュラー音楽、スポーツといったポップカルチャーの大きな拡大といった要素によって成り立っており、それは、どのような外見やスタイル、言語、服装、信仰が許可されるのかを決定づけ、またその模範にもなった。語彙やふるまいなどの許容範囲が拡大されるなか、ポップカルチャーのアイドルは、若者にとって何が望ましいのかを再定義する役割を果たし、デート中の性的な節度の限界をより自由な方向へと広げる一因となった。

1920年代になると、デートの際にはたいてい一組あるいは二組のカップルがつれだって映画やダンス、ソーダショップやサービスエリアに行くようになった。大都市以外の場では、昼食や夕食をごちそうしたいという誘いをデート相手にすんなり受け入れてもらえるよう、デートには自動車が欠かせなくなり、そのため、莫大な支出が必要となった。このように、金銭的な代償は、デートの関係性のしくみのなかに組みこまれており、男性は女性を楽しませなくてはならなかった。一方の女性も、おしゃれな服で着飾り、流行の髪型にし、美容術や最新の化粧品を使用するなど、外見にお金をかけなくてはならなくなった。消費を基盤としたこのような尺度は、この先のデートについて推測したり、これからもデートを続けるかどうかを決定するのに不可欠であった。すくなくとも、他者の干渉が介入する前に、第一の結論を導くための根拠となっていた。

1920年代と30年代には、かぎられた相手としかつきあわないことがデートに不可欠であり、デートの必然的な結果でもあるとは考えられていなかった。そのかわり、中産階級の若い男女が、大衆性や望ましさといった彼らの位置づけを決定づけるような、異性がともに行なう一連の社会活動にたずさわるようになり、それに合わせてデートをし、格づけを行なう傾向が生まれ、長い期間をかけて求愛するというデートの目標をくつがえした。とくにハイスクールでは、労働階級の若者は、デートを結婚相手を選ぶ手段のひとつと見るようになり、その一方で中産階級の若者は娯楽の一環としてデートするようになるなど、階級の違いが顕著になった。同時に、独占的な愛情をもたらすものとしてのデートと、忙しい社会生活の一部分としてのデートの両方が、さまざまな性行動をふくんでいたが、そういった行動は、1960年代から70年代にかけて起きた婚前性交という性革命以前には、20世紀の若者にとってはあたりまえの性的儀式のひとつであった。

ある歴史家は、男性が支払った費用の見返りとして女性には性的な代償が求められていたと述べた。そのやりとりがきわめて直接的で打算的なものであったのか、それとも親密さが生まれる可能性や、段階的な期待といった一連の幅広い可能性から発展的に生じたものであったのかは定かでないが、いずれにせよ、デートは相互の性的な試行錯誤をもたらした。たいていの場合、こういった行為は性交という段階までにはおよばず、そのかわりに手をにぎったり、キスしたり、ペッティングや抱擁といった、慎重な段取りをふんでいた。このような進化するパターンにおいては、男性がその境界を可能なかぎり破ろうとする一方、女性はそれをどこまで受け入れていいのかを見定めようとしていたことはよく知られている。1920年代から30年代の研究の多くは、特定の相手とだけデートをしつづけた人びと、とくに結婚の約束をかわしたカップルの約半数にとって性交は、デート関係においてまれに、ま

た定期的にみられる一要素であったと述べている。この行為は、結婚を視野に入れた永続的な愛情関係への献身を正当に表現するものとして、たいていは合理化された。

新たに定着したデートという習慣は、アメリカが第2次世界大戦に突入したことによってくずれはじめ、学校や大学、工場から結婚適齢期の男性たちが一斉にいなくなってしまうという国家の緊急事態を背景に、年齢の高いカップルたちのデートは一時的にとだえた。戦争は、より早急な性的なかかわりを後押し、結婚を急がせもした。場合によっては、戦争は短い期間での気軽なセックスをもたらし、若い女性のなかには、それを戦争における功績への奉仕と考える者もいたが、そういった行為は、かつて存在した人為的な基準から、他者を開放するものであったようだ。そのなかには無数の**勝利の女神の少女たち**がいた。彼女たちは男性の要求に応じるために短期間でいなくなる都市の駐屯地の追っかけであり、軍は彼女たちを**性行為感染症**（VD）の潜在的なキャリアであるとして軽蔑の的にした。

若者たちは、戦争の影響をそれほど強く受けてはいなかったものの、年長の若者が徴兵されはじめてからは、完全にその影響から守られていたわけではなかった。さらに重要なことに、戦争は、不景気であった1930年代のあいだに、あらゆる階級と集団にとって一般的になっていた晩婚の風潮や、20世紀に長きにわたって進行していた出産年齢の高齢化といった流れに変化をあたえた。戦後、早婚に向かう傾向が続き、1950年代に起きた劇的なベビーブームは、多くの点でアメリカの家族生活を変えた。日常的には従来のデートのようなふるまいが許された一方、そのふるまいは、いっそう大人の関心と干渉を受けるものになった。アメリカの歴史上、女性たちがかつてよりも若い年齢で結婚するようになり、若いあいだに結婚への道を意図しはじめるようになったため、デートについやす期間はますます短くなった。結婚への筋道としてのデートは、より重大な意味をもち、かつ性急なものになったのである。デートの段階において真剣な関係性がより初期にみられるようになると同時に、もっと若い男女や思春期前の子どもまでもが、兄や姉の行動をまねするようになった。ピンニング*1（ボーイフレンドの社交クラブや同好会のピンをつけること）、ラブ・アンクレットをつけて、特定の異性とつきあうことは、1950年代、60年代のデートにおいてありふれた儀式となった。

それと同時に大人は、よりはっきりとこのような行動にかかわるようになった。その結果あらわれたもっとも顕著な例は、新聞や**ティーン雑誌**、若者向けのマニュアルといった、入念に作りこまれたもののなかにみられる。成人家族や人間関係の専門家は、アメリカ人が日常生活の指針として心理学に夢中になりつつあることを引きあいに出して、子育てと自己啓発にかんするほかの多くの問題に介入したのと同じように、この問題にも介入した。しかし、ポップカルチャーもまた、デートをめぐる新たな関心を反映するようになり、ティーン向けの名作「ボーイハント」（Where the Boys Are）や「草原の輝き」（Splendor in the Grass）をはじめ、あらゆるジャンルの映画は、デートの禁忌が崩壊したことによって生じた性愛の発露にもとづいたものであった。

このような全体的な構造は、婚前のセクシュアリティを性急に正当化することが、デートでエチケットを守る必要性をある程度、すくなくともヤング・アダルトのあいだで、とりはらうようになった1960年代後半から70年代に根本的に弱まった。また、この時期に開放的なセクシュアリティが高まったことによって、若者たちのあいだでもデートのルールの厳しさがとりはらわれ、その強要的な側面はやわらいだ。デートをする習慣は多くの男女関係を決定づけるものとして確実に続いてきたし、いまも存続しているが、同時にそのルールはより柔軟なものに（そして同性同士のデートの可能性もふくむものに）なった。1970年代以降、若者のあいだでさえ効果的な産児制限の利用と中絶を受けられるようになったという事実は、この世紀に長いあいだ機能していたルールや、性的欲望によって特徴づけられるライフサイクルの一段階のあいだに社会的地位を保持する対象が、もはや重要ではなくなったことを意味した。

デートは、若者やヤングアダルト世代が大人になっていくのにともなって恋人との関係で何が許容され何が許されないのかを彼らが明確にしようとするかぎり、21世紀でも決して消滅することはないが、今日ではデートはほかのさまざまな活動と結びついている。そのなかには、カップルが二人きりでというわけではなく、アルコールや**ドラッグ（薬物）**、音楽などと結びついたグループ活動をふくむものもいくつかある。結婚仲介業や結婚相談サービス――近年、その多くはコンピュータやインターネットを介したものとなっている――は、より大衆的かつ容認されたものとなった。その間に、デートはもっと年長の人びとのものへと変わり、彼らの多くは交際や離婚後の再婚を希望するようになった。結婚年齢が再び上昇し、婚前のセクシュアリティへの禁忌がさほど厳しく言われたり批判されたりしなくなると、デートは、かつてほど明確に若者特有のものではなくなった。

［訳注］
*1 ピンニング（pinning）――若い女性が、つきあっている男子学生から愛情と貞節の印として、所属している「友愛会」（fraternity）のバッジをもらって自分の衣服などにピン留めすること。若い男女がそのようなバッジをあたえたり交換しあうことでお互いが正式に愛を誓いあっている仲であり、ステディーになってい

るか婚約する予定であることを表すシグナル。

➡青年期と若者期、セクシュアリティ、ライフコースと成人期への移行、若者文化（ユースカルチャー）

●参考文献

Addams, Jane. 1972 [1909]. *The Spirit of Youth in the City Streets.* Urbana: University of Illinois Press.

Bailey, Beth L. 1988. *From Front Porch to Back Seat: Courtship ind Twentieth-Century America.* Baltimore, MD: Johns Hopkins University Press.

Bailey, Beth L. 1999. *Sex in the Heartland.* Cambridge, MA: Harvard University Press.

Fass, Paula S. 1977. *The Damned and the Beautiful: American Youth in the 1920s.* New York: Oxford University Press.

Glenn, Susan A. 1990. *Daughters of the Shtetl: Life and Labor in the Immigrant Generation.* Ithaca, NY: Cornell University Press.

Hine, Thomas. 1999. *The Rise and Fall of the American Teenager: A New History of the American Adolescent Experience.* New York: Bard.

Modell, John. 1989. *Into One's Own: From Youth to Adulthood in the United States, 1920-1975.* Berkeley and Los Angeles: University of California Press.

Peiss, Kathy. 1987. *Cheap Amusements: Working Women and Leisure in Turn of the Century New York.* Philadelphia: Temple University Press.

Rothman, Ellen K. 1984. *Hands and Hearts: A History of Courtship in America.* New York: Basic Books.

Tentler, Leslie Woodcock. 1979. *Wage-Earning Women: Industrial Work and Family Life in the United States, 1900-1930.* New York: Oxford University Press.

（PAULA S. FASS ／内藤沙綾訳）

テーマパーク（Theme Parks）

　子どもが遊ぶとき、その想像力は外に向けて発揮される。子どもは、役割遊びのファンタジーを創出するなかで依存性と押しつけられた子どもの役割から脱することができ、自由な意志をもち、社会的な地位と価値をもっているという感覚をもった、独立した個人になっていくために、ファンタジー世界の冒険の旅に出る。子どもは、書物やテレビ、そして映画などで目にした事例から想い描きながら、自分が開拓者、ヒーロー、医者、看護士、忠誠心、あるいは過去、現在さらには未来の人物に霊感をあたえてくれるファンタジーの役割に没入することができる。だが、子どもたちが大人に向かって歩むようになると、ファンタジーの役割遊びは読書をしたり、映画やテレビを見るなど、非常に受動的な現実逃避に置き換わってしまう。

テーマパークとアミューズメント・パーク

　テーマパークは、立体感のあるファンタジー環境であり、そこでは子どもも大人も、積極的に文学、映画、そしてテレビなどが吹きこむファンタジー環境に夢中になる。テーマパークはそのルーツをアミューズメント・パーク（遊園地）にもっている。子どもと大人が同じように、典型的に日常的な体制から開放され、夢中になって直接遊んだり、スリルを味わったりするなど、挑戦できるアミューズメント・パークは、長いあいだ活発な遊びの中心であった。だが、大人と子どもが同じように活発な遊びに参加できるアミューズメント・パークにおいてさえ、両親は自分の子どもが遊んでいるのを観察する傍観者として、受動的に参加しがちである。

　テーマパークは、大人の内面にある子ども感覚にアピールするとともに、子どもたちにもアピールする子ども期の役割遊びの活動を包摂する形態と機能があるという点で、アミューズメント・パークとは異なる。こうして、部分的に、自分の想像世界に逃避し、ノスタルジックで、エキゾティックな、あるいはファンタジーの世界の一部になっているかのようにふるまおうとする子どもたちや大人の内面の子どもがいだく普遍的な願望のなかから、テーマパークというコンセプトが生まれるのである。

　テーマパークという言い方は、1955年にカリフォルニアのアナハイムに開演されたディズニーランドに由来する。ディズニーランドは、最初に、そしてもっとも広く認知されたテーマパークであったので、すべての現代のテーマパーク・モデルとして君臨した。ユニークなテーマをもつ舞台セットとアトラクションは、その多くが公園のアトラクションに重点を置いたのと同じように、そのテーマに沿って作られた環境にも重点を置き、その後の公園デザインに変化をもたらした。

　ディズニーランドの開園は、北アメリカの人口動態が圧倒的に中産階級に向かって移行し、**ベビーブーム世代**として知られる人口の波がおしよせた時期と一致していた。若い家族の数が増えるのにともなって、家族志向のレジャー活動のニーズも高まった。

　ウォルト・ディズニーは、家族がいっしょに楽しむことができる映画やテレビ番組のプロデューサとして、またディズニーランドの創設者として、アメリカの中産階級の家族がどんなことに関心があるのかについて、よくわかっていた。彼はまた、若者にも老人にも等しくアピールする活動の必要性を自覚しており、やがて、あらゆる年齢の常連客にアピールする新しい種類のアミューズメント・パークを構想しはじめた。それは典型的に不活発な両親をかかわらせ、家族ぐるみの参加をうながそうとするものであった。

ディズニーランドのデザイン

　ディズニーは、映画やテレビ作品で自分の生い立ちを描きながら、映画やテレビ画面の上で体験した娯楽を、利用者がじゅうぶん体験できる物理的な舞台セットに移しかえる方法を模索した。彼は、これを行なう

ために、彼が考えるテーマパークをデザインするアシスタントとして、自分のフィルムスタジオのアートディレクターとアニメータたちを配置転換した。

ディズニーのアーティストたちは、記憶に残りやすい一連の劇場のような舞台セットでアトラクションを展開するというやり方を考案した。このようなテーマのある舞台環境を構成するあらゆる要素は、アーキテクチャー、景観、アトラクション、コスチューム、そして音さえもふくんで、全体の調和がとれている。その意図は、利用者が文字どおりそのシーンに足をふみいれ、ショーの一部になることであった。

ディズニーランドは、その開園時には、五つの異なるテーマの舞台セットをもっていた。「アメリカ・メイン・ストリート」（アメリカ大通り）、「アドベンチャー・ランド」（冒険の国）、「フロンティア・ランド」（辺境の国）、「ファンタジー・ランド」（おとぎの国）、そして「トゥモロー・ランド」（未来の国）の五つである。だれもがテレビや映画で知っていたので、はじめてここを訪れた子どもたちは、こうした舞台セットにはすでになじみがあった。一方、大人にとっては、こうした舞台セットは自分自身の子ども時代を生き生きと思い起こさせてくれた。こうして、ディズニーランドの訪問者は、このテーマパークの舞台環境にすぐに親しみと慰めを覚えるのであった。

ディズニーランドのデザイナーたちは、スタジオのサウンドステージの狭い範囲でわかりやすい舞台環境を生みだすために、ふつうに使われていた舞台転換や、尺度と遠近法を用いた意匠技法のようなシーンをつらぬく模範的な進行をふくむ、彼らのスタジオで用いていたのと類似の技術を採用した。これらは訪れた人びとをテーマパークでの経験に夢中にさせた。

たとえば、テーマをもつ舞台に模範となる舞台転換をとりいれるために、長い眺望の末端に鍵となる目印がすえつけられたが、これらは観客の目を前方やパークの環境全体に誘うものであった。さらに、パークの観客がひとつのテーマや舞台環境から別のところに移動するのに合わせて、注意深く場面展開して移行する、テーマをあたえられた舞台セットが準備された。

ディズニーランドを訪れた子どもたちにとって、実生活よりも小さなスケールは、まわりの環境と比べて自分が大きくなったように感じさせ、大人と同じように空間のスケールを体験できるようにさせることで、重要性という感覚を促進した。そのスケールのために、テーマパークを訪れた大人たちは、まるで自分が子ども時代の舞台セットに戻り、自分が記憶していたものよりももっと小さな親しみのもてる環境を発見したかのように、即席のノスタルジー感覚にひたった。

ディズニーの後継者たち

ディズニーの新しいテーマパークはただちにアメリカの大衆のあいだで人気を博し、すぐに世界中に知られるようになった。実際、やがてディズニーランドは、アメリカを訪問した外国の政府高官たちの多くが滞在してみたいと望む場所になった。

ディズニーランドの人気は、さまざまなテーマパークが次々と開園されるうねりをもたらすことになり、これらはディズニーのテーマ理念をそれぞれ独自のデザインにとりこんだ。ディズニーランドの開園以降、もっとも大きな成功をおさめたことがわかっているのは、1961年にテキサス各地に開園され、テキサスの歴史にもとづいた統合テーマを組みこんだシックス・フラッグズ（Six Flags）であった。この成功例に続いて、アメリカのいたるところでほかのテーマパークが開園されはじめた。こうしたテーマパークのデザインの原則とされたのは、典型的には、それぞれがその環境にとけあったアトラクション、ショー、そして乗り物を擁する六つあるいは七つのテーマ分野から構成されていた。

また、シックス・フラッグズ・パークの成功は、シックス・フラッグズをジョージア州のアトランタ近くにひとつ、さらにミズーリ州のセント・ルイスに別のパークを開園するのを促進した。三つのシックス・フラッグズ・パークの先導に続いて、アメリカのいたるところでテーマパークの連鎖的な開園が見られはじめた。これらの多くは、国際的な観光ホテル会社マリオットや国際的な飲料品会社アンホイザー・ブッシュのような、グローバルなもてなしと飲料会社によって発展させられ、所有され、運営された。

マリオットやアンホイザー＝ブッシュ[*1]のテーマパークの開園後の数十年のあいだに、世界でもっとも大きな娯楽企業のいくつかも、独自なテーマパークをデザインし、建設し、運営しはじめた。今日では、ユニヴァーサル・スタジオ、フォックス、パラマウント、ワーナー・ブラザーズ、そしてもちろんディズニーのようなグローバルな映画会社も、アメリカ、ヨーロッパそしてアジアにおけるテーマパーク系列の大多数を所有し、運営している。

こうした映画スタジオが設営したパークは、オリジナルなディズニーランド・パークと多くの共通点をもっており、しばしば人気映画にもとづいた、広く知られたテーマ・デザインをとりいれている。これらのパークの来園者も、ディズニーランドの来園者と同じように、テレビ番組や映画ですでに慣れ親しんでおり、それを基礎にしたパークの舞台セットやアトラクションにはすぐに親しみを感じるのであった。

ウォルト・ディズニー・ワールド・リゾート

今日、地理的にひとつに区切られた場所で、もっとも注目すべきテーマパークのコレクションは、フロリダ州中部のウォルト・ディズニー・ワールド・リゾートで目にすることができる。オリジナルなディズニーランド・パークがアミューズメント・パークの未来に

大変革を起こしたように、このウォルト・ディズニー・ワールド・リゾートは、余暇時間の最終目標に革命を起こした。

　ウォルト・ディズニーは、ディズニーランドの成功と収益性が予想をはるかに凌駕したとき、もうひとつのテーマパークよりも大規模なアトラクションを構想しはじめた。彼は、最終的にはほかのいくつかのテーマパークをふくみ、全体が111平方キロの広さの土地におさまる、典型となる居住施設をもつコミュニティとなる、広大な複合的レジャー・リゾートを作りたいと考えていた。ディズニーは、この計画を「未来の実験的な典型となるコミュニティ」を意味するエプコット（EPCOT）*2とよんだ。

　今日、ウォルト・ディズニー・ワールド・リゾートは、多数のリゾートホテル、レジャー施設、小売店舗、複合娯楽設備、そして計画的な居住施設のあるコミュニティであるばかりでなく、四つのテーマパークのホームでもある110平方キロの複合レジャー施設である。ディズニー・ワールドのために開発された最初のパークはマジック・キングダムで、これはディズニーランドと類似した施設である。このあとに、その名前をディズニーの最初の計画から採用したエプコットがつくられ、さらにはディズニー・MGM・スタジオ［のちにディズニー・ハリウッド・スタジオに改称］というテーマパークが、最後に、ディズニー・アニマル・キングダム・パークがつくられた。これらすべてのなかで、ウォルト・ディズニー・ワールド・リゾートは、世界でもっとも有名なパークであり、もっとも大きな注目を集めるレジャーの最終目標である。

　今日、テーマをもつ環境はありふれたものとなっており、テーマを設けることは、アミューズメント・パークやテーマパークの分野だけでなく、小売店舗、レストラン、ホテル、船旅、人目を引くアーキテクチュア、そしてその他多くの建物環境においてもみられるようになっている。1950年代なかばの構想以降、テーマパークは、世界中の子どもと大人に遊びと現実逃避を提供するサービスを行なうアミューズメント・パーク産業界をたえずリードする、娯楽の国際的なブランドになってきた。

［訳注］

*1 アンホイザー＝ブッシュ（Anheuser-Busch）——1852年創業のアメリカ最大のビール・メーカー。バドワイザー（Budweiser）、ミケロブ（Michelob）などが有名。野球のナショナルリーグのセント・ルイス・カーディナルスのオーナーであるとともに、パン製造、遊園地経営も行なっている。

*2 エプコット（EPCOT: Experimental Prototype Community of Tomorrow）——アメリカ・フロリダ州オーランドにあるウォルト・ディズニー・ワールド・リゾートにある四つのテーマパーク（マジック・キングダム、ウォルト・ディズニー・ワールド、ディズニー・ハリウッド・スタジオ、エプコット）のうちのひとつとして1982年に開園された。

➡休暇、動物園

●参考文献

Finch, C. 1973. *The Art of Walt Disney: From Mickey Mouse to the Magic Kingdoms*. New York: Abrams.

King, Margaret J. 1981. "Disneyland and Walt Disney World: Traditional Values in Futuristic Form." *Journal of Popular Culture* 15, no. 1 (summer): 116-140.

Kyriazi, G. 1976. *The Great American Amusement Parks: A Pictorial History*. Secaucus, NJ: Citadel.

Roddewig, R. J., et al. January 1986. "Appraising Theme Parks." *Appraisal Journal* 51, no. 1: 85-108.

Thomas, Bob. 1980. *Walt Disney: An American Original*. New York: Pocket Books.

（STEPHEN J. REBORI／北本正章訳）

デューイ、ジョン（Dewey, John, 1859-1952）

　アメリカの第一級の教育哲学者ジョン・デューイは、バーモント州*1に生まれ育ち、ジョンズ・ホプキンズ大学で学位を取得し、ミシガン大学、シカゴ大学、そしてコロンビア大学で教鞭をとった。デューイは、19世紀後半と20世紀に見られた重要な学校改革運動である**進歩主義教育**の創始者であり、この教育を先導した哲学者のひとりであった。この運動は、子どもの全体的側面——身体的、社会的、情緒的、そして知的側面——のニーズを満たすことを重視した。デューイは、新しい教育哲学を発展させる仕事にくわえて、チャールズ・サンダース・パース（Charles Sanders Peirce, 1839-1914）やウィリアム・ジェームズ（William James, 1842-1910）とならんで、アメリカ独自の哲学の研究法——プラグマティズム——を生みだした。

　デューイは、1894年にシカゴ大学の学部にくわわったあと、彼の主導で教育学部を付設したとき、その教育哲学を発展させた。彼は、学校教育を改革しようとする自分の考えを科学的に検証するため、妻アリスの協力を得て、シカゴ大学に実験学校を創設した。

　デューイは、イギリスの博物学者チャールズ・ダーウィン（Charles Darwin, 1809-1882）の思想から深く影響を受けた哲学者として、ダーウィン以降の世界では、確定した目的に向かう進歩として人生に思いをめぐらせることはもはやできなくなったと考えた。彼がダーウィンの『種の起源』（*On the Origin of Species*, 1859）を読んだことは、人生において唯一確かなのは、変化すること、あるいは成長（デューイはこの言葉が気に入っていた）することであるということを彼に確信させた。こうしてデューイは、意図的な教育（formal education）の目的は、なんらかの固定した目標に向かって子どもたちを準備させることではなく、むしろ学校は子どもたちが成長するのを励まし、

ジョン・デューイ（1859-1952）*

やがて子どもたちが直面することになる不確かな未来で大人として成長し、発達しつづけられるように準備させることに集中すべきであると考えた。子ども期というのは大人になるためのたんなる準備ではない。子ども期はひとつの発達段階であって、それは子ども期そのものに固有の力において重要であり、価値のあるものなのであった。したがって、学校教育は、大人になるために子どもたちにもっぱら努力を強いるというよりはむしろ、子どもたちが子どもとして必要としていることに対応できるようにすることを基礎にすべきであると考えられた。

デューイは当時の学校が、子どもを知的な内容で満たされる空っぽの器とみていたことを非難した。学校は生徒たちを受動的な学習者として扱っていた。これに対してデューイは、子どもは天性の好奇心をもっており、学校の外のさまざまな活動のなかで学んでいると主張した。子どもたちは多くの興味をいだいて学校にやってくる。このことをデューイは1899年に公刊した『学校と社会』（The School and Society）のなかで次のように分類している。「会話あるいはコミュニケーションをすること、探求すること、すなわちなにかを発見すること、ものを作ったり組み立てたりすること、そしてなにかを芸術的に表現すること、こういったことに子どもは興味をいだくのである」。彼は続けて、こうした一連の興味は、「子どもの活発な成長の土台となる自然の源泉であり、まだ投資されていない資本である」（1956, pp. 47-48）と主張した。デューイの主張によれば、教師の役割は、ただたんにこのような衝動を表現する自由を生徒たちにあたえることだけではなく、むしろ子どもたちが必要としている学習に向けて彼らを導いてやることにこそあるのであった。1902年の著作『子どもとカリキュラム』（The Child and the Curriculum）でデューイが述べているように、このやり方は伝統的な学習を無視することではなかった。「学習とは、学習が引き出されてきた経験を再現することでなくてはならない。学習は内面化される必要がある。すなわち…その起源と意義を秘めている直接的で個人的な経験に転化されるべきものである」（1956, p. 22）。したがって、進歩主義的な教師は、生徒の興味と、子どもたちが修得すべき学習課題（subject matter、教材）についての知識との両方にもとづいたカリキュラムを築くべきである。

影響

デューイは、彼の時代のもっとも重要な教育思想家であり、その後の教育論議に一世紀にわたって影響をおよぼした。後継者たちは、彼の理念を多方面でとりいれた。デューイの弟子のなかでもっとも著名な人物はウィリアム・ハード・キルパトリック*2であったが、彼ら後継者たちは、伝統的な研究分野の重要性を考察することを犠牲にして、デューイの哲学の一部分——子どもの自然の興味に対してアピールする必要性——を強調した。キルパトリックにとって、学習課題（教材）は重要ではなかった。そればかりでなく、デューイの追随者のなかには、子どもたちの天性の好奇心と興味に信頼を置く考えを拡大解釈して、上級学年や中等教育のカリキュラムを明確にしようとする者も何人かいた。これはデューイの哲学とは矛盾するものであった。「新しい教育は、発達という概念の全体をきわめて形式的で空虚な方法で理解するという危機に瀕している。…発達とは精神の外側でなにかを獲得することだけを意味するわけではない。発達とは、ほんとうに必要とされている経験に向けて経験を展開することである。…どのような新しい経験が必要とされるのか、それは、大人の知識…を目標に定めている発達について一定の理解がないかぎり語ることはできない」（1956b, p. 19「学校と社会」）。デューイは、伝統的な学習課題の研究は重要であると主張したが、それは、「そうした学習課題は…かぎられた個人の経験…の可能な役割の範囲を超えて横たわっている社会資本を…解き明かす鍵をあらわしている」（1956b, p. 111）からであった。

デューイは、教育の究極の目的のひとつは社会改革であるとするキルパトリックと同じ考えであった。デューイにとって理想的な社会とは、完全に民主的な社

会であり、そのためには、学校は「原始共同体」[萌芽期の共同体] (embryonic community) として組織される必要があった。「学校が [子どもたちを] 奉仕の精神で…満たし、[彼らに] みずからの進むべき方向を効果的に決定する手段をあたえながら、子どもたちを「そうした小規模な共同体の成員に導き入れるとき、われわれは、価値があり、うっとりするような調和のとれたもっと大きな社会 [の実現] について、もっとも深遠で最良の保証を得ることになるだろう」(1956b, p. 29)。

　世界大恐慌時代を通じて、進歩主義的な社会改良の推進力は、しだいに、経済の失敗の責任を問われた資本主義制度に対する批判に変わっていった。第2次世界大戦後の反共産主義の時代になると、今度は進歩主義教育に対する強烈な反発を勢いづかせるのに役立った。さらに、1950年代になると、進歩主義教育はアメリカの学生たちの学力不足を生んだ原因であるとしてしだいに批判されるようになった。こうした状況のなかで、デューイの評価は低下した。1983年のレーガン政権下の報告書『国家の危機』(A Nation At Risk) にはじまる厳格な基準 [教育目標と学習の達成基準] を設けようとする動きは、デューイの理念をまちがっているとみなしただけでなく有害であるともみなした。政府は、知識水準 (knowledge standards、学力水準) と、子どもたちがその水準に達しているかどうかを調査するための厳格なテストを行なうスケジュールとを確定しようとする動きと連動した。こうして、教師たちはしだいにテストを教えるようになった――これは、子どもの天性の好奇心と興味に信頼を置くデューイの考えを無視した教育計画であった。

　デューイの教育哲学を歪曲したこのような考えは、カリキュラム、とくに中等教育におけるカリキュラムを弱体化させたが、デューイが設立したいと願っていたような学校を正しく理解することは、学校は子どもたちの幅広いニーズと興味を満たしてやる必要があると考える、異議を唱える少数派の人びとによっていまなお有意義であると受けとめられている。

[訳注]

*1 アメリカ北東部の州。北はカナダに、東はニューハンプシャー州に、南はマサチューセッツ州に、西はニューヨーク州に、それぞれ接している。

*2 ウィリアム・ハード・キルパトリック (William Heard Kilpatrick, 1871-1965)――ジョージア州ホワイト・プレインズに、バプティスト派の牧師を父として生まれる。父親の影響でバプティスト派のカレッジ (のちのマーサー大学) を卒業し、ジョンズ・ホプキンズ大学の大学院に学び、ハイスクールの数学教師となったが、マーサー大学に戻った。1898年 (27歳)、シカゴ大学で開催された教師のためのサマーセミナーではじめてジョン・デューイと出会った。1907年 (36歳)、コロンビア大学教育学部に再入学してデューイと再会し、彼の下で教育哲学を学び、1919年、デューイとともに「プロジェクト・メソッド」(Project Method) を提唱して世界的に注目された。これは、子どもが自発的に自分の興味と関心をもとに学習活動を選択し、学習計画を立て、目標や問題解決に向けて方向づけていく問題解決型学習法で、デューイが提唱していた経験主義教育理論を具体的な教育=学習活動として考案したものであった。「進歩主義教育協会」(PEA) を結成し、この運動の理論的指導者として活躍した。

➡教育（アメリカ）、子どもの発達概念の歴史

●参考文献

Cremin, Lawrence A. 1962. *The Transformation of the School: Progressivism in American Education, 1876-1957*. New York: Alfred A. Knopf.

Cremin, Lawrence A. 1988. *American Education: The Metropolitan Experience, 1876-1890*. New York: Harper and Row.

Dewey, John. 1938. *Experience and Education*. New York: Macmillan. デューイ『経験と教育』（市村尚久訳、講談社学術文庫、2004年）

Dewey, John. 1954 [1910]. "The Influence of Darwinism on Philosophy." In *American Thought: Civil War to World War I*, ed. Perry Miller. New York: Rinehart.

Dewey, John. 1956a [1902]. *The Child and the Curriculum*. Chicago: The University of Chicago Press.

Dewey, John. 1956b [1899]. *The School and Society*. Chicago: The University of Chicago Press. デューイ『学校と社会・子どもとカリキュラム』（市村尚久訳、講談社学術文庫、1998年）；デューイ『学校と社会』（宮原誠一訳、岩波文庫、1957年）

Dewey, John. 1966 [1916]. *Democracy and Education: An Introduction to the Philosophy of Education*. New York: The Free Press. デューイ『民主主義と教育』（松野安男訳、岩波文庫、1975年）

John Dewey, *Reconstruction in Philosophy*. New York: Holt, 1920; London: University of London Press, 1921; enlarged edition, with a new introduction by Dewey, Boston: Beacon, 1948. デューイ『哲学の改造』（清水幾太郎訳、岩波文庫、1968年）

Dewey, John. 1967-1972. *The Early Works, 1882-1898*, 5 vols. Carbondale: Southern Illinois University Press.

Dewey, John. 1976-1983. *The Middle Works, 1899-1924*, 15 vols., ed. Jo Ann Boydston. Carbondale: Southern Illinois University Press.

Dewey, John. 1981-1990. *The Later Works, 1925-1953*, 17 vols., ed. Jo Ann Boydston. Carbondale: Southern Illinois University Press.

Ravitch, Diane. 2000. *Left Back: A Century of Failed School Reforms*. New York: Simon and Schuster. ラヴィッチ『学校改革抗争の100年――20世紀アメリカ教育史』（宮本健市郎・末藤美津子・佐藤隆之訳、東信堂、2008年）

Westbrook, Robert B. 1991. *John Dewey and American*

Democracy. Ithaca, NY: Cornell University Press.
Zilversmit, Arthur. 1993. *Changing Schools: Progressive Education Theory and Practice, 1930-1960*. Chicago: The University of Chicago Press.

（ARTHUR ZILVERSMIT ／北本正章訳）

デュマ、アレクサンドル（Dumas, Alexandre, 1802-1870）

フランスの小説家であり劇作家でもあるアレクサンドル・デュマは、作家である同名の息子と区別するために一般には大デュマ（もしくはデュマ・ペール Dumas père）として知られている。彼は、1802年にフランス北部の小さな町ヴィレール＝コトレに生まれた。ナポレオン軍の将官であった彼の父は、父パイユトリ侯爵と黒人奴隷の母とのあいだにサント＝ドミンゴ（現ハイチ）で生まれた。その母の姓が、彼が軍隊に入隊した際に名のった姓、デュマである。デュマが4歳になる前に憧れの父が死に、一家は厳しい財政苦境に追いこまれた。正規教育をわずかしか受けることができなかったデュマは、14歳になると、地元の公証人役場で事務員としてはたらきはじめた。やがてデュマは演劇に魅了されてパリに上京し、そこで1823年に、オルレアン侯爵の下ではたらきはじめる。デュマは熱烈な共和主義者であったため、7月革命（1830）と2月革命（1848）に参加し、次いで1860年には、イタリアの共和主義者ジュゼッペ・ガリバルディの活動に同調した。劇作家、次いで歴史小説家としての名声は、デュマに莫大な富をもたらしたが、激しい浪費生活によって、死の際には無一文となっていた。

デュマは、歴史上の作家のなかでもっとも多作で人気があり、かつおそらくもっとも過小評価されている作家の一人であるが、大衆文化への関心が、批評家の新たな注目をデュマの作品に向けさせている。子ども向けに意識して書かれたデュマの作品は、たいてい自前の新聞である「銃士」（*Le Mousquetaire*, 1853-1857）か「モンテ・クリスト」（*Le Monte-Cristo*, 1857-1860）にまず載せられた。そういった作品としては『ヴェルト伯爵夫人の粥』（*La Bouillie de la Comtesse Berthe*, 1845）、『ピエロの青年期』（*La Jeunesse de Pierrot*, 1854）、『わが祖父の野兎』（*Le lièvre de mon grand-père*, 1857）、そしてよく知られていた妖精物語の翻案がある。E. T. A. ホフマンの、暗く陰鬱な物語『くるみ割り人形とねずみの王様』（*The Nutcracker and the Mouse King*）は、『はしばみ割り物語』（*Histoire d'un Casse-Noisette*, 1845）という題名で子どもに向けた物語として翻案され、チャイコフスキー（1840-93）の有名なバレエ作品にインスピレーションをあたえた。

しかしながら、子どもたちがもっともよく知る作品

アレクサンドル・デュマ（1802-1870）*

は、デュマが大人向けに書いた大衆歴史小説である。ウォルター・スコット（1771-1832）の作品と同様に、若い読者たちはデュマの小説をすぐさま受け入れ、この名ストーリーテラーに魅了された。胸を躍らせるプロット、めまぐるしい筋運び、活き活きとした会話、そして印象的な登場人物は、普遍的な魅力をもっていた。全世界の何世代もの読者が、フランスの歴史の強烈な最初の印象を受けるのはデュマの小説なのであり、そのうちいちばん人気のあるものは、『三銃士』（1844）と『モンテ・クリスト伯』（1844-45）である。『三銃士』は、子ども向けの古典になった冒険活劇で、アトス、ポルトス、アラミス、そしてダルタニャンによる三部作の一作目にあたる。彼らは、世界中で名高い作中人物であり、それは、シャトー・ディフに何年ものあいだ不当に投獄され、その後モンテ・クリスト伯として待ちわびた復讐を果たしたエドモン・ダンテスも同様である。今日、デュマのけたはずれに長い小説の完全版を読む若者はわずかしかおらず、それはとりわけ、作品の多くが大幅に簡約化されている英語圏において顕著である。そのもっとも端的な例として、「三銃士」三部作の三作目、『ブラジュロンヌ子爵』（*Le Vicomte de Bragelonne*）から抜粋され、単独で英訳出版された『鉄仮面』（*The Man in the Iron Mask*）があげられる。

大衆新聞紙での連載によって生まれたデュマの小説

は、いまも映画やテレビといったマスメディアにおいて生きつづけている。「三銃士」(*The Three Musketeers*) は、映画の歴史のなかでもっとも数多くリメイクされた作品の一つである。現代の10代の視聴者をとりこむべく、「銃士」(*The Musketeer*, 2001) ではカンフー・アクションがとりいれられ、「仮面の男」(1998) では、ルイ14世とその双子の弟の二役をレオナルド・ディカプリオが演じるという配役がなされた。

➡子ども期のイメージ、児童文学

●参考文献

Hemmings, F. W. J. 1979. *The King of Romance: A Portrait of Alexandre Dumas*. London: Hamish Hamilton.

Stowe, Richard S. 1976. *Alexandre Dumas père*. Boston: Twayne.

(SANDRA L. BECKETT／伊藤敬佑訳)

テレビ (Television)

　テレビが開発されたのは第2次世界大戦以前であったが、それがアメリカと西ヨーロッパでしだいに広まるようになったのは戦後になってからであった。1950年代の終わりまでに、欧米諸国の大半は1局以上のテレビ局を開局し、1970年代には、大多数の世帯がすくなくとも1台のテレビ受像機をそなえていた。1990年代の終わりでもまだ、テレビはヨーロッパの世帯にもっとも浸透しているメディアであり、家でテレビを見る子どもは約90パーセントにのぼった。第三世界においても同様に、テレビは急速に普及し、20世紀末までに、すくなくとも電力供給を受けた都市部ではほとんどの人がテレビを手にしていた。

　テレビは、子どもがもっともよく用いるメディアとして、しだいにラジオにとって代わっていった。テレビはおもに10代までの年少の子どもたちを引きつけた。視聴時間は、娯楽番組の数とならんで、子ども番組の数にも影響を受けやすい。そのため、国営チャンネル数の増加とテレビ市場の規制緩和がもたらしたアニメ番組や冒険アクション番組といった、広く放映された民放の子ども番組の数が増加した結果、子どもの視聴時間も増大した。視聴時間は、制作作品と文化的傾向の違いによって国ごとに異なる。2000年代のアメリカの子どもの平均視聴時間は1日あたり3～4時間であったのに対して、ヨーロッパでは約3時間で、国ごとに差があった。

　ヨーロッパとアメリカにおけるテレビは、初期に見られた、居間に家族を集めるメディアから、今日の多くの子どもが寝室に自分専用のテレビをもっていることにみられるように、より私物化された個別活動へと、その役割を変えた。

テレビの影響

　子どもたちがテレビに魅了されることは、このメディアがつくられて以来、研究者・親・教育者、そして子どもの幸福を論じるその他の人たちの関心を集めてきた。公的議論の大部分は、メディアが伝える暴力の影響に集中したが、それが心理学者と社会学者による多くの調査をもたらし、大量の研究を生み出した。一方、討論と研究では、テレビを視聴する行為そのものが受動的活動であるかどうかをめぐってさらに論じられた。また、視聴者をおとなしくさせる効果と魅了する効果をもつことから、テレビを薬物になぞらえることもあった。さらに、テレビの見すぎが読書能力に悪影響をあたえ、子どもをばかにしてしまうという主張によって、テレビは非難された。このほかの懸念としては、運動量の低下や、画面から出る放射線が脳や目に影響するかもしれないといった、子どもの健康状態にかかわるものがあった。テレビの視聴は子どもたちの肥満にも関連づけられた。

　メディアの影響を議論する歴史において、「直接的影響」は長いあいだ優勢でありつづけた。テレビの受容は直線的で一次元的なやり方で見られていたのである。その後、研究者たちは、同じ番組に対して子どもたちは一様に反応するのではなく、年齢・性別・性質・理解力・社会的環境・過去の経験、そして親の影響といった媒介変数があることを理解した。しかし、長年の研究が多くのいわゆる媒介変数の存在を力説したとしても、「直接的影響モデル」は子どもとテレビにかんする社会の議論において、非常に影響力をもっていた。

　実験室のなかよりももっと現実的な状況で研究が行なわれた場合、テレビに接することの影響は減じられており、長期的な影響はとりわけ微弱であるか存在しなかった。アメリカとヨーロッパでの長期調査は、暴力的なテレビが若者の暴力的で攻撃的なふるまいの多くの要因のたったひとつでしかないという結論に達した。攻撃的なふるまいは、おもに個性や、たとえば家庭状況・学校・貧困といった社会文化的な変数のような、暴力的テレビへの接触以外の要因に依っていたのである。しかしながら、研究者たちは、暴力的なイメージをひんぱんに見ることが暴力を用いて問題を解決するという考え方を強化するという事実も示した。テレビ市場のグローバリゼーションは、たとえばアニメ番組や冒険アクション番組といった、暴力的な番組の数の増加とその世界的な普及に寄与した。

テレビによる学習と社会的便益

　1960年代末から1970年代初期には、テレビを学習と社会行動の促進に活用できるかもしれないという意見が生まれた。アメリカ、ヨーロッパ、そしてメキシコとブラジルといったラテンアメリカの国々をはじめとした第三世界のいくつかの国々で、メディアはしばしば前社会的学習とよばれる就学前学習と補助的教育に意図的に使用された。制作者、教育者、そして研究

テレビとともに成長する。1950年代。テレビを視聴することが年少の子どもたちにおよぼす影響についての懸念は、テレビそのものの誕生以来ずっと絶えることはなかった。©H. Armstrong Roberts/CORBIS

者は、恵まれない社会階層に手を差し伸べるためにテレビを利用できるかどうかを調べはじめた。教育番組の「セサミ・ストリート」[*1]は、アメリカで制作され、さらに番組内容を各国の子ども視聴者向けに適時調節しつつ、ほかの国々でも成功をおさめた。たとえば、ブラジル、ドイツ、イスラエル、スペインといった国では、「セサミ・ストリート」の独自バージョンが制作された。北欧諸国では、その商業的なやり方を理由に、国営会社が「セサミ・ストリート」に対して抵抗を示した。だがスウェーデンでは、「セサミ・ストリート」に着想を得たシリーズ番組が流行し、読み方の基礎や概念形成を教えるだけではなく、暴力抜きでトラブルを解決することや、自分に自信をもつといった社会に適応する行動を促進した。

規制と公共サービス

大部分のヨーロッパ諸国では、テレビ市場はアメリカよりも厳しく規制された。概して、ヨーロッパの放送形態は、民間放送と、たんなるその補完的役割ではない放送システムの中心を担う公共放送との、二元的な組織となっている。北欧では、子ども番組は特別な位置づけと重要性をもち、定期的に放映されている。たとえば、2000年代のスウェーデンでは、公共放送の約10パーセントは子ども向けの番組と若者向けの番組で占められている。これらの番組の約半数は、創作ドラマ、スポーツ、ニュース、ドキュメンタリー、ニュースマガジンといったさまざまなジャンルの番組と同様に、国内で制作されたものである。しかし、規制緩和は公共テレビへの挑戦となり、脅威となった。安い輸入番組のほうが選ばれたために国内の子ども番組への出資が減り、その結果、ヨーロッパでは公共テレビが弱体化するという傾向がよくみられる。近年、公共放送局はカートゥーン・ネットワーク、ディズニー・チャンネル、ニコロデオン、フォックス・キッズ・ネットワークといった、グローバルな（アメリカの）子ども向け民間チャンネルとの強まる競争に直面している。第三世界の多くの国々では、子ども視聴者はこういったチャンネル以外を選ぶ選択肢がない状況にある。

子どもたちの参加

1950年代には、子どもがテレビ番組に関与すべきか否かという議論があった。イギリスでは、子どもが番組に関与することも俳優として出演することも認めないという法律が制定された。こうした立法化は、**児童労働**が社会の一般的な現象であった時期に起源があった。子ども番組は、おもに大人と、子どものように演じるさまざまな種類のあやつり人形によって行なわ

れた。最初の子ども番組のひとつであるBBCの「お母さんといっしょに見よう」(Watch with Mother)に登場するあやつり人形アンディー・パンディー(Andy Pandy)がその一例である。

　スウェーデンでは、それとは反対に、放送開始時から子どもたちが番組に参加することを歓迎することが明確に述べられていた。最初期の子ども番組のひとつでは、子どもをつれたスタジオの母親が映されていた。やがて子どもたちは、子ども番組でごくふつうに登場し、耳にされるようになった。しかし、子どもの映像は、文化的傾向と大いに関係がある。たとえば、「自然な」子どもという考えが奨励される北欧の子どもの映され方と比較すると、身なりがよく、礼儀正しい子どもが好まれるフランスでの子どもの映され方とは異なっている。しかし、全体的に見れば、ヨーロッパとアメリカでは、子どもが番組に出演することは少ない。大人の視聴者向けの番組では子どもは目立った役割を担わず、広告の場合を除いて、直接カメラが向けられることはほとんどない。若者が映される場合は、しばしば問題や脅威として描かれる。これら以外によく見かける構図は、善良で、無垢で、愛らしい子どもであり、それは広告において顕著になる。

メディア教育

　子どもとメディア（とくにテレビ）の問題は、1989年に採択された**国連子どもの権利条約**以来、国連の対象であった。重要な問題のひとつは、メディア教育において子どもの参加を増やすことであった。ヨーロッパとアメリカでは、メディア教育はさまざまな程度で教育課程に組みこまれた。メディア教育の実施は緩慢な推移をたどり、既存の学校理念を支持する者からは、しばしば抵抗を受けた。家庭用デジタル・ビデオカメラと、編集ソフトのより広汎な利用によって、これまで以上に簡単に自分だけの番組を制作できるようになった子どもたちは、みずからの立場を強くし、いっそう容易に自分の声をとどけることができるようになった。しかし、世界における技術資源が不均等に分配されているため、そのシナリオが現実になるのは経済的先進国においてだけである。

［訳注］

*1 セサミ・ストリート(Sesami Street)——アメリカ発祥のマペット（あやつり人形）を使った子ども向けテレビ番組のタイトルで、この番組の舞台となる架空の通りの名前である。アメリカの非営利番組制作会社チルドレンズ・テレビ・ワークショップ(Children's Television Workshop)［現在のセサミ・ワークショップ(Sesame Workshop)］が1969年に製作して以来40年以上にわたって、世界の140の国と地域で放映されている。その由来は、1950年代に未開拓地方であったテキサス州近郊にジェイムズとロイというゴマ(Sesame)好きの兄弟（アンダーソン兄弟）が、1952年にゴマの会社を設立し、この地でゴマの栽培をするため広大な未開拓の土地を購入して開拓しはじめたが、彼らはこの開拓地のメインストリートの名前を「セサミ・ストリート」（ゴマ街大通り。現在も実在する）とした。開拓が進み、ゴマの栽培地ではたらく労働者が増えてくると、その子どもたちの教育が問題になったため、アンダーソン兄弟はセサミ・ストリートの一角に丸太小屋の教室を開いた。この教室ではジェイムズとロイの子どもたちもふくめ、人種の違う子どもが集まり、ロイ自身も先生となって、幼児向けのお話や読み聞かせから子どものしつけにいたるまで、ユーモアと工夫をこらした幼児教育を受けもった。ここから、セサミ・ストリートでは主従や人種の壁を越えた、差別のない幼児教育が街をあげて行なわれるようになった。人種差別が激しい当時のアメリカにおいて、熱心に普通教育に取り組むこの活動がテレビ会社の注目するところとなり、この実践をヒントに、独特のぬいぐるみを使った幼児向けの語学学習をかねた教育番組がクーネイとモリセット(Joan Ganz Cooney and Lloyd Morrisett)によって制作され、全米ネットワークに広まり、やがて全世界に広まった。

➡消費文化、メディアと子ども

● 参考文献

Buckingham, David. 2000. *After the Death of Childhood: Growing Up in the Age of Electronic Media*. London: Polity Press.

Buckingham, David. 2003. *Media Education : Literacy, Learning and Contemporary Culture*. London: Polity Press. デビッド・バッキンガム『メディア・リテラシー教育——学びと現代文化』（鈴木みどり監訳、世界思想社、2006年）*

Lesser, Gerald. 1974. *Children and Television: Lessons from Sesame Street*. New York: Random House. ジェラルド・S・レッサー『セサミ・ストリート物語——その誕生と成功の秘密』（山本正・和久明生訳、サイマル出版社、1976年）

Livingstone, Sonia, and Moira Bovill, eds. 2001. *Children and Their Changing Media Environment: A European Comparative Study*. London: Lawrence Erlbaum.

Postman, Neil. 1982. *The Disappearance of Childhood*. New York: Delacorte Press. ニール・ポストマン『子どもはもういない』（小柴一訳、新樹社、1985年）

Rydin, Ingegerd. 2000. "Children's TV Programs on the Global Market." *News from the UNESCO International Clearinghouse on Children and Violence on the Screen*. 1: 17-20.

Von Feilitzen, Cecilia, and Ulla Carlsson, eds. 1998. *Children and Media Violence: Tearbook from the UNESCO International Clearinghouse on Children and Violence on the Screen*. Gothenburg: The UNESCO International Clearinghouse on Children and Violence on the Screen.

Von Feilitzen, Cecilia, and Ulla Carlsson, eds. 1999.

Children and Media: Image, Education, Participation. Gothenburg: The UNESCO International Clearinghouse on Children and Violence on the Screen.

Wartella, Ellen, and Byron Reeves. 1985. "Historical Trends in Research on Children and the Media: 1900-1960." *Journal of Communication* 35, no. 2: 118-133.

Winn, Marie 1977. *The Plug-in-Drug.* New York: The Viking Press.

（INGEGERD RYDIN／伊藤敬佑訳）

天才児（Child Prodigies）

　天才児は、しばしば創造力、数量的能力、空間認知力、または言語能力といった、人間が取り組むある特定の領域でみられるなみはずれた能力によって特徴づけられる。ふつうは10歳になるかなり前から明らかになるその卓越性は、手助けなしに、あるいは手助けがあるにもかかわらず発現しうるものであり、彼らがなしとげるものは驚嘆の念をもたらしたり、ときには疑惑の念をいだかせもするが、どの時代でも人びとを驚かせるものと広く見られていた。19世紀を通じて、ヨーロッパにおける伝統的な天才観は、そうした能力をもっぱら生まれつきの能力現象であると考えていたが、20世紀を超えて、天才の形成における生得的な要因と環境的な要因の両方を統合するために議論をする行動科学と生物科学の諸発見によって、そうした伝統的な見解は全面的に見直された。儒教イデオロギーが広範囲に影響をおよぼしていた日本と中国では、子どもたちの特別な才芸は、生まれつきの能力をあまり重視せず、それよりも直接的な動機づけと勤勉さに結びつけられる。

　天才児は、構成要素が明瞭なかたちで取り扱われやすく、また、音楽や数学のように、顕著な能力がすぐに認識され測定される、秩序立てられた統合的な分野であらわれる傾向がある。チェスの国際競技大会は、天才児たちが、成功をおさめ、自分の天賦の才の領域と深さをなんらかの公的な仕方で示すよう求められることにしばしば気づく、もうひとつの舞台である。1958年、アメリカのテレビ視聴者たちは、卓越した才能をもつイスラエル生まれの13歳のヴァイオリニスト、イツァーク・パールマン[*1]を「エド・サリヴァン・ショー」[*2]で目のあたりにした。

　天才児にかんする断続的な歴史記録には、聖書の「旧約聖書」に登場するダビデ[*3]や「新約聖書」の若きイエス・キリスト、また、中世の暗算能力をもつ人間について見世物的に誇張された綺談や、15世紀初期のジャンヌ・ダルク[*4]の空想的な生涯などがふくまれる。最近の数世紀において、天才児によって追究されたもっともよく知られた表現媒体は音楽であり、そのもっとも称賛された例は、18世紀のヨーロッパの主要な都市で演奏し、9歳以前にいくつもの交響曲を作曲したヴォルフガング・アマデウス・モーツァルト（1756-1791）である。20世紀の天才児で著名なのは、ヴァイオリニストのイェフーディ・メニューイン[*5]、画家のパブロ・ピカソ[*6]、そしてチェス・プレイヤーのボビー・フィッシャー[*7]などである。

　天才児に対する組織的な支援は、家族とともに、またしばしば師匠（master teacher）とともにはじまる。天才児たちは、その希有な生まれつきの能力と結びついた社会文化的な障壁が予測できない結果を生み出してしまうにもかかわらず、思春期以前に単科大学、総合大学、そして音楽大学に入学することでも知られている。天才児が成長すると、彼らの集中力はしばしば消散するようになるが、この原因の一部は、彼らの成長曲線が青年期や成人期以降、一時的に停滞してしまうからである。性差への偏見とそれに関連するいくつかの要因は、天才児のアイデンティティをゆがめ、おそらく男性の天才児を優位に置く天才児研究を狭めてきた。しかし、たとえば、1980年代における日本人ヴァイオリニストの五嶋みどり[*8]の登場、1990年代の韓国系アメリカ人ヴァイオリニストのサラ・チャン[*9]の登場、そして1990年代末から2000年代初めにかけてのウェールズ人ソプラノ歌手のシャルロット・チャーチ[*10]の成功によって立証されたように、いくつかの逸話的な証拠は、この傾向が変容しつつあることを示している。ハンガリー人でチェス・プレイヤーのユディット・ポルガー[*11]の功績は、1992年のニューヨーク・タイムズ紙の表紙に「最年少グランド・マスターは15歳、すごい（しかも女性）」と、その時代を象徴的にきざんでいる。

［訳注］

*1 イツァーク・パールマン（Itzhak Perlman, 1945-）——テルアヴィヴ生まれの天才バイオリニスト。4歳のとき、小児麻痺にかかり、両足の自由を失うが、10歳で多くのリサイタルを開くようになり、イスラエル放送交響楽団との共演で演奏会番組に出演した。1958年にアメリカのテレビに出演する選考会で優勝し、奨学金を得てニューヨークのジュリアード音楽学校でガラミアンの教えを受け、演奏家として大成した。

*2 エド・サリヴァン・ショー（The Ed Sullivan Show）——エド・サリヴァン（Ed Sullivan, 1902-1974）がホスト役をつとめるアメリカのCBSのバラエティー番組（放映期間の番組発足当時のタイトルは「Toast Of The Town」（トースト・オヴ・ザ・タウン：「町の人気者」）。

*3 ダビデ（David, 生没年未詳）——古代イスラエル統一王国第2代の王（在位前1000頃～960頃）。南方のユダと北方のイスラエルを統合してエルサレムを首都と定め、イスラエル史上最大の繁栄をもたらし、後世には理想の王とたたえられた。

*4 ジャンヌ・ダルク（Jeanne d'Arc, 1412-1431）——フランスの愛国者。救国の神託を受けたと信じ、シャルル7世に上申して認められ、イギリス軍を破ってオル

レアンの包囲を解いた。のちにイギリス軍に捕えられ、ルーアンで異端として火刑に処せられたが、1920年にローマ教皇庁により聖女に列せられた。

*5 イェフーディ・メニューイン（Yehudi Menuhin, 1916-1999）──ニューヨーク生まれのイギリスの音楽家。4歳の誕生日から数カ月間、サンフランシスコでヴァイオリンを学びはじめ、8歳の時、1924年にサンフランシスコで、26年にはニューヨークでデビューして大成功をおさめた。1959年からイギリスに定住し、バース音楽祭やウィンザー音楽祭などの芸術監督を勤めるいっぽう、音楽学校の創設、後進の指導にも力をそそいだ。晩年はおもに指揮者として活躍。

*6 パブロ・ピカソ（Pablo Ruiz y Picasso, 1881-1973）──スペインに生まれ、おもにフランスで活躍した画家、彫刻家、版画家。

*7 ボビー・フィッシャー（Bobby Fisher, 1943-2008。本名Robert James Fisher）──イリノイ州シカゴ生まれのチェスの世界チャンピオン。「アメリカの英雄」あるいは「幻の英雄」ともよばれる。チェス960を考案した。6歳のときにチェスを覚え、1957年（14歳）にインターナショナルマスターとなり、翌年グランドマスターとなる。1962年国際舞台から引退し、1966年に復帰。1968年に再度引退し、1970年のソ連対世界戦でふたたびチェス界に復帰した。

*8 五嶋みどり（1971-）──大阪府生まれ。アメリカを拠点に活動するヴァイオリニスト。3歳の誕生日に1/16サイズのヴァイオリンをあたえられたのを機に母親が少しずつ指導をはじめ、3歳半より読譜をふくむ本格的なヴァイオリンの早期英才教育がはじまった。6歳のとき大阪ではじめてステージに立ち、パガニーニの「カプリース」を演奏。1982年（11歳）に渡米し、ジュリアード音楽院で学ぶが、1987年（15歳）、自主退学し、演奏活動をはじめる。1988年、芸術選奨新人賞を史上最年少（17歳）で受賞する。ヴァイオリニストの五嶋龍（1988-）は弟。

*9 サラ・チャン（Sarah Chang, 1980-）──フィラデルフィア生まれ。父親のチャン・ミンスもヴァイオリニスト。3歳のとき、両親にヴァイオリンをねだり、4歳の誕生日に1/16サイズのヴァイオリンを買ってもらい練習をはじめた。6歳でジュリアード音楽院入学試験を受け、入学許可を得て、パールマンや五嶋みどりらの妹弟子になる。10歳でファーストアルバムの録音を行ない、最年少記録を塗り替えた。1993年（13歳）にグラモフォン・マガジン賞、1994年（14歳）には国際クラシック音楽賞、1999年（19歳）にエイヴリー・フィッシャー賞を獲得。

*10 シャルロット・チャーチ（Charlotte Maria Church, 1986-）──ウェールズのカーディフ市ランダフに生まれ、9歳でクラブ歌手の叔母の助言で本格的に歌を習いはじめる。12歳で天才少女歌手としてデビューし、クラシカル・クロスオーバー隆盛の一翼を担った。

*11 ユディット・ポルガー（Judit Polgar, 1976-）──ハンガリー生まれの、歴史上最強の女性チェス・プレイヤー（世界ランク14位）。1991年（15歳と4カ月）にグランドマスターとなり、1958年のボビー・フィッシャーの記録を破った。

● 参考文献

Feldman, D. 1991. *Nature's Gambit: Child Prodigies and the Development of Human Potential*. New York: Teachers College Press.

Feldman, D. 1994. "Prodigies." In *Encyclopedia of Human Intelligence*, ed. Robert J. Sternberg. New York: Macmillan. vol. 2: 845-850.

Gardner, Howard. 1997. *Extraordinary Minds: Portraits of Exceptional Individuals and an Examination of our Extraordinariness*. New York: Basic Books.

Smith, S. B. 1983. *The Great Mental Calculators: The Psychology, Method, and Lives of Calculating Prodigies*. New York: Columbia University Press.

（JOHN MANGAN／竹山貴子・北本正章訳）

天然痘（Smallpox）
➡接触伝染病（Contageous Diseases）／予防接種（Vaccination）／流行伝染病（Epidemics）

テンプル、シャーリー（Temple, Shirley, 1928-2014）

　映画の歴史の記録のなかで、シャーリー・テンプルほどの非凡な子役スターを体現する者は男優にも女優にも一人もいない。6歳の頃、ハリウッドによって「発見された」テンプルは、1930年代を通じて異常なまでの名声を獲得し、10年間にわたって世界でもっとも有名な子どもになった。しかし、テンプルがティーンエイジャーを迎えると、彼女のキャリアは下降し、16歳の誕生日を迎える頃には大衆の人気から脱落してしまった。彼女のこうした外観上のもちあげられぶりと突然の脱落ぶりは、この時期の雑誌やタブロイド紙であますところなく報じられているが、子ども期のスターの地位の喜びとあやうさの両方をアメリカ人に示した。

　1928年にカリフォルニアのサンタモニカに生まれたテンプルは、「ベビー・バーレスク」[*1]とよばれた、低予算で作る映画シリーズに出演したときから、その映画人生をよちよち歩きしはじめた。1933年（5歳）、歌とタップダンスの訓練を受けたテンプルは、ミュージカル「歓呼の嵐」（Stand Up and Cheer）に出演するために、ハリウッドのフォックス・スタジオに雇われ、その演技はすぐに彼女をスターダムに押し上げた。1934年から1940年にかけて、テンプルはフォックス社の12以上の映画に出演し、このスタジオでもっとも貴重な存在になっただけでなく、1935年から1938年にかけては、クラーク・ゲーブルやメイ・ウエストのような、当時、スクリーンの巨人といわれた俳優たちをしのぐほど、アメリカでもっとも人気の高い映画スターでもあった。

トウイネン

シャーリー・テンプル（1928-2014）。1944年、15歳頃。*

1930年代の映画ファンにとって、テンプルの魅力は明確であった。ピチピチしていて機知に富み、しかもかわいらしい——彼女のトレードマークはえくぼと金髪の巻き毛であった——テンプルは、大恐慌時代のアメリカに希望と楽観主義のメッセージを伝えた。「グッド・シップ・ロリポップ」（The Good Ship Lollipop）のような人気の曲での彼女のスクリーン上のタップダンスと演技は、世界中の数百万人のファンに愛された。彼女のファンは、数千体ものシャーリー・テンプル人形を購入し、彼女が出演しているあいだじゅう彼女の衣装をもみくちゃにし、彼女の8歳の誕生日には10万点以上の贈り物をどっさりと送りつけた。おそらくもっともよく知られた賞賛者は、彼女を「リトル・ミス・ミラクル」とよんで、経済的危機の時代の国民精神を高揚させたとたたえたフランクリン・ルーズヴェルト大統領（1882-1945）その人であった。

ほぼ10年近くにわたってテンプルは、「テンプルの福の神」（Poor Little Rich Girl, 1936）、「ウィー・ウィリー・ウィンキー」（Wee Willie Winkie, 1937）、「サニーブルック農場のレベッカ」（Rebecca of Sunnybrook Farm, 1938）、そして「リトル・プリンセス」（The Little Princess, 1939）などの子ども期の古典作品で演じた彼女の風貌で聴衆たちを魅了した。1940年代初め、テンプルはフォックス社を去って、「あなたがいなくなってから」（Since You Went Away, 1944）で青年期の娘の役を割りあてられ、「独身者とボビーソクサーズ」（the Bachelor and the Bobbysoxer, 1947）で年上の男性にのぼせてしまうハイスクールの少女役など、一連の作品でもっと成熟した役割をふりつけたプロデューサーのデイヴィド・セルズニック*2と契約書をとりかわした。この頃、10代のテンプルはもはや聴衆を魅了することはできなくなっており、彼女の夫ジョン・アガーとともに主役となった「アパッチ砦」（Fort Apache, 1948）に出演したのを最後に映画界から引退した。

しかし、テンプルは、没落した多くの子役スターとは違って、カムバックを果たした。テレビ番組のホスト役を10年ほどつとめたのち、1960年代を通じて、政治の分野で第2の人生を歩みはじめた。1967年、連邦議会の不首尾な運営の後、リチャード・ニクソン大統領（1913-1994）によって、彼女はアメリカの国連大使に任命された。1974年には、ガーナのアメリカ大使となり、1976年には、フォード政権（1974〜77）の外交主任となった。彼女の自伝『子役スター』（Child Star）は1988年に出版されている。

［訳注］

*1 ベビー・バーレスク（Baby Burlesque）——アメリカやカナダなどで、19世紀後半から20世紀初期にかけて流行した短い諷刺劇、猥褻な歌やヌードダンスなどがよびものになった通俗的で下品な音楽喜劇を一般にバーレスクとよび、その子ども向け版を「ベビー・バーレスク」とよんだ。

*2 デイヴィド・O・セルズニック（David O. Selznick, 1902-1965）——アメリカのペンシルヴァニア州ピッツバーグ出身のユダヤ人映画プロデューサー、脚本家として、「風と共に去りぬ」（Gone with the Wind, 1939）、「レベッカ」（Rebecca, 1940）、「第三の男」（The Third Man, 1949）などを手がけて高い評価を得た。

➡映画、メディアと子ども

●参考文献

Black, Shirley Temple. 1988. Child Star: An Autobiography. New York: McGraw-Hill. シャーリー・テンプル『シャーリー・テンプル——わたしが育ったハリウッド』（上・下）（大社貞子訳、平凡社、1992年）

(SAMANTHA BARBAS／北本正章訳)

同意年齢（Age of Consent）

伝統的に、個人が性的な結びつきのなかで一体化できる年齢は、家族が決定するか、部族慣行の問題であるかのどちらかであった。おそらくほとんどの場合、これは、女子の場合には初潮（月経開始期）、男子の場合は陰毛が生えはじまる時期、すなわち12歳から14歳にかけての時期と一致していた。しかし、その境界線はつねに流動的であった。古代ギリシアの大部分では、このことは、同性関係と異性関係の両方にあてはまった。共和制期のローマでは、結婚と同意年齢は、はじめは、関係する家族間の私的な問題であった。

紀元1世紀のアウグストゥスの時代になって国家が介入しはじめた。その後、結婚は、法律上、双方の世帯の長のあいだでの実施可能な同意をふくむ婚約とその後に挙行される結婚式という二つの段階をへる手続きとなった。成人年齢に達していない女子は、自分の父親の同意によって婚約させられたが、彼女自身はその結婚に同意しなくてはならなかった。

ローマの伝統は、この伝統にふれた人びとと文化に影響をおよぼした。モハメッドの教えに従うイスラム教の伝統では、婚約は**思春期**よりも前の、おそらく7歳という早い年齢で起こりえたが、結婚式は、その少女が初潮を迎え、成人するまでは完成しないと考えられていた。中世のヨーロッパでは、12世紀の教会法の有力な創設者であったグラティアヌス*1は、結婚にふさわしい思春期についての伝統的な年齢（12歳から14歳までのあいだ）を受け入れたが、同時にまた彼は、もし子どもが7歳以上であるなら、その同意は「有意義である」とも述べていた。ある権力当局者は、同意はこれよりも早い年齢で起こりうると述べている。そのような結婚は、思春期（女子の場合で12歳、男子の場合で14歳）になる前に取り消しになっていないか、すでに結婚を完成させているかしていれば永続したであろう。イギリスのコモンロー（慣習法）に継承されたのは、この政策であった。そして、同意は必要であったが、力と影響力あるいは説得は許容されていたように思われる。これと同様に、年齢についてのグラティアヌスの考えも、ヨーロッパの市民法の一部になった。

イギリス法と大陸法の両方で、資産が関係していたり、家族の協力があやうくなっているような場合、同意年齢はとくに融通性が高かった。たとえば、1564年、イングランドのチェスターにあった主教館では、ジョンという名前の3歳の男の子が、ジェインという名前の2歳の女の子と結婚している。シェークスピアは、その作品『ロミオとジュリエット』を（イタリアの）ヴェローナに設定しているが、ジュリエットが13歳であったという事実は、イギリスでの実態を反映していた。彼女の母親は26歳であったが、ジュリエットは彼女のことをほとんど年老いたメイドと同じようによんでいた。

アメリカの植民地諸州はこのイギリスの伝統に従っていたが、法律はせいぜいのところ指針とよばれるにとどまっていた。たとえば、1689年のヴァージニアでは、メアリ・ハサウェイがウィリアム・ウィリアムズに嫁いだとき、まだ9歳であった。その2年後に彼女が離婚訴訟を起こし、その結婚が完成されていなかったために彼女が作成した誓約から解放されたことから、われわれは彼女の事例を知ることになった。興味深いことに、この事例を発見した歴史家ホーリー・ブリューワーは、もしウィリアムがメアリをレイプしていたら、おそらく彼女は離婚にはふみきらなかっただ

ろうと推測している。近世のイギリスにおける、結婚年齢にかんする唯一の信頼できるデータは、死んだ後に財産を残した人物だけをふくんでいる「検死調書」（Inquisitions Post Mortem）から得られる。記録が完璧になればなるほど、それだけいっそう年少での結婚があったことが発見されやすくなる。グラティアヌスが述べていたにもかかわらず、判事たちは、7歳よりも若い年齢での同意にもとづいた結婚を有効と認めており、記録のなかには2、3歳での結婚もあった。17世紀の法律家ヘンリー・スウィンバーンは、7歳以下での結婚と7歳から思春期までのあいだでの結婚とを区別していた。彼は、7歳以下で結婚の誓約をした者は、それ以降に、お互いにキスと抱擁をかわし、同衾し、贈り物と愛のしるしを交換し、あるいはお互いに夫と妻とよびあうことによってその誓約を承認されなくてはならないと書いている。同じ時代のフィリップ・スタッブズは、16世紀のイースト・アングリア地方*2では、まだスウォッドリングの帯でくるまれていた赤ん坊が結婚させられていた、と書いている。17世紀のイギリスでもっとも影響力のあったエドワード・コーク卿*3の法律書は12歳以下の少女の結婚は正常であり、妻である彼女がその夫の資産から寡婦産を受けとる資格がある年齢は、たとえ彼女の夫が4歳であろうとも、9歳であることを明らかにしている。

同意年齢は、法律の概説書がほのめかしているよりもはるかに変化に富んでいた。たとえば、ピーター・ラスレットは、イギリスでは、10代後半の子どもの結婚と出産は一般的でなく、12歳で結婚することは事実上よくわかっていないことを主張するために、利用可能な統計資料を使っている。問題は、イギリスでは結婚数のごく小さな部分しか登録されておらず、こうした資料に依拠した場合でも、それらが初婚なのか再婚なのか、あるいはもっと後になってからの結婚の記録なのかどうかを見きわめるのがむずかしいため、ラスレットが使った統計資料がまとはずれな資料であるかもしれないということである。男性側が50歳代後半になってからの再婚であるとか、あるいは女性の側が30歳代前半の再婚であるような場合、その記録はデータからははずれる。すべての結婚記録が関係者の年齢をわざわざ記録しているとはかぎらないのである。記録されなかったのは両親の同意のない結婚とか秘密の婚礼であり、したがってデータの質は地域ごとに変わる。たとえば、ヴァージニア州のミドルセックス郡の教区には、14歳のサラ・ハーフハイドが21歳のリチャード・ペロットと結婚したという記録がある。結婚登録簿の最後の文章で、彼女が寡婦であったことが示されている。はたしてこの資料の編纂者は、この部分を読み上げたのであろうか？　われわれは彼女が何歳のときに初婚であったのか、その結婚が完成したのかどうかについてさえ、何も知らない。10年間の登録簿にのっている98人の少女のうち、おそらく3

人が8歳で結婚し、1人が12歳で、1人が13歳で、2人が14歳で結婚していた。20世紀と21世紀の歴史家たちは、記録された年齢は、のちの時代になってコピーされることによって誤読されていると考えて、しばしば若者の結婚年齢にかんするデータを受け入れることに抵抗した。その著書『帰ってきたマルタン・ゲール』が映画にもなったナタリー・デイヴィスは、この作品のヒロインであるベルトランを、彼女が、やがて失踪する夫と結婚したときの年齢を7歳ないし9歳よりもはるかに上に設定している。

19世紀のフランスでは、ナポレオン民法典が発布され、このフランスの例にならってほかの国々も法律の改訂に取り組みはじめた。しかし、ナポレオン民法典は、同意年齢を13歳のままにして変えてはいない。20世紀初めに歴史家のマグヌス・ヒルシュフェルトが、約50カ国の同意年齢を調査したとき、同意年齢は15カ国で12歳、7カ国で13歳、5カ国で14歳、4カ国で15歳、そして5カ国で16歳であった。残りの国々では、不明確なままであった。イギリスとアメリカでは、19世紀後半のフェミニスト運動が若者の同意年齢に注意を集め、法律の改変をよびかけた。1920年代になると、アメリカ政府の政治課題となっていた同意年齢を何歳にするかという問題が各州でもちあがり、大部分の州が16歳あるいは18歳に設定したが、14歳から18歳までの幅が見られた。

20世紀後半になると、アメリカの一般大衆はふたたび同意年齢の問題に注意をはらうようになった。被告人の年齢と、特定の性的活動によって法定年齢が変わるので、単一の同意年齢を見きわめることはしばしば不可能だが、アメリカでは、2000年以降、なんらかの性的行動にかかわる年齢として大人に認められていたのは、特定の州内では、14歳から18歳までの幅がある。ほかの圧倒的な大多数の州では、この年齢は15歳あるいは16歳である。大半の州は、両親の承認がない結婚年齢の最年少を18歳に設定した。また、18歳以下での結婚が生じた場合、両親がどのような同意をあたえるべきか、保護者である親として、あるいは後見人としてだれに資格をあたえるのか、などの点を支配している詳細な規定が設けられた。ほかのいくつかの州では、両親の承認を受けずに未成年の彼または彼女が結婚する数年前に、未成年者が性的行動にかかわることを認めているのに対して、別のいくつかの州が未成年者が法律上の性的行動にかかわることができない年齢で、両親の同意を得た結婚を認めることがあったため、しばしば矛盾が生じた。

[訳注]

*1 グラティアヌス（Gratian）——12世紀前半のイタリアの修道士、教会法学者。「教会法学の祖」と称される。その著書『教会法矛盾条例義解類集』（*Concordia Discordantinum Canonum*, 1140頃）は、それまで雑然として一貫性に欠けていた教会法にかんする資料を収集して整理したものである。公認文書ではなかったが、一般に『グラティアヌス教令集』（*Decretum Gratiani*）とよばれ、教会法の教科書として広く用いられていた。

*2 イースト・アングリア地方（East Anglia）——イギリス南東部地方。現在のサフォーク州とノーフォーク州に相当し、かつて王国があった。

*3 エドワード・コーク卿（Sir Edward Coke, 1552-1634）——"Lord Coke" あるいは "Cooke" とも称される。イギリスの法学者で、F・ベーコン（Francis Bacon, 1561-1626）の論敵として知られる。議会の同意のない課税と不法逮捕などに反対して、議会が1628年に当時の国王 チャールズ1世（Charles I, 1600-1649）に提出した「権利請願」（*the Petition of Right*）を立案した。

➡セクシュアリティ、デート、バンドリング

●参考文献

Amundsen, D.W., and C. J. Diers. 1969. "The Age of Menarche in Classical Greece and Rome." *Human Biology* 41: 125-132.

Balsdon, J. P. V. D. 1962. *Roman Women: Their History and Habits*. London: The Bodley Head.

Brundage, James. 1987. *Law, Sex, and Society in Christian Europe*. Chicago: University of Chicago Press.

Bullough, Vern L. 1976. *Sexual Variance in Society and History*. Chicago: University of Chicago Press.

Bullough, Vern L. 1981. "Age at Menarche: A Misunderstanding." *Science* 213: 365-366.

Coke, Edward. 1719. *The First Part of the Institutes of the Laws of England*, 11th edition. London.

Davis, Natalie. 1983. *The Return of Martin Guerre*. Cambridge, MA: Harvard University Press. ナタリー・ゼモン・デイヴィス『帰ってきたマルタン・ゲール——16世紀フランスのにせ亭主騒動』（成瀬駒男訳、平凡社、1993年）

Friedlander, L. 1913. *Roman Life and Manners Under the Early Empire*. London: Gough.

Furnivall, Frederick J. 1897. *Child Marriages, Divorces, and Ratification in the Diocese of Chester, A.D. 1561-6*. London: Early English Text Society.

Hirschfeld, Magnus. 2000. *The Homosexuality of Men and Women*. Trans. Michael Lombardi-Nash. Buffalo, NY: Prometheus Books.

Lacey, W. K. 1968. *The Family in Classical Greece*. Ithaca, NY: Cornell University Press.

Laslett, Peter. 1984. *The World We Have Lost: Further Explored*. New York: Scribner.

Percy, William A. 1996. *Pederasty and Pedagogy in Archaic Greece*. Urbana: University of Illinois Press.

Posner, Richard A. and Katharine B. Silbaugh. 1996. *A Guide to America's Sex Laws*. Chicago: University of Chicago Press.

Post, G.B. 1974. "Another Demographic Use of Inquisitions Post Mortem." *Journal of the Society of*

Archivists 5: 110-114.
Stubbes, Philip. 1965 [1583]. *Anatomie of Abuses in Ailgna [Anglia]*. Vaduz: Kraus Reprint.
Westermarck, Edward. 1922. *The History of Human Marriage*, 5th edition. 3 vols. New York: Allerton.

（VERN L. BULLOUGH／北本正章訳）

トウェイン、マーク
(Twain, Mark, 1835-1910)

エッセイストであり、小説家であり、ユーモア作家でもあったサミュエル・ラングホーン・クレメンスは、ペンネームのマーク・トウェインとしてのほうがよく知られている。彼は『トム・ソーヤーの冒険』（*The Adventures of Tom Sawyer*, 1876）と『ハックルベリー・フィンの冒険』（*Adventures of Huckleberry Finn*, 1885）の原作者としてもっともよく知られているが、後者の作品は偉大なアメリカ文学としてしばしば推奨された。

ミズーリ州のフロリダにトウェインが生を受けてまもなく、家族はミズーリ州のハンニバル市に転居したが、彼はこの地を後年、『トム・ソーヤー』の舞台に、また『ハックルベリー・フィン』の一部にセント・ペテルスブルグの町として書き換えている。ミシシッピー川沿いの奴隷売買の市場として重要であったハンニバル市は、トウェインの著作に、たとえば『イカレポンチのウィルソンの悲劇』（*The Tragedy of Pudd'nhead Wilson*, 1894）*1でもっともシニカルに描かれているように、深遠な影響をおよぼしている。大人になってからのトウェインは、コカ取引きの商売をはじめることになるアメリカ南部への短い旅でミシシッピー川の蒸気船の生活になじむことになった。トウェインは1859年（24歳）に水先案内人の免許を取得し、川を利用する商業を停止させた南北戦争（1861-65）が勃発するまではたらいた。ミシシッピー川での数年は、ものを書くこと、とりわけミシシッピー・リバー・ノベルズとよばれる、彼がもっともよく知られることになる作品のために、非常に多くの情報をもたらす経験をトウェインにもたらした。トウェインは、短期間アメリカ連合国*2軍に従軍したあと、ネヴァダ州に移住した。ここで「土地経営」（*the Territorial Enterprise*）誌のレポーターとして「マーク・トウェイン」というペンネームでサインをしたが、これは川船の水先案内人の「二尋」*3を意味した。そしてネヴァダの市民にとっては「掛けで二杯」を意味した。

その機知に富んだ社会評論によって有名になったものの、文学へのもっとも息の長いトウェインの貢献は、議論の余地はあるものの、彼が書いた子ども向けのフィクションである。これは、トウェインがつねに心がけていたことであったが、子どもと大人の双方を対象

マーク・トウェイン（1835-1910）

にしていた。トウェインの『トム・ソーヤー』に見出されるいくぶん郷愁を誘う少年期についての描写は、少年期そのものを終わらせ、『トム・ソーヤー』で典型的に「憎めない悪童」を描いたことは、当時の非常に教訓的な子ども向けのフィクションからの重要な離脱であった。この離脱は、子どもの意識についてトウェインが非常に感覚的に示した『ハックルベリー・フィンの冒険』においてもっとも強く感じられる。ハックルベリーの声でこの小説を語らせるというトウェインの手法は、革命的であった。彼の『トム・ソーヤー』シリーズ──『海をわたったトム・ソーヤー』（*Tom Sawyer Abroad*, 1894）、『トム・ソーヤーの探偵』（*Tom Sawyer, Detective*, 1896）──は、いずれもハックの声で語られてはいるものの、親しみやすいわけでも手がこんだ筋立てでもなかった。子どもの読者たちと結びついたトウェインのほかの作品、たとえば『王子と乞食』（*The Prince and the Pauper*, 1882）や『アーサー王宮廷のコネティカット・ヤンキー』（*A Connecticut Yankee in King Arthur's Court*, 1889）などでは、大人の主人公を登場させている。

トウェインの主要作品の劇場版と映画版は広く知られ、その最初期のものは、1884年にトウェイン自身の手で戯曲化された『トム・ソーヤー』であったが、一度も上演されることはなかった。1902年11月に『ハックルベリー』は舞台で演じられ、そのプロデュースはなかなかのできばえであった。『ハックルベリー・フィンの冒険』の多数の映画版のなかでもっとも

有名なのは、1939年にメトロ・ゴールドウィン・メイヤー社（MGM）*4がつくった版であった。この同じ年には、『オズの魔法使い』*5もリリースした。ハック役にミッキー・ルーニー*6を抜擢したこの翻案は、ハックと、ハックにともなってミシシッピー川を下ってきた逃亡奴隷のジムとの関係にはじめて焦点をあてたものであった。1993年、ウォルト・ディズニー・ピクチャーズは、イライジャ・ウッドを主役に、『ハックルベリー・フィンの冒険』の映画版をリリースした。しかし、こうして何度も改作され、ありとあらゆるメディアで表現され、ほとんど変わることなく大いに喝采を浴びたにもかかわらず、『ハックルベリー・フィン』と『トム・ソーヤー』はどちらも、一貫して、人種と階級問題を非常にあからさまに扱っているため、アメリカじゅうで忌避され、禁止されている。

[訳注]

*1 『イカレポンチのウィルソンの悲劇』（The Tragedy of Pudd'nhead Wilson, 1894）──貧乏弁護士でその奇抜な独創性と偶像破壊の性向のために嘲笑の的となっている主人公は、手相と指紋に興味をもっているが、そのために町の人びとからPudd'nheadとよばれる。しかし結果として、その興味のために殺人事件を解決して町の人びとの賞賛をかちとる。

*2 アメリカ連合国（Confederate States of America: CSA）──1861年から4年間、アメリカからの分離独立を宣言して南部諸州が構成した国。南部連合、南部連盟、南部同盟、アメリカ南部連邦ともよばれる。南北戦争の敗北によって消滅した。

*3 「二尋(ふたひろ)」（two fathoms）──おもに水深の深さの単位で、二尋は約12フィート（約3.6メートル）。

*4 メトロ・ゴールドウィン・メイヤー社（エム・ジー・エム: MGM; Metro-Goldwyn-Mayer）──アメリカの代表的な、映画やテレビ番組などのメディア制作会社。1924年に、Metro Pictures Corporation（1915年創業）、サミュエル・ゴールドウィンのGoldwyn Pictures Corporation（1917年創業）、ルイス・B・メイヤーのLouis B. Mayer Pictures（1918年創業）の3社が合併し、その頭文字をとって「MGMスタジオ」として設立された。

*5 『オズの魔法使い』（The Wonderful Wizard of Oz）──アメリカの児童文学作家であったボーム（L. Frank Baum, 1856-1919）の児童読物 The Wonderful Wizard of Oz（1900）の通称。カンザスに住む女の子ドロシー（Dorothy）と愛犬トト（Toto）がサイクロンによってオズの国（Oz）に運ばれ、カカシ、ティム・ウッドマン、臆病ライオンとともに、それぞれの望みをかなえてもらうためにオズの国の首都で、高い塀で囲まれ、大理石とエメラルドで埋めつくされているエメラルド・シティの大魔法使いを訪ねたり、西の国の悪い魔女を退治したりする冒険物語。1939年にミュージカル映画化され大ヒットした。

*6 ミッキー・ルーニー（Mickey Rooney, 1920-）──アメリカの映画俳優。本名ジョー・ユール（Joe Yule, Jr.）。1940年代のAndy Hardyシリーズで少年俳優として人気をよんだ。

➡児童文学

●参考文献

Budd, Louis J. 1983. *Our Mark Twain*. Philadelphia: University of Pennsylvania Press.
Haupt, Clyde V. 1994. *Huckleberry Finn On Film: Film and Television Adaptations of Mark Twain's Novel, 1920-1993*. Jefferson, NC: McFarland.
Hill, Hamlin. 1973. *Mark Twain, God's Fool*. New York: Harper.
Hoffman, Andrew. 1997. *Inventing Mark Twain: The Lives of Samuel Langhorne Clemens*. New York: William Morrow.

(JOSEPH T. THOMAS JR.／北本正章訳)

同性愛と性的指向（Homosexuality and Sexual Orientation）

子どもと同性愛にかんする伝統的な考え方は、多くの変数にもとづいている。一つは成人による同性間の性行為に対する社会の受けとめ方である。これは文化によって多様であったが、キリスト教が支配的なヨーロッパ社会では、そうした性行為はかなり敵意をもってとらえられた。二つめの変数は、文化によって**同意年齢**が決定されることである。同意能力のある年齢、すなわち個人が法的に性的な結びつきをもてる年齢は、歴史上ほとんどが、決定する家族か部族的慣習の問題であった。おそらく多くの場合、それははっきりと識別できる身体発達によって特徴づけられる**思春期の開始**と一致していたであろう。たいていの文化では、少女の場合は12歳から14歳までのあいだに、少年の場合はそれよりもいくらか高い年齢で起こると判断されていた。さらに別の要因は、多様な社会が生物学的性と社会学的性をどのように分けているのかということである。ヨーロッパ社会では、生物学的性と社会学的性の二つの区別しか行なわない。一方、先住アメリカ人のような別の社会では、個々の研究者の数え方によるが、三つ、四つ、あるいは五つに分けられることさえある。一部の社会では、生物学的性と社会学的性の典型に合致しない人びとを巫女や聖者となる特別な候補者とみなしている。女性同士の交わりは、男性同士のそれとは、しばしば社会から異なったものとしてとらえられる。おそらくは、男性中心社会では、女性のあいだで女性が行なうことはそれほど重要ではないからであろう。実際、そうした男性同士の関係に比べて、女性同士の関係について知っていることはあまりなく、われわれが女性文化について知っていることは、その大半が、歴史的に見て、男性の目と声を通じて広められたものである。

ヨーロッパ文化において、われわれが若者の同性愛について知っていることの多くは、古代ギリシアに由

来するものであり、そこでは少年が思春期に差しかかる頃、しばしば年上の男性と関係をもった。これが以前に信じられていたよりも早い時期、おそらく平均して12歳ごろに生じたと主張する研究がある。この早い時期に行なわれる男性の性行為の手ほどきは、古典的な著作家であるストラボン*1が、成人した若者の偽装誘拐と、それに続く蜜月期間にかんする記述において、かなり詳細に描写している。青年と成人男性との合意の上のこうした関係は、紀元前6世紀にはギリシア文化全体で慣習化しており、ローマ時代にも社会の一部でしっかりと生き残った。プルタルコスは、西暦の最初の世紀に書いた子どもの教育にかんする著作のなかで、父親は若者を賛美する人びとの集まりを「息子に対する耐えがたい侮辱」としてとらえるであろうが、彼自身は、ソクラテス、プラトン、クセノフォン、その他の実在する人物のような過去の同志を手本としたいと望んでいたと述べた。

ヨーロッパにおいてこうした態度を変化させることにもっとも強い影響をあたえたのは、西方教会の神学の父、聖アウグスティヌス（354-430）*2であった。アウグスティヌスは、キリスト教に改宗する以前、婚約者である思春期前の少女と同棲していたが、改宗後は厳しい肉体的純潔の唱道者となった。彼は、生殖のための性行為のみが唯一、正統化されるとさとし、これは西方教会の基本的教義となった。生殖と関係のない性行為のすべてが罪深い行為となった。同性愛を罪深いものとする彼の考え方は、基本的にはローマ法にも記された。それはつまり皇帝ユスティニアヌス*3によって処罰の対象にされたことを意味した。ヨーロッパ世界の多数の宗教団体が、いまなおこの考えに固執しており、20世紀に入っても長いあいだ、アメリカの法的伝統はその考えから非常に強い影響を受けていた。

教会が否定しているにもかかわらず、同性愛はなくならなかった。それどころか、同性による交わりは子どもや青年のあいだでも行なわれた。中世のイスラム世界には、中世のユダヤ教と同様に、青年との、あるいは青年同士の同性関係を賞賛する数多くの詩がある。青年の同性愛関係にかんするこれと類似の文学表現は、中国やヒンドゥー教の伝統のなかにもある。ヨーロッパでは、教会法とヨーロッパの市民法の両方で、ローマ時代の同意年齢（12～13歳）を引き継ぎ、通常、同性関係を法に反するものとみなした。したがって、われわれが手にすることのできる、この時期以降の同性愛にかんする証拠のほとんどは、法と社会が同性関係について語ったことを伝えるものであって、個人が実際に何をしたのかをかならずしも示してはいない。19世紀初頭にフランスでナポレオン法典が制定されたことで、より寛容な対応が可能となり、そうした関係にかんする記述も多くみられるようになった。法典では、性行為が犯罪なのか否かを決定するために、年齢と同意という二つの基準が規定された。同意年齢は13歳であったので、それよりも年上であれば、同意にもとづく同性同士の性行為は、もはや犯罪にはならなかった。英米の慣習法も19世紀に改正された。しかし、同性関係は激しい敵意をもってとらえられ、同性愛は20世紀後半まで犯罪とされつづけた。

ヨーロッパ社会では、同性愛への敵意が何世紀にもわたって確実に浸透していた一方で、1900年ごろからその受けとめ方に重要な変化が起きていた。一部の医者やその他の性にかんする研究者は、その人が同性愛者かどうかを問題にしはじめた。人間は、同性愛的関心と異性愛的関心の両方を組みあわせてもっているという考えは、一部の人びとにとってはありふれた経験であったが、新しい二項対立が好まれることでしだいに軽んじられるようになった。さらに、同性愛はそのときまでに、多くの人びとによって、たんなる不道徳の一形態というよりもむしろ病気とみなされるようになっていた。この新しい方向性と、年齢の高い子どもたちに対して異性間のデートやほかの行為の重要性をますます強調することで、子ども自身が同性愛の徴候に関心を向けるようになった。親も子どもも同性愛についてますます心配するようになり、1920年以降、それが子育てと社会化の主要な領域となった。

子どもと同性愛

20世紀には、より多くのデータが利用可能となり、子ども期のセクシュアリティにかんする研究が体系化された。とはいうものの、人びとによって語られた子ども期の活動の記憶をとおしての回顧的なものを除いて、研究は非常にむずかしかった。われわれは、子どもが自分の性別を早い時期に学ぶことを知っている。ほとんどの文化では、着る服装あるいは保護者や他者が語りかける内容によって、自分が少年か少女かを容易に認識する。実際、たいていの場合、新生児についての最初の質問は性別である。子どもは、1歳から2歳のあいだのある時期にジェンダー・アイデンティティを獲得するが、彼らは性別は不変であるとの考えをまだもっていない。たとえば、幼い少年であれば、もう少し後に、おそらく自分は女の子だと考えるかもしれない。子どもたちの圧倒的多数が、すぐにこれは誤りだと理解するとしても、多くがもう一方の性別でありたいと望みつづけ、そのように行動しようとする。そして、これは後年の性倒錯*4や同性愛に対する強い傾向性をもつ要因だと考えられる。みずからにあたえられた性別役割を子どもが受け入れたくない気持ちは、しばしば両親やほかの大人にとって受け入れがたいものである。

しかしながら、ほとんどの子どもは性別役割を学び、それが思春期直前、すなわち今日のヨーロッパ文化ではだいたい8歳頃から12歳までと考えられている時期の自己認識となる。この時期に、彼らは大人と離れ

て子ども期をすごし、可能であれば、大抵の場合、男子集団か女子集団のなかですごす。このホモソーシャリティ（homosociality）とよばれるものによって、男性も女性も人生の現実を学ぶ時期に、異性との交流の機会を減らされる。それはまた同性愛的な行動を容易にする。たとえば、少年は集団での**マスターベーション（自慰行為）**に参加し、性器やおしっこ飛ばしを見せることもある。しかし、そうした行為は、のちの同性愛をかならずしも示すものではない。のちにゲイやレズビアンとなる思春期直前の子どもたちは、その時期の性的な行動によってというよりもむしろ、さまざまな性的でない特質から感じた性別不適応（gender nonconformity）によって、自分自身を識別しがちである。

性別基準が、大人の期待感においてだけではなく、仲間集団の圧力においてもしだいに厳しくなるのは、成長期のこの時期である。性別不適応に対する社会的不承認は、少女よりも少年に対するほうがかなり過酷である。その理由はおそらく、少女の場合、ある程度の「男らしい」積極性が、仲間集団における主導の地位を獲得するのに役立つからであろう。その一方で、「女らしい」少年は、ほかの少年集団からだけではなく、少女集団からも除外され、子ども期にみられる別の不適応集団のなかに押しやられてしまう。しかしながら、成人男性の服装倒錯者にかんする研究は、彼らが表面上は男性集団に順応していても、その後、秘密裏に引きこもり、女の子らしい服装を着用し、まるで少女であるかのように扮することを明らかにしている。子どもたちが性的な経験をしはじめるのもこの時期である。アルフレッド・キンゼイ*5は、彼が同性愛の前戯とよぶ行為に、数多くの思春期直前（8歳から13歳まで）の子どもがくわわっていたことを指摘した。自分史をよせた男性の半分近く（48パーセント）が思春期直前に同性愛的前戯をしたことがあると述べた。キンゼイは、女性にかんする研究において、思春期直前の女子の33パーセントが同性愛的前戯といえる行為にくわわり、多くがそうした経験によってマスターベーションの仕方を学んだと述べたことを明らかにした。

13歳から18歳までの青年期は、少女の月経開始と少年の精通をふくむ思春期と関連する生物学的事象が起きる時期でもあった。はるか昔には、この年齢の人びとは大人に分類されていた。われわれの社会の青年期は、それを社会的構築物ととらえることによって、もっともよく理解されるに違いない。そして社会が男性にも女性にも大人としての権利と責任を十分にあたえようとする年齢と性的成熟期とのあいだの、かつてないほど大きなギャップが記述されるようになってきた。この時期は、同性愛のアイデンティティがもっとも明確に形成される時期でもある。とりわけ少女は、青年期において強い感情的な**友情**を作り上げる。その一方で、興味深いことに、その関係性における同性愛についての社会的関心は、少年の友情と比べるとかなり低い。少女同士のそうした関係は、広く受け入れられており、多くの少女たちにとって、性心理発達のほぼ標準的な要素である。男性中心の世界で生き残るために、少女には情熱的な友情による保護、**愛情**、愛着が必要であると主張されている。そうした友情の多くは強い同性愛的な含意をもっている。

思春期直前の男性も女性も、ほとんどもっぱら自分が認識した性別と同じ人たちと遊んでいるので、同性愛的な行動は、のちの青年よりも若い子どもたちのあいだで、はるかにありふれたものとなっている。1973年のロバート・ソレンセンによる研究において、同性愛的な経験があると答えた者のうち、少年の16パーセント、少女の57パーセントが6歳から10歳のあいだに、はじめての同性愛的な体験をしている。彼らの78パーセントが、13歳の誕生日を迎える日までに、すくなくともそうした経験を一度したことがあると答えていた。10代になると、少年の数は少女の数を上まわった。10代におけるこの差異は、1990年代にエドワード・ラウマンと彼の同僚によって確認された。キンゼイは、女性の同性愛的な戯れを、お互いに物体（指をふくむ）を女性器に挿入しあうこと、口と性器との接触、こすりつけ、そして綿密に見たり触ったりすることとして描写した。彼は、男性の場合には、性器を見せること、集団や二人で性器を触りあうこと、性器と肛門や口との接触、尿道への挿入と定義した。

1980年代と1990年代に、青年の多様なジェンダー・アイデンティティがますます同世代に受け入れられるようになると同時に、同性愛に対する社会的容認も進んだ。とりわけ都市部にあるハイスクールの多くは、ゲイやレズビアンのクラブを有し、違っているからといってそれを汚点とすることは少なくなった。そのような開放的な寛容が、ゲイやレズビアンになる気持ちにさせるのではないかとの懸念が批判として出された。しかしながら、いくつかの研究は、ジェンダー・アイデンティティに不一致を感じている多くの思春期直前の子どもや青年が、大人になったときにもそうありつづけるわけではないことを明らかにしている。子ども期に、伝統的な見解に同調した人びとが、大人になって彼らのアイデンティティを打ち壊し、同性愛者やレズビアンとなることもある。ジェンダー・アイデンティティの形成にかんする複雑な研究には、いまだ知られていない多くのことが横たわっている。

［訳注］

*1 ストラボン（Strábôn、ラテン語Strabo、前63?-後21?）——古代ローマ時代のギリシア系の地理学者・歴史家・哲学者。イタリア半島西岸のトスカナ地方、地中海沿岸諸都市、エジプト、南はエチオピアなど多方面に旅行し、その見聞をもとに17巻からなる『地

*2 ヒッポの聖アウグスティヌス（St. Augustine of Hippo, 354-430）――北アフリカのヌメディアに、異教徒でローマの官吏であった父とキリスト教徒の母モニカのもとにヌミディア（＝アルジェリアのタガステ）生まれ、はじめカルタゴに遊学したが放蕩し、欲望と理性の葛藤に翻弄された。母親の同意を得ずに19歳で身分の低い娘と同棲して二人の男子をもうけた。一時マニ教に帰依し、徹底した善悪二元論によって自分がかかえる悪の煩悶を解決し、宇宙全体の存在論から自己探求を深めた。ローマ、ミラノに遊学し、指導者の助言と篤信の母モニカの献身的な祈りによって回心に進み、34歳頃から学究生活に入った。北アフリカのヒッポの司教（396-430）として死にいたるまで、この教区を指導した。『告白録』（Confessiones, c.400）、『神の国』（De Civitate Dei, 413-426）など。

*3 皇帝ユスティニアヌス1世（ラテン語 Justinianus I [Iustinianus I]、483-565）――東ローマ帝国ユスティニアヌス王朝の第2代皇帝（在位527-565年）。正式名は、フラウィウス・ペトルス・サッバティウス・ユスティニアヌス（Flavius Petrus Sabbatius Iustinianus）。古代末期におけるもっとも重要な人物の一人で、東ローマ帝国史の画期を形成し、帝国の版図を拡大した。建築、軍事、学術などの面で多くの業績を残したが、とくにローマ法を統合して書きなおした『ローマ法大全』（Corpus Iuris Civilis）は、『勅法彙纂』（Codex Justinianus）、『学説彙纂』（Digesta または Pandectae）、『法学提要』（Institutiones）、そして『新勅法』（Novellae）からなり、多くの現代国家の大陸法の基礎でありつづけている。

*4 性倒錯（transsexualism）――生物学的性別（sex）と、社会文化的に規定される性の自己意識（gender identity、性自認）とが一致しないために、みずからの生物学的性別に持続的な違和感をもつことから、「性別違和」とも称されるのが「性同一性障害」Gender Identity Disorder: GID）である。そうした性別違和を解消するために、自己意識に一致する性（異性）を求め、性別を表徴する髪型、服装、化粧、言葉づかいをはじめ、生物学的性別そのものを、自己意識にある性に近づけるために性の適合（性転換）を望む過程で、身体的な性別と性自認が一致しない人に対する幅広い表現としてトランスジェンダー（transgender）ともいわれる。transsexualism（性倒錯）は、異性の肉体的特徴と性的役割を担おうとする願望が強い意識・行動・文化をさす。

*5 アルフレッド・C・キンゼイ（Alfred Charles Kinsey, 1894-1956）――アメリカの性科学者で昆虫学者。人間の性行動にかんするさまざまな項目の調査データを中心とする報告書『キンゼイ報告』（Kinsey Reports）を公にした。男性版の Sexual Behavior in the Human Male（1948）と女性版 Sexual Behavior in the Human Female（1953）からなる。キンゼイ自身の性意識とデータ収集のサンプリングをめぐってさまざまな批判が起きた。

➡ジェンダー化、セクシュアリティ、同性家族の子育て

●参考文献

Bullough, Vern L. 1976. *Sexual Variance in Society and History*. Chicago: University of Chicago Press.

Kinsey, Alfred, Wardell Pomeroy, and Clyde Martin. 1948. *Sexual Behavior in the Human Male*. Philadelphia: W. B. Saunders.

Kinsey, Alfred, Wardell Pomeroy, Clyde Martin, and Paul Gebhard. 1953. *Sexual Behavior in the Human Female*. Philadelphia: W. B. Saunders.

Laumann, Edward O., John H. Gagnon, Robert T. Michael, and Stuart Michaels. 1994. *The Social Organizations of Sexuality: Sexual Practices in the United States*. Chicago: University of Chicago Press.

Percy, William Armstrong. 1996. *Pederasty and Pedagogy in Archaic Greece*. Urbana: University of Illinois Press.

Smith-Rosenberg, Carol. 1987. "The Female World of Love and Ritual: Relations Between Women in Nineteenth-Century America." In *Growing Up in America: Historical Experiences*, ed. Harvey J. Graff. Detroit: Wayne State University Press.

Sorensen, Robert C. 1973. *Adolescent Sexuality in Contemporary America*. New York: World Publishing.

Tanner, James M. 1955. *Growth at Adolescence*. Oxford, UK: Blackwell Scientific.

Westermarck, Edward. 1922. *The History of Human Marriage*, 3 vols., 5th ed. New York: Allerton.

（BY VERN L. BULLOUGH ／三時眞貴子訳）

同性家族の子育て
（Same-Sex Parenting）

　自分がゲイであると理解して以来、ゲイの人びとも自分の子どもを育てきた。しかし、過去において同性愛の親は、たいていの場合、自分の性的傾向を外部に隠し、周囲の人間の詮索から自分と子どもを守ってきた。20世紀末には、アメリカでは推定で600～1000万人のゲイとレズビアンの親が、600～1400万人の子どもを育てており、しかもたいていは堂々とゲイの家族であると認識されている。こうした子どもは異性結婚の親から生まれ、そのあとで親の一方あるいは両方がゲイあるいはレズビアンとなった場合が多いが、独身のゲイやレズビアンのもとに生まれる場合もある。しかし、パートナーとして長期間同棲している同性カップルのもとに生まれる子どもの数は増加している。20世紀後半における子どもをもつ同性カップルの急激な増加は、「ベイビー・ブーム」ならぬ「ゲイビー・ブーム」（gayby boom）として喧伝された。だが、こうしたカップルが家族を形成し、それを守るためにはいく多の障壁に挑戦しなくてはならなかった。

　1995年までに、同性家族で成長した子どもの研究が推進される背景にあったのは、ゲイやレズビアンに

よる育児への関心の高まり、文化の広い範囲における同性の育児現象にかんする関心の高まり、ゲイあるいはレズビアンの親をふくむ親権の崩壊などがあった。1990年代末になるまで、こうした子どもにかんする心理学と社会学の研究の多くは、ゲイの親は育児不適格であるとする判決で用いられる仮説に反論することを目的としていた。こうした研究によれば、ゲイやレズビアンによって育てられた子どもは、比較対照となる異性家族で育てられた子どもと同じくらい学校によく慣れ、心理的にも同じくらいうまく社会に適応すると結論づけられた。しかし、シャルロッテ・パターソンの研究（1994）は、こうした傾向に反している。レズビアンの母親をもつ4歳から9歳までの子どものあいだにはより大きなストレスと、より多くの幸福感があるという二つの重要な違いが見出されたからである。このことからパターソンは、出生時からレズビアンによって育てられた子どもは、友だちと自分との違いに対する不安の徴候を示すにもかかわらず、かれらは実際に家庭で受けている援助によって外部の攻撃からは庇護されており、それによって一般的に自己評価を高めていると結論する。ただ、研究者たちは、ゲイの父親によって育てられた子どもにかんするデータがとくに少ないことに注意をうながしている。学者たちは、まだ完全にはほど遠いが、子どもに対するリスクの神話を一掃するどころかそれを強化し、またゲイ家族自体の多様性を探究する研究を促進してきたのである。

長いあいだ、同性の親とその子どものあいだに羞恥と恐怖を広めていたのは社会的および法的な恥辱感である。1969年にアメリカ・ゲイ・レズビアン運動が起きるまで、異性愛者だけが子どもを育てる資格があるとする普遍的仮説に挑戦し、ゲイとレズビアンの監護権をめぐって争った訴訟はわずか6件しかなかった。しかし、社会学者ジュディス・ステイシーが指摘するように、こうした先駆者に対して法廷が親の権利を認めない判決をくだすことで、かえってその理由が明らかになったのである。アメリカにおける初期のゲイ運動、フェミニスト運動、ゲイ・フェミニスト運動が反家族主義的イデオロギーを強力に掲げるなかで、ゲイとレズビアンが1970年代に提訴した監護権をめぐる訴訟は50件を超えた。同性愛であることを「公然と」表明し、未婚で妊娠するレズビアンの増加とあいまって、すでに結婚しているゲイやレズビアンの親たちは、ジュディス・ステイシーの言葉に従うなら、「二つの言葉――ゲイにして親――は倫理に反するとする支配的な文化的前提に対する公然たる異議申し立てをあたりまえのものにした」（110ページ）。

残念ながら、自分の子どもの親権を得ようとする親が成功することはまれであった。たとえば、1955年にヴァージニア州最高裁は、シャロン・ボタンズが子どもをもったのはレズビアンであることを告白する以前であるという理由で、親としては不適格であるとの判決をくだした。その結果、シャロンは5歳になる息子ティラーの親権を失った。1996年にフロリダ州高等裁判所は、ジョン・ウォードは殺人罪で有罪宣告を受けているにもかかわらず、レズビアンである前妻よりも親としてより適切であるとの判断をくだした。21世紀初めまで、アメリカの多くの州の裁判所は、親の適切性を評価するために「連結性アプローチ」（nexus approach）を採用していた。それによれば、親権を求める原告は、ゲイの親の性的嗜好が子どもへの危害と結びついていることを推定するのではなく証明することが求められた。それにもかかわらず、子どもの親権や子どもとの面会権をめぐる訴訟は司法的裁量の余地を多分にふくみ、州によってかなり異なっている。

こうした障壁があったにもかかわらず、同性愛カップルは増加し、彼らの子どもが生活に入ってくるようになった。著名人をふくむ非常に多くのレズビアン女性は全国に広がっている。とくにサンフランシスコ湾岸など寛容な地域に多いが、彼女たちは精子提供（donor insemination: DI）によって子どもを宿してきた。精子提供は、自分の家でも専門医のもとでも処置が行なえるので、レズビアン女性が母親になる選択をする場合、もっとも一般的な方法である。多くの女性が、精子銀行が供給する匿名の精子を利用する（多くの医者や精子銀行は未婚女性をいまも差別しているが）。それは、簡便であるからであり、あるいは提供者自身が子どもの父親であると名のり出る可能性を減らせるからである。精子銀行を利用しないシングルのレズビアンや女性同士のカップルは、「知人の提供者」から精子提供を受けて子どもを得る道を選択する。そのほうが制度的差別を避けることができ、あるいは子どもと精子提供者のあいだのなんらかの関係を促進する可能性を残すことができるからである。

21世紀初頭には、レズビアンと（とりわけ）ゲイ男性が増加し、**代理母出産**、里親、**養子**をふくめて、子どもを得る別の方法が模索されはじめた。伝統的代理母（traditional surrogacy）とは、ある女性が父親となる男性の精子と自分の卵子あるいは提供者の卵子を用いて別の人間のために子どもを産むことに同意する場合、ゲイの男性カップルの一人が、産まれてきた子どもと血縁関係を形成することを承認するものである。それと類似しているが、妊娠上の代理母（gestational surrogacy）は、ある女性が彼女のパートナーの女性の卵子と提供者の精子を用いて産まれた子どもを育てる場合、女性のカップルの双方に息子ないし娘との血縁関係を形成するものである。寛容な地域では、それに代わって、ゲイやレズビアンは里親になることによって家族を形成する場合が多い。フロリダ州とニューハンプシャー州ではゲイとレズビアンが養子（里子をふくめて）をとることが禁止されていたにもかかわらず、1990年代には国際養子が一般的になった。「異国

からの養子」にくわえて、同性の親は「二次親」養子縁組あるいは「継父母」養子縁組に依存する度合が非常に高くなった。これは、カップルの一方が、そのパートナーの実子との法的血縁関係を現存する親と共有するものである。ラムダ法擁護団体[*1]によれば、1997年現在、21州の裁判所は同性カップルによる二次親養子縁組を承認している。この法的手続きによらなければ、血縁関係のない親はその子どもの監護権に対していかなる法的権利ももつことはできない。

ヨーロッパにおけるゲイとレズビアンの親としての諸権利は国によって異なっているが、一般には2003年まで、アメリカにおいてゲイやレズビアンにあたえられている権利よりも制限されていた。唯一オランダだけは同性カップルに養子や親権をふくんで通常の結婚によってあたえられるすべての権利を保護していた。ノルウェー、グリーンランド、スウェーデン、アイスランドも、1980年代から90年代にかけてゲイとレズビアンに新たな結婚上の地位を創設した。ラムダ法擁護団体によれば、これらの国々の「登録パートナーシップ制」は、血縁関係のない子どもでも、連れ子でも、養子に恩恵をあたえていない。2000年代初めの時点で、ほかのヨーロッパ諸国はゲイとレズビアンの市民に結婚の権利も親の権利も認めてはいない。

1980年代以来、ゲイ、レズビアン、バイセクシュアルの人びとは、同性の親たちを支援し、擁護するために多くの地方組織や全国組織を創設してきた。たとえば、カリフォルニア精子銀行（the Sperm Bank of California）はレズビアンとバイセクシュアルの女性に精子を提供するために、全米で唯一の非営利の精子銀行として1982年に設立されたが、その年次報告によれば、2001年には1000人以上の子どもがこの組織の活動によって産まれた。カリフォルニア州も、レズビアン家族の創設を促進するために1994年に設立されたマイア助産婦協会（Maia Midwifery）を受け入れた。COLAGE（Children of Lesbians and Gays Everywhere）のようなほかの組織は、同性のパートナーの子どもを活動の中心にしている。レズビアンの権利のための全米センターはレズビアンの親の権利を法廷で擁護し、女性たちが法的非難から家族を守る術を教えてきた。レズビアン、ゲイ、バイセクシュアル、性転換者の市民権を求める運動のなかでゲイ家族に注目が集まっていることを反映して、「平等な権利獲得運動」（the Equal Rights Campaign）のような全国組織が、ゲイが親になる権利をそのアジェンダに追加した。

こうした組織を通じて提供される資料にくわえて、ゲイ男性と（とくに）レズビアンのための受胎、妊娠、子育てにかんする書籍は1990年代から2000年代の初めには何倍にも増加した。これらの文献は、実践的・法的アドバイスにくわえて、ユーモアや個人的反省も交え、ジェンダー意識のある子育て、血縁関係のない親の役割、性転換者による家族の形成などにかんするさまざまな意見を提供している。

［訳注］
*1 ラムダ法擁護団体（Lambda Legal: Lambda Legal Defense and Education Fund）――裁判を通じて、同性愛者への差別を撤廃していくために1973年に設立された団体。

➡育児、同性愛と性的指向、離婚と監護権

● 参考文献

Patterson, Charlotte. 1994. "Children of the Lesbian Baby Boom: Behavioral Adjustment, Self-concepts, and Sex-role Identity." In *Contemporary Perspectives of Gay and Lesbian Psychology: Theory, Research, and Applications*, ed. B. Greene and G. Herek. BeverlyHills, CA: Sage.

Patterson, Charlotte. 1995. "Lesbian Mothers, Gay Fathers and their Children." In *Lesbian, Gay and Bisexual Identities Across the Lifespan: Psychological Perspectives*, ed. A.R. D'Augelli and C. Patterson. New York: Oxford University Press.

Stacey, Judith. 1996. *In the Name of the Family: Rethinking Family Values in the Postmodern Age*. Boston: Beacon Press.

● 参考ウェブサイト

Family Pride Coalition. Available from 〈www.familypride.org〉

Lambda Legal Defense. 1997. "Lesbian and Gay Parenting: A Fact Sheet." Available from 〈www.lambdalegal.org〉

National Center for Lesbian Rights. 2003. "NCLR Projects: Family Law." Available at 〈www.nclrights.org/projects/familylaw.htm〉

National Center for Lesbian Rights. 2003. "NCLR Projects: Family Law." Available at 〈www.nclrights.org/projects/familylaw.htm〉

（AMANDA H. LITTAUER／太田明訳）

動物園（Zoos）

動物園（Zoo）という言葉は、1867年のミュージックホールでヒット曲「日曜日には動物園に行って」（*Walking in the Zoo on Sunday*）にはじめてあらわれた[*1]。そこには、「いまはやっているのは／日曜の午後に動物園をぶらぶらすること」という時代観察がある。動物がいる庭園（Zoological garden）を短縮した動物園（zoo）という語はかわいらしい表現で、子ども向けの響きがある。動物がいる庭園は、それが登場したときから子どもたちに大いにアピールした。「ロンドン動物学会」（the Zoological Society of London）[*2]は、1828年にリージェント・パークに、このような動物がいる庭園を開園し、その最初のガイドブック『ヘンリーとエマの動物庭園訪問記』（*Henry and Emma's Visit to the Zoological Gardens*）は、子どもを主要な客と見ていた。

トウフツエ

ロンドン動物園（1835年頃）*

何世紀にもわたって、さまざまな社会が野生動物や外来動物などのコレクションを確立してきた。古代のエジプト、ギリシア、ローマ、そして中国などの文明のいずれもが、壮大な動物コレクションをもっていた。アリストテレスの動物学研究*3は、古代ギリシアの見世物動物を根拠にしており、古代ローマでは、珍獣を集めた楽しげな見世物を提供するために大規模な見世物動物園が造営されていた。中世の君主たちも、城やその周辺の土地にさまざまな動物を飼うことで、象徴的にその権力をきわだたせた。16世紀のいくつかの大発見は、外来動物への新しい興味をかきたて、ルネサンス時代とバロック時代の君主は、これらの動物を目立った場所、建物あるいは庭園などに集めたが、これが現代の公共動物園の先駆けとなった。しかしこのとき、子どもと動物とのあいだの特別な関係についての観念は、まったくなかったようである。

見世物動物は権力の象徴であり、王たちはそれらを足もとにはべらせることで自分が世界の中心であることを示そうとした。オーストリアとフランスの17世紀と18世紀の見世物動物園は、中央のあずまやから放射状に広がる放牧場を基盤にしていた。1765年には、それまで継続的に行なわれていた最古の動物コレクションとして、シェーンブルン宮殿の見世物動物園*4が一般公開された。ベルサイユ宮殿でも、王室への注視をアピールするための見世物動物園が建設されたが、1789年のフランス革命によって、王室所轄の見世物動物園から一般施設へと変わった。動物は王宮からパリ植物園（Jardin des Plantes）に移された。最初、革命家たちは有用性と理性というブルジョワ的な価値観をあらわすものとしてこの動物園を望んだが、ナポレオン戦争でふたたび権力を誇示する必要が再確認された。1798年7月27日、フランス軍は、戦利品のなかの外来動物を従えてパリ市街を凱旋行進した。

パリ植物園の初代園長は、絵のように美しいイギリス風の景観庭園（picturesque English landscape garden）の基準にしたがって園内を整備した。それは、中心線を決めず、曲がりくねった小径、自由を象徴する自然の庭園であった。このような景観を楽しむ庭園は、19世紀になると動物を展示するための特徴的なモデルとなり、動物がいる庭園という用語は、1828年に「ロンドン動物学会」がそのコレクションを公開したときに新語となった。

ロンドン動物園の設立以降、ヨーロッパとアメリカの各都市で新しい動物園がつくられるようになるまで一年とはかからなかった。コペンハーゲンでは、1859年に動物園が開園されたが、これは、この町を囲む中世の城壁が壊されたのと同時であった。動物園は近代の象徴であった——しかし、それと同時に、動物園は、都市化が進むなかで自然を守ることができた「公園のなかのノアの箱舟」でもあった。

こうした動物コレクションはさまざまな目的のために造営され、その特性は動物が収集された文化を理解する鍵として利用されるかもしれない。古代と中世の見世物動物が礼拝や権力表現の位置を占めたのに対して、近代の動物園のおもな目的は、研究と教育と娯楽である。近代において、合理化過程は動物がかつてもっていた見る者を魅了する力を失わせた。かつて動物は、魔法の力をもつ生き物として、超能力の伝達者として、空想世界に入ってきたものであった。動物園では、どの子どもも動物がこの宇宙の支配者であることがわかるだろう。

19世紀までに、動物は、食肉、毛皮、あるいは外来の見世物として客体化されるようになった。しかしながら、動物は、自然のなかの人類のパートナーとしての**ペット動物**として、伝統的な意味の痕跡を残しており、また、自然に対する文明支配の暴力的な拡大は、高まる感傷主義をともなった。動物は人の感情にとって「価値のある」ものとなった。犬の忠実さは、芸術においてよくとりあげられるモチーフとなった。ペット市場が登場し、動物虐待への嫌悪感が増大したことは、そうした残虐行為を禁止する法案の制定につながった*5。

動物園は、非常に優しい動物観も助長した。有名な動物のよびものは、ジャンボ*6というゾウである。このゾウは、1861年にアフリカのジャングルで捕らえられ、パリの動物園に売却後、ロンドン動物園に転売され、そこで、ゾウを意味するアフリカの言葉であるジャンボと名づけられたのであった。ロンドン動物園は、1881年にこのジャンボをアメリカ人興行師P・T・バーナム*7に売り渡したが、これが大西洋の両側でジャンボ・ファンをもつことになった。ロンドン動物園のジャンボの飼育係は、「ジャンボは20年間、ほとんど毎日、人間の家族の子どもたちを乗せていた」と明言した。

もし動物が人間の一種として扱われるとしたら、人間のように生活するのが自然であっただろう。19世紀の動物園は、動物のために斬新な建築を洗練した。たとえば、ゾウにはインド風の塔、サルにはムーア風の

非常に早い時期から、動物がいる公園、すなわち動物園は、子どもたちを引きつける特別な魅力があると考えられてきている。Jim McElhom

寺院、フクロウにはゴシックの塔というふうに。この環境は動物の地理学的な生息地についての愉快な情報を提供し、人間と動物のあいだの新しい同胞愛にも気づかせた。1859年の、チャールズ・ダーウィン（1809-1882）による『種の起源』（On the Origins of Species）の出版は、そうした感覚を大いに助長した。

自然への回帰というよびかけに対する回答は、「隠れ垣」*8とよばれる、周囲より低く、したがって見えない柵を発明した初期のロマン主義的な景観庭園の庭師たちによって示された。「隠れ垣」は、ドイツの偉大な動物園長カール・ハーゲンベック*9によって特許デザインすることを可能にした革命的な発明であった。彼は、人間と獣のあいだを区切る横木に代えて隠し壕をつくり、動物の住み家を芝居がかった風景として見せる動物園を1907年にハンブルク近郊に開園した。アフリカあるいは北極の景観のなかで動物たちが「自然に」吠えるこうした「パノラマ」は、のちに動物を自然環境において見せる取り組みへの道を開いた。

自然と文明の境界をとりのぞこうとする傾向は、動物園を子どもに結びつけようとする取り組みに大きな影響をおよぼした。そこでは次のような三つの戦略がとりいれられた。子どもがウシやブタ、ヤギなどを見ることができ、いっしょに遊べる「牧場戦略」（the farm strategy）、子どもたちが人間（あるいは子ども）のようにふるまう動物になりきることができる「フェアリーテイル戦略」（the fairy tale strategy）、子どもたちに異なった動物の視点から世の中を経験させることができる「教育戦略」（the pedagogical strategy）の三つである。

「牧場戦略」は、子どものために動物にふれられる動物園（petting zoo）を1938年にはじめて導入したフィラデルフィア動物園にとりこまれた。そこには牧場の馬小屋のような小さな囲いがあり、子どもたちはアヒル、ブタ、子ウシ、カメ、ネズミ、それにライオンの赤ちゃんさえも見たり、しばしばいっしょに遊ぶこともできた。

「フェアリーテイル戦略」は、多数の動物園で活用されてきた。サンフランシスコ動物園は、『赤頭巾ちゃん』、『白雪姫』、その他のフェアリーテイルと童謡から取り出した二つか三つのシーンを上演する26のアニメ・アクションとオーディオセットをそなえた「お話の国」（Storyland）を1958年にオープンした。これが最初の「フェアリーテイル」動物園であった。ニューヨークのキャッツキル・ゲーム・ファーム（Catskill Game Farm Inc.）には、動物の子どもがその母親と暮せるフェアリーテイルの家（fairy tale houses）がある幼稚園として、子ども動物園がつくられた。

「教育戦略」は、動物園の歴史がはじまって以来そ

の一部であった。「牧場戦略」は、都市の子どもにウシやヤギ、ウマやその他の動物を見せる機会をあたえる教育方法のひとつと考えられるかもしれない。ロンドン動物園のなかに子ども動物園がつくられたのは1938年であったが、都市の子どもに人間に慣れた小動物にふれる機会をあたえることがその目的であった。これよりももっと明確な「教育戦略」は、サンディエゴ動物園に見ることができる。ここでは教育が子ども動物園の目的であり、教師とスクールバス数台とほかの同種の特徴をそなえた学校まであった。子どもに動物世界を理解させる取り組みの最先端の例としては、大きなクモの糸で遊んだり、ミーアキャットのトンネルを這ってくぐったり（サンフランシスコ動物園）、動物の家で夜を越したり（リンカーン公園動物園）、プレーリードッグの穴にファイバーグラスをとおしてプレーリードッグの目で世界を見たり（ブロンクス動物園）することなどがある。

最初の動物園では、柵が子どもと動物のあいだの違いを目に見えるかたちで示し、動物園の体験はなによりもまず不思議さ、怖れ、自然に対する人間支配の誇りを経験することであった。現代の動物園では、柵はとりはらわれるか隠蔽され、あらゆる生き物のあいだのつながりを重視し、それを教育したり違いを見きわめることを重視するようになった。今日では、ほとんどの動物園が学校に課外学習を提供し、自然環境に対する責任感を刺激するために、動物についての好奇心、共感能力、学習を助長する場を提供することがその任務であると明示している。

［訳注］

*1 動物園（Zoo）──「動物がいる庭園」（zoological garden）のはじめの3文字zooを1音節とみなし、「動物園」の意味で使うようになったのは、イギリスでは、1828年にロンドンで開園された会員制の動物庭園が一般公開されはじめた1847年頃からであった。動物園の正式名称は、1829年以降Zoological Gardenである。

*2 ロンドン動物学会（the Zoological Society of London：ZSL）──1826年4月にロンドンに設立された学術団体。ロンドン動物協会ともよばれる。「近代動物学の父」とよばれた博物学者のジョン・レイ（John Ray, 1627-1705）の誕生日に合わせて1822年11月29日に開催されたリンネ学会（The Linnean Society of London, 1788創設）の会合で、昆虫学者ウィリアム・カービー（William Kirby, 1759-1850）が「リンネ学会の動物学クラブ」をつくろうと考えたことに端を発し、科学者のあいだでの議論をへて設立にいたった。その目的は、パリ植物園と同じような動物収集を行なうとともに、公共の関心を引き、楽しませる組織として図書館と博物館を付設することであった。1828年に会員向けに動物庭園が開園されたが、資金問題を解決するために1847年からは市民にも開放された。ロンドン動物協会の初代会長のトマス・スタンフォード・ラッフルズ（Sir Thomas Stamford Raffles, 1781-1826）は、植物学・動物学・歴史学などに関心をもち、ボロブドゥール遺跡を発見したイギリスの植民地建設者で、シンガポールの創設者であった。現在、シンガポールには、ナイトサファリで知られる世界有数の「シンガポール動物園」（1973年創設）がある。

*3 アリストテレスの動物学研究（zoological studies）──古代ギリシアの哲学者、博物学者で、「万学の祖」とよばれるアリストテレス（Aristotelēs［Aristotle］、前384-322）による『動物誌』（De historia animalium; History of Animals）において示されている動物分類学、形態論的記述体系をさす。『動物誌』では、動物についてのいくつかの分類論を軸に、約520種類の動物の観察結果を記録しており、生物に対する哲学的な考察を試みている。全10巻であるが、そのすべてがアリストテレスによるものかどうかについては疑義がよせられている。

*4 シェーンブルン宮殿（Schloss Schönbrunn）──オーストリアの首都ウィーンにある宮殿。ハプスブルク王朝の歴代君主がおもに離宮として使用した。1565年に、神聖ローマ皇帝マクシミリアン2世（在位1564-76）がこの土地を購入してキジの繁殖場をつくり、七面鳥や孔雀などのめずらしい動物類も集めた。1752年には、フランツ1世（在位1745-65）が、この宮殿脇に「シェーンブルン見世物動物園」（Der Tiergarten Schönbrunn）を設置した。

*5 動物虐待防止法──イギリスでは動物の虐待を防止する規制法は、おもに牛や馬など家畜動物の虐待に対する規制を扱った1822年の「マーティンズ・アクト」（Martin's Act）がある。この動きと並行して、1824年にリチャード・マーティン（Richard Martin, 1754-1834）ら22名の代議士らが世界初の動物愛護団体である王立動物虐待防止協会（Royal Society for the Prevention of Cruelty to Animals：RSPCA）をロンドンに創設した。この任意団体は、この年に63件の動物虐待の事例を裁判所に告発し、1840年にはヴィクトリア女王の認可を受けて王立動物虐待防止協会となり、動物虐待の調査活動、動物病院の設置など幅広く活動した。1876年には、動物実験を規制した「動物虐待防止法」（Protection for Cruelty to Animal Act）が制定された。RSPCAは現在も活動中である。イギリスで児童虐待防止協会が設立されたのは1880年代であった。

*6 ジャンボ（Jumbo）──この表現の由来については諸説ある。アフリカ諸語に由来するガラ語（Gullah）で、「ゾウ」を意味するjambaに由来するとする説では、本文にあるように、アメリカ人興行師バーナム（Phineas Taylor Barnum, 1810-1891）が、1882年にロンドン動物園からアフリカ・ゾウ──このゾウ（1861-1885）は旧フランス領スーダン（現在のマリ共和国）で生まれ、1861年にフランスのパリ動物園につれてこられ、1865年にロンドン動物園に売却された──を購入したとき、ロンドン動物園の飼育係が名づけていた「ジャンボ」というよび名を継承したことによるとされる。ほかに、スワヒリ語であいさつ語として使われる

jamboと、酋長を意味するJumbeを合成してJumboとなったという説や、西アフリカの黒人の守護神であるマンボ・ジャンボ（manbo jumbo）に由来するとする説もある。

*7 P・T・バーナム（Phineas Taylor Barnum, 1810-1891）——アメリカの興行師で「サーカス王」とよばれた。1871年にサーカス団（the Greatest Show on Earth）を組織した。これは、1890年代に協力者のベイリー（James A. Bailey, 1847-1906）に受け継がれ、巡業大サーカス団（the Barnum and Bailey Circus）となって成功した。アメリカの食品会社ナビスコ（Nabisco）は、サーカス王バーナムにちなんで、1902年から「バーナム・アニマルズ」（Barnum's Animals）という商標名の、檻ワゴンのパッケージに入った、4頭の動物が描かれたビスケットを売り出して子どもたちの人気を得た。

*8 隠れ垣（ha-ha, sunk fence）——「沈め垣」ともよばれる。景観をそこなわずに土地を区切るために溝を掘り、そのなかに設けた塀。1761年頃からこのようによばれはじめた。

*9 カール・ハーゲンベック（Carl Hagenbeck, 1844-1913）——野生動物を扱うドイツの野生動物取り扱い商人。ヨーロッパ各地の動物園やP・T・バーナムのサーカスなどに動物を提供するいっぽう、動物園のアーキテクチャーとして「隠れ垣」あるいは「沈め垣」または「無柵放養」とよばれる展示方式を開発して広めた。みずからもハンブルク市で「ハーゲンベック動物園」を個人経営して成功し、1907年には常設された。彼自身はハンブルクの魚屋の息子であった。

➡休暇
● 参考文献
Baratay, Éric, and Élisabeth Hardouin-Fugier. 1998. *Zoos. Histoire des jardins zoologiques en Occident* (*XVIe-XXe siècle*). Paris: Éditions La Dècouverte.
Dembeck, Hermann, *Annimals and Men: An Informal History of the Animal as Prey, as Servants, as Companion* (The Natural History Press, 1965)、デンベック（小西正泰訳）『動物園の誕生』（築地書館、1980年）*
Kirchshofer, Rosl, ed. 1966. *Zoologische Gärten der Welt. Die Welt des Zoo*. Frankfurt am Main: Umschau Verlag.
Ritvo, Harriet, *The Anima Estate: The English and Other Creature in the Victorian Age* (Harvard University Press, 1987)、リトヴォ『階級としての動物——ヴィクトリア時代の英国人と動物たち』（三好みゆき訳、国文社、2001年）

（MARTIN ZERLANG／北本正章訳）

特殊教育（Special Education）

21世紀において障害児に対する学校教育は社会の責任となっている。アメリカでは、1990年の「個別障害児教育法」（the Individuals with Disabilities Education Act：IDEA）の前身である1975年の「全障害児教育法」（the Education of All Handicapped Children Act）が、障害をもつ3歳から21歳までのすべての子どもと若者に「無償で公正な公教育」（Free Appropriate Public Education：FAPE）を提供するよう命じた。同法は、どれほど重度であっても、子どもが身体障害・精神障害・情緒障害によって学校教育から排除されないことを法的に規定した。さらに、「個別教育プログラム」（Individual Education Program：IEP）にもとづき、健常児とともに学ぶ適切な機会を最大限に提供するという「もっとも制約の少ない教育環境」（the Least Restrictive Environment：LRE）で実施する個別的な教育関連サービスについて定めた。かくしてIDEAは、インクルージョン［統合教育］運動の法的基盤となった。

この劇的な公共政策の発展によって、19世紀の寄宿制学校の設立とともにはじまった歴史的風潮は終わりを告げ、それに代わって20世紀にはアメリカとヨーロッパで、子どもたちが自宅で家族とともに生活することを可能にした昼間クラスが出現した。アメリカではもはや慈善事業でなくなった特殊教育は、**コモンスクール**の責任として認識されはじめた。障害児の歴史では、しばしば成人期の社会統合および自立を導く教育的統合が着実に強められてきたと描かれている。この一般的な歴史的傾向がある一方で、障害の状態によって異なる独自の複雑な歴史も存在している。

聴覚障害は、もっとも古い特殊教育の課題であり、公式の学校教育を通じて主張された最初のものであった。パリの有名な国立聾学校をモデルに、1817年4月15日、ハートフォードにおいてコネティカット聾唖教育指導施設［the Connecticut Asylum for the Education of Deaf and Dumb Persons］（これはのちにアメリカ聾学校［the American School for the Deaf］と名称を変更）が開校した。同施設は、トマス・ホプキンズ・ギャローデット[*1]と彼がパリの学校から引き抜いた聴覚障害をもった教師ローラン・クレールの主導の下、フランス型の手ぶりの合図をアメリカ型に変えたものをとりいれ、職業に役立つ訓練と同じく学問的な教授を特徴とする学校になった。当時、「アメリカ手話」（American Sign Language：ASL）は、アメリカとカナダの聾コミュニティにおいては十分正当な言語として認識されていた。

何世紀にもわたって、耳の聞こえない者に話すことを教える模索が続けられてきたが、そのなかで矛盾をはらむ伝統が生まれた。この伝統は、多数の人びとからなる社会を統合するためだけではなく、理性それ自体にとっても、発話は必要不可欠であるとの信念にもとづいていた。とりわけ電話の発明者であるアレグザンダー・グラハム・ベル[*2]といった（聴力）主導者の強い支持に後押しされて、19世紀後半の国際的な運動は、寄宿学校ではなく昼間クラスを支持し、読唇術を聴覚障害者に教える際に採用することをついに公式

アレグザンダー・グラハム・ベル（1847-1922）*

に認めさせた。多くの場合、障害者ではない親と聴力の専門家たちは、子どもの家庭や公立学校で提供されるコミュニケーションモデルのほうを、聴覚障害の生徒たちの排他的集団よりも好ましいと考えた。1898年にオハイオ州を皮ぎりに、いくつもの州が次々に、昼間クラスのための資金調達を命じ、その地域が地域密着型であったにもかかわらず、[聴覚障害をもつ]生徒たちをこの障害児の発生率が比較的少ない地域に集めるための新たな開発を進めた。しかしながら、聴覚障害者の文化的アイデンティティの問題が、その他のマイノリティと同類の問題をもって以降、教育システムと教育方法の両方にかかわる論争は未解決のままとなっている。

19世紀の主導的な改革者であるサミュエル・グリッドドリー・ハウ*3は、1832年、マサチューセッツに有名な「パーキンス盲学校」（Perkins School for the Blind）を開設した。さらにその後、視覚障害をかかえている人（子どもだけではなく大人も）のための寄宿学校を設立することを、いくつもの州議会に成功裡にはたらきかけた。それにもかかわらず、彼は強力な盟友であるホーレス・マンとともに、それらの「機関」に反対するようになり、しだいに視覚障害の子どもたちがコモンスクールで学べる日に思いをめぐらすようになった。1900年にシカゴの学校が、目の見えるクラスメートとの社会的統合を促進するために視覚障害者のためのクラスを設置したことが新時代の幕開けとなった。このシカゴの計画は、オハイオ州とマサチューセッツ州の各都市で追随されたが、集められて寄宿学校に入れられるというものから昼間クラスおよび専門家（ブライユ点字法*4および場所の把握と移動の訓練に従事した）の巡回へという重要な転換が生じたのは1970年代であり、そこには保護者の支援努力と非制度化運動一般の後押しがあった。

聴覚障害と視覚障害をもった子どもたちを通常の学校に統合しようとする努力をうながしたのは、彼らの幸福に対する配慮であったが、20世紀初頭の**優生学**運動の高まりもそれを後押しする力となった。一部の主導者は、教育の統合が彼らのコミュニティ内の結婚の可能性と、その結果としての遺伝による「弱点」の伝達を減少させると考えた。**精神遅滞**（と癲癇もふくむ）の場合には、さまざまな社会悪と疾患とを誤って結びつけた優生学に関連した恐怖心が、学校教育の目的というよりも、むしろ社会の保護を重視した州政府主導の断種法と、非常に広範囲にわたる制度的制限へと発展した。それに対し、1930年代までに州とそれぞれの地区は、学校での心理測定を全般的に採用し、教育から利益を得ることができないとされた子どもを排除する政策を決定した。

聴覚障害と視覚障害をもった子どもたちのための昼間クラスが新たに設置されたことと並行して、1900年までに最初の特殊学級が、当時「遅れた」あるいは「精神薄弱」とよばれた子どものために設置された。これらを特徴づけているのは、小規模クラス、実生活で必要な技術の強調、レディネス、動機、ペーシング*5の差異を認める個別化されたアプローチであった。とりわけ大きな都市の学区において、この傾向に拍車をかけたのは、1896年にペンシルヴァニア大学内に設立されたライトナー・ウィトマー*6のクリニックをモデルとした心理クリニックを採用する動きが高まったことである。学校に基礎をおいたクリニックは特殊学級に配置された（あるいは学校から排除された）生徒の適性を検査する際に主要な役割を果たした一方で、ウィトマーの個別診断アプローチは、のちに、肢体異常、健康障害、社会性と感情にかんする問題、特定の学習障害などをかかえている生徒の教育に影響をおよぼした。

しかしながら、特殊学級の数が増えてくると、その配置がしばしば根拠のない判断による不公平なものではないのかという懸念が高まり、1960年代までに公民権運動の影響を受けて、マイノリティの生徒が「遅鈍」であるがゆえに配属されたとか、「分裂的」で情緒や行動にかんする障害をもつ生徒のためのわずかなクラスに配置されたという過剰なレッテルを貼られやすいという懸念も高まった。多くのほかの子どもたちの保護者による支持の高まりとあいまって、特殊教育ではこれらの懸念を満たすことはできなかったものの、

学校での失敗および個々に適した機関に対する需要は、IDEAやインクルージョン教育の時代をうながすことになった。

[訳注]

*1 トマス・ホプキンズ・ギャローデット（Thomas Hopkins Gallaudet, 1787-1851）――アメリカの宗教者、聾教育の先駆者。隣人の聾唖の少女の教育にかかわったことを契機に、フランスのパリ国立聾唖学校に視察に出かけて聾教育方法を研究した。1年後に、この聾学校で教師をしていた聾者のフランス人ローラン・クレーク（Laurent Clerc, 1785-1869）をともなって帰国し、30歳のとき、アメリカで最初の公立の聾学校であるコネティカット聾唖教育指導施設（アメリカ聾学校の前身）を1817年に創立した。

*2 アレグザンダー・グラハム・ベル（Alexander Graham Bell, 1847-1922）――スコットランド生まれのアメリカの科学者、発明家、工学者。光無線通信、水中翼船、航空工学などの分野で重要な業績を残すなど、生涯を通じて科学振興および聾者教育に尽力した。ベルの祖父、父、兄弟は弁論術とスピーチに関連した仕事をし、母と妻は聾であった。母親の聴覚障害はベルが12歳の頃までに進行したが、ベルは独自の工夫で母親とのコミュニケーションをとれるよう取り組んだ。23歳頃にカナダを経由してアメリカに渡り、聴覚とスピーチにかんする研究から聴覚機器の実験を行ない、ついにアメリカの最初の特許を取得した電話を発明した（1876年）。アン・サリヴァン（Anne Sullivan, 1866-1936）とヘレン・ケラー（Helen Adams Keller, 1880-1968）を引きあわせたのはベルであった。

*3 サミュエル・グリッドリー・ハウ（Samuel Gridley Howe, 1801-1876）――アメリカの医学者、奴隷制度廃止論者、視覚障害教育の先導者。マサチューセッツ州ボストンの郊外に、ジョン・ディックス・フィッシャー（John Dix Fisher）が1829年に設立した「ニューイングランド盲者保護施設」（New England Asylum for the Blind）［これはのちにパーキンス盲学校（Perkins School for the Blind）と改称された］の校長となり、1831年から1876年まで指導した。この学校の卒業者にはローラ・ブリッジマン（Laura Dewey Lynn Bridgman, 1829-1889）、アン・サリバン、ヘレン・ケラーらがいる。

*4 ブライユ点字法（Braille）――フランスの教育者で視覚障害者の教育につくしたルイーズ・ブライユ（Luois Braille, 1809-1852）が考案した6点式点字法。ブライユ自身も3歳から視覚障害をもっていた。ブライユが発明した点字法は、フランスの軍隊の夜間通信用にも利用されていた。

*5 ペーシング（pacing）――会話の速度を相手に合わせること。

*6 ライトナー・ウィトマー（Lightner Witmer, 1867-1956）――アメリカの心理学者。「臨床心理学」（Clinical Psychology）という概念と用語をはじめて導入したことで知られる。1896年にペンシルヴァニア大学に「心理クリニック」（Psychological Clinic）を創設した。

➡教育（アメリカ）、知能指数（IQ）

●参考文献

Lane, Harlan. 1992. *The Mask of Benevolence: Disabling the Deaf Community*. New York: Knopf.

Meyen, Edward L., and Thomas M. Skrtic. 1995. *Special Education and Student Disability: An Introduction: Traditional, Emerging, and Alternative Perspectives*, 4th ed. Denver, CO: Love Publishing.

Safford, Philip L., and Elizabeth J. Safford. 1996. *A History of Childhood and Disability*. New York: Teachers College Press.

Safford, Philip L., and Elizabeth J. Safford. 1998. "Visions of the Special Class." *Remedial and Special Education* 19, no. 4: 229-238.

Scheerenberger, Richard C. 1983. *A History of Mental Retardation*. Baltimore: Paul H. Brookes.

Turnbull, Ann P., Rud Turnbull, Marilyn Shank, and Dorothy Leal. 1995. *Exceptional Lives: Special Education in Today's Schools*, 2nd ed. Upper Saddle River, NJ: Merrill/Prentice-Hall.

Turnbull, Ann P., and H. Rutherford Turnbull. 1997. *Families, Professionals, and Exceptionality: A Special Partnership*, 3rd ed. Upper Saddle River, NJ: Merrill/Prentice-Hall.

Winzer, Margret A. 1993. *The History of Special Education: From Isolation to Integration*. Washington, DC: Gallaudet University Press.

（PHILIP LANE SAFFORD／三時眞貴子訳）

都市の学校制度の誕生（Urban School Systems, The Rise of）

都市の学校は、いくつかの理由から近代学校制度の誕生にかんする歴史的記述を決定づけている。都市は富と社会的差異化が存在する場所として、もっとも早く学校を大量に生み出した。さらに、都市の学校は、教師の専門職化、地域全体を網羅する教育制度構築、官僚制など、われわれが近代教育とみなしている制度的革新の多くを開拓してきた。都市の学校は、最終的に、全国的に広めようとする取り組みの焦点として、農村の学校が対抗することができないほど目立った存在になった（しかし、学校への出席率と卒業率はどうなのかという問題になると、農村の学校のほうが卓越していた）。高度に都市化された社会は、富と学校教育への需要のために、これまでつねに非常に広範囲に学校化されてきている。その一方で、公教育（地区の圧倒的多数の子どもたちが年に数カ月、学校に通うのを可能にする教育のはじまり）への移行は、一般的には農村地域ではじまり、そのあと、都会の商工業都市に広まった。したがって、教育史の中心に都市の学校教育をすえることは少し誤解をあたえることになろう。

それでもなお、都市の学校制度の誕生については、多くのことがわかっている。

都市環境における初等学校教育の起源

アメリカの初等教育はその起源をイギリスからの移民にまでたどることができる。1647年にマサチューセッツ湾の植民地の地方議会[*1]は、50世帯以上が住むすべての町に公立初等学校の設置を命じた。この法律は100世帯以上が居住する町に、「大学入学レベルを準備させることできるまで若者を教育できる教師」がいる、公立のグラマースクールを設立するよう求めた。「人をあざむく古い悪魔法」(the Old Deluder Satan Act) とよばれたこの法律の目的は明らかであった。すなわち、マサチューセッツの子どもたちが聖書を読み、理解することを学ぶことで、確実に悪魔をよせつけないようにすることであった。しかしながら、大多数の農村社会ではほとんどの教育は——家族を通じて、あるいは徒弟制度によって——世帯で行なわれており、教会で行なわれた教育は少なかった。さらに法律で定められていたにもかかわらず、実際に設立された学校数は、どの町でも法的規定からはほど遠かった。

しかしそれでも、1800年代初頭までにはさまざまな都市の学校が出現した。そのうちもっとも広く見られた学校——独立学校——は、建国初期に急増した。この学校は、本質的に、親が支払う授業料で運営し、それで生計を立てていた教師によって設立された。これとは別の、女性が自分の家で開いていた、もっと安価なデイムスクール (dame school、私塾) も同様に普及した。独立学校とデイムスクールは、後年の基礎学校のように、保護的機能と教育的機能の両方で役立った。授業は簡単で、保護者が支払う費用も低かったため、とりわけ大規模な都市に住む家族の多くがこれらの学校を支持した。しかし、富裕層と貧困層は支持しなかった。一般に、裕福な商人と専門職従事者は自宅で個人教師を雇うか、寄宿学校で子どもたちを学ばせた。彼らは子弟に自分たちの階級の文化的よそおいを身につけさせたいと望んでいた。社会的に差異化することが教育の主要目的であったので、一般的な独立学校の教育はほとんど主張されなかった。これとは対照的に、アメリカの極貧層は、初期の独立学校のささやかな授業料でさえ支払う余裕がなかったため、彼らの子どもは学校教育を受けなかった。その一方で、建国初期までに全国の主要都市では、社会経済的な不平等の拡大にともなって失業と犯罪が増えた。新興の都市の中産階級は、下層階級の子どもたちが学校に行かないことがこの問題の原因だと見ていた。都市の改革者たちは、子どもを規律化して指導する学校の能力を重視しており、もし好きなようにさせてしまえば、貧困家庭は、怠惰、いたずら、依存症を再生産するだろうと考えていたため、貧民児童のための学校を組織しはじめた。彼らが関心をもったのは、子どもの福祉というよりもコミュニティにおよぼす教育上のレッセ・フェールの長期的影響であった。

こうした関心の所在に応じて、いくつかのタイプの学校が出現した。慈善学校はその最初のひとつであった。こうした慈善学校は、初期の学校の大半のように、計算と聖書を暗記させることによって、敬虔さ、道徳性、独立独歩を教えこもうと骨折った。当初、この種の学校はもっとも貧しい子どもたちのために、各宗派によって組織され、イギリスをモデルとしていた。しかしながら、これらの学校が19世紀の最初の20年を超えてその範囲と活力を拡大させると、宗教的な性格は薄れた。1820年代以降、もっとも大きな沿岸都市で移民が増加すると、慈善学校はますます外国生まれの民衆を対象とするようになった。その一方で、規模の拡大は、ボランタリー組織では担いきれないほどの経費の増加をまねいた。適度な経費に抑える努力のなかでもっとも影響力があったのは、1790年代にアンドルー・ベルとリチャード・ランカスター[*2]によってイギリスで開発されたモニトリアル・システム、あるいはランカスター・システムとよばれるものであった。教育ピラミッドとして計画されたそれは、年長で優秀な生徒が、年少でより未熟な生徒たちに低コストで教えるというものであった。これを促進するためにランカスターとベルは、学校をいくつかの能力別のクラスに分けることで教育をより容易にした。これは、複雑な教授技術を分類し、若い教授者が扱えるように工夫された一連の教授実践へと変化させるのを可能にした。モニトリアル・システムによる教育には、伝統的な方法にまさる利点がいくつか存在した。この方式によって、費用を最低限に抑えながら、一人の大人の教師が何百という生徒の教育を監督することを可能にした。能力別に分けないクラスに特有の個別教育とは異なり、教師が生徒全体に話しかけるのを可能にすることによって教育効果を高めた。最終的には、平均的な教師の質が低いときには、助教師に訓練を課すことになったが、それは前例のないものであった。1830年代までに、ランカスター派の学校は、北東部から南部と西部の中心都市にまで普及した。

日曜学校と幼児学校は、慈善学校での教育の代替物としてほぼ同時期に登場した。日曜学校は労働階級の子どもたちを対象に、日曜日に読み書きと宗教を教えるものであった。本来は定時制の慈善学校であったが、当初から特定の宗派にかぎられてはいなかった。幼児学校は2歳から6歳までの子どもに提供された。そこでは教育的干渉は非常に幼いときにもっとも効果があるという考えによって知識が提供された。これらの学校は、個人の発達に対する相対的自由と奨励で知られていたが、モニトリアル・システムを採用した学校やその他の慈善基金による学校の厳密な組織化には否定的であった。だが、これらは——すべて慈善学校の教育を行なっていたので——主として聖書を読み、暗唱

することをとおして、年少の子どもたちにキリスト教的道徳性と労働観を教えこもうとした。改革者たちはまた、危険な扇動家とデマゴーグとみられるのを拒絶する保守的な市民性を育成しようと努めた。

都市のコモンスクール

コモンスクールは、近代的な公立の初等学校の前身であり、その初期の経験にもとづいて設置された。国家から補助金を支給されたこれらの学校は、私立学校や慈善学校が区別する傾向にあった者たち——少年も少女も、プロテスタントもカトリックも、中産階級の子どもも貧民の子どもも——を合わせて集団を形成したいという意味で共通（コモン）のものであった。慈善学校の教育は、自律的な独立学校以上に、設置の基礎となった組織的なノウハウと管理上から考えられた学校規模をつくり上げることで公教育への道を開くことになった。建国初期には独立学校がいっそうエリートにふさわしいものになったが、慈善学校はますます多様なものをとりこむようになった。このことが公立学校制度に果たした貢献はいくつかあった。まず第1に、慈善団体は経費を制限し、市や州の機関からの補助金を正当化するための会計実務をコモンスクールに残した。第2に、この財政上の調整は、しばしば一つの教育委員会が市全体の慈善学校を管轄することで、管理体制の集中化を導いた——これは公立学校に採用された方式である。最後に、ランカスター派の能力別クラス、階層構造、標準化された教育は、新生のコモンスクールの教授法とカリキュラムを形成した。

その一方で、普遍的な公立学校制度の創設理念は、ニューイングランドに極度に集中していた教育の専門的な指導者たち——彼らはプロイセンからインスピレーションを受けたと思われる——からもたらされた。マサチューセッツ州の**ホーレス・マン**とコネティカット州のヘンリー・バーナード[*3]はコモンスクールを擁護したもっともよく知られた二人である。マンは、1837年にマサチューセッツ州教育委員会［教育長］に任命され、州全体の学校にかんする情報を集めはじめ、それを公知しはじめた。続く11年以上にわたって彼は、専門の教師による自由で普遍的で非宗派の学校のために尽力した。バーナードは、アメリカの初代教育局長官に就任する以前、コネティカットとロードアイランドの公立学校制度のために、［マンと］同様のことを数多く行なった。とりわけ彼は、専門職としての教員養成を行なう師範学校の設立に奮闘した。ニューイングランドは、バーナードやマン、その他の支持者の努力が宗教知識のピューリタン的遺産と結びついて、公立の学校教育を開拓した。そのあとには中西部——ここにはニューイングランドの人びとが大量に移住した——がすぐに続いたが、中部大西洋岸地域はゆっくりと進行した。これとは対照的に南部では、南北戦争（1861-65）以前は継続的な正規の公立学校制度は設立されていなかった。

いくつかの州で中央集権化された州教育省が設立されたにもかかわらず、1850年には、地方で選出された学務委員会は、学校活動のあらゆる側面を実質的に監督し、実行していた。ほとんどの学務委員会の最大の関心事は経費であったため、彼らは、賃金以外のことは何も知らず、長く続けるつもりもなく、訓練も受けていない教師——しだいに女性が増えた——を雇用した。このことがカリキュラムを単純なもの——くりかえしの暗記が主流の教授法であった——にし、人びとの期待は低かった。その一方で、教育制度の作成者たちはこうした素人の考えに不満をいだき、学校を改良しようと努めた。教育改革者たちは、地方の学務委員会が、身軽で低賃金の教師を雇い、学期を短くすることで経費を削減しようとしたのとは異なり、在学期間を延長し、教職を専門化し、アメリカの学級に標準を導入しようとした。これは、学校の管理を、財政を意識していた素人の学務委員会から新しく誕生した教育の専門家に移譲することを意味した。こうした改革は資金を必要としたので、税金によって学校財政を運用することも意味した。

学校を整理統合することは改革者たちの中心的な目標となったが、それは、大規模校が学校管理の集中化の根拠を促進し、能力別学級編成を可能にし、教師の雇用に対する統制を増加させ、「科学的」教育学の普及を加速させるからである。学校制度の設計者たちは、軋轢を生じさせるという理由で、公的な機関から宗教を排除しようと尽力した。かれらはまた、私立学校からしかけられた競争をはねのけるために、無償の公立学校を賞賛した。私立学校の教育は公教育に対する政治的支援を骨抜きにし、大規模で等級別に分ける学校の設立を困難にした。都市の多数の民主主義者、一部の宗教グループ、大多数の農村在住のアメリカ人は、コミュニティの外の人びとを中心地に集めることには懐疑的であり、こうした改革には反対した。非国教徒は、自分たちの学校を便利な自宅の近所に設立して、地方の通念や習慣に対応し、かつできるだけ安価なものにすることを望んでいた。カトリックや敬虔派のドイツ人、その他の宗教団体は、公立の学校教育の大部分をプロテスタントが推進すること、あるいは改革者たちの世俗的傾向のいずれかを拒絶した。とくに、人口密度が低く、交通の便も悪く、地方支配の伝統が非常に根強かった、点在する農村地域で強い抵抗が見られた。結果的には、統一されたコモンスクール制度は当初、改革の衝撃がもっとも強く、人口密度も最高値で、教師の専門職意識が非常に強かった大都市で実施された。小規模な都市、町、農村の学区には集中化は徐々に進んだ。

アメリカのハイスクール

アメリカのハイスクールは、しばしば農村の寄宿制

アカデミーまでさかのぼることができるが、コモンスクールから多くの恩恵をこうむった。コモンスクールはいくつかの方法でハイスクールへの道を開いた。コモンスクールは、固定資産税を資金にした無償の学校教育であるという考え方にアメリカ人を慣れさせた。ハイスクールを設立する制度的基盤を提供した。実際、一部の地域では、都市のハイスクールは、コモンスクールを上級学年へ延長することからはじまった。最終的にコモンスクールは、ハイスクールをめざして入学準備をする若者を生み出した。アカデミーもハイスクールの一翼を担った。アカデミーは、19世紀初頭における植民地のラテン語学校に代わる農村の民間教育機関であり、多くの場合、その教育方針として教養的な進学準備を行なう学校であった。ハイスクールは、とりわけ早期の暗記と演繹的学習を強調するなど、アカデミーの学問的方法を受け継いだ。

だが、ハイスクールの目的は当初からまったく異なるものであった。職人、商店主、その他の都市の中産階級の親たちは、自分の子どもには——教養教育（リベラル・アーツ）を重視する授業料の高い私立の寄宿学校ではなく——地元の、有益な、手ごろな教育を求めた。彼らは実践的な仕上げの教養学校*4を求めていたのであり、さらに上級への進学準備のための学校教育は必要としていなかった。結果的に、このタイプの最初の学校は、中産階級の若者に商業および機械技術関連の職業で必要とされる有益な技術を提供することを目的に、1821年に創設された「ボストン英語古典教養学校」であった。そのカリキュラム——大部分が数学、自然科学、近代語からなっていた——の研究方法は学問的であったが、目的は実践的であった。1851年までに、主として男子を対象にした公立ハイスクールが八つの都市に設立された。アメリカでは1850年代を通じて女子を対象にしたハイスクールについての議論があり、コモンスクール教師の要望を受けて、若い女性を対象にしたハイスクールと師範学校が設立された。だが、実際にハイスクールが広範囲に受け入れられるようになったのは、1880年代になってからであった。

アメリカのような、地方分権化した制度の発展を詳述するのはむずかしいが、多様性のなかから生じたいくつかの一般法則がある。ほぼ当初から、アメリカ人は、だれの利益にもとづいて学校を管理するかをめぐって争っていた。1840年代以降、ニューヨーク州とミシガン州の大学協会理事会のような州政府の委員会は、公立のハイスクールが高いレベルのエリート向けの大学進学準備に適したカリキュラムを提供することを支持した。これとは対照的に、地方の学務委員会は、そこまで難易度が高くない実践科目コースをハイスクールで受けられるよう尽力した。さらに、初期にはハイスクールで学んだアメリカ人の割合は小さく、卒業した者はさらに少なかったので、反対者は学校が税金の支援を受ける権利をもつことに異議を唱えた。しかし、1874年のカラマズー訴訟*5において、ミシガン州最高裁判所は、学区はハイスクールを税金で支援できるという判決をくだした。それ以降のハイスクールが、無償制の、ほぼ実学的な教育を提供した事実は、ハイスクールをアカデミーに代わるものにした。

教師の専門職化

先駆的な教育制度の設立者たちの目から見て、アメリカの学校には反感をいだかせるものが多くあった。1840年代から世紀末まで、彼らは、初期のアメリカのクラスの多くでは、不適格で残忍な行為が広まっていると非難した。教師がひとシーズンのために、地方の行政機関との関係で雇用された場合、彼らの教授技術はしばしば制限され、しつけの方法はしばしば過酷なものになった。教育の指導者たちは、もっとも不適格で残忍な者をふるいにかけながら、採用、養成、研修の専門方法の開発を望んでいた。さらに彼らは、クラスで生じたことをある程度まで管理できるカリキュラムの標準化に努めた。その一方で、地方の政治的利害が学校にからみつき、財政の節減が学校経営の主要方針でありつづけるかぎり、専門職としての水準にはまだ手がとどいていないと理解していた。同時に、ほかの専門職集団のように、初期の教育の指導者たちは独自の実践すべき義務をもっていた。彼らは、子どもたちの学校福祉をみずからを正当化するために用いることで、よりよい労働条件、賃金の値上げ、職業的地位と職業に対する支配権の向上を求めた。1890年代には、州議会に教育資格の標準化をはたらきかける専門職団体を組織しはじめ、これらの団体を効果的に操作した。1900年の時点で教師の資格証明書を特別に設定したのは、二つの州のみであった。30年後、ほぼすべての州が証明書を発行した。

1893年から1935年のあいだに、アメリカのハイスクールの発展を劇的に導いた二つの発展があった。一つめは1893年から1930年のあいだに実施されたアメリカの学校教育の管理体制における二つの変化である。地方レベルでは、1893年の恐慌によって、政治機構から学校を分離した一連の進歩主義の改革は霧散した。財政危機によって何千もの地方自治体と学区が多額の借金を背負うこととなり、その20年後にそれらは破綻し、地方行政を専門職による経営実践へと転換させることになった。この転換には、市委員会、市政管理官、中央集権的な統合型教育委員会、市全体にわたる公正な選挙、そして地方の学校行政における政治的な恩恵の配分よりも専門職による官僚機構を促進しようとするその他の対策がふくまれていた。土地の入手、学校の建設、学校債の発行などが、大都市の地方行政に政治的汚職の機会を豊富に提供しつづけた一方で、専門職として養成された教育長が、教員採用、教科書選定、カリキュラム開発、そして卒業基準をふくむ教

育活動を直接担う領域を徐々に管理・監督するようになった。専門職のエキスパートは、学校費を合法と認めることで、増大する学校への公的支出を奨励した。

最高学府においては、二つめの展開がアメリカの学校運営に影響した。それは教育のピラミッド全体に対する高等教育の影響の度合が増加したことであった。カレッジと大学は、高校生の高等教育機関への流入を先どりして、ハイスクールのカリキュラムを作成する能力をもつ地方の認定機構を組織するために、ともに手をとりあった。これらの機構は、認定された学校が提供すべき種々のアカデミック・コースを規定した。認定がカレッジの学生定員に影響をあたえたため、すべての都市の学区では、事実上、有力な保護者は、学校が認定されるのを強く求めた。この影響力は、1900年以降、教職大学院の出現でいっそう強められた。教職大学院はアメリカのもっとも有名ないくつかの大学に設置され、アメリカの教育政策を二つの方向に導いた。第1は、教職大学院が教育のリーダー、とりわけ国家官僚、教育長、影響力の強い教師の養成をますます独占するようになったことである。第2は、これらが、素人が対抗するにはむずかしい教育研究を通じて「科学的」教育学の体系と、もっともすぐれた実践を生み出したことであった。その間に、各有名大学の学長は、中等学校に対する効果的な指針を作成したいくつかの国家的委員会の議長をつとめ、学校にかんする国家的議論で主導的な役割を担った。

その結果、おりしも金融危機と市政改革によって、学校に対する政治制度の影響力がゆるめられると、学術的訓練を受けた大学教師や高等教育にかかわる教育者からなる専門職集団は、決然とそれらを管理しようと動き出した。このガヴァナンスにかんする変化は、アメリカのハイスクールのカレッジへの進学準備機能を促進したが、これは進路指導では、就職にむけての学生の訓練をしだいに関心事からはずし、すみへと追いやることになった。1900年以降、白人労働市場における教育の質に対する需要の高まりがこの運動を後押しした。実際には、都市のハイスクールが、影響力をもつ中産階級の保護者と生徒（クライエント）、行政官、職員の職業と教育に対する願望の変化に順応した。しかしながら、このガヴァナンスの変化のすぐあとに続いて、第2の、多くの方法で対抗する変化が生じた。1920年と1935年のあいだに、アメリカの都市のハイスクールは中産階級の教育機関から大衆のそれへと変容したのである。

この時期を通じて、アメリカでは南部を除くほぼ全土で、ふたつの出来事が中等学校の教育を襲った。1920年代に商工業関連の職場が変質したことと1930年代の**世界大恐慌**のふたつである。20世紀の10年間を特徴づけたのは、技術革新が児童労働の需要を急激に失わせたことであった。したがってこの10年間に公立のハイスクールが入学者数を220万人から440万人へと倍増させるのが見られた。さらに1929年以降、世界大恐慌はアメリカの都市における年少者の常勤労働を、事実上、終了させてしまった。労働階級の子どもたちが学校へ流れこみ、1939年から1940年にかけて、ハイスクールの入学者数を660万人へ押し上げた。このハイスクールの急成長は、とりわけ大規模で活発な産業都市で劇的に起きた。クローディア・ゴールディンのデータは、中等教育の学校化がふたつの要因の結果であったことを示している。すなわちハイスクールの存在と年少労働者の需要である。アメリカ人は存在しないハイスクールに通うことはできなかった。1950年代まで、低い資産価値、制限された学校資本、熟練労働へのかぎられた需要は——圧倒的に農村部で占められていた貧困地域である——南部における学校建設をさまたげた。その結果、ハイスクールは、西部と南部では1920年から1935年にかけて、南部では1950年から1970年にかけて、ふたつの時期区分に分かれて拡大した。

これとは対照的に、平均収入が高い農村地域は、都市民よりも早期に子どもたちをハイスクールに進学させた。学校教育に対する負担と、学校教育からもたらされる恩恵は都市部よりも農村部のほうがより公平に分配されていたため、彼らは学校を建設した。都市では一般的な、そして課税額査定官から容易に隠すことができた無形資産をもっている農民はほとんどいなかったので、固定資産税はより公正であった。さらに、農民たちは、冬季の家族労働はほとんど必要なかった。その結果、多くの青年期の若者が一年中はたらいていた都市とは対照的に、スクールバスでの通学が可能となれば、農家の子どもたちのほとんどすべてが学校に通った。最終的に、東部地方の都市とは異なって、ライバルとなる私立学校がなかったことは、裕福な住民が公立学校を支持するのを後押しした。かくして中西部と西部の農村地域の州では早くからハイスクールが設置され、地元の子どもたちはハイスクールに進学した。対照的に大規模な都市化と工業化を経験した州では、子どもがハイスクールに進学するようになるには長い道のりがあった。1920年の時点で、これらの地域ではハイスクールへの進学率と卒業者の割合が南部を除いてもっとも低かった。移民とその子どもたちが圧倒的に多かったニューヨーク、フィラデルフィア、ボストン、シカゴ、デトロイト、ミルウォーキー、セントルイスおよびその他の主要な工業都市は、家計収入を必要としていたために、子どもたちを14歳か15歳で就労させた。これは、ほとんどの仕事で学校の修了資格が問われず、また、労働が商売を学ぶ最良の方法のひとつであった時代には意味があった。

かくして1920年の都市のハイスクールは、いまなお圧倒的に地元の中産階級を顧客にしており、彼らは——ちょうど中産階級の専門職の学者が学校の運営管理を支えていたように——高等教育への進学または商

工業における事務職をめざす傾向にあった。しかし、1920年以降、エスニックの労働階級の子どもたちが都市のハイスクールにあふれだし、平均的な生徒の社会的出自と生活実態は変化した。これによって、財政面とカリキュラムの両方から学校につきつけられた要求は劇的に増えた。このことが、アメリカでは最初の全国的な教師不足をまねいたが、現職教員と将来教師となる者を吸い上げた事務職の雇用の急増によって状況はさらに悪化した。学校教育の性格と目的にかんする全国的な論争もひき起こした。

都市の学校制度は、サービスに対するあふれんばかりの需要に直面して資本を減少させたことで重い負債をかかえていたが、世界大恐慌はそこにさらに重い一撃をくわえた。かなり安価に提供できる書物中心の一般的なカレッジへの進学準備コースを強化する一方で、高額な職業教育プログラムは消えゆくことになった。しかし、第2次世界大戦は経済を回復させ、青年期の若者が仕事を見つけたことで一時的に中等教育の需要を減少させ、学校に対する資金調達の増加を導いた。戦後になって、南部を除くアメリカの教育実践を南部に集約させたおかげで、子ども一人あたりの支出に対する偏見に満ちた影響とはまったく関係なく、とくに南部の農村地域では人種差別によって、アフリカ系アメリカ人の子どもたちのほうが白人の子どもよりも学校で学びにくい状況になっていたが、中等教育は普遍的になった。だがその一方で、中産階級の学校の教育方針と純粋学問の優勢さによって、あらゆる子どもたちが平等に教育的ニーズを主張することができない制度が生まれた。アメリカの都市の学校制度を特徴づけたのは、容赦のない不平等であった。これは部分的には、学区を超えて学校で利用可能な財政的、社会的、文化的リソースに大きな相違があること——地域支配の遺産と住宅市場の影響——に原因がある。ここでは、すべての生徒が学問上の成功をおさめることでもたらされる教育的利益に賛同する単線型の総合制中等学校制度の影響は、それほど広く認識されなかった。

比較の視点から見たアメリカの都市の学校

初期の国家建設は、ヨーロッパの都市の学校をアメリカのそれとはまったく異なる発展の経緯をたどらせた。ヨーロッパ大陸のドイツ、フランス、その他の国ぐにでは、公立学校制度を入念につくり上げる以前に、国家の官僚制度が存在していた。このことは国家に学校の発展と運営に対する重要な役割をあたえた。アメリカの憲法が、その起源において反中央集権主義であったのを反映して、学校問題に対する連邦政府の権限を厳しく制限したのに対して、ヨーロッパ大陸諸国の政府は、最初から教育政策に積極的な役割を果たした。とりわけ、彼らは国家の役人の採用基盤となるエリートの高等教育の実現を強く切望していた。その結果、ついには多くの経済界のリーダーも、エリート校から輩出された。したがって、19世紀に大衆向けの初等学校での無償教育が登場した際、それはすでに整えられていたエリートの中等学校制度とは明確に異なるものであった。アメリカのハイスクールがコモンスクールから発展したのに対して、都市にあったドイツの**ギムナジウム**とフランスの**リセ**は、広く普及していた農村の民衆学校（*Volksschulen*）や小学校（*écoles primaires*）と共通するものは何もなかった。しかし、アメリカ人と同じように、ヨーロッパ人も最初は社会秩序をうながし、政治的忠誠心を吹きこむために、公立の学校教育に投資した。

ヨーロッパの中産階級の場合、上流階級のための地位にもとづいた組織原理に代えて、学業成績による機会を開放したが、こうした二段階制がもつ階級制度に根差した性格はアメリカの人びとに不快感をあたえた。さらに重要なのは、アメリカの人びとは、エリートの学術的なコースとは無関係に運営され、経営されていた技術教育と職業教育のプログラムを奨励した。1917年の「職業教育法」[*6]の支援者が、アメリカの普通教育を行なう学校から職業向けのプログラムを同じように切り離すために奮闘したものの、彼らはウィスコンシン州を除くすべての州で、労働者、教師、教育長、女性団体の連合組織に敗北した。その結果、アメリカでは高等教育と密接に関係していた教育者が、総合制の公立学校に在籍するすべての子どもに責任を負うことになったのに対して、ヨーロッパ諸国では、教育政策は非常に重要なものなので大学教師にすべてをまかせることはできないと考えていた。ヨーロッパの人びとは、教育と訓練政策を幅広い経済と労働市場のイニシアティブに連携させようと奮闘するなかで、教育政策に対する意見を学者以外の人びとにも拡大しようとした。ドイツ以上にこの方針をとった国家はなく、そこでは雇用者と労働者の組織——これは国家監視のもとに教育界から投入された——が職業教育と職業訓練制度の全体を運営した。20世紀を通じて、ドイツの若者の大多数に中等教育を提供することによって、教育制度は、とくに大学教師の役割を制限するために設計された。ドイツ南西部におけるその創始者たちは、学問的に訓練された行政官と職員が、どのようにしてプロイセンの職業学校を、安価で実践的な教育を求める人びとの希望をほかに転用することなく、エリートの進学準備の教育機関へと変化させたかをまのあたりにした。かくして、彼らは、教育と訓練をする実践的な共同体によって運営され、人材配置される制度を構築したのである。多くのアメリカ人が、本質的に、学校の職業プログラムは敗者のための文化会であるとみなすほど低い評価があたえられたアメリカとは対照的に、ほぼすべてのヨーロッパの国が、最終的に、なんらかのかたちの徒弟制度を中等教育に組みこむ形態をとった。

学校教育と近代の学校制度は、大西洋の両側の都市

ではじまった。対照的に、大衆教育は地方で定着し、都市へと広まった。この都市と農村との分割がどのように全国的な教育体制の発展を決定づけたのかは、いまだ十分に明らかではない。ヨーロッパ諸国は、かなりの多様性があるにもかかわらず、生徒のさまざまな能力と興味に取り組む教育制度を作り上げた。この偉大な挑戦によってエリート教育はいっそう包括的になり、すべての社会経済的な諸集団に開かれたものになっている。これとは対照的に、アメリカではアクセスと機会の平等にこだわったが、総合制学校が教育の結果の分配と公平にどのような影響をおよぼしたのかについてはほとんど関心を示してこなかった。アメリカ・モデルを参考にしたヨーロッパ諸国は、この点が足りないことに気づいている。だが、子どもの成長期に多様な能力をふみにじる出来事が渦巻いていたアメリカの各都市以上に、公教育の欠如が目立つところはどこにもない。

[訳注]

＊1 地方議会（the General Court）——植民地時代のニューイングランドの立法権と司法権をもつ地方集会。アメリカでは1629年頃からこのように言われはじめた。

＊2 ジョーゼフ・ランカスター（Joseph Lancaster, 1778-1838）——ロンドン生まれのクウェーカー教徒の教育者。子どもの集合的教育空間が学級制と学年制へと推移しはじめるのに先立って、上級生が下級生の監督・教習生となって、人数の多い教場で教育するモニトリアル・システム（monitorial system: 助教制）にもとづく学校を1798年にロンドンに開設して、非国教会派の人びとから支持された。国教会派の人びとが支持したアンドルー・ベル（Andrew Bell, 1753-1832）の方法とともに、イギリスの初等教育に広まった。のちにアメリカに渡り、フィラデルフィアやボルティモアなどの都市で講演と実演を行なった。

＊3 ヘンリー・バーナード（Henry Barnard, 1811-1900）——アメリカの教育家、政治家。公教育の改革に取り組み、学会誌『アメリカ教育研究』（*American Journal of Education*, 1855-1882）を編集した。1867年から1870年まで、アメリカ政府の教育局の初代長官であった。

＊4 教養学校（finishing school）——「花嫁学校」「フィニッシングスクール」とも表記される。社交界に出るための特別教育をほどこす寄宿制の私立の女子校をさしていうことが多い。

＊5 カラマズー訴訟（the Kalamazoo case）——1874年にアメリカのミシガン州最高裁判所がくだした判決。いわゆる「カラマズー判決」は、州がコモンスクール（公立小学校）に限定せずに、公立のハイスクールを設立して、完全な教育制度を確立する権限を有することを認めた。また、この判決は中等教育を公費で維持することを支持し、「すべての者に中等教育を」（Secondary School For All）の理念を制度化する端緒となり、19世紀末から20世紀にかけての中等教育の大衆化をもたらした。

＊6 「職業教育法」（the Vocational Education Act of 1917）——1917年、アメリカ大統領T・W・ウィルソン（T. W. Wilson, 1856-1924）の署名によって成立した法律。「スミス＝ヒューズ法」（Smith-Hughes Act）ともよばれる。公立学校で農業、家庭科、工業などの職業教育を行なうために連邦基金を提供することを決めた。

➡義務就学、教育（アメリカ）、職業教育・工業教育・職業訓練学校

●参考文献

Beatty, Barbara. 1995. *Preschool Education in America: The Culture of Young Children from the Colonial Era to the Present*. New Haven, CT: Yale University Press.

Boylan, Anne M. 1988. *Sunday School: The Formation of an American Institution, 1790-1880*. New Haven, CT: Yale University Press.

Brown, David K. 1995. *Degrees of Control: A Sociology of Educational Expansion and Occupational Credentialism*. New York: Teachers College Press.

Cremin, Lawrence A. 1988. *American Education: The Metropolitan Experience, 1876-1980*. New York: Harper and Row.

Goldin, Claudia. 1998. "America's Graduation from High School: The Evolution and Spread of Secondary Schooling in the Twentieth Century." *The Journal of Economic History* 58: 345-374.

Goodenow, Ronald K., and Diane Ravitch, eds. 1983. *Schools in Cities: Consensus and Conflict in American Educational History*. New York: Holmes and Meier.

Hawkins, Hugh. 1992. *Banding Together: The Rise of National Associations in American Higher Education, 1877-1950*. Baltimore, MD: Johns Hopkins University Press.

Herbst, Jurgen. 1996. *The Once and Future School: Three Hundred and Fifty Years of American Secondary Education*. New York: Routledge.

Kaestle, Carl. 1983. *Pillars of the Republic: Common Schools and American Society, 1780-1860*. New York: Hill and Wang.

Katz, Michael B. 1971. *Class, Bureaucracy, and Schools: The Illusion of Educational Change in America*. New York: Praeger.

Katznelson, Ira, and Margaret Wier. 1985. *Schooling for All: Class, Race, and the Decline of the Democratic Ideal*. New York: Basic Books.

Kozol, Jonathan. 1992. *Savage Inequalities: Children in America's Schools*. New York: Harper Perennial.

Krug, Edward. 1964. *The Shaping of the American High School*. New York: Harper and Row.

Labaree, David F. 1988. *The Making of an American High School: The Credentials Market and the Central High School of Philadelphia, 1838-1939*. New Haven, CT: Yale University Press.

Leloudis, James L. 1996. *Schooling the New South*. Chapel Hill: University of North Carolina Press.

Maynes, Mary Jo. 1985. *Schooling for the People: Comparative Local Studies of Schooling History in France and Germany, 1750-1850.* New York: Holmes and Meier.

Mirel, Jeffrey. 1993. *The Rise and Fall of an Urban School System.* Ann Arbor: University of Michigan Press.

Peterson, Paul E. 1985. *The Politics of School Reform, 1870-1940.* Chicago: University of Chicago Press.

Prost, Antoine. 1981. *Histoire générale de l'enseignement et de l'éducation en France.* Paris: Armand Colin.

Ravitch, Diane. 1974. *The Great School Wars: New York City, 1805-1973; A History of the Public Schools as Battlefield of Social Change.* New York: Basic Books.

Reese, William J. 1995. *The Origins of the American High School.* New Haven, CT: Yale University Press.

Rury, John L. 1991. *Education and Women's Work: Female Schooling and the Division of Labor in Urban America, 1870-1930.* Albany: State University of New York Press.

Tyack, David. 1974. *The One Best System: A History of American Education.* Cambridge, MA: Harvard University Press.

Tyack, David, Robert Lowe, and Elisabeth Hansot. 1984. *Public Schools in Hard Times: The Great Depression and Recent Years.* Cambridge, MA: Harvard University Press.

Tyack, David, Thomas James, and Aaron Benavot. 1987. *Law and the Shaping of Public Education, 1785-1954.* Madison: University of Wisconsin Press.

（HAL HANSEN／三時眞貴子訳）

徒弟制度（Apprenticeship）

　公式の意味での徒弟制度とは、ある職業、芸術、あるいは知的専門職（profession）の熟練専門職（expert practitioner）とその初心者とのあいだで、一定期間にわたって後者が前者から訓練を受けるかわりに労働を提供する契約をともなう同意である。同業組合と幅広く結びついた徒弟制度は、その起源を西ヨーロッパでは中世の世帯経済にまでさかのぼる。

徒弟制度の起源とその日常的仕事

　労働と家庭の分離（職住分離）が1800年前後のヨーロッパと北アメリカではじまるまで、世帯もまた生産と再生産の場所であった。大部分の家族が、自分たちの生活を支えるためにその子どもたちに貢献させる必要があったため、年少の子どもたちはつねに家や土地で両親のそばではたらいていた。子どもたちはそうした労働を通じて両親から職業技能を身につけ、責任感を学び、その社会の価値観を内面化した。徒弟制度の慣行は、こうした労働と学習の家族中心モデルを、かならずしも血縁によって結びつく必要のない世帯にまで拡大したものである。それは、子どもや青年たちを彼らが生まれた世帯から一定期間――典型的には4年から7年間――暫定的に外の世帯ですごさせるために送り出すものであった。

　近世を通じて、明確に識別できる二つのタイプの徒弟制度が平行して存在していた。最初のタイプは、すぐれて教育的な形態で、中世のギルド[*1]に起源をもつものであった。このタイプの徒弟制度は、裕福な商人、専門職人、工芸職人たちによって営まれていたため、息子たちをその生まれた家族と同格の有力な世帯に預けた。ギルドが監督し、両親の影響力が若者の利益を守ったため、一般的に見てこのタイプの徒弟制度が真の訓練になった。この徒弟制度は、とくに息子たちの活動を多様化させたいと考えていた規模の大きな家族にとって有益であった。

　ギルドが強力であった地域では、訓練を厳格に監督していた。このことは、その業種に参入するのを制限することによってギルドによる価格の維持を可能にしていた。徒弟たちによい訓練をすることも重要であった。なぜなら、そうすることはギルドが、未熟な腕しかもっていない未公認の生産者たちからしかけられる競争にさらされる機会を少なくしていたからであった。しかし、訓練が過剰に拘束的になってくると、政府の役人や強い影響力のある消費者たちはギルドの権威を弱めるようはたらきかけた。

　徒弟制度は、社会的スペクトルのちょうど正反対の位置で支配的な経済形態をとった。質素な工芸職人や小規模な地主たちは、ほとんどの場合、その子どもたちを財政上の理由から徒弟奉公に出していた。一般に、これらの社会集団は、かぎられた土地と資本のために、自分の子どもたち全員を生産的な労働力として雇用する収容力を欠いていた。したがって、彼らは自分たちの「余剰な労働力」を、典型的には子どもがいない家族、あるいは大人になった子どもたちに委託したのである。食糧、雨露をしのぐ場所、燃料が大部分の家計収入のほとんどを消費したので、年長の子どもたちをほかの世帯に移すことは、重要な経済的救済をもたらした。

　一方、徒弟たちはといえば、親方が必要とする労働力を最低限のコストで提供した。しかし、この文脈では、職業訓練は労働の副産物でしかなく、労働交換の第一義的な目的ではなかった。親方たちは、自分の責任でその職業知識の教育を約束してはいたものの、労働を最大限にするという経済的な動機をもっていて、徒弟訓練については手を抜いていた。さらに、親方たちは、将来の競争を阻止するために、しばしば重要な職業上の秘密は徒弟たちに教えないようにしていた。ギルド規制と影響力のある両親が不在であったため、徒弟たちを搾取することが蔓延していた。

　しかし、どのような形態であれ、徒弟制度は普遍的ではなかった。若い女性は、いわゆる家政学を身につけ、養うべき自分の家族の過剰な子どもを助けるために、しばしば生家の外の世帯で使用人としてはたらく

ことはあったものの、彼女たちが契約書をとりかわして なにかの職業を学ぶことはめったになかった。長子 相続制がとられていた農業地域では、最年長の息子が 家を出ることはめったになく、彼は相続することを運 命づけられていた。さらに、家内工業やブドウ栽培に 見られるように、家族内で労働力を分かちあうことが 一般的な地域では、両親が子どもたち全員の労働力を 生産的に雇用することができたため、家族世帯の外の 徒弟制度はあまり見られなかった。

徒弟制度は、その多様性（あらゆる種類の中間形態 があった）にもかかわらず、共有するいくつかの特徴 があった。第一に、その経済的な力と教育的な力のそ れぞれの相対的な重要性は大きく違っていたが、つね にその両方が作用していた。さらに、いかなる文脈に おいてであれ、徒弟たちは仕事を通じて知識と技能を 帰納的に身につけていた。徒弟たちは、正式の教育を 受けずに言語を獲得していた子どもたちとまったく同 じように、経験を積んだ先輩の実務者たちから、観察 にもとづく知識、模倣の仕方、実践、そしてつきあい 方を学んだ。最後に、どの徒弟も、実際的な技能以上 のものを学び、厳しい労働の意味を学んだ。彼らはま た、その専門職に求められる道徳と行動について、自 分が属する共同体の規範を身につけた。親方は教師と して、また役割モデルとして、公的な役割——共同体 全体が、既得のつながりをもっていた役割——を果た していた。しかし、個々の世帯や仕事場では、こうし た公的な役割をいつも個人の利害が調停していた。こ の調停機能がますます正当化され、公開の場で追求さ れるようになると、徒弟制度の慣行は個人的な契約に 変質してしまい、その公的な目的を脱落させた。

近代における徒弟制度の発展

工業化の結果、徒弟制度は急勾配の、しかもあきら かに以後も続く衰退の歩みを経験した。徒弟制度が経 済的な労働力の交換であるかぎり、その賃金関係への 変容はいくつかの利益をもたらした。賃金労働は、若 者たちがその労働時間を制限するのを可能にすること によって若者たちの自由を大いに強め、わずらわしい 家事労働を終わらせ、親方世帯での24時間連続する 監視からのがれさせ、さらには雇用主たちの自由を変 えさせた。また、賃金労働は、より貧しい家族が、賃 金収入をたくわえることによって年長の子どもたちを 家にとどめておくのを可能にした。親方たちも、手に 負えず、あてにできない青年たちから、しばしば自分 の家庭を喜んで解放することができた。さらに、賃金 関係は、親方たちが需要の高まりに応じて若い労働者 を雇用したり解雇するのを可能にした。しかし、雇用 関係が訓練をまったくふくまなくなったため、すぐ手 のとどく仕事をこなすうえで必要以上のものを若者に 教える義務は、雇用主たちにはまったくなくなった。 学ぶことは、労働の副産物として続いたが、中央集権

化された工場内の分業が発達すると、学習範囲は縮小 した。

しかし、徒弟制度の衰退は誇張されやすい。徒弟制 度は、地方では1900年代のかなりの時期まで長く残 存した。さらに意味深いことは、ヨーロッパと北アメ リカの工業化が進行しつつあった地域にひろまってい た商会（firms）は、1880年以降、徒弟制度の近代的 な形態で実験をしはじめた。労働力の構成が、技能水 準の低い織物業、革細工仕事、そして縫製業から、金 属製造業、機械組み立て、そして金属加工業へと推移 すると、徒弟制度は急速に発展した。もっともダイナ ミックで科学技術的に洗練された経済部門の雇用主た ちは、ひとつの会社内での訓練が、非常に急速な拡張 期の熟練労働力を供給する唯一の方法をもたらすこと を発見した。1910年当時、世界の主要な商会のほぼ すべてが、しばしば法人組織の学校をともなう費用の かかる徒弟制度を設立した。しかし、このような訓練 投資から利潤を得た商会はほとんどなかった。

近代の労働条件が労働を変容させたために、徒弟制 度の最初の数年は費用がかさむ生産労働からは切り離 されたフルタイムの訓練をふくんでいた。各商会は、 このような経費を、支払われた以上のものを徒弟たち が生み出す3年契約の最後の年のあいだに捕捉しよう とした。しかし、熟練労働への需要が高まった時期に なると、徒弟たちはもっと賃金の高いほかの場所を求 めて、しばしば契約を破棄した。この経験は、訓練す るよりもほかから引き抜くほうが安上がりになること を各商会に教えた。しかし、すべての職人が引き抜か れ、訓練を受ける者が一人もいなくなると、技能の全 体的な創出が低下することになった。

こうした板ばさみの状況が表面化したことについて は二つの異なる反応が見られた。第一の反応は、徒弟 制度なしで、アメリカにおいてもっとも組織的に遂行 された。1920年代の大量生産と結びついた急激な生 産性の向上は、労働力におけるそれに対応した成長を ともなわずに生産高が拡張するのを許した。仕事の身 分保有[*2]が発展し、経験を積んだ労働者に対する未熟 練労働者の比率が下降すると、各商会は、新任養成制 度（preservice training）なしですませることができ、 また、実地訓練（on-the-job learning）でもまにあわ せられることを見いだした。さらに、このような非公 式な訓練形態に貢献しながら、複雑な労働分割、狭隘 な仕事の定義、そして仕事の段階制は、経験と技能の 段階的な獲得を可能にした。最後に、アメリカのいく つかの商会は、1920年以降、彼らのホワイト・カラ ー職員の補充先を明確にハイスクールと大学に転じた。 こうして徒弟制度は、アメリカ経済の一つの部門であ る建築施工業[*3]においておもに残存したが、そこでは 大量生産の戦略が志願を制約し、組合が職業訓練を統 制できるほどの力強さを保っていた。

第二の戦略はドイツにおいて類型化されたものであ

り、徒弟制度の集団的な規制をふくんでいたが、これは雇用者と労働者からなる組織的な諸団体のあいだの社会的連携の上に構築された解決策であった。ドイツ人たちは、アメリカとの競争に直面して、とくに注文生産をする産業設備と高品質な消費財に彼らの歴史上の重要性があったために、アメリカ型の大量生産戦略を適用するのは困難だとわかっていた。さらに、1890年から1913年にかけての時期に見られたドイツの同業組合の重要性と近代化は、高度な品質管理、教育的な手工技術の形態、工業的徒弟制度、そして商業的徒弟制度などへの移行を進めた。

しだいにドイツは、徒弟たちに自分の契約を大いに尊重させ、公的な訓練基準を私的な訓練商会に課すように強制する、洗練された職業訓練、試験制度、そして資格制度を構築した。その結果ドイツでは、徒弟制度の慣行はドイツ人の3人のうち2人を対象とする、全日制の学校教育に代わる魅力的な教育の選択肢も提供しながら、国内のほとんどの職業を専門化した。

教育装置としての徒弟制度のもっとも重要な利点は、それが、その過程に本質的な動機と報奨を吹きこみながら、学習を現実世界の実用性に結びつける方法から得られる。工業化された世界で学校を基礎にした教育制度の不足と不公平さに対する不満が広まったため、政府の関係当局者たち、雇用者側の組織、そして労働組合は、徒弟制度に対して新しく復活させた関心を展開してきた。ヨーロッパはこうした展開においてほかのどこよりも大きな動きを見せ、その主要な国々（たとえばドイツ、オーストリア、デンマーク、フランス、イギリス）のほぼすべての国で、徒弟制度が中心的な役割を果たす活発な職業プログラムをもっていた。これとは対照的にアメリカ人たちは、一般に、職業教育を、民主的な社会では劣ったものであり、価値のないものと見ていた。議論の余地はあるものの、このことは、その本質的なメリットに関係しているというよりもむしろアメリカで職業プログラムがどのように進化したのかということのほうにより多く関係があった。徒弟制度のプログラムがじゅうぶんに規制され、厳格さを失わず、よい仕事につけるようになっているところでは、このプログラムは人気があることを証明しており、学生たちに学ぶことを刺激し、社会的および経済的な平等性を強めた。

［訳注］
* ＊1 ギルド（guild, Gilde, Zunft）──ヨーロッパの中世以降近世にかけて諸都市の商工業者のあいだで結成されたさまざまな職業別の身分制の構造をもった組合組織。その形態と業種などによって商人ギルド、手工業ギルド（同職ギルド）などに分類される。組織内の位階制と身分制が強かったところでは封建制の基軸として残存した。ヨーロッパの中世都市のギルドは、市参事会を通じて市政運営と都市の成立・発展に大きく寄与した大商人（遠隔地商人）によって組織された商人ギルド（英：merchant guild、独：Gilde）が主体であった。しかし、そうした独占支配に反発した中小の手工業者たちは職業別の手工業ギルド（同職ギルド、英：craft guild、独：Zunft）を結成するようになり、商人ギルドに対抗して市政参加を要求した。この両集団の闘争はツンフト闘争と称されるが、支配権や営業権をめぐるせめぎあいを通じてしだいに手工業者も市政参加の道を開いた。こうしたギルドでは、後継者の養成と専門知識の伝授、雇用の斡旋などを行なう徒弟制度が発展し、厳格な身分制度を敷いて、その頂点に立つ親方は職人・徒弟たちの道徳教育と職業教育を通じて強い絆と身分制を保持し、若者たちの就労機会を保証した。ギルドに参加できるものは親方資格をもつものにかぎられていた。また、各ギルドは教会と密接なかかわりがあり、集団ごとに守護聖人をもち、その祝日などに会合を行なって連帯感を強めていた。各ギルドにおいて生産される製品や労働サービスは、その品質・規格・価格などが厳しくギルド内で統制され、品質の維持がはかられていた。販売・営業・雇用および職業教育にかんしても、ギルド支配と親方統制を通じて独占的な権利を保持していたため、自由競争を排除してギルドの構成員が共存共栄することが可能であった。しかし、このことが各個人の自由な経済活動を阻害したともいえ、やがて工業化の進展と分業の発達によって自由契約労働や賃金労働が広まると、親方−徒弟関係がくずれ、「自由」を求める若年労働者はギルド型の徒弟教育から離反した。ギルドは、近世の絶対王政下において各都市の自主性が絶対王権に屈していくなかで、一方では王権に接近して特権集団としてみずからの利権擁護をはかり、他方では独自な維持発展をはかった。だが、しだいに市民階級が成長してくると、閉鎖的・特権的なギルドへの批判が強まり、市民革命のなかでは解体を余儀なくされた。しかし、封建制が長く残存した地域では、ドイツのように、ギルドあるいはその行動様式の残滓形態が近代国家における職業別の社会保険制度の基盤になるなど、今日にいたるまでギルド的な職業教育と職業別社会保障という価値観は残存している。
* ＊2 仕事の身分保有（job tenure）──雇用関係において、見習期間を終えたあと、その地位・雇用を終身的に保証すること。職業上の地位の保有および在職資格。
* ＊3 建築施工業（building trades）──建物の建築や仕上げにかかわる大工、石工、左官、配管、内装などの職業。伝統的に見習い型の徒弟教育が残存しやすかった。

➡近世ヨーロッパの子ども、経済と子ども（西ヨーロッパ社会）、児童労働（欧米）、職業教育・工業教育・職業訓練学校、中世とルネサンス時代のヨーロッパ、ヨーロッパの工業化

● 参考文献

Ainley, Patrick, and Helen Rainbird, eds. 1999. *Apprenticeship: Toward a New Paradigm of Learning.*

London: Kogan Page.
Douglas, Paul. 1921. *American Apprenticeship and Industrial Education.* New York: Columbia University.
Hajnal, John. 1965. "European Marriage Patterns in Perspective." In *Population in History: Essays in Historical Demography,* ed. D. V. Glass and David E. Eversley. London: Arnold.
Hamilton, Stephen. 1990. *Apprenticeship for Adulthood: Preparing Youth for the Future.* New York: Free Press.
Lane, Joan. 1996. *Apprenticeship in England, 1600-1914.* London: UCL Press.
Rorabaugh, W. J. 1986. *The Craft Apprentice: From Franklin to the Machine Age in America.* New York: Oxford University Press.

（HAL HANSEN／北本正章訳）

ドラッグ（薬物）（Drugs）

　子どもや青年たちによる薬物使用は、増大する薬物という現実の出来事と、それについて一般大衆と両親がいだくおそれによってあおりたてられるので、くりかえし政府と社会の監視を受ける。20世紀以前には、樟脳とアヘンチンキ（どちらも希釈された麻酔剤）を成分とする「鎮静シロップ」が、健康管理の責任を負う医者、民間の祈祷師、家族らによって、コレラや子ども期の病気の治療に利用できる数少ない効果的な薬物治療法のひとつであった。これを乳幼児と子どもに使用することについての批判は、アメリカの最初期の時代から聞かれた。母親や子守娘たちによる乳幼児への「麻薬の投与」に反対する初期のキャンペーンは、薬剤師が麻薬を投与することに対する専門家の統制を強める目的の一部としてそうした警告をとりいれた19世紀の「正規の」医師たちによって主導された。
　臨床家たちは、早くも1830年代に、アヘン剤に対する先天的な中毒症を観察していた。「青色児」（チアノーゼ）*1は、おちつきがなく、道徳的にも精神的にも弱く、母親がアヘン剤を使ったためであると考えられた。1832年の論文で、ウィリアム・G・スミスは、「人が混みあうダンス・パーティの楽しみをひかえ、あるいは毎晩のようにドラマチックなシーンの派手な魅力をつつしむよりもむしろ」アヘンを混ぜた医薬品で乳幼児を静かにさせる「若い、思慮の浅い母親や怠惰な乳母」を批判している。19世紀の医師たちは、禁断症状患者の隔離策を徐々に実施した。だが、当時の『アメリカ応用治療教本』（*American Textbook of Applied Therapeutics,* 1896）は、「モルヒネ中毒の母親から生まれた乳幼児」の病気のひどい結末をほめているが、それは、「こうした子どもたちの道徳的および精神的な強さが、その後に経験する苦しみの大部分をになわせるという点ではるかに低い水準でしかなかった」からであった。20世紀の変わり目までに、女性のキリスト教禁酒連盟（the Women's Christian Temperance Union: WCTU）のもとに、すべての州の公立学校でアルコール、タバコ、その他の薬物の危険な影響を強調する生理学と衛生学を教えるよう要請した。自分の子どもに「薬物をあたえていた」母親たちは、売薬を規制しようとする進歩主義のキャンペーン期間中は公的な監視を受けるようになった。このようなキャンペーンは、当時大量に出まわっていた医薬品*2の使用、その薬に混ぜものを入れて不純化すること、そしてその薬の誇大広告などについての広範囲にわたる関心の文脈で起きたが、最終的にこのキャンペーンは「純正食品薬事法」*3のもとで規制を受けることにつながった。
　ある医者が、「モルヒネ中毒の母親」の赤ん坊の血液には、「その母親の血液と同じように薬物が染みこんでおり」、その結果、麻酔剤が胎盤を壊しているのはまちがいないと発見した1913年に、モルヒネ中毒の母親は赤ん坊に対する直接の脅威になると記述された。「アヘン中毒の父親」もその子孫に害をおよぼすと考えられた。「身体内のあらゆる影響が原形質*4の作製過程を説明するなら、また、病原菌の原形質の構成がその特質を両親の有機体のあらゆる原形質の形態からとりいれられるものであるのなら、それに代わる方法はどのようにすれば可能になるのであろうか？」（Terry and Pellens, p. 416）。学校の子どもたちのあいだでの麻酔剤の使用に対する連邦議会での注意は、1910年にフィラデルフィアで起こった。アヘン常習者の人数がもっとも多かったニューヨークのような州は、連邦政府の「1914年ハリソン法」（Harrison Act of 1914）に先だってアヘンを規制した。このハリソン法は、かつてその合法性がアメリカ対ジン・フォイ・モイ訴訟（*United State v. Jin Fuey Moy,* 1916）と、ウェブ対アメリカ政府訴訟（*Webb v. United States,* 1918）によって確かめられた医師たちによって、麻酔行政を効果的に幕引きさせた。改革者たちは、禁酒法の制定*5によって、スペイン＝アメリカ戦争の英雄で、禁酒法の改革者であったリッチモンド・ピアソン・ホブソンらを代表とする世界麻薬防止協会（the World Narcotic Defense Association: WNDA）のような組織へと転じた。WNDAは1925年に麻薬教育にかんする会議を開催したが、このときある発言者は、麻薬の常用癖は「世代間の伝達」によって広まっていると訴えた。「薬物の常習のなかで生まれた赤ん坊は、おそろしいことになるのだが、麻薬の影響を受けた人生を実際にはじめるのです。…その父親と母親、あるいは両方が罪を犯している麻薬の常習犯であるような子どもたちに、社会は何を期待できましょうか？ そうした子どもたちが社会に対して示す態度はどのようなものでしょうか？」ニューヨーク市保健衛生部によって運営され、州政府によって管理されていたニューヨーク・シティー・クリニックを経営する公務員からも、子どもの麻薬常習者が高い数値を示しているとの

主張があった。そこでは、1919年から1920年にかけて7000人以上の麻薬常習者に対応していた。

　子どものあいだでの麻薬の常習は、20世紀なかばまでめったに言及されることはなく、どのように対処するかについて医者たちの大半も、ほとんど何も知らない状態が長く続いていた。チャールズ・テリーとミルドレッド・ペレンズが、その著書『アヘン問題』のために、1920年代に医師たちを調査したとき、先天的な麻薬中毒について、ほとんどの医師には正確で合理的な知識がなかったと結論した。ニューヨーク州における687校を対象に、回答率が50パーセント以上あった1924年のアンケート調査は、一般向けの出版物が報じていたにもかかわらず、薬物中毒の事例をみいだしそこなった。**少年裁判所**の判事たちや警察署長たちに送られた同じ調査結果は、州全体でほんのひとにぎりの事例しか認めていない。アメリカ政府が戦略物資としてアヘンを貯蔵したため、第2次世界大戦を通じて手に入れることができるアヘンはほとんどなく、したがって麻薬常用者の人数は、戦後になるまで低く保たれていた。

　麻薬中毒の「おそろしい波」がニューヨーク市の若者たちをいまにも飲みこんでしまいそうであるという警告は、終戦後に当局に拍車をかけさせることになる州全体の一般大衆のパニックをあおり立てた。州政府の犯罪調査委員会（the Senate Crime Investigating Committee）と青少年非行問題調査小委員会（the Subcommittee to Investigate Juvenile Delinquency）での聴聞会がはじめてテレビ放送されると、推定で約2000〜3000万人の視聴者のあいだに激しい熱気をかきたてた。上院議委員エスティス・キーフォーバー*6を議長とするこの聴聞会は、1950年5月から1951年8月まで続いた。1951年11月2日に議会を通過したボッグズ法は、10代の薬物中毒者の救済にふれているが、この法律は、薬物犯罪者に対してはじめて、もっとも軽い刑罰を宣告するものであった。1951年の夏にバッファローとアルバニーで、法務長官ナサニエル・L・ゴールドスタインによって開催された10代の麻薬中毒者についてのニューヨーク聴聞会は、女性の麻薬常用者の治療と社会復帰をおもな活動とする最初の政府組織をニューヨーク州ベッドフォード・ヒルズのウェストフィールド国営農場に設立するのに役立った。

　ニューヨーク市と州政府は、10代の麻薬中毒についての公的な議論の中心地となった。世に知られたニューヨーク医学会（New York Academy of Medicine）は、1951年と1952年に、時宜を得た「青年たちの薬物中毒」にかんする協議会を開催した。ニューヨーク大学の人間関係研究センターは、1950年代の古典的な麻薬中毒研究を指導した。1949年から1954年までにニューヨーク市の四つの行政区における青年たちのあいだでのヘロイン使用にかんする社会心理学的な研究の成果は、『H（ヘロイン）への道』（*The Road to H*, 1964）として出版された。何十年ものあいだこの主題にかんする決定的な研究に考察をくわえた結果、それは、小さな徴候を大規模な蔓延と取り違えたという理由から、連邦政府の薬物行政を批判した——これは、薬物使用者に直接はたらきかけた多数の治療専門家たちによって共有された見解であった。

　1950年代における青年たちの麻薬使用に対する注意の高まりは、ティーンエイジャーが麻薬を手に入れる可能性が増えてきたことと、それを生みだす際の**育児**、とくに母親による育児の役割に集中した。戦後の麻薬中毒者は、人種的および民族的に「ほかの人びと」と表現されたり、また、ときには、1940年代後期にあらわれはじめた、麻薬を使用しているところを描いた映画に少しずつ、絶えずとりあげられる性的な「逸脱者」と表現されることもあった。報道機関は、1950年代の流行にみられる不気味で新しい面を強調したが、ハリソン法の施行（1914年）後の余波を記憶していた専門家たちは、それを「古い問題の第2のピーク」とよんだ。この時点まで、アヘン剤、とくにヘロインは現実的な懸念の対象であり、薬物政策の基礎であった。

　薬物の管理当局者たちは、違法薬物を試しに使ってみることが若者たちのあいだで人気を博し、爆発的に大流行した1960年代に起きたできごとに驚愕した。**青年期医学と臨床**を専門とする新生児学の登場、連邦および州政府による治療法と研究機関の拡張、そして、20世紀後半に発達した反体制文化に若者たちが爆発的に参加することと並行して広まった薬物濫用領域に向けて展開したコミュニティ精神衛生運動などの出来事があった。若い薬物利用者たちの「薬物の選択」が、LSD*7からマリファナ、ヘロイン、クラック＝コカイン、メタンフェタミン*8、そしてエクスタシー*9へと変わっていくのにつれて、年少の薬物使用者たちのあいだには特殊な薬物を使うサブカルチャーがあらわれた。薬物が使用される社会的文脈は、小集団がどのような特殊な薬物にむけて沈下するかを決定しつづけることとなった。ティーンエイジャーのあいだにみられる診断未確定な高水準の鬱状態のように、同一年齢集団はそれに一役かうが、このことは若者たちの薬物利用は「自己治療」*10という形態をあらわしているかもしれない。アメリカ政府が薬物犯罪者を投獄監禁することにふみこむことになったため、20世紀後半になると、青少年たちはこれまでよりも高いレベルの刑事司法制度にかかわる経験をしはじめた。いくつかの州と自治体は年少の薬物犯罪者を、治療と社会復帰プログラムにふり向けることによって、より適切に未成年の薬物使用に対処するため、「薬物法廷」とよばれるこれまでとは違う司法制度で実験しはじめた。

　国立衛生研究所を構成する国立薬物濫用研究所（NIDA）は、1975年以降、「未来をモニターする」と

よばれる、ハイスクールの上級生たちのあいだでの薬物使用の範囲を調べる全国調査に資金提供した。1991年には、この調査は第8学年と第10学年にまで拡大された。その10年後の2002年の調査では、違法な薬物使用の全体的な低下だけでなく、連続して6年間なんらかの違法な薬物を使ったことがある子どもの比率もいちじるしく低下していることを示した。大人に認められるこれと類似した周期的傾向に続いて、子どもたちのあいだの薬物使用は、「世代間の伝達」という概念よりもむしろ、歴史家のコートライトとマストによって示された社会的な学習サイクルに従う傾向がある。たとえば、大人のクラック・コカイン使用を目にした子どもたちは、クラック・コカインの使用者にはならない傾向があった。クラック・コカインの流行がおさまると、「世代間の伝達」に対する国家の懸念もひどく許しがたいほどではなかったようである。比較的長期にわたる調査は、認知能力とほかの「結果としてあらわれる」測定値が、子宮内でコカインにさらされた子どもたちと、基本的なニーズが経済的な困窮のために満たされない子どもたちとのあいだに、ほとんど差異がないことを示している。

[訳注]

*1 青色児（blue baby）——病理学で、蒼身乳児あるいは紫藍性新生児のことをさす。これはチアノーゼ（cyanosis：青藍色症）とよばれ、血液内の酸素不足のために皮膚および粘膜が青（黒）くなることから「青色児」とよばれる。「チアノーゼ」は、ギリシア語の kyánōsis（濃い青色）にちなむ。

*2 医薬品（proprietary medicines）——製造販売の独占権をもつ薬のことで、特許登録を商標登録をしている特許薬。商品名のある医薬品。

*3 純正食品薬事法（the Pure Food and Drug Act, 1906）——アメリカの食品薬事法制史において、有害または不当表示された食品や薬品の市場からの排除、および各州にまたがって取引される食品や薬品の製造・販売の規制を目的として1906年に制定された。

*4 原形質（protoplasm）——生命の物質的基礎とされている無色透明、半流動性の物質。刺激を知覚、伝達し、新陳代謝させる能力をもち、すべての動植物細胞の生きている部分を構成する。

*5 禁酒法の時代（Prohibition）——アメリカ合衆国憲法第18修正条項による禁酒法（the Volstead Act）施行期間（1920-33）。

*6 E・キーフォーバー上院議員（Estes Kefauver, 1903-63）——アメリカの民主党の政治家。上院議員（1949-63）。反トラスト政策を推進したことで知られる。

*7 LSD（エルエスディー）——LSD-25ともいう。化学薬品名はリゼルグ酸ジエチルアミド（lysergic acid diethylamide）$C_{20}H_{25}N_3O$ で、強力な幻覚剤である。1938年にはじめて合成され、1943年にその幻覚剤としての作用が発見された。日本では1970年に麻薬に指定された。

*8 メタンフェタミン（methamphetamines）——$C_{10}H_{15}N$。中枢神経刺激剤。ナルコレプシー（narcolepsy）、過運動症、低血圧状態における血圧維持治療に、また禁制薬としても広く使われている。

*9 エクスタシー（Ecstasy：MDMA）——合成麻薬の一種で覚醒、幻覚作用をもたらす。この薬品は、1912年にドイツの化学薬品メーカーであるメルク社が、当初は食欲抑制剤としてはじめて合成したものである。正式名はメチレンジオキシメタンフェタミン（methylenedioxy- methamphetamine）。

*10 自己治療（self-medication）——医師など専門家の監督と指導なしに、薬や注射を使って自分で病気を治療すること。

➡喫煙、10代の飲酒、若者文化（ユースカルチャー）

●参考文献

Campbell, Nancy D. 2000. *Using Women: Gender, Drug Policy, and Social Justice.* New York: Routledge.

Courtwright, David T. 2001. *Dark Paradise: A History of Opiate Addiction in America.* Enlarged edition. Cambridge, MA: Harvard University Press.

Goldstein, Nathaniel L. 1952. *Narcotics: A Growing Problem, A Public Challenge, A Plan for Action, Report to the Legislature Pursuant to Chapter 528 of the Laws of 1951, 175th Session.* No. 3. Albany, New York.

Kandall, Stephen R. 1996. *Substance and Shadow: Women and Addiction in the United States.* Cambridge, MA: Harvard University Press.

Musto, David F. 1999. *The American Disease: Origins of Narcotic Control Policy.* 3rd edition. New York: Oxford University Press.

Prescott, Heather Munro. 1998. *A Doctor of Their Own: The History of Adolescent Medicine.* Cambridge, MA: Harvard University Press.

Terry, Charles, and Mildred Pellens. 1970 [1928]. *The Opitim Problem.* Montclair, NJ: Patterson Smith.

White, William L. 1998. *Slaying the Dragon: The History of Addiction Treatment and Recovery in America.* Bloomington, IL: Lighthouse Institute.

（NANCY CAMPBELL／北本正章訳）

トールキン、J・R・R（Tolkein, J. R. R.）

➡『指輪物語』とトールキン（Lord of the Rings and J. R. R. Tolkein）

奴隷制（アメリカ）(Slavery, United States)

アメリカにおける奴隷人口は1619年に20名の奴隷が最初に到着して以来、1808年にアメリカが大西洋奴隷貿易を法的に廃止するまで着実に増加した*1。200年近くにわたったアフリカ人の直接移入は奴隷人口の成長をうながした。しかしながら、いったん直接

トレイセイ

オラウダ・イクイアーノ（1745?-1797）*

貿易が終わったあとの継続的な増加は再生産によるものである。その結果、1860年にはアメリカ国内には395万3760名の奴隷がいた。議会が憲法修正第13条を批准した1865年12月までに、奴隷の数は400万人を超えるまでになっていた。解放された奴隷の半数以上は20歳以下であった。

中間航路[*2]を若い頃に生きのびた奴隷たちが語った話は、公刊されているものだけでなく未公刊のものもあるが、どちらにも（奴隷として）さらわれる前の子ども期のことがよく出てくる。ある子どもは鶏を守るために鷹を追いはらうのが自分の役目であったと回想している。（奴隷）商人が村にやってきて子どもたちをとらえたときは、ちょうど仲間と遊んでいたと書いている人もいる。子どもたちは抵抗したが、そのかいもなく商人に海岸へと追い立てられて行き、そこから大西洋を越えて新大陸へ向かう船に乗せられたのだった。

奴隷捕獲、内陸部から沿岸部への陸路の移動、アフリカから中間航路をへてアメリカへの航海は、どれもオラウダ・イクイアーノ[*3]が語ったとおりのものである。1756年、誘拐者が彼と姉をナイジェリアの村からつれさったとき、イクイアーノは11歳であった。姉の消息はいまも不明であるが、侵入者は少年を貿易商に売り飛ばした。イクイアーノをバルバドスのプランターに売ることができなかった——プランターはおそらく砂糖畑での過酷な労働をさせるには幼すぎると思ったのであろう——ため、商人は彼をヴァージニアにつれていったところ、たばこプランターがイクイアーノを購入した。オラウダ・イクイアーノやフローレンス・ホールのほかにも1518年から1850年のあいだ、故郷から引き離され、アメリカにつれていかれ、アメリカで農業労働者や熟練工、鉱山労働者、家事奉公人などとして労働に従事させられた1100万人以上のあらゆる年代のアフリカ人がいた。北アメリカ大陸に到着したのはアフリカ人の10パーセント以下であるが、当初そこでは、かれらの法的身分は定かではなかった。

北アメリカのイギリス領植民地では定められた年限——通常4年ないし7年——を年季奉公人としてはたらくアフリカ人もいた。結果として自由を得られる可能性は、のちの時代よりも大きかった。1630年から1660年のあいだに、黒人を永続的に隷属させることが慣習として許容されるようになり、それに見あった法律が制定された。1662年にはヴァージニア議会が、植民地生まれのすべての子どもが「自由かどうかは母親の状態によってのみ決まる」と定める法案を通過させた。北アメリカで英語が話されていた地域では、ヴァージニアだけでなくどこでも自由な女性は自由な子どもを生んだ。未婚の白人女性から生まれた混血（ムラート）の子どもは黒人とみなされ、大人になるまで奉公人とされた。成人後の彼らは実質的に自由であった。一方、奴隷の女性から生まれた子どもについては、肌の色にかかわらず、続く世代も生涯隷属状態に置かれることが法的に定められていた。永続的な隷属状態に置かれている人びとのなかにも「疑似奴隷」という、解放されたかのように生活し、はたらき、ふるまう人びともいた。混血のコーネリア・スミスは、ノースカロライナのプランターである祖父の家で成年に達したとき、「われわれは自由である」と述べている。彼女の母親と異父兄弟は庭をはさんで奴隷たちの居住区に住んでいた。「われわれはただ奴隷に生まれただけ」とスミスは述べている（Murray, p. 49）。さまざまな理由から、事実上の自由を享受し、所有者からはほとんど、あるいはまったく干渉されることのなかったスミスのような奴隷たちは、数は定かではないものの、ほかにも存在した。彼らを動産と位置づけていたのは法的な文書だけである。

奴隷である両親は子どもたちに、自分の実在上の、または空想上の親族にあやかった**命名**をすることによって子どもたちを親族集団に位置づけようとした。女の子は祖母の名前を受け継ぐことが多かったが、最初に生まれる男の子はたいてい父親の名前を継いだ。アフリカの伝統であるデイ・ネーム[*4]、つまり子どもた

ちが生まれた日にちなんだ名づけは初期に記録があるが、19世紀になると実際の誕生日が広まったこともあり、こうした名づけは消滅した。かわって、日の名前は近い親族、遠い親族のなかで大切なメンバーであることを示すものとして、世代を超えて親族に伝承される名前となっていった。

奴隷の子どもが生まれた後、名づけられるまで生きのびられた場合、その後にもっとも危機的な時期がやってきた。4歳までの奴隷の子どもが健康をそこねて生命を落とす確率は、奴隷がいたおもな州では白人の子どもたちの2倍にのぼった。栄養不良にくわえて、歯が生えることにともなう合併症や破傷風、開口障害などの疾病が奴隷の子どもの生命を脅かした。奴隷主の記録では「窒息」が子どもたちの死因のひとつにあげられている。しかしながら、近年、学者たちは、これは**乳幼児突然死症候群**（SIDS）ではないかと考えている。これは疲れはてた母親が子どもをあやしながらそばで寝ているうちに過って子どもを窒息させてしまったのではないかという初期の理由づけを否定するものである。

両親もプランターも、奴隷の子どもの死を嘆き悲しんだ。というのも、子どもは大切なものであったからである。両親が子どもたちの健康に手をつくしたのは愛情からであったが、所有者の投資は経済的な理由であった。健康な子どもは資産である一方、病弱な子どもは避けがたい経済的損失を予見させるものであった。このため、奴隷の所有者が所有している若い奴隷に気を配るのは特別なことではなく、とりわけ1808年の奴隷貿易廃止以後、この傾向は顕著になった。奴隷所有者のコメントには彼らの関心がよくあらわれており、アンドルー・フリンは、「子どもたちを育てるというのは義務というだけでなく、プランテーション・ビジネスのなかでもっとも利益率の高い部門でもあるからで、子どもたちを育てるのに特別な注意をはらってしかるべきである」と書き残している（Kiple and King, p. 96）。トマス・ジェファーソンによれば、「2年ごとに子どもを産むことは、もっともよくはたらく男性の奴隷があげる収穫よりも高い利益をもたらす」（Cohen, p. 518）とされた。奴隷である子どもたちは、出生時にはほとんど経済的価値がなかったが、横暴な雇用主のもとで辛い仕事に従事できるまでに成長していくのにつれて、しだいに価値が高くなった。

奴隷の子どもたちが畑や家のなかや店などではたらきはじめる年齢や季節には決まりはなく、子どもたちがいつどこではたらき、仕事はどのようなものであったのかは、所有者が何を必要としていたかによって決まった。幼少期をメリーランドのプランテーションですごしたフレデリック・ダグラス[*5]によれば、奴隷はどんな天候でもつねにはたらいた。「暑すぎたり、寒すぎたりなどということはなかった。奴隷が畑仕事もできないほど強い雨、風や雪、雹などというものはな かった」（Douglass, p. 124）。一人で責任をもって仕事をさせるには幼すぎる子どもは、性別には関係なく、家のなかや外で単純な雑用をして大人を手伝っていた。幼い子どもたちは水を運んだり、地面を掃いたり、牛乳を撹拌したり、作物をねらう鳥を追いはらったり、自分よりも幼い子どもたちの世話をするなどしていた。

トマス・ジェファーソンは、「子守りをしている10歳以下の子どもたち」に特別な指示を出しているが、このことから、子守りは男女に関係なく行なわれていたことがわかる。ジェファーソンの記述に従えば、「10歳から16歳まで」の「少年は釘を作り、少女は糸を紡ぐ」（Betts, p. 7より引用）。伝統的なジェンダー役割の違いによって、少年だけが桶や靴、大工や鍛冶屋あるいはほかの職人としての技術を身につけることができ、少女には家事にかかわる技能習得の機会しかなかった。機会が平等でなかったということは、少女に比べて、選ばれた少年は必要に応じて、またはよりぜいたくをするためにより多く稼得するチャンスに恵まれていたということである。ただし、こうしたジェンダーによる区別が一般的であっても、それをまったく気にしない奴隷の所有者もいた。元奴隷は1930年代に行なわれた「公共事業促進局」[*6]のインタビューで、彼女は「男の人のように木を割った」と答えているし、ほかの報告書では彼女の「母親は3頭の馬をあやつって畑を耕した」とも述べている。彼女は逆に、「これはなにかおかしなことなの？」と問い返した。さらに彼女は、母親が「男と同じようにはたらいていた」事実にではなく、母親があやつっていた荷役用の家畜の数のほうに驚いたのかと考えていたようである。元奴隷のなかには、「女性は男性、つまり自分と同じぐらい長くはたらくものだと思われていた」と述べた者もいる。つまり、多くの奴隷は男性も女性もいっしょにはたらき、ある意味で対等であった。そして、どちらも搾取されていた。

フレデリック・ダグラスは「労働、労働、労働。われわれには昼夜の別なく労働が課せられていた」（p. 124）と述べ、ブカー・T・ワシントン[*7]も娯楽などなかったと述べているが、奴隷の子どもたちにはある程度遊びの時間があり、輪投げ、縄跳び、ボール遊びなどを楽しんだようである。さらに、日々の出来事や生活を映した劇を上演する機会もあったし、仕事のあとや日曜日、祝日、収穫などの折りに即興で劇が演じられることもあった。奴隷たちが娯楽時間のすべてを演劇に使っていたわけではない。奴隷たちのなかには精神的な安らぎを得るために時間をやりくりして聖書や読み書きなどを学ぼうとする者もいた。夜更けに子どもたちが長老たちの語る民話や物語から人生の教訓を学ぶのも、かれらだけの時間であった。そうはいっても、どれほど余暇の時間があっても、過酷な労働、体罰、性的な搾取や家族からの隔離といった束縛にともなう虐待から子どもを守るには十分とはいえなかっ

た。奴隷制度が廃止されないかぎり、子どもたちが自分の状況を変えるためにとることができる方策はほとんどなかった。奴隷制が廃止されるときまで、両親をはじめとする大人たちは子どもたちに（雇用主に）満足してもらえるはたらき方や不公正のやりすごし方、自尊心を失わずに白人に従う方法などを教えた。これは、うまく生きていくうえでどうしても必要なことであった。子どもたちが成長し、子どもをもつようになると、生きのびるために、彼らはその教えを世代から世代へと受け継いでいった。

[訳注]

＊1 1807年の奴隷貿易法――1807年3月25日にイギリス議会で成立した奴隷貿易法（Slave Trade Act 1807）が、イギリス帝国全体での奴隷貿易を違法と定め、イギリス船で奴隷が見つかった場合の科料は1人あたり100ポンドとしたが、罰則が緩かったため実効はなかった。アメリカでは、1787年の憲法制定会議において、連邦政府が国際的な奴隷貿易を1808年に廃止することを容認する合意が形成されていたが、実態として奴隷貿易は続いていた。

＊2 中間航路（the Middle Passage）――アフリカ西岸と西インド諸島を結ぶ大西洋航路。これは奴隷運搬船の航路にあたり、奴隷貿易と同義に用いられる。1780-90年頃からこのようにいわれはじめた。

＊3 オラウダ・イクイアーノ（Olaudah Equiano, 1745?-1797）――アフリカのベナン帝国（ナイジェリア）出身の解放奴隷として奴隷廃止運動にかかわり、1807年の奴隷貿易禁止法の成立に貢献した。有名な『回顧録』（1789）を公表して、切手にもなった。奴隷のときに主人からあたえられた名はグスタヴス・ヴァサ（Gustavus Vassa）であった。

＊4 デイ・ネーム（day-name）――とくにクレオール語を話す人びとのあいだで誕生日名をさす。アフリカの伝統的な名づけの慣習にもとづいて、子どもの性別や生まれた曜日によってつける名前。日曜日生まれの男子はQuashee、女子はQuasheba。以下同様に月曜日Cudjo(e)/Juba、火曜日Cubbena/Beneba、水曜日Quaco/Cub(b)a、木曜日Quao/Abba、金曜日Cuffee[Cuffy]/Pheba[Phibbi]、土曜日Quamin[Quame]/Mimba。

＊5 フレデリック・ダグラス（Frederick Douglass, 1818-1895）――メリーランド州出身の元奴隷、奴隷制度廃止運動家、新聞社主宰、政治家。幼少時から、禁止されていた読み書きを学び、街灯と使い古した教科書で勉強を続けた。アフリカ系アメリカ人活動家として編集・講演・執筆・政治活動をとおして奴隷制度廃止論を唱え、1863年、ときの大統領アブラハム・リンカーン、アンドルー・ジョンソンらと黒人参政権について協議した。南北戦争後、解放奴隷救済銀行の総裁をつとめた。『フレデリック・ダグラス自叙伝――ある一人のアメリカ人奴隷』（Narrative of the Life of Frederick Douglass, an American Slave, 1845）。

＊6 公共事業促進局（Works Progress Administration：WPA）――雇用促進局ともよばれる。のちにWork Projects Administration: WPAと改称。ニューディール政策期にアメリカで発足した政府機関。1935年5月6日に大統領令により発足し、1943年までに、公共事業を通じて数百万人の失業者を雇用し、全米各地の地方経済に影響をあたえた。ニューディール政策における最大かつもっとも重要な機関。

＊7 ブカー・T・ワシントン（Booker T. Washington, 1856-1915）――アメリカの社会改良家・教育者。アラバマ州東部の都市タスキギー市に1881年に創設された職業専門学校のタスキギー専門学校（Tuskegee Institute）の校長となり、黒人の生徒を対象に教育に献身した。

➡アフリカ系アメリカ人の子どもと若者、労働と貧困

● 参考文献

Betts, Edwin Morris, ed. 1953. *Thomas Jefferson's Farm Book: With Commentary and Relevant Extracts from Other Writings*. Charlottesville: University Press of Virginia.

Cohen, William. 1969. "Thomas Jefferson and the Problem of Slavery." *Journal of American History* 56 (December): 503-526.

Douglass, Frederick. 1845 1st edition, 1962. *Life and Times of Frederick Douglass*. New York: Collier Books.

Equiano, Olaudah. 1995（1789 1st edition）. *The Interesting Narrative of the Life of Olaudah Equiano, Written by Himself*. Ed. Robert J. Allison. Boston: Bedford/St. Martin's. オラウダ・イクイアーノ『アフリカ人、イクイアーノの生涯の興味深い物語』（英国18世紀文学叢書）（久野陽一訳、研究社、2012年）

Handler, Jerome S. 2002. "Survivors of the Middle Passage: Life Histories of Enslaved Africans in British America." *Slavery and Abolition* 23（April）: 23-56.

Hening, William W. 1923. *The Statutes at Large: Being a Collection of all the Laws of Virginia*. New York: Bartow.

King, Wilma. 1995. *Stolen Childhood: Slave Youth in Nineteenth-Century America*. Bloomington: Indiana University Press.

King, Wilma. 1997. "Within the Professional Household: Slave Children in the Antebellum South." *The Historian* 59（spring）: 523-540.

Kiple, Kenneth F., and Virginia Himmelsteib King. 1981. *Another Dimension to the Black Diaspora: Diet, Disease, and Racism*. Cambridge, UK: Cambridge University Press.

Leslie, Kent Anderson. 1992. "Amanda America Dickson: An Elite Mulatto Lady in Nineteenth-Century Georgia." In *Southern Women: Histories and Identities*, ed. Virginia Bernhard, Betty Brandon, Elizabeth Fox-Genovese, et al. Columbia: University of Missouri Press.

Leslie, Kent Anderson. 1995. *Woman of Color, Daughter of Privilege*. Athens: University of Georgia Press.

Meyer, Leland Winfield. 1932. *The Life and Times of Colonel Richard M. Johnson of Kentucky*. New York: Columbia University Press.

Murray, Pauli. 1987. *Proud Shoes: The Story of an American Family*. New York: Harper and Row.
Perdue, Charles L., Jr., Thomas E. Barden, and Robert K. Phillips, eds. 1980. *Weevils in the Wheat: Interviews with Virginia Ex-Slaves*. Bloomington: Indiana University Press.

(WILMA KING／並河葉子訳)

名づけ親（代父母）（Godparents）

　初期キリスト教会では、**洗礼**（baptism）は大人だけを対象にしていた。洗礼に立ち会う「名づけ親」［代父母］は、ラテン語の法律用語にある「保証人」[*1]のように、立会人であるとともにその人の義務を保証する人であった。早くも2世紀末、幼児洗礼はキリスト教徒の共同体で行なわれていた。この慣行は、すべての新生児に存在する悪い精気を追いはらうと信じられていた。4世紀末、聖アウグスティヌス[*2]は、子どもの洗礼にかんする法律を施行した。当時、親は自分の子どもの名づけ親でもあった。6世紀から8世紀にかけてのヨーロッパで、子どもの洗礼がかつて以上に広まるようになると、洗礼は、子どもを精神的に再生させることであるという考えが広まり、新しい親をもつ必要が生じた。両親がそのまま名づけ親になることは廃棄され、819年のマヤンス［マインツ］公会議によって禁止されさえしたが、この法律は今日まで残っている。こうして、血縁関係からは非常に遠い精神的な関係が生まれた。キリスト教世界は、洗礼というものに非常に特殊な宗教目的をあたえた。それは、子どもに対してキリスト教の教育を保証することであった。

　第二の誕生としての洗礼のメタファーは、名づけ親になる儀礼を構成する信仰と慣例的習俗のなかに具体的に表現されている。代父（godfather、ゴッドファーザー）と代母（godmother、ゴッドマザー）は、その子どもを再生させ、彼らの人格的な資質のある部分をその子に伝達すると考えられた。精霊の継承は、既定の慣習あるいは禁止令を遵守し、また、儀礼のたまものの贈与を通じて、名づけ子（godchild）の**命名**に際して裁決された。こうしたたまものには、貨幣、メダル、あるいは十字架、杯、あるいは銀器、はじめての靴、そして男の子の場合には最初の肌着、女の子の場合にはイヤリングなどがふくまれていたであろう。自分の名づけ子たちが成人男女に達して、この儀礼の終焉と頂点を画する結婚まで援助することは名づけ親の義務であった。この関係は神聖なものと考えられ、名づけ子が名づけ親に示す尊敬において明示される。名づけ子の義務は名づけ親の義務を反映しており、彼らは来世においても互いに結びついていると考えられていた。名づけ親は、名づけ子に洗礼をほどこすことによって永遠の生命を開いてやり、名づけ子はその見返りに天国の名づけ親の魂のために恩寵と賞賛を見いだした。

　子どもの二重の誕生を共有することは、両親と名づけ親とのあいだに、キリスト教の儀式による友愛の形態である共同の親の絆を生んだ。この友情関係は、「生きているかぎり、死ぬまで」連帯責任の義務を負う、神聖なものと考えられた。両親と名づけ親はお互いに相手のことを「共同の母親」と「共同の父親」とよんでおり、お互いに尊敬の念をいだいて礼儀正しくよびあっていた。そして、**近親相姦**を犯してお互いに性的に交わることを禁止していた。そうした性的禁止令はこの関係を精神的な関係に変え、これは生物学的な親子関係よりも重要だと考えられた。名づけの父親（代父）と名づけ娘とのあいだの性的な禁止は、530年のユスティニアヌス法典によって規定され、ヨーロッパでは1983年まで消滅することはなかった。692年のビザンティン公会議はこの禁止令を名づけ娘の母親にも拡大し、これは1917年まで残存した。

　したがって、中世ヨーロッパでは、名づけ親が同じ社会関係のなかからにせよ、あるいは、その評価が名づけ子の人数によって定められる、もっと有力な人びと（聖職者、貴族、あるいはブルジョワジー）のなかからにせよ、名づけ親である関係が友人のネットワークを生みだした。この場合、その関係は、後援者との関係に似ていた。ジャンヌ・ダルクの8人の代母のなかにはドンレミ[*3]の市長の妻がおり、さらに4人の代父の一人は彼女の町の後援者であった。15世紀のフィレンツェ商人たちの共同の名づけ親たちは、政治的な有力者であり、その大半は二つあるいは三つの社会集団にあらわれた。しかし、1445年の記録は、22人の代父と3人の代母があたえられた子どものことを記している。トリエント公会議（1545〜1563年）は、精神的な親の人数を、少年の場合、2人の代父と1人の代母に、また、少女の場合、2人の代母と1人の代父に制限した。また、中世を通じて急増した性的な禁止も制約した。

　名づけ親と両親のあいだの親密な関係は、民族学者たちが精力的に研究をくりひろげた南ヨーロッパと南アメリカでは持続したものの、西ヨーロッパではルネサンス時代を通じてゆっくりと消滅した。最初は貴族階級のあいだで、次いでほかの社会集団で、一組の代父と代母だけが直系家族から選定され、一方が父親の家族に属し、他方が母親の家族に属した。この慣習は、フランスでは最年長の子どもは、彼または彼女の父方の祖父を代父としてもつべきであり、同じく母方の祖母を代母としてもつべきであるとされていた。2番目に生まれた子どもの場合にはこれとは逆（母方の祖父、父方の祖母）になった。さらに後に生まれた子どもの場合、あるいは代父母のどちらかがすでに亡くなっている場合、両親の兄弟と従兄弟、次いでその姉妹と従

姉妹が、母方と父方のバランスを保ちながら、選定されることになっていた。最年少の子どもたちの名づけ親は、しばしば子どもたち自身の兄弟姉妹であった。このように、生物学的な親子関係に親たる者の精神性——これが西ヨーロッパの特徴であった——を結びつけることは、ほかのことがらのなかで、多くの社会で共有されていた規範、すなわち自分の祖先の名前にちなんだ子孫をもうけることにつながっていた。代父と名づけ息子のあいだの同義語は、代父がほとんどの場合、家族の外から選出されていたバルカン半島諸国とは対照的に、西ヨーロッパにおいてはじめてあらわれた。代父は、自分の名前をその名づけ息子にあたえないことになっていた。

今日、ヨーロッパでこの慣行を続けているキリスト教徒が少数になっているにしても、フランスでは、キリスト教徒の子どもの3分の2近くが2歳以前に洗礼を受けていたが、スペインとイタリアでは、この比率はもっと高かった。しばしば両親は、子どもに洗礼をほどこすほどにまでは進まずに、代父と代母を指名する。したがって、子どもたちの大多数は、両親が亡くなった場合、その代理になることを期待される代父と代母をいまなおあたえられる。19世紀後半に広まるようになったこのような委託は、18世紀からはじまったことであるが、当時もいまもその目的が満たされたことはなく、法律は、孤児たちを家族が指名する家族メンバーと入れ替えるべきであると規定している。伝統は、ひき続き母方と父方の系族間のバランスをつねに考慮しながら、親密な親戚あるいは親友たちのなかから代父と代母を選ぶことを支持している。一般に、名づけ親の選定は、このような象徴的な子どもの贈与に帰す重要性に比例する感情と感謝の気持ちを生み出すものである。親友を親戚に変え、親戚を親友に変えることを家族に認める。しばしば特権的な共謀と愛情の絆が名づけ親とその名づけ子のあいだに発達する。ヨーロッパ社会に典型的にみられる多様化する現代の家族形態の枠組みでは、名づけ親になることは特権的であり、子どもの保護のために作られた選択に基礎を置いた関係としてあらわれる。近代の世俗社会では、もし15世紀以降に具現化された価値観を継続的に伝達することがなかったにしても、そのような活力を享受することはできなかった。

[訳注]

＊1 保証人（sponsor）——ラテン語のsponsorは「保証人」を意味するが、この語はラテン語のスポンデーレ［spondere:約束する］に由来する。

＊2 聖アウグスティヌス（Saint Augustine [St. Augustine of Hippo], 354-430）——ヒッポの聖アウグスティヌスともよばれる。北アフリカのヌメディアに、異教徒でローマの官吏であった父とキリスト教徒の母モニカのもとにヌミディア（=アルジェリアのタガステ）に生まれた。はじめカルタゴに遊学したが放蕩し、欲望と理性の葛藤に翻弄され、母親の同意を得ずに19歳で身分の低い娘と同棲して二人の男子をもうけた。一時マニ教に帰依し、徹底した善悪二元論によって自分がかかえる悪の煩悶を解決し、宇宙全体の存在論から自己探求を深めた。ローマ、ミラノに遊学し、指導者の助言と篤信の母モニカの献身的な祈りによって回心に進み、34歳頃から学究生活に入った。北アフリカのヒッポの司教（396-430）として死にいたるまで、この教区を指導した。『告白録』（Confessiones, 400頃）、『神の国』（De Civitate Dei, 413-426）など。祝日は8月28日。

＊3 ドンレミ（Domrémy）——フランス北東部 Nancy の南西にある村で、ジャンヌ・ダルク（Jeanne d'Arc ['la Pucelle d'Orléans']）の生誕地として知られる。現在はドンレミ＝ラ＝ピュセルと表記される。

➡育児、カトリック

● 参考文献

Fine, Agnès. 1994. *Parrains, marraines. La parenté spirituelle en Europe*. Paris: Fayard.

Fine, Agnès. 1997. "Parrainage et marrainage dans la société fran-çaise contemporaine." *Lien Social et Politiques-RIAC* 37:157-170.

Gudeman, Stephen. 1971. "The Compadrazgo as a Reflection of the Natural and Spiritual Person." *Proceedings of the Royal Anthropological Institute* 45-71.

Héritier-Augé, Françoise, and Elisabeth Copet-Rougier, eds. 1995. *La parenté spirituelle. Textes rassemblés et présentés par Françoise Héritier-Augé et Elisabeth Copet-Rougier*. Paris: Archives contemporaines.

Jussen, Bernhard. 1992. "Le parrainage à la fin du Moyen-Age: savoir public, attentes théologiques et usages sociaux." *Annales ESC* 2: 467-502.

Klapisch-Zuber, Christiane. 1985. "'Kin, Friends and Neighbors': The Urban Territory of a Merchant Family in 1400." In *Women, Family and Ritual in Renaissance Italy* by Christian Klapisch-Zuber, p. 68-93. Chicago: University of Chicago Press.

Klapisch-Zuber, Christiane. 1990. *La maison et le nom*. Paris: Ed. de l'EHESS.

Klapisch-Zuber, Christiane. 1992. "Au péril des commères. L'alliance spirituelle par les femmes à Florence." *Femmes, Mariages, lignages. XIIè-XIVè siècles. Mélanges offerts à Georges Duby*. Brussels: De Boeck-Wesmaël.

Lynch, Joseph. 1986. *Godparents and Kinship in Early Medieval Europe*. Princeton, NJ: Princeton University Press.

Mintz, Sydney, and Eric Wolf. 1950. "An Analysis of Ritual Co-parenthood." *Southwestern Journal of Anthropology* 6: 341-368.

（AGNÈS FINE／北本正章訳）

ナンシー・ドルー（Nancy Drew）
➡キーン、キャロリン（Keene, Carolyn）／双書（シリーズもの）（Series Books）

日曜学校（Sunday School）

　1870年代以降、プロテスタント諸教会に所属する日曜学校は教会の保育園とよばれてきた。日曜学校は、子どもをみずからの教会員として育てる主要な手段であったからである。アメリカの主要な宗派（バプテスト、会衆派、メソディスト、長老派）にかんする1890年代以降の統計は、どの宗派でも、新たに教会に加入する者の80パーセント以上が、かつてその宗派の日曜学校で育てられた経験をもっていたことを示している。そして今日でも、日曜学校は教会員や宗派の形成をうながす役割を果たしつづけている。20世紀を通じて、主要な宗派にかんしては、およそ60～70パーセントの教会員が、その宗派の日曜学校で教育を受けたことがある人びとであった。（神の集会*1や南部バプテストなどの）福音派の場合では、この比率はもっと高い数値を示した。

　日曜学校の起源は1700年代後半にまでさかのぼることができるが、一般に日曜学校を考案したとされるのは、イギリスの監獄改革者であったロバート・レイクス*2である。レイクスやほかの博愛主義者たちは、とりわけ読み書きを中心とした基礎的な教育を、労働貧民の子どもたちにあたえようとした。彼らが期待したのは、日曜日の午前と午後の両方を使って教育を行なうことで、工場ではたらく子どもたちに、社会にとって有用な成員となるための基礎的なスキルと性格を身につけさせることができるだろうということであった。性格の改善と基礎教育を重視するという見解は、工業化したアメリカ諸都市と開拓地に日曜学校を設立させる動因となった。

　こうした社会的な救済活動という目的は、1830年代までに、教会員の子どもを教育の対象にふくむほどにまで拡大された。19世紀を通じて日曜学校は教会と博愛主義的機関の双方から支援を受けたが、それは次のふたつのことを目的としていた。それは、(1)教育を受けていない子どもたちの性格を形成し、キリスト教に改宗させるためのキリスト教を伝道することであり、(2)教会員の子どもを各宗派の信徒へと育て上げる宗派教育をすることであった。アメリカにおけるほとんどの日曜学校は、同一のカリキュラムを使用した（これは、各宗派の指導者たちによる会合である、1782年の全国日曜学校会議で承認された）。このカリキュラムは、7年かけて聖書を学ばせ、毎週同じ授業を、生徒の年齢にかかわりなく教えるというものであった。これと同じ授業は、アメリカだけでなく世界中のキリスト教の伝道にも用いられたため、多くの人びとは、毎週日曜日に、世界中で同じ教科書が学ばれていると誇らしげに語ったのであった。

　20世紀初頭には、日曜学校が果たす教育的な役割は増加の一途をたどった。日曜学校は教会学校と改称され、教員養成の重要な場となり、教育学的な感性がはたらくようになった。若者や成人向けの特別教育プログラムや、宗教的な発達を重視したカリキュラムが提供されるようになった。日曜日に教会学校で行なわれる教育は、1920年代まで、どのプロテスタント教会の教育であっても同一のものとして発展した。しかし、それ以降は、聖書学を歴史的に研究するための方法をめぐる対立（原理主義者と近代主義者のあいだの論争）から教会間で見解の相違が生じ、その結果、日曜学校は大きく二つのかたちに分かれることになった。主流の宗派は、日曜学校が神学と聖書学を教えることを重視したのに対し、福音的な宗派は、聖書の不可謬性を証明する役割を担うことに専心した。

　21世紀になって、教会員による宗教教育は、家庭における教育や、青年会や子ども会、幼稚園、音楽会といった組織、信仰と暮らしにかかわる諸問題についての集中的な聖書学的研究、神学的研究など、さまざまな場で行なわれている。そして、日曜学校は、これらの教育機会と相互に補完しあいながら、宗派教育を行なう主要な機関でありつづけている。カリキュラムは多様になり、教科書類は宗派的な出版者および非宗派的な出版者の双方から刊行され、（典礼用福音書抄本をふくむ）聖書の学習から、倫理的な問題に取り組むための高度な研究にいたる幅広いものとなっている。日曜学校は、教育と霊的な成長、個人的な支援と共同体による支援、福音の伝道と社会貢献の双方を提供してきたのである。

［訳注］

*1 「神の集会」（the Assemblies of God）──「アセンブリーズ・オブ・ゴッド教会」ともよばれる。1914年に創設された、アメリカ国内のペンテコステ派最大のキリスト教団。ミズーリ州スプリングフィールドに本部があり、100万人以上の信徒を擁する。

*2 ロバート・レイクス（Robert Raikes ["the Younger"], 1736-1811）──イギリスの博愛主義者。子どもを対象にした、毎週教会で行なわれる聖書と信仰を学ぶための学校を設ける「日曜学校運動」（Sunday School Movements）をはじめた。1831年までに全国で毎週125万人の子どもたちが日曜学校で学んでいたといわれている。

➡青年伝道団

●参考文献

Seymour, Jack L. 1982. *From Sunday School to Church School: Continuities in Protestant Church Education, 1860-1929*. Lanham, MD: University Press of America.

Seymour, Jack L., Robert T. O'Gorman, and Charles R. Foster. 1984. *The Church and the Education of the Public: Refocusing the Task of Religious Education*.

Nashville, TN: Abingdon Press.
Wyckoff, D. Campbell, ed. 1986. *Renewing the Sunday School and CCD*. Birmingham, AL: Religious Education Press.

（JACK L. SEYMOUR／岩下誠訳）

日曜日（安息日）（Sunday）

　カトリックの家庭や国家で育った子どもであれ、プロテスタントの家庭や国家で育った子どもであれ、安息日（Sunday）は何世紀にもわたって、子どもたちにとって特別な領域と意味を担ってきた。宗教的な実践が時代を通じて変化するにつれて、安息日を遵守するためのさまざまな禁止事項もまた変化した。おおまかにいえば、**プロテスタントの宗教改革**以前では、安息日とほかの曜日にきわだった差異はなかった。しかし、のちにカトリック教徒とプロテスタント教徒の双方が暦の改定にとりかかると、6日の労働日と残りの1日（日曜日）という周期がつくられた。子どもの活動は、日曜日をもっぱら宗教的な儀式と教育にあてるべしという新しい主張から不可避の影響を受けた。そしてこの結果、子どもは日曜日が退屈で仕方がないとしばしば嘆くようになったのである。

　18世紀を通じて、子どもは大人とまったく同じやり方で安息日を遵守することが求められた。つまり、宗教的な思索と実践以外のあらゆる活動をひかえることが求められたのである。しかし、19世紀初頭になると、宗教や家族関係、子育ての方法に対して新しい態度が生じた結果、子どもが安息日をどのようにすごすべきかについても、新しい考え方が発展した。この新しい態度は、子どもには大人とは異なる宗教的・娯楽的ニーズがあるという考えを主張した。工場労働者、アフリカ系アメリカ人、そしてほかの非主流アメリカ人たちの子どもたちの多くも、ほかの曜日とは異なったものとして日曜日を経験していた。しかし、礼拝に出席するのであれ、家族や友人と集まるのであれ、あるいは安息日や特別な行事のための服装をするのであれ、安息日にかんする新しい考え方がもっとも直接的にあてはめられたのは、アメリカにおいては中産階級の子どもたちであった。

　宗教的な観点から見ると、アメリカでもっとも重要かつ永続的な発展をとげたのは、**日曜学校**であった。当初の日曜学校は、都市の貧民子弟に読み書きを教えるためのものであったが、1820年代までに、日曜学校は、子どもに宗教的なリテラシーを教えこむプロテスタント的な制度のなかでも中心的な存在のひとつと考えられるようになった。日曜学校運動の大部分は、個人的な回心をなによりも重視する国民的規模の宗教的再生であった第2次信仰復興運動の高揚から生まれた。したがって、日曜学校運動は、もともとアメリカの子どもたちを宗教的に覚醒させることを目的として

いた。しかし、まもなく日曜学校は、非宗派による宗教教育というかたちをとるようになり、21世紀にいたるまで、アメリカ人の宗教経験をかたちづくることになった。子どもは特別な宗教的ニーズをもっていることが認識されたにもかかわらず、礼拝のあいだは集中して座っていることが、つねに期待されていた（このような期待がなくなったのは、ようやく20世紀後半になってからであった）。両親は宗教に重点を置いて子どもを教育しつづけ、家庭での祈祷と聖書の読解を監督した。1820年代から30年代において、親たちは、日曜日に子どもを遊ばせるよう奨励された（このことは、両親が自分の子ども時代に経験した日曜日のあり方とはいちじるしく異なっていた）が、これらの遊びは宗教的に是認されるような読書やゲーム、おもちゃを用いたものに限定された。19世紀なかばまでに、聖書にちなんだ図像のパズル、安価な聖書物語、日曜読本、キリスト教的なゲームや玩具（おもちゃのノアの箱舟など）が、通信販売会社を通じて手に入るようになった。安息日を遵守する家族では、子どもたちは自分がふだん使っている本やおもちゃを土曜日の夜にかたづけ、日曜日に使うための特別な本やおもちゃを準備した。このようにすれば、子どもたちは日曜日が好きになり、その結果として敬虔なキリスト教徒になるだろうと考えられた。

　南北戦争以降の数十年間を通じて、宗教教育や宗教的な遊戯が必要であるという主張は、日曜日には特別な種類の娯楽、とりわけ家族で行なう娯楽が必要であるという、広く受け入れられた考え方へと変質した。ますます多くの男性が、家の外で行なわれる賃金労働に従事するようになった結果、日曜日は（あるポピュラーソングの歌詞にあるように）「父親が子どもとすごす日」となった。このようにして、多くの人びとはしばしば宗教上の儀礼を遵守することを犠牲にしても、家族がいっしょになって娯楽に興じることが重要であると考えるようになった。19世紀なかば以降、日曜日にごちそうを作ることが多くの家庭でお決まりの行事となり、簡単なドライブをふくめて、日曜日にさまざまな場所へ出かけることが、大人にとっても子どもにとっても必要かつ望ましい気分転換の方法となった。企業家たちは日曜日の娯楽に対する需要、とりわけ子どもを中心とした娯楽の需要に応じるようになった。ピクニック場、海水浴場、遊園地などはすべて、メリーゴーラウンド、ポニー乗馬などを提供して、子どもの特別なニーズを満たした。路面電車、鉄道、汽船、そしてほかの大量輸送機関は、しばしば大規模な家族連れがひんぱんに利用することから、毎週日曜日に活発に営業するようになった。1880年代に登場した日曜新聞は、当初は人びとのあいだに侮蔑や非難をまきおこしたが、その発行者たちは、子どもの特別なニーズをきちんと認識していた。彼らはまず子ども向けの新聞欄を作り、続いて1900年代には、漫画を挿入す

るようになった。20世紀にはラジオとテレビが日曜の午後に、「ディズニーの大きな世界」「オマハの野生の王国」といった子ども向けの特別番組を放送するようになった。こうして、教会・家族・市場は、日曜日を子どもの生活における特別な時間であると考えるようになり、子どものニーズを満たすさまざまな手段を模索するようになったのである。

➡休暇、誕生日、動物園、ハロウィーン

● 参考文献

Boylan, Anne. 1988. *Sunday School.* New Haven, CT: Yale University Press.

McCrossen, Alexis. 2000. *Holy Day, Holiday: The American Sunday.* Ithaca, NY: Cornell University Press.

McDannell, Colleen. 1986. *The Christian Home in Victorian America, 1840-1900.* Bloomington: Indiana University Press.

Taves, Ann. 1986. *The Household of Faith.* Notre Dame, IN: University of Notre Dame Press.

（ALEXIS MCCROSSEN ／岩下誠訳）

日記（Diaries）
➡自伝（Autobiographies）

日本の子ども（Japan）

世界のほかの地域の子どもの歴史を研究する場合と同様、日本の子どもの歴史研究でも、子ども期の歴史（history of childhood）と子どもの歴史（history of children）を区別することができる。子ども期の歴史を研究することは、子どもについてのひとつの理念、あるいはむしろその複数の理念の歴史をたどることをふくむ。子どもとは何であり、子どもはどのようにふるまうべきか、そのことにかんする考えを、子ども自身にくわえて、父親、母親、親族、さらに、宗教、政治、その他の分野の指導者たちもいだきつづけてきた。そうした考えは、語られたり、小冊子、雑誌、新聞、本に書かれたり、さらに、演劇、映画、ラジオやテレビの番組のなかで示されたりしてきている。他方、子どもの歴史は、子どもたちの態度や経験の歴史として規定できる。言い換えれば、子ども期の歴史は規範の歴史、すなわち、子どもはいかにあるべきかという観念の歴史であるが、他方、子どもについての歴史研究は子どもが実際の生活のなかで味わった経験を把握しようと試みる。家族、子ども、子ども期は、多くの人びとにとって大切にすべき理想であるため、子ども期と子どもの経験が場所や時代によって多様であるという考えに反発する者もときどきいる。日本における子ども期と子どもについての歴史研究はまだ初期段階ではあるものの、残存している資料と調査研究は、おおむね17世紀以降の日本では子ども期の理念と子ども

の経験が変化しつづけていることについて、確かな証拠を提供してくれる。

日本の先史時代は、西暦の紀元6～8世紀頃から歴史時代にむけてゆるやかに変化するが、この項目では17世紀から21世紀初期までの日本の子ども期に焦点をあてることにする。この400年間は、1600年から1868年までの近世（徳川時代）、1868年から1945年までの近代（第2次世界大戦前）、1945年から現代（戦後）まで、という三つの歴史的時期にわたっている。紙幅の制約と先行研究の不足のために、この時期以前の子ども期あるいは子どもの歴史についてはふくめていない。

ほかの歴史研究の課題と同様、日本の子どもの歴史研究には資料源が必要である。ほかの国と同じく日本でも、子どもが残した資料を見つけるより、子どもにかんする資料を見つけるほうが容易である。資料源を見いだすむずかしさは、子どもが示す態度についての研究を制約する要因のひとつである。他方、子どもが置かれている状況について大人が観察した記録は容易に見つけられるし、多数の若者や大人は自分の子ども期の記憶を記録している。したがって、子ども期の歴史の資料は、子どもの歴史にかんする資料源よりも見つけやすい。

過去数世紀にわたる日本の子ども期と子どもの歴史についての基礎的な理解には、以下の五つの主要な論点が決定的に重要である。すなわち、(1) 子ども期の定義はどのように変化したか、(2) 日本人のライフサイクルの儀式はどのような連続性と変化をおびているか、(3) 日本の家族（あるいは世帯）において子どもの重要性はどのように変化したか、(4) 日本人の子育て技法に本質的連続性はあるのか、(5) 近代に、なぜ学校およびその他の子ども施設が急増したのか、という5点である。子どもの歴史を明らかにすることは、子ども期の歴史を明らかにすることよりはるかにむずかしいので、この項目では、日本の子ども期の歴史に重点を置いている。

子ども期の定義

日本の子ども期の歴史を厳密に調べると、子どもとはなにかという、きわめて基本的な問題につながっていく。今日の進歩した産業社会では、子どもは経済的に両親に依存し、多くの子どもは20代初めまで学生でいるよう期待されている。法律的には、子どもは両親といっしょに暮らし、学校に通い、労働力にまきこまれないことが求められている。しかし、近世日本の子どもの大半は、扶養家族というよりはむしろ労働者であり、子どもの多くが学校には通っていなかった。貧しい家やふつうの家の子どもは、農民、商人、職人の世帯ではたらいていた。とくに農業世帯ではたらいていた子どもの場合、労働者として家計に貢献していたため、大事にされていた。近世になってさまざまな

タイプの学校の在籍者が増えたにもかかわらず、たいていの子どもは学校では学ばなかった。一般に、武士階級の公的立場を継承するのが常であった侍の息子には、正式の組織的な教育が求められた。また、商人世帯ではたらいていた子どもや農民の指導者の息子にも、そうした教育は非常に役立った。個人教授というかたちであれ、あるいは学校教育というかたちであれ、こうした教育は侍や富裕な農民、そして商人の息子や娘にとって、自分の地位を示す印としての役目を果たした。しかし、それ以外の大多数の子どもは、生活に必要な社会的技能や職業技能を世帯のなかで——すなわち、生家で暮らす場合にはその世帯で、後継者としてほかの家族にもらわれた場合には養子先の世帯で、使用人あるいは奉公人として外に出された場合には親方の世帯で——学んでいた。

経済的に親に依存しながら学校で学ぶ子どもという近代的な子ども概念への移行が日本で起きたのは近代においてであり、それは、全国的な学校制度や、4年、続いて6年、最終的には9年の義務教育を求める法律が実施された時期であった。学校に通うために毎日何時間も家から離れていることは、家庭における経済的な生産活動と家事仕事の両方から子どもの労働を減らした。『朝日新聞ジャパン・アルマナック〈1997〉』によれば、今日では、わずか9年の義務教育しか課されていないにもかかわらず、ハイスクール（高等学校）の卒業率は該当者の96パーセントに達しており、また、その卒業者の45パーセントが2年制あるいは4年制の大学に進学している。

ライフサイクルの儀式

通過儀礼は、日本人の子ども期にさまざまな段階があることを示している。それらについては、西ヨーロッパの学者によって網羅的に研究されたことはなかったが、利用可能な証拠は、それらの儀式が、近世以降、地域、社会的地位、経済的地位によって多様であることを明らかにしている。ライフサイクルの儀式も、時とともに変化してきた。そこに示されている情報の多くは、近代と現代の儀式にかんするものである。一般に、世帯の構成員あるいはそれよりも大きな地域社会が参加する命名式は、誕生後ほぼ1週間以内にとり行なわれていた。その後、新生児はその土地の守護神を祀る神社の氏神[*1]に披露された。それは、しばしば、男児の場合は誕生後31日目に、女児の場合は誕生後33日目に行なわれたが、ときには、誕生後50日から100日のあいだに行なわれた。ある場合には、産婆、乳児に母乳をあたえた隣人、乳母、子守、別の家の夫婦が、生涯にわたって子どもの儀式上の親となった。ある地域では、満1歳の誕生日は祝われたが、それ以降の誕生日は祝われなかったか、あるいは、節句、すなわち、3月3日の女児のための雛祭り[*2]や鯉幟[*3]を揚げる5月5日の男児のための端午の節句のとき、飾りつけた祝宴が催された。今日では、5月5日は「こどもの日」[*4]として知られる国民の祝日となっている。11月15日すなわち七五三（*shichigosan*, or Seven-Five-Three Celebration）には、7、5、3歳の子どもが晴れ着姿で、すなわち通常は伝統的な服装をさせられて、神社までお参りにつれていかれる。近世には、子ども、とりわけ少年の主要な儀礼は成人式［元服］であった。これは、一般に15歳頃に行なわれた。ある地域では、年齢ではなく課業をなしとげる能力が、成人としての地位を得るもっとも重要な必要条件であった。成人期に入ると、子どもは名前、服装、髪型を変えることができた。近代においては、20歳で認められる徴兵資格も成人期の印となった。ただし、軍事力が放棄された1945年に徴兵制は廃止された。現代あるいは戦後においては、子どもはよく神社へお参りにつれていかれる。それは、誕生後であったり、七五三のお祝いのためや、幼稚園、小学校、中学校、高等学校への入学、および、それぞれの卒業を記念する儀式のためであったりする。投票とアルコール飲酒が法律上認められる年齢は20歳である。結婚が認められる年齢はそれよりも低く、男子は18歳、女子は16歳である。1月15日の成人の日には、20歳になった若い女性が着物姿で神社を訪れる。

世帯・家族における子どもの重要性の変化

日本では、世帯の目標や構造は子ども期の概念や子どもの扱い方と密接に関連している。日本の世帯の目標と構造は数世紀にわたって変化したが、それにともなって日本の子どもの経験も子ども期の概念も変化した。家あるいは家系（一つの世帯における、各世代からなる一組の夫婦）を不断に連続させることがもっとも重要な目標であった近世と近代においては、子どもは世帯の将来の跡とりや長として、世帯には絶対に必要な存在であった。直系あるいは血統による連続性は必要とはされなかった。日本の世帯は、親族あるいは非親族を養子にすること——たとえば、少年を養子にすること、娘の夫を養子にすること、さらには既婚夫婦を養子にすることさえあった——によって家を継続させることができたからである。職業が世襲制であったため、ある世帯に生まれた子どもやその世帯の養子となった子ども、あるいは、使用人や奉公人として育てられた子どもはそれぞれ、侍、農民、職人、商人の家族の後継者、跡とり、働き手として尊重された。子どもの扱われ方は、その世帯の永続的な居住者であるか、それともつかのまの居住者であるかという、その子どもの地位によって違っていた。跡とりは、多くの場合、跡とりでない息子や娘よりも優遇され、またよい食べ物や衣服をあたえられた。跡とりでない息子や娘は、雇用、養子縁組、結婚のために世帯から出ていくことを運命づけられていた。

19世紀末以降、夫と妻、親と子どものあいだの愛

鯉幟（歌川広重「名所江戸百景」、第48景 水道橋駿河台）*

情関係に重きを置く友愛的家族という理想が、永続する世帯の連続性という目標にとって代わりはじめたため、家庭内の子どもの重要性は低くなった。20世紀初頭以降、職住分離が進み、国家の官僚制と企業団体が同族型企業にとって代わりはじめたため、跡とり、後継者、働き手としての子どもの必要性も低下した。それと同時に、子どもの役割はおもに、生産的な労働者としてよりも学生として意味づけられることになった。かつての政府は、子どもを、近代の強力な国民国家における忠実で自己犠牲的な臣民に仕立て上げようともくろんだ。しかし、現代日本の進化した産業社会では、多くの日本人、とくに若い世代の主要な「生きがい」は、家系を継続させたり、会社に献身することから、消費、レジャー、欲望を充足することへと変わりつつある。結婚年齢が高くなり、離婚が増え、結婚しない女性の割合が高くなり、さらに、出生率が低くなるのにともなって、日本社会は家族数が少ない子ども中心社会になりつつある。政治家たちが国家の衰退を嘆いているにもかかわらず、人口動態の分析は、日本が高齢化社会に向かっており、それに連動して人口に占める子どもの割合も低下しつつあることを示している。

子育ての方法

　家族と個人の目標が変化し、家族の構造も変化したにもかかわらず、子育ての方法には重要な連続性がみられる。事実、子どもを蔵のなかに閉じこめたり、お灸をすえる（皮膚の上においたモグサに火をつける）といった、近世と近代に実際に行なわれていた身体罰のいくつかは行なわれなくなったが、幼児や小児を甘やかすいっぽう、その時期をすぎた年長の子どもや若者に対して、いつもかしこまったふるまいを期待するというパターンは残存している。赤ん坊は、依然として両親といっしょに（それどころか、両親にはさまれて）寝ており、要求に応じて母乳があたえられている*5。また、保育者の背中に頭を前に向けたまま背負われており、子どもの排便訓練はその子の自然の排出スケジュールに従っている。母親の愛情、承認、世話に対する子どもの依存は、いまもなお年長の子どもに対する主要な統制手段であり、叱責したり、身体罰をくわえたり、特別扱いをしなくするなどのやり方とは正反対である。一般に、子どもは宿題、正課外授業、あるいは遊びなどに集中し、家の仕事や報酬を得る仕事にはほとんど見向きもしない。

学校その他の子ども施設

　子ども期の歴史における5番目の主要な論点は、子ども施設が急増したことである。近世の子どもは、世帯のなかに生まれ、そこで世話や教育を受けた。その時代は、農村にも都市にもさまざまなタイプの学校が発達した。学校の数と学校に通う子どもの社会階層が拡大した。支配層の武士階級やふつうのエリート層の子どもだけでなく、しだいに、もっと低い地位の武家の子どもや商人世帯や農民世帯の子どもも学校に通うようになった。社会の上流階層では、少年と同じく少女も、個人教授、組織的な学校教育、家事を介して教育を受けた。ロナルド・ドーア（Ronald Dore）*6は、近世末期の日本人全体の識字能力（リテラシー）は40パーセントぐらいであったと見積もっている。近代と現代では、もっと多くの子どもが学校に通ったことは確かであろう。『朝日新聞ジャパン・アルマナック〈1997〉』によると、1960年には58パーセントの子どもが高等学校へ進学していたが、その割合は1995年には96パーセントとなった。その年に高等学校卒業者の13パーセント（男子の2パーセント、女子の25パーセント）が短期大学に、32パーセント（男子の41パーセント、女子の23パーセント）が4年制大学へ進学した。それに対応する1960年の数字は、それぞれ2パーセントと8パーセントであった。さらに、近代と現代では、子どもは世帯に住んで、世帯の世話を受けてはいるものの、ますます、家庭よりもさまざまなタイプの学校で教育を受けるようになっている。くわえて、とくに現代にいたってからは、孤児院、少年院、クラブ、林間学校、母子寮、母子生活支援施

設、乳児院、託児所のような特殊な施設が、子どもを世話するために発達してきた。

　日本における子ども期の歴史は、非常に興味深い変化と連続との組みあわせを示している。日本人は、とくに近世に学校教育に対する優先的な関心によって心の準備ができていたため、1872年以降、大衆の義務制公教育への移行を迅速になしとげた。とりわけ学校教育をただ受けるだけではなく、学校教育で成功をおさめ、それを拡大することが重視されるようになると、子どもに対する労働義務は衰退した。1950年代までに、低出生率への転換も子ども期を形成した。1970年代末以降は、コンシューマリズム（消費至上主義）の広まりも、国際的な音楽の流行にくわわったり、子ども向け電子ゲームの開発で主導権をもつなどして、子どもたちに強烈なインパクトをあたえた。しかしながら、日本は、子育て方法の連続性という点と、アメリカで標準になっている個人主義的な社会化とは対照的に、子どもに対する集団規律を大いに重視するという点の両方を保持してきた。託児所や保育所からあとの教育は、ほかの子どもたちとのつながりや仲間どうしの約束に従うこと、そして国家や企業団体の規範を遂行することの大切さを重視する傾向がある。

[訳注]
* 1 氏神（the guardian deity, or *ujigami*）──同じ地域・集落・共同体に住んでいる人びとが、共同で、一定の儀式形態をもって祀る神道の神。氏神はその土地の人びとの生活を守護すると考えられたため、鎮守の神ともよばれ、同じ氏神を祀る人びとの集団を氏子（衆）とよび、氏神を祀る神社を氏社とよぶ。この場合「社」は集まりの構造を意味する。
* 2 雛祭り（the doll festival）──3月3日の桃の節句に、女児のいる家で雛人形を飾り、菱餅・白酒・桃の花などを供えて祝う伝統行事のひとつ。季節の変わり目に病気になりやすいことから、3月最初の巳の日に行なわれていた、病気を追いはらい、穢れや災厄を人形に移し、川に流して（「流し雛」）祓おうとした古代中国の風習を遣唐使が日本に伝えたことに由来するといわれている。
* 3 鯉幟（the carp kite festival）──布または紙で、淡水魚の鯉のかたちに作った幟。「皐幟」、「鯉の吹き流し」ともよばれる。男児の健康と出世を願い、「鯉の滝登り」にちなんで、端午の節句に家の外に高く立てて風になびかせる。通常、鯉幟の飾りは、いちばん上に矢車と風見の吹き流しを飾り、父母を表す雄の鯉［真鯉］と雌の鯉［緋鯉］の対を2番目と3番目に飾り、その下に、子どもの数に合わせて、幼魚の鯉［子鯉（青い鯉）］を飾る。江戸時代に武家のあいだから広まった。
* 4 こどもの日（Children's Day, or *kodomonohi*）──日本国政府は、1948（昭和23）年、国民の祝日として、伝統的な端午の節句の時期に合わせ、5月5日を「こどもの日」と制定した。その趣旨は、「子どもの人格を重んじ、子どもの幸福をはかるとともに、母に感謝する日」とすることであった。その3年後の1951（昭和26）年の5月5日、日本国憲法の精神にもとづき、「子どもに対する正しい観念を確立し、すべての子どもの幸福をはかるために」、日本の子どもの権利の宣言として、三つの基本綱領と12条の本文からなる「児童憲章」を定めた。なお、1925年のジュネーヴの「子どもの福祉世界会議」では、6月1日を「国際子どもの日」（International Children's Day）と定め、1954年の国連総会では、11月20日を「世界こどもの日」（Universal Children's Day）と定めた。
* 5 要求に応じる授乳（breastfeed on demand）──無制限授乳のこと。赤ん坊が乳をほしがるたびに、昼夜と時間間隔に関係なく、また消化吸収のバランスに関係なく、ほしいだけ乳をあたえる育児法。農耕文化や伝統社会で比較的多くみられる。これに対して、授乳時間と授乳量を管理する「制限授乳」（hand-feed）は、近代以降の科学的育児法の進化のなかで広まった。これは、もともと牧畜業などで一定の時間間隔で規定量の飼料をあたえることによって家畜の健康管理と成育を集団的に行なう方法であった。
* 6 ロナルド・フィリップ・ドーア（Ronald Philip Dore, 1925-）──日本の経済および社会構造、教育文化史、資本主義の比較研究で知られるイギリスの社会学者。知日派のOECDメンバーとして、学歴社会日本の教育と高等教育の将来展望にかんする報告書をまとめたこともある。ロンドン大学名誉教授、日本学士院名誉海外会員メンバー。『都市の日本人』（青井和夫・塚本哲人訳、岩波書店、1962年）、『日本の農地改革』（並木正吉・高木径子・蓮見音彦訳、岩波書店、1965年）、『江戸時代の教育』（松居弘道訳、岩波書店、1970年）、『学歴社会──新しい文明病』（松居弘道訳、岩波現代選書、1978年）ほか著書多数。

➡インドと南アジアの子ども、子ども期の比較史、中国の子ども

● 参考文献

Asahi Shinbun 1996. *Japan Almanac 1997*. Tokyo: Asahi Shinbun-sha.『朝日新聞ジャパン・アルマナック〈1997〉』（朝日新聞社、1996年）

Beardsley, Richard K., John W. Hall, and Robert E. Ward. 1959. *Village Japan*. Chicago: University of Chicago Press.

Doi, Takeo. 1973. *Anatomy of Dpendence*. New York: Kodansha International. 土居健郎『甘えの構造』（弘文堂、1971年）

Dore, Ronald P. 1965. *Educatton In Tokuga Japan*. Berkeley: University of California Press. ロナルド・フィリップ・ドーア『江戸時代の教育』（松居弘道訳、岩波書店、1970年）

Early Childhood Education Association of Japan, ed. 1979. *Early Childhood Education and Care in Japan*. Tokyo: Child Honsha.

Embree, John. 1935. *Suye Mura: Japanese Village*. Chicago: University of Chicago Press. ジョン・フィー・

エンブリー『日本の村――須恵村』(植村元覚訳、日本経済評論社、1978年)

Goodman, Roger. 1990. *Japan's "International Youth": The Emergence of a New Class of Schoolchildren*. Oxford, UK: Clarendon Press; New York: Oxford University Press. ロジャー・グッドマン『帰国子女――新しい特権層の出現』(長島信弘訳、岩波書店、1992年)

Hendry, Joy. 1986. *Becoming Japanese: The World of the Pre-School Child*. Honolulu: University of Hawaii Press.

Jolivet, Muriel. 1997. *Japan: The Childless Society?* Trans. Anne-Marie Glasheen. New York: Routledge. ミュリエル・ジョリヴェ『子供不足に悩む国、ニッポン――なぜ日本の女性は子供を産まなくなったのか』(鳥取絹子訳、大和書房、1997年)

Katsu, Kokichi. 1988. *Musui's Story: the Autobiography of a Tokugawa Samurai*. Trans. Teruko Craig. Tucson: University of Arizona Press. 勝小吉『夢酔独言――勝小吉自伝』(平凡社、1974年)

Lewis, Catherine. 1995. *Education Hearts and Minds: Reflections on Japanese Preschool and Elementary Education*. Cambridge, UK: Cambridge University Press.

Marshall, Byron. 1994. *Learning to Be Modern*. Boulder, CO: Westview Press.

Nakane, Chie. 1972. "An Interpretation of the Size and Structure of the Household in Japan Over Three Centuries." In *Household and Family in Past Time: Comparative History in the Size of the Domestic Group Over the Last Three Centuries*, ed. Peter Laslett, pp. 517-543. Cambridge, UK: Cambridge University Press.

Ochiai, Emiko. 1996. *The Japanese Family System in Transition: A Sociological Analysis of Family Change in Postwar Japan*. Tokyo: LTCB International Library Foundation. 落合恵美子『21世紀家族へ――家族の戦後体制の見かた・超えかた』(有斐閣、1994年)

Rohlen, Thomas. 1983. *Japan's High Schools*. Berkley: University of California Press.

Smith, Robert J., and Ella Lury Wiswell. 1982. *The Women of Suye Mura*. Chicago: University of Chicago Press. ロバート・J・スミス、エラ・ルー・ウィスウェル『須恵村の女たち――暮らしの民俗誌』(河村望・斉藤尚文訳、御茶ノ水書房、1987年)

Smith, Thomas C. 1977. *Nakahara: Family Farming and Population in Japanese Village, 1717-1830*. Stanford, CA: Stanford University Press.

Tonomura, Hitomi. 1990. "Women and Inheritance in Japan's Early Warrior Society." *Comparative Studies in Society and Histroy* 32: 592-623.

Uno, Kathleen. 1991. "Women and Changes in the Household Division of Labor." In *Recreating Japanese Women: 1600-1945*, ed. Gail Lee Bernstein, pp. 17-41. Berkeley: University of California Press.

Uno, Kathleen. 1999. *Passages to Modernity: Motherhood Childhood, and Social Reform in Early Twentieth-Century Japan*. Honolulu: University of Hawaii Press.

White, Merry. 1994. *The Matenal Child: Coming of Age in Japan and America*. Berkeley: University of California Press. メリー・I・ホワイト『マテリアル・チャイルド――超消費世代』(同文書院インターナショナル、1993年)

Yamakawa, Kikue. 1992. *Woman of the Mito Domain: Recollections of Samurai Family Life*. Trans. Kate Wildman Nakai. Tokyo: University of Tokyo Press.

(KATHLEEN UNO／松丸修三訳)

乳児死亡率 (Infant Mortality)

近世以降の子ども期のあらゆる変容のなかで、おそらくもっとも意味深いのは、生後1年以内の死の危険が劇的に減少してきたことであろう。最近の数世紀以前の乳児死亡率については、その水準と傾向を推測することができるだけであるが、人類史の大半を通じて、生まれた乳児のおそらく30～40パーセントは、最初の誕生日を祝ってもらえる前に死亡していたようである。今日、大部分の発展途上国と世界の高い死亡率の地域でさえ、10パーセント以上であろう。そして、もっとも発展した豊かな地域では、最初の誕生日まで生き抜けなかった乳児は1パーセント以下である。乳児死亡率におけるこのような急な減少の大部分は20世紀に起きた。今日の高度に発展した国々のなかで、乳児の生存にみられる大きな改善は、第2次世界大戦の前に進んだ。経済発展が遅れた国々では、改善策のほぼすべては戦後に見られた。これらの先進国と後発国のどちらにおいても、死亡率が最初に下降したのは年長の乳児で、そのすぐ後に、すべてではなかったが、新生児のあいだでも下降した。

乳児死亡率の測定

乳児死亡率という用語は、一般に、1歳未満の乳児たちのあいだで死が発生することをさすものと理解されている。人口動態学者たちがこの死亡率の水準と傾向を系統図で示そうと試みたとき、彼らはもっとも重要なものとして乳児死亡率 (infant mortality)、新生児死亡率 (neonatal mortality)、新生児後死亡率 (post-neonatal mortality) などの統計数値を用いる。これらは、ある特定の人口における乳児の比率にみられる差異に影響されない標準化された尺度である。これは、生存している乳児に対する死んだ乳児の比率であって、いくぶん高い値になる乳児死亡率と乳児生存率との比率とよばれているものと類似しているが同じではない。新生児の死亡率は、生児出産10万人あたりの生後28日以内の年間の死亡数として計算される。この時期を通じての死亡の大半は、一般に内因性の要因だと受けとめられている。すなわち先天的な異常、懐胎期の未成熟、出産の合併症、あるいはその他の生理学上の諸問題などである。新生児後死亡率は、同じように算出

されるが、生後28日から１年後までの乳児死亡率を表現している。世界のほとんどの地域で、この期間を通じた死亡数の圧倒的多数は、外因的な原因でありつづけた。すなわち、けが、環境と栄養学的な要因、とくに胃腸炎と鬱血性肺炎のような感染者との接触のような。しかし、非常に高度に発達した国では、感染病と栄養障害の規制は、恒常的に増えつづける新生児後死亡率の原因は内因性の原因にあるとするレベルに達している。

20世紀以前の先進国における乳児死亡率

17世紀の乳児死亡率のパターンについてわれわれが知っているのは、平均して20〜40パーセントで年度ごとにかなりの変動があり、ときには、**流行伝染病**、飢饉、そして戦争が国民全体の死亡率の危機を生んでいるようなときには極端に高いピークを示すことがあった。乳児死亡率は、その土地の衛生と病気の環境に依存するだけでなく、母親の栄養状態と全般的な健康状態に大きく依存するとともに、地域ごとにもいちじるしく多様であった。17世紀のイギリスとニューイングランドの辺鄙な地方の村は、そこで生まれた乳児全員のわずか15パーセントが最初の１年以内に死亡したであろう。それと同時に、衛生設備が悪く、人、モノ、そして感染病が交流している港町に生まれた乳児は、おそらく、その比率の２倍以上が死んでいた。南北アメリカと南ヨーロッパでは、マラリアの存在が乳児死亡率を50パーセント以上に押し上げていた。これは、新しい病気がもちこまれた場合にもあてはまった。新世界にヨーロッパ人が、続いてアフリカ人が入ってくると、南北アメリカの先住民たちは、免疫を獲得あるいは受け継がない病気にさらされることで大量死した。要するに、前近代の乳児死亡率の水準を特徴づけていたものは何もなく、時と場を横断する多様性ということであった。

この多様性は18世紀初めまで続くが、この頃になって毎年の変動が下降しはじめ、周期的なピークが頻発しなくなり、地域ごとの差違は縮小した。いくつかの地域では一時的な下降傾向が生じたが、この時期の大部分の地域では、乳児死亡率の下降よりはむしろ平衡状態が見られた。乳児死亡率の同質化をもたらしたのは、経済発展の付随物であった。たとえば、交通形態の改善は、困難なく、また時間を要することなく地方の村々への旅行を可能にし、場所ごとの病気についての知識のやりとりが増え、低い乳児死亡率の孤立地帯が存在する可能性は低下した。都市の良好な衛生環境、住宅の改善、そして食糧品の均一な分布、湿地帯を埋め立てたり排水すること、さらに、おそらく全地球的には、マラリアの南方への後退など、これらすべてが、１年以内に現実になるであろう死の脅威がある、特定の年と場所に生まれた乳児には前出のことがほとんどあてはまらないのを理解するのに役立つ。もちろん、時と場所の多様性は消えなかった。減少しただけであった。港町と都市は田園地方に比べて乳児の生命にとっては、なおまだ有害であった。天然痘、黄熱病、およびその他の伝染病などの流行は、乳児死亡率と普通死亡率の急激な上昇を産み出すことができた。さらに子育てにおける文化的な差違——とくに乳児期の授乳——が、ほかの地域よりもいくつかの地域における高い比率に重要な貢献をするかもしれないことを示すかなりの資料が存在する。

安定性と統一に向かう傾向は、初期工業化の影響まで続き、都市化は18世紀のなかばと後半に感じられはじめた。工業化は増大した富と高い生活水準をもたらしたが、同時にそれは、貧困と不潔、過密、病気が蔓延しているスラムをくまなく調査した社会病理学および生物学的病理学によって明らかにされたように、その健康が危険にさらされたかなりの数の底辺層をふくむ工業都市と大都市もつくりだした。乳児にとって、当初は、工業化がもたらす積極的な影響が消極的なそれよりもまさっていたようである。十分な証拠があるわけではないが、乳児の生存は、イギリスでは1770

何人かの歴史家たちは、近代以前の親は、誕生後の子どもたちが危険な最初の数年間を生きのびるまで幼い子どもとのあいだに親密な絆をもたなかったと理論づけた。だが、この16世紀の木版画、ハンス・ホルバイン（子）を模写したハンス・リュッツェルブルガーによる「子どもをつれさられる死」は、自分の子どもがつれさられるときに示した両親の苦悶の表情をはっきりと示している。Private collection/Bridgeman Art Library

表1

1900年当時の先進国の乳児死亡率		
場所	時期	1歳未満の死亡率（%）
オーストラリア	1890-1900	11.0
オーストリア	1900-1901	23.0
ベルギー	1900	19.5
チェコスロヴァキア	1899-1902	22.9
デンマーク	1895-1900	13.4
イギリス	1891-1900	15.6
フランス	1898-1903	17.2
ドイツ	1891-1900	21.7
イタリア	1900-1902	16.7
オランダ	1901	11.6
ノルウェー	1891-1900	9.6
ロシア	1896-1897	27.7
スウェーデン	1898-1902	10.7
アメリカ	1900-1902	12.4

（公刊された死亡表にもとづく）
出典：Preston and Haines 1991, table 2., 3.

年代以降に、西ヨーロッパとアメリカでは1790年代以降の40年間に、それぞれ改善されたようである。また、19世紀なかばまでに、都市化、工業化、そして労働者とその家族の移住が衛生状態と環境汚染を悪化させたのにともなって、乳児死亡率はふたたび上昇したようでもあり、このことは、乳児の世話を非常に困難にし、妊娠中の女性と乳児が危険な病気や毒素にさらされる可能性を高めた。

実際、19世紀後半の都市と工業町は乳児にとって恐るべき地域であって、そこに生まれたすべての乳児の20～35パーセントが12カ月以内に死亡し、夏場の胃腸炎と下痢症の流行は、隣人たちを混みあったすしづめ状態にして乳児の畜殺場にしていた。1876年に編集されたニューヨーク・タイムズ紙が、一日に100人以上の乳児がマンハッタンで死亡していた7月のある週の後で、「目の前にいる可愛い子どもたちの毎年の大量死ほど憂鬱な特徴はほかのどこでも見られない」と報じている（Meckel, p. 11）。この年間の大量死について工業化したヨーロッパ諸国に高まった関心は、乳児の健康と生存を改善しようとする公衆衛生運動をうながすのに役立った。この運動は、19世紀末における社会経済的、環境的、そして医学の発達などの複雑な混合とならんで、20世紀を通じて、また21世紀に向けて続くことになる乳児と子どもの死亡率を下降させはじめた。

発展途上国における20世紀の乳児死亡率の低下

20世紀の幕開けとともに、工業世界の大部分における乳児死亡率は下降しはじめた。だがそれにもかかわらず、乳児の生存は、とくに東ヨーロッパでは、依然として不確かなままであった。表1が示しているように、乳児期に死亡する可能性は、スカンディナヴィア半島諸国の10パーセント以下から、オーストリア、チェコスロヴァキア、そしてヨーロッパ・ロシアでの22パーセントまで広がっていた。この比率は、アメリカでは約12パーセントであった。この数値は20世紀なかばまでにいちじるしく下降した。北アメリカ、北ヨーロッパ、そしてオーストラリアでは3パーセント以下であった。西ヨーロッパでは5パーセント以下で、東ヨーロッパと南ヨーロッパでは9パーセント以下であった。この下降の大部分は、生後28日以後に生じており、最初は胃腸炎と下痢が減少したこと、次いで呼吸器疾患をくいとめることができるようになったことに起因した。

この減少の背景にはいくつかの発展があった。1930年代以前、生活水準の上昇にともなう出生率の低下と良好な栄養状態と住宅環境は、乳児死亡率を下降させるうえで重要な役割を演じた。同様に、とくに都市において、公的な基金をもつ衛生的な水の供給施設の建設と、下水設備、効果的な廃物除去装置の実施などによって環境の改善がもたらされた。これらとならんで決定的に重要であったのは、ミルクが媒介する病気をくいとめることや、予防法と乳児の衛生学の基礎を教えることなどにおける公衆衛生局の仕事と、それと医学および社会事業との連携であった。実際、20世紀の最初の30年間には、世界のすべての工業国は、乳児死亡率を劇的に減少させるのを目的とする主要な公衆衛生のキャンペーンが展開された場所であった。

乳児死亡率は、20世紀の最初の30年を通じてそれが低下したのと同じ理由で、次の30年間も低下しつづけた。しかし、1930年代初めには、医学的介入と医療技術の発達と応用は、乳児死亡率を押さえるうえでますます大きな役目を果たした。とくに重要であったのは、伝染病や寄生性の病気の発症と致死と闘うための効果的な免疫法と薬物療法の発達、生産、普及であった。また、生命を脅かす病気あるいは健康問題の管理や治療に利用できる技能とテクノロジーの両方におけるいちじるしい改善も重要であった。これらのもっとも重要な改善にふくまれるものとしては、しばしば下痢と腸炎がひき起こす深刻な発作であるアシドーシスと脱水状態を阻止する電解液と液体を用いた治療法の完成と普及がある。また、非常に洗練された予防法と、新陳代謝を助け、栄養障害を克服するビタミンの治療的活用もある。さらに、難産を容易にし、先天的奇形を矯正する、非常に安全かつ効果的な産科学と外科技術もある。

20世紀の最後の30年間、年長の乳児の死亡率の低下は、きわめてゆっくりとしか進まなかった。しかし、新生児のあいだの死亡率は急減し、いくつかの先進国では50パーセント以上も下降した。新生児の死亡率を低下させることは、まざまな社会医療改革や、その

死が発展途上国で乳児死亡率の大部分を占めていた乳児の生存率を高める特殊な方法とテクノロジーを開発して広く利用できるようにしようとする熱心な国際的な取り組みとなった。この取り組みは、診療技術の完成と、妊娠を調整したり未熟児出産を防ぐ効果が実証された薬品をつくることに、また、先天性の奇形を矯正したり、低体重と未熟児が直面するリスクに対処する洗練された外科手術、治療法、集中的な看護技術と医療技術につながった。さらに、栄養学的看護と、出生前後の看護における質と利便性の両面で顕著な改善につながった。20世紀後半に発展途上国に生まれた新生児は、人類史の大半を通じて想像もできなかった最初の一年を生きのびる可能性を享受するようになった。

低開発諸国における21世紀の乳児死亡率

20世紀後半がはじまっても、世界の低開発諸国の平均余命は、数世紀以前の状態をほとんど改善していなかったが、その大きな理由は乳児死亡率が天文学的に高い水準にとどまっていたためであった。もちろん、いくつかの地域は、乳児の生命にとってほかよりも不利ではなかった。すべての新生児の毎年の死亡率は、アジアでは18パーセント以上であったのに対して、ラテンアメリカでは13パーセント以下であった。もっともひどかったのはアフリカで、とくにサハラ砂漠以南のアフリカの乳児死亡率は20パーセント以上であった。実際、サハラ砂漠以南のいくつかの地域に生まれたすべての子どもの3分の1以上は、5歳になる前に命を落としていた。

これらのすべての地域では、その時期と比率はさまざまであったが、次の半世紀以上にわたって乳児死亡率は劇的に低下した。アジアのなかでもとくに中国では、乳児死亡率はもっとも早い時点でもっとも急速に低下し、世紀なかばの19パーセント以上から、その後の30年間における4パーセント前後へと下降した。乳児死亡率は、ラテンアメリカでもいちじるしく、しかも比較的急速に、1980年代なかばまでに半減した。乳児の生命にとってもっとも危険な大陸でありつづけたアフリカでさえ、最終的に乳児死亡率を50パーセント以上下降させることができた。実際、1000人中87人という、2000年のアフリカの乳児死亡率の数値は、第1次世界大戦直前のアメリカの数値よりも低い。

20世紀後半を通じて見られた乳児死亡率のこのような下落に顕著な貢献をしたのは、第2次世界大戦の余波のなかで生まれた国連児童基金（UNICEF）[*1]と世界保健機関（WHO）という二つの機関によって先導された、子どもの健康と生存能力を改善しようとする国際的な運動であった。1970年代を通じて、こうした国際的な取り組みは、栄養の改善、マラリアの発生の防止、免疫法の活用の増進、そして、富裕国の制度を手本とした健康管理と公衆衛生制度の発展を貧し

表2

世界の地域別乳児死亡率・1950-2000年　乳児死亡率
（1歳未満の死亡数、1000人あたり）

地域	1950-1955*	1980-1985*	2000
世界	156	78	54
アフリカ	192	112	87
アジア	181	82	51
ヨーロッパ	62	15	11
オセアニア	67	31	24
北アメリカ	29	11	7
ラテンアメリカとカリブ海諸国	125	63	32

*1歳未満の死亡数の推計値
出典：Mortality 1988, table A.2; U. S. Sensus International Database 2000,
〈http://www.census.gov/ipc/www/idbnew.html〉

い国々において促進することなどを目的とした特別な医療と公衆衛生の介入をともなった。上水道を浄化する取り組みは、一般的に、積極的な影響をおよぼしたが、この取り組みの相対的な影響は異なる部分からなっており、1980年代初めには、ユニセフと世界保健機関は、免疫の強化、適切な衛生設備、出産前の衛生、母乳哺育、そして、乳児の激しい下痢に対処する、新しく開発された簡単な経口の水還元塩剤の利用などを求める新しい地域に根ざした子ども生存計画に着手した。清潔な水を利用できるようにする継続的な取り組みと連携した、こうした地域に根ざした計画は、かなりの成功をおさめたようである。1980年代なかばから2000年にかけてのあいだ、世界の乳児死亡率は約30パーセントほど下落した。

もちろん、すべての乳児が低開発国におけるこのような乳児死亡率の下降から等しく恩恵を受けたわけではなかった。地域間においてだけでなく、同じ地域のさまざまな国においても、かなりの偏差がある。5歳以下の世界の子どもの死亡数の40パーセント以上を占めるサハラ砂漠以南のアフリカ諸国では、2000年の乳児死亡率は、ケニアでの1000人中58.8という低い数字から、マラウィの130.5という高い数字までばらつきがあった。同じように、西アジアでは、イランの乳児死亡率は28.1であったが、隣国のアフガニスタンでは、137.5という世界でもっとも高い比率に苦しんでた。南北アメリカ大陸でも、非常に大きな偏差が残っている。比較的狭い範囲の水の拡張だけがキューバとハイチを分けているが、その乳児死亡率には非常に大きなへだたりがある。2000年には、キューバは7.7であったが、ハイチは96.3であった。

過去にも見られたように、乳児死亡率を高くする原因は無数にあり、しかも多様である。子ども期の伝染病、劣悪な衛生設備が原因で起こる下痢症や胃腸炎、

表3

国別の乳児死亡率の最高値と最低値・2000年 乳児死亡率
（1歳未満の死亡数、1000人あたり）

乳児死亡率が最低値の国々

シンガポール	3.8
フィンランド	3.8
スウェーデン	3.9
日本	4.0
スイス	4.8

乳児死亡率が最高値の国々

アフガニスタン	137.5
マラウィ	130.5
アンゴラ	125.9
ソマリア	125.8
ギニア	123.7

出典：Kaul 2002, table A6-4.

肺炎やその他の呼吸器疾患、マラリアやその他の体力を消耗させる病気をひき起こす寄生虫が蔓延している環境、さらには、妊娠中の女性に悪影響をおよぼし、懐胎期の問題をひき起こす貧困、栄養不良、医療管理の欠如という三つ組みなどである。しかし、過去とは違って、こうした諸原因に対処する比較的効果のある手段が存在する。多数の伝染病の罹病率と致死率は、免疫法と抗生物質の活用によって押さえることができるし、下痢症と胃炎は衛生設備の改善、きれいな水、補水治療法*2の利用によって防ぐことができる。また、懐胎期の合併症は出産前のケア・プログラムによって押さえることができる。しかし、これらすべては、財源とそれらを活用しようという意志を必要としている。いくつかの国が、悲惨な貧困状態にとどまり、乳児を救うために国家予算を投入できない、あるいはそうするつもりがない政府をもっているかぎり、乳児期は、頼るべきものを何ももたないという特徴をもつ時期から、生き残ることができる時期へという近代的な転換は、ほぼまちがいなく未完成な状態にとどまるであろう。

［訳注］

*1 国連児童基金（United Nations Children's Fund）——ユニセフ（UNICEF）。世界中の子どもの健康と栄養の増進を目的として、1946年の国連総会によって設立された国際機関。UNICEFという表記は、この機関の旧名称 U（nited） N（ations） I（nternational） C（hildren's） E（mergency） F（und）に由来する。1965年にノーベル平和賞を受賞した。

*2 補水治療法（rehydration therapy）——おもに下痢、嘔吐、発熱等による脱水症状の治療法として、食塩とブドウ糖の水溶液を飲用させる治療法。脱水症や下痢の場合、大腸での水分吸収ができなくなっており、とくにナトリウムやカリウムなどのイオンの流出が起き

やすくなるが、近年、小腸でナトリウムとブドウ糖が同時に吸収される際、これにともなって水分が吸収される仕組み（共輸送系）が発見されたことを契機に、ブドウ糖と食塩を同時にあたえれば、大腸ではなく、小腸から水分と栄養分を補給できることが解明され、これが経口補水液による治療法の発明につながった。とくに発展途上国で感染症などに起因して脱水症を発症しやすく、十分な医療設備がないために点滴治療が困難である場合、経口補水治療法は簡便で安価であり、補水液の配布が容易であることなどから、WHOやUNICEFは、この治療法の啓発活動を進めて効果を上げている。

➡産科学と助産術、出生率、接触伝染病

● 参考文献

Bideau, Alain, Bertrand Desjardins, and Hector Perez Brignoli, eds. 1997. *Infant and Child Mortality in the Past*. Oxford, UK: Clarendon Press.

Colletta, Nat J., Jayshree Balachander, and Xiaoyan Liang. 1996. *The Condition of Young Children in Sub-Saharan Africa: The Convergence of Health, Nutrition, and Early Education*. Washington, DC: World Bank.

Corsini, Carlo A., and Pier Paolo Viazzo, eds. 1997. *The Decline of Infant and Child Mortality: The European Experience, 1970-1990*. The Hague, the Netherlands: Martinus Nijhoff.

Crosby, Alfred W. 1991. "Infectious Disease and the Demography of the Atlantic Peoples." *Journal of World History* 2: 119-133.

El-Khorazaty, M. Nabil. 1989. *Infant and Childhood Mortality in Western Asia*. Baghdad, Iraq: United Nations Economic and Social Commission for Western Asia.

Kaul, Chandrika. 2002. *Statistical Handbook on the World's Children*. Westport, CT: Oryx Press.

Kunitz, Stephen J. 1984. "Mortality Change in America, 1620-1920." *Human Biology* 56: 559-582.

Livi-Bacci, Massimo. 2001. *A Concise History of World Population*, 3rd ed. Malden, MA: Blackwell.

Meckel, Richard A. 1990. *Save the Babies: American Public Health Reform and the Prevention of Infant Mortality*. Baltimore, MD: Johns Hopkins University Press.

Mortality of Children under Age 5: World Estimates and Projections, 1950-2025. 1988. New York: United Nations.

Owen, Norman G., ed. 1987. *Death and Disease in Southeast Asia: Explorations in Social, Medical, and Demographic History*. New York: Oxford University Press.

Preston, Samuel, and Michael Haines. 1991. *Fatal Years: Child Mortality in Late Nineteenth-Century America*. Princeton, NJ: Princeton University Press.

Schofield, Roger, and David Reher. 1991. "The Decline of Mortality in Europe." In *The Decline of Mortality in Europe*, ed. Roger Schofield, David Reher, and Alain

Bideau. New York: Oxford University Press.
Stockwell, Edward G. 1993. "Infant Mortality." In *The Cambridge World History of Human Disease*, ed. Kenneth F. Kiple. New York: Cambridge University Press.
UNICEF. 1997. *State of the World's Children*. New York: Oxford University Press.
van der Veen, Willen Jan. 2001. *The Small Epidemiologic Transition: On Infant Survival and Childhood Handicap in Low Mortality Countries*. Amsterdam: Rozenberg.

●参考ウェブサイト
U.S. Census International Database. 2000. Available from 〈www.census.gov〉

(RICHARD MECKEL／北本正章訳)

乳児哺育 (Infant Feeding)

　新生児の赤ん坊に授乳することは、すくなくとも健康で適切な乳を子どもにあたえる圧倒的多数の母親にとっては、かなり単純なプロセスであった。世界中の母親は、これまでつねに自分の赤ん坊に母乳哺育してきている。母乳哺育は、乳幼児の生存を確かなものにしてくれるもっとも安全、簡便、健康的、そしてもっとも安価な方法であった。今日のさまざまな研究は、母乳は、赤ん坊がさまざまな病気、感染、アレルギーを撃退するのを助けるいくつかの抗体、タンパク質をふくむ栄養素、脂質、ビタミン類、ミネラル類をふくんでいることを明らかにしている。医学者と医療専門家たちがこの主題について調査を開始し、それについて記述しはじめるまで、女性たちは伝統が命じるままに、赤ん坊が必要とする栄養物を満たすために、本能によって乳幼児に母乳哺育しつづけていた。

初期アメリカの授乳習俗

　北アメリカ植民地の母親の大半は、自分の乳幼児を母乳哺育していた。だが、こうした母乳哺育の習俗の詳細は、多くの女性が読み書きできず、自由な時間がほとんどなく、母乳哺育することにしばられていたために、それについて書くことはめったになかった。ヨーロッパのエリートのあいだで見られたような乳母の利用は、生活スタイルの違い、植民地の入植者たちの開拓者気質、そして乳母の数が不足していたために、北アメリカの入植者たちのあいだでは見られなかった。母親たちは、母乳哺育された赤ん坊は子ども期を生き抜く最善のチャンスを得ていると直観的に理解していた。彼女たちは、母乳哺育は妊娠を遅らせるのに役立ち、完全に信頼できる方法ではなかったにしても、出産間隔をあける自然の方法を提供してくれるとも記録している。

　もちろん、すべての赤ん坊がその母親による母乳哺育が可能であったわけではなかった。母親のなかには、乳が十分に出なかったり、病弱であったり、疲労が激しくて自分の乳幼児に授乳できない者もいた。腫れあがったり、埋没したり、感染した乳房をもつ女性は、痛みが激しくて赤ん坊に乳をあたえることはできない。分娩中に母親が亡くなることは、以前は今日よりはるかに頻度が高かったが、そうなった場合には、乳の提供者を探さなくてはならなかった。家族は、自分が産んだ赤ん坊に授乳している近隣の女性、友人、あるいは親類の者を探すかもしれないし、乳母を雇うかもしれなかった。希望する能力資質を契約条件として示す広告を新聞に掲載する家族もいた。通常、乳母は、自分の赤ん坊、別の人の赤ん坊、あるいは離乳したばかりの自分の赤ん坊を養育した。赤ん坊を養育することについては多数の神話が生まれた。赤ん坊に乳母が必要な場合、医療専門家は、赤ん坊に授乳させる女性がどんなタイプであるかは決定的に重要であると両親に警告した。たとえば、両親は、赤色の髪をした乳母は、その女性の乳に影響をおよぼす、激しやすい気質であることをはっきりと示していると考えられたので、乳母にするのは避けたほうがよいと推められた。

　南北戦争前のアメリカ南部のエリートの女性たちは、自分の赤ん坊に授乳する奴隷の女性を利用したかもしれないが、この慣習は神話がわれわれを信じさせたほどには広まらなかった。実際にそうしていたときも、南部の白人の母親たちは、たとえ人種的感受性が南部の生活のほかの分野に影響をおよぼしても、黒人の女性が自分の乳幼児に授乳することについて懸念をあらわすことはめったになかった。いくつかの場合、この黒人の女性が死んだり、自分の新生児を母乳哺育することができないときは、白人女性が奴隷の赤ん坊に母乳哺育した。もっとも重要な問題は、赤ん坊を死なせずに生かせることであった。奴隷の母親たちは自分の赤ん坊を野外につれていき、そこで樹にぶら下げたり地面に横たえ、ほしがるだけ母乳哺育するのが常であった。大きなプランテーションで暮らす赤ん坊は、しばしば年老いた奴隷の女性の手にゆだねられ、母親たちは乳幼児に授乳するためにあわてて奴隷小屋に戻ってくるのであった。

　人工授乳は、ほかの可能性が失敗したときにはいつでも実用的に対応する選択肢であった。母乳哺育できる女性が一人もいないとき、赤ん坊は、歴史家たちが人工食品とよんだもので制限授乳[*1]された。しばしばこの食品は、水または乳に浸して柔らかくしたパンでできており、パップ・ボート(パン粥皿)あるいはパップ・スプーン(パン粥さじ)とよばれたもので給餌された。母親たちは、牛あるいは山羊の乳、さまざまなお茶、あるいは澄んだスープなどを、哺乳瓶や、ガラス製、錫製、白目製、あるいはその他の金属でできた授乳用の缶で赤ん坊にあたえていた。彼らは、食卓の食べ物を口のなかでかみ砕いたり、つぶしたり、大人の食べ物を赤ん坊用に摺りおろしたりしてあたえた。

　母親のなかには、社会が母乳哺育を進めているにも

かかわらず、意識的に母乳哺育をしなかったり、短期間だけしか母乳哺育しなかった者もいる。赤ん坊に授乳するのが不可能だとわかっているので、家業の経営や農作業を手伝う女性たちもいた。虚栄心にくすぐられたのは、子どもの養育に要求されることに邪魔されたくなく、自分の社会生活を再開したいと切望していたひとにぎりの富裕な女性たちであった。多くの人びとが、授乳中の母親が性的な関係を再開するのは勧められないと考えていたため、夫は母乳哺育しないという決定に影響をおよぼしていたかもしれない。このような場合の選択肢は、乳母を雇うことあるいは赤ん坊に制限授乳することであった。

19世紀なかばから末期にかけての頃までに、医者たちは産科学と乳幼児保育にしだいにかかわるようになってきた。医療実務者と医療顧問は、子育てに関連する無数の問題について議論を重ねた。彼らは、母乳哺育は赤ん坊を死なせずに生きながらえさせる最善の方法であると認識していたので、母親たちに赤ん坊を母乳哺育するようにうながした。医者や親たちをもっとも懸念させていた乳幼児期の病気の一つは、とくに制限授乳された赤ん坊あるいは母乳から人工食品に向けて離乳させられた赤ん坊に感染する重症の下痢症状を示す小児コレラであった。母乳哺育は、この時期の母親のイメージと女性の母親としての中心的な役割にも一致していた。母乳哺育よりも母親としての女性の義務にかかわることについてもっともよい所説はどのようなものであったのであろうか？

医学者と、新しく母親になった者たちとのあいだで論争があったのは、出産直後の新生児に授乳するかどうかという問題であった。母乳からの初乳[*2]の分泌はかなりの不安感をいだかせた。観察者には、この水のような液体は、新生児の生存を確かなものにしてくれる適切な滋養物を提供するようには思えなかった。当時の人びとは、今日われわれがもっているような科学的な証拠をつかんでいなかったため、初乳が、赤ん坊をいくつかの病気や感染から守るのに完全に適している抗バクテリア物質と栄養物をふくんでいることを知らなかったのである。しかし、そうすることができた用心深い母親たちは、自分の母乳があふれ出てくるまで、一時的に新生児に授乳してくれる別の女性を探したかもしれない。母親と医者たちは、初乳の健康面を徐々に受け入れた。

もうひとつの懸念は、赤ん坊を母乳から離乳させる適切な年齢についてであった。いくつかの記録が示しているように、19世紀末にいたるまで、多くの家族が約2年間隔で子どもをもうけていたが、これは標準的な母乳哺育の期間が約1年であったことを示している。母親たちは、しばしば赤ん坊に歯が生え、養育するのが苦痛をあたえるようになる頃に母乳哺育を止めていた。母親たちは、妊娠したときも、母体から生命の根源を同時に吸い出すことは、子宮にも赤ん坊にも有害だと考えていたため、母乳哺育を中止していた。離乳の時期も、一年の季節に左右された。もっとも安全な時期は、夏と冬の極端な温度を避けて、秋と春であると考えられた。赤ん坊を母乳から離乳させるプロセスは、母親と赤ん坊の双方にとってトラウマになりえた。母親たちはさまざまな戦略を発展させた。ある母親は、自分の乳首と乳房をいやな味がする膏薬を塗った。ほかの母親たちは、数日間家を留守にして子どもを家に残し、制限哺育してくれるだれかの手にゆだねた。なかには、乳幼児が人工食品や乳のかわりの液体になじむまで隣人、あるいは乳母に赤ん坊を預ける母親もいた。

19世紀と20世紀初頭までに、国家がしだいに子どもの健康と幸福に関心を示すようになってくると、医師たちはアメリカの、とくに都市の貧民層における異常に高い**乳児死亡率**に大きな警告を発するようになった。ボストン市についての1911年のある研究は、母乳哺育された赤ん坊は30分の1が1歳未満で死んだのに対して、哺乳瓶で育てられた乳幼児の5分の1が死んでいたことを示している。乳幼児の授乳、とくにバクテリアと低温殺菌法[*3]についての知識にかんする科学的な思考が進展したにもかかわらず、医者たちと社会改革者たちは、高い乳児死亡率を低減させるために、さらに研究を進める必要があった。都市の健康保健局は、貧しい母親たちが新鮮で清潔な乳を幼児たちのために手に入れることができる乳配所(ミルク・ステーション)を率先して設立した。各都市は、都市で消費される乳を配給する搾乳場を検査することを求める法律を定めた。1910年、ニューヨーク市は、当地で販売され、あるいは配給される乳は低温殺菌されるべきであるとする法律を定めた。1912年には、乳の等級制度を導入した。健康保健局は、適切な乳児養育について母親たちに助言する隣人たちのところに職員を派遣した。いくつかのコミュニティは、女性たちがあまった母乳を寄付することができる乳銀行(ミルク・バンク)を設けたが、これは、名簿によって乳を必要とする乳幼児に配給された。このシステムは、「北アメリカ人乳貯蔵協会」を介していまなお存在している。

人工ベビーフードの進歩

より多くの母親が母乳哺育にそれほど依存しなくなり、人工食品や成分調整された牛乳、あるいは乳児用調合乳に依存しはじめるようになると、20世紀初めまでに重大な変化が起きた。歴史家たちはそれぞれが重要な点を論争しているが、この変化の理由は多数ある。そのひとつとして、スイスのネッスル社[*4]、アメリカのメリンズ社やガーバー社[*5]などのような会社が、ベビーフードを安全かつ効率的に加工する方法を発見した。各会社は、できるかぎり母乳に近いものを複製する赤ちゃん用の調合乳(フォーミュラ)を開発する

ために化学者たちを雇用した。ベビーフード製造業者たちは、最終的に多種多様な濾過食品*6やシリアル食品*7をつくり、販売した。彼らは医者たちの意見に合わせて製造し、雑誌で広く宣伝した。

人工のベビーフードと乳製品は、より安全で健康によいものになった。バクテリアや敗血症（セプシス）についての理解が深まるとともに、衛生的な瓶や低温殺菌された飲料物の需要がますます重視されるようになった。こうして乳幼児は人工食品や不潔な瓶が原因で病気になることは少なくなった。哺乳瓶用のゴム製の乳首の開発は、母親の乳首の触感を複製し、制限授乳をいっそう容易にさせた。かつてよりも多くの女性たちが賃金労働に入るようになると、彼女たちは、人工授乳がもたらした自由と柔軟性を歓迎した。人工栄養の受容をさらに助けたのは、ベビーフード会社によって混合食品、調理ずみ調合乳、豆乳製品、使いすて哺乳瓶などが開発されたことであった。

1950年代までに、アメリカの大多数の女性は、もはや自分の赤ん坊を母乳育しなくなったが、これは過去の習俗からの劇的な変化であった。多数の要因がこの変化を説明している。医学の専門分野としての**小児医学**の重要性、大量生産された調合乳やベビーフードの簡便さ、衛生的な哺乳瓶、在宅出産よりも病院出産の増加、公共空間と賃金労働への移動にともなう女性の役割変化、食品製造業と医者とのあいだの緊密な関係などが変化の原因として考えられよう。ベビーフード会社は、赤ん坊は人工的に給餌されれば健康になると医者たちを説得した。1971年当時、アメリカで自分の赤ん坊を母乳哺育していた母親はわずか25パーセントで、生後6カ月以上母乳哺育を続けていたのは、そのうちのわずか20パーセントであった。

しかし、1980年代にふたたび変化が生じ、1990年までに、アメリカの母親の52パーセントは、自分の赤ん坊を母乳哺育するようになった。フェミニストたちが女性たちに、自己実現するには家庭の外で高等教育と仕事を追究するよう奨励したときでさえ、彼女たちは、母親と赤ん坊の双方にとって最善の、自然な、健康によい育児法として、母親による母乳哺育も同様に奨励したのであった。また、キリスト教の女性団体によって1956年に結成された**ラ・レーチェ・リーグ**も、母乳哺育の利点についての認識を高めるうえで重要な役割を演じた。今日、母乳哺育をしている母親のほぼ3分の1は、赤ん坊が6カ月になるまでそれを続けているが、これは、アメリカ小児医学会が、母親は、生後6カ月間は、あらゆる補助飲料物や補助食品を避けて、母乳哺育をすべきであるとの推奨に対応している。

21世紀の幕開けに、賃金労働しているすべての人種と階級の多数の母親たちは、母乳哺育が赤ん坊にとって最善であると考える人びとのために、いくつかの新しい挑戦を試みた。母親たちのほぼ70パーセントは、すくなくとも生後1〜2カ月は自分の赤ん坊を母乳哺育していた。一部の会社と機関は、仕事場に託児所と保育園を設け、そこではたらく母親たちが自分の乳幼児に母乳哺育をする機会をあたえた。しかし、大部分の会社は、自力で育児をする母親たちを放置した。このため母親たちは、赤ん坊が一人で飲める母乳をつくるために搾乳器を用いることによって、ある程度の柔軟性を見いだした。だが、すべての女性がこれを行なうことはなかった。ほかのはたらく母は、母乳哺育を短縮して人工授乳に切り替え、あるいは、最初から養育することはけっしてなかった。

このような重要な母親の義務をめぐる議論はいまも続いている。医学者と母親は、赤ん坊に無制限に授乳する適切性、赤ん坊の食餌にほかの食品を何歳頃に導入するかをめぐって議論する。人前での母乳哺育の適合性についてはさらに議論を活発にし、その一部は過熱した。どのような議論であれ、大多数の女性は、母乳哺育あるいは赤ん坊用の人工食品をあたえるという方法であれ、自分が産んだ新生児の良好な健康状態を確保するために、理にかなった健康によい栄養物を確保しつづけるであろう。

［訳注］

*1 制限授乳（hand-feed）——牧畜業などで一定の間隔で規定量の飼料をあたえる飼育方法。転じて、育児学では、消化能力の個人差を考慮して赤ん坊がほしがるときにほしがる分量をあたえる無制限哺育に対して、授乳時間と乳の分量が管理され、制限されていることから、制限哺育ともよばれる。

*2 初乳（colostrum, foremilk）——出産前後1〜2週間までの母乳で、嬰児の感染防止に必要な免疫抗体の一種γ-グロブリンを多くふくむことが知られている。

*3 低温殺菌法（pasteurization）——フランスの化学者、細菌学者であったルイ・パストゥール（Louis Pasteur, 1822-1895）が、1860年代から取り組みはじめ、1880年代初め頃に完成させた低温殺菌法。牛乳、チーズ、ヨーグルト、ビール、ワインなどを、味や品質が変わらないように、くりかえし低温で熱処理して殺菌や発酵防止をする方法。今日までさまざまな食品に対して行なわれている。

*4 ネッスル社（Nestlé S. A.）——スイスの食品会社。アンリ・ネスレ（Henri Nestlé, 1814-90）が、1866年に前身の会社から創業した。現社名は1977年から。

*5 ガーバー社（Gerber Products Co.）——ダニエル・ガーバー（Daniel F. Gerber, ?-1974）が、1928年からベビーフードを考案し、製造販売しはじめた。ガーバー社は、「ガーバー子どもセンター」（Gerber Children's Centers）とよばれる託児所施設を全米で100カ所以上所有し、1カ所に平均110人のこどもを預かるサービスをはじめた。

*6 濾過食品（strained food）——おもに乳幼児や、歯の障害をもっていたり、嚥下障害のある人の摂食を容易にし、消化と吸収をよくするために加工された食品。

ニユウシヨ

豆類、根菜類などを加熱処理してミキサーなどで細かくし、煮つめて味つけをし、ジャムまたはペースト状にして保存性をよくした加工食品。
*7 シリアル食品（cereal products）——加工穀物食品。トウモロコシの実を加工したコーンフレーク、小麦を加工したオートミールなど、加熱乾燥した食材をベースに、干したぶどうやイチジクなどの乾燥果物類を砕いて混ぜ、香料、糖分をくわえたもの。持ち運びが可能で保存性が高い。その歴史は農耕文化とともに古く、cerealは、ラテン語の「豊饒の女神」（Cerealis）に由来する。

➡乳母養育
● 参考文献

Apple, Rima D. 1986. "'Advertised by Our Loving Friends': The Infant Formula Industry and the Creation of New Pharmaceutical Markets, 1870-1910." *Journal of the History of Medicine and Allied Sciences* 41: 3-23.

Arnold, Lois, and Miriam Erickson. 1988. "The Early History of Milk Banking in the U.S.A." *Journal of Human Lactation* 4: 112-113.

Barnes, Lewis A. 1987. "History of Infant Feeding Practices." *American Journal of Clinical Nutrition* 46: 168-170.

Blum, Linda. 1993. "Mothers, Babies, and Breast-feeding in Late Capitalist America." *Feminist Studies* 19: 291-311.

Cone, Thomas E. 1976. *200 Years of Feeding Infants in America*. Columbus, OH: Ross Laboratories.

Golden, Janet. 1996. *A Social History of Wet Nursing in America: From Breast to Bottle*. Cambridge, UK: Cambridge University Press.

Klein, Herbert S., and Stanley L. Engerman. 1978. "Fertility Differentials between Slaves in the United States and the British West Indies: A Note on Lactation Practices and Their Possible Implications." *William and Mary Quarterly* 35: 357-374.

McMillen, Sally G. 1990. *Motherhood in the Old South: Pregnancy, Childbirth, and Infant Rearing*. Baton Rouge: Louisiana State University Press.

Meckel, Richard A. 1990. *"Save the Babies": American Public Health Reform and the Prevention of Infant Mortality, 1850-1929*. Baltimore, MD: Johns Hopkins University Press.

Salmon, Marylynn. 1994. "The Cultural Significance of Breast-feeding and Infant Care in Early Modern England and America." *Journal of Social History* 28: 247-269.

Weiner, Lynn Y. 1994. "Reconstructing Motherhood: The La Leche League in Postwar America." *Journal of American History* 80: 1357-1381.

Young, James Harvey. 1979. "'Even to a Sucking Infant': Nostrums and Children." *Transactions and Studies of the College of Physicians of Philadelphia* 1: 5-32.

（SALLY G. MCMILLEN ／北本正章訳）

乳児用調合乳（Formula）
➡乳児哺育（Infant Feeding）

乳幼児突然死症候群（Sudden Infant Death Syndrome：SIDS）

　乳幼児突然死症候群（SIDS、もしくはクリブ・デス［crib death、ベビーベッド上の死］ともいわれる）は、検死によっても死因が見あたらないという乳幼児の思いがけない死のことをさす。乳幼児突然死症候群は長い歴史をもち、嬰児殺しや圧死（家族がいっしょに同じベッドに寝ていて偶然に押しつぶされるケース）、胸腺[*1]による死因、あるいはリンパ腺による死因などによって説明が試みられた。乳幼児が突然死亡する理由ははっきりしない。1855年、医学雑誌「ランセット」の創始者であり、その編集者であったトマス・ワクレイ[*2]が、「ベッドの上で死んでいる乳幼児」について記述し、この主題についてこれまで見られなかった出版傾向を生みだした。19世紀を通じて、嬰児殺しの頻度への関心が高まった。1860年代中頃、イングランドとウェールズの殺人にかんする検察医による報告書の80パーセントが乳幼児にまつわるものであった。ディズレーリは、嬰児殺しは「イギリス国内で、銀行強盗とほとんど同じくらい広く発生している」と述べている。1860年代以降、イギリスの新聞各社と医学雑誌はこぞってこの話題に関心を示した。添い寝による窒息死もよく見られたが、おそらくそれは家族の人数が多すぎたことと飲酒の広まりが原因であっただろう。

　とりたてて原因のない乳幼児の突然死は、長らく胸腺の肥大が死因と考えられていた。これはまちがいであったが、近代まで信じられていた。正常な乳幼児は大きな胸腺をもっていたが、長引いた病気のすえに死亡した乳幼児の大半は縮減した胸線をもち、検視では小さな胸腺が確認される。だが、突然死した子どもは標準的な大きさの胸腺をもち、これが死因と考えられた。リンパ腺の疾患が突然死の原因としてでっちあげられたのである。20世紀初期を通じて、この疾患は大きな関心と不安をあおった。この考えが疑問視され、最終的に死因でないとされたのはもっとあとのことであった。

　だが、乳幼児の突然死は続いた。1940年代を通じて、クリブ・デス（あるいはゆりかご死［cot death］ともよばれる）という概念が広く知られるようになり、やがて、乳幼児突然死症候群といわれるようになった。この分野の専門家の大半は、乳幼児突然死症候群の原因になる可能性は多数存在することをみとめている。それらは、感染病（しばしば肺炎の場合がある）、異

常高熱（暑すぎる室内やふとんのかぶせすぎによる過熱が原因）、殺人、そして故意ではない中毒（おそらく薬物やたばこの中毒、ベビーベットのマットレスに染みこんだ可能性のあるヒ素、リン、アンチモンや、古いマットレスでのカビの繁殖）が原因と考えられている。マットレスが関係する可能性は、政府と生産者による隠ぺいの糾弾につながった。高まる広報は、子どもの呼吸のようすを記録し、呼吸が停止したときは警報が鳴るベビーモニターの普及をうながした。

今日、意見の一致がみられるのは、クリブ・デスはたいていの子どもには影響をおよぼすことはない日常的な取り組みやストレスへの異常な反応だと考えられている。枠付きのベビーベッドのマットレスについての新しい規制と、乳幼児をうつ伏せにではなく仰向けに寝かせることを奨励する公的勧告が広まったあと（もしくはそれと同時に）、乳幼児突然死症候群の事例はこれまでの3分の2まで減少した。だが、それでもまだこれは1歳以下の子どもの最大の死因であり、小児科医と世間にとって大きな関心事であることは変わらない。乳幼児突然死症候群財団（the Foundation for the Study of Infant Deaths）は、研究に着手し、同時に医療専門家によるこれまで以上に深い同情を親に求めるキャンペーンも展開している。

［訳注］
*1 胸腺（thymus gland）──胸腔に左右に対になって存在し、脊椎動物のT細胞の分化、成熟など免疫機能に関与する重要な物質を分泌する内分泌腺。人間の場合、首のつけねに近い胸部にあり、成人では退化している。
*2 トマス・ワクレイ（Thomas Wakley, 1795-1862）──イギリスの外科医。当時の支配層の無能ぶり、特権意識、情実政治を批判して、過激な社会改革者として知られた。医学雑誌「ランセット」（the Lancet）の創刊編集者として知られる。

➡小児医学、乳児死亡率
●参考文献
Bergman, Abraham B., J. Bruce Beckwith, and C. George Ray, eds. 1970. *Sudden Infant Death Syndrome: Proceedings*. Seattle: University of Washington Press.
Byard, Roger, and Stephen D. Cohle. 1994. *Sudden Death in Infancy, Childhood and Adolescence*. New York: Cambridge University Press.
Golding, J. 1989. "The Epidemiology and Sociology of the Sudden Infant Death Syndrome." In *Paediatric Forensic Medicine and Pathology*, ed. J. K. Mason. London: Chapman and Hall Medical.

（ANN DALLY／山口理沙・北本正章訳）

乳幼児のおもちゃ（Infant Toys）

誕生から12か月までのすべての発達段階に向けて、今日販売されるようになっている乳幼児のおもちゃの増大は、かなり最近になってからの現象である。20世紀にいたるまで、乳幼児を楽しませるために（おもに西ヨーロッパ社会で）特別に作られたおもちゃは、珊瑚や銀といった高価な材料で作られた、ほとんどがガラガラのようなものと考えられた。これ以外の、17世紀と18世紀以降にあらわれた歩行訓練用の椅子などの工芸品は、**遊びの哲学**よりも、むしろこの時期に広まっていた育児の基本的な考えを示していた。ほかの文化では、違った方法で赤ん坊の世話をしていた。先住アメリカ人の多数の種族では、赤ん坊をきつくス**ウォッドリング**して木製のゆりかご板に子どもをのせていた。このゆりかご板は、母親がはたらいているとき、赤ん坊にまわりを見渡せる視覚的な刺激を提供しながら、母親が背中に背負って運んだり、傍にもたせかけておいたりできた。このゆりかご板の枠には、小型のおもちゃ類をぶら下げておくこともできた。彼らの育児パターンは、さまざまな文化を横断して、いくつか共通する特徴も共有した。たとえば、赤ん坊向けのおもちゃ（珊瑚で作ったガラガラや編みこんだ装飾など）はしばしば、事故や病気を追いはらいつつ、子どもを楽しませようとする二重の目的を果たしていた。

著名な民俗学者アイオナ・オーピーと息子のロバート・オーピーは、その著書『子ども期の宝物』（*The Treasures of Childhood*, 1995）で、時を超えて伝わる精巧なおもちゃとゲームは文化の達成に起因するものであり、これは、遊びのルールとしくみを発明してきた事実によって歴史的に説明できるとしている。一般に、遊びは、広くゆきわたっている文化の価値観と期待感を促進しながら、子どもの社会化に非常に重要な役割を果たす。つまり、身体と精神の基本的な能力を獲得することに取り組む乳幼児は、遊びをとおして文化を獲得する過程の最初期の状態にあるのである。

おもちゃを使わずに子どもと遊ぶこと

現実には、おもちゃは、1歳になるまでは、赤ん坊の日常生活の小さな部分でしかない。新生児にとって、もっとも早期の刺激の源泉は、母親あるいは主要な養育者である。1960年代以降、赤ん坊の遊びにかんする書物が多数出版され、その大半が、唄を歌うこと、赤ん坊を笑わせること、赤ん坊が試してみることができるさまざまなものを提供することなど、親子のための活動とゲーム、さらに、「いないいないばあ」（peek-a-boo）のような人気のあるゲームなどを提供する助言に満ちている。これによって、親はこうしたやり方、あるいはそれと類似したやり方で、いたるところで自分の赤ん坊と楽しみ、ふれあうことが可能になると考えられたが、そうした遊び方を示す書物は、近代における子どもの発達理論が20世紀にどのようにして主流になってきたのかを映し出している。

変貌する子ども期の定義

19世紀なかばまでに、子ども期の新しい定義は、

遊びを通じて学ぶという考えを推進した。19世紀と20世紀以降の育児書は、こうした新しい子どもの発達理論が広まったことの最良の証拠資料であるかもしれない。また、子育ての助言書は、両親が乳児の刺激となる、発達理論と類似した遊びにするのに役立つばかりでなく、乳幼児にふさわしいおもちゃを示唆するのにも役立つ可能性もある。太古の昔から、親が赤ん坊のために、さまざまな材料のなかからおもちゃを作ってきたことは確かである。だが、古代史にこの種のものはほとんど存在しない。とくに、手作りのおもちゃが子ども期を生きのび、博物館のコレクションになることはほとんどない。

教育者たち

20世紀初頭までに、心理学者と教育学者が、今日の子どもの発達の概念とほとんど同じの一連の指針を確立した。1934年に心理学者のエセル・カウィンは、その著書『おもちゃの賢い選び方』で、子どもたちの年齢に応じた投影能力は、かれらの興味と能力にふさわしいおもちゃを選ぶうえでもっとも考慮すべきことであるとした。

研究（と結論）のこうした新しい体系は、幼稚園（キンダーガルテン）がおもちゃを教育活動に組み入れたように、ますます日常生活の構造の一部となった。実際、幼稚園は、ドイツの教育者フリードリヒ・フレーベルによって1840年に概念化されたように、初期の子ども期の教育分野を変えるのに役立ち、乳幼児期についての思想にも影響をおよぼした。子どもは遊びのなかでもっともよく学ぶというフレーベルの考えはいまなお、子ども期の初期にかんする研究の大きな基礎である。

おもちゃによって精神発達と身体発達を刺激する

今日、遊びは幼い子どもの毎日の養育の鍵になっていると考えられている。現代の育児書は、のちの人生において成功するには子ども期の初期が重要であると強調している。その結果、工業化社会の親たちは、おもちゃを通じて子どもに十分な刺激をあたえるよう、ほんとうに追いつめられているような感じをいだいている。1974年には、有名な小児科医T・ベリー・ブラゼルトン[*1]は、おもちゃ製造業者と子どもの専門家たちの双方が、こうした切迫感をいだいていると見ていた。とくに、いわゆる教育おもちゃにその傾向がみられる。ラマーズ・トイ（ラーニング・カーブ社によって作られた）[*2]と、ベビー・アインシュタイン社[*3]は、とりわけ、小児の精神発達と身体発達のための遊具を提案し、市場を広げている。たとえば、ベビー・アインシュタインは、クラシック音楽にふれさせて早熟な発達を刺激するように特別に考案された一連のおもちゃを製造している。

赤ん坊向けのおもちゃは、乳児の身体発達と精神発達を助長する道具として大きな議論の的になっている。たとえば、アメリカ小児医学会が作成したある有名な育児書の各版は、実行可能な活動とならんで、各発達段階に有益なおもちゃのリストを掲載している。

推奨されたおもちゃ

一般に、ごく最近の育児マニュアルは、さまざまな発達段階にほとんどそっくり同じタイプのおもちゃを推奨している。たとえば、動くおもちゃは、ものを見る刺激をあたえる対象を赤ん坊にあたえるもので、生後1カ月から3カ月の赤ちゃんにとって理想的なおもちゃであると考えられている。したがって、赤ん坊向けの真新しいおもちゃは、赤ん坊が見たり聞いたり触れたりする感覚が発達するよう優しく刺激するように設計されている。壊れにくい乳幼児用ベッドの鏡は、いまでもまだ人気のある新生児用の遊び道具であるが、これは、赤ん坊があらゆるもののなかでもっとも興味をいだくのは人の顔であることを示す研究にもとづいている。赤ん坊の視覚が発達するのにともなって、専門家は、コントラストがはっきりしている対象をあたえるよう助言する。フロワー・ジムも人気の高いおもちゃで、これは、（生後6〜8カ月のあいだに）お座りができるようになる前に、見たり手を伸ばしたりすることができるものを赤ん坊にあたえる。生後1年のあいだに、赤ん坊が自分をとりまいている世界について理解するようになるのに合わせて、ガラガラ、音がでるおもちゃ、柔らかいボールやおもちゃが推奨される。1歳になる頃、幼い子どもたちがハイハイすることを学び、非常に小さな前進する技能を獲得するようになると、積み重ねるコップ類、プラスチック製の電話器、「ビジーボックス」[*4]、ボードブック[*5]、積み木ブロック、そして押したり引いたりするおもちゃなどが、いっそう適切であると考えられている。

だが、赤ん坊は、年長の子どもたちと同じように、（大人のデザイナーの言うとおりに）推奨されたやり方でいつも遊ぶとはかぎらない。たとえば、幼い子どもは、そのおもちゃが作られたときの特別な技能を用いるというよりはむしろ、積み重ねるおもちゃの一部を選んで、それを小さなバッグにつめこんで家のまわりをひきずるかもしれない。同じように、幼ない子どもは、もともとの意図とはほとんど無関係に、もっと進んだ使い方を見つけるかもしれない。

流行おもちゃの変化

いくつかの伝統的な遊び道具は、推奨された育児法が変化したため、人気の点で大きな変化を経験した。たとえば、乳幼児用歩行器は、赤ん坊がそれ以外のもっと効果的な方法で歩行の準備をすることを調査研究が示したために、子育ての専門家たちの主流の支持を失った。この傾向には、**事故**についての関心が高まったこともふくめて、ほかのいくつかの要因も関係して

いる。安全であることは、乳幼児のおもちゃを考察するとき、とくに重要な関心事である。大部分のセーフティ・リコール（これは現在、インターネットで広く利用できる）は、もっとも危険な事故にさらされる乳児やよちよち歩きの子どもむけ商品に関心をはらっている。

おもちゃとしての書物

赤ん坊向けの書物は、しばしばおもちゃに分類される。この分類の特性は、赤ん坊はその時間の大半を遊びに使うという考えである。ブライアン・サットン＝スミスのようなもっとも著名な権威者の多くは、非常に幼い子どもたちは本来的に探求するし、大事な技能は習得するものであること、また、そうした活動は一般に遊びとして受けとめられるものであると主張して、上のような考えに異を唱えた。

だが、絵本（とくにボード・ブック）は、非常に幼い子どもたちのために特別に制作された書物のかなりの部分を占めている。過去10年間に、ますます多くの古典的な絵本が、従来よりも耐久性のあるボード・ブック形式に変換されてきている。非常に幼い子どもたちのために作られたその他の形態としては、お風呂用の絵本とか布絵本などがある。プラスチックでできているお風呂用の絵本は、湯船のなかで利用する目的で作られたもので、読書にも遊びにも使われる。ラマーズ社によって制作されたいくつかの例のように、布絵本あるいは防水処理された絵本は、非常に持ち運びしやすい特徴をもつボード・ブックよりもしばしばわかりやすく書かれている。こうした書物の多くは、ほかの防水処理をされたおもちゃとほとんど見分けがつかない。

乳幼児向けおもちゃの製造業者

今日では、かつて児童心理学者たちが明らかにしたような発達初期の各段階に合わせて考案された乳幼児向けのおもちゃに的をしぼった多数の会社がある。こうしたビジネスの大半は、子育てのガイドをするために割りあてられた大きな部門をもつウェブサイトを維持しており、これは、赤ん坊の成長する技能にもとづいてどのようにしておもちゃを選ぶか、また、赤ん坊のおもちゃの活用能力をどのように刺激するかについての情報をふくんでいる。

［訳注］
＊1 ブラゼルトン（Thomas Berry Brazelton, 1918-）──アメリカの医師。乳幼児の環境刺激に対する反応を調べるためのテスト「ブラゼルトン新生児行動評価」（Neonatal Behavioral Assessment Scale: NBAS, 1973）の考案者として知られる。『ブラゼルトンの赤ちゃんの個性と育児──発達のあらわれ方のちがい』（平井信義訳、医歯薬出版、1987年）などが知られる。
＊2 ラマーズ・トイ（Lamaze Toy）──1998年にイギリスで設立された赤ちゃんのおもちゃメーカー。新生児から生後24か月頃までの赤ちゃんの知育おもちゃを扱っている。
＊3 ベビー・アインシュタイン社（Baby Einstein Company）──J・A・クラーク（Julie Algner Clark）によって1996年にアメリカで設立された赤ちゃん専門の知育おもちゃメーカー。おもちゃのほか、音楽（ベビー・モーツァルト）文学と詩（ベビー・シェークスピア）絵画（ベビー・ファン・ゴッホ）など、乳幼児期からの早熟教育のための教材販売も手がけている。
＊4 ビジー・ボックス（busy boxes）──通常、1歳前後の子どもが遊びたいと思うものをひとつの箱型おもちゃパッケージとしてまとめたもの。ティッシュペーパーを引き出したり、コンセントを抜き差ししたり、ベルを鳴らしてみたり、ドアを開けたり、鍵を鍵穴に差しこんでみるなど、実用的で実践的な動作を主体的に学習できるように、各側面にさまざまなしかけがある箱型と、平面のボード型のものが考案されている。これは、この年齢段階前後に高まるとされている子どもの好奇心にもとづく要求をパッケージにまとめたおもちゃ箱で満たそうとするもので、日本では、知育おもちゃとして、「やりたい放題」「いたずら○○」などの商標で販売されている。
＊5 ボード・ブック（board book）──絵本の表紙を厚紙で作って丈夫にして持ち運びができ、耐久性をもたせたもの。

➡子育ての助言文献、子どもの発達概念の歴史
●参考文献
Brazelton, T. Berry. 1974. "How to Choose Toys." Reproduced in *Growing through Play: Readings for Parents and Teachers*, ed. Robert D. Strom. Monterey, CA: Brooks/Cole.

Hewitt, Karen, and Louise Roomet. 1979. *Educational Toys in America: 1800 to the Present*. Burlington, VT: Robert Hull Fleming Museum.

Kawin, Ethel. 1934. *The Wise Choice of Toys*. Chicago: University of Chicago Press.

Opie, Iona, and Robert Opie. 1989. *The Treasures of Childhood: Books, Toys, and Games from the Opie Collection*. London: Pavilion.

Oppenheim, Joanne, and Stephanie Oppenheim. 2001. *Oppenheim Toy Portfolio Baby and Toddler Play Book*, 2nd ed. New York: Oppenheim Toy Portfolio.

Segal, Marilyn. 1983. *Your Child At Play: Birth to One Year*. New York: Newmarket Press.

Shelov, Steven P., ed. 1998. *Your Baby's First Year*. New York: Bantam.

Singer, Dorothy G., and Jerome L. Singer. 1990. *The House of Make-Believe: Children's Play and the Developing Imagination*. Cambridge, MA: Harvard University Press.

Strom, Robert D., ed. 1981. *Growing through Play: Readings for Parents and Teachers*. Monterey, CA: Brooks/Cole.

Sutton-Smith, Brian. 1986. *Toys as Culture*. New York:

Gardner Press.
White, Burton L. 1985. *The First Three Years of Life*. New York: Prentice Hall.

（SHIRA SILVERMAN／神戸洋子訳）

乳幼児の性欲（Infant Sexuality）

　子どもの**セクシュアリティ**（性欲）は、通常、子ども期にみられる大人の性欲の前ぶれ、もしくはそれと類似のものを意味すると理解されている。とはいえ、子どもが**思春期**以前に性欲をいだくかどうかについては、現在にいたるまで論争が続いており、いかなる体系的調査も子どもを性的虐待から保護する法律と衝突するため、この種の問題をかかえる議論は科学的にのみ検討されてきた。

　歴史をとおして、子どもに対する大人の性的関係を扱った多数の文献があるが、子ども自身による性的傾向や性的活動についての記事が散発的に残るようになるのは、多くの育児書が子どもが**マスターベーション**をすることに警告しはじめた18世紀から19世紀になってからであった。そのため教育者は、たとえば、就寝時に性器を手でふれると鈴が鳴るようなしかけを用いることによって、マスターベーションの事実を監視するという巧妙な手段を考案してその発端をとりのぞいた。1879年、小児科医のS・リンドナーは、指しゃぶりすらも早期の性的成熟であり、マスターベーションにつながると指摘していた。一般に、子どもにおける性欲の兆しは遺伝的気質と悪影響によってひき起こされる病的な逸脱とみなされた。

乳幼児の性欲についてのフロイト理論

　子ども期の性欲に対する科学理論は胎生学における新しい観察から生まれた。すべてのヒトは両性の時期をへてひとつの性になるという事実が、生物学的な両性具有の説明に用いられ、同様に、反対の性の特性が未だ残った状態であり、性的な差異化の欠落や不完全によってひき起こされると考えられていた**同性愛**の性的逸脱の理由としても用いられた。この考えには、幼年期は性的な差異化が起こり、それがまだ完遂していない時期であるとする萌芽期の理論がふくまれていた。1890年初頭、複数の科学者が、個体発生の仮説とならんで系統発生の仮説も提案したが、そこでは子どもの性欲は大人の性欲に向かう移行期とみなされた。これらの仮説のなかで、ジークムント・フロイトによる小児性欲理論はすぐに優勢になった。

　フロイトは、子どもが大人の「性的傾倒」（サド・マゾヒズム、のぞき見、露出症、フェチシズム、同性愛）との類似点をもっていることから、子どもの性欲を多形倒錯[*1]とよんだ。このような性欲はさまざまな行動にゆきわたっており、生殖を目的とはしておらず、生殖器以外の身体の部分に結びつけられる。快楽的刺激をともなういわゆる性感帯のなかでもっとも重要な場所は口唇・肛門・性器であった。フロイトは、性的発達をとげるにあたってこの三つの開口部が主要な役割を果たすと考えた。

　フロイトの発達理論を簡単に示すと、連続した3段階があげられる。まず、口唇期が生後2年のあいだにやってくる。このとき、口唇への快楽が主要なものとなる。母親から母乳をあたえられるとき、子どもは口唇の快楽を得て、続いてこの快楽を求めるために指しゃぶりをする。母乳の本質は口唇による性欲の発現と考えられている。続いて、肛門期は、3歳から4歳のあいだにやってくる。これは主として腸管における快楽を感じる時期である。肛門への性欲は排便をとおして得られる快楽と直腸の健康状態に関連があり、続いて、排泄物で遊ぶことにも関連する。最後に男根期（小児生殖器期）が5歳ごろにやってくる。まだ生殖機能はもたないが、生殖器が快楽の中心となる。性欲は、思春期以前のいわゆる潜伏期のあいだは明確に確認することはできない。しかし、抑制的な性教育をもたない文化では、性的潜伏期は見いだせないと指摘されている。

　フロイトによると、乳幼児の性欲は、発達の過程で、いわゆる特定部位と結びついた自己性愛（マスターベーション）によって表面化する。3歳から4歳頃のあいだに子どもは異性の親に性的対象を見出す。子どもの性的欲望が独占欲の衝動と結びついたとき、エディプス・コンプレックス[*2]がはじまり、一般的に子どもは禁止と罰に出会う。エディプス・コンプレックスの葛藤は、頑固さや反社会的行動、わがままなどに典型的にあらわれる。この時期の子どもは、親が嫌がったり恥ずかしがったり、不快に感じることをすることに長けている。葛藤の構成要素は文化的に分析されているが、つねにそれは性心理的な記録として考えられてきた。ヨーロッパ文化では、それは**排便訓練**（トイレット・トレーニング）、マスターベーションの禁止、そして性的役割と関連づけられてきた。精神分析理論によると、多様な性欲の禁止や、個人の性同一性、ほかの要因への葛藤などが子どもに不安感と嫉妬心をひき起こす。エディプス・コンプレックスの葛藤の克服は、家庭や社会規範を段階的に遵守するうえで、広範な意義をもつものと考えられている。

その後の議論

　精神分析学の周辺の研究者たちは、折にふれて前性器期の性欲を低く評価し、誕生後の性器にまつわる性欲の発現に焦点をあてる傾向があった。たとえば、ヴィルヘルム・ライヒ（1897-1957）や、カレン・ホーナイ（1885-1952）らは、子どもが口唇や肛門の場所に特別な関心を見せれば、その行為を、フロイトが判断したような通常の性的発達とはみなさず、発育不全とみなした。アルフレッド・キンゼイ[*3]もフロイトを

批判し、人間の性行為にまつわる調査報告を出版して反響を得ている。この報告には、子どもの生殖器への性的反応について詳細な記述があった。キンゼイは、明白なペドフィリア傾向がある人間を調査対象としたことについてのちに批判されたが、彼は、大人と同じように子どもも、生理学的に、ペニスやクリトリスの勃起、性器への律動的な筋肉の収縮によるオルガズムをはじめとする性的活動ができることを明らかにした。

だが、この議論が終結を見ることはなかった。おそらく、乳幼児の性欲に対する精神分析の前提となるもっとも重要な点は、ジャン・ラプランシュ[*4]とその共同研究者が主張するところの物体接触をとおした表現を喚起させるべきであるということにあった。この見解によると、肉体は、あらゆることを感じられる感光版のようなものであると考えられている。スキンシップのない子どもは自分の肉体で喜びを感じる可能性がない。1930年代から1940年代にかけて施設に入れられた子どもにかんする研究を進めたルネ・スピッツ[*5]は、スキンシップが豊富にある環境で育った子どもは性的関心をもち、積極的にマスターベーションを行なうが、スキンシップが少ない環境で育った子どもはそれが不活発であり、長期的な疾患をわずらいやすいと指摘している。したがって、なんらかの「誘惑」が必要であると見るフロイト独自の乳幼児の性欲への直観的理解は立証されたかに見える。

1960年代の学生運動に続いて、1970年代には、性器性欲説の濫用に対する別の解釈として、子どもの前性器期の性欲を新たにとらえなおそうとする関心の高まりが見られ、多くの者が肯定的に理解した。性的な政策についての理論のいくつかは、前性器期の性欲を真の革命ととらえた。これによって子どもの性欲にかんする議論は非常に組織的なものとなり、子どもは明確な性的潜在能力を宿しているのであるから、彼らは、なんらかのかたちでそれらをはたらかせる権利をもつべきであるとされた。だが、どのようにしてそれを掌握するか、まただれがそれを行なうべきかについて、疑問は開かれたままである。

1980年代初頭になると、こうした乳幼児の性欲の解放に向かうアプローチに対する反動があらわれた。子ども期の性的虐待は、これまでずっとはかりしれない規模で起きており、発達初期に受けた性的虐待が引き金となった膨大な数の精神障害があるという主張が、多方面から投げかけられたのである。アリス・ミラー[*6]をはじめとする人びとは、この事実を見落としていた精神分析学の在り方を批判したし、ときには、子どもの生まれつきの性欲を主張する科学者たちを標的にしたヒステリックなキャンペーンも見られた。子どもたちの年齢差が小さい頃でさえ、子どもの性的なゲームは虐待とつながっているとみなされたため、ふたたびそれが議論の焦点になった。子どもの性的権利に対するもっとも強力な議論がペドフィリア仲間からしばしば発せられたことは、議論の信頼性を高める助けとはならなかった。

乳幼児の性欲の社会的意味

乳幼児の性欲に対してあからさまに消極的な態度をとることが、既存の性欲から乳幼児期の性欲を守ることになるだろうということは、ありえない議論である。性的差異化[*7]は、ミシェル・フーコー[*8]が指摘したように、禁止と連動して進められる。禁止の機能は、性欲を閉じこめ、それを強めることである。この経験の後に、一定の社会において優先的に受け入れられる性格特性を強めることによって社会的に受容される礼儀作法のなかで性欲が形成されることになる。このことは、異文化間研究に目を向ければ一目瞭然となろう。ルース・ベネディクト、**マーガレット・ミード**および**エリク・H・エリクソン**らの研究が示しているように、ほとんどの文化は、子育て問題への対処の仕方に具体的に示されている固着[*9]に応じて分類されてきている。

乳幼児の性欲は、純粋に自然のかたちでは決して見られないが、つねに社会化との関係で定義される。性欲がもっとも明確に露呈されるのは、子どもと大人、もしくは子どもたちのあいだでの性的関係がひとつの規範として制度化されているような社会においてである。古代ギリシアでは、少年たちは成人男性によって性的な手ほどきを受けていた。いわゆる原始社会の多くにおいても、子どもは性的なゲームをするよう奨励され、子どもの性的手ほどきは、しばしば年長の子どもたちによって行なわれていた（第1次大戦中のトロブリアンド諸島におけるブロニスワフ・マリノフスキー[*10]の研究を参照）。だが、成人男性による手ほどきもしばしば見られた（これについては、ギルバート・ハートによる1970年代のニューギニア島における研究を参照）。ルソーの時代以降のヨーロッパで見られたように、抑圧的な性の道徳規範が広まると、子どもへの明白な関心——子どもの人間形成、礼儀作法、そして病気など——は、子どもが性的な個人として、よいときだけでなく悪いときも、どのように教育されるかを理解するための資料源となる。

人類学者のウィリアム・スティーヴンス（1962）は、出産後の母親の性的節制（分娩後の性のタブー：*postpartum sex taboo*）にかんする厳格な要請と、彼女がその埋めあわせとして、産まれてきた子どもに愛情のすべてをそそいだときにその子が示す性的露出との関係を指摘している。親密な環境下で母親が子どもに釘づけにされていた1800年代のブルジョワ家族の発展になんらかの共通点があることはまちがいなさそうである。この親密な関係は、軋轢をともなう性欲を生む。肉体の欲望が封じこめられると、性的衝動はそれに代わって非常にいらだつ感覚として、母親にも子ども期の領域にも拘束されている感情として、あるいは、ヴィクトリア時代にひんぱんに報告されていた病

態である「神経症」としてあらわれる。これは、文学作品や当時の教育指導書、病跡学（パソグラフィー）、子ども期の回想録、その他の文献などで詳細に描かれている。

　20世紀を通じて、性の解放は、大人文化から**若者文化（ユースカルチャー）**へ、さらには子ども文化へと推移した。若者の性の解放は、婚前セックスが異常なことではなく、ふつうのことになった1960年代の学生運動の後に勢いを増した。20世紀の最後の10年間になると、性器期の性欲は子ども期の領域にも広がったが、このような状況は、前世紀を通じて見られた、思春期が14歳から12歳に引き下げられたためという理由だけでは説明がつかない。大人の性欲がかつて以上に子どもの目に飛びこんでくるようになると、性欲は8歳の子どもにとってもあからさまな話題となり、公共圏に存在するポルノが子ども部屋にも侵入するのを許してしまっている。厳格な両親の努力もむなしく、挑発的な衣服、性についての深い知識、さらには性的役割をふくむ各種のゲームのいずれもが、年長の子どもたちによって、メディアによって、そして子ども文化を大人文化の低俗なコピーにしてしまうことに手をかしている産業界によって、子どもたちに伝達される。この状況は、ほぼまちがいなく、これまで性的早熟の原因としてつねに疑惑の焦点に置かれてきたペドフィリアの研究よりもはるかに重大な問題である。その年齢には不つりあいな大人の役割を引き受けている子どもたちと、子どもっぽい性格特性を克服すべき思春期以降の長期にわたる格闘とのあいだに、ひとつのつながりがあることを考慮に入れるなら、この問題には特別な関心がはらわれるべきである。

［訳注］
*1 多形倒錯（polymorphous-perverse）——精神分析の概念のひとつで、性的嗜好が一定していない状態をさし、フロイトはこの傾向が幼児に見られるとした。フロイトは、成人の性欲は「性器性欲」が一般的であるのに対して、幼児期には多様な性欲があると考え、幼児性欲は「口唇期」「肛門期」「男根期」にそれぞれ異なる性欲を示すが、ほぼ6歳前後になると「去勢不安」から押さえこまれるとした。

*2 エディプス・コンプレックス（Oedipus complex）——精神分析学において、S・フロイト（1856-1939）が1895年頃から示された仮説のひとつ。子どもの精神発達の過程において、異性の親に対して子どもが無意識にいだく性的な願望をさす。とくに息子は無意識に母親に対して性的願望をいだくようになり、父親に対して反発心をいだいたり、競争者として憎むようになるとされる。娘が父親に対して無意識にいだく愛着と、母親への憎悪感をいだく心理は「エレクトラ・コンプレックス」（Electra complex）とよばれる。

*3 アルフレッド・C・キンゼイ（Alfred Charles Kinsey, 1894-1956）——アメリカの性科学者で昆虫学者。人間の性行動にかんするさまざまな項目の調査データを中心とする報告書『キンゼイ報告』（Kinsey Reports）を公にした。男性版の *Sexual Behavior in the Human Male*（1948）と女性版の *Sexual Behavior in the Human Female*（1953）からなる。キンゼイ自身の性意識とデータ収集のサンプリングをめぐってさまざまな批判が起きた。

*4 ジャン・ラプランシュ（Jean Laplanche, 1924-2012）——フランスの作家、精神分析学者、ワイン製造業者。高等師範学校で哲学専攻、哲学教授資格者であり、文学および人文科学博士であると同時に医師で、かつ精神病院内勤医でもあった。精神分析の実践家で、1969-71年「フランス精神分析学会」の会長をつとめ、パリ第7大学（ソルボンヌ）の正教授（精神分析学）を歴任した。著書『ヘルダーリンと父の問題』（1961）、『精神分析における生と死』（1967）などが知られる。1980年代からは、ドイツ語版のフロイト全集のフランス語版の出版に取り組んだ。

*5 ルネ・スピッツ（René Spitz, 1887-1974）——ウィーン生まれのアメリカの医学者、精神科医。精神分析学の立場から児童精神医学に取り組み、乳児期研究において子どもの自我形成と母と子の関係性の成立過程を分析し、愛着理論の定式化に貢献した。さまざまな事情を背景に、長期にわたって親から離され、母親とのスキンシップを奪われ、施設で暮らす乳幼児にあらわれることがある情緒障害や身体発育の遅れが生じるとする「母性剥奪理論」「施設病」（ホスピタリズム）で知られる。

*6 アリス・ミラー（Alice Miller, 1923-2010）——ポーランド生まれのスイスの心理学者。長らく精神分析家として豊富な臨床経験を積み、幼児虐待とその社会への影響にかんするさまざまな研究によって、心理学界、教育界に重要な問題提起をした。幼児期の子どもが周囲から物理的、精神的あるいは人的、文化的に受ける「暴力」を問題にした。ミラーは、幼児期の「条件つき愛情」しかあたえられず、共感性がゆたかな親から真の愛情をあたえられなかった子どもは、親を喜ばせたときだけわずかな「愛情」をあたえられることになじんでしまうとしている。また、愛情とは他者に気に入られたり、ほめられたり、称讃を受けるためのものであり、それを得るために大きな力を発揮することが大きな達成感となるため、社会的な成功や権力の地位についた人によくみられるように、心の奥底にひそむ不安感をまぎらすために、周囲の人間を思いどおりに操作することに快感を覚えたり、そうでない場合には大きな猜疑心をいだくとしている。そして、幼児期に受けた虐待は、ゆたかな共感性に満ちた、私利私欲を離れた、あたえあう愛情のなかで、時間をかけて治癒されると説いて、臨床家のみならず、世界の多くの人びとの共感を得た。『禁じられた知——精神分析と子どもの真実』（山下公子訳、新曜社、1985年）、『才能ある子のドラマ——真の自己を求めて』（山下公子訳、新版、新曜社、1996年）、『魂の殺人——親は子どもに何をしたか』（新曜社、新装版2013年）など。

*7 性的差異化（sexualization; sexual differentiation）——

成長段階の初期から、生まれたばかりの赤ん坊が男の子であればブルーの毛布でくるまれ、女の子であればピンクの毛布でくるまれるなど、乳幼児の服装のデザインや色、髪型、身体装飾、おもちゃの種類、言葉づかい、立ち居ふるまいなどを通じて男女［雌雄］の別をつけていくこと。また、そのことによって性的特徴や能力を付与され、それらを達成していくこと。

＊8 ミシェル・フーコー（Michel Foucault, 1926-1984）——フランスの構造主義哲学者。*L'Histoire de la folie à l'âge classique*, 1961.『狂気の歴史』（田村俶訳、新潮社、1975年）; *Naissance de la clinique*, 1963.『臨床医学の誕生』（神谷美恵子訳、みすず書房、初版1969年）; *Surveiller et punir, naissance de la prison*, 1975.『監獄の誕生』（田村俶訳、新潮社、1977年）; *La volonté de savoir*, 1976 (*Histoire de la sexualité*, Volume 1)『知への意志 性の歴史1』（渡辺守章訳、新潮社、1986年）; *L'usage des plaisirs*, 1984 (*Histoire de la sexualité*, Volume 2)『快楽の活用 性の歴史2』（田村俶訳、新潮社、1986年）; *Le souci de soi*, 1984 (*Histoire de la sexualité*, Volume 3)『自己への配慮 性の歴史3』（田村俶訳、新潮社、1987年）など。

＊9 固着（fixsations）——精神分析の概念で、幼児期の外傷体験や、過剰な満足感による情緒などの発達の一部が停滞すること。

＊10 ブロニスワフ・マリノフスキ（Bronislaw Malinowsk, 1884-1942）——ポーランドに生まれ、はじめドイツのライプツィヒ大学でヴィルヘルム・ヴント（Wilhelm Max Wundt, 1832-1920）の民族心理学の影響を受けたが、関心領域を人類学に広め、当時、ジェームズ・フレイザー（Sir James George Frazer, 1854-1941）らの人類学が注目を集めていたイギリスに移り、1910年からロンドンスクール・オヴ・エコノミクス（LSE）で人類学の研究に着手した。オーストラリアを旅行中に第1次世界大戦が勃発し、オーストリア国籍であったため、出国が許されなかったが、パプアニューギニアに渡ることはできたため、ニューギニア島東沖のトロブリアンド諸島のフィールドワークについた。この島での調査成果は、彼の主著である『西太平洋の遠洋航海者』（*Argonauts of the Western Pacific*）として1922年に発表された。

➡近親相姦（インセスト）、児童虐待、児童心理学、ペドフィリア（小児性愛症）

●参考文献

Andkjaer Olsen, Ole, and Simo Køppe. 1988. *Freud's Theory of Psychoanalysis*. Trans. Jean-Christian Delay and Carl Pedersen with the assistance of Patricia Knudsen. New York: New York University Press.

Constantine, Larry, and Floyd Martinson. 1981. *Children and Sex: New Findings, New Perspectives*. Boston: Little, Brown.

Erikson, Erik H. 1950. *Childhood and Society*. London: Penguin. エリク・H・エリクソン『幼児期と社会』（1・2）（仁科弥生訳、みすず書房、1977-80年）

Freud, Sigmund. 1905. "Three Essays on the Theory of Sexuality." *Standard Edition*, Vol. 3. London: Hogarth.

Laplanche, Jean. 1985. *Life and Death in Psychoanalysis*. Trans. Jeffrey Mehlman. Baltimore, MD: Johns Hopkins Press.

Sulloway, Frank. 1979. *Freud: Biologist of the Mind*. New York: Basic Books.

（OLE ANDKJAER OLSEN／山口理沙訳）

ニュージーランドの子ども（New Zealand）

1991年、アメリカの研究者メアリ・ゴードンは、『比較史のなかの子どもたち』（*Children in Historical and Comparative Perspective*）という表題で出版された書物に寄稿した比較史研究の動向を扱った彼女の論文で、**オーストラリアとニュージーランドにおける子ども期の歴史には多数の課題が残されている**と述べていた。それ以来、いくつかの進展が見られた。子どもの健康、虐待、そして貧困についての現在の問題関心が、こうした領域、とりわけ子どもの権利の分野の研究を促進したのに対して、教育学者と福祉学者たちはこれまで、子どもの生活におよぼす過去の社会政策を研究してきた。しかし、ジャン・コキウンバスによって書かれたオーストラリアの子ども期の歴史に匹敵する地域史研究は、まだひとつも見られない。それどころか、比較研究をするための明確な潜在力があるにもかかわらず、ニール・サザーランド、エリオット・ウェスト、そしてハーヴェイ・グラフらが進めたような、カナダとアメリカの子ども期の比較研究に相当するニュージーランドにかんする研究は見られない。ニュージーランドの子ども期の本格的な歴史研究を進めるための挑戦は、ニュージーランドの読者——とくに若い成人たち——に自分の祖国の過去に対する一定の展望をもたらすべきであると同時に、国際的な研究文献への有益な貢献をすべきでもあろう。

初期の歴史

ニュージーランドにおける子ども期の経験は、おおざっぱに見て四つの段階に区分できる。最初の入植者たちは、1200年頃から1700年代を通じた時期にまたがるハワイキ（Hawaiiki、ポリネシア）出身の最初の移民として共同体を確立し、その後、後継者たちが、今日のマオリとよばれる人びとがその民族的起源をたどることができる共同体を発展させた。タマリキ（Tamariki）すなわち土着の子どもたちが愛され、教育を受け、しつけられ、そしてその死を悼まれていたことは、伝統的な諺、歌、そして祈りの言葉からもはっきりとわかる。移動・順応・部族間の争いはふつうに見られた。予想寿命は短かった。生活の営みは労働集約的な過程であった。延長された依存期は存在しなかった。

アーサー・ジェームズ・ノーウッド「子どものゲーム」(1910-1915年頃)。19世紀から20世紀初期には、マオリとパケハ（非マオリ）の子どもたちは、何人かで互いに非常に接近して育ち、お互いが相手の知識を獲得することができた。だが、マオリの人口が急速に減少し、ヨーロッパからの移民とその子どもたちがその当時ニュージーランドを支配していたイギリス文化以外のことを知らなくなる1840年代以降、そうしたことはめずらしくなった。Norwood Collection, Alexander Turnbull Library, Wellington, N. Z.

　新住民は、ヨーロッパの探検家・冒険家・宣教師・開拓者たちが両方の社会の若者たちに文化的な出会いの経験をもたらしはじめた1770年代から1850年代までの第2期を特徴づけた。タマリキは、新しい匂いと音、商品や価値観――そして彼らとその血縁者たちがまったく免疫をもっていなかった病気――にさらされた。マオリとパケハすなわち非マオリのヨーロッパ系の白人が近接して暮らしていた場所では、陸上の基地から操作する捕鯨施設あるいは活動拠点でのように、それぞれの文化の子どもたちは、別の言語や慣習について一定の知識を得て成長することができた。1840年代以降、何世紀にもわたって進化してきたパターンがひとつの世代のあいだに変化するようになると、マオリは彼らの土地で確実に減少していく少数派になった。相対的に見て、マオリと意味のある接触があった移民の子どもたちはほとんどいなかった。二文化併存という意識を高めたのはパケハの若者ではなく、タマリキであったに違いない。

植民地時代

　若い植民地人は、1860年代から1940年代を通じて、内的にも外的にも対立によって特徴づけられる時期を反映している。この時期は経済的な繁栄と成長の年月であったが、分裂・追い立て・不況の時期でもあった。この時代の影響が植民地の子どもたちにおよぼした多様な影響は、文化・地域・階級区分を横断しておよんだ。1860年代のニュージーランド戦争は、人種ではなく統治をめぐる対立であった。没収と土地の譲渡の立法的帰結は、関係する民族共同体にとって破壊的であった。この戦争は、強欲な移民たちの土地の要求に対するマオリの抵抗と、1840年にイギリス国王とマオリの首長とのあいだで調印された植民地の創設勅許状である「ワイタンギ条約」[*1]に同意したその土地固有の支配権の保証をイギリス国王が保護しそこねたこととの二つの側面を映し出していた。その結果見られた、部族からの不公平な土地の没収は、関係する部族の共同体を疲弊させ、その子どもたちの食事・健康・生活状況に容赦なく影響をおよぼした現住土地裁判所の法的手続きによってくりかえされた土地の移転とならん

で、反乱を起こす原因になると考えられた。

　パケハの若者たちの安寧も、19世紀後半を通じて影響を受けた。1860年代のゴールドラッシュは、ネグレクトされた子どもたち、とりわけその父親が世話をできなくなって放置した子どもたちのために、政府が法的対策を講じるのを促進したが、1880年代の全植民地での景気の後退は、多数の移民家族に、とくに小さな農場をもつ夢が児童労働に大きく依存していた人びとに、追い打ちとなる圧力をかけた。そして、マオリの子どもたちは、ファーナウ（Whanau、マオリの呼称で拡大家族）で、あるいは子どもたちが支援を受けることができた家族ネットワークのなかで育てられたのに対して、移民たちはそうしたつながりを新たに作らなくてはならなかった。ときどき、絆は非常に壊れやすく、死あるいは遺棄は、子どもたちを制度的なケアに依存するように仕向けた。植民地の政治家たちが南部のニューブリテンをつくり、そうするなかで主要な文化的価値観に法的表現をあたえたように、どちらの社会の植民地に生まれた子どもたちの生活も、広範な憲法の文脈によっても形成されていた。

　政府による教育と健康に対する政策は、民族とは無関係に、すべての子どもを対象にしていた。合法化された人種隔離政策は、ニュージーランドの子ども期の経験のどこにも見あたらなかった。しかし、経済発展を促進する法律は、民族生活の共同体の原理を浸食しつづけ、貧窮化を救済しそこなった。マオリの子どもたちは、自分たちの生活を規制する植民地のルールが悪影響をおよぼすことについて明確な理解を深めていた。パケハの子どもたちは、食糧の供給、労働を通じて支援と共同をもたらしてくれる人びとの環境、文化、あるいは言語について、あるいはまた、たとえば、最初の土地の売却は植民地の創設にとって非常に大きな基盤であったことなどについて、ほとんど何も知らされないままにして置かれた。彼らは自分がイギリス人になると思って成長した。ほかのヨーロッパの移民からなる小さな領土の文化的な差異は、1914年から1918年にかけての外来者恐怖症（xenophobia）が民族性を焦眉の課題にしたときを除いて、認識されることはめったになかった。マオリとパケハはどちらも、第1次世界大戦で闘った。負傷者と死者の比率は高く、若者としての長期間の遺産は、なんの疑問もなく、英雄主義と自己犠牲の物語を吸収した。第2次世界大戦への志願兵でも初期の不足はなかった。

現代史

　新しく登場してきたニュージーランド人たちは、1950年代から2000年にかけての20世紀後半を通じて大きな公的論争の特徴となったアイデンティティ問題に光をあてている。ヨーロッパ経済共同体へのイギリスの加入は、マオリの都市化とポリネシア人の移民の高い比率と連動しており、パケハに、その単一文化主義を知らしめ、再考を迫った。グローバリゼーション、テレビ、インターネット、そして広く浸透するアメリカ文化の影響などのどれもが、若いニュージーランド人のライフスタイルに変化をひき起こしたが、それよりも大きな変容は国内的な要因であった。市場が先導する競争に有利になるように政府の役割を弱めた1980年代を通じた多文化的な移民政策と経済改革は、いっそう大きな社会的不平等を国内に生みだした。子どもと若者はこうしたさまざまな変化の過酷な局面に耐えていた。高い水準の若者の自殺、性的に感染する病気、10代の妊娠、片親、アルコールや薬物の濫用、そして犯罪は、子どもに対する暴力についての認識が深まるのにつれて、広範な一般大衆の関心事となっている。

　ニュージーランドの数千人の若者たちは、健康に、幸福に、そして情緒的に安定して、スポーツや文化的興味を積極的に追究し、価値ある雇用の将来と海外旅行を計画しながら成長している。しかし、数百人の若者はそのようには育っておらず、貧困・民族差別・病気・低い教育成果・虐待などのあいだの相互関係はますます明白になっている。ニュージーランド人たちは長いあいだ、自分の国が子育てをする偉大な国だという考えを大切にしてきた。過去と現在の両方の子ども期の経験をもっと詳細に研究すれば、その考えをすこし修正する必要があることを示すことができるであろう。

［訳注］

*1 ワイタンギ条約（the Treaty of Waitangi）──1840年にイギリスの政府代表とマオリの首長によって調印された条約。この協定によってニュージーランドはイギリスの植民地になった。

➡子ども期の比較史

●参考文献

Dalley, Bronwyn. 1998. *Family Matters: Child Welfare in Twentieth-Century New Zealand*. Auckland, NZ: Auckland University Press in association with the Historical Branch, Dept. of Internal Affairs.

Gordon, Mary. 1991. "Australia and New Zealand." In *Children in Historical and Comparative Perspective: An International Handbook and Research Guide*, ed. Joseph M. Hawes and N. Ray Hiner. Westport, CT: Greenwood Press.

Graham, Jeanine. 1992. "My brother and I … : Glimpses of Childhood in Our Colonial Past." *Hocken Lecture*, 1991. Dunedin, NZ: Hocken Library, University of Otago.

Ihimaera, Witi, ed. 1998. *Growing Up Maori*. Auckland, NZ: Tandem Press.

Kociumbas, Jan. 1997. *Australian Childhood : A History* (The Australian Experience). Australia: Allen & Unwin.*

Metge, Joan. 1995. *New Growth from Old: The Whanau in*

the Modern World. Wellington, NZ: Victoria University Press.
Simon, Judith, and Linda Tuhiwai Smith. 2001. *A Civilising Mission? Perceptions and Representations of the New Zealand Native Schools System.* Auckland, NZ: Auckland University Press.
Tennant, Margaret. 1994. *Children's Health, the Nation's Wealth: A History of Children's Health Camps.* Wellington, NZ: Bridget Williams Books.

(JEANINE GRAHAM／北本正章訳)

ニューディール政策の青少年支援組織 (Youth Agencies of the New Deal)

世界大恐慌は何千万人ものアメリカ人の未来をおびやかしたが、おそらく青少年たちほど忍耐を強いられた世代はなかったであろう。フランクリン・D・ルーズヴェルト（1882-1945）による行政府は、当時の文化的多元主義と第1次世界大戦への連邦政府の対応に歩調を合わせつつ、失業者の集団的アイデンティティにターゲットをしぼっていた多数の「横ならびの公官庁」によって、この恐慌を克服しようとした。しかし、「青少年問題」とよばれた問題の本質が産業革命による変化のなかにあるのか、恐慌がもたらした変化のなかにあるのか、それともファシズムに傾きつつある世の中によってもたらされた変化のなかにあるのかが議論の的になった。したがって、青少年問題はさまざまな関心を網羅する多様な意味のあるフレーズであった。作家たちは、「少年少女の放浪者たち」について語り、数百万人もの青少年たちは、見こみのある仕事につくには、やはりもっと多くの職業訓練が求められる産業界で失業状態を強いられる運命にあった。しかし、多くの人びとも、民主的な生活様式は人びとの基本的要求を満たすことができるという信念を青少年全体が失っているかもしれないと危惧していた。

ニューディール政策（1933-39）は、こうした危機に対処するために、複雑にからみあったプログラムを立案した。19世紀後半以降、改革者たちは、慈善事業と政府の双方が、かつては自然だけが青少年に提供していた屋外での身体活動を提供すべきだと確信していた。国家が年月を重ねるのにつれて、社会的エキスパートたちは、最初は子どもに、次いで18歳から25歳までの青少年たちに関心を集中させながら、危機に瀕しているのは青少年集団であるとみなすようになった。女子学生の割合が33パーセントから39パーセントに上昇した1930年代を通じて、青少年問題は身体的健康よりも情緒的健康に、運動競技よりも心身喪失や青少年の目的意識の欠如に焦点をあてた。身体的条件づけと自然にふれることは、身体的というよりはむしろ心理的な問題と思えることが、道徳にかかわるというよりもむしろ風紀にかかわっているように見える問題への解答としては無意味ではないかとしだいにみなされるようになった。「狂乱の1920年代」における放埓で気ままな青少年たちに対する恐怖心によって拍車をかけられた青少年への関心は、大恐慌が多数の若者たちの態度に政治色をつけるようになると、ふたたび方向転換された。ニューディール政策を掲げた者たちは、資本主義の危機が強まり、急進的なイデオロギーが人気を得たことによって、組織された憐れみ深い民主主義の現実的な効力を示すことによって、青少年の政治的志気を保持させる方法を模索した。

1935年以前に青少年を支援したこれら連邦政府のプログラム（連邦緊急救済局［the Federal Emergency Relief Administration: FERA］および市民保全部隊［CCC］[*1]）は、偶発的なものであり、その大義を支援する大学予算と保護管理区域もまた偶発的なものであった。たとえば、CCCが1933年に支援した25万人の青少年（18歳から25歳）の大半は都市の男性であったが、この男性の大部分は、成人労働とは競合せず、産業労働の準備をさせるうえでは適していない単純な仕事にしか従事していなかった。青少年たちは成立期のCCCからはほとんど何も支援を受けなかったが、国は、成人の失業問題を悪化させずに都市の街路から扇動要素を排除した。くわえて、批評家たちは、なぜCCCが女性を支援せず、なぜニューディール政策が、彼らの言葉によれば、「若い娘たち」（she-she-she）を対象にしなかったのかといぶかった。やがて、全国復興庁（the National Recovery Administration）は迅速に、労働の代替策としての職業訓練を提供してくれない学校に反抗的だった子どもたちに、迅速に児童労働禁止をはたらきかけた。ニューディール政策は、逼迫していた大学予算を政府が削減したのに合わせて、費用がかからない方法で多種多様な問題に取り組もうとする考え方で対応した。1934年2月までに、ニューディール政策はFERAが10万人の大学生に彼らが大学に残るのに必要なパートタイムの仕事を提供することを認めた。1933年と1934年の青少年支援プログラムはどちらも、大半がほかのニューディール事業によって生じた成人の失業問題の穴埋めをするために、ちぐはぐにとりつくろわれたものであった。

教育局の職員には、伝統的な教育者たちの理念と目的のために資金提供する緊急プログラムの活用に好意的な者もいたが、1935年に、救済担当者はニューディール政策における青少年政策の精神をつらぬく戦いに勝利をおさめた。その結果見られたのが国民青少年局（National Youth Administration: NYA）であることは興味深い。ある面でこの組織は地方分権的であったが、他方では、これは司法長官自身が校長になるような試みでもあった。そのプログラムの半数は、FERAの学生支援プログラムを大学生と同じように高校生にまで拡大したものであり、初年度には39万人を支援した。NYAが新たに導入した対策は、学校外

の職業訓練プログラムであり、これは初年度に21万人の青少年の職業訓練の需要にこたえた。しかし、ここでも地方分権化が合い言葉であり、地域担当指導者によって、すべての仕事が個人の労働と競合しないように選び抜かれ、監督された。NYAは1935年の大統領命令によって法的に規定され、初年度に5000万ドルを受けとった（CCCは同年3億ドルであった）。NYAは、戦争まではCCCとの関係が薄く、連邦議会が「植林部隊」のためにとっておいたわずかばかりの予算を受けとっていたにすぎない。1941年になってはじめてNYA基金はCCCが受けとっていた額（それぞれ1億1900万ドルと1億5500万ドル）に達した。

しかし、NYAは、その創設時期や行政上の経緯によって、すでに存在していたCCCやFERAよりもはるかに進歩的、改革的、「青少年中心的」であった。NYAは、リベラル派のオーブリー・ウィリアムズ（1890-1965）の指導のもとに黒人問題部門（Divison of Negro Affairs）の運営を、ニューディール政策における非公式な「黒人顧問団」の団長であったメアリ・マクロード・ベシューン*2に委任し、これによって彼女は黒人アメリカ人女性が就任した政府公職の最高位についた。CCCのキャンプはそれまで人種を分離していたが、NYAによる就労事業は、しばしば人種統合的であった。州政府の行政官は、彼ら自身が比較的若く、しばしば自分の任務に愛着を覚えており、将来の出世につなげようとする活力に満ちていた（その一人がテキサス州局長リンドン・B・ジョンソンであった）。

しかし、ほかの青年運動であるナチズムの台頭も、NYAの事業に焦燥急を告げるものとして注目された。1936年、F・D・ルーズヴェルト大統領がその機関を拡大したとき、彼は、「われわれの民主的諸機関が本質的に正しいとする青少年の信念を証明することほど、政府が直面する責任のなかで偉大なものはない」と力強く断言した。その数年後、NYAの多くのプログラムが、追いちらされてきたユダヤ難民の青少年たちを支援して国防訓練をあたえたように、しだいに危険な情勢になってきた世界において、民主主義の大義を静かに支持するものとなった。

逆説的ではあるが、1939年から1942年まで懸命に取り組んできた戦争の遂行は、真珠湾のあとに仕事と産業に従事するための訓練機会が急増すると、NYAは目に見えてすたれていった。NYAは、連邦議会の財政削減論者の前では無力であり、彼らは1943年にNYAが破産すると見ていた。そのときまでに、おおよそ500万人の青少年（これはCCCによって支援された者のほぼ2倍である）が、支援がなかったために学校にとどまることができず、また費用が高い職業訓練を受けることもできなかったため、就労していた。関係は間接的ではあったが、NYAは国家機関としてはじめて、後年の復員軍人法（G.I. Bill）、「偉大な社会」*3や今日の学生支援プログラムにおける資金提供や行政管理と同一の連邦的アプローチを行なった。ニューディール政策が青少年のためにもっとも長く続けたサービスは、それによって非常に多くのものを得た世代やその子どもたちにも忘れ去られてしまったということ自体が、ある意味で歴史的な事実であるかもしれない。結局のところ、ルーズヴェルト政権は青少年の窮境に対応したが、それは「失業」という巨大な、漠然とした問題の枠組みのなかで、当初から非常にひかえめであった。

[訳注]

*1 市民保全部隊（Civilian Conservation Corps: CCC）——アメリカで、1933年から1943年まで設置された連邦政府機関で、おもに失業中の若者を雇用し、道路建設や植林などに従事させることで雇用を創出して若者の自立を支援した。

*2 メアリ・マクロード・ベシューン（Mary McLeod Bethune, 1875-1955）——アメリカの教育者。両親は奴隷身分であった。1904年にフロリダ州デイトナ・ビーチに、黒人のための女子教育機関（Daytona Norman and Industrial Institute、のちのベシューン＝クックマン・カレッジ Bethune-Cookman College）を設立して、黒人の人種的平等と教育の機会均等に尽力した。フランクリン・D・ルーズヴェルト大統領の国内少数者グループ問題担当の顧問となり、国際黒人婦人会議（National Council of Negro Women）を創設し、その初代会長（1935-49）をつとめた。

*3 「偉大な社会」（the Great Society）——1964年のアメリカ大統領選挙に勝利したジョンソン大統領（Lyndon Baines Johnson, 1908-1973）が就任演説において示した民主党の達成目標で、貧困撲滅と公民権の確立を骨子とする非常にリベラルなヴィジョン。

➡社会福祉、労働と貧困

●参考文献

Reiman, Richard A. 1992. *The New Deal and American Youth: Ideas and Ideals in a Depression Decade*. Athens: University of Georgia Press.

Salmond, John A. 1983. *A Southern Rebel: The Life and Times of Aubrey Willis Williams*. Chapel Hill: University of North Carolina Press.

（RICHARD A. REIMAN／佐藤哲也訳）

ニューヨーク児童保護協会
(New York Children's Aid Society)

ニューヨーク児童保護協会（New York Children's Aid Society：CAS）は、コネティカット生まれの牧師で、ニューヨーク市に1848年にやってきたチャールズ・ローリング・ブレイスによって、1853年に設立された。彼は、何千人もの浮浪児が市街にたむろしていることをまのあたりにし、しかも市の政策は彼らを青年あるいは成人の拘置所に投獄することであったことにショックを受けた。彼は、浮浪児は犯罪者では

なく、家族用の家のように彼らを効果的に養育できるところはほかにない——この主張は、現代の児童福祉における主要原理のひとつとなった——と論じていた。

CASは、設立直後に一連の実業学校を創設した。この学校は、ぼろ着と仕事を必要としていて、公立学校に通えなかった子どもたちに教養教育と職業教育を提供した。1854年、協会は、国内初の若者のための保護施設である「新聞売り少年の宿泊所」（Newsboys' Lodging House）を開設した。ブレイスは、入所者の自立を重んじて彼らにわずかばかりの料金を支払わせ、彼らが夜間のベッドのみならず、食事・入浴・衣服、その他のサービスを得られるようにした。CASプログラムのなかでももっとも影響力があり、論争の的になったのは移住計画（Emigration Plan）であり、それは1854年から1929年までに、10万5000人におよぶ都市の貧しい子どもたちを（アリゾナを除く）全48州の農家にゆだねた。はじまりは、本質的に職業斡旋事業であったが、この移住計画は現代の里親制度にインスピレーションをあたえた。

ブレイスの取り組みは、19世紀を通じて多くの事業の手本とされた。実際、完全に独立した多くの組織が（ボストン、フィラデルフィア、カナダのものはとくに有名であった）、CASにちなんでみずからの名を命名した。しかし、時がたつにつれて、ブレイスはしだいに敵意に満ちた批判にさらされるようになった。1860年代、カトリック教会は、彼の主要な目的、とくに移住計画は、カトリックの子どもたちをプロテスタントに改宗することにあると断言した。田舎に送られたカトリックの子どもたちの多くが改宗したのは事実だが、それはアメリカ地方住民の圧倒的多数がプロテスタントであったことにおもに起因していた。1890年のブレイスの死亡後、CASは14歳以下のカトリックの子どもに移住計画を斡旋することを禁じられた。

1870年代初頭、貧しい子どもたちを家族から隣人のもとに送ることが彼らを「救済する」最善の方法だと信じたブレイスは誤っていたと主張する児童福祉提唱者たちから、CASは批判された。家庭にとどめ置くことや母親手当（これは、「要扶養児童世帯扶助法」[Aid to Families with Dependent Children：AFDC]）に直接つながった）、そしてコミュニティ・サービス・プログラムなどは、はるかに有益で人間的であるとする批判者に支持された。

都市から離れた家庭にゆだねられた子どもたちに対するCASの監視は不十分だと批判した人たちもいた。CASはそうした批判にこたえて、ニューヨーク市のすぐ近郊に子どもたちをゆだねる新たな運営規則を設け、送致先の審査と監督を強化した。かつてのような影響力を失っていたものの、CASは今もなお、ニューヨーク市でもっとも評判が高い**里親養育**、**養子縁組**、そして児童福祉機関のひとつである。ハーレムでの区画再開発プログラム、そこで運営している8校の「コミュニティスクール」、通常の公立学校教育にくわえて協会が家庭的・医療的サービスを提供する公立学校など、現在取り組まれている近隣社会構築の取り組みがよく知られている。

➡孤児列車、児童虐待防止協会、児童救済、社会福祉、ホームレスの子どもと家出中の子ども（アメリカ）

●参考文献

Brace, Charles Loring. 1973 [1872]. *The Dangerous Classes of New York and Twenty Years Work Among Them*. Silver Spring, MD: National Association of Social Workers.

Holt, Marilyn Irvin. 1992. *The Orphan Trains: Placing Out in America*. Lincoln: University of Nebraska Press.

O'Connor, Stephen. 2001. *Orphan Trains: The Story of Charles Loring Brace and the Children He Saved and Failed*. Boston: Houghton Mifflin.

（STEPHEN O'CONNOR／佐藤哲也訳）

ニール、A・S
(Neill, A. S., 1883-1973)

アレグザンダー・サザーランド・ニールは、村の学校教師の息子として、1883年10月17日にスコットランドに生まれた。彼は、厳格な父親と多数の姉妹や兄弟たちからなる質素な家庭で、やわらげられてはいたがつねにただようカルヴァン主義の雰囲気のなかで、その子ども期をすごした。その青年期には、教育実習生としてはたらき、大学に進学し、イギリスに行って、学校教育と教育についての批判のなかで、進歩主義者たちにくわわった。彼は、『ある学校教師の日誌』、『解雇された教師』、『迷っている教師』、そして『困惑する教師』などの書を著したが、これらは、自由放任で愛情深く、それゆえにたえずトラブルにまきこまれる、あるスコットランド人教師の日常経験についてのものである。彼は数年間、神智学者であったベアトリス・エンソア[*1]とともに定期雑誌「**進歩主義教育**」（*Progressive Education*）、「新時代」（*New Era*）を発行したことがあった。彼は、進歩主義教育とフロイト主義の支持者たちとともにはたらきながら、オーストリアとドイツに数年間滞在したこともあった。

1924年にイギリスに戻ると、ニールは、5歳から16歳までの子どもたち60人を収容する、いわゆる自由な寄宿学校であるサマーヒル学園を設立した。ここでいわれる自由（free）とは、他者の自由を侵害しないかぎり自分が気に入ったことをする子どもの自由（freedom）を意味している。授業は選択制で、学校の日常生活は、大人の投票と子どもの投票が対等に重視される学校集会で決められた諸規則の長いリストにしたがって運営された。ニールは1973年に亡くなるまでこの学校の校長であった。彼は、自分の経験にもとづいて、『問題の子ども』（*The Problem Child*,

A・S・ニール（1883-1973）*

1926）、『問題の親』（*The Problem Parent*, 1932）、『問題の教師』（*The Problem Teacher*, 1939）、『自由な子ども』（*The Free Child*, 1953）、『サマーヒル——教育へのラディカル・アプローチ』（*Summerhill: A Radical Approach to Education*, 1960）、そして『自由とは放縦ではない』（*Freedom, not License*, 1966）などいくつかの書物を書いた。

ニールは、学校教育は子どもたちを支配しており、抑圧とトラウマの原因になっていると考えていた。彼は、一人一人の子どもの興味を尊重し、それに従うことの重要性にかんする進歩主義の見解を共有した。彼の人生の後半になって、この理解は初期のフロイト主義的なリビドー概念の簡略版と同化した。つまり、子どもは生まれながら善であり、無限の生命エネルギーをもち、自制の機会をもつべきである。教師の仕事は、子どもたちの興味がどこにあるのかを見いだし、子どもたちが人生を生き抜くのを助けることである。こうして子どもは、その本性のために、善に向けて動き、新しい文明が生まれる。自由な子どもとは——ライヒ*2の表現によれば——自己統制できている個人のことであって、わがまま勝手に制御できない人間のことではなかった。サマーヒル学園で第1に優先されたのは感情を解放することであり、第2に優先されたのは、教育と学習のプロセスを組織化することと知識を獲得することであった。

ニールはおもに、ホーマー・レイン、ヴィルヘルム・ライヒ、ジークムント・フロイトそしてイエス・キリストからインスピレーションを得た。かれはこれらの人物に、愛をあたえてその見返りを何も求めない完全な人間性の事例を見たのであった。ニールのメッセージは、大多数の進歩主義の教師たちよりもシンプルで、本質的で、ラディカルであった。彼は、現在進行中の教育プロセスについてのなんらかの体系的な分析を欠いてはいたものの、学校の日常生活からの事例を結びつけて対話形式で書かれた多数の著作のなかでくりかえしメッセージを強調した。彼の著作と学校は1960年以降非常に人気を博するようになったが、これはおそらく、彼の学校の原理に反映していた1960年代の反権威主義的イデオロギーについてのニールのあたたかい、熱心な、そしてユーモアのある言いまわしに多くを負っている成功であった。彼の著作は、権威主義的な規律がはびこる時代と場所にあって、非常に自由な学校教育に向けて、つねに変わらずインスピレーションをあたえつづけてきている。

［訳注］
* 1 ベアトリス・エンソア（Beatrice Ensor, 1885-1974）——イギリスの神智学にもとづいた教育思想家、教育学者、世界新教育連盟（New Education Fellowship、のちのWorld Education Fellowship）の創始者の一人で、その機関誌「新時代」（*New Era*）の編集者。
* 2 ヴィルヘルム・ライヒ（Wilhelm Reich, 1897-1957）——オーストリアの精神分析学者。1939年アメリカに移住。マルクス主義と精神分析の結合をはかった非常に個性的な精神医学者で、ニールの友人。

➡子どもの発達概念の歴史、教育（ヨーロッパ）、児童心理学

●参考文献

Hemmings, Ray. 1972. *Fifty Years of Freedom: A Study of the Development of the Ideas of A. S. Neill*. London: Allen and Unwin.

Neill, Alexander Sutherland. 1968 [1960]. *Summerhill*. Middlesex, UK: Penguin.

Neill, Alexander Sutherland. 1975 [1915]. *A Dominie's Log*. New York: Hart.

Placzek, Beverly R., ed. 1981. *Record of a Friendship: The Correspondence between Wilhelm Reich and A. S. Neill, 1937-1957*. New York: Farrar, Straus and Giroux.

Popenoe, Joshua. 1970. *Inside Summerhill*. New York: Hart Publishing.

Selleck, R. J. W. 1972. *English Primary Education and the Progressives, 1914-1939*. Boston: Routledge and Kegan Paul.

（ELLEN NØRGAARD／池田雅則・北本正章訳）

人形（Dolls）

人形は、あらゆる文化で知られており、おもちゃのなかでもっとも古く、またもっとも広まった形態の一つである。人形のもっとも基本的な形態は、粘土、木

材、石、骨、布またはさまざまな自然の素材で作ることができる円錐形をしたフィギュア（人物像）である。先史時代の社会では、人の姿に似せてつくられた人形は魔力あるいは宗教的な意味をもっていたと考えられる。これらのフィギュアのどの点が子ども向けのおもちゃになったのかは明らかではないが、廃棄された人形のようなフィギュアがひろわれて遊びのために利用されたことは確かであった。

歴史

紀元前2000年以降、木材と粘土で作られた小型の人間のかたちをしたフィギュアは、古代エジプトの墓石のなかから発見されつづけており、粘土、大理石、石膏でつくられた人形は古代ギリシア・ローマの子どもの墓石からも発見され、ヨーロッパ中世初期の手稿資料のいくつかも、人形について言及している。1413年という早い時期に、ドイツのニュルンベルクに人形職人がいた痕跡をたどることができる。ドイツの人形職人にかんする叙述は15世紀から存在する。もっとも早い時期の人形職人たちは、木材から人形を彫りだし、なかには手と足を動かせるおもちゃをつくろうとさえしていた。ドイツとフランスは、早い時期からヨーロッパの人形製造業の中心地であった。15世紀以降、パリではおもちゃの人形とファッション人形が製造された——この人形は、最新の衣装と髪型で飾られ、ヨーロッパの宮廷は流行の最先端をいくために注文した。17世紀初期の何枚かの油絵は、美しくよそおわれた木製の人形で遊んでいる貴族の子どもたちを描いている。ロンドンの大英博物館に所蔵されている1585年制作の油絵は、インディアンの少女が、ヨーロッパ風の人形を手にしているのを示しているが、おそらくこれは植民地時代にイギリス人の入植者たちがアメリカにもちこんだものであろう。

素材

木材は、販売用の人形をつくるために使われる最古の素材である。17世紀以降になると、テューリンゲンのゾンネベルクでは施盤仕上げの人形が量産された。18世紀を通じて、木製の人形は非常に人気があった。頭部と胴体は熟練職人の手で彫られ、顔と髪はその木材に直接色づけされた。

1800年前後には、木材の安価な代替品として、紙・おがくず・粉末石膏・接着剤を混ぜあわせた合成物（コンポジション）とよばれる素材が開発された。それは、人形の大量生産を可能にする必要から考えられたものであった。1810年以降、ゾンネベルクのおもちゃ生産の中心地では、人形の胴体は柔らかい材料でつくられてつめものをされたが、頭部は紙張子で圧縮成形されていた。紙張子の頭部には、実物そっくりに見せるために、蝋の上塗りで仕上げられた。しばらくのあいだ、頭部全体を蝋仕上げした人形の需要は高かったが、この種の人形は高価であったため、磁器製の人形にとって代わられた。1830年頃以降、とくにドイツ、フランス、そしてのちにはデンマークで、磁器製の人形製造が本格的にはじまり、鋳造製の頭部の人形が非常な人気を博した。

1860年代に用いられた光沢のある陶磁器は、素焼きのしめ焼き器に継承された、これは、とくにその淡紅色の色づけが本物そっくりの外観を得て、異常な人気を博した。髪型は精巧につくられ、最新の流行を正確にとりいれていた。1870年以降、かつらとガラス製の目が一般的になった。1880年の初めには、何人かの製造業者は、目を閉じることができる人形を販売しはじめた。それと同時に、しっかりと組みこまれたゴムひもでとりつけられた紙張子の頭部と手足がついた継ぎ目のある人形が登場した。19世紀になると、商業目的で生産されたぬいぐるみ人形も、イギリスとアメリカの製造業者らによって売り出された。

合成原料のセルロイド剤は1870年頃に発見され、19世紀末以降、人形の製造業者らに使用された。この原料は経年崩壊し、非常に発火しやすかった。しかし、セルロイド剤は安価であったため、1950年代中期まで、ドイツ、フランス、アメリカ、日本の工場で人形の大量生産のために使われた。20世紀後半には、ビニールやプラスティックのようなもっと耐久性のある原料が、人形に適した原料としてセルロイド剤を凌駕した。

人形の種類

もっとも古い人形は、どれも身なりのよい女性をあらわす成人の「レディ・ドール」（貴婦人人形）であった。1851年にロンドンで開催された万国博覧会では、ロンドンの人形職人モンタナリ夫人によって、丸い頭と柔らかく曲がる手足がついた幼児人形（infant dolls）がはじめて展示された。赤ちゃん人形（baby dolls）の誕生であった。人形製造業の黄金期は1860年から1890年にかけてで、この頃、人形の需要が高まり、新しい上品なタイプの人形がつねに生産されていた。この時期には、歩いたり、歌って踊ることができるようにつくられた機械人形で多数の特許がとられた。もっとも魅力的で高級な人形のタイプは、昔もいまも、フランスのファッションに身をつつんだパリジェンヌ人形で、これには豪華な洋服ダンスがついていた。

紙人形は、19世紀初頭以降、ヨーロッパ——とくにイギリス、ドイツ、そしてフランス——で生産された。紙人形とは、カードに印刷された服に沿って切りぬかれた人形のことで、そのモデルはその時代の著名人からインスピレーションを受けた。おそらく、子どもの想像力に訴えなかった完璧で無表情な顔への反動として、1900年前後には、子どもの自然な姿を反映した個性的な人形の顔がモデルになった。最初のキャ

エーリヒ・ヘッケル「人形を手にした少女（Franzi）」（1910年）。ヘッケルの絵画は、ほかの多数の作品のように、子ども期と成人期の境界を表現している。Courtesy of Serge Sabarsky Collection.

ラクター・ドールは、いわゆるカイゼル・ベイビー［皇帝人形］で、これはドイツの人形製造業者ケマーとラインハルトによってつくられた。これとは別に、非常に人気が高かった人形は、ドリーム・ベイビーで、1913年にドイツのアルマンド・マルセイユ社によって生産された。エスニックな風貌——とくにアジアやアフリカ——の人形も人気があった。王室や俳優たちをあらわした有名人の人形も人気があった。

19世紀末には、人形の大部分は10歳くらいの男女の子どもを表現した。20世紀初期までに、赤ちゃん人形が優勢になり、これは、ファッション・ドールの新形態である**バービー人形***1によって大人の人形が復活する1950年代まで人気を保っていた。そのあとに登場したのが、男の子向けの兵隊人形シリーズ、アクションマン（着せ替え兵隊人形）*2で、これは何世代ものあいだ女性が独占的に人形を使っていた文化を分断した。20世紀の有名な人形としては、キューピー人形（Kewpie Doll, 1912）、子守人形（Bye-lo-baby）、ミリオン・ダラー・ベイビー（the Million Dollar Baby, 1922）、バービー人形（Barbie, 1959）、そしてキャベッジ・パッチ・キッズ（キャベツ畑の子どもたち）（the Cabbage Patch Kids, 1980頃）*3などがある。

ロールモデル

それぞれの時代がつくりだしたさまざまな人形は、広範な経済と社会状況と無関係に評価することはできない。人形は遊びと娯楽のためにつくられるが、その目的は、少女が将来母親として、また主婦として担う役割を準備させることでもある。

18世紀末までの子どもは、大人の生活に向けて訓練を受けるべき、まだ未成熟な、小さな大人とみなされていた。大人世界を模したミニチュアの道具類は、子どもを大人の世界に慣れさせ、そしてのちに子どもを待ちうけている仕事に向けて準備させるために考案されたものであった。19世紀には、若い女性の仕事は、結婚し、母親として、また主婦として、家族の世話をすることであった。結婚は、考えうる唯一のキャリアであり、衣装はこのうえなく重要であった。豪華な衣装は、女性が自分の社会的地位を示す唯一の有効な手段であった。19世紀のレディー・ドールは、純粋華麗なショーのようなもので、とくにパリジェンヌ人形は、贅をこらした洋服ダンスをもち、最新のフランス・ファッションの衣装と扇子、鏡台セット、パラソル——そして人形の舞踏会のためのダンス・カードの一部さえも——ふくむ一連の個人の持ち物を身につけていた。家庭の機能を担うために必要とされるすべてのもの——人形の家具、正餐用食器類一式、調理器具や類似の道具類——は、人形の生活の一部であった。

子どもの遊びは、子どもたちが家庭で目にするものをある程度まで映し出す。いくつかの証拠は、女性が職場に進出し、家で子どもの世話をすることが少なくなるのにつれて、赤ちゃん人形がいつのまにか姿を消していったことを示している。2003年には、年少の少女たちはおもにマネキン人形に興味を示した。バービー人形は、活動的で自立したキャリア・ウーマンとしての新しい女性の役割だけでなく、女の子ならだれでもそうなりたいと思う「どこにでもいる夢見る女の子」も反映している。バービー人形は20世紀後半の**消費文化**の表現であり、魅惑的な服装はともかくとして、そのアクセサリーには携帯電話やノートパソコン、そしてスポーツカーなどがふくまれている。

結論

人形は人間味のない、たんなる遊びの対象ではない。人形は子どもにとって、自然に存在する信頼できる日常生活の案内人となっている。子どもたちは自分の人形に愛着をもつようになり、自分のもっとも深い願望、悲しみ、そして喜びを人形と共有する。人形には、固有の名前とアイデンティティがあたえられる。したがって、しばしば人形は、遊びの時期をすぎても簡単にすてることができないのである。

20世紀になると、大人の収集家たちのあいだに人形市場が登場しはじめた。その結果、アンティーク人形と繊細に作られた人形の価格が高騰しはじめた。人形の価格はその形式、できばえ、年数、状態によって決まる。また、人形の衣装がオリジナルなものか、ほかのアクセサリー類がついているか、オリジナルの収納箱があるかどうかも重要である。収集家と博物館は、しばしばその人形の由来にも興味を示す。人形が復元されたものでないこと、かつらと目が取り替えられていないこと、腕と脚と指が原型のまま無傷であること

を確かめておくことも重要である。歴史的に重要な人形は、以下にあげた文化史博物館、特別資料館、個人コレクションなどで見ることができる。たとえば、デンマークのビルント市にあるレゴランド、フランスのパリにあるプーペ美術館、ドイツのコーベルクにあるコーベルク人形博物館、イギリスでは、ロンドンのベスナル・グリーン子ども博物館、エディンバラの子ども博物館、日本の横浜にある横浜人形博物館、アメリカではワシントンDCのベルビュー市にあるロザリー・ワイエル人形美術館、マサチューセッツのウェナム市にあるウェナム歴史協会と博物館などである。

[訳注]
* 1 バービー人形（Barbie Dolls）——アメリカのカリフォルニアに本拠地を置く世界最大規模のおもちゃメーカーであるマテル社（Mattel Inc.）のヒット商品。創業者E・ハンドラーの妻ルース・ハンドラー（Ruth Handler）がスイス旅行に出かけたとき、娘のバーバラへのお土産として購入したセクシードール（名前はリリ、Lilli）をモデルとして、ルースが中心になって考案した人形が1959年から販売され初め、着せ替え人形として世界的なヒット商品となった。初期の人形は日本で製造され、アメリカ国内で販売された。バービー人形の本名はバーバラ・ミリセント・ロバーツ（Barbara Millicent Roberts）、年齢は17歳、職業はファッション・モデルということになっていた。現在までに世界中で10億体が販売されたといわれている。
* 2 着せ替え人形——アメリカのおもちゃメーカー、ハスブロ社（Hasbro）が商標登録し、1964年に売り出した男の子向けの可動式の着せ替え人形（アクション・フィギュア）とその付属品一式をさす。第2次世界大戦中のアメリカ陸軍の徴募兵をイメージして、1942年頃からジー・アイ・ジョー（G. I. Joe）とよんでいたが、イギリスではアクション・マン（Action Man）とよばれた。
* 3 キャベツ畑の子どもたち——アメリカでは「子どもが親に向かって「わたしはどこから生まれたの？」とたずねると、親はよく「キャベツ畑からよ」と答えることが習わしになっていることにちなんで、アメリカのおもちゃ会社Coleco Industriesが1982年頃から売り出した人形をさす。

➡おもちゃの兵隊、組み立ておもちゃ、テディ・ベア、乳幼児のおもちゃ

●参考文献
Bristol, Olivia. 1977. *Dolls: A Collector's Guide*. London: De Agostini Editions Ltd.
Coleman, Dorothy S., Elizabeth A. Coleman, and Evelyn J. Coleman. 1968. *The Collector's Encyclopedia of Dolls*. New York: Crown Publishers Inc.
Goodfellow, Caroline. 1993. *The Ultimate Doll Book*. New York: Dorling Kindersley.
King, Constance Eileen. 1977. *The Collector's History of Dolls*. New York: St. Martins Press.

(KIRSTEN F. SCHMIDT／浅井百子・北本正章訳)

妊娠と出産（Conception and Birth）

妊娠から出産までの人間の生殖は、文化と各世紀を横断する歴史的にくりかえされてきたことのひとつであるようだ。生殖の基本的な生物学的特徴は、過去2000年間ほとんど変化しなかったのに対して、この基本的な人間の経験についての文化的な理解の仕方や社会運営はきわめて多様である。

古代世界以降の最初期の記録から、出産の立会人と両親は、出生力を支配し、この経験と子どもの出産それ自体の結果とを改善しようとしてきた。ギリシアの哲学者アリストテレス（前384-322）とともにはじまる男性の哲学者や医者たちは、妊娠と胎児の発達特性について理論化してきたが、最終的に、妊娠と誕生の実際的な側面について影響力をもっていると考えられていたのは母親としての、また助産婦としての女性であった。しかし、17世紀初頭、ヨーロッパの男性の「自然哲学者」と医者たちは、妊娠の微小世界を探求したり、ブリテン島、フランス、北アメリカにおける慣例的な助産術を実践しはじめたことによって、生殖の世界に非常に積極的な関心をはらいはじめた。

18世紀末までに、この分野への男性の進出は女性の助産婦の専門職的な周縁化と生殖についての一般大衆の信念を過小評価することにつながった。医学者、生物学者、その他の研究者たちは、19世紀には生殖の解剖学、受精、発生学的発達の知識をもっていると主張し、20世紀には遺伝学とホルモン学の知識があると主張した。19世紀と20世紀には、男性の科学者と医者たちが妊娠と誕生についての権威を主張したために、彼らは公的な政治的意見に影響をおよぼしたが、このことは最終的には妊娠中絶、**産児制限（受胎調節）**、婚外出産、助産術、産科学、周産期と乳幼児期の福祉への政府の統制につながった。

20世紀は、1950年代における合成ホルモンの投与による避妊中絶法（hormonal contraception）の発明と、1970年代における西ヨーロッパの女性が自分で妊娠中絶する法律上の権利から、1980年代における代理母の実施と子宮内の胎児の傷を治療する外科手術の可能性にいたるまで、驚くべき技術と社会の発達が見られた。いつ子宮が生命（soul）を獲得し、母親あるいは胎児の生命はより大きな価値をもつかどうかなど、妊娠と出産の精神的および道徳的な特徴は、何世紀にもわたって論争の主題となってきた。だが生殖についての20世紀の科学的な知識は、たしかに深まりはしたものの、これらの問題のどれひとつとしてほとんど解決をみていない。20世紀における異常なまでの技術進歩は、個人の権利にかんする倫理学的、医学的、政治学的な問題、すなわち医療専門家、政府、市場の役割、そして人間の生命がいつはじまるのかという問題を複雑にしただけであった。

生殖の生物学

ヨーロッパでは、性的な行為において男女双方が未来の子どもに形成的な生物学的物質をあたえることについては、何世紀にもわたって知られてきたが、その大半は謎めいたままである。たとえば、女性の側に正確に、いつ、どのように、最高の妊孕力が起こるのかということは、1827年に、エストニアの発生学者カール・エルンスト・フォン・ベーア[*1]が、雌犬の卵子を発見し、その排卵を図示したときにようやく知られるようになった。イタリアの生理学者ラッザーロ・スパランツァーニ[*2]が行なった、妊娠には精子が必要であることを証明した18世紀末の実験と結びついたベーアの仕事は、妊娠が起こるのは男性からの精子が首尾よく排卵時に女性の卵巣から解放された卵子に、あるいは複数の卵子に受精したときではないかという洞察につながった。

生まれてくる子どもの性の決定は、20世紀にいたるまで人間の妊娠のもっとも大きな神秘のひとつでありつづけた。何人かの古典的な権威は、男性の左側の睾丸は女性種をもっており、右側の睾丸は男性種をもっていると主張したが、2世紀のギリシアの医学者ガレノスは、子宮の右側で支えられているまだジェンダーが決まっていない胎児は、男の子になるだろうし、左側で支えられて胎児は女の子になるだろうと論じた。何世紀ものあいだ、民間の作家、学問のある著作者も、占星術の力、特定の食べ物、そして性交中の女性の感情が、生まれてくる子どもの性に影響をおよぼすだろう主張した。医学研究者パトリック・ゲデスとJ・A・トムソンによると、1889年当時、19世紀までに性の決定を説明している個別的な理論はすくなくとも500ほどあったという。こうした理論の多くは、女性はある程度まで性を決定すると主張しているが、実際には、性を統制するのはXとYの染色体を運ぶ父親の精子の細胞であり、この事実は、アメリカの生物学者カルヴィン・ブリッジズ[*3]によって1916年に発見された。

しかし、性の比率は完全に同じではなく、地理的にも歴史的にも大きな差異が認められる。20世紀後半のヨーロッパと北アメリカでは、少年と少女の比率はおおよそ105対100であったが、韓国とガンビアでは116対100であった。21世紀の変わり目には、戦争の後になぜ多くの少年が自然に生まれ、なぜ第一子に男子が多いかをめぐって、まだ論争は続いていた。

圧倒的多数の妊娠において、女性は単生児(一人っ子)を産む。双生児あるいはそれ以上の多生児は、ひとつ以上の卵子が解放されたり別々に受精するとか、受精した卵子が、遺伝子がまったく同じの接合子[*4]に分割されたときに発生する。多児出産になる比率は、1990年代のヨーロッパと北アメリカにおける平均値は85分の1で双生児が生まれており、その3分の1が同一の接合子であったが、人種と年齢集団を横断して多様であった。1980年代以降の西欧では、多くの女性が(彼女たちの卵巣の機能の効率が弱まり、一周期あたりひとつ以上の卵子をひんぱんに排卵するようになる)30歳代と40歳代まで子どもの出産を遅らせるようになってきたために、多児出産が非常に一般的になった。

最後の月経サイクルの最初の日から出産日までの人間の生殖サイクルは約40週間におよぶ。妊娠は排卵後すぐに、通常はその月の月経サイクルの開始後2週間で起こる。発達しつづけ、増殖する細胞は、妊娠から2週間目までは医学的にはじめて接合子と名つけられ、その後、2週間目から8週間目までは胚[*5]、このときから誕生までは胎児[*6]とよばれる。受精後約10日ほどで接合子が着床するとすぐ——そして女性はいまや妊娠していると考えられる——彼女が摂取したどんな栄養物とその他の材料でも、胎児の生存能力と健康に影響をおよぼす。1959年には、鎮静薬のサリドマイド剤[*7]が胎児に深刻な奇形をひき起こすことを示した最初の医学レポートがあらわれ、1972年頃には何人かの研究者たちが、妊娠中の喫煙と赤ん坊の出産時の体重が少ないこととのあいだの高い相関性も報告した。とくに妊娠初期の最初の3カ月間、妊婦は吐き気、極度の疲労、そして全身の虚弱を体験する。それと同時に、最初の6週間のあいだにすべての組織の基本構造が形成され、胎児の器官組織は誕生の2週間目から誕生までのあいだに発達し、成熟しはじめる。

1960年代後半、動物研究者たちは、陣痛はホルモンの変化によって最初は胎児に、次いで母親に起きることを発見した。通常の胎児が誕生間近になると、胎児の脳下垂体は、副腎皮質刺激(adrenocorticotropin：ACTH)とコルチゾール[*8]の高まったレベルを隠そうとしはじめる視床下部の刺激を受ける。こうしたホルモンは、胎児が子宮の外で呼吸するための肺組織を準備するうえで、また、母親の子宮内の黄体ホルモン[*9]を卵胞ホルモン(エストロゲン)に変える酵素を作るうえでも役立つ。これは今度は、出産につながる母性ホルモンのカスケード[*10]を誘発する。すなわち、エストロゲンは、母親の脳下垂体と母親の乳房腺によって隠されているオキシトシン[*11]が増加するのを助けるのである。子宮内のエストロゲン、オキシトシン、そしてプロスタグランジン[*12]は、最終的に子宮の収縮を誘発する。陣痛の第1段階は、子宮頸部を10センチまで広げるために子宮筋が力強く収縮するこの活動段階である。これには数時間あるいは数日かかることもあった。第2段階は、数時間かそれよりも短い時間であったが、赤ん坊が産道を出てくるときであった。

単生児の妊娠の約97パーセントの胎児は逆さまの状態で、しばしばその頭部は母親の背中側を向いていたが、これはもっとも分娩しやすい位置であった。子宮頸部が細くなったり膨張して子宮筋が収縮すると、赤ん坊の頭部が産道のなかに落ちこんでいく。陣痛の

第2段階では、頭部は骨盤腔を通るなかで回転する——この機械的なプロセスは1740年代にアイルランド人とスコットランド人の産科医によってそれぞれに発見された。妊娠の3パーセントは、胎児の臀部が骨盤にぴったりとくっついているお尻をふくめて、分娩がむずかしい位置にいた。20世紀以前には、出産の介助者たちは、内的あるいは外的な回転術——子宮内で臨月を迎えた胎児を手によって回転させる方法——をほどこすことによって、分娩中に機械的な梃子の作用を用いるために母親の産道に介助者の手あるいは産科医の鉗子を挿入することによって、あるいはまた、陣痛中の母親の体位を変えたり分娩を手伝ったりすることによって、難産に介入した。20世紀末には、とくにアメリカでは、帝王切開手術によって難産やその他の障がいのある分娩を解決することが増えた。

赤ん坊が生まれた後、臍の緒が切られ、陣痛の第3段階で、妊娠のすべての時期を通じて栄養を補給してきた胎盤が分娩される。21世紀には、過去と同じように介助者たちはただちに新生児を診察して洗浄する。1953年、アメリカの産科医ヴァージニア・アプガー[*13]が、その状況を査定するために赤ん坊の心理学的な兆候にもとづくスコアリング・システム（scoring system）を開発した。赤ん坊が苦痛を感じているようであれば、新生児の専門家が介入する。出産を終えた母親は、世話を受けて休息が許された。20世紀以前には、西ヨーロッパと北アメリカにおける分娩後の理想は、子を産んだ母親の親類の者や友人たちが世帯をやりくりし、新生児とほかの家族の世話をするあいだ、母親はすくなくとも「お産の床」の丸一カ月のあいだ、休息して健康をとりもどすことであった。

出産慣習

20世紀以前には、西ヨーロッパ世界の母親たちの大部分は、自分の家で女性の助産婦につきそってもらっていた。出産の介助人たちのあいだでの、女性の助産婦から男性の産科医への職業的な推移は、多くの場合エリート層と中産階級において、18世紀を通じてイギリス諸島、アメリカ、フランスで、はじめて非常に劇的に起きた。イタリアとスペインのようなカトリック教国では、妊娠と出産を扱う男性の医者はまったく繁盛しなかった。男性の産科医は、エリートの女性患者たちのあいだでの初期の成功にもかかわらず、ヨーロッパでは新生児の大多数を助産することはほとんどなく、アメリカで彼らが大多数の助産を行なうようになったのは1900年以降になってからであった。近代のアメリカで産科医たちが堅実にその地位を確立——1990年代には全妊娠数の95ないし99パーセントを扱うようになった——し、また、すべての西ヨーロッパ諸国で難産やハイリスクの出産を産科医たちが扱うようになったのに対して、助産婦がもはや通常の施療者とみなされなくなったのはアメリカだけであった。

17世紀後半以前、医療にかかわる男性たちは、通常、外科的介入が必要な深刻な合併症の場合にだけ、出産の場によばれた。しかし、17世紀以降、男性の医者たちは、陣痛が長引いた場合に、母親と赤ん坊の生存の可能性を改善するいくつかの技術を開発した。もっとも重要な人命救助は、17世紀イギリスの外科医チェンバレン家によって開発された助産で使う鉗子と帝王切開術であった。帝王切開術は何世紀ものあいだ試みられてきたが、母子ともに生存できた施術をした医療関係の男性は1880年代までほとんどいなかった。

産科学医療は、しだいに陣痛中の痛みの緩和と結びつくようになった。1840年代初めに、イギリスとアメリカの産科医たちは、出産中の麻酔薬としてエーテルとクロロフォルムを処方しはじめ、1900年代初めまでには、フル装備の痛み緩和介入がほどこされるようになっていた。1950年当時、脊椎と硬膜外の神経ブロックのような多数の医療技術が大きく改善され、アメリカの産科医たちのなかには、膣陣痛と分娩中の麻酔として継続的に仙骨麻酔[*14]をふつうに行なっていた者がいた。20世紀なかばまでに、陣痛と子どもの出産中、女性が完全に無意識状態になることが一般的な施療になった。

1950年代末までに、ソヴィエト連邦とヨーロッパのひとにぎりの医者たちと多数の女性たちは、とくに記憶喪失と感覚麻痺に関与する子どもの出産についてのこうした極端な「医療化」に反対する議論をはじめた。グラントレイ・ディック=リードの『怖くない出産』（Childbirth without Fear, 1944）と、フェルナン・ラマーズ[*15]の『無痛出産』（Painless Childbirth, 1956）は、母親たちに自分の身体と、分娩中に薬物を用いなくても痛みを緩和できる可能性について教える際の教材であった。1990年代までに、アメリカの病院は、女性たちが自分の出産経験をこれまで以上に統制できるようにし、また、パートナーが出産に立ち会うのを許すために、出産前の学習コースに「自然分娩」教育を結合しはじめた。だが、20世紀後半のアメリカの母親たちの大多数は、痛みの緩和を求めつづけた。2003年でも、アメリカの母親の60パーセントは、分娩中に硬膜外麻酔[*16]を要求した。これは、1970年代と1980年代の痛みの生理学における研究が、ラマーズ法は平均して30パーセントの不快感を軽減できたものの、母親たちの大半は依然としてかなりの痛みを経験していたことを示したことを考慮すれば、なんら驚くべきことではない。

アメリカの産科医たちは、国内の出産に対するほぼ完璧な支配を確立した。とくに専門職のアメリカの医療団体として、20世紀の助産婦たちの仕事を制限したり、非合法化さえするのに寄与した。しかし、ヨーロッパの助産婦たちは、専門職としての力を温存して十分な訓練を積み、病院や診療所の医療と一体化した。21世紀の変わり目には、ヨーロッパの出産の75

パーセントは、アメリカでは産科医だけが許されている仕方で医療的に関与することが認められている助産婦たちが立ち会っていた。たとえば、イギリスやオランダのような国では、助産婦たちが会陰部の切開術を行なったり、麻酔を管理するのが許されている。

18世紀には、イギリス諸島と北アメリカでは、男性の医療関係者は、特別に設立された「産科病院」によって、出産経験を変容させることに尽力した。もともとこうした病院では女性の助産婦たちが大部分の出産を扱っていたため、また、医者とは違って、彼女たちが死体解剖をしたりせず、接触伝染病にかかったほかの患者の世話をすることもなかったため、出産をするのに手ごろな安全な場所であった。しかし、19世紀に、医者たちがしだいに病院出産に立ち会うようになってくると、病院での死亡率が急勾配に上昇した。たとえば、1860年代初め、パリの病院「ラ・マタニテ」（La Maternité）では、1000人あたり180人以上の母親が死亡していた。アメリカの婦人科医オリヴァー・ウェンデル・ホームズ（1809-1894）とハンガリーの産科医イグナツ・ゼンメルヴァイスは、1847年に、出産の看護人たちの手を殺菌することがどれほど産褥熱の広まりを減らせるかを目撃したが、残念なことに彼らの提言は、近代の病原菌理論[17]が登場するまでほとんど注意をはらわれることはなかった。

1920年代と1930年代まで、病院出産したアメリカとヨーロッパの女性たちは、通常、貧しい人びとであったり慈善の対象になった人びとであった。中産階級とエリートの母親たちは、1920年代初めになると病院出産するようになったが、この理由の第1は、医学が効き目のある科学的な専門分野として評価を高めていたためであり、また、第2には、急速に進む都市化と移住が、母親たちが在宅出産するうえで適切な社会的支援を可能にしていた伝統的な女性のネットワークを壊してしまったからであった。しかし、皮肉なことに、1920年代と1930年代を通じて、母親の死亡率は在宅出産よりも病院出産のほうが高かった。病院の死亡率が下降したのは、サルファ剤[18]やその他の抗生物質が導入された1935年以降のことであった。

1950年代以降のアメリカでは、民間の、営利目的の保険業と病院の発展、それにくわえて原告側の提訴数の上昇、これらすべてが論争をひき起こすことになる医療行為と病院治療に影響をおよぼした。たとえば、1970年代には帝王切開の比率は劇的に増えはじめたが、それは外科的な子どもの出産が非常に効果的になったためと、自然分娩と比べて開業医と病院にとって利益が大きいからである。いくつかの医療過誤における大がかりな陪審調整と結びついた、高揚した親の期待感も、産科医たちを早い段階でしかも非常に積極的に、ゆっくりとした分娩あるいは難産の場合に介入させていた。1970年代以前には、アメリカの出産の5パーセント以上は帝王切開であったが、1990年代には約25パーセントであった。これは同じ時期に、イギリスの15パーセントとブラジルとチリでの40パーセントが病院出産であったのとは対照的である。

21世紀の変わり目になると、母親と子どもにとって、選択的な帝王切開と経膣分娩のどちらが安全なのかをめぐって医学的な論争が続く。どちらの場合も、母親の死亡率は歴史的に低く、1990年代に出産したアメリカの母親1万人のうち1〜4人が、通常の出産であれ緊急時の出産であれ、経膣分娩か帝王切開のどちらかであった。1920年代になっても、アメリカの母親の1万人中70人近くが亡くなっていた死亡率と比べると、出産中にほとんど一人も死なないという近代の期待は、あらゆる人類史においてもっとも意義深い変化である。

大衆の生殖信念

あらゆる文化は、生殖の神秘を説明し、妊娠のなりゆきを支配しようとしてきた。性別の決定、胎児の異常についての説明、そして妊娠と誕生についてのその他の想像上の見方にかんしては、さまざまな矛盾する無数の文化的信念があった。西洋の信念の多くは、星座のような大宇宙の諸力を、母親の子宮のなかの胎児の小宇宙論的で目に見えない発達に結びつける宇宙理論に依拠している。ほかの慣習は、類似性の論理学にもとづいていた。たとえば、近世のヨーロッパの助産婦と医者たちは母親に「イーグルストーン」（鷲の安産石）[19]——内部に鉱物の破片が入っていて、ふると聞こえる小さな石——を身につけるよう推奨していた。これは、流産になる事故を防いでくれ、痛みをやわらげてくれ、分娩中に赤ん坊を引き出す助けになるといわれていた。

19世紀以前の助産婦のテキストは、女性は性交中に性的な快楽を経験すべきであると論じていたが、その理由は、もし、女性に受精させるために絶頂感の後に射精することが男性に求められるのなら、同じように、妊娠にとって不可欠な卵子あるいはほかの物質を放出するために女性は絶頂に達していなくてはならないからであった。そうした理論は、女性の性的な快楽を是認しているが、これは、女性がレイプされて妊娠した場合、その大部分の裁判官たちを女性が説得するのが不可能になる考えでもあった。なぜなら、妊娠は女性が性的な出会いを自分で楽しむことによって生じると考えられていたからである。

一般の人びとも教養のある人びとも、消極的な結末について説明しようとした。先天性欠損症についてもっとも広まっていた説明のひとつは「母親の空想」であったが、これは、母親がいだく欲望あるいは恐怖心が彼女の体内にいる胎児に刻印されるとする考えであった。たとえば、ウサギに驚かされると赤ん坊が兎唇になるとか、イチゴがほしいと強く思えば赤ん坊に赤い出産斑[20]ができるなどというものであった。母親

の想像力について広まっていた考えを示すこれまででもっとも異常な例は、1726年に、ある貧しい農民の女性が、妊娠中にウサギにびっくりさせられたあと、17羽のウサギを生んだと多くのイギリス国民に思いこませたときであった。

生殖研究

アリストテレス、ヒッポクラテス体系、ガレノスその他の古典作家たちは、性の違い、妊娠、胎児の発達と誕生について貴重な、しかし矛盾するさまざまな理論を提示した。身体的気質の重要性のように、その理念の多くは、教養人たちのあいだで18世紀の啓蒙思想にまで存続した。しかし、16世紀のイタリア・ルネサンスのはじまりとともに、芸術家や、ベルギーの解剖学者で『人体構造論』(De humani corporis fabrica, 1543) の作者アンドレアス・ヴェサリウス[*21]のような解剖学者たちは、人体の秘密を明らかにすることに関心を集中した。1561年にガブリエル・ファロピオスによるファロピウス管[*22]とよばれることになる卵管が発見されたこと、また、誕生時までほとんどつねに閉ざされたままになっている胎児の心臓の心房間の穴、すなわち卵円孔[*23]が1557年にジュリオ・チェザーラ・アランツィによって発見されたことをふくめて、妊娠と出産についてのいくつかの生理学的な側面が発見された。しかし、解剖学者たちは、その関心をありのままの人間の生理学においていたにもかかわらず、依然として古代の理論と性の相補性にまつわる民間伝承の影響を大きく受けていた。ヴェサリウスは、1555年に彼が行なった女性の身体解剖において、両性は生理学的にそれぞれが互いに内側と外側の対応関係をもつという前提を根拠にした彼の用語法を基礎に、今日では卵巣とよばれているものを「女性の睾丸」と確認していた。

17世紀は、生命のはじまりと、発生学的発達の特質についての探求がさかんになった時期であった。顕微鏡検査の技術的な進展のおかげで、オランダの博物学者アントニ・フォン・レーウェンフック[*24]とその他の学者は、男性の精液は無数の微小な、浮遊する精子で満ちていることを発見した。レーウェンフックとその助手たちは、どの精子細胞も、完全な人間のかたちではないが、将来の人間に必要な萌芽のすべてをそなえていると主張した。19世紀になるまで人間の卵子を実際に目にすることはなかったが、卵子論者[*25]たちは、これとは反対に、女性の卵子は完全な人間のかたちをしたミニチュアを宿していると主張した。ほかの人びとは、母親と父親はともに、未来の子どもが後成説[*26]的にあらわれるのを可能にする基本的な生殖物質に貢献すると論じた。こうした理論家たちは、生き物は卵子あるいは精子のどちらかにあらかじめ形成されているのではなく、ひとたび卵子が受精すると、未知のプロセスが、まだ形成されていない物質が増殖的かつ漸次的に違った細胞組織に発達していくのを可能にしてくれるのだと考えた。

19世紀のある重要な研究分野が、発生学的発達問題に焦点をおいた。1827年に卵子を発見したフォン・ベーア[*1]は、接合子と胚のなかで、こうした異なる「胚葉」[*27]が違った細胞組織に成長するのを示しながら、それがどのように連続して発達するかということについても観察した。生殖にかんする知識のなかで、もっとも意義深い展開は、1890年代以降に大いに発展した、化学的な情報伝達物質としてのホルモンの機能を図示した内分泌学（endocrinology）の分野で起きた。19世紀なかばのいくつかの実験は、試薬には、去勢された雄鶏のトサカの萎縮を防ぐことができる物質がふくまれていたこと、また、1890年代に、ウィーンの研究者たちが、卵巣組織を移植されていた卵巣が除去されたウサギの排卵を誘発する女性ホルモンの存在を確定したことを示した。1910年代までに、何人かの研究者は、女性の月経周期と生殖に関与するホルモン変化を解明した。1923年から1936年にかけて科学者たちはさまざまな男性ホルモンと女性ホルモンの構造を分離・合成・確定した。妊娠中の女性の尿のなかにあらわれる絨毛性ゴナドトロピン[*28]の発見は、1928年における最初の信頼できる妊娠テスト（アッシュハイム＝ツォンディック・テスト）[*29]の開発につながった。

内分泌学者たちがこうした基礎的な発見を行なったのと同じ時期、生物学者たちは、遺伝物質と細胞の生殖過程を示しながら、細胞核を解明しはじめた。たとえば、ベルギーのエデュアルド・ファン・ベネデンは、融合した配偶子は、接合子が適量の遺伝物質を含有できるように、その染色体を半分に減らすことを1883年に論証した。この分野におけるもっとも重要な貢献は、オーストリアの修道士グレゴール・ヨハン・メンデル[*30]が1866年の研究業績で確立していた遺伝の法則が、1900年に再発見されたことであった。

テクノロジーの支配

何世紀ものあいだ、助産婦と医者たちは、「胎動」(quicken) といわれる時期である妊娠20週目頃以降の胎児の活発な運動を手で触るなどして、胎児が正常に成長していることを探す兆候がどんなものかを語りかけながら、母親たちに助言していた。助産婦と医者たちは、通常は、母親のお腹に触って臨月を迎えた胎児の位置を決めることもできていた。しかし、介護人が子宮内の胎児についてより多くのことを知ることができるようにする最初の進歩は、フランスの外科医ルネ・ラエネク[*31]が1810年代に発明した聴診器を応用して、フランスの助産婦マリー・アン・ヴィクトワール・ボワベン・ジリアンとスイスの外科医フランソワ・メイヨールが、それぞれ単独に、妊娠5ヵ月頃の胎児の心音を探知するために用いたことにはじまる。

ほかの診断法の発達には、ドイツの物理学者ヴィルヘルム・コンラート・レントゲン*32によって1895年に発見されたX線を、胎児の姿勢を診断したり、脊椎披裂*33や無脳症のような異常を検出するために活用することがふくまれる。1930年代には、アメリカの研究者たちが、X線を使って女性の骨盤のタイプを分類し、その情報を用いて、女性に経腟分娩か帝王切開のどちらにするかを推奨するためにその情報を用いた。医療専門職が、過剰な放射線被曝の危険性、とくに胎児の発達にとっての危険性を認識し、産科医たちが別の診断法に転じたのは1950年代になってからであった。

1958年、グラスゴー大学のイアン・ドナルドは、胎児を視覚化するために利用する非侵襲で無害な技術である超音波診断法*34を導入した。1960年代以降、超音波は、胎児のサイズを概算し、胎児の姿勢を測定し、なんらかの異常がないかどうかを査定し、胎児の心臓比率・酸素摂取量・睡眠パターンと息切れパターンなどを測定するために、ごくふつうに使われてきている。1950年代には、ヨーロッパの研究者たちが羊水穿刺法*35を開発した。これは、羊膜液（羊水）を吸いとるために腹壁をとおして針を射しこみ、その細胞と生化学的な内容を検査することができる。ほかの利用のなかで、この技術は、1953年からは胎児の性別の判定に利用されはじめ、1968年までにダウン症候群*36の診断に使われた。35歳以上の母親の妊娠中のダウン症候群と染色体欠損が急激に増加したため、1970年代以降、羊水穿刺法は女性たちのこの年齢集団に対してふつうに行なわれるようになった。これ以外の出生前診断には、胎児鏡検査がふくまれるが、これは、胎児を検査したり、絨毛膜突起のサンプリングのために光ファイバーを挿入する技術が使われ、胎盤に成長する絨毛膜から採取した組織が取り出され、染色体異常と性別が検査される。

20世紀後半を通じて、かつては致命的であった多数の合併症が、ふつうに治療対象になりはじめた。たとえば、その血液がRh因子*37に対して陰性である母親が、Rh因子が陽性である胎児を妊娠している場合、その後のRh因子が陽性の胎児の生命を脅かす抗原を作る。1970年代以降、そうした女性たちは、抗体の生成を止めるためにアンチDグロブリンによる治療を受けるようになっている。1963年以降、外科医たちも、子宮内の胎児に輸血することができるようになっており、1980年代には、何人かの専門家が、脊椎披裂・脳水腫*38、横隔膜ヘルニア、尿路障害、その他の合併症に対する子宮外科手術を開拓した。

病院も、新生児に対する集中的な看護設備（ケアユニット）によってその死亡率を減少させるのに劇的に役立った。その最初のものは、1960年にコネティカット州のイェール＝ニューヘブン病院で確立された。こうしたユニットは、多数の重篤な臨月を迎えた新生児の生命だけでなく、極端な未熟児の生命を助けることにも役立った。1984年、児童虐待防止法に対するベビードゥー修正案がアメリカ合衆国議会を通過し、どんな未熟児であろうと、医師がすべての新生児の生命を救うために最大限の努力をしないのは違法であるとする法律にロナルド・レーガン大統領が署名した。1990年には、26週目で生まれた赤ん坊の40パーセントしか生き残らなかったが、2000年までに80〜90パーセントが生き残り、その大多数はふつうの子どもに育った。こうした赤ん坊の多くは、あまりにも肺が未成熟であるため自力では機能できない呼吸障害症候群（RDS）をふくむ、生命にかかわる呼吸器官の問題をかかえていた。誕生後の赤ん坊に投与される合成ホルモンはRDSを治療できるが、研究者たちは、1972年に、早期陣痛中あるいは帝王切開を受けている母親にほどこされるグルココルチコイド治療法*39がRDSを防げることも発見した。継続中の新しい医学上の諸発見のおかげで、「胎児の生存可能性の境界線」はかなり下降した。21世紀への変わり目には、妊娠24週目よりも前に生まれた「超未熟児」でさえ、生存できる場合がいくつかあるが、ほとんどの場合、膨大かつ高額な、発育上の永続的な合併症が起こると予測できる。

補助された生殖

1990年代には、アメリカのカップルの6分の1が生殖力がない、すなわち医療あるいは技術的な介入を受けないと首尾よく妊娠できないと見積もられた。生殖を助けるための実用的な解決策は、すくなくとも、スコットランド人の解剖学者ジョン・ハンター*40が**人工授精（AI）**を行なってはじめて成功した1790年までさかのぼる。提供された精子の最初の活用は19世紀に起きた。人間の精子を保存する技術が導入されたのは1953年になってからであったが、精子銀行という考えは1866年に発達した。アメリカでは、1955年までに約50万人の子どもが人工受精によって生まれ、その大多数は、提供された精子によって妊娠した子どもであった。

ファロピウス管（卵管）の閉塞のような女性の側の妊孕障害は、男性の側の生殖不能あるいは低い精子数のように、どちらも人工受精によってしばしば解決されたのに比べると、治療するのは非常にむずかしい。女性の不妊症にとって鍵となる突破口は、1978年に、イギリスのパトリック・ステップトウとロバート・エドワーズが、**体外受精（IVF）**によって妊娠した最初の「試験管ベビー」であるルイーズ・ブラウンの誕生を公表したときに起きた。体外受精とは、いくつかの卵子の醸成を誘発するためにしばしばホルモンを投与された女性から成熟した卵子を取り出すことをともなう。体外受精では、取り出された卵子が受精され、2〜5日間実験室に保管されたあと、子宮内に移植される。1991年までに、卵子の移植による妊娠率は、人

工受精による成功率が80パーセントであったのに比べて、20パーセント以下であった。アメリカでは、体外受精を試みた場合、医療費、実験費、旅費は、典型的には、1990年代には毎回4000〜1万ドルほどになり、移植が成功した事例のかなりの比率で、この手法は多児出産となった。とくに三つ子あるいはそれ以上の場合、しばしば両親は「選択的縮小」を行なう——これは、妊娠した子どもの何人かを抹殺することであり、あきらかに激しい論争をよぶ、支援された生殖の問題点である。

すくなくとも1983年以降、精子が提供できるように、卵子も提供できる。子宮も、代理母性を通じて提供されうる。生物学的な**代理母出産**では、女性は、体外受精によって受精した自分の卵子を使って、結果的に胎児と名づけられるものを身ごもり、その子を別の個人あるいはカップルにゆずり渡すことに同意する。懐胎期の代理母出産では、女性は、体外受精によって別の女性の卵子をつかって受精した胎児を身ごもる。アメリカでは、1970年代末から1993年までに、約4000人の赤ん坊が代理母出産によって生まれている。

産児制限と妊娠中絶

多くのカップルが生殖を成功させるために医療と技術を求めてきているが、同じように非常に多くの男女が、何千年ものあいだその妊孕力を制限しようとしてきている。たとえば、古代のエジプト人たちは、精子が子宮にとどくのを阻止するために、性交中、膣の隔膜の上に置いたさまざまな薬草の混合物を利用していた。しかし、広く利用でき、効果的な産児制限の製造業におけるもっとも劇的な飛躍が見られたのは、生ゴムを硫化処理[*41]して、コンドームや、子宮頸部の隔壁をふくむ膣障壁を作るために使われるようになった19世紀になってからであった。20世紀における内分泌学の研究は、1960年に市販されるようになった経口避妊薬の開発につながった。これ以外の避妊法には、1980年代に導入されたホルモンの注入と移植、1960年代以降使われている子宮内避妊器具（IUD）がふくまれる。男性の精管切除術と女性の卵管結紮術をふくむ永久的な避妊形態は19世紀に開発されたが、1960年代までは広まらなかったし、効果的に選択されなかった。

20世紀後半に公刊された学術書のなかで、ジェネット・ファレル・ブロディとアンガス・マクラレンはともに、アメリカとヨーロッパでは、産児制限は、19世紀までは妊娠初期の妊娠中絶というかたちでつねに存在していたと論じた。何世紀ものあいだ、多くの社会で、またすべての社会階級と宗教において、妊娠を終わらせるために、とりわけ妊娠の最初の3カ月のあいだに、薬草を使った堕胎薬、激しい運動、さらには道具を使った方法さえもが利用されてきたことは証拠が示している。17世紀以降、堕胎薬は広く議論され

る（しばしば非難するなかで、その使用が可能であることが列挙されるのだが）とともに、「やっかい者」から解放される薬物治療として推奨された。

アメリカ、イギリス諸島、フランスなどの19世紀の中産階級家族の規模が劇的に下降する人口動態学のデータは、既婚のカップルが避妊に失敗すると妊娠中絶に転じていたことを示している。19世紀までの民間信仰は、女性は自分が妊娠していることを最初の1カ月目ぐらいで理解しているかもしれないが、胎児は、妊娠して約4カ月ぐらいして「胎動」が起こるまではほんとうに「生きて」はいないという考えを支持していた。18世紀になっても、医学、法学、そしていくつかの宗教テキストでさえも、この立場を支持し、胎児の命は、母親自身が「胎動している」のを感じてはじめて胎児の命が実際にはじまるとされたが、これは、妊娠初期の胎児の抹殺は、もっとのちの段階での妊娠中絶とは道徳的に同じではないことを意味していた。

妊娠中絶が公的に認められることは決してなかったが、1803年にイギリス政府が妊娠中絶は法的に重罪であるとしたことを受けて、議会は19世紀にはじめて妊娠中絶を処罰しはじめた。アメリカでは、妊娠中絶に反対する法律は、州議会によって少しずつ成立したが、1900年までに、すべての州がこの慣行を禁止するようになった。この主題の歴史家たちは、男性の医療専門職は、家族の生殖の健康を支配し、「不正規の」施療者たち——「やぶ医者」や助産婦たち——を無視するために、妊娠中絶禁止法をはたらきかけた、と広く主張した。そうするなかで、彼らは自分たちが社会の道徳調停者だと考えた。もっとも厳格な妊娠中絶禁止法は、中絶を行なうと死罪にされた1940年初めのナチ・ドイツとフランスのヴィシー政権[*42]において施行された。

20世紀には、何人かの中絶擁護者は、はじめて身体的および精神的な健康を理由に、女性たちが妊娠中絶できるように推進した。たとえば、1927年、ドイツの女性たちは、治療目的としての妊娠中絶を受けることができた（この法律はナチ政権下に取り消されたが）、また、ほかのいくつかのヨーロッパの国々も、1930年代以降同じような法律を制定した。1960年代には、いくつかのフェミニスト・グループ、プロテスタント教会、医療開業者たちが、アメリカの妊娠中絶禁止法の取り消しを求めて議会にはたらきかけ、1973年までに、四つの州とコロンビア特別区は選択的妊娠中絶を認めた。

1973年、アメリカの連邦最高裁判所は、ランドマークとなるロウ=ウェイド訴訟において、その主文で、プライバシーの権利は、妊娠3カ月以内に妊娠中絶する女性の権利をふくむと述べる判決をくだした。1973年以降、各州は、大部分の成人女性が、たとえば妊娠後期の3カ月でも妊娠中絶できるように一般的に拡大する広範な法律を制定した。しかし、連邦議会

といくつかの州議会はともに、18歳以下の女性の場合、強制的な待機期間と両親の同意を必要とすることをふくむ、多数の女性が妊娠中絶できるのを制限する法律を制定した。1976年にはじめて連邦議会を通過したハイド修正条項は、暴行あるいは**近親相姦**のケースを除いて、妊娠中絶の連邦基金を毎年禁止した。ヨーロッパでは、1970年代以降、妊娠中絶を行なうことはほとんどの国で自由化されたが、21世紀の変わり目には、こうした国々の大半が、妊娠の最初の3カ月あるいは16週に対して、要求があれば、妊娠中絶を制限するようになっている。

アメリカのロウ＝ウェイド判決は根深い論争をよび、すぐに、一方で、妊娠中絶擁護者たちが州政府と連邦政府を動かして中絶する権利を拡大しようとする動きにつながり、他方では、反対者たちは妊娠中絶の権利を取り消すよう議会に働きかけることにもつながった。西ヨーロッパでは、「プロライフ」運動*43は、文化的あるいは法的なインパクトはほとんどなかった。だが、アメリカでは、中絶論争の賛否それぞれの立場は、RU-486*44、すなわち、懐胎を止め、最後の月経期の最初の日から9週間以内に取り出されるように設計されている合成ホルモンの妊娠中絶剤であるミフェプリストンをめぐる訴訟にみられるように、妊娠中絶の利用に影響をおよぼした。1980年にフランスで開発されたRU-486は、1989年にフランス、イギリス、スウェーデンで入手できるようになった。RU-486は、12年におよぶ賛否両派の激しい議会工作の後、2000年9月になってようやくアメリカ食品医薬品局*45が承認した。

生殖というトピックについての歴史分析は、かならずしもこうした現代的な論争を解決するわけではないが、時代を超えて受け入れられた慣習が多様であるということは、最終的に、生殖の身体あるいは生殖の倫理についての超越的な真実があるというあらゆる主張をひそかに転覆させる。たとえば、何世紀にもわたってみられる妊娠中絶の高い頻度は、20世紀後半の妊娠中絶反対者のあいだに見られた、この慣習は近代のフェミニズムの高まりと世俗的になった国家によって生じたのだという主張に異議申し立てをする。他方、妊娠中絶が教会や国家によって非難されただけでなく、近世の助産婦や19世紀のフェミニストによっても非難されたということは、プロライフという心的態度がもっぱら現代の、男性優位の医療専門職によって、あるいは20世紀と21世紀の保守的な特殊利益集団によって生み出されたものだとする現代のプロチョイスの賛同者たちの前提のいくつかにも異議申し立てをする。

[訳注]

*1 カール・エルンスト・フォン・ベーア（Karl Ernst von Baer, 1792-1876）——エストニアの動物学者、比較発生学の先駆者。哺乳動物の卵子・脊椎動物の脊索・動物の胚における胚葉（germ layer）などを発見した。個体発生と系統発生の並行性に関心をもち、胚の形成では、特殊な形成よりも一般的な形成のほうが早く出現するという「ベーアの法則」を提唱した。

*2 ラッザーロ・スパランツァーニ（Lazzaro Spallanzani, 1729-1799）——イタリアの生物学者、生理学者。「実験生物学の祖」とよばれている。植物の浸出液を沸騰させ、空気から遮断することによって、ふつうであればそこにあらわれると考えられていた微生物が発生しないことを実験的に証明した。無生物から親がなくても微生物が発生するとする、生命の起源を説明するいわゆる自然発生説（spontaneous generation; *abiogenesis*）を反証し、定説をくつがえしたことで知られる。

*3 カルヴィン・ブリッジズ（Calvin Black Bridges, 1889-1938）——アメリカの遺伝学者。染色体の基礎を確立。

*4 接合子（zygote）——2個の配偶子の接合によって生じた細胞で、まだ分裂していない状態のものをさす。受精卵も接合子である。zygoteの初出は1887年である。

*5 胚（embryo）——卵生動物の受精卵が卵割して器官原基ができるまでの個をさす。

*6 胎児（fetus）——おもに胎生の哺乳動物の子宮のなかの子をさしていう。人間では妊娠3カ月以降。

*7 サリドマイド剤（thalidomide）——西ドイツの製薬会社が、てんかん患者の抗てんかん薬として開発したがその効果が認められなかったかわりに催眠作用があることがわかり、催眠鎮静薬として1957年に精神安定剤、鎮静剤として販売されはじめた。しかし、妊娠中に服用すると奇形児が生まれる危険性があることが判明（1961年11月「レンツ警告」）したため、製薬会社は販売を中止して回収を開始（1961年11月）した。日本では、1958年から大日本製薬株式会社が販売を開始し、ドイツで販売中止になってから6カ月近くたって販売が停止され（1962年5月）、10カ月後の1962年9月に回収を開始し、すべてが回収されるまでに2年を要するなど、当時の製薬会社と法務・厚生行政の手遅れが多数の被害者をだした。全世界の被害者総数は約5800人にのぼるといわれている。

*8 コルチゾール（cortisol）——副腎（ふくじん）皮質から産生されるステロイドホルモン（糖質コルチコイド）の一種。ストレスに敏感に反応して分泌されることから「ストレスホルモン」ともよばれる。

*9 黄体ホルモン（progesterone）——プロゲステロン（$C_{21}H_{30}O_2$）。受精卵のために子宮内膜に分泌を起こさせたり、妊娠を維持したりする作用のある女性ホルモンの一種。

*10 カスケード（cascade）——前段の反応産物によって順次活性化されていく酵素群により触媒される一連の反応。最初の刺激応答を増幅する作用をもつ。

*11 オキシトシン（oxytocin）——子宮収縮ホルモン。脳下垂体の後葉で作られ、子宮（平滑）筋の収縮を刺激するポリペプチド（polypeptide）質のホルモン。

*12 プロスタグランジン（prostaglandins）——一群の不飽和脂肪酸の総称。平滑筋の収縮、炎症や体温の調整、

その他多くの生理機能に関与する。

*13 ヴァージニア・アプガー（Virginia Apgar, 1909-1974）——アメリカの産科医、麻酔医。新生児の全身状態を点数化して評価し、必要な対処をする「アプガーの採点法」（Apgar Score）を開発した。分娩後1～2分後の新生児の生命徴候を測るのに使われる、10点を最高とする数量的評価試験。

*14 仙骨麻酔（caudal anesthesia）——脊髄尾部麻酔ともよばれる。脊椎尾部にあたる骨盤よりも下部を対象にした局所麻酔。

*15 フェルナン・ラマーズ（Fernand Lamaze, 1891-1957）——フランスの医師。パブロフの条件反射を応用した分娩にかんする理解や独特の呼吸法を利用した精神予防性無痛分娩法（psychoprophylaxis）[自然無痛分娩法ともよばれる]を1950年代に提唱し、「ラマーズ法」（Lamaze method）の創始者として知られる。

*16 硬膜外麻酔（epidural anesthesia）——麻酔法の一種で、とくに出産時に、脳の硬膜（dura mater）外の部位に行なう麻酔法。

*17 病原菌理論（germ theory）——伝染病は微生物を介して広まるとする説。1871頃からこのようにいわれはじめた。病気の原因が微生物を介して病原菌にあるとする考えが広まった結果、科学界では生物学者を中心に微生物の同定と調査がさかんに行なわれるようになり、何千種類ものバクテリアやウイルスが発見され、微生物間の相互作用についての研究が進んだ。また社会的には、病原菌の存在を前提にした衛生観念が広まり、食物と水の安全な取り扱い、牛乳の加熱殺菌、飲食物の保存法の改善、公衆衛生施設の充実、隔離政策、予防接種、清潔な外科医療などが行なわれるようになった。

*18 スルホンアミド（sulfonamide）[サルファ剤]——有機化学において、RSO_2NH_2（Rは有機基）をもつ化合物群で、化学的に安定性があり、生体内でも代謝を受けにくく、水溶性もよいことから医薬の部分構造として多用される。古典的な抗菌剤であるスルファニルアミド（サルファ剤）はその代表。1935年ドイツのゲルハルト・ドーマクがプロントジルに抗マラリア作用があることを発見し、自分の娘が敗血症を起こしたときにプロントジルを投与して生命を救ったことを契機に開発が進み、その後、プロントジルのもつスルフォン環に抗菌作用のあることが判明し、次々とサルファ剤が開発された。ドーマクはのちにプロントジルの開発に対してノーベル医学賞を受賞した。

*19 鷲の安産石（eagle-stone、イーグル・ストーン）——クルミ大の鉄鉱石の塊で、もともとはワシが卵を産みやすいように巣に運ぶと信じられており、この迷信が流産よけや安産の護符、あるいは夫婦和合のまじないの印として珍重された。

*20 出産斑（birthmark）——新生児斑、先天性母斑ともよばれる、出生時に皮膚にできるアザやホクロ。皮膚および皮下組織に色素細胞が異常に増殖したり、充血などによって皮膚が赤色や紫色などに変色してできる。

*21 ヴェサリウス（Andreas Vesalius, 1514-1564）——フランドル地方（現在のベルギー）の外科医・解剖学者。『人体の構造』（De humani corporis fabrica, 1543, 7 vols）によって、近代解剖学の基礎を築いた。

*22 ファロピウス管（fallopian tube）——イタリアの解剖学者ファロピウス（Gabriello Fallopio, 1523-1562）によって発見された哺乳類の輸卵管。ラッパ管（salpinx）ともよばれる。発見者の名前をつけて1706年頃からこのようによばれるようになった。

*23 卵円孔（foramen ovale）——胎児の心臓の二つの心房の隔壁にある穴で、この穴を通って血液が右心房から左心房へ流れる。

*24 レーウェンフック（Anton van Leeuwenhoek, 1632-1723）——オランダの博物学者。顕微鏡を制作し、血球、細菌、動物の精子などを発見した。

*25 卵子論者（ovist）——卵源論者ともよばれる。卵子のなかに未発育の胎児がすでに存在すると考える17～18世紀の生理学、医学などの分野で広まった生命起源説のひとつ。精子のなかに胎児が宿っているとする立場は精源説とよばれる。

*26 後成説（Epigenesis Theory）——生き物の親の形態および構造は、先天的に準備されているものではなく、発生過程においてしだいに形成されてくるものであるとする、生物の発生にかんする仮説。古くはアリストテレス（前384-322）にはじまり、17世紀にはイギリスのW・ハーヴェイ（1578-1657）、18世紀のドイツのカスパール・F・ヴォルフ（1733-1794）がこの説を唱えた。子どもの発達観の思想史においては、人間の能力や資質が生物学的、遺伝的にあらかじめ決まっていると考える伝統的な前成説（Preformation Theory）に対して、後成説は環境がおよぼす影響や、教育的な努力がもたらす効能を認めることにつながり、ジョン・ロック（1632-1704）ら啓蒙思想における教育の可能性論、習慣形成論、教育の機会均等論など、近代の進歩的な教育観に影響をおよぼした。

*27 胚葉（germ layer）——多細胞動物の発生の初期に、卵割によって増加した細胞が新たに作る層状構造で、その位置によって外胚葉・中胚葉・内胚葉に区別される。

*28 絨毛性ゴナドトロピン（human chorionic gonadotropin：HCG）——絨毛膜性腺刺激ホルモンともよばれ、妊婦の初期の胎盤で作られるホルモンのひとつで、これが血液または尿中にあらわれると、妊娠したことを示す。

*29 アッシュハイム＝ツォンディック・テスト（the Ascheim-Zondek test）——ドイツの婦人科医S. Aschheim（1878-1965）とイスラエルの婦人科医B. Zondek（1891-1966）による妊娠判別テスト。A-Z testともよばれる。

*30 メンデル（Gregor Johann Mendel, 1822-1884）——オーストリアの植物学者、修道士。遺伝の法則を発見した。その成果は死後にまとめられたが、1900年にユーゴー・ド・フリース、カール・E・コレンス、エーリヒ・フォン・チュルマクら3人の植物学・遺伝学者によって再発見されるまで長く忘れさられていた。

*31 ルネ・ラエネク（René Théophile Laënnec, 1781-

1826) ——フランスの医学者で聴診器 (ステソスコープ、stethoscope) の発明者。

＊32 レントゲン (Wilhelm Konrad Röntgen, 1845-1923) ——ドイツの物理学者。1895年に電磁波の一種で、光より波長が短く、紫外線とガンマ線のあいだの波長をもち、固体や電離気体を貫通するX線を発見し、1901年に第1回目のノーベル物理学賞を受賞した。

＊33 脊椎披裂 (spina bifida) ——先天的な神経管の欠損により、脊髄膜や脊髄の一部が脊椎より突出し、神経障害をきたす状態。

＊34 超音波診断法 (Ultrasound Diagnosis) ——医学界で超音波を用いて治療・診断を行なうことは、1923年頃からはじめられていた。1ないし10メガヘルツ (MHz) の超音波を診断部位にあて、超音波の反射を利用する「断層診断」と、ドップラー効果を利用する「血流検査法」がある。

＊35 羊水穿刺法 (amniocentesis) ——腹壁より探針を刺して妊婦の子宮内の羊水を採取し、胎児の発育状態と母胎の安全管理に利用する方法。

＊36 ダウン症候群 (Down syndrome) ——先天性疾患のひとつで、低い身長、広く平坦な顔など、および知能障害を特徴とする。21番染色体のトリソミー (trisomy) が原因とされるため trisomy 21 ともいわれる。1961年に最初にこの症例を記載したイギリスの医師ジョン・L・H・ダウン (John L. H. Down, 1828-96) 医師の名を冠してこのようによばれる。

＊37 Rh因子 (Rhsus factor) ——大部分の人の赤血球にある一群の遺伝的抗原のこと。Rh陰性 (Rh negative, Rh−) の人へRh陽性 (Rh positive, Rh+) の血液をくりかえし輸血したとき、またはRh陰性の母親にRh陽性の胎児が宿ったとき、血液の提供者または胎児のRh因子が抗原となって受血者または母体に抗体ができ、この抗体が受血者または胎児に溶血現象とよばれる、赤血球の膜が破れるなどして、ヘモグロビンが血球外に出る現象が起こる。この現象は、溶血素の作用による抗原抗体反応によるほか、浸透圧の低下、ある種の細菌の分泌する毒素、薬剤など種々の要因で起こる。この溶血によって胎児は胎児赤芽球症 (fetal erythroblastosis) という貧血になる。

＊38 脳水腫 (hydrocephalus) ——水頭症ともよばれ、頭蓋の下部に脳脊髄液が滞留する症状。これはとくに幼児期に大頭症をひき起こす。

＊39 グルココルチコイド治療法 (glucocorticoid) ——脊椎動物の副腎皮質から分泌されるステロイドホルモンを投与する治療法。

＊40 ジョン・ハンター (John Hunter, 1728-1793) ——スコットランドの外科医・生理学者・解剖学者。種痘法のエドワード・ジェンナー (Edward Jenner, 1749-1823) とは師弟関係にあった。1776年に世界初の人工授精を成功させるなど、「実験医学の父」「近代外科学の開祖」とよばれ、近代医学の発展に貢献した。兄のウィリアム・ハンター (William Hunter, 1718-1783) も解剖学者で産科医であった。

＊41 生ゴムの硫化処理 (vulcanization) ——ゴムの可塑性を除き、弾性、耐久性、ひっぱり強さ、粘性などを増やすために、生ゴムに硫黄または硫黄化合物をくわえて110～140℃で熱処理すること。

＊42 ヴィシー政権 (Régime de Vichy) ——第2次世界大戦のドイツ占領時、ナチ・ドイツに協力するアンリ・ペタン将軍 (Henri Philippe Omer Pétain, 1856-1951) によって、1940年から1944年まで、フランス中部の温泉都市ヴィシーに置かれたフランスの臨時政府。

＊43 プロライフ (prolife) ——成長中の胎児の生存権を尊重する立場から、妊娠中絶の合法化に反対する運動。「いのちを守る」(pro-life) 立場に対して、妊娠中絶の合法化に賛成する立場は「プロチョイス」(pro-choice) とよばれる。

＊44 RU-486 ——フランス製の事後経口妊娠中絶薬。妊娠が継続するために必要なホルモンであるプロゲステロンの作用を止め、妊娠7週［受精からは5週間相当］以内の超初期であれば妊娠を「中止」させることができる。器械的中絶に比べて子宮損傷の危険など身体負担が少なく、自然流産に近い状態で中絶できる一方、膣からの多量出血や重大な感染症を起こす可能性も指摘されている。1980年代からEUのいくつかの国、アメリカ、中国で承認、販売されているが、日本では未承認薬。RU-486は開発名。

＊45 食品医薬品局 (FDA: Food and Drug Administration) ——アメリカ政府の保健社会福祉省の一部局で、食料品、医薬品、化粧品の検査と取り締まり、認可などを行なう。

➡産科学と助産術、超音波画像診断法、排卵誘発剤

● 参考文献

Blank, Robert, and Janna C. Merrick. 1995. *Human Reproduction, Emerging Technologies, and Conflicting Rights*. Washington, DC: CQ Press.

Brodie, Janet Farrell. 1994. *Contraception and Abortion in Nineteenth-Century America*. Ithaca, NY: Cornell University Press.

Cadden, Joan. 1993. *Meanings of Sex Difference in the Middle Ages*. Cambridge, UK: Cambridge University Press.

Childbirth by Choice Trust. 1995. *Abortion in Law, History, and Religion*, rev. ed. Toronto: Childbirth by Choice Trust. Also available from www.cbctrust.com/abortion.html.

Clarke, Adele E. 1998. *Disciplining Reproduction: Modernity, American Life Sciences, and "the Problems of Sex."* Berkeley: University of California Press.

Cody, Lisa. 1992. "The Doctors in Labour; Or a New Whim Wham from Guildford." *Gender and History* 4, no. 2 (summer): 175-196.

DeLacy, Margaret. 1989. "Puerperal Fever in Eighteenth-Century Britain." *Bulletin of the History of Medicine* 63, no. 4 (Winter): 521-556.

Gélis, Jacques. 1991. *History of Childbirth: Fertility, Pregnancy, and Birth in Early Modern Europe*. Trans. Rosemary Morris. Boston: Northeastern University

Press.

Gould, Stephen Jay. 1996. *The Mismeasure of Man*, rev. and expanded ed. New York: Norton. グールド『人間の測りまちがい——差別の科学史』(増補改訂版)(鈴木善次・森脇靖子訳、河出書房新社、1998年)。グールド『人間の測りまちがい——差別の科学史』(上・下)(鈴木善次・森脇靖子訳、河出文庫、2008年)

Jacob, François. 1976. *The Logic of Life: A History of Heredity*. Trans. Betty E. Spillmann. New York: Vintage.

James, William H. 1987. "The Human Sex Ratio." *Human Biology* 59, no. 5 (October): 721-752.

Laqueur, Thomas. 1990. *Making Sex: Body and Gender from the Greeks to Freud*. Cambridge, MA: Harvard University Press.

Leavitt, Judith Walzer. 1986. *Brought to Bed: Childbearing in America, 1750-1950*. New York: Oxford University Press.

Lee, H. S. J., ed. 2000. *Dates in Obstetrics and Gynecology*. New York: Parthenon Group.

Maienschein, Jane. 1984. "What Determines Sex? A Study of Converging Approaches, 1880-1916." *Isis* 75: 457-480.

McLaren, Angus. 1983. *Sexuality and Social Order: The Debate over the Fertility of Workers and Women in France, 1770-1920*. New York: Holmes and Meier.

McLaren, Angus. 1984. *Reproductive Rituals: The Perception of Fertility in England from the Sixteenth to the Nineteenth Century*. London: Methuen. マクラレン『性の儀礼——近世イギリスの産の風景』(荻野美穂訳、人文書院、1989年)

Melzack, Ronald. 1984. "The Myth of Painless Childbirth." *Pain* 19: 321-337. Reprinted in *Childbirth*: Vol. 3. *Methods and Folklore*, ed. Philip K. Wilson. New York: Garland Publishing, 1996.

Mitford, Jessica. 1992. *The American Way of Birth*. New York: Dutton.

Morton, Leslie T., and Robert J. Moore. 1997. *A Chronology of Medicine and Related Sciences*. Aldershot, UK: Ashgate.

Moscucci, Ornella. 1990. *The Science of Woman: Gynaecology and Gender in England, 1800-1929*. Cambridge, UK: Cambridge University Press.

Nathanielsz, Peter W. 1995. "The Role of Basic Science in Preventing Low Birth Weight." *Future of Children* 5, no. 1: 57-70.
Also available from www.futureofchildren.org/.

Pinto-Correia, Clara. 1997. *The Ovary of Eve: Egg and Sperm and Preformation*. Chicago: University of Chicago Press.

Porter, Roy. 1997. *The Greatest Benefit to Mankind: A Medical History of Humanity*. New York: Norton.

Rhodes, Philip. 1995. *A Short History of Clinical Midwifery: The Development of Ideas in the Professional Management of Childbirth*. Cheshire, UK: Books for Midwives Press.

Walton, John, Paul B. Beeson, and Ronald Bodley Scott, eds. 1986. *The Oxford Companion to Medicine*. 2 vols. Oxford, UK: Oxford University Press.

Wilson, Adrian. 1995. *The Making of Man-Midwifery: Childbirth in England, 1660-1770*. Cambridge, MA: Harvard University Press.

Wilson, Philip K., ed. 1996. *Childbirth: Changing Ideas and Practices in Britain and America, 1600 to the Present*. 5 vols. New York: Garland Publishing.

(LISA FORMAN CODY／北本正章訳)

年季奉公人 (Indentured Servants)
➡里子制度 (Placing Out)／徒弟制度 (Apprenticeship)

年齢階梯 (Age Grading)
➡年齢と発達 (Age and Development)

年齢と発達 (Age and Development)

年齢と発達は、子どもの成長を理解するうえで現代のヨーロッパ世界の中心概念であるが、ほぼ19世紀なかば以降、工業社会が組織される過程でも中心概念であった。もし発達概念というものが、人間の成熟についての社会的および文化的構造の見取り図を提示しているものであるとするなら、年代記的な年齢に付随する生理学的および心理学的な特徴は、その道筋に沿って生じる顕著な変化の道標である。20世紀末には、青少年の成熟の発達段階は、八つに区別されつつも互いに重なりあう段階をへて連続的に進行すると考えられた。すなわちそれは、早期の乳児期から後期の乳児期へ、早期の子ども期から中期の子ども期へ、予備的**青年期**、前期の青年期、中期の青年期、そして後期の青年期へ、という八つの段階である。

アリエスと近代家族

フィリップ・アリエスが『〈子ども〉の誕生』のなかで描いたいわゆる近代家族は、それ以前の時代のもっと萌芽的な年齢区分に対立するものとして、両親が、自分の子どもの成長のこうした年齢区分の諸段階にどの程度敏感であったかによって (部分的に) 特徴づけられた。全般的に見て、子どもにみられる予測可能な年代記的および発達論的変化について拡張しつづける識別力は、子ども期の「感傷主義」を反映していた。つまり、子どもたちはますます大人による特別な世話と注意を受ける必要があるとみなされるようになり、未来の大人として、個人的にも集団的にもその形成にとって大切な人生段階を占めると考えられるようになったのである。子どもについての感傷主義化

古代ローマ時代の子ども期の4段階。Marie-Louise Plessen und Peter von Zahn, *Zwei Jarhtausende Kindheit*. Verlagsgesellshaft Schulfernsehen, Köln, 1979, p. 14.*

(sentimentalization) は大規模に起こり、さまざまな制度——とくに目立つのは普遍的な学校教育であった——の登場と軌を一にしていた。それらは、わずかな例外はあったものの、工業化されたヨーロッパと北アメリカに登場した都市の中産階級の支持を受けた。こうした制度は、後年、国家の手でこれらの社会の社会構造のすべての階層に適用された。

子どもの発達に対する関心の幕開けは、その一部を人生の諸時期［the ages of life］（あるいは「人間の生涯」［ages of man］）についての古代の認識にまでさかのぼることができるが、これはすくなくとも紀元前6世紀以降のヨーロッパ文化で知られていた概念であった。アリエスによれば、成人についてのイオニアの哲学者たちの体系は、数世紀をへてビザンティン文化の著作物のなかに漂着し、最後には、16世紀の「科学的な世俗化」（scientific vulgarizations）とよばれるもののなかに流れこんだ。1500年代を通じて、人間の生物学についての理解は、アリエスによれば、「普遍的な照応関係」という概念、すなわちさまざまな自然現象を互いに関連づけ、あるいは「照応」させる数字の象徴主義が存在するという考えから生まれたものであった（したがって、七つの段階に区分される人間の一生は、夜空に観察される天体の数と平行関係にあると考えられていた）。

人生の諸段階

誕生から死にいたるまでの人生の七つの年齢区分は、14世紀初めに七つの「人生の諸段階」として図像学的に描かれたが、これは人間の加齢を視覚化する手段として広く人口に膾炙した。左側から上昇して右側に下降するこうした表現は、木馬にまたがった子ども（「おもちゃの時期」）からはじまっている。その次には、少年が読み方を学び、少女が紡ぐようすが描かれている。この後には「恋愛の時期」——少年と少女がいっしょに歩いているようす、あるいは結婚式のようす——が描かれている。人生の頂点は、「戦争と騎士の時期」で、ここには武器を手にした男性が描かれている。その後には衰退の時期が描かれている。すなわち、次の（少し低い）階段の上には、「法律、科学、学識をもった人間」が描かれ、そのすぐ下の階段にはあごひげをたくわえた年老いた学者が暖炉のそばに座っている。そして、最後に、病弱と死が描かれている。

この図像では、子どもたちは人生段階の最初の二つの階段を占めているが、アリエスは、ヨーロッパにおいては17世紀にいたるまで、人生段階のひとつとしての子ども期という観念（idea of childhood）が認識されることはなく、17世紀という時点で、両親とさまざまな社会制度によって特別な注意がはらわれるようになりはじめたのだと主張してゆずらなかった。アリエスは、この変化は、1600年代に一般化した子どもの描き方において見ることができ、この時期には、子どもらしい特徴を示す表情で、子どもの衣装や装身具を身につけている個人として描かれるようになったと主張した。実際、アリエスは、この時期以降になると、子どもと大人との違いを認め、子どもたちを大人社会から物理的に隔離しようとする意識がしだいに高まっていたと感じたのであったが、こうした意識の高まりは、家族生活を「近代的」に描き、古代以来ずっと一般的であった子どもの扱い方の習俗から永続的に離脱することを、見かけ上暗示するものであった。

アリエス以降、歴史家たちは、17世紀以前には子ども期という観念がなかった、あるいはもっと正確な言い方をするなら、子どもの幸福（well-being）と成長に向けられる現代社会でみられるような強迫観念は1600年代以前には見られなかったとするアリエスの主要な主張の妥当性を吟味する手がかりを、非常にきめ細かく探索してきた。その結果、子ども期に、また、大人に対する物理的、物質的、そして心理的な依存から生まれる子ども時代の諸段階に、アリエスが理解していた以上にはるかに大きな注意がはらわれていたことを、歴史家たちは発見したのだった。

中世の子ども観

こうした歴史家たちにかんしてもっとも注目すべき点は、シャラミス・シャハール[*1]が、中世の医学文献、教訓文学、そして道徳論が、人間の一生にいくつかの段階を識別していたばかりでなく、子ども期そのものを通常は、幼児期（infantia）、少年期（pueritia）、そして青年期（adolescentia）という三つの段階に分けていたことを発見したことであった。さらに、中世の判例の大部分は、今日では青年期後期（postadolescence）と表現される段階を若者期（juventus）とよんでいた。これらの諸時期のそれぞれは、かなり均質な年齢集団を意味していた。

幼児期は、誕生時から7歳ぐらいまで続いた。この段階には、誕生からおおむね2歳頃——この時期までに子どもの歯が生えそろい、歩くことができるようになっている——までの時期がふくまれた。何人かの作家は、ここには子どもの話す能力が熟達する5歳前後に終わる二つめの細分された段階があったことを見いだしている。

7歳からはじまる少年期は、女子の場合で12歳ま

18世紀フランスのこのプリントには、ゆりかごから死の床までの人間の発達の諸段階が描かれている。©Bettmann/CORBIS

で、男子の場合で14歳までそれぞれ続くが、この区分は、男子と女子のあいだの心理的な成熟度の違いを認めている。いわゆる理性の時代のこの段階の特徴は、善悪を見分ける子どもの能力によって示される。しかし、この潜在能力は、子どもの知能の発達と一致すると見られていた7歳前後にはじまる、罪を犯しやすいと思われる性質をともなっていた。さらに、何人かの宗教的モラリストたちは、そのような理性は、子どもが10歳か10歳半ぐらいになるまでは広く身につけることができるものではないと主張した。こうして、細分された段階は子どもたちの性質に対してかつて考えられていたよりもはるかに鋭敏な感覚を示唆する「少年期」に接合された。したがって、通常は14歳以下の子どもは、犯した罪の責任を負う義務はなく、性的な罪のとがめに支配されることもなく、一般的には、大人たちが行なうよりも軽い罪の告白を行なった。さらに、この人生段階の年少の子どもは、気まぐれであるとともに無責任で、非常に可塑性の高い存在であり、食べることと眠ることを渇望し、大人よりも同じ年齢仲間とのつきあい、賞賛、訓戒のほうを好み、その身体についてはつつしみがない。近代と同じように、中世の賢人たちは女子の場合で12歳、男子の場合で14歳で**思春期**（puberty）がはじまると記述していた。

「青年期」がはじまる時期については、著述家たちのあいだで広範な同意があったのに対して、この第三段階がいつ終末を迎えるのかについてはほとんど合意がなかった。ある者はその終わりを21歳と見ていたが、ほかの者たちは25歳、28歳、30歳あるいはもっと後の35歳と見ていた。アリエスがほのめかしていたように、多くの者は、年齢を7の倍数で区切っていたが、これはこの年齢段階が14歳ではじまり、21歳で終わることを意味していた。成人期は、法律的には、男性と女性が結婚する権利をもち、財産を所有・相続・移譲する権利をもち、法的あるいは教会裁判の訴訟において証言する権利をもち、またその国の法律の下で完全な説明責任を負うべき時期であった。ヨーロッパ大陸各地の制定法は激しく変容したが、ローマ法は中世を通じて強大な影響をおよぼしつづけた。このローマ法の下では25歳が成人年齢で、この年齢になると男性は多数の権利と責任を負った。

シャハールの見解のなかで注目すべき点は、子どもの人生の最初の諸段階について、中世の著述家たちが少女と少年については沈黙を守ってあまり言及していないのに対して、少年期を議論する際には少女と少年に男女別の扱いをしていると指摘していることである。少年は学校で教育を受けるべきであると主張されてい

た。他方、少女たちは、もっと家庭的な仕事のやり方を学ぶよう助言されていたかもしれない。だが、実際には、少女たちは、この種の文献ではしだいに関心の対象ではなくなってしまい、シャハールによると、少女たちは「完全な成人期に向かう成長過程で、ほとんど見すごされていた」(p. 30)。

大衆の子ども観

　子ども期の概念の相対的な新しさ——17世紀以降に家族生活の近代性が登場したこと、また、その結果として、観察された身体面、精神面、道徳面、および感情面の子どもの発達が最終的にはひとつに接合されることになったとするアリエスの主張の根拠——は、シャハールとその他の歴史家によってひっくり返されたわけではなかったにしても、修正を迫られた。それにもかかわらず、アリエスの推論の根拠が、ヨーロッパ文化の上層（たとえば、木馬にまたがっている子ども、あるいは読み方を学んでいる少年を描いている七つの人生段階図を思い起こせばよい）から導き出されたものにすぎなかったのではないかという疑念をよんだのと同じように、アリエスの批判者たちもまた、近世の研究に際して社会的なエリートの公式を引用するという罪を犯したのであった。19世紀にいたるまで、民衆の圧倒的大多数は読み書きができなかった。したがって、息子たちの教育を両親に勧めることは、親自身が読み書きができ、また、読み書きができるほかの人びとと交わることになる息子たちに識字能力（リテラシー）を身につけさせる必要があると理解できる両親だけを対象にしてのことであった。民衆の識字能力はプロテスタントの宗教改革の覚醒のなかで広まったが、それは、初期のプロテスタンティズムにおいて個人による聖書の解読能力はその人の救済にとって不可欠だと考えられていたためであった。しかし、この時代とそれ以降の数世紀には、子どもに読み書きの基礎を教える責務は両親、とりわけ父親にあると考えられた。したがって、年齢と発達にかんする理念を広めるうえで決定的に重要な組織であった大衆向けの学校が設立されるのは、はるかずっとのちの時代においてであった。ふつうの人びとの日常生活において、年代記的な年齢の段階的移行に対する感覚は、当時どの程度まで広まっていたのであろうか？　別の言い方をするなら、法学者、モラリスト、それに哲学者たちの観察や判断よりもむしろ、人類社会の圧倒的多数を占めていた人びとのあいだで、年齢の段階的移行に対する理念はどの程度共有されていたのであろうか？

　農業社会では、すべての人間の労働を必要としていた世帯にとって、子どもたちはその身体発達なりに労力的に無用とされることはなかった。労働と需要はつねにこれらを満たす能力をはるかにしのいで大きかった。こまごまとした雑務をこなす子どもたちの能力は手助けになったが、労働力が熱心に期待されたのは、若者が大人の仕事をこなすことができたその日であった。子どもの死亡率が高い社会では、子どもたち一人一人の能力は、季節がすぎゆくのを見るのと同じように、静観するしかなかった。両親とその縁者は、たとえ近代の生活に広まっていたような子どもの成長に対する感覚がなかったとはいえ、すくなくとも年少の子どもの身体と情緒にあらわれた変化に対しては、ゆるやかに順応していたと考えるのが賢明であろう。だがそれにもかかわらず、身体的現象というよりむしろ社会的な現象として［成熟が加速される］弧を描いて示される子どもの成長は、われわれが今日慣れ親しんでいる［成熟が先延ばしされる］かたちとはかすかな類似性しかない。

農業社会における成熟

　このような状況になったもっとも重要な理由のひとつは、世帯が工業技術的な職業にではなくむしろ農業的な職業に生産基盤を置いていたことにある。農業社会とその後に登場した工業社会とのあいだの顕著な違いは、農業社会が、青年期を、成人期に向かう個人の歩みのなかで肉体的にも心理的にも分離された段階とは認識していなかったことである。青年期をほかとは区分された人生段階としてつけくわえることは、20世紀初頭になってはじめて普遍的になった。

　農業社会において青年期が広汎に認識されていなかったのは、子どもの成人年齢にかんする二つの記述のなかに印象的に明示されている。その第一は歴史記述においてであり、ジョン・デモスによって、17世紀のマサチューセッツ植民地における子どもについて以下のように提示されている。

> かつては、子どもが6歳か7歳前後になると、大人の役割と格好を示しはじめ、そこから先の道は、かなりまっすぐに伸びていた。完全な成熟に向かう発達は、ゆるやかに、少しずつ、ほぼ自動的に達成することができた。…ここには「危なっかしい」年齢段階はまったく存在しなかった——というよりむしろそれは、一人の若者の影が均一な濃度で伸び、ひとつの世代が次の世代に気づかれないほどの小さな傾斜でゆずり渡されるような、全体がひとつになった無意識の過程であった。(Demos, p. 150)

　二番目の記述は、教育家であり民族学者でもあったレオナルド・コヴェッロによって提示されたもので、1920年代にアメリカに渡ったイタリア南部出身の移民たちによって表現された若者の発達に対する態度についてである。デモスの観察との類似性に注目したい。つまり、成長することは、大人社会に向かって増殖的で継ぎ目のない出現過程として表現されているのである。

イタリア南部の文化パターンでは、どの子どもも早い年齢段階［5、6歳］から有益な役立つ家族の一員であった。子どもが大きくなり、体力と経験、判断力と頼りがいが増してくると、彼はそれまで以上に多くの仕事とむずかしい仕事をこなすようになった。…そこには明確な年齢区分はまったくない。どの子どもも、年長者と年少者に向かってなだらかに融けこんでいる。子どもたちが家族生活とその経済に適応している生活パターンがあまりにも一般化しているので、すべての人間は子どもと大人という二つの集団に区分されている。そこには青年期という年齢集団は存在しなかった。…そこに存在したのは役に立たない乳幼児と遊び好きのおちびさんたち、若い成人男女、病弱者たちで、青年期という年齢集団はまったく存在しなかったのである。(Covello, pp. 270, 288-289)

ジョン・ギリス*2が指摘しているように、工業時代にいたるまでは、世帯内における世代関係は時間的に調整されるというよりはむしろ空間的に調整されていた。つまり、人の地位は、ある一定の年齢に達することによってではなく、その人が所属している世帯の長に対する人間関係の濃度に由来した。ギリスが述べているように、非常に現実的な意味で、男性あるいは女性は、その人が自分の世帯の長になるまでは、ずっと少年あるいは少女のままであった。さらに、機能的な意味で、少年あるいは少女の成熟は、彼または彼女を世帯関係の経済活動の完全な一員となるよう駆りたてた。したがって、彼らの従属的な地位もまた、まちがいなく暫定的で相対的なものであった。

工業時代の子どもたち

しかしながら、工業化によって開始された生産の再組織化の進行とともに、このすべてが変化しはじめることとなり、これは、今度は都市部における経済の急成長を刺激した。都市とその産業は——人口移動が発生した場所が地方であれ、地域的であれ、全国的であれ、あるいは大陸間的なものであれ——最初は田園地域からはじまる人口移動によって助長された。膨張しつづける19世紀の各都市は、ここで関連する二つの発展を明示した。それは、賃金労働に対する世帯の依存が高まったことと、とくに子どもの時間が構造化されていなかったことである。農場ではたらく子どもたちは自分の世帯以外のだれにも関心を示さなかった。だが、都市の路上で暮らしていても十分な職業があたえられなかった子どもたちは、成長しつづける産業主義の下で生産の再組織化に要する社会的コストがどれほどであるのかを明らかにした。

資本主義経済が発達し、機械化された産業の拡大のなかからますます多くの製品が生まれるようになると、繁栄と不況のサイクルがひんぱんにあらわれるようになり、失業状態は都市の労働階級の生活でくりかえされる特徴になった。都市は失業と貧困を凝集した。そして、その犠牲者を目に見えるかたちであぶり出し、同時にまた彼らを匿名的にもした。自分自身とその子どもの貧困の原因をそれぞれの家庭の家長たちに説明させようとしたヨーロッパと、とくにアメリカの市民のリーダーたちの熱意にもかかわらず、最終的には、その時間と活動がじゅうぶんに生かされない子どもたちと若者たちのために一定の調整が必要だと考えられた。19世紀を通じて、仕事につかずにぶらぶらすごしている子どもの時間がもたらすに違いない道徳的影響と、それが広範におよぼす社会的な帰結とのあいだには因果関係があると考えられた。怠惰にすごす「路上の遊び仲間」にくわわっている年端のいかない子どもたちは、実際にわかっていたことだが、犯罪をくりかえす一生を送ることになる悪の道に進むおなじみのふたつの案内人である貧困とその対をなす悪徳にひんぱんに出会うために、心がかたくなになった大人になってしまうのは避けられなかった。ヨーロッパと北アメリカにおける社会福祉の歴史は紆余曲折に富んで複雑だが、子どもたちが怠惰な生活とその悪評高い影響にさらされることに共通して見られる解決策は、学校教育であった。

学校教育は、いうまでもなくその起源を古代文明に発しており、また、中世における学校は、宗教的な人材確保と訓練を目的に制度化されたものであった。しかし、さらにいえば、この目的のために教育を受けていた子どもたち（少年）の比率はきわめて小さかった。子どもの失業と野放しの時間という拡大しつづける疫病に対する万能薬とみなされるようになった大衆向けの学校教育は、教育が無償である場合にだけ発展することができた。かつて前例を見ないほどにまで年齢意識を教えこむことになった大衆教育の確立は、次のような二つの出来事を条件としていた。第一は、子どもたち全員をなんらかの種類の学校に集めること。そして第二は、子どもたちを、彼ら一人一人のためと、もっと大きな社会的な善のために、望ましいと考えられる可能なかぎり長い時期を引きとめておくために、学校を国内に整備することであった。子どもたちの圧倒的大多数（典型的には勃興してきた労働階級と都市の貧民の子どもたち）を引きつけようとする努力の最初の事例は、1700年代末期と1800年代初期の西欧米で見られた慈善学校、日曜学校、そして幼児学校であった。

学年制と義務制の学校教育

アメリカでは、これらの事例のそれぞれが独自に、コモンスクール*3の創設にインスピレーションをあたえたが、このコモンスクールは、すべての社会階層（すべての人種のとまではいかなかったのだが）、年齢、そして男女双方の子どもたちに、無償あるいは安い費

用で教育を提供した。生徒を年齢と成績によっていくつかの同一年齢集団（コホート）に区分する学級制（school class）は、16世紀初めのロンドンで先駆的に導入された。しかし、このような工夫（grading、学年制）を広範にとりいれる必要性は、コモンスクールが労働階級と中産階級の双方にとって問題であることが明確になるまで認識されることはなかった。労働階級の親は、自分の子どもが雇用されることによって世帯収入に貢献してもらう必要を感じていた。他方、中産階級の親は、自分の子どもが、会計士、教師、事務職、ビジネスマン、あるいは専門職につくうえで必要とされる技能を修得できる高度な訓練を切望していた。こうした技能には、言語と数量にかんする能力、芸術や文芸に対する精通、外国語を流暢にあやつる能力などをふくんでいたが、これらは産業から産業への移行を可能にする技能であった。学年制は、パブリックスクールのカリキュラムを順を追って配置することによって、19世紀後半を通じて所有権制度が有給雇用に急速に浸食された経済において、学年を進級した学生たちに大きな有用性をもたらした。学年制が導入されたところはどこでもカリキュラムを標準化する傾向があったため、各学年での達成度と能力の範囲を保証することにもなった。

世帯が必要とする収入と労働を助けるために労働階級の子どもたちに学校をあきらめさせようとする圧力は、経済的好況期でも不況期でも、依然として圧倒的に大きかった。したがって、子どもたちの大多数がその人生の拡張期に教育を受けられるようになるには、就学制度が無償制によってばかりでなく義務制によっても決定される必要があった。アメリカでは**義務就学**と無償制が制定されるまでに数十年の年月を要した。義務制の就学は、1852年にマサチューセッツ州によってはじめて制度化された。義務就学の法律を通過させた最後の州は、1918年のミシシッピー州であった。もちろん、義務教育の法律制定は、児童労働法による補足的な補強なしには効果的にはならなかった。したがって、**児童労働**の大部分は1930年代になってはじめてアメリカ全体で禁止された。同様に、学校の学年制は1847年のボストンではじまり、アメリカの北東部から中西部にかけて広まったが、1940年代までは全国的な普及は見られなかった。

それにもかかわらず、義務制の就学が効果的に施行されたところでは、両親と子どものあいだでの「富の流れ」を逆転させた。義務就学制は、自分の子どもの稼得能力を商業領域から撤退させるよう世帯に強いたため、子どもの地位が変わり、親子関係は空間的な広がりから時間的な位置関係へと変容した。すなわち、農業社会の子どもは典型的に世帯全体の利益と幸福のために、そしてとりわけ家父長のために、はたらいた。ところが義務制の就学と児童労働法によって、子どもたちは14歳になるまで合法的にはたらくことはでき

なくなり、世帯経済の資産としての子どもの価値を縮減させることになったのである。

お金に換算できない子どもの価値

同時にまた、子どもを「神聖化」（sacralization）するようになった中産階級では、新しい文学的および宗教的な感情が定着した。つまり、子ども期は特別な状態だとみられるようになり、子どもたちはしだいに保護され、大切にされ、賛美される源泉とみなされるようになったのである。こうした見解が学校の要請によって労働階級に押しつけられたとき、世帯における子どもの価値は、その稼ぎ手としての有用性から両親の感情の対象へと変化し、ヴィヴィアナ・A・ゼライザー*4が「お金に換算できない価値」とよんだような特質をおびることとなった。こうした変化がもたらした結果のひとつは、19世紀末に、歴史上はじめて毎年、子どもの**誕生日**を祝福するようになったことであった。過去においては、いくつかの社会は、15歳とか16歳のような節目に、特別な年代記的な目印を認めていたが、その子どもの人生における新しい年を迎えることを祝福する習慣は、過ぎ去ろうとする時間に対する新しい感情的な配慮を示した。家族の賃金経済における子どもの有用性を大いに高めた経験と能力の増大部分は、純真無垢さを犠牲にすることによってもたらされたものであり、したがってまた、「お金に換算できない価値」のある子どもの時代における、ほろ苦さのある変遷であった。

もっと基本的なレベルでは、学年制の経験は、子どもの身体的および知的な素養の拡張がどの程度のものであるのかを統計的に把握し、子ども集団全体の状況を写し出すことができた。入学登録者数、出席率、常習欠席率、遅刻、退学者数にかんする統計学をふくむ「子どもの会計学」は、19世紀後半の数十年間に北東部と中西部の都市の学校制度の大部分で実施された。個々の学校における子どもたちの年齢が、指定された

男性の人生と年齢段階（アメリカ、1856-1907年頃）。Life and age of man: stages of man's life from the cradle to the grave.*

学年水準とどの程度一致するかを資料的に示す年齢段階表も、同じ19世紀末頃に発展した。こうした指標のすべては、その学校の教育学的効果を暗示的に測定しただけでなく、子どもの成熟は標準的に定義づけることができ、それゆえにまた、正しい管理に従わせることができることを明確にした。かつては社会的に非常に多孔質で、年齢幅がおおざっぱであった同輩集団（ピア・グループ）はいまや、年齢階梯化された学級によって生みだされ、維持された同一年齢集団（コホート）の年齢よりも上下に遠く離れた子どもたちを排除してしまう堅固な集団になってしまった。

哲学的根拠

このような管理の感覚は、学級制度によって容易に内面化される年齢階梯が子どもたちに押しつけられたことによるのか、あるいはまた、自分のクラスメートの内側あるいは外側にいる者として子どもの自己意識がますます高まることになったのは、強化された学校の構造と、この新しい教育組織とともに生まれた副産物である発達概念とのあいだのもちつもたれつの関係を通じてなのであろうか？　ここで、強化された義務就学制、児童労働の禁止、そして子どもの生物学的発達と精神発達についての自覚のはじまりが、成長する生き物としての子どもの可塑性という啓蒙思想の概念に起源をもっていたことを思い起こすことは重要である。両親が子どもの自然の生得的諸傾向を注意深く見守り、たえず矯正する必要性について論じたイギリスの哲学者ジョン・ロック*5の随想録は、人間の完成可能性（perfectibility）という理念に根拠をあたえた。このことは、これとはまったく反対の可能性を示唆していた——すなわちなんの監視も受けず、何も教えられていない子どもは、この目標にはなかなか近よれないということである。18世紀のフランスの作家で哲学者であったジャン＝ジャック・ルソー*6の子育てにかんする著作は、子どもが生まれつきもっている気質につきものの豊かな感受性を子育ての最良のガイドとして奨励した。ルソーはロックに対する効き目のある解毒剤であったが、自然現象を解明するものとしての子どもの運命についての彼の信念は、子どもの成長は善悪さまざまな変化の連鎖を明らかにするという前提をロックと共有していた。こうした概念の科学的な根拠は、チャールズ・ダーウィン*7の『人間の由来』（The Descent of Man, 1871）によってさらに刺激をあたえられた。この書物は、原始時代の人類史の歩みと子どもの発達の諸段階とのあいだの平行関係を描写する多数の研究を生みだした。19世紀のイギリスの哲学者ハーバート・スペンサー*8は、これに人間の進歩という概念をつけくわえたのだった。

かくして、1800年代末期までの児童研究の歩みは、誕生から成人期にいたる子どもの認識能力、感情、そして心的動因機能の漸進的出現を図表化することにこ

ナサニエル・カリアー「酔っ払いの一生——最初の一杯から墓場まで」（リトグラフ、1846年、アメリカ）。The Library of Congress/Photo Researchers, Inc.*

だわっていた。子どもの発達についての新しい理論と、同齢集団に配列された多数の子どもたちを観察する新しい機会は、教育者たちと新しい心理学分野の双方が、子どもの成熟過程の諸段階という理念を正確に定式化し、検証するのを可能にしたが、それは、いまや子どもたちが、発達についてある程度まで正確に一般化するのをはじめて可能にする方法で分類されたためであった。

人間の成長過程における青年期

人間の成長段階として広く知られた青年期の登場は、20世紀初頭に流行していた加齢（aging）と発達についての理念との幸運な結びつきを象徴的に示すものであり、さらに、この結びつきをもたらしたものこそ、ほかならぬ学校教育であった。もし学校教育がなければ、青年期の意義は労働階級世帯の家族経済の不可避的状況によってつねに薄められていたに違いない。アメリカの教育者と、G・スタンリー・ホール*9のような心理学者は、17歳のすべての子どものわずか7パーセントしかハイスクールを卒業していなかった1904年に、青年期の「発見」を普及させたが、それによって彼は、子どもの発達におけるこうした制度化された文化的な空間に理論的根拠をあたえた。その後、ハイスクールは幾何級数的に増加し、1940年には全国のすべての17歳の子どものほぼ半数が卒業証書を手にしていた。

この世紀の後半を通じて、萌芽期の学術的な心理学分野は、子どもの発達にとって自然（生まれ）か養育（育ち）のどちらがより重要であるかという疑問をめぐってゆれうごいていた。アメリカの心理学者ジョン・ワトソン*10ら行動主義心理学者たちは、彼らのライバルの見解が人間の成熟への生物学的および遺伝学的青写真の意義を重視したのに対して、子どもの発達におよぼす環境の影響に決定的に重要な局面がある

ゆりかごから墓場までの女性の人生と年齢（アメリカ）。Ballilie, James, *The Life and age of woman, stages of woman's life from the cradle to the grave.* New York, c.1848.*

と主張した。20世紀前半のアメリカの心理学はワトソン主義によって方向づけられていたが、この見通しは、遺伝学的な天賦の才能と社会環境とのあいだにくりひろげられるもっと総合的な相互作用という考えを提唱したスイスの有力な心理学者ジャン・ピアジェ[*11]によって打ちのめされた。

しかし、このような人を夢中にさせる（そしてそれはいまも進行中である）問題は別として、ほかの二つの傾向があらわになってきた。すなわち、まず第一に、誕生から青年期をへて進む発達の諸段階は、こうした心理学の学術的進展とともに、専門分野として区分され、さらに下位区分されるようになった。第二は、発達段階のある段階が「焦点期」としてほかの段階よりも特権的になる傾向があらわれたことである。乳幼児期、中期子ども期、そして青年期は、個人にとって後になってあらわれる結果に重要な影響を持続的におよぼす発達段階として、さまざまに強調されてきている。こうした研究動向は、成熟の諸段階のあいだの因果関係を解明するために、発達心理学の目を、人間の発達の後期の諸段階と加齢に向けさせることになった。

フレデリック・スラッシャー[*12]のようなホールの弟子たちは、少年たちの発達にかんする観察を、**遊び場運動**、青少年の運動競技、スカウティング、その他の放課後活動といった学校教育の補助組織の後援者養成を正当化することに結びつけたが、これらは、子どもや若者たちを大人が管理する環境に引きつけるために考案されたものであった。子どもと若者がくりひろげるレクリエーション活動は、運動競技会を組織する際の信義条項のひとつとして、年齢による区分けという考えを採用した。この考えは、1900年代の「ニューヨーク警察競技連盟」から、20世紀なかばにはもっとも人気が高かった少年たちの大半が参加するスポーツとなっていたリトルリーグ[*13]にいたるまで、幅広い活動に反映していた。1920年代には、運動競技大会はアメリカのハイスクールでは常識になっており、それはまた、競技者たちを等級別の能力と年齢集団にふり分け、典型的には二軍チーム（junior varsity）と代表チーム（varsity teams）とに区分した。

進歩主義教育と社会的上昇

アメリカの教育者であり哲学者でもあったジョン・デューイとその後継者たちは、人生の準備段階としての学校教育という理念を推進した。教育の目的は知的探求を指導することにだけあるのではなく、「望まし

い社会的な目標」を推進することにもあるとされた (Cahan, p. 157)。**進歩主義教育**の哲学についてデューイが示した目的は多様で、それはかぎられた方法でしか達成できなかったが、児童発達の理念は進歩主義教育の中心的な特徴であり、学校改革者たちが、一人一人異なる教育的ニーズと社会的ニーズを視野に入れたカリキュラムをつくることによって、青年期の数年間をとおして実質的にすべての年少の子どもを対象にした学校教育の拡張を推進するのを可能にした。

この哲学の副産物のひとつは「社会的上昇」という概念であった。この概念は、中等学校における暦年齢、学業成績の水準、そして同一年齢集団を非常にゆるやかに直線的に配列することによって、学校教育の社会的および教育的な諸機能のあいだのつながりを強固にした。社会的上昇は、子どもの発達におよぼす明白な社会的影響を学歴にもとづいた昇進の結果と対比して示すことによって、ある等級水準から次の等級水準へと上昇していくのを正当化した。20世紀初頭には、学歴制度は個人の教育ニーズからも社会のニーズからも有害だとみなされていた。学歴制度の表面では、1970年代を通じて教育政策としてピークを迎えた社会的上昇は、年齢階梯制に誘発された年齢意識の高まりを緩和したかもしれないが、現実には、暦年齢と、認知発達や感情発達とのあいだの緊張感のある対等関係にとって、感知された必要性を強化した。発達論的進化それ自体は、子どもの自我概念、そしてその後の青年期の自我概念が、彼または彼女の同一年齢集団の進行とあまりにも密接につながるようになったため、教育的に自分の同一年齢集団と肩をならべていなくても、社会的なつながりを維持することによって促進されると考えられた。

変化の世紀を評価する

1960年代と1970年代に社会学者たちと歴史学者たちが、アメリカ社会における子ども期から成人期にいたる規準となる運動の幅広い輪郭を跡づけようとしたのは偶然の一致ではなかった。彼らは、すくなくとも部分的には、若者が成人する——すなわち大人の地位の役割と責任を引き受ける——までに長い時間がかかるという一般に流布していた認識に啓発され、1800年代なかばから1900年代なかばにかけての時期に成人期への移行をふくむ社会規範が変化したのかどうかを見きわめることに躍起になった。その結果彼らが発見したことは、20世紀なかばに成人期に向けた最終的な移行（家族形成）が見られた年齢は、かつて19世紀なかばに見られた年齢とまったく同じであったということであった。しかし、成人になるという経験——子ども期から成人期に向けて変化するとき、とりわけ青年期と青年期後期に感じる動揺——は、実際には、こうした移行を規制しようとする諸制度の登場によって増幅された。ジョン・モデルとその他の研究者たちによる研究は、19世紀なかばを通じて普遍的な学校教育が整備されたことが、子どもたちが学校に入学し、卒業し、フルタイムの労働力に参入し、両親の世帯から離れ、結婚し、自分の家族をもちはじめるというおおざっぱな年齢曲線を生み出したと指摘している。19世紀後半以前の若者が、同じ時期のこれらの立場のひとつ以上をこなすことができた（たとえば、学校に通いながらはたらいていたり、自分の両親の家で暮らしながら、同時にはたらいていたり結婚していたりしていた）のに対して、20世紀初期からなかばになると、これらの地位のあいだの移行は順序が定まり、いっそう分離されるようになった。年齢規準が広範に遵守され、子ども期から成人期への個人の移行を順次的に調整していたように見受けられた。これらの地位が混淆するとその結果は、（1940年代までは）人間のライフ・チャンスに相反することになった。たとえば、結婚してそのまま両親の世帯にとどまるのは、第一子の男子がその世帯の家長の財産を最終的に受け継ぐことが当然とされていたかつての農業社会に由来する地域でも異例なこととなっていた。子どもたち全員が14歳になるまで（1930年代までは16歳になるまで）学校教育を受けたのちにはたらきはじめ、自分の世帯をかまえ、結婚し、子どもをもうけることができるようになる時代にはそぐわなくなったのである。

20世紀末

しかし、1950年代までに、第2次世界大戦をへて結婚年齢が低下したこと、学校教育が16歳を越えて拡張され、非常に多くの若者たちが大学に入り、卒業するようになったこととならんで、各移行期のこのような順次的な移行は乱雑になりはじめた。高等教育の学費を支払うために、大学生の多くが授業時間中に仕事をする必要があった。また、学生時代に自分の世帯をもち、結婚し、子どもをもうけて育児をすることさえも、ある種の学生にとっては異常なことではなかった。要するに、成人期に向けてかつては非常に順序づけられていた一連の移行は、1960年代と1970年代までに、包括的に重複するようになったのである。このことは、一方では、若者たちが学校を卒業すること、仕事をしはじめること、そして結婚することなどについて、その選択肢の幅が広くなったことを意味した。また他方では、こうした選択肢をつくったり整えたりすることについて、個人的にも社会的にも非常に大きな不安を経験することを意味した。

1970年代以降、人生行路の初期に影響をおよぼすいくつかの傾向が反転した。女性と男性の初婚年齢はその伝統的な平均値、すなわち女性で20歳代なかば、男性で20歳代後半に、それぞれ戻った。女性が第一子を出産する平均年齢は上昇し、出生率は急落した。そして、新しい傾向である同棲生活は、20世紀の最後の25年間に着実に増えたが、これは男性も女性も、

自分たちの世帯をかまえる直前まで両親のもとにとどまっていっしょに暮らすよう強いられているとはもはや感じなくなり、結婚と家族形成の両方を先延ばしにすることができるようになったことを意味した。20世紀末に向けて、女性たちと男性たちの人生行路の初期は非常に類似するようになってきた。かつて見られた近世の人生航路の移行が、男性は一家の生計を支える大黒柱であるという前提にもとづいていたところでは、男性と女性の教育水準は、20世紀の最後の25年間に対等になり、両者の賃金格差はいくらか狭まってきた。

　成人期に向けて緊密に順序づけられ、互いに重なりあうことのない一連の移行が、20世紀なかばにおける年齢意識の高い水準を証明するものであるとするなら、解きほぐされた親密さは、年齢に対する関心の薄れを意味するのであろうか？　歴史家と社会批評家たちはそこに複合的な徴候を見ている。一方では、かつての世紀に見られたように、たとえば大学が、学部生として18歳あるいは19歳以上の者を入学させることがめったになかった時代のような年齢差別は今日ではあまり見られなくなっているようである。ますます多くの年長のアメリカ人たちが大学生という身分に再登録するようになっており、急速に変貌する経済のなかで、教育的に「自己変革する」ことは、その人生において何度も経歴を変えるかもしれない人びとに広く受け入れられる慣行になってきた。子どもの出産と子育てを終えた女性たちが労働力として復帰することも、ますます一般的になってきた。他方、1960年代には**若者文化（ユースカルチャー）**が隆盛を見せた。それは、第2次世界大戦後の高等教育の拡張と、いわゆる戦後ベビーブーム世代がアメリカの大学に殺到したことによってもたらされ、若々しさがかつて例を見ないほど礼賛されることになった。このように、若者への関心と若々しさのイメージに夢中になる風潮は、歴史上はじめて多数の顧客に向けた消費者製品と密接につながっており、前の世代がいだいていた浪費に対する激しいおそれを放棄することにもなった。これは、この巨大な同一年齢集団［団塊世代］が、若者たちと親密な関係をもっていると自分たちが思っていることをあらわすために、消費者——ほんとうに若いか、あるいは気持ちの上で若々しいかのどちらかなのだが——を対象にした新しい市場を生み出しながら、しだいに年を重ねた20世紀後半を通じてはじめて勢いを得た傾向であった。

［訳注］

*1　シャラミス・シャハール（Shulamith Shahar, 1928-）——ラトヴィア生まれのイスラエルの歴史学者で、ヨーロッパの中世子ども史、老齢化の社会史を専門とする。テルアビブ大学教授。*Fourth Estate: A History of Women in the Middle Ages*（1981）で、ヨーロッパ中世女性史研究を進めて注目され、*Childhood and the Middle Ages*（1990）は、ヘブライ語、英語、フランス語、ドイツ語に翻訳されている。

*2　ジョン・ギリス（John R. Gillis, 1941-）——アメリカの歴史学者。ラトガーズ大学歴史学部教授。近代ドイツの官僚制の社会史研究、ドイツとフランスとイギリスの3カ国の比較若者文化史研究で世界的に知られる。主著『〈若者〉の社会史』（1974, 1981）。

*3　コモンスクール（common school）——19世紀後半に、教育の機会均等と公費による学校設置と運営、教育費の無償制など、いわゆる「公教育の原則」を掲げてアメリカ全土に広まった公立学校設立運動の結果生まれた学校。コモンスクールには、思想的には自然権に立脚した民主主義思想を次世代の子どもに教えること、社会的には共通の価値観や認識を教えることによってアメリカの精神的統一を果たそうとしたこと、さらに経済的には、教育を広めることによって良質な労働力を確保するといった役割を担って広まった。

*4　ヴィヴィアナ・A・ゼライザー（Viviana A. Zelizer）——アメリカのプリンストン大学の社会学教授。人間の道徳性と経済の関係を歴史社会学的に分析して注目された。子どもの価値、愛情や親密さの金銭的価値を経済社会学的に分析するために、子どもの生命保険料、誘拐事件による身代金額などに注目して「子どもの価値」にかんする研究を進めた。経済が文化や精神的価値を作るのではなく、感情や精神文化が経済行為を導いているとする、いわゆるソフト・パワー（Soft Power）論的観点から、経済社会と道徳性の関係を解明しようとしている。近年、次の著作が多方面から注目を集めている。*The Purchase of Intimacy*（Princeton UP, 2005）; *Morals and Markets: the Development of Life Insurance in United States*（Transactions Pub, 2006）; *Economic Lives: How Culture Shapes the Economy*（Princeton UP, 2010）.

*5　ジョン・ロック（John Locke, 1632-1704）——イギリスの哲学者、政治思想家。近代ヨーロッパにおける代表的な啓蒙思想家の一人。オクスフォード大学のクライスト・チャーチ・コレッジで哲学、政治学、宗教学を学び、その後、自然科学、とくに医学を修めた。28歳の頃、オックスフォード大学のギリシア語講師となる。一時、公使としてドイツのブランデンブルクに滞在し、アシュリー卿（のちのシャフツベリー伯）の知遇を得て、その侍医、政治顧問、子弟の家庭教師となる。シャフツベリーの大法官就任にともなって官吏についたが、伯の失脚後は健康回復のため南フランスに4年近く滞在した。帰国してふたたび官吏となったが、政治的陰謀の嫌疑をかけられたためオランダに亡命し、各地を周遊して知識人たちと交わり、大いに思索を深め、50歳なかばをすぎてからあいついで著作を発表した。1688年の名誉革命後に帰国し、革命後の政治的および社会的秩序の在り方を考察し、専制君主制と族長制を廃し、権力分立制を説いてのちの三権分立論を導き、契約国家論にもとづく議会制民主主義の根本論理の究明をはじめとして、理神論的な自然宗教を基調とした宗教的寛容論、経験と観察にもとづく認識

論、習慣形成と道徳性の涵養を重視した教育論など、多方面にわたってバランスのとれた議論を展開し、アメリカ独立宣言、フランス革命期の人権宣言に大きな影響をおよぼした。『人間知性論』（An Essay Concerning Human Understanding, 1690）、『統治二論』（Two Treatises og Government, 1690）などのほか、とくに『子どもの教育』（An Essay Concerning Education, 1693）は成長しつつあった中産階級を中心に広く読まれ、教育界、文学界において今日まで数世紀にわたって影響をおよぼしつづけている。

*6 ルソー（Jean-Jacques Rousseau, 1712-1778）——スイスのジュネーヴ共和国生まれの思想家・哲学者・作曲家・社会改革家。誕生と同時に母を亡くし、10歳の頃、父にすてられ、16歳の頃、徒弟奉公先から逃亡してヴァランス夫人の庇護と感化の下に、音楽を学び、ほぼ独学で教養を積み重ねる青年時代を送った。30歳の頃、パリに出て音楽批評と創作オペラを試み、社交界に接近した。やがてディドロやグリムらを知り、38歳の頃書いた論文「学問芸術論」（Discours sur les sciences et les arts, 1750）がディジョンのアカデミー懸賞論文に当選した頃から一躍知識界に知られるようになった。人類の文明や学問の進歩は人間性の退化をまねき、人間中心主義的な傲慢さが道徳の頽廃をもたらすとした。ルソー独特の文明批判はさらに鋭く進んで、現存する政治と社会の体制にもおよび、自然状態と社会状態の対比の上に、人間の存在論的自然性は社会状態の進化とともに社会的不平等におちいるとし、絶対王政の社会的非合理性を痛烈に暗示して、フランス革命を予言したともいわれる。主著『人間不平等起源論』（Discours sur l'origine de l'inégalité parmi les hommes, 1755）、『社会契約論』（Le Contrat Social, 1762）のほか、とくに出版後禁書にされ、逮捕命令に脅かされることになる『エミール』（Émile ou l'Education, 1762）は、教育における人間の自然性の回復を主張して、当時の教育界とロマン派の著作家たちに大きな影響をおよぼした。晩年はスイスにのがれたり、イギリスの友人D・ヒューム（David Hume, 1711-1776）に招かれ、エディンバラですごしたが、8年間の放浪生活の後、フランスに帰国後も被害妄想と持病の結石に苦しんだ。数少ないルソーの肖像画はエディンバラのスコットランド国立美術館に所蔵されている。

*7 チャールズ・ダーウィン（Charles Darwin, 1809-1882）——イギリスの博物学者、生物学者、進化論者。祖父は医者で進化論者でもあったエラズマス・ダーウィン（Erasmus Darwin, 1731-1801）。医者であった父親のすすめで、16歳でエディンバラ大学医学部に進学したが、2年後に中退し、その翌年ケンブリッジ大学神学部で学んだ。夏休みに誘われて北ウェールズへの地質学研究旅行に参加した後、親交のあった植物学教授ヘンズローの推薦で海軍の測量船ビーグル号に博物学者として乗り組み、ブラジル、ペルー、オーストラリア、タヒチ諸島、ニュージーランド、南アフリカを周航し、多数の博物学的観察記録を残すとともに生物進化についての確信を深めて帰国した。47歳頃、『種の起源』を執筆中にマレー群島を調査探検中のA・R・ウォーレス（Alfred Russel Wallace, 1823-1913）から届いた論文を目にし、「自然淘汰」説が一致することを発見した。友人らのすすめで進化論の概要をウォレスの論文とともにリンネ学会での発表に続いて『種の起源』（The Origin of Species by Means of Natural Selection, or the Preservation of Favoured Races in the Struggle for Life, 1859）を公刊した。その後これは1872年の第6版まで13年間にわたって加筆と修正をくわえた。ここで示した「自然淘汰」（natural selection）と「適者生存」（survival of fitter）の法則にもとづく進化論は多くの論争をよんだが、ダーウィン自身は論争には直接くわわらず、動物学と植物学のほかの研究テーマに取り組んだ。

*8 スペンサー（Herbert Spencer, 1820-1903）——イギリスの哲学者。教師の家に生まれ、病弱のため学校教育を受けず家庭教育で学んだ。鉄道技師になった後、研究と著作活動に入り、進化論の影響のもと、30年あまりの年月をかけて進化哲学の体系化（総合哲学）に努めた。彼が構想した総合哲学は、『第一原理』（First Principles, 1862）、『生物学原理』（Principle of Biology, 2 vols, 1864-67）、『心理学原理』（Principles of Psychology, 2 vols, 1870-72）、『社会学原理』（Principles of Sociology, 3 vols, 1876-96）、『倫理学原理』（Principles of Ethics, 2 vols, 1879-92）からなる壮大なものであった。世界は混沌状態の無連関な状態から連関的な状態へと進化すると同時に、同質的な状態から異質的な状態へと細分化すると考え、生物学の自然淘汰、獲得形質の遺伝を支持し、心理学では意識の進化を認め、社会学では社会有機体説を唱え、倫理学では進化主義的功利主義を認めた。

*9 ホール（Granville Stanley Hall, 1846-1924）——アメリカの心理学者、教育家。ウィリアムズ大学、ユニオン神学校で学んだのちドイツに留学し、実験心理学に従事した。W・ジェームズ（William James, 1842-1910）やW・M・ヴント（Wilhelm Max Wundt, 1832-1920）らに学び、精神分析および実験心理学をアメリカに導入し、ハーヴァード大学、ジョンズ・ホプキンズ大学で教鞭をとった。1877年に「アメリカ心理学雑誌」（American Journal of Psychology）を創刊し、1891年にはアメリカ心理学会を組織して初代会長となった。1909年、クラーク大学創立20周年記念のとき、当時学長であったホールは、S・フロイト（Sigmund, Freud, 1856-1939）ら精神分析運動の主唱者たちを招いて講演会を催し、当時のヨーロッパ・アカデミズムにおいてほとんど無視されていた精神分析がアメリカで社会的に認知されるきっかけを作った。心理学実験室、児童研究所を設立し、質問紙法を採用するなど、実験心理学と児童心理学の発展に寄与した。進化論の影響を受けた発生的心理学を提唱した。『入学児童の心理』（The Content of Children's Mind in Entering School, 1883）、『青年期』（Adolescence, 1904）、『若者』（Youth, 1906）、『老年期』（Senescence,

1922)。児童研究運動の父とよばれる。
* 10 ワトソン（John Broadus Watson, 1878-1958）――アメリカの心理学者。行動主義心理学の創設者。ジョンズ・ホプキンズ大学教授（1908-20）。はじめ動物心理学に従事し、のちに行動主義を提唱して意識心理学に挑戦した。生活体を機械とみなし、その行動を刺激と反応（S-R）の因果関係で解明できるとした。学習・情緒・情操・人格などはすべて条件反射、条件づけによって成立するととらえた。大学をしりぞいた後はトムソン広告会社に入り、広告宣伝を作成した。
* 11 ピアジェ（Jean Piaget, 1896-1980）――スイスの心理学者。子どもの知能発達の研究で知られる。子どもの会話分析から、子どもの思考・信念・想像力を分析し、子どもの自己中心性の解明に取り組んだ。ヌーシャテル、ジュネーヴ、ローザンヌ各大学の教授を歴任し、ユネスコの国際教育局長（1929年）、科学教育局長（1933年）をつとめた。
* 12 スラッシャー（Frederic Thrasher, 1892-c.1970）――アメリカの社会学者。シカゴ大学で社会学を学び、ボーイスカウト運動の研究や子どもの遊び仲間にかんする研究を進めた後、1930年代にニューヨーク州立大学教授となり、動画などの映像メディアが子どもにおよぼす影響の研究にはじめて着手し、青少年犯罪の教育社会学研究にも取り組んだ。
* 13 リトルリーグ（Little League Baseball）――1939年にアメリカペンシルヴァニア州のウィリアムズポートで最初に結成された8歳から12までの少年チームで結成された野球リーグ。13歳から14歳までの子どもで結成された少年野球のリーグはポニー・リーグ（Pony League）とよばれる。

➡子どもの発達概念の歴史、子ども期の理論、児童心理学、ライフコースと成人期への移行

● 参考文献

Ariès, Philippe, *L'Enfant et la vie familiale sous l'Ancien Régime* (Paris: Plon, 1960); *The Centuries of Childhood: A Social History of Family Life* (1962); *Geschichte der Kindheit* (1975). フィリップ・アリエス『〈子供〉の誕生――アンシァン・レジーム期の子供と家族生活』（杉山光信・杉山恵美子訳、みすず書房、1980年）

Cahan, Emily D. 1994. "John Dewey and Human Development." In *A Century of Developmental Psychology*, ed. Ross D. Parke, et. al. Washington, DC.: American Psychological Association.

Caldwell, John C. 1980. "Mass Education as a Determinant of the Timing of Fertility Decline." *Population and Development Review* 6 (June): 225-255.

Chudacoff, Howard P. 1989. *How Old Are You? Age Consciousness in American Culture*. Princeton, NJ: Princeton University Press. チュダコフ『年齢意識の社会学』（りぶらりあ選書）（工藤政司・藤田永祐訳、法政大学出版局、1994年、新装版2015年）

Cole, Michael, and Sheila R. Cole. 2000. *The Development of Children*, 3rd ed. New York: Scientific American Books.

Covello, Leonard. 1967. *The Social Background of the Italo-American School Child: A Study of the Southern Italian Family Mores and their Effect on the School Situation in Italy and America*. Leiden, Netherlands: E. J. Brill.

Cunningham, Hugh. 1990. "The Employment and Unemployment of Children in England, c. 1680-1851." *Past and Present*, No. 126 (February): 115-150.

Cunnigham, Hugh. 1995 1st, 2005 2nd. *Children and Childhood in Western Society since 1500*. New York: Longman. ヒュー・カニンガム『概説 子ども観の社会史――欧米にみる教育・福祉・国家』（北本正章訳、新曜社、2013年）*

Demos, John. 1970. *A Little Commonwealth: Family Life in Plymouth Colony*. New York: Oxford University Press.

Elder, Glen H. 1974. *Children of the Great Depression: Social Change in Life*. Chicago: University of Chicago Press. グレン・H・エルダー『大恐慌の子どもたち――社会変動と人間発達（新装版）』（本田時雄・川浦康至・伊藤裕子・池田政子・田代俊子訳、明石書店、1997年）

Fass, Paula S. 1977. *The Damned and the Beautiful: American Youth in the 1920's*. New York: Oxford University Press.

Gillis, John R. 1974, 1981. *Youth and History: Tradition and Change in European Age Relations, 1770-Present*. Expanded Student Edition. New York: Academic Press. ジョン・R・ギリス『〈若者〉の社会史――ヨーロッパにおける家族と年齢集団の変貌』（北本正章訳、新曜社、1985年）*

Kessen, William, ed. 1965. *The Child*. New York: John Wiley and Sons.

Labaree, David F. 1997. *How to Succeed in School without Really Learning: The Credentials Race in American Education*. New Haven, CT: Yale University Press.

Lassonde, Stephen. 1996. "Learning and Earning: Schooling, Juvenile Employment, and the Early Life Course in Late Nineteenth-Century New Haven." *Journal of Social History* 29 (Summer): 839-870.

Levine, David. 1987. *Reproducing Families: The Political Economy of English Population History*. New York: Cambridge University Press.

Modell, John. 1989. *Into One's Own: From Youth to Adulthood in the United States, 1920-1975*. Berkeley: University of California Press.

Modell, John, Frank F. Furstenberg, Jr., and Theodore Hershberg. 1981. "Social Change and Transitions to Adulthood in Historival Perspective." In *Philadelphia: Work, Space, and Group Experience in the 19th Century*, ed. Theodore Hershberg. New York: Oxford University Press.

Parke, Ross D., Peter A. Ornstein, John J. Rieser, et. al. 1994. "The Past as Prologue: An Overview of a

Century of Developmental Psychology." In *A Century of Developmental Psychology*, ed. Ross D. Parke, et. al. Washington, D. C.: American Psychological Association.

Shahar, Shulamith. 1990. *Childhood in the Middle Ages*. New York: Routledge.

Vinovskis, Maris. 1995. "Historical Development of Age Stratification in Schooling." In his *Education, Society, and Economic Opportunity: A Historical Perspective on Persistent Issues*. New Heaven, CT: Yale University Press.

Zelizer, Viviana A. 1985. *Pricing the Priceless Child: The Changing Social Value of Children*. New York: Basic Books.

（STEPHEN LASSONDE／北本正章訳）

ハイスクール（アメリカ）(High School)

19世紀なかば前後に発展した［アメリカの］ハイスクールは、その具体例にみられるように多種多様であった——事実、それを生みだした各都市と同じように変化に富んでいた。中等教育の代替機関として整備された学校のなかには、都市の「合同学区の」教室がひとつしかない学校で、ひとにぎりの学生に提供される「ふつうよりもむずかしい専門科目」のわずかな履修コースしかないものから、1821年にボストンに創設された、子どもにとっては時期尚早なイギリス流の古典教養学校にいたるまで、あらゆる形態がふくまれていた。これらの両極の中間に位置する学校として、**アカデミー**、さまざまな商業専門学校、神学校、そして個人経営の学校などが、19世紀なかばのアメリカの教育分野に点在していた。19世紀全体を通じて、とくに1880年代までのハイスクールは、それが何なのかではなく、それが何でないかによって、非常に簡単に定義された。すなわち、19世紀なかばのハイスクールは、大学でもなければ、未来の大学生たちに準備教育をほどこす古典教養的な**グラマースクール**でもなく、若者に大学進学の準備をさせる古典教養のグラマースクールから派生して生まれたものであっても、それとは対照的な学校として設立された。

19世紀におけるハイスクールの発展

その後70年間、全米各地のハイスクールは、社会状況の急激な変化と政治的連携を経験した国民が求める非常に特殊なニーズにこたえるために、いちじるしく多様化しつづけることになったが、ハイスクールの建設そのものは、カラマズーでもフィラデルフィアでも[*1]、建設を支援する学校制度の強化を要求した。ハイスクールの授業科目を派生科目から区別し、正当化するために、学年制度とカリキュラムの段階的継続性が必須になった。一方、こうした学年制度とカリキュラムの段階的継続性は、標準テキストとハイスクールへの統一入学試験をとりいれることによって、いっそう容易に実現された。また、公立学校は、費用がかからない教育を提供したことによってその存在が支持されたので、増えつづける入学者を教えるためにもっとも安価な労働者を雇用することになった。したがって、教養があるにもかかわらずほかに雇用の機会がほとんどなかった女性たちが、公立学校の初等段階の男性教員にすぐにとって代わった。いくつかの事例では、このような初等段階の学校の秩序がハイスクールの建設への道筋を準備した。しかし、その他の収容施設が中規模の「ハイ」スクールにおいては、学校の再編あるいは**義務就学法**の議会通過の先鞭をつけることになった事例もみられる。とはいえ、秩序と予測可能性を手に入れようとするあらゆる試みは、学校の地方主義的な官僚主義を中央集権化しようとするもっと大きな動勢に規定されていた。

アメリカの北東部と中西部では、こうした進展は19世紀末までにほぼ完成しており、ハイスクールはアメリカの**コモンスクール**の拡張に向けて態勢を整えていた。この世紀なかばの数十年のあいだに広く導入されるようになっていた入学試験は、完全なメリトクラシー社会を構築しようとする取り組みのなかで、能力と成績の低い学生をふるいにかけるために利用された。このやり方は、ある重要な点で無条件の成功をおさめた。すなわち、この世紀の変わり目の前に、ひとたび学生が公立のハイスクールのエリート集団にくわわると、彼または彼女の成績評定は、学歴を格づけする最良の説明変数であった。一方、ハイスクールに入学できる機会がその社会的出自によっていちじるしく狭められていた労働階級の生徒も、社会経済的に地位の高い生徒と同じようにハイスクールでよい成績をおさめた。そればかりでなく、彼らが卒業後に示したすぐれた能力は、社会のあらゆる分野で活躍する先輩卒業生たちに引けをとらない評価を受けた。

10人委員会

ハイスクールが全国的に増加するのにともなって、ひとつの時代が終焉し、別の時代が招来されることとなった。このような無秩序な拡張に対応するために、全米教育協会（NEA）[*2]は、中等教育の不ぞろいなカリキュラムを改訂する方法を提案してもらう目的で、指導的な教育学者を全国から招集した。ハーヴァード大学総長であったチャールズ・W・エリオット[*3]が「10人委員会」[*4]の議長として、1893年に公刊した報告書で、「学問的な研究を通じて、精神を修練して規律をあたえる」という教育目標に向かって、全国的に中等学校のカリキュラムそのものを作りなおすこと、それゆえに、ハイスクールで提供される学科目と、その生徒たちを受け入れる大学とのあいだのよりよい適合をはかるよう勧告した。しかし、実際には、ユルゲン・ハーブストが述べているように、10人委員会は、「将来の青写真を描いたというよりはむしろ墓碑銘をきざんだ」（108ページ）のであった。

この報告書が見落としていたのは、少なくなるどころかむしろ多様化しているカリキュラムについての考慮であった。すなわち、カリキュラムに対する要求に

は、プロイセン・モデルにある「工芸」にかんする訓練の要求をふくんでいただけでなく、「商業」関係の科目——タイプ、速記術、販売、会計、簿記などの科目——や、歴史的に古典教養のカリキュラムから排除されていたフランス語やその他の近代語の訓練などへの要求もふくんでいた。その起源から、ハイスクールは、もっともよく似たアカデミーと同じように、グラマースクールの古典教養の教育に代わるものを提供してきた。ハイスクールの教育は実用志向的であった。このため、若い入学者の増大にともなって、ますますこの傾向が強まった。実際、10人委員会が勧告を出すまでに、アメリカ内のハイスクールの大部分は、入学を制限する手段としての入学試験を利用するのをやめていた。

中等教育再編委員会

1900年から1940年にかけての時期、アメリカ全土のハイスクールを卒業した17歳の比率は、7パーセントから49パーセントにはね上がった。1910年代から1920年代にかけて、ハイスクールへの入学が大ブームになるのにともなって、全国のハイスクールは、その細部ではかなり違っていたものの、ゆるやかな類似性をおびるようになった。こうした類似性は、「中等教育再編委員会」によってひき続いて発行された、中等教育の状況と目的にかんする主要な報告書によって強められた。その『基本原理』(Cardinal Principles, 1918) は、年少の子どもたちの大多数が中等教育を受けられるようにすることの重要性を強調し、ハイスクールのカリキュラムと大学教育の任務とのつながりを緊密にしようとしていた10人委員会の強調点を弱めた。

この『基本原理』は、1920年代とそれ以降の時期を通じて見られた「総合的なカリキュラム」と「能力ふり分け」（トラッキング）システム*5——すなわち、生徒たちの適性・興味・成績に応じて、それぞれの能力と性向にあった個別の学習課程にふり分けるカリキュラムの分岐を作る方式——を採用するための哲学的根拠を提示した。もちろん、実際には、これは、生徒が学校の外の世界で経験している社会構造それ自体の再生産をもたらしたが、それは、校長、教師、キャリア・カウンセラーが、しばしば青年期の若者たちをその両親の社会経済的、人種的、そして民族的出自にもとづいたコースへと導いたからである。1997年にジョン・モデルとJ・トレント・アレグザンダーが指摘したように、「旧体制」（1900年以前のハイスクール）では、ハイスクールは、「入学を抑制することによって外の世界の構造を再生産していた」。新しい体制——大衆教育機関としてのハイスクール——では、「学校は、制度そのものの内部でのさまざまなメカニズムによって、外の世界の構造を再生産した」(23ページ) のである。「能力ふり分け」（トラッキング）システムは、こうした工夫のカリキュラム面での取り組みであり、学校で子どもたちをふり分ける主要なメカニズムであるが、1920年代と1930年代の「新体制の」ハイスクールの内部にあらわれた正課外科目という形態では、別のメカニズムがはたらいた。スポーツ活動から言語クラブにいたるまで、生徒のあらゆる学習活動をふくむ正課外科目は、生徒たちを教室の外で、ハイスクールの価値観にかかわらせる手段のひとつであった。それは、以前の世代なら「中途退学」したであろう平均的な生徒の関心を集めることによって、在籍者数を拡大する手段でもあった。

戦後の発展

第2次世界大戦後、圧倒的多数の青年期の若者がハイスクールに通い、卒業するようになった。1967年までに、卒業者の比率は76パーセントに達し、その後20世紀末までの時期にわたって75パーセント前後を保った。ハイスクールを卒業することが標準になってくると、ハイスクールの卒業証書を手に入れられなかったために生じた財政的な帰結は、12年制の学校教育を修了できなかったその人の生涯に損害をおよぼすこととなった。ハイスクールの卒業証書は、卒業後の雇用と大学入学に必須の資格証明になった。一方で、戦争の結果、高等教育の拡張はこの資格証明に対する需要をあおったが、他方で、世界大恐慌期にみられた若者の労働市場の崩壊と、アメリカ経済の工業部門の衰退、および第2次大戦後のサービス部門の拡大といったことが、学校を早期に離脱することを思いとどまらせた。しかし、実際は、ハイスクールが大衆教育制度になるやいなや、「公共収容施設化する」という問題を教師たちにつきつけた。経済的機会の不足という理由で非常に多くの青年がハイスクールに入学するようになると、彼らは学校が提供する科目にますます満足しなくなったようである。

公立のハイスクールは、1960年代までに次のような理由で批判を浴びていた。すなわち、典型的に職業関連科目に引きつけられる下位の5分の1を占める生徒たちは、総合的なハイスクールに編入されたが、職業カリキュラムによって生徒にあたえられる技能は、産業労働で実際に使えるかどうか疑わしかった。中間層の60パーセントの生徒は、「生活に順応すること」を目的とする、アカデミックな要素が薄められたカリキュラムを提供されたので、ハイスクールでの経験を空疎でまとはずれなものと感じていた。そして、ハイスクールの上位20パーセントの成績をおさめていた生徒たちは、大学の学問的な厳密さに向けたじゅうぶんな準備教育を受けていなかった。もっとも一般的な批判は、ハイスクールでの社会的な次元での経験が、学業を犠牲にして過度に重視されていることに対してであった。

このような不満の水面下では、もっと根深い問題が

渦巻いていた。20世紀初めの『基本原理』が、さまざまな民族的、社会経済的、および人種的な出自の青年たちに見あった場所にハイスクールを形成するのに成功したとはいえ、ハイスクールの生徒文化は、学校の外の子どもたちのあいだに見られた非常に現実的な差異によって引き裂かれていた。**ブラウン対カンザス州トペカ教育委員会裁判**[*6]、公民権運動、1960年代の人種的不和などの結果、中産階級と労働階級の白人は、市街地のハイスクールをのがれて新しい郊外の学校に移った。この「ホワイト・フライト」[*7]という現象は、白人の出生率が急激に下がったことによってさらに強められた。その結果、1980年代までに、市街地のハイスクールの生徒の構成は、アフリカ系アメリカ人とラテン系アメリカ人の生徒が90パーセント以上を占めることがふつうになった。ハイスクールにおけるこのような強烈な人種の分離がもたらす有害な社会的影響にくわえて、社会経済的に不利な状況に深く根を下ろしている人種と民族の分離が付随して起きた。こうして、郊外のハイスクールに通う白人の生徒と、市街地のハイスクールに通うアフリカ系アメリカ人とラテン系アメリカ人とのあいだの分離は、公立学校教育のすべての段階で、二重構造をもつ深刻な不平等システムを生みだすことになった。

こうした不均衡を是正する試みには、ごくかぎられた都市での教育バウチャー制度[*8]の活用から、市街地の区域に特徴をもったマグネット・ハイスクールを作るというもっとも広範に浸透している方法にいたるまで幅があった。白人生徒を郊外のハイスクールから、マグネットスクールの特別カリキュラムを活用することへと引きつけることによって、公立のハイスクールを再統合することが期待されている。したがって、そのさらなる進歩は、よく見てもかぎられたものである。

多くの問題をかかえているにもかかわらず、ハイスクールは20世紀のアメリカの若者にとって制度化された**通過儀礼**となった。社会的な観点からいえば、ハイスクールは、男性と女性、黒人と白人、移民と先住民をふくむ若者たちの経験に共通の基盤をもたらした。また、若者スタイルが普及する舞台として、また大衆文化と**若者文化（ユースカルチャー）**が拡大する入り口としての役目も果たした。20世紀初期にアカデミックな重点をほとんど放棄してしまったハイスクールは、21世紀までにアカデミックな再編を探求することがかつてなく困難であることを知ったのであった。

[訳注]
* 1 カラマズーとフィラデルフィア——カラマズーは、ミズーリ州の典型的な農業文化圏を形成した都市で、古くから農産物、球根、果物の集散地として知られ、保守的教育地域の典型である。有名な教育裁判「カラマズー判決」がくだされた場所でもある。これに対してフィラデルフィアは東部の進歩的文化圏で、教育改革に熱心な地域として知られ、有力な大学や教育施設を擁している。
* 2 全米教育協会（National Education Association: NEA）——全米教員協会（National Teachers Association）を前身として、1871年にアメリカで設立された教育者組織で、全国的な視野での教育活動の振興と教員の権利の保障を目的としている。20世紀末までに会員数は230万人を超え、各州の支部と全米で1万3000カ所の地方支部を擁する一大組織になっている。連邦レベルで教育関連の立法を促進するとともに、地域レベルでのより具体的な教育活動を展開している。
* 3 チャールズ・W・エリオット（Charles W. Eliot, 1834-1926）——アメリカの教育者、数学者。35歳のとき、ハーヴァード大学の学長に選出され、以後1909年まで約40年間、大学史上もっとも長期にわたって学長をつとめた。
* 4「10人委員会」（Committee of Ten）——アメリカの科学カリキュラムの開発を目的として組織された三つの部門の各10人の委員会。中等教育と高等教育の代表者30名によってフロリダで続けられた会議の結果を受けて、1892年に全米教育協会（NEA）が、科目の内容を指定する権限をもつ「10人委員会」を任命したことをさす。この委員会は10人全員が男性の教育者で構成され、ハーヴァード大学のチャールズ・W・エリオットが代表をつとめた。九つの協議委員会（ラテン語・ギリシア語・英語とその他の言語、数学、歴史、政治学・経済学、その他、科学にかんする3分野）が指定され、科学にかんする協議委員会には、(1) 物理学・天文学・化学、(2) 博物学、(3) 地理学が指定された。「10人委員会」で指定された各委員会は、大学・師範学校・中等学校から選ばれた10人の指導的な専門家で構成され、1893年に包括的な報告書を作成した。NEAは、これらの協議委員会の作業結果を1894年に公刊した。
* 5 能力ふり分け（tracking）——アメリカで行なわれた適性テストの結果にもとづく能力別のクラス編成システム。アメリカではトラッキング・システム（tracking system）とよばれ、イギリスではストリーミング（streaming、能力別コース分け）あるいは「能力別クラス編成」（ability grouping）と表記される。
* 6 ブラウン対カンザス州トペカ教育委員会裁判（Brown v. the Board of Education of Topeka, Kansas）——黒人と白人の生徒を分離された公立学校に通学させることはアメリカ合衆国憲法修正第14条に違反するとの判決（1954年ブラウン判決I）と、以前の全員白人の学校と全員黒人の学校とに分離された学校から統合学校を形成する過程は「熟慮された速度で」進まねばならないとの履行命令の判決（1955年ブラウン判決II）からなる。アメリカ史上もっとも重要な最高裁判所判決のひとつに数えられ、20世紀なかばの公民権運動の発展にとって決定的な役割を果たした。
* 7 ホワイト・フライト（white flight）——1960年代のアメリカで、都市部での犯罪の増加・人種融合・重税などを嫌って、とくに中産階級の白人が、郊外に移動した現象。white flightという表現の初出は1967年で

ある。
*8 教育バウチャー制度（voucher system）——就学保証金証書計画（voucher plan）ともよばれ、公的機関が私立学校に授業料の支払いを保証する証明書を発行し、公立・私立の学校のどちらでも選択できるようにする就学促進計画。

➡教育（アメリカ）、ジュニア・ハイスクール、職業教育・工業教育・職業訓練学校

● 参考文献

Becker, Gary S. 1975. *Human Capital: A Theoretical and Empirical Analysis, with Special Reference to Education.* New York: National Bureau of Economic Research and Columbia University Press.

Coleman, James Samuel, Thomas Hoffer, and Sally Kilgore. 1982. *High School Achievement: Public, Catholic, and Private Schools Compared.* New York: Basic Books.

Fass, Paula S. 1989. "Americanizing the High School." In *Outside In: Minorities and the Transformation of American Education,* by Paula S. Fass. New York: Oxford University Press.

Grant, Gerald. *The World We Created at Hamilton High.* Cambridge, MA: Harvard University Press, 1988.

Herbst, Jurgen. 1996. *The Once and Future School: Three Hundred and Fifty Years of American Secondary Education.* New York: Rout-ledge.

Krug, Edward A. 1964-1972. *The Shaping of the American High School.* 2 vols. New York: Harper and Row.

Labaree, David F. 1988. *The Making of an American High School: The Credentials Market and the Central High School of Philadelphia, 1838-1939.* New Haven, CT: Yale University Press.

Labaree, David F. 1997. *How to Succeed in School without Really Learning: The Credentials Race in American Education.* New Haven, CT: Yale University Press.

Modell, John, and J. Trent Alexander. 1997. "High School in Transition: Community, School, and Peer Group in Abilene, Kansas, 1939." *History of Education Quarterly* 37 (spring): 1-24.

Ogbu, John U. 2003. *Black American Students in an Affluent Suburb: A Study of Academic Disengagement.* Mahwah, NJ: Erlbaum.

Orfield, Gary, and Susan E. Eaton. 1996. *Dismantling Desegregation: The Quiet Reversal of Brown v. Board of Education.* New York: New Press.

Powell, Arthur G., Eleanor Farrar, and David K. Cohen. 1985. *The Shopping Mall High School: Winners and Losers in the Educational Marketplace.* Boston: Houghton Mifflin.

Reese, William J. 1995. *The Origins of the American High School.* New Haven, CT: Yale University Press.

Ueda, Reed. 1987. *Avenues to Adulthood: The Origins of the High School and Social Mobility in an American Suburb.* New York: Cambridge University Press.

（STEPHEN LASSONDE／沖塩有希子訳）

排便訓練（Toilet Training）

ほぼすべての人間が、自分の排尿と排泄の時間と場所を統制することを学ぶが、この訓練にはかなりの歴史と文化の多様性がある。この身体機能についての個人としての統制は、子どもの身体が、子どもと大人の養育者とのあいだの権力抗争の場になってくるのにともなって、心理的な重要性をおびるようになっている。子どもは、自分の身体に対するこうした特別な統制力を社会にゆだねるために社会化される。そして、メアリ・ダグラス（Mary Douglas, *Natural Symbol*, 1970）[*1]のような何人かの人類学者にとって身体は、清潔さと汚れという文化的なカテゴリーもふくめて、社会の強いシンボルとして意味をもつ。特別な「汚れ」としての人間の尿と糞は、文化についての非常に大きな部分をあきらかにする変わりやすい方法で扱われる。排便訓練という側面こそ、安全に処置されるべき汚らしい、危険な物質として尿や糞を扱おうとするヨーロッパの大部分の社会の傾向を表徴している。

通常、医者の手で執筆された子育て書が17世紀に増えるまで、こうした身体機能の訓練についての歴史上の記述はほとんど見られない。一般に、歴史的にみられる傾向は、食べ物をあたえることと排便訓練の初期の方式をふくむ、しだいに許容的になる子どもの社会化の方法を推奨する子育て書にあてはまる。たとえば、北アメリカのイギリスの植民地では、こうした子育て書は、強情な子どもに大人の意志を伝える問題として、早期にしかも厳格に排便訓練をするよう両親に助言している。18世紀までに、そして19世紀に入ると、**啓蒙思想**の影響は、両親が子どもを訓育することを（必要な道徳訓練としてよりもむしろ）合理的な対応と見るようにさせた。組織的で厳密なスケジュール管理が19世紀前半の子どもの訓育方式を支配していたが、19世紀後半になると、家庭内的な空間に対する女性の責任が増大するようになってきたことと連動して、中産階級において、公共空間と私的で家庭内的な空間とのあいだにしだいに分離が進んだことは、もっとやさしい排便訓練の方法につながった。しかし、現代の基準からすると、20世紀初めまでの排便訓練は組織的で定期的で、しかも早期に開始することを強調していた。

20世紀初頭には、ジョン・B・ワトソンによってもっともよく示された行動主義心理学がまだ子育て書を支配していたが、肛門期の機能[*2]について、また、肛門固着[*3]を生む出来事の影響にかんするジークムント・フロイトの理念は、排便訓練について従来とは異なる方法をとる論理的な根拠をもたらした。行動主義は、子どもの強い動機と願望を認め、首尾一貫した組織的な訓練によってそうした願望を社会化しようとした。しかし、1940年代になると、子育て書は、かつてほど子どもを強情で、追いつめられているとはみな

さなくなり、排便訓練に対してあまり厳しくない許容的な方法を推奨した。ベンジャミン・スポック博士のベストセラー『スポック博士の育児書』（Baby and Child Care, 1946）は、さらにふみこんで、排便訓練について親がいだく不安は、子どもたちの個性と気まぐれを認める、あまり厳しくない許容的な方式よりもはるかに多くの問題をひき起こすと警告していた。スポック博士以降の子育て書は、排便訓練については許容的なままである。

子どもの訓育について、子育て書の著者たちは、肛門期の社会化と、のちに成人してからの人格との関係にかんするフロイト主義的な考え方を広くとりいれることはなかったものの、1940年代と1950年代に「集団的性格」を理解しようとしていた何人かの心理学者、人類学者、そして社会学者たちは、精神分析理論をとりいれた。そうした学際的な研究プロジェクトの例としては、（肛門機能の社会化をふくむ）子どもの訓育の習俗と、大人の慣習や特徴とのあいだの関係の特殊な仮説を検証しようとしたホワイティングとチャイルドが行なった、75の未開民族の社会とアメリカの中産階級にかんする民族誌的研究のほかにもうひとつ、（排便訓練をふくむ）子どもの訓育習俗、社会階級的な地位、そして大人の人格特性とをつないで考察しようとするミラーとスワンソンによる1958年の試みなどがある。集団的性格研究が不人気になった1960年代になると、この種の学際的な探求は消えてしまった。

比較文化研究では、研究者たちは肛門期の排便訓練のさまざまな習俗を広範囲に発見した。たとえば、本格的な排便訓練がはじまる平均年齢は2歳であって、さまざまな社会の半分は1歳という早い時期にはじめられているが、（たとえば、アフリカのベナ族のように）子どもが5歳近くになるまで待たされる例はほとんどなかった。1930年代から1950年代にかけて、アメリカの中産階級の育児習俗は極端に早期化する傾向があり、排便訓練は典型的に生後6カ月ではじめられていた。同様に、こうした比較文化研究で明らかにされた肛門期の訓育の厳格さにかんしては、広範囲にわたる文化的習俗があったが、アメリカの母親たちは極端なまでに厳格であろうとする傾向があった。

これまで歴史家たちは、物質文化とテクノロジーの変化が排便訓練におよぼす影響に注目したことがあった。家事のテクノロジーの歴史についてのギーディオンの1948年の研究と、オグルの1996年の研究は、この革命的な変化と、その社会史とのつながりを詳述している。たとえば、家庭で使われる洗濯機の発明とその広範な利用は、布のおむつを洗濯して清潔にする作業を、かつてほどわずらわしいものとはしなくなり、おそらく、汚れたおむつに対する母親の苦痛を解放するのに役立ったであろうし、使いすてのおむつとその安価な利用は、こうした嫌な仕事を大いに軽減させたであろう。このことは、ヨーロッパにおいてよりもアメリカにおいて、なぜあまり厳しくない早期の排便訓練が重視されたのかを説明する際の要素のひとつでもある。同様に、ジッパーの発明、取り替え可能なボタン、そしてそのあとにジッパーに代わるものとして登場したベルクロ・ファスナー[*4]の発明は、子どもがすばやく服を脱いだり、急いで排尿をしたり、おなかが痛くなったりしたときに、トイレを使うのを大いに簡便にした。20世紀末から21世紀初頭にかけて、排便訓練は、それがあまり脅迫的なものではなく、むしろ子どもにとっては「楽しい」ことであるようにする目的でつくられた絵本や読本などとならんで、大衆商品化した子どもサイズの簡易トイレや小型の便座の広範な活用が見られた。

[訳注]

[*1] メアリ・ダグラス（Mary Douglas, 1921-2007）——イギリスの社会人類学、文化人類学者。専門は、象徴人類学、比較宗教学。1966年の『汚穢と禁忌』（Purity and Danger: An Analysis of Concepts of Pollution and Taboo, Routledge and Kegan Paul, 1966,『汚穢と禁忌』塚本利明訳、思潮社、1972年、ちくま学芸文庫、2009年）における「穢れ」論によって、20世紀の文化人類学を代表する一人として世界的に知られる。1970年の『象徴としての身体』（Natural Symbols: Explanations in Cosmology, Barrie and Rockliff/Cresset Press, 1970,『象徴としての身体——コスモロジーの探求』江河徹ほか訳、紀伊國屋書店、1983年）では独自の文化理論を提案している。

[*2] 肛門期の機能（anal system）——口唇期（oral system）とならんで、性心理学の発達理論で第2段階をなす肛門期で、快感が糞便の保留または排出によって得られるとする学説。

[*3] 肛門固着（anal fixation）——幼児期の外傷体験や、過剰な満足感による情緒などの発達にあらわれる部分的な停滞。

[*4] ベルクロ・ファスナー（Velcro fastener）——アメリカの商標名はベルクロ。マジックテープともよばれ、パイル状の織物とフック状の織物で互いに付着するナイロン製の接着布。一般的には「面ファスナー」とよばれ、マジックテープは日本での商標名である。

➡おむつと排便訓練、子育ての助言文献

●参考文献

Giedion, Siegfried. 1948. *Mechanization Takes Command: A Contribution to Anonymous History*. New York: Oxford University Press. ジークフリート・ギーディオン『機械化の文化史——ものいわぬものの歴史』（新装版）（榮久庵祥二訳、鹿島出版会、2008年）

Grant, Julia. 1998. *Raising Baby by the Book: The Education of American Mothers*. New Haven, CT: Yale University Press.

Miller, Daniel R., and Guy E. Swanson. 1958. *The Changing American Parent: A Study in the Detroit Area*. New York: Wiley.

Ogle, Maureen. 1996. *All the Modern Conveniences: American Household Plumbing, 1840-1890*. Baltimore,

MD: Johns Hopkins University Press.
Whiting, John, and Irvin L. Child. 1953. *Child Training and Personality: A Cross-Cultural Study*. New Haven, CT: Yale University Press.

（JAY MECHLING／北本正章訳）

排卵誘発剤（Fertility Drugs）

　排卵誘発剤は、卵巣に刺激をあたえ、排卵をうながす医師の処方箋が必要な処方薬である。これは不妊症治療薬としても知られている。女性の1カ月の周期において、脳内からホルモン分泌がなされることにより、通常ひとつの卵子が卵巣から排出される。この排卵機能は体の状態や高齢化が原因でさまたげられることがある。排卵が通常どおり行なわれないと女性に不妊が起こり、しばしば排卵誘発剤が投与されている。

　排卵誘発剤にはおもにふたつの種類がある。まず、錠剤のクエン酸クロミフェンがある。1956年にはじめて作り出され、1967年から臨床において使用が認められた。次に、閉経後の女性の尿から作られる排卵誘発剤がある。これはその性質から、閉経期尿性腺刺激ホルモン（hMG）とよばれている。臨床では1969年から使用されはじめ、この製剤は注射でのみ投与することができる。どちらの排卵誘発剤も同時に複数の卵子を生み出すことができるが、閉経期尿性腺刺激ホルモンの投与においてより多く排卵がみられる現象であるため、より強力な排卵誘発剤であると考えられており、不妊治療の専門家だけが処方することのできる製剤となっている。

　一般的には、クロミフェンは男女の性交渉をとおして、すなわち精液が膣や子宮に進入することから受胎が起こるとき、排卵をうながすために用いられている。6周期間の継続投与による受胎率は60〜75パーセントとなっている。閉経期尿性腺刺激ホルモンもまた、性交渉もしくは精液を膣へ送りこむ際に用いられる。この場合、継続する6周期間の受胎率は90パーセントに達する。閉経期尿性腺刺激ホルモンは、可能なかぎり多くの卵子の生産が重要となってくる**体外受精（IVF）**において、より一般的に使用されている。

　多児妊娠——双子や3つ子、さらに多くの子どもを妊娠すること——は、排卵誘発剤の治療における重要な結果となっている。クロミフェンによる多胎妊娠率はおよそ10パーセントであり、これは、双子妊娠のほぼすべてがクロミフェンによる結果ということになる。閉経期尿性腺刺激ホルモンを用いた場合の多胎妊娠率は20〜25パーセントとなっている。体外受精において、双子の可能性は35パーセントであり、3つ子もしくはさらに多くの子どもを多胎妊娠する可能性は6〜7パーセントとなっている。自然妊娠に比べ、排卵誘発剤の使用によって双子の可能性が20倍高まり、50倍から100倍の確率で多胎妊娠が起こる。

　卵巣過剰刺激症候群（OHSS）は、排卵誘発剤によるもうひとつの予測されうる合併症である。卵巣過剰刺激症候群によって、はなはだしい卵巣肥大、体液の流れや体内の化学的なバランスの変化、まれに静脈血栓などを経験する。排卵誘発剤の治療を受けた女性の1〜2パーセントが、過度の卵巣過剰刺激症候群に悩まされ、入院を余儀なくされる。ごくまれには死にいたる場合もある。

　排卵誘発剤と、のちの子宮がんの潜在的関連性についてはいくつかの問題が生じている。いくつかの遡及的研究からは相反する結論が導き出されている。その結果、アメリカ生殖医学会——アメリカ内における不妊治療を専門とする医師による主要団体である——は、患者に対して、排卵誘発剤の使用は、今後子宮癌をわずらうリスクを高める可能性があることを示すよう医師に勧めている。

　アメリカ国内における最新の不妊率の唯一の情報源であるアメリカ出生動向基本調査（NSFG）のデータによると、1995年に、国内のおよそ180万人の女性が排卵誘発剤を使用している。いくつかの社会的傾向が排卵誘発剤の使用に影響をおよぼしている。まず、NSFGによる昨今の不妊率の増加があげられる。1988年には8パーセントの女性が、なんらかの妊娠への問題を見せていたのに対し、1995年には、10パーセントの女性が問題をかかえている。この変化は、ほぼすべての年代、結婚歴、収入、人種間の女性にもみられる。1995年、NSFGは、1973年の調査開始以降はじめて不妊率の上昇を提示した。しかしながら、不妊率の上昇が、実際の不妊の「実態」なのか、不妊問題についての報告の増加なのかについては明らかではない。

　第2に、妊娠に問題を示す女性の絶対数の劇的な増加が不妊率の上昇の原因のひとつとなっている。妊娠に問題を示す女性の数は、1988年から1995年にかけて460万人から620万人へと変化している。劇的な数値の変化は、1990年代に出生率が低下した時期の団塊世代の婚期の後退や出産の延期にあると考えられた。第3に、従来よりも高齢の女性が妊娠を試みており、団塊世代の多くが不妊治療を求めていることにあると考えられた。1982年には、アメリカ国内での180万人の女性が不妊治療を受けていたのに対して、1995年には、270万人の女性が不妊治療を受けている。不妊治療を求める女性は高齢で、既婚で、裕福で、白人であることが多い。

➡多児出産、妊娠と出産

●参考文献

Chandra, Anjani, and Elizabeth Stephen. 1998. "Impaired Fecundity in the United States: 1982-1995." *Family Planning Perspectives* 30, no. 1: 34-42.

Speroff, Leon, Robert Glass, and Nathan Kase. 1999. *Clinical Gynecologic Endocrinology and Infertility*, 6th ed. Philadelphia: Lipincott Williams and Wilkins.

●参考ウェブサイト

American Society for Reproductive Medicine. 2002. Available from 〈www.asrm.org〉

National Survey of Family Growth. 2002. Available from 〈www.cdc.gov/nchs/nsfg.html〉

(LISA H. HARRIS／山口理沙訳)

バイリンガル教育(Bilingual Education)

1998年6月2日、カリフォルニア州の有権者は、公立学校において英語およびそれ以外の言語を用いて行なわれるバイリンガル教育を排除するために提起された法案、「提案227」(Proposition 227)を承認した。これに先立つ20年間、バイリンガル教育の廃止に向けてさまざまな取り組みがなされていた。この話題はまさに論争の的となり、ある評者が「文化闘争」(culture wars)と名づけたもののなかでもとくに顕著な問題の一つに数えられている。おもに問われたのは、アメリカがそもそも真の「バイリンガルの伝統」を有していたのかどうかという問題である。さらにはバイリンガル教育がどの程度まで同化あるいは民族的多様性の維持をめざす運動といえるのかということも問題となった。

バイリンガル教育の起源は、アメリカにおける植民地時代にまでさかのぼる。カリフォルニアからテキサスにかけて布教活動を行なったフランシスコ会の修道士がアメリカ先住民にカトリックのカテキズムを翻訳して教える際、土着の言語を体系的に利用した。ノア・ウェブスターやベンジャミン・フランクリンといった影響力の大きい思想家やナショナリストが、言語的な不均質性への懸念から反意を表明したにもかかわらず、アメリカ革命以前から建国期にいたるまでの英語圏の植民地では、多様な民族集団、なかでもドイツ人がバイリンガル学校を支援した。

19世紀には、とりわけドイツ人に対して、注目すべき二言語併用政策がとられた。たとえばオハイオ州では1830年に、希望する地域コミュニティに対し、ドイツ語‐英語によるバイリンガル教育を法律上容認した。インディアナ、イリノイ、ミシガン、ウィスコンシンといった各州も、法的あるいは憲法上の措置を講じてドイツ人のバイリンガル教育を保護した。また、ボルティモア、シンシナティ、クリーブランド、インディアナポリス、ミルウォーキー、セントルイスといった都市では、ドイツ系アメリカ人に対する大規模かつ公的なバイリンガル・プログラムが実施された。歴史家ハインツ・クロスは、過去のバイリンガル教育と現在のそれとを結びつけ、それをアメリカにおけるバイリンガルの伝統の証左とみなしている。何人かの歴史家は、地域研究への着目を通じてこの解釈を擁護している。その他の学者はこの主張を批判し、むしろ過去のバイリンガル教育は散発的な現象にすぎず、真のバイリンガルの伝統をあらわすものではないと論じている。

19世紀のバイリンガル教育においてもっとも影響力のある実践を行なったのは、たしかにドイツ系アメリカ人であったが、その実践にはほかにも多くの集団がくわわっていた。チェコ人やイタリア人、ポーランド人、メキシコ人といった人びともまた、政治的な影響力の欠如から私立学校に追いやられていたとはいえ、必要に応じてバイリンガル・プログラムを設立した。公立学校は文化的に不寛容であるとの信念が、こうしたプログラムを設立する際に多く見られた理由であった。ほとんどの移民は子どもに英語を話すよう求め、完全な非英語学校よりもバイリンガル学校の方を好んだ。また19世紀中頃の、とりわけニューメキシコやテキサスといったメキシコからの割譲地に暮らすメキシコ系アメリカ人は、公立のバイリンガル学校と私立のバイリンガル学校をともに利用した。さらに当時のルイジアナ州は、フランス語を母語とする人びとに対するバイリンガルでの学習指導を憲法上の権利として保障していた。世紀転換期には、シカゴのカトリック学校がポーランド人のためにバイリンガル教育を実施し、そこでめざされていたのは彼らをアメリカ化することであった。実際に、民族色をもたない教育者たちがバイリンガル教育を支持する際のもっとも重要な論拠となっていたのは、公立学校を民族色の強い親にとってより好ましい場所とし、さらに一定レベルの英語指導を確保することによって、さらなるアメリカ化が可能になるという信念であった。

19世紀アメリカにおけるこうした多様かつ定義が困難なバイリンガルの伝統は、限定的な小さな政府の原則にコミットし、まさに民族的コミュニティからの強い要請を受けて企図された、ジェファーソン的社会[*1]の産物であった。そして20世紀の進歩主義運動とアメリカ人化運動がみずからの標的としていたのは、ときに孤島コミュニティともよばれるこれらの民族的な震源地であった。進歩主義者は教育にかんする意志決定の中央集権化を提唱し、イングリッシュ・オンリー[英語だけ]による教授法を通じて、英語を話さない子どもに対する教授を標準化するよう求めた。伝統的なバイリンガルの教授方法では、あくまで外国語のリテラシーに依拠したうえで、最終的に英語を獲得することがめざされていた。それに対してイングリッシュ・オンリーは、英語を話さない人びとに英語のみで指導を行なうものであった。すなわち、授業では一語たりとも外国語を用いることはできなかったのである。生徒がこの規則に違反した際には体罰が課され、さらには放校処分を命じられる場合もあった。教師の違反に際しては、拘禁や処罰、さらには資格剥奪といった処分が課された。第1次世界大戦期のヒステリー状態にあって、こうしたアメリカ化運動はバイリンガル教育のいわば犯罪化をもたらした。ウィルソン政権

[1913-21年] によってアメリカの公立学校におけるドイツ語使用の非合法化が議論されたが、最終的にはバイリンガル教育からイングリッシュ・オンリーへと切り替えるよう各州に求める連邦指針の形で決着をみた。各州はこれを極端におしすすめた。しかし、私的機関でのあらゆる外国語の使用を禁じるネブラスカ州法は、1923年のメイヤー対ネブラスカ州事件（*Meyer v. Nebraska*）の最高裁判決において、当局にとっては不本意ながらもくつがえされることとなった。

種別学校の法的および教育的正当化を行なう際の鍵となったのは、イングリッシュ・オンリーによる教授法とIQテストであった。第2次世界大戦期には諸外国に対する関心が一時的に生じたものの、イングリッシュ・オンリーはゆうに1960年代にいたるまで、英語を話さない人びとに対する国の公的な教授法的アプローチでありつづけた。1960年代になると、学者はイングリッシュ・オンリーにふくまれる教授学的前提を疑問視しはじめた。さらに、とりわけメキシコ系アメリカ人からなる民族運動家によって、イングリッシュ・オンリーが彼らの子どもにおよぼす人種差別的な効果に対抗するための法的、政治的圧力が、よりいっそう強まっていった。こうした個々の力が、現代のバイリンガル教育運動へと合流していった。

バイリンガル教育法——1967年末に議会を通過し、1968年に発効した——は、アメリカにおけるバイリンガル教育の復活を意味するものであった。これに署名したのは、英語を話さない子どもへの教育経験をもつ唯一のアメリカ大統領として知られる、リンドン・ジョンソンである。若きジョンソンは1928年から1929年の学年度中に、テキサス州コトゥーラの貧しいメキシコ系アメリカ人を教えていた*2（皮肉なことに、彼は自分の子どもはイングリッシュ・オンリーで教えていたのではあるが）。1970年代にバイリンガル教育が大きな発展をみたのは、それが差別是正に有効なカリキュラム上のツールとして、人種差別撤廃を訴える際にもち出されたからであった。1970年にニクソン司法省（the Nixon Justice Department）下の公民権局は、言語にもとづいて子どもをいわゆる「特殊」学級あるいは「学業遅滞児」学級へと割りふることは、彼らの市民権の侵害にあたると規定した。中国系アメリカ人の親によって拍車をかけられた結果、最高裁はその4年後のラウ対ニコルズ事件（*Lau v. Nichols*）判決において、学校には英語を話さない子どもに対しても平等な教育的機会を提供する義務、すなわちこの場合にはバイリンガル教育を提供する義務があるとの判決をくだした。

しかし、バイリンガル教育は決して一様に受け入れられたわけではない。1970年代末には、これに対する大きな反動がまっとうな知識人や移民排斥主義者のあいだで生じた。レーガン政権[1981-89年]は第二言語としての英語（ESL）をより有効な選択肢として推奨することを通じて、バイリンガル教育への信用を積極的に貶めようとした。こうした政治問題化は1990年代にさらにエスカレートし、ついにはカリフォルニア州の「提案227」へといたったのである。アメリカにおける豊富かつ意義深い歴史をたしかにともないつつ、21世紀の初めにあってもバイリンガル教育は、政治問題の争点でありつづけている。

[訳注]
*1 ジェファーソン的社会（Jeffersonian society）——第3代大統領トマス・ジェファーソン（Thomas Jefferson, 1743-1826）の政策・主義を信奉し、支持する社会層が広まった時代をさしていう。とくに中央集権を極力抑え、個人の自由の伸張を大事にし、基本的人権、農業経済と農村社会の優位性を強調することを特徴とする。

*2 若きジョンソン——アメリカ合衆国第36代大統領リンドン・B・ジョンソン（Lyndon Baines Johnson, 1908-1973）は、南部テキサス州出身の民主党の政治家であった。1963年の大統領就任に際して、貧困撲滅と公民権の確立を骨子とする「偉大な社会」（Great Society）を掲げ、大きな政府による社会福祉や教育制度改革、人権擁護など内政問題に実績をあげた。ジョンソンは若い頃、1927年に南西テキサス州の教員養成大学（現在のテキサス州立大学サンマルコス校）に入学、1931年に卒業するまでに1年間休学して、20歳の頃、テキサス州の貧しいメキシコ系移民の生徒が通う学校で教師見習いを経験していた。

➡教育（アメリカ）、識字能力（リテラシー）

●参考文献

Crawford, James. 1999. *Bilingual Education: History, Politics, Theory, and Practice*, 4th ed. Los Angeles: Bilingual Educational Services.

Davies, Gareth. 2002. "The Great Society after Johnson: The Case of Bilingual Education." *Journal of American History* 88:1405-1429.

Finkelman, Paul. 1996. "German American Victims and American Oppressors: The Cultural Background and Legacy of Meyer v. Nebraska." In *Law and the Great Plains: Essays on the Legal History of the Heartland*, ed. John R. Wunder. Westport, CT: Greenwood Press.

Heath, Shirley Brice. 1981. "English in Our National Heritage." In *Language in the U.S.A.*, ed. Charles A. Ferguson and Shirley Brice Heath. New York: Cambridge University Press.

Kloss, Heinz. 1977. *The American Bilingual Tradition*. Rowley, MA: Newbury House.

Leibowitz, Arnold H. 1971. *Educational Policy and Political Acceptance: The Imposition of English as the Language of Instruction in American Schools*. Washington, DC: Center for Applied Linguistics.

San Miguel, Guadalupe, Jr. 1984. "Conflict and Controversy in the Evolution of Bilingual Education in the United States-An Interpretation." *Social Science*

Quarterly 65: 508-518.
Schlossman, Steven L. 1983. "Is There an American Tradition of Bilingual Education? German in the Public Elementary Schools, 1840-1919." *American Journal of Education* 91:139-186.
Tamura, Eileen H. 1994. *Americanization, Acculturation, and Ethnic Identity: The Nisei Generation in Hawaii*. Urbana: University of Illinois Press.
Wiebe, Robert H. 1967. *The Search for Order, 1877-1920*. New York: Hill and Wang.

(CARLOS KEVIN BLANTON／渡邊福太郎訳)

ハイン、ルイス・W
(Hine, Lewis W., 1874-1940)

ルイス・W・ハインは社会派ドキュメンタリー写真のパイオニアであった。彼がもっとも継続的に制作し、多大な影響力をもった一連の作品群は、1906年から1918年のあいだに撮影された5000枚以上の写真からなっている。これらの写真はアメリカにおける**児童労働**の蔓延とその苛酷さの周知をはかる目的で設立された**全米児童労働委員会**（NCLC）のために撮影されたものであった。ウィスコンシン州オシュコシュ生まれのハインは、ニューヨーク市の倫理文化学校（Ethical Culture School）での教授活動の延長線上で、1903年頃はじめてカメラを手にとった。進歩主義的な教育者であった彼は、社会活動家の写真家や映画製作者たちが1930年代にドキュメンタリーという用語を生み出すよりも一世代先立って、このときすでにカメラを「社会改革」のための道具ととらえていた。

1904年、ハインはエリス島[*1]での写真撮影を開始し、ヨーロッパ東部および南部からおしよせた大量移民の典型的な事例を、威厳をもちながらも共感をよぶような仕方で写しとった。大型の原始的な装置を駆使しながら、困難な状況下で撮影されたにもかかわらず、これらのイメージは、移民排斥主義者たちの反移民感情が高まっていた時代に、移民への門戸開放を力強く、人道的に論じたのであった。

ハインはNCLCでの仕事を通じて、合計31の州とコロンビア自治区を訪れた。メイン州からテキサス州、

ルイス・ハイン「殻(から)とり仕事をする子どもたち」（1912年）。The Library of Congress*

ルイス・W・ハイン（1874-1940）*

さらには大平原の諸州や極西部地方にかけて彼が撮影したのは、織物工、電報配達人、露店商人、新聞配達人、炭鉱労働者、ガラス工、牡蠣の殻開け職人、エビ漁師、イワシの缶詰製造者、葉巻製造者、繊維労働者、レース編み、農業労働者などの賃金労働に従事する、あらゆる年齢の子どもを記録した写真であった。さらにハインの写真には、関連する社会学的データにかんするきわめて詳細なフィールド・ノートが付されていた。そこには、子どもの名前と年齢、雇用を受けた日時と場所、労働時間、賃金、雇用期間、労働条件、家庭環境などが記されていた。

中産階級出身の情熱的な改革論者であった彼は、議論の余地がないほど明白な経験的証拠をつきつけることによって、選挙権をもつリベラルな聴衆に児童労働の弊害を納得させようとした。当時はまだ実業界の指導者たちも労働階級出身の親たちも、どちらも児童労働の社会的有効性と経済的必要性を擁護していた。ハインの写真は当初、ポスターや新聞、小冊子、雑誌に掲載された。これらは、ほぼすべての商業的な児童労働の廃止と、労働階級出身のあらゆる子どもに公立学校教育を義務づける国家法案の制定を訴えるものであった。しかしながら、義務教育法がほとんどの州で可決されたにもかかわらず、1930年代にいたるまでこうした方針が規定にもりこまれることはなかった。

ハインはおもに木製の手持ちカメラで仕事を行ない、4×5インチ判か5×7インチ判のガラス乾板やネガフィルムを使って撮影した。また彼は、ほとんどの場合、ネガフィルムからコンタクト・プリント*2を作成した。ハインは、第1次世界大戦中はヨーロッパでアメリカ赤十字社のためにはたらき、また社会事業関連の初期の刊行物である「サーヴェイ」(the Survey)誌の仕事などもこなしながら、その後の全生涯をかけて、社会学的な情報に富んだ写真を撮りつづけた。さらに彼は、1930年にはエンパイア・ステート・ビル*3の建築模様を記録した一連の有名な写真を撮影した。生涯の終盤にあたるこの時期になると、ハインはアメリカ人の労働者や職人がもつ内在的な威厳や英雄的なたたずまいに気づくようになり、それらを理想化された視点で描き出そうとした。

ハインの仕事は、フリーの写真家として独立できるほどの収入をもたなかったため、必然的に依頼主のアジェンダを反映したものとなった。NCLCのために撮影したハインの写真がこの組織の政治的立場を示していたように、所有者の依頼を受けて1933年に撮影したシェルトン織機会社（Shelton Looms）の写真にもまた、経営者の関心が映し出されていた。いずれにせよ、ハインの撮影した児童労働の写真は、才能ある熱心な写真家と、よく組織され、意欲に満ちた社会運動とが非常に実りある仕方で偶然結びついた結果であるといえる。これらのイメージは全体として、20世紀初頭の状況とアメリカにおける労働階級出身の子どもたちについて研究する際、かけがえのない資料を構成している。さらにいえば、ハインの写真はドキュメンタリー写真家たちのモデルであり、インスピレーションの源でもあった。

［訳注］
*1 エリス島（Ellis Island）——アッパー・ニューヨーク湾にある小島で、1892年に最初の移民を受け入れてから1954年に閉鎖されるまでここに入国管理局があり、約1600万人の移民がここを通過していった。
*2 コンタクト・プリント（contact print）——密着印画ともよばれ、印画紙に画像を投影する引き延ばし印画とは違って、印画紙に直接密着させる現像法。
*3 エンパイア・ステート・ビル（Empire State Building）——1931年にニューヨーク市の5番街と34丁目通りの東角に完成した102階建て、高さ381メートルの摩天楼。この建設には多くの若者労働者が命綱なしで従事した。1950年に67.7メートルのテレビ塔を設置した。1972年まで世界一の高さであった。

➡経済と子ども（西ヨーロッパ社会）（農業社会から工業社会へ）、子どもの写真、進歩主義教育
●参考文献
Aperture. 1977. *America and Lewis Hine: Photographs 1904-1940*. Millerton, NY: Aperture.
Freedman, Russell, *Kids at Work: Lewis Hine and the crusade against child labor*. Perfection Learning Prebound, 1994 1st, 2008 reprint. ラッセル・フリードマン『ちいさな労働者——写真家ルイス・ハインの目がとらえた子どもた

ち』（千葉茂樹訳、あすなろ書房、1996年）*
"Lewis Hine." 1992. *History of Photography* 16（summer）: 87-104.
Rosler, Martha. 1989. "In, Around, and Afterthoughts (On Documentary Photography)." In *The Contest of Meaning: Critical Histories of Photography*, ed. Richard Bolton. Cambridge, MA: MIT Press.
Seixas, Peter. 1987. "Lewis Hine: From 'Social' to 'Interpretive' Photographer." *American Quarterly* 39, no. 3: 381-409.
Stange, Maren. 1989. *Symbols of Ideal Life: Social Documentary Photography in America, 1890-1950*. Cambridge, UK: Cambridge University Press.
Trattner, Walter I. 1970. *Crusade for the Children: A History of the National Child Labor Committee and Child Labor Reform in America*. Chicago: Quadrangle Books.

（GEORGE DIMOCK ／渡邊福太郎訳）

バウムリンド、ダイアナ
（Baumrind, Diana, 1927-）

　ダイアナ・ブランバーグ・バウムリンドは、40年にわたって研究者や実践者に認められつづけている、基本的な四つの育児（parenting）形態を識別した、育児と社会化の研究で知られる。心理学者ダイアナ・バウムリンドは、1960年にカリフォルニア大学バークレー校付属「人間発達研究所」（the Institute of Human Development）に赴任した。そこでバウムリンドは、「家族の社会化と発達能力に関する研究計画」（the Family Socialization and Developmental Competence Project）の主任研究員となった。バウムリンドは家族の社会化、育児の諸形態、道徳発達、思春期の健康と危機負担、研究倫理にかんする多数の論文や書籍における章を公にしている。

　バウムリンドは育児の形態として、正常な（たとえば、虐待しない、もしくはネグレクトや虐待をしない）価値や実践に対して変形した構成要素をもつ、子どもへの社会化と統制を求める親の四つのタイプを見出した。バウムリンドによると、親は子どもが機関や集団においてアイデンティティを見出し、「自己解放や個性化への視点、そして他者の要求や互いに求められる社会規範とを同時に認める」（1991, p. 747）ことを望んでいるとする。バウムリンドが認識する四つの育児形態には、要求の厳しさ（対立・監視・一貫性のある規律・体罰）や好意的反応（暖かさ・親しい会話・相互関係・愛情）の要素がかかわる。

　1　寛大もしくは甘やかす親は、民主主義的であれ、無方向的であれ、厳しさよりも好意的反応の目立つ親である。かれらは、子どもとの対立を避け、自己統制を認める。子どもは友好的で社会的な想像力豊かに育つが、同時に、言語的に直情的、また積極的であり、制約されることに反発する。

　2　独断的な親は非常に押しつけがましく、命令的で、無応答的であることが多い。かれらは、服従と立場を重んじ、規律が定められ、秩序立った組織的な環境を作り出す。しばしば、介入しすぎることがあり、対立解決に攻撃的な手段を用いる。子どもは典型的に気まぐれであり、新しい環境を怖れ、自尊心が低い。

　3　権威的な親は、厳しくそれでいて、好意的反応を示す。彼らは子どもの行動を監視し、明確な基準をあたえ、それでいて、押しつけがましさがない。かれらのしつけの方法は懲罰的ではなく、むしろ支援的なものである。これは一般に、自己主張・社会的任務・自己統制・協力・親への尊敬をふくむ社会的能力の発達に最善であると考えられている。

　4　無関心な親は、厳しさも好意的反応もない。極端な場合、この種の親はネグレクトであり、怠慢である。子どもはしばしば社会から逸脱し、危険な行為に出る。また、薬物乱用の誘惑に駆られることもある。

　育児の形態は、罪の意識や愛情の欠落、子どもの内面もしくは外面の問題がひき起こす恥じらいといった心理学的制限によって異なってくる。権威的な親と独断的な親は行動の制限が強いが、権威的な親が一般に子どもを心理的に支配することは少ないのに対して、独断的な親の場合、心理的に支配することが多い。

　バウムリンドのもっともよく知られる研究は1964年に発行された論文、「研究倫理にまつわる考察――ミルグラムによる〈服従の行動研究〉から」である。バウムリンドは、この研究の出版によって、研究倫理について多くの招聘を受けている。バウムリンドによる調査設計、社会化、道徳発達、職業倫理にかんする研究は、個人の権利と義務は分かちがたいという彼女の信念によって導かれたものである。また、道徳的行動は「意志と意識」によって測定されるものであり、「公平さは見識ある不公平さに対して道徳的におとることはない」（1992, p. 266）と主張している。

➡子どもの発達概念の歴史
●参考文献
Barber, Brian K. 1996. "Parental Psychological Control: Revisiting a Neglected Construct." *Child Development* 67: 3296-3319.
Baumrind, Diana B. 1964. "Some Thoughts on the Ethics of Research: After Reading Milgram's 'Behavioral Study of Obedience.'" *American Psychologist* 19: 421-423.
Baumrind, Diana B. 1991. "The Influence of Parenting Style on Adolescent Competence and Substance Use." *Journal of Early Adolescence* 11: 56-95.
Baumrind, Diana B. 1992. "Leading an Examined Life: The Moral Dimension of Daily Conduct." In *The Role of Values in Psychology and Human Development*, ed. William M. Kurtines, Margarita Axmitia, and Jacob L. Gewirtz. New York: Wiley.

(HENDRIKA VANDE KEMP／山口理沙訳)

はしか（麻疹）（Measles）
➡接触伝染病（Contageous Diseases）／予防接種（Vaccination）／流行伝染病（Epidemics）

バスケットボール（Basketball）

　1891年12月、アメリカのマサチューセッツ州スプリングフィールドのキリスト教青年会（YMCA）のトレーニングスクールでインストラクターをしていた、カナダ生まれのジェームズ・ネイスミス[*1]は、バスケットボールのゲームをはじめて紹介した。まもなくYMCAはバスケットボールのルールを発表し、このルールが急速に隣保館［福祉施設］、大学や高校などに浸透した。1892年3月には同州スミス・カレッジのセンダ＝ベレンソンがバスケットボールを教育にとりいれたが、彼女は選手をゾーン内に制限することで行動範囲を狭め、女性の体質的な弱さがゲームにおよぼす影響を緩和した。同年末までには西海岸の学校に通う女生徒は熱心にバスケットボールに興じるほどになった。1896年にはYMCAにより州別・地域別対抗試合が奨励され、全国大会も開催されるようになった。

　1890年代後半には、男子、女子ともに高校生が独自のリーグをつくって対戦するようになり、プロのチームもあらわれはじめた。ハイスクールにおけるバスケットボールは、地域共同体の自尊心や共同体の一員としての意識を刺激したことから、スポーツ文化のなかでも高い地位を占めるようになり、インディアナ州やケンタッキー州ではとくに白熱した。アイオワ州では、1993-94年度シーズンまでのコート分割システムへの固執にもかかわらず、女子バスケットボールは男子をしのぐ人気を博したほどであった。アメリカ南部では歴史的に、黒人学校は強力な女性チームを育成し、白人は若い女性選手からなる企業チームを結成して国内で試合旅行を行ない、しばしば男性チームを破ることもあった。

　バスケットボールは、社交クラブ・教会・学校・企業などの支持のおかげで都市部においても人気を保った。北部諸都市のリーグは平等な試合が特徴であったが、なかでもアフリカ系アメリカ人のチームが第1次世界大戦時代にはベストチームとして認められていた。大学も、優秀な選手を勧誘するためにトーナメントをサポートするようになったが、シカゴ大学で1918年にはじめられた全国選抜大会はその一例であった。人種的、民族的、および宗教的な対立はチームの結成に拍車をかけ、その過程でさらに大規模な同化を生んだ。ジャーマン・ターナーズ、チェコ・ソコルズやポーリッシュ・ファルコンズのように、民族文化を保持するために結成された団体は、バスケットボールなど、第二世代の若者が興味を示すアメリカのスポーツを黙認しなければならなかった。ブナイ・ブリス青年会やカトリック青年会（CYO）はともに、プロテスタントであるYMCAの影響に対抗することを目的とした。後者は1923年以降、独自に全国カトリック学校対抗バスケットボール大会をシカゴのロヨラ大学で開催した。1930年代までには、シカゴ大司教区内のチームは400を数え、CYOは世界最大のバスケットボールリーグを主張するようになった。

　若手のなかでも最優秀者は大学において奨学金を獲得したり、アメリカの都市部で増加したセミプロやプロのチームにくわわった。シカゴの「サヴォイ5」（のちに「ハーレム・グローブトロッターズ」と改称）など地方巡業のチームに加入する者もいた。女子選手にも、とくに南部において雇用者がスポンサーをかねるようなチームにおいて、男子と同様の機会があたえられた。

　バスケットボールの国際的な展開は1936年のオリンピックで採用されるほどになった。全国的には20世紀の後半を通じてバスケットボールは栄え、徐々に都心の遊び場や、都市部のコミュニティのレクリエーションとしての役割も担うようになった。過去のスポンサーたちと同様、起業家たちは、バスケットボールのキャンプ、試合やトラベリングチームを開始して、継続的な競争とトレーニングの場を保証し、高校・大学およびプロのコーチに認められることへの希望を選手たちにもたせた。20世紀後半までには、最優秀の男子高校生選手は大学でのプレーを避け、北米の男子プロバスケットボールリーグであるNBA（National Basketball Association）による直接雇用を選ぶことができるようになった。しかしながら多くの選手は、都市部や郊外の遊び場に存在した何千というコミュニティ・チームで提供された年齢ごとの競争や、レクリエーションとしての試合でスキルを向上させた。

［訳注］
*1 ジェームズ・ネイスミス（James Naismith, 1861-1939）——カナダ生まれのアメリカの体育学教師。バスケットボールの創始者。「ネイスミス杯」は、毎年、アメリカ全土の大学のバスケットボール選手のなかで最優秀選手に贈られる。

➡教育法第9篇と女子スポーツ、キリスト教女子青年会とキリスト教青年会

●参考文献

Axthelm, Pete. 1970. *The City Game: Basketball, from the Playground to Madison Square Garden*. New York: Harper's Magazine Press.

George, Nelson. 1992. *Elevating the Game*. New York: Harper Collins.

Hult, Joan S., and Marianna Trekell, eds. 1991. *A Century of Women's Basketball: From Frailty to Final Four*. Reston, VA: American Alliance for Health, Physical Education, Recreation, and Dance.

(GERALD R. GEMS／北本玲雄訳)

バゼドウ、ヨハン・ベルンハルト
(Basedow, Johann Bernhard, 1724-1790)

ヨハン・ベルンハルト・バゼドウは、啓蒙時代後期に「汎愛主義者」(philanthropinists)を自称したドイツの教育者たち第1世代の主導者であった。彼は1724年9月11日、ドイツのハンブルクに生まれた。かつら職人の子どもとして子ども時代は貧困のなかで育ったが、神学を学び、貴族の家庭教師となった。バゼドウは言語学習に談話(confabulatio)を用いた。これは、ラテン語をふくむ外国語による生徒と教師のあいだのたえまない対話からなっている。彼は1752年の学位論文でこの新たな教授法を述べ、ドイツ語出版によって公に紹介した。数年間、教育に従事したのち、神学・哲学・教育学のテーマにかんする著作に没頭した。啓示宗教を批判したとの理由で正統的な聖職者から迫害された。啓蒙的なアンハルト・デッサウ候の庇護を受けて、バゼドウは1774年、最初の学校「汎愛学院」(Philanthropinum)を設立した。生徒は3名であり、そのうち2名は自分の子どもであった。当時15名以上の生徒がいたためしはなかったものの、この学校は、改革者原理にそって経営されていたため、非常に大きな一般の関心をよんだ。それはとくにバゼドウの陽気で生き生きとした教授方法と、生徒と教師のあいだのリラックスした雰囲気が評判になったからである。公衆とデッサウ候の関心が薄れ、また教員たちの葛藤もあって、バゼドウは指導者の地位をしりぞいた。デッサウの汎愛学院(the Dessau Philanthropinum)は1793年に閉鎖された。

1800年代をとおしてドイツ語圏には16校を超える汎愛学院があったが、ほかの学院はかなり長いあいだ存続した。バゼドウとは異なり、ヨアヒム・ハインリヒ・カンペ、エルネスト・クリスティアン・トラップ、**クリスティアン・ゴットヒルフ・ザルツマン**、フリードリヒ・エーベルハルト・ロヒョウら、次の世代の汎愛主義者たちは、もはや諸侯の庇護に希望を求めはせず、むしろ教育に関心のある一般大衆による教育改革をとおしてみずからの希望をおしすすめた。その結果、彼らは『学校教育制度改革総論』(16巻)(*Allgemeine Revision des gesammten Schulund Erziehungswesen* (*General Revision of the Entire School and Educational System*, 16 vols., 1785-1792, ed. J. H. Campe)を著した。

バゼドウの綱領的な講演「学校、学習と公衆の福祉に対するその影響に関する人類の友および富裕者にむけた講演」(*Vorstellung an Menschenfreunde und vermögende Männer über Schulen, Studien und ihren Einfluß in die öffentliche Wohlfahrt*, 1768)が汎愛主義教育学の誕生を告げている。バゼドウによれば、従来の学校では、生徒は非常に多くの時間をついやすが、

ヨハン・ベルンハント・バゼドウ(1724-1790)*

学習はあまりに少なく、しかもどれも不適切な事柄である。講演のなかでバゼドウは、学校改革をとおした社会改革の教育学的プログラムを展開した。有用なのに訓練される人間だけが、みずからの幸福と全体としての国家の幸福(つまり福祉)を保障しうると信じていたからである。それゆえに、学校管理のための特殊な行政部門を設立することが政府を利することになる。バゼドウはここで教会と学校との分離を行なうべきだという議論を展開したが、教育施設の自律性の拡大というこの過程は19世紀をとおして続くことになる。バゼドウは、政府は高潔で、啓蒙されており、したがってその国民と調和すると仮定しており、協調的秩序の枠組みで議論していたが、バゼドウはこれこそが教養ある階級のための小さな学校と大衆のための大きな学校とに区分された教育システムの基礎であるとみなした。

子ども史上のバゼドウの重要性は、子どもが学校と学習を楽しむこと、そして子どもが容易に、楽しく学習できるよう保障することが教育学の義務である点を強調した教育家のひとりだからである。彼は、生き生きとした陽気な教授方法だけではなく、学習への動機づけの必要性も強調した。その一例がいわゆる「業績表」(merit-board)である。教師はその板の上にみん

なに見えるように生徒の道徳と教化の成績を記録し、競争熱を高めるようにする。
➡教育（ヨーロッパ）
●参考文献
Basedow, Johann Bernhard. 1965. *Ausgewählte pädagogische Schriften*. Besorgt von A. Reble. Paderborn: Ferdinand Schöningh.
Kersting, Christa. 1992. *Die Genese der Pädagogik im 18. Jahrhundert. Campes Allgemeine Revision im Kontext der neuzeitlichen Wissenschaft*. Weinheim: Deutscher Studien Verlag.
Pinloche, A. 1914. *Geschichte des Philanthropinismus*. German edition by J. Rauschenfels and A. Pinloche. 2nd ed. Leipzig: Brandstetter.

（PIA SCHMID／太田明訳）

初聖体（Communion, First）

多くのキリスト教徒にとって「聖晩餐」the Eucharist（あるいは「聖体拝礼」［聖餐式］Communion）は、個人がキリストの身体と合体する——すなわちキリスト教会のメンバーになること（『マタイによる福音書』26・26-28）——三つの儀礼のひとつである。ほかの二つは洗礼（Baptism）と堅信（Confirmation）である。聖晩餐は、「神への感謝」（thanksgiving）を意味し、信仰心のある信徒たちに永遠の生命を保証するイエスの受苦（passion）、死、そして復活（resurrection）［過ぎ越の祭りの奇跡］を思い起こすことである。聖晩餐は、入会儀礼の頂点——洗礼以前のもっとも重要な秘跡——だとみなされていた。ローマ・カトリックにとってそれは、信仰の源泉であり、頂点であった。キリスト教のいくつかの宗派は、ローマ・カトリック派、東方正教会派、そしてルター派をふくめて、聖晩餐におけるキリストの「真の実在」（real presence）を信じつづけている。しかし、大部分のプロテスタントは、神の実在の教義を拒絶し、精神的あるいは象徴的な神の実在を信じつづけるか、ただの記憶のなかに信仰を保かしている。ローマ・カトリックは、子どもたちの初聖体を、理性と分別の達成を特徴づける**通過儀礼**とみていた。

1563年のトリエント公会議における聖晩餐の概念は、1215年の第4回ラテラノ公会議の布告から進化したもので、これによって分別年齢（7歳）に達した少年と少女はともに罪を告白し、毎年、聖晩餐を受けることが要求されたトリエント公会議以前には、洗礼と堅信は聖晩餐の受け入れ前に行なわれるものと考えられていた。分別年齢に達していない子どもは、その目的を理解できないうえにそれに同意することもできないというもっともらしい理由で、聖晩餐の秘跡を受

ジュール・A・A・L・ブルトン「初聖体を受ける村の娘たち」（1884年）。Jules Adolphe Aime Breton [1827-1906], The Communicants, 1884, Private collection.*

けることができなかった。こうして、中世の最盛期の西ヨーロッパの教会は、分別年齢以下の子どもを洗礼志願者（catechumens）とみなしており、幼児と大人のあいだの中間の人間だと見ていた。彼らは原罪からは自由であったが、貪欲さに汚されていた。幼児はキリストの戦士であったが、聖晩餐を受けることは認められなかった。トリエント公会議は、ラテラノ公会議の布告を強化し、幼児の聖体拝礼の有効性を排除した。洗礼は子どもを説明義務から守るものであったので、幼児に聖体拝礼をほどこす理由は何もなかったのである。

　トリエント公会議の布令の言語が曖昧であったため、カトリック教会は、聖晩餐の秘跡を受けるべき子どもたちの年齢幅をゆるめた。理論上は、子どもは早くも7歳で聖体拝礼を受けることができたが、19世紀には、しばしば10歳ないし12歳まで延長された。しかし、ここではっきりさせておくべきことは、カトリック教会は、大部分のプロテスタント教会とは違って、子どもが思春期になる前に聖晩餐を受けるように勧めていた点である。聖晩餐は、子どもを教会内の公的な生活と大人の責任を負うことを教えたが、それはその子どもの身体的な成熟とは無関係であった。

　マルティン・ルター［1483-1546］は、彼自身にとって特別な意味があり、後期のプロテスタント神学の主流とは違っていた秘跡にかんする概念を深めた。彼は、聖晩餐の秘跡としての自然性にくわえて、秘跡の目的がその受け手の信仰を増進させるものであること、また、その妥当性が受け手の人格にも司祭の人格にも左右されるものではないことを教示した。さらに、ルターは、すでにキリスト教の真理を教えられている青年たちが聖晩餐の秘跡を受けるのを抑制した。彼は、すべての子どもが「十戒」（the Ten Commandments）、「使徒信条」（the Creed）、そして「主の祈り」（the Lord's Prayer）の意味と義務を学ぶべきであり、自分たちに何が期待されているのかを正確に理解できるようになるまで、洗礼志願者の地位にあるべきであると説いた。キリスト教の信仰共同体に入ることは、精神的な心の準備だけでなく身体的な成熟にも左右された。

　大部分のプロテスタント教会の場合、精神的成熟は身体的成熟と同等視された。プロテスタントの堅信の儀式（rites of confirmation）と聖餐式（the Eucharist）は、実質的に、思春期の対になった儀礼であった——身体的に成熟したキリスト教徒は、同時に精神的な成熟と道徳的な責務を負う存在であるということが公的な承認である。

➡カトリック、堅信、プロテスタントの宗教改革
● 参考文献
DeMolen, Richard L. 1975. "Childhood and the Sacraments in the Sixteenth Century." *Archiv fuer Reformationsgeschichte* 66: 49-71.
Patterson, Lloyd G. 1990. "Eucharist." In *The New Dictionary of Sacramental Worship*, ed. Peter E. Fink. Collegeville, MN: Liturgical Press.
Power, David N. 1980. *Gifts That Differ: Lay Ministries Established and Unestablished*. New York: Pueblo Publishing.
Wainwright, Geoffrey. 2001. "Eucharist." In *The Encyclopedia of Christianity* vol. 2, ed. Erwin Fahlbusch, et al. Grand Rapids, MI: W. B. Eerdmans.
White, James F. 1989. *Protestant Worship: Traditions in Transition*. Louisville, KY: Westminster/John Knox Press.

（RICHARD L. DEMOLEN／北本正章訳）

バート、シリル
(Burt, Cyril, 1883-1971)

　シリル・ロドウィック・バート卿は、心理学の歴史上において、おそらくもっとも評価の分かれる人物であろう。バートは哲学と古典を修め、心理学へと転向した博識者であり、この分野の先駆者となった。彼は大学機関外の専門家として最初の心理学者であった。また最初の教育心理学者であり、少年非行、子どもの発達、知能テスト、因子分析や知能の遺伝にかんする多数の重要な書籍や文献の執筆者であり、それらの貢献により爵位を受けた最初の心理学者であった。バートは若いときからロンドン市議会に任命され、さまざまな背景や能力をもつ子どもたちを観察する機会に恵まれていた。このことが、古典的作品である『青少年非行』（*The Young Delinquent*, 1925年から1957年にかけて4版）や、『子どもの背景にあるもの』（*Backward Child*, 1937年から1961年にかけて5版）として結実した。バートは、能力にかんする集団テストの開発の先駆者でもあり、彼が開発したテストの方法は、数十年も使用されつづけた。1931年、ロンドン大学ユニバーシティー・カレッジの心理学部長を依頼され、より技術的な問題のための驚異的能力を発揮し、1940年には、『精神の諸要因』（*Factors of the Mind*）を世に出した。これは、因子分析の歴史上、画期的な書物であった。また、遺伝モデルにかんする多数の洗練された理論にもとづく論文を、バート自身が編集者をつとめる「イギリス統計心理学雑誌」（*the British Journal of Statistical Psychology*）に掲載した。

　しかしながら、バートの遺伝にかんする実験研究は、彼の死後、その地位をゆるがされることとなる。同分野における敵対する研究者は、バートが見出した知能にかんする遺伝的影響の明白な重要性を見出さなかったのである。バートは生前、IQテストの結果と親族関係の関連性について研究する「環境決定論者たち」には沈黙を守った。とりわけ1966年に彼が発表した、分かれて育った一卵性双生児のIQスコアの共通性にかんする研究報告は、一卵性双生児が育てられた家庭の社会経済的地位は知能におよぼす関連性をもたない

シリル・バート（1883-1971）*

と主張し、遺伝と知能の問題にかんするもっとも重要な発表となり、当時かつてない反響を得た。

　バートの死後から数か月もしないうちに、プリンストン大学の心理学者レオン・カミンは、バートの研究結果には多くの不自然さが見られ、そればかりか、ねつ造の非難をまぬがれないものであるとした。最初、活発な議論がなされたが、これらの告発は、イギリスの科学史学者で、かつてバートの研究を称賛し、その葬儀で追悼を述べたL・S・ハーンショウによって記され、バートの伝記（バートの出版物と保管庫に残された資料の情報をふくむ）の出現とともに最終的には受け入れられた。ハーンショウは、バートの日記と個人的記述を照合することによって、バートが双子のIQの関連性について発表した後、彼が、結局のところ一卵性双生児のIQスコアをねつ造しており——バートの見解を支持している大量の論文や論評の筆者たちは偽名で、実際には存在していなかったこともふくめ——これは科学倫理への数ある違反のひとつであると結論づけた。伝記の出版が問題を解決したかに見えたが、10年後にイギリスの科学者ロバート・ジョインソン（Robert Joynson [1989]）とロナルド・フレッチャー（Ronald Fletcher [1991]）によるふたつのそれぞれの研究が、これまでのバートへの批判をくつがえし、バートはハーンショウの左翼主義の影響によって不当な判断をくだされた犠牲者であると位置づけた。ウィリアム・タッカー（William Tucker [1997]）によるその後の研究では、バートの双子実験のサンプルの特徴と、ほかの十分に証明された研究が比較され、バートの研究結果が、ねつ造されたものであることを示唆した。しかし、バートにかんする議論は、遺伝か環境かを問う問題の代理役になってきたが、どちらの見解も十分に説得力ある証拠を提示してはいないようである。

➡教育（ヨーロッパ）、子どもの発達概念の歴史、児童心理学、年齢と発達
● 参考文献
Burt, Cyril L. 1925. *The Young Delinquent*. London: University of London Press.
Burt, Cyril L. 1937. *The Backward Child*. London: University of London Press.
Burt, Cyril L. 1940. *The Factors of the Mind*. London: University of London Press.
Burt, Cyril L. 1966. "The Genetic Determination of Differences in Intelligence: A Study of Monozygotic Twins Reared Together and Apart." *British Journal of Psychology* 57: 137-153.
Fletcher, Ronald. 1991. *Science, Ideology, and the Media: The Cyril Burt Scandal*. New Brunswick, NJ: Transaction Publishers.
Hearnshaw, L. S. 1979. *Cyril Burt: Psychologist*. Ithaca, NY: Cornell University Press.
Joynson, Robert B. 1989. *The Burt Affair*. London: Routledge.
Tucker, William H. 1997. "Re-reconsidering Burt: Beyond a Reasonable Doubt." *Journal of the History of the Behavioral Sciences* 33:145-162.
　　　　　　（WILLIAM H. TUCKER／山口理沙訳）

バーナードー博士（Barnardo, Thomas）
➡里子制度（Placing Out）

母親業と母性（Mothering and Motherhood）

　すべての母親が自分の子どもを愛して世話をするというのは常識である。あるいは、このことは、あらゆる時代と場所で真実なのだと信じることは、すくなくともわたしたちの慰めにはなる。しかし、ニュース番組は、10代の母親がトイレに赤ん坊を遺棄したとか、母親がタバコで子どもの肌を焼いたとか、はたまた母親が子どもを餓死させたといった犯罪行為を速報している。この短い項目では、すべての時代と場所の母性と母親業（mothering、ここでは子どもの世話をするつとめという意味で用いる）を考察することはできない。しかし、母性と母親業が歴史的にも文化的にも変動することを示すために、いくつかの時代と大陸の証拠をとりあげてみる。言い換えれば、この項目では、

母性と母親業のどちらも社会的に構成されるという前提のもとで、母親とは何であり、どうあるべきかという観念と、母親はどのように子どもを世話すべきかという観念の両方が、時代と場所を通底してどのように変化してきたかを展望してみる。ここではおもに19世紀と20世紀の農業社会と工業社会に焦点をあてている（本文で扱わない大陸にかんする参照事項は、末尾の参考文献にある）。

母性

分析する目的のために、社会の認識と機能にもとづいて、母性をいくつかのタイプ——すなわち、出産母性（birth motherhood）、社会母性（social motherhood）、養育母性（care-giving motherhood）——に分類することができる。第1に、産みの母親とは、子どもを身体的に産む人のことである。この産みの母親という概念は、新しい生殖技術の発達によって非常に複雑になっている。他人が卵子を提供した場合、子宮のなかの子どもは産みの母親の生物学上の子孫ではなくなるからである。第2に、社会的な母親とは、世帯の長と結婚している人、あるいは、結婚登録簿に記載されている人のことで、一部の社会では、このような社会的な母親が、たとえ産みの母親でなくても、その子どもの母親と認められている。第3に、授乳する、風呂に入れる、服を着せる、見守る、**排便訓練**をする、さらに基本的な**礼儀作法**を教えるといった一連の子育ての諸側面をふくんでいる母性は、養育母性とよばれよう。もちろん、母親以外の人も子育てのつとめを果たすことができる。2000年代初めのアメリカでは、すべての人というわけではないが、多くの人が、産みの母親と社会的な母親と養育する母親が同じ人であることを期待している。しかし、これはかならずしもすべての時代と場所にあてはまるわけではない。

なかには、産みの母親が、かわりに子どもを身ごもって出産する代理母であると知られている場合がある。この場合、社会は、社会的な母親のほうを子どもの母親と認める。新しい生殖技術は、女性の受精卵を別の女性の子宮に移植して、その女性が赤ん坊を身ごもって出産するのを可能にしている。だが、代理母は、進歩した医療技術をもたない社会にもいた。**養子縁組**に難色を示し、父親の血筋を継続させることが家族の最高の目標であった過去の韓国に目を向けてみると、「代理母」（The Surrogate Mother, 1986）という映画では、下層階級に位置する産みの母親の秘密の妊娠期間中の、人目を避けた生活を描いている。生まれた子どもが、豊かではあるが子どもに恵まれなかった社会的母親の家につれていかれた後、この産みの母親は、夜分にその地域からこっそりと追いはらわれ、忘れ去られ、ふたたび自分の子どもに会うことはない。社会的母親は、召使いたちに助けられている間ずっと、ハイウェストの韓国の民族衣装の下にふんわりしたもの

ラファエロ「システィーナの聖母」（Sistine Madonna, 1513-14年）。聖母は、ヨーロッパの美術と文化では、理想の母性、すなわち、無私無欲の愛と帰依を強烈に表現するイメージのひとつとして役立ってきた。The Art Archive/Gemäldegalerie Dresden/The Art Archive

をつめて妊娠をよそおい、そのごまかしがばれるかもしれないとおののくのである。

今日のアメリカ社会では、一般に、産みの母親がその乳児を養育する母親としてつとめを果たすことが期待されている。だが、古今の多くの社会で、血のつながる母親以外の人が乳児や年長の子どもの最初の養育者であるほうがノーマル、あるいは社会的に受け入れられやすいと考えられている。産みの母親あるいは社会的母親以外に子どもを世話できるおもな人には、祖母、**きょうだい**、乳母、女性家庭教師、養母、住みこみあるいは通いのベビーシッター、さらには、年季奉公人や祖父までふくまれる。19世紀から20世紀初期にかけての**日本**では、農家の母親を育児から解放して、農業労働に従事できるように、住みこみのベビーシッター（子守り）が、面倒を見ている乳児あるいは赤ん坊を一日中背負い、夜には赤ん坊のかたわらで眠っていた。こうしたベビーシッターは、乳児を母親のところへつれていって授乳させた。通いのベビーシッターも同じことをしたが、託された子どもと夜間いっしょに眠ることはなかった。男の子の年季奉公人が一日中赤ん坊を背負うこともときどきあった。

母親業

　母性とはなにかを吟味すると、母親業の複雑さと異文化間の多様性がはっきりしてくる。母親業は、何年もかけて子どもの成長を身体的に世話する労働を引き受ける。最低限なすべき世話には、食べ物をあたえること、衣服をととのえること、乳児や子どもの安全を守ることがふくまれる。しかし、母親業は、ふつう、これらを超えて、子どもを清潔・健康に保つことや、子どもが生計を立てて、より大きな社会や国家はもちろんのこと、家族、地域社会、宗教その他の組織にも順応できるように、教育あるいは社会化する努力までをふくんでいる。

　妊娠期間中に子どもを身ごもっている女性だけが出産することができる。また、子どもの母親として登録されている女性だけが、しばしば社会によって母親と認められている。しかし、すでに言及したように、養育母性のつとめ——食べ物をあたえ、風呂に入れ、見守り、添い寝をし、しつけをすること——は、産みの母親あるいは社会的母親以外の人によってもなされうるし、実際になされてもいる。言い換えれば、「母親業」をこのようなつとめを果たすこととして広く定義するなら、それは母親以外の人でもできるということである。

　母性と母親業の観念は真空中には存在しない。母親とはなにか、母親はどのように思考すべきか、母親は何をなすべきかについての観念は、子どもに対する態度や行動、さらに、養育や社会化を担うことができる母親以外のほかの人への期待感の影響も受ける。養育する人には、父親・姉妹・兄弟・おば・おじ・祖父母・**名づけ親（代父母）**・隣人、これら以外の血縁集団もしくは生活集団・コミュニティ、それよりも大きな社会がふくまれる。寄宿学校、**孤児院**、託児所、**幼稚園**、学校、感化院といった施設などもふくまれよう。さらに、乳児や子どもの世話以外の諸活動も母性や母親業の観念に影響をあたえるだろう。とりわけいくつかの経済活動——たとえば、農業社会における農作業・手工芸・補助労働、また、工業社会における製造業・事務・技能職・調査活動・サービス業務など——は、子どもを見守るのに必要な時間に匹敵する膨大な時間を必要とするだろう。

　家族が生産単位であり、かつ、女性労働が家族の存続にとって決定的に重要であった時代には、母親が養育母性あるいは母親業のつとめ——子どもに対する身体的世話、気づかい、社会化——に専念することへの期待は低かったであろう。子育てや家庭内の切り盛りのような家事（あるいは再生産）労働は、世帯の事業における農耕、小規模な製造業、商売、小売のような公共的・社会的（あるいは生産的）な労働と接近しており、そのことは母親がこれら両タイプの労働に参加するのを容易にしているように見えるかもしれない。だが、実際は、農耕・副職・料理・洗濯、その他の避けがたいつとめに長い時間を必要としたため、大人の女性が保育についやせる時間は厳しく制限されたであろう。産みの母親が家族、社会、国民、国家の継続に不可欠であるとはいえ、また、一般に、社会あるいは政治の秩序が、子どもに対して社会的母親をつねにもつよう要求するとはいえ、女性の家庭をとりまく環境がそれを許さない場合には、国家も社会も、養育する母親であることを女性に要求することはできない。日々の保育のつとめをほかのだれかが引き受ければ、それは、ほかの重要な活動に従事できるように女性を養育母性の苦労から解放する。このように、農業社会では、すくなくとも特定の階級や社会集団にとっては、養育母性あるいは母親業の営みは、女性の生活あるいは理想的な母性の中核を占めるものとはならないであろう。

　工業社会で職住分離が進むと、母親が生産労働や再生産労働に参加することは大きな問題性をおびるようになる。さらに、工業社会で賃金労働についている女性にとって、母親業の仕事をするのがますます困難になってくると、はたらいていない中産階級の女性たちのあいだに、より密接な母子の絆、子どもや子育てに多くの時間をあてること、より高い水準の子どもの清潔さ・社会化・栄養摂取・教育・余暇といった、女性らしい家庭生活の新しい理想が生まれ、広がることになる。次節では、さまざまな時代と場所の農業社会と工業社会における母性と母親業の具体例をいくつか見てみよう。

農業社会における母性と母親業

　農業社会では——家族が所有する耕地あるいは賃借している耕地での無報酬の労働であれ、ほかのだれかの耕地での賃金を得る農場労働であれ——家族の生活の糧を生み出す労働の多くは土地に投下される。耕地がおもに家族構成員によって耕される場合、とりわけその世帯規模が小さい場合、しばしば母親の農場労働は不可欠である。しかし、この場合、母親が乳児の唯一の、あるいは主たる養育者としてさえ、そのつとめを果たすよう期待されることはないだろう。

　アメリカは、歴史を通じて商業と製造業が堅実に拡大したとはいえ、19世紀末までは基本的に農業国であった。1980年に公刊された『よき妻たち』（*Good Wives*）の著者ローレル・サッチャー・ユルリッチによれば、植民地時代（1650-1750）の北部ニューイングランドでは、**乳児死亡率**が高かった時代には、子どもだけでなく孫や、それよりもさらに遠い子孫たちの創り手としての出産母性に対して非常に高い敬意がはらわれたという。いっぽう、規則の厳守や服従を重視する家父長的な社会秩序は、母性愛や子どもの甘やかしは無作法な子どもを育ててしまうとみなして、母親として子どもを養育する女性に顔をしかめがちであった。乳児に示された優しさや愛情は、子どもが成長す

るにつれて、**しつけ・服従・宗教教育**にとって代わられた。ユルリッヒはまた、母親は、隣人の子どもから目を離さないようにすすんで手助けをしたが、自分の世帯では、一人の子どもだけに「焦点をあてて、熱心に世話をしたり関心を向けたり」(Ulrich, p. 157)することがないようにしがちであったと主張した。工業化以前のアメリカでは、母性と母親業の概念には、地域・宗教・民族・経済およびその他の要因の影響を受けたいくつかのバリエーションがあった。

18世紀から19世紀なかばまでの日本の村落で見られた血統家族、すなわち各世代に一組の夫婦がいる世帯では、子どもに対する支配力、とくに家長の地位と資産を受け継ぐ者への支配力は、年長世代に属していた（このことは、都市の事業世帯にもあてはまった）。財産が少ない世帯や平均的な世帯では、母親が農業や手工芸の労働をする必要が大きかったため、一般に、子どもの保育は血のつながる母親以外のだれかにゆだねられた。したがって、年長の子ども・祖母・祖父・子どものベビーシッターあるいは徒弟——すなわち、一家の家計にあまり貢献できない世帯構成員——が、赤ん坊と子どもの面倒を見た。近世と近代の日本では、養育母性の重要性は家業の推進ほど高くはなかった。また、家系を存続させるための血縁者あるいは非血縁者との養子縁組は、出産母性の重要性を弱めていた。

興味深いことに、ひとつの国家あるいはひとつの地域社会でさえ、地方の母親業の文化は、多様であった可能性がある。デービット・L・ランセルの1991年の論文によれば、19世紀末ロシアの田園地方のボルガ川地域の村落には、ふたつの異なる母親業の文化が、まったく異なる結果を乳児の生存にもたらすように並存していた。タタール人（イスラム教）の習慣には、冬に起こる出産のピークとならんで、世帯と個人のきれい好きや、生後1～3年間にわたって行なわれる無制限哺育[*1]などがふくまれるが、これらは、ロシア人の習慣よりもはるかに低い乳児死亡率をもたらした。ロシア民族にかんしては、母乳育の習慣があったにもかかわらず、生後すぐに固形食をあたえたために、病原菌を食品や大人の身体から子どもへと広げ、さらに、出産のピークが夏の数カ月間にあることが、食物が媒介する病気やほかの病気の発生と拡大に、いっそう都合のよい条件となっていた。また、ロシア民族の習慣が、母親が労働すなわち生産性を高めることに貢献し、さらには、出産後すぐに農業労働や家事に復帰するのを重視していたのに対して、タタール人の習慣は、母性を高く評価し、出産後の女性がより長期にわたって休養することを容認していたようである。

高度に工業化した社会に住む人びとは、現代の多くの社会が圧倒的に農業社会であるという事実を見落としがちである。すなわち、今日ではほとんどの国家に工業が存在するが、おそらく人口の過半数あるいは圧倒的大多数は農業で生計を立てている。現代社会の一部では、広範囲にわたって女性が農業あるいは手工芸に参加しているために、保育への期待はより少ない。いっぽう、それ以外の社会では、女性は、家計への貢献と保育・家事という主要な責務との二重の期待に苦しめられている。

20世紀末の中国には、北部と南部における女性の経済参加にかんして、地域と民族の格差があったものの、息子の誕生を介して家名を継続させる家族の連続性が大事な目標として残っていた。中国の少数民族の世帯では、典型的には義母の指図の下に産みの母親が子どもの世話をする場合、あるいは、義母と産みの母親の両者が養育する母親として子育てをする場合のように、年長世代が子育てに権威をもっていた。中華人民共和国は、経済発展に向けて猛進しているとき、母親が家事や社会に参加するのを援助するために、一時、田園地方の保育施設や共同調理場の数を増やした。ただし、それらの施設は、1980年代以降、民営化された農場や職場の創出という方向転換にともなって減少した。1950年代以降、家族改革は着実に進んだが、子育てにおいては、母親はいまなお、姻戚関係にある同居者、とりわけ義母の権威に従う傾向がある。保育もまた、実際上の理由から、とくに、家族の財産を増やすために母親が収入を得る活動に自由に従事できるようにするという理由から、年長世代が行なわざるをえない傾向がある。中国の人口成長を弱めるために実施されている一人っ子政策が原因で、母親、それ以外の養育者、親族は、今日、「小皇帝」(Little Emperors)というあだ名で集合的によばれている子どもを甘やかし、そうした子どもにおしみなく気をつかいがちである。中国の場合と同様、インドでも家族の連続性は、宗教的伝統と、その一部に息子の必要性をふくむ南アジアの習慣に結びついており、実際上、出産母性はそうした家族の連続性にとって絶対に必要なものである。しかし、家の存続に必要なものとして母性を重視することは、とくに都市部では弱まっているかもしれない。それは、高齢期に自分の子どものかわりに扶養してもらえる代替策が考案されており、また、個人にとっては、家系を絶やさずに維持するよりも、職業・地位・財産のほうが優先される人生目標となっているからである。

工業社会における母性と母親業

工業社会の勃興と結びついたいくつかの変化は、母性と母親業の心的態度や実践に決定的な影響をおよぼした。第1に、初期の工場の低賃金、非常に長い労働時間、不健康な労働条件は、貧しい労働階級の母親に子どもの世話をする余力をあたえなかった。第2に、大規模な工業の勃興にともなう職住分離は、賃金労働者が子育てやほかの形態の家庭労働に参加するのを非常に困難にした。第3に、こうした母親業への影響にくわえて、職住分離は、とくに中産階級の場合、女性

らしい家庭生活をいっそう重視するよう奨励した。中産階級の母親には、賃金を得る活動に従事するよりも家庭にとどまり、なによりも子どもの世話と家事に専念することが期待された。第4に、中産階級の社会的な理想は、そのような期待にみずからの経済的、文化的条件が適合しない集団にしばしば投影されていた。第5に、田園地方の抑圧された経済的条件、あるいは、よりよい職業につきたいという願いは、小作人たちを都市へと移住させた。そして、その都市で、小作人たちは家事労働に参入したり、行商人あるいは日雇い労働者になったり、ほかの臨時の非工業的仕事を引き受けたりした。こうして、都市化は、工業化（動力で動く機械を用いた大量生産）から部分的に独立してダイナミックな影響をあたえた。都市化と工業化は都市圏で起きる傾向があったため、本項目中の事例はおもに都市から集められている。それらは、工業時代には、母性と母親業に対する期待が高まったにもかかわらず、母性と母親業がかならずしもつねに子どもの生存を保証する仕方で発揮されたわけではないことをあばいている。それらの例は、体系的に、あるいは代表的なものがあげられていると受けとるべきではないが、初期と末期の工業社会における母性と母親業を方向づけていた条件と原動力のいくつかを示している。これと同様のさまざまな例は、ほかの地方、国家、区域でも見いだせるだろう。

近世のロシアの工場主たちは、母性と母親業という労働の優先順位を低く考えていた。それゆえ、子どもをもつ女性の工場労働者は、できることは何でもした。1912年のサンクトペテルブルク*2では、仕事中に乳児に授乳することができたのは、はたらいている母親の4分の1しかいなかった。しかも、彼女たちは、「工場の建物に隣接する廊下や階段で」母乳をあたえていた（Glickman, pp. 127-128）。通常、工場ではたらいている両親は、自分の子どもの世話をすることはほとんどできなかった。いっぽう、仕事に追い立てられている母親のなかには、自分の乳児のために、ふつうは年配の女性である世話係を住みこみとして雇う者もいた。非常に狭い空間で保育をする一人のベビーシッターを共同利用する家族もいたであろう。

19世紀のフランスでは、それが社会的な恥辱であるとされたことと、その状況では生活の糧を稼ぐことがほとんど不可能であったことが、独身の、とりわけ未婚の母親をその非嫡出子の遺棄へと追いやった。19世紀には、工場が母性に対応しそこなったために、労働階級の母親は、報酬めあての乳母に自分の乳児を預けざるをえなくなった。だが、その劣悪な哺育環境はしばしば子どもに死をもたらした。養育母性をうながそうとしたフランスの対策には、乳児への母乳哺育、妊娠・出産休暇、乳児院を母親たちに奨励することなどがふくまれていた。

しかし、アメリカ、フランスおよび日本の例でみられるように、職住分離と工業化の進展も中産階級の母性と母親業に影響をおよぼした。女性らしさの理想と実践は、地域、階級および民族の違いなどによって多様であったが、新しい、あるいは部分的に修正された女性らしさの理想があらわれてきた。母性概念を鼓吹した新しい要素には、注意をはらって、成長をうながすように、愛情をこめて保育すること、また、典型的には、世帯業務の分担、世帯経済への貢献、使用人や世帯の管理などをいくぶん減らすことによって、幼児期から青年期までの子どもを社会化する期待がふくまれていた。宗教や文化、さらには経済などの諸変化、とりわけ職住分離が複雑に相互作用しあうために、生産性・経済的貢献・家内労働よりも母性あるいは母親業のほうが女性らしさの基準となる傾向があった。

ボニー・G・スミスの研究は、北フランスでは、18世紀初期に生産的女性らしさ（productive womanhood）とは正反対の家庭内的女性らしさ（domestic womanhood）への移行が生じたことを示唆している。日本でも、それまでの勤勉な出産母性は、より情感豊かな養育母性にとって代わられた。アメリカでは、数世代で構成される家族が減り、土地の分配に対する父親の支配力が弱まってくると、母性の理想は、子どもの産み手（出産母性）としての女性を重視し、また、母親の甘やかしを懸念することから、母親として熱心に子どもを養育する女性を強く推奨することへと変化した。いまや、優しくすることは乳児に対してだけ許容されるものではなく、年長の子どもに対しても期待されるものとなった。職住分離が進んだため、家庭は女性と子ども空間として定義されるようになった。しかも、子どもは学校に通うようになったため、家庭はとりわけ女性の領域となった。資本主義的な競争が激しさを増してくると、家庭は「冷酷な世界における安息地」*3となった。社会は、いまや、子どもは母親みずからが世話をすべきであるという考えを受け入れるようになった。たとえそれが使用人であれ、祖父母であれ、その他の親族であれ、自分の子どもの世話を他人にゆだねてしまうのは親の怠慢であるとみなされるようになった。

だが、19世紀末以降のアメリカでは、母性に非常に大きなひとつまたはふたつ以上の変化が起きたと主張することができそうである。シーラ・ロスマンは、1975年の著書『女性にふさわしい場』で、進歩主義時代に母親の責任が家庭から外の世界へ拡張したことを示した。貪欲で冷酷な市場世界と男性は、より優しく、育むような女性らしい感覚を必要とし、かくして社会と政治を改善するために、養育母性という使命が公共世界に広がった。こうした理想が都市の中産階級以外で受け入れられたかどうかはまだはっきりしないが、この理想は、アメリカの母性が近代的な歪みをともないながらも早い段階で養育母性と女性らしい家庭生活に向けて変化したという考えを根拠にしがちである。

1930年代頃、女性らしさの理想に起きたもうひとつの変化も、アメリカの母性と母親業の概念に影響をおよぼした。友愛的な夫婦関係という理想が1920年代に高まると、女性たちは、自分の子どもによけいな注意をはらいすぎないよう注意を受け、夫のほうに愛情を向けるよう助言された。子どものことで大騒ぎしすぎることが、配偶者との絆を不適切に弱めていたからである。さらに、女性たちは、自分の本能を信じるのではなく、医学や心理学や教育の専門家に従うのがよいと勧められた。だがそれでもやはり、これらの変化は誇張されるべきではない。母親と子どもの情感豊かな強い絆への期待は、20世紀をとおしてとぎれることがなかったからである。

後発であれ先進であれ、多くの工業社会で、結婚・家庭生活・生産力よりも、消費・レジャー・欲望の充足をめぐって女性のアイデンティティを構成することは、女性にとってもっとも高い目標としての母性と、女性にとってもっとも高度な社会的なつとめとしての母親業とを浸食しているかもしれない。もちろん、こうした推移は、階級・地域・宗教・民族・人種によって多様であろう。変化の一部は出生率の低下に見ることができる。落合恵美子の1997年の著書『21世紀家族へ——家族の戦後体制の見かた・超えかた』によれば、1994年における合計特殊出生率*4は2.1以下であり、イギリス1.25、ドイツ1.4、日本1.5、フランス1.65、スウェーデン2.0、アメリカ2.07であった。初婚年齢と初産年齢の上昇、女性の結婚率の低下、女性の労働力への参加率の増加といったほかの数量的証拠も、結婚や、女性の基本的あるいは不可避の宿命である母性からの方向転換を示唆している。質的証拠も、女性にとって存在理由の中核をなすと考えられてきた母性からの方向転換を示唆している。母親業を、自分を閉じこめ、魅力のない単調な骨折れ仕事として、あるいは地位の低い仕事として拒絶することが、女性の最高の天職として母性を受け入れることにとって代わるかもしれない。

[訳注]

*1 無制限哺育（breast-feeding on demand）——授乳時に、赤ん坊がほしがるままにいくらでも乳をあたえる育児法。赤ん坊を泣き止ませるために伝統社会の多くで無制限哺育がなされていた傾向がある。これに対して制限哺育では、赤ん坊の体重・消化能力・睡眠パターンなどを考慮して、授乳時間や授乳量が計画的に管理される。

*2 サンクトペテルブルク（St. Petersburg）——ロシア連邦北西部の、バルト海にのぞむ港市。1703年にピョートル大帝が建都し、ペトログラード（Petrograd, 1914-24）、レニングラード（Leningrad, 1924-91）と改称されたが、1991年にふたたびサンクトペテルブルクに戻った。

*3 「冷酷な世界における安息地」（heaven in a heartless world）——この表現は、アメリカの政治思想家、家族史家、社会批評家のクリストファー・ラッシュ（Christopher Lasch, 1932-1994）の著書で一躍話題となった*Haven in a Heartless World: The Family Besieged*（Basic Books, 1977）のタイトルに由来する。

*4 合計特殊出生率（fertility rates per year of marriage; total fertility rate: TFR）——女性がその生涯の受胎可能な時期に産む子どもの平均数。受胎可能年齢を15歳から49歳までと決めて算出する「期間合計特殊出生率」と、同年代に生まれた人びとを対象とした「コホート合計特殊出生率」とがある。この指標によって、異なる時代、異なる集団間の出生による人口の自然増減を比較・評価することができる。2.1以下になると、理論上は、人口動態は減少傾向を示す。

➡育児、乳母養育、家族の諸類型、聖母マリア（世俗）、代理母出産、父親業と父性

● 参考文献

Amadiume, Ifi. 1987. *Male Daughter, Female Husbands*. London: Zed Books.

Amadiume, Ifi. 1997. *Reinventing Africa: Matriarchy, Religion, Culture*. London: Zed Books.

Bouvard, Marguerite Guzman. 1994. *Revolutionizing Motherhood: The Mothers of the Plaza De Mayo*. Wilmington, DE: Scholarly Resources.

Brown, Stephanie. 1994. *Missing Voices: The Experience of Motherhood*. Melbourne, Australia: Oxford University Press.

Chodorow, Nancy. 1978. *The Reproduction of Mothering: Psychoanalysis and the Sociology of Gender*. Berkeley: University of California Press. ナンシー・チョドロウ『母親業の再生産——性差別の心理・社会的基盤』（大塚光子・大内菅子訳、新曜社、1981年）

Coquery-Vidrovitch, Catherine. 1997. *African Women: A Modern History*. Boulder, CO: Westview Press.

Curry, Lynne. 1999. *Modern Mothers in the Heartland: Gender, Health, and Progress in Illinois, 1900-1930*. Columbus: Ohio State University Press.

Degler, Carl. 1980. *At Odds: Women and the Family in America from the Revolution to the Present*. New York: Oxford University Press.

Fernea, Elizabeth Warnock, ed. 1995. *Children in the Muslim Middle East*. Austin: University of Texas Press.

Fox-Genovese, Elizabeth. 1991. *Within the Plantation Household*. Chapel Hill: University of North Carolina Press.

Fuchs, Rachel. 1984. *Abandoned Children: Foundlings and Child Welfare in Nineteenth-Century France*. New York: State University of New York Press.

Glickman, Rose L. 1984. *Russian Factory Women: Workplace and Society, 1880-1914*. Berkeley: University of California Press.

Golden, Janet. 1996. *A Social History of Wet Nursing in America: From Breast to Bottle*. Cambridge, UK: Cambridge University Press.

Hatem, Mervat. 1987. "Toward the Study of the Psychodynamics of Mothering and Gender in Egyptian Families." *International Journal of Middle East Studies* 19, no. 3（August）: 287–306.

Jolivet, Muriel. 1997. *Japan, the Childless Society? The Crisis of Motherhood*. Trans. Anne-Marie Glasheen. New York: Routledge. ミュリエル・ジョリヴェ『子供不足に悩む国、ニッポン——なぜ日本の女性は子供を産まなくなったのか』（鳥取絹子訳、大和書房、1997年）

Ochiai, Emiko. 1997. *The Japanese Family System in Transition: A Sociological Analysis of Family Change in Postwar Japan*. Trans. the Simul Press. Tokyo: LTCB International Library Foundation. 落合恵美子『21世紀家族へ——家族の戦後体制の見かた・超えかた』（有斐閣、1994年）

Oyewumi, Oyeronke. 1997. *The Invention of Women: Making an African Sense of Western Gender Discourse*. Minneapolis: University of Minnesota Press.

Ransel, David L. 1988. *Mothers of Misery: Child Abandonment in Russia*. Princeton, NJ: Princeton University Press.

Ransel, David L. 1991. "Infant-Care Cultures in the Russian Empire." In *Russia's Women: Accommodation, Resistance, Transformation*, ed. Barbara Evans Clements, Barbara Alpern Engel, and Christine D. Worobec. Berkeley: University of California Press.

Rothman, Sheila. 1975. *Women's Proper Place*. New York: Basic.

Ryan, Mary P. 1981. *Cradle of the Middle Class: The Family in Oneida County, New York, 1790–1865*. Cambridge, UK: Cambridge University Press.

Ryan, Mary P. 1983. *Womanhood in America: From Colonial Times to the Present*, 3rd ed. New York: Franklin Watts.

Ryan, Mary P. 1985. *The Empire of the Mother: American Writing about Domesticity, 1830–1960*. New York: Harrington Park Press.

Seymour, Susan Christine. 1999. *Women, Family, and Child Care in India: A World in Transition*. Cambridge, UK: Cambridge University Press.

Sidel, Ruth. 1982. *Women and Child Care in China: A Firsthand Report*. New York: Penguin.

Smith, Bonnie G. 1981. *Ladies of the Leisure Class: The Bourgeoises of Northern France in the Nineteenth Century*. Princeton, NJ: Princeton University Press. ボニー・G・スミス『有閑階級の女性たち——フランスブルジョア女性の心象世界』（飯泉千種訳、法政大学出版局、1994年）

Smith, Robert J., and Ella Lury Wiswell. 1982. *The Women of Suye Mura*. Chicago: University of Chicago Press.

Sussman, George D. 1982. *Selling Mothers' Milk: The Wet-Nursing Business in France, 1715–1914*. Urbana: University of Illinois Press.

Tucker, Judith. 1997. "The Fullness of Affection: Mothering in the Islamic Law of Ottoman Syria and Palestine." In *Women in the Ottoman Empire: Middle Eastern Women in the Early Modern Era*, ed. Madeline C. Zilfi. Leiden, Netherlands: Brill.

Tucker, Judith, and Margaret Meriwether, eds. 1999. *A Social History of Women and Gender in the Middle East*. Boulder, CO: West-view Press.

Ulrich, Laurel Thatcher. 1980. *Good Wives: Image and Reality in the Lives of Women in Northern New England, 1650–1750*. New York: Oxford University Press.

Uno, Kathleen. 1999. *Passages to Modernity: Motherhood, Childhood, and Social Reform in Early Twentieth-Century Japan*. Honolulu: University of Hawai'i Press.

White, Deborah Gray. 1999. *Ar'n't I a Woman? Female Slaves in the Plantation South*, rev. ed. New York: Norton.

（KATHLEEN UNO／松丸修三訳）

バービー人形（Barbie）

　バービー人形——20世紀後半に世界でもっとも人気を博した人形——の起源は、リリ人形までさかのぼることができる。リリは、もともとダス・ビルト社のコミックのキャラクターであった。ブロンドがセクシーなリリは、のちにポルノ的な人形に仕立てられ、戦後のドイツで独身男性の人気を得た。マテル社の共同創設者のひとりであったルース・ハンドラーがリリに出会ったのは、ヨーロッパ旅行中のことであった。ハンドラーは、娘のバービーや同じ年頃の少女たちが、この原型的な人形を見て自分たちの将来の姿を思い浮かべることができるのではないかと考えた。母親になるという未来像ではなく、別の女性像を想像することができるのではないかとふんだのである（戦後のアメリカでは、もっぱらベビードールが玩具市場を独占していたという背景もある）。そのドイツ製のリリを作り替えたのが、マテル社の男性デザイナーたちであった。彼らはリリの性的なニュアンスをやわらげ、かわりに理想的な女性の特徴をもりこんだ。こうしてリリは、清純さも色気も感じられるティーンエイジャーの人形に仕立てられた。デザイナーたちはまた、**消費文化**の流れも意識した。約30センチのバービー人形と、オートクチュールの小さな衣装の数々は、アメリカの若い消費者たちがほしがるように作られた。そんなバービーを、消費者たちが玩具業界史上もっとも成功をおさめた商品に押し上げた。

　バービー人形は、21世紀初期までに10億体も売れたが、はじめから消費者や批評家の評判がよかったわけではない。この人形は、1959年のニューヨークのおもちゃショーでデビューを飾ると、ほどなくして物議をかもした。マテル社は、バービーに「教育的な価値」があると主張したものの、当時の母親たちを説得

することはできなかった。バービーは女性らしさを増長しているし、恥ずかしくなるほど女っぽいと多くの母親たちが批判した。フェミニストたちも、バービーの魅惑的な体つきや挑発的な顔つき、刺激的な衣装をとりざたした。そして、バービーとは、女性を性的な対象物に仕立てたものなのだと批判した。ちなみに、衣装はボーイフレンドのケンをはじめ男性たちの注目を集めるように作られていた。社会評論家たちも、バービー人形の物質主義的な面——華美な生活スタイル、買い物熱など——を責めたてた。また、バービーが勤勉なはたらき手の家庭の娘たちに、猿まね的な消費主義を植えつけたと非難した。バービーは時とともにファッション・モデルからキャリア・ウーマンへと変身した。それでも、少女たちがバービーの非現実的な体形にとらわれて、それを理想としてしまうのだと指摘された（だが、バービーは実在していたなら3メートルもあることになる）。いっぽう、研究者などは、少女も少年も子どもも大人も、バービーを使ってジェンダーの規範をゆるがすような遊び方をすることをさしめしてきた。

バービーは、アメリカ人にとっての女性らしさの典型的な偶像として、無数の風刺アートでとりあげられてきた。マテル社はその多くを検閲しようとした。「ゆがめられたバービー」（The Distorted Barbie）という名のウェブサイトもそのひとつである。バービーは「スーパースター」（Superstar, 1987年）にも出演している。これはトッド・ヘインズが監督をつとめた映画で、拒食症に苦しんだ歌手カレン・カーペンター（1950-1983）の生と死を描いている。また、バービーは宗教的なカードの模造品で、十字架にはりつけにされたりもしている。1993年には、バービー解放組織（Barbie Liberation Organization）が300体のバービーとG.I.ジョーの発声器を入れ替えた。その結果、野太い声で「鉛でも食ってろ、コブラめ。オレが復讐してみせる！」とおどすバービーと、甲高い声で「お買い物に行きましょう」とさえずるG.I.ジョーが多数できあがった。

アメリカでは、21世紀前半には、3歳から11歳までの平均的な少女が10体のバービー人形をもつようになったといわれている（毎秒2体のバービーが売れるという計算になる。）そのいっぽうで、大人の収集家のあいだではバービーが高額で取引されるようにもなった。バービーばかりを収集したり、販売したりする人は大勢いるが、なかでもカリフォルニアのパロアルトにある「バービー・ホール」（Barbie Hall of Fame）は1万体を保有し、世界一のコレクションを誇る。

➡遊びの理論、おもちゃ、少女期、人形
●参考文献
Boy, Billy. 1987. *Barbie: Her Life and Times*. New York: Crown.
Lord, M. G. 1994. *Forever Barbie: The Unauthorized Biography of a Real Doll*. New York: William Morrow.
McDonough, Yona Zeldis, ed. 1999. *The Barbie Chronicles: A Living Doll Turns Forty*. New York: Touchstone.
　　（MIRIAM FORMAN-BRUNELL／金子真奈美訳）

パブリックスクール（イギリス）(Public Schools: Britain)

イギリスのパブリックスクールは、組織的に自治的であること、「教養教育的」（リベラル）なカリキュラム理念を重視していること、そして、しばしば学校内に寄宿する有料の学生団体を有していることなどの特徴がある。イギリスでは、パブリックスクールのような制度上の地位を統治する公式の基準はまったくないものの、その一般的な資格は、1869年にアッピンガムのエドワード・スリング[*1]による財産管理の下で設立された連携機構である校長会議への代表派遣にあった。しかし、最初に集まった37校から1937年の約200校にまで増えたことにみられるように、この連携機構への加盟校数が増加したことは、パブリックスクール制度の核心をなしていた名望の、ごく少数の学校による優越感をおおい隠してしまう。このエリート集団は「偉大な9校」（Great Nine。1382年創立のウィンチェスター校、1440年創設のイートン校、1509年創設のセント・ポールズ校、1552年創設のシュルーズベリー校、もともとは1179年に計画され1560年に再建されたウェストミンスター校、1561年創設のマーチャント・テイラーズ校、1567年創設のラグビー校、1572年創設のハロー校、そして1611年創設のチャーターハウス校）として、あるいは定期的なスポーツ競技大会を通じて、お互いに共通する地位がわかっている約60校からなる広範な同盟校として定義される。最初期のパブリックスクールは、もともとは貧民のために聖職者の訓育を提供するというねらいがあったが、授業料を徴収する需要の高まりは、この学校が急速に富者のための唯一の領域になったことと、この学校への就学がイギリス社会のエリートたちの通過儀礼になったことを意味した。寄宿制度はヨーロッパ大陸で知られていなかったわけではなかったが、パブリックスクールは、その社会的声望、組織的な文化、そしてジェントルマン的気質などの点で、グレートブリテン島（イギリス）のユニークさを示している。

長期にわたって評価が高かった教育組織どうしの連携、基金をもつグラマースクール（文法学校）、そして共通のエートスをもつ単一制度に向けた新しいヴィクトリア時代風の学校の顕著な増加、これらはいずれも19世紀後半の所産であった。18世紀と19世紀初めにかけては、残虐と非能率がはびこり、財政的にも道徳的にも破綻したパブリックスクールが非難の的になった時代であった。とくにフランス革命期に見られた一連の目立った学生反乱は、名門校の評価をひどく傷

トマス・フィリップ「トマス・アーノルド」(1840年)。
National Portrait Gallery, London*

つけた。しかし、1828年から1842年までラグビー校の校長であったトマス・アーノルド*2の影響のもと、パブリックスクールは、道徳的および精神的な発達の請け負い機関として作りなおされ、キリスト教的ジェントルマンの育成者という役割も支持を受けるようになった。各学校はそれぞれの伝統と個性を守ったが、アーノルドとその模倣者たちによって広められた教育組織としての特徴には次のようなものがあった。すなわち、生徒の監督制度*3、学寮制度、団体ゲーム、アマチュア精神の礼賛、そして古典の学習に取り組む重要性の再認識、これらすべてが19世紀末までに典型的な特徴になった。

　パブリックスクールでの子どもたちの生活は、子どもの「人格」形成を掲げる学校の関心によって形成されていた。アーノルドは、罪に対する際限のない戦いをしつづけることによる男らしさの達成を強調していたが、ヴィクトリア時代末期以降、こうした福音の教えに合致した概念は、決断力、自制心、そして義務感覚といった世俗的な徳性に屈した。生徒たちのために、これらは、ジェントルマンらしいふるまい方の基礎だとみなされていたフェアプレー精神、無私の精神、団体精神(*esprit de corps*)といった気質の推進力として、運動競技の礼賛とゲームの賛美に移し替えられた。これと同じく、教室での授業も、学問そのもののためというよりはむしろ社会的なエリートに適合するような道徳的かつ行動的な性格特性の育成にむけて調子を合わせていた。ヴィクトリア時代末のパブリックスクールが古典教養科目の優先的な中核を超えて、そのカリキュラムを拡張するようにはたらきかけていた圧力の大部分は、人格形成の過程を支援することができる教科の感知能力にもとづいていた。広く体罰を用いることで強められた厳格な規律、上級生のために奉仕することが要求される下級生のこき使いという慣行は、こうした文脈では正当化された。つまり、この慣行は公的な生活と帝国の統治において将来の役割を果たすうえで必要な従順さ、克己心、権威といった気質を少年たちに教えたのであった。

　ある者にとっては、こうした伝統は、下級生のこき使いやいじめが、すでに耐えがたい状況になっていた学校をさらに悪化させるという不幸な経験を味わうことになった。自分の学校を批判することは恥ずべきことであり「はしたないこと」だと考えられていたが、パブリックスクールの支配体制によってつくり出された圧政についての記事を見つけ出すのは困難ではない。1800年代初期に、おそれられていたキート博士*4が統治していたイートン校では、1学期のあいだに80名の生徒を上級生がこき使ったことで悪名をはせ、詩人のシェリー*5は、下級生のこき使い制度に従うことを彼が拒否したことが原因の一部になって起きた猛烈ないじめの犠牲者であった。この20年後、イギリスの文学者アンソニー・トロロープ*6は、彼の兄トムが自分の「チューター」*7に選ばれたとき以降、ウインチェスター校で、監督生の過酷な支配からのがれられると本気で期待していたかもしれない。だがその期待とは裏腹に、彼が自叙伝で回想しているように、彼は毎日鞭打たれていた。それにもかかわらず、ほかの人びとにとっては、母校のパブリックスクールは、ほとんど狂信的な忠誠心の対象であった。第1次世界大戦をクリケット試合の拡大版と解釈すること、国家のために戦うのと同じように母校のために戦うことは、最前線の手紙や日記のなかで共通に読みとれたし、大衆文学のなかでパブリックスクールの栄光がたたえられたことは、少年たちにいだく強い愛着の対象としての学校イメージを強めた。

　広まっていたジェンダーの観念はパブリックスクールで定着させられ、少年たちは女々しい男をパブリックスクールの理想のアンチテーゼとして、また国民生活への脅威として解釈するよう強いられた。同様に、ノース・ロンドン・カレッジエイトスクールとかチェルテナム女子大学のような学校組織で少女たちにますます提供されるようになったのは、男子校のカリキュラムと組織的な文化の要素を再生産するだけにとどまらず、伝統的な女性らしい理想、すなわち少年は男らしく、少女は女性らしくという理想による人格の陶冶を媒介しようとするものであった。こうした理由から、20世紀初頭以降の男女共学の広まりは抵抗を受けていたが、すでにこの頃までにパブリックスクールは、

ほかのさまざまな異議申し立てに直面していた。パブリックスクールは、そのエリート主義に対する平等主義からの攻撃から、反産業主義的エートスによる国家の衰退をうながしたことを糾弾することにいたるまで、20世紀の批評家たちからのがれることはできなかった。しかし、この組織は、パブリックスクールを公立の教育機関から区別してきたその独自性と特徴の多くを保持するあいだに、変化のなかでも航行可能であることを広く証明した。20世紀のイギリスでは、パブリックスクールから政治生活と専門職生活の高い地位へとつながる道はいまなお堅くふみ固められたままである。

[訳注]

*1 エドワード・スリング（Edward Thring, 1821-1887）——イギリスの宗教家、教育者。名門校イートン校からケンブリッジ大学にすすみ、25歳のときイギリス国教会の牧師補となったのち、アッピンガム校の校長に就任し、教育改革に取り組んだ。

*2 トマス・アーノルド（Thomas Arnold, 1795-1842）——イギリスの聖職者、教育者。荒廃したラグビー校の再建のためにスポーツをとりいれるなど教育改革に取り組み、高等教育界に大きな影響をおよぼした。アーノルドは、ヒューズの『トム・ブラウンの学校生活』（Thomas Hughes, *Tom Brown's School Days*, 1857）のモデルである。その子マシュー・アーノルド（Matthew Arnold, 1822-1888）は、『教養と無秩序』（*Culture and Anarchy*, 1869）の著者として知られる詩人、評論家である。

*3 生徒の監督制度（pupil prefecture）——パブリックスクールで監督生徒が風紀などを監督する制度。監督生（praeposter）、風紀生（prefect）、級長（prepositor）、指揮生（monitor）などとよばれた。

*4 キート博士（John Keate, 1773-1852）——イギリスの教育者。36歳（1809年）から61歳（1834年）まで25年間イートン校の校長であった。規律に厳格であったことで広く知られた。

*5 シェリー（Percy B. Shelley, 1792-1822）——イギリスのロマン派の詩人。

*6 トロロープ（Anthony Trollope, 1815-1882）——イギリスの小説家。架空のバーセットシャーを設定した連作小説の作家。

*7 チューター（tutor）——オックスフォード大学やケンブリッジ大学などイギリスの高等教育機関で、割りあてられた少人数の学生の勉学、居住、進路などについて直接個別的に指導、助言、監督する個人指導教師。通例は大学のフェローが担当する。

➡教育（ヨーロッパ）、私立学校と独立学校、男女共学と別学教育

●参考文献

Bamford, Thomas William. 1967. *Rise of the Public Schools: A Study of Boys' Public Boarding Schools in England and Wales from 1837 to the Present Day*. London: Nelson.

Fraser, George MacDonald, ed. 1977. *The World of the Public School*. London: Weidenfield and Nicholson.

Gathorne-Hardy, Jonathan. 1977. *The Public School Phenomenon, 597-1977*. London: Hodder and Stoughton.

Mangan, James A. 1981. *Athleticism in the Victorian and Edwardian Public School: the Emergence and Consolidation of an Educational Ideology*. Cambridge, UK: Cambridge University Press.

McCrone, Kathleen E. 1988. *Sport and the Physical Emancipation of English Women, 1870-1914*. London: Routledge.

Parker, Peter. 1987. *The Old Lie: The Great War and the Public-School Ethos*. London: Constable.

Simon, Brian, and Ian Bradley, eds. 1975. *The Victorian Public School: Studies in the Development of an Educational Institution*. Dublin: Gill and Macmillan.

Stanley, Arthur P. 1844. *The Life and Correspondence of Thomas Arnold*. London: B. Fellowes.

(NATHAN ROBERTS／北本正章訳)

ハマー対ダゲンハート訴訟（Hammer v. Dagenhart）

アメリカ連邦最高裁判所は、ハマー対ダゲンハート訴訟において、憲法違反の州際通商を規制できる連邦裁判所の権力によって児童労働を制限する、「1916年キーティング＝オウエン法」（the 1916 Keating-Owen Act）を布告した。「キーティング＝オウエン法」は、もしその商品が14歳以下の子どもを雇用している会社によって、または、16歳未満の子どもを雇用している鉱山で製造されたものである場合、州の境界線をまたぐ出荷を禁止した。「キーティング＝オーエン法」が1917年に効力をもつようになったとき、グレイス・アボット[*1]の下の児童労働部局は、ジュリア・ラスロップ[*2]が率いる**アメリカ連邦児童局**によってこの法律を強化するために組織された。これとほぼ前後して、ノースカロライナの工場ではたらいている2人の少年の父親であったダゲンハートは、この法律が強化されるのを阻止するために訴訟を起こした。ダゲンハートはこの裁判で勝訴し、州法の差し止めを勝ちとった。これに対して、ノースカロライナ州の司法長官は連邦最高裁判所へ控訴した。評決は5対4と割れたが、多数派は、州法はダゲンハートのような、子どもにかかわる親の所有権を奪うため、州法は憲法違反であるとした下級裁判所の審理を却下した。それに代わって、判事のウィリアム・D・デイは、州法は、憲法が直接認めなかったものを、連邦議会に代わって間接的に遂行しようとしたと書いた。連邦法規の目的は、各州の製造業を規制することであった。したがって、州の権利に介入することは、憲法の商業条項を、憲法に違反して利用することになった。判事のオリヴァー・W・ホームズは、少数派の立場から、この法律は完全に州

際通商の条項の権限内にあり、各州に関連するこの法令の目的と結果は問題にならないと主張した。

「キーティング＝オウエン法」とハマー対ダゲンハート訴訟は、児童労働をめぐる闘争を、この国の最高の司法組織と政治組織の前にはじめてもちこんだという点できわだっている。その結末は、州法の権利原則と束縛されない法人組織の権利を求める自由放任主義的な合理化とがせめぎあうとき、児童労働の改革者たちが直面する困難さをあぶりだしている。改革者たちは、ハマー判決の後でさえ、連邦の行動を求めて活動しつづけた。それは、州議会に経済的な圧力をかけて、その州が仕事の利益にアピールするようにさせることは、州法による有意義な方法で資本主義の悪用を抑制するのを不可能にしてしまうと改革者たちが理解していたためであった。キーティング＝オーエン法の敗訴の後、改革者たちは法廷の要求に応じて法令を修正しようとした。だがこれは、ベイリー対ドレクセル訴訟で（1922）で否認された。次に、**全米児童労働委員会**は、1924年に憲法の児童労働の改正をおしすすめたが、これも失敗した。

改革者たちは、1938年の連邦労働基準法と連携するすべての州における児童労働に対する永続的で重要な制限をようやく達成し、1941年には、連邦最高裁判所は、アメリカ政府対ダービー訴訟において、ハマー判決を明確にくつがえした。ダービー判決は進歩主義の団体から熱烈に歓迎されたが、ハマー訴訟の敗北は、エディス・アボット*3のような改革派の心のなかで消えることはなかった。彼女は、この状況に対して、連邦最高裁判所は、20年前に州政府の権力と自由貿易の名のもとに見すてられた子どもたちの「発育が止められた精神とゆがめられた人生」を修復することはできたであろうか、と問いかけたのであった。

[訳注]
* 1 グレイス・アボット（Grace Abbott, 1878-1939）——児童福祉、移民支援を推進したアメリカの著名なソーシャルワーカー。はじめ高校教師であったが、シカゴでソーシャルワーカーとして福祉施設ハルハウス（Hull House）に居住し、フェミニズム、社会改革、貧困者の避難所の設立などのために活動するかたわら、シカゴ大学で学び、移民保護連盟、アメリカ連邦児童局、女性労働組合連盟などで活動した。『子どもと国家』（*The Child and the State*, 1938）など。
* 2 ジュリア・ラスロップ（Julia Clifford Lathrop, 1858-1932）——アメリカの社会改良家。連邦児童局の初代局長（1912-1922）。A・リンカーンの友人であった法律家の父と、婦人参政権の活動家であった母親のもとに生まれ、シカゴで社会福祉活動に従事し、教育、社会政策、児童福祉問題に取り組んだ。
* 3 エディス・アボット（Edith Abbott, 1876-1957）——アメリカの経済学者、ソーシャルワーカー、教育者、作家。彼女の年下の妹がグレイス・アボットである。ネブラスカ大学を卒業後、カーネギー財団の留学生としてロンドン大学におもむき、そこでウェッブ夫妻から貧困研究など、社会政策研究の刺激を受けた。*Women in Industry*（1910）、*The Real Jail Problem*（1915）、*The Delinquent Child and the Home*（1912）、*Truancy and Non-Attendance in the Chicago Schools*（1917）など多数の著作がある。

➡児童労働（欧米）、法律と子ども
●参考文献
Lindenmeyer, Kriste. 1997. *A Right To Childhood: The U.S. Children's Bureau and Child Welfare, 1912-46.* Urbana: University of Illinois Press.
Trattner, Walter I. 1970. *Crusade for Children: A History of the National Child Labor Committee and Child Labor Reform in America.* Chicago: Quadrangle Books.
（PATRICK J. RYAN／北本正章訳）

バリー、J・M（Barrie, J. M.）
➡『ピーター・パン』とJ・M・バリー（Peter Pan and J. M. Barrie）

『ハリー・ポッター』とJ・K・ローリング（Harry Potter and J. K. Rowling ）

驚異的な人気を誇った『ハリー・ポッター』シリーズほど成功し、精読され、あるいは議論された児童書は20世紀末にほとんど見あたらない。いかにもイギリスらしい学校物語の味わいがあり、ミステリーのおもしろさをもち、伝統的なファンタジーでもあるこのJ・K・ローリング［1966-］による全7巻のシリーズは、ハリーという名の少年が、自分が生まれつきの魔法使いであること、そして、マグル（非魔法族）の世界の目と鼻の先に魔女や魔法使いの社会がひそかに存在することを知るという物語である。謎めいた状況のもとで孤児となり、額に稲妻型の奇妙な焼き印を押されたハリーは、冷淡な親戚、ダーズリー家のもとで育てられる。11歳の誕生日を迎えた日、そんなハリーのところに人なつこくて巨大なハグリッドがやってくる。ハグリッドは、魔法使いのためのホグワーツ魔法魔術学校の番人をつとめていて、ハリー宛ての入学許可証をたずさえてやってきたのである。ハリーは、入学早々、勉強好きな少女ハーマイオニー、そして、コミカルなロンと友情をきずく。また、裕福な家庭の子息であるドラコには敵視される。このシリーズの各巻はホグワーツでの１年間を描いているのだが、巻を追うごとに暗い様相を増す冒険をとおして、ハリーは魔法界の秘密だけでなく、自分の過去についても知ることとなる。ヴォルデモートの手で殺された両親のこともそのひとつであった。

『ハリー・ポッター』シリーズの特徴は、文学性、深み、そして、巻を追うごとにページ数が増すことである。児童書の歴史上、もっともよく売れた作品のひとつである第4巻にいたっては約800ページにもなっ

映画「ハリー・ポッターと賢者の石」で、ホグワーツ魔法学校の校長ダンブルドア（リチャード・ハリス）に相談するハリー・ポッター（ダニエル・ラドクリフ）。J・K・ローリングの第1巻『ハリー・ポッター』の2001年の映画への翻案は、史上最高の収益を上げた作品のひとつとなった。THE KOBAL COLLECTION/WARNER BROS/MOUNTAIN, PETER

ている。そして、この機知に富んだシリーズにはじゅうぶんに彫琢された登場人物たちのみならず、神話的な要素と名前が満載され、細部まで設計された複雑な構造をもつミステリーとしても広く知られた。また、特徴的なのは、よく考えられた品物や呪文、架空の生き物、秘め事のある大人たち、ゴシック調の城の校舎、箒に乗ってくりひろげられる「クイディッチ」（Quidditch）とよばれるサッカーに似たスポーツなどである。ローリングはまた、本作において、偏見（混血に対する偏見）、クラス（組み分け帽によって配属される寮などを通じて描写している）や、青年期（若き登場人物たちがそれぞれの力を制御できるようになる姿を通じて描写している）などのテーマを扱っている。

クチコミと巧みなマーケティングにより、最初の3巻――『ハリー・ポッターと賢者の石』（*Harry Potter and the Philosopher's Stone*, 1997）、『ハリー・ポッターと秘密の部屋』（*Harry Potter and the Chamber of Secrets*, 1998）、『ハリー・ポッターとアズカバンの囚人』（*Harry Potter and the Prisoner of Azkaban*, 1999）――は数多くのファンクラブやファンサイトを生みだした。また、ベストセラー・リストを埋め、大人の読者のあいだでもお気に入りの作品となった。批評家たちは、ローリングがたんに古くからある伝統的な物語を書きなおして、新しさをよそおっているだけなのではないかと議論した。また、宗教団体は、当シリーズが魔術や神秘学に重心をかけているとして異議を申し立て、1999年には、最初の3巻をもっともひんぱんに禁書に定めた本にまでした。第4巻の『ハリー・ポッターと炎のゴブレット』（*Harry Potter and the Goblet of Fire*, 2000）が出版された頃には、深夜の発売や一連のマーケティングが『ハリー・ポッター』シリーズを世界的な現象、また、商品化の宝の山にした。空飛ぶ箒や透明マントが登場する魅力的な世界を描くこのシリーズは、この意欲的な市場戦略に呼応しているかのようであった。その一方で、ローリングの作品は非常に教訓的でもある。というのも、しばしば魅惑的な物品――願望を映し出す鏡や、永遠の生命をあたえてくれる石など――を登場させて、それらが主要な登場人物たちの心を決して満たすものではないものとして描くことにより、誘惑にはうち勝つべきだと語っているのである。

クリストファー・コロンブスによる大ヒット映画である「ハリー・ポッターと賢者の石」――映画史上、最高の興行収入をあげた作品のひとつ――は、イギリス人だらけのキャストと、主役の3人に無名の子どもたちを起用して、原作に忠実に作られた。その成功により、シリーズの映画化は約束された。一方、第5巻

の出版は延期されていた。この遅延は、ローリングが家族とより多くの時間をすごしたり、じっくりと構想を練ったりしたいと願ったためであった。第5巻の発売は待ち望まれた。スコラスティック社は、そんな読者の期待に乗じて、2冊の補足的な作品を出版した。それらは、『幻の動物とその生息地』(Fantastic Beasts and Where to Find Them, 2001) と『クィディッチ今昔』(Quidditch Through the Ages, 2001) で、いずれもホグワーツ校指定教科書として売り出された。

　1966年、ブリストル近郊のチッピング・ソドベリーで生まれ、英語とフランス語の教師をつとめたローリングは、最初の数巻をおもにカフェで、幼い娘が眠っている間に執筆した。電車のなかでこの物語を思いついたローリングは、創造力が爆発したかのように、またたくまに全7冊の構想を組み立て、各登場人物の人生までをも思い描いた。当初いくつかの出版社に出版を断わられたのち、第1巻はイギリスで出版にこぎつけた。その後にアメリカのスコラスティック社が版権を買う。アメリカでの出版に際して、原題の「賢者の石」(Philosopher's Stone) がより空想的な「魔法使いの石」(Sorcerer's Stone) というタイトルに変更されたり、英語の俗語が削られるなどの改訂がほどこされた。そして、第1巻はしだいに30もの言語に翻訳されるようになる。このシリーズは、いまだに出版界における大事件であるとともに、現代児童文学における主要な試金石でありつづけている。

➡児童文学、双書(シリーズもの)、『指輪物語』とJ・R・R・トールキン
●参考文献
Fraser, Lindsey. 2000. *Conversations with J. K. Rowling.* New York: Scholastic.
Natov, Roni. 2001. "Harry Potter and the Extraordinariness of the Ordinary." *The Lion and the Unicorn* 25: 310-27.
Pennington, John. 2002. "From Elfland to Hogwarts, or the Aesthetic Trouble with Harry Potter." *The Lion and the Unicorn* 26: 78-97.
Routledge, Christopher. 2001. "Harry Potter and the Mystery of Everyday Life." In *Mystery in Children's Literature: From the Rational to the Supernatural,* ed. Adrienne E. Gavin and Christopher Routledge. New York: Palgrave.
Shafer, Elizabeth D. 2000. *Beacham's Sourcebook for Teaching Young Adult Fiction: Exploring Harry Potter.* Osprey, FL: Beacham Publishing.
Zipes, Jack. 2001. "The Phenomenon of Harry Potter, or Why All the Talk?" In his *Sticks and Stones: The Troublesome Success of Children's Literature from Slovenly Peter to Harry Potter.* New York: Routledge.
寺島久美子『ハリー・ポッター大事典Ⅱ──1巻から7巻までを読むために』(原書房、2008年)*

(CHRIS MCGEE／金子真奈美訳)

ハルハウス (Hull-House)
➡アダムズ、ジェーン (Addams, Jane)

バル・ミツヴァー／バト・ミツヴァー (Bar Mitzvah, Bat Mitzvah)

　バル／バト・ミツヴァーの儀式は、子ども期の終わりをきわだたせ、儀礼的な成人期のはじまりを特徴づけている現代の**ユダヤ教**の少年期に行なわれる重要な**通過儀礼**である。バル・ミツヴァーという用語は「タルムード」[*1]文書において見いだすことができるが、その儀礼自体は最近になって発達したもので、おそらく中世後期にその起源がある。バル・ミツヴァーが言及されるようになるのは19世紀になってからである。

　500年頃に完成した法律と物語の概説である「タルムード」は、法的成熟年齢を、男子の場合で13歳以降、女子の場合で12歳以降に起こると宣言された**思春期**に置いていた。この時点で、男性は彼自身の儀礼と道徳的ふるまいに責任を負う「バル・ミツヴァー」(文字どおりには「戒律の子」[son of commandment]) となった(この用語は、儀礼そのものをさす一般的な言葉でもある)。もっとも重要なこととして、バル・ミツヴァーは、かならずしも完全な法的問題においてではなかったが、共同体の宗教的な地位という問題において十分に成熟した大人であった。彼は、公的な祈祷式に必要な10人の男性からなる宗教会議であるミニヤン[*2]において数のなかに入れられており、また、宗教的な礼拝において公の場で「トーラー」[*3]を音読するために招集された。少女の場合、その地位の変化はあまり目立たなかった。バト・ミツヴァーも、彼女の儀礼的および道徳的なふるまいに責任を負うことになったものの、少数者であれ大人であれ、女性はミニヤンの数のうちには入らなかったし、「トーラー」を音読するために招集される資格もあたえられなかった。彼女は父親の、そしてのちには夫の権威のもとにあり、成人のユダヤ人男性に認められていた道徳的および法律上の自律性を享受することはなかった。

　中世──といってもその当時バト・ミツヴァーのための儀礼はまったくなかったのだが──において発展したバル・ミツヴァーの儀式は、成熟年齢に達した少年が、その誕生日の安息日に、あるいは、さまざまな地域的な特色はあるものの、東ヨーロッパでしばしば見られたように、次の月曜日か木曜日の朝、「トーラー」の音読のために招集されることになっていた。そのバル・ミツヴァーが安息日に行なわれた場合、彼は、預言書の抜粋である「ハーフタラー」[*4]を詠唱することになっていた。これには地域的なバリエーションがあった。いくつかの地域では、バル・ミツヴァーの少年は、信者集会を先導したり、安息日には、週決めで割りふられている「トーラー」の一部を伝統的な詠唱

法で読んだりした。アシュケナジム（北ヨーロッパ）とセファルディム（イベリア半島とレヴァント地方）の儀式では、少年たちは、その学習ぶりを示し、自分の家族に晴れの姿を見せられるように、『タルムード』についての特別な講話をするための個人指導を受けていた。バル・ミツヴァーになった後、この少年は、平日の朝の祈祷の際に聖句箱*5を身につけるよう要求された。バル・ミツヴァーには、特別な祝祷と、しばしばお祝いのごちそうが用意されたが、儀式そのものは多くの場合ささやかな催しであった。

　西欧米のユダヤ人たちが19世紀の大きな社会の道徳観に順応していくのにつれて、バル・ミツヴァーの儀式はその意義を縮小していった。集団による**堅信**の儀式はキリスト教の諸慣習とよく調和したが、次のような二つの付加的な利点があった。そうした堅信の儀式は、ユダヤ教が女性を軽蔑視しているという非難に敏感であったユダヤ人にとっては、少女を儀式に参加させられるという利点があり、また、その儀式を青年期なかばにあてて、バル・ミツヴァーの儀礼が行なったよりも長い期間にわたってユダヤ教信仰を学ばせることができる。とりわけドイツとアメリカの改革的な、あるいはリベラルなユダヤ教の礼拝堂（シナゴーグ）は、堅信を優先してバル・ミツヴァーの儀礼を事実上排除した。

　20世紀になると、とくにアメリカの改革的なシナゴーグにおいてさえ、バル・ミツヴァーがふたたびあらわれた。1949年には、あるユダヤ人歴史家は、「アメリカのユダヤ人の人生において、バル・ミツヴァーはもっとも重要な画期的な出来事になっている」とさえ指摘した（Levitats, p. 153）。1880年から1924年にかけてアメリカに移住した膨大な数の東ヨーロッパのユダヤ人の子どもは、改革運動と連携しながらも、この慣習を保持することに熱心であった。また、バル・ミツヴァーは、1920年代以降、経済的に成功したアメリカのユダヤ人たちが消費至上主義（コンシューマリズム）を子どもの通過儀礼に結びつけるのを可能にした。伝統的なユダヤ人社会のバル・ミツヴァーの儀式としばしば結びついていたお祝いのごちそうは、当の子どもばかりでなく両親の新しい地位をきわだたせることにもなり、しばしば楽団とダンスまでそろった娯楽的なお祝いの機会となった。近代のバル・ミツヴァーには贈り物をあたえることがともなったが、商業的な要素もしっかりとつけくわえられた。1930年代以降、ラビ*6と共同体の指導者たちは、バル・ミツヴァー「行事」の過剰なぜいたくぶりと、世俗的なお祝いごとにその精神性が従属していることを批判した。

　少女のバト・ミツヴァーになる儀礼の祝典は、本質的に20世紀アメリカの現象で、アメリカでジェンダーの平等化に対する関心が高まりをみせたことを反映している。少女たちは、19世紀には集団的な堅信にふくまれており、イタリアとフランスではバト・ミツヴァーの儀礼についての言及も見られたが、アメリカではじめて文書記録に残った個人のバト・ミツヴァーが行なわれたのは、1922年であった。のちにユダヤ教の再建主義運動の創始者となる保守派のラビであったモルデカイ・カプラン*7は、ニューヨーク市に彼が設立した新しいシナゴーグで、自分の娘ジュディスの宗教的成熟を革新的な儀式で祝福しようと決心した。しかし、このバト・ミツヴァーは、アメリカでは第2次世界大戦後まで一般化することはなかった。それは最初、保守派の運動のなかでさかんになり、改革運動がバル・ミツヴァーの儀礼の重要性を再構築すると、改革的なシナゴーグにおいてもさかんになった。1970年代になると、アメリカの正統派のユダヤ人たちは、圧力を受けながら、ユダヤの律法にかんする理解という制約のなかで少女の宗教的成熟を特徴づけはじめた。イスラエルでは、一般に、少女のバト・ミツヴァーはシナゴーグの外で、しかもなにひとつ宗教的な要素もなく、パーティだけで祝われた。

　近代になって青年期が人生の一時期として新たに認識されると、バル／バト・ミツヴァーの儀式は、少年期から成人期に向けてではなく、少年期から青年期にむけての通過儀礼になった。アメリカにおけるこの儀礼の流行は、アメリカにおける宗教的伝統の持続的な強さばかりでなく、アメリカ人と、とくにアメリカのユダヤ人社会における子ども中心性をも反映している。共同体的な背景のなかで催されるバル／バト・ミツヴァーの儀式は、ユダヤ人が、その家族に集中したイベントを、ホロコースト以降のユダヤ人の中心的な関心事である集団的な生き残りを祝う祝典に結びつけるのを可能にしている。

［訳注］

*1 「タルムード」（ヘブライ語：תלמוד, Talmud）──タルムードとは、ヘブライ語で「教え」「研究」を意味し、モーセが伝えたもう一つの律法とされる「口伝律法」をおさめた文書群。口伝律法であるミシュナ（Mishnah）とその注解のゲマラ（Gemara）からなるユダヤの法律と伝承の集大成本をさしていう。紀元400年ごろパレスティナで編集された版（Palestinian Talmud）と、紀元500年ごろバビロニアで編集されたより大がかりで重要な版（Babylonian Talmud）がある。

*2 ミニヤン（minyan）──ヘブライ語で「集団」を意味し、とくにユダヤ法で礼拝を行なう場合に必要とされた最低出席者数。礼拝定足数は13歳以上の男性10人である。ヘブライ語の *minyŸn* は「数」を意味する。

*3 「トーラー」（Torah）──神によって示された生活と行為の原理。ユダヤ教の律法と教義の総体。

*4 「ハーフタラー」（*haftarah*）──ユダヤ教で、安息日や祭日に礼拝堂（シナゴーグ、synagogue）でParashahに続けて詠唱または朗読される旧約預言書の一部。ヘブライ語の *Haphṭārāh* は「終わり、最終部分」という意味がある。

*5 聖句箱（*tefillin, phylacteries*）――ユダヤ教の経札、経箱、聖句箱。旧約聖書の「申命記」（Deut.6:4-9, 11, 13-21）と「出エジプト記」（Ex.13:1-16）の聖句を記した羊皮紙。またその縛りひも付きの小さな黒色の革製の入れもの（*tefillin*）。平日に正統派および保守派ユダヤ教徒の男子が朝の祈りをするとき、二つで対になったひとつをひもで左腕に巻きつけ、ほかのひとつをひもで鉢巻きのように額にしばりつける。
*6 ラビ（Rabbi）――ユダヤ教の礼拝堂シナゴーグ（synagogue）の主管者で、通例は専門機関で特別な教育を受けて聖職につき、ユダヤ教とユダヤ人社会の宗教的指導者として教会や教育などの仕事に従事する人。ユダヤ社会の律法学者。
*7 モルデカイ・カプラン（Mordecai Menahem Kaplan, 1881-1983）――リトアニア生まれのアメリカの宗教指導者。ユダヤ教を「進化する文明」ととらえ、その「再形成と活性化を試みること」を目的に、1922年にユダヤ教再建主義運動を創始した。

➡青年期と若者期
●参考文献
Geffen, Rela M. 1993. *Celebration and Renewal: Rites of Passage in Judaism.* Philadelphia: Jewish Publication Society.
Hyman, Paula E. 1990. "The Introduction of Bat Mitzvah in Conservative Judaism in Postwar America." *YIVO Annual* 19: 133-146.
Levitats, Isaac. 1949. "Communal Regulation of Bar Mitzvah." *Jewish Social Studies* 10, no. 2（April）: 153.

（PAULA E. HYMAN／北本正章訳）

パレード（Parades）

　いかなる国家、都市、村落、あるいは宗教団体や民族団体も、その共同体感覚を明示しなくてはならない。古代社会以来、行進、見せ物行列、そしてパレードは、共同体の絆を視覚化する重要な手段のひとつであった。だれがそこに参加し、どこでそれが行なわれるかを共同体が決めていたこうした祝祭空間で、子どもはつねに重要な、しかし変わりやすい役割を演じていた。

古代と中世の祝祭空間

　プラトンは、その著書『法律』で、国家にとってその市民がお互いに知りあいになることほど利益になることはほかには見あたらない、と述べている。アテネ人は、パルテノン神殿のまわりの柱の帯状装飾（フリーズ）に明示されているように、壮大な全アテネ祭*1の行列でその統一を誇示した。ギリシア語で行列を意味するポンペ（*pompe*）は、ローマ人によってポンパ（*pompa*）という言葉に引き継がれたが、これは、「威風堂々」（*pomp and circumstance*）*2という表現のように、ヨーロッパのほとんどの言語の表現形式でいまでもいくつか見いだすことができる。
　行列はもともとは宗教的なものであった。しかしその形式は何世紀ものあいだ残存し、宗教的な行列から王の登場、民衆の祭りへと容易に変形し、20世紀初頭からは、アメリカのパレードのような商業的なイベントになった。
　都市は、現代のパレードでも古代の行列でも、しばしば演劇空間の機能を果たした。大通りに沿ったこうした場所にパレードが到着すると演劇がはじまる。劇の主役は、ヤシの葉や旗、あるいはそれと類似の小道具を打ちふる民衆に歓迎される。主役のあとには、人びとの長い行列と、ぜいたくに通りを飾り立てて活気をもたらす「山車」が続く。子どもたちは、通りに沿って、また行列の到着地で、立ったまま歓声を上げたり歌ったりする。
　しかし、小規模な共同体でさえ、その集合的な記憶あるいは集合的な願望を行列で示す必要があることを、歴史は示している。都市のパレードが、権力者の政治力や、権力のない人びとの願望をしばしば反映するものであるとするなら、村落や少人数の地域でのパレードは、その地方の状況を表現したり、日常的な基盤のうえでいっしょにならない人びとのあいだに共同体の感覚を作るのに役立つ。
　パレードは、社交性、参加、そしてときには既存の秩序の一次的な廃止などの特徴がある。しかし同時にまた、パレードは道徳的な教訓も教える。あらゆる行列にみられる構成要素は、山車に掲げられる絵画が語る道徳的教訓である。こうした教訓の大部分は宗教的なものかもしれないのだが、同時にまた軍事的、政治的、郷愁的、ユートピア的なものである場合もありえる。こうした教訓に見世物的な形態をあたえるためにさまざまな工夫が凝らされる。たとえば、中世初期の800年頃、教皇とカール大帝［シャルルマーニュ、742-814］のあいだの会議は、ローマへの入場によって祝福された。このときここでは、彼らはこの社会を構成するすべての階級――聖職者、政治的支配者、軍人、民衆、そして最後に学校児童たち――が出そろった歓迎を受けた。他方、中世のどんちゃん騒ぎのお祭りは、世の中を逆さまにひっくり返し、ときには「少年司祭」を選んで、子どもたちを行列の先頭に置くこともあった。中世後期になると、この行列には、力を増しつつあった都市の住民（中産階級の市民たち）の重要性が反映していた。
　近世（15世紀から18世紀まで）には、民衆文化とエリート文化のあいだのギャップが開いたが、民衆文化を根こそぎにしようとする政治的な圧力にもかかわらず、行列は市民生活の重要な部分でありつづけた。都市が宗教的、政治的あるいは経済的な緊張関係によって引き裂かれても、こうした圧力はお互いに張りあうパレードに反映していたかもしれない。

アメリカのパレード

　しかし、行列は、アメリカのパレードの発達にみら

感謝祭のパレードは19世紀にその起源をさかのぼる。もっとも有名な「メーシーズの感謝祭のパレード」は1924年にはじまり、21世紀初頭も人気を保ちつづけている。©Gail Mooney/CORBIS

れるように、なおまだ共同体感覚を形成する重要な道具でありつづけた。アメリカの小さな町では、パレードの中心は家族である。だれもがパレードに参加する。そして、パレードが宗教的あるいは愛国的な象徴であることを特色にしていたとすると、これはもちろん、子どもたちに家族、教会、そして国家のあいだのつながりを感じさせる。だが同時に、こうしたパレードは、告解火曜日[*3]のあいだ、ニューオルリンズのパレードでのように、アフリカ系アメリカ人が先住アメリカ人が身につけるような、びっくりするほど巨大な鳥の羽飾りがついた衣装で身を包み、一種の人種劇場のように演出する、日常生活に楽しい解釈ももたらす。こうしたパレードに参加した子どもは、「あなたの隣人といっしょになる」「いっしょに行進する」「横ならびに立つ」といったメタファーの実態を経験するだけでなく、社会的なアイデンティティと社会関係が変わるかもしれないことを学ぶ。

19世紀のアメリカで急速に発展した都市では、集団的な運動が独特な形態で発生した。軍事パレードに触発されたこうした祝祭は、さまざまな社会的アイデンティティを主張する手段を提供した。7月4日[*4]、ワシントンの誕生日[*5]、もっと地方的な例祭日のような休日は、さまざまな国籍、職業、そして組織によって祝福された。国家、民族、職業あるいは道徳（たとえば、禁酒運動）がどのようなものであれ、それぞれの社会的アイデンティティは、パレードのなかにひとつの行進単位を形成する。ヨーロッパでみられる行列の大部分とは対照的に、アメリカでのこうしたパレードは、どこかの寺院にたどり着くとか、都市の鍵を引き継ぐといったもくろみとか目標はもたなかった。参加者は、ただ沿道の見物人たちに自分の社会的アイデンティティを布告したかっただけである。

このようなアイデンティティの表示は、しばしばアメリカ社会のさまざまな構成要素を統合する力を誇示したが、同時に、妥協することのない差異を示すこともできた。1876年のニューヨーク市でのアメリカ独立100周年記念パレードの後、「ニューヨーク・トリビューン」紙は、ドイツのバンド、アイルランドの禁酒協会、職能別労働組合、そして古代のアイルランド組織をふくむ「不つりあいな」単位がこのパレードに集まったと報じた。後年になって、ますます多くのパレードが広大な市民の祝祭よりもむしろ民族的な儀式になってくると、さまざまな民族集団間の軋轢と、権力当局とのあいだの軋轢の可能性が高まった。カーニヴァルと支配は、パレードの両極をなす形態をつくった。現代のニューヨーク市では、アイルランド人は聖パトリックの日[*6]に、五番街をパレードして練り歩くのをいまでも許されているが、ほかの多くの民族集団に対しては、市の主要な場所を使用することは許されていない。厳重な警察の監視下に置かれたパレードが、遊び戯れる家族の一員としての拡張された経験を子どもが享受するのと同じものを子どもにアピールできるかどうかは疑わしい。

パレードにおける商業主義の高まり

20世紀の変わり目になると、政治家と商人たちは、消費者のアイデンティティにもとづいたパレードの編成に共通の関心をもった。こうしたパレードは、市が商業文化を「民主化する」ことに介入していることを示すようになり、子どもたちがこの民主主義を体現し、社会的、民族的、そして宗教的な違いにはまったく留意しなかった。宗教的な改悛者、国粋主義者、労働者は、消費者、とくに子どもの消費者にとって代わられた。

19世紀のなかば以降、ニューヨーク市では感謝祭の日は、おそらくヨーロッパのカーニヴァル（どんちゃん騒ぎ）の伝統に起源があるのであろうが、いわゆるボロ服を着たパレードで祝福されていた。ここでは、欠乏状態であることが出発点であり、仮装した子どもたちがお金を請い求める。しかし、20世紀の最初の数十年のあいだに豊かさが出発点になり、巨大な百貨店が派手なパレードを準備するようになった。1924年、メーシーズ社は感謝祭の日の巨大なパレード[*7]を開始したが、このパレードは1930年代の世界大恐慌のあいだも、「雄猫フェリックス」[*8]とか「カッゼンジ

ャマー・キッズ」*9のような漫画の主人公の巨大な風船が大人気を博し、パレードのルートに、100万人以上の見物人を集めた。

　商業的なパレードは、特別な社会集団としての子どもに向けられた新しい関心を反映していた。百貨店は、こうした関心に資本投資し、あまりにも多くのおもちゃをあたえられて「スポイル」された子どもは罪深い人間になるという、当時まだ根強く広まっていた考えを論駁するために、心理学者やその他の専門家と提携した。たとえば、1928年にメーシー社が大規模なおもちゃ展覧会を催したとき、児童研究学会の会長であったシドニー・グルエンバーグ*10のような子ども専門家の助けを借りた。彼女は、子どもは善と悪を超えた存在であり、子どもの本能は一定の方向づけをなされるべきではあろうが、彼らには空想的な**遊び**をする権利があり、「あらゆる願望と悪魔になりうる衝動を示す専横なピューリタニズムから押しつけられる抑圧的な処罰」に苦しめられないようにすべきであると主張した人物であった［「自尊心」の項を参照］。

　パレードは、グルエンバーグが示唆したことを現実にした。そして百貨店はコマーシャル文化とサンタクロース*11の密接なつながりから利益を得た。しかし、現在では、子どもたちを武装警官の厳重な監視下に置かれる見物人に変えてしまうことによって、創造的な遊びのための自由な空間としてのパレードという理念は相殺されているように見える。

［訳注］

* *1 全アテネ祭（the Great Panathenaen Festival）──古代のアテネの女神アテナ（Athena）にささげられた祭典。古代アテネで毎年行なわれ、4年目ごとに大祭典となり、運動や音楽などの競技会が盛大に催された。
* *2 「威風堂々」（pomp and circumstance）──イギリスの作曲家エルガー（Sir Edward Elgar, 1857-1934）が作曲した広く知られる「威風堂々」（1902）は、英語ではPomp and Circumstanceと表記される。
* *3 告解火曜日（Mardi Gras）──「懺悔火曜日」（Shrove Tuesday）ともよばれるキリスト教の例祭日のひとつ。四旬節または大斎期（レント）のはじまる前日で、歓楽の仕納め（謝肉祭）の最終日。パンケーキを食する習俗からPancake Dayともよばれる。
* *4 7月4日──アメリカの独立記念日（Independence Day）は、1776年にアメリカ独立宣言が公布されたことを記念して、毎年7月4日に定められている。
* *5 ワシントンの誕生日──アメリカ初代大統領ジョージ・ワシントン（George Washington, 1732-1799）の誕生日はグレゴリオ暦では2月22日、ユリウス暦では2月11日。
* *6 聖パトリックの日（St. Patrick's Day）──ブリテン島生まれの宣教師で、アイルランドの司教であったパトリキウス（389?-461?）をアイルランドの守護聖人（St. Patrick）として祝うキリスト教の祭日で、3月17日。アイルランドの国の色である緑を身につけて祝う。
* *7 メーシーズの感謝祭のパレード（Macy's Thanksgiving）──アメリカで最初に百貨店を開設（1858年）したメーシー社（R. H. Macy）が1902年にニューヨーク市のヘラルド・スクウェアに本店を開設したことを受けて、この百貨店チェーンが行なうパレード。
* *8 雄猫フェリックス（Felix the Cat）──アメリカの漫画家オットー・メスマー（Otto Messmer, 1892-1983）が1919年に創作した漫画の主人公になった黒猫のフェリックス。
* *9 カッゼンジャマー・キッズ（The Katzenjammer Kids）──ドイツ系の移民であったルドルフ・ダークス（Rudolph Dirks, 1877-1968）が、1897年から「ニューヨーク・ジャーナル」に連載しはじめた漫画の主人公。
* *10 シドニー・グルエンバーグ（Sidonie Matsner Gruenberg, 1881-1974）──オーストリアに生まれ、ドイツとニューヨークで学び、親子関係の助言者としてさまざまなガイドブックを書き、専門学術誌を編集した。1939年から1960年頃まで、アメリカ政府のホワイトハウス主宰の各種の教育関係委員会で、重要な助言者として政策立案にかかわった。
* *11 サンタクロース（Santa Claus）──小アジア南西部の古代にあったリュキア（Lycia）の港町ミュラ（Myra）の大司教であった聖ニコラス（St. Nicholas）にちなんで、サンタクロースとよばれ、ロシアの守護聖人、子ども、商人、船乗りの守護聖人とされた。12月6日が祝日。

➡休暇、消費文化、テーマパーク、動物園

● 参考文献

Ladurie, Emmanuel Le Roy. 1979. *Le Carnaval de Romans : de la Chandeleur au Mercredi des cendres 1579-1580*. Paris: Gallimard. エマニュエル・ル・ロワ・ラデュリ『南仏ロマンの謝肉祭（カルナヴァル）──叛乱の想像力』（蔵持不三也訳、新評論、2002年）

Leach, William. 1993. *Land of Desire: Merchants, Power, and the Rise of a New Amencan Culture*. New York: Vintage.

Lipsitz, George. 1994. *Dangerous Crossroads Popular Music, Postmodernism, and tie Poetics of Space*. New York and London: Verso.

Ryan, Mary. 1989. "The American Parade: Representations of the Nineteenth-Century Social Order." In *The New Cultural History*, ed. Lynn Hunt. Berkeley, Los Angeles, and London: University of California Press.

Tenfelde, Klaus. 1987. "Adventus: Die fürstliche Einholung als städtisches Fest." In *Stadt und Fest: Zu Geschichte und Gegenwart europäischer Festkultur*, ed. Paul Hugger and Walter Burkert. Stuttgart, Germany: Verlag.

（MARTIN ZERLANG／北本正章訳）

ハロウィーン（Halloween）

ハロウィーンの歴史は、ケルト民族の暦法の最後の日である、古代ケルト民族のサムハインの祭り[*1]とともにはじまった。この休日は、日が短くなり夜が長くなりはじめる夏の終わりと冬の初めに祝われた。ケルト民族は、サムハインの日に使者が戻ってくると信じ、死者を驚かせるような服装で正装することをふくめて、悪霊から身を守るためにさまざまな伝統を創り出した。

中世を通じて、カトリック教会はケルト民族のサムハインの祭りをキリスト教の休日サイクルに吸収する目的で利用した。その結果、8世紀には、「諸聖人の祝日」[*2]は、教皇グレゴリオ3世によって正式に、11月1日に移された。この日の前夜は、オール・ハロウズ（All Hallows）ともよばれ、オール・ハロウズ・イブ（All Hallows Eve）として知られるようになり、後年、ハロウェン（Hallwe'en）とよばれ、最終的にハロウィーン（Halloween）とよばれるようになった。

これ以外のいくつかの伝統も、アメリカの休日としてのハロウィーンの進化に貢献した。歴史家レスリー・バンナタインは、18世紀のイギリスのプロテスタントの入植者たちが「ガイ・フォークス・デイ」[*3]の伝統をアメリカにもちこんだことについて言及している。多数の著者がハロウィーンの源泉として引用しているこの休日のお祝いは、参加者が、その時代のほかの重要人物だけでなく、教皇の人形を焼くという、しばしば反カトリック的な主題を引き継いでいた。この休日は、イギリスのプロテスタントがカトリック教徒によるロンドンの議会の爆破のたくらみを阻止した1605年にはじまった。祝祭は、悪戯、仮面、かがり火、そして花火もふくんでいた。

しかし、大規模な、影響力のある集団であったプロテスタントたちがこうした祝祭に嫌悪感を示したため、アメリカでは、この祭りのあらゆる組織的な報告は、事実上19世紀まで中断することになった。だが、ヨーロッパ的な民衆の休日という要素は残った。アメリカ独立革命後、「気晴らし仲間たち」は、家族を対象にした収穫祭というかたちで人気を博すようになった。

ハロウィーンは、19世紀と20世紀のあいだに、死者の追悼祈念に置き換わって、あまり戦闘的でない娯楽として子どものための休日へと進化した。19世紀末と20世紀初頭には、ハロウィーンについての、またハロウィーンのための、とくに子ども向けの、すぐに消える無数の印刷物が作られた。この新しいジャンルの最初の事例は、リトグラファーであったラファエル・タックによって作られ、これは紙の人形の制作物としても知られた。20世紀の最初の25年間も、ハロウィーンのために特別に作られる商業的な制作物が隆盛の先ぶれを見せた。今日、ハロウィーンは、クリスマスに次いで二番目の大きな収入をもたらす主要な消費者のための休日である。

ラファエル・タック・アンド・サンズ社、ハロウィーン・ポストカードシリーズ No.150（1908年）*

早くも、1881年に、感謝祭の伝統としてはじまった「いたずらかお菓子か」[*4]は、1920年代に主要なハロウィーンの儀礼になっていた。この文句自体は、1939年にはじめて印刷され、それ以来ずっと用いられてきている。「いたずらかお菓子か」を歓迎する「オープン・ハウス」の伝統（とくに小さな子どもの）は、1930年代にしだいに広まるようになっていた。

伝統的に、子どもにとってハロウィーンは、（象徴的にであれ実際にであれ）しばしばルールを破ったり、親の権威を無視しながら、境界線を探検する機会でもあった。過去においても現在と同じように、休日のこうした側面は、しばしば否定された。1930年代までに、ハロウィーンの日に破壊行動をとる伝統は大人たちの大きな関心事であった。国中の学校と市民団体は、破壊行動を制御しようとする取り組みのなかで、子どもとティーンエイジャーの祝祭を組織したが、これはいまも続いている伝統である。今日、ハロウィーンはおもに子どものための休日であり、正装しておそろしい仮面をかぶってキャンディを要求することにみられるように、昔ながらの伝統をいまなお保持している。

［訳注］

[*1] サムハインの祭り（Samhain）——古代ケルト人が11月1日に、冬のはじまりと新年を祝って行なった祭り。

[*2] 諸聖人の祝日（All Saint's Day）——俗に「万聖節」（Allhallows）とよばれ、とくにカトリックやイギリス国教会で諸聖人の霊を祭る記念日。11月1日。東方教会では、衆聖人祭といい、聖霊降臨祭の後の日曜日。

[*3] ガイ・フォークス・デイ（Guy Fawkes Day）——17世紀初頭のイギリスの火薬陰謀事件の首謀者の一人であったガイ・フォークス（Guy Fawkes, 1570-1606）の逮捕を祝う記念日（11月5日）。この日、その人形を引きまわして焼きすてる儀式を行なうことから、この頃イギリスでは各地で花火大会が催されることがある。

[*4] 「いたずらかお菓子か」（trick-or-treat）——ハロウィーンに、子どもたちがこの文句を口ずさみながら、自

分の近隣の家々をまわって、もしお菓子が出ないなら悪戯をする、と言って脅かす行事。アメリカ、カナダなどに広まった子どもの遊び。
➡休暇、パレード
●参考文献
Bannatyne, Lesley Pratt. 1990. *Halloween: An American Holiday, An American History.* New York: Facts on File.
Sklar, David J. 2002. *Death Makes A Holiday: A Cultural History of Halloween.* New York: Bloomsbury.
（SHIRA SILVERMAN／北本正章訳）

半ズボンをはくこと（Breeching）

近世のアメリカでは、幼い少年たちの人生で重要な**通過儀礼**は、生まれてはじめて半ズボン（ブリーチ）[*1]をはく瞬間であった。幼少期と子ども期の初期には、少年も少女も、女性的で家庭内的な空間に押しこまれ、男女同じようなペティコート、ガウン、ピナフォー[*2]や縁なし帽を着せられていた。しかし少年は、4歳から7歳までのある時期に、男女の区別ができ、体を自由に動かすことができ、社会的に優位な地位を示す衣服を身につけさせられ、男らしさのアイデンティティを獲得するよううながされた。半ズボンをはく風習は19世紀にはすたれたが、少年向けにデザインされた衣服の変化は、少年の成長と発達の諸段階を示しつづけた。

17世紀には、幼い子どもはペティコートと、くるぶしまでの長いローブ[*3]でおおわれ、よだれかけとエプロン、ピナフォーやぴったりとした白い縁なし帽で守られた。少年の成長にともなって、この長いローブは中世の成人男性が着ていたものに似るようになった。子どもは、大人がもう着なくなった衣服とそっくりのものを着せられていたからであった。背中に垂れさがったリボンは子ども期を象徴するものであったが、これは16世紀に大人が着用していた垂れ袖つきのローブを思い起こさせるものである。このような飾りリボンは、大人が子どもの歩行訓練に用いるため子どもの肩につける手引きひもの類とは異なっていた。少年は6歳か7歳になると、成人男性と同じブリーチやフロックコート[*4]、ウェストコート[*5]に帽子を身にまとった。たとえば、1670年に描かれたマサチューセッツの8歳のディヴィッド・メイソンの肖像画では、手袋と銀製の持ち手のあるステッキを手に、切りこみのある袖付きのウェストコートとスクエアカラーのシャツ、長いブリーチ、長いグレーのストッキングを身につけ、黒革の靴を履いている［図版参照］。

18世紀が進むと、子どもの衣服はジョン・ロックやほかの医者たちによる子育ての助言の影響を受けた。彼らは、新鮮な空気と運動とゆったりした衣服で強健な身体をつくることを推奨した。ロックは、よちよち歩きの子どもに長いフロックを着せ、やがてシャツと

フリーク＝ギブズ・リムナー「デイヴィッド、ジョアンナ、アビゲイル・メイソン」（1670年）。Fine Arts Museums of San Francisco*

ズボンか半ズボンを少年に、ペティコートとドレスを少女に着せていた農民や職人の家庭で見られた丈夫な子どもの衣服のよさを認めた。しかし、裕福な家庭では、あいかわらずジェンダーや社会的地位を示す衣服を子どもに着せていた。幼い少年が着用する長いローブは、襟ぐりの大きな流行のガウンやペティコートの上にまとった長いスカートに似ていた。少年が半ズボンをはくようになると、半ズボン、フロックコート、ウェストコート、柔らかいひだ飾りのあるシャツ、長いストッキング、革靴に三角帽子もある、成人男性の服装のひとそろいを身につけるようになった。だが、それでも、かつらのかわりにお下げにしてリボンで結ばれた柔らかい髪や、クラヴァット[*6]のかわりに首のまわりに巻かれた黒いリボンは、彼らの若々しさをあらわしていた。少年たちは生まれてはじめて大人の格好をするのを喜んだ。エリザベス・ドリンカーは、その孫に半ズボンを着させた1799年のことを次のように書いている。「サリーの仕事場には…ヘンリーを小さな男性に作り上げている若い女性がいる。――彼はとても喜んでいる…今日は、彼の人生でもっとも幸せな一日です」（Reinier, p. 56に引用）

18世紀末期と19世紀初期には、幼い子ども向けの男女共用の衣装――木綿のフロック、柔らかい靴、前髪を垂らしたショートヘア――は、ジェンダーの違いを最小限に抑え、高まりつつあった子ども期の価値を象徴していた。しかし、3歳から9歳までの少年が、軍隊の騎兵隊のスーツかスケルトン・スーツ――これは、スクエアカラーのシャツの上に短いジャケットを着用し、ボタンでとめる長いズボン――を着用すれば、少女とは区別された。この格好は、父親の服装をまねるというより、大人への従属をあらわした。なぜなら、

社会的に地位の高い者がまだ半ズボンをはいているとき、ズボンは労働者や船員の作業着であったからである。少年は10歳になるとようやく、大人のゆったりとした衣服を着ることになった。1830年代にヨーロッパからパンタロン*7がアメリカに入ってきた頃、中産階級の少女たちはズボンをはく自由を得た。やがてすぐに幼い子どもたちは男女同じように、白いパンタロンの上にひざ丈のフロックを着た。同時代の大人がズボンをはいていた頃、8歳の少年はフロックやパンタロンをやめ、ひざ丈のニッカーボッカー*8、あるいは半ズボンを着用した。19世紀をとおして、幼い少年は、成長するにつれて、セーラー服、軍服、短いジャケット、フロックコートなどを着るようになりながらも、正装着やチュニックを着つづけていた。1920年代になってはじめて、幼児のはいはい着やロンパースは、よちよち歩きの男の子を女の子から見分けられるようにデザインされた。20世紀には、親がパーカーやスウェットシャツ、スニーカーや野球帽を男子にも女子にも選ぶようになると、もっと年長の子ども着の年齢区分はなくなってきた。1970年代以降には、性別の区分けもなくなってきた。性差別をしない子育てという考え方が、親たちをすべての年齢の子どもたちにTシャツとジーンズという両性具有的な格好をさせるようになっている。

[訳注]
* 1 半ズボン（breeches、ブリーチ）――17～19世紀初めに男子が広く着用したひざ丈のズボン。
* 2 ピナフォー（pinafore）――着ている衣服の大部分をおおう子ども用のエプロン。婦人用のエプロンドレスに由来する。
* 3 ローブ（robes）――裾まで長くたれるゆったりとした外衣で、おもに部屋着とされた。
* 4 フロックコート（frock coat）――婦人用のドレス［ガウン］、室内用の子ども服、農夫・労働者・職人などがはたらくときに着る仕事着など、さまざまな意味があるが、ここでは室内用の子どもの上着。
* 5 ウェストコート（waist coat）――17～18世紀頃にダブレット（doublet）の下に着た装飾的な胴着。イギリスでは乗馬のときに着るチョッキ（胴着）。
* 6 クラヴァット（cravat）――17世紀に男性が首に巻いて前で結び、端を垂らしたスカーフ状の布。ネクタイの一種。レースなどの縁飾りのあるスカーフやバンド状のネッククロス。
* 7 パンタロン（pantaloons）――17～18世紀の、ふくらはぎでとめる男子用の半ズボン。19世紀には足全体にぴったりした男性用のズボンとなる。1960年代以降は、女性用として流行した。
* 8 ニッカーズ（knickers）――ひざ下で裾口をしぼったゆったりした半ズボン。ゴルフ・登山などに用いる。

➡ジェンダー化、少年期、ファッション

●参考文献

Ariès, Philippe. 1962. *Centuries of Childhood: A Social History of Family Life*. Trans. Robert Baldick. New York, Vintage Books. アリエス『〈子ども〉の誕生――アンシャン・レジーム期の子どもと家族生活』（杉山光信・杉山恵美子訳、みすず書房、1980年）

Brant, Sandra, and Elissa Cullman. 1980. *Small Folk: A Celebration of Childhood in America*. New York: Dutton, in association with the Museum of American Folk Art.

Calvert, Karin. 1992. *Children in the House: The Material Culture of Early Childhood, 1600–1900*. Boston: Northeastern University Press.

Paoletti, Jo B. 2001. "Clothing." In *Boyhood in America: An Encyclopedia*, vol. 1, ed. Priscilla Ferguson Clement and Jacqueline S. Reinier. Santa Barbara, CA: ABC-CLIO.

Reinier, Jacqueline S. 1996. *From Virtue to Character: American Childhood, 1775–1850*. New York: Twayne.

（JACQUELINE S. REINIER／谷村知子・北本正章訳）

バンドリング（Bundling）

　バンドリングは、歴史的には求愛慣行のひとつであり、進行中の求愛過程の一部として、カップルは通常、着衣のまま、あるいはなかば着衣のまま、ベッドで一夜をともにすごす。若いカップルは、その夜のあいだに、さまざまな刺激と満足を通じて相手と親密になり、性的に知ることになる。しかし、こうした慣行は、妊娠につながるような深く挿入する性行為にはいたらなかったと考えられている。この慣行は、両親の同意を得るか、すくなくとも黙認を得て行なわれており、ほとんどの場合、女性のパートナーの家で生じた。この慣行について今日まで残存している証拠資料の大部分は18世紀のニューイングランドから得られたものである。だが、バンドリングと類似した結婚前の深く挿入しない性交慣習のバリエーションは、世界のほかの地域とならんでヨーロッパでもそれ以前の時代から知られている。おそらく、バンドリングの慣行は16世紀と17世紀のヨーロッパで増大していたのであろうが、それは平均結婚年齢が高かった（20歳代後半のなかばであった）ことと、愛情を重視する気運が高まっていたことを部分的に反映している。

バンドリングのバリエーション

　バンドリングは本質的に、神聖な結婚生活の安定性を保障する社会機制であった。伝統社会では、離婚はめったに起こらず、結婚生活の破綻のリスクを小さくすることは、求愛期間をもうける目的のひとつであった。したがって、一種の試行期間としての求愛活動は、さまざまな制限にしばられていたとはいえ、性的によく知りあうことをふくんでいると受けとめられていた。近代以前のバンドリングの慣行には状況に押し流されやすい原因が存在した。つまり、粗末な住居とともに過酷な気候は肉体的な親密さを発達させる誘因であっ

た。ニューイングランドで広く行なわれていたと考えられるバンドリングでさえ、若いカップルの経済的および道徳的な自立よりも、過酷な気候と初期の入植者の互いの住宅環境のあいだの長い距離のほうにより大きな原因があったと通常は説明される。相手の女性を訪ねるために長旅をしてきた若い求婚者は、必然的にその日の夜は彼女の家の、ほかの家族が眠っている同じひとつの大部屋に泊まった。こうした睡眠の手配が、カップルの親密さを抑制し、特権を乱用するリスクをできるかぎり少なくするのに役立ったことはまちがいない。18世紀のニューイングランドのある俗謡は、この慣習の実際的な側面を次のように強調している。「若者と娘がベッドに入ったら／着衣のままバンドリングさせて純潔を守らせよう／薪を燃やしつくしても役には立たず／そんなことは不要な浪費だ」

求愛と結婚にかんするヨーロッパの民衆慣行の多くと同じように、結婚前の挿入をともなわない性行為は、キリスト教以前の文化、とりわけゲルマン社会に起源があると考えられてもいた。ヘンリー・リード・スタイルズは、1871年の著書『バンドリング——アメリカにおけるその起源、進化、衰退』(Henry Reed Stiles, *Bundling: Its Origins, Progress, and Decline in America*) のなかで、その起源が古代のウェールズ地方とスコットランドのいくつかの地域にあったとしている。また、スタイルズは、中央アジアばかりでなく中世のオランダでも、彼がバンドリングだとみなした事例をあげている。この慣習が出現した時期については、すべての研究者が彼に同意したわけではなかったが、大部分の者は、すくなくともヨーロッパの中世末から近世にかけての時期、さまざまなバンドリングが行なわれていたことを示す証拠資料を妥当なものと認めていた。証拠の大半は、ウェールズ、スコットランド、ネーデルランド、およびスカンディナヴィア半島諸国から得られたものであり、ドイツ、スイス、フランスの各地からのものはそれほど多くなかった。また、東ヨーロッパにかんしては、挿入しない性的な求愛慣行についての証拠が存在する。

バンドリングの特徴と目的を共有していたドイツ＝スイス圏の慣習は、キルトガング (*Kiltgang*、夜這い)、フェンストレールン (*Fensterln*、夜に恋人の窓の下にしのんでいくこと)、あるいはナハトフライエン (*Nachtfreien*、夜の求婚) として知られた。近世の南ドイツでは、これらの慣習はお互いの願望を満たす意図で、夜間、若い娘の部屋の窓から若者がしのびこみ、妊娠の危険をまねかない慣行をふくんでいた。ネーデルランドでは、おそらくクイーステン (*queesten*) がバンドリングに匹敵する慣行であった。恋人たちは開放的な部屋で、カバーがかかったベッドの上に男性が座り、その下に横たわっている娘に求愛する慣習として描写される。ニューイングランドでこれに匹敵するのは、求婚滞在 (*tarrying*) とよばれた慣行で、これ は、若い男性がある女性と結婚したいと望んだ場合、相手の両親の同意を得て、彼女の家にとどまって一夜をともにすごす慣習であった。

結婚前の挿入しない性交慣習をふくむ大部分の事例には、階級と地理的に明確な構造が顕著であった。通常、といってもそれだけではないのだが、バンドリングは、下層の社会階級の人びとと地方においていっそう一般的に見られた。若者たちが伴侶を選ぶより大きな自由を享受したのも、こうした社会階級と地理的な状況においてであった。

若者のセクシュアリティ

中世と近世の大人たちは、バンドリングを行なうための正しいとされる社会空間を設けることによって若者たちの性的欲求を満たす、社会的に合法化された枠組みを彼らにあたえた。若い男女は、ヨーロッパのシャリヴァリのようなほかの若者慣習に見られたように、社会的な同意の範囲内で、その**セクシュアリティ**を表明するために、特定の時間と空間でバンドリングを利用した。バンドリングの前提であったのは、社交性よりもむしろ結婚であったが、若者たちは、思春期の切迫した性的な欲求が許容される空間を受け入れた。しかし、成文化されていないバンドリングの行動基準は挿入をともなう性行為を除外していたが、この基準は社会によるカップルのセクシュアリティの統制、管理、抑止の表現を残した。通常、さまざまな抑止はジェンダーにもとづく偏見を意味した。若い女性は、求愛期間を通じてそのセクシュアリティを調整するあいだに妊娠という事態ばかりでなく、結婚の見通しにダメージをあたえることについて、男性よりも大きなリスクを負っていた。

18世紀のニューイングランドでは、しばしばバンドリングは不道徳だと非難された。ワシントン・アーヴィング[*1]は、その著書『ニッカーボッカーのニューヨーク史』(Washington Irving, *Knickerbocker's History of New York*, 1809) のなかで、結婚関係の外に生じた膨大な数の妊娠はバンドリングの結果であると主張している。しかし、ほかの宗教関係者は、この慣行を擁護している。彼らは、聖書に登場する脱穀場のボアズとルツの場合[*2]のような、「宗教的な」バンドリングあるいは結婚滞在の例をあげることさえあった (「今夜はここで過ごしなさい…」「ルツ記」3・13)。バンドリングの保守的な側面ばかりでなく支配的な側面も示すひとつの物的な手がかりは、ペンシルヴァニアでみられた中央仕切り板である。これは、ベッドの中央に縦長に組みこまれた幅広い板で、求愛中のカップルが横たわっているとき、過剰に身体が密着するのを防いだ。バンドリングの慣習を支持する、「氷結した堅い雪の上のあばずれ娘」(*The Whore on the Snow Crust*) とよばれた当時の俗謡は、若者たちに正しくバンドリングするように勧めている。「バンド

リングは、法律にあるからするようなものじゃない。さあ若者よ、どんどんバンドリングせよ。しかし身体の純潔は守って」

アメリカでは、バンドリングは1700年代初期に、物質的な要因と道徳的な要因が結びついたため、「大覚醒運動」*3の前後に衰退した。住居があまり離れておらず、暖房が効く部屋がひとつ以上ある大きな家を意味する住宅環境の改善は、求愛のために入る暖かいベッドをカップルのために用意する必要性を減らした。バンドリングの衰退は、1800年前後の女性のセクシュアリティの思想風土が変化したからでもあった。純潔な無性的な女性という19世紀の理想は、正しいとされた社会的な規範のなかで男女がお互いのセクシュアリティを表現できる実際的な範囲ばかりでなく理論的な範囲も大いに狭めてしまった。

アメリカでは、ロシアあるいはスコットランドのような世界のほかのいくつかの地域と同じように、結婚前の挿入をともなわない性交慣習についての証拠資料は、19世紀のかなりの時期まで存在した。こうした国々では、性的表現と性的抑制とあいだのバランスは、規準として存続した。世俗化と現代の**産児制限***4は、挿入をともなう性交を脅迫的なものにしなくなった。やがて、ドライブイン・シアターの車の後部座席や街頭照明がとどかない暗がりの街路が、さまざまな仕方で伝統的なバンドリング・ベッドにとって代わった。

[訳注]

*1 アーヴィング（Washington [Geoffrey Crayon] Irving, 1783-1859）──アメリカのエッセイスト、短編小説家、歴史家。スペイン語、ドイツ語、オランダ語など数カ国語に通じ、多くの紀行文、伝記、物語を残した。最初の著書の正式タイトルは、『世界のはじまりからオランダ王朝の終焉までのニューヨークの歴史、ディートリヒ・ニッカーボッカー著』（Washington Irving, *A History of New-York from the Beginning of the World to the End of the Dutch Dynasty, by Dietrich Knickerbocker,* 1809）で、この作品のペンネームに使った「ニッカーボッカー」という言葉が辞書にのり、英語でより広く使われるようになったといわれている。ヨーロッパ滞在中に書いた『スケッチブック』（*The Sketch Book,* 1819-20）には、さまざまな伝統習俗が記載され、有名な作品『スリーピー・ホローの伝説』と『リップ・ヴァン・ウィンクル』をふくんでいる。

*2 旧約聖書のルツ記に登場する若い未亡人ルツが、義母のナオミにしたがって義母のふるさとに戻り、そこで富裕な農場の落ち穂ひろいをしていたとき、義母に勧められて農場主であった老人ボアズの寝所に入り、やがて妻となった物語。「…体を洗って香油を塗り、肩掛けを羽織って麦打ち場に下って行きなさい。ただあの人が食事を済ませ、飲み終わるまでは気づかれないようにしなさい。あの人が休むとき、その場所を見届けておいて、後でそばへ行き、あの人の衣の裾で身を覆って横になりなさい。その後すべきことは、あの人が教えてくれるでしょう」

*3 大覚醒運動（the Great Awakening）──1725年頃から1770年頃にかけてアメリカの植民地、とくにニューイングランド地方で起こったプロテスタントの信仰復興運動。寛容精神と人道主義的な宗教倫理を旨として広まった。Great Awakeningという表現は、1736年頃から使われはじめた。

*4 産児制限（birth control）──「出産調節」または「産児制限」（birth control）という表現が最初に使われたのはアメリカ英語で、1914年頃からであった。「家族計画」（family planning）という用語は1939年頃から使われはじめた。

● 参考文献

Adair, Richard. 1996. *Courtship, Illegitimacy, and Marriage in Early Modern England*. Manchester, UK: Manchester University Press.

Beck, Rainer. 1983. "Illegitimität und voreheliche Sexualität auf dem Land: Unterfinning, 1671-1770." In *Kultur der einfachenLeute: Bayerisches Volksleben vom 16. bis zum 19. Jahrhundert*, ed. Richard Van Dulmen. Munich, Germany: C. H. Beck.

Caspard, Pierre. 1974. "Conceptions prénuptiales et développement du capitalisme dans la Principauté de Neuchâtel (1678-1820)." *Annales ESC* 29: 989-1008.

Engel, Barbara Alpern. 1990. "Peasant Morality and Premarital Sexual Relations in Late Nineteenth Century Russia." *Journal of Social History* 23: 695-708.

Fischer-Yinon, Yochi. 2002. "The Original Bundlers: Boaz and Ruth and Seventeenth-Century English Practices." *Journal of Social History* 35: 683-705.

Flandrin, Jean-Louis. 1977. "Repression and Change in the Sexual Life of Young People in Medieval and Early Modern Times." *Journal of Family History* 2: 196-210.

Rothman, Ellen K. 1950. *Hands and Hearts: A History of Courtship in America*. New York: Basic Books.

Shorter, Edward. 1975. *The Making of the Modern Family*. New York: Basic Books. ショーター『近代家族の形成』（田中俊宏ほか訳、昭和堂、1987年）

Stiles, Henry Reed. 1999 [1871]. *Bundling: Its Origins, Progress, and Decline in America*. Sandwich, MA: Chapman Billies.

（YOCHI FISCHER-YINON／北本正章訳）

ピアジェ、ジャン (Piaget, Jean, 1896-1980)

1896年8月9日に、スイスのヌーシャテルに生まれたジャン・ピアジェは、本質的にプロテスタントの環境で、情熱的な知識人たちに囲まれて成長した。彼は、非常に早い年齢で自然科学、哲学、論理学、形而上学、そして神学につながる諸問題に興味を示すようになった。科学の研究のあと、1919年に軟体動物に

ピアジェ（1896-1980）とインヘルダー（1913-1997）*

かんする論文で動物学の学位を得た頃、彼は、「知識とはなにか」という古くからの哲学的な問いを経験的に研究する新しい手法を開発してみたいという望みをいだいて心理学に関心を移した。彼は、これを達成するために子ども期の世界を探求しはじめた。彼は、チューリヒとパリのアルフレッド・ビネー研究所で研究した。1921年、彼はエデュアルド・クラパレード（Edouard Claparède, 1873-1940）と、彼の先任教師であったピエール・ボヴェ（Pierre Bovet, 1878-1965）によって、ジュネーヴ大学のジャン・ジャック・ルソー研究所で研究指導するよう招聘された。ピアジェは、1925年から1929年まで、ヌーシャテル大学の哲学教授をつとめたあと、ジュネーヴ大学の科学思想史の教授となり、1980年に亡くなるまでその職にあった。

ピアジェは、活動的な学校運動の構想において重要な役割を果たし、彼が最初に局長をつとめることになる国際教育局の創設にかかわることになった。この時期（1920-1936）を通じての彼の研究は、子どもの思考と道徳判断における論理、そして、非大人中心的な観点から見た子どもの発達の原初についてであった。ピアジェは、1936年以降になると、ほかの研究者、とくに彼の批評的面接法の洗練に貢献し、思考の主要領域における子どもの認知能力の発達にかんする経験データの集積に貢献したベルベル・インヘルダー（Bärbel Elisabeth Inhelder, 1913-1997）とアリーナ・スゼミンスカ（Alina Szeminska, 1907-1986）との共同研究をはじめた。ピアジェは、均衡を求める子ども自身の活動に関心の焦点を置くことによって、ある特定の年齢の子どもにおいて観察される認知機能の基礎をなす構造を定式化する試みによって特徴づけられる理論モデルを開発した。彼は四つの主要な発達段階を次のように示した。すなわち感覚運動段階（sensori-motor）、前操作段階（preoperationals）、具体的操作段階（concrete operations）、そして形式的操作段階（formal operations）の四つである。

ピアジェは、1952年から1963年にかけて、パリのソルボンヌ大学でも、子ども期の心理学をふくむ心理学を教えた。この時期を通じて、彼の研究は知識発達のより広範な理解を網羅する方向に推移した。1955年、彼は発生的認識論のための国際センター（the International Center for Genetic Epistemology）を創設したが、これは、彼が取り組んでいた「知識はどのように起こりうるか？」という命題について、世界中からやってくる専門家たちと議論できる学際的な出会いの拠点であった。彼は、発生的認識論の基本原理を解明するために、理念と事実、すなわち科学についての哲学と子どもについての観察を比較検討した。彼は、子どもたちに創意工夫に富んだ学習課題を示すことになる仲間といっしょに、知識の発生にかんして彼が提唱した実験的手法を追求した。そして、現象とは理解されたものである、と彼が考えた状態を説明する一般的構成主義理論（a general constructivist theory）を提案した。ピアジェによれば、発達の第1段階は目的対象的（objectal）である。つまり、年少の子どもは、自分の所有物だと思いこんでいる対象に意識を集中しており、彼または彼女自身をこうした対象から識別しないのである。次の段階は、相互対象的（interobjectal）（すなわち、子どもは自分と対象と現象を結びつけることができる）であり、最後の段階では、子どもは仮説的に思考することができ、現在目の前に見えている対象、行為、そして現象を超越することができる。

ジャン・ピアジェは、知性と批判的思考よりもむしろ、記憶と従順さをよび起こすことになる既成の解答に子どもの自発的思考を押しこめようとするあらゆる試みに対して用心深かった。ピアジェは、学習者とは積極的に知識を熟知したり理解しようと必死に取り組むものなので、知識がどのように起こりうるかを示したのであった。彼は、知性についての構成主義的な理解のための証拠、すなわち、生物学的な成熟の、あるいはたんに累積的な自己体験の、さらには文化伝達の直接的な内面化の所産としてだけでなく、こうしたさまざまな要因全体の相互作用としての認知発達という見方を提示した。ピアジェの発見は、教授法、認知心理学、治療教育、そして社会化などの分野における多数の調査研究の基礎となり、教育学と心理学におけるほとんどすべての高等教育プログラムに非常に深く浸透し、多くの人びとにとってわかりやすい常識として受け入れられるようになっている。

➡子どもの発達概念の歴史、児童心理学
● 参考文献
Piaget, Jean. 1952. *The Child's Conception of Number*. Trans. C. Gattegno and F. M. Hodgson. London: Routledge and Paul.
Piaget, Jean, et al. 1965. *The Moral Judgment of the Child*. Trans. Marjorie Gabain. New York: Free Press.
Piaget, Jean. 1971. *Biology and Knowledge: An Essay on the Relations Between Organic Regulations and Cognitive Processes*. Trans. Beatrix Walsh. Chicago: University of

Chicago Press.
Piaget, Jean, and Bärbel Inhelder. 1969. *The Psychology of the Child*. Trans. Helen Weaver. New York: Basic Books.
● 参考ウェブサイト
The Jean Piaget Archives. Available from 〈www.unige.ch/piaget〉
　（ANNE-NELLY PERRET-CLERMONT & MARIE-JEANNE LIENGME BESSIRE／北本正章訳）

ピアス対修道女協会裁判
(Pierce v. Society of Sisters)

　アメリカ合衆国最高裁判所は、「ピアス対修道女協会裁判」において、8歳から16歳までの子どもをたんにどこかの学校に就学させるのではなく、公立学校への就学を強制した1922年のオレゴン州の法律は憲法違反であるとの判決をくだした［1925年］。オレゴンのこの義務性の公教育法は、KKK団[*1]、連邦愛国者協会、フリーメーソン、その他の白人至上主義者、反カトリック主義、アンチ・セミティズム（ユダヤ人排斥主義）、排外主義的信念を公言する小集団によって主導されたものであった。これら改革者たちは、民衆の不安をあおりつつ、私立学校は非アメリカ的要素を固持するのを許容しており、公立学校に就学することを強制することこそが多様な大衆を白人アメリカ人のプロテスタント文化に同化させる唯一の方法であるという議論を展開した。こうしたやり方はオレゴン州だけにかぎられるものではなく、19世紀なかばの**コモンスクール運動**の理想から生じたものであった。この改革運動がオレゴン州で勝利することができたのは、部分的にはこの運動が「オレゴン教師月報」や公立学校教師の大部分をふくむ州の教育機関から支援を受けていたためである。くわえて、州知事のウォルター・パース（Walter Marcus Pierce, 1861-1954）はKKK団の支援を受けて当選しており、この法を積極的に支援していた。

　この［1922年の］法案は最初、市民的リベラリスト、ルター派、カトリック、再臨派（アドベンチスト）、ユダヤ人、アフリカ系アメリカ人たちがその制定に反対し、次にその合憲性に対する統一反対行動をとらせることになった。KKK団とその協力者たちがオレゴン州における改革を支持したのは、彼らが同州において生粋の白人多数者の圧倒的な支持を得ていたからであるが、ほかのいくつかの州にもこの法廷闘争の結果を待っていた議案提出権があった。「イエスとマリアの聖名修道女協会」(the Holy Name of Jesus and Mary) と「ヒル・ミリタリー・アカデミー」(the Hill Military Academy) という二つの私立学校の経営者は、この法の差し止め命令を下級裁判所から獲得し、さらに1925年にはアメリカ最高裁の判決でも勝訴した。この判決はアメリカ法における次の二つの基本原理にもとづいていた。第1に、従わざるをえないような公共の利益は、その行動が必要であることを示すことができなければ、州は私有財産を奪ったり、生計手段を破壊するような独占を認可することはできない。したがって、州は私立学校を倒産にいたらしめる権力を有しない。第2に、少年法は多数者の意志と親の権限とのあいだのバランスを保たねばならない。

　「ピアス対修道女協会裁判」が重要なのは、子どもの社会化に対する州の権力が増大してゆく時期に、それを制限するのに役立ったからである。ジェイムズ・C・マクレイノルズ判事[*2]は、全員一致の判決文に、後年しばしば引用されることになる次の文言を記した。「子どもはたんなる国の被造物ではない」("The child is not the mere creature of the state.")。特記されるべきは、ピアス裁判が子どもの権利ではなく、財産所有者と親の権利を根拠に決定された点である。この判決は、たとえば「アメリカの理想をもつ同質の人びとを育成する」という州の利益のために州が重要な権力を行使することを保障する「メイヤー対ネブラスカ州裁判」(Meyer v. Nebraska) のような以前の決定を支持していた。公立学校への通学を要求するこうした同化主義者的な正当化は教育政策においていまなお残っているが、1940年代以来、何度もくりかえし異議申し立てを受けている。

［訳注］

*1 KKK団 (the Ku Klux Klan)──「クー・クラックス・クラン」「KKK団」。正式名 Knights of the Ku Klux Klan。アメリカの人種差別主義の秘密結社。南北戦争（1861-65）後に、南部の旧奴隷主が、黒人の抑圧と北部からの渡り者の妨害を目的として組織した。白衣・白頭巾を着け、十字架を燃やす黒人脅迫の儀式を行ない、リンチや殺害を行なった。1871年連邦政府から解散命令を受けた（第1次クラン）。その後、1915年に同様の秘密結社が結成され、黒人、ユダヤ人、カトリック教徒、外国からの移民などを攻撃した（第2次クラン）。さらに、第2次世界大戦後一時消滅したが、1960年代に再建された（第3次クラン）。

*2 ジェイムズ・C・マクレイノルズ (James Clark McReynolds, 1862-1946)──アメリカの法律家、連邦最高裁判所陪席判事（1914-41）。偏狭な保守的意見、反ユダヤ主義、人種差別主義、女性不信などの態度によって、判事としての資質が疑われ、悪評が高かった。

➡教育（アメリカ）、教区学校（アメリカ）、子どもの権利、法律と子ども

● 参考文献
Arons, Stephen. 1976. "The Separation of School and State: Pierce Reconsidered." *Harvard Educational Review* 46: 76-104.
Tyack, David, Thomas James, and Aaron Benavot. 1987. *Law and the Shaping of Public Education, 1785-1954*. Madison: University of Wisconsin Press.

(PATRICK J. RYAN／太田明訳)

東ヨーロッパの子ども (Eastern Europe)

■バルカン諸国
■ポーランド

■バルカン諸国

どの社会でも、共通の生物学的基礎によって、子ども期は7歳未満と、7歳から14歳ないし15歳までの二つの時期に区分されるのが一般的である。その上の14歳から21歳までが第3の時期にあたるが、この時期は、大半の社会で長いこと子ども期とは関連づけられてこなかった。

古代ギリシアではヒッポクラテスがこれら三つの時期を区別し、それぞれを「パイディオン」(*paidion*)、「パイス」(*pais*)、「モウラキオン」(*mourakion*) とよんだ。最後の時期は14歳から21歳までの者で、男性では父親の属する市区 (*deme*) への立ち入り［と父親の属する都市の市民権］が許され、女性では結婚が認められた。西ヨーロッパ諸国でこの第3の時期が認知されるようになるのは11〜14世紀のことであり、それは都市化と商業化の進展や学校の発展、騎士道精神の勃興を受けてであった。13〜14世紀には騎士道精神がセルビアに広がった。それによって騎士の槍試合に向けた訓練の長期化が求められたため、西ヨーロッパ諸国と同様にセルビアでも特権階級の男性では高い結婚年齢［晩婚］がほぼ当然なこととなった。他方、西ヨーロッパ諸国とバルカン地域の西部と中央部の多くの社会階層にとって、子ども期から成人期にかけて長い移行期が存在するようになるのは1830年以降のことである。

家庭内的な家族

15世紀から1830年にかけてバルカン地域は、生物社会的な体制にもとづいて、「西部と西中央部」（セルビア、クロアチア、西ブルガリア、アルバニア）、「東中央部」（東ブルガリア）、「アドリア海諸国、エーゲ海諸島、黒海沿岸諸国」に三分されていた。このうち最前者では人口の6〜8割が拡大家族に属していたのに対して、2番目ではそれが4割、最後者では2割にすぎなかった。

「エピスティオン」(*epistion*) とは家族にかんして用いられた古代ギリシア語で、文字どおり「炉辺に向かって」を意味する。炉辺［家族団欒］とは、食事や冠婚葬祭といった共通の目的によって社会的に規定された最小単位の集合場所である。世帯規模は小さい場合も大きい場合もあった。16〜17世紀にバルカン地域に移動してきたスラヴ人の子孫のあいだでは、世帯という言葉は家庭という用語と同じであった。だが、19世紀初頭に南スラヴの思想家は拡大家族に対して、「調和」や「他者のために」を意味する「ザドルーガ」(*zadruga*) という用語を使うようになった。他方、人類学者のクロード・レヴィ＝ストロース（1908-2009）は拡大家族にかんして「家庭内的な家族」(*domestic family*) という用語を提案したので、わたしたちもそれに従いたい。ただ、この用語はあくまでも南スラヴ型やバルカン型の拡大家族にかぎって使うことにする。家庭内的な家族とは、直系と傍系の両方向に家族が拡大したり縮小したりする過程で生まれたばかりか、家族が永続するよう望む熱意によっても作り出された。それはまた、共同財産である土地・農具・家畜を共有する構成員によって成立する組織体でもあった。

家族は、つぎの三つの状況に対応するために拡大した。まず、7〜14歳の男児の労働を必要とする移動放牧が、多数の大人と子どもからなる世帯の形成を主としてうながしたであろう。つぎにそれは、農業者や家畜飼育者が、1〜2名の大人が亡くなったときに子どもの世話をする者を確保するため、3名以上の大人によって構成される世帯を必要としたことへの対応であった。最後に、大きく強い世帯は不安な時代に侵入者から家族を守るために必要であった。

広大なオスマン帝国［1300年頃〜1922年］は、その広さゆえに長距離の移動放牧が順調に進み、その範囲がさらに広がる条件を作り出した。同時に、ヨーロッパ諸国とのあいだに形成された広範な国境地帯が不安定化した。14世紀後半から1830年までそうした状況は続き、家庭内的な世帯——その4割以上、5割未満は14歳以下の子どもで構成されていた——の生物社会的な体制が広まった。

子ども期の諸段階

バルカン地域における子ども期の最初の時期（7歳未満）にかんする記録はあまりない。しかし、そこに住んでいたトルコ人の一人である16世紀の博物学者ピエール・ベロン・ドゥ＝マンは、都市住民と比較して、バルカンの子どもは「それほど臭くなく」、古代ローマ人や西ヨーロッパ諸国のカトリック教徒の子どもほど育てるのは大変ではなかったと述べている。トルコ人の母親はすくなくとも赤ん坊が生後10か月になるまで授乳を続け、1歳になるまで穀類や母乳以外のミルクはあたえなかった。他方、古代ローマ人はもっと早くからそれらをあたえていた。赤ん坊は、生理的欲求をコントロールできるようになるまで、ゆりかごに入れられていた。張りつめた皮製のゆりかごには小さな穴が開けられ、そこをとおして子どもの性器から小便器まで管がつながっていたので、母親たちはじゅうたんや敷物を汚さずにすみ、下着の着替えの必要性が少なくなるとともに、赤ん坊を清潔で快適にしておくことができた。

19世紀以降、バルカン地域の農村の大半では赤ん坊のスウォッドリングが観察された。それも、アルバ

ニアでは軽く巻かれていたのに対して、マケドニアでは幾重にも巻かれていた。マケドニアでは赤ん坊がはじめてほほえんだら、片方の手しか自由にならなかったが、アルバニアのいくつかの地方でそうするのは生後40日たってからのことであった。マケドニアの南部では赤ん坊がおしっこをすると、すぐに着替えさせた。そのとき母親はふざけたがる赤ん坊を優しくなでたり、軽くたたいたり、唇のまわりをくすぐったり、話しかけたりした。マケドニアでもモンテネグロでも同じように、赤ん坊は通常、3歳か4歳になると離乳の時期を迎えた。そうすると母親の役割は、父親の権威を子どもに知らしめ、共同体で生き残るのに必要なこと——年長者への敬意、年齢別・性別の違いの観察、ろくでなしにならないための倹約、世帯の必需品の用意——を教えることに代わった。

　子ども期の第2の時期（7歳から14歳ないし15歳まで）になると、世帯の長と父親、父方の叔父が男児に労働の課題を教え、協力の必要性を教えこむ一方で、母親は女児を将来の妻や母として育てた。

　第3の時期である青年期は実際には存在しなかった。早婚がふつうであったからである。1530年にベオグラード郡内の146の村において14歳ないし15歳以上の成人男性で未婚者は13パーセントにすぎなかった。ナポレオン時代のクロアチアの軍政国境地帯（オスマン帝国領とハプスブルク帝国領のあいだに設定）では女性は13〜14歳で、男性は16〜17歳で結婚していた。表1に示されているように、総人口に占める子どもの割合は地域によってかなり異なっていた。

　未婚率が高く、結婚年齢が高いと出生率は低下しがちである。クロアチア南部のドゥブロブニクでは多くの貴族が40歳か50歳になってはじめて結婚したり、生涯をとおして未婚であったりした。貴族の女性も結婚が遅く、25歳か30歳になってからであった。1516年にサラエボの新しい都市［新市街］における14歳ないし15歳以上の男性の未婚率はギリシア正教徒で13.5パーセントにすぎなかったが、イスラム教徒では39.6パーセントにのぼった。1528年になると、後者の値は52.8パーセントに上昇した。19世紀後半にイスタンブールでは多くの男性が30歳になって結婚したが、独身のままの者も少なくなかった。都市部の女性の結婚年齢も30歳をすぎていた。

　中絶などの産児制限と性病も子ども数の減少につながった。医療問題に詳しいフランス領事のF・C・H・L・プクヴィル（1770〜1838年）によれば、1790年にモレオット（ギリシアのペロポネソス半島）のイスラム教徒の女性は、中絶することで、ギリシア正教徒の女性よりも子どもが少なかった。オスマン帝国は中絶を制限しようとしたが徒労に終わった。それだけでなく、ギリシア正教徒の女性までもが、都市でも農村でも、中絶に頼るようになった。中絶などの産児制限の方法については西アジアや中東では古くから知られ

表1

総人口に占める子ども人口の比率			
地名	調査年	0〜14/15歳	0〜18歳	不明
クロアチア共和国ザダル［イタリア名でザラ］市	1593		34.4	
ザラ市の島嶼部	1593		44	
ザラ市のテッラフェルマ［軍政国境地帯］	1593		46.7	
クロアチア共和国ドブロブニクの農村共同体	1673/74			35
モンテネグロ共和国	1692	47.6		
ヴェネツィア領アルバニア	1692	44.5		
旧ヘルツェゴヴィナ地方：グラホヴォ、ヘルツェゴヴィナ、ニクシッチ	1692	52.5		
サヴスカ・ヴォロシュ（ベオグラード近郊）	1734	39.2		
セルビア共和国	1846	48.9		

以上は本稿執筆者の計算による（*訳注：「不明」とは年齢層が不明の人口比）

ていたが、バルカン地域内にはあまり広まっていなかった。だが、1830年から1880年にかけてヨーロッパ風の思想が普及し、近代化や個性といったヨーロッパの概念への傾倒が強まり、ヨーロッパの都市化モデルが肯定されるのにともない、産児制限の方法もよく知られるようになった。その広がりは東（イスタンブール）と南（ギリシア北部のテッサロニキ）から北や西に向かった。また、19世紀後半にはウイーンやハンガリーから南方にいっそう活発に浸透した。ハンガリーにいるセルビア人のあいだで中絶が広がるということは、セルビアやボスニアにもいきわたることを意味した。徴兵制や都市化、向上する識字能力、ヨーロッパとのひんぱんな接触、年長者の権威の低下、強まる晩婚傾向、産児制限、中絶——これらは「白いペスト」とよばれ、南方に伝わった。

　セルビアでは晩婚化によって非嫡出子の割合が徐々に増加した。だが、1880〜1884年の全出生数に占める非嫡出子の割合は1パーセント未満であり、1877年のギリシアの1.41パーセント、ルーマニアの4.74パーセント、フランスの7.1パーセント、ハンガリーの7.4パーセント、1878年のイタリアの7.15パーセント、ドイツの7.44パーセント、オーストリアの14.1パーセントといった数値には遠くおよばなかった。

生物社会的体制の刷新

　しかし、バルカン地域内の生物社会的体制の刷新は中絶の広まりによるだけでなく、地域のエリートによって進められた変革——人口増、都市化、通信・移動手段の改善、商業化、男性に対する徴兵制、自由・個性の尊重というイデオロギーの普及、ヨーロッパの政

治・社会・経済・文化モデルの自発的な採用——の結果でもあった。こうした体制の革新は、生命の安全と財産の保全にかんする規程をもち、広い見聞をもとに理解しあえる社会の形成をめざす法治国家の確立をともなっていた。体制の刷新は1830年以降にモルドバとルーマニア南部のワラキアでなされ、1830年代から1840年代にかけて、とくに1840年代にギリシア、セルビア、クロアチアで実施された。さらにそれは、穀物経済の発展によってドナウ河畔のオスマン帝国領にあるヴィラーエット県（北ブルガリア）まで広まり、クリミア戦争（1853～1856年）とベルリン会議（1878年）の後はボスニア・ヘルツェゴビナにも根づいた。

家庭内的な世帯でもっとも博識であったのは「ペイターファミリアス」（pater familias）あるいは「スタレシナ」（Starešina）とよばれる人物であろう。しばしば彼らは個人の独創性と活気ある社会を支える新体制に非常に敏感であった。それを次の事例は示している。セルビアの人類学者ミラン・ドゥロ・ミリセヴィック（1831～1908年）が子どもであったとき、85歳の祖父が息子や孫、年長の甥を集め、それまでの「われわれのもの」が今後は「われわれのもの」「あなたたちのもの」「彼らのもの」となるだろうと述べた。世帯が分割されると言ったのである。わが子がかわいくてたまらない女性はのちにそうした分割を支持することになった。

19世紀中頃までにヨーロッパ諸国では初等・中等・高等の各段階の学校が普及し、バルカン地域の特権階級の息子にはほかのヨーロッパ諸国で学ぶ機会があたえられはじめた。それによって自己教育が可能な世代が誕生しやすくなった。そのような世代は重要な諸問題や関心・思想から刺激を受けた10代後半から20代までの若者から構成され、ほかの人びと［非特権階級］が別の強い関心や思想によって新世代を形成するほどの影響力をもつようになった。クロアチアやセルビア、その北部のボイボジナ、ギリシアでそうした世代が自由主義イデオロギーの影響を受けて勃興したのは1840年代のことである。年配の立憲主義的な名望家はこの世代の1848年の示威行動と論争を「子どもの遊び」とみなした。実際、特権階級の息子のあいだで高等教育が広まったことで晩婚化というライフサイクルが生まれた。1848年にベオグラードのリセ（のちに大学になる）の学生が提起した要望のひとつは、政府内における将来の地位を保障する意味で、官僚の制服の一部である剣を身につけ、ツバメの羽がついた帽子をかぶることであった。セルビアの県知事の息子であるスヴェトザール・マルコヴィッチ（1846～1875年）は1868年、「あまりにも古びた過去との闘争」を行なう「急進政党」の結成を主張した。ブルガリアの詩人フリスト・ボーテフ（1846～1876年）は、息子や娘が現実主義者になるのを防ごうとするブルガリア

の母親を批判した。同じくブルガリア人であるリューベン・カラヴェロフ（1834～1878年）は世代間の葛藤について論じた。

新しい社会モデルによってもたらされたもうひとつの結果として、農村の家屋が耐久性のある素材で建てられはじめ、部屋数が多くなった点があげられる。バルカンの低地地帯における典型的な農家は、1830年には台所のない1部屋か2部屋からなっていたが、1900年には4部屋に増えた。高地地帯では同じ期間に、台所と多目的のための1部屋で構成されていたのが、2部屋か3部屋をもつようになった。世帯規模は小さくなり、家屋は大きくなったわけである。子ども部屋を設けたり、男女で部屋を分けたりするのは20世紀に入ってからである。

バルカン地域における子ども期と成人期にかんする生物社会的な新体制は西ヨーロッパ諸国のそれと似かよっている。後者では2度の世界大戦や政治的・経済的危機によって新体制の形成は同時に促進されたり、抑制されたりした。バルカン地域ではこの形成が1945年以降も続き、当初はたいてい共産主義的な方向で、だが最終的にはふたたび資本主義的な方向で進められた。そして、アルバニアの農村部とコソボ、それにボスニアのイスラム教徒のあいだでは新体制が宣言された。だが、共産主義下の特別な状況によっていくつかの特徴が生まれた。複数の世代からなる世帯が西ヨーロッパで消滅しつつあったとき、たとえばハンガリーでは住宅不足によって戦後もそうした世帯が一般的であった。最近の動向を見ると、バルカン地域とヨーロッパのほかの地域では子ども期の経験がふたたび同じようになりはじめている。

➡東ヨーロッパの子ども（ポーランド）

● 参考文献

Golden, Mark. 1990. *Children and Childhood in Classical Athens*. Baltimore, MD: Johns Hopkins University Press.

Hajnal John. 1965. "European Marriage Patterns in Prospective." In *Population in History: Essays in Historic Demography*, ed. D. V. Glass and D. E. C. Eversley. London: Edward Arnold. pp.101-143.

Halpern, Joel Martin. 1967. *A Serbian Village*. Rev. ed. New York: Harper and Row.

Hammel, Eugene A. 1968. *Alternative Social Structures and Ritual Relations in the Balkans*. Englewood Cliffs, NJ: Prentice-Hall.

Hammel, Eugene A. 1972. "The Zadruga as Process." In *Household and Family in Past Time: Comparative Studies in the Size and Structure of the Domestic Group Ovel the Last Three Centuries in England, France, Serbia, Japan and Colonial North America, with Further Materials from Western Europe*, ed. Laslett, Peter, with Richard Wall. Cambridge, UK: University Press.

Lévi-Strauss, Claude. 1971. "The Family." In *Man, Culture, and Society*. ed. Harry L. Shapiro. Rev. ed. London; New

York: Oxford University Press.
Quataert, Donald. 1994. "The Age of Reforms, 1813-1914." In *An Economic and Social History of the Ottoman Empire, 1300-1914.* ed. Halil Inalcik, with Donald Quataert. Cambridge; New York: Cambridge University Press.
Stoianovich, Traian. 1992-1995. *Between East and West: The Balkan and Mediterranean Worlds.* 4 vols. New Rochelle, NY: Aristide D Caratzas.
Stoianovich, Traian. 1994. *Balkan Worlds: The first and Last Europe.* Armonk, NY: Sharpe.

（TRAIAN STOIANOVICH／村知稔三訳）

■ポーランド

　ポーランドでは18世紀の中頃や後半まで啓蒙運動の影響と政治的発展が主要な改革に結びついており、子育ては、それにかかわっていた貴族層の価値観にもとづいて考えられていた。子どもの本性をどうみるか、子どもをどう扱うかという問題にかんする**啓蒙思想**は、ロシアやプロイセン、オーストリアによる1772年の第1次ポーランド分割以前に国内に浸透していた。分割による国土の喪失とその後のさらなる分割の脅威は、貴族層がいだく目標に代わって国家的価値を優先する教育改革をうながした。子育ての実践や教育の規範は国家の利害にとって基本的なものとみなされたからである。その改革には学校教育の世俗化と民族主義化およびポーランド化がふくまれていた。女児にも教育は必要であるとされ、母親には、わが子を乳幼児期から心身両面で鍛え、立派な市民に育成することが奨励された。それまで大人は若者に対して無関心であるか、逆に恐怖心をいだいていたので、こうした改革は以前と対照的であった。

　しかし、1795年の第3次分割によってポーランドが世界地図から消滅すると、子どもにかんする社会的な論議は低下した。ロシアやプロイセン、オーストリアがポーランド問題にほとんど関心がないうえ、進歩的思想にまったく興味を示さなかったからである。オーストリアは分割時代（1795～1918年）のポーランドを自国の後背地とし、その独自性を禁じた。プロイセンとロシアはポーランド人を自国の文化に組み入れようとしたが、1830年にロシア領で起き、頓挫した十一月蜂起によって、そうした文化統合に対するポーランド人の抵抗が明らかになった。同じロシア領における1863年の一月蜂起の失敗を契機として、ポーランドにかんする話題は公立学校の教育課程から一掃された。プロイセンも、ドイツ統一とビスマルクの文化闘争にならって、ロシアと同じような方策をとった。だが、民族性と国家の権威を明確に区別したポーランド人は、ロシアやドイツに対してまったく好感をいだかず、ひそかにポーランド国民としての一体性を若者に育てつづけた。

　歴史的にみると、ポーランドのこうした文化的な非妥協性は、それ以前の進歩的なポーランド人がその独自性にほとんど興味をいだかず、コスモポリタニズムとフランス至上主義とを知っている人びとにとっては驚きである。国家の分割という重大な局面を前にしてポーランド人がそうした西ヨーロッパ好きを示したのは、自国の独立を守るため、西ヨーロッパの発展に合わせることでポーランド文化を近代化しようとしたからである。独立を失ってからのポーランド人は、それまで見すごしてきた自国の伝統にふたたび注目し、18世紀に軽視してきたものを再発見した。分割がポーランドの近代的アイデンティティを構築したといってよいであろう。

　アイデンティティを別にすれば、ポーランド人は発展する西ヨーロッパの潮流をつねに追ってきた。とくに**進歩主義教育**に関心が集まり、たとえば**フリードリヒ・フレーベル**や**マリア・モンテッソーリ**の教育思想が注目された。私立学校の資金が工面でき、検閲官の要望を満たすという条件つきで、ポーランドの子どものごく一部は教育界が提供する最高のものを享受していた。残りの子どもにはまにあわせの家庭教育が、否定されないかぎり、国立の学校教育を増加させた。識字能力のある親の子どもにポーランド人の精神を引き継がせようとする取り組みは、識字能力のない親の子どもにまで広まった。進歩主義者はそれを支持した。農民の子どもを将来のポーランド国民とみなしたからである。他方、保守主義者もこうした目標を共有した。階級の区分をより明確にし、ふさわしい労働倫理を植えつけることを切望したからである。

　政治的な行動主義が独立闘争から社会改良に目的を転換した1880年代までに、若い男女はポーランド文化のために考えを変えた。1863年の一月蜂起の敗北によってポーランド人は、武装闘争よりも社会的および経済的改善を重視する「組織的活動」に方針を変更した。ノーマン・デービスが指摘するように、そうした伝道のような活動が続いた30年間に、私的で非公式的、かつひそかなポーランドの文化活動は多くの成果を生み出した。そのため、1918年に祖国が独立したとき、ポーランド人は文化的には十分であったが、その他の面ではかなりの実際的困難に直面することとなった。1世紀以上にわたり分割されてきた三つの地域に組織的な基盤を整備するという課題は容易ではなかった。分断されていた地域を統一するという難問にくわえ、高い非識字率や、かならずしもポーランド文化に共鳴しない若干の少数民族の存在が状況を複雑にしていたからである。第2次世界大戦がはじまった1939年になってもポーランド国民はその形成途上にあった。

　「喪失」は第2次世界大戦後のポーランド人の経験にとってもキーワードとなっている。推計によれば、ポーランドでは260万人を超える子どもがナチス・ドイツとソ連の占領下で死亡し、戦死者の38パーセン

トを子どもが占めた。また、ドイツ化のために強制連行された200万人の子どものうち、帰国できたのは20パーセントにすぎなかった。ナチスとソ連の占領期に学校網は破壊され、教師は一掃された。だが、こうしたテロルのなかでもポーランド人は子どもに祖国の問題を教えられるように本を印刷し、10代の若者は高校を卒業し、大学で学んでいた。このように戦時はあたかも先の分割時代の変種のようであった。

戦争が終わるとポーランド人は1939年の開戦まで住んでいた土地に戻れると喜び、この幻想は3年間だけ続いた。1948年に政権を獲得した共産主義者が組織的な学校改革をはじめたからである。その目的は教育の水準と質の向上であるとされたが、真の目的は若者の教化にあった。ポーランドの教科書はソ連の著作物に置き換えられ、西側の教育実践には接触できなくなった。家庭では、学校で子どもが学んでくるものを相殺するため、政治的には正しくないとされる見解を子どもに伝えるように全力がつくされた。

1989年の東欧革命後に労働組合「連帯」は、カトリック教会の支持を得て、新しい学校改革に着手し、1991年に脱共産主義を明確にした全国学校改革法を成立させた。同法により、以前には認めらなかった個人・財団・自治体・宗教組織に学校を開く権利があたえられるようになった。ただ、これまでのところ改革の結果は功罪あいなかばだというのが観察者の一致するところである。全国学校改革法の目的はポーランドの教育を近代化し、EUの基準に合致させることにあるが、新しいプログラムや教科書と教育方法をつねに求めるため、公立学校制度の安定性が欠けるというポーランド人の批判がある。皮肉にも民主主義はかつての諸々の占領期よりも大きな教育機会と挑戦の場面を提供しているかのようである。

➡教育（ヨーロッパ）、東ヨーロッパの子ども（バルカン諸国）

●参考文献

Davies, Norman. 1982. *God's Playground: A History of Poland*. 2 vols. New York: Columbia University Press.

Lorence-Kot, Bogna. 1985. *Child-Rearing and Reform: A Study of the Nobility in Eighteenth-Century Poland*. Westport, CT: Greenwood Press.

Lorence-Kot, Bogna, and Adam Winiarz. 2000. "Education in Poland," In *Kindergartens and Cultures: The Global Diffusion of an Idea*, ed. Roberta Wollons. New Haven, CT: Yale University Press.

（Bogna Lorence-Kot／村知稔三訳）

非行（Delinquency）

非行は世界中のどの国にもみられる。多くの国では、非行は19世紀後半になってはじめて個別の問題として浮上した。ドイツで青少年犯罪が成人の犯罪とはじめて区別されたのは1871年のことであり、イギリスでは1908年であった。アメリカで最初の**少年裁判所**は1899年に設けられた。

非行と社会

非行がひとつの社会問題として発生したのは、**青年期**それ自体の発生と同時であった。19世紀後半から20世紀初頭にかけて、西ヨーロッパ社会が子ども期の依存状態を引き延ばし、自立を期待される年齢を先送りするようになるのにつれて、引き延ばされた子ども期に特有の問題があらわれた。たとえば農村部の田舎社会では、学校に行かない15歳の少年が公衆の面前で非難されることはなく、性的行動がさかんになってきた16歳の少女は、裁判所ではなく結婚へと急き立てられたであろう。

時代をとわず、非行はしばしば貧困や、社会における富者と貧者の身分の違いに結びつけられた。くわえて非行とは、より広範な伝統への破壊行動の兆候でもあった。たとえば、アメリカにおける最初の実質的な非行への関心は1880年代と1890年代に生じたが、それは急速な都市化と大量移民、そして労働パターンと職場に大きな変動があった時代であった。さらに最近では、研究者たちは、激動の1960年代と1970年代における若者の犯罪によって示されたような、民族的・人種的な差異に注目した。

東ヨーロッパの研究者たちは若者の犯罪を、ソヴィエト連邦の崩壊とその後の政治経済体制の不安定な状態と関連した混乱に起因する、伝統的な権威の崩壊の指標であると解釈してきた。西ヨーロッパでは二つの流れがあらわれた。イギリス、ドイツ、そしてフィンランドなどの国々では、1950年から2000年までずっと少年犯罪数の増加が見られた。オーストリアやスイス、そして、スカンディナヴィア諸国などの国々では、1950年から1970年ごろに少年犯罪の急増が見られ、1970年以降はその水準を保った。一方ですべてのヨーロッパの国々は、1950年以降少年による暴力犯罪の増加が見られ、1980年代から1990年代にかけて増加傾向をたどった。成人の犯罪率が安定を保った一方で、少年による暴力犯罪率が増加したことは、失業と貧困率の上昇を反映していた。ごく最近の統計では、1995年から2000年にかけて、少年の暴力犯罪がドイツでは微増、イギリスでは微減が見られ、フランスでは目立って増加したが、それはとくに青少年による性犯罪であったことを示している。

南アフリカでは、1948年から1994年までの少年犯罪はアパルトヘイト［人種隔離政策］、すなわちアパルトヘイトへの抵抗や、黒人と白人間の所得や住居、そして教育の差別と関連づけられた。1994年に同地で新政権が権力を掌握して以来、社会経済的な変化を打ち立て、また犯罪裁判制度を改定することで、若者の犯罪への対処が試みられた。残念ながらこれらの取り組みの結果について信頼できる情報を得るのは困難で

映画「ボーイズ・タウン」(1938年) からのシーン。20世紀末から21世紀初期にかけて、非行少年たちへの対処法は、スペンサー・トレイシー (1900-1967) の演じる (広く理想化されている) フラナガン神父*1 によって示されたような家父長的な対応から変化して、ますます懲罰的になってきている。©THE KOBAL COLLECTION/MGM

ある。

非行の定義

『オックスフォード英語辞典』(The Oxford English Dictionary: OED) は非行を、非行者の状態や資質と定義している。非行者は「義務もしくは責務を果たしていない、あるいは法に反する罪を犯した者」を意味している。少年犯罪は一定年齢未満の若年者がおかした法に反するなんらかの犯罪をあらわすために用いられる用語である。多くの国々においてその年齢は18歳であるものの、世界中でさまざまに異なっている。

アメリカにおいて、警察は、若年者が罪を犯したと目される場合、彼もしくは彼女を非行行為で告発することができる。くわえて、青少年は夜間外出禁止の違反など、虞犯（不良行為犯）*2、すなわち一定年齢以下の人間に適用される特別な制限に違反した場合に告発されることもある。

非行とその定義は時代とともに変化してきた。研究者は少女と少年は異なった犯罪で逮捕されることを明らかにしてきた。さらに非行の構成要素も時代とともに変化している。

アメリカで19世紀末と20世紀初頭に少年少女たちがもっともよく告発された犯罪は、21世紀初頭の少年少女が告発されているものとはかけ離れたものであった。非行少年がもっとも多く告発されたのは、くず屋に売るための銅製パイプ泥棒のような対物犯罪であった。同じ時期の少女たちは、もっぱら矯正困難や家出といった虞犯で告発されたが、しばしばこれらの用語は性的行動をおおい隠すものであった。少年たちはめったにそのような犯罪で告発されることはなかった。21世紀初頭にあっても対物窃盗は非行で告発された少年の最大のカテゴリーになっているが、1900年に比べると少女も少年も暴力犯罪での告発が増えている。かつて犯罪とみなされていたこと――たとえばダンスホールに入りびたるなど――のなかには、今日ではまったく犯罪とみなされないものもある。その一方で、薬物取引や容易な武器入手に関連した犯罪は、前世紀の転換期よりはるかに多くなっている。

アメリカにおける青少年の暴力犯罪の高まりは、1980年代にみられたが、これは街路におけるドラッグ（薬物）の新たな波と密接に結びつけられている。1980年代と1990年代には、12歳未満の子どもが暴力

行為を犯すことが以前よりも増えた。1880年から1995年にかけては、暴力犯罪による逮捕数が12歳以下で倍増した。同じ時期の、強姦の逮捕数は12歳未満で190パーセント増加し、武器の携帯もしくは所持による逮捕にいたっては206パーセントも増加した。アフリカ系アメリカ人の青少年は、彼らが人口に占める数と比較すると不つりあいなほど多く逮捕された。1995年に、アフリカ系アメリカ人の子どもはアメリカの青少年人口の約15パーセントを示していたが、暴力犯罪の全逮捕者では50パーセント近くを占めていた。政府は青少年犯罪の劇的な増加に対しては多数の懲罰的施策で対応した。すなわち、青少年が成人とみなされ、成人の裁判所で裁かれる年齢の引き下げや、新しい軍隊式の「ブートキャンプ」（新兵訓練所）プログラムの創設、青少年に対してより長い拘禁や厳しい監視を科すなどの施策である。拘禁される青少年の数は急増した。1994年以降、若者の暴力犯罪は減少したが、それに対応して対物犯罪が減少したわけではなかった。また女性の暴力犯罪は男性の暴力犯罪ほどの率で減少はしなかった。青少年の暴力犯罪の減少が、新しい政策やクラック・コカイン使用の減少、銃器販売規制への連邦の努力、コミュニティや学校の非行予防プログラム、あるいはこれらの要因の組みあわせがもたらした成果であるのかどうかは定かではない。

非行への対応

実際は、非行への政府の対応は本質的に抑圧的で、国家の強制力と拘禁のおどしを頼みにしたものであった。1960年代と1970年代のあいだ、アメリカとイギリスではどちらも、脱制度的なアプローチが強い勢力をもち、福祉や保護観察、そして監督にいっそう重点がおかれたが、現在では両国とも非行少年の処遇についてはより懲罰的な手段へと回帰している。

研究者たちは、少年非行者とその犯罪についての調査に何十年もついやしている。そのなかで彼らは、あらゆる犯罪研究が示す困難な問題に何度も直面している。すなわち、なぜほかの人間ではなくこの特定の人物が罪を犯したのかという問題である。彼もしくは彼女の非行の原因は肉体的なものなのか、医学的なのか、心理学的なのか、社会的なのか、それともそれらとはまったく別のものなのか。非行者の異文化間比較は有用な事実を示している。家族の力が崩壊した場所で伝統が力をもたなくなったとき、非行行為はもっとも見いだされやすくなる。また、特定の非行集団についての詳細な研究は、ギャングのなかに代替的家族構造が成長することや、根無し草のような状態や暴力の伝統が築かれることなどを指摘している。多くの若者にとって、伝統などは存在せず、暴力と目的のない状態があるだけなのである。この根無し草状態のために、非行は戦時に増加すると指摘する研究者もあれば、戦時の雇用は非行の発生率をより低くさせる効果を生むとする研究者もいる。

結論

非行がまるで世界中どこも同じであるかのように議論するのは不可能だが、重要なパターンを特徴づけることは可能である。非行はしばしば社会問題であり、より根深い社会不安の兆候であるとみなされている。社会が長期的な大変動を経験するとき、公的な関心は非行と青少年の行動に集中する。非行が増加する時期もあれば減少する時期もあるが、完全になくなることは決してない。政府や社会機関もまた、非行に対処する取り組みに力を入れる時期やそうではない時期を経験し、抑圧的処遇と、より制限のゆるい処遇のあいだをゆれうごいている。

［訳注］
* 1 フラナガン神父（Father Flanagan）——本名をエドワード・ジョーゼフ（Edward Joseph、1886-1948）といい、一般に「フラナガン神父」（*Father Flanagan*）とよばれた。アイルランド生まれのアメリカのカトリック聖職者で、ネブラスカ州オマハ近くに非行少年のための農村「ボーイズ・タウン」（Boys Town）を創設したことで知られる。
* 2 虞犯（ぐはん）（不良行為）（status offense）——不良行為犯。学校を無断欠席したり、親に従わないなどの性癖をもつために、裁判所の監督下におかれる少年（少女）をさしていう。わが国の少年法では「虞犯」としているが、法務省の平成17年度『犯罪白書』では、よりわかりやすい「不良行為」と訳されている。

➡子どもの権利、少年司法、ホームレスの子どもと家出中の子ども（アメリカ）、ユース・ギャング

● 参考文献

Addams, Jane. 1909. *The Spirit of Youth and the City Streets*. New York: Macmillan.

Boehnke, Klaus, and Dagmar Bergs-Winkels. 2002. "Juvenile Delinquency under Conditions of Rapid Social Change." *Sociological Forum* 17, no. 1 (March): 57-79.

Butts, Jeffrey A., and Howard N. Snyder. 1997. "The Youngest Delinquents: Offenders Under Age 15." *Juvenile Justice Bulletin* (September): 1-2.

Cross, William E., Jr. 2003. "Tracing the Historical Origins of Youth Delinquency and Violence: Myths and Realities about Black Culture." *Journal of Social Issues* 59, no. 1: 67-82.

Estrada, Felipe. 1999. "Juvenile Crime Trends in Post-War Europe." *European Journal on Criminal Policy and Research* 7: 23-42.

Hoffman, Allan M., and Randal W. Summers, eds. 2001. *Teen Violence: A Global View*. Westport, CT: Greenwood Press.

Humes, Edward. 1996. *No Matter How Loud I Shout: A Year in the Life of Juvenile Court*. New York: Simon and Schuster.

Jenson, Jeffrey M., Cathryn C. Potter, and Matthew O.

Howard. 2001. "American Juvenile Justice: Recent Trends and Issues in Youth Offending." *Social Policy and Administration* 35, no. 1（March）: 48-68.

Mennel, Robert M. 1973. *Thorns and Thistles: Juvenile Delinquents in the United States, 1825-1940*. Hanover: University of New Hampshire Press.

Office of Juvenile Justice and Delinquency Prevention. 2001. *Research 2000*. Washington, DC: U.S. Department of Justice, Office of Justice Programs.

Rothman, David. 1980. *Conscience and Convenience: The Asylum and Its Alternatives in Progressive America*. Boston: Little, Brown.

● 参考ウェブサイト

Interpol. "International Crime Statistics." Available from 〈www.interpol.int/〉

Pfeiffer, Christian. "Trends in Juvenile Violence in European Countries." Available from 〈www.ncjrs.org/txtfiles/fs000202.txt〉

（VICTORIA L. GETIS／森本真美訳）

『ピーター・パン』とJ・M・バリー
(Peter Pan and J. M. Barrie)

　ジェームズ・マシュー・バリー[*1]による子ども向けの演劇作品『ピーター・パン』は、1904年にロンドンで初演され、その後1911年には小説化され、20世紀全体をとおして、また21世紀に入っても、子どもの想像力を強くかきたてる文学キャラクターを生んだ。バリーは、大人の観客に向けて、20世紀初頭のエドワード朝以降、ある特別な子ども観を示した。すなわち、決して成長することがなく、それゆえに大人の世界から本質的に逃避し、それに同化できないままでいるほかない子ども主人公、ピーター・パンである。

　この物語では、ピーターがダーリング家の子どもたち――ウェンディ、マイケル、ジョン――の子ども部屋を訪れ、家と両親から逃げ出してネバーランドという魔法の島に飛んでいこうという魅力的な誘いをし、そこで迷子の子どもたちが集まって暮らし、妖精や海賊をまきこんだ、少年らしい冒険をする。とりわけ、子どもたちはピーター・パンの最大の敵である海賊のフック船長と闘う。ピーターは、ダーリング家の子どもたちがロンドンの家に戻る前に、フックを勇敢にも打ち破ったが、それは、子どもたちが最終的に大人になるためであった。ピーター・パンの役は、伝統的に少年に扮する大人の女優が演じてきている。

　19世紀が、厳格なしつけに守られた子ども期の純真無垢さというヴィクトリア時代の信奉を育んだとするなら、1904年作の『ピーター・パン』の演劇は、ダーリング家の子どもたちが窓から飛び出していくことによって、ヴィクトリア時代の子ども期からの文字どおりの脱出を描いている。この演劇は毎年クリスマスの時期に再演された。ピーターというキャラクター

ジェームズ・マシュー・バリー（1860-1937）*

がヴィクトリア時代の妖精物語から生まれており、しかもティンカー・ベルという妖精をいつも従えているにもかかわらず、この演劇は初期モダニズム時代の段階に達しており、子どもの心理についての洞察は、多くの点で奇妙なまでに現代的である。1911年の小説版では、子どもたちの母親であるダーリング夫人は、子どもたちが眠っている間に彼らの心をまるで整理ダンスででもあるかのように区分けしている。「あなたがたが朝、目覚めたとき、前の晩に寝床についたときに胸にいだいていた悪戯心や意地悪さを小さくたたんで心の底にしまい、きれいに見渡せる上の方には、すぐにも使える素敵な考えが広がっているのよ」。バリーはさらにふみこんで、子どもの心の「地図」を作ろうとさえもくろんでいる。この地図は、「かなり複雑」で、ネバーランドが見つかるかもしれないものであった（5-7ページ）。こうした奇抜な考えは、同じ時代のジークムント・フロイトの考えとまったくかけ離れていたわけではなかった。フロイトも心の地図を描こうとし、心はその奥底にさまざまな要素をたたみこんでいると考え、とくに子どものなかに「邪悪な感情」や不道徳への衝動がひそんでいると見ていた。バリーは気まぐれな人物であったが、子どもについてはかならずしも感傷的ではなかった。彼の洞察力の適切さは、クリスマス・シーズンのたびに家庭と両親を喜んで捨

ヒタハント

ケンジントン公園(ロンドン)のピーター・パン像。井川聖奈撮影。*

てるダーリング家の子どもたちを見に、また劇に来る多数の子どもたちによって確認できた。

　実際、クリスマス劇のシーズンのたびに、新しい世代の子どもたちが演劇にやってくる。過去の子どもたちが、(ピーター・パンを除く)すべての子どもたちがすること、すなわち成長をしてしまっても。この演劇と小説の情感は、とくに大人に向けて投げかけられる。子どもの内面は、つねに大人とは異質であろうということと、同時にまた、子どもたちはかならず成長し、子どもであることをやめるということにも大人たちを気づかせるのであった。『ピーター・パン』は、ヴィクトリア時代の子ども期の信奉を引き継ぐというよりはむしろ、子ども期への両面感情的なノスタルジーを新しく生み出す役割を果たした。物語の結末でウェンディは大人になり、ピーター・パンは彼女の娘をネバーランドにつれさる。「かくして物語はこの先も続くことになる」とバリーは書き、「子どもが明るく、純真無垢で冷酷であるかぎり」(192ページ)という誇らしげな言葉でしめくくっている。純真無垢と冷酷さが組みあわさった性質が、たえず年を重ねてつねに新しく変わる聴衆、すなわち幾世代の子どもたちを前にして、ピーター・パンにその独自なポスト・ヴィクトリア時代風のひねりをあたえたのであった。

　1937年にバリーが亡くなったのち、『ピーター・パン』の権利は、著者の慈善的な遺贈によりロンドンのグレート・オーモンド通りの子ども病院にゆずられたことで、この物語のすでに神話化されていた特質がさらに強められた。バリーがまだ生きていた1924年には無声映画が作られた。ウォルト・ディズニーは、1953年の映画「ピーター・パン」によって、彼が手がけたアメリカ・アニメーションの評価を伝説にまで高め、子どもたちのためのピーター・パンの乗り物は空高く舞い上がり、21世紀になってもディズニーワールドにおける体験の一部でありつづける。ブロードウェイは、主役のメアリ・マーティンが、決して大人にならない少年として唄ったり踊ったりする1954年の「ピーター・パン」によってこれに替わった。アメリカのファンタジー映画の巨匠スティーヴン・スピルバーグは、1991年に、力点を少し変えて「フック」(Hook, 1991)というタイトルで独自のバージョンの「ピーター・パン」を製作した。それと平行して、学術と伝記研究もピーター・パン解釈に重要な貢献をした。伝記作家のアンドルー・バーキンは、1979年に『J・M・バリーと迷子の少年たち』(J. M. Barrie and the Lost Boys, 1979)を出版し、バリーとルーエリン・デイヴィス家の5人の少年たちとの親密な個人的な関係を明らかにして、児童文学の古典をつくりはじめる際の構成要素のひとつである、小児性愛的な夢想の可能性を示唆した。1984年には、文芸批評家ジャクリーン・ローズは、『ピーター・パンの場合──児童文学などありえない?』(The Case of Peter Pan, or, The Impossibility of Children's Fiction, 1984)を出版し、この作品の文化的なゆらぎは、子どもを描くおとなのくわだてに不可分の性的矛盾と政治的矛盾がごちゃ混ぜになっていることが原因であると論じている。

　ルネサンス以降ずっと、子ども期の歴史に欠くことのできない側面のひとつは、子どもと大人あいだの根本的な差異に対する文化的な関心の高まりであった。『ピーター・パン』の文学的神話は、誕生から一世紀をへてなお大きな影響力をもち、大人と子どもの違いを痛みをもって自覚するとき、読む人の感情をゆさぶる力を失っていない。何年かしてピーターがウェンディのもとに戻ったとき、彼女は、ピーターが耐えがたいほどに子どもっぽく、自己本意であったと告白する。「わたしはもう大人になったのよ、ピーター。とっくに20歳を越えてしまったの。もうずっと前に大人になってしまったの」。ピーターが妖精の粉をふりかけて、彼女にもう一度空を飛ぶことを教えようとしたとき、彼女は、「ああ、ピーター、もうわたしに妖精の粉をかけるようなむだなことはしないでちょうだい」(189ページ)と応じる。バリーは、妖精の粉というヴィクトリア朝の芝居にありがちな呪文を援用しながら、驚くべき現代感覚で、大人と子どもをへだてる深遠な溝をよび出したのである。

[訳注]

*1 ジェームズ・M・バリー(James Matthew Barrie, 1860-

1937）——スコットランド生まれのイギリスの児童文学作家、劇作家。スコットランドのカーリーミュアー（Kirriemuir）の織物職人の家に生まれ、苦学して地元のエディンバラ大学を卒業し、ノッチンガムの新聞社に勤めながら雑誌などへ寄稿した。25歳の頃ロンドンに移り住んで文筆業に専念し、44歳頃に発表した『ピーター・パン』が大成功をおさめた。53歳のとき国王ジョージ5世から爵位をあたえられ、その後、セント・アンドルーズ大学学長、エディンバラ大学学長などをつとめた。

➡子ども期の理論、児童文学
● 参考文献
Barrie, J. M. 1987. *Peter Pan, Signet Classic Edition.* Afterword by Alison Lurie. New York: New American Library. J・M・バリー『ピーター・パンとウェンディ』（福音館文庫）（石井桃子訳／F・D・ベッドフォード挿し絵、福音館書店、2003年）、『新訳・ピーター・パン』（河合祥一郎訳、角川つばさ文庫；アスキー・メディアワークス、2013年）
Birkin, Andrew. 1979. *J. M. Barrie and the Lost Boys: The Love Story that Gave Birth to Peter Pan.* New York: C. N. Potter. アンドリュー・バーキン『ロスト・ボーイズ——J・M・バリとピーター・パン誕生の物語』（鈴木重敏訳、新書館、1991年）
Green, Roger Lancelyn. 1954. *Fifty Years of Peter Pan.* London: P. Davies.
Rose, Jacqueline. 1984. *The Case of Peter Pan, or, The Impossibility of Children's Fiction.* London: Macmillan. ジャクリーン・ローズ『ピーター・パンの場合——児童文学などありえない？』（メルヒェン叢書）（鈴木晶訳、新曜社、2009年）

（LARRY WOLFF／谷村知子・伊藤敬佑・北本正章訳）

非嫡出（Illegitimacy）
➡庶出（Bastardy）

PTA（Parent-Teacher Associations）

子どもたちが学校に通いつづけてきているのと同じくらい長く、親と教師はその教育を共有している。両者は、何が教えられるべきか、だれが教えるべきか、そして、どのように教えられるべきかについて、その意志決定に参加してきた。両者の関係は、アメリカでは、1880年代に母親クラブとPTAが登場するまで非公式で未組織的であった。アメリカの教育では、こうした組織がしだいに全国的な運動になってきた。1924年に改称された親と教師の全国会議（the National Congress of Parents and Teachers：NCPT）は、その27年前の全国母親会議（the National Congress of Mothers：NCM）としてはじめて開催されたものであった。アフリカ系アメリカ人はNCPTには歓迎されなかったため、1926年に彼ら独自の組織を結成した。こうしてこの二つの組織は44年間分裂したままであった。今日わかっているのは、全米PTA（the National PTA）としては、2万6000の地方支部に、650万人の会員を擁していることである。これ以外の無数の人も、単独の家庭と学校の協会やPTAに属している。

親たちは当初から、お互いが出会い、自己教育し、学校とコミュニティのサービスを実践するためにそうした組織を結合させていた。男性は、会合に出席することが歓迎されてメンバーになったが、PTAは、第一義的には女性のための組織であった（今日でもそうである）。PTAは、自分のコミュニティにもっとかかわりたいと望んでいた、ほとんどが白人の中産階級の女性たちを引きつけた。彼女たちは、自分の才能を家の外にもち出し、それを自分の子どもが通う学校に適用した。彼女たちはPTAを通じて教育に、権力ではなく影響をおよぼしたいと考えていた。

1890年以前、教育者の大半は、手を伸ばせばすぐにとどく距離に親たちを置いていた。教師自身に訓練と経験が不足していたために、親から容易に敬意をはらわれなかったので、教師たちは親の手をかりようとはしなかった。しかし、19世紀末になると、多くの教師が両親を助言者としてよりも同盟者としてもつのがよいことを認識しはじめた。そうするために彼らが考えた最善策はPTAをもつことであった。学校管理者は、両者が出会い、会合に出席し、募金活動、校舎の修復、親業教育などの事業計画を共同で行なうための場をPTAにあたえた。1928年には、NCPTのメンバーは100万2500人を数えた。そして、この人数は、その後30年以上にわたって劇的に増加し、1950年代初めには約900万人に近づいた。

しかし、それからまもなくして、PTAはその根拠を失いはじめた。過剰な人数の教室、教師のストライキ、そして公民権運動などが、多くの親が公立学校についていだく感覚を変えた。約束の時間をもち、公教育が個人と社会の諸問題を解決することになったため、いまや教師たちは自分たちが高まりはすれども満たされることのない期待感と取り組んでいることに気がついた。1970年代初めになると、多くの親は、自分は専門家に頼る必要はないと思いこんでいたのだが、連邦と州政府の法律の制定は、障がいのある生徒が公教育を受けるのを保証し、こうした子どものための個別の教育プラン（individual educational plan：IEP）に親がかかわることを命じた。こうした展開によって形成された世界では、各PTA組織は、時代遅れ——問題の解決策ではなく、その一部として過去の遺物——のようなものになりはじめた。父兄協議会、コミュニティスクール委員会、そしてチャータースクールなどは、両親により大きな力を提供したように見える。PTAは、アメリカの教育で重要な役割を果たしつづ

けているが、かつてのように尊敬を集めたり賞賛を受けることはなくなっている。
→育児、教育（アメリカ）、進歩主義教育、都市の学校制度の誕生
●参考文献
Cutler, William W., III. 2000. *Parents and Schools: The 150-Year Struggle for Control in American Education*. Chicago: University of Chicago Press.
Woyshner, Christine A. 1999. "'To Reach the Rising Generation through the Raising Generation': The Origins of the National Parent-Teacher Association." Ph.D. diss., Harvard University.
　　　　　　　　（WILLIAM W. CUTLER III／北本正章訳）

ヒト免疫不全ウイルス（HIV）
→エイズ（AIDS）

ヒトラー・ユーゲント（Hitler Youth）

　国家社会主義ドイツ労働党the National Socialist German Workers' Party（*Nationalsozialistische Deutsche Arbeiterpartei*: NSDAP）の青年組織は1922年にミュンヘンで設立され、少年だけをふくんでいた。ヒトラー・ユーゲント[1]という名前がつけられたのは1926年で、このとき、1930年以降になるとドイツ少女連盟（the League of German Girls; *Bund Deutscher Mädel*: BDM）として知られることになる少女たちを対象にした組織（*Schwesterschaften*）と並行して創設されたものである。ヒトラー・ユーゲントのメンバーは、1932年までに、10万8000人ほどになったが、1933年にナチ党[2]が権力を掌握すると、この組織が発展する可能性と役割は決定的に変化した。ほかのいくつかの青年組織が禁止されたり解体され、あるいはとって代わられるなどしたため、ヒトラー・ユーゲントのメンバーは、1933年には230万人に増加し、1934年には360万人に、1935年には390万人に、1936年には540万人に、1937年には580万人に、1938年には700万人に、そして1939年には870万人に、それぞれ増えた。1934年以降、ナチ党が全ドイツにその影響力をおよぼすうえで、ヒトラー・ユーゲントは主要な道具となり、この点では、ナチ党が全面的に支配していなかった学校制度よりも重要であった。ヒトラー・ユーゲントのリーダーであったバルドゥール・フォン・シーラッハ[3]が、ドイツ帝国の青年指導者の地位に任命されたことによって、続いて、ヒトラー・ユーゲントが両親と学校から子どもを引き離して育てる唯一の正統組織であることを要求した1936年の法律によって、そして最後に、年少の子どもたちにヒトラー・ユーゲントのメンバーになることを実質的に強制する1939年の法律によって第三帝国[4]におけるその地位は重みを増した。第2次世界大戦中の戦時体制化は、メンバーを拡張するためにさらなる圧力をかけた。だが、こうした要因にもかかわらず、第三帝国はすべてのドイツの少年を思いどおりにヒトラー・ユーゲントに加入させることはなかった。

　ヒトラー・ユーゲントの任務は、年少の子どもたちを政治的に教化し、身体的に強健にすることであった。身体を鍛えることは優先的な役目であって、キャンプ旅行、野外スポーツ、射撃訓練、漕艇、グライダー飛行、およびその他の活動を子どもたちをおびきよせる餌にすることが新規募集に効果があった。その任務は、年齢と地理的領域に沿ってユニフォーム、階級、そして区分を設けられ、軍事的に組織された。ヒトラー・ユーゲント自体は14歳から18歳までの少年から成り立っていたのに対して、10歳から13歳までの少年は、ドイツ少年団（the German Young People; *Deutsche Jungvolk*）に組織された。これに対応するように、10歳から13歳までの少女たちは「若い少女団」に、14歳から21歳までの少女と若い女性は「ドイツ少女連盟」（the Young Girls; *Jungmädel*）に入会させられた。男女両方を対象にした組織は、頂点の地域（オーベルゲビートとオーベルガウ）に向けて階層的に組織され、メンバーは約75万人に達したが、これはその後、10以上の最小の単位（カメラートシャフトとユングメーデルシャフト、*Kameradschaft* and *Jungmädelschaft*）に細分された。

　ヒトラー・ユーゲントは、ナチ党のほかの下位組織と同じように、たとえ遠く離れていても何千人もの若者が党の指導者と個人的に対面できる機会である毎年のニュルンベルクでの党大会において、じゅうぶんにその存在感を誇示した。指導者崇拝は、ヒトラー・ユーゲントの訓練計画の中核をなすものであり、ヒトラー自身も彼が言うところの「1000年統治」の基礎と考えていた。彼は『わが闘争』（*Mein Kampf*）のなかで、次のように書いていた。「暴力的な活動、威圧的で残虐な若者——これこそがわたしが追い求めているものである。知的な訓練など受ける必要はまったくない。わたしの若者たちにとっては知識をもつことは堕落することなのだ」

　第2次世界大戦は、ヒトラー・ユーゲントの組織全体に、またその組織の特殊部隊に、新しい役割をもたらしたが、こうした組織単位は、飛行すること、車両を運転すること、帆走訓練をすること、知識を集めること、パトロールすること、音楽その他の活動をすることで若者たちの関心をつかんでいた。1940年、アルトゥール・アクスマン[5]は、「ドイツ帝国青年指導者」（Reich Youth Leader; *Reichsjugendführer*）に任命され、若者たちを戦争の努力にかかわらせるようにさせた。最初に課された任務は、兵士たちのために毛布と衣類を集め、また、戦時下の生産のためにお金を集めることであった。1943年春、全面戦争にそなえ

教師に向かってファシスト流の敬礼をする教室の少年たち。1939年頃のドイツ。

る戦時体制化の一環として、ヒトラー・ユーゲントの戦闘部隊が編成されたが、このメンバーのなかには16歳以上の者がふくまれていた。この部隊は1944年夏以降、戦場に送り出されたが、不適切な訓練と経験のために、しばしば甚大な被害を受けた。彼らは、1945年5月に、ほかのドイツ軍部隊とともにアメリカ軍に引き渡された。

[訳注]
* 1 ヒトラー・ユーゲント（Hitler Youth; Hitler Jugend）——ナチ・ドイツのファシズム青少年組織。1926年に発足し、1936年以降は14歳から18歳までの男子は強制的に加入させられた。
* 2 ナチ党（the Nazi Party）——ナチ党、ナチ、国家社会主義ドイツ労働者党（the National Socialist German Workers' Party）。1919年に創設され、1933年に総統ヒトラー（Adolf Hitler, 1889-1945）の指揮のもとに独裁権を樹立した。反ユダヤ主義・アーリア至上主義およびドイツのヨーロッパ制覇の理念を宣伝した。1945年第2次世界大戦終結とともに壊滅した。
* 3 バルドゥール・ベネディクト・フォン・シーラッハ（Baldur Benedikt von Schirach, 1907-1974）は、ドイツの政治家。ナチ政権下のドイツの青少年を、国家社会主義ドイツ労働者党（ナチ党）の全国青少年指導者として、とくにヒトラー・ユーゲントの指導者として、国家社会主義思想のもとに「指導・育成」した。のちにウィーンの総督兼帝国大管区指導者となり、ウィーンのユダヤ人の追放に関与した。
* 4 第三帝国（the Third Reich）——ドイツ史において、第一帝国は神聖ローマ帝国（Holy Roman Empire, 962-1806）、第二帝国は普仏戦争後にプロイセンを中心に統一されたドイツ帝国（Deutsches Reich, 1871-1919）、第三帝国はヴァイマール共和国（the Weimar Republic, 1919-1933）崩壊後のナチ政権下のドイツ（the Third Reich, 1933-1945）。
* 5 アルトゥール・アクスマン（Artur Axmann, 1913-1996）は、ドイツの政治家。国家社会主義ドイツ労働者党青少年全国指導者。初代青少年全国指導者バルドゥール・フォン・シーラッハの後任としてヒトラー・ユーゲントを指導した。

➡共産主義の若者、組織的なレクリエーションと若者集団、ファシズムの若者、
●参考文献
Koch, H. W. 1975. *The Hitler Youth: Origins and Development, 1922-45*. New York: Stein and Day.
（JOHN T. LAURIDSEN／北本正章訳）

ビネー、アルフレッド
(Binet, Alfred, 1857-1911)

　アルフレッド・ビネーは、はじめて知能の数量的尺度を考案するうえで果たした役割という点で、おそらくもっともよく記憶されるであろう。しかし、個人心理学、実験科学、そして応用教授学に果たした彼の貢

アルフレッド・ビネー（1857-1911）*

献は、知能測定という分野を超えていた。ビネーはフランスにおいてばかりでなく諸外国においても、彼の多方面にわたる研究関心によって科学的な児童研究を根本的に変容させた先駆的な研究者であった。

ビネーはニース［フランス南部］に生まれたが、12歳のとき、名門校リセー・ルイス・ル・グランで勉学するためにパリに移り住み、残りの人生をこの首都圏ですごした。すくなくとも二世代はさかのぼることができる医者の家系に生まれたビネーは、1878年に法律の資格試験（licence）に合格したが、当時新たに登場しつつあった心理学という分野に興味をもったため、法学研究を断念するなど、進路に迷いをもっていた。1894年には博物学の学位を取得した。ビネーは、イギリスの観念連合論者の著作、とくにジョン・スチュアート・ミルの著作に魅了されたため、1880年の学術誌「哲学評論」（Revue philosophique）誌上に、感覚心理学にかんする論文を掲載したことにはじまるきわめて多産な出版人生を歩みはじめた。発生学者E・G・バルビアーニ（ビネーはその娘ローリと1883年に結婚する）の指導のもと、やがてそれまでとおとらぬ多産な実験研究者としての経歴を歩む。1883年、ビネーは、サルペトリエール婦人科病院に設置されていた、高名なパリの神経病理学者ジャン＝マルタン・シャルコー（Jean Martin Charcot, 1825-1893）の研究所に入ることになった。ビネーは、この研究所での7年にわたる在職期間に、シャルコーの催眠療法の研究をめぐって、シャルコーの公開実験は患者に対する実験者の意図せざる示唆によってあらかじめ脚色されてしまっているという批判者に対して、シャルコーに対する忠実な弁護を行なう論争にまきこまれることとなった。

1891年、ビネーは、シャルコーの研究所での経験によって屈辱を味わったこともあって、ソルボンヌの新しい実験心理学研究所［正確にはLaboratoire de psychologie physiologique（生理学的心理学実験所）］に入ることになった。1894年にはこの研究所の所長に任ぜられ、「心理学年報」（L'anee psychologique）の共同創刊者となり、生涯にわたってこの雑誌の編集に取り組むことになった。1890年代なかばになると、ビネーはしだいに、科学的心理学者の第一世代の先駆的な取り組みによって開拓されていた高次精神能力に魅了されるようになった。彼はまた、実験法にかんするいくつかの疑問に対して相当の注意をはらっていた。おそらくもっとも意義深いのは、彼の二人の娘について1890年に書いた三つの論文ではじめて明確に示したように、子どもの精神能力に対する彼の関心が、彼のその後の研究人生を支配することになる研究計画を創案するのに適した実験主題のための研究に結びついていたことであろう。パリのいくつかの労働階級の居住区にあった公立小学校の生徒たちが重要な研究主題となり、1899年に設置された「幼児心理学研究協会」（Société libre pour l'etude psychologique de l'enfant）の主要メンバーになった。1902年にその会長に選出されたビネーは、多数の教育と発達分野での厳正な実験をたえず唱道するようになった。

フランスの支配的なエリート層が、青少年の**非行**と教育の非効率の問題に心を悩ませていたちょうどそのとき、ビネーの著作物はすぐに行政当局の注意を引いた。1904年にフランス政府が、「異常児」と「遅進児」というふうに表記された子どもたちの診断法と教育法を開発するために委員会を設置したとき、ビネーはそのメンバーにくわわるよう招聘された。彼とテオドール・シモン（Théodore Simon, 1872-1961）が、彼らの手になる数量的知能尺度の初版を開発したのはこの関連においてであった。それからしばらく後になって、ビネーは、パリのグランジェ・オ・ベル通りの公立小学校に実験教授学の研究所を開設する許可を得た。すぐに彼は研究活動の大半をこの研究所に移した。1911年に突然の死を迎えるまで、彼は研究計画を意欲的に推進したが、これにおとらず、「異常な」子どもたちが置かれていた状況の改善と、「正常な」子どもの発達の概要を追跡することに精力的に取り組んでいた。教育はすべての子どもの個々のニーズに適合的に行なわれるべきであるという彼の主張に当時の人びとは懐疑的であったが、その理念は第1次世界大戦後に新たな関心を集めることになった。そして、20世

紀後半になってようやく、フランスの学者たちは、ビネーに、科学的教授学の創設者の一人としてだけではなく、フランスにおける実験心理学の創設者の一人としても、時期遅れの承認をあたえはじめたのであった。

➡子どもの発達概念の歴史、児童心理学、知能テスト

● 参考文献

Avanzini, Guy. 1969. *La Contribution de Binet à l'élaboration d'une pédagogie scientifique*. Paris: Vrin.

Avanzini, Guy. 1999. *Alfred Binet*. Paris: Presses Universitaires de France.

Binet, Alfred. 1890. "Perceptions d'enfants." *Revue philosophique* 30: 582-611.

Binet, Alfred. 1900. *La Suggestibilité*. Paris: Schleicher.

Binet, Alfred. 1909. *Les Idées modernes sur les enfants*. Paris: Flammarion. アルフレッド・ビネ『新しい児童観』（波多野完治訳、明治図書・世界教育学選集20、1977年）

Binet, Alfred, J. Philippe, and V. Henri. 1894. *Introduction à la psychologie expérimentale*. Paris: Alcan.

Binet, Alfred, and Théodore Simon. 1907. *Les Enfants anormaux. Guide pour l'admission des enfants anormaux dans les classes de perfectionnement*. Paris: Colin.

Binet, Alfred, and N. Vaschide. 1898. "La Psychologie à l'école primaire." *Année psychologique* 4: 1-14.

Vial, Monique. 1990. *Les Enfants anormaux à l'école. Aux origines de l'éducation spécialisée*, 1882-1909. Paris: Armand Colin.

Wolff, Theta H. 1976. *Alfred Binet*. Chicago: University of Chicago Press.

Zazzo, René. 1993. "Alfred Binet（1857-1911）." *Perspectives: Revue trimestrielle d'éducation comparée* 23, nos. 1-2: 101-112.

（KATHARINE NORRIS／北本正章訳）

ビューラー、シャーロット
(Bühler, Charlotte, 1893-1974)

20世紀の発達心理学者シャーロット（マラコウスキー）・ビューラーは、1893年11月20日にドイツのベルリンに生まれた。乳幼児と年少の子どもの運動制御（motor control）、精神活動（mental performance）、そして社会性の発達（social development）についての彼女の広範囲にわたる調査研究は、個人の熟達レベルで実証し、規範意識が確立したことを示すデータを提示し、さらに、当の年少の子どもたちが活発で、意志をもった存在であることを確認することによって新しい領域を開拓した。ビューラーは、個人の生涯全体を通じての成長と目的をもった活動を重視する発達理論によって、もっともよく知られている。彼女は、一般に、青年期から健康な成人期への移行を特徴づける青年期の自己決定への要求について調査研究した。ビューラーは、個人が自己実現に向けてたどる道筋を洞察する自伝的方法を考案した。彼女はまた、北アメリカにおいて人文科学的な心理学を確立するために、同じ考えをもった心理学者たちとの共同研究も推進した。

人間の発達に対するシャーロット・マラコウスキーの関心がはじめて明確になったのは、彼女が青年期の思考を研究していたハイスクールにおいてであった。のちに彼女は、思考過程のエキスパートであったオズワルド・キュルプ[*1]のもとでミュンヘン大学で博士号をめざして研究した。彼女は、キュルプの早すぎた死の後も、この大学の主任助手で、1918年に彼女が博士論文を完成させる前の1916年に結婚することになるカール・ビューラー[*2]とともに研究を続けた。

1922年、ビューラー夫妻は、1938年まで研究の拠点となるウイーン大学の研究職についた。シャーロット・ビューラーは、ウイーン大学では、乳幼児と子どもの発達と家族関係について、包括的かつ革新的で、しばしば自然主義的な調査研究に貢献するために、子ども学研究所を設立した。彼女はこの時期を通じて、コロンビア大学でロックフェラー・フェロー（1924～25年）として、また、バーナード大学の客員教授（1929年）として、さらに、イギリスとノルウェーをふくむ西ヨーロッパのいくつかの国々で子ども学研究のコンサルタントとしての任務を果たした。

彼女は、尊敬していたアメリカの発達心理学者アーノルド・ゲゼルと同じように、すべての健康な子どもが達成する——座ったり歩いたりすることなど——さまざまな達成能力を連続的に獲得する生物学的な根拠をもつ乳幼児や子どもたちのユニークなパターンを精確に観察することを重視した。また、ビューラーは、ジークムント・フロイトに対しても、その斬新な思考法で人間の日常行動の複雑さを解明した点を高く評価していた。彼女は、ジークムント・フロイトとアンナ・フロイトが、子どもの早い年齢段階の重要性を認識していた点を賞賛した。この点は、アンナ・フロイトが、ビューラーと同じように、多数の子どもたちを改善するために尽力するなかで直接研究したことであった。

ナチがウイーンを支配した後の1940年、ビューラーはアメリカに移住した。移住後の最初の数年間、彼女は自分が困難な状況に置かれていると実感した。しかし、カリフォルニアのロサンゼルスに移り住んだ後、幸福で生産的な時期がはじまり、アメリカ市民に帰化した。1945年から1953年にかけて、ロサンゼルス市立総合病院（the Los Angeles County General Hospital）の臨床心理士としてはたらいた。この同じ時期、彼女は南カリフォルニア大学医学部で教鞭をとった。さらに、1953年から1972年まで、ロサンゼルスで個人診療をしつづけた。アブラハム・マズロー[*3]との親密な友情と、ほかの心理学者たちとの共同研究は、1962年の、北アメリカにおける人文科学的心理学研究運動をはじめることになる人文科学的心理学会（the Association of Humanistic Psychology）の創設につ

ながった。

　ビューラーは、その人生の後半では、彼女が唱えた生涯発達の理論を改良し、改訂しつづけた。ビューラーによれば、健康な人間は自己実現と成長に向かって乳幼児期から活発に努力する。個人が達成することができる最終的な自己実現の結果をうながすために、四つの基本的な傾向（満足への欲求、自己規制する適応、創造的拡張、そして内的秩序の保持）が連動してはたらく。

　ビューラーは、1972年にドイツに戻り、1974年2月3日にシュトゥットガルトで亡くなった（81歳）。ワシントンDCのアメリカ精神医学会アーカイブと、オハイオ州アクロンのアメリカ心理学史アーカイブは、彼女にかんする補足情報をふくんでいる。

［訳注］
* 1　オズヴァルト・キュルプ（Oswald Külpe, 1862-1915）——19世紀後半から20世紀初期にかけて、ヴィルヘルム・ヴントの影響を受け、その助手であったドイツの構造主義心理学者の一人。
* 2　カール・ビューラー（Karl Ludwig Bühler, 1879-1963）——ドイツの心理学者、言語学者。
* 3　アブラハム・マズロー（Abraham Harold Maslow, 1908-1970）——アメリカの心理学者。人間性心理学（Humanistic Psychology）のもっとも重要な生みの親の一人で、精神病理の理解を目的とする精神分析学派と、人間と動物を区別しない行動主義心理学派のあいだで「第3の勢力」として、人の人生段階全般にわたる心の健康についての心理学をめざすもので、人間の自己実現を研究する学派として発展した。

➡子ども学研究、子ども期の理論、子どもの発達概念の歴史、児童心理学、ライフコースと成人期への移行

●参考文献

Bühler, Charlotte. 1930. *The First Year of Life*. Trans. Pearl Greenberg and Rowena Ripin. New York: John Day Company.

Bühler, Charlotte. 1937. *From Birth to Maturity: An Outline of the Psychological Development of the Child*. Trans. Esther and William Menaker. London: Kegan Paul, Trench, Trubner and Co.

Bühler, Charlotte, and Herbert Goldenberg. 1968. "Structural Aspects of the Individual's History." In *The Course of Human Life*, ed. Charlotte Bühler and Fred Massarik. New York: Springer.

Bühler, Charlotte, and Marianne Marschak. 1968. "Basic Tendencies of Human Life." In *The Course of Human Life*, ed. Charlotte Bühler and Fred Massarik. New York: Springer.

Gavin, Eileen A. 1990. "Charlotte M. Bühler（1893-1974）." In *Women in Psychology*, ed. Agnes N. O'Connell and Nancy Felipe Russo, pp. 49-56. Westport, CT: Greenwood Press.

（EILEEN A. GAVIN／北本正章訳）

ヒーリー、ウィリアム（Healy, William, 1869-1963）

　ウィリアム・ヒーリーは、心理学を**少年司法**のシステムへと解釈する枠組みの創始者と認められよう。そのために彼は、臨床小児精神医学と心理学のために制度設計し、自身のクリニック、著作、講演などをとおして青少年非行の心理学的解釈を広めた。1920年代初頭には、少年犯罪を劣った遺伝的性質や**精神遅滞**に帰し、制度整備の必要性を訴える人たちが多かった。こうした人びととは違ってヒーリーは、非行は知的にも心理学的にも正常であるとの議論を展開し、心理学的介入が有効なケースがあることを立証した。

　ヒーリーは内科医としての訓練を受けていたが、シカゴの改革者グループに雇われて青少年精神病研究所の指導に従事した1909年に、非行問題への取り組みを開始した。この改革者たちは、**少年裁判所運動**に10年前から取り組み、ヒーリーに、問題をくりかえす非行少年のアセスメントを行なう新しい審判所を提供するよう求めた。同時に、ヒーリーはこれらのケースを用いて少年犯罪の一般的理解を発展させた。ヒーリーの成果は『非行少年たち』（*The Individual Delinquent*）として1915年に公刊された。これは彼が扱った青少年たちに見出される社会的・環境的・心理学的・医学的特性の概説である。彼の信念によれば、少年裁判所やクリニックの職務は、非行少年それぞれの個人的性格を形成した諸要因のユニークな組合せを決定することである。こうしたプロフィールは、医学者・心理学者・ソーシャルワーカーらの専門家からなるチームによって非行少年とその家族を徹底的に研究することをとおしてはじめて跡づけられる。ヒーリーによって確立されたこの手続きは、子ども「自身の物語」（評価に寄与する精神医学者に向けられたヒーリー自身の文言）を引き出す努力をふくんでいた。

　『非行少年たち』に示された非行にかんするヒーリー自身の見解は、G・スタンリー・ホールの青年心理学、精神医学者アドルフ・メイヤー［1866-1950］の予防的精神衛生プログラム、進歩主義時代の改革者たちの環境主義の強い影響を受けている。しかし、ヒーリーはジークムント・フロイトの著作のなかに人間行動の説明を見出す方向に傾いていった。ヒーリーは、抑圧と無意識という精神分析学の概念を用いることで、「心理的葛藤」が多くの非行と青年期の逸脱行動の原因であるみなすようになった。フロイトと同様に、ヒーリーは、**セクシュアリティ**にかんする問題が通常これら青年期の葛藤をひき起こすと確信した。そして、ヒーリーの著作は1920年代から30年代にかけての**性教育**運動の隆盛を後押しした。フロイトと同じくヒーリーもまた、性格と非行の源泉は家族の人間関係および母子関係にあるとした。ヒーリーのお墨つきを得て、1930年代以降の小児精神医学を席巻した母親非難の

ウィリアム・ヒーリー（1869-1963）*

心理学は妥当性を獲得した。

1917年、ヒーリーはボストンの「ジャッジ・ベーカー基金」(the Judge Baker Foundation of Boston)の理事となり、1947年の退職までここにとどまった。ヒーリーのクリニックはそもそも、ボストン少年裁判所にまわされる前に非行少年のアセスメントを提供するために計画された。1930年代になるとクリニックは、あらゆる社会層の子どもたちの心理と行動にあらわれた広範な問題を測定して治療した。1922年、少年裁判プログラムと子ども発達の調査に関心をもつ裕福な民間の慈善団体、コモンウエルス財団が、裁判所付属の児童相談クリニック間のネットワークの設立を支援したとき、ヒーリーの「ジャッジ・ベーカー基金」はその仕事のモデルとして貢献した。最初、この子ども指導クリニックはもっぱら非行少年を対象にしていたが、1920年代になるとクライアントは、たとえば学校での問題や家庭生活での困難などをかかえた問題ある若者たちをふくむようになった。1920年代から30年代には、このような非行をおかしてはいない青年の親たちは、子育てマニュアル、大衆雑誌、政府公報を通じて子ども指導の教育を学んだが、ウィリアム・ヒーリーはこれらすべての論争に貢献した。

➡児童心理学、青年期と若者期

●参考文献

Healy, William. 1915. *The Individual Delinquent: A Text-Book of Diagnosis and Prognosis for All Concerned in Understanding Offenders*. Boston: Little, Brown.

Healy, William. 1917. *Mental Conflicts and Misconduct*. Boston: Little, Brown.

Healy, William, and Franz Alexander. 1935. *Roots of Crime: Psychoanalytic Studies*. New York: Knopf.

Healy, William, and Augusta Bronner. 1926. *Delinquents and Criminals, Their Making and Unmaking: Studies in Two American Cities*. New York: Macmillan.

Healy, William, and Augusta Bronner. 1936. *New Light on Delinquency and Its Treatment*. New Haven, CT: Yale University Press for the Institute of Human Relations.

Jones, Kathleen W. 1999. *Taming the Troublesome Child: American Families, Child Guidance, and the Limits of Psychiatric Authority*. Cambridge, MA: Harvard University Press.

Schneider, Eric C. 1992. *In the Web of Class: Delinquents and Reformers in Boston, 1810s-1930s*. New York: New York University Press.

Snodgrass, Jon. 1984. "William Healy (1869-1963): Pioneer Child Psychiatrist and Criminologist." *Journal of the History of the Behavioral Sciences* 20: 331-339.

（KATHLEEN W. JONES／太田明訳）

ファシズムの若者（Fascist Youth）

ファシズムは、19世紀のエリート主義的なナショナリズムと文化的なロマン主義に根ざす右翼の政治運動である。ファシズムは、近代社会の社会経済的な諸問題の唯一の解決策として、権威主義的な一党独裁支配を唱導する。ヨーロッパじゅうの右翼政党が、それぞれの国家共同体に対して健康、道徳秩序、そして目的意識を維持すると約束した第1次世界大戦の後に、政治勢力となった。1921年、最初にみずから名のったファシスト政党はベニート・ムッソリーニ[*1]によってイタリアに設立された。ムッソリーニは、ファシストという用語を、古代ローマでしつけの道具として用いられていた棒の束を意味する言葉からとった。この語が示唆しているように、全国ファシスト党は、いろいろな社会経済団体、とくに第1次世界大戦や大恐慌によって公民権を奪われた人びと――退役軍人、下層中産階級の人びと、そして若者たち――をひとつにまとめた。

若者に対するファシズムのアピール

ファシズムは若者たちを、染まりやすく、政治的に意味のある人口だと認めていた。1920年代と1930年代には、ファシスト党は、若者たちに仕事と教育の機会を約束しただけでなく、ある神聖な使命――国民を浄化する革命運動のリーダーになること――も約束した。ファシストは、若者たちの音楽、映画、文学で若いヒーローたちを強調し、支配層のエリート青年を冷笑的で自己満足でしかないとして排除し、さらに彼ら

ファシズム

1934年のニュルンベルク大会のようすを描いたレニ・リーフェンシュタールのナチの宣伝映画「意志の勝利」(1936年) からのスチール写真。こうした大会では、ナチ党のほかの組織のメンバーといっしょに、数千人のヒトラー・ユーゲントが、直接彼らのリーダーに会って、話を聞く機会があった。The Kobal Collection

自身のリーダーたちの相対的な若々しさを重視するなど、若さの神話を促進した。ファシズムは義務感、忠誠心、および身体的な活力を賛美し、若者に国家共同体のために彼らの自然エネルギー、理想主義と競争力を発揮するよう駆りたてた。

ファシストの青年協会は、ムッソリーニ統治下のイタリアと、ナチ独裁制下のドイツで、若者たちの大きな多数派を引きつけた。これらの政府が後押しした運動の中で、若者たちは政府に買収された多様なレジャー、強烈な国家のアイデンティティ、そして、明確な性別役割を見いだした。リーダーたちが、メンバーがほかのすべての責任よりも上位に青年部の任務を置くことを奨励したため、多くの青年は、両親、学校あるいは教会の伝統的な権威を徐々に掘りくずすために団結した。この実践は、個人は国家に対する優先的な忠誠心を負っており、また若者——彼らの年長者ではなく——は、未来を形成するというファシストの核心をなす信念を補強した。

国家の異形——イタリアとドイツ

ベニート・ムッソリーニは、1922年から1945まで独裁者としてイタリアを統治した。彼の全国ファシスト党は、6〜21歳の若者たちに包括的なクラブ組織とサービス組織を提供し、それによってカトリックのいくつかの協会やスポーツ・クラブの伝統的な役割に異議申し立てをした。ファシストは、年長の若者たち、とりわけ大学生たちを懸命に引きつけようとしたが、もっとも成功したのは、8〜14歳の男子を、身体訓練と予備的な軍事訓練をするバリッラ (Balilla) という組織に動員することであった。これと並行する女子の集団は、「小さなイタリア人」(Piccole Italiane) のような、家庭性と母性の理想を推進する集団であった。

ドイツでは、アドルフ・ヒトラーに導かれたNSDAP (ナチ党)[2]が1933年に権力を掌握するとすぐ独裁的な全国支配を展開し、ナチ党の若者対策部門は、若いドイツ人をナチ政権に貢献させるため、彼らに対して同時に鼓舞し、教育し、強要することを目的として、政府が後押しする運動が急速に進化した。ナチは、イタリアのファシストと同じように、服従心、

忠誠心、性によって区分された役割を規定した。ドイツの青年は、人種的純血はドイツがヨーロッパ諸国のなかでその正当な支配的役割を回復するうえで有益であると教えられた。彼らの考えでは、ユダヤ人、ジプシー、およびその他のマイノリティは、ゲルマン文化を汚染し、国家を弱体化させているとされた。ナチは、新しい全国的な若者組織を通じて、こうした人種的な不純物が混じっている社会を「浄化する」のを助けるために、若いドイツ人を新規補充した。少年たちの**ヒトラー・ユーゲント**は、イデオロギーの洗脳と黙従にくわえて、将来、ドイツ陸軍と海軍で軍務につく準備を重視した。これと並行する「ドイツ少女連盟」(League of German Maidens) は、年長のメンバーに、すくなくとも一年あるいはそれ以上のあいだ国内奉仕に志願するよう奨励して、身体的健康、奉仕、母性を推進した。

第2次世界大戦以前には、もっと小規模なファシスト青年の運動(たとえばフランスの「若い愛国者」[Jeunesses Patriotes])は、ヨーロッパじゅうに存在した。だが、ヒトラー・ユーゲントは、そのなかでももっとも成功した例であった。ナチ政権は、ヒトラー・ユーゲントを通じて、実質的にあらゆる教育機会、職業機会、そして娯楽の機会を実質的に統制し、政治宣伝、同輩への圧力、そして脅迫技術などを調整し、ピーク時にはドイツの若者たちの95パーセント以上がメンバーになった。

1945年以降のファシスト青年

第2次世界大戦後、ナチの好戦的な権威主義とナショナリズムは若いドイツ人のすべての世代を腐敗させ、搾取しているとの理由で批難され、多くの国々でファシストの青年団体は禁止された。だが、孤立した団体は、しばしば人種差別的な政治団体と秘密裡に協働しながら残存した。1970年代と1980年代にあらわれた、もともとは労働階級の若者のサブカルチャーであったスキンヘッド族*3の運動は、当初からファシズムと結びついていた。しかし、ヨーロッパとアメリカのスキンヘッド族はどちらも典型的にナチのシンボル(鉤十字)*4、好戦的なふるまい、そしてナショナリズムを取り入れてはいるものの、彼らには明確な政治組織がなかった。このため、観察者たちの大半はスキンヘッド族のことをファシスト青年の運動としてよりもむしろ反抗的なサブカルチャーとして描いている。

これとは対照的に、本物のネオ・ファシスト青年団体は、通常、超保守的な政治組織と結びついており、ナショナリズムをあおり立てながら、国際的な接触と協同も推進した。たとえば、イギリスに基盤をもつ国際第3ポジション(International Third Position: ITP)*5がヨーロッパのネオ・ファシストとアメリカの白人至上主義者団体との絆を促進するのに対して、ヨーロッパ愛国主義青年連盟(European Confederation of National Youth)は、フランスの国民戦線*6やドイツ共和党(Die Republikaner)をふくむ極右政党から支持を得ている。こうした現代の組織は、とくにドイツと東ヨーロッパばかりでなく、西ヨーロッパ各国、アメリカ、およびその他の国々においても、経済的な衰退によってひどい打撃を受けた若者たち(その大部分は男子)を魅了している。その歴史上の前任者と同じように、現代のネオ・ファシストは、人種差別的、準軍事的、独裁政治的な行動計画を唱導する。1989年以降、ネオ・ファシストの青年団体は、攻撃的な反移民の論陣とデモンストレーションによって公的な注意――と新しいメンバー――を集めてきている。

論争

ファシストの青年についての学問的な議論は、その動機と活動内容についての疑問を強調している。第1は、その会員資格はファシストのイデオロギーを受け入れることを意味するのであろうか、という疑問である。ナチ・ドイツでは、ヒトラー・ユーゲントが、すべての教育活動と課外活動を実質的に監督しており、そのため、会員資格はほとんど強制的なものになった。また、以前に参加者したことがある者はしばしば、自分たちは、ほかの活動に参加するために、イデオロギーの宣伝にはただ耐えていた(あるいはよくわからなかった)だけであったと主張した。これに対して、後年のネオ・ファシストの青年団体は、イデオロギーと宣伝を、メンバーをリクルートするための主要な道具にとどめ、それを独占するようなことはしなかった。第2は、ファシストの青年団体とほかの青年組織を識別するものとして、イデオロギー以外に何があるのか、という疑問である。イタリアとドイツにおける青年団体の変形は、スカウト活動運動のような既存の団体、その活動内容、方法、そして宣伝文句を借用したものであった。ファシストの青年組織は、その諸活動、歌、伝統に非常に極端な政治的および社会的な重要性を染みこませただけであった。この文脈において、後年のネオ・ファシストの青年団体がふたたび目立つようになったのは、協同と寛容を促進する主流の青年組織とは違って、ネオ・ファシストが、絶対的な服従精神、人種的エリート意識、そして準軍国主義で若者たちを洗脳しようとするからである。

[訳注]

*1 ムッソリーニ(Benito Mussolini, 1883-1945)――イタリアの教師、軍人、政治家でファシスト党首領。第1次世界大戦後、長くイタリア首相(1922-43)にとどまった。独裁開始時期については諸説があるが、ムッソリーニが国家統領(ファシスト党統領)を創設・就任し、ファシスト政権で複数の大臣職(空軍大臣・植民地大臣・内務大臣など)を兼務する体制を確立した1925年12月24日以降とすることが多い。

*2 ナチ党(the Nazi Party)――ナチ、国家社会主義

ドイツ労働者党（*Nationalsozialistische Deutsche Arbeiterpartei*; the National Socialist German Workers' Party）。1919年創設。1933年にヒトラー（A. Hitler, 1889-45）総統の指揮のもとに独裁権を樹立し、反ユダヤ主義、アーリア至上主義およびドイツのヨーロッパ制覇の理念を宣伝した。1945年、第2次世界大戦終結とともに壊滅。

*3 スキンヘッド族（skinheads）──1970年代初めからあらわれた。頭髪をそり、白人至上主義・反ユダヤ主義を唱える若者のギャング集団。

*4 鉤十字（the swastika）──逆卍（さかさまんじ 卐）、ハーケンクロイツ。ナチ党と第三帝国の公式の標章として45度傾けた図案が用いられた。これと類似の卍（まんじ）は、先端が直角に曲がった十字形で、有史以前から世界各地において吉祥、太陽の光などを表す象徴または装飾として用いられた。

*5 イギリスでの「第3ポジション」──極右政党の支持基盤から欧州議会議員となり、ネオ・ファシズムの国際政党「ヨーロッパ国民戦線」の書記長をつとめ、「第3ポジション」論の主要な提唱者でもあるロベルト・フィオレ（Roberto Fiore, 1959-）が、本国イタリアからイギリスにのがれていた1980年代に、イギリス国民戦線（English National Front）と協同して、ナショナリズムや排外主義を主張する一方で、土地の均等配分や、職人たちのギルドによる一種の自主管理社会をめざすギルド社会主義などを主張する拠点とした団体。政治思想史上「第3ポジション」（「第3ポジションの道」もふくむ）論は、対立する既存の二大勢力に対して、3番目の立場として、資本主義と共産主義の両方に対して、「左右の超越」を提唱しつつ、革命的な国家主義またはナショナリズム的な要素をもつものが多く、ファシズム、ナチズム、民族ボルシェヴィズム、ネオ・ファシズムなどの系譜がある。

*6 国民戦線（*Front national*: FN）──フランスの極右政党。1972年に創設され、現在の党首はマリーヌ・ル・ペン（Marine Le Pen, 1968-）で、反EU、移民排斥、道徳の復権、犯罪者への「寛容ゼロ政策」による厳罰主義などを掲げている。2005年の移民暴動以来、移民に対する国民の反感が強まっていることを背景にフランスにおいて急速に支持を伸ばし、近年では、大統領選挙もふくめて政権入りが現実味をおびてきたことから、警戒心が強まっている。

➡共産主義の若者

●参考文献

Eatwell, Roger. 1996. *Fascism: A History*. New York: Penguin.
Laqueur, Walter. 1996. *Fascism: Past, Present, Future*. New York: Oxford University Press.
Leeden, Michael A. 1969. "Italian Fascism and Youth." *Journal of Contemporary History* 4, no. 3: 137-154.
Payne, Stanley. 1995. *A History of Fascism 1914-1945*. Madison: University of Madison Press.

（KIMBERLY A. REDDING／北本正章訳）

ファッション（Fashion）

歴史的に、子どもたちは、その衣装を生産し、収集する責任を負う大人社会を映しだすために衣服をあたえられてきている。自分で衣服を身につけることができるほどの年齢に達していない乳幼児や子どもたちを保護するためにくるむことは、あるときはミニチュアのファンタジーとして、あるいはまた別のときには溺愛したり、もがき苦しんだりする両親あるいは保護者にとって避けることができないわずらわしさとして、かわるがわる役立ってきた。子どもの衣服にかんする研究は、イメージや残存している繊維工芸品が明示しているように、主要には社会階級あるいは民族性を立証するために利用される。啓蒙思想の時代とともにはじまる子どもの服装の身体デザインは、ごく最近になってはじめて子どもの発達段階を認め、発達を促進するために進化してきた。

大人の拡張としての子どもの衣装

近世初期の西ヨーロッパの乳幼児と子どものイメージは、幼子イエスの宗教的な表徴以外も、大人が支配する絵画シーンの広大な文脈のなかにある。乳幼児は、裸体で描かれなかった頃、ほぼどこででもスウォッドリングひもによる窮屈な姿で描かれた。これらは、時代と場所に依存しながら、赤ん坊を動かないようにしたり自由にむち打たれることから生じるケガを防ぐために巻きつける、幅広のリンネルあるいは衣類のまわりを丸くかたどった綿布や細い布きれであった。群衆に混じって描かれる年長の子どもたちは、チュニック、コート、頭部だけ成形され、あるいはアームホールのある、かたちを自由に変えられるケープなどからなる大人の盛装の小型版を着ている姿で示される。この衣装は、手編みで作られたり、手編みのリンネルやウールで編み上げられたもので、基本的に平編み（プレーン）であった。ファッションが非常に複雑になってくると、子ども服は女性と男性の違いを示すようになり、体つきの特徴をきわだたせるようになった。子どもの衣装は、小さな単純化はあったものの、この美的感覚を手本にしている。ルネサンス時代を通じて、またそれ以降、社会の頂点にいる人びとは、人目を引く豪華な衣装を身につけることによってその地位を補強した。当時の肖像画は、絹織りのビロード、真珠や刺繍細工がちりばめられ、レース編みとリンネルのカラーで補強され、大人の服装とその子どもの服装の両方に宝石をつけたぜいたくな様式を鮮やかに例示している。この小型化は、きつくひもで結びつけけられた骨で張りをつけたステー（胴着）、馬の毛を固めたアンダースカートとフープ、その他さまざまなかたちをふくむ型を修正する下着をつけることにまでおよぶ。これらをきっちりと組みあわせることは、なんらかの遊戯的で自然にわき上がる子どもらしい動きを不可能にすることに

民族性と子どもの服装

広義には、子どもの衣装と身体装飾は、文化的な民族性を補強すると同時に、その派生物でもある。子どもたちは、大人の美的感覚を追求するなかで、場合によってはほぼ誕生時から変わることのない一連の社会習慣に従ってきた。頭部を平らにすることは、板、あてもの、しめつけ、マッサージなどによって圧力をくわえて幼児の頭蓋骨を変形させることだが、これは、19世紀を通じて南北アメリカのいくつかの部族民のあいだでは高い地位のしるしをつくった。中国における纏足は、文化的に望ましいとされた可憐な足をつくるために、曲げやすい骨に取り消すことができない変更をくわえることを必要とする慣習であるが、これは、5歳から6歳頃の少女たちにほどこされ、20世紀のかなりの時期まで続くことになる女性らしさに向けてのイニシエーションの最初の、痛みをともなう段階に従うことを強いた。耳たぶにピアスをする広くみられる流行は、エジプトの第18王朝[*1]において、大きな、装飾をほどこされたガラス製の耳栓で飾られる王家の子どもたちの描写に、はっきりと示されている。入れ墨（タトゥー）や乱刺のような、手のこんだ華麗な、身体に変更をくわえる技術は、大人の社会的地位への通過儀礼として青年期のために保持されている。中央アフリカのいくつかの文化、ニュージーランドのマオリ族、中央ボルネオのダヤク族などによる慣習は、民族のアイデンティティを再強化する道具としていまなおこれらの技術を保持している。

特別な必要にこたえるための特注の衣装

カスタマイズされた子ども向けのアクセサリーがはじめて登場したのは17世紀であったが、これは、よちよち歩きの幼児が、ときには目がとどかないところでの詮索好きな冒険によってけがをしたり死んだりする危険な状況にある子どもの特別なニーズにこたえたものであった。プディング（革と織物パッドをつめたキャップ帽）と手引きひも（リーディング・ストリング。分かれた数本のつなぎひも、あるいはボディスの一部としてのあやつるための細長いきれはし）という新しい考案物がはじめてヨーロッパに導入されたが、これはアメリカでは植民地時代を通じて使用されつづけた。これ以外に、子どもを保護するために用いられた初期のものには、迷信や魔除けとして宝石のかわりに珊瑚を用いたり、悪に対するお守りとしての取っ手つきのガラガラとならんで、いたるところで見られた赤ちゃんキャップなどがふくまれる。

18世紀末までに、子ども期の探求的な性質を賞賛する哲学がはじまったことが、子どもたちの装いに革新の風潮を決定した。『エミール』（1762年）におけるジャン＝ジャック・ルソーの著述の影響を受け、また、子育ての習俗において彼が自然を探求したことを反映して、衣装の慣例における劇的な修正は、西ヨーロッ

トマス・ゲインズバラ「青衣の少年」（1770年頃）。ゲインズバラのこの肖像画は18世紀後半に描かれたが、彼が描いた青年期前の被写体はその100年前のファッションを身につけている。18世紀末までに、子どもたちのためにデザインされた、よりシンプルな衣類が登場したが、子どもたちは（肖像画のモデルになることもふくめて）なにか特別な出来事のために「凝った衣装」（ファンシー・ドレス）を着つづけていた。©Francis G. Mayer/CORBIS

役立つものである。

これと並行して、労働階級の子どもたちの描写は、より大きな、前に着古したもっと大きな衣類から急ごしらえでかたちを変えられたり、つくろいをされた機能的な衣類を身につけていることを示している。織物は本質的に高価な日用品であったので、手縫いをすることは自分で使えて豊富であったが、もともと大人の目的のために手に入れられた織布は、ほとんどの場合、ボロきれになる直前まで無限に再利用されていた。リサイクルする現実的な必要性は、まだ利用できる廃棄物を次々と受け継いで使うきょうだいたち、親類の者たち、隣人たちによって、19世紀と20世紀を通じてなくならなかった。現代の、安価な布地の出現と既製服のぜいたくな必需品だけが、新しい衣類を購入する財政的な障壁を低くするのに役立った。

フアツシヨ

ニコリノ・カーリョ（Nicolino Calyo）の作品と目される「リチャード・K・ハイト家の人びと」（1849年頃）では、左側の青年期の少女と、ボディスを着用している彼女のよちよち歩きの妹は、どちらも肩をはだけているが、これは成人女性のあいだでも広まっていたスタイルである。これに対して、彼女の弟たちは、当時の少年に独特の衣服のスタイルであったスケルトン・スーツを着ている。
Gouache on paper. Museum of the City of New York. Bequest of Elizabeth Cushing Iselin.

パにおけるコルセットとスウォッドリングの廃止によってはじまった。感情移入的で合理的な新しい方法は、男女の小さな子ども用の長いパンタレット[*2]の上にハイ・ウェストの、だぶだぶのモスリン・シュミーズ・ガウンを着用することを詳細に説明している。産業革命によって増大した生産高によってもたらされた木綿とリンネル製品の潤沢な供給は、女性にもこれと同じような柔らかいピクチャレスクなファッションの魅力を強調した。この時期には目新しかったスケルトン・スーツは、少し年長の男子の衣装として推奨された。もっとフォーマルな装いとして、子ども服の注文仕立てのデザインは、スーツの胴部にボタン留めをするズボンを提供することによって運動のしやすさを助長した。短くてこざっぱりしたヘアスタイルは、子どもと大人向けのこうした新古典主義的な装いを引き立たせるために、柔らかい平底のスリッパを履いた。

小型化された大人の衣服への回帰は19世紀なかば以降に見られたが、この世紀の終わりの美的改革運動と服装の改革運動の双方の影響は、子どもたちのスタイルを重んじる方向性に見ることができる。西ヨーロッパと、ヨーロッパの影響を受けたいくつかの社会で、1890年代に流行したパステル調の天然顔料と柔らかい飾りひだがついたかたちへの嗜好は、19世紀中頃の、派手で、合成色調とパリ生まれのシルエットを重視する流行に代わって、次の世紀につながる、子どもの注文服と既製服という永続性のある表現様式と結びつくことになった。

特別な行事のための衣装

ある特別な行事のための衣装を整えるという展望は、子どもとその保護者たちに社会的に決められた装いの多様なメニューをもたらした。**通過儀礼**は、伝統的に模範となる印象的なデザインの服装が要求される永続性のある重大な出来事である。しばしばたった一度しか着用しないため、洗礼式、**初聖体**、**バル・ミツヴァー／バト・ミツヴァー**、クゥインシネラ（quinceañera、

ラテンアメリカ系文化における少女の15歳の誕生日のお祝い)、堅信のような行事のための盛装は、時間を超越した幻想的なものとして将来を予想させる。未熟な着用者は、まるで舞台衣装を身にまとうかのように、不慣れなアイデンティティを引き受け、文化的に型どおりの役割を演じる。したがって、こうした衣装の多くは、民族の美学を反映し、ときには、長期にわたって沈黙している家族の歴史をよみがえらせる唯一の機会をもたらすことがある。人生のこのような入り口で示される今も残っている子どもたちのイメージは、衣装とその着用者とのあいだの相互作用を通じて、過渡的なようすとその完成形を実証するのに役立つ。

子どもの衣装とジェンダー

幼児と小さな子どもに固有の無垢さ（naïveté）は、片方の性にかぎられる衣装の関連性を伝統的に排除した。洗礼式のガウンでさえ、20世紀に色分けされたリボン飾りが出現するまで、赤ちゃんの性的アイデンティティを裏切ることはなかった。スウォッドリングできつくしばられることからの解放に続いて、男女双方のよちよち歩きの幼児は、両性具有的に女性らしいスタイルのスカートを着用させられた。17世紀を通じてこれらは、年長児と大人が着用するのと同じように、重い、堅く編まれた絹またはウールで作られるようになった。18世紀の初めまでに、両性具有的な幼児とよちよち歩きの赤ん坊が着用する漂白されたリンネルまたは綿のドレスは、全体をおおう複雑な刺繡と透かし細工で装飾されていた。成長に合わせてのばすひだの折り目をつけた手工芸の補強効果は、ドレスの寿命を守り、さらにはのばすのに役立った。しばしば、こうした衣装は、きょうだいから別のきょうだいへと受け継がれ、性が違う子どもたちによって何度も着用された。

小さな男の子の場合、スカートを着用することから短いズボンをはくことへの移行を特徴づける服装上の通過儀礼は、一般に、はじめて髪の毛をカットしてもらう3歳から5歳までのあいだに生じた。20世紀になると、半ズボンをはく（ブリーチング）年齢は、主観的なままであったが、最終的には、成人に向かう途上で子どもを解放する家族メンバーの感情と心の準備によって決定された。ジェンダーに命じられた役割に支配されることは、19世紀の大部分にわたって子どものドレスを特徴づけた。少年たちは、職業的な態度と男性の陰気な服装をくりかえしながら、セーラー服、スコットランド風の衣装、兵隊の制服、さまざまな仕立て服を着せられていた。小公子風のスーツ*3から生まれたおおげさで、やや女々しい感じがする衣装は、半ズボンをはくようになったばかりの子どもたちにとって大人への過渡期の理想とされた。

同じ時期、家事労働についていた女性たちは、新しく見い出された増えつづける「婦人の友」やファッション関係の出版物から助言を得ていた。デパートの陳列棚の商品への近づきやすさが高まったことによって増えた、家庭で裁縫する型紙の利用頻度の高まりは、すべての階級にファッショントレンドの魅力を味わわせた。ほとんどの者にとっては手製のものでじゅうぶんであったが、裕福な若い娘たちは既製服のケージ・クリノリン*4やバッスル*5を着用した。1980年代なかばまでに普及するようになるジェンダーの区別がない衣装に向かう圧倒的に人気が高いトレンドに席巻される以前には、20世紀全体を通じて、明確な性的区分けのあるパラメータは、子どもと若者向けの当世風の装いを支配しつづけた。手がかからず、男女兼用のすぐに着られる仕立ての実用的なアピールが、すべての年齢の現代的なファッションシーンを支配するようになった。

ポップカルチャーや広告戦略によって、ファッショントレンドにさらされることが増えると、子どもたちが自分のワードローブの選択にみずからかかわる年齢はゆっくりと低下した。現代の子どもたちは、メディアによって偶像化された外観にむけてあおり立てられており、自分の容貌が有利になることについて歴史的に前例のない強い要求をするようになっている。現代の有名アパレルあるいはデザイナー・アパレルの重視も、子どもやその両親の地位とファッション理解を示すトレードマークとして、若者や乳幼児市場にさえも強い影響をおよぼした。20世紀末と21世紀には、靴は、かつてはこのような実用性のために選択されるものとしてこのトレンドの一部となり、高価な品目が同輩仲間からの圧力の影響を受けるようになった。

［訳注］

*1 エジプト第18王朝（前1570年頃-1293年頃）——新王国時代最初の古代エジプト王朝。エジプト統一をなしとげたイアフメス1世以降の王朝で、国力増大によって数々の大規模建築が残され、ヌビア、シリア地方に勢力を拡大し、オリエント世界に覇をとなえた。「古代エジプトのナポレオン」と称されたトトメス3世、世界初の一神教ともいわれるアテン神信仰を追求したアメンヘテプ4世（アクエンアテン）、黄金のマスクによって知られるトゥトアンクアメン（ツタンカーメン）、女性としてはじめてエジプトに実質的な支配権を確立したハトシェプストなど、古代エジプトの代表的な王が数多くこの王朝に属している。

*2 パンタレット（pantalet）——19世紀に、アメリカなどで流行した服装で、婦人や少女が用いた長いドロワーズ（drawers）。すそにはフリル、タック、レースなどの飾りがスカートから見えるように作られている。

*3 小公女風のスーツ（Little Lord Fauntleroy suit）——19世紀末に流行した少年の正装用の服。黒いベルベットの腰丈までの上衣とひざ丈の半ズボンのスーツ。通例、腰には幅の広いサッシュベルトを着ける。バーネット（Frances H. Burnett, 1849-1924）の小説『小公子』（Little Lord Fauntleroy, 1886）の主人公の少年

の名前に由来する。温室育ちの、お行儀がよすぎる男子を揶揄していわれる。
* *4 ケージ・クリノリン（cage crinolines）――ヘアークロスその他の堅い布や木綿の堅い芯地などで成型したつり鐘形のペチコート、あるいはそれでふくらませたフープスカート。
* *5 バッスル（bustle）――ゆったりとしたスカートの後部を張り広げるために、つめものや枠のある腰あて、あるいはそこに蝶形リボンやひだ飾りなどをあしらった婦人服。

➡子どもの発達概念の歴史、消費文化

●参考文献

Brooke, Iris. 1930. *English Children's Costume since 1775*. London: A. and C. Black.
Cunnington, Phillis, and Anne Buck. 1965. *Children's Costume in England*. New York: Barnes and Noble.
Ewing, Elizabeth. 1977. *History of Children's Costume*. New York: Scribner.
Felger, Donna H. 1984. *Boy's Fashion 1885-1905*. Cumberland, MD: Hobby Horse Press.
Macquoid, Percy. 1923. *Four Hundred Years of Children's Costume from the Great Master: 1400-1800*. London: Medici Society.
Moore, Doris. 1953. *The Child in Fashion*. London: Batsford.
Olian, JoAnne. 1994. *Children's Fashions, 1860-1912: 1,065 Costume Designs from "La Mode Illustree."* New York: Dover Publications.
Paoletti, Jo B. 1983. "Clothes Make the Boy, 1860-1910." *Dress: The Annual Journal of the Costume Society of America* 9:16-20.
Rose, Claire. 1989. *Children's Clothes since 1750*. London: Batsford.
Schorsch, Anita. 1979. *Images of Childhood: An Illustrated Social History*. New York: Mayflower Books. アニタ・ショルシュ『絵でよむ子どもの社会史――ヨーロッパとアメリカ・中世から近代へ』（北本正章訳、新曜社、1992年）
Sichel, Marion. 1983. *History of Children's Costume*. London: Batsford.
Villa, Nora. 1989. *Children in Their Party Dress*. Trans. Donna R. Miller. Modena, Italy: Zanfi.
Worrell, Estelle Ansley. 1980. *Children's Costume in America: 1607-1910*. New York: Scribner.

（PHYLLIS MAGIDSON／北本正章訳）

フィルム（Film）
➡映画（Movies）

フェアリーテイルと寓話（Fairy Tales and Fables）

寓話[*1]は、ヨーロッパの中世から19世紀のかなりの時期まで、子どもたちに教訓的な読みものを提供した。他方、子ども向けのフェアリーテイル[*2]は、これより少し遅れて18世紀初期に登場し、18世紀末になってようやく人気を博すようになった。

寓話

西ヨーロッパでは教訓がそえられた短い動物寓話は、イソップ寓話[*3]として広く認識されている。この作品の全体は、紀元前6世紀の古代ギリシアの解放奴隷であったイソップによるものと考えられているが、ヘレニズム時代のリセンシオ・オーガスタナ（Recensio Augustana）の作品のような、まったく異なる資料からお話をとりいれながら、何世紀にもわたって構成されてきたものである。ずるがしこいキツネや強いライオン、誇り高いタカなど、主人公の動物たちは、読み手にすぐわかる典型的な性格づけがなされている。

イソップ寓話集は、諺という形式に簡潔にまとめることができる一般道徳へと導くわかりやすい話の筋、明確な構成と印象的な対話からなっている。寓話は、なんといっても訓示的である。多くのローマ人たち――エンニウス[*4]、リキリウス[*5]、ホラティウス[*6]、リウィウス[*7]――は、イソップの寓話を事例（特定の徳目や主張を例示する短い物語）として使ったが、ファイドロス[*8]は道徳教育の手引き書にするために訓示的要素を強めた。

中世のイソップ寓話は、11世紀にさかんになり、12世紀にはさらに発展したが、それはカプアのヨハネス版がインドの『パンチャタントラ』[*9]をとりいれたからであった。『パンチャタントラ』（これは5巻の物語集あるいは5部からなる教訓集という意味である）は、紀元250年よりも前にときどきあらわれた――これは全体がひとつにつながる物語群になっており、動物たちの行動が人生における賢明なふるまいと統治の知恵を示す寓話で構成されている。この種の東方の寓話は、6世紀には『カリラとディムナ』（*Kalila and Dimna*）としてペルシア語に翻訳されてはいたが、中東から北アフリカやムーア人たちが支配していたスペインにかけてはアラビア語に翻訳された多数の改訂版が広まっていた。13世紀から15世紀にかけて、イソップ寓話が『パンチャタントラ』あるいはその一部である「カリラとディムナ」をとりいれた混ぜものとともに、教会の説教に使うラテン語の教訓集に組みこまれると、ヨーロッパ各地のキリスト教の学校でそれを使う道筋が準備された。寓話は、中世初期以降18世紀初期のガラン[*10]による[ラテン語版の]翻訳の時代にいたるまで、ヨーロッパにおける語り聞かせの文化に強い影響をおよぼした。

17世紀末のイギリスで、子どものための動物寓話の出版物が堰をきって増大したことは、読書の対象に、プロテスタントの血のにじむような試練の物語、すなわち信仰に熱心な子どもの死の物語や、熱心な宗教的

使命を厳しく限定するだけではもはや満たされない読書欲が高まっていたことを浮き彫りにしている。人気が高かった宗教作家ジョン・バニヤン[*11]の寓意的な物語が圧倒的な成功をおさめたことによって証明されたように、イギリスのキリスト教的慣行の大部分は厳格ではなくなってきた。多数の讃美歌を作曲したアイザック・ウォッツ[*12]の「道徳的な歌」は、宗教に分類されるにもかかわらず、閉ざされた家族集団で仲よく暮らすことを子どもたちに教えた。寓話はさらにふみ出して、現世でどう生きるかという道徳的で世俗的な物語を提供した。16世紀と17世紀には分冊版があらわれたが、1690年代から1740年代にかけて見られた『イソップ寓話』の突然の出版の成功は、この時期に、親による子どもの養育義務が純粋に宗教的な命令から離脱したことを示している。物語に道徳を結びつける形式は、イギリスの哲学者ジョン・ロックによって非常に熱心に推奨されたものだが、これは、啓蒙思想の教師たちが合理的な価値観の表現を具体的に解釈するのを可能にした。

国際的に見ると、245の寓話をおさめたラ・フォンテーヌ[*13]の本（これは1668年、1678-79年、1693年の三つの時期に出版された）は、18世紀のイギリス、ドイツ、イタリア、フランスにおいて寓話が大きく開花する助走路を開いた。イギリスでの寓話の成功は、そのめざましい出版の歴史からわかる。キャクストン[*14]は1484年に『イソップ寓話』の英語版を印刷した。ロジャー・レストレンジ[*15]の1692年のコレクション『イソップとその他のすぐれた神話学者たち（バーランドゥス・アニアヌス・アブステミヌス・ポギウス）の寓話——道徳と省察付き』（Fables of Aesop and other eminent mythologists (Barlandus-Anianus-Abstemius-Poggius) with morals and reflexions）は、17世紀末から18世紀初頭にかけて何度も再版された。レストレンジの寓話の成功は、模倣者や競争者を力づけ、サミュエル・クロックソール師[*16]も1772年に『イソップとその他の寓話』（Fables of Aesop and Others）を著した。これもまたジョン・ゲイ[*17]の『イソップ寓話』（1727年、1738年）と同じように、大きな成功をおさめた（1722年から1747年にかけて5回増刷された）。

寓話は早い時期から学校で使われた。ロンドンの出版業者S・ハーディングは、『フランスとイギリスのおもしろくてためになる寓話』（Amusing and Instructive Fables in French and English）を1732年に出版した。ラ・フォンテーヌの『フランスとイギリスの寓話とお話』（Fables and Tales ... in French and English, 1734）とダニエル・ベラミー[*18]のファエドルスを翻訳した『ためになる楽しい50の寓話』（Fifty Instructive and Entertaining Fables, 1734, 1753）は、どちらも学校の子どもを対象としたもので、フランソワ・フェヌロンの『お話と寓話』（Tales and Fables, 1736）やガブリエル・ファエルノの『イギリスとフランスの韻文による寓話』（Fables in English and French Verse, 1741)と同じように、たちまち子どもたちに受け入れられた。このうち最後のものはラテン語とフランス語でも出された（1743年、1744年）。ベンジャミン・コールは『精選・お話と寓話』（Select Tales and Fables, 1746）に名を残している。1747年には、『ためになるビドパイ寓話』（The Instructive and Entertaining Fables of Bidpai）（これは『パンチャタントラ』からとったお話）がはじめて英語で出された。寓話が新しく紹介されていくペースを見れば、このジャンルの市場の成功は明らかであった。どの出版も売り切れて増刷したり、すぐに新版を出すことになるのはまちがいなかった。イギリスのチャップブック（小さくて安価な本）の出版社はつねに、よく売れるものは何でもとりあげた。ダイシー館出版はジョン・ビッカムの『寓話と短い詩』（Fables and Other Short Poems）を早くも1737年に出版した。

ジョン・ニューベリー[*19]は、いくつかの寓話を『小さなかわいいポケットブック』（Little Pretty Pocket-Book, 1744）や『くつふたつさん』（Goody Two-Shoes, 1766）に収録しており、1757年には彼自身『寓話詩——若者と大人の進歩のために』（For the Improvement of the Young and the Old）を著している。ニューベリーのこの本は、いたずらっぽくエイブラハム・イソップ殿によるもの、とされたために10回も再版された。このほかに、1759年のたんに『寓話』（Fables）とだけ題されたものや、ロバート・ダズリ[*20]の『イソップとほかの寓話作家による寓話選』（Select Fables of Aesop and Other Fabulists, 1761）なども出版された。これらの書物の見返しの多くに、数世代にわたる所有者が記載されていることからわかるように、子どもたちはこれらが最初に出版された日からはるかのちになっても読んだのであった。

18世紀末以降、寓話がフェアリーテイルと市場を分けあわざるをえなくなると、寓話はその重要性を弱めた。それにもかかわらず、寓話は、今日にいたるまでさまざまな特色のある版（多くは挿し絵入り）で、児童文学と子どもの読みものの供給源でありつづけている。児童文学の権威ある歴史家であるハーヴェイ・ダートンは、寓話は「学校向けに管理され、流行に合わせて装っていた。寓話は、かつてはすべての大人のものであったが、いまやすべての子どものものになっている」（p. 23）と述べている。

18世紀末期、19世紀、20世紀の動物物語も、18世紀に『イソップ寓話』から自然に派生したと理解できよう。1800年以後の顕著な変化は、動物の性格づけを、勇気、ねばり強さ、忠誠心、忍耐力という肯定的な性格特性に割りふるようになったことであった。これは、『名犬ラッシー』[*21]や『黒馬物語』など、20世紀の物語にも明白に残っている。

フェアリーテイル

　今日存在するようなフェアリーテイルは、16世紀のイタリアで、ジョヴァン・フランシスコ・ストラパローラによる『たのしい夜』（Pleasant Nights, 1551, 1553）*22のなかのいくつかのお話のなかで、大人向けの文学としてかたちづくられた。これらは、G・バジーレの『ペンタメローネ』（the Pentamerone, 1634-1636）*23と同じように、フランスに伝わった。この二つの作品はどちらも、オーノワ夫人（1650-1705）*24やシャルル・ペロー（1628-1703）*25そのほかのこの分野のフランスの再話者（retellers）らによって、1697年以降に出版されたフランスのフェアリーテイルの基礎になった。17世紀を通じてイギリスにはフェアリーテイルはなかった。この当時、少年たちの空想力をかきたてたのは、チャップブックの伝奇物語（chapbook romance）で、主人公たちが魔術をもっていたり、身体の大きな相手に果敢に立ち向かい、勇ましくやっつけてしまうものであった。この時代の少女たちがこうしたチャップブックの伝奇物語を気晴らしに読むことはあっても、おそらくそれは夢中になって読んだだけで、彼女たちの記憶には何も残らなかったであろう。

　イギリスの妖精やエルフ*26は、物語られる冒険というかたちではほとんど登場しない。これらはおもに物語的な人物というよりはむしろ逸話的で説明的である。フランスの妖精の物語が紹介されたことによってはじめてさまざまな妖精たちについてのお話を広めることができるようになり、イギリスでもフェアリーテイルが存在しはじめたといわれている。過去には、フェアリーテイルは子守り女から子どもたちへ口伝えされたとする多数の主張があるにもかかわらず、この考えを支持する証拠はない。女性の妖精が助けてくれる冒険物語『親指トム』（Tom Thumb）*27は、17世紀初めにリチャード・ジョンソンによって創作された。巨人殺しの『ジャック』（Jack）*28は、それから1世紀後に活況を呈した。この二つはどちらも何世紀にもわたってイギリス的な想像力にぴったりする見事な魔法をもたらしたが、厳密にいえば、どちらもフェアリーテイルではなく、民間伝承（folk tale）であった。

　18世紀には、フェアリーテイル文学の二つの体系がイギリスにとどけられた。1699年から1750年にかけて、オーノワ夫人のお話が、大人の女性読者向けに翻訳出版された。最初は上流階級向けであったが、やがてもっと低い社会層にも向けられた。ロバート・サンバー*29は、1729年に子ども向けのシャルル・ペローのお話を翻訳したが、これは、気楽な読みものとしてはあまり売れなかった。このため出版社は、これを二カ国語並記の教科書として作りなおそうとした。だが、ほかの対訳版のテキストが学校で多数使われていたため、ペローのお話はおそらく、怪しげな道徳を扱った「思慮分別のある王女」がふくまれていたために、失敗した。

　『子どもの読本』（Magasin des Enfants、1756年にはじまる）において、中産階級と上層の中産階級の少女たちにむけてフェアリーテイルを社会的に受け入れられるようにしたのは、ルプランス・ボーモン夫人*30であった。この時彼女は、歴史学と地理学の両方の学習を織りこみながら、その頃現存していたフェアリーテイルを、道徳的な『聖書』の物語と同じように、非常に教訓的なものに変えてしまったのであった。ボーモン夫人のフェアリーテイルのなかで唯一生き残ったのは、『美女と野獣』（Beauty and the Beast）であった。

　『アラビアン・ナイト』から選ばれた話は1715年頃からイギリスのチャップブックに顔を出す。他方、ペローやオーノワ夫人の話は、チャップブックをとおして、1750年代以降になってようやくイギリスの読者に伝わった。おそらく読者たちは、ジョン・ニューベリーの1743年の作品『男の子と女の子のためのかわいい本』のなかの『赤ずきんちゃん』（Red Riding Hood）や『シンデレラ』（Cinderella）から大衆向けの可能性があるフェアリーテイルを選んで読んだのであろう。ニューベリーは、フェヌロンの道徳性の高いフェアリーテイルのいくつかを、彼の『心の発達のための短い歴史』（1760）にふくめるなどして、非常に注意深く、少しずつ、フェアリーテイルを自分の出版物で紹介した。『フォルトゥナトゥス』（Fortunatus）やペロー版の『ダイアモンドとヒキガエル』（Diamonds and Toads）を、『かわいい本』の後の版に入れ、また、『長靴をはいたネコ』（Puss in Boots）を1767年の『ザ・フェアリング』（The Fairing）で紹介したりもした。しかし、この後、『思慮深い王女さま』を除いて、ペローの物語のすべてを出版し、オーノワ夫人の『黄色い小人』（Yellow Dwarf）や『白いネコ』（White Cat）とならんで19世紀の定番の人気作品となった。

　セアラ・トリマー*31、ロバート・ブルームフィールド*32、メアリ・マーサ・シャーウッド*33のような穏健な教育家たちがその価値を認めなかったにもかかわらず、イギリスの19世紀のフェアリーテイルには、エドワード・テイラーによって英訳された『グリム童話』（第1巻1823、第2巻1826）、1846年のハンス・クリスティアン・アンデルセンの童話、1848年には簡略化したベジーレの『ペンタメローネ』、1849年の『せかいのフェアリーテイル』（The Fairy Tales of All Nations）、1850年にはスカンディナビアの神話、民間伝承、フェアリーテイルもくわわった。これらすべての物語は19世紀後半を通じて再利用され、このやり方は20世紀にも引き継がれた。だが、19世紀には、妖精やフェアリーテイルはアメリカよりもイギリスで広く流通した。

　フェアリーテイルと子どもの生活との関係については大きな論争がある。第2次世界大戦勃発時のアメリ

カとイギリスでは、グリム童話への疑念が高まった（いくつかの話に出てくる凶暴な戦いが大量殺戮を誘発すると考えられたからであった）が、それについてはブルーノ・ベッテルハイム*34が『昔話の魔力』(The Uses of Enchantment, 1976)で反論している。ベッテルハイムが、フェアリーテイルは子どもの心理的なニーズを正確に投影しており、子どもたちの性心理学的な発達を示すものであることを論証しようとしたことにみられるように、彼は、フェアリーテイルは子どもの潜在意識から生じるものだと示唆した。しかし、彼のネオ・フロイト主義的なテキスト分析のアプローチは、論理的なまちがいや、証明すべきことを主張と置き換えてしまうなど、しばしば欠点があった。これとは対照的に、1500人の学校生徒の事例にもとづいた1980年代のクリスティン・ヴァルデッキーの調査は、子どもがフェアリーテイルに早い年齢から継続的に接すると、子どもの意識はフェアリーテイルの登場人物、規範、モティーフで満たされるという認識にもとづいたものであった。子どもたち自身によって書かれたフェアリーテイルについてのヴァルデッキーの分析は、子どもたちの話のなかでは、悪は支配され、内なる調和を（ふたたび）確立するという標準的なフェアリーテイルのモティーフを用いていることを実証した。

［訳注］

*1 寓話 (fables) ──ラテン語の*fāri*「話す」、*fābula*「物語」などを語源に、中期英語の*fable, fabel, fabul*をへて寓話 (fables) と表記されるようになった。一般に、擬人化した動物などを主人公に、教訓や風刺を織りこんだ物語。比喩表現を用いることによって、人間生活のなじみ深い出来事に遭遇する物語を、不思議さや謎、驚き、機知などを織り交ぜて読者や聞き手の関心をそそりながら、ひとつの物語としての文学的な構造をもち、意味と解釈に教訓、説諭、気づき、反省を寓意的な発見に導く構造になっている。18世紀イギリスのサミュエル・ジョンソン (Samuel Johnson, 1709-1784) は、寓話について、「寓話 (fable) とは、その本質においてひとつの物語というべきもので、理性をもたぬ動物やときには無生物が、道徳的教訓を目的として、人間的関心や感情をもって発言したり行動するかに見せかけたもの」と定義している。

*2 フェアリーテイル (fairy tale) ──「妖精」(fairy) を主人公とした物語 (tale) で、「妖精物語」「おとぎ話」とも称される。「妖精」(fairy) は、1300年頃の古フランス語のフェ (Fee) から派生した英語で、「魔法をかけること」の意味があり、*faerie*は「魔法」をさす。アイルランドでは「フェア＝リー」(feadh-ree) と表記される。「物語」「お話」のテール (tale) は、古英語の*talu*（物語、話、物語る）に由来する。フェアリーテイルは、fairy storyともいわれ、事実・伝説・架空の話や物語という「おとぎ話」の意味のほかに、「いい加減な話、作り話、あてにならない話」というニュアンスもある。fairy taleの初出は1749年である。

*3 『イソップ寓話』(Aesop's Fables; Fabulae Aesopiae) ──古代ギリシアの寓話作家アイソポス (Aesop, 前620頃-560頃) の英語表記であるイソップにならって一般にイソップ童話と称される。イソップは自作の寓話を口頭で語り伝え、それが長いあいだ口頭でくりかえし伝承された。その後ギリシアやローマの作家たちが、散文または韻文で『イソップ寓話』として書きとめたものが、いわゆるイソップ寓話集のいくつかの原型をなした。近代ヨーロッパでもっともよく知られているのは、ギリシア生まれの修道士で、コンスタンチノープルで活躍して、数学者、翻訳家としても知られるマクシムス・プラヌデス (Maximus Planudes, 1260頃-1305頃) によるラテン語訳がもとになっている。

*4 エンニウス (Ennius, 前239?-169) ──古代ローマの叙事詩人、劇作家。叙事詩『年代記』(Annals) の作者。

*5 ルキリウス (Lucilius, 前180?-102) ──古代ローマの詩人。風刺詩の祖とされる。

*6 ホラティウス (Horace; Quintus Horatius Flaccus, 前65-68) ──ローマの詩人、風刺作家。『風刺誌』(Satires)『詩論』(Ars Poetica) など。

*7 リウィウス (Livy; Titus Livius, 前59-後17) ──ローマの歴史家。『ローマ建国史』(Ab urbe condita libri, 143 vols) など。

*8 ファイドロス (Phaedrus, 前15?-後50?) ──古代ローマの寓話作家。ローマの属州マケドニアの奴隷であったがアウグストゥスによって自由の身にされた。おもにギリシア語版イソップの寓話に依拠し、自作のものもふくめ、5巻の寓話詩を著した。

*9 パンチャタントラ (Panchatantra) ──西暦200年ごろに王の名によって老教師ヴィシュヌ・シャルマーが最初の編者としてまとめたインドの説話集で、サンスクリット語で記された。王族の子に対して動物などを用いて政治、処世、倫理を教示する目的で作られた。ここから多くの寓話がヨーロッパの文学や民間伝承に流れこんだ。「パンチャタントラ」とは、五つの書の意味でひとりの学識豊かなバラモンが頭の悪い無知な3人の王子におもに動物寓話を通じて政治、処世、倫理、処世術を教示する目的で作られた。全5巻 (84話) の内訳は、第1巻「友人を失う」(34話)、第2巻「友人ができる」(10話)、第3巻「カラスとフクロウ」(18話)、第4巻「得たものを失う」(12話)、第5巻「浅はかな行ない」(10話) となっている。児童向け書籍としては世界最古のものといわれている。

*10 ガラン (Antoine Galland, 1646-1715) ──フランスの東洋学者、考古学者。はじめて『千夜一夜物語』をフランス語に翻訳し、イスラム文化研究に多大の貢献をした。

*11 ジョン・バニヤン (John Bynyan, 1628-1688) ──イギリスの説教師。ピューリタン革命に同調して多数の聖書解釈本を書き、子ども向けの聖書解説書は広く読まれた。『天路歴程』(The Pilgrim's Progress, 1678-84)。

フエアリテ

*12 アイザック・ウォッツ（Isaac Watts, 1674-1748）──イギリスの賛美歌作者。非国教派の学校で学んだ後、牧師となり、生涯に約600編ほどの賛美歌を作った。*Horace Lyricae*, 1706; *Hymns and Spiritual Songs*, 1707; *Divine Songs*, 1715; *Logic*, 1725; *Scripture History*, 1732.

*13 ラ・フォンテーヌ（1621-1695）──フランスの作家。1668年に出版された『寓話』は125話であったが、1678年の版では100話を超える寓話が追加され、1693年にはさらに24話が追加された。おもにイソップを下敷きにしていたが、ファイドロスものや『パンチャタントラ』も下敷きにしている。先行する寓話作家たちよりも優雅で機知に富んだ寓話を書いた。

*14 ウィリアム・キャクストン（William Caxton, 1422?-91）──イギリスの印刷業者、翻訳家。1476年にウェストミンスターにイギリスで最初の印刷機をすえた。

*15 ロジャー・レストレンジ（Roger L'Estrange, 1616-1704）──イギリスの作家、翻訳家、新聞発行者、パンフレット発行者。

*16 サミュエル・クロックソール師（Reverend Samuel Croxall, 1690頃-1752）──イギリスの国教会派の聖職者、作家、翻訳者。

*17 ジョン・ゲイ（John Gay, 1685-1732）──イギリスの詩人、劇作家。『ベガーズ・オペラ（乞食オペラ）』（*The Beggar's Opera*, 1728）の作者。

*18 ダニエル・ベラミー（Daniel Bellamy, the younger, 1715頃-1788）──イギリスの作家。『キリスト教徒の学校教師』（*Christian Schoolmaster*, 1737）など。父親とともに宗教関係や学校向けにさまざまな出版物を制作した。

*19 ジョン・ニューベリー（John Newbery, 1713-1767）──イギリスの出版業者。バークシャーの農民の子として生まれ、16歳のとき、地方の出版業者の徒弟となった。24歳のとき、この出版業者の親方ウィリアム・カーナンが亡くなったとき仕事を引き継ぎ、2年後にその未亡人メアリと結婚した。1740年からレディングに会社を移し、本格的に出版業を開始した。ロンドンにいくつかの小売店も設け、1744年に、「世界で最初の児童書」とよばれることになる子ども向けの『ポケットブック』（*A Little Pretty Pocket-Book*, 1744）を出版した。継続的な子ども向け書物の出版と、市場の開拓によって児童文学という新しいジャンルを開拓した。サミュエル・ジョンソン（Samuel Johnson, 1709-1794）やオリヴァー・ゴールドスミス（Olver Goldsmith, 1730?-1774）らの作家たちを支援し、彼らの作品を出版したことでも知られる。彼の名を冠して1922年に創設された「ニューベリー賞」は、アメリカの児童図書の年間最優秀作品にあたえられる。

*20 ロバート・ダズリ（Robert Dodsley, 1704-1764）──イギリスの書籍販売業者、作家。サミュエル・ジョンソン（"Dr. Johnson"）の『英語辞典』（*A Dictionary of the English Language*, 1747-55）の完成を財政的に支援した。

*21 『名犬ラッシー』（*Lassie*）──アメリカの CBC のテレビドラマ（1954-74）。イギリス生まれのアメリカの小説家エリック・ナイト（Eric Knight, 1897-1943）の小説『戻ってきたラッシー』（*Lassie Come Home*, 1940）とその映画『家路』（1943）にもとづいて制作された。

*22 『たのしい夜』──ジャン・フランシスコ・ストラパローラ（1480-1557頃）が、1550年と1553年にヴェネツィアで2冊本として出版した物語集。『長靴をはいたネコ』や『ダイアモンドとヒキガエル』の類話などがふくまれている。17世紀後半、この作品からフランスのほかの妖精物語作家たちが話を借用した。

*23 『ペンタメローネ』──『話のなかの話』として1634〜36年にかけてナポリで出版された民間伝承集。非常によく知られている昔話の類話が入っており、枠物語のなかに49の話が入っている。バジーレはこれらを公衆のものから収集したといわれており、彼の死後これらはいくつかに分けられて出版された。『シンデレラ』『眠り姫』『長靴をはいたねこ』『美女と野獣』『白雪姫』などが収められている。1822年グリム兄弟によって賞賛されて翻訳され、やがて英訳版が出版された。

*24 オーノワ夫人（Marie-Catherine Le Jumel de Barneville, Baroness d'Aulnoy, 1650頃-1705）──フランスにおけるフェアリーテイル・ブームの立役者のひとり。1773年までに子ども向けに発売された英語版があり、『バンチおばさんのおとぎ話』と題され、この時期以後オーノワ夫人のお話はチャップブック市場では欠かせない素材となった。

*25 シャルル・ペロー（Charles Perrault, 1628-1703）──フランスの批評家、詩人、童話作家。童話集『がちょうおばさんのお話し』（*Contes de ma mère l'Oye*, 1697）には、『赤ずきんちゃん』（*Little Red Riding Hood*）、『眠れる森の美女』（The Sleeping Beauty）、『長靴をはいたネコ』（*Puss in Boots*）などが入っている。*Contes de ma mère l'Oye*の英訳版タイトル*Mother Goose Tales*から「マザー・グース」という表現が生まれた。

*26 エルフ（elf）──イギリスなどの民間伝承で、とくに山地などに住むと考えられた、いたずらっぽい小妖精。中期英語*elven*から生まれ、古期英語*aelfen, elfen*（ニンフ、すなわち女性の小妖精）の異形。このため「鬼火・きつね火」は*elffire*と表記されることもある。

*27 「親指トム」（Tom Thumb）──昔話に登場する親指ほどの大きさの人物。「親指ほどの大きさのもの」の冒険譚は万国共通と思われる。最初の文献は1579年のもので、ホブコブリン、エルフなどの超自然な生き物とともに、親指トムもある。召使いが子どもたちをこわがらせるためにこれらの生き物を利用したとされる。現存する最古の韻文版1630年のものにはアーサー王時代の小さな騎士として存在が確立しており、英語の物語ではマーリンによりトムが生まれ、妖精の女王が名をつける。トムは自分の大きさを利用して、いたずらで賢く、魔法の力をもっているという自分の性質にかなった冒険に遭遇する。やがてトムは、巨人

や魚に食べられ、魚がアーサーの食卓にのせるために捕まえられたとき、宮廷にたどり着き、騎士道精神にあふれた騎士として名をはせる。18世紀なかばには、トムは子どもの本の人気を高めるのにふさわしい登場人物と認められ、多くの作品がつくられることになる。アンデルセンの「おやゆびひめ」にもその影響がある。

*28 巨人殺しのジャック——イギリスの昔話に登場する英雄。18世紀初め頃、チャップブックとして出版され、英語圏で広く知られた。コーンウォール地方の若者ジャックが「無敵の剣」と「魔法のマント」を駆使して、地元を荒らしていた巨人を次々と倒し、イギリスとウェールズをまわる物語。

*29 ロバート・サンバー (Robert Samber, ?-1745) ——イギリスの作家、翻訳家。『ペロー童話集』を英語に翻訳した。

*30 ルプランス・ボーモン夫人 (Madame Le Prince de Beaumont, 1711-1780) ——フランスの児童読みもの作家。不幸な結婚生活からのがれるために1745年頃イギリスに渡り、数年間、家庭教師をした。1764年以降はスイスに移り住んだ。家庭教師と5歳から13歳の子どもとのあいだの対話形式による教訓物語を得意とし、広く読まれたものとして、『子どもの読本——賢い女教師と生徒たちの対話』(Magasin des enfants, 1756) 英訳『若い令嬢の読本』(The Young Misses Magazine, 1757) が知られる。このなかには『美女と野獣』(Beauty and the Beast)『三つの願い』(Three Wishes) などがふくまれている。会話の合間に物語が挿入され、フェアリーテイルをふくむお話を、子どもに教訓をあたえる道具としても利用した。口語的で、かたくるしさのない文体は、子どもの本では画期的であった。

*31 セアラ・トリマー (Sarah Trimmer, 1741-1810) ——イギリスの児童文学者、作家、教育家、評論家、雑誌編集者。著名な建築家の娘としてイプスウィッチに生まれ、21歳のときジェイムズ・トリマーと結婚し、生涯に12人の子ども（6男6女）をもうけた。このうち9人が彼女より長生きした。父親が王室関係の仕事で、キュー (Kew) の宮殿建築現場監督についたため、14歳のときロンドンに移り住んだ。著名人との出会いが多かった父親の人脈のなかで、多感な10代に、画家のウィリアム・ホガース (William Hogarth, 1697-1764) やトマス・ゲインズバラ (Thomas Gainsborough, 1727-1788) らと出会う一方、当時の文壇の大御所ジョンソン博士 (Samuel Johnson, 1709-84) にも出会っている。自分の子どもの教育に取り組み、教育の重要性を大いに自覚したことから、さまざまな教育読み物や評論を執筆することになった。執筆時間を確保するために、年長の子どもが年少の子どもの面倒を見ることができるようになるまで毎朝四時には起床して勉学に励んだことが知られている。当時隆盛を見せていた日曜学校運動にしだいに関心をもつようになり、1786年、35歳のとき、自分の教区の2人の牧師チャールズ・スタージェスとチャールズ・コーツの協力を得て、オールド・ブレントフォードに貧民児童のための日曜学校を設立した。このとき希望者が500人もいたため、5歳以下の子どもと、各家庭から一人という制限を設けて受け入れたといわれている。さらに教区内に三つの日曜学校を年少の少年用、年長の少年用、そして少女用として増設して成功をおさめ、時の女王シャーロットに招かれ、ウインザーにも日曜学校を設立する話し合いをするほどであった。これを機に日曜学校を推進し、その設立を助言するために書いたのが『慈善の理法』(The Economy of Charity, 1786) であった。こうした教育実践と平行して慈善学校向けの多数の教科書、宗教読み物、子ども向け物語の執筆を広く行ない、イギリスで最初の教育評論雑誌「教育の守護者」(The Guardian of Education, 1802-06) を創刊するなど、精力的に活動した。彼女がこの時期に書いたもののいくつかは「キリスト教知識普及協会」(SPCK) によって出版され、長年にわたって膨大な部数が発行され、影響力を保った。貧民救済の施策、日曜学校の果たす役割とめざすべき方向性、慈善学校の活動のあり方と大衆教育の方法とその学習効果などをめぐってくりひろげられた論争では、助教法 (the Madras system) を考案していたアンドルー・ベル (1753-1838) と、慈善学校の財政基盤を提供していた「キリスト教知識普及協会」の有力メンバーとのあいだの調停者としても貢献した。子ども向けに書かれた『たとえばなし』(Fabulous Histories, 1786) は、後年『コマドリ物語』(The Story of the Robins) の名で大人気を博し、動物物語の典型として長く愛読された。1788～89年に「家族の雑誌」(The Family Magazine, 1788-89) という表題の、農業労働者と召使いのための月刊誌を編集し、説教の要約、安息日や安心立命についての講話、賛美歌、瞑想などにくわえて、わかりやすい道徳教訓物語、一般知識、家政、園芸情報、「村の会話」などを掲載し、読者を感化する活動を展開した。これは、その時代までの児童文学の歴史をまとめ、同時代の作品を系統立てて批評しようとする最初の試みであり、非凡な業績であった。そのいっぽうで、ここに示した彼女の道徳の見解のために、とくに、きわめて高い彼女の道徳基準から見て、それ以下のお話に対する厳しい批判と、フェアリーテイルを批判したため悪評が立ったこともあったが、近年、再評価が進んでいる。孫の一人は地理学者のジョシュア・トリマー (Joshua Trimmer, 1795-1857) である。

*32 ロバート・ブルームフィールド (Robert Bloomfield, 1766-1823) ——イギリスの詩人、作家。

*33 メアリ・マーサ・シャーウッド (Mary Martha Sherwood, 1775-1851) ——子どもを対象とした多くの物語を書いたが、教訓物語作家のなかでももっとも教訓的であった。『フェアチャイルド家の物語』(The History of the Fairchild Family, 1818-47) が有名。

*34 ブルーノ・ベッテルハイム (Bruno Bettelheim, 1903-1990) ——ウィーンの心理学者。1929年からはアメリカに住み、自閉症の子どもの治療を専門とする。著書『昔話の魔力——昔話の意味と重要性』のなかで、妖精物語が「子どもが意識せずに感じている内的抑圧

を説明するし…問題に対する一時的、恒久的な解決の手本を見せてくれる」と述べている。

➡アルファベット習字帳、児童文学

●参考文献

Bettelheim, Bruno. 1976. *The Uses of Enchantment*. New York: Knopf. ベッテルハイム『昔話の魔力』(波多野完治訳、評論社、1978年)

Bottigheimer, Ruth. 2002. "Misperceived Perceptions: Perrault's Fairy Tales and English Children's Literature." *Children's Literature* 30.

Darton, Harvey. 1982. *Children's Books in England: Five Centuries of Social Life*. Revised by Brian Alderson. Cambridge, UK: Cambridge University Press.

Opie, Iona, and Peter Opie. 1980 [1974]. *The Classic Fairy Tales*. New York: Oxford University Press.

Wardetzky, Kristin. 1992. *Märchen-Lesarten von Kindern: Eine empirische Studie*. Frankfurt, Germany: Lang.

Wheatley, Edward. 2000. *Mastering Aesop: Medieval Education, Chaucer, and His Followers*. Gainesville: University Press of Florida.

(RUTH B. BOTTIGHEIMER／谷村知子・伊藤敬佑・神戸洋子・北本正章訳)

フランソワ・フェヌロン (1651-1715)*

フェヌロン、フランソワ
(Fénelon, François, 1651-1715)

フランスの大司教・神学者・小説家・王室の師傅であるフランソワ・ド・サリニャック・ド・ラ・モット・フェヌロンは、多種多様な知的役割を担ったが、なかでも教育にかんするなみはずれた見識をもった思想家として、後世の人びとから賞賛された。

フェヌロンは、1651年に、フランスの教会と王室に長く仕えてきた貴族の家に生まれた。神学を修めたのち、1676年に司祭に任じられ、1678年にフランスのプロテスタンティズムの若い女性を改宗させるためのカレッジである新カトリック学院 (the Nouvelles Catholiques) の院長に任命された。彼は、ここで初の重要な仕事である『女子教育論』(*Traité de l'éducation des filles*, 1687; *Treatise on the education of girls*) を執筆した。同じ年に、『マルブランシュへの反論』(*Réfutation du Malebranche*) も出版している。

1689年、フェヌロンは、その高貴な生まれと卓越した教育の手腕をかわれ、ルイ14世の孫で王位継承者であるブルゴーニュ公ルイの師傅という重要な職務についた。宮廷におけるこの特権的地位は、1693年のアカデミー・フランセーズへの選出をふくむいくつかの名誉をもたらした。だが、彼がもっとも大きな成功をおさめたのは、ルイへの政治教育を目的とした『オデュッセイア』(*Ulysses*) を詩的に書きなおした『テレマックの冒険』(*Les Aventures de Télémaque, fils d'Ulysse*, 1699. テレマックはオデュッセウスの息子)*1 を著したことであった。

しかし、それと同時に、フェヌロンは、フランスにおける静寂主義 (キエティズム) 運動*2 の先導者であるギュイヨン夫人*3 を擁護したことで、いわゆる静寂主義論争 (人間の受動的な精神態度が神聖な活動を生み出すと考えるキリスト教の教義) をひき起こすこととなった。実際、フェヌロンは、『内的生活に関する諸聖人の箴言の解説』(*Explication des maximes dessaints sur la vie intérieure*, 1697; *Explanation of the Sayings of the Saints on the Interior Life*.) のなかで、神への「私心のない」「純粋な」愛を主張することで、権威主義的な教会内に大きな動揺を起こした。その前年にカンブレの大司教に選任されたことは、彼の業績や名声からすればパリ司教の座がもたらされてしかるべきであろうと考えていたフェヌロンを失望させた。1699年に、まずルイ14世が、続いてローマ教皇が、『内的生活に関する諸聖人の箴言の解説』を発禁本にしたことで、彼の不名誉は公に知られることとなった。

左遷されていたフェヌロンは、教え子であったブルゴーニュ公ルイが1712年に死去してしまったことに落胆したが、政治的問題に対して注意深く監視を続け、その3年後にカンブレで没した。

前世紀にミシェル・モンテーニュ (1533-92) やフランソワ・ラブレー (1490頃-1553?) といった同郷の思想家を輩出していたが、子ども期と教育にかかわる理論家がほとんどいなかった時代においてフェヌロンは、たしかに例外的な存在であった。彼が教育にかんして最初に取り組んだ仕事は、それまでかえりみられることがなかった女子教育という領域を切りひらく

ことであった。フランスにはいくつかの女子修道学校があり、1686年にはベルサイユ近郊にサンシール女学校が設立されていたが、フェヌロンは包括的・道徳的観点から、将来の母親・主婦としての役割をフランスのすべての女子に教育する必要性を指摘した。もっとも、彼の『女子教育論』に示された助言や規則には、女子教育のみならず教育全般がふくまれていた。彼は子どもを「子どもとして」認識することを奨励した。フェヌロン院長は、子どもの本性に従い、子どもが言葉をしゃべることができるようになる前でも教育に向けて準備させ、絶対に必要でないかぎり決して勉強をむり強いしてはならず、教育に遊びや喜びや楽しい話をとりいれることで、子どもの**恐怖心**と服従心を取り去るべきであるとした。

　フェヌロンは、こうした教育思想をもっていたために、彼を除くそれまでの王室付きの師傅のように学術的専門書や論説を著そうとはしなかった。そのかわり、彼は、愉快な対話、寓話、そしてあまりなじみのない形式を生みだした。すなわち、『オデュッセイア』に着想を得た教訓小説『テレマックの冒険』である。

　テレマックは、父親を探す目的で、地中海沿岸のさまざまな文明をめぐる危険に満ちた旅のなかで思慮深いメンター、別名ミネルヴァ*4 に導かれる。フェヌロンは、こうした冒険物語を語ることで、教え子であるルイにギリシア神話を教えるだけでなく、政治・宗教・美徳への関心をも喚起した。さらに、ルイがイターキ島の将来の王［テレマック］と自分自身を同一視するようにうながすことで、ルイに善政の術を教授したいと願った。フェヌロンは、テレマックが訪問する国について検討する——それらの国々の法律・マナー・慣習を比較する——際には、ルイ14世の暴力的で専制的な統治と対比し、実際に人間性や平和をルイに説いている。だが、それにもかかわらず、『テレマックの冒険』は、基本的に若者とその教師に活用されることを意図した教育論であった。フェヌロンの非凡な才能は、伝統的なトピックに教授や新しい活動的な学習プロセスを組み入れたことにある。

　『テレマックの冒険』は、教師と弟子との根源的な結びつきを中心に構成されているため、事実上、訓話的な物語であるだけでなく教訓的な教授方法でもある。かりに（よき教師を意味する）「メンター」が常用の言葉になったとするなら、それはフェヌロンの著作が、イエズス会の教育理念にしたがって教授行為をある一つの関係性——愛に満ちた関係性——に変容させたことによる。つまり、教師は、教育的状況を「整え」、また、ときどき必要であれば教え子を一人にさえしておき、子どもがみずから経験を得ることを親切に、段階的に助けなくてはならないのである。

　経験主義的な教育をひたすら提唱したことにより、フェヌロンの著述は、**啓蒙思想**に、直接には同時代を牽引する2人の思想家、ジョン・ロックとジャン=ジャック・ルソーに多大な影響をおよぼした。18世紀から20世紀なかばにいたるまで、『テレマックの冒険』は、フランスの学校で、とりわけギリシア文化の知識を生徒に知らせる手段として読むことが求められた。

［訳注］

*1 『テレマックの冒険』（*Les Aventures de Télémaque, fils d'Ulysse*, 1699）——フェヌロンが傅育していたフランス王太子ブルゴーニュ公ルイのために書いた教訓小説。主人公であるテレマックが父をたずねて旅をする過程で遭遇する諸問題の解決にあたって教訓が解説される筋立てをとっている。宮廷批判と政治批判におよぶ記述があったため、フェヌロンの意に反して1699年に出版されるとフランス国内では発禁処分を受けたが、オランダなどでは受け入れられた。1717年にフランス語による完全版が甥のフェヌロン侯によって出版された。

*2 静寂主義（the quietist movement、キエティズム）——行動への意欲や刺激を抑制して、ひたすら受動的な精神態度をとることによって宗教的内面性を磨き、徳性を深める態度をさしていう。直接的には、17世紀スペインの、カトリックの神秘主義的キリスト教神学者M・モリノスによって唱えられた説。完徳にいたるには、神への瞑想による完全な受動性が要求され、それによって心の平安が得られるとされた。1687年に、ミサや教会への無関心をまねくとして異端視されたが、オランダやフランスの神秘主義に影響し、さらにはドイツのプロテスタンティズムの一派の敬虔主義にもつながった。

*3 ギュイヨン夫人（Jeanne-Marie Bouvier de la Motte-Guyon, 1648-1717）——フランスの「静寂主義」作家の一人。幼児期の大半を修道院ですごし、16歳のときに自分の年齢の3倍以上も年配の廃疾者ジャック・ギュイヨン・ド・シェネイと結婚した。不幸な結婚生活をへて独自の静寂主義の思想に傾き、永遠の救済に対してさえ完全な自己放棄を説いたが、正統信仰からは異端視された。バルバナ修道会士フランソワ・ラコンブと、福音を広めるためにヨーロッパ各地を巡歴した際に誤解を受けてパリで逮捕されるが、ルイ14世の内縁の妻マントノン夫人のはからいによって釈放された。宮廷で影響力をもつようになり、フェヌロンからも強力な支持を得た。しかし、フェヌロンはギュイヨンを支持することで司教ボシュエと激しく争うことになった。

*4 ミネルヴァ［ミネルウァ］（ラテン語: Minerva）——ローマ神話における詩・医学・知恵・商業・製織・工芸・魔術をつかさどる女神。英語読みはミナーヴァ。世俗ラテン語などにもとづくミネルヴァという音読標記が一般化している。

➡教育（ヨーロッパ）、女子校

●参考文献

Carcassonne, Elie. 1946. *Fénelon, l'homme et l'oeuvre*. Paris, Boivin.

Chérel, Albert. 1970. *Fénelon au XVIIIe siècle en France, son prestige, son influence*. Geneva: Slatkine.
Dédéyan, Charles. 1991. *Télémaque ou la Liberté de l'Esprit*. Paris: Librairie Nizet.
Goré, Jeanne-Lydie. 1968. "Introduction." In *Les aventures de Télémaque*, by François Fénelon. Paris: Garnier-Flammarion.
Granderoute, Robert. 1985. *Le roman pédagogique de Fénelon à Rousseau*. Geneva and Paris: Editions Slatkine.

（ANNE ELISABETH SEJTEN／沖塩有希子訳）

福祉改革法（1996年、アメリカ）（Welfare Reform Act, 1996）

　1996年福祉改革法（Welfare Reform Act）、公式には「1996年個人責任および就労機会調整法」（the Personal Responsibility and Work Opportunity Reconciliation Act of 1996）は、ウィリアム・ジェファーソン・クリントン（1946-）［第42代］大統領が「われわれが知る福祉の終わり（to end welfare as we know it）」を約束してくりひろげたキャンペーンによって成立した。それは、「社会保障法」（the Social Security Act）の一部として1935年に創設され、のちに要扶養児童世帯扶助法（Aid to Families with Dependent Children：AFDC）として知られた連邦プログラムである「要扶養児童扶助法」（Aid to Dependent Children：ADC）に代わるものであった。1960年代から1990年代までのあいだ、AFDCの役割は、とくに裕福な北部産業州で劇的に高まった。当時席巻していた個人主義イデオロギーによって、事実上の、あるいは潜在的な福祉対象者たちは、福祉をたんなる特権ではなく権利であるとみなすようになっていた。保守派は連邦福祉システムを共産主義者の陰謀、アメリカ的価値観の危機であると糾弾した。

　1970年以降、自由主義者、穏健派、そして福祉対象者でさえも、福祉一般、とりわけAFDCを糾弾する保守派に合流しはじめた。AFDCは家族を解体し、非嫡出子を増やし、依存性を増大させると非難されたが、その根拠はしばしば明確にされていなかった。いくつかの研究では、AFDCは福祉の対象となっている母親たちの経済的、法的、文化的自立をうながすことを示していた。批判は、ジェンダーと同様に人種的偏見にもとづいていると確信する者もいた。AFDCによって貧しい母親たちが家庭で子育てすることが可能になったのである。1960年代から1970年代初頭にかけてAFDCがいっそう充実したことによって、ADCが当初約束していたように、家庭にとどまりながら母親が子どもを扶養できるだけの受給が、ついに成就したのである。

　1990年代までに、政治的、文化的思潮は変化した。アメリカの政治的、文化的言説に浸透した新しい個人主義的、自由市場的世界観のもとでは、AFDCのような社会保障プログラムは攻撃にさらされやすかった。自由主義者や穏健派が保守派と類似した個人主義的見解を受け入れたことで、AFDCは風前の灯火となっていった。分岐点は1994年の連邦議会選挙であった。共和党が優勢であったことから、再選をねらったクリントン大統領はこの社会保障プログラムを放棄しようとした。議会は福祉改革法を1996年夏に採択し、クリントン大統領は1996年8月22日この法案に署名してしまったのである。

　その法律によって、AFDCは廃止された。一時的救済と引き替えに労働に従事することが求められた。両親には2年以上の就労か職業訓練の受講が求められた。受給者は5年以上継続して支援を受けることができなくなった。譲歩策として、転職中の母親に対して育児や医療保険のための新しい現金給付が行なわれた。1996年福祉改革法はまた、AFDCを支給されることで自活していた母親たちを一掃してしまった。たとえば、シングルマザーは、みずからを向上させてより質の高い仕事を得る資格を取得するために家計をやり繰りして、定時制、あるいは全日制の学校に通うことができていた。1996年の新法では、そうしたことが非常にむずかしくなった。というのも、地域経済の周期的停滞が深刻になっていたため、州が給付額を減額し、また福祉対応期間を制限することが可能になったからである。保守派の思想家たちは、政界において大勝利をおさめたのである。これは、文化的にはニューディールと福祉国家構想を攻撃した利己主義的世界観を標榜する自由市場の勝利であった。

➡シェーパード＝タウナー母子保健法、社会福祉、世界大恐慌とニューディール政策、要扶助児童扶助法

●参考文献

Grabner, William. 2002. "The End of Liberalism: Narrating Welfare's Decline, from the Moynihan Report (1965) to the Personal Responsibility and Work Opportunity Act (1996)." *Journal of Policy History* 14: 170-190.

（HAMILTON CRAVENS／佐藤哲也訳）

豚の貯金箱（Piggy Bank）

　コインを集めて入れておくものは、古代のギリシアやローマ時代の発掘物からも発見されている。それは、通常は、手でこねたり回転盤の上でまわして整形された壺とか投入口のある広口瓶のような、粘土や木でできた簡素な入れものであった。たくわえた中身を手にするには、その入れものを壊すか、ナイフを使って投入口からコインを注意深く外に滑り出させるかしなくてはならなかった。こうした貯金箱のかたちは、光沢のある陶器（デルフト磁器）[*1]が紹介される18世紀以前にはほとんど変化しなかった。

フタノチヨ

豚の貯金箱*

　豚の貯金箱は、その起源をこれが窯業で作られた17世紀頃にまでさかのぼることができる。なぜ豚が倹約のシンボルになったのかについては、いくつかの論争がある。おそらく、中世に壺を作るために使われていたオレンジ色の粘土のよび名ピグ（*pygg*）に由来するのであろう。豚（*pig*）という名前は、たぶんこの粘土が使われなくなったあとも残ったのであろう。豚はまた、世界の多くの場所で幸運のシンボルと考えられていた。

　ドイツとオランダでは、豚の貯金箱は幸運の贈り物として、また新年の贈り物として使われた。1800年代には、イギリスのスタッフォードシャーの陶器工場が、当時の人びとが田園風景、城、そして花でおおわれた小屋などを好んでいたのに合わせて貯金箱をつくった。これは粗野でシンプルな焼きものであったが、つや出し処理がほどこされると魅力的な装飾品になり、小さなものは子どもが使うためにあたえられた。しかしこれは、実用に供されるよりはむしろしばしば飾り物になった。

　アメリカの貯金箱は、もっぱら金属製であった19世紀なかばまでは、ヨーロッパのパターンを模範にしていた。1870年から1900年にかけては、しばしば時事問題、愛国的、あるいはおもしろい光景を描いた何百種類もの鋳鉄製の機械生産の貯金箱が製造された。実際の銀行をあらわすために建物のかたちをした貯金箱がつくられた。イギリスでは、19世紀末に円柱型の貯金箱が登場し、鍵をかけることができる郵便ポスト型の貯金箱もあらわれた。誕生日の贈り物として、あるいは洗礼記念の贈り物として、子どもに貯金箱を贈るのがよく見られた。軽薄な浪費に走る性向は打ち砕かれ、倹約と賢い貯蓄習慣の育成が奨励された。19世紀になると、お金を稼ぐ労働者の子どもは、その賃金収入によって家計を助けた。暮らし向きのよい子どもは、訪ねてきた親類からお小遣いを得たが、しばしばこれは使い走りや家事仕事を手伝って得られる駄賃で補われた。第2次世界大戦（1939-1945）前の福祉国家以前の時代には、自分の資金調達を厳格に管理することは、もし自分のものとして所有物や財産を手に入れたいと望むのであれば必須であった。ときには、その人が生き残れるか否かさえ、健全な金銭の切り盛りに左右されることもあった。

　銀行と住宅金融公庫は、貯蓄を促進するために貯金箱を配った（この慣習は20世紀末まで続いた。この種の住宅金融公庫の貯金箱でもっとも有名なのは、1980年代のナショナル・ウエストミンスター銀行[*2]の豚の貯金箱であった）。

　さまざまなかたちと材質でつくられた貯金箱には多様性があった。しだいに改善される生活スタイルと、ますます高まる子育てへの関心と連動した新しいテクノロジーは、子どもが使うことを意識した非常におもしろいかたちと色の貯金箱をつくるよう製造業者を奨励した。1920年代と1930年代には、しばしばプリントされたブリキ板がこうした製造業者に使われ、1945年以降には、安価な貯金箱をつくるためにプラスティックが使われた。多くの子どもが、いくらかの小遣い銭をもっていた。おもちゃとして使ったり、砂糖入りのお菓子やクッキーの入れものとして使えるようにした魅力的な新型の貯金箱もつくられた。これらは、さまざまな会社の宣伝道具としてもしばしば利用されることになった。明るく色づけされた小型の自動貯金箱は、子どもがそこにお金を投入するとお返しとして小さな褒美があたえられ、貯金を奨励するものでもあった。

　このようなあらゆる新しい考案物、誘惑、そしてコンピュータ処理される貯金にもかかわらず、豚の貯金箱は、子どもたちが特別な褒美と貯金に結びつく状況を世界中で維持している。

［訳注］

*1 デルフト磁器（delftware）——オランダ西部の都市デルフトを中心に15世紀頃から発達した陶磁器は古い型の多孔性陶器で、これに酸化錫をくわえた乳白釉（ゆう）に、東洋磁器を模した青色（delft blue）が絵付けされたものをデルフト焼きとよぶ。イギリスではこのデルフト焼きを模して、1714年頃からデルフト（delft）とよばれる陶磁器が作られはじめた。

*2 ナショナル・ウエストミンスター銀行——1968年に、National Provincial BankとWestminster Bankが合併して現在の形態となった。イギリスの四大商業銀行（Big 4）のひとつで、ロイヤル・バンク・オヴ・スコットランドの持株会社であるRoyal Bank of Scotland

フラウンタ

Group plcの傘下銀行。

➡お小遣い

●参考文献

King, Constance Eileen. 1983. *Money Boxes: Antique Pocket Guide*. Guildford, UK: Lutterworth Press.

Moore, Andy, and Susan Moore. 1984. *The Penny Bank Book: Collecting Still Banks*. Philadelphia: Schiffer.

（HALINA PASIERBSKA／北本正章訳）

ブラウン対カンザス州トペカ教育委員会裁判（Brown v. the Board of Education of Topeka, Kansas）

1954年5月19日、連邦最高裁は有名なブラウン対教育委員会裁判において、黒人と白人の生徒を分離された公立学校に通学させることは違法であるとの判決をくだした（ブラウンⅠ）。これはアメリカ史上、もっとも重要な最高裁判所判決のひとつに数えられる。その翌年、やはり連邦最高裁はその履行命令（ブラウンⅡ）において、以前の白人のみの学校と黒人のみの学校とに分離された学校から統合学校を形成する過程は「熟慮された速度で」進まねばならないと判決した。ブラウン決定（ブラウンⅠおよびⅡ）は、黒人差別主義の学校や、分離された公共交通や分離された公立住宅などのアメリカの人種隔離政策に対する断固とした一連の法廷闘争の蓄積であった。全国有色人種向上協会（the National Association for the Advancement of Colored People）の法律チームとその筆頭弁護士サーグッド・マーシャル[*1]を先頭にして、この法廷闘争は20世紀なかばの公民権運動の発展にとって決定的な役割を果たした。

ブラウン判決は、黒人差別法のもとにある南部における黒人と白人が分離された世界という一大体系に対する決定的な攻撃であった。19世紀末、プレッシー対ファーガソン裁判は、分離された黒人の世界と白人の世界は平等であり、また合憲であるという法的フィクションを作り上げた。だが、分離が平等であることはほとんどなかった。それは黒人学校にはみじめなほどわずかな資金援助しかなされず、黒人教師には差別的な給与しか支給されなかった点に明白に示されている。ブラウン裁判は、プレッシー裁判で確立された支配的な判例をくつがえすことで新しい日を約束した。すなわち、国民の学校によって完全に統合された社会がはじまるのである。

黒人差別一般、そしてとくに黒人差別政策をとる学校に反対する訴訟で鍵となる議論は、黒人の自己評価、とりわけ黒人の子どもの自己評価に否定的に作用する影響にあった。言い換えれば、隔離という法的命令によって強制された差別的な分離は、白人は優秀であるという考えを促進し、逆に、黒人は劣等であるという考えを強化したのである。とりわけ原判決において採用された有名な証拠は、草分け的な黒人の社会心理学者であったケネス・クラークとマミー・クラーク[*2]が行なった人形テストにもとづいていたが、それには論争の余地があった。クラーク夫妻が黒人の子どもに対して、黒人人形と白人人形のどちらが好きかと質問すると、多くの子どもが白人人形だと回答した。社会科学者たちはこの種のテストの妥当性と意味について議論したが、その中心となる論点は同時代の人びとにものちの時代の人びとにも広く支持された。クラーク夫妻は、黒人の子どもが白人人形を好むのは、人間性を失わせるほどの白人優位という強い影響力が年少の黒人の子どもたちの精神に反映しているからだという議論を展開した。このダメージを修復する第一歩は、黒人差別に替えて統合された社会によって、平等・同等・一体の理念を強調することであった。

人種隔離通学に反対するもう一つの議論は、法的に命じられた人種隔離によって、白人が優越しているという白人の認識と、白人支配のインフォーマルなあるいは制度的形式とが強化されているというものであった。事実として、黒人差別は白人の大人と同様に白人の生徒をも傷つけた。統合された学校では、黒人の子どもも白人の子どもも、両者は基本的に等しいということを学ぶのであるから、それは人種的な恐怖感と反感を早い段階から減少させ、人種という点についてより啓蒙された未来の市民にとって必要な基礎をもそえることになった。ブラウン判決以降の半世紀は、法的隔離制度の廃止と人種にかんする見方の進歩の手段という両方が実現したことを証明している。残念ながら、それはまた、20世紀初期における公立学校の人種差別の復活に反映されているように、人種的不平等の制度化されたパターンにわれわれがいかに固執していたのかを証明するものでもあった。

[訳注]

*1 サーグッド・マーシャル（Thurgood Marshall, 1908-1993）——アメリカのアフリカ系アメリカ人初の最高裁判所判事。リンカーン大学、ハワード大学などで法律を学び、28歳の頃からボルティモアの全米黒人地位向上協会（NAACP：National Association for the Advancement of Colored People）ではたらきはじめた。32歳でこのNAACPの首席弁護人に任命され、その後に彼が手がけた32の裁判のうち29の裁判で勝訴するなど活躍し、そのなかでも「ブラウン対教育委員会裁判」は人種統合と公民権運動への道を開いたとされる裁判で、この裁判によって、法律上のすべての人種差別はアメリカ憲法修正第14条（法の下における平等保護条項）に違反することが判例として確立することとなった。このブラウン判決によって、1896年の「プレッシー対ファーガソン裁判」における「分離すれど平等」という先例をくつがえした。彼の祖父は奴隷であった。

*2 クラーク博士夫妻（Kenneth Bancroft Clark, 1914-2005; Mamie Phipps Clark, 1917-1983）——アフリ

カ系アメリカ人の心理学者。子どもの権利運動にもかかわり、1940年代の「人形テスト」によって、ブラウン判決に大きな影響をおよぼした。

➡アフリカ系アメリカ人の子どもと若者、教育（アメリカ）、法律と子ども

●参考文献

Kluger, Richard. 1975. *Simple Justice: The History of Brown v. Board of Education and Black America's Struggle for Equality*. New York: Knopf.

Martin, Waldo E., Jr., ed. 1998. *Brown v. Board of Education: A Brief History with Documents*. Boston: Bedford Books.

Patterson, James T. 2001. *Brown v. Board of Education: A Civil Rights Milestone and Its Troubled Legacy*. New York: Oxford University Press.

（WALDO E. MARTIN JR.／太田明訳）

ブラジルの子ども（Brazil）

■歴史
■現代

■歴史

ブラジルでは、人類学と民族誌の研究が進展したにもかかわらず、ポルトガル人がやってくる以前の先住民の子どもたちの歴史にかんする資料を歴史家たちが発見できるチャンスはわずかしかない。インディオたちによる子どもと青年の養育にかんする情報は、一般には、先住民の文化から遠く離れた人びとによって行なわれる観察記録から得られる。この理由から、われわれは、ブラジルにおける子どもの歴史についての説明を1549年からはじめることにするが、それは、この年はイエズス会の聖職者たちがブラジルのさまざまな沿岸地域で先住民の子どもたちにキリスト教の教理を教える任務を展開した年であるからである。彼らがブラジルにやってきたより広い意味での目的は、先住民の社会慣習と信仰に変化をもたらすことであり、子どもたちをとおしてキリスト教の教義を教える窓口を開こうとした。

先住民の子どもたちのための最初の学校は、1552年にバイア（Bahia）[*1]に開設された。多数の研究が示しているのは、地方の子どもたちにポルトガル語とキリスト教の慣習を教えさせるためにブラジルにつれてこられた白人の孤児たちといっしょに、インディオの子どもたちがイエズス会の学校で学んでいたことである。インディオ用の公教要理（カテキズム）に子どもたちを利用することは、ゲーム、演劇と音楽のような子ども世界の典型的な活動のために良好な環境を生みだした。しかし、こうした学校は、厳格な規律感覚によっても特徴づけられており、毎日の活動をのがれようとした先住民の子どもたちは、ときには何時間ものあいだ木の幹にしばりつけられたり、この目的のために用意された鎖につながれるなどの体罰に苦しめられた。

イエズス会の学校はわずかで、先住民の子どもたちの教育におよぼす彼らの影響はかぎられていた。白人とインディオとの接触は、通常、皆殺しあるいは病気の蔓延による先住民の人口の激減にくわえて、原始的な宗教表現と先住民の文化の多くを破壊するなど、かならずしも平和な出会いとはならなかった。ポルトガル人がブラジルに着く直前の先住民の人口規模については論争があるにもかかわらず、ひかえめな見積もりは、1492年にはすくなくとも100万人のインディオがいたが、その150年後、この人口が約20万人に減少したことを示している。別のいくつかの研究は、1500年には500万人以上のブラジルのインディオの存在を示しており、この95パーセントは病気とヨーロッパからやってきた征服者たちとの武力抗争によって大量殺戮された。

子どもたちの日常的な村落生活についてヨーロッパの旅行者たちによって残されたわずかな記録は、さまざまな先住民の部族のあいだの慣習の多様性を示している。しかし、そこにも、新生児を洗浄したり彩色したりするといった共通の慣習があった。ブラジルの沿岸地域の大半に居住するトゥピナンバ族の慣習は、生まれたばかりの子どもを洗浄して彩色することであった。男子は父親から小型のトマホーク[*2]、弓、オウムの羽根がついた矢を受けとったが、これは、その子が立派な戦士になるためであった。女子は、7歳から綿を織った。また、糸紡ぎにくわえて、キャッサバから粉を作り、食べ物を準備した。大人の生活に向かう過程で、男子も女子もともに、その勇気を試すのを目的にした儀式を経験した。女子の身体のあちこちには×印の切り傷がつけられ、誕生後の最初の時期を何日も隔離されていた。男子も身体に切り傷をつけられ、上下の唇には穴をあけられ、彼らが種族間の戦争で必要とされる勇気を確立するために、蟻塚の上に横たえられた。こうした慣行のすべては、ブラジルの沿岸地域に住むさまざまな先住民の部族に共通していた。

奴隷制下の子ども期

16世紀末以前、ポルトガル人は、耕作地やその他の仕事場ではたらかせるために、アフリカから奴隷を船に乗せて運びはじめたが、これは植民地化するシステムの一部を形成した。奴隷は商品とみなされ、その生活状況は悲惨であった。男性、女性、それに子どもたちも、薄暗くて不潔な船倉に放りこまれ、食料と水はわずかしかあたえられず、多くの者が航海中に死に、平穏なときに数カ月だけ生きのびることができた。奴隷たちが大陸に到着すると、しばしば両親から引き離されていた子どもたちは、奴隷市場につれていかれ、安く売られた。奴隷商人たちが、プランテーションのサトウキビの収穫に従事することができる強壮な成人男性を歓迎したからであった。航海中の子どもたちの

高い死亡率は、アフリカから直接子どもたちを輸入するのを抑制しがちであった。それにもかかわらず、19世紀においてさえ、リオ・デ・ジャネイロのヴァロンゴ市場で船積みされる奴隷の4パーセントは子どもであった。

奴隷の居住区に生まれた子どもは、早い年齢から商品として扱われた。彼らの価値は、農場での重労働に必要な力が強まるとみなされていた12歳以降、上昇した。しかし、それよりも年少の子どもたちも、大規模な砂糖プランテーションの多数の軽労働、とりわけ家事労働などに従事した。国内では、小さな子どもたちは、奴隷居住区（senzala）と、カーサ・グランデ（casa grande）とよばれた彼らの主人が住む大邸宅間を行き来し、7歳あるいは8歳頃からようやく、もっと明確な仕事に従事しはじめた。女子は縫物をし、何人かはレース編みも学んだ。こうした少女たちも、上流夫人の家事使用人として勤め、幼い子どもたちの面倒を見た。男子は、召使いとしてはたらき、馬の世話をし、主人と訪問客の足を洗うなどしていた。彼らは、食卓で給仕したり、掃除を手伝ったりもしていた。

製糖工場、サトウキビ畑、資産のオーナーの住居、そして奴隷居住区で構成される単位は、「エンジェーニョ」（engenho、プランテーション）として知られた。この生産単位はブラジルの植民地の歴史において非常に重要なものであるが、おそらく、この国の社会史の特徴となっている公的領域と私的領域が入り交じったもっともわかりやすい事例であろう。日常生活と思想についての信頼すべき研究は、ブラジルにおいて政治がどのように機能したかを影響調査することでエンジェーニョで生まれた社会関係が終焉するさまざまなようすを分析している。エンジェーニョでは、最終的に、白人と黒人によって共有される比較的親密な人間関係が、ヨーロッパとアフリカ文化に共通する神話、象徴、芸術、宗教信仰、およびその他の表現形式の交流にもとづいた複合型の文化的宇宙を生みだした。黒人と白人のあいだでのこのような共存は軋轢なしには生じなかった。エリートの子どもたちは、早い年齢から、自分の父親が奴隷たちの反抗的な態度に暴力的に対応するのを目にしていた。このように、白人の子どもたちは、娯楽やゲームを共通に体験しているときには平等な機会をもつことができたが、すぐに奴隷を差別することを学び、親から学んだ暴力的な行動パターンを繰り返しさえした。そして、家庭内に黒人の子どもたちが接近するようになったにもかかわらず、彼らが将来社会移動するチャンスは、典型的なエリートがよく口にするであろう個人的な取り組みに関連づけるほかなかった。植民地時代のブラジルでは、教育はごく少数の者にしか割りあてられず、貧しい子どもたちは幼い年齢からはたらかなくてはならなかった。

公共政策のリハーサル

助けを必要とする貧しい子どもたちを対象にした福祉の直接提供は、ほとんどもっぱらカトリック教会によってなされた。18世紀には、公的な場所あるいは富者の家の玄関口にすてられる多数の子どもたちを収容する、捨て子収容所が設立された。子どもたちはさまざまな理由で遺棄されていた。奴隷の母親たちは、子どもが自由に生きられるように子どもたちを収容所に残した。貧しい家族は短いあいだ、しばしば慈善団体を利用し、子どもたちを養育できるようになると引きとった。そして、非嫡出子の出産がひき起こす高水準の子どもの遺棄があった。子どもたちに対する適切な衛生と世話が欠けていたことは、19世紀の医師や法律専門家たちによって批難された。こうした専門家は、近代のヨーロッパ諸国からもちこまれた文化的標準にブラジルをあてはめたいと望んだ。

ブラジルは、1888年と1889年に奴隷制度の廃止と共和国の宣言という二つの重大な出来事を経験した。これらの新しい時代は、都心の組織に貢献する社会福祉政策にかんする議論を助長したが、これは急速な人口成長のなかで進んだ。路上にたむろする膨大な数の子どもたちに脅威を感じたブラジルの統治者たちは、援助を必要としている子どもたちの大多数にさまざまな形態の職業を提供することを目的とした福祉対策をとりいれた。たとえこうした政府のイニシアチブが、ブラジルにおける子どもに対する特別な公共政策を生む最初の試みをあらわしていたとしても、その実際的な展開は、最下層の子どもたちにとってかならずしも実質的な利益にはならなかった。ブラジルにおける近代化を擁護する人びとの論調は、後進性と無知に対する効果的な解答として学校を高く評価したが、実際のブラジルの教育制度は、富者と貧者を区分する差別的な構造にもとづいていた。この時期に建設された学校の大半は、子どもたちのニーズにこたえる良質な設備も適切な方法も提供したわけではなかった。労働訓練を優先して貧民に提供する学校と、伝統的な教授法を用いるにもかかわらず、音楽・芸術・スポーツなどより広範な教育の機会をふくんでいたエリート向けの学校とのあいだには、明確な区別があった。他方、路上で目にする多数の子どもたちは避難所と「矯正」学校に収容されたが、これらは、教育を生徒の認知的な潜在能力を発達させる機会というよりはむしろ訓練プロセスとしてとらえる厳格な懲戒システムを中心に組織された。

ブラジルの国家建設の過程では、多くの専門家は、ヨーロッパ的な思想と慣行の単純な転移がブラジルを、この時代の社会イメージとして後進性を示した過去の奴隷制度の遺産や専制君主制からは自由な、基本的に近代的な国にするだろうと考えていた。しかし、子どもの教育という点で、時代を超えて未来を指向しようとしていた少数の政治家、法律家、教師たちの期待感

は、富の集中と社会的な排除にもとづいた経済構造に直面すると、尻すぼみになった。

トンネルの向こうに見える光

　20世紀を通じて、子どものためになる良質の公立学校と効果的な福祉政策を生みだそうとするいくつかの試みがあった。しかし、その結果は、短期間に限定され、あるいは明確な地理的区域に限定された。ブラジルは、「子どもと青年法」が議会を通過した1990年代以降になってようやく、本格的に子どもたちに全面的に注意をはらう建設的な公共政策のプロセスに着手しはじめた。ブラジルの歴史のなかで構想されたり実行されてきた多数の法的対応と公共政策のなかで特異であったのは、この新しい法律が子どもと青年を尊重されるべき権利をもつ市民とみなし、彼らへの対応を国家の優先事項であるとしたことである。市民権についてのこうした新しい概念では、人権を効果的に保証する闘争において、社会は参加要素のひとつとみなされる。こうした参加方式は、各市民の個人的な行動を通じても発生するが、主として、法的な概念を実体化する仕事のなかで、社会と国家のあいだをつなぐ橋としてふるまうために特別に設計された制度によって発生する。

［訳注］
＊1　バイア（Bahia）──ブラジル東部の大西洋をのぞむ州。
＊2　トマホーク（tomahawk）──北米インディアン、南米のインディオ、オーストラリアの先住民たちが使うまさかり型の石斧。

➡ラテンアメリカの子ども
●参考文献
Goldstein, Donna M. 1998. "Nothing Bad Intended: Child Discipline, Punishment, and Survival in a Shantytown in Rio de Janeiro, Brazil." In *Small Wars: The Cultural Politics of Childhood*, ed. Nancy Scheper-Hughes and Carolyn Fishel Sargent. Berkeley and Los Angeles: University of California Press.
Hecht, Tobias. 1998. *At Home in the Street: Street Children of North-east Brazil*. Cambridge, UK: Cambridge University Press.
Hecht, Tobias. 2002. *Minor Omissions: Children in Latin Amencan History and Society*. Madison: University of Wisconsin Press.
Kenny, Mary Lorena. 2002. "Orators and Outcasts, Wanderers and Workers: Street Children in Brazil." In *Symbolic Childhood*, ed. Daniel T. Cook. New York: Peter Lang.
Scheper-Hughes, Nancy, and Daniel Hoffman. 1998. "Brazilian Apartheid: Street Kids and the Struggle for Urban Space." In *Small Wars: The Cultural Politics of Childhood*, ed. Nancy Scheper-Hughes and Carolyn Fishel Sargent. Berkeley and Los Angeles: University of California Press.

（ANA CRISTINA DUBEUX DOURADO／北本正章訳）

■現代

　西ヨーロッパよりも大きな領土に1億7000万の人口を擁するブラジルは、18歳以下の約6100万人の子どもの祖国である。ブラジルの子どもの人生が決して均一でないことはなんら驚くに値しない。

富者と貧者

　子ども期を非常に多様にしているブラジルの社会生活のひとつの側面は、国民の富の分配における信じがたいほどの不平等である。世界銀行の『1999/2000年開発レポート』によると、もっとも貧しい層を占める10パーセントの人びとは消費の0.8パーセントしか占めないのに対して、もっとも豊かな層の10パーセントの人びとは消費に47パーセントを占めた。高層の安全監視されたアパートメントに育ち、MTV（音楽専門ケーブルテレビ）を見、ビデオゲームで遊び、エアコンの効いたショッピングセンターで買い物をし、ディズニーワールドで休暇をすごす子どもたちは、窓の外に、ほかの子どもたちが栄養失調で苦しんでいるのを目にすることができるだろう。ブラジル北東部のようなもっとも貧しい地域では、貧しい子どもたちの身体のサイズと外見でさえ、金持ちの同じ年頃の子どもと比べていちじるしく違っていた。中産階級の分譲マンションで育つ子どもは、農村地域や街路に沿った掘っ立て小屋で暮らす同じ年齢の子どもよりもかなり背が高く、体重も多かった。現代の研究者は、ブラジルが人種的な民主主義のようなものをもっているという考えを、前の世代の学者たちほどは受け入れていないようである。無頓着な観察者でも、白人であることと富、黒人であることと貧困とのあいだの相関関係に気づく。ブラジルには貧窮した白人の子どもがいることは確かだが、ブラジルの貧しい年少世代の大多数はアフリカ系の奴隷とアメリカ先住民の子孫であり、金持ちの子どものほとんどは白い肌である。

　近年、小学校に通っているすべてのブラジルの子どもの割合は、劇的に上昇して約90パーセントになったが、貧しい子どもたちは良質の私立学校に通うことはできず、途中でドロップアウトすることも多かった。世界銀行によれば、1996年には、人口全体のうちで、ハイスクール年齢の子どものわずか20パーセントしか中等教育機関に在籍していなかった。自由な大学教育は、ほとんどの場合、子どもたちを費用が高い私立学校に通わせられる資力のある家族に役立つものである。

　ブラジルの裕福な子どもたちは、大きな感情的価値をもつとみなされていたが、その家族に対するいわば経済的負債をおびた存在でもあり、家ではたらくということはなかったし、家の外ではたらくなどということもありえなかった。この意味で、彼らの地位は工業

先進国の子どもたちの地位と似ている。他方、ブラジルの貧しい子どもたちは、通常は感情的に大事にされてはいるものの、地方の農業や都市の非公式の労働に就くことによって、しばしば世帯収入に貢献する。ブラジルの公的な「地勢と経済研究所」によると、10歳から14歳までの子どもの9パーセントは、「経済的に活発」で、32パーセントは毎週40時間以上はたらいている。この種の数字は、たとえば両親が外ではたらけるように家で年少のきょうだいの世話をつとめる貧しい子どもたちが大勢いること、あるいは、たとえばドラッグ取引のような非合法な労働形態にどれほどの子どもがかかわっているかということについて何も伝えていない。ブラジルの人口の44パーセントは、(1990以降の世界銀行の数値が示しているように)1日2ドル以下で暮らしており、それ以外の数百万もの世帯は、ほぼまちがいなくひとつあるいは別の形態の児童労働に依存している。残念なことに、ブラジルにおけるこうした現象についての周到な研究は、いちじるしく欠落している。

乳児死亡率と子ども期の死亡率

乳児死亡率は、1980年の生児出産1000につき70から1997年の34へと劇的に低下した。しかし、ブラジルでもっとも貧しい人びとの幼児死亡率は高止まりしたままであり、これは、容易に治療できる子ども期の病気と結びついた栄養失調におもな原因があった。ブラジルのスラム街における幼児死亡率をめぐって論争があった1992年に、人類学者のナンシー・シェパー＝ヒューズは、工業化以前の社会を研究している歴史家たちの報告と同じように、極端な貧困と慢性的な飢餓状況で暮らしている母親たちは、自分の子どもが死んでも一種の無関心を示すと主張した。彼女は、こうした無関心は、偏在する子どもの死という現実への理にかなった戦略であるとともに、それに輪をかける要因でもあった、と主張した。ほかの研究者たちは、こうした母親の無関心をめぐっての主張に反駁をくわえたが、論争は栄養失調と乳児死亡率がもたらす社会的影響に必要な注意を引きつけた。

ブラジルは、子どもたちが犠牲者としても犯罪者としても多数を占めており、戦争していないあらゆる国のなかでもっとも高い暴力的な死亡率を示した国のひとつであった。トム・ギブの研究によると、1987年から2001年にかけての時期、単一の、そして決して異常ではないブラジルの都市リオ・デ・ジャネイロでは、4000人の子どもと青年が銃で殺された――これは同じ時期にイスラエルとの紛争で殺されたパレスティナの子どもたちの7倍であった。1993年、リオ・デ・ジャネイロの街路で眠っていた子ども集団の大量虐殺は、国際的な抗議を呼び起こした（1996年に憲兵隊のメンバー一人に、この犯罪に荷担したかどで有罪判決がくだされた）。だが、若者たちによってひき起こされる圧倒的多数の暴力犯罪と、ブラジルの警察と司法の愚行と腐敗は、私的制裁のかなりの寛容をともなったままである。

ストリート・チルドレン

1980年代後半と1990年代初期、ブラジルのストリート・チルドレンは、世界中のメディアの注目の的となった。ある時期、国際的な論調は、街路に住み着いている子どもは約700万人に上ると推定していた。こうした主張――注意深く集められた国勢調査のデータがのちに示したように、広範囲に誇張されたものであったが――は、子どものための活発な社会運動の登場にも部分的に責任があった。「ストリート・チルドレン全国運動」およびその他の組織による集中的な議会活動を受けて、ブラジルは1990年に「子どもと青年法」(the Children and Adolescents Act) を採択したが、これは子どもたちが学校に通う権利、余暇活動に参加する権利、警察と裁判所を介して特別な扱いを受ける権利などを保障するものであった。しかし、この法律の施行が成功したと熱心に主張する者はほとんどいないだろう。

現代ブラジルの子どもにかんする研究の大半は、異常な環境下――たとえば路上あるいは売春婦としてはたらくなど――で暮らす少数のマイノリティに焦点をあてたが、地方の子どもたちや、家で暮らし、家にとどまっている都市の子どもたちの圧倒的多数の生活状況にはほとんど注意をはらっていない。

➡子ども期の社会学と人類学、子どもに向けられる暴力

● 参考文献

Hecht, Tobias. 1998. *At Home in the Street: Street Children of North-east Brazil* Cambridge, UK: Cambridge University Press.

Scheper-Hughes, Nancy. 1992. *Death without Weeping: The Violence of Everyday Life in Brazil*. Berkeley: University of California Press.

Sheriff, Robin E. 2001. *Dreaming Equality: Color, Race, and Racism in Urban Brazil*. New Brunswick, NJ: Rutgers University Press.

● 参考ウェブサイト

Gibb, Tom. 2002. "Rio 'Worse than a War Zone."' Available from 〈http://news.bbc.co.uk/2/hi/americas/2247608.stm〉

Instituto Brasileiro de Geografia e Economia. Available from 〈www.ibge.gov.br/〉

World Bank. 2003. "1999/2000 Development Report." Available from 〈www.worldbank.org/wdr/2000/〉

（TOBIAS HECHT／北本正章訳）

フラッパーズ（Flappers）

フラッパーズとは、ある時期、流行の最先端にいた思春期の少女や若い女性のことであり、そのファッシ

ョンやライフスタイルは、1920年代のアメリカ社会、およびそこに生きる若者たちに特徴的な思考、またそれ以上のさまざまな変化を象徴するものであった。雑誌や本や**映画**のなかには、短いおかっぱ頭におしろいをはたいた顔、小さく縁どられた赤い唇を特徴とするフラッパーズの姿が映し出されている。また、彼女たちは、巻き下ろしたストッキングや手足を露出したローウエストのワンピースなど、ボーイッシュさを強調するかのような衣服を好んだ。男性さながらに煙草をたしなみ、酒を飲み、ときには彼らに混じって遊びまわったり、仕事をすることもあった。フラッパーズは、そのあからさまな**セクシュアリティ**を挑発的なファッションによってふりまくのみならず、そのふるまいそのもののなかで発散させてもいた。ダンスやジャズに興じ、男の子といちゃつき、つきそい人をともなわずにペッティング・パーティに足を運ぶことすらあった。

フラッパーズという存在は、論壇において大いに考える余地ありとされたテーマであった。批評家たちは、フラッパーズが若者たちの道徳心の衰退や新たなジェネレーション・ギャップの発生を示す具体例となる以前の時期に注目し、その頃によく見られたコルセット姿の女性たちをとりあげながら、フラッパーズを、彼女たちからファッションやマナーの点で逸脱して生まれたものだとみなした。たしかに、フラッパーズ世代の姿から見てとれる開放的なセクシュアリティ、そして性的なふるまいは、かつての世代におけるそれとは異なっている。1920年代に成人を迎えた女性たちは、前世代に比べて、おそらく倍の割合で結婚前に性体験をもっていたであろう。デートをするときには避妊具を用い、セックスをめぐる話題をあけすけに口にするようになった。フラッパーズは、女性たちの新たな性的解放のシンボルとなったのである。都会的で独立的、キャリア志向をもち、性的な表現も豊かであるかのようにとらえられたフラッパーズは、新世代の女性の模範例として歓迎された。

このように型にはまったイメージがあたえられていたにもかかわらず、フラッパーズは、革命的な象徴というわけではなかった。むしろ、女性らしさを特徴としたかつてのひな形を、最新バージョンに書き換えたにすぎないとさえいえるものであった。フラッパーズは、そのセクシュアリティの点でも、男性たちに囲まれた場における公的なふるまいの面においても、彼女らの母親たちと比べれば格段に自由であった。とはいっても、社会における女性の役割をくつがえそうとしたり、結婚や育児へ続く道筋からはずれようとしたわけではなかった。それどころか、ほかの中産階級のより若い世代同様に、根源的な価値観や行動にかんしては、保守的ですらあった。同時期に台頭した婦人参政権論者やフェミニストらが不平をこぼしていたように、フラッパーズは自由な女性という皮相な衣装だけをしゃっかりと身につけているにすぎず、法の下での平等をもとめて参政権運動に参加したり、政治的な役割につこうとする意思は見られなかった。

つまるところフラッパーズの存在やそのライフスタイルは、1920年代の大衆文化を特徴づける、いかにもアメリカ的と思われるような価値観や、若者たちに広まった新たな宗教を反映したものである。フラッパーズは、現代ならではの新たな活力を体現しているかのようにとらえられた。広告主たちは若者とセックスとを結びつけ、自動車からタバコ、マウスウォッシュにいたるまで、多様な商品を売りさばくためにフラッパーズのもつイメージを利用した。また、フラッパーズのファッションは、特権階級やボヘミアンといった少数派のあいだでもっとも広く普及していたが、衣服の大量生産技術の革新を機に、このファッション・スタイルはより多くの女性たちの服装に影響をおよぼすようになる。ティーンエイジャーたちは洋服を買い求めるだけの余裕をもちはじめ、フラッパーズのスタイルを仲間うちでのトレードマークとするようになった。少し上の年齢層の女性たちも、その最新ルックを紹介するシアーズ・ローバック社のカタログを介して、フラッパーズスタイルのいくつかをとりいれていった。クララ・ボウのような銀幕女優、ゼルダ・フィッツジェラルドなどの著名人らが、フラッパーズの人物像やその哲学を体現する典型例となった。中産階級の若者たちのあいだでフラッパーズは流行し、そのスタイルやマナーをアメリカ文化の主流のなかに吹きこんだ。

➡青年期と若者期、ティーンエイジャー、ボビー・ソクサーズ、礼儀作法、若者文化（ユースカルチャー）

●参考文献

Chafe, William H. 1991. *The Paradox of Change: American Women in the 20th Century*. New York: Oxford University Press.

Fass, Paula S. 1977. *The Damned and the Beautiful: American Youth in the 1920s*. New York: Oxford University Press.

Yellis, Kenneth A. 1969, "Prosperity's Child: Somethoughts on the Flapper." *American Quarterly* 21: 44-64.

（LAURA MIHAILOFF／内藤沙綾訳）

プラトン（Plato, 427-348 B.C.E.）

プラトンは、前5世紀にギリシアの貴族の家に生まれた。彼は、同じ地位のすべての若者たちと同じように、最初は政治学に向かうつもりであった。20歳代の頃、プラトンは、やがて彼の思想に永続的な影響をおよぼすことになるソクラテス（Socrates, 前469-399）のサークル（知的仲間）に入った。プラトンは、ソクラテスが若者を堕落させたとして告発を受けて死刑に処された（自殺に追いこまれた）あと、政治に直接かかわることを禁じられたため、著述と教育に身を転じた。彼の全著作は対話形式で書かれており、その

プラトン

著述の大部分でおもな語り手を演じるのは、ソクラテスその人であった。プラトンは前385年に、ギリシア世界で最初に有名になった、研究と高等学問の組織であったアカデメイア*1 をアテナイに創設し、生涯にわたってその先頭に立った。プラトンは、教育という文脈で子ども期を論じた。プラトンは前385年頃に執筆した著作『国家』(the Republic) と、その生涯の末期でもまだ教育について書きつづけていた最後の著作『法律』(the Laws) で、初期段階の教育について論じている。

教育の実在としての国家

プラトンは、国家を第一義的に教育の実在と見ていた。彼は、『国家』において、国家の原理は知識と理性を基礎にし、哲学者を象徴するものであって、たんなる意見や権力への欲望にもとづくべきではないと論じた。この国家は、厳密な能力主義社会（メリトクラシー）であり、その市民団体は生産者たち、（国内と国外の安全に責任を負う）援軍 (auxiliaries)、そして哲学者たちという、（一般的ではあるが誤解されやすい「階級」[classes] とよばれる）いくつかの役割組織に分かれる。このうち最後の二つは共同名称として「守護者」(guardians) とよばれた。この書物は、将来の国家の青写真というよりはむしろ、あらゆる国家が適応すべき基準である。『国家』は、教育に関心を示しているが、可能なかぎりそうした基準に近づこうとする国家のために、プラトンが法の具体的な制度を構想した『法律』では、すべての市民に対して、その能力に応じて同一の教育が提供される。

プラトンは、未来の市民としての子どもの教育に大きな注意をはらっている。たとえば彼は、子どもは国家のものであり、その教育は国家の責任においてなされるべきだと考えていた（『国家』第2巻376）。教育はすべての者に対して強制しなくてはならない。国家の資金は、ギムナシオン*2 のために拠出されるべきであり、文化と身体の両方の教育に責任を負っている教師、職員、指導監督者たちにも支払われなくてはならない（『法律』第7巻764, 804, 813）。

プラトンは、子どもの職業訓練には関心がなかった。それよりもむしろ、子どもたちに、正しく支配し、支配されるすべを心得た完全な市民になろうと、求め憧れる者をつくりあげる徳性の教育のほうに関心があった（『法律』第1巻643）。理性は人間の本性であるが、それは子ども期から非理性的な手段で育まれるべきものである。したがって、理性を熟知できるようになるために、「人格の善性が十分かつ正しくその基盤をつくる本性」（『国家』第3巻398, 401）を形成することをめざして、快楽と苦痛が正しくしつけられることこそ教育であるとした（『法律』第2巻653）。

出産前と幼児の世話

プラトン（前427-348）*

プラトンは、子どもの魂と身体についての世話は子どもを出産する前にすでにはじまっており、妊娠している女性に歩行するよう推奨している。生命の最初の5年は、ひんぱんかつ適切に、累進的に運動することが必要であり、次の20年よりも大きな発達をとげる時期である。子どもは生後2年間はしっかりとくるまれて育てられるのがよいが、田舎につれていったり、訪問するようにもするべきである。自分の両足で立つことができる年齢は3歳頃だが、子どもの身体の骨格が過剰な圧力を受けるのを防ぐには、この年齢になってからつれ歩くようにすべきである。しかし、運動の主要な重要性は、それが子どもの調和のとれた魂の初期の発達におよぼす影響にある（『法律』第7巻758-759）。したがって、身体の育成はおもに魂のために行なわれると考えた（『国家』第3巻411）。

読み聞かせ物語と文学

語り聞かせは、プラトンの見解では、人格形成のための主要な手段であり、身体訓練よりも早い年齢ではじまる。物語は、子どもたちが模倣するモデルを提供すべきであり、また、早い年齢でとりこまれた観念は消すことができない固定されたものになるので、子ども向けの寓話と伝説の創作は、それが真実であるのかフィクションであるのかに関係なく、厳格に管理されてしかるべきである。母親と子守りは、子どもたちが臆病者になってしまわないようにするために、悲しい物語や怪物、そして地獄の恐怖などでおびえさせないようにすべきである。そうした物語のいくつかがよい詩歌と同じように楽しまれるということは、それだけいっそうそれを、自由になることと死をおそれないように訓練を受けるべき子どもたちから（あるいは、大人たちからさえ）遠ざけておくだけの理由があるということである（『国家』第2巻377-383）。

遊び

　プラトンは、子どもの性格は彼らが遊んでいるあいだに形成されると考えていた。しつけをすることは最後の手段とすべきであるが、子どもに恥をかかせるようなしつけであってはならない。そのようなしつけには、ひたむきな快楽の追求もなければ、苦痛を完全に回避することもない——子どもの側にも、子どもに期待をよせている母親の側にも（『法律』第7巻792）。奢侈は子どもを気むずかしくさせ、怒りっぽい人間にしてしまう。不当に粗暴な抑圧は、子どもたちを人にこびへつらうように仕向け、世間から変わり者とみなされるような人間にしてしまう。子どもと大人は、第二の天性となる習慣を形成してしまわないように、遊ぶときや行動するときは利己的なさもしい性格を模倣しないようにすべきである（『国家』第3巻395）。

　教師は、子どもたちが大人になったときに従事することになるいろいろな活動に対する喜びと欲求とをつなぐ子どもの遊びを活用することができるように、さまざまな仕事で使うミニチュアの道具をあたえるようにすべきである（『法律』第1巻643）。子どもは、遊ぶために男女いっしょにされる。6歳頃男女に分けられるが、少女たちも、少年たちと同じように、乗馬、洋弓術、その他の科目の授業を受けるべきである。それと同じように、少年も少女も、ダンス（これは上品さを育むためである）とレスリング（これは力強さと粘り強さを育むためである）にも勤しむべきである。プラトンは、子どもの遊びはきわめて重要であると考えていた。「すべての国において、遊びというものは法律の制定にとってすこぶる重大な影響をもち、また制定された法律が永続性をもつか否かについて、決定的な力をもつものだということが、一般に知られていない」。彼はさらに、悪しきものの変化は別にして、子どもの遊びのような表面的にとるにたりないことでさえ、変化というものはこの上なく危険なことであると主張している（『法律』第7巻795-797）。

体育

　「身体訓練には2、3年かかるかもしれず、そのあいだほかのことは何もできないだろう。疲労と睡眠は、勉学をするには望ましいことではない。それと同時にこうした練習は、性格を試す重要な試金石というわけではない」（『国家』第7巻537）。もしも女性たちが子どもやその他の国民を守る必要が生じて、それを果たすことがはっきりと証明されさえするなら、少女たちも同じように訓練されるべきであり、馬に乗っての馬術訓練と、武器をもって戦闘訓練を積むべきである（『法律』第7巻804-805, 813）。

読み書き・音楽・算術

　プラトンによる教育制度の構想では、子どもは、10歳ではじまる読むこと、書くこと、そして詩を学ぶことに3年をついやし、別の3年間は竪琴を学び、17歳か18歳までに数学の初歩を学ぶことになるが、すべては可能なかぎりあまり義務的にならないようにする。それは、「戦争でたたかい、家を経営し、国家を運営するうえで十分なこと」を学ぶためであった（『国家』第7巻535-541）。子どもも父親も、この学習期間を勝手に延長したり短縮したりすることは許されず、熱心になりすぎてもいけないし、嫌悪しすぎてもいけなかった。子どもたちは、読み書きは、書くことと読むことができるところまで文字の学習に励まなくてはならなかったが、いかなる子どもの天性も、子どもたちをすばやく、あるいは洗練された実行者にするために、押しつけられるべきではなく、定められた期間内に素質がそこまで伸びない者に対しては、あきらめるべきであった（『法律』第7巻810）。子どもの学習は遊びのかたちをとるべきであり、これはまた、それぞれの子どもの素質が何に向いているのかを示してもいるだろう。無理強いされた苦労であっても、なんら身体に悪い影響をあたえることはないだろうが、魂の場合は、無理強いされた学習は、何ひとつ魂のなかに残りはしない（『国家』第7巻536）。

家族支配

　プラトンは『国家』のなかで、縁故者への情実を避け、私的な富の蓄積をさせないようにするために、守護者たちの家族を廃止している（『国家』第5巻464）。妻と子どもは万民によって共同で保有され、親が自分の子どもを知ることも、子が親を知ることも許されない——「もしそれが可能でさえあれば」（『国家』第5巻457）。『法律篇』のなかでプラトンは、子育てと相続に対するいくつかの制限を設けたうえで、家族があらゆる市民を養育することを認めている（『法律』第5巻729）。どの家族も、農地の区画が小さく区切られて管理されるのを防ぐために、相続人は一人しかもつことが許されなかった。子どもが一人以上いる場合、家長はその子どもが女子の場合には他家に嫁がせ、男子の場合には、子どもがいない別の市民の養子とするよう申し出なくてはならなかった——「これらはなるべく個人的な好き嫌いにもとづいてなされるべきである」。もしも過剰に多くの子どもが生まれている場合、人口の増大をチェックする対策が講じられ、その逆の場合には高い出生率になるような奨励策と刺激策が講じられる（『法律』第5巻740）。

　プラトンは、西洋哲学の水源に立っている。彼は哲学の主題を確立し、哲学上の問題を提示した。プラトンの教育観は、今日にいたるまで大きな影響をおよぼしてきており、多くの教育政策の基盤になっている。モンテーニュ、ジャン＝ジャック・ルソー、ジョン・デューイ、ジョン・ステュアート・ミル、ニーチェ、その他多くのさまざまな思想家たちは、プラトンから直接影響を受けている。教育の活動としてのプラトン

の哲学観、および理性の発達としてのプラトンの教育観は、明確にその責任を国家に負わせているが、これはいまなおすたれることのない教育の課題である。

[訳注]
* 1 アカデメイア（Academe, akademeia）——前387年プラトンが古代ギリシアのアテナイ北西部郊外あり、当時、英雄アカデモスの聖林にちなむ場所に開設した学園。プラトンの対話篇『リュシス』などでそのようすが素描されている。
* 2 ギムナシオン（gymnasion）——古代ギリシアの青年たちが集まって運動や討論をした体育場。「錬成所」とも訳される。ギリシア語の gumnos, gymnayeim には「裸で運動する」の意味がある。

➡アリストテレス、古代ギリシア・ローマの子ども
●参考文献

Marrou, Henri-Irénée. 1956. *A History of Education in Antiquity*. Trans. George Lamb. New York: Sheed and Ward. マルー、アンリ・イレネ『古代教育文化史』（横尾壮英・飯尾都人・岩村清太訳、岩波書店、1985年）

Plato. 1941 [385 B.C.E.]. *The Republic of Plato*. Trans. Francis Macdonald Cornford. New York: Oxford University Press. プラトン『国家』（上・下）（藤沢令夫訳、岩波文庫、1979年）

Plato. 1970 [348 B.C.E.]. *The Laws*. Trans. Trevor J. Saunders. Harmondsworth, UK: Penguin. プラトン『法律』（上・下）（森進一・池田美恵・加来彰俊訳、岩波文庫、1993年）

Scolnicov, Samuel. 1988. *Plato's Metaphysics of Education*. London: Routledge.

(SAMUEL SCOLNICOV／北本正章訳)

フランク、アンネ
(Frank, Anne, 1929-1945)

アンネリーゼ・マリー（アンネ）・フランク（Anneliese Marie [Anne] Frank）は、1929年6月12日にドイツのフランクフルトで生まれた。1934年、父と母と姉に続き、生まれ故郷を後にオランダに亡命する。一家は、ドイツ人によるユダヤ人に対する迫害からのがれようとしたのだが、1940年にドイツがオランダを侵略すると、その望みは絶たれた。それ以降、フランク家は反ユダヤ人政策によっていっそう隔離されていく。アンネはユダヤ人の子どもたちのために設立された学校（Joods Lyceum）に行かざるをえなくなった。そして1942年7月に、一家はついに父親の職場と倉庫として使用していた建物の奥に身を隠さなくてはならなくなった。アンネはその1カ月前から日記をつけはじめた。その日記には、アンネたちが隠れ家で見つかりはしないか、裏切られはしないかとおそれながら暮らしていた2年間の生活のようすが綴られている。その日記は、8人の人間が肩をよせあって暮らしていた際の緊張状態を分析したものとしても読める。また、13歳の少女が15歳になるまでの成長物語でもある。

アンネ・フランク（1929-1945）*

アンネは1944年3月に、亡命中のオランダ政府がラジオを通じて発表した声明を聞いた。政府は、ドイツによる侵略を記録に残すために戦後に日記を集めるという。そこでアンネは、その時以降、より洗練された文章で日記を書きなおした。しかし、その作業も1944年8月に終わりを迎える。アンネと同居人たちは裏切られ、逮捕され、強制連行されてしまったからである。アンネは1945年の2月か3月初旬に、ベルゲン=ベルゼン強制収容所*1で亡くなった。生き残った父親オットー・フランクが戻ると、隠れ家で潜伏生活をしていた頃に食料を届けてくれていた人のひとりが、アンネの日記を手渡してくれた。その人が日記を保管していてくれたのである。オットーはその日記をタイプライターで打ちなおし、1947年に『隠れ家』（*Het achterhuis*）*2というタイトルで出版した。するとそれは、ドイツ語、フランス語、英語に翻訳された。また、1955年には日記にもとづいた劇がブロードウェイで上演され、成功をおさめた。脚本はフランセス・グッドリッチとアルバート・ハケットが担当した。また、1958年にはハリウッドの映画監督ジョージ・スティーヴンスがそれを映画に仕立てた。こうして、アンネ・フランクは亡くなったのちに世界中で有名になる。オットー・フランクは、娘の日記が若い読者たちにとって人種差別主義に対する警告になると確信していた。それが現実となるよう、世界中の読者たちと手紙のやりとりもした。その一方で、アンネ・フランクはホロコーストの若き犠牲者というイメージでとらえられるだけでなく、人道主義的な聖人のような存在としてもみなされるようになっていった。アムステルダムでは、アンネたちの隠れ家が博物館になった。1986年にはオランダ語の日記の学術資料版が出版さ

れ、1989年にはそれが英訳された。その本は手稿を詳細に調査することにより、ネオ・ナチが日記の真正性に対していだいていた疑問に反論した。そこには、3種の日記——アンネがいちばん初めに書いた日記、アンネが書きなおした日記、オットー・フランクが編集した1947年版の日記——のすべてが掲載されている。

アンネの日記はいまや数十カ国語に翻訳され、数100万部も売れているが、アンネ・フランクの伝記がはじめて出版されたのは、ほんの数年前のことである。日記は、これまで教育的な目的で若い人にあたえられてきたが、その読み方はほかにも何通りかある。今日では、アンネ・フランクのユダヤ人としての背景に注目が集まっている。それは、これまで——とくに演劇や映画などでは——目立たない要素であった。しかしながらアンネ自身が、ユダヤ人らしさを自分のアイデンティティの本質的な要素とみなしていなかったことは、日記を読めば明らかである。アンネ・フランクが当時大勢いた若い犠牲者のひとりにすぎなかったという点も、以前より明確に認識されている。それにともなって、ホロコーストそのものに関心がよせられるようになった。最近になって、アンネが通ったユダヤ人学校（Joods Lyceum）の歴史も出版された。その一部は、生存している当時の生徒のインタビューにもとづいて書かれている。アンネ・フランクは、いまでは女流作家として熱心に研究されてもいる。日記を書くことは当時の少女たちにとって典型的な行為であり、ユダヤ人学校に通っていた別の生徒エレン・シュワルツシルト（Ellen Schwarzschild, 1927-2008）の日記も1999年に出版されている。アンネの日記は、長い伝統をもつ自叙伝体の文章にも照らしあわせてみるべきであろう。第2次世界大戦中のオランダでは、ほかの危機的状況下と同様、多くの人びとが日記を書きはじめた。そうやって書かれた日記は何百と残っており、そのうちのいくつかが出版された。アンネは自分の日記——すくなくとも、書きなおした日記——を文学的な成果と見ていた。日記を読むと、アンネがどの文学作品に影響を受けたかがうかがわれる。とくにオランダの人気作家、シシー・ファン・マルクスフェルト（Cissy van Marxveldt；Setske de Haan, 1889-1948）の作品に強い影響を受けたことがわかる。アンネの作家としての才能、創造力、独創性はこれまで以上に注目を集めるようになっている。1934年にオランダに移住したアンネが、数年でみごとにオランダ語に熟達した点も注目に値する。近年では、学術的な研究が活発に行なわれており、その内容は多様化してもいる。しかし、アンネの日記そのものを読むことが出発点となることは、いまでも変わらない。

［訳注］

*1 ベルゲン＝ベルゼン（Bergen-Belsen）——ベルゼンはドイツ北部ニーダーザクセン州ツェレ（Celle）の北西に位置する村。近くのベルゼン村とともに、ナチ強制収容所（1943-45）があったところで、同地区およびこの収容所を「ベルゲン＝ベルゼン」という。この収容所の所長ポゼフ・クレイマー（Posef Kramer）は、「ベルゼンのケダモノ」（the Beast of Belsen）とよばれた。

*2 『隠れ家』（Het achterhuis）——Het achterhuisはオランダ語で「後ろの家」の意。

➡自伝

●参考文献

Dacosta, Denise. 1998. *Anne Frank and Etty Hillesum: Inscribing Spirituality and Sexuality*. New Brunswick, NJ: Rutgers University Press.

Enzer, Hyman Aaron, and Sandra Solotaroff-Enzer, eds. 2000. *Anne Frank: Reflections on Her Life and Legacy*. Urbana: University of Illinois Press.

Frank, Anne. 1989, 2003. *The Diary of Anne Frank: The Revised Critical Edition*, ed. David Barnouw and Gerrold van der Stroom. Trans. Arnold J. Pomerans and B. M. Mooyaart. Prepared by the Netherlands State Institute for War Documentation. New York: Doubleday.〔これが本文にある学術資料版〕

Graver, Lawrence. 1995. *An Obsession with Anne Frank: Meyer Levin and the Diary*. Berkeley and Los Angeles: University of California Press. ローレンス・グレイヴァー『「アンネの日記」もう一つの真実』（森泉弘次訳、平凡社、2001年）

Hondius, Dienke. 2001. *Absent. Herrinneringen aan het Joods Lyceum Amsterdam 1941-1943*. Amsterdam: Vassallucci.

Lee, Carol Ann. 1999. *Roses from the Earth: The Biography of Anne Frank*. London: Viking. キャロル・アン・リー『アンネ・フランクの生涯』（深町眞理子訳、DHC、2002年）

Melnick, Ralph. 1997. *The Stolen Legacy of Anne Frank: Lillian Hellman and the Staging of the Diary*. New Haven, CT: Yale University Press.

Rittner, Carol. 1998. *Anne Frank and the World: Essays and Reflections*. Armonk, NY: Sharpe.

Schwarzschild, Ellen. 1999. *Tagebuch. Niet lesen als't U belieft. Nicht lesen Bitte. Onuitwisbare herinneringen 1933-1943*. Amstelveen, the Netherlands: privately published.

●参考ウェブサイト

Anne Frank Center USA. Available from 〈www.annefrank.com/〉

Anne Frank House. Available from 〈www.annefrank.nl〉

Anne Frank Trust UK. Available from 〈www.afet.org.uk/〉

"One Voice: From the Pen of Anne Frank." Available from 〈www.exploris.org/learn/exhibits/frank/〉

(RUDOLF M. DEKKER／金子真奈美訳)

フランケ、アウグスト・ヘルマン (Francke, Aug. Hermann, 1663-1727)

　ヘルマン・アウグスト・フランケは、ザクセン・ゴータ伯エルンスト・ピウスの教会・教育・社会改革が行なわれているただなかに、プロイセンのゴータで育った。1678年の回心体験の後、フランケはライプツィヒに「覚醒した」学生のサークルを組織し、そこで神学を学んだ。1691年、ハレ近郊のグラウカの牧師に任命された。同年、プロイセンのハレ大学教授に指名された。プロイセン王家、とくにフリードリヒ・ウィリアム1世 [1688-1740] との親密な関係によって、フランケの偉大な教育実験、「ハレ孤児院」(Hallesches Waisenhaus) が促進された。フランケは「ハレ孤児院」を1695年に大学内に設立した。この教育機関は、さまざまな経済事業にくわえて、**孤児院**、少年少女のための初等学校、**ラテン語学校**、教員養成学校 (Pädagogium Regium) をふくんでいた。

　子ども史にとってのフランケの意義は、学校組織、教師教育、才能ある子どもの助成の草分け的な方法などにある。これらの革新は、ハレ孤児院のさまざまな機関におけるフランケの指導のもとでなされた。ハレ孤児院の教育技術はフランケの教育学的著作を越えて、近代の教育理解に非常に大きく貢献した。啓蒙時代の入り口にあって、ルター主義の敬虔派は理想的なスポークスマンをフランケに見出した。フランケはみずからの教育学においてキリスト教的目標に全人生を捧げる敬虔派の願望を実現しようとした。そうすることでフランケは子どもに対する別の観点を確立し、人生の一段階としての子ども期の地位を高めることに寄与したのであった。

　フランケのアプローチの決定的な特徴は、教育活動の特殊な方法への帰依である。フランケの哲学は近代のもっとも効果的な教育学的規定の、ある発展に寄与した。それは、子どもを内面から形成する目的をもって子どもの感情生活に方法的に影響をあたえることである。社会的地位や性別にかかわりなく、すべての子どもへの適用に向けてこの方法の範囲を拡大することで、フランケはこの規定を洗練し、規律を促進するようデザインされた教育学的命令という観念の形式で実現した。フランケのこの分野におけるもっとも重要な著作は『短く簡単な教授…』(書翰と単純な教授…、1702) と、**フランソワ・フェヌロン**の『女子教育論』のドイツ語版の翻訳書 (Über die Mädchenerziehung, 1705) への序文をふくんでいる。著作のなかでフランケは、少女の社会的身分からの独立について統一的な考えを展開した。ハレ孤児院の諸学校の教育実践は、すべての生徒に適用される統一的教育思想を反映している。まもなく孤児院は模範的施設という評判を得た。それは学校の外的組織をとおした情緒への強い訴えかけと教育の個性化を達成した。カテキズム形式による

アウグスト・ヘルマン・フランケ (1663-1727)*

教授と内面的影響、自己観察、良心の審問、さらに、生徒の知的および霊的発展に向けた教師の特別な注意喚起である。プロイセンの教育制度におよぼしたフランケの影響に議論の余地はないが、彼の哲学はプロイセン国境をはるかに超えた。それはフランケの国際交流と、フランケ学院で生活し、学習する子どもの出身地の広さによって証明される。フランケの生涯と業績はハレ公会堂のフランケ財団文書館にみごとに展示されている。

　近代的な子ども期の理解の発展におよぼしたフランケの影響は、モラビア教会の設立者ツィンツェンドルフ伯ニコラス (1700-1760) の著作と教育において継続された。ニコラスの教育学はフリードリヒ・シュライエルマッヘル (1768-1832) のロマン主義的な子ども観に深く影響をおよぼした。こうしてフランケは、子ども期の教育の発展史において傑出した位置を占めている。フランケの後継者たちは、フランスにおけるジャンセニストとドイツにおける敬虔派とならんで、教育学を思考の自律的モード (autonomous modes of thought) に向けるだけではなく、啓蒙思想とロマン主義のはじまりにおける子どもの文化的イメージにも決定的なインパクトをあたえた。

➡教育 (ヨーロッパ)、ルソー (ジャン=ジャック・)

●参考文献

Francke, August Hermann. 1964. "Pädagogische Schriften." In *Schöninghs Sammlung pädagogischer Schriften*, 2nd edition, ed. Hermann Lorenzen. Paderborn, Germany: Schöningh.

Jacobi, Juliane, and Thomas Müller-Bahlke, eds. 1998. "Man hatte von ihm gute Hoffnung." *Das erste Waisenalbum der Franckeschen Stiftungen 1695-1749*. Tübingen, Germany: Verlag der Franckeschen Stiftungen Halle.

Menck, P. 2001. *Die Erziehung der Jugend zur Ehre Gottes und zum Nutzen des Nächsten. Die Pädagogik A. H. Franckes*. Tübingen, Germany: Verlag der Franckeschen Stiftungen Halle.

● 参考ウェブサイト

Francke Foundation. Available from 〈www.franckeschestiftungen.uni-halle.de/francke.htm/forschung/index.html〉

(JULIANE JACOBI ／太田明訳)

ブレイス、チャールズ・ローリング (Brace, Charles Loring, 1826-1890)

　1853年にニューヨーク児童保護協会 (the New York Children's Aid Society：CAS) ――貧しい都市の子どもたちにさまざまなプログラムを提供した児童福祉機関の嚆矢――を創設したチャールズ・ローリング・ブレイスは、CASの「移住計画」を提案した重要人物であった。**孤児列車**として今日広く知られるブレイスの移住プログラムは、10万人以上の人びと（その大半は子どもであった）を急成長したニューヨークの都市から農村部の家庭や農場（おもに中西部諸州、遠くはテキサスまで、さまざまなところ）に輸送した。75年におよぶ歴史のなかで、そのプログラムは児童救済慈善事業の手本となり、いまなお近代の**里親養育**の重要な先駆とみなされている。

伝記

　ビーチャー一族 (the Beecher clan) のいとこであり、フレデリック・ロー・オルムステッド (Frederick Law Olmsted、セントラル・パークの設計者) の親友で、神学者ホーレス・ブッシュネル (Horace Bushnell) の学生、そしてハンガリーに革命をもたらしたルイス・コシュート (Louis Kossuth) の崇拝者でもあったチャールズ・ローリング・ブレイスは、故郷ニューイングランド、コネティカット州リッチフィールドのほまれ高き社会的ネットワークのなかで生を受けた。とはいえ、彼の家族は特段裕福なわけではなかった。彼の父ジョンは、著名で進歩的なリッチフィールド・アカデミー (Lichfield Academy) の校長であり、後年、キャサリン・ビーチャー (Catharine Beecher, 1800-1878) のハートフォード女学院 (Hartford Female Seminary) に奉職した。母親ルー

チャールズ・ローリング・ブレイス（1826-1890）*

シー・ポーター (Lucy Porter) は、ビーチャー家の子どもたちのおばであり、ジョン・ブレイスと知りあったのは、彼がアカデミーの教師を勤めた最初の年、ビーチャー家の邸宅に部屋を借りたときであった。彼らは1820年に結婚し、2人の子ども、娘のエマと息子のチャールズに恵まれた。

　ブレイスは1842年から1846年までイェール大学に通い、のちにコネティカットの郊外で短期間教職につき、ふたたびイェールに戻って1年間神学校に学んだ。1849年、彼は会衆派牧師に任命された。ハートフォードで、ブレイスは指導者ホーレス・ブッシュネル (Horace Bushnell, 1802-1876) にはじめて出会った。ブッシュネルは、有名な著書『キリスト者の養育』(*Christian Nurture*, 1847) において、人間の魂、とくに子ども期に受ける印象は「無意識の影響力」に左右されやすいと力説していた――これは当時の福音派のプロテスタントが急進的とみなしていた理念であった。どんな小さなことでも、毎日私たちと生活を通じて交わる者の行動が長期にわたる影響をおよぼすというこの見解は、健全な成人を育成するには、幼児期から独立心旺盛な魂を注意深く養育する必要があると考えるブレイスの哲学において、きわめて重要な観点であった。彼は、こうした養護が可能なのは「家族」においてのみであると確信していた。

　1848年、移民が大挙しておしよせ、アメリカの都市化が進み、都市人口が急増するようになると、ニューヨーク・シティに移ったブレイスは頭角をあらわした。彼はユニオン神学校 (Union Theological

Seminary）に通って聖職者になるための訓練を受けていたが、このあいだ、彼は学校に通う男の子たちにラテン語を教え、また、都市部のさまざまな伝道活動、とくに全国の初期スラム街のなかでも最悪な場所のひとつで行なわれたルイス・ピースのファイブ・ポインツ・ミッション（Louis Pease's Five-Points Mission）で奉仕活動をした。彼はジャーナリズムにも手をのばして「ニューヨークの貧民とともに歩む」（*Walks Among the New-York Poor*）と題した定期連載記事を「ニューヨーク・タイムズ」紙に掲載し、中産階級の一般読者を相手に「貧困と悪徳」をセンセーショナルに描き出した。ブレイスもピースも、彼ら中産階級の目にはかたくななまでに貧困生活に「毒されている」と写った貧しい成人の救済において、結局失望に終わった。その結果、2人の関心はいつわりなき変化を求めていると思われた貧しい子どもたちに向けられた。

1851年、ブレイスは、実験的な社会福祉プログラムを視察するためヨーロッパを旅行した。ハンガリーに滞在中、革命行動の嫌疑をかけられて数週間投獄されたこともあった。アメリカに帰国後ブレイスは、彼の経験とヨーロッパにおける新たな社会実験について2冊の著書とさまざまな論文を発表した。彼の著書、講話、博愛的行動は、CAS結成のために参集することになる市民リーダーや実業家の関心を集めるようになった。彼らはすぐに、ブレイスを新たな組織を率いるリーダーに選出した。彼は終生その勤めに従事した。

教育と宗教にたずさわる日曜集会、少年少女のための実業学校、図書室、そしてブレイスが得意としたプロジェクトである、新聞売り少年宿泊所（Newsboys' Lodging House）創設のために、組織は公的・私的基金を要請していった。この宿泊所は、ブレイスのプログラムのなかでもっとも成功しただけでなく、その試みは、ホレーショ・アルジャー[*1]による、自立心・勇気・勤勉・忍耐が大きな富として報いられる若者や孤児少年を主人公とした数々の物語にもインスピレーションをあたえた。

当初からCASは、「浮浪児」を都市から離れた地方、つまり望まれない子どもたちを「都市から掃き出す」ために「キリスト者の家庭」に送り、同時に、新たに移住した西部地域で切望されていた労働力を供給する計画を立てた。この種の計画には先例があったものの、ブレイスによる移住計画はたちまちアメリカにおける最大かつもっとも影響力のある児童移住斡旋プログラムとなった。この計画に徒弟年季契約や正式な養子縁組協定が組みこまれていなかったことは急進的であり、不適切な場所から立ち去るチャンスを子どもたちにあたえ、彼らの自立性を根本的に尊重しようとする、ともすると単純すぎる試みでもあったと評価できるかもしれない。しかし、養子縁組を正式に結ばないことで最善の結果がもたらされると確信したものの、ブレイスは、子どもたちと家族に、彼らの関係が経済優先か家族的かに関係なく、問題を自力で解決するように望んだのである。

驚くまでもなく、孤児列車に乗車した者の経験は多種多様であった。半数以上の子どもたちはほんとうに**孤児**であり、多くの者は、両方の親からではないにしろ、すくなくとも片親のもとからつれてこられた。児童奴隷に匹敵するおぞましい状況に直面した者もいれば、その一方で家族のように遇された者もいた。すくなくとも1人は殺人罪を宣告され、2人はのちに州知事に選出された。そのあいだ、ニューヨークがこのプログラムを利用して未成年の犯罪者を他州へ追放していると批判する者もいれば、カトリックの慈善団体は、このプログラムはカトリックの子どもたちを改宗させるためにプロテスタントの家庭に移そうと企図したのではないかと疑いのまなざしを向けた。ブレイスはこうした批判のすべてに強く異議を唱え、いくつかの内部調査を実施した。それにもかかわらず、フロンティアが消滅し、農村生活が衰退し、社会福祉プログラムが徐々に制度化されて政府が運営するようになると、ブレイスのプログラムは終焉を迎えた。最後の「孤児列車」がテキサスに到着したのは1929年のことであった。

ブレイスの遺産

ブレイスは、ほぼ1890年の臨終の日まで、CASのためにはたらき、CASは、20世紀と21世紀初期を通じて重要な都市型の児童福祉機関でありつづけた。すべての子どもの個性への深い畏敬と同様、家族を基本とした環境へのブレイスの確信は、アメリカにおける児童福祉の実践にゆるぎない影響力をおよぼした。今日でも**孤児院**は存続しているが、その大半は19世紀初期に典型的であった工場のような寄宿環境を破棄し、いまや監督役の成人1人にわずか2〜3人の子どもがゆだねられるコテージ型住居が組織されるようになっている。もっとも重要なことは、現代の里親制度が、疑いもなく、すべての貧困児童のために家族的家庭をというブレイスのヴィジョンから直接派生したものであることである。

[訳注]

*1 ホレーショ・アルジャー（Horatio Alger, 1832-1899）——アメリカの小説家・牧師。はたらく少年たちを主人公にした少年向き物語を書いた。代表作『ぼろ服ディック』（*Ragged Dick*, 1867）。巻末の付録を参照。

➡里子制度、児童救済

● 参考文献

Askeland, Lori. 1998. "'The Means of Draining the City of These Children': Domesticity and Romantic Individualism in Charles Loring Brace's Emigration Plan, 1853-1861." *American Transcendental Quarterly* 12, no. 2: 145-162.

Bellingham, Bruce. 1983. "The 'Unspeakable Blessing':

Street Children, Reform Rhetoric, and Misery in Early Industrial Capitalism." *Politics and Society* 12: 303-330.

Brace, Emma. 1894. *The Life of Charles Loring Brace Told Chiefly in His Own Letters*. New York: Scribner.

Holt, Marilyn. 1992. *The Orphan Trains: Placing Out in America*. Lincoln: University of Nebraska Press.

O'Connor, Stephen. 2001. *Orphan Trains: The Story of Charles Loring Brace and the Children He Saved and Failed*. Boston: Houghton Mifflin Company.

(LORI ASKELAND／佐藤哲也訳)

フレネ、セレスタン
(Freinet, Célestin, 1896-1966)

セレスタン・フレネは、南フランスの当時はかなり貧しい地域であったアルプ＝マリティーム*1の小さな町ガルズ（Gars）に、1896年に生まれた。彼は子ども時代を羊飼いとして草原ではたらいた。彼は第１次世界大戦に参戦し、重傷を負い、その後この傷が癒えることは生涯なかった*2。彼は、教師になって子ども時代をすごした町に戻り、この地方の学校当局との深刻な意見の対立ののち、自分で学校を建て、そののち彼が教育活動を展開することになる自由な教壇を確立した。彼は学校プログラムを開発し、全国的な学校改革運動の根本原理を築き、学校教育と教育にかんするいくつかの本を公刊し、専門雑誌や「クラルテ」（*Clarté*）のような政治雑誌に無数の論文を書いた。彼は、学習教材の制作と販売を組織し、進歩主義教育にかんするいくつもの全国的な会議や国際会議を組織するとともに、定期雑誌「教師」*L'Éducateur*（*The educator*）を編纂した。両大戦間期には、N. F. E. すなわち進歩主義教育連盟にくわわった。彼は1966年にその生涯を閉じた。

資本主義的で都市化を進める社会について、フレネが熱心に社会的、教育的、そして政治的な批評を行なう基盤を形成したのは、教育理論の遺産ではなく、彼の生まれた故郷と、戦争で傷ついた健康のなかでの日々の暮らしの厳しさであった。彼の関心は学習の過程にそそがれていた。彼は教育の専門的実践者として、「生きていくための技能」（techniques of living）と彼がよんだ能力にもとづいた読み方、書き方、綴り方、算術などの学習分野に革新をもたらした。彼は、子どもは作業場や戸外ではたらき、実験的な取り組みや失敗の過程として学習すべきであると考えていた。彼がもっともよく知られるのは、綴り方を学んだり、自由なテキストを発展させるために印刷機（printing press）*3（これは今日ではコンピュータに置き換わっている）を考案したことである。

フレネは、教育というものは人間性を変えるための方法であると考えた。明日の学校は、共同体のメンバーとしての子どもの全面的な発達をはかることに注意

セレスタン・フレネ（1896-1966）*

を集めるべきであった。彼は、学ぶということは、子どもが自分が進むべき方向を見出せるような真剣な仕事でなくてはならないと考えていた。彼はまた、進歩主義的なドイツ人たちの総合的な教授実践、ベルギーの教育の先駆者オヴィド・ドクロリー*4の学習法、そしてゲオルグ・ケルシェンシュタイナーの労働過程への接近法などから着想を得た。

フレネの書物とワークブックは、数カ国語に翻訳され、彼の考え、方法、教授補助具は世界中で知られるようになった。いくつかの国ではフレネの教師集団が生まれており、彼が示した教育方法が単純でわかりやすいことと、彼の考えが自由と自己決定のために闘っている人びとを魅了したため、フレネはとくに発展途上国では人気が高い。

［訳注］
*1 アルプ＝マリティーム（Alpes-Maritimes）——フランス南東部のイタリアとの国境に接する県で、県都はニース。
*2 重傷——フレネは戦場で毒ガスを浴びて肺をおかされ、肺胞の70パーセントを失ったため、大きな声を出すことができなかった。
*3 印刷機（printing press）——紙に印字を押しつける圧力によって大量印刷する印刷方式で、円筒形のものは円圧式印刷機（cylinder press）とよばれ、輪転機（rotary press）あるいは捺染機ともよばれた。
*4 オヴィド・ドクロリー（Ovide Décroly, 1871-1932）

——ベルギーの神経内科医、教育学者、心理学者。一般栄養における毒素と抗毒素の研究をすすめた。障害児の臨床医として、とくに精神障害をもつ子どもの治療に従事し、障害をもつ子どもの行動にあらわれる興味と関心を観察することに基盤を置いた独自の教育法を提案して注目された。1921年に結成された世界新教育連盟の主要メンバーとして、アンリ・ワロン（1879-1962）、ジャン・ピアジェ（1896-1980）らとともに教育改革運動を推進した。

➡教育（ヨーロッパ）、子どもの発達概念の歴史、進歩主義教育、年齢と発達

● 参考文献

Freinet, Célestin. 1990. *Cooperative Learning for Social Change: Selected Writings of Célestin Freinet*, ed. David Clanfield and John Sivell. Toronto, ONT: Our Schools/Our Selves Education Foundation.

Freinet, Célestin. 1990. *The Wisdom of Matthew: An Essay in Contemporary French Educational Theory*. Lewiston, NY: Edward Mellon.

Freinet, Célestin. 1993. *Education through Work: A Model for Child-Centered Learning*. Lewiston, NY: Edward Mellen.

Jörg, Hans. 1995. "Freinet's Educational Methodology and Its International Sphere of Influence." In *Progressive Education across the Continents: A Handbook*, ed. Hermann Röhrs and Volker Lenhart. New York: P. Lang.

Legrand, Louis. 1993. "Célestin Freinet." In *Thinkers on Education*, vol. 1, ed. Zaghloul Morsy. Paris: UNESCO.

（ELLEN NØRGAARD／北本正章訳）

フレーベル、フリードリヒ・ヴィルヘルム・アウグスト（Froebel, Friedrich Wilhelm August, 1782-1852）

子ども期の教育の先駆者であるフリードリヒ・ヴィルヘルム・アウグスト・フレーベルは、ドイツのチューリンゲン*1のオーベルヴァイスバッハに生まれた。（Froebelという表記は、ドイツ語表記のFröbelの英語表記である）彼の姓名［フレーベル］が母国語から翻訳されたように、彼の教育理念と教育実践も国際的なさまざまな状況に合わせて適用された。しかし、フレーベルが幼い子どもの世話と教育に果たした最大の貢献は、「**幼稚園**」（Kindergarten）とよばれるものを発明したことであった。

フレーベルの生涯にかんする主要な記述は、彼自身が執筆したものと、彼の支持者たちが執筆したもののどちらかであった。彼の自伝の大半はもっぱら、宗教的な言葉づかいもふくめて、彼が交わした手紙記録であった。したがって、現在のフレーベルは、無批判で、聖人伝風のものである。フレーベルの自伝*2の記述は、彼の幼少期の不幸な経験を強調しており、それが大人になってからの彼の思想と行動に影響をおよぼしたとしている。幼い子どもの教育にフレーベルが果たした

フリードリヒ・W・A・フルーベル（1782-1852）*

もっとも永続的な貢献は、幼少期の教育カリキュラムは**遊び**（play）を基礎にすべきであるという主張である。フレーベルは、遊びが教育的（instructive）であると認識した最初の人物ではなかったが、彼は、既存の教育理論を彼が独自に考案した革新的な理念として総合した。しかし、彼は非常に明確な思想家ではなかった。彼の著作物は、読者がそれをドイツロマン主義、理想主義哲学、そして自然哲学（Naturphilosophie）あるいは自然にかんする哲学（Nature Philosophy）という文脈で解釈しないかぎり、それに従うのは、しばしば困難であった。これらの知的概念は、フレーベルに根本的な影響をおよぼした。彼は、ドイツ人の詩人ノヴァリース（1772-1801）やドイツ人の哲学者ヨハン・ゴットリープ・フィヒテ（1762-1814）、カール・クラウゼ（1781-1832）、そしてフリードリヒ・シェリング（1775-1854）らの著作を読んでいた。

フレーベルは、彼が天球哲学（spherical philosophy）と名づけたものを教育に適用し、それを経験的な観察というよりはむしろ彼の著作のガイドに利用した。教育家たちのある者は、フレーベルが強烈な宗教的信念をもっていたために、彼の方法は、哲学的にではなく、神秘的に表現するのがより正確であると主張した。彼の方法は、当時の三つの要素についての瞑想によって解決されるべきものであるとする反対意見とは敵対することになった。たとえば、フレーベルは、精神と物

質は一方では対立するものであるが、両者とも3番目の要素である神が内在する同一の自然法則の支配を受けると考えた。これとは別に、子どもにかんして彼が用いている三つ組（triad）は、統一性（unity）、多様性（diversity）、そして個性（individuality）である。子どもたちはそれぞれが自発的にこれら三つの要素を体現するのであり、これをフレーベルは全面的な自己活動（all-sided, self-activity）と表現している。このことは、「遊び」とは内的な必要性から生まれる内面の自己活動の表現であるという彼の説明の背景になっている。

17世紀のモラヴィアの司教で教育家であったヨハン・コメニウス（1592-1670）と同じように、フレーベルは、すべての人間の発達は内面から起こると考えた。したがって彼は、教師の仕事は子どもの学習過程に過干渉することなく、子どもの成長に必要な条件を提供することであると主張した。フレーベルはこのような考えを、1826年の著作『人間の教育』（Die Menschenerziehung; The Education of Man）のなかで示している。フレーベルは、この哲学的な著作で、彼がカイルハウで最初につくった学校の教育目的と原理を説明し、少年期（少女期ではない）の特徴について記述している。スイス生まれの革新的なフランス人哲学者ジャン＝ジャック・ルソー（1712-1778）と同じように、フレーベルは、教育は子どもの各発達段階のニーズと必要条件を満たすものでなくてはならないと信じていた。また、これもルソーと同じく、教えることは、年少の子どもの生活に気まぐれに介入することを避けつつ、自然に従うべきであると唱道した。当時の多数の宗教的な信念に対して、このような自然主義的な接近法はどの子どもも善いものとして誕生していると主張した。

子ども期を過ぎると、年少の子どもは学校に通いはじめる。そして、フレーベルは、この段階の子どもにふさわしいと彼が考えた、いくつかの主題について述べるために一章をさいている。この議論はスイスの教育家ヨハン・ペスタロッチ（1746-1827）の理論に多くを負っている。1808年から1810年にかけてフレーベルがペスタロッチのイヴェルドンの学校を訪問したとき、彼はペスタロッチの著作を目にとめていた。フレーベルは『人間の教育』の最終章で学校と家庭とのあいだの統一について語っているが、そこでは、教育がもっとも効果的になるのは、学校と家庭が互いに補いあっているときであることを強調している。

フレーベルは、その生涯の終わり近くになって、家庭と遊びによる幼い子どもの教育に関心を向けた。彼は、自分で「贈り物」*3と名づけた有名な教育遊具を発明したが、これは球体と円柱を組み合わせる、年齢段階に合わせたシリーズになっている木製の積み木である。後年、彼は学習活動に、折り紙、切り紙、糸編み、粘土細工など、彼が「専心」（occupations）*4と名づけた活動をくわえた。1837年、フレーベルは年少の子どものためにブラッケンブルクに彼が創設した教育組織に「幼稚園」（Kindergarten）という名前をつけた。

1843年、フレーベルは『母の歌、遊戯、物語』（Mother's Songs, Games and Stories）［邦訳は『母の歌と愛撫の歌』］と題した本を出版した。これは彼の著作のなかでもっとも人気のあった著作であった。これは、表題に示されているように、（その記譜法といっしょに）歌と指遊びの動きを木版画のイラストで描いたもので、そこから引き出すことができる意味だけでなく、歌をどのように提示するかについてのガイドである。この本の内容の一部は、母親たちが子どもに歌って聞かせるようすをフレーベルが観察した記録を基礎にしている。フレーベルは、よりよい社会を創る前提条件として、女性たちが幼児をいっそう効果的に教育するのを手伝いたいと願っていた。ドイツおよびアメリカをふくむほかの国々の中産階級の女性たちの多くが幼稚園を開設し、子どもたちの教育のためにフレーベルの方法を活用した。

教育家たちはこれまで長いあいだ、フレーベルの哲学と彼の教授学のあいだの関係がどのような特質をもっているのかについて議論してきた。恩物と専心と遊戯は、彼の哲学では論理的な必然性をもってつながってはいないが、それがなくても多くの教師はしばしば形式主義と機械的な模倣に頼っている。公立学校に幼稚園を付設するよう説得した彼のはたらきかけは、彼が生きているあいだにはごくかぎられた範囲でしか成

子どもと遊ぶフレーベル*

功しなかった。しかし、彼の死後、彼の教育理念と実践は急速に広まり、ほかの教育者たちも、幼少の子ども期の教育の重要性に対するフレーベルの思想に同意するようになった。

［訳注］

＊1 チューリンゲン——ドイツ中部の州。州都はエルフルト。チューリンゲンの森が広がり、フレーベルは森林技官の仕事をしたことがある。

＊2 フレーベルの自伝——フレーベルは5人兄妹の末の子として聖職者の家に生まれたが、生後9カ月のとき、母親を亡くし、4歳のとき、父親が再婚したことで継母をもつが、この母親に新しい子どもが生まれると、うとまれることになった。10歳の頃、父と同じ聖職者であった叔父が事情を察してフレーベルを引きとり、その後この叔父のもとで育てられる。14歳で堅信を受けた後、経済的な理由で進学できず、ヒルシェンベルクの林務官ヴィッツのもとで2年間、弟子としてはたらきながら学んだ。17歳のとき、イエナ大学に進学したが、学費が続かず3年で退学し、その翌年父親も死亡した。その後バンベルクの山林局（営林署）で書記、測量師の見習い、農場での会計など職業を転々とするが、23歳のとき、知人の紹介で学校教師となり、その経験からスイスのペスタロッチを訪ねてイヴェルドンで2年間研修した。ペスタロッチの教育実践と教育思想、子ども観から深い影響を受けた。

＊3 「贈り物」（*das Gabe*、恩物）［または*Spielgabe*、英語でFroebel Gifts］——恩物の基本的な考え方は次の4点にまとめることができる。(1) 丸・三角・四角の基本的な形体から成り立っている。(2) それぞれの形が体系的に構成され、互換性をもっている。(3) それぞれの寸法が体系的に構成され、互換性をもっている。(4) 発達段階に応じたさまざまな組み合わせ遊びができる。

＊4 専心（occupations）——エリクソンはこれを幼児期の「勤勉性の原理」とよんだ。

➡遊びの理論、教育（アメリカ）、教育（ヨーロッパ）、子どもの発達概念の歴史、進歩主義教育、幼稚園

●参考文献

Bowen, H. C. 1893. *Froebel and Education by Self-Activity.* London: William Heinemann.

Brehony, Kevin J., ed. 2001. *The Origins of Nursery Education: Friedrich Froebel and the English System.* 6 vols. London: Routledge.

Shapiro, M. S. 1983. *Child's Garden: The Kindergarten Movement from Froebel to Dewey.* University Park: Pennsylvania State University Press.

Wollons, R. L., ed. 2000. *Kindergartens and Cultures: The Global Diffusion of an Idea.* New Haven, CT: Yale University Press.

フレーベル『教育の弁明——フレーベル自叙伝』（岡元藤則訳、玉川大学出版部、1976年）*

Froebel, F., *Die Menschenerziehung*, 1826（*The Education of Man*）フレーベル『人間の教育』（1・2）岩崎次男訳、明治図書、1979年）;『人間の教育』（上・下）（荒井武訳、岩波文庫、1997年）

フレーベル『幼児教育論』（岩崎次男訳、明治図書）*

玉川大学出版部編『フレーベル全集』（全5巻）（玉川大学出版部、1986-88年）*

（KEVIN J. BREHONY／北本正章訳）

フロイト、アンナ（Freud, Anna, 1895-1982）

　オーストリアの精神分析学者ジークムント・フロイトのいちばん年下の子どもであったアンナ・フロイトは、オーストリアのウィーンに生まれ、そこで育ち、小学校の教師として、また、精神分析家として訓練を積んだ。彼女は父親から精神分析を受けたのち、1922年［27歳］、ウィーン精神分析学会の会員になった。彼女は一度も結婚せず、生涯にわたってある一人の友人といっしょに暮らした。それはアメリカ人のドロシー・ティファニー・バーリンガム*1で、アンナはその子どもを精神分析した。アンナ・フロイトは、父親の科学的、経営的な保護者としてはたらき、また、子ども分析の技法、子どもの発達理論、そして自我心理学に重要な貢献をした。

　1926年、アンナ・フロイトは、子どもの精神分析にかんする最初の著作を出版した。この『子ども分析の技法入門』（*Introduction to the Technique of Child Analysis*）は、彼女の教育学的な経験を精神分析的な洞察に結びつけ、子どもの自我（エゴ）を強めることを目的としたアプローチを描いたものであった。この著作はまた、イギリスの子ども分析家メラニー・クラインの技法を批判した。アンナ・フロイトは、クラインの方法を子どもの無意識の空想生活についての危険な検査と見ていた。この批判は、子ども分析についてフロイトとクラインのあいだでくりひろげられた1927年の論争に発展した。アンナ・フロイトの『自我と防衛機能』（*The Ego and the Mechanisms of Defense*）は1936年に公刊された。この古典的な著作は、彼女の父親による自我概念を体系的に説明し、20世紀後半を通じてアメリカの精神分析学を支配した自我心理学のパイオニアとしての彼女の評価を高めた。

　1920年代後半から1930年代を通じて、アンナ・フロイトは、国際精神分析学会の事務局長と、ウィーン精神分析訓練研究所の所長をつとめた。1938年、ドイツ軍がオーストリアに侵入したとき、フロイト一家はロンドンに移住し、アンナ・フロイトは、イギリス精神分析学会のメンバーになった。彼女はそこで、クラインの考えがほんとうにフロイト主義的なものかどうかをめぐって、クラインとその支持者たちとのあいだで2回目の論争に参加した。この論争のなかで交わされた議論は、学会の内部に、フロイト主義とクライン主義の訓練プログラムをもつ、分裂した組織を生む

ジークムント・フロイトとアンナ・フロイト＊

ことになった。

　アンナ・フロイトは、1940年に「ハムステッド戦時保育園」を設立した。ここで彼女は、孤児になった子どもたちについての観察研究を指導し、それを1944年の著作『家族がいない乳幼児──宿泊型保育園の是非を問う』(Infants Without Families: The Case For and Against Residential Nurseries) で描いた。この保育園は1945年に閉園となったが、のちに「ハムステッド子ども治療病院」として再生して有名になり、彼女の死後、「子どもの精神分析研究と治療のためのアンナ・フロイト・センター」と改称される。その後20年以上にわたってアンナ・フロイトは、多数の年少の患者を分析し、未来の子ども分析家たちを訓練し、さまざまな年齢の子どもに関連する正常性あるいは病状を評価するための方法の開発に研究関心を集中し、これらについて1965年に『子ども期の正常と異常』(Normality and Pathology in Childhood) を出版した。

　アンナ・フロイトの晩年の仕事は、教育と児童福祉の諸問題に精神分析を実際に適用することにかかわり、子育てから家族法にいたるさまざまな話題について一般大衆を前に講義をした。1961年には、上級研究員と客員講師としてイェール・ロースクールの学部に協力した。彼女は、1973年に著した影響力のある『子どもの最善の利益を越えて』について、イェールの同僚、ジョーゼフ・ゴールトスタインとアルバート・ソルニトと協力した。本書は、2巻の類書の続刊の後、アメリカにおける子どもたちの社会的および法的な権利を確立するのに役立った。

　アンナ・フロイトは、1982年に脳卒中が原因で亡くなるまで、研究と講義を続けた。彼女の論文は、ワシントンDCのアメリカ議会図書館のフロイト・アーカイブに収蔵されている。

［訳注］

＊1　バーリンガム（Dorothy Trimble Tiffany Burlingham, 1891-1979）──アメリカの児童心理学者、教育者。子どもの精神分析についてアンナ・フロイトと共同研究を進めた。ロンドンの「ハムステッド・クリニック」で、「目が見えない子どもの研究グループ」を指導した。「ティファニー」の創業者チャールズ・L・ティファニーの孫娘。

➡子どもの発達概念の歴史、児童心理学、年齢と発達

●参考文献

King, Pearl, and Ricardo Steiner, eds. 1991. *The Freud-Klein Controversies 1941-1945*. London: Routledge.

Sandler, Joseph, and Anna Freud. 1980. *The Technique of Child Psychoanalysis: Discussions with Anna Freud*. Cambridge, MA: Harvard University Press.

Sandler, Joseph, and Anna Freud. 1985. *The Analysis of Defense: The Ego and the Mechanisms of Defense Revisited*. New York: International Universities Press.

Young-Bruehl, Elizabeth. 1988. *Anna Freud: A Biography*. New York: Simon and Schuster.

（GAIL DONALDSON／北本正章訳）

フロイト、ジークムント (Freud, Sigmund, 1856-1939)

　いまから1世紀ほど前、精神分析の父、ジークムント・フロイトは、イギリスの詩人ウィリアム・ワーズワースが自然と育ちについて「子どもは大人の父親である」と書いたのと同じように、彼の精神分析の発達理論を定式化した。子どもは、その誕生から身体的成熟（たとえば性的な成熟）と身体・精神・性格の発達（たとえば心理的成長、社会的相互作用、適応）を経験するというのは、いまでは常識的な知識である。フロイトの発達心理学は、成人の情緒不安について彼が考案した精神分析調査法と、彼よりも前に書かれた医療性科学文献の精読のなかから生まれた。

発見の初期段階

　フロイトは、成人の精神異常、とくにヒステリー症は、心理的なショック、すなわちトラウマによってひき起こされることをはじめて発見した。彼は、これを三つの部分に区別できるプロセスと見ていた。第1段階では、実際に攻撃を受けたり傷ついたりする精神的

フロイト

ジークムント・フロイトの子ども期の理論は今日まで論争が続いており、その著作は、児童心理学の分野に強い影響力を保っている。©Hulton-Deutsch Collection/CORBIS

衝撃（トラウマ）をあたえる出来事が起こる。第2段階は、精神的衝撃あるいはストレスを感じる者を体験したり感じる犠牲である。第3段階は、力動的（積極的）に忘れようとしたり抑圧することなどのように、心理的防衛で反応する人格である。抑圧された記憶とそれに付随する感情は、このときから感情の機能障害を示す、さまざまな意識にあらわれる前兆を示すようになる。トラウマには、性的でないものと性的なものの両方があり、その感情的な要素は最高の要因であった。フロイトが性的トラウマの歴史を丹念に調べたことに示されているように、彼は、「過去へ過去へと引きよせられた。そして、ついに思春期で立ち止まる希望をもつことができた。…しかし、その道筋はもっと前の子ども期へとつながり、子ども期の初期の数年へと遡行することになった」（フロイト、1953年〔1914年〕、17ページ）。フロイトの主要な関心は、子ども期にまでさかのぼる性的トラウマと感情にあった。彼は、性的感情を優先的に重要なものと仮定した。彼の次の段階は、子ども期における性的トラウマが、父親の死後に起きる影響の発見であった。もし性的な体験が性的な未成熟期に起き、その記憶が成熟期をすぎてからあらわれるものだとすると、その起源は、それが起きたときに味わう体験よりもはるかに強い刺激的な

影響をおよぼすであろう。したがってまた、このことがその後の思春期において、反応のための性的器官の性能をきわめて大きく増大させる原因でもある。子ども期のトラウマは、まるでそれがはじめての体験ででもあるかのように、遅れた仕方で作動する。しかし、これらはまったく無意識のうちに起こることである（フロイト、1962年〔1896年〕、pp. 166-167、原著で強調）。

遅延行動に相当するフロイトの用語は*Nachträglichkeit*〔事後確認〕で、字義的には「後で起きること」（*afterwardness*）であった。トラウマは、誘惑あるいは圧倒的に家族メンバー、使用人、あるいはその他の者による性的行動の結果なので、フロイトがこの用語をつかうことはなかったのだが、これらは誘惑理論として知られることになった。

ある点でフロイトは、この理論の妥当性についてゆれていた。いくつかの「ヒステリー症的な問題は、その前兆を「虚構」のトラウマにまで〔さかのぼる〕。〔しかし〕新しい事実〔出現してきたもの〕は正確に、そうした光景を空想のなかで作り出すこと、また、この物理的な現実は実用的な現実に沿って説明することが必要である。空想の向こう側から、ひとりの子どもの性生活のすべての範囲に光をあてることになる」（フロイト、1957年〔1914年〕、pp. 17-18.）。フロイトは**乳幼児の性欲**を発見した。最終的に、フロイトは誘惑（トラウマ）の重要性を再確認し、現実と空想の相補性を強調することによって理論の射程を拡張した。

外的トラウマにくわえて、フロイトは、飢餓感、性的衝動、その他の衝動や欲求などの力によって、内面から生まれる刺激である内的トラウマも認識していた。しかし、フロイトが、両親をトラウマをあたえる人として一般視していないことは注目すべきことである。これは、フロイトが全力で戦った彼の有力な教え子であったシャーンドル・フェレンツィ[*1]とは鋭く対立するが、フェレンツィは、フロイトとは対照的に、両親は実際に自分の子どもを虐待すると主張した。そして、この洞察は、**児童虐待**について最近発見されたことによって実証されている。

幼児期の性欲について書かれたフロイトの基準的なテキストは、『性欲理論に関する三つのエッセー』である。このなかで彼は、子ども期の心理的性欲の発達段階を次のように定式化した。フロイトのいうところに従えば、人間は各段階で身体的および精神的な快楽の追求と不満の回避行動が混じった行動をとる。そして、彼はこれらの段階を子ども期の口唇期的、肛門期的、そして陰茎器的（生殖器的）な側面、あるいは段階と名づけた。これらの後に**思春期と成人期の諸変化**が続く。感じやすい身体的な経験は、その子どもの環境にいる両親やその他の重要な人物と関係している相互作用、葛藤、空想などと相関関係にある。

エディプス・コンプレックス

フロイトは、エディプス・コンプレックス、すなわちエディプス的あるいは生殖器的段階の精神分析理論も進展させた。彼はエディプス的段階を発達の重大段階、すなわち子どもと両親のあいだの3角関係につきもののトラウマと直面するときは、同時に、去勢の脅威（少女の場合には生殖器の切除）、そして、きょうだいが生まれた結果生じる対抗意識と競争心などに直面するときでもあるのだが、彼または彼女が、願望、空想、そして同一化の対象として、両親のそれぞれに引きつけられるときだと考えていた。こうした集合体のよい解決策は、普遍的な発達課題であり、良心（スーパーエゴ）感覚と自己同一性とを結びつけることによって達成される。これらの定式はのちに人類学と社会科学で確認されることになる。

独創的、逐語的、非神話的な名称が**近親相姦**コンプレックスではあったものの、フロイトが具体的な近親相姦の事例にではなく、近親相姦の空想に関心をもっていたことは強調しておく必要がある。さらに、子どもの虐待についてのつい最近の歴史研究は、過去のトラウマの記憶の真偽の問題もふくめて、実際の近親相姦のトラウマもふくめている。

このエディプス段階はさらに、エディプス期と前エディプス期の組織に区分され、乳幼児と年少の子どものそれぞれのジェンダーは、最初は母親と結びつく。しかし、ここで、両親と子どもの双方の攻撃性が、性的魅力やファンタジーよりもはるかに重要な問題であることが発見された。もうひとつの発達曲線は、（自分の身体から得られる快楽と満足から生まれる）自己性欲からナルシシズム（自己愛）に向かい、さらに全面的に成熟した他者への**愛情**へと向かう。フロイトは攻撃性に向かう発達曲線とか、権力志向的な欲求については定義しなかった。

統合的な発達心理学は、最終的には成人の行動、たとえば、恋愛の心理学、精神障害（神経症と精神病）、犯罪行動、性格形成および集団行動と大衆行動など、広い範囲について発達心理学的な説明につながった。

フロイト以降のフロイト主義

女性たちが精神分析運動にくわわったとき、発達の無性的側面を重視する発達理論の完全な状況があらわれた。フロイトの支持者たちは、すでにフロイトが検討をくわえていた独創的な考えを洗練した。**アンナ・フロイト**は防衛メカニズム（ダイナミズム）*2の役割を精緻にした。アンナ・フロイトの偉大なライバルであったメラニー・クラインは、この防衛機能を生後1カ月における被害妄想と鬱状態とよんだ。ジョン・ボウルビーは、愛着（アタッチメント）と喪失感を力説した。エリク・エリクソンは、アイデンティティの発達について彼が名づけた後成説的諸段階を詳しく説明した。

フロイトは、発達の有機体的あるいは個体的（自己充足的）な側面に焦点をあてたが、のちの研究者たちは、アメリカの偉大な精神分析学者ハリー・スタック・サリヴァン*3によってはじめて導入された健康と病気における、対になる、対人関係的な発達概念に対して非常に受容的であった。このアプローチは、家族研究によって重要なものと確認された。対人関係アプローチは未来の方法である。したがって、その指導原理は方法ではなく、フロイトの個体観察と洞察を、日常生活で観察でき、空想文学、映像、テレビで表現されているような対人関係の心理的な現実を統合する、あれもこれもという包摂的な方法である。文学では、エディプス・コンプレックスを応用してよく知られた事例はシェークスピアの『ハムレット』についての解釈である。宗教では、精神分析の考えは聖書にあるイサクの犠牲とイエス・キリストの磔刑にあてはめることができる。

フロイトの子ども期の理論は、批判と推敲の両方を受けた。批判者たちは、フロイトの子ども期の理論は、もっぱら**セクシュアリティ**に固着しすぎており、分析対象の成人の神経症についての観察からこじつけ的に推論しただけで、たとえば、乳幼児や子どもへの直接的な観察にもとづいた経験的な根拠を欠いていると主張した。このギャップは、子ども分析を実施したヘルミン・フォン・フーグ＝ヘルメス*4とサビーナ・シュピールライン*5という初期の女性の精神分析の開拓者たちの研究によってはじめて埋められた。フロイトにおいて不十分にしか発展されなかった理念は成人と子どもの分析のさらなる進化によって拡張された。非性欲的な愛着的愛情、依存性（フロイトのいうアナクリシス・タイプ）、そして攻撃や嫉妬といった観念も拡張された。ここには、メラニー・クラインとジョン・ボウルビーの業績もふくまれる。しかし、こうした推敲は、最終的にフロイトを批判することになったのではなく、発達をめぐる諸問題についてのいっそうバランスのとれた見解へと発展した。この分野におけるさらに重要な業績は、乳幼児と子どもについての研究から生まれ、分離個性化（separation-individuation）についてのマーガレット・マーラー*6の業績、あるいは、母子関係、他者との関係の初期段階のよいコミュニケーションと不十分なコミュニケーションについてのダニエル・スターンとベリー・ブラゼルトンの業績のような、発達における人間関係の要因の役割に焦点をあてた。

［訳注］

*1 シャーンドル・フェレンツィ（Sándor Ferenczi, 1873-1933）――ハンガリーの精神分析医。ポーランド人の両親のもとにアレクサンダー・フレンケル（Alexander Fränkel）として生まれる。1881年（7歳か8歳）一家はハンガリー的なフェレンツィに改姓する。ウイーン大学に学び、ジークムント・フロイトの門人で、初

*2 防衛メカニズム（defense mechanism）——精神的緊張を緩和したり、除去しようとするふるまい方。

*3 ハリー・スタック・サリヴァン（Harry Stack Sullivan, 1892-1949）——アイルランド系移民の貧しい農家の子としてアメリカのニューヨーク州に生まれた。1917年シカゴ大学医学部卒業。1922年までワシントンにあるセント・エリザベス病院ではたらいた後、シェパード・アンド・イノック・プラット病院で主として統合失調症患者の治療を行ない、1930年ニューヨークで開業した。1930年代末にウィリアム・アランソン・ホワイト・インスティテュートの設立にたずさわり、1938年学会誌Psychiatryの主筆となって精神医療学界を主導した。広島への原爆投下に衝撃を受け、世界保健機構（WHO）の設立に尽力した。

*4 ヘルミン・フォン・フーグ＝ヘルメス（Hermine von Hug-Hellmeth, 1871-1924）——オーストリアの精神分析学者。最初の子どもの精神分析学者とみなされている。

*5 サビーナ・シュピールライン（Sabina Naftulovna Spielrein［Russian: СабинаНафтуловнаШпильрейн］1885-1942）——ロシア出身の精神分析学者。チューリヒ大学で学び、精神分析学者のC・G・ユング（1875-1961）の最初は患者として、次いで学生として、さらに同僚の研究者として活動し、スイスとロシアで教鞭をとった。S・フロイト（1856-1939）、J・ピアジェ（1896-1980）とも知りあっていた。

*6 マーガレット・マーラー（Margaret Schönberger Mahler, 1897-1985）——ハンガリーの精神科医、精神分析家、児童心理学者。ハンガリーのユダヤ系の家に生まれ、ブダペスト大学で美術史を学び、やがてハンガリーの有名な心理学者フェレンツィと出会って心理学に進み、フロイトの著作を精読した。ナチの迫害をのがれるため、イギリスを経由してアメリカに渡り、発達心理学にかんする多くの理論を発表した。

➡子どもの発達概念の歴史、児童心理学、年齢と発達

● 参考文献

Fenichel, O. 1945. *The Psychoanalytic Theory of Neuroses*. New York: Norton.

Ferenczi, Sandor. 1955. "Confusion of Tongues between Adults and the Child." In *Final Contributions to the Problems and Methods of Psychoanalysis, by Sandor Ferenczi*. New York: Basic Books.

Freud, Sigmund. 1953 [1905]. "Three Essays on the Theory of Sexuality." In *Standard Edition*, vol. 7. London: Hogarth Press and the Institute of Psycho-Analysis.

Freud, Sigmund. 1957 [1914]. "On the History of the Psycho-Analytic Movement." In *Standard Edition*, vol. 14. London: Hogarth Press and the Institute of Psycho-Analysis.

Freud, Sigmund. 1962 [1896]. "Further Remarks on the Neuro-Psychoses of Defense." In *Standard Edition*, vol. 3. London: Hogarth Press and the Institute of Psycho-Analysis.

Lothane, Zvi. 1987. "Love, Seduction, and Trauma." *Psychoanalytic Review* 74: 83-105.

Lothane, Zvi. 1997. "Freud and the Interpersonal." *International Forum of Psychoanalysis* 6: 175-184.

Lothane, Zvi. 2001. "Freud's Alleged Repudiation of the Seduction Theory Revisited: Facts and Fallacies." *Psychoanalytic Review* 88: 673-723.

（ZVI LOTHANE／北本正章訳）

浮浪児と宿なし子（Street Arabs and Street Urchins）

ニューヨーク市警のジョージ・マットセル署長による1849年の驚くべき報告は、市街をぶらつき、物乞いし、盗み、売春婦として暮らしている「浮浪児、怠惰な子ども、不道徳な男女の子ども」は1万人以上にのぼるという懸念すべき状況を明らかにした。この同じ年、イギリスのジャーナリストであり社会評論家でもあったヘンリー・メイヒュー[*1]は、ネグレクトと極貧のためにロンドンの路上に「放り出された」数千人もの子どもたちは「身持ちを悪くして浮浪者になりやすい」と悲嘆の声を上げていた。メイヒューとほかの社会観察者たちは、路上生活者と物乞い——しばしばかれらは都市のスラム街ではたらき、遊び、暮らしていたぼろ服をまとった男女の子どもたちであったのだが——に特徴的であった困窮とみすぼらしい状況を浮かび上がらせたが、ストリート・チルドレンに対して示した彼らの見解は、子どもたちの実際の状況によってだけでなく、貧民に対する彼ら中産階級自身の態度によっても形成されたものであった。アメリカと西ヨーロッパ全域の都市住民たちは、社会的混乱と激しい階級対立のおそれを生みだしたヴィクトリア時代に、途方もなく大きな社会変動に直面した。貧しい子どもたちはやがては「危機に瀕して危険な若者」になると考えていた都市の改革者たちは、こうした子どもたちの存在を、社会を瓦解させる象徴であり、社会を安定させる鍵でもあると見ていた。

19世紀を通じて、ニューヨークのような中心都市には、外国からの移民、自国の未熟練労働者、および、経済的な貧困の結果、都市のもっとも貧しく、もっとも人口密度が高い区域で暮らしていた無職の黒人たちをたえず受け入れていた。社会改革者たちと新聞が公表したのは、虐待するアルコール中毒の親から逃げるか、あるいはそうした親に酷使された子どものなかでもっともセンセーショナルな物語だけであったが、大多数の子どもたちは、わずかな収入しかない家計を助けるためにはたらいていた。子どもたちは燃料になる石炭や木片を集めるためにゴミをあさり、使い走りをし、廃品回収業者に売るためにくず鉄、ガラス、布きれを集めた。少年たちは靴磨きをし、新聞やマッチを売った。少女たちは街角でトウモロコシや花を売り歩

フロウシト

フォード・マドックス・ブラウン「労働」(1852-1865年)の前面の排水溝のなかに立っているボロ服を身につけた浅黒い肌をした少女の姿にみられるように、ヴィクトリア時代のイギリスでは、人種、階級そして衛生状況はしばしば混在していた。Oil on canvas. 53 15/16×77 11/16 in. ⓒManchester Art Gallery

いた。路上での商売の発展は、年少者による軽犯罪の増加にもつながった。スリはスリ専門の若い少数の中核グループの仕事であったが、多くの子どもたちは売れるものを上手にくすねるようになっていった。

こうした子どもたちの大半は、路上での存在を必要とする家庭と仕事をもっていたが、警察は浮浪状態を主要な「犯罪」にあげた。子どもたちの「浮浪状態」の強調は、家庭というものを構成するものに対する中産階級の偏見を反映している。多くの中産階級の観察者たちの目には、貧民は家庭をもっておらず、暗くて不潔な納屋しかないと映った。実際、浮浪児*2という言葉がはじめて使われたのは19世紀のなかばであったが、それは一部のアラブ系の人びとの遊牧民的な生活様式を示唆していた。社会改革者たちにとって、街路にたむろする子どもたちは、ほかの問題以上に下層階級の家庭生活にみられる無秩序の象徴であった。貧しい家庭では、家庭生活は、密集した安アパートの部屋から騒々しい街路にこぼれ落ちた。これとは対照的に、ブルジョワ家庭の経験を明示したのは家庭的親密さであった。下層階級の親たちは、子どもたちを都市生活にはびこる悪徳から守るために彼らを家庭内に閉じこめるかわりに、彼らが都市の路上ではたらいたり遊んだりするのを容認していた。

こうした信念に刺激されて、大西洋の両岸で、極貧の非行少年の道徳改善のためのさまざまな組織があらわれた。ドイツのラウエ・ハウス(Rauhe Haus)、フランスの農業コロニー(Colonie Agricole)、イギリスのキングズウッド(Kingswood)とタワーヒル(Tower Hill)、アメリカの貧民収容所(the Houses of Refuge)などがそれである。これらの矯正施設は、しつけと厳しい労働作業を通じて子どもたちの性格を改造しようとするものであった。これら以外の組織のなかでも注目すべきは、**ニューヨーク児童保護協会**[*3]**と児童虐待防止協会**で、これらは貧民の家庭生活に干渉するそれぞれ別の業務を担っていた。これらは、子どもたちを路上からだけではなく、必要とみなせば保護者からも救出した。里親制度および子どもサービスの近代的な概念は、こうした道徳改善プログラムから直接進化したものであった。

[訳注]

*1 ヘンリー・メイヒュー(Henry Mayhew, 1812-1887)
——イギリス産業革命期のジャーナリスト。ウェスト

ミンスター校を中退後、東インド会社に勤めてインドに渡った。帰国後さまざまな仕事を転々とし、マーク・レモンと共同で創刊した週刊誌「パンチ」（1841-1992）の編集者となるが、19世紀中頃のロンドン下層市民の悲惨な生活実態を取材して「モーニング・クロニクル」（Morning Chronicle）誌に連載したものを、London Labour and the London Poor（1851, 1861-62）メイヒュー『ヴィクトリア時代ロンドン路地裏の生活誌』（上・下）（植松靖夫訳、原書房、2011年）として出版した。メイヒューは、この調査記録で「労働者が悲惨な目にあい、不安定な生活を強いられるのは、〈需要と供給〉の経済法則が誤解されているからであるが、この法則は不正を行なう強者と正直な弱者がくりひろげる理不尽で無情な生存競争を意味するものと目下理解されている」と書いている。

*2 浮浪児（street arabs）――「宿なし」ともよばれ、物乞いや盗みなどをして生きている子どもたちをさして使われた軽蔑語。Street Arabsと表記することもある。この表現は1859年頃から使われはじめた。

*3 ニューヨーク児童保護協会（the Ner York Children's Aid Society: CAS）――アメリカの社会福祉事業家チャールズ・L・ブレイス（Charles Loring Brace, 1826-90）が1853年にニューヨークに設立した、ホームレスの子どもたちに福祉援助をするための団体。浮浪児、孤児を孤児院に収容するという当時一般的に行なわれていたやり方ではなく、農場などの家庭に里親を見つけて子どもを養育してもらう（Placing Out、里子制度）ことを目標の一つに掲げた。多数の浮浪児たちが「孤児列車」（Orphan Trains）で農村部に送り出された。

➡児童救済、ニューヨーク児童保護協会、非行、ホームレスの子どもと家出中の子ども（アメリカ）、労働と貧困

● 参考文献

Ansbinder, Tyler. 2001. *Five Points*. New York: Free Press.

Brace, Charles Loring. 1872 [1973]. *The Dangerous Classes of New York and Twenty Years' Work among Them*. Washington, DC: National Association of Social Workers.

Gish, Calasha. 1995. "The Petit Proletariat: Youth, Class, and Reform, 1853-1890." Ph.D. diss., New York University.

Gordon, Linda. 1988. *Heroes of Their Own Lives: The Politics and History of Family Violence*. New York: Penguin Books.

Mayhew, Henry. 1861. *London Labour and the London Poor*, vol. 1. London: Griffin, Bohn.

（CLAY GISH ／三時眞貴子訳）

プロテスタントの宗教改革（Protestant Reformation）

プロテスタントの宗教改革は、カトリック教会を改革する議論を刺激しようとしたマルティン・ルター*1の試みの後、1517年にドイツではじまった。それは急速に発展して国際的な論争となり、ヨーロッパにおけるカトリックの統一性が永続的に破壊され、多数の新しいキリスト教の宗派とセクトが生まれることとなった。1520年代初期までに、カトリック教会との決裂は永続的なものであることがあきらかとなり、改革者たちは、16世紀の宗教的な軋轢に耐えられる安定した新しい教会をつくるという課題に直面した。

この課題への対応において、子どもは決定的に重要な構成要素であった。改革者たちは、彼らの教会の子どもたちが、新しく意味を明確にしたキリスト教信仰のなかで適切かつ完全に養育され、教育されることを確証できるかどうか懸念していた。プロテスタントの改革者たちは、家族を、宗教的信仰と社会的安定の両方にとって基盤となる単位と見ていた。したがって、彼らは中世後期のカトリック教会よりもはるかに多くの注意を子どもと家族にふりむけたのであった。改革者たちが心に描いたように、理想の家族とは、父親が最終的な責任と権威を保持する家父長家族であったが、そこでは母親たちも、子どもたちの養育と教育について説明する責任があった。改革者たちは、すべての人類と同じように子どもも原罪に穢されてはいるものの、なお教育可能であり、世の中の誘惑と悪から子どもたちを守るために注意深く監視する必要があると見ていた。彼らは、つねに教会の共同体の支援を得て、父親と母親には子どもたちにキリスト教の信仰と慣行を教え、愛情と抑制をもって子どもをしつける義務があると主張していた。これとは別の重要な貢献は、基礎教育の重要性を主張したことと、改革されたキリスト教徒が自力で聖書を読むことができるようになるために**識字能力（リテラシー）**を広めようとしたことであった。

プロテスタントの子どもと教会の儀礼

ドイツのマルティン・ルターやジュネーヴ共和国のジャン・カルヴァン*2をふくむ、ほとんどの改革者たちは、秘跡としての幼児**洗礼**の儀礼をその教会で維持した。オランダと北ドイツで活躍したメノー・シモンス*3のような、もっと「急進的な」すなわち再洗礼派の改革者たちは、幼児洗礼を拒絶し、人は男であれ女であれ自分の信仰を宣言し、青年あるいは成人として洗礼を受けるかどうかを選択すべきであると主張した。ルターとカルヴァンは幼児洗礼の慣行は維持したが、彼らは、子どもの本性についてはそれまでとは違った理解を示しつつ、それぞれ秘跡の過程で生じたことについて、カトリックの解釈を変えた。中世のカトリック教徒は、洗礼の秘跡は、新生児の魂の重荷となっていた原罪を洗い清めることであると信じていた。これとは対照的に、プロテスタントの改革者たちは、洗礼を受けた子どももふくめて、すべての人間の上にのしかかっている原罪の負担を強調した。洗礼の効果についての意見の一致はプロテスタントのあいだには見ら

れなかったが、一般に彼らは、洗礼は子どもを未来の危害から自動的に保護する浄化の行為ではなく、むしろ神の恩恵と、子ども、両親、そしてより広い教会の共同体との約束のしるしであると考えていた。また、洗礼の儀礼は、両親と共同体がキリスト教信仰のもとで子育てをする義務を特徴づけた。子どもたち、とりわけ青年期の若者たちはなおさらのこと、現世の騒乱と悪徳にそまりやすいと考えられていた。このため、彼らが敬虔さとキリスト教徒の責務を学ぶのを補助するために、注意深い監督と子どもを愛しむしつけとを必要とした。

プロテスタントの宗教改革から生じたもうひとつの変化は、堅信を青年期まで延長することであった。堅信は、もはや秘跡であるとはみなされなくなっていたが、プロテスタント教会はなおもそれを子どもの信仰告白であり、また、一定の儀式をともなう教会への公的な入会としてきわだたせた。中世のカトリックでは、子どもたちはしばしば洗礼から7歳までのあいだに堅信を受けていた。改革者たちは、そうした行為には、その子どもがある程度の精神的成熟に達していることが必要だと考えていたが、一般に、この時期は身体的な成熟の時期とほぼ重なると考えられていた。改革者たちは、堅信の時期を青年期まで(極端な場合には18歳まで)延期するなかで、分別年齢を後退させようとし、そうすることで、子どもたちが自分の行為に対する責任を完全に負わない時期を拡張した。

教育

ルターとカルヴァンにみられた堅信の遅れと、再洗礼派にみられた洗礼の遅れという二つの遅延は、子どもの適切な教育を不可避なものにした。プロテスタントの宗教改革の主要な前提は、キリスト教徒の一人一人が、祈りと聖書の研究によって、直接に神の聖餐を受けることができることであった。改革者たちは、少年と少女の両方が聖書を読むことができるように、教義問答書(カテキズム)を提供するとともに学校を設立することによって、この関係を促進しようとした。ルターとカルヴァンはそれぞれ、子どもたちの訓育を援助する取り組みのなかで、宗教的な教訓を必要としている子どもと大人に教えるために、両親と聖職者が利用できる教義問答書を作り出した。そうした教義問答書は、キリスト教信仰の基本的な教義についての質問とそれへの答えという形式で書かれていた。これらは(ラテン語ではなく、たとえば、ドイツ語あるいは英語で)日常的な、その土地の単純な言いまわしで印刷されており、すでに1450年代以降ヨーロッパで利用されていた印刷出版のおかげですばやく出版し、地域を越えて配布することができた。

少年たちも少女たちもともに、そうした教義問答書を家庭、教会、そして学校でも学ぶよう期待された。16世紀から17世紀を通じて女子校と男女共学校の両方が設立されたが、男子校の設立はそれらよりもいっそう急速に進んだようである。少女たちは、敬虔なふるまいを学ぶために、教義問答書を中心にした家庭での教育を受けるよう期待されていた。学者たちは、ヨーロッパのさまざまな地域における教育と宗教教義の教えこみに対するこのような取り組みの効果について、くりかえし議論を重ねていた。改革者たちの教育努力は、彼らが期待したとおりの完全な、あるいは徹底した成功はおさめなかったが、16世紀と17世紀のヨーロッパの識字率は、カトリック圏よりもプロテスタント圏でのほうがより迅速に改善されたことについては、広く意見の一致がある。最終的には、宗教改革期に生まれたさまざまな学校がヨーロッパの標準的な学校制度の一部になった。

しつけと義務

ルター、カルヴァン、そしてシモンスらは全員、子どもたちには両親を尊敬し、服従し、そして手助けする義務があることを強調した。それに応じて両親は、子どもを保護するために、また、安定した共同体を生み出す必要からも、子どもを愛しみ、養育し、しつける義務があるとされた。こうした義務が非嫡出子にまで拡大されたことは注目に値する。カトリック当局が、未婚の母親の名誉を守ろうとして、遺棄された子どもの世話をするために非常に熱心に財源を拠出しようとしていたのに対して、プロテスタントの役職者たちは、婚外出産した子どもを養育する責任を両親に確実に果たさせようと必死になった。

「篤信の」両親は、その子どもたちを身体的かつ精神的に養育するよう期待された。これは、厳格でありながらもあわれみ深いしつけをすることを意味していた。鞭で打つことをふくむ身体罰は、現世が子どもに押しつけてくる多数の悪徳に子どもたちが抵抗するのを助けるために適度に用いることが許された。しかし極端な虐待、ネグレクトあるいは過剰な溺愛はいずれも、子どもにとっては脅威だとみなされた。改革者たちは、こうした極端なさまざまな事例と戦うために、プロテスタントの教えにしたがって子どもを養育することはキリスト教徒の両親が神に奉仕するひとつの方法であるという考えを強調した。カルヴァンは次のように書いている。「大人たちがその子どもを神の贈り物とみなさないかぎり、彼らは無頓着で不承不承にしか子どもを扶養しないだろう」(ピトキン論文からの引用。Pitkin, p. 171)。再洗礼派の場合、子どもの洗礼の上に構築されるキリスト教の教育のためではなく、むしろ、いつの日か、洗礼を受けるのを可能にしてくれるとするキリスト教信仰にもとづいた教育のために、子どもたちは両親に依存した。幼児洗礼の問題は再洗礼派とそれ以外のプロテスタント諸派とのあいだに重大な亀裂を生んでいたが、実際には、両者とも、信心深いキリスト教徒と責任感のある市民として子どもた

ちを育て上げるうえで同じ行動をとっていた。シモンスは、子どもにかんして再洗礼派の両親に次のような助言をした。「もしも子どもたちが罪を犯したら、かれらにその罪をしっかりと示しなさい。もし彼らが幼稚であるのなら、忍耐強く育てなさい。もしも、子どもたちが教えることが可能な年齢になったら、キリスト教のやり方で教えるようにしなさい。こうして幼い頃から神に一身を捧げるようにさせなさい」（ミラー論文からの引用。Miller, p. 208）

プロテスタントの影響

子どもの世話にかんする改革者たちの思想は、子育てについての無数の書物によって人気を博した。教会と国家当局は、改革派（「カルヴィニズム」）の共同体に設立された宗教会議、あるいは道徳裁判所のような手段によってこうした理念を強めようとした。しかし、こうした努力にもかかわらず、改革者たちの見解がプロテスタントの親たちすべてによって矛盾なく実行に移されなかったことは記憶すべき重要な点である。実際、両親——父親あるいは母親——が、子どもたちにプロテスタントの神学と信条を完全に教えるようにという改革者たちの命令に恥じない生活をしていたことはありうることである。改革者たちは、一方では彼らが子どもたちを過度に厳しくしつけていることをしばしば批難したが、それよりもひんぱんに聞かれたのは、両親が子どもを溺愛し、それによって子どもたちの精神的な幸福と道徳的な安らぎを無視しているという不平であった。これとは別の論争をよんだ問題には、新生児のために**名づけ親**を選ぶ問題をふくんでいた。カルヴァンとジュネーヴの改革者たちは、名づけ親は、子どもたちにとって精神的な助言者としての役目を果たせるように、改革された共同体のなかから選ぶべきであると主張した。しかし、親たちのなかには、古くからの伝統を守りながら、名づけ親になってもらうためにカトリックの町から親類の者を招きたいと主張する者もいた。最後に、洗礼は子どもから原罪を洗い清めることであり、救済の前提条件であるという信仰は、改革者たちの教えがその逆であったにもかかわらず、ある種のプロテスタントのあいだには根強く残った。近世を通じて、洗礼をほどこすために、死んだ幼児を「生き返らせる」さまざまな習俗が残存していた。

それにもかかわらず、プロテスタントの宗教改革は、近世ヨーロッパにおける子どもの扱い方と子どもへの対し方に重大かつ永続的な影響をおよぼした。改革者たちが子どもをめぐって両親と意見が衝突したのは、両親と教会当局の両方が、子どもを責任感のある市民に、信仰心のあるキリスト教徒に、そして忠順な息子あるいは娘に育て上げる最善の方法について、強い意見をもっていたためであった。プロテスタントの改革者たちは、18世紀の**啓蒙思想**の時代にふたたび前面にあらわれることになる教育を広く行きわたらせる努力をしはじめた。彼らは、子ども期は養育としつけと学習の時期であるという考えを強調した。また彼らは、両親と子どもたちがお互いに果たしあう義務をしばしばくりかえした。

[訳注]
* 1 マルティン・ルター（Martin Luther, 1483-1546）——ドイツの神学者。エルフルト大学在学の22歳のとき、雷雨のなかで経験した心の衝撃から、アウグスティノ会修道院に入って修道士となり、次いで司祭となった。29歳頃、ヴィッテンベルク大学教授として聖書講義を担当した。やがて「免罪符」の効力を論じる95個条の提題をヴィッテンベル教会の門扉に掲げ、宗教改革の端緒を開いた。新約聖書のドイツ語版を完成させた。彼自身も家庭生活における福音主義的変化を重視し、家庭内礼拝を徹底した。
* 2 ジャン・カルヴァン（John Calvin, 1509-1564）——フランス生まれのスイスの神学者。マルティン・ルターやツヴィングリ（1484-1531）らとならび評されるキリスト教の宗教改革初期の指導者で、神学校として1559年に創設されたジュネーヴ大学の創立者。『キリスト教綱要』（*Christianae Religionis Institutio*, 1536）などによって示されたカルヴァンの神学は「カルヴィニズム」とよばれ、ルター派など一部を除き、教派の違いを超えてプロテスタント諸派に大きな影響をおよぼした。
* 3 メノー・シモンス（Menno Simons, 1496?-1561）——フリースランドの宗教改革者。オランダとドイツにおける平和主義を掲げた再洗礼派（Anabaptists）の指導者。最初はカトリック司祭であったが、1536年にプロテスタントの再洗礼派に改宗した。Mennonites（メノー派）は彼の名に由来する。

➡イスラム社会の子ども、カトリック、ユダヤ教

● 参考文献

Ben-Amos, Ilana Krausman. 1994. *Adolescence and Youth in Early Modern England*. New Haven, CT: Yale University Press.

DeMolen, Richard L. 1975. "Childhood and the Sacraments in the Sixteenth Century." *Archiv für Reformationsgeschichte/Archive for Reformation History* 66: 49-70.

Fletcher, Anthony. 1994. "Prescription and Practice: Protestantism and the Upbringing of Children, 1560-1700." In *The Church and Childhood*, ed. Diana Wood. Cambridge, MA: Blackwell.

Harrington, Joel. 1998. "Bad Parents, the State, and the Early Modern Civilizing Process." *German History* 16: 16-28.

Luke, Carmen. 1989. *Pedagogy, Printing, and Protestantism: The Discourse on Childhood*. Albany: State University of New York Press.

Marshall, Sherrin. 1991. "Childhood in Early Modern Europe." In *Children in Historical and Comparative Perspective: An International Handbook and Research*

Guide, ed. Joseph M. Hawes and N. Ray Hiner. Westport, CT: Greenwood Press.
Miller, Keith Graber. 2001. "Complex Innocence, Obligatory Nurturance, and Parental Vigilance: 'The Child' in the Work of Menno Simons." In *The Child in Christian Thought*, ed. Marcia J. Bunge. Grand Rapids, MI: W. B. Eerdmans.
Ozment, Steven. 1983. *When Fathers Ruled: Family Life in Reformation Europe*. Cambridge, MA: Harvard University Press.
Pitkin, Barbara. 2001. "'The Heritage of the Lord': Children in the Theology of John Calvin." In *The Child in Christian Thought*, ed. Marcia J. Bunge. Grand Rapids, MI: W. B. Eerdmans.
Pollock, Linda. 2001. "Parent-Child Relations." In *Family Life in Early Modern Times, 1500-1789*, ed. Marzio Barbagli and David I. Kertzer. New Haven, CT: Yale University Press.
Strauss, Gerald. 1978. *Luther's House of Learning: Indoctrination of the Young in Reformation Germany*. Baltimore, MD: Johns Hopkins University Press.
Tudor, Philippa. 1984. "Religious Instruction for Children and Adolescents in the Early English Reformation." *Journal of Ecclesiastical History* 35: 391-413.
Watt, Jeffrey R. 2001. "The Impact of the Reformation and Counter-Reformation." In *Family Life in Early Modern Times, 1500-1789*, ed. Marzio Barbagli and David I. Kertzer. New Haven, CT: Yale University Press.
Wiesner, Merry E. 1993. *Women and Gender in Early Modern Europe*, 2nd ed. New York: Cambridge University Press.

（KAREN E. SPIERLING／北本正章訳）

プロムナード・コンサート（Proms）

ハイスクールのプロムナード・コンサート（以下、プロム）は、現代アメリカ社会の象徴的なイベントであり、今日の若者たちにとって、大人になるもっとも重要な儀式のひとつとして、しばしば知られている。プロムは学校組織の一部で、**若者文化（ユースカルチャー）**を形成する場でもあるが、拡大する消費文化のなかでその意義はつねに変わりつづけている。

20世紀初頭における学校教育の拡大は、急速な都市化と産業化にともなうものであるが、アメリカのプロムの発展にとって鍵となる役割を担った。19世紀末以前には、富裕層だけが初等教育以上の学校に通っていた。新入生が着実に増加するようになると、公立学校はアメリカ社会における主要な社会化機関として登場した。スクール・ダンス、クラブ活動、学生自治会の活動などがしだいにアメリカの若者たちの生活の一部となり、学校の役割が変わった。増えつづける若者たちが大学に入学する1920年代になると、大学は、若者にとってレジャーと学びの意義深い場として登場した。こうして1920年代までに、カレッジのジュニア・プロムのような若者中心の社会活動が、変化しつづける若いアメリカの注意を引きつけると、大学の伝統的な学問的関心は弱まった。

ハイスクールのプロムは、1930年代まではとくに人気があったわけではなかった。プロムの人気は、若者（youth）が文化的に特別な年齢集団としてどのように定義されてきたか、その変化に大きく由来する。学者たちはこれまで、若者とは19世紀なかば以降に特有の気質と特性をもつ年齢集団とみなしていたが、1930年代までに、青年期（adolescent）という理念が、大衆文化の伝承と学問的な著作の両方でしっかりと確立され、成人期の入り口にあたる青年期は、不安定で悩みの多いことで特徴づけられるライフ・コースの騒々しい段階を意味した。その結果、青年期は、道徳指導と社会ガイダンスを必要としていると考えられた。じゅうぶんに組織され、大人の監視下に置かれた社会活動は、中産階級の成人世界の習俗と価値観に向けて若者を社会化する申し分のない機会として役立った。

1940年代までに、青年期のレジャー生活は家族との結びつきを希薄にし、急速に拡張する消費文化とますます強く結びつくようになった。10代のレジャー市場の出現は、中産階級の大人たちのあいだに、若者の**セクシュアリティ**、非行、無気力に対する懸念を強めることとなった。若者の生活はしだいに家の外の活動で消費されるという事実と結びついた、青年期の道徳発達についての初期の懸念は、若者の活動と空間を監督し、しばしば公然と規制しようとする非常に協調的な努力を生みだした。こうして、20世紀なかばまでに、ハイスクール・プロムは、学生食堂やソックホップ[*1]などとともに、アメリカの中産階級の文化生活の基盤になった。

アメリカの若者のますます多くが反戦や公民権、言論の自由を求める運動に参加するようになると、プロムの人気は1960年代と1970年代初めには弱まった。多くの若者が、中産階級のアングロサクソン信奉、大人の権威、現状維持に対する抵抗の象徴としてプロムへの参加をこばんだ。1980年代と1990年代前半にかけての政治文化の変化にともなって、ふたたびプロム人気は、若者市場を開拓して拡大しようとする市場開拓者たちの努力と協働して、リムジン、高価なドレス、高級ホテルなどが多数のアメリカの若者にとって重要なプロム経験になる消費主義の牽引力によって根本的に変えられた。それでも、今日のプロムは、過去と同様、若者がアメリカの歴史を生み出し、またそれを再構築しようと模索するイベントに役立つ。1981年、ハイスクールに通うゲイの生徒が、ロードアイランド州の別のゲイの生徒をともなってプロムに参加した。1994年、アラバマ州の学校では、異人種間のデートを阻止しようとして校長が全学生に対してプロムを中

止したことに対して、その代替となる抗議プロムが企画された。また、1995年には、カリフォルニア州のハイスクールの生徒たちがはじめて同性愛者のプロムに参加した。

［訳注］
＊1 ソック・ホップ（sock hops）──アメリカで1950年代に高校生のあいだではやった体育館などで開かれるカジュアルなダンス・パーティ。ソックスをはいて踊るダンスをともなうのでこのようによばれた。

➡青年期と若者期、ハイスクール（アメリカ）、若者文化（ユースカルチャー）

● 参考文献
Best, Amy L. 2000. *Prom Night: Youth, Schools and Popular Culture*. New York: Routledge.
Fass, Paula. 1977. *The Damned and the Beautiful: American Youth in the 1920s*. New York: Oxford University Press.
Graebner, William. 1990. *Coming of Age in Buffalo: Youth and Authority in the Post War Era*. Philadelphia: Temple University Press.
Kett, Joseph F. 1977. *Rites of Passage: Adolescence in America, 1790 to the Present*. New York: Basic Books.
Palladino, Grace. 1996. *Teenagers: An American History*. New York: Basic Books.

（AMY L. BEST／寺田綾訳）

文学（Literature）
➡児童文学（Children's Literature）

「ペアレンツ・マガジン」（育児雑誌）(Parents Magazine)

1926年にニューヨークで創刊された「ペアレンツ・マガジン」*1は、20世紀における親業教育（parent education）のメッセージを伝える重要な出版メディアになってきた。もともとは子どもたちを対象にした大量部数の月刊誌であった「ザ・マガジン・フォー・ペアレンツ」は、両親が子育てをする助けになるように、子どもの発達にかんする科学的な知識を大衆化した。この雑誌は、20世紀全般を超えて、数百万の家庭にとどけられた。

この雑誌は、1920年代にブームになった親業教育運動を反映するとともに、そのブームをつくってもいた。子どもの健康、心理学、そして教育学のエキスパートたちが専門研究をわかりやすい表現に言い換え、実践的な指針を示した。この雑誌の公的な協力は、四つの大学と、著名な助言的編集委員会からもたらされた。広範におよぶ宣伝は、既製のベビーフード、就学前教育、サマーキャンプなどの項目を奨励した。「赤ちゃんのサークルベッドから大学までの子育てについて」というこの雑誌のモットーは、中産階級の読者が

現在発行中の月刊誌「ペアレンツ」(*Parents*)＊

その子どもたちにいだく期待感を示していた。

創刊者であり、40年以上にわたって出版者でもあったジョージ・J・ヘヒト（George J. Hecht, 1895-1980）は、コーネル大学で経済学の学位をとり、そのあと、第1次世界大戦中は戦時広報にかんする「クリール委員会」*2ではたらいたことがあるビジネスマンで、社会福祉サービスの事業家でもあった。ヘヒトは、教育のある中産階級の両親でさえ、その子どもを育て上げるのに必要な知識と援助を手に入れる必要があると考えていた。彼はその冒険的事業のために、親業教育運動の主要な慈善家であった**ローラ・スピールマン・ロックフェラー記念研究所**から基金を受けた。

ヘヒトは、新しい雑誌の編集者として、クララ・サヴィジ・リトルデイル（Clara Savage Littledale, 1891-1956）を採用し、彼女は1956年に亡くなるまでの40年間このポストにあった。リトルデイルは、スミス・カレッジを卒業したジャーナリストで、2児の母親であった。リトルデイルは、子どもの発達研究の最新情報を両親のもとにとどくようにするために、乳幼児の世話、**しつけ**、性格形成、および**性教育**といったトピックについての論説を公刊した。だが彼女は、自分たちが知らせる常識よりもはるかに多くエキスパートの助言に依存しすぎている親たちには警戒していた。そこで彼女は、研究資料や記事を、ユーモア、感

傷、そして日常体験にもとづいてバランスをとり、読者からよせられた情報も加味した。彼女は親たちに向かって、リラックスして子どもと楽しむよう説いた──これはすくなくとも10年後のベンジャミン・スポックの『スポック博士の育児書』（Baby and Child Care）の先ぶれとなるメッセージであった。

「ペアレンツ・マガジン」は、専門知識と研究に注意をはらうという点で、1920年代に確立する親業教育の独占的で専門的な知識に対するオリエンテーションを反映した。しかし、改革派から受けた衝動もこの雑誌を構成していた。ヘヒトとリトルデイルはどちらも進歩主義時代に成人を迎えたが、彼らは、自分自身の家族への関心を超えて、世の親に強く勧め、子どもと家族のために法律制定を支持した。したがって、この雑誌は、子育てという私的な領域を、より広い公的な関心につなぐものであった。

「ペアレンツ・マガジン」の人気は、即効的で永続的であった。創刊一年以内に毎月10万部の売り上げがあった。10年後の定期購読者数は40万人に達し、創刊20年目の1946年には、ほぼ100万人になった。このときまでに、この出版社は、多数の育児書と子ども向けの雑誌を創刊していた。この雑誌は、世界でもっとも人気を博した大衆向けの教育雑誌としての声価を得た。いまも人気を博しつづけており、2002年には200万人以上の定期購読者を得ている。

［訳注］
* 1 「ペアレンツ・マガジン」（Parents Magazine）──1926年の創刊時の誌名は「子ども、両親のためのマガジン」（Children, the Magazine for Parents）であったが、1919年から「ペアレンツ・マガジン」（Parents' Magazine）と改名され、現在にいたっている。現在の誌名は「ペアレンツ」（Parents）で月間発行部数は約220万部。
* 2 「クリール委員会」（Creel's Committee）──正式名は、「広報機関」（Committee on Public Information: CPI）。アメリカの大統領ウィルソン（Thomas Woodrow Wilson, 1856-1924）が1917年に、第1次世界大戦を視野に入れて設置した戦時プロパガンダ機関。「敵は悪魔、味方は自国政府だけ」というきわめて単純な二分法を国民生活のすみずみにまで刷りこむために、心理学者や教育学者、コミュニケーション専門家を動員し、映画産業、新聞、雑誌、ラジオなどのマスメディアを大々的に利用した。「戦時プロパガンダ機関の元祖」といわれる。

➡育児、子育ての助言文献
●参考文献
Schlossman, Steven L. 1981. "Philanthropy and the Gospel of Child Development." History of Education Quarterly 21: 275-299.
Schlossman, Steven. 1986. "Perils of Popularization: The Founding of Parents' Magazine." In History and Research in Child Development: In Celebration of the Fiftieth Anniversary of the Society, ed. Alice Boardman Smuts and John W. Hagan. Chicago: Published by the University of Chicago Press for the Society for Research in Child Development.

（DIANA SELIG／北本正章訳）

ベイデン＝パウエル、ロバート（Baden-Powell, Robert, 1857-1941）

ロバート・ベイデン＝パウエルは、1914年までに国際的な教育的若者運動に急成長したボーイスカウトを創設した。彼は1908年に『少年のためのスカウト活動』（Scouting for Boys）を、1910年には妹のアグネスとともにガールガイドのマニュアル『いかにして少女たちが帝国建設に助力できるか』（How Girls Can Help Build Up the Empire）を著した。

ボーイスカウト計画は、軍の偵察のための手引書を基礎としながらも、当時の心理学理論と教育方式の双方にしっかりと基盤を置いた、人格発展とシティズンシップ訓練のひとつのシステムであった。その目的は（「スカウトのちかい」と「スカウトのおきて」に要約された）独自のモラル・コードを完全にそなえたボーイスカウト訓練と、救急活動や消防、そして人命救助における公的奉仕の役割を通じて理想的な思春期を、そして最終的には理想的な成人市民を作り出すことであった。ボーイスカウトは、調理器具を使わない料理術やシェルターの設営、ひも結びなど一連のスカウト・テストをすべて受けることで、奥地の住民や開拓者の技能と徳を充実させようとしていた。

スカウト活動は、ベイデン＝パウエルによって、一年中、屋内でも戸外でも活動ができ、少年の人格と道徳的価値観を陶冶すべく工夫された「総括的なゲーム」として立案された。スカウト活動は、年少の少年たちに対し、保護的な監督をかねざるをえない子ども期の息苦しい家庭の約束ごとから、大人が手をかして「逃避」させてやることができた。14歳の少年に対しては、エドワード時代のイギリスで学校を出た後に大人びた子どもたちが広く親しんでいた大人の娯楽形態（とくに喫煙とギャンブル）の代替となることを意図していた。

ボーア戦争における「マフェキングの英雄」[*1]ベイデン＝パウエル少将は、進歩主義的な教育者であった母親の教育を受けていた。彼は、パブリックスクールを出たあとの入隊試験の成績がきわめて優秀であったため、士官の訓練を飛び級で直接連隊に配属された。彼は非正規の志願兵力の起用を主張する型破りなはみだし者の正規兵と目されるようになり、軍の手引書『スカウトの手引き』（Aids to Scouting）を著したが、これが後年ボーイスカウトにおけるシティズンシップ訓練のための主眼として採用された。のちにラドヤード・キプリングの『ジャングル・ブック』（Jungle

Book, 1894, 1895）が、スカウトの年齢より下の少年たちのための「ウルフ・カブ・プログラム」（Wolf Cub Program）の基礎として使用された。

『少年のためのスカウト活動』の出版に先立って、ベイデン＝パウエルは、ボーイズ・ブリゲイド（Boy's Brigade）[2]の創設者W・A・スミスの招聘に応じて、同団体のためにスカウト活動を発展させた。その後スカウト活動は、ボーイズ・クラブ（Boy's Club）や**日曜学校**、教会聖歌隊などの既存の若者団体に採用されることで大きく拡大したが、これらの団体は新しいファッショナブルな運動に成員を根こそぎ奪われないように、スカウト団を結成しようとした。

ベイデン＝パウエルのスカウト活動のコンセプトは、さまざまな影響と発想の折衷的な調和によってかたちづくられた。彼は自治的なクラブという発想を1880年代にボーイズ・クラブの活動を開始したアメリカ人チャールズ・ステルツルから借用した。またスカウトの秘密の握手[3]や、スカウトの友愛の概念はフリーメイソンに由来していた。スカウトのファームスクールと移民政策は救世軍のプランを模倣していた。ベイデン＝パウエルはまた、**マリア・モンテッソーリの遊び**についての理念と、**G・スタンリー・ホール**の生物発生的な心理学——子どもの発達と遊びはその人種の文化の歴史をくりかえすとする考えをふくむ——をとりわけ多く借用していた。結果的に、ウルフ・カブ・プログラムはホールのいうところの「未開人もしくは野蛮な段階」の子どもたちのために、そしてボーイスカウトは10歳以上の「部族あるいは氏族段階」にある子どもたちのために立案された。「少年6人のスカウト・パトロール」は、「友愛ギャング」を意味した。マリア・モンテッソーリはスカウト運動を大いに称賛し、この運動を「巣立ち」（going out）のための非常に貴重な準備とみなしていた。

スカウト活動はエドワード時代のイギリスの知的・文化的雰囲気と社会経済的な関心の産物ではあったものの、広く関心を集め、国家事情が異なる多くの地でも等しく応用可能であることを証明した。1914年までに、フランスやドイツ、オーストリア、日本、ロシア、アメリカ、ペルー、オーストラリア、カナダなど、イギリス以外の52の国々や自治領、植民地に拡大した。ベイデン＝パウエルは1912年に自身の発想を広めるため、6ヵ月にわたる世界ツアーを行ない、この動勢を積極的に推進した。1918年に海外のボーイスカウトは75万人、イギリスでは15万5千人であった。

スカウト活動はそれ以来、時代に沿って修正され（たとえばウルフ・カブ・クラブより幼い年齢集団のためにビーバーが創始された）、制服は流行に合わせてあらためられた（半ズボンが廃止された）。それでもなお、スカウト運動の意図と目標、そしてその活動の大方のところは、21世紀のはじまりにあっても1908年にそうであったものと基本的には同じなのである。

［訳注］
* 1 マフェキング（Mafeking）——南アフリカ共和国ケープ州北東端の都市。旧イギリス領Bechuanalandの飛び領地で首都。ボーア戦争時にはボーア人に217日間包囲された（1899-1900）。
* 2 ボーイズ・ブリゲイド（Boy's Brigade）——しつけと自尊をモットーとして1883年に創設された少年のための組織。「少年隊」とも訳される。
* 3 スカウトの秘密の握手——ボーイスカウトは仲間内では、通常の右手ではなく左手の小指を除いた三指で独特の握手をする習わしがあるが、これはベイデン＝パウエルの西アフリカでの現地族長との交流の経験から着想を得たとされている。

➡ガールスカウト、子どもの発達概念の歴史、少年期、ボーイスカウト

●参考文献

Aitkin, W. Francis. 1900. *Baden-Powell, the Hero of Mafeking*. London: S. W. Partridge and Co.

Dedman, Martin J. 1993. "Baden-Powell, Militarism and the 'Invisible Contributors' to the Boy Scout Scheme 1904-1920" *Twentieth Century British History* 4, no. 3: 201-23.

（MARTIN J. DEDMAN／森本真美訳）

ペスタロッチ、ヨハン・ハインリヒ (Pestalozzi, Johann Heinrich, 1746-1827)

ヨハン・ハインリヒ・ペスタロッチは作家であり、政治的および社会的な改革家であり、教育家でもあった。ペスタロッチは、スイス共和国のチューリヒに生まれ、当地で教育を受けたが、共和主義の価値観と道徳を復興することを目的とした急進的な共和主義的青年運動に積極的に参加するため、1765年、突然、大学での勉学を中断してしまった。古代ローマの「土地をもつ人間」としての市民の理想という影響を受け、また、**ジャン＝ジャック・ルソー**の『新エロイーズ』（*Julie ou la Nouvelle Heloise*, 1761）と『エミール』（*Emile, ou d'Education*, 1762）の第5編から着想を得たペスタロッチは、ある農民の徒弟になった（1767-1768年）。1769年、ペスタロッチは、裕福な市民の出の娘アンナ・シュルテスと結婚した。スイスのアールガウ県（当時はまだベルン州の支配下にあった）のビーア（Birr）にあった広大な地所を急いで購入してしまったことは、ノイホーフの所有地の負債となり、1771年から1772年にかけてヨーロッパを襲った農業危機は、ペスタロッチを大きな財政的困難におとしいれた。彼は、この財政破綻を避けるため、ノイホーフではじめたプロト工業[1]的な事業に貧民の子どもたちを雇用し、両親にその教育を約束した。しかし、子どもたちの生産力を過大評価していたため、すぐに公的

ヨハン・ハインリヒ・ペスタロッチ (1746-1827)*

な慈善に訴えて資金を増やさざるをえなくなった。だが集まった資金はじゅうぶんでなく、1780年にはこの事業を閉鎖した。だが、貧民に教育をあたえる意義と目的におよぼしたペスタロッチの公的な影響は、彼に政治と教育と経済にかんする注釈者としての人生を歩ませることとなった。1781年に出版された彼の手になる小説『リーンハルトとゲルトルード』(Lienhard und Gertrud) は、大きな文学的成功をおさめた。しかし、その続編の3巻はそれほど高い評価は得なかった。

ペスタロッチが「子ども期」(childhood) という言葉をはじめて用いたのは、彼のこの段階の活動を通じてであった。彼は子ども期についての理解を何度も改訂しているが、人生の大きな変容期としての子ども期という彼の考えは、その長い人生のなかでつねに変わらず一定していた。『リーンハルトとゲルトルード』で示されている中心理念は、子ども期を、幼い子どもが外的な条件によって形成される人生段階と見る感覚主義の見方である。

プロト工業化の時代におけるペスタロッチの取り組みと経験は、彼に農業志向的な共和主義を迫ることとなった。1782年以降には、ベルリンの啓蒙思想に触れるようになったが、このことは、ペスタロッチを自然法[*2]と社会契約論[*3]にかんする政治思想的な省察に導いた。共和主義の影響下にとどまっていたペスタロッチにとって、おおむね独立した経済単位であるべき家庭生活は、子どもを社会化すべき場であり、徳性を子どもに教えこむ準備をすべき場でもあった。ここでペスタロッチは、子ども期を自然状態の人間と同等視しているが、この点は、言外の意味が消極的であったルソーとは対照的である。ペスタロッチは、『リーンハルトとゲルトルード』の第4巻で、「わたしの書物の哲学」と題して次のように述べている。「われわれ人間は生まれつき、そして成長して自由勝手にふるまうようになると、無気力で、無知で、不注意、無思慮、無分別になり、だまされやすく、臆病者になり、際限のない貪欲さがあらわれ…性格がねじ曲がり、狡猾で、悪だくみに長け、疑い深く、粗暴になり、無鉄砲で、復讐心をいだき、残忍な行為に走りやすくなる」(p.330)。それだからこそわれわれは、はたらくことをとおして、社会生活にともなうさまざまな制約に向けて厳しく子どもを社会化することが必要になってくるのであり、宗教的な道徳訓練に先だって、はたらく場所を提供しなくてはならないと考えた。

人類の発達と個人の発達は平行する道順を歩むものと考えられている。こうしてペスタロッチは、子ども期を、甘やかされることのない自然状態と解釈し、そこでは――ルソーにしたがって――欲求と能力と才能は完全につりあっていると考えた。しかし、ペスタロッチは、個人生活においては、そうした自然状態は誕生時にしか存在しないため、この状態をいつまでも維持できるとは考えなかった。さまざまな生活経験をへるなかで成長をとげつづける若い人間の欲求は、その欲求を満たすことができる能力を超えて大きくなる。したがって、人間が「堕落状態」になるのは避けられないと考えたのであった。理想的な政治制度では、教育は、人間をもう一度自己を再創造するようにはたらきかけ、「道徳的」な状態にまで発達させる。ペスタロッチは、「環境が人間をつくる」と主張した。しかし彼は、キリスト教にもとづく説明のなかで、人間は、彼自身の意志にしたがって自分をとりまいている環境に影響をおよぼすとともに、その内面に理想的な状況を生み出す才能を秘めている存在でもあることを発見している。この能力あるいは「自己動力」は、非常に個人的で自立的な、自然と社会の決定要素であるとみなされた。人間は、次の二つの条件に翻弄されながら、(宗教的な意味での) 道徳性を達成する。すなわちそれは、政治と教育である。ペスタロッチは、それをイエス・キリストの崇高な原理に従う彼自身の原理とした。人間の外界に純粋さを生み出すために、まず最初に人間の内面に純粋さをつくり出すという原理である。このような宗教的な啓示を受けた教育の理論は、家族の原理を基礎にしており、学校もまたその原理に従うべきものである。

スイス共和国の文部科学大臣フィリップ・アルバー

ペスタロツ

コンラート・グローブ「ペスタロッチとシュタンツの孤児」(1879年)。Kunstmuseum Basel*

ト・シュタプファー*4は、さまざまな学校改革法案を制定するうえで自分の助けとなるもっとも理想的な人物はペスタロッチであると確信していた。シュタプファーの希望は、ペスタロッチが発展させた、子どもたちに読み方を教えるきわめて独創的な教授法の思想に基礎を置いていた。皮肉にもペスタロッチは、共和主義思想の復活に対する信念を失ったまさにそのとき、国家の教師となり、また、かつて彼が学校教育は家庭教育に従属すべきであると期待していたのとはまったく正反対に、近代学校制度に対する責務を負わされることになったのである。

　ペスタロッチは、この時期以降の人生において、多数の教育組織の先頭に立つことになった。教育理論に対する彼の努力は、あらゆる学問分野の基礎学習のむりのない修得を奨励すると同時に、お互いに助けあって、子どもの身体的な傾向ばかりでなく道徳的-宗教的傾向をも展開するようおしすすめることにもなる、初等教育における総合的な教授方法の発展に集中していた。彼が考えた教育の主要な原理の最初の素描は1801年に出版された著書、『ゲルトルードはいかに子どもたちを教えるか』(Wie Gertrud ihre Kinder lehrt)のなかで示された。その基本概念は、人間の自然性は、

無意識的に構成されている生得的な素質と自己動力から成り立っているが、生得的な構造をもった素質はあまりにも脆弱であるため、そのままでは発達することができないとするものである。このような考えにしたがってペスタロッチは、子ども期を(彼が考案した)実物教育(object lesson)の教科書の必要条件と同等視した。子どもたちの天与の生得的な性向を引き出してやり、それを上手に進化させるられる教育だけが実物教育なのである。

　1802年以降のペスタロッチは、さらに有機的な人類の全体像を展開しはじめた。彼は、当時のドイツにおけるロマン主義の議論には従わなかった。この議論は、1800年に——ルソーに触発されて——子ども期を神聖な状態と同一視し、天国、地獄、そして贖罪へと向かう歴史-哲学的発展を伝播するものであった。ペスタロッチは子どものなかに自然の純真無垢さを見ていたが、子どもの内面の神聖さでさえ、必要な教育がなされなければ発達させられないと見ていた。こうした非政治的な見解からすると、社会を再生させる営みで中心的な役割を担うのは母親であった。母親は、その果たすべき宗教的使命において、子どもへの愛情が彼女から神に向かってそれていく前に、「子どもと

世界とのあいだ」に存在するあらゆる自然の「媒介者」のなかで、最初の人になる。堕落した世界に置かれているにもかかわらず、子どもが自立した人間として、また信仰心をもつ人間として自活していくのを可能にさせることこそ、こうした神聖な教育が果たすべき役割なのである。

ペスタロッチは、子どもは、育成されるべき神聖な素質をもつ存在だと考えた。彼は、そのための正しい教育方法を自分が発見したと確信していた。彼はその著作物のなかでひんぱんに、支離滅裂で非常に難解な、彼自身の手になる自伝に言及している。この点にかんして、ペスタロッチは自分を教育的なイエス・キリストであるとみなしていた

ペスタロッチは、自身の身の上に起きた大きな困難と1815年に妻が亡くなったことに続いて、イヴェルドンに彼が作った三つめの学園が破産し、1825年、75歳のとき、ふるさとのビアのノイホーフに戻った。その2年後に、世界からその存在をほとんど忘れられたまま亡くなった。この粘り強い改革者が思い起こされ、名誉をあたえられるようになったのは、19世紀に組織されるようになった教師たちの努力があり、(宗教的にも政治的にも引き裂かれた)スイスにおいて、国民を導き、国家を統一する必要性が高まったからであった。ペスタロッチがスイスにおいてもっとも重要な、すべての国民に知られる人になったのは、すべての国民に教育にかんする明察と目的を提示した教育家としてであった。しかし、彼の著作が読まれることはほとんどなく、「方法」(メトーデ)について彼が深めた教育学的な概念が実践に移されることもなかった。

[訳注]
*1 プロト工業 (proto-industrialization) ──産業化初期の状態をいう。ペスタロッチが生きたのは、スイスの伝統的な農村が大きく構造変化した時代であり、社会構造と経済の変動の過程で、教育意識も伝統的な自力努力型の生産力的な性格形成から、競争にさらされる労働消費の性格形成へと大きく変容を迫られた。「家内産業」訳注1参照。

*2 自然法 (natural law; Naturrecht; lex naturae; lex naturalis) ──事物の自然本性から導き出される法の総称、あるいは自然現象の摂理と考える法の思想と哲学もしくは自然観。自然法は、さまざまな実在するものや現象を前提として、それらを実定法的な秩序と関連づけることから、自然法論とよばれる。自然法は、原則的に、時代と場所に関係なく妥当する「普遍性」、人為によっては変更されえない「不変性」、そして、自然法は理性をもつ者が自己の理性を用いることによって認識できる「合理性」という三つの特色をもち、とくに啓蒙時代には、ジョン・ロック (John Locke, 1632-1704) の教育思想に典型的にみられるように、知識観、人間観、教育観に大きな影響をおよぼした。

*3 社会契約論 (social contract; contrat social) ──「国家」(state) がその形態を確立する以前の「社会状態」(society) の原形としての自然状態を仮定したうえで、「国家」形態がなりたつ原理の正当性を「国家」と「人民」との「契約関係」に求める政治思想。近代市民社会の成立時には王権神授説にもとづく君主主権ないし国王主権を否定する論理として社会契約説の理論が深まった。ジョン・ロック『市民政府論(統治二論)』(Two Treatises of Government, 1690)、ジャン=ジャック・ルソー『社会契約論』(Du Contrat Social ou Principes du droit politique, 1762; Of The Social Contract, Or Principles of Political Right) など。

*4 フィリップ・A・シュタプファー (Philipp Albert Stapfer, 1766-1840) ──スイスの哲学者、外交官、政治家。フランス大使としてペスタロッチの教育実践を啓蒙家たちに広めた。

➡教育(ヨーロッパ)、子どもの発達概念の歴史、ザルツマン(クリスティン・ゴットヒルフ・)、バゼドウ(ヨハン・ベルンハルト・)

●参考文献
Pestalozzi, Johann Heinrich. 1927-1996. *Complete Works, Critical Edition*, ed. Artur Buchenau et al. Zurich, Switzerland: Orell Füessli Verlag.
Pestalozzi, Johann Heinrich. 1946-1996. *Complete Letters, Critical Edition*, ed. Emanuel Dejung. Zürich, Switzerland: Orell Füessli Verlag.

(DANIEL TRÖHLER／北本正章訳)

ベースボール(野球)(Baseball)

アメリカで発明された野球[*1]は、アメリカの文化と国家のアイデンティティの一部であり、多くの少年にとって、野球をすることは男性の通過儀礼である。今日知られているような野球の試合はアメリカ独自のものであるが、イギリスの子どもたちのあいだで「ラウンダーズ」[*2]とよばれ、人気が高かったバット・アンド・ボール・ゲームに由来する。アメリカの植民地時代には、ラウンド・ボール、ゴール・ボール、ワン・オールド・キャット[*3]、タウン・ボール、ベースといったさまざまな種類のバット・アンド・ボールゲーム──おもに男の子に人気があった──が進化した。

早くも1700年代には、野球という形態でプレーしている男性たちへの言及もある。1778年にヴァレー・フォージュ[*4]でジョージ・ワシントン将軍のもとで従軍していたアメリカ独立戦争の退役兵士の日記の書き出しは、ベース(ボール)をプレイしたその日の午後の演習について言及している。1787年の通知では、プリンストン・カレッジ[*5]の学生たちが共有地でスティックボールをするのを禁じている。

だが、今日知られているようなベースボール・ゲームの栄誉は、1845年にニューヨーク・ニッカボッカー・ベース・ボール・クラブ (the Knickerbocker Base Ball Club of New York) を設立し、最初の公式

ルールを起草した、銀行員であったアレグザンダー・カートライト*6に帰す。これはやがて「ニューヨーク・ルール」としても知られるようになった。1857年までに、マンハッタン周辺には約50ほどのクラブがあった。これらのベースボール・クラブは、職業、人種、そして近所づきあいのつながりで組織された。この年は、ニッカーボッカー・クラブとその他のニューヨーク地域の15のクラブが、全米野球選手協会（the National Association of Base Ball Players：NABBP）を形成した年であった。ニューヨーク市地域のクラブの多くは、ジュニア・ボーイズ・チームも形成した。1860年までにジュニア・ボーイズ・チーム全国協会を構成できるほどにまで増えた。非公式な少年たちの試合の時代から正式に組織されたクラブの時代へと進化した。少年たちは田舎では野外で、都市の空き地で、そして路上で、よせ集めのメンバーでベースボールをしつづけた。

南北戦争は、ベースボールの発展を縮小するというよりは、このゲームを大衆化し、全国に広める手段になった。戦争中に試合をしていた退役軍人たちは、それを自分たちのふるさとにもちこんだ。1865年に戦争が終結すると、全米ベースボール・プレイヤーズ協会の会員には、10州から91のクラブがふくまれた。上流階級の紳士クラブ、ニッカーボッカーのゲームは広く大衆のものとなったが、そこには限界があった。1867年に、NABBPは、その後80年間存続することになる分離試合を慣例にして、黒人選手の参加を禁止したのである。

ベースボールがますます人気を高めるようになってくると、都市と町のチームのあいだの競争はスポーツマンシップよりも勝利することにいっそう大きな価値を置くようになり、これは、ギャンブラーの殺到と記録を賄賂で買収されるスター・プレイヤーにつながった。最初のプロチームであるシンシナティー・レッド・ストッキングズは1869年に結成された。このチームは、1869年と1870年には全米各地を地方巡業し、地方のアマチュア・チームと132試合をして130勝した。彼らの人気はほかのプロチームの結成につながった。1871年には全米プロ野球選手協会（ナショナル・アソシエーション）（the National Association of Professional Baseball Players）が結成され、1881年にはアメリカン・アソシエーション（the American Association）の結成が続いた。1880年代はベースボールの黄金時代を画し、1890年までに17の白人と二つの黒人のプロリーグがあった。プロのベースボール時代が到来したのである。プロのベースボールはもともと都市部に限定されていたが、それぞれの町と都市は、多数の観客を引きつけるアマチュアとセミプロのチームを擁した。ベースボール・ゲームを観戦することが娯楽の主要形態となった。プロチームのオーナーたちは、女性たちが球場にいることはより多くの男性を引きつけ、彼らの乱暴なふるまいを減らすだろうと考えて、女性たちが試合を見に来るよう助長した。*7

ベースボールはパブリックスクールでもさかんに行なわれていた。グラマースクールの少年たちはしばしば休み時間にプレイし、ハイスクールは独自のチームを発展させた。私立の男子寄宿学校では、ベースボールは体育科目の一部になった。19世紀末までに、エグゼター、アンドーヴァー、グロートン、セント・マークス、その他のエリート校は学校間対抗のボール・ゲームを行なっていた。少年たちは、ヴァージニア軍事専門学校のような私立の士官学校でもベースボールをした。ベースボールは少年たちが行なうゲームだとみなされてはいたものの、コネティカット州のエリートの女子校ミス・ポーターズ校の何人かの少女たちも、1867年という早い時点でベースボール・ゲームをしていた。

1885年にボストンに最初に、その後ほかの都市に**遊び場運動**が発展したのにともなって、ベースボールは人気のある遊び場スポーツになった。福祉施設、少年クラブ、そしてYMCAは、少年たちを街路から一掃し、トラブルを解決するためにベースボール学習計画を開発した。ベースボールをすることを通じて期待されたのは、少年たちがスポーツマンシップを学び、よき市民になってくれることであった。ベースボールは、移民集団をアメリカ化する方法になるとも見られていた。

1700年代という早い段階では、ベースボール・クラブ・タイプのゲームは、男子カレッジで行なわれていたが、ベースボールが男子のカレッジライフの構成要素の一部になってきたのは1850年代と1860年代であった。最初の大学間ゲームは、1859年にウィリアムズ・カレッジとアマースト・カレッジのあいだで行なわれた。激しい身体活動は女性には健康の害になるというのが一般的な考えであったが、ヴァッサー、スミス、マウント・ホリヨーク、そしてウェルズレイなどの女子カレッジのいくつかは、1866年という早い時点で、少女たちがベースボールをするのを認めていた。しかし、1930年代までに、少女たちのスポーツ学習計画では、ソフトボールがベースボールに置きかわった。1980年代までに、全米大学体育協会（the National Collegiate Athletic Association）と連携した男子のベースボール教育計画をもつ大学は1600校に上った。

1900年代、一般大衆は、ベースボールは、アメリカについてよいことのすべてをあらわしていると考えていた。ベースボールは、子どもたちに道徳発達のモデルとして役立った。したがって、ワールドシリーズの定着を超えて、1919年のブラックソックス八百長事件*8は、国民的な不名誉であった。このスキャンダルはアメリカの一般大衆に非常に深刻な影響をおよぼ

し、1920年に判事ケナソー・マウンティン・ランディス*9がメジャーリーグ・ベースボールの初代コミショナーになったとき、セントルイス・グローブ・デモクラット紙は、もしランディスが高い倫理水準でベースボールを維持することができるなら、彼が連邦議会のベンチでできるいかなることよりも重要なことになろうと書いた。

1920年代のスポーツの黄金時代は、ベーブ・ルース*10、タイ・カップ*11、そしてルー・ゲーリック*12といったベースボールの最初のスーパースターたちを生みだした。試合はラジオによって数百万人の人びとに向けて放送された。組織された若者のベースボールがはじまったのはこの時期を通じてであった。1925年、アメリカ在郷軍人会*13は、少年たちにより多くプレーする機会をあたえるために、また少年たちによきスポーツマンシップとシティズンシップを教えこむ手段として、ジュニア・ベースボール学習計画を開始した。メジャーリーグ・ベースボールの財政的支援を受けて、1926年からアメリカ在郷軍人会競技大会がはじまった。1928年、少女たちがプレーすることをめぐっての議論が激発したが、このとき、マーガレット・ギソロ*14がインディアナ州のブランフォード・チームの選手であったことが発見された。マーガレットは、そのシーズンを終えることは許されたが、翌年ルールが変更され、プレーするのは少年だけに変えられた。後年のリーグは、少年だけがチームにくわわることができるという条件をつけることに気を遣った。1939年、カール・ストロッツが、シティズンシップ、スポーツマンシップ、そして男らしさを発達させることを目的としてリトルリーグ・ベースボール*15を創設した。1951年にはPONY（Protect Our Nation's Youth：わが国の青少年を守れ）ベースボール法人が設立され、192年にはベーブ・ルース・リーグ（the Babe Ruth League）が設立された。少女たちがリトルリーグ・ベースボールでプレーするのが許されたのは、長い法廷闘争の後の1974年になってからであった。これ以降、ほかのリーグも少女たちがプレーするのを認めた。しかし、こうした変化にもかかわらず、今日ベースボールをする少女はかなり少ない。

アメリカ在郷軍人会とリトルリーグ・ベースボールは、人気のあるプログラムでありつづけた。2000年には、アメリカ在郷軍人会地方支部は、全米のいたるところで、ベースボール・チームとその他の運動チーム5300のスポンサーとなった。1999年までに、リトルリーグ・ベースボールは100カ国でプレーされるようになった。ベースボールは1992年にはオリンピックの種目になった。

［訳注］

*1 野球──baseballを日本語で「野球」と言いあらわすようになったのは、中馬庚（1870-1932）が1894（明治27）年の秋に、"ball in the field" ということばをもとにはじめて「野球」と翻訳し、命名したときよりも4年ほど前に、みずからも野球をしていた作家・俳人の正岡子規（1867-1902）が、1890年頃にこの球技を「野球」（のぼーる）とよんだことに由来する。現在、上野公園内には正岡子規記念球場（愛称）がある。

*2 ラウンダーズ（英Rounders、アイルランド語cluiche corr）──アイルランドやイギリスの子どもたちのあいだで古くから人気があるボールゲーム。最初期の資料としてジョン・ニューベリーの1744年初版の『小さなかわいいポケットブック』（A Little Pretty Pocket-book）の1767年版では「ベース・ボール」（base-ball）とよばれている（43ページ）。二つのチームで競うバット・アンド・ボール・ゲーム（英語版）の一種で男女ともにプレーする。試合は攻撃側と守備側に分かれ、守備側のフィーダー（feeder）またはボウラー（bowler）とよばれる投げ手が投げる、硬い革でおおわれた小さなボールを、攻撃側のバッターが、手にした丸い木製、プラスティック製、金属製のバットで打ち、フィールド上の四つのベースをまわることで得点する。イニングごとに攻撃と守備が入れ替わり、最大9人の選手がフィールドで守備につくことができる。

*3 ワン・オールド・キャット（one-old-cat）──これは変則的な野球の一種で、通例は、バッター、ピッチャー、野手の計3人で、ホームと一塁ベースだけで行なう。two old cat, three-a-cat, one o'cat, one-a-catなどとも表現される。

*4 ヴァレー・フォージュ（Valley Forge）──アメリカペンシルヴァニア州南東部の村。独立戦争時、この村にワシントンの軍隊の冬期兵営があった（1777-78）。

*5 プリンストン・カレッジ（Princeton College）──アメリカのアイビー・リーグ（Ivy League）の大学8校のうちの1校。1746年にニュージャージー州プリンストン市に設置された当初は、ニュージャージー大学という名称であったが、その後プリンストン・カレッジをへて、1896年にプリンストン大学という名称になった。はじめは男子校であったが、1969年から男女共学校となった。

*6 アレグザンダー・カートライト（Alexander Cartwright, 1820-1892）──1845年に現在のベースボールのルールを確立したとされる人物。ニューヨークに生まれ、16歳頃からウォール街ではたらきはじめ、銀行の事務員として勤めていたユニオン・バンク・オヴ・ニューヨークが大火で焼失したため、兄弟とウォール街で書店を経営した。そのかたわら、ほかのマンハッタン地区ではたらく若者といっしょにボランティアの消防団に参加し、団員の娯楽スポーツのひとつとしてタウンボールを導入した。その社交クラブとして、会員制の「ニッカーボッカー・ベースボール・クラブ」を設立し、プレーの際にユニフォームを着用し、試合後は相手チームと食事をすることを慣例としていた。当時は試合ごとにルールを決めていたが、やがて細部の規則を決め、それを文書化して統一ルールの下で行なうようになった（『ニッカーボッカー・ルール』）。この時

決められた規則が現代の野球規則の下地になったとされている。
* 7 「私を野球につれてって」——1908年には「私を野球につれてって」（Take Me Out to the Ball Game）がアメリカで作曲されて広まり、現在では7回表の終了後に歌うのが慣例になっている。
* 8 ブラック・ソックス八百長事件（the Black Sox Scandal）——1919年のワールドシリーズでシカゴ・ホワイト・ソックス（Chicago White Sox）の選手が買収された事件。
* 9 ケナソー・マウンティン・ランディス（Kennesaw Mountain Landis, 1866-1944）——アメリカの法律家。アメリカ・プロ野球協会の初代コミッショナー（1920-1944）。
* 10 ベーブ・ルース（Babe Ruth）［本名ジョージ・ヘルマン・ルース（George Herman Ruth, 1895-1948）］——アメリカのプロ野球選手で"Babe"の愛称で人気があった。本塁打王を12回（1918-31）達成し、野球殿堂入りした（1939）。1948年には映画「ベーブ・ルース物語」（The Babe Ruth Story）が制作された。
* 11 タイ・カッブ［本名タイラス・レイモンド・カッブ（Tyrus Raymond Cobb, 1886-1961）］——アメリカのプロ野球選手。"the Georgia Peach"の愛称で人気があった。
* 12 ルー・ゲーリック（Henry Louis Gehrig, 1903-1941）——アメリカのプロ野球選手。"Lou"あるいは"Iron Horse"の愛称で人気があった。終身打率.341、本塁打数493。
* 13 アメリカ在郷軍人会（the American Legion）——アメリカ最大の退役軍人組織。帰還兵士を会員として1919年に結成された愛国者団体。リトル・リーグを作った。
* 14 マーガレット・ギソロ（Magaret Gisolo, 1914-2009）——アメリカのスポーツウーマン、ダンス教育家。少女時代に、リトルリーグの前身であるアメリカ在郷軍人会のベースボール・チームで、ベースボールの歴史上はじめて女子としてプレーし、新聞などで大きく報道された。後年、アリゾナ州立大学にダンス学部（School of Dance）を創設し、全米で最高水準の教育プログラムの開発・実践・普及に尽力した。
* 15 リトルリーグ・ベースボール（Little League Baseball）——1939年、ペンシルヴァニア州ウィリアムズポートで結成された8～12歳の少年のチームで構成したアメリカの野球リーグ。なお13～14歳の選手で編成されたアメリカの野球リーグはポニー・リーグ（のちにBoy's Baseballと改称）とよばれる。

➡学校対抗運動競技、教育法第9篇と女子スポーツ、組織的なレクリエーションと若者集団

●参考文献
Berlage, Gai. 1994. *Women in Baseball: The Forgotten History*. West-port, CT: Praeger.
Crepeau, Richard. 1980 *Baseball: America's Diamond Mind*. Orlando: University Presses of Florida.
Rader, Benjamin. G. 1999. *American Sports: From the Age of Folk Games to the Age of Televised Sports*, 4th ed. Upper Saddle River, NJ: Prentice Hall.
Seymour, Harold. 1990. *Baseball: The People's Game*. New York: Oxford University Press.
Ward, Geoffrey, and Ken Burns. 1994. *Baseball: An Illustrated History*. New York: Knopf.

（GAI INGHAM BERLAGE／北本正章訳）

ヘッドスタート計画（Head Start）

　ヘッドスタート計画とは、低所得層の3歳～5歳の子どもとその家族に教育と社会サービスを提供するアメリカのプログラムのことである。ヘッドスタートは、約50万人の子どもを対象にしたサマー・プログラムとして1965年にはじまり、21世紀初頭までに、毎年行なわれる学年を混ぜた通年プログラムとして、毎年約100万人の人びとに提供された。ヘッドスタートの計画立案とその政治学は、1960年代の、「偉大な社会」*1を建設しようとするリンドン・ジョンソン大統領の取り組みを反映している。ほかの偉大な社会建設プログラムとは違って、ヘッドスタートの残存と拡大を確実にする連携が生まれた。

　ヘッドスタートは、とくに次のような二つの趨勢のなかから発展した。第1は、「文化的剥奪者のための補償教育」に対する学術的な関心の高まりを背景に、子どもたちの生活に早期に政府が介入すれば、貧民家族とマイノリティ家族で、多数の専門的な助言者たちが、とくに女性による劣悪な子育てになっていると考えている状況を子どもたち自身が克服するのを助けることができると教えたことであった。第2は、ニューレフト*2の人びとが、政府と社会サービスの制度を受け継ぐことができるようコミュニティに圧力をかける、市民権とコミュニティ活動に的をしぼった運動を起こそうとしたことである。

　専門的な助言者と公民権運動家たちは、ヘッドスタート・プログラムに登録されている子どもたちの両親に対するヘッドスタートの扱いをめぐって闘争した。公民権運動家たちは自分たちの権能を強めたいと考えていたが、専門的な助言者たちは、両親を教育したいと考える傾向があったので、国内の各ヘッドスタート・センターは両者の要望をとりいれた。1965年のヘッドスタートの開始以来続いた議論の結果、この二つの団体は1970年に互いに歩みよることとなり、ヘッドスタート・センターに、親が多数を占める政策協議会を発足させるよう要求した。

　両親が実際にどんなふうにヘッドスタートを体験したのかを正しく判断したのは、専門的な助言者たちでなく、公民権運動家たちでもなかった。ヘッドスタートは、貧民の両親、とくに、貧しい母親たちのあいだに、より強いコミュニティ感覚を生みだすのに役立った。その結果、両親と子どもたちは、地域の制度にそ

れまで以上に支持を表明するようになり、そのために議員にはたらきかけるなど、ヘッドスタートの連携にとって重要な役割を担うようになった。このような政治的な組織作りは、中央の調整なしにははじまらず、全国ヘッドスタート協会（the National Head Start Association）を創設することとなった。

両親の関与をめぐって意見の不一致があったにもかかわらず、専門的な助言者たちと公民権運動家たちは、公立学校に対する不信と、公立学校を改革するためにヘッドスタートを活用したいという願望の点で団結した。その歴史を通じて、ヘッドスタートのコミュニティのメンバーは、幼少期の子どもの教育の拡充、包括的なサービスと両親の関与などを推進する公教育を通じて、より広範な変化が定着するのを助けた。

専門的な助言者、公民権運動家、そして両親たちのあいだに緊張をはらみつつも、効果的な連携は、その効果に疑問を呈しているいくつかの研究と、それを排除しようとしたニクソン政治の短い期間の試みもふくめて、「偉大な社会」の建設プログラムに対する学問的および政治的な多数の異議申し立てによって彩られる時期を生きのびるのを助けた。この連携は、1970年代と1980年代までに、ヘッドスタートがそのサービスを受ける子どもたちに永続的な利益をもたらすことを明示する研究があらわれたために、さらに促進された。研究は、ヘッドスタートに登録された子どもたちは、その同輩集団の子どもに比べて、特殊教育*3を受けることが少なく、また、通学している公立学校の経験を通じて、同じ学年をくりかえすよう求められることも少ないことを発見している。その後にあらわれたいくつかの研究も、ヘッドスタートに登録された子どもたちは、同じ年齢の同輩の子どもに比べて、10代で妊娠をすることが少なく、犯罪司法制度にかかわるようになってしまうことも少ないことを見いだしている。反対者たちが、ヘッドスタートが子どもたちになんの利益ももたらさないと主張することは、もはやなくなった。連携は、その拡張と、このプログラムの学問的な水準をどのように高めるのか、健康保健サービス局（the Department of Health and Human Services）を教育局（the Department of Education）に移行させるのかどうか、そして、このプログラムの効果を適切に評価する手段として何があるのか、といった現代の政策課題において、重要な役割を演じつづけている。

[訳注]

*1「偉大な社会」（the Great Society）——1964年のアメリカの大統領選挙で、のちに第36代大統領となるジョンソン（Lyndon B. Johnson, 1908-1973）が立てた、民主党の達成目標。

*2 ニューレフト（New Left）——20世紀なかばにアメリカで活発になった社会改革運動。「新左翼」とも訳されることがあるが、日本のそれとは社会的な広がりと組織の点で大きく異なる。1960〜70年のアメリカで活発になった、比較的若い知識人を核とした急進的な左翼の政治運動の総称。人権差別の撤廃、軍備拡張の抑制、対外不干渉など、政治・経済・社会・教育制度など、幅広い改革を要求した。思想的には新マルクス主義、社会主義、アナーキズム、サンディカリズム、平和主義などをふくんでいる。New Leftという表現は、アメリカの社会学者C・ライト・ミルズ（C. Wright Milles, 1916-62）が1960年に最初に用いたといわれている。

*3 特殊教育（special education）——身体障がい者、社会的不適応者や知的障がい者、特別な才能をもった子どもなどを対象とした教育。

➡教育（アメリカ）

●参考文献

Ames, Lynda J., and Jeanne Ellsworth. 1997. *Women Reformed, Women Empowered: Poor Mothers and the Endangered Promise of Head Start*. Philadelphia: Temple University Press.

Zigler, Edward, and Karen Anderson, eds. 1979. *Project Head Start: A Legacy of the War on Poverty*. New York: Free Press.

Zigler, Edward, and Susan Muenchow. 1992. *Head Start: The Inside Story of America's Most Successful Educational Experiment*. New York: Basic Books. エドワード・ジグラー／スーザン・ムンチョウ『アメリカ教育革命——ヘッドスタート・プロジェクトの偉大なる挑戦』（田中道治訳、学苑社、1994年）

（JOSH KAGAN／北本正章訳）

ペット動物（Pets）

現代文化では、子ども期をペット動物の飼育に結びつけることは容易に理解できる。子どもたちがペットに対していだく親密さは、アメリカの郊外でふつうにみられる光景であり、グローバル資本主義によって、世界中に広まった主題である。それは、子ども期を時間を超越した幸福で安全な、そして自然と保護の両面において、一瞬を切りとるスナップ写真におさめられたものと見るメッセージを強調している。このことは、カレンダー・物語・ぬいぐるみ・コマーシャル・通信販売のカタログなどに共通して認められる。

この関係はいったいどのようにして生まれたのであろうか？　テス・コスレットは、論文「自然のなかの子ども空間」で、19世紀の人びとにとって、子どもと動物のつながりは明瞭かつ直接的であったと述べている。フランスの哲学者で歴史家のテーヌ*1は、子どもが自然のなかでなにかの事物と出会うとき、「動物であれ木であれ、子どもはすぐに人間としてそれらと出会い、その考えや言葉を知ろうとする。その子が関心をもつのはそのことである。子どもは無意識のうちにその事物を自分自身として、われわれと同じものと思いこむ。子どもはその事物を擬人化するのである」

ジョシュア・レイノルズ「ミス・アンナ・ウォードと彼女の犬」(1787年)。18世紀と19世紀には、子どもと動物を一組にすることは子どもと自然との本能的な類似性を意味するが、この類似性は、過剰に文明化された大人がはるか以前に喪失してしまったものである。©Kimball Art Museum/CORBIS

と論じている（コスレット、481ページからの引用）。コスレットは、そうした見方が児童文学にどんなふうにあらわれるかを見いだしている。たとえば、子どものために書いた自然についての著書『自然のたとえ話』(Parables from Nature) その他の著作のあるマーガレット・ガッティは、『下等動物』(Inferior Animals) のなかで、「幼い子どもが、絨毯に寝そべっているネコに向かっておしゃべりをし、友だちになりたいと思っているのを見てごらん」と書いている（482ページ）。テーヌは、子どもは「原始人」のようであると説明する。古代ノルウェー語の詩や中世ウェールズの民話にも、「動物にも言葉の能力が付与されている」という事例がある。

子どもたちは、テーヌやガッティが用いた代名詞によって、男性よりも自然に近い存在として女性化される。ガッティは、動物たちと互いにわかりあえるわれわれ人間の子ども期の本性が「必要性を学ばない」ことを悲しんだが、これは、ラドヤード・キプリングによって『ジャングル・ブック』(Jungle Book, 1894) という物語で取り組まれた主題でもある。コスレットの説明によれば、野生児——半分は動物で半分は人間の、「ぼくは二人のモウグリだ」と大人に向かって歌う——に生まれたモウグリがたどった過程は、遊び空

間であり、成長して、人間と動物の性質とのあいだの両義性をもつ子ども期から離脱することである」(487ページ)。子どもは、大人、男性、近代人がすでに喪失してしまっている自然に対する親近感をいだいている。児童文学、とくにファンタジーでは、子どもらしい親密性は、獣とのふれあいのなかでとりもどされる。こうした19世紀的な見解についてコスレットは、「おそらく子どもというものは、大人が原始的な迷信としてすてさらねばならないものをフィクションとしてとりもどすことができるのであろう」と説明している(p. 481)。ドイツのロマン派の詩人ノヴァーリス*2は、「子どもだけが、あるいは子どものような大人だけが…まるで石と化した魔法の都市のようにわたしたちの周囲を凍てつかせる自然を支配する魔法を解く機会をもっている」と語っている（コスレットによる引用。483ページ)。

子どもたちが自分とほかの動物との関係をどのように認識するかについて、認知科学者たちの研究は、このような19世紀の思想家たちが考えた「自然の」つながりを誤って伝えている。グレッグ・ソロモンとデボラ・ザイチックは、は2000年の論文「子どもと動物の思考」(Les enfants et la pensee animate) で、子どもは直感的に自分をほかの動物とは異なる「存在論的にユニーク」な人間だと認識すると述べている。「したがって、子どもは、模倣したり想像したりする人間の特質がほかの動物にもあるとは考えたくないのである」(166ページ) と言う。彼らの調査は、幼い子どもたちのあいだで、違いがあるという考え——種の区別や、人間と獣とのあいだの疎遠という考え——がいかに強いものであるかを示している。実際、人間とほかの動物とのあいだの根本的な違いについて直感的な考えをすてさることがいかにむずかしいか、また、忘れようとする過程がどれほど文化的に特殊なことなのかを示している。ソロモンとザイチックが引きあいにだしたある研究は、同じ中西部の町に住む子どもたちの二つのグループを比較している。ひとつは、キリスト教徒のうち根本主義*3的な家庭の子どもたちで構成されるグループで、もうひとつはそれ以外のキリスト教徒のグループである。両方のグループの幼い子どもたちは、種についての考えにおいて、つまり、人間は——厳密的な意味で本質的に——まったく異なる存在であるという考えにおいて根本主義者であった。だが、思春期の若者と大人は違っていた。根本主義者たちが自分の子ども期について信念を変えなかったのに対して、反根本主義者は、いわゆる偏見を超克してきた。ソロモンとザイチックは、すくなくとも人間と動物を区分する初期の概念を修正するうえでこうした調査研究は、文化が果たす決定的に重要な役割を示していると結論している。

人類学者のリタ・アスタチによるマダガスカル島のヴェゾ族*4についての研究は、この分野にとって有益

である。アスタチは、その著書『人間はニワトリに似ているか?』(Les gens ressemblent-ils aux poulet?)で、ヴェズ族の子どもたちが動物を苦しめるようすを描写している。子どもたちはまるで遊びの一種であるかのように、カニの足を引き裂き、捕まえたウミガメの目や傷口をつつき、また、鳥や蝶、バッタ、トカゲ、カエルなどあらゆる種類の生き物を捕まえては不必要に傷つける。大人だけが敬意をはらって動物を扱う。個人が、タブーにつきまとうさまざまな制約を理解できるほどまで成長したとき、ヴェズ族のふるまいは変化するが、このことは、ヴェズ族の人びとは、人間と一定の特権的な動物とのあいだの道徳的な関係を認識させるものである。したがって、子ども期と動物の生活とのあいだの想像上のつながりをつくったのは大人であったのである。

子どもとペットは、しばしば大衆文化では一組のものにされるが、それはなんらかの自然の、あるいは明白な、動物との類似性が子どもにあるからではない。ニコラス・オルミは、その著書『中世の子ども』(Medieval Children, 2001) で、「いまでもそうしているが、子どもたちは動物とも親密な絆をもった。動物が子どもと同じ大きさであり、違った活動をし、あきらかにその多くが親しみやすいからである」(68ページ)と述べている。しかし、親密な絆があったことを示す証拠の大半はわずかである。オルミのこの書物では、ある少女は「餌をやっている豚に水のなかにつき落とされる」とか、別の少女は、おそらく彼女が世話をしていた鳥の頭を洗ってやっているあいだに溺れるといった事例に出会う。さらに、15世紀の学校の教科書には、「家畜」の何頭かには名前がつけられていたという。動物に名前がつけられていたという事実は、心のつながりがあったことを示唆している。これらの家畜には、カモ、ニワトリ、それに「白い足」と名づけられていたおそらく犬などがふくまれる。王室の子どもたちのなかには、鷹や猟犬で狩猟をする者もいたが、オルミは、「自分以外の人間の世話を受けていた動物」を、「その子が自分のものとして可愛がった」と書いている。スティーヴン・オズメントは、その著書『祖先たち——古代ヨーロッパにおける愛情家族』(Ancestors: The Loving Family in Old Europe) で、飼い慣らした小鳥たちと遊んでいたり、馬や山羊の物まねをしている子どもたちをふくめて、これとよく似た事例をいくつかあげている（71-72ページ）。

中世における人と動物との関係において非常に典型的なのは、子どもたちが動物に対して残虐であったことである。トマス・モア*5は、少年たちが鶏の石柱(cock-stele)で遊ぶのが好きであったことについて言及している。オルミの説明によると、鶏の石柱とは、「若い鶏に棒を投げつける遊びで、鶏を土に埋め、その鳥の頭を的にして石柱や矢を投げつける残酷なスポーツの一種である」(179ページ)。オルミの解釈では、少年たちは、そしてたぶん少女たちも、「懺悔火曜日」*6に闘鶏を組織したが、この日は、「子どもたちのカレンダーのなかではとくに重要な日で…祝日であり、子どもたちが独自の活動である闘鶏をする日である」(185ページ)。もうひとつの人気があった余暇は、鳥の巣を襲撃すること——卵を割ったり、ひな鳥を殺したりする——ことであり、これは闘鶏とならんで、18世紀と19世紀のヨーロッパの動物保護運動をひき起こすきっかけとなった。

キース・トマスは、その著書『人間と自然界』(Man and the Natural World, 1983) で、またエリカ・フュージは『動物を理解する』(Perceiving Animals, 2000) で、動物に対するヨーロッパ人の関係——単純な動物の支配から管理にいたるまで、あるいは一体感にさえいたるまでの——を作りなおすうえで、ピューリタンと人文主義者の思想の重要性を示している。したがって、16世紀と17世紀のオランダの黄金時代を通じて、子どもとペット動物を一組にすることが資料にあらわれるようになったことは理解できることであった。ユトレヒト同盟諸州*7は、人文主義者とカルヴィニストの文化的拠点であり、イギリスのピューリタンたちの避難所であった。この時期のオランダ絵画では、家で飼われている犬や猫が、家族生活の仲間として、また傍観者として、子どもと遊んでいるのを目にする。われわれは、ヨーロッパ人の動物に対する態度に生じた変容の一部として、オランダ文化にはペットの居場所があったと解釈できるが、もっと顕著なことは、以下で検証するように、家族生活に対する新しい考えの表現としても解釈できる。

この証拠は何を物語っているのであろうか？ 歴史家のサイモン・シャーマは、『宝のもち腐れ』(The Embarrassment of Riches, 1987) のなかで、オランダの家庭生活を描いた絵画において、「われわれは、たんに家族アルバムのスナップショットを一瞥するだけでなく、オランダ人の精神世界の内奥からにじみ出る光景をも目にすることになる」と述べている。たとえば、ヤコブ・ヘリッツ・カイプの「子どもの肖像」(Portrait of a Child [Portrait of a Girl Holding a Pretzel with a Dog at Her Side]) では、シャーマが論じているように、「ふっくらしたほっぺの」小さな女の子がまだ小さな、おそらくは子犬を皮ひもでひっぱっており、特大のプレッツェル*8を手にしている。この犬はすぐにこの子のペットとなり、教育を受けることができ、訓練できる、「誘導ひも」によって彼女の家の価値観に結びつけられているキリスト教徒の子どもとしての別の地位を象徴する。ほかの例として、ヤコブ・オクテルフェルト「家族の肖像」(Family Portrait, 1663) では、絵のなかの少女は、おなじみのやり方で小さなスパニエル犬にクッキーかお菓子をほしがらせて後ろ足で立つようにしつけている。父親は彼らの後ろに座って聖書を開き、そこに片手を置い

ヤコブ・ヘリッツ・カイプ（1594-1652）「プレッツェルをもち犬をつれた少女」*

ヤコブ・オクテルフェルト「家族の肖像」（1663年）。Harvard Art Museums/Fogg Museum, Cambridge*

てこちらに顔を向けている。一方、母親は立ってこの犬を指さしている。これらの絵画は、「子どもの教育は、犬を従順に訓練する視覚的比喩によって強められるという伝統」を示しているが、この伝統は、子猫や猫に対しては、犬とは対照的な正反対の意味をあたえ、「役に立たなく、教えこむことができない象徴としての役目」を割りあてている（547ページ）。

ペット動物は、当時のオランダの生活に広まっていた子どもの存在の意味を伝えるメッセージを増幅しているようである。ペット動物の存在は、絵画の鑑賞者に、ピーテル・デ・ホーホが描いた室内画のように、秩序のある家庭とはどのようなものか、あるいは、ヤン・ステーンの「放縦な世帯」（The Dissolute Household, 1668）で、まるで子どもたちが、泥酔した母親から盗み食いするように、（蝶結びの赤いリボンをつけられているように見える）安っぽく飾り立てられた犬が、床に落ちた大皿の上の食べ物をちゃっかりといただいているような、秩序のない家庭とはどのようなものかを語りかける記号体系の一部を構成する。社会生活において子どもとペット動物がいっしょに結びつけられていたのかどうか、あるいはどの程度まで結びつけられていたのか、説明するのはむずかしい。だが、当時のオランダの普遍的文化のなかで、子どもとペット動物が意味のある結びつき方をしていたことは確かである。

われわれは、19世紀におけるペット動物を飼育する習慣に、ペットに割りふられた類似の比喩的な属性を見いだす。1850年代に中産階級向けに出版されはじめることになるペット動物の飼育本は、家庭の癒しについて、また、見知らぬ人や現代生活のプレッシャーから人間を守る犬の役割についてふれている。とくに犬は、ピエール＝オーギュスト・ルノワールが描いた肖像画「シャルパンティエ夫人と子どもたち」（Madame George Charpentier et ses enfants, 1878）が示しているように、ブルジョワ家庭の感情様式の一部を構成するようになった。この作品では、シャルパンティエ家の子どもの一人はソファーに腰かけているが、もう一人の子どもはむく毛のニューファンドランド犬[9]の上に座っている。この犬は、子どもたち自身がそうであるように、家庭の構成要素として、またこの家庭の特徴をはっきりと示している。

19世紀におけるペット動物の飼育習慣で驚かされるのは、それが大人の活動として定義されるほどになったことである。犬の繁殖業の発展についてのハリエット・リトヴォの研究は、犬の繁殖制度が発展した理由がどれくらい大人の地位の需要にあるかを示している。また、子どもたちがペット動物の飼育本に登場するとはいえ、それはビアトリクス・ポター[10]の物語のように、隠喩的には現実離れのものでしかない。現実の子どもや子どもの必要性に向けて書かれたものはともかくとして、ペット動物を飼育することについ

ヤン・ステーン「放縦な世帯」(1668年)。Metropolitan Museum of Art, New York*

ルノワール「シャルパンティエ夫人と子どもたち」(1878年)。Metropolitan Museum of Art, New York*

て書かれた文献の大半は、ペット動物を子どもの身がわりとして、あるいは子どもの模倣物として、さらには現実の子どもよりもよい子として描いている。カスリーン・キート［本項執筆者］の『閨房の野獣』(The Beast in the Boudoir, 1994) によれば、犬は「永遠の子ども期を生き、終わりなき未成年を」生きるのである (82ページ)。

　ペット動物は、子どもと同じように、注目、訓練、食べ物、ときには衣服も要求する。しかし、その見返りに、お墓に入るまで忠実でいることがペット動物には約束されていた。ペット動物は、「死んだ子どもあるいは離れていった子どもの、そそのかされていなくなってしまった娘の、恩知らずな配偶者の身がわり」になるのであった (キート、35-36ページ)。ペット動物たちは、まるで人間の死をきざむものであるかのように、墓碑をもつペット墓地に埋葬され、人間に置き換わる。彼らは、孤独感に満ちた現代生活を特徴づけている大人の文化のなかに居場所を見つけている。子どもの身がわりとしてのペット動物の重要性は現代のアメリカで継続している。たとえば、郊外の町にはペット用のパン屋やイヌやネコ用のおもちゃと衣服の高級店があるだろうし、しばしばそれらの店の向かい側には、同じように子ども服の高級店もあるだろう。女性たちのなかには、新しく子犬を飼うことは、もう子どもを産み終えたと宣言する前ぶれと考えるふしもあるようだ。最後の「子ども」は犬なのであって、これは、家族にとってそれがかなわないことの代替物であり、まだつき果てていない育児のはけ口でもある。

　2002年7月12日付けの「ニューヨーク・タイムズ」に、ペット動物を子どものように扱うことに付随するさまざまな問題を扱う、ある監護権をめぐる訴訟 (「人間は親友を失う」と題された記事) のことがアダム・リプタクによって報じられた。ペンシルヴァニアのある離婚カップルは、二人で飼っていた「バーニー」という名前の犬の養育権は妻がもち、夫はこの犬に会う権利をもっているということについて合意していた。ところが、法律はこの二人のあいだの合意を認めなかった。州は、もとの夫は「犬のバーニーを子どものように扱っているように見える」ものの、法律的に、このバーニーは「テーブルやランプ」と同じ身分をもっているとした判決を不服として控訴している。増加するロースクール*11が、この種の問題を扱うコースを提供したり、一般的な動物の権利運動が人間と動物の境界に異議を申し立てているアメリカでは、動物——ペット動物もふくまれる——の地位は、法慣習への関心を高めている。

　心理学の研究は、なぜわれわれが動物を子どものように扱うかを説明するのに役立つ。キートが『閨房の野獣』で述べているように、ペットに話しかけると血圧が下がる。ペットに話しかけるときの人びとの「声の調子と顔の表情」は、「恋人」が示したり、「母親が小さな子どもに」示す表情と同じである (37ページ)。セラピーとして、とくに老齢者の治療道具としてペット動物が用いられるのはこの理由による。心理学的には、ペット動物は人の身がわりになるものである——ペット動物と子どもの身体的類似性が感情移入を非常

子どもと動物の関係は、しばしばロマン主義化されてしまうが、かならずしも愛情深いものではなかった。ウィリアム・ホガースの版画「残酷の第一段階」（1751年）は、窃盗や殺人で最終段階を迎える犯罪の過程をくだっていく第一段階として、動物に対する虐待を示している。The British Museum

に容易にするのである。ペット動物と子どもはどちらも、すくなくとも犬を品評会に出す人の目には、抱きしめたいほど可愛らしく魅力的なのである。

ヨーロッパ起源のアメリカにおける人間中心的な文化（anthropocentric culture）は、ますます動物の擬人化（anthropomorphic）をするようになってきている。しかし、今日みられる、ペット動物と子どもの融合イメージと、広範な子どもの行動とのあいだには、動物と人間の両方に向けられた緊張がある。ペット動物を飼育する初期の文化は非常に野生的であった。18世紀と19世紀のヨーロッパの野生の子どもたち——たとえば、「野生児ピーター」*12や「アヴェロンの野生児ヴィクトール」*13のような——は、かつてそうであったように、反ペット動物的であったが、子どもの生まれつきの善性と本性についての考えが広まっていたにもかかわらず、人間の「残虐性」とはなにかについて、議論の余地を残した。子どもの幸福を優先するオランダ人のあいだでさえ、描かれた犬は、子どもが純真無垢であるということではなく、訓練の可能性があることを意味した。19世紀のイギリスとフランスにおける動物保護運動*14は、大人と同じように、子どもには動物虐待の傾向があることを前提にしていた。この運動は、こうした行動が社会にとって危険なものであることを明示した。「子どもは大人の父親である」（ワーズワース）という言葉は、しばしばくりかえされる改革者たちのスローガンである。ウィリアム・ホガースの版画作品「残酷の四つの段階」（*The Four Stages of Cruelty*, 1750-1751）は、犬をいじめている少年がやがて泥棒や強盗になっていくことを示しながら、18世紀なかばという時点でこの点を描いている。

シェイン・デュボワによる、闘犬にかんする2003年の論文は、今日ではめったに耳にすることはなくなったが、かつての動物保護論者の議論と同じ観点を作っている。すなわち、お互いをばらばらに引き裂くまで闘わせるようにピット・ブル犬*15を訓練して育てながら大人になる、都市に住む子どもたちは、自分たちも暴力的になる。こういう子どもが大人になると、ある巡査部長が引用していることわざのように、「暴力の激発を見ることになる」（*"You're going to see a spike in violence"*）。しかし、洋服のカタログの子犬がもたらす平和や幸せのイメージと同じように、子どもと凶暴なピット・ブル犬をいっしょに育ることに含意されている暴力の脅威は重要である。今日のペット動物を飼育する文化が打ち消そうとしているのはこの脅威である。おそらくこうした脅威は、理想的な子ども概念と、ありきたりで変わりやすい人間の行動範囲とのあいだのギャップをわれわれの目から隠蔽する。

子どもとペット動物は、二つの月がそうであるように、ヨーロッパ起源のアメリカ文化において、ときには、大人が必要とする力を一方が他方に——片方の子ども、他方のペット動物——お互いに映し出し、またそれをいっしょに拡張しながら、不鮮明にしているかもしれない。そうした結びつきの歴史が、子どもと動物の具体的な関係を語ることはほとんどないが、自然の観念といえるほどの子ども期の力という点で、また、現実にも想像のなかでも、動物は人間の代役をつとめるという理由で、ヨーロッパ文化を横断する連続性を示している。

［訳注］
*1 イポリット・テーヌ（Hippolyte Taine, 1828-93）——フランスの文芸批評家、歴史家、哲学者。
*2 ノヴァーリス（Novalis, 1772-1801）——本名フリードリヒ・フォン・ハルデンベルク（Friedrich von Hardenberg）。筆名の「ノヴァーリス」はラテン語で「新しい開拓地」を意味する。ドイツ・ロマン主義の詩人・小説家・思想家・鉱山技師。
*3 根本主義（fundamientalist）——アメリカの宗教思想史において、modernism に反発して20世紀初期に起こったプロテスタント内の運動。天地創造・処女懐胎・キリストの復活・犠牲死による贖罪・再臨など、聖書の記事すべての歴史的実在性への信仰を不可欠なものとみなす。
*4 ヴェゾ族（Vezo）——マダガスカル島の南部沿岸地域に住む半遊牧民で、漁業を営むようになった民族。

ボルネオ南部のバリト語族から派生したマラヨ＝ポリネシアン語（オーストラロネシア語族）を話す。Vezoとは、彼らの方言では「魚を釣る」あるいは「海と戦う人びと」を意味する。

*5 トマス・モア（Sir Thomas More, Saint, 1478-1535）――イギリスの人文主義者・政治家・大法官（1529-32）。国王ヘンリー8世（Henry VIII, 1491-1547）に対して、教会の一体性をつらぬき、反逆罪のかどで処刑された。子どもの遊びにかんする詩、小論がある。

*6 懺悔火曜日（Shrove Tuesday）――「告白の火曜日」ともよばれ、「灰の水曜日」（Ash Wednesday）の前日で、この日は、告解と赦罪（Shrovetide）の時期の最終日で、四旬節または大斎期（Lent）前の歓楽（謝肉祭）の仕納めをするときであった。パンケーキを食べる習慣があったことから「パンケーキ・デイ」（Pancake Day）ともよばれる。

*7 ユトレヒト同盟諸州（the United Provinces）――1579年に調印されたユトレヒト同盟にもとづいて、1581年に宗主国であるスペインから独立を宣言し、オランダ共和国建国の基礎を築くことになった北海沿岸の低地帯（Low Countries）の北部7州。

*8 プレッツエル（pretzel）――結び目状や棒状の、塩味をつけた固焼きのビスケットの一種。

*9 ニューファンドランド犬（Newfoundland）――カナダ東端のニューファンドランド島の原産の犬。大型犬で、力強く、毛は密生し、なめらかで、通例は黒色をしている。水難救助犬として用いられることが多い。

*10 ビアトリクス・ポター（Beatrix Potter, 1866-1943）――イギリスの童話作家、挿し絵画家。『ピーター・ラビット』（The Tale of Peter Rabbit, 1900）シリーズの作者。

*11 ロースクール（law school）――アメリカにおける高等教育の専門職教育機関のひとつで、法学大学院ともよばれる。法律実務家を養成するための大学院で、通常は2年制。

*12 野生児ピーター（Peter the Wild Boy）――1725年の春、ドイツのハーメルン付近の森で発見された男子の野生児。発見地から「ハーメルンの野生児ピーター」（Wilder Peter von Hameln）ともよばれる。のちにジョージ1世によってイギリスに招かれ、教育を受けたが言葉を話すことはほとんどできなかった。1785年、推定年齢70歳頃に亡くなった。スウィフト（Jonathan Swift, 1667-1745）の小説のモデルともなった。

*13 アヴェロンの野生児ヴィクトール（Victor the Wild Boy of Aveyron）――1797年頃、南フランスで発見され、捕獲された少年（野生児）。医師で聾唖教育者であったジャン・イタール（Jean Marc Gaspard Itard, 1774-1838）によって、野生状態から正常な人間に戻すための教育が約5年にわたって行なわれた結果、いくつかの人間としての感覚機能は改善されたが、完全に回復することはできなかった。

*14 動物保護運動（animal protection movement）――イギリスで、世界で最初の動物愛護団体である王立動物虐待防止協会（Royal Society for the Prevention of Cruelty to Animals）が構想されたのは1824年であった。この年、リチャード・マーティン（1754-1834）ら22名の代議士らがロンドンで創設し、その年に63件の動物虐待の事例を裁判所に告発した。この団体は1840年にヴィクトリア女王の認可を受けて王立動物虐待防止協会となった。これをモデルに各都市で組織が生まれ、世界中に広まった。動物虐待の調査活動、動物病院の設置など幅広く活動している。イギリス児童虐待防止協会の設立よりも65年も前のことである。

*15 ピット・ブル犬（pit bulls）――犬の一種で、原産地はイギリスで、アメリカで闘犬用に本種が作出されたため、正式名は「アメリカン・スタッフォードシャー・テリア」あるいは「アメリカン・ピット・ブル（・テリア）」ともよばれる。短毛で頭が大きく、強いあごをもち、筋肉質で頑丈。

➡子ども期の理論、動物園

●参考文献

Astuti, Rita. 2000. "Les gens ressemblentils aux poulets? Penser la frontiere homme-animal a Madagascar," trans. Christine Langlois. *Terrain 34: Les animaux pensent-ils?* March: 89-106.

Candland, Douglas Keith. 1993. *Feral Children and Clever Animals: Reflections on Human Nature*. Oxford, UK: Oxford University Press.

Carpenter, Humphrey. 1989. "Excessively Impertinent Bunnies: The Subversive Element in Beatrix Potter," in *Children and Their Books: A Celebration of the Work of Iona and Peter Opie*, ed. Gillian Avery and Julia Briggs. Oxford: Clarendon Press.

Cosslett, Tess. 2001. "Child's Place in Nature: Talking Animals in Victorian Children's Fiction." *Nineteenth-Century Contexts* 23, no. 4: 475-495.

DuBow, Shane. 2003. "Dog Bites Dog." *New York Times Magazine*, September 29: 50-51.

Fudge, Erica. 1999. "Calling Creatures by Their True Names: Bacon, the New Science, and the Beast in Man." In *At the Borders of the Human: Beasts, Bodies, and Natural Philosophy in the Early Modern Period*, ed. Erica Fudge, Ruth Gilbert, and Susan Wiseman. New York: St. Martin's Press.

Fudge, Erica. 2000. *Perceiving Animals: Humans and Beasts in Early Modern English Culture*. New York: St. Martin's Press.

Kete, Kathleen. 1994. *The Beast in the Boudoir: Pet-Keeping in Nineteenth-Century Paris*. Berkeley and Los Angeles: University of California Press.

Newton, Michael. 1999. "Bodies without Souls: The Case of Peter the Wild Boy." In *At the Borders of the Human: Beasts, Bodies, and Natural Philosophy in the Early Modern Period*, ed. Erica Fudge, Ruth Gilbert, and Susan Wiseman. New York: St. Martin's Press.

Orme, Nicholas. 2001. *Medieval Children*. New Haven, CT: Yale University Press.

Ozment, Steven. 2002. *Ancestors: The Loving Family in Old Europe*. Cambridge, MA: Harvard University Press.

Ritvo, Harriet. 1987. "Prize Pets." In *The Animal Estate: The English and Other Creatures in Victorian Age*. ed. Harriet Ritvo. Cambridge, MA: Harvard University Press. ハリエット・リトヴォ『階級としての動物――ヴィクトリア時代の英国人と動物たち』(三好みゆき訳、国文社、2001年)

Schama, Simon. 1987. *The Embamssment of Riches・An Interpretation of Dutch Culture in the Golden Age*. New York: Knopf.

Solomon, Gregg, and Deborah Zaitchik. 2000. "Les enfants et Ia pensee animate," trans. Christine Langlois. *Terrain 34: Les annimaux pensent-ils?* March: 73-88.

Thomas, Keith. 1983. *Man and the Natural World: A History of the Modern Sensibility*. New York: Pantheon Books. キース・トマス『人間と自然界――近代イギリスにおける自然観の変遷』(山内昶訳、法政大学出版局、1989年)

Waldau, Paul. 2001. "Will the Heavens Fall? De-radicalizing the Precedent-Breaking Decision." *Animal Law* 7: 75-117.

(KATHLEEN KETE／北本正章訳)

ペドフィリア（小児性愛症）（Pedophilia）

ペドフィリアという用語は、ギリシア語の「少年」（paidos）と「愛着」（philia）に由来する。小児性愛者は子どもに対する性的魅了と、おそらくは子どもに対する愛情とを特徴としている。この概念をはじめて用いたのはドイツの性科学者で医師でもあったリヒャルト・クラフト＝エビング[1]であった。クラフト＝エビングは、1886年に出版した詳細な研究『性的精神病理』において、ペドフィリアを治療可能な精神的あるいは性的倒錯症と位置づけた。これは、子どもと大人のあいだの性的関係に対する、当時広まっていた宗教的、道徳的判断とはいちじるしく対照的であった。クラフト＝エビングは、ペドフィリアは、老衰もしくはほかの精神障害によってひき起こされうると考えた。1906年ごろ、イギリスの同じ分野の研究者であるハヴロック・エリス[2]は、ペドフィリアを男性性の極端な形態と位置づけた。近年、ペドフィリアは、幼年期の心理的損傷による人格の拡散と認識されている。この概念は、1950年以前の英語圏では用いられることはまれであった。

小児性愛者は、さまざまな人類集団で多くみられると一般に信じられている。小児性愛者の多くは男性で、思春期初期の子ども、とりわけ男児を刺激したがる。子どもにふれること、もしくは互いにふれあうことを求める者がいる一方で、子どもとの性交渉を望む者もいる。1990年代のオランダやベルギーでこの種の事件が広く報道されたように、少数ではあるが、子ども

1996年、ベルギーのブリュッセルで、マルク・デュトルー事件[6]における警察の不手際に対して大規模な抗議運動がまきおこった。デュトルーは1990年代に複数の少女を誘拐し、性的虐待をおこなったうえで殺害した。彼の行動について、情報提供者たちが何度も警察に警告していたにもかかわらず、彼の犯罪は何年も捜査されなかった。©BISSON BERNARD/CORBIS SYGMA

との関係において加虐的要素に傾倒し、ほとんどの報道機関の取材対象になる者もいる。

小児性愛者が、親からほとんど保護を受けていない子どもに接近するのは比較的最近まで、かなり容易であった。20世紀の最後の20年間を通じて、この現象に対する注意の高まりは、小児性愛者たちがその性的欲望を満たすのを非常にむずかしくした。このことは、**児童ポルノ**やインターネット上のチャット・ルームを容易に利用することが、小児性愛者の性的な心象を刺激するうえで主要な役割を果たしており、また、おそらくは非常に攻撃的な行動への欲望を軽減している理由であろう。

イギリスとアメリカにおける**児童虐待**についての最初の調査は1920年代にはじまった。キンゼイ報告[3]をふくむ相当数の調査が1950年代に実施された。1940年から1990年にかけてのアングロ・アメリカ人の比較調査によると、14歳以下の女児への虐待が増加していることがわかった。10～12パーセントは性的虐待と考えられている。比較対象となる男児のデータはない。1990年代の調査では、母集団と統計の異なりによる矛盾の多いデータが析出された。幼少期に

ジャン=レオン・ジェローム「蛇使い」(1870年頃)。19世紀のヨーロッパの画家たちは、外国の背景に情景を描くことによって、当時のヨーロッパで受け入れられなかった主題であった官能的な子どもの側面をほのめかすことができた。©Sterling and Francine Clark Art Insitute, Williamstown, Massachusetts

性的虐待にあったと回答した大学生は15〜30パーセントにのぼる。このうち5〜6パーセントは、子ども期に性交渉の経験があると証言している。北欧諸国での調査でも同様の結果を確認できる。正式の犯罪統計では、児童への性的虐待に対してより低い件数をさししめしているが、これは、報告されることがなかった膨大な数の事件、とりわけ家族内における深刻な性犯罪が闇に存在していることを意味している。性的虐待がどの程度まで――「いやらしい中年男」とよばれる人物像の――小児性愛者によってひき起こされるのか、また、その子どものことを知っている親戚やその他の人びとによってはひき起こされないものなのかを、現存する統計資料から見きわめるのは不可能である。しかし、あらゆる調査研究が示しているのは、もっとも深刻な性的虐待は家庭内の近親相姦的な関係と結びついているという点である。

ペドフィリアの文化史

統計数値を欠いているにもかかわらず、ほかの情報源は、大人と子どものあいだの性的関係がつねに存在してきたことを示している。この関係に対する心的態度は歴史のなかで変化してきており、その関係は古典時代末期以降くりかえし非難されてきている。この事実にもかかわらず、われわれは、幼い子どもたちとのつきあいを楽しみ、彼らとのあいだで性的な関係をもったかもしれない聖アウグスティヌス(354-430)、ムハンマド(570頃-638)、そしてガンディー(1869-1948)をふくむ著名人の例を見いだすことができる。

古代ギリシアの厳格に階層化された社会では、成人男性と少年とのあいだの性的関係はその少年に対する教育に寄与するものとみなされていた。古典時代の末期になると、このような見解は、ほかの人びと、すなわち詩人のオウィディウス[*4]や哲学者のプルタルコス[*5]らによって疑問視された。彼らは、少年はその地位が社会的に低いため、自分の願望を自分で表現することが許されていないのであるから、このような関係が大人を満足させることはないと論じたのであった。この議論は、成人男性のパートナーの喜びの価値を減じ、したがって男性は女性との性的関係をもつことによってよりよく満たされるとされた。

キリスト教の勃興によって認可されたセクシュアリティは、生殖をその唯一の目的とする異性間の結婚に位置づけられるようになった。このことは、結婚の最低年齢、**近親相姦**と同性愛の禁止を確定した中世の法律に反映している。啓蒙思想と18世紀のフランス革命によって、道徳はもはや教会だけが責任を負うべき

ものではなくなった。公的および私的な道徳の番人となったのは政府であり、19世紀の刑罰法制がこの基盤を構築し、それに性暴力にかんする項目をくわえた。

だが、この刑法は大人が子どもと性的関係を結ぶことを禁じてはいなかった。レイプから性に関連する子どもの殺人にいたるまで、もっとも残虐な性的虐待は法的情報源で見出すことができる。1830年から1890年までにロンドンで報告されたすべての性犯罪の犠牲者の3分の2は子どもであった。19世紀の公共機関と教育関係の資料は、これほど劇的な報告を示していないが、教師あるいは聖職者による子どもに対する身体的虐待と性的虐待の境界線上の曖昧な事例がいくつかみられる。

フランスとイギリスでは、子どもに対する性的虐待についての論文は、精神医学や法医学などの新しい科学的専門分野の確立とともに、子どもへのロマン主義的概念をもつ中産階級が勃興した結果として、1850年前後に書き換えられた。アドルフ・トゥールムーシュとアンブロワーズ・タルデューの二人のフランス人医師が、性的虐待の犠牲となった子どもにかんする最初の法医学研究に取り組んだ。

しかし、「現代のバビロンに捧げられた娘たち」(*"The Maiden Tribute of Modern Babylon"*)と題された新聞の連載記事が、1885年のイギリスの新聞「ペルメル」紙に掲載されるまで、性的虐待の犠牲となった子どもについて話題になることはなかった。記事は**児童売春**を扱ったことがあるジャーナリストのW・T・ステッドが執筆した。この連載記事は、あどけない少女のイメージ――『不思議の国のアリス』や、裸体の子どもを写した近代の写真や絵画作品で出会うような子ども――を目にしていた一般大衆に大きな影響をおよぼした。約25万人もの人びとがロンドン市街にくりだして、性的な行為に対する同意年齢を引き上げるように訴えて行進した。この要求はヨーロッパ各国でも反響をよび、第1次世界大戦が勃発する頃には、10～12歳であった同意年齢は、15～16歳、もしくは18歳へと引き上げられた。

子どもの性的虐待を公にして注意を喚起する責任があるのは医師だけではない。**孤児院**や一般家庭において、子どものあいだでの**性行為感染症**の蔓延にもかかわらず、医師たちはそれを、シーツ、入浴の際のスポンジ、タオルを共有したことによる感染であるなどという、いわゆる悪意なき弁明を信じていると公言する傾向があった。医師たちは、家庭内に介入することによって顧客である患者を失うことをおそれただけではなかった。性行為感染症の疫学は完全には知られていなかった。さらに当時の社会では、純真無垢な子どもという背景のなかでは、子どもと**セクシュアリティ**について語ることはまだできなかった。19世紀の児童救済者たちにとって、こうした話題は、自慰行為をする少年や早熟な労働階級の少女というイメージをよび起こさずに言及することはできなかった。

このような状況から、この主題は、女性運動や博愛主義の協会団体、そして個別に取り組んでいた児童救済者たちにゆだねられた。その活動のために、新しいイメージ――すなわち、性的に堕落した成人男性のはけ口になりやすい性的に無垢な子どもというイメージ――が、文化に紹介された。

だが、子どもは性的に無垢であると考えられていたにもかかわらず、法廷ではかならずしも子どもは信用されなかった。子どもの証言に向けられる懐疑は大きかったし、それは、子どもの証言に対する新しい科学的な研究や子どものセクシュアリティについてのフロイトの精神分析理論によって支持された。この新しい知識は、その理論が子ども期のセクシュアリティが自然にそなわったものであるとしていたため、悪意をもった子どもを釈放するために利用された。

19世紀末における子どもの性的虐待についてのモラル・パニックは、20世紀を通じて見られた一連のメディア・パニックに引き継がれた。性科学、法医学および**優生学**などの登場とともに、1930年代から1950年代にかけての言説は、性的な精神病理者というイメージに支配された。このような解釈は、しだいに精神分析学、性革命、そして性的犯罪者の更正についての理解とその必要性に向けての信念に置き換わっていった。1960年代末になると、女性運動の発展によって状況はふたたび変わり、女性運動はさまざまな集団の権利に関心を示した。この時期は、就学前教育に従事する教師たちがはじめて告発されたことで頂点に達した。その最初の事例は、カリフォルニア州のマクマーティン幼稚園で発生した。この事件は1983年に発生し、その17年後に、告訴された全員が無罪となった。

1970年代から1990年代を通じて、アメリカとヨーロッパで発生したセンセーショナルな一連の子ども殺害事件にくわえて、インターネット上のペドフィリアのチャット・ルームとならんで児童ポルノの存在が暴露されたことは、新たなモラル・パニックとなったが、このことは、子どもへの性的虐待に対するより重い刑罰を課そうとする主張と、性犯罪者の全国登録を要求する運動となった。1996年の夏にストックホルムで開催された、子どもの性的虐待にかんする第1回世界大会は、こうした要求を支持した。アメリカの35の州では、1994年から1996年にかけて、いわゆる「ミーガン法」が可決された。ミーガン法は、コミュニティによる情報公開の規定をふくんでいる。49の州政府は、州政府への登録をさせている。21世紀初めには、ペドフィリアに対する対する魔女狩り問題が露呈し、この犯罪歴のある人間の法的権利の認識が叫ばれるようになった。

1990年代におけるペドフィリアの継続

　21世紀の幕開けとともに、以前とは異なり、子どもに対する性的虐待ばかりでなくペドフィリアも、もはや、1世紀前に見られたような個人的な問題ではなくなった。これらは、医師、精神科医、心理学者などから弁護士にいたるまでの専門職たちの情報収集を続けさせる公的な問題となった。また、メディアでもよく扱われている。家族内における性的虐待が知られ、何世代にもわたって非難されてきたことに対して、20世紀には、幼稚園からカトリック教会まで、さまざまな公的状況での子どもへの性的虐待についての認識の高まりがみられる。公的な認識は、その焦点を成人から子どもに移してきており、懸念の対象には女児だけでなく、1930年代以降は男児もふくまれるようになった。

　ペドフィリアと子どもへの性的虐待にかんする議論の高まりは、20世紀の文化的および精神的な変化の特徴であると見られてきている。研究者たちは、増加する件数は、それ自体が、議論の陰にある推進力ではなかったことについて意見の一致があるようである。ここで、この同意を棚上げして、現存する文献に目を向ければ、そこにはこれまでとは違うさまざまな説明を見いだすことができる。メディアだけでなく科学的な専門職の責任をも指摘する説明から、正常な異性愛をしつける要素として、ペドフィリアについて行なわれた公の論争にいたるまで、説明は多岐にわたっている。継続と変化についての疑問も紹介されてきている。1996年の夏、ベルギーのブリュッセルにおいて25万の人びとがデモ行進したとき、これは、1885年のロンドンで白人の奴隷売買に対する抗議と、同意年齢の引き上げ要求のくりかえしであったのであろうか？　それとも、それは、根本的な新しい歴史段階の前ぶれであったのであろうか？　なぜなら、現代社会に生きる子どもは、残存しつづけ、とり消すことができず、入れ替えることもできず、久しく失ってきた純粋さと安定性のある世界について大人たちがいだく夢の原始を映し出すと理解できるからである。子どもの性的虐待に対する強い反応は、現実には、人間関係がつねに変化しつづけている晩期近代の反動的な社会に直面している大人の不安感を表現している。ペドフィリア言説の合理性をめぐるこうした論争の最終的な解説は、アメリカの文学評論家ジェームズ・キンケイドからもたらされる。彼は、子どもに対して純真無垢性と無性性を称揚する現代の子ども観は、必然的にそれ自体の官能的な対応物を生みだすという挑発的な命題を唱導した。子どもに対するわれわれの憧憬において、官能的な欲望は禁圧され、ペドフィリアに投影される。言い換えれば、ペドフィリアへの関心の集中は実存の欲求を満たそうとする動きということになる。

　以上に見てきた研究はいずれも、ペドフィリアと子どもへの性的虐待にかんする言説に焦点をあてている。法律上の慣行についての分析は、多くの言葉が行動に移さねばならない場合の隠蔽、曖昧さ、歪曲を暴いただけでなく、ジェンダー的、人種的、そして社会的な偏見についても明らかにしている。子どもへの性的虐待の実態についての知見は、裁判記録の研究にもとづいている。これらの記録は、歴史的に、少女たち、とくに下層社会出身の少女や非白人の出自の少女たちがもっとも攻撃を受けやすい社会集団とみなされてきたことを明らかにする。また、これらの記録は、子どもへの性的虐待は、しばしば処罰されずに何年も続くことを明らかにしているが、それは、一方では、そのような場合、子どもの証言が信用されていなかったためであり、また、他方では、母親たちが十分な注意をはらっていなかったために批難を受けたためでもあった。裁判記録を用いた研究は、司法制度における社会的および人種的偏見から児童虐待――とりわけ子どもに対する性的虐待――に対する告発が、いかに困難であるかということも明らかにしている。

[訳注]

*1　リヒャルト・フォン・クラフト＝エビング（Richard Freiherr von Krafft-Ebing, 1840-1902）――ドイツおよびオーストリアの医学者、精神科医。その主著『性的精神病理』（*Psychopathia Sexualis*, 1886）は性科学の古典として知られる。「サディズム」（sadism、加虐性愛）という用語を創案した。また、オーストリアの作家で、なかば自伝的な小説『毛皮を着たヴィーナス』（*Venus im Pelz*）のなかで、美しい女性に鞭打たれ、その奴隷となって従属させられる欲望（被虐性愛）を描いたレオポルト・フォン・ザッハー＝マゾッホ（Leopold von Sacher-Masoch, 1836-1895）の名前からとって「マゾヒズム」（masochism）という用語を造語したことでも知られる。

*2　ヘンリー・ハヴロック・エリス（Henry Havelock Ellis, 1859-1939）――イギリスの医師、性科学者、心理学者、文芸評論家。とくに性について調査・執筆した主著『性の心理』（*Studies in the Psychology of Sex*, 1897-1928, 6 volumes）は、最初、イギリスで発禁書となり、アメリカで刊行された。

*3　キンゼイ報告（Kinsey Reports）――アメリカの性科学者で昆虫学者でもあるアルフレッド・キンゼイ（Alfred Charles Kinsey, 1894-1956）が、1948年から発表した、人間の性行動にかんするさまざまな項目の調査データを中心とする報告書。男性版の *Sexual Behavior in the Human Male*（1948）と女性版の *Sexual Behavior in the Human Female*（1953）からなる。キンゼイ自身の性意識とデータ収集のサンプリングをめぐってさまざまな批判が起きた。

*4　オウィディウス（Publius Ovidius Naso, 前43-後17?）――古代ローマの詩人。皇帝アウグストゥス（Augustus）に追放されたのち客死した。『愛の技術』（*Ars Amatoria*）『転身譜』（*Metamorphoses*）など。エロティシズムあふれる恋愛詩を多く残し、ラテン文学の黄金期を代表する詩人の一人。

*5 プルタルコス（Plutarchus, 46-8頃-127頃）［プルターク］——帝政ローマ時代のギリシア人著述家。『対比列伝』（英雄伝）、『倫理論集』（モラリア）など。
*6 マルク・デュトルー事件（the Marc Dutroux case）——ベルギーにおいてマルク・デュトルー（Marc Dutroux, 1956-）とその妻、数人の男性共犯者たちが、1995～96年にかけてベルギーで起こした複数の少女誘拐・監禁・性的虐待・殺害事件。ヨーロッパ中を震撼させた。主犯のマルク・デュトルーらは、少女たちを次々と誘拐し、長期間にわたって監禁して性的虐待を続け、すくなくとも4人を餓死または殺害した。事件が発覚する以前から地域住民が何度も警察に訴えていたことや、捜査経過、逮捕後の裁判の在り方、判決内容、事件の背景捜査などについて、警察と治安行政に対する市民の批判が高まった。主犯のデュトルーには逮捕8年後の裁判で終身刑がくだされた。

➡児童救済、ロリータ

●参考文献

Fass, Paula S. 1997. *Kidnapped: Child Abduction in America.* New York: Oxford University Press.
Feldman, W., et al. 1991. "Is Childhood Sexual Abuse Really Increasing in Prevalence?" *Pediatrics* 88: 29-33.
Freedman, E. B. 1987. "'Uncontrolled Desires.' The Response to the Sexual Psychopath 1920-1960." *Journal of American History* (June): 83-106.
Jackson, Louise A. 2000. *Child Sexual Abuse in Victorian England.* New York: Routledge.
Jenks, Chris. 1994. "Child Abuse in the Postmodern Context: An Issue of Social Identity." *Childhood* 2: 111-121.
Jenkins, Phillip. 1998. *Moral Panic: Changing Concepts of the Child Molester in Modern America.* New Haven, CT: Yale University Press.
Kincaid, James R. 1998. *Erotic Innocence: The Culture of Child Molesting.* Durham, NC: Duke University Press.

（NING DE CONINCK-SMITH／山口理沙・北本正章訳）

「ベビー・シッターズ・クラブ」映画広告の写真*

ベビーシッター（Baby-Sitters）

『オックスフォード英語辞典』（*Oxford English Dictionary: OED*）によると、ベビーシッター（*baby-sitters*）という語がはじめて用いられたのは1937年の出版物においてであった。そこには、「家族が映画を見に出かけたいとき、ベビーシッターとして一晩につき25セントで雇用される、近所に住むハイスクールの女生徒2人」と記述されていた。しかし、1940年代までは、おもに家族、親族、隣人、友人によってなされる一時的な子どもの世話（care）を表現するには、「子どもの見張り」（*minding the children*）という言いまわしがより広く用いられていた。改革者たちが児童労働を減らし、学校への出席を増やそうと努力していたにもかかわらず、アメリカ生まれの親——とくに、資産をほとんどもたない親——の世代は、幼いきょうだいの世話をしばしば年長の子どもに頼っていた。不況期の保育（その際には、子どもは男子も女子も主要な役割を果たした）の典型は、『ちびっこギャング』（*The Little Rascals*）*1のなかの、母親が外出しているあいだ、スパンキー（Spanky）は「赤ん坊を見張る」よう期待されているという1935年のエピソードである。だが、やがて出生率の低下によってそうした選択肢は制限されはじめた。

第2次世界大戦中の徴兵、移住、女性雇用によってひき起こされた家族の分裂は、こうした伝統的保育パターンの変革を迫った。賃金を得るために、母親とティーンエイジ*2の少女が防衛産業、小売業、サービス部門ではたらいていたので、女家主や親族以外の子どもにくわえて、しばしば祖母がベビーシッターをした。そうした人びとは、多くの場合、一夜につき25セントで、数家族の子どもたち全員の世話をし、そのうえ、家事の責任まで請け負っていた。母親がはたらいており、また家事使用人もめったに雇えなかったので、銃後の少女には、年齢をとわず、ベビーシッターのほかに「家事を切り盛りする」ことも期待されていた。これらの人びとが担った仕事は、どの場合でも賃金が少

なかった。また、賃金が一部しか支払われないときもあれば、まったく支払われないときもあった。

戦後の好景気、母性や家庭生活を活性化したジェンダー・イデオロギー、（子どもが間隔をおかずに次々と生まれていたことによる）出生率の急上昇、新しく興ったレジャー文化、これらすべてが、第２次世界大戦後の数年にベビーシッターの需要を押し上げた要因である。戦争で疲弊した夫婦が、住民の大半が彼らのような若い親で占められ、膨張しつづける郊外のコミュニティに移り住むと、昔からあった家族と親族のネットワークは崩壊した。こうした親たち──とくに、「非番の日」や「夜間の外出」を待ち望んでいる主婦や母親たち──は、ティーンエイジの少女が子守をしてくれるのをあてにした。1947年ともなると、ベビーシッターは、非常勤の雇用形態の主流を占めるようになった。また、ベビーシッターは、経済活動から締め出されるとともに、発展しつつあった商業上のティーン文化によって消費刺激を受けていた、ティーンエイジの少女がほぼ独占する分野（その分野は「ペチコート・モノポリー」［petticoat monopoly］とよばれた）となった。しかし、ティーンエイジの少女たちは、戦時下の自立体験で自信を得ていたため、劣悪な労働条件（たとえば、家事労働、低賃金）に不満を示し、声明文を発表し、労働規準を案出し、アメリカの北東部と中西部のコミュニティにベビーシッター組合を組織した。

1950年代を通じて進んだベビーシッターの政治色化は、ベビーシッターの専門職化への道を開いた。そのとき、「エキスパートたち」は、学校やコミュニティのなかにベビーシッター講座を設けた。これらの講座の目的は、ベビーシッターをあおり立てて気に入らない労働条件に異議をさしはさませようとする破壊的な少女文化を封じこめることにあった。1950年代初期までは、ベビーシッターという語を辞書が収録することはなかったであろうが[*3]、その時代のティーンエイジの少女は、この職業をしばしば「ブラッティング」(bratting)[*4]とよんでいた。それは、**スポック博士の自由放任主義の育児法**で育てられた、ときどき言うことを聞かない子どものことをさしていた。

人口全体のなかに、信頼でき、かつ責任感のあるティーンエイジの少女はごくわずかしかおらず、とりわけ郊外ではそうであった。そのことは、エキスパートたちがティーンエイジの少年をベビーシッターとして奨励すること（そして、親たちが雇用すること）につながった。1950年代には、たいていの少年は、新聞配達、芝刈り、その他の臨時雇いの仕事をしていたが、1957年の「ライフ」(Life) 誌は、すべての少年の４分の１近くがベビーシッターとしてはたらいていると報じている。少年のベビーシッターは、「母親中心主義」[*5]を案じる大人がつくった大衆雑誌、教育雑誌、さらに、礼儀作法の手引書のなかで称揚されたため、彼らのプロ根性と男らしさが広く賞賛されることになった。一家の稼ぎ手である父親が昼間いないため、少年のベビーシッターは、幼い少年のジェンダー・アイデンティティの健全な発達に不可欠な男らしい道徳を植えつけてくれると信じられていた。

1950年代の、娯楽を追い求めるベビーシッターという表現は、1960年代になると、いちじるしく性的な特徴をもったベビーシッターという表現にその席をゆずった。性革命、女性の解放、反体制文化によって、上流文化、民族文化、大衆文化、ポルノのなかに、エロティックになったベビーシッターが形成された。子守仕事の大部分は、忍耐とペニー貨（１時間につきおよそ75セント）とのありふれた交換として続けられたが、気をそそるティーンエイジの少女は、雇い主である夫に戦後の郊外生活への幻滅を容易に感じさせた。往々にして傷つきやすい（しかしそれでも、それとなくセクシーな）ティーンエイジの少女ベビーシッターは、映画、テレビの連続ホームコメディ、都市伝説のなかで、急速に変化する性役割、少女文化、家族の崩壊、コミュニティの不安定さなどについて大人たちがいだくおそれと幻想を表現していた。

人口に占めるティーンエイジャーの割合がふたたび少なくなった1980年代のなかばまでに（しかも、女権拡張運動に対する激しい反発の動きのさなかに）、大衆映画やテレビ用映画のなかで悪魔化したベビーシッターは、子どもたちに脅威をあたえ、夫婦関係を不安定にし、家族を破壊した。それと同時に、ティーンエイジャーの雇用機会が増えたことは、多数の少女と少年が、より多額の金銭が得られ、かつ人びとと出会える仕事をさがし出すのを可能にした。産業における小売業やサービス業の拡大は、往々にして孤独な「子守り」という仕事よりも、もっと高い報酬、地位、社交性をもたらした。突然の呼び出しやキャンセル、叱りとばされながらの仕事内容の確認、不安定な勤務時間（一般に、予定していたよりも遅くなった）、酔っぱらった監視人、性的嫌がらせに悩まされていたティーンエイジの少女は、ますます子守り仕事から手を引き、経験のない前思春期[*6]の少女にその仕事をゆずった。

戦後の親は、エキスパートたちから、ミッドティーン[*7]よりも若いベビーシッターは雇用しないよう警告を受けていたが、1980年代のなかばには、前思春期の少女が、過去15年間の人口動態の趨勢とは反対に出産率を増加させていた現代の親に雇用されはじめた。前思春期の少女は、地元の学校や病院が提供する「安全に子守をする」訓練講座で教育を受けている場合が多く、また、（アン・M・マーティンが著した）『ベビー・シッターズ・クラブ』(The Baby-sitters Club: BSC) シリーズ[*8]と、そこから生まれた映画によって、ベビーシッターに慣れ親しんできていた。その映画では、前思春期の「スーパー・ベビーシッター」と、新

たに登場した「少女パワー」イデオロギーを理想化していた。それは、(1)決断力、抱負、個人的学力、適性、困難な仕事が少女に夢の実現を可能にするという信念を強化する、(2)少女たちが消費市場で果たす経済的役割を奨励する、(3)娯楽、流行、ファッション（たとえば、化粧）、ポーズを通じて少女の能力を育成するなどのイデオロギーである。

[訳注]
* 1 「ちびっこギャング」(The Little Rascals)――アメリカのB級映画専門のモノグラム社が、Hal Roach (1892-1992)のOur Gangを子ども向け映画に改作したものを1955年にさらにテレビ用番組に編集したもの。1960年代に放送されて人気を得た。日本でも1961年にNET（現在のテレビ朝日）系列で放送された。1994年には『ちびっこギャング』（監督ペネロープ・スフィーリス）としてリバイバル映画にもなった。
* 2 ティーンエイジ (teenage)――通例、13～19歳の者。
* 3 ベビーシッター (baby-sitter)――この表現のアメリカ英語での初出は1937年頃であるが、最初は、麻薬患者や幻覚剤の使用者につきそう人のことをさしていた。
* 4 ブラッティング (bratting)――bratは「がき」とか「ちび」という意味をもっている。
* 5 「母親中心主義」(momism)――アメリカの作家フィリップ・ワイリー (Philip Wylie, 1902-71) によるA Generation of Vipers (1942) のなかでの造語。
* 6 前思春期 (preadolescent)――通例、10～13歳の、思春期直前の時期。
* 7 ミッドティーン (mid-teens)――通例、15～17歳の者。
* 8 『ベビー・シッターズ・クラブ』(The Baby-sitters Club)――作者はアメリカの児童作家アン・M・マーティン (Ann M. Martin, 1955-)、スコラスティック社出版の人気連載小説で、1986年から2000年までに1億7000万部を売ったとされる。作品の大半はゴーストライターによって書かれた。

➡消費文化、青年期と若者期、保育（家庭保育）
●参考文献
Forman-Brunell, Miriam. 2005. *Get a Sitter! Fears and Fantasies about Babysitters*. New York: Routledge.
Margolin, Leslie. 1990. "Child Abuse by Baby-Sitters: An Ecological-Interactional Interpretation." *Journal of Family Violence* 5, no. 2 (June): 95-105.
Neus, Margaret. 1990. "The Insider's Guide to Babysitting: Anecdotes and Advice from Babysitters for Babysitters." Master's thesis, Emerson College, Boston.

（MIRIAM FORMAN-BRUNELL／松丸修三訳）

ベビーファーム（有料託児所）
(Baby Farming)

ベビーファーム*1は、19世紀後半、イギリスとアメリカの双方で詮索の対象になった。ベビーファームは、民間人が、一律の料金、週単位あるいは月単位の料金で乳幼児を養育し、まかない付きで預かる私的な制度と理解されている。通常、ベビーファームの経営者は中産階級の女性で、新聞に「養子縁組」の広告を出したり、保母、乳母、そして産院（これは、貧しい未婚の女性たちが出産し、その乳幼児をベビーファームの経営者の手にゆだねることができる個人の家）の家事使用人たちを通じて、こうした乳幼児たちを引きとってもらうよう嘆願した。

1868年、「ブリティッシュ・メディカル・ジャーナル」（イギリス医学研究誌）(*the British Medical Journal*) は、ベビーファームは、営利目的の子殺し形態にほかならず、ここで養育される乳幼児たちは故意に、また、激しくネグレクトされ、死にいたっているとの批判を公にした。ベビーファームの経営者たちの養育にゆだねられていた乳幼児の死亡率が高かったのは事実だが、そうした死がどの程度まで意図されたものであったかはあきらかではない。歴史家のリンダ・ゴードンによれば、孤児収容所に送られた赤ん坊は、ベビーファームの経営者に養育された赤ん坊と同じような比率で死亡していたという。ベビーファームの経営者のなかには、最善の努力をして子どもたちを健康に育て上げようと取り組む者も何人かはいたようだが、最低限の料金しか払うことができず、またそれさえも支払えなかった貧しい親から預かった乳幼児に基礎的な世話をする能力には限界があった。

これとならんで混乱が見られたのは、自分の赤ん坊をベビーファームの経営者の養育にゆだねた親たちの意図である。1890年に執筆していたイギリスの社会改良家ベンジャミン・ウォー*2は、ほとんどの母親は、無法なベビーファームの経営者たちに赤ん坊をわたしていた身なりの立派な周旋人たちにだまされていると主張していた。しかし、何人かの母親は、ウォーによれば、かれらは「評判の悪いろくでなし」で、自分たちがかかえこんだ望まれない、ときには庶出の赤ん坊という問題を解消してくれるのがベビーファームの経営者であると見ていた。極貧状態にあったため、何人かの悪意のない女性たちが、立派な身なりのベビーファームの経営者の手をかりるようになったが、それは、子どもとその子どもの養育者との接触を維持できるとの期待があったからであった。同じく貧困におちいっていたほかの親たちとのあいだで、幼児が死んだ場合には両親とベビーファームの経営者が率直に話しあうという契約が結ばれたが、これは、評判の悪いベビーファームが間接的な子殺しの手段にほかならないことをあからさまにするものであった。ほかの乳幼児は、その母親が比較的簡単で給料のよい乳母として仕事を得られるように、ベビーファームに送られた。とくに子どもがネグレクトされている場合、子殺しを立証するのはむずかしかった。それにもかかわらず、1867

年のイギリスの中部ミドルセックスでは、殺人の犠牲となったすべての子どもの94パーセントは1歳以下であった。

　ベビーファームに注意が集まったのは、部分的には、大量の子殺しというセンセーショナルな事例がいくつかあったためでもあるが、アメリカの**児童虐待防止協会**（the Societies For the Prevention Of Cruelty To Children）と、イギリスの乳幼児の生命保護協会（the Infant Life Protection Society）の設立に役立った。改革者たちは、すべての子どもの出産と、ベビーファームの規制を求める法律の制定に向けて闘った。イギリスは、一人以上の乳幼児を預かって世話をする業者の規制を求める「乳幼児生命保護法」（the Infant Life Protection Act）を1872年に成立させた。アメリカでは、マサチューセッツ州が、子どもを預かるすべての家庭と、預けられた非嫡出子の規制を求める法律を通過させたが、20世紀の最初の10年間、ベビーファームの営業によって大規模な子殺しがまだ続いている事例は出版物で暴露された。

［訳注］
＊1　ベビーファーム（baby farm）──民間の有料託児所。妊娠した未婚女性のための出産施設、未婚の母親の家。母子の保護と養育のほかに、養子縁組などの世話もする。baby farm, baby farmingという表現の初出は1868年。
＊2　ベンジャミン・ウォー（Benjamin Waugh, 1839-1908）──イギリスの社会改良家、宗教活動家。北部ヨークシャーの聖職者の息子として生まれ、ブラッドフォードの神学大学で学んだ。ニューベリーでの活動後、ロンドンのグリニッジのスラム街で改宗派の牧師となった。そこで、子どもの搾取や虐待に接したことから、救貧院制度や救貧法を批判し、刑事裁判の改善に取り組み、犯罪生活から子どもを引き離すために少年裁判所と少年刑務所の設置を主張した。いくつかの児童虐待防止協会が統合され、イギリス児童虐待防止協会（NSPCC）が1889年に設立されるとその初代事務局長に選出され、ヴィクトリア女王がその初代後援者となった。宗教雑誌 The Sunday Magazine を編集出版して多数の賛美歌を発表した。彼自身にはすくなくとも12人の子どもがいた。

➡乳児死亡率、乳母養育、乳児哺育

●参考文献
Gordon, Linda. 1988. *Heroes of their Own Lives: The Politics and History of Family Violence, Boston 1880-1960*. New York: Penguin.
Rose, Lionel. 1986. *The Massacre of the Innocents: Infanticide in Britain, 1800-1939*. London: Routledge and Kegan Paul.
Waugh, Benjamin. 1890. "Baby-Farming." *Contemporary Review* 57: 700-714.
Zelizer, Viviana A. 1985. "From Baby Farms to Black-Market Babies: The Changing Market for Children." In *Pricing the Priceless Child: The Changing Social Value of Children*, ed. Viviana A. Zelizer. Princeton, NJ: Princeton University Press.

（CAROLINE HINKLE MCCAMANT／佐藤哲也・北本正章訳）

ベビーブーム世代 (Baby Boom Generation)

　1946年から1964年のあいだに生まれたベビーブーム世代は総計約7650万人にのぼり、アメリカでは史上最大の同一年齢集団（コホート）を構成している。第2次世界大戦後の出生率の急増は急速な経済発展と軌を一にしていた。政治・産業・社会のすべてがブームをたきつけた。政府による諸政策によってある種の郊外型家族生活モデルが奨励され、老齢年金（veterans' benefits）が拡張され、住宅ローンが緩和され、戦時には多くの女性たちがパートタイムとしてついていた仕事に、平時になると男性たちが就労した。郊外人口は、1950年から1970年にかけて、3600万人から7200万人へと2倍になり、国民人口における最大セクターを占めるようになった。郊外化は主流派である白人中産階級特有の現象であったが、ブームはほとんどすべての人種、階級、民族、そして宗教に波及した。移民政策が緩和されたことで、とくにアメリカのメキシコ系と中国系の人びとの出生率は、1940年代後半から1950年代にかけて上昇した。

前期ベビーブーム世代
　核家族は、冷戦時の反共主義とプロ・コーポラティズム（pro-corporatism）が郊外生活の理想と混ざりあったことで、個人・コミュニティ・国家の安寧を担う象徴的で実践的な存在とみなされるようになった。郊外・中産階級・結婚生活・白人家族構造の理想とあいいれない人びとは非難された。黒人の女性家長は、往々にして貧困をみずからまねいた責任を負わされ、彼女らの子どもたちは社会から取り残された。そうした態度によって、明示的、非明示的に、1950年代から1960年代には、若く貧しい黒人女性がさまざまな公共医療や社会サービスから排除されていた。
　戦中戦後に流動性が高まり、郊外化が進むことでコミュニティが変容し、子育てをめぐる助言や支援をあたえていた拡大家族のネットワークも衰退した。技術革新の時代を迎えると、両親は、全身全霊をこめて子育てに愛情を傾けることを推奨する**ベンジャミン・スポック博士**のような専門家の意見に耳を傾けるようになった。1950年代から1960年代を通じて、批評家たちは、リチャード・ホフスタッターのような学者が「過大評価された子ども」とよんだ、溺愛状況に関心をよせた。
　ベビーブーム世代の子どもたちは、制度・社会・メ

ディアそれぞれにおいて非常に大きな関心を集めていた。1950年代から1960年代初頭にかけて、初等学校はその需要に建設が追いつかず、リトルリーグやボーイスカウトやガールスカウトのメンバーも激増した。教会は、1940年の6450万人から1960年の1億1450万人へとその会員数が上昇し、とくに郊外では教会がレクリエーションや青年向けプログラムを開発していた。

新たに登場したテレビを介してベビーブーム世代が構成する子ども市場に参入する可能性をメディアが見出すまで時間はかからなかった。1955年にはじまったミッキーマウス・クラブのような子ども番組の出現によって子どもたちに直接おもちゃが宣伝されるようになり、両親や教育者は蚊帳の外に置かれた。また、おもちゃは親の意向に沿った遊び道具から、広告業者が誘導する消費の対象へと移行した。たとえば、1959年、ベビーブーム世代が青年期を迎えたのと軌を同じくして販売がはじまった**バービー人形**は、母親や家族のありようを理想化したものではなく、気ままな消費者であるティーンエイジャーのライフスタイルをモデルにしていた。

ベビーブーム世代が10代であった頃、彼らは制度的・文化的変遷のただなかにあった。**ハイスクール**の就学者が増えたのは、**ティーンエイジャー**が増加したことにくわえ、すべてのティーンエイジャーを卒業するまで学校に通わせようとする圧力が高まったことに起因していた。おそらくもっとも意義深いのは、ベビーブーム世代が学校に行くことで得られる利益と緊張とを体験したことであり、それは1954年の**ブラウン対カンザス州トペカ教育委員会裁判**後にしだいに顕著になった。若者たちの大半が人種的統合と平等問題に関心をいだいていた。公民権運動（1964年から1968年）の頃、アフリカ系アメリカ人の75パーセントが差別的に分離された学校に通っていたが、事実上の変化が起こるまでに10年の歳月を要した。後期ベビーブーム世代は、さまざまな学区から生徒たちをバス通学させることで、強制的に統合される経験をした。1976年までに、人種的に分離された学校に通学する黒人生徒はわずか17パーセントまで減少した。

若者のデート文化は、1950年代から1960年代のあいだに大きく変化した。かつては、多くの相手とデートを重ねていたが、終戦直後、一人のパートナーと「交際する」ことが理想とされるようになった。1960年に経口の**産児制限**［避妊］薬が販売され、1973年のロー対ウェイド裁判で中絶法が制定されるよりも前から、また「最後までいく」つまり性交渉に対して批判的な風潮があったにもかかわらず、若者たちのあいだでは結婚前であっても性的関係を結ぶことが広がっていた。

ベビーブーム世代のティーンズは、その両親と同じく、家庭的な保護を拒否した一方で、みずからの達成感を得るために消費主義の熱烈な信奉者になった。彼らの「自己表現」願望を満たすべく、流行の最先端をゆく衣装からロック・ミュージックまで、ありとあらゆるものに市場が拡大した。1960年代後半までに、物や金を第一とすることに反対する若者の美意識は、かつてないほど自由に使える収入と娯楽のためにお金を使う10代の若者たちと結びついた。したがって、消費主義、治療的自己とつながることで得られる信頼ということがベビーブーム世代の特徴となった。それらが若者たちの表現の自由を求める主張とともに燃えあがり、少年たちは、ベトナム戦争時には、徴兵制への抗議として、「既成のものにとらわれない」衣装を購入し、ハイスクールで長髪をなびかせ、ロック・ミュージックや麻薬にのめりこんだ。

彼らは実際に抗議した。1960年代後半、ハイスクールの学生たちは、服装規定・教科書採択・クラブ経営などの決定権をめぐって闘争し、座りこみをしたり、地下新聞を発行した。彼らが意を強くしたのは、言論の自由・戦争・公民権・女性問題などをめぐって、ベビーブーム世代による徹底的かつ急進的な大学紛争が展開していたからであった。彼らはまた、たとえば、高校生には言論の自由の権利があると命じた1969年の**ティンカー対デモイン訴訟**のように、アメリカ最高裁判所のような上位機構から支持を得ていた。また若者たちを鼓舞したのは、愛の普遍性を重んじて、一夫一婦制や出世第一主義のような主流派の価値観を拒絶し、個人の解放をめざしていく対抗文化運動であった。

郊外型のショッピングモールやファストフード店が出現したことで、若者たちにはパートタイムや自由裁量ではたらく機会が開かれたが、その一方で、非白人系で低所得の10代、とくに都市の中心部に暮らす若い男性たちには仕事が不足していた。彼らの就業機会は、1960年代から1970年代を通じてとぼしくなった。若者たちは、1960年代中期から後期を通じて、都市暴動の波に参加した。彼らはまた、追いつめられた自分たちの要求にこたえようとしないシステムを攻撃するために団結した。たとえば、1968年3月、メキシコ系アメリカ人の青年男女が、学校の定員超過状態、差別的な授業、それらに起因する高い退学率に抗議するため、イーストロサンゼルス内の五つのハイスクールでボイコット運動を組織した。

後期ベビーブーム世代

後期ベビーブーム世代（1956年から1964年までに生まれた）は、1967年の「タイム」誌でマン・オヴ・ザ・イヤーと総称された1946年から1955年生まれの前期ベビーブーム世代とは異なり、多くの意味で忘れられたメンバーの世代であった。アメリカ社会は、彼らを「理想的な」子どもとして育てるというよりはむしろありのままに扱おうとしていた。若者に関係する多くの機関は、彼らに順応しようと準備した。1970

年代には、子ども期から青年期へゆっくりと容易に移行できるように、ミドルスクール（中等学校）が作られた。これは1966年には499校しかなかったが、1980年までに6000校を超えた。

1970年代のティーンエイジャーは、大部分が政治活動から撤退し、同一レベルで親密になって消費生活を追求するようになった。10代の若者たちの経験は、気晴らしでドラッグにふける者が激増し、女性運動と性の解放が多少の起因となり、形式的で節度ある求愛行動から、気楽にデートして性関係を結ぶ両性間のグループ交際へとしだいに変化した。それにもかかわらず、後期ベビーブーム世代の若者たちにとって1970年代とは、有色人種・同性愛者・環境保護のために拡大した運動にまきこまれた時代であった。

ベビーブーム世代の若者たちによってアメリカにおける子ども期と若者期の意味は再定義された。**若者文化**（ユースカルチャー）と諸機関とは、今後も数十年間はその存在を実感しつづけるだろう。

➡学生の政治活動、修正第26条、大学紛争（1960年代）、ロックンロールと若者世代

● 参考文献

Bailey, Beth L. 1988. *From Front Porch to Back Seat: Courtship in Twentieth-Century America.* Baltimore, MD: Johns Hopkins University Press.

Chafe, William H. 1981. *Civilities and Civil Rights: Greensboro, North Carolina, and the Black Struggle for Freedom.* New York: Oxford University Press.

Chávez, Ernesto. 1998. "'The Birth of a New Symbol': The Brown Berets' Gendered Chicano National Imaginary." In *Generations of Youth: Youth Cultures and History in Twentieth-Century America*, ed. Joe Austin and Michael Nevin Willard. New York: New York University Press.

Echols, Alice. 1989. *Daring to Be Bad: Radical Feminism in America, 1967-1975.* Minneapolis: University of Minnesota Press.

Gutiérrez, David G. 1995. *Walls and Mirrors: Mexican Americans, Mexican Immigrants, and the Politics of Ethnicity.* Berkeley: University of California Press.

Jackson, Kenneth T. 1985. *Crabgrass Frontier: The Suburbanization of the United States.* New York: Oxford University Press.

Jones, Jacqueline. 1986. *Labor of Love, Labor of Sorrow.* New York: Vintage Books.

Jones, Landon Y. 1980. *Great Expectations: America and the Baby Boom Generation.* New York: Coward, McCann and Geoghegan.

May, Elaine Tyler. 1988. *Homeward Bound: American Families in the Cold War Era.* New York: Basic Books.

Miller, James. 1994. *"Democracy Is in the Streets": From Port Huron to the Siege of Chicago,* 2nd ed. Cambridge, MA.: Harvard University Press.

Palladino, Grace. 1996. *Teenagers: An American History.* New York: Basic Books.

Solinger, Rickie. 1992. *Wake Up Little Susie: Single Pregnancy and Race Before Roe v. Wade.* New York: Routledge.

Sugrue, Thomas J. 1996. *The Origins of the Urban Crisis: Race and Inequality in Postwar Detroit.* Princeton, NJ: Princeton University Press.

（DON ROMESBURG／佐藤哲也訳）

ヘルバルト、J・F
(Herbart, J. F., 1776-1841)

ドイツの哲学者であり教育理論家でもあったヨハン・フリードリヒ・ヘルバルトは、科学的教育学（scientific pegdagogy）の創始者の一人と考えられている。1776年5月4日にオルデンブルクに生まれたヘルバルトは、1794年の春にイエナ大学で哲学の研究をはじめた。そこで教えを受けた彼の先生にはヨハン・ゴットリープ・フィヒテ（Johann Gottlieb Fichte, 1762-1814）とフリードリヒ・シラー（Friedrich Schiller, 1759-1805）その他の人がいた。この時期を通じてヘルバルトはフィヒテの難解な理想主義を批判的に分析した。1797年、シュタイガー家の子どもたちの個人教師（住みこみの家庭教師）になるために大学を去ってスイスに移り住み、子どもたちを相手にした彼の仕事で発見したことを記録した。このときの記録がヘルバルトの教育学の最初の文書資料だと考えられている[*1]。1802年、ゲッティンゲン大学の講師となり、1805年には哲学と教育学の准教授になった。1809年には、ケーニヒスベルク大学（現在のロシアのカリニングラード）に招聘され、当時、哲学者ヴィルヘルム・トラウゴット・クルークによって占められていた教授職を引き継いだが、この地位は、かつてイマニュエル・カント（Immanuel Kant, 1724-1804）がついていたポストであった。1833年、ヘルバルトは、専任教授としてふたたびゲッティンゲン大学に戻り、1841年8月14日に死を迎えるまで、そこで講義をした。

教育理論にかんするヘルバルトの主著のいくつかには、『教育の主要な目的としての世界の美学的表現について』(*Über die ästhetische Darstellung der Welt als das Hauptgeschäft der Erziehung*, 1804)、『教育目的から導き出された一般的教育学』(*Allgemeine Pädagogik aus dem Zweck der Erziehung abgeleitet*, 1806)、そして、『教育についての講義概要』(*Umriß pädagogischer Vorlesungen*, 1835, 1841) がふくまれる。ヘルバルトは、『世界の美学的表現について』において、道徳性は教育の主要な目的であると主張している。ヘルバルトは、ドイツ観念論の支持者たちとは対照的に、リアリズムの構成要素のひとつとしての客観世界の認識にこだわっていたが、このことは、彼が、精神は法則を作り出すのではなく、それを識別すべき

ヘルバルト

ヨハン・フリードリヒ・ヘルバルト（1776-1841）*

ものであるととらえていたことを意味する。したがって、ヘルバルトは、道徳性というものを、客観的な認識にもとづいて、社会的な実在の利害関係のなかで行動するために彼または彼女の意志を査定し、それに影響をおよぼすことを学ぼうと骨折る理想的な人間として理解するのである。ヘルバルトは次のように問いかける。「教師はいったいどのようにすればこのような学習の過程を意識的に支えることができるのであろうか？」

『一般教育学』では、ヘルバルトは教育の方法すなわち「教授」（Unterricht）と「陶冶」（Zucht）を展開している。これについて彼は後年、『教育についての講義概要』のなかで完成させている。「教授」（Unterricht）は理解（understanding、悟性）をもたらす。したがって、ヘルバルトの「教授」理論はこうした次元にかんする次のような教育の本質的な要素を強調する。すなわちそれは、教授の諸段階（構造）、教授の主題（主題の選択）、そしてもちろん教授そのもの（教授法）である。他方、「陶冶」は、よりよい悟性にしたがってふるまうために倫理的な理想に焦点をあてる。「陶冶」は、教師の人格的態度と、生徒がお互いに向きあう姿勢によって決まる。このような「教授」と「陶冶」という教育の二つの側面は、ヘルバルトが提唱した教育的教授*2という理念に発展した。この理念は、ヘルバルト主義者とよばれる彼の後継者たちによって、大学レベルにおける授業活動と教員養成に影響をおよぼした。

有名なヘルバルト主義者のなかには、カール・フォルクマール・シュトイ（Karl Volkmar Stoy, 1815-1885）、ツィスコン・ツィラー（Tuiskon Ziller, 1817-1882）、そしてヴィルヘルム・ライン（Wilhelm Rein, 1847-1929）らがふくまれる。彼らの努力は、大学レベルの教員養成に傾注されたが、それは教育専門家になるための訓練と教育学の専門職の両方を目的にしていた。ヘルバルト主義者たちは、学生たちに理論的な教育研究と教育実践の両方を提供するために、教育実習学校を教員養成大学と連携させた。教育実習学校での生活は、授業・遠足・式典行事・ガーデニング・スポーツ・ゲーム、そして生徒たちによる自治活動などから成り立っていた。シュトイは、教育にかんするヘルバルトの体系的な著作を定評のある教育学の理論体系にまとめ上げた。また、ツィラーは、「教授」にかんするヘルバルトの理論*3を補足し、ヘルバルトの教授学的枠組みのなかで、「教授の型式段階理論」（Formalstufentheorie、教授の形式的諸段階にかんする理論）*4、「専心」（Konzentration; concentration）の原理、および「文化史的段階理論」（Kulturstufentheorie、文化の諸段階の理論）を創案した。ヘルバルトが世界中で有名になったのは、ラインのおかげである。ラインが創設した教育学的教員養成大学とイエナ大学で行なった休日研修セミナー*5は国際的な関心を集めたのであった。

［訳注］

*1 ヘルバルトは、1799年に、教えていた子どもたちをつれて、スイス国内のペスタロッチの教育実践を参観するためにブルクドルフまで出かけていき、ペスタロッチの教育の実践にふれて深い感銘を受けている。

*2 教育的教授（Erziehungs-Unterricht; educating instruction）——教師の確かな人格的品性に直接ふれることによって、生徒のさまざまな興味や関心が人間形成、とくに道徳の完成という大きな視野の下で統合（品性の陶冶）され、学びの品性が磨かれ、高いレベルに向けて意味づけられる教育のあらゆる活動。

*3 「教授」にかんするヘルバルトの理論——いわゆる「教授4段階説」のこと。ヘルバルトは、子どもがものごとを認知するときの心の動きについて、子どもが深く興味をいだいて対象に「没頭」することを「専心」（Vertiefung）とよび、この「没頭」によって獲得したイメージや表象を反省したり、過去の経験と照らしあわせたりして修正したりする心の働きを「致思」（Besinnung）とよんで、この二つの心のはたらきを軸に学習段階が四つに整理できると考えた。すなわち、1「明瞭」（静的専心）＝対象の限定によって意識の混乱を排すること。2「連合」（動的専心）＝明瞭にされた対象をすでに習得させていた知識と結合、比較する。3「系統」（静的致思）＝連合を経た知識を体系化する。4「方法」（動的致思）＝以上の段階を経た知識がほかの事象に応用可能にする。

*4 教授の型式段階理論——いわゆる「教授5段階説」のこと。「予備・提示・比較・総括・応用」という教授段階説は、教育目的としての広義の「道徳性」、教材

の選択と配列にかんする「文化史的構成」、教科相互の関連にかんする「中心統合法」、教材構成にかんする方法的「単元」などの概念とセットになって展開された。この「教授5段階説」は、一方では授業を形式化したと批判されたが、当時の教育界の教授実践の水準を考えれば、教授法の基本的な課題を明確にしたという点で歴史的な意義があった。ヘルバルト主義の教授論は、明治20年代（1887-）に、御雇外国人教師の一人としてドイツから招かれたE・ハウスクネヒト (Emil Hausknecht, 1853-1927) によって、東京帝国大学ではじめて講義され、ハウスクネヒトの教えを受けた谷本富（1867-1946）や湯原元一（1863-1931）らの精力的な紹介によって、日本の教育界はヘルバルト主義教育学の全盛時代を迎えた。

＊5 教員養成のための教育学ゼミナール。

➡教育（ヨーロッパ）

● 参考文献

Cruikshank, Kathleen. 1993. "The Rise and Fall of American Herbartianism: Dynamics of an Educational Reform Movement." Ph.D. diss., University of Wisconsin.

Dunkel, Harold B. 1969. *Herbart and Education*. New York: Random House.

Herbart, Johann Friedrich. 1804. *Pestalozzi's Idee eines ABC der Anschauung*, Göttingen 1804. ヘルバルト『ペスタロッチの直観のABC』（是常正美訳、玉川大学出版部、1982年）

Herbart, Johann Friedrich. 1806. *Allgemeine Pädagogik aus dem Zweck der Erziehung abgeleitet*, Göttingen 1806. ヘルバルト『一般教育学』（三枝孝弘訳、明治図書、1981年）

Herbart, Johann Friedrich. 1841. *Umriss pädagogischer Vorlesungen*, 2. Aufl. Göttingen 1841.

Kehrbach, Karl, and Otto Flügel, eds. 1989 [1887-1912]. *Johann Friedrich Herbart: Sämtliche Werke in chronologischer Reihenfolge*, 19 vols. Aalen, Germany: Scientia.

（ROTRAUD CORIAND／北本正章訳）

ペルペトゥア（聖）(Perpetua, Saint)

古代以来、女性の手で書かれた残存するいくつかのテキストのなかで、社会的に高い地位にあり、正式に結婚していたローマの婦人ウィウィア・ペルペトゥア＊1が、大逆罪を問われて処刑を待っているあいだに書き記された幻視（ヴィジョン）は、これまでにもっとも広く研究された資料のひとつである。これは驚くべきことではない。なぜなら、ペルペトゥアの幻視は、当時慣例になっていた彼女の処刑を詳述する膨大な記事の一部を構成するからである。彼女は、北アフリカのカルタゴにあった彼女の故郷で、西暦203年3月7日に、皇帝の息子ゲタの誕生日のために演出された手のこんだ公の見世物（これは「猛獣地獄」[アド・ベスティア]＊2として知られる形式、あるいは剣闘士＊3

ペルペトゥア（左）と女奴隷フェリキタス（右）＊

のゲームのような）の一部として、野生の牛に襲われたのであった。

ペルペトゥアの罪は、当時、皇帝の神性を否定する危険な迷信として違法とされていたキリスト教と深く結びつけられていた。キリスト教徒から見ると、その死は彼女を殉教者にした。ペルペトゥアは、もっとも古い時代の女性の殉教者の一人として知られているが、彼女は非凡な女性であった。当時20歳前後であったペルペトゥアは、生まれたばかりの赤ん坊を育てていた母親であった。彼女には、その死に際してさえ、このときまちがいなく妊娠していた一人の女奴隷フェリキタスがつき従っていた。この二人の女性の死についての記述と、ペルペトゥアの幻視はどちらも、彼女たちの母親としての立場をきわだたせている。ペルペトゥアは、彼女の胸のうずきについて語り、息子の運命について悩みを深め、フェリキタスの妊娠は彼女に大きな懸念をよび起こしたのであった。

剣闘士のゲームを背景にした女性の公開処刑は古代では非常にめずらしく、ましてや高い地位にあった女性の公開処刑はさらにめずらしいことであり、妊娠しているかどうかは基本的に除外要因であった。後年の記述は、妊娠している女性たちの「殉教」は違法とされるようになり、ペルペトゥアの物語は、当局が彼女の処刑を阻止しようとしていたことを強調している。判事はくりかえし彼女に子どもに対する哀れみの情をもち、考えを撤回するよう説得した。実際、組み立てられた物語は、ペルペトゥアが乳房をはだけたことと

フェリキタスの妊娠を強調している——深い同情、神への敬虔、憤慨の念が権力者に直接ぶつけられた。事実、円形闘技場に威厳を保った地位の高い女性があらわれただけでも衝撃的な光景であった。それは社会を規定し、維持していたあらゆる規範をひっくり返すものであった。後年組み立てられた物語ばかりでなく、ペルペトゥア自身の説明でも、これがこの儀式のポイントであったことはなんの疑念もない。ペルペトゥアは、自分がキリスト教信仰を受け入れることによって、彼女の父親であり強力な後見人（パトリア・ポテスタスとよばれる）、すなわちローマ社会の基礎をなすエリートの世帯の家長（*paterfamilas*）としての彼の役割の意味を明確にした。彼女が、権力当局の意志にあらがって処刑を受けると主張したことは、自分の息子をほぼまちがいなく死に追いやることを意味した。なぜなら、乳がなくては生き長らえることができなかったからである——これは、それを阻止する奇跡が起こらなければ信じることができない行為である（組み立てられた物語では、この子どもはその後二度と乳をほしがらなかったとされる）。

ペルペトゥアの夫についての言及は一度もない（フェリキタスの仲間は言及されるが、奴隷であったために正式の結婚はしていなかった）。さらに、ペルペトゥアの死のようすは、ほとんど衣服を身につけず、公衆の面前で、身分の高い既婚女性とは対極の娼婦のような扱いを受けていた。このテキストに登場する初期のキリスト教徒の聴衆にとって、こうした要素のすべては、ローマ帝国の破滅と、黙示録で示されているような「天国」を待ち望む彼らの信仰の力を象徴していた。しかし、こうした聴衆でさえも、ごくわずかな崩壊しかもたらすことはできなかった。物語の語り手は、この亡くなった母親を救世主（*Christi*）とよぶことによって、既婚の母親としてのペルペトゥアの地位を復旧させ（そしてそれを高め）、死後に自由の身にすることによってフェリキタスの地位を高めた。こうした作者の行為には深い意味がある。殉教者であり母でもあるこの二人の女性はどちらも5世紀初めまで、その後に続くキリスト教徒の世代のなかで最高の聖職位の模範となった。キリスト教はこの頃までにローマ帝国の公式宗教となり、この二人の女性を祝福する説教を何度も書いた聖アウグスティヌス*4によって、高貴な生まれのペルペトゥアは自分が母親になることを失ったかわりに、貞淑な聖女にされた。いまや、彼女の奴隷であったフェリキタスは結婚し、公の場で死を迎える前に出産していたことになった。こうして、アウグスティヌスの再解釈では、この二人の女性は殉教者でありながらも、もはや明確な殉教の母ではなくなった——彼女たちが信じた宗教が、いま支えている社会体制の脅威になることはほとんどなくなったからである。

［訳注］

*1 ペルペトゥア（Vivia Perpetua）——3世紀初め頃、古代ローマのカルタゴに生まれ、貴族の家に嫁いだ妻。キリスト教に改宗したことから大逆罪に問われ、キリスト教の信仰をすてるか、信徒として生きるかの選択を迫られた。後者を選んで獄中で刑の執行を待っているあいだに見た夢のなかで、白い髭を生やした羊飼いがあらわれ、羊の乳でつくったチーズを差し出した。これを口にしたときに「アーメン」という声を聞き、目覚めると口中に甘いチーズの味がしたという。この一連の幻視を書きとめた。刑場で、公衆の前で鞭打たれ、野牛に襲われ、最後は身体をばらばらにされて命を落としたが、彼女が書き残した幻視の記録は、女性による最初の奇跡の記録として広まった。

*2 「猛獣地獄」（*ad bestias*）——正確には「猛獣地獄の刑罰」（*damnatio ad bestias*）（の見世物）とよばれる、動物による公開処刑。競技場または柵のなかに、罪人といっしょに野生のライオンなどの猛獣を入れて、戦うようすを人びとが鑑賞する残虐な催し。

*3 剣闘士（gladiator）——古代ローマ時代にローマ市民の娯楽のために、闘技場でほかの剣闘士または野獣を相手に、死ぬまで闘わされた奴隷。Gladiatorとは、ラテン語の剣（gladius）に由来する。

*4 聖アウグスティヌス（St. Augustine of Hippo, 354-430）——北アフリカのヌメディアに異教徒の父親とキリスト教徒の母親のもとに生まれ、はじめカルタゴに遊学したが放蕩生活に走り、欲望と理性の葛藤に翻弄された。19歳の頃、母親の同意なしに身分の低い娘と同棲して2人の男子をもうけた。一時マニ教に帰依し、徹底した善悪二元論によって悪の問題についての自分自身の煩悶を解決し、宇宙全体のなかでの存在論の観点から自己への探求を深めようとした。ローマ、ミラノに遊学し、指導者の助言と篤信の母モニカの献身的な祈りによって回心に進み、34歳頃から祈りと学究の生活に入った。やがて北アフリカのヒッポの司教（396-430）として、死にいたるまでこの教区を指導した。『告白録』（*Confessiones*, 400頃）、『神の国』（*De Civitate Dei*, 413-426）など。

➡古代ギリシア・ローマの子ども、初期キリスト教思想

● 参考文献

Coleman, Katherine. 1990. "Fatal Charades: Roman Executions Staged As Mythological Enactments." *Journal of Roman Studies* 80: 44-73.

Elm, Susanna. 1994. *Virgins of God: The Making of Asceticism in Late Antiquity*. New York: Oxford University Press.

Salisbury, Joyce E. 1997. *Perpetua's Passion: The Death and Memory of a Young Roman Woman*. New York: Routledge.

（SUSANNA ELM／北本正章訳）

ベロッティ対ベアード裁判（Belloti, v. Baird）

ベロッティ対ベアード裁判（Bellotti II）では、アメリカ連邦最高裁判所において、要扶養未婚未成年が

中絶前に両親の同意を得る必要があるかどうかが審議された。中絶する際の重要な決定を行なう能力を未成年に認める判決のなかで、同裁判所は、両親への通告なしに中絶する司法許可を得る法的バイパス手続き[*1]が認められるなら、妊娠している未婚の未成年者が中絶する際、州法によって両親の許可を要求できるとした。

1974年、係争中であったマサチューセッツ州法は、妊娠している未婚の未成年者が中絶する際、彼女および彼女の両親の同意を証明するよう求めた。どちらか一方あるいは両親が同意を保留する場合は、その少女は裁判所に中絶許可命令を求めることができた。中絶を要求する未成年者に非常に大きな負担を強いるこの法律に異議を唱える批判者たちは、マサチューセッツ連邦地方裁判所に対して「試訴」(test-case)的集団訴訟[*2]を起こした。この法的行動は、1976年に連邦最高裁判所にもちこまれたが、訴訟手続きの不備により、裁判所は本案件の審議を却下した。かわりに連邦最高裁判所は、地方裁判所判決を取り消し、法令の最終判断をマサチューセッツ最高裁判所にゆだねるために訴訟を差し戻した。

1979年、その訴訟は連邦最高裁判所に再度もちこまれた。このとき、両親による法的同意要件が中絶を求める妊娠している未婚の未成年者に対して多大な負担を強いているかどうかが裁判所によって全面的に検討された。裁判所によると、18歳以下の者は憲法上の保護下にないわけではなかった。しかし、未成年者には情報にもとづいた意志決定の能力がそなわっていないと思われることや、子育てにおける両親の重要な役割について審理しながら、憲法上の権利と個人的自由が検討されなければならなかった。連邦最高裁判所は、未成年者が中絶の決断をくだす際、両親の助言や同意が重要であることを認めつつ、8対1の裁決でマサチューセッツの法令を無効にした。

ロバート・H・ノッキン(Robert H. Mnookin)とD・ケリー・ワイズバーグ(D. Kelly Weisberg)が示唆しているように、パウエル判事(Justice Powell)は、多数派の意見をふまえ、州が未成年の中絶権に制限をくわえられるようにガイドラインを設定した。ベロッティ対ベアード裁判の判決によると、州は中絶に際して未成年者に同意を求めることができたが、両親の同意についてはまったく要求できなかった。そのかわり法律は、両親による同意に代わるもの──「バイパス」手続き──を提供しなければならなかった。この手続きは四つの要件を満たす必要があった。第1に、未成年者は、自分が思慮分別をもっていて、中絶決断の際、医師から適切な説明を十分に受けたうえで両親の同意を得ていないことを判事に証明しなければならないこと、第2に、彼女が思慮分別を証明できない場合、中絶が彼女にとって最大の利益となることを判事に納得させる機会があたえられなければならないこと、第3に、法的バイパス手続きには匿名性が保証されなければならないこと、そして第4に、法的バイパス手続きは彼女が中絶を行なうための適切な手段とならなければならないこと、以上であった。

[訳注]
* 1 バイパス手続き(bypass procedure)──親の同意や親への通知のかわりに、未成年者の中絶が裁判所によって許可される手続き。
* 2 試訴(test-case classaction suit)──法律などについて決定的な判断あるいは新しい判例をうち立てることを目的として、当事者間の了解にもとづいて集団で提起される訴訟のこと。

➡子どもの権利、10代の母親(アメリカ)、青年期と若者期、法律と子ども

● 参考文献

Davis, Samuel M., and Mortimer D. Schwartz. 1987. *Children's Rights and the Law*. Lexington, MA: D.C. Heath and Company.

Dembitz, Nanette. 1980. "The Supreme Court and a Minor's Abortion Decision." *Columbia Law Review* 80: 1251.

Harrison, Maureen, and Steve Gilbert, eds. 1993. *Abortion Decisions of the United States Supreme Court: The 1970s*. Beverly Hills, CA: Excellent Books.

Mnookin, Robert H. 1985. *In the Interest of Children: Advocacy, Law Reform, and Public Policy*. New York: W. H. Freeman and Company.

Mnookin, Robert H., and D. Kelly Weisberg, eds. 1995. *Child, Family and State: Problems and Materials on Children and the Law*, 3rd ed. Boston: Little, Brown and Company.

Ramsey, Sarah H., and Douglas E. Abrams. 2001. *Children and the Law in a Nutshell*. St. Paul, MN: West Group.

Shapiro, Ian, ed. 2001. *Abortion: The Supreme Court Decisions, 1965-2000*, 2d ed. Indianapolis, IN: Hackett Publishing Company.

Veerman, Philip E. 1992. *The Rights of the Child and the Changing Image of Childhood*. Boston: Martinus Nijhoff Publishers.

(AMY L. ELSON/佐藤哲也訳)

ベンヤミン、ヴァルター (Benjamin, Walter, 1892-1940)

ヴァルター・ベンヤミンはドイツの哲学者、文芸批評家、作家であり、1933年以降は亡命先のパリで活動した。1930年に執筆された『1900年頃のベルリンでの子ども期』(*Berlin Childhood around 1900; Berliner Kindheit um neunzehnhundert*)[以下『ベルリンの子ども期』と表記]の著者であるベンヤミンは、ゲーテ、ドイツ哀悼劇におけるアレゴリーとメランコリーのロマン主義的批判にかんする多数の著作、カフ

ベンヤミン

ヴァルター・ベンヤミン（1892-1940）*

カ、プルースト、ボードレールにかんするきわめて影響力の大きな批評、および技術再生時代の芸術にかんする影響力の大きなエッセイなどを執筆した。ベンヤミンはフランクフルト社会研究所（the Frankfurt Institute of Social Research）の調査の一環として、その死にいたるまで、都市モダニティの縮図としての19世紀パリにおけるガラスでおおわれたパッサージュにかんする研究「パッサージュ論」（彼がよぶところの「アーケード・プロジェクト」[Arcades Project]）を書きつづけた。

子どもの本、ロシア玩具に対するベンヤミンの情熱と1930年前後になされた子ども向けラジオ番組の語り手としての活動からすると、ベンヤミンの『ベルリンの子ども期』の都市の子ども期の記憶は、大都会の私的空間、公共空間における子どもの経験を映しだしている。ベンヤミンが最初に構想したのは当時のベルリン問題だが、彼の子ども期の記憶はすぐに年代的な物語からそれ、意図的に断片化された文学的描写という冒険に変わっていく。『ベルリンの子ども期』は、40歳代の大人の作家が当時の状況の光のなかで心的に接近しうる空間とイメージに焦点をあてて、13章から構成されている。それはばらばらに読めるように多様に編成されている。子どもによって（人なみはずれて鋭敏に）経験されたブルジョア家族のインテリアの微に入り細をうがつ記述が、ティーアガルテン*1や市場のような公的空間や都会の子ども期の現実の世界や想像の世界に宿る都市的性格と子どもの出会いの叙述と一体になっている。このようにして、近代の都市の子ども期が謎のような懐かしい一連の細密画に再現されている。

ベンヤミンの『ベルリンの子ども期』は、さまざまな私的空間・半私的空間・公的空間への洞察をあたえてくれる。これらはみな、1933年以降のナチ体制をのがれた後の不安な生活を送る知識人の記憶の重要性の証左である。近代の文芸批評家・知識人としてベンヤミンは、現代の都市経験としての子ども期の基本がいかなるものであるかを理解しようとした。語り手の子ども期は、実際には社会的に特権化されているが、若い個人の全経験がベンヤミンのいう「真正の類似性」（"entstellte Ähnlichkeit" [disfigured similitude]）という記号のもとによび出される。子どもは自分の身のまわりのもの・イメージ・言葉と自分を同一視する。他方、この模倣的アプローチは現実が魔術のように、すくなくともいろいろな力によって禁止されているように見えるまで世界の要素をそのようなものとして受けとめてしまう――それは自分自身の自律的な個人的生の構想とは矛盾するが。このようにして模倣と「誤解」（大人の目からする）の力強い配置が日常生活のさまざまな状況で暴露される。それは亡命した語り手の大人の都市生活の先どり、いやアウトラインであるかのようである。子ども期のアパートの「開廊」（"Loggias"）があたえてくれる生活への特別なアプローチの記述によって、ベンヤミンは治外法権的な子どもの文学的自画像をみごとに描いている。しかし、家族のアパートの内側を描いてはいないし、大都会の社会と統合することにも成功していない。こうした矛盾ゆえに、『ベルリンの子ども期』は、近代生活の私的・公的側面の重要な問題に接近する適切な場としての都市の文化的・社会的空間を指摘しているように思える。

ベンヤミンの前書きは、個々の章の順序を指示する目次を提供する『ベルリンの子ども期』のたったひとつの版にしか見られないが、この本を構成する基本的な方法論的仮説を概略している。最初は亡命生活でのノスタルジアを制限するために都市での子ども期の記憶を書き残すことで、語り手はさらに個人のささいな出来事から離れることを示唆している。そのかわりに、「大都会がブルジョア階級の子どもにすえつける経験の…イメージ」（1989, p. 385）に焦点をあてるのである。このようにして、ベンヤミンは新しい文学ジャンル、歴史記述のジャンルを作り出し、近代都市における子ども期の経験を明確にできる言語を提供したいと望んでいるのである。

[訳注]
*1 ティーアガルテン（Tiergarten）――ドイツのベルリン市の中西部の公園通り、およびここにある駅の名前。日独センターがある。文字どおりには「動物園」。

➡自伝

● 参考文献

Barlyng, Marianne, and Henrik Reeh, ed. 2001. *Walter Benjamins Berlin: 33 laesninger i Barndom i Berlin omkring a r 1900.* (*Walter Benjamin's Berlin: 33 readings into Berlin Childhood around 1900.*) Hellerup, Denmark: Spring Publishers. ベンヤミン「1900年頃のベルリンの幼年時代」,『ベンヤミン・コレクション03──記憶への旅』所収(浅井健二郎編・久保哲司訳、ちくま学芸文庫、1997年)。

Benjamin, Walter. 1972-1989. *Gesammelte Schriften*, vol. I-VII. Frankfurt am Main: Suhrkamp Verlag.

Benjamin, Walter. 1985. "Berliner Chronik." In *Gesammelte Schriften*, vol. VI, pp. 465-519.

Benjamin, Walter. 1989. "Berliner Kindheit um neunzehnhundert [Fassung letzter Hand]." In *Gesammelte Schriften*, vol. VII, pp. 385-433.

(HENRIK REEH／太田明訳)

保育(Child Care)

■家庭保育
■保育制度の形態
■アメリカの保育

■**家庭保育**

保育という言葉は、幼い子どもを世話する主要な責務を負うあらゆる準備と方策を言いあらわすために幅広く用いられる語句である。保育の質についての定義の数とおなじくらい保育の方策も多数ある。[アメリカでは]労働力にくわわる母親の数が増えた結果、一日のうちの一定時間、保護者以外の大人の世話を受ける5歳以下の幼い子どもの数は、1980年代から2000年代初めにかけていちじるしく増大した。2002年に「教育週報」(*Education Week*)新聞によって行なわれた「質的算出調査」によると、5歳以下の子どもの10人に6人、すなわち1190万人が、両親以外の早期教育者、保育者、親戚やその他の人びとによって育てられていることが明らかとなった。

多くの親が、幼児や幼い子どもたちと家庭にとどまっていたいと考えている一方で、大半の親は財政的な理由からそうしていない。みずから選択した結果であれ必要に迫られてのことであれ、現在の母親の大多数ははたらいている。幼い子どものほぼ4人に1人は、一人親の家庭で育てられている。親は子どものためにさまざまな選択を強いられているが、しばしばその選択のすべては、家族の財政的な資源あるいは保育の利便性と場所、あるいは保育の質や保育に対する両親の好みとはかならずしも関係のない、ほかのさまざまな要因によって決定されることがきわめて多い。さらに、多くの家族は、自分の幼い子どもの保育を手伝ってもらうために、家庭保育であれ家庭外保育であれ有料の保育サービスのほかに、家族メンバー、年長のきょうだい、隣人たち、あるいは友人などに頼っている。

このように、幼い子どもをもつ家族にとって、利用可能な保育にはいくつかのタイプがある。家庭保育は、その子どもあるいは複数の子どもたちが自分の家庭環境にとどまりながら世話を受けることができるタイプの保育として家族に選択されている。この保育モードでは、保育者がその子どもの家庭にやって来るか、パートタイムあるいはフルタイムとしてその家族とともに暮らして保育をするかのどちらかである。親戚の者が保育を提供することが多く、そのような場合、その人が保育資格を取得しているかどうかは問われない。家庭保育のデイケア[*1]は、今日では、規制を受けない唯一の保育形態の一つである。家庭保育室(family day home)、保育所(center care)、協同託児所(corporate childcare centers)といったほかの保育形態は、その保育計画がどのように評価され、監視され、だれによって行なわれるかは国家によって非常に大きな規制を受けるようになっている。

家庭保育の歴史的展望

これまで母親は、かならずしもつねに家庭内で自分の子どもの保育の主要な担い手ではなかった。時を超えて子どもたちは家庭で、だれかに限定するわけではなく、奉公人、奴隷、乳母、黒人のばあやなどをふくむさまざまな人びとの世話を受けてきた。ごく最近の歴史でも、父親が外ではたらいているあいだ、母親が家庭にとどまって保育をするという非常に近代的な見方は、ほとんど神話でしかなかった。中流程度あるいはそれ以上の収入がある家庭の多くは、1950年代になってもまだ黒人の家事使用人を雇いつづけていた。

子ども期に対する社会の見方が歴史のなかでも変化すると、家庭で行なわれる保育を比較したり対比させるのがむずかしくなっている。今日の社会では、すくなくとも21歳という法定成人年齢になるまで、子どもたちは世話を受け、ときにはその年齢を超えて子どもが専門学校や大学に通い、職業が決まるまで世話を受けている。植民地時代までさかのぼってみると、7歳という早い年齢で農場ではたらきはじめる子どももいた。この時代の子ども期はほぼこの年齢で終わり、子どもたちは家庭や農場ではたらきながら、**徒弟制度**で大人と同じような責任を引き受けはじめていた。もっと裕福な家庭では子どもの意向に沿って教育を受けさせることができたが、貧しい環境で育った子どもたちは、自分の進路を自分で決めることはほとんどできなかった。しかし、両親がつきそいの者をつけたうえで、金銭を払って子どもを学業へと送り出すのであれ、あるいは徒弟制度に子どもを売り飛ばしてしまうのであれ、この時代には、子どもの世話についてすべての面で責任を負ったのは、その子どもの保育者あるいは徒弟の親方であった。家庭の外に幼い子どものための正規の学校教育がほとんどなかったため、子どもたち

にとって徒弟制度で仕事を学ぶことは、彼らが将来の生計を立てていくうえで決定的に重要であった。

奉公人と奴隷

1995年の『子どもの世話をすること』(*Minding the Children*)の著者ジェラルディン・ユーチャによれば、アメリカでは、奴隷制の時代と植民地時代を通じて、日々の子どもたちの世話がどのように準備されていたのかをつまびらかにするのはむずかしい。奴隷の母親は、農場やプランテーションではたらくことが求められていたため、子どもを世話するようには期待されていなかった。子どもはプランテーション所有者の私有財産であり、奴隷の子どもの多くはプランテーションの親方によって育てられていたと考えられている。奴隷の子どもたちはプランテーションの所有者の妻によって世話されたり、年長の奴隷の子どもや年老いた奴隷たちの世話を受けることもあったし、そうでない場合には、母親がはたらいている日中、彼らは放置され、自力でなんとかするしかなかった。奴隷に生まれついた子どもたちは、成長しても奴隷になるだけであった。

黒人の母親のなかには、黒人のばあや*2となる者もいた。こうした女性は、プランテーションの白人の子どもの世話をし、さまざまな家事を数多くこなした。こうした女性たちによってその家族の生活水準は高く保たれ、子どもは家族とともにすごすべきであるという価値観と信念が強化された。子どもと家庭に対して黒人のばあやが果たした役割は今日の子守りと類似している。両者の大きな違いは、黒人のばあいやが白人の幼児にも実際に自分の母乳をあたえる乳母として仕えることがあったという点である。

家事奉公は、19世紀を通じて年少の少女たちにとってありふれた職業であった。一般に、一世帯が雇う奉公人の数はその家庭の収入と関係していた。より収入のある家庭はより多くの、そしてさまざまな種類の奉公人を雇った。幼い子どもの世話をする奉公人は、奉公人のなかでも身分が低いとみなされており、子守り娘（ナース・メイド）や子どもの世話係などがそれであった。

工業化の影響

都市の多数の家族にとって、産業革命は家庭での保育に関連する新しい問題をひき起こした。一部の家族が、家の外ではたらく父親と同様に、母親の労働にも依存していたことは明らかであったが、このことは保育を非常に複雑にした。ほとんどの母親は、労働階級でさえも、結婚を機に、あるいははじめて子ども出産するときは家の外での仕事をやめようとしたが、彼女たちはつねにそうできるわけではなかった。このため、子どもはしばしば親戚の手で育てられた。この時期に若い血縁者と同居する祖母の数が増加した一因は、祖母が孫の保育に必要であったからであった。

教育要求の広がりも保育のパターンを変えた。学校は子どもの世話を行ない、幼児期以降の保育に対する家族の負担を減少させた。しかし、それと同時に——家族集団のなかには少女たちに幼い子どもの面倒を見させるために、彼女たちを一定期間学校に行かせないようにしたが——学校は、家庭での保育を手伝ってくれるはずのきょうだいを家庭から吸い上げた。19世紀末までに出生率が減少したことも、家庭内保育の資源としてのきょうだいの人数を減らした。

20世紀になると、世帯を支えるにたるだけの賃金を男性労働者に給付すべきだと労働組合が主張したことや、ほかの社会政策が実施されたことによって、すくなくとも夫が完全雇用されている時期に女性たちが自分の子どもを世話する機会をより多く得ることができるようにはなったものの、上に見てきたような状況のかなりの部分は持続した。第２次世界大戦（1939-1945年）中には、幼い子どもをかかえた女性たちが軍需産業と結びついた多くの仕事を得たが、雇用主はもとより連邦政府さえもが必要に応じて保育施設を提供することがあった。

20世紀と21世紀にとられた家庭保育の代替策

1970年代以降、女性が労働市場に進出する傾向が強まると、低所得水準から中所得水準までの家族は、しばしば多様な年齢の複数の子どもたちの世話を一度に祖父母たちにまかせるという選択をするようになった。高所得の家族は、家庭内保育をまかせるオーペア*3あるいは子守りを雇うという別の選択をすることもあった。オーペアや子守りに必要な資格はなかったが、このタイプの保育労働者を雇う際には面接や仲介といった手続きがとられている。

オーペアとは、外国での生活を経験することを目的として外国に生活する者のことをさす。アメリカ外務省によれば、合法的なオーペアは、外国からアメリカへ来た後、一定期間、たいていは一年間滞在する契約をした人のことをさす。「オーペア」という語には、[フランス語で]「平等」「対等」という意味がある。オーペアは家族と同居し、部屋と食事があてがわれるかわりに、子育てやベビーシッターというサービスを提供する。オーペアは、子どもの発達にかんする知識をもっている人であるかもしれないし、そうではないかもしれない。

子守りもまた、一般的には住みこみでその家庭の保育を提供する。しかし彼女たちは、毎日の子どもの世話以外にも、世帯を切り盛りするための日々の家事労働を引き受けることもよくある。用足し、買い物、洗濯、食事の用意、掃除やその他の家事仕事である。「子守り」[nanny、ナニー]という語は、富裕なイギリスの家庭に住みこんで子どもの世話をする女性を意味する言葉に由来する。ほかの奉公人がそれぞれ家事

だけをしていたように、イギリスの家庭の子守りは子どもの世話だけをしていた。しかし、アメリカの子守りは一般に若い女性が多く、しばしば非合法の移民でもあったため、子どもの世話というおもな役割のほかに簡単な家事労働も行なうのがふつうであった。アメリカの大都市の大部分に、各家庭のニーズに合う子守りを派遣する仲介業者がいた。ほかの家庭内保育と同様、子守りによる保育は、今日では施設保育やほかの形態の家庭外保育を利用できるようになっていることから、それらの保育との競合状態が生じている。

ますます多くの**祖父母**が、自分の幼い孫たちの世話を引き受けるようになっている。2002年にアメリカ国勢調査局が行なった調査データによれば、なんらかのかたちで保育されている就学前の子どもたちの約21パーセントが祖父母の世話を受けていた。この種の保育は、最小限の費用しかかからないか、あるいはまったく費用がかからない保育であるため、経済的な利点を家族にあたえる。祖父母は子どもたちに感情的な結びつきをもたらし、家族の大切さを支持し、家族史を豊かにし、物語を共有し、伝統を次の世代へ伝えるという役割を果たす。

家族はまた、父親と母親が交互に仕事日を設定することによって子どもを家庭のなかで育てるといったように、自分たちの仕事日程をより柔軟に設定するようになっている。子育てを家族のメンバーに頼るこのやり方は、親類や子どもに子育てを手伝ってもらうという長い伝統が続いていることを意味している。もし母親が週日はたらかなければならない場合、父親は主たる保育者として家庭に残り、母親が職場から家へと戻ってくると、その役割は反対になり、父親が新たに仕事に向かう。

ベビーシッターは家庭内の保育者とは少し異なった役割をもっている。ベビーシッターが子どもの世話をするのは数時間という短い時間にかぎられており、特定の時間や日時を除けば主たる保育者としての役割を担うことはない。その多くは、いまだにパートタイムではたらく学生である。しかし、学生シッターは家族が必要とする多くのベビーシッターのうちのひとつにすぎないし、またかれらが実際に子どもの世話ができるかどうかは、学生自身が従事する活動や学業、時間に左右される。それにもかかわらず、かれらが子どもにあたえる影響は重要なものとなりうる。ベビーシッターはティーンエイジャーから年老いた知人までさまざまな年齢でありうるが、かれらのスキルや経験も年齢と同じくらいバラつきがあろう。赤十字社、YMCA、地域カレッジ、そしてほかの青年団体や市民団体などの地方機関を通じてベビーシッター養成コースを受講することができる。

子どもをどのように世話するかは、両親が行なう場合とまったく同じく、子育てを代行する者に左右される。とりわけ親類の者が子育てを行なう場合、料金体系、役割、責任にかんする全般的な基準は設定されていない。サービスに対する対価もまた、保育を行なう人物に部屋や食事があてがわれているか、家族の一員としてみずから進んであるいは家族の義務として子育てを行なうのか、そしてそのほかにどのような利益を保育者が得ることになるのか、といったさまざまな要素に左右される。子どもをもつ家族がひとつ以上サービスの対象となる場合には、商業的に行なわれる家庭内保育は認可を受ける必要がある。しかし一部の家庭では、交代でサービスを提供しあうことによって、協同保育というやり方を講じている。

●参考文献

Berry, Mary Francis. 1993. *The Politics of Parenthood: Child Care, Women's Rights, and the Myth of the Good Mother*. Harmonds-worth, UK: Penguin.

Bredekamp, Sue, ed. 1987. *Developmentally Appropriate Practice in Early Childhood Programs Serving Children from Birth through Age Eight*, expanded ed. Washington, DC: National Association for the Education of Young Children.

Cooper, Sonja. 1999. *Child Care: A Parent's Guide*. New York: Checkmark Books.

Ehrich, Michelle. 1999. *The Anxious Parent's Guide to Quality Child-care*. New York: Penguin Putnam.

Fein, Greta, and Alison Clarke-Stewart. 1973. Day Care in Context. New York: Wiley.

Gardner, Marilyn. 2002. "Meet the Nanny-'Granny'." *Christian Science Monitor* August 1. Also available from www.csmonitor.com/2002/0801/p01s01-ussc.html.

Helburn, Suzanne, and Barbara Bergmann. 2002. *America's Child Care Problem: The Way Out*. New York: Palgrave Publishing.

Lally, J. Ronald, Abbey Griffin, Emily Fenichel, et al. 1995. *Caring for Infants and Toddlers in Groups: Developmentally Appropriate Practice*. Washington, DC: Zero to Three.

National Research Council. 1990. *Who Cares for America's Children?* Washington, DC: National Academy of Sciences.

Peisner-Feinberg, Ellen S., Margaret R. Burchinal, Richard M. Clifford, et al. 1999. *The Children of the Cost, Quality, and Outcomes Study Go to School: Executive Summary*. Chapel Hill: University of North Carolina, Frank Porter Graham Child Development Center.

Quality Counts 2002 Executive Summary. 2002. "In Early Childhood Education Care: Quality Counts." *Education Week* 17: 8-9.

Youcha, Geraldine. 1995. *Minding the Children: Child Care in America from Colonial Times to the Present*. New York: Scribner.

●参考ウェブサイト

Carnegie Corporation of New York. 1994. "The Quiet Crisis." Available from 〈www.carnegie.org/starting_points/startpt1.html〉

（AMY HARRIS-SOLOMON／岩下誠・北本正章訳）

■保育制度の形態

今日、多くの国で、就学前の子どもの保育機関は福祉政策の固有の領域となっている。しかし、遠い昔から、就学前の年齢の子どもを育てるのは家族の義務であるとみなされてきた。人がどのような子育て戦略をとるかは、社会的な価値観と判断、社会規範や社会的規制だけではなく、男女がどのような社会的な地位にあるかによっても左右されてきた。したがって、子育てというサービスにかんするいかなる歴史も、子育てそのものがその一部となっている社会状況の変化を考慮しなければならない。さまざまな国でそれぞれ社会状況が異なるため、それに応じて子育ての歴史も多様である。しかし、子育ての発展にかんしては、異なる二つの道筋を跡づけることができる。ひとつは社会的な関心をもちチャリティと関連するもの（ケア）であり、もうひとつは教育的な活動の側面（教育）を重視するものである。この二種類の制度のあいだの差異は、21世紀初頭においてもいまなお顕著に残っている。

保育は救貧問題とつながる

1800年代に生じた農業社会から産業資本主義社会への転換を経験することによって、社会は急激な変化に直面し、これは人びとの生活状況にも影響をおよぼした。組織的な保育がなされなかったために多数の子どもが放置され、あるいは子どもたち同士の世話にまかされた。1800年代にはじまるさまざまな報告によれば、ドイツ、フランス、イギリス、スウェーデン、そしてアメリカなどの国々の社会組織において、社会不安という要因が定着した。賃金労働が普及し、生産は家庭内から工場や作業所へと移った。このことは、労働に従事する両親の側に、保育の需要を生んだ。女性たちは、社会が直面したさまざまな問題の解決策を見いだそうと積極的に取り組み、それは社会状態にも影響をおよぼした。

社会問題をめぐる公的な論争の主要な標的になったのは、労働階級とその家族であった。富裕階級は、ストリート・チルドレンの蔓延が社会問題の中心であるという考えに同意した。民間のイニシアチブ、任意団体、それに公的機関は、こうした社会福祉の諸問題を解決するために最善の努力をした。たとえばイギリスでは、1821年に幼児学校協会（the Infant School Society）が活動を開始し、ドイツでは幼稚園運動が発展し、アメリカでは1850年にニューヨーク児童保護協会が創設され、スウェーデンでは市民組織が独自に幼児学校、養護施設（アサイラム）、託児所（クレイシュ）などを創設した。

労働者の子どものための保育

1800年代を通じて、ヨーロッパの多くの国と合衆国では、労働者の子どもを世話することを目的とした施設があらわれた。これらの施設は子どもの部屋（child crib）、託児所、ゆりかご学校、幼児学校、ワークハウスなどさまざまな名称でよばれたが、青少年犯罪者の訓練と更生にくわえて、余暇時間に子どもたちをトラブルから引き離しておくための活動を行なう類似の意図をもっていた。

幼児学校　ロバート・オウエンは幼児学校の創設者として知られるが、彼がそれをはじめて開設したのは1816年のスコットランドにおいてであった。幼児学校はストリート・チルドレンを規律化する手段として考案され、のちに義務就学制度が整備されてその任を引き継ぐまで、こうした子どもの世話を提供しつづけた。幼児学校はすぐに欧米に広まった。これらの国の人びとは、幼児学校をそれぞれの社会制度に統合することで社会変革にかかわろうとしていた。幼児学校は都市問題の解決に役立つと考えられた。イギリスでは、幼児学校は工業化の悪影響を解決する理想的な方策とみなされた。だが、アメリカでは幼児学校運動は異なった展開を見せた。ここでは1830年代から1840年代にかけて運動内部で分裂が生じ、衰退へと向かった。フランスではヨハン・フリードリヒ・オーベルラン[*4]が、すでに1700年代末に社会福祉的な観点から幼児学校を設立していた。フランスで最初の幼児学校は1828年に開設され、最終的に「幼稚園」（エコール・マテルネル：école maternelle）に統合された。

ワークハウス　全ヨーロッパおよびアメリカの貧民とその子どもたちにとって、ワークハウスで保護を受けるという手段はつねに存在した。この施設は工業化がはじまった時期に大きく左右されながら、さまざまな国でさまざまな時期に設立された。イギリスでは1700年代末から1800年代初頭までがワークハウスが設立された時期であった。アメリカではその設立時期は19世紀前半まで、スウェーデンでは19世紀後半まで遅れた。ワークハウスでは、困窮した両親の悪影響を受けないよう、子どもを両親から引き離すべきだと考えられた。子どもは、道徳的に育てられ、簡単な教育を受け、なによりも労働するように求められた。彼らは、はたらくことによって自活するという責任を負うことを期待されたのである。施設でのこのような活動は、実際には階級支配のための手段であったとして現在では批判されている。

託児所　フランスでは、不注意な子守女による不十分な子育てへの代替策として、1844年にフィルマン・マルボー[*5]が託児所（crèche）を設立した。1846年、マルボーは『ゆりかご学校、あるいは人口の増加によって生じた人びとの悲惨をやわらげる方法』（Cradle schools, or the means of lessening the misery of the people by increasing the population）と題した

著作を刊行し、フランス学士院からモンティヨン賞を授けられた。フランスのこの託児所がモデルとなり、スカンディナヴィア、ベルギー、オランダ、イタリア、スペイン、オーストリア、中国、アメリカへと急速に広まった。託児所の支持者たちは、これを設立すれば個々の親たちを財政的に支援するよりもよい結果をもたらすと主張した。だが批判者たちは、困窮児童を養う責任を社会に負わせようとする人びとは、実際には、貧困の原因と考えられる不道徳なふるまいも容認しているのだと反論した。

託児所あるいはいわゆる保育所やゆりかご学校の役割は、はたらく母親の子どもの世話をすることにあった。母親がひとり親なのか、それとも家族のために生計に寄与しなければならないのか、いずれの場合も、母親が外ではたらかなくてはならないときに、託児所は貧民の親の子どもを保護監督するための週日施設であった。そこで子どもは栄養のある食事、質の高い世話、そして健全な道徳的訓練を提供された。初めのうち託児所は、任意団体を通じて、あるいは地方政府、教会組織、救貧組織などに支援されつつ、私的に運営されていた。託児所は、毎日子どもを保護監督することを重視していた。このため、非常に質素な材料が使用され、しばしば子どもの数は非常に大規模になり、建物は不衛生になった。託児所の職員の賃金は安く、訓練を受けていない労働階級の女性たちであった。しかし、託児所の運営委員会を占めていた上流階級の人びとは、職員とその活動を徹底的に、ときには非常に細かく監督しつづけた。

教育目的をもった幼稚園

幼稚園（Kindergarten）は、幼児学校、ワークハウス、託児所などとは異なる動機をもつ民間施設としてはじまった。最初の幼稚園は1837年にドイツで設立されたが、これは教育学者であり哲学者でもあった**フリードリヒ・フレーベル**の着想によるものであった。フレーベルはジャン＝ジャック・ルソーとヨハン・ペスタロッチの影響を受けていた。フレーベルは子育ての方法として体罰を容認せず、子どもを植物になぞらえて栄養、光、世話を必要としていると考えた。幼稚園（ドイツ語で「子ども」[Kindder]と「庭」[Garten]を組みあわせた用語）は彼の思想を象徴的に示すものと考えられる。幼稚園運動はフレーベルの著作と、なによりも中産階級の女性たちの努力によって、各国に広まった。幼稚園は、ブルジョワ女性たちが専門職とキャリアを得るための機会を求めるようになるのと呼応して、その数を増やしていった。たとえば、マルガレーテ・マイヤー[6]とエリザベス・ピーボディ[7]は1850年代のアメリカにおける幼稚園運動の創始者であった。マーガレットの姉妹であるバーサ・マイヤーはイギリスに渡り、そこで幼稚園運動を継続した。幼稚園は、1800年代なかば頃から全ヨーロッパで受け入れられていった。スウェーデンにおける幼稚園運動の創始者たちの多くは、ベルリンの「ペスタロッチ＝フレーベル・ハウス」（Pestalozzi-Froebel Haus）で資格を得た人びとであり、訓練を終えるとスウェーデンに戻り、基本的には民間活動を基礎に、新しく幼稚園と教員養成機関（1880年代末）を開設し、のちにみずからの雑誌を創刊した。幼稚園運動を広めた女性の開拓者たちは、母性という理想がどのようにして就学前教育の教師たちの関心と結びつくことができたのかを示す好例である。

幼稚園で重視されていたのは教育であった。職員は教師や補助教師（monitor）としての訓練を受け、その教育方法と教材は、彼女たちの教育思想の一部であった。幼稚園での活動は毎日数時間に制限されていた。幼稚園にはさまざまな利害関係者がかかわっていた。幼稚園を財政的に支えたのは、私的個人、企業、教会、移民集団、基金、地方自治体などであった。幼稚園運動それ自体が内部の葛藤をともなっていた。ひとつの問題は、どのような子どもであれば幼稚園を利用させてよいかという問題であった。幼稚園は上流階級の子どもにしか開放されるべきでないと考える者もいたが、ほとんどの上流階級の母親は主婦であり、外部の子育てを必要とはしていなかった。公立保育園の代表者らは、階級間の差異を融和するために幼稚園はあらゆる身分の子どもたちを受け入れるべきであるという見解を表明した。アメリカではいわゆるチャリティ幼稚園[8]が設立されていた。最初のチャリティ幼稚園は、スーザン・E・ブロー[9]によって1872年から1873年の頃、ミズーリ州セントルイスに開校された。ほかの女性たちも彼女に範を仰ぎ、すぐにチャリティ幼稚園はアメリカの多くの都市や街でみられるようになった。

結論

組織された保育は、子どもの保育または教育のいずれかの活動に重点を置くようになってきている。こうした二分法は、はたらいている両親のための保育に基礎を置くのか、それとも子どもの教育過程に重点を置くのか、異なる社会集団が制度に求めるニーズの違いを反映している。これまで子どもたちはこの二元化された幼児教育制度のなかで異なるやり方で処遇されてきており、この分断は、幼年期の子どもの保育と教育を統合しようとする計画の障害となってきた。しかし現在では、ヨーロッパ諸国の大多数とアメリカでは、就学前教育（preschool）は学校制度に統合され、子どもの教育、養育、保育のすべてにわたって重要な役割を果たすようになってきている。

20世紀を通じて、はたらく母親に保育のもっとも伝統的な形態が提供されつづけてきたが、ワークハウスや託児所を支えていた理念はほぼ消滅した。20世紀前半には、こうした理念や制度は、貧しい母親が家にとどまって子どもを養育できるようにするための母

子年金（mothers' pensions）、あるいは家族手当（family subside）にとって代わられた。アメリカでは、1970年代以降、より多くの中産階級の女性が職場へと進出するようになると、家庭外保育の大部分は私企業にゆだねられるようになっている。他方、ヨーロッパの多くの国では、家庭外保育は国家によって提供されるとともに厳密な監督下に置かれている。

➡保育園

●参考文献

Allen, Ann Taylor. 1991. *Feminism and Motherhood in Germany 1800-1914*. New Brunswick, NJ: Rutgers University Press.

Barnard, Henry. 1884. *Kindergarten and Child Culture Papers: Froebel's Kindergarten, with Suggestions on Principles and Methods of Child Culture in Different Countries, Republished from the American Journal of Education*. Hartford, CT: Office of Barnard's American Journal of Education.

Bloch, Marianne N. 1987. "Becoming Scientific and Professional: An Historical Perspective on the Aims and Effects of Early Education." In *The Formation of the School Subjects*, ed. Tom Popkewitz. New York: Falmer Press.

Brannen, Julia, and Peter Moss, eds. 2003. *Rethinking Children's Care*. Philadelphia: Open University Press.

Crowther, Margaret A. 1981. *The Workhouse System 1834-1929: The History of an English Social Institution*. Athens: University of Georgia Press.

David, Miriam. 1980. *The State, the Family, and Education*. London: Routledge and Kegan Paul.

Duchatel, Tanneguy, and Francois Marc Louis Naville. 1842. *Fattigvarden i alla dess riktningar sasom Statsanstalt och Privatinrättning samt dess nuvarande tillstand i civiliserade stater inom och utom Europa, svensk översättning (Poor relief in all its forms, from government to private institutions; its present state in civilized country within and outside of Europe, Swedish translation)*. Stockholm, Sweden: Norstedt and Söner.

Hareven, Tamara K., ed. 1977. *Family and Kin in Urban Communities, 1730-1930*. New York: New Viewpoint.

Holmlund, Kerstin. 1996. "Lat barnen komma till oss: Förskollärarna och kampen om smabarnsinstitutionerna" (Let the children come to us: Preschool teachers and their struggle for the child-care institutions). Ph.D. diss., Umea Pedagogiska institutionen.

Holmlund, Kerstin. 1999. "Cribs for the Poor and Kindergartens for the Rich: Two Directions for Early Childhood Institutions in Sweden, 1854-1930." *History of Education* 28, no. 2: 143-155.

Holmlund, Kerstin. 2000. "Don't Ask for Too Much! Swedish Pre-school Teachers, the State, and the Union, 1906-1965." *History of Education Review* 29, no. 1: 48-64.

Klaus, Alisa. 1993. *Every Child a Lion. The Origins of Maternal and Infant Health Policy in the United States and France, 1890-1920*. Ithaca, NY: Cornell University Press.

Michel, Sonya, and Rianne Mahon, eds. 2002. *Child Care Policy at the Crossroads: Gender and Welfare State Restructuring*. New York: Routledge.

Moberg, Ellen. 1947. "Barnträdgardens uppkomst och dess utveckling i Sverige" (The rise and development of the kindergarten in Sweden). In *Barnträdga rden*, ed. *Maria Moberg, Stina Sandels*. Stockholm, Sweden: Natur och Kultur.

O'Connor, Sorca M. 1995. "Mothering in Public: The Division of Organized Child Care in the Kindergarten and Day Nursery, St. Louis, 1886-1920." *Early Childhood Research Quarterly* 10: 63-80.

（KERSTIN HOLMLUND／岩下誠・北本正章訳）

■アメリカの保育

今日のアメリカの育児に目を向けることは、過去をふりかえることである。以前にはあらゆることが試され、社会が支えたシステムは、社会のニーズを満たすシステムであった。だが、こうしたシステムは拒絶され、ある時代のエートスに適合する別のシステムにとって代わられ、次いで、少しだけ異なるかたちで復活した。家から離れた場所での集団保育、保育所（デイケア）、里親養育、ベビーシッターとしての学校、乳母などのすべては、それ以前にあったものの具体化であって、保育についての21世紀の議論は、かつての時代の熱気をおびた議論をくりかえしている。絵の中央には一人以上の母親がおり、共有される母性という長い遺産がある。男性の養育者というほとんど知られていない伝統もある。

徒弟制度

イギリスから移入された植民地時代の**徒弟制度**は、大部分が男性の保育であった。大工仕事や印刷業のような仕事では青年期の少年たちを訓練するために考案され、家事労働における少女たちは、実際にそうであったのだが、貧しい者のための里子という初期の形態であった。1734年から1805年にかけてのボストンの貧しい徒弟たち1100人の半数以上は、5歳から9歳までの子どもであった。親方は、10代の徒弟たちにだけでなく幼児期をすぎたばかりの子どもに対しても責任があり、彼は子どもたちが成長して一人前——通常、少年の場合には21歳まで、少女の場合は16歳から18歳までのあいだ、もしくは結婚するまで——になるまで、「父親」としての役割を果たした。10代の早い年齢での徒弟制度はヨーロッパでは非常に一般化しており、青年期の若者の3分の1近くが地方のあるいは職人の世帯で徒弟についていた——そこでは徒弟奉公と訓練に保育が結びついていた。アメリカでは、

この制度は独立革命と工業化によってゆっくりと衰退していき、南北戦争（1861-1865）までに、断片的に取り残された地域で残存するだけになった。

奴隷制

徒弟制度が隆盛して衰退したのに対して、「奇妙な制度」ともよばれる**奴隷制**はその独自の革新的な保育実践を進化させた。大部分の奴隷の子どもたちの保育は、通常は集団で、（典型的にははたらくのに十分な年齢に達した）ほかの奴隷によって、自由身分の健康な女性たちの手にゆだねられて保育を受けた。この集団保育は、非常に現代的なパターンを予兆する託児所（デイケア）であることもときどきあった。すなわち、子どもたちを親元から離して生活させる、イスラエルのキブツ*10での協同の子育てを先どりするシステムであった。通常、幼児はその母親あるいは別の奴隷によって養育された。しかし、母親がもっと生産的な労働に自由に戻るために女主人が乳母の役をする例もあった。

19世紀の発展

改革の影響力は母性神話の神聖さに挑戦しつつ、全米に広まった。これは、少数ではあったが保育の世界に比較的小さな実験を生じさせた。完全な世界にいたる道は子どもで満ちているという理念に貢献したユートピア的なコミュニティには、ネグレクトされた子どもや扶養されていた子どもたちに不可欠な**孤児院**を提供した独身者からなるシェーカー教徒*11と、すべてのもの——財産だけでなく人間も——を共有しあっていた、議論の的になったニューヨーク北部のオナイダ・コミュニティ*12がふくまれる。この二つの団体はどちらも、そこにやってきた、あるいはオナイダの場合にはそのコミュニティに生まれた子どもたちの24時間保育を行なった。シェーカー教徒のコミュニティはほかよりも長く——1776年から2000年代初めの一つの残存物まで——続いた。1848年に空想家のジョン・H・ノイズによってはじめられたオナイダ・コミュニティは40年間続き、成人男女と子どもたちの300人からなっていた。子どもたちは（生後7カ月という早い時点での）離乳期から集団で養育され、その両親ではなくコミュニティが責任を負った。これはコミュニティの外の社会に衝撃をあたえたが、女性たちを労働、教育、そして男性と神の両方の愛のために自由にした。

19世紀後半の移民たちのスラム街では、科学、博愛、社会的良識、そして実践性がセツルメント・ハウス——理想主義的慈善家たちの「セツルメント」——において融合した。ジェーン・アダムズはこの運動の重要人物であった。彼女は、1889年に開設され、すぐにもっとも有名になり、非常に大きな影響力をもつ事例となったハル・ハウス*13の協同設立者であった。

セツルメント・ハウスの昼間の保育所（day nursery）は、母親がはたらきに出てから夜帰宅するまでのあいだ、年少の子どもたちに提供された。数時間だけ一時的に子どもを預かったり、病気の子どもの治療をしたり、必要なときは24時間保育をすることもあった。子どもたちは温かくて栄養のある食餌をあたえられた。生後二週間の幼い赤ん坊でも、もしほんとうに必要であれば受け入れられ、両親は補助教師と保育にかかわり、また、母親学級の教育を受けた。また、保育者たちは、その子どもの生活が連続するように子どもの家庭訪問を実施した。民間の寄付金で支えられたこのような昼間保育所は、善意をいだいた女性たちの恩着せがましいお節介であるとして批難された。しかし、これらの施設は今では、はたらいている母親たちの子どもに対処する効果があり、人間的な方法であると見られている。

幼稚園（キンダーガルテン）は、もともとはドイツで幼児教育と、とりわけ下層階級のために、保育を改善する方法として登場した。非常に幼い子どもでも訓練を積んだ専門家によって保育することができるという幼稚園の理念は全米に広まったが、この理念は、影響力のあった先駆的なアメリカの心理学者G・スタンリー・ホール（1844-1924）の理論的な概念とみごとに一致した。ホールの考えでは、子育ては科学であり、失敗の多い母親たちにまかせるにはむずかしすぎるものであった。

幼稚園（これは最初は民間の慈善団体によって運営され、次いで公的な学校によってとりあげられた）は、いまやアメリカの海岸におしよせてきている移民の子どもたちをアメリカに同化させる方法として利用された。キンダーガルテンという言葉は1862年までに英語になり、移民の数が増えるのにともなって多数の幼稚園が生まれた。社会は、子どもたちの保育に必要なものがなんであるのかについて理解を深めることになったのである。昼間の保育所が登場してきたことにみられるように、貧しい人びとの生活を改善するさまざまな戦略は、ゆっくりと富裕階級と中産階級に染みこんでいった。1920年当時、アメリカの子どもの約10パーセントは貧しい子どもであるか、幼稚園に通っていない子どもであった。多くの母親たちにとって、一日のうちのすくなくとも半分を保育時間として確保することができた。

さまざまな民族団体は、拡大家族*14は自分たちにかかわりのある子どもを世話すべきであるという信念をそこにもちこんできた。**孤児**であったり、なかば孤児同然であったり、あるいは単純に、子どもの数が多すぎて親が扱うことができない家庭の子どもたちは、親戚の家に預け分けられた。19世紀の多くの家族は、おもに子どもの世話を手伝う祖母など、同居する年長の親戚の者をかかえることが広く見られた。こうした居住パターンは1920年代になると消滅しはじめた。

黒人家族でも、拡大家族は、未婚の母親やはたらかなくてはならなかった女性の子どもたちの世話をするうえで大きな役割を果たしたが、このセイフティーネットは、血縁を超えて「想像上の血縁者」である隣人や母親の親しい女性の友だち、あるいは、あまりにも長いあいだ家族関係に入りこんでいるため、いつ、なぜそうなったかを覚えている人がだれもいないような人物にまで拡大した。そうした世話は、数時間の場合もあれば、一週間、あるいはその子どもの人生の残りすべてにおよぶこともあった。

21世紀初頭においてさえ、ハイスクールの教育を受けられずにはたらいている母親の子どもの50パーセントは、親戚の者たちによって世話をされていた。親戚の者が世話したのは、ハイスクールを卒業した母親の子どもの30パーセントで、大学を卒業した母親の子どもの16パーセントであった。アメリカ国勢調査局によれば、家庭にとどまって子どもの世話をする父親の数は、1990年代以降、劇的に増加している。

19世紀なかばまでに、それまで大人数の子どもたちの世話をしていた**孤児院**は、理想的な施設として広く歓迎された。孤児院は、最悪の時代に子どもたちを養育するという最善の理由で設立されたものであった。工業化と移民は、かつてあった支援から家族を引き裂いてしまった。伝染病の蔓延と南北戦争（1861-1865）による大量殺戮は、流浪の身に追いやられた子どもたちを世話する新しい方法を見いだすよう強く求めた。

歴史家たちは最近になって、労働階級の家族が、財政的に破綻したり、病気に襲われて破滅を強いられたりしたときに子どもを一時的に預ける場所として孤児院をどれくらいひんぱんに利用し、預けた子どもたちとの接触を保ち、のちに子どもたちを引き取りに来るのか、その程度を重視している。ほかの子どもたちの場合、孤児院は、子どもたちを他人の家族の家庭で里子にするという目的をもつ、子どもの再配置計画を行なう機関として、偽善的になることがときどきあった。当局者の多くは、貧民の子どもたちに家庭環境と労働訓練を提供する最善策としてこの制度を支持した。しかし、それは、安い労働力をほしがっていた養父母自身によって食い物にされた。

孤児たちに対応するある一つの非組織的な方法——**孤児列車**——は、個人に焦点をあてている。1854年から1929年までの75年間、かつての13世紀の子ども十字軍にも匹敵する大規模な子どもの置き換え計画は、人混みであふれた不潔きわまるニューヨークや東部のほかの各都市の街路のなかから、孤児にされ、ネグレクトされ、遺棄された子どもたち20万人以上を、健康的な空気の中西部地方に移送した。チャールズ・ローリング・ブレイス（1826-1890）がその創設者であるニューヨーク児童保護協会の世話を受けていた子どもたちの大半は、「放置された浮浪児たちに、邪悪な環境がその耐えがたい影響をおよぼす前に」救済されるべきであると決定された。年長の子どもたちは年季奉公契約を結んだ使用人になるほかなかったが、農家のなかには自分が預かった年少の子どもを法的に養子にすることがときどきあった。こうした送致システムは、子どもたちを家庭あるいは住み慣れた街路から引き裂き、あるいは中西部でカトリックからプロテスタントに改宗させるものであるとして批難された。

20世紀の傾向

非常に裕福な人びとは、とくに第1次世界大戦前後には、自分の家庭内で子どもを保育するために子守り女（ナニー）を輸入した。好まれたのはイギリス人あるいはフランス人やドイツ人で、しかも自分が労働階級の出身であることを隠して上流貴族然としているような女性であって、子守り女（あるいはマドモアゼルとかフロイライン）は、ときには完全に親と置き換わることもあり、ちょっとした仕草でしか見分けがつかなかった。ある子守り女はおそれられ、別の子守り女は救いの神であった。これに対して、中産階級の家族は、しばしば保育のある部分を昼間だけいる使用人たちにまかせていたが、こうした使用人たちの能力については広く疑われていた。

20世紀なかばと後半の時期を通じて、年少の子どもをかかえた母親が労働力になる人数が増えるのにともなって、子守りは、中産階級と上流階級の家族に根を下ろした職業になった。いまやこの言葉は、フルタイムあるいはパートタイムで家庭を本拠地にする保育労働者を総称する用語となっている。2001年には、大学教育を受けたはたらく母親が抱えている年少の子どもの11パーセントは子守りまたはベビーシッターの保育を受けていた。この比率は、ハイスクールの学歴をもつ母親の場合には5パーセントに下落する。

二つの世界大戦のあいだに、子どもを自力で育てられなかったり、そうすることを選択しなかった裕福な、あるいはあまり裕福ではない親たちは、もうひとつの解決策を見いだしていた。エリートの寄宿学校が少年たち（そしてときどきは少女たちも）を預かり、青年期の大混乱の多くの部分を親たちが回避するのを助けた。学校それ自体と、人生の分離段階としての青年期概念はどちらも19世紀に生まれた。この時期を通じて、修道院とその他の宗教施設は、かつて何世紀にもわたってこれらの組織が行なってきたのと同じように、年少の子どもたちの世話をしつづけた。

子どもにかんするホワイトハウス会議が、「注意深く選ばれた里親家庭は、ふつうの子どもにとって、自分が生まれた家庭の最良の代替物である」という最初の結論を出した1909年以降の広い文化のなかで、里親家庭での保育は孤児院に代わる理想的な場所とみなされるようになった。**児童虐待防止協会**（これは動物虐待防止協会を基礎にしており、しばしばそれとつながっていた）[*15]は、1874年に児童虐待を調査し、不適

切な家庭から子どもたちを引きとることを開始するなどの道筋をつけた。焦点はゆっくりと里親保育へ、すなわち子どもを家庭から引き離すよりもむしろ家庭を維持することへと推移しはじめた。

1930年代の**世界大恐慌**とともに、焦点はふたたび推移した。大量の失業者に直面した雇用促進局（Works Progress Administration: WPA）[16]は、仕事にあぶれた教師、栄養士、看護婦、守衛たち、その他の人びとに仕事をあたえるという意味で、昼間だけの保育所システムをはじめた。貧しい人びとだけが利用できるそのプログラムは、連邦政府による最初の、保育に対する包括的な支援策であるとともにその基金でもあった。このような職場を創り出すデイケア・センターが、1943年3月1日に中止されたとき、その大半は、実質的に重要な軍事関連産業ではたらいていた母親たちの子どもを対象にしたランハム・アクト・デイケア・センターになった。こうしてはじめてデイケアは、「貧民のための、あるいは、望まれない子ども専用の」という汚名をすてたのであった。

このランハム・アクトの下で、戦争がピークを迎えた1945年7月までに、約160万人の子どもたちが連邦基金による**保育園**とデイケア・センターに預けられていた。センターはしばしば学校のなかや工場の敷地に作られ、デイケア、学校がはじまる前と放課後の世話、そしてバカンス期間の保育を提供した。このプログラムが機能していた2年半のあいだに、ランハム・アクト基金による世話を受けたさまざまな子どもの総数は60万人にのぼった。かつて例を見ないほど多くの年少の子どもたちが母親の手を離れて世話を受けた。これらのセンターは、帰還兵たちのために女性たちが家に戻って部屋を整えるよう強く命令された終戦の6カ月後に閉鎖された。

ランハム・アクト・センターの成功は、女性は効率的な唯一の養育者であると見られたために、1950年代を通じてほとんど忘れられていた。しかし、1960年代以降、幼い子どもをかかえたアメリカ人女性の人数が増えたことは、彼女らがみずからはたらくことを選択し、あるいは置かれている環境がそうするよう強いているため、伝統的な知恵を無視していた。2002年には、子どもをもつ18歳以下の女性の72パーセントが労働力であった。このパターンに対応するために、デイケア・センターは、いくつかの州政府が経営するいくつかの施設が都市の貧民を対象にし、しばしば高額であった私立のセンターがそれ以外の人びとを対象にするなど、緩慢ではあったが、しだいに全米に広まった。

ほかのいくつかの文化では、デイケアは国家の**社会福祉**制度に永続的に組みこまれた。フランスでは、3歳から5歳までの子どものほぼ90パーセントが、教育、健康管理、そして24時間対応の施設での保育、さらには、おもに税でまかなわれる認可された民間の子どもあずかり所（ケア・ホーム）などを融合させるプログラムのサービスを受けている。イスラエル政府は、5歳児全員に幼稚園を提供し、3歳以降4歳までの子どもの半数を公共の保育所で預かっている。中国では、生後55日をすぎたすべての子どもは、政府が提供する保育を利用することができ、大都市では、週5日制のお泊まり保育が提供されている。

（理想的には完璧な）母親あるいは、彼女の模範的な代理人だけが、子どもが求めているニーズを提供できるという広く認められている信念は、信頼性の高い研究体系では支持を得ていない。子どもたちは、孤児院、里親、共同保育、子守りによる保育などによるのであれ、あるいは母親の保育によるのであれ、なんらかの制度によって援助されることもあれば、傷つけられもする。問題になるのは、ケアの平等性とケア実践の質である。また、これまでのどの時代でも、その時代が生みだした子どもたちを対象に、それ自体がその時代の産物でもある心理学的な理解によって支援されるその時代に固有の子どもを世話する方法を見いださなくてはならなかったのである。

［訳注］

*1 デイケア（daycare）——専門家による未就学児童、高齢者、身障者などに対する昼間の保育または介護。

*2 黒人ばあや（mammies）——アメリカで、もともとはアメリカ南部で、白人の家庭で子守役をする黒人女性をさしていわれた。黒人の乳母、お手伝い。

*3 オーペア（au pair）——その国の言語を習得したり習慣を身につける目的で、子守り仕事や家事を手伝って宿泊・食事を無料にしてもらう若い外国留学生。

*4 ヨハン・フリードリッヒ・オーベルラン（Johann Friedrich Oberlin, 1740-1826）——フランスのアルザス地方のストラスブールに生まれる。父親はこの地のギムナジウムの教師であった。ストラスブールで神学を学び、1766年、26歳のとき、ヴァルダースバッハ（Waldersbach）という谷間の、五つの小村の80～100世帯ほどの住民が暮らす貧しい地域でルター派の牧師となった。この土地に新しい農法を取り入れ、農業技術を改善して果樹栽培をすすめ、道路や橋の建設、会社組織の工場をいくつも設立して産業開発にも取り組んだ。地域住民全体の雇用の創出、とくに幼児学校を創設して女性の就業機会を増やすなど、地域経済と教育と福祉を一体のものとして取り組んで成功し、住民数は3000人に増えた。オハイオ州に1833年に創設されたアメリカ初の男女共学大学で、人種差別撤廃運動の拠点にもなったオバーリン・カレッジと、日本の桜美林大学は彼の名前にちなんで名づけられた。

*5 ジャン・フィルマン・マルボー（Jean Firmin Marbeau, 1798-1875）——フランスで保育所設立運動（Crèche Movement）を展開し、近代託児所の先駆者といわれる博愛主義者。労働階級の母親がはたらきに出ることができるように、1844年11月にパリ市内に最初の託児所を作り、フランス全土に広め、アメリカにも影響

をおよぼした。

*6 マルガレーテ・マイヤー［マイヤー＝シュルツ夫人］（Margarethe Meyer, 1833-1876, Margaretha Meyer-Schurz, Margarethe Schurzとも）──ドイツのハンブルクに生まれ、姉のベルタ・ロンゲが再婚してロンドンで幼稚園を開設していたのを手伝うためにロンドンに出向き、そこでドイツから亡命中のカール・シュルツ（Carl Schurz, 1829-1906）と出会って結婚し、シュルツ夫人となった。このため一般にシュルツ夫人ともよばれる。ニューヨークをへて、1856年、ウィスコンシン州ウォータータウンでアメリカで最初のドイツ語で教える幼稚園を開設した。評判が高かったこの幼稚園を見学して感銘を受けたのが、のちに全米に幼稚園運動を展開することになるエリザベス・ピーボディ（Elisabeth Peabody, 1804-1894）であった。

*7 エリザベス・パルマー・ピーボディ（Elizabeth Palmer Peabody, 1804-1894）──アメリカの教育者。アメリカで最初に英語で教育を行なう幼稚園を開いた。マサチューセッツ州の医者の娘として生まれ、ボストンで超絶主義思想家のアモス・ブロンソン・オルコット（Amos Bronson Alcott, 1799-1888）の実験的なテンプルスクールで助手としてはたらいたが、この学校はまもなく閉鎖された。その後、オルコットがドイツの教育思想を模範にしていた幼児教育の哲学と彼の学校の計画を網羅した「学校の記録」を出版するいっぽう、自宅で書店を開業して、内外の書籍を販売した。50歳代のなかばすぎに、ウィスコンシン州で幼稚園を開設していたドイツ人のマルガレーテ・マイヤー（シュルツ夫人。当時20歳代なかば頃）を訪ね、フレーベルの幼児教育思想に心を動かされ、1860年に自分の幼稚園を開設した。その後、60歳をすぎる頃、みずからドイツに調査旅行に出かけるなど、積極的に幼稚園至上主義を掲げて運動を展開し、アメリカの教育制度に幼稚園を位置づかせるうえで大きな影響力をもった。早い時期から、子どもの遊びの価値に注目し、子どもの遊びが本質的に発達や教育において固有の意義をもつことを確信していた。ピーボディの妹の一人ソフィアは作家のナサニエル・ホーソーン（Nathaniel Hawthorne, 1804-1864）の妻であり、もう一人の妹メアリはアメリカの著名な教育改革者ホーレス・マン（Horace Mann, 1796-1859）の妻である。1844年頃、フランス語訳の「南無妙法蓮華経」の一部をはじめて英訳するなど、仏典の英訳を刊行したことでも知られる。

*8 チャリティ幼稚園（charity kindergarten）──慈善学校（charity school）とならんで、アメリカで、慈善団体や篤志家の資金援助で運営された貧民のための幼稚園。公立幼稚園制度と公立小学校制度の前身となった。

*9 スーザン・E・ブロー（Susan E. Blow, 1843-1916）──アメリカではじめて経営的に成功をおさめた公共の幼稚園の創設者で、「幼稚園の母」（Mother of Kindergarten）として知られている。ニューヨークの幼稚園教員養成学校（New York Normal Training Kindergarten）で実習訓練を受けた後、ミズーリに戻った1783年頃、2名の補助教員と42名の生徒を擁するデス・ペレス・スクール（Des Peres School）を開設したのを皮きりに、その後規模と組織を拡大し、全米に広まった。

*10 キブツ（kibbutz）──キブツとはヘブライ語で「集団」「集合体」を意味する自発的な集産主義的共同体の一種で、とくに、1909年に帝政ロシアの迫害をのがれた若いユダヤ人の一群がパレスティナに移り住んだことにはじまる。国家建設という夢の実現をめざし、生産的な自力労働、集団の責任、身分の平等、機会の均等という4大原則にもとづいた集団生活は、迫害をのがれたユダヤ人が世界各地から集まって人口が増え、学校、図書館、診療所、映画館、スポーツ施設などの建設もすすんだ。

*11 シェーカー教徒（shaker）──プロテスタントの宗派のひとつで、もともとは17世紀後半にフランスではじまったが、迫害を受けたためイギリスに移り住み、18世紀中期にイギリスのクウェーカー教徒とともに活動を展開し、1774年にアン・リー（Ann Lee, 1736-1784）［Mother Ann］を中心に8名の信者が信仰の自由を求めてアメリカに渡ってコミュニティの建設に取り組んだ。千年期教会（Millennial Church）に属する信者をさしていう。集団生活をして酪農品や木製品などを販売して生計をたてた。共同生活、懺悔、男女平等、禁欲、独身主義、勤勉、質素を旨とした宗教団体の生活共同体を運営する。礼拝のときに身体全体をふって踊るところからこの名がついた。

*12 オナイダ・コミュニティ（the Oneida Community）［オナイダ共同村］──宗教的完全主義者（religious perfectionist）の団体のリーダーの一人で、ユートピア社会主義者であったジョン・H・ノイズ（John Humphrey Noyes, 1811-1886）らが、個人の罪は社会改革によって排除できるという理念を掲げ、1848年にアメリカのニューヨーク州北部のオナイダ市に作ったコミュニティ。1881年に解散して株式会社に改組され、銀食器などオナイダ・ブランドの食器類などを製造販売するようになった。

*13 ハル・ハウス（Hull-House）──ジェーン・アダムズとその友人たちが、当時のおもに移民が中心の貧しい人びとが住んでいたシカゴ市内のスラム街サウスホルステッド通り800番地にあった、廃屋になっていたある実業家の邸宅を改装して1898年9月18日に設立した。当時としては世界最大規模の福祉施設で、貧困者のための地域福祉のセンターであり、また地域の社会改善事業のセンターとしての機能を果たすもので、これが社会福祉活動のモデルとして世界的に注目され、大きな影響をおよぼした。「ハルハウス」は毎週2000人ほどを世話し、成人の夜間学校、乳幼児の幼稚園、少年少女たちのクラブ活動、慈善食堂、画廊、喫茶部門、体育館、少女のための手芸、調理クラブ、プール、製本所、音楽教室、図書館、その他の部門を擁した大規模な活動を展開するようになった。アダムズは1923年に日本を訪れ、キリスト教社会改良運動家で、

「貧民街の聖者」として知られる賀川豊彦（1888-1960）ら多くの社会事業家らとも交流した。
* 14 拡大家族（extended family）——家族の核である夫婦と未婚の子どもにくわえて、祖父母などの近親者からなる血縁集団の大規模な家族形態。通常はひとつの世帯で生活し、衣・食・住を協同でおこなうことによって連帯感や絆を強める一方、個人主義やプライバシーに対しては抑制的である。
* 15 児童虐待防止協会（Society for the Prevention of Cruelty to Children）——イギリス児童虐待防止協会（the National Society for the Prevention of Cruelty to Children）は1881年にリヴァプールに設立されたリヴァプール児童虐待防止協会（LSPCC）、翌年に設立されたロンドン児童虐待防止協会（London SPCC）に由来する。1881年、リヴァプールのトマス・アグニュー（Thomas Agnew, 1834-1924）がアメリカのニューヨーク児童虐待防止協会を訪ね、イギリスに戻って前例をつくったことから、それをモデルに各都市に児童虐待防止協会が設立された。1889年、シャフツベリー卿、エドワード・ルドルフ尊師、ベンジャミン・ウォー尊師などによって全国組織「ロンドン児童虐待防止協会」と改称した。世界初の動物愛護団体である王立動物虐待防止協会（Royal Society for the Prevention of Cruelty to Animals）は、イギリス児童虐待防止協会の設立より65年早い1824年、リチャード・マーティン（1754-1834）ら22名の代議士らによってロンドンで創設された。その年に63件の動物虐待の事例を裁判所に告発した。1840年にヴィクトリア女王の認可を受け、王立動物虐待防止協会となった。これをモデルに各都市で組織が生まれ、世界中に広まった。動物虐待の調査活動、動物病院の設置など幅広く活動している。
* 16 雇用促進局（Works Progress Administration: WPA）——世界恐慌期のアメリカの失業対策として公共事業の設立と促進にあたった連邦局。1935年から1943年まではWorks Projects Administrationと改称された。

➡里子制度

●参考文献

Baltzell, E. Digby. 1964. *The Protestant Establishment: Aristocracy and Caste in America*. New Haven, CT: Yale University Press.
Cott, Nancy, and Elizabeth H. Pleck, eds. 1979. *A Heritage of Her Own: Toward a New Social History of American Women*. New York: Simon and Schuster.
Klaw, Spencer. 1993. *Without Sin: The Life and Death of the Oneida Community*. New York: Viking Penguin.
Langsam, Miriam Z. 1964. *Children West: A History of the Placing-Out System of the New York Children's Aid Society*. Madison: State Historical Society of Wisconsin.
Lerner, Gerda. 1973. *Black Women in White America: A Documentary History*. New York: Vintage.
NICHD Early Child Care Research Network. 2001. "Nonmaternal Care and Family Factors in Early Development: An Overview of the NICHD Study of Early Child Care." *Journal of Applied Developmental Psychology* 22, no. 5: 457-492.
Rawick, George P., ed. 1972. *The American Slave: A Composite Autobiography*, 19 vols. Westport, CT: Greenwood.
Steinfels, Margaret O'Brien. 1973. *Who's Minding the Children? The History and Politics of Day Care in America*. New York: Simon and Schuster.
Youcha, Geraldine. 1995. *Minding the Children: Child Care in America from Colonial Times to the Present*. New York: Scribner.

（GERALDINE YOUCHA／北本正章訳）

保育園（Nursery Schools）

保育園[*1]の歴史は大衆学校教育（mass schooling）の歴史と密接な関係がある。年少児（一般には6歳未満）の教育と養育を行なう保育園やその他の施設の提供は、学校制度の発展のなかではかなり遅れた。幼年期の教育を対象にした公的な措置がとられるようになったのは、子ども期の初期が発達過程で重要であり、後年の人生段階の輪郭がつくられるのはこの時期であるので、大いに関心をはらうべきであるという理念が受け入れられるようになってからであった。学校制度が工業化や都市化と軌を一にして発展したため、幼年期の子どもが就学開始年齢にどの程度左右されるかは国によって異なる。義務教育の就学年齢以下の子どもの学校は、道徳規制、社会統制、および**児童救済**の高まりなどを動機にしていた。その多くが母親であった女性たちがますます労働市場に引きよせられるようになると、年少児の養育を提供する需要が増加した。

初期の幼児学校と幼稚園

世界で最初に産業革命を経験したイギリスでは、労働階級の就学年齢未満の子どもの大多数と、1歳そこそこの子どもも学校に通っていた。その学校は年長の子ども向けに組織された学校か幼児学校[*2]のどちらかで、原初のものは空想的社会主義改革者ロバート・オーウェン（1771-1858）[*3]によって1816年にスコットランドに開設された。その後、幼児学校は幼児学校協会によって促進された。こうした幼児学校は、統一的な教育目的、カリキュラム、教授法を欠いていたが、やがて小学校科目を視野に入れた準備学習が支配的になった。これと同じような歩みはフランスなど工業化が進んだほかの国々でも見られた。フランスでは、ジャン・フリードリヒ・オーベルラン[*4]によって最初の就学前学校が開設された。年少児向けのこの学校は「サル・ダジール」（*salles d'asile*）、すなわち文字どおりには「駆けこみ部屋」、あるいは労働階級の子どもたちの避難所とよばれた。

幼児学校の年少児には、その年齢にふさわしい特別な扱いが必要であるという認識は、**ヨハン・ハインリ**

ヒ・ペスタロッチの理念と実践がイギリスの少数の教育改革者の関心を集めるようになってようやく定着した。ペスタロッチの教育方針にもとづいて運営された学校は、年少の子どもを年長の生徒とまったく同じものとして教えるのではなく、むしろ年少の子どもには特有の要求があることを認めようとした。1836年、「ペスタロッチ主義内外幼児学校協会」(the Pestalozzian Home and Colonial Infant School Society) がロンドンに設立したカレッジで、幼児学校の教員養成がはじまった。この学校は年少児を区別して教育する必要を重視しただけでなく、子ども期初期の数年における養育と教育が熟練を要する仕事であり、年少児の世話をする「母親がわりの」少女にふつうに支払われていた極端に低賃金の仕事でも引き受ける者にまかせるべきではないという考えを導入した。だが、乳母からデイムスクール（dame school）［女性がおもに自分の家で開いていた私塾］までのさまざまなかたちの保育があふれ、教師がなんの訓練も受けなくなってくると、そうした状況の実現は困難になった。

年少児の教育は年長の子どもの教育とは異なっているべきであるという考えをさらに進める契機は、幼稚園の国際的な広がりと、その創設者フリードリヒ・フレーベルの理論からもたらされた。イギリスの最初の幼稚園は1851年に開園され、これに続いて1856年にはアメリカでも幼稚園が開園された。幼稚園は学校であったが、フレーベルの教育構想は家庭と幼稚園の両方をつなぐものであった。学校と家庭は、年少の子どもが初年次から教育を受けられるようにする方法として、その遊具と活動を有機的なものにするなかで補いあうものと考えられた。しかし、イギリスでは、労働貧民のために準備・提供された学校の現状は、幼稚園を採用しようとするといくつかの障害が立ちはだかった。この障害には、大規模学級、未熟練な教師、下級生にも浸透することになる上級学年における試験のプレッシャーなどがあった。同様に、幼稚園がアメリカで公立学校制度に組みこまれたとき、学校制度の官僚体質のため、とりわけ子どもにもっと正式な小学校に向けた準備教育をさせる必要から、その固有の特徴の大部分は失なわれてしまった。

19世紀末に向けてみられたアメリカにおける無償制の幼稚園設立運動や、イギリスその他の国々での同様の動きは、都市の貧困層の子どもを救済する幼稚園の役割を強調しはじめた。無償の幼稚園を組織したのは、教師よりも人数が多かった女性のソーシャルワーカーたちで、彼女たちは、家事仕事と結びつける遊びという広い概念を支持していたので、フレーベルが考案した遊具、すなわち「恩物」(gifts) と「手わざ［専心］」(occupations) の使い方についての詳細な方針とともに、フレーベル主義の公的制度をしだいに拒絶した。彼女たちの新しい手法の正統性は、心理学者G・スタンリー・ホールと哲学者ジョン・デューイの理論を根拠にしていた。

保育園

イギリスでは、キリスト教社会主義者のマーガレット・マクミラン[*5]が、遊びと自己活動を重視するフレーベル主義に代えて、子どもの感覚訓練と健康に焦点をおく方法を進めた。1918年以降、公的支援を保育園が利用できるようになったとき、認可された保育園の大多数はかつては無償の幼稚園であったが、マーガレット・マクミランは、保育園という概念の創始者と見られている。彼女は、姉のレイチェルとともに、1913年にロンドンの貧民地区で野外型の保育園を開いた。同じ時期のイタリアでは、マリア・モンテッソーリが同様の方針で活動していた。そこでは、彼女が特別に考案した、堅いはめこみ材、紙やすりで書きこんだ文字、長い階段を作ることができるブロックといった教具などを使って、都市の貧困層の子どもを救済するための、健康と感覚訓練を重視した彼女独自の教育方法を生み出そうと取り組んでいた。高い乳児死亡率と病気はどちらも、保育園の設立運動者たちにとって大きな課題となっていた。

アメリカでは、5歳未満の子どものための最初の保育園は民間資金で運営され、しばしば大学の後援を受け、大学と提携していた。これらの保育園はジークムント・フロイトと、のちのジャン・ピアジェなどによる子ども学研究と、子どもとその家族にかんする心理学理論を活用することを特色にしていた。そうした取り組みは、専門職化しつつあった児童福祉分野の広範な発展の一部となった。この保育園は、イギリスのものとは異なり、母親が賃金労働についていない上流階級と中産階級の子どもをおもな対象にしていた。1920年代のアメリカでは、両親が経営にかかわる協同組合方式の保育園が発展した。これは、それまで支配的であったヨーロッパ・モデルの保育園から離脱する画期となった。

20世紀の大半を通じて進んだ公教育制度による保育園のとりこみは、その費用によって、また、学齢未満の大部分の子どもにとって最良の場所は家庭で母親といっしょにいることであるという見方によって、制約を受けた。この例外として作られたのは、都市の貧困層の子どものために、また、世界大恐慌や第2次世界大戦といった国家的な非常時につくられた保育園であった。しかしその提供は、保育園の教育理論を欠いていた託児所その他の子どもの世話の形態の提供よりも遅れた。

1960年代のアメリカでは、ヘッドスタート計画のような「貧困との戦い」(War on Poverty) プログラム[*6]やミシガン州イプシランティでの「ペリー就学前学校計画」[*7]は、社会の不平等と戦う手段としての保育園の発展を刺激した。最近の数十年には、労働市場に参入する女性の数が着実に増加するのにつれて、公

的および私的な就学前学校の提供が多数の国で劇的に増えた。21世紀初頭の全般的な趨勢は、遊びを基礎にした発達論的に適切なカリキュラムを提供する保育園に向かっていたが、これは、学校への入学準備のためにだけ考案された学級と施設によっておおい隠されてしまうことになろう。

保育園の歴史には、ひとつのゆるやかなパターンがあると見ることができよう。保育園が私的に設立されていた頃には、それが公的に設立されるようになる頃よりも遊びの方法を広くとりいれることができていたが、需要を満たすには幼稚園の数はあまりにも少なすぎた。他方、公的に設立された保育園は、より多くの子どもを収容することはできたものの、ほとんどつねに年長の子どもの学校の要求に従属することになってしまっている。

[訳注]

*1 保育園（nursery schools）——幼稚園に入る前の、通例2、3歳から5歳までの幼児のための教育施設。nursery school という英語表記の初出は1835年である。Kindergarten（幼稚園）のドイツ語表記の初出は1840年、その英語表記の初出は1852年である。

*2 幼児学校（infant school, infant's school）——4、5歳から7歳ぐらいまでの子どもが通う学校。infant school という英語表記の初出は1828年である。

*3 ロバート・オーウェン（Robert Owen, 1771-1858）——イギリスのウェールズ生まれの空想的社会改良家、協同組合運動の創始者。スコットランドのニューラナークの開明的な工場経営者として労働者の労働と生活環境の改善に取り組み、工場内に「幼稚園」を設けた。やがて協同組合運動による社会改革をめざす世界の労働運動、社会主義思想に大きな影響をおよぼした。アメリカのインディアナ州でも「ニューハーモニー」（New Harmony）共同体を創設し、その息子ロバート・デイル・オーウェン（Robert Dale Owen, 1801-1877）とともに親子二代にわたって社会改革の実験に取り組んだ。主著『新社会観』（A New View of Society, or Essays on the Principle of the Formation of the Human Character, 1813）は、その副題が示すとおり、子どもの性格形成におよぼす環境の影響を重視した教育書である。日本の作家、武者小路実篤（1885-1976）もその思想の影響を受け、宮崎県と埼玉県に「新しき村」を建設したことがある。

*4 ジャン・フリードリヒ・オーベルラン（Jean-Frédéric Oberlin, 1740-1826）——ドイツ系の家系に生まれたフランスのアルザス出身の牧師、慈善家、社会改革者、教育家。村落共同体に密着した医療業務、農業改革、貧民対策などを通じて社会改革に献身した。農村の託児所事業として1779年にアルザス＝ロレーヌ地方に開設した、貧しい農家の子どものための幼児保護所は、世界で最初の近代的な幼児保護施設といわれている。この孤児収容所は「オーベルラン連携」（Oberlinvereine）として広まった。アメリカのオハイオ州のオバリン大学（Oberlin College, 1832年創立）、日本の桜美林大学（1966年創立）は彼の名前に由来する。

*5 マーガレット・マクミラン（Margaret McMillan, 1860-1931）——アメリカ生まれのイギリスの社会改革者。キリスト教社会主義者、フェビアン協会会員。貧民街での生活改善活動に取り組むなかで、1899年に初の学童健康診断を実施し、1902年にはロンドンで学童クリニックを開設するなど、年少の子どもの健康改善問題に取り組むとともに、野外活動と遊びを中心にした保育教育の重要性を説いた。1936年、彼女の遺徳を記念して、ヨーク公（国王ジョージ6世）によって、アウトドア・センターとして「マーガレット・マクミラン・ハウス」（Margaret McMillan House）が設立された。マーガレットとともに社会改革に取り組んだ姉レイチェル（Rachel McMillan, 1859-1917）の名前にちなんで1930年に創設されたレイチェル・マクミラン・カレッジは、1970年にゴールドスミス・カレッジに統合され、ロンドン大学を構成するようになった。

*6 「貧困との戦い」（War on Poverty）——第36代アメリカ大統領リンドン・B・ジョンソン（Lyndon Baines Johnson, 1908-1973）が、1964年の年頭一般教書で公表した、いわゆる「偉大な社会」（Great Society）建設計画の中心をなすヴィジョンで、「貧困をなくし、貧困から生じる悪影響を軽減する」ことをめざした社会福祉政策。ジョンソンは若い頃に世界大恐慌を経験し、テキサスの国民青少年局の局長であった。

*7 「ペリー就学前学校計画」（Perry Preschool Project）——3歳と4歳のアフリカ系アメリカ人の子どもに対して、質の高い就学前教育を行なうことによって、貧困格差や学校生活への不適応が生じやすい子どもたちへの対応をはかるために、ミシガン州イプシランティ市で、1962年から1967年まで行なわれた教育計画。教師一人に月平均6人の子どもが就学前の実践教育を受け、毎週1度家庭訪問を行ない、就学前カリキュラムの家庭学習を指導した。

➡子どもの発達概念の歴史、幼稚園

● 参考文献

Beatty, Barbara. 1995. *Preschool Education in America: The Culture of Young Children from the Colonial Era to the Present.* New Haven: Yale University Press.

Clark, Linda L. 2000. *The Rise of Professional Women in France: Gender and Public Administration since 1830.* Cambridge, UK: Cambridge University Press.

Deasey, Denison. 1978. *Education under Six.* New York: St. Martin's Press.

Lascarides, V. Celia, and Blythe F. Hinitz. 2000. *History of Early Childhood Education.* New York: Falmer Press.

McMillan, Margaret. 1919. *The Nursery School.* New York: E. P. Dutton.

Read, Katherine H., and June Patterson. 1980. *The Nursery School and Kindergarten: Human Relationships and Learning,* 7th ed. New York: Holt, Rinehart, and Winston.

Spodek, Bernard, and Olivia N. Saracho. 1994. *Right from the Start: Teaching Children Ages Three to Eight.* Boston:

Allyn and Bacon.
Steedman, Caroline. 1990. *Childhood, Culture, and Class in Britain: Margaret Mcmillan, 1860-1931.* London: Virago.
Whitbread, Nanette. 1972. *The Evolution of the Nursery-Infant School: A History of Infant and Nursery Education in Britain, 1800-1970.* London: Routledge and Kegan Paul.

● 参考ウェブサイト

European Primary School Association. "A History of Preschool Education in Europe." Available at 〈www.epsaweb.org/preschool_education.html〉

(KEVIN J. BREHONY／稲井智義訳)

ボーイスカウト（Boy Scouts）

　1908年、ボーア戦争[*1]の英雄ロバート・ベイデン＝パウエル（1857-1941）によって年少の少年を対象にした訓練プログラムがイギリスではじめられた。それは、軍隊の偵察兵（scout）を翻案し、それを若者の公民（citizenship）化の訓練（training）に応用したものであった。この計画は非常に高い人気を博すこととなり、第1次世界大戦前には、この訓練プログラムは大英帝国、アメリカ、およびその他の多くの国々で見られた。

組織形成とその影響

　この初期段階では、いくつかの論争がもちあがった。ベイデン＝パウエルに対する全世界に広がる賞賛にもかかわらず、ほかの何人かの個人も、自分がボーイスカウトの創設者であると主張した。この論争は、ベイデン＝パウエルの計画を構成していたいくつかの要素がユニークなものではないという理由でもちあがった。その名称でさえ、ベイデン＝パウエルの創案ではないとされた。ボーイスカウトという言い方は、1899年の終わり頃にアルダス・プレス（the Aldine Press）に寄稿していた作家たちによって用いられた。はじめて用いられたのは、バッファロー・ビル[*2]の助手であったハリー・ホワイトを描写したバッファロー・ビル図書館（Buffalo Bill Library）の雑誌で、次いで、植民地ではたらく若者を描いた1900年から1906年にかけてのトゥルー・ブルー・ウォー図書館（the True Blue War Library）の雑誌であった。道徳コード、自制心、モットー、秘密のサイン、愛国心、森林技術（ウッドクラフト）、ユニフォーム、そして儀礼などをふくむその他のスカウト活動の要素は、この時代の類似の青年組織でも見られた。

　スカウトとよく似た青年組織は、ひかえめな成功をおさめた。イギリスでは1884年にウィリアム・スミスによってボーイズ・ブリゲード（the Boys Brigade）が、1899年にはジョン・ペイトンによってボーイズ・ライフ・ブリゲード（the Boys Life Brigade）が創設された。アメリカでは、1902年にアーネスト・シートン[*3]とダニエル・ブーン[*4]の息子たちによってウッドクラフト・インディアンズ（the Woodcraft Indians）が、1905年にはダニエル・ビアード[*5]によってボーイ・パイオニア（Boy Pioneers）が設立された。南アフリカでは、1902年にエドワード・カーターによってボーイズ・ガイド・ブリゲード（the Boys' Guide Brigade）が設立された。ドイツでは、1901年にアレグザンダー・ライオンによってワンダーフォーゲル（The Wondervogel）が設立された。

　ベイデン＝パウエルは、斥候術（スカウティング）をイギリスのボーイズ・ブリゲードのプログラムに応用することは、その魅力を強めるだろうと考えた。1906年、ベイデン＝パウエルは、1900年に彼が書いた軍隊マニュアル『スカウティングの手引き』（*Aids to Scouting*）をこの組織に使うことを提案した。ボーイズ・ブリゲードは、さまざまな課題の熟達者にバッジ（記章）を授与したが、スカウト訓練に対してはバッジは一つも授与されなかった。したがって、少年たちが訓練をはじめる動機はまったくなかった。「ボーイズ・ブリゲード・バッジ」と「証明書」が導入されたのは1909年になってからで、スカウト運動の人気が出てきた結果、ベイデン＝パウエルの訓練計画が一般向けに出版された1年後であった。

　アメリカで暮らしたイギリス生まれのアーネスト・トムソン・シートンは、スカウト活動に決定的な影響をおよぼすこととなった。1902年、彼はウッドクラフト・インディアンズとよばれる組織を設立した。1906年、シートンは、自分の最新のウッドクラフト・マニュアル『ウッドクラフト・インディアンズの樺の木小舟の虎の巻』（*The Birch Bark Roll of the Woodcraft Indians*）をベイデン＝パウエルに送ったが、これは完全な訓練計画のためのモデルを提供した。ベイデン＝パウエルは、新聞社の社主アーサー・ピアーソンの協力を得て、ハンドブックと少年新聞「ザ・スカウト」（*The Scout*）を創刊することができた。ベイデン＝パウエルは、全国ツアーをはじめるにあたって、**キリスト教青年会**（YMCA）の協力を得ることもできた。彼は、1907年7月25日から8月9日まで、プール市[*6]のブラウンシー・アイランドで実験的なキャンプを運営し、成功をおさめた。

　ベイデン＝パウエルによる借用はシートンと『スカウティングの手引き』にとどまらなかった。彼は、1800年代末に南アフリカでアメリカ人のスカウト活動をしていたアンドルー・バーナムからも影響を受けていたかもしれない。これ以外のいくつかの影響も、『少年のためのスカウト活動』（*Scouting for Boys*）のページに読みとることができる。

　しかし、ベイデン＝パウエルの訓練計画を構成していた諸要素は非常によく精選され、普遍的な魅力をもち、非常に多くの人びとの心の琴線にふれたため、彼のボー

20世紀初めにイギリスのパースに招集された5000名以上のスカウトたちに向かって演説するロバート・ベイデン＝パウエル。スカウト活動は、20世紀初期と1914年までに異常な人気を博し、ボーイスカウト組織は数十カ国に広まった。©Bettman/CORBIS

イスカウト帝国はほかの組織とそのリーダーたちを魅了し、組織に加入させることとなった。1910年、ウッドクラフト・インディアンズ、ボーイ・パイオニアおよびその他さまざまな独立のスカウト団とパトロール隊は、アメリカ・ボーイスカウト (the Boy Scout America) を組織した。この同じ年には、ワンダーフォーゲルのライオン博士がドイツ・ボーイスカウト (the German Boy Scouts) を組織し、多数のカナダのボーイズ・ブリゲート・カンパニは、ボーイスカウト団になった。1911年、カーターのボーイ・ガイドはイギリス・ボーイスカウトに合流した。

ロバート・ベイデン＝パウエルは国教会派牧師の息子で、メンバーの基礎である「スカウトの誓い」は、宗教的な信仰を要求し、無神論者を不適格者とみなした。これは、教会に対するスカウト活動の魅力を増し、教会が若者に接近したことは、スカウト活動の拡張のための便利な市場を提供した。

作家たちのなかには、イギリス帝国の防衛は、ボーイスカウトの基盤を作る非常に重要な動機を作ったと結論する者もいた。ベイデン＝パウエルは、軍政下のマフェキング市[*7]の軍事教練隊に感銘を受けたが、これは、彼自身もそうであったように、ボーア戦争中の活動によって名声を得ていた。1905年、エリオット・E・ミルズは、匿名のパンフレット「イギリス帝国の盛衰」(*The Decline and Fall of the British Empire*) を公刊した。それはこの時期のイギリスの外国人恐怖症を要約したものである。ベイデン＝パウエルは、その著書『少年のためのスカウト活動』で、国家の防衛はこの活動の重要な動機であるという考えを補強しながら、このパンフレットの主題の抜粋を読者に示したのだった。

1909年には激しい分裂が生じ、バロウ・キャドベリとフランシス・ヴェイン卿に指導された平和主義的なイギリス・ボーイスカウト (British Boy Scouts: BBS) の結成に発展した。BBSはそれから2年以内に、フランス、イタリア、アメリカばかりでなくイギリス本国においても同様の組織を生み、それらと連携した。1911年11月、これらは、フランシス・ヴェイン卿の指導によって、世界スカウト団 (the Order of World Scouts) を結成した。

1920年代初めまでに、厳しい批判と、平和主義的な代替組織に対応するため、かつてよりも平和主義的

で教育的な役割をめざす変化が見られた。

　もともとベイデン＝パウエルは、自分の計画を、ほとんどの若者の活動の公的な範囲のユース・ワークの手段として、ほかの機関にむけて提案していた。この提案はとくに、スカウト団の70パーセント以上を支援していた教会によって熱心にとりあげられた。しかし、ベイデン＝パウエルの組織とその類似物は、ヴェイン卿の世界スカウト団との直接の競争への反動として、その当時、計画の使用権をもっていたベイデン＝パウエルに、その著作権を厳密にあたえる、所有権という見解を展開した。ヴェイン卿の世界スカウト団は、かれの破産に続いて1912年に崩壊したが、組織のメンバーの多くは、それぞれの祖国で存続させた。2年間続き、1919年に結審したニューヨークの訴訟では、ベイデン＝パウエルに支援されたボーイ・スカウツ・オヴ・アメリカ（the Boy Scouts of America）は、その競争者である合衆国ボーイスカウト（United States Boy Scouts）に対する確かな独占権を確立した。独占権という考えは、世界スカウト機構（the World Organization of Scout Movements: WOSM）において制度化されたが、この組織は、1920年にひかえめにはじめられ、全国的な協会あるいは連盟に承認を提案する。初期の論争にもかかわらず、スカウト運動は年少の子どもたちの養育に圧倒的に大きな貢献をしてきている。

　ベイデン＝パウエルのボーイスカウトの最年少年齢は最初は明確にされていなかったが、最終的には上限を18歳として11歳前後に設定された。1909年のブリティッシュ・ボーイスカウトには、11歳以下の少年を対象にしたジュニアスカウトがあったが、これは後年のベイデン＝パウエルの計画にも反映され、1916年にウルフ・カブズ（Wolf Cubs）あるいはカブズ（Cubs）[8]と名称変更された。17歳以上の少年は、1918年までにローバースカウト（Rover Scouts）[9]が生まれるまで、活動によって継続された。エクスプローラーとヴェンチャースカウトをふくめ、いろいろな国で、年長団員のための名称が考案された。

　この計画の成功は、少年に限定されるものではなく、1909年には、非公式ながらガールスカウトも登場しはじめた。1910年に、ガール・ガイズ連盟がイギリスで生まれた。アメリカのような外国で、いくつかの類似組織がスカウトという言葉を維持した。ガール・ガイズとガールスカウト世界連盟は、WOSMと同じ目的で1928年に結成された。

20世紀以降の挑戦

　第1次世界大戦による1914年から1918年にかけてのいくつかの喪失と、全体主義体制によるさらに多くの喪失があったにもかかわらず、スカウト活動は1950年に400万人の参加者を擁するまで世界中で発展した。ヨーロッパの共産主義とファシズム政権はどちらもスカウト活動を禁止した。ロシアはピオネール[10]を、イタリアは黒シャツ党[11]を、そしてドイツは**ヒトラー・ユーゲント**をそれぞれ代用した。第2次世界大戦を通じて、日本もスカウト組織を解体した。

　戦後の再構成は、ドイツ、イタリアそして日本におけるスカウト活動の復興を受けて、加入メンバーの急激な増加が見られた。東ヨーロッパが共産主義ブロックの一部になり、スカウト活動が抑圧され、喪失した分を相殺している。1985年までに、累計数は1600万人に達した。

　1960年代までに、スカウトの開拓住民のイメージとの関連性は減少した。この時期以降、さまざまな全国的な協会が、ユニフォームとトレーニング・イメージを最新のものにしつつ、そのイメージを作りなおそうとした。いくつかの変化は、とくに11歳から18歳までのメンバーの減少と関係があった。これは、独立した協会の設立につながった。これは小規模な会員数ではあったが、伝統的なイメージを維持した。

　1960年代以降の社会における多元主義と自由主義の高まりは、スカウトに対して、完全に包括的な組織を作り出すよう圧力をかけたが、このことは同性愛者や無神論者をメンバーとして認めることになった。2000年6月、アメリカ最高裁判所はボーイスカウト・オヴ・アメリカが同性愛者の加入を拒否することを認めた。イギリスの協会は、機会均等政策を掲げた。しかし、組織は、不適格という理由で個人を排除する権利を保持した。このことは人権にかんするヨーロッパ会議のもとに受け入れられた。

　安全性と虐待からの子どもの保護にかんする一般大衆の自覚と法制化は、さまざまなスカウト組織に圧力をつけくわえた。これは、ボランティア・リーダーたちにさらなる訓練を課すこととなった。新規メンバーの募集は各国の連盟内部で多様であった。たとえば、アメリカでは、さまざまな支援組織がその任を果たした。イギリスでは、連盟自体が全国的な宣伝を請け負った。

　西ヨーロッパ社会は、ボランティア文化の衰退を見たが、このことは大人のリーダーと援助者を探すことをますます困難にし、会員資格に影響をおよぼした。1990年代と21世紀初頭には、かつての共産主義ブロックを構成した国々にスカウト運動が拡張されたため、それまで以上に積極的な挑戦がもちこまれた。2003年1月の時点でスカウト組織をもたない国は、アフガニスタン、アンドラ公国[12]、中国、キューバ、北朝鮮、ラオス、そしてミャンマーだけである。しかし、初期の頃からの数値の比較には注意をはらわなくてはならない。イギリスとアメリカにおける衰退のいくらかは、以前の調査にはなかった新しいカテゴリー（たとえば補助会員——スカウト活動を手助けするがスカウトの誓いを受け入れることはない大人のヘルパーや年少の子ども）を算入することによって隠蔽される。2003年にボーイスカウトが世界中で2800万人のメンバー

を擁し、ガールガイド（スカウト）が1000万人を擁したことは、スカウト運動の成功に対する賛辞のあらわれであろう。

[訳注]

*1 ボーア戦争（the Boer War）——南アフリカのトランスバール共和国とオレンジ自由国およびイギリスとのあいだの戦争（1899-1902）。ボーア人とは、17世紀のオランダ系移民（ボーア人＝オランダ語とドイツ語で「低い土地に住む農民」[boer; bur] という意味）の子孫で、アフリカーンス語（Afrikaans; the Taal; Soth African Dutch）を話す。

*2 バッファロー・ビル（Buffalo Bill本名William Frederick Cordy, 1846-1917）——アメリカの開拓者、興行師で、「バッファロー・ビルのワイルドショー」（Buffalo Bill's Wild Show）を組織し、30年間欧米を巡演した。

*3 アーネスト・シートン（Ernest Thompson Seton, 1860-1946）——アメリカで活躍したイギリスの動物小説家・挿し絵画家。おもに自分の体験と見聞などにもとづいて創作された動物物語の第一作品集『わたしの知る野生動物』（Wild Animals I Have Known）が評判を得て、日本では55篇の動物物語が『シートン動物記』として知られる。

*4 ダニエル・ブーン（Daniel Boone, 1734-1820）——アメリカの西部開拓時代の開拓者で、とくにケンタッキー州の開拓者として知られる。

*5 ダニエル・ビアード（Daniel Carter Beard, 1850-1941）——アメリカの画家・博物学者。1910年にアメリカ版のボーイスカウト組織を作った。

*6 プール市（Poole）——イギリスのドーセットシャー南東部のイギリス海峡をのぞむ都市で、ヨット遊びの中心地として知られる保養地。

*7 マフェキング市（Mafekinf）——現在の南アフリカ共和国のケープ州北東端の都市で、旧イギリス領ベチュアナランド（Bechuanaland、ボツワナの旧称）の飛び領地で、首都であった。ボーア戦争時に217日にわたってボーア人に包囲された（1899-1900）。

*8 ウルフ・カブズ（Wolf Cubs）——ボーイスカウトの8歳から11歳までの幼年団員で、カブスカウト（Cub Scout）のもとの名称。cubは、狐やライオンなどの動物の子どもをさす。

*9 ローバースカウト（Rover Scouts）——16歳から20歳までのスカウト団の年長者。のちにイギリスではVenture ScoutあるいはVenturerとよばれ、アメリカではExplorerとよばれた。

*10 ピオネール（the Young Pioneer）——創成期のボーイ（ガール）スカウトをモデルとして、旧ソヴィエト連邦の共産党の下部組織として作られた。ボーイ（ガール）スカウトが志願制で、「来る者はこばまず、必要なのはやる気のみ」であったのに対して、ピオネールは団員としての資格審査があり、出身階級がプロレタリアート出身で、健康、学力優秀、品行方正な青少年のなかから、男女の差別なく選抜された。団員は将来の社会の幹部候補としてのエリート意識が高く、その身分に高い誇りをもっていた。旧ソヴィエト連邦の教員養成制度での教員養成は1年間の教育実習が課せられていたが、そのうち9カ月は学校での実習に、残りの3カ月はピオネールでの実習にあてられるなど、ピオネール組織は学校教育と密接な関係にあった。ピオネールのスローガンは「いつでも準備よし！」であった。ピオネール組織は、ダンス・レッスン、スポーツ訓練、サマーキャンプなどさまざまな活動と集団的な労働活動を後援した。14歳で青少年ピオネールを修了した子どもたちの多くは、そのあと14歳から28歳、あるいは35歳までの青年を対象として組織された政治活動団体コムソモール（共産主義的な青年組織Komsmols）に所属した。コムソモールの教育目的は、ソヴィエト共産党の路線を学習すること、学校や労働組合の青年部で党の路線を宣伝すること、ピオネール組織を指導することなどであった。コムソモールの幹部であった者が共産党の幹部候補になることが多かった。ソヴィエト連邦解体後の1991年に解散したが、ロシア連邦共産党の下に「ロシア連邦共産主義青年同盟」として継承されている。

*11 黒シャツ党（Black Shirts）——黒シャツを着用したファシスト組織。とくにイタリアのファシスト軍団の一員をさす。

*12 アンドラ公国（Principality of Andorra）——ピレネー山脈東部にある小独立国。フランス共和国政府とスペインのUrgelの司教の共同統治下にある。

➡ガールスカウト、共産主義の若者、サマー・キャンプ、少年期、青年伝道団、組織的なリクリエーションと若者集団、ファシズムの若者

●参考文献

Adams, William Scovell. 1957. *Edwardian Portraits*. London: Secker and Warburg.

Baden-Powell, Robert. 1910. *Scouting for Boys: A Handbook for Instruction in Good Citizenship*. London: C.A. Pearson.

Foster, Michael. 1987. *The Complete History of the British Boy Scouts*. Aylesbury, UK: British Boy Scouts.

Jeal, Tim. 1989. *Baden-Powell*. London: Hutchinson.

MacDonald, Robert H. 1993. *Sons of the Empire: The Frontier and the Boy Scout Movement, 1890-1918*. Toronto: University of Toronto Press.

Macleod, David I. 1983. *Building Character in the American Boy: The Boy Scouts, the YMCA, and Their Forerunners, 1870-1920*. Madison: University of Wisconsin Press.

Morris, Brian. 1970. "Ernest Thomson Seton and the Origins of the Woodcraft Movement." *The Journal of Contemporary History* 5, no. 2: 183-194.

Reynolds, E. E. 1950. *The Scout Movement*. New York: Oxford University Press.

Rosenthal, Michael. 1986. *The Character Factory: Baden-Powell and the Origins of the Boy Scout Movement*. New York: Pantheon.

Springhall, John. 1971. "The Boy Scouts, Class, and

Militarism in Relation to British Youth Movements 1908-1930." *International Review of Social History* 16, no. 2: 125-158.

Springhall, John. 1977. *Youth, Empire and Society.* London: Croom Helm.

（MICHAEL J. FOSTER／北本正章訳）

法律と子ども（Law, Children and the）

　北アメリカにイギリスの入植者が住みはじめた頃、政治哲学者トマス・ホッブズ*¹は、子どもの法的身分についてイギリスでの根強い伝統的な見解を次のように表明している。「愚鈍で狂った動物のごとき子どもに、法律などはない」。そのときから300年以上たった頃、アメリカ最高裁判所判事ハリー・ブラックマン*²は、これとはまったく異なる結論に達している。ブラックマンは、親の同意なしに妊娠中絶をする権利を未成年者にあたえる判決のなかで次のように断言した。「憲法上の権利は、州が定めた成年に達したときにだけ魔法のように熟して生まれ出るようなものではない。未成年者は成人と同様、憲法によって守られ、憲法上の権利をもつ」。このようなまったく異なるふたつの表明のあいだに横たわる年月のなかで、年齢は、アメリカの法律でしだいに重要さを増してきた。しかし、子どもの法的身分は、ただ時の流れのなかで着実に改善されてきたわけではない。さらに重要な点は、法律は、しだいにアメリカの子どものアイデンティティ、身分、そして権力の主要なよりどころになっていることである。子どもが成人から分離された独自の法的アイデンティティをしだいに獲得するようになるにつれて、法律もまたそのようになってきたのである。

　ある特定の時期において、また時を超えて、これまで子どもを対象にした法律を策定する際の中核をなしてきたのは、幼年期の依存性という理念であった。この幼年期の依存性という厳密な概念は、最初の植民以来、重大な変化をとげてきたが、過去のアメリカのどの時代でも、子どもは成人と比べて法的資格において劣り、また成人よりも脆弱とみなされていた。法律の策定者たちは、子どもは未成熟であるがゆえに人生の重要な局面において法的な判断をくだすことはできないとして、市場や犯罪あるいはその他の行為について、成人と同じ法的責任は問うべきではないと結論していた。子どもに成人としての法的権限と責任を認めないことは、法律は親や国家、その他の成人に、子どもに対する重要な法的支配力をゆだねるということも意味した。その結果、子どもと成人のあいだの区分線は、年少のアメリカ人にとってもっとも重要な法的境界となった。しかしながら、アメリカにはさまざまな子どもがいたため、この境界は不確かな標識であった。未成年者という法的カテゴリーでは、子どもは、年齢・人種・ジェンダー・能力その他の決定要因によって多様に変わり、この多様性が司法政策を複雑にしていた。こうした現実に対して、17世紀以降の法律は、特定集団の子どもによる特定の行動に特定の方針を考案するというやり方で対処してきた。そのため、たとえば子どもという非常に広い法的カテゴリーでは、さまざまな年齢の未成年者には、成年に達する前でも結婚する法的権利があった。子どものためのさまざまな法律をひとまとめにして考えることは、未成年者を特殊な市民階級ととらえ、成人とは異なる一連の司法政策を必要とするという、司法政策の策定者たちがいだいていた根強い信念をあらわしていた。

　植民地時代のアメリカ人は、イギリスの政策を自分たちの新しい入植地に持ちこんでその法的基盤とした。その後、子どもにかんする包括的な条例が考案された19世紀初めに根本的な変化が起きた。これ以外の重要な変化は、子どもの生活に対する国家の役割がいくつかの重要な点で増大した19世紀後半と20世紀初頭に生じた。実質的な変化が起きた第2の転換期は、20世紀後半である。これらの転換期に法律が変化した結果、アメリカの子どもの生活のなかで法律をますます重要なものにする、多層構造をなす一連の司法判断・立法・法慣習が生まれた。

近世のアメリカ

　近世のアメリカの子どもは、ホッブズの宣言が示唆しているように、法律の境界のまったく外側に置かれることはなかったものの、ヨーロッパの伝統的な法秩序にからめとられていた。子どもは、世帯がより大きな行政組織を複製する家父長制の一部であった。そこでは父親が国王のように家長をつとめ、妻と子どもは従属者に分類されていた。子ども期の定義が、乳児については区別された集団として扱われたが、これ以外の子どもは多くの場合、成人世界の構成員とみなされていた時代には、法律の第一の目的は、年少者をより大きな社会秩序へと統合することであった。このシステムでは、子どもは互恵的な義務と責任の網の目によって家族と共同体にしばりつけられることになっていたのだが、こうした網の目の多くは法律によって成文化され、補強された。これらの関係の最深部には、君主もしくは国家を、子どもやその他の従属者の主たる守護者とする「親がわり」（*parens patrie*、パレンズ・パトリー）*³という伝統的な原則あるいは法規定があった。それは、子どもに利するためのあらゆる国家介入の根本的な法的根拠であったし、今日でもそうでありつづけている。

　植民地議会はイギリスの法制度および年少者にかんする根本的な前提条件と政策とを、ほとんど何も手をくわえずそのまま新世界にもちこんだ。その中枢にあったのは法的互恵主義、すなわち子どもはその労働を親の保護と交換するという概念であった。第一義的に父親は子どもを養って教育し、かれらにふさわしい人

最高裁判所判事ハリー・ブラックマン（1908-1999）*

生のスタートを切らせる責任を引き受けた。その見返りに、子どもを拘束する権利と子どもの労働に対する権利が父親にあたえられた。母親はこれに比べると子どもの拘束にも労働に対しても、あまり法的な権利はもたなかった。同様に重要なのは、成人年齢を決めるイギリスの規定を課したことが、成人と子どものあいだの重要な法的区分線になったことであった。成人年齢がイギリスの慣習にしたがって21歳に決められたことは、この年齢で年少者が子ども期の無能力状態を脱し、成人期の完全な権利と責任を引き受けることを意味した。

成年は、区別された法的カテゴリとしての子ども期の終了をあらわし、子どもを法的な従属者とした。だが、すべての年少者の法的行動を封じこめることはできなかった。そのかわり、成年は、12歳の少女や14歳の少年が結婚する権利や、7歳未満の子どもの刑事上の無罪など、特定の行動に対する規則を細かく念入りにつくった。このようにして、イギリスの司法政策に沿うことは、子どもと成人のあいだに明確な法的境界線と、子ども期における特定の法的行為に対する二次的な境界線の両方を確定することを意味した。このような統一性と特殊性の組みあわせは、ずっと後にいたるまでアメリカの子どもの法的処遇の根拠となった。また、この組合せは、未成年者が何をすることができ、あるいはすべきかということと、彼らがすることがで きないことと、してはならないことについて法律論争が続くことも避けることはできなかった。

相続は、イギリスの司法政策を新世界へ移植したわかりやすい事例である。イギリス法の規定は、家族に財産を保持させる強い意志に支配されていた。それがもっとも如実にあらわれている規定は、長子相続制と限嗣相続制であった。前者は、家産は長男が相続することを規定しており、後者は家産を売ったり、その他の方法で減じさせたりする子どもの権利を厳しく制限していた。これらの規定はどちらも、家産を維持する子としての義務と、子どもを支配する親の権利とを念頭に置いたものであった。これらの規定は、植民地時代のアメリカの大部分、とりわけ南部において次々と制定された。しかしながら、ニューイングランド植民地の平等主義的な考えは、分割相続という新しい政策を生むことになった。この政策は、親が自分の子どもたちのあいだで遺産を分割するのを認めるもので、きょうだい間の平等という新しい考えがあらわれたことを示唆した。決定的であったのは、相続規定のすべてが、子どもの福利は財産の調整によって最善に保障されるというイギリスの伝統的な考えをあらわしていたことである。財産をもつ者は安定性が大きく、独立心も強かった。また、この相続規定は、両親の責任、とくに父親は子どもを扶養すべきであるという最優先される考えを強調した。これらの慣習がもつ含意はチェザピークでは明白で、ここではマラリアでの死亡率が高く、親のない子どもたちが数えきれないほど出たために、当局は特別な孤児裁判所*4を設置した。この裁判所の目的は、**孤児**の身体と財産を保護することであった。これらの裁判所は、子どもは自分にかかわる利権を保持していること、また、自分にとってもっとも重要な福利の保護と、もっとも基本的な法的権利として財産を使うことができることなどを認めていた。

同じような組合せは、年少者を対象にした植民地時代のもっとも重要な司法政策のひとつである**徒弟制度**において明白であった。徒弟制度は、親方が子どもの個人的な奉公とひきかえに職業訓練と扶養とを約束する契約にもとづいていた。父親と母親は、とくに父親が死んだ場合、その子どもを任意に年季奉公に出す契約をとりかわすことができたが、それは、子どもの奉公に対する権利が、従弟契約に必然的に付随する子どもの労働を別の仕事に割りあてることになるからであった。この時親方は、「親がわり」（*in loco parentis*）となり、親としての補助、養育、そして教育をあたえる見返りに、その子どもの奉公労働を受けとった。年季奉公契約は、親からネグレクトされていたり、育児放棄されていることが判明したのち、救貧法当局によって子どもに強制されることもあった。これらは、孤児・子ども貧民・虐待・ネグレクトに対して新たに登場したアメリカ的な対応の、主要な法的償還請求権を創案することにつながった。年季奉公は、イギリスに

おいてと同様、子どもたちに職業と商売を教え、彼らが自活できる市民になるために勤労と倹約の習慣を教えこんだ。このシステムには、孤児たちを扶養する共同体の負担を軽減させるねらいがあったのである。イギリスの法令に典型的にみられるように、徒弟制度を管理する法律のねらいは、子どもたちを早い年齢で成人世界に統合することにあった。

これと類似した方策は、もうひとつの伝統的な政策を植民地に移入する過程であらわれた。庶出の子ども（私生児）は、アングロ・アメリカの法律が長年にわたって婚外出生した子どもたちを分類したように、伝統的に法的弾圧と差別に直面した。制定法、教義、習慣は、法的に地位が守られている人を私生児から区別するために結婚関係を利用した。私生児はナリアス・フィーリアス、すなわちだれの跡継ぎの子でもない子ども［nullius filius: 非嫡出子］という法的な地位に苦しんでいた。何世紀ものあいだ、イギリス法は、私生児が彼または彼女の両親との法律上の関係をもつことをまったく認めず、相続、養育費、あるいは家族の構成員であることへの要求をいっさい認めなかった。道徳的に許されないカップルが子どもに対する権利を主張したり義務を負うことも、まったく認められなかった。イギリス人たちが私生児を助けることにのり気でなかったことは、両親が私生児を産んだのちの結婚によって市民法に従ったり、嫡出子として認めることを拒絶することに明白に示される。法律における唯一の大きな改革は、1601年のエリザベス救貧法[*5]において、私生児が対象とされ、その養育に両親が援助するよう要求したことで進展した。私生児法には、すでに確立している家族組織、とくに財産の分配に対する異議申し立てをしりぞけることと、婚外出生した子どもの養育費の負担を一般大衆に課さないようにすること、という主要な二つの目的があった。植民地時代のアメリカ人は、父親からの聴聞の簡素化以外に法律の変更をほとんど行なわなかった。

植民地時代に子どもにかんする法律の革新がもっとも明確なかたちで示されたのは、おそらく、子どもの法的従属性がもっとも屈辱的な形態——**奴隷制**——で創出されたことにおいてであっただろう。植民者たちの労働に対する開拓民の人種差別と結びついたニーズは、イギリス法を根本的に修正することにつながった。17世紀後半の初期、法律の策定者たちは、アフリカ系アメリカ人の子どもたちが父親ではなく母親の地位を受け入れるように命じることによって、彼らの法律上の血統を変えてしまった。この改変は、子どもたちが奴隷状態を続けるのを確定するのに利用された。また、奴隷の子どもたちは家族構成員に対する基本的な法的権利を主張することも否定され、都合のよいときに売られ、植民地の子どものだれもがあたえられていた法的保護の最低限のものしかあたえられなかった。奴隷の養子縁組は、植民地のすべての子どものなかでもっとも従属的な法的地位を生みだしたが、年少の子どもは、徒弟制度から年季奉公の契約をした隷従状態にいたるまで、多数の従属的な法的地位にあった子どもたちに見出せたので、アメリカの歴史のもっとのちの時代に比べれば、法的にはそれほど特異なことではなかった。

植民地時代の司法政策は、年少者の従属的な地位を成文化している伝統的なヨーロッパの政策が大西洋を横断して移入されたことを示している。それらは、子どもの福利は、家族と、家族が破綻した場合には共同体とが、子どもに対して責任を果たす互恵的な組織を作ることによってもっともよくおしすすめることができるという考えを前提にしていた。その交換において、家族と共同体のどちらにも、年少者を支配する広範な権限が賦与された。成人年齢のような政策は、子どもたちの人生のはるかな将来にまでわたって支配しつづけることになる法律のヨーロッパ的な基盤を確立した。この体制では、子どもたちは、自律的な法的権利や権力はほとんどもたず、年齢は、独自の法的規準の根拠としての重要性をあまりもたなくなった。たとえば、多くの点で法律は、植民地時代の子どもの人生において、もっとのちの世代ほどの意義はなかった。

独立革命の後

アメリカ独立革命後の数年において、子どもを支配する法律は、根本的な仕方で変容した。司法の改変は、アメリカ社会の子どもの立場に大規模な変化をひき起こす原因であると同時にその結果でもあった。新しい家族理念と慣行は、子どもを、特別なニーズをもつ、これまで以上に個性的な存在として扱うようになった。新しい家族観に暗黙のうちにふくまれている世帯の個性化は、子どもたちを、特別な権利や義務、国家との関係をもつ特殊な人間として理解することにつながった。年齢は法的な権利と責任の非常に重要な境界区分となったが、これは、子どもを法律の範囲を超えた存在と見るホッブズの見解に異議を申し立てる展開であった。

年少者の新しい法的立場を決定することは、独立戦争前の司法秩序に対する大きな挑戦になった。その決定は、第一義的には政府のなかで取り組まれたものであるが、支配的なアメリカの連邦制度のもとで、政府が子どもと家族に対する主要な支配権をもっていたためであった。子どもの法的地位についての主要な説明にあるように、政府の裁判官や立法者たちは、子どもを、法的権能を個人の自律性に結びつけていたシステムのなかではまだ成人ではないものの、成人とは少し違った存在として扱う方法を見いだすことに苦心していた。その結果、子どものニーズが重視されることになった。こうした対策がもっともわかりやすく表現されたのは、21世紀に向けて、子どもにかんする法的論争を支配していたある新しい教義、すなわち「子ど

もの最善の利益」という考えであった。19世紀初め頃、裁判官やその他の政策立案者たちは、法律によって認められる特別な利益をもっている者として、新たに発見された子ども感覚をふくめるために、政府の親がわりの権力を再解釈することによって、この新しい教義を発展させた。この法的教義は、子どもは固有のニーズをもっており、また、もっともふさわしいのは両親であるが、彼らが破綻したときには裁判官あるいは民生委員のような、適切なほかの公的あるいは私的な役員がそれを決めなくてはならないという前提をふくんでいた。それと同時にこの教義は、家族のプライバシーと親権を延期することによって有意義な自律性をあたえてくれる私的制度として新たに登場した家族概念を支持した。このようにして、新しい規則は、家族が衝突したり破綻する事態になったときにだけ子どもの利益を決定する、寛容な自由裁量の権限を承認した。

子どもの最善の利益という教義は、直接的には、裁判中の両親のあいだでの子どもの監護権をめぐる論争から生まれたものであった。この論争は、子育てとジェンダー役割にかかわる新しい理念に活気づけられた。子どもは傷つきやすいものである、したがって養育される必要があるという感覚は、家族のなかで母子の絆をもっとも重要な結びつきにする母親の養育力に対する信念が強まることと一致していた。その結果、結婚生活が破局を迎えても、ますます多くの女性が子どもを手もとに置こうと決心し、また、ますます多くの裁判所が女性たちの希望を認めるようになった。国と連邦裁判所の裁判官たちは、結婚の優位性をアメリカの監護権の法律の基本規則にするために、子どもの最善の利益という教義を利用した。さらに彼らは、監護権のこのような再配置を支持する補助的な教義として、年少の子どもと少女に対する監護権は母親の側にあたえられるべきであると命じる注目すべきテンダー・イヤーズ・ルール（tender years rules）を創案した。監護権法の改革は、財産を保持するというよりは養育と母親の保育を強調するために子どもの福利を再定義し、そうすることで破局した結婚生活から生じた子どもたちの大半が母親のもとにとどまることを保証した。このこととならんで重要なのは、新しい監護権規則は**養子縁組**の創出につながったが、このことは血縁の絆よりも選択にもとづいた法的な家族構築を公認した。1851年のマサチューセッツ州を皮切りに、19世紀末までにほぼすべての州が子ども条例に養子縁組をつけくわえた。法的な闘いは養子とその両親の相続権を賭けてくりひろげられたが、子どもの養育は、この種の新しい監護権関係を確約するという考えが広範な承認を勝ちとり、子どもの人生における血縁の絆の法的権能を縮減させた。

19世紀初めにおける監護権法の再編も、徒弟制度や私生児のような、子どもに対する伝統的な司法政策に影響をおよぼしはじめた。母子の絆の重要性と、保育園と避難所としての家庭という概念は、北部における公立学校の創設が訓練機関としての徒弟制度の役割を弱めたのと同じ時期に徒弟制度の魅力を弱めた。自由意志による年季奉公契約は、しだいに若者や年少者の職業訓練の方法へと狭まった。しかし、不本意な年季奉公は、新しい監護権法の理想とは容易に両立しなかったものの、基本的な救貧法による救済ツールにとどまった。その主要な関心は、子どもの福利にではなく、地方の納税者による貧民救済の負担を軽減することにとどまった。年季奉公のこのような二つの形態がたどった異なる運命は、従属状態が年少者の法的権利におよぼす破滅的な影響を具体的に示している。中産階級と上流階級の子どもを対象にした法律は、慣習法上の両親のプライベートな権利と、政府の介入からの自由を重視していたが、貧しい子どもたちを対象にした法律は、個人の権利を縮小したり、広範な公的支配を認めるために、従属状態を利用した。そして、そのことが明白な例として、自由な黒人の子どもたちの運命以外にはどこにも見あたらなかった。救貧法にもとづく年季奉公のうち、とくに黒人の場合には、いくつかの州が奉公人たちの教育要求を排除し、親の財政状態には関係なく、親方が黒人の子どもを年季奉公に雇い入れる権限を認めたことにみられるように、不本意な隷属状態と類似することになった。これらの政策は、奴隷の子どもに対する権限の全面的な否定と結びついた場合、黒人の子どもに対する人種隔離政策を行なうアメリカ・システムを作り、アメリカの子どもを支配する法律のなかに、階級的拘束だけでなく、人種的な拘束がどれほど埋めこまれているかを示すために、法律を利用した。

子どもの最善の利益という基準がおよぼした影響は、私生児にかんする法律において非常にわかりやすいかたちであらわれた。子どもはその親の罪のために罰せられるべきではなく、また、可能なときはいつでも、家庭にいるべきであるという、1780年代のバージニア州ではじまった新しい信念を表明するために、各州は次々と私生児関連法を改定した。制定法と判例は、出産した後に結婚したカップルの子どもは正嫡子であると宣言した。無効とされた結婚によって生まれた子どもにも同じ宣言がなされた。そして、両親の結婚生活が破局した場合でも、州の立法者たちは私生児とその母親とのあいだの慣習法上の絆が互恵的な法律上の権利と義務のネットワーク組織に組みこまれる場合には、新しい法的世帯をもうけることによって私生児出産の罪を軽減した。同様に、裁判官と立法者たちは、私生児、その母親、およびその他の血縁者に互恵的な相続権をあたえた。そうした政策によって、非嫡出子の子どもたちはかれら独自の権利と責任をもちはじめた。だがそれでもなおアメリカの私生児法は、財政的に保守的な地方当局者がいだく、子どもの養育費を管理できるかどうかについての懸念と、婚外の性的関係

に対して深く植えつけられていた偏見という二つの伝統的な影響を投げすてることは決してなかった。実際、納税者の資力を守ることは、適切に子どもを養育するにはそれにふさわしい物質的な支援ができる保護者が必要であるという一般的な法的確信を強め、暮らしていくために貧民救済に頼っている親をもつ子どもたちはおそらく、新しい監護権法から利益を得ることはないだろうと判断した。

　子どもは特別な法的規則を必要としているとする新たに登場した信念もまた、言うことを聞かない、ネグレクトされた非行少年たちに影響をおよぼした。こうした特別な法的規則は、年少者のために特別に設けられた保護施設の創設をともなうこの時期の刑事裁判と刑事処罰の改革の一部となった。1824年のニューヨークではじまった保護施設は、特別な扱いを必要とする、言うことを聞かなかったり、ネグレクトされた子どもたちを責任感のある成人に成長させることを目的として全国的に建設された。政府の「親がわり」の権限にのっとって宣言された保護施設の管轄権は、意図的に広範囲におよぶものであった。子どもたちは、犯罪、浮浪罪、不服従、あるいは親からネグレクトされているなどの理由でこれらの施設に拘束された。このような方法でいっしょにされるリスクを負った浮浪する子どもたちは、1938年、自分の娘が審理されないまま投獄されることに父親が行なった異議申し立てをペンシルヴァニア上級裁判所が却下したとき、司法の裁可を受けた。**クルーズ事件**では、裁判所は次のように主張した。「子どもの基本的な権利とは、自由に対してのものではなく、監護権に対してのものである。…われわれは、幼児の福祉に貢献する拘禁を免除される自然権はありえないと理解する」。かくして、危機にある子どもたちの法的地位を、その身体的および社会的な依存状態と同等であるとみなした。裁判官たちはさらにふみこんで、子どもたちを保護施設に配置することは罰をあたえることではなく、対処することであり、両親が破綻したとき、公権力は行動する権限をもっていると主張した。この決定は、危機にさらされているとみなされたすべての青少年をいっしょにしておくことによって子どもたちのあいだの多くの差異を不鮮明にしたが、子どもと大人のあいだの違いを明確に宣言するものであった。

　このような発展の結果、アメリカの子どもたちの法的地位は、独立革命（1775-83）と南北戦争（1861-65）にはさまれた時期に変容した。新しい法律は、それまで以上に年齢によって非常に明確に階層化された規則と法的秩序の前提をあらわした。これらは成人期と子ども期のあいだに引かれる重要な区分線を権力とニーズ、自律性と依存性というさらに明確な法的な分割線にさえした。階級・人種・ジェンダーによって区分される社会のほかの従属者たちと同様、基本的に、子どもたちは特別な法的人格という意味をあたえられ、司法当局は子どもたちのためのこのような特別な政策を生みだした。子ども期が成人期からは分離した法的カテゴリーを構成するようになると、法律は、年少者には法的な権能がないと見るホッブズ流の見方からはさらに離れることになった。

工業時代のアメリカ

　南北戦争後の混乱期に、子どもをめぐる法律は、国家が年少者を管理する役割をもう一度選択的に引き受けるようになったことにみられるように、さらに変化した。公権力についての新たな主張や家族にかんする公的な関心は、家族の自律性、すなわち家族には干渉を受けない権利と、両親が子どもを自分たちがふさわしいと思うとおりに育てる権利があるという、いまや強力になったアメリカの伝統に異議申し立てをした。こうした異議申し立ては、中産階級と上流階級のあいだで高まっていた、家族は危機にあるという懸念によって勢いを増した。1870年代にはじまる、秩序のない家族に対する不安は子どもの運命について全国的に激しい論争をまきおこした。虐待、非行、ネグレクトに対する懸念は、「親がわり」の教義にもとづいて、州のさらに大きな介入を求めることにつながった。その結果、子どもの生活に対する国家の役割が拡大したことは、子どもの生活を変えるツールとしての法律に対する期待が大きくふくらんだことをあらわしていた。

　子どもの救済者を自任する人びとは、法的な面での支援者と共同して、子どもたちが直面するリスクについての法的な定義を実質的に拡大する新しい規制を州法につけくわえることで、青少年の隷属状態を拡張するのを主導した。ダンスホールやスケートリンクに立ち入ること、サーカスにくわわること、アルコールを購入することなどを禁止することから、**児童虐待**やネグレクトに対する特別な刑罰にいたるまで、追加事項のそれぞれは、いまや規定せざるをえなくなったリスクを示している。そのいずれもが、子ども期とは人生の特別な、傷つきやすい段階であり、子どもを守るために、子育てについての公的規制は拡大する必要があるという考え方を前提にしていた。このような考え方の一部は、年長の子どもを青年期という法的なカテゴリーに統合して、より厳密に区別する必要があるという新しい確信から導かれた。この時期の議論のほとんどは、新たに考え出されたこの子ども集団や、成人にむけていっそう幅広い準備をさせるために、子どもを家庭にとどめて子ども期をより長くすべきであるという方向に集中していた。このような変化にこめられた意図は、完全にそれが実現されなくても、大人に対する子どもの依存性を高めるために法律を利用することであり、年少者を市場や市民のコミュニティといった成人空間から排除することであった。この論理は古い慣習法の結婚年齢の基準を、女子の12歳、男子の14歳から、それぞれ16歳と18歳へ引き上げるキャンペ

ーンが成功したことに明白に示されている。こうした保護主義的な立法も、親の権限を制限し、子どもと国家のあいだにより直接的な法律関係を作ることによって、子どもに対する親の監督権に対する古い信念に対抗した。

この時期の新しい関心は、**児童労働**を禁止するために法律を使う長期にわたるキャンペーンのなかに明示されている。子どもたちは工業化したアメリカの工場の新しい場所の多くで雇用されていたし、新聞から造花にいたるまで、あらゆるものを売り歩きながら都会の街路で群れをなしていた。子ども救済者はアメリカ史上はじめて子どもの生活から仕事をとりのぞくことで、子ども期というものを新たに定義しようとした。彼らは、子どもの生活を改善する道具として使うために法律に目を向けた。1900年までに、17の州が、青少年雇用について、年齢と時間の制限を条件化した。しかし、改革者たちは、ほとんどの国が児童労働を禁止するか制限する法律を成立させたヨーロッパのような全国的な禁止を求めていた。改革者たちは多くの反対に直面した。たとえば、工場主が反対しており、とくに南部の繊維工場では若い労働者を必要としており、労働階級や移民してきた親たちとその仲間も、子どもたちが貧しい家庭に収入をもたらすという理由で、〔児童労働の制限に〕反対した。農民たちも、季節労働者として子どもたちを必要としていた。さらに、彼らの家族労働の伝統に政府が介入することに反発する人びともいた。こうした抵抗が示しているのは、親の養育と子どもの労働を交換する家族の互恵性の伝統的をもつ慣習法を児童労働改革が分断しようとしているという認識であった。子どもの養育を家族の主要な義務として位置づける努力のなかで、児童労働にかんする法律は、親が子どもを奉仕させるのを規制する一方で、親には子どもを扶養する義務があると主張しようとした。改革者たちは、1916年の法律[*6]と1920年の法律を勝ちえたが、最高裁は、それぞれ違憲であると判断した。憲法修正にも失敗した。このように、児童労働に対する国家の規制は後退しながらも、最終的には、最高裁が16歳以下の少年が州をまたぐ取引に従事することや18歳以下の青少年が危険な業務につくことを禁止した「公正労働基準法」[*7]を支持した1941年にようやく承認されることになった。その結果、雇用現場での年少者の立場を規定し、若年労働者がいつ、どこで、どれぐらいの時間はたらくことができるのかを制限する複雑な規則を作り上げることによって、法律は子ども期にもうひとつの定義をあたえることになった。

改革者たちは、子ども期を再定義するために法律を利用する別の試みにおいて、もっと迅速な成功をおさめた。それは子どもたちを学校に通わせ、そこにとどまらせるという試みであった。教育は州が、というよりも実際には地域が責任をもつべきだと考えられていたため、このキャンペーンは各州で行なわれた。義務教育の関連法は子どもたちを労働の場から引き離し、子ども期を延長するもうひとつの方法として非常に大きな効力を発揮した。これは広く支持されることになった改革であった。1900年までに32の州が**義務就学法**を制定しており、1918年にミシシッピ州でも同法が成立したことをもって、すべての州が就学義務法をもった。この法律の推進者が意図したように、義務教育とカリキュラムの充実および教師や学校職員の厳格な権限は、子どもに対する親の権限をいっそう規制することとなり、学校教育は子ども期と子どもの経験を法的に定義するうえで決定的に重要な要素となった。

この時期の子どもと法律にかんする新しい展開をなによりも象徴的に示しているのは、**少年裁判所**の創設である。子どものための特別法廷を推進する人びとは、子どもには道徳の理解力と成人としての判断力が欠けているため、犯罪の責任について、成人と同じ基準を子どもに適用すべきではないと主張した。彼らは、懲罰ではなく更生に重点を置いた独立の**少年司法**制度を要求した。こうした気運は、彼らに法的な取引[*8]を主張させることにつながった。つまり、弁護士をつける権利、明確な処罰に向きあうこと、公開審理を受けること、更正とひきかえにあたえられるほかの刑法上の保護を受けることなどが認められている法の適正手続き[*9]を子どもたちから奪うことになった。この考えは幅広い層にアピールした。1899年、シカゴに最初の裁判所が開設され、1920年までにはすべての州が主要な都市に少年裁判所を設置することを認めた。反対する人びとは、新しい裁判所はあまりにも多くの権利を犠牲にすることを子どもたちに強いていると批判したが、裁判官たちはこれには同調せず、州の「親がわり」の権力の合法的な行使であるとしてこれを受け入れた。ペンシルヴァニアの上級裁判所によれば、「ほかの後見制度が破綻している場合、親の権限と義務に必要な代替者として子どもを保護し、世話をしてしつけをするためのあらゆる制定法は、子どもの法定後見人や保護者として国家の義務を認めたにすぎない。それは、いかなる憲法上の権利も侵害するものではない」ということである。同じく重要なのは、裁判所が、収容可能ないかなる施設よりも里親家族や養子を優先して徒弟を否定したことは、この法律が子どもの福祉について、いかに養育を基本に置いた考え方にもとづいて定められたものであるかを示している。

この時代に見られたもっとも先進的な発展は、子どものための特別な一連の法的権利が生みだされたことであった。既存の権利概念が、国家に対して自分の権利を直接主張することのできる成人を想定して作られていたために、子どものための権利を創案するのはむずかしいことが判明した。子どもたちはそのようなことはできなかったし、改革者たちもそれを望んではいなかった。そのかわり彼らは、パターナリスティック

ブラウン対カンザス州トペカ教育委員会裁判。ウォーレン法廷の9名の判事（前列中央がアール・ウォーレン［1891-1974］）*

な権利概念を創案した。これは、成人の法的権利と結びついた個人の自律性に代わって、**子どもの権利**を特定の年齢区分ごとのニーズと親の養育の欠如によって規定するものである。改革者たちは、このために教育、社会化、養育、その他の子どもの基本的なニーズを権利としてとらえなおした。こうして、子どもたちの権利は限定的な意味あいをもつこととなった。ときには子どもたちが、成人がもつ権利に近いものを要求することもあった。たとえば新聞売りの少年たちは、労働者の権利を信じ、ニューヨークの新聞王たちに対してストライキを組織して成功した。息子や娘は、虐待する親に対して不服申し立てをする権利を行使して、家庭内での権限を調整しなおすために少年裁判所を利用した。しかし、ほとんどの場合、新しく宣言された子どもの権利を主張するのは子どもではなく、親や改革者もしくは官僚たちであった。たとえば、マイヤー対ネブラスカ（1923年）裁判や**ピアス対修道女協会裁判**（1925年）のような、1920年代のアメリカ最高裁判所の判決は、子どもが就学する権利を、両親が子どもの教育を管理する根拠を構成するとみなしている。このように、子どもの法的権利についての初期の概念はパターナリズムの性格が強かったのである。それは、子どもたちの従属的な立場を変えるのではなく、子どものニーズを権利と読み替えていた。このような権利は、それを保持する者が、それを行使したり放棄することができないため、異常な権利である。その意味で、パターナリスティックな権利は、年少者を家族に従属する者とみなすのか、それとも自律的な個人とみなすのか、すぐには結論を出しにくい考えの対立を内在することになった。

この時期には、年少者に対する司法政策の大半は従来の方針を踏襲していたが、見直す場合は、子どもの生活における国家のプレゼンスを強めて子どもと国家がより直接的な関係を構築する方向へと法律を利用した。その結果見られたのは、子どもに対する法的監督の強化と同時に、アメリカの青少年の最初の法的権利の登場であった。一見すると矛盾しているように見えるこの二つの発展は、この時期の法律の展開の深さと意味を示している。

自由主義的なアメリカ

子どもにかんする法律は、20世紀後半に新しい劇的な転換をとげた。基本的な法律の規定と実施は、19世紀初頭の変容に匹敵するほどの大きな変化を経験した。この時期の変化の背景には二つの核となる現実があった。ひとつは連邦政府、とりわけ連邦裁判所がアメリカの年少者に対する司法政策の決定に強力な役割を負うようになったことである。結果的に、19世紀の州法の制定者を悩ませたアメリカ法固有の緊張が、20世紀の連邦法の制定者にとっても悩ましい問題となった。いまひとつは、子どもの権利が大きく見直されたことである。この時期には、多数の権利闘争が起きており、子どもの法的権利をめぐる運動も大きかった。このときはじめて、子どもの窮状は、大人にあたえられる権利が子どもにはあたえられていないからであると説明されるようになった。つまりこれは、子どもに成人の権利を否定する正当性は必要ないという長らく信じられていた考えに対する異議申し立てであった。対をなすこの二つの発展の影響は、子どもを支配する法律がホッブス的ルーツからさらに遠く離れるのにつれて、ほとんどすべての法的カテゴリーではっきりと認められた。

とくに目を引くのは、子どもの監護権にかんする法律の変化である。これは、アメリカの子どものおよそ半分が離婚によって家族を引き裂かれている状態で暮らしている時代においては非常に重要な問題である。ジェンダー役割や観念が大きく変化するなかで、母親のほうが子どもを育てる能力がすぐれているという前提に対する支持がくずれていくと、監護権にかんする規則の中心的な考え方――つまり母性主義（マターナリズム）――は、理念としても政策としても批判されるようになった。その結果、乳幼児は母親に養育されるのがもっとも望ましいとする、テンダー・イヤーズ・ルールなどの基礎となる監護権の原則は、ほぼすべての州で消滅するか、ほとんど重視されなくなってきた。同様に、「統一親子法」*10 も、母親と父親の主張を平等に扱うよう推奨している。ほとんどの判決で、監護権はいまなお母親に認められているが、新しい規定では、これまで以上に多くの父親に監護権を保障することができるようになった。そして、共同監護権*11 や連携監護権*12 さらには、分割監護権*13 といった新しい監護権のとりきめがなされるようになってきた。離婚件数が多いため、監護権の変更はアメリカの年少者たちが法律に向きあう可能性が非常に多くなっている。

同じように、非嫡出子にかんする法律にも大きな変

化が見られた。1960年代から1970年代にかけて出された最高裁判所の一連の判決は、非嫡出子の割合の増加と父親と推定される人物から養育費を受けとっていない子どもの問題、さらには非嫡出子であることが子どもにもたらす心理的影響についての関心の高まり、父子鑑定の信頼度の向上、性的逸脱を取り締まる手段として非嫡出を利用することの社会的な有用性についての再評価などを受けて、法律を改正することとなった。裁判所は非嫡出を、憲法にてらして疑義のある分類とみなし、親の過ちの責を負わすことなく、個人として扱う新しい権利を子どもたちにあたえた。これは、非嫡出子が母親の不法死亡[*14]に対して賠償請求をする権利を否定する合理的根拠がないと裁判所が判断した場合や、不道徳や性的放埓を防ぐために非嫡出を利用するという昔ながらの政策について、そのような政策を推進するには、「法律が認める家族関係の推奨」よりも説得力のある議論が必要であるとしてとりやめた場合などに、そのように対処した。これと同じく印象的なのは、裁判所が未婚の父親に対して、伝統的な扶養義務にくわえて初めて監護権をあたえはじめたことである。そして1973年の「統一親子法」は、州が非嫡出という概念を完全になくすことと、すべての子どもに相続・不法死亡・労働者に対する補償権を平等にあたえることを求めた。しかしながら、非嫡出子も未婚の父も、嫡出子や既婚者と同等の権利を勝ちえたわけではなかった。裁判所は非嫡出子とその両親の権利を制限することで、結婚にかんする古くからの道徳的な法的関与を狭めながらも維持しつづけた。決定的に重要なのは、継父母あるいは里親に、より大きな養育権をあたえることへの抵抗が続いていたように、生まれにもとづく差別が続いていたことは、血縁が子どもにとってもっとも重要な法的な結びつきでありつづけたことを意味したことである。

子どもたちは、この時期に新しい国家の保護も獲得した。1950年代に児童受傷症候群[*15]が確認された結果、児童虐待が再発見された。それにともなって、各州は児童虐待にかんする法律を見直して厳罰化し、報告を義務づけるようにした。連邦議会は、はじめて児童虐待防止法案を可決し、全国的な報告制度を作った。以前は問題として認識されることが少なかった児童に対する性的虐待は、国内の年少者に対する重大な脅威として目立ってきた。性的虐待に対するパニックのために、ほとんどの州はこの犯罪の刑罰を明記するために虐待とネグレクトにかんする法律を改定した。こうした立法行為やそれにともなう児童虐待への全国的な関心の高まりによって、子どもには虐待されない生活を送る法的権利があるという確固たる考えが生まれることになった。

このような発展は、法的な改革期に、子どもの権利の重要性が増したことを示している。制定法の改変、裁判所の判決、さらには修正憲法によって、青少年、

連邦裁判所陪席裁判官（1958-1981在職）、ポッター・スチュワート（1915-1985）*

とりわけ青年期の権利はいちじるしく拡大した。連邦裁判所、とくに最高裁判所は子どもの権利を拡大するうえで中心的な役割を果たした。1930年代以降、裁判所は個人の自由と法の適正手続きに対する権利という主張を以前よりも大きく受け入れるようになった。裁判所は、このような考え方を1954年の**ブラウン対カンザス州トペカ教育委員会裁判**から適用するようになった。全員一致のこの判決では、人種ごとに分離された学校は憲法違反であると宣言しただけでなく、その判決が子どもの権利に立脚したものであることも示した。すなわち、「今日では、もし子どもが教育の機会を否定されれば、いかなる子どもであれその人生で成功をおさめることを期待するのはむずかしい。つまり、国家が提供することを保証したそのような機会は、すべての子どもが利用できるようにすべき権利なのである」。子どもの権利は、一連の裁判で、憲法で保障された権利を子どもが国家や親に対して主張できるとしたことからさらに拡大した。**ゴールト裁判**（1967年）では、若年者に少年裁判所に来る前に相談する権利など、法的手続きの権利をあたえ、少年裁判所が創設されたときに失われた権利のいくつかを回復した。**ティンカー対デモイン訴訟**（1969年）では、［未成年の］高校生たちも憲法で言論の自由を保障されていると定めた。こうした判決は成人のモデルを子どもの権利に適用したものである。そして、こうした権利は、

たとえば医療解放法や飲酒年齢引き下げ法など、それに対応する法律変更によっていっそう大きくなった。最後に、アメリカ合衆国憲法修正第26条は、投票年齢を18歳に引き下げ、成人の市民権を新しく定義した。「年齢とは関係のない」権利というのが子どもの権利を主張する人びとの最終目標となった。彼らは、子どもは成人と同等の権利をもつべきであると主張した。彼らのなかには、奴隷制や妻という身分[16]につながる未成年という身分の廃止を訴える者すらいた。

しかしながら、この時期の法律の改変は、法的権利を決定する手段として年齢を用いることを排除したわけではなかった。自律的な子どもの権利に対する抵抗が生まれ、新たに年少者の法的身分についての論争が起きた。最高裁判所ですら、子どもの権利に対する主張を継続的に修正した。ティンカー対デモイン裁判において、判事をつとめたポッター・スチュワート[17]は、子どもの権利は「成人と同等ではない」と主張した。また、ギンスブルク対ニューヨーク裁判（1968年）において裁判所は、猥褻物へのアクセスを17歳以上とすることを支持した。判事の一人は、次のように述べている。「州はすくなくともあるはっきりと限定された分野においては、子ども、つまりみずからの意志とはかかわりなく視聴者にされてしまう人びとは、アメリカ合衆国憲法修正第1条［政教分離の原則、信教・表現の自由］の前提が保障する個人の選択について完全な能力を有しているとはいえないと思われる」。年少者に対して高まる危機——親からの虐待、**10代の妊娠、自殺、ドラッグ（薬物）**、ギャングへの仲間入り——への懸念のなかで、子どもの権利運動そのものが大きな反発を受けることになった。増えつづける反対派の人びとは、権利の拡大は、子どもたちを助けるどころか、敵対する家族関係を促進したり、必要とされる親と学校の権限を弱体化させてしまうことによって、かえって子どもの福利を切りくずしていると批難した。

こうした懸念は、20世紀の最後の数十年のあいだに、もうひとつの法律の改変へとつながった。州は、子どもたちにそれまであたえてきた非常に大きな権利のいくつかを見直しはじめた。たとえば、ミシガン州は1971年にアルコール飲料の購入最低年齢を21歳から18歳へと引き下げたが、7年後にこれをふたたび21歳に戻した。同じように、州の立法者は若い女性が両親の同意なしに中絶手術を受ける権利に対して、より強い制限を課そうとした。また、凶悪な少年犯罪の増加を受けて、検察が重大な犯罪を起こした青年を成人と同様に扱い、成人と同じ刑罰を言い渡すのを容易にする政策を支持して、犯罪者の更生を拒否した。こうすることは、権利を取り消しただけでなく、年齢で規定されていた従属状態に付随するそれ以前の保護も取り消した。

子どもたちが猥褻物を視聴することに対する懸念から、1996年には「通信品位法」[18]が、1998年には「オンライン児童保護法」[19]がそれぞれ制定された。これらの法は、子どもが視聴するものを両親やほかの大人たちが管理する権限を強く主張するとともに、インターネット上に不適切な内容を流すことを禁止し、インターネットを使用する人びとに未成年者を保護する責務を負わせることによって、子どもたちを守ろうとしている。あいまいで、拡大解釈される文言のために違憲とされたが、青少年のコンピュータ接続を制限しようとする試みも続けられている。こうした政策の結果、子どもたちは、成人に近い新しい法的権利を獲得しながらも、法律上は年齢にもとづいて成人とは区別される年齢集団とみなされつづけている。

結論

1993年、イリノイ州の控訴裁判所は、アメリカにおける子どもと法律について歴史的な解釈を示した。そのなかで、判事たちは次のように宣言した。「幸いなことにわたしたちの社会においては、子どもは親の所有物だと考えられた時代は遠い昔のことである。ゆっくりとではあったが、ついに、人間がだれか別の人間に『属する』所有物のひとつであるというドレッド・スコット[20]裁判で示された考え方は、こと子どもについては法律ですらとらなくなった。子どもがその親の所有物であるという考えは、子どもの人間性を否定することである」。このような裁判所の宣言はあきらかにその歴史の一部をとらえており、とくに、年少者を対象とした特別な法律や法的権利の発展を示している。そして、これは、ホッブズが年少者を法律の外に置いて以来、いかに根本的な法的変化が起きたかを示している。しかしながら、子どもたちをめぐる法的状況はつねに改善されるという進歩史観は、子どもと法をめぐる長きにわたる葛藤や論争をおおい隠し、子どもと法律のあいだに横たわる複雑な関係を見落としてしまう。アメリカの子どもが法律によってこれまで以上に大きな自律性を手にすることは、それによって法律の存在が子どもの生活のなかでますます大きくなることを意味するが、それがかならずしもつねによりよい生活と彼らの人間性の認知につながるというわけではない。したがって、21世紀が幕をあけたこの時期にいたっても、年齢は、法律のなかでは根本的な境界線でありつづけている。そして、このことは将来もまちがいなく変わることはないだろう。

［訳注］
* 1 トマス・ホッブズ（Thomas Hobbes, 1588-1679）——イギリスの政治哲学者。絶対主義の国家体制を理論づけた。地方の国教会派の牧師の家に生まれ、オックスフォード大学を卒業後、貴族の子弟の家庭教師となってグランド・ツアーに出かけ、諸国の見聞を広めた。ピューリタン革命中はフランスに亡命し、亡命中に『リヴァイアサン』（Leviathan, 1651）を公刊した。

*2 ハリー・ブラックマン（Harry Blackmun, 1908-1999）——アメリカの法律家。最高裁判所陪席裁判官（1970-1994）をつとめ、公民権問題ではリベラルな立場をとったが、ほかの分野では保守的であったことで知られる。

*3 「親がわり」（parens patrie）——パレンズ・パトリー原則（parens patriae、国親思想ともいわれる。）にもとづく少年司法の原則のひとつ。公権力が、「親に代わって」（in loco parentis）私的領域に介入するために、親子関係のパターナリズムを利用して考案した支配の論理。「クルーズ事件」訳注1参照。

*4 孤児裁判所（orphans' court）——植民地時代のアメリカの一部の州に設けられた遺言検認裁判所のこと。孤児の利益となるようにその親の遺言書の検認を行なって、後見人の指定、財産の保護と管理などを行なう。1713年頃からこの表現が用いられはじめた。

*5 1601年のエリザベス救貧法（the Elizabethan Poor Law of 1601）——貧民に対する救済措置を講じた近世の一連の法律のなかで、包括的な救貧対策を示した法律。貧民に対してもっぱら威嚇的に処罰することを旨とした救貧政策が長らくとられており、1572年の救貧法は、貧民監督官を指名して治安維持をはかることをねらっていた。1576年の救貧法では、各都市に矯正院（House of Correction）を設けて貧民を収容し、労働訓練をあたえるいっぽう、教区の大きな負担になっていた私生児の養育について、養育費を父母から徴収して罰則を決めるなど、救済的な側面が見られた。さらに1598年の救貧法では、扶養者のいない孤児を養育し、教区徒弟として就労させ、救済・更正的側面を重視した。こうした一連の経過のなかで、この「エリザベス救貧法」（1601年）は、救貧税を徴収し、これを就労不可能な貧民の救済費、矯正院の維持費、扶養者のいない貧困児童を養育して徒弟に出すための費用などにあてるとともに、就労を拒絶する怠惰な健常者貧民をむち打ちの刑にするなど、救済と処罰の両面を明確化し、その後の救貧行政の基本線を確立した。

*6 1916年の法律——児童労働を規制するために議会が制定した法律（Keating-Owen Act）のこと。夜間労働の禁止や職種による就労可能年齢の下限などを定めて1916年に成立したが、憲法違反であると判断され、翌年廃止された。

*7 公正労働基準法（the Fair Labor Standards Act: FLSA）——1938年に制定されたアメリカの連邦法。「賃金と労働時間法」（Wage and Hours Law）ともよばれる。州際通商関連産業労働者の最低賃金、所定の労働時間（はじめは44時間であったが1940年に40時間に改正された）、所定外労働に対する50パーセントの割増賃金を定めた。また、16歳未満の児童労働の原則禁止など、年少労働者の雇用規則も規定した。

*8 法的な取引（legal trade-off）——アメリカ合衆国憲法修正第5条および第14条に保障されている権利で、法の適正手続きまたは法によらなければ個人の権利・自由は奪われないと定めている。

*9 法の適正手続き（due process rights）——アメリカ合衆国憲法および州憲法において、基本権を侵害する法律や行政機関の行為を憲法違反とする一般的条項。

*10 統一親子法（Uniform Parentage Act）——2000年に制定され、2002年に修正された親子関係を決定する一連の法律を現代化した法律。アメリカでは州によって子どもの監護権が異なっているため、有利になる州に移り住む親権者や、州によって異なる親権者が存在することによって生じる法律の濫用を防ぐために制定された。子どもは過去6カ月以上居住すれば、その州の裁判管轄権を得ることができる。

*11 共同監護権（joint custody）——離婚あるいは別居している夫婦が、離婚あるいは別居後も子どもに対して共同して保護義務を負う規定。これに対して、離婚または別居する夫婦のあいだで、子どもの監護権を一方の親だけがもち、他方が面会権しかもたない場合は「単独監護権」（sole custody）とよばれる。

*12 連携監護権（shared custody）——一時的に、あるいは緊急時に、夫婦であった者が分担して子どもの監護を行なう責務を規定した法律。

*13 分割監護権（divided custody）——子どもの看護の内容を、年齢・性別・生活状況などに即して細かく分割し、それぞれについて父親と母親が責任を果たすことを規定した法律。

*14 不法死亡（wrongful death）——他人の不法行為によってひき起こされた死亡。遺族が加害者に対して損害賠償請求を起こす原因となる。

*15 妻という身分（coverture）——今日では廃止されている古い法律において、結婚することによって夫の保護下に置かれる妻の身分をさし、女性が婚姻によってその人格が夫の人格に吸収されて一体となることを意味し、妻が犯罪を犯した場合、それが夫の教唆によるものとみなされ、その罪は夫が負った。

*16 児童受傷症候群（the battered-child syndrome）——被虐待児症候群ともよばれる。両親や保護者にくりかえしたたかれたり、虐待を受けている幼児が呈する種々の肉体的受傷をさす。アメリカで1962年からこの表現が使われはじめた。

*17 ポッター・スチュワート（Potter Stewart, 1915-1985）——アメリカの法律家。最高裁判所陪席裁判官（1958-1981）。リベラル派にも保守派にも属さず、公民権運動は支持したが、1965年の人種差別撤廃措置には反対し、報道や表現の自由には賛成する一方で、ポルノには反対するなど、中道の立場を示したことで知られる。

*18 「通信品位法」（Decency Act）——正式名称はThe Communications Decency Act of 1996（CDA）。アメリカ議会によって提案され、インターネット上のポルノを規制するための最初の法案。

*19 「オンライン児童保護法」（Children's Online Protection Act）——正式名称はThe Children's Online Privacy Protection Act of 1998（COPPA）。13歳以下の子どものオンライン上の個人情報を保護する法律。

*20 ドレッド・スコット（Dred Scott, 1799-1858）——アメリカの黒人奴隷であったアフリカ系アメリカ人の

市民。1857年に自由を求める訴訟（ドレッド・スコット対サンフォード裁判）を起こしたが、奴隷は市民ではないから連邦裁判所へは訴訟できないという理由で、7対2で却下された。スコットは翌年結核で死亡した。この判決は黒人解放運動にかかわる人びとの激しい反発をかい、南北戦争の遠因のひとつになったといわれている。

➡️子どもの最善の利益を越えて、同意年齢、ユース・ギャング、離婚と監護権

● 参考文献

Costin, Lela B., Howard Jacob Karger, and David Stoesz. 1996. *The Politics of Child Abuse in America*. New York: Oxford University Press.

Felt, Jeremy. 1965. *Hostages of Fortune: Child Labor Reform in New York State*. Syracuse, NY: Syracuse University Press.

Grossberg, Michael. 1985. *Governing the Hearth: Law and the Family in Nineteenth Century America*. Chapel Hill: University of North Carolina Press.

Hawes, Joseph M. 1991. *The Children's Rights Movement: A History of Advocacy and Protection*. Boston: Twayne.

Odem, Mary E. 1995. *Delinquent Daughters: Protecting and Policing Adolescent Female Sexuality in the United States, 1885-1920*. Chapel Hill: University of North Carolina Press.

Pleck, Elizabeth. 1987. *Domestic Tyranny: The Making of Social Policy Against Family Violence from Colonial Times to the Present*. New York: Oxford University Press.

Polsky, Andrew. 1991. *The Rise of the Therapeutic State*. Princeton, NJ: Princeton University Press.

Ryerson, Ellen. 1978. *The Best-Laid Plans: America's Juvenile Court Experiment*. New York: Hill and Wang.

Trattner, Walter I. 1970. *Crusade for Children: A History of the National Child Labor Committee and Child Labor Reform in America*. Chicago: University of Chicago Press.

Zelizer, Viviana A. 1985. *Pricing the Priceless Child: The Changing Social Value of Children*. New York: Basic Books.

（MICHAEL GROSSBERG／森本真美・並河葉子訳）

ボウルビー、ジョン
（Bowlby, John, 1907-1990）

ジョン・ボウルビーは、1907年2月26日に生まれ、ケンブリッジ大学で医学を学び、ロンドン大学で心理学を学んだ。彼は、まだ学生であった頃、進歩主義学校で志願兵となり、イギリス精神分析研究所で訓練しはじめた。卒業後は、ロンドン児童相談クリニックではたらきはじめた。

学界の外でのボウルビーの経験は、彼の学問的な経験と同じように、すくなくとも造形的であった。彼が通っていた進歩主義学校の指導教師は、子どもが示すある種の不適応行為は、その子どもの初期の乳幼児保護者が子どもを遺棄した結果であることをボウルビーに確信させた。彼が受けた心理分析の訓練は、子どもの誕生後の最初の数年間の情愛的な関係の重要さに気づかせた。最後に、児童相談クリニックでの仕事で、非行少年たちと接触することとなり、彼らの行動は、満たされることのない感情関係にその原因があるとボウルビーはとらえた。

1940年の初め頃、ボウルビーは、子どもたちが示す、社会的情緒性の諸問題は、親の愛情が欠如していることに原因があるという彼の確信を洗練させた。このことは、彼のアタッチメント（愛着）理論を発展させることにつながった。アタッチメント理論は、その最終的なかたちとしては、精神分析理論、サイバネティクス、ピアジェ理論、そして動物行動学などの要素を組み入れたものであった。たとえば、動物行動学との関係では、ボウルビーは、泣くことと笑うことは、親が子どもにかかわることと愛情の引き金となり、その結果その幼児の生存を促進する、接近的になろうとする行動だと考えた。

ボウルビーの考えに対する実証による支持は、最初は母親剥奪と施設病（ホスピタリズム）研究からもたらされた。二つの測定手法の開発と、それにともなう分類化は、愛着行動の実証研究に新たな勢いをあたえた。この二つの測定手法というのは、心理学者のメアリ・アインズワースが発明した「不慣れな状況」（Strange Situation: SS）という実証手法と、心理学者のメアリ・メインが発明した大人の愛着的面接（Adult Attachment Interview: AAI）という手法であった。

SSは、一歳児とその養育者が、二度にわたって簡単に引き離されているあいだの標準化された実験手法である。養育者とふたたび結びつくときの子どもの行動は、この人間関係の本質的な要素をさらけ出すと考えられている。このような結びつきを基礎に、子どもの愛着パターンは、安心（B）、回避（A）、両義的（C）、あるいは混乱（D）という四つに特徴づけられる。

SSと、愛着パターンの分類は、愛着パターンを、特別な愛着パターンの原因となる諸要因（たとえば、子どもの性格、親の行動、人生の出来事）、満たされることのない愛着パターンを緩和する方法、さらに、SSで測定される愛着パターンの長期的な影響についての調査をふくむ実証研究の、雪崩のような増大につながった。

AAIは、愛着との関係で、大人が彼自身の子ども観を評価するために考案された未完成な体系化された面接法である。大人が自分の子ども期の体験に反映する方法は、彼らがこうした体験に対処した方法を直接示すものと考えられている。さまざまな対処のスタイルは、SSで用いられているものと類似したA、B、CあるいはDの分類につながった。

ジョン・ボウルビー（1907-1990）*

　AAIは、たとえば、両親の未解決の葛藤が彼らの子どもたちとのあいだの相互作用にあらわれるというボウルビーの考えを検証するなど、愛着パターンが世代をまたいでどのように伝達されるかを検証するさまざまな研究に用いられてきた。これまで、アタッチメント理論とその測定手法は批判されてきたが、ボウルビーの理論が契機となって生まれた多数の調査は、今なお発展している。われわれが自分の子どもを育てる方法にとってアタッチメント理論の実際的な意味は、潜在的に非常に大きい。

➡クライン（メラニー・）、子どもの発達概念の歴史、児童心理学、年齢と発達、フロイト（アンナ・）、フロイト（ジークムント・）

●参考文献
Bretherton, Inge. 1992. "The Origins of Attachment Theory: John Bowlby and Mary Ainsworth." *Developmental Psychology* 28: 759-775.
Holmes, Jeremy. 1993. *John Bowlby and Attachment Theory*. London: Routledge.
Van Dijken, Suzan, René van der Veer, Marinus H. Van Ijzendoorn, et al. 1998. "Bowlby before Bowlby: The Sources of an Intellectual Departure in Psychoanalysis and Psychology." *Journal of the History of the Behavioral Sciences* 34: 247-269.

　　　　　　　（RENÉ VAN DER VEER／北本正章訳）

ボクシング（Boxing）

　伝統的にボクシングは、民族・宗教・人種関連の競争を拳で解決しようとする労働階級の若者のスポーツであった。最初のプロボクサーは、その主人の娯楽のために戦わされた黒人奴隷たちであった。奴隷解放の後も、黒人の若者はしばしば乱闘や集団間の争いで戦うことを強制または強要され、またときには目隠しされて、まわりの白人の見物人から、勝利した際の報酬を申し出られることもあった。
　19世紀後半までには、「ナショナル・ポリス・ガゼット」（*the National Police Gazette*）誌の発行人であるリチャード・カイル・フォックスの後援のもとに、重量級別選手権が開催されるようになったことも貢献して、ボクシングはわずかながらもスポーツの一つとしての地位を得た。さらに、この時代に急激に女性化していたアメリカ文化において、ボクシングが男性に「男らしさ」という口実をあたえたことは特筆されるべきである。
　20世紀においては、アマチュア・ボクシングが中産階級のスポーツクラブや新聞、さらに宗教団体からさえも支持を得るようになり、労働階級の若者にとっては社会移動のチャンスの一つとなった。有望な選手はしばしばプロにまで成長したが、その多くは一部の移民グループの出身者で占められていた。とくにアイルランド系、ユダヤ系、イタリア系のチャンピオンが名声を勝ちとり、これらの移民グループはいっそうアメリカの文化に同化していくこととなった。
　ボクシングは賛否両論のあるスポーツで、一時は多くの州で禁止された。だが、ニューヨーク州は1920年にこれを合法化し、その3年後には「シカゴ・トリビューン」（*the Chicago Tribune*）紙がのちにゴールデン・グローブとして知られる試合を開催し、ニューヨークのチームと競うなどして、やがて両都市はボクシングの中心地となった。1930年までにはカトリック青年組織（the Catholic Youth Organization：CYO）が国内のボクシング事業に参入し、メンバーに衣服の提供や医療ケアを行なったため、とくに世界大恐慌のあいだに人気を博した。CYOの選手のなかでもプロランクに選ばれた者は、提携している監督チームから指導を受けることができたほか、それ以外の者は、カトリックの社会的、もしくは商業的ネットワークを頼って職を得ることができた。
　CYOやその他の個々の自治体が年齢制限を課していたなか、プロボクシングにおいてはなんら年齢制限は設けられていなかった。そのためウィルフレド・ベニテスは弱冠17歳ながら、世界選手権で優勝することができたのである。プロボクサーになることにより、10代の少年たちは、それまであたえられることのなかった尊敬や認識をボクシングによって得ることができ、さらには地方・都市・国レベルで英雄になること

ができた。一方、アマチュア・ボクシングは20世紀後半には、オリンピックやプロ・ボクシングで活躍する人材を輩出することになる。

1930年代までには、アフリカ系の選手が白人選手にとって代わり、20世紀中ごろにはヒスパニック系選手とともにランクの上位を占めるようになった。女子もまた、公園や地区、警察競技団体、民間ジムが提供するトレーニング・プログラムなどの延長で、1980年代のアマチュア・ボクシングの仲間入りを果たした。多くは個人的なトレーニングにとどまったが、ごく一部の少数は毎年ゴールデン・グローブへの出場を果たし、試合のテレビ放映などをとおしてプロとしての評判を得るようになった。一部の人びとはボクシングを娯楽とし、世俗的な成功を見出したが、一方で、ボクシングに必要とされ、また労働階級の若者が憧れた身体とその強靭性は、歴史的、そして象徴的な価値があるものなのである。

➡スポーツ、組織的なレクリエーションと若者集団
● 参考文献
Gorn, Elliott J. 1986. *The Manly Art: Bare Knuckle Prize Fighting in America*. Ithaca, NY: Cornell University Press.
Sammons, Jeffrey T. 1990. *Beyond the Ring: The Role of Boxing in American Society*. Urbana: University of Illinois Press.

(GERALD R. GEMS／北本玲雄訳)

ポター、ビアトリクス
(Potter, Beatrix, 1866-1943)

ヘレン・ビアトリクス・ポターは、1866年7月28日にロンドンのサウスケンジントンで生まれた。彼女は、法廷弁護士のルパート・ポター[*1]とヘレン・リーチ・ポターの第1子であった。母親との混同を避けるため、ヘレン・ビアトリクスはビアトリクス、あるいは、しばしばただBとよばれた。ビアトリクスの両親[*2]はかなり裕福で、ロンドンの社交生活に夢中になったが、その一方でビアトリクスは女性家庭教師の保護のもとに家で静かな生活を送った。ビアトリクスは、楽しいことを自分で見つけなければならなかった。多数のペットの世話をすることに時間をついやし、一方でそれらを研究したり、絵に描いたりした。

夏のあいだ、ビアトリクスは両親といっしょに田舎の家へ行った。動植物に魅了され、田舎があたえてくれる自由を味わったのちにロンドンへ戻るのをつらいと感じた。家族ぐるみのつきあいをしていた友人のハードウィック・ローンズリー[*3]の自然保護の考えに影響され、自然の美しさと、自然のなかで暮らす動物に対するビアトリクスの愛情はますます深まっていった。ビアトリクスは10代なかばで、日記をつけはじめた。彼女は日記を簡単な暗号で書いたが、それは80年以上解読されなかった。年月をへるにしたがって、その日記は、ビアトリクスが閉鎖的で、孤独な子ども期をきりぬけてきたことを明らかにした。しかし、彼女は動物たちや自分で描いた絵を決しておざなりにすることはなかった。ローンズリーは彼女が絵を描くことを奨励しつづけ、ビアトリクスは一連のグリーティング・カードを作り、著作にも取り組みはじめた。彼は、彼女に出版するように勧めた。出版社を見つけることに失敗したのち、ポターは1901年に250部を自費出版した。これらが売れてはじめて、フレデリック・ウォーン社が1902年に『ピーターラビットのおはなし』(*The Tale of Peter Rabbit*) を出版した。

ビアトリクスは、その後の10年のあいだに、20冊以上の児童書の文章と絵をかいた。そのなかには、『ベンジャミン・バニーのおはなし』(*The Tale of Benjamin Bunny*, 1904)、『あひるのジマイマのおはなし』(*The Tale of Jemima Puddle-Duck*, 1908)、『キツネどんのおはなし』(*The Tale of Mr. Tod*, 1912) などのお気に入りの作品がふくまれる。ビアトリクスの物語の多くは、彼女が子ども期をすごした実在する田舎の地を舞台にしている。ビアトリクス・ポターの本のいくつかの特性が、彼女をほかの児童文学作家や挿絵画家とは違ったものにしている。彼女の物語と絵の調和は、**児童文学**において今なおならぶものがない。ビアトリクスは動物の美しさを認識し、それをそのまま伝えることができた。そのような才能が、彼女の挿絵を、ヴィクトリア時代の幼い子どものための大多数の動物物語に特有の、奇妙な風刺画に近いイメージと区別している。ポターは、物語を語るために動物キャラクターをユーモラスにしたり、誇張したりする必要はないと非常に強く感じていた。ポターの本はまた、彼女が田舎に対して愛着をいだいていたことと、自然美を正しく認識していたことも明らかにしている。それらの本は感傷的でなく、巧妙に、皮肉たっぷりのユーモアをもって自然の本質をあらわしている。最後に、ビアトリクス・ポターの本は、サイズがめずらしいという点で革新的であった。それらは、子どもが手にもてるくらい小さく、容易にもち運ぶことができた。その時代に典型的であった、大きく手のこんだ子どもの本とは違ってポターの本は、子どもに読んで聞かせる大人のためというよりも、あきらかに子どものためのものであった。また、本の価格はそれぞれたった1シリングであったので、どんな環境に生まれ育った子どもでも、ビアトリクス・ポターの世界を楽しむことができた。

1913年、ビアトリクス・ポターは、事務弁護士のウィリアム・ヒーリスと結婚した。結婚を機に、彼女の人生の次の段階がはじまった。彼女の創作期は、多岐にわたるスケッチと、初期の作品に見られた魅力と詩情を欠いた覚書の出版を除いて、終焉を迎えた。ビアトリクスとウィリアム・ヒーリスは質素でありつつも、幸せで快適な生活を送った。彼女は、丘で農場を

湖水地方、ヒル・トップの自宅入口のビアトリクス・ポター（1866-1943）*

『ピーターラビットのおはなし』挿し絵*

営むことと、ハードウィック種錦羊*4飼育者協会の会長をつとめることにほとんどの時間をついやした。ビアトリクスはまた、ナショナル・トラスト*5のためにできるかぎり多くの湖水地方*6の資産を入手することに全力をそそいだ。ビアトリクス・ポターは1943年12月22日、77歳でこの世を去った。今日にいたるまで彼女の作品は広く読まれ、彼女は史上もっとも愛された子どもの本の作家であり、画家のひとりとして記憶にとどめられている。

［訳注］

*1 ルパート・ポター（Rupert Potter, 1832-1914）──地元のカレッジを卒業後、ロンドンで法律を学び、25歳で法廷弁護士の資格を得るが、実務についていたという証拠はない。避暑地では釣りを楽しみ、当時実用になりはじめた写真撮影に凝っていた。

*2 ビアトリクスの両親──両親はいずれも、19世紀初期にランカシャーの木綿産業の"黒い悪魔の工場"ではたらき、財産を作った先祖たちから莫大な遺産を相続していたので、ヴィクトリア朝時代の裕福な中産階級の家庭を築き、9人の召使いがいた。

*3 ハードウィック・ローンズリー（Hardwicke Rawnsley, 1851-1920）──イギリスの牧師、詩人。オックスフォード大学のベイリオル・コレッジで古典語と化学を学ぶ。レイの教区牧師をつとめた5年のあいだに、湖水地方の自然の美しさを深く愛するようになる。ロンドンの弁護士ロバート・ハンター卿と社会福祉運動家のオクタビア・ヒル（1838-1912）とともに1895年にナショナル・トラストを設立した。自然保護運動のことを当時16歳のビアトリクスに熱心に話し、父ルパートはナショナル・トラストの会員第1号になる。

*4 ハードウィック種錦羊（Herdwick Sheep）──湖水地方原産で、この高原地方のきびしい気候風土を生きぬける頑丈な羊。その羊毛は耐久性と防水性にすぐれていたので、とくに衣類・敷物に珍重された。

*5 ナショナル・トラスト（National Trust）──正式名称は、「歴史的名勝地および自然的景勝地のためのナショナル・トラスト」（National Trust for Places of Historic Interest or Natural Beauty）。自然環境や歴史的環境の保存を目的に、1895年イギリスで発足した民間組織。国や行政にたよるのではなく、一般から集めた会費や寄付を資金として、開発にさらされた土地を買いとり自然や名所旧跡を永遠に保護していこうという組織団体。本組織による保護活動が著名となったことから、同様の趣旨をもって活動する運動、あるいは理念そのものを「ナショナル・トラスト」と称することもある。

*6 湖水地方（The Lake District）──イギリス北西部、ウェストモーランド州、カンバーランド州、ランカシャー州にまたがる地域で、国立公園に指定されている渓谷沿いに小さな湖が無数につらなる古くからのリゾート地。ビアトリクスは自身の財産で多くの小屋、15の農場、4000エーカー（16km²）の土地を買い、その美しさが失われないように、死後、ナショナル・トラストに寄付した。

➡ヴィクトリア時代の美術
● 参考文献
Battrick, Elizabeth. 1987. *The Real World of Beatrix Potter*. London: The National Trust.
The Beatrix Potter Papers at Hill Top: A Catalogue of the Manuscripts, Miscellaneous Drawings and Papers at Hill Top, Sawrey. 1987. London: The National Trust.
Crouch, Marcus. 1960. *Beatrix Potter*. London: Bodley Head.
Grinstein, Alexander. 1995. *The Remarkable Beatrix Potter*. Madison, CT: International Universities Press.
Hobbs, Anne Stevenson. 1989. *Beatrix Potter's Art*. London: Frederick Warne.
Hobbs, Anne Stevenson, and Joyce Irene Whalley. 1985. *Beatrix Potter, the Victoria and Albert Collection: The Leslie Linder Bequest of Beatrix Potter Material, Watercolours, Drawings, Manuscripts, Books, Photographs and Memorabilia*. London: The Victoria and Albert Museum and Frederick Warne.
Jay, Eileen, Mary Noble, and Anne Stevenson Hobbs. 1992. *A Victorian Naturalist: Beatrix Potter's Drawings from the Armitt Collection*. London: Frederick Warne; New York: Penguin. アイリーン・ジェイ、メアリー・ノーブル、アン・スチーブンソン・ホッブス『ピーターラビットの野帳』（塩野米松訳、福音館、1999年）
Lane, Margaret. 1946. *The Tale of Beatrix Potter: A Biography*. London: Frederick Warne.
Linder, Leslie. 1966. *The Journal of Beatrix Potter, 1881-1897*. London: Frederick Warne.
Linder, Leslie. 1971. *A History of the Writings of Beatrix Potter*. London: Frederick Warne.
Linder, Leslie. 1972. *The Art of Beatrix Potter*. London: Frederick Warne.
MacDonald, Ruth K. 1986. *Beatrix Potter*. Boston: Twayne.
Potter, Beatrix. 1989. *Beatrix Potter's Letters*. London: Frederick Warne.
Potter, Beatrix. 1992. *Letters to Children from Beatrix Potter*. London: Frederick Warne.
Taylor, Judy. 1986. *Beatrix Potter: Artist, Storyteller, and Country-woman*. New York: Frederick Warne. ジュディ・テイラー『ビアトリクス・ポター――描き、語り、田園をいつくしんだ人』（吉田新一訳、福音館書店、2001年）
Taylor, Judy, et al. 1987. *Beatrix Potter, 1866-1943: The Artist and Her World*. London: Frederick Warne.
（VICTORIA SEARS／髙原佳江・金子真奈美訳）

母乳育（Breast-Feeding）
➡乳児哺育（Infant Feeding）／ラ・レーチェ・リーグ（La Leche League）

ボビー・ソクサーズ（Bobby Soxers）

1940年代なかば頃、アンクル・ソックス[*1]とサドル・シューズ[*2]は、10代の少女を象徴していた。だが、この靴下と靴は、ファッション・グループとしての10代の少女たちのものとしては目新しいものではなかった。1920年代と1930年代を通じて、メディア、製造業者たち、そしてマーケットの経営者たちは、それぞればらばらに、10代の少女たちをユニークな需要と関心をもつ、ほかとは区分される集団として理解しようとしていた。ボビー・ソクサーズの物語は、少女たちの流行を追究し、新たに登場する少女たちのアイデンティティを形成しようとするこうした取り組みを見る窓をもたらしてくれる。

1920年代末、女性のテニスプレイヤーが、ソックスだけをはく、「ストッキングレス・モード」をはじめてとりいれた。これは、1929年のウィンブルドン大会で女性選手がソックスをはくのを禁止する取り組みで頂点を迎える大騒ぎを生んだ。反対があったにもかかわらず、ソックスが広まるのを止めることはできなかった。10代のファッション市場があらわれると、10代の少女たちはストッキングを止めてソックスをはくようになり、素足でいることが広く受け入れられ、**ハイスクール**のファッションは、ドレスから、非常にくつろいだ服装のスカートとセーターへと推移した。

1920年代と1930年代には、少女たちの大半がハイスクールに通うときストッキングをはいており、学校のイヤーブックには、「はしること」やその他での不便さについて不平不満がいくつものった。ソックスがはじめてイヤーブックにあらわれたのは、体操着姿でタイツの上にはいたようすだった。1935年までに、体育館の外で、サドル・シューズあるいはアンクル・ソックスをはいた姿で、どのイヤーブックでも見られた。シアーズ社[*3]のカタログのように、全国規模の市場開拓者たちは、不確実性は残るものの、こうした新しいトレンドにかなり反応するようになった。シアーズは、1934年にはアンクル・ソックスを4歳から40歳向けだと宣伝したが、1936年にはそれを子ども専用のものとして売り出した。さらにシアーズは、1938年までに10歳から16歳までの少女に的をしぼっていた。大学では興味がすたれたが、ハイスクールのイヤーブックと少女向けの書物は、この傾向がハイスクールの学生たちのあいだに急速に広まったことを確認している。

ファッションの歴史家たちは、第2次世界大戦中にストッキングが不足したのは、アンクル・ソックスが増えたからであると考えたが、1930年代後半までにすでにアンクル・ソックスをはく習慣が広く受け入れられていた。大学のトレンドから生まれたボビー・ソックスとサドル・シューズは、すぐに10代の少女をほかの年齢集団から切り離した。大学での関心がすたれる一方、ハイスクールのイヤーブックや少女たちによる文章は、このトレンドがハイスクールの学生のあいだに急速に広まったことを記している。サドル・シ

ューズとアンクル・ソックスは、それが履き心地がよく、耐久性があり、ローヒールであったので、親たちに歓迎された。しかし、これらは、ティーンエイジャーの文化を表現するうえで、完全な試作品を提供することにもなった。少女たちは、大胆な色や明確な色のソックスを、折りたたんだり、ひっぱり上げたり、下に押し下げたりした。気のきいた小物や飾りをこらし、ストッキングに重ね履きしたり、少年が使うガーターで止めたりした。彼女たちは、爪磨きや靴磨き、あるいは塗料などを上手に使って、花の名前から友だちの名前、お気に入りの歌などにいたるまで、あらゆるものでサドル・シューズを飾った。

　ハイスクールのイヤーブックは、1940年代まではもっぱら、サドル・シューズあるいはローファーにアンクル・ソックスをはいている少女たちの写真を掲載し、「ソックス」(sox) という言葉がひんぱんに使われるようになったが、メディアは、少女たち自身はそうではなかったのに、ひろく「ボビー・ソクサー」(bobby soxer) というフレーズを使った。多くの少女はこのニックネームとそれに結びついた紋切り型の言いまわしを拒絶した。「タイム」や「ニューヨーク・タイムズ」のような有力な全国規模のメディアは、ボビー・ソクサーズを、フランク・シナトラ*4の軽薄な信奉者とか、青年期に特有の一時的な流行を熱狂的に追いかけまわす娘たちと表現した。ベニー・グッドマン*5やフランク・シナトラの熱狂的ファンの多くはボビー・ソックスをはいていたが、はいていない者もいた。ボビー・ソクサーズという言い方は、ハイスクールの少女あるいは流行歌手のファンを正確に表現するものではなかった。しかし、これらのあいだの連鎖は、おそらく、新しく登場しつつあった社会集団、とりわけしだいに明確になり、強力な消費市場として認識されるようになった社会集団から生まれる性的エネルギーの公的な表現をしっかりと把握しようとする試みであっただろう。

　アンクル・ソックスとサドルシューズの流行は、音楽の嗜好よりもハイスクール・ファッションとしてのふだん着の定着にいっそう密接なつながりをもった。そして、アンクル・ソックスとサドルシューズは、少女たちを一つにしたり個性化することに役立つと同時に、すくなくとも少女たちのあいだに創造的な表現力と差異化*6能力を高める舞台を提供した。

[訳注]

*1 アンクル・ソックス (ankle socks, anklet) ——足首までの短いソックス。アメリカではアンクレットとよばれる。

*2 サドル・シューズ (saddle shoes) ——ひも穴のある甲の部分にほかの部分と異なる色（茶・黒など）の鞍形の飾り革を用いた白いカジュアルシューズ。この表現の初出は1941年。

*3 シアーズ (the Sears) ——正式社名は「シアーズ・ローバック」(the Sears, Roebuck & Co.) で、アメリカ最大の小売業者。売れ残りの腕時計の通信販売から創業し、広大な農業地帯での購買力を高めるために、カタログを郵送して一括仕入れする安価な商品提供の通信販売によるダイレクト・マーケティング方式の拡大で業績を上げた。モータリゼーションの時代には、都市郊外に広大な駐車場をもつ百貨店ネットワークを展開したあと、新興のウォルマートなどの進出によって業績不振になるとインターネット上の販売方式に切り替えた。

*4 シナトラ (Frank Albert Sinatra, 1915-98) ——アメリカの流行歌手、映画俳優。

*5 グッドマン (Benjamin David Goodman, 1909-86) ——アメリカのジャズ・クラリネット奏者、バンドリーダー。「スウィングの王」"The King of Swing" とよばれて人気があった。

*6 差異化 (differentiation) ——ある一定の既成の、あたえられた価値をもつものに対して、異なる価値をもつものを対立させ、差異 (difference) を生み出す営み、あるいはその能力や主体性をさす記号論の用語。

➡青年期と若者期、ティーンエイジャー、フラッパーズ、メディアと子ども、ロックンロールと若者文化、若者文化（ユースカルチャー）

●参考文献

Kahn, E. J., Jr. 1946. "Profiles Phenomenon: II. The Fave, the Fans, and the Fiends." *The New Yorker* Novemner 2: 35-48.

Palladino, Grace. 1966. *Teenagers: An American History*. New York: Basic.

"What Is a Bobby Sock?" 1994. *The New York Times Magazine* March 5: 23.

（KELLY SCHRUM／北本正章訳）

ホーマー、ウィンスロウ (Homer, Winslow, 1836-1910)

　ウィンスロウ・ホーマーは、アメリカの画家であり、銅版画家でもあった。彼は、「ハーパーズ・ウイークリー」(*Harper's Weekly*) のような雑誌のフリーランスのイラストレーターとしてその経歴をはじめた後、一部屋しかない教室、農場あるいは海辺の子どもたちを主題にする創作活動に転じた。1880年代までに、彼はこうした子ども期の主題から離れ、メーン州のドラマティックな海岸風景や、彼がよく知っていたアディロンダック山脈*1から狩猟や魚釣りの光景を描きはじめた。

　学童を描いたホーマーの絵画は、地方の赤い色をした一部屋しかない校舎の内部と外部の両方を描写している。ホーマーは、1871年から1874年にかけての時期に、この主題の8枚の絵画と2枚の銅版画を展示公開したり公刊している。このうちもっともよく知られた作品は、スナップ・ザ・ホイップ*2という遊びをしている少年たちの集団を描いた絵画である（この絵に

ウィンスロウ・ホーマー「スナップ・ザ・ホイップ」（1872年）。Metropolitan Museum of Art, New York*

は二つの版がある）。ほかの絵画のなかには、若い女性教師や勉強中の子どもたちを描いたものがある。地方の一部屋しかない校舎が都会の観察者にとってノスタルジックな風景であったのに対して、女性教師は、絵画の近代性の象徴であった（女性教師の普及は、南北戦争によってもたらされた）。重要なのは、公立学校がユニークなアメリカ的な制度と見られていたことであり、したがってこの絵はとりわけ国家的にも見られていたことである。これらの絵画のなかの２点は、1878年のパリ博覧会でアメリカを表現していた。

この年月を通じて、ホーマーは、子どもと大人の両方をとりあげた多数の農場風景も描いた。彼は、（牧草地を横切って釣りに行ったり、草原に寝転がったり、スイカを食べたり、丸太の上から釣りをしたりする光景をふくめて）くつろいだり、夏場のさまざまな活動にいそしむ少年たちを描いた。こうした田園イメージの多くは幼女や、しばしば男の子と女の子のあいだでやりとりされる恋愛遊戯も描いている。ヘンリー・ジェイムズ[*3]は、こうした登場人物を、「かわいい裸足のいたずらっ子、キャラコ織りの日よけ帽子をかぶった幼い少女たち」と表現している。晩年の数十年に向けてホーマーは、当時の批評家たちが「田舎娘」とよんだ、農場ではたらく幼い少女たちを描いた一群の作品を描いた。ホーマーの絵画のいくつかは水彩画で、そのなかには、1873年の夏にマサチューセッツ州のグロスターを訪ねたときからの膨大な作品群をふくむ。これらの絵画は水辺の子どもたち、とくに、（「風に乗って」［Breezing Up］をふくむ）水に浮かべたボート上の少年たち、水辺の少年たち、潮干狩りをする少年たち、そして外海を見つめる少年たちを描いている。1870年代に多数の漁師が海で遭難死したグロスターでは、この最後の主題（たとえば、「父の帰りを待つ」［Waiting for Dad］のような絵に描かれている）は、とりわけ見る者の心がゆさぶられる絵である。

ホーマーの絵画は、19世紀後半における子ども期への関心の高まりと一致している。これらの絵はしばしば近代以前の世界の光景を描いているが、この時期

ウィンスロウ・ホーマー「父の帰りを待つ」（1873年）。Mills College Art Museum, Oakland, CA*

に感傷的に描かれたジャンルの絵とは非常に違っていた。ホーマーの絵は、当時の批評家たちからそのようなものとして、複雑な理解をされて受けとめられていた。批評家たちのなかには、この主題を国家的であり、ユニークなアメリカ的な生活の典型として賞賛した者もいたが、ほかの批評家たちはこの主題を素朴すぎると酷評した。ホーマーの表現スタイルを革新的で現代的だと見る批評がいた一方で、別の批評家たちはそれを荒削りで粗野だとみなした。このような賛否入り交じった反応は、1870年代の芸術界における基準がゆれていたことを典型的にあらわしている。20世紀を通じて子どもを描いたこれらの絵のいくつは、ホーマーのもっともよく知られた作品のなかにふくまれた。

[訳注]
* 1 アディロンダック山脈（Adirondack）——アメリカのニューヨーク州北東部の山脈で、アパラチア山脈の一部をなす。最高峰はマーシー山（1629m）。
* 2 スナップ・ザ・ホイップ（snap-the-whip）——道具を用いないゲームの一種。前の者につかまって1列になって滑ったり走ったりしているとき、先頭の者が突然向きを変えて、後ろの者をよろけさせたり、つかまっていた手を急に放させたりして驚かすゲーム。
* 3 ヘンリー・ジェイムズ（Henry James, 1843-1916）——アメリカ生まれのイギリスの小説家。フランスで教育を受けたのち、ハーヴァード大学法学部に入学したが文筆業に転じた。『使者たち』（*Ambassadors*, 1903）など。父親は宗教哲学者のヘンリー・ジェイムズ（Henry James, 1811-82）、兄はアメリカの心理学者でプラグマティズム哲学者のウィリアム・ジェイムズ（William James, 1842-1910）。

➡子ども期のイメージ

●参考文献
Carren, Rachel Ann. 1990. "From Reality to Symbol: Images of Children in the Art of Winslow Homer." Ph.D. diss., University of Maryland, College Park.
Cikovsky, Nicolai, Jr., and Frank Kelly. 1995. *Winslow Homer*. Washington: National Gallery of Art.
Conrads, Margaret C. 2001. *Winslow Homer and the Critics: Forging a National Art in the 1870s*. Princeton: Princeton University Press.

（MELISSA GEISLER TRAFTON／北本正章訳）

ボーム、L・フランク（Baum, L. Frank）
➡『オズの魔法使い』とL・フランク・ボーム（Wizzard of Oz and L. Frank Baum）

ホームレスの子どもと家出中の子ども（アメリカ）（Homeless Children and Runaways in the United States）

アメリカでホームレスとなっている子どもの人数は、おそらく50万から200万人いると推計されている。一般に、路上生活にかんする歴史研究では、焦点はスラム街に住んでいる都市の男性ホームレスにあてられてきた。1996年の全米農村保健協会にかんする研究は、農村のホームレスの人びとが非常にわかりづらいために、彼らは自分のことをアメリカの失われた人びととよんでいると指摘した。数多くの子どものホームレスと家出した子どもは、アメリカのあらゆる主要都市の路地だけでなく、小さな町から遠く離れた田舎にいたるまで地方でも漂浪していた。

ホームレスになった子どもや家出した子どもをとりまく問題は、たいていの場合、無視されるか完全に知られていなかった。そうした問題が認識されたとしても、帰る家もなく独り立ちしている子どもではなく、もっぱら子どものいるホームレス世帯に焦点があてられ、議論された。子どものホームレスと家出人の数がどの程度重なっているのかはよくわかっていない。それは、ホームレス（*homeless*）と家出人（*runaway*）という言葉の定義に一般的な合意がないためである。幸運なことに、ここ数10年にわたって、子どものホームレスにかんする研究はかなり行なわれるようになっている。たとえば、マーク・ノードとA・E・ラロフの「ニューハンプシャーにおける子どものホームレスと彼らの家族——農村を中心に」は、子ども期のホームレスは都市だけではなく農村でも問題になっていることを示し、両者のあいだの顕著な相違点を指摘している。

子どものホームレスと家出した子どもの歴史

ホームレスと家出した子どもは、初期の浮浪法ではとくに言及されなかったが、アメリカでは初期の開拓時代から存在した。アメリカ史においては、より大きな社会の状況、たとえば生産過剰と労働余剰を経験し、ひんぱんに不景気におちいった産業経済などが、家族の激変をもたらした。サラ・A・ブラウン（1922年）は、20世紀初頭に子どもが家庭から逃げ出した理由として、両親の死亡、家庭での虐待、家庭崩壊、知的障害、非行、貧困などをあげている。子どものホームレスと家出した子どもの大きな違いは、子どものホームレスが、期間はさまざまであったが、避難する場所もないままに放置された社会的および経済的な諸要因の被害者であったのに対して、家出人のほうは上述のような理由で家庭から離れることを選択した点にある。

グレッグ・バラクが示したように、ホームレスと家出中の子どもの取り扱いは、社会ダーウィニズムのイデオロギー、とりわけ**優生学運動**から強い影響を受けていた。優生学運動は、品種改良と生殖管理が犯罪や精神障害、発達遅滞などをもたらす劣性遺伝物質を社会からとりのぞくという信念にもとづいていた。断種法は優生学運動の非常に重要な道具であった。ホームレスや家出した子どもたちが知的障害と決定されれば、彼らを収容し、断種するのはめずらしいことではなか

った。

　断種法を最初に法制化したのはインディアナ州で、1907年に行なわれた。1944年までに30の州が断種法を制定し、4万人の男性、女性、子どもが断種された。1945年から1963年にかけて、さらに2万2000人の人びとが断種処置を受けた。カルフォルニア州は、2万人というもっとも多くの人びとを断種し、続いてヴァージニア州は8000人に断種のための処置を行なった。ヴァージニア州の断種計画は、1979年になってようやく正式に廃止された。ホームレスや家出人となった子どもと青年はもっとも断種されやすかった。

　ホームレスと家出した子どもは、長い年月にわたって浮浪に対する社会の態度が変化したことで不運にみまわれることになった。バラクは、浮浪法の初期の議論や定義について述べているが、そのなかで子どもは浮浪児として言及されるか、渡り労働者、渡り職人、浮浪者、乞食、怠け者などの定義のなかにふくまれていた。初期の定義には、さすらい、逸脱、道をふみはずすこと、常軌を逸すること、自制心に欠けていること、ねじ曲がっていること、移り気、気まぐれなどがふくまれていた。進歩主義時代のイデオロギーである改革的ダーウィニズムは、20世紀の転換期に導入され、貧しい子どものホームレスにいくぶんやさしい判断をくだした。バラクは浮浪児（*waif*）の定義が、家のない、孤独な、放棄された、すてられた、見すてられた、よるべない、頼るすべのない、無防備の、窮乏した、極貧のという言葉をふくむものに変化したと述べている。

　しかしながら、貧しい子どものホームレスがやさしいまなざしで定義されるようになるのにともなって、救済に値する貧民（*deserving*）と値しない貧民（*undeserving*）との区別がなされるようになった。救済に値する貧民は、彼らの困窮の原因が個人によって制御できるものでなかったのであれば、公的な支援を受けるに値するとみなされた。その一方で、救済に値しない貧民は、みずからの性格上の欠点や失敗によって貧民となったのであるから、救済には値しないとされた。もし救済に値しない貧民に手を差し伸べることになれば、その数は容易に増えるだろうと考えられていた。

　20世紀初頭におけるアメリカ人の大多数は、貧しいホームレスが、個人的な状況だけでなく、しばしばそしておそらくより重要なことに、制度的、構造的な仕組みの犠牲者であると認識した。たとえば、多くの農村地域では、ある時期にかぎって自動車での移動がしやすくなる。したがって、社会サービスの担い手は、厳密な意味では、彼らのサービスを一貫した方法で離れた地域にまで広げることはできなかった。しかしながら、原因は外部にあるという理由で個人に対する配慮が行なわれただけであり、それは社会的に救済に値する貧民とされた者にだけ適用された。

　救済に値する貧民と値しない貧民という区別は、ホームレスと家出した子どもにも同様に適用された。社会状況のせいで家を失った子どもたちは、救済に値する貧民に分類され、家から離れることを選択した家出中の子どもは、それがどのような理由であろうと救済に値しない貧民とされた。不運なのは救済に値する子どものホームレスだけであり、彼らには福祉サービスと福祉的な介入が必要だとみなされた。家出した子どもは、浮浪者や犯罪者とされ、彼ら自身や状況をだいなしにしているものをとりのぞこうとする人びとからの懲罰的な介入を受けるべきだと考えられた。こうした態度は、農場主や産業家が子どものホームレスと家出中の子どもを虐待し、安い労働力として利用するという結果をまねいた。

　20世紀を通じて、人びとが子どものホームレスや家出人を差別しつづけたことが、研究によって明らかとなっている。ジョアン・ル・ルーとシェリル・S・スミスは、都市の子どものホームレスと家出人に対する態度を分析し、1990年代にストリート・チルドレンがたえまない暴力と酷使の脅威にさらされながら生きていたことを明らかにした。ある者は彼らをやっかい者とみなし、別の者は彼らを犯罪者ととらえていた。

　過去の農村のホームレスと家出中の子どももたちも、今日の彼らに匹敵する者と多くの点で共通している。彼らの問題には、隣人、学校、教会、商店、医者、郵便、電話から遠くへだたっていることや、ひどい道路、さらに社会的活動や健全な娯楽、そしてコミュニティスクール精神の欠如がふくまれていた。1922年にブラウンは、西ヴァージニアにおける農村在住の18歳以下の子ども約50万人のうち、2万5000人が親以外の人びとによって保護され、食事や衣類の提供を受けていたと述べている。1005人の子どものホームレスにかんする彼女の調査には、崩壊した家庭の子ども、ときおり少しのあいだは家があるというようないきあたりばったりの状況で暮らしていた子ども、婚外子、知的障がい者の親とともにいる知的障害をかかえた子どもなどがふくまれていた。彼女は、それらの子どもたちを共同体の非公認の被保護者として記述した。一部の家族は彼らを養ったが、彼らは子どもの状態を完全には予想できなかった。

　2000年に、ペギー・シフレットはヴァージニアの農村共同体で1930年から1960年までにホームレスとして育ち、すでに成人した人びとにかんする調査結果を報告した。この地域における子どものホームレスと家出した子どもは、両親、とりわけ父親への愛情をいだくことなく路上を放浪していたため、「野ウサギ」（*fieldrabbits*）とよばれていた。その大人たちは、彼らが子どものホームレスであったとき、しばしば殴られ、地域の家族のために最低賃金か賃金なしにはたらくことを強制されたと述べた。ほかの家族は彼らに必要なものを提供したが、彼らは経験からそれらの家族

が彼らに食べ物をあたえ、一晩眠るベットを提供してくれることを知っていた。この共同体から6人の青年が施設に入れられ、断種された。

子どものホームレスと家出した子どもの近年の状況

1989年、アメリカ医学協会（the American Association: AMA）は、子どものホームレスと家出中の子どもの健康管理のニーズにかんする研究を募集した。彼らは、子どものホームレスと家出中の子どもがどの程度重なっているのかを知るための方法はないと述べ、子どものホームレスと家出中の子どもの健康上のニーズは同じであると思われるので、両者を区別することは不自然であると主張した。子どものホームレスと家出中の子どもにかんする文献のなかではじめて、AMAは貧民の子どもを救済に値するか否かの分類をしなかった。しかしながら、AMAが焦点をあてたのは、いままでと同じく都市の子どもたち——この国のすべての主要都市の路上にたむろする子どものホームレスと家出中の子ども——であった。

ジャネット・フィッチェンは1991年の論文のなかで、アメリカの農村のホームレスが、都市にもとづいた理解と定義にそぐわないために、その大部分はいまなお見すごされ、無視されていると指摘した。ほとんどのアメリカ人は、路地の段ボールで生活し、地下鉄のベンチで眠るか、あるいは保護施設に入っているホームレスを念頭においている。農村のホームレスはそれらのイメージには合わない。実際、頭上に屋根のないという意味に忠実に従えば、田舎にはホームレスはほとんどいないことになる。しかしながら、彼らの頭上にある屋根は車や納屋の屋根だけである。それは雨もりする、くずれかかった農場家屋や水道水のない孤立した掘っ立て小屋か、あるいはすでに親族や友人でいっぱいの古い移動住宅の一時しのぎの屋根であった。

ノードとラロフは1995年に、農村地域のホームレスが非常に不名誉な徴候と結びつけられていたと指摘した。結果として子どものホームレスは孤独と憂鬱にさいなまれた。彼らは学校についていけないと判断され、学習障がい者のための**特殊教育**を行なう学級にゆだねられがちであった。子どものホームレスは学校に通ったが、16歳になると学校を去る傾向にあった。もっともひんぱんに診断されたのが、注意欠陥障害（ADD）であったが、僅差で二番目に多かったのは精神障害であった。教師たちはしばしば教室にいる子どものホームレスを不注意で鈍いと述べた。それらのほとんどが不十分な睡眠や貧しい栄養からくる結果にもとづいて判断されたものであった。

アメリカ医学協会は、1989年に、一般的なホームレスの人びとが直面している健康問題とともに、子どものホームレスと家出中の子どもの健康問題にかんする総括を行なった。ホームレスとしての期間の短さや若さによって健康となっている年長の子どもは除外された。子どものホームレスや家出中の子どもが直面した健康問題は六つのカテゴリーに分類できる。それは栄養不足、アルコール・薬剤・ドラックの依存症、精神的健康、身体的健康、性の健康、なんらかの被害、の六つである。

栄養失調はいたるところでみられる問題である。妊娠が青年期のホームレス女性のあいだでかなり一般的になっており、この状況はホームレス女性のもとに生まれた子どもの健康や福祉を脅かすことを暗示している。子どものホームレスと家出中の子どもの大多数が、定期的に飲酒しており、その半数がアルコール依存症と診断される状態にある。ドラッグ（薬物）の乱用もまた、よく行なわれている。子どものホームレスは、精神的健康問題でも苦しめられている。そのなかでももっとも一般的なのが鬱状態と**自殺**をふくむ自己破壊的な行動である。

子どものホームレスと家出中の子どもの身体的健康は、宿泊所と清潔な家の欠如から厳しい自然環境に置かれることで脅威にさらされている。もっともひんぱんに報告された問題は、呼吸系上部の感染症、軽い皮膚疾患、消化管にかんする疾患などである。性の健康問題には、泌尿生殖器の疾患、妊娠、性病がふくまれていた。ホームレスの子どもと家出中の子どもはあまりにも若くてはたらくことができず、また手に職をもっていなかったため、しばしば不法な薬物売買、売春、ポルノグラフィーにかかわる犯罪者に勧誘された。彼らはそれらの犯罪活動に積極的に参加するか、あるいは誘えばついてきそうなほかの子どもを勧誘した。

専門家たちは、路上生活を送る子どもたちが都市と農村の両方でしだいに増加していることにおおむね同意している。原因はまったく社会的なものである。子どもたちはしばしば母親とともに路上生活を送っていたが、彼らは景気後退、失業、住宅費の高騰の犠牲者であった。問題の程度にかんするデータは不十分で、個別のケース・スタディしか見つけることはできない。若いホームレスのなかの人種あるいは民族的なサブグループが必要としているものが何なのか、あるいは年齢が上がるにつれてこれらの若い人びとに何が起こるのかについては、事実上、何もわかっていない。

➡警察と子ども、里親養育、社会福祉、浮浪児と宿なし子、法律と子ども

●参考文献

American Medical Association. 1989. "Health Care Needs of Homeless and Runaway Youth." *Journal of the American Medical Association* 262: 1358-1362.

Barak, Gregg. 1991. *Gimme Shelter: A Social History of Homelessness in Contemporary America*. New York: Praeger.

Brown, Sara A. 1922. "Rural Child Dependency, Neglect, and Delinquency." In *Rural Child Welfare*, ed. Edward N. Clopper. NewYork: Macmillan.

Fitchen, Janet. 1991. "Homelessness in Rural Places: Perspectives from Upstate New York." *Urban Anthropology* 20: 177-210.
Le Roux, Johann, and Cheryl Sylvia Smith. 1998. "Public Perceptions of, and Reactions to, Street Children." *Adolescence* 33: 901-910.
National Rural Health Association. 1996. *The Rural Homeless: America's Lost Population*. Kansas City, MO: The National Rural Health Association.
Nord, Mark, and A. E. Luloff. 1995. "Homeless Children and Their Families in New Hampshire: A Rural Perspective." *Social ScienceReview* (September): 463-478.
Shifflett, Peggy A. 2000. "Rural Homeless Children." *Paper presented at the Annual Conference on the History of Childhood*, August 1-3, Washington, DC.

(PEGGY A. SHIFFLETT／三時眞貴子訳)

ポリオ（Polio）

　急性灰白髄炎（Poliomyelitis）もしくは、小児麻痺（infantile paralysis）とは、中枢神経を攻撃するウイルス性疾患のことである。感染は便・口経路によって人から人へと感染する。人類の歴史のほとんどをとおしてポリオ・ウイルスはいたるところに存在し、乳離れして混食になるとすぐ、ほぼすべての子どもが感染していた。しかし、感染によって症状があらわれるのはごく少数であった。幼児は病原体に対して先天的にもっている抵抗力である先天性免疫が切れたとき、ポリオ・ウイルスに接触していた。あるいは、麻痺性灰白髄炎が流行伝染病としてあらわれた20世紀初頭以前には、このウイルスは伝染力が弱かった。このどちらかの理由、もしくは両方の理由から、感染は症状も兆しもなかったため、気づかれることはなかった。

初期の歴史

　ポリオはウイルスが神経系に入りこみ、活性化された筋肉の動きを指令する神経を攻撃することからひき起こされる。しかしながら、多くの場合、ポリオ・ウイルスへの感染には兆しや症状は何もあらわれない。症状として、そのあとに続くことになる筋肉の麻痺をへて、熱・頭痛・筋肉痛があらわれる。どの神経が攻撃されたか、どの筋肉が麻痺したかによって、片腕や片足の一部分が軽度の虚弱となる場合があるが、呼吸や嚥下をつかさどる脳幹の神経が麻痺した場合には死にいたることもあった。ほぼ1920年代まで、ポリオは幼児や子どもの疾患であったが、青年や成人も感染することがあった。子ども期に手と足のいずれかが麻痺した場合、筋肉が衰弱し、その手足はほかの手足と同じように成長しつづけることができない。症状にもよるが、その手足は萎縮してしまったり、もっとひどい場合には、変形してしまう。

　現在われわれは、ポリオが何千年も前から存在していたことを知っている。エジプトで紀元前1500年頃に石にきざまれた記録では、ポリオの特性以外には考えられない変形した足をもつ若者が確認できる。この疾患の旧称である小児麻痺の名は、この疾患がおもに幼児や子どもに被害をおよぼしていたこと、筋肉を麻痺させるということを思い起こさせる。ハーメルンの笛吹き男についていけなかった身体が不自由な男の子や、チャールズ・ディケンズの古典作品、『クリスマス・キャロル』（*A Christmas Carol*, 1843）のおちびのティムは、おそらく小児麻痺の犠牲者であろう。ポリオは感染が便・口経路であることから、経済的に貧しい環境下にあることから夏季に、ハエを介して糞便汚染されてしまった食べ物を口にしてしまったことから、おもに夏季の疾患であった。

ポリオの流行

　家庭内の衛生基準と環境の公衆衛生が、ヨーロッパや北アメリカの豊かな国々で19世紀終わりから20世紀初めにかけて衛生環境が整ったあとに改善されはじめたとき、しばしば幼児は感染を回避し、ポリオは年長の子ども、青年、もしくはヤング・アダルトが対象となりはじめ、伝染病となった。20世紀初頭、北アメリカ、ヨーロッパ、オーストラリアにおいて頻発した伝染病は、相当数の子どもと大人に被害をあたえた。

　伝染病は、**乳児死亡率**の低下と家族構成が縮小された時期、その家庭生活と当時の社会に劇的な影響をおよぼした。新生児の大半が生き残らなかった過酷な現実を受けとめていた時代に比べると、すべての子どもの生命と健康は、ほとんどの人びとにとっていっそう貴重であったようである。両親にとって、病気のために子どもの身体が不自由になってしまうのを目にすることは、子どもを失うことと同じくらいつらいことであった。両親が子どもを守るために異常なほど警戒することもたびたびあった。ポリオは伝染性の病原体によってひき起こされることがわかっていたが、この病原体がどのように伝染するかについては1950年代まで明らかにされていなかった。1930年代と1940年代には広範囲に流行し、学校、映画館、市民プール、運動施設などは閉鎖され、伝染について正確な理解がなされないまま、ヒステリックな集団不安におちいった。実際には、当時のポリオの流行は、19世紀のコレラや発疹チフス、天然痘の流行に比べれば小規模であった。

医学的対応

　医学的対応は非常に合理的なものであった。専門病院の施設では、子どもや青年を呼吸筋麻痺から守るための努力がなされた。現代の集中治療は、しばしば小児麻痺とよばれる重度の伝染性ポリオの早期治療から展開を見せた。アメリカの生理学者、セシル・ドリン

「セービン・ワクチン」を投与するアルバート・セービン（1906-1993）*

カー*1が、呼吸筋麻痺となった子どもが数カ月もしくは数年間使うための、「鉄の肺」*2として知られる人工呼吸器を開発した。これにより、空気が肺に入るように胸部が拡げられ、ピストン装置で、呼吸を大気中と同じ空気圧に保つことができるようになった。この高価な装置は、集中治療や、特殊な理学療法による長期の病後治療、麻痺をわずらった人が動きまわれる手段としても用いられた。1921年、フランクリン・デラノ・ルーズヴェルト（Franklin Delano Roosevelt, 1882-1945）が重度のポリオをわずらったとき、この病や高額の治療、病後のケアは広く注目された*3。1935年に設立された「10セント救済基金」（The charitable foundation March of Dimes）は、小児麻痺の犠牲となった子どもたちに対する一般大衆の大きな同情の波のなかで生まれた。この「10セント救済基金」は、当時のほかの慈善団体とは異なって、多額のお金をつのるものではなく、その名のとおり少額のお金をつのるものであった。この方法によって高額の治療設備だけでなく研究開発のための費用を集めることもできた。

研究は、部分的には治療とリハビリの改善に向けられたが、ポリオを防ぐ手段を見つけることのほうがはるかに重要であった。このことから、病原体の発見、ポリオの蔓延を特定する疫学研究や、幼児や子どもへのワクチン接種によって免疫をあたえることが急務であった。これらの発展は、20世紀前半の医療科学の成果によってなしとげられた。感染の原因となるウイルスは1908年にオーストリアの細菌学者カール・ランドシュタイナー*4によって特定され、1910年には、ニューヨークにあるロックフェラー研究所のサイモン・フレクスナー*5によって裏づけられた。ウイルス学がまだ新しかった時代、これらの発見は推測と直接観察にもとづくものであった。

感染を予防するワクチンの開発は、ポリオ・ウイルスの培養を人工的に行なうことが成功するまでは進展しなかった。それ以前には、いくつかの治癒的工夫が存在したが、それによる不運な結末も起きていた。1935年のワクチンの治験では、ポリオから回復期にあるヒトの血清が用いられたが、実際には麻痺性ポリオのリスクを高め、またそれにはほかの疾患、たとえば肝炎のリスクもあった。オーストラリア人の看護師、シスター・エリザベス・ケニー*6は、長期の固定した概念をもちつづけた当時の治療者に反して、ポリオをわずらった手足へのマッサージをほどこす運動を提唱した。彼女の見解は、理論上は妥当なものであったが、実際には患部への改善よりも痛みが生じた。

ポリオ・ワクチンの開発に最初の大きな一歩を見せたのは、1949年、細胞組織培養においてポリオ・ウイルスを生み出すことに成功したジョン・エンダース*7とその同僚たちであった。ジョナス・ソーク*8は、ポリオ・ウイルスの細胞組織培養からポリオに対する免疫学的防御をあたえるワクチンを開発した。ソーク・ワクチンは1950年代初頭には実験され、1955年に一般使用が認可された。このソーク・ワクチンは、注射によって接種され、極端な温度差に敏感なものであった。アルバート・セービン*9は、舌に垂らす、もしくは角砂糖にふくませることで経口式となったワクチンを、弱毒化したポリオ・ウイルスから開発した。このワクチンがすぐれていたのは、熱帯の気温でさえも用いることができる点であった。セービン・ワクチンのような、生きたウイルスから抽出した生ワクチンは、ある状況下では、麻痺性灰白髄炎をひき起こす、より毒性の強い菌株へと突然変異することもあるという理論上の小さなリスクがあった。それでも、セービン・ワクチンは1960年前後には、一般使用となり、不活化ワクチンであるソーク・ワクチンに代わるものとなった。

ポリオ・ワクチンの使用によって、実質的にポリオは世界の大部分で排除された。1994年に、この疾患は西半球において根絶したことが宣言された。現在、ポリオの感染リスクが残っているのは、アフリカやアジアの経済的に貧しい地域の人びとや、宗教上の理由からポリオをはじめとするほかの疾患へのワクチンを拒否する人びとである。

［訳注］

*1 セシル・ドリンカー（Cecil K. Drinker, 1887-1956）——アメリカの生理学者、ハーヴァード大学医学部で血液学に従事した。

*2 「鉄の肺」(iron lung)——呼吸窮迫症候群(Respiratory Distress Syndrome: RDS) とくに、呼吸筋が衰弱した子どもや患者の頭部を除く全身を包み、密閉状態にし、タンク内を間欠的に陰圧にすることで患者の胸郭を広げて吸気を補助して人工呼吸させる金属製のタンク。生理学者のセシル・ドリンカーの弟であるハーヴァード大学の公衆衛生スクールのフィリップ・ドリンカー(Philip Drinker, 1894-1972)、ルイス・ショウ(Louise A. Shaw)らがポリオによる呼吸不全を治療するために、1928年に実用化した初期の呼吸補助装置。ドリンカー人工呼吸器(Drinker Respirator)とよばれた。1950年代までは広範囲に利用されたが、装置が大がかりで高価であったこと、治療実践がしにくいこと、新しい呼吸器が開発されたことなどのため使われなくなった。

*3 ルーズヴェルト大統領のポリオ発症——アメリカ大統領フランクリン・D・ルーズヴェルト(1882-1945)が小児麻痺を発症したのは、1921年8月、39歳のときであった。

*4 カール・ランドシュタイナー(Karl Landsteiner, 1868-1943)——オーストリア生まれのアメリカの病理学者。血液型を発見した。1930年にノーベル生理・医学賞を受賞した。

*5 サイモン・フレクスナー(Simon Flexner, 1863-1946)——アメリカの病理学者・細菌学者。ボヘミア近郊の貧しいユダヤ人行商人の息子に生まれ、ジョンズ・ホプキンス大学病理学教授を経て、1903年から1935年までロックフェラー医学研究所医学部長をつとめ、多くの業績を残した。野口英世(1876-1928)の師でもあった。

*6 シスター・エリザベス・ケニー(Sister Elizabeth Kenny, 1886-1952)——オーストラリアの看護婦。小児麻痺の治療法の研究者で、「ケニー・メソッド」(Kenny Method)で知られる。「シスター・ケニー」("Sister Kenny")とよばれて親しまれた。ここでシスターとは、キリスト教のカトリックで用いられる宗教上の称号である修道女、尼僧ではなく、病棟の主任看護士、看護婦長、看護士長をさし、男性である場合もある。

*7 ジョン・F・エンダース(John Franklin Enders, 1897-1985)——アメリカの微生物学者。ハーヴァード大学とイエール大学で学んだあと、アメリカ空軍勤務、不動産の販売員などの経験の後、ボストン小児科病院に勤務した。小児麻痺ウイルスの培養に成功し、ポリオワクチン開発に大きく貢献し、小児麻痺予防の端緒をひらいた。1954年にノーベル生理学/医学賞を受賞した。

*8 ジョナス・ソーク博士(Jonas Edwards Salk, 1916-1995)——アメリカの細菌学者。貧しいロシア系ユダヤ人家庭に生まれ、医学を修める。小児麻痺に投与される不活化ウイルスワクチンの開発者と知られ、1954年以降「ソーク・ワクチン」とよばれる。安全で確実なワクチンの開発後のインタビューで、「特許は存在しません。太陽に特許をもうけることはできますか」("There is no patent. Could you patent the sun?")と答えている。

*9 アルバート・セービン(Albert Bruce Sabin, 1906-1993)——ロシア(現在のポーランド)生まれのアメリカのウイルス学者。経口生ワクチンの開発者。この開発によって、長期にわたって免疫性が持続し、ウイルスの伝播を阻止できるようになった。

➡接触伝染病、予防接種

●参考文献

Paul, J. R. 1971. *A History of Poliomyelitis*. New Haven: Yale University Press.

Robbins, F. C. 1999. "The History of Polio Vaccine Development." In *Vaccines*, 3rd edition, ed. S. A. Plotkin and W. A. Orenstein. Philadelphia: Saunders.

Zuber, P. L. F. 2002. "Poliomyelitis." In *Encyclopedia of Public Health*, ed. L. Breslow, B. D. Goldstein, L. W. Green, et al., pp. 932-933. New York: Macmillan.

(JOHN M. LAST／山口理沙・北本正章訳)

ホール、グランヴィル・スタンリー(Hall, Granville Stanley, 1844-1924)

アメリカにおける学問領域としての心理学の創始者であり、科学的な児童研究をうながした最初の人物でもあるホールは、ウィリアム・ジェイムズ[*1]の指導の下にハーヴァード大学で博士号を取得した。彼は、1888年にクラーク大学の初代総長および心理学教授となった。ホールはその後の全キャリアをクラーク大学ですごし、アーノルド・L・ゲゼルやヘンリー・H・ゴダード[*2]、ルイス・M・ターマン[*3]といった傑出した児童心理学者を育成した。ホールは数百冊もの著書や論文を著し、いくつもの学会誌を創刊し、アメリカ心理学会の創設にくわわるとともに、1909年にはジークムント・フロイトとカール・ユング[*4]をクラーク大学に招聘した。1880年代から1910年代にかけて、ホールのアイディアは児童心理学として結実した。

ホールは、生まれつきの衝動と生物学的な刷りこみを重視する、いわゆる直観心理学を一般化した。ホールの考えによれば、子どもの生得的な性質は進化のプロセスを通じて徐々に展開し、そこでの子どもの発達は人類の進化を反復する。小さな子どもは成長するにつれて進歩する「原始の種族」のようなものであり、大人になる頃にはもっとも「文明化された種族」のレベルにまで到達するというのである。

人間の成長にかんするこの理論は、実践的な有用性をもつものでもあった。たとえば、ある特定の年齢の子どもにはどういった行動がみられるのかを理解していた親は、自分たちの子どもを適切に導くことができた。小さな子どもは動物のような存在であり、自由に好きなようにさせておくのがよいのだとホールは主張した。彼は正規の学校教育が小さな子どもの発達を阻害するかもしれないという理由から、8歳までは子どもを学校に行かせないよう勧めた。小さな子どもは田

園を歩きまわることで自然のようすを学び、あるいは適切なふるまいにかんする大人の基準からは自由な、形式張らない環境で、その本能を満たすべきであるとされた。子どもはみずからの生まれつきの衝動に導かれることで、子ども期の諸段階をへて、やがて自制心のある大人になるであろうとホールはいう。

20世紀初頭、ホールの関心は青年期へと推移した。この青年期という用語は彼が世界的に普及させたものである。その記念碑的な著作である『青年期』（Adolescence, 1904）[5]のなかで彼は、子どもの本能的で原始的な性質がより進化した特性と格闘する不安定な時期について記述した。ホールがこの身体的、精神的、感情的発達にとっての危機の段階を分析する際に注目したのは、少年であった。

ホールのアイディアは世界中に広がり、初期の児童研究運動に影響をあたえた。なかでも有名なのは、保護者教育に取り組む最初の全国組織として1897年に創設された全米母親協議会（the National Congress of Mothers、のちのPTA）にあたえた影響である。ホールは大会の際にたびたび講演を行ない、組織が擁する主要な科学的権威者としての役割を果たした。組織のメンバーはホールの研究に参加し、彼の研究プロジェクトのために、自分たちの子どものふるまいや発話についてたずねる詳細な質問紙を埋めたのであった。

1920年代には、人間の発達にかんする環境の側からの説明を生物学的説明よりも重視する進歩主義的な方向性が社会科学のなかで新たに生じたため、子どもの発達にかんする本能説は攻撃にさらされることとなった。ホールの研究方法には、非科学的で印象主義的かつ感情的であるとの批判が浴びせられた。1920年代の子ども学研究の主導者たちは、より厳密な科学的技法を採用し、子どもの発達に対する文化的影響を強調した。1920年代までにホールの研究はおおむね信用を失うことになったが、彼のアイディアは青年期のとらえ方だけでなく発達観にも影響をあたえつづけてきた。

グランヴィル・スタンリー・ホール（1844-1924）[*]

［訳注］

*1 ウィリアム・ジェイムズ（William James, 1842-1910）——アメリカの心理学者、哲学者。ハーヴァード大学医学部大学院をへて1867-68年のドイツ留学で実験生理学を学び、医学博士となる。『心理学』（The Principle of Psychology, 1890）、『根本的経験論』（Essays in Radical Empiricism, 1912）など。父親のヘンリー・ジェイムズ（1811-1882）は、宗教哲学者。弟のヘンリー・ジェイムズ（1843-1916）は、『デイジー・ミラー』（Daisy Miller, 1879）などで知られる小説家。

*2 ヘンリー・H・ゴダード（Henry H. Goddard, 1866-1957）——アメリカの心理学者、優生学者。ビネーの知能テストの最初の英訳者。『カリカック家——精神薄弱者の遺伝についての研究』（The Kallikak Family: A Study in the Heredity of Feeble-Mindedness, 1912）にもとづいて、知能テストを病院、学校、法律制度、病院、軍隊などで利用することで、彼が考える「社会改良」の必要性を主張したが、この研究は、データの非科学的収集、意図的で悪意のある資料修正、詭弁に満ちた論証など、非人道的人種差別につながるその優生学的思想に対して大きな批判がよせられた。

*3 ルイス・M・ターマン（Lewis Madison Terman, 1877-1956）——アメリカの心理学者。スタンフォード大学教授として知能検査法の「ビネー＝シモン・テスト」を改良して、「スタンフォード＝ビネー・テスト」（Stanford-Binet Test; Stanford revision）を作成した。「知能指数」（Intelligence Quotient）という用語を創始した。

*4 カール・G・ユング（Carl Gustav Jung, 1875-1961）——スイス生まれの精神医学者、思想家、深層心理学（分析心理学）者。バーゼル近郊の小村の牧師の家に生まれ、バーゼル大学で精神医学を学び、病院勤務をへて言語連想法、精神分裂病の研究に進み、フロイトの精神分析理論に接近したが、「個性化」（individuation）あるいは「自己実現」（self-realization）の過程で生じる意識と無意識のダイナミックな相互作用のメカニズムと意味づけの問題に進んだ。『心理学的諸類型』（Psychologische Typen, 1921）など。

*5 『青年期』——そのフルタイトルは次のようなものである。『青年期——青年期の心理学、および、生理学、人類学、社会学、性、罪、宗教および教育に対する青年

期の関係』(Adolescence: Its Psychology and Its Relations to Phsiology, Anthropology, Sociology, Sex, Crime, Religion and Education)。
➡子どもの発達概念の歴史
●参考文献
Ross, Dorothy. 1972. *G. Stanley Hall: The Psychologist as Prophet*. Chicago: University of Chicago Press.
Schlossman, Steven L. 1976. "Before Home Start: Notes toward a History of Parent Education in America, 1897-1929." *Harvard Educational Review* 46: 436-467.

（DIANA SELIG／渡邊福太郎訳）

ホロコースト（Holocaust）

　ユダヤ人の子どもたちを殺害することは、第三帝国[*1]に根ざした民族主義のイデオロギーに即したものであった。ドイツ国家優位、歴史の鍵となる民族紛争、ひとつの支配民族によって統治される広大な帝国という神話的な見解にもとづき、このイデオロギーはとりわけユダヤ人を、排除すべき寄生者とみなした。この反ユダヤ主義は信仰する宗教、社会的地位、性別、年齢で差別したのではない。すべてのユダヤ人が糾弾の毛布に包まれたのである。アドルフ・ヒトラー（1889-1945）がとくにこだわったのはドイツ国内からユダヤ人を移住させることであり、「人間以下の」奴隷たちやほかのヨーロッパの人びとから武力的征服によって手に入れた土地からもユダヤ人をたちのかせることであった。活発な議論が続き、「ユダヤ人問題の最終解決」の推進をうながす決議がたてつづけにくだされた。ナチの計画はユダヤ人をただ移住させるのではなく、ヨーロッパに暮らすすべてのユダヤ人を殺すというものであった。しかしながら、1939年9月の第2次世界大戦の当初からナチがすでに子どもたちの殺害にかんして道徳的限界を超えていたことは明白である。16歳以下で重度の先天的、遺伝的な病気や肢体不自由者の子どもたちが、第三帝国の安楽死計画によってすくなくとも6000人殺された。それが1939年にはじまったのである。こういった子どもたちのなかには痛ましい実験を受けさせられた子もいた。ナチは、いよいよ子どもたちの苦しみに慣れていくと、敵対民族に絶滅戦争をしかけた。エリ・ヴィーゼル[*2]——15歳のときアウシュビッツ強制収容所に入った——の言葉を引用すると、ユダヤ人の子どもたちは「最初に苦しみを受け、最初に死んだ」者たちであった。

ゲットー

　開戦して3年のあいだに、ドイツ軍の勝利によってドイツ支配下に置かれた人びとの数はいちじるしく増加した。彼らはナチの民族主義にしたがって搾取され、虐げられようとしていた。そのなかには数100万人のユダヤ人がふくまれており、1930年代にドイツで暮らすユダヤ人たちを社会的抹殺へと追いやる迫害にさらした。市民権の取消、食糧供給の削減、押収、学校教育の喪失、公共施設への立入制限などが行なわれたのである。反ユダヤ主義のプロパガンダはとどまることなく拡大した。ユダヤ人は「ダヴィデの黄色い星」[*3]を衣服につけるよう命じられた。事実上の外出禁止を強いられ、占領地域に暮らすユダヤ人は近隣の人びとから孤立していった。ナチの奨励によって、人びとはユダヤ人への哀れみの心を押し殺し、自分たちの道徳的責任の範疇からユダヤ人をすっかり閉め出してしまった。ポーランドからフランスへ、オランダからギリシアへと、痛烈な非難と嫌がらせをふくんだ支配体制がユダヤ人のコミュニティに襲いかかった。東では、ナチの政策によってユダヤ人は軽蔑に値する攻撃の的となり、住居からゲットー[*4]という指定の都市地域へ強制移住させられた。ユダヤ人をゲットーに隔離することで、彼らの財産を差し押さえることが容易になった。また、この政策では、戦時中の物資の生産にユダヤ人を強制労働させる狙いもあった。

　ユダヤ人の子どもは、こういった迫害を受けながら感情的、精神的な苦痛を感じていた。子どもたちの日記からは次のようなことがわかる。子どもたちは全体的に、ゲットーでの生活をそれまでの暮らしぶりと同じようには受け入れることができず、またその世界に対して道徳的な認識をあらためることも混乱していた。多くの日記の書き手たちは、なぜ自分たちが嫌われ、とらわれ、父親が連行され、母親が殴られなければならないのかを理解できなかった。ゲットーのなかで子どもたちは重い責任を背負うことになった。親を亡くす子どもが毎日後を絶たなかった。大人たちが飢え、病気、処刑によって亡くなったり、強制労働に連れていかれたのだ。孤児たちはパンや芋を物請いしたり、ゲットーの壁のすきまから食糧を押しこんでこっそりもちこんだりした。年上の子どもたちはこのようにして幼いきょうだいの面倒をみた。家族全員分の食糧を調達する子もいた。この苦しい生活の行く末はおそろしいものであった。狭い場所に密集した生活、飢え、不衛生な環境、医療の欠乏、寒さにさらされて苦しむ子どもたちがいた。冬には数千人の子どもが凍死した。

　ゲットーの社会福祉団体は、子どもたちの特別なニーズにこたえることを目的としていた。子どもたちのための調理場が開放され、**子ども図書館**も作られた。子どもたちのなかには、学校教育や文化活動にふれることができた子もいた。たとえば、プラハの北西部にあるテレージエンシュタットのゲットーの子どもたちは、芸術で自分たちを表現していた。子どもたちが描いた絵画やデッサンが、およそ4000点ほど発見されている。このなかには花や蝶の絵もみられるが、処刑の光景や強制輸送時に見たアウシュビッツへ続く線路、わずかな薄いスープをもらうためにならぶ行列を描いた絵もあった。ほとんどのユダヤ人の子どもは、とく

にウーチ、ワルシャワ、ミンスク、リガにある大規模ゲットーにおいて、社会福祉や文化活動にふれる機会はほとんど、もしくはまったくなかった。子どもたちの暮らしは、日々の最低限の生活を維持するのに必要なものを手に入れることでせいいっぱいであった。

隠れる子どもたち、狩られる子どもたち

　数万人のユダヤ人の親が子どもをナチから隠そうと試みた。ゲットーが粛清されたとき、親は子どもを食料品室、石炭箱、トイレ、壁裏、煙突、床下など——ドイツ人や地方協力者たちの目をかいくぐれそうなあらゆる場所——に隠した。強制労働者は子どもを工場に隠すことが多かった。前線の後方で戦っていたゲリラ隊は、子どもを森、洞窟、格納庫、森のなかのキャンプに隠した。地下組織団体もユダヤ人の子どもが逃げこめそうな避難所を探した。しかしながら、ほとんどの非ユダヤ人は自分たちやその家族を危険にさらしてまで、ユダヤ人の子どもをかくまおうとはしなかった。手をかすことに同意した人たちは、慎重に熟慮したうえでというより、とっさの勢いで行動した人が多かった。女の子は男の子よりも受け入れてもらえることが格段に多かった。男の子のユダヤ人としての特徴は、ユダヤ人の割礼によって身体的にあらわれる。したがって、ドイツ警察が男の子のズボンを下ろさせて「人種」を調べるのはめずらしいことではなかった。救援者たちは子どもたちを四六時中地下室や納屋や戸棚にまで隠したり、偽名をあたえて非ユダヤ人になりすまさせようとしたりした。ヨーロッパ中からのがれてきた何百人もの子どもたちは、キリスト教の養護施設や修道院に避難することができた。たとえば、ポーランドの女性の宗教的戒律では、もし子どもたちがとくに孤児院や寄宿制の女学校に逃げこんできた場合、子どもたちをかくまってやるようにと定めていた。これは女の子にキリスト教を紹介することを条件としている場合もあれば、愛他的な原理を満足させるための場合もあった。あるめずらしいキリスト教的ヒロイズムのエピソードが、フランスのル・シャンボン＝シュル＝リニョンにある。この地域の大規模なプロテスタント団体が、およそ400人のユダヤ人の子どもをドイツの権力者たちからかくまい、国外追放と、生命の危機に瀕した状態から救った。このかくまわれた子どもたちは皆、ホロコースト、喪失、両親やきょうだいを亡くしたトラウマを経験しており、孤独と、追われているという死の恐怖につきまとわれていた。

　ナチは、ごくわずかな逃亡者しか逃さなかった。1941年6月のソ連侵攻とともに、ドイツは第三帝国における刑事部隊の総力をユダヤ人の子どもに対して解き放った。ヒトラーは東部に新たな植民地を欲していた。「ユダヤ人の解放」を完遂するためである。ユダヤ人が存在したというすべての痕跡が、あとかたもなく消し去られた。ソ連侵攻が開始される前、SS隊隊長であり、大量虐殺を計画した組織の隊長であったハインリヒ・ヒムラー[*5]は、ヒトラーから直々にくだされたこの命令をドイツ軍とSS隊の部隊長らに伝えた。この命令は広く通訳され、ロシアに住むユダヤ人の根絶が正当なものであると位置づけた。四つの隊からなる特別殺人部隊、「アインザッツグルッペ」（*Einsatzgruppen*、機動部隊）が組織され、この任務の遂行にあたった。ドイツ軍のひとつである補助警察隊、地方補助部隊、そのユダヤ人に対する暴力は歴史にきざまれるほどで、このアインザッツグルッペに手をかした。

　1941年7月の後半に入ってすぐにユダヤ人の子どもは親といっしょに銃殺されたが、多くの町や村では成人男性だけが殺された。成人男性はポグロム（組織的に行なわれたユダヤ人の大虐殺）によって狙われたほんとうの標的でもあり、白ロシアやバルト諸国といったドイツの支援国になりはじめていた国の地方に住んでいた人たちが狙われていた。この事実が示唆しているのは、当初ドイツの殺人者たちは、子どもたちをどう扱えばよいかわからなかったということである。親たちを射殺したのち、ドイツ軍は子どもたちを近くの町へ移動させるか現地の建物に抑留した。だが、ドイツ軍はこのやり方をすぐにやめた。泣き叫び、飢えに苦しむ、汚らしい大勢の幼い子どもは、面倒を見てくれる人もおらず迷惑な存在になっていったからである。そこで、指揮官たちは子どもたちをひとまとめにして撃つようになった。あからさまな光景を見せて子どもを怖がらせていては、軍に精神的な悪影響をおよぼしかねないと危惧し、「人道主義」にのっとって子どもたちを一掃してやるほうがよいと考える人たちもいた。筋の通った命令を遂行していると考えている人たちもいた。それでもやはりヒムラーに命令されて実行する人たちもいた。ヒムラーは子どもたちの殺害を、ドイツにはむかう復讐者たちの世代を生み出さないためにも必要な措置だと正当化していた。いずれにせよ、はじめのうちは躊躇していたにもかかわらず、ユダヤ人の子どもの大量殺戮は急速にジェノサイドに不可欠な要素になっていった。1941年10月までに、いくつかの処刑場では、ソ連のスモレンスク郊外にある処刑場のように、まっさきに射殺されるのは子どもたちで、病人や高齢者や肉体労働に従事できない人たちといっしょに撃ち殺された。親が殺されるのは子どものすぐ後であった。目の前で子どもが射殺されるさまはとりわけぞっとする光景であった。なかには親のすぐ隣で子どもを撃ち殺す人殺しもいた。親は子どもをひとりぼっちで死なせることをこばんだ。犠牲者たちの血や脳の中身が飛び散ると、ごく一部の人殺したちはそれ以上続けることをこばんだ。しかしながら大多数の人びとは、手にまめを作るほどの処刑執行人と化した。子どもたちの殺害が日常的な行動になってしまったのである。ガス室をそなえた絶滅収容所が建設される前

に、およそ100万人のユダヤ人が東部戦線で射殺された。この犠牲者のうち、数万人は無防備な子どもたちであった。

1942年1月、ベルリンのはずれで開かれたヴァンゼー会議で、ナチの官僚らが会合し、すでに進行中であった大虐殺を組織化することを決定した。「最終的解決」が定めたのは、ヨーロッパ全土からユダヤ人たちをかき集め、東へと立ち退かせることであった。その地でユダヤ人たちは中継キャンプに集められ、のちに労働収容所か絶滅収容所に送られて殺された。この上ない残虐行為でもって、ユダヤ人の子どもたちは生き残った家族とともに国外追放のため列車の発着場につれていかれた。赤ん坊はその場で射殺され、隠れているのがバレたり、逃げようとした子どもも殺された。なかには強制輸送の際に家族と引き離されて、そのまま放置され、飢えやその他の要因で亡くなる子どももいた。また、家族と離れ離れになり、ひとりで国外追放の苦難に立ち向かわねばならない子どももいた。1941年の秋から1945年の春にかけて、400以上の輸送列車が東部の労働収容所、絶滅収容所にやってきた。大勢の子どもたちが封印された家畜用車両に押しこまれ、押しつぶされて亡くなり、窒息死した。飢えや渇きで亡くなる子どももいた。

収容所の子どもたち

列車を降りたユダヤ人の子どもを待っていたのは、絶体絶命の危難であった。労働可能と判断された子どもたちはそのまま収容される。7歳ほどの子どもたちは重労働を課せられ、建物の資材を運んだり、山のように荷を積んだ手押し車を押したりした。収容所の監視兵のなかには、ユダヤ人の男の子を私的な使用人にする人や、小児性愛者たちのあいだで行なわれる子どもの人身売買に出すため連れていく人もいた。死はさまざまなかたちで幼い捕虜たちに降りかかった。慢性的な栄養失調や寒さにさらされ、子どもたちは感染症になりやすくなった。収容所内でできた赤ん坊は、強制的に流産させられるか、生まれたその場で親衛隊の監視兵に頭を打ち砕かれた。アウシュヴィッツでは、およそ3000人の双子が親衛隊の医師ヨーゼフ・メンゲレ*6が行なった人体実験の対象になった。実験内容には、コレラや結核への曝露、麻酔なしの手術、不妊法などがふくまれており、内臓検査のためにフェノールを心臓に注射されて死んだ人もいた。完全なる「アーリア人」を「劣等人種」から作りだす試みとして、メンゲレは何人かの双子の目に化学物質を注射した。瞳の色が青く変化することを期待していたのだ。こういったおそろしい実験を受けて生き残った双子はほとんどいなかった。そもそも強制収容所から生還した子どもはほとんどいなかった。生き残った子どもたちは両親を亡くしている場合がほとんどであった。戦争が終わっても、心に刻まれた精神的な傷と情緒障害に苦しみつづけた。

もちろん、大部分の子どもたちは収容所に抑留されずに、列車を降りてすぐに虐殺された。妊婦も赤ん坊も子どもたちも、強制労働不能と判断された人は全員すみやかにガス室へ送られた。アウシュヴィッツ収容所の指揮官は以下のように説明している。「幼い子どもたちは例外なく殺された。あの年齢でははたらくことができないからだ」。わが子を守るため母親が胸に子どもの顔を押しつけていて、ガス室で死ななかった子どももいた。そういった子は生きたまま焼却炉で焼かれた。1943年のマイダネリ収容所では、親衛隊の隊員たちが親の目の前で子どもを機関銃で撃つゲームを考案した。1944年のビルケナウでは、ハンガリーのユダヤ人の子どもたちが、何人かは生きたまま、巨大な穴のなかで焼却された。さしせまった死に子どもたちはいつも気づかずにいるわけではなかった。1944年10月、ビルケナウの目撃者が、リトアニアのユダヤ人の少年たちが大勢でとった行動を記録に残している。子どもたちはSS隊によってガス室に集められているところであった。「恐怖で自失状態になり、子どもたちは構内を走りまわりはじめた。あちこちへ、両手で自分の頭をつかみながら。大勢の子どもたちがおそろしい声で、突然火がついたように泣き叫びました。それは耳をふさぎたくなるような叫びでした」

120万から150万人のユダヤ人の子どもたちが、「最終的解決」によって亡くなった。その数は、ドイツが占領した国々に暮らすユダヤ人の子どもの89パーセントにあたる。子どもたちは世界をかいま見ただけで、この世を去ったのだ。

[訳注]

*1 第三帝国（the Third Reich）──ドイツ史において、第一帝国は神聖ローマ帝国（Holy Roman Empire, 962-1806）、第二帝国は普仏戦争後にプロイセンを中心に統一されたドイツ帝国（Deutsches Reich, 1871-1919）、第三帝国はヴァイマール共和国（the Weimar Republic, 1919-1933）崩壊後のナチ政権下のドイツ（the Third Reich, 1933-1945）。

*2 エリ・ヴィーゼル（Elie Wiesel, 1928- ）──アメリカのユダヤ人作家。ルーマニア生まれ。人種差別反対運動家。ナチのアウシュビッツ強制収容所からの生還者の一人で、著書を通じてホロコーストの体験を伝えた。ノーベル平和賞受賞（1986）。ボストン大学教授。

*3 「ダヴィデの黄色い星」（the yellow Star of David）──二つの正三角形を60度ずらせて重ねあわせた六星形。ユダヤ教のシンボルとして使用され、現在はイスラエル共和国の象徴となっている。Magen David, Shield of David ともいう。

*4 ゲットー（ghetto）──強制居留地。イタリアのヴェネツィア方言による島の名前に由来する。16世紀にユダヤ人が強制的に移住させられたヴェネツィア近くの島 Ghetto（方言の字義では「大砲工場」で、イタリア語の ghettare［投げる］の名詞形）。その後、一般的

には、ナチの時代にヨーロッパ各地でユダヤ人を強制的に居住させた地域をさす。
*5 ハインリヒ・ヒムラー（Heinrich Luitpold Himmler, 1900-1945）——ドイツの政治家。国家社会主義ドイツ労働者党（ナチ党）の親衛隊（SS）第4代親衛隊全国指導者。1933年のナチ党の政権掌握後、全ドイツ警察長官、ヒトラー内閣内務大臣などを歴任し、ドイツの警察権力を掌握した。第2次世界大戦中、ヨーロッパのユダヤ人に対するホロコーストを組織的に実行し、ホロコーストでは600万人のユダヤ人を殺害したといわれている。第2次世界大戦終戦時にアメリカとの講和交渉を試みたが、捕虜となり、のちに自殺した。
*6 ヨーゼフ・メンゲレ（Josef Mengele, 1911-1979）——ドイツの医師、ナチ親衛隊将校。第2次世界大戦中にアウシュヴィッツの収容所に勤務し、「死の天使」とおそれられた。人種淘汰、人種改良、人種の純潔、アーリア化を唱えるナチ人種理論の信奉者で、ユダヤ人収容者を用いて人体実験をくりかえした。戦後、ナチ・ハンターなどの追跡をかいくぐり、南アメリカで逃亡生活を送ったが、ブラジルで海水浴中に心臓発作で死亡した。

➡戦争と子ども（20世紀）、フランク、アンネ、ユダヤ人ゲットーの教育とホロコースト

●参考文献

Dwork, Deborah. 1991. *Children with a Star: Jewish Youth in Nazi Europe*. New Haven, CT: Yale University Press.
Eisenberg, Azriel, ed. 1982. *The Lost Generation: Children in the Holocaust*. New York: Pilgrim.
Frank, Anne. 1995. *The Diary of a Young Girl: The Definitive Edition*. Trans. Susan Massotty. New York: Doubleday. アンネ・フランク『アンネの日記』〔増補新訂版〕（深町眞理子訳、文春文庫、2003年）
Holliday, Laurel. 1995. *Children in the Holocaust and World War II: Their Secret Diaries*. New York: Pocket Books.
Lagnado, Lucette Matalon, and Sheila Cohn Dekel. 1991. *Children of the Flames: Dr. Josef Mengele and the Untold Story of the Twins of Auschwitz*. New York: Morrow.
Marks, Jane. 1993. *The Hidden Children: The Secret Survivors of the Holocaust*. New York: Fawcett Columbine.
Sliwowska, Wiktoria, ed. 1998. *The Last Eyewitnesses: Children of the Holocaust Speak*. Evanston, IL: Northwestern University Press.
Valent, Paul. 2002. *Child Survivors of the Holocaust*. New York: Brunner-Routledge.
Volavková, Hana. 1993. *I Never Saw Another Butterfly: Children's Drawings and Poems from Terezin Concentration Camp, 1942-1944*. New York: Schocken.
Wiesel, Elie. 1982. *Night*. New York: Bantam. ヴィーゼル『夜』（村上光彦訳、みすず書房、1967年、新版2010年）

（JEFFREY T. ZALAR／小西茜訳）

マグネットスクール（Magnet Schools）

オルタナティブスクール[*1]あるいは学校選択としてときどき注目されるマグネットスクールは、特別なカリキュラム主題あるいは教授方法をもついくつかの学校の選択肢を親に提示することによって、強制的な学校教育の課題と強制バス通学[*2]の代替物を提供する公立学校のことである。マグネットという言い方は、政策立案者たちが、公立学校を、両親、教師、生徒たちにとってもっと魅力的にしようとする取り組みのなかで、人種差別廃止計画を練っていた1970年代に人気を博した。マグネットスクールは、人種的多様性を促進し、学業水準を改善し、個々の才能と興味を満たす幅広い学習プログラムを提供するために設立された。

連邦裁判所が、人種差別廃止の方法としてマグネットスクールを承認した（モーガン＝ケリガン法）1976年以降、その数は劇的に増加した。コリン・ユーとウィリアム・テイラーは、1991～1992年度までに、120万人以上の生徒が230の学区のマグネットスクールに在籍していることを発見した。1999～2000年度を通じて、アメリカ全土には1372校のマグネットスクールがあった。イリノイ州などいくつかの州の教育統計ナショナルセンター（National Center for Educational Statistics: NCES）の研究は、全生徒の12パーセントがマグネットスクールに通っていることを発見している。

マグネットスクールは、典型的には、大規模な生徒の在籍数（1万人以上）を擁する都市の学区に設立される。アメリカ教育省によれば、人種差別撤廃計画の一環としてマグネットスクール・プログラムを擁しているのは、郊外の学区では10パーセントでしかないのに対して、大規模な都市の学区では53パーセントである。たとえば、NCESによれば、シカゴ市内の公立の学区では、全公立学校の45パーセントがマグネットスクールで、生徒全体の48パーセントに対応している。すべてのマグネットスクールの半数以上は、低水準の社会経済区域に設置されている。こうしたマグネットスクールは、すべての生活水準の子どもを受け入れることはできるが、コリン・ユー、ウィリアム・テイラー、そしてロジャー・レヴィンたちは、全国のマグネットスクール・プログラムの半数以上が初等学校の生徒に対応しているのに対して、ハイスクール段階の子どもに対応しているのはわずか20パーセントであることを発見している。もっとも典型的なタイプのマグネットスクールは、数学や自然科学、あるいは外国語といった特殊な科目分野を重視している。これ以外のプログラムとしては、モンテッソリとかパイデイア[*3]のようなユニークな教授方法を提供している。

マグネットスクールを擁しているすべての学区の75パーセント以上が、生徒が満たすことができる時間枠よりも多くの需要があったという事実によって示されているように、マグネットスクールのプログラムは人気が高かった。ロルフ・ブランク、ロジャー・レヴィン、ラウリ・スティールらは、これらの学区の半分が、長時間待ちの予約リストを保持していることを発見している。こうした需要水準をもつ学区の大部分は、抽選による入学手続きをやりくりしようとする。ほかの学区は、先着順という解決法に頼っている。すべてのマグネット・プログラムの約3分の1だけが選抜入学方式をとっている。通常、これらの学区は、最低限要求される試験成績もしくはオーディションでの実技で示される芸術的な魅力のどちらかの方式をとった。

多数の事例では、各学区は、かなりの財政投資によってマグネットスクールを支援していた。マグネットスクールを擁する学区では、平均すると、学生あたりの経費はほかよりも10パーセントほど高い。マグネット・プログラムのほぼ4分の3は、補充職員手当も受けている。いくつかのマグネット・プログラムは、政府の人種差別撤廃基金から資金提供される。大部分は、1985年から支給されはじめた連邦の「マグネットスクール補助プログラム」（Magnet Schools Assistance Program: MSAP）によって、3年にわたって補助金が提供される。こうした基金は、各学区が自発的にマグネット・プログラムを実行したり、法廷指向的な人種差別撤退にしたがって行動するのを可能にした。MSAPは、全国的にマグネットスクールを創設したり拡張していくうえで決定的に重要な役割を果たす。現在、この補助プロフラムは、マグネットスクール・プログラムを支援するために、毎年約1億ドルを提供している。フィリス・デュボイスとその仲間たちによれば、1985年から1998年のあいだに、約379のMSAPの基金（7億5000万ドル）が、35の州とコロンビア特別区の171学区に支給された。2001年12月、アメリカ教育省は、24の学区に対するMSAPの助成金に3720万ドルを補助した。

マグネットスクールと学校改善

マグネットスクールの効果にかんする調査結果にはさまざまな要素が混じりあっている。生徒の学業成績

にかんする1996年のアダム・ガモランの研究は、マグネットスクールの生徒をカトリックの学校の生徒、非宗教的な私立学校の生徒、公立の総合制中等学校と比較し、読書と歴史の成績でマグネットスクールの生徒がかなり優秀であることを発見している。同様に、ロバート・クレインは、ニューヨーク市の職業マグネットスクールが、生徒の読書成績を上げるのに役立ったことを発見している。これ以外の、パトリシア・ボーク、エレン・ゴルディング、クレア・スムレカーをふくむ研究者たちは、マグネットスクールが両親の関与と、家庭と学校のあいだの効果的なコミュニケーションにとってより多くの機会を提供することを発見していた。実際、メアリ・ドリスコルとヴァレリー・マルティネス、ケネス・ゴドウィン、そしてフランク・ケメラーによる研究は、子どもの学校を選択した両親は、選択しなかった両親よりも学校に対して高い満足度を示すことを示している。メアリ・ヘイウッド・メッツによる特殊なマグネットスクールについての研究は、独自のカリキュラムとユニークな生徒＝教師関係という点で、非常に革新的であることを示している。だが、全国レベルのデータを用いた大規模な研究は、これらの諸発見とは矛盾する。ローレン・ソスニアクとキャロライン・エシングトンの1992年の研究によると、マグネットスクールと非マグネットスクールは、類似のカリキュラムと教育モードを用いる。スムレカールとゴールドリングは、学校選択の主張者たちが予言したように、マグネットスクールは、教師たちがいっそう自律的になり、意志決定にかかわるのを可能にすることを発見している。

マグネットスクールと人種バランス

全国のいくつかの大規模な都市の学区は、人種差別撤廃の手段としてマグネットスクールを利用する包括的な変化の岐路に立っている。1999年における一連の重要な判決（カパチオネ対シャーロット＝メクレンブルク教育委員会判決、アイゼンバーグ対アーリントン郡学校委員会判決、ウェスマン対ギッティンズ判決）のなかで、連邦裁判所は、マグネットスクールによる人種の多様性を促進して保証するために、人種を意識した入学政策を維持しようとした学区の努力を否認した。1995年の連邦最高裁判所の判決（建設会社を所有していたマイノリティとの建築契約の手数料についての賠償金判決をした連邦プログラムをふくむ訴訟であるアダランダ対ペーナ判決）で確定された判例の下では、「人種のバランス」を意味する戦略によって多様性を促進することをふくむ人種意識プログラムは、憲法上は疑わしく、「厳密な吟味」をまぬがれない。

この高められた憲法審査は、自分たちが進める人種区分計画が「抵抗しがたい政府の関心をさらに進め」、また、それが「かろうじて適応される」ことの証明を学区に競わせる二方向の試練をふくんでいる。その結果、学区が広く裁判所の決定にしたがって、その制度の下で過去の人種差別の影響を修復しようとするかぎり、マグネットスクールの入学政策は人種的に中立でなくてはならない。こうした人種的中立という規準は、人種にもとづいて子どもたちのあいだに差別を設ける二元的な学校制度を排除する人種差別撤廃判決を深く信頼して学区が編纂したと連邦裁判所が裁決した、「統一」を宣言した学区に適用される。各学区は、「統一された状態」の助成金を得るために、過去にみられた公教育プログラムにおける人種差別の過去の遺物を排除することを「深く信頼して」行動していることを証明しなくてはならない。フロリダのデイド郡をふくむますます大きくなる都市の学区は、連邦裁判所における統一された状態を追求し、それを獲得しようとしている。

［訳注］

＊1　オルタナティブスクール（alternative school）——戦後の公教育のいきづまりのなかで民間で模索された学校教育の改革を指向する試みの一つとして「新方式学校」とも称される。独自のカリキュラムで教科の選択に自由を認めるなど、従来とは異なる教育方法をもった学校（とくに小・中学校）の総称。alternative school という表記は、1972年頃からアメリカで使われはじめた。

＊2　強制バス通学（busing）——アメリカにおいて、人種差別撤廃の目的で、公立学校の白人・黒人の生徒数の比率を平均化して学区内の学校にふり分け、バスで通学させること。

＊3　パイデイア（Paideia）——古代ギリシアの教養教育の概念を示す「パイデイア」（Paideia）にちなんで名づけられたアメリカの学校教育における「全教科必修カリキュラム」。学習のアプローチを開放的に多面化し、さまざまな学問分野を横断して学ぶ「コア・カリキュラム」（core curriculum）ともよばれ、中心主題にもとづいて科目が統合的に編成された教育課程をさす。

➡学校選択、学校の人種差別撤廃、自宅学習、私立学校と独立学校、スクール・バウチャー、チャータースクール

● 参考文献

Bauch, Patricia, and Ellen Goldring. 1998. "Parent-Teacher Participation in the Context of School Restructuring." *Peabody Journal of Education* 73: 15-35.

Blank, Rolf, Roger Levine, and Lauri Steel. 1996. "After Fifteen Years: Magnet Schools in Urban Education." In *Who Chooses? Who Loses? Culture, Institutions, and the Unequal Effects of School Choice*, ed. Bruce Fuller, Richard F. Elmore, and Gary Orfield. New York: Teachers College Press.

Crain, Robert L. 1992. *The Effectiveness of New York City's Career Magnet Schools: An Evaluation of Ninth Grade Performance Using an Experimental Design.* Berkeley, CA: National Center for Research in Vocational

Education.

Driscoll, Mary E. 1992. "Changing Minds and Changing Hearts: Choice, Achievement, and School Community." In *Choice: What Role in American Education?* Symposium conducted by the Economic Policy Institute, Washington, DC.

DuBois, Phyllis, Bruce Christenson, Marian Eaton, and Michael Garet. 2001. *Evaluation of the Magnet Schools Assistance Program, 1998 Grantees: Year 1 Interim Report.* Washington, DC: U.S. Department of Education.

Eaton, Susan, and Elizabeth Crutcher. 1996. "Magnets, Media, and Mirages." In *Dismantling Desegregation: The Quiet Reversal of Brown v. Board of Education,* ed. Gary Orfield and Susan Eaton. New York: New Press.

Gamoran, Adam. 1996. "Student Achievement in Public Magnet, Public Comprehensive, and Private City High Schools." *Educational Evaluation and Policy Analysis* 18: 1–18.

Levine, Roger. 1997. "Research on Magnet Schools and the Context of School Choice." Paper presented at the Citizens' Commission on Civil Rights Issues Forum: Magnet Schools and the Context of School Choice: Implications for Public Policy, April, Washington DC.

Martinez, Valerie, Kenneth Godwin, and Frank Kemerer. 1996. "Public School Choice in San Antonio: Who Chooses and with What Effects?" In *Who Chooses? Who Loses? Culture, Institutions and the Unequal Effects of School Choice,* ed. Bruce Fuller, Richard F. Elmore, and Gary Orfield. New York: Teachers College Press.

Metz, Mary Haywood. 1986. *Different by Design: The Context and Character of Three Magnet Schools.* Boston: Routledge and Kegan Paul.

Orfield, Gary. 2001. *Schools More Separate: Consequences of a Decade of Resegregation.* Cambridge, MA: The Civil Rights Project, Harvard University.

Smrekar, Claire, and Ellen Goldring. 1999. *School Choice in Urban America: Magnet Schools and the Pursuit of Equity.* New York: Teachers College Press.

Sosniak, Lauren and Carolyn Ethington. 1992. "When Public School 'Choice' Is Not Academic: Findings from the National Education Longitudinal Study of 1988." *Educational Evaluationand Policy Analysis* 14, 35–52.

Steel, Lauri, and Marian Eaton. 1996. *Reducing, Eliminating, and Preventing Minority Isolation in American Schools: The Impact of the Magnet Schools Assistance Program.* Report prepared for the Office of the Undersecretary, U.S. Department of Education, Washington, DC.

Steel, Lauri, and Roger Levine. 1994. *Educational Innovation in Multiracial Contexts: The Growth of Magnet Schools in American Education.* Palo Alto, CA: American Institutes for Research.

Yu, Corrine M., and William L. Taylor. 1997. *Difficult Choices: Do Magnet Schools Serve Children in Need?* Washington, DC: Citizens' Commission on Civil Rights.

● 参考ウェブサイト

National Center for Education Statistics. 2001. NCES Statistical Analysis Report. Available from 〈www.nces.ed.gov/pubs2001/overview.u〉

（CLAIRE E. SMREKAR／池田雅則・北本正章訳）

マスターベーション（自慰行為）(Masturbation)

17世紀初期のフランスの宮廷では、王室付きの侍医の日記によると、幼いルイ13世（1601-1643）はいつも自分の性器を見せびらかし、また弄んでおり、そのことを従者たちが面白がるのが習慣になっていたようである。それからほぼ200年後の1793年、革命裁判所から発された告訴状のひとつは、王妃マリー・アントワネット（1755-1793）が王太子をそそのかしてマスターベーションさせたことであった。マスターベーションに対する大きな意識変化があらわれたのは、18世紀の最初の数十年のあいだのことであった。それ以前には、「自慰」（self-abuse）は欲望の罪のひとつでしかないと考えられていた。

懸念と規制

作者不明の著作『オナニア、すなわち、自慰という憎むべき罪業。そして、それが男女両性におよぼす恐るべきあらゆる影響、このいまわしい行ないによって自分自身を傷つけてしまったと考えられる人びとに対する精神的および肉体的な助言、および両性の若者たち、親、保護者、親方、女性教師たちに対するまことに自宜を得た忠告』(*Onania, or, the Heinous Sin of Self-Pollution, and All its Frightful Consequences in Both Sexes consider'd with Spiritual and Physical Advice to those, Who Have Already Injur'd Themselves by This Abominable Practice. And Seasonable Admonition to the Youth of the Nation, (of both Sexes) and Those Whose Tuition They Are Under, Whether Parents, Guardians, Masters, or Mistresses*) と題された書物がはじめてロンドンで出版されたのは、18世紀初頭から20年までのあいだのことであり、その後ヨーロッパじゅうでベストセラーとなった。『オナニア』は、手淫による罪深さを強調する一方、具体的に健康への悪影響、とりわけ性的疾患や、身体機能全般への影響、癲癇、肺病、（どちらの性別であっても）不妊をひき起こすことを指摘した。身体への悪影響を指摘するこの新たな見解は、明らかな治療法などを示す小冊子の登場と無関係ではない。マスターベーションは当初、『オナニア』と治療法を受けるうえで自由になるじゅうぶんな収入があり、比較的成熟した人間に結びつけられて考えられていたが、若者に対する懸念もあらわれた。歴史家のな

かには、マスターベーション依存症の登場は、古い道徳的権威から分断されたプロテスタント文化における不安のあらわれとみなす者もいるが、マスターベーションの脅威はすくなくともカトリック国家においても広く確認できるものであり、おそらく政治的、社会的、経済的変化に対する不安感へのあらわれから生じたものであろう。

この主題は、営利目的のいんちき療法がはびこる同じキリスト教世界の無数の著述家たちにとりこまれたが、やがてスイスの権威ある医師、サミュエル・ティソ[*1]が、1758年最初にラテン語で出版し、2年後にフランス語で『オナニスム、あるいはマスターベーションによってひき起こされる疾患に関する医学的研究』（L'Onanisme, ou Dissertation physique sur les maladies produit par la masturbation）を出版した。ティソは、当時の生理学理論とは反対の影響を示し、少量の精液はその数倍の血液に等しく、興奮した精力の放出は身体メカニズムを低下させると指摘して、身体の有機体論を提示した。しかし、ティソは、明らかな治療法を明示したのではなく、のちに標準的な指針となる生活習慣、たとえば冷水浴、運動、規則正しい排泄、（ベッドで横にならない）適度な睡眠、精神の純潔を保つ意識的な努力などを示したにすぎない。

潜在的に生命にかかわると考えられる習慣を規制しようとするこうした努力は、すぐに子育ての習俗に影響をおよぼし、よい生活習慣をくりかえし教えこめば、マスターベーションにつながる傾向を防ぐことができるとされた。子ども期のマスターベーションへの関心が高まったのは、子どもへの道徳的および身体的な安寧と、非常に干渉的な子育て方法への関心が高まったことによるのか、それとも、このような予防的な育児方法は、子どもが「秘められた習慣」を育むことを防ぐにはますます厳しく監視する必要があるという考えのあらわれなのかという点については論争の余地がある。おそらく、このふたつの現象は自己強化的なものであろう――すなわち、強められた監視は、以前には疑わしくない行為をあばき立て、いっそう細かく注意をはらうことになった。こうして、子どもたちにマスターベーションを教えるのは召使いや子守りたちであるという伝統的な物語が増えることにもなったのである。

マスターベーション仮説は、当時の医療専門家がほかに診断結果を見いだすことができず、治療のほどこしようがない多数の症例の説明モデルを提供した。19世紀初頭までに、自慰は、身体的および神経的な疾患の場合だけでなく、精神疾患の場合でも、それが原因であるとされはじめた。19世紀なかばまでに、とりわけイギリスや北アメリカでは、「マスターベーションの精神病」という特異形態が識別された。これは**青年期**と強く結びつけられ、ときには早発性痴呆症（dementia praecox、統合失調症）と診断されることもありえた。

19世紀におけるマスターベーションへの懸念のおもな焦点は、青年期と若い成人男性に対するものであった。女性のマスターベーションに対する懸念への徴候も散発的にあったが、直接男性に向けられた反マスターベーションのレトリックの蔓延や、医学および教育機関によって管理されていたことに比べれば、女性に対するこうした動きは例外的であった。とりわけ中産階級と上流階級の若者の場合、学校での説教や、いかがわしい文学、果ては解剖学の人体博物館のおどろおどろしい蝋人形などから、自慰の不道徳について知るのを避けるのはむずかしかった。マスターベーションや夢精を予防する数々の装置が生産され、販売された。しかしながら、こうした装置が、思春期以降の悩める男子に利用されていたことにくらべて、関心のある大人がどの程度まで子どもたちに用いていたかは判然としない。マスターベーションの危険性に対するこうした意識は、19世紀後半にはさらに高まった。善意をもつ慈善団体や個人は、自慰の危険性と、いかがわしい恐怖の物語に警告する小冊子を、国家や帝国にふさわしい男らしさを育むことを唱導することに結びつけつつ広めた。早い時期の調査研究がすでにマスターベーションが思春期の少年たちのあいだでほとんど普遍的になっていたことを暗示したこのような警告の洪水は、彼らに深刻な心理的な影響をおよぼしうるものであった。

規制緩和

19世紀末から20世紀初頭までに、多くの医学権威によって、（過剰な場合を除いて）マスターベーションは従来考えられていたほど人体に有害ではないと議論された。しかし、1908年に、ボーイスカウトの創始者ロバート・ベイデン＝パウエルが著した『スカウティング・フォア・ボーイズ』（Scouting for Boys by Boy Scout）のような著作には、古い見解がまだ残っていた。20世紀後半のかなりの時期に、マスターベーションは人体に有害ではないと再認識されたが、それにもかかわらず、若者向けの助言の手引きはそれをさしひかえるべきだと勧めていた。また、**子育ての助言文献**でも、思いやりのある考えが高まったことによって、刑罰をあたえる対処法よりもむしろ予防的な手段が推奨されるようになった。それにもかかわらず、20世紀がかなり進んだ、相当に「許容的な時代」になっても、人びとはまだ、親や子守りが「マスターベーションをやめないと性器を切りとってしまうぞ！」とおどしたためにひき起こされるトラウマを報告しており、伝えられるところでは、学生たちのさまざまな病気はマスターベーションが原因だとしている。

マスターベーションは、いまでもやっかいな主題である。1990年代に行なわれた「全英性的態度と行動に

関する意識調査」（the British Sexual Attitudes and Behaviour Survey）では、マスターベーションは対他関係的な問題というよりはむしろ個人的な問題として調査項目から除外された。一方、アメリカ衛生局長官であったジョスリン・エルダーズは、学校における性教育において、（だれもが望む安全な性行為の実践としての）マスターベーションについての討論をふくめることを彼女が推奨したために、そのポストを解任された。マスターベーションにまつわる賛否両論がいまもなお子どもと若者に影響をおよぼしていることは確かである。

［訳注］

＊1 サミュエル・オーギュスト・ティソ（Samuel-Auguste Tissot, 1728-1797）──スイスの医師。その著『オナニスム』（L'Onanisme, 1760）で、オナニーの悪影響を医学者の立場から、精液が大量に放出されると、体力や記憶力が低下するという有害論を展開し、その後、これが近代のオナニー有害論の典拠のひとつとなり、宗教界、教育界、医学界などに大きな影響をおよぼした。

➡セクシュアリティ、ルイ13世の幼年期

● 参考文献

Comfort, Alex. 1967. *The Anxiety Makers: Some Curious Preoccupations of the Medical Profession.* London: Nelson.

Gilbert, Arthur N. 1975. "Doctor, Patient, and Onanist Diseases in the Nineteenth Century." *Journal of the History of Medicine and Allied Sciences* 30: 217-234.

Hall, Lesley A. 1992. "Forbidden by God, Despised by Men: Masturbation, Medical Warnings, Moral Panic, and Manhood in Great Britain, 1850-1950." In *Forbidden History: The State, Society, and the Regulation of Sexuality in Modern Europe: Essays from the "Journal of the History of Sexuality,"* ed. John C. Fout. Chicago: The University of Chicago Press.

Hare, E. H. 1962. "Masturbatory Insanity: The History of an Idea." *Journal of Mental Science* 108: 1-25.

Stengers, Jean, and Anne Van Neck. 2001. *Masturbation: History of a Great Terror*, trans. Kathryn Hoffman. London: Palgrave. ジャン・スタンジェ／アンヌ・ファン・ネック『自慰──抑圧と恐怖の精神史』（稲松三千野訳、原書房、2001年）

Spitz, René A. 1953. "Authority and Masturbation: Some Remarks on a Bibliographical Investigation." *Yearbook of Psychoanalysis* 9: 113-145.

Stolberg, Michael. 2000a. "Self-Pollution, Moral Reform, and the Venereal Trade: Notes on the Sources and Historical Context of 'Onania' 1716." *Journal of the History of Sexuality* 9: 37-61.

Stolberg, Michael. 2000b. "An Unmanly Vice: Self-Pollution, Anxiety, and the Body in the Eighteenth Century." *Social History of Medicine* 3: 1-2.

（LESLEY A. HALL ／山口理沙訳）

マン、サリー（Mann, Sally, 1951-）

自分の3人の子どもを被写体とするサリー・マンの写真は、1984年から1996年頃に撮影され、子ども期を目に見えるかたちでいかに表現するかという問題に新たな、そして影響力に満ちた可能性を切り開いた。マンのカメラは、感傷的な表現を避け、**セクシュアリティや危険性、凶暴性**といったものを宿した光景を切りとる。マンの子どもであるエメット、ジェシー、ヴァージニアを、自宅や自宅周辺のヴァージニア州の田舎で撮影した60枚を収録した写真集『イミーディエイト・ファミリー』（*Immediate Family*）の出版を機に、マンの作品は1992年、はじめて公の関心を集めた。作品にみられる虐待性や搾取的な面を指摘する者もいたが、多くの批評家は、マンが子ども期に対するより誠実な視点を明らかにしたと述べた。1990年代、マンの作品はいく度となく、**児童ポルノ**関連の議論のなかで引きあいに出されていた。しかし、ロバート・メイプルソープ[*1]のようなほかの写真家たちとは異なり、マンが訴訟の危機に立たされることはなかった。それどころか『イミーディエイト・ファミリー』刊行後、マンは「国立芸術基金」（the National Endowment for the Arts）から表彰を受けている。

卓越したテクニシャンであるマンは、子どもたちを大判カメラで撮影する。彼女が撮る白黒写真は、純粋であり、明暗に富んでいる。彼女の写真には、自発性への示唆がみられる一方、作品の大半は注意深く演出されたものである。マンの作品は、エドワード・ウェストン（1886-1958）やチャールズ・ドジソン（**ルイス・キャロル**）、ジュリア・マーガレット・キャメロン[*2]といったアーティストたちによって撮影された、初期の古典的な子ども写真を意識的に引き合いに出している。このような戦略によって、彼女の写真は地位の高い歴史的コンテクストのなかへと書きくわえられ、それと同時にマン自身による新たな手法に光をあててもいる。1989年の『堕ちた子ども』（*Fallen Child*, 1989）のなかでは、マンの末娘ヴァージニアの裸体が、草の茂る芝生の上に横たわり、輝くように刈り後を作っている。ヴァージニアは顔を下に向け、腕は下で組まれている。天使のように着飾った子どもを撮影したキャメロンの写真を参照しつつ、カールした金色の巻きひげ草が、後光がさしているかのように彼女のまわりに広がっている。カメラはヴァージニアの背中側に配置され、あたかも見る者に、思いがけず彼女に遭遇したかのような感覚を起こさせる。彼女は傷ついた子どもであり、また、地上に堕ちた天使でもあるのだろう。ヴァージニアの背中の、一目見ただけでは黒っぽいかすり傷のように思われるものは、じつは刈りとった草である。われわれの目に彼女は、新鮮なサヤヌカ草のなかを夢中になって転げまわる子どものように映る。『堕ちた子ども』を、**児童虐待**や純粋性の喪失を

表現した、芸術史へのジョーク、あるいは慎重に作り上げられた形態構成と解釈することもできるだろう。

マンは、1951年にヴァージニア州のレキシントンで生まれた。彼女はホリンズ大学で文学修士と学士号を取得している。1971年から1973年までの期間には、デンマークのプレスティガード写真学校で写真術を学んだ。また彼女は、エーゲ・ファインアート学校とアンセル・アダムズ・ヨセミテ・ワークショップでも教わっている。マンは国立芸術基金と全米人文科学金の助成を受けた。彼女の写真は、モダンアート・ミュージアム、メトロポリタン・ミュージアム、ホイットニー・ミュージアムを中心に収集されている。マンは、ヴァージニア州レキシントンに暮らし、仕事をしている。

[訳注]
*1 ロバート・メイプルソープ (Robert Mapplethorpe, 1946-1989) ――アメリカの写真家。性描写の写真で論議をよんだ。
*2 ジュリア・マーガレット・キャメロン (Julia Margaret Cameron, 1815-1879) ――インド生まれのイギリスの写真家。イギリスの詩人テニソン (Lord Alfred Tennyson, 1809-1892) やアメリカの詩人ヘンリー・W・ロングフェロー (Henry Wadsworth Longfellow, 1807-1882) らの人物写真が有名。

➡ヴィクトリア時代の美術

● 参考文献

Ehrhart, Shannah. 1994. "Sally Mann's Looking-Glass House." In *Tracing Cultures: Art History, Criticism, Critical Fiction*, ed. Miwon Kwon. New York: Whitney Museum of American Art.

Higonnet, Anne. 1998. *Pictures of Innocence: The History and Crisis of Ideal Childhood*. London: Thames and Hudson.

Mann, Sally. 1992. *Immediate Family*. New York: Aperture.

Weinberg, Jonathan. 2001. *Ambition and Love in Modern American Art*. New Haven, CT: Yale University Press.

(A. CASSANDRA ALBINSON／内藤紗綾訳)

マン、ホーレス
(Mann, Horace, 1796-1859)

敏腕政治家であったホーレス・マンは、マサチューセッツの公教育制度の創設に尽力した南北戦争以前の教育改革家として知られている。現在、その功績を讃えて、マンの立像が州議会議事堂前に設置されている。マンは、法律家として成功したのち、マサチューセッツ州議会とアメリカ議会の議員をつとめ、創設まもないカレッジの学長となった人道主義的な改革者であった。

マンは、マサチューセッツ州フランクリンに生まれ、貧しいピューリタン的環境の下で成長した。彼が受けた学校教育は、当時の典型であり、職能にとぼしい教

ホーレス・マン (1796-1859)*

師が教える教区学校 (District School) に短期間通っただけであった。しかし、その一方で彼は、タウンにあった図書館の蔵書をむさぼり読んだようである。彼は近隣のブラウン・カレッジに1816年、20歳のときに(通常よりも遅れて) 2年生として入学を許可された。彼はクラスの成績最優秀者として卒業し、1年後にふたたびカレッジに戻り、何学期かをチューターとして勤めた。彼は、地元の法廷弁護士の手ほどきで法律書を学び、リッチフィールド法律学校 (コネティカット州) に出席して、1823年に弁護士資格を取得した。4年後の1827年、開業していたデーダムから州議会の下院議員に選出され、彼いわく「人類の利益」に捧げるその後30年間におよぶキャリアがはじまった。1830年、彼はシャーロット・メッサーと結婚した。彼女は、ブラウン大学の学長で、マンの初期のメンターであったエイサ・メッサーの娘であった。2年後、この妻が [23歳で] 亡くなった後、マンは議員を辞職し、法律家としての実務を続けるためにデーダムからボストンに移った。1834年、彼はボストンの代議士として州議会に選出された。

質素な環境に生まれたマンではあったが、マサチューセッツの名士のひとりとなった。1843年に結婚した彼の2番目の妻メアリ・ピーボディ (Mary Tyler Peabody Mann, 1805-1887) は、社会改革に邁進していたエリザベス・ピーボディ*1の妹であった。マンは、はじめは国民共和党を支持していたが、のちにホィッグ党員となった。議会での彼の立場は道徳的改革

をめざす立場であった。彼が行なった初の演説は宗教的自由を擁護するものであり、次の演説では、鉄道事業を支援することで繁栄がもたらされ、それによって民衆知性の増進と道徳的改善がもたらされるという主張を展開した。彼は禁酒運動の熱心な支持者であり、精神病者ための最初の州立施設の創設の貢献者であり、穏健派の奴隷廃止論者であった。しかし、彼の名が今日まで伝わっているのは、彼がコモンスクールにのために尽力した功績であった。

マサチューセッツは、早くも1647年にローカル・コミュニティが学校教育を支援するように命じていた。しかし、19世紀まで、州内の学校は地方財源に依存する貧弱な状態であった。州議会は、ヨーロッパにおける教育改革のいくつかの報告や国内に台頭してきた運動に触発され、また、エドモンド・ドワイト、ジェームズ・G・カーター、ジョシュア・クインシー、チャールズ・ブルックス、州知事であったエドワード・エヴァレットのような著名人の尽力によって、1837年4月20日、法案を可決して州の教育委員会を創設した。その1カ月後、マンは、そのときから、「わたしが責任を負うべき依頼人は、次の世代である」と宣誓して、その委員長への就任を受諾した。それからの12年間、彼は、教育を通じてこの依頼人につくしたのである。

だが現実には、この教育委員会には実質的権限は何もあたえられていなかった。その役割は、学校の状況についての情報を収集し、発信することであった。マンは、市民や教師たちを前に教育問題について講演し、またみずからの主張を公表して世間に広めるために12の年次報告を活用した。1837年の最初の年次報告は、快適な学校建築、有能な教師、専従の教育委員会、広範な公的援助の必要性などをふくむ改革案を紹介するのに役立った。1848年の12番目にして最後の年次報告は、もっとも思慮深いものであり、彼の告別の辞——公教育を支持する賛歌——であった。ほかの年次報告書には、言語教育、教員養成、音楽と健康教育、義務就学、学校図書館（同様に無償の公共図書館）の必要性、すぐれた学校が経済的利益となることなどが掲載されていた。マンは、第7年報（1843年）においてヨーロッパでの学校視察を要約し、プロイセンの学校で参観したペスタロッチ主義の教授方法を賞賛した。しかし、ボストン校長会の怒りに満ちた反応によって、冗長で辛辣な論争がくりひろげられることになってしまった。

マンにとって、公的資金による**コモンスクール**は、見識と高い関心をもつ市民と優秀な教師たちの存在なしには成功は不可能であった。地方の実力者たちは、州政府の監督と中央政府の圧力を受けて、ふたたび関与することを余儀なくされた。優秀な教師は最新の教授技術を身につける必要があり、**しつけ**（規律）よりも動機や奨励、一人一人の子どもの個性を見きわめていくことが強調された。カリキュラムは、州内のあらゆる子どもたちのために考案されたうえで、高潔かつ責任ある市民を育成するために不可欠なあらゆる事項を網羅する必要があった。マンは、学校とは知的で、政治的で、そしてもっとも重要な要素として（自由主義的で、非宗教的で、当時のプロテスタント・エリートの）道徳的権威が付与されるべきであると確信していた。

1839年、（教員養成のための）最初の公立師範学校がマサチューセッツ州レキシントンに開設され、その直後にさらに2校の設立が続いた。だが、民主党出身の州知事が節約を説き、学校の統制権を地方に返還すべく党派的政争をあおったため、教育委員会の存在は危機に瀕することとなった。しかし、委員会は存続し、1848年にジョン・クインシー・アダムズに連邦議会の議席があたえられるまで、マンは委員長でありつづけた。同年後半、マンはみずから立候補して当選を果たし、その後、自由土地党（Free Soil）候補としても再選された。彼は、マサチューセッツ州知事選挙に敗れる1853年まで、上院議員をつとめた。

マンは、高等教育にはほとんど関心をいだいていなかったものの、西部を遊説旅行しているとき、オハイオにおける非宗派的な男女共学カレッジの設立案に興味をもち、1853年にイエロー・スプリングスで設立途上にあったアンテオーク・カレッジの学長就任を受諾した。破綻寸前であった財政、教授陣の反対、キャンパス倫理基準の導入などの逆風にもめげず、カレッジは存続し、第1期生16名（3人の女性をふくむ）が1857年に卒業した。ほかの高等教育機関がマンを学長に招聘しようとしたが、彼はそれらを固辞し、1859年8月に亡くなるまでアンテオークにとどまった。その年の卒業生への最後の式辞における「諸君が人類のために勝利をおさめるまで、死することを恥とせよ」というよびかけは、彼自身の人生を総括する言葉であった。

［訳注］

*1 エリザベス・パルマー・ピーボディ（Elizabeth Palmer Peabody, 1804-1894）——アメリカの教育者。アメリカで英語で教育する最初の幼稚園を開いた。マサチューセッツ州の医者の娘として生まれ、ボストンで超絶主義思想家のアモス・ブロンソン・オルコット（Amos Bronson Alcott, 1799-1888）の実験的なテンプルスクールで助手としてはたらいたが、この学校はまもなく閉鎖された。その後、オルコットがドイツの教育思想を模範にしていた幼児教育の哲学と彼の学校の計画を網羅した「学校の記録」を出版するいっぽう、自宅で書店を開業して、内外の書籍を販売した。50歳代のなかばすぎにウィスコンシン州で幼稚園を開設していたドイツ人のマルガレーテ・マイヤー（Margarethe Meyer, 1833-1876、シュルツ夫人。当時20歳代なかばであった）を訪ね、フレーベルの幼

児教育思想に心を動かされ、1860年に自分の幼稚園を開設した。その後、60歳をすぎる頃、みずからドイツに調査旅行に出かけるなど、積極的に幼稚園至上主義を掲げて運動を展開し、アメリカの教育制度に幼稚園を位置づかせるうえで大きな影響力をもった。早い時期から、子どもの遊びの価値に注目し、子どもの遊びが本質的に発達や教育において固有の価値をもつことを確信していた。ピーボディの妹の一人ソフィアは作家のナサニエル・ホーソーン（Nathaniel Hawthorne, 1804-1864）の妻であり、もう一人の妹メアリはホーレス・マン（Horace Mann, 1796-1859）の二人目の妻である。1844年頃、フランス語訳の「南無妙法蓮華経」の一部をはじめて英訳するなど、仏教の仏典の英訳を刊行したことでも知られる。

➡義務就学、都市の学校制度の誕生、ペスタロッチ（ヨハン・ハインリヒ・）
● 参考文献
Cremin, Lawrence A., ed. 1957. *The Republic and the School: Horace Mann on the Education of Free Men.* New York: Teachers College Press.
Mann, Mary Peabody. 1867. *Life of Horace Mann, By His Wife.* Boston: Walker, Fuller.
Messerli, Jonathan. 1972. *Horace Mann: A Biography.* New York: Knopf.

（EDITH NYE MACMULLEN／佐藤哲也訳）

ミーガン法（Megan's Law[s]）

　ミーガン法は、性犯罪で有罪となった者が刑期を終えて出所した後にもその所在地を地域社会の住民に告知する法令の一般名称である。そのような法令は一般的には性犯罪者の住所登録を求める法律と一体になっている。この法の名称のもとになった7歳の少女ミーガン・カンカ（Megan Kanka）は1994年、ジェシー・ティメンデュカス（Jesse K. Timmendequas, b.1961）にレイプされたのちに殺害された。ティメンデュカスは過去に2度、性犯罪を犯して有罪となっていたが、ニュージャージー州ハミルトン郊外のミーガンの家の向かい側に引っ越してきた。彼は「常習性強迫的性犯罪者」（repetitive-compulsive sexual offender）と診断されており、アヴェネルのニュージャージー州性犯罪者治療施設に収容されていた。こうした背景ゆえに、この事件は非常な憤激をひき起こしたのである。アメリカ人は、性犯罪者を「病気」（sick）とみなすことがあるにしても、専門家が性犯罪者を治療して更正させることができるとはもはや信じなくなった。この信頼の喪失によって、性犯罪が子ども期に由来するという見方や、男性が犯罪者になるのをどう防ぐかという1930年代に登場した見方は先細りになった。犯罪者自身がその子どものときには被害者であったという明白な事実があっても、1990年代になると、それは「加害者が自分を被害者に見せかけている」のだとして、徐々に信憑性を失っていった。もし専門家と裁判所が子どもを性犯罪者から守ってくれないのなら、その役目は、ほとんど必然的に親によって代表される地域住民が負うことになる。この議論は、もしティメンデュカスの隣人たちが彼の過去について告知されていれば、この犯罪は防げたのではないかという未検証の考えに依存している。だが、それによって、以前は警察やほかの公的機関にゆだねられていた監視に一般住民が参加するというラディカルな運動が生みだされることになった。

　性犯罪者情報を地域住民に告知する法を求める運動は、無垢な子どもという政治的で象徴的な力をあてにしていた。ミーガン・カンカやこの地域で犠牲となったその他の子どもの名前とイメージを法に結びつけることで、保護された無垢な子ども期の「消滅」という広く流布した不安によって、すでに過敏になっていた感情がさらにあおられ、この法に反対するどころか冷静に熟慮することさえ政治的には困難になった。それには部分的に、1970年代以降、「第三者による」**誘拐**と結びついて広がった不安と恐怖による影響があった。無垢な子どもというイメージに結集する草の根運動は成功をおさめ、再犯者の地域住民への告知および性犯罪者登録法は2002年に全米50州で、さらに連邦政府によって採択された。

　全米で採択されたにもかかわらず、ミーガン法はいまなお非常な論議をよんでいる。この法は規制的というよりも処罰的であり、したがって残虐で尋常でない処罰と遡及法に対する憲法上の保護に違反し、犯罪者のプライバシーを侵害しているという批判がなされてきた。実際、この法は自警団的態度を助長し、犯罪者の社会復帰をほとんど不可能にしていると批判されている。この観点からすれば、ミーガン法は1960年代以降フェミニストが促進してきた**近親相姦（インセスト）**と**児童虐待**に焦点を合わせた運動に対する反動の一部であった。2002年2月、連邦最高裁判所は、アラスカ州の告知法が法の遡及を禁止した連邦法に違反して例外的な処罰を科しているかどうかについて決定をくだすことに合意した。そして最高裁は、2003年3月、ミーガン法を支持したのである。

➡セクシュアリティ、ペドフィリア（小児性愛症）、法律と子ども
● 参考文献
Cole, Simon A. 2000. "From the Sexual Psychopath Statute to 'Megan's Law': Psychiatric Knowledge in the Diagnosis, Treatment, and Adjudication of Sex Criminals in New Jersey, 1949-1999." *Journal of the History of Medicine and Allied Sciences* 55: 292-314.
Davis, Peter. 1996. "The Sex Offender Next Door." *The New York Times Magazine* July 28: 20-27.
Jenkins, Philip. 1998. *Moral Panic: Changing Concepts of the Child Molester in Modern America.* New Haven,

CT: Yale University Press.
● 参考ウェブサイト
Parents for Megan's Law. 2000. "Megan's Law Clearinghouse." Available from 〈www.parentsformeganslaw.com〉

(STEPHEN ROBERTSON／太田明訳)

ミード、マーガレット (Mead, Margaret, 1901-1978)

1901年11月16日、マーガレット・ミードは、ペンシルヴァニア州フィラデルフィアの、ある学者の家に生まれた。彼女はバーナード・カレッジで学び、コロンビア大学でルース・ベネディクト[*1]とフランツ・ボアズ[*2]らと共同研究し、文化人類学の学位を取得した。ミードは、ニューヨーク市のアメリカ自然史博物館の研究員として、その専門職の生涯の大半をすごした。1924年から1936年にかけて、彼女は八つの異なる文化圏で実地調査を行ない、残りの人生をかけてこれらの大半について、膨大な著作を書いた。第2次世界大戦がはじまると、ミードは著作の大半を公的な問題に向けて書いた。ミードは、1978年11月15日にニューヨーク市で没した。

ミードは、ボアズとともに文化人類学を研究していた頃、文化が青年期におよぼす影響を実証するため、サモアに出かけた。その著書『サモアの青年期』(Coming of Age in Samoa, 1928) は、青年期が生物学的な強制的原則よりも文化的な先入観によるものであるとの新しい知見をもたらした古典である。

サモアでは青年期の少女 (adolescent girls) は、年長の少女に明確にあらわれる身体的な諸変化が年少の少女に欠落しているという重要な点で、まだ思春期に達していないその妹とは違っていた。これ以外には大きな差異は何もなかった。

ミードは、サモアの若い女性は性にかんする問題で抑制や神経症に悩むことはあまりないとも報告した。ミードの著作は、その冒頭から思春期の少女のセクシュアリティについてのひらかれた議論と現代の道徳観の意識的逆転を示して、20世紀なかばの主要なテキストとなった。成年に達することは、同じことがくりかえされることではけっしてないのである。

ミードは、彼女の時代のジェンダー問題への態度を表明するために同じ議論を何度もくりかえした。彼女は次のように書いている。「われわれは、次世代を創ることへの貢献を除けば、男性と女性のあいだにはなんら差違はないと明言できる文化をまったく知らない」(Mead, 1949, p. 8)。ミードは、男性と女性のあいだに生物学的な違いはあっても、その違いがどのような特徴をもつかは、彼らが人生の舞台に立ち、意味

マーガレット・ミード (1901-1978)*

を解釈し、結果をもたらす文化環境に大きく左右されると考えた。

ミードは、その後の実地調査のなかで、ニューギニアの年少の子どもたちと、バリ島のよちよち歩きの子どもたちを研究した。どちらの場合にも、彼女は、「もっとも重大なコミュニケーションを担い、また、文化的に調和のとれた性格構造の発達にとって決定的に重要な子ども-他者行為において、こうした文化の違いがもたらすもの」(Mead and Macgregor, p. 27) を実証することで、子育ての過程に文化的分析をくわえた。「子ども-他者行為にもたらされる」帰結に生じた差異についての実証は、子どもの発達、ジェンダー、そして欲求にかんするヨーロッパ的なカテゴリーに異議申し立てをした。ミードは、自然なものと生得的なものについてアメリカ人の心に深くきざみこまれた偏見を打ち破るために、大衆雑誌やテレビ番組などで、人間の多様性という概念を用いるのが常であった。

ミードは、20冊以上の書物を書いたが、そのうちのいくつかが専門書で、大半は一般向けであった。彼女は、人類学の公の顔として、集中的なフィールドワークにもとづいた比較法を喧伝した。ミードにとって人類学は、道徳問題のための情報センターであった。彼女は、自分が研究した人びとのあいだの相互作用と意味解釈のパターンを抽出し、記録し、表現するためにあらゆる手段を利用しようとした。彼女は、グレゴリー・ベイトソン[*3]とともに、さまざまな文化における生活と学びについてのフォトグラフィック・ドキュメンテーション (写真による資料化) の草分けとなった。

文化と性格は映像におさめることができた。なぜなら、これらは教育と学習をいっしょに行なう人によって厳密に取り組まれるものであるからである。ミードは、バリ島の調査から次のようなすばらしいイメージを提示している。

アメリカ人の母親は、子どもたちに正しい言葉づかいをくりかえし物まねさせようとするが、バリ島の母親たちは自分で直接そうした言葉を気軽に朗唱する。すると子どもは最後には、いつのまにかすらすらとそれを口にするようになる。別の人がそれを身につけるのに、まるで以前から身につけていた古い着物を着るように（Bateson and Mead, 1942, p. 13）。

人びとは、不十分ではあるが堅実な結果につながるもちつもたれつの関係で、古着を身にまとうように、お互いが相手に合わせて暮らす。母親と息子の相互作用を撮影した2分間にわたる9枚の写真のなかで、ベイトソンとミードは、バリ島の人びとが、参加者が、婚約しておらず、お互いが相手を前にして——ふれあう場合でさえ——相手を思いどおりにせずにいっしょに暮らせるようにする方法である、待ちつもたれつの関係である、「アウェイネス」（awayness）をどのように実践するかを示している。写真に書きとめたメモのなかで、ミードは、アウェイネスによって特徴づけられる「文化的に正常な性格構造」の子どもと他者の関係の行為において、隠し立てをしないことが重視されている点を指摘している。母親は子どもを近くによびよせ、子どもを刺激（写真1～2）し、母親と子どもがすっかり退屈してしまって離れるまで（写真9）、どこか他人のところに行く（写真3～8）。

ミードは、いまなお賞賛と論争の原点でありつづけている。彼女の死後まもなくして、デリック・フリーマン（1983年）は、若い頃のミードは、彼女が調査したサモアの情報にだまされていたと断言した。フリーマンの見解では、彼女は愚直で、文化は、生物学とは違って、主要には人びとの行動の系統化のなかで生まれると考えたボアズの立場を確認することに駆りたてられた。ミードが性的な自由だと見ていたことを、フリードマンは強姦と見ていた。ミードが寛大で公平無私とみていたことをフリードマンは嫉妬と攻撃と見ていた。ミードが協調性があると見ていたことをフリードマンはヒエラルキーと対立感情があると見ていた。その結果生じたフリードマン／ミード論争は、彼女を強く支持するかたちで決着した。ミードがサモアを去ったのち、ミードが調査した村で数十年研究したローウェル・ホームズは、次のように述べた。

先駆的な科学研究でまちがいを犯す可能性が大きく、まだ若い年齢（23歳）であり、彼女がまだ未経験であったにもかかわらず、彼女が行なったサモア

研究の妥当性はいちじるしく高いものであることが、わたしにはわかった。サモアでは、1925年のアメリカにおいてよりも成人するのが非常に容易であることは疑いを入れないというミードの結論を、わたしも確認している。

20世紀後半と21世紀初頭の論争は、ミードの科学の質が高くないという理由でよりも彼女が西ヨーロッパの植民地主義と帝国主義に結びついた科学にかかわっていたことを攻撃している。それにもかかわらず、クリフォード・ギアーツ[4]やジェームズ・ブーンのような主導的な人類学者はいまも、彼女の著作、彼女の方法、そして新しい観点から社会問題に立ち向かうために人類学を活用しようとする彼女の猛烈な努力を賞賛しつづけている。

[訳注]

*1 ルース・ベネディクト（Ruth Benedict, 1887-1948）——アメリカの文化人類学者。日本文化の型を研究した『菊と刀』（The Chrysanthemum and the Sword: Patterns of Japanese Culture, Houghton Mifflin, 1946）で広く知られた。ベネディクト『菊と刀——日本文化の型』（長谷川松治訳、社会思想社、1967年）。

*2 フランツ・ボアズ（Franz Boas, 1858-1942）——ドイツ生まれのアメリカの人類学者。文化的相対主義を唱え、多くの人類学者を育てた。

*3 グレゴリー・ベイトソン（Gregory Bateson, 1904-1980）——イギリス出身のアメリカの文化人類学者。ミードの公私にわたるパートナーとして多方面で活躍し、精神病棟でのフィールドワークから、「ダブルバインド」という概念を生みだしたことでも知られる。ベイトソン『精神と自然——生きた世界の認識論』（佐藤良明訳、新思索社、改訂版2001年）

*4 クリフォード・ギアーツ（Clifford Geertz, 1926-2006）——アメリカの文化人類学者。1926年サンフランシスコ生まれ。アンティオク・カレッジで哲学の学士号（1950）、ハーヴァード大学社会関係学研究科で人類学博士号を取得（1956）。カリフォルニア大学（バークレー校）助教授、シカゴ大学助教授・準教授・教授をへて、1970年にプリンストン高等研究所の社会科学部門教授となった。1982年よりハロルド・F・リンダー特別教授、2000年より同部門の名誉教授。マックス・ウェーバーやタルコット・パーソンズの構造機能主義的社会学における行為と意味の社会学、アルフレッド・シュッツの現象学的社会学などを援用した象徴的な意味を解釈する象徴人類学を構築した。「劇場国家論」などで広く知られ、20世紀の社会科学全般に大きな影響をおよぼした。ギアーツ『ヌガラ——19世紀バリの劇場国家』（小泉潤二訳、みすず書房、2010年）、ギアーツ『文化の読み方／書き方』（森泉弘次訳、岩波書店、2012年）

➡子ども期の社会学と人類学

●参考文献

Bateson, Gregory, and Margaret Mead. 1942. *Balinese*

Character: A Photographic Analysis. New York: New York Academy of Sciences. ベイトソン／ミード『バリ島人の性格――写真による分析』（外山昇訳、国文社 2001年）

Bateson, Mary Catherine. 1984. *With a Daughter's Eye.* New York: William Morrow.

Freeman, Derrick. 1983. *Margaret Mead and Samoa.* Cambridge, MA: Harvard University Press. フリーマン『マーガレット・ミードとサモア』（木村洋二訳、みすず書房、1995年）

Holmes, Lowell. 1987. *Quest for the Real Samoa.* New York: Bergin and Garvey.

Mead, Margaret. 1928. *Coming of Age in Samoa.* New York: William Morrow. ミード『サモアの思春期』（畑中幸子訳、蒼樹書房、1993年）

Mead, Margaret. 1930. *Growing Up in New Guinea.* New York: William Morrow.

Mead, Margaret. 1949. *Male and Female.* New York: William Morrow. ミード『男性と女性――移りゆく世界における両性の研究（上下）』（田中寿美子訳、東京創元社、1982-3年）

Mead, Margaret. 1972. *Blackberry Winter: My Earlier Years.* New York: William Morrow. ミード『女流文化人類学者の青春――Blackberry Winter』（相沢敬久訳、英宝社、1988年）

Mead, Margaret. 1977. *Letters from the Field.* New York: Harper and Row. ミード『フィールドからの手紙』（岩波現代選書）（畑中幸子訳、岩波書店、1984年）

Mead, Margaret and Francis Macgregor. 1951. *Growth and Culture.* New York: G. D. Putnam and Sons.

Sullivan, Gerald. 1998. *Margaret Mead, Gregory Bateson, and Highland Bali: Fieldwork Photographs of Bayung Gedé.* Chicago: University of Chicago Press.

（RAY MCDERMOTT／北本正章訳）

ミルン、A・A（Milne, A. A.）
➡児童文学（Children's Literature）

命名（Naming）

名前は、ある人物にアイデンティティ［存在証明］を付与する。しかし、子どもに名前を授けることには、たんなる指名や公的機関への登録といった行為を超える意味がふくまれている。すなわち、名前とは表層的な現象なのではなく、社会文化的コンテキストに深く埋めこまれた文化的アイデンティティの表現なのである。したがって、命名は人間の社会的誕生とみなされ、しばしば統合儀礼という形態で行なわれる。このことをあらわす例が、キリスト教の洗礼である。また、公式のファースト・ネームにくわえて、あだ名、仮名、愛称といったさまざまな非公式の名前が存在する。

アイデンティティと多様な社会文化的関連性

近年の命名文化と現在の傾向が示す特徴は、歴史上の慣習を参照することによってはじめて理解可能となる。同時に、名前にかんする歴史的探究は、過去それ自体も理解可能にする。なぜなら名前は、日常生活や世界観、家族あるいは拡大家族内での、さらにはそれを超えた人びとの社会関係にかんする重要な諸側面を反映するからである。命名の慣習と名前のレパートリーは、さまざまな歴史的時期や文化的および言語的地域、そして民族的および宗教的帰属ごとに異なっている。これは、たとえば19世紀のアメリカでミドル・ネームが創設されたことにみられるように、子どもに付与される名前の数が文化依存的であったとしても、あてはまることなのである。複合的な名前は、しばしば社会的差異を示唆する。具体的な名前には、個人的な記憶、過去についての一般的な考えと未来への願望、社会的な絆や個人的な好みなどが反映されている場合がある。あるいはまた、順応性やある特定のイメージが示されている場合もある。以下では、ファースト・ネームの選定のためのいくつかの基準に焦点を置いて説明する。

命名は、ある程度まで、社会的な位置を決定づけることになる。なぜなら命名を通じて、親は、社会的状況においてみずからとその子どもがとる特定の立場を想定するからである。命名によって表明されるのは、適切性をはじめとするさまざまなレベルで、一方のジェンダーに特化した差異である。たとえば、いわゆる神の名――神の名前への言及をふくむもの――は、ユダヤ教やイスラム教では男性のために用いられ、キリスト教では女性に用いられる。

祖先や聖人にならった命名

名前にかんする最初の分類は、それが新たに創案されたものであるか、あるいは洋の東西をとわず特徴的にみられるように、その名前をもつほかの人物への敬意をあらわしたものであるかに応じて設けることができる。ほかの人物への敬意をあらわしてなされる命名は、宗教的帰属や家族の絆、あるいはその両方に対する高い価値観と凝集性がみられる時代や社会において重視されてきた。ほかの人物への敬意をあらわしてなされる命名のシステムは、地域ごとの差異をともないながらも、19世紀を通じて広範な影響力をもちはじめていた世俗化と個性化の進行にとって代わられた。個性、すなわちより一般的でない名前への願望の背景には、それによって子どもが祖先からの伝統や社会的状況から抜け出すことができるという基本思想があった。また、こうした基本思想は――これと不可分に結びついていた――いわゆる「自由」に名前を選択することへの願望もあらわしている。他方、ほかの人物への敬意による命名は「束縛」された名前の選択として知られ、これとは反対の作用をおよぼす。すなわち、

そうした命名は新生児を家族組織あるいは宗教的共同体に統合するための手段である。このことは、名前が強力な統合機能をもつことを意味する。カトリックあるいはプロテスタントとして特徴づけられる地域では、近代を通じて祖先や聖人にならった名前を子どもに付与する傾向が支配的であり、この傾向はほかのいくつかの側面にくわえて恭順という形態をあらわすものである。とはいえ、これら二つの準拠システムを、互いに競合的あるいは代替的なシステムと見る必要はかならずしもない。とりわけ重要な聖人にかんしては、これら二つが並行する準拠枠として併用される場合もあるからである。

中世盛期における聖人崇拝の過熱にともなって数多くの聖人の名前が流布した。聖人が属性としてもつさまざまな援助や加護という機能は、日常生活においていっそう重要なものとなり、聖人の名前は、暦や教会内の絵画、伝説、巡礼、遺物崇拝などを介して広まった。これにくわえて、聖人の名前は、ある特定の聖人に敬意を示すために特定の日を割りあてるなど、さまざまなやり方で日常生活に入りこんでいった。家族のなかのだれかにならって、あるいは支配者にならって、子どもに命名するという古い形式は、子どもに聖人の名前を授けることで、その子どもをある特定の聖人や守護聖人の特別な加護のもとに置くという考えによって補完された。暦の上での曜日や、各地域や集団に特有の伝統との結びつきといったほかの要素も、この選択に影響をおよぼした。

トリエント公会議（1545-1563）から数年たった1566年には、カトリック教徒の命名に際して聖人の名前をつけることが推奨され、その後これは1614年に「ローマ典礼」（the Roman Ritual）で規定された。このような制約が課された結果、いくつかの名前がきわめて集中的に用いられ、人びとが互いに同一の名前をもつという状況が広くみられるようになった。こうした一連の出来事は中世盛期にはすでにはじまっており、大幅な多様化が生じるのはようやく19世紀になってからであった。マリアやメアリといった名前は、カトリック地域では特別な位置を占めており、近代においてほかに類をみないほどのピークに達した。また、聖人と名前を結びつけるプロセスは、聖人祝祭日を聖名祝日[*1]として祝う慣習の伝播をともなった。ここには同じ名前をもつすべての人びとがふくまれ、彼らはいくつかの場所でまとまってお祝いを受けた。ある地域では20世紀中頃になってもまだ、聖名祝日がそれぞれの誕生日よりも重要だとみなされていた。このことは厳格なカトリック社会や東方正教会の社会にあてはまる事柄であったが、フィンランドでも同様に見受けられる。フィンランドでは、名前のレパートリーの変化に合わせるかたちで、聖名祝日暦がいまでも毎年更新されている。

対抗宗教改革を受けて生じた命名の新たな要素としてあげられるのは、**名づけ親（代父母）**の任務にふくまれる精神的な重要性が増したことである。名づけ親の非常に大きな役割は、その子に名づけ親にならって命名されることで部分的に表現された。名づけ親を選ぶ際の基準が明らかにしているのは、社会関係や組織形態の情報である。これらは、名づけ親がどの世代の出身であるのか、近親者であるのかどうか、親と名づけ親とが社会的に対等であるのか、また一人の子どもに対して複数の名づけ親が存在したのかどうかなどによって判断される。名づけ親の後見を通じて、新たな社会関係や婚姻関係、ネットワークが創られ、あるいは既存の諸関係が強化される。その際にかかわりあいのある諸関係には、互恵的なものも一方向的なものもふくまれる。

宗教改革の結果、プロテスタントの地域では聖書に記されていない聖人にならった子どもの命名が減少した。これは、聖人に対する仰々しい崇拝に宗教改革の支持者が反対していたからであった。また、子どもに授けることができるのは聖書の名前だけであるという格率にもっともよく従ったのは、改革派プロテスタントであった。こうした推移のなかで、旧約聖書の名前——たとえば、アブラハムやイサクといった名前——がふたたび用いられるようになった。またこうした傾向は、とりわけ17世紀にはクリスチャン・ネームの90パーセント以上を聖書の名前が占めていたイギリスやアメリカのピューリタンに見られた。その際人びとは、文字どおりの本来的な意味を保ちつつ、しだいに聖書の名前を彼ら自身の言語に置き換えようとするようになった。

規定と規制

命名にかんしてみられるもうひとつのきわだった特徴は、すでにこれまでのところで示唆しておいたように、命名の標準化である。一方には、命名が宗教による規制も国家からの規制も受けず、完全に親に一任されていた文化が存在し、他方には、命名にかんする規範的な規定を保持する文化が存在する。前者の文化における名前は、当然ながら後者のそれよりも一様性に欠ける。後者の文化では、どの名前がそもそも許容可能なのかを決定する規定によって選択に制限をくわえる標準化がなされる。ある特定の名前にかんする不承知は、冒涜的行為に対する歴史的、宗教的規制に由来する。他方で、現行の法規制は子どもの幸福に主要な重点を置いており、愚かしい名前や、攻撃的あるいは理不尽な名前から子どもを保護することがもくろまれている。一般的でない名前——あるいは、ある社会状況での慣習的な名前のレパートリーから突出した名前——が、プライドや嫌悪または無関心といった点で、その名前の担い手にどの程度受け入れられるか、あるいは拒否されるかは、それぞれが置かれている状況と社会環境による。西ヨーロッパの強い拘束力をもった

社会では、婚外子には、そうとわかるきわめて特殊な名前がつけられる（たとえば、1830年代と1840年代のフランスでは、非嫡出子の女児は司祭によって——処女性と結びつけられる聖フィロミーナ*2にならって——フィロミーヌ（Philomene）と名づけられることがよくあった）。

　同一家族の構成員にならって子どもに命名することと関連して、家族内での命名にかんして、子どもの**出生順位**と性別に依拠する比較的厳格な規則をもつ地域も存在する。そうした地域では、たとえば、非常に厳格な規制が適用されがちな長男は父方の祖父に、長女は父方の祖母に、次男は母方の祖父に、次女は母方の祖母にならって、それぞれ命名されねばならなかった。これとは対照的に、儒教と結びついた習俗で祖先崇拝が行なわれる社会では、家族が生きている間にそのうちのだれかにならって子どもに命名することは禁じられていた。カトリック信仰において、聖人の名前を授けられた子どもは、聖人祝祭日に洗礼を受けた。しかし、聖人にならって子どもに命名する際のタブーも存在し、それは当の聖人の祝祭日が暦の上ですでにすぎさっている場合であった。それにもかかわらず、死んでまもないきょうだいや親族がいる場合、それにならって子どもに命名することは一種の義務であるとみなされていた。

　移民や帰化といった背景や、異文化間の結婚や異文化間での血縁関係といった背景では、それぞれ異なる命名の論理や範例によって法規制上の問題が生じることがある。またそれぞれのシステムが両立不可能な場合には、そのことが個人のアイデンティティと順応性とのあいだに緊張関係をもたらすこともある。あとになってファースト・ネームを変更する際の条件にかんして、その手続きはさまざまな国や文化ごとに大きく異なっている。ヨーロッパの多数の国に比べ、英米圏での命名手続きは比較的リベラルである。名前の変更は、それがみずからの考案したあだ名であれ、たとえば修道院に入る際に新しい公的な名前とみなされるものであれ、人生の分岐点と新たな局面を示すものになりうる。こうした慣習は日本で広く見られ、とりわけ中世の人びとは、移転や資産相続の事実を周囲に公知する目的で、15歳から25歳のあいだに名前を変更していた。最後に、名前は呪文としても機能する——名前とその担い手とのあいだでは、肯定的な意味でも否定的な意味でも、魔術的な同定化がなされるからである。

個性化と世俗化

　具体的な命名慣習は、宗教改革と対抗宗教改革をめぐる混乱期においても徐々にしか変化しなかったが、ちょうどそれと同様に、19世紀と20世紀初頭における命名は、古い考えに対する根本的な打破というよりはむしろ共時性と、連続性と変化の諸要素からなる複合的な形態を特徴としている。親たちは、家族の構成員や名づけ親、聖人にならって子どもを命名するかわりに、小説の登場人物やオペラの主人公、俳優や女優、音楽家、歌手、スポーツ選手、友人や知人、政財界の覇者やその他の著名人にならって子どもに命名するようになった。しかしながら、同時にこうした名前には、まだ古いパターンにもとづいた個人的な個々の特定の願望との結びつきが見てとれる。決定的な違いは、個々の名前がもはや集合的なものとして認識可能な意味を含意せず、高度に個性化されている点にある。命名における個性化と世俗化の遅れは、すくなくとも部分的には、カトリック教会が20世紀の最初の10年間にあってもなお、聖人と対応しない新しい名前を受容せず、あるいはそうした名前を付与するのを困難にしたという事実による。

　ほかの点についてと同様、祖父母や親、名づけ親、そして聖人を命名の際のモデルとして用いることからの段階的な変化についても、さらなる検討が必要である。祖父の名前といった重要な個人への言及は完全に消滅したわけではなく、しばしばセカンド・ネームやサード・ネームとして用いられた。家族の構成員にならって息子に命名する慣習は、すべての社会集団およびヨーロッパにおけるさまざまな文化地域において、娘の場合よりもひんぱんに見られ、またより長く維持された。こうした現象は、男系の連続性がしばしば遺産との関係で明らかな重要性をもつとされる場合、とくに特徴的にみられる。名前を通じてあらわれる連続性への多大な要求もまた、移住や移民国での生活状況と関連づけることができる。たとえば、非常に過密な居住施設で暮らすユダヤ移民は、イタリア移民に比べて、伝統的な名前をいっそう集中的に用いるかもしれない。また戦争の後には、戦死した家族の名前にならって子どもに命名する傾向が強くみられる。

　個性化と世俗化がおよぼす影響は不可避であるにもかかわらず、命名慣習の変化は社会変動とそのまま平行する直線的なプロセスをたどるわけではない。さらに、数十年にわたって流行遅れだとされていた名前やその類型が再発見される場合もある。

名前の流行

　19世紀から20世紀初頭になると、かつて中心的に用いられていた典型的な名前がふたたび広範に用いられるようになった。こうした転換以降、命名の仕方にみられる傾向と流行は、ますます急速に変化していった。とりわけ国家的な緊張期や、言語的純粋主義*3の熱望と結びついた時期には、政治的なモチーフをもつ名前はくりかえし重要な役割を担った。ナチの時代には、狂信主義的な命名の慣習とならんで、命名にかんする制限規定や干渉が行なわれたことも明らかとなっている。革命的行為に合わせて、反体制的態度や共鳴をあらわすような仕方で政治的声明が名前のかたちを

とって表明される場合もあった。たとえば、1789年のフランス革命の結果、フランスではリベラルであると同時に世俗化された命名慣習が生まれた。またとりわけ、古代ローマの伝統に由来する名前の使用が増加した。たとえば、ジュール（Jules）という名前の流行*4が、その例としてあげられる。

名前のレパートリーの増加は、一般レベルでは、ごく最近の傾向であるといえるかもしれない。こうした現象は、主として多様な名前の使用と、自由かつ個人的な選択にもとづく名前の範囲の国際化によるものである。18世紀に生まれた80〜90パーセントの男女に用いられたのは2、3の名前にかぎられていたが、その一方で、たとえばミュンヘンで1995年に生まれた子どもの80パーセントには、18世紀には多くても4回しか用いられなかった名前がつけられている。同時に、もっとも一般的な名前にかんする年度統計のなかで命名の地域的特徴や言語依存的な特徴が考慮されるようになり、その結果、ファースト・ネームのつけ方に、ある特定の類型やパターンがみられることが明らかとなっている。個性化という観点からすれば矛盾しているように思われるかもしれないが、このことは、個人的な選択の背後には、ある特定の時代精神が存在していることを立証している。

名前の「自由」な選択は、美的感覚の要素を重視することにつながる。この理由から、「伝統的な名前」に代わって「お気に入りの名前」ということが口にされるようになった。たとえば、音韻、名前の発音、あるいはラスト・ネームとの調和の仕方といったことが、名前の起源や意味よりも重視されるようになってきている。したがって、音韻一般——音節の数、母音の豊富さ、耳触りのよい子音——もまた、名前の集合を形成するものでありうる。

自分の名前やほかの名前の担い手にかんする親の社会的経験もまた、名前の選択に一定の意識的な影響をおよぼす。マス・メディアも、とりわけ反発と影響の両方をひき起こす例として、重要な役割を担っている。たとえば、幅広い聴衆の感動をよぶために作られたテレビのシリーズものや、代表的な映画の主人公やタイトルには、すでに流行となっているか、すくなくとも一般的なものとなっている名前が選ばれる。しかし同時にそれは、マス・メディアの側が、ある傾向の引き金となり、それを強化する場合もある。これを端的に示す例としてひんぱんに引用されるのが、映画『ホーム・アローン』（Home Alone, 1990）である。この映画が公開された後、主人公の名前であるケビン（Kevin）の使用は統計的にいちじるしく増加した。さらに人口動態上の変化も、同様に考慮に入れなければならない。子ども数の減少は、「子どもらしさの演出」（すなわち、まるでオペラや演劇であるかのような子どもらしさの効果的組織化）をともなうものであり、こうした演出は命名とともにはじまる。ジェンダー関連の変化も名前に影響をあたえており、英語圏の諸国では、とりわけ女の子につけられる名前は非常に中性的なものになってきている。

➡名づけ親（代父母）

［訳注］

＊1 聖名祝日（name days）——キリスト教の信徒が洗礼を受けて命名される日。
＊2 聖フィロミーナ（Philomena, Filomena）——カトリック教会で崇敬されている殉教した少女のこと。4世紀に殉教した若いギリシアの王女であるといわれている。
＊3 言語的純粋主義（language purism）——言語が国民性や歴史性をおびるという前提の下に、その国の言語・文体・語彙などの点で外来表現や新語、造語などを排して、言語そのものの純粋性、原型を守り、文法的に厳格であろうとする立場とその思想。20世紀初めの美術理論の「純粋主義」（ピュリズム）から派生して言語学、文学界などで主張された。
＊4 ジュールという名前の流行——フランス語の人名ジュリアン（Julian）、ジュリアス（Julius）は、ローマ教皇ユリウス（Julius I, II, III）や、ローマ皇帝ユリウス・カエサル（Julius Caesar, 前100頃-44）に由来する。

●参考文献

Dupâquier, Jacques, Jean-Pierre Pélissier, and Danièle Rébaudo. 1987. *Le Temps des Jules. Les prénoms en France au XIXe siècle*. Paris: Editions Christian.

Fischer, David Hackett. 1986. "Forenames and the Family in New England: An Exercise in Historical Onomastics." In *Generations and Change: Genealogical Perspectives in Social History*, ed. Robert M. Taylor, Jr., and Ralph J. Crandall. Macon, GA: Mercer.

Hacker, J. David. 1999. "Child Naming, Religion, and the Decline of Marital Fertility in Nineteenth-Century America." *The History of the Family. An International Quarterly* 4: 339-365.

Henry, Louis, ed. 1974. *Noms et prénoms: Aperçu historique sur la dénomination des personnes en divers pays*. Dolhain: Ordina Éditions.

Kaplan, Justin, and Anne Bernays. 1997. *The Language of Names*. New York: Simon and Schuster.

Mitterauer, Michael. 1993. *Ahnen und Heilige. Namengebung in der europäischen Geschichte*. Munich, Germany: C.H. Beck.

Nagata, Mary Louise. 1999. "Why Did You Change Your Name? Name Changing Patterns and the Life Course in Early Modern Japan." *The History of the Family. An International Quarterly* 4: 315-338.

Picard, Jacques. 1990. "Prénoms de naissance et prénoms de baptême. Prénoms usuels. Un aspect de la mentalité religieuse rurale au XIXe siècle." *Annales de Démographie Historique*: 345-356.

Poppel, Franz van, Gerrit Bloothooft, Doreen Gerritzen, et

al. 1999. "Naming for Kin and the Development of Modern Family Structures: An Analysis of a Rural Region in the Netherlands in the Nineteenth and Early Twentieth Centuries." *The History of the Family. An International Quarterly* 4: 261-295.

Sangoi, Jean-Claude. 1999. "Forename, Family and Society in Southwest France (Eighteenth-Nineteenth Centuries)." *The History of the Family. An International Quarterly* 4: 239-259.

Smith, Daniel Scott. 1994. "Child Naming Practices, Kinship Ties, and Change in Family Attitudes in Hingham, Massachusetts, 1641 to 1880." *Journal of Social History* 18: 541-566.

Stewart, George R. 1979. *American Given Names: Their Origin and History in the Context of the English Language*. New York: Oxford University Press.

Vroonen, Eugène. 1967. *Les nomes des personnes dans le monde. Anthroponymie universelle comparée*. Brussels: Éditions de la Libraire Encyclopedique.

Watkins, Susan Cotts, and Andrew S. London. 1994. "Personal Names and Cultural Change: A Study of the Naming Patterns of Italians and Jews in the United States in 1910." *Social Science History* 18: 169-209.

（MARGARETH LANZINGER／渡邊福太郎訳）

メディアと子ども
(Media, Childhood and the)

　18歳になる頃までに、子どもたちが多様な形式のメディアとともにすごす時間は、学校でのそれよりも多くなる。このことは1950年代以降の産業諸国にあてはまり、子どもとメディアをめぐる論議のなかでたびたびもち出されてきた。この事実がよくもち出されること自体が、子どもの生活と大人の認識との双方でメディアが中心的な位置を占めていることの証拠でもある。

メディアの二面性

　近代のメディアは、18世紀以降の近代的な子ども期とともに発展してきた。メディア——安価な雑誌や「三文小説」にはじまり、映画やラジオ、そしてテレビやコンピュータ・メディアや携帯電話にいたるまでのメディア——は、具体的な技術の結集であると同時に、記号的、意味形成的プロセスの結集でもある。メディアの多くは商品であり、利用するには購入しなければならない。すなわち、メディアはおもに労働や学校の外部で用いられ、わずかばかりの余暇とお金を要求する。そして技術と同様に、メディアはアクセスと活用の度合に応じて子どもたちを差異化する。しかし他方でメディアは、子どもたちがほかの人びとや時代や場所と結びつくための方法でもある。というのも、メディアは時空を超えたメッセージを伝達しうるからである。このように、メディアは子どもたちを分割すると同時に統合もする。

　文字、会話や音声、静止画や動画、あるいはそれらが入り混じった記号を通じて、メディアは情報と娯楽を伝達する。メディアはこの点で世界へと通じる中立的な窓であると同時に、事実もしくはフィクションにもとづく説明によって世界をかたちづくるものでもある。いかなる記号も、意味をもつには解釈されなくてはならない。文字や会話を理解できるようになるには、訓練が必要となる。たとえば、読み方の訓練はしばしば、学校教育とともに歴史的に発展してきた定型的な訓練というかたちをとる。これとは対照的に、映像や音を解読する能力は、たしかにジャンルごとの特徴などを認識するにはメディアに接した経験が必要になるとはいえ、幼児期からの子どもの知覚能力の総体からなる。メディアを利用する子どもの能力と、そしてなにより大人の側からの反応やメディア利用を規制する彼らの能力には、こうした違いがかかわっている。

　このように、子ども期とメディアとの歴史的関係は、子どもによる多様なメディアの具体的かつ多岐にわたる利用と、その発展にかんする大人の側の反応と論議という、相互に関連した二つの次元で展開する。これらの論議の場を通じて制度的、規範的な枠組みが形成され、その内容と利用の仕方はそうした枠組みの内部あるいは外部に位置づくことになる。したがって、現実の子どもとメディアとの関係性がどのように発展してきたかを理解するには、子ども期とメディアにかんする公の論議の歴史的展開をたどることが必要不可欠なのである。

メディアをめぐる論議

　18世紀以降、新たなメディアはそれが社会的場面に導入されるたびに、社会・文化的規範をめぐる公の論議の焦点となってきた。これらの論議を通じて、まさにこうした規範が浮き彫りとなり、協議され、ときに修正を受ける。論議への参加者たちは、その大部分が専門家として教育や文化政策に関与するか、あるいは倫理的、宗教的議題に個人的な関心をもつ中産階級の人びとからなる。論議の対象は当初から、そのほとんどが（下層階級、群衆、大衆といった）階級とのかかわりで決められてきた。しかし、19世紀以降、ますます多くの子どもが経済的な生産と子育てをふくむ再生産が切り離された、近代的な意味での子ども期として定義しうる段階へと移行するのにつれて、徐々に年齢とのかかわりで論議の対象が決められるようになっていった。

　メディア一般を、とりわけメディアと子どもをめぐる公の論議は、ともに驚くほど同じような歴史をたどってきた。北アメリカのメディア学者であるジョリー・ジェンセンは1990年の著書『近代の復権——メディア

メディア——大量生産された片面刷りの広告からコンピュータや携帯電話にいたるまで——は、18世紀以降近代の子ども期の一部になっていた。©Ed Bock/CORBIS

批判の矛盾』（Redeeming Modernity: Contradictions in Media Criticism）のなかで、これらの筋道をそれぞれ楽観主義のディスコースと悲観主義のディスコースと名づけている。問題となっている新たなメディアの擁護者が提唱する楽観主義のディスコースは、おもに新たなメディアがもちうる合理性という側面に関連する。他方で、まさに同じメディアに対する批判者が提唱する悲観主義のディスコースは、それが同時にもちうる情緒性という側面に結びつく。新たなメディアは、子ども期と暗に大人の生活とに関連する広い意味での社会文化的問題について検討したり論じあうための、メタファーとなる。

街に流入する印刷物

自分のためのわずかな時間と私的に用いることのできるいくばくかのお金、もしくは両親の準備したメディアを自由に使えることが、子どもがメディアを利用するための条件である。その他の条件として、読む能力がこれにふくまれるかもしれない。というのも、子どもが利用可能なメディアのうち、ごく初期に登場し、長きにわたってもっとも一般的でありつづけたのは、印刷メディアだからである。

青少年向けの最初のメディアは、若者をとくにターゲットにしていたわけではなかった。18世紀には、感情を激しく刺激し、政治的な転覆の物語を満載したバラッドやブロード・サイド、チャップブックなどが荒削りな木版で印刷されて、幅広い読者層に読まれていた。1789年のフランス革命によって社会暴動への不安が広まると、ドイツやイギリスやアメリカといった国々は、こうした大衆小説がもたらしうる脅威を警戒するようになった。イギリスでは福音派のグループが、商業的な娯楽物への対抗手段として廉価版「叢書」を出版した。この廉価版叢書にはチャップブックのように装丁され、いわばオオカミの皮をかぶった羊ともいうべき体裁をそなえていた。そして、新たに設立された日曜学校やその他のモラルリフォームの場で、貧しい子どもたちへのご褒美として配られた。

初期のメディアのこうした展開から、子ども期とメディアをめぐる公の論議にふくまれる三つの重要な側面が明らかになる。第1に、近代のメディアは普遍的であるというもので、それは、あらゆる種類の情報と娯楽を多数の人びとに即座にとどける能力をもつからである。また子どもが利用するほとんどのメディア作品は若者を特定のターゲットにしたものではなく、このことは現在にもあてはまる。第2に、近代のメディアを契機として生じた幅広い問題を通じて、権力闘争の存在が明らかとなる。なぜなら、論議の焦点となっていたのは、論議に関与していた個人に対する規制で

はなく、集団に対するそれであったからである。多くの場合、子どもはだれよりも先に新たなメディアを使いはじめ、そのことによって既存の文化的標準と大人たちに異議を申し立てられる。そして大人たちは、議論を通じて文化的規範と社会文化的能力を要求し、またそれらの再定義を試みるのである。第3に、大人よりも脆弱で、それゆえ影響を受けやすい存在としての子ども観にもとづく、悪しきメディア内容への抵抗の試みがあげられる。論争を通じて青少年の知覚と大人の知覚がその後も区別されるようになったが、大衆的なメディア作品の多くはそうした区別をないがしろにしているように思われる。また、暴力や犯罪といった男の子と結びつく問題や、性といったおもに女の子と結びつく問題に、これら三つの側面すべてが集中する傾向にある。

　19世紀全体を通じて、産業化と都市化という二つの力が結合したことによって、より広範囲におよぶ年少者の読者層の基盤が形成された。ほとんどの工業国で、児童書のターゲットは中産階級の男女の読者であった。他方で、連載形式の安価な小説や雑誌が毎週あるいは隔週ごとに発行され、労働階級や下層中産階級の少年たちに犯罪小説・ミステリー・冒険物語などを提供した。こうした小説や雑誌が全盛期を迎えたのは第1次世界大戦以前であった。1830年代にイギリスで行なわれた調査によれば、労働階級の家庭の4分の3が書籍を所有しており、多くの子どもが識字能力（リテラシー）を手に入れようとしていたという。19世紀末頃になると、雑誌市場は非常に年少の読者や、中産階級や労働階級の少女たちをふくむまで多様化した。

　20世紀前半を通じてもなお、人気のあった子ども向けの印刷メディアは論議をまきおこしつづけた。いわゆるホラー・コミックスが登場した1950年代初めには、きわめて激しい論議が起きた。ホラー・コミックスに対してもっとも厳しい批判を展開したのはアメリカの心理学者フレデリック・ワーサムで、彼の1953年の著作『無垢な者の誘惑』（Seduction of the Innocent）には、当時流布していた見方が要約されている。とはいえ1900年代以降は、子ども向けの大衆的な読みものに対する不安の蔓延と、それとは別の、より楽観主義的な意見とのあいだに均衡関係が生まれはじめていた。一人で深める内省経験や趣味の向上といった、読書がもたらす有益な効果を称賛する教師や図書館員も存在した。そして、当時若者の注目を惹きつけはじめていた新たなメディアが、よりいっそう好まれるようになっていったのである。

公共の楽しみ

　映画、ラジオ、レコード、CDから、テレビ、ビデオ、コンピュータにいたるまで、20世紀初頭以降に若者が手にしたのは、おもに聴覚的あるいは視聴覚的な性質のメディアであった。大衆文学とは違って、これらのメディア（たとえば本）は、芸術や情報（たとえば真面目な新聞）として認められるメディアと、表現手段を共有するものではない。また大衆文学とは異なり、子どもはこれらのメディアを通じて、見たり、聞いたり、リズミカルに動いたりするための能力を、正式な訓練の制限を超えて発達させることができる。

　映画は、1896年に登場して以来、真の大衆メディアでありつづけ、鑑賞者の相当部分を、またときにはその大半を子どもや若い人びとが占めてきた。第1次世界大戦直後のイギリスでは、映画鑑賞者の約30パーセントは年少者であった。著名な社会学者であるシーボーム・ラウントリーは、1939年のニューヨーク市を対象とした包括的な研究のなかで、映画鑑賞者の半数以上が子どもと若い人びとであったと述べている。1930年代初頭の研究によれば、アメリカでは子どもと青年が映画鑑賞者の30パーセントを占めており、また小学校段階の子どもは月に平均2回、青年は週に平均1回映画を鑑賞していた。

　映画鑑賞は、本を読むこととは違って、ひとつの社交行事であった。映画館は公共の場であり、よびものはポスターや広告版によって目に見えるかたちで宣伝された——こうした特徴をもっていたため、その後すぐ映画館は年少者による公共の場の利用規制をめぐる論議の対象となった。この論議のなかでもっとも激しい論議の的となったのは青年であった。青年の多くが窮屈な状況で暮らしており、彼らはかならずしもスクリーンのなかだけとはかぎらない恋愛のための魅力的な空間を、映画館に見いだしていたのであった。

　両大戦間期には、多くの街と都市で年少の子どものためのシネマ・クラブと特別な適正審査が設けられた。こうした実践は、特別なプログラムによる鑑賞行動の監視と、商品との抱きあわせによる商業プロモーションとが組みあわさったものであった。たとえばアメリカでは、ディズニー・カンパニーが1931年にミッキーマウス・シネマクラブを立ち上げ、多大な人気を博した。若いメンバーは、このクラブで毎週ミッキー・マウスの動画や長編映画を楽しんだだけでなく、クラブ会則の朗読や「アメリカ国歌」の斉唱を行ない、ディズニーのおもちゃが賞品のコンテストにも参加した。公的規制と商業的規制とのこうした融合は広く受け入れられたが、このことは当時流布していたメディア観の文脈で理解されねばならない。

映画とメディア効果論

　第1次世界大戦後のドイツ人たちの多くは、戦場ではなく出版界における戦争に敗れたのだという思いをいだいていた。そして両大戦間期のヨーロッパと北アメリカでは、プロパガンダが専門家の中心的な関心事となった。こうした関心の背景には、メディアは人びとに直接的かつ重大な影響をおよぼすという広く受け

入れられた前提にもとづいていた——ただしその影響は、有益な結果と有害な結果の両方をもたらしうるものであった。

子ども期とメディアの歴史という観点から見ると、この想定には、子どもは影響を受けやすい被造物であるという18世紀後半に展開をみた子ども観が結びついていた。映画は視聴覚メディアであり、印刷メディア以上に外界との類似性が問われるという事実が、この結びつきにくわわった。それゆえ、映画が子どもにあたえる影響をめぐって集中的に問われたのは、模倣の問題であった。具体的には、スクリーン上の性や暴力にさらされた子どもはそれらを実生活でもまねるようになるのかといったことが問題になった。さらには、リアリズムがほかのメディア表現を評価する際のひとつの規範となった。メディアは直接子どもに影響をおよぼすとする前提は、美的な規範としてのリアリズムと一体化した。このことから、フィクションよりも事実のほうが子どもにとってより好ましいのかどうかをめぐる論議が生じた。公の論議は、情報のジャンルではすでに役立てられていたメディアの合理的な側面を評価する傾向にあった。そしてこの点に、先の問いへの答えがあらわれていた。これとは対照的に、感情的な側面——フィクションと関連する側面——には低い評価がくだされた。

映画の支持者がその教育的能力を論じる際に用いたのは、リアリズムという規範であった。映画は「労働者の大学」、「民主主義の劇場」、「眼のエスペラント語」などとよばれた——いずれも、映画は万人のものであり、正式な訓練はいっさい必要ないことを意味している。

イギリスとアメリカでは、1920年代と1930年代に子どもと映画にかんする本格的な調査が行なわれた。この調査の背景には、急成長をとげたメディア研究の分野によって固められた映像効果の伝統があった。イギリスでは1917年に、全国公共道徳協会（the National Council of Public Morals）によって最初の調査が行なわれた。1925年の報告書「教育における映画」（Cinema in Education）は、堕落をまねくという映画に対する非難を立証するものではなかった。実際には、この報告書は年少者の**非行**原因は社会状況にあるとしていた。

ハリウッド映画がヨーロッパ映画に対して優勢になってくると、1930年代のヨーロッパ諸国では、映画と子ども期をめぐる論議がしだいに国家主義的な、さらには差別主義的な色彩をおびるようになった。イギリスにおけるそのもっとも極端な例はおそらく、1932年に2人のジャーナリストが著した『悪魔のカメラ』（The Devil's Camera）であろう。R・G・バーネットとE・D・マーテルは、イギリスの国力と若者の体力を弱体化させているとして、おもにハリウッドのユダヤ資本家に非難を浴びせかけた。ドイツでは、第1次世界大戦後の急速な近代化とインフレという二重の展開が、学者や管理職クラスの中産階級や多くの自営業者たちの疲弊をまねいていた。文化的エリートがみずからの社会的なよりどころを失うのにつれて、新しい文化的産物に対する反発はいっそう強まっていった。著名な映画批評家であったヘルベルト・イェーリングは1926年の著作のなかで、アメリカ映画と、大衆を魅惑する精神的な軍国主義とを同列に扱った——ナチの活動が力を増しつつあった当時の状況を考えると、これは奇妙な歴史的皮肉である。

ヨーロッパには、公共善のための公的規制と改善という19世紀以来の強い伝統があった。そのため多くの大人は教育映画を、商業的産物がおよぼす悪影響に対する防御手段ととらえていた。そしてヨーロッパのいくつかの国では、子ども向けの特別映画のための公的資金が文化政策の中心課題でありつづけた。これは、圧力団体によって産業界の自己規制策が強化されていたアメリカにはあてはまらない。

1928年、ウィリアム・H・ショート牧師と彼がつくった映画研究協会（Motion Picture Research Council）は、ペイン研究実験慈善基金（the philanthropic Payne Study and Experiment Fund）に一連の研究への資金援助を依頼した。その研究成果は8巻にまとめられ、1933年と1944年に出版された。これは映画鑑賞にかんするもっとも詳細な研究であり、おもな研究結果はイギリスの研究者たちの成果を裏づけるものであった。さらにこの研究によって、若者にとって映画が重要な理由は、子どもがその内容を直接模倣する点にではなく、むしろ彼らの個人的な問題や願望を理解するための解釈枠組みが映画によって作り出される点にあることが明らかとなった。

大衆映画という伝達手段に対する宗教団体からの反対運動はとくに根強く、1934年には大物の共和党員ウィリアム・ハリソン・ヘイズ[*1]の起草による「ヘイズ映画製作倫理規定」（Hays Code）が義務化された。これは映画産業界の自主規制にもとづく行動規範で、アメリカ映画製作者配給者協会（MPPDA）による監視を受け、あからさまな猥褻シーンや暴力シーンがその対象となった。このようにヘイズ・コードは、詳細な経験的研究の成果にではなく、映像効果論が前提とするプロパガンダに信憑性をあたえた。

ヨーロッパにおける公的規制、アメリカにおける産業規制という区分は、テレビが普及した1950年代にも維持された。

メディアの家庭内化

テレビは、映画とは異なり、ヨーロッパでもアメリカでも、家庭というプライバシー空間で発展した。また、テレビは読書とは違って、アメリカでは1970年代に、ヨーロッパでは1980年代に複数台を所有することがごくあたりまえになるまでは、テレビを見るこ

とは家族行事であった。他方、世界のほかの地域では、テレビを見ることは集団的かつしばしば公共的な行事でありつづけている。こうした事実が示しているのは、メディア利用の文脈は幅広い社会的伝統と多様な選択肢——電子製品へのアクセスをふくむ——によって決まるということである。

　テレビの登場によって、視聴覚メディアはかつてないほど非常に若い人の生活で日常的な経験となった。番組の一日の流れは時間帯へと分割され、ジェンダーや世代に応じてふり分けられ、子どもの日常生活はこれまでのあらゆるメディア以上に規制されるようになった。ほぼすべてのテレビ・ネットワークに子ども部局が設けられ、情報番組とともに娯楽番組を制作した。動画は、青年期以前の子どもの絶対的かつ長期におよぶお気に入りとなった。

　アメリカでは、テレビは映画と同様に、放送ネットワーク内の商業的事業として発展した。公共放送は、番組展開とその視聴に際してほとんど役割をはたしていなかった。ヨーロッパでは、テレビはラジオと同様に、公共サービスのためのメディアとして展開した——すなわち、公共善に寄与し、国家からも商業的なメディア産業からも独立した制度として展開した。イギリス放送協会（BBC）の伝説的な初代ディレクターであったジョン・リース*2は、公共サービスの目的は、子どもをふくむ社会のあらゆる集団に番組を通じて「情報をあたえ、教育し、楽しませる」ことにあるべきだと公言した。そして、1970年代までは、とりわけ最初の二つに焦点化した番組が制作された。子ども部局は、法規制、コンピュータ・メディア、熾烈化したグローバルな規模でのメディアの商品化という複合的な力のもと、公的、私的メディア機関の新たな連携がはじまった1980年代後半にいたるまで、ニュース部局やドラマ部局とならぶ、公共放送の大きな柱でありつづけた。

　テレビが登場した当初から存在したヨーロッパとアメリカとの制度上の違いが意味していたのは、次のことであった。すなわち、ヨーロッパのほとんどの子どもたちが未来の市民とみなされた一方で、アメリカの子どもたちは未来の、さらには現在の消費者と考えられていた。こうした違いが公共の論議や研究上の優先順位にもかかわっていた。市民という観念は、印刷メディアにもとづく公的コミュニケーションと改革という19世紀の理想と密接に関連している。それゆえ、子どもが学校に行くようになる前に、さらには読むことができるようになる前に彼らに影響をおよぼす力をもつテレビは、ヨーロッパの多くの教育者や政治家や親たちに、本とテレビとの関係性をめぐる次のような問いを投げかけた。すなわち、見ることによって、読むことはもはや過去のものとして放逐されるのか、という問いである。

　ひとつの余暇の形式が別の形式を失墜させてしまうというこうした置き換え理論は、メディア研究における中心要素となった。そして、この理論の重要性は、続く1980年代（ビデオ、ウォークマン、衛星テレビ）および1990年代（コンピュータ、ゲームボーイ、ディスクマン、携帯電話）に大量の新たなメディア技術が登場したことでさらに強められ、古いメディア技術との比較もしくは置き換えをめぐる論議がその後すぐに生じることになった。イギリスの心理学者ヒルデ・ヒンメルヴァイトとその共同研究者たちは、1958年に『テレビと子ども』を出版した。この著作が明らかにしたのは、テレビはその斬新さによって読むことや「何もしないこと」にある程度まで置き換わりはしたが、こうした置き換えは同様の機能をもつほかのほとんどの活動にもあてはまるということであった。この著作は社会心理学的アプローチを用いたことでメディア研究の新しいトレンドを切り開いたが、それはメディアが子どもに対して何をしたかということよりもむしろ、個々の子どもがメディアに対して何をしたかを問うものであった。

　利用と満足度を問うこのアプローチは、北アメリカのメディア学者たちの共感をよび、いまでも主要な研究上の伝統でありつづけている。このアプローチでは、消費者としての子どもという戦後の子ども観と同調するかたちで、一人一人の子どもの欲求と能動的な選択に焦点があてられた。またその際に強調されたのは、商業的領域の内部で行使されるかぎりでの、子どもの独立性であった。ウィルバー・シュラムとその共同研究者たちが1961年に出版した『われわれの子どもの生活におけるテレビ』は、ヒンメルヴァイトの研究結果をおおむね裏づけるものであった。またこの研究によって、親による指導と安全なスケジューリングという、子どもとテレビをめぐるその後の議論の枠組みが準備された。1980年代にはビデオ・レコーダーが登場し、子どもはより幅広く映画を見るようになった。それによってこうした議論はふたたび活性化したが、根本的な変化は生じなかった。

境界線を越えて

　最近の研究と同様、ヒンメルヴァイトとシュラムの研究が示していたのは、子どものテレビ鑑賞のうち、子ども向け番組が占める部分はごくわずかしかないということであった。とはいえ、テレビは子どもの生活のなかにもっとも広く普及したメディアであり、年齢やジェンダーそして民族的な境界線を水平化するものとして作用する。テレビによって、子ども期とメディアの関係性は一つの完成をみる。すなわち、最初期の印刷メディアがそうであったように、そのメディアがほぼすべての人びとに行きわたるのである。公的空間か私的空間かをとわず、メディア文化はいまやすべての子どもに浸透した。この点で、子どもとメディアの関係性をめぐる論争の主要テーマもまた、ひとつの完

結をみた。すなわち、子どもはメディアから保護されるべきなのか、それとも教育されるべきなのか、またメディアは文化的楽観主義の原因なのか、それとも悲観主義の原因なのか、といったテーマである。

21世紀初頭のメディアをとりまく状況によって、かつての懸念や矛盾はさまざまな仕方で急進化した。1980年代には衛星テレビやコンピュータ・メディアが登場し、またとりわけ1990年代にはインターネットの飛躍的な成長をみたことで、かつての問いは緊急の課題となった。すなわち、独立した存在者としての子どもの自律性か、それともメディアの暴力や性にさらされる脆弱な未成年者としての子どもの保護かということが、新しいさしせまった問題となったのである。ヨーロッパと北アメリカの報道関係者のあいだに見られた子どもを扱う際の違いは、商業的なコンピュータとグローバルな影響力をもつインターネット産業によって弱められた。またそのことによって、子どもを未来の市民として、また保護を必要とする存在として、あるいは操縦桿、すなわちリモコン装置と親の財布をまかされた現在の消費者として扱う際のジレンマが浮き彫りになった。

子ども期とメディアをめぐる論議の歴史的な変化もまた、グローバル化と商業化に向かうメディア生産の展開で浮き彫りになった。19世紀と20世紀前半に生じたのは、ある特定のメディアの産物にかんする論議であり、その際に焦点化されたのは当の産物がおよぼす悪影響であった。またそこでは、しばしばパニックにも似た辛辣な意見とともに、悲観主義のディスコースがもっとも声高に叫ばれた。それ以降、論議はますます多様化、短期化し、悲観主義のディスコースと、資源としてのメディアと権利をもつものとしての子どもを重視する楽観主義のディスコースとが入り混じったものになっていった。

このことによってもジレンマの複雑さは、まったく変わらなかった。すなわち、メディアは商品として定義されるべきなのか、それとも公共財として定義されるべきなのか、そしてメディアと関連した**子どもの権利**とは何なのか、といういくつかの問いをめぐるジレンマである。商業メディアの生産者たちは、メディア生産者が提供するあらゆるものを購入することができる、メディアに長けた合理的な消費者として子どもを定義すべきだと主張する。公共サービスとしての側面に関心をもつひとびとは、子どものプライバシー権（第16条）、表現の自由、公的領域の一部とみなすことのできる多様なメディアへのアクセス（第13、17条）を保証した1989年の**国連子どもの権利条約**を重視する。

初期の論議は当時の社会文化的コンテキストを背景とし、またそのコンテキストを構成するものでもあった。そこではジェンダーや世代の境界線が文化や趣味のヒエラルキーと同じくらい明確に引かれており、利害関係を容易に見定め、それを批判あるいは擁護することができた。他方で最近の論議は、こうしたヒエラルキーを支持することがもはや適切ではなくなっている社会文化的コンテキストの内部で生じている——その理由はとりわけ、メディア文化自体がますます複雑化し、多様化したことにある。1990年代後半以降、メディア生産者たちは予想される反論を彼らのマーケティング戦略にとりこむようになった。このことはたとえば、その「あからさまな性的、暴力的表現」が賛否両論をよびかねない音楽グループのプロモーション活動や、公私の境界線が曖昧な点に特別な魅力があるとされる「ビッグ・ブラザー」[*3]のようなリアリティー番組の宣伝にあらわれている。

モバイル・メディアの発展によって、およそいつでもどこでも画像や音や活字を子どもが手にし、またそれらを子どもにとどけることが可能になった。そしてこの発展もまた、悲観主義と楽観主義、保護と権利、市民性と消費主義をめぐるディスコースが重要な区分となる社会・文化的コンテキストで生じている。モバイル・メディア世代の子どもたちは、家庭という親密圏や、あるいは報道規制や映画検閲といったものにはもはや限定されないところで、自分たちの未来に直面している。子どもたちはその未来のなかで、根本的に新しい状況のもと、古い大人たちの懸念に立ち向かわなければならなくなっているのである。

[訳注]

[*1] ウィリアム・H・ヘイズ（William Harrison Hays, 1879-1954）——アメリカの弁護士、政治家、映画界の重鎮。郵政長官（1921-22年）、著作権者の権利の擁護と映画のレーティングなどを行なう業界団体アメリカ映画制作者配給者協会（Motion Picture Producers and Distributors of America: MPPDA）——現在のアメリカ映画協会（Motion Picture Association of America: MPAA）の前身——の会長（1922-45年）として、1930年にはアメリカ映画の制作倫理規定を定めた「ヘイズ規定」（Hays Code）を制定した。

[*2] ジョン・リース（John Charles Walshman Reith, 1889-1971）——イギリスの政治家。BBC初代会長（1927-38年）、労働建設大臣（1940-42年）。BBCでは、1948年から初代会長リースに敬意をあらわすために、政治・経済・科学などにかんして当代一流の人々による講演番組（the Reith Lectures）をラジオとテレビで放送している。

[*3] 「ビッグ・ブラザー」（Big Brother）——この表現は、植民地時代のインドで生まれたイギリスの作家ジョージ・オーウェル（George Orwell, 1903-1950）の作品『一九八四年』（*Nineteen Eighty-Four*, 1949; 新訳版、高橋和久訳、早川書房、2009年）に出てくる、強大国Oceanaの統治者の名前に由来する。この作品で、"Big Brother is watching you"（ビッグ・ブラザーがいつもおまえを監視しているぞ）と書かれたポスターが国のいたるところに貼られているが、だれひとりとしてそ

の姿を見たことがない監視社会を描いている。転じて、「ビッグ・ブラザー」は、情報化社会において、個人の動きを監視指導する全能の全体主義的な管理統制国家（社会）のことを意味し、人びとが情報メディアの便利さを受け入れ、人とのつながりが広がるイメージをいだく一方で、情報格差によって人間関係が「分断」され、情報の管理システムによって「統合」されてしまう状況をさす。

➡子ども期の理論、消費文化
● 参考文献

Barker, Martin, and Julian Petley, eds. 1997. *Ill Effects: The Media/ Violence Debate*. London: Routledge.

Dale, Edgar. 1935. *Children's Attendance at Motion Pictures*. New York: Macmillan.

deCordova, Richard. 1994. "The Mickey in Macy's Window: Childhood, Consumerism, and Disney Animation." In *Disney Discourse: Producing the Magic Kingdom*, ed. Eric Smoodin. New York: Routledge.

Denning, Michael. 1987. *Mechanic Accents: Dime Novels and Working-Class Culture in America*. New York: Verso.

Drotner, Kirsten. 1988. *English Children and Their Magazines, 1751-1945*, 2nd ed. New Haven: Yale University Press.

Drotner, Kirsten. 1999. "Dangerous Media? Panic Discourses and Dilemmas of Modernity." *Paedagogica Historica* 35, no. 3: 593-619.

Gilbert, James. 1986. *A Cycle of Outrage: America's Reaction to the Juvenile Delinquent in the 1950s*. New York: Oxford University Press.

Himmelweit, Hilde, et al. 1958 *Television and the Child: An Empirical Study of the Effects of Television on the Young*. New York: Oxford University Press.

Jacobs, Lewis. 1968 [1939]. *The Rise of American Film: A Critical History*. New York: Teachers College Press.

Jowett, Garth. 1976. *Film: The Democratic Art*. Boston: Little, Brown.

Kaes, Anton. 1987. "The Debate about Cinema: Charting a Controversy (1909-29)." *New German Critique* 40: 7-33.

Livingstone, Sonia, and Moira Bovill, eds. 2001. *Children and Their Changing Media Environment: A European Comparative Study*. Mahwah, NJ: Erlbaum.

Richards, Jeffrey. 1984. *The Age of the Dream Palace: Cinema and Society in Britain, 1930-1939*. London: Routledge and Kegan Paul.

Rowntree, B. Seebohm. 1941. *Poverty and Progress: A Second Social Study of York*. London: Longmans, Green, and Company.

Schramm, Wilbur, et al. 1961. *Television in the Lives of Our Children*. Stanford, CA: Stanford University Press.

Vincent, David. 1983. "Reading in the Working-class Home." In *Leisure in Britain, 1780-1939*, ed. James K. Walton and James Walvin. Manchester. UK: Manchester University Press.

Wertham, Frederic. 1953. *Seduction of the Innocent*. New York: Rinehart.

West, Mark I. 1988. *Children, Culture, and Controversy*. Hamden, CT: Archon Books.

（KIRSTEN DROTNER／渡邊福太郎訳）

免疫法（Immunization）
➡予防接種（Vaccination）

モルターラ誘拐事件（Mortara Abduction）

1858年6月23日の夕方、ボローニャにおいて、ローマカトリック教会の警察が突如、6歳のユダヤ人少年エドガルド・モルターラ（Edgardo Levi Mortara, 1851-1940）の家に押し入って、取り乱して混乱している両親のもとからこの少年をつれさった。ローマの宗教裁判当局によれば、エドガルドが病気であった1歳のとき、この家庭のカトリック教徒の家政婦が極秘裏にこの少年に洗礼をほどこしていたとの証言を伝えている。19世紀イタリアで起きた事件でもっとも悪名高い事件であるこのエドガルド少年の誘拐にあたって、誘拐犯たちはその言い分として、カトリックの洗礼を受けた子どもがユダヤ人の家庭で育てられることを禁じた教会法を引きあいに出した。エドガルドは洗礼志願者にくわえられ、彼のカトリック教徒化がすぐに着手された。子どもを解放させようとする懸命の努力も失敗に終わった。両親はカトリック教会から両親自身も改宗すれば子どもとふたたびいっしょに暮らせるといわれつづけた。国際的な抗議が多数よせられたにもかかわらず、教皇ピウス9世は妥協を拒否した。事実、エドガルドを彼自身の「息子」として育てた。ピオ・エドガルド・モルターラは1873年に司祭に叙階され、著名な伝道師となった。しかし、モルターラは、自分の両親に対して長く努力を続けたものの、両親を改宗することはできなかった。1940年3月11日、モルターラはベルギーの修道院で亡くなった。

この事件はたんなる家庭の悲劇を越え、歴史的に大きな意味をもった。イタリア統一の立役者であったカミッロ・カブール伯爵（Count Camillo Cavour, 1810-1861）とフランスのナポレオン3世（Napoleon III, 1808-1873）の二人は、どちらも教皇国家の世俗権力に敵対していたのだが、この事件を反教皇に対する扇動に用いようとした。ヨーロッパとアメリカ中のプロテスタント教徒が、カトリック教会の時代錯誤に対して激怒し、批判を向けた。ユダヤにかんしていえば、少年の誘拐のみならず、解放にも失敗したことにより、ユダヤ人の立場の弱さが強く意識されるようになった。モルターラ事件は、ユダヤ人に彼らの利害を代表する

統一組織を設立する必要性を自覚させた。1860年にはパリにおいて世界ユダヤ人同盟が設立された。この同盟のモットーは、ユダヤ教の律法、「タルムード」*1から引かれ、すべてのユダヤ人は互いに対して責任があるとされた。組織はユダヤ人に対する差別がいかなる国において起きた場合にも強く対抗することに努めた。1846年、ピウス9世が教皇に選ばれたとき、進歩的カトリック教徒の団体は教皇が前任のグレゴリウス16世による保守的傾向をくつがえしてくれるものと期待した。ピウスの任期最初の2年は彼らの期待に答えるものであったが、1848年の大混乱*2が彼の方針を変えさせ、教会史上最長であった32年におよぶ教皇在職期間は近代化の潮流に対する執拗な戦いについやされた。モルターラ事件は言論の自由と宗教的寛容を非難する「近代主義者の謬説表」*3とならび、彼の保守的な見解を象徴するものとなった。2000年9月、教皇ヨハネ・パウロ2世（John Paul Ⅱ、1920-2005）はピウス9世を列福している。

エドガルド・モルターラ誘拐事件は、教会がもはや全能の教会として示した行動ではなく、世俗世界での権威が縮小しつつあるなかで、最後のあがきであった。エドガルドは自分の家族とユダヤ人共同体も失ったが、この誘拐事件は、自由主義やナショナリズム、イタリア統一運動、反教権主義を奮い立たせ、長期的な結果として教皇権力の弱体化を加速させた。1870年、イタリア軍がローマへと進軍し、1000年続いたローマ教皇の世俗世界に対する権力は終わりを迎えたのである。

［訳注］
*1「タムルード」（Talmud）──ヘブライ語で教訓、教義の意。前2世紀から5世紀までのユダヤ教ラビたちがおもにモーセの律法を中心に行なった口伝、解説を集成したもので、ユダヤ教においては旧約聖書に続く聖典とされる。
*2 1848年の大混乱──一般に「1848年革命」ともよばれるが、この年にヨーロッパ各地で起こった革命をさしている。この年の2月にフランスで勃発した「2月革命」は、翌月以降にはヨーロッパ各地に伝播し、「3月革命」となった。1848年の春に起こったこの二つの革命は「諸国民の春」（Printemps des peuples, Völkerfrühling, Primavera dei popoli）ともよばれ、ウィーン体制の事実上の崩壊へとつき進むこととなった。
*3「近代主義者の謬説表」──教皇ピウス9世（Giovanni Maria Mastai-Ferretti, 1792-1878）が残した多数の訓話、回勅、書簡による大勅書。

➡カトリック、誘拐（アメリカ）、ユダヤ教
●参考文献
Kertzer, David I. 1997. *The Kidnapping of Edgardo Mortara.* New York: Knopf.

（JOHN M. EFRON／山口理沙訳）

モンテッソーリ、マリア（Montessori, Maria, 1870-1952）

マリア・モンテッソーリは、1870年8月31日、イタリアのキアラヴァルに生まれた。彼女は、進歩主義教育運動として知られる多様な、そしてしばしば矛盾する陣形においてもっとも著名な人物の一人であった。この時代のほかの分野でも見られたように、それは男性支配の運動であり、モンテッソーリは、その運動のもっとも有力な女性の指導者であった。若い頃、女性の集会で演説したことがある第一波のフェミニストであったモンテッソーリは、多くの社会的な障害を克服して、国際的に高い名声を得た著名人となった。彼女の成功の潜在的な障害のなかには、彼女自身が片親であったという事実がふくまれている。その生涯を通じて彼女は、自分に息子が一人いるという事実を一般大衆に隠しとおそうと骨折っていた。彼女は、自分の教育観と教育への信念にまちがいはないという堅固な信念につき動かされており、そのことを非常に巧みに国際世論に向けて語りかけていた。彼女が考案した教育方法の有効性に対する強い確信は、説得力を増すものであったが、皮肉なことに、そのことが彼女の実践が広く受け入れられることを期待する彼女の野心をくじいた。この挫折は、部分的には彼女が考案した教育方法と教具から生計のために収入を得る必要があったためでもあった。広まっていたどの教育方法も、どの表現も、彼女が考案して完全に支配していたものとして公認できるものではなかったため、類似の方法と教具とのかかわりを彼女が否定すると、みずから鼓舞した進歩主義教育運動は分裂をくりかえした。

おそらく、モンテッソーリがおよぼした影響は、彼女が『進化したモンテッソーリ・メソッド』（*The Advanced Montessori Method*, 1917）で概要を述べているように、**進歩主義教育**がその首尾一貫性を大いに示した子ども期の初期の教育分野でもっとも大きかったとはいえ、彼女自身は自分が考案した方法が年長の子どもたちのためにさまざまな学校に提供されることを望んでいた。モンテッソーリは、**ヨハン・ペスタロッチ**、**フリードリヒ・フレーベル**、そして**ジョン・デューイ**など、ほかの児童中心主義の教育者と同様、子ども期の初期の教育分野で広く知られる一般的な原理と実践を構築するうえで、独自な貢献をした。

1896年、モンテッソーリは、女性としてはじめてイタリアの医科大学で学位を取得した。翌年の1897年、彼女はローマ大学付属の精神医学クリニックのスタッフにくわわり、彼女の仕事の一部として精神病棟を訪ね、この当時「知恵遅れ」とよばれていた子どもたちと接触することとなった。この出会いは、19世紀初期に身体的および精神的な障害をもつ子どもたちについて記述していたフランスの医学者ジャン＝マルク＝ガスパール・イタール*1とエデュアルド・セガン*2の業

モンテツソ

マリア・モンテッソーリ（1870-1952）*

績を検討するよう彼女を導いた。モンテッソーリは、こうした子どもたちが出会う問題は医学的な解決策よりも教育学的な解決策を必要としているという考えをいだくようになっていたため、その後、あまりよく知られていなかったほかの教育理論家たちばかりでなく、ペスタロッチ、フレーベル、ジャン＝ジャック・ルソーなど、ロマン派の教育家たちの著作の研究に着手した。これにくわえて、彼女は人類学、とくにチェーザレ・ロンブローゾ*3とジュゼッペ・セルギ*4に教えられた解説を研究した。彼女は、研究と経験のこのような混合のなかから、もし正しい科学的なアプローチをすれば、身体的障害のある子どももふくめて、貧民の子どもはすべて教育することが可能であり、また、この方法によって社会改革を遂行することもできると結論した。

1900年から1902年にかけての2年間、彼女は、身体的に、また精神的に障害のある子どもたちを対象にした教員養成を担う機関である矯正精神医学校（the Orthophrenic School）でポストを得た。この時期を通じて彼女は、子どもの学習を補助するために、イタールとセガンの教具を基礎に、自分で考案した教具を開発した。1904年から1908年までは、ローマ大学で人類学と教育学を講義した。彼女の講義内容は『教育学的人類学』（*Pedagogical Anthropology*, 1913）というタイトルで出版された。この書物の内容は時代遅れではあったものの、そこにはモンテッソーリの社会改革の活動と、「科学的な教育学」や社会の再生に彼女がかかわったことを示す豊富な証拠がふくまれている。全体的に見て彼女の仕事は、実証主義と精神性の結合、あるいはカトリック、フェミニズム、神智学と混じりあった神秘主義という特徴があった。

この時期を通じて、彼女の著作の焦点は、個人の身体的条件から個人が置かれている社会的な状況へと関心が推移した。この点で、彼女の思考の軌道は、アメリカで無償制の幼稚園（キンダーガルテン）設立運動に取り組んだケイト・ダグラス・ウィギン*5や、イギリスの幼児学校の先駆者マーガレット・マクミラン*6のように、多くの国々で社会改革に取り組んだ女性たちの場合と似ていた。

社会改革の計画へのモンテッソーリのかかわりは、彼女の「カーサ・ディ・バンビーニ」（*Casa dei Bambini*: 子どもの家）がローマのサン・ロレンツォ地区のスラム街のモデル住居に開設された1907年に強まった。そこでは、かつて障害のある子どもたちとともに彼女が開発した教育の方法と教具を用いて実験することができた。この「子どもの家」や、それに続いて彼女が開設した別のいくつかの学校を訪れた多数の見学者たちは、彼女の方法の成功をまのあたりにして驚嘆させられたのであった。

1912年には、「子どもの家」での仕事について彼女が書いた書物の英語版が出版された。『モンテッソーリ・メソッド』という表題のこの書物は、彼女を国際的に有名にした。この書物のなかで彼女は、感覚訓練のために利用することができる教具と、彼女が作ることは可能だと主張した「観察法と自由」の起源の概要を描いている。教師による観察、個人主義、そして自発教育（autoeducation）の三つは、モンテッソーリ・メソッドの合い言葉であった。最後の自発教育は、注意深く段階化された教具によって、教師からの助けがほとんどない環境でも、子どもは自分から進んで教育することを意味していた。

はじめてアメリカを旅行した1913年までに、モンテッソーリの名声は広まっており、教育出版と世の中の趨勢の両方において、彼女の仕事についての報告があふれていた。この頃から1920年代まで、モンテッソーリは、教育論争と教育政策において有力な地位を占めていた。多くの学校が彼女の考えのいくつかを採用したが、その教育計画全体に彼女の考えを使ったところはほとんどなかった。この時期を通じてモンテッソーリは多方面に旅行し、多くの国で教員のための訓練教育を提供した。

1924年、イタリアでは、ファシスト独裁者ベニト・ムッソリーニ（1883-1945）から、彼女の方法に対する政府の支援を得た。だがその10年後、ムッソリーニの命令を彼女が拒否すると、ムッソリーニは、イタ

リアのすべてのモンテッソーリ学校を閉鎖するよう命じた。ナチとファシストの政府が権力を強めると、ドイツ、オーストリア、スペインにおける彼女の学校にも同じ悲運が襲った。戦争の脅威が強まると、モンテッソーリは世界平和のために尽力しはじめた。

第2次世界大戦中、モンテッソーリはインドで途方にくれていた。インドのイギリス政府当局者が彼女の息子マリオを敵国籍外国人として拘禁したからであった。大戦が勃発したとき、二人は神智学協会の招きで当地を訪れていた。戦争が終結すると、モンテッソーリは、教員養成、講義、出版などの仕事を再開した。「吸収力のある精神」をふくむ、彼女が晩年に著した書物は、彼女の講義ノートの大部分が収録されている。モンテッソーリは、オランダのハーグ近くで1952年に亡くなった。彼女が掲げた教育理念は、いまなお教育界の支持者を引きつけており、1929年に創設された国際モンテッソーリ協会*7は彼女の理念を継承している。

[訳注]

*1 J・M・R・イタール（Jean-Marc-Gaspard Itard, 1774-1838）——フランスの医師、聾唖教育者。医学教育を終えたあと、外科の仕事につき、1800年、のちに王立聾唖研究所となるパリの医療機関の主任医に就任した。カンヌの森、アヴェロンで発見された野生児の観察と治療教育に取り組み、詳細な記録を残すとともに、ヴィクトールと名づけられたこの野生児に対する教育記録を「報告書」（のちに『アヴェロンの野生児』として知られる）にまとめて注目された。耳鼻咽喉科学の分野で先駆的な業績を残し、言語教育、聴力を失った人たちに対する訓練法などを考案し、聾唖教育や精神障がい児教育の先駆者となった。イタールが考案した教育方法と教材は、のちに弟子たちによって障がい児教育に生かされ、マリア・モンテッソーリによって継承発展された。

*2 E・セガン（Édouard Séguin, 1812-1880）——フランスの障がい児教育者。20歳代なかば頃、唖で重度の知的障害の子どもの教育にかかわったことを契機に障害教育に取り組むこととなった。

*3 C・ロンブローゾ（Cesare Lombroso, 1836-1909）——イタリアの精神医学者で犯罪人類学の創始者。骨相学、観相学、人類学、遺伝学、統計学、社会学などの手法を用いて、人間の身体的・精神的特徴と犯罪との相関性を検証し、犯罪の遺伝的特質を実証しようとした。主著『天才と狂気』（Genio e follia, 1864）。モンテッソーリが師事したが、彼女はロンブローゾとは反対に、素質よりも環境を重視した教育理論を構築した。

*4 G・セルギ（Giuseppe Sergi）——シシリー島生まれのイタリアの人類学者。法学、言語学、哲学を学んだ後、チェザレ・ロンブローゾの指導の下に人種人類学に進んだ。

*5 ケイト・D・ウィギン（Kate Douglas Wiggin, 1856-1923）——アメリカの小説家、児童文学者。子ども向けの小説『少女レベッカ』（Rebecca of Sunnybrook Farm, 1903）は広く読まれた。1878年にカリフォルニアのサンフランシスコに無償制の幼稚園を開園し、1880年代には幼稚園教師の養成学校も設立して幼児教育に取り組んだ。

*6 マーガレット・マクミラン（Margaret McMillan, 1860-1931）——アメリカ生まれのイギリスの社会改良家。キリスト教社会主義者、フェビアン協会会員。貧民街での生活改善活動に取り組むなかで、年少の子どもの健康改善問題から、野外活動と遊びを中心にした保育教育の重要性を説いた。1936年には、彼女の遺徳を記念して、ヨーク公（国王ジョージ6世）によって、アウトドア・センターとして「マーガレット・マクミラン・ハウス」（Margaret McMillan House）が設立された。ともに社会改革に取り組んだ姉（Rachel McMillan, 1859-1917）の名前にちなんで1930年に創設されたレイチェル・マクミラン・カレッジは、1970年にゴールドスミス・カレッジに統合され、ロンドン大学を構成するようになった。

*7 国際モンテッソーリ協会（the Association Montessori Internationale: AMI）——1929年に、オランダのアムステルダムに創設された。モンテッソーリの教育理念とモンテッソーリ・メソッドの教育技法の訓練を厳格に行ない、教員資格を認定する機関として現在も機能している。

➡教育（ヨーロッパ）、子どもの発達概念の歴史、年齢と発達

●参考文献

Beatty, Barbara. 1995. *Preschool Education in America*. New Haven, CT: Yale University Press.

Brehony, Kevin J. 2000. "Montessori, Individual Work and Individuality in the Elementary School Classroom." *History of Education* 29, no. 2: 115-128.

Chattin-McNichols, John. 1992. *The Montessori Controversy*. Albany, NY: Delmar.

Cohen, Sol. 1968. "Educating the Children of the Urban Poor: Maria Montessori and her Method." *Education and Urban Society* 1, no. 1: 61-79.

Cohen, Sol. 1969. "Maria Montessori: Priestess or Pedagogue?" *Teachers College Record* 71, no. 2: 313-326.

Cunningham, Peter. 2000. "The Montessori Phenomenon: Gender and Internationalism in Early Twentieth-Century Innovation." In *Practical Visionaries: Women, Education and Social Progress, 1790-1930*, ed. Mary Hilton and Pam Hirsch. New York: Longman.

Kramer, Rita. 1968. *Maria Montessori: A Biography*. Oxford, UK: Basil Blackwell. リタ・クレーマー『マリア・モンテッソーリ——子どもへの愛と生涯』（平井久訳、新曜社、1981年）

Martin, Jane Roland. 1994. *Changing the Educational Landscape: Philosophy, Women, and Curriculum*. New York: Routledge.

Montessori, Maria. 1912. *The Montessori Method*. Trans. Anne E. George. New York: Frederick Stokes. マリア・

モンテッソーリ『モンテッソーリ・メソッド』（世界教育学選集）（阿部真美子訳、明治図書出版、1983年）

Montessori, Maria. 1913. *Pedagogical Anthropology*. Trans. Frederic Taber Cooper. London: Heinemann.

Montessori, Maria. 1914. *Dr Montessori's Own Handbook*. London: Heinemann. マリア・モンテッソーリ『私のハンドブック』（平野智美訳、エンデルレ書店、1989年）

Montessori, Maria. 1917. *The Advanced Montessori Method*. Trans. Arthur Livingston. New York: Frederick A. Stokes.

Montessori, Maria. 1967. *The Absorbent Mind*. Trans. Claude A. Claremont. New York: Holt. マリア・モンテッソーリ『子どもの心――吸収する心』（鼓常良訳、国土社、1982年）

Rohrs, Hermann. 1982. "Montessori, Maria." *Prospects* 12, no. 4: 524-530.

●参考ウェブサイト

Association Montessori Internationale. 2002. Available from 〈www.montessori-ami.org/ami.htm〉

（KEVIN J. BREHONY／北本正章訳）

野外学校運動
(Open Air School Movement)

　野外学校運動は、子どもたちのあいだに結核症が広まるのを防ぐために創案された。この運動は、前結核状態になっている生徒に対処するために、医療監視と教育学を結びつける学校建設を要求した。この新しい制度は、新しい予防法を研究していた医師や、野外教育の体験学習に関心をもっていた教師たちによって設立された。

　1904年、医師ベルンハルト・ベンディックス（Dr. Bernhard Bendix, 1863-1943）と教育学者ヘルマン・ノイフェルト（Hermann Neufert, 1858-1935）は、この種の最初の学校として、ドイツのベルリン市郊外のシャーロッテンブルク・ヴァルデシューレ（the Waldeschule of Charlottenburg）を建設した。教室は、前結核状態になっていた年少の市民に野外治療法（オープン・エア・セラピー）を提供するために森のなかに建てられた。国際衛生会議（the International Congresses of Hygiene）に導かれた実験は、すぐにヨーロッパと北アメリカじゅうで試みられた。1904年にはベルギーで、1907年にはスイス、イギリス、イタリア、そしてフランスで、1908年にはアメリカで、1910年にはハンガリーで、そして1914年にはスウェーデンで、それぞれ試みられた。これらの学校は「森の学校」とか「野外学校」とよばれた。この学校は、しばしば都市から遠く離れ、テントが張られ、プレハブ式のバラック建て、あるいは再利用された組み立て式の建物で、夏のあいだじゅう運営された。大いに注目すべき実験のいくつかとしては、スイスのセルニャ（Cergnat）のザ・サン（the Sun）と、イギリスのバーミンガム近郊のアフカルム（Uffculme）の学校であった。ザ・サンの学校は、日光浴療法（ヘリオ・セラピー）を利用した（1910年）——アウグスト・ロリアー医師は、毎朝子どもたちを、もち運び可能な設備のある山に送り出した。アフカルムの学校は、その設計思想によってよく知られるが、各教室がそれぞれ独立した［張り出し部分の］パビリオンを占有できた（1911年）。

　第1次世界大戦後、野外学校運動は組織的になった。1906年にフランスで創設された「野外教育連盟」（the League for Open Air Education）とその総裁であったガストン・レモニールの主導によって、第1回国際会議が1922年にパリで開催された。これはさらに4回開催され、1931年にはベルギーで、1936年にはドイツで開催され、これはドイツ人医師カール・トリーボルトの関与によって注目された。1949年にはイタリアで、1956年にはスイスで開催された。いくつかの国際委員会も設置された。よく知られた教育学者で新教育の理論家でもあったアドルフ・フェリエール（Adolphe Ferrière, 1879-1960）と親密なつきあいがあったジャン・デュパートホイスは、こうした学校がどのように機能するかの情報を収集するために、国際野外学校事務所（the International Bureau of Open Air Schools）を創設した。その宣誓文は、新教育に触発された教育体験、じゅうぶんな身体訓練、定期的な医療検診、さらに詳細な栄養管理などについて記述しているが、こうした学校の大多数にかんする正式の研究はこれまでほとんどなされていない。

　野外学校の理念によると、その建築様式は、窓を開けやすくするために大きな張り出し窓と暖房設備のある、戸外に向けた広いアクセスを確保するものでなくてはならなかった。この種の学校でもっとも目立ったのは、建築家ヤン・ダイカー（Jan Duiker, 1890-1935）によるオランダのアムステルダムにあった学校（1929-1930）、ユージーン・ボードワン（Eugene Beaudoin）とマルセル・ロッズ（Marcel Lods）によるフランスのシュレーヌ（Suresnes）の学校（1931-1935）、そして、カイ・ゴットロブ（Kai Gottlob, 1887-1976）によるデンマークのコペンハーゲンにあった学校（1935-1938）である。

　後年、この運動は、教育の進化、衛生学、および建築術に影響をおよぼした。たとえば、学校建物は、スイスのベイル（Bale）（1938-1939年、建築家ヘルマン・バウアー［Hermann Baur, 1894-1980］による）の学校、イギリスのインピントン（1939年、建築家ヴァルター・グロピウス［Walter Gropius, 1883-1969］[*1]とマクスウェル・フライ［Maxwell Fry, 1899-1987］[*2]による）の学校、それにロサンゼルス（1935年、建築家リチャード・ノイトラ［Richard Neutra, 1892-1970］[*3]による）の学校のように、戸外に向けた開放的な教室というコンセプトをとりいれた。第2次世界大戦後、結核の治療法としてしだいに用いられるようになった抗生物質の導入がこうした学校を時代遅れのものにしてしまったかに見えるが、以上のような影響は野外学校運動が果たした大きな貢献であった。

［訳注］
*1 ヴァルター・グロピウス（Walter Gropius, 1883-1969）——近代建築史においてモダニズムを代表するドイツの建築家で、四大巨匠の一人といわれている。世界的に知られた総合造形学校「バウハウス」

(Bauhaus) の創立者であり、1919年から1928年まで初代校長をつとめた。これは1933年にナチ政府によって閉鎖された。
* *2 マクスウェル・フライ (Maxwell Fry, 1899-1987) ——イギリスの都市計画家・モダニズム建築家で、イギリスにおける近代建築運動のリーダーの一人とされる。南アフリカ、西アフリカの建築コンサルタントとして都市計画を立案し、ル・コルビュジエ (Le Corbusier, 1887-1965) のもとで、インド北西部の計画都市チャンディガルの計画をサポートした。
* *3 リチャード・ノイトラ (Richard Joseph Neutra, 1892-1970) ——オーストリアのユダヤ系ドイツ人のアメリカの建築家。無装飾の直線形と、ガラス・スチール・強化コンクリートの使用を特徴とする「国際様式」(International styleをアメリカに導入した。)

➡学校建築と建築様式、子ども空間

● 参考文献

Châtelet, Anne-Marie, D. Lerch, and J.-N. Luc. 2003. *The Open-Air Schools: An Educational and Architectural Experience in the Europe of the Twentieth Century*. Paris: Recherches.

Cruickshank, M. 1977. "The Open-Air School Movement in English Education." *Paedagogica Historica* 17: 62-74.

(ANNE-MARIE CHÂTELET／北本正章訳)

ヤーン、フリードリヒ・L (Jahn, Friedrich Ludwig)

➡体操 (Gymnastics) ／体育 (Physical Education)

誘拐（アメリカ）(Abduction)

さまざまな目的（たとえば、身代金、ゆすり、労働、性的目的、人質）による子どもの誘拐は、歴史的にみて多くの社会の特徴であった。20世紀になると、こうした子どもの誘拐は、より広く知られるようになり、非常に大きな象徴的な力になった。子ども期そのものが社会的および個人的な不安感の焦点となり、著名人だけでなく社会のふつうの人びとも、子どもが誘拐されるのをおそれるようになった。20世紀後半から21世紀初頭にかけて、頻発するそうした誘拐事件に対する見解がしだいに目につくようになってきた大きな理由は、家族に関連する多数の問題が重要な公的関心事になってきた一方で、子ども期がより傷つきやすく、保護されることが少なくなってきたことにある。マス・メディアも、強い感情を刺激する問題として子どもの誘拐事件を利用することを学んだ。近年では、**ラテンアメリカ**の発展途上国では社会格差への不満が身代金を要求する行動をひき起こしているのに対して、アメリカやヨーロッパでは、離婚の増加、女性の社会進出、**ペドフィリア（小児性愛症）**への恐怖から、子どもの誘拐に注目が集まっている。

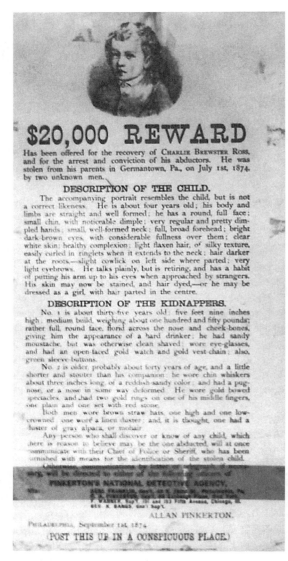

1874年にフィラデルフィアの家からつれさられたチャーリー・ロス誘拐事件は、アメリカ全土で注目を集めた最初の子ども誘拐事件であった。ぶじに戻ることへの報償金を提示したポスターは、遠くカリフォルニアにまで配布された。Photo by John Lesch.

人類史の大半を通じて、また大多数の人びとにとってより深刻な問題であったのは、計画的な子どもの誘拐よりも**子どもの遺棄**のほうであった。にもかかわらず、ヨーロッパや地中海沿岸諸国において、王や貴族、商人のあいだで、国事や同盟の理由による子どもの誘拐は、権力の剥奪や巨額の支払いを要求するという重要な意味をもっていた。またもっと一般的な人びとのあいだでも、しばしば財産あるいは子どもを盗み去る脅威をふくむ強奪行為は、権力関係に対する異議申し立ての方法になりえた。北アメリカとアフリカの原住

ユウカイ

写真は、チャールズ・リンドバーグ・ジュニア。近代史上もっとも世に知られた子どもの誘拐は、1932年3月1日に起こったリンドバーグ愛児誘拐事件であろう。この写真は、チャールズ・リンドバーグ・ジュニアの1歳の誕生日に撮影されたもので、誘拐後、世界中の新聞に掲載された。©Bettman/CORBIS

民のあいだでは、この種の誘拐も周到に準備され、個人の犯行ではなく、集団の犯行であった。通常、戦争戦略の一部として女性や子どもを略奪誘拐することは、自分たちの人口を増やし、敵対する氏族あるいは部族集団を弱体化させる手段であった。17世紀から18世紀にかけて、北アメリカのヨーロッパ系植民地では、アメリカ先住民たちが、その独自の文化に植民地の子どもを同化させることで敵を打ち破ろうとしてこの種の略奪誘拐をすることがかなり見られた。

彼らは、文化的および個人的なアイデンティティに疑問をいだいたが、近代的な誘拐形態は、文化的あるいは政治的な支配に対する異議申し立てというよりは、子どもに対する感情と愛着につけいる、圧倒的に個人的な行為であった。たとえば、19世紀後半から20世紀初頭にかけてのアメリカでもっとも広く見られた形態は、身代金めあての子どもの誘拐であった。このような事件では、子どもがぶじに帰されるには多額の身代金の受け渡しが前提となる。こうした誘拐事件で広く知られるものとして、アメリカのフィラデルフィア

で起きた4歳のチャーリー・ロス（Charley Ross）誘拐事件がある。しかし、歴史的にこのタイプの犯罪にもっとも密接な事件としては、1932年にアメリカ、ニュージャージーで起きた、非常に大きな注目を浴びたチャールズ・リンドバーグ・ジュニア（Charles Lindbergh Jr.）誘拐事件がある。この子どもの父親は、1927年に世界ではじめて大西洋横断飛行に成功した英雄的飛行家チャールズ・A・リンドバーグ[*1]で、彼の名声は、世界中のメディアによって何カ月にもわたってとりあげられた。身代金めあての誘拐は、近代ヨーロッパの子どもに対する家族の愛着や、家庭のなかで一人ひとりの子どもをかけがえのない存在として価値づけることを悪用したものであった。

この時期には、ほかの誘拐形態も顕著にみられるようになった。19世紀には、いわゆる物乞いや大道芸をやらせる目的で誘拐されたり、なかには（「ブラック・ハンド」[*2]誘拐団のような）犯罪組織によって、敵対組織へのゆすりの手段として誘拐される者もいた。19世紀の中頃から、子どもをもつことのできない女

世界子ども学大事典

性が他人の子どもを連れ去る誘拐が起こるようになる。1970年代から1980年代にかけての欧米では、左翼テロ集団による子どもの誘拐がみられるようになる（この種の誘拐は、20世紀末にはラテンアメリカでも同様に確認されている）。この種の誘拐でもっとも有名なのは、1974年、カリフォルニア州バークレーで起きた、新聞社の相続人であった20歳のパトリシア・ハースト*3の誘拐事件であろう。数年にわたってハーストを誘拐したテロリストたち（左翼過激派シンビオニーズ解放軍*4）は、彼女を仲間にとりこみ、アメリカの政府機関に対して活動を行なった。

現代においてもっとも広く見られ、勢いを増した誘拐形態としては、親権をめぐって争う両親のあいだでの、あるいはほかの家族メンバーによる誘拐がある。この場合、子どもは、法的親権をもつ親もしくは、子どもと面会する権利をもつ親から引き離されてしまう。子どもは、自分をめぐって両親やほかの家族とのあいだの緊迫した争いにしばしばまきこまれ、虐待やネグレクトの疑いのある親から引き離される。西洋社会における離婚率の急増によって、ほぼ1960年代以降、親による誘拐が増えているが、誘拐そのものはこの世紀を通じてよく知られ、多数の資料もある。極端な場合、このような誘拐の結果、親は数年間子どもと会うことが許されなくなることがありえた。しかし、離婚を迎える大多数の家庭の議論は、ふつう、子どもについて長く話しあうことはない。近年、家族によるこうした誘拐の異形は、異国籍で異文化の両親の離婚によってひき起こされる子どもの誘拐の多発である。国際間の誘拐事件の場合、子どもの生活や活動から親（通常は母親）が断絶されてしまうという結果をしばしば生んでいる。この状況は大規模な対外的な広報活動や外交活動と関係し、この種の誘拐の防止と仲介対策として、「国家間の子どもの誘拐に関するハーグ条約」(the Hague Convention on International Child Abduction, 1988) を生むこととなった。

20世紀末までに、アメリカにおける両親による誘拐の数は増加し（アメリカ国内では年間15万件にもおよぶとされる）、社会問題となっており、これら親による誘拐と、他人による性的、残虐的行為としての誘拐を区別することが叫ばれている。そうした誘拐事件は以前には疑念をもたれていたが（たとえば、ネイサン・レオポルド［Nathan Leopold］とリチャード・レーブ［Richard Loeb］によるロバート・フランクス［Robert Franks］の殺害事件）、1970年代から1980年代までには、いくつかの要因が重なってこれらのおそろしい誘拐になったことが広く一般に知られるようになった。これらの事件は、性にかんする道徳的態度の幅広い変化、そして、幼い子どもをもつ女性の社会進出やそれに付随する育児問題、また、保護法案の可決を望む被害者擁護団体の新たな台頭がふくまれていた。とりわけここで注意すべきは、医師やほかの機関の関係者に児童虐待の疑いを通報することを求める新法が1980年代に導入されたことである。子どもの誘拐のいくつか、たとえば、イータン・パッズ（Etan Patz, 1979）、アダム・ウォルシュ（Adam Walsh, 1981）、ケビン・ホワイト（Kevin White, 1984）、ヤコブ・ウェッターリング（Jacob Wetterling, 1989）、ポリー・クラース（Polly Klaas, 1993）などの誘拐事件は、メディアに多くとりあげられたため世間の関心を集めた。こうした事件は、アメリカの都市部や小さな町のいたるところで起きており、行方不明となった多くの子どもが国民的議論の話題となり、社会運動につながった。他人（通常、少人数）に誘拐された子ども、親権争いから誘拐された子ども、家出人など、これらすべてが行方不明の子どもに対する新たなヒステリー症的な恐怖心をなすものとみなされている。

1980年代には、新しく公的に設置された機関（たとえば、全米行方不明・被搾取児童センター [the National Center for Missing and Exploited Children] は1984年に設立された）ばかりでなく、関係する民間団体によって行方不明の子どものためのキャンペーンがはじめられた。これは、立法府の委員会や新たに設けられたFBI行方不明者登録所、そしてメディアによって追跡された。アメリカではどの子どもも誘拐される可能性があることについて、こうして巧妙に作られた親の恐怖心とともに、増えつづけるポスター広告、大型掲示板、牛乳パックの側面に示された行方不明の子どもの写真、郵便物、子どもの誘拐に対する保険、指紋検出の取り組み、虚実混交した誘拐事件を扱うテレビ番組などによって、恐怖心があおり立てられた。

1990年代までに、アメリカでは、司法省に集められた新たな情報として、他人による誘拐事件の発生件数が減少していることが公表され、誘拐の騒動はいくぶん下火になった。しかし、同様のヒステリー的な不安感はベルギー、フランス、ドイツといったヨーロッパ諸国でも続いていた。これらの国々とほかの国では、ペドフィリアによる性的虐待の恐怖や、行方不明の子どもの遺体が発見されるといったおそろしい出来事が、それまでアメリカがかかえていた他人による性的目的による誘拐問題にあまり関心を示さなかったヨーロッパ文化全体に警戒心を広めた。1996年には、ベルギーの首都ブリュッセルで、警察の堕落によって自分の子どもが虐待を受けるおそれがあると考えた市民たち30万人が、子どもが脅かされていることに抗議した。

1990年代におけるインターネットの普及と、それによって家にいる子どもが外の他人から狙われる可能性が懸念されたことは、子どもの安全について新しい種類の警告を生みだした。20世紀後半には、子どもの安全への警戒心は多くの場所で高まり、その多くが性的搾取を目的とした問題の周辺に集中した。子どもの誘拐は、育児機関での性的虐待、悪魔崇拝、教会その他の公共施設でのペドフィリアなど、多数の性的な

危険に現代の子どもたちをさらしてる、ぞっとするようなおそろしいことだけだと思われているようである。子どもの性的搾取は決して近年になってはじまったことではないが、それは、20世紀後半には、無力な子どもを親が守ってやることができなくなっているという驚くべき象徴となった。過去には、お金や権力をもつ者が誘拐のターゲットとされたが、今日では、どの親も、愛するわが子が性的虐待、また傷害や殺害の危機にさらされていると感じている。この新しい恐怖心は、20世紀全体を通じて、どうすれば刺激と衝撃をもっとも有効に近代的な感覚にあたえることができるかを学んだニュースと娯楽産業によって作られた21世紀初めのイメージにとりついて離れない。今日、そうした感覚のなかに置かれる子どもは、子どもの誘拐はどの家庭にももたらされるのだという子どもの幸福に対する脅威そのものによって守られてきたのである。

[訳注]

*1 チャールズ・A・リンドバーグ（Charles Augustus Lindbergh, 1902-1974）——アメリカの飛行家。1927年に、単葉機「セント・ルイスの魂」（Spirit of St. Louis）号で、ニューヨークとパリのあいだの大西洋横断無着陸飛行にはじめて成功した。1932年の息子の誘拐事件をきっかけに、州外誘拐者処罰法である「リンドバーグ法」（the Lindbergh Act）が制定された。

*2 ブラック・ハンド（Black Hand）——イタリアのシチリアなどで結成され、19世紀末から20世紀初頭にかけてアメリカのニューヨークを中心に、ゆすりや暴力行為をはたらいた犯罪秘密結社。イタリア語名では「ラ・マーノ・ネーラ」（La Mano Nera）とよばれ、「黒手団」とも訳される。

*3 パトリシア・ハースト（Patricia Campbell Hearst, 1954-）——アメリカの大富豪で新聞王とよばれたウィリアム・R・ハースト（William Randolph Hearst, 1908-1993）の孫娘。1974年2月5日、過激派組織（Symbionese Liberation Army）に誘拐され、強要・洗脳されてこの組織にとどまって強盗などにくわわったが、翌年9月に逮捕されて服役した後、1979年に釈放された。そのあいだの体験を『秘密のすべて』（Every Secret Thing, 1982）として共著で出版した。

*4 シンビオニーズ（Symbionese）——1970年代はじめに、アメリカのカリフォルニア州を拠点に活動した左翼過激派組織。11〜12人の小さな団体。

➡モルターラ誘拐事件、離婚と監護権、誘拐（現代アフリカ）、リンドバーグ愛児誘拐事件

● 参考文献

Best, Joel. 1990. *Threatened Children: Rhetoric and Concern about Child Victims*. Chicago: University of Chicago Press.

Demos, John. 1994. *The Unredeemed Captive: A Family Story*. New York: Knopf.

Fass, Paula S. 1997. *Kidnapped: Child Abduction in America*. New York: Oxford University Press.

Finkelhor, David, Gerald Hoteling, and Andrea Sedlak. 1990. *Missing, Abducted, Runaway, and Thrownaway Children in America. First Report: Numbers and Characteristics*, National Incidence Studies. Washington, DC: United States Department of Justice, Office of Justice Programs, Office of Juvenile Justice and Delinquency Prevention.

（PAULA S. FASS／山口理沙訳）

誘拐（現代アフリカ）
(Abduction in Modern Africa)

20世紀の最後の40年間を通じて、アフリカでもっとも悪名が高く、広範におよんだ子どもの誘拐は、アンゴラ、ブルンジ、コンゴ民主共和国（以前のザイール）、モザンビーク、ルワンダ、ソマリア、スーダン、シエラレオネとウガンダその他の国々での武装対立と密接に関係してきた。他方、猛威をふるう貧困、児童労働を求める大規模な需要と、子ども売買人たち（child-marketers）が儲ける莫大な利益は、アフリカの内外でアフリカの子どもたちを扱う大規模な業界を生みだした。このネットワークで売られる子どもたちの何人かは誘拐された子どもである。子どもの誘拐は、あまり目につかないが、非常に持続的であると同時に有害でもあり、多数の社会文化的な習俗という文脈ではびこる。

植民地時代以前のアフリカでは、大規模な子どもの誘拐は、15世紀から19世紀を通じて西アフリカの大西洋横断貿易で、また19世紀にピークに達する東アフリカと中央アフリカのアラブ＝スワヒリ奴隷貿易で行なわれた。どちらの場合も、子どもたちはアフリカ大陸を離れた土地で奴隷に売られた。取引業者たちは、誘拐した人びとを大陸内部から沿岸の貿易業者まで運ぶために複雑な通路を作りだした。これに手を貸したのは、個々の取引業者、ブローカー、王室、そしてヨーロッパの取引相手たちで、後者は海岸に駐在した。

これにくわえて、局地的な民族紛争は、植民地時代以前を通じて、戦争人質として、限定的で断続的な子どもの誘拐を生んだ。さらってきた子どもたちを捕獲者の家族と社会構造に統合する習俗が、広く見られた。子どもたちは、生産と再生産活動にとって不可欠な付加的社会資本と見られていた。

ジーナ（あとで述べる）の例に示されているように、幼い花嫁を誘拐する習慣は、慣習的な裁可（サンクション）を越えて進化し、しだいに法律関係者たちのあいだでいっそう大きな注目を集めた。どうしても子どもがほしいと願う、子どものない女性に由来する幼児誘拐という現象もあらわれている。病院や混雑した居住区の無用心な母親たちの子どもは、子どもをほしがこうした女性の格好の標的になる。また、母親らしいふりをして自分の家に戻ってくる、子どものいない母親たちのあいだには誘拐された子どもたちの市場が

あるようである。拡大家族のネットワークの崩壊は、共同体の子育ての責任に接近することで得られる利益を、子どものいない女性から奪ってしまった。これは、こうした女性たちに幼児誘拐を強いることになったかもしれない。

このほかにも、政情不安やカルト宗教が出現しているようなところでも、生け贄儀礼と結びついた子どもの誘拐について、いくつか報告がある。子どもたちの純真無垢さがねらいなのか、そしてそれゆえの清純儀礼、あるいは誘惑への負けやすさがねらいなのか、それとも重要な社会的資本としての子どもがねらいなのか、大人たちはその政治的、経済的、あるいは社会＝宗教的な契約を履行する取り組みのなかで子どもたちを残忍に取り扱う。

誘拐された少年兵

21世紀初めには、いくつかの内戦がアフリカにおける子どもの誘拐の主要な原因を作っている。現代の武力紛争に関係した子どもの誘拐の規模、複雑さ、残忍性は、植民地時代以前の状況よりもはるかに甚大である。反乱軍も政府も誘拐を犯す。誘拐された子どもたちは、家事労働、荷物運び、伝令、そして一般的な非戦闘従事者となってはたらく。10歳になるかならないかの少女たちは、兵士たちの性の奴隷になる。少年たちと一部の少女は、武装した戦士の義務を果たすよう強要される。

植民地時代以前の大陸内部では、誘拐の犠牲者は強奪者の社会に溶けこまされていたのに対して、現代の誘拐は、子どもたちを孤立させ、分離し、虐待をくわえ、おびえさせ、柔順な下ばたらきの少年少女にしようとする。こうして、誘拐された子どもたちは、定期的な戦闘を強いられることにくわえて、しばしば仲間の子どもを標的にした強姦、拷問と殺害を犯すことを強いられる。これは、暴力が支配する生活へのイニシエーションとして役立ち、また、言うことを聞かなかったり逃亡をくわだてたりすれば、自分の身の上にどんなことが起こるかを知らせる警告としても役立つ。強奪者のなかには、子どもたちからそうした犯罪的な反応を引き出し、継続するために、子どもたちに薬物を投与する者もいたことが報告されている。このように、子どもたちは暴力の実行者になるとともに、その被害者にもなるのである。

今日みられる居住地の集中は、子どもたちをいっそう誘拐されやすくした。学校は、反乱軍が目をつけた狩り場である。たとえば、1994-1998年に、北ウガンダの反乱者たちの反王党軍（Lord'd Resistance Army: LRA）は、およそ8000人の子どもを誘拐したが、その大半は学童であった。2001年4月、人権のための国連高等弁務官事務所は、それまでに記録されているウガンダにおける2万6000件以上の誘拐事件の3分の1以上が18歳未満の子どもであると報告している。何人かは9歳以下であった。2002年に、北ウガンダの学校の大半は、さらなる誘拐をおそれて閉鎖された。アンゴラでは、少年兵は8歳前後の子どもであった。

LRAは、武器や弾薬とひきかえに子どもたちを売りはらうともいわれている。奴隷制度の復活と、子どもの誘拐と兵器取引の併存とは、子どもの誘拐症候群において新しい変数を構成する。LRAとスーダン政府との強い関係は、子どもたちの取引に政府の共謀があることを意味している。

現代のアフリカは、その戦争に子どもたちを利用していることにかんし、ほかの地域を圧倒してきた。これは新しい展開である。誘拐された子どもは、少年兵のかなりの部分を占めている。シエラレオネ、アンゴラ、およびコンゴ民主共和国（DRC）をふくむいくつかの国では、少年兵は、内戦で重要な役割を演じた。たとえば、DRCで「カドゴ」（kadogo）とよばれる少年兵は、1996年に独裁者モブツ・セセ・セコ[*1]の追放に使われた反乱軍兵士の大部分を構成した。

こうした少年兵たちは、国際的な軍事ネットワークにまたがりながら、ウガンダとルワンダの兵士に混じって軍事行動をした。コンゴ民主共和国の反乱軍に占拠されたコンゴ共和国のいくつかの地域で子どもの誘拐が続き、親たちは子どもたちを学校から引き上げさせていたが、コンゴ民主共和国の新体制は、復員した少年兵を街頭パトロールに利用しつづけた。1994年のアンゴラでは、反乱軍のアンゴラ全面独立民族同盟[*2]の12パーセントが子どもであった。

子どもの取引

西アフリカにおける、内密に行なわれる膨大な数の子どもの取引の復活は今では公然の秘密である。こうした子どものなかには誘拐された者もいた。この取引はとくにベナン共和国、ブルキナ・ファソ民主人民共和国、カメルーン共和国、コートジボアール共和国、ナイジェリア連邦共和国、ガボン共和国、中央アフリカ共和国、マリ共和国、トーゴ共和国など、内戦にかかわっていない国々で激しい。これは、かつて戦争捕虜を提供して戦争をあおり立てた大西洋を横断する奴隷売買の時代とは、きわだった対照をなしている。

現在の子ども取引は、ヨーロッパ、湾岸諸国、そしてレバノンなどを目的地とする抜け道の多い、国境を越える広いネットワークを構成している。こうしたルートから生まれる大きな利益と結びついた使用人、セックス、麻薬密売ネットワークでの児童労働の需要は、子どもを誘拐する習俗を復活させ、しかも大規模に拡大した。

このように取引される子どもたちの大半は少女で、ベナン＝ナイジェリア・ルートでは95パーセントに達する。彼女たちは7歳から17歳までの少女である。誘拐された子どもやそれ以外の奴隷にされた子どもた

ちの支払いを容易にするために、輸送のための補給基地、オフィス・マーケット、そして船が設定された。2002年にコートジボアールで第1次内戦が起きたとき、ココア・セクターで仕事につくためにマリから誘拐されて送られてきた子どもたちは、コートジボアール政府によって解放されたが、それは国際的な非難がわき上がる前であった。コートジボアール政府はすばやく、子どもを誘拐したことを理由に、移民させたマリのココア生産者とブルキナ・ファソからの移住者を非難した。

子ども花嫁の誘拐

植民地時代以前には、両親がそれを承知しているかいないかに関係なく、一般に広まっていた強制結婚の習俗は、結婚できる年齢以下の少女たちの誘拐を生んだ。いくつかの地方では、この習俗は、共同体の社会的制裁を受けていた。ほかの地域では、この習俗は強制的につれさるものではないことと、叫び声を上げる花嫁は戯れでしかないことを意味する、おどけた素人芝居として表現された。今日この習俗は違法とみなされており、場合によっては、誘拐された幼い花嫁あるいは、その子の両親が誘拐の関係者でなければ、すくなくとも理論的には親が頼みの綱であることがますます明確になっている。だが現実には、彼らの法的な立場は曖昧である。これはスワジランド王国で進行中の法廷闘争で示されているが、将来の花婿が大きな社会的・政治的地位につく男性であるという事実によって複雑になる。2002年10月、18歳のジーナ・マラングは、34歳の国王ムスワティ3世との結婚を待ち受けるために、王室から派遣された2人の使者によって、学校から誘拐された。この国王には、ほかに9人の妻がいることがわかっている。ジーナは、慣習法によって今なお是認されていた複雑な習俗の犠牲者であったが、普通法では罪人である。

歴史的には、スワジ族の王家が将来の花嫁の家族と相談することが期待されていたが、ジーナの場合にはそれが行なわれなかった。スワジ族の法律では、王も女王も逮捕されたり告訴されることはなく、起訴されないという事実は非常にやっかいである。この王を被告にしようとする努力は、成功しそうにない。事態が劇的に変化するなかで、2002年10月後半、報道は、ジーナ・マラングは、この王と結婚する準備ができていると宣言し、新しい生活に入ったと報じた。この変化は、おそらく訴訟を幕引きすることになろう。

現代の子どもの花嫁の誘拐は、処女はHIV/エイズ（後天性免疫不全症候群）感染していないだろうとの考えで、処女の花嫁との結婚を望む男性によってしばしば起こされる。結婚に際して処女性が喪失していることは、たとえ彼女たちが望まれない結婚からのがれるとしても、このことが自分の家族や自分が属する民族集団全体に不名誉をもたらすことになるので、こう

した少女の大半が実家に戻って来ないことを確実にする。現代の苦難と古い習俗の併存により、少女たちは以前よりもさらに弱い立場にある。このことは、幼い母親（child mother）の生理学的な未発達が原因の、子どもと母親の死についてもいえる。幼児結婚も、最終的にはその経済的な自立を奪うことになる中途退学の比率を、少女たちのあいだで高めている。

犠牲者たちにとって、誘拐は心理的なトラウマになる。誘拐された子どもたちにくわえられる拷問、殺害、そして搾取は、全大陸の良心と道徳性に訴えかけている。政治的な権力闘争と、金銭欲、性的堕落、さらに人格的欠陥につき動かされた全世界の関係者たちに横断的に広がる見て見ぬふりをする態度は、アフリカの多数の子どもたちにぞっとするようなひどい環境を作った。誘拐された子どもたちは全員、その子ども期を奪われ、ほとんどの子どもが、無差別な殺戮をくりかえす大人世界に露骨にさらされる。

［訳注］
*1 モブツ・セセ・セコ（Mobutu Sesse Seko, 1930-1997. 本名Joseph-Désirée Mobutu）——アフリカのザイール（現在のコンゴ民主共和国）の政治家。大統領（1965-1997）在任中に独裁制を強めて追放され、亡命先で死亡。
*2 アンゴラ全面独立民族同盟（Unita）——アンゴラの左翼政府に対抗して1967年頃結成された右派ゲリラ組織。名称はポルトガル語のU（*nião*）N（*acional por a*）I（*ndependência*）T（*otal de*）A（*ngola*）（National Union for the Total Independence of Angola）に由来する。

➡児童労働（発展途上国）、少年司法、少年兵（世界的な人権問題）、誘拐（アメリカ）

●参考文献
de Temmerman, Els. 2001. *Aboke Girls: Children Abducted in Northern Uganda*. Kampala, Uganda: Fountain Publishers.
Easy Prey: Child Soldiers in Liberia. 1994. New York: Human Rights Watch Children's Rights Project.
Edwards, Paul, ed. 1996. *Equiano's Travels*. Oxford, UK: Heinemann.
Effah, Josephine. 1996. *Modernized Slavery: Child Trade in Nigeria*. Lagos, Nigeria: Constitutional Rights Project.
Falola, Toyin, and Paul Lovejoy, eds. 1994. *Pawnship in Africa: Debt Bondage in Historical Perspective*. Boulder, CO: Westview Press.

（TABITHA KANOGO／北本正章訳）

友情（Friendship）

おもに男性にかんしていわれる友情の経験とその価値にかんする議論は、ヨーロッパの文化と文学の伝統の大部分に広まっている。20世紀後半における女性の友情の特異性と重要性についてのフェミニストによ

る再評価は、過去の友情の本質にかんするいくつかの社会史的な検討ばかりでなく、現代社会における友情の特徴と機能についてのさまざまな経験科学の調査も刺激した。前者の社会史研究は、二つの重要な新しい知見を生んだ。第1は、友情は社会的に構築されるものであり、主要な感情文化とある特定の時期におけるさまざまな社会的および構造的な諸要因——たとえばジェンダーの社会化——に媒介される歴史現象であるという認識である。また、第2に、男女双方の人生における友人の存在は、さまざまに重要な役割を果たし、ときには中心的な役割を果たすという認識である。

近年の社会科学の諸研究は、友情は、子どもの人生の誕生から青年期にいたるまで重要な役割を果たすことを示している。家庭内の社会関係が子どもの社会環境の主要な構成要素であるのに対して、友情をふくむ仲間関係*1は、社会化におけるもうひとつの重要な文脈をあらわす。心理学者たちは、生後8〜9カ月ほどの乳幼児の友情を観察してきた。子どもたちは3歳までに、社会的能力の発達が幅広い友情の可能性を形成し、5歳までに、ごっこ遊びをすることができ、創造的な遊びができるようになる。7〜12歳のあいだの友人は、まだ遊び仲間としての役割を果たすが、友人は相互に尊重しあい、認めあう関係をもたらす。青年期になると、女性の友情は、成人の場合と同じように、主要には信頼関係と個人的な打ち明け話をふくむものとなる。

子どもたちの社会集団が一人以上の「親友」もしくは少数の親しくうちとけた友人仲間をふくむように拡大すると、彼らの友人は、学校のクラス、運動チーム、特別な趣味クラブ、スカウトの団、あるいはギャングから選ばれるかもしれない。このような集団は、19世紀と20世紀の子どもにとって重要な社会環境でもあった。過去には、学校教育を受けること、義務教育の期間、授業日の長さ、学校規模、生徒集団が多民族なのか同一民族なのか、都市か郊外かなどの諸要因が子どもの社会的な世界を形成し、したがってその友情パターンに影響をおよぼした。友情の近代史は、友情と友人の必要性を守る砦として高まる学校教育の重要性を扱う必要がある。学校内でしだいに厳密になる年齢区分は、子どもたちの友情の範囲に強い影響をおよぼしてきた。だが、子どもたちの実際の相互交流にかんするデータは、そうした友情のパターンにみられる変化と持続性を追跡しようとする歴史家たちにはすぐには利用できない。

近代以前のヨーロッパ諸国では子ども期の高い死亡率が、子どもが遊び仲間に感情移入しないように条件づけていたと指摘する学者もいるが、18世紀以前の子ども期の友情についてはごくわずかのことしかわかっていない。多数のきょうだいがいたことも、家族外における友情に影響をおよぼした。一般に、子ども期の歴史と同じように、主として18世紀以降の子どもの友情について利用可能な情報源は、中産階級の大人の見解を反映したものである。たとえば、子育ての手引書、児童文学、旅行記録、また、親たちが書いた日記や往復書簡などはいずれも、子どもの友情に対する中産階級の基準と文化慣習と期待感とを示している。しかし、これらの文書資料は、少人数の顔をつきあわせる集団内での子どもたちの実際の友情の実態や、友情についての彼らの感情についてはほとんど何も語らない。年少の子どもたちの友情のダイナミズムにかんする直接の情報はとくに見出すのがむずかしいが、自筆ノート・写真・日記・日誌・手紙類などの資料は、年長の子どもや青年の経験と感情についての洞察をもたらすことができる。自叙伝風の回想録も、記憶というフィルターをとおしてではあるが、個人の子ども期の友情についてのデータを提供してくれる。一般に、利用できる資料の制約があったり、友情にかんする十分に発展した歴史展望が欠落しているにもかかわらず、子ども期における友情経験というこの分野の歴史の概要は、いままさにはじまろうとしている。

少女と友情

18世紀後半と19世紀初めのヨーロッパ文化は女性の強力な友情の発展を助長した。勧善懲悪的で規範的な中産階級文学は、女性どうしの協力関係を、女性の人生で望ましい成果として達成するものとは対立することを強調し、彼女たちに社会的ヒエラルキーにおける従属的な地位を割りあてた。女性たちがお互いに宗教的、教育的、生物学的、そして家庭内的な諸経験を共有することは、女性たちのあいだの力強い絆を形成し、自分をとりまく男性親族とは距離を置いた親密な世界と支援体制を生みだした。1820年代に形成されはじめたヴィクトリア時代風の感情基準も、とりわけ友情にまで拡張する強烈な家族愛の強調によって、親密な友情を助長した。思春期前の少女には遊び仲間として少年を選ぶ者もいたが、19世紀の中産階級の家族は、少女が少年と遊ぶのをしばしばやめさせていた。それにもかかわらず、親密な成人女性の友情モデルにとり囲まれ、そうした関係を美化した、定期的に出版される文学にさらされた年少の少女たちの大半は、典型的には、自分の親密な友人として、いとこや姉妹をしばしば選んでいた。

女子の教育機関の登場は、親密な友情を発展させる重要な環境をもたらした。18世紀なかば以降、中産階級の若い女性たちは、親密な、しばしば生涯にわたる関係を築く寄宿学校、女子のアカデミー、神学校などでお互いに交流しあった。情愛的な言語と身体的な親密さの暗示は、19世紀の学友たちのあいだの手紙のやりとりに広まり、友情が彼らの人生において果たす中心的な役割を重視している。20世紀初頭にジュニア・ハイスクールとハイスクールに多数の少女たちが在籍するようになったことは、同級生との交流と友

情の機会をさらに増やすことになった。

青年期の少女たちは、それまでの世代と同じように、21世紀の最初の20年間、友人への情愛の念を表現し、互いに信頼しあい、互いに感情的に支えあっていた。だが、この時期は、女性どうしの親密さをあまり重視しなくなり、これまでとは違う期待感と優先順位に向かう移行期として特徴づけられる。新しい感情文化は感情を抑制することを重視し、異性関係に対する明確な文化的優先性は、同性の親密さを非難した。こうした影響は、女友だちのあいだの感情の深さと親密さに水をさした。青年期以前の少女たちは、パーティに出かけていって少年たちとダンスをしたり、おしゃべりをするよう奨励された。1950年代までは、10歳になった少女たちは、自分が少年たちに人気があるかどうかを気にしていた。この明確な新しい異性的な規範もまた、ハイスクールでの人間関係を支配した。たとえば、少女たちの友情の中味がしだいに少年とデートをすることに関心を集めるようになったことや、若い女性の友情が、異性からの人気を確かなものにしようとして、自分がまじめな少女集団の一員として認めてもらえるよう努力することなどにしばしば反映しているように。

20世紀後半のフェミニズムは、女性の友情の価値と重要性を再認識したが、このイデオロギーが若い少女と青年期におよぼした影響については明確になっていない。現在進められているいくつかの研究は、ハイスクールの低学年と高学年の少女たちのあいだにみられる攻撃、中傷、排他的な派閥といった文化を描いており、これらは、友情というものが現代社会の若い女性にとって問題に満ちたものであることを示してる。陰湿で、打算的で、狡猾な若い女性についてのこうした描写は典型的なものではなく、誇張されているかもしれないが、それは子どもたちの友情の歴史という文脈でのさらなる研究をうながしている。

少年と友情

19世紀以前には、少年は同輩といるよりも長い時間を大人集団のなかですごしていた。彼らは、大きくなるとすぐに農場労働で父親の仕事を手伝ったり、ほかの家で徒弟あるいは使用人としてはたらいていた。もちろん彼らには遊ぶ機会もあったが、大人のいないところで一人前の活動をする機会はかぎられており、それゆえ友情をはぐくむ機会もかぎられていた。このような状況は都市化とともに変化し、より長い時間を学校ですごすようになり、定期的により大きい同輩グループに身をさらすこととなった。この文脈で少年たちは、友情が重要な役割を果たす独自の同輩文化を発展させた。

年少の少年たちの友情は、少女たちのそれとは異なって安定せず、皮相なものであった。少年たちは、自分の妹たちに許されているよりも、もっと自由に歩きまわるなど、屋外で遊んだ。男の子は、しばしば、なんらかの特別な感情によってよりも、現実的に、しばしば身近ないとこや近隣から友人を選んだ。彼らの友情は私的な信頼よりも、忠義やよき仲間であることを重視した。男の子は簡単に友だちをつくるが、その文化には諍いや対立がつねにあった。それゆえ、彼らの友情はたえず移り変わり、異なった地域、村々、社会階級のあいだで、遊び仲間のけんかが日常的に見られた。しばしば友だちは、ライバル同士だけでなく、友人どうしでも、ボクシングの対決試合のようなけんかが起きていた。屋根裏や地下室で顔を会わせる無数のインフォーマルなクラブが、少年たちに運動やその他の活動をもたらした。これらの集まりは典型的に特定の個人を仲間うちから排斥したため、少年たちのあいだに親交や結束だけでなく分裂ももたらした。

19世紀の若い男性は通常、仕事を得るために、あるいはさらに勉学を探求するために実家を離れる10代なかばあるいは10代後半に、その少年期の終焉をむかえた。しばしば歴史学者が指摘しているように、この移行期には、友情はいっそう強力になる。各人は、新たな人生段階にふみこむ際、同輩仲間を頼りに安心感を得ようとしていた。近世の徒弟社会の末裔として、18世紀後半には、フォーマルで、自分でつくる若者組織がはじめて登場し、その後増殖した。この新しい集団——文学クラブや討論クラブ、宗教団体、秘密結社、友愛会（フラタニティ）、友愛会支部——は、若い男性が一人あるいはそれ以上の親しい友人を見つける場を提供した。これらの新しい友情は、少年期の人間関係とは異なり、青年期の若い女性の友情——親密さ、思想や感情の共有、情愛の表現、身体的親密さ——とよく似た特徴を示した。しかし、19世紀の女性たちの多くがこのような友情を生涯保ちつづけたのに対して、男性の強い結びつきは、若者が成人に達すると終焉し、関心は結婚や仕事の責任へと移った。

若い女性の人間関係の場合と同じように、19世紀後半から20世紀初めにかけての社会における**同性愛**への非難と、ポスト・ヴィクトリア時代の感情を抑制することの重視は、若い男性の友情における親密さに冷々水を浴びせた。同性愛という烙印を押される恐怖への対応として、若い男性のあいだによそよそしい人間関係という新しいパターンがあらわれると、情愛深い男性の人間関係は消失した。20世紀後半の少年や若い男性が経験した孤立する個人になることへの懸念という文脈で見られたこうしたパターンへの批判や、成人のあいだで男性の絆を作ろうとする一定の努力にもかかわらず、同性愛恐怖症的な社会の圧力は、子ども期から成人期を通じて、男性の友情の特質に影響をおよぼしつづけている。

［訳注］

＊1　仲間関係（peer relations）——通例、年齢、経歴、社会的地位あるいは出自、価値志向性、文化環境などが

類似している人びとからなる集団をさし、とくに同一年齢集団については「同輩集団」（ピア・グループ）とよぶ。peer groupという英語表現の初出は1943年頃である。

＊2 友愛会（fraternities、フラタニティ）——若い男子の友愛会をさすが、とくにアメリカの大学の男子学生の友愛組織を意味することが多い。これは社交性を増進することを目的として組織された男子の大学生の地方または全国組織。フリーメーソンにならって秘密の入会式や儀式を催し、2文字または3文字のギリシア文字をその会名に掲げることが多いためGreek-Letter Fraternityとよばれることがある。この表記の初出は1879年頃である。いっぽう、女子の場合、アメリカの女子学生の友愛組織としては「ソロリティ」（sororities）が知られる。これは女子学生が組織するクラブ団体で、学業やさまざまな活動ですぐれた人、あるいはクラブが独自に設けた基準に達した女子学生だけが加入を許された。ソロリティ・クラブの会員がsorority sisterとよばれるように、女子学生のあいだの姉妹関係は生涯にわたって維持される。いっぽう、漂白したブロンドの髪に目立つリボンをつけて濃いめのお化粧をする女子学生を「型にはまった女子学生」という意味で、sorority girlと表現される。

➡愛情、子どもの感情生活、少女期、少年期
● 参考文献

Cahane, Emily, Jay Mechling, Brian Sutton-Smith, et al. 1993. "The Elusive Historical Child: Ways of Knowing the Child of History and Psychology." In *Children in Time and Place: Developmental and Historical Insights*, ed. Glen H. Elder Jr., John Modell, and Ross D. Parke. New York: Cambridge University Press. エミリー・カーハンほか「とらえにくい歴史の子ども——歴史学と心理学から子どもを理解する方法」（都筑学訳）、グレン・H・エルダー、ジョン・モデル、ロス・D・パーク『時間と空間の中の子どもたち——社会変動と発達の学際的アプローチ』（本田時雄監訳、金子書房、1997年）pp. 252-294 所収。

Gillis, John R., *Youth and History: Tradition and Change in European Age Relations, 1770-Present*, expanded Student Edition (Academic Press, 1981). ジョン・R・ギリス『〈若者〉の社会史——ヨーロッパにおける家族と年齢集団の変貌』（北本正章訳、新曜社、1985年）*

MacLeod, Anne Scott. 2000. "American Girlhood in the Nineteenth Century." In *Childhood in America*, ed. Paula S. Fass and Mary Ann Mason. New York: New York University Press.

Rosenzweig, Linda W. 1999. *Another Self: Middle-Class American Women and Their Friends in the Twentieth Century*. New York: New York University Press.

Rotundo, Anthony E. 1989. "Romantic Friendship: Male Intimacy and Middle Class Youth in the Northern United States, 1800-1900." *Journal of Social History* 23: 1-26.

Rotundo, Anthony E. 1993. *American Manhood: Transformations in Masculinity from the Revolution to the Modern Era*. New York: Basic Books.

Simmons, Rachel. 2002. *Odd Girl Out: The Hidden Culture of Aggression in Girls*. New York: Harcourt.

Smith-Rosenberg, Carroll. 1985. "The Female World of Love and Ritual: Relations Between Women in Nineteenth-Century America." In *Disorderly Conduct: Visions of Gender in Victorian America*, ed. Carroll Smith Rosenberg. New York: Alfred A. Knopf.

Thompson, Michael, and Grace O'Neill, with Lawrence J. Cohen. 2001. *Best Friends, Worst Enemies: Understanding the Social World of Children*. New York: Ballantine Books.

Wiseman, Rosalind. 2002. *Queen Bees and Wannabes: Helping Your Daughter Survive Cliques, Gossip, Boyfriends, and Other Realities of Adolescence*. New York: Crown.

Yacovone, Donald. 1998. "'Surpassing the Love of Women': Victorian Manhood and the Language of Fraternal Love." In *A Shared Experience: Men, Women, and the History of Gender*, ed. Laura McCall and Donald Yacovone. New York: New York University Press.

（LINDA W. ROSENZWEIG／山口理沙・北本正章訳）

優生学（Eugenics）

優生学として知られる運動は、20世紀前半を通じてヨーロッパ社会のほとんどの子どもと再生産に深遠な影響をおよぼした。優生学という言葉は、チャールズ・ダーウィンの従兄弟であるフランシス・ゴールトン卿[*1]によってはじめて広められたが、彼は優生学を人間の遺伝的形質を改善するための科学の活用であると定義した。しかし、そうした定義は、未解決の多数の重大な疑問を残した。改善とはどのようなことなのか？ 遺伝的形質とはなにか？ 科学はどのように遺伝的形質を改善することができるのか？ こうした質問に答える権能をだれが掌握するのか？

その多くが中産階級の専門職と管理職の背景をもつ、自称優生学のエキスパートたちは、上の質問への権威ある解答を広め、またアメリカの優生学協会と、イギリス優生学教育協会のような正式の組織的ネットワークを形成した。これらの団体は相対的に小さな数にしては不つりあいな政治的成功を享受したが、優生学の意味を独占することはなかった。公的な言説は、子どもに対しては違った含意をもつこうした一連の質問への相反する別の答えの多様性をふくんでいた。

改善とはどのようなことか？

人間の特徴についての善悪の優生主義者の診断は、人種、宗教、ジェンダー、そして階級的な偏見をふくむ彼ら独自の文化的価値観によってかたちづくられた。フランスの優生学者たちが国民性を重視したのに対して、アメリカの優生学者は、階級を重視したイギリスの優生学者よりも人種と民族の違いに焦点をあてた。社会主義的な優生学者が貪欲さと資本主義を病理（病的逸脱）と描いたのに対して、エリート層あるいは管

理職層出身の優生学的指導者は、貧困を遺伝的疾病として描いた。優生主義の知識人指導者たちは、彼らが「知能の低い者たちの脅威」と名づけたことを強調したが、大衆文化では、優生学の通俗的な解説者たちは、見事な精神よりも魅力的な身体を上位に置いた。このような診断の特性は主観的ではあったものの、文化的に導かれたその特性はあきらかに追想的であり、客観的に証明された科学的な判断が示されることもあった。

遺伝的形質とはなにか？

20世紀初頭における遺伝的形質についての科学的な理解の仕方は、特定の性質について遺伝パターンにかんするグレゴール・メンデル*2の研究や、遺伝的形質は環境の影響を受けないとするアウグスト・ヴァイスマン*3の論証によって変容させられた。しかし、多くの優生学者たちは、伝染病から栄養失調にいたるまでのさまざまな状況についていまや科学は、その原因が創世説ではなく、環境にあるとしているとする啓発運動を展開した。こうした優生学の拡大版は、科学の無知から生まれたのではなく、さまざまな関心のもち方の違いから生じた。この見解では、なにかを遺伝的形質とよぶことは、人はそれを遺伝子あるいは病原菌、神命や遺言の検認をへて獲得しているかどうかには関係なく、その両親から遺伝的形質を獲得することを意味した。1922年、アメリカ公衆衛生総局*4は、「生命の科学」（The Science of Life）という映画で、人間の遺伝的形質を「人がその祖先から受け継ぐもの」と定義した。遺伝的形質の特徴を作るのは、その伝達の技術的メカニズムというよりはむしろ、それをひき起こす親の道徳的な責任感であった。この見解では、優生学は単純によい遺伝子を意味するのではなく、よい親であることを意味した。

科学はどうすれば遺伝的形質を改善できるか？

優生主義者たちは、その方法を積極的——彼らが適切であると判断した人の出産を増やす——あるいは消極的——不適切だと判断した人の妊娠を減らす——の二つに分類した。積極的基準は、健康的な大きな家族の両親に政府の給付金を提示することから、地方の家畜品評会をモデルにした「よい赤ちゃんと立派な家族」コンテストにいたるまで、多岐にわたった。消極的基準には、強制的な不妊手術、移住に対する人種的制約、そして安楽死などがふくまれた。一般に、アメリカとドイツの優性主義者たちは消極的基準を進めたが、フランスとラテンアメリカの優生主義者たちは積極的基準を重視した。しかし、積極的基準と消極的基準は、単純化していえば評価できる識別指標ではなく、算術上の識別指標であった。消極的基準はしばしば強権に頼ったが、出産奨励論者たちと同じことを行なった。さらに、**産児制限**から安楽死までのさまざまな消極的基準は、政府の手で導入されたのではなく、ときにはそれが法律に違反するような場合でさえ、家族によって選択された。それだけでなく、優生主義者の大部分は、消極的基準と積極的基準を混合して適用した。両方とも、よい遺伝的形質と悪い遺伝的形質についての共通の定義にもとづいて、同一の目標を共有していた。

優生学と子ども

優生学のさまざまな解釈は、さまざまな方法で子どもたちに影響をおよぼした。子どもをもっている人を支配しようとする優生学の取組みは、どのように子どもを育てるのかを明確には示さなかった。しかし、遺伝的形質は個人の本質的な性格を決定するという優生学の前提は、教育あるいは健康管理といった手段によって子どもの環境を改善しようとする努力の根拠をそぎ落としてしまった。さらに、チャールズ・ダヴェンポート*5ら多数の優生学者たちは、一般には病気、とくに**乳児死亡率**は自然選択の価値ある方法であると主張する社会ダーウィニズムやネオ・マルサス主義を是認した。この見解によると、死は、遺伝的欠乏によって子どもたちを排除する自然の方法であった。たとえば、1915年から1918年にかけて、シカゴの有名な外科医ハリー・ハイゼルデン博士は、治療を拒否し、ときには、彼が優生学的に不適切だと診断した乳幼児の死を早めたことも実際にあった。しかも彼のこうした実践は、広範な公的支持を得ていた。

他方、優生学は、しばしば子どもを対象にした改善された医療、教育、そして福祉計画を実施した。アメリカ乳児死亡率予防研究協会（the American Association for the Study and Prevention of Infant Mortality）は、優生学の公的団体であった。これに対して、アメリカの最初の主要な優生学組織であった人種改善財団（the Race Betterment Foundation）は、運動から清潔なミルクにいたるまで、広範囲にわたる子ども向けの予防的な健康基準を促進した。子ども向けの社会サービスを支持する優生主義者たちは、乳児死亡率は不適切な選択である——あまりにもいきあたりばったりであり、あるいは、（たとえば知能のような）高く評価される特徴をもつ子どもを殺してしまいやすい——と主張した。彼らは、優生学を、よい遺伝子に限定されるものではなく、よい子育てとして定義する傾向もあった。そうした見解は、とくに、女性を対象にした権力は社会をいっそう養育的にするだろうと考えていた母性愛主義の社会改革者たちに、また、家事を専門職化しようとしていた科学的な母性の唱道者たちにアピールした。優生学についてのこうした見解は、すべての子どもを助けようとしたが、なおまだよい親と悪い親を見分けることに左右された。

1930年代と1940年代のアメリカでは、大量殺戮を推進するために優生学を利用するナチスに対抗するなかで、また、遺伝の複雑さについての科学的な理解が

高まってきたことに対応するなかで、優生学と銘打ったプログラムへの支持は衰退した。第2次世界大戦後の学者たちは、過去の優生学の偏見に満ちた価値観から遺伝子医学を守るために、医者たる者は客観的に定義づけられた病気だけを治療すべきであると主張した。だが、医学はつねに健康と病気を識別するため、なんらかの評価基準を必要とした。価値判断に影響されない医学を保とうとする善意から出た努力は、その診断の客観性を信じる過去の優生学を繰り返した。そうした努力は、もし文化が賢明にもそうした価値判断をくだすことになるなら、医学における価値判断の必要性を排除するのに成功しないのではなく、政治的および倫理的な分析をかすませ、その権威を失墜させることができるだろう。

［訳注］

*1 フランシス・ゴールトン（Sir Francis Galton（1822-1911））──イギリスの遺伝学者、人類学者。天才児研究で知られる優生学の創始者。

*2 グレゴール・J・メンデル（Gregor Johann Mendel, 1822-1884）──オーストリアの修道士、植物学者。遺伝の法則を発見し、「分離の法則」（law of segregation）と「独立組みあわせの法則」（law of independent assortment）を唱えた。「分離の法則」とは、雑種第一代の異型接合体は、配偶子を形成する際、二つの遺伝因子を分離することによって次代における遺伝子型の分離を見せるとする法則。「独立組みあわせの法則」とは、メンデルの第二法則ともよばれ、二つ以上の形質が遺伝するとき、個々の遺伝因子は互いに独立して等しい割合で新たな組みあわせを作り、配偶子に分配されるとする法則。

*3 アウグスト・ヴァイスマン（August Weismann, 1834-1914）──ドイツの生物学者。チャールズ・ダーウィンの晩年の弟子の一人。獲得形質の遺伝を否定し、突然変異に自然選択がくわわり種が変化すると考え、自然選択を唯一の進化の根拠とする進化説を唱えた。これは1902年頃からネオ・ダーウィニズム（新ダーウィン主義）とよばれた。

*4 公衆衛生総局（Public Health Service）──アメリカの公衆衛生の各部門のとりまとめを担う総局のことで、保健・教育・福祉省の一局。略称はPHS。

*5 チャールズ・ダヴェンポート（Charles Davenport, 1866-1944）──アメリカの生物学者・優生学者。計量生物学的手法を用いて『人種改良学』（Heredity in Relation to Eugenics, 1911）を著し、結果的に科学的人種差別を助長し、ナチス・ドイツの人種隔離政策とつながりをもった。

➡家族の諸類型、出生率、小児医学

●参考文献

Adams, Mark B., ed. 1989. *The Wellborn Science: Eugenics in Germany, France, Brazil and Russia*. Oxford, UK: Oxford University Press.

Briggs, Laura. 2002. *Reproducing Empire: Race, Sex, Science, and U.S. Imperialism in Puerto Rico*. Berkeley: University of California Press.

Dikotter, Frank. 1998. "Race Culture: Recent Perspectives on the History of Eugenics." *American Historical Review* 103: 467-478.

Kevles, Daniel. 1985. *In the Name of Eugenics: Genetics and the Uses of Human Heredity*. Berkeley: University of California Press.

Kline, Wendy. 2001. *Building a Better Race: Gender, Sexuality, and Eugenics from the Turn of the Century to the Baby Boom*. Berkeley: University of California Press.

Larson, Edward J. 1995. *Sex, Race, and Science: Eugenics in the Deep South*. Baltimore: Johns Hopkins University Press.

Meckel, Richard. 1990. *Save the Babies: American Public Health Re-form and the Prevention of Infant Mortality*. Baltimore: Johns Hopkins University Press.

Paul, Diane. 1996. *Controlling Human Heredity 1865 to the Present*. Atlantic Highlands, NJ: Humanities Press.

Pernick, Martin S. 1996. *The Black Stork: Eugenics and the Death of "Defective" Babies in American Medicine and Motion Pictures since 1915*. New York: Oxford University Press.

Pernick, Martin S. 1997. "Eugenics and Public Health in American History." *American Journal of Public Health* 87: 1767-1772.

Pernick, Martin S. 2002. "Taking Better Baby Contests Seriously." *American Journal of Public Health* 92: 707-708.

Proctor, Robert N. 1988. *Racial Hygiene: Medicine Under the Nazis*. Cambridge, MA: Harvard University Press.

（MARTIN S. PERNICK／北本正章訳）

ユース・ギャング（Youth Gangs）

ユース・ギャングとは、自覚のある、組織化された青少年集団のことであり、共通の関心と一人のリーダーのもとに、典型的には、社会に脅威をあたえたり違法であるとみなされたりする行動をともにすることで結束している。多くの文化において、ギャングもしくはそのプロトタイプとなるものは何百年も前から存在しているが、研究者の多くは、近代のユース・ギャングは農村社会から工業社会への移行期にあたる19世紀に出現したとしている。かならずしもつねにというわけではないが、大部分のユース・ギャングは都市の貧民から生まれている。ギャングは縄張り争いや違法なくわだてなどに関連する不法行為におよぶが、彼らがしたいことの大部分は純粋な仲間づきあいと法の枠内にとどまる。

ギャングと若者集団は、すくなくとも中世から存在している。14世紀と15世紀のイングランドの記録には、強盗・恐喝・レイプをはたらく犯罪ギャングについての記述がみられる。フランス、イングランド、そ

ユスキヤン

「デッド・ラビッツ」。1857年のニューヨーク。Frank Leslie's *illustrated newspaper*, v. 4（1857 July 18）, p. 108.*

してドイツでは、「無秩序の僧団」*1 として知られる中世の若者集団が、自分が属する修道院の名誉のためにライバル集団と荒々しいスポーツやけんかをした。逸脱した村人に怒りをぶつけたり脅迫したりする若者集団もあったが、これらは社会秩序を押しつけるために大人たちの是認を得た行為であった。17世紀と18世紀のイギリスのギャングは、忠誠心をあらわす色つきのリボンを身につけ、ライバルと戦い、共同体を威嚇した。アメリカ植民地でも、やっかいなこうした集団は、酒を飲んでは騒ぎ、けんかをしたり、盗みもはたらいて、人びとは不平をこぼしていた。

　これら初期のプロトタイプ的なギャングは、近代のユース・ギャングと関連づけられるような性格をもってはいたものの、典型的な都市のストリート・ギャングがあらわれるのは19世紀になってからであった。アメリカでは急速な工業化と都市化にともなう社会的・経済的圧力と移民が、これらの条件のもとで発達した組織的犯罪ギャングの勃興をもたらした。パグ・アグリーズやデッド・ラビッツ*2 のようなギャングは、スラムでの違法活動を扇動し、若者や大人を組織の構成員にとりこんだ。このようなグループは犯罪の裏社会や酒場、政党の集票組織とつながりをもっていた。1800年代後半に新移民の到来で民族間のもめごとが激しくなると、縄張りや上下関係をめぐって闘う民族ごとのユース・ギャングがいっそう目立つようになった。

　都市の改革者たちは、ギャングという現象を都市生活の堕落と退廃をもたらすものと解釈した。こうした組織のなかにはしぶとく力を保つものもあり、脅威を感じた改革者たちは、ギャングの発生原因について研究しはじめた。研究者たちが大人の犯罪ギャングの増大に果たした青少年非行の役割に注目したのには意味があった。こうした研究成果の一部として、19世紀後半から20世紀初頭にかけて多くの改革者たちは、ギャング活動に歯止めをかけて社会秩序を再構築する手段として、児童福祉サービスと教育を推進することになった。

　ギャング研究にみられるこうした新しい傾向は、フレデリック・M・スラッシャーの著書『ギャング』（*The Gang*, 1927）で概括された。スラッシャーは、貧困層の劣悪な生活状況や経済的ハンディだけが犯罪グループを生み出すのではなく、思春期の発達そのものに原因があるとした。彼は、ギャングはスラム社会に対するありふれた適応であり、思春期特有の結束の延長ではないかと問いかけた。彼は、若いギャングのメンバーが大人のギャング組織に入るのは、社会的状況が不適切なままで、社会移動ができない場合にかぎられるとした。こうしたスラッシャーの研究に影響を受けて、1920年代から1930年代になると、政府関係者や専門家は、青少年ギャングを社会にとって脅威となる存在と見るのではなく、ほとんどの場合、思春期の気晴らしとして見すごしてしまうか、逆に、大人の組織犯罪の水準にまで格上げして対処した。

　ユース・ギャングへの注意が強く喚起されたのは、

第2次世界大戦中である。ヨーロッパでは、戦争がもたらした壊滅的な大変動が非行のいちじるしい増加原因となった。必要にかられてのことであったが、青少年ギャングは、闇市場・売春・窃盗にくわわった。アメリカでのユース・ギャングの活発化は、実数の増加にみられるように、この問題についてのアメリカ人の新しい意識の産物そのものであった。政府関係者や報道機関は、青少年非行は、家庭生活の破綻と同じように、戦時下の状況のせいであるとした。それと同時に、人びとはエスニック・ユースのサブカルチャーや、ズート・スーツ・ファッション*3のような一時的な流行に関心をもちはじめた。このスタイルと、これが1943年に起きた一連の人種暴動にかかわりがあったことは、マイノリティの若者が自衛のためにエスニック・ギャングへの結束をはじめる状況を生みだし、このことが暴力的なユース・ギャングという概念を人びとに植えつけることになった。終戦にいたるまでに、青少年非行問題と民族間衝突とが結びついた自覚は、ユース・ギャングに対するアメリカ人の恐怖心を固めることとなった。

戦後になると、アメリカのユース・ギャングは街路でも人びとの意識においても、大きな社会的なジレンマとなった。1950年代のギャングは、民族や人種による協力関係と縄張りの統制を強め、ライバルに対して以前にもまして激しく暴力をふるうようになったことなどが特徴であった。法の執行と社会サーヴィスは、調査研究・監視・干渉の対象にギャングを置き、大衆メディアは「ワイルド・ワンズ（乱暴者）」*4のような映画でユース・ギャングを描いた。しかし、1960年代なかばには青年期のギャング活動はゆるやかになった。ギャングに介入するいくつかのプログラムと公共政策が彼らを崩壊させるうえで大きな効果があった。研究者たちも、公民権問題と反戦運動への政治参加は、多くの若者をギャング活動への参加を思いとどまらせ、あるいは、ギャング活動を戦闘的なブラック・パンサー党のような集団へと再編させた、と主張している。さらに、ヘロインなどのドラッグをギャングの構成員が使用することが増えたこともギャングの団結をくずし、そこにゆるやかなドラッグ・サブカルチャーが形成された。

1970年代に、ユース・ギャングはスラム地区の経済的沈滞と広まるドラッグカルチャーへの反応として、ふたたびその姿をあらわした。ベトナム戦争の帰還兵の多くがギャングを再結成し、新しい指導理念と経験をもちこんだ。当初、ユース・ギャングは蔓延するドラッグカルチャーに実際に戦いを挑んだが、多くは利潤を求めてドラッグの違法売買に走った。1980年代までに、ギャングはさらに他人を食いものにする犯罪にかかわるようになり、縄張り争いだけでなく違法市場の支配にもしのぎを削った。ギャング活動は、構成員が銃をもち、実際に使用するようになると、野蛮な暴力が目立ってきた。

現代の青少年ギャングは世界中で問題になってきた。イギリスとドイツでは、けんかばやく愛国的なサッカー・フーリガンや人種差別主義者、暴力的なスキンヘッドなどをふくむ、進行する階級競争や移民人口の増加への反応としてのさまざまなユース・ギャングがあらわれた。またアフリカのユース・ギャングについてのいくつかの研究も、仲間に対して保護と支援と経済援助をあたえる南アフリカのスコリー・ギャング*5に注目している。ジャマイカでは、パシ*6とよばれるギャングは、極貧状態で暮らしている人をメンバーに加入させ、日常的に暴力を用い、ドラッグの違法売買をさせて辛い目にあわせており、コロンビアでは、青少年のギャング集団がドラッグ・カルテルのために縄張りを守り、殺人まで犯している。

[訳注]

*1 無秩序の僧団（Abbeys of misrule）——おもにクリスマスの頃に子どもや若者たちが集まって行なうばか騒ぎの祝祭の一種で、民俗学的な起源は、ローマ時代に農耕の神サトゥルヌス（Saturn）を祀るサトゥルナリア祭（Saturnalia）として知られる12月中旬頃に行なわれた収穫祭に由来する。イングランドではとくに15世紀から16世紀頃、宮廷や領主館（Manor House）、教会などでクリスマスの祝宴として12月17〜23日にかけて開かれ、クリスマスの起源とされる。農民や住民、小作人や使用人たちが泥酔して乱痴気騒ぎになりやすかった。祝宴の司会役はイングランドでは無秩序卿（Lord of Misrule）、無秩序の修道院（僧団）（Abbeys of misrule）スコットランドでは無秩序の修道院長（Abbot of Unreason）、フランスではばかの王子（Prince de Sots）とよばれた。子どももくわわり、しばしば子ども集団によって大人世界の役割反転劇などが演じられた。

*2 パグ・アグリーズ（Pug-Uglies）やデッド・ラビッツ（Dead-Rabbits）——いずれも俗語で、ユース・ギャングのよび名。pugは、顔が平たく、鼻が低い、ブルドッグに似た小型の愛玩犬をさし、pug-uglyは、「ひどく醜悪な顔つきの人物」「ブサイクなやつ」という意味の侮蔑的な俗語。dead-rabbitsは、「しおれたペニス」という意味をもつ侮蔑的または自己卑下的な俗語。rabbitには、俗語的には「初心者」「小心者」「臆病者」の意味がある。

*3 ズート・スーツ・ファッション（zoot-suit fashion）——メキシコ系やアフリカ系住民のあいだでとくに流行した、だぶだぶの先細ったズボンと大きな肩パッドが入った丈長の上着が特徴的なファッション。関連項目「ズートスーツ暴動」も参照。

*4「乱暴者」（ワイルド・ワンズ：*The Wild Ones*）——1953年アメリカ製作のラズロ・ベネデック監督、マーロン・ブランド（1924-2004）主演の映画作品。

*5 スコリー・ギャング（skollie gangs）——ケープタウンの有色人種で形成された無頼集団。

*6 パシ（posse）——おもに10代のジャマイカ人チンピ

ラで構成される暴力団［ギャング］の総称。ニューヨークなどに進出して麻薬・武器密輸など非合法な資金調達を行なう。

➡少年裁判所、少年兵（世界的な人権問題）、ズートスーツ暴動、法律と子ども

●参考文献

Asbury, Herbert. 1970 [1927]. *The Gangs of New York: An Informal History of the Underworld.* New York: Capricorn Books. ハーバート・アズベリー『ギャング・オブ・ニューヨーク』（富永和子訳、早川書房、2001年）

Covey, Herbert C., Scott Menard, and Robert J. Franzese, eds. 1997. *Juvenile Gangs*, 2nd edition. Springfield, IL: Charles C. Thomas.

Jankowski, Martín Sánchez. 1991. *Islands in the Street: Gangs and American Urban Society.* Berkeley: University of California Press.

Schneider, Eric C. 1999. *Vampires, Dragons, and Egyptian Kings: Youth Gangs in Postwar New York.* Princeton, NJ: Princeton University Press.

Thrasher, Frederic M. 1947 [1927]. *The Gang: A Study of 1,313 Gangs in Chicago.* Chicago: The University of Chicago Press.

（LAURA MIHAILOFF／森本真美訳）

ユダヤ教（Judaism）

ユダヤ教の子ども期の概念は、聖書の時代から現在まで、かなり大きな変容をとげてきた。子育てに示された現実の変化は、**保育・しつけ・教育への広範囲にわたる方法**を導いたが、同時にそれらは、性差の役割、両親の権威がおよぶ範囲、そして親子関係の特質などにかかわるいくつかの重要な疑問も投げかけた。検討を要するこれらの論点の進化は、ユダヤ教の歴史における民族・文化・宗教などの要素を映しだすとともに、おもにユダヤ教生活においてつねに変わりつづける宗教儀式の役割の明白な痕跡も残している。子ども期のあらゆる面でそれらの影響をまったく受けず、隣接する諸文化のダイナミックな影響に無関心でいられたわけでもなかった。

子ども期の概念

ユダヤ人の歴史家たちによって過去30年以上にわたって進められてきた研究は、子ども期を対象としたもっとも概括的な研究と同様、主としてフランスの歴史家フィリップ・アリエスによって進められた理論とは対立する観点に立っている。アリエスは、中世社会には、「子ども期の特別な本性に対する自覚」が欠如していたために、今日われわれが知っているような子ども期は存在しなかったと主張したのであった。子ども期への近代的な接し方がなされるようになってはじめて子ども期は「発見」されたと主張した。こうした主張に反論するために、ユダヤ人の研究者たちは古代と中世のユダヤ教の史料から取り出された圧倒的な証拠を収集した。それは、ユダヤ教は子ども期を独自な発達段階として識別しており、子ども期をそのようなものとしてとらえる明確な認識があることを証明するものであった。ユダヤ社会と文化の内部で理解されているように、子ども期は、個人が経済的独立を達成し、家族あるいは共同体の責任を担う成人期に先立つすべての人生段階に幅広く関係している。「タルムード」[*1]にみられる豊富な証拠史料は、古代ユダヤ教のなかに幼年期・子ども期・青年期・若者期（若い成人期）をふくむ移行的な諸段階が広く認められていたことを示している。

宗教儀式のいくつかは、子どもの発達の重大な節目を象徴した。生後8日目に行なわれる割礼の儀式は、男子がイスラエルの民になる契約を結ぶことを祝った。「タルムード」が編纂された時代[*2]には、この儀式は、ユダヤの若者をギリシア・ローマ世界のほかの若者から区別するのに役立った。12世紀を通じて、北フランスとドイツでつくられた新しい複雑な儀式は、ヘブライ語の学習をはじめた5～6歳の少年を祝うものであった。晴れ着の少年はシナゴーグ[*3]に案内され、卵と果物と蜂蜜ケーキがあたえられた。そして粘土板にきざまれたヘブライ語のアルファベット文字が少年に読み聞かされた。そのとき、その文字は蜂蜜で上塗りされており、少年はそれを舐めた。五旬節の祭礼[*4]で上演された儀式は、シナイ山[*5]で授けられたトーラー[*6]の契約を再演することによって、象徴的に子どもをユダヤ人の階級に組み入れた。それは忘却を戒める儀式であるとともに、告白の手段でもあることを意図していた。ある研究者は、この通過儀礼は、キリスト教の聖体拝礼によく似た要素をもっているかぎり、多数派信仰の主張に異議申し立てをする対抗儀式として設定されたものであると主張している。ユダヤ教の儀式にはパンとワインと蜂蜜がふくまれていたが、これは知識を象徴しており、アルファベットを教えるために広く利用されていたという単純な理由のためであろう。この加入儀式は、後年には、地中海の内湾地域や17世紀の東ヨーロッパの遠隔地のユダヤ人コミュニティの習俗のなかでみられた。

バル・ミツヴァー[*7]は、少年が宗教的成熟年齢である13歳と1日に達したことを祝う儀式である。少女が宗教的成熟年齢（12歳と1日）に達したことを祝う儀式はこれとはまったく別物である。11世紀にバル・ミツヴァーがはじめてあらわれたのはドイツにおいてであったが、それが一般的になるのは、それから200年後のことであった。この世紀以前を通じて、男子の宗教的義務年齢として13歳が確立していた。新しい儀式のなかで、少年の父親は息子の悪行に対する責任から解放されることを宣言した。バル・ミツヴァーを迎える前でも、未成年者がすべての儀式にかんする戒律に関与することは原理的には許されていたが、

いくつかの儀式については、宗教的な成熟年齢に達するまでは除外されていた。14世紀の史料は、少年は13歳の誕生日または誕生日の後の安息日*8に、はじめてトーラーを学ぶ場によばれたと記述している。16世紀のポーランドでは、この儀式は実際の**通過儀礼**へと発展していた。

しかしながら、事実上、13歳をはるかにすぎるまでは、若者はコミュニティの一人前の成員にはなれなかった。そうなる正確な年齢は、時代と地域によってさまざまであった。それだけでなく、多くのコミュニティでは、独身の男性はその年齢とは関係なく、ある種のシナゴーグにとっては不適格者であった。たとえば、18世紀のメス市*9の宗教権力は、未婚の男性は儀式をだいなしにしてしまう者であるとして、彼らに権能をあたえなかった。だが、結婚しただけでは最終的な成人身分をあたえることはできなかった。それは、近世にはまだ幼児結婚が広まっていたからであった。「18歳で天蓋*10のもとで結婚を」という「タルムード」の伝統を、これよりもっと若い年齢で結婚する社会的・文化的な期待感と一致させようとつとめていた事情から、1566年の権威あるシュルハン・アルーフ法典*11は、「18歳で結婚して妻をめとることは、すべてのユダヤ人男性の義務である。しかし、これより早く行動し、結婚する者はさらに賞賛をあたえられるが、13歳以前には結婚すべきではない」と定めた。若い男性が、10歳以前に結婚する現象は、近世ヨーロッパでは知られていなかった。結婚年齢がかなり高いところでのいくつかの事例では、相対的に新婚の者にも、まだ制約がくわえられていた。ポーランドの1624年の地方議会の法令によると、結婚後2年以内の男性の署名がある文書は無効とされた。のちに署名が有効になる期間は3年まで延長された。同様に、この議会は25歳以下の者、もしくはすくなくとも結婚後2年以上たっていない者に対する貸付の拡大を阻止していた。

子どもの養育

嬰児を遺棄して死にいたらしめてしまう習俗が広く見られた古代ギリシアとはいちじるしく対照的に、古代のユダヤ人は、嬰児殺しは殺人であるとして強くこばんだ。紀元1世紀の指導的なユダヤ人哲学者であったアレクサンドリアのフィロン*12は、すべての子どもを養育する重要性を力説した。嬰児殺し（彼はそれを「自然の法則を破ること」とよんだ）に対する彼の嫌悪は、生殖は神の命令であるとするユダヤ教の観点と提携することになった。最終的には、この教えはその後、4世紀にカトリック教会が嬰児殺しを禁止したため、キリスト教思想の主流となった。だが、それにもかかわらず、**子どもの遺棄**は、それに対する経済的な激論が続くかぎり教会が黙認したため、深刻な社会問題として近代のかなりの時期まで根強く残った。

幼いユダヤ人の子どもにほどこされる世話は、子ども期に対する圧倒的に肯定的なユダヤ教の態度を示している。「タルムード」に記録されている古代のラビの法によれば、父親には彼の（最初に生まれた）息子を救い、その子に割礼をほどこし、トーラーを教え、商売を教え、彼に妻をめとらせることが義務づけられており、また、別のラビの意見によれば、父親にはその子に水泳を教えることまで義務づけられていた。子どもを養育する道徳的義務があまりにも自然なことであったため、子どもを扶養する食糧については、この親の義務のリストのなかでは明確に言及されなかった。これと並行して発達したローマ法の時代に起きたバル・コクバ*13の反乱（132-135年）後、ミシュナ法*14だけが子どもに対するいっそう手厚い保護を提供するために改訂された。子どもを扶養する父親の義務は法律の問題になった。そして、法的な進歩は娘にたいしては十分に適用されなかったが、自己防衛策として息子を売りはらう［父親の］特権は廃止された。だが、たとえそうなっても、厳しい経済的困窮の時代には、両親は息子や娘を売却するしかないと思い定めていた。

資料源の大半は、理想的な中世の家を、両親と子どものあいだの相互の愛情にもとづいたやさしい組織として描いている。13世紀ドイツの『サーフェル・ハスィーディーム』（Sefer Hasidim）*15のような、中世についての倫理学的な著作は、母親の義務は、子どもを清潔に保ち、食べ物をあたえ、自然から保護することであると強調している。老成した子どもへの明確な好みを示すほかの文化とは異なり、ユダヤ教は子どもを偏愛していた。このことは、幼い子どもの死に対し

美しい古いトーラーの巻物*

て、古代エジプトやローマの事例よりも多くの注意をはらっていたことを示しているユダヤ人の墓碑銘において明確である。同じように、14世紀のスペインのラビであったユダ・アシハリ*16とほかのラビたちによって表現されている子どもの死に対する苦痛は、子どもを失った両親が示す感情について『サーフェル・ハスィーディーム』が示した助言と一致し、子どもへの愛情の深さをあらわしている。こうした一致は、両親と幼い子どもとの遊びを非常に肯定的な言葉で表現しているミドラッシュ・ラッバー*17（「詩編」92・13）の心象にもみられる。

アシュケナージム*18とセファルディーム*19という二つの文化領域から明らかなように、中世の資料源は、ユダヤ人の父親が子育てにかかわることが増えていたことを示している。父親は、年長の子どもに対してよりも乳幼児に対して、ますます強い愛情をいだくようになっていると表現された。おそらくこの理由のために、倫理学的な文学は、一方における子どもの養育についてのせめぎあう需要と、他方における大人の養育責任とのあいだの緊張関係に敏感であったのであろうし、また、それゆえに父親にはトーラーの知識をあたえることが期待されている優先性があることを強調したのであろう。だが、それにもかかわらず、両親は、愛情をそそぎすぎて子どもを甘やかせてしまわないよう警告を受けた。過度に甘やかすことは、両親の不安のために子どもを教育する目標を浸食してしまうのではないかと議論された。しばしばくりかえされてきたこの懸念は14世紀スペインの道徳的な著作『メノーラ・ハ＝マオーラ』*20にまでたどることができるが、そうした愛情表現はごくふつうにみられたことを確認するものでもある。

しつけ

聖書時代には、身体罰は、「鞭を控えるものは自分の子を憎む者」と『箴言』*21 13章24節の例にあるように、広くしつけの主要な手段とみなされていた。「タルムード」の時代になると、革ひもが鞭打ち棒にとって代わった。そして、どの説明でも、家と学校の両方で厳しい罰があたえられていた記述に出会う。しかし、3世紀以降、身体罰を減らすことが歓迎されるようになった。代わって、別のしつけの手段が開発された。たとえば、怠慢な生徒の問題に対して、「タルムード」がとくに推奨しているのは、身体罰を課すよりも「子どもに真面目に努力する罰をあたえる」ことであった。両親と教師たちは、忍耐と思いやりを訓練するよう助言された。中世の資料源は、「タルムード」の規定にみられる模範とはしばしばくい違う実態を示している。『サーフェル・ハスィーディーム』は身体罰については曖昧だが、ラビ・モーシェ・ベン・マイモン（マイモニデス）（1135-1204）*22とラビ・ソロモン・ベン・アデレード（1235-1310）*23は、生徒であるあいだに少年をたたく両親あるいは教師の権利を認めている。14世紀のサラエボにおける過ぎ越しの祭りにおけるハガター*24とコブルク*25のモーセ五書は、鞭で打つ教師を示している。さらに、『ブランドハルギル』（*Brantshpigl*）*26のような多数の近世の史料は、生徒の年齢に応じて罰の厳格さを変えるよう教師たちに助言している。

教育

伝統的なユダヤ教では儀式が優先されていたために、子どもの教育は、その中核的な目標として、儀式にかんする教養を身につけることに重点を置いていた。「タルムード」の時代では、少年たちは、5、6歳または7歳から12、13歳まで、初等学校に通うか、つきそい教師の手ほどきを受けていた。紀元2世紀までに、イスラエルの国には学校のネットワークが広がっていた。生徒は、学校でトーラーの朗読や書きとりを学習し、12歳になると「ミシュナ」を学んだ。この時期のユダヤ教の学校カリキュラムには、数学、ギリシア語あるいは**体操**といった世俗科目の正式な教育はふくまれていなかった。最初のうち、学校は社会の下層身分の子どもを排除していたが、3世紀までに、すべての階級の子どもが教育を受けられるようになった。しかし、いくつかの「タルムード」時代の資料は、父親が娘に非公式な教育をほどこしていたことを示唆してはいるものの、全般的には、少女たちは初等教育から除外されていた。

中世には、北フランスやドイツに共同出資された初等学校制度はなかった。学校は、両親と教師のあいだのプライベートな契約にもとづいていた。これとは対照的に、スペインとイタリアのユダヤ人は、いっそう公的な教育制度をもっていた。さらに、南フランスでは、初等学校があったと言及されてはいるものの、これらが学校であるのかシナゴーグであるのかは明確ではない。イタリアでの状況はおそらく例外であろう。ここでは、成人女性が少女と少年たちに、しばしば自分の家で読み書きの初歩を教えていた。もっとも目立つ事例は、1475年のローマにおける少女のための特別な初等学校（「タルムード・トーラー」学校）*27の設立であった。

公式の学校教育とはまったく別個のものとしてもっとも重点が置かれていたのは、家庭とシナゴーグにおける儀式にかんする教育であった。社会レベルでは祝節日が、共有される価値観と強固な集団的アイデンティティを促進するのに対して、ユダヤ教のさまざまな祝祭儀礼は、民族的および歴史的観点で、ユダヤ教の宗教理念についての理解を子どもにあたえる機会を提供した。たとえば、過ぎ越しの祭りで行なわれるセデル*28の儀式は、おそらくユダヤ教の暦全体のなかでもっとも重要な非公式の教育の模範を提供した。そこでは出エジプトについての叙述が問答法で行なわれ、

使用される儀式とシンボルは子どもたちの関心をつかみ、敬虔さを深めるために、特別に作られたものであった。「タルムード」はもともと、裏づけとなる史料と討論のレベルを子どもの理解力に合わせることの重要性を強調していた。

儀式についての教養に結びつけられた重要性は、あまり公式ではない状況でも強調された。17世紀のポーランドにおける神秘主義的な道徳研究書である『シーネ・ルハット・ハ＝ビレイト』（Shnei Luhot Ha-Berit）*29は、父親が懸念するような、適切な道徳的価値を獲得するうえで決定的に重要な時期と見られていた2歳か3歳頃からの子どもに教えることの重要性を強調していた。『ブランドハルギル』を著した著作家と同様に、「父親よりも多く」子どもを叱る母親の役割にさえ非常に大きな重要性を割りあてていた。子どもは正式にシェマア*30の唱和と聖句箱（tefillin、テフィリン）*31を身につけることから免除されたが、訓練のためにメズザー（家のドアポストにつけられた聖書の言葉）*32の祈りや食後の感謝の祈りをする義務があった。さらに、子どもの発達の、連続する各段階で、新しいレベルの儀式への参加がつけくわえられた。そして子どもはそれを行なうのに十分な年齢になるとすぐ、一定の戒律を守るよう教え導かれた。少年が3歳に達したとき、彼は着衣のためにツィツィート（儀式フリンジ）*33をあたえられた。5歳までに、彼はシェアマを詳細に話すことを教えられた。9歳か10歳での子どもの誓いは合法とみなされた。この年齢の少女と少年は、償いの日*34に数時間断食するよう奨励された。そして「戒律に精通するために」、この時間を毎年1時間ずつ増やしていった。そのため、それぞれ12歳と13歳に達したとき、終日断食する準備ができていた。

近世と近代における諸発展

16世紀は、ますますエスカレートする世代間の緊張時代を開いた。多数のユダヤ教コミュニティで親の権威に投げかけられた疑念は、**プロテスタントの宗教改革**の時代にはとくに明確になり、この傾向は近代を通じて続くことになった。1520年代と1530年代における多数のユダヤ教のコミュニティは、親の同意を得ずに結ばれる結婚を禁止した。それにもかかわらず、その世紀の中頃には、いくつかのコミュニティは、若者が自分の結婚相手を自由に決めることを支持するラビの権限を認めた。若者の移り気と未成年者の**非行**についての疑念は、公的な資金援助による学校の創設や、義務教育を確立する法律の制定をふくむ多様な共同体の戦略のなかにあらわされていた。ほかに見られた取り組みには、青年が、とくに性的なふるまいの領域で、両親の権威からの自由を求める要求を抑制しようとすることが見られた。

子どもに対する社会の態度に生じる革命的な変化は、ユダヤ教のコミュニティでもはっきりと感じられた。ルネサンス以降、思想家たちはかつてなく自然を凌駕する養育の力*35をしだいに重視するようになった。ヨーロッパの**啓蒙思想**、およびそのユダヤ教版であるハスカラ運動*36は、教師が適切な情報を書きこむことができるタブラ・ラサ（白紙）*37としての子どもの精神イメージに賛意を表明した。18世紀後半から19世紀初頭にかけて、ベルリンおよびハスカラ運動のほかの中心地に基礎を置いた近代ユダヤ教の学校は、おもにJ・B・バゼドウやJ・H・ペスタロッチらによって進められた新しい教育理論を厳密に実践した。個人のニーズと子ども一人一人の才能を調和させようとする教育への制度的アプローチの強調は、ナフタリ・ヒルツ・ウェッセリー（1725-1805）*38のようなユダヤ教の教育改革者に、はかり知れないほどの影響をおよぼした。貧しいユダヤの子どもたちに職業訓練をほどこそうとする野心的な取り組みは、同じ近代化プロジェクトの一部であった。しかしながら、東ヨーロッパの伝統的なヘデル（ユダヤ教初等学校）*39に、こうした近代精神はほとんど見られなかった。19世紀から20世紀初頭にかけての時期には容赦のない身体罰が続いていた。

19世紀における宗教的近代化の力強い風潮は、宗教改革のイデオロギーを支配しただけでなく、伝統的なユダヤ教の指導者に独自の影響もおよぼした。検討を要するもっともさしせまった問題は、少女をふくめた、教育と宗教の機会を作りなおすことであった。19世紀初頭に、ドイツとフランスでもっとも近代的であったユダヤ教の学校は、少女と少年の両方を教育できるように設計された。1856年のパリにおけるラビの協議会において、生まれたばかりの少女を祝福するために新しい儀式がつくられ、採用された。フランスとドイツでもっとも広く行なわれた新制度は、成人の儀式であった。伝統主義者のラビによって採用されたこの儀式は、ヘブライ語の朗読およびユダヤ人生徒を対象とした教義問答集の試験に合格した少年と少女のために催された。

平等主義に対するのと同じ精神で、少女のためのバト・ミツヴァーの儀式は19世紀のアメリカの保守派ユダヤ教*40や改革派ユダヤ教*41のあいだで激増した。19世紀後半の50年間に、非常に制限された慣習であったにもかかわらず、正統派ユダヤ教*42の活動においても、そうした祝賀儀礼は容認された。これらの儀礼は、少年と本質的に同等である少女にもユダヤ教の初等教育（と高等教育）を提供するために、非常に多様な正統派のなかでも増加傾向が見られた。アメリカにおける発展とならんで、イスラエル国家において動きを見せているダイナミックな力は、この趨勢の模範を示している。

［訳注］

*1「タムルード」（ヘブライ語：תלמוד, Talmud）――タム

ルードはヘブライ語で教訓、教義の意。前2世紀から5世紀までのユダヤ教ラビたちがおもにモーセの律法を中心に行なった口伝、解説を集成したもので、ユダヤ教においては旧約聖書に続く聖典とされる。口伝律法である「ミシュナ」(*Mishnah*) とその注解の「ゲマラ」(*Gemara*) からなるユダヤの法律と伝承の集大成本をさしている。

＊2 「タルムード」の編纂時代 (the Talmudic age)──「タルムード」は、「ミシュナ」と「ゲマラ」からなる集大成本であるが、その編纂された時期については諸説がある。いわゆる「パレスティナ・タルムード」(*Palestinian Talmud*) 版として知られるものは375年から400年頃、より大がかりで重要な版といわれる「バビロニア・タルムード」(*Babylonian Talmud*) は500年頃、それぞれ編纂された。

＊3 シナゴーグ (synagogue)──ユダヤ教の礼拝のために設けた教会堂、礼拝堂。または、礼拝・祈祷のための集会。

＊4 五旬節の祭礼 (Shavuot)──過ぎ越しの祭りの50日後に行われるユダヤ教の3大祭礼のひとつ。「ペンテコステ」、「種なしパンの祭り」、「除酵祭」ともよばれる。神がモーセに十戒を授けたことを記念する祭りで、ユダヤ暦 Sivan（グレゴリオ暦5-6月）に祝う。Feast of Weeks ともいう。ヘブライ語の字義的意味は「週」。家畜の初子を捧げる牧畜祭りに、大麦の刈り入れの農繁期に除酵パンを食べる農耕祭りが結合し、さらにイルラエル人の出エジプトでの隷属を想起し、その解放を神に感謝するという出エジプトの歴史的意味がくわわった。この祭りの名称は、神が全エジプトの人間と家畜に天罰をくだしたが、門口に子羊の血を塗ったイスラエル人の家には何もせず通過したことに由来する（「出エジプト記」12章）。ユダヤ教の家庭では、祭りのあいだ、神が命じたもの（焼いた子羊、除酵パン、苦葉など）を食べ、その食事の意味を子どもが親にたずねる儀式を行なう。またイエスがこの祭りを復活祭の原型と考え、犠牲の子羊はイエス自身を意味するようになった

＊5 シナイ山 (Sinai)──シナイ半島にある山。古代ユダヤの民がモーセに率いられてエジプトを脱出し、宿営した地。民はモーセをとおしてここで神から十戒を授けられ、契約が結ばれたという。

＊6 トーラー (Torah)──ヘブライ語で「教える」「道を示す」などを意味する語に由来する。神がイスラエルの民（そして全人類）に啓示したとされる宗教的、儀式的かつ倫理的命令、法をさし、神意の表現であると信じられている。モーセがシナイ山上で神から授けられたといわれている。狭義には旧約聖書のモーセ五書を示し、広義には口伝の教示もふくめる。

＊7 バル・ミツヴァー (Bar Mitsvah)──アラム語のバル（息子）、ヘブライ語のミツヴァー（命令）の意。厳密には、ユダヤ人の成人男性をさすが、彼にはハラハー (*Halakhah*, 口伝律法) のすべての命令が課せられる。実際には、成人式や、それにともなうパーティを示す英語として使われることが多い。主役は「バル・ミツヴァー君」とよばれる。

＊8 安息日 (Shabbat)──ユダヤ人はこれを1週の第7日においた。現在の金曜日の日没から土曜日の日没までである。この日はすべての労働、業務を停止し、神の礼拝のためにつどい、神の栄光と人々の慰安のために捧げられる。

＊9 メス (Metz)──ドイツ語ではメッツ。フランスの北東部、ロレーヌ地域圏の首府、モゼル県の県庁所在地。13世紀には神聖ローマ帝国の直轄市となる。1552年フランス軍が占拠。1648年ウェストファリア条約により、正式にフランス領となる。1870年ドイツ軍に占領され、翌年ドイツ領エルザス＝ロートリンゲン（アルザス＝ロレーヌ）の一部となる。第1次世界大戦後、フランスに帰属。古くから領地紛争が続いたため「要塞都市」ともよばれる。

＊10 天蓋 (huppah)──フッパー。その下で結婚式があげられる天蓋。そのためこの言葉は結婚そのものにも使われる。

＊11 シュルハン・アルーフ (Shulhan'Aruk)──「整えられた食卓」の意。ヨセフ・カロ（1488-1575）によって1565年に出版された法律。4項目からなる。第1項目「オラッフ・ハイーム」（生活の方針）は、礼拝や祈りなど日々の暮らしにふくまれる聖務日課を扱っている。第2項目「ヨレ・デア」（知識の先生）は、作法と食べ物の規定が入っている。第3項目「エベン・ハエゼル」（助けの石）は、個人の身分、結婚と離婚にかんする部分である。第4項目「ホシェン・ミシュパット」（裁きの胸あて）は民法を扱っている。

＊12 アレクサンドリアのフィロン (Philon of Alexandria, 前15-後45)──ユダヤ哲学者。ユダヤのフィロンともいう。ヘレニズム時代のユダヤ哲学の代表的存在。最初の神学者と称される。富裕の名門に生まれ、カリグラ帝の頃のローマを訪れ、ユダヤ人の皇帝礼拝義務免除請願のため帝に謁見したほかは、生地ですごした。プラトンやストア派などのギリシア哲学の教養を基礎として旧約聖書の寓意的解釈を行なうものであり、ユダヤ神学とキリスト教、宗教と哲学、信仰と理性の一つの典型的な結合が彼によって果たされ、のちの新プラトン主義への道を開いた。主著『問題と解決』『神聖なる律法の寓意的解釈』など。

＊13 バル・コクバの反乱 (Bar Kokhba Revolt, ?-135)──ローマ皇帝ハドリアヌス（在位117-138年）の時代、パレスティナにおけるユダヤの第2次のローマに対する反乱の指導者（本名シメオン・バル・コジバ）。132年にエルサレムを占領し、ローマからの聖徒解放を記念する貨幣を鋳造した。またユダヤ教の指導者ラビ・アキバよりメシアの称号とバル・コクバ（「星の息子」の意）の名を贈られたが、ローマの物量作戦の前に敗退した。ベテル（エルサレム近郊）を拠点に、2年にわたって抗戦したのち、戦死した。このとき、エルサレムはローマによって壊滅され、エルサレムはローマ名アエリア・カピトリナに変えられた。1960年に死海付近の洞穴において、バル・コクバの部下たち

*14 ミシュナ（*Mishnah*）——中世ヘブライ語で「反復」を意味し、ユダヤ教のラビの口伝を集成したもの。タルムードの第1部を構成する。その編集についてはアキバ・ベン・ヨセフがそれまでの口伝律法を集成したものに、さらに3世紀頃のラビ、ユダ・ハナシ（135-220年頃）が引き継いで集大成したといわれる。内容は農耕・祭り・婚姻・民法・犠牲・清めの6部に分かれる。ユダヤ教ではモーセの律法（トーラー）に次いで大切なものである。

*15 『サーフェル・ハスィーディーム』（*Sefer Hasidim*）——ドイツのユダ・ハ・ハスィード（Judah ben Samuel He-Hasid of Regensburg, 1150-1217）によって1200年頃に執筆された著作。『敬虔なる者たちの書』（*Sefer Chassidim; Book of the Pious*）という意味。

*16 ユダ・アシハリ（Judah Asheri, 1250-1327?）——トレドの首席ラビ。法律博士、法典編集者アシュル・ベン・イェヘルの孫。

*17 ミドラッシュ・ラッパー（*Midrash Rabbah*）——ミドラッシュはヘブライ語で「解釈」、「探求」「説明」を意味し、タムルードなどの解釈を意味する。ミドラッシュ・ラッパーはミドラッシュのみで構成されているアガター文学集成をさす。

*18 アシュケナージム（Ashkenazim）——単数形はAshkenaz。もとはライン川地帯からヨーロッパ西北部にかけてのユダヤ人居住地域をさす。転じてドイツのユダヤ人およびその子孫でドイツから世界各地に散った人びとをさす。

*19 セファルディーム（Sephardim）——本来はスペインやポルトガルに居住し、ラディノ語を話すユダヤ教徒をさす。1452年にイベリア半島からユダヤ教徒が追放されたとき、多くはオスマン帝国領に、さらに西ヨーロッパに移住した。現在では、イスラエルにおけるアシュケナージム以外のユダヤ人を広くさすが、このうち中東・アフリカ系（ミズラヒム）を別にする場合もある。社会的にはアシュケナージムと比較して下層にある。

*20 メノーラ・ハ＝マオーラ（Menorat ha-ma'or）——14世紀にアイザック・アボーブ（Isaac Aboab）によってヘブライ語で書かれたユダヤ人の倫理についての著作。

*21 箴言（Proverbs）——旧約聖書の一書。格言・教訓・道徳訓を多くふくむ。

*22 マイモニデス（Maimonides, Moses, 1135-1204）——ユダヤ人哲学者、律法学者、医者、ユダヤ教ラビ。スペインのコルドバの名家出身。1148年コルドバを征服したムワッヒド朝のユダヤ人弾圧を避け、モロッコ、パレスティナをへて、1165年にエジプトに移った。エジプトでは宮廷付き医師、およびユダヤ居留民の長として活躍。主著としてはミシュナの注解書『光明の書』、ユダヤ法を体系化した『ミシュナ・トーラー』、哲学の代表作『迷える人々のための導き』、書簡『律法の書』などが残っている。

*23 ラビ・ソロモン・ベン・アデレード（Rabbi Solomon ben Adret, 1235-1310）——ナハマニデスの弟子。

*24 ハガダー（*Haggadah*）——過ぎ越しの祭りの夜に読みあげられる「出エジプト」の物語と、そのことを述べている聖書の記述についての注解をふくむ逸話。

*25 コブルク（Coburg）——ドイツ南東部、バイエルン州の都市。

*26 『ブランドハギキル』（*Brantshpigl*）——「非常に重要な手本」の意。1602年にMoyshe Khanekh Altshulによって執筆されたと伝えられる。

*27 タムルード・トーラー（Talmud Torah）——とくに東欧地域のコミュニティにおいて、ユダヤ教徒の子どもにヘブライ語とミクラー、ユダヤ人の歴史、ユダヤ教の基礎を教えた初等学校。

*28 セデル（*seder*）——ヘブライ語で「秩序」の意。過ぎ越し祭りの前夜のための、家庭で夕べの食卓を囲んで行なう儀式。

*29 『シーネ・ルハット・ハ＝ビレイト』（*Shnei Luhot Ha-Berit; Two Tablets of the Covenant*）——17世紀ポーランドでラビであったホロヴィッツ（Isaiah Horovitz, 1565頃-1630）によって書かれた道徳にかんする研究書。

*30 シェマア（*Shma*）——ヘブライ語で「聞く」の意。1日に2度唱えるように命じられているトーラーのことばだが、この名前は「聞け、イスラエルよ」というはじまりの言葉からとられた。

*31 聖句箱（*tefillin, phylacteries*）——ユダヤ教の経札、経箱、聖句箱。旧約聖書の「申命記」（6・4-9、11・13-21）と「出エジプト記」（13・1-16）の聖句を記した羊皮紙。またそのしばりひもつきの小さな黒色の革製の入れもの（*tefillin*）。平日に正統派および保守派ユダヤ教徒の男子が朝の祈りをするとき、二つで対になったひとつをひもで左腕に巻きつけ、ほかのひとつをひもで鉢巻きのように額にしばりつける。

*32 メズザー（*mezuzah*）——ヘブライ語で「側柱」の意。複数形はメズゾット。シェアマからとられた二つの節が書きこまれた羊皮紙の巻きもので、箱に入れてユダヤ人の家の側柱にすえつけられる。

*33 ツィツィート（*tzitzit*）——タリートについているような房飾りで、トーラーの命令を思い起こさせるために着用する。ふつう、服の下に着用する房飾りのついた衣服で、タリート・カタンとしても知られる。

*34 償いの日（Yom Kippur）——贖罪の日（ヨーム・キップール）。過ぎ越し祭り、刈入祭などに次ぎ、新年祭とならぶユダヤ教の祝日。ティシュリ月（ユダヤ暦1月）に行なわれるが、同月の1日からはじまる悔悛の10日の冠飾をなす日である。この日は完全な断食、休労、禁欲が行なわれる。

*35 自然を凌駕する養育の力（power of nurture over nature）——自然に生まれた能力よりも、育てられた性格によって能力が作られると考え、生後の教育環境を重視する教育観。「氏より育ち」。生物学的遺伝決定論ではなく環境決定論の立場に立つ発達観。

*36 ハスカラ運動（Haskalah）——Haskalahとはヘブラ

イ語で「啓蒙」の意味。18世紀と19世紀のヨーロッパ中部および東部のユダヤ人のあいだで起きた啓蒙運動。哲学者モージズ・メンデルスゾーン（Moses Mendelssohn, 1729-1786）の主唱によってドイツではじめられた。芸術、科学の普及、また一般市民の服装・慣習・言語などをとりいれることによってユダヤ人およびユダヤ教を世界に通用させようとした。

*37 タブラ・ラサ（tabula rasa）——蝋などを引いた書字板の文字を削り消してなにも書きこまれていない状態にした書字板、すなわち白紙状態の意。感覚論において魂は、外部からの刺激による経験をまってはじめて観念を獲得するとされているが、その経験以前の状態をいう。啓蒙時代の哲学者ジョン・ロックによって観念連合説の文脈で大きくとりあげられる以前にも、プラトン、ストア派、とくにアリストテレスに同様の考えがみられる。「タブラ・ラサ」というラテン語表記は、アリストテレスの訳語としてローマのアルギディウス（Aegidius Romanus [Aegidius von Rom], 1243頃-1316）が考案したとされている。

*38 ナフタリ・ヒルツ・ウェッセリー（Naphtali Hirz Wessely, 1725-1805）——18世紀ドイツ、ハンブルクのユダヤ教徒のヘブライ語学者、教育者。

*39 ヘデル（heder）——一種の宗教塾。とくにヨーロッパでヘブライ語・聖書・ユダヤ礼拝式による祈祷を教えるユダヤ人小学校。

*40 保守派ユダヤ教（Conservative Judaism）——非原理主義的でありながら、変化に抵抗するモダニストユダヤ教の分派。とくにアメリカのものをさす。

*41 改革派ユダヤ教（Reform Judaism）——モダニズムのより自由主義的な諸流派の総称。また具体的には、イギリスとアメリカの二つの組織的な運動をさす。イギリスの改革派は、アメリカの改革派と比べて過激性が少ない。

*42 正統派ユダヤ教（Orthodox Judaism）——ユダヤ教モダニズムのもっとも保守的な流派。まぎらわしいことに、この言葉は伝統的ユダヤ教にも用いられているが、これは結果として正統派の現代版をさす「新正統派」とか「現在正統派」といった言いまわしの発明をうながした。

➡イスラム社会の子ども、カトリック、初期キリスト教思想、ホロコースト、ユダヤ人ゲットーの教育とホロコースト

●参考文献

Ariès, Philippe. 1962. *Centuries of Childhood: A Social History of Family Life*. Trans. Robert Baldick. New York: Vintage Books. アリエス『〈子供〉の誕生——アンシァン・レジーム期の子供と家族生活』（杉山光信・杉山恵美子訳、みすず書房、1980年）

Baron, Salo W. 1942. *The Jewish Community: Its History and Structure to the American Revolution*. 3 vols. Philadelphia: The Jewish Publication Society.

Berkovitz, Jay. 2001. "Social and Religious Controls in Pre-Revolutionary France: Rethinking the Beginnings of Modernity." *Jewish History* 15: 1-40.

Biale, David. 1986. "Childhood, Marriage, and the Family in the Eastern European Jewish Enlightenment." In *The Jewish Family: Myths and Reality*, ed. Steven M. Cohen and Paula E. Hyman. New York: Holmes and Meier.

Blidstein, Gerald. 1975. *Honor Thy Father and Mother: Filial Responsibility in Jewish Law and Ethics*. New York: Ktav Publishing.

Cooper, John. 1996. *The Child in Jewish History*. Northvale, NJ: Jason Aronson.

Goitein, Solomon D. 1978. *A Mediterranean Society*. Vol. 3. Berkeley, CA: University of California Press.

Hundert, Gershon D. 1989. "Jewish Children and Childhood in Early Modern East-Central Europe." In *The Jewish Family: Metaphor and Memory*, ed. David Kraemer. New York: Oxford University Press.

Kanarfogel, Ephraim. 1992. *Jewish Education and Society in the High Middle Ages*. Detroit. MI: Wayne State University Press.

Kraemer, David. 1989. "Images of Childhood and Adolescence in Talmudic Literature." In *The Jewish Family: Metaphor and Memory*, ed. David Kraemer. New York: Oxford University Press.

Marcus, Ivan. 1996. *Rituals of Childhood: Jewish Acculturation in Medieval Europe*. New Haven, CT: Yale University Press.

Schimmel, Solomon. 1976. "Corporal Punishment of School Children: The Teacher's Tort Liability in Jewish Law." *Jewish Education* 45: 32-40.

Stow, Kenneth. 1987 "The Jewish Family in the High Middle Ages: Form and Function." *American Historical Review* 92: 1085-1110.

Ta-Shema, Israel. 1991. "Children of Medieval Germany: A Perspective on Ariès from Jewish Sources." *Studies in Medieval and Renaissance History* 12: 263-380.

Weissbach, Lee Shai. 1987. "The Jewish Elite and the Children of the Poor: Jewish Apprenticeship Programs in Nineteenth-Century France." *Association for Jewish Studies Review* 20: 123-142.

Yarborough, O. Larry. 1993. "Parents and Children in the Jewish Family of Antiquity." In *The Jewish Family of Antiquity*, ed. Shaye J. D. Cohen. Atlanta: Scholars Press.

（JAY R. BERKOVITZ／鈴木明日見訳）

ユダヤ人ゲットーの教育とホロコースト (Holocaust, Jewish Ghetto Education and the)

第2次世界大戦以前、ユダヤ人は、ヨーロッパの各地で文化的、社会的にも豊かな生活を送っていた。反ユダヤ主義が浸透していたにもかかわらず、ユダヤ人は繁栄をとげ、自分たちの文化や慣習を維持していた。教育はつねにユダヤ人の生活のかなめであった。しか

し1933年にナチがドイツの実権をにぎり、次々と法案が可決されると、ユダヤ人はしだいにビジネスや公職や大学など、あらゆる仕事からしめ出されてしまった。1938年11月15日――その5日前の夜は、ナチの組織的な指導によって、ユダヤ人のシナゴーグ、店、仕事場に対して広大な範囲で暴力や破壊が行われた、「水晶の夜」（Kristalnacht）（割れたガラスの夜）として知られている――ユダヤ人の子どもたちは、ドイツの学校への通学を禁止された。ナチの命令で、学校教育に終止符を打つための法令が制定され、状況はいっそう厳しいものになった。子どもたちへの影響はとくに過酷で、ナオミ・モルゲンスターンは以下のように証言している。

　親友のマリーシャが、いっしょに学校へ行こうとわたしを誘ってくれた。朝、ふたりで待ちあわせしていっしょに登校した。ほかにも大勢の子どもたちがいた…。マリーシャが学校の校門をくぐり、わたしも後を追う。警備員の男がマリーシャにあいさつした。「どこへ行くつもりだ？」警備員がわたしにたずねた。「学校よ。1年生なの」わたしは誇らしげに答えて先を急ごうとした。すると、警備員が道をふさいだ。「ダメだ。おまえは入れない」「でも、もう6歳なのよ。ホントだもん！」「おまえはユダヤ人だ」警備員がこう言った。「ユダヤ人に学校へ行く権利なんかない。ユダヤ人はこの学校には入れない。帰れ！」わたしはあたりを見まわした。マリーシャとほかの子どもたちが、少し離れた場所に立っていまのやりとりを聞いていた。予鈴が鳴った。マリーシャは、ほかの子たちといっしょに、校舎へ走っていってしまった。わたしは校舎に背を向けて歩き去った。校門を抜けて道路に出て、学校を囲むフェンスにかじりついた。マリーシャは、校舎に入っていって見えなくなった。わたしは泣かなかった。「わたしはユダヤ人です。わたしの居場所はありません。わたしがその場に立ちつくしていると、そのうち学校の前にはだれもいなくなりました。わたしはひとりぼっちでした。新学期がはじまっても、それはわたしのためではありませんでした。」（p. 12）

　第2次世界大戦が勃発すると、ドイツ政府は国内のユダヤ人たちをゲットーに隔離するようになった。まずは、東ヨーロッパにおけるナチ占領地が対象になった。歴史学者ジョージ・アイゼンはこう記している。「大部分のゲットーでの教育制度は、（ドイツで施行されたものと）同様の命令によって犠牲となった。紙きれ一枚で、学校は非合法となり、ユダヤ人たちの教育は、とくに子どもの教育が禁じられた。違反すれば殺すとおどされた。」（p. 21）

　このような命令も、学校施設を停止させるまでにはいたらなかった。おもに非合法の学校教育組織は健在で、初等教育、中等教育、さらに上級の学校教育まで存在した。資料によって明確にわかっているのは、手のこんだ学校教育組織が、ヴィルノ*1、ウージ*2、ワルシャワといったゲットー内で作られていたということである。たとえば、ヴィルノ・ゲットーでは、ユダヤ人たちが普通学校教育制度を設立していた。このゲットー内の宗教学校では、かなり総合的な教育が行なわれていた。そのカリキュラムには非宗教科目、たとえば算数の授業が、古代ヘブライ語の教科書を用いた授業と同様に存在した。

　ウージは、最初の大規模なゲットーが作られ（1939年12月10日）、最後に解放された地区であった。教育制度が確立し、先駆的な47の学校が作られていた。幼稚園から高等学校を通じて、1万5000人の生徒がいたと記録されている。運営状況は思わしくないものの（教室に暖房はなく、教科書や教材は不足し、病気が蔓延しており）、ナチに占領されからの最初の2年間は、授業はほぼとどこおりなく行なわれていた。ウージ・ゲットーの年代記録者によると、「多くの生徒たちにとって、学校は暗闇に差した一条の光――《ふつうの》生活が続いている証――であり、支えでもあった」という。（Unger, p. 136）

　しかしながら、表だった学校教育は1941年の秋で終止符を打つ。十歳以上の子どもたちが強制的に労働力の一員にくわえられることになったからである。ウージ・ゲットーでは、飢えの苦しみ、骨の折れる労働、病気、いつ訪れるともしれない国外移住の恐怖にもさいなまれながらも、人目につかないようにした学校が続けられた。ある年代記録者によれば、「はっきり言えば、こういった我慢のならない肉体的、精神的な困窮のせいで――大勢のゲットー居住者たちは、一時しのぎであろうと、毎日の現実から遠く離れたほかのどこかに――逃げ場を探していた」（Unger, p. 133）という。ある若い居住者のダーウィド・ジーラコウィアクは、読書と勉強にその逃げ場を見出した。1942年3月25日の日記にこう書いている。「今日はとても気分が悪い。本を読んでみたものの、なにかを学ぶのは困難だとわかった。英語で書かれた新しい話がいくつかあるだけだ。今読んでいるそのひとつは、ショーペンハウアーの本からの抜粋だ。哲学と飢え――なんという異常な組みあわせだろう。」（Adelson, p. 120）

　ワルシャワにあるポーランド最大のゲットーでは、1939年10月にドイツ軍の占領下ではじめての学校教育がはじまった。占領軍は小学校と職業訓練校だけは開校を許可した。ゲットー内の中学校は閉校したままであった。2カ月後、占領軍はユダヤ人の学校をすべて閉校させた。ユダヤ人評議会の人びとは、この決定を何度も撤回させようとしたが失敗に終わった。合法的な教育制度がなかったため、ユダヤ人社会は内密に

学校教育組織を設立した。秘密の小学校がさまざまな福祉機関の庇護の下、おもに子ども用の調理場で開かれた。しかしながら、ゲットーで暮らす数万人の子どもたちのうち実際に学校に通うことができたのはごくわずかの子どもであった。

ワルシャワの民間学校のもうひとつの大規模な組織ができた。はじめのうちは高校生を対象にしていた。戦前につとめていた教員団を解雇された教師たちが教鞭をとった。こういった秘密の学校は、ポーランド語でクラス（コンプレッティ、komplety）として知られていた。ワルシャワ・ゲットーでは、およそ200人の生徒たちもまた、すくなくとも11あったイエシバ（yeshivot、普通教育と宗教教育を合わせて行なうユダヤ教の学校）で学んでいた。イエシバに通う大部分の生徒たちが、ゲットーに非合法で暮らしていた。彼らはユダヤ人評議会に住人として登録されてはいなかったのであった。生徒たちは、公的に登録されていないと配給カードがもらえなかった。比較的恵まれていたユダヤ人の家族が、配給がもらえない子どもたちにたくさんの食べ物をあたえた。いくつかの福祉機関も同様の活動を行なっていた。生徒たちは通りに立ち、代わる代わる裕福な人びとのあいだを食べ物やお金を物乞いしてまわった。

多くのゲットーでは、秘密の学校はしばしば遊びというかたちをとった。子どもたちは、正規の授業形態を隠すために教師たちの助けを得て、いくつかの遊び仲間のグループを形成する。ホロコーストが行なわれていた時期における子どもたちと遊びにかんするすばらしい研究を行なったジョージ・アイゼンは、この遊び仲間を以下のように説明している。

> テレージエンシュタット・ゲットーの青年保護団体（Jugendfuersorge）は、正規の授業形態に置き換える、いくつかの「遊びグループ」を形成した。戦後になって語られた居住者の証言によると、「授業はゲームでカモフラージュしなくてはならなかった」という。遊びであることを偽装しながら、その授業では歴史や数学や地理が教えられていた。子どもたちは交代で見張り役をつとめ、クラスメイトや教師にSS隊員が近づいていると警告を発した。SS隊員が来ると、子どもや教師はすぐに魔法のように教室を遊びの一コマに変えた。この一連の行動のわずかな動きにいたるまで、入念な予行演習が行なわれた。なぜなら、もしだれかが捕まれば、それは子どもたちにとっても教師たちにとっても、死を意味していたからである。(p. 84)

ゲットーの学校の状況はひどいものであった。生存者たちは当時の思い出にふけりつつ、ウージ・ゲットーの悲惨な状況を語っている。ダーウィド・ジーラコウィアクの日記にはこう記されている。「学校は日に日にひどくなっている。先生も教室もない。すべてがぼくらの目の前から消滅していく」（Adelson, p. 120）。だが、このようなおそろしい状況下にもかかわらず、学ぶことは精神的な救いであり、また抵抗をあらわすことでもあった。デイヴィド・ヴァイス・ハリヴニは、その自叙伝『本と剣――破壊の影の下の学びの生活』（*The Book and the Sword: A Life of Learning in the Shadow of Destruction*, 1996）のなかで、自分が生きのびるうえで学ぶことがどれほど大きく貢献したのかを詳細に語っている。「学びのおかげで、わたしは子ども時代をしのぐことができた。ゲットーで起こっていたことから盾となってわたしを守ってくれたのだ。そしてユダヤ人の大虐殺以後、わたしが人生をとりもどすことができたのも、学びがあったからにほかならない」(p. 175)。悲惨な状況下にあっても、ユダヤ人たちは多くのゲットーで学校教育組織を作り上げた。生き残るための手段とそのあらわれとしての子どもたちの教育とその成果とは、勇気と決断の驚くべき証である。

［訳注］
* 1 ヴィルノ（Vilno）――現在はリトアニアのヴィリュニス。1939年まではポーランド領であった。
* 2 ウージ（Lotz）――「ルージ」とも表記する。ポーランドのワルシャワ南西に位置する都市で、繊維業の中心地。Lodzはロシア語の音声表記。

➡戦争と子ども（20世紀）、ホロコースト、ユダヤ教

●参考文献

Adelson, Alan, ed. 1996. *The Diary of Dawid Sierakowiak*. New York: Oxford University Press.

Bitton-Jackson, Livia. 1st 1997, 1999. *I Have Lived a Thousand Years: Growing Up in the Holocaust*. New York: Aladdin. リヴィア・ビトン=ジャクソン『わたしは千年生きた――13歳のアウシュヴィッツ』（吉沢康子訳、日本放送出版協会、1998年）

Butterworth, Emma Macalik. 1982. *As the Waltz Was Ending*. New York: Scholastic.

Durlacher, Gerhard. 1994. *Drowning: Growing Up in the Third Reich*. London: Serpent's Tail.

Eisen, George. 1988. *Children at Play in the Holocaust: Games Among the Shadows*. Amherst: University of Massachusetts Press. ジョージ・アイゼン『ホロコーストの子どもたち――死の影で遊んだ』（下野博訳、立風書房、1996年）

Glanz, Jeffrey. 2000. "Clandestine Schooling and Education Among Jews During the Holocaust." *Journal of Curriculum and Supervision* 16, no. 1: 48-69.

Halivni, David Weiss. 1996. *The Book and the Sword: A Life of Learning in the Shadow of Destruction*. Boulder, CO: Westview Press.

Leapman, Michael. 2000. *Witnesses to War: Eight True-Life Stories of Nazi Persecution*. New York: Scholastic.

Milgram, Avraham, Carmit Sagui, and Shulamit Imbar.

1993. *Everyday Life in the Warsaw Ghetto*. Jerusalem, Israel: Yad Vashem.

Morgenstern, Naomi. 1998. *I Wanted to Fly Like a Butterfly: A Child's Recollections of the Holocaust*. Jerusalem, Israel: Yad Vashem.

Rosenbaum, Irving J. 1976. *The Holocaust and Halakhah*. New York: Ktav Publishing.

Rothchild, Sylvia, ed. 1981. *Voices from the Holocaust*. New York: American Library.

Roth-Hano, Renee. 1989. *Touch Wood: A Girlhood in Occupied France*. New York: Puffin Books.

Sommer, Jay. 1994. *Journey to the Golden Door: A Survivor's Tale*. New York: Shengold Publishers.

Tec, Nechama. 1984. *Dry Tears: The Story of a Lost Childhood*. New York: Oxford University Press.

Unger, Michal, ed. 1997. *The Last Ghetto: Life in the Lodz Ghetto, 1940-1944*. Jerusalem, Israel: Yad Vashem.

Volavkova, Hana, ed. 1994. *I Never Saw Another Butterfly: Children's Drawings and Poems from Terezin Concentration Camp, 1942-1944*. Jerusalem, Israel: Yad Vashem.

Weiss, Gershon. 1999. *The Holocaust and Jewish Destiny: Jewish Heroism, Human Faith, and Divine Providence*. Jerusalem: Targum Press.

Wiesel, Elie. 1982. *Night*. New York: Bantam Books. エリ・ヴィーゼル『夜』（村上光彦訳、みすず書房、1967年、新版2010年）

(JEFFREY GLANZ／小西茜訳)

ユニセフ（国連児童基金）（UNICEF）

　第2次世界大戦の結果、ヨーロッパの子どもたちのあいだに増大した飢饉と疾病に対処するため、1946年、国際連合は暫定的な機関として国連国際児童緊急基金（the United Nations International Children's Emergency Fund：UNICEF）を創設した。ユニセフは、飢饉救済の経費にくわえて、1959年に国連によって創設された世界保健機構（the World Health Organization: WHO）と連携して、インド、ヨーロッパ、北アフリカおよび中国での結核予防プログラムとならんで、ラテンアメリカ、ヨーロッパ、およびアフリカにおける**乳児死亡率**を改善し、一般大衆の免疫プログラムを策定し、マラリアを撲滅するデモンストレーション地域を組織するために取り組んだ。

　こうした努力の結果、1953年の国連総会では、国連児童基金（the United Nations Children's Fund）という新しい名称のもと、常設機関としてユニセフ（UNICEF）[*1]を設立したその使命は、世界の子どもたちに、安全な水、健康管理のための医療、栄養補給、公衆衛生、および教育を提供することであった。また、戦争や自然災害の危機の影響をこうむる子どもたちに、ほかの国連機関や人道機関と共同して、緊急援助を行

なう当初の使命をいまも保持している。ノーベル平和賞委員会は、世界の子どもたちに希望をあたえるユニセフの役割を認め、その1965年度の受賞者に選んだ。さらに、1989年の**国連子どもの権利条約**は、ユニセフの使命を、子どもの権利条項を履行しようとする国々を支援し、この総会と、2000年の総会で採択された、武力紛争に従事させられる子ども、子どもの人身売買、**児童ポルノ**、そして児童買春（→**児童売春**）にさらされる子どもにかんする二つの条約議定書によって確立された子どもの権利の国際基準を支持するよう導いた。

　ユニセフは、国連総会と国連経済社会理事会の管理のもとに、ニューヨーク市に本部を置く事務局（Executive Board）によって運営される。この事務局の36人の議席は地域的に割りふられており、各メンバーは3年間の任期を勤める。事務局が行なう特別プログラムのニーズの査定やプログラムの効果をモニターする仕事は、イタリアのフィレンチェ市に設置されているイノチェンティ研究センター（the Innocenti Research Centre）[*2]から支援を受ける。このセンターは、子どもの福祉の指針にかんするデータを収集して分析する仕事をユニセフのために援助する目的で1988年に創設されたものである。

　ユニセフは、その大半を任意の寄付財源から資金提供を得ている。各国政府および政府間レベルの組織が、その収入の3分の2近くを拠出している。残りの予算の大半は、おもに37の国に存在するユニセフ国内委員会である非政府組織ばかりでなく、民間セクター団体や個人からの資金援助を受けている。

　こうした国内委員会は、ユニセフのプログラムをその政府内で推進し、ユニセフのプロジェクトの財源を民間セクターの連携協力やユニセフ特製のはがきカード、その他の商品の販売によって増やそうとするものであった。2001年度のユニセフへの義援金は、総額で12億米ドルに達した。ユニセフは、受け入れた義援金から、それぞれの国の需要に応じて直接、プログラム援助を割りふるが、それは、その国の5歳以下の子どもの死亡率の全国平均値、子どもの人口比率、そしてその収入水準（一人あたりのGNP）の査定によって決定された。

　21世紀の最初の10年間のユニセフの目標は、世界保健機構とひき続き共同して、広まっている子ども期の病気と栄養失調を防止することとならんで、とくに増大する女子と児童労働者の入学者を対象にした教育の継続的な推進、子どもの人身売買の撲滅、女性と少女に対する暴力防止プログラムの制度化、障害をもった子どものための特別支援プログラムの策定、少年兵士たちの共同体への再統合、**ヒト免疫不全ウイルス（HIV）／エイズ（後天性免疫不全症候群）**にかんする情報提供とその母子間の感染防止、などをふくんでいる。ワクチンの接種で予防できる子ども期の病気を

とりのぞく免疫プログラムは依然としていまでも重要な優先的課題である。2001年の時点で、ユニセフは発展途上国への主要なワクチン提供者で、世界の子どもの40パーセントにワクチンを提供した。

［訳注］

* 1 常設機関としてのユニセフ──UNICEFの正式名称は、暫定機関の頃の正式名称（the United Nations International Children's Emergency Fund）にあったInternationalとEmergencyを除いて表記されるが、略称のUNICEFは同じ表記である。
* 2 イノチェンティ研究センター（the Innocenti Research Centre）──このセンターは、いまから500年ほど前の、イタリア・ルネサンス期の15世紀初め、大商人であったフランチェスコ・ダティニ（Francesco di Marco Datini, 1335頃-1410）とその協力者たちによる資金と、当代一流の建築家であったフィリッポ・ブルネルスキ（Filippo Brunelleschi, 1377-1446）の設計によってフィレンチェ市内に設立された大規模な「捨て子養育院」（Ospedale degli Innocenti）のなかに設置されている。有名なドゥオーモ（大聖堂）から北のフィレンチェ大学に向かって徒歩5分ほどに位置する。

➡国際機関、児童売春、児童ポルノ、少年司法（国際的状況）、少年兵（世界的な人権問題）、予防接種

●参考文献

Arat, Zehra F. 2002. "Analyzing Child Labor as a Human Rights Issue: Its Causes, Aggravating Policies, and Alternative Proposals." *Human Rights Quarterly* 24: 177-204.

Black, Maggie. 1996. *Children First: The Story of UNICEF, Past and Present.* New York: Oxford University Press.

Hamm, Brigitte I. 2001. "A Human Rights Approach to Development." *Human Rights Quarterly* 23: 1005-1031.

Keeny, Spurgeon Milton. 1957. *Half the World's Children: A Diary of UNICEF at Work in Asia.* New York: Association Press.

Keraka, Margaret Nyanchoka. 2003. "Child Morbidity and Mortality in Slum Environments Along Nairobi River." *Eastern Africa Social Science Research Review* 19: 41-57.

UNICEF. 2003. *The State of the World's Children 2003.* New York: UNICEF.

Watt, Alan S., and Eleanor Roosevelt. 1949. *The Work of the United Nations International Children's Emergency Fund: Its Origin andPolicies: Statements to the General Assembly of the United Nations.* Lake Success, NY: The Fund.

Yamin, Alicia Ely and Maine, Deborah P. 1999. "Maternal Mortality as a Human Rights Issue: Measuring Compliance with International Treaty Obligations." *Human Rights Quarterly* 21: 563-607.

●参考ウェブサイト

UNICEF. Available from〈www.unicef.org〉

（DIANE E. HILL／北本正章訳）

『指輪物語』とJ・R・R・トールキン (Lord of the Rings and J. R. R. Tolkien)

ジョン・ロナルド・ロウエル・トールキン（John Ronald Reuel Tolkien, 1892-1973）は、就寝前のお話や、物語、絵などで彼の4人の子どもたちを楽しませた。そうした彼の物語への愛情は、1930年に着手され、1937年に出版されることになる『ホビット』（*The Hobbit*）の創作へとつながっていく。子ども向けに書かれたこの本には、中つ国（ミドルアース）とそこに住む者たちが登場してくる。それはホビットやドワーフ、エルフや魔法使い、人間などである。『指輪物語』*1において中心となっている「一つの指輪」だが、ドラゴンを征服しその財宝を争奪する物語『ホビット』のなかではまだ中心的なものではなかった。しかし、小さな者が大きな行ないをなしとげるという『指輪物語』におけるメインテーマは、心地よいわが家をしぶしぶ離れながらも、困難や危険に立ち向かい、指輪を獲得したホビット、ビルボ・バギンズのなかに、すでにその胎動を感じることができる。トールキン自

ジョン・ロナルド・ロウエル・トールキン（1892-1973）*

身によるイラストがそえられた『ホビット』の成功を受け、出版社はその続編を要求した。こうしてトールキンは『指輪物語』を執筆しはじめたのである。

トールキンは『指輪物語』という作品でもっとも知られているが、子ども時代から数多くの作品を書いていた作家であり、生涯をとおしてそれは変わらなかった。彼の詩や物語、批評的エッセイ、言語学の研究、そして中世文学を翻訳、編纂したものは、雑誌や学術誌、事典など多くの出版物にのせられている。しかしながらトールキンの強い情熱は、イギリスの神話を創作すること、つまり『シルマリルの物語』*2 に向けられていた。それは彼が1917年に『失われた物語の書』としてとりかかったものであった。彼は人生の最後までその作品に取り組んだが、ついに完結することはなかった。しかし、息子であるクリストファーによって遺作として編集され、1977年に出版されている。

トールキンは、1937年に『指輪物語』に着手した。中世研究家である彼は、ノルド語、古英語や中世英語の文学などから得たものを、彼の想像世界へと組みこんでいった。迫真性に満ちた「中つ国」は、多くの種族が集う国であり、そういった種族それぞれが独自の文化や歴史、言語をもっている。1950年代のなかばにようやく出版へとこぎ着くまでトールキンは、自由の民の同盟が征服の魔の手から世界を守る姿、そしてその後の世界の動静までを描くこの英雄物語を、何度も書きなおしている。『指輪物語』はもともとはひとつの作品であったが、出版社によって三つの巻へと分けられ、現在知られている3部作となった。『旅の仲間』(The Fellowship of the Ring, 1954)、『二つの塔』(The Two Towers, 1954)、『王の帰還』(The Return of the King, 1955)である。一見すると、善と悪との戦いという単純な物語に見える。しかし、この『指輪物語』には、科学技術と自然、運命、自由の意志と道徳的選択、権力、死すべき運命、文化的多様性、ヒロイズム、人間の潜在能力などのテーマが内包されており、大人の読者をも熱中させる複雑性がある。多くの読者が、若い頃にこの『指輪物語』を読むが、大人になってから再読することで、また違った読み方を経験することができる。たんに冒険や探求の物語として楽しむだけでなく、より大きな問題にも注意が向けられ、その暗い側面にも気づくようになる。

『指輪物語』は、トールキンが妖精物語に本来そなわる機能と考える逃避、回復、慰め*3 を、その読者すべてに提供する。それと同時に、どんなに目立たない人間でも、勇敢さや誠実さ、愛などをとおして英雄になれるのだという希望も提供している。さらに、読者にとってこの物語最大のアピールポイントとなるのは、魔法の存在感なのかもしれない。手品のようなものではなく、荘厳なエルフのきらめくような輝きや、人間の見識を越えた叡知や洞察力、そして言葉の力など、どれもみな現代社会が失ってしまったように思われるものである。歴史的なコンテキストもまた、『指輪物語』への興味を読者に喚起するのにひと役かっている。たとえば、アメリカで1965年にこの本(版権はフリー)が出版されたときに起きた大学キャンパスでの熱狂的な反応は、現実への失望から平和や権利を要望していた当時の文化運動と一致する。

『ホビット』と『指輪物語』は、多くの言語に翻訳され、ラジオや音声媒体、映画などさまざまなメディアに変換されている。ピーター・ジャクソン監督が制作し、賞を受賞した「ロード・オブ・ザ・リング」は原作と同様の順番で、3作品となっている。2001年に第1部が公開され、続編も随時公開された。原作に親しんだ人たちの反応はさまざまであった。ある者は、とくに若者は、プロットが変えられていることに異議を唱え、またある者は可能なかぎり忠実に再現されていると感じた。ただ多くの人間が、原作に新たな関心をよびこんだことは賞賛すべきとしている。

[訳注]
* 1 『指輪物語』——John Ronald Reuel Tolkien, *The Fellowship of the Ring* (London: George Allen & Unwin Ltd., 1954) トールキン『旅の仲間』(瀬田貞二訳、評論社、1972年);*The Two Towers* (London: George Allen & Unwin Ltd., 1954) トールキン『二つの塔』(瀬田貞二訳、評論社、1972-1973年);*The Return of the King* (London: George Allen & Unwin Ltd., 1955) トールキン『王の帰還』(瀬田貞二訳、評論社、1974-1975年)。

* 2 『シルマリルの物語』——John Ronald Reuel Tolkien, *The Silmarillion*, Ed. Christopher Tolkien. (London: George Allen & Unwin Ltd., 1977) トールキン『シルマリルの物語』(田中明子訳、評論社、2003年)。

* 3 回復(Recovery)、逃避(Escape)、慰め(Consolation)——トールキンによる論考 "On Fairy-Stories" を参照。Tolkien, John Ronald Reuel. 1947 "On Fairy-Stories." In *Essays Presented to Charles Williams*. London: Oxford University Press. トールキン『妖精物語について——ファンタジーの世界』(猪熊葉子訳、評論社、2003年)。

➡児童文学

● 参考文献

Carpenter, Humphrey. 2000. *Tolkien: A Biography*. Boston: Houghton Mifflin. ハンフリー・カーペンター『J. R. R. トールキン——或る伝記』(菅原啓州訳、評論社、1996年)

Hammond, Wayne G., and Christina Scull. 2000. *J. R. R. Tolkien: Artist and Illustrator*. Boston: Houghton Mifflin.

Tolkien, J. R. R. 2000. *The Letters of J. R. R. Tolkien*, ed. Humphrey Carpenter. Boston: Houghton Mifflin.

(DINAH HAZELL & GEORGE W. TUMA／宮本和茂訳)

よい姿勢（Posture）

　子どもの姿勢についての近代史は、強い懸念についての重要なエピソードをふくみ、そのあとにそれと同じくらい興味深い緩和の時期が続く。1900年頃には、アメリカの親たちは、子どもたちの姿勢訓練に大きな注意をはらうよう警告されていたが、それからほぼ50年後には、そのキャンペーンは劇的に衰退した。アメリカ以外の社会における子どもの姿勢教育についての歴史は明らかにされないままであるが、近代におけるよい姿勢の基準は、上流階級と中産階級の人びとのあいだで明確な**礼儀作法**と身体規律に対して高まる懸念の一部として、17世紀と18世紀の西ヨーロッパではじまった。子ども、とりわけ男の子たちは、姿勢をまっすぐに保っているよう強制された。少年たちの大半が軍務についていたわけではなかったが、正式の軍事訓練に対して高まる関心は、広範におよぶよい姿勢への関心のなかで役割を果たしていたかもしれない。

　子どもの姿勢について論じている礼儀作法書は、1760年代と1770年代に北アメリカで流布した。ジョン・アダムズのような中産階級のアメリカ人は、だらしなさやおちつきのなさなどが引き金となって社会でトラブルを起こさないために、正しい身のこなし方に対する懸念について書きはじめた。よい姿勢についてのこうした新しい基準は、19世紀を通じて子育ての助言で定番となった。よい姿勢は、自己規律を意味するようになった。医者たちはこの動きを支持し、よい姿勢は健康にとって不可欠であると主張した。しかし、このとき、食卓で子どもたちに身体をまっすぐにするように注意する以外に、多くの人びとが姿勢訓練について不安をもっていたことを示すものはない。若い女性がコルセットを着用することをふくめて、フォーマルな場面での堅い家具やよく曲がらない衣装は、大きな努力をしなくても姿勢を保つのに役立っていた。

　19世紀の終わり頃になると突然、よい姿勢への助言があらわれたため、こうした状況は一変した。医者たちは、窮屈な学校の机をふくむ近代の無数の状況が、広範囲におよぶ身体の奇形につながると主張して、そのキャンペーンをさらにおしすすめた。それ以上に重要であったのは、発展する体育教師の団体に後押しされた姿勢テストと姿勢訓練が、学校に出現したことである。20世紀初頭にアメリカ姿勢連盟（American Posture League）が組織され、そのスタッフはおもに身体教育の団体で構成されていた。子どもの姿勢を評価するために教師が姿勢評価キットを使うことが認められた。多くの学区で能動的な姿勢プログラムが設定され、多数の子どもがかかわった。悪い姿勢だとみなされた子どもはさまざまな矯正レッスンに送られ、深刻だとされた場合には、体をまっすぐにするための身体装置が強制的に使用された。より身近なところでは、頭の上に本をのせて歩くといった習慣が魅力的な

姿勢訓練（バレエ）*

姿勢を獲得するための手段としてもてはやされるようになった。このような姿勢運動は、1920年代のアメリカの大学、とりわけ女子学生のあいだでも広まった。ヴァッサー・カレッジのような学校では、すべての新入生の姿勢を積極的にテストし（ときには彼女たちの写真も撮った）、必修コースに姿勢訓練の授業がふくまれていた。

　いくつかの要因がこのような顕著な新しい懸念を推進した。第1に、衣服と家具が、非常にゆったりとしたリラックスできるものになり、この文脈で、近代的な生活で高まった無節操を広く修正しようとする姿勢プログラムが意図的に設けられた。第2に、医者や体育教師たちの専門職としての自己利益は、本心からそうであったかもしれないが、大半の子どもたちが悪い姿勢で苦しんでいることを親や子どもたちに確信させるうえで、あきらかに有利な関心を支持した。第3に、姿勢プログラムは、強制的な学校教育と消費主義の誘惑をふくむ、現代社会の一般的な特徴に対する懸念を表現する役割を担った。よい姿勢の基準は、エリート校が特別な関心を示したにもかかわらず、いまや非常に広範囲に押しつけられるようになっており、上品な中産階級の人びとのためのものではなくなった。よい姿勢の基準の民主化は、移民についての懸念と、移民の子どもたちを調和させる助けとなる学校プログラムを利用する必要性につなげられた。

　1940年代までに姿勢運動のピークはすぎ、アメリカ姿勢連盟がなくなり、学校でのプログラムも中止になるか弱体化した。1960年代までに、医者たちは、昔の姿勢不安は誤っており、誤解をまねきやすいもの

であったと批判しはじめた。姿勢に問題がある子どもはほとんどおらず、もし姿勢が悪い子どもでも、新しい知識にもとづいて、医学的な治療で助けることができるとされた。しかし、よい姿勢への関心が完全に消え去ることはなかった。大学生の面接マニュアルには、依然としてよい姿勢についての注意喚起がふくまれていたし、保守派の人たちは国民性の基準が低下しているという彼らの主張の一部として、あいかわらず現代の若者のだらしなさを嘆いていた。しかし、一般的には、アメリカの若者たちにとって、リラックスした、かたくるしくない雰囲気で自己表現することは、選択表現としてのそれまでのかたくるしい姿勢にとってかわるものであった。

➡子育て助言文献
●参考文献
Kasson, John F. 1990. *Rudeness and Civility: Manners in Nineteenth-Century Urban America*. New York: Hill and Wang.
Roodenburg, Herman. 1997. "How to Sit, Stand or Walk: Toward a Historical Anthropology of Dutch Paintings." In *Looking at Seventeenth-Century Dutch Art: Realism Reconsidered*, ed. Wayne Franits. New York: Cambridge University Press.
Yosifon, Davis, and Peter N. Stearns. 1996. "The Rise and Fall of American Posture." *American Historical Review* 103: 317-344.

　　　　　　　　　　（PETER N. STEARNS／寺田綾訳）

養子縁組（アメリカ）
(Adoption in the United States)

アメリカにおける養子縁組とは、出生関係にない人びとのあいだに親子関係を作り出す社会的・法的関係である。アメリカの養子縁組の実務はこの250年のあいだに劇的に変化した。そもそも養子縁組は**徒弟制度**と同様に非公式的で自発的なものとして登場し、その後、公式の法的制度となった。当初は15州の別々の法律で統制されていたが、このような法律のツギハギ状態は最終的に連邦政府によって改善された。20世紀にソーシャルワーカーの制度ができたが、それは**アメリカ連邦児童局**とアメリカ児童福祉連盟による養子縁組の実務統制の画一化と連動していた。養子縁組は第2次世界大戦後、革命を経験した。養子をとることができる人と養子となった人に限定された選抜制度から、より包括的かつ広範な制度になったのである。さらに最近の50年間には、秘匿された養子縁組から開かれた養子縁組の容認へ、さらに養子が大人になった場合にその実親と結びつける法的枠組へという傾向を見てとることができる。包括性と開放性へ向かうこうした傾向はこれからも続くとみられる。しかし、こうした変化にもかかわらず、血縁を重視する偏見はアメリカ文化に深く浸透しており、多くの人びとが養子縁組を第2次的血縁の一形式とみなしている。

養子縁組はアメリカの社会と文化の考えうるほとんどすべての側面にかかわっており、それと直接的に近い関係をもつ非常に多くの人びとの注意を引きつけている。アメリカ人の10人に6人が養子であると指摘する専門家もいる。あるいは、アメリカのおよそ150万人の子どもが養父母と同居しており、アメリカの家族の2〜4パーセントが養子をとっているという専門家もいる。不完全で部分的だが、1992年の推計によれば、合計12万6951組の国内の養子縁組があり、そのうち5万3525組（42パーセント）が親戚からの養子あるいは継親であった。養子にふさわしい健康な白人の子どもが不足した結果、2002年には2万99組が国を越えた養子縁組となり、そのうち約半分がロシアと中国出身であった。つまり、養子縁組はアメリカ社会でどこにでもみられる社会制度であって、生物学的血縁と養子によるつながりの見えない関係を作り出している。通常思われているより、はるかに多くの人びとがかかわっているのである。

養子縁組はアメリカでは20世紀以前から存在したが、その頻度は低く、しかも私人による法的対策をとおして行なわれた。養子縁組は植民地時代から行われ、19世紀にはいっそうひんぱんに行なわれようになったが、養子となる子どもの年齢層は6歳から16歳までであった。その多くは農場にはたらきに出された少年であった。19世紀なかばには、州議会は養子縁組にかんする最初の一般法の制定を開始した。州議会はそれまでになされた多くの私的な養子縁組を立法化する責務を負っていたが、負担の軽減が目的であった。そのうちでもっとも重要なものは、「子ども養子縁組提供法」（An Act to Provide for the Adoption of Children）とよばれるアメリカ最初の養子縁組法である。この法律は1851年にマサチューセッツ州で制定された。マサチューセッツ州養子縁組法の制定は、アメリカの家族と社会の歴史にとって重大な転機となった。親子関係を血縁関係だけで定義するのではなく、生物学的な親の責任と感情のあり方を想定することによって家族を創出することが法的に可能とされたのである。つぎの4半世紀のあいだに、マサチューセッツ州養子縁組法は養子縁組法のモデルとなり、25州で類似の養子縁組法が制定された。

進歩主義時代の改革

養子縁組における子どもの福祉改革が真に開始されるのは進歩主義時代（1890-1920）である。それは高い乳児死亡率に対応するためであった。**乳児死亡率**それ自体は、**接触伝染病**にかんする医学的知識が欠如した非常に過密な産業都市における不衛生状態に由来するものであった。子どもはたいてい家で生まれた。しかし未婚の母にはその選択肢はなく、未婚の母の子どもは過密な助産所や公立小児病院で生まれた。だが、

そうした施設での乳児死亡率はほぼ98パーセントに達した。これを知ってショックを受けた女性の博愛主義的社会改革者たちは、ニューヨークに最初の私的な養子縁組仲介機関を設立した。アリス・チャピン養子縁組育児所（1911年）、子ども養子縁組委員会（1916年、のちのルイーズ・ワイズ・サービス）などであり、ゆりかご協会（1924年）など類似の施設がその後に続いた。しかし、これらの私的な仲介機関は養子縁組のごくわずかを扱ったにすぎない。もっと典型的な施設は、ニューヨーク州慈善事業協会、ワシントン子ども家庭協会などである。この時期とその後の大恐慌時代には、養父母は女の子をほしがった。また養父母の50パーセントは3歳以上の子どもをほしがった。

　進歩主義の改革者は子どもの保護法を制定するよう州議会にはたらきかけた。これは養子縁組規制に対する州の役割が拡大する時代の到来を告げるものであった。1917年、ミネソタ州議会はミネソタ子ども法を制定し、次の20年における州養子縁組法のモデルとなった。養子を望む家庭が子どもにふさわしいかどうかを決定するための調査を要求する最初の法律であったからである。この法律は、養子記録を生みの親、養子、養父母という当該の3者以外には開示しないことも命じた。進歩主義時代の養子縁組法と実務において記録されるべき改革は、それ以外に三つある。第1に、児童福祉運動は多くの州でロビー活動を行ない、出生証明書に「非嫡出」という語を使用しないようにした。第2に、養子であることが理由の公衆の非難から子どもを守るために、修正された出生証明書を作成するようにした。第3に、児童保護改革者は、貧困などが軽微で一時的な理由によって子どもは元の家族から切り離されてはならないとする運動においても成功をおさめた。

　進歩主義時代のソーシャルワーカーはみずからの改革の努力を、公的および私的両面において全国的に組織化した。1912年には連邦児童福祉局が設立され、同局は第2次世界大戦まで、養子縁組情報の筆頭提供者であった。また同局は養子縁組仲介機関の基準を作成し、養子にかんするあらゆる面で、州政府、ソーシャルワーカー、研究者、一般人を指導する役割を果たした。1921年には非営利組織アメリカ児童福祉協会 (Child Welfare League of America: CWLA) が設立され、公的および私的養子仲介機関の基準作りで重要な役割を果たすようになっていった。1950年代になると児童福祉局は議会によって弱体化されてしまったが、代わってアメリカ児童福祉協会が養子縁組の分野ではもっとも権威ある組織となった。

　第2次世界大戦以前の養子縁組の実務改革と大衆化に対して、そのバランスをとる役目を果たしたのは、アメリカ文化にもとづく親族の定義である。その定義は、親族とは血縁にもとづくものであって、養子縁組は社会的に受け入れられないと非難した。19世紀後半から20世紀初頭にかけて、アメリカの広い大衆層において、養子は代用品あるいは第2次的な家族を作り出す「不自然」な行為であると考えられていた。医学も、非嫡出という恥辱を養子縁組に結びつけることによって、子どもを養子にすることに対する一般大衆の文化的偏見を助長した。1910年以降、**優生学運動**と心理測定の興隆によって、養子縁組の子どもは遺伝的な知的障害と関係づけられるようになった。こうして養子縁組の子どもは二重の重荷を背負わされることになった。その結果、進歩主義の時代には、扶養児童の大部分は里親養育に出されたり養子になったりするよりも、**孤児院**での生活を継続するようになった。

第2次世界大戦以降

　第2次世界大戦の激変は養子の歴史の分水嶺である。戦争の結果、ソーシャルワーカーと州政府の官僚ははじめて養子記録を秘密にしはじめ、3組の養子の当該者も養子記録にアクセスできないようにした。これは徐々に進行した措置であり、1980年代まではアクセスがまったくできないわけではなかった。各州政府が独自に法制化し、養子仲介機関も秘匿を命ずる州政府の法令を無視して非公式な処理を継続することもあったからである。第2次世界大戦後のもう一つの変化は、養父母が女の子よりも男の子を望むようになったことである。おそらく、戦死した男の子の代わりをシンボル的に望んでのことであろう。しかし、戦後になると、養子になれる子どもの不足は、養子をほしがる親が妥協し、また養父母になろうとする親の多くが、男の子でも女の子でもどちらでも喜んで受け入れるようにさせた。

　子どもがいない夫婦が乳幼児をほしがる要求もまた、養子縁組の実務を根本的に変化させた。1940年代なかばからはじまったベビーブームは1950年代にピークを迎え、結婚と出生は劇的に増大し、それによって非常に多くの養子への要求が生みだされた。養子縁組仲介機関には希望者が殺到し、養子の数は驚異的に増加した。1937年から1945年のあいだには3倍になり、1年あたり1万6000人から5万人へと増加した。10年後には、養子の数はさらに9万3000人へと倍増し、1965年には14万2000人に達した。

　第2次世界大戦後の20年間に養子縁組の数が増加して一般的になったにもかかわらず、1960年以降の数十年間に、白人で庶出の子どもを養子に迎える可能性は劇的に低下した。この低下には多くの要因がある。1960年代の性革命、妊娠中絶の権利を認めたロー対ウエード事件の最高裁判決（1973年）、自分の子どもを手放さないという多くの未婚の母親の決定があげられる。こうしたアメリカにおける文化、社会、法、人口構造の深層での変化が養子数の実質的な減少をひき起こし、養子縁組の実務に重要な変化を促進した。

　第1に、1975年までに州を越える養子縁組仲介機

関は、健康な人の子どもを求めるのを停止しはじめた。ソーシャルワーカーの報告にあるように、そうした子どもを養子に望む親はだいたい3年から5年も待たなくてはならなくなった。第2に、ソーシャルワーカーが「養子になれない」子どもという考えをすてて、どんな子どもでも、家族を必要とし、またその子に家族を見つけられるなら、養子にできる子どもであると定義を拡大した。養子にできる定義が拡大されたことで、ソーシャルワーカーははじめて、特別なニーズをもつ子どもに居場所を見つけるために真剣な努力を開始した。心身に障害のある子ども、マイノリティーの子ども、年長の子ども、外国生まれの子どもなどにも養子の可能性が生まれたのである。第3に、養子に適した子どもの不足、マイノリティー養子の重視によって、ソーシャルワーカーは異人種間の養子縁組を行なわざるをえなくなった。1965年までに、養子仲介機関が全米で黒人の子どもを白人家庭に養子縁組をする数が増えてくると、異人種間の養子は「小さな革命」として知られるようになっていた。その4年後には、CWLAがこの新たな取り組みを反映してガイドラインを改定し、養子仲介機関は養子家庭の選択を決定するために人種を用いてはならないとはっきりと宣言した。1971年には、異人種間養子の数はピークを迎え、468の相談所が2574人のそうした縁組みを成就させた。

異人種間養子ははげしい論争をよぶことになった。最初の明確な反対は、1972年に登場した。全米黒人ソーシャルワーカー連合が公然と異人種間養子は文化的虐殺（ジェノサイド）であると非難したのである。この年から1975年までに、わずか831件の異人種間養子しか行なわれなかった。その後の数年間に異人種間養子は急激に減少した。いくつかの研究によって異人種間養子がうまくいくという証拠があげられたにもかかわらず、児童福祉ソーシャルワーカーは、**アフリカ系アメリカ人**のあいだに生まれた子どもを白人家庭に縁組みするよりも里子として育てることを選択したからである。ソーシャルワーカーの差別的実践は結果的に、1994年の「ハワード・M・メッツェンバウムの異民族間の里親・養子に関する法律」(the Howard M. Metzenbaum Multiethnic Placement Act) の制定というかたちで跳ね返ってきた。この法律は、いかなる人間に対しても、人種・肌の色・国籍だけにもとづいて養父母になる機会を養子仲介機関が拒否することを禁止した。

第4に、養子に適した子どもが人口動態上減少した結果、養子にしうる子どもという概念が再定義され、より包括的になり、養父母と養子となしうる子どもの身体的・心理的・人種的・宗教的特性が「合致」しているかどうかはあまり重要でなくなった。養子に適した子どもが徐々に年長者、マイノリティー、特別なニーズをもつ子どもに偏るようになってきた。1990年代になると、薬物汚染された幼児、エイズに感染した子ども、HIV陽性で生まれた幼児などが特別なニーズをもつ子どものカテゴリーにくわわった。ソーシャルワーカーは、こうした子どものために養子先を見つけたり、法律から自由に養子にしたりすることはできないため、そうした子どもは20世紀の終わりには10万人を数えるまでになった。そのため、このように滞留した子どもは里子に出されたが、性格の異なる里親のあいだをたらいまわしにされがちであった。この状況に対して連邦議会も腰を上げ、1980年「養子縁組援助と子どもの福祉に関する法律」を成立させた。これは養子となった子どもを対象にした最初の連邦法であった。連邦議会のこの画期的な法律は、児童福祉相談所は配置前措置を行なうこと、子どもが段階をふんでその実親とふたたび同居するようにすること、長期間にわたって里子に出されているケースについては定期的に報告することを命じた。この法律は「永続的養育計画」であることをうたい、子どもを生まれた家庭に戻し、あるいは養子縁組を行なうことをその目標としていた。連邦政府は、1993年までにこの計画のために40州に対して、およそ1億ドルの資金を提供した。その結果、20世紀の最後の20年間には、年長児童や特別なニーズをもつ子どもの養子縁組の数は増加していった。

第5に、養子を必要とする夫婦のための子どもが不足した結果、国を超えた養子が増大することになった。第2次世界大戦後、国を超えた養子の数は非常に増加した。しかしそうした子どもは、自国の国民の保護ができない恥ずべき裏口入場者であり、国民の最貧層からの搾取であり、子どもの文化的・民族的伝統の破壊であると非難され、乳児売買ではないかというスキャンダルにもみくちゃにされた。こうした非難への連邦政府からの反論はハーグ条約[*1]の批准というかたちで出された。同条約は、養子仲介機関を国際社会の監視の下に置くことで、国を超えた養子を標準化して規制している。

第6に、少子化は、養父母を見つけることを目的としていた20世紀後半における養子政策にまぎれもない革命をもたらした。かつてソーシャルワーカーの基準はエリート主義的で厳格であった。養父母の大多数は白人で異性愛者で子どもがいない既婚夫婦であった。養子がほしいアフリカ系アメリカ人の夫婦は非公式に養子を見つけるか、すでに設立されていたがきわめて少数のアフリカ系アメリカ人の孤児を収容する孤児院をとおして養子を見つけていた。20世紀前半では、そうした夫婦は主流の公的あるいは私的養子紹介機関からは紹介を拒否されるのがふつうであったからである。1996年になると、アフリカ系アメリカ人の養子はすべての子どもの38パーセントにのぼり、アフリカ系アメリカ人を養子に選ぶ者はほとんどいないという通念はくつがえされた。白人の養子は子ども全体の28パーセントであり、ヒスパニックの12パーセント

が続く。養子仲介機関もその方針を根本的に転換し、里親、年配独身者、子どもがいる家庭（42パーセント）、片親（4パーセント）、身体障害者、さまざまな経済階層の家族をふくめて、より広範囲の成人が養子をとることができるようにした。ゲイやレズビアンの問題は1973年までは登場しない。それ以前には、精神医学と心理学の分野では同性愛は精神障害として扱われていたからである。ゲイが養子をとることを裁判所が認めたのはようやく1987年になってからである。しかしその後は、ゲイやレズビアンの養子を考慮した包括性に向かう傾向が強まっていった。

第7に、養子可能な幼児の減少は、開かれた養子縁組という効果をもたらした。これは1980年代なかばにはじまった養子政策の革新である。ケースワーカーは、生母にその子どもを手放して養子に出させるよう説得する仕事のなかで、何人かの生母にだれがその子どもの親になるかを決定することを認めはじめた。その結果が開かれた養子縁組である。この場合、実親と養父母の身元が入れ替えられ、場合によっては、両者が接触する程度を変えていくことが奨励される。こうした養子はますます一般的になり、養子政策の中心を占めるようになった。1990年から2002年にかけて、アメリカにおける養子仲介機関の大多数は、完全に閉ざされていた養子縁組から開かれた養子縁組へと転換した。

20世紀末の30年間の養子政策の革命と連動して、養子の調査運動が誕生した。1971年、養子の権利が重要な社会問題になったとき、この運動のもっとも雄弁で注目された指導者は「養子解放運動連合」（ALMA）を設立したフローレンス・フィッシャー（Florence Fisher）である。ALMAの目をみはる活動の一例は、国境を越えてアメリカ、カナダ、イギリスに何百もの養子調査を行なうグループを活気づけたことにみられる。1978年までにそうしたグループの数は、アメリカの包括組織であるアメリカ養子議会（AAC）の傘下に入っていた。1996年までに、この運動内の自己満足は小革命を活気づけ、インターネットを用いた養子たちの活動家組織「私生児の国」（Basterd Nation）を生みだした。この組織はAACのリーダー・シップに挑戦し、市民主導の投票によって平均58パーセントを越える支持を獲得することに成功した。オレゴン州では養子にその出生証明書を閲覧させるようになった。調査によれば、自分が生まれた家族をさがす養子となった大人の80パーセントは女性である。

養子の権利の活動家は多くの場合、成人した養子と生母であるが、彼らは、養子記録の情報を確認する権利があると主張して戦っている。彼らは、法廷闘争、州政府と州決定の改革をとおして、出生記録を開示しないとする法律を廃止する政策課題を追求した。カンザス、アラスカ、オレゴン、アラバマのわずか4州だけが、成人した養子が出生記録を閲覧することを無条件に許可したが、他州の大部分はなんらかのメカニズムを提供した。それは自発的養子登録や州が指名した匿名仲介システムであり、それを介して養子は実の家族と面会することができるのである。だが、それにもかかわらず、この問題は今なお論争中である。養子仲介機関によって守秘義務を約束させられた実親もあるものの、その権利が自分の養子記録における情報に無条件にアクセスしたいという成人した養子の権利によって侵害されるからである。

➡孤児、捨て子

[訳注]

＊1 ハーグ条約（Hague Convention）──正式名称は「国際的な子の奪取の民事面に関する条約」（英語：Hague Convention on the Civil Aspects of International Children Abduction/ フランス語：Convention de La Haye sur les aspects civils de l'ènlevement international d'enfants）。子どもの利益の保護を目的として、親権を侵害する国際間の子どもの強制的なつれさりや引きとめなどに際して、子どもをもとの国(恒常的居住地)に返還する国際協力の仕組みにかんする多国間条約。1980年10月25日にオランダのハーグ国際私法会議で採択された。未成年者がつれだされた国およびつれこまれた国の双方がこの条約の加盟国である場合に効力を有する。

●参考文献

Avery, Rosemary J., ed. 1997. *Adoption Policy and Special Needs Children*. Westport, CT:Auburn House.

Babb, L. Anne. 1999. *Ethics in American Adoption*. Westport, CT: Bergin and Garvey.

Bartholet, Elizabeth. 1993. *Family Bonds: Adoption and the Politics of Parenting*. Boston: Houghton Mifflin.

Berebitsky, Julie. 2000. *Like Our Very Own: Adoption and the Changing Culture of Motherhood, 1851-1950*. Lawrence: University Press of Kansas.

Carp, E. Wayne, ed. 1998. *Family Matters: Secrecy and Disclosure in the History of Adoption*. Cambridge, MA: Harvard University Press.

Carp, E. Wayne, ed. 2002. *Adoption in America: Historical Perspectives*. Ann Arbor: University of Michigan Press.

Child Welfare League of America. 1995. *Issues in Gay and Lesbian Adoption*. Washington, DC: Child Welfare League of America.

Fogg-Davis, Hawley Grace. 2002. *The Ethics of Transracial Adoption*. Ithaca, NY: Cornell University Press.

Grossberg, Michael. 1985. *Governing the Hearth: Law and the Family in Nineteenth Century America*. Chapel Hill: University of North Carolina Press.

Grotevant, Harold D., and Ruth G. McRoy. 1998. *Openness in Adoption: Exploring Family Connections*. Thousand Oaks, CA: Sage.

Hollinger, Joan H., ed. 1998. *Adoption Law and Practice*. 2

vols. New York: M. Bender.
Holt, Marilyn Irvin. 1992. *The Orphan Trains: Placing Out in America.* Lincoln: University of Nebraska Press.
Melosh, Barbara. 2002. *Strangers and Kin: The American Way of ¿Adoption.* Cambridge, MA: Harvard University Press.
Modell, Judith S. 1994. *Kinship with Strangers: Adoption and Interpretations of Kinship in American Culture.* Berkeley and Los Angeles: University of California Press.
Schwartz, Laura J. 1995. "Models for Parenthood in Adoption Law: The French Conception." *Vanderbilt Journal of Transnational Law* 28: 1069-1119.
Simon, Rita J.; Howard Altstein; and Marygold S. Melli. 1994. *The Case for Transracial Adoption.* Washington, DC: American University Press.
Starr, Karla J. 1998. "Adoption by Homosexuals: A Look at Differing State Court Opinions." *Arizona Law Review* 40: 1497-1514.
Zainaldin, Jamil S. 1979. "The Emergence of a Modern American Family Law: Child Custody, Adoption, and the Courts." *Northwestern University Law Review* 73: 1038-1089.

●参考ウェブサイト
Evan B. Donaldson Adoption Institute. 2002. Available from 〈www.adoptioninstitute.org〉
Legal Information Institute. 2002. "Adoption: An Overview." Available from 〈www.law.cornell.edu/topics/adoption.html〉
U.S. Department of Health and Human Resources. 2002. "The National Adoption Information Clearinghouse." Available from 〈www.calib.com/naic/〉
U.S. Department of State. 2002. "International Adoption." Available from 〈http://travel.state.gov/adopt.html〉

(E. WAYNE CARP／太田明訳)

幼児学校（Infant School）
➡保育園（Nursery Schools）

幼稚園（Kindergarten）

幼稚園は、ドイツの改革者であり教育者でもあった**フリードリヒ・フレーベル**によって19世紀に開発された。フレーベルは、**ヨハン・ハインリヒ・ペスタロッチ**の思想を根拠にしていた。このペスタロッチは、子どもが生まれつきもっている善性を信じたジャン＝ジャック・ルソーのスイスにおける後継者であった。フレーベルは、1830年代と1840年代を通じて、園庭で輪になっていっしょに座っている子どもたちのような象徴的な理念とならんで、音楽、自然探求、お話、遊びの重要性も擁護した。彼は、「恩物」（すなわち、大部分が幾何学的なかたちをした遊具）と「作業」（すなわち手技）を活用することを唱導し、教師は、それらの使い方を子どもに教えた。フレーベルは、1837年にドイツのブランケンブルクに最初の幼稚園を開設した。彼はまた、女性を幼い子どもの理想的な教育者であると見ていたので、女性のための養成学校を開設した。プロイセン政府はフレーベルの思想を正統なものではないとして、1851年に幼稚園を禁止したが、幼稚園という思想はヨーロッパのほかの国だけでなく、北アメリカ、中近東、アジア、オーストラリアにも広まった。1860年をすぎるとドイツにも幼稚園が復活し、それは今日では3歳から6歳の子どもを受け入れている。

1848年の3月革命[*1]の後にドイツを離れたヨハンネス・ロンゲ（Johannes Ronge, 1813-1887）とベルタ・ロンゲ（Bertha Ronge, 1818-1863）の夫妻は、フレーベルの思想をイギリスに伝え、1851年に、ロンドンで幼稚園をひとつ創設した。1850年から1870年にかけて、女性たちはイギリスの中産階級のために私立幼稚園の設立に協力した。この幼稚園は、1890年までに公的支援を受けていたイギリスの学校のいくつかに組み入れられたものの、それが広範囲にわたって成功をおさめることはなく、さらに、1900年から第1次世界大戦までの時期になると、改革者たちは月謝をまったく、あるいは少ししか求めない貧民を対象にした私立の幼稚園（「無償制の幼稚園」）にその意識を向けるようになった。最終的に幼稚園は、イギリスの幼児教育のほかの形態を補い、それを変容させたが、それにとって代わることはなかった。幼稚園はフランスでも、1830年代の「サル・ダジール」（*salles d'asiles*：駆けこみ部屋）が、50年後に最初の幼稚学校に置き換わったとき、これと同じように発展した。フランスでは、学習活動を幼稚園での活動と結びつける折衷的な方法を選択した。これは、今日の「エコール・マテリネル」（*écoles maternelles*、幼稚園）の特徴でもある。

アメリカの幼稚園

幼稚園は、アメリカとヨーロッパ北部諸国では、非常に大きな影響をおよぼした。アメリカでは、マルガレーテ・シュルツ夫人[*2]が1856年にウィスコンシン州のウォータータウンに最初の幼稚園を創設した。ドイツ語による彼女の幼稚園は、エリザベス・ピーボディ[*3]に感銘をあたえ、ピーボディは1860年にアメリカで最初の英語による幼稚園をボストンに開いた。全米教育協会（the National Education Association: NEA）は、1874年に幼稚園部を創設し、教師たちは、1892年に国際幼稚園組合（the International Kindergarten Union）を設立した。

幼稚園は、1890年以前には、無償の幼稚園協会、社会福祉施設、慈善施設、教区学校、孤児院などをふくむ民間の施設のなかではもっとも普及していた。こ

ニューヨーク市の初期の幼稚園のようす（1879年）。©Bettman/CORBIS

うした半日制の無償幼稚園は、その多くが移民で、都市に大挙して集まっていた労働階級の親たちの3歳から6歳までの子どもを教育するために、しばしば慈善団体から資金提供を受けていた。19世紀末から20世紀初期にかけての時期を通じて、幼稚園では読み方と書き方のような学問的な技能を教えることはなかったが、そのかわりに、子どもの全体を教育しようとしており、その目標は、子どもが服を着たり、食べ物を食べたり、清潔にしたりするのを援助することから、都市の子どもに自然研究を教えることまでをふくむ、広範囲にわたる社会福祉と教育活動を網羅することであった。通常の、小学校教師の養成学校とは別に、幼稚園教師（当時はキンダーガートナー［kindergartner］とよばれていた*4）を特別に養成する学校が整備された。

セントルイスは、1873年に、スーザン・ブロー*5のもとで、アメリカではじめて公立の学校組織に幼稚園を採用した。1890年以降、多数の幼稚園が学校組織となった。教育委員会は、以前から存在した無償制の幼稚園にしばしば建物と資金を提供しはじめた。1890年までに、公立学校幼稚園の園児は、就園年齢人口の約6パーセントに相当する22万5000人の子どもが通っており、私立学校幼稚園の園児をほぼ2対1と数の上で圧倒した。

第1次世界大戦までに、アメリカの都市の主要な学校組織のすべてが幼稚園をもつようになった。1920年には、就園年齢人口の約11パーセントにあたる約51万人の子どもが幼稚園に通っていた。また同じ年には、公立学校の子どもの数は私立学校のそれを凌駕し、ほぼ19対1であった。幼稚園は、ひとたび公的資金の提供を受けはじめると、5歳児だけを優先して入園させた。このため、人びとは、幼稚園は小学校第1学年のための学問的で社会的な準備教育に関心をはらうべきであると主張した。こうして、教師たちはいまや、アメリカの初期の幼稚園で重要な要素であった家庭訪問や母親集会にさく時間がないまま、1日にひとつの学習活動ではなく、学問的な準備と社会的な準備という二つの学習活動を教えるようになった。

19世紀末から20世紀初期までを通じて、幼稚園の教師たちは、フレーベルの教授計画にいかに厳密に従うかという点をめぐって、考えに違いがあった。教師のなかには、アメリカの心理学者G・スタンリー・ホールと新しく登場してきた子ども学研究運動からいちじるしく影響を受けた者もいた。ホールは、フレーベルの業績を賞賛したが、フレーベルが幼稚園教師のパティ・スミス・ヒル*6やアリス・テンプル*7に影響をあたえた「自由あそび」という考えの重要性を確信していた。アメリカの哲学者で教育学者でもあったジョン・デューイも、フレーベルの業績は価値があると主張したが、フレーベル主義の抽象的な性質を批判した。

ヨウチエン

アメリカの幼稚園は、1910年代の初めには、子どもの自己活動力の発達を重視していたイタリアの医師で教育学者である**マリア・モンテッソーリ**の思想からも影響を受けた。フレーベルの影響はいまも、幼稚園に園庭があることや園庭を設ける教育プログラムのほかのいくつかの面に残っているが、アメリカの幼稚園は、1930年代までに、フレーベルが構想していたものとはまったく違ったものになっていた。

現代の幼稚園

1930年から1940年にかけて、多くの学区で予算の削減を進めたため（ほかの学区は、予算削減と同時に幼稚園をとりいれたのだが）、アメリカの幼稚園在籍者数は減少した。その後1940年以降、公立幼稚園の在籍者数は、ほぼ150パーセント増加し、1954年には約150万人となった。園のクラス・サイズは、20人から49人までと多様であった。そのため、いくつかの州では、在籍者数を下げるための法律を制定した（たとえば、ニュージャージー州では1クラス24人にした）。また、幼稚園は、園児の年齢条件を拡大し、その年の11月までに5歳になる子どもでも受け入れた。

1965年には、5歳児の約50～85パーセントが幼稚園に通った。それらの子どものうち200万人以上が、40以上の州の公立学校に在籍していた。これらの州の大部分は州の財源を、子どもを幼稚園に入れる目的に使えるようにしていた。1965年にはじまった**ヘッドスタート計画**は、およそ5歳の子どものための幼稚園の代替策として役立ったのみならず、その後の幼稚園の設立を促進するのにも役立った。

1980年代までに、アメリカの幼稚園は、子ども中心の教育から小学校1年生のための学問的な準備教育へとその在り方を変えた。5歳児の82～95パーセントが幼稚園に通っていた。1986年には、ミシシッピー州が公立の幼稚園を設けた最後の州となった。1980年代以後、10の州が、子どもを幼稚園に通わせるよう親に求め、ほとんどの州が幼稚園の教師に初等教育の教員免許を求めた。少数の州では、幼稚園の教員免許か幼児教育の教員免許のどちらかを要求した。今日、アメリカでは約400万人の子どもが幼稚園に通っており、そのうち300万人以上が公立学校に在籍している。

ドイツとスカンディナヴィア諸国では、3歳から7歳までの子どもの幼稚園は、貧しい両親やシングル・マザーの子どもを世話する施設から、ほぼすべての子どもの生活を統合する施設へと発展した。この変化は、多数の母親が賃金労働市場に参入するようになった1970年代からはじまった。ヨーロッパには──私立、公立、そして、とくにドイツの宗教団体立と──さまざまな幼稚園がある。最近では幼稚園を学校組織と密接にかかわらせようとする取り組みがなされているが、幼稚園は学校組織からは切り離されている。多くのコミュニティで、幼稚園は年長の子どものための放課後活動と結びついているだけでなく、非常に幼い子どものためのデイケア・センターとも融合している。

［訳注］

*1 3月革命──1848年2月に勃発したフランスの2月革命が、それまでとは違って労働者主体の革命であったことから、ヨーロッパ各国がその影響を受けて、同年3月にドイツとオーストリアで起きた民主主義的市民革命。いわゆるウイーン体制の崩壊につながった。

*2 マルガレーテ・マイヤー［マイヤー＝シュルツ夫人］（Margarethe Meyer, 1833-1876; or Margaretha Meyer-Schurz）──ドイツのハンブルクに生まれ、姉のベルタ・ロンゲが再婚してロンドンに開設した幼稚園を手伝うため同地に出向き、そこでドイツから亡命中のカール・シュルツ（Carl Schurz, 1829-1906）と出会って結婚し、シュルツ夫人となった。このため一般にマイヤー＝シュルツ夫人ともよばれる。ニューヨークをへて、1856年、ウィスコンシン州ウォータータウンにアメリカで最初のドイツ語で教える幼稚園を開設した。評判が高かったこの幼稚園を見学して感銘を受けたのが、のちに全米に幼稚園運動を展開することになるエリザベス・P・ピーボディ（Elisabeth Palmer Peabody, 1804-1894）である。

*3 エリザベス・パルマー・ピーボディ（Elizabeth Palmer Peabody, 1804-1894）──アメリカの教育者。アメリカで英語で教育する最初の幼稚園を開いた。マサチューセッツ州の医者の娘として生まれ、ボストンで超絶主義思想家のアモス・ブロンソン・オルコット（Amos Bronson Alcott, 1799-1888）の実験的なテンプルスクールで助手としてはたらいたが、この学校はまもなく閉鎖された。その後、オルコットがドイツの教育思想を模範にしていた幼児教育の哲学と彼の学校の計画を網羅した「学校の記録」を出版するいっぽう、自宅で書店を開業して、内外の書籍を販売した。50歳代のなかばすぎに、ウィスコンシン州で幼稚園を開設していたドイツ人のマルガレーテ・マイヤー（マイヤー＝シュルツ夫人。当時20歳代なかばであった）を訪ね、フレーベルの幼児教育思想に心を動かされ、1860年に自分の幼稚園を開設した。その後、60歳をすぎる頃、みずからドイツに調査旅行に出かけるなど、積極的に幼稚園至上主義を掲げて運動を展開し、アメリカの教育制度に幼稚園を位置づけさせるうえで大きな影響力をもった。早い時期から、子どもの遊びの価値に注目し、子どもの遊びが本質的に発達や教育において固有の価値をもつことを確信していた。ピーボディの妹の一人ソフィアは作家のナサニエル・ホーソーン（Nathaniel Hawthorne, 1804-1864）の妻であり、もう一人の妹メアリはアメリカの著名な教育改革者ホーレス・マン（Horace Mann, 1796-1859）の妻である。1844年頃、フランス語訳の「南無妙法蓮華経」の一部をはじめて英訳するなど、仏典の英訳を刊行したことでも知られる。

*4 キンダーガートナー（kindergartner）──ドイツではもともと幼稚園の園児を意味する言葉としてKindergartenkindがあり、幼稚園の教師や保母のこと

をKindergärtnerinとよんでいた。英語にはこれらに相当する言葉かなかったため、アメリカでは園児と教師の両方をkindergartner（またはkindergartener）とよんだ。この表記の初出は1871年頃である。

*5 スーザン・E・ブロー（Susan E. Blow, 1843-1916）──アメリカではじめて経営的に成功した公共幼稚園の創設者で、「幼稚園の母」（Mother of Kindergarten）として知られている。ニューヨークの幼稚園教員養成学校（New York Normal Training Kindergarten）で実習訓練を受けた後、ミズーリに戻った1883年頃、2名の補助教員と42名の生徒を擁するデス・ペレススクール（Des Peres School）を開設した。それを皮ぎりに、その後、彼女の幼稚園は規模と組織を拡大し、全米各地に広まった。

*6 パティ・スミス・ヒル（Patty Smith Hill, 1868-1946）──進歩主義哲学にもとづく教育活動を幼稚園教育に導入したことで知られるアメリカの教育者、幼稚園運動の指導者。フレーベルの構想を実践的に改良し、子どもの創造性と自然本能力を重視した。教師としてはたらいた後、1893年にケンタッキー州のルイヴィル・フリー・キンダーガルテン協会（the Louisville Free Kindergarten Association）の会長となった。1906年以降30年間、コロンビア大学教員養成学部で幼稚園教育、幼児教育の理論と実践、カリキュラム開発にかかわり、アメリカの幼稚園教育を教育学として発展させた。全米保育協会（the National Association Nursery Education：NANE、現在は全米年小児教育協会[the National Association For the Education of Young Children：NAEYC]となっている）の創設に尽力した。妹のミルドレッド（Mildred J. Hill, 1859-1916）が作曲し、パティが作詞した"Good Morning To All"がのちに"Happy Birthday to You"となって全世界に広まったことでも知られる。

*7 アリス・テンプル（Alice Temple, 1871-1946）──アメリカの幼稚園教育の改革者。最初シカゴで、シカゴ無償制幼稚園協会（Chicago Free Kindergarten Association）傘下の、教会団体が運営する貧民児童向けの無償制幼稚園に勤務し、そこでフレーベルの教育方法を学んだ。1904年、32歳の頃、教育学を学ぶためにシカゴ大学に進学し、そこでジョン・デューイの講義を受けた。デューイの教育哲学を幼児教育に適用する意義を確信し、その方法としてG・スタンリー・ホールの観察法、調査法、質問法をとりこむいっぽう、幼稚園教育と小学校の初等教育段階との接合をはかった。国際幼稚園連合（International Kindergarten Union: IKU）──のちの国際幼児教育協会（the Association for Childhood Education International: ACEI）──の創設に尽力した。

➡フレーベル、フリードリヒ・ヴィルヘルム・アウグスト、保育、保育園、

● 参考文献

Beatty, Barbara. 1995. *Preschool Education in America: The Culture of Young Children from the Colonial Era to the Present*. New Haven, CT: Yale University Press.

Borchorst, Anette 2002. "Danish Child Care Policy: Continuity Rather than Radical Change." In *Child Care Policy at the Crossroads: Gender and Welfare State Restructuring*, ed. Sonya Michel and Rianne Mahon. New York: Routledge.

Ross, Elizabeth Dale. 1976. *The Kindergarten Crusade: The Establishment of Preschool Education in the United States*. Athens: Ohio University Press.

Shapiro, Michael Steven. 1983. *Child's Garden: The Kindergarten Movement from Froebel to Dewey*. University Park: The Pennsylvania State University Press.

Spodek, Bernard, Olivia N. Saracho, and Michael D. Davis. 1991. *Foundations of Early Childhood Education: Teaching Three-, Four-, and Five-Year-Old Children*. Englewood Cliffs, NJ: Prentice Hall. バーナード・スポディックほか『B・スポディック博士の幼児教育』（佐藤喜代・川村登喜子訳、明治図書、1992年）

Wollons, Roberta, ed. 2000. *Kindergartens and Cultures: The Global Diffusion of an Idea*. New Haven, CT: Yale University Press.

（ELLEN L. BERG／松丸修三訳）

要扶養児童（Dependent Children）

アメリカにおける現代の子ども観はまぎれもなく家庭的である。つまり、現代の子ども期の観念は、家庭とその付属物を学校や教会のように、子どもにとってふさわしい居場所であると考えている。子ども期と子どもに対するアメリカの態度はヨーロッパ起源であるが、ヨーロッパの一部や非ヨーロッパ社会における児童福祉への態度は多くの場合アメリカとは異なっている。それは、前者が、**徒弟制度**や早期の就業など、大人になるために子どもを家庭から分離する仕組みをもっていたからである。アメリカ人の目からすると、そうした措置は養育や、親がいっしょにいる家庭環境を子どもにあたえることができない以上、常軌を逸して危険であり、**子どもの遺棄**に等しい。今日の子どもの遺棄にかんするヨーロッパ的な考え方は、家庭にいる子どもという特殊な表象と、子どもの現実の生活史と理想の生活史にかんする規範的判断から生じたのである。

南北戦争以前の時代

要扶養児童とは、さまざまな事情から、私的慈善あるいは公的扶助に依存するようになった子どもである。アメリカにおいて、児童福祉にかんする理念は、パレンズ・パトリー原則（*parens patriae*）[*1]にもとづくイギリスの救貧法に起源をもつ。パレンズ・パトリー原則によれば国はすべての子どもの究極の親である。植民地時代に、この原則は要扶養児童救済の二つの形式で実現した。院内救助（家庭内での親の援助）と院外救助（**孤児院**や救貧院など家庭の代替施設）である。

17世紀から18世紀にかけてのほとんどの時期、行政は地方が担い、家庭は権威の源泉であった。その結果、要扶養児童たちは国と直接的な接触をもつことはなかった。非常に多くの子どもが徒弟として植民地につれていかれ、チェサピークの子どもの死亡率は大人同様に高かった。したがって、徒弟制度は、将来雇用することを前提として訓練期間中は子どもを家庭に置くことで家政管理と家族制度を整備しようとした。貧困の子ども、非嫡出の子ども、孤児による差はまったくなく、理由にかかわらず、放置された子どもは徒弟や年季奉公に出されるのがふつうであった。徒弟制度は、孤児であるとか、親が不適格であったり、虐待されたりした子どもをふくめて植民地の要扶養児童への公的責任を軽減する一方、ケアがなされない子どもに対しては合理的な解決を提供した。たとえば1648年のヴァージニアでは、イギリスをモデルにして、州は親が過剰に甘かったり、もし子どもが「ひねくれて意固地」であったりするような場合には、子どもを家庭から隔離することができた。

北アメリカにおける民間の最初の孤児保護施設は1738年にジョージア州で登場したが、最初の公立孤児院はそれから半世紀後の1790年になってようやく、サウスカロライナ州で115人を収容する施設が設置された。それに続いて、ニューヨーク市、フィラデルフィア、ボルティモアで公立孤児院が設置された。孤児院の設置にかんしては18世紀の遅くまで、要扶養児童のためのさまざまな種類の集合的施設が試行されてきた。見習い奉公に出すことと徒弟制度は家族環境を重視し、のちに登場してくる**里親養育**や**養子縁組**への移行の前兆であるのに対して、救貧院と孤児院は集合的施設が好まれてくることの前兆である。

南北戦争の数年前、徒弟制度から集合施設の興隆に向かう運動が確認される。それは、子どもを徒弟にすることに対してもちあがっていた反対意見と、要扶養児童の実数の増加とにもとづいていた。さらに、工業化は家族の規模とあり方を変え、子どもの価値は、家族の生産活動に役立つかどうかという点から、子どもに対する親の感情的絆へと変わっていった。19世紀の母性崇拝は、子どもに対する伝統的な家父長的支配を浸食したが、そのかわり、子どもは無垢で傷つきやすいものであり、母親はそうした子どもを保護する特別な責任を負っているというロマン主義的なイデオロギーが作り上げられた。1838年にくだされた判決は、子どもの監護権が父親の権利から母親の愛情へと移動するという裁判所の新たな方針を明示した。この**クルーズ事件裁判**では、子どもに必要はあっても権利はないとの判決がくだされた。子どもには保護は必要だが自由は不要であり、子ども空間は学校であり刑務所ではないというのである。この事件は、子どもの監護権が父親から母親へと移動したことを示す一方で、制度的監護の正当化と地位向上の転回点でもあった。

1820年から1860年のあいだに全米で150の私立孤児院が設置されたが、そのいくつかは孤児の**流行伝染病**に対応するためであった。孤児院はたいてい宗教的背景をもち、また10歳以下の白人の子どもを対象にしていた。多くの孤児院は年長の子どもを徒弟に出したが、公的援助を受けたものはわずかであった。まもなく集合施設は過剰となり、資金が不足し、社会復帰の機能をどんどん失っていった。19世紀なかばになると、ほんの数年前には福祉の模範であった集合施設はその輝きを失った。1855年のニュヨーク州政府の報告書は、16歳以下の約3000人を保護しているそうした施設の惨状を厳しく批判した。問題は、南北戦争で孤児になった子どもが増加し、移民の数が増えたことにある。そうした批判にもかかわらず、集合的施設は19世紀末まで増えつづけた。

里子制度

「里子制度」の理念は徒弟制度、年季奉公、集合家庭からの離脱を印象づけている。子どもをそのような環境にある家庭から移動させることはかならずしも子どもと家庭とを切り離すわけではないが、里子制度は子どもを永久に里親や養子家庭に移すことをふくんでいる。これは、19世紀なかばの「**ニューヨーク児童保護協会**」（NYCAS）とチャールズ・ローリング・ブレイスの有名な「**孤児列車**」によって例証される。ブレイスは集合施設を批判し、NYCASは何千人もの扶養を必要とする青少年を集合施設から私人の家庭に移した（しかしNYCASは圧倒的に西ヨーロッパの白人の子どもを好んだが、それは斡旋の95パーセントを占めていた。NYCASは黒人や東ヨーロッパの子どもの斡旋はできなかったし、しようともしなかった）。ブレイスは子どものイメージをロマン主義化し、子どもは都会の街頭から「救い出され」て、中西部の田舎や大平原諸州の家族のもとに置かれるべきだとした。ブレイスは情熱的に実践について語ったが、それはついに75年以上にわたって20万人もの若者に訴えかけるまでになった。急速な都市化、移民の増加、産業化の進展によって社会階級の分離が広がるにつれて、ブレイスのような改革者は、子どもを彼らの「危険」な階級から移動させることによって社会を保護しようとしたのである。

ブレイスの目標は、子どもを思いやりのある道徳的で安定した家庭環境に置くことであった。このプログラムは、家庭生活のイデオロギーの勝利の証しであり、愛情、ロマン主義的な結婚、無垢の子どもを強調した。彼は養子よりも里親を好んだ。彼が斡旋した子どもの親の多くは貧しかったが、姿を見せなかったり死亡したりしていたわけではないからである。また、法的拘束よりも感情的絆やキリスト教的慈愛をよしとした。ブレイスは自発的な年季奉公や徒弟と養子のあいだの中間地点を見出した。ニューヨークの上流階級の改革

家たちから援助を受けていたため、彼らがいだいていた浮浪児に対する関心や貧しい親と移民の親への蔑視をブレイスも共有していた。

植民地時代には、血統外の子どもはその土地生まれの子どもと同じ法的地位を得ることはできなかった。しかし19世紀なかばになると、裁判所は、子どもの最善の利益という基本原則のもとに、家族構造のなかでの愛情・選択・養育の場所をますます考慮しようとした。1851年、分岐点になる二つの判決がくだされ、それによって生みの親の自然の権利は終焉を迎えた。裁判所は親子関係を家父長的血縁関係から、情緒的な結びつきを反映し、子どもの養育を重要視する契約関係のほうへとますます移動させていった。その年、マサチューセッツ州は子どもの養子提供法を可決し、出生によるつながりを人為的なつながりによって代替する方向を示した。19世紀の終わりになると、このマサチューセッツ州のモデルはほとんどすべての州に登場し、養子があたりまえになった。

ブレイスの里親制度は要扶養児童への制度的ケアに挑戦したが、その一方で、保護施設の規模と数は増えつづけ、ますます保守化していった。その一例がボストン子ども救済協会（the Boston Children's Aid Society : BCAS）である。1864年、BCASは、限度一杯に拡大してしまうことで家族がそこなわれるのを防ぐために長期ケアを拒否した。ブレイスがホームレスあるいは危険にさらされた子どものための家庭を求めたのに対して、BCASは要扶養児童を家庭におく戦略を展開したからである。彼らを預けるためにほかの家族に対価をはらい、シングル・マザーがはたらきながら子どもを育てる場所を見つけ、注意深く里親家庭を選択してモニターした。両者あいまって、これらのプロジェクトは里親福祉の成立をうながした。養子法の条文には、子どもを移動するのは、移動させられた子どもがその土地生まれの息子や娘として扱われる家庭環境に置くためであることがうたわれている。ブレイスは生まれた家族から子どもが永久に分離されることを求めた。とくに貧困家族と移民家族を念頭に置いて、ブレイスには、そうした家族が善き「アメリカ」の子どもを形成できるとはとうてい考えられなかったからである。他方、BCASは、子どもの家族がその子を見守ることができ、もし状況が改善されたあかつきには教育することもできる環境に子どもを置こうとしたのである。さらに、ブレイスと彼の仲間は、子どもの権利をふくんだ新しい言い方を明言することに成功したが、それは独立ないし個人の自由のためにではなく、リスクと堕落からの救済のためであった。福祉政策は、子どもは市民の特殊なカテゴリーであるという理念から深く影響を受け、州が財政援助する児童施設もこの見解を支持した。19世紀末まで、子どもの最善の利益という思想は児童労働を制限し、子どものタバコ・酒類売買を禁じる年齢別州法の形成を促進した。それ

はまた養子法と親権法を形成することにもあずかった。新たな法は親の利益よりも子どもの要求と公的善の評価にもとづいていた。南北戦争後の貧困家族と黒人家族は、親の承諾なしに子どもを見習いに出してしまうことにとりわけ脆弱になり、子どもの最善の利益という理念は、子どもを支配する権限が親から州へと移行するにつれて、しばしば権利侵害をもたらすことになった。

母親扶助

児童福祉にかんする最初のホワイトハウス会議は、要扶養児童問題を議論するために200名の子ども福祉の主要な活動家を招集して、1909年にセオドア・ルーズヴェルト大統領によって開催された。ホワイトハウス会議は要扶養児童の福祉に対する国の責任の転換点を示している。その席上、活動家たちは、貧困だけが家庭崩壊を正当化するものではないという考えを公的方針とすることを是認した。会議は、現代の福祉国家の基礎になる新たな理念を導入し、女性・家族・国家のあいだの新たな関係を示したが、その一方で貧困女性、労働階級、人種にかんする従来の保護的判断は維持した。改革者たちのあいだでの合意は、子どもが育つ最善の環境としての核家族という理想に具現された。彼らは里子制度を奨励し、集合施設を家庭風のスタイルの家と自律的な形態をそなえた家庭的な雰囲気にするよう努めた。しかし原則的には、ホワイトハウス会議は、可能であればいつでも子どもが自分が生まれた家族とともにすごすことに同意したが、その目標は子どもの依存状態についてもっとも重要な革新を行なう基礎をすえることにあった。つまり寡婦扶助である。それは、寡婦がその子どもを家庭で養育する上で経済的にも道徳的にも「ふさわしい」ものにすることを意図していた。

1910年、夫を亡くした母親を救済するニューヨーク市委員会（the New York State Commission on Relief for Widowed Mothers）のレポートは、「例外的な状況を除き、いかなる母親もその家族の家政婦ではなく、主たる家計支持者でもない」と主張した。全般的に、はたらく母親たちの関心は、母親自身の必要よりも自然資源としての子どもを優先する改革者たちの先入観を反映していた。この見方からすれば、母親の就職は子どもの発達に悪影響をおよぼすことになる。委員会は、貧困女性が外に出て従事できる仕事は必然的に家族の肉体的・精神的・道徳的な強さを弱めることを見出した。仕事に出ることによって子どもの世話がもっとも必要な時に母親がますます不在になり、生活と親の義務を放棄する不適切な標準を生みだし、家庭生活を崩壊させたからである。この理由づけによって、はたらく母親は少年非行や子どもが直面するほかの問題の元凶であると非難された。

子どもを自分が生まれた家族のもとにとどめておく

ことに焦点をあてたアメリカの最初の現代的公共プログラムとはこうしたものであった。1911年、イリノイ州は最初の州法を制定し、それ以降の8年間に39州が独自の法案を制定した。一州ずつ、ホワイトハウス会議レポートに同調する法案を採択する州が増加していった。たとえば、レポートにはこうある。「通常の家計支持者による支援をもたない…立派な母親の子どもは、ふつうにその親のもとにとどめられるべきであって、子どもの養育のために適切な家庭を維持するのに必要な支援があたえられるべきである」（Abramovitz, p. 194）。子どもを救済しようとする19世紀の願望は、家族を救済しようとする20世紀の願望へと変容した。母親扶助は、国家が親子関係に介入する19世紀的なパターンを継続した。だが、不適切だとみなされた家庭から子どもたちを里子に出すことによって貧困家庭を解体させてしまうかわりに、20世紀の戦略は、貧困であるということだけで子どもを家庭から里子に出すべきではないという考えをもとに、家族がいっしょにいられるように手をかすことであった。

しかし、最初から扶助ルールは、「適切で受けるにふさわしい貧困者」だけに扶助はあたえられるべきであるという点を強調していた。同時に、非難されるいわれのない女性のイメージを上昇させるために、逆にふさわしくないとみなされる者のカテゴリーが作られた。支援を保留する正当な理由として非効率あるいは不道徳があげられた。扶助はもはや貧困をスティグマにしたり、その貧困の被害者を怠惰であると非難したりする理由にはならなくなったが、新たな道徳上のリトマス試験を生みだすこととなった。「適切な家庭」条項は監視と調査を容認しており、「不適合」はとくに移民とマイノリティーを念頭に置いた一連の道徳判断にゆだねられた。たとえば、ロサンゼルスでは1935年の社会保障法に先だって、メキシコ人には資格はあたえられなかったし、アフリカ系アメリカ人の扶助の受領は全米で制限されていた。母親の扶助が有効にはたらいた場合もあったが、反面、このプログラムは子どもをもつ貧困女性のカテゴリー全体をしめ出してしまうことにもなった。

制度的福祉と里子制度から、貧困児童のケア、サポート、そして社会化の手段としての母親扶助への移行は、家族を一体に保ちたいという欲求だけではなく、既存の社会福祉制度が子どもの保護能力を失いつつあることも反映していた。民間の慈善では貧困児童に適切に対応することはできず、ソーシャルワーカーによって作り上げられた家族マネージメントの考えがますます信頼を得ていった。実際、母親扶助は制度的福祉と里子制度への批判を反映しており、施設に支払われるお金がより少ないコストで家庭の母親に直接支給されることへの信頼のあらわれでもあった。母親扶助制度は多くの州で受容され、公的な認識になっていった。

未熟練の、あるいは半熟練の母親たちが家庭に対してなす寄与は、彼女たちが外で稼ぐ収入を越えているし、母親の子どもを養育する役割を支援することが重要であるとの認識が広がったからである。それにもかかわらず、不十分な扶助料、不足分を補うための追加的な仕事の禁止、さらに女性に対する伝統的な道徳監視などの理由によって、このプログラムの効果は開始当初から狭められた。

児童の世紀

進歩主義時代は「児童の世紀」の到来を告げた。各州はこぞって貧困児童に対する拡大された公的責任を担いはじめた。**少年裁判所**は要扶養児童と放置された子どもにかんする情報収集を行ない、これは受け入れ場所を決定するために用いられた。社会科学の専門家たちが登場し、その専門的知見を子どもの特別な要求に向けた。教育者のあいだでは、公立学校での体罰から子どもを救済することが、児童労働と親の放置への関心につけくわった。しかし次の10年をとおして、改革者の最善の意図にもかかわらず、支援を受けることができる者を制限することは、きわめて少数の子どもしかこの新しい思考の受益者とはならないことを意味した。1920年代末には、14歳未満のすべての子どものうち母親への援助の恩恵を受けていたのは1パーセントに満たなかった。

1934年、**世界大恐慌**のどん底で、フランクリン・デラノ・ルーズヴェルト大統領は経済保障委員会（Committee on Economic Security: CES）を創設し、社会保障計画を策定した。この計画は、緊急救済プログラムを越えて、失業などの頻発する諸問題に対処する連邦政府の永続的戦略を確立した。母親扶助の創始者であった**アメリカ連邦児童局**は子ども援助の条項を策定するよう求められ、1935年には**要扶養児童扶助法**（Aid to Dependent Children: ADC）が社会保障法第4篇によって設置された。

連邦緊急救済局（Federal Emergency Relief Administration: FERA）の局長で熟達のソーシャルワーカーであったハリー・ホプキンズ（1890-1946）は、収入維持プログラムをふくむ包括的社会保障制度が好ましいと考えた。彼の見解によれば、貧困者への直接補助のほうが家族の再建よりも重要である。ホプキンズは、要扶養児童とは16歳以下で、子どものケアを必要とするもの以外のいかなる大人も、礼儀正しさと健康を適切に保持し、合理的生活手段を提供することができないような子どもと定義した。この定義は要扶養児童という概念を広め、両親とも失業あるいは未就労が常態化しているような家庭、里親家庭、親戚の家庭に住む子どもをもふくむようになった。しかし、議会はこうした拡張的な計画を拒絶した。

要扶養児童扶助法（ADC）は、母親扶助プログラムをより包括的にした計画のひとつであった。当初か

らそれは「女性を母親としてその自然な役割から解放し、子どもを社会的不幸から救済するために設計されていた。しかし、より積極的には、子どもを社会に貢献しうる能力ある市民とするためのものであった」("The Report on the Committee on Economic Security," pp. 35-36)。このプログラムによって、貧困児童のための財政支援プログラムを確立するために、市や郡よりも州に資金が提供された。社会保障局（SSA）は、母親扶助が、それを実施する権限をあたえられていた地方の行政単位によってかならずしも分配されなかった状況とは違って、このADCプログラムが全国的な広がりをもって実施されるよう要求した。その結果、この制度は、女性たちが救済基金を受けるのを増やした。それだけでなく、このプログラムは子どもが支援を受ける理由とケアを受ける可能性のある人間の範囲を拡大した。しかし、多くの州ではこのプログラムの実行は遅延した。1939年になっても10州は要扶養児童のためのプログラムをまだ実行していなかった。

当初から、盲人や老齢者と比較してADC受給者への支給が低くなるように支給パターンが作られていた。支給金額が低く抑えられたのは、公的援助のほうが最低賃金労働よりも魅力的になったり、伝統的な結婚と家庭生活よりも魅力的になったりすることを防ぐための保証であったと推測される。ADCは、二人の親がどちらも失業している場合には、その世帯に支給を拡大しようと努力するにもかかわらず、一人親に対しては支給を制限したままであった。ルーズヴェルト大統領の経済保障委員会（CES）は、ADCに対して、社会保障法全体を弱体化させてしまうのではないかと大々的に追求される可能性をおそれ、二人親家族を算入しようとする社会保障助言会議の1935年の取り組みを排除した。

社会保障法は複線型社会保障システムを確立した。一つは社会保障であり、政府は負傷・失業・退職によって失われた賃金を保証する方向である。もう一つは、公的援助に焦点をあてたものである。社会保障は受給者の年齢や状況に応じて自動的に変化した。しかし、ADCというかたちでの公的援助は裁量の余地が広く、公的慈善という汚名をこうむることになった。連邦議会は、連邦緊急救済局による幅広い要扶養児童の定義をしりぞけ、長子には月18ドル、その他の子どもには月12ドルのADCを支給した。しかし、その合計額は「まったく不十分であり、老齢者一人に対する月30ドルの援助という水準を完全に下まわるものであった」（Gordon, p. 278の引用）。連邦議会は州の統制を強化し、ADCをさらに弱体化させた。多くの州はいかなる支払いもこばみ、必要最低限の生活水準以下しか支払わなかった。州は「適合する」家庭を資格要件として要求した。社会保障法がそれを要求していないにもかかわらず、州がそうすることは許された。最初からあったジレンマは、子どもの経済的必要を満たすのか、それとも大人の道徳と行動を判定するのかであった。適合家庭の要件はすぐに差別に変わった。

第2次世界大戦後以降、ADCの受給者数は倍増し、1940年の37万2000世帯から、1960年には80万3000世帯に達した。ADCの費用は1億3300万ドルから9億9400万ドルに増加し、またADC受給者の特徴も変わってきた。1961年までに、寡婦家族はもはやADCの前景からはしりぞき、1943年の43パーセントから7.7パーセントを占めるにすぎなくなった。ADCの多数を占めるようになったのは夫と別れたり離婚したりした母親あるいは未婚の母親である。一般人口に比べて、ADCの恩恵を受ける女性の絶対数は白人女性より多いが、比率は黒人女性のほうが高かった。非白人のヒスパニックや黒人は非白人の大多数をなしており、全米では白人は42パーセントであった。職場における黒人男性への人種差別によって雇用は低賃金と不安定な状態に置かれた。1940年、黒人の失業者は白人のそれを20パーセント上まわり、1955年には2倍であった。黒人女性も同様に人種差別を受け、職場では不安定であった。1950年には、黒人被雇用者の60パーセントは女中の仕事に従事していたが、それと比較した白人女性は16パーセントであった。第2次大戦から1960年代のあいだにADCの方針もいっそう厳格かつ道徳的になり、ADCを受給する母親の個人的特性を重視するようになった。

必要から権利へのADCの変化

しかし、1950年代から60年代にかけての公民権と社会改革運動は、母親の権利と子どもの権利、さらに家族の定義そのものにかんする新たな理念のコンテキストを生みだした。社会の態度は、母親は家庭にとどまるべきであるという考えから、母親ははたらきに出るべきであるという考えに変わり、子どもの最善の利益とは子どもが保護されるべきであるという考えから、子どもには権利があるという考えへと推移した。1960年代初めに国民は貧困を再発見した。貧困者の割合は1959年の22.4パーセントから1961年には21パーセントに低下したにもかかわらず、その実数はいぜんとして非常に多かった。ホワイトハウス内部では、直接的な援助よりもサービスの提供のほうが家族の再生にも家族の福祉にも有効であると考えられていた。1962年、J・F・ケネディ大統領は、ADCの家族に対して家族意識を強め、自立を強調するために、社会保障法にいくつかの修正条項をくわえた。ある修正条項は、子どもが「不適合な」家庭から移動させられるとき、里親福祉のためにADCが支払われることを認めた。別の修正条項は、主たる家計支持者が失業し、失業保険を受けられなくなった二人親家庭を援助する資金を提供した。失業した男性がADC受給を受ける世帯のままでいることがはじめてできるようになった。この変更によって、政府は、要扶養児童扶助法（ADC）

を「要扶養児童世帯扶助法」(Aid to Families with Dependent Children: AFDC) と呼称を変更した。

要扶養児童世帯扶助法 (AFDC) には二つの基本的で対立的な目標があった。子どもに適切な生活水準を提供することと両親の自立を奨励することである。その結果、家族への現金振り込みによって子どもの貧困を解消することはできたが、親に仕事につく意欲をなくさせるという弊害をひき起こした。この本質的な葛藤は、不十分な財政支援と、労働を魅力のない選択肢にしてしまう補助金支給をもたらした。はたらく母親は賃金と引き換えに給付金を失い、メディケイド[*2]、食料切符、ほかのAFDC便益の喪失に直面した。くわえて、AFDCは州レベルで管理されており、資格を決定し、収入と資産の限度を決め、便益水準を選択する基準は州の選択にゆだねられていた。その結果、プログラムは州によって非常に大きく異なることになった。しかし、その欠点にもかかわらず、プログラムは成長していった。1964年末には、AFDCの名簿には97万5000世帯が登録され、次の4年間にAFDCは58パーセント拡大し、150万世帯以上に達した。こうした要因から、AFDCの母親に対する反発がひき起こされた。中傷した人たちは、手あての受給者は怠惰で受給に値しないと考えた。

全米福祉権組織 (National Welfare Rights Organization) の発展に直面して、いくつかの州はAFDCの母親を労働市場に向けはじめた。1967年の厳しい修正条項（労働刺激プログラム）は、捨て子や婚外出生に起因するAFDCのケースに対して、州にすべての連邦支援を凍結することを強制する一方、父親の死亡あるいは失業のようなケースには無制限の資金を提供しつづけた。2人の大統領はこの方針に激怒して、その施行を取り止め、1969年にはついに廃棄された。はたらく母親に対する議会の雰囲気はほとんど完全に逆転した。1935年、母親・子ども・国家の最善の利益は母親を家庭に置くことであった。1969年、AFDCを受給するために母親は労働登録をしなければならなくなった。

その間、1950年から1970年のあいだ、里親制度は子ども保護ネットワークの統合部分になった。1958年、里親福祉を受ける子どもの数は1万人あたり38人となった。これは1933年における1万人あたり59人を下まわっている。しかし1969年には、要扶養児童1万人あたり75人が里親福祉を受けていた。**児童虐待**に対してますます注意が向けられるようになってきた。1962年のAFDCの里親家族への支出の増加と児童施設の減少が、ほかの要因以上にそれを説明するかもしれない。里親が好まれ、孤児が減少した（ADCの予期せざる結果である）が、その反面、里親福祉さえも批判にさらされた。貧困者とマイノリティの家庭に里親福祉が割りこんできたというのがその理由である。里親福祉は、「家族の価値」への回帰という趨勢のなかで、その移動政策には階級的偏見があり、子どもにとってあまりに感情的に不安定にさせるという理由から批判された。1980年に議会を通過した養子支援と児童福祉法 (Adoption Assistance and Child Welfare Act) は長期間の里親措置に対して養子を優先させ、里親は子どもが家庭に帰るまでの、あるいは養子になるまでの、暫定措置であると位置づけた。長期間の里親措置を受けずに里子制度に入る子どもは一人もいなかった。1974年児童の虐待防止と治療法 (the 1974 Child Abuse Prevention and Treatment Act) とは対照的に、この1980年の法律［養子支援と児童福祉法］は、里親制度そのものを拡張することから子どもを保護しようとするものであった。

養子は里親福祉と安全ではない家族の家庭生活に代わる選択肢と認められた。しかし、養子も、既存のより大きな社会における人種と階級分断の影響をまぬがれることはなかった。1972年、黒人ソーシャルワーカー全国協会 (the National Association of Black Social Workers) は、黒人の子どもは自分と同じ人種の家族だけの養子にされるべきであると宣言した。それから20年以上にわたって、77パーセントの州立養子紹介施設とほぼ半分の民間の養子紹介施設はその方針を実行するという不文律にしたがった。**先住アメリカ人の子ども**についても類似の問題がもちあがった。1978年には、養子となった先住アメリカ人の子どもの90パーセントは非先住民家族の保護下に置かれていた。1969年から1974年のあいだ、各州は先住アメリカ人の子どもの35パーセントを養子に出し、あるいは里親のもとに置き、両親のもとから強制的に分離することもしばしばあった。1978年の先住アメリカ人の子どもに対する福祉法 (Indian Children Welfare Act) の制定によって、先住民の環境からの子どもの移動はさまたげられ、可能な場合には、子どもを先住民のコミュニティに置くことが選択されるようになった。その結果、1986年までに先住民の子どもの62パーセントが先住民の家族の下に置かれた。

AFDCの変質

レーガン大統領の統治時代（1981-1989）には、福祉政策への批判が強まった。1979年に否決された家族保護法案は、児童虐待予防に対する連邦予算からの支出を止めることをめざしていた。しかし保守派はAFDCへの批判を続けた。保守派にとってAFDCこそ福祉国家、家族の破壊、道徳の衰退の象徴であったからである。レーガン統治下に行なわれた予算カットの結果、AFDCによる収入は基本的ニーズに必要な額の47パーセントに縮小された。食料切符、AFDC収入は貧困限界の70パーセントになった。1989年には子どもの4人に1人が貧困生活を送るようになった。1980年から1992年のあいだに連邦政府が責任を州に転稼させた結果、AFDCへの州の実質支出は1貧困

家族あたり31パーセント減少した。1990年代には、連邦予算の削減と家族復興費の削減に賛成する意見が増加し、養子にかんする国家的議論が再燃した。記録開示と新しい生殖技術から生じる問題があらわれ、実親と養親のあいだ、代理親と養親のあいだの緊張があらわになった。各州は同性愛者の養子が受容されるかどうか、また養子の家庭をどこまで透明にできるかをテストした。里親制度が新しい階級あるいは薬物中毒の親子に圧倒された結果、裁判所・議会・福祉専門家は、家族の再統合の目的はかならずしも子どもの最善の利益ではないと考えるようになった。

1990年代には、要扶養児童に対するさまざまな新しいアイディアが提案された。古いアイディアのいくつか、たとえば集合施設（孤児院）への回帰も議論されたが、この提案がうまくゆく見こみがないのは明らかであった。しかし、福祉への不満は実を結んだ。1996年8月22日、ビル・クリントン大統領は、16歳を対象にしたAFDCプログラムの廃止法案に署名した。**福祉改革法**は、福祉手当の受給を生涯に5年間にかぎり、多くの受給者に2年以内に労働力となることを要求した。同法は、州が独自のプログラムを実現するために連邦包括補助金を支給した。この法律は、児童擁護基金（Children's Defense Fund: CDF）、都市協会、その他のグループによって反対された。こうしたグループは、この法は貧困生活を送る子どもを100万人増やすことになると推測した。AFDCは、子どもが自分の家庭にとどまることを支援することで、デイ・ケアのための支出をふくまざるをえないほかの方法よりも決して支出が多いわけではないという別の議論もあった。それにもかかわらず、1993年には、児童擁護基金によれば、1570万人もの子どもがすでに貧困状態に置かれ、そこにはアメリカ全土の3歳以下の子どもの27パーセントがふくまれている。貧困は一様に広がったのである。2003年春に出された統計によれば、ほぼ100万人にのぼるアフリカ系アメリカ人が極度の貧困状態で生活し、貧困状態にあるアフリカ系アメリカ人の子どもの数は1999年以降には約50パーセントにまで増加した。貧困と社会的依存の問題は消滅せず、解決の見通しがますますむずかしくなったのは明らかである。

歴史的に見れば、要扶養児童を支援する社会の責任は議論の余地はなかったし、その選択肢の範囲は、徒弟・年季奉公・里親・養子などによる家庭の再生（reproducing the home）から孤児院やグループ・ホームへの家庭の置き換え（replacing the home）へと広がってきた。どの解決策も子どもをそのもともとの家族から分離することをふくんでいた。20世紀には、改革者も母親もできるかぎり子どもを家庭に置いたままにしておきたいと思い、子どもを親から引き離すのは貧困だけではないという考えに同調した。しかし20世紀末になると、要扶養児童への支援に対する疑問は、子どもに必要なのは何であるのか、援助に値するのはどのような母親なのか、福祉国家の規模はどの程度が適切なのか、政府は家族の私的な事柄にどこまで介入すべきか、というきわめて両義的な国の問題と深くからみあってしまった。子どもを虐待や放置から保護する方向に向けられた法は、子どもを保護するとともに親の権威の基盤も掘りくずしてしまった。問題の核心にあるのは子どもの権利とニーズとの葛藤であり、貧しいシングル・マザーにも適切な養育責任があるとするそれにおとらず強い信念への反対の動きである。つまり、母親ははたらくべきかそれとも子どもとともに家にいるべきかという問題である。母親への態度は、人種・階級・性別役割・民族性・仕事と福祉をとりまく価値観に対する、よりおおきな国家レベルでの態度を反映していた。かくして、子どもへの公的支援は子どもの権利とニーズの社会構成だけではなく、貧困な母親の社会構成にも結びつけられていたのである。

［訳注］

＊1　パレンズ・パトリー原則（parens patriae）――「クルーズ事件」訳注1参照。

＊2　メディケイド（Medicaid）――アメリカ合衆国の医療扶助制度。連邦、州、および地方の財源で低所得者と身体障害者に入院加療と医療保険をあたえる制度。65歳以上の老人に対する老齢医療保険制度であるメディケア（Medicare）に加入できない人が対象。

➡子どもにかんするホワイトハウス会議、労働と貧困

●参考文献

Abramovitz, Mimi. 1988. *Regulating the Lives of Women: Social Welfare Policy from Colonial Times to the Present*. Boston: South End Press.

Ashby, LeRoy. 1984. *Saving the Waifs: Reformers and Dependent Children, 1890–1917*. Philadelphia: Temple University Press.

Ashby, LeRoy. 1997. *Endangered Children: Dependency, Neglect, and Abuse in American History*. New York: Twayne.

Brace, Charles Loring. 1894. *The Life of Charles Loring Brace: Chiefly Told in His Own Letters*. Edited by His Daughter. New York: Charles Scribner's Sons.

Currie, Janet M. 1995. *Welfare and the Well-Being of Children*. Chur, Switzerland: Harwood Academic.

Gordon, Linda. 1994. *Pitied but Not Entitled. Single Mothers and the History of Welfare, 1890–1935*. New York: Free Press.

Grubb, W. Norton, and Marvin Lazerson. 1982. *Broken Promises*. New York: Basic Books.

Hawes, Joseph. 1991. *The Children's Rights Movement: A History of Advocacy and Protection*. New York: Twayne.

Ladd Taylor, Molly. 1994. *Mother-Work: Women, Child Welfare, and the State, 1890–1930*. Urbana: University of Illinois Press.

Ladd Taylor, Molly, and Lauri Umansky, eds. 1997. *"Bad" Mothers: The Politics of Blame in Twentieth-Century America.* New York: New York University Press.
Platt, Anthony. 1969. *The Child Savers.* Chicago: University of Chicago Press.
"The Report on the Committee on Economic Security," 1985. Reprinted in 50th Anniversary Issue, *The Report of the Committee on Economic Security of 1935 and Other Basic Documents Relating to the Social Security Act.* Washington, DC: National Conference on Social Welfare.
Swift, Karen J. 1995. *Manufacturing "Bad Mothers" : A Critical Perspective on Child Neglect.* Toronto: University of Toronto Press.
Tiffin, Susan. 1982. *In Whose Best Interest? Child Welfare Reform in the Progressive Era.* Westport, CT: Greenwood Press.

（ROBERTA WOLLONS／太田明訳）

要扶養児童扶助法
(Aid to Dependent Children)

1911年以降に多くの州で制定された寡婦年金が資金不足におちいったことから、「1935年社会保障法」の一部として、1935年8月14日、連邦議会において「要扶養児童扶助法」（Aid to Dependent Children: ADC）が採択され、運用がはじまった。これは、片親、あるいは両親を亡くした16歳以下の要扶養児童に限定されたプログラムであった。その支援は現金払いのみであった。州が2ドルを、連邦政府が1ドルを支給した。州が受給資格を設定することになっていたが、何もできないまま財政難におちいっていった。1939年、ADCは当初の2倍に相当する児童を受給者名簿に掲載したが、受給資格児童の3分の1にしか対応できず、成人には手つかずであった。老齢貧困者は、要扶養児童よりも連邦議会に影響力をもっていたため、1940年に母子が受けとった給付金は1カ月18ドルであったのに対して、老年貧困者は1人につき1カ月30ドルを得ていた。いずれにせよ、受給者が受けとった総額はわずかなものであった。ADCは1950年まで養育者への支給は行なわず、児童だけを対象としていたので、母親たちの多くは家庭外の低賃金の労働市場に参入することを余儀なくされた。多くの州では「不在の父親」を処罰したように、ADCをめぐる道徳的基準と経済的基準を混同していた。支給と規定をめぐっては地域によってさまざまであった。人種差別論者、保守主義者、低賃金労働者たちは、多くの州で──貧者を食いものにして──みずからに利するように、規則を操作した。

1940年代と1950年代に連邦支出が大幅に増額されたことで、貧困が（一見したところ）姿を消し、農村、都市、郊外など全国のあらゆる階級や人種の人びとが大移動するのに十分な繁栄を生み出した。1960年代までに、ADCやその他プログラムが膨張するなかで、ADCはAFDC、すなわち「要扶養児童世帯扶助法」（Aid to Families with Dependent Children: AFDC）となって、養育者にも給付が行なわれるようになった。1960年、AFDCは連邦福祉プログラムとしては最大規模のものとなり、登録者数は300万人に達した。1939年には、受給資格者の3分の1が登録していたのに対して、1960年に登録したのはその6分の1にすぎなかった。1960年には、被扶養者1人につき1カ月平均30ドル、各家族には115ドルの支援があった。1970年代初頭に入ると、下層階級の貧困化により、受給者名簿は目がくらむほどの勢いで増刷していった。平等主義と個人主義の時代にあって、貧しい者が福祉を要求することは、たんなる特権ではなく、権利として奨励され、それが人種的緊張と結びつくとともに新保守主義運動が台頭したことで、AFDCは収拾不能な批判にさらされた。1990年代初頭までに、AFDCおよび草創期の思いやりの福祉ヴィジョン（the compassionate welfare vision）は、政治的にますます時代から取り残されていった。「福祉改革法（1996年）」（The Welfare Reform Act）はAFDCを廃止した。

➡シェパード＝タウナー母子保健法、社会福祉、世界大恐慌とニューディール政策

●参考文献
Altmeyer, Arthur J. 1968. *The Formative Years of Social Security. A Chronicle of Social Security Legislation and Administration, 1934-1954.* Madison: University of Wisconsin Press.
Commager, Henry Steele, ed. 1948. *Documents in American History, 4th ed. 2 vols.* New York: Appleton-Century-Crofts.
Patterson, James T. 1985. *America's Struggle Against Poverty 1900-1980.* Cambridge, MA: Harvard University Press.

（HAMILTON CRAVENS／佐藤哲也訳）

予防接種（Vaccination）

約3000年ほど前、中国の医学者たちは、軽度の天然痘を誘引している治療中の天然痘の水疱からの分泌物を用いて、感染しやすい人びとの皮膚にかき傷をつけることによって、天然痘で死ぬ危険性を減らす方法を発見していた。人痘接種法（variolation）とよばれるこの処置は、危険がないわけではなかった──100人のうち約1人は重篤になり、ときには致命的な天然痘の発作に襲われた。それにもかかわらず、中国で人痘接種法は教養のある富裕層の人びとの子どもたちのために広範囲に利用され、その処置法は、シルクロードに沿って西方に流布した。コンスタンティノープルのイギリス大使夫人であったメアリ・ウォートレイ・

モンタギュー夫人[*1]は、1717年にそのことをイギリス本国の友人に手紙で知らせ、彼女がイギリスに戻ったとき、これを紹介している。

天然痘の予防接種

　グロースターシャーのバークレイの自治体の博物学者であり、家庭医でもあったエドワード・ジェンナー[*2]は、人痘接種法のことを知っており、その地域の雌牛に共通して見られた病気である牛痘に感染したことがある乳しぼりの女性たちが天然痘に感染しないことも知っていた。彼は、もっと危険な天然痘の分泌物と同じ方法で牛痘の血清を皮下へ予防接種できるかもしれないと考えた。ジェンナーは、1796年に天然痘が**流行伝染病**になっているあいだに、牛痘の病変からの分泌液をジェームズ・フィップス（James Phipps, 1788-1855）という9歳の男の子に接種し、そのあと数カ月にわたって合計23人の子どもたちにも同じ方法で接種した。全員が生存し、天然痘にかかった者は一人もいなかった。ジェンナーのこの実験は、現代の人体実験に要求されている厳格な社会倫理には耐えられなかったであろう。しかし、それが人類にもたらした永続的な利益は巨大であった。彼はその成果を「天然痘の原因とその予防接種の効果にかんする調査」（*An Inquiry into the Causes and Effects of the Variolae Vaccinae*, 1798）のなかで報告した。ワクチン（vaccination）という表現は、ラテン語の*vacca*すなわち雌ウシを所有していることを意味する*vaccinae*に由来している。ワクチンは、**接触伝染病**に対する予防として免疫反応を刺激する、弱体化した、あるいは死滅した病原体をふくむ分泌液である。天然痘予防のためにはじめて応用された予防接種とワクチンは、その意味が拡大して、この発展にともなってそうした免疫性をもたらすすべての処置法をふくむようになっている。

　予防接種が広まる以前、天然痘の伝染は、事実上、感染しやすい人びとと全員を危険にさらしていた。つまり、以前に伝染病を生きのびたからといってその人びと全員に免疫性はなかったのである。おもな犠牲者は子どもたちであった。天然痘ウィルスの菌株の毒性に左右されるが、8～20人あたり1人の割合で子どもが死んでおり、生き残った子どもたちの多くは、感染してできる皮膚の水痘が恢復しても見苦しい痕が残った。目に感染すれば失明した。

　予防接種に反対する批評家たちの猛烈な抵抗があったにもかかわらず、この病気の残虐性が弱まっても、19世紀と20世紀初期を通じて、天然痘の流行が見られたときはいつでも勢いを増しながら予防接種は続けられ、19世紀初期のヨーロッパとアメリカでは、天然痘の予防接種対策がとられはじめた。天然痘に対する予防接種はまだ安心できるものではなかった。それは、発熱、痛みを起こし、しばしば予防接種をした個

表1

ワクチン予防が可能な子どもの病気	
病名	ワクチンの開発年
天然痘	1000年頃（人痘接種法）
	1796年（ジェンナー）
狂犬病	1885年（パストゥール）
結核	1924年（BCG）
ジフテリア	1894年（感染後の抗毒素血清）
	1912年（予防ワクチン）
破傷風	1890年（感染後の抗毒素血清）
	1933年（予防ワクチン）
百日咳	1931-1939年
脊髄性小児麻痺	1954年（ソーク・ワクチン）
	1961年（セービン・ワクチン）
麻疹（はしか）	1960年
おたふく風邪	1967年
風疹	1966年（ワクチン開発）
	1970年（ワクチン特許）
B型肝炎	1978年

[本項執筆者作成]

所にひどい痕が残った。年齢とともに副作用が重篤さを増し、子ども期に予防接種をする必要性を強めた。1946年に流行した際、ニューヨーク市の公衆衛生局は、6週間以上にわたって約500万人に予防接種した――これは数字の上ではかなりの偉業である。このときの人的損失には、上述した軽度の副作用があらわれた数千人とならんで、ワクチンによる脳炎（激しい脳の炎症）の発症45人と4人の死亡者がふくまれていた。起こりうる最悪の副作用のひとつは、妊娠中の女性が予防接種を受けた場合にお腹のなかの胎児におよぶ致命的な牛痘の感染であった。

　1949年、アメリカの免疫学者ドナルド・ソーパー（Donald Soper）は、封じこめ戦略を開発した。これは、全住民に無差別に予防接種をするのではなく、天然痘と診断された患者に接触があったことがわかっている人すべてに予防接種することから成り立っていた。封じこめ策は、感染した人びとから、まだ予防接種を受けていないために感染する可能性があるほかの人びとに天然痘のウイルスが感染する可能性をとりのぞくことによって拡散を防ぎ、予防接種の副作用にさらされる人数を減らそうとするものであった。しかし、1965年に世界保健機構が天然痘の世界的な撲滅に狙いを定めたワクチンのキャンペーンをはじめたときには、感染が報告された国の全人口が対象となった。封じこめ戦略は、大流行するリスクが減り、接触感染のリスクがおもに散発的にしか生じなくなるもっとあとの時代になって用いられた。自然発生的に発症した天然痘のうち、わかっている最後の事例は1977年のソマリアの10代の少女であった。1980年の世界保健会

表2

ワクチン投与に対する副作用のリスク	
対症ワクチン	100万件あたりの発生率
天然痘	
致命的副作用	約1件
脳炎	4件
結核	
播種性結核	1〜2件
局所的膿瘍	10〜40件
ジフテリア／百日咳／破傷風	
痙攣、脳障害	10〜30件
死亡	1〜2件
麻疹（はしか）	
重篤な脳炎	0〜1件

［本項執筆者作成］

表3

百日咳の予防接種の有無についての100万件あたりの発症率

	予防接種あり	予防接種なし
誕生から6カ月以内		
入院	1060	1万1098
死亡	12	131
脳炎	2	26
生後6カ月〜5歳		
百日咳の症状	3万4048	35万6566
入院	6529	3万8787
死亡	44	487
脳炎	162	87

＊脳炎にかぎって、百日咳の予防接種なしに比べてやや発症率が高い。死亡をふくむその他のすべてで、ワクチン接種なしにおいて発症率が非常に高い。

［本項執筆者作成］

議の年次総会は、予防接種キャンペーンが成功し、天然痘は世界から撲滅されたと宣言した。

ほかのワクチン

　天然痘の予防接種は、ジェンナーの実験後ほぼ100年後に科学的な細菌学が興隆するまで、あらゆる種類の感染性の病気に対する唯一の予防方法であった。1885年、ルイ・パストゥール[*3]は、狂犬病[*4]にかかった犬にかまれた10代の少年ジョーゼフ・マイスターを保護するために、弱毒化した狂犬病のワクチンを用いた。パストゥールの抗狂犬病ワクチンが開発される以前には、狂犬病はつねに致命的な病気であった。予防接種のための病原体に対する無害な、適切な培養菌を作る弱毒化された菌株を発育させるパストゥールの方法を利用することによって、ワクチンは、子どもたちにとって以前は危険であったいくつかのほかの病気に対しても予防策を提供するために、直ちに応用された。ジフテリア、破傷風、百日咳、結核、そして20世紀なかばの30年間に発展したウイルス学と免疫学によって、麻疹、おたふくかぜ、小児麻痺その他の病気にワクチンが応用されるようになった。20世紀末までに、ワクチンは、乳幼児や子どもたちの健康と生命にとって、かつては危険であった多数の病気の予防策として利用できた（表1を参照）。公衆衛生科学の高い優先性を得るには、今までこうした予防策を利用できなかった接触伝染病に対するワクチンを開発することである。

　人びとを病気から守る手段としてのワクチンの効力は、集団の免疫に影響をおよぼすさまざまな要因に左右される。たとえば、ジフテリア[*5]は、気管の炎症が原因で死にいたることになるおそろしい病気で、子どもがジフテリアにかかると、しばしば窒息死した。人口の約50パーセントがジフテリアに対する免疫をもった（予防接種を受けた）あと、この病気にかかりやすい人への感染の可能性はいちじるしく低下する。この数値は、流行病の閾値（epidemic threshold）とよばれている。

　ワクチンで予防できる接触伝染病の流行の閾値は、病原体の感染力、その伝播モード、およびそのほかの非常に多くの変数によって変化する。麻疹[*6]（measles）は、健康状態、栄養状態、感染に対する抵抗力の程度などに応じて、10人あたり1人から1000人あたり1人までの子どもが死んでいた。この病気は、感染する可能性のある人口の95パーセント以上が予防接種を受けるまで、大流行するリスクが残る。したがって、麻疹予防接種運動では、感染の可能性のある人びとを完全にカバーする適用範囲を達成することが重要である。なぜなら、この病気にかかりやすい人は、非常に一般的で危険な合併症である気管支肺炎によってだけでなく、（永続的な脳障害をひき起こす）麻疹脳炎のような危険な合併症によっても生命を落とすことがありうるからである。これと同じく、風疹[*7]に対するワクチンは、妊娠中の女性が風疹にかかる可能性や成長中の胎児が風疹に感染する可能性があるという小さな危険に対して完全に予防するために、女性たちへのワクチン接種率を高くすべきである。

　ほとんどのワクチンは不完全である。まれなことではあるものの、ワクチンが汚染されることもあり、惨事をひき起こす。さまざまな程度での副作用も起こりうる。これらの反応の頻度は、世界保健機関（WHO）やユニセフ（UNICEF）の後援を受けたいくつかの大規模な撲滅運動のなかで測定されている（表2と表3を参照）。しかしながら、死と深刻な病気は、すべての子ども期に共通する接触伝染病に対する予防接種を

行なわなければ、危険性は予防接種した場合に比べてはるかに高い。予防接種の利益は危険をはるかに上まわるにもかかわらず、予防接種に対する抵抗は持続しており、ときには地域社会全体への予防接種計画の成功をあやうくすることもある。たとえば、百日咳*8に対する予防接種は、イギリスでは20世紀後半に中断されたことがあるが、それは、ある一人の小児科医が、致命的な結果をともなうリスクについて誤った意見を公表したためであった。豊かな現代社会になってとりのぞかれてきた病気に対する予防接種から生じる傷害に、子どもたちが苦しむだろうと考える親たちがいだくもっともな不安感をやわらげることは、公的な厚生当局、小児科医たち、家庭のかかりつけの医師たちの課題である。

[訳注]

*1 メアリ・W・モンタギュー夫人（Mary Wortley Montagu, 1689-1762）――イギリスの貴族、作家。トルコ駐在イギリス大使夫人として、当時のイスラム社会のようすを詳細に記述した多数の手紙によって知られる。

*2 エドワード・ジェンナー（Edward Jenner, 1749-1823）――イギリスの家庭医。種痘の発見に努め、その安全な予防接種法の普及に貢献した臨床医学者。イギリス西部の酪農業がさかんなグロースターシャーのブリストル市北方に位置するバークレイという小さな農村に、牧師の息子として6人兄弟の末っ子に生まれた。12歳の頃、ブリストルの開業医のもとに弟子入りし、9年間、医学の基礎と実務を学んだ。その後1770年、21歳で、著名な外科医、生理学者、解剖学者として知られたスコットランド生まれのジョン・ハンター（John Hunter, 1728-1793）の住みこみの弟子となってロンドンで研鑽を積み、24歳のとき故郷のバークレイに戻って開業医となった。これらの経験のなかで、酪農に従事する農民たちのあいだでは、一度牛痘にかかった者は天然痘にかかりにくいという事例をヒントに、天然痘の疫学調査を行なうとともに、牛痘と人の天然痘との関係を臨床的に解明しようと試みた。ハンターから助言された、ウィリアム・ハーヴェイ（William Harvey, 1578-1657）の言葉「考えるよりも実験せよ。しかも粘り強く、正確に」のとおり、詳細で周到な実験をくりかえし、「免疫」という機能がはたらくことを察知し、種痘法を開発した。最初、当時の医学界や科学界は認めなかったが、しだいに治療効果が高いことが確められ、広く支持された。ジェンナーは、貧しい人びとにとってワクチンが高価にならないように、開発した種痘法に特許権を設定しなかった。このためジェンナーによる種痘法は「人類への贈り物」とよばれるようになった。

*3 ルイ・パストゥール（Louis Pasteur, 1822-1895）――フランスの生化学者、細菌学者。低温殺菌法の開発によってワインや牛乳の保存法の改善に貢献し、狂犬病の予防ワクチンを完成した。「科学には国境はないが、科学者には祖国がある」という言葉でも知られる。

*4 狂犬病（rabies; canine madness; hydrophobia）――ラブドウイルス科のリボ核酸ウイルスを病原体とする犬の急性伝染病。rabiesはラテン語の「激怒・狂乱」に由来する。狂犬病にかかった犬にかまれると、その傷口からウイルスが唾液をとおしてヒトに感染する伝染性の疾患。感染すると神経系をおかされ、頭痛・発熱・興奮・錯乱などの症状があらわれたのち、全身の痙攣・麻痺が起きる。感染すると水を飲むとき、または水を見ただけで嚥下筋の痙攣を起こすことから「恐水症」ともよばれる。発症すると致死率は高いが、ワクチンで予防できる。パストゥールによってワクチンが開発される19世紀末以前、牧畜業がさかんな地域では、牧羊犬などの飼い犬や野犬にかまれた子どもたちに発症が多く見られた。

*5 ジフテリア（Diphtheria）――ジフテリア菌（Corynebacterium diphtheriae）による感染症。幼児・学童がかかりやすく、発熱・嚥下困難などを発症し、扁桃の腫脹が見られ、呼吸器官の咽頭・喉頭部の粘膜細胞の壊死によって灰白色の固い偽膜を生じて激しい呼吸困難になる。また、その毒素によって神経麻痺、心筋の障害などが生じる。ジフテリア菌は、ドイツ生まれのアメリカの病理学者エドウィン・クレブス（Edwin Klebs, 1834-1913）によって1883年に発見され、翌年、ドイツの細菌学者フリードリヒ・A・J・レフラー（Friedrich August Johannes Löffler, 1852-1915）が純粋培養に成功し、クレブス＝レフラー桿菌（Klebs-Löffler bacillus）と名づけられた。1894年には感染後の抗毒素血清がつくられ、1912年に予防ワクチンが開発された。この病名ジフテリアは、喉の粘膜が堅い皮革のようになることから、ギリシア語で「皮革」を意味する diphthera に由来する。

*6 麻疹（measles; rubeola）――幼児に発症しやすい、麻疹ウイルスによる急性の伝染性感染症。風邪のような症状に始まり、鼻・口のなかに小さな白斑（カタル）があらわれ、結膜炎を生じたあと、赤い発疹が全身に広がる。5～6歳までの幼児に多く、感染力が強いが、一度罹患すると終生免疫を得る。1960年以降、ワクチン接種による予防効果が非常に高い。

*7 風疹（rubella）――小児に多く発症する風疹ウイルスの感染によって起きる急性の伝染性感染症。発熱と前後して小円形の淡紅色の発疹が顔面と頭部にあらわれたあと前身に広がり、リンパ節腫脹をともなうが、ふつう2～3日で治癒する。このため「三日ばしか」ともよばれる。妊娠初期に罹患すると、胎児が先天性風疹症候群にかかることがある。1960年代後半以降、ワクチン接種により予防が可能になっている。

*8 百日咳（pertussis; whooping cough）――とくに子どもに発症する呼吸器粘膜の伝染病で、百日咳菌（Bordetella pertussis）の飛沫感染によってひき起こされる。痙攣性の咳を発し、咳の最後に笛が鳴るような声を発して深く息を吸いこむ症状が見られる。この発作が1日に数十回におよび、夜間に多い。一度感染すると終生免疫を得る。1930年代末からワクチン接種による予防が可能になっている。

→小児医学、乳児死亡率
● 参考文献
Gruenberg, E. M., ed. 1986. *Vaccinating against Brain Syndromes: The Campaign against Measles and Rubella.* New York: Oxford University Press.
Henderson, D. A. 1980. "The Eradication of Smallpox." In *Public Health and Preventive Medicine*, 11th edition, ed. J. M. Last. New York: Appleton-Century-Crofts.
Wilkinson, Lise. 2001. "Vaccination." In *Oxford Illustrated Companion to Medicine*, 3rd edition, ed. S. P. Lock, J. M. Last, and G. Dunea: New York: Oxford University Press.

(JOHN M. LAST／松尾麗香・北本正章訳)

ヨーロッパの工業化
(European Industrialization)

われわれは、19世紀の産業革命が子どもたちにとって災厄であったと考えたがる。鉱山で過酷な労働に従事する子ども、スラム街にたむろする見すてられたストリート・チルドレン、オートミールしか食べさせてもらえず、ワークハウスで半分餓死しかけている哀れな『オリヴァー・ツイスト』といったイメージは、われわれになじみのものである。しかし、このようなイメージは、イギリスにあてはめた場合でさえ、現実のごく一部を反映しているにすぎない。幼い工場労働者やスラム街の子どもたちは、19世紀を通じた子どもの大多数の姿であったというよりは、むしろ例外的な存在であった。このようなイメージが誤っている理由として、第1に、工業化は長期にわたる緩慢な過程であり、その影響はヨーロッパの各地域で異なっていたという事実があげられる。19世紀前半においては、最初にイギリス、続いてスイス、ベルギー、フランス、ドイツなど、西ヨーロッパの中核を占めていた国家が工業化を開始した。しかし、これらの国々をとりまく広大な周縁地域では、工業化の過程はほとんどはじまっていなかった。また、例外的に早い段階で都市化がはじまったイギリスの例を除けば、近代社会を特徴づける大規模な都市化もまた、ほとんどのヨーロッパ諸国では19世紀なかばにいたってようやくはじまったにすぎない。より先進的な西ヨーロッパの「中核」をなす国の場合ですら、その内部では、地域ごとに大きな差異があった。工業化の進展がもっともめざましかったのは、マンチェスター、バーミンガム（イギリス）、リエージュ（ベルギー）、ミュルーズ（フランス）、エルバーフェルト（ドイツ）、ブルノ（オーストリア＝ハンガリー）といったひとにぎりの地域にかぎられていた。このことは、大陸諸国にいたってはもちろんのこと、イギリスにおいてすら、近代的な工業地域という小さな島々は、「前工業化」地域という茫漠たる海に囲まれていたことを意味している。

第2に、個人が属する階級、ジェンダー、地域によってさまざまな差異があったとはいえ、工業化はヨーロッパの人びとに悲惨をもたらしたが、同時に利益ももたらした。たとえ工場や労働搾取工場（スウェットショップ）*1 が一部の子どもの生存を脅かしたとしても、彼らが生み出した富によって、ほかの子どもたちは最終的に労働をする必要がまったくなくなったかもしれない。都市への人口の大規模な流入は、住宅や学校といった最低限必要な施設を一時的に不足させたかもしれないが、長期的な観点からすれば、都市文明は医療・教育・文化などの面で進歩を促進する好影響をもたらした。つまり、ヨーロッパの子どもに対する工業化の影響を説明するには、変化だけでなく連続性が、また、貧困だけでなく物質的および文化的進歩が、考慮されなくてはならない。また、この時代を通じて、工業化によって貧困におちいった人びとだけでなく、工業化の利益を得た人びとのあいだにも、大きな社会的不平等が存在していたことに注意をはらわなくてはならない。

労働・遊び・教育

ヨーロッパの人びとは現在、子どもは健康な身体を発達させ、教育を仕上げ、遊びのための時間をもつことができるように、大人であれば負うべき責任——とりわけ生計を立てることのような——を免除されてしかるべきであるということを自明の理とみなしている。しかし、このような「長い」子ども期が出現したのは比較的最近の現象であり、それは現在においても、世界のほかの地域での子どもの処遇の仕方とはまったく異なるものである。19世末から20世紀初頭にかけて学校教育の大衆化が大きな影響力をもつようになる以前、ヨーロッパのほとんどの子どもは、人生のごく早い段階からゆっくりと大人世界へ足を踏み入れていった。子どもたちは農場や仕事場、あるいは家庭の周辺の小さな仕事を手伝い、次に正規あるいは非正規の**徒弟制度**によって、自分の仕事やそれに関係する価値観を学びとっていた。徒弟制度という方法は、年少の子どもを幼児化する非常に近代的な傾向を避けるというその利点なしには成り立たなかった。徒弟制度が機能していた時代には、子どもの生活時間のなかで仕事についやされる時間と学校の机に向かってすごす時間とのバランスが、それ以後の時代とはまったく違っていたことは確かである。

前工業化時代におけるヨーロッパの子どもは、7～8歳前後から徐々に仕事の世界へと踏み出していった。しかし、彼らの労働のほとんどは厳しいものではなかった。というのも、この年齢の子どもは、農場や仕事場で要求されるほとんどの仕事をこなせるほどの十分な体力がなかったからである。農場であれ仕事場であれ、子どもが大人のそばでより重要な仕事をはじめるのは、彼らが10代になってからであった。しばらくのあいだ、子どもは多くの場合、きょうだいの世話や

18世紀のイギリスでは、産業革命が新しい富を生みだすと、ゆたかな家族の子どもたちは、ウィリアム・ホガース「グラハム家の子どもたち」（1742年）の豪華に着飾った子どもたちのように、しばしば親の地位のシンボルとして描かれた。©Art Resourse, NY. National Gallery, London, Great Britain

使い走りといった、単純だが時間のかかる仕事に従事し、大人がより生産的な労働ができるように手助けをした。とりわけ女子は母親に代わって幼い子どもたちの面倒を見たり、ほかの家族の幼児を世話して小額の金銭を稼いだ。農場では、子どもは畑から小石をひろうのを手伝い、作物からカラスを追いはらい、豚や羊の世話をし、自分の体格や経験に見あった仕事をした。都市では、子どもは衣服をつくろったり、釘を打ったり、配達をするといった簡単な仕事から労働をはじめていたかもしれない。多くの子どもはまた、歩行者のために街路を清掃したり、手品を演じたり、靴磨きをするなどして、なんとか金銭を得ようとしていた。これらの仕事の一部は農場や街路で長時間にわたって独りで行なわなければならず、子どもたちはいうまでもなく雨、霧、そして冬には寒風にさらされた。農民小

説『ある百姓の生涯』（1904年）の主人公であるチエノン爺は、19世紀初頭フランスのブルボネ村で彼が家畜の群れを世話していたときの、非常に過酷な時間を思い出している。

「ときどきほんとうに怖くて寂しくなると、ワシは泣き出しちまった。理由もなく、何時間も泣きはらしたんだ。森のなかで突然ざわざわ音が立ち、原っぱからは鼠が這い出てくるし、聞いたこともない鳥の啼き声が響きわたる。こんな心細い状態が何時間も続いたんで、突然わっと泣き出しちまったんだ」

しかし同時に、仕事と遊びを組みあわせてこうした過酷さを軽減させることもしばしば可能であった。たとえば、幼い羊飼いは木に彫刻をしたり、ほかの羊飼

いといっしょにゲームに興ずることもできた。

一般的に、**近世ヨーロッパ**の権力者たちが懸念していたのは、貧民女性や貧民の子どもたちを過酷な労働に従事させることに対してではなく、彼らのための仕事が不足していることに対してであった。したがって、彼らは、とりわけヨーロッパ大陸の北西部では、農村工業が普及して工業化の兆しが見えはじめると、それを歓迎したのである。これらの「プロト工業*2」的な形態は、それ以前の数世紀には存在しなかった厳しい農業労働と工業労働を生み出し、それは家族のほかの成員と同じように、子どもたちにも襲いかかった。19世紀初頭のザクセン州オーバーラウジッツで手織業を営んでいた家族では、幼い子どもがボビンに糸を巻き、スプールを準備する一方で、少年少女たちが機を織っていた。手織業のほかに、農村の子どもたちの大多数は手紡ぎ、靴下編み、刺繍、レース編み、わら編み、金属加工といったプロト工業に雇用された。18世紀末の織物工場は、戦争や革命が生み出した多数の**孤児**たちを扶養する責任を負った政府にとって、またとない恩恵であった。ロバート・オーウェン*3はスコットランドのニューラナーク綿紡績工場で、およそ500人の教区徒弟を雇用したことで知られる。初期の紡績機は幼い子どもが使うよう特別に設計されていたが、工場ではたらく子どもたちのほとんどは、大人の仕事を補助するという伝統的な役割を担いつづけた。児童労働の例としてもっともよく知られているのは、織物工場のミュール紡績機のそばではたらく糸紡ぎ工や、鉱山の鉱抗通風口を開閉する係、ガラス吹き工のために空き瓶を運搬する係、といったものであろう。フランスの事例は、1840年代を通じて**児童労働**が少数の産業、とりわけ織物業、鉱業、金属加工業、食品生産業に集中していたことを示している（表1参照）。

イギリスの事例でいえば、児童労働がもっとも多かった時期が、プロト工業化が進んだ18世紀末から19世紀初頭なのか、それとも工場制度が普及した1830年代から1840年代なのかをめぐって、歴史家の見解は分かれている。とはいえ、全般的にいえば、工業化はより多くの子どもたちを労働力に変えたことであろう。また工業化は、すくなくとも工場や「労働搾取工場」ではたらく少数の者にとっては、労働時間と労働成果という観点から見て、いっそう過酷な労働条件をもたらしたであろう。ベルギーのガンにある綿紡績工場の子どもたちは、冬には夜明けから夜10時まで、夏には朝5時から夜8時まではたらいた。このような子どもたちに余暇時間はほとんどなかったであろう。ある幼いロンドン子が嘆いたように、「遊ぶ時間なんてほんとうに、まったくなかった」。

しかし、このような子どもの悲惨な姿は、過度に誇張されたものでもある。歴史家はしばしば、子どもは「7歳ないし8歳という幼い時期から」工場ではたらいていたであろうと述べる——しかし、大多数の子どもたちがはたらきはじめるのはもっと遅く、10歳あるいは12歳くらいになってからであった。また、製鉄や製鋼といった重工業ではたらいたのは、さらに年長の子どもたちにかぎられた。じゅうぶんな資料的裏づけのあるイギリスの事例を検討すると、1851年の国勢調査によれば、イギリスでは5歳から9歳までの子どもたちのわずか3.5パーセントしか労働に従事していなかった。10歳から14歳の子どもたちの場合でも、有給雇用されていたのは、30パーセントに満たなかった（男子が37パーセント、女子が22パーセント）。たとえ新しい産業構造が、発展の初期段階で児童労働の搾取を行なったとしても、その発展が進んだ後には、児童労働に依存しなくなったことも確かである。19世紀後半の西ヨーロッパで児童労働が衰退した理由をめぐっては、いまも論争が続いているが、その理由はかならずしも児童労働に対する国家介入のみに求められるわけではない。歴史家クラーク・ナーディネリは、工場法が適用される以前の1840年代から1850年代にかけて、イギリスの絹糸工業ではたらく労働者に占める子どもの割合はすでに減少していたと指摘している。その一因となったのは新しい技術の登場であり、たとえば紡績工場における自動ミュール機の導入によって、ほとんどの糸紡ぎ工は不要になった（ランカシャーで見られたように、かならずしもすべての経営者が新技術を導入したわけではないが）。くわえて、賃金の上昇によって、労働階級の親たちは子どもを学校に行かせる経済的余裕をもてるようになった。

工業化の開始段階では、余暇を犠牲にして労働することが優先されたが、それによって民衆の余暇活動が空洞化してしまったわけではなかった。古くからの祝日や祝祭の一部は残りつづけた。子どもは家のまわりの野原や街路を自由に出入りした。子どもたちは工場でも、「ふざけ騒ぐ」機会をあちこちにもっていた。1850年代のサン・ピエール・ル・カレーにあった工場では、二人のフランス人の女の子たちがいっしょに踊りつづけ、ついには機械にスカートをひっかけて自分の骨を折ってしまったという事例がある。ボードゲームやジグソーパズルといった新しい遊具を楽しむことができたのは、主として裕福な家庭背景をもつ子どもにかぎられていたし、まして**動物園**、サーカス、人形劇を観覧できる子どもはさらにかぎられていたことに疑いの余地はない。しかし、ドイツのニュルンベルグやイギリスのブラックカントリー*4のような工業の中心地では、安価な木製玩具や金属おもちゃを大量生産できたため、おもちゃの使用という領域では平等化がかなり進んだ。さらに、19世紀後半までに、民衆の嗜好に応じた市場部門が形成され、「通俗的な犯罪小説」や「三文小説」、「安劇場」やミュージック・ホールなどが生まれた。この頃までに都市の若者は、当世風でない服装や伝統的なダンスを続けている田舎の

表1

フランス産業界における16歳以下の子どもの職業（1839-1845年）

産業部門	人数	比率（パーセント）
繊維		
綿	4万4,828	31.2
羊毛	2万6,800	18.7
リンネルと麻	7,232	5.0
絹	9,326	6.5
混合繊維	1万5,803	11.0
鉱山、採掘抗	6,256	4.4
塩基性冶金	6,340	4.4
金属加工	6,315	4.4
革なめし	751	0.5
木工	262	0.2
窯業	4,089	2.8
薬品製造	606	0.4
建築	2,930	2.0
照明	71	0.0
家具設備	0	0.0
衣料品	410	0.3
食品	6,889	4.8
輸送	223	0.2
紙業、出版	2,841	2.0
奢侈品	95	0.1
その他	1,598	1.1
（合計）	14万3,665	100.0

出典：Statistique de la France, *Industrie*（4 vols Paris 1847-1852）

同輩を軽蔑するようになり、消費志向的な都市文化のさまざまな娯楽を好むようになった。

　工業化は子どもを就学させるという点で両義的な影響をおよぼすことが明らかになってきた。一方では、工業化の初期段階において、新たな工業地域への人びとの急速な移動によって学校制度が荒廃し、ランカシャーやフランドルなどの地域では識字率が低下した。とくに石炭鉱業や建設業では、非識字者の増加が顕著であった。ヨーロッパ北部では近世を通じて、プロテスタント諸派の教会が教育の振興を主導した。そして、18世紀末には、これらの教会は、国民教育制度を推進していた改革者たちとこの目的で一致して合流した。プロイセンは、19世紀初頭には主導的な工業国とはいいがたかったが、ほかの国家に先んじて国民教育制度を振興した。プロイセンでは、1830年代末までに、6～14歳までの子どもの80パーセントが基礎学校に通っていたと推計されている。他方で、学習の奨励というよりはむしろ、宗教的および道徳的価値を教えこむことを意図していたとはいえ、非常に進歩的な産業雇用主たちもまた、みずからが雇っている労働者にある程度の学校教育をあたえる必要性を主張した。熟練工や小売業者、あるいは工場ではたらく新しい労働者のなかで、すくなくともエリート職長、専門技術者、事務員といった人びとは、農夫や農業労働者よりも識字能力を必要とした。農村に比べて都市生活ははるかに政治的で知的であったため、労働者が教育を受けることに対してより積極的な雰囲気があった。イギリスとフランスで教育が義務化される1880年代までに、ほとんどの子どもは、おそらくある程度の基礎的な教育を受けられるようになっていた。しかし、貧困による窮迫や、教育に対する親の無関心が存続したことは、19世紀末から20世紀初頭においてさえ、西ヨーロッパの多くの子どもが労働と学業を両立させなければならなかったことを意味している。たとえば、ボヘミア出身のアウレリア・ロートという女性は、長時間にわたってガラス研磨に従事しなければならなった。そのため、「勉強する時間はあまりなかったし、まして遊ぶ時間なんてほとんどありませんでした。でも学校を休まなくてはならないときが、いちばん辛かったことです」。とはいえ、この時代の西ヨーロッパの子どもが工場ではたらくことはしだいに少なくなっていた。残された唯一の問題は、貧民の子どもを、より定期的に学校へ通わせるよう援助することであった。

「中産階級」の家族と新しい子ども期の理念

　工業化は職場だけでなく家族に対してもたしかに影響をあたえた。近世を通じて、とりわけヨーロッパ北部では、多くの家族はごくふつうに息子や娘を寄宿学校や別の家族に送り出していた。当時の若者にとって、生家を出てから結婚するまで農場の使用人あるいは徒弟として一定期間はたらくことは広く見られた経験であった。7歳という非常に幼い年齢で親元から引き離される不運な子どもも多少はいたが、大多数の子どもは10代のどこかの年齢で奉公に出たので、それまでは家で待つことができた。農村でプロト工業化がはじまると、農場や仕事場で必要とされる仕事がきわめて多様化したため、工業化の影響をこうむった地域の家族は、子どもを自分の手もとに置いておくようになった。同様に、19世紀の工業都市に住む労働階級の家族は、息子や娘が大人になるまでいっしょに暮らすようになった。この点はマイケル・アンダーソンがプレストン（イギリスのランカシャー）にかんする先駆的な研究で明らかにした。しかし、大都市で家事使用人として家族と離れてはたらく女子は例外で、彼女たちは20世紀初頭になっても存在した。しかし、そうした例外はあっても、子どもは結婚するまで生家にとどまるというのが一般的な傾向であった。

　さらに、工業化の時代を通じて、家族の機能にも長期的な変化が生じた。工場、学校、病院などの専門制度の登場によって、家族は以前に果たしていた役割のいくつかを喪失した。家族は、生産、教育およびその他の単位というよりは、なによりも家族メンバーを感情面で支える資源になった。このことにもっともよく

あてはまるのは、19世紀を通じて隆盛した新しい「中間層」であり、この社会層は、上は富裕な銀行家や産業資本家から、下は小売店の店主や親方職工にいたるまでをふくんでいた。上流階級の親には、なおまだ子どもたちと距離を置く傾向があった。1754年にフランスの貴族の家に生まれたタレーラン（1754-1838）は、「親が子育てをするということがまだはやっていなかったので」、両親のどちらも自分にはまったく愛情をそそぐことはなかったと述べている。農夫や労働階級の親の場合、あまりに多忙であったり経済的に不安定であるため、子どもに十分な配慮ができないことが多々あった。したがって、家庭内の親密さが発展したのは富裕な専門職や商業集団のあいだであり、またフィリップ・アリエスが指摘したように、このような家族は、子どもを中心に形成された。家族の成員のためにつくすと考えられていたのは、なんといっても母親であった。母親は、母乳育をし、子どもに正しい宗教的および道徳的な価値観を教え、大人世界の厳しい現実から子どもを守り、家庭内で大事に育てるべきであるとされた。このような家族こそが、**啓蒙思想**とロマン主義運動の指導的な人物たちから生まれた、子ども期の本性についての新しい理念をもっともよく受け入れられることを証明した環境であった。

通常、ジャン＝ジャック・ルソーは、原罪というキリスト教の伝統的概念に対して、子どもは生まれながら無垢であるという観念を対置した思想家であるとされる。彼の『エミール』（1762年）は、その着想がまったく独創的というわけではなかったが、その機知に富んだ魅力的な語り口によって、知識人たちにすぐに受け入れられた。ルソーは、子どもは無垢なものとして生まれるが、社会にはびこるあらゆる偏見と権力によって抑圧されてしまうと主張した。ルソーが教えるところによれば、大人は子ども期を尊重しなければならず、「子どもを長期にわたって自然のなすがままにしておくべきである。大人は、早くから自然に代わってなにかしようなどと考えてはならない」。ロマン主義者は、ルソーからさらにふみこんで子ども期を理想化した。たとえばドイツのジャン・パウル・リヒター（1763-1825）は、その著作『レヴァーナ』（*Levana*, 1807）で、子どもは「天国からの使者である」と述べている。19世紀における子ども期の概念に対してもっとも影響力をもったのは、詩人ウィリアム・ワーズワース（1770-1850）であり、彼の『頌歌 幼少時の回想から受ける霊魂不滅の啓示』（*Ode. Intimations of Immortality from Recollections of Childhood*, 1807）であった。「われらが幼子のとき、天国はその近くにあるのだ！」（*Heaven lies about us in our infancy!*）という一節は、のちの時代の作家たちが引用し、剽窃し、転用することによって、後世に語り継がれた。ピーター・カヴニーがいうように、機械文明の時代において、子どもは「想像力」と「感受性」の象徴となった。しかし、子どもは本来無垢で、傷つきやすく、無性的存在であるという見解が受け入れられるには、豊かな、都市化された社会が必要であった。こうして、子どもが直面するはずの危険を理解し、それから子どもを守るため、さまざまな博愛主義的活動や立法活動がはじまる道が開かれることになった。

博愛・国家・子どもの福祉

19世紀は、子どもの福祉を増進するために、私的な慈善活動と政府による法整備の双方が行なわれた時代であった。工業化ともっとも直接的な関係があったのは、児童労働の乱用を排除しようとする運動であった。運動を推進した改革者たちの動機は、人道主義的なものと金銭的な考慮とが交じりあっていた。アルザスのミュルーズ工業会議所にいた有力な織物業者たちは、1830年代から政府への請願を通じて、児童労働法の制定を求める運動を行なっていたが、それはみずからが雇用する労働者たちの健康と風紀（モラリティ）について考慮するのと同じくらい、自分たちの利益を入念に考慮した結果でもあった。イギリスは1802年に、新しい綿工場ではたらく徒弟を保護するための法律を制定し、児童労働の法的規制の先駆となった。その結果、イギリスおよび近隣の大陸諸国は試行錯誤のすえ、段階的に工場法の範囲を拡大し、法による統制を強化した。イギリスでは、実効的な工場監督官制度を導入することで1819年工場法を改正し、1833年にオルソープ卿を中心に工場法が制定された。また1867年に工場法拡張法が制定されると、最終的に工場制度以外にも児童労働の規制が適用された。プロイセンとフランスの場合、児童労働法への取り組みは1840年ごろにはじまるが、両国とも法が実際に施行されるための有効な手段を欠いていた。プロイセンは1853年に、フランスは1874年になってようやく、児童労働に対するより包括的な制度を構築した。これらのすべての法が目的としていたのは、児童労働を廃止することではなく、児童労働を規制することであった。すなわち、労働可能な最低年齢の設定、年齢に応じた労働時間の設定、夜間労働の禁止、一定の学校教育を受けさせる義務などである。工場法が最悪の虐待のいくつかを制限したことは疑いない。しかし、工場法が制定されることによって、一部の子どもが、小規模で規制のない仕事場へと追いやられてしまうという逆説的な結果がもたらされたことも事実である。

19世紀には、国家と家族の関係も変容した。フランスの場合、医師や行政官を主体とした一群の人びとが、世帯主がもつ伝統的な権限に挑戦するようになった。国内で乳幼児の生命がたやすく失われていること、母子家庭を支援するために高額の費用がかかることが懸念された結果、これらの人びとは1860年代に児童保護を目的とした協会を設立し、親権を、「道徳的に問題のある」両親から、博愛主義者や行政官へ移すた

めの一連の法律を制定した。親権の剥奪規程がもりこまれた1889年のルーセル法は、親のアルコール中毒、性的虐待、身体的虐待といった理由がある場合、裁判所が両親から親権を剥奪することを許可した。ドイツでは敬虔なプロテスタント教徒が改革運動を担い、いわゆる「不良」少年たちを救護院（Rettunghaus）に収容した。フランスと同様、プロイセンでも私的な慈善活動がたやすくさまたげられたことによって、改革者たちは国家の援助を求めるようになった。プロイセンの1878年法は、非行少年を救護院に収容することを可能にした。同様に、イギリスでも、メアリ・カーペンター*5のような改革者は、子どもに蔓延する犯罪と放浪を両親の責任であると非難し、1850年代には実業学校（Industrial School）や矯正院（Reformatory School）を支持した。19世紀末には、1889年の「児童虐待防止法」*6は、両親から虐待や育児放棄にさらされている子どもを裁判所が保護することを認めた。これらの改革者たちが善意から行動していたことは疑いない。しかし、のちの時代からふりかえってみると、これらの改革者たちは、貧民家族と労働階級の家族を自分たち中産階級と同じイメージに作り変えたいという欲望をいだいていたことがわかる。

最終的には、工業化の進展は学校教育の大衆化と軌を一にし、家族や地域共同体における非正規的な教育方法を一掃した。ドイツ諸州の多くは、17世紀から18世紀にかけて、基礎学校教育の義務化を試みた。もっともその時代には利用可能な教師や学校があまりに少なく、成功はおぼつかなかった。しかし、すくなくともドイツ諸州は、とくにスカンディナヴィア、アイルランド、イタリア南部、東ヨーロッパなど、学校の数が非常に少なかったほかの大陸諸国周辺のなかではかなり先に進んでいた。ほかの国々もしだいにドイツが切り拓いた道をたどり、教育に対する責任を教会から引き継ぎ、学校教育を無償かつ義務制にした。たとえばイギリスとフランスでは、学校教育の無償化および義務化は1880年代に実現された。教育へのアクセスはつねに社会的不平等と関係しつづけていたし、この不平等は20世紀初頭においてもなくなるにはほど遠い状況であった。とはいえこの時期までに、すくなくとも過去にはびこっていた非識字は消え去った。義務教育は子どもに対して長期にわたる影響をおよぼした。どのような工場法であれ、それを実際に施行するにはつねに困難がつきまとっていた。これに対して、義務教育は、ほとんどの形態の児童労働（パートタイム労働は例外としても）を終息させた。義務教育はまた、子どもが同じ年齢で学校に通いはじめ、毎年学年を上がっていく、年齢階梯化された社会という概念を人びとになじみのものとした。「長い」子ども期という概念は、20世紀初頭までに、成人期への段階的な移行という従来のライフサイクルにとって代わったのである。

［訳注］
*1 労働搾取工場（sweatshops）——低賃金と長時間労働、休憩時間・食糧・温度・空気・採光などの面で悪条件の労働環境で労働者をはたらかせる工場、作業場、製造所など。
*2 プロト工業（proto-industrialization）——「家内産業」訳注1参照。
*3 ロバート・オーウェン（Robert Owen, 1771-1858）——イギリスの社会主義者、協同組合運動の創始者、教育改革者。北ウェールズ、ニュータウンの小手工業者の子として生まれ、幼少期より小売り店員として各地を転々とし、産業革命の進行ぶりや労働者の困窮、退廃を目撃した。マンチェスターの紡績工場の支配人として種々の技術的・経営的改良に成功した。労働者の生活改善、幼児教育の環境改善の一環としての世界最初の幼稚園の創設、工場の共済店舗、サマータイムの導入など、その後の労働運動に大きな影響をおよぼした。この成功を背景に工場法、労働立法の改善にも着手し、女性と児童労働の制限にかんする最初の法律を通過させた。一時アメリカに渡り、インディアナ州で「ニューハーモニー」と名づけた共同社会を建設したが失敗し、帰英後クィーンズウッドでも同様の実験社会をつくったが、これも失敗した。彼は、私有財産制度、既成宗教、現行の結婚制度などを攻撃し、上層社会や当時の新聞などの批難と黙殺を受けた。工場経営からもしりぞいて財産を失い、一人の労働者となって協同組合運動と社会（環境）改良運動に取り組んだが、この運動も政府の弾圧と内部分裂によって崩壊した。晩年の20年間は精神更正運動に没頭し、貧窮のうちに歿した。
*4 ブラックカントリー（Black Country）——イギリス中部のバーミンガムを中心とする重工業地帯をさして、1834年頃からこのようによばれた。
*5 メアリ・カーペンター（Mary Carpenter, 1807-1877）——イギリスの社会事業家、教育家。ユニテリアン派の牧師ラント・カーペンター（1780-1840）の娘として生まれ、28歳のとき、「労働と訪問協会」を設立し、社会改良運動を開始した。貧しい子どもたちの生活と教育の改善に取り組んだが、とくに非行少年に対しては、その子をもう一度ほんとうの子ども期に戻してやるべきであり、子どもは家庭環境の中に置かれるべきであると主張した。1846年にはブリストルの貧民街に貧民学校を、1859年には工業学校も設立し、労働訓練と雇用のための教育活動を展開した。60歳を過ぎてしばしばインドを訪問し、女性と子どもたちのための施設を設立しつづけた。
*6 児童虐待防止法（the Prevention of Cruelty to Children, 1889）——イギリスでは、児童虐待防止法が1889年に制定された65年ほど前の1824年に王立動物虐待防止協会が設立されていた。児童虐待防止法の制定の推進母体となったのは、1889年に設立されたイギリス児童虐待防止協会（the National Society for the Prevention of Cruelty to Children）であった。この協会は、リヴァプールで1883年に設立されたリヴァプ

ール児童虐待防止協会（LSPCC）、翌年設立されたロンドン児童虐待防止協会（London SPCC）に由来する。これらの協会の設立にいたったのは、1881年にリヴァプールのトマス・アグニュー（Thomas Agnew, 1834-1924）がアメリカのニューヨーク児童虐待防止協会を訪ね、イギリスに戻ってこれをモデルに各都市に児童虐待防止協会を設立する機運を作ったことによる。1889年に、シャフツベリー卿、エドワード・ルドルフ尊師、ベンジャミン・ウォー尊師などによって全国組織「ロンドン児童虐待防止協会」と改称し、同年の児童虐待防止法の制定に尽力した。

➡義務就学、教育（ヨーロッパ）、子ども期の理論、社会福祉、労働と貧困、路上遊戯

●参考文献

Anderson, Michael. 1971. *Family Structure in Nineteenth Century Lancashire*. Cambridge, UK: Cambridge University Press.

Ariès, Philippe. 1962. *Centuries of Childhood*. Trans. Robert Baldick. New York: Knopf. アリエス『〈子供〉の誕生――アンシァン・レジーム期の子供と家族生活』（杉山光信・杉山恵美子訳、みすず書房、1980年）

Bolin-Hort, Per. 1989. *Work, Family and the State: Child Labour and the Organization of Production in the British Cotton Industry*. Lund, Sweden: Lund University Press.

Bowen, James. 1972-81. *A History of Western Education*. Vols. 1-3. London: Methuen.

Coveney, Peter. 1967. *The Image of Childhood*, revised edition. Harmondsworth: Penguin. ピーター・カヴニー『子どものイメージ――文学における「無垢」の変遷』（江河徹監訳、紀伊國屋書店、1979年）

Cunningham, Hugh, and Pier Paolo Viazzo, eds. 1996. *Child Labour in Historical Perspective*. Florence: UNICEF.

Cunningham, Hugh. 1995 1st, 2005 2nd. *Children and Childhood in Western Society Since 1500*. London: Longman. カニンガム『概説 子ども観の社会史――ヨーロッパとアメリカにみる教育・福祉・国家』（北本正章訳、新曜社、2013年）*

Davin, Anna. 1996. *Growing Up Poor: Home, School and Street in London, 1870-1914*. London: Rivers Oram Press.

Dickinson, Edward Ross. 1996. *The Politics of German Child Welfare from the Empire to the Federal Republic*. Cambridge, MA: Harvard University Press.

Furet, François, and Jacques Ozouf. 1982. *Reading and Writing: Literacy in France from Calvin to Jules Ferry*. Cambridge, UK: Cambridge University Press.

Gomersall, Meg. 1997. *Working-Class Girls in Nineteenth-Century England*. London: Macmillan.

Hair, P. E. H. 1982. "Children in Society, 1850-1980." In *Population and Society in Britain, 1850-1980*, ed. Theo Barker and Michael Drake. London: Batsford.

Hendrick, Harry. 1994. *Child Welfare: England, 1872-1989*. London: Routledge.

Heywood, Colin. 1988. *Childhood in Nineteenth-Century France: Work, Health and Education among the "Classes Populaires."* Cambridge, UK: Cambridge University Press.

Heywood, Colin. 2001. *A History of Childhood: Children and Childhood in the West from Medieval to Modern Times*. Cambridge, UK: Polity.

Hopkins, Eric. 1994. *Childhood Transformed: Working-Class Children in Nineteenth-Century England*. Manchester, UK: Manchester University Press.

Horrell, Sara, and Jane Humphries. 1995. "'The Exploitation of Little Children': Child Labor and the Family Economy in the Industrial Revolution." *Explorations in Economic History* 32:485-516.

Jordan, Thomas E. 1987. *Victorian Childhood*. Albany: State University of New York Press.

Laqueur, T. W. 1976. "Working-Class Demand and the Growth of Demand of English Elementary Education, 1750-1850." In *Schooling and Society: Studies in the History of Education*, ed. Lawrence Stone. Baltimore: Johns Hopkins University Press.

Lavalette, Michael. 1994. *Child Employment in the Capitalist Labour Market*. Aldershot, UK: Avebury.

Nardinelli, Clark. 1990. *Child Labor and the Industrial Revolution*. Bloomington: Indiana University Press. クラーク・ナーディネリ『子どもたちと産業革命』（森本真美訳、平凡社、1998年）

Quataert, Jean H. 1985. "Combining Agrarian and Industrial Livelihood: Rural Households in the Saxon Oberlausitz in the Nineteenth Century." *Journal of Family History* 10: 145-162.

Schleunes, Karl A. 1979. "Enlightenment, Reform, Reaction: The Schooling Revolution in Prussia." *Central European History* 12: 315-342.

Sieder, Reinhard. 1986. "'Vata, derf I aufstehn?': Childhood Experiences in Viennese Working-Class Families around 1900." *Continuity and Change* 1: 53-88.

Weissbach, Lee Shai. 1989. *Child Labor Reform in Nineteenth-Century France: Assuring the Future Harvest*. Baton Rouge: Louisiana State University Press.

（COLIN HEYWOOD／岩下誠訳）

ライト、ヘンリー・クラーク（Wright, Henry Clarke, 1797-1870）

ヘンリー・クラーク・ライトは、家族内の専制などの支配構造の打倒にその人生を捧げた。ライトは、子どもの権利を支持し、アメリカの法と社会がまだ家庭内では親の権威がすみずみまでいきわたっているのが当然であると認識していたときに、親の権利に異議申し立てをした。彼は、1823年に年上の裕福な未亡人と結婚したが、自分の子どもはもたなかった。しかし、彼が改革運動を行なっている間に世話をした多数の若者にかんするすばらしい報告書を残した。

ライトはコネティカット州の農家に生まれた。4歳のとき、彼の両親は西ニューヨークに移住した。そこは信仰復興運動がくりかえし起きた地域で、バーントオーバー地区として知られている。ライトの母は移住の数年後に死亡し、彼にはずっと喪失感が残った。10代の頃、短い期間、帽子職人の訓練を受けたものの、その後、アメリカの業界はイギリスからの輸入品に席巻されてしまった。このためライトは聖職者になる道を選んだ。1819年から1823年にアンドーヴァー・セミナーに通い、マサチューセッツ州ウエスト・ニューベリの会衆派教会で聖職についた。1833年、ライトは聖職を離れて巡回改革者に転じ、その後40年にわたって自分の主義主張を説いてまわった。

教育への関心から、まずライトは慈善帝国（Benevolent Empire）の名で知られる反戦改革集団のネットワークに参加した。はじめのうちライトは、学校は社会秩序の道具であるとする通常の保守的見解を表明していた。しかし、改革者としての経験を積むと、まもなく過激になり、以前には安心できると思っていた秩序の正当性に疑問をいだくようになった。数年後ライトは、アーマスト・カレッジの資金調達部門（1833）をふりだしに、アメリカ日曜学校協会（the American Sunday School Union）のエージェントになり（1833-34）、さらにボストンの貧困の子どもに奉仕し（1834-35）、最後には、アメリカ反奴隷制協会（the American Anti-Slavery Society: AASS）に向けて、青年反奴隷制協会を組織した（1836-37）。ライトは子どもに対する親の専制支配に異議を唱える一連の「家庭のいざこざ」について出版したが、その過激な社会観が原因でAASSからは放逐された。その後、ライトは、権力関係への批判を家族内の夫婦関係にまで拡張し、性交そのものが暴力のひとつの形式であるとまで述べるようになった。既婚夫婦は性交を子どもが生まれる段階までに制限し、エネルギーを情欲

ヘンリー・クラーク・ライト（1797-1870）*

ではなく愛情に向けるべきだと主張した。

1837年、ライトはウィリアム・ロイド・ガリソン[*1]がニューイングランド無抵抗協会（the New England Non-Resistance Society）を設立する際にこれを助けた。この協会は、いかなる力の行使にも反対する過激な平和主義者の団体であった。この協会の公式エージェントとして、またのちには自分の費用で、ライトはアメリカ全土とヨーロッパで自分の主義主張を講演してまわった。そこには反奴隷制運動、キリスト教的アナーキズム、結婚改革、禁酒、健康的な生活などさまざまなものがふくまれていた。しかし、彼の関心の中心にあったのは子ども期の問題であった。1842年、子どもにけんかをやめることを教えるための逸話を集めた『たたくかわりにキスを』（A Kiss for a Blow）を出版した。彼は、子どもに自分の怒りを鎮め、攻撃には愛をもって応答することを教えた。『結婚と家柄』（Marriage and Parentage, 1854）、『望まれない子ども』（The Unwanted Child, 1858）、『母親の帝国』（The Empire of the Mother, 1863）など晩年の著作でライトは、子どもの性格形成において胎内環境が重要であることを強調した従来の見解を修正

した。もし胎児が情欲や憤激などの悪影響を子宮内で受けるなら、出生後にどのような行動トレーニングを受けても、その子どもを改良することはできなくなってしまうと考えたからであった。

[訳注]
* 1 ウィリアム・ロイド・ガリソン（William Lloyd Garrison, 1805-1879）——アメリカの奴隷制度廃止運動の指導者であり、ジャーナリスト、社会改革者。急進的な奴隷制度廃止運動の新聞「リベレーター」（the Liberater）の編集者として知られ、「アメリカ反奴隷制度協会」の創設者の一人。

➡怒りと攻撃、子育ての助言文献、子どもの権利、子どもの発達概念の歴史、しつけ

●参考文献

Perry, Lewis. 1980. *Childhood, Marriage, and Reform: Henry Clarke Wright 1797-1870*. Chicago: University of Chicago Press.

Walker, Peter. 1978. *Moral Choices: Memory, Desire, and Imagination in Nineteenth-Century American Abolitionism*. Baton Rouge: Louisiana State University Press.

（RACHEL HOPE CLEVES／太田明訳）

ライフコースと成人期への移行
(Life Course and Transitions to Adulthood)

　ライフコースという考えは比較的新しく、人間の進化についての考えと同じように、すべて（種族、国民、個人）を、不可逆的な順序を通時的に発達していくと考える近代の傾向を反映した概念である。今日、われわれは、歴史における時代について、それぞれがお互いに特有の性質をもって、切り離され、距離があると考えるのと同じ方法で人生段階を考えている。われわれは成人期（adulthoodという語は1870年まで使われていなかった）を、それに先立つ年齢からまったく離れた状態だと考えてきた。通時的な発達についての近代的な理解では、子ども期と青年期はしばしばわれわれが記憶のなかでしか結びつけられない異国のようなものに見える。

　子ども期へのノスタルジーは、近代文化のユニークな特徴である。19世紀以前には、人びとは、ある特定の過去ではなく、ある特定の場所を切望していた。彼らには、自分の個人的な過去からも自分が所属している社会の過去からも、自分が切り離されているという感覚はなかった。人生と歴史はどちらも、すでに存在したものあるいはこれから存在するであろうすべてのものをふくみながら、短いものと想像されていた。さまざまな人生段階は、歴史のさまざまな時代のように、同一のテーマ上で多様であった。子どもと大人は、単純に、お互いが相手よりも大きいか小さいかであった。伝統的な人生段階図では、しばしば老人は子どものような性格を付与されている。これは、子どもと大人の違いを認識していなかったからではなく、むしろ近代の西ヨーロッパの中産階級の文化が行なった方法で年齢の違いを強調したり制度化する傾向がなかったためである。生物学的あるいは心理学的に年をとるプロセスが変わったのではなく、むしろ、年齢が意味するものについて、われわれの理解の仕方が変化したのである。

　19世紀以前の年齢集団は、年齢を意識する近代社会を非常に不安定にするようなやり方で混じりあっていた。21世紀初頭になって、年齢による分断の問題性が明白になってくると、われわれは、前近代のこのような（年齢についての）感受性について、ますます深く理解するようになっている。このことを最初に警告したのはフィリップ・アリエスが1962年に出版した『〈子供〉の誕生』である。今日、われわれは、ライフコースとか成人期の概念がすべての歴史的な時期にあてはまるのではなく、それらがいまも変化しつづけている過程にあるかもしれない特殊近代的な感性に属するものであると理解しているので、それらの概念の限界については非常に自覚的になっている。したがって、西ヨーロッパにおける成人期への移行の歴史を前近代、近代、後期近代という三つの時代に分けて考察することが有益であろう。

近代以前の成人期への移行

　工業化以前のヨーロッパと北アメリカでは、年齢の違いについてはあまり注意がはらわれていなかった。人生は、ある単一の年齢段階化されたつながりに組みこまれた識別的で明確に定義されたいくつかの段階とは見られていなかった。学校教育は普遍的なものからはほど遠く、子どもたちは非常に幅広いさまざまな年齢で入学し、卒業していた。大学では、年少の少年が成人男性と机をならべていた。女性の人生段階のつながりは男性のそれとは異なっており、また、各段階の移行は男女とも経済的地位によって多様であった。大多数の人びとが法律的に成人に移行する年齢は、地域ごとに異なるだけでなく、地位集団によっても異なった。（前近代の世界のなかでは）どこで生まれたかは、いつ生まれたかということよりはるかに重要であった。**同意年齢**は場所ごとに異なっていたし、ほとんどの職業では就職年齢あるいは退職年齢に制限はなかった。結婚年齢は非常に幅広く、ほとんどの人びとが正確に自分の年齢を知らなかった社会では、「若すぎる」とか「年をとりすぎている」という感覚はまったくなかった。早熟であることは賞賛されたが、年長であることも同じように賞賛された。強制的な退職年齢はなかったが、他方、子どもや高齢者のどちらかにあたえられる特別な保護もなかった。すべては、年齢規準よりもその人の実行能力に左右された。

　年齢規準が重要でないことは、前工業社会の人口動態と経済状況に関係していた。19世紀以前には、高

シュザンヌ・ヴァラドン（フランス、1865-1938）「すてられた人形」（1921年）では、少女は、鏡のなかに写っている自分の姿を見るようにすすめる母親から顔をそむけている。床の上にすてられて横たわっている人形は、この少女がその子ども期をすぎ、大人になる準備ができていることを示している。Oil on canvas. 51×32 in. National Museum of Women in the Arts. Gift of Wallace and Wilhelmina Holladay. ⓒ2003 Artists Rights Society (ARS), New York/ADAGP, Paris

の地域に根を張る複数世代からなる家族で構成されていたという考え方は、現実的な根拠のない郷愁を誘う空想である。

　工業化以前の、賃金が支払われるようになる前の経済は、家族よりも世帯を基盤としていた。経済的にやっていくことのできる世帯をもつことが、結婚するための事実上の前提条件であった。カップルは世帯が入手可能になるまで待っていたが、これが、近代の基準から見て結婚年齢が相対的に遅れ、結婚率が低かったことの理由であった。奴隷や貧しすぎて世帯をもつことができない者は結婚できなかったが、多くの者は内密に同棲していた。だが、世帯のなかで主人あるいは女主人の地位にある者だけが、成人の完全な地位を認められていた。世帯のほかの構成員は、たとえ同じ年齢でも、あるいは年上であっても、「少年」（boys）とか「少女」（girls）という、実際の年齢をさしていたというよりはむしろ世帯内の身分階層の従属的な立場を意味する地位にとどまった。実際、早いか遅いかという時間的な言い方より、むしろ高いか低いかという空間的な言い方で組織されている、静的な存在の大いなる連鎖としてそれ自体を見る社会では、歳を重ねた従僕が10代の世帯主のことを「様」（Sir）や「奥様」（Madam）とよぶのは、理にかなっていた。

　経済的あるいは社会的にきわめて不平等な状況であったことにくわえて、生活の不安定さは、前近代のヨーロッパ社会に普遍的な年齢カテゴリーがなかったことを説明している。時間よりも空間が世帯の内外で世代関係を組織していた。さらに、年齢規範によって社会を構成するという考えに関心をもつ強力な組織はまったくなく、それができる組織はほとんどなかった。ヨーロッパの国々はまだ傭兵の軍隊に依存していたため、徴兵年齢を確定する必要はなかった。政治権力は有産者の特権であったので、年齢とは関係がなかった。アメリカ独立戦争とフランス革命の時期に男性の普遍的な市民権という考えがはじめて導入されると、それ以降今日まで、投票年齢が懸案事項となった。**識字能力（リテラシー）**がぜいたく品であり、経済の機能にもほとんど無関係であるかぎり、国家は公教育の組織化にはまったく関心がなかった。贅沢取締令――すなわち、ある階級や集団が身に着けてよいものとよくないものを規制する法律――は存在したが、その目的は、年齢集団の秩序を維持することよりも既存の社会的身分制度を維持することのほうにあった。子どもと大人は、のちの近代社会が当然のこととして、またきわめて神聖なものとみなすようになった年齢と性の違いには注意をはらわず、互いに隣りあった者同士で酒を飲み、食事をし、タバコを吸い、労働し、遊んでいた。このような世界では、ある年齢から次の年齢に移行することはめったに注目されず、子ども期、青年期、成人期、老年期といった言葉はあいまいで概括的であった。19世紀以前には、エリートだけが誕生日ごとに

い死亡率は高い**出生率**で埋めあわされていた。ヨーロッパ社会の平均余命は、社会的地位によってかなりの分散はあったが、50歳以下のままであった。人生のどの段階でも死亡率はかなり高かったが、もっとも不確定であったのは子ども期で、すべての子どもの4分の1は1歳前に死亡しており、21歳までに半数が亡くなっていた。その結果、出生率は高くとどまり、生き残る子どもの人数をコントロールできないことは、多くの親たちを、子ども期の初期を大きく超えて子孫を生き残らせてやれない状況に置いた。現在の発展途上国に匹敵する貧困率は、家庭内での児童労働の高い水準の要因になっていただけでなく、通常は貧しい世帯の子どもが有産階級の世帯へと移動する、世帯のあいだでの多数の子どもたちの循環移動の要因にもなっていた。ヨーロッパのいくつかの地域では、子どもたちの4分の3が10代なかばまでに生家を離れていた。工業化以前の社会が、小さな農場と家業によって一定

印をつけ、したがって人生の終わりにむかった。少年も少女も、特別な通過儀礼をへずに青年期を迎えていた。

堅信やバル・ミツヴァーのような宗教儀式は、当時、あまり重要なものではなく、特定の年齢とは密接に結びつけられていなかった。学校がなかったため、卒業式もなかった。徴兵制がなかったため、年齢と結びついた軍隊の**通過儀礼**も存在しなかった。重要な通過儀礼のひとつは結婚式で、これは、新しい世帯を作るとき共同体によって公的に祝福された。それは、関係する男性と女性の双方にとって重大な移行期をはっきりと印象づけたが、地位と結びついたものであって、年齢とは結びついていなかった。結婚式は、人生段階における成人期（この言葉自体がまだ存在していなかった）への移行ではなく、社会的ヒエラルキーにおいてより高い地位への上昇を示すものであり、時間的な再統合というよりはむしろ空間的な再統合であった。新しい花嫁と花婿は、年配者としてではなく、より高い地位にある者とみなされていた。世界のほとんどを構成していた事物が、時間によってではなく、まだ空間によって組織されていたからである。

近代における成人期への移行、1870〜1970年

18世紀末と19世紀の初めにかけて、同時に起きた産業革命と民主主義革命は、歴史の道筋を変えただけでなく、近代的な意識の核心部分に変化をもたらした。静的な存在の大いなる連鎖という古い概念は、個人、国家、そして種族が、一定の普遍的な逆戻りをすることができない連続をともなう直線的な時間を通じて発展するとみられる、ダイナミックな世界観にとって代わられた。マーチン・コーリが「年代配列化」（*chronologization*）とよんだ過程で、いくつかの決められた段階と転換点のある模範的なライフコースが、まず最初は中産階級のあいだで、そして最終的には社会全体にいきわたるようになった。20世紀なかばまでに、時計やカレンダーだけでなく、ヨーロッパと北アメリカの人びとの生活においても、驚くべき程度にまで同期化されるようになった。

こうした年代配列化を可能にしたのは死亡率と出生率の減少であった。死亡率の低下によって、人生は予測可能なものとなり、人間の長い歴史ではじめて、すべての人びとが合理的に予期できるものになった。一方で、人生には多くの挑戦すべき課題があったが、年齢を重ねることはいまや個人の責任となった。予測できる範囲が拡張していくのにともなって、人びとは子ども期、学校、成人のキャリア、そして引退まで、それぞれに区切られた一連の人生段階をめぐって、自分の生活を計画するようになった。女性の生活は結婚と子育てをめぐって計画されるようになった。子どもの死亡率が下がれば、出生率も下がった。これは、貧困を征服したことと結びついており、家族が児童労働に頼らなくてすむ余裕をもつようになった。

産業革命の進展とともに、世帯は生産的な単位ではなくなった。都市部の男性たちの仕事は世帯の外に移り、いまや世帯は、女性と子どもに結びつけられる分離空間としての近代的な家（ホーム）という特徴をおびるようになった。適切な賃金や給料が男性の稼ぎ手によって家にもたらされたことにより、子どもたちが貧しい世帯から金持ちの世帯に循環移動させられることはもはやなくなった。子どもたちは長い期間家にとどまるようになり、19世紀後半に義務制となった学校に通うようになった。20世紀前半には、家庭と家族に子どもが依存することがさらに拡張し、今日われわれが青年期として知っている人生段階を作り出している。最初に青年期を経験したのは中産階級の男性であったが、20世紀までに女性にも青年期という時期がもうけられた。大学教育がいっそう一般化した第2次世界大戦後は、一方で、新しい人生段階——「若い大人期」（ヤングアダルト）——がヨーロッパ社会において規範的なものとなった。

年代配列化は学校の入学年齢を固定しただけでなく、年齢ごとに決められたカリキュラム・教室・進級の仕方も意味した。子どもたちは時間割を学ぶだけでなく、新しい子どもの発達理論が定義した「年齢相応のふるまい」をしはじめたが、この理論は幼児期以降の人生の各段階でのふるまいの規範を確立した。誕生日は、はじめて重要な家族の出来事になった。20世紀の進展のなかで、子ども期と青年期はどちらも、ますます科学と医学の研究対象にされるようになった。新しい大衆教育の時代には、早熟と遅滞はどちらも汚名を着せられるようになった。そして、国民国家の時代には、青年期の男性は、ひとつの群れになって、学校をへて徴兵資格のある若者集団にくわわった。国家は、第1次世界大戦になってようやく女性の時間をとりあげるようになったが、このとき女性のライフコースも独特のかたちで年代配列化を経験した。20世紀までに、結婚はいっそう普遍的になっただけでなく、事実上、強制的にもなってきた。あらゆる階級と民族集団の女性たちが、ある年齢で結婚して子どもをもつことに圧迫感をいだきはじめた。早すぎる結婚も遅すぎる結婚も、ほんとうの女性らしさを喪失させてしまうと主張された。

近代では、人生段階は、しだいに公式あるいは非公式の儀式で特徴づけられるようになった。学校は、ますます複雑になる入学式と卒業式の一連の儀式を提供するようになった。宗教は、子ども期から新しく発明された青年期という地位への移行をしるすために、キリスト教の堅信やユダヤ教のバル／バツ・ミツバーなどの儀式を提供した。少年たちにとって、学校に通うことは、成熟することと男らしくなる過程をさらに促進することであったが、成人男性になることは、スポーツや軍務につくことなど、もっと厳格な試練もしば

しばふくんでいた。上層中産階級の少女たちは、舞踏会での社交界デビューを頂点とする一連の儀式を通じて、結婚可能な女性のグループに入っていくことで若い女性へと移行していく、女性化された家庭環境にいまなお長くとどまった。しかし、真の女性となるための究極的な試練は、やがては母親になることになる結婚であった。未婚女性だけでなく子どものいない妻など、結婚生活がうまくいかなかった者は、不適格で未熟だとみなされ、非難された。独身男性は、家の外で男らしさを証明することができたが、女性たちは［子どもを産むという］生物学上の宿命だと考えられた。

工業社会では、成熟することは民主化された。もはやそれは、排他的に世帯主と結びついたものではなく、大人になるということは、社会的なヒエラルキーに置かれるというより、人生のひとつの時期とみなされるようになった。しかし、郊外の単一の家族のように、男性の稼得能力と女性の家庭内性のシンボルである単婚家族のように、成熟はそれ自体の規範と場所とをもっている。1950年代までに、結婚して家をもつことは、成人期に向かう主要な移行であった。女性たちにとって、可能性を開くのは結婚することそれ自体であり、男性たちにとっては、結婚は成人したことを確認する最初の抵当でもあった。いずれにしても、結婚率がヨーロッパ社会を通じて頂点を迎えた1950年代と1960年代ほど、結婚そのものが多くのことを意味した時代はかつてなかった。公平な言い方をすれば、この時期を通じてつねに同棲は少なかったという事実は、この時期の成人の自我感覚にとって、結婚していることがいかに重要であったかを示す指標であった。

この時期までに、ヨーロッパ社会は異常なまでに年齢区分化された社会になっていた。階級・ジェンダー・民族などによるライフコースの違いは残っていたが、驚くべきことは、ライフコースが、時間的にではなく互いに空間的に区切られた一連の年齢集団に分断されていた度合である。いまや子どもたちは、子ども用の特別な食べ物、洋服、いろいろな遊びがそろった子どもたちだけの世界に閉じこめられてしまった。子どもたちは、それまでとは区別される、独特な洋服と音楽がそろっている**若者文化（ユースカルチャー）**をもつ青年たちからも切り離されてしまった。増大する老齢者については、いまやばらばらになってしまった隠退者の共同体があったが、結婚は、自動的に男性と女性をそれぞれ、都市の郊外のような、いまも区切られた世界に引き離した。年齢隔離についてのこうした新しい形式は、年齢にふさわしいふるまいを規制するさまざまな法律や、あらかじめ規定された人生段階の順序以外を異常だと定義するライフコースにかんする心理学や医学の現代理論によって補強された。ジェンダーおよび性別による子どもの発達基準に厳格に従わなかった者たちは、逸脱者として非難され、また、新しく発明されたカテゴリーである「知恵遅れ」、「非行少年」あるいは「ホモセクシャル」が投げつけられた。

人生を、一連のまったく異なる段階に区分することは、成人のあいだに自分の過去とは切り離されてしまっているという感覚を生んだ。「失われた」子ども期への憧憬が最初にあらわれたのは中産階級の男性で、その後徐々に、階級とジェンダーを越えて近代の大衆文化の一部になった。ヨーロッパ文化は、世界の遠く離れたところに楽園をつくりそこなったため、それを子ども期に見出した。永遠というものを信じなくなった世俗的な時代では、子ども期が永遠の生命を証明するものとなり、ほかのすべてのものがつねに変化しているときに、同じ状態のままであると考えられている。子ども期は、すべての人生段階でもっとも多く写真を撮られたり記憶にとどめられる時期となった。アン・ハイゴネットが観察しているように、「われわれは、せまり来る死の恐怖を避けるために、その一瞬を、ハーフタイムを守り、子ども期をそのままの状態でとどめておくふりをしながら、無数のスナップ写真を撮っているのである」（90ページ）。家族は以前よりも少ない子どもしかもたなくなったものの、前よりも子ども中心的になってきた。家族の時間は、子どもの食事、誕生日、学校の休日を中心に組織されるようになった。カレンダーは、クリスマス、復活祭、ハヌカー祭[*1]などが子ども中心の祝日となりながら、同じ方法で再構成されるようになった。これらの出来事は、表向きは子どものために組織されたが、大人たちが自分自身の記憶のなかの子ども期をそのままとどめておきたいという欲求を反映していた。20世紀なかばまでに、想像上の過去と結びつき、それを保存しておこうとする取り組みは、ヨーロッパの**消費文化**の推進力になった。だが皮肉なことに、子ども期の崇拝は大人と子どものあいだの距離を広げただけであり、このため、「失われた」子ども期へのノスタルジーをさらにかきたてることになったのであった。

近代後期の人生段階、1970年代とそれ以降

1960年代後半以降になると、年代配列化の規則と制度は疑問を投げかけられはじめた。若者たちは消費や投票に設けられた年齢制限に激しく敵対し、年長の人びとも、強制的な引退をためらったり、早期の引退を模索したりするようになった。これは、部分的には人口動態が変化した結果であった。つまり、平均余命が20世の初め以降25年も伸び、子どもと若者の割合が減った一方で、老人の割合が飛躍的に伸びたのである。人生の三つの段階——子ども期、成人期、老年期——は、これまで自然で不変のものと思われてきたのだが、いまやその考えに異議を申し立てるようになってきたのである。かつてよりも早い年齢段階での子どもの成熟は「プレ・ティーン」[*2]という概念の登場に反映されており、青年期は教育によって延長され、結婚は20代後半あるいは30代前半にさえずれこんだ。ラ

イフコースのほかの端では、「若い老人」(young-old)という言い方もあらわれ、われわれは、活動的な生活を営むことがまだできる人びと（これをラスレットは第3世代とよぶ）を、それができなくなった人びと（第4世代）と区別する。成人期の概念それ自体は、いわゆる中年期の危機とよばれるものにますます多く出会うことがあるという証拠事実の圧力にさらされるようになった。

経済におけるさまざまな変化も、1970年代以降のライフコースの再評価に影響をおよぼした。西ヨーロッパの資本主義は、主要な管理部門とサービス部門をそれ自体のために保持しつつ、生産工程を第3世界に移すことによって再構成しはじめた。ヨーロッパと北アメリカのにおける脱工業化は、伝統的に男性が担っていた高賃金の多くの仕事が消滅したことを意味した。家族の生活水準を維持するために、非常に多くの既婚女性がフルタイムの仕事につくようになった。しかし、新しい仕事のほとんどは、終身雇用ではなかった。大人たちは、雇用されつづけるために、いまや再訓練を受けなくてならなくなり、これは学校に戻ることを意味した。教育は、かつては若者と結びついていたが、今日では生涯にわたって続けるものとなり、ライフコースと年齢関係の構造に重大な意味を投げかけている。しかし、生産だけでなく消費をめぐっても組織された新しい経済も、子どもと青年期に影響をおよぼした。彼らは、かつてよりも早い年齢で消費の世界に引きこまれ、**セクシュアリティ**をふくめて、飲食物からファッションや余暇活動にいたるまで、あらゆることで年長集団と張りあったり模倣するよう助長されている。ふたたび早熟性が奨励され、ある心理学者が「子ども大人」(*kinderdult*) とよんだような、もはや伝統的な年齢カテゴリーには属さない、半分子どもで半分大人のような子どもを生みだしている。こうした新しい趨勢の影響を受けた青少年たちも、19世紀以降見られなかったほど多くの者が雇用に引きこまれていた。貧富の差が劇的に広がった時代には、より多くの子どもたちも必要性に駆られてはたらく。実際、貧困化した第3世界の国々の多くで、子どもたちの大多数は労働から解放された子ども期を経験しない。

かつて年長の年齢集団と結びついていた経験が、非常に幼い年齢の子どもでも電子メディアが利用できるようになると、子ども期は純真無垢との結びつきを失った。青年期の境界線も曖昧になっており、いわゆる12歳前後のプレ・ティーンまで幼くなる方向に拡張する一方、若い女性や男性には職業訓練や大学院によって、20代後半まで教育を引き延ばすことで、半依存的な時期が年齢的に後ろに拡張することが同時に起きている。過去20年以上にわたって、平均初婚年齢は男女とも5、6年ほど遅くなった。女性は以前よりも長く学校にとどまるようになり、結婚を決意する前に自分のキャリアを確立するようになっている。かつて早期に結婚するために稼得能力をもっていた男性も、結婚の決意を先延ばしするようになっている。過去30年以上にわたって同棲する割合は急上昇し、一人親になる者が増加し、結婚したカップルが親になる年齢を引き延ばすようになるにつれて、結婚することと親になることは切り離されるようになった。結婚は、かつては成人期への普遍的な入口であったが、未婚の親に対してかつて以上に寛容な時代にシングルマザーたちが既婚女性と同じ大人の地位をめぐって競いあうようになると、今日では結婚はもはやそうした目的を保持することはできなくなっている。成熟の指標は非常に多様になっている。同じように、ゲイやレズビアンたちも、かつて異性のあいだでのみ保持されてきた結婚とパートナーシップの儀式と結びついた成人期に異議申し立てをしている。ほかならぬ成人期という考え方そのものも疑問が投げかけられ、成人期は通過すべき一連の順序という状態からその意味が変わり、ほかの近代末期の人生段階と同じように、たえず変わりつづけるものになっている。老年期でさえ、かつてのような安定的な性格を失っており、可塑的で目的遂行的になっている。高齢者たちは、若者たちと同じように考えたり、活動するよう駆りたてられるようになっている。ほんのわずか以前には、そうするのが自然であって、自明だと思われていた、決められた年齢での引退のような、好ましい歳のとり方についてのルールは、いまやどの年齢段階でも異議申し立てを受けるようになった。

かつて年齢段階の境界を規制していた諸制度は、もはやそうすることに大きな関心をはらわなくなっている。学校は、入学と卒業の年齢について、かつてほど厳格ではなくなっている。カリキュラムはあまり年齢階梯的ではなくなり、生徒たちは自分のペースで学ぶことが以前よりも認められるようになっている。犯罪の責任年齢があまり厳格でなくなってくると、少年犯罪者たちは、いまでは成人向けの刑務所に収監されやすくなっている。宗教はいまなお一連の通過儀礼の範囲を提示しているが、信者たちにその順序どおりに通過せよとは主張しなくなっている。結婚儀礼でさえ、かつてほど押しつけがましくなくなり、教会のなかには同性愛の配偶者に対応した挙式を提供しさえするものもある。国家も、かつてのように年齢を規制しなくなっている。警察は、書籍、映画、飲酒、喫煙にかんしてはいまも倫理規制を設けているが、かなりの範囲にわたって、退職者と高齢者に対する規則を緩和している。さらに、国民国家はかつてほど徴兵年齢を重視しなくなり、職業軍人に依存するようになった。また、もはや兵役が性別では区分されなくなってきたため、陸軍と海軍に入隊することは、かつてのように男らしさのしるしではなくなっている。

人びとが大規模に移動する今日のような**グローバリゼーション**の時代では、歳をとることの文化的な規準

はきわめて多様になっている。ヨーロッパと北アメリカの双方への新しい移民によって、まったく新しい多数の通過儀礼がもたらされた。われわれのカレンダーは、子どもであることや大人であることを現在意味していることについてのわれわれの理解がこれまでとは異質であると強調する祝日に満ちている。要するに、単一の普遍的なライフコースという概念は、もはや成り立たなくなっているのである。年齢を重ねることが文化的にも社会的にも多様になってきているということ、つまり加齢は自然の事実というよりはむしろ意味づけの体系であるという考えは、今日では、大衆文化だけでなく社会学や心理学などの諸科学においても、ますます受け入れられている。しかし、年齢を重ねることは、個人的な好みの次元にまで下降したが、よき年齢を重ねることはいまなお各個人が年齢に責任をもつこととみなされている。近代末期には、男性と女性のライフコースが少し収束した。非常に多くの女性が高等教育やフルタイムの仕事に参入するようになったので、彼女たちの生活は男性たちの生活に密接に同調するようになっている。

女性たちは、典型的には、子育てをする前に自分のキャリアを確立したと感じられるまで、結婚と母親になることを遅らせる。多くのヨーロッパ諸国、とくにスカンディナヴィア半島諸国のように、母親の十分な出産（あるいは父親の育児）休暇や良質な育児支援が取得可能であれば、第一子の誕生は女性のキャリアのさまたげにはならない。しかし、はたらく女性がさまざまな困難に直面するアメリカのようなところでは、育児支援が受けられなければ、古くからの格差はいつまでも続くことになる。近代末期には、男性たちが多少とも家事と育児にかかわるようになったが、まだフルタイムでそうする男性はまれである。スカンディナヴィア半島諸国でさえ、父親のキャリアという経歴で地位を失うのをおそれて、父親たちは育児休暇を完全取得することにためらっていた。このため、男性と女性の人生は、子どもが生まれると一致しなくなりやすい。この問題はアメリカでは最悪だが、ジェンダーの違いは、どこでもいまなお明白であり、ヨーロッパ世界全体で片親家族が驚異的に増大していることに反映している。

ライフコースの未来

1970年代以降ずっと、普遍的な人間の発達という概念は、異議申し立てを受けている。すべての社会が同一の直線的な時間を経過して、いくつかの社会が先を行き、別の社会がその後を追っていくと考えることは、もはやできなくなっている。グローバリゼーションは画一性も生み出すが、近代性を達成するには、遅れている「低開発」世界は、非常に進化したと思われる「発展した」ヨーロッパ諸国をモデルにすべきであるのは当然だと考える近代化理論は、今日では、複数の発達の筋道と複数の近代性という概念を考慮するようになっている。今日のようなグローバル時代では、われわれは空間的な違いを認識しつつ、その認識のゆえに、伝統対近代、後発対先進、前期対後期、未熟対成熟といった二分法にあらゆるものを組みこんでしまう過ちを避けながら、社会をその社会に固有の用語法で理解する機会を得ている。

同様に、今日では個人生活は一本の直線のように発展したりはしないと理解できるようになっている。われわれは、肉体的、精神的、そして心理的な成長という点で、非常に大きな多様性の幅を受け入れている。だが、これにおとらず重要なのは、もはやわれわれは、年齢集団をかつてほど厳格に区分しないことである。たしかに、年齢で区分する古い制度はいまなお存在するが、われわれは、この制度がやがて異議申し立てを受けるだろうと予想できる。囲いのない学校やカレッジのインターンシップ・プログラムは、空間の境界線とともに時間の境界線がどれほど侵食を受けているかを証拠立てている。高齢者向けの住宅とか定年退職者だけが作るコミュニティという考えも見直しを迫られている。かつては子どもがいる家族のゲットーであった都市の周辺地域も、いまでは非常に多様になってきている。われわれの社会が近代以前の社会のようにさまざまな年齢の者が混じりあう社会になるには、壊すべき壁が多くあるが、年齢による分断を見直す動きはすでにアメリカとヨーロッパ双方ではじまっている。

サービス経済の時代では、仕事でも余暇活動でも、老齢者はティーンエイジャーと親しくつきあうようになっている。学校に戻っている大人たちは、若者たちと教室でいっしょに学んでいる自分に気がつく。スポーツも、あまり年齢で分断されるようにはならなくなっている。老齢者たちは、身体活力を維持することが可能であるばかりでなく、そうであるよう奨励されてもいる。さまざまな年齢のあいだの違いがますます曖昧になってきているため、われわれは、古い通過儀礼の多くが変化し、消滅しさえすることを予期できる。これはすでに子ども期と青年期の境界線で起きているかもしれないが、これが若者期と成人期の境界領域にあてはまることは確かである。だが、結婚の儀礼のようなものはもう消滅してしまっていると明言するのは賢明ではないだろう。なぜなら、結婚式は数十年前に行なわれていたものとまったく同じ単一の性格を示さなくなってはいるものの、人びとは、自分の人生の意味を表現する多数の新しい儀式を探そうとしているからである。伝統的な結婚の儀礼にくわえて、いまやゲイやレズビアンばかりでなく同棲中の男性や女性たちにふさわしい多様な儀礼が存在する。いまや成人期が、ひんぱんな変化によってその意味が明確にされ、変わりつづける状態になるのにともなって、中年の危機（離婚をふくむような）を扱う一連の儀式が人生を彩るようになっている。こうした事態にわれわれは驚か

ない。なぜなら、自分が今行なっている意味を再確認するため、人びとがつねに儀礼に立ち戻るのは、非常に曖昧で不確定な人生のそれぞれの瞬間にあるからである。ライフコースがかつてなく流動的になってくると、こうした状況に対処することを意味する儀礼の拡張を予測してもさしつかえないだろう。

われわれはライフコースとよばれているものが自然のものというより文化的な産物であると理解できるようになっている。人生とは、われわれが個人として従う処方箋でもなければ、われわれがそれに従うように社会が書いた処方箋でもない。前近代の処方箋は宗教的なものであった。近代の処方箋は社会科学あるいは医学の指示に従ったものであったが、今日では、われわれは自分自身の人生の物語をていねいに紡ぎだすよう奨励されている。しかし、この自由は非常に大きな責任をその物語にもたらす。人間は、「年齢について」考えるだけでなく、もしそうしなければ希望を失って混乱しているように見えるに違いない意味を人生にあたえながら、「年齢に応じて」思考するものであるということをわれわれは認識しなくてはならない。われわれは、自分自身の過去の文化もふくめて、ほかの文化の方法に注意深く耳を傾け、歳をとることについて語る必要がある。なぜなら、こうすることは、われわれ自身の実存的なジレンマに直面するなかから引き出すことができる、非常に貴重な知恵を生むからである。

[訳注]

*1 ハヌカー祭（Hanukkerh）――ユダヤ暦でキスレフ（Kislev）の月の25日から8日間行なわれるユダヤ教徒の祭り。これは、昔シリア王とのマカベア戦争（168-141 B.C.）に勝利したとき、汚されたエルサレム神殿を清めてふたたび神に奉納したことを記念する行事に由来する。燭台に毎夜1燈ずつろうそくをともしくわえていく。

*2 「プレ・ティーン」（pre-teen）――13歳未満の子ども。1952年頃から、とくに9歳から12歳までの子どもをさしていわれる。

➡年齢と発達

●参考文献

Ariès, Philippe. 1962. *Centuries of Childhood: A Social History of Family Life*. New York: Knopf.［Ariès, Philippe, *L'enfant et la vie familiale sous l'Ancien Regime* Plon, 1960］アリエス『〈子供〉の誕生――アンシァン・レジーム期の子供と家族生活』（杉山光信・杉山恵美子訳、みすず書房、1980年）

Brandes, Stanley. 1985. *Forty: The Age and the Symbol*. Knoxville: University of Tennessee Press.

Brumberg, Joan. 1997. *The Body Project: An Intimate History of American Girls*, New York: Random House.

Chudacoff, Howard. 1989. *How Old Are You? Age Consciousness in American Culture*. Princeton, NJ: Princeton University Press. チュダコフ『年齢意識の社会学』（工藤政司・藤田永祐訳、りぶらりあ選書、法政大学出版局、1994年、新装版2015年）

Cole, Thomas. 1992. *The Journey of Life: A Cultural History of Aging in America*. Cambridge, UK: Cambridge University Press.

Cook, Daniel. 2000. "The Rise of 'the Toddler' as Subject and as Merchandising Category." In *New Forms of Consumption: Consumers, Culture, and Commodification*, ed. Mark Gottdiener. Lanham, MD: Rowman and Littlefield.

Ehrensaft, Diane. 2001. "The Kinderdult: The New Child Born to Conflict between Work and Family." In *Working Families: The Transformation of the American Home*, ed. Rosanna Hertz and Nancy Marshall. Berkeley: University of California Press.

Gillis, John. 1974. *Youth and History: Tradition and Change in European Age Relations, 1770-Present*. New York: Academic Press. ギリス『若者の社会史――ヨーロッパにおける家族と年齢集団の変貌』（北本正章訳、新曜社、1985年）

Gillis, John. 1985. *For Better, for Worse: British Marriage, 1600 to the Present*. New York: Oxford University Press. ギリス『結婚観の歴史人類学――近代イギリス・1600年〜現代』（北本正章訳、勁草書房、2006年）

Gillis, John. 1996. *A World of Their Own Making: Myth, Ritual, and the Quest for Family Values*. New York: Basic Books.

Graff, Harvey. 1995. *Conflicting Paths: Growing Up in America*. Cambridge, MA: Harvard University Press.

Higonnet, Anne. 1998. *Pictures of Innocence: The History and Crisis of Ideal Childhood*. New York: Thames and Hudson.

Keniston, Kenneth. 1972. "Youth: A 'New Style of Life.'" *American Scholar* 39, no. 4: 631-654.

Kohli, Martin. 1985. "Die Institutionalisierung des Lebenslaufes." *Vierteljahresschrift fuer Soziologie und Sozialpsychologie* 1: 1-29.

Laslett, Peter. 1991. *A Fresh Map of Life: The Emergence of the Third Age*. Cambridge, MA: Harvard University Press.

Lowe, Donald. 1982. *History of Bourgeois Perception*. Chicago: University of Chicago Press.

Modell, John. 1989. *Into One's Own: From Youth to Adulthood in the United States*. Berkeley: University of California Press.

Myerhoff, Barbara. 1978. *Numbering Our Days*. New York: Simon and Schuster.

Myrowitz, Joshua. 1985. *No Sense of Place: The Impact of Media on Social Behavior*. New York: Oxford University Press.

Orme, Nicholas. 2001. *Medieval Children*. New Haven, CT: Yale University Press.

Pleck, Elizabeth. 2000. *Celebrating the Family: Ethnicity, Consumer Culture, and Family Rituals*. Cambridge, MA: Harvard University Press.

Robson, Catherine. 2001. *Men in Wonderland: The Lost Girlhood of the Victorian Gentleman*. Princeton, NJ: Princeton University Press.
Rothman, Ellen. 1987. *Hearts and Hands: A History of Courtship in America*. Cambridge, MA: Harvard University Press.
Scheper-Hughes, Nancy, and Carolyn Sargent, eds. 1998. *Small Wars: The Cultural Politics of Childhood*. Berkeley: University of California Press.
Sheehy, Gail. 1995. *New Passages: Your Life Across Time*. New York: Random House.

(JOHN R. GILLIS／相澤真一・北本正章訳)

ラジオ（Radio）

1930年代と1940年代には、ラジオはまだ新しいメディアだとみなされていた。当時は若い聴衆を惹きつける目的で、子ども向けの特別番組が放送されていた。こうした番組が一般的になってくると番組制作数も増加した。子どもたちやティーンエイジャーたちは、ほかの番組と同じように、子どもを特定の対象とした番組に喜んで耳を傾けた。この頃になると、アメリカの9歳から11歳の子どもたちは1日に約2、3時間、とくに夜間にラジオを聴くようになっていた。女の子は恋愛ドラマや歴史ドラマを、男の子はより大衆向けで目新しい番組を好んだが、こうした差異は両者の類似性に比べればたいした問題にはならないと結論づける研究もある。多少の違いはあるものの、どの年齢の男の子からも女の子からも好まれたラジオドラマは、コメディとミステリーであった。このように、子どもたちは大人向けのものをふくむさまざまな番組を楽しんでいた。

ほかの電子メディアと同様ラジオも、大人の世界からの懸念にみまわれた。あまりに長い時間ラジオを聴くことで子どもが受け身になり、遊ぶ意欲を失ってしまうのではないかという思いは、諸外国と同じくスウェーデンでもごくありふれた懸念であった。1940年代のスウェーデンの教師たちは、ラジオを受動的に聴くことに慣れた子どもたちによって、自分たちがたんなる「拡声器」だと思われてしまうことを不安視していた。とはいえ、ほかの電子メディアに対する反応に比べれば、ラジオはまだ比較的わずかな「モラル・パニック」しかよび起こさなかったように思われる。ラジオが教育において有用であると考えられていたことが、その理由の一部を説明してくれるであろう（このことについては以下で論じる）。

テレビが登場した1950年代のイギリスの研究者たちは、テレビによってほかのあらゆる活動以上にラジオを聴くことが減少したと結論づけていた。とはいえ、子どもたちの3人に1人は、ラジオなしではあまりに寂しいことになるだろうと答えていた。またこの研究によれば、[その時点で]テレビを数年間見ていた子どもは、テレビよりもやや多くの時間をラジオにあてていたという。これはひとつの復活であるといえ、大人たちのメディア行動にかんする報告内容とも一致していた。ラジオドラマがテレビドラマに対抗することは不可能であったが、パネルゲーム、ディスカッション、音楽、スポーツ解説といったほかの番組は、聴衆の関心を惹きつづけた。

ほかの研究も、子どもは、年齢が高まるのにつれてより多くの時間をテレビよりもラジオにさくようになるという同様の結論にいたっている。なかでもティーンエイジャーは日常的にラジオを聴くことがわかっている。研究者たちはその要因をラジオのもつ社会化効果に求めたが、その具体的内容にかんしては、これまでさまざまな説明がなされてきた。1970年代には政治的な徳に向けての社会化が重要な要素であるとされ、他方で1980年代にはラジオは同輩集団（ピア・グループ）のなかで自己形成を行なう際の源泉であるとみなされた。こうした変化は、ティーンエイジャー向けの番組内容の変化と関連しているだろう。1980年代と1990年代のティーンエイジャーがラジオでもっともよく聴いていたのは音楽であった。

教育におけるラジオ

ヨーロッパでもアメリカでも、ラジオは当初からその教育学的価値を期待された。ラジオには世界を教室へともたらす力があり、また放送される教科書として番組そのものを提示することもできた。

アメリカでは1920年代から商業放送局と教育放送局が教室での番組放送を行なうための認可を取得しはじめ、最終的には全国のネットワークが教育番組を制作するようになった。ほとんどの番組は学校の教科に沿った内容となっていたが、進歩主義的な教育観や民主主義観と内容を結びつけようとする番組も存在した。子どもたちと教師たちはラジオのおかげで、たとえば自動車や農業、科学などについてあらかじめ話をするといった仕方で、番組制作に参加することができた。親たちもラジオ受信機を学校に提供しており、この事実は学校にラジオを導入する際、ある程度まで地域とのかかわりが存在したことを示している。しかしながら、こうした観点は従来の研究では重視されてはこなかった。それどころか、アメリカの教育におけるラジオの組織化は、トップ・ダウン方式で進められたと説明されてきた。たとえば、一連の質問に答えなければならなかったのは教師たちではなく教育長であったという事実がその例としてあげられ、そうした事実が[ラジオの]導入プロセスに教師がふくまれていなかったことを端的に示しているとされた。

アメリカとは対照的に、ヨーロッパの放送システムは全国ネットワークとして組織され、国家的な価値観や美徳をそこで説くために利用することができた。放送の組織化には、社会政策や文化政策と同じく教育政

ラジオ

1937年7月、アメリア・イアハートの姪と甥は、行方不明になった叔母と彼女が乗った飛行機にかんする知らせに熱心に耳を傾けている。ほかの子どもたちも、ラジオという媒体を通じて、自分たちの家からはるか遠く離れた世界にふれていた。©Bettman/CORBIS

策にかんする論点もふくまれていた——言い換えれば、放送の組織化は福祉政策の一部となった。この文脈で子どもは特別な関心対象となった。

　北欧諸国とイギリスでは、1920年代後半から1930年代初頭にかけて、教育番組のための特別部局が組織された。これらの番組は概して、全般的なカリキュラムに即したものであった。しかしながら、スウェーデンにおける教室でのラジオ利用にかんするある研究は、通常の教科書とラジオ番組の内容とのあいだに相違があったことを明らかにしている。すなわち、ラジオ番組では同時代の進歩主義的な教育観と、同じく進歩主義的な政治観が強調されたが、当時の教科書にはまだそういった事柄はあらわれていなかったのである。シティズンシップ[*1]という新たなテーマもまた、学校向け番組のなかではとりわけ急進的な仕方で定式化された。このことが意味しているのは、ラジオで教育番組を聴き、番組について議論し、課題を行なっていた子どもたちは、伝統的な中産階級が提示する一般的なそれとは異なる社会の見方に出会っていたということである。たびたび扱われるテーマには、労働階級や下層中産階級の日常生活、健康改善の必要性、福祉制度の拡充などがふくまれていた。

　スウェーデンの教育放送は、子どもを将来の市民としてだけでなく、いま現在活躍中の市民としても扱った。子どもたちは実際の放送に参加し、スヴェン・ヘディン[*2]といった著名な科学探究者になったつもりで、みずからの社会を探検する優秀な探究者としてふるまった。さらに、これらの子どもたちに要求されたのは、進歩主義的な政策立案者の社会観にもとづく社会のさまざまな部分を表象することであった。また子どもたちは各番組の内容が文書や絵で記された番組シートがそれぞれの生徒に手渡された。子どもたちは、こうした教材によって、番組を聴く際に「リスニング・ピクチャー」（hörbilder）を制作することができるようになると考えられた。この実践が推進された背景には、人びとの考え方を変えるには、彼らの話し方を変える戦略からはじめねばならないという強い信念があった。

　スウェーデンは、アメリカとは対照的に、中央集権

的組織が存在したにもかかわらず、教師たちは教育におけるラジオの導入にたずさわっていた。彼らは、番組に対する自分たちや生徒たちの反応を報告するというかたちで調査にくわわりつづけた。積極的な教師たちは、教室でのラジオ利用にかんする年度会議への参加が求められた。そこで、教師や学校放送の主催者たちは、生徒とのコミュニケーションという点で、学者や専門家よりも小学校教師たちのほうがすぐれた能力をもっているのであるから、彼らを番組制作に参加させるべきであると主張した。

イギリスでは、ラジオの教育番組は、子どもや青年が人づきあいの問題をかかえて助言を必要としている際に影響をおよぼしうる重要な方法とみなされていた。ラジオはまた、シティズンシップという新たな観念を教えこむためにも利用された。

さらなる研究にむけて

子ども向けラジオ番組、とりわけ教育番組にかんする研究は、社会史、文化史、政治史に新たな視点をもたらしうる研究領域を提供する。こうした研究は、たとえば国連子どもの権利条約（1989年）に反映されているような、社会のなかの特別な集団としての子どもの地位やそのさらなる認知度にかんする探究を進展させるものでもある。さらに子ども向け番組は、社会における子どもの位置のみならず、とりわけラジオが社会の主要な電子メディアとしてみなされていた1920年代から1960年代のあいだの子ども期を歴史的観点から問うための素材となる。それはまた、理論的、方法論的課題をさらに発展させるのに適した分野でもあるだろう。また実際の番組だけでなく、手稿や番組シート、子ども向け放送にかかわるほかの文書などにかんする数多くの研究がある。そしてこれらの研究をとおして、ラジオに関連した子どもの読解力と理解力の調査が行なわれている。20世紀の各時期の子どもに影響をおよぼした知識と意味の体系を探究するために、こうした素材を利用することができるだろう。

[訳注]

*1 シティズンシップ（citizenship）——この概念は、それが使われる文脈によって多様なニュアンスをもつ。一般には、市民であること、あるいは市民権をもっていることの証明として「市民性」「市民権」と表記されるが、わが国など戦前の国家主義的な政治体制の下での、国家権力を背景にした上からのシティズンシップは、「臣民」と表現されたり、帝国主義を背景にしたボーイスカウトやガールスカウト運動の目的のひとつにも示されていたように、「公民」あるいは「公民教育」と表記される。アメリカの人種差別撤廃運動などの文脈では、市民として認められることによって生じる権利を含意して、「公民権」（運動）と表記される。今日では国際化と経済的グローバリズムのなかで、新たな地球市民としてのシティズンシップという概念構築の動きもある。

*2 スヴェン・アンダシュ（アンデシュ）・ヘディン（Sven Anders Hedin, 1865-1952）——スウェーデンの地理学者、とくに中央アジアなど各地の探検家として知られる。1885～86年にはペルシア、メソポタミアを旅行し、1890～91年にはメルヴ、ブハラ、サマルカンド、カシュガルなどをまわり、さらに、1893～97年にはロシアのオレンブルクからウラル山脈を越え、パミール高原、タクラマカン砂漠南辺、ツァイダム、青海からオルドスを横断、張家口をへて北京に達した。このかんとくに1899年から1902年にかけては、タリム盆地、中部チベット湖沼地方北部方面を探検し、1900年には古代都市「楼蘭」の遺跡と干上がったロプノールの湖床を発見したことから、「さまよえる湖」説を唱えたことで広く知られる。スヴェン・ヘディン『さまよえる湖』（鈴木啓造訳、中央公論新社、2001年）、『ヘディン探検紀行全集』（全15巻、白水社、1979-80年）など。

➡ メディアと子ども

● 参考文献

Christenson, Peter G., and Peter DeBenedittis. 1986. "'Eavesdropping' on the FM Band: Children's Use of Radio." *Journal of Communication* 36, no. 2: 27-38.

Cuban, Larry. 1986. *Teachers and Machines. The Classroom Use of Technology since 1920*. New York and London: Teachers College Press.

Lindgren, Anne-Li. 1999. "'Att ha barn med är en god sak': Barn, medier och medborgarskap under 1930-talet" (*"Including children is a good thing": Children, media and citizenship in the 1930s*). *Linköping Studies in Arts and Science* 205.

Paik, Haejung. 2000. "The History of Children's Use of Electronic Media". In *Handbook of Children and the Media*, ed. Dorothy G. Singer and Jerome L. Singer. Thousand Oaks, CA, London, and New Delhi: Sage.

Palmer, Richard. 1947. *School Broadcasting in Britain*. London: BBC.

（ANNE-LI LINDGREN／渡邊福太郎訳）

ラテンアメリカの子ども
(Latin America)

■概観
■植民地支配
■中央アメリカの戦争

■概観

ラテンアメリカにおける子ども期の歴史にかんする出版物は、1980年代になってようやくその起源をもつ。事実、もっとも適切な資料源は、教育とか社会福祉といった制度の発達史とか女性史のような、子ども期以外のなにかのことについてであった。皮肉なことに、政治的、経済的、そして社会的な力としての家族

の歴史的役割が、とくにアルゼンチン、ブラジル、コロンビアそしてチリなどでは持続したのに、歴史研究の主題としての子ども期は無視されたままであった。

子どもと家族

　植民地時代（1492年から1826年頃まで）以来、子どもはラテンアメリカ人口の大きな部分を占め、労働力にとって不可欠な存在でありつづけた。上記のように子ども期が学問的に無視されたことについて可能な説明のひとつは、植民地のスペインとポルトガルの法体系が、子どもの世話と養育は私的な営みであって、家族の団体的な領域に属すべきものと規定していたためとされる。その結果、歴史資料にあらわれる子どもたちが「正統な」家族のメンバーであることはめったになく、その大部分はしばしば一般階級の子どもであった。したがって、通常、研究者は、遺棄された子どもや孤児になった子ども、兵役についている子ども、「徒弟」のような職場に身を置いている子どもとか犯罪裁判所に収監されている子どもなどについて論じた。これら以外のトピックには、子どものしつけの規範的な理念、および子どもに関連する法律についての議論などがふくまれる。19世紀と20世紀初めには、研究者、立法者、そして政治家たちも、乳幼児と子どもの死亡率水準、児童労働、青少年非行、そして公教育に関連する諸問題に専心するようになった。

　歴史学的および法的な観点からみると、ラテンアメリカにおける家族は、つねに、社会の基礎単位、また、本質的に一夫一婦制を基礎にした家父長制と、再生産に焦点を置いた核心的な単位とをあらわしている。かつて存在し、いまもあるラテンアメリカの家族や世帯の形態にいちじるしい多様性があるにもかかわらず、こうした見方は、16世紀から20世紀にいたるまで変わることはなかった。家族は法律によって構成されるとする見方は、家族の絆の適法性、結婚と父権の法的定義、子孫の正統性、および家産の管理などに関心をもつエリート世界の法典化と見ることもできよう。だが、1942年以降のラテンアメリカに生まれた子どもの大多数はそうした家族に生まれ落ちていなかったというのが顕著な事実である。したがって、ある意味で、大半の子どもは周縁的な存在であり、なんらかの制度による社会統制を必要とする存在とみなされてきたのである。

　植民地時代以降の子ども期に焦点をあてためずらしい編集物のなかで、トビアス・ヘヒトは、子どもの生活と歴史は社会全体についての理解を深めるために行なわれるべきだと主張している。彼は、ラテンアメリカ史におけるおなじみの視点は、子どもたちのさまざまな経験と子ども期の概念を検討することによって、新しい光のなかで見直すことができると見ている。たとえば、彼は、大西洋の向こう側の人口の40パーセント以上をふくむ8歳から17歳までの少年たちが、被征服地で重要な役割を果たしたことを示している。さらに、ヨーロッパ人たちは、一般に、インディオたちの状態を、「潜在的には合理的な存在かもしれないが、現実にはそうではない」（ヘヒト、p. 10）子どもの状態と同じようなものと見ていた。したがって、ヨーロッパ人たちは、インディオたちがスペインの保護下に置かれるほうが好ましいと論じたのである。彼らの「子どもっぽさ」が征服者に理論的根拠をもたらした。同様に、20世紀初頭には、知識人たちは、子どもを「道徳的に放棄」しているとか、「子どもっぽい」、親としての価値がないなどとして、貧しい親たちを非難し、しばしば監護権の喪失につながる判決を支持した。

権利と義務

　ラテンアメリカにおける子ども期の定義そのものは、親と子どもが相互に相手に対して果たす義務と責任、さらに、子どもに対する国家の責任をめぐってかわされる持続的な対話を通じて、歴史的に進化した。植民地時代には、親子関係は法的に構築された家族の家父長的財産権に具現される共同家族（corporate family）のひとつの側面だとみなされていた。当時の焦点は、初期の子ども期から、分別がつく年齢と考えられていた7歳までの親の義務に置かれていた。誕生から3歳までの第1期は乳幼児期とよばれ、生母あるいは乳母から授乳される子どもで区別される。もし父親が死んだ場合、一般に、乳幼児期の子どもは母親のもとに置かれたが、これは、母親の乳が必要であったためである。4歳から7歳までの第2段階では、子どもは男の子であるか女の子であるかはあまり期待されずに、両親のもとですごした。従順さ、礼儀作法、祈りを学ぶという意味での教育が重視されていた。4歳を超えた子どもは大衆のなかに置かれる。

　この第2段階では、その子が正嫡子であると非嫡出子であるとに関係なく、食物をあたえる責任があった。彼は、子どもに食事をあたえ、衣服をあたえ、しつけを行ない、教育をほどこし、職業を選び、結婚を承認することをふくむパトリア・ポテスタス（家父権）[*1]の正統な権力をもっていた。その見返りに、子どもたちは両親に従い、無報酬ではたらくことになっていた。父親は、法律上の後継者を得るため、父親であることを認識していなくてはならなかった。そうでなければ、シングル・マザーは、パトリア・ポテスタスの法的権利が否定されていても、独力で自分の子どもを養育しなくてはならなかった。

　子どもへの義務をほとんど感じない父親は、あらゆるレベルで存在した。植民地時代を通じて、孤児になった子どもたちは、通常、祖父母あるいは両親のきょうだいたちが責任を負った。出生数の10～25パーセントと見積もられる遺棄された子どもたちも家族によって世話された。

7歳以降の子どもは理性があり、彼または彼女の行為に道徳的な責任を負うことができるとみなされていた。子どもは、勉強し、はたらき、懺悔し、**カトリックの儀礼**に従うことが求められた。少女たちにはつつましさが期待された。7歳になった幼い少年は初等学校に通うか、技能あるいは職業を学んでいる間にだれかの家で報酬目的ではたらくことができた。この年齢の少女たちは家事を手伝ったり、針仕事や刺繍を学びはじめることができ、ごくまれには聖職者や教師から読み書きを教えられていたかもしれない。子どもは10歳までは罪を犯しても法的に罰されることはなかった。家族は、罪に対するいかなる罰も引き受けた。10歳以降の少女と少年は別々に眠らなくてはならなかった。植民地法によれば、少女は12歳で、少年は14歳で、それぞれ結婚することができた。
　7歳以降の子どもの労働は価値があると考えられ、判事たちは、報酬を受け、自由労働によって搾取されないようにするには7歳以降の孤児の権利を重視した。しかし、この年齢にふさわしい労働がどのような種類であるか、子どもは何時間ぐらいはたらくべきかといった問題について、具体的な議論はまったくなかった。18世紀になって子どもの**遺棄**水準が高まるのにともなって、国家が影響をおよぼしはじめた。19世紀になると、母親たちが子どもの監護権と家父権についての議論をはじめたが、成功をおさめることはめったになかった。
　18世紀後半と19世紀初期には、教育を重視することとならんで、青年期をふくむ子どもの傷つきやすさを重視し、純真無垢さを配慮する子どもの保護という倫理観があらわれた。19世紀初め、多数の慈善協会はカトリックの教会あるいは世俗の友愛組合とつながっていたが、政府は**孤児院**と救貧院を設け、遺棄された子どもたちを支援しはじめた。メキシコでは、苦境期の家族は、数週間あるいは数カ月のあいだ子どもを孤児院に「遺棄」し、その後、その家族がより多くの財源をもつことができれば返還を申し出た。年長の子どもたちの場合、彼らがしばしば徒弟として里親制度に送り出されるまでとどまっているところでは、ワークハウスの役割を果たした。
　青年期の概念と、12歳から19歳までの年齢の子どもがどのように扱われるべきかについての特別な概念は、19世紀後半のラテンアメリカにおけるダイナミックな経済的および社会的発展と結びついていた。この発展は、平均余命を拡張し、長期化された学校教育に依存する雇用機会の拡大を産みだした。たとえば、急速に都市化する共同体で発達したサーヴィス業務の大きな部分は、とくに子どもたちと女性にとっては、新しい雇用の重要な供給源であった。
　19世紀後半までに、公民の責任感を推進する手段としての教育という**啓蒙思想**の教育観にもとづいた言説は、罪を防ぎ、罪を犯した者を罰しようとする意志である刑罰意識の高まりに例示された。子どもの保護に焦点を置くイデオロギーは、秩序と社会統制に心を奪われることになった。19世紀の法律は、規則に従わず放浪する若者を、社会にとって潜在的に危険だと見ていたため、遺棄されたり孤児になった子どもたちを社会統制することを目的にしていた。ブラジルでは、子どもは危険で、罪に向かう傾向があるという意味をふくむ言葉として「未成年者たち」（minors）といわれはじめた。1830年のブラジルの刑法は、7歳から14歳までの子どもは、もし判事がその子どもが男女ともその罪を理解できると決定すれば、投獄できると規定した。同様に、1890年の刑法は、義務、善と悪、そして行為がもたらす結果を受けとめる能力についての意識と関係する責任感を重視した。こうした種類の重視は、子どもの責任感のレベルを決定するのは年齢よりも学校教育なのだということを暗黙裏に主張するものであった。

教育

　20世紀の最初の数十年をへるまで、教育の定義は、本質的に、「労働」と同一であった。大部分の「教育」は、**徒弟制度**あるいは特殊な仕事というかたちをとった。下層階級の青年にとって、こうした「教育」は、しばしば、貧しい家庭で育った年少の子どもが家事や仕事につくために、もっと上層のエリート家族に送りこまれる、一種の子ども循環（child-circulation）によってもたらされた。20世紀初めまでに、14歳以下の子どもの労働形態と労働時間を制限し、子どもを対象にした学校教育を特別に補強するさまざまな努力がなされた。ブラジルの1890年の刑法は、9歳以下の子どもは、犯罪行為を行なうことは精神的にできず、9歳から14歳までの子どもは、もし自分が犯した罪を理解できているなら投獄することができると明記している。
　19世紀後半と20世紀初期における子どもの高い死亡率は、規則に従わない子どもたちの犯罪の可能性が法律家たちの心を奪いつづけたが、議論を子どもの保護という問題に戻すのに役立った。立法者たちは、ふたたび未来を開く鍵としての子ども期に焦点を合わせた。知識人たちは、子どもに投資することに言及し、子どもを保護することによって社会は保護されると主張した。
　それにもかかわらず1920年代には、ブラジルとチリでは、「未成年者たち」に対処する**少年裁判所**が創設された。立法者たちは、非行少年を更生させたいと望んでいたが、教育を「危険な道具」とみていたため、優先的に教育をほどこそうとはしなかった（ヘヒト、176ページ）。教育は犯罪行為の防御であり、「未成年者たち」を有益な労働者に仕上げるには、最低限の教育をあたえるのが望ましいという認識があった。立法者たちは、扱いやすくてよくはたらくようにもなる教

育のある国民をどのように作るかという課題を論じあった。法律が周縁的な子どもに焦点をあてたために、立法者たちはすべての子どもが受けられる良質な教育の国策を展開することについては考えなかった。このため子どもたちは、社会政策という点で周縁に置かれつづけ、依然として法と秩序の脅威になるとみられていた。

7歳から14歳までの子どもを対象にした強制的な学校教育は、破壊的な国民に対する社会統制の必要をふたたび感じたことが主要な動機であったのだが、20世紀の最初の数十年にラテンアメリカの大半で制度化された。それにくわえて、多数の中産階級の家族は、教育が子どもの生活や経済的な選択を改善してくれるとは思えなかった。ほとんどの国で、就学率と**識字能力**（リテラシー）は改善されたが、児童労働は多くの家族と子どもたちの心のなかで、学校教育と激しくせめぎあいつづけている。最低限の収入しかない家族は、しばしば子どもたちの賃金を家族の生き残り戦略にとって不可欠だと見ている。いくつかのラテンアメリカ諸国の観察者たちは、人生段階としての子ども期は、子どもたちの大半から否定されていると主張している。しかし、貧しい子どもが体験する子ども期は、エリートの子どもが体験するそれとは違っていると考えるのがより正確かもしれない。

➡子ども期の社会学と人類学、児童労働（発展途上国）、ブラジルの子ども

●参考文献

Blum, Ann. 1998. "Public Welfare and Child Circulation, Mexico City, 1877 to 1925." *Journal of Family History* 23, no. 3: 240-271.

Hawes, Joseph M., and N. Ray Hiner, eds. 1991. *Children in Historical and Compararative Perspective: An International Handbook and Research Guide*. New York: Greenwood Press.

Hecht, Tobias, ed. 2002. *Minor Omissions: Childen in Latin Americal History and Society*. Madison: University of Wisconsin Press.

Kuznesof, Elizabeth. 1991. "Sexual Politics, Race, and Bastard-Bearing in Nineteenth-Century Brazil: A Question of Culture or Power." *Journal of Family History* 16, no. 3: 241-260.

Kuznesof, Elizabeth. 1997. "Who Were the Families of 'Natural' Children in 19th Century Rio de Janeiro, Brazil: A Comparison of Baptismal and Census Records." *The History of the Family: An International Quarterly*. 2, no. 2: 171-182.

Kuznesof, Elizabeth. 1998. "The Puzzling Contradictions of Child Labor, Unemployment, and Education in Brazil." *Journal of Family History* 23, no. 3: 225-239.

Mezner, Joan. 1994. "Orphans and the Transition to Free Labor in Northeast Brazil: The Case of Campina Grande, 1850-1888." *Jounal of Social History* 27, no. 3: 499-515.

Salinas Meza, Rene. 1991. "Orphans and Family Disintegration in Chile: The Mortality of Abandoned Children, 1750-1930." *Journal of Family History* 16, no. 3: 315-329.

（ELIZABETH ANNE KUZNESOF／北本正章訳）

■**植民地支配**

ジルベルト・フレイレ[*2]は、1946年の古典的な研究書『大邸宅と奴隷小屋――ブラジルにおける家父長制家族の形成』（*The Masters and the Slaves*）において、彼が植民地社会の中核とみていた家父長制のプランテーション世帯について、ブラジルの社会秩序の形成を、彼が「家庭内の物語」とよんだ概念によって跡づけた。フレイレにとって子どもと子ども期は、この家庭内の物語と、それを拡大して、ブラジルの文明と精神（プシケ）形成の中心をなすものであった。このため彼は、子育て習俗、成人儀礼、教育、**セクシュアリティ**、そして社会化などの問題にかなり注意をはらっている。

フレイレのこの著作は、ブラジルの標準書のひとつとなったが、未来の歴史研究の論題を提示していたわけではなかった。歴史学者がためらいながらも、ラテンアメリカにおける子ども期の歴史に取り組む第一歩をふみ出したのは、ようやく1990年代末になってからであり、しかもその大半は19世紀と20世紀に焦点をあてたものであった。植民地時代のアメリカにおける子どもと子ども期にかんする調査不足は、このトピックの総合的な概観を得ようとするあらゆる試みを困難な、ときには危険でさえあるものにしてしまう。したがって、ここでの書き出しは、このトピックの包括的な概観を示すというよりはむしろ先行研究のなかで新たにあらわれつつある主題のいくつかを強調することにしよう。

植民地時代のラテンアメリカにおける複数の子ども期

もし、［実態としての］子どもたちと［理念としての］子ども期が、文化的にも歴史的にも堅固に構築されてきたものであったとするなら、われわれとしては、植民地時代のラテンアメリカでは、だれが子どもであり、どのように子ども期が定義され、識別されたか、と問うことからはじめるのがよかろう。性、階級、皮膚の色などで階層化されている社会では、このような疑問に答えることは基本的に、若者たちのジェンダー、社会的地位、人種、そして自由な身分かそれとも隷従させられている身分かといった法的地位に左右される。たとえば少女は、身体的にも社会的にも少年より早く成熟に達すると考えられており、多数の目標のために、早い年齢で法律上の成人になることが許されていた。他方、少女は本来的に堕落しやすいともみられていたため、慈善的な支援は少年の場合よりも広範囲にわた

り、ひんぱんに、いっそう包括的であった。同時に、子ども期の定義と経験は、必然的に社会階級に応じて決まる。その適例として、**相続法**と両親の権威の発揮を支配した法律上の成人については、拡大解釈がある。スペインの法体系によれば、成人年齢は25歳であり、未婚の子どもは、法律上の諸目的のために、その父親が生きているかぎり親の権威の恩恵を受けた。同様に、18世紀後半の結婚に関する勅令は、白人あるいはスペイン人と認められる将来の花嫁と花婿は、21歳までは両親から結婚の同意を得なくてはならないと規定している。

このような引き延ばされた法的未成年者は、資産家族の出身者、あるいはスペイン人と認定された者たちのような、植民地社会のかぎられた階層のあいだでしか関係をもたなかった。貧民、非白人、そして奴隷身分の者たちは、これとはまったく違った年齢配列が適用された。たとえば、北部のニュー・スペイン*3の洗礼記録にかんするチャンタル・クラモーゼルの調査研究は、捕まえられて奴隷にされた10歳以上のインディオの子どもたちが成人として分類されたことを示している。これに対して、レナート・ヴェナンキオは、18世紀と19世紀のブラジルの人口調査は、3歳以上の奴隷の子どもたちをその職業とともに記録していたことに注目している。このような行政的な指示がどのように実践に移されていたかを述べるのはむずかしい。はっきりしているのは、おそらく、自由な植民地市民の日常生活でもっとも広く観察される指標は、6歳あるいは7歳になったかどうかということである。年少の子どもは有益な仕事ができるとみなされ、しばしばはたらきに出るのはこの年齢であった。

だが、このことは、庶民と奴隷には子ども期がなかったと言おうとしているのではない。多数の社会で歴史的に見られたように、植民地時代のラテンアメリカでは、子ども期と労働は相互に排除しあうものとは定義されていなかった。実際、アメリカ先住民のいくつかの文化では、子ども期は、現実的には労働という言い方で定義されていた。インカやメキシコでは、子どもは家族、共同体、そして政府の生産的なメンバーとみなされただけでなく、実際に彼らが実践できる仕事に応じて年齢集団ごとに分類された。貧民と非白人の場合、子ども期は期待感やそれと結びついた活動という点で、大人からそれほど明確に区別されることはなかった。このことは、植民地時代のイベロ=アメリカでは、単一の普遍的な子ども期の経験よりもむしろ社会集団を横断して多様化する「子ども期」が存在したことを示唆している。

このような多様な子ども期の特徴は、いまようやく解明されはじめたばかりであるが、いくつかの観察が可能である。もちろんその第1は、大部分の子どもの経験にとって労働は中心をなすもので、その例外は特権的な少数者の息子と娘であった。20世紀初めのメキシコシティやブエノスアイレスで社会批評家たちの注意を集めたのは、年少の子どもたちが工場ではたらいていたはるか以前、植民地時代のラテンアメリカの子どもたちが有用な家事労働、手職労働、そして農業労働などに従事していたことであった。裁判記録や人口調査のような記録資料で確認された子どもたちの日常生活を一瞥するだけでも、彼らが、家畜の見張り、編みもの、農業仕事、あるいは植民地の各都市の劣悪なパン焼き場での仕事に忙殺されていたのがわかる。植民地時代は、未成年の子どもたちが早い年齢から世帯経済に貢献するよう期待されていたかぎりにおいて、今日のラテンアメリカにおける低収入層における子ども期の経験と意味の前例を示している。

子どもの循環

子ども期のもうひとつの側面は、多数の未成年者が、産まれた世帯の外で育てられていたという事実である。**捨て子施設への子どもの遺棄**が広く見られたことは、この現象のもっとも明白な側面である。多数の貧しい子どもは、親族以外の保護者の家庭でアグレガドス（*agregados*、付添人）として、あるいはクリアドスまたはコンチャボス（*criados* or *conchabos*、使用人）として暮らしていた。彼らの存在は、非公式に里親に預けること、**養子縁組**から**徒弟制度**、家事労働にいたるまで、広範囲にわたる仕事の手配によって特徴づけられた。こうした未成年者たちの経験は、直系親族のかぎられた空間で暮らしていたエリートの子どもたちの経験とは対極にあった。親族以外の保護者の監督下で暮らしたり下宿することは、多くの未成年者にとって唯一の教育手段としての役割も果たしていた。

いくつかの例のように、両親は自分で育てることができなかったり、育てるつもりがなかった子どもを自発的に放棄した。子どもの循環は、子育てすることが植民地社会で貧窮化した大多数の者に課されえた重荷であることを映し出している。それはまた、非嫡出子が植民地社会のいたるところでその土地固有のものである場合でさえ、いくつかの社会集団では婚外出産に付随する恥辱を反映している。ほかの例では、ニュー・スペインのような辺境社会では、原住民たちとの執拗な戦争は、現地の子どもたちに活気のある交流を提供した。おそらくそれ以外の場所でも、最終的に、戦利品として子どもを売買することは、その両親が道徳的、民族的あるいは経済的に不適当だとみなされ、地域の当局者による貧しい子どもたちの常習的な誘拐に対する抑制力を失っていた。

子どもを循環させるこうした無数の形態は、農業経済、手職業および都市の世帯における未成年者の労働者としての価値を反映している。クリアドス（使用人）という子どもの経済的な役割は、奴隷が希少であったり、ふつうの世帯にとって高価でありすぎた地域ではとくに重要であったようである。しかし、生家で

はない家に未成年者がいることは、その労働価値を超えた意味があった。こうした子どもたちは、しばしばその保護者の後継者になったのだが、これは、この習俗が親族関係の構築をはかるうえで重要であったことを示唆している。また、子どもたちは、植民地社会の基盤になっていた後援者のネットワークでは一種の通貨のようなものであった。マリア・マンナネッリは、17世紀のリマで、遺棄された子どもたちが、引きとられたそれぞれの世帯内で、あらゆる社会階層、民族、人種集団の個人とどのように結びついていたかを示している。さらに、年少のクリアドスの子育ては、多くの個人が他者の被保護者、被扶養者、および使用人として勤めていた社会で特別な意味を得ていたかもしれない。「あどけない子どもの頃」から彼または彼女を育て上げることよりも、生涯にわたって従属者の忠誠を保障する、よりよい方法とは何であろうか？ まさにこれは、あらゆる社会階級の世帯が、現在の労働だけでなく、生涯にわたって扶養する見通しも視野に入れつつ、親のいない、遺棄され、孤児になった、貧しい、非嫡出の幼い子どもたちを被扶養者として育て上げようと模索していることなのである。

子どもと帝国政府

　イベリア半島の政府は、とりわけ帝国の最初の数世紀には、青少年問題への関心はかぎられていた。市民法は、相続者としての幼い子どもの権利には関心を示していたが、そうした問題は、大多数の幼い子どもたちにとっては、あきらかにほとんど関係がなかった。子どもの健康と労働、子育て習俗と教育、矯正施設の開発と保護法などに対して、広範かつ潜在的にかつて以上に干渉主義的な取り組みが全面的に展開されるのは、ようやく19世紀と20世紀初めになってからであった。しかし、スペイン政府よりもポルトガルの政治権力のほうが児童福祉への目配りと、なんらかの政治目的で子どもを利用することとの両方で積極的であったのは確かなようである。たとえば、ポルトガルとブラジルでは、遺言確認判事（*juiz de órfãos*、ジュイス・デ・オルファオス〔孤児の裁判官〕）の重要な役割は、その名前が示しているとおり、共同体の**孤児**たちの福祉を監督することであった。スペインあるいはスペイン語圏のアメリカには、そうした公的機関はひとつもない。ポルトガルの王家も、遠く離れた帝国を植民地化するために孤児を利用する制度を実行に移した。将来の研究は、子どもに対するスペインとポルトガルの対照的な制度の印象を説明することとならんで、それを確認する必要がある。

　18世紀になると、スペインとポルトガルの王家はどちらもそれまで以上に大きな関心を児童福祉に示しはじめた。彼らが新しく発見した関心は、国家の富に向かう人口成長の意義、慈善と教育への**啓蒙思想**の関心の集中、そして、子どもとその福祉を近代性と同一視することなどについての信念と一致していた。一連の帝国主義的傾向は、孤児になった子どもや遺棄された子どもたちの法的および社会的な状況を改善し、啓蒙思想の近代化の精髄ともいうべき捨て子収容施設を地域全体に広めた。**孤児院**は、すくなくとも17世紀初めには散発的に設立されたが、18世紀末には植民地の都市の中心部で急増し、これは、植民地時代と共和制時代のラテンアメリカの子どもたちに向けられたもっとも明白なイニシアチブとなった。また、これらは顕著な持続性をもっていた。その多くは20世紀に入っても機能し、チリのサンチアゴの孤児院は21世紀初めでも機能しつづけている。捨て子収容施設とその被保護者たちは、彼らが作り出した証拠書類のために、ラテンアメリカの子ども期について、もっともよく研究された側面である。

子どもと子ども期の象徴的な意義

　子ども期は、植民地社会で重要な象徴機能をもっていた。子ども期というレンズをとおして、政治的な権威ばかりでなく、文化的な出会い・支配・融合といったことが表現され、理解された。たとえば、先住民についてのヨーロッパの解釈は、子どもと子ども期の近代初期の概念を通じて屈折している。アメリカ・インディアンについては、その批評家たちも擁護者たちもともに、彼らのことを子どものようなとか、子どもっぽいと表現した。先住民たちは、批評家たちがあげつらっているように強情であったり言うことをきかないか、擁護者たちがそれに反論しているように純真無垢なまま汚されていないかのどちらかであれ、両親の専制的な手引きと保護を必要とした。一方では、現地生まれの子どもたちは、先住民をキリスト教徒にし、文化化しようとする宣教師たちの取り組みの典型的な対象になった。アメリカ・インディアンの成人が未開状態にしがみついている者としてしばしばしりぞけられたのに対して、その子どもたちは素直で信仰を受け入れることができるとみなされた。

　また、子どもたちは、異種族混交（*mestizaje*）すなわち人種の混合過程と象徴的に結びつけられた。もともとはニュー・スペインで描かれた、異種族混合を絵画で表現した18世紀のピンチュラス・デ・カスタス（*pinturas de castas*、汚れなきものの絵）は、異なる人種や民族的アイデンティティをもつ二人の親が、彼らの結びつきの所産である人種が混じった（*casta*）子どもといっしょに描かれている。子どもは、こうした表現物のなかでは、人種と文化が混じりあった具体的な化身となった。このような結びつきは、キャンバス以外の公的な言説でも明白である。ビアンカ・プレモが指摘したように、ブルボン家[*4]の注釈者たちは、無秩序と危機、**非行**と犯罪を、都市の混血児たちにだけでなく、とくに混血の若者たちにも結びつけた。しかし、混血夫婦の子孫が危機を体現する化身であった

としても、ほかの文脈では、彼らは社会-人種的な秩序を強固にする可能性を体現した。キャスリン・バーンズは、16世紀のスペイン領クスコの草創期の父親たちが、自分の（スペイン人とインディとのあいだの）混血の娘たちの文化化にどれほど特別な注意をはらっていたかを立証している。スペイン化した妻、母親、使用人そして修道女として幼い混血児を育てることは、都市におけるスペイン人の血統と主導権を再生産するうえで非常に重要だと考えられた。クスコの混血児たちの経験は、人種が混じりあった子どもたちの社会的な役割と象徴的な意義が、どのように深く生み出されたか——実際、一般に、社会的構築物として、また社会的な経験としての子ども期がどのように生み出されたか——も明らかにしている。

最後に、イベロ＝アメリカの政治権力そのものは、家族関係を基盤にした支離滅裂なアナロジーで理解された。国王は、その家来である子どもたちを導く父親であり、市民法の特徴である父親の権威の原理である「家父長」は、政治秩序の組織原理であった。したがって、19世紀初めの独立闘争が、植民地が成熟し、大きくなった政治的未成年状態からみずからを解放しようとする、成年になる過程に対応する比喩で示されたのであった。

➡ブラジルの子ども

● 参考文献

Burns, Kathryn. 1999. *Colonial Habits: Convents and the Spiritual Economy of Cuzco, Peru.* Durham, NC: Duke University Press.

Cramaussel, Chantal. 1995. "Ilegítimos y abandonados en Ia frontera norte de Ia Nueva España: Parral y San Bartolomé en el siglo XVII." *Colonial Latin American History Review* 4: 405-438.

Dean, Carolyn. 2002. "Sketches of Childhood: Children in Colonial Andean Art and Society." In *Minor Omissins: Children in Latin American History and Society*, ed. Tobias Hecht. Madison: Uni- versity of Wisconsin Press.

Del Priore, Mary. 1999. *História das crianças no Brasil.* Sáo Paulo: Editora Contexto.

Freyre, Gilberto. 1933, 1946, 1956. *The Mansions and the Shanties: A Study in the Development of Brazilian Civilization.* New York: Knopf. ジルベルト・フレイレ『大邸宅と奴隷小屋——ブラジルにおける家父長制家族の形成』（上・下）（鈴木茂訳、日本経済評論社、2005年）

Hecht, Tobias, ed. 2002. *Minor Omissions: Children in Latin American History and Society.* Madison: University of Wisconsin Press.

Kuznesof, Elizabeth Anne. 1998. "The Puzzling Contradictions of Child Labor, Unemployment, and Education in Brazil." *Journal of Family History* 23: 225-239.

Lavrin, Asunción. 1994. "La niñez en Mexico e Hispanoamérica: Rutas de exploracióon." In *La familia en el mundo iberoamencano*, ed. Pilar Gonzalbo Aizpuru and Cecilia Rabell. Mexico City: Universidad Autonoma de Mexico.

Lipsett-Rivera, Sonya, ed. 1998. Special Issue on Children in the History of Latin America. *Journal of Family History* 23, no. 3.

Lipsett-Rivera, Sonya. 2002. "Model Children and Models for Children in Early Mexico." In *Minor Omissions: Children in Latin American History and Society*, ed. Tobias Hecht. Madison: Uni- versity of Wisconsin Press.

Mannarelii, María. 1993. *Pecados públicos. La ilegitlmidad en Lima, siglo XVII.* Lima: Ediciones Flora Tristin.

Marcflio, Maria Luiza. 1998. *História social da criança abandonada.* São Paulo: Editora Hucitec.

Meznar, Joan. 1994. "Orphans and the Transition to Free Labor in Northeast Brazil: The Case of Campinas Grande, 1850-1888." *Journal of Social History* 27: 499-515.

Milanich, Nara. 2002. "Historical Perspectives on Illegitimacy and Illegitimates in Latin America." In *Minor Omissions Children in Latin American History and Society*, ed. Tobias Hecht. Madison: University of Wisconsin Press.

Premo, Bianca. 2002. "Minor Offenses: Youth, Crime, and Law in Eighteenth-Century Lima." In *Minor Omissions: Children in Latin American Histoyy and Society*, ed. Tobias Hechet. Madison: University of Wisconsin Press.

Twinam, Ann. 1999. *Public Lives, Private Secrets: Gender, Honor, Sexuality, and Illegitimacy in Colonial Spanish Amenca* Stanford, CA: Stanford University Press.

Venancio Pinto, Renato. 1999. *Famílias abandonadas.* Sáo Paulo: Papirus Editora.

（NARA MILANICH／北本正章訳）

■中央アメリカの戦争

中央アメリカの大半を長期にわたって特徴づけていたのは、貧困、領土拡張熱、そして政治的抑圧であった。こうした社会病理の多くは、飢え、非識字、伝染病、そして不適切な住宅・公教育・健康管理などに苦しむこの地域の多くの子どもたちに、不均衡に影響をおよぼす。子どもたちは、家計収入の助けとなるために、しばしば早い年齢からはたらく。とくにエルサルバドル、ニカラグア、グアテマラでは、貧困、社会的不平等、閉鎖的な政治過程などが抵抗運動をひき起こし、その反動として、政府と経済エリートによる抑圧をひき起こした。こうした軋轢は、1970年代と1980年代を通じて、全面的な内戦へと発展した。ゲリラ軍と好戦的な大衆運動は、直接、専制的な政府に異議申し立てをし、1979年のニカラグア反革命ののち、サンディニスタ政府[*5]を排除しようとした。

子どもたちは、貧困に苦められるのと同じように、政治的な暴力にも苦しめられている。ユニセフは、1995年に、現在の戦争では兵士よりも多くの市民の子どもたちが殺されており、世界のすべての難民の半

数は子どもであると報告している。これは中央アメリカにもあてはまる。中央アメリカでは、1980年代にエルサルバドルの人口の30パーセントをふくむ数百万人もの市民が家をたちのかされた。中央アメリカ人権委員会（CODEHUCA）は、戦争が子どもたちにおよぼす直接の影響として、死と住居からの排除にくわえて、永続的な傷、家屋と土地の破壊、そして家計収入の喪失などをあげている。戦争そのものも多数の子どもに心理的なダメージをあたえる。たとえば、何人かの研究者は、難民の子どもたちの絵には、兵士、飛行機、そして死体などが目立つと指摘している。エルサルバドル、グアテマラ、およびニカラグアでは、1970年代と1980年代の政治的暴力によって生じた心理的、経済的および文化的なダメージは、戦争が公的に終結した後でも継続した。何人かの研究者は、1990年代の中央アメリカの多くの地域で青少年の暴力とギャングが増加したのは、内戦によって生じた社会的断層、経済的困窮、そして暴力に対する感覚の麻痺のためであると見ている。

　子どもに犠牲を強いることは、政治的な意味づけ無しにはなされえない。中央アメリカのさまざまな政党は、憤りの矛先を自分たちを傷つけてきた敵にふり向けるために、苦しんでいる子どものイメージを利用した。しかし、子どもたちは、政治的な暴力の受動的な犠牲者になっていただけではなかった。この地域の子どもは、世界のほかの地域と同じように、7歳あるいは8歳という若さで政府軍にも抵抗軍にもくわわっていた。政府が否定するにもかかわらず、国際的な監視者たちは、しばしば強制的に徴兵された15歳以下の少年たちが、エルサルバドルとグアテマラの軍隊で任務についていたことを確認した。

　多数の少年と少女たちも、戦闘員として、また少女たちの場合には伝令とか見張りとして、ゲリラ活動に参加していた。しかし、こうした子どもの大半は自発的にくわわっていた。とくに、紛争が生じている地方では、抵抗軍にくわわることは、市民生活の危機にとってしばしば好ましいことと見られていたようである。ゲリラ軍にくわわることは、保護と食糧だけでなく、社会的な支援組織、教育、そして尊敬を得ることもふくめて、さまざまな恩恵をもたらしたからである。さらに、多数の年少の子どもは、家族、人種、あるいはその地域に特有の忠誠心、イデオロギーと宗教的信念あるいは個人的な暴力体験などにもとづいて政治的な抵抗に深くかかわっていると感じていた。

　年少のゲリラ兵は、その活動のなかでしばしば他者から尊敬と愛情を受けたが、専制的な政府は彼らを法と秩序に対する勝手気ままな敵対者とよんでいた。若者と政治的対立という結びつきは、とくにニカラグアやエルサルバドルでのように、若者も潜在的な破壊分子であり、それゆえ政府が報復する合法的な標的とみなされるといった雰囲気をもたらした。ニカラグア人たちは、たとえば、1979年のアナスタシオ・ソモザ大統領の失脚までの抑圧的な時代を思い起こして、しばしば、「それは、若者が負うべき罪なのだ」と主張する。

　要するに、1970年代と1980年代を通じて、中央アメリカにおける一般大衆の認識は、子どもを内戦の主要な犠牲者としてだけでなく、英雄的な戦士、危険な破壊分子、能動的な要員としても理解していたのである。このような戦闘の担い手という側面が、一般に、子どもの政治参加のすべてを非難する人道主義的な団体や学者から認識されることはめったになかった。彼らの批判者たちは、子どもは決して人に犠牲を強いる存在ではなく、もっぱら自分が犠牲者になりうる存在であって、ただ命令にしたがって行動し、決して演技者ではないという前提をうのみにしているのである。このような前提は、子どもを保護する重要な努力を支援したが、同時に、子どものニーズ、興味、そして能力などについて、さらには子ども期の本性そのものについてさえ、その文化的および歴史的に狭められた見解を補強することにもなった。別の言い方をするなら、中央アメリカの子どものイメージと経験は、ヨーロッパで主流となっている、純真無垢、無知、そして大人世界の道徳的および政治的な軋轢から引き離しておく時期としての子ども期という見解への異議申し立てをしているといえよう。

［訳注］
*1　家父権（*patria potestas*）――ローマ法で、家長権・家父権・父権。ローマ人の家族の家長がもつ支配権のこと。家族の財産所有権は独占的に家長にあたえられ、家族の一員が得た財産は家長の財産となり、家長以外の者が自分自身の権利によって取引行為を行なうことはできない。

*2　ジルベルト・フレイレ（Gilberto de Mello Freyre, 1900-1987）――20世紀ブラジルの代表的な文化人類学者、社会学者、歴史家、ジャーナリスト、政治家。植民地時代のブラジルのプランテーションにおける家父長制の家族生活と社会構造を描いた『大邸宅と奴隷小屋』（*Casa-Grande and Senzala*, 1933, 1946；鈴木茂訳、日本経済評論社、2005年）は各国で翻訳され、注目を集めた。

*3　ニュー・スペイン（New Spain）［ヌエバ・エスパーニャ］――西半球の旧スペイン領の国々と地域のことで、一時はブラジルを除く南アメリカ、中央アメリカ、メキシコ、西インド諸島、フロリダとミシシッピ川から太平洋岸までの北アメリカの南部をふくんでいた。

*4　ブルボン家（Bourbon）――フランスの王家で、1589-1792年、1814-30年にフランスを、1700-1931年にスペインを、1735-1806年、1815-60年にナポリを、それぞれ支配した。

*5　サンディニスタ政府（the Sandinista Government）――ソモザ（Somoza）大統領を倒して1979年に樹立された革命政権。ニカラグアの左翼武装革命組織であ

るサンディニスタ民族革命戦線（Fretne Sandinista de Liberación Nacional）が作った政府。

➡少年兵（世界的な人権問題）、戦争と子ども（20世紀）

●参考文献

CODEHUCA n.d. *Los niños de la década perdida: Investigación y análisis de violaciones de los derechos humanos de la niñez centroamericana*（1980-92）（*The children of the lost decade: Investigation and analysis of violations of human rights of Central American children*（1980-92）) San José, Costa Rica: CODEHUCA.

Marin, Patricia. 1988. *Infancia y guerra en El Salvador*（*Childhood and war in El Salvador*）. Guatemala City: UNICEF.

Peterson, Anna L., and Kay Almere Read. 2002. "Victims, Heroes, Enemies: Children in Central American Wars." In *Minor Omissions Children in Latin American History and Society*, ed. Tobias Hecht. Madison: University of Wisconsin Press, 215-231.

UNICEF. 1995. *Annual Report*. Paris: United Nations Children's Fund.

（ANNA L. PETERSON／北本正章訳）

ラテン語学校（Latin School）

　ラテン語学校という用語は、ヨーロッパ史全体を通じて見られた教育の選択肢の多様性を網羅している。現代では、アカデミックな教育タイプを提供する中等学校のことを言いあらわす用語として、イギリスにおいてのみ存続している。かつてのラテン語学校は、ヨーロッパ大陸ではドイツ語圏とスカンディナヴィア諸国での近代的な**ギムナジウム**に、またフランスでは**リセ**に発展し、あるいは19世紀を通じて中等教育におけるほかの形態に置き換わった。

　ラテン語学校は、その起源を中世にもっている。当時は、読み書きができる人びとは支配的な聖職者であり、彼らは宗教上の典礼を果たすためにラテン語を知らなくてはならなかった。もともとラテン語学校は、司教座聖堂の分会、修道会、教区、あるいはその他の少年聖歌隊や、教会と政府の典礼を行なうように定められている未来の聖職者たちの宗教団体などによって設置された。ほぼ14世紀以降、世俗権力は宗教界に従った。国王、王子、地方地主あるいは町議会は、その臣下たちのよりよい教育のために、知的技能の発達のために、そして、その行政の支えを提供するために、ラテン語学校を設立したのであった。1500年頃、ラテン語学校あるいは文法学校（グラマースクール）は、スコラ学者とよばれた聖職者の下に、あるいはしばしば宗教委員会の支配を受けていた世俗の校長の下に、ヨーロッパのいたるところに存在した。生徒は独占的に男子だけであり、その大半は6歳から18歳までで、この年齢は入学年齢と個人の学業の成績に依存していた。

　近世には二つの大きな発展——**識字能力**（リテラシー）の広まりと、教授組織の差異化——が、中等学校としてであれ、あるいは高等教育の第一段階としてであれ、拡張しつつあった教育制度におけるラテン語学校の位置を決定した。都市化するヨーロッパ社会において識字能力がきわめて一般的な必要条件になってくると、その土地の日常語で識字能力や算術を教える初等学校が設立されたり、ラテン語学校から分離した。それ以降、ラテン語学校は古典語、すなわちラテン語と、人文主義が勃興したのちにはギリシア語をもっぱら教育した。ラテン語がヨーロッパの学問世界のリングア・フランカ（共通語）[*1]であったため、多くの生徒にとってラテン語学校は大学への第一段階であった。大学は、19世紀末にいたるまで、一般に18歳から24歳までの男子の2パーセント以下の少数のエリートのためのものであったが、ラテン語学校はこの数倍の生徒を教えていたかもしれない。この人数は、大きな文化的中心地においてさえ依然として少数の若者の比率でしかなかったが、ラテン語学校はラテン語を基礎にした教育を、富裕なエリートに提供していた。

学級の誕生

　15世紀初頭になると、繁栄していたオランダのハンザ同盟の都市ツヴォレとデヴェンターの校長であったジョーン・シール（Joan Cele, 1417-）が新しいカリキュラムを導入したとき、歴史的な変化が生じた。そのカリキュラムは、個人の進歩に報償をあたえるかわりに、成績水準を、祭式規定書（オルド）とよばれた八つのグループ、あるいは第8学級（最低）から第1学級（最高）まで、番号をつけて学級（class）に区分した。カリキュラムの固定部分はどの学級にも割りあてられた。教科には、文法、詩、修辞法あるいは雄弁術、そして弁証術（これはラテン語学校がしばしば三学学校（Trivial school）とよばれた結果、学芸学部の古い三科（*trivium*）を構成した）をふくみ、高等レベルでは、論理学、道徳哲学、そして物理学、幾何学、音楽および地理学をふくむ四科（*quadrivium*）の要素をふくんでいた。それぞれの成績水準に合わせて特別な作家たちが選定された。何世紀にもわたってもっとも広く活用されていたのは、（エラスムスの『対話集』のような、いくつかの新しいラテン語の著作物とならんで）おそらくラテン語では、キケロ、カエサル、オヴィディウス、プリニウス、サルスティウス、テレンティウス、ヴェルギリウス、そしてホラティウスであり、ギリシア語では、クセノフォン、ホメロス、そして演劇作家たちであった。

　印刷術のおかげで、デスパウテリウス[*2]のラテン語文法書のような標準的なテキストが本物のヨーロッパのカリキュラムだと考えられていた。社会的なふるまい方について書かれたエラスムスの『対話集』（『少年礼儀作法論』*De Civilitate moreum puerilium*）は、

1530年にその初版のラテン語版がバール市（現在のバーゼル市）で出版されて以来、ヨーロッパ各地でテキストとして用いられ、無数の版を重ね、数カ国語に翻訳されたものであるが、これは永続性のあるヨーロッパの礼儀作法書として注目された［同項の図版を参照］。多数の人文主義者が、エラスムスの教育を大いに賞賛するか厳しく非難するなどした。デヴェンターの著名なアレクサンドル・ヘギウス*3の下で研究していたエラスムスは、当時の学校教師の衒学趣味と、少年たちの知性におよぼす学校制度の平準化の二つともをしりぞけた。やがて、フランスのユグノー派の信徒であったペトルス・ラムス*4による非常に実際的な弁証法の教授方法の改善のような、重要な改革が提案された。

授業料と寄宿制

新しいラテン語学校は数千人の生徒を引きつけ、急速に北ヨーロッパに広まった。集まった生徒たちは、16世紀まで放浪者のようにぶらついていた。フランソワ・ラブレーの『パンタグリュエル』（1532年）や、バール（現在のバーゼル）出身のプラッター家の少年たちの日記は、ル・ロワ・ラデュリがその著書『乞食と教授』のなかで描いているように、こうした移動しつづける青年たちの世界に対するすばらしい洞察をあたえてくれる。これは16世紀に変化した。多数の生徒たちが遠くから来ていたため、学校の外に、あるいはラテン語学校を寄宿学校に変えるなどして、下宿屋が建てられた。これらの建物は、フランスでは学寮（コレージュ）とか寄宿学校（パシォナ、*pensionnats*）とよばれ、イングランドでは**パブリックスクール**（これは、1382年にウインチェスターに設立されたのが最初であった）とよばれた。これが15世紀末にパリのモンテギュー学寮（Montaigu College）に導入された後は、新しい団体組織は「パリ・スタイル」として知られるようになった。ローマのイエズス会派のコレッジ（Jesuit college）がカトリックのモデルになったことにみられるように、イエズス会の命令によって、このスタイルはポルトガルからリトアニアにいたるカトリック世界にあっというまに広まった。神聖ローマ帝国ではコレッジよりも通学学校のほうが人気を保っていたが、この寄宿学校は、ストラスブール*5（ヨハン・シュトルム、1507-89）とジュネーヴ（ジョン・カルヴァン、1509-64）をへて、プロテスタント世界にも達した。やがて物質的な必要性から、寄宿学校は若者の道徳教育の教育手段へと発展した。18世紀になると、寄宿学校に在籍することは上層階級の地位の要素のひとつとなった。年少の少年たちは、この親密な共同体のなかで、社会的な判断力、よい礼儀作法、そして集団的な価値観に同化し、支配階級の男性ネットワークに入っていくために効果的に準備させられていた。

もともと学校教師は、教えることがパートタイムの仕事でしかなかった教会の役員であった。ラテン語学校の専業の教師は、しばしば教養科目を独学で学んでいた。プロテスタントのヨーロッパでは、18世紀を通じて教える仕事は、それ自体が完全な専門職になるまで、聖職者の代替的な仕事になってきた。そのようにして教える仕事は適当な訓練と試験（ヨーロッパにおけるそうした組織的で義務的な専門職試験として、フランスでは教授資格認定試験［アグレガシオン］*6が1766年に制度化され、今日でもまだ続いている）を必要とした。カトリック諸国では、新しい宗教体制（イエズス会、オラトリオ会、ピアリスト会*7）が若者の教育に邁進し、膨大な数のラテン語学校を設立し、あるいは継承した。イエズス会は、学事規則（*ratio studiorum*, 1599）*8を作成し、その寄宿学校では授業と道徳教育を結びつけ、学校演劇を発展させ、生徒たちのあいだに競争意識を高める教育を導入して大いに効果を上げた。これは、自力達成の利点を重視する、ハレ*9のフランケ*10による『教育学』（*Paedagogium*, 1696）の例にあるように、プロテスタント諸国においても模倣され、ヨーロッパ中に広まった。

16世紀から18世紀にかけて、どの町にも大小さまざまなラテン語学校が設立された。授業は無償ではなかったが、学校は広く寄付金を得たため、授業料は適度な額となり、給費制度もあった。ラテン語学校は、基本的に、貴族層よりも下の社会的エリートの再生産に貢献したが、同時に才能のある貧乏な生徒たちが学問のある専門職に這い上がっていくのも可能にした。いくつかの国では、この時期の初期に、学生たちが自活していくために教会で賛美歌を歌い、路上で物乞いをするのを公的に認めていた。

カリキュラムと改革

学校は、理想的には人文学の六つの階梯［grade level］（すなわち「学級」［classes］）をもっていた。二つまたはそれ以上の、大学なみの最上級の学級は、コレージュ・ド・プレイン・エグゼルシス（*collèges de plein exercice*）とかギムナシア・アカデミカ（*gymnasia academica*）のような、より規模の大きな学校においてのみ設けられていた。しかし、どの水準も、学則と生徒の能力に応じて、約1年以上の学習課程を必要とした。学則はきわめて多種多様であったが、宗教的および国家的な統一に向かう傾向が見られた。ドイツではアビトゥア*11（1788年）とよばれ、フランスではバカロレア*12（1808年）とよばれる試験が標準化され、最終的にこれが大学に入るための正式の前提条件とされた。

ラテン語学校のカリキュラムは、ギリシア語というスパイスが少しくわえられたものの、ほとんどがラテン語の習得を中心に展開した。ラテン語は教育言語であった。ラテン語による雄弁術、詩歌、そして弁証法

が古典教育の道具と理想を形成した。そして、生徒たちはお互いにラテン語で話しをするよう求められていた。古典の修辞学を模倣することが古典の価値観を生徒たちに伝えることになると考えられていた。言語の明瞭さは思想の明瞭さとつりあった。しかし、キリスト教の価値観がたえず干渉した。教会への列席と教理問答の教授は義務であった。イエズス会は、宗教的な学校集会を促進し、プロテスタントは敬虔さ、雄弁さ、そして博識の統合を強く唱道した。近代語*13は、学校時代を終えてから、あるいは18世紀に盛んになった私立学校のようなほかの学校で学ばなくてはならなかった。チェコの亡命主教ヨハン・アモス・コメニウス（1592-1670）は、彼が著した教科書『言語入門』（Janua Linguarum）と『世界図絵』（Orbis Sensualium Pictus）によって、多言語の視覚的な教授方法を導入しようと試み、かなりの成功をおさめた。自然科学と数学は基礎学級でのみ教えられたが、18世紀の諸改革以前には一般化されていなかった。

18世紀後半を通じて、ラテン語学校の改革は、ヨーロッパのどこでも国家的な課題になってきた。それは教育制度についての啓蒙改革にふくまれていたが、これは、正しく市民を教育することは国家の責任であるという確信から発したものであった。文化エリートと熟練を積んだ官僚は、秩序のある国家を支える二本柱であった。新しい能力主義的な理想が古い社会秩序を掘りくずし、自力達成の道具としての教育の力を強めた。18世紀なかばから末期にかけて、ヨーロッパの大半の国々からイエズス会を排除しようとしたことは改革を切迫感のあるものにしたが、急進的な施策は、アンシァン・レジーム時代の諸制度を一掃した大革命を俟たなくてはならなかった。ラテン語学校は、19世紀初頭の王政復古期*14の後、新たな勢いを得て、ヨーロッパ各地にふたたびあらわれ、学校が依然としてその設立時の法律にしばられていたイギリスを除いて、新しい秩序に適応したカリキュラムをしばしば準備した。しかし、こうして再登場したラテン語学校も、いたるところで近代化の圧力にさらされることになり、しだいに、わたしたちが今日知っているような近代語や数学カリキュラムをもつ、新人文主義*15的なギムナジウムや中等学校にとって代わられた。

[訳注]

*1 リングア・フランカ（共通語）（Lingua franca）——東地中海で展開されるイタリア語、フランス語、ギリシア語、スペイン語などの混成語。または混成語による共通語。

*2 デスパウテリウス（Johannes Despauterius, c.1460-1520）——フランドルの文法学者。宗教改革以前では彼が著したラテン語文法書（Syntaxis, Ars versificatoria, Grammatica pars prima）は、スコットランドなどで広く流布していた。

*3 アレクサンドル・ヘギウス（Alexander Hegius, c.1433-1498）——ドイツの人文主義者。アグリコラとケンピスに学んだ後、オランダのデヴェンターに移り住み、ラテン語学校を開設して、エラスムスなど多くの知識人を輩出した。

*4 ペトルス・ラムス（Petrus Ramus, 1515-72；本名Pierre de La Ramée）——権威よりも理性を重んじる論理科学の改善を唱道してアリストテレス学派を激怒させ、その著作は焚書になった。しかし、枢機卿によってコレージュ（College de Presles）の学長に任命され、講座が設けられた。やがてプロテスタントに改宗し、1572年のサン・バルテルミの虐殺（Massacre de la Saint-Barthélemy）で命を落とした。

*5 ストラスブール（Strasbourg）——フランス北東部、ライン川に近い都市で、Bas-Rhin県の県都。有名なノートルダム大聖堂がある。

*6 教授資格認定試験［アグレガシオン：agrégation］——アグレガシオンは1766年に登場し、フランス革命によって廃止されたが、1808年に復活したあと、しだいに整備拡張され、今日では2年に一度行なわれる国家試験として各種の教育機関における教授・教育資格試験制度となっている。1821年に文学、文法、科学の三つの専門分野が定められ、1828年にはこれに哲学、1830年には歴史地理、1840年には数学、物理がそれぞれ新たにくわえられていった。今日では学問の細分化と、教育機関の多様化によって資格試験も多様化している。

*7 ピアリスト会（Piarists）——聖ヨゼフ・カラサンティウス（St. Joseph of Calasanza）によって1597年に創立された聖職者修道会。創立時にヨーロッパ初の小学校をローマに開設して以来、年少の子どもの初等教育を主要な目的にしている。この会のラテン語名 Regulares pauperes Matris Dei scholarum piarum (= Poor Regulars of the Mother of God for Schools of Piety) の最後の語 piarum にちなんで Piarist と名づけられた。

*8 学事規則——正式名称は「イエズス会学事規則」（Ratio atque Institutio Studiorum Societatis Jesu）。

*9 ハレ（Halle）——ドイツ北西部の都市で、プロテスタントが多かった。

*10 フランケ（August Herrmann Francke, 1663-1727）——ドイツの敬虔主義運動の指導者、教育家。学校や孤児院の設立など精力的な慈善活動で知られる。

*11 アビトゥア（Abitur）——アビトゥアはラテン語の abiturium（立ち去ること、卒業すること）に由来する。ドイツのギムナジウムの卒業試験で、これに合格すれば大学入学資格が得られる。現在の試験科目は最低でも6科目、最高で12科目で、通常は12～13年間の就学期間のあと、筆記試験と口述試験が課される。その成績によって各大学が選考し、個別に入学資格をあたえ、応募者が多いときは待機期間に選抜試験を行なうこともある。

*12 バカロレア（Baccalauréat）——1808年にナポレオン・ボナパルトによって導入されたフランスにおける大学入学資格を得るための統一国家試験。進路に

よって一般バカロレア、専門バカロレア、工業バカロレアの3種類があり、一般バカロレアはさらに理系（Scientifique-S）、文系（Littérair-L）、経済・社会系（Economique et Sociale-ES）に分かれている。
* 13 近代語（modern languages）——現在のヨーロッパで使用されている言語で、とくに学校、大学などの教育機関で教えられている外国語や文学部門で教えられている言語。広義にはラテン語とギリシア語以外のフランス語とドイツ語などの言語。
* 14 王政復古期——フランスの場合、1814年から1830年までの時期。
* 15 新人文主義（Neo-humanism）——20世紀初頭のアメリカで、P・E・モア（Paul Elmer More, 1864-1937）やI・バビット（Irving Babbitt, 1865-1933）らが主唱した哲学・文芸運動で、近代的な科学万能主義を否定し、ルソーの自然回帰的なロマン主義にも反対し、主体的な人間がもつ倫理や意志を重視する、古典主義への回帰をめざすところに特徴がある。

➡エラスムス、貴族の教育（ヨーロッパ）、教育（ヨーロッパ）

●参考文献
Ariès, Philippe. 1962. *Centuries of Childhood: A Social History of Family Life*. Trans. Robert Baldick. New York: Knopf. アリエス『〈子供〉の誕生——アンシァン・レジーム期の子供と家族生活』（杉山光信・恵美子訳、みすず書房、1980年）
Chatellier, Louis. 1989. *The Europe of the Devout: The Catholic Reformation and the Formation of a New Society*. Cambridge, UK: Cambridge University Press.
Davis, Robin. 1967. *The Grammar School*. Harmondsworth, UK: Penguin.
Grafton, Anthony, and Jardine, Lisa. 1986. *From Humanism to the Humanities. Education and the Liberal Arts in Fifteenth- and Sixteenth-Century Europe*. Cambridge, MA: Harvard University Press.
Heafford, Michael. 1995. "The Early History of the Abitur as an Administrative Device." *German History* 13: 285-304.
Houston, Robert A. 2002. *Literacy in Early Modern Europe: Culture and Education 1500-1800*. Harlow, UK: Longman.
Huppert, George. 1984. *Public Schools in Renaissance France*. Urbana: University of Illinois Press.
La Vopa, Anthony J. 1988. *Grace, Talent, and Merit: Poor Students, Clerical Careers, and Professional Ideology in Eighteenth-Century Germany*. Cambridge, UK: Cambridge University Press.
Le Roy Ladurie, Emmanuel. 1997. *The Beggar and the Professor: A Sixteenth-Century Family Saga*. Trans. Arthur Goldhammer. Chicago: Chicago University Press.
O'Day, Rosemary. 1982. *Education and Society, 1500-1800: The Social Foundations of Education in Early Modern Britain*. London: Longman.
Roach, John. 1986. *A History of Secondary Education in England, 1800-1870*. London: Longman.
Tinsley, Barbara Sher. 1989. "Johann Sturm's Method for Humanistic Pedagogy." *The Sixteenth Century Journal* 20: 23-40.

（WILLEM FRIJHOFF／北本正章訳）

ラ・レーチェ・リーグ（La Leche League）

1956年、7人の女性がラ・レーチェ・リーグを組織し、伝統的な母乳哺育と自然分娩を擁護した。このリーグは、イリノイ州シカゴ郊外のフランクリン・パークの小さなディスカッション・グループからはじまって急速に発展し、1981年までには4000もの支援団体から支持を受けた。月刊ニューズレターを発行し、電話ホットラインを設置するにいたった。グループは、何百万部にもおよぶ書籍、リーフレット、1958年に初版が発行されたベストセラー『だれでもできる母乳育児』（*Womanly Art of Breastfeeding*）などの販売を通じてそのイデオロギーを推奨していった。

リーグの創始者たちは、乳児と幼児は母親がいつもいっしょにいることを求めているとの信念をもった白人の、中産階級に属するカトリックの女性たちであった。「母乳哺育によるよき育児」というリーグのイデオロギーは、徹底した母親中心の家事と育児を奨励することをめざしていた。このイデオロギーは、20世紀の家族生活を大きく変化させた二つの社会展開——すなわち、出産と乳幼児発達の医療化と、仕事に従事する母親の増加——に対抗するものであった。

20世紀初頭以降、幼児を養育する営みはしだいに科学的調査の対象となった。1890年までに、食品製造業者は、母親による母乳の代替品としてさまざまな成分からなる乳児用調合乳を開発し、1920年代までに、市販用のベビーフード缶詰がアメリカの消費者に受け入れられていった。医者や科学者たちは、たとえば、幼児用調合乳をあたえる前後に幼児の体重測定を行ない、厳格なスケジュールにしたがって食事をあたえる手のこんだ乳児哺育の普及をはかるための指導書や雑誌を通じて、こうした幼児食の利用を世間に広めていった。乳幼児は、母乳哺育が行なわれたとしても、3カ月から7カ月目までに幼児用調合乳によって離乳させられていた。アメリカにおける母乳哺育率は、20世紀初頭には一般的に見られた状況であったのに比べ、リーグが創設された1950年代までには、約20パーセントにまで落ちこんでいた。

出産もまた、しだいに医学の領域に属するようになり、母親たちは家庭分娩よりも病院分娩を選ぶようになった。1900年には95パーセントの出産が家庭で行なわれていたのに対して、1940年には50パーセントの女性が、そして1950年代までには約95パーセント

の女性が病院出産を選択し、多くの出産に際して、鉗子(かんし)、鎮痛剤、その他諸々の処置がほどこされた。

母親業の伝統的なスタイルに異議申し立てをする第2の力は、家庭外に仕事を求める母親たちが増加していったことである。1950年代までに、6歳以下の子どもをもつ多くの母親たちがはたらくようになり、1970年代以降はさらに多くの幼児をもつ母親たちも労働力となった。

母性をめぐる科学的・医学的権威に対するリーグの異議申し立ては、何千人もの女性たちと共鳴し、1970年代に高まった女性の健康運動の先鞭となると同時に、幼い子どもの母親たちが家庭外ではたらくことについても疑義をはさむようになった。リーグは、母親がずっと家にいることが子どもにとって最善の利益なのだと論じながらも、実情を容認してはたらく母親たちが乳児に母乳哺育をするよう助言と奨励を行なった。母乳哺育率は、1970年代までに上昇しはじめ、1980年代なかばには60パーセント相当まで近づき、21世紀になる頃には67パーセントになった。21世紀を迎えたとき、ラ・レーチェ・リーグには世界中の3000以上の母乳哺育支援団体を毎月支援し、母乳哺育情報センターを運営している。

➡母親業と母性
● 参考文献
Apple, Rima. 1987. *Mothers and Medicine: A Social History of Infant Feeding, 1890-1950*. Madison: University of Wisconsin Press.
Blum, Linda M. 1999. *At the Breast: Ideologies of Breastfeeding and Motherhood in the Contemporary United States*. Boston: Beacon Press.
Torgus, Judy, and Gwen Gotsch, eds. 1997 [1958]. *The Womanly Art of Breastfeeding*, 6th rev. ed. Schaumburg, IL: La Leche League International. ラ・レーチェ・リーグ・インターナショナル『だれでもできる母乳育児』改訂版(メディカ出版、2000年)
Weiner, Lynn Y. 1994. "Reconstructing Motherhood: The La Leche League in Postwar America." *Journal of American History* 80: 357-1381.

● 参考ウェブサイト
La Leche League International. 2003. Available from 〈www.lalecheleague.org〉

(LYNN Y. WEINER/佐藤哲也訳)

卵子提供(Egg Donation)

卵子提供はまず、卵子提供者(egg donor)と卵子受容者(egg recipient)の月経周期を人工的に合わせることからはじまる。次いで、ホルモン注入により提供者の複数排卵をうながし、同時に受容者に対しても子宮内膜の発達をうながす措置を行なう。その後、提供者の卵子を小さな手術針で取り出し、試験管内で受精を行なう。数日後、受精に成功した卵子を受容者の子宮へと移すことで完了する。卵子提供による世界最初の出産は1984年オーストラリアで報告されており、アメリカでは1994年までにすくなくとも750件が確認されている。一般的に卵子提供がなされるのは、卵子受容者が不妊症であり、かつ(男性)配偶者(パートナー)と遺伝的に関係のある子どもの出産を望む場合、もしくは、妊娠したにもかかわらず、その継続が不可能となり、受精卵を代理母の子宮へと移す場合である。

精子提供による出産件数と比べて卵子提供による出産件数は圧倒的に少ないにもかかわらず、ヨーロッパ諸国とアメリカでは、卵子提供に対してより厳格な規制がかけられている。精子提供には一般的に報酬の支払いが認められているが、卵子提供については、たとえば、イギリスでは、女性の生殖能力の悪用を防止するため、卵子提供に必要となった時間と費用に対する補償以上の金銭の支払いは法律で禁じられている。しかし、貧しい国々、たとえばブラジルでは、卵子提供の対価として生殖技術へのアクセスが提供されている。卵子提供に対する報酬支払いを禁止することが生殖能力の悪用から女性を保護することになるかどうかは自明ではないが、精子提供よりも卵子提供のほうが、健康にかんするリスクと身体的・精神的な負担が大きくなるのは確かである。卵子提供にはさまざまな措置が必要となるため、感染症や不妊症の危険をともない、ホルモン注入は複数の種類のガンにかんして、その発症リスクを高める。また卵子提供者は提供前に行動・知能・能力にかんするさまざまなテストを受けさせられ、ホルモンの注入と手術はきわめて不快な副作用をひき起こす可能性がともなう。

卵子提供をめぐって幅広く論議の的となっているのは、非白人の受容者が白人の卵子提供者から選択的に卵子を受けとっている場合である。白人の受容者が、提供者リストを調べ上げ、金髪碧眼、運動神経抜群、大学院卒業の卵子提供者に対して莫大な金額を支払うという事実には大きな批判がなされていないにもかかわらず、非白人の女性が白人の提供者を選択するという明白に優生学的な行動に対しては、比較にならないほど強い怒りがよせられている。閉経後の女性に対する卵子提供にかんしても論争が起きており、国によっては法律で規制されている。たとえば、2000年にイタリアでは、閉経後の女性への卵子提供は医療機関の自主規制によって禁止されており、オランダでは卵子受容が可能なのは、平均的閉経年齢である44歳以下の女性に限定されている。卵子提供によって多くの国では母性、親族関係の規範が異議申し立てを受けている一方、法的規制や世論によりこの新たな生殖技術が禁止され、逆に女性に母としての役割を求める規範が強まる結果にもなっている。

典型的に、卵子提供者は精子提供者とは異なり、匿名ではない。卵子提供の募集は、新聞広告やeメール

を通じて行なわれることもあるが、卵子受容者とそのパートナーの家族や友人から選ばれることが多い。人類学者のゲイ・ベッカーによれば、卵子受容者とそのパートナーは、卵子提供者に対して「母」としての地位は断固として認めてはいないものの、なんらかの仕方で自分たちの家族の一員として結びつきを形成しようと努力を行なっている。またベッカーの指摘によれば、受容者は子どもとの親子関係において、遺伝的なつながりよりも妊娠と出産にもとづく生物学的つながりを重視し、卵子提供という人工的な措置の「自然化」を試みている。ほかの新たな生殖技術と同じように、卵子提供と親族関係、母性、ジェンダーにかんする文化的観念に光をあて、時には異議申し立てをし、さらにいくつかの方法で、それを補強する。

➡産科学と助産術、人工授精（AI）、代理母出産、妊娠と出産、排卵誘発剤、養子縁組（アメリカ）

●参考文献
Becker, Gaylene. 2000. *The Elusive Embryo: How Women and Men Approach New Reproductive Technologies*. Berkeley: University of California Press.
Meyer, Cheryl L. 1997. *The Wandering Uterus: Politics and the Reproductive Rights of Women*. New York: New York University Press.

（LARA FREIDENFELDS／山口理沙訳）

離婚と監護権（Divorce and Custody）

離婚にともなう子どもの監護権の歴史は、子ども観の変化と夫婦関係の進化とを映しだしている。子どもは、植民地時代と共和制の初期を通じて、その労働が自分の両親とほかの大人にとって有益な経済資産と見られていた。こうした初期の時代には、世帯の長としての父親は、結婚生活と、めったに起こらない離婚という事態の両方で、監護権と自分の子どもの支配に対する完全な権利を保持した。19世紀を通じて、労働者としての子どもの価値は減少し、かつてなく大きな重点が子どもの養育と教育に置かれた。子どもの最善の利益という法的概念が提案され、この規準の下で、母親は、あどけない子どもの情緒と養育のニーズによりよくこたえられる親として支持を得た。こうして、母親は、ますます一般的になる離婚という事態にともなって、監護権をめぐる争いで父親をしのぐようになる傾向があった。20世紀末と21世紀初めになって、女性と男性が法の前で対等な地位をめぐって争うようになると、いまや一般化した離婚という事態において、ふたたび父親が支持を得た。子どもの最善の利益が何であるのかについて、もはや明確な規準はなく、子どもの監護権にかんして、裁判官の権力の多くをしだいに心理学の専門家たちが奪うようになった。

植民地時代と初期共和制期──1630-1830年

近代において、子どもの監護権は、離婚という文脈で自動的に考察の対象になり、実際、20世紀の後半にさしかかると、それは監護権をめぐる論争の圧倒的な大多数の者にあてはまる状況になった。しかし、アメリカの歴史のもっと早い時期には、監護権の問題はほかの出来事との関係できわめてひんぱんに表面化していた。すなわち、父親あるいは両親の死、子どもを養育する両親の不適格さ、あるいは財政的無能、そして非嫡出子の誕生といった出来事がそれである。これらの出来事とともに、だれが監護権をもって子どもを支配すべきかについてもちあがった主要なふたつの考察事項は、子どもの労働価値と、子どもを適切に扶養したり監督する大人の能力とであった。寡婦たちは、もはや子どもを扶養することができなかったため、監護権を失った。孤児院や正式の養子縁組が整備される以前には、通常、そうした子どもは、子どもの労働奉仕とひきかえに養育してくれる別の家に徒弟に出されるか、「放り出される」かした。婚外出生した子どもは、フィリウス・ヌリウス（*filius nullius*）［だれの子でもない子ども］として知られ、町の救貧法当局がその子を家から外に出す権限をもった。

結婚生活の内側では、子どもの監護権と支配に対する完全な権力をにぎったのは父親であった。既婚女性は、慣習法のもとでは、その夫のアイデンティティと権威でおおわれる、保護された女性（*femme couvertes*）［文字どおり「おおわれた女性」］だと考えられていた。父親は、母親の同意がなくても、賃金稼ぎのために子どもをはたらきに出したり、別の家に徒弟に出すことができた。離婚という非常にめずらしい状況では、通常、父親は監護権と支配に対する法的権限を維持した。

離婚する権利は、植民地時代のアメリカでは一様に確立されていなかったため、離婚にともなって監護権が決定された例はほとんどなかった。たとえば、サウスカロライナでは、1868年になってはじめて離婚が認められた。ニューヨークとヴァージニアなどの植民地は、完全な離婚は教会の専決事項であって、しかもそれが認められることがめったになかったイギリスの伝統に従っていた。イギリス法は、1753年まで、いかなる結婚も破壊されないとする教会法の原則を保持していた。ニューイングランドでは、離婚法はもう少しリベラルであったが、それは、結婚が民事法廷と議会の管轄権にふくまれるためであった。州政府は、神の法であると考えられていたものにしたがって、結婚している当事者のどちらかが基本的な義務を怠ったことが証明されれば、離婚（とともに再婚する権利）を認めた。離婚にいたる通常の理由は、姦通、義務の不履行、そして、政府が決めた一定の時間におよぶ失踪などであった。

もっとも離婚を起こしやすかった二つの州（マサチューセッツとコネティカット）については、これまで

かなりひんぱんに調査されてきた。これらの州の離婚記録のもっとも重要な側面は、子どもがまったく考慮されなかったことである。どの訴訟でも、裁判所が子どもの最善の利益を話題にしたり、実際に、子どもの福祉になんらかの関心を示すことはまったくなかった。

19世紀以前に子どもの監護権をめぐる議論が欠如していたことについては、すくなくともふたつの互いに矛盾しない説明が可能である。その第一は、母親たちが自分には子どもの監護権を得る機会がまったくないと思いこんでおり、このためそれ以上訴訟を進めようとさえしなかったからであった。父親だけが子どもの監護権と支配権を得たが、それはあらゆる形態の財産を手に入れることになっていたのが父親であったためである。実際、女性たちのなかには、夫が子どもたちをつれさるのをおそれて離婚を避けたという逸話的な証拠がある。フィラデルフィアの名門の出身であったナンシー・シッペン・リヴィングストンは、夫が彼の家で育てるために赤ん坊を彼女の手からむりやり奪い去ろうとする結婚生活に耐えていた。彼女はニューヨークに住んでいたため、州議会における個別的法律案*1によってのみ離婚することができたが、それは悪評のたつむずかしいやり方であった。彼女は、議会への訴訟を申し立てるために勇ましい弁護士アーロン・バーを雇おうと考えたが、自分が離婚訴訟に勝っても夫が完全な監護権を得るだろうから、ふたたび子どもに会うことはできなくなると理解したとき、闘う意欲を失ってしまったのであった。

自分には子どもに対する法的権利がまったくないのだという妻たちの思いは、イギリスの先例によって補強された。レックス対デ・マネヴィル訴訟（1804年）では、ある母親は、申し立てによると、残忍な夫から逃れたが、王座裁判所*2のエレンバラ卿は、父親がその子の監護権に対してもっている優先的な権利を重視して、「その子がまだ母親に抱かれる乳飲み子」であったにもかかわらず、父親の手に戻した。

監護権をめぐる論争が、なぜ植民地時代に欠如していたかについての二つめの説明は、しばしば母親たちが闘わずして子どもの監護権を得ていたためであった。女性は、不倫または夫の義務の不履行によって離婚が認められることがもっとも多く、父親が手もとに置いている子どもを放棄することはあまりなかった。流動的で膨張しつづける植民地時代のアメリカでは、父親は、きわめて多くの場合、新しい機会を求めて「西部へ移って」いったものの、家族をよびよせることはできなかった。おそらく、多数の見すてられた妻たちがそれを法廷に訴えることはほとんどなかったであろう。

19世紀

子どもの法的および社会的な地位は、新しい共和国の最初の世紀のあいだに変容した。労働力が不足する経済において、その手助けとしての子どもという植民地時代の子ども観は、子どもがもはや法的に父親や親方の完全な支配下に置かれる使用人のような存在ではなくなり、自分自身の利益を考える存在であるとみなすロマン主義的で感情的な子ども観にとって代わられたのである。しだいに、このような関心は、子育てをする母親と同一視されるようになった。

この変化の理由は複雑で、親の側の教育と感情の投資を、子どもたちがかつて親に向けて示していた経済価値に置き換える、成長しつつあった中産階級の文化を反映している。19世紀なかばに新たに登場してきた女性解放運動も、女性の権利のためのキャンペーンの重要な項目として、子どもの監護権に対する権利を要求した。この優先権は、1848年の「セネカ・フォールズ代表者会議における権利と意見に関する宣言」(the 1848 Seneca Falls Convention Declaration of Rights and Sentiments) からの、女性解放運動の礎石となる文書で次のように述べられている。

> 彼［立法府と司法の家父長制］は、女性の幸福ということにかんしてはなんら考慮せず、離婚法がどこまで適切な理由にもとづくものであるかを立案したり、別居の場合、子どもの保護権をだれが担うかを立案した――この法律は、あらゆる訴訟において、男性の優位性という誤った前提に立ち、全能の力を男性の手にあたえている。

監護権をめぐる論争が19世紀に増大したのは、ほぼまちがいなく次のような傾向を反映していた。それは、離婚が増大したことと、監護権を定めている法律が不確実であることの二つである。離婚は、ほとんどの州で容易に達成することができるようになり、19世紀後半になると、多くの人びとがこの新しい機会を利用した。アメリカ国勢調査局の研究は、離婚が急速に拡大するパターンを明らかにしている。1867～1871年には5万3574件の離婚があったのに対して、1887～1891年には15万7324件と、ほぼ3倍になった。離婚件数のおよそ40パーセントには子どもがかかわっていたが、別の20～40パーセントには、子どもがいたのかいなかったのかについては不明である。これらの数値は、別居しても決して離婚しなかったカップルについては説明していない。離婚に大きな恥辱を浴びせる社会では、おそらく別居したカップルは、法律的に離婚に決着をつけたカップルよりはるかに多いであろう。

裁判官たちは、父親の慣習法上の権利を適用するか、子どもの最善の利益という非常に近代的なルールを適用するかで迷いつづけた。しかし、結局、趨勢は子どもに味方した。子どもの最善の利益は、とりわけ子どもが非常に幼い場合とか少女である場合には、しだいにその子どもの母親に結びつけて考慮されるようになった。裁判所が、乳幼児と年少の子どもをその母親の

手にゆだねる裁定をくだすこうした傾向は、後年、いとけない年齢の子どもに対する原則（テンダー・イヤー・ドクトリン、the tender year doctrine）として知られるようになった。4歳の少年をその母親にゆだねることを裁定するなかで、検察に代わる（People ex rel.）シンクレア対シンクレア訴訟において、法廷は次のように述べている。

> 自然は、乳幼児がいとけない年齢にあるあいだ、それを養育し、世話をすることを母親に委譲しており、この時期に、あらゆる現実的な目的のために、特別な環境下に置かれていないかぎり、そうした世話は、ほとんどもっぱら母親にゆだねられる。人生のこの時期に、彼女自身が適切な人物であり、子どもに対する責務を十全に果たすことができる場合、夫の優先的な権利に対抗するものとして、幼い子どもの世話と監護権を妻に委譲することを、法廷は躊躇せず裁決するものである。

母親が不適切だとみなされると、いとけない年齢の子どもをその母親の手にゆだねるという発達原則に対するほとんど普遍的な例外が生じた。19世紀には、母親のおかげだと考えられる非常に高い道徳水準は、判事たちが、子どもの監護権をめぐる議論において母親たちを肯定的に見るようにさせたが、それは、もし母親たちが伝統的な道徳規準からはずれれば、判事たちが母親たちに激しい反感をいだくことを意味した。女性たちが子どもの監護権をもっともひんぱんに失う原因になった二つの逸脱行為は、姦通と、判事たちの考えでは、たいした理由もなく夫のもとを去ることであった。

20世紀初期

1890年という年は、しばしば、改革の気運が高まった進歩主義時代の幕開けの年として記されるが、この年、アメリカでは3万3461件の離婚があった。改革の時代が終焉する1920年には、離婚は16万7105件にのぼった。地方の記録がしばしば不完全であったり喪失していたりしたため、これらの数は正確ではないかもしれないが、それでもこの数字は、離婚を経験したカップルの数がいちじるしく増大したことを物語っていよう。離婚したカップルのすべてに子どもがいたわけではない。実際、こうした離婚者に子どもが関与したのは50パーセント以下であった。しかし、離婚によって親を失った子どもの人数は、死別によって親を失った人数にはじめて接近しはじめた。さらに、無数の両親が、離婚することなどまったく望んでいないのに、単純に子どもを見すてたり、多くのカップルが離婚せずに別居した。

裁判所と議会についていえば、かつては離婚という事態はめずらしかったが、いまではふつうにみられるようになった。子どもの監護権は、もはや素人にはわかりにくいものではなく、めったに行使されない法律分野でもなくなり、監護権の決定によって無数の子どもとその両親の人生が影響を受けるようになった。こうした現実は、以前にはその先例がほとんどなかったために、父親が監護権の恩恵を受けずに子どもを扶養する義務のように、19世紀にはじまった傾向を加速させた。司法当局はなおも、離婚しているカップルのあいだの私的なもめごとを解決する規則を開発するよう主導したが、州議会はそうした規則をしだいに成文化し、しばしば裁判所の自由裁量の余地をせばめるようになった。

ハーモン夫妻（ハーモン対ハーモン［1922年］）の判例は、「狂乱の1920年代」[*3]の変化しつつあった社会意識をかいま見せてくれ、女性の性的なふるまいがもはや監護権の完全な障害ではなくなったことを暴露している。カンザス市の二組の既婚のカップルであるハーモン夫妻と無名の夫婦は同じ社交サークルで知りあい、深夜のドライブをいっしょにしたり、自由な時間の多くをいっしょにすごす親友になった。ある日、ハーモン氏は、妻のハーモン夫人が相手のカップルの夫と不倫しているのを発見した。そこでハーモン氏は、彼女は、彼女の親といっしょに暮らすために実家に戻り5歳の娘の監護権を放棄すべきだと主張した。双方の男性は、彼女に罪があり、条件付きの監護権を認める同意書に署名させた。

その後、ハーモン氏は妻の姦通を理由に離婚訴訟を起こし、娘の監護権を請求した。裁判所は、この姦通が相手の夫にそそのかされたものであることを認めた。「彼（ハーモン氏）は、（妻の）［ほかのカップルに比べても］異常な親密さ、打ち解けぶり、奔放なふるまいが度を超えて長く続いており、それがやがて破滅に到ることに気づいていたはずである」。裁判所は、ハーモン夫妻に離婚の否定を追認し、娘に対する母親の監護権を暫定的に認めたが、その理由は、「被告人が一時的に自分の愛人に夢中になってしまったことを除けば、彼女はよい母親であった」からであった。

ほかのいくつかの裁判所はこの評定に同意し、母親の性的不品行は破滅的だと見られ、父親のそれは許されるとみなされる道徳的適性の二重基準からそれた。1920年代の第一級の家族法の論文である、キーザーの『結婚と家族の法』にかんして、次のような「新しい」ルールを述べている。「子どもがまだいとけない年齢のとき、ほかのことは平等だが、監護権者としては母親が望ましい。これは、子どもが少女であった場合にはとくにあてはまる。また、これは、彼女が過去に非行の罪を犯していたかもしれないが、裁判所が問題を裁定した時点で彼女が非行していたことを示す証拠は何もない」。クラブトリー対クラブトリー判決（1922年）では、クラブトリー夫人が殺人を犯していた事実さえ見落した。彼女は夫の喉をカミソリの刃で

切り、その指も切断して、背中を刺した。これについて裁判所は次のように説明した。「この妻は、怒りのあまり彼を殺そうとしたため、彼女が親としての愛情を子どもに示すことはまったくなかった。これに対して、記録は、彼女が子どもたちを愛しており、適切に世話していたことを明らかにしている」

20世紀後半と21世紀初期

子どもの監護権にかんする法律は、20世紀後半の1970年代までに日常生活のなにげない会話にまで浸透した。実際、監護権の影響を受けなかった世帯はひとつもなかった。1990年生まれの子どもは、その子がどこでだれと暮らすかという問題をふくむ訴訟で、裁判所の管轄権の下で没落する可能性がある子どもは50パーセントであった。このような子どもの監護権の決定にかかわる圧倒的多数は、離婚率が爆発的に上昇した結果であった。

離婚率が急上昇するあいだ、子どもの監護権を支配するルールはしだいに曖昧になってきた。1973年、ニューヨークの裁判所は、母親に味方するほぼ一世紀におよぶ法的推定に異議申し立てをしながら、「母親であるという単純な事実は、それだけでは、父親が提供できるものとは異なる子どもの良質な世話を提供する能力を示すものではない」と述べた。裁判所は、社会科学者マーガレット・ミードの権威を引用しながら、母親とその子どもは特別な絆を共有しているとする考えをしりぞけた。ミードはかつて次のように書いていた。「これは、哺乳瓶と乳母車の発明以来──母性の重要性を賞賛するふりをしながら──男性が、これまで必要だと考えられていたよりも固く女性たちを子どもにしばりつけようとするたんなるささいな反フェミニズムの形式にほかならない」

すべての裁判所が、母親の重要性を低下させたり、あるいは、母性を前提とすることが男性の陰謀であることを示そうと直截に言い立てたわけではなかった。それにもかかわらず、いとけない年齢の子どもの利益は、母親の監護権のなかでこそ最善のものがもたらされるという前提は、1960年から2000年までのあいだに、法的に破棄され、あるいは「考慮すべきひとつの要因」に押しとどめられた。

古いルールの廃棄とともに、このもっともむずかしい意志決定を行なう判事たちの助けとなる新しい指針を発展させるために、政府の立法者たちと判事たちは社会科学に目を向けた。子どもの監護権について対立する二つのモデルを支持するには、一般大衆に広まっていた二つの心理学理論が役立つ。最初のモデルは、片方の親が子どもの世話の主要な責任を負うべきであると考えているが、その親が母親である必要はないとしている。このモデルは、単独の監護権（訪問することをふくむ）と、選ばれた主要な後見人を受け入れている。第二のモデルは、子どもの発達において二人の親のどちらも重視して、双方が監護権を結びつけたり共有しあういくつかの形態を推進している。だが、この二つのモデルのどちらも、いかなる母親もひいきにせず、また、いとけない年齢の子どもに対する指針が示しているように、子どもの年齢段階や発達段階を斟酌していない。

こうした主観的な規準を支持する証拠は、一般の目撃証言、あるいは精神衛生学の専門職たちによる評価によって、法廷の外でのみ手に入れることができる。したがって、子どもの監護権をめぐる訴訟では、ますます多くの専門家が利用されるようになり、訴訟手続きのすべての段階にかかわるようになっている。両親は協同して、プライベートな調停で彼らを助けてもらうために精神衛生コンサルタントのサービスを共同で求めることができるし、あるいは、ひとつの仲間として、しばしば彼または彼女の代理人のアドバイスにしたがって、和解、あるいは、潜在的に、審理の証言を得る目的で、コンサルタントを雇用することができる。裁判所自体または「訴訟のための後見人」(guardian ad litem、代理人。または、当該の子どもの代理として裁判所によって指名された素人または精神科医)[*4]は、ますます心理学的な評価を要求するようになっている。通常、法廷ソーシャルワーカーあるいは心理学者によって行なわれるこうした評価は、親と子どもにかんする広範囲にわたる社会的および経済的なデータをふくむ情報を提供するが、とくに精神力学[*5]的な要因に焦点をあてる。

争点の大部分が和解を見る公判前の訴訟手続きにおいて精神衛生の専門家は顕著な役割を果たしたが、審理にもちこむ方法を見いだす訴訟においても、彼らの存在は劇的に増加した。1960年から2000年にかけて、審理において専門家を利用するパターンは劇的に変化した。専門家の数はうなぎ登りに増え、こうした専門家は両親によってよりもむしろ裁判所によって任命されることが多くなった。さらに、専門家の証言の特質は、親（通常は母親）と子どもの健全さについての評価から、親子関係にかんする観察へと変化し、相当数の訴訟において、これら専門家は、嫌疑がかかった性的あるいは身体的虐待にかんしても証言した。

離婚が子どもたちにどのような影響をおよぼすかについて、法廷の外の社会科学者と行動科学者たちの論争は激しさを増している。この問題は、結婚を積極的に促進し、離婚を思いとどまらせようとしたり、そうしなかったりするかどうかを考えている国にとっては、深刻な関係がある。だが、科学者たちのあいだに合意はまったく見られない。いくつかの研究は、離婚はほとんどの子どもたちに、生涯にわたって否定的な結果をもたらすことを示している。ほかのいくつかの研究は、それでも大部分の子どもはうまくやっていくこと、また、否定的な影響を受けた子どもたちの大部分は完全にその埋めあわせをしていると主張している。

21世紀初頭では、ある程度の確実さをもって観察することが可能になっている。監護権をめぐる諸問題で社会科学と行動科学が果たす適切な役割については、いまなお論議をよぶ主題だが、それが継続的な影響をおよぼすことは確かな事実である。最後に、「子どもの最善の利益」を構成しているものが何であるかは、今後も論争の主題であるともいえよう。

[訳注]

* 1 個別的法律案（private bill）——「私法律案」。公共関係法律案（public bill）に対して、特定の個人と法人にかんする個別的法律（private act）となる法案。
* 2 王座裁判所（King's Bench）——イギリス法で、王座裁判所（Court of King's Bench）のことで、この裁判所では王座がひときわ高く作られていた。もともとは、主要刑事裁判所であったが、民事裁判権をも獲得し、民訴裁判所（Court of Common Pleas）の上訴裁判所としても事件を扱った。1873年の裁判所法によってKing's Bench Divisionとして高等法院のなかに吸収された。女王の治世中はQueen's Benchとよばれる。
* 3 「狂乱の20年代」（the Roaring Twenties）——アメリカ史において大恐慌時代の前の1920年代は、経済的な繁栄を背景に社会意識が狂騒的になり、ジャズが流行する時代であったためこのようによばれる。
* 4 訴訟のための後見人（guardian ad litem）——未成年者や無能力者などが訴訟の当事者となる場合、その利益をまもるため裁判所が任命する。なお、裁判所によって正式に任命された後見人ではないが、幼児または法的に十分な能力をもたない人に代わって訴訟行為を行なう人を「近友」（prochain ami; the next friend）とよぶ。
* 5 精神力学、精神力動論（psychodynamics）——人間の意識的要因と無意識要因の力動的な相互作用の結果、どのような精神現象があらわれ、どのようなパーソナリティ特性があらわれるかを見ようとする臨床心理学的な研究方法。psychodynamicsという表現の初出は1874年である。

➡子どもの最善の利益を越えて、法律と子ども

● 参考文献

Anthony, Susan B., and Ida Hustead Harper, eds. 1902. "Seneca Falls Women's Rights Convention of 1848, Declaration of Rights and Sentiments." In *The History of Women's Suffrage*, vol.1. Rochester, NY.

Grossberg, Michael. 1985. *Governing the Hearth: Law and Family in Nineteenth-Century America*. Chapel Hill: University of North Carolina Press.

Heatherington, E. Mavis, and John Kelly. 2002. *For Better or For Worse*. New York: W.W. Norton.

Mason, Mary Ann. 1994. *From Father's Property to Children's Rights: The History of Child Custody in the United States*. New York: Columbia University Press.

Mason, Mary Ann. 1999. *The Custody Wars: Why Children Are Losing the Legal Battles and What We Can Do About It*. New York: Basic Books.

Mead, Margaret. 1954. "Some Theoretical Considerations of the Problems of Mother-Child Separation." *American Journal of Orthopsychiatry* 24. In State ex rel. Watts v. Watts, 350 N.Y.S.2d. 285（1973）.

Morland, John W., ed. 1946. *Keezer on the Law of Marriage and Divorce*, 3rd edition. Indianapolis: Bobbs-Merrill.

O'Neill, William. 1967. *Divorce in the Progressive Era*. New Haven, CT: Yale University Press.

Wallerstein, Judith S. 1980. *Surviving the Breakup*. New York: Basic Books.

Wallerstein, Judith S. 1989. *Second Chances*. New York: Ticknor and Fields.

（MARY ANN MASON／北本正章訳）

リセ（Lycée）

リセは、公立学校として1802年にフランスに設立（1769-1821）され、100年以上にわたってフランスの未来のエリートを教育してきた。リセは男子だけを対象とし、おもに上流階級出身の生徒を受け入れ、一般教養をほどこしていた。その後、中等教育全体に拡張されたが、直接的な職業訓練は行なわれなかった。今日のリセは、中等教育の最後の3年間と高等教育の一部にかぎられるが、そのカリキュラムは技術教育と**職業教育**にまで拡大され、男女ともにほぼ全員の入学を認めている。この変化は、リセの組織と教育、そして教育学実践における深いレベルの諸変化をともなっていた。

古典的リセ

ナポレオン・ボナパルト（1769-1821）は、国家統制の下に、将来の将校、行政官、技術者、そして教師になる学生に対して教育をほどこす手段としてリセを創設した。フランス革命期における大学の廃止と古典コレージュの挫折によって生じた空白を埋めるべく、1795年に中央学校が設立される予定であったが、その試みが失敗に終わったため、その代替としてリセが位置づけられていたのである。リセの創設者たちは、宗教教育とその実践をふくんだ古典コレージュの様式に着想を得ていた。リセは軍隊式の規律による閉鎖的な寄宿学校であったが、学費を払う寄宿生と通学生だけでなく奨学生も受け入れていた。

中央学校が百科全書的なカリキュラムをもっていたのに対し、リセの出現は、古典教養とラテン語の優位を意味する人文主義的教育モデルへの回帰のきっかけとなった。とはいえ、最初のカリキュラムは科学教育に多くの時間をさいていた。そして、リセは理工科学校（エコール・ポリテクニーク）や、ほかの科学的な高等教育を行なう学校への入学試験に向け、一部の生徒を準備させていたので、このカリキュラムはその後も存続した。1880年代までの教育手法は暗記と模倣を基礎とし、多くの筆記練習をふくみ、それを配布し、

添削することが教師の仕事の大部分を占めていた。したがって生徒は、かなりの量の個人作業を求められたのだが、寄宿生は、家庭教師の管理下でそれをこなした。家庭教師は、授業外でつねに生徒を監督していたのである。

リセの近代化

人文主義的なモデルは、カリキュラムが専門化されはじめた19世紀前半には、早くも疑問視された。イポリット・フォルトゥール大臣（1851-1856）は百科全書主義への回帰をさせまいと試みたが、それにもかかわらず、比較的大きなリセでは、物理学、地歴、現用言語、芸術、体操、そして自然科学が、専門教員のいる、独自の権利をもつ科目へ徐々に変わっていった。より現代的で実際的な授業を求める生徒のための専門教育は、古典教育と肩をならべるまでに発達した。共和国当局は、1880年以降、カリキュラムと教育学の現代化という目標を支持した。古典支持者からの激しい抵抗にもかかわらず、ラテン語の役割は減らされ、生徒による観察と実践、熟考を求める新しい教育手法が徐々に課されるようになった。1902年の改革によって現代的教育が古典教育と同じ地位に置かれ、また、古典的な2時間授業は現代的な1時間授業に置き換えられた。

多くの教師はこれらの変化を不安視した。彼らの新たな役割とは、生徒とのより直接的な接触を意味したが、彼らはそれを学校教師と家庭教師の役割のあやうい混同であり、学校教師の職業的地位の低下であるとみなした。この不安は、20世紀全体をとおして存続したが、実際のところ、家庭教師の地位と労働条件は1880年以後かなり改善していた。彼らはよりよい教育を受けるようになり、寄宿学生数の減少の結果、当局によって家庭教師の仕事は改善された。正式資格をもつ教師、つまり一級教員資格（アグレガシオン）の保有者が、全般的に見て1900年ごろにそれまでで最高の社会的地位についた一方、公立コレージュ（公立の中等学校）においてさえ、あらゆる教職のすべてが大幅に改善された。1820年のリセの数が男子校36校であったのに対し、大きめの公立コレージュが徐々にリセに移行したため、1900年には女子校39校をふくむ110校にまで増加し、中等教育生徒の約32パーセントを受け入れるようになっていた（公立コレージュは21パーセント、私立コレージュは47パーセント）。

女子のためのリセは1880年に設立され、1924年までのあいだ、男子校とはまったく異なる中等教育を発展させた。**女子校**ではラテン語を教えなかったが、そのことがフランス文学教授法において注目に値する発展への道を開いた。女子中等教育はバカロレア（高等教育への入学資格を得るための最終試験）をふくまなかったが、それでも多くの女子はバカロレアをなんとかとることができた。

エリート教育から大衆教育へ

公立の中等教育は、1934年に完全無償化された。しかし、リセがエリート教育から大衆教育へ実際に切り替わったのは、第2次世界大戦後のことである。初等以降の学校教育がすべての社会階級まで急速に広がり、上級小学校（1941）、小学校完成級、技術学校、職業見習いセンター（1959）といった、初等以降に相当するすべての学校が、組織改革によって徐々に単一の中等学校に統合された。1963年から、リセの最初の4年間はコレージュとよばれる前期中等学校に移行したが、コレージュは1975年には統一コレージュに統合され、さらに数年後には、リセの1年目もそれに組みこまれた。

これ以降、リセの後半2学年が、技術教育と職業教育における専門分化を担うことになった。一般教育課程と技術教育課程と同様、職業教育課程も1985年以降、バカロレアに通じている。しかし、全中等コース間の平等とは、実質的というよりむしろ形式的にすぎなかったため、職業教育や技術教育の専門課程に進むことは、しばしば失敗と考えられた。生徒の評価基準となる能力は、20世紀初頭以後あまり変化しておらず、より高い社会的および文化的背景をもつ、恵まれた生徒に適合していた。1960年代の家庭教師の消滅は、おそらく事態をより悪くしたのであろう。

こうして、リセの民主化は、20世紀末になっても完了していない。バカロレア水準に達する学生の割合が1990年代中頃までに4人中3人までに急上昇したことは、過去数十年間での大きな飛躍を意味した。しかし、21世紀初頭においてなお、最良の課程にたどりつく確率は、生徒の社会的背景と強い相関関係をもっている。そして女子は、一般に男子よりよい学業成績をおさめるのだが、もっとも高度な研究につながる理系コースなどにおいては、少数派である。

➡ギムナジウムの教育、教育（ヨーロッパ）、ハイスクール（アメリカ）

●参考文献

Anderson, Robert D. 1975. *Education in France, 1848-1870.* Oxford: Oxford University Press.

Baker, Donald N., and Patrick J. Harrigan, eds. 1980. *The Making of Frenchmen: Current Directions in the History of Education in France, 1679-1979.* Waterloo: Historical Reflections Press.

Belhoste, Bruno. 1989. "Les caractères généraux de l'enseignement secondaire scientifique de la fin de l'Ancien Régime à la Première Guerre mondiale." *Histoire de l'éducation* 41: 3-45.

Chervel, André. 1998. *La culture scolaire. Une approche historique.* Paris: Belin.

Compère, Marie-Madeleine. 1985. *Du collège au lycée (1500-1850).* Paris: Gallimard-Julliard.

Compère, Marie-Madeleine, and Philippe Savoie, eds. 2001. *L'établissement scolaire. Des collèges d'humanités*

à l'enseignement se condaire, XVIe-XXe siècles. Special issue of Histoire de l'éducation no. 90.
Margadant, Jo Burr. 1990. *Madame le Professeur. Women Educators in the Third Republic.* Princeton, NJ: Princeton University Press.
Mayeur, Françoise. 1977. *L'enseignement secondaire des jeunes filles sous la Troisième République.* Paris: Presses de la Fondation nationale des sciences politiques.
Müller, Detlef K., Fritz Ringer, and Brian Simon, eds. 1989. *The Rise of the Modern Educational System: Structural Change and Social Reproduction, 1870-1920.* Cambridge, UK: Cambridge University Press. ミュラーほか編『現代教育システムの形成――構造変動と社会的再生産1870-1920国際セミナー』(望田幸男監訳、晃洋書房、1989年)
Prost, Antoine. 1968. *Histoire de l'enseignement en France, 1800-1967.* Paris: Armand Colin.
Prost, Antoine. 1992. *Éducation, société et politiques. Une histoire de l'enseignement de 1945 à nos jours.* Paris: Éditions du Seuil.
Savoie, Philippe. 2000. *Les enseignants du secondaire. Le corps, le mé-tier, les carrières.* Textes officiels. Tome 1: 1802-1914. Paris: INRP-Economica.

（PHILIPPE SAVOIE／伊藤敬佑訳）

リトル・リーグ（Little League）
➡ベースボール（Baseball）

流行伝染病（Epidemics）

　統計の時代（アメリカやイギリスでは1840年頃にはじまる）の台頭から現代にいたるまで、人口の約半数は幼児から15歳以下の子どもによって構成されている。これは、1840年以前の社会でもいえることである。18世紀の欧米、たとえばアメリカのマサチューセッツ州、イギリス、近代のフランスや、スウェーデン、ドイツにおいては、出生時生存率は40歳代にとどくこともあるが、平均的にはいまだそれ以下であった。麻疹やほかの流行性疾患が15歳以下――人口の半分――を直撃していたからである。

　風土病は現在も継続して全人口に被害をおよぼしている。それが病気として発生する率――これは有病率とよばれる――は、その年の季節やほかの要因によるが、病原体は発生する地域に存在している。今日の風土病として子どもが死にいたるものとしては、飲み水を媒介とした疾患、いわゆる赤痢や下痢がある。一方、流行性疾患、たとえば天然痘（1977年には根絶）や、麻疹（いまなお存在）は人口に打撃をあたえることはまれである。これらの病原体や病原菌はつねに、被害をこうむる人の住む土地の外からもちこまれる。

天然痘

　天然痘は、腺ペスト（本質的にはネズミやほかの類の疾患であるが）のようなおそろしい病とは異なり、ヒト以外の宿主をもたない。そのため、天然痘が永続するには、宿主であるヒトの子どもをすべて死に追いやらないことが不可欠である。死滅させてしまえば、のちに性的に成熟し、彼ら自身の子どもを育み、そこに天然痘がふたたびひそむこととなる存在がいなくなってしまう。宿主なしに天然痘は存在しえない。

　まず重要なのは、感染症の病原体の発生源は、時とともにその形態を変化させる可能性を秘めた生物であるということの理解である。これら突然変異体は、人類のあいだでその形態を変化させ、形成することによって存在している。

　1650年以前の西ヨーロッパと中東の人口に打撃をあたえた天然痘の場合、通常、死にいたらしめることのない無害な風土病として発生した。いかなる場合においても生存がむずかしい病状の幼児を除いて、1650年代以前に天然痘は、死にいたる病でも瘢痕を残すものでも、失明するものでも、生殖不全となる危険はなかった。中世の歴史において天然痘が登場したとき、その形態は無害なものであった。

　西暦925年以前のバグダッドにおける記述では、ペルシア人の医師であり哲学者であったアブ・バルク・アル・ラーズィー[*1]は、天然痘は中東の多くの子どもが経験する害のない一般的な疾患であると報告している。アル・ラーズィーは、この疾患が二度同じヒトを直撃することがないことを示唆している。ほぼ700年以上たった後のイギリスでも状況は同じであった。1616年に亡くなったウィリアム・シェークスピア（William Shakespeare, 1564-1616）は天然痘による死や損傷への恐怖を、美しい若い男女のソネットのいずれにものせてはいない。したがって、1616年以前には、天然痘が猛威をふるうことはイギリスでは知られてはいなかったのであろう。

　天然痘の病原体が、いつどこで最初にその形態を変化させて猛威をふるうようになったかについては、意見が分かれている。多くの歴史家はスペインやジェノバそしてほかのヨーロッパの冒険家たちが新大陸のカリブ海諸国に降り立った1518年以降を有力視する。天然痘の免疫（smallpox immunity）は、幼いころ家庭内で、無害な形態の天然痘を経験することによって獲得するが、アメリカ大陸の先住民たちにはその免疫がなかったため、何100万もの人が死にいたらしめられた。もしこれらのできごと――大惨事が最初に起こった国という観点から――が実際に起きたとするなら、天然痘の突然変異は新大陸で最初に起きたと考えられる。

　もしくは、サハラ砂漠以南のアフリカや北インドのベンガルなどですでに起きていたとも考えられる。どちらの地域も、ヨーロッパの観察者たちが、17世紀

後半に医学的に気がつく前に、村の治療者たちは天然痘が致命的疾患であることを認識していた。彼らはいかなる形態の天然痘であっても、それを経験した小さな子どもたちが今後被害にあうことがないことを観察していた。推測するに、彼らは予防接種として知られる技術をすでに開発していたと考えられる。

この過程から、治療者は、適度に天然痘にかかった子どもから瘡蓋（かさぶた）を取り出し、感染していない子どもの皮膚を引っかいて接種した。治療者と保護者はこの処置はリスクがまったくないわけではないことを知りつつも、採用しつづけた。1870年代には植民政府の刑務所に収監されたベンガル人男性の80パーセントはすでに予防接種を受けていた。

17世紀後半のベンガル湾地域では、ヨーロッパ人の観察者によってはじめて描写された予防接種の処置は、新大陸からもたらされた天然痘に対して、西アフリカの地域においても同時代、同様に用いられていた。1706年には、奴隷のオネシモ（Onesimus）が、主人であるボストンのオールド・ノース・チャーチの牧師であるコットン・マザー（Cotton Mather, 1663-1728）に、接種による天然痘の予防を伝えている。1620年から1700年のあいだ、初期のマサチューセッツでは、中部植民地やヨーロッパ大陸に比べ、無害の疾患の環境と成人期まで生存する赤ん坊が増加したため、幼児の死亡率の低下に例外的に恵まれていた。しかし、1706年以前には、天然痘をふくむ旧大陸の疾患は、マサチューセッツをふくむニューイングランド地方の子どもたちを直撃することになる。このことから、マザーは彼のアフリカ人奴隷の指摘に耳をかし、予防接種をはかったのであった。マザーは身近にあった子どもたちに予防接種をほどこし、彼の友人らにもこれを薦めた。

マサチューセッツにおける天然痘の予防接種のあり方はニューイングランドの植民地や、天然痘が起こりやすいヨーロッパの地域で採用された。専制主義のスウェーデンの中央政府は、国が管理せず、天然痘が幼児のあいだで流行するのを放置すると人口が減少してしまうことをしだいに理解しはじめた。1779年から1782年にかけての暗黒期におけるスウェーデンの死因の5分の1が天然痘によるものであり、犠牲者の多くは9歳以下の子どもであった。このことからスウェーデン政府は、子どもへの予防接種を強く保護者に奨励するようになった。

西ヨーロッパ人やヨーロッパ系アメリカ人のあいだでは、エドワード・ジェンナー[*2]によって1790年代にワクチンが開発され、次の世紀に普及する以前でさえ、天然痘への**予防接種**の処置は状況を一変させていた。

麻疹

天然痘の世界的猛威の終焉から25年が経過した21世紀の幕開けのとき、空気感染ウイルスの麻疹は年間100万人の子どもを死にいたらしめ、くわえて4200万人を重症に追いこんでいた。ペルシア人の医師であり哲学者であった前述のアル・ラーズィーが10世紀に暫定的に定義したものとは異なり、今日の麻疹は、発展途上国における慢性的栄養失調の子どものあいだで流行している。

好ましい栄養の摂取状態にない子どもたちにくわえ、大家族に暮らす子どもは、一人っ子や二人のきょうだいしかもたない子どもに比べて麻疹に感染しやすくなっている。今日、家族規模の縮小によってほとんどの西ヨーロッパ諸国の人口は急激に減り、多くのヨーロッパ人やヨーロッパ系アメリカ人の保護者はすべての伝染病の予防接種を子どもに受けさせている。その結果、麻疹は西ヨーロッパ社会ではめずらしくなっている。この事実は、麻疹は西ヨーロッパ社会以外でもっとも一般的に見られる多数の疾病のひとつになっていることを意味している。西ヨーロッパ以外での生存者はこの伝染病によって免疫機能を低下させており、しばしば肺炎をひき起こしている。

腺ペスト（鼠蹊（そけい）腺ペスト）

1348年から1351年にかけて、西ヨーロッパとエジプトは人口の半数が死にいたるというひどい疾患に悩まされていた。最初の流行は黒死病とよばれた。17世紀の終わりまで、この疾患（当時は病原体を特定する術はなかった）はくりかえし流行した。西ヨーロッパでは、最後の大きな発生は、1721年、東洋からフランスのマルセイユにやってきた、浮浪者運搬船からもたらされた。

腺ペストに一度かかった人間はそのことにより、ふたたび感染するのを防ぐ免疫をもたないということが、伝統的な学識での理解であった。伝統的な学識では、腺ペストがかならずしも子どもを標的としないとも考えられていた。世界中のあらゆるところで、おおまかにいっても人口の半分が腺ペストによる感染で生命を落とし、その犠牲者の半分は未成年であると考えられていた。しかし、サミュエル・K・コーン・ジュニア（Samuel K. Cohn Jr.）によると、1351年以降繰り返し西ヨーロッパを襲った中世末のペストは、市民の注意を何よりもまず子どもに向けた。ペストから生き延びた子どもは、生涯にわたってペストへの免疫をもった。

これらの出来事は、近代の実験医療科学の到来や統計学の時代以前に起きており、われわれは、1347年から1721年にかけてのヨーロッパでどのような種類の病原体が知られていたかを確実に知ることはできない。やがて新しい学識が非ヨーロッパの研究結果との比較から生まれるかもしれない。だが、1844年までエジプトで人びとを死に至らしめつづけた腺ペストが、近代の実験医療科学が腺ペストと定義するものと同じ

もの、もしくは非常に類似するものであることは明らかになっている。

ポリオ

ポリオは、夏の伝染病（summer plague）という名で知られているが、一般的には急性灰白髄炎（poliomyelitis、ポリオ）や小児麻痺（infantile paralysis）として知られる。1916年の夏、ニューヨーク市とその郊外に住む中産階級の子ども数千人が奇妙な新しい疾患に感染した。病院での治療が可能であったため、死にいたるケースはまれであったものの、多くの生存者の足が不自由になったり、歩行困難になった。さらに不運な生存者は呼吸器官に支障をきたし、人工肺を埋めこまなければならなくなった。

ポリオは、（三つのおもなウイルス株からなる）ウイルスによってひき起こされ、糞便を介して、もしくは経口により人から人へ感染する。そして、アメリカの東海岸では、しばしば中産階級の若者が公共の水泳プール経由で感染することが起きていた。ポリオは、アメリカ大統領のフランクリン・デラノ・ルーズヴェルト（Franklin Delano Roosevelt, 1882-1945）がかかったことでも注目された疾患である。それゆえ多くのアメリカの研究者の注目を集めた。大量流通にふさわしい予防ワクチンの開発の最初の成功は、ジョナス・ソーク（Jonas Salk）博士*3によって1950年代にもたらされた。注射を用いていたソークの技術は現在、世界中のほとんどの地域で、1961年にアルバート・セービン*4によって開発された経口で用いられるワクチンに代替されている。

予防ワクチンのおかげで、アメリカと西ヨーロッパのほかの国々では、ポリオはほとんど姿を消した。しかしながら、インドやナイジェリア、西ヨーロッパ以外のほかの国々では、6歳以下の小さな子どもや幼児がポリオの危険にさらされている。1998年現在、1万8000件の死亡報告がなされている。西ヨーロッパ以外の地域における病院での治療の質は、1世紀前のアメリカのそれにもおよばず、アメリカでは死にいたる結果はほぼ皆無であり、治療に成功したといえる。

エイズ（AIDS）

ヒト免疫不全ウイルス（Human Immunodeficiency Virus：HIV）とエイズ（後天性免疫不全症候群）（Acquired Immuno-Deficiency Syndrome：AIDS）は、1981年にはじめて報告され、世界で4番目に多い死因となった。2002年の段階では、4000万人がこの疾患をわずらい、そのうち70パーセントはサハラ砂漠以南のアフリカの人びとである。

世界保健機関（WHO）をはじめ主要な資金提供機関の見解によると、HIV感染者の99パーセントは無防備な性交渉に起因する（WHO 2002, p. xv）。しかし、その見解が出る4年前に同機関は、この疾患の犠牲者の50万人が15歳以下の子どもであると報告している（WHO 1998, p. 93）。

こうした状況に対する別の調査が、2002年10月に「STDs（性感染症）・エイズに関するインターナショナル・ジャーナル」（the International Journal of STDs and AIDS）に掲載された。デイヴィド・ギッセルクイスト（David Gisselquist）とその同僚によって、アフリカのHIV感染者のかなりの人数が、思春期にすら達していない幼い子どもたちであることが報告されている。こうした子どもの感染者は性交渉を行なってはおらず、感染症や熱病そのほかの子ども期の疾患予防を目的とした注射による感染と考えられている。現地での研究によると、厳しい財政難の病院ではしばしば備品がとぼしく、注射器の使いまわしが行なわれており、アフリカにおけるすべてのHIVとエイズ患者の半数がこの経路から感染している。多くの場合、新生児は病気予防のために注射を受けた母親から子宮内で感染している。

現在のエイズ被害者は、アフリカのサハラ砂漠以南の地域における貧しい環境下にある幼児と15歳以下の子どもである。まず、彼らの多くが肺炎やほかの免疫機能に影響をあたえる疾患によって死亡している。その死の多くはエイズが死因とは報告されていないと考えられる。

第2に、正確に把握するのはいっそう困難であるが、数100万人にもおよぶアフリカの子どもは、両親や伯父、伯母ほかの親類縁者がエイズによって亡くなり、**孤児**になっているという現実がある。人口のうち成人の半数がHIV陽性者である南アフリカの複数の国々では、孤児が生き残れる可能性はほとんど残されていない。このことから、生き残った子どもの多くは、わずかな文明さえも知ることなく、少年傭兵や麻薬の売人、強奪者や汎用のテロリストになってゆく。

2003年の段階で、エイズの流行は、2、3年のうちに中国とインド（この両国で世界の人口の半数近くを占める）でも蔓延し、深刻な問題をかかえることになるだろうと予測されている。多くの非ヨーロッパの国々では、ヨーロッパの金融機関に負債をかかえており、現状ではしかるべき公共医療サービスを提供することが困難である。またエイズ被害は非ヨーロッパ社会における子ども期の主要な死因となっており、今後の見通しはよくはない。

［訳注］

*1 ムハンマド・ブン・ザカリヤー・ラーズィー（ペルシア語：محمد بن زكرياى رازى, Muhammad b. Zakariya-yi Razi, アラビア語：أبو بكر محمد بن زكرياء الرازي, Abu Bakr Muhammad ibn Zakariya al-Razi、ラテン語：ラーゼス［RhazesもしくはRasis］（Abu-Bakr al-Razi, 865-925）——9世紀末から10世紀前半に活躍したペルシアの錬金術師、化学者、哲学者、医師、学者。さまざまな科学分野で論文を書き、すくなくとも184冊以上

の著作がある。ペルシア、古代ギリシア、インドの医学に精通し、観測と発見によって医学に多くの進歩をもたらしたことで知られる。「小児科学の父」とも称され、脳神経外科学と眼科学の開拓者ともいわれる。『天然痘と麻疹の書』（*Kitab fi al-jadari wa-al-hasbah*）では麻疹と天然痘について記述して、ヨーロッパ社会に大きな影響をあたえた。

＊2　エドワード・ジェンナー（Edward Jenner, 1749-1823）――イギリスの医学者。種痘の発見に努め、その安全な普及に貢献した臨床医学者。酪農業がさかんな農村に、牧師の息子として6人兄弟の末っ子に生まれた。12歳の頃、ブリストルの開業医のもとに弟子入りし、9年間、医学の基礎と実務を学んだ。その後1770年、21歳で、著名な外科医、生理学者、解剖学者として知られたスコットランド生まれのジョン・ハンター（John Hunter, 1728-1793）の住みこみの弟子となってロンドンで研鑽を積み、24歳のとき故郷のバークレイに戻って開業医となった。これらの経験のなかで、酪農に従事する農民たちのあいだでは、一度牛痘にかかった者は天然痘にかかりにくいという事例をヒントに、天然痘の疫学調査を行なうとともに、牛痘と人の天然痘との関係を臨床的に解明しようと試みた。ハンターから助言された、ウィリアム・ハーヴェイ（William Harvey, 1578-1657）の言葉「考えるよりも実験せよ。しかも粘り強く、正確に。(*Do not think, but try; be patient, be accurate.....*)」のとおり、詳細で周到な実験をくりかえし、「免疫」という機能がはたらくことを察知し、種痘法を開発した。最初、当時の医学界や科学界は認めなかったが、しだいに治療効果の高いことが確かめられ、広く支持された。ジェンナーは、貧しい人びとにとってワクチンが高価にならないように、開発した種痘法に特許権は設定しなかった。このためジェンナーによる種痘法は「人類への贈り物」とよばれるようになった。

＊3　ジョナス・ソーク博士（Jonas Edwards Salk, 1916-1995）――アメリカの細菌学者。貧しいロシア系ユダヤ人家庭に生まれ、医学を修める。小児麻痺に投与される不活化ウイルスワクチンの開発者と知られ、1954年以降「ソーク・ワクチン」とよばれる。安全で確実なワクチンの開発後のインタビューで、「特許は存在しません。太陽に特許をもうけることはできますか？」（"There is no patent. Could you patent the sun?"）と答えている。

＊4　アルバート・セービン（Albert Bruce Sabin, 1906-1993）――ロシア（現在のポーランド）生まれのアメリカのウイルス学者。経口生ワクチンの開発者。この開発によって、長期にわたって免疫性が持続し、ウイルスの伝播を阻止できるようになった。

➡エイズ（後天性免疫不全症候群）、接触伝染病、乳児死亡率

●参考文献

Cohn, Samuel K., Jr. 2002. "The Black Death: End of a Paradigm." *American Historical Review* 107, no. 2: 703-38.
De Waal, Alex. 2003. "How Will HIV/AIDS Transform African Governance?" *African Affairs* 102: 1-23.
Gisselquist, David, Richard Rothenberg, John Potterat, et al. 2002. "HIV Infections in Sub-Saharan Africa Not Explained by Sexual or Vertical Transmission." *International Journal of STDS and AIDS* 13, no. 10: 657-666.
Gisselquist, David, John Potterat, Paul Epstein, et al. 2002. "AIDS in Africa." *The Lancet* 360, no. 9343L: 1422-1423.
Gould, Tony. 1995. *A Summer Plague: Polio and Its Survivors*. New Haven: Yale University Press.
Joralemon, Donald. 1982. "New World Depopulation and the Case of Disease." *Journal of Anthropological Research* 38, no. 1:108-127.
Lovell, W. George. 1992. "'Heavy Shadow and Black Night': Disease and Depopulation in Colonial Spanish America." *Annals of the Association of American Geographers* 82, no. 3: 426-446.
Mercer, Alex. 1990. *Disease, Mortality, and Population in Transition: Epidemiological-Demographic Change in England since the Eighteenth Century as Part of a Global Phenomenon*. Leicester, UK: Leicester University Press.
Watts, Sheldon. 1997. *Epidemics and History: Disease, Power, and Imperialism*. London: Yale University Press.
World Health Organization. 1998. *World Health Report 1998*. Geneva: World Health Organization.
World Health Organization. 2002. *World Health Report 2002*. Geneva: World Health Organization.

（SHELDON WATTS／山口理沙・北本正章訳）

リンドバーグ愛児誘拐事件（Lindbergh Kidnapping）

1932年3月1日の夕方に発生したチャールズ・オーガスタス・リンドバーグ・ジュニアの誘拐事件は世界を震撼させ、近代史に残るもっとも有名な事件のひとつとなった。子どもの父親、チャールズ・A・リンドバーグ（1902-1974）は1927年5月22日に初の単独飛行による大西洋横断を成功させ、当時、もっとも有名な人物であった。行くところどこでも彼は、注目の的であった。1929年にチャーミングで裕福に育った才能ある女性、アン・モローと結婚し、彼らの悲劇は、彼らが暮らした気まぐれな社会経済的な時代の判断基準となり、近代アメリカの想像力に子ども期が果たした強力な役割の象徴ともなった。

誘拐されたとき、生後20カ月であったその赤ん坊の写真は、世界の新聞に掲載された。その後6カ月間、州警察、連邦捜査局（FBI）、私立探偵をはじめとして、世界中の膨大な人びとが、1932年4月2日に5万ドルの身代金が要求された赤ん坊を探そうとした。しかし、子どもがふたたび生きて帰ることはなかった。5月13日、誘拐されたニュージャージー州の自宅からさほど遠くない場所で子どもの遺体の一部が発見され

リンドバーグ愛児誘拐事件の賞金広告ポスター*

た。子どもの捜索はここで誘拐者の大がかりな捜査へとかわった。

リンドバーグの息子の誘拐と殺人を首謀したブルーノ・リチャード・ハウプトマンの逮捕・裁判・死刑執行は、アメリカ史に残るもっとも著名な犯罪のひとつとして残された。この事件はメディアにおいてしばしば扱われ、ハウプトマンの裁判にかんしてはさまざまな新解釈がその後も提示されている。この誘拐と判決は、犯罪それ自体が非常に残虐であり、アメリカの社会と文化そのものへの攻撃であるとみなされたためである。当時の「国民的子ども」の大胆不敵な失踪は、大恐慌時代にあって国内の治安意識に大打撃をあたえ、1930年代初頭の法と秩序への恐怖の記憶として残った。この事件は、子どもをもつ者に子どもの重要性と家族の安全と秩序の重要性を意識させた。この犯罪は法律に重要な結果をもたらし、子どもの誘拐を、その処罰として死刑が科される犯罪とみなした最初の連邦誘拐罪の可決（リンドバーグ法）の基盤になった。また、連邦捜査局の再編成と再活性化をうながす結果をもたらした。リンドバーグ愛児誘拐事件は、20世紀を通じて、子どもをもつ親たちに子どもを失う恐怖感を植えつけた。同時に、メディアにとって親が子どもを心配することを過剰にあおる格好の題材ともなった。

➡誘拐（アメリカ）

●参考文献

Berg, A. Scott. 1998. *Lindbergh*. New York: Putnam.
Fass, Paula S. 1997. *Kidnapped: Child Abduction in America*. New York: Oxford University Press.
Milton, Joyce. 1993. *Loss of Eden: A Biography of Charles and Anne Morrow Lindbergh*. New York: Harper Collins.

（PAULA S. FASS／山口理沙訳）

ルイ13世の幼年期
(Infancy of Louis XIII)

フランスのルイ13世の幼年期は、彼の侍医ジャン・エロアール（Jean Héroard, 1551-1628）によって、この王太子の誕生日である1601年9月27日から1628年まで記録された克明な日誌のなかでじゅうぶんな資料的跡づけがなされている。この王家の幼児は、その両親アンリ4世（Henri IV de France, 1553-1610）とマリー・ド・メディシス（Marie de Médicis, 1575-1642）と日常的に接触しながら育ったわけではなかった。ルイは、パリ郊外のサン・ジェルマン宮殿で暮らしたが、この宮殿では、彼と、王の正嫡子や私生児たちが彼ら独自の小さな宮廷をもっていた。この幼児の育児にかかわった主要な人物は、王太子の女家庭教師モングラ男爵夫人フランソワ・ド・ロンゲジュエ（Françoise de Longuejoue, baroness of Montglat）で、王太子は彼女のことを「ママン・ガ」（"Maman Ga"）とよんでいた。

ルイは、すばやい学習能力のある、元気旺盛で気性の激しい子どもであった。彼は幼い頃から礼儀正しい作法にしたがってふるまうことができた。生後16カ月目の頃、この王太子は、太陽が昇ったときにはもう彼専用の儀式杖を手にした。そして、短い間に、要求されたジェスチャーや文句を適切な礼儀正しさで演じつつ、王子たち、大使たちを聴衆として受け入れた。彼は音楽とダンスが気に入っていた。さまざまな楽器のなかでもとくにリュートとフィドルを演奏し、あらゆる種類のダンスを踊った。その道徳性を強くするために、当時、影響力のあったエチケット集や、ド・ピブラク領主ギュイ・ド・フォール（Guy du Faur, seigneur de Pibrac, 1529-1584）の手になる『四連行句集』（*Les Quatrains*）から教えを受けた。この王太子が平静さを失ったときは、たいてい鞭打たれて罰された。この王太子が自分の性器を見せびらかして遊んだことは、サン・ジェルマン宮殿では大いに笑いものになり、廷臣たちはルイの面前で、ためらうことなく性的なジョークを言いあった。

ルイが7歳になった頃、さらに大人っぽく男らしい環境に引きこまれた。1608年6月、彼は子ども用のスカートをすてて、成人男性の衣装を身につけはじめ、翌年1月、パリのルーブル宮殿に移った。教育係としてジル・スーブレ侯爵（Marquis Gilles Souvre）が「マンマ・ガ」の後任についた。ルイの教育は、いまや、以前に比べて非常に体系的になり、乗馬、射撃、狩猟についての高尚な技法が教えられた。それと連動

1616年（15歳）頃のルイ13世。Los Angeles County Museum of Art*

して、軽率な性的な冗談は消えていった。1610年5月14日にアンリ4世が暗殺されたとき、当時8歳であったルイは、女王マリーを後見の摂政としてフランス王になった。

　アメリカの歴史家エリザベス・ワース・マーヴィックは、ルイの幼年期の経験を彼の人格発達にとって災難をまねくものであったと見ていた。すなわち、彼女が主張するところに従えば、その経験は彼をフロイトのいう肛門期的発達段階に押しとどめたとされた。これと正反対の見解をとりあげると、エロアールの日誌の編纂者であるマデライン・フォワジルは、ルイの幼い子ども期を、支援を受けられる環境での幸福な経験であったと見ている。成人した国王となってから「ママン・ガ」に宛てた手紙は、後者の見解を支持する内容になっている。エロアールの日誌は、フィリップ・アリエスによって、子ども期の理念は近代において新たに登場したとする彼の主張を支持するために利用された。ルイ13世の幼年期は、17世紀初期の貴族の幼児がどのように大人の活動にかかわっていたか、また、性的な話題がどれほど子どものタブーになっていなかったかを示している。

➡貴族の教育（ヨーロッパ）、近世ヨーロッパの子ども、子ども期の理論、セクシュアリティ、マスターベーション（自慰行為）

●参考文献

Ariès, Philippe. 1962. *Centuries of Childhood: A Social History of Family Life*. Trans. Robert Baldick. New York: Knopf. アリエス『〈子供〉の誕生──アンシァン・レジーム期の子供と家族生活』（杉山光信・杉山恵美子訳、みすず書房、1980年）

Foisil, Madeleine, ed. 1989. *Journal de Jean Héroard, I-II*. Paris: Fayard.

Marvick, Elizabeth Wirth. 1986. *Louis XIII: The Making of a King*. New Haven, CT: Yale University Press.

（THOMAS LYNGBY／北本正章訳）

ルソー、ジャン＝ジャック（Rousseau, Jean-Jacques, 1712-1778）

　ジャン＝ジャック・ルソーは、スイス共和国のジュネーヴに生まれ、母親なしに育った。彼は体系的な教育はいっさい受けなかった。そのかわり、彼の父親は彼にさまざまな種類の訓戒をあたえた。手に職をつけるためにある彫金師のもとに送りこまれていたルソーは、1728年に逃亡してトリノ[*1]に出て、そのあとフランスに向かった。フランスでは、ある貴族の女性（ヴァラン夫人）の庇護のもとに自学自習に勤しんだ。ルソーはさまざまな職業体験と多くの挫折を重ねた人物であった。ルソーがはじめて公に認められることになったのは、音楽学者（musicologist）と作曲家としてであった。ルソーはその著書『学問芸術論』（*Discours sur les sciences et les arts*, 1750/1751）のなかで、知識と学問は人類に進歩をもたらすとする啓蒙思想の信念に批判を投げかけている。1755年には、『人間不平等起源論』（*Discours sur l'origine et les fondements de l'inégalité parmi les hommes*）を著した。ルソーは、その気まぐれな意見、頑固な性格、そして明確な証拠はないが、被害妄想癖などのために、しだいにほかの知識人たちとの論争にまきこまれるようになった。論争の相手には、友人のデニス・ディドロ[*2]、生涯にわたっての論敵ヴォルテール[*3]、のちに彼を弁護してくれることになるデイヴィッド・ヒューム[*4]、さらにはフランスの音楽家たちも混じっていた。1761年に公刊されたルソーの小説『新エロイーズ』（*Julie, ou la Nouvelle Héroïse*, 1761）は、パリでベストセラーとなり、ルソーをフランスじゅうの人気者にした。その1年後に『社会契約論』（*Du contrat social*, 1762）が公刊され、さらにその1年後には『エミール、または教育について』（*Émile, ou Traite de l'éducation*, 1763）があらわれた。この二つの著作はどちらも、カトリックのフランスでもカルヴァン主義のジュネーヴでも禁書とされ、公の場で焚書にされた。さらに悪いことに、ヴォルテールが、『ある市民の感情』（*Sentiments de citoyen*, 1764）と題する小冊子のなかで、ルソーが自分の妻と子どもたちをまったくかえりみずに放置していると告発した。これに対してル

ルソ

ルソーの肖像画*6。アラン・ラムジー「スコットランドのジャン＝ジャック・ルソー」（1766-67年）。National Gallery of Scotland*

ソーは、『山からの手紙』（Lettres écrites de la montagun, 1764）をふくむいくつかの謝罪文を書いた。ルソーの著作物、とりわけ『エミール』に対する非難は、1762年にはスイスへの逃亡を余儀なくさせ、また1766年には、ヒュームが彼をかくまってくれることになったイギリスに逃亡せざるをえなくさせた。その翌年、偽名──ジャン＝ジョゼフ・ルノー（Jean-Joseph Renou）──を使ってフランスに帰国した。その生涯の最後の数年間に、ルソーは『告白』（Les Confessions, écrites de 1765-70年に執筆され、死後公刊された）と別の二つの自伝的な著作を書いた。『ルソー、ジャン＝ジャックを裁く・対話編』（Rousseau juge de Jean-Jacques. Dialogues, 1775）と、『孤独な散歩者の夢想』（Les Rêveries du promeneur solitaire, 1776）がそれである。彼は、1778年、フランスのエルムノンヴィル*5で亡くなった。

ルソーの思想

今日、ルソーは、教育の歴史と子ども期の歴史における中心人物の一人と考えられている。とりわけ彼は、子どもに対するユニークな見方についての特有な性格の発見、自然にしたがって行なう近代的な教育実践、子どもを価値ある人間として認識すること、感情を礼賛する──すなわち感情は人生と学問において中心的であると考える──こと、そして、子どもの内的動機づけを重視することなどの発見をしたとして賞賛され

る。このようなロマン主義的なルソーのイメージは、ルソーが反権力的な教育の創設者の一人であったという確信へと導いた。この解釈は、『エミール』［全5編］の最初の3編によって支持される。実際、そこでは、主人公の子ども［エミール］は、堕落していない自然のなかで教師の干渉をまったく受けずに、孤立した個人として成長する。教師の仕事は社会の影響から子どもを保護してやることである（消極的な教育）。なぜなら、社会は悪いものを産みだすだけであるのに対して、自然は善いものであり、しかも完全であるからである。ルソーは、子どもの内面的自然の発達段階と、子どもが外的な自然から学ぶ方法（自然の教育、あるいは「事物による」教育）を描いている。

しかし、以上のような描写は不完全であり、ルソーの著作のかなり表面的な理解しか示し得ていない。ルソーにとって中心的な問題は、人間はただ個人として存在するだけでなく、社会のなかで生きることを強いられる存在でもあるという問題であった。人間を原初的で慈悲深い自然の存在（自然状態）ととらえることは知的な実験であり、理論上の構成概念であって実態ではない。ルソーの哲学の中心をなすのは、どのようにすれば人間は、自然と社会、個人的特性（individuality）と社会性（sociality）、人間であること（humankind）と市民であること（citizenship）、などのあいだに生じている断層を埋めあわせることができ、幸福を手に入れることができるのかということであった。これが、『エミール』の最後の2編の主題であり、そこでは主としてもう一人の登場人物ソフィーとエミールとの関係という問題を扱っている。教師は、消極的な教育を通じて子どもの信頼を得る。そしてこの信頼は、子どもを徳性の最終目標に向かわせるために、いつもよく利用される。

コルシカ島とポーランドにおける公教育のために行なったルソーのいくつかの提案は、こうした社会的な教育と軌を一にするものであった。ルソーによれば、個人の教育と公教育とのあいだのギャップは道徳教育（moral education）、すなわち美徳を教えること（the education of virtue）によって架橋されるという。この教育の鍵となる特徴は、自己規制（self-limitation）である。もし人が、自然の秩序の（空想上の）幸福に近づきたいと望むのなら、その人は自分の力と能力（pouvoir）に対する欲望（vouloir）を抑制しなくてはならない。しかし、徳性はつねに人間の社会的条件に脅かされている。ルソーが、ソフィーとエミールの運命を、徳性をめぐって絶えることのない空しい戦いとして描く別の小説を書こうと計画したことは、なんら驚くべきことではない。美徳をめぐる争いは、ルソーのもうひとつの教育小説──『新エロイーズ』──の主題でもあった。『エミール』とは逆に、この小説の主役は少女であり、教育が行なわれる舞台は家庭になっている。

ルソーの影響

　教育理論にあたえたルソーの影響は過小評価されるべきではない。ルソーは子ども期の観念を空想的に表現した。事実、ルソーによれば、主要な教育問題は、どうすれば子どもを可能なかぎり早く大人にすることができるかということではなく、むしろどのようにすれば子ども期の特殊性を正しく評価することができるかということにあるのである。子ども期の特質とは、ルソーによれば、「自然人」の特徴にほかならない。子どもは、自然状態に置かれている人間とまったく同じように、まだ社会によって汚染されてはいない。そのようなものとしての子ども期は、完全な世界の前途と、人間をよりよくする可能性とに結びつけられている。したがって、ルソーは、子どもが彼または彼女自身のニーズに合わせて、また自然と一致して発達できるようにするために、子どもはできるだけ長いあいだ社会から遠ざけておくべきであると主張したのであった。

　本来的に子どもは善であるという子どもイメージは、多数のロマン主義的な教育理論に霊感をあたえた。たとえば、**フリードリヒ・フレーベル**による**幼稚園**（キンダーガルテン）制度の創設は、ルソーの教育理念の実際的な翻訳である。幼稚園は、可能なかぎり年少の子どもたちが大人の邪魔を受けずに発達することができる隔離された安全な場所である。こうした自然環境のなかでは、教師の仕事は事物によって子どもたちに刺激をあたえるだけであり、このことは逆に子どもの内的可能性を刺激する。ルソーはまた、イギリスのロマン派の詩人ウィリアム・ワーズワース*7や、アメリカの超越論的哲学者ラルフ・ワルド・エマーソン*8にも霊感をあたえた。ロシアの小説家レフ・トルストイ*9は、その教育的な著作物のなかで明確にルソーに言及しているが、1859年から1862年にかけて、自分の地所に農民の子どもたちのための学校（ヤスナヤ・ポリヤナ学校）を設立している。

　19世紀末と20世紀初めの頃、ルソーの子ども観は、フランスで「新教育」（*éducation nouvelle*）とよばれ、ドイツでは「改革教育学」（*Reformpädagogik*）とよばれた多数の教育的な実験によってふたたびとり上げられることになった。子どもの自然権について書かれている『**児童の世紀**』（*Barnets århundrade*, 1900 ; *Century of Childhood*, 1909）の著者として知られるスウェーデンの社会改良家エレン・ケイも、いつもルソーを教育の技法と結びつけていた。20世紀後半の反権力的な運動とその教育学は、A・S・ニールの『サマーヒルの学校』（*Summerhill: A Radical Approach to Child Rearing*, 1960）が例示しているように、子どもの根源的な善性を強調することによって、自分たちがルソーの思想の真の継承者であると主張した。

　しかし、こうした受けとめ方は、大部分が一面的であり、歴史学的に見て問題をはらんでいた。まず第1に、ルソーは、ロマン主義者たち（たとえば、フレーベルやワーズワース）とは対照的に、子ども期と教育の鍵となる特徴としての想像力というものには激しく反対していたのである。ルソーによれば、想像力とは不幸の原因となる社会的な力関係にほかならず、それは人間と子ども期の自然状態をかたちづくる要素にはふくまれていないのである。教育理論を提示した多数の知識人たち——たとえばそのなかにはドイツの哲学者イマニュエル・カントやヨハン・フリードリヒ・ヘルバルト、そしてスイスの教育家ヨハン・ハインリヒ・ペスタロッチらがふくまれる——がおり、たとえこれらの人びとがルソーの思想の継承者であると主張したとしても、実際には、彼らは子どものロマン主義的な想像力を陶冶してはいないのである。彼らは、子どもの原初的な善性という理念を陶冶するかわりに、子どもとはやがては大人になるべき存在であり、社会のなかで役割を担わなくてはならず、教師の仕事は、子どもに道徳的な原理と社会的な技法を教えこむために子どもの無邪気さを利用しなくてはならないとするルソーの考えに触発されたのであった。

　ルソーは、現在の教育学の学説史では、いくつかの教育理論を探求し、またいくつかの教育理論を拒絶した人物として知られている。しかし、そのことよりもさらに重要なことは、ルソーの哲学には、教育思想にかんして矛盾するいくつかの伝統が混在していたのではないかという点についての認識が広まっていることである。ルソーが、**プラトン**、クインティリアヌス（35頃-95頃）、**フランソワ・フェヌロン**、ジョン・ロックその他の多数の思想家の理念を利用したと考えるなら、ルソー自身が矛盾をかかえていたと理解することができるであろう。

［訳注］

*1 トリノ（Turin）——イタリア北西部の、北側をスイスに、西側をフランスに接する、ポー川をのぞむ都市。

*2 デニス・ディドロ（Denis Doderot, 1713-1784）——フランスの啓蒙思想時代の唯物思想家・小説家。ダランベール（Jean le Rond d'Alembert, 1717?-83）とともに『百科全書』（*L'Encyclopédie*）を編纂（1751-72）した。美学、芸術の分野を中心に、性やエロティシズムの研究などでも知られる。

*3 ヴォルテール（François Marie Arouet Voltaire, 1694-1778）——フランスの啓蒙思想家・哲学者・歴史家・風刺詩作者・劇作家。学問的にも、思想的にも、イギリスから大きな影響を受け、とくに哲学的にはジョン・ロック（John Locke, 1632-1704）やアイザック・ニュートン（Sir Isaac Newton, 1642-1727）からの影響が大きい書簡『哲学書簡（イギリス書簡）』（*Lettres philosophiques*, 1733-34）は、オランダでの海賊版を介して広まった。

*4 デイヴィッド・ヒューム（David Hume, 1711-76）——スコットランドのエディンバラ生まれの哲学者、歴史家。『人間本性論』（*Treatise of Human nature*,

1739-1740)、『イギリス史』(*The History of England*, 6vols, 1754-1762) など。短期間 (1765-66) ルソーと親交があったが、ルソーから絶縁状がつきつけられた。

*5 エルムノンヴィル (Eremonville) ――パリの北東部の郊外に位置する小村。現在は、オワーズ＝ペイ・ド・フランス自然公園を構成する区域。

*6 ルソーの肖像画――1766年1月から1767年5月までスコットランドの哲学者ヒューム (David Hume, 1711-1776) の招待を受けてスコットランドに滞在していたとき、ヒュームが友人の肖像画家アラン・ラムジー (Allan Ramsay, 1713-1784) に依頼して描かせた54歳頃のルソーの肖像画。Allan Ramsay, *Jean-Jacques Rousseau in Scotland 1766-67* (National Gallery of Scotland所蔵)。

*7 ウィリアム・ワーズワース (William Wordsworth, 1770-1850)――イギリスの詩人。ケンブリッジ大学卒業後の21歳頃、ヨーロッパへの徒歩旅行を試み、翌年から1年あまりフランスに滞在した。フランス革命に立ち会ってその思想に大いに刺激を受けたが、恐怖政治にいたって深く失望した。大学の同窓で住まいが近かったコールリッジ (Samuel Taylor Coleridge, 1772-1834) と親交を結び、イギリス詩のロマン主義時代の到来を告げる共著『叙情民謡集』(*Lyrical Ballads*, 1798) を発表して注目を集めた。自伝的な長編詩『序曲』(*The Prelude*, 1805)、『頌歌・幼少時の回想から受ける霊魂不滅の啓示』(*Ode: Intimations of Immortality from Recollections of Early Childhood*, 1807) で創作力の頂点を示した。

*8 ラルフ・ワルド・エマーソン (Ralph Waldo Emerson, 1803-1882) アメリカの思想家・哲学者・作家・詩人。ハーヴァード大学を卒業し21歳までボストンで教壇に立ったのち、ハーヴァード神学校に入学して伝道資格を獲得して牧師になった。しかし、自由信仰を唱導したため教会を追われ、ヨーロッパにわたってワーズワース、カーライルらと交わった。帰国後、個人主義信仰を唱え、アメリカの文化の独自性を主張するとともに、1836年の評論「自然」(*Nature*) で超越主義哲学を提唱した。無教会主義の先導者。

*9 レフ・トルストイ (Leo *or* Lev Nikolaevich Tolstoy, 1828-1910)――帝政ロシア時代を代表する小説家・社会批評家。政治・社会にも大きな影響をあたえた非暴力主義者。裕福な伯爵家に生まれたが、2歳の頃母親を、9歳の頃父親を亡くした。青年期にルソーを愛読した。1860-61年頃、ヨーロッパ旅行の際にヴィクトル・ユゴー (Victor-Marie Hugo, 1802-1885) とチャールズ・ディケンズ (Charles John Huffam Dickens, 1812-1870) と出会っている。『戦争と平和』(*War and Peace*, 1865-69) など多数の作品がある。

➡教育（ヨーロッパ）、子ども期の理論、ロシアにおけるトルストイの子ども期

●参考文献

Cassirer, Ernst. 1954. *The Question of Jean-Jacques Rousseau*. Trans. and ed. by Peter Gay. New York: Columbia University.［原書 *Das Problem Jean-Jacques Rouseau*］カッシラー『ジャン＝ジャック・ルソー問題』(みすずライブラリー) (生松敬三訳、みすず書房、1997年)

L'Aminor, Tanguy. 1992. *Images de Jean = Jacques Rousseau de 1912 à 1978*. Oxford: Voltaire Foundation.

Rousseau, Jean-Jacques. 1969. *Oeuvres complètes*. Paris: Gallimard.

Rousseau, Jean-Jacques. 1979 [1762]. *Emile: or, On Education*. Trans. by Allan Bloom. New York: Basic Books. ルソー『エミール』(上・中・下) (今野一雄訳、岩波文庫、1962, 1963, 1964年)

ルソー『新エロイーズ』(全4冊) (安士正夫訳、岩波文庫、1976-77年)*

ルソー『社会契約論』(作田啓一訳、白水社、1991) ／『社会契約論／ジュネーヴ草稿』光文社古典新訳文庫 (中山元訳、光文社、2008年)*

ルソー『人間不平等起原論・社会契約論』(中公クラシックス) (小林善彦・井上幸治訳、中央公論新社、2005年) ／『人間不平等起原論』(本田喜代治訳、岩波文庫、1984年) ／『人間不平等起源論』(光文社古典新訳文庫) (中山元訳、光文社、2008年)*

ルソー『学問芸術論』(前川貞次郎訳、岩波文庫、1995年)*

ルソー『言語起源論』(小林善彦訳、現代思潮新社、新装版1970年)

ルソー『演劇について――ダランベールへの手紙』(岩波文庫、1979年)*

ルソー『孤独な散歩者の夢想』(青柳瑞穂訳、新潮文庫、2006) ／ルソー『孤独な散歩者の夢想』(但田栄訳、大学書林、2000年)*

Starobinski, Jean. 1988. *Jean-Jacques Rousseau: Transparency and Obstruction*.［原書 *Jean-Jacques Ropusseau: La transparence et l'obstaclet*.］Trans. by Robert J. Morrissey. Chicago: University of Chicago Press. スタロバンスキー『ルソー・透明と障害』(山路昭訳、みすず書房、1993)

van Crombrugge, hans. 1995. "Rousseau on Family and Education." *Paedagogica Historica* 31: 445-480.

(HANS VAN CROMBRUGGE ／北本正章訳)

ルネサンス (Renaissance)
➡中世とルネサンス時代のヨーロッパ (Medieval and Renaissance Europe)

礼儀作法 (Manners)

　礼儀作法と子ども期にかんする学術研究はそれほど多くない (礼儀作法を研究する歴史家は階級とジェンダー関係に焦点をあててきた) が、それにもかかわらず、歴史の軌跡は、中世以降の西ヨーロッパで広まっていた正しいふるまい方にかんする無数の議論のなかで跡づけることができる。その歩みは、礼儀作法が――通常はだんだんひどくなるのだが――連続する世代のなかで変化してきたという各世代の感覚にもかか

わらず、大半は連続的なものであった。この連続性は、子ども期の構成概念の基本的な生物学的および発達論的な拘束を反映している。またそれは、子ども観は時間とともに、たとえば中世と近世の「大人のミニチュア」からヴィクトリア時代の純真無垢さへと劇的に変化したとする1960年代と1970年代に発展した考えをめぐって、歴史家たちが近年行なった見直しを支持する。社会と文化における大きな変化は育児のスタイルや若者に対する規則に影響をおよぼしたが、子どもに対して正しいふるまいを求める期待感にはほとんど変化がなかった。このように、子どもの礼儀作法への期待感がいつも同じであったことは、子どもの身体的および精神的な未熟性が頑迷なまでに動かざる現実であったことを思い起こさせる。子どもは、正しいふるまい方を身につけて生まれてはこない。したがって、子どもはふるまい方のルールを教えてもらう必要がある。とくに、子どもは自制心を教えてもらう必要がある。そして、大人に比べて子どもの身体的および精神的な弱さは、彼らが年長者たちに従うという持続的な要望につながった。こうした礼儀と不平等の物語は、もっと大きな社会秩序に沿って変化したが、子どもたちの社会的劣位は長い歴史をもっている。だが唯一の例外的な時期が一度だけあったようである。それは、第2次世界大戦後のベビーブーム時代である。しかし、この例外は、最近数十年間の論争が示しているように、伝統への回帰というルールを証明しているにすぎない。

以上のような序論は、アメリカにあらわれた子どもに対する礼儀作法の歴史に焦点をあてたものであるが、パターンの多くはもっと一般的である。実際、アメリカと西ヨーロッパ社会のあいだにみられる礼儀作法の違いは、しばしば誇張される。一般に承認されているか否かはともかくとして、(そしてある時期のアメリカ人は、現実にはそれを否定したのだが) アメリカ人はその歴史の大半を通じてヨーロッパからの指導を求めていたようである。子どもの礼儀作法の連続性と全ヨーロッパ的適応性は、アメリカにおける子ども向けの最初期の文献のひとつであるエレアザル・ムーディの『完全礼儀作法教本』(正しい礼儀作法の学校) (Eleazar Moody, *The School of Good Manners*) において見ることができる。この書物は、ボストンの学校教師であったムーディの手で1715年に編纂されたものだが、その内容の大半は、1590年代のフランスの礼儀作法書の1595年の英訳本からの改訂版であった。ムーディのアメリカ改訂版以前に、17世紀にはすくなくともほかに5点の英訳版があった。ムーディのこの書物は——1715年から1846年にかけて、すくなくとも34版を重ねるなど、くりかえし出版された。また、この書物は別のタイトルでも出版されていた。

17世紀から独立戦争期まで

ムーディのこの書物のさまざまな版は、17世紀以降19世紀なかばにかけて、子どもの正しいふるまい方について流布していた規則についての感覚を教えてくれる。とくに、これらの書物は、年配者たち、とくに両親に対する子どもの尊重を扱っていた。これらの書物は、たとえば大人と出会ったときはいつでもお辞儀をし、大人の邪魔にならないようにふるまうといったさまざまな方法で、子どもが示すべき畏敬の念のあらわし方を教えている。子どもは身体をまっすぐに伸ばし、もじもじしないようにし、発言をひかえることを身につける必要があった。ムーディとその模倣者たちは、子どものテーブルマナーについて非常に多くの言葉で説明している。なかでも、子どもに手と顔を洗い、頭髪に櫛をあててから食卓につくよう助言している。自分が座る前に、全員が着席する準備ができるのを待たなくてはならなかった。出された料理に好き嫌いを言ってはならなかった。ほかの者が食べはじめるまで待ち、ゆっくりと、注意しながら食べなくてはならなかった。身体をまっすぐにして座り、テーブルに肘をついてはならなかった。

規則へのこうした固執ぶりが示す子ども向けの礼儀にみられる連続性は、18世紀が子どもの地位の大きな変化をまのあたりにしたとする考えとは矛盾している。ジョン・ロックとジャン＝ジャック・ルソーの理念は、親子関係のあり方に急激な変化をもたらしたと考えられていた。こうした啓蒙思想の理念は、子どもをどのようにふるまわせるかについて、世の親たちに示されていた助言を変えた。親は、かつてそうしていた以上に、その態度で子どもをいつくしむよう駆りたてられた。だがこの変化は (アメリカでは) かすかなものであった。なぜなら、17世紀のアメリカにおいて正しい親の態度にかんする議論 (その大半は、ニューイングランドのピューリタン作家たちの手になるものであった) は、あからさまに権威主義的なものではなかったからである。しかしそれでも、正しい親のふるまい方にみられるこのような変化は、大人に対する子どもの関係の傾向性を変えたかもしれない。子どもとの関係で生じた変化でもっとも重要なのは、若者たちがかつて共有していた劣位の地位から解放されたことであった。若者は、17世紀には子どもと結びつけられていたが、18世紀なかば以降には、しだいに大人のようにふるまうよう求められた。この展開は19世紀の子どもにとってわかりやすい結果を生んだ。南北戦争以前の礼儀作法書は、若者が大人と対等な地位で迎えられる中産階級の成人世界を描いたが、子どもはこの世界からは消されてしまった。たとえば、若者は客間での応対の仕方について大人と同じ助言を受けたが、最善策は子どもを家にとどめおくことであった。両親は、自分たちが楽しんでいるときにはそこに子どもがあらわれるのを思いとどまらせようとさえし

レイキサホ

メアリ・カサット「青い肘掛け椅子の上の少女」(1878年)の少女は、19世紀の若い淑女に要求されたしつけのよいふるまいのモデルではなく、椅子の上で両足をひらき、ペチコートが見えるのもおかまいなしに無作法に手足を伸ばしている——このポーズは、1878年パリで開催された大展覧会で審査員から展示を拒否された原因になったかもしれない。Mellon Coll., Nat. Gallery of Art, Washington, DC, USA/Bridgeman Art Library

たのであった。19世紀になって中産階級の住宅産業の大規模な成長がますます顕著になってくると、子ども部屋あるいは遊び部屋*1を「舞台裏」に押しとどめておくよう、あからさまに指示するようになった。もちろん、19世紀の美術と文学は、しばしば中産階級の子どもを天使のような純真無垢な存在として描いた。しかし、社会からの子どもの消失を子どもの純真無垢さを守る手段だと解釈しないかぎり、こうした描写は礼儀作法書にはあらわれない。

独立戦争以降

子どもたちは、大人社会でどのようにふるまえばよいのかを教えられてはいなかったが、家庭でも学校でも、その立場を維持するにはあいかわらず古い規則を学ぶ必要があった。ムーディが学校教師であったという事実は、子どもの礼儀の歴史におけるもうひとつの重要な連続性を示すものである。すなわちそれは、17世紀以降今日まで、親としての子どもへの説論は、教室で補強される必要があると考えられてきたことである。19世紀初期の教科書はしばしばムーディの編纂物からコピーされることが多かったが、礼儀と愛想の良さについてふれた数章をふくんでいた。公立の学校教育が非常に広まっていた北部の諸都市でこれらが大きな影響力をもったことは確かである。しかしその影響は、西部への開拓移民と学校教育の両方と平行して広まった。南北戦争後、新しく生まれたいくつかの州は、実際に、学校での礼儀作法の教育を規定する法律を制定した。また、1911年の公立学校調査は、多数の学校が礼儀作法を教えていたことを示している。もっと最近の数十年では、学校でエチケットを教える視聴覚教材の提供があらゆる製造業で急増している。このような教育の内容が変化していることはまちがいない。19世紀末から20世紀初期にかけてのカリキュラムに見られた礼儀作法に対する感知できるほどの需要は、ヨーロッパからの移民が最高潮になったために生まれた恐怖心の所産であったことはまちがいない。21世紀初頭になると、途方にくれた片親あるいは共働きのカップルが手をつけずに放置したしつけの仕事を学校が引き受けるのをひんぱんに目にする。こうした変化する社会と文化の背景は、その需要を切迫した新しいものであるかのようにしているようであるが、アメリカ人はこれまでつねに、学校は子どもに礼儀作法を教えるのを助けてくれる場所と考えてきたというのがその実体であった。

南北戦争後になると、アメリカ人の礼儀作法にはいくつかの顕著な変化が見られた。南北戦争前の作家たちは、共和国にいっそうふさわしい作法の規準を書き示す際、子ども向けのものであれ大人向けのものであれ、実際には、大英帝国で広まっていたものとほとんど違いはなかったのだが、ヨーロッパ的な作法から距離を置いているふりをした。南北戦争後の作家たちは、あまり民主主義的にふるまおうとはしなかった。そして、実際、急速に進む工業化社会がその不平等の広まりに似あうようになるのにつれて、彼らはヨーロッパ的あるいは「貴族的」な作法を実行するのを恥ずかしがらなくなった。新しいエチケットの書き手たちは、こうした変化を新しい著作物に書きこんだ。だが彼らは、子ども向けの新しい助言は書かなかった。19世紀なかば以降、ムーディの著作は再版されなくなったが、その持続ぶりは、『ジョージ・ワシントンの礼儀作法規準』(George Washington's Rules of Civility) としてよく知られた同時代の著作『若者のふるまい』(Youth's Behavior) の信じがたいほどの長寿ぶりに反映している。若き日のワシントンは、この書物から110の処世訓を写しとったが、この書物も、17世紀のムーディの著作と同じように、16世紀末のフランス語の著作の17世紀の英語版であった。それは、ムーディの本のように18世紀と19世紀初期に大量に出まわることはなかったものの、非常に大きな影響力をもちつづけた。『若者のふるまい』は、いくつかの点でムーディのものとは重要な違いがあったが、年長者に対する敬意、身体の抑制（とくに話し方）、そして食卓での正しいふるまい方については同じような助言を示した。こうしたふるまい方の諸規準は20世紀までくりかえし引用されつづけた。人気があったピーター・パーレイ・シリーズ*2の著者サミュエル・グッドリッチは、1844年の彼の著書『何をどのように行なうべきか』(What to Do and How to Do It.) のなかで、そのいくつかの抜粋を引用している。サラ・ジョゼファ・ヘイル (1788-1879) も、『幸福な家族とよい社会』(Happy Homes and Good Society, 1867) のなかで、30項目近い処世訓を引用している。エイミー・ヴァンダービルト (1908-1974) は、1952年になってもまだこれらの処世訓を推奨していた。

20世紀初期

20世紀には子ども向けの新しい多数の著作物が出版されたが、これらもまた、子どもに対する期待感のいちじるしい連続性を示している。ゲレット・バージェスは、人気を博したその著書『礼儀をわきまえない人、そのつきあい方』(Goops and How to Be Them, 1900)*3のなかで、韻文に書きなおすために、杓子定規な古い慣行を復活した。バージェスは、テーブルマナーから書きはじめ、食事中は話してはいけないとか、早く食べすぎてもいけないことなどについて、非常に古風な禁止命令を述べている。彼は、「もしあなたが老人になるとか、34歳あるは43歳になると考えてごらんなさい。子どもたちのだれもがそんなあなたに敬意をはらってくれることを望みませんか？」というジョークを述べながら、年上の人をうやまう古めかしい助言をくりかえしている。ゲレットの著作には、どこかヴィクトリア時代末期風の選り好みのこだわりがきざみこまれている。この書物は、清潔であること、身だしなみを整えること、整理整頓すること、行儀よくふるまうこと、そして時間の約束を守ることなどについて、それぞれページをさいている。また、（塀や壁に落書きするなど）「美観をそこねる」ようなことや、晴れ着のままで遊んだりしないように懇願している。1920年代を通じて、伝統的なふるまい方の規準が清潔感や秩序を求める新しい動きと結びつくことが残存した。そうした結びつきは、マーガレット・ベイリーの『正しい礼儀作法の価値』(The Value of Good Manners, 1922) でも見られ、清潔感ときちんとした身なりを行儀のよい子どもの第一条件に数えている。また、ベイリーは、それを時代遅れだと考えている人びととは意見を異にしつつ、あくまでも年長者に対して敬意を示すよう提示している。このようにして彼女は、ムーディにみられる作法の規準を提示していた。たとえば、大人が部屋に入ってきたら子どもは起立し、椅子をすすめるようにすべきである、といった具合である。

新しいことに遅れてはいないと考えている著者でさえ、実際には、古くからの助言をくりかえしていた。リリアン・アイヒラー（1924年）とマージェリ・ウイルソン（1937年）は、どちらも「新しいエチケット」を示していると主張していたが、この二人の助言も、きわだって伝統的であった。アイヒラーは次のように述べている。「新しいエチケットは、子どもの人格を押さえつけようとするものではありません。そうではなくて、怠惰、不従順、不潔、無作法なテーブルマナー」、そして、両親と年長者に対する「礼節の無さといった…悪い習慣を消そうとするものなのです」。彼女は、子どもは新しいと思えるものを押しつけられるべきではないとはしているものの、子どもに対する彼女の特別な訓告は古めかしいものであった。彼女は、以前の著者たちと同じようにテーブルマナーの重要性を強調し、「ゆっくりと、注意して食べること、そして、かんでいるときは唇を閉じていること」といった、基本的にかつてと同じ指示をしている。大人の正餐の場に子どもを参加させてはならないという彼女の主張にみられるように、子どもを大人の社会生活から追いはらう19世紀のやり方も残った。ムーディは、日常の食卓についての助言と同じく、子どもは「年長者全員が席に着くまで、自分の席に座ってはいけません」と書くこともできた。「子どもは、両手と爪をきちんと手入れし、髪に櫛をあて、衣服を整えて食卓に着か

なくてはなりません。食卓ではがつがつしてはいけないし、嫌いなものが出されてもそれを嫌いだと言ってはなりません。逆に、自分の好物が出されても喜びをあらわにしてはいけません。ほかの人より早く食べはじめてはいけませんし、年長者が食べ終わる前に席を立ってもいけません」。マージェリ・ウイルソンもこれと同じような助言をしており、ムーディの考えとも一致しているのだが、ウィルソンは大人のゲストの正しい話し方やあいさつの仕方について教訓をつけくわえている。

20世紀初期に両親に向けて書かれたこれらの著作の助言には、いくつかの新しい特徴も見られた。親たちは、子どもに実例を示すことで最善の礼儀を教えること、また、子どもの権利を尊重することについては、過去の両親よりもひんぱんに注意を喚起した。しかし、両親が子どもに教えるよう推奨された内容にはほとんど変化が見られなかった。それと同時に、礼儀作法書は古い規準を保持していたが、ほかの社会分野、とくに大衆文化が子どもと若者の具体的な行動に影響をおよぼしはじめていたのは確かであった。立ち居ふるまいとよい**姿勢**、服装や言葉づかい、その他のことについて、新しい、あまり格式張らない前兆が、1920年代の映画、雑誌、学校の同輩文化から流れ出しはじめた。こうした変化は、かつてなく大きな影響を若者におよぼしたものの、やがてすぐに新しい子育ての手引き書も、親子関係におけるさらにゆるやかな、くだけた関係を強調しはじめた。

戦後期

両親に向けて書かれた子育ての助言本で、子どもの礼儀における革命的な変化は第2次世界大戦後にはじめて明らかになる。1930年代の大恐慌と1940年代の戦争の年月とのあいだの欠落期間ののち、1940年代末と1950年代にふたたびエチケットにかんする著作物が大量に出版されはじめた。この時期の礼儀について大流行した権威をもった書物は、エイミー・ヴァンダービルトの『完全なエチケット』(Amy Vanderbilt, *Complete Book of Etiquette*)で、これは1952年から1970年までのあいだに、すくなくとも10版を重ねた。テーブルマナーについてのヴァンダービルトの議論を見ると、すぐにひとつの変化に気づく。彼女は、子どもが食べるべきものを両親が命令しないように説くかわりに、子どもがいろいろな食べ物の好き嫌いを言わないように教えるべきだとする昔からの説諭については何も言わない。彼女は、話しかけられるまでは静かにしているべきだと子どもに教えるかわりに、会話を独占しないかぎり、食卓の場では会話するよう推奨している。彼女が子どもに期待していることは、過去に比べると、驚くほど規律が緩和されていた。彼女は、もし子どもが正餐の場に出席していれば、彼自身が楽しめにやさしく立ち去らせ、両親には礼儀の観点から子どもに過度な期待をしてはならないと説得している。ヴァンダービルトは、ところどころで、子どもというのは手づかみで食べるのが好きなので、両親は、スナックや骨付き肉のときはそうする機会をたくさんあたえ、実際には、礼儀についてやかましく言うよりも、親もそれにくわわるよう助言していることにみられるように、子どもが作法を身につけていないことを大人が受け入れてやるようにうながしていた。ヴァンダービルトは、世の親に、礼儀というものは「いつもがみがみ言って」教えられるものではなく、むしろ子どもはどうすれば正しくふるまえるかを自然に知りたくなるものであると断言している。さらにヴァンダービルトは、完璧なふるまいをする子どもはどこかにまちがいがあるに違いないとも示唆している。今日では、このような礼儀の「格式離れ」という新しいやり方をそっくりそのままくりかえす専門家も何人かいる。

こうした変化はいったいどこから生じたのか？　戦後の子育ての観察者の多くが、エイミー・ヴァンダービルトよりもはるかに広く知られたある著作者がいると指摘している。それは**スポック博士**[*4]である。『赤ちゃんと子どもの養育』(*Baby and Child Care*)は、1945年から1960年までのあいだに出された多数の英語版（すくなくとも6版を重ねた）にくわえて、クロアチア語、タミル語、アルメニア語、そしてウルドゥー語をふくむ世界の24の言語で出版された。スポック博士の提言は、ヴァンダービルトのように明確に子ども中心的にはなっていなかったものの、それに類似していた。たとえば、礼儀について簡潔に書かれた節のひとつは、「正しい礼儀は自然に身につく」という確信的な小見出しをつけていた。スポックは、もし両親がお互いに思いやりを示していれば、かれらの子どもは簡単によい礼儀を「吸収する」はずである、と述べていた。彼は、古くからなされてきたように年長者に対して尊敬の念を示す必要性を重視するよりはむしろ、親は、ある程度具体的な礼儀を教える必要があると考えていたが、スポック博士が、親は子どもに礼儀を教えなくてはならないと考えたのは、親には子どもを他人から好かれるようにする責務があるからであった。しかし、彼は、全体的にみて、ひとつの発達段階として、かつては容認できないとみなされてきたに違いないふるまいにかんしては、くだけた態度をとるよう勧めた。彼は、6歳から11歳までの子どもがどんな風に典型的に無作法な態度──その言葉づかい、食卓でのマナー、そのふるまい──を示すかを描いた。しかし、彼は、両親にこうした展開と戦えと助言するのではなくむしろ、それを成長の不可欠な部分として賛美した。彼は、正しい礼儀はすぐにおのずと表面ににじみ出てくるものであることを両親に確信させた。

ベビーブームが終わる頃、ふりこは伝統に戻る方向にふれはじめた。これは、エレノア・ルーズヴェルト[*5]の『エチケットの常識』(Eleanor Roosevelt,

Common Sense Book of Etiquette, 1962）に明確に示されている。彼女は、ほかの20世紀の著者と同じように、子どもの個性を重んじ、子どもに上品なふるまいを示すよう両親に説いたが、同じく、両親には子どもに礼儀を教える明確な義務があることについても共感的であった。両親が示す事例は非常に効果的ではあるが、親切に教え導くことも必要であろう。特別な状況でのルーズヴェルト夫人の助言は、戦後の規律の緩和と古いパターンの復活との混ぜあわせのようなものであった。たとえば、彼女は、子どもには自由に話させなくてはならないし、食卓では子どもが嫌いなものを配慮してやるべきであると述べている。だが、子どもは年長者に敬意の念を示し、テーブルマナーを学ぶべきであるとも述べている。彼女は、ムーディの考えに共鳴しながら、年長者が部屋に入ってきたら起立すべきだし、大人たちが席に着くまで座ってはならないと主張している。子どもは手と顔をきれいに洗い、髪に櫛をあててから食卓に着かなくてはならなかった。

ベビーブーム期以降

ルーズヴェルト夫人のアイディアは、1980年代になって子どもの礼儀を扱う書物が出版社から大量に出版されはじめる時期が来ることをおぼろげに感知させた。しかし、戦後すぐに見られた、子どもに礼儀を教える規律のゆるみがおよぼした影響は、**ベビーブーム世代**が成人になるのにともなって、指導指針の作成にはいちじるしい断絶があった。ベビーブーム世代の両親は、礼儀について心配しすぎないよう助言を受けていたので、次の世代はたいした体験知識もなく育った。1960年代末から1970年代を通じた数十年間に出版された子ども向けの礼儀作法書はきわめて少なかった。実際、この数十年間に出版された子ども向けの礼儀作法書は、学校や子ども向けのテレビ番組「ロジャーさんの隣人」（*Mr. Roger's Neighborhood*）のエピソードに使われる映画スライドだけであった。1960年代末と1970年代初期にかけての頃の子どもの礼儀作法について論じた書物が欠乏していたのは、この頃、女性解放運動と若者の政治運動によってヨーロッパとアメリカ社会にひき起こされた文化革命のことを考えれば、驚くに値しない。しかし、長期的な展望に立てば二つのことが見えてくる。第1は、60年代と70年代の反礼儀運動は戦後数十年における子育てのトレンドによって生み出されたということである。そして、第2は、この実験は長続きしなかったということである。ブームを作った人びとが親になり、彼ら自身が野蛮な子どもに直面すると、彼らもまた助けを求めはじめたのである。

1980年代と1990年代の礼儀作法書の著者たちは、その文体と形式の点で読者が味わった困惑ぶりを映し出している。もっとも人気があった二人の作家、ジュディス・マーチン（またの名をミス・マナー［礼儀お嬢さん］）とメアリ・ミッチェル（またの名をデミーナー夫人［お上品夫人］）はどちらも、まるで今日の聴衆が現実のさしせまったエチケット問題に対する解答を必死になって求めているものを示すかのように、その著書のなかに新聞コラムの質問解答形式をとりいれた。この二人の著者は、以前のエチケット本では目にすることがなかったユーモアもある程度とりいれていた。これはおそらく、社会的な確実性を追求する際、儀式張ったことを嫌うベビーブーム世代の自我意識をそらすためであった。ベビーブーム世代が、自分自身は礼儀を欠いていたにもかかわらず、自分の子どもに礼儀を教える真剣な願いをいだいていたことは、この時期に礼儀作法を教える学校やキャンプといった新しい教育産業が勃興したことに示されている。「ペアレンツ・マガジン」（育児雑誌）──これはもともと医者の仕事場で使われていた──も、子どもに礼儀を教える方法についてたえず論じつづけられる記事を出版した。各大学でも、将来性のある仕事の候補者のエチケット講習食事会を開催し、そこで特別な「食事と上品なふるまい」を示すことで、両親が礼儀作法の最後の仕上げをするのを手伝っていた。

こうしたあらゆる種類の礼儀教育の提供によって、子どもには何が教えられるのであろうか？　概していえば、それは伝統的な規準であった。唯一の新しい動きは、アメリカ社会の多文化的性格に対する承認がはじめて示されたことである。これはふつう、くりかえしうなずくというかたちで示されるが、ヨーロッパ＝アメリカ的なふるまいの規準は現在のアメリカ社会では唯一の規準ではなく、もちろん世界の規準でもない。しかし、これは、古い規準にそれほど固執しないということにはならなかった。たとえば、ミス・マナーは、もし親自身が無作法であるなら、親は自分の子どもに上品なふるまいを期待してはならないという典型的な20世紀の了解をしたあと、古い訓戒を語りはじめている。子どもたちは、大人の前では多くを語るよりもむしろ多くを聞きとるよう奨励されるべきであった。子どもは、ほかのよび方をすすめられていないのであれば、大人を正しい称号で礼儀正しくよぶべきであった。家族そろっての食卓の場は、子どもにテーブルマナーを教える場にすべきであった。子どもは両親が食べはじめるまで待ち、自分の好みを言ったり食べ物で遊んだりするのをひかえ、食器やナプキンを上品に使い、許可なく席を立ってはいけなかった。

メアリ・ミッチェルは、少し語調をやわらげて、年長者に対するうやうやしい態度について、年長者であるという理由からではなく、人間であり親であるという理由で尊敬を受けるだけの価値があるのなら、子どもに大人との会話を遠慮なくはじめてもかまわないと助言している。しかし、彼女もまた、伝統的なテーブルマナーのなかで両親を指導しており、ほかの事柄に混じって、子どもに背筋を伸ばして椅子に座らせ、早

く食べすぎたり、口いっぱいに食べ物をほおばりながら話してはいけないと教えるよう親たちに注意を喚起している。エリザベス・ジェイムズとキャロル・バーキンの『社交上手――現代っ子のマナー』(Elizabeth James and Carol Barkin, Social Smarts: Manners for Today's Kids, 1996) は、伝統的なヨーロッパ=アメリカ的なテーブルマナーの規準を免除するという文化的な差異を認めている点でミッチェルの著作と類似しているが、年長者に対する尊敬という点ではミッチェルよりも伝統的である。21世紀の変わり目の忙しい両親たちも、「ベレンスタインの熊たち」[*6]、「赤犬のクリフォード」[*7]、「くまのプーさん」[*8]、「バーニー」[*9]、そして「マペット人形たち」[*10]など、子どもにお気に入りの風刺漫画の主人公によって礼儀が書物やビデオのなかで教えられるようになると、その助けを借りて教育を補うことができる。また、親たちは、こうした作品が子どもにとって頼りになるほんとうの規準、すなわち礼儀正しい物腰や態度、テーブルマナー、清潔感を教えてくれると安心できる。ベビーブーム世代は年長者に対して尊敬の念を示す必要について相反する感情をいだいていたものの、子どもとともにすごす生活は、礼儀というものが、実際には、「生まれつき」身についてはいないものであるということを彼らに教えたのである。

[訳注]

*1 遊び部屋(playroom)――英語圏で子どもの遊び部屋を意味するplayroomという語が使われはじめたのは、1819年以降であった。rumps roomあるいはrecreation roomともよばれ、通常は地下につくられた。

*2 ピーター・パーレイ・シリーズ(Peter Parley Series)――アメリカの作家サミュエル・グッドリッチ(Samuel Goodrich, 1793-1860)の著作で、世界中を旅して何でも知っている、足に痛風をもつ話し好きの老人ピーター・パーレイが、若い頃の冒険談を子どもや若者に語って聴かせる物語シリーズ。非常な人気を博し、多くの模倣本や剽窃本が出まわった。

*3 グープス(goops、礼儀をわきまえない人)――この語は、アメリカの漫筆家ゲレット・バージェス(Gelett Burgess, 1866-1951)が、評判になったその著書(Goops and How to Be Them, 1900)で最初に使った擬声語的な造語。

*4 スポック博士(Benjamin Spock, 1903-1998)――アメリカの小児科医で教育者。その著の正式タイトルは『赤ちゃんと子どもの養育の常識本』(The Common Sense Book of Baby and Child Care, 1945)で、出版後30年間に2800万部が売れ、聖書に次ぐ20世紀のベストセラーになったと言われている。日本語訳は『スポック博士の育児書』として出版された。スポック博士の教育方針で育てられた子どもとその世代をスポックベイビー(a Spock baby)とよぶ。アメリカ政府のベトナム戦争介入に抗議して、大統領選挙に出馬した。

*5 エレノア・ルーズヴェルト(Anna Eleanor Roosevelt, 1884-1962)――第32代アメリカ大統領フランクリン・ルーズヴェルト(1882-1945)の妻で、アメリカ国連代表、婦人運動家。第26代大統領セオドア・ルーズヴェルトの姪。5男1女の子どもをもうけ、子どもの教育に熱心であった。

*6 ベレンスタインの熊たち――スタンとジャン・ベレンスタイン(Stan and Jan Berenstein)による、熊の一家を擬人化したアメリカの子ども向け家族物語。シリーズものとしてテレビ番組になる一方、コンピュータ・ゲームソフトとしても開発され、非常に人気になった。熊の国に暮らす木こりの父熊と思慮深くて知恵のある主婦の母熊に3匹の熊が設定され、それぞれに性格特性と気質、役割が割りふられ、さまざまな道徳テーマをめぐってストーリーが展開する。

*7 赤犬のクリフォード(Clifford the Big Red Dog)――ノーマン・ブリッドウェル(Norman Bridwell)が1962年に創作したアメリカの児童書のシリーズ。

*8 くまのプーさん(Winnie-the-Pooh)――イギリスの童話童謡作家、小説家、劇作家のミルン(Alan Alexander Milne, 1882-1956)によって1926年に書かれ、世界的に大流行した児童小説。

*9 バーニー(Barney)――1975年から1982年までアメリカのABCテレビで放映されたテレビ番組で、ニューヨーク市の警察署を舞台に主人公バーニー・ミラー(Barney Miller)を中心にくりひろげられたコメディータッチの家族物語。

*10 マペット人形たち(Muppet)――なかに手や腕を差し入れてあやつる人形。1970年にアメリカのテレビで放映された子ども向け番組「セサミ・ストリート」に各種のマペット人形が登場して流行した。Muppetという言葉はアメリカの人形使い師ジム・ヘンソン(Jim Henson, 1937-1990)によって、糸であやつるフランスの人形マリオネット(marionette)と指人形(puppet)を合成して1970年に造語された。

➡衛生学と子ども、子育ての助言文献、子ども期の理論、子どもの発達概念の歴史

●参考文献

Bailey, Margaret Emerson. 1922. *The Value of Good Manners: Practical Politeness in the Daily Concerns of Life*. Garden City, NY: Doubleday, Page.

Burgess, Gelett. 1968 [1900]. *Goops and How to Be Them: A Manual of Manners for Polite Infants Inculcating Many Juvenile Virtues Both by Precept and Example*. New York: Dover.

Caldwell, Mark. 1999. *A Short History of Rudeness: Manners, Morals, and Misbehavior in Modern America*. New York: Picador.

Eichler, Lillian. 1924. *The New Book of Etiquette*. Garden City, NY: Nelson Doubleday.

Goodrich, Samuel Griswold. 1844. *What to Do and How to Do It, Or Morals and Manners Taught by Examples, by Peter Parley*. New York: Wiley and Putnam.

Hale, Sarah Josepha. 1867; rev. ed. 1889. *Happy Homes*

and Good Society. Boston: Lee and Shepard.

Hawkins, Francis. 1646. *Youth's Behaviour, or, Decency in Conversation Amongst Men*. French by Grave Persons for the use and Benefit of Their Youth. Now newly turned into English by Francis Hawkins. London: W. Lee.

Hemphill, C. Dallett. 1999. *Bowing to Necessities: A History of Manners in America, 1620-1860*. New York: Oxford University Press.

James, Elizabeth, and Carol Barkin. 1996. *Social Smarts: Manners for Today's Kids*. New York: Clarion Books.

Martin, Judith. 1982. *Miss Manners' Guide to Excruciatingly Correct Behavior*. New York: Atheneum.

Martin, Judith. 1984. *Miss Manners' Guide to Rearing Perfect Children*. New York: Atheneum.

Mitchell, Mary. 1994. *Dear Ms. Demeanor: The Young Person's Etiquette Guide to Handling Any Social Situation with Confidence and Grace*. Chicago: Contemporary Books.

Moody, Eleazar. 1754 [1715]. *The School of Good Manners*. New London: Green.

Roosevelt, Eleanor. 1962. *Eleanor Roosevelt's Common Sense Book of Etiquette*. New York: Macmillan.

Schlesinger, Arthur. 1946. *Learning How to Behave: A Historical Study of American Etiquette Books*. New York: Macmillan.

Spock, Benjamin. 1945. *Baby and Child Care*. New York: Simon and Schuster.

Vanderbilt, Amy. 1952. *Amy Vanderbilt's Complete Book of Etiquette*. New York: Doubleday.

Washington, George. 1926. *Rules of Civility and Decent Behavior in Company and Conversation*, ed. Charles Moore. Boston: Houghton Mifflin.

Wilson, Margery. 1937. *The New Etiquette: The Modern Code of Social Behavior*. New York: Frederick A. Stokes.

（C. DALLETT HEMPHILL／北本正章訳）

レーヴィット、ヘレン
(Levitt, Helen, 1913-2009)

　ヘレン・レーヴィットはニューヨークのブルックリンで生まれ育った。肖像写真家のもとに弟子入りしていたが、芸術へのより直感的なアプローチを求め、その商業的な作品（とその形式的なスタイル）を拒否した。1935年に知りあったフランス人写真家アンリ・カルティエ＝ブレッソン[*1]に触発され、1936年、レーヴィットはライカカメラを入手した。彼女はおもに、ハーレムやローワー・イーストサイドなどの人口密集通りを仕事場所とし、とくに、夏のあいだのこの地こそ、その大きく活気づいた歩道や玄関口のなかに彼女が活動を求めた場所であった。彼女が使用していた直角ビューファインダーとシャープアイ搭載の小型ライカカメラは、被写体をすばやく、気づかれないうちにとらえることを可能とした。

　レーヴィットは、ある重要な作品のため、1941年にメキシコを旅していたこともあるが、その人生の大半をニューヨークで送った。ジェームズ・エイジー[*2]やジャネット・ローブ（Janet Loeb）とともに制作にあたったドキュメント作品「街角」（*In The Street*, 1945-1946制作、1952年公開）などの映画作品にも取り組んだ。この映画は、1965年に初出版されたエイジーの重要なエッセイ作品『ものを見ること』（*A Way of Seeing*）のもととなっている。さらに彼女は1959年と1960年にグッゲンハイム奨学金を獲得し、1960年代と1970年代の大半はカラー作品を制作した。レーヴィットの手法は、記録的というよりは詩的なものである。不景気の頃にアーティストとして身を立て、労働者階級の近隣住民たちとともにすごし、ウォーカー・エヴァンス[*3]やベン・シャーン[*4]の作品に感銘を受けたもかかわらず、彼女の映像作品は、ジェンダーや階級問題への感受性を明らかにしているが、貧困や社会の不平等を扱う教訓的な構成物ではない。むしろ、わたしたちの日常的な活動や交流を、笑いと悲しみの両方の目でとらえ、そのなかにひそむ美しさへと、人びとの視線を誘う。

　子どもに焦点をあてたレーヴィット作品の大半は、子どもたちが大人といっしょに、または大人抜きで、空き地で遊んだり、路上で踊ったり、お面をかぶったり、抱きしめあったり、探検したりする姿をとらえたものである［「路上遊戯」の項参照］。その多くは（身体の一部が写真の枠からはみ出すほどに）近距離で撮られたものであるが、子どもたちが写真家の存在を意識しているようなようすは見られない。友だちを励ます男の子、弟を抱っこしようとする女の子、ベビーカーやちりめん紙や箱で遊ぶ子どもたち——レーヴィットは、気高さや喜びがあふれるしぐさを探しながら、彼らのまわりをすばやく動きまわる。「街角」は脚本なしの映画であり、よく似た俳優や活動をとらえている。レーヴィットの作品はときに、遊びというベールに包みながら、人間の負の力を暗示している。女の子のスカートのなかに隠れたり、おもちゃの銃を手にしたり、闘いごっこに耽る男の子、というように。おもに子どもたちがチョークで書いた落書きと碑文とを撮影した彼女の作品は、喜劇と悲劇とを同じようにならべている点に特徴があり、それはピンナップ写真の滑稽な解釈から、暗くおそろしいメッセージにまでおよぶ。メキシコでも、レーヴィットは子どもを撮影した。そこで撮られた写真に写る子どもたちのうち何人かはゲームに熱中し、また違う子は内気でよそよそしい態度を見せている。彼らはアメリカに暮らす子どもと比べ、はるかに大きな義務や貧困を背負っているのだ。

　1930年代後半から1940年代におけるレーヴィットのもっとも有名な子どもをとらえた作品は、子どもの心理学や、シュールレアリスムへの関心など、子ども

の芸術が発生したのと同時期のものである。しかし、子ども期や現代社会ならではの複雑さや矛盾に対する関心が共有されても、その影響力は堂めぐりで、概してはっきりしないものであった。彼女の作品をとおして、ゲームというものがいかにたやすく危険なものへと転換するのか、どのようにして夢と現実とが衝突するのか、不幸というものが、いかにして悲劇的でありながらも独創性を生むのかを知ることができる。それらは、子ども期を表現するこれまでの写真のなかでも、もっとも複雑かつ洞察力にあふれたもののひとつである。しかし、レーヴィットの写真は、エヴァンスやドロシア・ラング*5のようには大衆の名声を集めることはなかった。その理由のひとつは、教訓的な、あるいは感傷的な解釈を避けていることにある。

[訳注]
*1 アンリ・カルティエ=ブレッソン（Henri Cartier-Bresson, 1908-2004）——20世紀を代表するフランスの写真家。1947年にはロバート・キャパ、デイヴィッド・シーモア、ジョージ・ロジャーとともに国際写真家集団「マグナム・フォト」を結成した。出版された写真集のなかでもっとも有名なものは1932年から1952年に撮影された写真を集成して1952年に出版した『決定的瞬間』（英語版：*The Decisive Moment*、フランス語版：*Image à la sauvette*「逃げ去る映像」の意）である。
*2 ジェームズ・エイジー（James Rufus Agee, 1909-1955）——アメリカの小説家、劇作家、ジャーナリスト、詩人、映画脚本家、映画批評家。ピュリッツァー賞受賞者。
*3 ウォーカー・エヴァンス（Walker Evans, 1903-1975）——アメリカの写真家。ソルボンヌ大学に留学して作家をめざしたが、帰国後に世界恐慌下のアメリカの農業安定局（FSA）のプロジェクトにくわわり、おもに南部の農村地帯のドキュメント写真で注目された。記録性を徹底したストレート・フォトグラフィの手法で作品を残した。
*4 ベン・シャーン（Ben Shahn, 1898-1969）——リトアニアのユダヤ人を両親に、木彫り職人の子として生まれ、7歳の頃、移民としてアメリカに渡った。ニューヨークのブルックリンで石版画職人として生計を立てながら、肉体労働者、失業者など、アメリカ社会の底辺にいる人びとの感性に学び、アメリカを代表する社会派リアリズムの画家となった。戦争、貧困、差別などのテーマを扱いつづけ、とくに、1954年の核実験で被爆した第五福竜丸をテーマにしたシリーズ、フランスのドレフュス事件をテーマにしたシリーズなどが知られている。
*5 ドロシア・ラング（Dorothea Lange, 1895-1965）——アメリカの報道写真家。ドイツ系移民の2世としてニュージャージー州に生まれ、7歳の時小児麻痺（ポリオ）を発症して右足の機能を失ったが、フォトスタジオなどで写真術を学び、やがて世界大恐慌下の庶民生活を記録写真として大量に撮影して評価された。貧困と差別の問題の本質を見つめる目線でドキュメント写真分野の先駆となった。第2次世界大戦中の日系人の強制収容所の生活を撮影した800枚の写真は軍によって没収された。

➡子ども期のイメージ、子どもの写真
●参考文献
Levitt, Helen, and James Agee. 1965. *A Way of Seeing*. New York: Viking Press.
Levitt, Helen, and Robert Coles. 1987. *In the Street: Chalk Drawings and Messages, New York City, 1938-1948*. Durham, NC: Duke University Press.
Levitt, Helen, and James Oles. 1997. *Mexico City*. New York: Center for Documentary Studies in association with W.W. Norton.
Phillips, Sandra S., and Maria Morris Hambourg. 1991. *Helen Levitt*. San Francisco: San Francisco Museum of Modern Art.

（JAMES OLES／内藤沙綾訳）

労働と貧困（Work and Poverty）

　20世紀末、仕事に従事する14歳以下の子どもたちは世界中で2億5000万人にも上ると推計された。この数字は大きな関心をよび、多くの国際機関や各国政府が児童労働の根絶、あるいはすくなくとももっとも危険で搾取の度合が高い児童労働の形態をなくそうとの決意を表明した。しかしながら、子ども期は仕事をしない時期であるという考えは比較的新しい。歴史のほとんどの時期を通じて、可能になりしだいすぐに子どもが家計に貢献するのを期待するのは、どの家族にとってもごくあたりまえのことであった。そうしなければ彼らがあえいでいた貧困は、もっとひどい状態になるからであった。

子どもと貧困

　子どもはこれまでつねに、貧困層とされる人口の不つりあいなほど大きな比率を占めていた。理由は簡単である。子どもが幼いときは、家計にとっては費用がかかる存在にほかならなかった。子どもは、世話、保護、食事や衣服をあたえなくてはならないにもかかわらず、すくなくとも5歳までは、家計には1銭の足しにもならない。家族のなかで最年長の子どもが5歳になれば、家計に少しずつ貢献するようになるとはいえ、その頃にはさらに多くの子どもが生まれているだろう。17世紀のイギリスでは、世帯収入は、子どもがいることで黒字を確保できるようになるのは結婚後18年目と推計されていた。というのも、その頃までには家計に貢献できる年齢に達した子どもの数が十分になっており、妻の子育て期間が終了するからである。貧困層のあいだでは、過酷な経験をとおしてよく知られていたこのような基本的な事実は1901年にB・シーボーム・ラウントリー*1が発表した『貧困——都市生活

エドゥアール・マネ「老音楽師」(1861頃-1862年)。家庭で財政的な支えをまったく見いだせなかった子どもは、生きていくために路上をさまよい、物乞いをしたり泥棒をするほかなかった。The Art Archive/National Gallery of Art Washington/Album/Joseph Martin

の研究』(Poverty: A Study of Town Life, 1901) と題する有名な研究によって公になった。そのなかで彼は、家族のライフ・サイクルが存在すると主張している。すなわち、結婚した夫婦は経済的に比較的恵まれた状態にあるが、子どもが生まれると同時に貧困の底へ沈み、そこからふたたび脱出できるのは、稼げるようになった子どもの数が十分になってからである。子どもが家を離れ、親が所得を得る潜在能力がおとろえてくると、死亡時まで続く次の貧困の谷におちいる。恵まれた時期は自分が10代の頃であり、次に恵まれた時代がくるのは自分の子どもが10代の頃ということになる。

前近代や現代の発展途上国の社会では、人口に占める子どもの割合は、21世紀のヨーロッパ社会よりもはるかに高いが、貧困層のなかでは、その割合はさらに高い。16世紀と17世紀のイギリスでは、貧困層とされる人口の半分は子どもであった。これは、ラウントリーが19世紀末から20世紀にかけての世紀転換期にあげた数字と同じである。子どもの貧困がどの程度であったのかは、それに対する親、子ども自身、公権力の対応などから明らかとなる。ヨーロッパ世界や中国では、親が子どもを遺棄することはめずらしくなかった——中世以来、通常は捨て子養育院に遺棄された——が、子どもたちがそこで生きのびられる可能性はあまり高くなかった。遺棄される割合は、嫡出子よりも非嫡出子のほうがはるかに高く、とりわけ厳しい時代にはそれが顕著であったが、嫡出子ですら遺棄される子どもも非常に多かった。19世紀なかばのヨーロッパ全体で毎年およそ10万人もの赤ん坊が遺棄されており、その半数は、おそらく家族がもう一人子どもを扶養するには経済的に耐えられないと判断した嫡出子であったと考えられる。

18世紀の南フランスでは、子どもたちの一団が道路にたむろし、物乞いしたり、略奪したりしていた。プロイセンでは物乞いの3分の1は子どもであったといわれている。識者は、17世紀末にジョン・ロックが述べたように、夫と妻は「通常の労働」では子どもを2人以上養うことはできない。結果として、「子どもたちの負担に耐えきれず」、多くの家庭が貧困にあえいでいると認識していた。彼らのために何をすることができたのであろうか? ロックは、教区がワーク

ハウスを設立して、子どもたちが3、4歳から糸紡ぎのような生産労働に従事できるようにすべきであると考えていた。解決策とは、子どもたちに雇用機会を提供すること、あるいはもっと厳密な言い方をするなら、強制の度合は多様であったとしても、子どもたちをはたらかせることであったようだ。職業学校の子どもたちをレース編みや麦わら編みの仕事に雇用する機会を提供する計画が急増したが、こうした計画はどれも、子どもたちが無為にすごすのを防ぎ、子どもたちをはたらくことに慣れさせて家庭の収入を増やすために、子どもたちの時間を割りふっていた。

　産業革命前夜の18世紀の識者たちは、子どもの貧困問題は、もっぱら彼らの雇用不足に起因すると考えていた。子どもたちが博愛主義的な組織や国家の保護を受けている場合、子どもたちをはたらかせるのは当然のことと考えられていた。17世紀のオランダでは、子どもたちはライデン市に移送され、繊維産業ではたらいた。ドイツからの報告によれば、18世紀のポツダムやベルリンの手工業は孤児院から送られてきた子どもたちの労働力に頼っていた。つまり子どもたちは、しかるべき年齢に達するとすぐにはたらくのがふつうだとされていたのである。彼らの収入は家族の存続にとってばかりでなく、おそらく国民経済にとっても不可欠であった。

　子どもが仕事をすることは望ましいことであると考えるのは識者だけでなく、親も子どももそのように考えていたようである。理想は、家族がひとつの労働単位を構成することであった。はたらく土地がある場合、前近代や現代の発展途上国の子どもたちは、通常、家族のために徐々にはたらきはじめることができる。農作物からカラスを追いはらったり、焚き木を集めたり、家（これ自体が生産単位でもあったかもしれない）にかんする雑用全般を手伝い、年少のきょうだいの世話をしたりした。16世紀のカスティーリャ地方*2では、男女をとわずどの子どもも焚木集めや家畜の世話だけでなく、耕作を手伝い、ブドウについたアブラムシを集めて駆除し、蚕を飼育したりしていた。この種の仕事は自然に根を下ろしており、牧歌的というよりはむしろ、親の目から見てなしとげなくてはならない仕事であって、子どもたちは性別やその人数に応じて、完璧にとまではいえなくとも、そうした仕事をこなしていた。家族以外の労働力が外からつれてこられることもあっただろうし、反対に、家族内の労働力（たとえば子ども）がほかの家族に移されることもあっただろう。イギリスのように、農民が保有地を耕作する形態が、借地農として雇用された農業労働者が耕作する形態へと転換していった地域では、子どもは家族の必要条件という観点からいえば余剰であった。場所によっては、イギリスでは男の子は9歳で生家を離れ、21歳まで農家の奉公人となった。産業革命以前のヨーロッパ経済では、家族のなかで子どもが仕事をすることが望ましかったが、それはかならずしもつねに得られることではなかった。

初期の工業社会

　世帯の工業生産は、一般に家内工業とよばれるが、これは、17世紀前半から18世紀にかけて急速に発達し、農業経済における労働に代わるものを提供した。産業における子どもの仕事について新しいことは何もなかった。13世紀にまでさかのぼるドイツのボン市に残る考古学資料には、壺の表面に子どもの指紋が残されており、これらをイギリスや北欧諸国、ポーランドなどに輸出していた事業所では、子どもたちが成形されたばかりの壺を乾燥場へ運ぶ仕事をしていたことがわかるし、炭鉱でも、子どもたちがはたらいていた証拠がたくさん残っている。近世になってはじめて世帯の家内工業が発展し、子どもたちはあきらかに有用な労働力とみなされていた。仕事の大半は繊維産業に集中しており、国内と地域市場のみならず国際市場に向けた製品の生産に従事していた。ダニエル・デフォー*3は、18世紀初めのイギリスのいくつかの地域で、わずか4歳の子どもでも自分の食いぶちを稼いでいる例があることを知って喜んでいる。この種の家内工業では農業も同時に行なわれることが多かった。季節ごとに家内工業と農業とが行なわれる場合もあれば、家族のなかで農業に従事する者と、もっぱら家内工業に従事する者とが分かれている場合もあった。本質的に、このような農村工業が発達していた地域では、子どもの失業が見られた純粋な農業専業地域に比べて、より多くの種類の雇用機会が子どもたちに提供されていた。実際、イギリスでは、1830年代頃までは、子どもたちは地域の家内工業ではたらいていたようであるが、農業専業地域には、はたらく場のない子どもたちがいた。

　農村部の工業生産は世帯単位で行なわれていたが、雇用された労働力は家族メンバーだけではなかった。子どもは、自分の家族のなかでは余剰労働力である場合もあったが、その場合はほかの世帯ではたらき口を見つけることができた。18世紀末から19世紀初頭にかけて産業革命を迎えると、こうした子どもの労働が家族や世帯から切り離される傾向はさらに強まった。新しい雇用を生み出したのは繊維工場であったが、初期の工場は水力を使っていたため、どうしても流れの速い場所の近くに、そしてその土地の労働力ではまかないきれない場所に位置することになった。イギリスにおけるこうした新しい労働組織の先駆形態は、子どもの「貧民徒弟」の労働力、つまり、中部地方や北部の工場での労働に従事させるためにロンドンから送りだされた救貧法の救済対象となった子どもたちであった。こうした子どもたちが送りこまれた工場での待遇は過酷であった。19世紀初頭になると、水力に代わって蒸気動力が徐々に使われはじめ、石炭産地に近接

して繊維産業都市が発達していった。こうした工場の賃金は農業で得られる賃金よりも高かったため、家族にとって魅力であったし、女性や子どもが工場労働者のなかで高い割合を占めるようになった理由でもあった。フランスのアルザス地方では、1820年代の工場労働者の3分の1以上が16歳未満であった。ほぼ同時期の［イギリスの］グラスゴーでは35.6パーセントが14歳未満であり、48.3パーセントが16歳未満であった。児童労働への依存度が高かったのは、技術的な理由というよりは、雇用主の雇用戦略のためであった。［アメリカの］マサチューセッツ北部やニューハンプシャーの工場で労働力として好まれたのは、子どもではなく女性たちであり、児童労働は少なかった。かならずというわけはないが、家族メンバーが同じ工場でいっしょにはたらいていることもあった。よく聞かれた不満は、女性と子どもの就労機会は、成人男性のそれを犠牲にしており、家事の担い手としての伝統に反しているというものである。

工業社会の児童労働

産業革命の初期とそれ以降も続く児童労働の慣行に対しては幅広く批判されてきた。子どもたちは10歳にも満たないうちに生家から引き離され、フルタイムではたらきはじめ、長時間労働と、際限なく強化される労働規律とを強いられた。このことが子どもたちの健康に悪影響をおよぼしたであろうことは疑いを入れない。このようなシステムを擁護した人びとは、その理由を三つあげている。第1は、繊維工場で必要とされる細かな工程をこなしたり炭鉱の狭い鉱脈に沿って採炭するのは、大人よりも子どものほうが向いているからである。第2は、安価な児童労働力は、国内外での競争に勝ち抜くには不可欠であったためである。第3に、工場での仕事は子どもたちが怠惰になるのを防ぎ、怠惰から派生する害悪からも守ってやれるからである。これに対して、児童労働に反対する人びとは、工場や炭鉱ではたらく子どもたちの不健康さを示す統計をたびたび作成したが、児童労働を擁護する人びとは、こうした統計にも疑問を投げかけた。子どもたちを苦しめている過酷な状況に目を向けて、人類史上はじめて、子ども期はそもそもはたらくべき時期なのかという疑問をいだきはじめた人のほうが、児童労働を擁護する人びとよりもはるかに多かった。ウィリアム・ワーズワース[*4]をはじめとするロマン派の詩人たちの示す子ども観の影響を受けて、工場や炭鉱における児童労働に反対の立場をとる人びとは、子ども期というのは自然と戯れながら自己を発見し、幸福にすごす時期であるべきであると主張した。子ども期は延長されるべきであり、仕事をはじめるのを遅らせるべきである。というのも、アメリカ人が言うように、「仕事をはじめるとき、…子どもであることは終わってしまうのですから」（Zeleizer, p. 55）。こうした観点からすれば、児童労働は、しばしば「奴隷制」を想起させるものであった。

工場や炭鉱ではたらく子どもたちには大きな関心がよせられたが、産業革命の最盛期ですら、こうした産業は子どもがはたらく場としてもっとも一般的であったとはいえなかった。1851年のイングランドとウェールズでは、5歳から9歳の少年のうち農業に従事している者は、綿工業ではたらいていた少年の2倍半にものぼっていたし、10歳から14歳ではその差はさらに大きかった。10歳から14歳の少女では、綿工業ではたらいていた2万7000人を遙かにしのぐ5万人が家事奉公人としてはたらいていた。言い換えれば、少年は農業、少女は家事奉公というジェンダーによって明確に区分された子どもの労働形態は、工業化以後半世紀以上たっても依然として主流であった。同じことは、今日の発展途上国についてもいえる。インドでは1981年に80パーセント以上の子どもたちが農業分野ではたらいていた。

19世紀後半になると、工業化した国々は産業革命を切り開いた産業分野での子どもの雇用を制限する法律を制定した。通常、繊維産業と石炭採掘がまっさきにこのような制限の対象となり、そのあと、製陶業や煉瓦製造などほかの産業にも適用されていった。法律では最低就業年齢を引き上げ、労働時間を制限し、安全規定を設けたほか、通学証明を要求することもあった。これは、現状に対する激しい抗議だけではなく、この時期に、主要な工場経営者たちが子どもを労働力として使うことは生産性を高めるどころか阻害すると認識しはじめたことを反映していた。同時に、政府は子どもの就学を強制する法律を強化しようとしていた（この種の法律は、国によっては18世紀にまでさかのぼる）。労働法と、就学に関係する法律はどちらも強制するのはむずかしかったが、20世紀初頭までには、工業化したほとんどの国で、学校を卒業する12歳から14歳頃までの子どもたちの仕事は、明確にパート・タイムになっていた。特殊な地域経済が成立しているところはともかくとして、学校を卒業した子どもたちの多くは、鉱山労働者や工場労働者ではなく、メッセンジャーや店員、家事奉公人などとしてはたらきはじめた。結局のところ、労働市場のなかで、いくつかの仕事は子ども用として明確にほかと区別されるようになり、経済の中心ではなく周辺に追いやられていった。典型的な子どもの仕事は、機械を操作しない、新聞や牛乳の配達仕事あるいは洗濯仕事などであった。

家族経済

19世紀と20世紀前半に特有の家族経済は、ヨーロッパと北アメリカの都市部の労働階級ではいっしょにつながっていた。成人男性は、理想的に、また通常は現実的にも主たる稼ぎ手であった。その妻は、とくにひとたび子どもが生まれはじめると、賃金を得るため

に定期的に家庭の外にはたらきに出ることはまれであった。子どもたちは賃金を得る仕事ができるようになるか、法律的に可能な年齢に達するとすぐ、家庭の外で仕事にありつき、稼ぎのほとんどを母親に渡して家計を助けた。たとえば、ベルギーでは家計に占める子どもたちの貢献分は1853年の時点で22パーセントであったものが、1891年になると31パーセントになっている。アメリカでは、19世紀末に向けて家族のなかで（父親である）成人男性が50歳代に差しかかる頃には、家計に占める子どもたちの稼得は3分の1を占めるほどになった。ヨーロッパではその割合はさらに高く、41パーセントであった。農業経済から継承された根深い前提は、子どもは可能になりしだいすぐに家計に貢献すべきであるというものであった。工場法や、学校に行くことが法的に強制されるようになると、家計に貢献しはじめる年齢が上昇していった。しかしその一方で、子どもたち自身は、自分が家族の福祉に貢献できるようになったことを誇らしく思っていたことを示す証拠資料は多数ある。こういう子どもたちの母親は、家族のなかで唯一の可能な賃金の稼ぎ手であって、ときには不定期の労働で賃金を得たり、間借り人に部屋を貸したりして収入を得るなどしながら、育児と家事に専念していた。子どもたちの稼得が家族の経済状況を改善していたこと、また、家族に収入をもたらす必要性を感じていた子どもたちが学業の継続を断念することがめずらしくなかったことも、だれもが認めるところである。

ヨーロッパ社会の労働階級の子どもの大半は、その家計がこのように成り立っている家庭で暮らしていた。もちろん国ごとの違いはあったし、国内にも多くの違いがあった。こうした違いは、アメリカでもっとも顕著にあらわれ、移民とエスニックごとのコミュニティはそれぞれ異なる伝統をもち、経済情勢の変化に対して異なる対応をしていた。たとえば、ニューヨークのイタリア移民の家族はユダヤ人移民よりもはるかに多くの子どもをはたらかせた。これはひとつには出身国の伝統にもよるが、おそらく主要な理由は、イタリア系の成人男性の稼得能力がユダヤ人のそれよりも低かったためである。同じ議論は19世紀末のフィラデルフィアにもあてはまる。アイルランドやドイツからの移民の子どもは、フィラデルフィアの地元で生まれ育った白人の子どもよりはたらいていることが多かったが、これはこうした家族の父親の所得が、移民でない白人の父親より少なかったからである。移民の父親たちの所得水準が上昇するのにつれて、子どもの労働に対する依存度は下がっていった。20世紀初めまでに、アメリカの白人に共通する経済観が明確になってきた。つまり、成人男性だけが賃金を稼ぎ、子どもは学校に通うべきであるという願望が強調されるようになってきたのである。1930年代の大恐慌のような厳しい時代には、児童労働への回帰がみられることもあったが、

その場合、児童労働は望ましいものではないという価値観や規範に沿った法規制が同時に行なわれた。黒人家族の状況は、これとは少し違っていた。たとえば、フィラデルフィアでは、黒人の子どもたちは、アイルランドやドイツからの移民の子どもたちと比べてだれかに雇われることは少なかった。これは、黒人家族のほうが裕福であったためではなく、労働市場の人種的な構造によって、黒人の子どもたちが雇用機会から閉め出されていたためである。部分的にはこのような理由から、黒人家族のほうが移民家族よりも教育に高い価値を置いていたため、アメリカの都市部では、黒人の既婚女性がはたらいている割合は、移民の妻よりも4倍から15倍も高かった。白人の共同体とは違い、黒人家庭は、アメリカ生まれであろうと移民であろうと、補助的な賃金の担い手の鍵となる存在は子どもではなく、母親であると見ていた。

ストリート・チルドレン

二人の親がそろっている家庭の子どもは幸運である。ほかの子どもたち——片親家族（18世紀なかばのイギリスの子どもたちの約20パーセントは15歳までに片親を亡くしていた）や、片方あるいは両方の親が経済的に破綻している場合、あるいは、地域経済が大人にも子どもにも雇用機会をほとんど提供できない場合——は、生計を維持するためにほかの手段を探さなくてはならず、家を離れることもそのひとつであった。サヴォワ[*5]の子どもたちは、16世紀以来、フランス全土のみならずイギリス各地を煙突掃除人として旅した。19世紀には、イタリアのアペニン山脈の貧しい村の家族は子どもをパドローネ[*6]とよばれた親方のところへ徒弟として預けた。パドローネは、パリ、ロンドン、ニューヨーク、モスクワなど多くの都市の路上で、こうした子どもたちに動物をあやつらせたり楽器を演奏させ、見世物にしてはたらかせた。このような子どもたちは、最盛期の1860年代にはおそらく6000人にもなったとみられる。子どもたちは毎日の稼ぎ額を親方に決められていた。こうしたイタリア人の子どもたちが路上でパフォーマンスをしていた都市にはすでにストリート・チルドレンがおり、物売りをしたり、アクロバットを見せたり、街路を清掃するなどして糊口をしのぐ者もいれば、雨露をしのぐのがやっとのところで寝起きする子どもたちもいた。路上でいくばくかの小銭を稼いでいた子どもは移民家庭の子どもであることが多く、家族を支えるためにはたらいていた。20世紀の終わりになっても同じような子どもたちを見ることができる。イスタンブールでも、トルコ南東部から強制的につれてこられたクルド族[*7]の移民たちは、その家族の子どもたちの多くに、路上でティッシュペーパーなどの雑貨を売らせていた。

博愛主義者たちと各国政府は、こうしたストリート・チルドレンを救済して、彼らがよいと考えた生活

を送らせようとし、公衆の目にさらされながら物乞いをするようなひどい暮らしから解放しようとした。こうした子どもたちの多くは施設へ送られた。アメリカでは、1851年に77あった私立の**孤児院**は、1880年までに613に増え、1900年までには1000を超えた。「孤児という境遇」について一般的にいえることといえば、彼らのほとんどは「孤児」ではなく、ケアが必要と判断された子どもたちであったということである。施設への収容はかならずしも子どもを救済するうえで望ましいと考えられていたわけではない。理想は、子どもたちを退廃した都市からよりよい環境に移すことであるとされた。こうして、19世紀末から20世紀初頭にかけて、何千人ものイギリスの子どもたちがカナダに移送され、そこで農場で就労することになった。ニューヨークでは、**チャールズ・ローリング・ブレイス**の**児童保護協会**（Children's Aid Society）が6万人もの子どもをニューヨーク州や中西部諸州の農場へ送りこんだ。子どもたちを救うためにこのような計画が存在したということ自体、すべての子どもが円満な家庭で育てられるべきであり、各地域は子どもたちが家計に貢献できるよう、しかるべき就労機会を提供すべきであるという理想が幻想にすぎないものであることを如実に示している。家庭自体が崩壊しており、地域経済がかならずしも子どもにふさわしいと考えられた雇用機会を提供できるとはかぎらなかった。結果的に、子どもたちの移動性が高くなり、ときには仕事を求めて数千マイルも旅することになった。また、子どもたちを保護しているのがパドローネであれ博愛団体であれ、子どもたちは自分の行く末と運命を自分で決めることはほとんどできなかった。

20世紀なかばから末まで

20世紀なかばのヨーロッパ社会では、子どもたちにとってもっとも大切なことはできるだけ早く家計に貢献できるようになることであるという考え方に疑問が投げかけられるようになった。これは、おもに生活水準の向上によって、子どもたちの家計への貢献が以前ほど重要ではなくなったからであろう。家族全体の幸福のために、子どもに対して最低水準を超えた必要な水準の子どもの教育投資が意味をもちはじめた。これとほぼ時を同じくして、ヨーロッパ世界では、既婚女性たちが労働力としてますます重要な役割を担うようになり、そのことによって、そのときまでたんに都合が悪かったり、あるいは一文なしではなかった収入の流れを提供するようになった。しかし、この事態を単純に成人女性の賃金収入が子どもたちの所得に代わったと考えるのはまちがいであろう。家庭内で子どもたちに割りあてられる雑用は減る一方であった。家族のなかで、子どもの地位と序列は高まった。多くの親にとって人生の目標は、子どもたちの人生の可能性を広げてやることになってきている。「奴隷」とは、いまや親、とりわけ子どもたちのニーズにこたえて世話をする母親のことをさしているようである。

しかしながら、このようなヨーロッパの白人家庭における子ども中心的な歴史段階は20世紀末に終焉しつつあると考えてよいいくつかの証拠があった。この段階では、子どもたちは大人世界と切り離されていたが、このことは別の見方をすれば、子どもを労働世界から隔離することであると定義することもできる。だが、1980年代以後、児童労働が先進国だけでなく発展途上国でも増加していることを示す証拠が増えた。これは、家族形態と国際的なグローバリゼーションにともなう急激なニーズの変化に対応したものであった。子どもたちの多くは、経済の周縁、すなわち労働力の規制緩和がもっとも進んだサービス産業ではたらいていた。それと同時に、子どもたちは、家庭が機能するように貢献していたが、それは一部には、母親が家事の主たる、そして唯一の担い手であるとはみなされなくなってきていることが一因であった。母親たちは、賃金労働にくわえて、家事のほとんどをこなした。しかし、ノルウェーでの研究が示すように、子どもたち——とくに少女、そして少年も——は、一日のなかで成人男性より多くの家事を負担した。子どもたちは家庭が機能するように母親を支えていた。

国際的な視点

20世紀前半には、欧米の児童労働の縮小パターン、および、おそらくはその結果としての児童労働の消滅は、ほかの世界にも波及することが望ましく、またそうなるであろうと広く考えられていた。第1次世界大戦後に設立された国際労働機関（International Labor Office: ILO）は、「児童労働の廃絶」をその責務のひとつに掲げており、各国もさまざまな産業における就業の最低年齢を定めた国際協定に署名してきた。植民地勢力は、こうした制限を植民地に適用するとともに国の法令集にも適切に明記するよう圧力をかけられていた。ある程度は各地の事情に合わせるのがよいという考えがILOのなかにあったことも事実であり、インドネシアでは、「夜」の定義を短縮することで、夜間労働の規制をまぬがれた。また、こうした法律を強制しようとする意志を欠いていることがめずらしくなかったことも事実である。しかし、国際的にみれば、ILOは、遅くとも1973年までには労働市場に参入する最低の基準年齢を15歳と定め、発展途上国に対しては14歳を、そして16歳を望ましい年齢とした。

20世紀の第4四半期になると、この基準はとうてい達成不可能となった——そして、到達することが望ましいとすら考えられなくなってきた。世界経済のグローバリゼーションは雇用主がもっとも安い労働市場——そして、子どもほど安い労働力はない——を探すのを可能にし、いわゆる発展途上国の多数の家族の貧窮化は、家族のあらゆる潜在的な労働力を利用する圧

力を強めた。1980年代には、ガーナ、フィリピン、スリランカ、ペルーなどで児童労働が増加していることが報告されていた。こうした国際的な潮流と並行して、影響力ははるかに弱いながらも、子どもたちをはたらかせるのは道徳的になにかまちがっているというヨーロッパで根強い固定観念に対する疑問も出はじめた。国際機関の焦点は、子どもの年齢、子どもの労働形態、契約内容（親の借金支払いのために子どもがはたらかされる例は大きな関心を集めた）、あるいは賃金などの点で搾取が明らかな児童労働を規制し、廃絶することであって、すべての児童労働を禁止しようとしたり、子どもたちを生産の場から隔離することではないのかどうかという問題である。児童労働を擁護する人びとは、児童労働はすべてまちがっているという前提に立つのではなく、はたらく子どもたち自身の声に耳を傾けるようになってきている。

こうした再評価は、子どもにかかわるコストにかんする議論と同時進行している。ひと世代のあいだに人口が倍増し、それをコントロールする手段がある状況では、なぜ人は子どもをもつのか――あるいはもたないのか――と問うのは当然であった。すでに見てきたように、家族ができてしばらくは、まちがいなくコストがかかり、経済的な意味で純利益となるまでには多くの時間を要した。子どもを「投資財」と見るなら、非常に長期的な預金形態と考えることができる。発展途上国の多くでは、子どもの多くは資産になるほど長くは生きなかったため、このことが家族を、子どもたち全員が生きのびることはないとの想定のもとに、多数の子どもをもつようにさせていたのかもしれない。また、これとは別の経済的な要因として、とくに子どもたちが両親の老後の世話をするという福祉がほとんど、あるいはまったく存在しなかった国では、その前提で人びとに子どもを産ませていた。そこには、男子は経済的なコストが低く（結婚に際して婚資は不要であった）、経済的により利益になると考えられていたため、通常は女子よりも男子を望むジェンダーの偏向が強くはたらいていたかもしれない。しかし、親は、経済的な理由から子どもをもつという考え方、つまり、ある意味で、子どもは親の資産であるという、しばしば表現される考えが説得力をもつことはめったになかった。それどころか、実際には、発展途上国でも先進国でも、ほぼすべての社会で、収入の流れは親から子どもに向かっており、その逆ではない。先進国の富裕層ではこの傾向が非常に強いため、自己中心的な行動は、子どもをまったくもたないようにするかその人数を非常に少なくすることであった。それは、子どもは一度も家計に貢献することはなく、幼少期から20代なかばまでつねにコストがかかる存在でありつづけるからであった。先進国では、税金制度がこうしたコストをある程度は吸収してくれるが、子どもの数は圧倒的に貧困層に多いという状況は変わらなかった。発展途上国でも同じことがいえ、ここでは、子どもたちの早期の雇用市場に家族の生存がかかっていた。

世界各地の発展途上国でも先進国でも、子どもたちは、すくなくとも部分的には、独力でものを購入する手段を得たいという欲望に動かされてはたらいていた。このことは、インドネシアでもアメリカでも同じであった。子どもや若者向けの商品を生産するグローバル市場の存在そのものがそれを証明していたし、また、その傾向をいっそう強めていた。こうした事実は、児童労働を根本的に見直そうとする20世紀末の動きと合わせて考えなくてはならない。こうした状況では、ほしいものを自分で買うことができるようにするために、また、自分の福祉観を別のものに改善するために、はたらいてお金を得たいという願望が非常に強い子どもたちの未来を想像することが可能になっている。これは児童労働がとる未来のかたちのひとつかもしれない。しかし、20世紀末から21世紀初頭の時点では、はたらく子どもたちの環境をグローバルな規模で検証した研究者のだれもが、児童労働と貧困のあいだに根深く、永続的な相関関係があることを認めざるをえない状況にある。その相関関係は、さまざまな文化や伝統のなかで異なる形態を示したが、子どもを労働に駆りたてる最大の要因が家族の貧困であることに変わりはない。発展途上国ではたらく子どもたちのほとんどは、仕事と学校のどちらか一方を選ぶというよりもむしろ両者を組みあわせることを理想と見ているし、彼らが家計に貢献する必要があることも受け入れている。このことは、記録に残された歴史のほとんどの時代にあてはまった。19世紀初頭の産業革命期に、はたらく子どもたちの経験に関心がよせられるようになってはじめて、子どもがはたらくということがまったくない世界というものを思い描くことができるようになった。こうした経緯のために、児童労働の道徳性をめぐって混乱が生じたのである。それ以来、いままで実現されてこなかったのは、児童労働と貧困のあいだの関係を断ちきることであった。

［訳注］
*1 シーボーム・ラウントリー（Benjamin Seebohm Rowntree, 1871-1954）――20世紀初頭のイギリスの社会学者、社会改良家。チョコレート製造業を営む父親の三男として生まれ、大学では化学を専攻し、その知識を生かして父親の工場ではたらいた。日曜日ごとにヨーク市成人学校で教えるようになり、労働階級の人びとと交わるなかで貧困問題に目覚め、ヨーク市において実態調査を行なった。実態調査は、第1期（1899年）第2期（1936年）第3期（1951年）にわたって継続的に行なわれ、第1期の調査は『貧困』（*Poverty: A Study of Town Life*, 1901）として、また、第2期の調査結果は『貧困と進歩』（*Poverty and Progress*, 1941）として刊行された。ラウントリーは、貧困状態を、その家計の総収入が、いかに賢明かつ注

意深く消費されても、肉体的能率を維持するには不十分な貧困状態を「第1次貧困」とよび、収入の一部が飲酒や賭け事など刹那的に消費されないかぎり、貧困線以上の生活を送りうる貧困状態を「第2次貧困」とよんで分類した。第1期の調査では1899年当時、ヨーク市全人口7万5812人のうち貧困線以上の生活を営む労働階級は2万6452人であり、第1次貧困は7230人、第2次貧困は1万3072人、救貧院または慈恵院に収容された者が612人、合計2万914人（全人口の27.6パーセント）であることをつきとめた。この研究は、同じ時期にチャールズ・ブース（1840-1916）が進めた大都市ロンドンでの貧困調査「ロンドン市民の生活と労働」（Life and Labour of the People in London, 17 vols, 1889-1903）と対をなす地方都市の貧困研究であり、貧困化の社会的、経済的、文化的条件を分析して、のちの社会調査研究のモデルとなった。

*2 カスティーリャ地方（Castile）——イベリア半島の中部から北部にかけての農村地方で、スペイン王国の中核となった地域。

*3 ダニエル・デフォー（Daniel Defoe, 1659?-1731）——イギリスの作家、ジャーナリスト。諷刺詩、政治的な小冊子などを公刊したかどで罰金、入牢の刑に処せられたが屈せず、政治・宗教・経済・文学・道徳・家族などにかんする時評週刊誌を発行した。漂流体験記を残したスコットランド人船員セルカーク（1676-1721）をモデルにした『ロビンソン・クルーソー漂流記』（Robinson Crusoe, 1719）の成功で名声を確立し、続編3巻を出版した。The Family Instructor（1715）、『ペスト』（平井正穂訳、中公文庫、2009年）（A Journal of the Plague Year, 1722）、『モル・フランダーズ』（伊澤龍雄訳、岩波文庫、1968年）（Moll Flanders, 1722）、『ロクサーナ』（宮崎孝一訳、槐書房、1980年）（Roxana: The Fortunate Mistress, 1724）。

*4 ウィリアム・ワーズワース（William Wordsworth, 1770-1850）——イギリスの詩人。ケンブリッジ大学卒業後の21歳頃、ヨーロッパへの徒歩旅行を試み、翌年から1年あまりフランスに滞在し、フランス革命に立ち会ってその思想に大いに刺激を受けたが、恐怖政治にいたって深く失望した。大学の同窓で住まいが近かったコールリッジ（Samuel Taylor Coleridge, 1772-1834）と親交を結び、イギリス詩のロマン主義時代の到来を告げる共著『叙情民謡集』（Lyrical Ballads, 1798）を発表して注目を集めた。自伝的な長編詩『序曲』（The Prelude, 1805）、『頌歌・幼少時の回想から受ける霊魂不滅の啓示』（Ode: Intimations of Immortality from Recollections of Early Childhood, 1807）で創作力の頂点を示した。

*5 サヴォワ（Savoy）——フランス南東部に位置するイタリアに隣接する地方。現在のフランス南東部、ローヌ＝アルプ地域圏のサヴォワ県とオート＝サヴォワ県にあたる。

*6 パドローネ（padrone）——イタリアの子ども乞食や辻音楽師などの親方。イタリアからの移民労働者の元締めをさすこともある。

*7 クルド族（Kurds）——クルド語を話し、おもにトルコ南東部、イラン北西部、イラク北部に広がるクルディスタンの山岳・高原地域に住むイスラム教徒の民族。独自の国家をもたない世界最大の民族集団で、中東ではアラブ人・トルコ人・ペルシア人（イラン人）の次に多い人口を構成し、約2500～3000万人と推定されている。トルコ、イラン、旧ソ連領カフカスで根強い独立運動を展開している。

➡義務就学、経済と子ども（西ヨーロッパ社会）（農業社会から工業社会へ）、里子制度、児童労働（欧米）、児童労働（発展途上国）、徒弟制度、ヨーロッパの工業化

● 参考文献

Bolin-Hort, Per. 1989. *Work, Family, and the State: Child Labour and the Organization of Production in the British Cotton Industry, 1780-1920*. Lund, Sweden: Lund University Press.

Cohen, Miriam. 1981-1982. "Changing Education Strategies Among Immigrant Generations: New York Italians in Comparative Perspective." *Journal of Social History* 15: 443-466.

Cornia, Giovanni Andrea, Richard Jolly, and Frances Stewart. 1987-1988. *Adjustment with a Human Face*. 2 vols. Oxford, UK: Clarendon Press.

Cunningham, Hugh. 1990. "The Employment and Unemployment of Children in England c.1680-1851." *Past and Present* 126: 115-150.

Cunningham, Hugh. 1995 1st; 2005 2nd. *Children and Childhood in Western Society since 1500*. London: Longman. カニンガム『概説 子ども観の社会史——ヨーロッパとアメリカにみる教育・福祉・国家』（北本正章訳、新曜社、2013年）

Cunningham, Hugh. 2000. "The Decline of Child Labour: Labour Markets and Family Economies in Europe and North America since 1830." *Economic History Review* 53: 409-428.

Cunningham, Hugh, and Pier Paolo Viazzo, eds. 1996. *Child Labour in Historical Perspective, 1800-1985: Case Studies from Europe, Japan, and Colombia*. Florence, Italy: UNICEF.

de Coninck-Smith, Ning, Bengt Sandin, and Ellen Schrumpf, eds. 1997. *Industrious Children: Work and Childhood in the Nordic Countries, 1850-1990*. Odense, Denmark: Odense University Press.

Goldin, Claudia. 1981. "Family Strategies and the Family Economy in the Late Nineteenth Century: The Role of Secondary Workers." In *Philadelphia: Work, Space, Family, and Group Experience in the Nineteenth Century*, ed. Thomas Hershberg. New York: Oxford University Press.

Heywood, Colin. 1988. *Childhood in Nineteenth-Century France: Work, Health, and Education among the "Classes Populaires."* Cambridge, UK: Cambridge University Press.

Lansky, Michael. 1997. "Child Labour: How the Challenge Is Being Met." *International Labour Review* 136: 233-

257.
Lavalette, Michael, ed. 1999. *A Thing of the Past? Child Labour in Britain in the Nineteenth and Twentieth Centuries.* Liverpool, UK: Liverpool University Press.
Lieten, Kristoffel, and Ben White. 2001. *Child Labour: Policy Options.* Amsterdam, the Netherlands: Aksant.
Nardinelli, Clark. 1990. *Child Labor and the Industrial Revolution.* Bloomington: Indiana University Press. クラーク・ナーディネリ『子どもたちと産業革命』(森本真美訳、平凡社、1998年)
Parr, Joy. 1980. *Labouring Children: British Immigrant Apprentices to Canada, 1869-1924.* London: Croom Helm.
Pleck, Elizabeth H. 1978. "A Mother's Wages: Income Earning among Married Italian and Black Women, 1896-1911." In *The American Family in Social-Historical Perspective*, ed. Michael Gordon. New York: St. Martin's Press.
Slack, Paul. 1988. *Poverty and Policy in Tudor and Stuart England.* London: Longman.
Smith, Richard M., ed. 1984. *Land, Kinship, and Life-Cycle.* Cambridge, UK: Cambridge University Press.
UNICEF. 1994. *The State of the World's Children, 1994.* Oxford: Oxford University Press.
UNICEF. 1997. *The State of the World's Children, 1997.* Oxford: Oxford University Press.
Weiner, Myron. 1991. *The Child and the State in India: Child Labour and Education Policy in Comparative Perspective.* Princeton: Princeton University Press.
White, Ben. 1994. "Children, Work, and 'Child Labour': Changing Responses to the Employment of Children." *Development and Change* 25: 848-878.
Yilmaz, Bediz. 2001. "Street-Vendor Children in Istanbul: The Visible Facet of Urban Poverty." In *Childhood in South East Europe: Historical Perspectives on Growing Up in the 19th and 20th Century*, ed. Slobodan Naumovic and Miroslav Jovanovic. Belgrade, Serbia and Yugoslavia: Graz.
Zelizer, Viviana A. 1985. *Pricing the Priceless Child: The Changing Social Value of Children.* New York: Basic Books.
Zucchi, John E. 1992. *The Little Slaves of the Harp: Italian Child Street Musicians in Nineteenth-Century Paris, London, and New York.* Montreal: McGill-Queen's University Press.

(HUGH CUNNINGHAM/並河葉子訳)

ロシアにおけるトルストイの子ども期 (Tolstoy's Childhood in Russia)

　ロシアにおける子ども期は文学によって生み出された。すなわち、それはレフ・トルストイ(1828-1910)の処女作である自伝風の小説『幼年時代』(*Childhood*, 1852)で多少ともかたちを整えた。だからといって、

イリヤ・レーピン「レフ・トルストイ」(1901年)。State Russian Museum, Saint Petersburg*

この小説が登場する以前にロシア人が、それ自体の法則をもつ人生の独自な段階として子ども期を経験していなかったわけではない。だが、そうした経験をもつ人びとも初歩的な形態でしかそれを有していなかったのである。『幼年時代』の発表と、それほど有名ではないが、その補足になるものといえるセルゲイ・アクサーコフ(1791-1859)の『バグロフ家の孫の少年時代』(*The Childhood Years of Bagrov's Grandson*, 1858)が世に出たことで、ロシアの子ども期は体系的なものとなった。その後、ロシア人による自伝風の作品は子ども期の叙述にページを多くさくようになったし、たいていの自伝作家はトルストイというフィルターをとおして子ども期を思い出すことになった。ここで忘れてならないのは、すくなくとも20世紀初頭に子ども期について語ることができたロシア人は、その人口の1割ほどを占める貴族層だけであったという点である。ほかの身分の人びとは、それがどのようなものであったにせよ、みずからの子ども期について思い出す余裕はほとんどなかった。

　ロシアにおける子ども期の最大の特徴は、それが人生でもっとも幸せな時期であり、大人になってからの経験とは比べようのない時期であるということである。『幼年時代』第15章は、ロシア人の文化的精神にかんするかぎりトルストイの文章のなかでもっとも知られた次の成句ではじまっている。「二度とかえらぬ幼年時代の、幸せな楽しい時期！その思い出をどうして愛

さずにいられよう、いとしがらずにいられようか!」。たしかにその後80年のあいだ、ロシアにおける子ども期にかんする、実質的にすべての一人称の記述は、それがフィクションの形態をとっていようと、ノンフィクションの形式であろうと、幸せであった子ども期の記憶に対して向けられていた。19世紀に登場した数々の自伝作家はトルストイの子ども期にかんする解釈を丸ごとくりかえすだけでなく、トルストイ風の場面や言葉のリズム、言いまわしを借用した。どの世代のロシア人にも理解できるように子ども期というパラダイムをトルストイが使おうとしたからといって、そのことは、彼がみずからの見解をまったくのつくりごとで構成したというのではない。むしろ逆に、彼の見解はロシア人の従来の考え方と一致していたので、そのあとも持続することになった。いずれにしても、現実の生活から文学上のリアリティを分離するのはかなりむずかしくなった。これは、とりわけロシアのように文学がさかんな国ではだれもが、『幼年時代』を想起せずにみずからの子ども期を思い出したり、ロシア社会における子ども期について考えることはできなかったからである。

そこで、ある自伝作家はトルストイの提起したテーマを少し変えただけで満足し、ほかの自伝作家は子ども期を黄金時代とみなす神話の創作に汲々としていた。そうした人びとは自分が育った世界と、大人として暮らしている世界とのあいだに質的な違いがあると主張してきた。やがて、なかでも地主貴族が階級として崩壊したとき、幸せな子ども期は彼らの最後の持ちもの、すなわち伝統的なロシアそのものをこの一語で比喩しているとみなされた。ロシア革命後に亡命者によって書かれた小説や回想録——イワン・ブーニン（1870-1953）の『アルセーニエフの生涯』（The Life of Arseniev, 1930）やヴラジーミル・ナボコフ（1899-1977）の『記憶よ、語れ』（Vladimir Nabokov's Speak, Memory, 1951）など——は、こうした伝統を守り、幸せな子ども期を革命前の暮らしそのものと結びつけていた。

幸せな子ども期という神話は、「完璧な母」や「無力な父」という神話や、子ども期をすごした農村の所有地を楽園とみなす方程式と、たいていいっしょになっている。たとえば、エカチェリーナ・サバネーワは次のように述べた。

> 両親と馬車で通った小川や果樹園、村の路地は印象に深く残っており、織り糸のようにしてわたしの道徳性を丸ごとかたちづくっている。それらの上に故郷の村や人びと、教会へ愛情が育ったのは明らかである。子ども時代のこうした織り糸や印象はわたしの生涯を方向づけた。（『すぎさりし頃の思い出』サンクトペテルブルク、1914年、2ページ）

上流階級に属する自伝作家は、青少年期の前半をすごした農村を理想化する一方で、後半を暮らした都市を対照的に扱いがちであった。失われた楽園［である農村］のたえまない描写は、その自伝にノスタルジックで哀しみをおびた調子をあたえた。その結果、ロシア人は、生涯をとおして徐々に成長し、進歩していくという人生観に代わって、しだいに子ども期の完全さから後退していくという人生モデルに依拠するようになった。

20世紀に入り、貴族階級が完全に崩壊したので、子ども期にかんする新しいパラダイムがロシア文化に出現するのではないかと期待した人びとがいたかもしれない。たしかに20世紀初頭にはいくつかの新しい文化モデルが見られた。たとえば、注意深い芸術的・個人的な印象が形成される時期として子ども期を近代主義者が理想化したことを忘れてはならない。そうした作品としてアンドレイ・ベールイ（1880-1934）の『コーチク・レターエフ』（Kotik Letaev, 1922）や、オシップ・マンデルシュタム（1891-1938）の『時代の雑音』（The Noise of Time, 1925）、ボリス・パステルナーク（1890-1960）の『シェーニャ・リューベルスの子ども期』（Zhenya Luvers' Childhood, 1922）などがある。だが、これらの認められた文学作品はロシア人が広く共有できるパラダイムを提示するものではなかった。より潜在的な影響力をもったモデルはマキシム・ゴーリキー（1868-1836）の自伝風の小説『幼年時代』（Childhood, 1914）によって提示された。そこで受ける全般的な印象は、子ども期が困難で、厳しい打撃の時期であるというものである。貴族の伝統では子ども期を思い出すと懐かしく楽しくなるのに対し、ゴーリキーにとって過去とは、「記憶から、人間の魂から、重苦しい恥ずべきわれわれの生活全体から、根こそぎ引きぬいてしまうためには、根もとまでそれを知らなければならない」ために思い出されるものなのである。自伝は、たえまない回帰のための懐かしい試みではなく、過去を克服するための手段である。そこでは、子どもにとって提喩である人間［子ども期をふくむ生涯］は、「明るい未来」の光を提供する太陽に向かって成長するものだと考えられている。ゴーリキーの『幼年時代』はたんに、異なる社会経済的背景から作家の経験を表現したものではなく、ロシアにおける子ども期の概念に対して独自に挑戦したものである。

しかし、ソヴィエト文学におけるゴーリキーの象徴的な地位にもかかわらず、彼とその『幼年時代』はソヴィエトの作家や社会に究極のモデルを提供するものではなかった。1930年代までにソヴィエト政府は、社会主義が自国で「達成され、勝利した」と発表した。その結果、漸進的な改善と啓蒙につながる苦しみの時期として子ども期をみるゴーリキーのパラダイムは社会状況に合わなくなった。そのかわり、幸せな子ども期という神話が戻ってきた。ただし、それは、文字どおりトルストイ主義的な意味ではなく、1930〜1940

年代のソヴィエトのすべての子どもが「同志スターリン、幸せな子ども期をありがとう」と心から期待しているという決まり文句でもって戻ってきたのである。
➡自伝
●参考文献
Aksakov, Sergei. 1984 [1858]. *A Family Chronicle: Childhood Years of Bagrov's Grandson*. Trans. Olga Shartse. Moscow, Raduga Publishers.
Belyi, Andrei. 1999 [1917-1918]. *Kotik Letaev*. Trans. Gerald J. Janecek. Evanston, IL: Northwestern University Press.
Brooks, Jeffrey. 2000. *Thank You, Comrade Stalin! Soviet Public Culture from Revolution to Cold War*. Princeton, NJ: Princeton University Press.
Bunin, Ivan A. 1994 [1930-1939]. *The Life of Arseniev: Youth* (Studies in Russian Literature and Theory). Trans. Gleb Struve and Hamish Miles (books 1-4)、and Heidi Hillis, Susan McKean, and Sven A. Wolf (book 5). Evanston, IL: Northwestern University Press.
Creuziger, Clementine G. K. 1996. *Childhood in Russia: Representation and Reality*. Lanham, MD: University Press of America.
Gorky, Maxim. 1961 [1913-1914]. *Childhood*. Trans. Margaret Wettlin. New York: Oxford University Press. マキシム・ゴーリキー『幼年時代』(木村彰一訳、青木文庫、1978年)
Harris, Jane Gary, ed. 1990. *Autobiographical Statements in Twentieth-Century Russian Literature*. Princeton, NJ: Princeton University Press.
Kirschenbaum, Lisa A. 2001. *Small Comrades: Revolutionizing Childhood in Soviet Russia, 1917-1932*. New York: Garland.
Mandelstam, Osip. 1988 [1925]. *The Noise of Time, And Other Prose Pieces*. Trans. Clarence Brown. London: Quartet.
Nabokov, Vladimir. 1951. *Speak, Memory: A Memoir*. London: Gollancz.
Pasternak, Boris. 1986 [1922]. *Zhenya Luvers' Childhood. In Boris Pasternak: The Voice of Prose*, trans. Christopher Barnes. Edinburgh: Polygon.
Roosevelt, Priscilla. 1995. *Life on the Russian Country Estate: A Social and Cultural History*. New Haven, CT: Yale University Press.
Sabaneeva, Ekaterina A. 1914. *Vospominaniia o bylom*. St. Petersburg: M. Stasiulevich.
Tolstoy, Leo. 1930 [1852]. *Childhood, Boyhood, and Youth*. Trans. Louise and Aylmer Maude. New York: Oxford University Press. レフ・ニコラエヴィッチ・トルストイ『幼年時代』『少年時代』『青年時代』(北御門二郎訳、講談社、2009年)
Wachtel, Andrew. 1990. *The Battle for Childhood: Creation of a Russian Myth*. Stanford, CA: Stanford University Press.

(ANDREW WACHTEL／村知稔三訳)

ロシアの子ども (Russia)
➡ロシアにおけるトルストイの子ども期 (Tolstoy's Childhood in Russia)

路上遊戯 (Street Games)

　少女と少年の戸外での遊びは、歴史のなかできわだった持続性──そして、世界中でかなりの類似性──を示している。鬼ごっこ、隠れん坊、跳ね飛び、跳躍、はじき玉、ボール投げ競争、棒遊び、その他のものについての証拠は、事実上すべての文化の初期の歴史資料に見いだすことができる。こうした活動が気晴らしとレクリエーションとしてはじまったのか、それとも子どもが模倣する大人の儀礼の一部であったのかについては明確になっていない。しかし、遊びの起源は、遊戯が行なわれる文化的コンテキストほどの関連性は、子どもの遊びと路上遊戯の重要性についての理解にはない。ほとんどの文化で、子ども期は少女や少年が遊戯や遊びに参加する人生の時期である。子どもたちは、こうした遊戯を通じて、楽しむことや実演することにくわえて、リーダーシップや協調性、ルール(そしてルールの裏をかくこと)、身体技能、そして社会的な役割などを学ぶ。

　路上での遊びは、子どもたちが家庭、学校、管理された遊び場の外でくわわるなんらかの楽しい活動として定義できよう。路上遊戯とは、歴史のなかで根強く残る名称とルールをもち、大人によって記録されるような種類の遊びのことである。アメリカで人気のある遊びには次のようなものがある。レッドローヴァー[*1]、縄跳び遊び、お山の大将遊び[*2]、缶蹴り遊び、隠れん坊遊び、スティックボール[*3]、おはじき玉遊び、石蹴り遊び[*4]などがある(遊びの名称には地域的なバリエーションがある)。ジャックス[*5]、盤上ゲーム、カード遊び、および類似遊戯は、屋内だけでなく屋外でも遊ばれていたであろう。

遊戯の歴史

　ピーテル・ブリューゲル(父)の1560年の絵画作品「子供の遊戯」[「遊び」の項目参照]は、その大部分が路上と中庭での、90種類以上の遊びの活動にくわわっている子どもたちの記録である。この絵画は、包括的な学問研究の対象になってきており、その意味をめぐっていまも論争が続いている。比喩的な解釈がどのようになされようとも、この作品は、400年以上におよぶ子どもの遊びのなかで、どの遊びが残存し、どれが消滅したのかを見きわめるうえで有益な基準を示してくれている。ブリューゲルのこの集合作品で顕著なのは、ジャックス(お手玉遊び)、**人形**、人形の家、おもちゃの鉄砲、目隠し遊び、馬跳び、おはじき、

さまざまな鬼ごっこ、ボール遊び、まねごと遊び、戦争ごっこ、爆竹遊びといったもので、これらの遊戯は今日、世界中で遊ばれているものとよく似ている。

たとえば、絵のなかに見える、２人の幼い少女が遊ぶときに使われるお手玉は、あきらかにくるぶしの骨で、おそらくは羊の足のくるぶしの骨である。こうした骨は、明確に区別できる四つの側面をもっており、たとえばモンゴルでは、「山羊」「羊」「駱駝」「馬」で識別されている。古代のギリシア人たちは、いくつかの遊戯で、「犬」と「ヴィーナス」という二つの面にしか名前をつけなかった。骨は、サイコロやおはじき玉と明確な類縁性があったさまざまな遊戯で遊ぶために利用することができた。これらの骨は、くるぶしの骨の側面に割りふられた得点で、地面に放り投げられたであろうし、指で弾き飛ばしてお互いの骨にあてたり、捕まえたりすることもあったり、あるいは、空中に放り投げて、それを手の甲で受けとめたりもされたであろう――小さな骨を利用したこうした遊戯のバリエーションは、アメリカではジャックストーンとかお手玉遊び（ファイブストーン）として知られる。6面体の金属製の毬と小型のゴムボールを作った19世紀のマニュファクチュアは、この遊戯が現在のかたちに進化するのを可能にした。

ウィリアム・ウェルズ・ニューウェルは、1883年に公刊した『アメリカの子どもたちの遊戯と唄』(Games and Songs of American Children, 1883) という著書のなかで、ニューウェルと彼の友だちが子どもの遊びとして観察したり覚えているものとして、約200種類ほどあるとしている。ニューウェルの著作は、ブリューゲルの絵画と同じように、子どもの遊びにおける持続性と変化を見きわめることができるもうひとつの基準を示している。ニューウェルは、ニューイングランドの少年と少女たちが遊んでいたジャックストーンにみられる六つのバリエーションをリストにあげており、お手玉 (otedama) すなわち「日本のジャックス」(Japanese jacks) もふくまれていた。日本のお手玉は、お米が入った小さな七つの袋を放り投げたり空中でつかんだりして、複雑な配列をともなう遊びで、骨、小石、鉄片などで遊ぶ遊戯と似ている。

アメリカのいくつかの地域では、ジャックストーンは、お金や自分の取り分を要求する俗語表現と結びついたディブズ（ぼくの分だ）*6 という言い方としても知られていた。ニュージーランドでは、モンゴルで見られたのと同じように、子どもたちは死んだ羊の遺骸をあさり、そのくるぶしの骨をとりはずし、洗い、色染めし、特別に作った袋に入れて運び、交換した。ヨーロッパ人やその家畜類が上陸してくる以前のマオリ族*7の子どもたちは、石を使ったお手玉遊び（ジャックス）をしていた。ニューウェルの書物が出た数年後、スミソニアン研究所*8ではたらき、のちにブルックリン博物館でも館長をつとめたスチュワート・カリンは、

ヘレン・レーヴィット「ニューヨーク」（1942年頃）。20世紀のアメリカの都市でしだいに増えた子どもたちは、都市そのものの特徴を彼らの遊戯のなかにとりこんだ。Courtesy Fraenkel Gallery, San Francisco

バイソンのくるぶしの骨がどんなふうにパパゴ・インディアンによって別のお手玉遊びに使われているかを描いた。20世紀後半のニューヨークのフォークロア研究者たちは、チャイナタウンの子どもたちがボタンでお手玉遊びをしているのを発見している。

お手玉遊びは――しばしば「とり置き」をするために遊ぶことをふくんでいたおはじき遊びとは違って――目と手を使った共同作業の、仲のよい競争遊びであることが回想録と民族誌の両方に示されている。おはじき遊びも非常に古い歴史がある。粘土、骨、果物の種、貝殻、石、ガラス、金属その他の物質でできた小さな丸いかたちのものを使った遊戯は、通常は、ほかの玉をとる目的で、親指その他の指ではじいて玉を別の球に「打つ」ことで成り立っていた。このバリエーションには、すべての石を勝ちとるために穴から穴へ、最後の穴を使って石を打つやり方もあった。おはじき玉遊びは、その材質、かたち、そして勝利者の個人的な好みに応じて価値づけられた。「道化師」のための遊びと「記念品」のための遊びとあいだの相違は、おはじき玉遊びを、はじき石遊び（taw）ともよばれ

る賭けごと遊戯として特徴づけている。おはじき玉遊びは、戸外の起伏のある地面で遊ぶと、腕前を競う遊戯に運命という要素をつけくわえる。歴史上の資料は、おはじき玉遊びは、娯楽、取得、あるいは貪欲を超えた理由で遊ばれていた。ルイジアナのある奴隷は、読み方を教えてもらうために白人の少年に支払うおはじき玉を貯める腕前を役立てた。カリンは、輪のなかで貝殻と貝殻をぶつけあうフィリピンのプーンギタン (pungitan) の遊戯は、お金、食料、煙草などを求めて行なわれていたと書きとめている。

鬼ごっこ (tag) については、それが権力関係を示していると分析されてきた。フォークロア研究者と心理学者たちは、追いかけっこ、鬼ごっこ、そして「ブラック・トム」（また、「悪魔」[black man]、「床一面」[wall-to-wall]、そして「ポムポム引き抜き」[pom pom pull away]）のような分捕り遊戯（賞金ゲーム）の「鬼」(it) の役割に、個人の権力の要素を見ている。この権力は、もし彼あるいは彼女がもっとも足の速いランナーあるいはもっとも上手なプレイヤーでなくても、「鬼」になった子どもに名声と自尊心をあたえる。これは、「鬼」になった人が、ほかの仲間にベースのあいだを走らせる言葉を大声で叫ぶ前に、彼自身あるいは彼女自身の位置決めをすることによってほかのプレイヤーに対する支配権を行使するからである。これとは反対に、（「ブラック・トム」のようによびかけがないがぎりゲームははじまらないのだが）「スカンク逃げごっこ」[dodge the skunk]、「真ん中のピクルス」[pickle-in-the-middle]（これは「立ち入り禁止遊び」[keep away] の翻案）といった遊びでは、「鬼」は弱い権力を演じる。これらの遊びでは、選ばれたプレイヤーは、ほかのプレイヤーの動きを投資することはできず、権威をおびることはほとんどなく、しばしば議論になったり、けんかになったり、あげくの果てはそのゲームをやめてしまう挫折感を味わうことになる。

遊戯の多様性

全世界に広がって存在する子どもの遊戯の事例は、無限に拡大していくだろう。そこに類似性があることが重要なのと同じく、さまざまな文化スタイルと社会条件によってもたらされる微妙なバリエーションも意味のあることである。サリー・ウォーターズのお歌遊戯（singing game）[9]では、セント・ルイスのアフリカ系アメリカ黒人の子どもたちは、「西に向いて／東に向いて／いちばん好きな方に向いて」という伝統的な歌詞から、「おしりの上にお手々を置いて／背骨をすべらせ／おしりを東にふり向けて／おお　ベイビー／いちばん好きな方におしりをふり向けて」という歌詞にすることで、遊戯のリズムと身ぶりを変える叙情詩をつけくわえている。伝統的な南部の遊戯チッカミー・チッカミー（chickamy, chickamy）やクレイニー・クロウ（これはキツネとニワトリとしても知られる）では、鷹あるいは魔女が一人のプレイヤーを「母親」の後ろ側の「鶏」の列から引き離そうとし、監督者は魔女と入れ替わる。子どもたちは、ひどく怖がられていた歴史上の人物を魔女と置き換えることによって奴隷制度の記憶をとどめ、少しだけではあったが、この遊戯の意味を変えた。アイオナ・オーピーとピーター・オーピー夫妻は、ヨーロッパ、アジア、そしてカリブ海諸国のいたるところでこの遊戯を見いだしている。このメキシコ版であるア・ケ・テ・ロボ・ウン・アルマ（A que te robo un alma）では、こっそり魂を盗み出し、嫌な仕事場ではたらかせるためにその魂をつれていって罰する悪魔が登場する。子どものユーモアを示すもうひとつの名前が変わる事例では、ハリスコ州[10]の少年たちは、チンチェ・ラグア [chinche lagua]（おねだりお化け）とよばれる「子馬に乗った物乞いジョニー」（Johnny-on-the-pony）の翻案で遊ぶが、これは、一人の少年の背中によじ登った何人かの少年が、その手にもったクサビが壊れるまで手で壁を押さえる遊びである。

こういった遊びは、17世紀から今日まで、アメリカの子どもたちが遊んでいた無数の路上遊戯や野外遊戯のほんの一例である。20世紀の都市がしだいに密度を増し、混雑するようになったことは、子どもの路上での遊びの性格を変えてしまった。スチュワート・カリンは、伝統的な遊戯がまぎれもなく都市の形態であることに注目した最初の人物の一人である。リリーヴォ、すなわちスコットランド、ウェールズ、北イングランドで共通に見られた「陣取り遊び」(prisoner's base)[11]は、ブルックリンではリング・レリーヴォ[12]、乱暴な宙返り遊戯となり、捕まえられて捕虜になったプレイヤーはチョークで歩道に印をつけられ、広場を横切るかわりに街の区画に沿って追いかけまわされた。1902年のある目撃者は、「ウサギ狩りごっこ」(hare and hounds)[13]の追いかけっこ遊戯で、追いかけられるウサギが使う色紙のかわりに、都市の少年たちは壁にチョークで印をつける、と報告している。都市の建築学上のいくつかの特徴が遊戯に組みこまれた。共同住宅の戸口につながる壁や階段は、ハンドボールやストゥープボール[14]のコートになった。マンホールの蓋や消火栓は、スティックボール[15]のベースに使われた。絵札は、約12フィートほど離れた壁にめがけてタバコの箱[16]から取り出した絵入りカードを放り投げたり弾き飛ばしたりする賭けごと遊びであった。壁のもっとも近くに絵札を落とした少年は、表側を見せて落ちたほかのカード全部を勝ちとる。

アメリカの都市における遊戯

管理された遊び場の改革者やその主唱者たちは、20世紀初期のアメリカの主要な都市の路上で彼らが見た光景によって意気消沈させられた。ニューヨーク市で

は、ある観察者は、1904年の5月から10月にかけて、もっとも人気のあった子どもの遊戯として、たき火遊び、サイコロ賭博[17]、おはじき玉遊び、ホップスコッチ、馬跳び、縄跳び遊び、ベースボール、ネコ遊び（棒打ち棒取り遊び）、絵札投げ遊び、それにコマまわしの10種類を見つけている。1923年6月23日に行なわれたオハイオ州クリーヴランドでの調査は、ほぼ半数の子どもが、窓を壊すこと、建物を壊すこと、火をつけて燃やすこと、建物の壁にチョークで猥褻な言葉を落書きすること、とり囲んで見物すること、けんかすること、賭けごとをすること、盗むこと以外に、「何もすることがない」と感じていると結論した。路上、路地裏通り、中庭、空き地、そして遊び場などで子どもたちは、野球、たこ揚げ、砂山の砂掘り遊び、鬼ごっこやジャックストーンなどをして遊んでいた。

砂場、ブランコ、その他の遊具を提供した活動的な遊び場協会があったクリーヴランドは、ほかの多くの都市よりも「遊んでいる」子どもの比率が高かった。1930年代初期のヴァージニア州リッチモンド市は、この都市に住む子どもの65パーセントが「のらりくらりとすごしている」と報告した。マサチューセッツ州のイプスウィッチ市、およびミネソタ州のイヴレス市では、遊びを奪われた子どもたちの比率はさらに高かった。ほかのいくつかの調査は、改革者たちは遊びと遊戯を必要以上に狭く定義したかもしれないし、おそらくいくつかの活動を見すごしたかもしれないと示唆している。

気候条件と季節の変化は、しばしば何をして遊ぶのかを決める。ニューウェルとその他の研究者は、おはじき玉遊びは、たこ揚げやコマまわしとならんで、晩冬と早春の遊戯だと述べていた。ジョージア州では、おもちゃの鉄砲遊びをする季節は、木々にタイワンセンダンの実[18]が熟す頃であった。1898年、シカゴ市のある観察者は、おはじき玉遊び、ジャックス、そして縄跳び遊びが最初にあらわれるのは天候が温暖になる3月6日であり、これらの遊びが実質的に消えるのは、昼間のボールゲームや夕方の追いかけっこや隠んぼう遊びにとって代わられる4月の末頃であると記述している。もちろん、いくつかの活動は、夏場の水泳とか冬場のそり滑りや雪合戦のように、ほぼ全面的に天候に左右されていた。

20世紀の路上遊戯

1950年代、ブライアン・サットン＝スミスとB・G・ローゼンバーグは、オハイオ州北東部の9歳から15歳までの子ども2689人が遊んでいた約200種類の遊戯にかんする情報を収集し、それを、1890年代、1920年代、および1940年代から得られた収集資料とつきあわせた。ボールゲーム、鬼ごっこ、おはじき玉遊び、それにかっぱらいごっこや追いはぎごっこのようなごまかし遊戯は、60年以上にわたって少年たちのお気に入りであった。縄跳び遊び、鬼ごっこ、石蹴り遊び、それに人形遊びなどは、少女たちのあいだで高い人気をもちつづけていたが、1950年代までに少女たちは、しだいに、水泳、おはじき玉遊び、そしてたこ揚げなど伝統的な少年の遊びを好むようになった。体育プログラムが拡張した結果、**バスケットボール**とかフットボールのように、確固としたルールをもった、高度に組織化された遊戯が少年たちのあいだで人気を集めるようになった。遊戯の好みにみられる多くの変化は、調査の方法と調査場所の違いに起因しているかもしれないが、サットン＝スミスとローゼンバーグは、サリー・ウォーターズとチッカミーのような、歌を唄ったり対話する遊戯から大きく変化し、また、リーダーを選んでグループの関係を確立する伝統的な追いかけて捕まえる遊戯からもかなり変化したと結論した。それに代わって、個人の技能を競う遊戯が非常に優勢になった。少年の遊びの範囲は狭まり、男女双方がかかわる遊戯のプレイヤーの人数も少なくなっている。

学校のレクリエーション・プログラム、地域の郊外化、**テレビ**、そして電子ゲームなどがおよぼした影響は、20世紀なかば以降の子どもの遊びを大きく変えた。1950年代と1960年代に育った成人男女の記憶には、非公式なボール遊び、鬼ごっこ、縄跳び遊び、石蹴り遊び、人形遊びなどの地域的なスタイルへの言及をいまなおふくんでいるが、電子メディアと商業利益ベースの娯楽がおよぼす影響にますます言及するようになっている。1950年代のデイビー・クロケット[19]の大流行から、特別なおもちゃを市場開拓するテレビショーと映画の時代まで、子どもの遊びはますます、衣類、電子ゲーム、スポーツ用品、その他の娯楽用品などの製造業者と小売人たちの標的になった。

それにもかかわらず、こびへつらう大人文化を子どもたちが無抵抗に受け入れないことを示す証拠がある。フィラデルフィア地域の22の学校とデイケアセンターによる、その大部分が3歳から7歳までの約1000人の子どもにかんする1992年の研究は、テレビと電子ゲームの影響、あるいはそれがないことの影響の魅力的なほのかな光を提供している。任天堂は、人気のあるゲームとおもちゃのリストの首位を占めたが、**バービー人形**と野球が一般的なビデオゲームよりも上位にある一方で、モノポリー[20]と隠れん坊遊びがすぐ後に迫っていた。以前は絵を描くことと本を読むことが上位10位を占めたが、野外活動のバイク乗り、水泳、野球、サッカー、そして遊び場や中庭で遊ぶことがリストの上に入る一方で、テレビを見ることとビデオゲームをすることが室内活動の特徴になってきた。子どもたちは、自分が住んでいる場所でもっとも好きな遊びについての質問に答えるなかで、友だち、家、中庭、公園、バイク、遊び仲間、そして自分の部屋をリストにあげた——これらの部屋にはビデオゲームがあるかもしれないのだが、子どもの目から見るとこの

ことは、特定の活動ではなく、子どものゲームを永続化するうえで欠くことができないものであることを示しているように思われる。

　これよりもさらに顕著であったのは、調査の対象になった子どもたちが名づけたさまざまな遊び活動の数であった。大部分がかつて名前のあった500以上の異なる活動が、「ものを修理すること」から「暗がりでの幽霊遊び」へ、「お化けとの遊び」へと変わったこととして記録された。多くの伝統的な遊びである鬼ごっこ、追いかけっこ、そして飛び跳ね遊戯が言及されたが、証拠は、過去の世代が経験したよりも、現代の子どもにとってはかなり孤独な遊びであることを示している。

　皮肉なことに、子どもたちはその自律性のいくらかを喪失してしまった。これは、マンハッタン北端部の近隣で育った子どもたちの３世代にわたる研究の結論である。1910年から1980年までのあいだに、子どもが一人で中庭から外に出るのを許される年齢は５歳半から７歳半に上昇した。さらに、子どもが家から遠く離れた場所を訪ねたことを思い起こせる場所の数は、年少の子どもの場合でも、10代の子どもの場合でも、ともに減少した。もっともドラマティックであったのは、子どもに対する専門的に管理される活動の数が増えたことである。1920年代と1930年代に育った子どもの場合、唯一の管理された遊びは学校の校庭で行なわれる夏のスポーツ・プログラムであった。しかし、1950年代までに、リトル・リーグ*21、ボーイスカウトとガールスカウト、警察官の運動リーグ、ユースセンター*22、そして公共図書館は、多様性の大きい組織的なレクリエーションを提供していた。

　路上遊戯は、新聞やメディアが定期的に、組織されたリーグや競技会でスティックボール、ハンドボール、ダブル・ダッチの縄跳びが残存していることを報告することで、ノスタルジアの主題になった。路上遊戯についての絵本とウェブサイトは、子ども期の楽しい思い出をもつ大人たちにアピールしている。いまでは、路上は、少年少女がローラーブレイドやスケートボードで遊ぶ場所として再開発され、こうした活動を禁止しようとする試みは、遊び空間の支配をめぐるかつての論争を思い起こさせるものである。路上遊戯は、決定的な分析では、広範囲にわたる社会秩序をあざけったり確認したりする遊戯と儀礼の、子どもによる公的なパフォーマンスである。

➡遊びの理論、遊び場運動、室内ゲーム、少女期、少年期

[訳注]

* *1 レッドローヴァー（red rover）──子どもの遊びの一種で、二つのチームが、一定の距離をおいて向かいあい、交互に相手チームの人を指名し、指名された人は相手の列を突破しようとする。突破することに失敗すれば、その人は相手チームの一員になる。
* *2 お山の大将遊び（king of the mountains）──イギリスではthe king of the hillsとかthe king of the castleとも表現される。
* *3 スティックボール（stickball, 1923年初出）──子どもの遊びの一種で、棒きれやゴムまりを用いて路上などで行なう略式野球。これと類似の遊びにブルームボール（broomball, 1933年初出）があり、これは、アイスホッケーに似た球技で、プレイヤーはスケートをはかない場合が多く、ほうきを用いてバレーボールやサッカーボールをゴールにシュートしあって遊ぶ。
* *4 石蹴り遊び（Hopscotch）──地面に１〜10ぐらいまでの番号数字を書いて区切り線を引き、その区画のなかに石などを番号順に蹴りこみ、片足でぴょんぴょん跳んで全部の区画をまわりきる早さを競う遊び。
* *5 ジャックス（jacks）──子どもの遊びの一種で、通例、ゴムまりを棒などでつきながら、道順に沿って進み、地面の金属品や玉を投げ上げて受けたり、位置を変えたりして遊ぶ。ジャックストーン（jackstones）ともよばれる。
* *6 ディブズ（dibs）──おもに幼児の遊びでつかわれる表現で、「ぼくの分だ」「ぼくの番だ」「ぼくの勝ち」「いただき」などの意味がある。1730〜36年頃に流行したディブストーン（dibstone）という子どもの遊びで、敵（相手）のカウンター（駒）を取ったときに、大きな声でDibs！（ぼくのものだ！）と叫んだことに由来すると考えられている。
* *7 マオリ族（Maori）──アオテアロア（ニュージーランド）にイギリス人が入植する前から住んでいたポリネシア人の原住民。
* *8 スミソニアン研究所（the Smithsonian Institution）──イギリスの化学者、鉱物学者であったジェームズ・スミソン（James Smithson, 1765-1829）の遺贈した基金により1846年アメリカのワシントンに創設された国立の特殊学術機関。自然史博物館や美術館などをふくむ。
* *9 お歌遊戯（singing game）──歌詞に合わせて身体を動かす仕草をしたり、動作をくわえたりする子どもの遊び。有名なものとして、"Ring-a-Ring o'Roses"や"The Farmer in the Dell"などが知られる。Singing gameという英語表現の初出は1881年である。
* *10 ハリスコ州（Jalisco）──メキシコ中西部の州。砂漠に生えるリュウゼツランから醸造するテキーラ酒の原産地として、またメキシコの民俗舞踏音楽マリアッチの発祥地としても知られる。
* *11 陣取り遊び（prisoner's base）──子どもたちが敵と味方のグループに分かれ、それぞれが陣地（base）をもち、そこに敵を捕まえてきて囲いこんで捕虜にしておき、捕虜の人数の多さで勝敗を決める、古くからあった子どもの遊び。prisoner's baseあるいはprison baseという英語表記の初出は1598年頃とされる。「陣取り遊び」を意味する中期の英語baseは、おそらく当時の成句 bringen bas「打ち倒す、降伏させる」から派生し、のちに bars（barの複数形）が同化した形またはbaseと解釈された。「出発点」「目的地」の意味としてのbaseはこの遊びからはじまったとされて

＊12 リング・レリーヴォ（ring-relivo あるいは ring-a-levio, ring-a-leavo）——2組に分かれて行なうかくれんぼ遊び。鬼になった組が、敵方の隠れている者を虜にして奪い返されないようにする。隠れている側でまだ捕まっていない自由な味方は虜を助け出せる。この表現の初出は1901年頃。

＊13 ウサギ狩りごっこ（hare and hounds）——ウサギになった何人かの子どもが、走りながら紙片（scent：ちらし紙）をまいて先に逃げ、ほかの大勢の子どもが猟犬になって追いかけ、ウサギを捕らえようとする狩猟社会と農耕文化のなごりを残す遊び。色のついた紙をまきちらすことから paper chase ともよばれる。

＊14 ストゥープボール（stoopball）——街路、校庭などの狭い場所で遊ぶ野球に似た遊技。競技者がボールを階段や壁などに向かって投げつけ、それを相手が捕らえるまでにバウンドした数に応じて塁や点があたえられる。stoopball の初出は1945年頃である。

＊15 スティックボール（stickball）——棒きれやゴムまりを用いて路上などで行なう略式の野球。

＊16 タバコの絵札（cigarett card）——タバコの箱に、人気のあった野球選手を描いた絵札（cigarett card）が入っており、子どもたちは競って収集した。現在は収集趣味の対象になっている。

＊17 サイコロ賭博（craps、クラップス）——2個のサイコロをふって、1回目で7か11を出したほうが勝ちで、2か3か12を出したほうが負けとなる。4、5、6、8、9、10の目を第1回目に出した場合は、7の目が出る前に同じ数の目をもう一度出さないと勝ちにならない。

＊18 タイワンセンダンの実（chinaberry）——アジア原産のセンダン科センダン属の高木樹で、花が紫色で美しいので庭木などで広く栽培されるが、黄色に熟す果実は有毒である。この果実をおもちゃの鉄砲遊びの弾に使う。

＊19 デイビー・クロケット（Davy Crokett, 1786-1836）——1836年のアラモの戦いで玉砕した国民的英雄。1955～58年にかけて流行歌「デイビー・クロケットの歌」（Ballad Of Davy Crockett）が大ヒットした。

＊20 モノポリー（Monopoly）——盤上ゲームの一種。1933年頃、それまで長く経済学の大学院生や教授たちのあいだで使われていた教育ゲームに独自の改良がくわえられ、1935年頃に完成され、大恐慌期の室内ゲームとして大流行した。盤を周回しながら、ほかのプレイヤーと盤上の不動産を取引することによって同一グループをそろえ、高額のレンタル料を徴収してみずからの資産を増やし、最終的にほかのプレイヤーをすべて破産させることを目的としている。

＊21 リトル・リーグ（Little League）——1939年に、ペンシルヴァニア州のウィリアムズバーグで結成された、8～12歳の少年のチームで構成するアメリカの野球リーグ。13～14歳の選手で編成された野球リーグはポニーリーグ（Pony League）とよばれる。

＊22 ユースセンター（youth center）——教会やコミュニティ・センターなどに設けられた若者の余暇活動や交流のための場所。

● 参考文献

Culin, Stewart. 1891. "Street Games of Boys in Brooklyn, N.Y." *Journal of American Folklore* 4 (September-October): 221-237.

Culin, Stewart. 1900. "Philippine Games." *American Anthropologist* 2 (October-December): 643-656.

Culin, Stewart. 1992 [1907]. *Games of the North American Indians*. Lincoln: University of Nebraska Press.

Dargan, Amanda, and Steven Zeitlin. 1990. *City Play*. New Brunswick, NJ: Rutgers University Press.

Ferretti, Fred. 1975. *The Great American Book of Sidewalk, Stoop, Dirt, Curb, and Alley Games*. New York: Workman.

Gaster, Sanford. 1991. "Urban Children's Access to the Neighborhoods: Changes Over Three Generations." *Environment and Behavior* 23, no. 1 (January): 70-85.

Grover, Kathryn, ed. 1992. *Hard at Play: Leisure in America, 1840-1940*. Amherst: University of Massachusetts Press.

Hindman, Sandra. 1981. "Pieter Bruegel's Children's Games, Folly, and Chance." *Art Bulletin* 63, no. 3 (September): 447-475.

Howard, Dorothy Mills. 1977. *Dorothy's World: Childhood in Sabine Bottom*. Englewood Cliffs, NJ: Prentice Hall.

Howard, Dorothy. 1989. *Pedro of Tonalá*. Roswell, NM: Hall-Poorbaugh.

Kabzinska-Stawarz, Iwona. 1991. *Games of Mongolian Shepherds*. Warsaw: Institute of the History of Material Culture, Polish Academy of Sciences.

Knapp, Mary, and Knapp, Herbert. 1976. *One Potato, Two Potato: The Secret Education of American Children*. New York: Norton.

Mergen, Bernard. 1982. *Play and Playthings: A Reference Guide*. Westport, CT: Greenwood Press.

森洋子『ブリューゲルの「子どもの遊戯」——遊びの図像学』（未来社、1989年）＊

Newell, William Wells. 1963 [1883]. *Games and Songs of American Children*. New York: Dover.

Rosenberg, B. G., and Sutton-Smith, Brian. 1961. "Sixty Years of Historical Change in the Game Preferences of American Children." *Journal of American Folklore* 74 (January-March): 17-46.

Strutt, Joseph. 1801 (rep.1903). *The Sports and Pastimes of the People of England*. London: Methuen & Co.

Sutton-Smith, Brian, ed. 1972. *The Folkgames of Children*. Austin: University of Texas Press.

Sutton-Smith, Brian, et al., eds. 1999. *Children's Folklore: A Source Book*. Ogden: Utah State University Press.

Ward, Colin. 1978. *The Child in the City*. New York: Pantheon.

● 参考ウェブサイト

Streetplay. 2002. Available from 〈http://www.streetplay.

（BERNARD MERGEN／北本正章訳）

ロック、ジョン
(Locke, John, 1632-1704)

　イングランドの思想家であるジョン・ロックは二つのことを主張した。まず、子どもは潜在的に自由で理性的な存在であるということ。しかし他方で、抑圧と迷信の温床となる偏見が子どもに教えこまれると、自由や理性といった非常に重要な人間の性質を現実のものにすることが困難になるということである。ロックによれば、偏見にとらわれた旧世代が、ひたすら現状を維持するだけで、もしも自律的な個人の特徴である理性的で自由な行為を行なわず、みずからの生き方が真に人間的なものとなっているのか否かを検討しなければ、彼らが行なう養育や教育は子どもの人間性の発達のさまたげとなる。旧世代が新世代に対して自分の信念や行為を疑問の余地なく正しいものとして押しつけるとき、それは自由を実現するのではなく、人間を拘束する結果になるとロックは論じた。

　人間の自由と理性をどのように擁護し、現実のものにしていくかという問題は、『人間知性論』（*Essay Concerning Human Understanding*, 1690）、『統治二論』（*Two Treatises of Government*, 1690）から『寛容についての書簡』（*Concerning Toleration*, 1689, 1690, 1692, 1704）、『キリスト教の合理性』（*The Reasonableness of Christianity*, 1695）、『子どもの教育』（*Some Thoughts Concerning Education*, 1693）、そして遺稿である『知性の正しい導き方』（*Of the Conduct of the Understanding*, 1706）にいたるまで、ロックのすべての著作に通底している。これらのロックの著作は、哲学、政治学、宗教、そして教育にいたるまで、大きな影響力をもったが、そのいずれにおいても、子ども期の可能性と危険性の両方についての言及がみられる。

タブラ・ラサ説

　ロックは、新生児の心を何も書かれていない白紙、いわゆるタブラ・ラサ（*tabula rasa*）になぞらえた*1。ここで暗示されているのは、『統治二論』第2論文の第4節で展開されたことで知られる平等主義的な学説であった。「同じ種、同じ等級に属する被造物が、すべて生まれながら差別なく同じ自然の便益を享受し、同じ能力を行使すること以上に明白なことはないのだから…すべての者が従属や服従の関係をもたず、相互に平等であるべきだということはあきらかである」。この平等主義的な見解は、人間本性にかんする近代的な解釈のひとつの側面であった。それは、各々の人間は生まれながらに平等ではないし、この不平等こそが、自然あるいは神が定めた社会秩序、教会秩序、国家秩序を支えているのだとするプラトン的ないし中世的な

ジョン・ロック（1632-1704）の肖像。ジョゼフ＝マリ・ヴィアン、1770年頃。*

見解とはまったく異なっていた。ロックにとって、子どもは生まれながら自由で理性的にふるまうことができる潜在的な能力をもっており、その発展をさまたげる要素は自然には存在しない。もちろん、ある人が別の人よりも鋭敏な知性や強固な意志をもっていることは事実である。しかし、人間にはみな自分の理性的な決定に自由に従うことができる人間になることができる、すなわち自律的な存在になることができる資質が、生まれながらにそなわっているのである。

　人間の能力にかんするこうした平等主義的な見解は、タブラ・ラサ説から導かれるひとつの帰結であった。しかし、タブラ・ラサ説が導くもうひとつの帰結は、人間の心は非常に脆弱なものでもあるということである。幼い子どもは、感覚を通じて、自分をとりまく環境からあらゆる種類の信念や慣習が心に深くきざみこまれるため、つねに危険にさらされている。もし理性が正常にはたらくならば、理性はそれらの信念や慣習のほとんどを真であるとは認めないであろう。しかし、理性が未熟な幼い子どもの心は、印象が合理的なものであった場合でさえ、それが合理的なものであるかどうかを判断することができない。子どもはみな、このようないわゆるほんとうのことですら、じつはまちがいであるかもしれないと思ってしまうからである。信念や慣習は子どもに偏見を植えつけ、そして偏見にもとづいた行動は、精神を解放するというよりも精神を

拘束してしまうことになる。ロックが、あらゆる人間は生まれながらに平等であると主張するとき、彼は子どもという存在が不安定な状態にあること、つまり、子どもはだれでも誤った思想様式や行為様式に慣れてしまうということを念頭に置いていた。ロックは偏見を悪徳の原因と考えていた。とりわけ、短慮な両親や教師、あるいは利己的な教会権力や国家権力の介入に子どもが無防備にさらされるとき、偏見は子どものなかに巣くう。したがって、初期の養育と教育が理性ではなく、広く行なわれている慣習にしたがってなされるなら、教育は危険なものとなりうる。なぜならそのような教育は、一見して真理や善であるように見えるけれども、ひとたびそれが信じられたり実行に移されると、人間性の発達のさまたげとなるような慣習を精神に固定してしまうからである。

ロックにとって、すべての大人と子どもがもっている唯一の自然な傾向性は、快を求め苦を避けるという傾向性のみである。この快の追求ないし苦の回避においては、子どもも大人も生まれつき善や悪へと方向づけられているわけではない。本来、人間は中立的な立場に位置している。つまり、子どもは（ワーズワース[William Wordsworth, 1770-1850]が1世紀後に述べるように）「栄光の雲を曳く」ものとして生まれるのでもないし、（中世がはじまる直前にアウグスティヌス[Saint Augustine of Hippo, 354-430]が主張したように）生まれながらに原罪を背負っているわけでもない。人間らしくあるためには、子どもは真なるものや善なるものにもとづいて行為する傾向性を身につけなければならないし、この傾向性はみずからの力によって身につけなければならない。人間は、生まれながらに罪深いわけでもなく、逆に知や善を求める傾向性をもっているわけでもないのだとすると、タブラ・ラサという平等主義的な見解は、道徳的な意味を有することになる。つまり、人間らしくあるためには、各々の人間は、自分こそが真や善をもっているのだと主張しなければならない。しかし、幼少期にそうすることはできないため、この完全な平等主義は完全な脆弱性と不可分なものとして残りつづける。どの世代の大人も、かつて自分たちが前の世代によってそうされたように、自分の権力を強めるような思想や実践を子どもに押しつけようとする。そして慣習によって、広く普及している信念や習慣に子どもが追従すればするほど、新しい世代は偏見にとらわれやすくなってしまうのである。

数学の役割

偏見にとらわれず、子どもの潜在能力を発達させるにはどうすればよいのであろうか。子どもが真理を探究するには、全身全霊で偏見に立ち向かうことができる思慮深い大人の助けが必要となる。抑圧的な社会制度、宗教制度、政治制度はこのような大人を追いつめて悩ませることで、制度の正統性を問わざるをえないような状況に彼らを追いこむのだが、このことによって、その制度の不合理で不道徳な本質が明らかにされる。こうした検討を通じて、思慮深い人は、自分の精神が合理的にはたらいているということを自覚する。そして、偏見が──宗教や政治の領域とは異なって──影響力をおよぼすことができない領域である数学において、理性的な推論がもっとも明瞭にあらわれることを認識する。このような啓蒙された人間が子どもを指導するなら、子ども期がもつ潜在能力を現実のものにすることができるであろう。ロックが『知性の正しい導き方』の第6節および第7節で述べているところによれば、「数学は…子どもを数学者にするためではなく、子どもを理性的な存在者にするために教えられるべきものである」。というのも、「数学という学問は、必然的に、精神に推論することを習慣づけることになるので、子どもはこの推論能力を他分野の知識にも活用できるようになるであろうから」。

幼い子どもに対する当時の子育ては、子どもを過保護に扱い、甘やかすという広く普及していた慣習にもとづいていた。しかしこのような子育てでは、子どもは、数学の学習が要求するような集中力の前提となる、自己規律の習慣を身につけることができないであろう。したがって、『子どもの教育』の前半において、ロックは子どもを強靭にし、規律化するための養生法を提案している。ロックの指示は、きわめて具体的である。子どもの冬服は夏服と同じくらい薄着であるべきこと、子どもの靴は水をとおしてしまうほど粗末なものにすべきこと、子どもの足は毎日冷水で洗うべきこと、子どもは雨天、晴天、強風といった天候にかかわらず、帽子をかぶらずに多くの時間を戸外ですごし、できるかぎり暖炉のそばで暖かくすごすべきではないこと、子どもは食べすぎてはならず、その食事は、砂糖、塩、香辛料をほとんど使わず、ワインは飲ませず、バターを塗らない黒パンを多くとらせ、しかも、きわめて簡素なものであるべきこと、子どもは硬いベッドでたっぷり睡眠をとるべきであるが、早起きしなければならないこと。このような日々の実践によって、「一般的によくなされているほど子どもを鞭打つ必要はなくなるであろう」。子どもが自分を規律化することができるようになればなるほど、鞭は不要になる。というのも、「あらゆる徳と卓越性の本質は、理性が正しいものと認めない自分の欲望を満たすことを、自分で否定することができる、ということにある」からであり、そのような能力は「習慣によって身につけ、改善され、幼少期からの実践によってたやすく身近なものになる」（第38節）。

数学を修めることによって、子どもは理性的な推論手続きを認識して使いこなせるようになり、偏見が生じるはずのところでそれを拒否することができるようになり（したがって、白紙への非合理な書きこみを消

去することができるようになり）、自分自身の意志と理性が命じる生き方をするようになる。子どもは「人間のもつ自然権」を理解することができる自律的で有能な個人となり、「何が正しく、何がまちがっているかを判断するための真の基準を求めるようになり」、「祖国に役立つ」よう専念するようになるであろう（第186-187節）。

[訳注]

*1 タブラ・ラサ説（白紙説）——ロックはその著書『人間知性論』第2巻第1章の2で、次のように述べている。「そこで、心は、いってみれば文字をまったく欠いた白紙で、観念はすこしもないと想定しよう。どのようにして心は観念をそなえるようになるか。人間の忙しく果てしない心想がほとんどかぎりなく心へ多様に描いてきた、あの膨大なたくわえを心はどこからえるか。どこから心は理知的推理と知識のすべての材料をわがものとするか。これに対して、私は一語で経験からと答える。この経験に私たちのいっさいの知識は根底をもち、この経験からいっさいの知識は究極的に由来する。外的可感的事物について行なわれる観察にせよ、私たちがみずから知覚し内省する心の内的作用について行なわれる観察にせよ、私たちの観察こそ、私たちの知性への思考の全材料を供給するものである。この二つが知識の源泉で、私たちのもつ観念あるいは（本性上）自然にもつことのできる観念はすべてこの源泉から生ずるのである」（大槻春彦訳、岩波文庫版）。

➡教育（ヨーロッパ）、啓蒙思想、子どもの発達概念の歴史

●参考文献

Gutman, Amy. 1987. *Democratic Education*. Princeton, NJ: Princeton University Press.

Locke, John. 1960 [1690]. *Two Treatises of Government*, ed. Peter Laslett. Cambridge, UK: Cambridge University Press. ロック『完訳 統治二論』（加藤節訳、岩波文庫、2010年）

Locke, John. 1975 [1690]. *An Essay Concerning Human Understanding*, ed. P. H. Nidditch. Oxford, UK: Clarendon Press. ロック『人間知性論』（全4巻）（大槻春彦訳、岩波文庫、1972-1977年）

Locke, John. 1989 [1693]. *Some Thoughts Concerning Education*, ed. John W. Yolton and Jean S. Yolton. Oxford, UK: Clarendon Press; New York: Oxford University Press. ロック『子どもの教育』（北本正章訳、原書房、2011年）

Locke, John. 1996. *Some Thoughts Concerning Education; and Of the Conduct of the Understanding*, ed. Ruth W. Grant and Nathan Tarcov. Indianapolis: Hacket Publishing Company. ロック『知性の正しい導き方』（下川潔訳、お茶の水書房、1999年）

Schouls, Peter A. 1992. *Reasoned Freedom: John Locke and Enlightenment*. Ithaca, NY: Cornell University Press.

（PETER SCHOULS／岩下誠訳）

ロックンロールと若者文化
(Rock and Roll)

異様ないでたちの演奏者たち、エレキギター、挑発的な歌詞などを特徴とするロックンロール[*1]とよばれる音楽は、1955年前後に生まれ、圧倒的な売り上げを誇ってジャズやポップのスタンダード・ナンバーの地位を奪いとった。ロックンロールは人種的に異なる二つのジャンル——アフリカ系アメリカ人のリズム・アンド・ブルース（R&B）と、白人のカントリー・ミュージック——が劇的にぶつかりあったことで誕生したといわれていた。だが、現在ではもっと正確に、これまでとは異なるハイブリッドとされている。このようなアウトサイダー的な音楽スタイル、そしてそれをとりいれた労働階級出身の、南部人もしくは黒人の、あるいはその両方の条件を満たす演奏者たちはティーンエイジャーに歓迎された。こうしたティーンエイジャーの多くは中産階級に生まれ、北部出身の白人であり、10年ほど続いた好景気の過程で経済力をもつ者とみなされる、新たに登場してきた世代であった。エルヴィス・プレスリー[*2]の腰をくねらせて歌うヒット曲の「ひわいな歌詞」をめぐって議論が激化するさなか、音楽業界のある重鎮は、この音楽は、「ポップミュージックが好きだった（白人の）若者たちがR&Bのレコードを購入しはじめ、それを家庭で聞きはじめた」ために論争をよびはじめただけのことであると主張した。

若者文化（ユースカルチャー）

若者文化（ユースカルチャー）とポピュラー音楽との結びつきは、これまでアメリカ社会にいく度となく衝撃をあたえつづけてきた。そこから派生したものには、ヒッピーやティーニーバッパー[*3]、パンク[*4]、メタルヘッド[*5]、ラッパー[*6]、レイヴァー[*7]などがふくまれる。アメリカの消費至上主義（コンシューマリズム）のモデルが世界中に波及するのにともなって、ロックンロールと類似した現象の数々——イギリスのモッズ[*8]やスキンヘッズ[*9]、フランスのイエイエ[*10]のようなサブカルチャー、変則的なリズムをきざむジャマイカのレゲエ・サウンド、南アフリカのムバカンガ[*11]、バルカン半島のターボフォーク[*12]、アルジェリアのライ[*13]まで——があちこちにあらわれた。音楽、そしてそれと切り離せない関係にあるファッション・言語・行動のありかたは、青年期の若者たちにアイデンティティの共通感覚を身につけるうえで不可欠な基礎をあたえた。

しかし、その後もロックンロールは進化を続け、それゆえ、若者現象の数々をそれと結びつけた。1950年代のティーンエイジャーは、男の子なら不良少年、

女の子ならソックホッパー、すなわちテレビ番組「アメリカン・バンドスタンド」[14]で輩出されたアイドルに黄色い声援を送るような、ごくありふれた少女たちのように、グループ分けされた。そしてその両者ともが、大恐慌や第２次世界大戦を耐えぬいた世代と比べて、退廃的かつ自己中心的な種族とみなされた。社会学者と、その情報に便乗しがちなマスメディアは、ロックンローラーを社会から逸脱した者、あるいは大衆文化に踊らされる愚かな存在とみなした。しかし、ふりかえってみると、ロックは、新しく登場した小型ラジオをベッドルームで聴きながら、社会の最下層から這い上がってきたミュージシャン——たとえば、南部のドラッグクイーン・クラブから身を起こし、裏声（ファルセット）での歌唱を得意とする、独特のリーゼントヘアがトレードマークのリトル・リチャード[15]——に自己を重ねあわせていた当時の子どもたちに対して、急進的な影響力を発揮していたといえよう。

　ロックンロールの隆盛をあおっていた目に見えないエネルギーは、1960年代までには満ちあふれるようになっていた。**ベビーブーム**、すなわち爆発的な人口増加が見られた1946年から1964年にかけての時期に生まれた世代は、ちょうどティーンエイジャーの頃にそれを経験している。ひたすら陽気で騒々しいジャンルであったロックンロールは、政治色の強いフォークミュージックや、若さを自意識過剰な反体制文化のひとつとみなすヒッピー世代の考え方と結びつけられ、イギリスとアメリカにまたがる、より本格的な芸術形態であるロック[16]へと変貌をとげた。ボブ・ディラン[17]、ビートルズ[18]、ローリング・ストーンズ[19]らベビーブーマーとほぼ同世代を生き抜いてきた新たなヒーローたちは、エレキギターを手にとり、髪を伸ばすことを、そしてセックスとドラッグ（薬物）を味わうことを聴衆に吹きこんだ。1969年、何十万もの人びとをニューヨーク北部によび集め、３日間にわたり開催された反戦フェスティバルのウッドストックは、1960年代のロックが、いかに信頼性や連帯感といった大衆文化的なヴィジョンを提示しているかの典型例となった。

　しかしその直後、ローリング・ストーンズがカリフォルニア州オルタモントで開催したフリーコンサート[20]で演奏した際、観客であった黒人の若者が、ステージ保護のために愚かにも雇われていたヘルス・エンジェルスのメンバーによって殺害されるという事件が起きてしまう。ロックはその純粋さを失い、1970年代と1980年代の音楽が大衆性をおびるにつれて、画一化された産業へと変貌した。少女たちはティーン雑誌やAMラジオの影響を受け、エアブラシで描かれたダニー・オズモンドやベイ・シティ・ローラーズのピンナップを買い求めた。いっぽう少年たちは、「ローリング・ストーン」誌を読み、FMラジオに耳を傾

1950年代、エルヴィス・プレスリーの音楽と「わいせつな」ダンスは、大きな論争をよんだテーマであった。批評家たちは彼のことをアメリカのティーンエイジャー、とりわけ白人で、北部生まれの、中産階級のティーンエイジャーに危険な影響をおよぼすと見ていた。©Bettman/CORBIS

け、アリーナ・ロック[21]——レッド・ツェッペリン[22]やブラック・サバス[23]のようなバンドが奏でる、どこか現実離れしたヘビーメタルのサウンド——に耳を傾けていた。その一方では、黒人系・ラテン系のディスコ音楽やファンクと、白人ソングライター特有のきまじめさとのあいだには距離が生じ、それにつれて、音楽が保持していた異人種間的なつながりは色あせることとなる。一方、ミュージックビデオ専門の有線放送MTV[24]は、ロックとテレビとを24時間体制で結びつけた。若者を狙った市場はさらに拡大し、マイケル・ジャクソン[25]やマドンナ、プリンス、ブルース・スプリングスティーンのようなスターは、世界規模の人気を手にした。同じ音楽スターに夢中になる若者たちの姿を、いまや地球上のあらゆる場所で見かけることができるようになった。

分裂

　しかし、ロックがその歴史をきざむのにつれて、若者文化におよぼすその支配に思いがけない亀裂が生じはじめた。1970年代なかばにロックのなかから生まれた流行のひとつであるパンク[26]は、しだいに音楽界における反体制的な一派となり、それは、大量生産

するポップ・ミュージックのアンチテーゼという役割をロックに期待しつづける聴衆たちに刺激をあたえることになった。1977年のセックス・ピストルズ*27から、「パンク崩壊年」といわれる1991年のニルヴァーナ*28にいたるまでのあいだ、大学生たちはパンクをむさぼり聴いた。それは、かつての世代が、汚れきった中心勢力からあえて距離を置くために、フォーク・ミュージックを聴いていたのと同じような現象であった。1990年代のわずかな期間に人気を得た、パンクの商業的変異系ともいえるオルタナティブ・ロック*29は、ポスト・ベビーブーマーにとってのウッドストック・フェスティバル的行事ともいえる、ロラパルーザ・フェスティバル*30に代表される。しかし、オルタナティブ・ロックはその後、みずからがその非組織的な勢力の犠牲者となり、分裂していった。

だがロックはいまや、若者層を対象とした数ある競合のうちに確立されたひとつのジャンルにすぎないものとなっている。ラップ・ミュージシャンは、若者の反乱のアイコンとしての地位をロックスターから奪いとった。エミネムは白人であるが、パブリック・エナミーやN・W・A、ノートリアス・B・I・G、トゥパック・シャクールといった著名なパフォーマーの大半はアフリカ系アメリカ人である。ガース・ブルックス、シャナイア・トゥウェイン、ディクシー・チックスなどのカントリー歌手は、お上品な歌詞を武器に、郊外に暮らす若者たちに愛されている。一方、イン・シンクやバックストリート・ボーイズのような新勢力は、MTVの時代に、ティーニーバッパーの存在をよみがえらせた。ダンスのビートは、レイヴァーたちのサブカルチャーにはたらきかけ、パーティ・ドラッグ・エクスタシーを摂取する彼らの行動は、ロックを聴きながらマリファナを吸った経験をもつ両親たちにとってすら信じがたいものであった。オタクたち（Nerds）は、MP3*31――音楽業界にとっては嘆かわしいことであるが、世紀の変わり目にアルバム売上を減少させる原因となった――としてラジオからダウンロードした音楽よりも、むしろコンピュータやビデオゲームの方に興奮を覚えるのであった。

ロックおよびその周辺のサウンドに刺激を受けながらも、その土地ならではの傾向を示す世界各国の音楽は、アメリカ音楽の支配の波を着実に後退させてきた。ウェールズやセネガル、韓国でも、ラップ・ミュージシャンが活躍している。オルタナティブ・ロックというジャンルは、いまなおシンガポールで生き残っている。日本のレゲエバンドは、ジャマイカのダンスホール・レゲエとはまた異なる活気に満ちたシーンを築き上げた。状況は刻一刻と複雑になりつづけている。しかし、その根本となるパターン――アイデンティティという垣根をひょいとのりこえるような感情面での結びつき、個人の信頼性という概念が拍車をかけたポップ音楽市場とサブカルチャー間の緊張関係、そして、これまでにないサウンドやスタイルを力を合わせて作り上げることに対する新生代の若者たちの底なしの能力――は不変である。

[訳注]

*1 ロックンロール（Rock and Roll）――Rock and Rollというフレーズは、もともとセックスを意味するスラングであり、1930年代に流行した黒人歌手によるブルースやジャズのなかでしばし使われていた。それが転じて、「踊る」「パーティで楽しむ」といった意味で用いられるようになり、1950年代前半には、黒人のリズム＆ブルースのよび名としても使われるようになった。

*2 エルヴィス・プレスリー（Elvis Presley, 1935-1977）――ロカビリー歌手としてデビューした2年後の1956年「ハート・ブレイク・ホテル」が人気を博し、たちまちスターになった。ロックからバラードまでヒット曲が多数あり、下半身を震わせて歌う肉感的なパフォーマンスは、観客を異様な興奮にまきこんだ。

*3 ティーニーバッパー（teenyboppers）――流行を追いかけ、ポップやロック・ミュージックに心酔する10代前半の少女たち。この表現は1965年頃に登場した。

*4 パンク（punks）――1960年代後半アメリカで生まれ、イギリスに渡って発展したジャンル、パンク・ロックを主とする文化現象の愛好者。そうした音楽は、ロックをベースにした荒々しいサウンドと、日々の生活や世の中への欲求不満を爆発させたような歌詞に特徴がある。訳注26も参照。

*5 メタルヘッド（metal-heads）――1970年代後半にあらわれたロックの一種、ヘビーメタルの愛好者。大音響のギターや叫ぶようなボーカル、「悪魔」や「死」をモチーフにした歌詞、オカルト的なファッションなどが賛否をよんだ。

*6 ラッパー（rappers）――1980年代からニューヨークを中心に流行し全国規模へ広まった言葉遊びを基調とした黒人音楽「ラップ」の歌い手。

*7 レイヴァー（ravers）――レイヴとは、1980年代にイギリスで誕生した、ダンス音楽をバックにして踊り明かすという趣旨のフリーパーティであり、その参加者をレイヴァーとよんだ。クラブで開かれるパーティとは異なり、野外や倉庫など、都市の中心地以外の場所で開催されることが多い。ドラッグの広範な使用をめぐって社会問題に発展し、いまでも議論をまきおこしている。

*8 モッズ（mods）――1950年代後半〜60年代前半、イギリスの労働階級の若者が好んだライフスタイルおよびそれを実践する人。昼は仕事をもち、夜はおしゃれをしてクラブへ出かけ、ドラッグとダンスを楽しんだ。ファッションは、細身のスーツやミリタリーコートなどを趣向。音楽では、ザ・フーやキンクスなどが、サウンド的にもファッション的にも好まれた。

*9 スキンヘッズ（skinheads）――イギリスの労働階級の若者を中心に広まったスタイル。丸めた頭、ブーツ、タイトデニムがトレードマーク。音楽的にはパンクやスカ、レゲエを愛好。

*10 イエイエ（yeh yehs）——1950年代後半にフランスで人気をえた、女性歌手による甘い歌い方をするロックンロール。

*11 ムバカンガ（mbaquanga）——1960年代に生まれた南アフリカのポピュラー音楽。のちにジャイブ（jive）とよばれた。

*12 ターボフォーク（Turbofolk）——起源については諸説があるが、バルカン半島発祥の流行音楽のジャンルをさす。20世紀末の旧ユーゴスラヴィア諸国で興り、セルビア、ボスニア・ヘルツェゴヴィナ、モンテネグロを中心に、クロアチア、マケドニア共和国、スロヴェニアといったほかの旧ユーゴスラヴィア諸国にも広まった。セルビアの伝統音楽、ギリシア音楽、ロマ音楽、トルコ音楽などの要素をポップ・ミュージック風に、現代のダンス・ミュージックの要素を織り交ぜたもの。

*13 ライ（rai）——アラビア語で歌われる西ヨーロッパの影響を強く受けたアルジェリアの音楽。

*14 「アメリカン・バンドスタンド」（American Bandstand）——1952年にローカル放映で開始され、1957年には全国進出した音楽番組。ロックやポップのヒット歌手、アイドルらがこぞって出演した。1987年に終了した。

*15 リトル・リチャード（Little Richard［本名Richard Wayne Penniman］、1932-）——ロックンロール創始者のひとりである黒人歌手。エネルギッシュな歌唱法で草創期のロックに決定的な影響をあたえ、のちにデビューするプレスリーらの白人歌手にも多大な影響をおよぼした。人気絶頂の25歳（1957年）のとき、突如引退してアラバマ州のオークウッド大学に入学し、神学を修めて牧師となった。その後しばらくのあいだ、ロックを「罪深い悪魔の音楽」として遠ざけ、もっぱらゴスペルを歌っていたが、40歳になった1962年、ロック歌手として復帰した。この復帰コンサートの前座を無名時代のビートルズがつとめ、また、この時期のサポート・ギタリストの一人に、ジミ・ヘンドリックス（James Marshall Hendrix, 1942-1970）がいたといわれている。

*16 ロック（Rock）——諸説あるものの、社会学者や音楽関係者、音楽ファンのあいだでは、ロック＝イギリス（およびイギリス的）、ロックンロール＝アメリカの音楽であるという考えが定説化している。

*17 ボブ・ディラン（Bob Dylan, 1941-）——ミネソタ州生まれ。1961年にデビューし、メッセージ性の強いフォークソングで人気を博した。ロックへの転向、ドラッグ問題、事故による活動休止と再開、アコースティックへの回帰など、21世紀にいたるまで話題をふりまいてきた。

*18 ザ・ビートルズ（the Beatles）——1956年にリヴァプールで結成され、何度かメンバーが入れ替わった。1962年のデビューアルバムが29週にわたり全英ナンバーワンを記録し、スター街道をかけ上った。同時期に活躍したイギリスのバンドとともに、「ブリティッシュ・インヴェイジョン」（the British Invasion, 1964-66）という現象を起こした。

*19 ザ・ローリング・ストーンズ（the Rolling Stones）——1964年デビュー。ビートルズの優等生的イメージと対極にある不良少年的なレッテルを貼られながら、若者層から圧倒的な支持を獲得し、息長く活動している。ビートルズとともに「イギリス4大ロックバンド」の一組といわれている（ほかはザ・フーとキンクス）。

*20 オルタモント・フリーコンサート——フリーコンサートをテーマにしたドキュメンタリー映画を作ろうと思い立ったストーンズのメンバーが発案した無料のロックフェスティバル。警備にギャング集団ヘルス・エンジェルスを雇ってしまったこと、また事前の準備不足から会場が混乱におちいったことなどが、このような結果をひき起こした。この一件は、「オルタモントの悲劇」としてロック史に名を残している。

*21 アリーナ・ロック（arena rock）——別名、産業ロック。大規模なコンサートでの集客を見こみ、商業的な成功を目的とした音楽をさす。

*22 レッド・ツェッペリン（Led Zeppelin）——1968年に結成された、イギリスのハードロック・バンド。ブルージーなサウンドと絶叫するようなヴォーカルが特徴。

*23 ブラック・サバス（Black Sabbath）——1968年にデビューしたイギリスのハードロック・バンド。「人を怖がらせる音楽」というコンセプトのもと、おどろおどろしい楽曲を生み出した。

*24 MTV——1981年に営業を開始。新作のプロモーション用映像やライブ映像などを提供する音楽専門チャンネル。プロモーション用のビデオを専門に流すことに着手し、ロックをふくめた音楽が、歌やサウンドだけでなく、ビデオもふくめて評価されはじめるきっかけを作った。

*25 マイケル・ジャクソン（Michael Jackson, 1958-2009）——アメリカのロック歌手。1968年、10歳のとき、兄弟5人で「ジャクソン・ファイブ」（Jackson 5）としてデビューし、その後ソロシンガーとして一世を風靡した。*Beat It*（1982）；*Thriller*（1982）；*BAD*（1987）などが全世界で親しまれた。

*26 パンク（Punk）——ニューヨークのロックシーンのなかから生まれ、イギリスで爆発的に流行した音楽。難解で複雑、洗練されたサウンドへ走る傾向にあった当時のロックへの反発として生まれた。アメリカのラモーンズやパティ・スミス、イギリスのセックス・ピストルズやザ・クラッシュがその代表。

*27 セックス・ピストルズ（the Sex Pistols）——ロック3大革命のひとつと称される伝説的パンクバンド（残りはビートルズとプレスリー）。粗野で独特なファッション、過激な発言、攻撃的なパフォーマンスなど反社会的なイメージをまきちらしながら、若者のカリスマとなる。1977年にデビューし、翌年解散したが、1996年以降数回にわたって再結成ライブを行なっている。

*28 ニルヴァーナ（Nirvana）——1991年デビュー。アメリカのグランジ・ロックにおける中心的バンド。「憂鬱」「いらだち」「怒り」などを全面的にあらわし

たその世界観は、20代の若者の支持を得た。
* 29 オルタナティブ・ロック（Alternative Rock）——既存のロックやパンク、ハードロック、ヘビーメタルなどのどれにも属さない、「型にはまらない」バンドに対する総称。1980年代後半から90年代に流行。
* 30 ロラパルーザ・フェスティバル（the Lollapalooza festival）——1991年にはじまった、アメリカ国内を巡回して行なわれる年に一回開催のロックミュージックのフェスティバル。lollapaloozaとは、「驚くべきもの」「すばらしいもの」を意味する俗語。
* 31 MP3（エム ピー スリー）——英語表記のMPEG Audio Layer-3の略。音響データをデジタル技術で処理する圧縮技術のひとつで、それから作られる音声ファイルのフォーマットを意味する。ファイルの拡張子は.mp3である。

➡青年期と若者期、メディアと子ども

●参考文献

De Curtis, Anthony, and James Henke, with Holly George-Warren, eds. 1992. *The Rolling Stone Illustrated History of Rock & Roll: The Definitive History of the Most Important Artists and Their Music.* New York: Random House.

Frith, Simon. 1982. *Sound Effects: Youth, Leisure, and the Politics of Rock'n'Roll.* New York: Random House. サイモン・フリス『サウンドの力——若者・余暇・ロックの政治学』（細川周平・竹田賢一訳、晶文社、1991）

Frith, Simon, Will Straw, and John Street, eds. 2001. *The Cambridge Companion to Rock and Pop.* New York: Cambridge University Press.

Hebdige, Dick. 1979 *Subculture: The Meaning of Style.* London: Methuen.

Martin, Linda, and Kerry Segrave. 1988. *Anti-Rock: The Oppositionto Rock'N'Roll.* Hamden, CN: Archon Books.

Mitchell, Tony, ed. 2002. *Global Noise: Rap and Hip-Hop Outside the U.S.A. Middleton, CT*: Wesleyan University Press.

石川祐弘編『標準ロック＆ポップス音楽用語事典』（ドレミ楽譜出版社、2001年）*

三井徹ほか編『クロニクル——20世紀のポピュラー音楽』（平凡社、2000年）*

（ERIC WEISBARD／内藤沙綾訳）

ローラ・スピールマン・ロックフェラー記念研究所（Laura Spelman Rockefeller Memorial）

ローラ・スピールマン・ロックフェラー記念研究所はジョン・D・ロックフェラー・シニア（John D. Rockefeller Sr., 1839-1937）によって、亡き妻*1の名前を冠して1918年10月18日に設立され、1929年1月3日をもって合法的法人としての幕を閉じた。この記念研究所は、子どもと女性の福祉に対する推進を課したものであった。1920年代を通じて、この記念研

ローラ・スピールマン・ロックフェラー（1839-1915）*

究所はアメリカにおける応用社会科学研究の主要な支援団体のひとつであった。1922年までに、記念研究所の理事会はおよそ1300万ドルを寄付し、うち5万500ドルが科学研究に用いられ、残りの多くをニューヨーク地区における伝統的ロックフェラーの寄付事業に用いた。1922年1月、研究所は自由に使うことができる資金としておよそ7400万ドルを保持しており、理事会は研究所の全体計画が必要と考えた。理事会は、科学をとおして社会改善にかかわり、事業を支える専門家が必要であると考えた。同年5月、その責任者としてベアズレー・ラムル*2をカーネギー財団から招聘した。ラムルと理事会は、一般社会科学、異人種間関係、子ども学研究、保護者教育をふくむ三つの主要事業を計画立案した。そして、ローレンス・K・フランク（Lawrence K. Frank, 1890-1968）を子ども学研究と保護者教育事業の責任者に任命した。

構想された事業は明解であった。保護者と教師は直接的に子どもの養育に責任があった。保育はしばしば無視され、それゆえ研究は、子どもの福祉を保証し、子どもの育成の最善の手段として保護者と教師を教育する必要があった。さらにこの研究には、保護者と教師への情報の普及、専門的研究者・教師・行政担当者たちの育成、保護者教育の最善の方法を探究する実験という本質的活動がふくまれていた。

フランクは、1922年から1928年にかけて、子どもの発達と保護者教育の専門的な科学的サブカルチャーを生みだした。彼は列車でアメリカ国内を縦横にまわり、センターで研究と保護者教育に従事できる有能な人材と面談した。フランクと理事会はボランティアは受け入れなかった。そのかわり、彼らは長期にわたる評価の後、特定の集団と組織を任命した。研究所は、アイオワ大学子ども福祉研究センターに資金をあたえ、ほかにいくつかの研究センター——通常、子ども福祉研究所とよばれた——を教員養成大学、コロンビア大学、イエール大学、トロント大学、ミネソタ大学、カリフォルニア大学バークレー校などに設立した。これらのセンターは、それぞれが特定の課題に取り組み、研究・教育・普及活動をふくむ保護者教育を全米規模で打ち立てた。このほかに、ジョージア大学、シンシナティ大学、アイオワ州立大学の農学部および機械工学部などをふくむ、さまざまな政府払い下げ地の大学や教養大学に保護者教育の研究センターを設立した。これらの公立機関は民間事業というよりもローラ・スピールマン・ロックフェラー記念研究所の計画に応じたものであった。教員養成大学は記念研究所の基金が1936年に打ち切られた際に廃止され、イエール大学は、心理学研究所から人間関係研究所を独立させることを主張したが、この二つはどちらも純粋に学際的な機能を果たしてはおらず、イエール大学教授アーノルド・ゲセル自身は単独の研究を望んでいた。ミネソタ大学とカリフォルニア大学バークレー校の研究所は、21世紀に向けて機能しつづけた。アイオワ大学の研究所は1950年代に学術的重要性が低いと判断され、1970年代には廃止に追いこまれた。

フランクは、アメリカ学術会議子どもの発達委員会 (Committee on Child Development of the National Research Council) の設立にも協力し、これは、1930年代には、子どもの発達にかんする研究者の専門学会となった。くわえて、フランクは、研究がはじまったばかりの子どもの発達にかんする学会誌の発行、160人の大学院研究者のための特別奨励制度や、ローラ・スピールマン・ロックフェラー記念研究所へ大がかりな利益配当をすることは一度もなかったものの、研究センターの資金調達のための「ペアレンツ・マガジン」(育児雑誌) の構想にまで協力した。こうして、この小さな専門的な科学的サブカルチャーは、ローラ・スピールマン・ロックフェラー記念研究所のおかげでアメリカの高等教育に定着し、伝統的な心理学部やほかの社会科学系の部局の抵抗をしばしば凌駕した。

1929年にローラ・スピールマン・ロックフェラー記念研究所が閉鎖されたとき、その資産はロックフェラー財団の社会科学部門にふりあてられた。ほかの財団が、大恐慌期、そしてそれ以降の子どもの発達や保護者教育の支援に介入したが、この分野の歴史はローラ・スピールマン・ロックフェラー記念研究所抜きに は語ることはできない。

[訳注]
*1 ローラ・スピールマン・ロックフェラー (Laura Spelman Rockefeller, 1839-1915)——アメリカの奴隷制度廃止論者、博愛主義者、学校教師。スタンダード石油会社のジョン・D・ロックフェラー (John Davison Rockefeller, 1839-1937) と結婚し、5人の子どもと7人の孫に恵まれた。

*2 ビアーズリー・ラムル (Beardsley Ruml, 1894-1960)——アメリカの経済理論家、実業家、博愛主義者、政治家。1917年にシカゴ大学から心理学と教育学の学位を取得した。1922年から1929年まで「ローラ・スピールマン・ロックフェラー記念研究所」のフェローとして、社会科学と行動科学の数量分析に取り組んだ経験から、その後、世界大恐慌の時代のH・C・フーヴァー大統領 (1929-1933) の農業問題の助言者となった。ニューヨークの連邦準備銀行頭取 (1941-1947) となり、連邦税の源泉徴収方式を上院に提案して採択された。

➡育児、子ども学研究、子どもの発達概念の歴史、児童救済、社会福祉

●参考文献
Cravens, Hamilton. 1985. "Child-Saving in the Age of Professionalism, 1915-1930." In *American Childhood: A Research Guide and a Historical Handbook*. ed. J. M. Hawes and N. Ray Hiner. West-port, CT: Greenwood Press.
Cravens, Hamilton. 1993. *Before Head Start: The Iowa Station and America's Children*. Chapel Hill: University of North Carolina Press.
Laura Spelman Rockefeller Memorial. 1993. *The Laura Spelman Rockefeller Memorial, Final Report*. New York: Laura Spelman Rockefeller Memorial.

(HAMILTON CRAVENS／山口理沙訳)

『ロリータ』(Lolita)

『ロリータ』は、まず小説というかたちで発表され、やがてこの言葉自体が、少女期特有の性的魅力をほのめかすものとなった。『ロリータ』と題されたこの小説は、ウラジーミル・ナボコフ[*1]によって1949年から1955年の期間に執筆され、1955年にフランスで、1958年にはアメリカで出版された。ナボコフは1899年にロシアで生まれ、ロシア革命終結後に西ヨーロッパで生活を送ったのち、1940年にアメリカに渡った。彼は、スタンフォード大学、ウェルズリー大学、コーネル大学で教鞭をとり、その生活は『ロリータ』の経済的成功によって教える必要がなくなるまで続いた。その後スイスのモントルーに移住し、1977年、彼はこの地で人生の幕を下ろした。『ロリータ』は中年男性ハンバート・ハンバートの物語である。彼は、広く知られているように、ナボコフが「ニンフェット」[*2]のようだと描写した少女ロリータにのめりこんでしま

ロリタ

バルテュス「黄金の日々」（1944-1946年）。ナボコフと同時代のバルテュス（本名、バルタザール・クロソウスキ）は、ナボコフがのちに『ロリータ』で描くような、性的に目覚めていると思われる思春期の少女を描いた。Hirschhorn Museum and Sculpture Garden, Smisonian Institution. Gift of the Joseph H. Hirschhorn Foundation, 1966. Photo by Lee Stalsworth.

う。ハンバート・ハンバートは、彼女に近づきたいがためにその母親と結婚する。ロリータの母親の死後、長期間にわたる自動車による放浪の旅の過程で彼の情欲はついに達成されたが、この旅路は悲劇的な結末で終わる。

　ナボコフは、彼にとって真に探求したい主題は、性欲の極限から生まれる耽美的感覚の解明にあるのだと主張したが、作品に色濃くただようペドフィリア（**小児性愛症**）的な要素は、その主題自体をスキャンダラスなものにねじ曲げてしまった。原稿は、当初アメリカの四つの出版社から断わられた。その後フランスのモーリス・ジロディアのオリンピア・プレスから英語版での刊行にこぎつけ、ついに1958年、アメリカ版がプトナム社から発売されることとなる。作品は、その内容に対する怒りの抗議をよび、アメリカ国内で検閲対象とはならなかったものの、オリンピア・プレス版は、イギリス本社からの要求もあり、フランス内相の命令によって発禁処分となった。かねてから違法ルートでの高い売れゆきを示していたこの作品は、公に出版されるやいなや、アメリカ国内のベストセラー本のなかでもトップに躍り出るほどの飛躍的売り上げを見せた。発売3日後には6万2500部が市場に出まわり、1964年までに、アメリカだけで250万部が販売された。さらに1980年代までには、『ロリータ』は世界中で1400万部を売り上げた。

　『ロリータ』にまとわりついていた悪名は、その映画化によってさらに高まることとなる。著名な映画監督スタンリー・キューブリック[*3]が1962年、ハンバート・ハンバート役にジェームズ・メイソンを、ロリータ役には当時15歳のスー・リオンを、ロリータの母親シャーロット・ヘイズ役にはシェリー・ウィンタースを、ハンバートの宿敵であるクレア・キルティ役にはピーター・セラーズをそれぞれ起用し、映画版を製作した。脚本はナボコフ自身の手で書かれた。この映画は、小説版がかつてたどった運命と同じく、議論をまきおこすことになる。いく度も検討を重ね、数か所に編集がくわえられたのちに封切られたのだが、それでも年齢制限が設けられての公開を迎えた。

　キューブリックの映画「ロリータ」は、小説のタイトルと同じように、人びとのあいだで共感をよぶ、あ

ロリタ

スタンリー・キューブリック監督作品「ロリータ」（1962年）＊

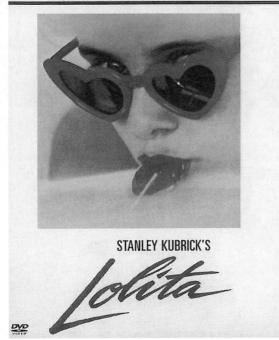

スタンリー・キューブリック監督作品「ロリータ」DVDジャケット（1999年）＊

る一定のイメージを確立させた。冒頭のシーンで、ビキニ姿のロリータは芝生の上に寝転がり、ハンバートに向けて、サングラスの奥から艶めかしい視線を投げかけている。この映像は、いまなお使用されているこの映画の広告――真っ赤なロリポップをしゃぶりながら、ハート形のサングラス越しにこちらを見つめるロリータのアップ写真――と結びつけられた。この二つの像は、大衆の頭のなかで融合されたことによってロリータを表象するものとなった。さらにはその意味が拡大解釈されたことで、早熟なセクシュアリティとは、

大人が一方的にいだく虐待的な幻想にすぎないのか、はたまた、10代初期の若者のなかに現実にありうることなのかという全体的な論争をよぶものとなった。

　ロリータが象徴する事柄にかんして、現在進行中の議論と関連するのは、1997年に制作されたエイドリアン・ライン監督によるリメイク映画である。この新バージョンの脚本はスティーヴン・シフによるものであり、ハンバート・ハンバートをジェレミー・アイアンズが、ロリータをドミニク・スウェインが演じた（この版のロリータ役は、かつてよりもかなり多くの、かつさまざまなセックスシーンを演じていることで知られている）。ラインはそれまで商業的な成功をおさめつづけていたものの、この映画のアメリカ国内における配給にかんしては、厳しい結果を残すに終わった。少女のなかに芽生える、そして彼女たちの周囲をとりまくセクシュアリティにかんする問題は、いまだに文化的な混乱をきわめている。そして、ペドフィリアと性的な早熟さを結びつけてしまうこの『ロリータ』のかかえる曖昧性が、このような混乱した状況を具現化し、反映している。

[訳注]
＊1　ナボコフ（Vladimir Vladimirovich Nabokov, 1899-1977）――帝政ロシア時代のサンクトペテルブルクの貴族の長男として生まれた。ロシア革命後に亡命し、イギリスのケンブリッジ大学を卒業し、1923年には『不思議の国のアリス』をロシア語に翻訳した。ベルリンとパリでの生活をへて、1940年にアメリカに渡り、1945年に帰化した。鱗翅類研究者として、ハーヴァード大学とコーネル大学の研究所でシジミチョウの分類学的研究を行なったことでも知られる。コーネル大学などでロシア文学、ヨーロッパ文学を講義するかたわら創作活動を行ない、1955年に『ロリータ』の出版で一躍国際的に知られる作家となった。1958年以降はスイスのモントルーに移り住み、詩作、翻訳、評論などを続け、そこで78歳で没した。

＊2　ニンフェット（nymphet）――ギリシア神話、ローマ神話の登場人物で、海（nereid, oceanid）、淡水（naiad）、山（oread）、森（sylvan）、空（sylph）、樹木（dryad, hamadryad）、火（salamander）、地（gnome）、水（naiad, undine）などに住むとされる半神半人の小柄な美少女の妖精。

＊3　スタンリー・キューブリック（Stanley Kubrick, 1928-1999）――アメリカの映画監督。代表作に「博士の異常な愛情」（*Dr. Starangelove, or How I Learned to Stop Worrying and Love the Bomb*, 1963）、「2001年宇宙の旅」（*2001: A Space Odyssey*, 1968）。

➡子ども期のイメージ、子ども期の理論

●参考文献
Boyd, Brian. 1991. *Vladimir Nabokov: The American Years*. Princeton NJ: Princeton University Press.
LoBrutto, Vincent. 1997. *Stanley Kubrick: A Biography*. New York: D. I. Fine Books.

Nabokov, Vladimir. 1964. "Interview: Vladimir Nabokov" *Playboy* 11 (January): pp. 35-41, 44-45.

Nabokov, Vladimir. 1991 [1955]. *Lolita*. Rev. ed., annotated and introduced by Alfred Appel, Jr. New York: Vintage Books. ナボコフ『ロリータ』(若島正訳、新潮社、2006年)

Phillips, Glen D., and Rodney Hill. 2002. *The Encyclopedia of Stanley Kubrick*. New York: Facts on File.

(ANNE HIGONNET／内藤沙綾訳)

ローリング、J・K（Rowling, J. K.）
➡『ハリーポッター』とJ・K・ローリング（Harry Potter and J. K. Rowling）

『若草物語』とルイーザ・メイ・オルコット (Little Women and Louisa May Alcott)

1832年11月29日、ペンシルヴァニアのジャーマンタウンに生まれたルイーザ・メイ・オルコット（1832-1888）は、自身の家庭生活をもとに4人姉妹のようすを描いた児童文学『若草物語』（Little Women, 1868）の生みの親として、もっとも名をはせている。彼女の父ブロンソン・オルコット（Amos Bronson Alcott, 1799-1888）は有名な超絶主義者であるが、彼は教師としてのキャリアを失い、経済的にも家庭を支えることのできなかった人物である。母のアビゲイル・メイ（Abigail "Abba" Alcott [née May], 1800-1877）は、家計をやりくりするために裁縫仕事を引き受け、家事をこなし、慈善事業の代表者にまでなった。「ルイ」、そしてマーチ姉妹のほぼそのままのモデルとなった3人の姉妹たちは、経済的には貧しくも、温かな家族環境で育った。オルコットは家族に対する強い義務感をつねにいだいていた。彼女は一度も結婚することなく、その輝かしい作家生活のあいだも、たえず周囲の人間を支えることに徹した[*1]。

ルイーザ・メイ・オルコット（1832-1888）*

ものを書きはじめる以前のルイーザは、父親の観察日記の対象であった。1831年、ブロンソン・オルコットは長女アンナの成長記録をつけはじめ、翌年の秋以降、ルイーザもそのページに登場するようになる。父親のブロンソンは5年にわたって観察を続け、娘の成長をめぐる細かな記述は2500ページにもおよんだ。父親の描写にみられるルイーザは、彼女が生み出したジョー・マーチときわめて似かよっており、強情でお転婆であった――扱いにくい子どもであった。

オルコットは、『花物語』（Flower Fables, 1855）、『よき妻たち（第2若草物語）』（Good Wives, 1869）、『プラムフィールドの子どもたち（第3若草物語）』（Little Men, 1871）、『8人のいとこ』（Eight Cousins, 1875）、『花ざかりのローズ』（Rose in Bloom, 1876）、『ジャックとジル』（Jack and Jill, 1880）、『ジョーの少年たち（第4若草物語）』（Jo's Boys, 1886）など、子ども向けの小説やショートストーリーを多数執筆した。その一方で、さまざまなペンネームを使い分け、『ムーズ』（Moods, 1865）などの大人向けフィクションや、ゴシック小説なども書いていた[*2]。彼女の手になる児童文作品は、それまでに読まれてきた多くのそれとは一味違っていた。登場人物たちは、非常に現実味をおびており、作品からは道徳臭さや、あからさまな教訓性がとりのぞかれていた。オルコットの作品は、ヴィクトリア朝的な家庭生活を感傷的に描いていると

して批判の声を浴びることもあったが、作中には、社会規範をくつがえそうとする人物もふくまれている。『プラムフィールドの子どもたち（第3若草物語）』に登場する、ジョーやオルコット自身を彷彿とさせるお転婆娘ナンは、少女期をめぐるヴィクトリア朝的な価値基準を拒絶し、医者となって独身をつらぬきとおす。また、オルコットは体罰の習慣にも異議を唱えており、ある忘れがたいシーンを同作品のなかに描きこんでいる。それは、心優しきベア先生が悪い行ないをした生徒に対し、彼を痛い目にあわせるのでなく、生徒の側から教師である自分をたたかせるという方法によって、その良心に訴えるというものであった。オルコットの作品は男女共学を支持しており、また彼女が生み出した学校プラムフィールドは、黒人の生徒にも開放されている[*3]。

ルイーザがいだいた子ども期の概念は、父や、親交のあった超絶主義者たちによって決定づけられたものであった。幼い頃、彼女はヘンリー・デビット・ソロー[*4]とつれだって自然のなかを散歩した。ラルフ・ウォルド・エマーソン[*5]からは本を借り、また彼女が書いた最初の物語は、エマーソンの子どもたちに向け

てのものであった。彼女の人生の師らと同様、ルイーザもまた、子どもとは本質的に賢く善良な存在であるというロマン主義的な観念をよしとした。さらに彼女は、教育の目的とは、子どもたちの良識を育て、彼らの独立独歩の精神を助けることであると信じていた。

厳しい菜食主義のもとに育ち、早朝から冷水風呂に入ることを習慣づけられていたルイーザは、健康な若者であった。しかし、南北戦争中に看護師として短期間はたらいたことが、彼女の健康をむしばんだ*6。腸チフスにかかった折に水銀を使った治療を受けたことが原因で、水銀中毒の後遺症が残り、それが体の痛みや頭髪の減少をまねくことになった。1888年の5月6日、ルイザは55歳でその生涯を閉じた。それは、父の死の3日後であった。

［訳注］

*1 周囲の人間を支えた──オルコットは、夫を亡くし母子家庭となった姉アンナ（『若草物語』メグのモデル）を経済的に支援し、病弱だった妹ベス（ベス）を看病し、若くして亡くなった妹メイ（エイミー）の子どもを引きとって養育し、老いた両親の世話をし、経済的・精神的な両面から家族を支えた。作家として身を立てる前には、お針子や看護師としてもはたらいた。

*2 執筆活動──匿名で雑誌に発表されていた作品が発見され、1975年と1976年に『仮面の背後で』(Behind a Mask)と『計略と逆計』(Plots and Counterplots)の2冊にまとめて出版された。登場する女性たちは情熱的で気が強く、欲望や主体性をもち、ときに人（男性）をだましたり罠にかけたりもする。これらの作品をふまえたうえで、『若草物語』をフェミニズムの視点で再評価しようとする風潮が高まった。

*3 プラムフィールドの学校（Plumfield School）──結婚後のジョー・マーチが、夫ベアとともに運営する学校。ブロンソン・オルコットの教育思想や、彼が開いたテンプルスクールの授業内容が随所にもりこまれている。ただし、この学校は経営破たんには追いこまれない。ジョーのいだく教育理想や、父を美化する精神を結集して生まれたのが、このプラムフィールドといわれている。

*4 ヘンリー・デイヴィッド・ソロー（Henry David Thoreau, 1817-1862）──アメリカの作家・思想家・詩人・博物学者。ハーヴァード大学を卒業後、家業の鉛筆製造業に従事したが定まらず、教師、測量の仕事など職業を転々とした。学生時代に熟読した『自然』の著者で超絶主義者であったラルフ・ワルド・エマーソン（Ralph Wald Emerson, 1803-1882）の影響を受け、親交を結び、コンコードの地でその哲学を実践に移した。その記録である『ウォールデン──森の生活』（Walden: or, the Life in the Wood, 1854）などが代表作として知られる。

*5 ラルフ・ウォルドー・エマーソン（Ralph Waldo Emerson, 1803-1882）──アメリカの思想家・哲学者・作家・詩人。ハーヴァード大学を卒業し、21歳までボストンで教壇に立った後、ハーヴァード神学校に入学して伝道資格を獲得し、牧師になった。しかし、自由信仰を唱導したため教会を追われ、ヨーロッパにわたってワーズワース、カーライルらと交わった。帰国後、個人主義信仰を唱え、アメリカ文化の独自性を主張するとともに、1836年の評論『自然』（Nature）で、超絶主義哲学を提唱した。無教会主義の先導者。

*6 看護師の体験──彼女が看護師としてはたらいたワシントン病院は、医療品や食料が不足し、設備も悪く、運びこまれた負傷兵らが十分な治療を受けることすらままならない状況にあった。その状況を克明に記録し、家族にあてて手紙として送っていたものが、のちに、『病院のスケッチ』（Hospital Sketches, 1863）として出版された。

➡児童文学

●参考文献

MacDonald, Ruth K. 1983. *Louisa May Alcott*. Boston: Twayne.

Payne, Alma J. 1980. *Louisa May Alcott: A Reference Guide*. Boston: G. K. Hall.

Stern, Madeleine B. 1950. *Louisa May Alcott*. Norman: University of Oklahoma Press.

（RACHEL HOPE CLEVES／内藤紗綾・北本正章訳）

若者文化（ユースカルチャー）(Youth Culture)

文化（culture）は、英語のなかでもっとも複雑な言葉に属する。この言葉は、ある人間集団において典型的に共有される象徴体系（たとえば、「物事を行なうふつうのやり方」という意味での常識、そして経験を理解するための枠組みとしての伝統と儀礼など）が、時間の流れのなかで維持されたり変貌する過程のことをさす。文化は、見た目は安定しているように見えるにもかかわらず、ダイナミックな歴史的な過程である。若者文化は、若者たちのあいだで共有され、かつ彼らが属する共同体で両親やほかの大人たちに共有される過程と象徴体系とはある程度まではっきりと区別されるものをさす。

若者文化は、歴史上どの社会にも存在していたわけではない。若者文化がもっともひんぱんにあらわれるのは、若者の社会的自律性という重要な領域において、社会化過程が統制的になり、期待されたとおりの特徴になった社会においてである。今日認められるような大衆的な若者文化の成立要件が整ったのは、工業化を歩んでいた19世紀のいくつかの国家で近代的な国民国家が形成され、人間のライフコースが定式化されたあとであるということについては、研究者の大半が同意している。国民国家の大衆制度は、若者を大人から切り離し、教育、宗教教育、職業訓練、仕事、あるいは刑罰のために、彼らを多数かき集める若者文化が発達する場で構成されてきている。中世を通じて、若者文化がいくつかの状況で存在していたかもしれないこ

とを示す証拠もいくつかある。それと同時に、われわれの歴史認識には、とりわけヨーロッパとアメリカ以外の人びとにかんしては、大きな空白があることを承知しておくことも重要である。若者文化の存在は、20世紀、とくに第2次世界大戦終結以降において明白である。この時期の歴史は、若者文化が社会に広くおよぼした多大な社会文化的な影響によって色濃く特徴づけられており、その風潮はいまも続いている。

若者文化の研究は、社会学、心理学、人類学の分野でもっとも多く実を結んだ。それは、青年犯罪学や人口動態分析、家族と青年の社会的発達にかんする研究、そして儀礼研究などを見ればすぐに明らかとなる。若者文化についての分析枠組みと議論は、この三つの主要な学問分野からあらわれ、歴史学をふくむほかのいくつかの分野でも検討されるようになった。人文科学や社会科学のほとんどの分野と同じように、若者研究を特徴づけるのはその学問の専門知識の正確さよりも、時間をかけた議論の積み重ねである。自由主義的な資本主義社会に対して、若者文化はどこまで役割を果たすのか？ 若者文化の形成は、どの程度まで社会制度に予期せぬ混乱をひき起こすのか？ 社会的に調整され、とりこまれた若者文化の、貢献的なものと反抗的なもののあいだの領域はどのようなものなのか？ 若者文化は、両親らの文化とどの程度距離があり、異なっているのか？ 人種、民族、社会階級といったほかの社会的アイデンティティは、若者文化の形成にどのような役割を果たすのか？ 若い男性の若者文化は、若い女性のそれとは異なっているのか？ 若者は、社会、文化、政治などに変化を起こす力をどの程度望んでいるのか？ 消費財や消費市場は、若者文化にどのような影響をあたえるのか？ 社会化過程の主要な制度、たとえば家族、宗教、学校は、若者文化をどのように形成し、反映するのか？ 数えきれないほどの先行研究があるが、これらの疑問が生まれたのは20世紀後半の研究によってである。これらの議論に非常に明確なかたちで歴史学がくわわったのは、それ以降のことであった。その結果、現代の若者文化についての叙述法と理論は、過去500年を対象にした歴史研究にふさわしいものかどうかという疑問が生まれる。

近代以前の若者文化

近世以前の若者文化にかんする証拠は、せいぜいのところ断片的で暗示的なものにすぎず、たいていの場合、若者たちの不品行を記述した公的な記録にみられる。中世を通じて、村や町で夜間の平穏を打ち破る騒々しい若者たちに向けて、おびただしい数の不満の声がぶつけられていた。もちろん、大人の権威にたてついていた若者たちが、独特の男性的な若者文化の存在を示していたかどうかははっきりしない。前近代の多くの社会は、婚期をひかえた若者たちが労働日のあとや共同体の祝祭や儀礼の期間に、男女が分かれて集

近世において、若者たちはしばしば、共同体の規範にそむいた者への懲罰や注意喚起を行なったシャリヴァリの主要な参加者であった。18世紀初期のウィリアム・ホガースの銅版画では、参加者たちは、妻に杖で打たれている仕立屋と思われる人物をこれ見よがしに嘲りながら、いっしょになって杖で打っている。
Archives Charmet/Bridgeman Art Library

うことを定期的に認めていた。地域の若者たちの同輩集団が生まれ、状況によっては若者文化のいくつかの側面が姿を現した。他方、この種の記述には、しばしば大人の無法者たちへの言及もふくまれている。そして、そのような事件や違法行為は、若さゆえのばか騒ぎやわがままなふるまい、社会的な批判に対するいらだち、あるいは、（たとえば騎士道のような）世間に公認された若い男性のエネルギーのはけ口が徐々に失われたためにひき起こされた文化的な混乱にほかならなかった。

この時期のほとんどの社会は、若者を対象にした共同体に認可された行事や団体をふくむ、家族と共同体の日々の仕事に、多かれ少なかれ継続的に若者たちをたずさわらせていた。それでもなお、ヨーロッパの中

世を通じて長きにわたってくりかえし聞かれた不平の声は、若者たちが新しい方法で、まるで自分たちが支配している王国であるかのように「夜を要求する」こと、そして年長者たちがそのことに深くかかわっていたことを示唆している。この時期を通じて、聖職者が道徳や宗教の教育の必要をもっともよく受けとめていた聴衆として、女性たち（すべての年齢の）に若い男性がとって代わった。中世イタリアの学者たちは、いくつかの都市では、独自の儀式と文化的な規律をもって自律的にはじめたエリートの若者結社が組織され、かなりの期間維持されていたと主張した。いくつかの地域の若者たちは、祭りを組織する役割をあたえられたが、このことは、さらにその計画と実施の両方でかなりの裁量をあたえられることになった。ヨーロッパで行なわれた**シャリヴァリ***1——すなわち寝とられ夫や口やかましい妻、その他、共同体の規範を逸脱した者たちが嘲弄の標的にされ、あるいは（ときには肉体への）制裁を受ける、非公式に行なわれる騒がしい夜の行進——は、共同体の大人たちから暗黙の了解（またときには彼らも参加する）を得た村の若者たちによってはじめられ、先導された。若者文化が修道院や**アカデミー**などの制度のなかで形成されたことを示す証拠もいくつかあるが、こうした制度は、多数の若者たちをもっと高度な訓育と教育を行なう目的で、ほとんどの大人たちからは切り離されていた。たとえば、若者文化のいくつかの側面は、アカデミーの生徒たちが集団になって、不人気の教師や教授たちを教室の窓から放り出していたという報告のなかにはっきりと示されている。

18世紀と19世紀の若者文化

18世紀から19世紀にかけて、近代の資本主義的な国民国家における市民生活の制度と慣習がその特徴を示しはじめると、大衆的な若者文化の近代的な概念の物質的な基盤を形成するいくつかの文化的、社会的、経済的な風潮が生まれた。プロテスタンティズムは、のちに青年期として分類されるライフコースのある時期を、道徳発達の上できわめて影響を受けやすい期間であり、それゆえ、信頼できる大人の権威ある人びとの集団的な監視の下に置かれるべき期間であると理解しはじめた。**日曜学校**は、この目的にこたえるものであった。工業化が進展し、拡大するのにつれて、地方の人びとが移住して都市部に集中した。このため、若者の社会化と監視への責務が共有され、長期にわたって持続的に安定していた共同体とのつながりはもはやとだえてしまった。そして、とりわけ**孤児**、結婚適齢期の若者、家出人たちに代わって、若者たちの同輩集団（ピアグループ）が登場するようになった。都市は、若者に賃金雇用の機会をあたえた。また、多かれ少なかれあらゆる年齢を対象にした必需品や娯楽市場を開いた。今日、多くの犯罪学者たちが**ユース・ギャング**と見ている者たちは、ヨーロッパの大都市では早くも中世には登場していた。彼らは、非暴力的な労働階級の若者文化がボランティアの消防団のまわりに集まったのと時を同じくして、19世紀なかば以前のニューヨーク市に姿をあらわした。これらの例が示しているように、一方における若者のためにつくられた、大人の監視下に置かれた文化領域（「認可された」若者文化）と、他方における最初から若者自身の手で支えられた文化的領域（「統制からはずれた」若者文化）という、二つをへだてている境界線が不安定で相互にゆらぎうるものであることを認識しなくてはならないが、この二つを区別することは有用である。

科学革命と産業革命が非宗教的な専門家たちを宗教組織の専門家と肩をならばせたように、正式の教育によって資格が得られる中産階級の専門職（たとえば、医者、弁護士、エンジニア、教師など）が構成する新しく登場した社会層が発達し、拡大した。こうした専門職階級の子どもたちは、その権力基盤を教育に置いていることを反映しつつ、同業者の**徒弟制度**に送りこまれるよりも学校へと送りこまれた。学校では、非常に多くの若者たちが年齢ごとに区分され、大人たちの監視下に置かれた。こうした監視は、若者たちが親や共同体の年長者たちとのあいだに築いていた関係とは大きく異なる関係を、学校に通う若者たちのあいだに広めた。18世紀と19世紀を通じて、中産階級の専門職は、主要な民主的な資本主義国家の多くでしだいに文化的、社会的な規範の担い手となった。この社会集団が、都市化と工業化がもたらした予想外の、また見落とされた結果に対して責任をとる動きを示すようになると、農業から工業化への移行によって社会的にも経済的にも追いはらわれた若者たちを擁護する役割を引き受ける動きも見られた。この擁護者の役割を（慈善団体や宗教組織が、またのちには政府機関が）引き受けることで、彼らの子ども観と青年観は、支配的で制度化されたものになった。

19世紀なかば以降になると、これらの諸発展はひとつに重なりはじめ、先進的な工業社会では、若者の「居場所」についての新しい理解が形成された。ヨーロッパとアメリカなど多くの国々で、公教育の期間は若者たちの義務となり、学校教育はしだいに、ライフコースにおいて期待された定型的な一部分となった。ほぼ同じ頃、医学分野と、新たに登場しつつあった心理学は、時系列の年齢にもとづいた生物学的および社会的な発達の「標準となる」基準を定めつつ、人間のライフコースの各段階を非常に精密に区分しはじめた。出稼ぎ労働者や移民たちの工業都市への流入は、若者たちに仕事以外の新しい役割を引き受けさせることで、若者の労働需要をかなり軽減した。移民の子どもを統合することへの懸念が公的な懸案事項になってくると、学校はこの仕事を引き受けるようになった。1904年、アメリカの心理学者G・スタンリー・ホールは、2巻

におよぶ大著『青年期——その心理分析、および青年期と［生理学］、人類学、社会学、性、犯罪、宗教、教育との関係』(Adolescence: Its Psychology and Its Relations to [Physiology,] Anthropology, Sociology, Sex, Crime, Religion and Education) のなかで、19世紀を通じて登場した若者たちについての、互いに矛盾する生物学的、心理学的、社会学的な理解を統合して体系化しようとした。この著作は、大規模制度における若者たちの集団的な社会化に「科学的な」根拠を提供し、若者を年齢によって社会的に分割することを正当化した。19世紀後半に、若者のアイデンティティが、労働者から学生へと漸次的に変化し、大衆的な若者文化を創造するためのプロセスが整備された。

国内だけでなく国境を越えて起きたこの変化の速度と範囲が一様でなかったことは、念頭に置いておくべき重要なことである。奴隷、先住民、そして植民地住民は、まだこの時期に進展を見せてはいない。たとえば、アメリカでは1865年の奴隷解放にいたるまでのあいだ、若いアフリカ系アメリカ人の奴隷は家財であり、白人の若者たちのもっとも貧しい層の経験とは明確に異なっていた。しかし、こうした制約にもかかわらず、若者奴隷のあいだにも、とりわけ決められた成人の農作業にくわわる前の人生の一時期（しばしば15歳という遅い年齢まで）において、遊戯、儀式、物語などの形式で若者文化の要素が発展した。カナダ北部の中央部に暮らす先住イヌイット族の若者は、ヨーロッパ人と接触するまでは青年期という時期を通過することはなく、そのかわりに、子ども期からすぐに成人期へと移行していた。親たちが、しばしば子どもの誕生時にその子の結婚をとりきめたため、若者文化が成立する余地はほとんどなかった。18世紀と19世紀のヨーロッパとアメリカにおける移行の同質性も、過度に強調されているかもしれない。だが、現代の多くの学者が指摘しているように、子ども期から成人期へいたるいくつもの「道筋」があった。

19世紀末に機能していた大衆的な社会化の制度組織と慣習は、若者たちのあいだに介在するほかの相違点をのりこえる共通の結びつきを強調するために、若者たちに（比喩的にも、字義どおりにも）新しい場所を生みだした。親世代の共同体と連続しているアイデンティティ——階級、民族性、ジェンダー、宗派、さらにのちにはセクシュアリティや人種——は、しばしば若者が共有する経験と新しい大衆的な社会化過程の儀式のなかに部分的に包摂される（しかし、完全に包摂されることはめったにない）。これらの制度のなかで若者文化が展開する自律的な領域は、かならずしもつねに意図的に大人に認められていたわけではなかった。大人たちは、自分たちに従属する若者の活動を抑制するわずかな能力しかもっておらず、若者は、歴史を通じて、制限された彼らの範囲を団結して押し広げていくことによって、自分たちが非常に機知に富んでいることを証明し、自己決定できる社会空間を獲得した。同輩集団は、そのようにして共有される経験を頼りに、独力でひとつの（計画されたものとしてではなく）大衆的な社会制度となり、ときには大人たちの文化的、社会的規範にはっきりと対抗する代替物を創出した。学校は、たとえ若者の制度が制約を受け、抑制されるにしても、その可能性をひらきながら、大部分の大人が従事する日常活動から若者たちを引き離したのである。

1900〜1940年の若者文化

20世紀における若者文化の進展を理解するには、新たな区分が必要になる。第1の区別は、大衆的な若者文化が生まれる条件がそろったといっても、若者がひとつの均質な社会集団になったわけではないということである。つまり、若者文化は、複雑な社会では決して単一ではなく、むしろ若者文化（若者サブカルチャー）には広汎な多様性がみられるのである。第2に、若者に売りさばかれた（娯楽の形式をふくむ）多様な商業製品と、若者がこれらの活動や製品の機会をとらえ、文化的な行為や慣習の独立領域をつくりだすにいたった独自なやり方とのあいだの区分が必要になる。若者市場で販売される製品を「若者文化」とよぶことは常識になったが、このことが、若者の文化的な生活そのものについてわたしたちに教えてくれることは少ない。国内市場の発展は、大きなへだたりを越えた新しいつながりを若者たちのあいだにもたらしたが、若者市場は、若者文化の同質化にはつながらなかった。第3に、大学教育を受ける非常に多くの若者たちが、家庭に半依存する期間を拡張するようになったために、若者の定義そのものも変化している。

学者たちの主張に従えば、アメリカ史において、20世紀には、その時代の記憶を特徴づけてきた新しい儀礼と慣習を流行させたこうした大学生たちのあいだに、はじめて真に独自な大衆的な若者文化が生まれた。これらの新しい儀礼と慣習は、両親たちの文化から実際よりも急進的な脱却をとげたととらえられがちであった（そしていまなおそのようにとらえられがちである）が、この時期の大学生の若者たちは、それ以外の若者たちにとって発達の事例を示した。初等段階以降の教育がますます一般化するようになるのにつれて、**ハイスクールにユース・クラブ**[*2]や若者文化が登場し、新しい慣習の多くが大学生からとりいれられ、ハイスクールになじんでいった。1930年代の大恐慌時代に雇用が減ったため、さらに多くの若者がハイスクールに入学した。19世紀後半に商業的な大衆文化が誕生して以来、若者たちはそれにお金をつぎこんでいたが、映画に代表される都市の大衆文化の新しい形態の多くは、あきらかに若者を対象にしていた。**映画、小説、音楽**（さらに後年には**コミック・ブックとテレビ**）の消費は、若者たちがほしがるものの一部となった。若

自動車は若者文化に革命をもたらした。なぜなら、自動車は、ティーンエイジャーに移動手段をあたえただけでなく、彼らが好きなことをできるスペースも提供したからである。この写真は、アメリカのティーンエイジャーの生活のある一日を描いた、1953年の「マッコールズ・マガジン」の記事に掲載されたものである。©Genevieve Naylor/CORBIS

者文化研究の大半は、商業的な大衆文化が若者におよぼした影響に焦点をあてていたが、若者のあいだで共有されることで彼らのアイデンティティを生み出す商品としての大衆文化の役割が考察対象になることはあまりなかった。若者文化は大衆文化の製品を真空中では消費しない。若者たちの消費は、親密な人間関係（たとえばファンやコレクターらの）や、多岐にわたる社会的な儀式行為（たとえば友情やデートをすること）、さらには日常的な世間ばなしの内容を形成する。

1940〜1970年の若者文化

消費者市場としての若者の商業化は1920年代以降も続いたが、消費主義の前衛（アヴァン・ギャルド）としての大学生の役割は、世界大恐慌の時期にいちじるしく衰退した。その役割は、ティーンエイジャーという言葉が販売者のあいだでよく使われるようになった1940年代初頭に、別の消費者集団である高校生たちに受け継がれた。この傾向は、アメリカが第2次世界大戦に参戦したのと同じ時期であった。この戦争中、ハイスクールの生徒たちの（とくに女子高校生とアメリカ兵とのあいだの）性行為や、非行、そしてとくに

ワカモノフ

ベビーブーマーが10代になり、若者のあいだで人気があったビートルズのようなグループが広く浸透してアイドルになった1950年代末から1960年代初頭にかけては、若者文化の影響を避けることはむずかしかったといってよい。Archive Photos Inc.

コミック・ブック、映画、そしてロックンロール・ミュージックといった大衆文化の影響によってはじまった道徳的な混乱状態がまきおこり、その結果、ハイスクールの若者文化は全国的な社会問題となった。1950年代後半から1960年代初頭にかけて、その大部分はあざけりの対象でしかなかったのだが、大衆的な若者文化の存在自体は広く認知されるようになった。人目を引く奇抜な衣装や髪型をとりいれた若者文化は、アメリカ（ビート族[*3]）とイギリス（テッズ[*4]）にあらわれた。都市の若者ギャングへの懸念や、彼らが健全なティーンエイジャーにおよぼしかねない影響に対する懸念は、若者文化についての最初の研究のいくつかを生んだ。大衆文化の拡張とハイスクールの一般化とならんで、とくにアメリカでは、車は、若者文化に劇的な影響をもたらした。車は、郊外や田舎で暮らす若者たちに都会にはたらき出る手段を提供しただけではなく、求愛、性行為、飲酒、ラジオを聴くといったもっと別の慣習に拍車をかける、一種の移動可能な「プライベート・スペース」も生み出していた。

1960年代には、若者文化の数が急増した。大学に通う年齢の若者たちはヒッピー[*5]として、あるいは組織的な過激派集団としてふたたび公的な（そして世界の）舞台に登場し、しばしばハイスクールにも拡大した。イギリス国内でも、モッズ族[*6]やロッカーズ[*7]、1960年代後半のスキンヘッズ[*8]などに代表される、人目を引くサブカルチャーの数々が続けざまに出現した。これらのサブカルチャーは、集団的な抗議運動や急進的な政治運動への若者の参入とあいまって、彼らの文化的、社会的、経済的影響力が具体化する兆しとなった。すくなくとも大人たちには脅威と思えたこうした若者文化の形成に若者たちの大半が参加していたことを考えれば、この動きが約40年にわたって実際に起きたことは、偶然の一致ではない。多くの若者たちが兵役と言論統制に反発して結集したことは、ほかの問題のひとつとして、彼らの親世代に受けいれられていた社会関係に対する集団的な拒絶を意味した。このような若者の結集は、白人の中産階級の若者たちのあいだだけではなく、多種多様な社会層でも見られた。たとえば、アフリカ系アメリカ人の若者たちは、この時代のめざましい公民権運動の立役者であった。都市の中心部で暮らす、あらゆる人種、民族の若者たちが、そのあとの十年間に起きた都市暴動にくわわっていた。

若者によるドラッグ（薬物）の使用と性行為の問題は、すくなくとも15年間にわたって大人のあいだに

世界子ども学大事典

ヒステリーをひき起こしていたが、これらの常習行為はこの時期にさらに蔓延した。ドラッグの使用は、ロックミュージックと視覚文化（映画、ポスター、あらゆる種類の美術）と結びついていたが、このふたつはどちらも若者によって消費され、人気のミュージシャンやアーティストたちによって創出されたものであった。ヒッピー（高校生もふくむ）は、公の場で幻覚剤を使用し、マリファナを吸った。大半の若者は手を出していなかったとはいえ、ドラッグの使用は、飲酒の習慣のように、若者たちがやってみたいことの一部になった。性の実験は、この世紀を通じて一貫して増加傾向を見せてきたようである。

しかし、「フリー・ラブ」*9や気晴らし的な性行為を強調する大衆の声は、とくにピル［経口避妊薬］が開発されて以降、新しい境界を切り開いた。

1970年以降の若者文化

1960年代に起きた若者の反抗を受けて、若者文化は多くの先進国で標準化された生活の特徴となり、これらの国の若者文化は、ほかの国々による模倣に対して、しばしば条件を定めた。親や大人は子どもたちを管理しようとしつづけたが、息子や娘が（しばしば自作の）奇抜な洋服に身を包んだり、妙な髪形にするのを目にしても、もはやうろたえなくなった。1960年代の若者文化のもっとも反抗的なものが先ず起業家によって、続いてありふれた小売店によって商品化されたことを認めつつ、いくつかの若者文化はすぐには吸収されず、あるいは消費文化を若者文化それ自体のために包摂することができるようなアイデンティティを求めた。パンク*10は、そのガラクタの山とともに、「自分でやってみる」という美学、そしてだれもがミュージシャンになりうるという主張を掲げ、前の世代のヒッピー文化を公然と攻撃した。だが、マス・マーケティング*11に抵抗しようとする奮闘も空しく、パンクもまた世界中のショッピング・センターで買い求めることができる陳腐な流行になりはててしまった。グラムロッカー*12やディスコ・ダンサーたちはこれとは違う方向へ進み、社会のはみだし者集団のファッションを模倣するなど、ポップカルチャーの特徴のいくつかを公然ととりいれた。多くの若者たちは、店頭で買うことができるようになって以降、レコードを購入したり流行の服装のいくつかをとりいれていたであろうが、正式にサブカルチャーに「参加」していたわけではなかった。

1970年代以降に形成された若者文化には、三つの傾向があらわれた。第1は、販売者たちが、青年期前の子どもたちを独立市場としていっそう明確に区分しはじめるのにともなって、大衆的な「キッズ」文化が出現しはじめたことである。この集団は、その移動能力にも自律性にも制約があるため、調査研究には新しい分析手段が必要である。しかし、この集団が、しばしば託児所や学校といった施設内に、非常に早い年齢で大人や青年期の文化から切り離されていることに、また、若者文化のさまざまな要素が出現する必要条件が整っていることに着目することは重要である。すくなくとも、消費財（おもちゃ、食べ物、映画、ラジオ放送局、衣服）、社会化を行なう制度における大人の権威、そしてよく行なう運動（スケートボードやスクーター）といった共通体験が、自分の両親や年長のきょうだいたちの体験から大きく遠ざけられる低年齢の時期に、年少の子どもたち同士の文化的なつながりを強化した。若者文化は、いっそう低年齢化したのである。それと同時に、若者文化は新たな意味をおびるようにもなり、いっそう成熟したものになった。とりわけ、自分たちの若者文化を、成人期になってもなお続けている人びととの存在は明白であり、こうして若者文化が「ライフ・スタイル」になったのである。だがこのことは、いくつかの興味深い疑問をよび起こす。われわれは、40歳のパンクロッカーをどう理解すればよいのであろうか？　60歳のヒッピーをどうとらえればよいのであろうか？　最後に、コミュニケーションとメディアの新技術、とくにインターネットは、新しい若者文化が生まれる空間を創出した。10代のコンピュータ・ハッカー*13や電話「フリークス」*14は、1980年代にはすでに姿をあらわしていたが、インターネットは、オフラインでの日々のアイデンティティから切り離されたサイバーカルチャーという概念が大きく拡大するのを可能にした。インターネットは、かつてのラヴァーズ・レーン*15がそうであったように、事実上、監視の目がほとんどいきとどかない未開地であり、（たとえば「ネットゴス」*16のような）新しい文化的なつながりを生み出すのを可能にする。

［訳注］

* *1 シャリヴァリ（charivari）──語源は「耳ざわりな音」「いやがらせの音」を意味するフランスの民衆言語Chivaree。年齢差の大きい再婚をした寡婦や寡夫、性的なモラルに反する行ないをしたもの、子どもを虐待したもの、自分の配偶者に暴力をはたらいたものなど、社会の規範からはずれた者が標的とされた。若者たちはポットや平なべをたたいて騒々しい音楽を奏で、大声で叫んだり、ののしるような言葉を吐いたりしながら、標的となる人物の住まいやその近隣を練り歩いた。19世紀までのあいだ、ヨーロッパのほぼ全域で、シャリヴァリは社会的逸脱の抑制に効果的だと考えられていた。ただしその一方で、16世紀には、教会や地域の権威者たちの一部によって、このような行為は禁止事項とされるようになり、19世紀までにこのような習慣はだんだんと衰退していった。
* *2 ユース・クラブ（youth club）──イギリスでは、社会奉仕団体が教会などと提携して運営する、若者の余暇活動のためのクラブ。おもに14〜21歳の若者のために、通例、教会やコミュニティセンターなどとつながりをもって、社会活動やスポーツ、娯楽を計画する。

「青少年センター」とよばれることもある。

*3 ビート族（the Beats, Beatnik）――第2次世界大戦後から1965年頃まで約10年間、文化をリードしたアメリカの若者たち。そのBeatnik（打ちひしがれた世代の意）という言葉のとおり、戦後の進歩主義に背を向け、諦念的な姿勢で音楽やファッションなどにふける者たちとされた。その典型といわれたジャック・ケルアック、アレン・ギンズバーグ、ウィリアム・バロウズといった作家たちは「ビート文学」といわれるジャンルを築いた。

*4 テッズ（the Teds）――またの名をTeddy Boy。1950〜60年代、ロンドンの下町の不良たちのスタイル。19世紀末〜20世紀初頭のエドワード朝時代のファッションを好んだことから、エドワード7世の愛称であるTeddyを用いてこのよび名が生まれた。エドワード・ジャケットとよばれる丈が長く細みの羽織や、タイトなパンツ、厚底の皮靴、リーゼントヘアなどがその特徴であった。

*5 ヒッピー（hippies）――1960年代後半から1970年代のアメリカで発生し、やがて世界中へ広まった、髪を長く伸ばして幻覚剤を常用する若者たちをさす。既存の制度や文化を拒否して、服装や行動の自発性、自然への回帰を重んじた。愛・平和・非暴力の象徴として花を身につけていたことから、flower child, flower peopleとよばれる。現実には、仕事を放棄し、ドラッグに手を染め、性病が蔓延するなど、彼らの掲げる心情の裏側には、さまざまな病理が存在した。

*6 モッズ族（Mods）――1960年代のイギリスにあらわれた、しゃれた服を着てスクーターを乗りまわした若者。彼らのファッションは「モッズ・ルック」（mods look）とよばれた。

*7 ロッカーズ（Rockers）――1960年代にあらわれた暴走族の一種で、革ジャンパーを身につけ、オートバイに乗ってロックンロールを聴いた若者たち。

*8 スキンヘッズ（Skinheads）――1970年代初め頃から登場した、頭髪を剃り、長靴を履き、白人至上主義と反ユダヤ主義を唱える若者の暴力的ギャング集団。

*9 フリー・ラブ（free love）――自由恋愛主義、フリーセックスのこと。婚姻関係なしに性関係をもったり同棲すること。結婚を前提としない自由な性関係を認める考え。1822年頃からこのように表記されはじめた。

*10 パンク（punk）――パンクには音楽表現とファッションの二つの意味がある。まずパンク・ミュージックは、1960年代後半にニューヨークのロックシーンのなかから生まれ、イギリスに渡って発展したジャンルである。「パンク」とは本来、「腐敗」「くだらないもの」といった意味をもつ。ロックをベースにした荒々しいサウンド、日々の生活や世の中への欲求不満を爆発させたような歌詞に特徴がある。難解で複雑、洗練されたサウンドへ走る傾向にあった当時のロックへの反発として生まれ、反体制的な若者の象徴として若者たちの広い支持を集めた。アメリカのラモーンズやパティ・スミス、イギリスのセックス・ピストルズやザ・クラッシュがその代表。たとえばセックス・ピストルズは、イギリス国歌と同じGod Save The Queenというタイトルの曲のなかで、イギリス王室を揶揄するような内容を歌い話題となった。もうひとつは、ファッションとしてのパンクで、これは、セックス・ピストルズなどのパンク・ロック・アーティストたちの好んだファッションから生まれたジャンルをさす。逆立てた髪、レザーのジャケット、戦闘用のずっしりとしたブーツ、耳中につき刺されたピアスがわりの安全ピン、腰から下げられたチェーン、やぶけたジーンズやTシャツなどを趣向するスタイルは、その音楽性同様に反体制的な雰囲気をかもし出していた。あまりに大きな流行となったパンク・ファッションは、音楽としてのパンクから一人歩きし、それだけで確固たるムーブメントとなっていまにいたる。

*11 マス・マーケティング（mass marketing）――大衆消費者向けに、ある特定の製品を画一的な大量生産、大量流通、大量販売促進で売りこむマーケティング形態。

*12 グラム・ロック（Glam rockers）――1970年代初期のロック・ミュージック。その語源は英語のGlomorousに由来する。濃いメイク、スパンコールやチェーンをほどこした派手な衣装など、中性的で退廃的なビジュアルが特徴である。音楽の点で各アーティストにそれほど共通点はなく、むしろその外見によってジャンル分けされる。

*13 コンピュータ・ハッカー（computer hackers）――主としてコンピュータ・システムに取り組んで、その機能を自己の利益と快楽のために最大限に引き出そうとする者。

*14 電話「フリークス」（phone phreaks）――電話回線に侵入または回線を改造して、無料で使用する者。

*15 ラヴァーズ・レーン（lovers' lane）――「恋人たちの小路」「愛の小径」。カップルがキスや性行為をするのに利用する、公園の奥まった場所や人里離れたスポットをさす。とくにアメリカには、「ラヴァーズ・レーン」として有名な人気スポットが各地に存在する。1881年頃からアメリカでこのように表記されはじめた。

*16 ネットゴス（net Goths）――もともとはイギリスのゴシック系サイトの名称。転じて、そのようなゴシック系コミュニティ上に集う若者のことをさすようになった。彼らは、オンラインを通じてチャットをしたり、自身のファッションやイラスト、興味のある音楽などを紹介したりすることで、独自のコミュニティを形成している。

➡学生の政治活動、シャリヴァリ、10代の飲酒、勝利の女神の少女たち、青年期と若者期、大学紛争（1960年代）、ティーン雑誌、ドラッグ（薬物）、フラッパーズ、ボビー・ソクサーズ

● 参考文献

Amit-Talai, Vered, and Helena Wulff, eds. 1995. *Youth Cultures: A Cross-Cultural Perspective*. London: Routledge.

Austin, Joe, and Michael Willard, eds. 1998. *Generations of Youth: Youth Cultures and History in Twentieth-*

Century America. New York: New York University Press.
Brake, Michael. 1985. *Comparative Youth Culture*. London: Routledge and Kegan Paul.
Fass, Paula S. 1977. *The Damned and the Beautiful: American Youth in the 1920s*. New York: Oxford University Press.
Gelder, Ken, and Sarah Thornton, eds. 1997. *The Subcultures Reader*. London: Routledge.
Inness, Sherrie, ed. 1998. *Delinquents and Debutantes: Twentieth Century American Girls' Culture*. New York: New York University Press.
Kett, Joseph. 1977. *Rites of Passage: Adolescence in America 1790 to the Present*. New York: Basic Books.
Levi, Giovanni, and Jean-Claude Schmitt, eds. 1997. *A History of Young People in the West*, Vol. 1. Cambridge, MA: Harvard University Press.

（JOE AUSTIN／内藤紗綾・伊藤敬佑・北本正章訳）

ワトソン、ジョン・B（Watson, John B., 1878-1958）

　ジョン・B・ワトソンが発達心理学と児童心理学に貢献した詳細は、教科書の要約以上のことをほとんど知らない現代のおおかたの心理学者たちには知られていない。ワトソンは、客観的で経験的な基礎、発達生理学における20世紀初期の最良の研究、そして動物を使った彼自身の研究をもとにして、観察研究をパブロフ[*1]の原理を正確に援用する実験作業に結びつけることを重視するライフ・スパン発達研究法を応用した。ワトソンは、G・スタンリー・ホール、ジャン・ピアジェ、アーノルド・ゲゼルなどのほかの先駆的な心理学者たちとは違って、乳幼児には認知的な潜在能力があるとする、当時強い印象をあたえた説に同意し、老齢期における知的衰退は避けられないとする当時広まっていた見方に疑問を呈するいっぽう、エルンスト・ヘッケル[*2]による悪評高い反復理論と行動論的意味づけのいかがわしさをはっきりと拒絶した最初の心理学者の一人であった。

　ワトソンの発達観の起源は、動物にかんする彼の初期の研究にまでさかのぼることができる。彼の学位論文「動物教育」（*Animal Education*, 1903）は、ネズミにおける脳と行動発達の関係を分析したものだが、これは、ネズミの乳幼児と同じく人間の乳幼児も受動的ではなく、ワトソンと同時代の何人かの研究者が示唆していたように、認知的に制約された生体であるとワトソンに示唆するものであった。海鳥（「クロアジサシと灰色アジサシの行動」[*Noddy and Sooty Terns*, 1908]）、猿（「若い猿の発達に関するメモ」[*Notes on the Development of a Young Monkey*, 1913]）、およびその他の生物についてみずから手がけた広範囲にわたる動物行動学的および実験的研究は、未経験の可能性を理解せずに、経験によって獲得した行動を完全に理解することが不可能であることとならんで、成人の行動に対する発達初期の経験の重要性（この立場は、いくつかの点でフロイトの考えと一致している）を彼に確信させた。

　1917年以降、ワトソンの研究は動物から人間にシフトした。彼の関心は、未経験な行動と感情の発達に焦点を置きながら、反射行動、思考、言語獲得、きき手などもふくんでいた。ワトソンは、人種およびそれと類似した要因にもとづいた知能やその他の傾向性にみられる差異が遺伝的に継承されていることを支持する有力な証拠事実はほとんどないと主張したが、すべての行動が学習によって獲得できると主張したことは一度もなかった。通常、ワトソンは、12人の健康な赤ちゃんをあたえられれば、彼らを自分の思いどおりの人間にしてみせると主張した愚直な環境決定論者として描かれることが多い。しかし、彼は、人間における学習によってまだ獲得されていない行動にかんする研究を、学習と行動発達を理解する基礎と見ていた。巧みな論争者として、ワトソンの有名な「12人の健康な赤ん坊」宣言は、一見すると完全な環境決定論を主張しているように見えるが、実際には、20世紀初期の遺伝説論者たちの非科学的な根拠を暴くための修辞表現であった。ダーウィン主義者であったワトソンは、人間の複雑な本能的行動に対する学習の優越性は、複雑な機能的行動が、パブロフの方法によって条件づけられる遺伝的で適応的な特徴であると考えていた。

　ワトソンの場合、感情の発展も、単純な反応――この場合、怖れ・怒り・愛情に対して新生児が示す未経験の反応――からの条件づけによって複雑な行動を組み立てる要素であった。いわゆる「リトル・アルバート実験」（ワトソンが生後11カ月児にシロネズミがおそれるのを見せて条件づけをする実験）は、新しい感情的な反応はパブロフの相関性を介して条件づけられうることを示唆した。ワトソンの指導のもとに行なわれた M・C・ジョーンズの研究（1924a, 1924b）は、感情的な反応は、現在では「系統的脱感作」[*3]として知られる技術を用いて無条件化されるかもしれないことを示した。彼の理論は全体として過剰に単純化されていると考えられたが、感情的条件づけという概念は広く受け入れられ、不安障害に対する最新の治療法の基礎として受け入れられた。

　善良な進歩党員であったワトソンは、科学的な諸発見を社会改革に適用しようと考えていた。『ある行動主義者の観点から見た心理学』（*Psychology from the Standpoint of a Behaviorist*, 1919）と『行動主義』（*Behaviorism*, 1924, revised 1930）は、発達問題に多くのスペースをさいている。ラジオによる助言の広報とならんで「ハーパーズ」（*Harpers*）、「マッコールズ」[*4]そして「コスモポリタン」[*5]などの雑誌での子どもの行動についての記事は、ワトソンの読者を拡大し

た。『乳幼児と子どもの心理学的治療』(*Psychological Care of Infant and Child*, 1928)は、子どもと両親のあいだの感情的愛着が過剰依存症を産むことを示すものとして最初に思い起こされる。だが、ワトソンは、体罰の消極的な影響についても警告し、**マスターベーション**に対するヴィクトリア時代の根拠のない恐怖心を鎮静させ、性にかかわる諸問題についての開かれた研究を唱道した——これは、性行為感染症を防止する**性教育**の効果についての広範囲にわたる研究に由来する見解であった。

ワトソンは、1930年に広く出版することを止めた。30年以上にわたって行動主義を支配したのは条件づけの原理にかんする研究であった。最終的に、1950年代に、スキナー派の新行動主義の原理を発達障害に適用して成功をおさめたことは、行動主義によるライフスパン発達研究法を発達心理学に向けて新たに活気づけた。「児童発達の行動分析」は、現代の行動分析の主要な構成要素となった。

[訳注]

＊1 イヴァン・ペトロヴィッチ・パブロフ (Ivan Petrovich Pavlov, 1849-1936)——帝政ロシア・旧ソヴィエト連邦の生理学者。「パブロフの犬」の実験から導き出した「条件反射」(conditioned reflex) 説で知られる。行動主義心理学の古典的条件づけや行動療法に大きな影響をあたえた。ロシア人としてはじめてノーベル生理・医学賞 (1904) を受賞。

＊2 エルンスト・ヘッケル (Ernst Heinrich Haeckel, 1834-1919)——ドイツの生物学者・哲学者・博物学者。心理学を生理学の一部ととらえた。「個体発生は系統発生をくりかえす」という「生物発生原則」を主張してダーウィンの進化論を強力に支持し、はじめて系統樹を発案した。『生物の驚異的な形』(*Kunstformen der Natur*, 1904) など。

＊3 系統的脱感作 (systematic desensitization)——感作された状態を正常に戻すこと。生理学と医学ではアレルギー患者に対してアレルゲンなど外部の刺激に対して、微量の抗原をくりかえし注射し、その抗原に対する感受性もしくは過敏性を減弱させることをさす。精神医学では、とくに恐怖症の治療において用いられる行動修正技法をさす。

＊4 「マッコールズ」(*McCalls*)——1870年創刊のアメリカの主婦向けの雑誌。

＊5 「コスモポリタン」(*Cosmopolitan*)——1910年創刊のアメリカの女性向け月刊誌。

➡子育ての助言文献、子どもの発達概念の歴史、スポック博士

●参考文献

Bijou, S. W., and D. M. Baer. 1961. *Child Development I: A Systematic and Empirical Theory*. Englewood Cliffs, NJ: Prentice Hall.

Bijou, S. W., and D. M. Baer. 1965. *Child Development II: The Universal Stage of Infancy*. Englewood Cliffs, NJ: Prentice Hall.

Buckley, K. W. 1989. *Mechanical Man: John Broadus Watson and the Beginnings of Behaviorism*. New York: Guilford Press.

Jones, M. C. 1924a. "The Elimination of Children's Fears." *Journal of Experimental Psychology* 7: 383-390.

Jones, M. C. 1924b. "A Laboratory Study of Fear: The Case of Peter." *Pedagogical Seminary* 31: 308-315.

Todd, James T., and E. K. Morris, eds. 1994. *Modern Perspectives on John B. Watson and Classical Behaviorism*. Westport, CT: Greenwood Press.

Watson, John B. 1914. *Behavior: An Introduction to Comparative Psychology*. New York: Henry Holt.

Watson, John B. 1930. *Behaviorism*, rev. ed. New York: People's Institute.

(JAMES T. TODD／北本正章訳)

付録
子ども学の基礎資料

北本正章 編

概説

1　はじめに――子ども学の基礎資料の構成

　ここに収録した「付録――子ども学の基礎資料」は、本事典の原書であるポーラ・S・ファス編『世界子ども学大事典』の巻末に収められている資料50点の一部（15点）も加味しながら、日本での子ども学研究に資すると思われるものを渉猟して収録したものである。英語版から採った資料には資料番号に＊を付した。英語版の巻末資料にならって、この日本語版の付録でも多様な視点から、子ども学の基礎資料として時を超えて味読すべき文献の出典を示し、必要なものに解説をくわえ、その抜粋を掲載した。日本で初公開される資料もふくめ、全体で50点のこの資料は、今後の研究の有益な糸口となり、子ども認識を深める手がかりになると確信する。

　以下の基礎資料は、次の7つのカテゴリーに区分し、時系列にそって提示したが、各カテゴリーは相互に関連している。いずれの基礎資料も、子どもの実態と子どもの理念にかんするもので、基本的な資料はもとより、大事な資料でありながら目にふれることが少なくなっていたり、入手しにくくなってあまり注目されなくなっている資料も収録した。

1　手紙・詩歌・回想録……………………10点
2　子どもの文学・子ども文化……………6点
3　古典作品…………………………………6点
4　教育論……………………………………6点
5　子どもの労働……………………………6点
6　保護と福祉・人権・教育権・平和……9点
7　子ども観史・子ども学研究……………7点

2　新しい歴史学と子ども研究

　子ども学研究は、20世紀初めのいわゆる新教育時代には、「児童研究」（Child Research）として、おもに生物学と医学の発展を背景にした心理学が発達研究の舞台の主役であった。その後、20世紀半ばまでには社会学や文化人類学が発展し、子どもの発達段階や成長にかかわる文化や社会構造の影響が明らかにされ、生物学や心理学を基軸とした子どもの発達研究は、社会学、とりわけ家族社会学やライフサイクルの社会学研究によって、また文化人類学における子育ての文化研究、育児習俗研究などによって、相対化できる視点を得ることとなった。こうした相対化の趨勢に拍車をかけたのが歴史学における「新しい社会史」の進展であった。伝統的な歴史学は、事件史や政治経済を軸にした権力関係史など、おもに男性による歴史の一回性を対象にした歴史研究であった。

　これに対して、「新しい社会史」は、事件や政治勢力、権力者のイデオロギーの下でうごめく「普通の」人びとが日々くりかえす習俗の歴史、日常感覚や意識の歴史にも目を向けることとなり、「歴史学における草の根民主主義革命」ともよばれる革新的な歴史の見方を提示してきた。そのなかで注目されることになった主題の一部が、子どもと家族、親子関係であった。それまでの学問史において等閑に付され、軽視されさえしてきた子ども・家族・習俗・慣行は、短期的な変化の波動でみるとほとんど変化しているようには見えない時間と空間を構成しており、意識の積層を形成しているその日常性に光があてられるようになってきた。子どもの存在は日常性に大きく依存している。このため、事件史のような短期波動では日常性のさまざまな要素や現象は変化しているようには見えず、研究の視界からは除外されがちであった。しかし、変わらざる日常性の構成要素を中・長期的な変化の波動において分析し、「持続」と「変化」の双方について、それまでの解釈とは違った意味を発見しようとするのが「新しい歴史学」の知的戦略であった。

　新しい歴史学は1970年代以降、歴史心理学、心性史、歴史人類学、歴史社会学などさまざまな表現でよばれてきているが、この一翼を担ったのが家族と子どもの日常生活を対象とする研究分野である。家族史研究と子ども史研究は新しい歴史学の推進役を果たしてきたといえるだろう。その最初の契機をつくったのが、フランスの歴史学者フィリップ・アリエスと、それに続く家族史研究者、子ども史研究者である。彼らは、同時進行していた人間の日常性を構成する「衣・食・住」に対して学問的な視線でその意味を解明しようとする医療の社会史、食物と水の社会史、祭りや習俗の社会史、道具文明の社会史など多様な社会史の研究テーマを開拓した。そして、新しい資料の発掘や、複数の変化の時間軸の採用とそれにともなう新しい意味解釈などを、新しい光に照らし出された人間の経験の積層における「子ども」の存在に焦点化している。こうした学知の蓄積によって、子どもについてこれまで果たしえなかった総合的、学際的、そして全体的な歴史と文化、子どもの社会的存在の意味を解明できるようになってきたのである。

3　新しい子ども学の時代へ

　このような動勢は従来の「児童研究」に変質をせまることとなり、「新しい子ども学」（New Child Studies）は、子どもをとりまくさまざまなファクターに対して新しいアプローチの方法を洗練してきている。アリエスにはじまる歴史のなかの子どもの発見は、

新しい社会史のさらなる隆盛のなかで、この半世紀のあいだに世界のさまざまな国々と地域、世界史の各時代における子どもと家族のあり方について、新しい学際的な知見をもたらしつづけている。この新しい子ども学は、人類の文明の進展とともに改善されている部分とそうではない部分の違いがかつてなく明確になってきている状況で、それらが子どもにおよぼすさまざまな影響の光と影の両方を理解することをめざしている。それは福祉国家のあるべき姿を模索する営みとして重要な社会的意義がある。グローバル時代の新しい子ども学は、各国の研究者と研究情報をこれまで以上に共有し、クロス・カルチュラルでトランスナショナルな研究と連携しながら、地球的視野と人類史的時間感覚を深めようとしている。

4　学際性と再構築主義

21世紀を展望する新しい子ども学の主題は、多種多様である。世界各地の子どもの発達と教育、子どもと親子関係、子ども文学、子どもの遊びと生活、子どもとことばや文字、子どもと機械、子どもと自然、子どもと情報、子どもと食物、子どもと病気・保健・衛生、子どもと法、子どもと福祉、子どもと学校、子どもと施設、子どもと犯罪、子どもと安全学、子どもメディアなど、子どもの存在にかかわるあらゆる社会・文化的事象と思想・イデオロギーについての社会、文化、心理、福祉、医学、自然、教育、法などについての学際的な理解と全体のつながりを再構築することがめざされている。この一連の主題は、一見すると不可能におもえるラインアップにみえるが、今日では、世界各地の子どもにかかわる社会関係のすべてを改善し、少しでもよい方向に向けて前進させようとする心ある研究者の連携によって、着実に推進されてきている。これをさらに継承・発展させて、次世代の研究者を育てるには、なによりも子ども学の基礎研究が重要である。

このように、以下の基礎資料は、世界の新しい子ども学の趨勢を視野に入れながら、わが国のこれからの子ども学の進展にとって必須の基礎資料を取捨選択して収録した。子ども学研究の意義と価値を高めようとする読者の皆様が、現時点での子ども学研究の世界水準ともいえるこの事典の本体項目とともに、これらの付録資料を手がかりに、さらに本格的な知見の探求を進捗してくださることを期待している。

付録目次

1　手紙・詩歌・回想録

- 1* 　ホーレス・ブッシュネル『キリスト者の養育』（1847年）　**1270**
- 2 　ウィリアム・ブレイク「幼児の喜び」「幼児の悲しみ」（1789年）　**1271**
- 3 　ウィリアム・ワーズワース「幼少時の回想から受ける霊魂不滅の啓示」（1802-04年）　**1271**
- 4* 　セオドア・ルーズヴェルトが息子テッドに送った書簡に記された助言と話題（1901年）　**1274**
- 5* 　W・E・B・デュボイス『黒人のたましい』（1903年）　**1275**
- 6 　カリール・ジブラーン「子供について」（1923年）　**1278**
- 7 　レイチェル・カーソン『センス・オブ・ワンダー』（1956年）　**1280**
- 8 　ドロシー・ロー・ノルト「子どもはこうして生き方を学ぶ」（1954年）　**1282**
- 9 　谷川俊太郎「成人の日に」（1990年）　**1283**
- 10 　アイリス・マクファーレン「わが娘のための祈り」（2005年）　**1284**

2　子どもの文学・子ども文化

- 11 　ジョン・グリーンリーフ・ホイッティア「はだしの子」（1855年）　**1284**
- 12 　ジョージ・エリオット『サイラス・マーナー』（1861年）　**1286**
- 13* 　ホレイショ・アルジャー『ぼろ着のディック』（1868年）　**1288**
- 14 　ジェームズ・バリー『ピーター・パンとウェンディ』（1911年）　**1290**
- 15* 　エドガー・ライス・バローズ『類人猿ターザン』（1914年）　**1291**
- 16 　吉野源三郎『君たちはどう生きるか』（1937年）　**1294**

3　古典作品

- 17*　プラトン『国家』（紀元前4世紀）　1297
- 18*　『コーラン』（650年頃）　1299
- 19　山上憶良「子等を思ふ歌一首 并せて序」（8世紀頃）　1300
- 20　レオン・バティスタ・アルベルティ『家族論』（1432-34、37年）　1300
- 21*　ラス・カサス『インディアスの破壊についての簡潔な報告』（1552年）　1302
- 22　貝原益軒『養生訓』（1712年）　1304

4　教育論

- 23*　ジョン・ロック『子どもの教育』（1693、1704年）　1305
- 24*　ジャン＝ジャック・ルソー『エミール』（1762年）　1308
- 25*　ヨハン・H・ペスタロッチ『ゲルトルードはいかに子どもたちを教えるか』（1801年）　1311
- 26　箕作秋坪「教育談」（1874-75年）　1313
- 27*　ジョン・デューイ『明日の学校』（1915年）　1313
- 28　倉橋惣三『幼稚園保育法眞諦』（1934年）／『育ての心』（1936年）　1317

5　子どもの労働

- 29　ウィリアム・ブレイク「ロンドン」（1794年）　1321
- 30　フリードリヒ・エンゲルス『イギリスにおける労働者階級の状態』（1845年）　1321
- 31*　エミール・ゾラ『ジェルミナール』（1885年）　1325
- 32　エクトール・マロ『家なき子』（1878年）／『家なき娘』（1893年）　1327
- 33　クラーク・ナーディネリ『子どもたちと産業革命』（1990年）　1329
- 34　カイラシュ・サティアルティ「2014年ノーベル平和賞受賞記念演説」（2014年）　1330

6　保護と福祉・人権・教育権・平和

- 35　国際連盟「子どもの権利に関するジュネーヴ宣言」（1924年）　1334
- 36　長田新（編）『原爆の子――広島の少年少女のうったえ』（1951年）　1335
- 37　日本国政府「児童憲章」（1951年）　1340
- 38*　国際連合「児童の権利に関する宣言」（1959年）　1340
- 39　堀尾輝久『教育と人権』（1977年）　1342
- 40　宮城まり子「子どもはみんな天才」（1983年）／「いのちとひきかえにできますか」（1983年）　1348
- 41*　国際連合「子どもの権利に関する条約」（国連子どもの権利条約）（1989年）　1351
- 42　マララ・ユスフザイ「2013年国連演説」（2013年）　1363
- 43　マララ・ユスフザイ「2014年度ノーベル平和賞受賞記念演説」（2014年）　1368

7　子ども観史・子ども学研究

- 44　柳田国男「子供から大人へ」（1942年）　1371
- 45　佐野美津男『子ども学』（1980年）／「子ども学へのいざない」（1983年）　1372
- 46　フィリップ・アリエス『〈子供〉の誕生』（1960、1973年）　1372
- 47　フィリップ・アリエス「子どもと文化」（1976年の講演記録）　1376
- 48　ローレンス・ストーン『家族・性・結婚の社会史』（1977、1979年）　1384
- 49　エリザベート・バダンテール『母性という神話』（1980年）　1385
- 50　ヒュー・カニンガム「子ども期の融合と分離」（2005年）　1386

1　手紙・詩歌・回想録

1＊　ホーレス・ブッシュネル『キリスト者の養育』（抜粋、1847年）

＊出典
Horace Bushnell, *Christian Nurture*, New York: Scribner, Armstrong and Co, 1847.（佐藤哲也訳）

＊解説――佐藤哲也訳

　19世紀は、医師ではなく、聖職者が子育ての専門家と見なされていた。アメリカの自由主義的福音派聖職者ホーレス・ブッシュネル（1802-1876）は、1847年の著書『キリスト者の養育』において、幼児原罪説を否定し、200年にわたるアメリカのキリスト教思想に楔を入れた。それまで、アメリカ・プロテスタントは、伝統的に回心体験をキリスト教信仰の核心として重視してきた。人間は生まれながらに罪を負っているので、救いに先だって恩寵を得なければならないと見なされていた。ブッシュネルはこの教義を否定した。彼は、子どもは無垢なる存在として生まれ、キリスト者として育て上げられたならば（その一義的責任は母親に課せられた）、回心はまったく必要がないと論じたのである。ブッシュネルが構想したキリスト者の養育とは、子ども期に対する態度をめぐって19世紀に起きた大きな変化、すなわち子どもを無垢なる存在と見なし、母親を養育者とする見解を象徴していたのである。

＊テキスト

　真のキリスト者と神聖なる養育を非キリスト者のそれから分かつものは何か。その目的とは何なのか。その方法は何なのか。その原動力と道具とは何なのか。疑問の余地はない。新たな関心が呼び起こされ、かつてない探求精神が教会に充ち満ちていることは、昨今の喜ばしいきざしといえるだろう。

　本来であれば、両親による実践的な訓練法について単刀直入に論じて、どのように統制、訓練すれば最良の結果に至るのか示すべきであろう。しかし、不幸なことに、人々は、私が理論的誤謬と見なしている見解に心を奪われており、それによる限り、実践的帰結は甚だ有害なものとならざるをえない。この誤謬は、できるものなら払拭されなければならない。それゆえ私は、この疑問をめぐる解決策について語らなければなるまい。多くの実践指導法があるものの、それらについての議論が疎かになっていることが検討を進めていくなかで明らかとなろう。キリスト者の教育をめぐる正しい思想について問いなおすのであれば、私は次のような命題――それを確立することが私の議論の目的なのであるが――によって答えよう。すなわち、子どもはキリスト者として成長するべきであり、決してキリスト者以外の者として自らを知るべきではない。

　換言すれば、子どもは罪のうちに成長するので成人前に回心しなければならないとする通念に依拠せずして、宗教的な経験がなくても、子どもは幼年期から善を愛する霊的に新たなる存在であるとみなすことに、目的、努力、期待が向けられるべきである。私は、必ずしもあらゆる子どもへの訓練が、例外なしに、キリスト者として堅実な成長を促すものではないと考えている。付与されるべき資質は、他に取って代わるべきで、そうすることで、より明瞭になりうるのである。

　この原則は、あなたがた何人かが想定しようとしているような、目新しく、性急で、はじめて提起されたものではない。議論に取りかかる前に、それがキリスト教会と同じく古く、今日世界の他の地域にも広まっていることを指摘しておきたい。あるいは、あなた自身の経験に依拠して、偏見を呼び起こすこともないように。あなたがたが私が確証している真理を悟ろうと努めるならば、探し求めてきた特性を子どもたちが露わにすることもなくなるであろう。もしも彼らが宗教的影響を受けるには頑（かたく）なで、時として宗教それ自体をあからさまに嫌悪するとしても、私がここで主張している原則が真実でも実践的でもないと結論すべきではない。子どもに抱いているあなたがたの期待は、非理性的なものではないだろうか。

　子どもには聖なる原理の種が内在しているが、あなたがたはそれを見出していないようである。子どもはその時の感情や一瞬の感情を、とり繕ったり、装うこともなしに、行動で示しているのである。あなたがたが同様にふるまったとすれば、いかなる姿態を示すであろうか。彼らに、あなたがたよりも優れ、首尾一貫した行動を期待するのであろうか。それとも、彼らが子ども、なかんずく人間の子どもとして、年長のキリスト者のごとく、種種雑多な生活を営み、この世の善にも悪にも手を出し、悲しみや空虚さから訓戒を得たときに、真実なる善にふたたび立ち返る備えをしているとでも思っているのであろうか。

　おそらく、将来いずれか、過酷な精神的苦闘を経て、他の人々同様に彼ら自身も、キリスト者の生活へと入っていくのであろう。しかし、子ども期にすでに正しい原理の根幹が確立されることもまた事実であろう。それは、キリスト者として成熟した後、霊的無気力を経て敬虔な信仰に目覚めた時にようやく、活性化され、発達を遂げるものである。というのも、悔い改めに不可欠な特性は、完全かつ誰の目にも明らかな発達をとげる前から存在していると考えられるからである。

　子どもには聖なる原則の痕跡や種子の小片すらも内在しないとすることは、教会は敬虔と不変性において無謬であり、キリスト者としての感受性や神への愛も不要であり、彼らをはじめすべての者に肉欲的精神があからさまになることもなく、彼らを養育する際のキリスト教的環境が有害有毒になることもない、と見なすようなものである。キリスト教の教育思想に内包されているものをすべて実現するのは、あなたがたのためばかりではないからである。あなた方がその責任の一端を負っていくために、あなたがたの上に、あなた

がたの内に、そして、あなたがたの子どもたちの周りにおよぶ社会的な力に応じて、それは神の教会が担っていくのである。

2　ウィリアム・ブレイク「幼児の喜び」「幼児の悲しみ」（1789年、『無垢の歌』所収）

＊出典
'Infant Joy,' 'Infant Sorrow' by William Blake. *Songs of Innocence,* 1789.『イギリス名詩選』（平井正穂編、岩波文庫、1990年）、138-141ページ。

＊解説──北本正章
　ウィリアム・ブレイク（William Blake, 1757-1827）はイギリスの詩人・版画家・神秘思想家。ロンドンに生まれ、学校で読み書きの初歩を学んだ後、10歳以降は学校に行かず、モラビア派信徒であった母親から聖書中心の家庭教育を受けた。ラファエロ、ミケランジェロ、デューラーなどの作品をくりかえしスケッチして学んだ。14歳から7年間、版画師ジェームズ・バジル（1730-1802）の徒弟として彫刻技法の習得に励んだ。19歳頃、王立美術院で本格的に絵画を学ぼうとしたが、当時の画風になじめず、21歳で独立して版画家として不安定な生活を始めた。30歳頃、新しいレリーフ・エッチングの技法を使った彩色印刷によって、言語テキストと視覚イメージを同時に表現する可能性をひらいた。独自に考案した印刷機で自由に印刷出版し、独自なタッチと表現力、想像力を飛躍的に洗練させた。『無垢の歌』（1789）『セルの書』（1789）『経験の歌』（1794）など、深い神秘性と思想性をおびた版画や絵入り詩集のほか、晩年の『ヨブ記』（1820-26）、病床でイタリア語を学びながら100枚ほど描いたダンテの『神曲』挿し絵が知られる。ここに紹介する二つの詩歌は、生まれたばかりの赤ん坊の気持ちになって読まれた対になった詩歌で、生命の賛歌をうたっている。

＊テキスト
幼児の喜び

「ぼくには名前がないんだ。
生まれて二日しかたってないからなあ」
なんて呼んで欲しいの？
「ぼく、幸せなんだ、
ジョイ（喜び）って名前がいいよ」
そうね、素的なジョイがお前の上にありますように！

素晴らしいジョイ！
生まれて二日たったばかりの素的なジョイ！
素的なジョイって呼んであげるわね。
まあ、可愛い笑顔だこと──
母さんが子守唄を歌ってあげるわね──
素的な喜び（ジョイ）がお前の上にありますように！

Infant Joy
'I have no name:
I am but two days old.'
What shall I call thee?
'I happy am,
Joy is my name.'
Sweet joy befall thee!

Pretty joy!
Sweet joy but two days old,
Sweet joy I call thee:
Thou dost smile,
I sing the while,
Sweet joy befall thee!

幼児の悲しみ

母さんが呻いた！　父さんは泣いた、
そして、ぼくはこの危険な世の中に飛び出してきた、
誰にもかまわれず、裸のままひいひい喚きながら。
雲の中に閉じ込められた悪魔みたいに…。

ぼくは、父さんの腕の中で踠き、
おむつを嫌って反抗した──
縛られ、疲れ果て、──こうなったら、
母さんの胸にすがってむずかる他はない、と思った。

Infant Sorrow
My mother groan'd! my father wept,
Into the dangerous world I leapt:
Helpless, naked, piping loud:
Like a fiend hid in a cloud.

Struggling in my father's hands,
Striving against my swaddling bands,
Bound and weary I thought best
To sulk upon my mother's breast.

3　ウィリアム・ワーズワース「幼少時の回想から受ける霊魂不滅の啓示」（1802-04年）

＊出典
William Wordsworth, *Ode: Intimations of Immortality from Recollections of Early Childhood,* 1802-1804.『詩集』（1807）所収。『対訳ワーズワース詩集 イギリス詩人選(3)』（山内久明編、岩波文庫、1998年）、104-127ページ。

＊解説──北本正章
　イギリスの詩人ウィリアム・ワーズワース（William Wordsworth, 1770-1850）は、ケンブリッジ大学卒業後の21歳頃、ヨーロッパへの徒歩旅行を試み、翌年から1年あ

まりフランスに滞在し、フランス革命にたちあってその思想に大いに刺激を受けたが、恐怖政治にいたって深く失望した。大学の同窓で住まいが近かったコールリッジ (Samuel Taylor Coleridge, 1772-1834) と親交を結び、イギリス詩のロマン主義時代の到来を告げる共著『叙情民謡集』(1798) を発表して注目を集めた。自伝的な長編詩『序曲』(1805)——『序曲』は、1799年ドイツに滞在中創作に着手し、1805年までに13章に拡大した。その後、長く推敲を重ね、1850年に死後出版された——と『頌歌・幼少時の回想から受ける霊魂不滅の啓示』(1807) で創作力の頂点を示した。ワーズワースは、下に紹介した作品以外でも、子ども期の価値をさまざまに表現している。たとえば、『序曲』では、「そのような瞬間は、真に感謝に値し、人生のいたるところにあり、その源は原初の幼児期に発し、幼児期にこそもっともきわだつもの。私の人生は、思い出すことができるかぎり、この恵み深い力に満ちている」「行き暮れてなお、素朴な幼児期に私は礎を見出す、そこにこそ人間の偉大さがよって立つ」とうたっている。(*The Prelude*, 1805, Book XI, Spots of Time, 273-277, 329-331.)

*テキスト
幼少時の回想から受ける霊魂不滅の啓示

　　　　子どもこそおとなの父、
　　　　願わくは一日一日が、生来の
　　　　自然への敬虔な心で結ばれるように。

Ⅰ
かつては牧場も森も小川も
大地も、目に映るありとあらゆる光景が
　　　　私にとって
　　　　天上の光に包まれて見えた、
夢の中の栄光と瑞々しさに包まれて見えた。
だが今はかつてとは異なる。
　　　　どちらを向いても
　　　　夜であれ昼であれ
もはや今、かつて見えたものを見ることはできない。

Ⅱ
　　　　虹はかかっては消え
　　　　バラは美しく
　　　　月は歓びとともに
雲ひとつない空を見渡す。
　　　　星の煌めく夜の湖は
　　　　美しく澄み渡り、
　　　　日の出は栄光に満ち満ちているが、
　　　　私が赴くところどこであれ
大地から栄光が消え去ってしまったのだ。

Ⅲ
いま、鳥は歓びの歌を囀り
　　　　子羊は跳びはねる

小太鼓の音に合わせたかに。
ただ私だけは、悲しみにくれていたが、
時宜を得た歌のことばが悲しみを和らげ、
　　　　私は再び力を得た。
懸崖を落ちる滝は歓喜の音を奏で、
もはや私の悲しみがこの歓びの季節を損なうことはない。
私には聞こえる、木霊が山々に群れ、
微睡みの野から風が私を訪い、
　　　　全世界が陽気にはしゃいでいる。
　　　　陸も海も
　　　　陽気さに身を任せ、
　　　　五月の心をもって
　　　　すべての獣が憩い
　　　　歓びの子たる牧童は
私のまわりで叫ぶ、幸せな牧童よ、声を聞かせておくれ。

Ⅳ
祝福された生きとし生けるものよ、私は聞いたよ、
　　　　君たちがお互い呼び合うのを。私の目にも
大空が歓喜する君たちとともに笑いさざめくのが見える。
　　　　私の心も君たちの祝祭に加わり、
　　　　私の頭には祭りの花の冠がかけられ、
満ち溢れた君たちの歓びを感ずる、心から感ずる。
　　　　何という不幸、もしも私が打ち沈むなら、
　　　　大地が着飾る
　　　　この五月の朝に、
　　　　子どもたちが
　　　　あちらでもこちらでも
　　　　谷間という谷間で
　　　　瑞々しい花を摘むいま。陽射しは温かく、
幼子が母親の腕のなかで伸び上がるいま。
　　　　私にはたしかに聞こえる、歓びとともに聞こえる、
　　　　だのに、数多い木々のなかに一本の木と、
私の目に映る一つの野原とがあって、
ともに消え去ったものについて語るのだ。
　　　　足もとのパンジーが
　　　　繰り返すのも同じ話——
あの幻の輝きはいまいずこに、
あの栄光と夢はいまいずこに。

Ⅴ
人の誕生はただの眠りと忘却。
生まれ出る魂は生命の星、
　　　　一度は没した星、
　　　　遥かかなたから渡りきた星。
　　　　忘れ去りもせず、
　　　　露な裸身でもなく、
栄光の雲を棚引かせて生まれ出るわれわれの

　　　　ふるさとは神、
幼子を包み込む天上。
牢獄の影が垂れ込めるのは
　　　　育ち行く少年、
　　　　　　それでも少年は
栄光の光とそれがいずこから射すかを知り
　　　　喜々として光を見る。
若者となると、日々、東から遠ざる
　　　　旅を強いられるが、いまだ自然の司祭であり、
　　　　　光り輝く光景に
　　　　　道すがら伴われている。
ついに大人ともなれば、栄光の光は失せ
日々の光の中に融け入る。

Ⅵ
大地はみずからの喜びで膝の上を満たし、
大地は特有の願い、
母親のような心、
　　　　相応の目的をもって、
　　　　育ての親として最善を尽くして
里子として住まう人間に
　　　　忘れさせてしまう、過去の栄光と
かつて住まった天上の宮殿のことを。

Ⅶ
視るがよい、あの子どもの姿を、新たな祝福に包まれ
こびとのように小さい六歳の幼子を。
見るがよい、周りには自らの手になる作品が散乱し
母親の浴びせる口づけももどかしく
父親の眼差(まなざ)しの光に照らされた幼子を。
見るがよい、足下に散らばる描画、
人の営みについて子ども心に夢見た断片、
覚えたての技で巧んだ作品。
　　　　人生とは婚礼かお祭り、
　　　　　それとも哀悼か弔いか、
　　　　この問いが子ども心を捉え、
　　　　この問いについての歌をつくる。
　　　　　やがてことばを駆使するときがくれば
仕事を語り、愛を語り、争いを語る。
　　　　しかし遠からず
　　　　これも捨て去られ、
　　　　新たな喜びと誇りをもって
この幼い演技者はまた別の役を学ぼう、
自らの「喜怒哀楽を表わす舞台」を、
無力な老人さえも含む、ありとあらゆる役柄、
人生が付き人として連れてくる役柄で満たす、
　　　　まるで幼子の天職は
　　　　限りない模倣であるかのごとく。

Ⅷ
幼子よ、そのうわべの姿からは証し得ぬ

　　　　魂の底深さ。
最高の哲人たる幼子よ、いまだに失わぬ
神からの遺産、盲人にまじってただ独り眼を開き、
耳を閉ざし、口を閉ざすが故に読み取る永遠の深み、
永遠なる心に永久(とわ)にとり憑かれたればこそ——
　　　　偉大なる予言者、祝福されたる予見者たる幼子よ、
　　　　まさに真理を宿す幼子、
その真理を求めて人は一生を費やす、
暗闇に行き暮れ、墓穴にも比すべき暗闇に。
幼子よ、幼子の上に不滅の魂が
太陽のように垂れ込めるさまは、まるで奴隷に対する支配者、
避けることのできない存在。
幼子よ、幼子がいまだ栄光に輝くのは
天上から発する自由を一身に纏(まと)うがため。
それなのに何故にあくせくと求めるのか、
歳経るとともに避けがたい軛(くびき)を、
われ知らず天与の祝福と抗いつつ。
ほどなく、幼子の魂は現世の重荷を担い、
慣習がずっしりとのしかかる、
霜のごとく重く、生命そのもののごとく根深く。

Ⅸ
　　　　歓ぶがよい、燃えさしのなかで
　　　　火が死に絶えることなく、
　　　　人の本性は忘れることなく
　　　　過ぎ去るものの残ることを。
過去の歳月への思いが私の心のなかに育み
消えることのない祝福。私が感謝し賞賛するのは
最も祝福に値すると思われるものではない、
喜びと自由な心、子どもの素朴な信仰のことではない——
子どもは立ち働いていても休んでいても
羽毛も初々しい希望が胸のうちで羽ばたくものだが。
　　　　それとは別に、私は
　　　　感謝と賞賛の歌を捧げよう、
　　　　子ども時代のあの執拗な問いに対して、
　　　　感覚と目に見える物、
　　　　抜け落ち、消え去るものに対する問いに対して。
　　　　子ども特有の漠たる不安、
いまだ実在化されぬ世界のなかで動く子ども特有のもの、
それは高貴な本能、それを見て世俗にまみれた大人の性(さが)は
不意を襲われて悪事の露見した者のように身を震わせた。
　　　　感謝し賞賛しよう、あの原初の感情、
　　　　影のように捉えがたい記憶、
　　　　たとえそれが何であろうが、
この世の光の源泉となる光、
この世の目に見えるものすべてを統(す)べる光。

われわれを支え、育み、その力で
この世の喧しき歳月をほんの瞬時と化してもらいたい、
永遠の静寂のなかの瞬時に。かくあれかし、目覚めた真理よ、
　　　　死滅することのない真理よ。
無気力も、もの狂おしい苦闘も、
　　　大人も少年も、
　　さらに歓びの敵すべても、
棄却し破壊し去ることのできない真理よ。
　　　それだから凪の季節には
　　　　海辺から遥か遠くにあってなお、
われわれの魂はあの永遠の海を見、
　　　われわれの出自たる海を見、
　　　刹那にそこへ還ることが許され、
子どもたちが岸辺で戯れる姿と、
永久に高鳴る潮騒の音を聞く。

X

さあ歌え、鳥たちよ、高らかに歌え、歓びの歌を。
　　　幼い子羊は跳びはねるがよい、
　　　　まるで小太鼓の音に合わせたかに。
私たちは心のなかで君たちの群れに加わろう、
　　　笛を吹き戯れる君たち、
　　　きょうの日、心から
　　　五月の喜びを感じる君たち。
どうしたというのだ、かつてあんなにも煌めいた輝きが
いまや私の視界から永久に消し去られたからといって。
　　　何物も昔を呼び戻せはしない、
　　　草に見た輝きと、花に見た栄光とを。
　　　だが悲しむことはやめ、見つけるのだ、
　　　残されたもののなかに、力を。
　　　原初の共感のなかに見つけるのだ、
　　　かつて存在した共感は永久にあり続けねばならぬ。
　　　見つけるのだ、迸り出る慰めの心に、
　　　人の苦しみのなかから迸り出る慰めの心に。
　　　死を見つめる敬虔な心と、
悟りの心をもたらす成熟のなかに。

XI

泉よ、牧場よ、丘よ、森よ、
自然との愛が裂かれるなど不吉な予感は捨てよう。
私は心の奥底で自然の力を感ずる。
私は一つの歓びを失ったが
より恒常的な自然の支配のもとで生きる。
私は幾筋ものせわしく流れ下る小川を愛す、
小川のように足どりも軽やかだった昔にもまして。
新たな朝の日の無垢な輝きは
　　　　いまも瑞々しい。
落日のまわりに群がる雲に

落ち着いた色合いを読み取る眼は
人の死を見つめた眼。
人生の大人の歩みを経て新たな報償が得られる。
生きるよすがとなる人の心のお蔭により、
人の心の優しさや、歓びや、恐怖のお蔭により、
私にはつつましく開く花でさえしばしば
涙よりも深く底知れぬ感動をもたらす。

4* セオドア・ルーズヴェルトが息子テッドに送った書簡に記された助言と話題
（1901年）

*出典
A Letter from Theodore Roosevelt to His Son Ted, Advice and News, 1901; Theodore Roosevelt, *Theodore Roosevelt's Letters in His Children*, New York: Charles Scribner's Sons, 1919.（佐藤哲也訳）

*解説──佐藤哲也訳
　セオドア・ルーズヴェルト大統領（1858-1919）は、生涯を通じて多くのものを書き残し、自然、歴史、狩猟、アメリカ政治、家族や社会などについての文献を出版した。亡くなる年、子どもたちに宛てた書簡集が出版されたことで、アメリカの読者たちは、6人の子どもをもつ著名な父親の私生活について、知ることになった。以下の抜粋のなかで、ルーズヴェルトは、彼の息子テッドに対して学業について助言し、家庭生活を省みるように提案している。この書簡からは、ルーズヴェルトが息子の人格形成になみなみならぬ努力をはらう一方で、子どもの行状についてささやかな喜びをいだいていたことがうかがえる。ルーズヴェルトにとって、子どもとは喜びであり、大きな責任を負うべき対象でもあったのである。

*テキスト
オイスターベイ、1901年5月7日
幸いなるテッドへ
　あなたに会えたことはこのうえない喜びであり、ともに過ごすことでほんとうに心満たされ、お別れの際には、あなたなら立派にやっていけると思いました。勉学においても運動競技においても、あなたがきわだった成績を修めていることに、大いに満足しています。スポーツに励むとともに、それ以上に書籍を通じて成果を挙げて欲しいと願っています。しかし、どちらにおいても頂点を極めようとして、無理がたたって健康を損ねないようにしてください。ラテン語であれ、数学であれ、ボクシングであれ、フットボールであれ、すべてに全力を傾けるべきですが、同時にバランス感覚を保つことも大切です。自らを徹底的に追いこんだり、妥当な目標も立てずに大きなチャンスをつかもうとしてはなりません。必要とあらば、勇気と力とを最後の一滴までふりしぼって競技に取り組むことができるように、さまざまな能力を鍛錬するようにしてください。しかし、それらの資質を浪費してはなりません。

全力でフットボールに打ちこみ、ボクシングやレスリングで名声を得て、ボート競技ではセカンド・クルーの舵手となり、そして学業成績はクラスで2番か3番になることができれば、申し分ありません。しかし、あなたの成績がクラスの真ん中あたりまで落ち込むようであれば、私は遺憾に思うことでしょう。というのも、それでは19歳になるまでカレッジに入学できず、世の中に出るのが1年遅れるからです。遅れを取り戻すために、用意周到に対応して欲しいと思います。しかし、あなたがこれまでどおりにクラス内でのポジションを堅持していけると信じていますし、あなたならそれができるはずです。

こちらの天候は素晴らしいです。桜は満開で、桃はちょうど開花したばかりですが、リンゴは向こう10日は咲かないでしょう。イワナシとアカネグサは姿を消し、アネモネとキキョウが現れ、スミレも姿を現しつつあります。ここにはありとあらゆる鳥がたくさんいて、ムシクイが木々に連なっています。

喜ばしいことに、昨日、カーミットが、私が彼をダイヤモンドにまたがらせてみたところ、上手に乗りこなしたのです。彼は私の鞍にまたがっていたので足が鐙にとどかなかったのですが、非常に落ち着いて、コーナーを曲がってきたようです。哀れお母さんは、ヤジェンカに手を焼いています。彼女は、背を擦るので調教を嫌がり鞍を付けることができず、昨日、私は鞍なしで彼女に乗ることになりました。足なみが順調であったので、鞍を付けてテキサスまで行くよりも、鞍なしで乗馬する方が全くもって快適であり、私は軽駆けしたり、早駆けしたりしながら、3マイルを行ったのでした。

デューイ・ジュニアはとてもかわいらしい白いモルモットです。カーミットが、デューイ・シニアとボブ・エバンズを連れて日中に草原に出たようすを見せてあげたかったです。アーチーは最高に可愛らしいおちびちゃんです。彼はいつもあなたに思いをよせています。彼はいまニコラスと仲良くなりはじめているので、彼をクウェンティンにあたえようとしていたメイム（お世話役）は、がっかりしています。小さな乱暴者とあだ名がつけられた者が、今朝、母親の頭に積木を投げつけるという、ひどい不作法をしでかしました。悪ふざけにすぎませんでしたが、もちろん軽く受け流されるべき行いではなく、卑劣な悪行を家庭にもちこんだ彼は、苦悶の叫びをあげながら私のところまで逃げてきまして、悲嘆に暮れた頭を私の腕のなかに差し出してきました。エセルは美術雑誌を買うために、散歩道の雑草を一生懸命に刈りながら、お金を貯めています。アリスは、本日の午後、鞍なしでヤジェンカに乗ることになっていますし、一方、私は、カーミットが乗馬に出た後、ダイヤモンドに乗るエセルを教えようと思います。

昨日、夕食の際に、ブランク婦人の身なりが非常にみすぼらしいことについて話していたとき、突然、カーミットがエセルの傍らでささやいたことが、期せずして私たちの耳にとどきました。「あのね、エセル。ブランク婦人がどんなようすだったのか教えてあげるよ。まるで死んだデーヴィスの雌鳥みたいで、なんか止まり木を飛び越えられそうもなかったんだ」。これはまったくもって内々の話です。

5*　W・E・B・デュボイス『黒人のたましい』（抜粋、1903年）

*出典
W. E. B. Dubois, *The Souls of Black Folk*, 1903. W・E・B・デュボイス『黒人のたましい』（木島始・鮫島重俊・黄寅秀訳、岩波文庫、1992年）、282-292ページ。

*解説——北本正章訳
下に示したのは、アフリカ系アメリカ人の人生におよぼす人種の影響の大きさについてのW・E・B・デュボイスの非常に重要な書物『黒人のたましい』からのものである。著者は、胸を引き裂くような章において、黒人の子どもがその誕生の瞬間において肌の色という区切り（ヴェール・オブ・カラー）がどのように影を落とすかを描いている。デュボイス自身は浅黒い肌の持ち主であったが、彼は、自分の息子の将来が人種の区分によって抑圧されてしまうに違いないことに対する怒りばかりでなく、息子の混血の血統の明白な証拠に対して自分が抱いた感情の苦しみについても回想している。息子が、誕生後18カ月で病死した時、デュボイスとその妻はその悲しみにじっと耐えたが、デュボイスはその死を、皮膚の色による差別の圧倒的な暴政からの解放であるとも認識していた。末尾に示されているノートは、アフリカ系アメリカ人の子どもの人生が、人種による区分けがどれほど消し去りがたいものであるかを浮き彫りにしている。

*テキスト
　おお、妹よ、妹よ、おまえの最初に生まれたものよ、
　縋りつくその手よ、つき従うその足よ、
　子どもの血のその声は、まだ泣きやまず、
　誰がワタシヲ思イダシタノ？　誰ガ忘レタノ？
　おまえは忘れてしまった、おお、夏の燕よ、
　だが、わたしが忘れるときには、この世は終る。
　　——スウィンバーン

「お生まれになりました」。ある鳶色の10月の朝、わたしの部屋に舞いこんだ一片の黄色い紙は、そう歌っていた。そのとき、父親になったのだという怖れが、創造の歓びと荒々しく入り混った。それは、どんな風な様子をしているのかしら、どんなふうに感じるのかしら、とわたしは思った。——眼はどんなふうで、どんなぐあいにその髪は捲き上がっていて、くしゃくしゃと縮れているのだろうか、と。さらにわたしは、畏怖をいだきながら、彼女のことを思った、——わた

しがなにも気づかないで彷徨っているあいだ、自分の胸の下部から男の子をむりやりにふり放そうとして、死と一緒に眠っていた彼女のことを。わたしは、わたしの妻と子どものもとに飛んだ。そのあいだじゅう、なかば怪訝の念をもって、「妻と子どもだって？ 妻と子どもだって？」と自分自身にくりかえしながら、──素早く飛んでいった、そう、ボートや、蒸気自動車よりもなお素早く駆けつけたのだ。それほど急いだのに、絶えまなく苛々しながら、彼らを待ちうけなければならないとは。喧噪の都市を離れ、きらきらと光る海を後にして、マサチューセッツ州の山峡を見守ってまったく物悲しげに横たわっているわが家のバークシャー丘陵地帯にまで駆けつけたというのに。

階段を駆けのぼり、わたしは、蒼ざめた母親と泣き声をたてている赤んぼのもと、ひとつの生命がわたしの命ずるままにひとつの生命を獲得するために捧げられ、そして、ついにそれを獲得した聖壇に、たどりついた。このちっぽけな、形の定かでないものはなんであろうか？ この、ひとつの未知の世界から新たにやってきた泣き叫ぶ声は、──全く頭と声ばかりの、これは？ もの珍しげに、わたしは、それに手を触れる。そしてわたしは、そのまばたきや、息づかいや、くしゃみを、とまどいながら見つめる。そのとき、わたしは、それを愛していたのではない。愛するというのは、滑稽なように思えた。だが、彼女をば、わたしは愛していた。少女のような母親、今わたしが朝の栄光のように拡がるのを見た彼女なら──この変貌をとげた女なら。

彼女を通して、わたしは、このちっぽけなものを愛するようになった。成長し、だんだんと強くなるにつれて。喋ったり泣いたり片言をいったりしながら、その小さな魂がしだいに広がってゆくにつれて。さらに、その眼が人生の輝きと閃光を捕えるにつれて。何と彼は美しかったことか。オリーヴ色をした肌、暗い黄金色の捲毛、青と褐色の混ったその眼、完璧なその小さな手足、それにアフリカの血がその面だちのなかに鋳造していれた柔軟なあだっぽい表情の動き。わたしたちが遙かかなたの南部のわが家へと急いでいったあとで、わたしは、彼を両腕のなかに抱きかかえた、──抱きかかえ、そして、ジョージア州の熱い赭土と、多数の丘陵をもった息切れのしている都市を見やった。そして、わたしは漠とした不安を感じた。どうして彼の髪は黄金色をしていたのだろうか？ 黄金色の髪は、わたしの生涯にあって、不吉の前兆があった。どうして、彼の眼の褐色は、青色を粉砕し、殺してしまわなかったのだろうか？ なぜならば、褐色は、彼の父の眼の色であったし、また、彼の父の父の眼の色であったからだ。このようにしてわたしは、カラー・ラインのこの土地で、たまたまちらりと、わたしの赤んぼの上をかすめたヴェールの影を見たのである。

ヴェールの内側で彼は生まれた、とわたしは言った。そして、そこ、ヴェールの内側で、彼は生きることだろう、──ひとりの黒人として、ひとりの黒人の息子として。あの小さな頭のなかに──ああ悲痛な気持で！ ──迫害される種族の屈しない矜恃を保持しながら。あの小さな窪みのある手で、──ああ、物憂げに！ ──望みなきにあらずとはいえ、およそ有望とはいえない希望にとりすがりながら。そして、わたしの魂をのぞきこむあの明るく輝く驚きの眼で、その国の自由とはわたしたちにとって嘲弄であり、またその国の解放とは嘘言であるひとつの国を見つめながら。わたしは、わが子のうえによぎるヴェールの影を見た。わたしは、冷酷な都市が血に染まったこの国の上に聳え立っているのを見た。わたしはわが子の小さな頬に顔を寄せ、子ども星たちを、また、きらきらと輝きだすときのそれらの瞬きの光を、教えてやった。そして、夕べの祈りを口ずさみながら、わたしの人生の声にならない恐怖を、静めるのだった。

いかにも逞しく、また主人顔をして、彼は成長した。沸騰する生命に満ち溢れ、「全き生命」から離れて1年と6ヶ月だけ経ったいま、生命の無言の知恵におのゝきながら成長していくので──わたしたちは、神のこの黙示を崇拝せんばかりであったといってもいい、わたしの妻とわたしの二人は。彼女の生活は子どもに基づいて築かれ、形づくられていた。彼は彼女のあらゆる夢を彩り、あらゆる努力の理想であった。どんな手も、彼女の手のほかは、その小さな手足に触れたり、またあしらってはならないのである。どんな衣裳も、あるいはまたその飾り襟も、彼女の指を煩わしたものでなければ、その手足に触れてはならないのである。どんな声も、彼女の声でなければ、彼を夢の国へとなだめ誘うことは、できなかった。そして彼女と彼は、ふたりして、ある穏やかな未知の言葉を話し、そうした言葉でお互いの気持をみごとに通じあった。わが子の小さな白いベッドのうえにかがみこんで、わたしもまた、深いおもいに耽るのだった。彼の腕のいっそう新しい力を通して、幾世代にもわたって前方に差し伸べられているわたし自身の腕の力を見るのだった。黒いわたしの父たちの夢が、世界の荒涼とした幻影のなかへよろけながらその一歩を踏みだすのを見るのだった。彼のまだ赤んぼの声のなかに、ヴェールのこちらがわで起るはずの予言者の声を耳にするのだった。

そしてこのようにして、わたしたちは、秋に、冬に、そしてまた、今を盛りとばかり萌えでる青葉の季節、あの南部の長い春にも、夢み、愛し、計画するのだった。そうこうするうちに暑い風が悪臭を放つメキシコ湾から吹き流れてきて、薔薇の花々が身ぶるいし、じっとして動かないきびしい太陽がアトランタ州の丘陵の上に恐ろしい光をふるわせるのだった。と、それから、ある夜のこと、ちっぽけな白いベッドに向う小さな足音が、疲れたようにぱたぱたと聞えた。小さな両手は、わなないた。熱く火照った顔が、枕のうえでの

たうち回った。わたしたちは、赤んぼが病気なのを知った。10日のあいだ、彼は、そこに横たわっていた、──一週間はあたふたと過ぎ去り、果てしのない3日間が続いたが、彼はますます衰弱していった。かいがいしく母親は、最初の何日かのあいだ、彼を看護した。そして、微笑みかえしてくる彼の小さな眼をのぞき込みながら笑ってやった。それから、彼女は優しく、彼のまわりを往ったり来たりしたが、ついに、彼の微笑みは消え去り、恐怖が小さなベッドのかたわらに蹲ったのである。

それからは、日の果てることがなかった。夜は、夢のない恐怖であった。喜びと眠りは、どこかへ行ってしまった。わたしには、いま、真夜中に茫然とした夢のない昏睡状態のなかからわたしを呼んでいるあの声が聞える──「死の影よ！　死の影よ！」と叫びながら。外、星明りのなかへと、わたしは、こっそり抜けでた。あの白髪まじりの医者を呼び起すために、──死の影です、死の影です、と。時間はふるえながら過ぎていった。夜は聞き耳をたてた。蒼ざめた夜明けが、疲れたもののように音もなく灯火をよぎった。それから、わたしたちふたりだけが、眼を大きく見ひらいてわたしたちのほうに向きなおり、糸のように細い両手を差しのべているその子を見つめていた、──死の影！　わたしたちは一言も口をきかなかった。そして、顔をそむけた。

彼は、夕ぐれに息を引きとった。その時、太陽は、その顔をヴェールでおおって、西の山々のうえにじっと考え込んでいる悲しみのように、かかっていた。またその時、風は語らず、樹々は、かれの愛した大きな緑の樹々は、静止したままだった。わたしは、彼の呼吸がだんだん迅くなり、止まるのを見た。と、そのとき、彼の小さな魂は、夜空を旅するひとつの星のように飛び立って、跡には闇の世界をのこしていった。日は変らなかった。おなじ背の高い樹々が窓からのぞきこみ、おなじ緑の草が落日の日射しをうけて煌めいた。ただ、死の部屋のなかで、この世でもっとも哀れなものが苦しみに悶えた、──ひとりの子を失くした母親が。

わたしは、回避しない。わたしは、たたかいに満ちた生活に焦がれる。わたしは、殺到する苛酷な試練をまえにして怯んだり、畏ろしいヴェールの影をまえにしておじけをふるう臆病者ではない。だが、聞け！　おお、死よ！　このわたしの生活は、もう充分すぎるほど辛いものではないだろうか？──わたしのまわりに嘲笑いの網を張りめぐらせている沈滞したあの土地は、もう充分すぎるほど冷淡なものではないというのか？──四面を限る、これらの小さな四つの壁のなかに広がっている全世界が、もう充分すぎるほど無情なものではないというのか、おまえが、何が何でもここに這入って来なければならないというのでは？──おまえ、おお、死よ？

わたしの頭のまわりを轟きわたる嵐は、情けをしらぬ声のように打ちつけ、狂気の森は、弱いものたちの呪詛で脈うっていた。だがしかし、何をわたしは欲しがっただろうか、家のなか、わたしの妻と小さいわが子の側にいて強情にも、そこに這入りこむのだといって聞かなかったとは、──おまえ、おお、死よ、──おまえはそんなにまで、幸福を確保したひとつの小さな隅っこを嫉妬してしまったのか？

喜びと愛そのままの完璧な生活、これが彼の生活だった。涙は、その生活──フサトニック川のかたわらの夏の日のように甘美な──をいっそう輝かしいものにした。世間は彼を愛した。女たちは、彼の捲毛に口づけし、男たちは、厳粛な面持ちで彼の素敵な眼をのぞきこんだ。そして子どもたちは、彼のまわりを往きかい、飛びまわった。わたしはいま、空の様に彼の表情が、輝かしいはじけるような笑いから、沈うつなしかめっ面へ、それから、世間を目にした時の訝しげに考え込んだ様子に、移りかわるのが見える。カラー・ラインというものを知らなかった可哀想なわが子よ、──ヴェールは、たとえ彼の心を翳らせたとはいえ、彼の太陽の半分をも暮らせることはなかった。彼は白人の婦人を愛した。彼は黒人の育児婦（メイトロン）を愛した。そして、彼の小さな世界にあっては、皮膚の色が問題ではない、赤裸な魂だけが往き来した。わたしは、──そう、すべての人々は、──無限の広がりをもつあの小さなひとつの生命によって、いっそう大らかで、いっそう純粋になるのだ。まじりっ気のない透明な洞察力で、星のかなたを見る彼女は、彼が飛び去ってしまったとき、こう言った、「あの子は、あそこで幸せになるでしょう。あの子は、いつも、美しいものを愛したわ。」そして、彼女よりずっと無知で、自分自身の編んだ網目によって盲目になっているわたしは、言葉を繰りながら、呟きながら、ただひとり坐っていた。「もしもあの子がまだいるのならば、あそこにいるのならば、また、あそこというものがあるのならば、あの子を幸せにしてやってください、おお、宿命よ！」

野辺の見送りをする日の朝は、鳥や歌や、甘い香りの花々で、陽気だった。樹々は、草に囁きかけたが、子どもたちはひっそりとした面持ちで坐っていた。にもかかわらず、その日は、亡霊のようなこの世のものでない一日であるようにおもえた、──いのちの生霊（いきりょう）。わたしたちは、かすかに歌声を耳にしながら、小さな白い花の束の陰にあるどこかの見知らぬ通りを、がらがらと音をたてながら降ってゆくようにおもえた。多忙な街は、わたしたちのまわりで騒々しかった。彼らは、多くを語らなかった。いつもの蒼白い顔をして、せわしなく往き来する男たちや女たちは。彼らは、多くを語らなかった。──彼らはただ、ちらっとこちらを見て、こう言った。「黒んぼどもだ！」

わたしたちは、そこジョージア州の地面の下に、その子を横たえることはできなかった。なぜなら、そこ

の土は、奇妙なくらいに赤いのだから。そこで、小さな畳まれた両手のなかに花々をもったその子を、わたしたちは、北の方へと運んでいった。むだだ、むだなことだ！──なぜなら、おお、神よ！　あなたの広大な青空のもと、いったいどこに、わたしたちの黒い赤んぼを安らかに眠らせればよいのでしょうか？──どこに尊敬は住むのでしょうか、善は、そしてとらわれない自由は住むのでしょうか？

　その日じゅう、そしてその夜ずっと、わたしの心にある荘厳な喜びがうずくまっていた、──いや、わたしが、ヴェールを通して世間をこのように暗く見ているとしても、わたしを咎めだてしないでもらいたい、わたしの魂は、たえず、わたしにこう囁きかけるのだ。「死んだのではない。死んだのではなくて、逃げたのだ。囚われの身ではなくて、自由なのだ。」どんなに辛いものであれ、いまや、卑賤さが、彼の赤んぼの心を蝕むことはないだろう、その赤んぼの心が、生きながらの死を果てるまでは。どんな痛烈な皮肉も、彼の幸福な幼年時代を狂わせることはないだろう。この小さな魂が成長したあかつきには、ヴェールで隔てられた世界のなかにあって、窒息したり、醜くなってしまうだろうが、たとえそうだとしても、生きながらえてほしいものだと思ったとは、わたしも愚かなことだった！　わたしは、ときおり彼の瞳を漂って過ぎた、はるかを見つめる深いこの世のものならぬ眼差しが、狭隘なこの現在よりもずっと先の先を熟視しているのに、あるいは気づいたかもしれなかっただろうに。彼が、捲毛をいただいた小さな頭を持っているその風情には、その父が、自分自身の心の中で酷くも打ち挫いてしまった、存在するもののあのすべての荒々しい誇りが、坐ってはいなかっただろうか？　5000万人の仲間たちの受けている、わざわざ仕組まれた屈辱のなかにあって、まったくのところ、黒人は自尊心と引きかえに何を必要としているのだろうか？　世間がおまえの抱負を倨傲と呼び、おまえの理想を到達しえないものだと考え、そして、おまえに平身低頭し屈服することを教えるまえに、わが子よ、よくぞおまえは急いで逝ったものよ。おまえに対する海のように深いこの悲しみよりは、わたしの生命を止めるこの名伏しがたい空虚のほうが、はるかに優る。

　無益な言葉をつらねている。生きながらえていたならば、彼は自分の重荷をわたしたちよりはもっと勇敢に耐えたのかもしれないのだ、──そう、そしてまた、いつの日か、わたしたちよりは、その重荷が軽いものであることに気づいたかもしれなかったのだ。なぜなら、確かに、いまが終焉ではないからだ。きっと、そのうちに、あの力強い朝が訪れ、ヴェールを取りはらい、囚われの人々を自由にするだろう。わたしのためにではなくて──わたしは縛られたままこの世を終えるだろう──夜を知らず朝に向かって目覚めた清新な若い魂たちのために。人々が働くものに向かって、「彼は白人かね？」と尋ねるのではなくて、「彼は働けるかね？」と尋ねる朝のおとずれ。芸術家たちに向かって、「彼は黒人かね？」と尋ねるのではなくて、「彼らは知っているかね？」と尋ねる朝の。何年も何年も先のことだろうが、ある朝、このようなことが起るだろう。だが、いまは、ヴェールのこちら側のあの暗い岸辺で、おなじ、太く低い声は叫ぶのだ、「汝、慎ムベシ！」と。その命令のままに、あまり不平もこぼさずに、わたしは、すべてのことを慎んできたのだ、──ただ、わたしのつくった巣の中で、死といっしょにあんなにも冷たく濡れて横たわっている、あの美しい若い姿をのぞいては、すべてのことを。

　もしあの姿が消え去ってしまったのにちがいないのなら、どうしてわたしは消え去らないのだろうか？　どうしてわたしは、この苛立たしい不眠不休の状態から休んではいけないのだろうか？　この目ざめている状態から、眠ってはいけないのだろうか？　世界を浄化するものである時間は、若々しい彼の掌中にはなかったのだろうか？　わたしの時間は消えていこうとしているのではないだろうか？　葡萄畑には、この幼い子どもの未来が軽々と放り捨てられるほど、それほどたくさんの労働者たちがいるのだろうか？　この国の裏通りに沿って並んでいるわが種族の悲惨な子どもたちは、父もなく、また母もなく、うずくまる。だが、彼の揺りかごのそばには、愛が坐っていたのだ。そして、彼の耳には知恵がささやく時を待っていたのだ。おそらく、彼はいまや、全き愛を知っており、賢くある必要はないのだろう。それでは、眠むがいい、わが子よ、──わたしが眠り、赤んぼの声と熄むことのないその小さな足音に、目をさますそのときまで眠むがいい──ヴェールを超えて。

6　カリール・ジブラーン「子供について」（1923年）

＊出典
Khalil Gibran (1883-1931), *The Prophet* (1923 1st; London: Martino Publishing, 2011), pp. 20-23. カリール・ジブラーン『預言者』（佐久間彪(たけし)訳、至光社、1984年）、21-22ページ。

＊解説──北本正章

　カリール・ジブラーン（Khalil Gibran, 1883-1931）は、オスマントルコ帝国末期に、現在のレバノンに生まれ、アメリカで活躍した詩人、作家、画家、哲学者、思想家である。

　ジブラーンは、レバノンの北方に位置する村ブシャーレ（Bchare）の貧しい家に生まれた。困窮を極めて住む家を失い、11歳の時、親戚を頼って母親と兄と妹とともにアメリカのボストンに移住した。数年後、母国語であるアラビア語をマスターするためにベイルートに戻っていた1898年、15歳の頃、『ザ・プロフェット』（*The Prophet*）の草稿をアラビア語で書いている。1902年、19歳でボストンに戻

ると、22歳の散文詩『音楽』(Nubthah fi Fan Al-Musiqa; Music) で文壇にデビューしたが、その前後に妹、兄、母親を病気で亡くした。その後、パリの美術学校で学び、彫刻家のロダン (Auguste Rodin, 1840-1917) に師事し、作曲家ドビュッシー (Claude Achille Debussy, 1862-1918) や劇作家で詩人のエドモン・ロスタン (Edmond Rostand, 1868-1918) らと親交を結んだと伝えられている。35歳の頃、英語による最初の著作『狂人』(The Madman) を1918年に出版し、1920年の『先駆者』(The Forerunner) の出版に続いて、40歳になった1923年、それまで20年以上にわたって推敲を続けてきた『ザ・プロフェット』(預言者・The Prophet) をついに出版し、一躍大ベストセラーとなり、国際的に知られる作家となった。『ザ・プロフェット』は、現在までに世界各地で30以上の言語に翻訳され、読む人の魂を磨く言葉の数々が大事にされ、長く読み継がれている。ジブラーンは生涯にわたって健康に恵まれず、結核と肝硬変に苦しみつづけ、1931年、48歳でニューヨークの病院で没した。生前の希望どおり、遺体は故郷レバノンの村の修道院に葬られ、後年、この同じ修道院にジブラーン記念博物館が建てられた。

『ザ・プロフェット』は、全体が大きな物語の構成になっている。オルファリーズという町の人びとから敬愛を受けていた預言者アル＝ムスターファー（アルムスタファと表記されることもある）は、自分の生まれ故郷の島に戻りたいと考えて12年ものあいだ船便を待っていた。ついに船が来て、いよいよ帰郷できることになったが、町の人びととの別れが悲しくなる一方、町の人びとも預言者が去ってしまうことを知って集まり、別れを惜しむこととなる。そのとき、巫女であるアルミトラが、「ご出発の前に、どうぞあなたの知恵をわたしたちにお伝えください」と頼んだ。この詩集は、この巫女の問いに答えるという、予告された別れの記憶をのこす緊張感のなかで示された言葉を26の詩編に集めている。預言者アル＝ムスターファーはジブラーンの分身であり、現世での自分の生命が短いことを悟ったジブラーンの意志を伝える役割を担っているともいわれている。

以下に紹介するジブラーンの詩の言葉には、鍛えられた孤独感が漂いながらも、物事の本質を見きわめつづけた詩人としての精髄がこめられている。これは、人の魂を清め、傷ついた者に癒やしをあたえ、うちふさがれた者を慰めて希望をあたえる希有な詩集である。この詩集は彼の死後も、民族と国家と老若を問わず広く、静かに世界中で読み継がれている。

『ザ・プロフェット』は、これまでに日本語で何度か紹介されている。日本語訳では、Prophetを「預言者」あるいは「予言者」と訳している。「預言者」は神から預けられた言葉を人びとに伝えたり、神の啓示を示したり、倫理的勧告や宗教的回心をよびかける人を意味する。これに対して「予言者」は、未来を見通したり物事の将来を推測して言葉で表現する能力をもつ人をさして使われる。日本語版には、邦訳年順に、『預言者』（佐久間彪訳、至光社、1984年）、『預言者アルムスタファは語る』（堀内利美訳、近代文芸社、1993年）、『ハリール・ジブラーンの詩』〔部分〕（神谷美恵子訳、角川文庫、2003年、57-61ページ）、『預言者 ポケット版』（佐久間彪訳、至光社、2005年）、『預言者』（船井幸雄訳、成甲書房、2009年、37-38ページ）、『ザ・プロフェット』（池央耿訳、ポプラ社、2009年、33-35ページ）などがある。

*テキスト

子供について

そこで子供を胸にかかえた女が言った。お話しください。子供のことを。
アルムスタファは言った。
あなたの子は、あなたの子ではありません。
自らを保つこと、それが生命の願望。そこから生まれた息子や娘、それがあなたの子なのです。
あなたを通ってやって来ますが、あなたからではなく、あなたと一緒にいますが、それでいてあなたのものではないのです。
子に愛を注ぐがよい。でも考えは別です。
子には子の考えがあるからです。
あなたの家に子の体を住まわせるがよい。でもその魂は別です。子の魂は明日の家に住んでいて、あなたは夢のなかにでも、そこには立ち入れないのです。
子のようになろうと努めるがよい。でも、子をあなたのようにしようとしてはいけません。
なぜなら、生命は後へは戻らず、昨日と一緒に留まってもいません。
あなたは弓です。その弓から、子は生きた矢となって放たれて行きます。射手は無窮の道程にある的を見ながら、力強くあなたを引きしぼるのです。かれの矢が速く遠くに飛んで行くために。
あの射手に引きしぼられるとは、何と有難いことではありませんか。
なぜなら、射手が、飛んで行く矢を愛しているなら、留まっている弓をも愛しているのですから。

On Children

And a woman who held a babe against her bosom said, "Speak to us of Children."
And he said:
Your children are not your children.
They are the sons and daughters of Life's longing for itself.
They come through you but not from you,
And though they are with you, yet they belong not to you.

You may give them your love but not your thoughts,
For they have their own thoughts.
You may house their bodies but not their souls,
For their souls dwell in the house of tomorrow,

which you cannot visit, not even in your dreams.

You may strive to be like them, but seek not to make them like you.

For life goes not backward nor tarries with yesterday.

You are the bows from which your children as living arrows are sent forth.

The archer sees the mark upon the path of the infinite, and He bends you with His might that His arrows may go swift and far.

Let your bending in the Archer's hand be for gladness;

For even as He loves the arrow that flies, so He loves also the bow that is stable.

7　レイチェル・カーソン『センス・オブ・ワンダー』（抜粋、1956年）

＊出典
Rachel Carson, *The Sense of Wonder*, 1956; renewd 1984 by Roger Christie, pp. 54-67, 100-101, 106. レイチェル・カーソン『センス・オブ・ワンダー』（上遠恵子訳・森本二太郎写真、新潮社、1996年）、23-28、50-51、54ページ。

＊解説──北本正章
　農薬が環境におよぼす影響を分析して、環境保護の思想と運動、その後の環境問題と政策に大きな一石を投じた『沈黙の春』（*Silent Spring*, 1962. 青樹築一訳、新潮文庫、新装版2004年）の著者として知られる海洋生物学者レイチェル・カーソン（Rachel Carson, 1907-1964）は、この有名な書物を書き上げたころ、自分の身体が癌細胞におかされ、残された時間が多くないことを知っていた。55歳のときであった。残された時間のなかで彼女が取り組んだのは、その6年前の49歳の時、1956年の『ウーマンズ・ホーム・コンパニオン』（*Woman's Home Companion*）という、当時のアメリカで出版されていたさまざまな婦人雑誌のひとつに掲載した短いエッセイ「あなたの子どもに驚異の目をみはらせよう」（Help Your Child to Wonder）に手を入れて、単行本としてこの世に残すことであった。だが病魔は彼女にその仕事を完成させなかった。友人たちが原稿をまとめ、写真を入れて彼女の最後のメッセージとして『ザ・センス・オブ・ワンダー』（*The Sense of Wonder*）が死後に出版された。没後16年たった1980年、時の大統領ジミー・カーターは、カーソンの業績をたたえて「大統領自由勲章」を彼女に授与している。
　レイチェル・カーソンは、1907年5月27日にアメリカ東部のペンシルヴァニア州スプリングデールに生まれ、幼少時は作家になることを夢見ており、ペンシルヴァニア女子大学に進学した時も英文学を勉強するつもりでいた。しかし、偶然に聴講した生物学の授業がきっかけとなって自然科学者になる決意をし、ジョンズ・ホプキンス大学の大学院に進学し、修士課程では進化論を学んだ。このとき、大学院生のなかに女性は彼女一人であり、当時、理科学系の分野で学ぶ女性研究者が専門分野を生かせる職業分野はきわめてかぎられていた。研究生活を続ける気持ちに変わりはなかったが父親を亡くしたため、母親と姉の遺児である二人の姪の生計を支える責任が彼女一人の肩にのしかかってきた。こうした事情で生物学研究者になることを断念し、アメリカ内務省の魚類野生生物局の生物専門官という公務員になる道を選んだ。その仕事は、海洋資源に関する専門知識を一般向けに解説したり広報するための文章作りと編集であって、ここで専門の生物学と幼いころから好きであった文筆表現とがつながりをもつことになった。海洋生物学者として取り組んだ数々の作品、『潮風の下で』（*Under the Wind*, 1941. 上遠恵子訳、岩波現代文庫、2002年）、『われらをめぐる海』（*The Sea Around Us*, 1952. 日下実男訳、ハヤカワ文庫、1977年）、『海辺』（*The Edge of the Sea*, 1955. 上遠恵子訳、平凡社ライブラリー、2000年）などに示されている彼女の文体に、どこか詩的で哲学的な深みがあるのも、幼い頃から文学に興味を持っていたことと関係がある。以下に示したテキストからも明らかなように、人生の予期せぬどんな境遇にあろうとも、いつでも、どこでも、何からでも学ぼうとしてきたカーソンの知への姿勢は、深まりのある文体となって結実し、わたしたちへのすばらしい贈り物になっている。
　カーソンは、「子どもたちの世界は、いつも生き生きとして新鮮で美しく、驚きと感激にみちあふれています」と言い、子ども期は、大人になっただれもがおちいる倦怠感、幻滅、失望などから人間性をとりもどし、本来そなわっている感性をとりもどさせてくれる力をもっていると語る。カーソンは、大人が子ども時代の感性をとりもどすことが生きがいの再発見につながり、夢と希望を見とおす知性を磨くと確信している。そして、子ども期の豊かな感性に導かれて出会うさまざまな事実のひとつひとつは、やがて知識や知恵を育む種子のようなものであって、「さまざまな情緒やゆたかな感受性は、この種子をはぐくむ肥沃な土壌です。幼い子ども時代は、この土壌を耕すときです」という彼女の言葉は、子ども期の価値と、それを理解することの大切さ、教育の原点を照らし出している。

〈参考文献〉
Linda Lear, *Rachel Carson: Witness for Nature* (1997). リンダ・リア『レイチェル・カーソン──「沈黙の春」の生涯』（上遠恵子訳、東京書籍、2002年）

＊テキスト
　子どもたちの世界は、いつも生き生きとして新鮮で美しく、驚きと感激にみちあふれています。残念なことに、わたしたちの多くは大人になるまえに澄みきった洞察力や、美しいもの、畏敬すべきものへの直感力をにぶらせ、あるときはまったく失ってしまいます。
　もしもわたしが、すべての子どもの成長を見守る善良な妖精に話しかける力をもっているとしたら、世界中の子どもに、生涯消えることのない「センス・オブ・ワンダー＝神秘さや不思議さに目を見張る感性」を授けてほしいとたのむでしょう。
　この感性は、やがて大人になるとやってくる倦怠と幻滅、わたしたちが自然という力の源泉から遠ざかる

こと、つまらない人工的なものに夢中になることなどに対する、かわらぬ解毒剤になるのです。

妖精の力にたよらないで、生まれつきそなわっている子どもの「センス・オブ・ワンダー」をいつも新鮮にたもちつづけるためには、わたしたちが住んでいる世界のよろこび、感激、神秘などを子どもといっしょに再発見し、感動を分かち合ってくれる大人が、すくなくともひとり、そばにいる必要があります。

多くの親は、熱心で繊細な子どもの好奇心にふれるたびに、さまざまな生きものたちが住む複雑な自然界について自分がなにも知らないことに気がつき、しばしば、どうしてよいかわからなくなります。そして、
「自分の子どもに自然のことを教えるなんて、どうしたらできるというのでしょう。わたしは、そこにいる鳥の名前すら知らないのに！」
と嘆きの声をあげるのです。

わたしは、子どもにとっても、どのようにして子どもを教育すべきか頭をなやませている親にとっても、「知る」ことは「感じる」ことの半分も重要ではないと固く信じています。

子どもたちがであう事実のひとつひとつが、やがて知識や知恵を生みだす種子だとしたら、さまざまな情緒やゆたかな感受性は、この種子をはぐくむ肥沃な土壌です。幼い子ども時代は、この土壌を耕すときです。

美しいものを美しいと感じる感覚、新しいものや未知なものにふれたときの感激、思いやり、憐れみ、賛嘆や愛情などのさまざまな形の感情がひとたびよびさまされると、次はその対象となるものについてもっとよく知りたいと思うようになります。そのようにして見つけだした知識は、しっかりと身につきます。

消化する能力がまだそなわっていない子どもに、事実をうのみにさせるよりも、むしろ子どもが知りたがるような道を切りひらいてやることのほうがどんなにたいせつであるかわかりません。

もし、あなた自身は自然への知識をほんのすこししかもっていないと感じていたとしても、親として、たくさんのことを子どもにしてやることができます。

たとえば、子どもといっしょに空を見あげてみましょう。そこには夜明けや黄昏の美しさがあり、流れる星、夜空にまたたく星があります。

子どもといっしょに風の音をきくこともできます。それが森を吹き渡るごうごうという声であろうと、家のひさしや、アパートの角でヒューヒューという風のコーラスであろうと。そうした音に耳をかたむけているうちに、あなたの心は不思議に解き放たれていくでしょう。

雨の日には外にでて、雨に顔を打たせながら、海から空、そして地上へと姿をかえていくひとしずくの水の長い旅路に思いをめぐらせることもできるでしょう。

あなたが都会でくらしているとしても、公園やゴルフ場などで、あの不思議な鳥の渡りを見て、季節の移ろいを感じることもできるのです。

さらに、台所の窓辺の小さな植木鉢にまかれた一粒の種子さえも、芽をだし成長していく植物の神秘について、子どもといっしょにじっくり考える機会をあたえてくれるでしょう。

子どもといっしょに自然を探検するということは、まわりにあるすべてのものに対するあなた自身の感受性にみがきをかけるということです。それは、しばらくつかっていなかった感覚の回路をひらくこと、つまり、あなたの目、耳、鼻、指先のつかいかたをもう一度学び直すことなのです。

わたしたちの多くは、まわりの世界のほとんどを視覚を通して認識しています。しかし、目にはしていながら、ほんとうには見ていないことも多いのです。見すごしていた美しさに目をひらくひとつの方法は、自分自身に問いかけてみることです。
「もしこれが、いままでに一度も見たことがなかったものだとしたら？　もし、これを二度とふたたび見ることができないとしたら？」と。
（23-28ページ）

人間を超えた存在を認識し、おそれ、驚嘆する感性をはぐくみ強めていくことには、どのような意義があるのでしょうか。自然界を探検することは、貴重な子ども時代をすごす愉快で楽しい方法のひとつにすぎないのでしょうか。それとも、もっと深いなにかがあるのでしょうか。

わたしはそのなかに、永続的で意義深いなにかがあると信じています。地球の美しさと神秘を感じとれる人は、科学者であろうとなかろうと、人生に飽きて疲れたり、孤独にさいなまれることはけっしてないでしょう。たとえ生活のなかで苦しみや心配ごとにであったとしても、かならずや、内面的な満足感と、生きていることへの新たなよろこびへ通ずる小道を見つけだすことができると信じます。

地球の美しさについて深く思いをめぐらせる人は、生命の終わりの瞬間まで、生き生きとした精神力をもちつづけることができるでしょう。

鳥の渡り、潮の満ち干、春を待つ固い蕾のなかには、それ自体の美しさと同時に、象徴的な美と神秘がかくされています。自然がくりかえすリフレイン――夜の次に朝がきて、冬が去れば春になるという確かさ――のなかには、かぎりなくわたしたちをいやしてくれるなにかがあるのです。（50-51ページ）
（中略）

自然にふれるという終わりのないよろこびは、けっして科学者だけのものではありません。大地と海と空、そして、そこに住む驚きに満ちた生命の輝きのもとに

身をおくすべての人が手に入れられるものなのです。
(54ページ)

8　ドロシー・ロー・ノルト「子どもはこうして生き方を学ぶ」（1954年）

＊出典
Dorothy Law Nolte, *Children Learn What They Live* (1954 1st version); Dorothy Law Nolte and Rachel Harris, *Children Learn What They Live: Parenting to Inspire Values* (Working Publishing Company, 1998 enlarged version), pp. vi-vii.（北本正章訳）

＊解説──北本正章
　ドロシー・ロー・ノルト（Dorothy Law Nolte、1924-2005）は、アメリカのカリフォルニア州ロサンゼルス出身の家庭教育カウンセラー、作家である。若いころに創作した教育詩「子どもはこうして生き方を学ぶ」（*Children Lean What They Live*, 1954）は世界の22カ国語に翻訳され、広く知られる。ミネソタ州立大学を卒業後、40代の終わりにイギリスの大学で博士号を取得。ノルトは3人の子どもの母親であり、2人の孫と6人の曾孫がいる。南カリフォルニアで暮らし、2005年に来日した。2005年11月、家族に見守られながら81歳で永眠した。
　ノルトの詩は、最初、カリフォルニア州南部のトーランス市の、「トーランス市教育委員会」の学校回覧誌『トーランス・ヘラルド』（*Torrance Herald*）の1954年4月3日付けの家庭向け週刊コラム欄に「子どもたちはこのようにして生き方を学ぶ」という短い詩を寄稿し、これが各方面に広く知られることになった。
　日本では、ノルトの詩はさまざまな偶然のきっかけから知られるようになったようである。都立高校のある教師が1988年3月から4月にかけての頃、薬学教育の調査のためアメリカに出かけていた折に、アメリカのライオンズ・クラブの「薬害教育ハンドブック」にDorothy Law Nolteによる詩として *Children Learn What They Live* が掲載されているのに気づいた。詳細は分からなかったものの、この詩が、それ以前の約25年間、「壁かけ」として飾られていたということであった。この事例からは、単純に考えて1988年の25年前からということなので、1963年頃にはすでに「壁かけ」の言葉として流布していたということになり、ノルトの1959年版の詩である可能性が高い。
　もう一つの契機は、日本YMCA同盟の広報室長（当時、その後所長、現在は常磐大学教授）であった吉永宏氏が、1980年頃、アメリカの友人からの贈り物の壁かけタペストリーに書かれていたのがこの詩で、この詩の作者の名前は書かれていなかったそうである。これを吉永氏が翻訳し、YMCA同盟の広報誌で紹介するいっぽう、その後、この詩は、学校、PTA、公民館、研修会での講演や研修などの機会に紹介され、また、1979年2月に国連が提唱した「国際児童年」キャンペーンの一環として、全国に支部をもつ青少年団体の機関紙の表紙にこの詩が掲載されるなどしだいに広まっていった。その後、吉永宏訳の詩は、1989年5月（または1993年11月2日）のラジオ番組（ニッポン放送の「玉置宏の笑顔でこんにちは」）で紹介されて大きな反響がよせられ、全国的に知られることになった。この事情は、加藤諦三『アメリカインディアンの教え』（扶桑社文庫、1994年）の「あとがき」で紹介されている。
　上記の文庫本の冒頭に紹介されている吉永宏氏の訳では次のようになっている。

子は親の鏡（吉永宏訳）
　批判ばかり受けて育った子は　非難ばかりします
　敵意に満ちた中で育った子は　だれとでも戦います
　ひやかしを受けて育った子は　はにかみ屋になります
　ねたみを受けて育った子は　いつも悪いことをしているような気になります
　心が寛大な人の中で育った子は　我慢強くなります
　はげましを受けて育った子は　自信を持ちます
　ほめられる中で育った子は　いつも感謝することを知ります
　公明正大な中で育った子は　正義感をもちます
　思いやりのある中で育った子は　信仰心をもちます
　人に認めてもらう中で育った子は　自分を大事にします
　仲間の愛の中で育った子は　世界に愛を見つけます

＊テキスト
子どもはこうして生き方を学ぶ〔1998年版〕

いつも叱られて育った子どもは、
　人を非難ばかりする人間になってしまいます。
とげとげしい雰囲気で育った子どもは、
　けんかばかりする人間になってしまいます。
おどされて育った子どもは、
　いつもびくびくしている人間になってしまいます。
あわれみを受けて育った子どもは、
　みじめな気持ちの人間になってしまいます。
あざけりを受けて育った子どもは、
　臆病な人間になってしまいます。
人をうらやむように育った子どもは、
　ねたみ深い人間になってしまいます。
はずかしめを受けて育った子どもは、
　いつも罪の意識をもつ人間になってしまいます。
(しかし)
励まされて育った子どもは、
　自信を持てる人間になります。
寛大な心で育てられた子どもは、
　がまん強い人間になります。
誉められて育った子どもは、
　感謝の心をもった人間になります。
いつも受け入れられて育った子どもは、
　人を愛する人間になります。
認められて育った子どもは、
　自分と向きあって自分をだいじにする人間になります。
見守られて育った子どもは、

確かな生きがいをもった人間になります。
分かちあいながら育てられた子どもは、
　広い心をもった人間になります。
嘘をつかないように育てられた子どもは、
　真理にしたがう人間になります。
分けへだてなく育てられた子どもは、
　正義を知る人間になります。
やさしさと思いやりのなかで育った子どもは、
　人を大切にする人間になります。
安心して育てられた子どもは、
　自分を信じ、自分を深める人間になります。
友だちと仲良くするように育てられた子どもは、
　世界は生きるに値すると知る人間になります。

CHILDREN LEARN WHAT THEY LIVE
(Dorothy Law Nolte and Rachel Harris, 1998 version)

If children live with criticism,
　they learn to condemn.
If children live with hostility,
　they learn to fight.
If children live with fear,
　they learn to be apprehensive.
If children live with pity,
　they learn to feel sorry for themselves.
If children live with ridicule,
　they learn to feel shy.
If children live with jealousy,
　they learn to feel envy.
If children live with shame,
　they learn to feel guilty.

If children live with encouragement,
　they learn confidence.
If children live with tolerance,
　they learn patience.
If children live with praise,
　they learn appreciation.
If children live with acceptance,
　they learn to love.
If children live with approval,
　they learn to like themselves.
If children live with recognition,
　they learn it is good to have a goal.
If children live with sharing,
　they learn generosity.
If children live with honesty,
　they learn truthfulness.
If children live with fairness,
　they learn justice.
If children live with kindness and consideration,
　they learn respect.
If children live with security,
　they learn to have faith in themselves and in those about them.
If children live with friendliness,
　they learn the world is a nice place in which to live.

9　谷川俊太郎「成人の日に」（1990年）

＊出典

谷川俊太郎『魂のいちばんおいしいところ——谷川俊太郎詩集』（サンリオ出版、1990年）、92-94ページ。谷川俊太郎『はるかな国からやってきた』（童話屋、2003年）所収。

＊解説——北本正章

　谷川俊太郎（1931-）は、詩人、翻訳家、絵本作家、脚本家。2007年までに、翻訳の分野では『スイミー』（レオ・レオニ）、『ピーナッツ』、『マザー・グースのうた』など約50種類の著作を手がけ、『20億光年の孤独』（1952年）をはじめとする詩集・詩選集は80冊以上におよぶ。詩の多くは英語、フランス語、ドイツ語、スロバキア語、デンマーク語、中国語、モンゴル語などに訳されている。他にも絵本、童話、映画のシナリオなど多方面の作品がある。また、全国の小学校、中学校、高等学校約70校あまりの校歌も作詞している。下に紹介する詩は、数多くある成人の日をテーマにした詩のなかでも広く知られているものである。

＊テキスト
成人の日に

人間とは常に人間になりつつある存在だ
かつて教えられたその言葉が
しこりのように胸の奥に残っている
成人とは人に成ること　もしそうなら
私たちはみな日々成人の日を生きている
完全な人間はどこにもいない
人間とは何かを知りつくしている者もいない
だからみな問いかけるのだ
人間とはいったい何かを
そしてみな答えているのだ　その問いに
毎日のささやかな行動で

人は人を傷つける　人は人を慰める
人は人を怖れ　人は人を求める
子供とおとなの区別がどこにあるのか
子供は生まれ出たそのときから小さなおとな
おとなは一生小さな子ども

どんな美しい記念の晴れ着も
どんな華やかなお祝いの花束も
それだけではきみをおとなにはしてくれない

他人のうちに自分と同じ美しさをみとめ
自分のうちに他人と同じ醜さをみとめ
でき上がったどんな権威にもしばられず
流れ動く多数の意見にまどわされず
とらわれぬ子どもの魂で
いまあるものを組み直しつくりかえる
それこそがおとなの始まり
永遠に終わらないおとなへの出発点
人間が人間になりつづけるための
苦しみと喜びの方法論だ

10　アイリス・マクファーレン「わが娘のための祈り」(2005年)

＊出典
Alan Macfarlane, *Letters to Lily: On How the World Works*, Profile Books: London, 2005, p. 311. (北本正章訳)

＊解説——北本正章
　この詩は、ケンブリッジ大学の歴史人類学者アラン・マクファーレン (Alan Macfarlane, 1941-) 教授が、自分の孫娘リリーのために書き下ろした30通の手紙文による書物『リリーへの手紙——世界はどのようになっているかについて』*Letters to Lily: On How the World Works* (Profile Books, 2005)——これは日本語版では『リリーへの手紙・祖父から孫に伝えたい20のこと』(田口俊樹訳、ソフトバンク・クリエイティブ、2005年) として「抄訳」が出ている。また、少なくとも世界の6カ国で翻訳出版されている——の末尾で、マクファーレン博士の母親であるアイリス・マクファーレン (Iris Macfarlane) が、博士の妹が生まれた折に書いた詩として紹介している。

＊テキスト
わが娘のための祈り

時よ、やさしくあれ。危険に満ちたこの世のできごとが、
ひらこうとする花びらにのしかかる時があっても、
つらい歳月が過ぎ去る時には、
かならずあの娘に安らぎの場を与えてください。

成長させてください、あの娘を。大いなる驚嘆の心を宿らせて、
あの娘が目にするすべての感動を見守ってください。
うち寄せる波に輝く海辺の石、木の葉のうぶ毛と小枝のつぼみの感動を。

舞い飛ぶ蝶たちよ、森を彩る樹皮たちよ、
神秘を教えてください、あの娘に。
風と草とをあなたたちがゆらめかせ、
あの娘にやさしく近づき、過ぎ去る夏の陽ざしの中で慰めてください。

高潔な円卓の騎士の抱擁につつまれますように、
あの娘の身体に漂う花のような気品が。
あの娘が心やすらかに見いだすことができますように、
友となり、恋人となる男性を。

時よ、やさしくあれ。時よ、おだやかであれ。あの娘に教えてください。
この世界には手を伸ばせない森があることを、
何ひとつ奪うことができない朝が来ることを、
そして、どんな明日にも、愛が満ちていることを。

Petition for my Daughter
(Iris Macfarlane, b. 1922)
Time be kind. The dangerous world
Presses on the petals furled,
But as bruising years go by.
Promise her a sanctuary.

Let her grow with great surprise,
Guard the wonder in her eyes.
For a shining sea-washed stone,
For leaves of satin, twigs of bone.

Trust her with your mysteries,
Butterflies and bark of trees.
Woo her with your winds and grasses
Comfort her when summer passes.

Give her body's flower grace
Into Galahad's embrace,
That in peace she may discover
Man as friend and friend as lover.

Time be kind, be gentle. Teach her
There are woods where naught can reach her,
There are mornings none can borrow,
Love enough for each tomorrow.

2　子どもの文学・子ども文化

11　ジョン・グリーンリーフ・ホイッティア「はだしの子」(1855年)

＊出典
John Greenleaf Whittier, "Barehoot Child", Donald Hall (ed.), *The Oxford Book of Children's Verse in America*, Oxford University Press, 1985. ジョン・グリーンリーフ・ホイッティア「はだしの子」(1855年)、ドナルド・ホール編『オックスフォード版　アメリカ子供詩集』(東雄一郎・西原克政・松本一裕訳、国文社、2008年) 所収、144-150

ページ。

*解説──北本正章

　ジョン・グリーンリーフ・ホイッティア（John Greenleaf Whittier, 1807-1892）は、アメリカの「クウェーカー詩人」（Quaker Poet）とよばれ、奴隷制廃止論者としても知られる詩人である。ホイッティアは、1807年にマサチューセッツ州のハーバーヒルの貧しい農家に、4人兄妹の長男として生まれた。幼いころから病弱であったため学校教育をほとんど受けることができず、農場で、自然を相手に育った。クウェーカー教徒であった父親がもっていたクウェーカーの教えを説いた6冊の書物を愛読して思索を深め、スコットランドの農民詩人ロバート・バーンズ（Robert Burns, 1759-1796）の詩歌を愛読し、思想を深め言葉をみがいた。ホイッティアが習作として書いた詩（The Exile's Departure）が、本人に内緒で妹によって「フリー・プレス」（Free Press）誌に1825年頃投稿され、その編集者で、奴隷制廃止運動の指導者でもあったウィリアム・ロイド・ガリソン（William Lloyd Garrison, 1805-1879）によってその文才が認められ、このガリソンのすすめでアカデミーで学ぶこととなった。ホイッティアは、この学費を得るために靴製造職人になったこともあったが、ガリソンの運動に共鳴し、彼の編集業務と運動を手伝うことになった。30〜40歳代のホイッティアは、ガリソンとともに奴隷制廃止運動の組織化と喧伝に深くかかわり、そのために地主層や保守層から疎んじられる存在となった。しだいに神経症など体調不良になったため故郷に戻った後、健康をとりもどした1840年代後半になると、ガリソンの助言も得て、反奴隷制運動の為の雑誌の編集に従事し、1860年と1864年には大統領選挙の選挙人としてエイブラハム・リンカーン（Abraham Lincoln, 1809-1865）に投票した。また、詩作にも取り組み、この時期に代表作となる長編詩「雪ごもり」（Snow-Bound, 1866）を公にしている。

　下記に示した「はだしの子」（The Barefoot Boy）は、ホイッティアが48歳頃の1855年の作品である。この詩は、ニューイングランドの田舎の生活に根づいていた、自然のなかの子ども期の価値を、素朴な文体と純粋な精神で郷愁をこめて描いている。この詩には、ウッドチャック、コマドリ、ジカバチなど合計17種類の生き物と、リンゴ、クルミなど8種類の花・植物・果物が、それぞれ風、太陽、小川、砂丘、果樹園などの自然環境とともにうたいこまれている。「本を読んでしらべなくても、みんな自然が教えてくれる。手に手をとって自然と歩き、顔と顔をつきあわせて自然と語る、これこそ自然があたえるすばらしい喜び。だからこそ、はだしの子に祝福あれ！」という表現は、18世紀のジャン・ジャック・ルソー（1712-1778）を思い起こさせ、20世紀のレイチェル・L・カーソン（1907-1964）の「センス・オブ・ワンダー」を予兆する子ども期の感受性の大切さを訴えている。この詩の末尾では、成長とともにそのような子ども期の価値を奪ってしまうことになる大人の世界を、「うぬぼれという牢獄」「休みなくこき使われる」「禁断の地」「罪という危険な底なしの砂地」という表現で告発している。なお、「はだし子」に漂う色彩感覚も素晴らしいが、作者のホイッティア自身は、少年の頃に過ごした農場で熟れたイチゴを見分けることができなかった色覚障害があったといわれている。

　ホイッティアの詩は、アメリカ全土の学校教科書に掲載され、暗唱教材として広く愛され、ホイッティアの名は学校名など多数の教育機関の名前に冠され、今にその精神を伝えている。

*テキスト
はだしの子

少年よ！　きみに祝福あれ！
日焼けたほっぺたのはだしの子よ！
ズボンのすそをまくりあげ
陽気な口ぶえふきならす
もともとまっ赤なくちびるを
丘のイチゴにキスされて
もっとまっ赤にしちゃった子
帽子のつばのやぶれ目から
顔いっぱいに太陽の光をあびてる子
心からきみに祝福をあたえよう
わたしもかつてはだしの子だったから！
きみの世界は王国で大人の世界はふつうの世界
乗りものは大金持ちがのればいい
そのそばをはだしでてくてく歩くきみ
金持ちの買えるもの　きみにとって目じゃないさ
だって目と耳のとどくかぎりはきみのもの
太陽の光まわりにあふれ　心に喜びあふれてる！
はだしの子　きみに祝福あれ！

ああなつかしい　無邪気にあそんだ子どものころ
ぐっすり眠ってめざめれば　ゆかいな一日まっていた
じょうぶで元気で　医者のいうこと笑ってた
いろんなことを知っていた
みんなひとりで学んだんだ──
たとえば　ハチの朝のえささがし
野花がどこでいつ咲くか
渡り鳥がどこへ渡ってゆくか
森の動物や植物だっておなじみだった──
カメが甲羅をどうしょってるか
ウッドチャック*1が穴をどうほるか
モグラが縦穴をどう排水するか
コマドリがどうやってひなにえさをやるのか
コウライウグイス*2の巣は木にどのように付いているのか
白ユリはどこに咲くのか
食べごろのイチゴがどこになっているのか
アメリカホドイモ*3のつたはどこに這ってゆくのか
ブドウがたわわに実っているのはどこか
それから　ジカバチのずるいやり方と
巣の土壁をつくったその職人芸について
それに　熟練工スズメバチの建築設計についても知っていた！

本を読んでしらべなくても
みんな自然がおしえてくれる
手に手をとって自然と歩き
顔と顔をつきあわせて自然と語る
これこそ自然があたえるすばらしい喜び
だからこそ　はだしの子に祝福あれ！

ああなつかしい　子どものころの６月
ほんのひと月のあわただしい時期
見るもの聞くものすべてが
ご主人さまのこのわたしを待ちうけていた
まわりには木や花が咲きみだれ
ハチドリやミツバチも群れていた
リスがたわむれ　筒鼻のモグラがシャベルを動かし
わたしを楽しませてくれた
たわわに実った黒イチゴの円錐形のふさが
かきねや石のうえでむらさき色に熟してて
それをとって口に入れたっけ
小川はひるもよるも休みなく
ちょろちょろ笑って　わたしを喜ばせ
低いところへと流れながら　庭の壁にささやきかけては
わたしを話し相手にしてくれたっけ
カワカマスのいる砂浜に囲まれた池は　わたしのもの
そのむこうのクルミの木の丘も　わたしのもの
果樹園の枝もたわわに実っている
ヘスペリデス*4のリンゴも　わたしのもの！
成長して行動範囲がひろがって　わたしの富もふえてった
見たり知ったりする世界のあらゆるものが
中国の仕掛けおもちゃみたいに思えたっけ！
はだしの子の特別仕立てのおもちゃだった！

ああなつかしい　お祭りごっこ
ミルクとパンで　ごちそうはできあがり
灰色のざらざらした玄関の敷居の石に
スプーンと木のおわんをのっけて　さあ饗宴だ！
ゆうやけ空が王さまのテントのように
おおいかぶさって広がっていた
雲のあばら骨に支えられたむらさきのカーテン付きの
金の房飾りでまるく縁どりされたテント
その飾りの無数のひだが風になびいてゆれていた
オーケストラはまだら模様のカエルたち　音楽をかなでてくれたっけ
照明係はホタルたち　そうぞうしい合唱隊を照らしてくれたっけ
わたしは王さまで
華やかさと喜びが
給仕をつとめてくれたっけ！

だから少年よ！　ゆかいに
子どもらしく笑いながら生きなさい！
丘がかたくて　はだしで歩きにくくても
刈られた芝生の切り口がヤリみたいに　はだしを突きさしても
朝めざめれば必ずきみは
すがすがしい露をあびるし
夜になれば必ず涼しい風が
きみの足を冷やしてくれるのだから！
やがてきみはあっという間に大人になって
きみの足はうぬぼれという牢獄に押しこまれ
芝生を歩く自由をなくし　仕事のために
小馬のように　蹄鉄みたいな靴をはかされ
つらい作業場をあちこちと歩かされ
休みなくこき使われることになるのだから！
禁断の地に踏み入ったことがないのは幸せだ
罪という危険な底なしの砂地に
足を取られていないのは幸せだ
ておくれにならないうちに
今もっている喜びに気づけばいいのだが
はだしの子よ！

*1 ウッドチャック（woodchuck）──北アメリカに棲息するリス科の動物。
*2 コウライウグイス（oriole）──ユーラシア、アフリカ、ニューギニア、オーストラリアに分布するスズメ目コウライウグイス科 Oriolidae の鳴き鳥数種の総称。
*3 アメリカホドイモ（ground-nut）──北アメリカ産のマメ科の蔓性植物で塊茎が食用になるので、ポテト・ビーン（potato [wild] bean）ともよばれる。
*4 ヘスペリデス（the Hesperides）──ギリシア神話で、大地の女神ガイア（Gaea）がゼウス（Zeus）との結婚の祝いとしてゼウスの姉で、嫉妬深いヘラ（Hera）に贈った金のリンゴが植えられている園。このリンゴは竜のラドン（Ladon）とニンフたちによって守られている。

12　ジョージ・エリオット『サイラス・マーナー』（抜粋、1861年）

*出典
George Eliot, *Silas Marner*, 1861. ジョージ・エリオット『サイラス・マーナー』（土井治訳、岩波文庫、1988年）、235-237、247ページ。テキストの訳文は一部変更した。

*解説──北本正章
　19世紀のよき家庭小説の一つであるこの作品の作者ジョージ・エリオットは男性名であるが、実際はメアリー・アン・エヴァンズ（Mary Ann Evans, 1819-1880）という女流作家である。『サイラス・マーナー』の表紙扉にはワーズワース（William Wordworth, 1770-1850）の詩句「幼な児こそ、老いゆく人にとりて、この世の与うるいずれの賜物にもまさり、希望と明日の日待つ思いをもたらすものなれ」（Michael, l.146-147））を掲げていることに見られるように、ワーズワースらのロマン派の詩人たちの純真無垢の

付録──子ども学の基礎資料

子ども観の影響のなかで創作された作品である。主人公のサイラスは、あつく信じていた友人に裏切られ、婚約していた女性もこの裏切り者に奪われてしまったことから、人間一般に対する不信、世の中に対する虚無的な想いを深め、神をさえも呪いながら無為な人生を送っていた。唯一の慰めはお金を貯めることであったが、隠しておいたそのお金さえも盗まれてしまい、あらゆる希望を失ったしまってお酒を友とするしかなかったが、ある日、見捨てられた赤ん坊（エピー）をひろって育てることになる。赤ん坊との生活の中で、幼児のあどけない愛情に慰められ、次第に自分が抱いていた偏見や思い込み、被害妄想に気づき、幼いエピーとの交流のなかで、自分が人間として存在している根源的な自然性を支えているものに気づくようになり、血のつながらない育ての親として、「父ちゃん」という立場と責任、感性を形成する道を歩むことになる。女性である作家が、男性と女の子の赤ん坊との心の交流を深く切り結ぶなかで、主人公サイラスの虐げられた魂が幼い赤ん坊の成長によってどのように慰められるか、人生においてなにが幸せの根源なのかを、繊細な自然描写と人間性への温かい眼差しのなかで描いた作品である。これは、世の多くのサイラスに贈られた魂のメッセージである。

＊テキスト

　こうして月日のたってゆくにつれて、子どもは、彼の生活と、彼がこれまで恐れてたえず狭い孤独の中にとじこもっていた村の人たちの生活とのあいだに、日増しに新しいつながりをつくっていった。他になにものをも要求せず、ぴったりと扉をとざした孤独の中で崇められねばならなかった黄金──それは日の光からも隠され、どんな小鳥の歌も耳にはいらず、人の声に応じて飛びたつこともないものだった──とは異なって、エピーはたえずものを求め、はてしない欲望をもった生きものであった。日の光や、活きた物音や、活きた活動を求め、愛し、新しい歓びの生まれてくることを信じて、すべてのものをためしてみたり、彼女を見るすべての人の眼に、人間としてのやさしさをよびおこしたりするのであった。黄金は彼の心を、いつも同じものの周囲をぐるぐるまわらせ、それ以外のものに彼を誘うことがなかった。だがエピーは、変化と希望とがいっしょに結びついたもので、彼の心を先へ先へとみちびいてゆき、それが今までの彼の、空虚な極限の方へ夢中で進んでいったことから、遠く別な方向へ彼の心をみちびいていったのであった。来る年とともに同じようにやってくる、新しいものの方へと、彼の心をみちびいていったのであった。それはエピーがやがて、父のサイラスが、どれほど自分を大切にしてくれたか、ということがわかってくる時だった。そして彼は、近所の人々の家族のあいだを結びつけている関係や、親密さなどのうちに、はやその時の幻影を追い求めているのであった。黄金は彼に、いつまでもいつまでも織りつづけることを求めた。単調な織機の音と、くりかえし織る布以外には、すべてのことに耳をおおい、眼をふさいでいることを求めた。しかしエピーは、彼を織機にばかりすわらせてはおかなかった。そのあいまを、憩いの時と考えさせ、彼女の新しい生命で、彼の感覚をも眼ざめさせた。早春の暖かい日射しの中にはいだしてくる、冬を生きながらえた蠅にさえ、心をひかれるようにさせるのであった。そして、エピーが喜んでいるだけで、もう彼は心もあたたかく喜びを覚えるのであった。

　こうして日射しも次第に強く、日も長い季節になって、牧場にはきんぽうげが一面に咲き乱れるようになった頃には、うららかな昼間とか、物の影が生垣の下に長く地をはっているというような日暮れ時などに、石坑（ストーン・ピット）から、草花の茂っている方へと、帽子もかぶらずにエピーを連れて、ぶらぶら歩いてゆくサイラスの姿がよく見られたものである。こうして二人は、いつもの気に入りの堤にゆきつくと、そこに腰をおろし、エピーは花をつもうとして、よちよち歩き回り、美しい花びらの上に、愉しげにうなっている昆虫にものをいいかけたり、しじゅう花をつんでは彼のところにもってきて、「とうちゃん」の注意をひこうとするのであった。そうかと思うと、ふいに聞こえてくる小鳥の声に耳をすませたりする。サイラスはそのたびに、今一度その小鳥の声を聞こうと、しっしっと手ぶりをすれば、子どもがそれを面白がることも知った。そして小鳥の声がまた聞こえてくると、エピーは小さな背をまるめて、のどをくっくっと鳴らしては得意そうに笑うのであった。こうして堤の上に腰をおろしたまま、サイラスは、以前自分にはなじみの深かった薬草をまた探しはじめた。そしてその葉が、昔と少しも変わらない形や模様のついたままで、手のひらの上におかれると、さまざまの想い出が、むくむくと心のうちにわきあがってくるのであった。そうした時、彼はおずおずと顔をそむけ、自分の弱りきった魂の上に、そっと置かれているエピーの小さな世界のうちに身をかくしてしまうのであった。

　子どもの心が次第に知恵づいてゆくにつれて、彼の心には次々と想い出がよみがえってきた。子どもの生命の華が開いてゆくにつれ、冷たい狭い牢獄のうちに長いあいだ麻痺させられていた彼の心も、また開かれて、次第にはっきりした意識の方に、おののきながら移ってゆくのであった。
（中略）
　彼（サイラス）とこの子ども（エピー）とのあいだには、彼らを渾然とひとつのものに溶け込ませる愛があった。そして子どもと外の世界──いかにも人の親らしい顔だちや声の持ち主である男や女から、赤いテントウムシや小石に至るまで──のあいだにも、同じような愛があったのである。
（中略）
　遠い昔のこと、人びとの手を取って、破滅した町から遠くの土地へ連れ去ってゆく天使たちがいた。そう

世界子ども学大事典　　　　　　　　　　　　　　　　　　　　　　　　　　　　　　　　　　　1287

いう白い翼を持った天使の姿を、今、わたしたちは見ることができない。だが、それにもかかわらず、やはり人びとは恐ろしい破滅から救われてゆく。ひとつの手が、彼らの手にさしのべられ、その手は人びとを静かな明るい国へと、優しく導いてゆく。そして、人びとはもう二度と後ろを振り返ったりはしない。その手とは、いたいけな子どもの手にほかならない。

13* ホレイショ・アルジャー『ぼろ着のディック』（抜粋、1868年）

*出典
Horatio Alger, Ragged Dick, 1868. ホレイショ・アルジャー『ぼろ着のディック（アメリカ古典大衆小説コレクション）』（畔柳和代訳、松柏社、2006年）、1-8ページ。

*解説──伊藤敬佑訳
　ホレイショ・アルジャーの『ぼろ着のディック』の物語群は1867年から1870年にかけて公表された。それらはすべて、善良な性格と幸運の組みあわせによって、抑圧された状況から成功にいたる、若く貧しい主人公の感傷的な物語である。アルジャーの物語は、彼が慈善の新聞売り子下宿で出会った、ニューヨーク市のストリートチルドレンの生活にもとづいていた。これらの作品は、アメリカの少年に非常に人気となり、彼らはディックと彼の仲間から美徳と忍耐の重要性を学ぶこととなった。『ぼろ着のディック』の物語は、当時からの子どもに助言をあたえる文学においてポピュラーな、同一のメッセージを多く伝えた。『ぼろ着のディック』の原著から引用した以下の冒頭部において、読者はディックの特徴を紹介され、いく種かの違法行為は受け入れられるが、善良な少年が決して妥協することのできない、いくつかの価値基準があることを学ぶのである。

*テキスト
第1章　ぼろ着のディックをご紹介

　「おい坊主、起きろ」と荒々しい声がした。
　ぼろ着のディックはゆっくり両目を開け、声のする方をぼんやり見やったが、起き上がろうとはしなかった。
　「起きろよ、浮浪児」と男はいらつき気味に言った。「俺が声をかけなきゃ、1日じゅうそこで寝てんだろ」
　「いま何時？」とディックが訊ねた。
　「7時だ」
　「7時！」1時間も寝すごしちまった。そうか、眠くてたまらなかったのは夜更かしのせいだ。ゆうべオールド・バワリーに行って、戻ったのが12時すぎだからな」
　「オールド・バワリーに行った？　入場料はどうしたんだ？」と男は訊ねた。男はスプルース通りの会社にポーターとして雇われていた。
　「もち、磨いて稼いだのさ。芝居に行く金をくれる親なんかいないから、自分で稼ぐしかないんだ」
　「もっと楽に手に入れる坊主もいるがね」とポーターが意味ありげに言った。
　「盗みはしないよ。そういう意味なら」とディックは言った。
　「じゃあ盗みは絶対しねえのかい」
　「したことないし、これからもしないよ。する奴は多いけど、俺はしない」
　「そう言ってくれて、うれしいよ。お前もいいとこあんじゃねえか、ディック」
　「そりゃあ俺は荒くれ者さ！」とディックは言った。「でも人の物は盗らねえんだ。卑怯だもの」
　「その了見はうれしいねえ」男の口調がいくぶんやわらいだ。「朝飯代はあるのか」
　「まだ。でも、じきじきできるよ」
　このやりとりのあいだにディックは起き上がっていた。彼が寝室にしていたのは、わらが半分入った木箱だった。若き靴磨きはそこに疲れた手足を横たえ、まるで羽布団であるかのようにぐっすり眠ったのだ。わざわざ服を脱いだりせず、わらにどさりと倒れていた。起きるのも同様の早業だ。箱から飛び出し、体を揺すり、服の裂け目に入り込んだわらを1、2本つまみ出し、寝起きの髪に縁なし帽を載せれば、今日も仕事の準備は万端だ。
　箱のかたわらに立つディックの姿は、いささか奇妙だった。ズボンは何か所も破れていたし、初代の持ち主がディックより2サイズ大きい子だったことが一目瞭然だった。ベストのボタンは2個を残して全部取れ、下からのぞくシャツは1ヶ月も着たきりのようだ。このなりの仕上げにまとっている丈の長すぎるコートは、ざっと見たところ、はるか昔にさかのぼる代物だった。
　通常、1日のはじめに顔と手を洗うべきだと考えられているが、ディックはそんなお上品さを超越していた。汚れは格別嫌いではなく、顔と両手についている黒い筋も、取らなくていいと思っていた。だが、ほこりとぼろにもかかわらず、彼にはどこかしら魅力があった。もし清潔にして身なりもしゃんとしていたら、まぎれもなくハンサムであろうことは難なくわかった。仲間には悪賢い少年たちもいて、彼らは見るからに不信をいだかせたが、ディックは率直でごまかしがなく、みんなの人気者だった。
　ディックの始業時刻になった。だがオフィスを開ける必要なんてない。小さな道具箱は準備が整い、出番を待つばかりだ。ディックは道行く人々の顔をさっと見ては、一人ひとりに「靴磨きいかがっすか」と声をかけた。
　「いくらかね？」とオフィスへ向かう紳士が訊ねた。
　「10セントだよ」ディックは箱を地面に落として答え、歩道に両膝をつき、経験豊かな達人といった様子でブラシを振ってみせた。
　「10セント！　ちょいと高すぎやしないか？」「全部がもうけになるわけじゃないんだ」とディックは言

った。すでに仕事にかかっていた。「靴墨にもちょっとはかかるし、新しいブラシもちょくちょくいるし」
「ずいぶん大きな破れもあるし」紳士はからかい気味に言い、ディックの外套の大きな穴をちらりと見た。
「そうさ」とディックは言った。いつでも軽口を叩けるのだ。「五番街に屋敷があって、その家賃がものすごくて、1足10セントまでしかまけられないんだ。ぴっかぴかに磨くよ」
「どんどんやってくれ。急いでるんだ。さてと、五番街にお住まいだって？」
「ほかのどこでもございません」とディックは答えた。それは真実だった。
「ごひいきの仕立屋は？」紳士はディックの装いを眺めながら訊ねた。
「だんなもそこで仕立ててもらうおつもりで？」とディックがいたずらっぽく訊いた。
「いやいや。君の服をぴったり仕立てなかったように思えてね」
「このコートはその昔、ワシントン将軍のものだったんだ」とディックはおどけて言った。「将軍は革命戦争のあいだじゅうこれを着て激しく戦ってたんで、あちこち破けたんだ。将軍は息を引き取る間際、奥さんに言い残したんだよ。これをぜひ、コートのない、賢い若者にやってくれって。それで未亡人が俺にくれたんだ。でも、将軍の形見にお持ちになりたきゃ、手頃な値段でゆずってもいいよ」
「ありがとう。でもやめとくよ。君から取り上げたくないし。そのズボンもワシントン将軍にもらったのかい」
「いえ、こっちはルイ・ナポレオンからもらったんだ。ルイがおっきくなりすぎたんで、送ってくれてね。ルイは俺よりでかいもんで、ぶかぶかなんだ」
「ずいぶん有名なお友だちがいるようだね。さて、お代を払った方がいいだろうね」
「異議なしだよ」
「ところがあいにく」と紳士は財布の中身を調べながら言った。「25セントより細かいのがないんだ。釣り銭はあるかい」
「1セントも」とディックは言った。「金は全部エリー鉄道に投資してるんだ」
「それは残念」
「崩してもらってこようか」
「待ってられないんだ。約束があって、すぐに行かないと。25セント渡しとくよ。釣りは昼間の都合がいいとき、事務所へ届けてくれればいい。」
「わかったよ。場所はどこ？」
「フルトン通り125番地。覚えられるかい？」
「はい。名前は？」
「グレイソン。事務所は2階だよ」
「わかった。持っていくよ」
あのわんぱく小僧は正直者と出るかな、とグレイソン氏は歩きながら思った。もし正直者だったら、ひいきにしよう。たぶん違うだろうが、そうとしたって、15セントの損はたいしたことではない。
グレイソン氏はディックを理解していなかった。我らがぼろ着のヒーローは、あらゆる点で少年の鑑だったわけではない。残念ながら人をののしる言葉も口にしたし、田舎出のうぶな少年たちにいたずらを仕掛けたり、都会に不慣れな誠実な老紳士たちにわざと間違った道順を教えたりもした。クーパー・インスティテュートを探す牧師にトゥームズ拘置所への道順を教えたこともある。ディックはこっそりあとをつけて、何の疑いも持たぬ田舎者がセンター通りであの大きな石造りの建物の正面階段を上がり、なかに入れてもらおうとしているのを見て大喜びした。
なかに入れたって長居はごめんだろうなと、ぼろ着のディックはズボンをぐいっと引き上げながら考えた。少なくとも俺はごめんだな。むこうはこっちに会えたうれしさに、手放しちゃくれない。ま、ただで泊めてくれて、勘定書は絶対によこさねえけどな。
ディックには浪費という欠点もあった。つねに気配りを怠らず、商売する態勢でいたから、稼ぎは充分あり、何不自由ないまっとうな暮らしができるはずだった。ときどき仕事を頼んでくる若い事務員や店員には、風采や身なりでディックを大いに上回っていても、ディック並の収入をかろうじて得ている者も少なくなかった。だが、ディックは自分の稼ぎに無頓着だった。使い途もほとんど不明だった。昼にどんなに稼いでも、たいてい夜明け前には素寒貧になっている。オールド・バワリー劇場とトニー・パスター劇場に行くのが好きで、帰りに金が余っていれば、友だちを何人か誘ってどこかでオイスターシチューをごちそうするものだから、1日のはじめに1セントでもあることは稀だった。
タバコの習慣を身につけていたことも、残念ながら言っておかねばならない。これはかなり出費がかさんだ。ディックは葉巻については結構やかましく、一番の安物は喫まなかった。そのうえ気前がいいから、たいてい進んで仲間たちにおごった。でもタバコに反対する理由のなかで、費用はもちろん一番小さい。14の少年がタバコをすえば、ぜったい体を悪くする。大人もタバコのせいで体を壊しがちだし、少年なら例外なく体を壊してしまう。だが、新聞売りや靴磨きの少年の多くがこの習慣に染まる。寒さと雨にさらされ、タバコで体が暖まると知り、放縦がだんだん高じていくのだ。母親の目を離れるにはまだ幼い少年が、長年のタバコのみさながらの満足感を顔に浮かべてすっている光景は珍しくない。
もうひとつ別の方法でも、ディックはときどき金をすった。バクスター通りに有名な賭博場が一軒あり、夕暮れどきに時おり、少年博打うちでにぎわった。少年たちは苦労して稼いだ金を賭け、当然ながら通常は

負けて、1杯12セントの、胸の悪くなりそうな酒の混ぜものをときどき買って精をつける。時おりディックもそこへ迷い込んで、ほかの少年たちと賭けに興じた。

　ディックの欠点や弱点を挙げたのは、私が彼を少年の鑑と思っているわけではないことをご理解いただきたいからだ。けれど、ディックには長所もあった。卑怯なことや不名誉なことはしない子だった。物を掠めたり、だまし取ったり、年少者に無理強いすることは決してなく、率直で、ごまかしがなく、男らしく、自立心があった。生まれつき気高く、そのおかげで卑怯さはまったく持ち合わせていなかった。若い読者のみなさんが私同様、欠点を承知の上でディックを気に入って下さるよう願っている。一介の靴磨きだが、若いみなさんが見習える点もみつかるかもしれない。さて、これでどうやらぼろ着のディックを若いみなさんにかたよりなく紹介できた。そのさらなる冒険については次章を見ていただかねばならない。

14　ジェームズ・バリー『ピーター・パンとウェンディ』(抜粋、1911年)

*出典
Sir James M. Barrie, *Peter Pan and Wendy*, 1911. J・M・バリ『ピーター・パンとウェンディ』(高杉一郎訳、講談社青い鳥文庫、2010年)、61-63ページ。

*解説――北本正章
　ジェームズ・M・バリー(Sir James Matthew Barrie, 1860-1937)は、スコットランド生まれのイギリスの児童文学作家、劇作家である。スコットランドのカーリーミュアー(Kirriemuir)の織物職人の家に生まれ、苦学して地元のエディンバラ大学を卒業し、ノッティンガムの新聞社に勤めながら雑誌などに寄稿を続けて文才を磨いた。25歳の頃ロンドンに移り住んで文筆業に専念し、44歳頃に発表した『ピーター・パン』が大成功をおさめた。53歳のとき国王ジョージ5世から爵位をあたえられ、その後、セント・アンドルーズ大学学長、エディンバラ大学学長などをつとめた。

　『ピーター・パン』は、最初、子ども向けの演劇作品として1904年に書かれ、ロンドンで初演された。その後、1911年に『ピーター・パンとウェンディ』として小説化され、それ以降20世紀を通じて21世紀の今日にいたるまで、「ピーター・パン」は、子どもらしさの典型として、また、子どもの想像力を強くかきたてる文学キャラクターとして、国を超えて世界中に広まっている。この作品によってバリーは、大人の観客に向けて、20世紀初頭のエドワード朝以降のある特別な子ども観、すなわち、決して成長することがなく、それゆえに大人の世界から本質的に逃避し、それに同化できないままでいるほかない子どもの主人公、ピーター・パンを提示して、当時の子どもの発達イメージに一石を投じた。下のテキストにもあるように主人公のピーターは、年齢を語らない、つまり近代以降の公教育が学年制や学級制度によって、子どもを年齢で管理し、年齢をアイデンティティの規範とする教育文化を創り上げようとしたのに対して、年齢でははかれない子どもらしさの価値を示そうとした。19世紀が、厳格なしつけに守られた子ども期の純真無垢さというヴィクトリア時代の信奉を育んだとするなら、1904年作の『ピーター・パン』の演劇は、ダーリング家の子どもたちが窓から飛び出していくことによって、ヴィクトリア時代の子ども期からの文字どおりの脱出を描いているといえよう。子どもらしさの価値への惑溺と、大人文化への心理的距離の意識とによって『ピーター・パン』は、ヴィクトリア時代の子ども期の信奉を引き継ぐというよりはむしろ、子ども期への両面感情的なノスタルジーを新しく生み出す役割を果たしたともいわれる。物語の結末でウェンディは大人になり、ふたたびやってきたピーター・パンは彼女の娘をネバーランドへつれさる。そして、バリーは、この物語の末尾で、「子どもたちがほがらかで、むじゃきで、大胆であるかぎり、こういうふうにいつまでも順ぐりにつづくことでしょう」としめくくっている。

　下の引用テキストの終わり頃にある、「あのね、ウェンディ、最初の赤ん坊がはじめて笑ったとき、その笑いが千個にもはじけて、みんなとびはねるんだ。それが妖精の始まり。…だから、男の子にも女の子にも、ひとつずつ妖精がついているんだ。」というシーンについて、英文学者の富山太佳夫氏は、その著書『笑う大英帝国――文化としてのユーモア』(岩波新書、2006年)で、「世界で一番美しいのは、この笑いかもしれない」(166ページ)と評している。

*テキスト
　わたしたちのなかでは、人が紹介されたとき、おたがいに年をききあうのが習慣です。そこで、なんでも規則どおりにするのが好きなウェンディは、ピーターの年をききました。

　ピーターにとってそれはあんまりうれしい質問ではありません。イギリスの代々の王さまのことが試験に出ればいいと思っているのに、文法の問題が出たときのようなものです。

　ピーターは、どぎまぎしながら「知らない」と答えました。「でも、とてもわかいんだよ。」

　ほんとうは、年のことなんて、なんにも知らないのです。ただ、ぼんやり、こういうことじゃないかと思っていることがあったので、思いきって言ってみました。

　「ウェンディ、ぼく、生まれた日ににげだしちゃったんだ。」

　ウェンディは、ひどくびっくりしましたが、おもしろいとも思いました。

　そして、かわいらしい気どったしぐさで、自分の寝まきに手をふれて、もっと近くにいらっしゃいとさそいました。

　「それはね、お父さんとお母さんがね、ぼくが大人になったら、なににしたらいいだろうって話しているのが、聞こえたからさ。」

　ピーターはひくい声で説明しはじめましたが、その

うちにすっかりこうふんしてしまい、力をこめて言いました。
「ぼくは、大人になんか、けっしてなりたくないや。いつまでも小さな子どもでいて、おもしろいことをしていたいんだ。だから、ぼくはケンジントン公園へにげていって、妖精たちと長いことくらしていたのさ。」
ウェンディは、いかにも尊敬しているように、ピーターを見あげました。
ピーターは、自分がにげだしたせいだなと思いましたが、ほんとうはピーターが妖精と知りあいだときいたからでした。ウェンディが、あとからあとから妖精のことをきくので、ピーターはびっくりしてしまいました。
というのは、妖精はピーターのじゃまをしたりして、うるさいくらいに思っていましたし、ときにはじっさいに妖精たちからかくれなければならないこともありましたから。
それでも、ピーターは、だいたいに妖精が好きでしたので、ウェンディに妖精はどうして生まれるのか、話してやりました。
「あのね、ウェンディ。最初にできた赤ん坊がはじめて笑ったときにね、その笑いがこなごなにわれてしまって、それがみんなぴょんぴょん飛びだしちゃったんだ。それが妖精のはじまりというわけさ。」
こんなたいくつな話しでも、箱入りむすめのウェンディには、とてもおもしろいのです。
「だからね、どの男の子にも女の子にも、妖精がひとりずついなきゃいけないんだよ。」
ピーターは、あいそよく話しつづけました。
「いなきゃいけないんですって？ じゃ、じっさいにはいないの？」
「いないんだ。このごろの子どもって、とてももの知りだろ。妖精のことなんか、すぐ信じなくなっちゃうんだ。それで、子どもが『ぼく、妖精なんて信じないや』って言うたびに、どこかで妖精がぶったおれて、死んじゃうのさ。」

15* エドガー・ライス・バローズ『類人猿ターザン』（抜粋、1914年）

*出典
Edgar Rice Burroughs, *Tarzan of the Apes*, 1914. エドガー・ライス・バローズ『類人猿ターザン』（高橋豊訳、早川書房、1971年）、50-60ページ。

*解説──伊藤敬佑訳
20世紀前半に、パルプ・フィクションとして知られる、大衆的な文体の新しいジャンルが人気になった。安い紙に印刷された、「パルプ（安っぽい）」雑誌には、冒険もの、犯罪もの、恋愛ものの物語が連載された。『類人猿ターザン』は、1912年に雑誌「オール・ストーリー」で最初に公表され、このジャンルのもっとも成功した作品の一つである。その途方もない人気は、2ダースのターザン小説、さらにラジオ番組、映画、テレビ番組を生み出し、これらの創作物をブランド化した。
もととなる小説から引用した次章においては、幼児のターザンは、彼の父親が凶暴な類人猿カーチャクに殺害された後に、雌の類人猿カラに連れられてゆく。『ターザン』は若い読者を惹きつけたが、それはヴィクトリア朝時代の多くの子どもの本と異なり、『ターザン』が道徳教育ではなく娯楽をめざしたからである。しかしながら、現代の批評家たちは、ターザンの物語には、男らしさ、帝国主義、そして白人主義にかんするイデオロギー的なメッセージに大きく重点が置かれていると指摘している。

*テキスト
海から1マイル奥の台地の森の中では、類人猿カーチャク王が狂暴な怒りの発作をおこして部下に当たり散らしていた。
かれの部族の中の若くて身軽な連中は、いちはやく大木のずっとてっぺんの枝に駆け登って、難をのがれた。身軽だとはいえ、体重をかろうじて支えられる枝に登るのは命がけの冒険だったが、それでもカーチャク王のめちゃくちゃな怒りの発作の犠牲になるよりはましだった。
ほかの雄どもは四方八方に散ったが、逃げ遅れて、この狂暴な親玉の泡を吹いた大きな口で背骨に咬みつかれたものがいた。
運の悪い若い雌が高い枝につかまりそこねて、カーチャクの足もとの地面に墜落した。
カーチャクは荒れ狂った叫び声をあげてその雌に襲いかかり、強力な歯で彼女の脇腹をがっぷり咬みちぎってから、折った木の大枝で頭や肩をめちゃくちゃに叩きつけ、彼女の頭蓋骨はこなごなにつぶれてジェリーのようになってしまった。
それからかれは、カラに目をつけた。カラは赤ん坊を抱いて食物を捜しに行って帰って来たばかりで、親玉が癲癇をおこしているとはつゆ知らず、仲間の金切り声の警告ではじめてそれと気づき、あわてて逃げ出したのだった。
だが、すでにカーチャクはすぐ後ろに迫っていた。もし彼女が木から木へ空中を遠く飛び越えなかったら、きっと足首をつかまえられていただろう──きわどいところだった。これは類人猿にとってもきわめて危険な芸当で、絶体絶命のピンチに追いこまれて他に方法のない場合でなければやらなかった。
彼女はその跳躍に成功したのだが、しかし向こうの木の大枝につかまったとき、突然の震動が、彼女の頸にしがみついていた赤ん坊の手をゆるめた。彼女は小さな愛児がもんどりうって30フィート下の地面へ転落して行くのを見た。
カラはうろたえて泣き叫びながら、カーチャクの怒りなどはもはや念頭になく、まっしぐらにわが子のそばへ駆け降りた。だが、胸に抱きあげた小さな体は無

残に押しつぶされていて、息もなかった。

　彼女は地べたに坐って死体を抱きしめながら、さめざめと泣きつづけた。カーチャクもその邪魔をしようとはしなかった。カラの赤ん坊の死を目前に見て、悪魔にとりつかれたような怒りの発作が、かれをとらえたときと同様に突如として、去ってしまったのだった。

　カーチャクは体のずばぬけて大きな類人猿の王者で、体重は350ポンド以上あったろう。ひたいが極端に低く、狭く、小さな血走った目が平べったい下品な鼻のすぐそばにある。耳は細長くて大きいが、同族の中では小さい方だった。

　かれは殺伐な気性と絶大な武力によって、20年ほど前に生まれたこの小さな部族の首長にのしあがった。

　いまはかれの全盛期で、かれの君臨する広大なジャングルの中には、王座をかけてかれと力を競おうとするものはなく、ほかのもっと大きな野獣たちも、決してかれにさからわなかった。

　ただし、すべての野獣の中でただひとり、象のタンターだけはかれを恐れなかった——逆にいえば、カーチャクが恐れているのはタンターだけだった。タンターが吠えると、この類人猿の王者は部下と一緒に二番目に高い台地の木の上に逃げ隠れた。

　カーチャクが鉄の腕と鋭い牙で支配している類人猿の部族は、6ないし8家族からなり、それぞれの家族が一頭のおとなの雄と、数頭の妻、およびそれらの子供たちで構成され、部族の総員数は60ないし70頭に達していた。

　カラは、チュブラットという——つぶれた鼻という意味の——名で呼ばれる雄猿のいちばん若い妻で、墜落死したのは彼女の最初の子供だった。彼女はまだ十歳そこそこだったからだ。

　彼女は年若かったけれども、体が大きく、力も強かった——肢体の均斉のとれた美女で、円くひろいひたいは彼女の種族の中で抜群の知能の持主であることを示していた。したがって、彼女はまた母性愛や母親の悲しみなどの感覚も、すぐれて繊細だった。

　しかし、彼女はやはり大きな獰猛な類人猿で、ゴリラに近いがそれより知能のすぐれた部族だった。この部族は、結集することによって人類の祖先の中で最も強大な力を発揮し、野獣の間では脅威的存在になっていたのだ。

　かれらはカーチャクの怒りが静まったのを見ると、樹上の避難場所からゆっくり降りて来て、中断されたそれぞれの作業を再開した。

　子供たちは樹木や草やぶの間を飛びまわって遊んだ。おとなの一部は地面をおおったやわらかな枯れ草の上に腹ばいになり、その他のものたちは落ちた枝や土くれを掻きおこして、かれらの食物の一つである小さな半翅類や爬虫類の昆虫をあさった。

　またあるものは付近の木に登って、果物や木の実、小鳥やその卵などを探した。

　こうして1時間ほどすると、カーチャクはかれらを呼び集め、かれらについて来いと命令して、海岸へ向かって出発した。

　原野を移動する場合は、たいがい象の道をたどりながら歩いた。象の群れが往き来したあとには、灌木やつた草やつる草や樹木の入り組んだ迷路の中に、ちゃんと道ができているからだ。かれらが歩くときは、両手の握りこぶしを地面において、不器用な体を前へふり動かしながら、転げるような、ぶざまな歩き方だった。

　しかし、やや低い樹木の間の道を行くときは、かれの親戚である小猿類のような身軽さで枝から枝へ飛びながら、敏捷に移動する。カラはその間ずっと、死んだ赤ん坊をしっかと胸に抱きしめていた。

　海辺を見おろす丘の頂きに着いたのは、昼すぎだった。丘の下に小さな家があり、それがカーチャクの目標だった。

　そのふしぎな丸太小屋に住む奇怪な白猿の手にした小さな黒い棒のようなものがどえらい音を立てる寸前に、かれの子分が死んでしまったのを、かれは何度も目撃していた。そこでかれは、そのふしぎな凶器を横取りし、謎の小屋の内部を調べてみようと決心したのだった。

　かれは憎しみかつ恐れているその奇怪な動物の首に咬みついてやりたくてたまらなかった。そのために、かれはしばしば部族を連れて偵察に来て、相手の隙をうかがっていた。

　最近かれらはその小屋を襲撃することも、姿を見せることすらやめてしまった。いままでそうするたびに、例の黒い棒が轟然と吠え立てて、部族のだれかに恐ろしい死の宣告を下したからだ。

　今日はあたりにその白い類人猿の姿が見えなかった。また、かれらの偵察している地点から、小屋のドアが開けっぱなしになっているのも見えた。ゆっくり、用心深く、音もなくかれらはジャングルから這い出して、小屋の方へ前進して行った。

　うなり声も、怒りの雄叫びもあげなかった。静かに近づかないと、小さな黒い棒が目を醒ますことが、いままでの経験でわかっていた。

　かれらは前進をつづけ、ついに先頭のカーチャクが目標のドアにこっそりたどり着いて、小屋の中をのぞきこんだ。かれの後から二頭の雄と、子供の死骸を抱いたカラがやって来た。

　小屋の中では、奇怪な白い類人猿がテーブルの上に上半身を伏せて、両腕の間に頭をうずめているのが見えた。そしてベッドの上には帆布でおおわれたものが横たわり、丸木造りの小さな揺り籠の中から赤子の訴えるような泣き声が聞こえる。

　カーチャクは上体をかがめて突撃の構えをしながら、音もなく忍びこんだ。するとそのとき、ジョン・クレイトンが気配に驚いて立ちあがり、向き直った。

かれの目に映った光景は、恐怖でかれを凍らせたにちがいない。通路の内側に巨大な類人猿が三頭いて、その背後にも何十頭か数えきれぬほど群がっていたからだ。その上、拳銃は遠くの壁に吊してあり、猟銃もその横にあった。しかも、カーチャクはいきなりに襲いかかってきた。

やがて類人猿の王者は、ぐったりとなったグレイストーク卿ジョン・クレイトンの体を放すと、小さな籠のほうへ目を向けた。だが、カラがそこに立ちはだかっていた。そして、カーチャクが赤ん坊をつかもうとすると、彼女はすばやくそれを抱きあげ、奪いかえそうとするかれの手をすりぬけて通路から飛び出し、高い木の中に隠れてしまった。

彼女はアリス・クレイトンの赤ん坊を籠から抱きあげると、自分の子の死骸をその中に入れて行った。生きている赤子の泣き声が、死んだ子では柔らげてやることのできない野獣の心の中の普遍的な母性愛の求めに答えたのだ。

大きな木の枝をかいくぐって高く登ると、彼女はかん高い声で泣きつづける赤子を胸に抱きしめた。するとまもなく、幼児のやさしい美しい母親の心にあったものと同じようなこの野獣の雌の母性本能が、人間の赤子の芽ばえかけた知覚に通じて、泣くのをやめた。

それから飢えが二人の間の溝を埋めた。そしてイギリスの貴族の子が、大きな類人猿カラの乳房から乳を吸った。

その間に、小屋の中の野獣たちは、奇怪なねぐらの内部の品々を用心深く調べていた。

カーチャクはクレイトンが死んだことに満足すると、こんどは帆布におおわれてベッドに横たわっているものに着目した。

おそるおそるおおいの端を持ちあげた。そしてその下のアリスの死体を見ると、乱暴に布をはぎ飛ばし、毛むくじゃらな大きな両手で冷たい白い頸をつかんだ。

一瞬冷たい肉の中に深く指をめりこませてから、彼女がすでに死んでいることに気づくと、目を転じて部屋の中の品々を点検しはじめた。アリスの死体にも、クレイトンの死体にも、もはや目もくれなかった。

壁に掛けられた猟銃が、まず、かれの目を惹いた。それはかれが何ヶ月もの間思いこがれてきた、死を与える、ふしぎな雷の杖だった。だが、いざそれが手のとどくところにあると、にわかにそれをつかむ勇気がなくなった。

かれはそれが例の雷のような声で話しかけたら、すぐさま逃げる構えをしながら、用心深く近づいた。無知か短気から、それを持っていたふしぎな白い類人猿を襲ったかれの部下どもにとって、その声は死を宣告していたのだ。

かれの頭脳の深層の中で、この雷の杖はそれを扱うことのできる者の手にあるときだけ危険なのだと、なにかがかれに語りかけた。だが、かれが思いきってそれに手を触れるまでに数分かかった。

その前に、かれはまず部屋の中を往ったり来たりしながら、欲望の対象から一瞬も目をはなさずに、ためつすがめつ眺めた。

人間が松葉杖をついているときのような恰好に長い両腕の肘を張り、大きな上体を左右にゆすぶりながら、類人猿の王者は部屋の中を歩きつづけた。太いうなり声をひっきりなしに洩らし、それがときどき耳をつん裂くような叫びに変わった。この広いジャングルで、これほどもの凄い叫び声をあげることのできるものはいなかった。

やがてかれは猟銃の前で足をとめた。ゆっくり手をあげて、ぴかぴか光る銃身にもう少しで触れるところまで近づけたが、またすぐひっこめて、せわしく歩きつづけた。

この巨大な野獣は肩で風を切って歩いて強胆を装ったり、蛮声を張りあげたりすることによって、敢然と猟銃を手に取るだけの勇気をふるい起こそうとしているかのようだった。

ふたたびかれは立ちどまった。そして、こんどはためらう手を冷たい銃にやっと触れさせることに成功したが、すぐさまひっこめて、また気ぜわしく床を踏み鳴らしはじめた。

この奇妙な儀式は何度もくりかえされた。そして、くりかえすたびに自信が強まり、ついに猟銃は掛けがねからひったくるようにして野獣の手におさまった。

こうした儀式がつづけられている間、部屋にはいった類人猿たちは通路のそばにひしめきあって坐って、じっと親玉を見守り、小屋の外のものたちも中で起こっている出来事を一目見んものと、押し合いへし合いしていた。

突然カーチャクの指が銃の引き金を握りしめた。狭い部屋で雷鳴のような轟音が爆裂し、通路のまわりにいた野獣どもはわれ先に逃げようとして、折り重なって倒れた。

カーチャクも同じようにびっくり仰天し、すっかり気が転倒して、その恐ろしい音を発したご本体を投げ捨てることさえ忘れ、それをしっかりと片手に握りしめたまま通路へ突進した。

通路を駆けぬけるとき、猟銃の先端の照星が中へ開くようになっているドアの端にひっかかり、ドアはその力で、逃げる類人猿の王者の背後でばっちり閉まった。

カーチャクは小屋から少し離れたところで立ちどまり、自分がまだ猟銃を持っていることにやっと気づくと、まるで真赤に熱した鉄の棒でも投げ捨てるような手ぶりでそれをほうり出し、二度と拾おうとしなかった。さっきの轟音が野獣の神経には強烈すぎたのだ。しかし、やがてかれは、その恐るべき杖がそのままほうっておけばまったく無害であることがわかってきた。

類人猿たちがふたたび勇気をふるい起こして調査を

つづけるために小屋に近づくまでに、一時間かかった。だが、やっと接近したものの、残念なことにドアは閉まっていた。非常に固く締まっていたために、どうすることもできなかった。

ドアに取りつけられた巧妙な構造のさし錠が、カーチャクが偶然ドアを強く閉めたショックでがっちりはまってしまったのだ。かれらは厳重な格子のはまった窓から侵入する方法を発見できなかった。

しばらくその付近をうろつき回ったあと、かれらは根拠地の高地の深い森への帰路についた。

カラは小さな養子を抱いて樹上に逃げたまま、一度も降りて来なかった。しかし、カーチャクが安心して降りて来いと呼びかけると、その声に怒りの語調がまったくなかったので、彼女は軽軽と枝から枝を渡って降りて、家路に向かう仲間の行進に加わった。

仲間がカラの奇妙な赤ん坊を見ようとして近寄ると、カラは歯をむき出して威嚇的にうなり、どやしつけた。

かれらがその子に危害を加えないことを約束すると、彼女はやっと近づくことを許したが、決して彼女の養子に手を触れさせなかった。

それはあたかも、その子が体がか弱く、きゃしゃなことを彼女は知っていて、仲間のあらっぽい手で傷つけられないように、気を配っているかのようであった。

彼女が気を配ったことはもう一つある——それが彼女の帰路の旅にかなりの重荷になった。自分のほんとうの子の無残な死を思い出した彼女は、どこを行進するときも、片手で新しい赤ん坊をしっかりと抱きしめていたことだ。

ほかの子供たちは母親の背中にまたがっていた。小さな腕で前にある毛むくじゃらな頸につかまり、両脚は母親の脇の下にかかえこまれていた。

カラはそうしなかった。彼女はグレイストーク卿の遺児の小さな体を胸に抱きかかえ、その子のちっちゃな両手は彼女の長い黒い胸毛につかまっていた。彼女は自分の子が彼女の背中から落ちて死んだのを目撃していたので、もう二度とそのような危険をおかしたくなかったのだ。

16　吉野源三郎『君たちはどう生きるか』

（抜粋、1937年）

*出典
吉野源三郎『君たちはどう生きるか』（岩波文庫、1988年）、52-54、128-131、135-136、250-253ページ。
*解説——北本正章
　吉野源三郎（1899［明治32］-1981［昭和56］年）は、編集者・児童文学者・評論家・翻訳家・反戦運動家・ジャーナリストとして、戦前・戦中・戦後を通して、雑誌「世界」初代編集長、岩波少年文庫の創設、明治大学教授、岩波書店常務取締役、日本ジャーナリスト会議初代議長、沖縄資料センター世話人など、多方面で言論人として足跡をきざんだ。

旧制第一高等学校を2年留年して卒業後、東京帝国大学経済学部に入学したが、文学部哲学科に転部した。26歳で大学卒業後、陸軍に入隊し、除隊後は東京大学図書館に就職した。32歳の時［1931年：昭和6年］）、治安維持法事件で逮捕され、軍国主義への強い不信感が生まれ、後年の反戦活動、理想主義的な思想活動につながったといわれている。1935（昭和10）年、山本有三（1887［明治20］年-1974［昭和49］年）の「日本少国民文庫」編集主任に就任し、1937（昭和12）年には明治大学講師に就任した。この年、『君たちはどう生きるか』を刊行し、翌年、岩波書店に入社した。1938（昭和13）年に岩波新書を創刊し、1939（昭和14）年にふたたび大学に戻り、明治大学教授に就任した。1981（昭和56）年、肺気腫症のため、82歳で死去。

以下に紹介した部分は、戦前の軍国主義と反知性主義がはびこる日本社会の厳しい現実に生まれた子どもたちの思春期の学びを支える倫理思想の結晶ともいえるものである。吉野源三郎のこれらの言葉は、子ども期の学びの想像力を刺戟し、倫理と知性の誠実な結びつきを共感性ゆたかにはぐくむ、「生きることと学びつづけることの誠実な緊張関係」を見事に描いており、時代と社会と世代を超えて、学びの心を強くするメッセージである。

*テキスト
真実の経験について
（中略）
　たとえば、絵や彫刻や音楽の面白さなども、味わってはじめて知ることで、すぐれた芸術に接したことのない人に、いくら説明したって、わからせることは到底出来はしない。殊に、こういうものになると、ただ眼や耳が普通に備わっているというだけでは足りなくて、それを味わうだけの、心の眼、心の耳が開けなくてはならないんだ。しかも、そういう心の眼や心の耳が開けるということも、実際に、すぐれた作品に接し、しみじみと心を打たれて、はじめてそうなるのだ。まして、人間としてこの世に生きているということが、どれだけ意味のあることなのか、それは、君が本当に人間らしく生きて見て、その間にしっくりと胸に感じとらなければならないことで、はたからは、どんな偉い人をつれて来たって、とても教えこめるものじゃあない。

むろん昔から、こういう事について、深い智慧のこもった言葉を残しておいてくれた、偉い哲学者や坊さんはたくさんある。今だって、本当の文学者、本当の思想家といえるほどの人は、みんな人知れず、こういう問題について、ずいぶん痛ましいくらいな苦労を積んでいる。そうして、その作品や論文の中に、それぞれ自分の考えを注ぎこんでいる。たとえ、坊さんのようにお説教をしていないにしても、書いてあることの底には、ちゃんとそういう智慧がひそめてあるんだ。だから、君もこれから、だんだんにそういう書物を読

み、立派な人々の思想を学んでゆかなければいけないんだが、しかし、それにしても最後の鍵は、――コペル君、やっぱり君なのだ。君自身のほかにはないのだ。君自身が生きて見て、そこで感じたさまざまな思いをもとにして、はじめて、そういう偉い人たちの言葉の真実も理解することが出来るのだ。数学や科学を学ぶように、ただ書物を読んで、それだけで知るというわけには、決していかない。

だから、こういう事についてまず肝心なことは、いつでも自分が本当に感じたことや、真実心を動かされたことから出発して、その意味を考えてゆくことだと思う。君が何かしみじみと感じたり、心の底から思ったりしたことを、少しもゴマ化してはいけない。そうして、どういう場合に、どういう事について、どんな感じを受けたか、それをよく考えて見るのだ。そうすると、ある時、ある所で、君がある感動を受けたという、繰りかえすことのない、ただ一度の経験の中に、その時だけにとどまらない意味のあることがわかって来る。それが、本当の君の思想というものだ。これは、むずかしい言葉でいいかえると、常に自分の体験から出発して正直に考えてゆけ、ということなんだが、このことは、コペル君！　本当に大切なことなんだよ。ここにゴマ化しがあったら、どんなに偉そうなことを考えたり、言ったりしても、みんな嘘になってしまうんだ。(52-54ページ)

人間であるからには――貧乏について
(中略)
　コペル君、君も大人になってゆくにつれて、だんだんと知って来ることだが、貧しい暮しをしている人というものは、たいてい、自分の貧乏なことに、引け目を感じながら生きているものなんだよ。自分の着物のみすぼらしいこと、自分の住んでいる家のむさ苦しいこと、毎日の食事の粗末なことに、ついはずかしさを感じやすいものなのだ。もちろん、貧しいながらちゃんと自分の誇りをもって生きている立派な人もいるけれど、世間には、金のある人の前に出ると、すっかり頭があがらなくなって、まるで自分が人並みでない人間であるかのように、やたらにペコペコする者も、決して少なくはない。こういう人間は、無論、軽蔑に値する人間だ。金がないからではない。こんな卑屈な根性をもっているという点で、軽蔑されても仕方がない人間なのだ。

――しかし、コペル君、たとえちゃんとした自尊心をもっている人でも、貧乏な暮しをしていれば、何かにつけて引け目を感じるというのは、免れがたい人情なんだ。だから、お互いに、そういう人々に余計なはずかしい思いをさせないように、平生、その慎みを忘れてはいけないのだ。人間として、自尊心を傷つけられるほど厭な思いのすることはない。貧しい暮しをしている人々は、その厭な思いを嘗めさせられることが多いのだから、傷つきやすい自尊心を心なく傷つけるようなことは、決してしてはいけない。

そりゃあ、理窟をいえば、貧乏だからといって、何も引け目を感じなくてもいいはずだ。人間の本当の値打は、いうまでもなく、その人の着物や住居や食物にあるわけじゃあない。どんなに立派な着物を着、豪勢な邸に住んで見たところで、馬鹿な奴は馬鹿な奴、下等な人間は下等な人間で、人間としての値打がそのためにあがりはしないし、高潔な心をもち、立派な見識を持っている人なら、たとえ貧乏していたってやっぱり尊敬すべき偉い人だ。だから、自分の人間としての値打に本当の自信をもっている人だったら、境遇がちょっとやそっとどうなっても、ちゃんと落着いて生きていられるはずなんだ。僕たちも、人間であるからには、たとえ貧しくともそのために自分をつまらない人間と考えたりしないように、――また、たとえ豊かな暮しをしたからといって、それで自分を何か偉いもののように考えたりしないように、いつでも、自分の人間としての値打にしっかりと目をつけて生きてゆかなければいけない。貧しいことに引け目を感じるようなうちは、まだまだ人間としてダメなんだ。

しかし、自分自身に向かっては、常々それだけの心構えをもっていなければならないにしろ、だからといって、貧しい境遇にいる人々の、傷つきやすい心をかえりみないでもいいとはいえない。少なくとも、コペル君、君が貧しい人々と同じ境遇に立ち、貧乏の辛さ苦しさを嘗めつくし、その上でなお自信を失わず、堂々と世の中に立ってゆける日までは、君には決してそんな資格がないのだよ。このことは、よくよく心にとめておきたまえ。もしも君が、うちの暮しのいいことを多少とも誇る気になったり、貧しい人々を見さげるような心を起こしたら、それこそ君は、心ある人からは冷笑される人間になってしまうのだ。人間として肝心なことのわからない人間、その意味で憐れむべき馬鹿者になってしまうのだ。(128-131ページ)

そうだ、たしかに間違ったことだ。人間であるからには、すべての人が人間らしく生きて行けなくては嘘だ。そういう世の中でなくては嘘だ。このことは、真直ぐな心をもっている限り、誰にだって異議のないことなんだ。だが、今のところ、どんなに僕たちが残念に思っても、世の中はまだそうなってはいない。人類は、進歩したといっても、まだ、そこまでは行きついていないのだ。そういうことは、すべて、これからの問題として残されているのだ。

そもそも、この世の中に貧困というものがあるために、どれほど痛ましい出来事が生まれて来ているか。どんなに多くの人々が不幸に沈んでいるか。また、どんなに根深い争いが人間同志の間に生じて来ているか。僕は、いま仕合せに暮らしている君に、わざわざそれを話して聞かせようとは思わない。僕が説明しないで

も、やがて大人になってゆくにつれて、君は、どうしてもそれを知らずにはいないだろう。

では、なぜ、これほど文明の進んだ世の中に、そんな厭なことがなお残っているのだろうか。なぜ、この世の中から、そういう不幸が除かれないでいるのだろうか。このことも、君の年で、十分に正しく理解することは、まだむずかしい。

これについては、君がもっと大きくなって、こみ入った世の中の関係を十分に知り、思慮も熟したところで、正しい判断を見つけても、決して遅くはない。

ただ、いまの君にしっかりとわかっていてもらいたいと思うことは、このような世の中で、君のようになんの妨げもなく勉強ができ、自分の才能を思うままに延ばしてゆけるということが、どんなにありがたいことか、ということだ。コペル君！「ありがたい」という言葉によく気をつけて見たまえ。この言葉は、「感謝すべきことだ」とか、「御礼をいうだけの値打がある」とかという意味で使われているね。しかし、この言葉のもとの意味は、「そうあることがむずかしい」という意味だ。「めったにあることじゃあない」という意味だ。自分の受けている仕合せが、めったにあることじゃあないと思えばこそ、われわれは、それに感謝する気持になる。それで、「ありがたい」という言葉が、「感謝すべきことだ」という意味になり、「ありがとう」といえば、御礼の心持をあらわすことになったんだ。ところで、広い世の中を見渡して、その上で現在の君をふりかえって見たら、君の現在は、本当に言葉どおり「ありがたい」ことではないだろうか。（135-136ページ）

人間の悩みと、過ちと、偉大さとについて
（中略）

僕たちは人間として生きてゆく途中で、子供は子供なりに、また大人は大人なりに、いろいろ悲しいことや、つらいことや、苦しいことに出会う。もちろん、それは誰にとっても、決して望ましいことではない。しかし、こうして悲しいことや、つらいことや、苦しいことに出会うおかげで、僕たちは、本来人間がどういうものであるか、ということを知るんだ。

心に感じる苦しみや痛さだけではない。からだにじかに感じる痛さや苦しさというものが、やはり、同じような意味をもっている。健康で、からだになんの故障も感じなければ、僕たちは、心臓とか胃とか腸とか、いろいろな内臓がからだの中にあって、平生大事な役割を務めていてくれるのに、それをほとんど忘れて暮らしている。ところが、からだに故障が出来て、動悸がはげしくなるとか、おなかが痛み出すとかすると、はじめて僕たちは、自分の内臓のことを考え、からだに故障の出来たことを知る。からだに痛みを感じたり、苦しくなったりするのは、故障が出来たからだけれど、逆に、僕たちがそれに気づくのは、苦痛のおかげなのだ。

苦痛を感じ、それによってからだの故障を知るということは、からだが正常な状態にいないということを、苦痛が僕たちに知らせてくれるということだ。もし、からだに故障が出来ているのに、なんにも苦痛がないとしたら、僕たちはそのことに気づかないで、場合によっては、命をも失ってしまうかも知れない。実際、むし歯なんかでも、少しも傷まないでどんどんとウロが大きくなってゆくものは、傷むものよりも、つい手当がおくれ勝ちになるではないか。だから、からだの痛みは、誰だって後免こうむりたいものに相違ないけれど、この意味では、僕たちにとってありがたいもの、なくてはならないものなんだ。――それによって僕たちは、自分のからだに故障の生じたことを知り、同時にまた、人間のからだが、本来どういう状態にあるのが本当か、そのことをもはっきりと知る。

同じように、心に感じる苦しみやつらさは人間が人間として正常な状態にいないことから生じて、そのことを僕たちに知らせてくれるものだ。そして僕たちは、その苦痛のおかげで、人間が本来どういうものであるべきかということを、しっかりと心に捕えることが出来る。

〇

人間が本来、人間同志調和して生きてゆくべきものでないならば、どうして人間は自分たちの不調和を苦しいものと感じることが出来よう。お互いに愛しあい、お互いに好意をつくしあって生きてゆくべきものなのに、憎みあったり、敵対しあったりしなければいられないから、人間はそのことを不幸と感じ、そのために苦しむのだ。

また、人間である以上、誰だって自分の才能をのばし、その才能に応じて働いてゆけるのが本当なのに、そうでない場合があるから、人間はそれを苦しいと感じ、やり切れなく思うのだ。

人間が、こういう不幸を感じたり、こういう苦痛を覚えたりするということは、人間がもともと、憎みあったり敵対しあったりすべきものではないからだ。また、元来、もって生まれた才能を自由にのばしてゆけなくてはウソだからだ。

およそ人間が自分をみじめだと思い、それをつらく感じるということは、人間が本来そんなみじめなものであってはならないからなんだ。

コペル君、僕たちは、自分の苦しみや悲しみから、いつでも、こういう知識を汲み出して来なければいけないんだよ。（250-253ページ）

3　古典作品

17* プラトン『国家』（抜粋、紀元前4世紀）

*出典
Plato（前427-347）, *The Republic*（前370-375）. プラトン『国家』（上・下）（藤沢令夫訳、岩波文庫、1979年）、168（367C 14）-177（379A 14）ページ。

*解説——北本正章訳

　紀元前370～375年頃、プラトンによって書かれた古典テキスト『国家』は、正義の本質を探究した書であり、人間の行為を導くべき道徳的真理の発見を試みたものである。プラトンは、人間と国家について彼がいだいた疑問を提示するために、ソクラテスの問答法[*1]を用いている。『国家』の中でプラトンは、特別な道徳的な訓練を受けた守護者[*2]に導かれる権威主義的な国家を建設することを提案している。「第3の書」では、登場人物のソクラテスは、守護者になるのにふさわしい、子ども期の教育をめぐって、グラウコンとアデイマントス——この二人はプラトンの兄弟である——とのあいだで議論を展開させている。以下に引用したテキストでは、プラトンは、未来の国家の指導者たちの徳性を守護するために厳しく吟味された物語の必要性を強く主張している。『国家』では、教育の目的は青少年の自己発見をおしすすめることにではなく、国家の守護者を作ることにあるとされている。

*1　ソクラテスの問答法（Socratic dialogues, Socratic elenchus, Socratic Method）——俗に「ソクラテス法」「産婆法」とも呼ばれる。問答をくりかえすことによって、自然に相手が、「自分が無知であること」（無知の知）を自覚し、理解できていることと理解できていないことの境界が明確になることによって、みずから真理を見いだしていくこと。真理を外から押しつけるのではなく、みずからの内面から引き出すように仕向ける教育方法。聞き手が無知を装って逆に相手にみずからの無知を悟らせる方法は「ソクラテス的アイロニー」（Socratic Irony）とよばれる。ソクラテス的問答法では対話者の「発問」能力が重視される。

*2　守護（guardian）——「独裁者」でなく、知を愛し、気概があり、敏速で、強い人間である国家の守護者。以下の岩波文庫版では「守護神」。

*テキスト

　「こうしてわれわれにとって、国家のすぐれて立派な守護神となるべき者は、その自然本来の素質において、知を愛し、気概があり、敏速で、強い人間であるべきだということになる。」
　「まったくおっしゃるとおりです」と彼は答えた。
　「ではその人は、もともとそのように生まれついているものとしよう。しかしそれでは、彼ら守護神たちは、どのような仕方で養育され、教育されるべきだろうか？　——それにまた、いったいこのことの考察は、われわれがいまやっているすべての考察の目的である、〈正義〉と〈不正〉とがどのような仕方で国家のなかに生じてくるかをしかと見きわめるのに、何か役に立つだろうか？　というのは、議論を不充分のままにしておくわけにもいかないし、かといって、話がひどくこみいって、長くなりすぎても困るしね」
　するとグラウコンの兄が言った。
　「それはもう、わたしとしては、そのことの考察は本来の目的のために、きっと役に立つものと考えます」
　「ゼウスに誓って、親しいアデイマントス」とぼくは言った、「そうとすれば、たとえもっと長いものになるとしても、けっしてそのことの考察をはぶいてはならないわけだね」
　「ええ、けっして」
　「さあそれでは、物語を用いて話をするようなやり方で、そしてたっぷり暇があるつもりで、その人たちを言論の上で教育しようではないか」
　「ええ、そうしなければなりません」

17
　「では、その教育とは、どのようなものであろうか？　それとも、長い年月によってすでに発見されている教育のあり方よりも、さらにすぐれたものを発見するのは、むずかしいというべきだろうか？　そういう教育のあり方としては、身体のためには体育が、魂のためには音楽・文芸があるはずだが」
　「ええ、あります」
　「ではわれわれは、体育による教育よりも、音楽・文芸による教育のほうを先に始めるべきではないだろうか」
　「当然そうでしょう」
　「ところで」とぼくは言った、「言葉（話）というものを、音楽・文芸に属するものとして考えるかね、それともそうは考えないかね？」
　「そう考えます」
　「言葉（話）には二種類あって、ひとつは真実のもの、もうひとつは作りごとの言葉（話）なのではないのかね」
　「ええ」
　「教育はその両方の種類の言葉（話）で行なわなければならないが、作りごとの言葉（話）による教育のほうを、先にすべきではないか」
　「それはどういうことでしょう」と彼は言った、「よくわかりませんが」
　「君にはわからないかね」とぼくは答えた、「われわれは子供たちに、最初は物語を話して聞かせるではないか。これは全体としていえば、作りごとであるといえよう。真実もたしかに含まれてはいるがね。そしてわれわれは子供たちに対して、体育よりも先に物語を用いるのだ」
　「おっしゃるとおりです」
　「そのことをぼくは言っていたのだ。体育よりも先に音楽・文芸を手がけるべきだ、というふうにね」
　「正しいことです」と彼は言った。

「ところで君も知るとおり、どのような仕事でも、その始めこそが最も重要なのだが、何であれ、若くて柔かいものを相手にする場合には、とくにそうなのではないかね？　なぜなら、とりわけその時期にこそ形づくられるのだし、それぞれの者に捺そうと望むままの型がつけられるからだ」

「まさにそのとおりです」

「それならわれわれとして、次のことをそう簡単に見のがしてよいものだろうか——行き当りばったりのものどもがこしらえ上げた行き当りばったりの物語を子供たちが聞いて、成人したならば必ずもってもらいたいとわれわれが思うような考えとは、多くの場合、正反対の考えを彼らがその魂のなかに取り入れるのを？」

「いいえ、何としても見のがすべきではありません」

「そうすると、どうやらわれわれは、まず第一に、物語の作り手たちを監視しなければならないようだ。そして、彼らがよい物語を作ったならそれを受け入れ、そうでない物語は拒けなければならない。受け入れた物語は、保母や母親たちを説得して、子供たちにそういう物語をこそ話して聞かせるようにさせるだろう。そのようにして、手を使って子供たちの身体を丈夫に形づくることよりも、物語によって彼らの魂を造形することのほうを、はるかに多く心がけさせることになるだろう。しかし、現在語り聞かせてやっている物語の多くは、これを追放しなければならないのだ」

「どのような物語ですか？」とアデイマントスはたずねた。

ぼくは言った。

「大きな物語をとってみれば」と僕は言った、「われわれはその中に小さな物語をも見ることになるだろう。なぜなら、物語というものは、それが大きくても小さくても、その型は同じであるべきだし、同じ効力をもっていなければならないから。そう思わないかね？」

「そう思います」と彼は言った、「しかし大きな物語といわれるのがどのような物語のことなのか、いっこうに思い当たりませんが」

「ヘシオドスとホメロスがわれわれに語った物語、そしてその他の詩人たちが語った物語のことだ」とぼくは言った、「というのは、彼らは人間たちのために、作りごとの物語を組み立てては語っていたのだし、いまも語り続けているといえるからね」

「それは、どのような物語のことでしょうか？　また彼らのどの点を非難して、そうおっしゃるのでしょうか？」と彼はたずねた。

ぼくは答えた、

「何よりも先に、何よりもつよく非難しなければならない点——とくに、よからぬ仕方で作りごとがなされる場合にそうなのだが——まさにその点のことを言っているのだよ」

「とおっしゃると？」

「神々や英雄たちがいかなるものであるかについて、言葉によって劣悪な似すがたを描く場合のことだ。ちょうど画家が、似せて描こうと望んでいる対象と少しも似ていないものを描くようにしてね」

「そのような点でしたら、じっさい、非難して当然ですね」と彼は言った、「しかし私たちが言っているのは、具体的にはどのような意味で、どのようなことを指しているのでしょうか？」

「まず」とぼくは言った、「次のような話を語った人は、最も重大なことについて、最も重大なつくりごとを、よからぬやり方でつくったことになる——すなわち、ウゥラノスがどのようにして、ヘシオドスがその仕業だと言っているようなことをやりとげたかとか、それに対して、こんどはクロノスが、どのようにしてウゥラノスに復讐したかとかいった話だ。さらに、クロノスがやったことや、息子から受けた仕打ちの話などは、たとえほんとうのことであったとしても、思慮の定まらぬ若い人たちに向けて、そう軽々しく、語られるべきではないと思う。黙っているに越したことはないけれども、もしどうしても話さなければならないようなことがあったなら、できるだけ少数の人が秘密のうちにそれを聞くべきだろう。その前に、仔豚などではなく何か大きな得がたいものを、犠牲にしたとして奉納しなければならぬということにして、聞くことのできる人をできるだけ少人数に限るように計らってね」

「じっさい」と彼は言った、「あれはみな酷い話ばかりですからね」

「そうだとも、アデイマントス」とぼくは言った、「だからまた、われわれの国で語られてはいけないのだ。それに、若い者にこんなことを語り聞かせるべきでもない——最も罪ぶかい仕業を犯しても、また他方では間違いを犯す父親を懲しめるためにどんなことを行なっても、何ら驚くべきことをしたことにならないだろう、まさに神々のうちの第一にして最も偉大な方々と同じことをしているまでのことなのだ、などとね」

「ええ絶対にいけません」と彼は言った、「この私にも、語るにふさわしい内容のこととは思えません」

「それにまた」とぼくは続けた、「神々が神々と戦争したり、策略をめぐらし合ったり、闘い合ったりするような物語も、けっしてしてはならない——そもそもそれは、真実のことでもないのだから——、将来国家を守護する任に当るべき人たちに、軽々しくお互いに憎み争い合うのは何よりも醜いことであるという考えを、ぜひとも持ってもらわなければならないとすればね。神々と巨人たちとの戦いのことを彼らに物語ったり、色とりどりの刺繍に描いたり、その他神々や英雄たちが彼らの親族・身内を相手に行なう、ありとあらゆるたくさんの敵対行為のことにしてもそうだが、みな、もってのほかのことなのだ。

いや、もしもわれわれが、国家の民たる者はかつて誰ひとりとして他の同胞国民と憎み争い合ったことはないし、またそもそもそれは神意に反することだということを、なんとか説得すべきであるとすれば、まさにそのような内容のことをこそ、老人も老婆も、子供たちに向かって早くから語り聞かせなければならないし、そして彼らの年齢が長じるにつれて、詩人たちにもそういう内容に沿った物語を、彼らのために創作するようにさせなければならない。ヘラが息子に縛られた話だとか、母が打たれるのをかばおうとしてヘパイストスが父神に天から投げ落とされる話だとか、またすべてホメロスが創作した神々どうしの戦いの話などは、たとえそこに隠された裏の意味があろうとなかろうと、けっしてわれわれの国に受け入れてはならないのだ。なぜなら若い人には、裏の人とそうでないものとの区別ができないし、むしろ何であれ、その年頃に考えのうちに取り入れたものは、なかなか消したり変えたりできないものとなりがちだからね。こうした理由によって、おそらく、彼らが最初に聞く物語としては、徳をめざしてできるだけ立派につくられた物語を聞かせるように万全の配慮をなすべきだろう。

18

「たしかにそれは、もっともなことです」と彼は言った、「しかし、もしこうした点について誰かがさらにつっこんで、ではそういう内容とは具体的に何であり、その物語とはどのような物語かとわれわれにたずねたとしたら、われわれとしては、どんな物語がそれだと主張したらよいのでしょうか？」

ぼくはこれに答えて言った、

「アデイマントスよ、ぼくと君とは、目下のところ、作家（詩人）ではなくて国家の建設者なのだ。そして国家の建設者としては、作家たちがそれに従って物語をつくるべき、そしてそれにはずれた創作は許してはならないような、そういう規範を知るのが役目というべきだろう。けっしてわれわれ自身が実際に物語をつくるべきではないのだ」

18＊『コーラン』（クルアーン）（抜粋、650年頃）

＊出典
The Qur'an, 2：233, 4：11, Pickthall translation, 1930.『コーラン』（上・中・下）（井筒俊彦訳、岩波文庫、1964年）、上巻67-68ページ（233）、130-131ページ（12）。（別訳）『コーラン』全2巻（藤本勝次・伴康哉・池田修訳、中央公論新社中公クラシックス、2002年）

＊解説──北本正章訳
イスラム教の教典『コーラン』のなかで、神が預言者マホメット（Muhammad, 570-632）に向けて明らかにした聖句は、最も長いものからもっとも短いものにいたる一連の文言において脚色されている。この聖句は、物語、命法、道徳律、そして具体的な行動の指針などの形式で示される。以下に引用した聖句において、『コーラン』は、子どもの養育をどのようになすべきか、とくに母乳育が必要な時期の長さと相続の正しい分配について、世の親たちに教示している。文章は、子どもをもうける親の義務を強調している。『コーラン』からの他の聖句は、子どもが親に対して従順で、親を敬う義務があることを強調している。子育てにかんするイスラム教の智慧は、預言者マホメットの言葉を集成した『ハディース』[*1]でも見られる。

*1『ハディース』（the Hadith）──預言者マホメットとその教友たちの言行を記した伝承。

＊テキスト

233 （妻が既に）母になっている場合は、もし授乳を完全に終わらせたいと思うものは子供にまる2年間乳をのませるのがよい。（その場合）子供の父の方では女の衣食の責を立派に果たさなければならぬ。何人も能力以上の義務を負わされることはない。つまり母親がその子ゆえに、また父親がその子ゆえに無理なことを強いられるようなことがあってはならない。相続人の負う義務も（父親）のそれに準ず。ところで（夫と妻の）両方が合意の上、また合議の上で、（2年間の満期以前に）離乳させようとすることは、別に両人の落度にはならない。それからまた汝らが自分の子供に乳母をつけることも差し支えない、初めに申し出た通りのものを公正に支払うならばだ。とにかくアッラーを畏れあがめよ。アッラーは汝らの所業をことごとく照覧し給うと心得よ。

234 また汝らのうちの誰か（神のみもとに）召されて後に妻を残した場合、女は4ヵ月と10日の間そのままじっと待っていること（その期間は再婚してはいけない）。その期限が満ちたなら、彼女らがどんなふうに身を処そうとも、道を踏みはずさない限り、お前たちには（これは「彼女たちには」の誤りであろうと言う説もある）何の咎もない。アッラーは汝らの所業をことごとく知り給う。

235 また汝らが（そういう）女に結婚の意をほのめかしたり、あるいは思いをそっと胸の中にしまっておいたりしても、咎はない。いずれ汝らの思いがつのって来るだろうということは、初めからアッラーは御存知。しかし、彼女らに内緒で約束ごとなどしてはならぬ。しっかり筋道を立てて堂々と言い出さなくては。

236 [235] また聖典が期日に達するまでは（『コーラン』に規定された一定の期限が来るまでは）、婚姻の結び目を固める決意をしてはいけない。よいか、アッラーは汝らの心の中をすっかり見透していらっしゃるぞ。（罰を蒙らぬよう）よく心せよ。アッラーは寛大で、実にお情け深くいらせられるということを肝に銘じ

ておくがよい。（岩波文庫版、上巻67-68ページ）

12 ［11］汝らの子供に関してアッラーはこうお命じになっておられる。男の子には女の子の2人分を。もし女が2人以上ある場合は、（彼女らは）遺産の3分の2を貰う。女の子が一人きりの場合は、彼女の貰い分は全体の半分。それから両親の方は、（被相続人に）男の子がある場合は、どちらも遺産の6分の1ずつ。子供がいなくて、両親が相続人である場合には、母親に3分の1。彼に（子供はないが）兄弟があれば、母親は、彼が（他の誰かのために）遺言しておいた分とそれから負債とを引き去った残額の6分の1を貰う。自分の親と子供たち——このどちらが汝ら自身にとってより得になるものか結局は汝らにも分りはしない。とにかくこれがアッラーのおきめになった分配法。まことアッラーは全知にして至高の賢者におわします。（同上巻130-131ページ）

19　山上憶良「子等を思ふ歌一首 并せて序」（8世紀頃）

＊出典
佐竹昭広（ほか）『万葉集（二）』（岩波文庫、2013年）、5-802、5-803。山上憶良「子等を思ふ歌一首 并せて序」
＊解説——北本正章
山上憶良（660［斉明天皇6］年？-733［天平5］年？）は、奈良時代初期の貴族・歌人。名は山於憶良とも記される。姓は臣。官位は従五位下・筑前守。

宇利波米婆　胡藤母意母保由
久利波米婆　麻斯提斯農婆由
伊豆久欲利　枳多利斯物能曽
麻奈迦比尓　母等奈可可利提
夜周伊斯奈佐農

この有名な句には次のような「序」がついている。「釋迦如来金口、正に説きたまへらく、等しく衆生を思ふこと、羅睺羅の如しと。また説きたまへらく、愛は子に過ぐることなしと。至極の大聖すら、子を愛しむ心有り。まして世間の蒼生、誰か子を愛しまざらめや」。これを勘案して長歌と反歌を分かりやすくするなら、次のような読み下し文になろう。［長歌］——瓜を食べていると、この甘い果物を子どもにも食べさせてやりたいと、子どものことが気になって切なくなる。栗を食べていると、さらにその気持ちが強くなる。こんな気持ちにさせる子どもというものは、一体どこからやって来たのだろうか。子どもの面影が目の前に次々に現れ、夜もおちおち眠れない。［反歌］——銀も金も真珠も、なんの役に立つだろうか。心の支えになる大切な宝といえば、子にまさるものなどないのだから。

＊テキスト
（長歌）
　瓜食めば　子ども思ほゆ
　栗食めば　まして偲はゆ
　いづくより　来りしものぞ
　眼交に　もとなかかりて
　安眠し寝さぬ

（反歌）
　銀も金も玉も
　何せむに　まされる宝
　子にしかめやも

20　レオン・バッティスタ・アルベルティ『家族論』（抜粋、1432-34、1437年）

＊出典
Leon Battista Alberti, *Della famiglia*（1432-34, 1437）. アルベルティ『家族論』（池上俊一・徳橋曜訳、講談社、2010年）、40-44、48ページ。
＊解説——宮田京子
レオン・バッティスタ・アルベルティ（Leon Battista Alberti, 1404-1472）は、ルネサンス期イタリアを代表する人文主義学者・建築家。12世紀末から記録に残るフィレンツェの名家であったアルベルティ家は14世紀末の政治抗争に敗れ、成年男子たちはフィレンツェを追放された。父ロレンツォは亡命先のジェノヴァで、寡婦ヴィアンカ・ディ・カルロ・フィエスキとのあいだにカルロとレオン・バッティスタの2人の庶子をもうけた。2歳で母をペストで亡くした後、ヴェネツィア、次にパドヴァに移り住む。教育熱心な父親に英才教育を受け、パドヴァではガスパリーノ・バルズィッツァのもとで数学と古典学を学び、1421年に入学したボローニャ大学では教会法とローマ法の学位を取得した。入学直後に父が亡くなり、庶子のレオン・バッティスタ兄弟は親族から冷遇されたが、この逆境の時期に「美徳」を育てるべく猛勉強を重ね、劇作、詩、倫理・教育学、のみならず建築、彫刻・絵画、音楽やスポーツ競技まで修めた。ローマ教皇庁書記官の職につきながら、1420年代末から40年代にかけて文学的・道徳的著作を多数残すが、『家族論』もこのなかのひとつに位置づけられる。1450年以降は建築の仕事にのめりこみ、歴史的には建築家としての業績が重視されてきたが、彼は中世からの伝統的な職人建築家とは異なり、設計・建築理論を専門とする学者・知識人であり、ルネサンス的「万能人」（ウオーモ・ウニヴェルサーレ）の最初の典型的人物であった。

『家族論』は第1書「父親の義務と子供の教育について」、第2書「結婚生活について」、第3書「家政について」、第4書「友情について」の4書で構成されている。第1〜3書は30歳という若さで完成させたが、場面設定を執筆時より10年ほどさかのぼらせ、いまわのきわの父ロレンツォが「父親の義務」と「若者の心がまえ」を語るところからはじめることで、説得力をあたえる工夫がなされている。その後は、父の話に触発された親族たちの対話形式で議論が展開する。

教育を主題とする第1書の前半では父ロレンツォが父親論を展開するが、抜粋した原典は、この前半部分にあたる。父親は家族全員に目を配り守らなければならず、

人間にとりもっとも大切な「美徳」を息子に身につけさせることが父親の最大の義務であり、また父親は息子の手本となるべきだと説く。そして、息子たち若者は父親も含めた年長者に対して敬意をはらい、礼儀正しいふるまいを心がけ、「美徳」を身につけることが重要であるとくりかえし述べている。

後半は親族のアドヴァルドとリオナルドがロレンツォの言葉を受けて、教育についての話を続ける。年上で既婚者のアドヴァルドが現実的な意見を提示するのに対して、年下で独身の才気煥発な若者リオナルドは人文主義の思想で反論する。リオナルドはレオン・バッティスタの代弁者の役割をあたえられており、母乳による母親の育児や肉体的鍛錬の推奨などは、古典文化を理想とする人文主義から生まれた新しい教育観といえる。

アルベルティは対話篇形式と俗語表記という点でクセノフォンの『オイコノミコス（家政書）』から着想を得てはいるが、15世紀フィレンツェにおける家族構造や都市イデオロギーの変化、貨幣経済の発展などを見すえつつ、新しい家族のイデオロギーを提示したといえる。そして、その家族のなかで父親が負っている息子の教育への責任を支える理性と教養の重要性は、その後、宗教改革を経て17世紀末以降のジョン・ロックらの教育思想と啓蒙思想に継承されることとなった。

〈参考文献〉
G. Vasari, *Le Vite delle più eccellenti pittori, scultori, e architettori*, Firenze, 1550. ジョルジョ・ヴァザーリ『ルネサンス彫刻家建築家列伝』（森田義之監訳、白水社、1989年、2009年新装版）。A. Grafton, *Leon Battista Alberti, Master Builder of the Italian Renaissance*, Hill and Wang, 2000. アンソニー・グラフトン『アルベルティ──イタリア・ルネサンスの構築者』（森雅彦・足達薫・石澤靖典・佐々木千佳訳、白水社、2012年）。池上俊一『万能人とメディチ家の世紀』（講談社選書メチエ、2009年）。

＊テキスト

よく言われるように、家の納屋を食べ物でいっぱいにすることは、家族のなかでの父親の務めだが、それだけでいいわけじゃない。それ以上に、一家の長たる者はすべてに目を配り、これを見守らなければならないし、同居する者みんなを監督し、知っていなければならない。家の内外での平生の行動を吟味し、家族のなかの誰であれよからぬ習慣を持っていたら、感情的に怒るよりもむしろ理を説いて、それをいちいち正し、改めさせなければならない。力を振るうより、むしろ父親としての権威で言うことをきかせ、一方的に命令するより、何が役に立つかを助言してみせ、謹厳実直、必要とあらば厳格でもなければならない。

家族のひとりひとりが美徳と賞賛に恵まれるように導く努力をし、また助言を怠らないが、その目指す先としてつねに家族全体の福利・安寧・平穏に気を配らなければならない。父親は世間の風向きや好意や潮流、同輩の市民の厚情をうまく読んで、名誉や尊敬や権威という港に入る術（すべ）を知らなければならない。そこに入ったらどう停泊し、時に応じてどう帆を下ろしたり張ったりするべきかということもな。わが家が不当にもすでに22年間耐えているような不運は、ちょうど哀れな難破のようなものだが、そういう嵐の時には、父親は若者たちの気を引き締めさせ、彼らが運命に翻弄されるままに放っておいたり、不運に倒れたままにしたりしないようにしなければならない。そして、己の復讐のために、あるいはいかにも青臭い浅はかな論を実行するために、無謀あるいは狂気としか思えないような企てに走ることを若者にけっして許してはならない。

また、運命が穏やかで凪いでいる時にも、あるいは荒れ狂う時にはなおのこと、生きる上での思慮分別という舵を離れることなく、目をしっかりと開けて、市民の間に生じる妬みの霧や憎しみの暗雲や敵意の雷光、あらゆる逆風、家族という船がちょっとでもぶつかりかねないすべての暗礁や危険に、はるか手前から備えなければならない。父親とは経験豊富で熟練した舵取りのごときもので、ほかの船乗りがどんな風を利用して船を進めたか、どんな帆を上げたか、どうやって危険を見分けて回避したか、といったことを頭に入れておかねばならんのだ。さらに、われわれが祖国で帆を全部張った者はかつてないということも忘れてはいかん。それらの帆が目立って大きいわけではなかったとしても、いずれすっかり下ろす羽目になる。そうしなければ、ずたずたに引き裂かれてしまうからな。そうなってはじめて、たった一度の未熟な操船で受ける損失は、安全な港に千度入って得る利益よりも大きい、ということを知るだろう。

まばゆい虚飾の輝きではなく謙虚な光を見せれば、他人の妬みは消える。尊大に振る舞うよりも愛想よくしたほうが、相手の憎しみは和らごう。侮蔑と怒りで身を守る代わりに人情味と気立てのよさを身につければ、敵意も収まりついには失（う）せる。一家の長たる者は、これらすべてのことに目と心を開いて、思考をめぐらさなければならないし、どんな時にもすべてを見越し、すべてを見極める姿勢ができていなければならない。努力と用心を怠らず、一家の若者が日一日と、誠実で有能でわが同胞の市民たちに歓迎されるような人間に成長するよう、重々気をつけてやらなければならない。

世の父親たちは知るがいい。美徳に恵まれた息子は何歳になっても、父親に大きな喜びをもたらし、大きな助けとなってくれる。そして息子の美徳が開花するかどうかは、父親の気遣い次第なのだ。怠惰や怠慢は一家を俗悪にし、面目を失わせるが、几帳面でよく気のつく父親は、家族の品位を高める。貪欲で好色で非道で傲慢な人間は、汚名と不運と惨めな境遇を家族に負わせる。善人ならば分かっているはずだ。自分自身はいかに温和で自制心に富み、人情味があろうとも、一家のなかにあって若者の態度を正したり監督したりすることに、配慮も熱意も賢明さも勤勉さも欠けているならば、家族のどこかが壊れても直せず、とにかく

一緒に崩壊へ向かうしかないということをな。そして、その一家が大きく、成功していて、家柄がよいほど、それだけ過酷な没落を味わうことになろう。ほかの石よりも高い所に積まれた石は、落ちた時にそれだけひどく砕けるものだ。

だから、家長はつねに家族全体の安泰と誉れに目を向けて、家族全員に助言し、その行動を正し、いわば手綱を離さないようにしながら、一家のために尽力すべきなのだ。言葉巧みに若者の欲求を抑えたり、怠け心を叱咤したり、功名を上げると同時に祖国と家の名も高らしめよと、ためらう気持ちに拍車をかけるのが、賞賛されるべき、慈愛に満ちた望ましい行いでなくて何だろう。それに、威厳と節度でもって若者の行きすぎた放埒を抑えるのは、一家の父親にとってじつに気高くも容易な行いにほかならないと、僕には思える。

年下の者から賞賛を受けるに値する人間になりたいなら、年長者として尊敬の念を持たせるのがまさに一番だ。思うに、それこそが権威と敬意以外の何ものでもないからな。ならば、若者の面倒を見てやる以上のどんな手段で、年寄りが権威と威厳とを獲得し、これを弥増し、保つことができようか。彼らを徳の道へと導いてやり、日々、より高い教養と品位を身につけさせ、他人からいよいよ敬愛されるようにしてやる。また、偉大で高尚なものを望むように導き、優れた立派な行いに研鑽を積ませ、彼らの感じやすい心に賛辞と名誉を好む気持ちを起こさせ、どんな自堕落な欲望もほんのわずかな好ましからざる衝動も抑えてやる。さらに、悪徳の根や敵意の原因はすべて彼らから取り除き、よき教えと手本で彼らの心を満たしてやる。

強欲に取りつかれた多くの老人が多分にするようなことをしないことだ。そういう連中は、自分の息子たちに倹約を教え込もうとしながら、実は彼らを吝嗇で卑屈な人間にしてしまう。また名誉よりも富を高く評価することで、息子たちにあくどいやり方、下賤な手段を教えてしまうのだ。名声や好意という見返りがなくて損になるような気前のよさを、僕は賛美しない。だが、しみったれは断固非難するし、これ見よがしな贅沢も嫌だ。

だから、年寄りはすべての若者に共通の父親として振る舞い、まさしく家族という身体の心でも魂でもあらねばならん。だらしなく裸足でいることで、人物の全体がみっともなく恥ずかしいと見られるように、家族でいちばん下の方にいる人間に無頓着な老人や年長者は、家族の一部の者がすることであれ、その不真面目で破廉恥な振る舞いを放っておけば、彼ら自身が厳しく非難されるべきことを思い知るべきだ。かの古えのよきスパルタ人たちが自らをあらゆる年少者の父親にして教師たらんと考えて、誰であろうと年若い市民の過ちをことごとく正し、そうした若者のいちばん直接の近親者も、家族以外の他人がよりよい方向へ躾けてくれたことを喜んで受け入れたように、年寄りは、家族全員に目を配るのが自分の第一の義務だということを、肝に銘じておくべきだ。若者に自制心と礼儀を教えてくれた人に対して、それなりの面倒を引き受けてくれたということで感謝し、謝意を表せるなら、それは父親たちにとって誇りなのだ。日頃の行いをこういうふうにきちんと効果的に管理することで、彼らは自分たちの都市を栄光に満ちた場所とし、しかるべき不滅の名声で都市の誉れを高くする。そこには市民の間の敵意は存在しない。怒りや敵対心は生まれるや否や、根こそぎに取り除かれる。彼らの間には、自分たちの都市を徳と礼節に満ちた場所にしようという、共通したひとつの意志しかない。全員が全身全霊をこめて、この目的に邁進する。年寄りは忠告し、記憶を呼び起こし、自ら優れた手本を示す。若者はこれに従い、これを見習うのだ。(40-44ページ)

だからこそ、若者よ、美徳と品格を備えて父親や身内の年長者を満足させようと努力するのが、お前たちの義務なのだ。ほかのことと同時にこれも、お前たちにとって賞賛と名声となり、お前たちの家族に喜びと満足と幸福を与えるのだ。かくして、息子たちよ、徳を求め、悪徳を退け、年長者を敬い、他人から好ましく思われるように励み、自由で幸せで誉れ高く愛される生き方に努めよ。誉れある人生への第一歩は、他人からよく思われ、愛されるようにすることだ。他人の好意と愛を得るための第一歩は、有能で誠実であることだ。

そして、徳を身につけるための第一歩は、悪徳を憎み、悪人を退けることだ。だから、つねによき人、他人から賞賛される人、評価される人のそばに身をおこうとするべきだ。そうした人の模範や教えから徳や品行を学び、修得することができるのだから、その相手をけっして手放すんじゃない。彼らを愛し、敬わなければならないし、皆から非の打ちどころがないと思われることを喜びとしなければならない。気難しいのはいかん。強情でも頑固でも、軽薄でも無責任でもだめだ。意欲的で従順で素直で、しかも年相応に思慮深く落ち着いていなければな。そして、誰にでも愛想よく、年長者にはできるかぎり恭しく従順でいるよう、精一杯努力しろ。若者が礼儀正しく温和で、節度があって謙虚なのは、少なからず褒められるものだ。なかでも、若者の年長者に対する敬意はいつだって歓迎され、希求されるのだよ。(48ページ)

21＊ラス・カサス『インディアスの破壊についての簡潔な報告』（抜粋、1552年）

＊出典
Bartolome de Las Casas, *A Brief Account of the Destruction of the Indies*, 1552. ラス・カサス『インディアスの破壊についての簡潔な報告』（染田秀藤訳、岩波文庫、

1976年)、25-28、36-38ページ。(別訳)ラス・カサス『インディアス破壊を弾劾する簡略なる陳述』(石原保徳訳、現代企画室インディアス群書6、1987年)

*解説——北本正章訳

『インディアスの破壊についての簡潔な報告』あるいは『インディオたちの悲しみ』(1542年に執筆され1552年に公刊された)のなかで、スペイン人の修道士バルトロメ・ド・ラス・カサス[*1]は、南北アメリカ大陸における彼の同国人たちによってくりひろげられた極悪非道の事実を記録した。幼児や子どもたちに対するサディスティックな殺害は、彼の語りのなかでもっとも恐ろしい側面である。ラス・カサスによれば、スペイン人の兵士たちは気晴らしのためにインディオの子どもたちを殺害した。また、この宣教師は、奴隷化は、膨大な数の幼児虐殺をひき起こし、インディオたちが子どもをもうける能力を阻害したと論じている。『インディオたちの悲しみ』は、征服は戦場においてだけでなく家庭内においてもくりひろげられたことを暴いている。次世代を破壊することは、おそらく人びとを破滅させるうえでもっとも効果的な方法であった。ラス・カサスは、スペイン政府が南北アメリカ大陸の原住民をもっと公正に扱うよう説得するために『インディオたちの悲しみ』を書いた。だが、そのもっとも効果的な歴史的教訓は、西半球を支配するためにスペインと覇を競うことを合理化するために、そうした恐怖心を利用したイギリス人の読者に対してであっただろう。

*1 ラス・カサス(Bartolomé de Las Casas, 1474-1566)——スペインのドミニコ会宣教師・歴史家。新大陸で主にインディオに布教していた。スペイン領のアメリカで1503年に制定されたエンコミエンダ制(encomienda)によって、スペインの征服者または植民者が、土地または村を、そこに住む原住民すなわちインディオたちを含めて授与される制度のもとで繰り広げられたインディオの虐殺に対して、その制度を批判し、インディオの権利擁護に献身した。

*テキスト
エスパニョーラ島について

　エスパニョーラ島は、既述したように、キリスト教徒たちが最初に侵入した所で、彼らはまずその島の住民に大きな被害を加え、住民を虐殺した。すなわち、彼ら、島の住民はキリスト教徒たちにより殺され、土地を破壊された最初の人たちである。

　キリスト教徒たちは、まずインディオたちから女や子供を奪って使役し、虐待し、また、インディオたちが汗水流して手に入れた食糧を強奪した。インディオたちは各自の貯えに応じて喜んでキリスト教徒たちに食糧を差し出したが、彼らはそれだけでは満足しなかったのである。確かに、インディオたちが差し出した食糧は僅かであった。しかし、それはふつうインディオたちが平生食べるのに必要な、しかも僅かな労働で手に入れられる食糧しか持っていなかったからである。それでも、彼らが差し出した食糧は、10人家族の3世帯がそれぞれ1ヶ月食べて暮らすのに充分すぎるほどであった。それをあるキリスト教徒は僅か1日でたいらげたのである。

　さらに、キリスト教徒たちはインディオたちにそのほか様々な乱暴や虐待を行なった。その結果、とうとうインディオたちはキリスト教徒が天から来た人であるはずがないと悟るようになった。それゆえ、インディオたちの中には、食糧を隠したり、妻子を匿(かくま)ったりする者や、残虐で恐しい仕打ちをするキリスト教徒たちから遠ざかろうと山中でひっそりと暮す者もでるようになった。

　キリスト教徒たちはインディオたちに平手打ちや拳固をくらわし、時には棒で彼らを殴りつけ、ついには村々の領主(セニョール)たちにも暴力を揮うようになった。口に出すのも恐しくて恥かしいことであるが、キリスト教徒のある司令官(カピタン)[フランシスコ・デ・バレンスエラ]は島で最大の権勢を誇る王の后を強姦した。この時から、インディオたちはキリスト教徒たちを自分たちの土地から追放しようといろいろ策を練りはじめた。彼らは武装したものの、武器と言えばまったく粗末なもので、攻撃や反撃を加えるのにほとんど役に立たず、といって防御に役立つかと言えば、なおさらそれも叶わないといった代物であった。したがって、インディオたちの戦いは本国[カスティーリャとレオン王国]における竹槍合戦か、さらには、子供同士の喧嘩とあまり変りがなかった。キリスト教徒たちは馬に跨(またが)り、剣や槍を構え、前代未聞の殺戮や残虐な所業をはじめた。彼らは村々へ押し入り、老いも若きも、身重の女も産後間もない女もことごとく捕え、腹を引き裂き、ずたずたにした。その光景はまるで囲いに追い込んだ子羊の群を襲うのと変りがなかった。

　彼らは誰が一太刀で体を真二つに斬れるかとか、誰が一撃のもとに首を斬り落せるかとか、内臓を破裂させることができるかとか言って賭をした。彼らは母親から乳飲み子を奪い、その子の足をつかんで岩に頭を叩きつけたりした。また、ある者たちは冷酷な笑みを浮べて、幼子を背後から川へ突き落し、水中に落ちる音を聞いて、「さあ、泳いでみな」と叫んだ。彼らはまたそのほかの幼子を母親もろとも突き殺したりした。こうして、彼らはその場に居合わせた人たち全員にそのような酷い仕打ちを加えた。

　さらに、彼らは漸く足が地につくぐらいの大きな絞首台(ようがい)を作り、こともあろうに、われらが救世主と12人の使徒を称え崇めるためだと言って、13人ずつその絞首台に吊し、その下に薪をおいて火をつけた。こうして、彼らはインディオたちを生きたまま火あぶりにした。また、インディオの体中に乾いた藁を縛り、それに火をつけて彼らを焼き殺したキリスト教徒たちもいた。そのほかのインディオたちに対しては、キリスト教徒たちは殺さずにおこうと考え、彼らの両手に斬りつけた。そうして、辛うじて両手が腕にくっついているそのインディオたちに向って、彼らは「手紙をもってゆけ」と命じた。つまり、山へ逃げ込んだイン

ディオたちの所へ見せしめに行かせたのである。

　ふつう、彼らはインディオたちの領主や貴族を次のような手口で殺した。地中に打ちこんだ4本の棒の上に細長い棒で作った鉄灸のようなものをのせ、それに彼らを縛りつけ、その下でとろ火を焚いた。すると、領主たちはその残虐な拷問に耐えかねて悲鳴をあげ、絶望し、じわじわと殺された。

　一度、私は頭株の人たちや領主が4、5人そうして火あぶりにされているのを目撃した（また、ほかにも同じような仕掛けが2、3組あり、そこでもインディオたちが火あぶりにされていたのを記憶している）。彼らは非常に大きな悲鳴をあげ、司令官を悩ませた。そのためか、安眠を妨害されたためか、いずれにせよ、司令官は彼らを絞首刑にするよう命じた。ところが、彼らを火あぶりにしていた死刑執行人（私は彼の名前を知っているし、かつてセビーリャで彼の家族の人と知り合ったことがある）よりはるかに邪悪な警吏(アルグワシル)は絞首刑をよしとせず、大声をたてさせないよう、彼らの口の中へ棒をねじ込み、火をつけた。結局、インディオたちは警吏の望みどおり、じわじわと焼き殺されてしまった。

　私はこれまでに述べたことをことごとく、また、そのほか数えきれないほど多くの出来事をつぶさに目撃した。キリスト教徒たちはまるで猛り狂った獣と変らず、人類を破滅へ追いやる人々であり、人類最大の敵であった。非道で血も涙もない人たちから逃げのびたインディオたちはみな山に籠もったり、山の奥深くへ逃げ込んだりして、身を守った。すると、キリスト教徒たちは彼らを狩り出すために猟犬を獰猛な犬に仕込んだ。犬はインディオをひとりでも見つけると、瞬く間に彼を八つ裂きにした。また、犬は豚を餌食にする時よりもはるかに嬉々として、インディオに襲いかかり、食い殺した。こうして、その獰猛な犬は甚だしい害を加え、大勢のインディオを食い殺した。

　インディオたちが数人のキリスト教徒を殺害するのは実に稀有なことであったが、それは正当な理由と正義にもとづく行為であった。しかし、キリスト教徒たちは、それを口実にして、インディオがひとりのキリスト教徒を殺せば、その仕返しに100人のインディオを殺すべしという掟を定めた。（25-28ページ）

　戦争が終ると、男たちは全員殺されてしまっており、生き残ったのはいつも若者や女や子供たちだけであった。キリスト教徒たちはその生き残ったインディオたちを仲間うちで分配しあった。彼らは総督と呼ばれた札付きの無法者から授かった恩賞に応じて、それぞれ30人、40人、100人、200人のインディオを受けとった。キリスト教徒たちによれば、インディオたちを分配したのは、彼らにカトリックの信仰を教え、愚かで残酷な、欲深くて悪習に染った彼らの魂を救うというのが口実であった。ところが、キリスト教徒たちがイ ンディオたちに行なった救済、あるいは、彼らに示した関心とは、男たちを鉱山へ送って耐え難い金採掘の労働に従事させることと、女たちを彼らが所有する農場に閉じ込め、頑強な男のするような仕事、つまり、土地の開墾や畑の耕作などに使役することであった。彼らがインディオたちに与えた食物は雑草やそのほか滋養のないものばかりで、そのために出産後の母親は乳が出なくなり、大勢の乳飲み子が生後間もなく死んでしまう結果になった。夫は遠く離れた所にいたので妻に会えず、そのため、彼らの子孫はとだえてしまった。苛酷な労働と飢えのために夫は鉱山で、妻は農場でそれぞれ死んでしまい、こうして、島に暮していたインディオたちの大半が死にたえた。このような状態がつづけば、世界中の人びとはことごとく死滅してしまったであろう。

　荷役に関して言えば、キリスト教徒たちは3アローバか4アローバ［約33〜44キログラム］もする重い荷物をインディオたちに背負わせ、100レグワ、200レグワ［約16〜32キロメートル］を歩かせた。また、インディオたちはキリスト教徒たちを網のようなアマーカ［ハンモック］に乗せて運ばなければならなかった。つまり、彼らはインディオたちを駄獣として扱ったのである。インディオたちの背中や肩は重い荷物で擦りむけ、まるで瀕死の獣のようであった。さらに、キリスト教徒たちはインディオたちを笞や棒、平手や拳固で殴りつけたり、罵ったり、そのほか何千という苦しみを与えたりした。いずれにせよ、キリスト教徒たちが仕事をしているインディオたちに加えた苦しみは、事実どんなに時間と紙面があっても語りつくせるものではなく、また、それは人を震撼させるであろう。（36-38ページ）

22　貝原益軒『養生訓』（抜粋、1712年）

＊出典

貝原益軒『養生訓・全現代語訳』（伊藤友信訳、講談社学術文庫、1982年）、258-259ページ。

＊解説──北本正章

　江戸時代の福岡藩の儒学者・本草学者であった貝原益軒（1630-1714）が83歳頃の正徳2年（1712年）、自分自身の実体験をもとにして書かれた。健康を維持するために、食べ物、精神状態、運動など、多方面から具体的に解説し、長寿をまっとうするための身体の養生だけでなく、こころの養生も説いて広まった。儒教の道徳思想の実践を習慣形成として展開しているところに特徴がある。

＊テキスト

　人の身は父母を本とし、天地を初とす。天地父母のめぐみをうけて生まれ、又養はれたるわが身なれば、わが私の物にあらず。天地のみたまもの、父母の残せる身なれば、つつしんでよく養ひて、そこなひやぶらず、天年を長くたもつべし。是天地父母につかへ奉る

孝の本也。身を失ひては、仕ふべきやうなし。わが身の内、少なる皮はだへ、髪の毛だにも、父母にうけたれば、みだりにそこなひやぶるは、不孝なり。
　況大なる身命を、わが私の物として慎まず、飲食色慾を恣にし、元気をそこなひ病を求め、生付たる天年を短くして、早く身命を失ふ事、天地父母へ不孝のいたり、愚なる哉。
　人となりて此世に生きては、ひとへに父母天地に孝をつくし、人倫の道を行なひ、義理にしたがひて、なるべき程は寿福をうけ、久しく世に長らへて、喜び楽みをなさん事、誠に人の各願ふ処ならずや。如此ならむ事をねがはば、先古の道をかんがへ、養生の術をまなんで、よくわが身をたもつべし。是人生第一の大事なり。
　人身は至りて貴とくおもくして、天下四海にもかへがたき物にあらずや。
　然るにこれを養なふ術をしらず、慾を恣にして、身を亡ほし命をうしなふ事、愚なる至り也。身命と私慾との軽重をよくおもんぱかりて、日々に一日を慎み、私慾の危をおそるる事、深き淵にのぞむが如く、薄き氷をふむが如くならば、命ながくして、つひに殃なかるべし。
　豈楽まざるべけんや。命みじかければ、天下四海の富を得ても益なし。財の山を前につんでも用なし。然れば道にしたがひ身をたもちて、長命なるほど大なる福なし。
　故に寿きは、尚書に、五福の第一とす。是万福の根本なり。

〈現代文〉（伊藤友信）
人間の尊厳性
　ひとの身体は父母を本とし、天地を初めとしてなったものであって、天地・父母の恵みを受けて生まれ育った身体であるから、それは私自身のもののようであるが、しかし私のみによって存在するものではない。つまり天地の賜物であり、父母の残して下さった身体であるから、慎んで大切にして天寿をたもつように心がけなければならない。
　これが天地・父母に仕える孝の本である。身体を失っては仕えようもないのである。自分の身体にそなわっているものは、それがわずかな皮膚や毛髪でさえも父母から受けたものであるから、理由もなく傷つけるのは不孝である。
　まして大いなる生命を私ひとりのいのちと思って、慎まず、飲食・色欲を思いのままにし、元気をそこない病となり、もって生まれた天命をちぢめて、早世することはまことに天地・父母への最大の不孝であって、馬鹿げたことであるといわなければならない。
　ひととしてこの世に生まれてきたからには、ひたすら父母・天地に孝を尽くし、人倫の道を実践し、義にしたがい、なるべくならば幸福になり、長寿にして

悦び楽しむことは、誰もが願望するところであろう。このようになりたいと欲するならば、まずいま述べた道を思考しそれをふまえて、養生の方法を心得て健康をたもつことである。これこそが人生で最も大事なことであろう。
　ひとの身体はきわめて貴重であって、全世界のなにものにもかえることのできないものではないか。
　しかるに養生の方法を知らないで、欲にふけり身をほろぼし命を失うことは、もっとも愚かなことである。生命と私欲との軽重をよく考えて、日々の生活を慎み、私欲の危険性を恐れること、深淵にのぞむような、薄氷をふむような細心の注意をはらって生活すれば、長生きもできて、災難をもまぬがれるであろう。
　ともかく人生は、楽しむべきである。短命では全世界の富を得たところで仕方のないことだ。財産を山のように殖やしても何の役にもたたない。それゆえに、道にしたがって身体をたもって、長生きするほど大いなる幸せはないであろう。
　そこで『尚書』（別名『書経』）では長寿を五福の第一にしている。長生きは、すべての幸福の根本といわれるのである。

4　教育論

23* ジョン・ロック『子どもの教育』（抜粋、1693年初版、1705年第5版）

*出典
John Locke, *Some Thoughts Concerning Education*, 1693 First edition, 1705 5th edition. ジョン・ロック『子どもの教育』（北本正章訳、原書房、2011年）、45-51ページ。

*解説──北本正章訳
　17世紀の政治哲学者ジョン・ロック（1632-1704）は、人間はタブラ・ラサ（*tabulae rasae*）すなわちまだ何もきざまれていない石版のような状態で生まれると主張したことで広く知られる。彼は、知識と道徳観念は、もっぱら経験から生じると主張した。したがって、ロックは、教育の過程に非常に大きな価値を置き、その著書『子どもの教育』（1693年）において、そのことを詳細に論じたのであった。この著書で示されているロックの関心は、ジェントルマンの子息を正しく教育することにあったが、彼が示した改革主義的な理念はエリートの枠を超えて、広汎に影響をおよぼした。『子どもの教育』のなかでロックは、彼自身が受けてきた教育の特徴であった、形式的な知識の退屈きわまりない反復学習を排し、そのかわりに、生徒の徳性をはぐくむことを重視した。伝統的な教育学のなかでもっとも顕著な改革は、ロックがこの教育論のなかで、伝統的な身体罰に代えて徳の圧力を用いる新しいしつけの方法を唱道したことであった。彼は、鞭の使用を制限したが、だからといってロックのしつけの方法を子どもに甘いしつけと誤解すべきではない──道徳観念を子どもに教えこむに

は、厳密な手順を必要とするのである。以下の文章においてロックは、古いしつけの方法を批判している。
〈付記〉
　テキスト本文の前に示した以下の文章は、1895（明治28）年に日本で最初にロックの『子どもの教育』が翻訳出版されたとき、その「例言」（巻頭言）で示された言説である。大日本教育会訳『洛克氏　教育思想（全）』（大日本教育会発行、明治28年6月3日、東京神田一橋通り21番地大日本教育会事務所）として出版された。読みやすくするため、文章の一部を現代文に書き換えた。

　「この書はロック氏が多年朋友の家族子弟を集めてこれを教育し、自らその経験観察したる結果を統括集録し、晩年に至りて出版せしものにして、教育上の問題はひとつとしてその如何を論究せざるなく、また、ひとつとしてその疑いの存する点を挙げざることなき書にして、実に教育家たる者、必ず読まざるべからざる良書なり。
　この書の初めて出でたるは1693年にして、今を去る202年前のことなり。1695年フランス文に翻訳せられ、ロック氏の存命中数回の出版をなせり。その後、ドイツ文にも翻訳せられ広く行われたり。
　ロック氏は豊穣なる経験と卓抜なる意見とをもって著実明晰に事実に推して教育の理を論究し、痛く時弊を討破したるをもってその説一世を聳動し、大いに学者の景仰を博せり。かのルソー氏の教育論は全くロック氏の思想より出でて、これに想像力を加え、誇大に述べたるものなり。その他、ヘルヴェシウス氏、コンディヤーク氏、ライプニッツ氏、ヒューム氏、ヘルバルト氏等の学説は皆ロック氏の流派にして、現今我が国に行なわるるヘルバルト派実験心理説もその淵源に遡ればロック氏より出でたるものなり。
　我が国目下何事も新を喜び奇を好む風ありて、書籍の如きもその良否を問わず競いて新しきものを購読し、古書は新書に比してその価値の如何を計らず、排斥する弊なきにあらざるなり。本会はこの古書の大いに我が国学校および家庭教育の参按に資する価値あるを信じ、故会員吉澤忠則君に依頼し、これを国文に翻訳し、一昨年10月よりこれを本会雑誌に登載し、広く会員に頒ち、去年6月に至りて完結せり。
　爾来、会員中訳文の散見して全部繙閲の便利を缺くを遺憾とし、これを一括して印行し、広く世に公にせんことを請う者少なからず。ここにおいて本会はこれら篤志諸氏の需に応じ、かつこの良書を世の教育家に紹介して広く利益を得しめんがためにこの書を刊行することを計画し、とくに篠田利英、能勢栄、西村貞の三君を挙げて委員となし、訳語の校定、文章の訂正ならびに編纂印行にかかる一切のことを依頼し、努めて購読者の便を計り。」（1-4ページ。以下省略）

＊テキスト
第3章　賞罰の与え方

§43　さて、ここまで一般的なことを述べてまいりましたので、話しの流れからして当然のことながら、少し具体的なことになりますが、次に、しつけを構成するいくつかの部分について考察することにいたします。これまでのところで、わたしは、子どもを厳格に扱うことについて多くを語りましたので、あるいはわたしが子どもの傷つきやすい年齢や体質のことについて当然はらうべき考慮を充分おこなわなかったのではないかと疑われるかもしれません。しかし、わたしの考えをもう少し聞いてくだされば、そのようなご心配は消えるでしょう。というのも、わたしは、罰を非常に厳しくすることは、教育においては益することがほとんどないばかりか、かえって大きな害になる、といつも考えているからです。そして、同じ条件では（caeteris paribus）、もっとも厳しい罰を受けた子どもがもっとも立派な人間になることは滅多にない、ということがおわかりになるだろうと思います。わたしがこれまで強調してきたのは、どんなに厳しいしつけが必要であるにしても、それは、子どもが幼ければ幼いほどそうであるべきであるということであって、厳しいしつけを正しくおこなって効果があったら、そのあとはゆるやかにし、もっとおだやかな養育法に変えていくべきである、ということです。

§44　両親の手でしっかりと導入された子どもの意志の素直さと柔軟さは、子どもがその導入の始まりの記憶をもつ前から子どもにとって自然に思われ、その後もまるでそれが自然なことであるかのように作用するので、争ったり不平を言ったりするような機会はすべてなくなります。ただひとつ注意すべきことは、それを早く始めて、両親に対する畏敬の念と尊敬の気持ちを抱くことがあたりまえになり、いやいやながら従うという気配が少しもなく、心から喜んで従うようになるまで、しっかりとそれを続けることです。このようにして尊敬の念がいったん確立（それは早くしなくてはなりません。そうでないと、これを回復するには苦痛と打撃を必要とするでしょうし、長引けば長引くほどそれが大きくなるからです）されると、それを悪用しない程度の放縦が混じりますが、しだいに理解力もついてくるのですから、叩いたり叱ったり、あるいは奴隷に対するように罰を与えなくても、そのあともずっと子どもを教え導いていくことができます。

§45　以上のことは、真の教育において何が目ざされているのか、それが何に依存しているのかを考察しさえすれば、容易に納得できるでしょう。
　（1）自分の性癖を克服できない人、つまり、どうすればよいのかを理性が告げているにもかかわらず、しつこく迫ってくる目前の快や苦にどのように抵抗すればよいのかを知らない人は、徳と勤勉の真の原理を欠いているので、何をしても効果がないという危険にさらされています。したがって、まだ指導の手が加えられていない自然の性質とは反対の、このような徳と勤勉の真の原理をもった性格は、早いうちに形成される

べきであり、また、将来の能力や幸福の真の基礎となるこの習慣は、できるだけ早く、子どもたちに知識や理解力の最初のきざしがあらわれた頃から、その精神に刻みつけるべきであって、子どもの教育の監督にあたっている人たちが、あらゆる注意と、考えられるすべての方法によって、子どものなかに確立しておかなくてはならないものです。

§46 (2) 他方、子どもをあまりにも厳しく扱いすぎて、その精神が縛られて卑屈になったり、あるいは意気消沈して挫折してしまうと、すっかり活気と勤勉さがなくなり、以前よりも悪い状態に陥ってしまいます。なぜなら、突飛なふるまいをする若者でも、活力と気概をもっていれば、ときには正しく導かれ、有能な立派な人物になることもあるでしょうが、精神が落ちこんでいて、おどおどして意気地がなく、気概がないようでは、精神を高揚させるのは困難であり、何をやっても成功することは滅多にないからです。この両方の危険を避けるには、大きな手腕が必要です。子どもの精神をゆったりさせ、活発で自由にしておき、しかも同時に彼が心ひかれる多くのことを抑制し、彼にとって容易でないことがらへと誘導していく方法を発見している人、すなわち、これら一見して矛盾しているように見えることをどのように調整すればよいかを知っている人は、わたしの考えでは、教育の真の秘訣を心得ている人です。

§47 教師たちがよく知っており、また、よく考えつく唯一の監督の手段は、子どもを押さえつけたり鞭で打ったりするという、お決まりの、怠惰で単純な方法ですが、この方法は、教育で用いられるもっとも不適切な方法です。こういった方法は、すでに前に示しましたように、どちらに転んでもすべてを破滅に陥れるというスキュラ岩とカリュブディスの渦の例のように、以下に述べるような二つの過ちに陥りやすいからです。

§48 (1) この種の罰し方は、肉体的な目の前の快楽にふけり、ともかくも苦痛だけは避けようとするわたしたちの生まれつきの性癖を押さえるという点では、まったく役に立たず、むしろ逆にそれを増長させてしまい、あらゆる悪徳行為やふしだらな生活を引き起こす根源をわたしたちの心のなかにしっかりとうえつけてしまうことになります。鞭の恐怖から逃れたいばかりに、自分の気持ちにそむいて書物にしがみつく子どもも、あるいは、自分の大好きな、しかし健康にはよくない果物を、食べないように我慢している子どもは、果たして感覚的な快楽や苦痛以外の動機で行動するということがあるでしょうか。子どもはただ、もっと大きな肉体的な快楽のほうを選ぶか、あるいは、もっと大きな肉体的な苦痛を避けているにすぎないものです。そして、このような動機によって自分の行動を律し、

行為を導くものは何でしょうか。このような方法こそ、わたしたちが根絶し、打ち破るべき原理を子どもに抱かせてしまうことではないでしょうか。したがって、過ちをおかしたために生まれる羞恥心というものは、肉体的な苦痛ほどの大きな効果を子どもに及ぼすものではありませんから、わたしには、どのような懲らしめ(コレクション)も子どものためになるとは思えません。

§49 (2) 当然の帰結として、子どもに愛好心を抱かせるようにすることが教師の役目であるのに、このような懲らしめ方は嫌悪感を抱かせてしまうことになります。子どもたちが、最初のうちは嫌ではなかったのに、そのことをめぐって鞭打たれたり、たしなめられたり、いびられたりしているのがわかってくると、すぐに嫌になってしまうというのは、いかにもよく目にすることです。このような懲らしめ方をされれば大人でも甘受できないのですから、子どもが嫌になってもなんら不思議ではありません。そのこと自体は子どもにとってなんの興味もない他愛ない気晴らしであっても、打たれたり、口汚い言葉を浴びせかけられてそれを強いられると、そのことによほどの意味を見出していないかぎり、子どもはうんざりしてしまうのではないでしょうか。あるいは、彼がそれをやってみる環境をつくるために、いつもそのような扱いを受けたらどうなるでしょうか。通例、不快感をもよおす環境は、それと結びつきのある無害なものにも影響を及ぼします。たとえば、吐き気をもよおすような薬を飲むために使うコップは、それを見ただけで胃の調子がおかしくなり、たとえそのコップがどんなに清潔で、贅沢な材料で形よくできていても、それで飲むものはどんなものでも美味しくないものです。

§50 (3) この種の奴隷的なしつけは、奴隷的な気質をつくりあげます。鞭の恐怖が子どもにおおいかぶさっているあいだは、子どもは服従をよそおい、従順なふりをします。しかしその鞭がとり去られ、見えなくなって、罰を受けないことを確信すると、子どもは生まれつきの性癖を大きく拡大するようになります。この性癖は、いま述べたような方法では決して変えることができず、その反対に、子どもの心のなかで強められ、増長します。そして、そのようにして押さえつけたあとでは、いつも、いっそう激しく爆発します。あるいはまた――。

§51 (4) もし、厳格さを最高度に発揮して、目の前の厄介な病癖を治そうとしても、そのようなやり方では子どもを意気消沈させてしまって、代わりにもっと危険な病気を引きこんでしまうことがよくあり、無軌道な若者の代わりに無気力で、めそめそした人物ができあがってしまいます。このような人間は、不自然なほどおとなしいので、うるさくなく、面倒をかけるこ

ともないという理由で、活気のない子どもをほめる愚かな人たちには気に入るかもしれませんが、生涯を通じて自分にも他人にも役立たない人間になるでしょうから、結局は、友人にとっても、おそらく不愉快な人間になってしまうでしょう。

§52　鞭で打ったり、その他あらゆる種類の奴隷的な体罰（コーポラル・パニッシュメント）を与えることは、賢くて善良かつ純朴な人間にしたいと思っている子どもの教育に用いるには不適切な訓練法です。したがって、体罰は、めったに用いてはならないし、用いるとしても、重大な場合と極端な場合に限るべきです。他方、子どもが気に入る物を褒賞として与えて子どもの機嫌をとることも、同じように注意深く避けなくてはなりません。子どもに書物を読ませるために、リンゴとか砂糖菓子（シュガー・プラム）など、子どもがもっとも喜ぶこの種のものを与える人は、子どもが快楽に愛好心をもつことを是認していることにほかなりません。またそうすることは、子どもの危険な性癖も育て上げることになりますが、じつはこれこそが、その子があらゆる手段を尽くして心のなかで征服し、抑圧しなくてはならないものなのです。ある場所では子どもの性癖を抑えながら、他の場所ではそれを満足させてやり、黙認しているということがあるかぎり、子どもが自分の性癖を克服できるように教育することなどできるはずがありません。子どもを善良で賢く、しかも徳のある人間にするには、理性がそうしてはいけないと忠告し、義務がそうしなさいと要求するときはいつでも自分の欲望に逆らって、富、華美な装い、あるいは美味しいものなどを喜ぶ性癖を抑制できるように教える必要があるのです。しかし、もし子どもにお金を与えて何か良いことをさせてみたり、書物を読んだ苦労をねぎらうために美味しい物を少しばかり与えて喜ばせたり、あるいは小さな課題を仕上げたら、レースの襟飾りとか立派な服を新調してやるなどと約束するなら、結局のところ、子どものそのような物を褒賞として与えることによって、子どもがそうした結構なものを手に入れることを目的にしてしまうことを認め、子どもがそれらを欲しがるように仕向け、それらを得ることに自分の幸福を見いだす習慣をつけさせてしまうだけのことになるのではないでしょうか。こうして人びとは、人生の幸福や生涯にわたって役立つという点ではそれほど重要ではない文法の学習やダンス、あるいはその他この種のものに一所懸命とり組ませようとして、褒賞と罰を濫用するのですが、それは、結局のところ、子どもの徳性を犠牲にし、教育の秩序を転倒させ、子どもに贅沢や傲慢さ、あるいは強欲さなどを教えこむことになってしまうのです。なぜなら、このような方法を採る人は、ほんらい防止され、抑制されるべきこのような誤った性癖におもねって、将来の悪徳の種を撒き散らすことになるからです。それを避けるには、わたしたち自身が欲望を抑制し、子ども

が早い段階から理性の命じるところに従うことができるよう慣らすしかないのです。

24＊ ジャン＝ジャック・ルソー『エミール』
（抜粋、1762年）

＊出典
Jean-Jacques Rousseau, *Émile, ou De l'éducation*, 1762 (Petits Classiques Larousse, 2008), pp. 91-95. (Introduction, Translation and Notes by Allan Bloom), *Emile, or On Education* (Basic Books, 1979), pp. 90-93.（吉岡公珠・北本正章訳）。『エミール』（今野一雄訳、岩波文庫、1962年）125-131ページも参考にした。

＊解説――吉岡公珠・北本正章
生涯の概要
　ジャン＝ジャック・ルソー（Jean-Jacques Rousseau, 1712-78）は、近世フランスの思想家・哲学者・作曲家。スイスのジュネーヴに生まれ、誕生と同時に母を亡くし、10歳頃に父とも生別した。ほぼ独学で教養を積み、30歳頃にパリに出て音楽批評と創作オペラ『村の占い師』の作曲を試みた。やがてディドロやグリムらを知り、38歳頃に論文「学問芸術論」（1750）がディジョンのアカデミー懸賞論文に当選して一躍知識界で知られるようになった。文明や学問の進歩は人間中心主義的な傲慢さを助長し、道徳の頽廃をもたらしたとするアイロニーにもとづく独特の文明批判は、現存する政治社会体制にも及んだ。自然状態と社会状態を対比して、人間の存在論的自然性は、社会状態の進化とともに社会的不平等におちいるとし、フランス革命を予言したとも評される。『人間不平等起源論』（1755）、『社会契約論』（1762）のほか、とくに出版後禁書にされ、逮捕命令が出た『エミール』（1762）は、読者の神経を逆なでする感情的なアジテーションと論理矛盾に満ちた空想的な教育小説という側面をもつが、教育における人間の自然性の回復を主張して、当時の教育界の根本思想を批判する一方、ロマン派の作家たちに大きな影響をおよぼしたとされる。

テキストについての補足
　以下に示したテキストでは、『エミール』の冒頭にある「人は子どもというものを知らない。子どもについてまちがった観念をもっているので、議論を進めれば進めるほど迷路にはいりこむ。このうえなく賢明な人々でさえ、大人が知らなければならないことに熱中して、子どもにはなにが学べるかを考えない。かれらは子どものうちに大人をもとめ、大人になるまえに子どもがどういうものであるかを考えない」（岩波文庫〔上〕、18ページ）と、子ども認識の問題から始めて、「植物は栽培によってつくられ、人間は教育によってつくられる」（24ページ）とする教育可能性をおおきく前提条件に掲げている。そして、その教育の原理は「自然」の法則であるとしている。「万物を創る者の手にあるときはすべては善いものであるが、人間の手に移るとすべてが悪くなる」（23ページ）という命題の下に、ルソーはこの「自然の法則」次のように述べている。「自

然を観察するがいい。そして自然が示してくれる道を行くがいい。自然はたえず子どもに試練をあたえる。あらゆる試練によって子どもの体質をきたえる。苦痛とはどういうものかをはやくから子どもに教える。歯がはえるときは熱をだす。はげしい腹痛がけいれんを起こさせる。いつまでもとまらない咳がのどをつまらせる。虫に苦しめられる。多血症のために血液が腐敗する。さまざまな酵母が醗酵して、たちの悪いふきでものがでる。幼年時代の初期はずっと病気と危険の時期だといっていい。生まれる子どもの半分は8歳にならないで死ぬ。試練が終わると、子どもには力がついてくる。そして、自分の生命をもちいることができるようになると、生命の根はさらにしっかりしてくる。これが自然の規則だ」（42ページ）。この身体教育論の骨子は、イギリスの経験哲学者ジョン・ロックの自然の原理に基づいた性格形成論をベースにしているが、ルソーは、この自然の原理についてさらに、子どもの内面に先験的にある自然の感性的原理、自然のリズム、自然の合理的判断力にもとづく教育の確かさを論じ、人間性善説から感覚と理性の連続性を説いている。「感覚の国を通って子どもの理性の境界までわたしたちの生徒を連れて」（271ページ）いく際の導きの標識となるのは、「自然は子どもが大人になるまえに子どものままであることを望んでいます」（125ページ）と述べる「子ども期＝子どもらしさ」の価値についての理解であった。以下のテキスト部分を貫いている「子どもらしさの自然の価値」について、ルソーは次のように説明している。

「子どもは大人より小さい。子どもは大人の体力も理性ももっていない。しかし、大人と同じように、あるいはほとんど同じように、見たり聞いたりする。子どもはそれほど繊細ではないが、大人と同じようにはっきりした味覚をもち、同じような肉感性を感じないにしても、大人と同じように匂いを嗅ぎわける。わたしたちのうちに最初に形づくられ、完成される能力は感官である。だから、それを最初にそだてあげなければならない。ところが、それだけを人は忘れている。あるいは、いちばんおろそかにしている。感官を訓練することはただそれをもちいることではない。感官をとおして正しく判断することを学ぶことであり、いわば感じることを学ぶことだ。わたしたちは学んだようにしか触れることも見ることも聞くこともできないからだ」（218ページ）。

だからこそ、子どもらしさに介入するのではなく、少しひかえめでありながらも（消極教育＝待つ教育）、確かな理解と共感性をもって子どもに接し、子ども期の子どもらしさの価値を人が深く理解することから、本当の人間形成がはじまるとしている。

「子ども期の子どもらしさ（childhood）を愛するがいい。子どもの遊びを、楽しみを、その好ましい本能を、好意を持って見守るのだ。口もとにはたえず微笑みがただよい、いつもなごやかな心を失わないあの年ごろを、ときに名残惜しく思いかえさない者があろうか。どうしてあなたがたは、あの純真な幼い者たちがたちまちに過ぎ去る短い時を楽しむことをさまたげ、かれらがむだにつかうはずがない貴重な財産をつかうのをさまたげようとするのか。あなたがたにとってはふたたび帰ってこない時代、子どもたちにとっても二度とない時代、すぐに終わってしまうあの最初の時代を、なぜ、にがく苦しいことでいっぱいにしようとするのか。父親たちよ、死があなたがたの子どもを待ちかまえている時を、あなたがたは知っているのか。自然がかれらに与えている短い時を奪い去って、あとで悔やむようなことをしてはならない。子どもが生きる喜びを感じることができるようになったら、できるだけ人生を楽しませるがいい。いつ神に呼ばれても、人生を味わうこともなく死んでいくことにならないようにするがいい」（101-102ページ）。

＊テキスト

　自然は子どもが大人になるまえに子どものままであることを望んでいます。この順序をひっくりかえそうとすれば、まだ熟れきれていない、味の悪い、そしてすぐに腐ってしまって長持ちしない果実を結ばせることになります。わたしたちは未熟な博士と老けた（その年齢にふさわしい）子どもを持つことになります。子ども期は独自なものの見方をし、考え方を示し、感じ方をします。その代わりにわたしたちの大人の流儀を押しつけることほど無分別なことはありません。そしてわたしは、10歳の子どもに判断力があるなら、身の丈も5尺［約150センチメートル］ぐらいあってもいいのではないかと考えます。でも実際、そんな年ごろの子どもに理性が何の役に立つのでしょうか。理性は力のブレーキとなるものですが、子どもはそういうブレーキを必要とはしていないのです。

　あなたがたは子どもに対して、服従する義務があると納得させるために、いわゆる力と脅しで説得し、もっとひどいやり方としては、媚びへつらいと約束を付け加えています。このため、子どもは利益に引き寄せられるか力に強制されて、道理を納得したふりをします。服従か反抗かがあなたがたに分かれば、服従すれば自分の得になり、反抗すれば損することを子どもはよく知っています。ところが、あなたがたは嫌なことばかりを子どもに要求するし、他人の意志によって何かをするのはいつもつらいことなので、子どもが何か自分の思ったとおりにする時はいつも隠れてやり、言うことをきかないことが人に知られなければよいのだと考えます。しかし、それが分かると、もっと悪いことにならないように、すぐに悪いことをしたことを認めようとします。義務の理由はかれらの年ごろには考えられませんから、かれらに心からそれを感じさせることは誰にもできません。しかし、罰を受けはしないかという怖れ、ゆるしが得られるという希望、うるさく詮索されること、どう答えてよいか分からないまごつきが、問いつめられたことのすべてを子どもに打ちあけさせます。そして、子どもは、やりきれなくなったり、おじけがついてしまったりしただけなのに、人は子どもを説得したと思っているのです。

　その結果どういうことになるでしょうか。第一に、

あなたがたは、子どもにはよく分からない義務を押しつけることによって、あなたがたの圧制に反抗するようにさせ、あなたがたを愛することから遠ざけているのです。第二にあなたたちは、そうやって褒美をせしめたり、罰をまぬがれるためにごまかしたり、嘘をつくことを子どもに教えているのです。そして最後に、ひそかな動機をいつも見せかけの動機で隠して、絶えずあなたがたを欺すことを子どもたちに習慣づけ、かれらのほんとうの性格を知ることを妨げ、機会あるごとにあなたがたや他の人に空しいことばで返事をする手段を、あなたがた自身が子どもたちに与えることになるのです。あなたがたは、法律というものは、良心にとっては義務であり、大人に対しても拘束を加えていると言うかも知れません。そのとおりでしょう。しかし、そういう大人こそ教育によって駄目にされた子どもにほかならないのではないでしょうか。防ぐべきはそのことなのです。子どもには力で対処し、大人には理性で対処しなさい。それが自然の秩序なのです。賢者は法律を必要としませんから。

　生徒をその年齢に応じて扱うようにするのがよいでしょう。まずかれをその立場に置き、そこから抜け出せないようにしっかり留めておくようにしてください。そうすれば、子どもは、知恵がどういうものであるかを知る前に、知恵が示す最も重要な教えを実行することになるでしょう。何事であれ、生徒に命令してはなりません。どんなことでも絶対にいけません。あなたがたがかれに対して何らかの権威を持っていると子どもに考えさせるようなこともいけません。生徒にはただ、かれが弱い者であること、そしてあなたがたが強い者であることが分かるように仕向けなさい。かれが置かれている状態とあなたがたの状態そのものが、彼に自分が必然的にあなたがたに依存せざるを得ないのだということを分からせるようにしなさい。かれの頭上には、あらゆる有限な存在がそれに頭をたれなければならない、自然が人間に加える厳しい束縛と、必然性という重い軛（くびき）が課せられていることを早い時期から見られるようにしなさい。その必然性を事物のうちに見いだせるようにしなさい。けっして人間の気まぐれのうちにそれを見いださせてはなりません。かれをおしとどめるブレーキは力であって、権威であってはなりません。してはならないことを禁じてはいけません。何の説明も議論もせず、かれがそれをするのを妨げるのがよろしい。かれに与えるものは、懇願されなくても、嘆願されなくても——何よりも無条件で——最初に欲しいと言った時に与えるのがよろしい。喜んで与えなさい。断る時は遺憾な面持ちになるだけでよろしい。しかし、いったん断ったら二度とそれを取り消さないように。どんなにせがまれようとも、けっして心を動かされてはいけません。「だめ」といったら、このことばは鉄の柵であってもらいたい。そうすれば子どもは、せいぜい5回か6回、力を使い果たしたあげく、もうそれを打ち破ろうとはしなくなるでしょう。

　こういうふうにすれば、子どもは欲しいものがもらえないときでも、忍耐強く、着実で、状況を受け入れられる、冷静な子どもになることができます。なぜなら、人間の本性というものは、事物からくる必然にはじっと耐えることができますが、他人の悪意に対しては我慢できないものだからです。「もうありません」という親の対応には、それが嘘であると考えないかぎり、どんな子どもも、けっして反抗したりはしません。さらに、こういう場合には、中途半端な対処法はありません。子どもに完全に何も要求させないか、最初から完全に要求を抑えつけるか、どちらかでなくてはなりません。最悪の教育は、子どもを自分の意志とあなたがたの意志とのあいだで浮動させ、あなたがたと子どもが互いに勝とうとして絶えず言い争いをすることです。そのようなことになるくらいなら、子どもがいつも勝っているほうが100倍もましだと思います。

　人が子どもを教育しようと考えて以来、子どもを導くために、競争心、嫉妬心、羨望の念、虚栄心、貪欲、卑屈な恐怖心——これらはどれも、子どもの身体が形成されないうちにさえ、すぐに発酵して魂を腐らせてしまう、最も危険な情念なのですが——といったものを道具として利用してきたことは、実に奇妙なことです。これらの情念を適切な時期よりも前に子どもの心の中に注ぎ込もうとする教えによって、子どもの心に悪の種を深く植えつけているのです。思慮深くない教師たちは、自分では何か良いことを子どもに教えているつもりでいても、良いこととはどういうものかを教えようとしてかえって子どもの性格をねじ曲げてしまっているのです。その後で彼らはわたしたちに向かってもったいぶった口調でこう言います。「それが一人前の人間なのです」と。そのとおり、そういう教師たちがつくりあげた人間とはそういう人間なのです。

　人は、子どもの教育のために、ただひとつの、しかもそれだけが成功に導いてくれることを除いて、あらゆる手段をもちいてきました。それは、よく管理された自由です。可能なことと不可能なことについての法則だけで子どもを思いどおりに導いていく方法を知らないのであれば、子どもを育てようなどと考えてはなりません。可能なことと不可能なことの範囲はどちらも、子どもにはまだ分かっていないのですから、その範囲は子どもが思うままに広げたり縮めることもできるものです。しかし、わたしたちは必然という束縛だけで子どもを拘束し、押さえつけ、引き止めることができます。事物の力は、それだけで子どもの内面にどんな悪も芽ばえさせることなく、子どもを柔軟で従順にすることができます。情念は、それが何の効き目もないかぎり、けっして駆り立てられることはないからです。

　どんな教訓も、それを言葉で生徒に与えてはなりません。生徒はそうした教訓を経験だけから受け取るべ

きです。生徒は、過ちをおかすとはどういうことなのかを知らないのですから、どんな罰も加えてはならないのです。生徒は、あなたがたを侮辱するようなことはできないし、その行動にはどんな道徳性もないのですから、けっして謝罪させてはなりません。生徒は、罰を受けたり叱られたりするほど道徳的に悪いことは、何ひとつすることができないのですから。

　ここまで読んできた読者の皆さんが、驚愕して、こういう子どもと私たちのまわりに普通にいる子どもとを見くらべているのが、わたしにはよくわかります。でも皆さんは勘違いしています。あなたがたがご自分の生徒にいつも加えている拘束は、生徒のはつらつとした気持ちを殺いでしまっています。あなたたちが生徒を監視して拘束を加えれば加えるほど、それだけいっそう生徒たちはその拘束から逃れようとしてますます騒ぎ立てます。生徒たちは、きびしい束縛から逃れられると、加えられた埋め合わせをしたくなるものです。都会からやってきた二人の生徒は、村じゅうの子どもよりずっとひどい害悪を及ぼすでしょう。ジェントルマンの子どもと幼い農民の子どもを同じ部屋に閉じこめてごらんなさい。農民の子どもがまだじっとしているうちから、ジェントルマンの子どもはあらゆる物をひっくり返し、ぶち壊してしまうでしょう。なぜでしょうか。一方の子どもは、しばらくのあいだ与えられた放任状態を慌てて濫用しようとするでしょうが、もう一方の子どもは、いつも自分が自由であることを知っているので、あわててその自由を使おうとはけっしてしないのです。これ以外の理由は考えられません。しかも、農村で育った子どもはたいてい甘やかされたり意志を妨げられたりして、わたしがこうあって欲しいと考えている状態からは、はるかに遠いところにあるものです。

　自然から最初にはたらきかけてくるものはすべて常に正しい、という疑いようのない格率を示しておきましょう。人間の心には生まれつき邪悪なものなど存在しません。もし心の中に何かの悪が入り込んだとしても、それがどんなふうに、またどんな道筋をたどってそこに入り込むことになったのか、すべて説明できます。人間にとって唯一の自然の情念は、自分に対する愛情（*l'amour de soi-même*）、すなわち広い意味での自尊心（*l'amour-propre*）だけです。この自尊心は、必然的に他人とは無関係ですし、この点で本来的に中立であるので、それ自体あるいは相対的に善いもの、有益なものです。自尊心は、それを何かに適用し、何かに対して関係づけようとする時に初めて善いもの、あるいは悪いものとなります。したがって、このような自尊心を生むのは理性ですが、子どもは、この理性が発達するまでは、誰かに見られているからとか、聞かれているからという理由では、何もしないことが重要なのです——要するに、他者との関係では、何もしてはならないのです。自然が子どもに求めていることだけに応じるようにすることが大切で、そのようにすれば、かれがすることはすべて善いことになるでしょう。

25* ヨハン・H・ペスタロッチ『ゲルトルードはいかに子どもたちを教えるか』（抜粋、1801年）

*出典
Johann Heinrich Pestalozzi, *How Gertrude Teaches Her Children*. Trans. Lucy E. Holland and Frances C. Turner. New York: Gordon Press, 1894 [1801].「ゲルトルートはいかに子どもたちを教えるか」、『教育宝典 ペスタロッチ 3』（鯵坂二夫ほか訳、玉川大学出版、1952年）所収、37-41ページ。テキストの一部を現代文に改めた。

*解説——北本正章訳
　スイスの教育家ヨハン・ハインリヒ・ペスタロッチ（1746-1827）は、ルソーの『エミール』の教えを学級での教育に適用することで教授実践の改革を試みている。ヨーロッパとアメリカの両方で大きな影響をおよぼしたペスタロッチの方法は、子どもたちに経験から学ぶようにはたらきかけ、読書よりも身体活動を重視する。1801年に書かれたペスタロッチの著書『ゲルトルートはいかに子どもたちを教えるか』は、彼の一連のわかりやすい授業における彼の根本思想（教育哲学）を描いている。以下に示した引用文、「自然に従う教育」で、ペスタロッチは、書物を読むことに優先して子どもに「感覚的印象」(sense-impressions; Anschauung：直観)を教えねばならない理由について説明している。彼は、伝統的な教室を告発して酷評するだけでなく、子どもの内的な可能性についてのロマン主義的な見方も提示している。また、ペスタロッチは、社会正義に対する彼の貢献も記憶されている。彼以前の多くの教育哲学者とは違ってペスタロッチは、貧しい子どもの教育を強く唱道し、伝統的な教育はそうした子どもの教育に失敗したと批判した。

*テキスト
自然に従う教育

(34)　あらゆる人間教育は、したがって、この自然の、自己発達への欲求に手を貸す術にほかならず、この術は本質的には子どもたの中に刻まれるべき印象と、子どもたちの発達し終った力の一定度のものとの関係と調和の上に存するのです。それで、教育によって、子どもたちに与えられなければならない諸々の印象には、一定の順序があって、その出発と進歩とは、子どもたちに発達させるべき力の開始と進歩に合致しなければならないのです。こうして、わたしは、人間認識の全領域にわたる、とくに人間の精神発達の出発点である基礎点においての、これらの順序の研究が、われわれの自然性と、要望とを満足させる教科書を選ぶために、常に守るべき単純な、そして、唯一の道であることを

知ったのでした。またわたしは間もなく、このような著書の完成の場合に考慮されるべき点は、あらゆる教育の部門と子どもの伸びゆく能力の程度に応じて分けること、また一方において、すでに完全に能力が芽生えたものは、決して抑えずに、また他方においてまだ完全に能力が芽生えないものをもって、決して重荷を負わせたり混乱させたりしないために、これらの諸部門のいずれが子どもの各年齢に適するかを、あらゆる教科において、きわめて綿密に定めなければならないことも知ったのです。

(35) 次のことが、わたしにとって明らかとなりました。子どもたちは、読むこと、文字の綴りを教えることすらまだ無理である時から、すでに、直観と言語との知識の相当に高い程度にまで導かれ得るものなのです。そしてこの判断とともに、わたしの内心において確実になったことは、子どもたちはきわめて幼い時に、すでに万物についての理性的直観への心理学的指導を必要としているということでした。しかし、そのような指導は、現在のような人々においては、一つの術の協力なしには、考えることも期待することもできないことでしたので、言語によって与えようとする概念を、実物によって、あるいは巧みに造られた模型や絵画によって、子どもたちの感覚の前にもたらされた精選した実物を通じ、直観によつて明晰なものにするために、読み書きの初級本に先だって、直観の本の必要に当然思い当たるべきでした。いろいろと制限された方法、不当な、偏った試験的な実施などの下におこなわれたわたしのこの未熟な判断を、あるしあわせな経験が、非常に良い結果で証明してくれました。

一人の親切な母親がその3才ばかりの男の子の教育をわたしにまかせてくれたのです。わたしはしばらくの間、毎日1時間ずつこの子を観察しました。そして彼と共にわたしの教育方法の脈拍を診たのです。わたしは綴字やその他、わたしの手元にあったいろいろなものについて、彼に教えようとしてみました。そして、それらの材料によって、彼の内に、明確な概念と表現とを植えつけようとしたのです。わたしは、彼がいろいろの物について認識した、物、色、身体の部分、位置、形、数などの名称を確実に言わせてみました。しかし幼き者の第一の苦しみである綴字は、間もなく断念しなければなりませんでした。彼はただ形と物だけを欲したのです。そして、間もなく彼の認識する範囲にある対象については、確実に表現するようになりました。彼は、道路や、庭や、室内においてその認識の証拠物を見つけだし、ほどなくして、植物や動物のひじょうに難しい名前を正しく言うことができ、未知のものと既知のものとの比較において、その確実な直観を心の中で構成することができるようになりました。わたしのこの試みは、多少、その子どもに道草を食わせ、めずらしいもの、遠くにあるものによって、現在身近にあるものについての印象を害する作用はありましたが、しかも、子どもをその素質において元気づけ、彼がその能力を修得する自己活動のために刺戟となるような方法に関しては、実に各方面に光を投げかけたのです。

しかし、一方、この試みは、この子どもがすでに3ヵ年の年月を空費してしまったためにわたしが本来求めたことに対しては、必ずしも満足を得ませんでした。わたしは、この年ごろまでに自然は、すでに、子どもたちを、われわれの知り得ない程度にまで、対象の確実な認識に導いているのだと信じます。そして、われわれとしては、この認識をより高度の明確さに導くために、またそれによって子どもたちを、多くの技術と、多くの真理との基礎を、自然自身が教えたものに結合し、また一方自然自身が教えるものを、人間が与えようとするあらゆる技術と真理との基礎の解釈の材料として役立たせる立場に置くために、心理学的な言葉をこの認識に結合しさえすればいいのです。彼らの力と、彼らの経験は、この年ごろにはすでに大きなものなのです。しかし、非心理学的な、多くの学校は、率直に言えば、自然が彼等に与ええた力と経験とのすべての結果の人工的な窒息機械に他ならないのです。

(36) 君はそれを知っています。友よ。しかし、しばらくの間、もう一度、この殺人の恐怖を想像して下さい。5才までは、子どもたちを完全な自然の享楽のままに放任する。自然のあらゆる印象が彼らに作用するままにまかせきる。彼らは自然の力を感ずる。彼らは自然の自由と、あらゆる魅力の感覚的享楽において、相当に進んでいる。そして感覚的に幸福な生物が、その発展の場合に取る自由な自然の過程が、彼らの内面において、すっかり、確実な道行を決めてしまっている。このようにして、彼等が5年の間、この感覚生活の幸福を楽しんだ後に、突然、身のまわりの全自然は、彼らの目前から消滅し去る。その無制約と自由との魅力ゆたかな過程は停止させられる。彼らは羊のように一緒に集められて、臭い部屋に押し込められる。彼らは、日々刻々、毎週、毎月、毎年、悲惨な、興味のない、単調な文字に、また、今までの状態に比べて、狂おしくなりたいほど差異がはなはだしい全生活の過程に、完全に縛られるのです。

(37) 詳しくは申しますまい、わたしは多数の教師たちの姿を思い浮べてみます。それらの数千人は現在ただ別にこれという収入の道がないために、この地位の仕事に就いているのです。しかし、そこでも、彼らの仕事に対する無能に相応して、ただやっと餓死を免れるにすぎない報酬を受けているのです。このような状態の下に、子どもたちが悩み、また少なくとも放任されなければならないことは、いかに大きな影響をもつことでしょうか。

26　箕作秋坪「教育談」（抜粋、1874-75年）

*出典

『明六雑誌』（上）（山室信一・中野目徹校注、岩波文庫、1999年）所収

*解説——北本正章

　箕作秋坪（1826［文政8］年～1886［明治19］年）は、江戸時代末期（幕末）から明治にかけての学者、教育者。1826（文政8）年、備中国（現・岡山県）の儒者・菊池文理の次男として生まれた。はじめは蘭学者箕作阮甫（1799-1863）に、次いで緒方洪庵（1810-1863）の適塾で蘭学を学び、それぞれの弟子となった。このあと阮甫の三女・つねと結婚して婿養子となって箕作の姓を名のり、つねとのあいだに、長男・奎吾（夭折）、次男・大麓［秋坪の実家・菊池家の養嗣子となる菊池大麓である。この菊池大麓は、1867（慶応3）年と1870（明治3）年の2度にわたりイギリスに留学した。2度目の留学ではケンブリッジ大学で数学と物理学を学び学位を取得、帰国後1877（明治10）年、東京大学理学部教授となり、近代数学をはじめて日本にもたらした。同大学総長、学習院院長、京都帝国大学総長、理化学研究所初代所長等を歴任するいっぽう、帝国学士院会員および同第8代院長、貴族院勅選議員、文部省専門学務局長、文部次官、文部大臣、枢密顧問官等、要職を歴任した］、三男・動物学者の箕作佳吉、四男・歴史家の箕作元八の4男をもうけた。その後、江戸幕府蕃書調所（東京大学の前身）の教授手伝となる。文久元年（1862年）の幕府による文久遣欧使節にくわわってヨーロッパを視察した。帰国後は国境交渉の使節としてロシアへ派遣された。明治維新後は三叉学舎を開設した。三叉学舎は当時、福沢諭吉の慶應義塾とならび称される洋学塾の双璧であり、東郷平八郎、原敬、平沼騏一郎、大槻文彦などもここで学んだ。また、日本初の本格的私立法律・経済学校である専修学校（専修大学の前身）の開設においても、法律経済科を設置し、創立者である相馬永胤らに教授をまかせるなどの協力をしている。秋坪は漢学の大家でもあり、明六社への参加など啓蒙思想家としても活動した。ここに紹介する箕作秋坪の「教育談」は『明六雑誌』に掲載されたもので、ルソーの子ども観、教育観を色濃く反映している。『明六雑誌』は、英語版も出版されている。

*テキスト

　人の幼穉*1なるとき、意を加えてこれを保護せざれば、必ず病み、必ず死す。また心を用いてこれを教育せざれば、長ずるに及て必ず頑、必ず愚にして、蛮夷*2の間といえども共に立つべからざるに至る。これもっとも知り易きの理なり。しかしてそれ、これを保護するがごときは、天然の至情ありて知痴愚貧富の別なく、みな意を加えざるなきも、それ、これを教育するの一事に至ては、これを度外に置き顧みざる者また少からず。実に怪むべく、嘆ずべきにあらずや。

　それ小児の生れて二、三歳より六、七歳に至るまで、その質たる純然無雑*3、白玉の瑕なきがごとく、その脳中清潔にして、いささかの汚点なし。ゆえにその耳目の触るるところのもの、善となく悪となく、深く脳に印象して*4、終身消滅することなし。これもってその性情を薫陶し、品行を養成する、このときをもって最上の期とす。その教導の方、宜きを得れば善かつ知、その方を誤れば頑かつ愚となるなり。この感覚鋭敏のときにあたり染習*5せし者は、長ずるに及んでこれを改めんと欲するも得べからざる、なお樹木の稚嫩*6なるとき、これを撓屈*7すれば、長ずるに及でついにこれを直くす*8べからざるがごとし。終身、善悪痴愚の岐るるところここにあり。あに意を留めざるべけんや。

*1　幼穉——幼稚。
*2　蛮夷——野蛮で教養のない人々。
*3　純然無雑——まじりけがなくて純粋なこと。
*4　印象して——強く感じて残る。
*5　染習——習慣となる。
*6　稚嫩——若くしなやかなこと。
*7　撓屈——たわむように曲げる。
*8　直くす——まっすぐにする。

27* デューイ『明日の学校』（抜粋、1915年）

*出典

John Dewey, Schools of To-Morrow, New York: E. P. Dutton and Company, 1915.『デューイ＝ミード著作集8 明日の学校・子供とカリキュラム』（河村望訳、人間の科学新社、2000年）、13-27ページ。一部表現を変えた。

*解説——北本正章訳

　哲学者ジョン・デューイは、アメリカの進歩主義教育の学校の父とされているが、彼がおよぼした影響はアメリカ合衆国をはるかに超えて広まった。デューイは、教育は、彼または彼女が民主的な共同体の有為なメンバーになることができるように、個人としての一人ひとりの子どもの自己認識を助長すべきであると主張した。順応性を高め、批判的な参加者としてよりも従順になるように教える伝統的な教育観に対する反動としてその教育学を考案した。デューイは、1896年にシカゴ大学に彼が設立し、後にはコロンビア大学教育学部に設立した実験学校で彼の教育理念を実行した。デューイはまた、その多産な著作物によっても、自分の思想を推進した。彼の娘イヴリン・デューイとの共著である『明日の学校』（1915年）と題された彼の著作から以下に示す引用文で、デューイは、自分の教育学的な信念に近代の教育学の典拠とされるジャン・ジャック・ルソーの影響を受けたことを認めている

*テキスト

自然的発達としての教育

　われわれは、幼年時代についてなにも知らないし、幼年時代についての誤った観念によって、教育に関わりをもてばもつほど、われわれはますます迷うことになる。最も賢明な著述家たちも、子供がなにを学習できるかを問うことなしに、人はなにを知るべきかにつ

いて専念してきたのである」。この文は、ルソーの『エミール』の考えを代表するものである。彼は、現存する教育は、両親や教師が常に成人の遂行について考えているから不適当であり、すべての改革は子供の能力と弱点に注意を向けることに依存していると主張する。ルソーは、多くの馬鹿げたことを言ったし、行なった。しかし、教育は、教えられるものの生得的能力に基づくべきであり、また、これらの生得的能力がどのようなものであるかを発見するために、子供たちを研究する必要に基づくべきである、という彼の主張は、教育的進歩のためのすべての近代的努力の基調として鳴り響いた。その主張は、教育は子供や青年に外から押しつけられるべきなにかではなく、人間が生まれたときに授かった能力の成長であることを意味した。この概念から、ルソーの時代からの教育的改革者が最も強調してきた多くの考察が生まれたのである。

この概念は、まず第一に、専門の教育者が常に忘れている一つの事実に注意を呼び起こす。すなわち、学校で学ばれることは、たかだか教育の小部分、相対的に表面的な部分であること、だが、学校で学ばれたことは、社会における人為的な差別を作り、人びとを相互に区別することである。したがって、われわれは、日常生活の進行のなかで得られたものと比較して、学校での学習を過大視するようになる。しかしながら、われわれは、このような過大視を、学校での学習を軽視することによってでなく、学校内での教授の最良の方法を見いだすために、出来事の日常的進行によって与えられた、より広範で、より効果的な訓練を研究することによって訂正すべきである。学習の最初の数年は、子供たちが学校に通う以前に、急速に、また確実に進行する。というのは、この学習は、子供たち自身の能力によってもたらされた動機と、子供たち自身の諸条件によって指示された必要と密接に関係づけられているからである。ルソーは、学習が必要な事柄であると認めた、ほとんど最初の人であろう。学習は、自己保存と成長の過程の一部なのである。こうして、もしわれわれが、いかに教育が最も成功的に生じるかを見いだそうとするなら、学習が必要となっている子供の経験のところに行くべきで、教育が主として装飾であり、また贅沢であり、歓迎されざる負担でさえあるような学校での実践に行くべきではない。

しかし、多くの学校はいつでも、この原理と反対の方向に進んでいる。学校は、成長の急務とは全く無関係の材料、成人のこれまでに蓄積した学問を取りあげて、子供たちが生活していくうえで必要としているものを見いだす代わりに、それを子供に無理に押しつけようとしている。

大人は実際に、子供にとっては役に立たないと思われる、多くのことを知らなければならない。子供は、大人が知らなければならないことのすべてを、学習しなければならないのか、また学習できるのだろうか。子供に、子供としての彼に役に立つものを教えるようにせよ。そうすれば、諸君は、そのことに、彼のすべての時間が使われるのを見いだすだろう。なぜ、彼の現在の要求を充たすこれらの科目を無視して、彼がまだ達していない年令の科目に彼を追い立てるのか。しかし、諸君は、それを使用する時がきたとき、彼が知らなければならないものを教えるのでは、遅すぎるのではないかと問うだろう。それについて、私はなにもいえない。しかし、私は、次のことを知っている。すなわち、われわれの真の教師は経験と感情であるから、それを早い時期に教えるのは不可能であり、大人は、彼自身の諸条件のもとで自分に適しているもの以外のものを学ぶことはないのである。子供は、自分が大人にならなければならないことを知っている。成年期について子供がもつ観念は、教育によってさまざまでありうるが、子供は依然として彼の理解を超えた観念を無視し続けるだろう。私のこの著書全部が、この教育の根本原理を支持する一つの継続した議論なのである。

多分、われわれすべてがおかしている、最大で、最も一般的な誤りは、学習が実際の状況を扱うのに必要な出来事であることを忘れていることにある。それどころか、われわれは、精神は本来的に学習を嫌っていると想定するまでになっている——これは、消化器官は食物を嫌っているので、煽てたり、脅したりして、どんなものであれ、食物をとらせなければならないと想定するのと同じである。教授の現存する方法は、精神は学習に——精神自身の行使に——反対するという信念を支持する、多くの証拠を与えている。われわれは、このような嫌悪が、実際はわれわれの方法にたいする非難であり、成長の現存する状態での精神が全く要求しない材料に、われわれが与える記号、あるいは、真の要求を覆い隠すような方法で材料に与える記号であることを理解しなかった。さらに話を進めよう。われわれは、ただ大人だけが、大人の必要とする事柄を実際に学ぶことができるという。確かに、大人は、彼の学習への渇望が不断に燃えていたとき、彼の栄養物についての未熟な食餌療法が知識欲を失わせた後よりも、彼に適した事柄をより熱心に学ぶものである。われわれは少しの信仰しかもたず、またなかなか信じようとしない。われわれは、われわれ大人の知っている事柄について絶えず不安になり、子供が、それを知的に、また実際に用いる以前に、それを教授によって子供に厳しく訓練しない限り、子供は決して学ばないだろうと心配する。もしわれわれが、現在の成長の要求への参加が、子供と教師を共に忙しくさせ、将来において必要とされる学習の最良の可能な保証を提示することを真に信じるならば、教育的理念の変容はすぐに達成され、他の望ましい変革も主として、自分自身の

思いどおりにできたであろう。

　こうして、ルソーが、すすんで時間を無駄にする必要を説いたのも、決して不思議ではない。

　　教育における、最も大きな、最も重要な、最も有用な規則は、時間を節約するな、時間を無駄に使えということである。もし幼児が母親の胸から理性の年齢に一足飛びにいけるのなら、現在の教育は極めて適したものであろう。しかし、幼児の自然の成長は、極めて異なった訓練を要求しているのである。

　そして、ルソーはまた、次のようにいう。

　　現在のわれわれの方法の全体は、残酷なものである。というのは、その方法は、遠く離れた、不確実な未来のために現在を犠牲にすることで成り立つからである。われわれを引きずりまわし、現在を無と見なし、われわれが追いかけるときには、飛び去ってしまう未来を息を切らして追いかける、誤った知恵の叫び声、われわれがもっている場所、われわれを他のどこにも連れていかない場所から、われわれを連れだす誤った知恵の叫び声を、私は後から聞くのである。

　要するに、もし教育が傾向と能力の適切な成長であるなら、そのなかで教育が日々進行する特殊な形態での成長の過程に注目することは、大人の生活の遂行を保証する唯一の方法なのである。成熟には、時間がかかる。有害なことなしに、成熟は急がされない。幼年時代の意味は、それが成長の時期、発達の時期であることにある。成人生活の達成のために、幼年時代の能力と要求を軽蔑することはそれ故、自殺的なものである。したがって、

　　幼年時代を尊重せよ、そして、幼年時代を早まって善悪で判断してはならない。諸君が自然の仕事を自分たちで引き受ける前に、自然の行動を諸君が妨害しないように、自然に仕事をする時間を与えよ。諸君は、自分たちは時間の価値を知り、時間を浪費するのを心配していると主張する。諸君は、なにもしないよりも、時間を悪用する方が、より大きな時間の浪費であること、また、悪く教えられた子供は、なにも学ばなかった子供よりも、かえって劣っていることを認知しない。諸君は、子供が初期の数年間、なにもしないでいるのを見るのが心配なのだろう。だが一体、幸福であることはなにもしないことだろうか。一日、飛び回り、走り回ることは、なにもしないことだろうか。彼は、そのすべての生涯で、これだけ忙しいことはもうないだろう。…子供がその生命の一部を浪費しないように夜も眠れない人を、諸君はどう思うか。

　　幼年時代を尊重することは、成長の要求と機会を尊重することと同じである。われわれの悲劇的誤りは、われわれは成長の結果をあまり気にして、かえって成長の過程を無視することにある。

　　自然は子供を、大人になる前に子供にしておく。もしわれわれがこの順序を逆にしようとすれば、われわれは不自然な果実、未熟で風味のない果実、熟すまえに腐っていく果実を作ることになるだろう。…幼年時代は、それ自身の考え方、見方、感じ方をもつのである。

　　身体の成長は精神の成長と同一ではないが、両者は時間の上で一致し、通常は後者は前者なしには不可能である。もしわれわれが幼年時代を尊重するならば、われわれの最初の特殊な規則は、健康な身体的発達を確実なものにすることである。効果的な行動と幸福の源泉としての身体的発達の本来的価値を別にしても、精神の適切な発展は、筋肉と感覚の適切な使用に直接に依存している。活動の器官と受容の器官は、知識の材料と関係をもつうえで不可欠なものである。子供の最初の仕事は、自己保存である。これは、子供の裸の生存を意味するのではなく、成長し、発達する存在としての子供の保存を意味する。したがって、子供の活動は、大人にとってそう見えるような無目的なものでなく、彼が自分の世界をそれによって知るようになり、また、それによって、自分の能力の使用と限界を学ぶようになる手段である。子供の不断の休みない活動は、成長した人間にとっては、単に彼らが自分たちを取り巻く世界に慣れていて、したがって不断の実験の必要を感じないが故に、無意味にみえるだろう。しかし、成長した人間が、子供の絶え間ない運動によっていらいらさせられ、子供を無活動の状態にさせようとするとき、彼らは子供たちの幸福と健康を妨害し、真の知識の主張な手段を子供から奪うことになる。多くの研究者は、いかに健全な身体的状態が、正常な精神的発達の消極的条件であるかをみてきた。しかし、ルソーは、感覚と運動の器官の活動が知性の発達の積極的原因であるという限りにおいて、われわれの現在の心理学を予期していたのである。

　　もし諸君が、既存の実践の正反対である規則に従い、生徒を遠くの原野に連れていき、遠くの場所、離れた国、外国、世界の果て、天国自体に逍遙させる代わりに、生徒を一人にさせ、彼の関心のおもむくままにさせるならば、彼は発達の自然の順序のなかで認知し、記憶し、推論できるようになるだろう。感覚のある幼児が活動する存在に成長するにしたがい、彼の識別は力の増加と足並みをそろえる。力が自己保存の欲求を超えて発達するにいたらない間は、

思索の能力は維持されない。というのは、思索の能力は、必要な目的以外の目的のために余分な力を用いる能力だからである。それ故、もし諸君が、諸君の生徒の知性を培養しようとすれば、統御を意味する力を培養しなければならない。生徒の身体を絶えず運動させ、彼を良く、賢くするために、身体を強く、健康にさせよ。彼を働かせよ。彼にいろいろな事をやらせよ。彼を走らせ、大声をださせよ。彼を活動させよ。…身体的活動が精神の働きを妨げ、この二つの種類の活動が手を取り合って進んではならないもの、一方が他方の案内として行動してはならないものと想像するのは、悲しむべき誤りである。

次の文章のなかで、ルソーは、健康と精神の成長に貢献する身体的諸活動が、そのなかで相互に増強しあう方法に関して、さらに特別に述べている。

身体の運動は、われわれに、自分たちの力を使用すること、われわれ自身のと隣の身体との関係を認知すること、われわれの手の届くところにあり、われわれの感覚に適合的な自然の道具を使用することを教える。…18歳のとき、われわれは学校で梃子の利用を教えられる12歳のすべての村の子供は誰でも、専門学校の最も賢明な機械工よりも、ずっと良く梃子の利用を知っている。生徒が運動場で相互に与える教訓は、生徒が教室で学ぶものよりも百倍もの価値がある。部屋に最初に来たときの猫を、観察したまえ。猫はあちこちと行き、あたりを嗅ぎまわり、あらゆるものを調べる。猫は少しもじっとしていない。子供が歩き始め、彼のまわりの世界である部屋に入るときも、同じである。いずれも視力を用いる。そして、猫が鼻を用いるのにたいし、子供は手を用いる。

人間の最初の自然的衝動は、彼自身を彼の環境で判断することであり、あらゆる対象のなかに自分を見いだすために、彼は自分自身に関わる属性を理解するのである。そして、彼の最初の学科は、彼自身の保存のための実験物理学の一種である。彼はここから遠ざけられ、世界における自分の地位を見つける前に、思索的な諸学科に追いやられる。彼の繊細で柔軟な手足と鋭い感覚は、そのうえにその手足と感覚が働きかける身体に自らを適応させる一方、感覚と手足を適切な仕事のなかで行使する時間——感覚と手足それ自身と事物との間の関係を学習する時間——が存在する。自然哲学における、われわれの最初の教師は、われわれの足、手、眼である。われわれの足、手、眼を書物に代えることは、われわれに推論することを教えるものではない。それは、自分自身の理性ではなく、他者の理性を使用することを、われわれに教える。すなわち、それは、多くを信じ、少なく知ることを、われわれに教えるのである。

諸君が技術を得るまえに、まず諸君は道具を得なければならない。そして、もし諸君が道具をよく使用できるようにすれば、その道具は、長く使用できるよう十分に強く作られねばならない。したがって、考えることを学習するために、われわれは、知的道具である自らの手足、感覚、身体的器官を行使しなければならない。これらの道具を最も良く使用するために、われわれにこれらの道具を供給する身体が、強固で健康に保たれなければならない。真の理性が身体と離れて発達するというのが誤りであるだけでなく、良い身体的構成が精神の働きを容易にし、正しくするというのも誤りである。

この文章は、いかにルソーが、身体の発達をそれ自体で完全な目的であると見なしていなかったかを示している。また、この文章は、感覚の知識にたいする関係についての考えにおいて、いかに彼が、当時の心理学よりもはるかに進んでいたかを示している。当時の考え（現代においてさえ支配的な考え）では、感覚は、それを通じて印象が旅行し、それから、世界の知識的画像が構築される一種の関門や道路であった。ルソーは、感覚は、われわれが、それによってわれわれ自身を、われわれの環境に適応させる、行動の装置の一部であり、受動的な容器ではなく、運動的活動——手と足の使用——と直接に結びつけられているものと理解したのである。この点で、彼は、事物との感覚接触の重要性を強調した彼の後継者のある人たちよりも、より進んでいたのである。というのは、後者は、人間をとりまく世界にたいする人間の必要な適応の道具としてではなく、事物に関する情報の単なる調達人として、感覚を考えていたからである。

したがって、ルソーは感覚について多くを述べ、感覚を培養するための多くの遊びを示唆する一方、彼は感覚の単なる訓練がそれ自体で目的になるとは考えなかったのである。彼は次のように言う。

感覚を訓練するために、感覚を用いるだけでは不十分である。われわれは、感覚によって判断することを学ばなければならない——われわれは、学んだときでなければ、本当に見たり、聞いたり、触れたりはできないのである。感覚の単なる機械的使用は、判断を改善することなく、身体を強固にするかも知れない。泳いだり、走ったり、飛んだり、こまをまわしたり、石を投げたりすることは、すべて結構なことである。しかし、われわれは手足と同時に、眼と耳をもっていて、これらの器官は残りのものの利用を学ぶために必要なものである。そこで、単に強い力を行使するのでなく、それによって強い力が導かれる能力としての感覚を行使せよ。感覚のどの一つをも最良に使用し、一つの感覚の成果を他によっ

て点検せよ。測定し、数え、重さを計り、比較せよ。抵抗を見積もるまでは、力を使用するな。常に結果の評価を、手段の適応に先行させよう。子供に不必要で、不適切な努力を避けることに関心をもつようにさせよう。もし諸君が子供を、彼がすることの結果を計算し、経験によって彼の予知の誤りを修正するように訓練するならば、彼はより多く行えば、それだけますます賢くなるだろう。

自然的成長を導く教授と大人の業績を課する教授の間のもう一つの対照が、注意されるべきであろう。後者の方法は、象徴の形態での蓄積された情報を奨励する。知識の質でなく量が強調される。個人的態度や方法ではなく、求められたとき提示される結果が要求される。発達は、情報の積み重ねではなく、経験上の問題を扱う方法を習得するという見地から、少数の典型的状況と親密で、広範な個人的知識の必要を強調する。ルソーが指摘するように、子供たちがわれわれの誤った方法に容易に従うことは、われわれにたいする欺瞞の変わらぬ源泉になっている。われわれは、この言明が意味するものを知っている——あるいは知っていると思う。だから、子供が言葉の適切な形式を使用するとき、われわれは彼も同じように理解していると考えてしまう。「子供たちが一見したところ、容易に学んでいるように見えることは、彼らの破滅である。われわれは、この容易さこそが、子供たちが学習していないことを証明していることを理解していない。子供たちの輝く、磨かれた頭脳は、ちょうど鏡のように、単にわれわれが子供たちに示す事物を反映するだけである」。ルソーは、事物それ自体の関係を知ることなしに、事物について教える欠陥を、次のような言葉で描いている。「諸君は子供に、世界がどのようなものであるかを教えていると考えているが、子供はただ地図を学習しているに過ぎない」。実例を地理から知識の全領域に拡大すると、諸君は、小学校から大学にいたるまでの、われわれの教授の要点をとらえることができる。

ルソーは次のようにいうとき、それと正反対の方法を心に留めていた。「科学にとっての多くの近道のなかで、われわれは学習の技術を難しくわれわれに教えるというものを、悪く必要とした」。もちろん、彼の考えは、事物が難しいから、事物を難しいものにするというのではなく、学習の定式の反復のなかに見いだされる学習のシミュレーションを避けるため、それを個人的発見のゆっくりした、確実な過程に代えるために、そうしたのである。教科書や講義は、他の人の発見の成果を与え、こうして、知識への近道を提供しているように見える。しかし、結果は、事実自体の理解を伴わない、記号の無意味な、反映の背後にあるものである。さらなる結果は、精神的混乱である。生徒は最初の精神的な確実性を失う。彼の実在についての感

想は、掘り崩される。「最初の無意味な語句、生徒が彼自身にとっての意味を理解することなく、他者の権威を当然のことと考える最初の事柄は、判断の破滅の始まりである」。さらにまた、「諸君が生徒のために、すべての思考を行なうとき、諸君は生徒になにを考えさせたいのか」。(そして、われわれは、教科書や指定の学課の組織化された教材は、他人の思考を表すことをわすれてはならない。)「こうして、諸君は、生徒に殆ど役に立たないと思われる事物に、生徒がもっている理解を使用させることによって、彼の精神のなかで理性を信用させなくする仕事を完成させるのである」

もしルソーの時代に、それ自体目的である情報、知識が、「計りがたい、果てしのない大洋」であることが真実であったとすれば、彼の時代からの科学の増大が、教育と知識の単なる蓄積を同一視することを馬鹿げたものにしたことは、極めて確かなことである。現存する教育にたいしては、それが種々雑多な学科について、生半可で、表面的な印象を与えるという根拠で、しばしば批判がなされるが、それは正当である。しかし、望ましい矯正法は、読み、書き、算数の機械的で、貧弱な教授に回帰するなかには見いだせないであろう。それは、「一定の領域を扱う」ために、知識のあらゆる分野を種々の学科のなかに割り付けようとする、われわれの熱っぽい欲求を放棄するなかに見いだされる。われわれは、この不毛で、有害な目的に代えて、生徒が学習の道具に精通し、さらなる知識の獲得にむけて生徒を渇望させるような現在の状況に精通する方法で、少数の典型的な経験を徹底的に取り扱うという、より良い理念を置かなければならない。教授の因習的な方法によって、生徒は世界の代わりに地図を学び、事実の代わりに記号を学ぶのである。生徒が真に必要とするものは、地誌についての正確な情報ではなく、自分自身でいかに見いだすかである。「諸君の生徒たちの知識と私の生徒の無知との間に、どのような差異が存在するかを見よ。諸君の生徒たちは地図を学ぶ。私の生徒は地図を作る」。必要なときに、いかに知識を作るかを見いだすことが、学校における情報の獲得の真の目的であり、情報それ自体が目的なのではない。

28 倉橋惣三『幼稚園保育法眞諦』(抜粋、1934年)／『育ての心』(抜粋、1936年)

＊出典
倉橋惣三『幼稚園保育法眞諦』(東洋図書、1934年)。倉橋惣三『幼稚園真諦』(フレーベル館、フレーベル新書10、1976年)、18-24ページ。倉橋惣三『育ての心』(刀江書院、1936年)、1-4、36ページ。

＊解説——佐藤哲也・末永恭子
　倉橋惣三(くらはしそうぞう)(1882[明治15]-1955[昭和30])は、明治・大正・昭和前半にわたり、日本の幼児教育界において指導的な役割を果たした児童心理学者である。

十代半ばの頃から「児童研究」誌を講読する自称「子ども好き」であり、旧制第一高等学校在籍中は女子高等師範学校附属幼稚園（現在のお茶の水女子大学附属幼稚園）に出かけて、子どもたちと遊んでいたという。東京帝国大学で児童心理学を研究。1910［明治43］年に東京女子高等師範学校講師となった。1919［大正8］年から1922［大正11］年までアメリカ、ヨーロッパを遊学し、帰国後も保育現場や保育研究会に頻繁に足を運び、子どもや保母とのふれあいをとおして思索を深めていった。東京女高師教授兼附属幼稚園主事をはじめ、文部省社会教育官、戦後の教育刷新委員会委員、日本保育学会初代会長等、数々の要職を歴任した。『幼稚園雑草』（1926年）や『就学前の教育』（1931年）等、多くの保育書を著すとともに、「婦人と子ども」（1901年創刊、戦後「幼児の教育」として復刊）や「キンダーブック」（1927年創刊）の編集にもたずさわった。また、講演活動にも力をそそぎ、全国の幼児教育実践者に大きな影響をあたえていった。

倉橋は、欧米の児童研究や進歩主義教育理論の成果をふまえつつ、「さながらの生活」「生活を、生活で、生活へ」等、実践感覚溢れる語り口で、児童中心主義の保育論を展開した。森上史郎（1931［昭和6］-）は、倉橋の保育理論は「感性でとらえた」ものであり「既成の理論体系や学説の枠組みを用いて、子どもを外側から対象化してとらえようとするものではなく、子どもとともに生きるその具体的なかかわりをとおして、しだいに見えてくるものを、自分自身のヴィヴィッドな感覚でとらえ、それをさらに確かなものとして省察し、子ども世界の認識を深めていった」としている（森上史郎『子どもに生きた人・倉橋惣三』フレーベル館、1993年、113ページ）。倉橋は、1917［大正6］年11月、東京女高師附属幼稚園主事に就任するやいなや「創園以来の古いフレーベル二十恩物箱を棚から取り降ろして、第一、第二その他系列をまぜこぜにして竹籠の中に入れたことであった。すなわち、恩物を積木玩具とした」（『子供讃歌』1954年）というように、幼稚園が設立された1876［明治9］年以降、保育内容の中核を担っていたフレーベルの「恩物（Gabe）」を退けたのである。その一方で、幼児の自発性を尊重した保育者の関わりを奨励した誘導保育論を唱え、幼児理解にもとづく援助の視点を確立していった。

以下に抜粋する『幼稚園保育法眞諦』（1953年に『幼稚園真諦』として改編して再出版）『育ての心』は、倉橋の保育思想の結晶ともいえる代表的な著作である。両書は、幼児教育にたずさわる者にとって、バイブルのような存在となってきたといっても過言ではない。

『幼稚園保育法眞諦』は、1933［昭和8］年7月に新装となった東京女子高等師範学校講堂での保育講演会記録にもとづいている。平易かつ具体的な語り口で幼児の生活や保育について考察が進められている。「眞諦」とは絶対的・究極的真理を意味する仏教用語である。それを倉橋は「しんてい」と読んでいた。本書の「序」において倉橋自身「保育法眞諦とは、われながら、おこがまし過ぎる僭称である」としながらも、「幼稚園に身を置くこと久しい。疑惑と攻究と、又いつも付きまとう遅躇とを経て、やっとこ こに落ち着いた考え方なのである」と述べている。本書は、幼稚園を大人主導の教育機関から子どもの自然な生活の場へと転換しようとするマニフェストであった。

一方、『育ての心』は、倉橋曰く「実感の書」であり、附属幼稚園主事の体験を踏まえ、彼自らが子どもから学んだこと、気づいたことを素朴なエッセイとしてまとめたものである。幼児との日常を題材に子ども観や保育論を詩的に綴った「子どもたちの中にいて」にはじまり、母子関係を基軸に家庭教育を論じた「母ものがたり」、子どもの気になる言動を取りあげた「子どもの癖しらべ」、児童心理学者としての面目躍如たる「子どもの心」「いろいろの子ども」「子どもの相手」、そして「名画の子ども」では子どもを題材にした作品の解説を通じて子どもという存在に注がれた画家のまなざしについて論究している。本書はみずから育とうとしている子どもへの畏敬と慈愛にみちみちている。

1989年［平成元年］改訂以降の幼稚園教育要領や保育所保育指針、2014［平成26］年に告示された幼保連携型認定こども園教育・保育要領の随所に、両書に示された倉橋の子ども観・教育観を読みとることができる。幼児の主体的な活動を促し、幼児期にふさわしい活動を展開すること、幼児の自発的な活動としての遊びをとおして総合的に指導すること等々、倉橋が示した保育原理が実践上の指針となっているのである。

＊テキスト
『幼稚園真諦』

二、幼児生活と幼稚園生活形態

さて、この断定を基礎として、幼稚園に毎日来る幼児たちのことをあらためて考えてみましょう。お互いは毎日幼稚園にいて、そこへ集まって来る幼児たちを、何の気もなしに迎えています。格別あらためて、幼稚園における幼児の生活形態について考えないで、日を送っているかもしれない。「子供等が、きょうも幼稚園に来た」で一切を済ませ、従来の幼稚園の生活形態について、何等の疑問をもたないでいるかもしれません。しかし、幼児の生活と幼稚園との関係を、細かに考え直してみたら、どういうことになりましょう。幼児の生活形態として、相当無理なことも、行われてはいますまいか。一組40人をもって組織せられたあの部屋の中で、一定の時間を区切られて、先生の計画の下に生活をさせられていくことに無理がないとだれが言えましょう。幼児に話されるお話が適切に選ばれ、幼児にさせる仕事の性質と程度が適当であるというだけで、幼稚園の保育は解決せられているでしょうか。それ等も、もちろん大切な要件ですが、それより前に、先ず大事なのは幼稚園における幼児等の生活形態の考慮です。そこに少しでも無理があっては、すべてが無理になるのです。幼稚園を、ただ教育目的の場所と簡単に考え、その教育内容にさえ誤りがなければ、それでいいと考えるだけでは済みません。幼稚園が、幼児

の生活の場として、その生活の形態が、幼児に適していなければなりますまい。それが先決問題でしょう。目的さえよければいいというものではない。それだけで済むのなら、幼稚園はしろうとにでも出来ることです。私たち幼稚園の専門家は、保育に対して少しの無理もないことを先ず心配しなくてはなりません。自分の目的だけに立って、考えているときには、幼児の生活に無理をさせていることに気がつかないかもしれません。否、それどころか、多少無理があっても仕方がないと考えるかもしれません。幼稚園は昔からこういうものだと考えるかもしれません。ところが対象を凝視し、対象を忠実に考えるときには、どうも、これは少し無理だなと気のつくことが多く、平気ではいられない点があるでしょう。こんどのお話は、こういうところから出発します。皆さんは理想の幼稚園をご実行になっておられるわけでしょうから、ことをあらためて、こんなことをお考えになったことはないかと思いますが、幼稚園保育というものを、正しく考慮していくためには、どうしてもここから出発しなくてはならないと考えます。

　幼稚園の目的のいいのはだれでも知っています。しかし教育者は、一般に、目的に偏り易い悪い癖を持っている。特に幼児教育者において、その点を反省する必要が多いのでありますまいか。

　ところでその幼稚園生活形態が幼児にとって少しも無理はなかろうかと心配していくときに、その無理は一体何に対してのことかと申しますと、それは、幼児の能力に対して、無理があるとかないかという問題を言っているのではありません。子供の能力に不相当な教育をする。そんな無茶なことはいやしくも教育といわれるものにあろうはずがないのです。昔、幼稚園令施行規則の中に、幼児の能力に不相当なことをしないようにということを書いてありましたが、そんな注意をことさらくどくどしく言うのは、おかしいくらいです。念入りすぎた注意と言っていいことです。子供の能力そのものにあからさまに不相当な教育をするのは、ちょうどこれだけしか摂取出来ない胃袋に、それ以上のものを食べさせるのと同じく、そんなことは教育法の問題よりも、常識外のことであります。私がここで、幼稚園で子供に無理をしているかいないかと心配するのは、そんなことを申しているのではありません。それよりももっと根本のところに——すなわち幼稚園の生活形態に無理がないかということを心配しているのであります。もし能力のことならば、幼稚園教育だけの特別の問題ではありません。個人教育でも同じです。幼稚園というところは、幾人かの子供が集まって、そこの生活形態が幼稚園であるのだとすれば、その生活形態に無理があってはなりません。その生活形態が学齢前の幼児に即して、正しく行われているかどうかということこそ、私共の最も深く考えるべき点だと思うのであります。むずかしいことを教えないようにせよと、

そんなことを申すのではない。やすいことを教えても、生活形態に無理があってはならぬのです。またその逆に、多少はむずかしいことを傍観者に見えることでも、自然な生活形態の中でなら、取り扱ってかまわないこともありましょう。それほど生活形態が第一なのであります。しかも、今日までの幼稚園保育法の研究は、子供の能力に属する方面や、その教え方の細かい点において多く行われ、肝心の幼稚園生活については、行われていなかった観があります。これを要するに、幼稚園の真諦は、何を保育の目的とするか、いかに能力に相当させるかということを考えるだけでなくして、いかなる生活形態に幼児を生活させるのが、幼稚園の真の姿、実体であろうかということでなければならぬのであります。しからば、生活形態をなぜそんなに重んずるかということに、生活はその形態によってこそ、始めてその真実なる生活性を発揮し得るものであるからであります。生きているものは皆生活しているが、それが生活らしく十分に生活出来るか出来ないかは、そのおかれた形態によって支配されるものです。俺らは俺の生活を俺の力でやっている、という個人の強さは、案外力の弱いものであって、いかなる生活形態に置かれてあるかということによってこそ、始めて、その生活が真の生活らしさをもたらすものであります。

　すなわち、幼稚園で生活形態を重んずるのは、生活を重んずるからであります。ところが今日の幼稚園を通観して、痛感に堪えないものは、幼稚園というものを、先ず概念的に組み立てておいて、そこへ子供を入れてくるという趣を脱しないことではありますまいか。私の預かっておりますこの幼稚園でも、常にその欠陥を自ら警戒しております。私は園の先生方とお茶を飲みながら話しますときに、私にもよく解らない言葉ですから、諸君にもよく分からないかも知れませんが、とにかく何だか変ですねということをしばしば言います。お茶と一緒に飲み込んでしまおうとしても、どうも飲みこみきれないものがあるのです。どこがどうとハッキリは言い切れないが、何だか変なのです。幼児たちが朝、幼稚園へ来ます。そのときから、純然たる幼児の生活をし、幼児たちの集まりらしい生活形態をしているでしょうか。幼児の生活を真実にさせておいて、その中へ幼稚園を作らせているでしょうか。そこに「何だか変だ」という言葉がひっかかってくるのであります。ここの附属幼稚園なんかは、世間の人がときどき、幼稚園のようでないと言います。なかには、いつ保育が始まるんですか、などということを、一、二時間も参観なすった後でお尋ねになる人がある。それほど自然的です。実に、幼児は朝の間したい放題のことをやっている形になっている。それでさえ、私にはまだ「何だか変だ」が残っているのです。言い換えれば、もっともっと幼児の自然の生活形態のままで保育がしていけないものかと考えてばかりいるのです。できるだけ幼稚園らしくない形をとらせてみたら、ほ

んものが出てきはしないかとさえ試みているのです。それでもまだどうも幼稚園臭い。私は余り鼻の鋭敏な方じゃありませんけれど、何だか幼稚園臭い。ちょっと外から来て見ても幼稚園だとすぐ気がつくような臭みがぷんとする。子供というものの匂いよりも幼稚園の臭みがする。たとえば、生きのいい魚には臭みはないが、始終魚を入れているざるは生ぐさい魚の臭みがある。それと、ほんとうの魚の匂いとは別でしょう。ただの子供の生活には特別の臭味はないが、幼稚園へ入れられると幼稚園臭くなるのです。そこが「何だか変な」のです。それをもっと生のままで置くことは出来まいか。子供の純粋な匂いだけで、幼稚園という特殊の臭みのしないところには出来まいか。──私は始終それを考えているのであります。

私はいつもよく、生活を生活で生活へ、という何だか呪文のようなことを言っています。が、この生活を生活で生活へという言葉には、その間に教育ということを寄せつけていないように聞えますが、もちろん目的の方から言えば、どこまでも教育でありますけれども、ただその教育としてもっている目的を、対象にはその生活のままでさせておいて、そこへもちかけていきたい心を呪文にし唱えているに外ならないのです。教育へ生活をもってくるのはラクなことであります。それには然るべき教育仕組をこしらえておいて、それへ子供を入れればよいでしょうが、しかし、子供が真にそのさながらで生きて動いているところの生活をそのままにしておいて、それへ幼稚園を順応させていくことは、なかなか容易ではないかもしれない。しかしそれがほんとうではありますまいか。少なくとも幼稚園の真諦は、そこをめざさなくてはならないものと、私は固く信じているのであります。（18-24ページ）

『育ての心』

序

　自ら育つものを育たせようとする心、それが育ての心である。世にこんな楽しい心があろうか。それは明るい世界である。温かい世界である。育つものと育てるものとが、互いの結びつきに於て相楽しんでいる心である。

　育ての心。そこには何の強要もない。無理もない。育つものの偉（おお）きな力を信頼し、敬重して、その発達の途に違うて発達を遂げしめようとする。役目でもなく、義務でもなく、誰の心にも動く真情である。

　しかも、この真情がもっとも深く動くのは親である。次いで幼き子等の教育者である。そこには抱く我が子の生育がある。日々に相触るる子等の生活がある。斯うも自ら育とうとするものを前にして、育てずしてはいられなくなる心、それが親と教育者の最も貴い育ての心である。

　それにしても、育ての心は相手を育てるばかりではない。それによって自分も育てられてゆくのである。我が子を育てて自ら育つ親、子等の心を育てて自らの心も育つ教育者。育ての心は子どものためばかりではない。親と教育者とを育てる心である。

　この本は体系を辿って書いたものではない。理論に追われて書いたものでもない。各編のはじめに題しておいた通り、子どもたちと母たちとに接しながら、その実際を実践のままに即して書いた実感の書である。

　時を異にし、所を別にして、著者の姿勢は必ずしも一つでない。或いは想い、或いは語り、或いは答え、時にはまた教えているようなところもあるかも知れない。しかし、著者自身としては、そのいつの場合でも、子どもたちや母たちから学びつづけているのである。

　「子どもたちの中にいて」は、最近五、六年の間、月々に書きとめておいた感想の中から、多少の順序を考えて拾い並べたものである。ほんの小さい感想のみではあるが、斯うして子どもたちから常に学び得る著者は、大きな幸福者といわなければならない。

　「名画の子ども」は、今から20余年も以前の著者が、その時の若い心で名画から学んだものの記録である。こんな旧稿とも思ったが、児童と教育とにつき文学と芸術とから数えられることを常に念としている著者にとって、これ等の名画こそ忘れ難い最初の教師であったのである。「母ものがたり」「子どもの癖しらべ」「いろいろの子ども」は、それぞれの題下につづけて書いたもの。「子どもの心」と「子どもの相手」とは各別々に書いたものを、それぞれの題下に集録したものである。いずれも平易、殊に筆致を稍砕け過ぎていたりするのを笑われるかも知れないが、児童と教育とに対する根本の心持ちを、なるべくなまなましく描き出してみたいと思った。

　この小さき書ながら、読者諸君と共に、楽しい育ての心について相語り得ると思う時、著者の喜びは譬（たと）えようもなく大きい。（1-4ページ）

この萌芽に対して

　新しい萌芽を見ることは楽しい。また、その伸びてゆく力を思うことは嬉しい。しかし、その柔らかさと、弱さを前にして恐ろしさなしにはいられない。識らずして踏みにじりはしないか、誤って手折りはしないか、圧えて歪めはしないか、気づかっては胸のおののくのを禁じ得ない。

　自発とや、生長とや、自然の力とや、それはむこうのことである。こちらとしては、はらはらとする怖ろしさのみが残る。むこうの力に任せて、こちらの心づかいを忘れるのは、鈍感か、怠慢か、横暴かに外ならない。

　可憐なる幼児たちに見るこの萌芽に対して、怖れ戦（おのの）く心、そのこまやかさに幼児教育の良心がある。（36ページ）

5 子どもの労働

29 ウィリアム・ブレイク「ロンドン」
（抜粋、1794年、『経験の歌』所収）

＊出典
William Blake, "London", in William Blake, *Songs of Experience*, 1794. ブレイク詩集『経験の歌』（1794年）所収。『イギリス名詩選』（平井正穂編、岩波文庫、1990年）140-143ページ。

＊解説——北本正章
　ウィリアム・ブレイクについては、「2　ウィリアム・ブレイク『幼児の喜び』『幼児の悲しみ』」の解説参照。ここに紹介する詩歌は、産業革命の時代に生きる人びとの窮状を訴えている。エンゲルスの『イギリスにおける労働者階級の状態』（1845）に先立って、貧困化する社会の現状を印象深い言葉で後世に伝えている。

＊テキスト
ロンドン

　私は、特権を誇っている町という町を、
　特権を誇っているテムズ河のほとりの町々を、歩きまわる。
　すると、そこで出会う一人一人の顔に
　疲労困憊の色、悲しみの色が漂っているのを私は見る。

　どの男のどの叫び声にも、
　怯えて泣くどの嬰児の泣き声にも、
　どの声にも、どの憤悪の声にも、
　人間の心が自ら作った鉄鎖の呻きを、私は聞く。

　煙突掃除の少年の声を聞いて、なんと、
　黒ずんだ教会が辣み上がることか！
　哀れな傷病兵の溜息を聞いて、なんと、
　宮殿の石壁から潜血が滴り落ちることか！

　だが、とりわけ、私の耳をうつのは、真夜中の
　街々に溢れる若い娼婦の詛いの声だ。なんと、
　彼女らのその声に、生まれたばかりの嬰児の涙が涸れ、
　夫婦生活が悪疫に見舞われ、墓場と化してゆくことか！

30 フリードリヒ・エンゲルス『イギリスにおける労働者階級の状態』（抜粋、1845年）

＊出典
Friedrich Engels, *Die Lage der arbeitenden Klasse in England. Nach eigner Anschauung und authentischen Quellen von Friedrich Engels*, Verlag von Otto Wigand, Leipzig, 1845. *The Condition of the Working Class in England*. (The English edition [authorised by Engels] was published in 1887 in New York and in London in 1891.) エンゲルス『イギリスにおける労働者階級の状態』（上・下）（浜林正夫訳、新日本出版社、2000年）、引用順に下巻32-35、86-87、88-89、上巻223-225、14-17ページ。

＊解説——北本正章
　フリードリヒ・エンゲルス（Friedrich Engels, 1820-1895）は、ドイツのバルメン・エルバーフェルト（現在のヴッパータール）に、紡績工場の共同経営者を父親として、8人兄妹の長男として生まれた。17歳のころ、地元のギムナジウムを中退し、父親の仕事を手伝ったり、別の町の商会ではたらいた。21歳の時、兵役義務としてベルリン近衛砲兵旅団に入隊したが、軍務のあいだにベルリン大学で聴講を重ね、語学——エンゲルスはその生涯で20カ国語をあやつったといわれている——哲学、文学など多方面の興味を啓き、幅広い教養を積んだことが知られている。この兵役体験のなかで自学自習の重要性を知ったことは、将来にそなえる青年期の最初の豊かな触発力をたくわえた時期であった。22歳のとき、父親の期待にこたえるべく、イギリスのマンチェスターにあった綿工場（エルメン・アンド・エンゲルス商会）に入り、経営者としての知見を広めることとなった。大都市マンチェスターにおける貧窮化と労働者の生活実態に接するなかで、その解決のための方策を探求する目的で、労働生活の中に入りこんで、徹底的に取材と調査を進め、考察を加えて報告書にまとめた。これが『イギリスにおける労働者階級の状態』で、1845年、24歳のころに出版された。精力的な取材力と分析力を示し、ジャーナリストとしての才能を認められることとなった。

＊テキスト
（中略）
　スタフォードシァの鉄工業地方の北に、一つの工業地区がある。いまからそこへむかうことにしよう。それは製陶業（potteries）で、その中心地はストーク自治市（borough）である。それはヘンリ〔ハンリ〕、バーズレム、レイン・エンド、レイン・デルフ、エトルリア、コールリッジ〔コブリッジ〕、ラングポート〔ロングポート〕、タンストール、ゴールデン・ヒルという町をふくみ、人口は6万人である。児童雇用委員会はこの工業について次のように報告している。この製造業——陶磁器——のいくつかの部門では、子どもたちは暖かい、風とおしのよい作業室で、楽な仕事をしている。これにたいして、そのほかの部門では、子どもたちにきつい、骨の折れる仕事が要求されている。それなのに彼らは十分な食事も、きちんとした衣服も与えられていない。多くの子どもは次のように訴えている。「食物が十分にありません。たいていジャガイモと塩で、肉もパンもありません。学校へはいっていません。服ももっていません」。——「今日は昼になにも食べませんでした。家ではお昼を食べません。たいていジャガイモと塩で、たまにパンにありつきます」。——「これが私のもっている服全部です。家にも晴れ

着はありません」。とくに有害な仕事をしている子どもたちのなかでも、型運び（mould-runners）についてのべておかなければならない。彼らは型のできあがった品物を型にいれたまま乾燥室へはこび、はじめにはこんだものが適当に乾燥すると、からの型をもって帰るのである。このように彼らは年齢のわりに重いものをもって、一日中、いったり、きたりしなければならず、しかも高温のところでしなければならないので、いっそうくたびれる。これらの子どもたちは、ほとんど例外なく、やせて、青白く、虚弱で、小さく、発育不良である。彼らはほとんど全員が胃病、嘔吐、食欲不振に悩み、肺病で死ぬものも多い。ほぼ同じように虚弱なのは、ろくろまわし（jiggers）という名で呼ばれる少年たちで、その名前は彼がまわさなければならない、ろくろ台（jigger）からとったものである。しかし、はるかにもっと有害なのは、多量の鉛と、しばしばたくさんの砒素をもふくんでいる液体のなかに、製品をつけたり、つけたばかりの品物を手にとったりしなければならない人びとの仕事である。これらの労働者——大人も子どもも——の手や衣類は、いつもこの液体で濡れていて、皮膚はふやけ、ざらざらしたものをいつもあつかうので、皮がむけてしまう。そのため指はよく出血し、こういう危険な物質を非常に吸収しやすい状態にいつもおかれている。その結果、胃や内臓がはげしく痛んだり、重症になったり、がんこな便秘や疝痛や、ときに肺病になったりするが、もっともひんぱんにおこるのは子どものてんかんである。成年男子の場合には、ふつう手の筋肉の部分的麻痺、いわゆる画家の疝痛（colica pictorum）や、手足全体の麻痺がおこる。ある証人は、彼といっしょに働いていた二人の少年が仕事中にけいれんをおこして死んだと、のべている。また、少年のころ、2年間にわたって製品を液につける仕事を手伝っていた別の証人は、次のようにのべた。私は、はじめは下腹部のひどい痛みに苦しみました。次にけいれんのため2ヵ月間寝込み、それ以来、けいれんがますますひんぱんにおこり、いまでは毎日のことで、一日に10回から20回もてんかん性の発作がおこることがよくあります。私の右半身は麻痺しています。医師の話では、私はもう二度と手足を使えるようにはならないということです、と。ある工場の製品を液につける作業室で働いていた4人の男性は、すべててんかん性で、ひどい疝痛に苦しみ、また11人の少年のうち、すでに何人かはてんかん症状をしめしている。ようするに、この恐ろしい病気はこの仕事の結果として、きわめて一般的におこるのであって、それもまたブルジョアジーのいっそうの金もうけのためなのだ！——陶磁器をみがく作業室では、粉末状の砥石のほこりが空気中に充満し、それを吸いこむと、シェフィールドの研磨工が鋼鉄のごみを吸いこむのとまったく同じように有害である。労働者たちの呼吸は苦しくなり、静かに横になることもできず、

のどの痛みや、ひどい咳に苦しみ、ほとんど聞きとれないぐらいの低い声になる。彼らはやはりみんな肺病で死ぬ。——製陶業地方には比較的多くの学校があり、子どもたちに教育の機会を与えているはずであるが、しかし子どもたちは小さいうちから工場へやられ、長時間（たいてい12時間、しばしばそれ以上）働かなければならないので、学校を利用することができない。したがって委員たちが調べた子どもたちの4分の3は読むことも書くこともできず、この地方全体が無知のどん底にあった。何年間も日曜学校に通っていた子どもたちも、文字の区別ができなかった。そしてこの地方全体が、知的以外の道徳や宗教の教育においても、きわめて低い水準にある（スクリヴァン、報告と証言）。

　ガラス工場においても、労働は成年男子にはあまり有害ではないように見えるが、子どもにはとても耐えられないものである。はげしい労働、不規則な労働時間、ひんぱんな夜業、そしてとくに作業場のひどい暑さ（華氏300度ないし330度〔摂氏100度ないし130度〕）のために、子どもたちは全体として虚弱で病気がちになり、発育不良、とくに眼病や下腹部の病気、気管支炎やリューマチ性の疾患が多い。多くの子どもは青白く、目が充血し、しばしば何週間も目が見えなくなり、ひどい吐き気や嘔吐、咳、風邪、リューマチに苦しんでいる。子どもたちは品物を釜からとりだすときに、自分の立っている板が足もとから燃えだすほどの暑さのなかへ、はいっていかなければならない。ガラス吹き工はたいてい衰弱と胸部疾患のために若死にする。（リーフチャイルド、報告、付録、第2部、L2ページ、第11、12項。フランクス、報告、付録、第2部、K7ページ、第48項。タンクレッド、証言、付録、第2部、i76ページなど。いずれも児童雇用委員会の報告）（下巻32-35ページ）

（中略）

　炭鉱と鉄鉱山はほとんど同じ方法で採掘されているが、ここでは4歳、5歳、7歳の子どもが働いている。しかしたいていは8歳以上である。彼らは、採掘された鉱石を切羽から馬車道や本立坑まではこんだり、鉱山の各部門を仕切っている通気ドアを労働者と鉱石をとおすために開き、また閉めるために使われている。このドアの番には、たいていいちばん小さい子どもが使われるが、この子たちはこのようにして、狭くて、たいていじめじめした坑道に、毎日12時間もたった一人で座っていなければならず、しかも、なにも仕事をしなければ人間は愚鈍になり、動物のようになってしまうのだが、そういうなにもしない退屈さをしのぐのに必要な程度の労働さえないのである。それにたいして石炭や鉄鉱石を運搬するのはたいへんな重労働である。というのは、これらの鉱石は、車のついていないかなり大きな箱にいれて、坑道のでこぼこした地面をはこんでいかなければならないからである。しかも、

しばしばじめじめした粘土のうえや水のなかをとおったり、ときには急勾配をのぼったり、ときには非常に狭くて労働者が四つんばいになって這わなければならないような坑道をとおっていかなければならない。したがってこういうきつい仕事には、年上の子どもと成人した娘が使われる。そのときどきの事情によって一人の労働者が箱をうけもつこともあり、二人の若い労働者がついて、一人がひっぱり、もう一人が押すこともある。採掘は成人男性か、16歳以上の頑強な若者によっておこなわれ、これもきわめて骨の折れる仕事である。——ふつうの労働時間は11時間から12時間であり、しばしばもっと長く、スコットランドでは14時間におよび、しかもしばしばその2倍の時間も働くこともある。したがってすべての労働者が24時間も、いや36時間も、地下にもぐって働くことも珍しくない。食事時間はほとんどきまっていないので、彼らは腹がへって時間があるときに、食事をする。（下巻86-87ページ）

（中略）

　石炭と鉄鉱石をひきずっていく仕事に従事している子どもや若者は、一般にひどい疲労を訴えている。どんなにひどい経営の工業施設でも、これほど疲労が一般的で、そしてこれほど極度にまでたっしたのを見ることはない。その点についてはこの報告の全体にわたって、どのページにも実例がならんでいる。子どもは家に帰るとすぐ炉の前の石の床に身を投げだし、すぐ眠りこんでしまい、一口も食事をとることができず、眠ったまま両親に身体を洗ってもらい、ベッドへはこんでもらわなければならず、それどころか、帰る途中で疲労のため倒れてしまい、夜遅く両親がさがして、眠っているところが見つかったというような話は、いたるところにある。これらの子どもは、一週間の疲労をいくらかでも回復するために、日曜日には大部分をベッドですごすのがふつうのようだ。教会や学校に通うものはほとんどいない。そして学校へ通うものも、勉強をしたいという気持ちはあるものの、ひどく眠そうで、反応が鈍いと教師は嘆いている。年上の娘や女性の場合にも同じようなことが見られる。彼女たちはきわめて野蛮な方法で酷使されている。——こういう疲労はたいていの場合、しだいに高まって非常に苦痛となるが、その影響は体質におよばざるをえない。こういう限度をこえた疲労のまず最初の結果は、すべての生命力が筋肉の一面的な発達についやされるので、ひっぱったり押したりするときに主として動かされる腕や脚や、背や肩や胸の筋肉がとくに異常なほど発達してもり上がり、他方、そのほかの部分は栄養不足となって発育がとまるのである。とりわけ、身長が低いままで伸びない。炭鉱夫は、とくに恵まれた条件のもとで働いているウォリックシァとレスターシァを除けば、ほとんどすべて身体が小さい。また少年も少女も性的成熟がおくれており、少年の場合はしばしば18歳になるまでおくれている。サイモンズ委員の前にあらわれた19歳の少年にいたっては、歯を除くと、身体のどの部分も11歳か12歳の少年と同じくらいしか、発達していなかった。少年期がこのように長びくのは、根本的にはやはり成長がおさえられているということの証明にほかならず、もっと年をとってから、必ずその結果があらわれてくるのである。（下巻88-89ページ）

（中略）

　労働者、とくに工場労働者の子どもの死亡率が高いということは、子どもが生後の数年間を不健康な状態ですごしていることを、十分に証明している。生き残った子どもにも同じ原因が影響しているが、もちろん、犠牲になってしまった子どもにたいするほどには、つよく影響していないだけである。その影響は、もっとも軽い場合には虚弱体質あるいは発育不全、したがって、ふつうの子どもより体力がないということになる。工場労働者の9歳の子どもは、生活にもこと欠き、不自由をし、境遇も変わりつづけ、湿気と寒さと、衣類や居住も不足がちのなかで成長していくために、もっと健康な生活環境のなかで育った子どもにくらべれば、労働能力ははるかに劣っている。9歳になると子どもは工場に送られ、13歳になるまで毎日6時間半（以前は8時間、もっと前は12ないし14時間、それどころか16時間も）働き、13歳から18歳までは12時間働く。身体を衰弱させる原因はつづいており、これに労働が加わる。もちろん、9歳の子どもでも、場合によっては労働者の子どもでも、毎日6時間半の労働に耐えることができ、しかも、目に見えるほどはっきりした、あきらかに労働が原因となった発育障害がおこらないことがあるということは、否定できない。しかし、息苦しく、湿気の多い、しばしば蒸し暑い工場の環境のなかにいつづけることは、けっして子どもの健康のためになるものではない。しかし、肉体と精神の発達のためにのみ用いられるべき子どもの時間を、非情なブルジョアジーの貪欲の犠牲にし、工場主諸氏がもうけるために搾取しようとして、子どもから学校と戸外の空気を奪いとることは、どんな事情があるにせよ、やはりゆるせないことである。たしかに、ブルジョアジーはいう、もしわれわれが子どもを工場で雇わないとしても、子どもたちはその発育にとって好ましくない環境にいることに変わりはない——このことはまったく正しい——だがこのことは、ほんとうに大切なところへつきつめてみると、こういうことなのだ。まずブルジョアジーは労働者の子どもを劣悪な環境におき、次にこの劣悪な環境を自分たちに有利に利用するのだ——ブルジョアジーは工場制度について責任があるのと同じくらい、自分に責任がある劣悪な環境を、いいのがれのためにもちだしている。彼らは、昨日犯した

犯罪で、今日犯す罪の弁解をしているのである。そしてもし工場法が少なくともある程度彼らの手を縛らなければ、もともと労働者の幸福のためにのみ工場を建てたこれら「親切」で「人道的」なブルジョアジーは、どうやってこれから労働者の利益を守ってくれるのだろうか！（上巻223-225ページ）

　いずれにせよ、1800個の穴に糸巻の糸をとおすのには、3人の子どもで2時間かかる。多くの機械はやはり蒸気で動かされており、そのために男子の労働が排除される。そして児童雇用委員会の報告は、子どもを募集している「レース工場」のことしか、いつものべていないので、ここから推測すると、最近は編工の仕事が工場の大作業室へうつされたのか、あるいは蒸気編みがかなり一般的に用いられるようになったのか、いずれかだと結論してよいようである。いずれの場合も工場制度がすすんだのである。──もっとも不健康なのはほどき手（runner）の仕事で、彼らはたいてい7歳か、いや4、5歳の子どもである。グレインジャー委員は、じつに2歳の子どもがこの仕事をしているのを見つけた。精巧に編んだ編物から針で一本の同じ糸をひきだし、たどっていくことは、目にたいへん有毒で、とくに、ふつうそうなのだが、この仕事を14時間から16時間もつづけると、いっそう目に悪い。もっとも軽い場合でもかなり強度の近眼になり、最悪の場合には、しょっちゅうおこることだが、黒内障によって盲目となり治療できなくなる。そのほかに、子どもたちはいつも背中をまげて座りつづけているので、虚弱になり、息切れがし、消化不良のために腺病質になる。娘たちの場合は子宮機能障害がほとんど一般的に見られ、また脊椎の湾曲も同じように一般的である。だから「ほどき手はみんなその歩き方で分かる」。レースの刺繡も、目にたいしても身体全体にたいしても、同じような結果をもたらす。レースの生産に従事しているすべての子どもの健康がいちじるしくそこなわれていること、またこれらの子どもは顔色が悪く、きゃしゃで、虚弱で、年のわりに小さく、病気にたいする抵抗力もほかのものよりはるかに弱いということについては、医師の証言はすべて一致している。彼らにふつう見られる病気は次のとおりである。一般的な虚弱、ひんぱんな失神、頭痛、脇腹や背中や腰の痛み、動悸、吐き気、嘔吐、食欲不振、脊椎の湾曲、癲癇、肺結核。とくに女性の身体の健康は、絶え間なく、また、ひどく、そこなわれる。貧血、難産、流産についての訴えが一般的であった（グレインジャー、報告随所）。さらに児童雇用委員会のこの小委員は、子どもたちはきわめてしばしば、粗末なぼろぼろの服を着て、栄養も不十分で、たいていはパンとお茶だけで、数ヵ月も肉にありついていないことも多い、と報告している。──子どもたちの道徳的状態については、彼は次のように報告している。「ノッティンガムのすべての住民は、警察も聖職者も工場主も労働者も子どもの両親自身も、現在の労働制度が不道徳を生みだすもっともゆたかな源泉であると、一致して信じている。糸通し工はたいていは少年で、糸巻工はたいていは少女であるが、工場へ同時に呼びだされる──しばしば夜中に。そして彼らの両親は、彼らが工場でどのくらいの時間使われているのか、知ることができないので、彼らは不純な関係を結んだり、仕事のあとでいっしょに遊びまわったりする絶好の機会をもっている。このことが、ノッティンガムで恐ろしくひろがっている不道徳の、かなり大きな原因となっていると、世間ではいわれている。そうでなくても、子どもや若者が属している家族の家庭的な安らぎや快適さは、こういうきわめて不自然な事態のために、まったく犠牲にされている」。

　レース製造業のもう一つの部門、つまり手編レースは、もともと農業州であったノーサンプトン、オックスフォード、ベッドフォード、バッキンガムで［英語版では「バッキンガム」はない］、しかもたいていは子どもや若者によって、おこなわれている。彼らは一般に栄養の悪さを訴えており、肉を食べることはめったにない。仕事それ自体もきわめて不健康である。子どもたちは、小さな、風とおしの悪い、湿気の多い部屋で、いつも座って、レース編台のうえにかがみこんで仕事をしている。こういう無理な姿勢で身体を支えておくために、娘たちは木製の骨のついたコルセットをつける。彼女たちはまだ幼い年齢で、たいていは骨もまだ非常にやわらかく、またかがんだ姿勢をとっているためにコルセットが胸骨や肋骨をまったくゆがめてしまい、一般に呼吸困難をひきおこす。したがって多くのものは、座業と空気の悪さとのために、しばらくのあいだは消化不良のもっともはげしい（severest）作用に苦しみ、そののち肺結核で死んでしまう。彼女たちはほとんど教育をうけておらず、まして道徳教育はなく、おしゃれが好きで、この二つの理由から彼女たちの道徳的状態はきわめて嘆かわしく、彼女たちのあいだでは売春がひろがっている（児童雇用委員会、バーンズの報告）。

　これが、ブルジョアジーの美しい御婦人たちのレースを身にまとうという喜びのために、社会が支払っている代価なのである──それはたいへん安い代価ではないか？　わずか数千人の失明した労働者、ほんのすこしの肺病やみのプロレタリアの娘、自分の長わずらいを自分と同じように卑賤な子や孫へつたえていく卑賤なたった一世代の大衆──これがなんだというのか？　なんでもない、まったくなんでもない。わがイギリスのブルジョアジーは政府委員会の報告に関心をしめすことなく無視し、その妻や娘をいままでどおりレースで飾るであろう。イギリスのブルジョアの平静は、これまた立派なものだ！（上巻14-17ページ）

31＊ エミール・ゾラ『ジェルミナール』（抜粋、1885年）

＊出典
Émile Zola, *Germinal*, 1885. ゾラ『ジェルミナール』（小田光雄訳、論創社、2009年）、第3部第5章、245-251ページ。

＊解説――伊藤敬佑訳

　エミール・ゾラ（Émile Zola, 1840-1902）は、19世紀フランスを代表する小説家の一人である。イタリア人の父と7歳のときに死別し、少年期をフランス南部で貧困のなかに暮らした。大学入学資格試験に失敗し、アシェット書店に勤めた後、1867年［27歳］に初期の代表作『テレーズ・ラカン』を刊行し、自然主義の先導者としての評価を確立した。次いで、第1作『ルーゴン家の繁栄』（1871）にはじまる、全20巻からなる「ルーゴン・マッカール叢書」にとりかかった。このなかでゾラは、一人の女性を祖とするルーゴン家、マッカール家の人々の、遺伝と環境によって規定づけられる運命を語ることで、多様な階層にわたる、第二帝政下のフランス社会全体のさまざまな側面をつぶさに描き出した。第7作『居酒屋』（1878）が激しい批判にさらされながらも大成功をおさめ、その後も『ナナ』（1880）、『ジェルミナール』（1885）、『大地』（1887）、『獣人』（1890）といった代表作を生み出した。同叢書の終盤にはゾラは自然主義から離れるが、その後も小説執筆を続けた。また、1898年には、フランス国論を二分したユダヤ人士官スパイ冤罪事件である「ドレフュス事件」に際し、軍部の不正を糾弾する有名な文章「私は告発する！」を新聞に寄稿した。1902年に自宅で一酸化炭素中毒により、謎の死をとげた。

　叢書第13作『ジェルミナール』は、『居酒屋』の主人公ジェルヴェーズ・マッカールの息子エチエンヌ・ランチエを主人公とし、『居酒屋』ですでに子どもながらに鉄道の機械工として働いていた彼が、新たに働きはじめたフランス北部の炭鉱を舞台にした小説である。彼は、炭鉱長屋に住み、家族のほぼ全員が炭鉱で働くマユ一家に身をよせながら、貧困に苦しむ労働者の現実を知る。そしてストライキのリーダーとなるが、暴力的な反乱に発展したストライキは軍隊によって武力鎮圧され、マユも銃弾に倒れる。エチエンヌも、闘争に敗れ、そして愛したマユ家の長女カトリーヌが死んだことで、炭鉱を去る。労働者は実業家との階級闘争に敗れさるのである。

　テキストの引用部では、マユ家の次男である、まだ11歳の少年ジャンランに焦点があたる。ジャンランは、坑道から石炭を運び出す炭函の後に続き、通り抜けた通風扉を閉める仕事をしていたが、大人の炭鉱夫シコとともに坑道の崩落事故にまきこまれる。家族をふくめたほかの労働者たちが、団結して救助にあたる場面からは、緊迫感が伝わってくる。しかし結局、シコは家族を残して亡くなり、ジャンランも両足に大怪我を負い、障害が残ることとなる。少年労働者がたどる現実の一つが描写されているといえるだろう。また、この事故の前日に、仕事をせずに遊びまわっていたジャンランに対し、母親が「生まれてからずっと金がかかり、今や家に金を持ってくるべきなのに！」と叫びながら体罰を与えている。そしてこの引用部の直後で、息子の大怪我を知った母親の悲嘆にも、障害をかかえた息子を養わねばならないという、金銭的な理由が見てとれる。少年労働者ジャンランは、まだ11歳ながら、明確に一家の稼ぎ手の一人としての役割を期待されている。ゾラは、夫婦を支えるために生まれ育てられ、そして危険な炭鉱労働に投入される少年少女を描いたのである。

＊テキスト

　ジャンランは扉を閉め、そのまま残った。彼は顔を伏せ、自分がつかって難儀している水たまりを眺めた。それからランプを上げ、絶えずもれ続けている流水の下で坑木がぐらついているのを目にした。ちょうどその時、シコと呼ばれている下すかし抗夫のペルロックが産気づいている女房に急いで会うために自分の切羽からやってきた。彼も立ち止まり、坑木を点検した。すると突然、ジャンランが炭函に戻るために走り出そうとした時、すさまじく軋む音が聞こえ、落盤が男と子供を呑みこんでしまった。

　そこは大いなる静けさに包まれた。崩壊に伴う風に押され、濃い埃が坑道に上がっていた。だから何も見えず、息をつまらせながら、抗夫たちはあらゆる方向から降りてきた。最も遠い現場からもランプを揺らしてやってきたので、それがもぐらの穴の底にいるような黒い人々をぼんやりと照らし出した。最初の連中が落盤にぶつかり、大声を上げて仲間たちを呼んだ。第二陣が奥の切羽から駆けつけ、落盤の山が水平坑道をふさいでいる地面の反対側にいた。彼らはすぐに天井が大体十メートルほど崩れ落ちたことを確かめた。事故はまったくひどくなかった。だが死にかかっているあえぎ声が落盤の残骸からもれてくると、胸がしめつけられた。

　ベベールは炭函を放し、駆けつけながら繰り返した。
「ジャンランが下にいる！　ジャンランが下にいる！」

　それと同時にマユはザカリやエチエンヌと一緒に抗井から飛び出した。彼は絶望的な怒りに捉われ、ただ罵り続けた。
「畜生め！　畜生め！　畜生め！」

　カトリーヌ、リディ、ムーケットも駆けつけてきて、暗闇が募り、恐ろしい混乱の只中ですすり泣き、恐怖からわめき始めた。彼女たちを黙らせようとしたが、瀕死のあえぎ声を聞くたびに、狂わんばかりになり、さらにひどく泣きわめいた。

　リショム班長がネグレル技師もダンセールも坑内にいないことに困り果て、駆け足でやってきた。岩に耳を当て、聞き入った。そしてこのうめき声は子供のものではないとようやく言った。一人の男が確かにそこにいた。すでに何度となく、マユはジャンランの名前を呼んでいた。だが吐息の気配すらもなかった。子供は押しつぶされたにちがいなかった。

　それでもずっとあえぎ声が単調に続いた。人々は苦

しんでいる男に話かけ、その名前を尋ねた。あえぎ声が返ってくるだけだった。

「急ぐんだ!」とリショムはすでに救助の態勢に入り、繰り返した。「おしゃべりは後だ」

両方から抗夫たちは鶴嘴(つるはし)とシャベルで落盤に取りかかった。シャバルはマユやエチエンヌと並び、黙って働いた。一方でガザリは土の撤去を指揮した。出抗の時間になっていて、誰も何も食べていなかったが、仲間が危険にさらされているかぎり、誰もスープのために立ち去らなかった。それでももし誰も帰らなければ、炭鉱長屋が心配すると考え、女たちを帰らせようとした。だがカトリーヌもムーケットも、リディさえも落盤の取り除きを手伝い、どうなっているのか知りたくて釘づけになり、離れようとしなかった。そこでルヴァクが上に落盤、わずかな被害の修復を伝える仕事を引き受けた。四時近くになっていた。労働者たちは一時間足らずで一日分の仕事をやり終えた。もし新たな岩が天井から落ちてこなかったならば、すでに地面の半分は撤去されていたはずだった。マユはひどい怒りにかられて懸命に働いていたので、誰かがしばし交代するために近づくと、恐ろしい身振りで断った。

「気をつけろ!」とリショムがついに言った。「もうそこだ。彼らを死なせてはいかんからな」

実際にあえぎ声が次第にはっきり聞こえるようになった。この絶え間ないあえぎ声が労働者たちを導いたのだ。そしていまや鶴嘴の真下であえいでいるようだった。だがいきなり止まった。

全員が黙りこみ、暗闇の中で死の冷たさが過ぎるのを感じて身震いし、顔を見合わせた。彼らは汗まみれになって鶴嘴を使い、筋肉ははち切れんばかりだった。足が出てきた。それから人々は手で土を除き、手足を次第に取り出した。頭に傷はなかった。ランプが彼を照らし出すと、シコという名が広まった。その身体はまったく暖かかったが、背骨が岩で砕かれていた。

「上掛けで包んで石炭運搬車に乗せろ」と班長が指示した。「今度は子供だ、急げ!」

マユは最後の一撃を加えた。すると穴が開き、反対側で落盤を撤去している男たちと連絡を取り合った。彼らは叫び声を上げた。気を失い、両足が砕かれていたが、まだ息をしているジャンランを見つけたからだ。父親が子供を両腕に抱えて運び出した。彼は歯をかみしめ、相変わらず苦しさを伝えるために「畜生め!」とだけ言い放った。一方でカトリーヌと他の女たちはまた泣きわめき始めた。

勢いよく列が形成された。ベベールがバタイユを連れ戻し、二台の石炭運搬車がつながれた。最初の石炭運搬車にシコの死体がエチエンヌに支えられて横たわった。二番目の石炭運搬車にマユが座りこみ、意識のないジャンランを膝にのせ、通風扉からはぎ取った毛織のぼろでくるんだ。そしてゆっくり出発した。それぞれの炭鉱運搬車の上でランプが赤い星のようにともっていた。その後ろから抗夫たちの行列が続き、50人ほどの人影が一列に進んでいた。今や彼らは疲労困憊し、疫病に襲われた羊の群れのような暗く物悲しい姿で足を引きずり、泥の中で足をすべらせていた。操車場に着くまでに30分近くかかってしまった。この地下での葬列は濃い闇の只中を果てしなく続き、分かれたり、曲がったり、拡がったりしている水平坑道沿いを進んだ。

操車場にリショムは先に着き、空のケージを用意するように命令をすでに出していた。ピエロンはすぐに2台の石炭運搬車を載せた。1台にはマユが膝の上に傷ついた子供をのせたままで、もう1台ではエチエンヌがシコの死体を支えるために両腕でつかんでいなければならなかった。労働者たちが別の段に積み重なると、ケージが上がった。2分経った。壁の板張りから雨のように水が落ちてひどく冷たく、男たちは太陽と早く再会したくて、宙を見つめていた。

幸いなことにヴァンデラーゲン医師のところに送り出された少年労働者が彼を見つけ、連れてきていた。ジャンランと死者は班長の部屋に運ばれた。そこでは一年中火が勢いよく燃えていた。熱い湯の桶が並べられ、足を洗う用意がすべて整った。そして床に2枚のマットレスが敷かれ、そこに男と子供を寝かせた。マユとエチエンヌだけが入った。外では運搬婦、抗夫、駆けつけてきた少年労働者たちが群れをなし、小声でしゃべっていた。

医者はシコを一瞥するとすぐに呟いた。

「だめだ! 洗ってやるんだな」

二人の監視人が服を脱がせてから、石炭で黒くなり、まだ労働の汗で汚れている死体を海綿で洗った。

「頭は何でもない」と医者はジャンランのマットレスの上に膝をついて続けた。「胸も大丈夫だ…ああ、脚をやられたんだな!」

彼自らが子供の服をはがし、頭巾を外し、上着を取り、半ズボンとシャツを乳母のように器用に脱がせた。するとみすぼらしい小さな身体が現われ、昆虫のように細く、黒い埃と黄色い泥にまみれ、血痕をにじませていた。まったく見分けがつかず、彼も洗わなければならなかった。すると海綿の下で肉体はひどく蒼ざめて透き通り、骨が浮き上がり、さらにやせて見えた。まさに哀れむべき存在、悲惨な一族のなれの果ての退化、岩に押しつぶされて半ば砕けて苦しんでいる、とるに足らない人間だった。少年がきれになると、白い肌の上に赤い血痕のある太腿の傷が見えた。

ジャンランは気絶から覚め、うめき声を上げた。マユはマットレスの裾のところに立ち、手を震わせ、息子を見つめていた。そして大粒の涙が目から転がり落ちた。

「何だ? お前が父親か?」と医者は顔を上げて言った。「泣くなよ。見たとおり、死んじゃいないのだから…それよりも手伝ってくれ」

彼は二つの単純骨折を認めた。だが右脚のほうは心配だった。おそらく切断しなければならないだろう。

この時ネグレル技師とダンセールがようやく知らせを聞き、リションと一緒にやってきた。ネグレル技師は苛立ちながら班長の話を聞き、激怒した。いつだって坑木張りが悪いからだ！ 人身事故が起きると何度も言ったじゃないか！ それなのにあの畜生連中はもっと坑木張りをしっかりやるように強制されたら、ストライキを起こすと言っているんだ！ 最悪なのは今や会社が損害の償いをするということだ。エンヌボー氏もさぞかし満足するだろうよ！

「これは誰だ？」と彼は死体の前で黙りこんでいるダンセールに尋ねた。死体は新しいシーツにくるまれつつあった。

「シコという腕のいい労働者の一人です」と班長頭は答えた。「三人子供があります…気の毒な奴だ！」

ヴァンデラーゲン医師はすぐにジャンランを親の家に運ぶように言った。6時が鳴り、すでに黄昏時になっていたので、死体も運んだほうがよかった。そこで技師は荷物車を馬につなぎ、担架を持ってくるように命じた。負傷した子供は担架に載せられ、その間にマットレスと死者が荷物車に積みこまれた。

ドアのところに運搬婦たちがずっといて、見るためにぐずぐずしている抗夫たちとしゃべっていた。班長の部屋が再び開くと、群がっている彼らは沈黙に包まれた。そして新たな列が荷物車を前、担架を後ろにして形成され、それから人々の群れが続いた。採掘物置場を出て、炭鉱長屋への坂道をゆっくり上がっていった。11月の最初の冷気が広い平野の木の葉を落として露出させ、ゆっくりと夜の闇が包みこみ、屍衣が鉛色の空から落ちてきているようだった。

32　エクトール・マロ『家なき子』（抜粋、1878年）／『家なき娘』（抜粋、1893年）

＊出典
Hector Malot, *Sans Famille*, 1878. エクトール・マロ『家なき子』（上・中・下）（二宮フサ訳、偕成社、1997年）、中巻35-37、48-54、229-230ページ／Hector Malot, *En Famille*, 1893. エクトール・マロ『家なき娘』（上・下）（二宮フサ訳、偕成社、2002年）、上巻238-242ページ。

＊解説──伊藤敬佑

19世紀フランスを代表する児童文学作家の一人であるエクトール・マロは、代表作『家なき子』、『家なき娘』のなかで、家族の庇護をなくし、みずから働きつつ生きていかねばならない状況にある少年少女主人公を描いた。彼らの境遇は、当時は決してめずらしいものではなく、2作品のなかには、働く子ども、あるいは働かざるをえない子どもたちが多数登場し、さまざまな種類の児童労働が描かれる。

引用1、2は、『家なき子』の主人公レミが、パリで見聞きする児童労働の現場である。レミを義理の両親から買い取り、共に芸をしながら旅をしてきた旅芝居の親方につれられ、パリで預けられる予定の別の親方ガロフォリの家を訪れた際に、引用1はのちに友人となる少年マチアの口から、引用2はみずからの目で、レミは、そこで日常的に行われている労働と虐待のようすを知る。働かされる子どもたちは、親方の指定した金額を稼ぐことを強いられ、かなわなければ厳しい罰を受けなくてはならない。

引用3は、マチアとの旅の途中で炭鉱町を訪れたレミが、お世話になった少年アレクシのかわりに、鉱山で働くことになる章の導入場面である。鉱山の仕事は、パリでの仕事に比べ好意的に描写されているが、ここでも子どもたちは危険と隣りあわせの仕事についており、大人たちもそれをごく当然のこととらえている。レミはこの後、炭鉱内での出水により、2週間も閉じ込められ、命の危機に瀕することとなるが、周囲の大人たちは、レミがその後も炭鉱の仕事を続けてくれるものと期待している。

引用4は、『家なき娘』の主人公ペリーヌが、紡績工場での労働を初めて体験する場面である。労働は旅慣れたペリーヌにとっても辛く、さらに友人ロザリーは、作業中に機械にまきこまれ、指を切断することになってしまう。ペリーヌはこの後、工場を経営する祖父に、みずからが孫であることを隠しつつも能力によって認められていき、祖父の意識を変え、劣悪な労働環境を福祉施設の充実した工場へと変貌させていく。作者マロは、ユートピア的な社会主義の影響を受けているとされ、理想的な工場環境が整う『家なき娘』の結末はそれを体現しているといえる。

＊テキスト
（引用1）

（前略）パリにつくと、親方はおれたちをよりわけた。からだの丈夫な子は、暖炉職人か煙突そうじの親方のところではたらかされて、あんまり丈夫でなくてそういう仕事にむかない子は、街頭で歌をうたったり、ビエルを弾いたりすることになったんだ。おれはもちろん力仕事をするほど丈夫じゃなかったし、それに、ビエルを弾いて、たっぷり日銭を稼ぐには、みにくすぎたらしいや。で、ガロフォリは2匹の白ネズミをおれにわたして、家の戸口や横丁で人に見せて、それで1日30スー稼げといったんだ。『晩までに稼げなかった分は、1スーにつき1回ずつ棒でなぐるぞ』って。30スー稼ぐのはたいへんだぜ。だけど棒でぶたれるのもいたいよ。とりわけあいてがガロフォリじゃあ。だからおれは、きめられた金を稼ごうといっしょうけんめいやった。だけどどうやっても稼げないことがたびたびあった。仲間たちはたいていちゃんと金をもってもどってきたけど、おれはほとんどいつだって、たりなかった。それでガロフォリはかんかんに怒ってね。『このマチアのばかは、いったいどうやっているんだ？』っていう。（中略）しまいにガロフォリは、なぐってもききめがないとわかると、べつのやり方を考えた。『たりない分1スーにつき、夕食のジャガイモを1個ずつへらしてやるぞ』というんだ。『おまえの肌はかたくて、なぐってもきかないからな。たぶん、

胃袋には飢えがこたえるだろう』って。(『家なき子』、中巻35-37ページ)

(引用2)
「さて。」ガロフォリは腰をおちつけ、パイプをくゆらしはじめるといった。「かわいい天使たちのお勘定にかかろうか？ マチア、帳簿は？」
(中略)
ガロフォリがちょっと合図をすると、硫黄くさいマッチをさしだした子がやってきた。
「おまえには、きのう1スー貸しがあったな。きょうかえす約束だが、いくらもってきた？」
子どもはもじもじして、なかなかこたえなかった。顔はまっかだった。
「1スーたりません。」
「ほう！ 1スーたらんと。平気な顔でよくいえるもんだ！」
「きのうの1スーじゃなくて、きょうの分の1スーです。」
「じゃあ、2スーだな？ おまえみたいなやつは見たこともない。」
「おいらのせいじゃありません。」
「たわけたことをぬかすな。きまりはしっているだろう。上着をぬげ。きのうの分として2回。きょうの分2回だ。それからふてぶてしさの罰に、ジャガイモぬきだ。リカルド、かわいい坊や、おまえはいい子だから、ひと遊びさせてやろう。革ひもをもっておいで。」
リカルドというのは、さっきちゃんとしたマッチをいそいそとだした子だ。彼は壁から鞭をはずした。鞭はみじかい柄の先が、2本の革ひもにわかれ、革ひもには大きな結びこぶがある。このあいだに、1スーたりない子のほうは、上着をぬぎ、シャツをかたからはずして、上半身はだかになった。
(中略)
肌にふりおろされる最初の鞭の音を聞いたとたん、ぼくの目に涙があふれた。
(中略)
2度目に鞭がふりおろされると、やられた子はあわれなうめき声をだした。3度目には胸がはりさけそうな悲鳴をあげた。
(中略)
「悲鳴がどんなにわしの気にさわるか、お前もしってるな。」ガロフォリはお仕置きをされている子にむかって、おだやかにいった。「わかっているだろう。鞭がお前の肌をひきさくとすれば、悲鳴はわしの胸をひきさく。だから、いっておく。これからは1回悲鳴をあげたら、1回よけいに鞭打ちだ。おまえがわるいんだぞ。わしがつらくて病気になるようなことはしないように、すこしは考えろ。ちょっとでもわしをだいじにおもうなら、わしに感謝する気があるなら、声を

だすな。さ、やれ、リカルド！」
リカルドは腕をふりあげ、革ひもをあわれな子の背をぴしりと打った。
「ママ！ ママ！」彼は叫んだ。(『家なき子』、同48-54ページ)

(引用3)
ぼくがヴァルスを去ることにきめていた日の前日、アレクシが、右手に大けがをして、もどってきた。うっかりして、大きな石炭のかたまりでおしつぶされたのだった。指が1本ぺちゃんこになりかけていたし、右手ぜんたいが傷だらけだった。
(中略)
アレクシが数日間休養しなければならないと聞くと、彼（＝ガスパールおじさん）は大声でどなった。
「その休養のあいだ、だれがおれのトロッコをおすんだ？ アレクシのかわりはだれもいないぞ。アレクシの後がまとしていれるなら、みつけることもできようが、何日間かだけなんて、いまどきみつかりっこないぞ。人手がたりないんだ。でなくとも、とくに子どもがたらんのだ。」(『家なき子』、同229-230ページ)

(引用4)
ロザリーがきたのでいっしょにはいり、そして午前中とおなじように〈つっかい棒〉のどなり声と床をたたく音にけしかけられながら、また仕事をやりはじめた。
〈つっかい棒〉の叱咤激励は午前中よりも理にかなっていた。というのは、長くやるうちに疲れがたまり、時がたつにつれてますます全身に重くのしかかってくるからだ。身をかがめたり起こしたりして、トロッコに荷を積んではおろす、肩に力をいれて発車させ、腰に力をいれておさえる、押していく、止める。それははじめはあそびにすぎなかった。くりかえし、やすみなくつづけるうちに、あそびは労働になった。時間とともに、とりわけ最後の数時間は、これまでもっともひどく歩きつかれた日にも感じたことのないほどの疲労感におそわれた。
「そんなにのそのそやるな！」〈つっかい棒〉がどなった。
この警告にともなうドンという棒の一撃で、ペリーヌははっと立ちなおり、鞭をあてられた馬のように足を速めたが、〈つっかい棒〉から見えないところまできたとたんに、またのろのろ歩きになった。そしていまはもう仕事にせいいっぱいで、くたくただったから、大時計が15分、30分、何時と鳴るのをかぞえるほかに好奇心も注意力も働かず、いつ終業になるのか、はたして最後までやれるだろうかと、そればかり考えていた。
(中略)
そのとき突然、糸をつないでいたロザリーが、とな

りの女子工具のほうに倒れかかるのが見えた。大きな叫び声があがり、同時にすべてが停止した。機械の騒音も、床や壁やガラスのぶんぶん、がたがた、ぴりぴりいう音も、しんと静まった。その中で子どものような泣き声が、

「あっ！　いたっ！　いたいっ！」

少年も少女も、みんな駆けつけていく。ペリーヌもみんなとおなじにした。〈つっかい棒〉が、「ちくしょう！　軸の回転が止まっちまった」とうめく声など、かまっていられなかった。

ロザリーはすでにかかえあげられていた。みんなは彼女のまわりにひしめいて、おしつぶさんばかりだった。

「どうしたの？」

「手をはさまれたの」とロザリーが自分でこたえた。

ロザリーの顔はあおざめ、血の気のなくなった唇がふるえていた。けがをした手から血がポタポタと床に落ちていた。

しかし、調べてみると指を2本けがしただけで、それも、つぶれたかひどくやられたのは1本だけしかなかった。

それで、最初同情の色をみせた〈つっかい棒〉は急に怒りだして、ロザリーをとりかこんでいる仲間たちを押しこくった。

「どかないか？　たいしたことでもないのに！」

（『家なき娘』、上巻238-242ページ）

33　クラーク・ナーディネリ『子どもたちと産業革命』（抜粋、1990年）

＊出典

Clark Nardinelli, *Child Labor and the Industrial Revolution*, Indiana: Indiana University Press, 1990. クラーク・ナーディネリ『子どもたちと産業革命』（森本真美訳、平凡社、1998年）、20、172、174、255ページ。

＊解説──森本真美

　近代イギリスにおける児童労働は、世界初の産業革命がもたらした繁栄の負の側面として、しばしば言及されるエピソードである。詩人ウィリアム・ブレイク（1757-1827）らが描いた農村の自然のなかで無邪気に遊ぶ子どもたちの姿と、不健康な工場で過酷な労働を強いられる子どもたちの姿という強烈な対比は、同時代の人びとの良心や議会、そして政府を動かし、1833年工場法をはじめとする諸対策への力となったとされる物語も、あわせてよく知られるところである。

ロマン主義的な感傷をともなう「搾取されるかわいそうな子ども」という児童労働のイメージは、この問題に取り組んだ後世の歴史研究者にとっても、長らく呪縛となっていた。いわゆる生活水準論争のなか、トインビーやウェッブ夫妻、ハモンド夫妻らの流れをくむ悲観説論者は、いたいけな子どもの犠牲を強いた児童労働を、労働者階級の生活が停滞ないし悪化した強力な証拠としたし、彼らに異論を唱えた楽観説派にしても、子どもたちの辛苦を妥当な経済活動として肯定することはむずかしかったであろう。

20世紀初頭以降、イギリス産業革命研究は、従来強調された断絶よりも「革命以前」からの連続性を重視する傾向を主流としつつも、一方では劇的変化の本質についての再検討を試み、また地域的な多様性へも視野を広げた。近年ではジェンダー史やグローバル・ヒストリーをはじめとする、より広範な文脈のなかで、その歴史的位置づけを再考するなど、古典的なテーマでありながらも新たな視角の導入によって活況を呈している領域である。しかしながら、そうした活発な議論の俎上に児童労働というトピックがあげられ、その本質が議論されることはほとんどなかった。アリエス以降、社会史ブームとともに成果を着実に積み上げてきた子ども史および子ども学研究においても、イギリス産業革命期の児童労働にまつわる語りのトーンはほぼ不変であった。工場の子どもたちはあいかわらず産業革命の犠牲者として、その姿をきざまれたままであったのである。

この「聖域」に新古典経済学の立場からあえてふみこんだのが、クラーク・ナーディネリであった。ナーディネリによれば、子どもたちを工場へ働きに出した力は、文献主義の歴史研究者がよりどころとする同時代史料の数々が訴えるような、不道徳な親の横暴や資本家の強欲ではない。ベッカー・モデルをはじめとする新古典経済学の理論を応用し、彼が目を向けるのは家族経済である。わが子を工場へ働きに出すという決断をくだすに際して、親たちはおそらく他の選択肢をも検討した。工場以外で働かせるか、今はまだ働かせず将来的にもっとよい仕事を可能にする（かもしれない）教育を受けさせるか。世帯の決断は、その状況における世帯としての最善の判断の結果であった。したがって、子どもたちが工場に行かなくなったのも、博愛家の熱意や厳しい法令の成功ではなく、状況の変化のなかで、その他の選択肢の方がより望ましいとした世帯の判断の結果であったのだとナーディネリは主張する。

通説を打破するために彼が提示している証拠の数々は、じつのところ歴史研究者にとってそれほど目新しいものではないが、まさにそのことが児童労働というテーマの特異性を示している。ロマン派詩人が歌った理想的な子ども期が、同時代の大部分の子どもにとっては無縁であったことは明らかであろう。産業革命以前にも子どもは働いていたし、ヘンリ・メイヒュー（1812-1887）がロンドンの貧民窟で見出したように、工場よりもはるかに悲惨な環境で働いていた子どもも多かった。19世紀前半の貧しい子どもたちにとって、学校で初等教育をうけることがあたりまえではなかった状況を考慮すれば、工場がかれらから教育の機会を奪ったと考えるのは妥当とはいえないだろう。特別委員会の議事録に、子どもの工場労働に問題を見出さず、むしろ肯定する証言は少なくないし、工場立法の要求が成人男性労働者の待遇改善戦略の一環であったことも明らかである。これらの事実を認めたうえで、それでもなお歴史研究者の多くは、工場の子どもたちの「悲劇」を疑問視することをためらってきたのである。

そのタブーに果敢に挑んだ本書は、やはり公刊時に激しく物議をかもしたが、その後、イギリス児童労働にかんする「経済史の本流における強固な地位」（Humphries, p.

1）に位置づけられ、後続研究の挑戦を受ける立場へと転じた。彼が投じた一石は、賛否両論をふくめて、このいささか古風なテーマに、研究者のみならず多くの人びとの関心をあらためて喚起する契機ともなった。児童労働それ自体はけっして過去の遺物などではなく、いまなお、イギリス産業革命期の子どもたちはそのシンボルでありつづけている。その固定化されたイメージと評価に疑問をなげかけた彼の論考は、現代世界における子どもの雇用や教育にまつわる諸問題とその解決の道を幅広く模索するにあたって、貴重な示唆となるであろう。

〈参考文献〉
長谷川貴彦『産業革命』（山川世界史リブレット116、2012年）。木畑洋一・秋田茂編著『近代イギリスの歴史——16世紀から現代まで』（ミネルヴァ書房、2011年）。Hugh Cunningham, *Children and Childhood in Western Society since 1500*, 2nd ed. (Pearson Longman, 2005)。ヒュー・カニンガム『概説 子ども観の社会史——ヨーロッパとアメリカにみる教育・福祉・国家』（北本正章訳、新曜社、2013年）。Jane Humphries, *Childhood and Child Labour in the British Industrial Revolution* (Cambridge University Press, 2010).

＊テキスト

　児童労働と産業革命の研究は、この労働の経済的実情をあまりにもなおざりにしてきたように思われてならない。そしてさらに重要なのが、その実情の経済学的解釈が欠落しているという点である。本書は、児童労働の歴史に標準的な経済学理論のいくばくかを適用しようと試みるものである。児童労働の経済学は、家族経済のなかでの子どもの経済的な役割を見ることから始まる。子どもたちは家族のなかの生産者であり、消費者でもある。彼らは家族経済の生産高に貢献し、同時に一方ではその生産高のかなりの部分を消費する。経済学の理論では、子どもの雇用は必然的に悪だとするものは何もない。子どもの福利を向上させようとする家族の決断の結果が児童労働になるというのも、無理のないなりゆきだろう。さらにいえば、児童労働の重要な決定要因は、働くか働かないかということではなく、家で働くのか、それとも家の外に働きに出るのかということなのかもしれない。（20ページ）

　近代の子ども期観は、それ自体が産業革命と近代経済成長の結果である。収入が増加し、子どもと乳幼児の死亡率が低下してゆくにつれ、親は個々の子どもの教育と健康の向上により多くの時間と金を投資するようになった。18世紀には「子どもの新しい世界」が上流階級のあいだに出現し、しだいに他の階級へも拡がっていった。教育にかける経費は増え、新しい消費財が登場し、家族生活は次第に子どもを中心にして回りはじめた。児童労働はあいかわらず存続していたにもかかわらず、なぜ19世紀だけが搾取の時代として取り上げられるのかは理解しがたい。およそ過去の世紀に、子どもへの移転がこれほどまでに急激に、子どもからの移転よりも増大した時代はなかった。明確に読みとれるのは、搾取は——たとえ存在し続けたとしても——19世紀には減っていったということなのである。（172ページ）

　ここで見てきた証拠はたしかに断片的なものだが、それでも、産業革命は搾取を拡大しなかっただけではなく、むしろ子どもの状況を徐々に改善したということを示唆している。労働市場の競争が激化していったことで、不完全な点は正され、それによって搾取の機会も減っていった。工場での子どもの雇用の増加は、乱暴な親や搾取をする親から逃れる自由を彼らに与えた。さらにいえば、長期的には、労働者階級の所得を増加させることで、産業革命は児童労働を終息させた。家族の所得が増加するにつれて、児童労働は衰退した。工業化は子どもの奴隷化の根源であったどころか、彼らの解放の根源だったのである。（174ページ）

　児童労働の供給は、子どもに働くことを認めた世帯の意志と考えるべきである。世帯は、おそらくゲイリー・ベッカーの家計生産のモデルが示すような類の計算によって、子どもの時間のどれだけを市場労働に割り当てるかを決定する。工業やその他の職業への児童労働供給に影響を与える、単独ではもっとも重要な要因が、いつの場合も家族所得であることは明らかである。低所得の家族はやはり、高所得の家族よりも多くの児童労働を提供するだろう。さらに、時とともに家族所得が上昇するにつれて、児童労働の供給は減少する。教育にたいする見返りが、児童労働にたいする見返りに比較して大きくなれば、純粋所得効果は強化される。家族は、労働を教育に置き換えようという気になるだろうからである。家族所得と、教育にたいする見返りの増加は、とくに19世紀後半において、イギリスの経済成長の重要な様相であった。したがって工業における子どもの雇用を終息させる力を作動させたのは、イギリス経済の成長だったのである。（255ページ）

34　カイラシュ・サティアルティ「2014年度ノーベル平和賞受賞記念演説」（全文、2014年12月10日オスロ）

＊出典

Story First Published: December 10, 2014 22:30 IST
http://www.thehindo.com/news/international/world/2014-nobel; http://ndtv.com/article/india/kailash-satyarthi-nobel-peace-prize-acceptance-speech-full-text-632767（北本正章訳）

＊解説——北本正章

　カイラシュ・サティアルティ（Kaikash Satyarthi,

1954-）氏は1954年にインドのマディア・プラデーシュ州（Vidisha, Madhya Pradesh）のヴィディシャに生まれた。はじめ、サムラート・アショク工科大学（Samrak Ashok Technological Insitute: SATI）で電気工学を専攻し、大学院では高電圧工学を学び、エンジニアの道をめざしていた。学校教師を辞して、国内外の繊維産業、鉱工業、食品加工業、運輸業など、インドにおいて人口増加と経済拡張しつづける近代化路線を支える産業労働全般において安価な人件費を求める産業界の趨勢に身を置いた。子どもたちの教育機会を奪っている現実に対処するために、子どもの学習権を守り、教育条件の改善運動を組織的に展開するとともに、国際連合やユネスコなどの教育計画を、運動の先頭に立って推進している。

　現在、地球上には1日を1.25ドル未満で暮らす極度の貧困にあえぐ人々が8億人おり、小学校に通えない子どもの人数は5670万人、5歳までに生命を落とす子どもの人数は1年間に600万人いる。サティアルティ氏の演説はこのような厳しい状況を視野に入れてなされたものであり、以下のテキストの末尾のことばは希望の光を示している。

　サティアルティ氏は、今回のノーベル平和賞受賞に先立って、各方面からのさまざまな受賞歴がある。おもな受賞として、1994年にはハンブルク国際平和賞（The Aachener Interanational Peace Award、ドイツ）、1995年のトランペッター賞（The Trumpeter Award、アメリカ）、ロバート・F・ケネディ人権賞（Robert F. Kennedy Human Rights Award、アメリカ）、1999年の黄金の旗賞（Golden Flad Award、オランダ）、フリードリヒ・エーベルト財団賞（Friedrich Ebert Stiftung Award、ドイツ）、2006年のフリーダム賞（Reedom Award、アメリカ）、2007年のアメリカ国務省「現代の奴隷制を終了するために活動する英雄」（Heores Acting to End Modern Day Slavery）表彰、2009年の民主主義擁護者賞（Defenders of Democracy Award、アメリカ）などがある。

＊テキスト

　慈悲の心を全地球に広め、わたしたちの子どもを自由にしましょう。

　親愛なる世界のわたしの子どもたちのために。

　国王、皇后両殿下さま、大臣閣下、ノルウェー国ノーベル賞委員会の著名な委員のみなさま、親愛なる兄弟トム・ハーキンさま、兄弟と姉妹の皆さん、そして、わたしの親愛なる娘マララ。

　平和と人類のこの演壇から、古代の智慧のテキスト『ヴェーダ』*1の中から一つの真言を、深甚なる尊崇の念を込めて復唱いたしました。

　〔「慈悲の心を全地球に広め…」という〕この真言は、人間がつくりだしたすべての危機から人類を解放する可能性を秘めた祈りと、願いを、解決策を伝えています。

　共に手を取り合って歩みましょう。グローバルな進歩を求める時にあっては、東から西まで、南から北まで、誰一人として見捨てられたり、置いてきぼりにされたりしてはなりません。

　共に語り合い、心を一つに合わせましょう！　わたしたちの先人の経験に学んで、すべての人の為になる、あらゆる知識を力を合わせて組み立てましょう。

　わたしはここに、今は亡きわたしの両親に、わたしの祖国インドに、そしてわたしの母なるこの地球に、心より感謝を捧げます。

　これまでに何千回も味わったことを、心からの喜びをもって思い起こします。わたしは、子どもを奴隷状態から解放するたびに癒やされてきました。その子どもの美しい顔に浮かんだ、自由になった最初の笑顔に、わたしは神様のほほえみを見ます。

　わたしはこの受賞において、わたしの活動を支えてくれているインド出身のカアール・クマールさん、ドゥオーム・ダスさん、そしてアダルシュ・キショレさんに、さらにパキスタン出身のイクバル・マシーさんに最大の栄誉を捧げます。彼らは子どもたちの自由と尊厳を守るために崇高な犠牲を惜しみませんでした。わたしは、そうしたすべての殉教者の皆さん、世界中で活動しているわたしの仲間、そしてわたしの同郷の皆さんを代表してこの賞を受け取ります。

　仏陀*2、ナナーク導師*3、マハトマ・ガンディー*4の偉大な国インドからノルウェーに向けての旅は、グローバルな平和と兄弟愛、古代と現代の二つの中心地を結び合わせる旅です。

　友人の皆さま、ノーベル賞委員会は寛大にも、わたしがここで「講義」をするよう招待してくださいました。ありがたいことですが、わたしにはその力がありません。その代わりにわたしはここで、沈黙の響き、罪なき者たちの泣き声、そして顔を隠された者たちの顔を示すことにします。本日ここにわたしが参りましたのは、わたしたちの子どもたち、そうです彼らはみんなわたしたちの子どもなのですから、彼らの声と夢を、皆さまと共有していただくためです。

　これまでわたしは、脅かされて疲れ果てた子どもたちの目を見てきました。そして、この子たちの切実な問いかけに耳を傾けてきました。

　今から20年前、ヒマラヤ山脈の麓の丘陵地で一人のやせこけた小さな男の子に出会いました。その子はわたしにこう尋ねました。「世界はボクに仕事の道具や銃を手に取らせるのに、おもちゃと本を与えることができないほど貧しいの？」と。過激な民兵組織に誘拐されたスーダンの少年兵に出会ったことがありました。その子が初めて軍事訓練を受けた後、彼は自分の友人や家族を殺すよう強いられました。彼はわたしにこ問いかけました。「ボクのどこが間違ってるの？」と。12年前には、コロンビアの路上で育った――取引され、レイプされ、奴隷にされた――ひとりの幼い母親は、わたしに尋ねてきました。「わたしはいままで夢を抱いたことなんか一度もなかったわ。わたしのこの子は夢を持つことができるの？」と。

わたしたちの子どもの夢を打ち砕くことほど大きな暴力はほかありません。
　わたしの人生の唯一の目標は、すべての子どもが自由に子どもになることです。
　すべての子どもが自由に成長し、発達することです。
　すべての子どもが自由に食べ、眠り、陽の光を浴びることです。
　すべての子どもが自由に笑ったり泣いたりすることです。
　すべての子どもが自由に遊ぶことです。
　すべての子どもが自由に学び、自由に学校に通い、そしてとくに、
　すべての子どもが自由に夢を抱けるようになることです。

　すべての偉大な宗教は、子どもの世話をするようわたしたちに教えています。イエスはこう言っています。「幼な子らをわたしのところに来るままにしなさい。止めてはならない。神の国はこのような者の国である」と。また、聖典『コーラン』は、「貧しいからといってあなたの子どもたちを殺してはならない」とあります。わたしたちの子どもの夢をかなえられないようなすべての寺院やモスクや教会や礼拝堂を、わたしは受け入れることはできません。わずか一週間の軍事費でわたしたちの子ども全員が教室に行くのに十分足りる時代なのにそれができない貧しい世界を、受け入れることはできません。
　わたしたちの子どもを守ることができないすべての法律や憲法、そして裁判所や警察を受け入れることなど、できません。自由を求める要求よりも奴隷の手錠のほうがつねに強力であり得るような状況を受け入れることなど、わたしにはできません。わたしは、これらすべてを拒絶します。わたしには、これらをしっかりと拒絶する、多数の勇敢な人たちと一緒に仕事をする特典を与えられています。わたしたちが脅しや攻撃に屈したことは一度もありませんでしたし、これからもないでしょう。確かなことは、過去数十年のあいだに進展が見られたことです。学校に通えない子どもたちの人数は半減しました。子どもの死亡率と栄養失調は改善され、数百万人もの子どもの死を防ぐことができています。世界中の児童就労者の人数は3分の1に減ってきています。取り組んできたことに間違いはなく、偉大な挑戦はこれからも続きます。

　友人の皆さん、今日、人類の戸口に迫っている非常に大きな危機は不寛容です。わたしたちはこれまで、子どもたちに教育を平等に分け与えることに全く失敗してきました。教育は人生に意味と生きる目標をもたらし、確かな未来をもたらします。教育は若者たちのあいだにグローバルな市民感覚をもたらします。これまで繰り返されてきた失敗の結果が積み重なり、人類を自滅させてしまう未曾有の暴力のなかで頂点を極める日がそう遠くないことを、わたしは危惧しています。
　でも、マララさんのような若者たちは、暴力を超越する平和を、過激主義を超越する寛容を、そして恐怖を克服する勇気を選んで立ち上がっています。解決策は、会議を開いて協議したり遠くから指示することにだけ、見いだせるものではありません。たとえ世界に認められなくても、また世界に知られていなくても、毎日問題に直面している小さな団体、地方の組織や人びとのあいだにこそ、解決策は眠っています。
　今から18年前、世界の103カ国のわたしの兄弟と姉妹たち数百万人が、8万キロメートルも行進しました。その結果、児童労働を禁止する国際法が生まれたのです。わたしたちは今それを実行しています。
　皆さんはこうお尋ねになるかも知れません。「一人で何ができるのですか？」と。ここで、わたしの子ども時代に聞かされたある物語をお話ししましょう。
　あるとき、恐ろしい火事が森を焼き尽くしました。森の王者と言われるライオンも含めて、動物たちすべてが逃げ去りました。しかし、突然ライオンは、その火事に向かって突進しようとする小さな小鳥に気がつきました。ライオンは小鳥に聞きました。「何をしているんだい？」このライオンが驚いたことに、小鳥はこう答えました。「わたしは今、この火事を消しに出かけようとしているところです。」ライオンは笑ってこう言いました。「君のその小さなくちばしの中の一滴の水で、どうやって火事を消すつもりなのかい？」すると小鳥は、毅然と構えてこう言いました。「今わたしができる小さな事をしているのです」と。
　皆さまもわたしも、急速なグローバリゼーションの時代に生きております。わたしたちは高速インターネットでつながっています。わたしたちは一つのグローバル市場で商品とサービスをやりとりしています。毎日、何千便もの空のフライトがわたしたちを地球上のいたる場所に結びつけてくれます。
　しかし、わたしたちのつながりを切断している深刻な問題があります。それは慈悲の心（compassion）の欠如です。人が抱く慈悲の心を植え付け、全地球的な運動へと変えていきましょう。慈悲の心を全世界に広めましょう。消極的な慈悲の心でなく、正義、平等、そして自由につながる変幻自在の慈悲の心です。
　「もし、この世の中にほんとうの平和を教え広めたいのなら…まずそれを子どもたちから始めなくてはなりません」とマハトマ・ガンディー〔聖者ガンディー〕は言いました。わたしはこの言葉に続けて、子どもたちへの慈悲の心によって世界を結びつけましょう、という言葉を慎んで付け加えさせていただきます。
　自分でフットボールを縫製してもそれで遊ぶことが一度もできない子どもたちは誰の子どもでしょうか？彼らはみんなわたしたちの子どもです。鉱石や鉱物の

採掘場で働いている子どもたちは誰の子どもでしょうか？　彼らはみんなわたしたちの子どもです。ココアの果実を収穫してもチョコレートを食べたことがない子どもたちは誰の子どもでしょうか？　彼らはみんなわたしたちの子どもなのです。

インドのデヴリという名前の子どもは、世代にまたがる債務のなかに生まれ、労役につながれています。8歳になるこの少女を救出してわたしの車のなかに座らせるとすぐにこう聞いてきました。「どうしてもっと早く助けに来てくれなかったの？」と。彼女の怒りに満ちた問いかけは、今もわたしの心をゆさぶります──そして世界の心をゆさぶる力を秘めています。どうしてわたしたちはもっと早く救出に行けなかったのでしょうか？　わたしたちは何を待っていたのでしょうか？　どれほど多くのデヴリちゃんがわたしたちの救出を待っているでしょうか？　どれほど多くの少女たちがつれさられ、監禁され、虐待を受けているでしょうか？　世界中でデヴリのような子どもたちが、なぜわたしたちが行動しないことに疑問を抱き、わたしたちの行動を注視しています。

わたしたちは、切迫感をもった集合的な行動を起こす必要があります。どんな小さな問題に対しても、一人一人の子どもが抱えている問題に対しても、子ども時代のどんな問題に対しても、それは必要です。わたしたちの子どもを取り巻いている無抵抗と悲観主義に、わたしは異議ありと申し上げたい。このような沈黙の文化、このようなどっちつかずの文化に対して、わたしは異議ありと申し上げたい。

そこでわたしは、すべての政府、国際機関、ビジネス、信頼できる指導者の皆さん、市民団体、そして私たち一人一人の皆さんに、子どもに対するすべての暴力を停止するよう呼びかけます。奴隷状態、子どもの人身売買、児童婚、児童労働、性的虐待、そして読み書き能力の剥奪、これらすべてが文明社会のどこにも見られないようにすることを呼びかけます。友人の皆さん、これは皆さんと一緒に実現できることです。

各国政府は、子どもが喜ぶ政策を立案し、教育と若者に投資しなくてはなりません。ビジネスはもっと責任を負い、革新的なパートナーに開放的にならなくてはなりません。政府間レベルの各機関は、行動を加速するためにもっと力を合わせなくてはなりません。グローバルな市民団体は、ありふれた仕事やばらばらな機関を超えて立ち上がらねばなりません。信頼できる指導者と組織、そして私たち全員が、わたしたちの子どもの味方にならなくてはなりません。わたしたちは大胆になり、大望を抱き、固い決意をしなくてはなりません。わたしたちは誓いを立てなくてはなりません。

50年前、わたしが学校に通い始めた頃のある日、学校の校門に座っている、わたしと同じぐらいの年齢の靴修理工の少年と出会いました。わたしは学校の先生にこんなふうに質問しました。「先生、どうしてあの子は外で働いているの？　どうしてぼくと一緒に学校に通わないの？」先生は黙ったままでした。ある日、わたしは思い切ってその少年の父親に聞いてみることにしました。すると父親はこう言いました。「おぼっちゃん、わたしはこれまでに一度も子どもを学校に通わせようなんて考えたことがないのです。わたしたちは働くためにだけ生まれてきたのですから」と。この応えに私は怒りを禁じ得ませんでした。今でも怒りを覚えます。そのことにわたしは異議申し立てをし、今日でも異議申し立てをし続けているのです。

当時のわたしは、子どもなりに未来へのビジョンを持っていました。あのときの靴修理工の少年は、私のクラスで一緒に勉強していました。今、あのときの未来は「今日」になりました。わたしは「今日」であり、みなさんも「今日」なのです。「今日」は、すべての子どもが生きる権利、自由を手に入れる権利、健康である権利、教育を受ける権利、安全に暮らす権利、威厳を失わない権利、平等である権利、そして平和に生きる権利を持つべき時なのです。

「今日」、暗闇を超えて、わたしは、きらめきを増す星々の中に、わたしたちの子どもの笑顔を見ます。「今日」、すべての海洋のすべての波間で、わたしは子どもたちが遊んだりダンスをしたりしているのを目にします。「今日」、すべての草、樹木、山々で、わたしは、幼い靴修理工の少年がわたしと並んで教室で勉強している姿を目にします。

わたしは、皆さまが、心の中にこのような「今日」を見たり感じてくださることを期待します。わたしの親愛なる兄弟と姉妹の皆さん、しばらくのあいだ目を閉じ、その手を胸に当ててみてくださいませんか？　あなたの胸の中に子どもはいますか？　さあ、その子の言うことに耳を澄ましてみてください。きっと何かが聞こえてくるでしょう！

本日ここでわたしは、何千人ものマハトマ・ガンディー、マーチン・ルーサー・キング、そしてネルソン・マンデラさんを目にしています。みんな先進の列に加わり、わたしたちの呼びかけに応えてくれています。少年も少女も一緒です。わたしも彼らと一緒です。皆さんもご一緒に。

　　　知識を民主化しましょう。
　　　正義を広めましょう。
　　　力を合わせて、私たちの子どものために慈悲の心を世界に拡げましょう。
　　　わたしは、この部屋から皆さんに、世界中に呼びかけます。
　　　搾取から教育へ、貧困から分かち合う繁栄へとむかう前進の列、
　　　奴隷から自由の身へと向かう前進の列、
　　　そして暴力から平和へと向かう前進の列をつくりま

しょう。

　暗闇から光に向かって進みましょう。死すべき運命から神に向かって進みましょう。

　前進しましょう！

＊1　ヴェーダ（Vedas）──インドのバラモン教の宗教文献の総称。vedaはサンスクリット語で「知識.聖なる書」を意味する。リグ＝ヴェーダ（Rig-Veda）、サーマ＝ヴェーダ（Sama-Veda）、アタルバ＝ヴェーダ（Atharva-Veda）、ヤジュル＝ヴェーダ（Yajur-Veda）の4巻がある。

＊2　仏陀（Lord Buddha, 566?-c480 B.C.E.）──ゴータマ・ブッダ（Gautama Buddah）あるいは釈迦牟尼（Sakyamuni）または釈尊ともよばれる。古代インドにおける宗教の先覚者で、仏教の開祖者。

＊3　ナナーク導師（Guru Nanak, 1469-1538）──インドの宗教指導者。シク教（Sikhism）の開祖者。

＊4　マハトマ・ガンディー（Mohandas Karamchand Gandhi, 1869-1948）──インドの政治指導者・民族主義者・社会改革者。非暴力的抵抗を貫いたインド建国の父。

6　保護と福祉・人権・教育権・平和

35　国際連盟「子どもの権利に関するジュネーヴ宣言」（全文、1924年9月26日）

＊出典
Geneva Declaration of the Rights of the Child of 1924, adopted Sept. 26, 1924, League of Nations O. J. Spec. Supp. 21, at 43（1924）．［1924年9月26日国際連盟第5回総会にて採択］
Geneva Declaration of the Rights of the Child of 1924 on the UN Documents Database; http://en.wikipedia.org/wiki/Declaration_of_the_Rights_of_the_Child（山口刀也・北本正章訳）

＊解説──山口刀也
　「ジュネーヴ宣言」（子どもの権利に関するジュネーヴ宣言）は、イギリスの児童福祉運動家であり、「児童救済基金」の創設者である、エグランタイン・ジェブ（Eglantyne Jebb, 1876-1928）によって起草された。ジェブは、イギリス西部のシュロップシャーに生まれ、アーツ・アンド・クラフツ運動の担い手であった母親ルイザの影響のもとに早くから社会問題や公共福祉サービスに関心を深めた。オックスフォード大学で歴史学を修めた後、ロンドンの小学校教師となったが、病気療養中の母親の看病のためにケンブリッジに移転し、そこで慈善団体協会の活動にかかわった。貧困問題と取り組むなか、1919年、43歳のとき「児童救済基金」を創設するとともに迅速な募金活動とイギリス政府へのはたらきかけを成功させた。ジェブは、第一次世界大戦後のドイツとオーストリア＝ハンガリー両国の経済破綻によって生じた貧困、とりわけ戦争孤児の問題の解決に注力するようになった。これが契機となって、運動は国際的な広がりを見せ、1920年、イギリスとスウェーデンの救済団体が母体となり、ジュネーヴに「国際児童救済連盟」

が創設された。1922年のロシア大飢饉に際しおこなった100万人の子どもの生命を救うための募金活動を直接の契機として、子どもの権利の承認と充足をめざし、世界各地の紛争地域や災害地域の子どもの健康・衛生・栄養補給・教育を確保して救済することを目的として活動を拡げた。これらの活動で児童救済と福祉の基本理念を掲げる必要性を感じたジェブは、1923年に「ジュネーヴ宣言」の草案をまとめた。長く甲状腺疾患に苦しんだ後、ジュネーヴ宣言の4年後に52歳で生涯を閉じた。ジェブが創設した「児童救済基金」は、現在も世界各地の戦争孤児や難民の子どもたちの救済活動において中心的な役割を果たしている。現在、NGO組織「セーブ・ザ・チルドレン世界連盟」はロンドンに本拠を置き、世界各地で「国連児童基金」（ユニセフ）と連携し、活動を展開している。http://www.savethechildren.net/alliance/index.html. 現在、日本には、公益社団法人「セーブ・ザ・チルドレン・ジャパン」（1986年設立）がある。http://www.savechildren.or.jp/top/index.html

　「ジュネーヴ宣言」の精神は、その後、アメリカや日本における「児童局」の設置、種々の児童福祉事業や社会福祉関連の法制、日本の1947年の「児童福祉法」、1951年の「児童憲章」、国際連合における1959年の「児童の権利に関する宣言」、1989年の「国連子どもの権利条約」、マララ・ユスフザイ氏とカイラシュ・サティアルティ氏の「2014年度ノーベル平和賞」受賞時の演説（その前年7月の国連におけるマララ氏の「国連演説」もふくむ）などへと継承され、子ども救済の精神的支柱であるとともに救済運動の羅針盤としての役割を果たしつづけている。

＊テキスト
「子どもの権利に関するジュネーヴ宣言」

　「ジュネーヴ宣言」として一般に知られる当「子どもの権利宣言」により、すべての国の成人男女は、人類がもつ最善のものを子どもに与える義務を負っていることを認め、人種、国籍または信条に関するあらゆる理由には関係なく、すべての子どもに、以下の諸事項を保障すべきことを宣言し、かつ自らの義務としてこれを受け入れます。

1　子どもは、身体と精神の両面において通常の発達を遂げる上で必要な諸手段を与えられなくてはなりません。
2　飢えた子どもには食物が与えられなくてはなりません。病気の子どもは看病されなくてはなりません。発達が遅れている子どもには援助の手を差しのべなくてはなりません。非行をおかした子どもには更生の道を用意しなくてはなりません。孤児や浮浪児となった子どもには住まいが与えられ、援助の手を差しのべなくてはなりません。
3　子どもは、危難の際には最初に救済を受けなくてはなりません。
4　子どもは、生活が可能な状況に置かれ、なおかつ

あらゆる形態の搾取から守られていなくてはなりません。
5　子どもは、その才能を人類同胞への奉仕のために捧げられるべきであるという自覚をもって育成されなくてはなりません。

〈テキスト原文〉

By the present Declaration of the Rights of the Child, commonly known as 'Declaration of Geneva,' men and women of all nations, recognizing that mankind owes to the Child the best that it has to give, declare and accept it as their duty that, beyond and above all considerations of race, nationality or creed:

The child must be given the means requisite for its normal development, both materially and spiritually;

The child that is hungry must be fed; the child that is sick must be nursed;

the child that is backward must be helped;

the delinquent child must be reclaimed;

and the orphan and the waif must be sheltered and succored;

The child must be the first to receive relief in times of distress;

The child must be put in a position to earn a livelihood, and must be protected against every form of exploitation;

The child must be brought up in the consciousness that its talents must be devoted to the service of fellow men.

36　長田新（編）『原爆の子──広島の少年少女のうったえ』（抜粋、1951年）

＊出典
長田新（編）『原爆の子』（1951年、岩波書店。岩波文庫版［上下巻］、1990年）、上巻105-107、194-196、274ページ。下巻158-164、184-185ページ。

＊解説──三時眞貴子
　子どもの声を収録した資料集は、世界各国で、これまでにさまざまなものがあるが、ここに収録した日本の少年少女たちの被爆体験の寄稿集、長田新（編）『原爆の子』は、人類史上例をみない非人道的な原子爆弾が、アメリカ国内の良心的な科学者や軍関係者のなかに反対意見があったにもかかわらず、アメリカ軍主導部によって、非戦闘員が多数暮らしていた広島市に対して使用されたためにもたらされた、言葉では表現できないほどの残虐な惨禍を生き抜いた子どもたちの手記であるところに、大きな意味がある。
　人間の手で投下された原子爆弾は、爆発時に2万度にも達する高温と爆風によって、一瞬にして24万7千人もの生命を奪った地獄絵図をもたらし、その後、生き残った人びとに長年にわたって放射能被害を及ぼしつづけている。これを実体験した少年少女たちの言葉には、子どもの目を通してみた原爆がもたらすおそろしさが、大人とは違ったリアルな感覚で率直に表現されている。だが、『原爆の子』に集められた少年少女の声に価値があるのは、それがたんに子どもたち自身の恐怖体験を語り、その過酷さや悲惨さを訴えるにとどまらず、どの少年も少女も、年齢を問わず、誰もが戦争を心底憎み、平和に生きることがどれほど大事であるかを訴えているところにある。少年少女たちは、言葉のはしばしに両親や目上の人、隣人の大人たち、きょうだいに対する礼儀正しい言葉やほのかな尊敬の念をこめながら、どんな人間でも平和に生きることが権利であり、それを守って広げることが後世に対する義務でもあること、そして、平和が全世界に広がることを心から願っていると自分の言葉で語っている。こうした彼らの言葉が、時代を超え、社会や文化の違いも超えて、読む者に迫ってくるところに、歴史の真実がある。編者である長田新の言葉、「人間のあらゆる徳性のなかで、平和を願う純粋な気持ちへと昇華していくことが最高かつ最善の徳性である」ことを見事に証明している。
　もう一つ指摘しておきたいことは、彼らの言葉が戦争を知らない世代にも、日常の中で直面する課題として示されていることである。とりわけここに収録された辻岡敦子さんの「科学の利用」に対する鋭い主張は、東日本大震災とその後の原発をめぐる議論を彷彿とさせ、戦争と平和という文脈だけではなく、原子力の平和利用が進んでもなお、「人間の生命を滅ぼしてしまう」事態が避けられない状況がすすむなかで、平和利用そのものの意味を問いなおす必要性をわたしたちにつきつけている。
　被爆体験をもった少年少女の言葉を「平和教育のための資料」として編纂した長田新（おさだ・あらた、1887-1961）は、1887（明治20）年、長野県諏訪郡豊平村（現在の茅野市豊平）に生まれ、6歳のとき、豊平小学校下古田分教場に入学し、諏訪中学校に進学後、広島高等師範学校英語科に進学した。これを卒業後、大分県師範学校に赴任し、教育学と心理学を担当した。この教育経験の中で本格的な教育学研究への道を模索することとなり、1912年（大正元）、25歳のころ、京都帝国大学哲学科に入学し、教育学研究を専攻した。4年後の1915（大正4）年7月、卒業に際して、指導教授小西重直（1875-1948）の助言によって、この年に京都帝国大学総長の任を辞して帝国教育会会長に就任したばかりの澤柳政太郎（1865-1927）の助手となって研鑽を積んだ。その後、1920（大正9）年、33歳のころ、広島高等師範学校の教授に着任し、ペスタロッチ（Johann Heinrich Pestalozzi, 1746-1827）研究など、西洋の教育思想と教育哲学の研究に邁進した。世界大恐慌がおこった1929（昭和4）年に広島文理科大学（現在の広島大学文学部・教育学部・理学部の前身）が開設されたのにともなって、教育学教室を担当し、ペスタロッチにかんする研究業績を次々と公にした（現在、長田文庫の一部は広島大学教育学部にあるペスタロッチ資料室に保管されてい

る）。

　1945年8月6日、広島に原爆が投下されたとき、長田新も被爆し、被服廠の収容所で医師たちから死を宣告されたが、九死に一生を得た。この体験を長田は、「そのとき以来わたしは、日本文化平和協会、ユネスコ、ピース・センター等の平和教育運動に専念し、《平和のための教育》の研究に余生を捧げることを生涯の一つの悲願としてまいりました」と語っている。長田は、終戦の年の1945（昭和20）年12月に広島文理科大学学長に就任し、1947（昭和22）年には日本教育学会の初代会長につき、戦後の教育界を主導する一方、『原爆の子』が出版された1951（昭和26）年、結成されたばかりの「日本子どもを守る会」の初代会長にも就任した。その時の就任挨拶の中で長田は、「私は一人の教育学者として、今日にいたるまで30年歩んできました。教育学とは真に子どもを守り育てる学問であると思っています。また、わたしがこの30年敬意をもって学んできた世界教育史の巨人ペスタロッチの生涯はまったく子どもを守るものでありました。私が子どもを守る会のお役に立てることは、私の学んできたものを真に生かす道だと思っています」と述べている。

　『原爆の子』は、最初、1951（昭和26）年4月から6月中旬までの2カ月半のあいだに集められた少年少女の被爆体験の手記1175名分が元になっている。集められた手記は、長田新の指導の下に、当時の広島文理科大学文学科の学生たちの手で清書され、すべて音読確認された。この一部が、岩波書店の雑誌「世界」のこの年の8月号（1951年8月号）に掲載され、全国的に知られることとなった。この時の「世界」の初代編集長は吉野源三郎（1899-1981）であった。これを契機に、手記のなかから105編が選ばれ、1951（昭和26）年10月に岩波書店から『原爆の子』として出版された。その後、1960（昭和35）年頃、この英語版がひそかに長田の手によって準備され、その後、世界の各国で出版されることになる英語版の原典となったといわれている。『原爆の子』は、多数の種類の英語版、ドイツ語版などのほか、エスペラント語版、ノルウェー語版、デンマーク語版、フィンランド語版、ギリシア語版、中国語版、スウェーデン語版、韓国語版、ベトナム語版、インドネシア語版、ロシア語版など多数の国で翻訳されている。

　今回、ここに引用した手記の書き手の少年少女たちは、その後、被爆体験のつらさばかりでなく、被爆した人間であるということを理由に、新たな差別と闘わねばならない人生を送ったことも、私たちは知っておかなくてはならない。下記のテキストの最後に紹介した原徹さんは、原爆投下から44年後の1989年（平成元年）、次のように述べている。

　「…最近いろいろと調べてみると、人間が生きてゆく上で、本当に必要なことが伝えられていないことが多いのではないかと思うようになった。…意識的に事実が伝えられていないということは、戦後いやになる程、身にしみて知らされた。世の中の人間がもっと誠実であったら、もっと自分自身にきびしく、反省する心があったら、間違いはもっと少なかった筈である。歴史は、その時の都合で書き換えられてはならないと思うし、正しく伝えられるべきであるし、誰もが正しい理解が出来るように、そして後世の人々も正しい判断が出来るように記録されるべきものであろう。」（以下略）（原爆の子きょう竹会編『『原爆の子』その後——「原爆の子」執筆者の半世紀』[本の泉社、改訂版、2013年]、183-184ページ）

　『原爆の子』には、ここに引用したテキスト以外にも、多数の貴重な子どもたちの平和を願う真情が吐露されている。

　「新しい憲法で戦争をやめることをきめていますが、その誓いのとおり、絶対に平和を愛しなければいけないと思います」（角静男、当時小学校1年生、上巻218ページ）。「毎日電車の中や、道行く時など、顔や首、手などに大きなみにくいやけどのあとがのこっている人にであうが、あれは、ほとんど原爆の時に受けた傷だと思うと、はしりよってお互いになぐさめあい、はげましあいたい気がする。これはぎ牲者の共通の心だと思う。戦争は、こわいもの、みじめなものであることを、身をもって体験した私たちは、世界の人々と仲よくし、いつまでも平和であるように努力したいとつくづく思っている」（山本節子、当時小学校1年生、上巻226ページ）。「一体何に対しての憤激か？　人類永遠の平和と幸福を求める社会において、なぜかかる武器が許されてよいのか？　しかし因果応報の理に狂いはない。財力におごり、権力にほこり、武力に栄えるものは、また次の時代の力に屈するのだ。僕はこの残酷な記憶を一生胸にたたき込み、真の平和への道を開いて行く決心だ。これのみが永久に衰亡を知らぬ社会建設の道だと信じて！」（福原新太郎、当時小学校4年生、下巻27ページ）。

　現在の日本は、「新しい憲法で戦争を止めることを決めた」という角静雄さんや引用したテキストのなかにある「今はすこし平和になりかけ」ととらえた竹村紀子さんの言葉に、今もそう胸を張って言えるのかどうかを改めて問わなければならない状況にある。広島の子どもたち（もちろん長崎の子どもたちも）が悲惨な状況のなかで身をもって実感した「残酷な記憶」は、今だからこそ、もう一度受けとめて継承する必要があるだろう。戦争体験者の高齢化によって直接被爆体験を聞くことがむずかしくなっていく状況のなかで、この『原爆の子』が私たちに伝えてくれる「命」「生きること」の大切さと「生き残ること」の葛藤は、わたしたちが歩むべき道筋を示してくれているように感じてならない。

＊テキスト
小学校5年（当時満4歳）竹村紀子
　8月6日の朝、いなかの家の中にいると、ガラスまどがガタガタいった。その時私とおねえちゃんはみよし（三次）にそかいしていた。お兄ちゃんは、しゅうだんそかいに行っていたが、お母ちゃんとお父ちゃんは広島にいた。ひびきは、やっとしずまった。
　私はお母ちゃんとお父ちゃんが、死にはすまいかと心配になってきました。それからすこしたった、ある日、お母ちゃんとお父ちゃんが帰ってこられた。お母ちゃんは頭に毛がなくなって、ほっぺたにはガラスや何かがはいっていた。お父ちゃんは、頭をひどくきっておられた。

それからお父ちゃんは、いなかから広島まで汽車で会社にかよっていたので、ますます頭がひどくなった。いなかから牛田町に出てきた。家がないので、私とお母ちゃんが、家をさがしてあるいた。お父ちゃんはねたりして、家で休んでおられた。だいぶ日がすぎたある日、お父ちゃんはまだよくならないのに外へ出て行こうとされた。まだよわっているので、お母ちゃんはおねえちゃんに
「お父ちゃんにどうしてもついて行くのですよ」
といわれたが、お父ちゃんは
「ついてこなくてもよい」
と言われて、ついて行こうとするおねえちゃんはおこられた。それでおねえちゃんは、と中から帰ってきた。こうしてお父ちゃんは出かけてしまった。

お父ちゃんは、ひるになっても帰ってこない。夜になっても帰ってこない。おねえちゃんは泣いていた。よく日の朝になっても、それから夜になっても、帰ってこない。お母ちゃんも泣いておられた。私たちもみんな泣いた。でも、今に帰ってこられるだろうと待っていました。それからいく日たってもお父ちゃんは帰ってこなかった。今では、もう死んでしまったと思っています。

私は、とても、せんそうがいやになった。お母ちゃんの話によると、やけどだらけの顔をした人や、口がまがってしまった人が、たくさんあるいていたそうです。子供も、水をちょうだいといって泣いていたそうです。私はとてもかわいそうで、すこししかきかなかった。それから、牛田町からみなみ町にかわっていった。そこから、今いる基町にかわった。

せんそうで、みんなやけどをしたり、足がもげ（ちぎれ）てびっこになったりした人が、そこら中にころげまわって、泣いたりうなったりして死んでいったことをききました。それをきいて、私はほんとにかわいそうだった。もしも、私が広島にいたら、死んでいたかもしれません。私はもうせんそうなんかなくて、とても平和になって、みんなとなかよく手をつないで、楽しく平和にくらしたいと思っています。せんそうは、みんなをくるしめています。今は、すこし平和になりかけなので、もうせんそうのようなことをして、みんなを苦しめないように、せんそうはやめたらよいのにと思います。私も大きらいです。そんな、みんなを苦しめることをやめて、みんなとなかよくし、平和にくらしていきたいと思います。

せんそうで家をやかれて、お金もなくなって、今はこじきになっている人もあります。こじきの人とも、みんな楽しく平和にくらして、みんななかよく手をつないで楽しくくらしていきたいと思っています。お母さんもお父さんも死んで、自分だけになってしまったかわいそうな子供をたすけて、いっしょにたのしく、くらしていきたいと思っています。（上巻105-107ページ）

小学校6年（当時満5歳）平田重子

早いものです。広島がげんしばくだんのぎせいになってから、もう6年になります。今では、一年一年と家は建ち、道路もきれいになって、町が美しくなって来ました。げんしばくだんいあったのは、私が6つのときでした。

お父さんを会社に見送りしたあと、私はげんかんの前で遊んでいました。

とつぜん黄色のけむりがパッとおこり、なんともいえない大きな物音がおきました。

「おばあちゃん！ 重ちゃーん！」
と母の呼ぶ声が、遠くの方から聞こえるようです。何かおしつけられたようで、動くことができません。そのうちにけむりがうすくなり、だんだん家のようすがわかるようになりました。お母さんは、つぶれた台所から、やっと出て来ました。家の中は、窓ガラスも、たたみも、かべも、ごちゃごちゃになって、足のふみ場もございません。おばあさんは病気で、やすんでおられましたが、おざしきから次の間に、おふとんにくるまったまま、ふき飛ばされて、その上にたたみがかぶさっていました。さいわい、おけがはありませんでした。

「助けてー。助けてー」
との声に、お母さんがおとなりにとんで行き、家の下じきになっているおとなりのおばあさんを、かわらや木やガラスを一つずつとりのけて、出されました。近くに火の手があがりました。もう家には、いることができません。母はおばあさんをせおって土手にあがりました。

町の方から人がにげて来ます。どの人もどの人も、だれがだれやら分からないくらいです。やけどをして皮がむけ、それが手の先や、あごにぶらさがり、顔が赤く、目も口もわからないくらいに、はれ上がっています。町の方は、まっ黒な天をこがすようなけむりが空をおおって、ものすごいありさまです。私は母にすがって、ぶるぶるふるえていました。その時お父さんが、なんともいえない顔つきで、にげてこられました。おしりにはけがをして、黒とも黄ともいえない、おそろしい色です。頭のかみの毛は、灰をかぶったようになっていました。

私たちがにげて行きますと、道々にもうにげる力のなくなった人が、だんだんたおれて行きます。今でも目をとじると、この時のありさまが色々と思い出されて、体がふるえるような気がします。

父はその後、げんししょう（原子症）で、なくなってしまいました。私の足のきずも、なかなかなおらないで、1年もかかりました。

このようなおそろしい戦争は大きらいです。どうぞ、日本中の、世界中のみなさま、もう決して戦争をしないで、平和に手をとり合って進みましょう。

そして小鳥のように楽しくくらして行きましょう。
　　げんしばくだんは、作らない方がよいと思います。
（上巻194-196ページ）

中学校3年（当時小学校3年）田坂茂
　…僕はこんどの戦争で、世界中の国々に原子爆弾が落ちて、それらの国の人々が原子爆弾にあっていたらよかったと思う。
　それは、原子爆弾によって、戦争がいかに野ばんで、悲惨で、非文化的で、いやなものかがよくわかり、現在のようなみにくい戦争がなくてすむと思うからだ。世界の人々は、口で「平和」「平和」と言っているが、この第二次大戦の最後の最大のぎせいとなった、広島の24万7千の人々のあることを忘れてはこまるのだ。そして、これらの罪のない尊いぎせいを、むだにしないように、あらそいをやめて、一日も早く本当の、永久の平和を確立せねばならない。それには、原子爆弾がいかに恐るべきものであり、憎むべきものであるかを知って、世界中の人々が、戦争というものが、いかに多くの尊い人間の命、人間の精神力と物質を、むだにつかうものであるかを考えねばならない。（上巻274ページ）

女子短期大学学生　辻岡敦子
　ああ、あの瞬間！　私は背中を何か大きな槌で叩かれて、煮えたぎる油の中に投げ込まれたような気がした。しばらく私は意識を失っていた。ふと意識を取り戻した時には、辺り一面黒煙に覆われ、まるで夢か何か分らぬようだった。私は胸が苦しく、息も絶え絶えになり、もう駄目だ！　と思った。そして胸をしっかりとおさえて地に伏せ、幾度となく
　「お母さーん」「お母さーん」「お父さーん」
と助けを呼んだが、そこにはもちろん母の答えも、父の答えもなかった。もう本当にだめだと諦めて静かに地に伏せた時、ふと私の脳裏に浮かんだのは今は亡き末の妹の笑顔であった。あっ！　とまた正気にかえった。地獄の底のような暗闇を破って、母を呼ぶ生徒たちの叫び声が聞えた。生徒たちが逃げて行く気配を微かに感じた。私はすぐに起き上がり、逃げるともなくただ皆の行く方へと必死で走った。ちょうどつるみ橋附近に来た時、私の両足首に赤く焼けた電線が巻きついた。それをどうして除けたともなく引っぱり取って、夢中で橋のたもとまで来た。この時には、あたりはとうに白煙に変っていた。私が作業していた場所は、中心地から600メートル余りの地点で、田中町という所だった。つるみ橋から真直入った所にいたはずだったに、大分北に吹き飛ばされたらしく、まるきり方向が変っているように感じた。
　橋のたもとでは、地下に大きな水槽の掘ってある中に、全身真赤に焼けただれた裸の赤坊を頭上に支えたり、焼けただれた乳房を出して子供に与えつつ泣きわめく母親たちがいた。生徒たちは、その水槽の中で、首と両手を水面上に出して合掌し、しきりに父母を呼び、泣き叫んでいた。けれども誰も彼も皆傷をしていて、頼る人もなかった。人々の頭髪は白く縮れ上り、ほこりまみれで、まるでこの世の人間とは思えぬ有様であった。人の姿を見てまさか自分はとふと両手を見ると、血まみれで、両腕からは何やら襤褸布のようなものがたれ下って、中から水々しい白赤黒の入り混った肉が表われ出ている。驚いてハンカチを出そうとモンペに手を入れたが、ポケットもハンカチもなかった。そしてモンペも、股から下は焼けてなくなっていた。だんだん顔が腫れてゆくのに気づいたが、どうすることもできず、そのまま友達に誘われて、郊外にある我が家に帰ろうとした。歩いていく両側には火が高く燃え上って、背中がチリチリと痛む。家々の壊れた中から、
　「助けてくれーい」
という叫び声が聞えたかと思うと、たちまち焔が呑みこんでしまう。6歳位の子供が血まみれになり、お釜を手にかかえて、焼けている家に向い地だんだを踏みながら、しきりに何か泣き叫んでいる。私は自分の身もどうにもならない有様なので助ける余裕もなく、ただ見過すほかはなかった。その人たちはどうなったでしょう。あの家屋の下敷になった方は？　こうして唯一時も早く家に帰りたさに夢中で、私たち4人は、町の人が避難して行く方向とまるきり違う原爆の中心地へと急いだ。だが、いなり町に来た時、鉄橋が落ちていてそれ以上進むことができなかった。そこで引返して、二葉の山へと走った。二葉山の麓の近くに来た時は、もう足を運ぶことすらできず、
　「待って下さい。待って下さい」
と言いながら、這うようにして山の麓までたどりついた。運よく親切な白衣の兵隊さんがいて、山の中に連れて行って寝かせて下さった。すぐに手当をして下さった。私は後頭部をひどくうって、その中に瓦のかけらが入っていたそうです。それを引き出して繃帯（ほうたい）をして下さった。「静かに寝ていなさい。きっと今に先生が来てくれますよ」と慰めて下さった。けれどもいくら待っても先生は来てくれません。（先生自身も重傷で、6日午後亡くなった方もいらっしゃるし、他は後日全部なくなられてしまったのです。）
　兵隊さんはとうとう待ちかねて、私どもを一人一人を背負って、山の麓の兵舎に連れて降りて下さった。そこには赤十字の旗がひるがえっていた。その中に私たちを連れ込み、医師にすぐ見ていただくよう頼んで下さった。だが余りにも多くの負傷者がいて、私たちは長い間順番を待たねばならなかった。その中に私の力は尽き果てて、立っていることさえできなくなった。やっと治療をしてもらって、その晩はそこで過した。市内の大きなビルディングは赤々と燃え続けていた。だんだんと夜が更けるとともに、片隅から

「むしろでもいいから持って来てくれ」
と叫ぶ者があるかと思えば、火傷で寝ている人の上に転げかかる人がいたりして、兵舎は大変なうめき声であふれた。

第一夜は明けた。早朝から
「水、水」
という声が方々からして来る。私も喉がかわいてたまらなかった。兵舎の中に水溜まりがあった。そこには汚物が流れていて、きたないとは知りながら、そのミルクコーヒーのように濁った水を自分の靴ですくって飲んだ。平常健康であったせいか、重傷を負いながらも気はたしかだったので、兵舎のすぐ後に川が流れていることを知って、立ち上ってその靴を持って行き、水をがぶがぶ飲んだ。そして又何度となく、傍に寝ている人や、傷ついた兵隊さんに、水を汲んで行っては飲ませてあげた。そのたびごとにズロースはびっしょり濡れるが、かんかんと照りつける太陽にすぐ乾いてしまうのだった。火傷は一度赤チンをつけていただいたきりで、黒く色が変ってビチャビチャしていた。それを陽に乾かして固くしようとした。私の友人も、他の人たちも、皆寝たきりで動けない。背中も手足も皆ずるずるに皮がむけていて、私が起そうとしても手で持つところがなかった。二日目の昼頃からぽつぽつ人がやって来始めた。その人たちから白いお握りをもらったけれども、顔全体が焼けただれ、口もろくろく開かぬ状態になっているので、食べようとしても、ぼろぼろと御飯粒をこぼし、口に入ったのはほんの僅かであった。三日目には私も眼まで腫れ上り、友と並んで寝たまま動けなくなってしまった。そして友の譫言につられ、夢うつつの状態で何かやたらにしゃべった。ふと夢だったのか、山の麓の方から私の姉と父が私を迎えに来て下さったような気がした。私は非常によろこんで、眼をむりやりに手であけ、あたりを見廻したが、薄暗くて何も見えなかった。訪ねて来た人々は、皆しきりに町の名前と姓名を呼んでいた。父の近所の方々四、五名は、連日私を捜し廻ったあげく、三日目の夕刻、やっと二葉山の麓の兵舎の一隅に私を見出した。私の胸には父の書いた名札が附けてあったが、字の部分だけちょうど虫が食ったように、焼けてくり抜けていたので、私を見つけ出すことができたのだ。

「敦ちゃん。お父さんだよ」
そうおっしゃった時には、余りの嬉しさに声も出ず、ただうなずくばかりだった。眼が腫れて開かず、父の顔を見ることもできなかった。こうして私は助かった。

私の五体には、今もその時の傷が残っている。頭に、顔に、腕に、足に、そしてまた胸に。私はこの赤黒く盛り上った腕の傷跡をなでながら、また鏡に向うたびごとに私の顔でないような私の顔を見つめながら、昔の面影はもう二度と見ることができないで、永遠にこの状態で送らなければならないのかと思えば、悲しくてたまらない。当時の私は前途に希望を失っていた。そして自分が片輪にでもなったような気持は、片時も離れなかった。そのため、自然人前に出ることを嫌がった。それとともに私の心からは常に、多くの良き友や、私を可愛がって下さった諸先生方が、あのような悲惨な様子で亡くなったことが離れず、涙にむせぶばかりであった。何事を考えるにも、とかくひがんで取ったり、悲観的に考えがちであった。また今まで友人たちの間で人気のあった美しい声は、一度に失われ、声量のない、かすれた声になってしまった。こうしたことを考えるたびごとに、私の胸は何かでひどく引き締められるような気がする。だが人間というものは、外観ばかりの美しさがよいのではない。人間らしい真の美しさが、外観の醜さをも取去り、立派にしてくれるのだ。そう思った時、私の心はやや柔らぐ。現在では、人生への新たな希望を持ち、熱心に学び、心身ともにして、教養を身につけた、内面的な美を求めずにはおられない。

科学——科学とは一体何であろうか。こうした原子爆弾も科学の進歩の結晶だ。このような数十万の人間の生命を一時に奪い取るようなものが、真の科学の発展といえようか。否、科学とはあくまで人類にとってより良き文化の発達を促すものでなくてはならない。そして科学の使命は人類の生活水準を高めることにあるのだ。それは決して人類の生命を滅ぼしてしまうことであってはなるまい。原子の力をも、このような人間の生命を失わせる手段に利用せず、人類の文化の発展に利用すべきであろう。今後こうした惨事が二度とこの世界に出現せぬよう希望する。そして原子力が、平和な世界を生み出すための力であってほしい。こうした苦しみの体験は人類にとって不必要だと思う。
（下巻158-164ページ）

高等学校3年（当時小学校6年）原徹
…平和のための尊い犠牲であるという人がどこかにいる。しかし、それほどの高価な犠牲に価するものがわれわれに返ってきたであろうか。真の平和をもとめながら、やはりわれわれは「ニセモノ」の平和をあてがわれてきたにすぎなかったのではなかったか。今こそ僕たちは真実の平和を僕たちの手で築いていかなくてはならない。まず真実の平和をこの広島に、一歩一歩と築いていかなくてはならない。

あれからもう6年。原爆死歿者の七回忌がやってくる。僕たちは厳粛に、そして敬虔にこの日を迎えよう。30万の犠牲者に、広島に真実の平和を築くことを誓いつつ、祈りをささげよう。売りもの、見せものの原爆廃墟都市広島ではなくて、今こそ真実の平和都市広島を築いていこう。

その時はじめて、広島は平和のメッカとしての第一歩を踏み出すであろう。（下巻184-185ページ）

37　日本国政府「児童憲章」（全文、1951年5月5日）

＊出典
市川昭午・永井憲一（監修）『子どもの人権大事典Ⅱ』（エムティ出版、1997年）、884-885ページ。

＊解説——山口刀也
　戦後の日本国政府は、戦前の国家主義教育を反省して、さまざまな民主的な規定を設けたが、1948（昭和23）年、国民の祝日として、伝統的な「端午の節句」の時期に合わせ、5月5日を「こどもの日」（Children's Day, kodomonohi）と制定した。その趣旨は、「子どもの人格を重んじ、子どもの幸福をはかるとともに、母に感謝する日」とすることであった。その3年後の1951（昭和26）年の5月5日、「日本国憲法の精神にしたがい、子どもに対する正しい観念を確立し、すべての子どもの幸福を図るために」、日本の子どもの権利の宣言として、3つの基本綱領と12条の本文からなる「児童憲章」を定めた。この「児童憲章」は、子どもに関する基本的な社会規範を明示したものであって、戦前には見られなかった。これは法律ではなく、国民のすべてが子どもの基本的人権と福祉の進展を図るための申し合わせ事項として作成され、全国に向けて公知された。その骨子と精神は、1924年に国際連盟が採択した「ジュネーヴ宣言」、1930年に制定された「アメリカ児童憲章」をモデルにしているが、1959年の国連の「児童の権利に関する宣言」、1989年の「国連子どもの権利条約」よりも早い時期に制定された。なお、1925年のジュネーヴの「子どもの福祉世界会議」では、6月1日を「国際子どもの日」（International Children's Day）と定め、1954年の国連総会では、11月20日を「世界子どもの日」（Universal Children's Day）と定めた。

＊テキスト
われらは、日本国憲法の精神にしたがい、児童に対する正しい観念を確立し、
すべての児童の幸福をはかるために、この憲章を定める。

児童は、人として尊ばれる。
児童は、社会の一員として重んぜられる。
児童は、よい環境のなかで育てられる。

1　すべての児童は、心身ともに健やかにうまれ、育てられ、その生活を保障される。
2　すべての児童は、家庭で、正しい愛情と知識と技術をもって育てられ、家庭に恵まれない児童には、これにかわる環境が与えられる。
3　すべての児童は、適当な栄養と住居と被服が与えられ、また、疾病と災害からまもられる。
4　すべての児童は、個性と能力に応じて教育され、社会の一員としての責任を自主的に果たすように、みちびかれる。
5　すべての児童は、自然を愛し、科学と芸術を尊ぶように、みちびかれ、また、道徳的心情がつちかわれる。
6　すべての児童は、就学のみちを確保され、また、十分に整った教育の施設を用意される。
7　すべての児童は、職業指導を受ける機会が与えられる。
8　すべての児童は、その労働において、心身の発育が阻害されず、教育を受ける機会が失われず、また、児童としての生活がさまたげられないように、十分に保護される。
9　すべての児童は、よい遊び場と文化財を用意され、わるい環境からまもられる。
10　すべての児童は、虐待・酷使・放任その他不当な取扱からまもられる。あやまちをおかした児童は、適切に保護指導される。
11　すべての児童は、身体が不自由な場合、または精神の機能が不充分な場合に、適切な治療と教育と保護が与えられる。
12　すべての児童は、愛とまことによって結ばれ、よい国民として人類の平和と文化に貢献するように、みちびかれる。

38＊　国際連合「児童の権利に関する宣言」（全文、1959年11月20日）

＊出典
Office of the United Nations High Commissioner for Human Rights. 1959. Available from〈http://193.194.138.190〉. Reprinted by permission. 外交青書4号、304-305ページ。国際連合「児童の権利に関する宣言」〔1959年11月20日第14回国連総会にて採択〕（子どもの人権刊行委員会訳）

＊解説——山口刀也訳
　「国際連合・児童の権利に関する宣言」[*1]は、すべての子どもが、その身体、知能、および精神を発達させる権利、姓名および国籍を保有する権利、社会保障を受ける権利、愛情のこもった世話を受ける権利、教育を受ける権利と遊ぶ権利、そして虐待やネグレクト（養育放棄）から保護される権利などを享受するという、国際的な原則を定めたものである。これに先立つ1923年に、子ども擁護者たちのはたらきかけを受けた国際連盟は、限定的ではあったが、児童労働の搾取と、戦時下の災禍に苦しむ子どもたちへの人々の懸念にこたえて、子どもの権利に関する宣言を通過させていた。第二次大戦の恐怖は、人権擁護の推進者たちに、子どもを特別な保護の下におく必要性を痛感させた。何年にもおよぶ政治的な説得と交渉の結果、国際連合は、1959（昭和34）年に「児童の権利に関する宣言」を（棄権した二つの国を除いて）満場一致で採択した。この宣言が定めた諸条項には法的拘束力はなかったが、30年後の1989年、国連は、批准国に対して、子どもの権利の実現を法的に義務づける権利体系の大枠を示す「子どもの権利に関する条約」[*2]を採択した。

＊1　国際連合憲章と世界人権宣言に基づいて作成され、下に示したように前文と10ヵ条からなる。1959年11月20日、第

14回国連総会で採択された。
*2 「子どもの権利条約」は、「児童の権利に関する宣言」が有名無実になっているとの危機感から、ポーランドが起草した国際条約で、1989年に採択された。この権利条約は国際人権規約に規定された市民的自由権の条項を限定的ながら子どもに当てはめ、思想良心の自由や、表現の自由など、権利行使の主体としての子ども観があらわれたことで注目される。この権利条約は「条約」であるので、締約国にそれを遵守する義務が発生する。また、締約国は報告審査義務を負い、数年に一度、国連子どもの権利委員会へ国内の子ども施策の状況を報告することになっている。

＊テキスト
前文
　国際連合の諸国民は、国際連合憲章において、基本的人権と人間の尊厳及び価値とに関する信念をあらためて確認し、かつ、一層大きな自由の中で社会的進歩と生活水準の向上とを促進することを決意したので、
　国際連合は、世界人権宣言において、すべての人は、人種、皮膚の色、性、言語、宗教、政治上その他の意見、国民的もしくは社会的出身、財産、門地その他の地位又はこれに類するいかなる事由による差別をも受けることなく、同宣言に掲げるすべての権利と自由とを享有する権利を有すると宣言したので、
　児童は、身体的及び精神的に未熟であるため、その出生の前後において、適当な法律上の保護を含めて、特別にこれを守り、かつ、世話することが必要であるので、
　このような特別の保護が必要であることは、1924年のジュネーヴ児童権利宣言に述べられており、また、世界人権宣言ならびに児童の福祉に関する関係のある専門機関及び国際機関の規約により認められているので、
　人類は、児童に対し、最善のものを与える義務を負うものであるので、
　よつてここに、国際連合総会は、
　児童が幸福な生活を送り、かつ、自己と社会の福利のためにこの宣言に掲げる権利と自由を享有することができるようにするため、この児童権利宣言を公布し、また、両親、個人としての男女、篤志団体、地方行政機関および政府に対し、これらの権利を認め、次の原則に従って漸進的に執られる立法その他の措置によつてこれらの権利を守るように努力することを要請する。
第1条
　児童は、この宣言に掲げるすべての権利を有する。すべての児童は、いかなる例外もなく、自己またはその家族のいずれについても、その人種、皮膚の色、性、言語、宗教、政治上その他の意見、国民的もしくは社会的出身、財産、門地その他の地位のための差別を受けることなく、これらの権利を与えられなければならない。
第2条
　児童は、特別の保護を受け、また、健全、かつ、正常な方法および自由と尊厳の状態の下で身体的、知能的、道徳的、精神的および社会的に成長することができるための機会および便益を、法律その他の手段によつて与えられなければならない。この目的のために法律を制定するに当たつては、児童の最善の利益について、最高の考慮が払われなければならない。
第3条
　児童は、その出生の時から姓名および国籍をもつ権利を有する。
第4条
　児童は、社会保障の恩恵を受ける権利を有する。児童は、健康に発育し、かつ、成長する権利を有する。この目的のため、児童とその母は、出産前後の適当な世話を含む特別の世話及び保護を与えられなければならない。児童は、適当な栄養、住居、レクリエーションおよび医療を与えられる権利を有する。
第5条
　身体的、精神的または社会的に障害のある児童は、その特殊な事情により必要とされる特別の治療、教育および保護を与えられなければならない。
第6条
　児童は、その人格の完全な、かつ、調和した発展のため、愛情と理解とを必要とする。児童は、できるかぎり、その両親の責任の下にある保護の中で、また、いかなる場合においても、愛情と道徳的および物質的保障とのある環境の下で育てられなければならない。幼児は、例外的な場合を除き、その母から引き離されてはならない。社会および公の機関は、家庭のない児童および適当な生活維持の方法のない児童に対して特別の養護を与える義務を有する。子供の多い家庭に属する児童については、その援助のため、国その他の機関による費用の負担が望ましい。
第7条
　児童は、教育を受ける権利を有する。その教育は、少なくとも初等の段階においては、無償、かつ、義務的でなければならない。児童は、その一般的な教養を高め、機会均等の原則に基づいて、その能力、判断力ならびに道徳的および社会的責任感を発達させ、社会の有用な一員となりうるような教育を与えられなければならない。
　児童の教育および指導について責任を有する者は、児童の最善の利益をその指導の原則としなければならない。その責任は、まず第一に児童の両親にある。
　児童は、遊戯およびレクリエーションのための充分な機会を与えられる権利を有する。その遊戯およびレクリエーションは、教育と同じ様な目的に向けられなければならない。社会および公の機関は、この権利の享有を促進するために努力しなければならない。
第8条
　児童は、あらゆる状況にあつて、最初に保護および

救済を受けるべき者の中に含められなければならない。
第9条
　児童は、あらゆる形態の放任、虐待および搾取から保護されなければならない。児童は、いかなる形態においても売春の対象にされてはならない。
　児童は、適当な最低年齢に達する前に雇用されてはならない。児童は、いかなる場合にも、その健康および教育に有害であり、またはその身体的、精神的もしくは道徳的発達を妨げる職業もしくは雇用に、従事させられまたは従事することを許されてはならない。
第10条
　児童は、人種的、宗教的その他の形態による差別を助長するおそれのある慣行から保護されなければならない。児童は、理解、寛容、諸国民間の友愛、平和、および四海同胞の精神の下に、また、その力と才能が、人類のために捧げられるべきであるという充分な意識の中で、育てられなければならない。

39　堀尾輝久『教育と人権』（抜粋、1977年）

＊出典
堀尾輝久・兼子仁『教育と人権』（岩波書店、1977年）、48-69ページ。
＊解説──太田明
経歴
　堀尾輝久は、1933年1月、福岡県小倉市に生まれた。福岡県立小倉高等学校をへて、1951年東京大学文科一類に入学、1955年法学部卒業後、同年、人文科学研究科教育学専門課程に入学し、1962年博士課程を修了と同時に1962年より教育学部講師、助教授、教授となった。東京大学では丸山眞男、勝田守一に師事した。1993年から2003年まで中央大学文学部教授。その間、教育科学研究会、日本教育学会、日本教育法学会、日本学術会議、民主教育研究所、総合人間学会などで活動。フランス政府パルム・アカデミック・オフィシエ賞、トゥルーズ大学より名誉博士号を受けている。

主要な研究テーマ
　堀尾の業績はテーマによって次の4つに分けられる。
　(1) 日本と西欧の教育思想、とくに戦後教育改革の教育理念、教育権論、子どもの権利論の研究──近代日本の、とくに第二次世界大戦後の教育のあり方をとらえるために、西欧近代の教育にさかのぼり、それを現代的に再構成してとらえようとした。そのなかで、近代の教育組織はいわゆる「複線型」としてよりも、むしろ三重構造としてとらえるべきであるとした。また、「人権としての教育」という観点を打ち出し、「私事の組織化」としての公教育モデルを提示し、「国民の教育権」論を展開した。また、その背景には、ジャン＝ジャック・ルソーなどによる「子どもの発見」──大人とは違う存在としての子どもの固有性の発見とその発達の可能態としての価値の承認──の教育思想的意義を重視する姿勢がある。こうした議論は学位論文を中心にした主著『現代教育の思想と構造──国民の教育権と教育の自由の確立のために』（1971）で展開されている。また、みずからの教育権論を軸にして、家永教科書裁判で原告・家永三郎（当時、東京教育大学教授）側証人に立ち、第二次訴訟第一審（杉本判決）において全面勝訴をもたらした。
　(2) 発達論研究──教育権の理論とならんで、子どもや青年の発達にかんする研究に精力的に取り組んだ。とりわけ、ジャン・ピアジェやアンリ・ワロンの児童の精神発達に関する研究に大きな影響を受けている。教育権・学習権は、実定法的な意味での教育法学もふくめて、子どもという存在の時間的な未来志向にもとづかねばならないとした。それは、子どもが未来社会からの使者であるという考えにもとづき、今なしえる最善のものを未来に生きる子ども世代にあたえるという義務が大人にはあるとする思想を前提にしたものであり、そうした子どもの固有性を発達を軸にして、あるいはその発達の必要に即して、教育を考える必要があるからであり、また、人権一般には解消されない子どもの権利への着目は、人権についての認識を深めることに資するからである。
　(3) 教育学的認識論──これは、哲学的な知識理論ではなく、日本の教育現実をどう認識するかという「教育学的認識論」である。さまざまな民間教育研究団体の教育実践報告を踏まえて、学校、学力などの教育実践分析を行なった。
　(4) 地球時代の教育──「グローバリゼーション」という時代傾向に対して、「地球時代」（planetary age）という概念を提示し、地球環境問題・平和・共生を軸にした教育論を提示している。

子ども研究と子どもの権利
　堀尾自身はいわゆる子ども学研究者ではないが、内外の子ども研究・発達研究に目を配り、その成果をみずからの教育研究に取り入れている。そのもっとも基本的なひとつは、「子どもの人権」と区別された「子どもの権利」の提唱である。堀尾は「子どもの権利」にかんする国際的・国内的な動向に積極的に関与してきた。1989年に「子どもの権利条約」が国連で採択されたが、その背景には、一方で「アメリカ独立宣言」（1776）、「フランス人権宣言」（1789）を発端とし、「国際連合憲章」（1946）、「世界人権宣言」（1948）、「国際人権規約」（1966）などで展開されてきた普遍的人権の実現という側面と、他方で「ジュネーヴ子どもの権利宣言」（1924）、「児童の権利に関する宣言」（1959）などで提唱された「子どもの最善の利益」の実現という側面がある。
　いじめ・体罰などはまさに人権侵害であり、そうした事態に対しては、子どもの人権が主張されねばならないのはいうまでもないが、それだけでは、子ども固有の権利という観点が隠れてしまう。堀尾は、子どももまた人権主体であるという確認のうえに、教育思想的には、(1) 親・子関係における子どもの権利、(2) おとなに対する子どもの権利、(3) 古い世代に対する新しい世代の権利という3つの視点が子ども固有の権利を構成しているとする。
　基本的人権の中核は生存権と幸福追求権であるが、それ

は子どもにおいては、現在の生命の維持と幸せな生存とともに、将来にわたって人間的に成長・発達する権利として具体的にとらえられる。むしろ、子どもにおける発達と学習の保障がなければ、人権の保障はなされず、発達と学習の権利には人権の基底あるいは「人権中の人権」というべき地位があたえられねばならない。しかし、子どもは自分の権利をみずから主張できないため、その実現にはかならず適切な人がそれを代行して実現を保障する必要がある。これは、子どもの権利が、その子どものまわりの人間（親・教師・世代としての大人）との関係性のなかで実現されて現実性をもつということを意味している。そのためには、まわりの大人たちの人権も保障されねばならない。堀尾は、こうして子どもの権利は人権思想の基底であり、同時に、人権思想そのものを豊かにしてゆくという考えを展開したのである。

おもな著書（単著・出版年順）

『現代教育の思想と構造』（岩波書店、1971年）のちに、第3部を除いて岩波書店の「同時代ライブラリー」に所収、1992年。『教育の自由と権利』（青木書店、1975年）。『子どもの権利とはなにか』（岩波ブックレット、1986年）。『天皇制国家と教育』（青木書店、1987年）。『人間形成と教育』（岩波書店、1991年）。『人権としての教育』（岩波書店・同時代ライブラリー、1991年）。『日本の教育』（東京大学出版会、1994年）。『現代社会と教育』（岩波新書、1997年）。『いま、教育基本法を読む 歴史・争点・再発見』（岩波書店、2002年）。『未来をつくる君たちへ』（清流出版、2011年）。

＊テキスト
第2章

（前略）

わたしたちは、これらの雑多な動きや思惑に混じって、子どもの具体的な発達の諸相と、それを貫く発達の法則性を明らかにしようとする努力、さらに、それと結びつけて、未来を担う子どもたちの人間的な成長を願い、その発達と学習を権利として認める志向を見出すことも容易である。わたしたちは、このような努力の総称として、「新教育」ということばを使おうと思う。ワロンは、1932年、ニースで行なわれた国際新教育連盟第6回大会での講演のなかで、つぎのようにのべている。

「新教育は大人にたいして子どもの権利を宣言してきたのであります。疑いもなく、子どもの権利はずっと昔、すでに、ジャン・ジャック・ルソーによって…主張されておりました。しかし、大人は子どもを利用したのではないかと思われます。大人はまず自分の権利を認めさせましたが、ついで、それを認めさせておきながら、子どもの権利を承認するにはかなりの年月が、いってみれば150年の年月がかかりました。」

この歳月の間に、義務教育制度が整備・普及し、教育の機会は国民的基盤で拡大していった。しかし、この歴史過程は、労働者の階級的自覚、労働の権利、政治への権利と結びついた教育権の自覚的運動を与件としながらも、経済的・技術的インパクトと、政治的統合の意図のもとに、「上から」整備されたものであり、いわば「権利としての教育」の実現の過程とは必ずしもいえない。

支配的教育制度のもとでの支配的教育観にあっては、教育は「権利」ではなく、社会成員の義務であり、その社会の価値の伝達と秩序維持を目的とするものと考えられた。それは権威主義的教育であり、そこでは宗教・道徳教育、ないしは政治・道徳教育が主要な教育内容となる。そこでは、子どもは目的としてではなく手段として位置づけられ、子どもの心性を無視しての教師中心、ないしは教科書中心の教え込み教育すなわち教化（indoctrination）が支配する。それは、社会ないしは国家中心の教育観であり、そこでは、子どもは無知なおとなに過ぎない。

このような支配的、伝統的な旧教育に対して、20世紀の新教育運動は、子どもの具体的、実証的研究に裏づけられた「子どもの発見」と子どもの権利の思想を対置した。たしかに、われわれは、新教育の思想的源泉を、ルソーやペスタロッチ、さらにはコメニウスにさかのぼることができる。そして、その時代の文学や絵画のなかに、中世のそれとは異なった特質として「子どもの発見」がみられることも事実である。しかし、そこでの子どもの発見は、なお、直観的ないしは風俗的な発見にとどまっていたといってよい。

新教育が、より確固とした思想的基盤を獲得するためには、一方で、人権と子どもの権利の思想の発展と、他方で、それを「発達」（développement, Entwicklung）の事実と論理によって裏づける「発展と教育の科学」の前進が必要であった。ルソーやコンディヤック等の近代教育思想を先駆としつつ、その後継者として、イタール、セガン、モンテッソリー等の精神科医たちの異常児に対する臨床的努力と、シュテルン、ヂョーム、ビネー等の観察やテストの方法による子どもの心理学的発達研究の知見は急速に蓄積されていき、弁証法的思惟方法と進化論的知見が、発達の視点の形成をいっそう強くうながした。

これらの動きを背景に、20世紀は、エレン・ケーがそう呼んだように、「子どもの世紀」と名づけるにふさわしい動きを示した。「新教育」は、前世紀の終わりから今世紀にかけて、世界的な運動に拡がっていった。デューイのシカゴ実験学校（1896年）やドクロリのエルミタージュでの新学校（1907年）の経験は、新教育の実践的裏づけとして、国際的新教育運動の中心を形成していった。これらの運動は、第一次大戦後の、平和を求め民主主義を求める運動と結びついて飛

躍的な展開を示した。1921年、カレーで開かれた第1回新教育国際会議は、その高揚を反映し、各国で新教育の運動は拡がっていった。ヨーロッパでは、フランス、ベルギー、スイスで、フランス語圏諸国は積極的に交流をはかり、機関誌『新しい時代のために Pour l'ére nouvelle』を中心に、新教育の国際的中心を形成していった。編集には、フェリエール、ドクロリ、ピアジェ、ピエロンそしてワロンが当った。世界的物理学者でレジスタンスの組織者でもあったランジュバンは、この運動の初期から、協力を惜しまなかった。これらのことからもわかるように、第一級の科学者たちが同時に、新教育運動の指導者であったことは、この運動の理論的水準と実践的拡がりを支えるものであった。

それはジュネーヴでの児童権利宣言（1924年）を生み出す力となった。これらの運動はやがてファシズムとのたたかいのなかで、実践的にもきたえられ、理論的にもゆたかになった。戦争によって国際交流はいったん途絶えたが、しかし、それぞれの国で、戦後改革を用意する主体的な核となり、戦後、再び、『新しい時代のために』は再刊された。すでに戦争中から準備され、1947年に発表されたランジュバン・ワロン教育改革案は、このような流れのなかで位置づけることができる。その第一原則は、すべての子どもたちは「その人格を最大限に発達させる平等な権利をもつ」とあり、第三原則は、発達の権利と結びつけて、教育の権利を宣言し、それを擁護する義務を国が負うべきことをうたっていた。そしてこれらの動きが、ユネスコの活動に反映し、世界人権宣言の教育条項（26条規定）や国連での児童の権利宣言（1959年）を生み出す思想的基盤になっていったといってよい。ユネスコ第11回総会（1960年）で採択された「教育上の差別待遇反対に関する条約」、さらには1971年3月、国連の「第22回社会進歩のための委員会」で協議された「精神薄弱者の権利宣言案」（Draft Declaration of Mentally Retarded）は、この思想をさらに発展させたものだといえよう。

こうして、子どもの権利の思想は、新教育の運動に支えられて、子どもの発達に即してその内実が具現化され、そのことが子どもの権利の宣言的ないしは法的定着を確かなものとしていったのである。

3　子どもの権利の構造

子どもの権利が確認されるためには、しかしいくつかの筋道があった。それらが、さまざまな歴史の局面において、最初は無関係に、やがて、響応し合いながら、子どもの権利を思想的に確立し、法制的に規定させ、教育実践や社会福祉のなかで、その権利を具体的、現実的に保障するようになってきている。そこでつぎに、子どもの権利をいくつかの相に分けて、その権利の確立の過程を考察しよう。

（1）人権と子どもの権利。わたしたちが、日常的言語として「子どもの権利」という場合、子どもの親の所有物視するのではなく、子どももひとりの人間として、その人格をもった主体としてその人格を認めることを意味している。

近代の市民革命が、人間は生まれながらにして自由であり、その人権は平等に保障されているというとき、それは子どもの人格と人権を認めることを含んでいた。このように子どもの人権を認める思想は、近代の人権思想に固有のものとして、ロックやカントの法思想のなかに見出されるのはきわめて当然のことだといえる。そして、その権利は、法的には、出生とともに始まるものとされ、わが国の民法においても、その第1条3項には、「私権の享有は出生に始まる」と記されている。この場合の子どもの権利とは、したがって子どもの人間としての権利に力点がおかれている。

（2）子どもの権利という表現は、そこに留まるものではない。それは、子どもとしての権利、子ども固有の権利を意味している。その権利の内容は、さらに何に対する子どもなのかによって異なる。それはまず、第一に、親に対する子の権利、親子関係における権利問題である。

親権思想とその法解釈の歴史的推移は、同時に家父長権から親権が自立し、さらに親権に対して子どもの権利性が確認されてくる過程である。かつて家父長に、その家族の生殺与奪の権利が認められていたとき、教育に関しても、父母の権利を越えて家父長がその子に対する教育権をもっていた。しかし、市民革命は、家父長制と結びついた共同体的規制をうちこわし、家族は、父母と子を中心とする小家族へと次第に移行する。その過程で、親権は、一方で家父長権に対抗しつつ、他方で子どもの権利の承認と対をなす親権の義務制を中心にその内容をかえていった。しかし、現実の親子関係のなかでは、親権はなお支配権的に解され、それは産業革命と児童労働の必要のなかで「親権の濫用」として機能し、子どもの人権は無視されていた。過酷な児童労の現実に対して、やがて、旧支配層の恩情主義、さらには、産業資本の経済合理主義の観点からも、一定の児童労働保護の必要が叫ばれるようになり、親権の「濫用」を取り締るための工場立法をみるにいたる。工場法は、全体的には、総資本の立場からの資本の論理の貫徹を保障する法律であるが、同時にそれは、工場主と親の恣意的搾取に対しての、児童保護の観点を含んでいたことは否定できない。こうして、資本主義の現実のなかで、親権濫用に対する子の権利としての子どもの権利の視点が次第に確立されてくる。

第二に、子どもの権利の観点は、おとなとは違う子どもの発見と子どもの権利の視点である。「人は子どもというものを知らない。…このうえなく賢明な人々でさえ、大人が知らなければならないことに熱中して、

子どもにはなにが学べるかを考えない。かれらは子どものうちに大人をもとめ、大人になるまえに子どもがどういうものであるかを考えない。」この『エミール』の序文が端的に語っているように、この書は、まさしくおとなとは違った子どもの発見と、子どもの権利の宣言の書であった。もとよりそれは人権の思想のより徹底した表現であった。ルソーは「子どもたちは、人間として、また自由なものとして生まれる。かれらの自由は彼らのものであって、ほかの何人もそれを処分する権利をもたない」とのべている。

（3）おとなとは違った子どもの発見の視点は、理性の限りない発展と人間の完成性への信頼の思想と結びついて、古い世代をのりこえる「新しい世代の権利」の思想へと展開する。そしてこの観点は「公教育の国家権力からの独立論」の根拠となった。その典型をコンドルセの公教育論に見ることができる。

彼によれば、公権力はいわば、古い世代に狙われているものであり、「公権力の受託者は、知識の総量を増大する運命を担った人々がすでに到達している地点から多少ともおくれているのが常である」、「公権力は、どこに真理が存し、どこに誤謬があるかを決定する権利をもつものではない」、「およそ教育の第一の条件は、真理のみが教授されるということであるから、公権力の設置する教育機関は、いっさいの政治的権威から、できるかぎり独立していなければならない」。

そして真理は日々新たに顕われ、学習は絶えまなく続けられねばならない。「一人前の社会人となっても、まだ自分がうけた教育によって授けられた思想を、そのままそこで持ちつづけられているような人は、もはや自由人ではない。そのような人は、その主人の奴隷である」。かくてコンドルセの思想を貫いているものは、理性への信頼と人間の完成性への信念であった。

以上のように、近代の思想的先駆者のなかに、そして子どもの人権を否定する児童労働の過酷な現実のなかに、子どもの権利への着眼点は見出される。わたしたちは、今日、これらの観点を総合しつつ、子どもを人格と人権の主体として確認したうえで、親に対する子、おとなに対する子ども、古い世代に対する新しい世代としての子ども・青年の、それぞれの相における人権の内容を具体的にとらえることによって、「子どもの権利」の思想を、さらにゆたかに発展させることができるといえよう。

4　日本における子どもの権利の歴史的素描

わが国において、子どもの発見と、子どもの権利の思想をたどることは容易ではない。戦前の天皇制国家のもとで、人権と子どもの権利の思想の定着する可能性はなかったからである。一般的にみても、権利の態様は、河上肇がいみじくも言いあてたように、ヨーロッパのそれが「天賦人権、人賦国権」であるのに対して、わが国では、「天賦国権、国賦人権」というべく、すべてにおいて国家本位主義が貫徹した社会で、人権思想の育つ余地はなかった。いわんや、子どもを権利の主体と認めることは「民法出でて忠孝亡ぶ」という穂積八束のことばが示すように、天皇制家族国家観の根底にふれ、それは親に対しては不孝、国に対しては不忠を意味するものでしかなかった。しかし、この国においても、権利の思想が皆無であったわけではない。

自由民権の思想運動のなかで、たとえば植木枝盛の憲法私案には、「学問と教育の自由」の規定がみられ、啓蒙思想の影響下にある『教育新誌』（1877年発刊）で赤松次郎は、「父兄ノ子弟ヲ教育スルハ、父兄ノ子弟ニ対シテ為スベキ義務ナリ。而シテ児童ノ幼ヨリ学ニ就キテソノ教育ヲウクベキハ天賦固有ノ権利ニシテ、理ノ正ニ然ルベキトコロナリ」と論じ、子どもの教育への権利を、天賦固有の権利と認めている。なおこの雑誌にはルソーの『エミール』が訳出掲載されている。おそらくこれが最初の邦訳（但し部分訳）だと思われる。

法律思想においても、最初の民法草案に尽力したボアソナードは、その親権解釈において、「一切ノ権利ハ子ニ属シ、父兄ハ只義務ヲ有スルニ過ギズ」と明解に論じたし、法典論争では、少数派ではあったが、梅謙次郎がボアソナードの思想を受け継いで、個性的な近代的親権論を展開した。

教育勅語の成立と「教育と宗教の衝突」事件は、天皇制国家の正統の確立と異端の排除をうながしたが、この異端である社会主義あるいは無政府主義的思想のなかに、絶えず子どもの権利の思想は再生され、「権利としての教育」の思想の地下水を形づくっていった。

日本最初の社会主義政党として、1901（明治34）年結党、即日解散を命ぜられた社会民主党綱領（安部磯雄執筆といわれている）には、その第11項で児童労働の禁止を規定するとともに、すべての子どもの教育を受ける権利がうたわれていた。そこにはこう書かれている。「吾人ハマヅ人々ヲシテ平等ニ教育ヲ受クルノ特権ヲ得セシメザルベカラズ。教育ハ人間活動ノ源泉国民タルモノハ誰ニテモコレヲ受クルノ権利ヲ有スルモノナレバ社会ガ公費ヲ以テ国民教育ヲナスハ真ニ当然ノコトナリトイフベシ」。その指導者の一人幸徳秋水も、1907年に「吾々は亦、社会の一員として一人前の教育を受くるの権利」があり、義務は「社会が負ふ」とのべていた。

大正に入ってからは、平塚らいてうは、婦人解放とともに、子どもの権利を主張したし、大正新教育運動家の一人、西山哲次は、『教育読本子供の権利』（1918年）と題する書物を書いた。そこで西山は、「子供には三つの天与の権利がある」とのべ、「善良に産んで貰ふ権利」「善良に養育して貰ふ権利」「よく教育して貰ふ権利」をあげている。また、下中弥三郎は、すでに1904年「子供至上論」で、「子供は宇宙の生命であります。実に子供は一切の主権者であるといってよろしい」とのべ、小学教育すら受けられない子弟は、

「吾等の立場から言へば義務の回避でないこと勿論、又決して権利の放棄でもない。これ明らかに社会がそれ等国民子弟の本来具有する「学習権」を蹂躙して居るのである」とのべた。下中弥三郎や野口援太郎、為藤五郎らによってつくられた「児童の村」小学校は、大正末期から昭和初期にかけてのもっともユニークな教育実践を残し、それに参加した若い教師、小砂丘忠義の「原始子ども」論は、生活綴方運動における子どものとらえ方の一つの典型となった。さらに、佐々木昻や村山俊太郎等、北方教育の教師たちの思想と実践のなかに、わが国における子どもの発見と子どもの権利の思想の系譜をたどり、教化を教育へときりかえしていった実践の跡をたどることができる。

そして、この子どもの権利と、権利としての教育の思想こそが、戦後の憲法と教育基本法体制を支える思想の根幹をなすものであり、児童憲章を生み出す思想的原動力であったことには多言を要すまい。しかし、「子どもは人として尊ばれ、社会の一員として重んぜられ、よい環境のなかで育てられる」とうたっている憲章のことばに比して、現実には子どもの権利の侵害はおびただしい。子どもを公害から守り、交通事故から守り、ゆたかな環境のもとで、その成長がとげられるためには、子どもの「発達と学習の権利」思想が国民すべてのものとして定着し、より具体的に展開されることが求められている。

国民の学習・教育権論を中心とする国民教育運動はもとより、子どもを守る会の活動や子どもと母親の権利の同時保障の観点にたつ保育一元化の運動、障害者教育運動と発達権の思想の深化、社会福祉協議会等による、施設の子どもの権利保障の努力の意義は大きい。さらに、「子どもの学習権」を軸にその論理を展開した杉本判決は、子どもの権利の思想とそれを定着させる運動のなかで、画期的な意義をもっている。日教組・教育制度検討委員会報告書『日本の教育改革を求めて』(1974年)も、この系譜につながる集団労作である。

5　子どもの権利の内容——発達・学習・環境の権利

わたしたちは、以上のように、「子どもの権利」の歴史的展開をふまえながら、さらにその内実をゆたかにしていくことが必要である。

人権のもっとも基底的なものは生存の権利であり、幸福追求の権利である。そして、子どもにとってのこれらの権利は、何よりも人間的環境のもとで肉体的・精神的健康が保たれ、人間的に成長・発達する権利だといえる。したがってその権利は、子どもの未来にかかわっている。そして、その権利の充実のためには、その発達段階にふさわしい学習と教育が保障されていなければならない。

子どもの生存権は、物質的・肉体的基底においてだけではなく、将来に亘っての人間的成長の権利であり、それは学習の権利を含む文化的視点を含んだ概念なのである。子どもにとっての生存権を、その将来に亘っての人間的成長・発達の権利を含んでとらえなおすとき、その発達の権利は、適切な学習の権利を含んでいる。これを子どもの「発達と学習の権利」として一つのカテゴリーにまとめることもできよう。

そして、発達と学習の権利は、今日では教育を受ける権利として憲法上規定されるに至り、公教育制度を通して就学機会の保障を国と親に義務づけているのである。このような考え方は、今日では、すでに国際的に承認された教育の通念だと考えてよい。

世界人権宣言はその第26条で、すべての国民が教育を受ける権利をもつものとして規定している。ユネスコの依嘱を受けて、ピアジェはこの条項を解説したが、そこでは、教育を受ける権利とは、発達の権利の保障として位置づけられている。ピアジェは、発達の生物学的決定論や、知能発達の前成説的誤謬を批判しつつ、発達は一定の段階をたどりながら、適切な環境のもとで、教育を通してとげられると主張する。そして「教育を受ける権利」とは、「あらゆる発達の水準において、社会的または教育的要因が発達の条件をなしているということを主張すること」を含んでおり、したがって、「教育をうけるという人権を肯定することは、…各人に読み書き算の取得を保証するよりもはるかに重い責任を負わすことである。それは本当の意味ですべての子どもに彼らの精神的機能の全面的発達と、それらの機能を現在の社会生活に適応するまで行使することに対応する知識ならびに道徳的価値の獲得とを保証してやることである。」

しかも、その教育は、「人間的個性の完全な開花と、基本的な人権と自由との尊重の強化」をめざすものであり、そのためには「体験と探求の自由」が不可欠である。

だからまた「教育をうける権利とは、学校に通学する権利だけではない。それは、教育が個性の完全な開花をめざすかぎり、能動的な理性と生きた道徳的意識をつくりあげるのに必要なもの全部を学校のなかに見出す権利でもある」。

「教育をうける権利は、だから、個人が自分の自由に行使できる可能性に応じて正常に発達する権利であって、それ以上でもそれ以下でもなく、社会にとっては、これらの可能性を有効かつ有用な実現に変える義務なのである。」それは「個人のなかにかくされていて、社会が掘りおこさなくてはならない可能性の重要な部分を失わせたり他の可能性を窒素させたりしないで、それらの可能性を何一つ破壊もせず、だいなしにもしないという義務をひきうけることである。」

以上のように子どもの人権は、子どもの権利を含んで成立する。その中心は発達の可能態としての子どもが人間的に成長・発達する権利であり、そのための学習と探求の権利、そして、それを保証する教育への権利だと考えてよい。そして、もしこのような内容を含んでの子どもの人権が保障されていなければ、それは、

その人間の将来に亘っての人間的諸権利——幸福追求の権利、真実を知る権利、思想の自由、さらには、政治への参加の権利等——を有名無実化するものとなる。無知は専制の温床である。専制は、政治的文盲づくりのために教育制度をさえ利用しようとする。国民は知る権利をもっている。しかし知る能力が引き出されていないところで、知る権利を言うことは幻想でしかない。この意味において子どもの権利は人権の基底であり、子どもの発達と学習の権利は、人権中の人権といわねばならない。子どもの発達と学習の権利が充足されるためには人間的な環境のなかで、身体的・精神的健康が維持されねばならない。環境への権利と健康への権利は、子どもの権利の基底としての意味をもつ。

児童権利宣言には、「教育を受ける権利」（7条）とともに、「児童は、健康に発育しかつ成長する権利を有する」（4条）と規定し、わが国、児童憲章も、「児童はよい環境のなかで育てられる」とうたっている。

こうして今日、子どもの権利とは、ゆたかな環境のもとで、心身ともに健康に発達する権利であり、そのためにふさわしい学習の権利を中心とし、そのことによって、その他の人権に現実性を与えるものであり、その意味で人権において最も基底的な権利ということができよう。

6　子どもの権利は誰が守るか

前述のように、子どもの権利の基底であり、それが実質的に保障されていなければ、その他の成人の人権もまた空虚なものになる。このことは、人権擁護の視点のなかで、とりわけ子どもの権利を守ることの重要性を物語っている。しかしながら、同時にわたしたちは、子どもだけに着眼していたのでは、子どもの権利は守れないという関係に留意しなければならない。たとえば、おとなの人権が奪われている社会で子どもの人権だけが守られるはずはありえない。ファシズムは、人権に対する凶暴な攻撃であったが、そのファシズムの特徴を、ワロンは「ファシズムは子どもの権利を奪うものだ」と規定した。

人権一般が守られていないところで、子どもの権利の実現を夢見るのは、まさしく幻想でしかありえない。逆に子どもの権利の守られていない社会での人権は、空虚なものでしかない。同様の関係は、親と子の間にもあてはまる、労働権や生存権を含んで、その親の人権が守られていないところで、子どもの人権は保障されない。

すでにのべたように、かつて、産業革命の進行と資本主義の発展の過程で、大量の児童労働を必要としたとき、親は子どもの権利を無視して、その子たちを過酷な工場労働に追いやり、それが、「親権の濫用」として問題になったことがあった。しかし、事柄の本質は、マルクスが『資本論』のなかでいみじくも指摘しているように、児童の権利を奪い、親権を濫用にいたらしめている産業社会にこそその批判は向けられなければならない。

親の文化的生存の権利が保障されていないという事態は、それはそのまま、子どもが文化的な過程環境のなかで育つ権利への侵害であることに、特別の想像力を必要としない。とりわけ、子どもが生誕とともに発達をとげる場はまず家庭であり、その成長を助け、学習を保障し、その健康を守る第一次の責任は親がもっている。これは親の権利というよりは、親のその子どもに対する神聖な義務としてとらえるべきであろう。

近代民法は、まさにこのような精神を受けとめて、親権を次第にその権利性においてではなく、義務性において解釈するようになってきている。そして、その権利性は、親の義務を第一次的に行使する権利を第三者によって侵害されることはないという人権の中心をなすものだという認識の上で、親権者として、教育に関して、教育と学習は、子どもの人権の中心をなすものだという認識の上で、その発達と学習の権利を保障するという義務をまず第一次的にもっている親は、その子のために、親権者として、教育を選ぶ権利をもっていると考えられる（たとえば世界人権宣言二六条三項）。親の教育の選択権をとびこえて、もし国が子どもたちの直接の担当者としてのりだしてくることは親権の侵害であり、それは子どもの権利を保障することにはならない。

ファシズムはまさにこの親権を否定し、子どもに対して直接にそれを第三帝国の子とみなし、あるいは「天皇の赤子」として干渉したのであった。ラートブルフは、この点に関して、「ファシズムは、親の権利を否定し、家庭を、共同体（国家）の出店とするものだ」と指摘している。子どもの親権が守られているためには、親の生存権が保障され、文化的な家庭環境のもとでの両親の適切な教育的配慮の権利が保障されることが不可欠なのである。

しかし、子どもの発達と学習の場は、家庭につきるものではない。現実に家庭が文化的な環境を欠くとき、子どもは両親の偏見にさらされ、偏見のなかでそれを受けつぎながら育つ。そのような現実のもとでは、父母は、その子どもへの教育権（親権の一部としての）を共同化し、学校をつくり、教育の専門家としての教師に、その親権を信託するという関係のなかから、近代学校の思想は生まれてくる。のみならず、今日では、婦人の労働権の保障という観点からだけでなく、子どもの発達保障というより積極的な動機から、幼児教育が重視され、ゼロ歳児からの集団保育の発達的意義がとらえられてきている。現実には、共働きで貧乏人の「保育に欠ける子」への福祉という観点がなおドミナントであるにしろ、子どもの発達についての研究の深まりと実践の蓄積のなかで、集団保育の積極的意味が理解されてきている。

さて、保育の、さらには教育の専門家としての保

母・教師は、親の教育権の信託という権利根拠のもとで、まさに子どもの発達と学習の保障者としての専門的力量をもつことが求められ、その専門性に対して、父母はその権利の一部を信託する。そこで、もし教師の人権と研究と教育の自由が保障されておらず、教師自身が探求的精神を持ち合わせていないとすれば、その教師によって、子どもや青年の探究心的精神が掘り起こされ、鼓舞されることはありえないであろう。そのように考えれば、教師の人権と、教師の教師としての権利と自由が保障されていないところでは、子どもの発達と学習の権利は守られないというべきであろう。教師の人間としての、市民としての権利、さらには教育労働者としての権利は、子どもの人権保障の視点と結びついて要求されるというべきである。教師が教育条件確保の闘いを組み、政治的課題にも積極的な対応することは、子どもの権利的保障という観点からみても、当然必要なことなのである。

こうして、子どもの発達と学習の権利の保障は、まずはその父母がその責任を負うが、しかし、保育が社会化されればそれだけ早期から、その責任は保育者にゆだねられ、それがやがて教師に引きつがれる。子どもの人間的成長・発達は、親と保母・教師の共同事業として、その責任が適切に分有され、それぞれの固有の役割が果たされるなかで保障される。そのうえ、子どもは、社会のなかで育つのだから、社会全体が子どもの権利の保障の視点立たねば、子どもはやがてその社会に反逆することにもなろう。保育の社会性、教育の社会性の意識が共通のものになることが不可欠なのである。このことを、私はかつて「私事の組織化としての公教育」ということばで表現した。組織化された私事は「新たな公的なるもの」に他ならない。

教育は、自分たちひとりの権利だという観点は、その権利は他人の権利が保障されることのなかで守られるという観点と結ぶつくことによってはじめて恣意性を脱し、「ひとりひとりのものであると同時にみんなのものとしての公教育が生みだされる。

7　人権と子どもの権利

子どもの権利の視点は、人権思想の展開のなかできわめて重要な意味をもち、人権思想の内実をゆたかにする視点である。すでにみてきたように、子どもにとっての学習権というのは、子どもの人権の中心であると同時に、その将来に亘ってその他の人権の実質的保障のために不可欠のものである。しかも子どもの権利を保障するためには、おやの人権が保障されていなければならず、子どもの学習権が保障されるためには、同時に教師の権利（その人権と教育権）も保障されていなければならない。

こうして、子どもの発達と学習の権利を中軸とする人権の構造化によって人権の社会的意味がとらえ直され、人権が古い世代をこえる新しい世代の権利を含むことによって、人権そのものに歴史的展開の可能性が開けてくる。そこでは人権は自然権的な権利だとして説明されるだけではなくて、その内容が、歴史性と社会性をもつものとしてダイナミックにとらえることが可能となる。

もちろん、子どもの権利に、いっそうのリアリティーを与えるためには「教育と発達の科学」、つまり子どもの発達の筋道を明らかにする科学が発達しなければならないし、そこで発達の内容を保障するものが具体的に明らかにされる必要がある。そして、そういう課題を含んで子どもの権利の視点は、現在の教育問題の中心的視点になってきている。しかも、このこと自体が人権思想一般にも大きな問題提起となっている。

さらに、子どもの発達と学習の権利保障の観点は、民衆が分化の創造と発展の担い手となるろいう視点と固く結びつく。文化が民衆のなかに根づき、民衆が文化創造の主体となるということは、子どもや青年の学習権を軸とする国民の学習・教育権の思想が国民的基盤で根付くことと不可分の関係にあるのである。たしかに、学習の権利は、子どもの権利のなかで、とりわけ重要な意味をもつ。しかしそれは、子どもに固有の権利ではないことも自明である。

人間は終生、知的探求の自由をもち、真実を知る権利をもっている。主権者としての実質を保ちうる。学問の自由は、なによりもまず、国民すべての自由である。

とすれば、子どもの学習権は、国民の学習権の最も原初的、したがって基本的な形態に他ならない。それゆえにまた、子どもの学習権が保障されていない社会で、国民の学習権の実質的保障はありえない。逆にまた、国民の学習権、真実を知る権利が保障されていない社会で、子どもの学習権が守られることはありえない。子どもと国民の学習権が保障される社会は、国民が主権者として実質的な政治的主体となり、同時に、「新しい世代の権利」を保障し、彼らに、古い世代を乗り越えることを期待しはげます社会に他ならない。

40　宮城まり子「子どもはみんな天才」（抜粋、1983年）／「いのちとひきかえにできますか」（抜粋、1983年）

＊出典
宮城まり子『まり子の目・子どもの目──ねむの木学園の〈教育〉発見』（小学館、1983年）、31-34ページ、129-131ページ。

＊解説──松丸修三

宮城まり子（宮城まり子は芸名、本名は本目眞理子）は、1927年に東京都で生まれた。1955年にビクターレコードから歌手としてデビューした後、劇作家の菊田一夫（1908-73）によって女優としての道を開かれ、その女優の仕事をしていた1968年に、テキストに登場する「学園」すなわち「ねむの木学園」を静岡県小笠郡浜岡町に設立した。そのきっかけは、菊田のミュージカル「なにもしないで出世

する法」(1960年)で脳性まひのためにアテトーゼ(自分で制御できない大きく不規則なねじれ運動を示す運動障害)の後遺症をもつ少女の役をあたえられ、その演技を勉強したいために、脳性まひ児などを療護している東京都板橋区の整肢療護園を頼ったことにあった。その施設で、宮城は手足の動きと知的発達の障害をもつ子どもが、「就学猶予」という名目で、義務教育を受けられずにいること、また、それらの子どものなかに、親との死別や離婚、虐待などのために、帰るべき家庭をもたず、施設に留まらざるをえない者がいることを知った。そして、それらの子どもの教育と生活がそうした状況に置かれていることに強い憤りを覚えたのであった。わが国が高度経済成長期にあり、障害者に対する社会福祉的な考えはまだ成熟していなかった。

こうして、宮城は、多難な苦労を重ねた後、身体の動きと知的発達の障害をもち、かつ、家庭環境に恵まれない子どもたちのための施設として、「ねむの木学園」を誕生させた。当初、宮城は障害をもつ子どもたちのために肢体不自由児養護施設とでもいうべきものの設立を望んでいた。しかし、当時の法制度に養護施設と肢体不自由児施設を統合する規定がなかったことから、「ねむの木学園」をやむをえず養護施設としてスタートさせた。その後、制度の溝を埋めようとする宮城の国への長年の働きかけが実り、1973年、特例として肢体不自由児養護施設となる道が開かれ、同学園はわが国で最初の肢体不自由児養護施設となった。1979年には、「生活」の面倒だけでなく「学び(教育)」の面倒も見たいという、宮城の当初からのもう一つの願いがかない、同学園に養護学校が併設された。さらに、1997年には、学園の敷地を当初の小笠郡浜岡町から掛川市の山間部へと移し、施設の充実を図りながら今日にいたっている。

ここにとりあげた「子どもはみんな天才」と「いのちとひきかえにできますか」は、「ねむの木学園」設立以降の10数年間の教育実践をまとめた『まり子の目・子どもの目──ねむの木学園の〈教育〉発見』(1983年)に収録されているものである。「子どもはみんな天才」に登場する「ひろあき君」「小さいまさお」「つとむちゃん」はいずれも学園の子どもで、「私」はそれらの子どもの面倒を見ている宮城自身をさしている。中心人物である「ひろあき君」について、宮城の他の著作では、彼は、原典に記されている方法で、世界に音があることを知り、鉄道の線路に耳をあてて伝わってくる音をとらえるようになった。その時に出会った汽車の絵を描くようになったあと、宮城がつくった、汽車の絵のついた本を国語の教科書にして字をおぼえ、汽車のうたを歌い、時刻表の数字を算数の教科書とするようにもなったという。奇跡的ともいえるこうした教育上の見事な成果は、「生活」の場所──養護施設から肢体不自由児養護施設となった「ねむの木学園」は、1979年に肢体不自由児療護施設へと変わり、さらに2012年には、それが障害児入所施設と障害者支援施設とに分かれた──と「教育」の場所──併設された養護学校は、2007年に特別支援学校へと変わった──が密接に連携・協力して子どもたちの「生活」と「教育」を融合させる、同学園固有の特徴から生まれたものである。

同学園は、これ以外に、(1)子どもはみな「善く」なりたがっている、ダメな子どもは一人もいない、とみる子ども観(人間観)、(2)そうした子どもが生きていく「お手伝い」をするのが教育である、と考える教育観、(3)子ども一人ひとりの能力や体力に合わせて、自由に学ばせてあげたいという教育方針、(4)子どもの命は自分の命に替えても守るという覚悟、(5)「愛と信頼」が教育の原点であるという信条、その信条にもとづいた子どもへの深い愛情、などの特徴をもっている。設立以来すでに50年近くの歴史をきざんでいるが、宮城は、この間一貫して、学園の「おかあさん」──彼女は学園の子どもたちからこのようによばれている──として、さらには理事長・園長・校長・教師として、これらの特徴を生かした独特の学園運営を行なってきた。本事典で「母親業と母性」の項目を執筆したキャサリン・ウノは、「母性」を「出産母性」「社会母性」「養育母性」の三つに区分しているが、この区分にしたがえば、宮城は「出産母性」を除く「社会母性」と「養育母性」の役割を、子どもたちが負っている条件や置かれている状況に応じて、真摯に、愛情をもって果たしていることになるであろう。ここにとりあげた原典から、宮城と「ねむの木学園」のそうした特徴を見ることができる。

＊テキスト
「子どもはみんな天才」

　4月のある日、子どもたちを喜ばせたくて、友人の著名なロックのグループに学園にきていただき、演奏していただいた。
　子どもたちは、はじめてきく、うなりたてるようなサウンドに、びっくりした。
　「大劇場のとおりやってよ、本気でやってよ。うちの子に適当は、イヤヨ」
　「オーケー」
　ミュージシャンたちは、自分の持っているテクニックのありったけを表現しはじめた。本気は、すぐつたわり、子どもたちは興奮し、からだじゅうでリズムを受け止めた。
　私は、難聴でおもい知恵遅れのひろあき君を抱いていた。ゆれ動くスピーカーの前に座り、彼のからだを、リズムに合わせて、足でゆり動かし続けた。
　足も腰も、その重さのため、2時間、つぶれそうだったけれど、私は、足で彼の全身の重さを支え、動かし、彼のからだをゆり動かし続けた。
　私は、子どもたちを目で追いながら、膝の上の難聴の彼が、からだで、ビートをゆっくり知りはじめたのを感じていた。そこで、私があらためて気づいたことは、彼は、高音よりも低音を強く感じることだった。
　リズムをとる、ひろあき君の耳に、補聴器をそっと入れた。ねむの木学園にきたころ、いやがって投げつけ、私の顔をたたき、けり、髪の毛をむしり続けた子。補聴器を投げてしまう子。その子が、ふと、からだの動きを止めたのだ。それはうれしそうに、笑って、笑

って、笑って、からだを動かしはじめた。
　はじめて彼は補聴器を受けつけ、世界に音があることを知った。補聴器の必要を、教えても教えてもわかってくれなくて、暴れていた彼の、内心、孤独で、音のない世界は、どんなに不安な状態でいたのだろうか。それを教えることのできたとき、私は、うれしくて、泣いた。彼は、はじめて音を知った。
　私に抱きついてきた彼。それまでのように、足でけったり、髪をひっぱるのではなく、ありったけの笑顔でしっかり抱きついてきた彼。
　2日後、連れて行った大井川鉄道のＳＬの音を、線路に耳をつけて受け止め、響いてくる音も知った。そして、いま、汽車の絵をかき続けているひろあき君。彼の音は、ダイナミックに、汽車で表現されるのだ。
　ある日、ときどき、新しくこの仕事についた職員のために上映する『奇跡の人』の映画を、子どもたちも見た。
　終わって、彼は、私のところにきて、スクリーンを指さして、その指で自分をさして、私だけにわかる声で、
「ヘ…レ…ン」
　言葉のなかった彼の、その言葉に、驚き、声も出ない私。そのあと、私の鼻をぎゅっと押さえ、
「サ…リ…バ…ン」
　きゅうに背が伸びたからだ全体で、私に抱きついてきた。
「ひろあき君、じゃ、あなた、まえ、小さいとき、私の顔けったり、髪の毛むしったりしたの、おぼえているの？」
　彼は、まっ赤になって、
「ウッ」
とうなずいた。
　彼が汽車の絵を持ってきてくれるときの笑顔、"まり子さんにあげる汽車"など、題のついた絵。彼は、表面にあらわれることは少ないけれど、内なる場所で、はげしい、すばらしい才能を持っていたのだ。
　それから、5年、あのときのロック・グループがまたきてくれた。彼は、もう私の膝の上ではなく、自分一人で、正確にリズムをとっている。
　抱くこともできなくなるほど大きくなった子。
　代わりに私の膝の上には、小さいまさおがいる。
　私は、ミュージシャンたちが、つとむちゃんを見て、
「子どもたち、みんなすごいのねぇ、驚いた。あの子のリズム感、すごいね」
　その言葉を、黙って笑ってきいていた。
　すべての子どもは、みな、それぞれ才能がある。

「いのちとひきかえにできますか」

　日本じゅうに、公立の養護学校756校、そのうちわけは、精薄、盲、聾、唖、肢体不自由で、私立はぜんぶで13校。養護教育義務化の年に、私立の許可がおりたのは、ねむの木学園1校だけ。私立などで無理しなくても、お国で建つのだから。
　ずいぶん、大変だった。でも、それが当然。すぐにつぶれては、そこで働く教員の生活権の保障ができないから。学校は無料だから、私学の法人の持つ2億5000万の基本財産の利息と経費の3分の1の私学助成金でやっていかなければならない。
　そのためには、私が、明日、死んでも学校が最低、成り立っていくようにしなければならないということである。これは、大変なことである。私が道楽で、あの子たちをいっぱい愛するあまり、生きている間だけやったというだけでは困るから、途中で気がかわっては困るから。そのため、私は働く。疲れすぎて、目がまわるほどたいへんだけど、私がやったことである。
　私は、東京の自宅とねむの木学園の両方かけもちである。2日、3日、ねむの木学園にいないときは、きょう、受け持ちの時間、理科と家庭科だナ、あの子今ごろ、ちょっとお熱が出たんじゃないのかナ、情緒不安定ではないかと、心配で心配でたまらなくて、

　ミンナ　ゲンキデスカ
　ワタシハ　イッショウケンメイ
　オシゴトヲ　シテイマス
　ココロハ　ミンナノ　トコロニ　イマス

と、電報を打つ。子どもたち、電報を飾ってますよ、と、教頭から電話がある。
　今のところ、少なくとも、あの子どもの中から、殺人事件を起こしたり、自殺する子はいないと思う。性の問題は、たいへんなことだけど、いまは、大丈夫である。
　他の学校と同じように文部省のカリキュラムはきちんと守って、その方向の上で、自由に、その子その子の能力を引き出し、その子その子の将来を、その子のために考える手伝いをしたいと思う。ずいぶん、思いあがっている。
　こんなに生意気なことばかりいったけど、両方の胸に小さい子2人、腕に2人、手の先で2人と握りあい、足でさわり、頭の上で寝ている子の寝息をかぎ、文字どおり、子どもで十字架にされて寝てる私。
　子どもたちの悲しみを、私のぶんと取り替え、よろこびを分けあい、とび回り、走り、背中の大手術をしたことで、一生、痛みとおすであろう、そのことで、思いあがりをお許しくださいますように。
　子どもにたずさわる私、「いざというとき、命とひきかえにできるか」と、自分に問い、「できます」と、いま、はっきりと返事ができる。（以下省略）

41* 国際連合「子どもの権利に関する条約」（国連子どもの権利条約）（全文、1989年11月20日）

＊出典

United Nations Convention on the Right of the Child, 1989. 国際連合「子どもの権利に関する条約」〔1989年第44回国連総会にて採択〕。喜多明人ほか編『〔逐条解説〕子どもの権利条約』（日本評論社、2009年）、45-249ページ。国際教育法研究会訳の子どもの権利条約については、下記を参照。

http://www.jinken-kodomo.net/kokusai.html
http://www.ncrc.jp/archives/1989/11/reference891120.html

＊解説――山口刀也

　「子どもの権利に関する条約」は、1989年11月20日の国連総会において全会一致で採択され、翌1990年9月に国連条約として発効した。この条約は、2015年現在、アメリカ（1995年2月16日に署名、未批准）と南スーダン（未署名）を除く、195の国・地域が締約している。この条約の正文はアラビア語、中国語、英語、フランス語、ロシア語およびスペイン語の6カ国語で書かれ、日本語、ドイツ語、イタリア語、韓国語、オランダ語などについては、それぞれの国の政府によって、その後に翻訳版が作成されている。わが国では、1990年9月にこの条約に署名したが、国連での採択後5年たった1994年4月に批准（世界で158番目）し、同年5月に発効した。この批准に際して、日本国政府は条約第37条Cへの留保と第9条1および第10条1に関する解釈宣言を付加した。また、この批准にともなういっさいの法改正と予算措置は講じなかった。

　以下のテキストでは、近年における教育法学の進展、子ども学研究の発展をふまえ、国際教育法研究会訳のものを採用し、政府訳が「child」を「児童」としているのに対して、「子ども」をあてている。〔喜多明人、1990年、126ページおよび国際教育法研究会、1989年などを参照〕

　「子どもの権利に関する条約」の思想史的背景には、その「前文」にも示されているように、1924年の「国際連盟 子どもの権利に関するジュネーヴ宣言」がある〔本事典の巻末資料35「子どもの権利に関するジュネーヴ宣言」を参照〕。この「ジュネーヴ宣言」（前文と5カ条からなる）は、資本主義社会の進展にともなって生じた過酷な労働環境や第1次世界大戦がもたらした災禍にさらされた多数の子どもたちの窮状を深く懸念した人びとによって国境を越えて展開された救済運動によって結実をみたものである。歴史上はじめて子どもの権利が国際的規模で考えられた点できわめて意義深いものであり、成人男女には「子どもに最善のものを与える義務」があるという高邁な思想性を打ち出していた。ただし、保護・救済・教育の「対象」あるいは「対策」としての子ども観にとどまったことや、実行義務をともなわない「宣言」にとどまったことは、その後、国際連盟が解体の運命にあったこととも重なって、当時の子どもをとりまく思想運動と社会福祉政策の限界を示していた。

　第2次世界大戦後の新しい秩序のなかで再編された国際連合では、「ジュネーヴ宣言」に示された理念を継承・発展させ、1948年の「世界人権宣言」の影響も受け、1959年の国連総会では満場一致で「国際連合 児童の権利に関する宣言」〔本事典の巻末資料38を参照〕が採択された。この「国連 児童の権利に関する宣言」（前文と10カ条からなる）で注目すべきは、子どもが「権利の主体」であるとされただけでなく、市民や地方行政機関、各国の政府に対して、この宣言内容を実施する努力義務が要請された点である。しかし同時に、「宣言」にとどまり、法的義務を発生させる「条約」になる見通しが明示されておらず、また、子どもを保護と教育の「対象」とみる子ども観から脱却できているわけではなく、子どもの参加権や意見表明権はまだ文言としては網羅されなかった。〔赤羽忠之、2001年〕

　これらの残された課題を受けて、1978年の国連人権委員会においてポーランド政府代表が「子どもの権利条約」に関するポーランド案を提出したのを契機に、議論は国際的な広まりを見せた。専門家から一般市民、子ども代表にいたるまで、人種や宗教、国境、地理的環境、文化の違いなどを超えて、子どもの生活実態と、地球市民としての子どもの将来にかかわる広汎な問題について、熱意を込めた真剣な討論・審議・提案がくりひろげられた。この経緯を踏まえて、「国連 児童の権利に関する宣言」（1959年）の30周年、および「国連 国際子ども年」の10周年目にあたる1989年に国際連合が採択したのが、「国連 子どもの権利に関する条約」であった。

　本条約の意義と特徴については、おおむね次の2点が識者のあいだで共有されている。第1に、子どもが「権利行使の能動的主体」として位置づけられたことである。本条約では、子どもの参加権を保障する規定がもうけられているが、それは従来の受動的な子ども観から能動的な子ども観への発展を示したものといえよう。第2に、この条約は、子どもの権利の実現を具体的に実現するよう、条約締約国に対して法的な義務規定をもうけたことである。この点は、子どもの権利の思想史、子ども観の歴史、さらには子ども政策史において画期的な規定である。この背景には、1966年の「国際人権規約」や1979年の「女性差別撤廃条約」等の動勢を見つめる国際社会が、これらの人権規定の要として、未来社会に生きる子どもの権利を含む包括的な人権保障の基準作りを国連の活動として本格的に展開するよう期待し、監視してきた背景がある。

　さらに、21世紀になると国連は、経済のグローバリズムと情報化社会に対応した子どもの人権問題について、さらなる補強政策を展開している。本条約に関連して、2000年5月には2つの選択議定書――「子どもの売買、子ども売買及び子どもポルノにかかわる子どもの権利に関する条約の選択議定書」および「武力紛争における子どもの関与にかかわる子どもの権利に関する条約の選択議定書」――を、そして、2011年12月には3つ目の選択議定書「通報手続に関する選択子どもの権利条約選択議定書」を採択している。

　以下に示した「国連 子どもの権利に関する条約」（1989年、全文）は、前文（13段）、第1部（41カ条）、第2部

（4カ条）、第3部（9カ条）からなり、子どもの権利を体系的かつ網羅的に規定している。前文では、この条約を策定するにいたった背景と趣旨、そして基本的な原則が宣言文として示されており、子どもの権利について国際社会が過去1世紀近くにわたって取り組んできた努力の経過と課題を確認している。

第1部（第1条～第41条）は、総則・個別的権利を含む実体規定からなる。この第1部の論理的な構造についてはさまざまな整理がなされているが、ここでは代表的な見解として喜多明人の枠組みを参照する。［喜多明人、1990年］

第1条から第5条においては、権利保障上の基本原則が示されている。そこではまず、「18歳未満のすべての者」が「子ども」であると定義づけられ（第1条）、その上で「差別の禁止」（第2条）、「子どもの最善の利益」（第3条）、「締約国の実施義務」（第4条）、「親の指導の尊重」（第5条）が定められている。続く「生命への権利、生存・発達の確保」（第6条）と「名前・国籍を得る権利」（第7条）は、権利を保障する上で共通の根拠となる権利である。これ以降、第8条から第40条までは、生存の権利、発達の権利、保護の権利、参加の権利、そして特に困難な状況下の子どもの権利の5つに区分できる。なお、早くから指摘されているように、生存・発達・保護・参加の4つの理念は、ユニセフやDCI（Defence for Children International）が広報時に用いたカテゴリーであり、国際的に広く認められている。

生存の権利としては、「健康・医療への権利」（第24条）をはじめとして、「医療施設等に措置された子どもの定期的審査」（第25条）、「社会保障への権利」（第26条）、「生活水準への権利」（第27条）が規定されている。

発達の権利は、さらに3つに類別することができる。第1に、家庭的な環境への権利として、「親を知り養育される権利」（第7条）、「アイデンティティの保全」（第8条）、「親からの分離禁止と分離のための手続き」（第9条）、「家族再会のための出入国」（第10条）、「国外不法移送・不返還の防止」（第11条）、「親の第一次的養育責任と国の援助」（第18条）、「家庭環境を奪われた子どもの保護」（第20条）、「養子縁組」（第21条）、第2に、教育に関わる権利として、「教育への権利」（第28条）、「教育の目的」（第29条）が、そして第3に、「休息・余暇、遊び、文化的・芸術的生活への参加」（第31条）が定められている。

保護の権利には、「親による虐待・放任・搾取からの保護」（第19条）、「経済的搾取・有害労働からの保護」（第32条）、「麻薬・向精神薬からの保護」（第33条）、「性的搾取・虐待からの保護」（第34条）、「誘拐・売買・取引の防止」（第35条）、「他のあらゆる形態の搾取からの保護」（第36条）、「死刑・拷問等の禁止、自由を奪われた子どもの適正な取り扱い」（第37条）、「少年司法」（第40条）が規定されている。

参加の権利は、自己決定・自立に関わる権利と市民的参加に関わる権利の2つに分けられる。前者にあたるのが「意見表明権」（第12条）と「プライバシー・通信・名誉の保護」（第16条）、後者に当該するのが「表現・情報の自由」（第13条）、「思想・良心・宗教の自由」（第14条）、「結社・集会の自由」（第15条）、そして「適切な情報へのアクセス」（第17条）である。

「難民の子どもの保護・援助」（第22条）、「障害児の権利」（第23条）、「少数者・先住民の子どもの権利」（第30条）、「武力紛争による子どもの保護」（第38条）、そして「犠牲になった子どもの心身の回復と社会的復帰」（第39条）は、特に困難な状況下の子どもの権利である。以上にあてはまらないが、第1部の最後には「既存の権利の保護」（第41条）が定められている。

第2部（第42条～第45条）では、国際社会における条約の実施措置すなわち「広報条約義務」（第42条）、「子どもの権利委員会の設置」（第43条）、「締約国の報告義務」（第44条）、そして「委員会の作業方法」（第45条）が規定されている。これらにしたがえば、締約国は、本条約によって新しく組織された国連子どもの権利委員会に自国の実行状況に関しての報告書を定期的に提出し、委員会はそれを審査し、締約国に勧告を行なうこととなっている。

最後に、第3部（第46条～第54条）は、発効や批准などの最終条項である。

〈参考文献〉（出版年順）
国際教育法研究会（訳・編）『子どもの権利条約』（子どもの人権保障をすすめる各界連携協議会発行、1989年）。喜多明人『新時代の子どもの権利』（エイデル研究所、1990年）。市川昭午ほか監修・子どもの人権刊行委員会編『子どもの人権大事典Ⅱ』（エムティ出版、1997年）、838-854ページ。永井憲一ほか編『新解説 子どもの権利条約』（日本評論社、2000年）。赤羽忠之「子どもの権利条約」「子どもの権利宣言」、久保義三ほか編『現代教育史事典』（東京書籍、2001年）、338～339ページ。喜多明人ほか編『子どもの権利 日韓共同研究』（日本評論社、2009年）。喜多明人ほか編『［逐条解説］子どもの権利条約』（日本評論社、2009年）。

＊テキスト
前文
この条約の締約国は、

国際連合憲章において宣明された原則に従い、人類社会のすべての構成員の固有の尊厳および平等のかつ奪えない権利を認めることが世界における自由、正義および平和の基礎であることを考慮し、

国際連合の諸人民が、その憲章において、基本的人権ならびに人間の尊厳および価値についての信念を再確認し、かつ、社会の進歩および生活水準の向上をいっそう大きな自由の中で促進しようと決意したことに留意し、

国際連合が、世界人権宣言および国際人権規約において、すべての者は人種、皮膚の色、性、言語、宗教、政治的意見その他の意見、国民的もしくは社会的出身、財産、出生またはその他の地位等によるいかなる種類の差別もなしに、そこに掲げるすべての権利および自由を有することを宣明しかつ同意したことを認め、

国際連合が、世界人権宣言において、子ども時代は特別のケアおよび援助を受ける資格のあることを宣明したことを想起し、

家族が、社会の基礎的集団として、ならびにそのすべての構成員とくに子どもの成長および福祉のための自然的環境として、その責任を地域社会において十分に果たすことができるように必要な保護および援助が与えられるべきであることを確信し、

　子どもが、人格の全面的かつ調和のとれた発達のために、家庭環境の下で、幸福、愛情および理解のある雰囲気の中で成長すべきであることを認め、

　子どもが、十分に社会の中で個人としての生活を送れるようにすべきであり、かつ、国際連合憲章に宣言された理想の精神の下で、ならびにとくに平和、尊厳、寛容、自由、平等および連帯の精神の下で育てられるべきであることを考慮し、

　子どもに特別なケアを及ぼす必要性が、1924年のジュネーブ子どもの権利宣言および国際連合総会が1959年11月20日に採択した子どもの権利宣言に述べられており、かつ、世界人権宣言、市民的及び政治的権利に関する国際規約（とくに第23条および第24条）、経済的、社会的及び文化的権利に関する国際的規約（とくに第10条）、ならびに子どもの福祉に関係ある専門機関および国際機関の規程および関連文書において認められていることに留意し、

　子どもの権利宣言において示されたように、「子どもは、身体的および精神的に未成熟であるため、出生前後に、適当な法的保護を含む特別の保護およびケアを必要とする」ことに留意し、

　国内的および国際的な里親託置および養子縁組とくに関連した子どもの保護および福祉についての社会的および法的原則に関する宣言、少年司法運営のための国際連合最低基準規則（北京規則）、ならびに、緊急事態および武力紛争における女性および子どもの保護に関する宣言の条項を想起し、

　とくに困難な条件の中で生活している子どもが世界のすべての国に存在していること、および、このような子どもが特別の考慮を必要としていることを認め、

　子どもの保護および調和のとれた発達のためにそれぞれの人民の伝統および文化的価値の重要性を正当に考慮し、

　すべての国、とくに発展途上国における子どもの生活条件改善のための国際協力の重要性を認め、

　次のとおり協定した。

第1部
第1条（子どもの定義）
　この条約の適用上、子どもとは、18歳未満のすべての者をいう。ただし、子どもに適用される法律の下でより早く成年に達する場合は、この限りでない。
第2条（差別の禁止）
1　締約国は、その管轄内にある子ども一人一人に対して、子どもまたは親もしくは法定保護者の人種、皮膚の色、性、言語、宗教、政治的意見その他の意見、国民的、民族的もしくは社会的出身、財産、障害、出生またはその他の地位にかかわらず、いかなる種類の差別もなしに、この条約に掲げる権利を尊重しかつ確保する。
2　締約国は、子どもが、親、法定保護者または家族構成員の地位、活動、表明した意見または信条を根拠とするあらゆる形態の差別または処罰からも保護されることを確保するためにあらゆる適当な措置をとる。
第3条（子どもの最善の利益）
1　子どもにかかわるすべての活動において、その活動が公的もしくは私的な社会福祉機関、裁判所、行政機関または立法機関によってなされたかどうかにかかわらず、子どもの最善の利益が第一次的に考慮される。
2　締約国は、親、法定保護者または子どもに法的な責任を負う他の者の権利および義務を考慮しつつ、子どもに対してその福祉に必要な保護およびケアを確保することを約束し、この目的のために、あらゆる適当な立法上および行政上の措置をとる。
3　締約国は、子どものケアまたは保護に責任を負う機関、サービスおよび施設が、とくに安全および健康の領域、職員の数および適格性、ならびに職員の適正な監督について、権限ある機関により設定された基準に従うことを確保する。
第4条（締約国の実施義務）
　締約国は、この条約において認められる権利の実施のためのあらゆる適当な立法上、行政上およびその他の措置をとる。経済的、社会的および文化的権利に関して、締約国は、自国の利用可能な手段を最大限に用いることにより、および必要な場合には、国際協力の枠組の中でこれらの措置をとる。
第5条（親の指導の尊重）
　締約国は、親、または適当な場合には、地方的慣習で定められている拡大家族もしくは共同体の構成員、法定保護者もしくは子どもに法的な責任を負う他の者が、この条約において認められる権利を子どもが行使するにあたって、子どもの能力の発達と一致する方法で適当な指示および指導を行う責任、権利および義務を尊重する。
第6条（生命への権利、生存・発達の確保）
1　締約国は、すべての子どもが生命への固有の権利を有することを認める。
2　締約国は、子どもの生存および発達を可能なかぎり最大限に確保する。
第7条（名前・国籍を得る権利、親を知り養育される権利）
1　子どもは、出生の後直ちに登録される。子どもは、出生の時から名前を持つ権利および国籍を取得する権利を有し、かつ、できるかぎりその親を知る権利および親によって養育される権利を有する。

2 締約国は、とくに何らかの措置をとらなければ子どもが無国籍になる場合には、国内法および当該分野の関連する国際文書に基づく自国の義務に従い、これらの権利の実施を確保する。

第8条（アイデンティティの保全）

1 締約国は、子どもが、不法な干渉なしに、法によって認められた国籍、名前および家族関係を含むそのアイデンティティを保全する権利を尊重することを約束する。

2 締約国は、子どもがそのアイデンティティの要素の一部または全部を違法に剥奪される場合には、迅速にそのアイデンティティを回復させるために適当な援助および保護を与える。

第9条（親からの分離禁止と分離のための手続）

1 締約国は、子どもが親の意思に反して親から分離されないことを確保する。ただし、権限ある機関が司法審査に服することを条件として、適用可能な法律および手続に従い、このような分離が子どもの最善の利益のために必要であると決定する場合は、この限りでない。当該決定は、親によって子どもが虐待もしくは放任される場合、または親が別れて生活し、子どもの居所が決定されなければならない場合などに特別に必要となる。

2 1に基づくいかなる手続においても、すべての利害関係者は、当該手続に参加し、かつ自己の見解を周知させる機会が与えられる。

3 締約国は、親の一方または双方から分離されている子どもが、子どもの最善の利益に反しないかぎり、定期的に親双方との個人的関係および直接の接触を保つ権利を尊重する。

4 このような分離が、親の一方もしくは双方または子どもの抑留、拘禁、流刑、追放または死亡（国家による拘束中に何らかの理由から生じた死亡も含む）など締約国によってとられた行為から生じる場合には、締約国は、申請に基づいて、親、子ども、または適当な場合には家族の他の構成員に対して、家族の不在者の所在に関する不可欠な情報を提供する。ただし、情報の提供が子どもの福祉を害する場合は、この限りではない。締約国は、さらに、当該申請の提出自体が関係者にいかなる不利な結果ももたらさないことを確保する。

第10条（家族再会のための出入国）

1 家族再会を目的とする子どもまたは親の出入国の申請は、第9条1に基づく締約国の義務に従い、締約国によって積極的、人道的および迅速な方法で取り扱われる。締約国は、さらに、当該申請の提出が申請者および家族の構成員にいかなる不利な結果ももたらさないことを確保する。

2 異なる国々に居住する親をもつ子どもは、例外的な状況を除き、定期的に親双方との個人的関係および直接の接触を保つ権利を有する。締約国は、この目的のため、第9条1に基づく締約国の義務に従い、子どもおよび親が自国を含むいずれの国からも離れ、自国へ戻る権利を尊重する。いずれの国からも離れる権利は、法律で定める制限であって、国の安全、公の秩序、公衆の健康もしくは道徳、または他の者の権利および自由の保護のために必要とされ、かつこの条約において認められる他の権利と抵触しない制限のみに服する。

第11条（国外不法移送・不返還の防止）

1 締約国は、子どもの国外不法移送および不返還と闘うための措置をとる。

2 この目的のため、締約国は、二国間もしくは多数国間の協定の締結または現行の協定への加入を促進する。

第12条（意見表明権）

1 締約国は、自己の見解をまとめる力のある子どもに対して、その子どもに影響を与えるすべての事柄について自由に自己の見解を表明する権利を保障する。その際、子どもの見解が、その年齢および成熟に従い、正当に重視される。

2 この目的のため、子どもは、とくに、国内法の手続規則と一致する方法で、自己に影響を与えるいかなる司法的および行政的手続においても、直接にまたは代理人もしくは適当な団体を通じて聴聞される機会を与えられる。

第13条（表現・情報の自由）

1 子どもは表現の自由への権利を有する。この権利は、国境にかかわりなく、口頭、手書きもしくは印刷、芸術の形態または子どもが選択する他のあらゆる方法により、あらゆる種類の情報および考えを求め、受け、かつ伝える自由を含む。

2 この権利の行使については、一定の制限を課することができる。ただし、その制限は、法律によって定められ、かつ次の目的のために必要とされるものに限る。

　a 他の者の権利または信用の尊重
　b 国の安全、公の秩序または公衆の健康もしくは道徳の保護

第14条（思想・良心・宗教の自由）

1 締約国は、子どもの思想、良心および宗教の自由への権利を尊重する。

2 締約国は、親および適当な場合には法定保護者が、子どもが自己の権利を行使するにあたって、子どもの能力の発達と一致する方法で子どもに指示を与える権利および義務を尊重する。

3 宗教または信念を表明する自由については、法律で定める制限であって、公共の安全、公の秩序、公衆の健康もしくは道徳、または他の者の基本的な権利および自由を保護するために必要な制限のみを課すことができる。

第15条（結社・集会の自由）

1　締約国は、子どもの結社の自由および平和的な集会の自由への権利を認める。
2　これらの権利の行使については、法律に従って課される制限であって、国の安全もしくは公共の安全、公の秩序、公衆の健康もしくは道徳の保護、または他の者の権利および自由の保護のために民主的社会において必要なもの以外のいかなる制限も課することができない。

第16条（プライバシー・通信・名誉の保護）
1　いかなる子どもも、プライバシー、家族、住居または通信を恣意的にまたは不法に干渉されず、かつ、名誉および信用を不法に攻撃されない。
2　子どもは、このような干渉または攻撃に対する法律の保護を受ける権利を有する。

第17条（適切な情報へのアクセス）
　締約国は、マスメディアの果たす重要な機能を認め、かつ、子どもが多様な国内的および国際的な情報源からの情報および資料、とくに自己の社会的、精神的および道徳的福祉ならびに心身の健康の促進を目的とした情報および資料へアクセスすることを確保する。この目的のため、締約国は、次のことをする。
　　a　マスメディアが、子どもにとって社会的および文化的利益があり、かつ第29条の精神と合致する情報および資料を普及する事を奨励すること。
　　b　多様な文化的、国内的および国際的な情報源からの当該情報および資料の作成、交換および普及について国際協力を奨励すること。
　　c　子ども用図書の製作および普及を奨励すること。
　　d　マスメディアが、少数者集団に属する子どもまたは先住民である子どもの言語上のニーズをとくに配慮することを奨励すること。
　　e　第13条および第18条の諸条項に留意し、子どもの福祉に有害な情報および資料から子どもを保護するための適当な指針の発展を奨励すること。

第18条（親の第一次的養育責任と国の援助）
1　締約国は、親双方が子どもの養育および発達に対する共通の責任を有するという原則の承認を確保するために最善の努力を払う。親または場合によって法定保護者は、子どもの養育および発達に対する第一次的責任を有する。子どもの最善の利益が、親または法定保護者の基本的関心となる。
2　この条約に掲げる権利の保障および促進のために、締約国は、親および法定保護者が子どもの養育責任を果たすにあたって適当な援助を与え、かつ、子どものケアのための機関、施設およびサービスの発展を確保する。
3　締約国は、働く親をもつ子どもが、受ける資格のある保育サービスおよび保育施設から利益を得る権利を有することを確保するためにあらゆる適当な措置をとる。

第19条（親による虐待・放任・搾取からの保護）
1　締約国は、（両）親、法定保護者または子どもの養育をする他の者による子どもの養育中に、あらゆる形態の身体的または精神的な暴力、侵害または虐待、放任または怠慢な取扱い、性的虐待を含む不当な取扱いまたは搾取から子どもを保護するためにあらゆる適当な立法上、行政上、社会上および教育上の措置をとる。
2　当該保護措置は、適当な場合には、子どもおよび子どもを養育する者に必要な援助を与える社会計画の確立、およびその他の形態の予防のための効果的な手続、ならびに上記の子どもの不当な取扱いについての事件の発見、報告、付託、調査、処置および追跡調査のため、および適当な場合には、司法的関与のための効果的な手続を含む。

第20条（家庭環境を奪われた子どもの保護）
1　一時的にもしくは恒常的に家庭環境を奪われた子ども、または、子どもの最善の利益に従えばその環境にとどまることが容認されえない子どもは、国によって与えられる特別な保護および援助を受ける資格を有する。
2　締約国は、国内法に従い、このような子どものための代替的養護を確保する。
3　当該養護には、とりわけ、里親託置、イスラム法のカファラ、養子縁組、または必要な場合には子どもの養護に適した施設での措置を含むことができる。解決策を検討するときには、子どもの養育に継続性が望まれることについて、ならびに子どもの民族的、宗教的、文化的および言語的背景について正当な考慮を払う。

第21条（養子縁組）
　養子縁組の制度を承認および（または）許容している締約国は、子どもの最善の利益が最高の考慮事項であることを確保し、次のことをする。
　　a　子どもの養子縁組が権限ある機関によってのみ認可されることを確保すること。当該機関は、適用可能な法律および手続に従い、関連がありかつ信頼できるあらゆる情報に基づき、養子縁組が親、親族および法定保護者とかかわる子どもの地位に鑑みて許容されることを決定する。必要があれば、当該養子縁組の関係者が、必要とされるカウンセリングに基づき、養子縁組に対して情報を得た上での同意を与えることを確保すること。
　　b　国際養子縁組は、子どもが里親家族もしくは養親家族に託置されることができない場合、または子どもがいかなる適切な方法によってもその出身国において養護されることができない場合には、子どもの養護の代替的手段とみなすことができることを認めること。
　　c　国際養子縁組された子どもが、国内養子縁組に関して存在しているのと同等の保障および基準を享受することを確保すること。

d　国際養子縁組において、当該託置が関与する者の金銭上の不当な利得とならないことを確保するためにあらゆる適当な措置をとること。
　e　適当な場合には、二国間または多数国間の取決めまたは協定を締結することによってこの条の目的を促進し、かつ、この枠組の中で、子どもの他国への当該託置が権限ある機関または組織によって実行されることを確保するよう努力すること。

第22条（難民の子どもの保護・援助）
1　締約国は、難民の地位を得ようとする子ども、または、適用可能な国際法および国際手続または国内法および国内手続に従って難民とみなされる子どもが、親または他の者の同伴の有無にかかわらず、この条約および自国が締約国となっている他の国際人権文書または国際人道文書に掲げられた適用可能な権利を享受するにあたって、適当な保護および人道的な援助を受けることを確保するために適当な措置をとる。
2　この目的のため、締約国は、適当と認める場合、国際連合および他の権限ある政府間組織または国際連合と協力関係にある非政府組織が、このような子どもを保護しかつ援助するためのいかなる努力にも、および、家族との再会に必要な情報を得るために難民たる子どもの親または家族の他の構成員を追跡するためのいかなる努力にも、協力をする。親または家族の他の構成員を見つけることができない場合には、子どもは、何らかの理由により恒常的にまたは一時的に家庭環境を奪われた子どもと同一の、この条約に掲げられた保護が与えられる。

第23条（障害のある子どもの権利）
1　締約国は、精神的または身体的に障害のある子どもが、尊厳を確保し、自立を促進し、かつ地域社会への積極的な参加を助長する条件の下で、十分かつ人間に値する生活を享受すべきであることを認める。
2　締約国は、障害児の特別なケアへの権利を認め、かつ、利用可能な手段の下で、援助を受ける資格のある子どもおよびその養育に責任を負う者に対して、申請に基づく援助であって、子どもの条件および親または子どもを養育する他の者の状況に適した援助の拡充を奨励しかつ確保する。
3　障害児の特別なニーズを認め、2に従い拡充された援助は、親または子どもを養育する他の者の財源を考慮しつつ、可能な場合にはいつでも無償で与えられる。その援助は、障害児が可能なかぎり全面的な社会的統合ならびに文化的および精神的発達を含む個人の発達を達成することに貢献する方法で、教育、訓練、保健サービス、リハビリテーションサービス、雇用準備およびレクリエーションの機会に効果的にアクセスしかつそれらを享受することを確保することを目的とする。
4　締約国は、国際協力の精神の下で、障害児の予防保健ならびに医学的、心理学的および機能的治療の分野における適当な情報交換を促進する。その中には、締約国が当該分野においてその能力および技術を向上させ、かつ経験を拡大することを可能にするために、リハビリテーション教育および職業上のサービスの方法に関する情報の普及およびそれへのアクセスが含まれる。この点については、発展途上国のニーズに特別な考慮を払う。

第24条（健康・医療への権利）
1　締約国は、到達可能な最高水準の健康の享受ならびに疾病の治療およびリハビリテーションのための便宜に対する子どもの権利を認める。締約国は、いかなる子どもも当該保健サービスへアクセスする権利を奪われないことを確保するよう努める。
2　締約国は、この権利の完全な実施を追求し、とくに次の適当な措置をとる。
　a　乳幼児および子どもの死亡率を低下させること。
　b　基本保健の発展に重点をおいて、すべての子どもに対して必要な医療上の援助および保健を与えることを確保すること。
　c　環境汚染の危険およびおそれを考慮しつつ、とりわけ、直ちに利用可能な技術を適用し、かつ十分な栄養価のある食事および清潔な飲料水を供給することにより、基礎保健の枠組の中で疾病および栄養不良と闘うこと。
　d　母親のための出産前後の適当な保健を確保すること。
　e　社会のあらゆる構成員とくに親および子どもが、子どもの健康および栄養、母乳育児の利点、衛生および環境衛生、ならびに事故の予防措置についての基礎的な知識を活用するにあたって、情報が提供され、教育にアクセスし、かつ援助されることを確保すること。
　f　予防保健、親に対する指導、ならびに家庭計画の教育およびサービスを発展させること。
3　締約国は、子どもの健康に有害な伝統的慣行を廃止するために、あらゆる効果的でかつ適当な措置をとる。
4　適役国は、この条の認める権利の完全な実現を漸進的に達成するために、国際協力を促進しかつ奨励することを約束する。この点については、発展途上国のニーズに特別な考慮を払う。

第25条（医療施設等に措置された子どもの定期的審査）
　締約国は、身体的または精神的な健康のケア、保護または治療のために権限ある機関によって措置されている子どもが、自己になされた治療についておよび自己の措置に関する他のあらゆる状況についての定期的審査を受ける権利を有することを認める。

第26条（社会保障への権利）
1　締約国は、すべての子どもに対して社会保険を含

む社会保障を享受する権利を認め、かつ、国内法に従いこの権利の完全な実現を達成するために必要な措置をとる。

2　当該給付については、適当な場合には、子どもおよびその扶養に責任を有している者の資力および状況を考慮し、かつ、子どもによってまた子どもに代わってなされた給付の申請に関する他のすべてを考慮しつつ行う。

第27条（生活水準への権利）

1　締約国は、身体的、心理的、精神的、道徳的および社会的発達のために十分な生活水準に対するすべての子どもの権利を認める。

2　（両）親または子どもに責任を負う他の者は、その能力および資力の範囲で、子どもの発達に必要な生活条件を確保する第一次的な責任を負う。

3　締約国は、国内条件に従いかつ財源内において、この権利の実施のために、親および子どもに責任を負う他の者を援助するための適当な措置をとり、ならびに、必要な場合にはとくに栄養、衣服および住居に関して物的援助を行い、かつ援助計画を立てる。

4　締約国は、親または子どもに財政的な責任を有している他の者から、自国内においてもおよび外国からでも子どもの扶養料を回復することを確保するためにあらゆる適当な措置をとる。とくに、子どもに財政的な責任を有している者が子どもと異なる国に居住している場合には、締約国は、国際協定への加入または締結ならびに他の適当な取決めの作成を促進する。

第28条（教育への権利）

1　締約国は、子どもの教育への権利を認め、かつ、漸進的におよび平等な機会に基づいてこの権利を達成するために、とくに次のことをする。

　a　初等教育を義務的なものとし、かつすべての者に対して無償とすること。

　b　一般教育および職業教育を含む種々の形態の中等教育の発展を奨励し、すべての子どもが利用可能でありかつアクセスできるようにし、ならびに、無償教育の導入および必要な場合には財政的援助の提供などの適当な措置をとること。

　c　高等教育を、すべての適当な方法により、能力に基づいてすべての者がアクセスできるものとすること。

　d　教育上および職業上の情報ならびに指導を、すべての子どもが利用可能でありかつアクセスできるものとすること。

　e　学校への定期的な出席および中途退学率の減少を奨励するための措置をとること。

2　締約国は、学校懲戒が子どもの人間の尊厳と一致する方法で、かつこの条約に従って行われることを確保するためにあらゆる適当な措置をとる。

3　締約国は、とくに、世界中の無知および非識字の根絶に貢献するために、かつ科学的および技術的知識ならびに最新の教育方法へのアクセスを助長するために、教育に関する問題について国際協力を促進しかつ奨励する。この点については、発展途上国のニーズに特別の考慮を払う。

第29条（教育の目的）

1　締約国は、子どもの教育が次の目的で行われることに同意する。

　a　子どもの人格、才能ならびに精神的および身体的能力を最大限可能なまで発達させること。

　b　人権および基本的自由の尊重ならびに国際連合憲章に定める諸原則の尊重を発展させること。

　c　子どもの親、子ども自身の文化的アイデンティティ、言語および価値の尊重、子どもが居住している国および子どもの出身国の国民的価値の尊重、ならびに自己の文明と異なる文明の尊重を発展させること。

　d　すべての諸人民間、民族的、国民的および宗教的集団ならびに先住民間の理解、平和、寛容、性の平等および友好の精神の下で、子どもが自由な社会において責任ある生活を送れるようにすること。

　e　自然環境の尊重を発展させること。

2　この条または第28条のいかなる規定も、個人および団体が教育機関を設置しかつ管理する自由を妨げるものと解してはならない。ただし、つねに、この条の1に定める原則が遵守されること、および当該教育機関において行われる教育が国によって定められる最低限度の基準に適合することを条件とする。

第30条（少数者・先住民の子どもの権利）

　民族上、宗教上もしくは言語上の少数者、または先住民が存在する国においては、当該少数者または先住民に属する子どもは、自己の集団の他の構成員とともに、自己の文化を享受し、自己の宗教を信仰しかつ実践し、または自己の言語を使用する権利を否定されない。

第31条（休息・余暇、遊び、文化的・芸術的生活への参加）

1　締約国は、子どもが、休息しかつ余暇をもつ権利、その年齢にふさわしい遊びおよびレクリエーション的活動を行う権利、ならびに文化的生活および芸術に自由に参加する権利を認める。

2　締約国は、子どもが文化的および芸術的生活に十分に参加する権利を尊重しかつ促進し、ならびに、文化的、芸術的、レクリエーション的および余暇的活動のための適当かつ平等な機会の提供を奨励する。

第32条（経済的搾取・有害労働からの保護）

1　締約国は、子どもが、経済的搾取から保護される権利、および、危険があり、その教育を妨げ、あるいはその健康または身体的、心理的、精神的、道徳的もしくは社会的発達にとって有害となるおそれの

あるいかなる労働に就くことからも保護される権利を認める。

2　締約国は、この条の実施を確保するための立法上、行政上、社会上および教育上の措置をとる。締約国は、この目的のため、他の国際文書の関連条項の留意しつつ、とくに次のことをする。
　a　最低就業年齢を規定すること。
　b　雇用時間および雇用条件について適当な規則を定めること。
　c　この条の効果的実施を確保するための適当な罰則またはまたは他の制裁措置を規定すること。

第33条（麻薬・向精神薬からの保護）
　締約国は、関連する国際条約に明示された麻薬および向精神薬の不法な使用から子どもを保護し、かつこのような物質の不法な生産および取引に子どもを利用させないために、立法上、行政上、社会上および教育上の措置を含むあらゆる適当な措置をとる。

第34条（性的搾取・虐待からの保護）
　締約国は、あらゆる形態の性的搾取および性的虐待から子どもを保護することを約束する。これらの目的のため、締約国は、とくに次のことを防止するためのあらゆる適当な国内、二国間および多数国間の措置をとる。
　a　何らかの不法な性的行為に従事するよう子どもを勧誘または強制すること。
　b　売春または他の不法な性的行為に子どもを搾取的に使用すること。
　c　ポルノ的な実演または題材に子どもを搾取的に使用すること。

第35条（誘拐・売買・取引の防止）
　締約国は、いかなる目的またはいかなる形態を問わず、子どもの誘拐、売買または取引を防止するためにあらゆる適当な国内、二国間および多数国間の措置をとる。

第36条（他のあらゆる形態の搾取からの保護）
　締約国は、子どもの福祉のいずれかの側面にとって有害となる他のあらゆる形態の搾取から子どもを保護する。

第37条（死刑・拷問等の禁止、自由を奪われた子どもの適正な取扱い）
　締約国は、次のことを確保する。
　a　いかなる子どもも、拷問または他の残虐な、非人道的なもしくは品位を傷つける取扱いもしくは刑罰を受けない。18歳未満の犯した犯罪に対して、死刑および釈放の可能性のない終身刑を科してはならない。
　b　いかなる子どももその自由を不法にまたは恣意的に奪われない。子どもの逮捕、抑留または拘禁は、法律に従うものとし、最後の手段として、かつ最も短い適当な期間でのみ用いられる。
　c　自由を奪われたすべての子どもは、人道的におよび人間の固有の尊厳を尊重して取扱われ、かつその年齢に基づくニーズを考慮した方法で取扱われる。とくに、自由を奪われたすべての子どもは、子どもの最善の利益に従えば成人から分離すべきでないと判断される場合を除き、成人から分離されるものとし、かつ、特別の事情のある場合を除き、通信および面会によって家族との接触を保つ権利を有する。
　d　自由を奪われたすべての子どもは、法的および他の適当な援助に速やかにアクセスする権利、ならびに、その自由の剥奪の合法性を裁判所または他の権限ある独立のかつ公平な機関において争い、かつ当該訴えに対する迅速な決定を求める権利を有する。

第38条（武力紛争における子どもの保護）
1　締約国は、子どもをまき込んでいる武力紛争において自国に適用可能な国際人道法の規則で子どもに関連するものを尊重し、かつその尊重を確保することを約束する。
2　締約国は、15歳に満たない者が敵対行為に直接参加しないことを確保するためにあらゆる可能な措置をとる。
3　締約国は、15歳に満たないいかなる者も軍隊に徴募することを差し控える。締約国は、15歳に達しているが18歳に満たない者の中から徴募を行うにあたっては、最年長の者を優先するよう努める。
4　締約国は、武力紛争下における文民の保護のための国際人道法に基づく義務に従い、武力紛争の影響を受ける子どもの保護およびケアを確保するためにあらゆる可能な措置をとる。

第39条（犠牲になった子どもの心身の回復と社会復帰）
　締約国は、あらゆる形態の放任、搾取または虐待の犠牲になった子ども、拷問または他のあらゆる形態の残虐な、非人道的なもしくは品位を傷つける取扱いもしくは刑罰の犠牲になった子ども、あるいは、武力紛争の犠牲になった子どもが身体的および心理的回復ならびに社会復帰することを促進するためにあらゆる適当な措置をとる。当該回復および復帰は、子どもの健康、自尊心および尊厳を育くむ環境の中で行われる。

第40条（少年司法）
1　締約国は、刑法に違反したとして申し立てられ、罪を問われ、または認定された子どもが、尊厳および価値についての意識を促進するのにふさわしい方法で取扱われる権利を認める。当該方法は、他の者の人権および基本的自由の尊重を強化するものであり、ならびに、子どもの年齢、および子どもが社会復帰しかつ社会において建設的な役割を果たすことの促進が望ましいことを考慮するものである。
2　締約国は、この目的のため、国際文書の関連する条項に留意しつつ、とくに次のことを確保する。

a　いかなる子どもも、実行の時に国内法または国際法によって禁止されていなかった作為または不作為を理由として、刑法に違反したとして申し立てられ、罪を問われ、または認定されてはならない。
　　b　法的に違反したとして申し立てられ、または罪を問われた子どもは、少なくとも次の保障をうける。
　　　ⅰ　法律に基づき有罪が立証されるまで無罪と推定されること。
　　　ⅱ　自己に対する被疑事実を、迅速かつ直接的に、および適当な場合には親または法定保護者を通じて告知されること。自己の防御の準備およびその提出にあたって法的または他の適当な援助をうけること。
　　　ⅲ　権限ある独立のかつ公平な機関または司法機関により、法律に基づく公正な審理において、法的または他の適当な援助者の立会いの下で、および、とくに子どもの年齢または状況を考慮し、子どもの最善の利益にならないと判断される場合を除き、親または法定保護者の立会いの下で遅滞なく決定を受けること。
　　　ⅳ　証言を強制され、または自白を強要されないこと。自己に不利な証人を尋問し、または当該証人に尋問を受けさせること。平等な条件の下で自己のための証人の出席および尋問を求めること。
　　　ⅴ　刑法に違反したと見なされた場合には、この決定および決定の結果科される措置が、法律に基づき、上級の権限ある独立のかつ公平な機関または司法機関によって再審理されること。
　　　ⅵ　子どもが使用される言語を理解することまたは話すことができない場合は、無料で通訳の援助を受けること。
　　　ⅶ　手続のすべての段階において、プライバシーが十分に尊重されること。
3　締約国は、刑法に違反したとして申し立てられ、罪を問われ、また認定された子どもに対して特別に適用される法律、手続、機関および施設の確立を促進するよう努める。とくに次のことに努める。
　　a　刑法に違反する能力を有しないと推定される最低年齢を確立すること。
　　b　適当かつ望ましい時はつねに、人権および法的保障を十分に尊重することを条件として、このような子どもを司法的手続によらずに取扱う措置を確立すること。
4　ケア、指導および監督の命令、カウンセリング、保護観察、里親養護、教育および職業訓練のプログラムならびに施設内処遇に替わる他の代替的措置などの多様な処分は、子どもの福祉に適当で、かつ子どもの状況および罪のいずれにも見合う方法によって子どもが取扱われることを確保するために利用可能なものとする。

第41条（既存の権利の確保）
　この条約のいかなる規定も、次のものに含まれる規定であって、子どもの権利の実現にいっそう貢献する規定に影響を及ぼすものではない。
　　a　締約国の法
　　b　締約国について効力を有する国際法

第2部
第42条（条約の広報義務）
　締約国は、この条約の原則および規定を、適当かつ積極的な手段により、大人のみならず子どもに対しても同様に、広く知らせることを約束する。

第43条（子どもの権利委員会の設置）
1　この条約において約束された義務の実現を達成することにつき、締約国によってなされた進歩を審査するために、子どもの権利に関する委員会を設置する。委員会は、以下に定める任務を遂行する。
2　委員会は、徳望が高く、かつこの条約が対象とする分野において能力を認められた10人の専門家で構成する。委員会の委員は、締約国の国民の中から締約国により選出されるものとし、個人の資格で職務を遂行する。その選出にあたっては、衡平な地理的配分ならびに主要な法体系に考慮を払う。
3　委員会の委員は、締約国により指名された者の名簿の中から秘密投票により選出される。各締約国は、自国民の中から一人の者を指名することができる。
4　委員会の委員の最初の選挙は、この条約の効力発生の日の後6箇月以内に行い、最初の選挙の後は2年ごとに行う。国際連合事務総長は、各選挙の日の遅くとも4箇月前までに、締約国に対し、自国が指名する者の氏名を2箇月以内に提出するよう書簡で要請する。同事務総長は、指名されたすべての者のアルファベット順による名簿（これらの者を指名した締約国名を表示した名簿とする）を作成し、締約国に送付する。
5　委員会の委員の選挙は、国際連合事務総長により国際連合本部に招集される締約国の会合にて行う。この会合は、締約国の3分の2をもって定足数とする。この会合においては、出席しかつ投票する締約国の代表によって投じられた票の最多数でかつ過半数の票を得た者をもって、委員会に選出された委員とする。
6　委員会の委員は、4年の任期で選出される。委員は、再指名された場合には、再選される資格を有する。最初の選挙において選出された委員のうち5人の委員の任期は、2年で終了する。これらの5人の委員は、最初の選挙の後直ちに、最初の選挙のための会合の議長によりくじ引きで選ばれる。
7　委員会の委員が死亡しもしくは辞任し、またはそ

れ以外の理由のため委員会の職務を遂行することができなくなったと申し出る場合には、当該委員を指名した締約国は、委員会の承認を条件として、残りの期間職務を遂行する他の専門家を自国民の中から任命する。

8　委員会は、手続規則を定める。
9　委員会は、役員を2年の任期で選出する。
10　委員会の会合は、原則として国際連合本部または委員会が決定する他の適当な場所において開催する。委員会は、原則として毎年会合する。委員会の会合の期間は、国際連合総会の承認を条件として、この条約の締約国の会合によって決定され、必要があれば、再検討される。
11　国際連合事務総長は、委員会がこの条約に定める任務を効果的に遂行するために必要な職員および便益を提供する。
12　この条約により設けられた委員会の委員は、国際連合総会の承認を得て、同総会が決定する条件に従い、国際連合の財源から報酬を受ける。

第44条（締約国の報告義務）
1　締約国は、次の場合に、この条約において認められる権利の実施のためにとった措置およびこれらの権利の享受についてもたらされた進歩に関する報告を、国際連合事務総長を通じて、委員会に提出することを約束する。
　a　当該締約国ついてこの条約が効力を生ずる時から2年以内
　b　その後は5年ごと
2　この条に基づいて作成される報告には、この条約に基づく義務の履行の程度に影響を及ぼす要因および障害が存在する場合は、それらを記載する。報告には、当該締約国におけるこの条約の実施について、委員が包括的に理解するための十分な報告もあわせて記載する。
3　委員会に対して包括的な最初の報告を提出した締約国は、1（b）に従って提出される以後の報告においては、以前に提出した基本的な情報を繰り返し報告しなくてもよい。
4　委員会は、締約国に対し、この条約の実施に関する追加的な情報を求めることができる。
5　委員会は、その活動に関する報告を、2年ごとに経済社会理事会を通じて国際連合総会に提出する。
6　締約国は、自国の報告を、国内において公衆に広く利用できるようにする。

第45条（委員会の作業方法）
　この条約の実施を促進し、かつ、この条約が対象とする分野における国際協力を奨励するために、
　a　専門機関、国際連合児童基金および他の国際連合諸機関は、その権限の範囲内にある事項に関するこの条約の規定の実施についての検討に際し、代表を出す権利を有する。委員会は、専門機関、国際連合児童基金および他の資格のある団体に対し、その権限の範囲内にある領域におけるこの条約の実施について、適当と認める場合には、専門的助言を与えるよう要請することができる。委員会は、専門機関、国際連合児童基金および他の国際連合諸機関に対し、その活動の範囲内にある領域におけるこの条約の実施について報告を提出するよう要請することができる。
　b　委員会は、適当と認める場合には、技術的助言もしくは援助を要請しているか、またはこれらの必要性を指摘している締約国からの報告を、もしあればこれらの要請または指摘についての委員会の所見および提案とともに、専門機関、国際連合児童基金および他の資格のある団体に送付する。
　c　委員会は、国際連合事務総長が子どもの権利に関する特定の問題の研究を委員に代わって行うことを要請するよう、国際連合総会に勧告することができる。
　d　委員会は、この条約の第44条および第45条に従って得た情報に基づいて、提案および一般的勧告を行うことができる。これらの提案および一般的勧告は、関係締約国に送付され、もしあれば締約国からのコメントとともに、国際連合総会に報告される。

第3部
第46条（署名）
　この条約は、すべての国による署名のために開放しておく。
第47条（批准）
　この条約は、批准されなければならない。批准書は、国際連合事務総長に寄託する。
第48条（加入）
　この条約は、全ての国による加入のために開放しておく。加入書は、国際連合事務総長に寄託する。
第49条（効力発生）
1　この条約は、20番目の批准書または加入書が国際連合事務総長に寄託された日の後30日目の日に効力を生ずる。
2　この条約は、20番目の批准書または加入書が寄託された後に批准しまたは加入する国については、その批准書または加入書が寄託された日の後30日目の日に効力を生ずる。
第50条（改正）
1　いずれの締約国も、改正を提案し、かつ改正案を国際連合事務総長に提出することができる。同事務総長は、直ちに締約国に改正案を送付するものとし、締約国による改正案の審議および投票のための締約国会議の開催についての賛否を同事務総長に通告するよう要請する。改正案の送付の日から4箇月以内に締約国の3分の1以上が会議の開催に賛成する場

合には、同事務総長は、国際連合の主催の下に会議を招集する。会議において出席しかつ投票する締約国の過半数によって採択された改正案は、承認のため、国際連合総会に提出する。
2　この条の1に従って採択された改正案は、国際連合総会が承認し、かつ締約国の3分の2以上の多数が受諾した時に、効力を生ずる。
3　改正は、効力を生じた時には、改正を受諾した締約国を拘束するものとし、他の締約国は、改正前のこの条約の規定（受諾した従前の改正を含む）により引き続き拘束される。

第51条（留保）
1　国際連合事務総長は、批准または加入の際に行われた留保の書面を受領し、かつすべての国に送付する。
2　この条約の趣旨および目的と両立しない留保は認められない。
3　留保は、国際連合事務総長にあてた通告により、いつでも撤回できるものとし、同事務総長は、その撤回をすべての国に通報する。このようにして通報された通告は、受領された日に効力を生ずる。

第52条（廃棄）
締約国は、国際連合事務総長にあてた書面による通告により、この条約を廃棄することができる。廃棄は、同事務総長が通告を受領した日の後1年で効力を生ずる。

第53条（寄託）
国際連合事務総長は、この条約の寄託者として指定される。

第54条（正文）
この条文は、アラビア語、中国語、英語、フランス語、ロシア語およびスペイン語をひとしく正文とし、原本は、国際連合事務総長に寄託する。

〈参考資料〉
小笠毅監『子どもの権利 中・高校生向け』（日本評論社、1995年）、4-62ページ。本書は、スウェーデンのNGOグループが作成した"MY RIGHTS"（わたしの権利）の三部作の3番目、13～18歳の子ども及び若者を対象にしたブックレットを小笠毅氏が翻訳したものである。本条約全54条のうち、権利の中心となる第1～42条の条文や条項を、簡潔な表現とイラストでわかりやすく解説している。

〈参考資料のテキスト〉
第1条　第2条（だれのための条約か）
子どもの権利条約は、18歳未満のすべての子どものための条約です。
肌の色、性別、言語、国民的、民族的、社会的出身、宗教、政治についての意見、障害をもっているかいないか、そのほかどんな生活をしているかに関係なく、すべての子どものための条約です。

第2条（差別といじめ）
子どもは、じぶんや家族の地位、行動、考え方、宗教を理由に、差別されたりいじめられたりすることはありません。

第3条（子どもにとっていちばんいいこと）
裁判所や公的な機関は、子どもに関係のあることを決めるときには、いつもなにが子どもにとっていちばんよいことかをまず最初に考えます。

第4条（子どもの権利を実現するために）
子どもの権利条約を結んだ国は、国の法律やルールを、子どもの権利条約に合うようにかえていかなければなりません。
そして、子どもの権利がまもられているかどうかしらべます。

第4条（外国とのたすけあい）
子どもの権利条約にかかれている権利を実現するために、生活がゆたかでない国は、ほかの国に援助してもらえます。

第5条　第18条　第26条　第27条（親の責任）おかあさんとおとうさんは、子どもを育てるときにおなじ責任があります。
なかでもたいせつなことは、子どもにとっていちばんよいことはなにかをまず最初に考えることです。
また、おかあさんとおとうさんは、子どもがじぶんの権利を理解し、実現できるようにします。
子どもの権利条約を結んだ国は、親または親代わりの人をたすけます。
親が2人ともはたらいている子どもは、保育を受ける権利があります。
また、子どもの権利条約を結んだ国は、条約にかかれている権利を実現するために、保育所など子どものための施設をつくります。

第6条（生きる権利）
すべての子どもは、生きるというとうぜんの権利をもっています。
子どもの権利条約を結んだ国は、子どもたちが生き、成長・発達する権利を全力をつくしてまもります。

第7条　第8条（じぶんの名まえとじぶんの国籍をもつ権利）
子どもが生まれたらすぐに登録しなければいけません。
子どもは生まれたときから、じぶんの名まえと国籍をもつ権利があります。
子どもは、おかあさんとおとうさんがだれなのかを知り、親に育ててもらいます。
子どもから、子どもの名まえ、国籍、両親をうばいとってはいけません。

第9条　第10条　第11条（子どもと親）
おかあさんとおとうさんが、べつべつに住んでいたり、親といっしょにいることが子どもにとってよくない場合をのぞいて、子どもは親からひきはなされないようにします。
親とわかれてくらしている場合でも、子どもはいつでも親と会うことができます。
これは、親が外国に住んでいる場合でもおなじことです。
両親または片方の親が刑務所にはいっていたり、国外追放されたり、死亡したりして子どもからひきはなされている場合には、子どもはどうして親とはなればなれになってしまったかを知る権利があります。

子どもや親の意思に反して、子どもをむりやり海外につれていってはいけません。

第12条　第13条　第14条（意見をいう自由、表現の自由、宗教の自由）

子どもはじぶんの思いや考えをいい、じぶんに関係のあることについて、真剣にとりあげてもらう権利を持っています。

子どもはじぶんの考えを人に話す自由があります。

つまり、いろいろな情報や考えを知ることができ、また伝えることができます。

ほかの人の権利のじゃまをしたり、きずつけたりしないかぎり、話したり、書いたり、絵をかいたり、歌ったりすることで、じぶんの考えをあらわしてもよいのです。

子どもの考え、子どもが正しいと思っていること、信じている宗教はたいせつにされます。

第15条（グループに参加する権利）

子どもは、ほかの人の権利や自由のじゃまをしないかぎり、グループをつくったり、そのメンバーになったり、平和的な集会に参加したりする権利があります。

第16条（プライバシーをまもる権利）

子どものプライバシーや家庭生活は、かってにあるいは不法にのぞかれることはありません。

子どもの手紙や日記は子どものものです。

子どもの名誉や信用をきずつけてはいけません。

子どもはこのようなかってな行為から法律でまもってもらう権利があります。

第17条（情報を知る権利）

子どもの権利条約を結んだ国は、子どもが新聞、本、ラジオ、テレビから、情報や資料を見たり聞いたりできるようにします。

子どもの権利条約を結んだ国は、子どものための本をたくさんつくり、世の中に広めます。

そして、日本語以外を話す子どもたちのために、いろんな国のことばでかかれた本をつくります。

第19条　第34条　第39条（虐待）

親やおとなに子どもをひどいめにあわせる権利はありません。

子どもの権利条約を結んだ国は、子どもがいじめられたり、ひどいめにあわされたりしないようにあらゆる方法で子どもをまもります。

親が子どもの世話をしない、あるいは世話ができない場合にも、国が手だすけをして、子どもをまもります。

ほったらかしにされたり、いじめられたり、拷問をうけたりしてひどいめにあった子ども、または戦争にまきこまれた子どもは、できるかぎりたすけてもらえます。

そして、子どもは自尊心や尊厳をとりもどすことができる生活をおくる権利があるのです。

第20条　第21条（里親と養子）

家庭のなかでひどいめにあっている子どもは、家庭以外のところでしあわせにくらすことができます。

家族のいない子どもは、子どもにとってそれがいちばんよいのであれば、養子になることもあります。

第22条（難民の子ども）

ひとりぼっちで、または家族といっしょにじぶんの国をはなれなければならなかった子どもは、あたらしく住むことになった国で保護や援助をうけられます。

こうした子どもたちの権利もほかの子どもたちの権利とおなじようにたいせつにされなければなりません。

家族とはなればなれになってしまった子どもは、家族ともういちど会えるようにさがしてもらえます。家族がみつからない子どもには、あたらしい家族としあわせな生活ができるようにします。

第23条（障害をもつ子どもの援助）

心身に障害をもつ子どもは社会のなかで自信をもって生き生きとくらす権利があります。

すぐれた技術的な援助と教育をうけることができます。

そのために親がお金を支払うことができない場合は国がたすけます。

第24条（健康に生きる権利）

子どもはできるかぎり健康に生きる権利があります。

そしてまた医療サービスをうける権利があります。

栄養のある食事をし、きれいな水を飲むために、環境汚染や環境危機について考えなければなりません。

子どもと親は、子どもの健康と栄養についての知識、衛生・環境衛生のたいせつさ、そして母乳で赤ちゃんを育てることのよい点、どうしたら事故を防ぐことができるかといったことについて知ることが必要です。

第25条（家庭外の施設）

病院や養護施設に入院している子どもは、じぶんのうけている治療や看護について、定期的にしらべてもらう権利があります。

第28条（無料の教育をうける権利）

子どもは無料で初等教育をうけたり、勉強をしたり、仕事をするための指導をうける権利があります。

また、中等教育や高等教育をうけることもできます。

子どもの権利条約を結んだ国は、子どもたちが毎日学校にかよえるように、そして途中でやめたりしないで卒業できるようにします。

学校の規則は子どもの人間性を尊重し、子どもの権利条約に合ったものでなければなりません。

子どもの権利条約を結んだ国は、世界中のこどもたちが学校にかよい、よい教育をうけられるようにほかの国と協力します。

第29条（教育の目的）

子どもの教育がめざすもの。

能力に応じ、一人ひとりの子どもにふさわしい方法で子どもの可能性をのばす。

人権、自由、そして国際連合憲章にかかれていることのたいせつさを教える。

子ども自身の文化、ことば、価値観をたいせつにし、じぶんとちがった文化もたいせつにするこころをもたせる。

おとなになったときに、自由な社会のなかで責任をもった生活をおくれるように、おたがい理解、平和、寛容、男女平等、友情の精神をやしなう。

自然環境のたいせつさを教える。

第30条（じぶんの文化をもつ権利）

少数民族や先住民の子どもは、じぶんの文化をもつ権利があります。

また、じぶんたちの宗教を信じ、じぶんたちのことばをつかう権利があります。
第31条（休息と遊ぶ権利）
　子どもは、休暇をとって遊んだり、年齢にふさわしい遊びをする権利をもっています。
　子どもは自由に文化的な活動、芸術的な活動に参加できます。
　子どもの権利条約を結んだ国は、子どもが文化的な活動、芸術的な活動に参加することをすすめます。
第32条　第34条　第36条（有害な労働）
　子どもは、子どもにとってよくない仕事をさせられてはいけません。
　子どもの権利条約を結んだ国は、仕事によって、はたらくことのできる最低の年齢とはたらく時間について決めなければなりません。
　子どもは性的に利用されたり、いじめられたりすることからまもられます。
　また、子どもにポルノ的なことをさせたり、子どもを題材にしてはいけません。
　子どもの権利条約を結んだ国は、子どもに害をおよぼすあらゆることから子どもをまもります。
第33条（麻薬）
　子どもの権利条約を結んだ国は、子どもを麻薬からまもります。
　麻薬をつくったり、売り買いするのに子どもを利用してはいけません。
第35条（子どもの売買）
　子どもの権利条約を結んだ国は、どんな場合においても、子どもの誘拐、子どもの売り買い、取引を防ぐために、あらゆる手をうちます。
第40条（子どもと司法）
　法律に違反したといわれたり、犯罪をおこなった子どもであっても、その人間性はたいせつにしなければなりません。
　そうすることによって、その子どもがほかの人の人権や自由をたいせつにするようになることが考えられるからです。
　そして社会へもどるための援助をうけられます。
　法律に違反したといわれた子どもには、つぎのことが保障されます。
　有罪だと決まるまでは無罪だと考えられる。
　むりやり話をさせられたり、罪をみとめさせられたりしない。
　法廷において子どもを弁護してくれる、独立した公平な弁護士をもつ権利がある。
　必要なら無料で通訳の援助をうけられる。
　プライバシーはどんなときでもまもられる。
　子どもの権利条約を結んだ国は、法律に違反しないと考えられる子どもの最低の年齢を決めます。
　そして、犯罪をおこなった子どものしあわせといまの子どもの状況を考え、子どもがしあわせになる方法で指導をします。
第37条（刑罰と刑務所）
　子どもは、拷問のほか、ひどいあつかい、乱暴なあつか

いや罰をうけることがあってはなりません。
　18歳未満の子どもにたいして、死刑や死ぬまで刑務所に入れておくような罰を与えてはいけません。
　法律によらないで、子どもの自由がかってにうばわれることはありません。
　子どもの逮捕、抑留、拘禁は法律にしたがっておこなわれ、それは最後の手段として、できるだけ短い期間にかぎっておこなわれます。
　その場合も、子どもは人間らしく、たいせつにあつかわれます。
　子どもは家族に手紙をかいたり、会ったりする権利があります。
　自由をうばわれた子どもは、裁判で争うために、法律上やそのほかの援助をうける権利があります。
　また、この争いにたいして、はやく決めてもらうようにいう権利があります。
第38条（戦争への参加の防止）
　子どもは戦争からまもられます。
　子どもの権利条約を結んだ国は、15歳未満の子どもを、絶対に戦争に参加させてはいけません。
　18歳未満の子どもを軍隊に入れる場合は、いちばん年上の人から入れていきます。
第42条（子どもの権利条約を広める）
　子どもの権利条約は、子どもにもおとなにもわかりやすく説明されるべきです。
　子どもの権利条約を結んだ国は、この条約の存在と意味をできるだけ多くの人に知らせる義務があります。

42　マララ・ユスフザイ「2013年国連演説」（全文、2013年7月12日ニューヨーク）

＊出典
http://www.independent.co.uk/news/world/asia/the-full-text-malala-yousafzai-delivers-defiant-riposte-to-taliban-militants-with-speech-to-the-un-8706606.html
https://secure.aworldatschool.org/page/content/the-text-of-malala-yousafzais-speech-at-the-united-nations/
http://www.bbc.com/news/world-asia-23291897
（沖塩有希子・藤森美紗子・福島優子訳）

＊解説──沖塩有希子
　マララ・ユスフザイ氏（Malala Yousafzai, 1997-）は、世界のすべての子ども、とりわけ女子が、恐怖や差別にさらされることなくひとしく教育を受ける権利を訴えている活動家である。マララ氏は、私財を投じて学校を営む父ジアウディン氏（Ziauddin Yousafzai）と、母トール・ペカイ氏（Tor Pekai Yousafzai）のもと、幼い頃から父親の学校を遊び場として育った。
　彼女が10歳で活動をはじめた契機は、イスラム過激派武装勢力「パキスタン・タリバン運動」（Tehrik-i-Taliban Pakistan: TTP、以下TTPと略記）が、彼女の生まれ育ったパキスタンのスワート（山岳地帯で美しい渓谷を擁し、中心地のミンゴラは「東洋のスイス」と形容される）を制圧し、欧米型の教育は害悪との理由から女子校を閉鎖した

ことにある。当時の心境について彼女は、「…光の大切さに気づくのは暗闇のなかにいる時です。わたしたちは沈黙させられると声を上げることの大切さに気づきます。同じように、パキスタン北西部のスワートにいて、銃を目にしたとき、わたしたちはペンと本の大切さに気づきました」（2013年の国連演説）と表現している。

11歳の時、イギリスBBCのウルドゥー語版サイトに、「グル・マカイ」（これは矢車菊を意味する）のハンドルネームで日記を投稿し、TTPの強権支配下に生きる日々の実状を世に知らせた。

その後、「グル・マカイ」がマララ氏であることが明らかとなってからもメディアを通じて自らの主張を唱え、その勇猛果敢な言動が国内外から注目されたこと、また、女子の学校教育が禁じられる中でも通学しつづけたことなどからTTPの標的となり、15歳のとき、スクールバスで友人らと下校途中に銃撃されたが奇跡的に一命をとりとめた。

「1人の子ども、1人の教師、1冊の本、そして1本のペン」（国連演説）で世界を変えられるとのマララ氏の必死の訴えは賞賛を受け、2011年に「国家平和賞」（パキスタンで、18歳未満を対象に贈られる）、2013年に「シモーヌ・ド・ボーヴォワール賞」（フランスで、女性の権利向上等に貢献した人に贈られる）、「国際子ども平和賞」（子どもの権利向上に貢献した人に贈られる）、「サハロフ賞」（欧州議会で、人権と思想の自由の擁護に貢献した個人や団体に贈られる）、そして、2014年には歴代最年少の17歳で「ノーベル平和賞」を授与された。

現在は、治療先となったイギリスのバーミンガムで家族と暮らし、学校に通いながら、世界中の子どもが教育を受けられるよう訴えつづけるとともに、NPO組織である「マララ基金」を通じて教育活動のための資金と人材の支援を行なうなど幅広く活動している。

ここに示した二つの演説の一つめは、2013年7月12日の国連総会におけるもので、二つめは、2014年12月10日のノーベル平和賞受賞時のものである。

マララ氏が子どもの教育権の不可侵性とその実現を徹底して唱える背景には、父親ジアウディン氏の影響が少なくない。CNNのインタビュー（2013年10月）でのジアウディン氏による「わたしはパシュトゥーン系のパキスタン人です。自由に関して妥協することは絶対にありえません。権利を主張して1日生きる方が奴隷状態で100年生きるよりもましだと考えるのがわたしのスタンスです。奴隷のくびきに自分の首を差し出すようなことは絶対にしません」という言葉と、マララ氏の「わたしには二つの選択肢がありました。一つめは、何も言わずにただ殺されるのを待つこと。二つめは、声を上げ、殺されること。わたしは後者を選びました。声を上げようと決めたのです。わたしたちの権利を否定し、情け容赦なく人びとを殺し、イスラムの名を悪用するテロリストの不正な行為をただ傍観することは、わたしたちにはできませんでした」（ノーベル平和賞受賞記念演説）という言葉は、驚くほど似ている。

なお、彼ら父娘の思想形成を考えるうえで、パシュトゥーン（アフガニスタンの主要民族で、パキスタン北西部にも居住する）の民族文化についても言及しておく必要があろう。パシュトゥーン人は、2000年来の掟である「パシュトゥーン・ワーリ」を守っており、「名誉を失ったらこの世に生きる価値はない」ということわざが存在するほど、何よりも名誉を重んじるという。また、パシュトゥーンの子どもたちは、「パシュトゥーン人のジャンヌ・ダルク」とも冠される「マラライ」という名の羊飼いの娘（演説にもあるように、マララ氏の名前は彼女に由来する）の話――1880年の第2次アフガン戦争で苦戦を強いられていたアフガニスタン軍の前線に進み出て、「このマイワンドの地で死ぬ覚悟はないのですか。生きながらえて恥をさらすつもりですか」と兵士を奮い立たせ、イギリス軍の撃退へとつながった――を聞かされて育つといわれる。ジアウディン氏とマララ氏に共通してみられる自由と権利を手にすることへのゆるぎない信念と覚悟は、こうしたパシュトゥーンの民族的精神性に根ざすものといえるだろう。

マララ氏がノーベル賞受賞記念演説にのぞむ2日前、ユニセフ（国連児童基金）は、「2014年は世界中の何百万人もの子どもたちにとって、恐怖と失望の年である」として、世界各地で武力衝突が激しさを増し、武装勢力によって子どもたちが強制的に徴用され、故意に標的とされているにもかかわらず、これらの危機が国際社会から見過ごされていることに警鐘を鳴らしている。アンソニー・レーク事務局長は、「世界の何百万人もの子どもたちにとって壊滅的な年になりました。教室で勉強しているときや、ベッドで眠りについているときに、子どもたちは殺害されています。親を亡くして孤児になり、誘拐され、拷問を受け、軍に徴用され、レイプされ、さらには奴隷として売られている子どもたちがいます。これほど多くの子どもたちが、言葉にできないほどの残忍な行為の対象となったことは最近の記憶にはありません」と指摘している。

ユネスコ（UNESCO、国連教育科学文化機関）の『世界子ども白書2015』（2014年11月）によると、世界には、戦争・貧困・児童労働などのために初等教育を受けられない子どもは、推定で5700万人、そのうち女子は3200万人に達するという。アジアやアフリカなどの地域には、本人の意思とは無関係に10代前半で結婚を強いられる因習（児童婚）が根強く残っており、これもまた女子が教育の機会を奪われる障壁となっている。マララ氏を精力的な行動へと向かわせる背景には、こうした筆舌に尽くしがたい苦境のただなかに子どもたちが追いこまれている実態がある。

さらにいえば、そのような惨状と不条理を、弱冠17歳の少女が、自らの生命を危険にさらしながら告発し、改善を求めて立ち上がらねばならない状況に置かれていること、これが「子どもの権利条約」採択から四半世紀が経過した子どもたちをめぐるわたしたちの時代の世界の現実である点にも留意する必要があろう。

ただ、国際社会も上述のような事態を傍観しているわけではない。演説でもふれられているように、「ミレニアム開発目標」（Millennium Development Goals, MDGs：2000年の世界ミレニアムサミットで採択された）では、世界が解決すべき8つの課題とその達成すべき期限も示されている。その課題のうち教育に直接関係するものとして、「2015年までに、世界中のすべての子どもが男女の区別なく初等教育の全課程を修了できるようにする」、「可能な限り2005年までに初等・中等教育における男女の格差を解消し、

2015年までにすべての教育レベルにおける男女格差を解消する」が掲げられ、初等教育の完全普及と全教育レベルでの男女間格差の解消がめざされている。しかし、達成期限を迎えようとしている現段階にあっても目標の到達は道半ばである。

　国際社会は、マララ氏に共鳴し、高い評価を寄せた。これには、10代の少女という話題性もあろうが、彼女が格調高く説得力を持った表現で、また、実際の行動で、教育権をはじめ自由・平等・平和といった普遍的な価値を追求していることがあるだろう。「〈強い〉といわれる国々は、戦争を起こすうえでは非常に力強いのに、なぜ平和をもたらす上ではあまりに無力なのでしょうか？　銃をあたえることはとても簡単なのに、本をあたえるのはどうしてこんなにも難しいのでしょうか？　戦車をつくることはとても簡単にできるのに、学校を建てるのはどうしてこんなに難しいのでしょうか？」（ノーベル賞受賞記念演説）として、平穏な日常から遠ざけられている子どもたちの声も代弁しようとするマララ氏の問いかけは、切なく、鋭く、重い。

　「空っぽの教室、失われた子ども期、生かされなかった可能性、これらをわたしたちで、もう終わりにしましょう」（同演説）という彼女の無垢で切なる訴えを、一過性のブームのごとくとりあげてすませるのではなく、この精神をつねに日々の生活のなかでくりかえし深め、真摯に応答し続けていく責務を国際社会は負っている。

　ここに子ども学の基礎文献として、マララ氏のノーベル賞受賞演説の全文を収録するのも、その意をくんでのことである。

〈参考文献〉
Malala Yousafzai with Patricia McCormick, *I am Malala: How One Girl Stood Up for Education and Changed the World*, Young Readers Edition, 2014. マララ・ユスフザイ、クリスティーナ・ラム『私はマララ──教育のために立ち上がり、タリバンに撃たれた少女』（金原瑞人・西田佳子訳、学研マーケティング、2013年）。『マララ・ユスフザイ国連演説&インタビュー集』（朝日新聞社、2014年）。

＊以下のテキストでは、実際に演説された言葉をすべて文字にしている。演説後に国連とノーベル賞委員会が公開しているテキストにない部分は〔　〕で示した。

＊テキスト

　慈悲深く、慈愛あまねきアッラーの御名において。
　パン・ギムン国連事務総長さま、ヴク・ジェレミック国連総会議長さま、ゴードン・ブラウン国連世界教育特使さま、尊敬すべき大人のみなさま、そしてわたしの大切な少年少女のみなさまに、アッサラーム・アライカム〔こんにちは：あなたに平和がおとずれますように〕。
　今日、久しぶりにこうしてまたお話できますのはたいへん光栄なことです。わたしの人生において、このような誉れ高いみなさまとご一緒にこの場にわたしがいることは、なんとすばらしい瞬間でしょうか。〔そして、今日、わたしが故ベーナズィール・ブットー首相[*1]のショールを身にまとっていることを名誉に思います。〕

　どこからお話を始めればよいでしょうか。みなさまは、わたしにどのような話をお望みでしょうか。しかし、まずはじめに、わたしたち誰をも平等に扱ってくださる神さまに、そして、わたしの早い回復と新たな人生を祈ってくれたすべてのみなさまに感謝申し上げます。みなさまがわたしに示してくださった愛情の大きさに驚くばかりです。世界の各地から、あたたかいお見舞いの言葉と贈り物をいただきました。すべてに感謝します。純真な言葉でわたしを励ましてくれた子どものみなさん、ありがとうございます。祈りでわたしを勇気づけてくれた大人のみなさま、ありがとうございます。わたしの傷を癒し、わたしが力を取り戻すのを助けてくださいましたパキスタン、イギリス、アラブ首長国連邦の病院の看護師、医師、そして職員のみなさまに感謝申し上げます。

　わたしは、国連事務総長パン・ギムン氏の世界教育推進活動と国連世界教育特使ゴードン・ブラウン氏と国連総会議長ヴク・ジェレミック氏の活動を、全面的に支持します。みなさまのたゆまないリーダーシップに感謝いたします。みなさまはいつも、わたしたち全員が行動を起こすきっかけを与えてくださいます。

　親愛なる少年少女のみなさまへ、どうか次のことを決して忘れないでください。「マララ・デー」[*2]は、わたし一人のためにあるのではありません。今日という日は、すべての女性たち、すべての少年少女たちが自分の権利のために声を上げるためにある日なのです。

　何百人もの人権活動家、そしてソーシャルワーカーのみなさまがおられます。彼らは人権について訴えるだけでなく、教育、平和、そして平等という目標を達成するために闘っています。　何千もの人々がテロリストに命を奪われ、何百万もの人たちが傷つけられました。わたしもその一人です。

　そして今、わたしはここに立っています。傷ついた数多くの人たちのなかの一人の少女として。わたしは──自分自身のためではなく──すべての少年少女のみなさまのために訴えます。わたしは声を上げます──といっても、それはわたしが声高に叫ぶためではなく──声を届けることができないでいる「声なき人々」のためにです。かれらは、
　　平和に暮らす権利、
　　尊厳を失わずに扱われる権利、
　　機会が均等であることへの権利、
　　教育を受ける権利、
　という自分たちの権利のために闘っているのです。
　親愛なるみなさま、2012年10月9日、タリバンはわたしの額の左側を銃で撃ちました。わたしの友人たちも撃たれました。彼らは銃弾でわたしたちを黙らせようとしたのです。しかし、彼らは失敗しました。わたしたちが沈黙したそのとき、数えきれないほどの声が上がったのです。テロリストたちはわたしたちの目

的を変更させ、志を阻止しようと考えたのでしょう。しかし、わたしの人生で変わったものは何ひとつありません。次のことを除いて。それは、わたしの中で弱さと恐怖、絶望が消え、強さと力と勇気が生まれたことです。わたしはこれまでと同じ「マララ」のままですし、わたしの志もまったくそのままです。わたしの希望も、夢もまったく同じままです。

親愛なる少年少女のみなさま、わたしは誰にも抗議していません。タリバンや他のテロリストグループに対して個人的な復讐心からここでお話をしているわけでもありません。ここでお話しているのは、すべての子どもたちの教育権をはっきりと主張するためです。すべての過激派、とりわけタリバンの息子や娘たちに教育が必要だと思うのです。

わたしは、自分を撃ったタリバン兵士さえも憎んではいません。たとえ今わたしが銃を手にして、彼がわたしの前に立っていたとしても、わたしは彼を撃たないでしょう。これは、わたしが預言者モハメッド、キリスト、ブッダから学んだ慈悲の心です。これは、マーチン・ルーサー・キング[*3]、ネルソン・マンデラ[*4]、そしてムハンマド・アリー・ジンナー[*5]から受け継がれた変革という財産なのです。これは、わたしがガンディー[*6]、バシャ・カーン[*7]、そしてマザー・テレサ[*8]から学んだ非暴力という哲学なのです。そして、これはわたしの父と母から学んだ「許しの心」です。これは、わたしの魂が「穏やかでいなさい、すべての人を愛しなさい」とわたしに訴えていることなのです。

親愛なるきょうだいのみなさま、わたしたちが光の大切さに気づくのは暗闇のなかにいる時です。わたしたちは沈黙させられると声を上げることの大切さに気づきます。同じように、パキスタン北部のスワートにいて、銃を目にしたとき、わたしたちはペンと本の大切さに気づきました。

「ペンは剣よりも強し」ということわざがあります。これは真実です。過激派は本とペンを恐れます。教育の力が彼らを恐れさせます。彼らは女性を恐れています。女性があげる声の力が彼らを恐れさせるのです。だから彼らは、先日クエッタを攻撃したとき、14人もの罪のない医学生を殺したのです。だから彼らは、多くの女性教師や、カイバル・パクトゥンクワ州[*9]やFATA[*10]にいるポリオの研究者たちを殺害したのです。だから彼らは、毎日学校を破壊するのです。なぜなら、彼らは、わたしたちが自分たちの社会にもたらそうとした自由を、そして平等を恐れていたからです。そして彼らは、今もそれを恐れているのです。

わたしたちの学校にいた少年に、あるジャーナリストがこんなことをたずねていたのを覚えています。「なぜタリバンは教育に反対しているの?」と。彼は自分の本を指さしながら、とてもシンプルに答えました。「タリバンはこの本に書かれていることを知らないからだよ」。彼らは、神さまを、ちっぽけで取るに足りない保守的な存在と考え、ただ学校に行っているというだけで女の子たちを地獄に送っているのだと考えています。テロリストたちはイスラムの名を悪用し、パシュトゥーン人社会を自分たちの個人的な利益のために悪用しているのです。パキスタンは平和を愛する民主的な国です。パシュトゥーン人は自分たちの娘や息子に教育を与えたいと思っています。イスラムは平和、慈悲、兄弟愛の宗教です。イスラム教は、すべての子どもに教育を与えることは義務であり責任である、と言っています。

親愛なる国連事務総長さま、教育には平和が欠かせません。世界の多くの場所、とくにパキスタンとアフガニスタンでは、テロリズム、戦争、紛争のせいで子どもたちは学校に行くことができません。わたしたちは本当にこういった戦争にうんざりしています。女性と子どもは、世界の多くの場所でさまざまな被害を受けています。インドでは、純真で恵まれない子どもたちが児童労働の犠牲者となっています。ナイジェリアでは多くの学校が破壊されています。アフガニスタンでは人々が過激派の妨害に長年苦しめられています。幼い少女は家で労働をさせられ、低年齢での結婚を強いられています。貧困、無学、不正、人種差別、そして基本的権利の剥奪——これらが、男女を問わず直面しているおもな問題なのです。

親愛なるみなさま、本日、わたしは女性の権利と女の子の教育という点に絞ってお話します。なぜなら、彼女たちこそがいちばん苦しめられているからです。かつて女性の社会活動家は、女性の権利のために立ち上がってほしいと男性に求めていました。しかし今、わたしたちはそれを自分で行います。これは、男の人たちに、女性の権利のために活動するのを止めてくれ、と言っているわけではありません。女性が自立し、自分たちの力で闘うことに絞ってお話をしたいのです。

親愛なる少女、少年のみなさま、今こそ自由に主張すべき時です。そこで今日、わたしたちは世界のリーダーのみなさまに、平和と繁栄に重点をおいた重要な政策に変更してほしいと呼びかけます。

わたしたちは世界のリーダーのみなさまに、すべての和平協定が女性と子どもの権利を守るものでなければならないと呼びかけます。女性の尊厳と権利に反するいかなる政策も、受け入れられません。

わたしたちはすべての政府に、無料の義務教育を全世界のすべての子どもたちに保証するよう求めます。

わたしたちはすべての政府に、テロリズムと暴力に立ち向かい、残虐行為や危害から子どもたちを守ることを求めます。

わたしたちは、発展途上国の女の子たちが教育を受ける機会を拡大するための支援を、先進諸国に求めます。

わたしたちはすべての地域社会が、寛容であるこ

とを求めます――カースト、信条、宗派、皮膚の色、宗教、あるいはジェンダーに基づいた偏見をなくすためです。女性の自由と平等を守れば、その地域は繁栄するはずです。人類の半数を占めるわたしたち女性が抑圧されていたら、それらのすべてを成し遂げることはできないでしょう。

わたしたちは世界中の女性たちが勇敢になることを求めます――自分の中に込められた力をしっかりと受けとめ、そして自分たちの最大限の可能性を発揮するためです。

親愛なる少年少女のみなさま、すべての子どもたちの明るい未来のために、わたしたちは学校と教育を求めます。わたしたちは、「平和」と「すべての人に教育を」という目的地をめざす旅を続けます。

わたしたちのこの旅を止めることは誰にもできません。わたしたちは、自分たちの権利のために声を上げ、わたしたちの声を通じて変化をもたらします。自分たちの言葉の力を、強さを信じましょう。わたしたちの言葉は世界を変えられるのです。

なぜならわたしたちは、教育という目標のためにひとつになって連帯できるからです。そしてこの目標を達成するために、知識という武器で力を蓄えましょう。そして連帯して、心をひとつにすることで自分たちを守りましょう。

親愛なる少年少女のみなさま、わたしたちは、今なお何百万人もの人たちが貧困、不当な扱い、そして無学に苦しめられていることを忘れてはいけません。何百万人もの子どもたちが学校に行けないでいることを忘れてはいけません。少女たち、少年たちが明るい、平和な未来を待ち望んでいることを忘れてはいけません。

世界のいたるところで、無学、貧困、そしてテロリズムと闘いましょう。本とペンを手にとって学びましょう。そうすることがわたしたちにとってもっとも強力な武器なのです。

1人の子ども、1人の教師、1冊の本、そして1本のペン、それで世界は変えられます。教育こそがただひとつの解決策です。まず最初に教育を！〔One child, one teacher, one pen and one book can change the world. Education is the only solution. Education First.〕みなさま、ありがとうございました。

*1 ベーナズィール・ブットー（Benazir Bhutto, 1953-2007）――パキスタンの政治家。ハーヴァード大学のラドクリフ・カレッジおよびオックスフォード大学レディー・マーガレット・ホール校で学んだ。イスラム諸国家における初の女性首相（1988-1990, 1993-1996）。のちに暗殺された。

*2 「マララ・デー」（Malala Day）――マララ・ユスフザイ（Malala Yousafzai, 1997-）氏は、2012年10月9日、通学していた中学校から帰宅するためスクールバスに乗っていたところを複数の男たちに銃撃され、頭部と首に計2発の銃弾を受けた。一緒にいた2人の女子生徒とともに負傷したが、2ヶ月半後の2013年1月に奇跡的に回復した。シモーヌ・ド・ボーヴォワール賞を受賞したあと、同年7月12日の彼女の誕生日に国際連合本部で女子教育の重要性と非暴力、教育による貧困と差別の克服を訴えた。国連は彼女の功績をたたえ、この日を「マララ・デー」とした。

*3 マーチン・ルーサー・キング・ジュニア（Martin Luther King, Jr., 1929-1968）――アメリカのプロテスタント・バプテスト派の牧師。「キング牧師」の名で知られ、1960年代のアメリカにおけるアフリカ系アメリカ人公民権運動の指導者として活動した。1963年8月28日のワシントン大行進におけるリンカーン記念堂の前での名演説「I Have a Dream」（当時34歳）で知られる。1964年のノーベル平和賞受賞者。1968年、遊説先のテネシー州で暗殺された。39歳であった。

*4 ネルソン・ホリシャシャ・マンデラ（Nelson Rolihlahla Mandela, 1918-2013）――南アフリカ共和国の政治家、弁護士、人種差別活動家。27年に及ぶ獄中生活の後、下院議員、アフリカ民族会議議長、南アフリカ共産党中央委員を歴任し、南アフリカで民主的に選出された最初の大統領となった。ネルー賞、ユネスコ平和賞、アフリカ賞、サハロフ賞、ノーベル平和賞などを受賞。

*5 ムハンマド・アリー・ジンナー（Muhammad Ali Jinnah, 1876-1948）――インド・ムスリム連盟の指導者、独立パキスタンの初代総督。パキスタンでは「カーイデ・アーザム」（もっとも偉大な指導者）あるいは「バーバーイェ・コウム」（建国の父）として知られる。

*6 マハトマ・ガンディー（モーハンダース・カラムチャンド・ガーンディー, Mohandas Karamchand Gandhi, 1869-1948）――インドのグジャラート出身の弁護士、宗教家、政治指導者。「マハトマ・ガンディー」（＝マハートマー・ガーンディー）として知られるインド独立の父。「マハートマー」（偉大なる魂）という呼び名は、インドの詩聖タゴールから贈られたとされているガンディーの尊称とされる。南アフリカで弁護士をしながら公民権運動に参加した。帰国後、インドのイギリスからの独立運動を、「非暴力、不服従」を提唱して指導した。この「非暴力、不服従」の考えは、政治思想として植民地解放運動や人権運動などにおいて平和主義的手法として世界中に大きな影響をあたえ、マーティン・ルーサー・キング・ジュニア、ダライ・ラマ14世らがこれに倣ったことが知られている。

*7 バシャ・カーン（カーン・アブドゥル・ガッファール・カーン Khan Abdul Ghaffar Khan, 1890-1988）――パシュトゥーン人独立運動のリーダー。

*8 マザー・テレサ（Mother Teresa、本名はアルバニア語でアグネス・ゴンジャ・ボヤジュ [Agnesë Gonxhe Bojaxhiu], 1910-1997）――カトリック教会の修道女として、修道会「神の愛の宣教者会」（Missionaries of Charity）を創設した。「マザー」は指導的な修道女への敬称で、「テレサ」は修道名。インドのコルカタ（カルカッタ）で献身的にはじめたテレサの貧しい人々のための活動は、後進の修道女たちによって全世界に広められ、1973年のテンプルトン賞、1979年のノーベル平和賞、1980年のバーラ・ラトナ賞、1983年にエリザベス2世から優秀修道会賞など多くの賞を受けた。

*9 カイバル・パクトゥンクワ州（Khyber Pakhtunkhwa）――パキスタン北部の州。旧称は北西辺境州。州都および

政治・経済の中心はペシャワル。18世紀末にはパキスタン北西部とアフガニスタン東部との国境を形成する山岳地帯を占めるシク王国の一部であった。

＊10 FATA（Federally Administered Tribal Areas）──連邦直轄部族地域。パキスタンのどの州にも属さない、パキスタン国内北西部のアフガニスタン国境地帯。

43 マララ・ユスフザイ「2014年度ノーベル平和賞受賞記念演説」（全文、2014年12月10日オスロ）

＊出典
http://www.nobelprize.org/nobel_prizes/peace/laureates/2014/yousafzai-lecture_en.html
http://www.asahi.com/articles/ASGD95VDLGD9UHBI01G.html
（沖塩有希子訳）

＊解説　前項を参照。

＊テキスト

　慈悲深く慈愛あまねく慈愛深きアラーの御名において。

　国王、王妃両陛下、皇太子、皇太子妃両殿下、ならびにノルウェー・ノーベル賞委員会のみなさま、親愛なる姉妹と兄弟のみなさん、本日はわたくしにとって、とても素晴らしく幸せな日です。ノーベル賞委員会がわたしをこの貴重な賞に選んでくださったことは、畏れ多いことです。

　わたしに、絶えることなく支援と愛をくださったすべてのみなさまに感謝申し上げます。今なお世界じゅうから手紙やカードを届けてくださっているみなさまにお礼を申し上げます。わたしは、こうしたみなさんのやさしい励ましの言葉に元気づけられ、刺激を受けています。

　わたしに無償の愛を注いでくれる両親にも感謝します。わたしの翼を折らずに羽ばたかせてくれている父に、感謝します。がまん強くなろう、いつも真実だけを語ろうという気持ちにさせてくれている母に、感謝します──真実を語ることこそが、イスラムのまことのメッセージだと強く信じています。そして、わたしに自分を信じ、勇気を持てと励ましてくださった素晴らしい先生たちすべてに感謝しています。

　最初のパシュトゥーン人、最初のパキスタン人として、そして最初の若者としてこの賞をいただくことをとても誇りに思っています。また、弟たちといまだにけんかをしているノーベル平和賞の受賞者は、わたしが初めてではないでしょうか。世界じゅうが平和になってほしいのですが、わたしと弟たちは和平に向けて努力しているところです。

　また、長年、子どもの権利擁護に取り組んでおられるカイラシュ・サティアルティさんと一緒にこの賞をいただけるのを光栄に思います。サティアルティさんは、実際に、わたしが生きてきた年月の２倍も、この問題に取り組んでこられます。わたしたちインド人とパキスタン人が共に力を合わせて子どもの権利という目標を達成できると世界に示せていることもうれしいです。

　親愛なる兄弟、姉妹のみなさん。わたしの名前は、「パシュトゥーン人のジャンヌ・ダルク」と呼ばれる（民族的英雄である）「マイワンドのマラライ」にちなんで名付けられたものです。「マララ」という言葉には、「悲しみにうちひしがれた」「悲しい」という意味があります。ですが、わたしの祖父はその名前に「幸せ」という意味を付け加えようと、「マララ、この世界で一番幸せな女の子」といつも呼んでくれます。そして本日、大切なことのために私たちが共に闘っていることをとても幸せに感じています。

　今回の賞は、わたしだけのものではありません。教育を望みながら忘れ去られたままの子どもたち、平和を求めながら脅かされている子どもたち、変革を求めながら声を上げられない子どもたちに与えられた賞なのです。わたしは、彼らの権利を守るために、彼らに声を上げてもらうために、ここに来ています。今は、彼らを哀れむ時ではありません。教育を奪われた子どもたちをもうこれ以上目にしなくてもすむようにするために、行動を起こす時なのです。

　わたしは、人びとがわたしのことをいろいろなふうに呼ぶのを知りました。ある人は、タリバンに撃たれた少女と呼び、ある人は、権利のために闘う少女と呼びます。そして今は、「ノーベル賞受賞者」と呼ぶ人もいます。ほんとうのわたしは、ただひたすら、全ての子どもたちが質の良い教育を受けられることを望み、女性が平等な権利を持つことを望み、そして世界の隅々までが平和であることを願っている、信念をもった、頑固な人間にすぎません。

　教育は人生の恵みの一つであり、人生に欠かせないものの一つでもあります。これは、私の１７年の人生の経験で分かったことです。わたしは、パキスタン北部のスワット渓谷にある故郷で、いつも学校を愛し、新しいことを学ぶことを愛していました。特別な日には、友だちと一緒に（植物染料の）ヘナを使って自分たちの手を飾り付けたことを思い出します。花や模様ではなく、数学の公式や方程式を描いたものでした。

　わたしたちの未来はこうしたことを学べる教室の中にまさにあるのですから、わたしたちは教育を渇望していました。一緒に座り、本を読み、学んだものでした。わたしたちはきちんとした身なりの制服にそでを通すのが好きでしたし、大きな夢を抱いて教室の席に座っていたものです。両親に誇らしく思ってもらい、勉強で良い成績を上げたり、何かを成し遂げたりとい

う、一部の人が男の子にしかできないと思っていることを、女の子にでもできると証明したかったのです。

でも、こうした日々は続きませんでした。観光客が訪れる美しい土地だったスワートは突然、テロリズムが吹き荒れる地に変わってしまいました。そのとき、わたしは10歳でした。400以上の学校が破壊されてしまいました。女の子たちは学校に通うのを禁じられました。女性たちがむちで打たれ、罪のない人々が殺されました。わたしたちの誰もが苦しみました。こうして、わたしたちのすてきな夢は悪夢に変わってしまいました。教育は権利から犯罪へと変わりました。

しかし、わたしを取り巻く世界が突然変わった時、わたしの中の優先順位も変わりました。わたしには二つの選択肢がありました。一つめは、沈黙したまま殺されるのを待つこと。二つめは、声を上げて殺されること。わたしは後者を選びました。声を上げようと決めたのです。わたしたちの権利を否定し、情け容赦なく人びとを殺し、イスラムの名を悪用するテロリストの不正な行為をただ傍観することは、わたしたちにはできませんでした。わたしたちは声を上げ、彼らに言おうと決めました。「聖典『コーラン』の中でアラーの神は、一人を殺せば人類全体を殺したも同然だとおっしゃったことをあなたたちは学ばなかったのですか？ 預言者ムハンマドが「自らも他者も傷つけてはならない」と説いていることや、『コーラン』の最初の言葉が「読み取れ」という意味の「イクラ」（iqura）であることを知らないのですか？」と。

2012年10月9日に、テロリストたちはわたしたちを阻止しようとして、私と友だちを襲撃しました。しかし、彼らの銃弾は勝利をおさめることはできませんでした。わたしたちは生き残り、その日から、わたしたちの声はより大きくなる一方です。わたしが自分の身に起こったことをお話するのは、それが珍しいからではなく、どこにでもある話だからです。これは、多くの女の子たちに共通する話なのです。

今日は、彼女たちの話もします。ここオスロには、そうした話を共有する仲間や、パキスタン、ナイジェリア、そしてシリアからも仲間が来てくれています。勇敢な同志であるシャジアとカイナート・リアズは、あの日、スワートでわたしと共に銃撃を受けました。彼女たちは、痛ましいトラウマを経験しました。パキスタンから来てくれたカイナート・ソムロは、ひどい暴力と虐待に苦しみ、兄弟を殺されても屈することはありませんでした。

マララ基金の活動を通じて出会い、今では姉妹のような少女たちもここにいます。勇敢な16歳のメゾンはシリア出身です。今はヨルダンの難民キャンプで暮らし、テントを回りながら女の子や男の子たちの勉強を手助けしています。そして、アミナの出身地であるナイジェリア北部では、（イスラム過激派の）ボコ・ハラムが、女の子たちが学校に行きたいと望んだというだけで、彼女らを脅して追いまわし、拉致したりさえしています。

わたしは、ハイヒールをはいても身長約157センチそこそこの一人の女の子、一人の人間です。でも、たった一人で声を上げているわけではありません。わたしは大勢の代弁者なのです。わたしはマララであり、シャジアでもあるのです。カイナート・リアズであり、カイナート・ソムロであり、メゾンであり、アミナなのです。わたしは、学校に通えない6600万人の女の子なのです。

人びとはよくわたしに、なぜ教育がとりわけ女の子にとって重要なのかとたずねます。わたしの答えはいつも同じです。聖典『コーラン』の最初の二章からわたしが学んだのは「イクラ」という言葉です。これは「読み取れ」を意味します。また、「ヌーン・ワルカラム」は、「ペンによって」を意味します。ですから、昨年（2013年10月）、国連でお話ししたとおり、「1人の子ども、1人の教師、1本のペン、そして1冊の本で世界を変えられる」のです。

親愛なる兄弟と姉妹のみなさん、今日、わたしたちは、世界の半分で、急速な進歩、近代化、そして開発を目の当たりにしています。しかし、いまだに何百万もの人びとが飢饉、貧困、不正、そして紛争といった非常に古い問題に苦しんでいる国々があります。

実際、2014年は、第1次世界大戦が始まってから1世紀が過ぎた年にあたりますが、100年前に何百万人もの生命を失った際の教訓からわたしたちがまだ十分に学んでいないことをあらためて思い知らされています。今も、何十万もの罪のない人びとが生命を失う紛争があります。シリアやガザ、イラクでは多くの家族が難民となっています。ナイジェリア北部には、今でも学校に通う自由がない女の子たちがいます。パキスタンとアフガニスタンでは、自爆攻撃や爆弾で罪なき人々が殺されています。アフリカでは、多くの子どもたちが貧困のため学校に行けません。インドとパキスタンでは、カイラシュ・サティアルティさんがおっしゃっているように、多くの子どもたちが、社会的なタブーのために教育の権利を奪われたり、児童労働を強制されたりしており、女の子が児童婚を強いられたりもしています。わたしと同い年のとても仲の良い級友の1人は、勇敢で自信に満ちた女の子で、医者になることを夢見ていました。しかし、彼女の夢は夢のままで終わりました。12歳で結婚させられ、彼女自身がまだ子どもだった時に息子を産みました。わずか14歳の時です。彼女はとても良い医者になっただろうと思います。でも、それはかないませんでした。彼女が女の子だったからです。

彼女の話こそ、わたしがノーベル賞の賞金をマララ基金に託す理由です。世界中の女の子たちに質の高い

教育を与える手助けをし、指導者たちにわたしやメゾンやアミナのような女の子を支援するよう呼びかけるためです。この資金は最初に、わたしの心のよりどころであるパキスタン、とくにわたしの故郷スワートとシャングラでの学校建設のために使われます。

　わたしの村には、いまだに女の子が通える中学校がないのです。わたしは、友だちが教育を受け、夢をかなえる機会が得られる学校を建てたいのです。わたしはそこから始めますが、それで終わりにするつもりはありません。すべての子どもたちが学校に行くのを見届けるまで闘い続けるつもりです。わたしは、銃撃されて死線をくぐり抜けたあと、より強くなったと感じています。わたしを、あるいはわたしたちを、誰も止めることはできないとわかったからです。今では、わたしたちは何百万人（もが仲間）になり、一緒に立ち上がっているからです。

　親愛なる兄弟と姉妹のみなさん、変革をもたらした偉大な人々、例えば（アメリカの公民権運動の指導者）マーチン・ルーサー・キング牧師、（南アフリカで黒人解放闘争を主導した）ネルソン・マンデラ氏、（貧しい人々の救済に尽くした修道女）マザー・テレサや（ミャンマーの民主化運動の指導者）アウン・サン・スー・チー氏は、いずれの方々もかつてこの場に立ちました。カイラシュ・サティアルティさんとわたしがこれまでしてきた取り組みやこれからの取り組みも、絶えず変革を、それも息の長い変革を、もたらして欲しいと願っています。

　わたしの大きな願いは、子どもの教育のためにわたしたちが闘わなくてはならないのがこれで最後になることです。わたしたちがこの問題を解決し、最後になるよう、みなさんが一致団結してわたしたちの取り組みを支持してくださるよう願っています。

　くりかえしますが、すでにわたしたちは正しい方向に向けて多くの歩みを重ねてきています。今こそ、それを飛躍させる時です。教育がいかに重要であるかを理解するよう指導者たちに求める時ではありません──彼らはすでに知っているのです──指導者たちの子どもはみな良い学校に入っているのですから。今こそ行動を起こすよう彼らに求める時です。わたしたちは、世界の指導者たちが一致団結して教育を最重要課題とするよう求めます。

　15年前、世界の指導者たちは「国連ミレニアム開発目標」という一連の地球規模の目標を定めました。その時から一定の成果は見られました。学校に通えない子どもたちは半減しました。しかし、世界は初等教育の拡充だけに目を向けていましたし、進展がすべての子どもたちに行き渡ったわけではありません。来年、2015年には、次の一連の目標である「持続可能な開発目標」を決めるため、世界中の代表が国連に集まります。これは、来るべき世代のための世界の大きな目標を設定することになるでしょう。これを、世界の指導者たちは、すべての子どもたちに無償の良質な初等教育と中等教育を保証する機会と捉えなくてはなりません。このことを現実的でないとか、費用がかかりすぎるとか、あまりにも困難だと言う人もいるでしょう。不可能なことだという声すら上がるかも知れません。しかし、今こそ世界はもっと大きな視野で考えるべき時ではないでしょうか。

　親愛なる兄弟と姉妹のみなさん。いわゆる大人の世界は理解するのでしょうが、わたしたち子どもには分かりません。「強い」といわれる国々は、戦争を起こす上では非常に力強いのに、なぜ平和をもたらす上ではあまりに無力なのでしょうか？　銃を与えることはとても簡単なのに、本を与えるのはどうしてこんなにも難しいのでしょうか？　戦車をつくることはとても簡単にできるのに、学校を建てるのはどうしてこんなに難しいのでしょうか？

　21世紀の現代に生きるわたしたちは、不可能なことはないと信じています。月にだって行けるし、火星にもそのうち着陸するかもしれません。だとしたら、同じこの21世紀に、誰もが良質な教育を受けられるという夢もかなえることができると決意を持たなくてはならないのです。

　すべての人びとに平等と正義、そして平和をもたらしましょう。そのためには、政治家や世界の指導者たちだけでなく、わたしたち全員が貢献しなくてはなりません。わたしも。あなたも。それがわたしたちの義務なのです。ですから、わたしたちは立ち止まらず、努力しなくてはなりません。わたしの仲間である子どもたちに、世界中で立ち上がってもらいたいと呼びかけます。

　親愛なる姉妹と兄弟のみなさん、みんなで最後になることを決める最初の世代になりましょう。

　空っぽの教室、失われた子ども期、生かされなかった可能性。

　これらをわたしたちで、もう終わりにしましょう。

　少年や少女が子ども期を工場で過ごすのは、もう終わりにしましょう。

　女の子が児童婚を強いられるのは、もう終わりにしましょう。

　純真な子どもが戦争で命を落とすのは、もう終わりにしましょう。

　教室が空っぽのままなのは、もう終わりにしましょう。

　女の子が教育を受けるのは権利ではなく犯罪だと言われるのは、もう終わりにしましょう。

　子どもが学校に通えないのは、もう終わりにしましょう。

　終わりにすることを始めましょう。

わたしたちで終わりにしましょう。
　そして、今ここから、より良い未来を築いていきましょう。
　ありがとうございました。

7　子ども観史・子ども学研究

44　柳田国男「子供から大人へ」（抜粋、1942年、『子ども風土記』所収）

＊出典
柳田国男『こども風土記・母の手毬歌』〔1941年4月1日～5月16日朝日新聞連載。翌年2月単行本刊行〕（岩波文庫、1976年）、44-45ページ。

＊解説──後藤翔子
生涯
　柳田国男（1875-1962）は、日本における民俗学の創始者。研究分野は民俗学のみならず、人文・歴史・社会科学すべてにわたっている。柳田は「経世済民」という言葉を用いて専門分化した西欧近代科学の弊害を見抜いて学問の統合を主張した。専門分化を忌み嫌っており、その姿勢が彼の多岐にわたる研究業績にみられる。兵庫県神東郡田原町辻川の松岡家に生まれる。幼少期は辻川や茨城の長兄鼎のもとで暮らし、東京の三兄泰蔵（井上通泰）のもとで文学に親しんだ。一高卒業の前年に両親を失い、東大法学部入学後、農政学に転じた。1900年に大学を卒業して農商務省入り、この秋に柳田家の養子となった。1902年、法制局参事官となる一方で、田山花袋や島崎藤村らと文学の集いをつくる。1910年には新渡戸稲造のもと石黒忠篤らと郷土界をつくり、同年には『石神問答』『遠野物語』などを出版した。1914年には貴族院書記官長となったが、1920年に官界を離れ朝日新聞社に入社する。1921年には国際連盟委任統治委員会委員としてジュネーヴに赴いた。1925-29年まで雑誌『民族』を刊行しており、この間にあった学生運動が講演集『青年と学問』に集約される。柳田は幼少期から読書の機会に恵まれ、青年期から壮年期にかけては旅行の機会に恵まれた。関東大震災や第二次世界大戦など、日本の変動期の経験を長年蓄え、成熟させながら学問を形成した。また、ヨーロッパで文学や学問の方法論を学び、生涯にわたって方法論を修練しつづけたとされる。柳田の研究対象は日本であったが、ヨーロッパの学問的な方法論をつねに学びながら目の前の事象を追究しつづけており、単に土着の学問と規定することはできないと同時に、日本民俗学の研究は今なお途上にあり、今日のわれわれの課題として広がっている。

テキストについて
　以下に示したテキストでは、柳田が戦前から、近代以前において「子ども」と「大人」は分離された概念ではなく、子どもは子どもとして存在していなかったことを指摘している。柄谷行人氏は、近代日本の教育にかんして、「学制」自体が問題だが教育論はすべて近代教育制度の自明性の上に成立するなか、このような教育概念の自明性を疑ったのが柳田国男であったとしている。テキストにもあるように、柳田は第一の指摘において、年上の子どもが世話を焼き、小さい子どもも早く仲間にくわわろうと意気込む両者の意識があることで、子どものあいだで遊戯法を引き継ぎやすく、また忘れがたくしたとしている。柳田にとっては、これもまた重要な教育の一環であり、柄谷氏は柳田国男の第一の指摘によって「近代日本の「義務教育」が、子供を「年齢別」にまとめてしまうことによって、従来の生産関係・諸階級・共同体に具体的に属していた子供を抽象的・均質的なものとして引き抜くことを意味した」としている。子どもがもっとも子どもらしいのは遊ぶときであり、その時に年齢で区分されることはない。しかし、近代日本の教育制度は、学校において子どもを年齢で区分しており、子どもから子どもらしさを奪っているといえる。徴兵制は従来の社会的生活から青年層を奪いとるものであり、学制で学校に子どもを取られるというのは、農民や商人たちにとって従来の生産様式を破壊されることに等しかった。それゆえ、徴兵制についてはしばしば否定的に言及されることはあっても、「学制」自体が問題にされないことは奇妙であるとしている。軍隊は、それまでの諸階級・諸生産様式に所属していた人間を独立させ、集団的規律と機能的在り方を教育するものであった。明治期の学校教育の成立によって、従来の生活様式と身分から独立した人間を民主主義的あるいは社会主義的に作り出すことを「教育」の進歩だと考える者は、「教育」それ自体の歴史性をみていないとしている。
　また、柄谷氏は小川未明からはじまる近代日本の児童文学は、「子どもの不在」を批判した児童文学者が主張する「真の子ども」もまた一つの観念にすぎず、「子ども」という概念自体が近代になって発見されたものにすぎないとした。日本における児童文学の確立が遅れたのは、「文学」の確立が遅れたからにすぎないと主張する。「子ども」は風景と同様に疑いなく存在するが、「子ども」という概念そのものが近代国家の制度の産物であるということに児童文学者や教育者は無自覚で、観念にすぎない「真の子ども」を追究しつづけてきた、と指摘している。

〈参考文献〉
　柄谷行人『定本　日本近代文学の起源』（岩波現代文庫、2008年）、「第5章　児童の発見」、165-199, 341-344ページ。

＊テキスト（現代表記）
　児童に遊戯を考案して与えるということは、昔の親たちはまるでしなかったようである。それが少しも彼らを寂しくせず、元気に精一杯遊んで大きくなっていたことは、不審に思う人がないともいわれぬが、前代のいわゆる児童文化には、今とよっぽど違った点があったのである。
　第一には小学校などの年齢別制度と比べて、年上の子どもが世話を焼く場合が多かった。彼らはこれによって自分たちの成長を意識しえたゆえ、悦んでその任務に服したのみならず、一方小さい方でも早くその仲間に加わろうとして意気ごんでいた。この心理はもう衰えかけているが、これが古い日本の遊戯法を引継ぎ

やすく、また忘れがたくした一つの力であって、御蔭でいろいろの珍しいものの伝わっていることをわれわれ大供も感謝するのである。

　第二には小児の自治、かれらが自分で思いつき考えだした遊びかた、物の名や歌ことばや慣行の中には、何ともいえないほど面白いものがいろいろあって、それを味わっていると浮世を忘れさせるが、それはもっと詳しく説くために後まわしにする。

　第三には今日はあまり喜ばれぬ大人の真似、小児はその盛んな成長力から、ことのほか、これをすることに熱心であった。昔の大人は自分も単純で隠しごとが少なく、じっと周囲に立って視つめていると、自然に心持の小児にもわかるようなことばかりをしていた。それに遠からず彼らにもやらせることだから、見せておこうという気もなかったとはいえない。共同の仕事にはもとは青年の役が多く、以前の青年はことに子どもから近かった。故に十二、三歳にもなると、子どもはもうそろそろ若者入りの支度をする。一方はまたできるだけ早く、そういう仕事は年下の者に渡そうとしたのである。今でも九州や東北の田舎で年に一度の綱曳という行事などは、ちょうどこの子ども遊びとの境目に立っている。もとは真面目な年占いの一つで、その勝ち負けの結果を気にかけるくせに、夜が更けてくると親爺まで出て曳くが、宵のうちは子どもに任せて置いて、よほどの軽はずみでないと青年も手を出さない。村の鎮守の草相撲や盆の踊などもみなそれで、だから児童はこれを自分たちの遊びと思い、のちにはそのために、いよいよ成人が後へ退いてしまうのである。

45　佐野美津男『子ども学』(抜粋、1980年)／「子ども学へのいざない」(抜粋、1983年)

*出典

佐野美津男『子ども学』(農山漁村文化協会、1980年)、11-12ページ。佐野美津男『論集子ども学 第二集』(杉山書店、1983年)、「第一章　子ども学へのいざない」。

*解説——北本正章

　佐野美津男(1932-1987)は東京生まれの、日本の児童文学作家、評論家。本名、嵩俊。1945年3月9日に学童疎開先の宮城県から、都内の中学校に入学するために引率されてSL列車で東京に向かったが、上野駅に到着する直前に東京大空襲があり、両親と家族すべてを失って孤児となった。12歳であった。10代のほとんどを放浪し、25歳頃から児童文学を中心とする創作活動をはじめた。代表作に『浮浪児の栄光』(初版1961年、小沢書店。小峰書店、1983年)、詩集に『宇宙の巨人』(理論社、1975年)。戦後の子ども学研究に重要な問題提起を行なった。東京都立蔵前工業高等学校卒。大学中退。相模女子大学教授在職中に54歳で急死。

*テキスト

　子ども学は、子どもを対象とするさまざまな分野、すなわち子ども関連諸学の総合化をめざしている。

　子ども学として総合化される子ども関連諸学は、子どもそのものに即して当否を検証されなければならない。

　体験主義としての子どもに対する知識は、子どもに対するきめつけに同化しやすく、子ども学のめざす方向とは相容れない。

　たくさんの子どもたちが、人間としての危機に直面しているときに、その事実を見きわめることもしないで、しかも大勢のおとなたちのなやみの声にも耳を傾けず、ありきたりの希望の歌をうたう神経が、まっとうなものであるはずはない。素直な絶望は、かたくなな希望よりも、ずっと人間的にはあたたかいのである。

46　フィリップ・アリエス『〈子供〉の誕生』(1960、1973年)

*出典

Philippe Ariès, *L' Enfant et la vie familiale sous l' Ancien Régime* (Éditions du Seuil, Paris, 1960, 1973). アリエス『〈子供〉の誕生——アンシァン・レジーム期の子供と家族生活』(杉山光信・杉山恵美子訳、みすず書房、1980年)、2-3、381、386ページ。

*解説——伊藤敬佑・北本正章

　フィリップ・アリエス(Philippe Ariès, 1914-1984)は、20世紀を代表する歴史家の一人として知られる。ミシェル・フーコーによる「狂気の発見」、C・レヴィ＝ストロースによる「野生の発見」と並んで、アリエスは歴史における「子ども期の発見」をおこなったことで、20世紀における3つの「知の発見者」の一人と言われる。社会史、心性史あるいは歴史人類学などさまざまに表現されるアリエスの研究関心と対象、資料分析の方法の特質は、紆余曲折に富んだ彼の知的オデッセイの中で醸成されたものであった。晩年の著作『日曜歴史家』[*1]は、アリエスの自己形成史であり、人間性と社会性をもっとも色濃く映しだす現象について、生涯にわたって探求しつづけたアリエスの知的世界をよくあらわしている。

　アリエスは、1914年、カトリックで王党派的な家庭に生まれた。彼の家族は、18世紀にピレネー山麓に位置する小さな寒村を出てマルティニック島に移り住んだ一族の末裔で、アリエスの両親も植民地生まれの白人であったが、のちにボルドーに引き上げ、電気技師であった父親の仕事の関係でロワール河畔ブロワに転居した。家族構成は両親のもとに彼の兄弟が4人、母方の祖母とその妹、父親の妹、使用人、お手伝いという多人数の世帯であった。さまざまな立場と人生経験、社会展望、価値観が混じり合い、感情表現の仕方が異なる異質な人々のなかで育ったアリエスは、みずからの家族体験をふりかえって、現代の家族関係に見られる私生活主義、すなわち異常なまでに肥大化する個人の欲望、人間関係の脆弱化、カプセル化された家族関係などを批判しながら、子どもや若者を人間性豊かに成熟させる最初の社会基盤としての家族が、文化的、世代的に複合的であり、異質なものの感じ方や考え方が錯綜しあう空間

である必要性について次のように語っているのは、示唆に富んでいる。「現代における若者たちの社会化の困難さは、彼らが、自分たちを造ったアダムとイヴの原始的夫婦と交わす会話の狭さから生ずると私は確信している。私たちはといえば、私たちには老嬢たち、祖父母たち、叔父、叔母、従兄弟からなるもっと広々としていて、もっと色とりどりの世界があった。自分の気に入った対話の相手を選べたし、状況に応じて相手を変えることができた。両親に疎んじられると、彼らの傍らに逃げ込んだものだ。すると、彼らは私たちをなぐさめ、たくさんの話をして聞かせ、事態を取りつくろってくれ、私たちが要求を出す折りにはこちらを支持してくれた」(『日曜歴史家』、14ページ)。こうした家族環境のなかでも特に少年時代のアリエスが気に入っており、生涯にわたって何度も思い起こすことになるエピソードの大半は「老人たち」との交わりであった。「私はすでに老人たちの社会が好きだった。自分の家から遠く離れたこの夏休み(ボルドーの祖父のもとでの逗留生活)は、私の天職と歴史家としての形成の中で大きな場を占めていた」(同書、18ページ)。このような家族環境の中で少年時代を過ごしたアリエスは、家庭の事情もあって大学の教職にはつかず、熱帯農業にかんする調査機関で働くかたわら、「日曜歴史家」として独自の歴史研究を続けることになる。その研究手法は、大学時代に精力的に進めた文献講読や資料調査のなかで出逢ったマルク・ブロック、リュシアン・フェーヴルをはじめとする『アナール』の影響を強く受けている。

アリエスの歴史研究の手法は、社会の構造の奥深くにあって、一見変わらないもののように見える人々の生き方と生き方についての観念(心性)がどのようなものであり、表層の事件の歴史とは違った人々の空間感覚や時間感覚、それらに通底する意識の変容を明らかにするために、家族という空間の上にくりひろげられる誕生・性・結婚・死といったカテゴリーの現象に注目することで、人間性とその社会集団の規制を構成する意識と行動の連鎖を解読しようとするものであった。これらのカテゴリーに注目することについて、アリエス自身は次のように述べている。「これらのカテゴリーの現象が生物学的なものととらえられ、したがって文化以外の自然の性質に属し、変化しないものとされてきたために伝統的な歴史学が取り上げないでいたが、生物学に属していると同時に社会的な意識のあり方にも属し、自然に属すとともに文化にも属しているこれらのカテゴリーの現象に自分の研究をささげた」のであった。

本書は、「第1部 子ども期へのまなざし」、「第2部 学校での生活」、「第3部 家族」の3部構成になっている。分量的に見ると、第1部が全体の約30%、第2部が約50%をそれぞれ占めているのに対して、第3部はわずか17%弱である。一見すると家族問題は二次的に扱われているように見える。しかし、内容的には、第1部の「子ども期」と第2部の「学校」を通底して、常に家族意識の史的変容が問われており、その意味で、「子ども」「共同体」「学校」「家族」という4つのカテゴリーは、アリエスがめざした研究上の二つのテーゼ、すなわち、伝統的な社会(共同体)を新たな観点で解釈し、今日の産業社会のなかで子どもと家庭が占めている新しい地位を示すことと相互に関連している。

第1部では、大人と子どもの区分けを明確にしていなかった中世の生活習俗が、17世紀頃から次第に変容しはじめ、人々が意識的に子どもと大人との差異化を進めることを、人生の諸時期、子ども期の発見、子どもの服装、子どもの遊び、性的なモラルの進化といった観点から考察している。この変容のプロセスで、一方では家庭環境や親子関係のなかで子どもをかわいがるという意識が起こり、子どもたちを魅惑的な玩具のごとく扱おうとする家庭内教育が盛んになったが、ほぼこれと同時に、家庭の外側にあった聖職者やモラリスト、教育家たちのあいだに、子どもの養育にかかわって文明的で理性的な習俗を待ち望む思惑が広まり、子どもたちを家庭から引き離し、単に養育するばかりでなく、つくりなおされるべき神の被造物として身体と精神を管理し、これらを理性的に支配しようとするイデオロギーが生まれてきた背景を分析している。

第2部の前半の数章では、中世における子どもの学校生活の特徴が教育史や学校文化史、学校建築史などの資料を駆使しながら描かれる。そこでは、今日の学校のようにカリキュラムが整い、明確な時間割や教科書が準備され、集団の規律が保たれ、年齢集団の画一性が保たれていたわけではなかった。最年少の年齢と最年長の年齢の幅が10年以上におよぶ異年齢集団が、「学級」という概念のない学寮での授業を受け、入学と卒業の時期やその規準は不明確なままであった。これらの現象の背景には、第1部で見たような、共同体のなかで大人と混じりあい、子どもと大人のあいだのゆるやかな境界が家庭生活の内側にも外側にも広がっていた中世的な「年齢段階」の曖昧さがあったとアリエスは見ている。家族生活が社会空間に拡張し、社会関係が家族生活を浸食していた時代の学校生活の最大の特徴は「社交性」(sociabilité)が大きかったことであった。そして後半の数章では、伝統的な中世共同体がゆるやかに解体しはじめ、17世紀以降19世紀初めにかけての都市化や消費生活の拡張などを背景に、モラリストたちが喧伝した近代教育のイデオロギーの影響によって、学校生活における子どもの「年齢」意識の自覚化がすすみ、生徒たちの「年齢」が「学級」ごとにまとまりを見せ、やがて「学年階梯」という概念が生まれてきた経緯を分析している。猥雑な文化と粗暴な行動特性をもっていた学寮の生徒たちが、通学学校から寄宿学校へと推移するなかで家庭の影響から完全に隔離され、学校での「学則」の登場にみられる規律の進化、粗暴さへの嫌悪感を教えこもうとする感情教育、学業年限の長期化ともあいまって、かつてよりも長い子ども時代を送るようになったプロセスを描いている。こうして第2部では、第1部で検討した子ども期への二つのまなざしの文脈に重なりながら、子どもの社会化の様相が中世とは大きく変わってきたことが、いっそう大きな説得力をもって描かれている。

そして第3部では、農事暦、仕事暦、時祷書などに描かれた図版、彫刻、家族の肖像画などの図像記述や、家具その他の生活設備、家の建築構造などに示されている家族意識を分析することによって、パブリックな空間とプライベートな空間のせめぎあいを視野に入れながら、中世には認

識されていなかった家族意識が、15世紀と16世紀になって誕生し、16世紀から17世紀にかけて明確に意識されるようになり、やがて17世紀以降になると、家族意識が子ども期の意識と不可分に、決定的に定着して表現される過程を描いている。とりわけここでは、図像に描かれている「食前の祈り」、結婚や洗礼式のようなさまざまな「祭礼」などに暗示されている家族意識の宗教的要素の分析を試みるなかでアリエスが強い関心をもって描いているのは、家族意識と学校の教育意識の登場との関係についてである。アリエスによれば、15世紀を起点として、家族の実態と意識、そしてその社会化機能は、歴史家たちだけでなく同時代の人々の目にもはっきりとは映らないほど非常にゆっくりと変容する。この変容の本質的な出来事は、学校へ行く人々の範囲が拡大したことと、子どもの社会化を学校教育に委託しようとする家族感情の高まりであった。家族と共同体が伝統的に保持していた子どもの社会化機能を学校教育に譲りわたすことの引き替えとして、家族はプライバシーを盾に私生活化を進めたのであった。こうして近代化において「勝利を収めたのは個人主義なのではなく、家族なのである」（邦訳、381ページ）。一方また近代家族は、子どもたちだけでなく大人たちの大部分の時間と関心をも共同体的な社会生活から切り離し、家族の親密さとアイデンティティの欲求に対応し、感情共同体としてカプセル化された私生活に結びつけられるようになった。このような経緯についての理解なしに現代の社会関係における子どもと家族の新しい位相を深く知ることはできない、とアリエスは言う。

　以上に見てきたように、本書『〈子供〉の誕生』は、アリエスの研究人生の頂点のひとつを構成する業績であるばかりでなく、ミシェル・フーコーやイヴァン・イリイチの著作とならんで、広く学問の世界におけるいわゆるポスト・モダンの潮流を刺激した。その問題意識の鋭さ、仮説の設定と資料解釈の際に示される斬新な歴史感覚、時として記号論的解釈学を思わせる繊細な文体は、今日にいたるまでさまざまな分野の研究者の想像力を刺激しつづけている。家族史研究の分野にかぎってみても、ショーター『近代家族の誕生』（1975年初版）、ストーン『家族・性・結婚の社会史』（1977年初版）、フランドラン『フランスの家族』（1984年初版）などの研究を触発し、マクファーレン『再生産の歴史人類学』（1986年初版）にいたる家族史研究の黄金期の背景で、つねにアリエスの発想が継承・克服・発展されつづけてきた。わたしたちは今、単なる時間的な世紀の変わり目にとどまらない構造的な知の変貌の時代にあって、なかなか立ち去ろうとしない、あるいは脱ぎすてることができない、19世紀以降の合理主義的国家観や世界観にとらわれながら、家族、性、教育、生と死などをめぐる価値観や感情の拡散と混迷を経験している。アリエスは、まさしくこういう時代の要請および覚まされるかのように登場し、わたしたちの家族とそれを構成する人間関係を紡ぐ人間性の奥底に一条の光を投げかけつづけている。

＊1　Philippe Ariès, *Un Historien Du Dimanche* (Paris, 1980).
　　アリエス『日曜歴史家』（成瀬駒男訳、みすず書房、1985）
＊以下の引用は、基本的に邦訳書に従ったが、表現を変えた個所がいくつかある。

＊テキスト

　中世の社会では、わたしはそこを出発点と見なしているのだが、子ども期という感覚はなかった。このことは子どもたちが無視され、見捨てられ、あるいは軽蔑されていたことを意味するのではない。子ども期という感覚は、子どもたちに対する愛情と混同されるものではない。それが一致するのは、子どもの特殊性、すなわち子どもを本質的に大人から、ひいては若者からさえも区分するあの特殊性の認識においてである。この認識が〔中世の社会には〕なかったのである。（＊邦訳書では122ページであるが、この個所の訳文は解説者による）

　中世において、また近世初期には、下層階級ではさらに長期にわたって、子どもたちは母親ないしは乳母の介助が不要と見なされるとすぐに、すなわち離乳期になって数年もしないうちに、7歳頃ともなるとすぐ大人たちと一緒にされていた。この時以降、子どもたちは、一挙に成人の大きな共同体の中に入り、老若の友人たちと一緒になって日々の仕事や遊戯を共有していた。集団生活の活動は誰に対しても孤独とプライバシーの時間を残さずあらゆる年代や身分の者たちを同じ流れの中に引きずり込んでいた。このような非常に濃密かつ集合的な生活では、私的な生活空間はなかった。家族は、生命、財産および姓名を伝承するなどの機能を果たしていたものの、意識や感情にまでは深く入り込んでいなかった。宮廷風の（早熟な）恋愛という神話は結婚を軽蔑するものであり、子どもを他の家庭へ見習いに出すという慣行も、親と子どもの間の感情の絆を曖昧にしていた。現代の家族でも愛情に欠ける親子関係が見られるが、子どもへの配慮や子どもの存在が必要であることは、そうした家庭でも深く根づいている。本質的なことは、中世の文明は、古代の教養（パイデイア）を完全に忘れ去っており、近代的な教育もいまだ知らずにいたことである。（だが、）わたしたちの（現代）社会は、近代に生まれた教育システムがうまく機能するかどうかに左右されているし、そのことをよく認識してもいる。今日の社会は、（近代以降の）教育システム、教育の概念、そして教育の重要性について自覚している。精神分析学、小児科学および心理学など、新しい科学は子ども期の諸問題（の解明）に集中して取り組んでおり、その諸発見は大量の一般向けの書物によって世の親たちに届けられている。かくして、われわれの世界は、子ども期の身体的、道徳的および性的な諸問題に取り憑かれたように悩まされている。

　だが、中世の文明は、子どもへのこうした関心や配慮を知らないでいたのである。なぜなら、中世文明にとって、子どもたちは大人に完全に庇護される早い時期から、あるいはその少し後から大人の仲間になるのは当然だと考えられていたからである。このため、子

どもに配慮するという問題は存在しなかったのである。新石器時代の年齢階梯、ヘレニズム文明の教養（パイデイア）などは、子ども世界と大人世界との間にあった差異と、子どもから大人への移行というものを想定しており、その移行はイニシエーション、あるいは教育によって達成された。中世文明はこの差異を理解していなかったのであり、したがってこのような移行という観念も持たなかった。（＊邦訳書では384ページであるが、訳文は変えた）

　私たちは、15世紀から18世紀にかけて家族意識が発生し、発達してきたのを見てきた。家族意識の発達がなぜ18世紀までは旧来の社交関係の組まれ方を崩壊させることがなかったのかを見てきた。現実には、家族意識の発達は現実には、農村でも都市でも、貴族やブルジョワ、職人や富裕な商人層に限定されていた。18世紀以降になるとこの意識はあらゆる身分にまで広がり、意識の中で専制的にふるまうものとして根を張っていった。しばしば家族意識も含めて、過去何世紀かの変革は社会的拘束に対する個人主義の勝利であると言われてきた。だが、夫婦のエネルギー全体が、自発的に少人数しかもうけない子孫の出世に向けられるこうした近代的な生活において、いったいどこに個人主義が見えるのだろうか？　確かに、近代家族は、それが世襲財産や家名と混同されていたアンシァン・レジーム期と同じ物質的実態をもはや有してはいない。勢力が減少し続けていく場合を除いて、財産の譲渡という問題は子どもたちの財産の問題の次に追いやられてしまっているのであり、またこの財産も、もはや必ずしも職業的伝統に対する忠誠のなかで見られるものではないのである。家族は、すでに18世紀のマルタンジュ将軍の手紙に見られるように、人びとがそこに留まるのを愛し、それを思い起こすのを愛する、閉じられた社会になっていた。家族意識のこうした急速な成長を度外視しては、現代の習俗の変革を全体として理解するのは困難である。勝利を収めたのは個人主義ではなく、家族であった。（381ページ）

　家庭と学校とは一緒になって、大人たちの世界から子どもを引き上げさせた。かつては自由放縦であった学校は、次第に厳格になっていく規律の体制のうちに子どもたちを閉じ込め、この傾向は18世紀と19世紀には子どもを寄宿生として完全に幽閉してしまうに至る。家族、教会、モラリスト、それに行政者たちの要請は、かつては大人たちに混じって子どもたちが享受していた自由を奪うことになった。この要請は、鞭打ちや独房といった社会の最下層の受刑者に与えるような懲罰を子どもたちに与えた。けれども、こうした厳格さも古い時代の無関心さとは異なる意識と感情を表現している。18世紀以降に社会を支配していくことになる愛の感情がつきまとっている。感情生活のうちにこのように子ども期のことが入っていくことが、今日ではマルサス主義としてよく知られている出産コントロールの現象を生じさせたことも容易に理解される。この現象は、家族が子どもを中心に再編成され、私生活の壁が家族と社会とのあいだに形成されるのが完了したまさにその時期に、出現したのである。（386ページ）

〈1973年版の序文〉
　私の第一のテーゼは、伝統的な社会を解釈しようとするひとつの試みであり、第二のそれは、今日の産業社会で子どもと家庭とが占めている新しい地位を示そうとするものである。
　ある時代から出発して（後でもふれるが起源を気にかけすぎるとされる問題であるが）、いずれにしても17世紀末以降、最終的かつ決定的な仕方でそうなるのであるが、私が分析した習俗の状態にかなり重大な変化が生じた。二つの異なるアプローチによってその変化をとらえることができよう。教育の手段として、学校が徒弟修業に取って代わった。つまり、子どもは、大人たちに混ざり、大人と接触することで直接に人生について学ぶことをやめたのである。多くの看過や遅滞にもかかわらず、子どもは大人たちから分離されていき、世間に放り出されるのに先立って一種の隔離状態のもとに引き離された。この隔離状態とは学校であり、学院である。こうして開始された子どもたちを閉じ込める、長期にわたって存続していく過程（それはちょうど、狂人、貧民、売春婦たちを「閉じ込める過程」でもあるのだが）は、今日まで停止することなく拡大し続け、人はそれを「学校化」と呼んでいる。
　このように子どもたちを隔離することは、カトリックとプロテスタントの改革者たち、教会、法曹界、為政者のうちの改革者たちに推進されていった大がかりな人間の道徳化のひとつの側面として説明されなければならない。けれどもこの隔離は、家族内での意識の変化を伴っていなければ、現実に可能ではあり得なかったであろう。この意識と感情の変化が、私が強調したいと思っている現象への第二のアプローチである。家庭は、夫婦のあいだにも、親子のあいだにも必要な、感情空間となったが、以前には家庭はそうではなかった。この感情はそれ以降に教育において認められ、そこで表現される。このことは家産と名誉とのために子どもの地位を認めることとは無関係である。全く新しい意識なのである。親たちは子どもの勉学に関心を持ち、19世紀と20世紀には完全に習慣化した配慮を持って子どもたちの勉学状況を見守るが、これも古い時代には知られずにいたことである。（中略）
　こうして家庭は、子どもをめぐって組織され、子どもたちを以前に置かれていた匿名の状態から抜け出させ、重要なものとし始める。以前の時代には、子どもを亡くしてもそれほど悲嘆に暮れることもなく、別の

子どもによって埋め合わされたのであるが、今ではそのようにしばしば子どもを生み直すことはなくなり、よりよく面倒を見るために子どもの人数を限定するのがよいとされるようになる。このような学校と意識革命は、ついには人口学的なマルサス主義を伴うに至ったし、18世紀以降に観察されるように、出産を自発的に減少させることになった。これらすべては相互に関連している。（以下略）。（2-3ページ）

47　フィリップ・アリエス「子どもと文化」
（全文、1976年の講演記録）

＊出典
Philippe Ariès, «L'enfant et la culture», *La revue des livres pour enfants*, n. 59（1978）, pp. 13-23.（伊藤敬佑訳）

＊解説──伊藤敬佑

フィリップ・アリエス（Philippe Ariès, 1914-1984）はフランスの歴史家。子どもを対象とした心性史研究の端緒となった著作『〈子供〉の誕生』（1960）で知られる。しかし、アリエス自身は自らを子ども期の歴史家とは位置づけず、自然（生物学）と文化（社会的意識）の双方に属する、生と死に対する感情への関心をつねに表明している。人口学や避妊の問題から「子ども観の歴史」、そして「死の心性史」へと、一見移り変わっているかのように見えるアリエスの研究関心は、この点で一貫している。その独自の研究手法などが、のちの研究者に大きな影響をあたえたが、なかでも『〈子供〉の誕生』は、議論をまきおこし、多くの批判がくわえられた。しかしアリエス自身は、同著の1973年版の序文で、従来の主張に含みをもたせつつ短く反論するにとどまり、その後批判に答える著作を執筆することなく「死の心性史」に軸足を移した。そのため、彼の子ども観研究は、従来ほぼ同著によってのみ理解されてきた。

本稿は、アリエスが「死の心性史」に注力していた1970年代に子どもについて語った、数少ない講演の記録である。同講演は、フランスの児童文学研究団体「本の喜び」（«Joie par les livres»）の主催により、1976年4月に「子ども、家族、社会」という演題で行なわれた。講演録は、実際の講演内容に合わせる形で「子どもと文化」と改題され、同団体の機関誌「子どもの本の雑誌」（*La revue des livres pour enfants*）の1978年2、3月号（通巻第59号）に掲載された。前半がアリエスによる講演、後半が聴衆との質疑応答によって構成されている。

同講演でのアリエスは、「中世社会では子どもと青年は姿を消す傾向があった」という『〈子供〉の誕生』での主張を踏襲しつつも、幼児を重要視しなかったことでそれを誇張しすぎていたこと、より早く変化がはじまっていたことを認め、若干の修正を図っている。また、同著の内容を単純にくりかえすのではなく、同著の対象年代であるアンシャン・レジーム期の前後を広く射程に入れながら、異なる整理方法によって、みずからの理論を提示している。

その整理方法とは、タイトルに「子どもと文化」とあるように、ある共同体の内部で年少者に文化を伝達する方法と、その共同体における「子ども」のあり方の関連性である。アリエスは、中世における「子ども」の消滅とその後の再発生という自著の主張を、文化の伝達方法、すなわち書記による伝達と口承による伝達との比重という観点から、再整理しているのである。アリエスいわく、元来書記文明であったギリシャ・ローマを除き、口承による伝達を重要視していた中世以前のフランス社会から、書記による伝達が圧倒的に優位な現代社会へいたるにつれ、文化の伝達における重心は、徐々に口承から書記へと移り変わっている。そして、口承が優勢であった中世以前の社会では、「子ども」「青年」「大人」「老人」といった各年齢階層の内部で、それぞれに固有の役割が口承によって伝達されていたため、「子ども」も「子ども」にしか担えない重要な役割を担う、独自の年齢階層として存在していた。一方、書記社会であるギリシャ・ローマや現代社会では、学校という、「子ども」のために特別に用意された施設の内部で、書記によって文化が伝達されるため、中世以前の社会とはまったく異なる形式によって、「子ども」が存在している。

一方、両者の中間に位置する、文化の伝達が徒弟奉公などを通じてなされ、アリエスが口承と書記のある種のつりあいがとれていたとする中世社会では、「子ども」は存在しなくなる。そして、14、15、16世紀以降に学校が対象を拡大しつつ教育手段として人々に認識され、19世紀に子どもを社会全体から引き離す手段となることで、現在の「子ども」という社会カテゴリーが、長大な時間をかけ、徐々に生まれたのである。アリエスの主張は、旧来、「17世紀に子どもが誕生した」と単純化して受けとめられがちであったが、アリエス自身は、「学校に通うことが、突然、今日の子どもと若者というある種の社会カテゴリーを規定したと考えてはいけない」と警鐘を鳴らし、17世紀に「子ども」が生まれたという立場はとっていない。むしろ、「19世紀の子ども」という表現を使いつつ、現在に連なる「子ども」の誕生を19世紀に見ているのである。

しかし、子ども期や青年期へのまなざしが、18世紀末から現在にいたるまで絶えざる発展にあったととらえるこの問題意識は、『〈子供〉の誕生』を執筆した時点のものであること、そしてその後問題意識が変化したことを、アリエスは質疑応答の中で明かしている。講演時点での問題意識とは、子どもは常に迫害されていて、19世紀にはそれが悪化したという、まったく正反対の仮説から出発したものである。この問題意識は、アリエス自身まだ不明瞭であると認めており、十分に論じられてはいない。しかし、アリエスが晩年にこのような新たな問題意識にいたっていたという事実は、『〈子供〉の誕生』発表以後のアリエスの理論の深まり、変化を読み解き、彼の子ども観研究の全体像を理解するうえで重要な手がかりとなろう。

しかし、この文献は歴史学から距離のある雑誌に掲載されたため、アリエスの死後刊行された論文集『歴史家の歩み アリエス1943-1983』（1993）や、フランス初の「フィリップ・アリエス総論」を謳った、ギヨーム・グロの著作の、いずれも非常に充実したアリエスの業績一覧にすら記載されておらず、日仏両国で見落とされている。今後検討に付されるべきであろう。

〈参考文献〉
Philippe Ariès, *L'Enfant et la vie familiale sous l'Ancien*

Régime, Plon, 1960; Éditions du Seuil, 1973. フィリップ・アリエス『〈子供〉の誕生』（杉山光信・杉山恵美子訳、みすず書房、1980 年）。Philippe Ariès, *Essais de Mémoire 1943-1983*, Éditions du Seuil, 1993. フィリップ・アリエス『歴史家の歩み アリエス1943-1983』（成瀬駒男・伊藤晃訳、法政大学出版局、1999 年）。G. Gros, *Philippe Ariès, un traditionaliste non-conformiste*, Presses Universitaires du Septentrion, 2008.

＊テキスト
イントロダクション

　わたしは、子ども期の歴史家でもなければ、家族の歴史家ですらない。わたしにとって家族が自然と文化の間の領域を意味している限りにおいて、それに関心を向けていたのだ。わたしが強く興味を惹かれるのは、まだ歴史学に含まれず、しかし完全に生物学でもないこの領域の研究である。すなわちそれは、わたしが研究半生で関心を向けてきた、生への感情と、（子ども、家族、避妊、人口学といった）それを説明するすべてのものだけではなく、死を前にした感情もである。わたしは今、それに最も惹きつけられている。（『死を前にした人間』1977年）われわれの関心事である子どもに立ち戻り、そして、『〈子供〉の誕生』での年代的枠組みの外側に出ながら、わたしが変化をみる方法を素描することから始めよう。

文化の伝達

　われわれの伝統的文明を、民俗学者が扱う他の文明と比べて特徴づけるものは、それが口承の文明に偏っていたのでも、工業化社会やとくにポスト工業化社会で今日われわれがそうなっているような書記がとくに優勢な文化なのでもなく、その二つのタイプの伝達方法と文化の混合であった点である。書記を無視してはいなかったが口承が上回っていた伝統的社会では年齢階層が重要な位置を占め、不可欠な役割を演じる社会構造が見出されることは疑いようがない。共同体（すなわち小さな社会）は、家族ごとに分割されるのではなく、複数の年齢階層、つまり子ども、若者（独身者）、既婚の大人、老人に分割され、それぞれの年齢階層が、社会全体の経済の中で役割を担っていた。わたしにとって印象的な、現在の問題意識の焦点の一つは、中世以降の西洋社会で、この社会の概念が、完全に消え去ることこそなかったものの、別の方法によって伝達が行われる他のタイプの社会に覆われていったということである。子ども期の概念と社会が文化を伝達する方法は、関連づけられるのだ。

　複数の年齢階層をもつ社会では、伝達は各階層の内部でも行われていた。すなわち各年齢階層は、若者を例にとれば、主に祭りの運営と共同体の性的取締りといった、いくつもの役割を持っていたのである。性的取締りは実に重要な役割であり、それなしでは、規則と計画に沿った共同体の存続は不可能であったともいえる。要するに、若者は若者としての自らの役割を、若者世代の組織に参加することで学んだのである。

　このタイプの社会には、子どもは存在している。子どもは、（そもそも別の世界、つまり超自然とも近しく）公現祭のようないくつかの伝承的な祭りでは主役の一人である。若い人には若い人の役割があるように、子どもは子どもの役割を持っている。それは特別な、大人や老人の役割に比肩する重要な役割であり、子どもはとるにたらない人物ではなかった。

　中世に始まる、書記がより大きな位置を占め、口承と書記の間にある種の均整がとれていた社会では、わたしが印象を受けるに──そしてそれこそが、自著の中でわたしが示したかったものであるが──子どもと青年は姿を消す傾向があった（わたしはおそらく、6、7歳までの幼児を重要視しなかったために、この図式を誇張していたようである）。これには一つの理由がある。この年代の子どもは、精神分析が介入する以前には、多くの問題を投げかけなかったのだ。幼児は、アフリカの多くの社会で今日も見られるように、常に母親と一緒であるとは限らない、あるカテゴリーの大人──つまり女性──との間の、一種の相互浸透の中にいる。幼児は、夫婦の家庭だけ、母親だけに属するのではなく、母親、叔母、隣人の女性、使用人を含みうる、より広い環境に、つまり子どもとの関係を母親が独占するのではない、比較的複雑な世界に属している。その年頃から、幼児は大人たちに混ざるのである。幼児は、今日アフリカのマダガスカルで目にするように、誰かに背負われていた。そして、とても遅く（2歳）に乳離れをし、1人でいろいろ出来るようになるころ、つまり歩けて食べられる7歳頃には、ほぼ即座に、移行期を経ず、大人の社会に移ったのである。以上が、わたしの思う、わたしが示したことの重要な点である。

徒弟奉公

　すべての階級、すなわち大衆階級と上流階級のいずれも、事情は変わらない。子どもが、女性たちの、とくに授乳してくれる女性たちの小さな世界から、ほぼ異質の大人社会へ早期に送り出されることは、このタイプの社会での伝達の性質で説明できる。つまり、仕事の共同体によってなされる伝達である。子どもは、幼児期を過ごしたのとは異なる環境である、自分の家ではない家庭での日々の実践、われわれが用語を拡張しつつ徒弟奉公と呼ぶものによって、仕事だけでなく、生きることを学んだ。幼い少年少女は、職人の下で弟子として仕事を身につけるか、領主の下で近習として狩りと戦いを覚えるか、あるいは司祭、司教、律修司祭の下で祭事を学ぶかした。祭事という特別な場合では、古代から受け継がれた、もう一つ別の段階を通過しなくてはならなかった。それが学校であった。しか

し、聖職者見習いが学校に通っていたのは、初等教員免許の準備のようなもので、今考えられているような教養という魂胆のためではなかった。ラテン語の習得は重要だったが、多くの聖職者はそれには至らなかった。

　ということで、この社会は聖職者向け以外には学校の無い社会であった。そこでは、子どもと若い人は漠然と混同され、大人の、つまり若い大人の社会の外側で理解されることはなかった。わたしが素描したこのモデルは、現代人口学のいくつかの発見と一致していたため、大体のところ受け入れられた。子どもに対して比較的無関心であったことは、とてもよく知られている。非常に多くの子どもたちが死んでいた。この無関心は、とても高い子どもの死亡率の帰結とも、その死亡率に対する一種の感情防衛であるとも、説明できるだろう。もっとも、それは同じことであり、世話をしなかったから子どもたちが死んだのだという方程式の両項を反転させているのである。ともあれ、子どもに対する無関心は存在したし、多くの人がそうであった。わたしが自著の中で「甘やかし」と名付けたものがなかったということではない。物乞いたちや大衆階級を好んで描いた画家の作品でも、ブルジョワ階級の画家の作品でも、「甘やかし」は全社会階層で見られる。人々は、あらゆる小さい子どもたちと、あたかも小さい動物と戯れるかのように遊んでいた。英語の「ペット」がまさに同じことを意味しているのは、とても興味深い。

　しかし、子どもとのこの遊びは、子どもにひげが生え始める年頃に達したころに終わる。性的側面を示すようになったならばなおさらである。人々は、子どもの性器や性欲を面白がるが、思春期にはすべてが終わる。

　この状況は変化していく。少なくともいくつかの階級や、とりわけイギリスでは、おそらくわたしが自著の中で言ったのよりも早くに。子ども期へのまなざし、すなわち子ども期を独自のものと考えるこのやり方と、ある形態の書記文化との間には相関関係があるだろう。なぜなら、中世初期のフランス社会での子どもの消滅に関する、わたしがあなた方に言ってきたことのすべては、例えばギリシアやローマのような古代社会に関しては主張できないのだから。ギリシアやローマは、学校による伝達が限りなく重要な社会であった。そこでの子ども期の痕跡は、芸術や図像、墓碑銘に見出すことが出来る。ローマなどの都市には3、4世紀の碑文が多くあり、それには、死んだある子どものためにこのような碑（とても正確に6カ月3週間と2日と書かれている）を建てなくてはならない親たちの悲しみが刻まれていた。書くことと書記文明の発達と、子どもに与えられた重要度との間には、確かな相関が見られる。

　わたしが言いたいことの、興味深い一例を挙げる。

中世初期とは、子どもは姿を消していたか、僅かに、あるいは拙く、すなわち小さな大人として表象されていた時期であった。おそらく、子どもの死亡率はとても高く、さらに言えば、危険にさらされていたのではないだろうか？　しかし、子どもに対してとても無頓着であったこの時代に、ヌルシアのベネディクトゥスによる修道会則では、たいてい6、7歳から死ぬまで修道院に預けられる修道士見習いに対し、一つの段落全体が割かれていた。未来の修道士の振る舞いに与えられた忠告は、その時代にはまるでそぐわない関心や思いやりをあらわしている。聖職者と修道士のとても閉鎖的な環境に、ある種の後世の兆しが読み取られたのは、これが初めてではない。なぜなら、修道士たちは、本の人、書記文明の人であったからだ。

学校

　よって、わたしが強調したい最初の大きな変化があるのは、ここである。その後現代で観察されるものは、おそらくその深化でしかない。それは、学校から徒弟奉公への、行きつ戻りつする、ゆっくりとした困難な入れ替わりである。わたしの意見では、これこそが、そこから近代世界が生まれてくる、根本的な変化なのである。学校が存在しなくなることは決してなかったが、技術学校や、全員が話すわけではない学術言語のラテン語を聖職者に対して教えるなど、あるカテゴリーの人に対し、職業に不可欠な多数の技術と一緒に、書くことを学ばせる学校としてであった。

　しかし、中世の後半、14世紀からは、学校はもはや聖職者の学校だけではなくなった。政治史と社会経済史のとても重要な多くの理由から、聖職者と司教の見習いだけではなく、より広い社会カテゴリーが学校に通わされるようになった。これは、長い時間をかけ、多くの困難を伴って起きたのであり、学校に通うことが、今日の子どもと若者というある種の社会カテゴリーを突然規定したと考えてはいけない。中世のモデルと現在のモデルの間の、この種の中間モデルにおいて興味深いことは、既に近代的な学校があったことと、しかしその学校には時代遅れの特徴が見られたことである。例えば、同じ年の子どもたちを一緒に同じクラスに入れるという考えには、まったく至っていなかった。初等学校とは、要約すると、一つしかないクラスで、個人個人が、あるいは一人の指導員が付く、いくつかの小グループが反復学習をする場所であった。これは長い間、上級の学校であっても、典型的な学習方法であった。

　したがって、学校が、まず子どもを、ついで青年を生み出す制度となるには時間がかかった。家庭が、子どもたちと学校に同時に関心を抱き、学校を以前とは違うもの、すなわち教育の手段と捉えるようになる必要があった。それが、宗教改革や対抗宗教改革での大転換である。言い換えれば、イギリスではオックスフ

ォードやケンブリッジと最初期のパブリック・スクールによって、フランスではイエズス会とオラトリオ修道会などによって、15、16世紀に形成された大教育システムがそれにあたる。学校はこうして、今日までそうであったもの、すなわち、現代の学校のような、隔離の場所や、子どもが学校に通う以前の環境、つまりは全体的な社会から引き抜く手段となった。大人たちに混ざることは、誘惑や悪い教え、素行への悪影響に満ちた、許容しがたい雑居とみなされているのである。子どもをそこから連れ出し、子どもだけのためにあてがわれた環境の中に、ほぼ閉じ込めなくてはならない。この変化は徐々に起きたのであり、本当の寄宿学校が社会慣習の中で勝利したのは、18世紀の終わりか、19世紀の初頭でしかない。この小さな学生あるいは大きな生徒は、人々がそれを望んだように、町の施設の寄宿生となった。

19世紀の子どもがゆっくりと生まれたのは、この時期である。19世紀の子どもは社会から隔離され、大人たちは彼らを自分の思うままに形成しようとするようになった。そういった行動は、子どもたちを前にした態度の、深い変化を意味している。子どもたちは、例えば2年に一度生まれる単なる小さな存在ではもうなくなった――この大増殖に対してはなすすべがないが、とはいえ悲嘆しすぎることなく受け入れられていた死亡率とつりあいが取れていた――そして、極めて興味深いのは、この変化が、わたしが「学校化」と呼ぶものの発展と同時に確認できることである。

実際18世紀後半には、子どもの死亡率は著しく低下する。ところが、それは医学の質や公衆衛生であろうと、いかなる理由もつけられない。それは、とても単純に、両親や子どもたちに責任のある人が、子どもたちに少しだけ多くの注意を向け始めたことにある。親たちは、子どもたちが池で溺れたり、暖炉の火の中に倒れたり、井戸の中に落ちたりすることを防いだ。こういった事故は当時頻発していたので、常に偶然によるものなのかどうか、みないぶかしがっていたかもしれない。この点について、17世紀の司教が与えた指示の中に、とても興味深い兆候がみられる。カトリック国家の司教も、プロテスタント国家の多くの神父のように、風習の近代化と呼びうる動きに多大な影響力を持っていた。司教たちは、両親が自分のベッドに幼児を寝かせないよう、執拗に求めた。それは、この年頃に対する性的な問題が提起されたから！ そうではなく、両親のベッドで子どもが窒息死することが多かったためである。偶然か、あるいはそうでないのか…。司教の執拗さは、極めて明白である。よって、18世紀には全体的に、いくつかの環境下ではおそらくそれに先駆けて17世紀に、子どもに向けられた特別な関心があった。

ロイド・デ＝モスによる子ども期、あるいは抑圧された子ども

しかし、この関心は今日きちんと理解されていない。そのためわたしは少々脱線をする。わたしが話してきた中で、皆さんは、まるでわたしが子ども期へのまなざしが自然の中で生来持っているものではないと言いたいようだと気付くだろう。子ども期へのまなざしは、わたしの意見では、かなりの程度までは歴史や社会の創造物であるが、しかしこれは人文学全般の、とりわけ心理学と精神分析の意見ではない。子ども期の現象のようなものを前にした、わたしのような歴史家のこの態度は、今日、精神分析をはじめとしたいくつかの人文学領域からは意図的に黙殺されている。それは、変わることのない人間の本性という、心性の歴史家が激しく抗議する古い古典的概念に間接的に立ち戻るものであり、子ども期の心理に関してとくにはっきりしている。しかし、この本性というものは、こうして歴史によって反駁されている。

アメリカの精神分析愛好家であり、大金を稼ぎそれを精神分析の歴史につぎ込むビジネスマンであるロイド・デ＝モスは、『子ども期の歴史』を書き、雑誌『季刊子ども期』に出資している。彼が予告している次作は、息子の教育の歴史であり、その要点は、デ＝モスよりも息子の方が、自分にふさわしいことをずっとよく知っているということである。結局、それは一種の完全な甘やかしである。彼の考えの要約は、雑誌『心理学』の1975年号の中で読むことが出来る。

デ＝モスによれば、子ども期の歴史はとても単純である。その起源は恐ろしい虐待の連続であり、子どもは大人によって虐げられ、性的虐待の対象でもあった。啓蒙の時代である18世紀にはわずかな変化の望みがあったが、19世紀には、例えばセギュール夫人のような、恐ろしいサドマゾヒズムの中に再び落ち込む。最後にフロイトが登場する。そして、このかわいそうな子どもがかろうじて一息つくには、ロイド・デ＝モスの世代を待たなければならなかったのである。わたしの言っていることは、ほとんど風刺のようなものである。とはいえ、デ＝モスの著作には興味深いことも多い。最も興味深いのは、彼がこの立場をとった理由である。その一つは、物理法則も非流動的なのだから、子どもの本性と精神分析の法則も、重力法則のように、人類の起源から不変だということである。わたしは早急に、精神分析家の多くは、この態度を容認していないし、歴史に対して非常に繊細な態度を示していると言いたい。それにもかかわらず、そういった精神分析家のなかにも、「子どもの本性」が存在するという考え方が見てとれる。ロイド・デ＝モスに対して正鵠を得た応答が可能な精神分析家の一人は、エリクソンである。彼は、大人と子どもの連続性を指摘しつつも、子ども期に人格が完全に形成されるわけではないことを示した。

この考えは、ロイド・デ＝モスによってゆがめられ、

多くの若手の人類学者、社会学者、心理学者のもとでは、より一層隠されてしまっている。これはつまり、本性そのものの統一性への回帰なのである。

子どもの「解放」？

　余談に入る前に言っていたこと、つまり、子どもを教育の中に切り離す、子どもとの新たな関係性に戻ろう。この教育とは、些細なことで罰を与える、厳しい調練であった。これが18世紀末から19世紀にかけてのモデルであることは明らかだが、このモデルは精神分析の歴史家たちにとって引き立て役として働いた。『デヴィッド・コパフィールド』の、ジュール・ヴァレスの、『にんじん』の幼年時代では、道徳的抑圧は強まり、時に体罰に至った。しかし面白いことに、それが同時に子どものための文学が大きく発展した時期でもあると指摘できる。

　しかし同時期、つまり18世紀末から、子どもに対する別の態度もあった。この態度をルソー信奉者的態度と呼ぼうと思うが、それはこのように子どもを閉じ込めることに反対し、解放の教えを説くものであった。子どもは、以前にあった太古の様式に従って、大人との雑居状態から常に引き出され、他方、大人の教育係によるしごきを強いられることは、もはやなくなっていた。もしあなたが教育と子どもの観念史を作るならば、各章はこのタイプの事例や、著作の検討、さらにはこの方向性の教育的試みによって埋められるであろう。しかし、教育実践の、つまりわれわれの先祖が19世紀と20世紀初頭に育てられたやり方の中では、この自由主義はほとんど重要でなかった。その結果、この時期に、閉じ込められた子どもが、学校の外で自然と触れる機会を取り戻すための方法が追い求められ、見出された。こうして生まれたのがスカウト運動である。時々わたしは、子どものための文学が、この二種類の源——片やルソー主義などのイデオロギー的な源と、片や実践や良い教育、「十分に愛しているのならば、十分に厳しくしなさい」という成句など、要するに現在の教育者にとって引き立て役となっているすべてのものという源——の、きちんと定義されていない混交のようなものであるというだけでは、説明できないのではないかと考える。

　これが、子どもが生まれ、さらに「子ども時代は可能な限り引き伸ばさているのだ」と言い聞かされながら育てられた環境である。19世紀全体を通して、子どもの文化が存在しただけではなく、若者を子どもっぽくする傾向も認められた。19世紀と20世紀初頭の家族では、危険の多い、脅威となる社会に送り出す前に、「子どもっぽい子ども」を出来る限り長く保つ必要があった。

　わたしの意見では、現代社会全体が、とくに人口学的特徴のような、子どもに与えられたこの重要性の「上に」、そして「によって」、打ち立てられたことは明らかである。子どもをひとかどの人物にするよう、完全に作り上げることが重要となった時から、すべての社会階層で、子どもは極めて重要な投資となった。人々は、自分の息子を、自分自身がなることができなかったものにした。まずは息子であり、娘はずっと少なかった。この時期、子ども数の減少は不可避だった。マルサス主義的人口学と、ヨーロッパ、とくにフランスのブルジョワの中で18世紀末から始まり、19世紀全体をかけて全社会階層に広がった避妊技術の進歩は、学校化、すなわち家族と子どものあるモデルの発展拡大と結びついていた。今日、人々は、この18、19世紀のモデルに対し、つまり「太古の家族像」であると信じ込んでいるものに対し、一種の受け入れ難さを感じている。しかし、これは19世紀の家族なのである。

　わたしにはとても新しく思え、そして今たどってきた進化の流れの中では説明がとても難しいであろう、ある特徴で締めくくりたい。

　わたしがあなた方に言ったこと全体の中で、子どもや若者は社会から離されて置かれ、大人、とりわけ教育者と親たちによって、子ども期の状態に固定された。しかし、これは確かなことだが、子どもたち自身の方で、囲い込みに対するある種の抵抗があった。実は、子どもたちは逃亡を試み、それに成功していたのである。子どもたちはどうやって成功したのだろうか？それはまさに、成長の一側面であった。子どもたちは、とても古い種類の伝達方法によって、年長者を知りたい、自身とは異なる生活に参加したいという欲求を、まったく自然に取り戻した。わたしの子ども期と若者期に、低学年のクラスの全生徒が唯一望んでいたことは、木曜日に上級生と出かけることだった。上級生は、小さい子を追い返すか、なにか関心を惹いたら最後には受け入れた。教育者たちは、この最も幼い者と最も年かさの者の雑居に対し、あなたたちにはわかるだろう、ありとあらゆる理由をつけて反対していた。

　最近の世代の最も印象的な現象は、幼い子どもたちが、同年代の仲間を離れ、もっと年かさの者と付き合うというこの傾向がもう無くなり、それが反対になっているということである。閉じた階層としての年齢階層の、一種の現代的再構築がある。よって、現代はもはや若者の時代であるだけではなく、むしろ、いつまでも若者に留まりたいと望む「年のいった若者」の時代なのである。これはとても興味深い現象で、遊びや進路決定、読書習慣に対しどういった影響があるのか、わたしは自問するのである。

この講演に続き、アリエスは聴衆からの質問に答えた。

　大衆階級の大勢の子どもが、とても幼くして工場で働いていたことを知るならば、19世紀の子どもの隔離はどのように語ることができるのでしょうか？

子どもの仕事、搾取されている子ども

　この点について考えを述べておらず、すみませんでした。19世紀前半の工場労働は、古くからある現象である一方、新しい特徴を持っていました。子どもや女性が仕事の中でなにかをする余地があった、アンシャン・レジーム期の小さな工房でする職人の仕事が続いていた限りにおいては、これは古くからのものでした。わたしは先ほど、子どもは、およそ7、8歳から、家族を離れて大人の仕事の中に入ったと申し上げました。これは、当時は普通のことでしたが、労働条件は当然のことながら変化しました。家庭労働での労働条件は、18世紀の終わりには既に変わっており、資本主義的な仕事方法、利益を得る方法の導入の結果、妻子と共に家庭内で仕事をする職人は、古いタイプの職人階級ではもはやなくなり、資本主義型の小経済単位を構成するようになっていました。大工場において労働条件は相対的に改善されていたと考える著者は多いのですが、その条件はとても厳しいものだったようにわたしは思います。しかし、18世紀末と19世紀には、小規模な工房はひどいものになっていました。大工場と呼びうる、織物工場や鉱山のような所では、みなさんも御存じのように、子どもたちはある種の役割を担っていました。そこでの労働手法が広まっていくことで、児童労働が家庭に持ち込まれたのです。そういった家庭では、親たちは多くの子どもを持とうとし、産児制限はされず、また自分たちの成果である子どもたちが早すぎる結婚をして家から出てしまうことを避けようとしました。

　わたしが示した進化は概論的なものであり、あなた方がわたしに反論するケースは、特別な、古風とすら言いうるものであると思います。つまり、工業社会はその初期に、古風な風習を再活性化したのです。イギリスの初期の工業都市は、嫡出子と非嫡出子とを合わせ、とても子ども数の多いところでした。図式的に言えば、おおよそ次のように物事は起こったのです。古いタイプの家族モデルがあったところに、18世紀になって、主に子どもと避妊が重要になったことで打ち立てられた、新しいタイプの家族モデルの成立が観察できます。両者は、人口学的に見れば、世帯ごとの子ども数ではっきりと区別できます。興味深いことに、工業化の開始は、とくに大衆階級、労働者階級において、新しいタイプの家族をすぐには発展させず、古いタイプの家族を、昔とはもはや異なる条件下において再活性化させたのです。そしてそれはたいてい、子どもがとても多い、不安定な内縁関係になりました。

　子どもを前にした心性が完全に変わったのは、19世紀になって子どもの工場労働が組織的に始まった際に、それが言語道断だと感じられたからではないのですか？

　それは言語道断だと感じられはしましたが、児童労働をなくすには長い時間がかかりました。なぜならば、利益がかかっていたから、そして、国の干渉が経済の自由の名のもとに好まれなかったからです。近年、歴史家と社会学者がこの19世紀の児童労働を重視していることに、わたしは驚いています。わたしはそれを過小評価したいわけではないですが、しかしそれが、その後子ども期が形成された際に役立つ雛形を生み出したとは感じていません。

　しかし今日、5、6年前から、子どもに対して、また女性に対しても、かなり興味深い、イデオロギー的な性質を持つ現象がみられます。労働者に対してとられてきた、19世紀末から20世紀前半にかけて意見の整理が可能になった、あらゆる態度が転移してきているのです。人々が互いに定義し合っていたか意見を戦わせていたのは、労働者に関してでした。そして現在、今もなおよく見えているわけではないのですが、それが労働者から、女性と子どもに向けて転移されています。実の所、女性と子どもは搾取されているのです。労働者もそうでした。おそらく今でも。しかし、そこに払われる関心は減り、重要になってきているのは、女性と子どもへの搾取です。現代に起きている搾取だけではなく、歴史家や社会学者が、搾取のすべての例を集めた資料集を作成しようとする傾向が見られる、過去の年代の搾取についても同様です。

　先ほど、ロイド・デ＝モスについてお話しました。しかし、別のこともあります。わたし自身も、サン・クルーの高等師範学校での、19世紀の子どもに関する映像作品に参加しました。まずジョルジュ・スニデルスとわたしへのインタビューがあり、残りは若手社会学者による手馴れたチームによって、素晴らしい図像を含んだ映像が撮影されました。映像を見たときにわたしが思ったことは、なにかがわたしの感じていたことに重なっておらず、それはまさに、子どもを被搾取者と考えるこの傾向なのだということです。それに対して、わたしの考える子どもの歴史においては、子どもは明確にその正反対で、王様なのでした。

　講演の最初に、問題意識は変わりつつあると述べました。正直に言わなくてはなりません。わたしは、古い問題意識を述べたのです。『〈子供〉の誕生』の作者として！　その中では、18世紀の終わりから現在に至るまで、子ども期へのまなざしの、次いで青年期へのまなざしの、絶えざる発展があったと考えられていました。それに対して、最新の問題意識は、まだどうやって表現していいか見出していないので不明瞭なのですが、まったく反対の仮説から出発しています。すなわち、子どもは、精神分析が示しているように常に迫害されていたのだということ、そして19世紀にはそれが悪化したのだということです。

　この子ども期へのまなざしの発展は、社会階層によって速さは違っていたのではないのですか？

　それは間違いありません。子ども期へのまなざしは、

社会階層の発展と結びついていました。わたしの意見では——ここでもまた問題意識の変化を考慮しなくてはいけないのですが——わたしの問題意識の中では、王様である子ども、すなわち社会から切り離された子どもとは、貴族の、社会の上流階級の、より正確にはブルジョワのモデルなのです。そもそも、人口学のマルサス主義、つまり産児制限と、さらに学校化も、最初に現れたのはブルジョワ階級でした。次いで大衆階級へ降りていったのです。19世紀には、農民だけでなく労働者も含んだ大衆階級は、工業化や、あるいはむしろ都市化によって押しつけられたある種の変化を考慮に入れたとしても、より昔の風習や宗教実践を保存していた人たちであったと見なすことができます。第一次世界大戦後のフランス社会において、ブルジョワのモデルは勝利し、一般的なやり方として広まっていきました。わたしは一冊の本（『フランス諸住民の歴史』）の中で、パリ地方での、西側のブルジョワ地区と東側の労働者地区の人口分布が、第一次世界大戦前にはどう異なっていたかを示しました。労働者地区では、ブルジョワ地区よりもはるかに多数の子どもがいて、より多く亡くなっていました。しかし、第一次世界大戦以後には、グラフは同じ曲線を辿り、同じような人口分布になりました。1930年から1950年にかけてベビーブームが起こった地方では、最も多産な社会階層は、大ブルジョワでも最下層の大衆階級でもなく、中流階級でした。よって、社会モデルと社会階層には関連があると言えます。

わたしの問題意識の中では、それは上から下へ降りていくモデルです。若手の歴史家と社会学者たちは、そのモデルと、別の、大衆的な、子沢山な内縁夫婦のモデルを並べています。

歴史学と心理学

すべての歴史家がわたしと同じ批判にさらされているのではありません。何人かの歴史家は、わたしは彼らを高く買っているのですが、ごく最近年齢階層に再び重きを置いています。中でもアメリカの歴史家ナタリー・デイヴィスは、16、17世紀のフランス社会の年齢階層に重きを置いています。おそらく、彼女は正しいでしょう。わたしが思うに、年齢階層の遺物はより多く残っていますし、年齢階層は、わたしが言ったよりも長い間、社会の中で役割を保持していたのです。しかし、この年齢階層における子どもや若い人は、19世紀や18世紀末の子どもや若い人の概念とは、まったく一致していませんでした。こちらの子どもは、そしてこの若い青年さえも、可能な限り社会から切り離されて置かれ、守られていました。守られることなく、小さな鉱夫や小さな紡績工として社会で生きていた子どもはと言うと、哀れな被害者となり、（時に遅すぎたのですが）慈善家の配慮の対象となりました。

歴史家の見方と心理学者の見方は、どうやったら両立できるのでしょうか？

これは巨大な質問です。思うに、心理学者の見方は、現在においては正しいのですが、人類の歴史のあらゆる時代に適応できるかどうかは証明されていません。自分の専門外のことについて話すのは好きではありませんが、全般的には心理学の、とりわけ心理分析の歴史の中でわたしが関心を抱くのは、心理分析がとても限定された歴史的条件の中で、19世紀末と20世紀初頭のウィーンのブルジョワ社会において生まれたということと、その社会に存在していた問題や、さらには心理的病に応えるために生まれたということです。歴史家としてわたしが考えることは、古い伝統社会には、このノイローゼは存在していなかったということです。別種のノイローゼはあったので、それらの社会が天国のようであったと見せたいつもりはありません。

とりわけ、現代心理学は、そのすべてが母子関係の上に成り立っています。この母子関係とその病理学的な全側面は、19世紀の真のカップルが、この種の家族の中では、夫と妻ではなく、妻と子どもであったということを考慮しなくては、説明できません。夫が神として家の外に置かれてから、長い時間がたちました。夫は、仕事に生きることで消えたのです。「仕事とねんね」とは、1968年の5月革命で見られた有名な落書きです。そのねんねの周囲には、母親と子どもという、19世紀と20世紀初頭の基本的なカップルがいました。心理学が生まれたのは、家族の歴史的な変化によってもたらされた問題と、この変化によって引き起こされた病理学に応えるためだったのではないかと思います。

子どもに反対する学校？

児童労働と、それが引き起こしたすべてのことが、お涙頂戴的な文学全体の源ではないでしょうか？ この問題は、それがとくに学校の役に立ったという点で、少し歪められました。結局、歴史的に見て、児童労働の続きが義務教育なのではないでしょうか？

あなたは、働いていた子どもが学校に行っていなかった子どもだと言いたいのですか？

はい。そしてある種の児童労働が物議を醸したことで、学校の立ち位置は強められ、義務化されたのです。つまり、その議論は学校のためになり、子どものためにはなりませんでした。マルクスは、児童労働それ自体に反対だったのではなく、むしろ子どもたちを搾取する社会に反対だったのだとわたしは思います。学校は、この社会を何も変えてはいないし、ある程度、子どもたちに同情が向けられるのを妨げました。反対に、子どもの役に立ったのです。例えばフレネは、わたしが思うに、この義務化された学校とは違う学校の元祖です。

義務教育は、国の決定というよりも、世論と家庭の絶えざる圧力によって生まれました。わたしは、学校

と子どもの間に、あなたの考える対立関係があるとは思いません。義務教育の歴史のどの段階でも、子どもを学校に行かせるために憲兵が送りこまれる必要があったとは、わたしは思いません。それは既に習慣の一部であったのです。

　労働者階級、職人階級、農民階級は、大衆的習慣のある種の保存者でした。彼らの胸中には、ある種の状況に対する抵抗もあったし、進化の意志もありました。質問はこれだけです。別なことを望む少数派の人たちは、歴史的にどのようにして役割を果たしてきたのでしょうか？　例えばフレネは少数派です。フーカンベールは、出版されたばかりの本の中で、徒弟奉公は教育の中に含まれると説明しています。しかし彼は、例えば、学校の時間の重要な一部である、子どもが従事させられる時間についてはまったく話していません。子ども達は、学校で、教育を受けたり助けられたりするよりも、時間を奪われている。この従事時間は、肉体的ではない、道徳的、知的なしつけの時間としてあなたが描いていることなのではないかと思います。

　はい。とくに道徳的しつけと社会的しつけです。あなたの話の中で、2つの事が印象に残りました。第一に、この近代主義的な社会の見方の中での学校の役割です。あなたの話を聞きながら考えていたことは、1848年から1870年にかけて、先進的な労働者が徒弟制度に反対していたということです。彼らはそこに、若い労働者を社会の全体的な文化的向上から引き離してしまうやり方を見ていました。彼らは、当時のすべての人と同じように、文化的向上は学校によってなされると信じていたのです。社会全体では、仮に田舎の農民の共同体の場合、あなたが話した少数派は、一般的にお金を多少なりとも持っている少数派であって、農業労働者であることはまれでした。19世紀の田舎の社会は、かなり階層化されていたのです。昔のフランスで「耕作者」と呼ばれていた人たちは、必ずしも今言われているようにはお金を持ってはいなかったのですが、生活の糧や土地、仕事道具は持っていました。この種の小ブルジョワ的農民ならば、確かに決定的な役割を果たしました。その仲介によって、農民の息子が小学校教諭や郵便配達員、鉄道員になり、小学校教諭、郵便配達員、鉄道員の息子がときに教授！　になるという、2つのレベルでの社会的昇進のシステムが動き始めたのです。そして、それは学校によるものなのです。19世紀のこの社会的昇進における主要な要素は、小学校教諭でした。小学校教諭は、選別を行い、「この子の背中を押してあげなければいけない！」と言っていました。

　学校はきわめて重要な役割を演じました。ですが、学校と子どもを対立させられるような点は、わたしには見えていません。現在構築過程にあり、学校に対立するように構築されている、ある種の子どものモデルならば、学校と対立させることはできます。そこならば、「学校は子どもと対立している」と言うことはできます。そのうえ、このきわめて現代的なモデルは、徒弟奉公の時代に相当する古いモデルと通じています。わたしが思い起こすのは、イヴァン・イリイチのことと、とても先進的であるとともに古風な、彼の学校への反発です。

　しかし、わたしが身を置く歴史的モデルの中では、（それはイデオロギー的モデルではなく、わたしは起きたことの再構成を試みているのですが、）わたしたちの現代社会と、そこで最近まで子どもが占めてきた役割は、学校によって定められていたのだと思います。わたしは、子どもと、そして文学や芸術、19世紀の習慣の中で現れたような子ども期へのまなざしの発展とを、学校から切り離したいとは思いません。これは、わたしが学校にイデオロギー的役割を与えているということではありません。わたしが言っているのは、「物事はこうして起きたのだ」ということです。しかし、わたしはそれが良いことだとは言ってはいません。加えて、わたしたちが現代社会で、とくに若い時期に感じている不快感が、この学校化が許容範囲を超えてしまったせいだということは、可能性として十分にありえるでしょう。

書記文明

　あなたは最初に、伝達の二重性と、書記と口承のどちらが優先されるかに応じてそれがもたらす社会とを強調されていましたが、それは最後に扱われた問題と通じるところがあるようです。口承の復活が起こりえるかどうかには興味を引かれますが、書記に基盤を置いたわれわれの文明、文化の中では、それは難しいように思えます。擬古主義が突然沸き起こるか、未来派たちの宣言文でもないならば、どうやればそれができるのか、よく見えないのです。

　学校と、今話した学校の発展が、確かに書記が発展してきた方法であったという意味で、あなたの意見に完全に同意します。二つの要素が、おそらく相関関係にあります。学校と大都市です。わたしは、あなた方に処方箋を伝授するためにここにいるのではありません。わたしは、われわれの現代社会では、口承が完全に窒息死してしまっていると認めています。

　おそらく、あなた方はマクルーハンの考えをご存じでしょう。北アメリカにおいて、口承の死滅は更に進んでいます。そこには、フランスよりもさらに完全な、決定的な何かがあるのです。マクルーハンは、テレビとメディアは、以前の口承の環境を蘇らせるかもしれないと言いました。わたしはそう思いません。なぜならば、書記文明とは単に書くことだけではないからです。

　メディアもバンド・デシネも、口承を意味してはいないことは確かです。われわれは、人々がおそらくもはや書く能力のない、書記文明の社会に到達してしまっているとすら言うことができるのです。ですが、それはいまだに書記の社会であり続けます。なぜならば、

書記の人によって定められ、押し付けられた、組織化の技術によって支配された社会だからです。

最近、アメリカで、ナイロン製の腕時計バンドを買ったことを思い出します。それは1.50ドルで、3本買うことにしました。つまり1.50ドルの3倍です。計算機は故障していました。どうしたのでしょうか？　女性販売員は、3度1.50と書き、それを足しました。簡単そうにではなく。つまり、彼女は3倍することができなかったのです。しかし、電気機械を扱うことはできました。これなのです、新しい書記文明とは！

48　ローレンス・ストーン『家族・性・結婚の社会史』（抜粋、1977、1979年）

＊出典

Lawrence Stone, *The Family, Sex, and Marriage in England, 1500-1800* (Weidenfeld and Nicolson, 1977; abridged edition 1979). ローレンス・ストーン『家族・性・結婚の社会史──1500年～1800年のイギリス』（北本正章訳、勁草書房、1991年）、580-585ページ。

＊解説──北本正章

イギリス生まれのアメリカの歴史学者であるローレンス・ストーン（Lawrence Stone, 1919-1999）は、イギリスのサリー州エプソムに生まれ、14歳から19歳までチャーターハウス校で学んだあと、フランスのソルボンヌでも学んだ（1938年）。オックスフォード大学クライストチャーチ校に進学（1938-1940）したが、第二次世界大戦のため、志願兵としてイギリス海軍の潜水艦に乗務した。戦後ふたたび大学に復帰（1947-1950）し、卒業後すぐに、28歳から31歳までオックスフォード大学のギリシア語講師となった。その後、1953年から10年間ワダム・カレッジのフェローとなり、最初はイギリス中世の彫刻美術史研究に従事し、その成果が注目された。経済史家R・H・トーニー（1880-1962）の指導のもとに29歳の時に発表した、イギリスのジェントリー階級と貴族層の「危機」にかんする歴史論文が、いわゆる「ジェントリー論争」「17世紀危機論争」として、近代化の担い手がどの社会層であったのかをめぐる近代化理論の政治経済史論争に発展した。1963年にアメリカのプリンストン大学歴史学部教授に迎えられ、シェルビー・キュロム・デイヴィス記念歴史研究センターの初代所長につき、近代家族史研究を推進し、多数の後継者を育成した。

＊テキスト

さまざまな競争者たちのあいだで優先権をめぐっての勝利が前後に揺れ動いており、家族変化がこうした利害と価値観の絶えることのない葛藤に左右されてきたことを考えてみれば、そこに何らかの直線的な発展が存在し得たなどと仮定するのはまったくの誤りである。「情愛的個人主義」の最終的な帰結、すなわち20世紀の四分の第三期における強烈な自我中心的、内面指向的、情緒的な結びつきがあり、性的に解放的であった子ども中心的な家族類型が、それに先立つ多くの家族類型よりも安定した制度であると仮定できる根拠はまったくないのである。このことは次のような一連の事実によってはっきりと示される。つまり、変化の原因が利害と価値観のせめぎ合いの際限のない弁証法であるという事実によって、この進化が非常に不確かな道筋を辿ったことを示す歴史記録によって、その進化の道筋がさまざまな階級に及ぼした極めて限定的な地理学的な広まりによって。過去400年間に生じた唯一の安定した直線的な変化は、子どもに対する関心が増大したことであるように思われるが、それでさえ、その実際上の子どもの扱い方は、許容と抑圧とのあいだで周期的な波形を描いていたのである。
（中略）

いくつかの変化それ自体が、重大ないくつかの肯定的な特徴ばかりでなく、否定的な特徴をも持っていることは否定できない。たとえば、権力は零和（ゼロ・サム）ゲームであり、したがって、妻や子どもたちの自律性が増大したことは、それまでの年長の男性にふさわしいものとされていた尊敬や権威の衰退を意味しており、その結果、必然的に、彼らの地位や招来への展望は弱まったのである。さらにまた、妻は、親族との絆が弱まったことによって、以前は夫の下での生活に順応するという困難な仕事や、子育てとか子どもの世話といった難しい仕事に際して利用することができた濃密な外的助力から引き離された。今や彼女は、夫婦喧嘩の際の味方や、深刻な性格の不一致が生じた場合の助言者を他に求めることができなくなった。子守りや教育という負担を共有してくれる親類の人々がいなくなったため、子どもたちがまだ幼いあいだ彼女の生活は、非常に孤立的で退屈なものになった。そして、子どもたちが家を出る頃には、今や彼女の存在感は空疎なものになっており、社会的あるいは経済的な職務というものをなくしてしまっているのである。そればかりでなく、系族と祖先に対する崇敬や、自分こそが血筋と財産と伝統を受け継ぐ受託人であるという考えの衰退は、彼女のアイデンティティをかなり喪失させることとなった。
（中略）

情愛は、権力とは違って、通時的に、また量的に変化するが、情愛的な絆の配分もまた権力のそれと同じように、零和（ゼロ・サム）ゲームのようなものである。高度に個人化され内部指向的に見える家族は、共通の儀式、祭り、市、祝祭日、そしてチャリティーと相互扶助の伝統などを持つ、過去に見られたような濃密で統合的な共同体生活を部分的に犠牲にし、また、おそらく部分的には、そこから引き下がることによって達成されたものであった。「プライバシーと共同体は相反する要求であって、この二つが同時に極大化されることはあり得ない。」こうして、情愛的に結びついた家族が最も強力に発展する中産階級と上流階級は、一方では、村ぐ

るみのチャリティーへの自発的な献身を減少させ、他方では、貧民階層からその物理的、社会的、および文化的な分離を強めた。彼らは、自分が所有する大庭園の四壁の内側やパラディアン様式の田園型邸宅の敷地内の自分たちの世界に引きこもった。境界意識の問題に対するいかなる解決も、利点と欠点がある。親族や共同体から成り立っている外部世界への最大限の適応は、核家族内における内面的で情愛的な結びつきに、ある程度の制約を加えることによってのみ達成されるものである。それとは逆に、最大限の内面的な統合は、より広範な社会的ネットワークにある程度は不完全なかたちで統合されるという犠牲を払うことによってのみ達成される。

（中略）

…したがって、新しい、かつて以上にゆるやかに構成された、情緒的にも性的にもあまり凝集性のない、しかも常に短命な家族は、すでに有効な選択肢に付け加えられつつあると見なしてもよさそうである。欲求不満に陥っている孤独な主婦、過度に所有欲の強い母親、そして息子と父親のあいだのエディプス的な関係、これらすべては、おそらくある特定の時代、場所、そして社会階級の――間違いなく、まったく別の病理学的類型によって置き換えられることになる――過渡期的な現象であるのかも知れない。

…功罪はいずれにせよ、人は家族進化を道徳的な観点から評価するけれども、家族の進化というものは、あきらかに、人間生活の最も親密な部面においてばかりでなく、社会組織の本質的な部分においても、これまでに生じた最も重大な変容の一つである。そしてこの進化は、地理的にも時代区分的にも、また、社会的にも非常に限定的で例外的な現象であり、民主主義それ自体の存続と普及に対する信念の場合と同じように、この進化に対するいかなる信念も、それを支える根拠はほとんど存在しないのである。

49　エリザベート・バダンテール『母性という神話』（抜粋、1980年）

＊出典

Elisabeth Badinter, *L'Amour en plus, Hisoire de l'amour maternel*（*XV IIe - XXe siècle*）（Flammarion, 1980）；（英語版）*The Myth of Motherhood: An historical view of the motherhood*（Souvenir Press, 1982）．バダンテール『母性という神話』（鈴木晶訳、ちくま学芸文庫、1998年）、34-36、448-449ページ。

＊解説――北本正章

エリザベート・バダンテールは、1944年生まれのフランスの歴史学者、哲学者、社会学者である。1960年代になって新しい高まりを見せてきた歴史学の動向――アナール学派やケンブリッジ・グループなど――の影響を受け、また、その応用部門として、それまでの歴史学や社会学で、「女や子どもの出る幕はない」と言われたり、「研究テーマにならない」などと言われて、学術的な光があてられてこなかった女性と子ども史の分野――両者は密接に関連している――において、まずアリエスが子ども史において新しい問題提起をしたのに続いて、女性史ではバダンテールが本書において時代を画する問題提起を行なった。『母性という神話』は、「フェミニズム歴史学の最良の成果の一つ」（鈴木晶）と評されるように、フランスを超えて、バダンテールを全世界で一躍有名にした。

人間の本能的な愛情として自己愛、異性愛とならんで母性愛があり、この3つはいずれも生物学的かつ普遍的に規定されている本能的な愛情だと考えられてきた。こうした定説あるいは俗説に対してバダンテールは、母性愛は本能ではなく、歴史的、社会的、そしてとくに政治経済的なイデオロギーによって作られてきた（付け加えられてきた）愛情であるとして、そのことを明らかにするために、1960年代以降顕著な進展を見せていた家族史、人口動態史、恋愛と性役割の社会史、心理学史、社会福祉史、医学史などの研究成果を総合的に鋭く分析して実証しようとした。母性愛が作られた神話であり、その背景に政治経済やジェンダー哲学の隠れたイデオロギーがあるとする仮説は、「女らしさ」「男らしさ」「子どもらしさ」というイメージ概念の解読にもあてはまるものであり、その後の研究を大いに刺戟した。母性愛が意図的に付け加えられてきた愛情行動であるとするなら、つまり本性にひそむ所与の感情（母性愛本能説）ではなく、後天的に感情や状況のなかで学習され、形成されるものである（社会構成説）とする考えは、母性愛本能説に対する批判を超えて、母性愛だけでなく父性愛も含めて、子どもに対する愛情の総体が人間にとって学習目標となるべきものであることを示唆している。それはちょうど、アメリカの歴史学者キャサリン・ウノが母性愛と保育の問題を、血のつながりを重視する「生物学的母性」、養子縁組による親子関係や施設型の保育などに見られる「社会的母性」の二つを超えて、血縁や社会制度の有無も男女も問わない、誰もが幼い者に愛情をそそぐ保育能力を学習する「養育母性」という三つに区分していることに見られるように、学習目標としての親の愛がとらえなおされ、再重視される時代がくることを予兆するものであろう。

＊テキスト

母親の態度の変遷を研究し、その原因を理解しようとするならば、小児の死亡率の統計や人びとの証言に頼るだけではじゅうぶんではない。母親は、この言葉のもっている慣用的な意味（すなわち、法に認められた子をもつ既婚女性という意味）において、相対的かつ三次元的な人格である。なぜ相対的かといえば、父親や子どもとの関係においてはじめて意味をもつからであり、なぜ三次元的であるかといえば、この二重の関係に加えて、母親は一人の女、すなわち、しばしば夫の熱望や子どもの欲求とは関係のない独自の熱望をもった一個の独立した存在でもあるからである。母親の行動に関するあらゆる探求は、こうしたさまざまな

変数を考慮に入れなければならない。

したがって、家庭というミクロ社会の成員の一人について論ずるためには、他の二人について語らないわけにはいかない。この三角関係は心理学的事実であると同時に社会的現実でもある。

父親、母親、子どもそれぞれの役割は、その社会の支配的な価値観と必要性に応じて決定される。イデオロギーという名の灯台が男性＝父親だけしか照らしださず、すべての権力を彼にあたえるときは、母親は陰に隠れ、母親の地位は子どもの地位と同じになる。反対に、社会が子どもとその生存や教育に関心を寄せるとき、灯台は母親に光を向け、母親は父親を押しのけて中心的な人物になる。その場合場合に応じて、子どもや夫にたいする彼女の行動は変化する。社会が母性の価値を維持するか引き下げるかによって、女はより良い母親になったり、それほど良くない母親になったりするのである。

しかし、支配的な価値観や社会の強制の重圧の向こう側に、母親の行動の歴史においてそれらに劣らず重要なもう一つの要因がみえる。この要因とは男と女の静かな戦いである。この戦いは今までずっと、一方による他方の支配という形で表されてきた。この男と女の争いにおいては、子どもが中心的な役割を担っている。子どもを支配し、自分の陣営に引き入れた側が、社会がそれに利益を見出すかぎり、勝利を期待できるのである。子どもが父親の権力に委ねられているかぎり、母親は家の中で二次的な役割に甘んじなければならない。時代や社会階級に応じて、女はそれによって損害をこうむるが、一方それを利用して、母親としての義務から逃れ、夫の束縛から解放されたのである。

反対に、子どもが母親の愛撫の対象になると、妻は夫の上に立つ。少なくとも家庭の中では。ところが子どもが家庭の王様になると、父親の企みも加わって、母親は女としての熱望を棄てることを強いられる。このように不本意ながら男性の価値観の影響をこうむり、子どもにとっても夫にとっても厄介な、女としての自律的な意志を棄てることにいちばん成功したのは、家庭内で勝利をえた母親である。この場合、子どもは、自分では気づかずに、男＝父親の客観的同盟者となる。（34-36ページ）

子どもにたいする母親の態度の歴史をたどることによって、私たちは母性本能が神話であるということを確信できた。私たちは、母親のいかなる普遍的かつ必然的な行動にも遭遇しなかった。それどころか、母親の教育レベル、野心、あるいは欲求不満によって、母親の感情がきわめて多様であることを確信した。そこから、次の結論に——たとえそれが残酷なものであるとしても——到達しないわけにはいかない。すなわち、母性愛も、一つの感情にすぎないのであって、それ自体、まったく偶発的なものなのだという結論である。

この感情は存在することもありうるし、存在しないこともありうる。生まれることもあれば、消滅することもある。強いものとしてあらわれることもあれば、消滅することもある。一人の子どもを優遇することもあるし、あらゆる子どもに献身することもある。すべては、母親、母親の個人史、および歴史によるのである。そう、自然の決定論を免れているこの分野には、普遍的な法は存在しないのだ。母性愛は、それだけで独立しているわけではない。母性愛は「付け加わったもの」としてあるのである。

フランスにおけるこの4世紀間の母性愛を曲線に描くとすれば、17世紀以前、19世紀、20世紀が山になり、17世紀、18世紀が谷になる正弦曲線が得られるだろう。1960年代以降は、古典的な母性感情のある程度の後退を示すために、おそらく曲線を下のほうへ向けるべきだろうが、それと同時に、新しい愛の線、すなわち父親の愛の線を書き入れなければならないだろう。明らかに、母性愛はもはや女だけの特性ではない。新しい父親は、母親と同じように行動し、母親と同じように子どもを愛する。このことはもう母性愛にも父性愛にも特殊性は存在しないという事実を証明しているように思われる。ということは、男女の役割の特殊性ももはや存在せず、私たちはますます、男女の同一化へ向かっていることになるのだろうか。（448-449ページ）

50　ヒュー・カニンガム「子ども期の融合と分離」（抜粋、2005年、『概説 子ども観の社会史』所収）

＊出典

Hugh Cunningham, *Children and Childhood in Western Society since 1500*, Pearson Education Ltd., 1995 1st; 2005 2nd. ヒュー・カニンガム『概説 子ども観の社会史——ヨーロッパとアメリカにみる教育・福祉・国家』（北本正章訳、新曜社、2013年）、255-262ページ。

＊解説——北本正章

ヒュー・カニンガム（Hugh Cunningham, 1941-）はイギリスの歴史学者である。ケンブリッジ大学で歴史学を修めた後、イギリス連邦を構成する西アフリカのシエラレオネのファウラ・ベイ大学の歴史学講師についた。その後、イギリス南部の古都カンタベリーに新設されたばかりのケント大学社会史講座の教授として1969年に就任後、40年以上にわたって児童労働と児童福祉の歴史、子どもの権利の思想史、近代イギリス文化史などの研究をすすめ、現在は同大学の名誉教授である。ここに示した『概説 子ども観の社会史』（初版1995年、改訂版2005年、邦訳は改訂版による）は、アリエス以降の世界の子ども観研究の動向をまとめ、子ども観の社会史研究の課題と展望を示した世界標準のテキストである。本書によせられた書評にあるように、「（本書は）…格調高く洗練された文体で、近代ヨーロッパにおける子ども観と子どもの

生活の社会史を概観し…その内容は、知的な刺激に満ちているばかりか、これまで歴史学が本気で解明してこなかった人間社会の経験の実相に迫る、説得力のある分析をくわえている」（グラスゴー大学リン・アブラムズ教授）、あるいは、「近代の子ども観とは何であったかについて深く理解しようとするなら、本書は間違いなく必読文献のひとつであろう」（オックスフォード・ブルックス大学ジョン・ステュワート教授）、さらには「子どもの実態と子どもの理念についてこれほど明晰かつ達意の文章で包括的に歴史記述したものは他に見あたらない」（ルイジアナ州立大学ヴィクトル・ステイター教授）など、本書は、21世紀を展望する子ども学と子ども政策にとって重要なベンチマークとなっている。

*テキスト

1971年、デイヴィド・ロスマン*1が表現していたように、なんと「多くの歴史家が、自分の研究をフィクションから区別する境界線がどれほどか細いかを考えるあまり、頻繁に真夜中に目覚めてパニックに襲われていることだろうか。しかしこの点に関して、とりわけ子ども期に関する研究は、すべての歴史家をノンフィクション作家に変えてしまうかもしれないという脅迫観念をもたらして、わたしたちの神経をすり減らせているように思われる」(1)。それから四半世紀以上の時を経たいま、［実態としての］子どもの歴史と［観念としての］子ども期の歴史に関する膨大な研究書が現れたにもかかわらず、いまなおそうしたパニックを感じる。その感覚は、1970年代に受け入れられたいくつかの結論が、1980年代の歴史家によって覆されたと認識することで、弱まるどころかむしろ強まっている。さらに、ある年の結論が別の年には見直されてしまうといったことは単純ではなかった。なぜならその場合、どのような質問が投げかけられたか、その内容についてさえ、わたしたちは確信をもてないからである。本書においてもっとも核心的な問いかけとなっている疑問は、公的な行動や思想と、私的な経験とのあいだの関係である。わたしは、子どもの歴史と、子ども期の歴史の研究家に研究課題をもたらすのはこうした疑問ではないかと考えている。このような疑問は、偶然にも、かのフィリップ・アリエスが取り組んでいたものである。

しかし、つい最近までの強調点は違っており、これまで問いかけられたのは、過去において親は自分の子どもを愛していただろうかという疑問であった。この問いの答えを見いだすために、日記、自叙伝、手紙や遺言状、捨て子養育院の保管文書や救貧法の判例記録など、すべての資料が徹底的に検討された。だがそれは、多くの点で無益な疑問であった。なぜなら、この質問に答えようとすると、もしわたしたちが「愛情」に出会えばそれを認識できて当然であるという誤った姿勢をとることになるからである。またそれは、自分の子どもを愛した親と、愛さなかった親に間違った二分法を当てはめてしまうことにもなり、ある種の親は自分の子どもを愛するかもしれないし、愛さないかもしれないという両面的な矛盾した感情をもつかもしれないことを完全に認識しそこなってしまう(2)。

このような疑問にとりつかれて、子どもの歴史研究と子ども期の歴史研究の焦点は、私生活の歴史研究におかれることになった。それは過去の親密な人間関係の感情変化の速度を明らかにしようとする。本書では、子どもに対する公的な政策は連結しており、しかも実施に移されていたことが多いこと、また、子どもが共同体の経済的、社会的、および政治的な生活で一定の役割を果たしていたという両方の意味で、人間関係の感情変化の速度が公的生活にも属していることは、すでに論じた。子ども期の歴史は子どもに向けた公共政策の研究をあまりにも度外視しているという、1960年代と1970年代初めに聞かれた指摘は、正当な不満であったかもしれない(3)。これに対して、1980年代と1990年代になると、反対に［子どもへの］脅威となる危険、すなわち私的領域外のことはすべて無視されるようになった。本書は、一方では経済発展、公共政策、そして世界を想像する仕方、他方では子ども期の思考と子どもであることの経験、この二つのあいだの相互作用を示すことを目的にしながら、両方のバランスを回復させようと試みたものである。

結論として、この歴史［子どもの実態と子ども期の観念の歴史］における持続と変化を精緻に描くことは可能であろうか？　アリエスは、20世紀半ばに軸足を置き、もし歴史において子ども期の概念化と子どもの扱い方の両方が変容する時期があったとするなら——その変容が社会階級全体を貫いて広まるまで長い時間を要したことを認めつつも——それは17世紀であろうと主張した。これに対するポロックの反論は、1500～1900年において、親による子どもの扱い方に見られたのは持続であり、変化よりも非常に明白に際立つというものであった。アリエスは19世紀にはほとんど注意を払わなかった。一方、ポロックは20世紀の手前で止まっている。

子ども期の概念化と経験において最も急激な変化が生じたのは20世紀であったが、この変化には長い導入があったというのが筆者の主張である。長期的な視点に立ち、またこれまでわたしたちが注意を喚起してきたさまざまな変化を考慮するなら、この持続は、キリスト教に深く刻印された中世および16世紀と17世紀の問題を解く鍵である。18世紀に子どもと子ども期に対する世俗的な見方が始まったことは、子ども期の概念化と子どもの扱い方の両方に重大な変化が生じる時代の幕開けを特徴づけている。ロックとルソー、そしてその後にロマン派の詩人たちのさまざまな観念が高い人気を博したことは、子どもが救済を必要とする魂の具現とは見なされなくなった時代の幕開けを示しており、それに代わって、子どもは訓練して習慣を

身につけさせる必要のある小動物のペット、あるいは自然のままにのびのび成長させる種子のような存在のどちらかになった。

ロックとルソーが、暮らし向きのよい階級の相当数の親に深い影響を及ぼしていたことを示す証拠資料がかなりあるが、これらの人びとのなかには、この二人の著作を異常なまでに活用して自分の育児の詳細な計画を立てる者さえいた。しかし、こうした新しい理念が中産階級全体に広まるとか、社会階層のもっと下に向かって広まっていく自動的な方法はひとつもなかった。むしろ、産業革命によって子どもの教育が自然の教えとは著しく対照的であることが一目瞭然となり、貧民の子どもを目に見える公的な場におく事態が生じたのであった。啓発運動家や改革者はこうした状況を終わらせようと闘い、なかには自然を根拠にした議論を自分の武器として利用することもあった。政府はこうした議論に全面的に影響されることはなかったものの、児童労働を統制し、最悪の場合違法とする法制化に向けて否応なく追い立てられた。

児童労働に終止符を打つことは「子どもを救済する」方法のひとつであった。これは19世紀と20世紀初期の無数のボランタリー組織の目標になった。その目標には、子どもの魂の救済という観念が伴っていたが、こうした組織に関わりをもつほぼすべての人びとがキリスト教徒だったからである。そして、これに関わったキリスト教徒でさえ、「子どもの救済」とは、適切と考えられる子ども期を子どものために守ることであるという、広く浸透した意味を受けとめるようになった。さらにこのことは、子ども期が純真無垢と依存性の点で大人世界から分離されることを意味した。キリスト教徒の大半にとって、子どもは原罪によって汚された存在ではなくなった。すべての子どもに当てはまる、適切な子ども期という理想像(ヴィジョン)は、子ども世界と大人世界が可能な限り人間らしく分離されることで、ゆっくりと実行に移されるようになった。

さまざまな理由から義務教育が導入されたが、なかには子どもの救済からはほど遠いものもあった。それにもかかわらず学校教育は、すべての子どもは適切な子ども期をもつべきだという考えが広まるのを可能にする上で決定的に重要な変化であった。子どもが何らかの経済的な価値をもつことはなくなった。「子どもの世紀」は、すべての子どもに子ども期をもたらす任務に邁進した。そして、子どもが生き延びるチャンスを高めた点で最も顕著な成果をあげたことをはじめとして、多方面で立派な成功を収めた。

ねじれが生じたのは20世紀後半であった。子どもは、与えられた家庭と学校に依存する強制居留地(ゲットー)から脱走し始めた。いまや子どもは、自分の親とのあいだで一定の情緒的、経済的、および法律上の力を手にして、利潤追求に支配された商業文化への参加者になることができた。大人の大半はこれが異質な文化であると気づいたが、そうした文化は規制できるし、末端ではあるが自分の子どもの参加を規制することもできた。20世紀末のヨーロッパ社会の多数の子どもにとっての子ども期が「子どもの世紀」を求める期待と一致することはほとんどなかった。

しかし「子どもの世紀」は、最初の段階では予想できなかった仕方で、理想を実現することになった。子どもは権利を獲得するようになり、大人から分離するより接近するようになった。大人は、法的措置や家庭内の口論においても、20世紀初頭には想像もつかなかったやり方で子どもの見方を引き出し、尊重するように努めた。20世紀末の子どもの権利宣言は、子どもの保護だけでなく、子ども自身の自己決定権も強調したが、これは、大人世界と子ども世界を分離しようとした当初の試みに完全に泥を塗るに等しいことであった。

子ども期の融合と分離

ノルベルト・エリアスとフィリップ・アリエスが子ども期の歴史を振り返って、大人と子どもの差異の拡大を見たとき、彼らは一連の変化を観察していたのだが、これは20世紀半ばから見た歴史展望(パースペクティブ)としてよく理解できる。もしわたしたちが、彼らと同じように、[21世紀の]現在を起点にするなら、彼らとはかなり違った歴史展望をもつことになるだろう。エリアスとアリエスが数世紀にわたって跡づけた傾向は、今日では逆方向になってしまったからである。同様に、最近発覚した、ベルギーのマルク・デュトルー*2による子どもの誘拐・強姦・殺害といった、大人による児童虐待事件の結果、今日では、[子どもの状況は]持続して向上するというロイド・デ=モスの信念の無邪気さには、ぞっとせずにいられない。しかし、それにもかかわらず、一方のエリアスとアリエス、他方のデ=モス、この二つの見解の明白な両極性について、少し考察を加えておく必要がある。20世紀半ばに向けて成人期と子ども期はさらに距離が開くようになったのか、それとも接近するようになったのか？ エリアスとアリエスは、人生の特別な時期としての子ども期が成人期から分離していく傾向に注意を促した点では正しかった。しかしそれをもって、親が子どもの世界にいっそう接近したと考えたデ=モスが完全に間違っていたことにもならないだろう。つまり、[観念としての]子どもと、[実態としての]子どもの身の上にそれぞれ起こったことが相容れないのは明らかであるが、それが明白になっただけである。子ども期は人生の特別な時期として認められるべきであり、それだけでなく、子どもが生き続けられるよう大人自身が守ってやるべきであるという考えもまたロマン主義のエートスの一部であった。ある意味で大人は、子どものままでなくてはならないのである。そしてその限りで大人は、デ=モスが描いたような仕方で、実際の子どもにいっそう

接近できるのである。

　人生の特別な時期としての子ども期というロマン主義の見方は、ヨーロッパ社会に深く浸透し、際立って堅持された。それはヨーロッパだけに限られなかった。20世紀には、ボランタリー組織と政府組織の両方の国際機関が、公的な注目を引きつけようとしばしば張りあいながら、ヨーロッパ的な子ども期の観念を輸出しようとした。1924年の国際連盟「子どもの権利に関するジュネーヴ宣言」に始まり、1959年の国際連合「児童の権利に関する宣言」を経て、1989年「子どもの権利条約」に至るまで、相次ぐ子どもの権利に関する声明は、ヨーロッパ的な子ども期の観念を具現している[4]。国際労働機関（ILO）は1919年の創設に際して「児童労働の廃止」を掲げ、1973年には16歳以下の子どもはいかなる形態の生産労働にも従事しない世界を描いたが、これは、ヨーロッパ世界以外では観念、実態とも明確に相容れない考えであった[5]。

　ロマン主義の理想は多数の異議申し立てに直面したが、おおむねそれに耐えてきた。20世紀中頃までは、ヨーロッパ社会における子ども期の現実は理想に近づきつつあったといえるであろう。ロマン主義的な子ども期の見方へのこだわりからは、子どもの状況が実際に向上している確信を感じとることができた。1942年、シルヴィア・リンドは、戦時下であるにもかかわらず、「イギリスの子どものお話は、…ハッピーエンドに向かうお話です」[6]と喜んだ。しかし、20世紀後半には、ロマン主義的な理想と生の現実とのあいだの分裂はますます大きくなった。［本書の冒頭で紹介した少女］ズラータがサラエボの包囲攻撃という極限状態で表現したのは、そうした分裂であったが、別のレベルではすべての親と大半の子どもに影響が及んだといえよう。

　ズラータと同じように、どの社会の子どもも、実態を理想に近づける力はほとんどもたなかった。親の権力は、子どもをどう育てるかを決定した。大人は家庭の外を危険に満ちた世界として描き、それに対応して、子どもの自律性を否定することで子どもを保護しようとする。それと同時に、親としての権威への確信は、さまざまな要因によって弱められてきた——コマーシャル、法律、心理学は、親が望むような保護を成し遂げるのを困難にしてきた。その結果、前世紀に比べてはるかに高い頻度で、育児は親子のあいだで話し合って決める事柄になっているが、国家およびその他の機関による観察と監督から見て取れる。この過程で、公的領域に存在する子ども期の観念は、大人と子どもが生活を切り開いていく枠組みとしての役割を果たしている。20世紀末と21世紀初頭の特異性、すなわち、子ども期について現在見られる大きな混乱と不安の根本原因は、子どもは一定の自律的な権利をもつ人間であると主張する公的言説が、子どもの権利とは子どものままでいることだと考えるロマン主義的な子ども観の残滓とは相容れないことにある。前者の子ども観が含意するのは子ども世界と大人世界の融合（フュージング）であるのに対して、後者のそれは、大人と子どもの分離（セパレーション）を維持することなのである。

原注

(1) D. J. Rothman, 'Documents in search of a historian: toward a history of children and youth in America', *Journal of Interdisciplinary History*, 2 (1971-2), p. 369.

(2) A. Farge, *Fragile Lives: Violence, Power and Solidarity in Eighteenth-Century Paris* (Cambridge, 1993), pp. 46-51.

(3) 典型的な文献としては、次のものが知られている。I. Pinchbeck and M. Hewitt, *Children in English Society*, 2 vols (London, 1969-73) および R. H. Bremner (ed.), *Children and Youth in America: A Documentary History*, 2 vols (Cambridge, Mass., 1971).

(4) D. Marshall, 'The construction of children as an object of international relations: the declaration of children's rights and the Child Welfare Committee of League of Nations, 1900-1924', *International Journal of Children's Rights*, 7 (1999), pp. 103-47; id., 'The Cold War, Canada, and the United Nations Declaration of the Rights of the Child', in G. Donaghy (ed.), *Canada and the Early Cold War 1943-1957* (Ottawa, 1999), pp. 183-212; P. T. Rooke and R. L. Schnell, '"Uncramping child life" : international children's organisations, 1914-1939', in P. Weindling (ed.), *International Health Organisations and Movements, 1918-1939* (Cambridge, 1995), pp. 176-202; J. Boyden, 'Childhood and the policy makers: a comparative perspective on the globalization of childhood', in A. James and A. Prout (eds), *Constructing and Reconstructing Childhood: Contemporary Issues in the Sociological Study of Childhood* (London, 1997), pp. 190-229.

(5) H. Cunningham, 'The rights of the child and the wrongs of child labour: an historical perspective', in K. Lieten and B. White (eds), *Child Labour: Policy Options* (Amsterdam, 2001), pp. 13-26.

(6) S. Lynd, *English Children* (London, 1942), p. 8.

＊1 デイヴィド・ロスマン（David Rothman, 1935-2004）——現代アメリカの社会史家。精神病院の歴史、医療倫理の社会史、監獄の歴史などの研究で知られる。『精神病院の発見』（1971）ほか。

＊2 マルク・デュトルー（Marc Dutroux, 1956-）——マルク・デュトルー事件。1995～1996年にかけてベルギーで起きた少女たちの誘拐、監禁、性的虐待、殺害事件で、ヨーロッパ中を震撼させた。主犯のマルク・デュトルーとその妻、3人の男性共犯者たちは、少女たちを次々と誘拐し、長期間にわたって監禁して性的虐待を続け、4人を殺害した。主犯のデュトルーには終身刑がくだされた。

監訳者あとがき

　本書『世界子ども学大事典』の日本語版をつくる可能性を考えるようになったのは、英語版の原書全3巻が出版された2004年暮れからでした。その後、世界の子ども観史研究の動向をまとめる必要からこの事典の項目のいくつかを参照するたびに、しだいに興味が深まりました。これほど魅力的な内容と情報満載の、子ども学を体系的に網羅している事典を日本語で紹介することができれば、わが国のこの分野の学術的な進展と、子ども認識や子ども環境の改善に、学界の末席から多少とも貢献できるかもしれないという想いは、一度もとぎれることはありませんでした。子どもにかかわる教育現場のスタッフのみなさん、子ども学を学ぶ大学などの教育研究機関の若い世代のみなさん、子ども政策を模索する公私の専門機関のスタッフのみなさんの利便に資することができるようにならないものかという想いは、埋み火のように何年も続きました。

　研究日誌をたどってみると、あるエピソードが鮮明に思い浮かんできます。筆者の稚拙な研究の歩みを大きな視野で見守ってくださっている先学の一人である野上暁先生から、ポンと背中を押していただく機会を得たのは、ある大学院の研究セミナーの休憩時間での短い会話でした。そのとき先生は、「北本さん、そんなに思案げに、いったい何を考えているの。また何か面白いことでも？」と、いつものように、ちょっといたずらっぽい感じで、にこやかにお声をかけていただいたのでした。以前には出版社の取締役として日本の子どもの出版文化を大きく推進され、今日まで日本ペンクラブの常務理事として、内外の子ども文化研究に精力的に取り組んでおられる野上先生が、わたしの模索を鋭く見抜かれたのか、それとも「必殺仕掛け人」としての嗅覚がはたらいたのか、いまも謎のままですが、これが本格的に作業を設計する最初のきっかけでした。

　そのとき、この事典が新しい子ども学の分野を切りひらく可能性をもっており、子ども文化史、教育と子ども観の社会史研究、子ども社会学などにとってこれまでになく大きな意義を秘めていることなどをひかえめにお話ししました。しかし同時に、この事典が大型判で全3巻と浩瀚であるため、非力な自分の手には負えそうもないこと、長い時間がかかれば出版社に迷惑がかかってしまうかもしれず、共同訳ですすめるにしても、根気よく一緒に取り組んでくれる研究仲間を集める能力と心がまえがわたしには十分にそなわっていないことなどを野上先生に正直にうちあけました。じっと耳を傾けてくださってから数週間がたったころ、先生から、「意義ある仕事は存分におやりなさい。もう、いくつかの出版社にも声をかけてありますから」というご連絡をいただきました。最初に手をあげてくださった原書房編集部長の寿田英洋氏から示された尋常ならざるご厚意にくわえて、今日まで児童文学界を大きく導いてこられている神宮輝夫先生からも後押しされていることを知らされました。後年には、世界水準の西洋美術史研究をすすめておられる森洋子先生から、日本語版への大きな期待をよせていただいたばかりか、わたしの健康状態までご心配いただき、あとには引けなくなり、途中放棄もできなくなりました。

　こうして、必殺仕掛け人の「罠」にはまったのでした。「偶然を必然にするには、両者のあいだに横たわっている幾多の試練に満ちた谷──涙の谷（Jammertal）──を渡らなければならない」という賢者の教えにしたがって、誠実に取り組む覚悟がかたまることになったのはこのような偶然に恵まれたことでした。あとになってふりかえってみたときに、その偶然は必然であったと思えるようになりたいというわたしの素朴な願いに、先学の先生がたが励ましと慰めの灯をともして、進むべき道を照らしてくださったのでした。このようないきさつから、「幸運は、そのことがらを静かに準備してきた者にしか見えてはこない」ということも、これらの先生がたから教えていただいたのでした。

　助言者の皆さまの信頼とご厚意にこたえるために、まず信頼のネットワークをつくることからはじめることにしました。目に見えない意義を深く共有してくださる研究仲間に声をかけ、説明しま

した。そして、この事典の精読と学習をかねた「世界子ども学研究会」を発足させることを提案しました。この研究会は、世界各地の子どもの社会史と文化史、世界史のあらゆる時代を対象にした「子ども」（思春期と青年期もふくむ）の存在のあり方について学際的な研究をすすめるためのものです。この研究会を発足する趣意書がまとまったのは2009年6月で、20人ほどの小さな研究会として第1回目の研究例会がスタートしたのはその年の11月でした。それ以来、今日までの約7年あまり、この事典の解読を重ねながら、メンバーとそのまわりの皆さまから、息の長い協力とご支援、そして知的刺激を受けつづけることができました。また、この時期に望田幸男先生がよびかけられ、松塚俊三先生、橋本伸也先生、広田照幸先生らによって精力的に研究活動を展開されていた「比較教育社会史研究会」からもお誘いをいただき、今日まで変わることなく、もっとも良質で貴重な示唆を得ることができています。同じ頃に児童文学の高田賢一先生と白井澄子先生が呼びかけ人となって発足した「英米児童文学文化研究会」などでも、この事典の解読から学ぶことができました。これらの研究会のみなさまとの出会いは、はかりしれない大きな幸運でした。そして、わたしが勤務する大学のそれぞれの時期の学部のゼミ生やいくつかの大学院の院生のみなさんも、さまざまなかたちで力を尽くしてこの企画を前進させつづけてくれました。この事典が包蔵しているゆたかな着想を、若い学生や院生がそれぞれの研究関心に結びつけ、つぎつぎと成果を生み出してくれたことは、この事典の豊かな触発力を証明してくれました。

　いま静かにふりかえってみてあらためて気づかされるのは、日本語版の子ども学事典をつくるこれまでの時間のすべてにおいて、不思議な出会いがいくつも重なりあってきたことです。世界史のこのタイミングで世界各国の子ども学研究のエッセンスを集めた英語版が出版されたことにアジアの島国で暮らす筆者の人生がかすかに重なることになりました。これに先学の先生がたの有益な助言も重なります。さらには、「世界子ども学研究会」が発足し、今日までにすでに16回ほどの研究例会を数えていること、日本語版の編集委員のメンバーの協力を仰ぐことができ、必要なときに適切な助言を専門家から得ることができたこと、そして、この事典の意義を深く理解してくださる推薦者の先生がたと出版社のすぐれた編集スタッフのお力添えを得られたことなど、つぎつぎと不思議な縁が重なりました。そして、ある時期からはいっそう明確に、これらすべてのタイミングがまるで一本の魔法の糸でつながっているのではないかと思えるようになりました。

　出版企画を思い立ってから今日までの約10年、そして、本格的に作業をはじめてからの7年という歳月のあいだに、たえず励ましをいただき、見守りつづけてくださったすべての皆さまへの感謝の気持ちは、海よりも深く、天空よりも澄みわたっています。日本語版の出版にあたって、ここに深甚より感謝申し上げます。そして、無数の奇跡の時間をむすびあわせ、ちいさなわたしをつかって、この企画をBeruf（召命）として導いてくださった大いなる意志の力へも。

2016年10月20日
北本正章

索引

太字は本文中の項目を示す。ページを示す数字の太字は項目、イタリック体は図版を示している。
→は参照項目、➡は関連項目をさす。

【ア】

アイオワ児童福祉研究ステーション 273
IQテスト →知能指数（IQ）／知能テスト
アイザックス、スーザン 1-2, *1*
愛情 2-5
　アリエス、フィリップ 2, 380
　近世と近代 3
　古代中世と中世世界 2-3
　子ども期の歴史 375-86
　子どもによる愛情 4-5
　子どもの感情生活 405-15
　ジェンダー、階級・民族・地域 3-4
　中世とルネサンス時代のヨーロッパ 375-9, 814-5
　20世紀と21世紀初期 4
愛新覚羅溥儀 586
アイスナー、マイケル 825
アイスランド（の私生児） 638
アイゼン、ジョージ 1152-3
「愛の凱旋」（ジョヴァンニ） *813*
アイヒラー、リリアン 1223
アウグスティヌス（ヒッポの、聖） 15, 621, 622-3, 756, 853, 1058
「青い蓮」（エルジェ） 792
「青い肘掛け椅子の上の少女」（カサット） 341, *1222*
「赤ちゃんM」訴訟 783
『赤ちゃんと子どもの養育（の常識本）』（スポック） 144, 313, 496, 644, 1224
アカデミー 5-7, 198, 863-4, 1258
アクション・フィギュア 124
アサイラム →保護施設
アジアの子ども →インドと南アジアの子ども／中国の子ども／日本の子ども
アスタチ、リタ 1040
『明日の学校』（デューイ） 1313-7
遊び 7-13, *9, 10, 11*
　家具 146-7
　経済と子ども（西ヨーロッパ社会） 274-5
　現代の遊び 10-2, 11
　児童心理学 518
　18世紀と19世紀のアメリカにおける遊び 8-10
　父親業と父性 798
　中世ロンドンの遊び 8
　奴隷制（アメリカ） 874

フレーベル、フリードリヒ 1018-20
ホロコースト 1153
　➡遊びの理論／室内ゲーム／路上遊戯
「遊びのノーマル・コース」 24
遊びの理論 13-23, *13, 14*
　おもちゃ産業の発達と遊びの組織化 19
　啓蒙思想 15-6
　古代文明の 14-5
　進化理論 17
　精神分析理論 19
　中世での欠落 15
　デューイ、ジョン 18, 1313
　20世紀の心理学理論 19-20
　モンテッソーリ、マリア 18
　ロマン主義運動 16-7
　➡遊び場運動
遊び場運動 23-5, 392-3, 659
　➡子ども空間／砂場
アタッチメント（愛着）理論 313, 417, 519, 1088
アダムズ、ジェーン 25-6, 767-8, 1067
アダムズ、ジョン 150
アダムズ、ハリエット・ストラッテメイヤー 244
「新しい性格形成学院」（オウエン） 389
『新しき良心と古き魔性』（アダムズ） 26
アダランダ対ペーナ判決 1107
アタリ社 130
アテナイ（ギリシア人） 319-20
　➡古代ギリシア・ローマの子ども
『アデライド・ド・サヴォワの時祷書』 *810*
アニメ 292-3
アーノルド、トマス 660, 956
『アフォリズム』（ヒッポクラテス） 592
アフカルム（学校） 1131
アブラハム（聖書の登場人物） 180-1
アフリカ系アメリカ人の子どもたち 778, *28, 29*
アフリカ系アメリカ人の子どもと若者 27-33, *28, 29*
　愛情 4
　衛生 101-2
　オーバリン・カレッジ 150, 158
　科学的育児法 143
　学校建築と建築様式 169
　学校の人種差別撤廃 177-8

きょうだい 235
警察 278
孤児列車 309-10
子どもの感情生活 410-1
里親養育 451-2
しつけと家族 30-1
職業教育・工業教育・職業訓練学校 626
スクール・バウチャー 652
青年伝道団 701-2
ソーシャル・セツルメント 768
祖父母 772
男女共学と別学教育 788
父親業と父性 795-6
奴隷制と 27-9
非行 978
法 1080
ボクシング 1090
養子縁組 1160, 1171
要扶養児童 1168
レッテル貼り 351-2
労働と貧困 1232
アフリカの子ども 33-6
　エイズ（後天性免疫不全症候群） 733, 1214
　孤児 1214
　奨学金の受給 31
　女子の割礼 36, 640-1, 720-1
　青年期とイニシエーション 36
　聖母マリア（宗教） 708
　セクシュアリティ 720-3
　誕生期から乳幼児期 35
　長老期 34-5
　乳児死亡率 889-90
　離乳期から思春期へ 35-6
　歴史 33
　➡誘拐（現代アフリカ）
アボット、グレース 768
アボリジニの子ども 115-6
アポロン祭 319
アマチュア競技者組合 660
アマチュア出版 →青少年向けの出版事業
アマテラス 707-8
アミタール（薬品） 141
アミューズメント・パーク（遊園地）
　→テーマパーク
アームストロング、サムエル・チャプマン 626

アームストロング、マーナ 72
アメリア・イアハート 1192
アメリカ遊び場協会（PAA） 24
アメリカ医学協会 42, 141, 431, 1097
アメリカ映画製作配給業者協会（MPPDA） 95, 1123
アメリカ学生連盟（NSL）（1931年） 153-6
アメリカ合衆国憲法修正第1条 829
アメリカ合衆国憲法修正第14条 444
アメリカ教育協議会 105
アメリカ共産党 152
アメリカ在郷軍人会 1037
アメリカ疾病対策予防センター 673
アメリカ児童福祉協会 1159
アメリカ社会衛生協会 619, 669, 670
アメリカ出生動向基本調査（NSFG） 938
アメリカ手話 859
アメリカ小児医学会 431
アメリカ小児歯科推進協会 477
アメリカ人化運動とバイリンガル教育 939-40
アメリカ精神遅滞学会（AAMR） 687
アメリカ青年会議 153
アメリカ先住民の学校 38-41, *38*, 741
アメリカ大学テスト事業団 105
アメリカの子ども
　怒りと攻撃 53-5
　乳母養育 93-4, 891-3
　エイズ（後天性免疫不全症候群） 673
　おもちゃ 122-4
　学校建築と建築様式 165-71
　家庭保育 1061
　義務就学 204, 924-5
　警察 276-8
　継父母 279-81
　化粧品 287
　結婚年齢 565-6, 724, 832-4, 1075, 1082
　公衆衛生 514-5
　孤児院 305-7, 1165
　子育ての助言文献 58-9
　子ども学研究 328-9
　子ども期の比較史 357-8
　子ども期の歴史 375-86
　子ども空間 388-92
　子ども図書館 395-8
　子どもの感情生活 412-3
　子どもの権利 17, 415-7
　サマー・キャンプ 393
　産科学と助産術 463, 464-5
　しつけ 493-6
　児童救済 512-5
　児童労働 268-70, 483, 512-5, 540-1, *540*, 545
　社会福祉 547-8

10代の母親 567-9, 727
　修道院学校（司教座聖堂学校） 571
　宿題 572-3
　出生率 357, 582
　小児医学 596
　少年期 601-3
　少年司法 607-13
　職業教育・工業教育・職業訓練学校 862-6
　庶出（私生児） 639
　初潮 566, 721
　性教育 667-72
　成人年齢 301
　青年期と若者期 694-5
　大学紛争（1960年代） 778-9
　男女共学と別学教育 788-91
　父親業と父性 795-6
　同意年齢 723, 848
　同性家族の子育て 853-5
　投票年齢 563-4
　徒弟制度 868-9
　乳児死亡率 471
　母親業と母性 950-2
　母親の死亡率 471, 913
　パレード 962-3
　非行 514, 977-8
　浮浪児と宿なし子 1024
　保育 1061-71
　保育園 1072
　保育制度の形態 1064-6
　法律 1078-88
　ホームレスの子どもと家出中の子ども 1095-8
　命名 57
　メディア 1123-5
　誘拐 1135-7
　養子縁組 452, 566, 1081, 1158-62, 1166, 1170-1
　幼稚園 1065, 1067, 1162-4, *1163*
　ラジオ 1191-3
　➡教育（アメリカ）／植民地時代のアメリカ
『アメリカの子どもたちの遊戯と唄』（ニューウェル） 1239
『アメリカの慈善』（ウォーナー） 306
アメリカのボーイスカウト 214, 514, 1074-6
アメリカ反奴隷制協会 1183
アメリカ優生学協会 1140
アメリカ・ユース・サッカー協会 663
アメリカ養子議会 1161
アメリカ連邦児童局 41-3, *41*
　科学的育児法 143
　子育ての助言文献 312
　子どもにかんするホワイトハウス会議 399
　シェパード＝タウナー母子保健法

42, 471
　児童救済 515
　と全米児童労働委員会 754
　役割 1158
　➡社会福祉
アメリカ連邦取引委員会 200
アメリカ聾学校 859
「アメリカン・ガール」（雑誌） 830
「アメリカン・ボーイ」（雑誌） 294
アヤ 76-7
アリエス、フィリップ 43-5, *43*, 1372, 1376
　愛情 2, 375
　遊び 7, 15
　子ども期の理論 365
　子ども期の歴史におよぼす影響 375-6, 378-80
　児童虐待 506
　少年期 602-3
　青年期 375-6
　中世とルネサンス時代のヨーロッパ 811-2
　年齢と発達 920-3
　養子縁組 761
　➡子ども期の比較史／子ども期の歴史
アリストテレス 45-7, *45*, 316, 688, 693
アリス・ブック（キャロル） 207, 531
ROTC　➡予備役将校訓練部隊
アルコール　➡10代の飲酒
R・J・レイノルズ社 200
アルジャー、ホレイショ 1288
アルストン、レスター、 8
アルゼンチン　➡ラテンアメリカ
アルトバック、フィリップ 151-3, 157
『ある百姓の生涯』（ギヨーマン） 1177
アルファベット習字帳 47-50, *48*
アルベルティ、レオン・バティスタ 1300
RU-486（ミフェプリストン） 917, 919
アル・ラーズィー、アブ・バルク 1212-3
アレグザンダー、J・トレント 934
アンカー・ビルディング・ブロック 256
アングイッソーラ、ソフォニスバ 332, *407*
アンクル・ソックス 1092
アングロ＝サクソン・カリキュラム 226
アンジェリト（棺のなかの子どもたちの写真） *190*
『アンシャン・レジーム期の子供と家族生活』（アリエス『〈子供〉の誕生』） 43, 375
アンセルムス（カンタベリー大司教、聖） 107, 569

アンダーウッド・アンド・アンダーウッ
　ド　123
アンダーソン、カレン　620
アンテオーク・カレッジ　1112
アンデルセン、ハンス・クリスティアン
　51-2, 51
　➡児童文学
アンデルセンの『童話集』　51
『アンネの日記』（フランク）　504
アンネ・フランク　→フランク、アンネ
アンフィドロミア　316
アンリ4世（フランス王）　1217
イーウォルド、ウェンディ　52-3, 52
　➡子どもの写真
イエス・キリスト　332, 620-3, 679, 705
　-8, 707
　➡キリスト教／聖母マリア（宗教）／
　　聖母マリア（東方正教会）
イエズス会　→イエズス会士
イエズス会士　222, 570, 707, 1202-3
　➡カトリック
家出する子どもたち　→ホームレスの子
　どもと家出中の子ども（アメリカ）
『家なき子』（マロ）　1327-9
『家なき娘』（マロ）　1327-9
萎黄病　240-1
医学　→小児医学／青年期医学
怒りと攻撃　53-6
　子育ての助言文献　311
　古代ギリシア・ローマ　793
　子どもの感情生活　408-10, 413
　ジェンダーと怒り　54-5
　テレビの影響　841
　文化の内側と外側の多様性　53-4
　抑制される怒り　55
　ライト、ヘンリー・クラーク　1183
イギリス（イングランド）
　遊び　8
　乳母養育　91-3
　家族類型　376-9
　家庭保育　1063
　義務就学　204
　教育　222-6
　結婚年齢　695-6, 847
　工業化　1176
　公衆衛生　514-5, 546-7
　国家と家族の関係　1180-1
　子ども学研究　328
　子ども空間　387-8, 390, 392-3
　子ども図書館　395
　里子制度　453-4
　識字能力　479-81
　しつけ　494
　児童救済　512
　児童売春　524
　児童労働　482-3, 513-4, 540-2, 540,
　　551, 1178, 1179-81

　社会福祉　546-7
　出生率　268
　少年非行　514
　初期の幼児学校と幼稚園　1071-3
　庶子　638-9
　性教育　668-9
　精神遅滞　688-9
　青年期と若者期　694
　第2次世界大戦中の学童疎開　746
　テレビ　1191
　天然痘　1212-3
　同意年齢　508, 514, 524, 846-8
　乳児哺育　92
　フェアリーテイル　994-7
　法律　1078-80
　メディア　1121
　幼稚園　1162
　ラジオ　1192
　労働と貧困　1228-31
　➡スコットランド（のリテラシー）
イギリス精神分析学会　257, 1020
「イギリス帝国の盛衰」（ミルズ）　1075
『イギリスにおける労働者階級の状態』
　（エンゲルス）　1321-4
『イギリスにおける恋愛と結婚』（マクフ
　ァーレン）　377
イギリスのボーイスカウト（BBS）
　1075
『生きる勇気と癒やす力』（バス／デイヴ
　ィス）　141
イクイアーノ、オラウダ　874
育児　56-64
　イスラム教　69
　カトリック　182-5
　形態　943
　子どもの権利　415-7
　と福祉国家　548-9
　保護者教育　1250-1
　➡父親業と父性／同性家族の子育て／
　　母親業と母性
イグナティウス・ロヨラ（聖）　222
「移行期のパートナー」　691
E.C.社（エンターテイニング・コミック
　ス）　434
イシドールス（セビーリャの、聖）
　621, 811
「意志の勝利」（リーフェンシュタール）
　988
異人種間の養子縁組　1160
椅子　145-6
「イースターの朝の少年たち」（リー）
　29
　➡先住アメリカ人の子ども
イスラエルの子ども　64-7
イスラム以前のアラビア　68, 69
イスラム社会の子ども　67-71, 68, 180,
　355, 386

イソップ寓話　994-5
「偉大な社会」とヘッドスタート計画
　1039
「いたずらかお菓子か」（ハロウィーン）
　965
イタリア
　恐怖心　236
　児童労働（欧米）　541
　収容施設　404
　ストリート・チルドレン　1232-3
　成熟　923-4
　大学紛争（1960年代）　780
　中世とルネサンス時代のヨーロッパ
　　813-5
　ファシズムの若者　988
一般特恵関税制度　545
ETS（教育テスト事業団）　105
遺伝　100, 1141
『命綱』（ケイ）　266
「いのちとひきかえにできますか」（宮城
　まり子）　1348-50
居場所を追われた子ども　745
イブン・バトゥータ、アブ・アブド・ア
　ラー・ムハンマド　33
イブン・バトラン　99
『イミーディエイト・ファミリー』（マン）
　1110
移民
　遊び　9
　家族類型　163
　児童救済　512
　出生率　582
　ソーシャル・セツルメント　767
　祖父母　772
　労働と貧困　1232
イリノイ州（の学校間対抗競技）　175
イリノイ州の控訴裁判所　1086
イルグ、フランシス・L　313
入れ墨とピアス　71-3, 72, 991
　➡ファッション
イングリッシュ・オンリー教授法　939
　-40
飲酒　→10代の飲酒
印象派（の子ども期のイメージ）　340
インターネット
　おもちゃ技術　131
　グローバリゼーション　264
　子育ての助言文献　314
　子ども図書館　396
　児童ポルノ　538
　青少年向けの出版事業　676
　ティーン雑誌　830
　法律　1086
　若者文化（ユースカルチャー）　1262
『インディアスの破壊についての簡潔な
　報告』（ド・ラス・カサス）　1302-4
インディアン衛生局　742

インディアン学校 →アメリカ先住民の学校
インテイク 612
インドと南アジアの子ども 73-6, 76, 354-5
　➡インドにおけるイギリスの植民地支配
インドにおけるイギリスの植民地支配 76-9, *78*, 203
「インド人のアヤをともなったエドワード・ホールデン・クラッテンデン家の子どもたち」（レイノルズ） *78*
陰部封鎖 640
ヴァージニア会社（イギリス） 453
ヴァージニア州
　里子制度 453-4
　ホームレスの子どもと家出中の子ども 1096
ヴァッサー・カレッジ 628, *630*
ヴァラドン、シュザンヌ 343, *1185*
ヴァルデッキー、クリスティン 997
ヴァンダービルト、エイミー 1224
ウィギンズ、デイヴィド 8, *9*
ヴィクトリア時代
　悲しみ・死・葬礼 188
　子ども空間 386-7, *389*
　ジェンダー化 473
　父親業と父性 796-7
ヴィクトリア時代の美術 79-84, *80*, *81*, *338*, *341*
　➡子ども期のイメージ／子どもの写真
ヴィゴツキー、L・S 19-20, 84-5, *84*
　➡児童心理学
ウィックス、アン・バロット 806-7
ウィトマー、ライトナー 860
ウィネベーゴ族 741
ウィリアム・アンド・メアリ大学 150
ウィリアム・ウィジー・ガル 241
ウィリアムズ、ウィリアム 847
ウィリアムソン、イザヤ・V 626
ウィリアムソン職工自由学校（フィラデルフィア） 626
ウィリス、トマス 688-9
ウィル、フィリップ 170
ウィルソン、ヴッドロー 398
ヴィルノ・ゲットー 1152-3
ウェイクマン、ステルマン 276
ウェイランド、ヒーマン 86
ウェイランド、フランシス 85-6, *85*
ヴェイン、フランシス 1075
ウェクスラー成人用知能検査 802
ヴェサリウス、アンドレアス 914
ウエスト、ジェームズ 195
ウェスレー、ジョン 100
ヴェゾ族と動物 1041
「ウェヌス［ヴィーナス］の崇拝」（ティツィアーノ） *332*, *812*

ヴェネツィア（イタリア） 303, 304
ウェルズ、アリス・ステビンズ 278
ウェルズリー・カレッジ 628, *629*
ヴェルヌ、ジュール 86-7
　➡児童文学
ウォー、ベンジャミン 1052
ウォード、バルバラ 53
ウォーナー、エイモス 306
ウォルコット、デイヴィド 277
ウォールデン・スクール 19
ヴォルマー、オーガスト 277
ウガンダ（の誘拐） 1136
ウージ・ゲットー 1152
『失われた物語の書』（トールキン） 1156
歌川広重 *884*
内気 87-9
ウッド、フランシス・フィッシャー 483
「ウッドクラフト・インディアンズ」 1074
ウトゥック（イヌイット） 53
乳母車 89-90, *89*, *90*
「乳母へ託す旅立ち」（オーブリー） *92*
乳母養育 91-5, *92*
　アメリカ 93-4, 891-3
　イギリス 91-3
　イスラム社会 68-9
　インドにおけるイギリスの植民地支配 76-7
　捨て子 654-5
　中世とルネサンス時代のヨーロッパ 813
　ドイツ 93
　母親と乳幼児の病気と死 94
　フィレンツェ（イタリア） 377-8
　フランス 91, *92*
　➡乳児哺育
生まれつき負っている原罪 356, 622
海辺のバケーション休暇（バカンス） 209, *210*, *211*
ウルスラ会修道院（の修道院学校） 570
「熟れたサクランボ」（ミレイ） 342, *80*
『永遠の関係』（ポロック） 377
映画 95-8, *95*
　恐怖心 239
　コミック・ブックの改作 435-6
　子役スター 441-3
　消費文化 616-8
　ディズニー 824-6
　メディアと子ども 1120-3
映画研究協会（1928年） 1123
映画製作倫理規定（ヘイズ・コード） 95, 1123
英語古典教養学校（ボストン） 864
エイズ（後天性免疫不全症候群、AIDS） 71, 98-9, 670, 673, 733, 1214
　➡性行為感染症

衛生学と子ども 99-104, *100*, 167
HIV（ヒト免疫不全ウイルス） →エイズ（後天性免疫不全症候群）
「英雄と宇宙の支配者」（テレビアニメ） 124
エヴァンズ、エドマンド 259
「エヴリガールズ」（雑誌） 830
AAMR（アメリカ精神遅滞学会） 687
AFDC →要扶養児童世帯扶助法
AMA →アメリカ医学協会
『AからZまでのクルマとトラック』（スカーリー） 49
エクパット 523
ACE（アメリカ教育協議会） 105
エジプト（の割礼） 180
SATと大学入試制度 104-6
　➡知能テスト
SLID（産業民主主義学生連盟） 153, 154-5
SDS（民主社会をめざす学生同盟） 155, 156, 778
エチケット →礼儀作法
『エチケットの常識』（ルーズヴェルト） 1224
エック、オットー・ファン 504
X線 508, 915
エックハルト、クリストファー 829
エッジワース、マライア 16, 18, 529
エッジワース、リチャード・ラヴェル 16, 18, 283
『H（ヘロイン）への道』（1964年） 872
ADD（不注意優勢型注意欠陥多動性障害） →多動性障害
エディプス・コンプレックス 898, 1023
エデルマン、マリアン・ライト 516
「エドワード6世の子ども時代」（ホルバイン） *332*, *338*
NGO（非政府組織） 264
NSDAP（国家社会主義ドイツ労働者党：ナチ党） 988, *988*
「エビ足の少年」（リベラ） *333*, *752*
絵札 1240
絵本 526, 897
『エミール』（ルソー） 1308-11
　遊びの理論 16
　科学的育児法 142
　教育（ヨーロッパ） 223
　教育学 282-4, 285
　子ども期 1180
　児童虐待 507
　児童文学 529
　スウォッドリング 650
　青年期と若者期 693
　テーマ 1217
エラスムス 106-9, *106*, *108*, 1201

「エラスムス」（ホルバイン［子］）　100
エリオット、ジョージ　1286
エリオット、ジョン　38
エリクソン、エリク・H　109-11, *110*, 694
　➡児童心理学
エリザベス救貧法（イギリス）　546
エルサルバドル　1199-200
エルジェ　→『タンタン』とエルジェ
エレクトリック・アーツ社　130
エロアール、ジャン　1216-7
『エロイーズ』（トムソン）　534
エンゲルス、フリードリヒ　1321
エンジェーニョ（プランテーション）　1006
煙突掃除　507, *542*
「煙突掃除の少年」（ブレイク）　*542*
OECD（経済協力開発機構）　226
オウエン、ロバート　389
「黄金の日々」（バルテュス）　344, *1252*
「大きな男」　34
置き換え理論　1124
オクテルフェルト、ヤコブ　1041
オークミュティ、リチャード・タイルデン　626
贈り物　274-5, 446, 616
オークレイ、ヴァイオレット　666
お小遣い　111-2, 274, 296
　➡豚の貯金箱
長田新　1335
おしゃぶり　112-4, *112*, *113*
オスグッド、デイヴィド（尊師）　557
オーストラリアの子ども　114-6, 454-5
「オーストリアの幼女アナ・モーリッツの肖像」（クリーズ）　*112*
「オズの魔法使い」（映画）　*117*, 442
『オズの魔法使い』（ボーム）　116
『オズの魔法使い』とL・フランク・ボーム　116-8, *117*
　➡児童文学／双書（シリーズもの）
「堕ちた子ども」（マン）　1110
オックスフォード協定　154
オックスフォード大学　149, 154
『オックスフォード伝承童謡事典』（オーピー夫妻）　118
「夫を亡くした母親を救済するニューヨーク市委員会」（1910年）　1167
お手玉遊び　1238
大人の愛情面接　1088
オナイダ・コミュニティ　1067
『オナニア』（作者不詳）　1108
『オナニズム』（ティソ）　1109
鬼ごっこ（ゲーム）　1239-41
オネシモ（奴隷）　1213
おねだりの力　→ナグ・ファクター（ねばり要因）
オーノワ夫人（マリー・キャサリン）

530, 996
おはじき　1238-40
オーバリン大学　150-1, 158
オーピー、アイオナ　オーピー、ピーター　10, *11*, 118-9, *118*, 895, 1240
　➡フェアリーテイルと寓話
オーピー、ロバート　10, 895
オーブリー、エティエンヌ　92
オープンプラン学校　390-1, 394
オーペア　1062
「オベロンとティタニアの争い」（ペイトン）　81
おむつと排便訓練　119-22, *120*, 973
　➡排便訓練
おもちゃ　122-7, *123*, 389, 445, 557, 558
　➡組み立ておもちゃ／室内ゲーム
おもちゃと乳幼児　→乳幼児のおもちゃ
おもちゃの技術　129-32
おもちゃの兵隊（鉛の兵隊）　132-3
おもちゃの列車　133-5, *133*, *134*, 500
　➡車（おもちゃとしての車）
「おもちゃを持つ玄関前の子ども」（アンダーウッド・アンド・アンダーウッド）　*123*
親がわり　152, 153, 154, 156, 1078, 1079, 1080, 1082
　➡法律と子ども
『おやすみなさいお月さま』（ブラウン）　532
親と教師の全国会議（アメリカ）　981
親の愛情　→愛情
親指しゃぶり　12-3
オランダ
　育児　377
　母性　377
『オリヴァー・ツイスト』　135-7, *135*
織物産業の児童労働　1178, 1179
オリンピック・ゲーム　782
オルコット、ブロンソン　137-8, *137*, 1255
オルコット、ルイーザ・メイ　→『若草物語』とルイーザ・メイ・オルコット
オルタナティブスクール　→マグネットスクール
オールド・ディルーダ・サタン法（「人をあざむく古い悪魔法」）（1647年、マサチューセッツ）　259, 862
オルフ、カール　139
オルミ、ニコラス　1041
オレゴン州（の義務就学）　971
オレゴン州対ミッチェル裁判　563
音楽（天才児と）　844
音楽教育　138-40, *139*
音楽専門テレビ放送（MTV）　71
『女の子の楽しみ』（チャイルド）　501
おんぶ板　739, *741*, 895

【カ】
蚊　731, 734
ガイ、シーモア　*14*, 342
『かいじゅうたちのいるところ』（センダック）　751
改正救貧法（1834年、イギリス）　546
ガイゼル、セオドア　→スース博士
貝原益軒　1304
カイプ、ヤコブ・ヘリッツ　1041, *1042*
ガイ・フォークス・デイ　965
回復記憶　141-2, 509
　➡近親相姦（インセスト）／性的虐待
快楽原理　19, 20
『快楽原理の彼岸』（フロイト）　19
『街路と遊び場の子どもの遊び』（オーピー夫妻）　10
課外カリキュラム（ハイスクール）　218-9
科学的育児法　56, 142-5
　➡子育ての助言文献／育児
「画家のアトリエ」（クールベ）　338, *339*
『鍵穴をとおして』（ロバーツ）　378
家具　145-7, 389
　➡学校建築と建築様式／子ども空間
学習（生涯学習）　438-9
学習到達度調査（ピサ：PISA）　226
学生抗議　→学生の政治活動
学生自治　147-8
　➡ハイスクール（アメリカ）
学生の政治活動とアパルトヘイト　157
学生の政治活動　149-60, *149*, *152*, *155*
　ティンカー対デモイン裁判（1969年）　829-30
　ハイスクール、カレッジの生徒、学生　147, 628-30
　ベビーブーム世代　1054
　➡大学紛争（1960年代）
『学童の伝承とことば』（オーピー夫妻）　10, 118
『隠れ家』（フランク）　1012
カサット、メアリ　160-1, *160*, *161*, 333, *1222*
　➡子ども期のイメージ／母親業と母性
『家族』（フランドラン）　376
『家族・性・結婚の社会史』（ストーン）　1384-5
「家族の肖像」（オクテルフェルト）　1041
家族の諸類型　7, 70, 161-5, 376, 818-9, 1011
家族のライフ・サイクル　1230
「家族ロマンス」（レイ）　345
『家族論』（アルベルティ）　1300-2
カーソン、レイチェル　1280
カタコンベ（プリスキラの）　705

学校家具　146
「学校、学習と公衆の福祉に対するその影響に関する人類の友および富裕者にむけた講演」（バセドウ）　945
学校建築と建築様式　165-71
　　アメリカ　168-71, 169
　　ヨーロッパ　165-8, 166, 167
　　➡子ども空間／野外学校運動
学校銃撃事件と校内暴力　55, 171-3, 171
　　➡子どもに向けられる暴力
学校選択　173-4
　　➡スクール・バウチャー／チャータースクール／マグネットスクール
学校対抗運動競技　174-7, 662
　　➡教育法第9篇と女子スポーツ／スポーツ
『学校と社会』（デューイ）　838
学校と暴力　➡学校銃撃事件と校内暴力
学校の休暇　209-10
学校の人種差別撤廃　177-9, 935, 1004, 1106-7
　　➡アフリカ系アメリカ人の子どもと若者／マグネットスクール
学校への射撃　➡学校銃撃事件と校内暴力
ガッティ、マーガレット　1040
ガットマン、ベッシー・ピース　179-80, 179
　　➡子ども期のイメージ
ガットマン、ルーシー　180
割礼　180-2, 180
　　アフリカ　36
　　医学的割礼　181-2
　　イスラム社会　69, 180
　　宗教的な　180-1
　　スンナ割礼　721
　　セクシュアリティ　180, 181
　　中東　819
　　ファラオ型（割礼）　640-1, 721
　　ユダヤ教　1145
　　➡女性の割礼（性器切除）
家庭生活の教育　668
『家庭の天使』（パトモア）　712
カーテンス、C・C　512
『下等動物』（ガッティ）　1040
カトリック　182-6, 183
　　改革　247-8, 570, 794-5, 1117
　　カトリックと子ども期（アメリカ）　184-6
　　教育（ヨーロッパ）　222-3
　　堅信　291-2
　　孤児院　305, 398
　　孤児列車　309-10, 309
　　産児制限（受胎調節）　468
　　識字能力（リテラシー）　479-81
　　自己餓死　239

初期の教会　182-4
女子校　631-8
庶出　639
人工授精　645
性的虐待　507-9
青年伝道団　703
聖母マリア（宗教）　707, 707
洗礼　182-3, 755-6
男女共学と別学教育　789
父親業と父性　795
日曜日（安息日）　881
ニューヨーク児童保護協会　906
初聖体　946-7
ブラジル　1006
命名　1117, 1118
モルターラ誘拐事件　1126-7
　　➡教区学校（アメリカ）／プロテスタントの宗教改革
カトリック教会　➡カトリック
カトリックの青年組織（CYO）　662, 703, 944, 1089
ガートン・カレッジ（ケンブリッジ大学）　633
家内工業　268-71, 1230
家内産業　186-8
　　➡児童労働（欧米）
悲しみ・死・葬礼　9, 188-92, 190, 408, 1146
　　➡子どもの感情生活
カナダの子ども　192-4
　　里子制度　454
　　児童労働　541
　　19世紀における学校教育　193-4
　　出生率　582
　　ニューフランスの植民地時代　193
　　ファースト・ネイション――クワキュートル族とヒューロン族　192-3
　　➡先住アメリカ人の子ども
カニンガム、ヒュー　1386
カーネギー、アンドルー　391
カーネギー財団　105
カーネギー・ユニット　584
カパロミ、ジェニー　268
カービー、ジャック　434
カプアのヨハネス版　994
家父長権　793, 1194
カプラン、バーナード　428
下方移動　267-8
ガーマー、ステフアン　337
「神の抵抗軍」（ウガンダ）　614
「殻とり仕事をする子どもたち」（ハイン）　941
ガーランド、ジュディ　441, 442, 442
カリフォルニア大学バークレイ校　105, 778
カーリョ、ニコリノ　992
カリン、ステュワート　1239

ガル、フランツ・ヨーゼフ　689, 690
カルヴァン、ジャン　1026-7
カルヴァン・クライン社　537-8, 538
カルヴァン派キリスト教の感情生活　407-8
　　➡キリスト教
ガールガイド　195, 196, 1077
ガールガイド・ガールスカウト世界連盟　195, 196
ガールスカウト　194-7, 195, 457, 1076, 1077
　　➡ボーイスカウト
カレッジ　➡女子カレッジ（女子大学）（アメリカ）
ガレノス　688
かわいい　293
肝炎　733
　　➡接触伝染病
カンカ、ミーガン　1113
　　➡ミーガン法
監護権　➡離婚と監護権
カンザス州立教員養成大学　154
感謝祭のパレード　963, 963
『完全なエチケット』（ヴァンダービルト）　1224
『完全礼儀作法教本』（ムーディ）　778, 1221
カント、イマニュエル　223, 281
カントリー・デイスクール　643
キイス対デンバー州教育委員　177
キーティング＝オウエン法　754, 957
奇形学　➡先天性欠損症
騎士教育　197-8
器質的選択（ボールドウィン）　426
汽車のおもちゃ　➡おもちゃの列車
寄宿学校　643, 644, 955, 1068
「傷ついた天使」（シンベリ）　368
貴族の教育（ヨーロッパ）　197-9, 586
　　➡教育（ヨーロッパ）
喫煙　199-202, 200
キッセン、ウィリアム　428
キッド、ケネス　601
キッド、ダドリー　33
「キツネとニワトリ」（ゲーム）　1240
ギデンズ、アンソニー　226
キート、カスリーン　1043
キネイ、アン・ベーンケ　806, 808
キブツ運動　66, 819
キプリング、ラドヤード　202-3, 203, 1040
　　➡児童文学
『君たちはどう生きるか』（吉野源三郎）　1294-6
義務就学　204-5
　　アメリカ　925
　　オレゴン州　971
　　経済と子ども（西ヨーロッパ社会）

索引

273
青年期と若者期　694
デート　832
法律　1085
マン、ホーレス　481
ヨーロッパ　1179
ラテンアメリカ　1196
➡教育（ヨーロッパ）／教育（アメリカ）

ギムナジウムの教育　205-6, 226
➡教育（ヨーロッパ）／ラテン語学校／リセ
キム・フック（ベトナム戦争）　745
キムラ、ドリーン　473
虐待
「キャッスル・ウェイティング」シリーズ　435
『キャット・イン・ザ・ハット』（スース博士）　530, 654
キャプテン・アメリカ（コミック・ブックのヒーロー）　433
キャメロン、ジュリア・マーガレット　342, 343, 418
ギャラガー、J・ロスウェル　691
ギャロ、フロリエ　556
キャロル、ルイス　206-8, 207
　ヴィクトリア時代の美術　80
　子ども期のイメージ　343
　子どもの写真　418, 421, 537
　児童文学　526, 526
➡児童文学
ギャング　➡ユース・ギャング
『ギャング』（スラッシャー）　1143
キャンプ　➡サマー・キャンプ
キャンプファイア・ガールズ　195, 196, 214
休暇　208-13, 209, 210
救済基金　1099
休日　617
旧約聖書（の子どもと子ども期）　679-80
➡聖書と子ども
キューブリック、スタンリー　1252
ギューリック、シャーロット　214
ギューリック、ルーサー　175, 213-4, 214, 514, 662, 774
➡キリスト教女子青年会とキリスト教青年会
教育
　アリストテレス　46
　イスラム社会　355
　インドと南アジア　74-5
　インドにおけるイギリスの植民地支配　77
　カナダ　193-4
　キリスト教　354-5
　子ども空間　387-91

児童救済　514
児童労働　541, 544
多動性障害　786
中国　355
日本　882-5
普遍的な（パンパイディア）　438
ブラジル　1005-6
プラトン　1010-1, 1297
ユダヤ教　1147-8
ラテンアメリカ　1195-6
若者文化（ユースカルチャー）　1256-9
教育（アメリカ）　215-22
　学校改革と学校の役割　219-20
　学校建築と建築様式　165-71
　植民地時代の教育　215-6
　精神衛生学　682-3
　世界大恐慌とニューディール政策　716-9
　大衆制度としてのハイスクール　218-9
　パブリックスクールの拡大　217-8
　パブリックスクールの創設　216-7
➡進歩主義教育
教育（ヨーロッパ）　222-7, 224
　イエズス会士　222-3
　学校建築と建築様式　165-71
　学校の民主化　225
　啓蒙思想　223
　工業化と近代化　223-4
　古代ギリシア・ローマ　317-8
　ジェンダー化　250
　脱伝統社会　225-7
　ドイツ　1176-9
　20世紀の子どもと戦争　747
　プロテスタントの宗教改革　222, 1027
　ヨーロッパの工業化　1176-9, 1181
　ルネサンスから宗教改革へ　222
➡ギムナジウムの教育／パブリックスクール（イギリス）／リセ
『教育学的人類学』（モンテッソーリ）　1128
教育戦略（動物園の）　858
「教育談」（箕作秋坪）　1313
『教育――知育、徳育、体育』（スペンサー）　17
教育テスト事業団（ETS）　105
教育統計ナショナルセンター（アメリカ）　1106
『教育と人権』（堀尾輝久）　1342-8
「教育における映画」（報告書）　1123
『教育の主要な目的としての世界の美学的表現について』（ヘルバルト）　1055
教育法第9篇と女子スポーツ　227-8, 661, 664
➡スポーツ

『教育目的から導き出された一般的教育学』（ヘルバルト）　1055
教会学校　➡日曜学校
教区学校（アメリカ）　185, 228-30, 789
➡カトリック／私立学校と独立学校
教訓読みもの　529
狂犬病　1174
共産主義の若者　230-2, 458
教師（アレクサンドリアの温厚な）　621
教師締め出し　172
「教師締め出し」（ヘドレイ）　171
『教場を建設、整備、配置するための指南書』（ランカスター）　166
強制バス通学　177
胸腺（死因）　894
兄弟　➡きょうだい関係
きょうだい関係　232-6, 233, 498, 577, 678
➡家族の諸類型
競売ゲーム　9
恐怖心　236-9, 356, 236
➡子どもの感情生活
教養水準引き上げ運動　220
許容的子育て　313, 665
拒食症　239-42
ギリシア　➡古代ギリシア・ローマの子ども
ギリス、ジョン　924
キリスト教
　衛生　99
　教育　356
　恐怖心　356
　子殺し　355
　子ども期のイメージ　332
　子ども期の比較史　356
　子どもの遺棄　404
　スポーツ　660-1
　精神遅滞　688
　青年伝道団　701-4
　セクシュアリティ　723
　父親業と父性　794-7
　同性愛と性的指向　850
キリスト教学校修士会　570
キリスト教共励会　702
キリスト教女子青年会　➡キリスト教女子青年会とキリスト教青年会
キリスト教女子青年会とキリスト教青年会　242-3
　ギューリック、ルーサー　214
　サマー・キャンプ　457-8
　児童救済　514
　スポーツ　660-1, 944
　青年伝道団　701-2
➡組織的なレクリエーションと若者集団
キリスト教新婦人矯風会（WCTU）　725, 728

キリスト教青年会（YMCA） →キリスト教女子青年会とキリスト教青年会
『キリスト者の養育』（ブッシュネル） 1270-1
キルパトリック、ウィリアム・ハード 838
キーン、キャロリン 243-4, 244
　➡児童文学
キング・エドワード2型（おもちゃの列車） 134
ギングリッチ、ニュート 307
キンケイド、ジェームズ 1049
禁酒 564-5
『禁じられた友情』（ロック） 814
近親相姦（インセスト） 141, 244-7, 245
　➡性的虐待
ギンズブルク対ニューヨーク裁判（1968年） 1086
キンゼイ、アルフレッド 852, 898
『近世イギリスにおける若者と権威』（グリフィス） 378
『近世の青年期と若者』（クラウスマン・ベン＝アモス） 378
近世ヨーロッパの子ども 247-54, 249
　愛情 3
　経済 250-1
　子ども期の歴史 375-6
　子どもの感情生活 406-12
　産科学と助産術 461-2
　宗教、科学、そして民間信仰 248-9
　宗教改革 247-8, 249
　小児医学 592-4
　人口動態 250
　徒弟制度 1176
　パレード 962
　ペット動物 1041
『近代の復権』（ジェンセン） 1120
筋肉的キリスト教 400, 660
禁欲（教育） 671
グアダルーペの聖母 708-9, 707
クインシー・グラマースクール 168
クウェーカー教徒 57, 63, 494
クヴォルトゥルプ、イェンス 350, 352, 369, 373
寓話 →フェアリーテイルと寓話
「寓話詩」（ニューベリー） 995
クーガン、ジャッキー 442-3
グスタフ2世アドルフ（スウェーデン王） 586
クッシング、グラフトン 511
グッドフェロー、キャロライン 500
グッドリッチ、サミュエル 530, 536
『くつ二つさんの物語』（ゴールドスミス） 528
グーツムース、J・C・F 254-5, 255
慮犯行為 611, 613

『くまのプーさん』（ミルン） 529
組み立ておもちゃ 255-7, 256
　➡おもちゃ
クラ、ウィトルド 762
クライム・コミック 434
クライン、メラニー 257-8, 258
　➡児童心理学
クラウスマン・ベン＝アモス、イラナ 378
クラーク、ウィリアム 500
クラーク、ケネス 1004
クラーク、マミー 1004
グラティアヌス 847-8
倉橋惣三 1317
「グラハム家の子どもたち」（ホガース） 334, 1177
クラフト＝エビング、リヒャルト 1046
クラブトリー対クラブトリー 1208
グラマースクール（アメリカ） 258-9
クラミジア →性行為感染症（VD）
暗闇（の恐怖） 238
グランド・ツアー（大陸周遊旅行） 198
「クランベリー摘み」（ハイン） 268
クリスチャン・ブラザーズ 571
クリスティアン4世（デンマーク王） 586-7
クリスティーナ（スウェーデン女王） 586
クリステヴァ、ジュリア 332
クリスマス 617
グリーナウェイ、ケイト 259-61, 260
　➡ヴィクトリア時代の美術／子ども期のイメージ／児童文学
グリフィス、ポール 378
グリム、ヴィルヘルム 529
グリム、ヤーコブ 529
クリュソストモス（聖） 622, 623, 624
グリーン、エリザベス・シッペン 666
クリントン、ビル 516, 1002
グルエンバーグ、シドニー 964, 490-1, 490
グルーズ、ジャン＝バティスト 283, 335
クルーズ、マリー・アン 262
クルーズ事件 261-2, 1082, 1166
クループスカヤ、ナデジダ 290
クールベ、ギュスターヴ 334, 338, 339
車（自動車）
　おもちゃとしての車 127-9
　車と事故 484
　若者文化（ユースカルチャー） 1260, 1261
クレイン、ウォルター 49
グレゴリウス（ニュッサの、聖） 622-3
クレメンス、サミュエル 200, 849
クレメンス（アレクサンドリアの、聖）

621
クロウ・アイランド小学校（ウィネトカ、イリノイ州） 170
グロース、カール 17-8
クロス、ゲイリー 369, 374
クロスウェル、T・R 501
グローバー、ロリ 234
グローバリゼーション 226, 262-5, 360, 702, 1189
　➡国際機関／児童労働（発展途上国）／少年司法（国際的状況）
グローバルな基準 264
クロミフェン（排卵誘発剤） 938
クワキュートル族（カナダ） 192-3
ケイ、エレン 265-7, 266
　➡教育（ヨーロッパ）
経済協力開発機構（OECD） 226
経済と子ども（西ヨーロッパ社会） 267-76, 268
　家族類型 268-70
　近世ヨーロッパ 250-1
　消費経済 272-6
　農業から工業へ 267-72, 268
　➡児童労働（欧米）／ヨーロッパの工業化／労働と貧困
経済保障委員会（1934年） 1169
警察と子ども 276-9
　➡非行／法律と子ども
芸術
　オランダ 333
　古代ギリシア・ローマ 318-9
　子ども期のイメージ 331-48
　中国 806-7
　ホロコースト 1102-3
　見事な芸術写真 418-9
　遊戯 333, 1238-9
　➡ヴィクトリア時代の美術／現代日本のアート
「芸術家の妹たちとその女家庭教師」（アングイッソーラ） 332
ゲイの子育て →同性家族の子育て
継父母（アメリカ） 279-81
　➡離婚と監護権
刑法（1830年、ブラジル） 1195
『閨房の野獣』（キート） 1043
啓蒙思想 281-6, 283
　遊びの理論 15-6
　教育（ヨーロッパ） 223
　教育学 282-4
　子育ての助言文献 310-11
　子どもの感情生活 408-11
　収容施設 404
　父親業と父性 794-5
　と革命 284-5
　年齢と発達 926
　の影響 285
　汎愛派 284

ポーランド　975
ラテンアメリカ　1195, 1198
➡教育（ヨーロッパ）
ゲイリー・プラン　390
ゲインズバラ、トマス　233, 334, *991*
KKK団（クー・クラックス・クラン）　971
下剤　594
化粧品　286-7
➡ファッション
ケーゼビア、ガートルード　711
ゲゼル、アーノルド　144, 287-8, *287*, 313, 329
➡子どもの発達概念の歴史
ゲゼルの発達スケジュール　288
結核　166-7, 735, 737, 1131
➡接触伝染病／予防接種
結婚
　出生調節　579-80
　中東　818
　通過儀礼としての　821
　ライフコースと成人期への移行　1186-7
結婚年齢　846-7
　アメリカ　566, 695-6, 833-4, 726-7
　イギリス　695-6, 847
　インドと南アジア　74
　家族の諸類型　162
　国際機関　299
　古代ギリシア・ローマ　461
　出生率がおよぼす影響　579-80
　植民地時代のアメリカ　847
　20世紀　928-9
　西ヨーロッパ　356
　ニューフランス（カナダ）　193
　バルカン諸国　973
　バンドリング　968
　ユダヤ教　1146
　ヨーロッパ　356
　ライフコースと成人期への移行　580
ゲッディーズ、アン　288-9, *289*
➡子ども期のイメージ／子どもの写真
ゲーテ、ヨハン・ヴォルフガング・フォン　132
ケニー、エリザベス　1099
ケニヤ　359
ゲーム（絵画のなかの）　333, 1238-9
ゲーム（室内）➡室内ゲーム
ゲーム（路上）➡路上遊戯
ゲリー、エルブリッジ　511
ケルシェンシュタイナー、ゲオルグ　289-90, *290*
➡教育（ヨーロッパ）
『ゲルトルードはいかに子どもたちを教えるか』（ペスタロッチ）　1034, 1311-3
ケルビム像（天使）（子ども期のイメージとしての）　332
ケルンにおける学生の政治活動（ドイツ）　151
『健康の維持について』（イブン・バトラン）　99
原罪　622, 624
現実原理　19-20
堅信　291-2, *291*
➡洗礼／初聖体
「堅信礼を受ける若い娘たちの行列」（ブルトン）　*291*
現代日本のアート　292-3
➡子ども期のイメージ
「現代のバビロンに捧げられた娘たち」（ステッド）　514, 524, 1048
『現代文化における乳幼児の養育』（ゲゼル／イルグ）　313
建築様式（アーキテクチャー）➡学校建築と建築様式／子ども空間
ケント州立大学　156
『原爆の子——広島の少年少女のうったえ』（長田新・編）　1335-9
ケンプ、C・ヘンリー　452, 506
権利➡子どもの権利
『権利の誤用』（ケイ）　266
コイット、スタントン　767
公営母乳事務所（パリ）　91
コヴェッロ、レオナルド　923
公園（子どもの居場所としての）　392-3
抗議（学生の）➡学生の政治活動
工業化（ヨーロッパ）➡ヨーロッパの工業化
工業教育➡職業教育・工業教育・職業訓練学校
攻撃➡怒りと攻撃
広告業と子ども　293-8
　衛生　100, *101*
　おもちゃ　125
　喫煙　200, *200*
　経済と子ども（西ヨーロッパ社会）　275
　子どもの写真　421
　子ども向け　383
　消費文化　617-8
　テレビ　843
　ベビーブーム世代向け　1054
➡消費文化
鉱山と炭坑に関する法律（1842年、イギリス）　547, 554
『高次心理機能の発達史』（ヴィゴツキー）　84
公衆衛生
　アメリカ　514-5
　イギリス（イングランド）　514-5, 546
　衛生　99
　喫煙　201
　児童救済　514-5
　接触伝染病　735
　乳児死亡率　889
　乳児哺育　893
公衆衛生サービス（アメリカ）　42
工場法（1833年、イギリス）　547
口唇期（乳幼児の性欲）　898
公正労働基準法（1938年）　42
強奪行為　1132
校長会議（イギリス）　955
交通違反　611
後天性免疫不全症候群　➡エイズ（AIDS）
行動主義（心理学）
　科学的育児法　142-4
　子育ての助言文献　312
　罪悪感と恥辱感　449
　児童心理学　520
　排便訓練　936
　ワトソン、ジョン・B　1264-5
肛門期　898, 936, 937
公立学校　➡パブリックスクール
公立学校体育連盟（PSAL）　175, 214, 662
公立チャータースクール計画法　804
ゴーギャン、ポール　343
国際機関　298-301
➡少年司法（国際的状況）
国際第3ポジション（ITP）　989
国際的な少年司法　607-9
➡少年司法
国際野外学校事務所　1131
国際連合（国連）
　国際機関として　298
　国連児童基金　➡ユニセフ（UNICEF）
　子どもの権利　299, 417
　児童売春　525
　児童労働　543
　少年兵　615
　奴隷制　525
➡国連子どもの権利条約／個々の機関の名称
国際連盟　299, 525, 1334
国際労働機関（ILO）　263, 543, 1233
黒死病　734, 1213
黒人差別の学校　217, 1004
『黒人のたましい』（デュボイス）　1275-8
「黒人の願い」（デュボイス）　533
黒人のばあや（マミー）　1062, 1069
『告白録』（アウグスティヌス）　15
国民青少年局（NYA）　153, 904
国連開発計画（UNDP）　299
国連教育科学文化機関（UNESCO）　299, 396

国連子どもの権利条約　301-2, 417,
　　1351-63
　　グローバリゼーション　264
　　子ども期の文化政治学　349-50
　　子ども期の理論　362
　　児童労働　543
　　少年司法　607-8
　　少年兵　615
　　戦争と子ども（20世紀）　743
　　法律文書として　299
　　➡国際機関／子どもの権利
国連児童基金　➡ユニセフ（UNICEF）
国連難民高等弁務官事務所（UNHCR）
　　299
ココシュカ、オスカー　245
子殺し（嬰児殺し）
　　イスラム教以前のアラビア　69
　　イスラム社会　355
　　キリスト教　356
　　古代ギリシア・ローマ　354
　　子ども期の比較史　354
　　子どもの遺棄に対する　403-5
　　出生率　580-1
　　中国　582
　　日本　582
　　乳幼児突然死症候群　894
　　ベビーファーム（有料託児所）　1052
　　ユダヤ教　1146
　　➡子どもの遺棄／捨て子
孤児　302-5, 303
　　アフリカ　1214
　　ヴェネツィア（イタリア）　303
　　家族の諸類型　162
　　近世ヨーロッパ　250
　　双書（シリーズもの）　757
　　相続と財産　763
　　文学のなかの　135
　　ユダヤ教　303
　　➡子どもの遺棄／捨て子
「孤児」（ケニントン）　303
孤児院　305-8
　　アメリカ　305-6, 1068, 1166
　　カトリック　398
　　子ども空間　391
　　ラテンアメリカ　1195, 1198
　　➡孤児／ベビー・ファーム（有料託児所）
「乞食娘に扮したアリス・リデル」（キャロル）　421
孤児列車　308-10, 309, 454, 906, 1015, 1068
　　➡里親養育／ニューヨーク児童保護協会（CAS）
個人責任および就労機会調整法　➡福祉改革法（1996年、アメリカ）
コステロ、ピーター　86
コスレット、テス　1039

『子育てする両親のための虚栄心と正しい方法』（クリュソストモス）　623
子育ての助言文献　310-5
　　『赤ちゃんと子どもの養育（の常識本）』（スポック）　144, 496, 644, 1224
　　アメリカ　56
　　内気　88
　　科学的育児法　142-4
　　カトリック　182-4
　　休暇（バカンス）　212
　　きょうだい関係　234
　　許容的　313, 859-60
　　恐怖心　237-8
　　子どもの感情生活　405-15
　　自尊心　489-91
　　嫉妬と羨望　497-8
　　少年期　601-2
　　睡眠　649
　　聖書　677-81
　　セクシュアリティ　724-26
　　中東　817-20
　　乳幼児のおもちゃ　895-7
　　排便訓練　936-7
　　プロテスタントの宗教改革　1026-9
　　よい姿勢　1157-8, 1157
　　礼儀作法　1220-7, 1222
　　➡育児／科学的育児法／「ペアレンツ・マガジン」
古代　➡古代ギリシア・ローマの子ども
コダーイ、ゾルタン　139
古代ギリシア・ローマの子ども　315-25, 318, 320
　　愛情　2
　　遊びの理論　14-5
　　医学　319
　　怒り　793
　　うぶ着を巻く　324
　　嬰児殺し　355
　　衛生　99
　　概観　315-23
　　教育　317-8
　　芸術　318-9
　　高等教育　324-5
　　古代ギリシア・ローマにおける宇宙観　323
　　子ども空間　386
　　子ども売春　722
　　産科学と助産術　461
　　識字能力（リテラシー）　317
　　自己形成　323-5
　　思春期から青年期　319-20
　　宗教　318-9
　　小児医学　592
　　少年期　354
　　捨て子　316, 317, 403, 722, 793
　　スポーツ　659

成人期　922
精神遅滞　688
セクシュアリティ　722
父親業と父性　793
通過儀礼　319-20
同意年齢　847
動物園　856
妊娠中と子ども期初期における人間形成　324
パレード　962
ペドフィリア（小児性愛症）　1047
法　319
命名　316, 317
養子縁組　317
幼少期から思春期前期まで　316-7
レイプ　319
コダック社　418
『国家』（プラトン）　15, 1010-1, 1297-9
『滑稽な挿し絵と愉快な物語』（ホフマン）　531
骨相学　689
コッパースミス、スタンリー　490
コッホ、ロベルト　594
コートジヴォアール（の誘拐）　1136
『子ども学』（佐野美津男）　1372
子ども学研究　325-30
　　アメリカ　328-9
　　イギリス　328
　　1920年代の子どもの発達研究　329-30
　　ドイツ　327-8
　　はじまり　326-7
「子ども学へのいざない」（佐野美津男）　1372
「子供から大人へ」（柳田国男）　1371-2
子ども期
　　感傷主義　920, 925
　　セクシュアリティ　537-8
　　福祉国家　549
　　文化政治学　349-50
　　理想化する　1181
『子ども期と社会』（エリクソン）　110
子ども期とその理論　➡子ども期の理論
『子ども期の遺産』（サーリ）　808
子ども期のイメージ　331-48
　　カサット、メアリ　160-1
　　グリーナウェイ、ケイト　259-61, 260
　　15世紀と16世紀　331-3, 331, 332
　　17世紀　333-4
　　18世紀　334-6
　　19世紀　336-43, 337, 339, 341, 342, 343
　　中国
　　20世紀と21世紀　343-6, 345
　　ホーマー、ウィンスロウ　1093-5
　　➡子どもの写真

索引

子ども期の史学動向　→子ども期の比較史／子ども期の歴史
『子ども期の社会学』(コルサロ)　10
子ども期の社会学と人類学　348-54, 348
　➡子ども期の比較史
『子ども期の消滅』(ポストマン)　20
子ども期の人類学　→子ども期の社会学と人類学
『子ども期の宝物』(オーピー夫妻)　895
「こども期の七つの時期」(スミス)　480
子ども期の比較史　354-61
「子ども期の融合と分離」(カニンガム)　1386-9
子ども期の理論　361-75
　子ども期の重要性　364-5
　子ども期の理論的境界線　362-4
　挿絵　363, 364, 365, 366, 367, 368
　発達モデルと社会構成モデル　365-6
　文化理論　366-8
　ポストモダンの理論　368-9
　➡子ども期の社会学と人類学／子どもの発達概念の歴史
子ども期の歴史　375-86
　アメリカ　380-6
　ヨーロッパ　375-80
　➡子ども期の比較史
『子ども期の歴史』(デ・モス)　376
子ども期へのノスタルジー　212, 603, 980, 1184, 1187, 1237
子ども空間　386-95, 388, 389, 390
　家庭的　386-7, 388, 389
　教育　387-91
　健康と福祉　391-2, 390
　室内ゲーム　501-2
　図書館　391
　バルカン諸国　972
　レクリエーション　392-3
　➡遊び場運動／学校建築と建築様式／路上遊戯
『子どもたちと産業革命』(ナーディネリ)　1329-30
「子どもたちの休日」(ハント)　210, 340
「子どもたちは今」(NGO)　691
『子どもと家庭のための童話集』(グリム兄弟)　529
『子どもとカリキュラム』(デューイ)　838
「子どもとしてのアルフレッド・ドゥドゥロー」(ジェリコー)　337
子ども図書館　391, 395-8
子どもと青年法(1990年、ブラジル)　1007, 1008
「子どもと動物の思考」(ソロモンとザイチク)　1040

「子どもと文化」(アリエス)　1376-84
子どもにかんするホワイトハウス会議　307, 398-400, 399, 515, 1167
　➡社会福祉の歴史
子どもに洗礼をさずけるための祭儀(1960年、第2回バチカン会議)　756
「子供について」(ジブラーン)　1278-80
子どもに向けられる暴力　400-3
　➡児童虐待
「子どもの家(カーサ・ディ・バンビーニ)」(モンテッソーリ)　1128
子どもの遺棄　403-5, 404, 405
　遺棄の理由　377
　古代ギリシア・ローマ　316, 403, 793
　初期キリスト教思想　621-2
　中世とルネサンス時代のヨーロッパ　813-4
　相続と財産　763
　ブラジル　1006
　ラテンアメリカ　1198
　労働と貧困　1228-9
　➡里親養育／捨て子
『子どものお医者さん』(スミス)　313
子どもの居場所　→子ども空間
子どものお小遣い管理　617-8
子どもの価値はお金には代えられない　274, 925
子どもの監護権　→離婚と監護権
子どもの感情生活　189-91, 405-15, 408
　➡怒りと攻撃／悲しみ・死・葬礼／恐怖心／罪悪感と恥辱感／嫉妬と羨望
『子どもの教育』(プルターク)　597
『子どもの教育』(ロック)　1305-8
　愛情　3
　遊びの理論　16
　衛生　99-100, 1245
　啓蒙思想　282
　子ども向けの文学　48
　児童虐待　507
「子どものゲーム」(ノースウッド)　902
子どもの権利　415-7
　アメリカ　829
　ケイ、エレン　522
　啓蒙思想　284
　国際機関　299-300
　法律と子ども　1083-5
　児童救済　415
　スカンディナヴィア諸国　550
　➡法律と子ども
子どもの権利委員会(国連)　607
子どもの権利条約　→国連子どもの権利条約
「子どもの権利に関するジュネーヴ宣言」(1924年、国際連盟)　1334-5

子どもの最善の利益　417-8
　子どもの権利　415-7
　法律　1079
　要扶養児童　1169
　離婚と監護権　1206-10
子どもの最善の利益を越えて　417-8, 1021
『子どもの雑誌――賢い女教師と生徒たちの対話』(『若い令嬢の読本』)(ボーモン)　530
子どもの写真　344-6, 418-24, 419, 420, 421, 1227
　➡子ども期のイメージ
「子どもの肖像」(カイプ)　1041
子どものスター　→子役スター
『子どもの世紀』(ケイ)　266
　➡『児童の世紀』
『子どもの精神』(プライヤー)　327
『子どものための自由教育入門という主題に関する宣言』(エラスムス)　107
子どもの誕生　→妊娠と出産
『〈子供〉の誕生』(アリエス)　43, 375, 1372-6
　遊び　7, 15
　子ども期の歴史　375, 380
　子ども期の理論　365
　少年期　602
　中世とルネサンス時代のヨーロッパ　811
　年齢と発達　920
子どもの発達概念の歴史　424-9, 896, 1033-5
子どもの発達の身体的要因　1141
「子どもの早すぎる死」(ニュッサのグレゴリウス)　622
子どもの兵士　→少年兵(世界的な人権問題)
『子どもの本』(フェーア)　592
子どもの魔法使い　429-30, 430
「子どもの遊戯」(ピーテル・ブリューゲル)　9, 10, 15, 333, 1238
『子どもの養育と食餌』(ホルト)　59
「子どもはこうして生き方を学ぶ」(ノルト)　1282-3
「子どもはみんな天才」(宮城まり子)　1348-50
子ども病院　392, 430-3
　➡小児医学
子ども分析　257, 682, 1022
『子ども分析の技法入門』(フロイト)　1020
子ども法(1917年、ミネソタ州)　1159
「子どもをしつける」(マルレディ)　80
「子どもをつれさる死」(ルッツェルブルガー)　887
「小鳥の死を嘆く少女」(グルーズ)　283, 335

コネティカット聾唖教育指導施設　859
個別障がい児教育法（1990年、アメリカ）　859
コミックス倫理規定委員会　434
コミック・ブック　125, **433-7**, 618
　➡児童文学
コメストル、ペトルス　677
コメニウス　47, **437-9**, *437*, *438*, 527
　➡教育（ヨーロッパ）
子守り（ナニー）　1062-3, 1068
コモンウエルス財団　987
コモンスクール　**439-41**, 863, 924, 929, 1112
　➡義務就学
ゴヤ、フランシスコ　338
子役スター　**441-4**, *441*, *442*, 805
　➡メディアと子ども
雇用促進局（公共事業促進局、WPA）　59, 63, 717, 875, 876, 1069
「子等を思ふ歌一首并せて序」（山上憶良）　1300
「コーラン」　67-70, *68*, 1299-300
ゴーリキー、マキシム　1237
「コーリング・オール・ガールズ」　830
コリンソン、ウィリアム　81
コール、ヘンリー　530
コルサロ、ウィリアム　10, 352
ゴルディング、エレン　1107
ゴールデン・グローブ・トーナメント　1089
ゴールト、ジェラルド　444
　➡ゴールト裁判
ゴールト裁判　416, **444**, 829
ゴールドスタイン、ジョーゼフ　417, 1021
ゴールドスミス、オリヴァー　528
ゴールトン、フランシス　689, 690
コールバーグ、ローレンス　424
コールマン、ジェイムズ・S　696
コレクションと趣味　**445-7**, 909
コレージュ　1211
コレラ　731, 732
　➡接触伝染病
コロニー（林間学校）　458
　➡サマー・キャンプ
コロンバイン高校銃撃事件　171
コロンビア　→ラテンアメリカの子ども
混合量刑　611
コンゴ民主共和国（の誘拐）　1135
コンピュータ　→インターネット／メディアと子ども
コンピュータ・ゲーム　→電子ゲーム

【サ】

罪悪感と恥辱感　**448-51**
　➡しつけ／子どもの感情生活
「最悪の形態の児童労働の禁止および撤廃のための即時の行動に関する条約」　543
催奇形性要因　752, 753
サイコヒストリー　365, 371
財産　→相続と財産
再生産　→妊娠と出産／出生率
再洗礼派（アナバプティスト）　756, 1026, 1027
ザイチック、デボラ　1040
「裁縫をするジャン・ルノワール」（ルノワール）　341, *473*
催眠術　141
サイモン（おもちゃ）　129
サイモン、ジョー　433
『サイラス・マーナー』（エリオット）　1286-8
サウスカロライナ大学オレンジバーグ校　779
サウスカロライナのきょうだい関係　234
ザ・サン（スイス）　1131
サージェント、ジョン・シンガー　340, *589*
サッカー　663
雑誌（子ども向けの）　294-5
サットン=スミス、ブライアン　1241
サティアルティ、カイラシュ　1330
里親養育　**451-3**
　アフリカ系アメリカ人の子どもたちと若者　451
　現代の　452
　孤児　305
　里子制度　307, 1166-7
　児童虐待　506
　制度化　451-2
　相続と財産　762-4
　同性家族の子育て　855
　批判　452-3
　保育（アメリカ）　424
　要扶養児童　1165
　➡養子縁組／里子制度
里子制度　307, 407, **453-7**, *455*, 655, 1197
　➡児童労働（欧米）／孤児
サドルシューズ　1092-3
佐野美津男　1372
サバネーワ、エカチェリーナ　1237
『サーフェル・ハスィーディーム』　1147
サーボーン、ゲラン　550
サマー・キャンプ　211, 393, **457-9**
　➡休暇
サマーヒル（スクール）　19, 906
サマリー、フェリックス　530
サムハイン祭り　965
『サモアの思春期』（ミード）　488, 1114
サモアの青年期（思春期）　1114

サーリ、ジョン・L　807, 808
「ザリガニにかまれた子ども」（アングイッソーラ）　332, *407*
サリドマイド剤　753
サーリネン、エリエル　170
サーリネン、エーロ　170
サルコファガス（280年頃、ローマ）　318
ザルツマン、クリスティアン・ゴットヒルフ　**459-60**, *460*, *460*
　➡教育（ヨーロッパ）
サルデーニャ（のシャリヴァリ）　555-7
サンガー、マーガレット　467-9, 470
産科学と助産術　**460-7**, *461*, 911-2
三学の教育　569-70, 571
産業復興局（アメリカ）　754
産業民主主義学生連盟（SLID）　153, 155-6
産業民主主義連盟（LID）　151, 153
残酷の第一段階　*1044*
「残酷の四つの段階」（ホガース）　1044
産児制限（受胎調節）　**467-71**, 910-11
産児制限臨床研究所（1922年、ニューヨーク）　468
『三銃士』（デュマ）　840
サン=ジュスト、ルイ・アントワーヌ・ド　285
産前介護　461
サンタクロース　617
サンフランシスコ動物園　857
三文小説（ダイム・ノベルズ）　757
三輪車　505
　➡自転車と三輪車
死　→悲しみ・死・葬礼／乳児死亡率
死（の恐怖）　188-91, 238
GIジョー　124
シアーズ、ウィリアム　313
シアーズ、マーサ　313
シーア派　67
CRC　→国連子どもの権利条約
CAS　→ニューヨーク児童保護協会
シェーカー教徒（の子育て）　1067, 1070
シエナのカタリナ　240
シェパード=タウナー母子保健法（1921年）　399, **471-2**, 1172
　➡社会福祉
ジェファーソン、トマス　150, 875
ジェームズ、アリソン　362
ジェームズ、ウィリアム　489
ジェームズ1世（イングランド王）　659
ジェリコー、テオドル　337, *722*
ジェルソン、ジャン・ド　569
『ジェルミナール』（ゾラ）　1325-7
ジェローム、ジャン・レオン　343, *1047*

ジェンダー化　472-5, *473*
　遊び　11-2
　怒り　53-5
　衣服　*991*, *992*
　インドと南アジア　73
　ヴィクトリア時代の美術　80-1
　オーストラリア　114-6
　おもちゃ　124-5
　おもちゃとしての車　127
　教育（近世ヨーロッパ）　225
　組み立ておもちゃ　255-7
　子育ての助言文献　311-2
　古代ギリシア・ローマ　315-25
　子ども空間　389
　子どもの感情生活　410, 413-4
　サマー・キャンプ　457
　室内ゲーム　500-1
　児童労働　540
　修道院学校　569-72
　商業カリキュラム　584-5
　消費文化　616-9
　スポーツ　658-64, 1089
　性教育　667-72
　精神疾患　683-7
　青年伝道団　701-4
　先住アメリカ人の子ども　192, 738-43
　祖父母　770-3
　ティーン雑誌　830-1
　奴隷制（アメリカ）　873-6
　バル・ミツヴァー／バト・ミツヴァー　960-2
　バンドリング　967-9
　ヨーロッパにおける貴族の教育　197-9
　労働　250-1
　労働と貧困　1228-36
　➡少女期／少年期
ジェンナー、エドワード　737, 1173
視覚障害（特殊教育と）　860
シカゴ大学　837
歯科と子ども　475-9
『自我と防衛機能』（フロイト）　1020
自我発達　110
識字能力（リテラシー）　479-81, *480*
　イギリス　479
　古代ギリシア・ローマ　315
　子ども期の理論　361-75
　少女　587
　スコットランド　480
　大衆の子ども観　923
　ヨーロッパ　222, 225
　➡就学義務
司教座聖堂学校　→修道院学校
事故　481-4, 815, 896
　➡乳児死亡率
『思考と言語』（ヴィゴツキー）　84

自己餓死　240
事故防止の安全装置　482
自殺　484-6
　➡子どもの感情生活
思春期　486-9, *487*, 723-6
　➡少女期／少年期／セクシュアリティ
「思春期」（ムンク）　343, *487*
自傷　72
「システィーナの聖母」（ラファエロ）　332, *949*
慈善学校（チャリティースクール）　862-3
自然人　1219
自然選択　1141
「自然のなかの子ども空間」（コスレッド）　1039
自然分娩法　913
自然法　425, 427
　➡児童心理学、子どもの感情生活
自尊心　489-92, *490*
自宅学習　492-3
自宅仕事　→家内産業
実科コース（女子のための）　633
シックス・フラッグズ　→テーマパーク
しつけ　493-7, *495*
　アフリカ系アメリカ人の子どもたちと若者　27
　イギリス　494
　ウェイランド、フランシス　85-6
　19世紀　494
　植民地時代の子どもたち　493-4
　先住アメリカ人の子ども　493-4, 738
　多動性障害　785-6
　恥辱感から罪悪感への移行　448-9
　奴隷制度と独立革命　495
　20世紀　496
　パブリックスクール（イギリス）　955
　プロテスタントの宗教改革　794-5, 1027-8
　ユダヤ教
　　ヨーロッパ　356-7
　ロック、ジョン　494-5
　➡罪悪感と恥辱感／体罰
しつけのテクニックの基礎　215
実験教育学　→子ども学研究
『実際的な教育』（エッジワース）　16
SIDS　→乳幼児突然死症候群
嫉妬と羨望　497-9, *498*
　➡子どもの感情生活
「嫉妬と戯れ」（キング）　*498*
室内ゲーム　499-504
　➡おもちゃ／子ども空間／路上遊戯
室内ゲームの遊びの手引書　500-1
疾病対策予防センター　673
シデナム、トマス　593
自伝　504-5
　ヴァルター、ベンヤミン　1059-61

口にした恐怖　239
フランク、アンネ　1012-3
ホロコースト　1102-5
ロシア　1236-7
➡児童文学
自転車と三輪車　505-6
➡遊び
児童映画　96
児童映画財団（イギリス）　96
児童虐待　506-11
　近親相姦（インセント）　244-7, *245*
　里親養育　451
　児童救済　512
　純真無垢と虐待　507-8
　少年司法　607
　定義　506-7
　フロイト、ジークムント　1021, 1022, *1022*
　防止と起訴　508-9
　法律　1078
　➡子どもに向けられる暴力／性的虐待
児童虐待防止協会　451, 511-2, 513, 1025
　➡児童虐待／児童救済
児童虐待防止処置法（1972年、アメリカ）　452
児童救済　512-6
　孤児院　305, 306
　子どもと法律　1078
　子どもの権利　415
　里親制度　453
　ソーシャル・セツルメント　767-9
　労働と貧困　1228-30
　➡社会福祉
児童局　→アメリカ連邦児童局
「児童憲章」（日本国政府）　1340
児童支援基金　516-7, 1171
自動車　→車
児童受傷症候群　→児童虐待
「児童受傷症候群」（ケンプ／シルヴァーマン）　452, 506, 508, 509
児童心理学　60-1, 144, 517-21, *519*
　➡子どもの発達概念の歴史
児童心理学会（ドイツ）　327
児童相談　521-2, 682
児童の権利に関する宣言（1959年）　299, 1340-2
『児童の世紀』（ケイ）　265-7, *266*, 522-3, *523*
　➡ケイ、エレン／子どもの権利
児童売春　264, 507, 523-5, 668
　➡ペドフィリア（小児性愛症）
児童福祉法（1980年、アメリカ）
児童文学　525-37
　ヴィクトリア時代　526, *528*, 531-3
　恐怖心　236
　近世　527-9

啓蒙思想 281
現代の 529, 532, 533-7, 534
子どもの感情生活 405
フェアリーテイルとむかし話 529-31, 530
メディア 1120, 1121, 1121
➡アルファベット習字帳／コミック・ブック／青少年向けの出版事業／双書（シリーズもの）／フェアリーテイルと寓話
児童ポルノ 419, 537-9, 539
➡子どもの写真
児童ポルノ禁止法（1996年、アメリカ） 537
児童労働（欧米） 539-43, 540, 542
アメリカの子ども 273, 431
アメリカ連邦児童局 41
新たな視点 541-3, 542
イギリス（イングランド） 512, 546, 1176
開発と変化 540-1, 540
家族類型 162
カトリック 182
家内産業 186-8
近世ヨーロッパの子ども
経済と子ども（西ヨーロッパ社会） 267, 268, 270-1
子ども期のイメージ 336-7
子ども期の歴史 375
子どもに向けられる暴力 401
事故 544
児童虐待としての 507-8
児童救済 513
写真 268, 540, 941-3, 941, 942
世界大恐慌とニューディール政策 717
全米児童労働委員会 754-5
ニューフランス（カナダ） 193
ハマー対ダゲンハート訴訟 957
法律 1078-9
ヨーロッパ 1176-81
労働と貧困 1231
➡経済と子ども（西ヨーロッパ社会：農業から工業へ）／労働と貧困
児童労働（発展途上国） 543-5
インドと南アジア 74
グローバリゼーション 263-4
国際法 543
子ども期の比較史 355
実態 543-4
闘い 544-5
ラテンアメリカ 1197, 1198, 1199
➡労働と貧困
『詩と真実』（ゲーテ） 132
『使徒伝承』（ローマのヒッポリュトス） 756
シトー派修道会（の修道院学校） 569

シートン、アーネスト・トムソン 1074
シネマ ➡映画
師範学校（教員養成カレッジ） 634
ジフテリア 1173-4
ジブラーン、カリール 1278
シフレット、ペギー 1096
死亡率
経済と子ども（西ヨーロッパ社会） 268
子ども期のイメージ 334
子ども期の歴史 377
子どもの死の危険 188
新生児 886, 888
新生児後 886
中世とルネサンス時代のヨーロッパ 813
奴隷制（アメリカ） 875
ブラジル 1008
ヨーロッパ 581
➡悲しみ・死・葬礼／乳児死亡率／母親の死亡率／平均余命
姉妹 ➡きょうだい関係
市民保全部隊（CCC） 904-5
シモン、メノー 1026-7
シャーウッド、メアリ 529
社会的上昇 927-8
社会的な衛生運動 102
社会的な福祉 ➡社会福祉
社会福祉 544-55
アメリカ 547-6
イギリス 546-7, 548
世界大恐慌と第2次世界大戦 549
ドイツ 547
20世紀における社会福祉の比較発展 550-5
福祉国家と親 551
福祉国家と子ども期 551-2
ブラジル 1006-7
保育 1064-5, 1068-9
ヨーロッパ 546-9
歴史 546-9
➡児童救済／児童労働（欧米）
社会保護部門（連邦安全機構） 619
社会保障法（1935年、アメリカ） 42, 549, 1168-9
ジャクソン、マイケル（歌手） 445
ジャックス（子どもの遊び） 1241, 1328-9
ジャック＝ダルクローズ、エミール 139, 140
ジャッジ・ベーカー基金 987
シャハール、シャラミス 377, 384, 921, 929,
「しゃぼん玉」（ミレイ） 100
シャーマ、サイモン 333, 377, 384, 1041
シャリーア（イスラム法） 67

シャリヴァリ 555-7, 556, 1257, 1258
シャルコー、ジャン＝マルタン 984
「シャルパンティエ夫人と子どもたち」（ルノワール） 1043
「シャーロット・フィッツロイ夫人の肖像」（レリー） 335, 364
『ジャングル・ブック』（キプリング） 203, 1040
ジャンボ（象） 856, 858
銃 557-60, 558
➡学校銃撃事件と校内暴力
「就学が認められるための最低年齢に関する条約」（1973年） 543
就学前歯科検診 478
宗教
アフリカ系アメリカ人の子どもたちと若者 29
近世ヨーロッパ 247-8
古代ギリシア・ローマ 318
と自己餓死 240
➡個々の宗教の名称
宗教書 527
就業調査（アメリカ） 560-1
➡経済と子ども（西ヨーロッパ社会）
宗教の復活 561-3
「集合」（バシュキルツェフ） 224, 339, 344
修正第26条 563-4
州政府青少年非行問題調査小委員会（アメリカ） 387
州政府の犯罪調査委員会（アメリカ） 387
10代の飲酒 564-5
➡薬物（ドラッグ）／喫煙
10代の雑誌 ➡ティーン雑誌
10代の妊娠 565-7
➡10代の母親（アメリカ）
10代の母親（アメリカ） 567-9, 567
➡10代の妊娠
修道院学校（司教座聖堂学校） 569-72, 570
「14歳の小さな踊子」（ドガ） 342, 342, 346
修練士の見習い（修道院学校の） 569-70, 571
自由を求めるアメリカ青年団（YAF） 156
儒教 355
授業日数 209
宿題 572-3
シュタイナー、ルドルフ 573-5, 574
➡子ども期の理論
シュタイフ、マルガレーテ 831
シュタイフ、リヒャルト 831
シュタプファー、フィリップ・アルバート 1033, 1035
出産母性 949

出産率 →出生率
出生順位 575-9, *576*
出生率 579-83
　アメリカ 938
　イギリス 271
　家族類型 162
　カトリック 185-6
　カナダ 193-4, 582
　経済と子ども（西ヨーロッパ社会） 268-71
　工業社会 724
　子殺し 580-1
　産児制限（受胎調節） 467
　出生率 581
　人口補充率以下の出生率と移民 581-2
　世界の人口増加 582-3
　1994年の比較 357, 953
　晩婚 579-80
　ヨーロッパ 359, 579-80
　ライフコースと成人期への移行 1185
　歴史学的方法の崩壊 581
出版 →青少年向けの出版事業
シュテルン、ウィリアム 327, 783, 800
シュトイ、カール・フォルクマール 1056
シュトルム、ヨハン 586, 587
ジュニア・ハイスクール 583-4
　➡ハイスクール（アメリカ）
ジュネーヴ会議（1949年） 750
シュネッペンタールの汎愛学院 254-5, 459
『種の起源』（ダーウィン） 425
趣味 →コレクションと趣味
シュミット、ヴェラ 19, 22
シュラム、ウィルバー 1124
ジュリアン、マルク・アントワーヌ 285
『ジュール・ヴェルヌ』（コステロ） 86
純真無垢（イノセント）、子ども期のイメージでの 332, 334, 342-3, *343*
『頌歌 幼少時の回想から受ける霊魂不滅の啓示』（ワーズワース） 1180, 1271-4
小祈祷書 47
商業カリキュラム 584-5
　➡職業教育・工業教育・職業訓練学校
小教義問答書 222
小皇帝 585-7
　➡貴族の教育（ヨーロッパ）／ルイ13世の幼年期
小集団システム 390
少女期 587-62, *588, 589*
　遊び 9-10
　遊びの理論 16
　イスラム社会 69-70

衣服 966-7
内気 87
学校間対抗運動競技 175-6
教育（ヨーロッパ） 223-5, 1001
識字能力（リテラシー） 481
思春期 486-9, *487*, 721-4
児童文学 531-2
児童労働（欧米） 540-2, *540*
少年兵 615
スポーツ 659-61, *660*
聖書のなかの 678-9
セクシュアリティ 669, *722*
中世とルネサンス時代のヨーロッパ 814-5
通過儀礼 822
天才児 844-5
と育児 57
同性愛 851
バスケットボール *660*
非行 977
ファッション 991-2, *992*
マスターベーション（自慰行為） 1109
友情 1138-9
ユダヤ教 1145-8
ライフコースと成人期への移行 1185
　➡ジェンダー化
『少女、食糧、お金』（メイラソークス） 34
肖像画 332, *332*, 418, *421*
『象徴としての身体』（ダグラス） 936, 937
小児医学 143, 431, 592-601, *593, 594, 595, 596, 597*
　➡子ども病院／接触伝染病／流行伝染病
小児医学の専門分化 594
少年学（ボイオロジー） →子ども学研究
少年期 601-5, *602*, 921
　アメリカ 603
　内気 88
　古代ギリシア・ローマの子ども 317
　思春期 486-8, 721
　児童文学 526-7
　児童労働（欧米） 539-42, *540*
　聖書のなかの 678-9
　大衆向け育児書 601-2
　多様 603-4
　中世とルネサンス時代のヨーロッパ 811
　通過儀礼 822
　創りだしたもの 602-3
　ノスタルジー 603
　半ズボンをはくこと（ブリーチング） 966-7

非行 976
ファッション 991, 993-4
マスターベーション（自慰行為） 1109
友情 1139
　➡ジェンダー化／少女期
「少年期」（フェイド） 339
『少年キム』（キプリング） 203
少年裁判所 605-6
　アメリカ 610-2
　アメリカ連邦児童局 42
　警察 277
　ゴールト裁判（1967年） 444
　少年司法 608
　精神衛生学 682-3
　ソーシャル・セツルメント 768
　➡少年司法
『少年自身のための本』（クラーク） 500
少年司法 607-13
　アメリカの状況 609-13
　警察 277-8
　国際的状況 607-9
　ゴールト裁判（1967年） 444
　社会福祉 610
　重要な諸段階 610
　少年司法の社会制度化 610
　青少年犯罪と矯正的代替案 611-2
　中世とルネサンス時代のヨーロッパ 811
　懲罰と責任 611
　手続き 612-3
　ドラッグ（薬物） 871
　被告の権利 610-1
　ブラジル 1008
　➡警察と子ども／子どもの権利／少年司法（国際的状況）／法律と子ども
少年司法運営に関する国連最低基準規則（1985年、国連「北京ルール」） 607
少年主教の祝祭 8
少年たちに仕向けられた戦争（ホフ・ソマーズ） 601
『少年のためのスカウト活動』（ベイデン＝パウエル） 1074
少年犯罪者に対する死刑 607, 608
少年非行 →非行
少年兵（世界的な人権問題） 613-6, *614*
　アフリカ 1136
　グローバリゼーション 263-4
　子どもへの影響 615
　志願兵としての子どもたち 613-4
　少女 744
　政治、外交の問題としての少年兵 615
　戦争と子ども（20世紀） 743-4
　中央アメリカ 1200
　兵役を強いられる子どもたち 614-5

➡子どもに向けられる暴力／戦争と子ども（20世紀）
『少年礼儀作法論』（エラスムス） 108
消費文化 616-9
　イスラエル 66
　休日の商業化 617
　罪悪感と恥辱感 449-50
　嫉妬と羨望 498
　少女期 590-1
　世界大恐慌とニューディール政策 718-9
　デート 833-5
　パレード 963, 963
　ベビーブーム世代 1054-5
　ヨーロッパの工業化 1179
　➡経済と子ども（西ヨーロッパ社会：消費経済）／広告業と子ども／メディアと子ども
勝利の女神の少女たち 619-20
　➡セクシュアリティ／戦争と子ども（20世紀）
初期キリスト教思想 620-5, 182
　➡カトリック／プロテスタントの宗教改革
ジョー・キャメルの広告（タバコ） 200
『女教師──少女のための塾』（フィールディング） 528
職業教育・工業教育・職業訓練学校 625-8, 626
職業教育法（1917年、アメリカ） 627
職業訓練学校　➡職業教育・工業教育・職業訓練学校
植民地時代のアメリカ
　育児 56-7
　学生の政治活動 149-50
　教育 215-6
　継父母 279-81
　結婚年齢 847-8
　子育ての助言文献 311
　罪悪感と恥辱感 448
　スポーツ 659
　相続と財産 760-1
　父親業と父性 795-6
　➡アメリカの子ども
植民地時代のラテンアメリカ 1196-7
植民地支配　➡インドにおけるイギリスの植民地支配／ラテンアメリカの子ども（植民地支配）
助言　➡子育ての助言文献
助産術　➡産科学と助産術
女子カレッジ（女子大学）（アメリカ） 628-31, 629, 643
　➡男女共学と別学教育
『女子教育論』（フェヌロン） 1001
女子校 631-8, 631, 633, 643, 791
　➡女子カレッジ（女子大学）（アメリカ）／男女共学と別学教育
女子スポーツ　➡教育法第9篇と女子スポーツ
女子版アイビー・リーグ　➡セブン・シスターズ大学
庶出（私生児） 638-40
　孤児 304
　ニューフランス（カナダ） 193
　バスク地方 638
　プロテスタントの宗教改革 1027
　法律 639, 1080-1, 1085
　➡子どもの権利／法律と子ども
「ジョージ・ワシントンの礼儀作法基準」 1223
『女性にふさわしい場』（ロスマン） 952
女性の割礼（性器切除） 36, 180, 640-1, 721, 819
　➡割礼
「ジョゼフ・バラの死」（ダヴィッド） 335, 614
ショーター、エドワード 376, 384
初潮 566, 641-2, 721
　➡思春期／少女期
ショート、ウィリアム・H 1123
ジョードン、M・エヴァンジェリン 477, 478
初乳 892, 893
「シャルパンティエ夫人と子どもたち」（ルノワール） 1042, 1043
ジョンソン、リンドン（アメリカ大統領） 766
シラー、J・C・フリードリヒ・フォン 17, 21
ジーラコウィアク、ダーウィド 1152
「白雪姫と7人の小人たち」 824-6, 825
私立学校と独立学校 642-5
　➡教区学校（アメリカ）
「思慮深いまなざしの頃」（スミス） 667
「思慮分別のある王女」（ペロー） 996
ジルー、アンリ・A 369
シール、ジョーン 1201
ジル、ブライアン 652
シルヴァーマン、フレデリック・N 506
シールズ、ブルック 538, 538
シルドクラウト、イーニド 349
『シルマリルの物語』（トールキン） 1156
CYO　➡カトリックの青年組織
『新エロイーズ』（ルソー） 1217-8
進化論 266
シンクレア対シンクレア訴訟 1028
神経衰弱（症） 685
人口会議 450, 469
人工授精（AI） 645-6, 915
　➡妊娠と出産
人口動態
　インドと南アジアの子ども 73-5
　近世ヨーロッパ 247-8
　経済と子ども（西ヨーロッパ社会） 268-72
　出生率 579
　バルカン諸国 973
『人口論』（マルサス） 467
人種
　孤児列車 309
　子ども期のイメージ 331, 335
　子どもの衣装 992
　児童文学 533
　青年伝道団 701-4
　体外受精 777
　知能テスト 802-3
　乳児哺育 891
　マグネットスクール 1107
　要扶養児童 1169-70
　ラテンアメリカ 1199
人種差別　➡学校の人種差別撤廃
人種の反復説 368, 373
心身障害　➡先天性欠損症／精神遅滞／特殊教育
新生児呼吸障害症候群（RDS） 915
人生段階（人生の諸段階） 921-2, 922
親族協議 762
身体記憶 141
身体訓練にかんするボストン会議（1889年） 774
身体装飾　➡入れ墨とピアス
身体組織（の売買） 264
診断統計手引き 239
人痘接種法 1172
新聞売り少年宿泊所 1016
シンベリ、ヒューゴ 368
進歩主義教育 646-8
　アメリカ 219
　学生自治 147-8
　学校建築と建築様式（アメリカ） 169-70
　学校対抗運動競技 175-6
　教育の場所 390
　社会的上昇 927-8
　宿題 572-3
　精神衛生学 682-3
　世界大恐慌とニューディール政策 718-9
　対伝統的教育 646-7
　デューイ、ジョン 648, 837-40, 927
　都市の学校制度 864
　ニール、A・S 906-7
　バイリンガル教育 939
　ポーランド 975-6
　論争と影響 647-8
　➡教育（アメリカ）
進歩主義教育協会（PEA） 718
進歩主義時代

お小遣い 111
近親相姦（インセスト） 245-7
孤児院 307-8
子ども病院 431-2
里親養育 451-2
歯科と子ども 476
児童救済 512-3, 515
児童相談 521
少年裁判所 605-6
精神疾患 685
ドラッグ（薬物） 871-2
母親業と母性 952
養子縁組（アメリカ） 1158-9
要扶養児童 1168
離婚と監護権 1208
新約聖書（の子どもと子ども期） 679-80
➡聖書と子ども
心理学 →児童心理学
『心理学』（デューイ） 489
『心理学原理』（スペンサー） 17
『心理学における危機に関する歴史的意味』（ヴィゴツキー） 84
心理学の文化＝歴史理論（ヴィゴツキー） 84
心理発生理論 380
人類学 573-4
睡眠 648-9
スウェーデン
　産科学と助産術 464
　テレビ 842
　天然痘 1212-3
　ラジオ 1191, 1192-3
スウォッドリング 650, *650*
　おむつと排便訓練 119-20
　古代ギリシア・ローマ 324
　事故 482
　児童虐待としての 507
　先住アメリカ人 895
　バルカン地域 972
　ファッション 990, 992-3
数学（の役割）（J・ロック） 1245-6
「崇敬」（ゲーゼビア） 711
スカウト運動世界組織（1920年） 1076
スカッツバラ少年事件 651-2, *651*
　➡アフリカ系アメリカ人の子どもと若者／少年司法
スカーバラ 210
スカーリー、リチャード 49
スカリフィケーション（乱刺） 71, 72, 991
スカンディナヴィア諸国（の子どもの権利） 548
「スキミントンに遭遇したヒューディブラス」（ホガース） *556*
スキンヘッド族の運動 989
スクール・バウチャー 173, 652-3

➡学校選択
スケルトン・スーツ 992, *992*
スコット、ウォルター・ディル 294
スコットランド（のリテラシー） 480-1
➡イギリス（イングランド）
『スコラ学的聖書物語』（コメストル） 677
スース博士 *530*, 653-4, *653*
➡児童文学
「すそを引く」（ガイ） *14*, 342,
スタインバーグ、レオ 332, 706
スタイルズ、ヘンリー・リード 968
「スターウォーズ」のおもちゃ 125
スーダン、難民の子どもたち 746
スタンフォード＝ビネー版知能の測定尺度 800
ステイシー、ジュディス 851
子役スターの舞台 441
捨て子 654-5
　家と病院 391, 403, 595
　乳母養育 91, 94
　小児医学 592
　中世とルネサンス時代のヨーロッパ 813-4
➡孤児／子どもの遺棄／里親養育
捨て子の制度化 391-2, 403-5, 654-5
ステッド、W・T 514, 1048
ステュワード、ジェームズ 335
「すてられた人形」（ヴァラドン） 343, *1185*
ステーン、ヤン *249*, 333
ズートスーツ暴動 665-6, 1144
スードノウ、デイヴィド 189
ストラッテメイヤー、エドワード 243, 757
ストラッテメイヤー・ライティング・シンジケート 243, 244
ストーリーテリング 740
ストーン、ローレンス 376, 377, 506, 1384
砂場 23, 656-7, *657*
➡遊び場運動
「スナップ・ザ・ホイップ」（ホーマー） *1093*
『砂山のおはなし』（ホール） 657
スノウ、エドワード 333
スーパーヒーローたち（コミック・ブックスの） 433, 435
スーパーマン（コミック・ブックヒーロー） 433, 436
スパルタ（ギリシア） 315, 316, 317
➡古代ギリシア・ローマの子ども
スピアーズ、ブリトニー 443, 657-8
スピアマン、チャールズ 801
スフィンクス（フォックス） 346
スペイン

子どもの魔法使い 429
スペイン内戦 747
ラテンアメリカの植民地支配 1197-9
『スペキュルム・レガール』（王位の鏡） 586
「スペクテイター」 495
スピーゲルマン、アート 433
スペンサー、ハーバート 17, 266, 326, 425
スポーツ 658-64, *660*
➡個々のスポーツの名称
スポック博士 144, 181, 313, 496, 664-6, *665*, 1224
➡子育ての助言文献
スポーツ宣言 659
スミス、コーネリア 874
スミス、ジェシー・ウィルコックス 666-7, *480*
➡子ども期のイメージ／ヴィクトリア時代の美術
スミス、シュリル・S 1096
スミス、ダニエル・スコット 579, 580
スミス、レンドン・H 313
スミス・カレッジ 628
スミス＝ヒューズ法（1917年、アメリカ） 627
スムレカー、クレア 1107
スラッシャー、フレデリック・M 1143
スワジランド王国（の誘拐） 1137
スンニ派（イスラム教派） 67
聖アウグスティヌスの教会法規則集 106
「青衣の少年」（ゲインズバラ） *991*
性格の5因子モデル 577
性感帯（幼児のセクシュアリティにおける） 898
性教育 667-72
➡エイズ（後天性免疫不全症候群）／性行為感染症（VD）
清潔研究所（1928年、アメリカ） 101
清潔さ（衛生学と） 99-100, 101-3
性行為感染症 672-4
　近親相姦（インセスト） 245
　子ども 1048
　勝利の女神の少女たち 620
　性感染症と暴力 673-4
　性教育 668
　統計 673
　歴史 672-3
➡エイズ（後天性免疫不全症候群）
『政治学』（アリストテレス） 45-6
政治活動 →学生の政治活動
精子提供 851-2, 1205
青少年に対する拡大裁量権 608
青少年非行防止共和国基金プログラム（1922年、アメリカ） 521

青少年向けの出版事業　674-7, *675*
　➡自伝
聖書と子ども　180, 181, 481, **677-81**
成人（年齢）　563, 921, 1078, 1080, 1196
精神衛生学　521, **681-3**, *681*
精神衛生学のための全国協議会（1909年、アメリカ）　681, 682
成人期への移行　→ライフコースと成人期への移行
精神疾患　683-7, *684*
精神遅滞　687-91
　➡特殊教育
精神的の遅滞　→精神遅滞
精神的な親　417
成人年齢　→成人の年齢
「成人の日に」（谷川俊太郎）　1283-4
精神分析学　257-8, 681, 1020
成人（への移行）　→ライフコースと成人期への移行
聖スコラスティカの日の暴動　149
聖体　755-6, 946-7
　➡初聖体
性的虐待　507, 509
　回復記憶（RM）　141
　古代ギリシア・ローマ　320
　子どもの写真　418
　児童ポルノ　537-9
　性行為感染症　672-4
　セクシュアリティ　523
　20世紀の戦争　744, 746
　法律　1085
　誘拐　1136-7
　歴史　1046-9
　➡近親相姦（インセスト）／児童虐待／ペドフィリア（小児性愛症）
性的指向　→同性愛と性的指向
『性的精神病理』（クラフト＝エビング）　1046
聖ニコラス祭　8
「聖ニコラス祭」（ステーン）　333
成年　→成人年齢
青年（エフェベ）　319-20
青年期　326-8
『青年期』（ホール）　488, 566, 693-4, 1101, 1259
青年期医学　691-2
青年期医学会　691
青年期と若者期　692-701
　型どおりの勉強　693-4
　学校教育と学年　694-5
　子ども期の歴史　378
　サモア　1114
　青年期　692-3, 697-8, 926-7
　世界大恐慌と第2次世界大戦　695
　セクシュアリティ　669, 695, 720
　戦後のティーンカルチャー　695-7
　同性愛と性的指向　852

人間的成長　926-7
ミード、マーガレット　1114
薬物使用　871-3
　➡ホール、グランヴィル・スタンリー
青年期文学　533-4
　➡児童文学
青年共産主義連盟（YCL）　152
青年社会主義連盟（YPSL）　151
『青年社会論』（コールマン）　696
青年伝道団　562, 701-4
　➡キリスト教女子青年会とキリスト教青年会
性の決定　911
性の比率　911
性犯罪者登録　509, 113
『聖ベネディクトゥスの戒律』　569
　➡古代ギリシア・ローマの子ども／初期キリスト教思想
聖母マリア（宗教）　332, 705-10, *707*, *708*, *949*
聖母マリア（世俗）　710-4, *711*, *712*
聖母マリア（東方正教会）　714-6, *714*, *715*
『性欲理論に関する三つのエッセー』（フロイト）　1022
『性欲論三篇』（フロイト）　726
世界人権宣言　299, 300
『世界図絵』（コメニウス）　48, *438*, 527
世界スカウト団（1911年）　1075
世界大恐慌　→世界大恐慌とニューディール政策
世界大恐慌と青年期　695
世界大恐慌とニューディール政策　716-9, *717*
　アメリカ連邦児童局　42
　お小遣い　111-2
　おもちゃ　124
　学生の政治活動　153-4
　ガールスカウト　196
　子育ての助言文献　313
　子役スター　*441, 442*
　里親養育　452
　歯科と子ども　477
　父親業と父性　797
　保育　1062
　要扶養児童　1168-9
　➡ニューディール政策の青少年支援組織
『世界の美学的表現について』（ヘルバルト）　1055
世界貿易機構（WTO）　263
世界保健機関（WHO）　641, 889, 1214
世界麻薬防止協会　871
世界ユダヤ人同盟　1127
セガン、エドゥアルド　689
セクシュアリティ　719-30, *720*, *722*
　割礼　182

工業社会　*720, 722,* 724-6
古代ギリシア・ローマ　722
子ども期のイメージ　335-6, 340, 342-3, 344-5
子ども期の比較史　340
思春期　487
少女期　590
勝利の女神の少女たち　620
聖書のなかの　679
性的虐待の結果　523
青年期と若者期　726
中国　727
中世とルネサンス時代のヨーロッパ　723-4
デート　834
20世紀　726-8
発見の諸段階　1021
フラッパーズ　1009
フロイト、ジークムント　332, 1023
　➡同性愛と性的指向／幼児の性欲
「セサミ・ストリート」　843
世代間ギャップ　61
世代継承（聖書のなかの）　678
接触伝染病　100-1, 597, 730-8, *731, 732, 733*
　➡小児医学／乳児死亡率
セツルメント・ハウス　→ソーシャル・セツルメント
「セネカ・フォールズ代表者会議における権利と意見に関する宣言」（1848年）　1207
セービン、アルバート　1099
セブン・シスターズ大学　628, *629*
「セブンティーン」（雑誌）　830
ゼライザー、ヴィヴィアナ　349, 352, 364, 371, 384, 385
セルコウ・ライター社　129
「セルフ・ポートレイト」（ラルティーグ）　*419*
1960年代の大学構内での紛争　→大学紛争（1960年代）
全国アマチュア出版協会（アメリカ）　675-7
全国学校改革法（ポーランド）　976
全国学校対抗パブリック・バスケットボールトーナメント（アメリカ）　175
全国公共道徳協議会（イギリス）　1123
　➡児童労働（欧米）
潜在期（セクシュアリティの）　898
『戦時下の女性たち』（アンダーソン）　620
前社会的学習　841
先住アメリカ人の子ども　738-43, *739, 741*
　育児　56
　おむつと排便訓練　826
　子どもの感情生活　410-2

19世紀以降　741-2
スポーツ　659
通過儀礼　56-7
乳幼児のおもちゃ　895
誘拐　1133
ゆりかご板　739, 741, 895
養子縁組　1166
ヨーロッパ文化以前　738
➡アメリカ先住民の学校
先住アメリカ人の子どもに対する福祉法（1978年、アメリカ）　1170
先住民管理事務所／部局　38, 39
先住民実業学校　38, 38
全障がい児教育法（1975年、アメリカ）　859
『センス・オブ・ワンダー』（カーソン）　1280-2
戦争と子ども（20世紀）　743-51, 745, 748
　学校　747
　強姦、拷問、大量虐殺　744-6
　子ども期の歴史　378
　少年兵とレジスタンス活動　743-4
　戦時下の子どもの成長　747-9
　戦争孤児問題　749
　戦争と人道的支援　749
　疎開　746-7
　フランス　304
　身よりのない子どもたち　745-6
　民間人の負傷者　613
　➡少年兵（世界的な人権問題）／ラテンアメリカの子ども（中央アメリカの戦争）
喘息（気管支喘息）　103
センダック、モーリス　751-2, 751
　➡児童文学
宣伝　1125
先天性欠損症　752-4, 752, 913
全米安全協会　483, 484
全米学生連盟（NSL）（1931年）　153-4
全米学校対抗バスケットボール・トーナメント　175
全米教育協会（NEA）（1871年）　583, 933, 935
　10人委員会（1892年、アメリカ）　933, 935
全米児童労働委員会　541, 754-5, 941
全米母親協議会（1897年）　143, 1101
　➡PTA
全米野球選手協会　1036
全米ライフル協会　559
腺ペスト　733, 1212
　➡流行伝染病
羨望　→嫉妬と羨望
洗礼　755-6
　カトリック　12-6, 756
　初期キリスト教思想　620

捨て子　654
通過儀礼　821
名づけ親（代父母）　878
プロテスタントの宗教改革　1026-7
➡堅信／初聖体
ソヴィエト連邦
　共産主義の若者　230-1
　子ども期の比較史　359
　接触伝染病　733
　男女共学と別学教育　789
　➡ロシアの子ども
相互教授法　165
早産児　→産科学と助産術
双書（シリーズもの）　243, 248, 757-9, 757
　➡キーン、キャロリン／『ハリーポッター』とJ・K・ローリング
『創造の自然史の痕跡』（チェンバース）　425
相続と財産　759-65
　イスラム社会　69
　家族類型　162
　きょうだい関係　234
　経済と子ども（西ヨーロッパ社会）　269, 270
　出生順位　575-7
　中世とルネサンス時代のヨーロッパ　793-4
　日本　883
　法律と子ども　1079
　➡きょうだい関係／子どもの遺棄／里親養育
相談　→児童相談
ソーク、ジョナス　1099, 1214
足位回転法　461
ソクラテス　15, 1009
組織的なレクリエーションと若者集団　514, 765-7
ソーシャル・セツルメント　767-70, 768, 1067
　➡社会福祉
『育ての心』（倉橋惣三）　1317-21
その日暮らしの割合　269
ソーパー、ドナルド　1173
祖父母　770-3, 1062
祖父母との同居　770, 771, 772
ゾラ、エミール　1325
ソラヌス　324, 461, 593, 650
ソルニット、アルバート　417, 1021
ソルバーグ　352
ソレンセン、ロバート　852
ソロモン、グレッグ　1040
ソロモン、リチャード・H　807, 809

【タ】
体育　661, 774-6, 1011
　➡体操

体育協会（体操クラブ）運動　255, 782
第1次世界大戦　196, 747
　➡戦争と子ども（20世紀）
「大移動」　29, 31
大英帝国　→イギリス（イングランド）
体外受精（IVF）　777-8, 784, 915, 938
　➡多児出産、代理母出産
大学教育到達度テスト（SAT）
大覚醒運動　412, 561, 1134
大学社会主義連合　151
大学入学資格試験　105
大学入学資格試験委員会　104-5
大学入学試験　→SATと大学入試制度
大学紛争（1960年代）　778-81
　➡学生の政治活動
『大教授学』（『ディダクティカ・マグナ』）（コメニウス）　438
第3回カトリック教会会議（1884年）　229
胎児画像　→超音波画像診断法
対人関係アプローチ　1023
体操　781-3, 782
　➡スポーツ／体育
『大邸宅と奴隷小屋』（フレイレ）　1196
タイにおける子どもの売春業　264
第2次世界大戦
　育児　60-1
　学生の政治活動　154
　学校　747
　ガールスカウト　196
　歯科と子ども　477
　少年兵　743-4
　青年期と若者期　695
　戦時下の子どもの成長　747-9, 748
　疎開　746-7
　大量虐殺　744-6
　デート　833-4
　ヒトラー・ユーゲント　982-3
　ポーランド　975-6
　➡戦争と子ども（20世紀）
体罰
　子どもに向けられる暴力　401
　児童虐待　506-7
　修道院学校　569
　先住アメリカ人の子ども　741
　ユダヤ教　1147
　➡しつけ
胎盤　753
「たいまつ持ちの少年キューピッド」（レイノルズ）　335, 720
「代理母」　949
代理母出産　783-5, 916, 949, 854
　➡人工授精／卵子提供
ダヴィッド、ジャック＝ルイ　335, 614
ダーウィン、チャールズ　425, 517
ダーウィンの進化理論　312, 326, 576, 1264

ダウン症候群　915, 919
タウンゼント、ジョン・ロウ　525
『宝のもち腐れ』（シャーマ）　1041
託児所　1064-5
ダグラス、ウィリアム　627
ダグラス、フレデリック　875-6
ダグラス、メアリ　936
多形倒錯のセクシュアリティ　898, 900
ダコタ・スー族　742
多児出産　232, 579, 777, 784-5, 911
　➡排卵誘発剤
堕胎
　アメリカ　916-7
　産児制度　468-70, 916-7
　青年期女子　416
　胎児のイメージ　421
　超音波画像診断法　820
　ドイツ　916
　バルカン諸国　973
　父母の同意　1059
『たたくかわりにキスを』（ライト）　1183
『正しい礼儀作法の価値』（ベイリー）　1223
ダーデス、ジョン　806
多棟型学校（パビリオンスクール）　167
多動性障害　785-6
ダートン、ハーヴェイ　527
『ダナ・ガールズ』シリーズ　243
谷川俊太郎　1283
「たのしいひととき」図書館　391
タバコ　➡喫煙
「タバコの規制に関する世界保健機関枠組条約」（FCTC）　201
ダビデ王（聖書）　2
ダービン、ディアナ　442
タフツ、ウィリアム・ハワード　41, 754
タブラ・ラサ説　1244-5
WHO　➡世界保健機関（WHO）
WTO（世界貿易機構）　263
WPA　➡雇用促進局（公共事業促進局）
多文化的（児童文学における）　533
「卵入れ方式」の学校建築様式　169
タマリキ　901
ターマン、ルイス・M　329, 800
ダミー人形　➡おしゃぶり
「タルムード」　65, 960, 1146, 1147, 1148
「戯れる子どもたち」（ココシュカ）　245
男根期　898
誕生　➡妊娠と出産
　➡家族の諸類型
誕生日　438, 786-8, 821, 920
男女共学と別学教育　788-91
　➡女子校／女子カレッジ（女子大学）（アメリカ）

『タンタン ソヴィエトへ』（エルジェ）　791
『タンタン』とエルジェ　791-2, 791
　➡児童文学／双書（シリーズもの）
『タンタンのコンゴ探検』（エルジェ）　792
『小さなかわいいポケットブック』（ニューベリー）　48, 528
チェコスロヴァキア（1960年代の大学紛争）　779
チェスの天才児　844
チェンバーズ、ロバート　425
「知識と生活技能」（PISA報告書）　226
恥辱感　➡罪悪感と恥辱感
父親業と父性　792-800, 796
　愛情　3-4
　ヴィクトリア時代　796, 796-7
　家父権　793, 1194
　休暇（バカンス）　210
　子どもの権利　415
　宗教改革期と啓蒙時代の父親　794-5
　植民地時代のアメリカ　795-6
　世界大恐慌　60-1
　対等な関係者としての父親　797-8
　中世とルネサンス時代のヨーロッパ　793-4
　ドラッグ（薬物）　871
　20世紀における「家父長制の衰退」　797
　法律　1078
　ユダヤ教　1147-8
　ラテンアメリカ　1194
　➡母親業と母性
「父の帰りを待つ」（ホーマー）　1094
チッカミー（ゲーム）　1240, 1241
知能指数（IQ）　329, 577, 800-1, 861, 947-8
知能テスト　104, 327, 328-9, 647, 801-3, 985
　➡SATと大学入試制度／知能指数（IQ）
知能の検査　➡知能テスト
「ちびっこギャング」　441, 443
チフス　731-2
　➡接触伝染病
チポラ、カルロ・M　479
チャイルド、L・マリア　501
「茶色の赤ちゃん」　749
チャータースクール　173, 803-4
　➡学校選択／教育（アメリカ）
チャーチ、シャルロット　804-6, 805
　➡天才児
チャーチル、ウィンストン　132
チャップブック　48, 995-6
チャドウィック、エドウィン　546
チャレンジ・プログラム（カリフォルニア）　491

注意欠陥障害　➡多動性障害
中央アメリカ　➡ラテンアメリカの子ども
中央学校　1210
中国の子ども　806-10, 806
　怒りと攻撃　807
　教育　355-6
　共産主義の若者　230-2
　子殺し　580
　子ども期の比較史　355
　子ども空間　386
　小皇帝　585-7
　セクシュアリティ　725
　纏足（中国）　355, 361
　母親業と母性　951
『中国の子ども観』（キネイ）　806, 808
『中国美術に描かれた子どもたち』（ウィックス）　806
『注釈ジュール・ヴェルヌ』（ミラー）　87
中世　➡中世とルネサンス時代のヨーロッパ
中世とルネサンス時代のヨーロッパ　810-7, 810, 812, 813, 813
　愛情　814-5
　遊び　8
　遊びの理論　15
　嬰児殺し、遺棄、収容施設　813-4
　学生の政治活動　149
　貴族の教育（ヨーロッパ）　198-9
　子ども期の諸段階　811-2
　子ども期の歴史　375
　産科学と助産術　461-2
　事故　815
　修道院学校　569-70
　小児医学　592-3
　スポーツ　659
　精神遅滞　688
　セクシュアリティ　723
　相続　793
　父親業と父性　793-4
　中世の子ども観　921
　同性愛　724
　動物園　856
　パレード　962
　ペット動物　1041
　若者文化（ユースカルチャー）　1257-8
　➡近世ヨーロッパの子どもたち
『中世の子ども』（オルミ）　1041
『中世の子ども期』（シャハール）　377
『中世ロンドンの子どもの成長』（ハナウォルト）　8
中等教育再編委員会（アメリカ）　934
中東社会の子ども　817-20
超音波　➡超音波画像診断法
超音波画像診断法　820-1

➡産科学と助産術
聴覚障害（と特殊教育）859-60
長子相続制　162, 575, 760
　➡相続
徴兵（制）154, 156
聴聞　612
長老制（アフリカの）34
「蝶を追いかける画家の娘たち」（ゲインズバラ）*233*
チョエス儀式　316
直接的影響　841
チリ　→ラテンアメリカの子ども
「ついたての前の聖母マリアと幼子イエス」（カンパン）*707*
ツィラー、ツィスコン　1056
通過儀礼　821-3
　イースタン・ウッドランド・インディアン　56-7
　古代ギリシア・ローマ　315
　先住アメリカ人　56, 738-9
　日本　883
　ファッション　990
　ブラジル　1005
　ユダヤ教　1145, 1149
　➡ライフコースと成人期への移行
『罪深き者にあふれる恩寵』（バニヤン）236
デアリー、イアン・J　802
「提案227」（カリフォルニア州）939
ディーウィーズ、ウィリアム・ポッツ　495
デイヴィス、エミリー　633
デイヴィス、ローラ　141
「ディヴィッド、ジョアンナ、アビゲイル・メイソン」（リムナー）966
帝王切開術　463, 912-3, 915
ディケンズ、チャールズ　→『オリヴァー・ツイスト』
ディズニー　823-7, *824*, *825*
　休暇（バカンス）212
　コミック・ブック　433-4
　コレクションと趣味　447
　児童文学　534
　消費文化　618
　テーマパーク　835-7
　メディア　1122
　➡テーマパーク
ディズニーランド、ディズニー・ワールド　→テーマパーク
ティソ、サミュエル　1109, 1110
ティツィアーノ　332, *812*
ディッキンソン大学　150
ディドロ、デニス　281-2
デイムスクール　492, 862
ティメンデュカス、ジェシー　1113
テイラー、ウィリアム　1106
ティーンエイジャー　590, 827-8, 1191

➡青年期と若者期／若者文化（ユースカルチャー）
ティンカー、ジョン　829
ティンカー、メアリ・ベス　829
ティンカー対デモイン訴訟　828-30, *829*, 829
　➡学生の政治活動／子どもの権利
ティーン雑誌　830-1
ティンパーン、ミカエル　652
テクノロジーと事故　484
鉄の肺　1099
「デッド・ラビッツ」（1857年）1143
テディ・ベア　831-2, *831*
デート　832-5
　➡セクシュアリティ
テニエル、ジョン　*526*
テーヌ、イポリット　1039-40
テーブルマナー　1221, 1224-6
テーマパーク　212, 392-3, *835*-7
　➡休暇／ディズニー
デミナー夫人　1225
デモス、ジョン　923
デ＝モス、ロイド　365, 376, 380
デューイ、ジョン　837-40, *838*, 1313
　遊びの理論　18
　影響　838-9
　教育学　290
　子どもの発達　425
　自尊心　489
　進歩主義教育　646, 928
　➡教育（アメリカ）
「テュイルリー宮殿にいるパリのいたずらっ子」（ドーミエ）*367*
デューク、ジェイムズ・B　200
デュトルー、マルク　*1046*
デュボイス、W・E・B　533, 1275
デュボワ、シェイン　1044
デュポン、ピエール・S　169
デュマ、アレクサンドル　840-1, *840*
デュランティニ、メアリー・フランセス　333
デラウェア・インディアン　741
デル・コミック社　433
テルトゥリアヌス　621
テレージエンシュタットのゲットー（強制居留地）1102-3, 1153
テレビ　841-4, *842*
　イギリス　1191
　影響　841
　学習と社会的便益　841-2
　規制と公共サービス　842
　広告　294, 1054
　子どもたちの参加　842-3
　コミック・ブックの改作　435
　子役スター　442-3,
　児童文学の改作　534
　発達　1122

　メディア教育　843
　路上遊戯　1241
　➡メディアと子ども／ラジオ
『テレビと子ども』（ヒンメルヴァイト）1124
『テレマックの冒険』（フェヌロン）1001
田園地方
　産科学と助産術　462-3
　青年期と若者期　923
　ハイスクール（アメリカ）863-4
　母親業と母性　950-1
　ホームレスの子どもと家出中の子ども（アメリカ）1097
「天国のかけら」（ガットマン）*179*
天才児　805, 844-5
電子ゲーム　129, 1241
纏足（中国）355
テンダー・イヤーズ・ルール（テンダー・イヤー・ドクトリン）1081, 1208
伝道団　→青年伝道団
天然痘　593, 735, 1172-3, 1212-3
　➡接触伝染病／予防接種／流行伝染病
テンプル、シャーリー　441, *441*, 442-3, 845-6
　➡子役スター
テンプルスクール（ボストン）137-8
デンマーク
　組み立ておもちゃ　256
　小皇帝　585-6
　難民の子どもたち　746
『天路歴程』（バニヤン）528
トイ・シアター　500
ドイツ
　乳母養育　93
　おもちゃ　122, 133
　ギムナジウムの教育　205-6
　教育　223-5, 1176-9
　教育学　282-4
　国家と家族の関係　1180
　子ども学研究　326-9
　子ども期の比較史　354-61
　社会的衛生　102
　職業教育　866
　庶出　638
　砂場　656-7
　大学紛争（1960年代）778
　父親業と父性　792
　徒弟制度　868-70
　難民の子どもたち　745
　乳児哺育　891-3
　人形　907-10
　ファシズムの若者　987-9
　幼稚園　1162-4
ドイツ系アメリカ人　939
ドイツ式教授法　226

ドイツ少女連盟　982
ドイツ共和党　989
トインビー・ホール（イギリス）　767, 769
トゥー、ジョニー　614
トゥー、ルーサー　614
同意　→同意年齢
統一親子法（1973年、アメリカ）　1085
同意年齢　846-9
　アメリカ　721, 724-7
　イギリス（イングランド）　506-8, 847
　イギリス（イングランド）　514-5, 519
　児童救済　512-3
　同性愛と性的指向　851
トウェイン、マーク　200, 849-50, *849*
ドゥ・クードレ夫人　462, 466
同性愛者の学校教育　→男女共学と別学教育
同性愛者の子育て　→同性家族の子育て
同性愛と性的指向　850-3
　受け入れ　727
　少女　719-27
　少年と友情　1139
　中世とルネサンス時代のヨーロッパ　724-5, 810, 812
　プロムナード・コンサート（プロム）　1029
　ボーイスカウト　1075-6
　→ジェンダー化／セクシュアリティ／同性家族の子育て
同性家族の子育て　165, 853-5, 1161
　→同性愛と性的指向／離婚と監護権
『統治二論』（ロック）　1244
ドゥチュケ、ルディ　780
ドゥーデ、セレスティーヌ　508
投票年齢（アメリカ）　563
動物
　虐待　856, 1041, 1044, *1044*
　接触伝染病　730-5
　とセクシュアリティ　719-28
　ワトソン、ジョン・B　1264
　→ペット動物
動物園　855-9, *856, 857*
『動物の遊び』（グロース）　17
東部のウッドランド（森林地帯）・インディアン　56, 738-40, 741-2, *741*
逃亡奴隷法（1850年）　151
「陶冶」（ヘルバルト）　1056
トゥルネン運動　659-60
ドガ、エドガー　341
特殊教育　689, 859-61, *860*
　→教育（アメリカ）
ドクター・スース　→スース博士
特別認可の学校　→チャータースクール
独立学校　→私立学校と独立学校

独立学校　863
ドジソン、チャールズ・ラウィッジ　→キャロル、ルイス
都市の学校制度の誕生　861-8
　→教育（アメリカ）
『都市の子どもたち』（ナソー）　9
図書館　→子ども図書館
ドック、ラヴィニア　102, 104
突然死　→乳幼児突然死症候群
徒弟制度　868-71
　インドと南アジア　73-5
　近世ヨーロッパ　1176
　保育　1061-3
　職業教育、工業教育、職業訓練学校　626
トトメス3世（エジプト王）　587
ドノヴァン、マリオン　121
飛び出し絵本　533
トマス、グレッグ　340
「トマス・アーノルド」（フィリップ）　956
ドーミエ、オノレ　367
『トム・スウィフト・ジュニア』シリーズ　244
『トム・ソーヤーの冒険』（トウェイン）　849
トーラー　65, 1146, 1149
ドライサー、セオドア　398
ドラクロワ、ウージェーヌ　337, 338
ドラッグ（薬物）　559, 871-3, 1144, 1261-2
　→10代の飲酒
ドラン、ジェイ　184
トリノ大学　779
トリマー、セアラ　529
ドリンカー、セシル　1098-9
トールキン、J・R・R　→『指輪物語』とトールキン
トルコ　354, 360
奴隷制
　アフリカ　35
　ブラジル　1005-6
　ラテンアメリカ　1197
奴隷制（アメリカ）　873-7
　愛情　4
　遊び　8-9
　アフリカ系アメリカ人の子どもと若者　27-32
　育児　59
　きょうだい関係　232-3
　子どもの感情生活　411
　しつけ　495
　少女期　588
　少年　603
　父親業と父性　795-6
　乳児哺育　891
　保育　1062, 1067

法律　1080
　→アフリカ系アメリカ人の子どもと若者
奴隷制反対運動　150-1
　国際連合　525
トレント公会議　248, 252, 291-2, 878, 946
トロロープ、アンソニー　956-7
トンプソン、ケイ　*534*

【ナ】
ナイチンゲール、フローレンス　101, 103
『内的生活に関する諸聖人の箴言の解説』（フェヌロン）　1000
ナイト、ヒラリー　*534*
ナグ・ファクター（ねばり要因）　297
「ナシレマ族における身体儀礼」（マイナー）　102
ナソー、デイヴィド　9
ナチ党（国家社会主義ドイツ労働者党）　988-9
名づけ親（代父母）　303, 878-9, 1028, 1117
ナーディネリ、クラーク　1329
ナボコフ、ウラジミール　1251-3
ナポレオン1世（ナポレオン・ボナパルト、フランス皇帝）　132
ナンシー・ドルー　→キーン、キャロリン／双書（シリーズもの）
難民の子どもたち　745-6
ニカラグアの戦い　1200
　→ラテンアメリカの子ども
ニクソン、リチャード・M　178, 563
『ニコマコス倫理学』（アリストテレス）　45
ニコラス（聖）　8
西ヴァージニア州のホームレスの子どもと家出中の子ども　1096
二次親養子縁組　854
「20世紀」（新聞）　791
『20世紀の少年学』（キッド）　601
「2013年国連演説」（マララ・ユスフザイ）　1363-8
「2014年度ノーベル平和賞受賞記念演説」（マララ・ユスフザイ）　1368-71
「2014年ノーベル平和賞受賞記念演説」（サティアルティ）　1330-4
日曜学校　862, 880-1
日曜日（安息日）　881-2
日記　→自伝
日系アメリカ人（第2次世界大戦中の）　60, 747
『2年間の休暇』（ヴェルヌ）　87
日本国政府　1340
日本の子ども　882-6
　おむつと排便訓練　119

学校その他の子ども施設 884
子殺し 580
子育ての方法 884
子ども期の定義 882
子ども期の比較史 358-60
コミック・ブック 433, 435
罪悪感と恥辱感 448
聖母マリア（宗教） 707-8
通過儀礼 883
母親業と母性 951
養子縁組 761-2
『ニューイングランド初等読本』（ハリス） 48, 215, 527
ニューウェル、ウィリアム・ウェルズ 1239, 1241
入学試験（ハイスクール） 933, 934
➡SATと大学入試制度
乳児死亡率 886-91, *887, 888, 889, 900*
アメリカ 471
アメリカ連邦児童局 41-3
インドにおけるイギリスの植民地支配 74
乳母養育 91-4
外因的原因 887
近世ヨーロッパ 250
孤児 302-3
孤児院 306
出生率 581
小児医学 597
測定 886
中世とルネサンス時代のヨーロッパ 813-4
内因的原因 886
乳児哺育 891
ブラジル 1008
養子縁組 1158
➡接触伝染病
乳児にパンがゆをあたえる 93
乳児の突然死 ➡乳幼児突然死症候群
乳児哺育 891-4, 1204
アフリカ 35
イギリス 91-2
イスラム社会 69
エイズ感染 98
聖母マリア（宗教） 706
セクシュアリティ 898
先住アメリカ人の子ども 738
中世とルネサンス時代のヨーロッパ 813
ドイツ 93
ラテンアメリカ 1194
➡ラ・レーチェ・リーグ／乳母養育
乳児用調合乳 ➡乳児哺育
乳幼児突然死症候群 894-5
➡乳児死亡率
乳幼児のおもちゃ 895-8

➡おもちゃ
乳幼児の性欲 113, 898-901
ニューカースル委員会報告書 481
ニュージーランドの子ども 458, 901-4, *902*
新しく登場してきたニュージーランド人たち 903
最初の入植者たち 901
新住民 902
パケハ 902, *902*
若い植民地人 902
ニューディール政策 ➡世界大恐慌とニューディール政策／ニューディール政策の青少年支援組織
ニューディール政策の青少年支援組織 904-5
➡世界大恐慌とニューディール政策
ニューフランス（カナダ） 193
ニューベリー、ジョン 48, 527-8, 996
『乳幼児および子どもの心理学的ケア』（ワトソン） 143
ニューヨーク
アカデミー 6-7
ドラッグ（薬物） 871-2
ニューヨーク児童虐待防止協会（NYSPCC） 511
ニューヨーク児童保護協会 309-10, 512, 905-6, 1015, 1166
➡児童救済／孤児列車
ニューヨーク職業学校 626
ニューヨークの捨て子（孤児） 309
「ニューヨーク」（レーヴィット） *1239*
ニューヨーク歴史協会 502
ニュルンベルク大会（ナチ党） *988*
ニール、A・S 19, 906-7, *907*
ニルソン、レナート 421, 423
人形 907-10, *909*
遊び 9
おもちゃ 500
子ども期のイメージ 343-4, *909*
消費文化 617
人形テスト 1004
「人形を手にした少女（フランツィ）」（ヘッケル） 343, *909*
『人間の遊び』（グロース） 17
『人間の教育』（フレーベル） 1019
『人間の美的教育に関する書簡』（シラー） 17
「人間は親友を失う」（リプタク） 1043
『人間はニワトリに似ているか？』（アッティ） 1041
妊娠（10代の） ➡10代の妊娠
妊娠と出産 910-20
産児制限と妊娠中絶 916-7
出産慣習 912-3
生殖研究 914
生殖の生物学 911-2

大衆の生殖信念 913-4
テクノロジー 914
補助された生殖 915-6
➡産科学と助産術
ネイスミス、ジェームズ 661, 664
「ネコとうなぎを持つ少年と少女」（レイステル） 334, *363*
熱情（感情生活の） 408-12
ネーデルランド
産科学と助産術 463
ペット動物 1041
ネトシリク族（エスキモー） 403
ネルソン、リッキー 442
年季奉公制度
アメリカ 1165
年季奉公人 ➡里子制度／徒弟制度
年齢階梯 ➡年齢と発達
年齢と発達 920-32, *921, 922, 925, 926, 927*
学年制と義務制の学校教育 924-5
工業時代 924
進歩主義教育と社会的上昇 927-8
青年期 926
大衆の子ども観 923
知識発達 970
中世とルネサンス時代のヨーロッパ 921
哲学的根拠 926
20世紀 928-9
農村社会 923
ピアジェ、ジャン 969
➡子どもの発達概念の歴史／ライフコースと成人期への移行
『ノアの方舟ABC』（クレイン） 48
ノイフェルト、ヘルマン 1131
ノイマン、エルンスト 327
ノイムバーグ、マーガレット 19
「農家への訪問」（ヤン・ブリューゲル） *388*
能力別編成 217
ノースウッド、アーサー・ジェイムズ *902*
ノースカロライナ大学 150
ノリス、クラレンス 651
ノルウェー
児童労働（欧米） 541
小皇帝 585
ノルト、ドロシー・ロー 1282
『ノンセンスの本』（リア） 531

【ハ】
ハイゴネット、アンネ 334, 344
売春 ➡児童売春
ハイスクール（アメリカ） 933-6
学生自治 147
大衆制度としての 218-9
ティーンエイジャー 827-8

デート 833
都市の学校制度 863-5
➡ジュニア・ハイスクール
ハイスクールの認定 864
ハイゼルデン、ハリー 1141
ハイデ、ゲオルグ 132
パイデイア 323-4
梅毒 →性行為感染症
ハイナー、N・レイ 381-2, 807
排便訓練 367-8, 936-8
➡おむつと排便訓練
排卵誘発剤 939-9
➡多児出産
バイリンガル教育 938-41
➡教育（アメリカ）
バイリンガル教育法 939-41
ハイン、ルイス・W 268, 540, 542, 941-3, 941, 942
➡子どもの写真
ハウ、サミュエル・グリッドレー 860
ハーヴァード大学 149-50
ハウサ族 349
ハウズ、ヨセフ・M 381, 807
ハウプトシューレ（中等学校） 226
ハウプトマン、ブルーノ・リチャード 1216
バウムリンド、ダイアナ 943-4
バカロレア 1211
パーキンス、ローレンス・ブラッドフォード 170
バーグ、ヘンリー 511
「白人奴隷貿易」という神話 524
「白人人形を抱いた黒人の子どもたち」→「ワトソンの孫たち」
パークス、ゴードン 345
バゲラルド、パオロ 592
ハサウェイ、メアリ 847
「はじめてのお祈り」（ミレイ） 80
バージェス、ゲレット 1223
はしか（麻疹） 731, 1174, 1213
➡接触伝染病／予防接種／流行伝染病
バシュキルツェフ、マリ 224, 339, 344, 504
破傷風菌 733
➡接触伝染病
バシリオス（バシレイオス）（カエサレアの、聖） 622
バス、エレン 141
ハース、ルイス 377
バスク地方の庶子 638
バスケットボール 214, 660, 662, 944
➡スポーツ
ハスケル寄宿学校（ローレンス市、カンザス州） 40
ハースト、パトリシア 1134
パストゥール、ルイ 1174
ハスブロ（会社） 129

バセット＝ロウク、W・J 134
バゼドウ、ヨハン・ベルンハルト 284, 945-6, 945
パーソナリティ文化 88
パーソンズ、タルコット 348
「はだしの子」（ホイッティア） 1284-6
パターソン、シャルロッテ 854
パターソン、ヘイウッド 651
はたらく母親
　アフリカ系アメリカ人 1232
　育児 62
　乳母養育 91-4
　児童心理学 518
　経済と子ども（西ヨーロッパ社会） 271
　父親業と父性 797-8
　乳児哺育 893, 1205
　要扶養児童 1167
　ヨーロッパ 552
バダンテール、エリザベート 376, 1385
『ハックルベリー・フィンの冒険』（トウェイン） 849
「ハックルベリー・フィンの冒険」（映画） 849
抜歯 476
初聖体 183, 183, 946-7, 946
➡堅信／洗礼
「初聖体拝領」（ピカソ） 183
「初聖体を受ける村の娘たち」（ブルトン） 946
発達 →子どもの発達概念の歴史／年齢と発達
『発達遅れの子ども』（バート） 328
発達の最近接領域 84
発達理論 365
バットマン 433, 436
『ハーディー・ボーイズ』 243
ハーディング、ウォーレン・G 471
ハート、ジョン 48
ハード、クレメント 532
バート、シリル 947-8, 948
バト・ミツヴァー →バル・ミツヴァー／バト・ミツヴァー
パトモア、コヴェントリー 712
ハドリアヌス帝（ローマ皇帝） 722
バトルドア（羽根板）（手習い本） 47, 527
ハナウォルト、バーバラ 8
バーナード、ヘンリー 388, 440, 863
バーナードー博士 454
➡里子制度
バニヤン、ジョン 236, 528
母親業と母性 948-54, 949
　愛情 3, 4
　アメリカ 849, 950, 952
　オランダ 378

科学的育児法 144
「共和国の母」 58
工業社会 951-3
子どもの権利 415
児童心理学 518
重要性 59
第2次世界大戦後 60
中国 951
ドラッグ（薬物） 871
日本 951
農業社会 950-1
母親業 950
フランス 952
法律と子ども 1079
母性 949, 949
養育 949
要扶養児童 1167-8
ラテンアメリカ 1194
ロシア 951
➡聖母マリア（世俗）／父親業と父性／はたらく母親
「母親の恐怖心」と先天性欠損症 753, 913
母親の死亡率
　アメリカ 471, 913
　乳母養育 93-4
　近代 462-3
　出生率がおよぼす影響 581
　ともなう子どもの死の危険 188
　ヨーロッパ 461
母親扶助 1167-8
「母と子」（カサット） 161, 161
「母の愛撫」（カサット） 160, 161
『母の歌、遊戯、物語』（フレーベル） 1019
「母のはげまし」（スミス） 666
バービー人形 124, 909, 954-5
パブリックスクール（公立学校、アメリカ）
　教育（アメリカ） 216-7
　歯科と子ども 475-8
パブリックスクール（イギリス） 955-7, 956
　衛生 101-2
　拡大 217-8
　広告 295
　発展 924-5
➡教育（ヨーロッパ）
パブロフの原理 86
ハマー対ダゲンハート訴訟 957-8
➡児童労働（欧米）
ハムステッド戦時保育園 1021
ハーモン対ハーモン訴訟 1208
バラ、ジョゼフ 335, 614
バラク、グレッグ 1095
バリー、J・M →『ピーター・パン』とJ・M・バリー

バリー、ジェームズ・マシュー　997, 1290
パリ植物園　856
ハリス、ベンジャミン　48, 527
パリ・スタイル　1202
パリ大学　107, 149, *152*, 156, 569, 779
バリ島　1114
『ハリーポッター』とJ・K・ローリング　958-60, *959*
➡児童文学
ハルヴニ、デイヴィド・ヴァイス　1153
バルカン諸国　→東ヨーロッパのこども、バルカン諸国
バルテュス（バルタザール・クロソウスキ）　344, *1252*
ハルハウス　→アダムズ、ジェーン
パルハム対J・R事件判決（1979年）　416
バル・ミツヴァー／バト・ミツヴァー　960-2, 1145, 1148
パーレイ、ピーター　530
ハレ孤児院　1014
パレード　962-4, *963*
ハロウィーン　965-6, *965*
ハロウィーンの日の破壊行動　965
バローズ、エドガー・ライス　1291
汎愛学院　284, 459, 945
汎愛主義　284-5, 459, 945
汎愛派の学校（シュネッペンタール、ドイツ）　254, 459
反王党軍（LRA、北ウガンダ）　1136
パンク　1246, 1262
班昭　309
ハーンショウ、L・S　948
半ズボンをはくこと　602, 966-7, *966*
➡ファッション
反戦運動　154-7
『パンチャタントラ』（カプアのヨハネス）　995
ハント、ウィリアム・ホルマン　*210*, 340
バンドリング　967-9
『バンドリング』（スタイルズ）　968
パンパース　121
反復衝動　19
反復説　18, 368
ハンプトン専門学校（ヴァージニア州）　626
ピアジェ、ジャン　19, 365, 424, 428, 519, 969-71
➡子どもの発達概念の歴史／児童心理学
ピアス　→入れ墨とピアス
ビーアズ、クリフォード・W　681
ピアーズ石鹸　*100*, 340
ピアス対修道女協会裁判　971-2
➡教育（アメリカ）

ピウス9世（ローマ教皇）　1127
ピウス10世（ローマ教皇）　183
PSAL（パブリックスクール体育連盟、アメリカ）
東ヨーロッパの子ども　972-6
　家庭内的な家族　972
　子ども期の諸段階　972-3, *973*
　生物社会的体制の刷新　973-4
　バルカン諸国の子ども　972-5, *973*
　ポーランド　475-6
ピカソ、パブロ　*183*
非行　976-9, *977*
　アメリカにおける少年司法　607, 608
　児童救済　514
　児童心理学　518
　精神衛生学　682
　ソーシャル・セツルメント　768
　定義　977-8
　手続き的要件　444
　と社会　976-7
　ヒーリー、ウィリアム　986, *987*
　への対応　*977*, 978
➡少年司法／ユース・ギャング
『非行少年たち』（ヒーリー）　986
ビザンティウム　810
ビジネス・カリキュラム　→商業カリキュラム
ピース、ルイス　1016
ビスマルク、オットー・ファン　546-7
非政府組織（NGO）　264
『ピーター・パンとウェンディ』（バリー）　1290-1
『ピーター・パン』とJ・M・バリー　979-81, *979, 980*, 1290-1
➡児童文学
『ピーター・ラビット』（ポター）　*528*
ビーチャー、キャサリン　632, 643, 774, 1015
非嫡出　→庶出
ピックフォード、メアリ　441
ヒッピー　1261
ヒッポクラテス　240, 319, 592, 688
PTA　981-2
➡教育（アメリカ）
ビデオゲーム　→電子ゲーム
美的感覚　265
「ひと吹き」（ゴヤ）　335
ヒト免疫不全ウイルス（HIV）　→エイズ（後天性免疫不全症候群）
ヒトラー、アドルフ　988, 1102
ヒトラー・ユーゲント　982-3, *983, 988*, 989
➡共産主義の若者／ファシズムの若者
ビートルズ　*1261*
ビネー、アルフレッド　327, 689, 800-1, 983-5, *984*
➡知能テスト

BBS（イギリスのボーイスカウト）　1075
ヒムラー、ハインリッヒ　1103
百日咳　*1173*, 1174, *1174*
『百科全書』（ディドロ）　282
ヒューマン・ライツ・ウォッチ　263
ビューラー、シャーロット　327, 985-6
ピューリタン
　遊び　13, *13*, 15
　育児　57
　死　188
　しつけ　494
　児童文学　528-9
　スポーツ　659
➡里子制度
「ヒュルゼンベック家の子どもたち」（ルンゲ）　336, *366*
ヒューロン族　192-3
病院（子どもの）　→子ども病院
病院出産（院内出産）　462, 913, 1204
「病気の子ども」（メッツ）　*732*
病原菌　730-1, 435
病原菌理論　100, 594, *595*
標準化　369
平等主義　517, 1244
病人の治療（バルトロ）　813
ヒーリー、ウィリアム　682, 986-7, *987*
➡非行
ビルケナウの収容所　1104
ビルドゥングスロマン（教養小説）　504
ヒルダ（ホイットビー女子修道院の、聖）　569, 571
ヒルベルト家　132
ヒレル、ラビ　65
ビンガム、ジョージ・カレブ　*739*
貧困　→労働と貧困
『貧困——都市生活の研究』（ラウントリー）　1228-9
ヒンズー教（ヒンドゥー教）　73, 355
貧民学校　388
ヒンメルヴァイト、ヒルデ　1124
「ファイナル・ファンタジー、ウルスラ」（ラムスウィールド）　345, *420*
ファシスト政党（イタリア）　987
ファシズムの若者　987-90, *988*
➡共産主義の若者／ヒトラー・ユーゲント
ファーストネーション（カナダ）　192-3
ファッション　990-4, *991, 992*, 1009
　少年　474, *473*, 602
ファンタジー　1, 9, 11, 124, 835
フィニー、チャールズ・ブランディソン　561
フィヒテ、ジョハン・ゴットリーブ　1055
『フィリックス・サマリー家庭宝典』（コール）　530

フィルブリック、ジョン・D 168
フィルム →映画
フィレンツェ 378
フィロン（アレクサンドリアの） 1146
フィンランド 746
風刺漫画 823-4, *824*, *825*
フェーア、トマス 592
『フェアチャイルド家の物語』（シャーウッド） 529
フェアブリッジ、キングズレイ 454-6
フェアリーテイル戦略（動物園の） 857
フェアリーテイルと寓話 51, *526*, 529-31, 994-1000
フェイド、ジョン 339
フェヌロン、フランソワ 1000-2, *1000*
　➡教育（ヨーロッパ）
プエブロ・インディアン 740-1
　➡先住アメリカ人の子ども
フェリー、ジュール 224
フェリキタス（奴隷） 1057
フェレンツィ、シャンドール 1022
フォシャール、ピエール 475
フォータス、エイブ 829
フォックス、ジュディ 345, 346
フォルマン＝ブルネル、ミリアム 9
ブギーマン 236
「ブギーマンがやってきた」（ゴヤ） *236*
福祉改革法（1996年、アメリカ） 1002, 1171
　➡要扶養児童扶助法
「服装についての説教」（ウェスリー） 100
フーコー、ミシェル 899
『不思議の国のアリス』（キャロル） 80, 82, *526*, 531
「ブジヴァルのウジェーヌ・マネと娘」（モリゾ） *796*
部族意識的な子ども 367
双子 →多児出産
双子の研究と実験 948, 1104
不本意の断種 102, 1096
ブラッドストリート、アン 142
ブラッドリー、ミルトン 499
「二つの顔をもつ男」（キプリング） 203
「ふたつの星」（キャメロン） 342, *343*
豚の貯金箱 1002-4, *1003*
　➡お小遣い
復活と宗教 →宗教の復活
ブッシュネル、ホーレス 1270
フッ素化合物 477
フットボール 659
「不慣れな状況」（実証手法） 1088
フーバー、ハーバート 399
プライヤー、ウィリアム・T 327
ブラウン、サラ・A 1095
ブラウン、フォード・マドックス 340, *1025*
ブラウン、マーガレット・ワイズ 247, *247*
ブラウン大学 85-6
ブラウン対カンザス州トペカ教育委員会裁判 177, 1004-5, 1085
　➡アフリカ系アメリカ人の子どもと若者／教育（アメリカ）
ブラジルの子ども 1005-8, 1159
　現代 1007-8
　歴史 1005-7
　➡ラテンアメリカの子ども
プラスティック（おもちゃ技術） 129
ブラック、ヒューゴ 829
ブラックマン、ハリー 1078
ブラット、リチャード・H 38
フラッパーズ 590, 726, 1008-9
　➡若者文化（ユースカルチャー）
プラトン 15-7, 19, 688, 774, 1009-12, *1010*
　➡古代ギリシア・ローマの子ども
フランク、アンネ 1012-3, *1012*
フランク、オットー 1012
フランク、ローレンス・K 329, 1250
フランクリン、ベンジャミン 215
フランケ、アウグスト・ヘルマン 1014-5, *1014*
　➡教育（ヨーロッパ）
フランシスコ修道会（先住アメリカ人の子ども） 740
フランス
　乳母養育 91, 92
　教育 223
　教育学 1000
　啓蒙思想 284
　孤児 302
　国家と家族の関係 1180-1
　子ども期のイメージ 335, 338-9
　サマー・キャンプ 458
　児童労働 541
　シャリヴァリ 555
　修道院学校 569
　収容施設 405
　出生順位 *576*, 577
　出生率 582
　庶出 638
　性教育 669
　相続と財産 760-1
　大学紛争（1960年代） 779
　同意年齢 848
　同性愛と性的指向 851
　動物園 856
　名づけ親（代父母） 878-9
　人形 908-9
　母親業と母性 952
　保育 1064-5
　幼稚園 1162

フランス学生連合（UNEF） 779
フランス国民戦線 989
『フランス諸民族の歴史』（アリエス） 44
フランドラン、ジャン 376
ブリガム、カール・キャンベル 104
ブリキの兵隊 →おもちゃの兵隊（鉛の兵隊）
ブリッグズ、ジーン 53
ブリテン、ウィリアム 132
フリーマン、デリック 1115
ブリュヴィネル、アントワーヌ・ド 198
ブリューゲル、ピーテル（父） 10, 15, 333, 1238
ブリューゲル、ヤン *338*
ブリューワー、ドミニク・I 652
「武力紛争における児童の関与に関する児童の権利条約選択議定書」（国連） 615
フリン、マイケル 579
プリンストン大学 150
ブリンマー・カレッジ 628
フール、チャールズ 49
プルターク 597
ブルターニュ地方（フランス） 760
「ブルターニュの少年」（ゴーギャン） 343
ブルーナー、ジェローム 19, 428
ブルームバーグ、ジョアン・ジェイコブ 240
ブレイク、ウィリアム 336, 507, *542*, 1271, 1321
ブレイス、チャールズ・ローリング 1015-7, *1015*
　孤児列車 309
　里親制度 451
　里子制度 398, 1166
　児童救済 512-3
　ニューヨーク児童保護協会 905
　➡児童救済／里子制度
フレイレ、ジルベルト 1196
プレスリー、エルヴィス 1246, *1247*
プレッシー対ファーガソン訴訟 1004
「ブレッツェルをもち犬をつれた少女」（カイプ） *1042*
フレネ、セレスタン 1017-8, *1017*
フレーベル、フリードリヒ・ヴィルヘルム・アウグスト 1017-20, *1018*, *1019*
　遊びの理論 17, 19
　おもちゃ 255, 896
　子ども空間 389
　砂場 656
　幼稚園 1018, 1019, 1065, 1072, 1162-5
プロイセン

義務就学　204
ギムナジウムの教育　205-6
社会福祉　546, 547
フロイト、アンナ　109, 257, 417, 1020-1, *1021*
→児童文学
フロイト、ジークムント　1021-4, *1022*
遊びの理論　19
エディプス・コンプレックス　1023
子ども期のイメージ　336
子ども期の理論　365
子どもの発達　257
児童虐待　507-8
児童心理学　518-9
青年期の　694
セクシュアリティ　343, 726
とヒーリー（ウィリアム・）　986
とビューラー（シャーロット・）　985
排便訓練　936
フロイト以降のフロイト主義　1023
幼児の性欲　898
→児童文学
プロヴァンス（フランス）の相続と財産　761
浮浪児と宿なし子　1024-6, *1025*
警察　276-7
子ども期のイメージ　339
子ども期の社会学と人類学　350
子ども期の理論　*366*
児童労働　263
ブラジル　1006
ブレイス、チャールズ・ローリング　1015
労働と貧困　1232-3
→児童救済／ホームレスの子どもと家出中の子ども（アメリカ）
プロテスタント
教育　228
堅信　292
コモンスクール（公立学校）　439
識字能力（リテラシー）　479
青年伝道団　701-2
体罰　507
日曜学校　880
日曜日（安息日）　881
初聖体　946
ハロウィーン　965
プロテスタントの宗教改革　1026-9
影響　1028
教育　222, 1027
近世ヨーロッパ　247-8, *249*
子どもと教会の儀式　1026
子どもの魔法使い　429-30
識字能力（リテラシー）　479
しつけ　794-5, 1027
修道院学校　570
出生順位　575

父親業と父性　794-5
命名　1117
→カトリック／プロテスタント
プロト工業　1178
プロムナード・コンサート　1029-30
→ハイスクール（アメリカ）
文学　→児童文学
分業
産業革命　376
ジェンダー化　251
精神疾患　683-5
父親業と父性　797-8
ライフコースと成人期への移行　1189-90
分別年齢　291
フンボルト、ヴィルヘルム・フォン　205
ベーア、エルンスト・カール・フォン　991, 914
「ペアレンツ・マガジン」（育児雑誌）　1030-1, *1030*
→子育ての助言文献
兵役　→少年兵（世界的な人権問題）
平均余命　162, 582, 772
→死亡率
閉経期尿性腺刺激ホルモン　938
平原インディアン　740, 841
→先住アメリカ人の子ども
「兵舎式」学校　169
米州人権条約（1969年）　607
ヘイズ、ウィリアム・ハリソン　95, 1123
ヘイズ・コード　1123
兵隊おもちゃ　→おもちゃの兵隊（鉛の兵隊）
兵隊人形　→おもちゃの兵隊（鉛の兵隊）
ベイツ、ラビー　651
ベイデン＝パウエル、ロバート　514, 1031-2, 1074-6, *1075*
→ボーイスカウト
ペイトン、ジョーセフ・ノエル　*81*
ベイリー、マーガレット　1223
ペイン研究実験慈善基金　1123
北京ルール　607
ペスタロッチ、ヨハン・ハインリヒ　389, 1032-5, *1033, 1034*, 1071-2, 1311
→教育（ヨーロッパ）／子どもの発達　概念の歴史
ペスタロッチ主義内外幼児学校協会（ロンドン）　1072
「ペスタロッチとシュタンツの孤児」（グローブ）　*1034*
ペスト　732
→接触伝染病
ベースボール（野球）　662-3, 776, 1035

-8
→スポーツ
ペダル車　128
ベッカー、ゲイ　1206
ベック、チャールズ　661
ヘッケル、エーリッヒ　343, *909*
ベッテルハイム、ブルーノ　997
ヘッドスタート計画　1038-9
→教育（アメリカ）
ペット動物　333-4, 1039-46, *1040, 1042, 1043, 1044*, 1090
→動物園
ベッリーニ、ジョヴァンニ　*331*, 332
ペティト、トマス　47
ベトナム戦争　154, 156, 563, 744, *745*, 829
ペドフィリア（小児性愛症）　1046-50, *1046, 1047*
→『ロリータ』（ナボコフ）
「ペネロープ・ブーズビー」（レイノルズ）　*588*, 334
ベビー・アインシュタイン株式会社　896
ベビーカー　90
ベビーシッター　1050-2, *1050*
→保育（家庭保育）
「蛇使い」（ジェローム）　343, *1047*
ヘト、ジョージ・J　1030
ヘト、トビアス　1194
ベビー・ファーム（有料託児所）　1052-3
→乳児死亡率
ベビーブーム世代　1053-5
おもちゃ　124
子ども空間　387
10代の飲酒　564
消費文化　617
父親業と父性　798
礼儀作法　1225
ヘブライ実業学校　626
ベル、アンドルー　862
ベルギー（における誘拐）　*1046*, 1134
ベルトルッチ、ベルナルド　586
ヘルバルト、J・F　1055-7, *1056*
→教育（ヨーロッパ）
ペルペトゥア（聖）　620, 1057-8
「ペル・メル・ガゼット」（新聞）　524
『ベルリンの子ども期』（ベンヤミン）　1059
ペロー、シャルル　530, 996
ベロッティ対ベアード裁判　416, 1058-9
ヘロデ王（ヘロデ大王）（ユダヤ人の王）　622
『ペロー童話集』（ペロー）　530
ベンガル湾での天然痘　1212
ペンシルヴァニア州就業調査　560

ペンシルヴァニア州少年院　261
ペンシルヴァニア大学　150
ペンシルヴァニアの上級裁判所　1083
ベンディックス、ベルンハルト　1131
ベンヤミン、ヴァルター　**1059-61**, *1060*
ボアズ、フランツ　1114
ボーア戦争　744, 746
保育　**1061-71**
　アメリカの保育　**1066-71**
　家庭保育　950, **1061-4**
　制度的諸形態　387, **1064-6**
　➡里子制度／保育園
保育園　862, **1064-5, 1068-9, 1071-4**
　➡幼稚園
保育部屋　387, 389
ボーイスカウト　195, 514, **1031-2, 1074-8**, *1075*
　➡ガールスカウト
「ボーイズ・タウン」　977
ボーイズ・ブリゲード　1074
ホイッティア、ジョン・グリーンリーフ　1284
ホイットビーの女子修道院（イギリス）　570
「ボイト家の子どもたち」（サージェント）　340, *589*
ボーウェル、オージー　651
奉献　569, 621, 814
放射線医学　508, 915
「放縦な世帯」（ステーン）　1043
『方法、あるいはすべての初学者のためのわかりやすい入門書』（ハート）　47
『法律』（プラトン）　**1010-2**
法律と子ども　319, **1078-88**, *1079, 1084, 1085*
　➡子どもの権利／離婚と監護権
暴力
　イスラエル　66
　映画　**95-7**
　警察　**277-8**
　テレビ　841
　非行　976
　ブラジル　1008
　ペット動物　**1041-2**
ボウルビィ、ジョン　**519-20**, 1023, **1088-9**, *1089*
　➡アタッチメント（愛着）理論
ホガース、ウィリアム　334, 1044, *1044, 1177, 1257*
北欧（北ヨーロッパ）社会　638
牧場戦略（動物園の）　857
ボクシング　**1089-90**
　➡スポーツ
「北西航路」（ミレイ）　712
ポケモン（ポケット・モンスター）　297
保護施設　262, 276, 391, 589, 1082

補助された生殖　**777-8**, 915
ボズウェル、ジョン　377, 403
ポストマン、ニール　20, 367
ボストン子ども救済協会　1167
ボストン子ども病院青年期医療　691
ボストン・ラテン語学校　258
『母性愛神話のまぼろし』（アイアー）　1005
『母性という神話』（バダンテール）　376, **1385-6**
ポター、ビアトリクス　528, **1090-2**, *1091*
　➡児童文学／ヴィクトリア時代の美術
ポッター、ハリー　➡『ハリーポッター』とJ・K・ローリング
ホッブズ、トマス　1078
ポートフォリオ　491
ボードブック　896
ボードレール、シャルル　336, 344
母乳育　➡乳児哺育／ラ・レーチェ・リーグ
ホピ族　741
ボビー・ソクサーズ　**1092-3**
　➡ティーンエイジャー／若者文化（ユースカルチャー）
『ホビット』（トールキン）　1155
ホプキンス、ハリー　1168
『ボブシー・ツインズ』シリーズ　244
ホブズボーム、エリック　378
ホフ・ソマーズ、クリスティーナ　601
ホフマン、ハインリヒ　531
ホーマー、ウィンスロウ　**1093-5**
　➡子ども期のイメージ
ボーム、L・フランク　➡『オズの魔法使い』とL・フランク・ボーム
ホームズ、ローウェル　1115
ホームレスの子どもと家出中の子ども（アメリカ）　**1095-8**
ホモセクシュアル家族の子育て　➡同性家族の子育て
ホモソーシャリティ　852
ボーモン、マリー（ボーモン夫人）　530
ホラー・コミック　434
ボランティア学習　491
ポーランド　➡東ヨーロッパ（ポーランド）
ポリオ　103, 733, **1098-100**, *1099*, 1214
　➡接触伝染病
堀尾輝久　1342
ホール、グランヴィル・スタンリー　**1100-2**, *1101*
　遊びの理論　18
　科学的育児法　143
　子ども学研究　326
　思春期　488
　ジュニア・ハイスクール　584
　砂場　657

青年期医学　691
青年期と若者期　566, 693
保育　1067
ボーイスカウト　1032
若者文化　1257
　➡子どもの発達概念の歴史
ホール、ジョーゼフ　280
ボルシェヴィキ　230
ホルト、ルーサー・エメット　59
ボールドウィン、ジェームズ・マーク　18, 425, 426, 517
ボールドウィン効果　426
ポルトガル（ラテンアメリカ植民地の）　1198
ポルノグラフィ　➡児童ポルノ
ホルバイン、ハンス（子）　332, *332*
『ぼろ着のディック』（アルジャー）　**1288-90**
ホロコースト　102, 745, 1012, **1102-5**
ホロック、リンダ　377, 380
ボローニャ大学　149
ホワイトヘッド、マリー・ベス　783
ホーン、エステル・バーネット　40
ポン（ゲーム）　130
『本と剣』（ハリヴニ）　1153
本能説（子どもの発達の）　1101
本の形をしたショウガ入りケーキ　47
ホーンビィ、フランク　256
ホーンビィ（おもちゃの列車）　134
ホーンブック　47, 527

【マ】
マイクロチップ　130
マイナー、ホレズ　102
マイモニデス　180, 181
マイヤー、アドルフ　682
マイヤーホフ、バーバラ　821
マオリ　**901-2**, *902*
マクドナルドのレストラン　383
マグネットスクール　173, 935, **1106-8**
　➡学校選択／学校の人種差別撤廃
マグネットスクールと「統一された状態」　1107
マグネットスクール補助プログラム　1106
マグノット社　132
マクファーレン、アラン　377
マクファーレン、アイリス　1284
マクマーティン幼稚園　1048
マクミラン、マーガレット　1072
マクロフリン・ブラザーズ社　500
マコッシュ、ジェームズ　426
マコンネル、キャシー　72
マザー、コットン（牧師）　684, 1213
マザー、フレッド　557
『マザー・グースのお話』（ペロー）　530
マザー・グースの子守歌　531

『マザー・グースの物語集』（ペロー）　530
マサチューセッツ
　グラマースクール　259, 862
　コモンスクール　1112
　職業教育・工業教育・職業訓練学校　627
　中絶　1059
　天然痘　1213
　養子縁組　1158, 1167
マサチューセッツ児童虐待防止協会　511
マサチューセッツ州養子縁組法（1851年）　1158, 1167
マサチューセッツ非常事態と衛生状態協会　23
マシューズ、パトリシア　343
魔術（出産障害と）　753
マスターベーション（自慰行為）　1108-10
　割礼　181
　規制緩和　1109-10
　懸念と規則　1108-9
　工業化社会　724
　児童虐待の防止　508-9
　18世紀のアメリカ　58
　少女　725
　少年　725
　性教育　667
　幼児の性欲　898
　➡セクシュアリティ
マゾン、リチャード・リ　8
「街角」（レーヴィット）　1227
マーチン、ジュディス　1225
マッカーシー、ユージン　155, *155*
マッケイ、ウィンザー　436
マッケルウェイ、アレグザンダー　754
末子相続　576, 761
マテル　124, 954, 955
『窓の下で』（グリーナウェイ）　259, *260*
マナ、ミス　1225
マネ、エデュアルド　338, *1229*
魔法使いと子ども　➡子どもの魔法使い
魔法にかけられた罰　684
マラリア　731, 734, 887
　➡接触伝染病
マランダ、ジーナ　1137
マリアット、フレデリック　58
マリア・ラクタンス（授乳の聖母）　706, *707*
マリー・ド・メディシス　1216, 1217
マルヴェール・コミック　434
マルクス、カール　351
マルサス、トマス　467, 580, 581
『マルベリーどおりのふしぎなできごと』（スース博士）　653

マルボー、フィルマ　1064
マルレディ、ウィリアム　80
マロ、エクトール　1327
マン、サリー　418, 419, 1110-1
　➡子どもの写真
マン、ホーレス　209, 481, 863, 1111-3, *1111*
漫画　293, 433, 435
『見えざる世界の不思議』（メイザー）　684
ミーガン法　1113-4
　➡ペドフィリア（小児性愛症）
『見知らぬ人びとの親切』（ボズウェル）　403, 377
「ミス・アンナ・ウォードと彼女の犬」（レイノルズ）　*1040*
「ミズーリを下る毛皮商人」（ビンガム）　*739*
未成年の死刑　607, 611
「乱れた学校」（ステーン）　249, *333*
ミッキーマウス　429-30, *824*
箕作秋坪　1313
ミッチェル、メアリ、　1225
ミッチトム、モリス　831
ミッチトム、ローズ　831
ミード、マーガレット　366, 488, 1114-6, *1114*
　➡子ども期の社会学と人類学
ミドル・スクール文学　534
　➡児童文学
南アジア　➡インドと南アジア
南アフリカにおける非行　978
ミフェプリストン（妊娠中絶剤）　917
宮城まり子　1348
ミラー、ウォルター・ジェイムズ　87
未来に対する恐怖　238
「未来をモニターする」　872
ミリケン対ブラッドレー事件判決　178
ミリセヴィック、ミラン・ドゥロ　974
ミルトン・ブラッドリー社　129
ミルン、A・A　*529*, 532
　➡児童文学
ミレイ、ジョン・エヴァレット　80, *80*, 100, 342, *712*
「民衆を導く自由の女神」（ドラクロワ）　*337*, 338
民主社会を求める学生同盟（SDS）　155, 778-9
『民主主義と教育』（デューイ）　18
民法典（1804年、フランス）　761
『昔話の魔力』（ベッテルハイム）　997
「無垢の時代」（レイノルズ）　365
「無垢への誘惑」（ワーサム）　434
虫歯　475-9
「無償で公正な公教育」（FAPE）　859
無神論者（ボーイスカウト）　1075, 1076

「息子を教える母親」（マルレディ）　80
「むち隠し」ゲーム　9
ムッソリーニ、ベニト　987, 1128
ムーディ、エレアザル　1221, 1222, 1223
ムハンマド（預言者）　67
「村の学校」（ステーン）　➡「乱れた学校」（ステーン）
ムリー、フランソワーズ　435
ムンク、エドヴァルド　343, *487*
命名　1116-20
　アフリカ系アメリカ人の子どもたちと若者　31
　アメリカ　58
　古代ギリシア・ローマ　315-8
　先住アメリカ人の子ども　738
　デイ・ネーム　874
　奴隷制（アメリカ）　873
　名づけ親（代父母）　878-9, 1118
　ファースト・ネイション——クワキュートル族とヒューロン族　192
メイラソークス、クロード　34
メカーノ　256
メキシコ（の子どもの写真）　190, *1227*
　➡ラテンアメリカの子ども
メキシコ系アメリカ人の子どもと若者
　学校の人種差別撤廃　177-9
　ズートスーツ暴動　655-6
メーシーズ　963, *963*
メタファー（家族の）　408
メッツ、ガブリエル　*732*
メディアと子ども　75, 747, 843, 1120-6, *1121*
メドレー、リンダ　435
免疫法　➡予防接種
メンゲレ、ヨーゼフ　1104
『もう一度少年にもどる』（ジェイコブソン）　603
「沐浴」（カサット）　160, *160*
文字板　47, 527
モーセ（聖書）　677
モーツァルト、ヴォルフガング・アマデウス　805
モデル、ジョン　934
モニトリアル・システム　168, 862
モリゾ、ベルト　341, *796*
「森の子どもたち」（ライト）　13
モルゲンスターン、ナオミ　1152
モルタラ、エドガルド　1126
モルタラ誘拐事件　1126-7
モロゾフ、パーヴェル　359
モンタギュー夫人、メアリ・ウォートレイ　593, 1172-3
モンテッソーリ、マリア　18, 255, 1033, 1127-30, *1128*
　➡教育（ヨーロッパ）
『モンテッソーリ・メソッド』（モンテッ

ソーリ）1128
モンテネグロのピオネール組織　744

【ヤ】

野外学校運動　164, 169, 393, 1131-2
　➡学校建築と建築様式／子ども空間
野外教育連盟　1131
焼き印　71, 72
薬物検査　416
役割遊び　11
火傷（子どもの事故）　482
ヤコビ、アブラハム　598
ヤコブソン、マルシア　603
　➡法律と子ども
ユスフザイ、マララ　1363, 1368
ヤード、モリー　153
柳田国男　1371
『ヤプウタ・エンガ』　403
山上憶良　1300
ヤーン、フリードリヒ・L　659, 781, *782*
　➡体育／体操
ユー、コリン　1106
誘拐（アメリカ）　1132-5, *1132, 1133*
　➡モルターラ誘拐事件／リンドバーグ愛児誘拐事件
誘拐（現代アフリカ）　1135-7
友情　1137-40
　➡愛情
優生学　1140-2
　衛生　99-101
　精神遅滞　689
　特殊教育　860
　ホームレスの子どもと家出中の子ども（アメリカ）　1097
　卵子提供　1205-6
優生学教育協会（イギリス）　1140
誘惑理論　508, 1022
UN　➡国際連合（国連）
ユゴー、ヴィクトル　338, 339
ユース・ギャング　1142-5, *1143*
　➡非行
ユスティノス（殉教者、聖）　621, 624
ユース・フォー・クライスト　702
ユダヤ教　180-1, 303, 458, 1145-51, *1146*
ユダヤ人学校　1013
ユダヤ人ゲットーの教育とホロコースト　1151-4
ユダヤ人評議会　1153
ユニセフ（国連児童基金）　1154-5
　国際機関としての　299
　児童売春　525
　戦争と子ども（20世紀）　744, 749
　中央アメリカの戦争での　1199-200
　乳児死亡率　889-90
　➡国際機関

ユネスコ（国連教育科学文化機関）　299, 396
『指輪物語』とJ・R・R・トールキン　1155-6, *1155*
　➡児童文学
ユルリッチ、ローレル・サッチャー　950
よい姿勢　1157-8, *1157*
養育　➡保育
養子縁組
　アメリカ　655, 783, 1081, 1158-62, 1166, 1171
　孤児　303-4
　古代ギリシア・ローマ　316, 793
　相続と財産　762-3
　同性愛　854
　日本　761-2
養子縁組健全家族法（1997年、アメリカ）　452
幼児学校　➡保育園
幼児期　921
『幼児期と子ども期』（ウッド）　483
幼児期の麻痺症　➡ポリオ
養子支援と児童福祉法（1980年、アメリカ）　1160, 1170
　➡近親相姦（インセスト）／セクシュアリティ／ペドフィリア（小児性愛症）
「幼児の喜び」「幼児の悲しみ」（ブレイク）　1270
『養生訓』（貝原益軒）　1304-5
羊水穿刺　915
妖精絵画　81, *81*
『妖精物語』（オーノワ夫人）　530
幼稚園　1162-5, *1163*
　遊びの理論　17
　アメリカ　1067, 1162-4, *1163*
　イギリス　1162
　家具　146
　教育的ねらい　1065
　教育の場所　389-10
　現代　1164
　砂場　656
　乳幼児のおもちゃ　896
　フランス　1162
　ドイツ　1162
　フレーベル、フリードリヒ　1065, 1018-20, 1072, 1162, 1163, 1164
　ルソー、ジャン＝ジャック　1219, 1308
　➡保育園
『幼稚園保育法眞諦』（倉橋惣三）　1317-21
「洋梨のある聖母子像」（ベッリーニ）　*331*
『幼年時代』（ゴーリキー）　1237
『幼年時代』（トルストイ）　1236-7

要扶養児童　1165-72
　➡労働と貧困
要扶養児童世帯扶助法（AFDC）　1170
要扶養児童扶助法（ADC）　42, 717, 1002, 1168-9, 1170, 1172
『よき妻たち』（ユルリッチ）　950
抑圧された記憶　➡回復記憶
ヨークのアルクィン　568
吉野源三郎　1294
ヨセフ（聖）　794
予備役将校訓練部隊（ROTC）　151, 152, 154
予防接種　1172-6, *1173, 1174*
　種痘　1173-4
　小児医学　593
　接触伝染病　735
　副作用の危険　1173
　ほかのワクチン　1174-5, *1174*
　ポリオ　1098-10, 1214
　➡小児医学／乳児死亡率
ヨーロッパ
　大人の死亡率　580
　おむつと排便訓練　120
　学校建築と建築様式　165-71
　結婚年齢　356, 581-2
　子ども期の比較史　357-9
　子ども期の歴史　375-86
　子どもの遺棄　403-5
　産科学と助産術　642-5
　識字能力（リテラシー）　222, 227
　しつけ　356
　社会福祉　546-9
　就学義務　1179
　出生率　357, 579-81
　小皇帝　586-7
　消費文化　1180
　相続と財産　760-3
　大学紛争（1960年代）　779-80
　同性家族の子育て　855
　はたらく母親　551
　母親の死亡率　464, 580
　非行　976
　余命　582
ヨーロッパ（教育）　➡教育（ヨーロッパ）
ヨーロッパ（近世）　➡近世ヨーロッパの子どもたち
ヨーロッパ愛国主義青年連盟　989
ヨーロッパ大陸の教授法　226
『ヨーロッパにおける識字能力と経済発展』（チポラ）　479
ヨーロッパの工業化　1176-82, *1177*
　家内産業　187
　教育　222-7
　経済と子ども（西ヨーロッパ社会）　270-1
　子ども期のイメージ　334

子どもの権利　415
コレクションと趣味　445-7
事故　483-4
父親業と父性　797-8
乳児死亡率　887-8
年齢と発達　924
母親業と母性　951-3
分業　376
保育　1062
ライフコースと成人期への移行　1186-7
労働と貧困　1231-3
ヨーロッパの消費経済　→経済と子ども（西ヨーロッパ社会：消費経済）
弱気　55, 88

【ラ】
ライト、ジョーセフ　13
ライト、ジョン・ロイド　256
ライト、ヘンリー・クラーク　1183-4, *1183*
ライフコースと成人期への移行　883, 1146-8, 1184-91, *1185*
　➡年齢と発達
ライン、ヴィルヘルム　1056
ライン、エイドリアン　1253
ラウドン、アーヴィン　462
ラウンドヒル・スクール（マサチューセッツ）　661
ラウントリー、B・シーボーム　1228
ラクタンティウス　621
ラグビー校（イギリス）　660
ラグマーク　187
ラ・サール、ジャン＝バティスト・ド　570
ラジオ　296, 1191-3, *1192*
　➡テレビ／メディアと子ども
羅針盤の回転　582
ラス・カサス　1302
ラスキン、ジョン　260
「ラスト・エンペラー」　586
ラスロップ、ジュリア　41, 768
ラセーグ、R　241
ラッシュ＝クイン、エリザベス　768
ラッセル・セイジ財団　214
ラッパー　1246
ラテンアメリカの子ども　1193-201
　概観　1193-6
　教育　1195-6
　権利と義務　1194-5
　子どもと家族　1194
　子どもと子ども期の象徴的な意義　1198-9
　子どもの循環　1197-8
　植民地支配　1194, 1196-9
　中央アメリカの戦争　1199-201
　乳児哺育　1194

ラテンアメリカの子どもと若者　177-8
ラテン語学校　1201-4
　➡ギムナジウムの教育／リセ
ラテン語教育
　アメリカ　328
　ギムナジウムの教育　205
　グラマースクール　258
　修道院学校　569
　ラテン語学校　1201-4
　リセ　1210
ラドクリフ・カレッジ　628
ラファエロ　332, *949*
ラプランシュ、ジャン　899
ラマーズ、フェルナン　912
ラマーズおもちゃ　896
ラムジー、ジョンベネ　443
ラムズウィールド、イネス・ファン　345, 420
ラムダ法擁護団体（1973年設立）　855
ラムル、ベアズレー　1250
ラルティーグ、ジャック＝アンリ　*419*, 421
ラ・レーチェ・リーグ　1204-5
ランカスター、ジョーゼフ　166, 388
ランカスター、リチャード　862
ランカスター・システム　168, 862
ラング、ドロシア　717, *717*
卵子提供　1205-6
　➡代理母出産／妊娠と出産
ランセル、デービット・L　951
卵巣過剰刺激症候群（OHSS）　938
卵巣ガン（排卵誘発剤と）　938
ランハム・アクト　1069
リー、ラッセル　*29*
リア、エドワード　531
リヴィングストン、ナンシー・シッペン　1207
離婚と監護権　164, 854, 1081, 1084, 1166, 1206-10
　➡継父母（アメリカ）
リセ　206, 1210-2
　➡ギムナジウムの教育／教育（ヨーロッパ）
理性　439
リタリン（薬物）　786
「リチャード・K・ハイト家の人びと」（カーリョ）　*992*
立体絵本　533
リデル、アリス　208, 421
リトルデイル、クララ・サヴィジ　1030
リトル・リーグ　→ベースボール
リトル・リット　435
離乳　892
リーフェンシュタール、レニ　*998*
リプタク、アダム　1043
リベラ、ジュセペ・デ　333, *752*
流行伝染病　1212-5

エイズ（後天性免疫不全症候群）　1214-5
腺ペスト　1213-4
天然痘　1212-3
ポリオ（脊髄性小児麻痺）　1214
麻疹　1098, 1213
　➡接触伝染病
流行病の閾値　1174
リュッツェルブルガー、ハンス　*887*
リンカーン・ログ　256
リング、ペール・ヘンリク　781
リンゼイ、ベン　514
リンドバーグ愛児誘拐事件　1133, *1133*, 1215-6, *1216*
リンパ腺の状態　894
『リーンハルトとゲルトルード』（ペスタロッチ）　1033
淋病　→性行為感染症
ルイ13世（フランス王）　→ルイ13世の幼年期
ルイ14世（フランス王）　586, 1000
ルイ13世の幼年期　1108, 1216-7, *1217*
『類人猿ターザン』（バローズ）　1291-4
ルイーズ、ピエール＝シャルル＝アレクサンドル　594
「ルイーズ・ヴェルネ」（ジェリコー）　337, *722*
ルコット社　132
ル・シャンボン＝シュル＝リニョン（フランス）　1103
ルーズヴェルト、エレノア　716, 717, 718, 1224
ルーズヴェルト、セオドア　398, 661, 831
ルーズヴェルト、フランクリン・デラノ　153, 904, 905, 1168
　息子テッドへの手紙　1274-5
ルーセル、テオフィル　597
ルーセル法（1874年、フランス）　91
ルソー、ジャン＝ジャック　1217-20, *1218*
　遊びの理論　16, 19
　影響　1219
　科学的育児法　142
　教育　223, 1019
　教育学　281-2, 285
　子ども観　1032
　子ども期の無垢　1180
　児童虐待　507
　児童文学　529
　スウォッドリング　650
　青年期と若者期　693
　年齢と発達　926
　➡『エミール』／教育（ヨーロッパ）／子ども期の理論
ルター、マルティン　107, 222, 292, 947, 1026
ルーニー、ミッキー　442-3

世界子ども学大事典

ルネサンス　→中世とルネサンス時代のヨーロッパ
『ルネサンス芸術におけるキリストの性の表出と近代の忘却』(スタインバーグ)　706
『ルネサンス人とその子どもたち』(ハース)　377
ルノワール、ピエール・オーギュスト　340, *341*, *473*, *1042*
ルプランス・ボーモン夫人(ジャン・マリー)　996
ル・プレイ、フレデリック　761
ル・ルー、ジョアン　1096
ルワンダ　744
ルンゲ、フィリップ・オットー　336, *366*
レアルシューレ(中等学校)　226
レイ、ヴィルヘルム・アウグスト　327
レイ、チャールズ　345
礼儀作法　409, 410, **1220-7**, *1222*
　➡子育ての助言文献
『礼儀をわきまえない人、そのつきあい方』(バージェス)　1223
レイクス、ロバート　880
冷水衛生法　99
レイスエル、ユーディット　334, *363*
レイノルズ、ジョシュア
　「インド人のアヤをともなったエドワード・ホールデン・クラッテンデン家の子どもたち」　*78*, 335
　子ども期のイメージ　334
　「たいまつ持ちの少年キューピッド」　335, *720*
　「ペネロープ・ブーズビー」　334, *588*
　「ミス・アンナ・ウォードと彼女の犬」　*1040*
　「無垢の時代」　335, *365*
「礼拝用の祭壇画を描く、イーゼルを前にした自画像」(アングイッソーラ)　332
レーヴィット、ヘレン　1227-8
　➡子どもの写真
レヴィン、ロジャー　1106
レーウェンフック、アントニン・フォン　914
レウォンティン、リチャード　474
レーガン、ドナルド　1170
『歴史と比較展望のなかの子どもたち』(ハウズ/ハイナー)　807
レクリエーション空間　392
　➡子ども空間
レゴ(おもちゃ)　125, 256, *256*
レッセフェールの自由放任主義　546
レーニン、ウラジミール　230
「レフ・トルストイ」(レーピン)　1236
レミ、ジョルジュ　→『タンタン』とエルジェ

『レ・ミゼラブル』(ユゴー)　338
レリー、サー・ピーター　335, *364*
レリドン、アンリ　579, 581
レーン神学セミナー(1829年)　150
連邦緊急救済局　904
連邦最高裁判所(アメリカ)
　学校の人種差別撤廃　177-8
　子どもの権利　1079, 1080
　児童労働　754-5, 1083
　就学義務　971
　少年司法　610-2
　庶出　1080
　スカッツバラ少年事件　651-2
　投票年齢　563-4
　マグネットスクール　1106
　ミーガン法　1113-4
　➡個々の裁判の名称
ロウ、ジュリエット・ゴードン　195, 196
「老音楽師」(マネ)　340, *1229*
ロウ対ウェード裁判　469, 916
労働　→児童労働(欧米)/児童労働(発展途上国)
「労働」(ブラウン)　340, *1025*
労働搾取工場反対学生連合(1997年)　157
労働刺激プログラム　1170
労働と貧困　350, 592-3, 1007, **1228-36**, *1229*
　➡児童労働(発展途上国)、児童労働(ヨーロッパ)
ロサンゼルス(ズートスーツ暴動)　655
ロサンゼルス警察　656
ロシアにおけるトルストイの子ども期　1236-8, *1236*
　➡自伝
ロシアの子ども
　子ども期の比較史　359
　母親業と母性　951
　➡ソヴィエト連邦/ロシアにおけるトルストイの子ども期
路上遊戯　392, **1238-44**, *1239*
　➡遊び場運動/室内ゲーム
ロス、チャーリー　1133
ロスマン、シーラ　952
ローゼンバーグ、B・G　1241
ローゼンウォルド、ジュリアス　169
ローゼンブルム、ロバート　336
ロック、ジョン　1244-6, *1244*, 1305
　愛情　3
　遊びの理論　16, 19
　育児　58
　衛生　99, 1245
　おむつと排便訓練　121
　科学的育児法　142
　教育学　408
　子どもの衣服　966

しつけ　494, 507
児童心理学　518, 527, 529
児童文学　48
数学　1245
タブラ・ラサ説　1244-5
父親業と父性　795
年齢と発達　926
労働と貧困　1229
　➡子どもの発達概念の歴史
ロックフェラー3世、ジョン・D　469
ロック、マイケル　814
ロックンロールと若者文化　1246-50, *1247*
　➡メディアと子ども
ロバーツ、ベンジャミン　378
ロブソン、E・R　388
ロフタス、エリザベス　141
ローマ(古代)　→古代ギリシア・ローマの子ども
ロマンス・コミックス　434
ローラ・スピールマン・ロックフェラー記念研究所　329, 682, **1250-1**, *1250*
『**ロリータ**』　**1251-4**, *1252*, *1253*
　➡セクシュアリティ/ペドフィリア(小児性愛症)
ローリング、J・K　→『ハリーポッター』とJ・K・ローリング
ロンゲジュエ、フランソワ・ド　1216
ローンズリー、ハードウィック　1090
「ロンドン」(ブレイク)　1321
ロンドン児童相談クリニック　1088
ロンドン動物園　856

【ワ】

YAF(自由を求めるアメリカ青年団)　156
YCL(青年共産主義連盟)　152
『**若草物語**』**とルイーザ・メイ・オルコット**　501, **1255-6**, *1255*
　➡児童文学
『わが魂に出会うまで』(ビーアズ)　681
『わが闘争』(ヒトラー)　982
『わが半生』(チャーチル)　132
「わが娘のための祈り」(マクファーレン)　1284
若者期　→青年期と若者期
『若者のための体操』(グーツムース)　781
『若者のふるまい』(ホーキンズ)　1223
若者文化(ユースカルチャー)　1256-64, *1257*, *1260*, *1261*
　遊び　10-2
　学年階梯　694-5
　学校教育と学年　694-5, 1258-9
　子ども期の比較史　360
　世界大恐慌とニューディール政策　718-9

戦後　695-7
　中世とルネサンス時代のヨーロッパ　1257
　ロックンロール　1246-50
ワークハウス　1064
ワーサム、フレデリック　434
ワシントン、ジョージ　1223
ワシントン、ブカー・T　626, *626*
ワシントン・リサーチ・プロジェクト　516

『忘れられた子どもたち』（ポロック）　377, 380
ワーズワース、ウィリアム　1180, 1271
『わたしがいっしょに釣りをした人びと』（メイザー）　557
『わたしたちもジャックもガイもみんなホームレス』（センダック）　751
ワトソン、ジョン・B　143, 312, 517, 926, **1264-5**
「ワトソンの孫たち」（パークス）　345

ワルシャワ・ゲットー　1153
「ヴァルジュモンの子どもたちの午後」（ルノワール）　340, *341*
ワルトフスキー、マックス　428
『われわれの子どもの生活におけるテレビ』（シュラム）　1124
『われわれはいかに思考するか』（デューイ）　18
ンゴニ族　721

◆編者◆

ポーラ・S・ファス((Paula S. Fass)

1947年生まれ、カリフォルニア大学名誉教授。バーナード大学を卒業後、1968年にコロンビア大学大学院に進学し、歴史学の学位を取得した。グッゲンハイム財団、ロックフェラー財団、全米人文研究財団（3回）、スペンサー財団などから特別研究資金・奨学金を得て子どもと若者の社会史研究をすすめた。カリフォルニア大学バークレイ校歴史学部教授として36年間教鞭をとり、ドイツ、ポーランド、チリ、トルコ、イスラエルなどでも教壇に立った。近現代史における子ども・若者の社会文化史研究の成果と課題を紹介するいっぽう、たびたびマスメディアにも登場している。子ども史研究の学会である「子どもと若者の社会史学会」(the Society of the History of Children and Youth) の創設に尽力し、2007年から2009年までその会長をつとめた。

おもな著書・共編著に、『ラウトレッジ版西洋世界における子ども史論集』(*The Routledge History of Childhood in the Western World*, Routledge, 2013)、『第二次世界大戦後の子ども期の発明』(*Inventing Childhood After World War II*, ed. with Michael Grossberg, University Press of Pennsylvennia Press, 2011)、『ホロコーストの継承——ある第二世代の記憶』(*Inheriting the Holocaust: A Second Generation Memoir*, Rutgers Universty Press, 2009, pbk. 2011)、『新世界の子どもたち——社会・文化・世界についての随想』(*Children of A New World: Essays in Society, Culture, and the World*, New York University Press, 2007)、『アメリカの子ども期』(*Childhood in America*, ed. with Mary Ann Mason, New York University Press, 2000)、『子どものつれさり——アメリカ史における子どもの誘拐』(*Kidnapped: Child Abduction in American History*, Oxford University Press, 1997, pbk. 1999, 2006)、『よそ者——マイノリティとアメリカ教育の変容』(*Outside In: Minorities and the Transformation of American Histroy*, Oxford University Press, 1989, pbk. 1991)、『嫌われる者と美化される者——1920年代のアメリカの若者』(*The Damned and the Beautiful: American Youth in the 1920's*, Oxford University Press, 1977, pbk. 1979) がある。

◆日本語版監訳者◆

北本正章（きたもと・まさあき）

1949年徳島県生まれ、青山学院大学教授。青山学院大学文学部卒、東京大学大学院教育学専攻博士課程（単位取得満期）卒業、日本学術振興会奨励研究員（東京大学）、ケンブリッジ大学考古学社会人類学部客員研究員（1996-97）をへて、現職。世界子ども学研究会代表。

おもな著書・共編著に、『子ども観と教育の歴史図像学』（新曜社、近刊）、神宮輝夫・高田賢一・北本正章編著『子どもの世紀——表現された子どもと家族像』（ミネルヴァ書房、2013）、『子ども観の社会史——近代イギリスの共同体・家族・子ども』（新曜社、1993）［中国語版（方明生訳）『儿童観的社会史』（上海教育出版、近刊）］、おもな訳書に、ヒュー・カニンガム『概説 子ども観の社会史——ヨーロッパとアメリカにみる教育・福祉・国家』（新曜社、2013）、デイヴィド・ヴィンセント『マス・リテラシーの時代——近代ヨーロッパにおける読み書きの普及と教育』（監訳、新曜社、2011）、ジョン・ロック『ジョン・ロック「子どもの教育」』（原書房、2011）、ジョン・ギリス『結婚観の歴史人類学——近代イギリス・1600年～現代』（勁草書房、2006）、アラン・マクファーレン『再生産の歴史人類学——1300～1840年英国の恋愛・結婚・家族戦略』（勁草書房、1999）、アニタ・ショルシュ『絵でよむ子どもの社会史——ヨーロッパとアメリカ・中世から近代へ』（新曜社、1992）、ローレンス・ストーン『家族・性・結婚の社会——1500～1800年のイギリス』（勁草書房、1991）、M・アンダーソン『家族の構造・機能・感情——家族史研究の新展開』（海鳴社、1988）、J・R・ギリス『若者の社会史——ヨーロッパにおける家族と年齢集団の変貌』（新曜社、1985）がある。

ENCYCLOPEDIA OF CHILDREN AND CHILDHOOD: In History and Society
Edited by Paula S. Fass
Original Copyright © 2004 by Gale, Cengage Learning
English language edition published by Gale, Cengage Learning
Japanese translation rights arranged with Cengage Learning Inc., Connecticut
through Tuttle-Mori Agency, Inc., Tokyo

世界子ども学大事典
●

2016年12月10日 第1刷

編者………ポーラ・S・ファス
日本語版監訳者………北本正章
装幀………川島進デザイン室
本文組版・印刷………株式会社ディグ
カバー印刷………株式会社明光社
製本………小高製本工業株式会社

発行者………成瀬雅人
発行所………株式会社原書房
〒160-0022 東京都新宿区新宿1-25-13
電話・代表 03(3354)0685
http://www.harashobo.co.jp
振替・00150-6-151594
ISBN978-4-562-05332-2

©2016 Masaaki Kitamoto, Printed in Japan